Susanne Kalss/Peter Kunz (Hg.) • Handbuch für den Aufsichtsrat

Susanne Kalss/Peter Kunz (Hg.)

Handbuch für den Aufsichtsrat

2., überarbeitete und erweiterte Auflage

facultas

Zitiervorschlag:
Autor in Kalss/Kunz, Handbuch Aufsichtsrat² (2016) Rz ../...

Bibliografische Information Der Deutschen Nationalbibliothek

Die Deutsche Nationalbibliothek verzeichnet diese Publikation in der Deutschen National bibliografie; detaillierte bibliografische Daten sind im Internet über http://dnb.d-nb.de abrufbar.

Satz: SOLTÉSZ
Druck: Ueberreuter Print & Packaging GmbH
Printed in Austria
ISBN 978-3-7089-1362-9

Vorwort

In den letzten Jahren sind die Aufsichtsräte österreichischer Unternehmen nach zahlreichen spektakulären Schadensfällen in die öffentliche Kritik geraten. Sowohl die Gesellschaften selbst als auch die Gesellschafter und Anleger waren betroffen. Fehlleistungen gesellschaftsrechtlicher Organe, insbesondere des Aufsichtsrats, sind aber keineswegs neu. Sie treten in bemerkenswerter Regelmäßigkeit auf. Beispiele lassen sich sowohl im 19. Jahrhundert, in der Wirtschaftskrise der 30er-Jahre des vorigen Jahrhunderts und alle Jahrzehnte der zweiten Republik finden. Für die letztgenannte Periode mag der Hinweis auf die extreme Schieflage der damals voll verstaatlichten Voest in den 80er-Jahren des 20. Jahrhunderts dienen, die gottseidank überwunden ist. Bekannte Beispiele der unmittelbaren Vergangenheit lassen sich mit den Schlagworten BAWAG, Immobilien-Aktiengesellschaften und Hypo-Banken festmachen.

Ebenso regelmäßig wie es zu Fehlleistungen und Unzulänglichkeiten der Einrichtung des Aufsichtsrats gekommen ist und kommt, werden auf unterschiedlichen rechtspolitischen Ebenen Diskussionen geführt und reagiert der Gesetzgeber. Die Notwendigkeit der Good Corporate Governance ist Allgemeingut, viel schwieriger ist die konkrete Ausgestaltung. Das gesamte Aktienrecht ist „reformgetrieben“, die Regelungen des Aufsichtsrats sind ein besonders anschauliches Beispiel dafür, dass jeweils aus Erfahrungen eines Zusammenbruchs, einer Krise oder einer besonders markanten Fehlleistung bzw eines Systemfehlers neue Regelungen entstehen. Beispiele aus den letzten Jahren bilden das Gesellschaftsrechtsänderungsgesetz 2005, das Unternehmensrechtsänderungsgesetz 2008 sowie das Aktienrechtsänderungsgesetz 2009, die maßgebliche Erweiterungen und Präzisierungen der Rechte und Pflichten des Aufsichtsrats etablierten. Der Aufsichtsrat findet sich daher heute in einem dichten Geflecht von gesetzlichen und sonstigen Regelungen wieder. Auf gesetzlicher Ebene sind es neben den gesellschaftsrechtlichen Bestimmungen vor allem kapitalmarktrechtliche und aufsichtsrechtliche Regelungen, zunehmend auch Bestimmungen des Strafrechts, die den Rahmen ordnungsgemäßer Ausfüllung des Aufsichtsamts ausmessen. Eine Ebene unter dem Gesetzesrecht bietet der – stetig wachsende – Corporate Governance-Kodex mit unterschiedlicher Regelungsintensität einen Orientierungsrahmen für das Handeln des Aufsichtsrats. Die Geschäftsordnung des Aufsichtsrats und zum Teil des Vorstands bieten wichtige Ergänzungen. Dieser gesetzliche Rahmen verlangt daher heute von einem Aufsichtsratsmitglied – mit oder ohne juristische Vorbildung – grundlegende Kenntnisse der rechtlichen Rahmenbedingungen seines Handelns.

In der Öffentlichkeit sind nur Fehlleistungen bekannt, nicht hingegen das Funktionieren vieler Aufsichtsräte und die gesetzeskonforme, im Interesse des Unternehmens liegende und sachgerechte Ausfüllung der Pflichten des Aufsichtsrats. Wegen der plakativen, zum Teil grellen Berichterstattung über – unzweifelhaft bestehende – Fehlleistungen und strukturelle Schwächen verschiedener Aufsichtsräte entsteht das falsche Bild genereller Unfähigkeit, Überfordertheit und permanenter Tätigkeit außerhalb des rechtlichen Rahmens. Angestoßen durch wissenschaftliche Diskussion, durch kritische Analyse von Fehlleistungen von einzelnen oberstgerichtlichen Entscheidungen ist zugleich zum Teil auch eine allgemeine, völlig falsche Erwartungshaltung über die Aufgaben und die Leistungskraft des Aufsichtsrats und der einzelnen Mitglieder entstanden, nämlich dass jede Fehlentwicklung und jede Fehlleistung des Vorstands auffallen müsse und rechtzeitig ausgebessert werden könne.

Der Aufsichtsrat ist jedenfalls nur *der zweite* in der Gesellschaft und im Regelfall bei operativen Mängeln der, der Fehlentwicklungen nicht erkannte, selbst aber typischerweise nicht die maßgeblichen Schritte der Fehlentwicklung setzt. Die entscheidende Stellschraube seines Handelns ist in der Aktiengesellschaft die Bestellung und Abberufung des Vorstands, den Vorstandsangelegenheiten wird dementsprechend breiter Raum gewährt.

Nach aktuellen Untersuchungen ist die typische Zusammensetzung des Aufsichtsrats österreichisch, männlich, im Alter von rund 60 Jahren, zugleich durch eine starke Beraterrepräsentanz gekennzeichnet. Frauen sind – wenig überraschend – deutlich unterrepräsentiert. Dass die aktuell laufenden Bemühungen, den Anteil der Frauen in Aufsichtsräten zu erhöhen, dauerhaft Früchte tragen werden, ist zu hoffen. Dieses Buch könnte ein Beitrag dazu sein.

Aufsichtsrat ist nicht gleich Aufsichtsrat – dies zeigt sich bereits an der unterschiedlichen Aufgabenstellung, die dem Organ Aufsichtsrat in den verschiedenen Rechtsformen zugeordnet werden. Die Aufsichtsratspflicht besteht jedenfalls in der Aktiengesellschaft, bei Vorliegen bestimmter Voraussetzungen in der GmbH, in der Genossenschaft, in der Privatstiftung und im großen Versicherungsverein auf Gegenseitigkeit. Die Aufsichtsratspflicht wird unabhängig von den allgemeinen gesellschaftsrechtlichen Regelungen in zahlreichen Sondergesetzen etabliert. Bekannte Beispiele bieten etwa das Investmentfondsgesetz und das Immobilieninvestmentfondsgesetz. Sonderregeln bestehen für Banken und Versicherungen. Gerade in ausgegliederten Unternehmen der öffentlichen Hand wird auch in – relativ kleinen – Gesellschaften zur Sicherung der Kontrolle eine Aufsichtsratspflicht etabliert. In rund 80 ausgegliederten Unternehmen der öffentlichen Hand mit zirka weiteren 350 Tochtergesellschaften sind Aufsichtsräte einzurichten. Beispiele bilden die Spanische Hofreitschule GmbH, die Schienen Control GmbH, die Marchfeldschlösser GmbH, aber auch größere Unternehmen, wie die Austria Wirtschaft Service GmbH oder die AGES. Zudem kann ein Aufsichtsrat freiwillig eingerichtet werden. Das größte und weitestreichende Aufgabenfeld hat der Aufsichtsrat der Aktiengesellschaft mit absteigender Tendenz von der Genossenschaft über die GmbH zur Privatstiftung und zum Versicherungsverein und Verein im Allgemeinen. Die Satzung oder der Aufsichtsrat selbst kann in unterschiedlichem Maß seinen Aufgabenkreis erweitern.

Allein die Rechtsform ist nur eine erste Annäherung für die tatsächliche Aufgabenstellung und Wirkungsmacht eines Aufsichtsrats. Die konkrete Ausgestaltung und Einwirkungskraft des Aufsichtsrats hängen vielmehr sehr stark vom konkreten Typ ab, nämlich ob es sich um den Aufsichtsrat einer Gesellschaft mit einem dominierenden Gesellschafter (Kernaktionär) mit breit gestreutem Publikum in einem Familienunternehmen, in einem 100%-igen Konzerntochterunternehmen einer starken in- oder ausländischen Konzernmutter handelt, insbesondere auch, ob es sich um ein ausschließlich von privaten Eigentümern gehaltenes Unternehmen handelt oder die öffentliche Hand eine Beteiligung hält. Vielfach werden unternehmerische Interessen mit politischem Kalkül und Einflussnahme abgeglichen. Letztlich gibt es daher „den" Aufsichtsrat nicht und ist auch ein „Modell Aufsichtsrat" nur unter Offenlegung bestimmter Prämissen möglich. Hilfreich ist es auf Basis einer Typenbildung heranzugehen und damit die wesentlichen Wirkungskräfte für bestimmte Regelungen offenzulegen, damit die Wirkungsweise verständlich und für den Praktiker nachvollziehbar und ergiebig zu gestalten. Ähnlich wie beim österreichischen Aufsichtsratstag an der Wirtschaftsuniversität ist es hilfreich, zwischen Aufsichtsräten in öffentlichen Unternehmen, börsenotierten Unternehmen und Familienunternehmen zu unterscheiden und die Besonderheiten herauszuarbeiten. Für börsenotierte und öffentliche Unternehmen wird dies in Beiträgen in diesem Buch geleistet, für Familienunternehmen sollen folgende eigenen Überlegungen angestellt werden.

Das Besondere des Aufsichtsrats in Familienunternehmen liegt in der Identität von Eigentümern und Aufsichtsratsmitgliedern. Dies hat auch für den Vorstand im Regelfall den Vorteil, dass notwendige Informationsprozesse deutlich schneller, weil direkter laufen. Daher sind die Entscheidungsgrundlagen schneller zusammengetragen und besteht im Regelfall hohe Entscheidungsbereitschaft. Der Familienunternehmer im Aufsichtsrat zeigt sich als Unternehmer, der im Unternehmensinteresse und damit auch im Interesse der unterschiedlichen Interessengruppen agiert und nicht als „ferner Kapitalist", der nur an der Rendite interessiert ist. Der Eigentümer bestimmt letztlich das Unternehmensgeschehen. Daher ist der Aufsichtsrat aus der Eigentümerfamilie ein Diskussionspartner anderer Qualität als ein schlichter sonstiger Aufsichtsrat. Eine weitere Besonderheit von Familienunternehmen liegt in der Kontinuität der Zusammenarbeit. Aufsichtsratsmitglieder wechseln typischerweise nicht rasch, da sie eben aus der Familie stammen. Ein Vorstand arbeitet über Jahre und Jahrzehnte mit gleichen Personen zusammen. Aufsichtsratsmitglieder sind nicht nur Vertrauensleute der Eigentümer, sondern repräsentieren das Eigentum selbst. Daher kommt aus diesem Aufsichtsrat auch viel stärker eine unternehmerische Motivation und ein unternehmerisches Interesse, in welche Richtung sich ein Unternehmen entwickeln soll oder kann.

Sinnvoll ist es dabei, dass von einer Familie nicht alle Mitglieder in einem Aufsichtsrat vertreten sind, sondern nur zwei oder drei, die auch eine Moderationsfunktion zwischen Eigentümer und Vorstand übernehmen können, da sie sowohl vom Unternehmen viel verstehen, zugleich aber auch den Zusammenhalt in der Familie gewährleisten und so die sozialen Einheiten Unternehmen und Familie verbinden können.

Bei der Auswahl von einzelnen Familienmitgliedern in den Aufsichtsrat ist deren Rollenverständnis in mehreren sozialen Umfeldern zu bedenken, nämlich einerseits als Familienmitglied gegenüber den anderen Aufsichtsratsmitgliedern, als Familienmitglied und Kapitalvertreter gegenüber Arbeitnehmervertretern, zugleich aber auch als ausgewähltes Familienmitglied gegenüber anderen Familienmitgliedern, insbesondere etwa gegenüber Geschwistern. Diese unterschiedlichen Beziehungskreise muss ein Aufsichtsratsmitglied in Einklang bringen, um tatsächlich in bestmöglicher Weise für das Unternehmen agieren und zugleich den Charakter des Familienunternehmens und der Stellung der Familie verkörpern zu können.

Nahe mit dem Aufsichtsrat verwandt ist ein freiwillig einzurichtendes Organ in Gesellschaften oder sonstigen Einrichtungen, nämlich der Beirat. Während der Beirat in der Aktiengesellschaft nur mit ganz geringen Aufgaben, insbesondere Repräsentations- und Beratungsaufgaben, betraut werden kann, reicht sein Aufgabengebiet in der GmbH und insbesondere in der Privatstiftung von der schlichten Beratung, Netzwerkbildung und Repräsentation nach außen zu weitreichenden Kontrollrechten und Einwirkungsmöglichkeiten in die Geschäftsführung. Je nach konkreter Gestaltung des Beirats ist ein Mitglied eines Beirats daher als Organmitglied oder eher als – mehr oder weniger – externer Berater oder Beauftragter anzusehen.

Das vorliegende Buch verfolgt mehrere Ziele: Die umfassende praxisorientierte und wissenschaftlich fundierte Darstellung soll das Bild des Aufsichtsrats und seine rechtlichen Grundlagen und betriebswirtschaftlichen Anforderungen in das rechte Licht rücken und eine umfassende und grundlegende Information über die Einrichtung des Aufsichtsrats und die Rechte und Pflichten der einzelnen Mitglieder geben. Für den einzelnen Interessierten, sei es ob selbst Aufsichtsratsmitglied, ob Betroffener, der sich mit dem Gedanken trägt, ein Aufsichtsratsmandat zu übernehmen, ob für die Beratung oder für Unternehmensjuristen rund um den Aufsichtsrat soll es ein ergiebiges Nachschlagwerk und Wegleitung für die tägliche Arbeit sein. Schließlich soll es den Informationsbedarf an aktueller, einfach zugreifbarer und verlässlicher Information für die Tätigkeit des Aufsichtsrats sein.

49 Experten und Expertinnen aus Wissenschaft und Praxis, die große Erfahrung in der Tätigkeit als Aufsichtsratsmitglieder oder in langjähriger Beratung von Aufsichtsratsgremien haben, sowie Wissenschafter, die sich aus unterschiedlichen Blickwinkeln mit Fragen des Aufsichtsratsrechts beschäftigen, tragen mit insgesamt 53 Beiträgen zu der zweiten Auflage dieses Werks bei.

Selbst wenn in diesem Buch die Diskussion der rechtlichen Rahmenbedingungen dominiert, so ist es ganz klar, dass juristisches Wissen allein nicht genügt, sondern nur gemeinsam mit betriebswirtschaftlichen Kenntnissen ausreichend ist, um gesetzeskonform und unternehmerisch denkend Aufsichtsaufgaben erfüllen zu können. Einblicke in betriebswirtschaftliche Kenntnisse werden in mehreren Beiträgen aufgegriffen. Dies reicht naturgemäß nicht, Aufsichtsratsmitglieder müssen über weitere Fertigkeiten verfügen, insbesondere über Social Skills, nämlich insbesondere Kommunikations- und Koordinations- und Teamfähigkeit sowie Leadership. In mehreren Beiträgen werden diese Aspekte angesprochen. Juristen allein dürfen einen Aufsichtsrat nicht belegen. Der Aufsichtsrat muss und soll eine fein abgestimmte Mischung verschiedener Kenntnisse, Erfahrungen und Fertigkeiten sein. Neben allgemeinen gesellschaftsrechtlichen Kenntnissen sind Branchenkenntnisse, die in unterschiedlicher Weise eingebracht werden, notwendig. Von ganz herausragender Bedeutung ist die Kultur in einer Gesellschaft, dh wie wollen die Eigentümer, somit im Regelfall der Kernaktionär, das Gremium Aufsichtsrat positionieren; dies soll bei der Bestellung bedacht werden.

Letztlich geht es um das Verständnis des bestellenden Gesellschafters, somit des Kernaktionärs, welches Rollenverständnis er dem Aufsichtsrat entgegenbringt und mit welcher Wirkungsmacht er den Aufsichtsrat auszustatten bereit ist.

Das österreichische System des Aufsichtsrats ist durch die Einrichtung der Mitbestimmung geprägt. Auf zwei Kapitalvertreter kommt ein Arbeitnehmervertreter, dessen besondere Stellung in einem Beitrag dargestellt wird.

Der Aufsichtsrat hat eine Reihe von sehr unterschiedlichen Aufgaben: Der größte Wirkungshebel liegt in der Bestellung und Abberufung des Managements, verbunden mit den wirtschaftlichen Konditionen. Er hat den Vorstand zu überwachen und zu begleiten. Herausragend sind dabei die genehmigungspflichtigen Geschäfte und immer stärker die Kontrolle der Rechnungslegung und des Rechnungslegungsprozesses und die Zusammenarbeit mit dem Abschlussprüfer. In besonderen Situationen wie Übernahmeverfahren oder vor allem in der Krise des Unternehmens ist er besonders gefordert. Das Pflichtenprogramm verdichtet sich in börsenotierten Gesellschaften ebenso wie in Kreditinstituten, Versicherungsunternehmen und im Konzern. Um die Rolle des Aufsichtsrats in Österreich mit den Organen in Deutschland und der Schweiz vergleichen zu können, werden der Aufsichtsrat nach deutschem Recht und der Verwaltungsrat der schweizerischen Aktiengesellschaft auch erläutert.

Dem Aufsichtsratsvorsitzenden kommt eine besondere Rolle zu, er ist Mittler zum Vorstand und Aktionär zur Hauptversammlung und den Aktionären. Damit der Aufsichtsrat wirkungsvoll agiert, muss er sich selbst bestmöglich organisieren und die ihm zustehenden Instrumente und Handlungsmöglichkeiten adäquat einsetzen; mit dem Instrument der Evaluierung soll er seine eigene Tätigkeit verbessern.

Die Unabhängigkeit des Aufsichtsrats muss vom Vorstand zweifach bestehen, nämlich zugleich – in notwendigem – Maß auch vom bestellenden Aktionär. Dies erfordert eine hohe Sensibilität und einen strengen Umgang mit möglichen Interessenkollisionen. Notwendig ist dafür auch eine von der Gesellschaft unabhängige Infrastruktur. Die Aufsichtsratstätigkeit wird in Österreich im Regelfall nicht angemessen entlohnt, dh dass Personen, die Aufsichtsratsmandate übernehmen, für diese Tätigkeit eine ihrer sonstigen Tätigkeit nicht gleichwertige Entlohnung erhalten. Daher ist der Zeiteinsatz dieser Personen oft zu gering. Bessere, dh eine angemessenere Entlohnung könnte daher auch ein besseres Einsatz-Kosten-Verhältnis fördern und würde auch zu mehr Unabhängigkeit der Aufsichtsratsmitglieder gegenüber dem Vorstand oder dem bestellenden Aktionär führen. Zum Teil ist auch die steuerliche Behandlung, der Aufsichtsratsvergütung nachteilig, sodass durch relativ einfache gesetzliche Maßnahmen Abhilfe geschafft werden sollte. Aufsichtsratsmitglieder geraten zunehmend in das Radar von Gerichten, in letzter Zeit wurden vermehrt Strafverfahren gegen Manager, insbesondere auch Aufsichtsratsmitglieder, eingeleitet, daher sind Grundkenntnisse des Strafrechts für alle Aufsichtsratsmitglieder von besonderer Bedeutung. Strafrechtliche Verbote sollten nicht als Koordinaten der Handlungsanleitung für Aufsichtsratsmitglieder herangezogen werden müssen. Für die Haftung des Aufsichtsrats besteht grundsätzlich ein strenges Regelwerk. Die österreichische Rechtssprechung hat diese bisher in einer äußerst maßvollen Weise angewendet, die das fachlich aufgeschlossene und persönlich integre Mitglied nicht überfordert. Der Appell an die Zivilgerichte muss daher lauten, von diesem Grundkurs auch nicht abzuweichen; Strafgerichte sollten die Vorgaben des Zivil- und Gesellschaftsrechts beachten, wie dies nun auch klar durch das Strafrechtsänderungsgesetz 2015 vorgezeichnet und gesetzgeberisch intendiert ist. Die D&O-Versicherung spielt für die Geltendmachung eine besondere Rolle.

Selbst wenn der Corporate Governance-Kodex sich primär an börsenotierte Gesellschaften richtet, wirkt sich der dort gesetzte Sorgfaltsmaßstab auch auf andere Unternehmen aus. Daher werden einzelne Regelungen des Corporate Governance-Kodex nicht bloß in, bei und für börsenotierte Gesellschaften dargestellt, vielmehr wird am jeweiligen Ort eingegangen.

Die Idee dieses Buches entstand ursprünglich während eines mehrere Semester dauernden Fachgesprächs mit Rechtsanwälten, die als Aufsichtsräte tätig sind, an der Wirtschaftsuniversität Wien . Ein Beitrag behandelt daher auch, was für und wider gegen Rechtsanwälte als Aufsichtsräte spricht. Das Buch begleitet als Vertiefungslektüre den Lehrgang Corporate Governance Excellence an der Wirtschaftsuniversität. Die ertragreichen Diskussionen bestärken uns, viele Einzelfragen sorgfältig und umfassend aufzubereiten und damit einen Nutzen für die Einrichtung des österreichischen Aufsichtsrats und für die zahlreichen aufsichtsratspflichtigen Unternehmen zu bieten. Das vorliegende Buch ist ein Versuch der Aufbereitung der maßgeblichen Fragenkreise, der Diskussion grundlegender Fragen und der Lösung zahlreicher Einzelprobleme; es soll den Aufsichtsratsmitgliedern eine ständige Begleitung und Hilfe sein.

Wir bedanken uns bei allen Autoren und Autorinnen für ihren Einsatz, ihre Mühe, die Beiträge zu verfassen und dabei juristische und betriebswirtschaftliche Erkenntnisse, unternehmerische und allgemeine Lebenserfahrung ebenso einzubringen wie das Bemühen um eine nachvollziehbare und verständliche Darstellung.

Sehr herzlich bedanken wir uns bei Frau *Mag. Sandra Maria Schwarz* vom Department für Unternehmensrecht, Arbeits- und Sozialrecht an der Wirtschaftsuniversität, die die gesamte Vorbereitung des Buches und maßgebliche Organisation und Koordination mit großer Umsicht und Gelassenheit geleistet hat. Weiters danken wir dem Verlag Facultas, insbesondere Herrn *Peter Wittmann*, für die aufmerksame Betreuung.

Für Hinweise und Anregungen für neue weitere Fragen und für jede Kritik sind wir dankbar und freuen uns auch über Anerkennung und Lob.

Wien, März 2016

Susanne Kalss/Peter Kunz

susanne.kalss@wu.ac.at
peter.kunz@ksw.at

Autorenverzeichnis

Univ.-Prof. Dr. Susanne Kalss, LL.M. (Florenz)

Frau Univ.-Prof. Susanne Kalss war 2000 bis 2003 Professorin für Privatrecht an der Universität Klagenfurt. Seit 2003 ist sie am Institut für Zivil- und Unternehmensrecht der Wirtschaftsuniversität Wien tätig. 2000 erhielt sie den START-Preis des FWF für ein Forschungsprojekt über Kapitalgesellschaften. Ihre Arbeitsschwerpunkte liegen im Gesellschafts-, Kapitalmarkt- und Stiftungsrecht. Seit mehreren Jahren veranstaltet sie den Österreichischen Aufsichtsratstag. Sie ist Autorin zahlreicher Fachpublikationen, etwa des „Österreichischen Gesellschaftsrechts", „Handbuch des Familienunternehmens" und „Kapitalmarktrecht", und Herausgeberin der Zeitschrift „Der Gesellschafter (GesRZ)" und Mitglied des Herausgeberbeirats mehrerer in- und ausländischer Zeitschriften.

Susanne.Kalss@wu.ac.at; www.wu.ac.at/privatrecht

Dr Peter Kunz, RA

Herr Dr Peter Kunz ist seit 1989, nach seiner Tätigkeit als Assistent an der Universität Wien und der Tätigkeit bei einem Wirtschaftsprüfer und in einer Mailänder Rechtsanwaltskanzlei, Rechtsanwalt und Gründungspartner der Kanzlei Kunz Schima Wallentin Rechtsanwälte OG. Seine Tätigkeitsschwerpunkte sind Gesellschaftsrecht, M&A-Transaktionen, Immobilienrecht und Nachfolgeplanungen. Er ist sowohl als Autor als auch als Vortragender laufend tätig und Lehrbeauftragter an der Wirtschaftsuniversität Wien für Unternehmensrecht und Corporate Governance. Peter Kunz ist selbst aktiver Aufsichtsrat und Vorstand von Privatstiftungen.

peter.kunz@KSW.at, www.ksw.at

o.Univ.-Prof. Mag. Dr. Romuald Bertl

Herr o. Univ.-Prof. Mag. Dr. Romuald Bertl ist Vorstand des Instituts für Revisions-, Treuhand- und Rechnungswesen an der Wirtschaftsuniversität Wien sowie Wirtschaftsprüfer und Steuerberater. Er ist Schriftleiter und Mitherausgeber der Österreichischen Zeitschrift für Recht und Rechnungswesen (RWZ), Vorsitzender des österreichischen Rechnungslegungsbeirates (AFRAC) und des Fachsenats für Betriebswirtschaft der KWT, sowie wissenschaftlicher Beirat des Instituts für österreichische Wirtschaftsprüfer.

romuald.bertl@austin-bfp.at; Romuald.Bertl@wu.ac.at

Dr. Andreas Bräuer

Herr Dr. Andreas Bräuer hat als Wirtschaftsjurist seit 1988 verschiedene Funktionen in internationalen Industrieunternehmen inne gehabt und war ab 1995 bei ABB Österreich für die Leitung des Rechtsbereiches verantwortlich. Von 2005 bis 2008 war er im ÖBB-Konzern tätig. Seit Anfang 2009 leitet er in der VERBUND AG den Bereich „Corporate Affairs" und ist unter anderem für die Betreuung des Konzernvorstandes sowie des Aufsichtsrates zuständig.

Dr. Robert Briem

Studium der Rechtswissenschaften in Salzburg. Von 1987 bis 1989 Universitätsassistent am Institut für Staats- und Verwaltungsrecht (Abteilung Finanzrecht) der Universität Wien, 1989 Promotion zum Dr. iur., seit 1992 Rechtsanwalt mit den Schwerpunkten Gesellschafts-, Stiftungs- und Umgründungsrecht; Mitglied des Stiftungsvorstandes und -beirates von mehreren Privatstiftungen.

robert.briem@briem.at; www.briem.at

Hon. Prof. Mag. Dr. Leo W. Chini

Herr Hon.Prof. Mag. Dr. Leo W. Chini ist seit 2000 Honorarprofessor am Institut für KMU-Forschung, Department Welthandel, an der Wirtschaftsuniversität Wien. Seit 2011 leitet er das Forschungsinstitut für Freie Berufe der Wirtschaftsuniversität Wien. Er ist Aufsichtsrat und Beirat in mehreren Unternehmen. Er ist Herausgeber und Leiter der Redaktion der Zeitschrift „Aufsichtsrat aktuell - Fachinformation für die verantwortungsvolle Kontrolle und Beratung von Unternehmen und Stiftungen". Seine Forschungsbereiche sind: KMU, Banken, Vorsorgeeinrichtungen, Freie Berufe, Finanzierung, Kapitalmärkte und Gesundheitsökonomie. Er hat zahlreiche Fachpublikationen zu den oben angeführten Forschungsthemen verfasst und hat gemeinsam mit Herrn Rechtsanwalt Priv.-Doz. Mag. Dr. Martin Oppitz einen Kommentar zum Bankwesengesetz verfasst.

leo.chini@wu.ac.at

Univ.-Prof. Dr. Markus Dellinger

Univ.-Prof. Dr. Markus Dellinger war von 1987 bis 2002 am Institut für Unternehmens- und Wirtschaftsrecht der Rechtswissenschaftlichen Fakultät der Universität Wien tätig. Heute ist er Syndikus des Österreichischen Raiffeisenverbandes und lehrt Genossenschaftsrecht an der Universität Wien und an der Wirtschaftsuniversität Wien. Seine Forschungsschwerpunkte liegen im Gesellschafts- und Insolvenzrecht sowie im Bankwesenrecht. Er ist Herausgeber und Mitautor von Kommentaren zum Genossenschaftsgesetz, zum Bankwesengesetz, zum Eigenkapitalersatzgesetz und zum Unternehmensgesetzbuch.

MMag. Dr. Maria Doralt, MIM (CEMS), RA

Dr. Maria Doralt ist Rechtsanwältin und Partnerin in der Sozietät DLA Piper. Ihre Arbeitsschwerpunkte sind die Beratung von börsennotierten und nicht-notierten Unternehmen in gesellschaftsrechtlichen Fragen; Corporate Governance; M&A Transaktionen und Restrukturierungen. Ihre Erfahrungen in der Beratung von Vorstand und Aufsichtsrat umfassen sowohl die Rechtsfragen, wie auch die wirtschaftlichen Aspekte. Vor ihrer Tätigkeit als Rechtsanwältin war Dr. Maria Doralt bei Goldman Sachs im Investment Banking tätig. Im Rahmen des CEMS Masters hat sie an der WU (Wien), der HEC (Paris) und der LSE (London School of Economics) studiert.

Dr. Maria Doralt ist Aufsichtsratsmitglied in einer börsennotierten Gesellschaft sowie in einem mittelständischen Familienunternehmen.

maria.doralt@dlapiper.com; www.dlapiper.com

Univ.-Prof. Dr. Peter Doralt, LL.M. (Harvard)

Univ.-Prof. Dr. Peter Doralt, LL.M. (Harvard), war bis 2007 Professor an der Wirtschaftsuniversität Wien (WU) und Leiter der Abteilung für Unternehmensrecht. Von 2003 bis 2008 war er Vorsitzender der österreichischen Übernahmekommission. Seine Arbeitsschwerpunkte liegen im Gesellschafts- und Kapitalmarktrecht, zu denen er auch verschiedene Vorhaben in der Gesetzgebung begleitet hat. Professor Peter Doralt ist seit mehr als 30 Jahren als Aufsichtsratsmitglied tätig. Seine Erfahrung umfasst Mandate in börsennotierten Gesellschaften, in Familiengesellschaften, als Mitglied des Leitungsorgans der SE sowie als Stiftungsvorstand und erstreckt sich auf österreichische, deutsche und schweizerische Gesellschaften verschiedener Branchen.

peter.doralt@gmx.at

Dr. Maximilian Eiselsberg

Dr. Maximilian Eiselsberg ist Rechtsanwalt in Wien und Gründer von Eiselsberg Rechtsanwälte. Seine Schwerpunkte sind Gesellschaftsrecht, Umgründungen, Stiftungsrecht, Estate Planning, Veranlagungsstrategien, Abgabenrecht, Unternehmensnachfolge, Betreuung von Familienvermögen (Family Office).

Er hat die Aufnahme der Arbeiten zu einem neuen österreichischen Stiftungsrecht initiiert (1991) und maßgeblich an der Vorbereitung des Privatstiftungsgesetzes mitgewirkt (1993). Umfangreiche Vortrags- und Lehrtätigkeiten, Publikationen zu gesellschafts- und stiftungsrechtlichen Themen. Aufsichtsrats-, Beirats- und Vorstandsmandaten in Gesellschaften und Stiftungen.

m.eiselsberg@eiselsberg.at

Univ.-Prof. Dr. Michael Enzinger

Univ.-Prof. Dr. Michael Enzinger ist seit 2001 Professor am Institut für Handels- und Wirtschaftsrecht der Universität Wien. Er war von 2002 bis 2015 Vorstand der Anwaltlichen Vereinigung für Aus- und Fortbildung (AWAK). Seit 2015 ist er Präsident der Rechtsanwaltskammer Wien. Er war und ist in zahlreichen Aufsichtsräten tätig, ua bei der ÖIAG und als stellvertretender Vorsitzender der Telekom Austria. Seit mehreren Jahren hält er verschiedene Vorlesungen, Vorträge und Seminare aus dem Fach Handels- und Gesellschaftsrecht. Seine Publikationen haben den Schwerpunkt im Gesellschaftsrecht (GmbH, Personengesellschaften) und zuletzt auch im Europarecht (AEUV).

michael.enzinger@lleanwaelte.at

Dr. Josef Fritz, Geschäftsführender Gesellschafter, BOARD SEARCH GmbH,Wien

Dr. Fritz startete seine Karriere als gelernter Bankier und erreichte rasch die 1. Führungsebene bei Österreichs zweitgrößter Bank (1980- 1992). Mit 37 Jahren wurde er zum Vorstand einer Aktiengesellschaft ernannt und wirkte 20 Jahre im Top-Management als CEO, CFO sowie als Geschäftsführer in Konzernen und Familienunternehmen. Seine Erfahrung stammt aus dem Bankwesen, Bauindustrie, Hotellerie, Tourismus, Private Equity/Venture Capital, Produktion, Handel, Systemgastronomie und Franchise sowie dem Immobilienwesen. Dr. Fritz war Universitätslektor an der WU Wien, er ist Fachautor, Keynote-Speaker, Veranstalter und Moderator.

Er ist Initiator der erstmals weltweit durchgeführten Aufsichtsrats-Gala, die Exzellenz im Aufsichtsratauszeichnet.

j.fritz@boardsearch.at;www.boardsearch.at

Dr. Stephan Frotz

Herr Dr. Stephan Frotz ist Rechtsanwalt und Partner der Frotz Rechtsanwälte OG und seit vielen Jahren auf dem Gebiet Gesellschafts- und Wirtschaftsrecht mit dem Schwerpunkt Umgründungsrecht tätig. Er ist Autor zahlreicher Fachpublikationen, zuletzt etwa Frotz/Kaufmann, Praxiskommentar Grenzüberschreitende Verschmelzungen, und Vortragender, insb zur Vorstands-, Geschäftsführer- und Aufsichtsratshaftung.

s.frotz@frra.at

Dr. Sieglinde Gahleitner

Frau Dr. Sieglinde Gahleitner war von 1989 bis 1995 sozialpolitische Referentin der Bundesarbeitskammer, ab 1995 Rechtsanwaltsanwärterin, seit 1998 Rechtsanwältin in Wien mit Tätigkeitsschwerpunkt Arbeits- und Sozialrecht sowie Gesellschafts- und Insolvenzrecht. Seit 2010 ist sie neben der Tätigkeit als Rechtsanwältin auch Mitglied des Verfassungsgerichtshofes. Von 1999 bis 2009 war sie Mitglied der Übernahmekommission, von 2008 bis 2013 Mitglied des Universitätsrates der Paris-Lodron-Universität Salzburg. Sie ist auch Autorin zahlreicher Fachpublikationen und Mitherausgeberin des Kommentars zum Arbeitsverfassungsrecht (ÖGB-Verlag).

MMag. Dr. Gudrun Geutebrück

Gudrun Geutebrück studierte Rechtswissenschaften und Betriebswirtschaftslehre in Wien, Italien und Kanada. Von 2011 bis Anfang 2016 war sie Universitätsassistentin am Institut für Revisions-, Treuhand- und Rechnungswesen, Abteilung für Betriebswirtschaftliche Steuerlehre an der Wirtschaftsuniversität Wien. Im Rahmen ihrer Dissertation befasste sie sich mit der Besteuerung digitaler Güter und Leistungen und war Stipendiatin der Netidee 2014. Sie ist nunmehr in der Privatwirtschaft tätig.

gudrun.geutebrueck@texplor.com; www.texplor-group.com

Dr. Markus Heidinger, LL.M. (King's College London), RA

Herr Dr. Markus Heidinger dissertierte 1989 an der Universität Graz mit seiner mit dem Walther Kastner-Preis ausgezeichneten Arbeit zum Thema „Aufgaben und Verantwortlichkeit von Aufsichtsrat und Beirat der GmbH". Seit 1994 ist er Partner bei WOLF THEISS Rechtsanwälte. Er leitet die Praxisgruppe Banking & Finance. Seine Tätigkeitsschwerpunkte, zu denen er regelmäßig Vorträge hält und umfangreich publiziert, sind Banken- und Finanzierungsrecht, Finanzmarktaufsichts- und Kapitalmarktrecht sowie Gesellschaftsrecht und Corporate Finance. Seit 1993 ist er Landesberichterstatter des Journal of International Banking Law and Regulation für Österreich.

markus.heidinger@wolftheiss.com; www.wolftheiss.com

Christoph Herbst, RA

Christoph Herbst ist, nach seiner Tätigkeit als Assistent an der Universität Wien (Institut für Staats- und Verwaltungsrecht) sowie wissenschaftlicher Mitarbeiter am Verfassungsgerichtshof, seit 1995 Rechtsanwalt und Partner in einer Wiener Wirtschaftskanzlei und seit 2005 Partner der Kanzlei Herbst Kinsky Rechtsanwälte GmbH, Wien. Tätigkeitsschwerpunkte sind unter anderem Bank-, Gesellschafts- und öffentliches Recht. Er war und ist in zahlreichen Aufsichtsräten tätig. Christoph Herbst ist seit Juli 2011 Mitglied (und ständiger Referent) des Verfassungsgerichtshofes.

christoph.herbst@herbstkinsky.at; www.herbstkinsky.at

Univ.-Prof. Dr. Klaus Hirschler

Univ.-Prof. Dr. Klaus Hirschler ist Steuerberater und lehrt am Institut für Revision-, Treuhand- und Rechnungswesen der Wirtschaftsuniversität Wien. Seine Tätigkeitsschwerpunkte liegen im Bereich der Rechtsformplanung und -gestaltung, Umgründungen sowie im Bereich der Rechnungslegung. Er ist Autor zahlreicher Publikationen insbesondere zum Umgründungs- und Bilanzsteuerrecht, wie zB dem „Bilanzrecht Kommentar"; Ludwig/Hirschler, „Bilanzierung und Prüfung von Umgründungen", 2. Auflage; Fraberger/Hirschler/Kanduth-Kristen/Ludwig/Mayr, „Handbuch Sonderbilanzen", Mitherausgeber der „Österreichische Steuerzeitung" (ÖStZ) und Mitglied des Fachsenats für Steuerrecht sowie des AFRAC.

Dr. Edith Hlawati, RA

Frau Dr. Edith Hlawati ist seit 1987 Rechtsanwalt und Partnerin der Kanzlei Cerha Hempel Spiegelfeld Hlawati in Wien. Sie leitet die Gruppe Banking & Finance, mit der sie einige der größten Kapitalmarkttransaktionen und Privatisierungen der Republik betreut hat. Ihre Tätigkeitsschwerpunkte sind Mergers & Acquisitions, Banking & Finance und Gesellschaftsrecht. Sie ist Aufsichtsratsvorsitzende eines ATX-Unternehmens.

www.chsh.com

RA Dr. Sascha Hödl, LL.M. (Harvard)

Sascha Hödl ist seit 2004 Partner und Gesellschafter der Schönherr Rechtsanwälte GmbH mit Arbeitsschwerpunkten in den Bereichen Unternehmenskäufe und –verkäufe (M&A), öffentliche Übernahmen und Umgründungen. Sascha Hödl begleitete in den letzten Jahren zahlreiche große Bankenrestrukturierungen in Österreich sowie M&A-Transaktionen im Bankenbereich in Österreich und Südost- und Zentraleuropa.

Er studierte Rechtswissenschaften an der Karl-Franzens-Universität Graz (Mag. jur. 1993; Dr. jur. 1996). Darüber hinaus ist er Absolvent der Harvard Law School, USA (LL.M. 2000) und war nach seiner Tätigkeit im Juristischen Dienst der Europäischen Kommission (1995/96) bei einer internationalen Anwaltssozietät tätig, bevor er im Jahr 2000 zu Schönherr kam. Sascha Hödl ist Vortragender für Internationale M&A Transaktionen an der WU Wien.

s.hoedl@schoenherr.eu;
www.schoenherr.eu/people/sascha-hoedl

Univ.-Prof. Dr. Werner H. Hoffmann

Dr. Werner H. Hoffmann ist Vorstand des Instituts für Strategisches Management der Wirtschaftsuniversität Wien sowie akademischer Direktor des Masterprogramms Strategy, Innovation and Management Control. Er war Mitgründer und von 1991 bis 2015 Vorsitzender der Geschäftsführung von Contrast Management-Consulting. Seit 2016 ist Dr. Hoffmann Partner von Contrast Ernst & Young Management Consulting im Bereich Advisory Services. Seit 2013 ist er Aufsichtsratsvorsitzender des Controller Instituts und Mitglied in mehreren weiteren Aufsichtsräten. Er hat in namhaften österreichischen und internationalen Unternehmen bei der Strategieentwicklung und beim Aufbau und der Weiterentwicklung von strategischen und operativen Controllingsystemen mitgewirkt. Er ist Autor zahlreicher Publikationen und Konferenzbeiträge zu den Themen strategisches Management, (inter-)organisationale Netzwerke, Unternehmensberatung, Controlling sowie Corporate Governance.

werner.hoffmann@wu.ac.at; http://www.wu.ac.at/ism

Univ.-Prof. Dr. Robert Kert

Herr Univ.-Prof. Dr. Robert Kert war bis 2013 Assistenzprofessor am Institut für Strafrecht und Kriminologie der Universität Wien. Seit 2014 ist er Vorstand des Instituts für Österreichisches und Europäisches Wirtschaftsstrafrecht an der Wirtschaftsuniversität Wien. Seine Forschungsschwerpunkte liegen in den Bereichen Wirtschaftsstrafrecht, Finanzstrafrecht, Europäisches Strafrecht und Sanktionenrecht. Er ist Autor zahlreicher Publikationen zu Themen des österreichischen und europäischen Straf- und Strafprozessrechts, etwa Mitautor des Grundrisses Strafrecht Allgemeiner Teil, Herausgeber des „Handbuch für Wirtschaftsstrafrecht" und der „Zeitschrift für Wirtschafts- und Finanzstrafrecht (ZWF)". Darüber hinaus wirkte er an zahlreichen rechtsvergleichenden Studien und Projekten der Europäischen Union mit.

robert.kert@wu.ac.at

MMMag.Dr. Annette Köll

Frau MMMag.Dr. Annette Köll studierte an den Universitäten Innsbruck sowie Rotterdam Rechtwissenschaften, Betriebswirtschaftslehre und Wirtschaftspädagogik. Darauf folge eine mehrjährige Tätigkeit in einer renommierten internationalen Wirtschaftskanzlei. Seit 2012 ist sie als Juristin mit abgelegter Anwaltsprüfung in der Fachabteilung für Unternehmens- und Gesellschaftsrecht von PwC Österreich tätig. Ihr Tätigkeitsschwerpunkt liegt in der Lösung von Rechnungslegungsfragen und gesellschaftsrechtlichen Problemstellungen. Weiters hält sie Vorträge und verfasst Publikationen auf diesem Gebiet.

Dr. Peter Komenda, BSc

Herr Dr. Peter Komenda, BSc war von Oktober 2011 bis Februar 2015 als Universitätsassistent am Institut für Österreichisches und Europäisches Wirtschaftsstrafrecht der Wirtschaftsuniversität Wien beschäftigt. Er forscht im Straf- und Strafprozessrecht, mit Forschungsschwerpunkten im Computer-, Wirtschafts- und Korruptionsstrafrecht. Seine Dissertation hat er zum Thema „Der Vermögensnachteil bei der Untreue" verfasst und er ist Autor zahlreicher facheinschlägiger Publikationen, unter anderem im Salzburger Kommentar zum Strafgesetzbuch.

pkomenda@wu.ac.at; www.wu.ac.at/wirtschaftsstrafrecht

Mag. Ulrich Königswieser, Wien.

Herr Mag. Königswieser war zunächst Trainer und Berater im Netzwerk einer systemischen Beratergruppe. Es folgten einige Jahre Beratungstätigkeit im Bereich Handel/Industrie, Banken und Non-profit-Organisationen als Mitarbeiter eines internationalen Beratungsunternehmens. Seine Tätigkeitsschwerpunkte liegen in der Begleitung von komplexen Veränderungsprozessen, Kulturveränderungsprozessen, Team- und Führungskräfteentwicklung, Strategie- und Leitbildentwicklung, Optimierung von Geschäftsprozessen, Merger- und Fusionsprozesse. Er leitet den strategischen Schwerpunktbereich Internationalisierung. Er ist Managementtrainer und Coach. Darüber hinaus ist er Lehrbeauftragter an internationalen Universitäten. Ulrich Königswieser ist geschäftsführender Gesellschafter von Königswieser & Network GmbH.

ulrich.koenigswieser@koenigswieser.net; www.koenigswieser.net

Michael H. Kramarsch

Michael H. Kramarsch hat sich in seiner mehr als 20-jährigen Beraterlaufbahn zu einem Experten für Corporate Governance, Performance Management und Top-Executive-Vergütung im deutschsprachigen Wirtschaftsraum entwickelt. Ab 1998 war er als Leiter Executive Compensation in einer internationalen HR-Management-Unternehmensberatung tätig. 2011 gründete er gemeinsam mit weiteren Partnern die hkp/// group. Er verfasste Bücher und Publikationen zu Fragen der Managementvergütung und Corporate Governance. Als Sachverständiger hat er die Regierungskommission DCGK mehrmals beraten und war Mitglied der DSR-Arbeitsgruppe zum DRS17 (2014).

michael.kramarsch@hkp.com; http://www.hkp.com

Univ.-Prof. Dr. Franz Marhold

Nach der Habilitation 1984 an der Rechtswissenschaftlichen Fakultät der Universität Wien wurde Prof. Franz Marhold 1988 an dieser Fakultät zum außerordentlichen Universitätsprofessor ernannt. 1990 bis 1996 Ordinarius für Bürgerliches Recht und Nebengebiete an der Universität Konstanz. 1996 bis 2012 o.Univ.Prof. für Arbeitsrecht und Sozialrecht an der Universität Graz. Seit 2012 o.Univ.Prof. am Institut für Österreichisches und Europäisches Arbeitsrecht und Sozialrecht an der WU Wien. Seit 2014 ist er Präsident des Europäischen Instituts für Soziale Sicherheit in Leuven.

Prof. Marhold ist Autor zahlreicher Fachpublikationen. Überwachungs- und Kontrollaufgaben nimmt/nahm Marhold als Vorsitzender des Aufsichtsrates des Universalmuseum-Joanneum GmbH (seit 2003), als Vorsitzender des Universitätsrates der Medizinischen Universität Graz (2003-2008) und als Stiftungsrat des ORF (2002-2008) wahr. Marhold ist als Rechtsanwalt bei der RAK Braunschweig und der RAK Wien zugelassen und Partner der Herbst Kinsky Rechtsanwälte GmbH.

franz.marhold@wu.ac.at

Prof. Dr. Heike Mensi-Klarbach

Frau Prof. Heike Mensi-Klarbach ist Gastprofessorin für Gender und Diversität an der Wirtschaftswissenschaftlichen Fakultät der Leibniz Universität Hannover. Zuvor war sie am Institut für Gender und Diversität in Organisationen der WU Wien als PostDoc beschäftigt. Sie verfasste im Rahmen eines DocTeam Stipendiums der Österreichischen Akademie der Wissenschaften ihre Dissertation zum Thema „Business Case für Diversität und Diversitätsmanagement – eine kritische Analyse". Ihre Arbeitsschwerpunkte liegen im Bereich Diversität und Corporate Governance sowie Frauen und Management. Sie ist Autorin zahlreicher Fachpublikationen, etwa in der Management Research Review, in Aufsichtsrat Aktuell, Personalmanager, sowie Herausgeberin von Lehrbüchern und Fachbüchern, etwa dem im kommenden Jahr erscheinenden Buch „Gender Diversity in the Boardroom: European Perspectives on Increasing Female Representation".

heike.mensi-klarbach@wa.uni-hannover.de;
www.wa.uni-hannover.de/

Dr. Aslan Milla, StB/WP

Herr Dr. Aslan Milla, Wirtschaftsprüfer und Unternehmensberater, ist Senior Partner bei PricewaterhouseCoopers (PwC) Österreich. Er war verantwortlich für die IFRS Fachabteilung und für den Bereich Beratung und Prüfung von Systemen und Prozessen. Neben der Prüfung von Konzern- und Jahresabschlüssen nationaler und internationaler Mandaten hat er große Erfahrung mit der Einrichtung und Prüfung von internen Kontrollsystemen sowie mit Beratung im Bereich Risikomanagement bzw. Corporate Governance. Herr Dr. Milla war von 2006 bis 2010 Präsident des Instituts Österreichischer Wirtschaftsprüfer und ist seit 2010 Berufsgruppenobmann der Wirtschaftsprüfer bei der Kammer der Wirtschaftstreuhänder (KWT). Er ist Mitglied im Präsidium des Fachsenats für Unternehmensrecht und Revision der KWT und ständiges Mitglied des Österreichischen Arbeitskreis für Corporate Governance sowie des österreichischen Rechnungslegungsbeirats (AFRAC). Er hält Vorträge bei nationalen und internationalen Fachtagungen sowie Aus- und Weiterbildungsprogrammen und ist als Fachautor tätig.

Univ.-Prof. Dr. Christian Nowotny

Herr Univ.-Prof. Christian Nowotny habilitierte sich nach seiner Assistententätigkeit an der Universität Wien sowie an der Wirtschaftsuniversität Wien und Anwaltspraxis über grundsätzliche Probleme der Neuordnung des Rechts der Rechnungslegung. Seit 1993 ist er ordentlicher Universitätsprofessor an der Wirtschaftsuniversität Wien für bürgerliches Recht, Handels- und Wertpapierrecht und seit 2007 Institutsvorstand des Instituts für Zivil- und Unternehmensrecht. Von 2002 bis 2004 war er Vizerektor für Finanzen der Wirtschaftsuniversität Wien. Er ist Mitglied des Fachsenats für Unternehmensrecht der Kammer der Wirtschaftstreuhänder, stellvertretender Vorsitzender des AUSTRIAN FINANCIAL and REPORTING COMMITTEE (AFRAC), Mitherausgeber der Fachzeitschrift Recht der Wirtschaft. Herr Univ.-Prof. Nowotny arbeitete bei diversen Gesetzgebungsvorhaben in Kommissionen des BMF und BMJ mit, er ist Mitglied in mehreren Aufsichts- und Beiräten.

christian.nowotny@wu.ac.at; www.wu.ac.at/privatrecht

RA Priv.-Doz. MMag. Dr. Martin Oppitz

RA Priv.-Doz. MMag. Dr. Martin Oppitz ist nach einer Berufslaufbahn in der Kreditwirtschaft seit 2001 Rechtsanwalt in Wien; Lehraufträge an den Universitäten Klagenfurt und Wien. Tätigkeits- und Forschungsschwerpunkte liegen im Bereich des österreichischen und europäischen Bank- und Kapitalmarktrechts; Mitherausgeber des „Österreichischen Bankarchivs". Er ist Mitautor des Kommentars Bankwesengesetz und des Handbuchs Kapitalmarktrecht.

MMag. Martin Ramharter

Herr MMag. Martin Ramharter ist seit 2012 Legist im Bundesministerium für Finanzen (Abt. III/6: Versicherungsrecht und Bundeshaftungen). Zuvor war er Wissenschaftlicher Mitarbeiter am Institut für Zivil- und Unternehmensrecht der WU Wien und am Obersten Gerichtshof. Seine Tätigkeits- und Forschungsschwerpunkte liegen im Bank- und Versicherungsrecht sowie Gesellschafts- und Rechnungslegungsrecht. Er ist stellvertretendes Vorstandsmitglied im Verein Österreichisches Rechnungslegungskomitee und regelmäßiger Vertreter Österreichs im Rechnungslegungsausschuss der Europäischen Kommission.

DI DDr. Manfred Reichl

DI DDr. Manfred Reichl, geboren 1953 in Salzburg, verheiratet, zwei erwachsene Töchter, studierte in Graz Wirtschaftsingenieurwesen/Bau und Jus. Er arbeitete zunächst als Statiker, war dann Universitätsassistent für Management an der TU Graz, anschließend 4 Jahre beim amerikanischen Computerkonzern Hewlett Packard. Ab 1987 war er bei Roland Berger Strategy Consultants, wo er ab 1992 als Senior Managing Partner das Österreich- und Osteuropa-Geschäft aufbaute. Seit 2007 ist er Senior Adviser für Unternehmen und Institutionen, Investor in junge Technologiefirmen, Aufsichts-/Verwaltungsrat in verschiedenen Unternehmen und Lehrbeauftragter an der WU Wien. 2015 ist sein Buch „Corporate Governance ohne Paragraphen“ erschienen.

Dr. Elisabeth Reiner

Elisabeth Reiner ist seit 2008 wissenschaftliche Mitarbeiterin an der Wirtschaftsuniversität Wien, wo sie am Institut für KMU-Management sowie am Forschungsinstitut für Freie Berufe tätig ist. Von 2012 bis 2014 forschte sie am Institut für Unternehmens- und Steuerrecht der Universität Innsbruck an einem OeNB Forschungsprojekt zum Thema Gesellschaftsformen für Rechtsanwaltskooperationen. Die wissenschaftlichen Arbeitsschwerpunkte von Elisabeth Reiner liegen im Feld der Empirical Legal Research sowie im Wirtschaftsrecht. Sie ist Autorin des Buches „Die Rechtsanwaltsgesellschaft: Gesellschaftsrecht, Berufsrecht und empirische Befunde“.

elisabeth.reiner@wu.ac.at

Prof Dipl.-Ing. Mag Friedrich Rödler

Herr Dipl.-Ing. Mag Friedrich Rödler ist Wirtschaftsprüfer und Steuerberater, war bis 2013 Senior Partner von PricewaterhouseCoopers (PwC) in Österreich und ist seither als selbständiger Wirtschaftstreuhänder tätig. Seit 2012 ist er Vorsitzender des Aufsichtsrates der Erste Group Bank AG, Mitglied des Aufsichtsrates der Erste Bank der österreichischen Sparkassen AG und Vorsitzender der Hauptversammlung des Sparkassen-Prüfungsverbandes. Er ist Mitglied im Fachsenat für Steuerrecht der Kammer der Wirtschaftstreuhänder; Mitglied im Ausschuss für Steuerpolitik und Kapitalmarktfragen der Industriellenvereinigung; Vorsitzender der Tax Policy Group der FEE (Fédération des Experts Comptables Européennes).

friedrich.roedler@gmail.com; www.erstegroup.com

Univ.-Prof. Dr. Martin Schauer

Seit 2001 Universitätsprofessor am Institut für Zivilrecht der Universität Wien; zuvor Universitätsprofessor für Bürgerliches Recht und Handelsrecht an der Wirtschaftsuniversität Wien und Vorstand des Forschungsinstituts für Mittel- und Osteuropäisches Wirtschaftsrecht. Gastprofessuren und Lehrtätigkeit an mehreren Universitäten des In- und Auslands. Titularmitglied der Académie internationale de droit comparé (Paris). Gründungs- und Vorstandsmitglied der Österreichischen Gesellschaft für Familien- und Vermögensrecht. Zahlreiche Veröffentlichungen auf dem Gebiet des Erb- und Stiftungsrechts. Mitherausgeber der Zeitschrift „Journal für Erbrecht und Vermögensnachfolge (JEV)". Arbeitsschwerpunkte: Privates Wirtschaftsrecht, Vertragsrecht, Versicherungsvertragsrecht, Erb- und Stiftungsrecht, Sachwalterrecht.

Hon.-Prof. Dr. Georg Schima, M.B.L.-HSG, RA

Herr Hon.-Prof. Dr. Georg Schima ist Rechtsanwalt und Gründungspartner der Kunz Schima Wallentin Rechtsanwälte OG, Wien, sowie Honorarprofessor für Unternehmensrecht und Arbeitsrecht an der Wirtschaftsuniversität Wien. Er ist Mitglied des Österreichischen Arbeitskreises Corporate Governance im BMF und des Ausschusses der Rechtsanwaltskammer Wien. Seine Tätigkeitsschwerpunkte umfassen neben dem Individual und kollektiven Arbeitsrecht vor allem Fragen betreffend Vorstands- und Geschäftsführerverträge, die Haftung von Vorstand und Aufsichtsrat, Gesellschaftsrecht sowie (insbesondere streitiges) Bank- und Kapitalmarktrecht. Georg Schima ist Autor mehrerer Bücher und von rund 90 Publikationen aus den Bereichen Arbeitsrecht, Gesellschaftsrecht Kapitalmarktrecht.

Mag. Matthias Schimka, RA

Herr Mag. Matthias Schimka ist Rechtsanwalt bei WOLF THEISS Rechtsanwälte GmbH & Co KG und Mitglied der dortigen „banking & finance" Praxisgruppe. Er ist ua spezialisiert in den Bereichen Bankrecht, Fremdfinanzierungen sowie Kapitalmarktrecht. Sein Tätigkeitsschwerpunkt liegt auch in der Vertretung von Unternehmen des Banken- und Finanzdienstleistungssektors bei Verfahren vor der FMA und Gerichten. Zuvor war er Assistent am Institut für Zivil- und Unternehmensrecht der Wirtschaftsuniversität Wien (Lehrstuhl Prof. Kalss). Matthias Schimka ist Autor zahlreicher Fachpublikationen aus den Bereichen Kapitalmarkt-, Gesellschafts-, Stiftungs- und Unternehmensrecht.

matthias.schimka@wolftheiss.com; www.wolftheiss.com

Dr. Paul Schörghofer, LL.M. (Harvard)

Herr Dr. Paul Schörghofer ist Rechtsanwalt und Partner der Frotz Rechtsanwälte OG. Seine schwerpunktmäßige Tätigkeit liegt in den Bereichen Mergers & Acquisitions, Umgründungsrecht sowie Gesellschaftsrecht. Er ist Autor zahlreicher Fachpublikationen und Lehrbeauftragter an der WU Wien.

p.schoerghofer@frra.at

Dr. Brigitta Schwarzer, MBA

Dr. Brigitta Schwarzer, MBA ist Juristin und Expertin für Governance & Compliance und gerichtlich beeidete Sachverständige für D&O-Versicherungen. Sie bekleidete viele Jahre Managementfunktionen in namhaften Industrie- und Immobilienunternehmen und verfügt über umfassende Geschäftsführungs- und Aufsichtsratserfahrung. In 2008 hat sich Brigitta Schwarzer als Unternehmens- und Versicherungsberaterin selbstständig gemacht und ist aktuell Kooperationspartner der GrECo International AG. Weiters ist sie seit 2015 geschäftsführende Gesellschafterin der INARA GmbH, einer Governance & Compliance-Wissensplattform für Vorstände, Geschäftsführer, Aufsichtsräte und Stiftungsvorstände. Einer der Schwerpunkte von INARA ist die Organisation facheinschlägiger Veranstaltungen für die Zielgruppe.

office@inara.at; www.inara.at

Dr Thomas Seeber MASCI (Padova), LL.M. (Krems)

Dr Thomas Seeber ist Partner der Kanzlei Kunz Schima Wallentin Rechtsanwälte. Seine Tätigkeitsschwerpunkte liegen im Bank- und Kapitalmarkt-, Immobilien- und Gesellschaftsrecht. Thomas Seeber ist Mitglied des international besetzen Runden Tisches Grundpfandrechte, Autor zahlreicher Fachpublikationen und auch laufend als Vortragender tätig.

thomas.seeber@ksw.at; www.ksw.at

Regine Siepmann

Regine Siepmann berät seit über acht Jahren hauptsächlich börsennotierte Gesellschaften in Fragen der Vorstands-, Führungskräfte- und Aufsichtsratsvergütung. Seit 2011 ist sie als Beraterin für die hkp/// group tätig und leitet dort seit 2015 den Beratungsbereich Board Services. Schwerpunkte ihrer Consulting-Tätigkeiten sind Projekte zur Corporate Governance und Regulatorik, Angemessenheitsprüfungen der Vorstands- und Aufsichtsratsvergütung sowie die Aus- und Neugestaltung variabler Vergütungssysteme für das Top Management. Des Weiteren befasst sich die Diplom-Kauffrau mit der Publizität der Bezüge für Organmitglieder nach nationalen und internationalen Rechnungslegungsvorschriften.

regine.siepmann@hkp.com; http://www.hkp.com

Hon.-Prof. Dr. Wilfried Stadler

Herr Hon.-Prof. Wilfried Stadler war nach Industriepraxis und wirtschaftspolitischer Beratungstätigkeit über zwanzig Jahre in Vorstandsfunktionen in Spezialbanken tätig. Schon während dieser Zeit wirkte er in zahlreichen Aufsichtsgremien mit. Seit 2009 bildet die Wahrnehmung von Aufsichtsratsmandaten in österreichischen Familienunternehmen seinen beruflichen Schwerpunkt.

Der langjährige Vorsitzende des Industriewissenschaftlichen Instituts und Konsulent eines Private Equity Fonds ist seit 2008 Honorarprofessor für Wirtschaftspolitik an der WU Wien, seit 2010 auch Lehrbeauftragter an der Universität Salzburg. Er ist Mit-Herausgeber der Wochenzeitung „DIE FURCHE“, Autor und Herausgeber mehrerer Bücher und publiziert regelmäßig zu den Themenschwerpunkten Ordnungspolitik, Finanzmarktökonomie und Unternehmensfinanzierung.

wilfried.wtadler@A1.net; www.wilfried-stadler.com

Prof. Dr. oec. Michèle F. Sutter-Rüdisser

Prof. Dr. oec. Michèle F. Sutter-Rüdisser ist Vizedirektorin und Assistenzprofessorin am Institut für Accounting, Controlling und Auditing der Universität St. Gallen sowie ständige Gastprofessorin an der School of Management der Università Commerciale Luigi Bocconi in Mailand, Italien. Sie ist ferner Mitglied des Universitätsrats der Universität Liechtenstein sowie Mitglied des Verwaltungsrats der Spital Thurgau AG.

michele.sutter@unisg.ch

Dr. Eberhard Vetter, RA

Herr Dr. Eberhard Vetter studierte an den Universitäten in Bonn und Köln Rechts- und Wirtschaftswissenschaften. Nach langjähriger Tätigkeit in Unternehmen des Maschinen- und internationalen Industrieanlagenbaus sowie in Holdinggesellschaften der Versicherungs- und Finanzdienstleistungsindustrie ist er seit 2003 Partner der Luther Rechtsanwaltsgesellschaft in Köln. Er verfügt über breite Erfahrungen und Kenntnisse im Gesellschaftsrecht, insbesondere im Aktien- und Konzernrecht, im

Kapitalmarktrecht, auf dem Gebiet der Compliance wie auch im Aufsichtsrecht. Herr Dr. Vetter kennt die Tätigkeit als Aufsichtsratsmitglied wie auch als Aufsichtsratsvorsitzender aus eigener Erfahrung in verschiedenen Gesellschaften im In- und Ausland. Von 1996 bis 2008 gehörte er der Ständigen Deputation des Deutschen Juristentages an und war seit 2000 zudem Mitglied des Geschäftsführenden Ausschusses.

Seine Beratungsschwerpunkte liegen in der Betreuung börsennotierter und nicht börsennotierter Aktiengesellschaften in allen Bereichen des Aktien- und Kapitalmarktrechts sowie des Konzernrechts einschließlich der Prozessführung auf diesen Gebieten (z.B. Anfechtungsklagen, Organhaftungsprozesse, Schiedsverfahren) und des Wirtschaftsrechts. Er begleitet Gesellschaften bei der Vorbereitung und Durchführung von Hauptversammlungen und berät Vorstände und Aufsichtsräte in Fragen des Wirtschaftsrechts, der Unternehmensmitbestimmung bei Compliance-Themen.

Herr Dr. Vetter ist Co-Autor verschiedener wirtschaftsrechtlicher Handbücher, vorwiegend zum Aktienrecht, sowie Autor zahlreicher Beiträge in Zeitschriften und Sammelwerken zu Fragen des internationalen Wirtschaftsrechts und des Gesellschaftsrechts mit dem Schwerpunkt Aktienrecht.

eberhard.vetter@luther-lawfirm.com

Prof. Dr. Domenik Henning Wendt, LL.M.

Prof. Dr. Domenik Henning Wendt, LL.M., lehrt seit 2013 Privat- und Wirtschaftsrecht an der Frankfurt University of Applied Sciences und ist Direktor des Instituts für Vertragsgestaltung und Konfliktlösung (IVK); war von 2009 bis 2013 für den Gesamtverband der Deutschen Versicherungswirtschaft e. V. (GDV) tätig, u.a. in der Expertengruppe der Europäischen Kommission zum Europäischen Versicherungsvertragsrecht; war von 2011 bis 2013 zudem Counsel in einer international tätigen Rechtsanwaltskanzlei; ist Autor zahlreicher Veröffentlichungen, u.a. zum Privatversicherungsrecht sowie zum Europäischen Wirtschaftsrecht; ist Dozent der Deutschen Versicherungsakademie (DVA); ist zudem von der Bundesanstalt für Finanzdienstleistungsaufsicht (BaFin) anerkannter unabhängiger Bedingungstreuhänder für die Private Krankenversicherung.

Prof. Dr. Janine Wendt

Frau Prof. Dr. Janine Wendt ist seit 2011 Juniorprofessorin für Bürgerliches Recht und Unternehmensrecht an der Technischen Universität Darmstadt. Von 2003 bis 2007 war sie Forschungsassistentin in dem vom FWF finanzierten START-Projekt „Organisation und Vermögensordnung im Recht der Kapitalgesellschaften" unter Leitung von Frau Univ.-Prof. Dr. Susanne Kalss an der Wirtschaftsuniversität Wien. Im Rahmen dieses rechtsvergleichenden Forschungsprojekts entstand ihre Dissertation zum italienischen Aktienrecht. Im Anschluss an die Promotion war Janine Wendt als Post-doc am Institut für Zivil- und Unternehmensrecht der Wirtschaftsuniversität Wien tätig. Ihre Arbeitsschwerpunkte liegen im Gesellschaftsrecht, im Finanzmarktrecht sowie im Technikrecht.

wendt@jus.tu-darmstadt.de

Mag. Gernot Wilfling

Mag. Gernot Wilfling ist Rechtsanwalt und Partner bei Müller Partner Rechtsanwälte. Er leitet die Praxisgruppe Kapitalmarktrecht und berät Unternehmen und Banken in sämtlichen Finanzierungsfragen. Neben Kapitalmarkttransaktionen berät er regelmäßig bei Maßnahmen der Emittenten-Compliance, in Fragen der Corporate Governance und in angrenzendem Gesellschaftsrecht. Gernot Wilfling ist Autor zahlreicher Fachpublikationen und regelmäßiger Vortragender zu kapitalmarktrechtlichen Themen.

g.wilfling@mplaw.at; www.mplaw.at

Univ.-Prof. Dr. Johannes Zollner

Herr Univ.-Prof. Dr. Johannes Zollner war von 2011 bis 2013 als Professor für Privatrecht an der Universität Klagenfurt sowie zuvor als Assistent und dann als assoziierter Professor am Institut für Zivil- und Unternehmensrecht der Wirtschaftsuniversität Wien tätig. Seine Arbeitsschwerpunkte liegen im Gesellschafts-, Kapitalmarkt- und Stiftungsrecht.

j.zollner@uni-graz.at

Inhaltsverzeichnis

V. Sondersituationen

VI. Aufsichtsrechtliche Sonderregelungen

VII. Aufsichtsorgane in unterschiedlichen Rechtsträgern

Abkürzungsverzeichnis

Abkürzungsverzeichnis

aA	andere Ansicht
AbgÄG 1996	Abgabenänderungsgesetz 1996 BGBl 1996/797
ABGB	Allgemeines bürgerliches Gesetzbuch JGS 946
abgedr	abgedruckt
ABl EG	Amtsblatt der Europäischen Gemeinschaften
ABl	Amtsblatt
ABlWrZ	Amtsblatt zur Wiener Zeitung
Abs	Absatz
AcP	(deutsches) Archiv für die civilistische Praxis
ADV	Automationsunterstützte Datenverarbeitung
aF	alte Fassung
AG	a) Die Aktiengesellschaft (deutsche Zeitschrift) b) (deutsches) Amtsgericht
AG	Aktiengesellschaft(en)
AktG	Aktiengesetz 1965 BGBl 98
AktRÄG	Aktienrechts-Änderungsgesetz 2009, 208/MEntw (24. GP)
ALöschG	Amtslöschungsgesetz dRGBl 1934 I 914
ALSAG	Altlastensanierungsgesetz
aM	anderer Meinung
AnfO	Anfechtungsordnung RGBl 1914/337
AngG	Angestelltengesetz BGBl 1921/292
Anm	Anmerkung
AnwBl	Österreichisches Anwaltsblatt
AnwZ	Österreichische Anwalts-Zeitung
AO	Ausgleichsordnung RGBl 1914/337
AÖF	Amtsblatt der österreichischen Finanzverwaltung
AR	Aufsichtsrat
ARÄG	Aktienrechts-Änderungsgesetz 2009, 233/MEntw (23. GP)
Arb	Sammlung arbeitsrechtlicher Entscheidungen der Gerichte und Einigungsämter
ArbVG	Arbeitsverfassungsgesetz BGBl 1974/22
ARD	ARD-Betriebsdienst
arg	argumento (folgt aus)
Art	Artikel
ASGG	Arbeits- und Sozialrechtsgesetze
ASoK	Arbeits- und Sozialrechtskartei
ASVG	Allgemeines Sozialversicherungsgesetz BGBl 1955/189
ATS	österreichische Schilling (im ADV-Firmenbuch)
AußStrG 2003	Außerstreitgesetz 2003 BGBl I 2003/111
AußStrG aF	Außerstreitgesetz RGBl 1854/208
außstrVerf	außerstreitiges Verfahren, Außerstreitverfahren
AVG	Allgemeines Verwaltungsverfahrensgesetz 1991 BGBl 1991/51
AVRAG	Arbeitsvertragsrechts-Anpassungsgesetz BGBl 1993/459
AWG	Abfallwirtschaftsgesetz
AZR	Abkürzungs- und Zitierregeln der österreichischen Rechtssprache und europarechtlicher Rechtsquellen[4], hrsg von *Friedl/Loebenstein*

BAO	Bundesabgabenordnung BGBl 1961/194
BayObLG	Bayerisches Ober Landesgericht
BayObLG	Bayerisches Oberstes Landesgericht
BayObLGZ	Entscheidungen des Bayerischen Obersten Landesgerichts in Zivilsachen
BB	Der Betriebsberater (deutsche Zeitschrift)
Bd	Band
BetFG	Beteiligungsfondsgesetz BGBl 1982/111
BeurkG	(deutsches) Beurkundungsgesetz
BG	Bundesgesetz
BGB	(deutsches) Bürgerliches Gesetzbuch RGBl 1896,195
BGBl	Bundesgesetzblatt
BGBlG	Bundesgesetzblattgesetz 1996, Gesetz über das –, BGBl 1996/660
BGH	deutscher Bundesgerichtshof
BGHZ	Entscheidungen des (deutschen) Bundesgerichtshofs in Zivilsachen
BKR	Zeitschrift für Bank- und Kapitalmarktrecht
Blg	Beilage(n)
BlgNR	Beilage(n) zu den stenographischen Protokollen des Nationalrates
BM	Bundesministerium
BMF	Bundesminister(ium) für Finanzen
BMI	Bundesminister(ium) für Inneres
BMJ	Bundesminister(ium) für Justiz
BPG	Betriebspensionsgesetz
BSG	(deutsches) Bundessozialgericht
BT-Drucks	Bundestagsdrucksache
BudBG	Budgetbegleitgesetz
BVerfGE	Entscheidungen des Bundesverfassungsgerichts
BWA	Bundes-Wertpapieraufsicht
BWG	Bankwesengesetz BGBl 1993/532
bzgl	bezüglich
bzw	beziehungsweise
c	Comply or Explain
d	deutsch (vor einer anderen Abkürzung)
DA	Dienstanweisung
dAktG	deutsches Aktiengesetz
dAnwBl	(deutsches) Anwaltsblatt
DB	Der Betrieb (deutsche Zeitschrift)
DepG	Depotgesetz
ders	derselbe
DevG	Devisengesetz BGBl 1946/162
dgl	dergleichen
dGmbHG	deutsches Gesetz betreffend die Gesellschaften mit beschränkter Haftung
dh	das heißt
DHG	Dienstnehmerhaftpflichtgesetz BGBl 1965/80
dies	dieselbe(n)
DNotZ	Deutsche Notar-Zeitschrift
DRdA	Das Recht der Arbeit (Zeitschrift)

dRGBl	(deutsches) Reichsgesetzblatt
DStR	Deutsches Steuerrecht (deutsche Zeitschrift)
dUmwG	deutsches Umwandlungsgesetz dBGBl 1994 I 3210
DZWir	Deutsche Zeitschrift für Wirtschaftsrecht
E(en)	Entscheidung(en)
eastlex	Fachzeitschrift für Recht und Steuern in Mittel- und Osteuropa
EBRV	Erläuternde Bemerkungen zur Regierungsvorlage
ecolex	Fachzeitschrift für Wirtschaft
EEG	Eingetragene Erwerbsgesellschaft
EG	Europäische Wirtschaftsgemeinschaft
Einl	Einleitung
EisbG	Eisenbahngesetz 1957 BGBl 1957/60
EKEG	Eigenkapitalersatzgesetz 2003 BGBl I 2003/92
EMRK	Europäische Menschenrechtskommission
EO	Exekutionsordnung RGBl 1896/79
Erg	Ergänzung
ErgBd	Ergänzungsband
Erk	Erkenntnis
ErlRV	Erläuterung(en) zur Regierungsvorlage
Erl	Erläuterung(en)
ERV	Elektronischer Rechtsverkehr
EStG	Einkommensteuergesetz 1988 BGBl 1988/400
EStR	Einkommensteuerrichtlinien
etc	et cetera
EU	Europäische Union
EU-GesRÄG	EU-Gesellschaftsrechtsänderungsgesetz BGBl 1996/304
EuGH	Europäischer Gerichtshof
EuGVÜ	Europäisches Gerichtsstands- und Vollstreckunsgübereinkommen
EuGVVO	Europäische Gerichtsstand- und Vollstreckungsverordnung
EuInsVO	Europäische Insolvenzverordnung
Euro-JuBeG	1. Euro-Justiz-Begleitgesetz BGBl I 1998/125
EU-VerschG	Bundesgesetz über die grenzüberschreitende Verschmelzung von Kapitalgesellschaften in der Europäischen Union BGBl I 2007/72
EuZW	Europäische Zeitschrift für Wirtschaftsrecht
EvBl	Evidenzblatt der Rechtsmittelentscheidungen in ÖJZ
EVHGB	Vierte Verordnung zur Einführung handelsrechtlicher Vorschriften im Lande Österreich RGBl 1938 I 1999
EWG	Europäische Wirtschaftsgemeinschaft
EWIV	Europäische Wirtschaftliche Interessenvereinigung
EWR	Abkommen über die Schaffung eines Europäischen Wirtschaftsraumes BGBl 1993/909
EWS	Europäisches Wirtschafts- und Steuerrecht (Z)
f	und der, die folgende
FB	Firmenbuch
FBG	Firmenbuchgesetz BGBl 1991/10
ff	und der, die folgenden
FGG	(deutsches) Gesetz über die Angelegenheiten der freiwilligen Gerichtsbarkeit RGBl 1898/189
FinProk	Finanzprokuratur

FinStrG	Finanzstrafgesetz BGBl 1958/129
FKVO	EU-Fusionskontrollverordnung ABl 1990 L 257, 13 (ABl 2004 L 257, 24)
FMA	Finanzmarktaufsicht
FMAG	Finanzmarktaufsichtsgesetz
FN	Fußnote
Formblatt-V	Formblattverordnung BMJ BGBl II 1997/165
FS	Festschrift
G	Gesetz
GA	Gutachten
GBG	Allgemeines Grundbuchsgesetz 1955 BGBl 1955/39
GBU	GmbH-Bulletin (Zeitschrift)
GebG	Gebührengesetz 1957 BGBl 1957/267
gem	gemäß
Gen	Genossenschaften
GenG	Genossenschaftsgesetz RGBl 1873/70
Geo	Geschäftsordnung für die Gerichte I. und II. Instanz BGBl 1951/264GeS
Ges aktuell	Zeitschrift für Gesellschafts- und Steuerrecht
GeS	Zeitschrift für Gesellschafts- und Steuerrecht
GesAusG	Bundesgesetz über den Ausschluss von Minderheitsgesellschaftern BGBl I 2006/75
GesBR	Gesellschaft bürgerlichen Rechts
GesRÄG	Gesellschaftsrechtsänderungsgesetz a) BGBl 1982/371 (GesRÄG 1982) b) BGBl 1993/458 (GesRÄG 1993) c) BGBl I 2007/72 (GesRÄG 2007)
GesRZ	Der Gesellschafter (Zeitschrift für Gesellschafts- und Unternehmensrecht)
GewO	Gewerbeordnung 1994 BGBl 1994/194
ggf	gegebenenfalls
GGG	Gerichtsgebührengesetz 1984 BGBl 1984/501
GKoärG	Gerichtskommissärsgesetz BGBl 1970/343
GmbH(en)	Gesellschaft(en) mit beschränkter Haftung
GmbHG	Gesetz über Gesellschaften mit beschränkter Haftung RGBl 1906/58
GmbHG-Nov	Novelle zum Gesetz über Gesellschaften mit beschränkter Haftung
GmbHR	(deutsche) GmbH-Rundschau (Zeitschrift)
GOG	Gerichtsorganisationsgesetz RGBl 1896/217
GP	Gesetzgebungsperiode
GrESt	Grunderwerbsteuer
GrEStG	Grunderwerbsteuergesetz 1987 BGBl 1987/309
GroßKomm	Großkommentar
GRSlg	Entscheidungssammlung „Gewerblicher Rechtsschutz“
GRUR	Gewerblicher Rechtsschutz und Urheberrecht (deutsche Zeitschrift)
GS	Gedenkschrift
GSpG	Glücksspielgesetz BGBl 1989/620
GuV	Gewinn- und Verlustrechnung
GZ	Gerichtszeitung

hA	herrschende Ansicht
HaRÄG	Handelsrechts-Änderungsgesetz BGBl I 2005/120
HG	Handelsgericht
HGB	Handelsgesetzbuch RGBl 1897, 219
HH	Herrenhaus
hL	herrschende Lehre
hM	herrschende Meinung
Hrsg	Herausgeber
hrsg	herausgegeben
HRV	Handelsregisterverfügung RMinBl 1937, 515
HRZV	Handelsregister-Zuständigkeitsverordnung BGBl 1946/21
HS	Handelsrechtliche Entscheidungen
HSchG	Hochschülerschaftsgesetz 1973 BGBl 1973/309
HVG	Handelsvertretergesetz
HypBG	Hypothekenbankengesetz RGBl 1899/375
idF	in der Fassung
idgF	in der geltenden Fassung
idR	in der Regel
IDW	Institut der Wirtschaftsprüfer
IESG	Insolvenz-Entgeltsicherungsgesetz BGBl 1977/324
ifo-studien	Studien des Instituts für Organisation (Z)
iL	in Liquidation
infas	Information aus dem Arbeits- und Sozialrecht
insb	insbesondere
InvFG	Investmentfondsgesetz BGBl 1993/532
IO	Insolvenzordnung
IPrax	Praxis des Internationalen Privat- und Verfahrensrechts
IPRG	Bundesgesetz über das internationale Privatrecht BGBl 1978/304
IRÄG	Insolvenzrechtsänderungsgesetz a) BGBl 1994/153 (IRÄG 1994) b) BGBl I 1997/114 (IRÄG 1997)
iS	im Sinne
iSd	im Sinne des/der
IStR	Internationales Steuerrecht (Zeitschrift für europäische und internationale Steuer- und Wirtschaftsberatung)
iSv	im Sinne von
iVm	in Verbindung mit
iwS	im weiteren Sinne
iZm	im Zusammenhang mit
JA	Justizausschuss
JAB	Justizausschussbericht
JABl	Amtsblatt der österreichischen Justizverwaltung
JArb	Juristische Arbeitsblätter (deutsche Zeitschrift)
JAP	Juristische Ausbildung und Praxisvorbereitung (Zeitschrift)
JB	Jahrbuch
JBl	Juristische Blätter
JEV	Journal für Erbrecht und Vermögensnachfolge
JFG	(deutsches) Jahrbuch für Entscheidungen in Angelegenheiten der freiwilligen Gerichtsbarkeit und des Grundbuchrechts

Jg	Jahrgang
JMV	Justizministerialverordnung
JMVBl	Verordnungsblatt des k. k. Justizministeriums
JN	Jurisdiktionsnorm RGBl 1895/111
Jud	Judikatur
JuS	Juristische Schulung (deutsche Zeitschrift)
JW	Juristische Wochenschrift (deutsche Zeitschrift)
JZ	Juristenzeitung (deutsche Zeitschrift)
KapBG	Kapitalberichtigungsgesetz BGBl 1967/171
KartG	a) Kartellgericht b) Kartellgesetz BGBl 1988/600
KEG	Kommandit-Erwerbsgesellschaft
KESt	Kapitalertragsteuer
KG	a) Kommanditgesellschaft b) Kammergericht Berlin
KGaA	Kommanditgesellschaft auf Aktien
KO	Konkursordnung RGBl 1914/337
KOG	Kartellobergericht
Kom	Europäische Kommission
krit	kritisch
KSt	Körperschaftsteuer
KStG	Körperschaftsteuergesetz 1988 BGBl 401
KTS	(deutsche) Zeitschrift für Konkurs-, Treuhand- und Schiedsgerichtswesen; ab 1989: Zeitschrift für Insolvenzrecht – Konkurs, Treuhand, Sanierung
KVG	Kapitalverkehrsteuergesetz dRGBl 1934, 1058
L	Law
L	Lehre
LAG	(deutsches) Landesarbeitsgericht
lfd	laufend, -e, -er, -es
LG	Landesgericht
LGBl	Landesgesetzblatt
LGVÜ	Luganer Gerichtsstands- und Vollstreckungsabkommen
LGZ	Landesgericht für Zivilrechtssachen
lit	litera (Buchstabe)
Lit	Literatur
LS	Leitsatz
LuftfahrtG	Luftfahrtgesetz BGBl 1957/253
MBO	Management Buy out
MDR	Monatsschrift für Deutsches Recht (deutsche Zeitschrift)
mE	meines Erachtens
MedG	Mediengesetz BGBl 1981/314
Mio	Million(en)
MRG	Mietrechtsgesetz BGBl 1981/520
MuR	Medien + Recht (Zeitschrift)
mwN	mit weiteren Nachweisen

nF	neue Fassung
NGZG	Nebengebührenzulagengesetz BGBl 1971/485
NJ	Neue Justiz (DDR-Zeitschrift)
NJW	Neue Juristische Wochenschrift (deutsche Zeitschrift)
NJWF	Neue Juristische Wochenschrift, Fundhefte
NO	Notariatsordnung RGBl 1871/75
NotAktG	Notariatsaktsgesetz RGBl 1871/76
Nov	Novelle
Nr	Nummer
NR	Nationalrat
NZ	Österreichische Notariatszeitung
NZA	Neue Zeitschrift für Arbeitsrecht
NZG	Neue Zeitschrift für Gesellschaftsrecht
ö	österreichisch, -e, -er, -es (nur vor einer anderen Abkürzung)
ÖBA	Österreichisches Bankarchiv (Zeitschrift)
ÖBl	Österreichische Blätter für gewerblichen Rechtsschutz und Urheberrecht
OEG	Offene Erwerbsgesellschaft
OG	Offene Gesellschaft
OGH	Oberster Gerichtshof
ÖH	Österreichische Hochschülerschaft
OHG	Offene Handelsgesellschaft
ÖIAG-Gesetz	Österreichische Industrieholding
ÖJT	Österreichischer Juristentag
ÖJZ	Österreichische Juristenzeitung
ÖJZ-LSK	Leitsatzkartei in der Österreichischen Juristenzeitung
OLG	Oberlandesgericht
ÖRAK	Österreichische Rechtsanwaltskammer
OrgHG	Organhaftpflichtgesetz BGBl 1967/181
öS	österreichische Schilling
ÖStZ	Österreichische Steuer-Zeitung
ÖStZB	Die finanzrechtlichen Erkenntnisse des VwGH und des VfGH, Beilage zur Österreichischen Steuerzeitung
ÖZW	Österreichische Zeitung für Wirtschaftsrecht
PBl	Österreichisches Patentblatt (Zeitschrift)
PfBrG	Pfandbriefgesetz dRGBl 1927 I 492
PKG	Pensionskassengesetz BGBl 1990/281
Pkt	Punkt
ProkG	Prokuraturgesetz StGBl 1945/172
PuG	Publizitätsrichtliniegesetz BGBl I 2006/103
R	Recommandation
RA	Rechtsanwalt
RabelsZ	Rabels Zeitschrift für ausländisches und internationales Privatrecht
RAO	Rechtsanwaltsordnung RGBl 96/1868
RATG	Rechtsanwaltstarifgesetz
RdW	Österreichisches Recht der Wirtschaft (Zeitschrift)

Ref-Entwurf	Referentenentwurf
Reg	Register
ReLÄG	Rechnungslegungsänderungsgesetz BGBl I 2004/161
RfR	Rundfunkrecht, Beilage zu Österreichische Blätter für gewerblichen Rechtsschutz und Urheberrecht (ÖBl)
RGBl	Reichsgesetzblatt
RGZ	Entscheidungen des (deutschen) Reichsgerichts in Zivilsachen
RIW	Recht der internationalen Wirtschaft (deutsche Zeitschrift)
RL	Richtlinie(n)
RLG	Rechnungslegungsgesetz BGBl 1990/475
Rn	Randnummer(n) (Querverweis auf RN[en] des Beispielteils der vorliegenden Ausgabe)
Rpfl	Der Österreichische Rechtspfleger (Zeitschrift)
RpflG	Rechtspflegergesetz BGBl 1985/560
Rsp	a) „Rechtsprechung" (Zeitschrift) b) Rechtsprechung
RV	Regierungsvorlage
RWZ	Österreichische Zeitschrift für Rechnungswesen
RZ	Österreichische Richterzeitung
Rz	Randzahl(en)
S	Schilling (nur in wörtlich zitierten Texten, sonst „öS")
s	siehe
sa	siehe auch
SEB	Schillingeröffnungsbilanz
SEBG	Schillingeröffnungsbilanzengesetz BGBl 1954/190
SEEG	Gesetz zur Einführung der Europäischen Gesellschaft (SE-Einführungsgesetz)
SEG	Societas Europaea Gesetz
SE-VO	Verordnung über die Societas Europaea
SH	Sonderheft
Slg	Sammlung
sog	sogenannt, -e, -er, -es
SpaltG	Spaltungsgesetz BGBl 1996/304
SpruchG	Gesetz über das gesellschaftsrechtliche Spruchverfahren
SSt	Entscheidungen des OGH in Strafsachen und Disziplinarangelegenheiten
StGB	Strafgesetzbuch BGBl 1974/60
StGBl	Staatsgesetzblatt für die Republik Österreich
stGes	stille Gesellschaft
StP	Stenographische Protokolle
StPO	Strafprozeßordnung 1975 BGBl 1975/631
str	strittig
StRsp	Ständige Rechtsprechung
StruktVG	Strukturverbesserungsgesetz BGBl 1969/69
SWI	Steuer und Wirtschaft International
SWK	Österreichische Steuer- und Wirtschaftskartei
SZ	Entscheidungen des österreichischen Obersten Gerichtshofes in Zivil- (und Justizverwaltungs-)sachen
SZW	Schweizerische Zeitschrift für Wirtschaft

taxlex	Zeitschrift für Steuer und Beratung
TP	Tarifpost
Tz	Textziffer
u	und
ua	a) und andere, -s b) unter anderem
uä	und ähnliche(s)
ÜbernahmeRL	Übernahmerichtlinie
ÜbG	Übernahmegesetz
ÜbK	Übernahmekommission
ÜbRÄG	Übernahmerechtsänderungsgesetz BGBl I 2006/75
udgl	und dergleichen
udglm	und dergleichen mehr
UGB	Unternehmensgesetzbuch BGBl I 2005/120
UMAG	Das Gesetz zur Unternehmensintegrität und Modernisierung des Anfechtungsrechts
UmgrStG	Umgründungssteuergesetz BGBl 1991/699
UmwÄndG	Gesetz zur Änderung des Umwandlungsgesetzes
UmwG	Umwandlungsgesetz BGBl 1996/304
URÄG 2008	Unternehmensrechts-Änderungsgesetz
URG	Unternehmensreorganisationsgesetz BGBl I 1997/114
UStG	Umsatzsteuergesetz 1994 BGBl 663
usw	und so weiter
uU	unter Umständen
V	Verordnung
VAG	Versicherungsaufsichtsgesetz BGBl 1978/569
Verf	Verfahren
Verschm	Verschmelzung
Versch-RL	Richtlinie 2005/56/EG über die Verschmelzung von Kapitalgesellschaften aus verschiedenen Mitgliedstaaten, Abl L 310 vom 25.11.2005
Vfg	Verfügung
VfGH	Verfassungsgerichtshof
VfSlg	Sammlung der Erkenntnisse und wichtigsten Beschlüsse des Verfassungsgerichtshofes
vgl	vergleiche
VO	Verordnung (der EG)
Voraufl	Vorauflage
VwGH	Verwaltungsgerichtshof
VwSlg	Erkenntnisse und Beschlüsse des Verwaltungsgerichtshofes
VwSlgNF	Erkenntnisse und Beschlüsse des Verwaltungsgerichtshofes Neue Folge
VWT	Der Wirtschaftstreuhänder
3. WÄG	3. Wohnrechtsänderungsgesetz BGBl 1993/800
WAG	Wertpapieraufsichtsgesetz BGBl 1996/753
WAO	Wiener Abgabenordnung LGBl 1962/21
WBl	Wirtschaftsrechtliche Blätter (Zeitschrift)
WGG	Wohnungsgemeinnützigkeitsgesetz BGBl 1979/139

WGN	Wertgrenzennovelle
WiB	Wirtschaftsrechtliche Beratung (deutsche Zeitschrift)
WM	Wertpapiermitteilung (deutsche Zeitschrift)
wN	weitere Nachweise
WoBl	wohnrechtliche Blätter
WPg	Die Wirtschaftsprüfung (deutsche Zeitschrift)
WRG	Wasserrechtsgesetz
WRP	Wettbewerb in Recht und Praxis (deutsche Zeitschrift)
WrZ	Wiener Zeitung
WTBG	Wirtschaftstreuhandberufsgesetz
WTBO	Wirtschaftstreuhänder-Berufsordnung BGBl 1955/125
WTKG	Wirtschaftstreuhänder-Kammergesetz BGBl 1948/20
WuB	Entscheidungssammlung zum Wirtschafts- und Bankrecht
WuW	Wirtschaft und Wettbewerb (deutsche Zeitschrift)
Z	Zahl, Ziffer
z	zu, zum, zur
zB	zum Beispiel
ZBB	Zeitschrift für Bankrecht und Bankwirtschaft
ZBl	Zentralblatt für die juristische Praxis (Zeitschrift)
ZBlFB	Zentralblatt für die Eintragungen in das Firmenbuch
ZER	Zeitschrift für Europarecht
ZfRV	Zeitschrift für Rechtsvergleichung
ZfV	Zeitschrift für Verwaltungsrecht
ZGR	(deutsche) Zeitschrift für Unternehmens- und Gesellschaftsrecht
ZHR	(deutsche) Zeitschrift für das gesamte Handels und Wirtschaftsrecht
ZIK	Zeitschrift für Insolvenzrecht und Kreditschutz
ZIP	(deutsche) Zeitschrift für Wirtschaftsrecht und Insolvenzpraxis zit zitiert
ZivTG	Ziviltechnikergesetz 1993 BGBl 1994/156
ZPO	Zivilprozeßordnung RGBl 1895/113
zust	zustimmend
zwfl	zweifelnd

Allgemeines Literaturverzeichnis

Österreichische Literatur:

Arnold, Kommentar zum Privatstiftungsgesetz^{3} (2013)
Brix, Handbuch AG (2014)
Chini/Oppitz, BWG (2011)
Dellinger (Hrsg), Bankwesengesetz (Loseblatt)
Doralt/Nowotny/Kalss (Hrsg), Kommentar zum Aktiengesetz^{2} (2012)
Doralt/Nowotny/Kalss (Hrsg), Kommentar zum PSG (1995)
Gruber/Harrer (Hrsg), Kommentar zum GmbHG (2014)
Hirschler (Hrsg), Bilanzrecht (2013)
Jabornegg/Artmann (Hrsg), UGB (2010)
Jabornegg/Strasser (Hrsg), Kommentar zum AktG^{5} (2011)
Kalss, Verschmelzung – Spaltung – Umwandlung^{2} (2010)
Kalss/Burger/Eckert, Die Entwicklung des österreichischen Aktienrechts (2003)
Kalss/Nowotny/Schauer, Österreichisches Gesellschaftsrecht (2008)
Kalss/Oppitz/Zollner, Kapitalmarktrecht^{2} (2015)
Kalss/Probst, Handbuch Familienunternehmen (2013)
Kalss/Klampfl, Europäisches Gesellschaftsrecht (2015)
Kittel, Handbuch Aufsichtsrat (2003)
Koppensteiner/Rüffler, Kommentar zum GmbHG^{3} (2007)
Koziol/P Bydlinski/Bollenberger, ABGB^{4} (2014)
Laurer/Borns/Strobl/M Schütz/O Schütz, BWG^{3} (seit 2011)
Leitner, Handbuch verdeckte Gewinnausschüttung^{2} (2014)
Marsch-Barner/Schäfer, Handbuch börsenotierte AG^{3} (2014)
Ratka/Rauter (Hrsg), Handbuch Geschäftsführerhaftung^{2} (2011)
Reich-Rohrwig, GmbH-Recht (1983)
Reich-Rohrwig, GmbH-Recht, Band 1^{2} (1997)
Schenz/Eberhartinger (Hrsg), Corporate Governance in Österreich – Zum 10-jährigen Bestand des österreichischen Corporate Governance Kodex (2012)
Straube/Rauter/Ratka (Hrsg), GmbH-Gesetz – Kommentar (Loseblatt)
Temmel, Der Aufsichtsrat (2003)
Temmel (Hrsg), Börsegesetz – Praxiskommentar (2011)
Tichy, Syndikatsverträge (2000)
U Torggler (Hrsg), UGB-Kommentar^{2} (2016)
U Torggler (Hrsg), GmbHG (2014)

Deutsche Literatur:

Bürgers/Körber, AktG (2010)
Fleischer/Koch/Kropff/Lutter, 50 Jahre deutsches Aktiengesetz (2015)
Fleischer/Goette (Hrsg), Münchener Kommentar zum GmbHG2 (2014/2015)
Goette/Habersack (Hrsg), Münchener Kommentar zum AktG$^{3/4}$ (seit …) (2014)
Grigoleit (Hrsg), AktG (2013)
Habersack/Drinhausen (Hrsg), SE-Recht (2013)
Hopt/Wiedemann (Hrsg), Großkommentar zum AktG^{4} (2005)
Koch/Hüffer, AktG^{11} (2014)

Krieger/Uwe H Schneider (Hrsg), Handbuch Managerhaftung[2] (2010)
Lutter/Krieger/Verse, Rechte und Pflichten des Aufsichtsrats[6] (2014)
Lutter, Information und Vertraulichkeit im Aufsichtsrat (2006)
Ringeleb/Kremer/Lutter/von Werder, Deutscher Corporate Governance Kodex – Kommentar[5] (2014)
K Schmidt/Lutter (Hrsg), Kommentar zum AktG[3] (2015)
Semler/von Schenck (Hrsg), Arbeitshandbuch für Aufsichtsratsmitglieder[4] (2013)
Semler/von Schenck (Hrsg), Der Aufsichtsrat (2015)
Spindler/Stilz (Hrsg), Kommentar zum AktG[3] (2015)
Wilsing, DCGK – Deutscher Corporate Governance Kodex Kommentar (2012)

I. Mitglieder und Zusammensetzung

Erscheinungsformen des Aufsichtsrats und ihr Zusammenhang mit den Ursachen seines Versagens Ein Versuch

Peter Doralt und Maria Doralt

Literatur

Doralt P in Corporate Governance nach der Finanz- und Wirtschaftskrise, hg von Allmendiger/Dorn ua (2011); *Doralt P/Doralt W* in Semler/von Schenck, Arbeitshandbuch für Aufsichtsratsmitglieder[4] (2013) § 14; *Doralt/Ruppe,* Grundriß des österreichischen Steuerrechts[11] (2013); *Druey J N*, Unabhängigkeit als Gebot des allgemeinen Unternehmensrechts, in FS Peter Doralt (2004) 151; *Haberer*, Zwingendes Kapitalgesellschaftsrecht (2009); *Hopt-Roth*, Großkommentar zum AktG § 100 AktG Rn 106; *Kraakman R/Armour J et al.*, The Anatomy of Corporate Law (2nd. ed. 2009), A Comparative and Functional Approach; *Mayr G*, Die neue Gruppenbesteuerung, Konzept und Grundlagen, RdW 2004, 246; *Milgrom P/ Roberts J*, Economics, Organisation and Management (1992); *Oberhofer*, Die Unabhängigkeit des Aufsichtsrats (2008); *Olson M*, Die Logik des kollektiven Handelns[5] (2004); *Ricketts M*, The Economics of Business Enterprise, Edward Elgar Publishing Ltd. (2002); *Roth/Wörle*, Die Unabhängigkeit des Aufsichtsrats – Recht und Wirklichkeit, in Büchele/Mildner/Murschitz/Roth/Wörle, Corporate Governance in Deutschland und Österreich (2006), 35; *Semler* in Semler/von Schenck, Arbeitshandbuch für Aufsichtsratsmitglieder[3] (2009) § 2; *Wagner* in Semler/von Schenck, Arbeitshandbuch für Aufsichtsratsmitglieder[4] (2013); *Semler*/von Schenck, Der Aufsichtsrat (2015); *Turnheim*, Österreichs Verstaatlichte (2009), § 2; *Von Werder/Wieczorek*, Anforderungen an Aufsichtsratsmitglieder, BB 2007, 297; *Wentges*, Corporate Governance und Stakeholder Ansatz (1999)

Gliederung

I. Vorbemerkung: Zu den Einflussfaktoren der Typenbildung

Phänomene des sozialen und wirtschaftlichen Lebens, die rechtlich geregelt 1
werden, verändern sich dadurch. Der Aufsichtsrat macht davon keine Ausnahme, er unterscheidet sich allerdings von anderen Phänomenen, die privatrechtlich geregelt sind, wie der Tausch, der Kauf, die Miete oder die Ehe, dadurch, dass er zu

einem großen Teil geradezu ein Geschöpf der Gesetzgebung ist. Seine Aufgaben, seine Bestellung, die Verfahrensvorschriften sind in Deutschland und Österreich weitgehend „durchgeregelt“. Versucht man daher eine Typologie des Aufsichtsrats in seiner realen Erscheinungsform zu entwickeln, liegt es nahe, mit den gesetzlichen Grundlagen zu beginnen.

2 Die Regeln des Aktienrechts gelten weitestgehend *einheitlich* für alle Aktiengesellschaften, gleichgültig welche Größe, welchen Unternehmensgegenstand, welchen Unternehmenszweck und welche Eigentümerstruktur sie haben: *Ausnahmen* davon gibt es in Österreich vor allem für Aktiengesellschaften, die der *öffentlichen Hand* nahe stehen, zB für die Beteiligungen, die von der Nachfolgegesellschaft der Österreichische Industrie AG (ÖIAG), der Österreichische Bundes- und Industriebeteiligungen GmbH (ÖBIB), gehalten werden. Die ÖIAG hatte seit Jahrzehnten den Großteil der verstaatlichten Beteiligungen der Republik Österreich zunächst als Treuhänder verwaltet, dann ins Eigentum übernommen und schließlich in den letzten 20 Jahren zum Großteil privatisiert; im Jahr 2000 wurden von der ÖVP-FPÖ Koalition die bis dahin kontinuierlich verfolgte Politik auch rechtlich deutlich geändert, nochmals 2015 von der großen Koalition durch das sog ÖBIB-Gesetz.[1] Andere Sonderregeln gelten für die Österreichische Bundesbahn Holding AG.[2] Weitere Ausnahmen betreffen bestimmte *regulierte Branchen*, wie insbesondere die Banken oder Versicherungen, für die zB besondere Regeln über die Eignung von Vorstands- und Aufsichtsratsmitgliedern gelten.[3] Im Aktiengesetz selbst und im Börsegesetz[4] sowie in anderen Kapitalmarktgesetzen wurden in den letzten Jahren viele Sonderregeln für *börsenotierte Aktiengesellschaften* erlassen. Außerhalb des Aktiengesetzes finden sich wichtige Regeln über die *Mitbestimmung* vor allem im Arbeitsverfassungsgesetz.[5]

---

[1] Die ÖIAG hat eine 70-jährige Geschichte (hierzu anschaulich mit dichten und rechtlich relevanten Hintergrundinformationen *Georg Turnheim* (Hrsg), Österreichs Verstaatlichte, 2009). Die Rechtsgrundlagen, die ursprünglich den Parteienproporz in den Organen sicherte, wurden über Initiative der kleinen Koalition „ÖVP-FPÖ“ im Jahr 2000 grundlegend geändert, um die Organe rasch mit eigenen Vertrauensleuten zu besetzen und die Privatisierung zu beschleunigen (ÖIAG-Gesetz 2000 BGBl idF Nr. 24/2000). Durch ein Selbstergänzungsrecht des Aufsichtsrates wurde außerdem der unmittelbare Einfluss auf die Zusammensetzung des ÖIAG-Aufsichtsrates entzogen, dadurch sollte der politische Einfluss zugunsten rein wirtschaftsbezogener Unternehmensführung zurückgedrängt werden. Seither wurde das Gesetz siebenmal novelliert, zuletzt tiefgreifend 2015 durch das sog OBIB-Gesetz 2015. Zunächst überlebte die grundlegende Änderung des Jahres 2000 das Ende der kleinen Koalition, die wachsende Unzufriedenheit der seit 2006 wieder regierenden großen Koalition führte aber 2015 zu einer neuerlichen Strukturveränderung durch das „ÖBIB-Gesetz“ (Fassung vor dem ÖBIB-G abgedruckt in Kodex des österreichischen Rechts, Bank und Börserecht 16. Auflage; Hg W Doralt, bearbeitet von *I Leixner*; geltende Fassung Kodex, Finanzmarkrecht I, 27. Aufl (2015/16) Hg W Doralt, bearbeitet von *I Leixner*).

[2] Bundesgesetz zur Neuordnung der Rechtsverhältnisse der Österreichischen Bundesbahnen (BundesbahnG) BGBl I 95/2009.

[3] BWG 1993/532 vielfach novelliert (Nachweis in Kodex des österreichischen Rechts, Banken und Börserecht, § 5 (oben FN 1) (insb Abs 1 Z 6–14); §§ 28, 28a BWG; § 11a VAG.

[4] BörseG 1989 mit zahlreichen Novellen (Nachweis in Kodex des österreichischen Rechts, Banken und Börserecht) (oben FN 1), § 3 (insb Abs 1 Z 7–15); § 9 für das Börseunternehmen.

[5] § 110 ArbVG.

Diese Sonderregeln sind zwar bedeutend, es ist aber evident, dass die Gesetzgeber im Gesellschaftsrecht auf die Realität des Einzelfalls wenig Bedacht nimmt. 3

Allerdings ist es keine Besonderheit des Aktienrechts, dass die Rechtsordnung „abstrahiert" und für eine Vielzahl von *unterschiedlichen* Lebenssachverhalten ein und dieselben Normen zur Lösung der anfallenden Fragen bereithält. ZB reicht auch das Kaufrecht in seinem Anwendungsbereich vom Barkauf eines Buches über den Kauf einer Immobilie bis zum Unternehmenskauf in Form eines asset deals. Bemerkenswert ist es allerdings, dass das *Aktienrecht* in Deutschland und Österreich im Wesentlichen *zwingendes* Recht ist. Nur in engen Grenzen besteht die Möglichkeit, durch die Satzung und die Geschäftsordnungen auf unterschiedliche Lebenssachverhalte durch angemessene Regelungen privatautonom zu reagieren. Dabei ist zu bedenken, dass der überwiegend zwingende Charakter der Normen „gut gemeint" ist und Investoren, Gläubiger und sonstige Stakeholder vor Benachteiligungen schützen und das „Funktionieren des Markts" gewährleisten soll.[6] 4

In den letzten zwei Jahrzehnten hat sich weltweit der Corporate-Governance-Code als zusätzliche Normenquelle schwächerer Kraft (*soft law*) etabliert. Werden nun die einheitlichen und überwiegend zwingenden Regelungen des Gesellschaftsrechts und die neuen „soft law" Regeln des Corporate-Governance-Kodex der realen Vielfalt von Aktiengesellschaften gerecht? Das soll hier für den österreichischen *Aufsichtsrat* aufbereitet werden.[7] Es soll zunächst eine Typisierung der Erscheinungsformen des Aufsichtsrats im Zusammenspiel mit den anderen Organen der Aktiengesellschaft versucht werden; auf dieser Basis kann in einem zweiten Schritt untersucht werden, wie die Organe in den verschiedensten Erscheinungsformen von Aktiengesellschaften real funktionieren und wo die Ursachen für das häufige Versagen liegen. 5

Welche Faktoren prägen die verschiedenen Erscheinungsformen des Aufsichtsrats?[8] Dabei gehen wir – wie angekündigt – zunächst von Faktoren aus, die sich in *Gesetzen* oder im *soft law* finden (Abschnitt II). Diese entfalten, wenn 6

---

6 Auffällig ist, dass viele andere Rechtsordnungen auf eine grundsätzlich zwingende Regelung verzichten, und solche – soweit sie überhaupt existieren – eher im Kapitalmarktrecht und nicht im Gesellschaftsrecht angesiedelt sind. Der Unterschied hängt damit zusammen, dass in anderen Rechtsordnungen die kleine, nicht börsenotierte AG weitgehend auch die wirtschaftliche Funktion der deutschen und österreichischen GmbH erfüllt, so zB in der Schweiz und in England. Zur „Satzungsstrenge" nach österr Recht *Doralt/Diregger* in Münchner Kommentar 3. Auflage 2008, § 23 Rz 211; *Haberer,* Zwingendes Kapitalmarktrecht, 2009.

7 Interessanterweise erhält der Aufsichtsrat in der öffentlichen Diskussion wohl die meiste Aufmerksamkeit; seine Tätigkeit wird bei Skandalen fast mehr als die des unmittelbar verantwortlichen Vorstands in Frage gestellt, weil er den Skandal durch seine *Kontrolle* nicht verhindert hat. Der Skandal verschiebt sich vom ursprünglichen Fehlverhalten auf das Unterbleiben seiner Verhinderung, von den Tätern auf ihre Kontrollore. Ähnliches zeigt sich in der letzten Finanzmarktkrise. Das gilt selbst für die Länder mit Board System. Vgl das folgende Zitat: „Many of the problems in corporate Germany are the default of supervisory boards", Wendelin Wiedeking, the former CEO of carmarker Porsche, told the FT: in Financial Times, European Edition, Feb. 13th/14th 2010, Richard Milne, Germany's club house doors are bolted.

8 Zu den unterschiedlichen realen Erscheinungsformen des Aufsichtsrats aus deutscher Sicht vgl *E Vetter* in Fleischer/Koch/Kropff/Lutter, (Hg), 50 Jahre AktG, 104f mwN.

auch begrenzt[9], eine *faktische Kraft des Normativen*; soweit die Regeln beachtet werden, tragen sie zur Typenbildung der realen Aufsichtsräte bei. Dabei beschränken wir uns auf differenzierende „normative" Faktoren, also solche, die „einen Unterschied machen", also spezifische Rechtsfolgen haben (zB Börsenotierung). Wir behandeln daher nicht die für alle Aufsichtsräte in gleicher Weise geltenden Vorschriften, mögen sie auch „typischerweise" unter unterschiedlichen Voraussetzungen unterschiedliche Auswirkungen haben. Gerade für diese zweite Gruppe von Vorschriften stellt sich allerdings die Frage, ob trotz ihrer Einheitlichkeit auf die Erfordernisse ordentlicher *Corporate Governance* ausreichend Bedacht genommen wird.

7 In der Folge behandeln wir dann verschiedene *„faktische" Einflussfaktoren (Abschnitt III)*, welche die Erscheinungsformen des österreichischen Aufsichtsrats prägen, vor allem die *Eigentümerstruktur.* Hier kann es zu gewissen Überlappungen kommen; zB führt die Börsenotierung automatisch zu einem gewissen Streubesitz, womit aber bekanntlich noch nicht alles über Eigentümerstrukturen gesagt ist.

8 Damit soll zuerst herausgefunden werden: Welche typisierbaren Einflussfaktoren und daraus resultierende typisierbaren Erscheinungsformen des Aufsichtsrats sind faktisch feststellbar und welche Auswirkungen haben diese Faktoren zB auf seine Arbeitsweise?

9 Dabei geht es aber nicht bloß darum, eine Art „Linnee'sches System" zu finden, mit dem nach bestimmten *Ordnungskriterien* eine *Einteilung* getroffen werden kann. Denn mit einer derartigen bloßen Einteilung wäre wenig gewonnen.

10 Anzustreben ist vielmehr, dass der Typus oder die einzelnen *Faktoren der Typenbildung* alleine oder zusammenwirkend auch einen Erklärungswert *für das Funktionieren des Aufsichtsrats* haben. Insbesondere wäre es wünschenswert, wenn zumindest Hypothesen gebildet werden können, wonach bestimmte Aufsichtsratstypen oder das Vorliegen bestimmter Kriterien innerhalb eines Typus geeignet sind, in bestimmten Punkten zu Störungen der Funktionsfähigkeit oder zu besonders guter Funktionsfähigkeit zu führen.[10] Solche Befunde könnten schließlich zur Frage führen, ob und wieweit man innerhalb der engen Grenzen des nachgiebigen Rechts den Defiziten gegensteuern kann und ob sich aus den Ergebnissen Empfehlungen für die Änderung des Aktienrechts oder zumindest des österreichi-

---

[9] Die *„Vollziehungslücke"* des Aktienrechts wird vielfach diskutiert; vgl für die Kompetenz des Aufsichtsrats zur Erstellung von Wahlvorschlägen für den Aufsichtsrat, *Roth/Wörle*, Die Unabhängigkeit des Aufsichtsrats – Recht und Wirklichkeit, in Büchele/Mildner/Murschitz/Roth/Wörle, Corporate Governance in Deutschland und Österreich (2006), 35, 44 ff.

[10] Man kann zu dem oben skizzierten Vorgehen kritisch anmerken, dass es „weder Fisch noch Fleisch" ist. Es ist keine rechtsdogmatische, auch keine rechtspolitische Arbeit (mit klar definierten Änderungsvorschlägen) beabsichtigt, auch keine betriebswirtschaftliche Arbeit, auch nicht eine Law and Economics Arbeit; so viele Einsichten gerade das Gesellschaftsrecht den Werkzeugen von Law and Economics basierend auf der Neuen Institutionen-Theorie verdankt, scheinen uns auch andere Wissenschaften wie zB Organisationspsychologie und -soziologie, nicht zuletzt auch schlichte praktische Erfahrung wertvoll, um ein besseres Verständnis für das Funktionieren der Corporate Governance zu haben und die richtigen Hypothesen aufzustellen (s unten Abschnitt IV).

schen Corporate Governance Codes ableiten lassen. Einige der heute geltenden gesetzlichen Regeln und viele der Corporate-Governance-Regeln verdanken ihre Entstehung derartigen Einsichten.

II. Normative Einflusskriterien

A. Der Aufsichtsrat einer börsenotierten Aktiengesellschaft

§ 3 AktG definiert seit dem Aktienrechtsänderungsgesetz 2009 (AktRÄG) die börsenotierte AG als eine AG, deren Aktien zum Handel an einer anerkannten Börse im Sinne des Art 4 Abs 1 Nr 72 CRR zugelassen sind. Damit sind alle Börsenotierungen in der EU und dem EWR erfasst, sowie gleichwertige Notierungen in Drittstaaten[11]. 11

Für die *Wahlen in den Aufsichtsrat* gibt es seit dem AktRÄG 2009 einige Verbesserungen, die im Wesentlichen durch die Aktionärsrecht-Richtlinie (RL 2007/36 EG vom 11.7.2007) geprägt sind (vgl Beitrag *M Doralt* Rz 8/2). Nur wenige dieser Änderungen sind auf börsenotierte AGs beschränkt. Vor allem hat nun auch in Österreich der bestehende *Aufsichtsrat Beschlussvorschläge* bei *jeder* Gesellschaft (also auch bei nicht börsenotierten) zu Wahlen in den Aufsichtsrat zu machen (§ 108 Abs 1 AktG)[12]; dazu haben die Kandidaten eine *Erklärung* über ihre fachlichen Qualifikationen, ihre beruflichen oder vergleichbaren Funktionen sowie alle Umstände, die die Besorgnis einer Befangenheit begründen könnten, abzugeben (§ 87 Abs 2; bisher § 87 Abs 1a AktG). Das entspricht bei börsenotierten AGs schon der zuvor bestehenden Praxis, gilt aber seither für alle AGs. Nur *für börsenotierte AGs* sind zwingend auch eine Reihe von *Bekanntmachungspflichten* vorgesehen, insbesondere gilt für sie die Vorschrift, dass die Vorschläge zur Wahl von Aufsichtsrats-Kandidaten und deren Erklärung über ihre Qualifikation spätestens *am 5. Werktag* vor der Hauptversammlung *auf der Internetseite der Gesellschaft zugänglich* gemacht werden müssen; unterbleibt dies, könnten die Kandidaten nicht in die Abstimmung einbezogen werden (§ 87 Abs 6 AktG). Gleichzeitig schreibt allerdings § 108 Abs 3 und 4 AktG für börsenotierte AGs vor, dass die AG *schon ab dem 21. Tag* vor der Hauptversammlung die gleichen Informationen auf der Internetseite zugänglich machen muss (allerdings hier ohne ausdrückliche Sanktion). Diese Bestimmung zielt wohl auf die vom bestehenden Aufsichtsrat vorgeschlagenen Kandidaten. 12

Eine andere Besonderheit für *börsenotierte AGs* enthält § 110 Abs 1 AktG; danach können Aktionäre, deren Anteile zusammen *1% vom Grundkapital erreichen*, spätestens bis zum 7. Werktag vor der Hauptversammlung *eigene Be-* 13

---

[11] Gleichwertig im Sinne der MiFID (Markets in Financial Instruments Directive = RL 2004/39/EG), zu den Einzelheiten s. *S.Bydlinski/Potyka*, AktRÄG 2009 (2009). An die Stelle von § 2 Z 32 BWG ist seit der BWG-Novelle 2013 Art 4 Abs 1 Nr 72 CRR getreten; amtlicher Handel und geregelter Handel fallen beide darunter, nicht jedoch der „Dritte Markt" (*Kalss/Oppitz/Zollner*, Kapitalmarktrecht², § 14 Rn 2 ff, S 522).

[12] Vgl schon bisher die C-Regel (=Comply or Explain-Regel) 42 des Österreichischer Corporate Governance Kodex (öCGK) iVm. C-Regel 52; auch die in den Materialien nicht erwähnten C-Regeln 53 f sollten bereits bisher beachtet werden.

schlussvorschläge jeder Art erstatten, die auf der Internetseite – wenn ihr Inhalt nach Abs 4 zulässig ist – innerhalb von zwei Werktagen zugänglich gemacht werden *müssen*; dadurch wird der Vorstand in die Pflicht genommen, die erwähnte Fünftagesfrist des § 87 Abs 6 AktG einzuhalten. Das schließt insbesondere *auch Beschlussvorschläge zur Wahl von Aufsichtsratsmitgliedern* ein (sa § 110 Abs 2 AktG). Die wohl aktionärsfreundlich gemeinte Neuerung *erschwert* einerseits die Kandidatur eines Minderheitsvertreters im Aufsichtsrat, weil er schon vor der Hauptversammlung von mindestens 1% Anteilsbesitz unterstützt werden muss, der Wahlvorschlag spätestens am 7. Tag einzubringen und am 5. Tag vor der Hauptversammlung bekanntzumachen ist. Umgekehrt erleichtert die Regelung aber auch das Minderheitsrecht, weil der Minderheit die Internetseite der Gesellschaft zur Verfügung gestellt werden muss (vgl *M Doralt* Rz 8/45)[13].

14 Inhaltlich im Wesentlichen unverändert blieb im AktRÄG 2009 das schwierig zu handhabende Recht der Minderheit, eine Vertrauensperson in den Aufsichtsrat zu entsenden (§ 87 Abs 4 AktG); nach wie vor differenziert das Gesetz hier nicht zwischen börsenotierter und nicht börsenotierter AG. Voraussetzung ist, dass in derselben Hauptversammlung mindestens drei Aufsichtsratsmitgliedern zu wählen sind. Wenn bei jeder vorangegangenen Wahl ein Drittel aller abgegebenen Stimmen für denselben Kandidaten abgegeben wurden, muss der Vorsitzende der HV diesen Minderheitskandidaten ohne Abstimmung als für die letzte zu besetzende Stelle gewählt erklären; einzige zusätzliche Voraussetzung ist es, dass der Minderheitskandidat auch für diese Stelle korrekt kandidiert hat. Wenn also eine Drittelminderheit in den vorangegangenen Wahlgängen immer erfolglos für ihren Kandidaten gestimmt hat, gilt dieser als für die letzte Stelle ohne eigene Abstimmung gewählt. Daraus ist abzuleiten, dass der Vorsitzende automatisch bei der *für börsenotierte AGs* nunmehr *zwingend vorgeschriebenen Einzelabstimmung* (§ 87 Abs 3 AktG) über jeden Aufsichtsratssitz nach jeder einzelnen erfolgreichen Wahl eines vom Aufsichtsrat aufgestellten Kandidaten festzustellen hat, *ob ein konkurrierender Minderheitskandidat ein Drittel der Pro-Stimmen des Aufsichtsrats-Kandidaten erreicht.* Zu diesem Zweck muss er daher nicht nur die Gegenstimmen feststellen, sondern auch ermitteln, ob diese Gegenstimmen gleichzeitig Prostimmen für den Kandidaten der Minderheit sind (vgl Beitrag *M Doralt* Rz 8/100 ff).

15 Diese einheitlichen Regeln zugunsten der Minderheit wirken sich bei börsenotierten und nicht notierten Gesellschaften unterschiedlich aus. Wegen der geringen Präsenz der Streubesitzaktionäre (oft nur zwischen 7 bis 15% des Freefloats) lässt sich in der börsenotierten AG das Drittel selbst bei Einstimmigkeit des Streubesitzes nur schwer erreichen. Aus diesem Grund genügt für die einfache Mehrheit in einer Hauptversammlung oft schon ein Block von 15 bis 25% des Grundkapitals[14],

[13] § 119 Abs 3 AktG Abs 3 ordnet zwar insbesondere wegen der Möglichkeit der Fax- und Briefabstimmung an, dass über die bereits publizierten Anträge der Verwaltung und der Aktionärsminderheit vorweg abzustimmen ist, sagt aber nichts zum Verhältnis beider Abstimmungen.

[14] Siehe dazu die auf mehrjährigen Erhebungen der Übernamekommission beruhende Bachelor-Arbeit von Frau *Martina Almhofer* (2009), die auf Grund der empirischen Befunde idR *ein Paket von 15-20% als ausreichend* für die Erlangung der *einfachen Mehrheit* in der HV ansieht. Aufschlussreich auch die Diplomarbeit von Herrn *Walter Marteschläger*

uU auch weniger. Hält zB ein Kernaktionär 30% des Grundkapitals und nimmt vom 70%igen Freefloat jeder 5. Aktionär an der Hauptversammlung teil, so stehen dem 30%igen Kernaktionär als Streubesitz nur 14% Grundkapital gegenüber: Insgesamt wird also von 44% des Grundkapitals das Stimmrecht ausgeübt. Selbst wenn die 14%ige Minderheit geschlossen in allen Wahlgängen denselben Minderheitskandidaten unterstützt, erreichen sie mit 14% *weniger* als ein Drittel aller abgegebenen Stimmen von 44%. Der Minderheitskandidat ist daher gescheitert. Dieses Rechenbeispiel – wie auch die österreichische Realität der letzten Jahre – zeigt deutlich, dass die Koppelung des Pflichtangebots gem § 22 ÜbG an die *30 % Schwelle* durch das Übernahmerechtsänderungs-Gesetz 2006 *verfehlt* war. Starke Kernaktionärsblöcke sind in Österreich in praktisch allen börsenotierten AGs anzutreffen. Dementsprechend wurde auch in der Vergangenheit fast nie ein Aufsichtsratsmitglied oder ein Abschlussprüfer[15] gegen den Vorschlag der Verwaltung gewählt.[16]

Zusammenfassend lässt sich sagen, dass *die Streubesitzaktionäre* ganz allgemein daher auch bei einer börsenotierten Aktiengesellschaft in ihrem Einfluss auf die Zusammensetzung des Aufsichtsrates durch die Implementierung der Aktionärsrechterichtlinie *wohl etwas gestärkt* wurden; solange jedoch die – in- und ausländischen – institutionellen Aktionäre von den Minderheitsrechten nicht Gebrauch machen, werden die gesetzlichen Änderungen *kaum Auswirkungen* haben. Aber selbst bei nicht börsenotierten Gesellschaften spielt das Minderheitenrecht gem § 87 AktG eine geringe Rolle. Während aber bei der börsenotierten Gesellschaft das Hauptproblem in der Schwierigkeit des gemeinsamen Vorgehens der Minderheit liegt, wird bei der nicht börsenotierten AG das Minderheitsrecht im Streitfall durch verschiedenen Tricks unterlaufen werden. Die beherrschende Mehrheit kann nämlich durch geschickte Staffelung der Funktionsperioden die Wahlvorgänge so steuern, dass es kaum je anwendbar wird. Werden zB bei einem 10-köpfigen Aufsichtsrat und bei einer fünfjährigen Funktionsperiode des Aufsichtsrates jedes Jahr zwei Mitglieder gewählt, ist die geltende Vorschrift nicht 16

(2012) „Die Eigentümerstruktur der Aktiengesellschaft – Grundsätzliche Überlegungen und empirische Befunde über die im ATX notierenden österreichischen Aktiengesellschaften in den Jahren 2002–2007–2012", S 107 ff. Anmerkung *Peter Doralt:* Das deckt sich mit meinen Erfahrungen als Vorsitzender der österreichischen Übernahmekommission, vorausgesetzt, dass im Übrigen echt Streubesitz besteht.

15 Nach unserem Wissen geschieht dies bei börsenotierten AGs nur sehr selten. Eine solche Ausnahme ereignete sich bei der VA-Tech kurz vor dem Erwerb der Mehrheit durch den Siemens Konzern, als ein ca. 13%-Kernaktionär (*Mirko Kovacs*) in Konflikt mit der knapp 20% beteiligten ÖIAG geriet und mit Hilfe von Aktionären, denen er im Zuge von geheimen Pensionsgeschäften Aktien übertragen hatte, bei der Wahl des Abschlussprüfers die einfache HV-Mehrheit erreichte.

16 Allerdings zeigt sich, dass die Erleichterung der Teilnahme an der Hauptversammlung durch das AktRÄG 2009 (in Durchführung der Aktionärsrechterichtlinie 2009), insbesondere durch die Einschaltung von Proxy Advisern die Streubesitzpräsenz steigert. Bemerkenswert waren die letzten Hauptversammlungen der conwert SE. Diese zeigen, wie Proxy Adviser im Zusammenspiel mit institutionellen (Streubesitz-)Aktionären die Durchschlagskraft des Streubesitzes erhöhen können. Details abzurufen auf der Website der Gesellschaft (www.conwert.com). Die conwert SE ist unter FN 212163 f im Firmenbuch des Handelsgerichtes Wien eingetragen.

anwendbar. Ähnliche Effekte können durch Rücktritte und vorgezogene Wiederwahlen oder einfach durch Verkleinerung der Größe des Aufsichtsrates erreicht werden.[17] Abhilfe im Interesse der Minderheit können nur satzungsmäßige Entsendungsrechte und/oder Stimmbindungsverträge schaffen.

17 Vom *Minderheitsvertreter* gemäß § 87 AktG ist das *„unabhängige Mitglied" gemäß Regel 54 öCGK (österr Corporate-Governance-Kodex)*[18] zu unterscheiden; nach dieser C-Bestimmung (=Comply or Explain) sollte bei einem *Streubesitz von mindestens 20%* ein solches *„unabhängiges Mitglied"* als Kapitalvertreter dem Aufsichtsrat angehören, *bei mehr als 50% Streubesitz* mindestens zwei derartige Mitglieder. Sie dürfen keine Beteiligung von mehr als 10% halten, auch nicht die Interessen eines Anteileigners einer Beteiligung von mehr als 10% „vertreten". Die wichtige Unabhängigkeit *vom Kernaktionär* gilt daher nur für *ein bis zwei Mitglieder*. Das dürfte den Erfordernissen der *EU-Empfehlung über den Aufsichtsrat*[17] *nicht entsprechen*, die eine „angemessene" Zahl von „unabhängigen" AR-Mitgliedern verlangt[19]. Die übrigen Unabhängigkeitsregeln, welche die Unabhängigkeit des Aufsichtsratsmitglieds *vom Vorstand* und *von der AG selbst* betreffen (C-Regel 53 und Anhang 1), gelten ohnehin für die Mehrheit der von den Aktionären bzw der HV gewählten Mitglieder. Da aber auch die „unabhängigen" Aufsichtsratsmitglieder gem Regel 54 CGK *von der Hauptversammlungsmehrheit zu bestellen sind* (die in Österreich wie erwähnt fast immer in den Händen der Kernaktionärsgruppe liegt), ist ihre Unabhängigkeit vom Kernaktionär trotz C-Regel 54 CGK *nur begrenzt*. In der österreichischen Praxis wurde zwar wiederholt der Obmann des „Interessenverbandes der Anleger" (im Wesentlichen: Kleinanleger) als ein solcher Vertreter bestellt; trotzdem wurde er mindestens einmal wegen seiner – moderat – kritischen Haltung gegenüber der Kernaktionärsgruppe bei einer bedeutenden AG nicht wiedergewählt. Bei – aus Sicht des Kernaktionärs – gravierenden Auffassungsunterschieden müssen die „unabhängigen Mitglieder" in der Realität meist zwischen Unabhängigkeit und Fortdauer der Aufsichtsratsmitgliedschaft wählen.

18 In einer nicht unerheblichen Zahl von Fällen wurden langjährige Berater der AG oder ihrer Muttergesellschaft (Anwälte, Steuerberater, etc) auf derartige Mandate gewählt. Sie sind genau genommen als „unabhängiges Mitglied" gem Regel 54 nicht geeignet. Ein ständiges Beratungsmandat als Anwalt der Gesellschaft oder ihrer Tochtergesellschaft ist schon nach Regel 53 CGK und Anhang 1 unzulässig. Ein ständiges Beratungsmandat für die Muttergesellschaft widerspricht wohl Regel 54 CGK, weil der ständige Berater der Mutter wohl auch im Aufsichtsrat der Tochter die Interessen des Kernaktionärs vertreten wird; das heißt nicht, dass er überhaupt nicht Aufsichtsrat bei der Tochter sein darf, sondern dass er als ständiger Auftragnehmer der Mutter allenfalls unabhängig vom Vorstand der beaufsichtigten AG und von der Gesellschaft selbst im Sinne von Regel 53 CGK ist, aber nicht vom Kernaktionär „unabhängiges Mitglied" im Sinne von Regel 54

---

17 Siehe *Kalss* Rz 3/12.

18 Empfehlung der Kommission vom 15.2.2005, ABl 52/51; die Empfehlung geht ihrerseits auf die High Level Group der Experten und den Aktionsplan der Kommission zurück; dazu s. *Oberhofer*, Die Unabhängigkeit des Aufsichtsrats, 2008, 54 f.

19 Vgl dazu auch unten bei FN 46 sowie den Beitrag von *M Doralt.*

CGK. An dieser Gefährdung der Unabhängigkeit vom Kernaktionär ändert sich auch dadurch nichts, dass seit einiger Zeit die Vergabe von Beratungsaufträgen an Aufsichtsratsmitglieder der Genehmigung des Aufsichtsrats bedarf (§ 95 Abs 5 Z 12 AktG vgl auch Regel 48 CGK; vgl *Kalss* Rz 13/1 ff).

Die oben bereits skizzierte, in der österreichischen Praxis meist anzutreffende Eigentümerstruktur der börsenotierten Gesellschaften (Beherrschung durch einen Kernaktionär bzw eine Kernaktionärsgruppe) führt zu der in der Literatur auch in Europa seit längerem diskutierten Verlagerung der Principal/Agent-Problematik. Während in der Gesellschaft mit *reinem Streubesitz* die *hauptsächliche Principal/Agent-Problematik* im Verhältnis von *Vorstand und Aufsichtsrat* einerseits und *Streubesitzaktionären* andererseits liegt, *verlagert* sich bei der *Kernaktionärsgesellschaft* das Spannungsfeld vorrangig auf das Verhältnis zwischen *Kernaktionär* und der von *ihm abhängigen Verwaltung einerseits* und *Streubesitzaktionären andererseits*[20]. In dieser Konstellation kommt den vom Hauptaktionär unabhängigen Aufsichtsratsmitgliedern besondere Bedeutung zu. Es besteht aber auch ein abgeschwächtes Principal/Agent-Problem zwischen dem Kernaktionär und der von ihm abhängigen Verwaltung, insbesondere wenn der Kernaktionär nicht selbst Vorsitzender des Vorstandes oder zumindest Vorstandsmitglied ist; auch bei Kernaktionärsgruppen, die aus mehreren manchmal widerstreitenden Personen und Personengruppen (Familienstämmen) bestehen, können Interessengegensätze entstehen. **19**

B. Mitbestimmung

Die Mitbestimmung der Arbeitnehmervertreter ist im Wesentlichen in § 110 ArbVG geregelt. Dem Aufsichtsrat einer AG haben ein *Drittel Arbeitnehmervertreter* anzugehören (vgl *Gahleitner* Rz 10/1 ff). Das gilt auch für eine arbeitnehmerlose konzernleitende AG, die andere Unternehmen auf Grund einer mehr als 50%-igen Beteiligung „beherrscht“ oder „einheitlich leitet“ (§ 110 Abs 6 Z 6 ArbVG). Abs 6a befreit davon allerdings, wenn sich die Tätigkeit des *„herrschenden Unternehmens, in dem kein Betriebsrat zu errichten ist ... auf die Verwaltung von Unternehmensanteilen der beherrschten Unternehmen beschränkt“*. Abs 6a wird wegen der Unschärfe dieser Bestimmung manchmal zur Umgehung eingesetzt. **20**

Es ist hier nicht der Ort, Vor- und Nachteile der österreichischen Mitbestimmungsregeln insb im Vergleich zu den viel weiterreichenden und differenzierenden deutschen Regeln zu untersuchen, die bis zur – in Österreich nie eingeführten – paritätischen Mitbestimmung reichen. Im Hinblick auf die geringere Zahl der Arbeitnehmervertreter im österreichischen Aufsichtsrat und die üblicherweise in wesentlichen Fragen geschlossene Blockbildung der Kapitalvertreter ist die Gefahr, dass die Mehrheit der Eigentümervertreter im Aufsichtsrat durch eine Koalition einer Minderheit der Eigentümervertreter (zB die Vertreter eines Familienzweiges) mit den Arbeitnehmervertretern unterliegt, äußerst gering.[21] **21**

---

[20] Vgl dazu anschaulich *Hopt*, American Corporate Governance Indices as seen from an European Perspective, University of Pennsylvania Law Review, Vol. 158: 27, 30 ff.

[21] Auch die Gefahr einer Koalition von „unabhängigen Aktionären“ iSv Regel 54 CGK und Arbeitnehmervertretern ist für die Gesellschaft an sich und für die Mehrheit gering, insb wenn

22 Die Arbeitnehmervertreter wollen sich in der Regel mit dem Vorstand bzw der maßgeblichen Mehrheit der Kapitalvertreter im Aufsichtsrat verständigen und lassen sich nur in Ausnahmefällen auf die Seite der Minderheit der Kapitalvertreter ziehen.

23 Da in Österreich zumindest in der Regel von den Arbeitnehmervertretern keine Gefahr für den Block der Kapitalvertreter ausgeht, ist heute die Diskussion in vielen Aufsichtsräten auch vor den Arbeitnehmervertretern relativ offen. „Fraktionsführerbesprechungen" zur Erzielung von Kompromissen, die früher in der verstaatlichten Industrie (freilich primär nach Zugehörigkeit zu politischen Parteien) regelmäßig stattfanden, sind nicht mehr üblich[22]. Förmliche Fraktionsbesprechungen der Kapitalvertreter und der Arbeitnehmervertreter jeweils untereinander vor der eigentlichen Aufsichtsratssitzung, finden aber durchaus in Einzelfällen statt, insbesondere bei heiklen Entscheidungen, welche die Arbeitnehmerinteressen massiv betreffen, zB bei Produktionsverlagerungen und Werkschließungen, Maßnahmen zur Sanierung oder Krisenbekämpfung wie Kündigung und Kurzarbeit; bei einem gutem Verhältnis zwischen Arbeitgeber und Betriebsrat werden die Entscheidungen in diesen Fällen durch Konsultationen zwischen Vorstand und Betriebsrat vor der Aufsichtsratssitzung häufig entschärft[23]. Trotz dieses grundsätzlich positiven Bildes, wird aber immer wieder – und zwar mit einer gewissen Berechtigung – geltend gemacht, dass das Management vor den Arbeitnehmervertretern nicht rückhaltlos berichten könne, ohne die Geheimhaltung zu gefährden, und dass die Kapitalvertreter vor den Arbeitnehmern keine für den Vorstand unangenehmen und dessen Autorität schädigende Fragen stellen wollen. Trotz eines guten Gesprächsklimas im Aufsichtsrat dämpft also die Teilnahme der Arbeitnehmervertreter die Offenheit der Berichterstattung, die Offenheit der Kritik und die frühzeitige und offene Diskussion von Maßnahmen, welche die Arbeitnehmer belasten könnten.

24 Ein weiteres Problem liegt darin, dass bei internationalen Konzernen mit der Konzernspitze in Österreich, der in der Regel nur aus österreichischen Betriebsratsvertretern beschickte Aufsichtsrat (betriebsfremde Gewerkschaftsvertreter sind in

---

es um den Schutz von Minderheitsaktionären geht, weil die Arbeitnehmervertreter in dem Konflikt zwischen Mehrheit und Minderheit meist ungern Partei ergreifen (gleichgültig, ob es sich um eine börsenotierte oder nicht-börsenotierte Gesellschaft handelt). Ihr Interesse ist in Österreich meist primär auf gute Arbeitsbedingungen (inkl guten Lohn) und die Erhaltung der Arbeitsplätze gerichtet, die ihnen vereinfacht gesehen, am besten durch (inländische) Investitionen gesichert erscheinen.

22 Anmerkung *Peter Doralt*: Bei einer deutschen AG habe ich als Mitglied des Aufsichtsrates erlebt, dass wegen des Scheiterns der informellen Vorbesprechungen zwischen Arbeitgeber und Arbeitnehmern in der eigentlichen Sitzung vom Vorsitzenden zunächst die „einvernehmliche Vertagung" verkündet wurde. Als ich während der Sitzung spontan – in Unkenntnis der Vorgeschichte und der Übung – doch eine Diskussion in der Sache veranlasste, die zu einem Kompromiss führte, wurde ich nachher vom Vorsitzenden auf das große Risiko einer solchen – spontanen, nicht vorher abgestimmten – Diskussion im Aufsichtsrat hingewiesen. Ich hätte einen Ritt über den Bodensee gewagt. Dies zeigt, dass eine starke Mitbestimmung letztlich kontraproduktive Wirkungen für das offene Diskussionsklima haben kann.

23 S § 9 öKörperschaftsteuerG idF vor und nach der Steuerreform, *Doralt/Ruppe,* Grundriß des österreichischen Steuerrechts, 9. Auflage 2007, RZ 936; *Mayr G;* siehe auch 11. Aufl 2013. Die neue Gruppenbesteuerung, RdW 2004, 246.

Österreich unzulässig), die Interessen von ausländischen Arbeitnehmern nicht in gleicher Weise vertritt, wie die Interessen inländischer Mitarbeiter. Das Hemd ist ihnen näher als der Rock. Dies führt dazu, dass der bei größeren Unternehmungen ohnehin zu beobachtende Trend, in einer Krise auf die inländischen mehr als auf die ausländischen Arbeitnehmer Rücksicht zu nehmen, verstärkt wird; das entspricht nicht immer dem Wohl des Gesamtkonzerns.

C. Aufsichtsrat im Konzern

Trotz des Fehlens eines kodifizierten österreichischen Konzernrechts gibt es dieselben Problem wie in Deutschland, die in Österreich im Wesentlichen von Lehre[24] und Rechtsprechung auf der Grundlage aktienrechtlicher Prinzipien zu lösen sind (vgl *Enzinger/Kalss* Rz 31/7). In der Lehre ist es kaum bestritten, dass es auch in Österreich ein *faktisches Konzernverhältnis* gibt, daher Weisungen und Richtlinien der Konzernspitze zulässig sind, wenn auch *nicht rechtlich verbindlich*; rechtliche Verbindlichkeit der Weisungen kann durch einen Konzernleitungsvertrag (Organschaftsvertrag nach dem „alten" Steuerrecht) herbeigeführt werden; das Argument für die Zulässigkeit eines solchen Vertrages aus dem Körperschaftsteuergesetz ist allerdings durch die völlige Neuordnung der Konzernbesteuerung weggefallen. Trotz der auch in Österreich prinzipiell geltenden Führungskompetenz des Tochter-Vorstandes und der fehlenden Geschäftsführungskompetenz der Hauptversammlung wird die Zulässigkeit des faktischen Konzerns und von rechtlich nicht verbindlichen, *aber faktisch wirksamen* Weisungen aus der ausdrücklichen Anerkennung des Konzerns in § 15 AktG (= § 15 dAktG 1937) abgeleitet. In der Managementpraxis hat sich allerdings vielfach die Vorstellung ausgebreitet, dass faktische Weisungen der Konzernspitze zwar häufig vorkommen, aber selbst bei 100%-iger Beteiligung *rechtlich unzulässig* seien. *Aus der rechtlichen Unverbindlichkeit der Weisung wird also nicht selten die rechtliche Unzulässigkeit geschlossen.* Nicht zuletzt diese Fehlvorstellung veranlasst die Muttergesellschaft, ihre Organmitglieder und leitende Angestellte in die Aufsichtsräte der Töchter zu entsenden und zwar selbst dann, wenn es eine straffe bis ins operative Geschäft hineinreichende faktische Konzernleitung gibt. Dies gilt jedenfalls für österreichische Konzernmütter; ausländische halten sich nicht immer daran, was dann bei voll integrierten Konzernen dazu führt, dass die Beratung im inländischen Aufsichtsrat im Wesentlichen leer läuft und die Überwachung durch den Aufsichtsrat durch die Konzernorganisation weitgehend verdrängt wird. Sowohl in- als auch ausländische Konzernmütter entsenden häufig in die Aufsichtsräte auch inländische Experten, wie Rechtsanwälte, Universitätsprofessoren, angesehene Manager aus anderen Unternehmen, aus Banken und Versicherungen sowie Vertreter von Zulieferern oder Abnehmern, was bei dem Versuch der Beachtung der Unabhängigkeitserfordernisse des Corporate Governance Code (Regeln 53 und 54 CGK) und der Einschränkungen von Geschäften der Aufsichtsratsmitglieder bzw ihrer Firmen mit der Gesellschaft (§ 95 Abs 5 Z 12) zu Problemen führen kann (s oben Rz 17 f; *Briem* Rz 12/1 ff). 25

[24] *Diregger/Doralt* in Münchner Kommentar AktG, 3. Aufl., Band 5 (2010) (§§ 278-328) im letzten Anhang nach § 328, S. 1439 Rz 22.

26 Schwierige Situationen entstehen bei Geschäften, die im Konzerninteresse liegen, nicht jedoch im Interesse der Tochtergesellschaft, wie zB bei der Verlagerung von an sich auch im Inland noch gewinnbringenden österreichischen Produktionen in Billiglohnländer oder wenn Forschungen und Entwicklungen des Stammhauses in anderen Konzerngesellschaften in die Produktion übergeführt werden, oder bei Vertrieb der (inländischen) Produktion durch (ausländische) Konzernvertriebsgesellschaften, insbesondere Schwestergesellschaften, und überhaupt bei Rechtsgeschäften mit Konzerngesellschaften. Auch die Konzentration des Rechnungswesens und von IT-Services bei der Konzernspitze oder einer Konzernservicegesellschaft, die Einführung eines weltweiten oder zumindest europaweiten Cash-Managements können zu Problemen im Aufsichtsrat führen, insbesondere wenn Arbeitnehmervertreter, die öffentliche Hand oder Minderheitsaktionäre die Entscheidungen bekämpfen.

27 In der Praxis wird solchen Problemen häufig durch starke Anhebungen der Wertgrenzen beim Katalog der zustimmungspflichtigen Geschäfte gem § 95 Abs 5 AktG ausgewichen, indem dadurch die Kompetenz des Aufsichtsrates reduziert wird (vgl *Briem* Rz 12/30 ff).

28 Auch das Vorschlagsrecht des Aufsichtsrates bei Wahlen in den Aufsichtsrat und bei der Wahl des Abschlussprüfers, sowie die Zuständigkeit des Aufsichtsrats zur Bestellung von Vorstandsmitgliedern ist in der Konzernpraxis bei der Tochter-AG häufig faktisch ausgehöhlt. Denn die einheitliche Konzernpersonalpolitik und die konzernweite Abschlussprüfung führen in diesen Bereichen idR zu einem von oben gelenkten einheitlichen Vorgehen. Wenn im Aufsichtsrat ein gutes Klima herrscht, werden die Vorstandsrotationen immerhin in aller Form behandelt und diskutiert und allfällige ernsthafte Einwände informell außerhalb von Sitzungen) angehört, die reale Entscheidung selbst fällt aber außerhalb des Aufsichtsrats.

D. Aufsichtsräte bei Beteiligung der öffentlichen Hand

29 Die großen Bundesbeteiligungen wurden schon in der Einleitung angesprochen. Auf der Ebene der Bundesländer sind insbesondere die regionalen Elektrizitätsunternehmen hervorzuheben[25] und zahlreiche Kommunalbetriebe, die allerdings wegen des klaren Durchgriffsrechts der Generalversammlung häufiger in der Rechtsform einer GmbH[26] betrieben werden.

1. Rückblick auf die ÖIAG

30 Ein Rückblick auf die Entwicklung bei der ÖIAG ist nicht nur wegen der Bedeutung der ÖIAG bzw der heutigen ÖBIB-GmbH sinnvoll, sondern auch deshalb, weil im Laufe der fast 70-jährigen Geschichte der Verstaatlichten Industrie

[25] Vereinzelt sind diese teilprivatisiert und bösenotiert, so die EVN (Energieversorgung Niederösterreich AG).

[26] ZB in Wien die Tochtergesellschaften der Wiener Stadtwerke AG, die Ihrerseits 100% im Anteilsbesitz der Stadt Wien steht; die Töchter betreiben die Elektrizitäts- und Gasversorgung, die kommunalen Verkehrsbetriebe, die Bestattung und schließlich eine Holdinggesellschaft für verschiedene andere Beteiligungen; aus steuerrechtlichen Gründen kommt es auch zur Bildung von GmbH & Co KGs.

eine Vielfalt von Modellen erprobt wurde und der Aufsichtsrat bis zuletzt immer wieder Gegenstand der Neuerungen war. So enthielt § 4 des ÖIAG-Gesetzes 2000 ausführliche Sonderbestimmungen über die erforderlichen *Qualifikationen* für Aufsichtsratsmitglieder; diese müssen *„für ihre Leistungen allgemein anerkannte Unternehmer aus der Wirtschaft, Geschäftsführungsmitglieder von Gesellschaften des Handelsrechts oder Persönlichkeiten mit langjähriger Erfahrung im Wirtschaftsleben"* sein. Von einem politischen Naheverhältnis ist im Gesetzeswortlaut des Jahres 2000 nicht einmal ansatzweise die Rede. Anders verhielt und verhält es sich in der Realität. Das ist aber wohl unvermeidbar.

Nach der großkoalitionären Praxis der Nachkriegszeit, wurden fast nur Vertrauenspersonen der ÖVP und der SPÖ in den Aufsichtsrat entsandt, seit 1970 (Ära Kreisky) zusätzlich eine kleine Zahl von FPÖ-Sympathisanten. Diese Praxis war großteils durch Koalitionsabsprachen politisch, später auch gesetzlich abgesichert. Der „Parteienproporz" war bis 1986 sogar gesetzlich verankert und wurde erst danach, im Zuge der Bewältigung der großen Voest-Krise, abgebaut. Politische Zuverlässigkeit oder zumindest Naheverhältnisse haben ihre Bedeutung aber nie verloren. Für die Zeit von 1986 bis zum Jahr 2000 kann man von einem „gemilderten Parteienproporz" sprechen. 31

Abweichend davon kam es im Jahr 2000 ausschließlich zur Bestellung von Personen, die der FPÖ und der ÖVP (also den Parteien der kleinen Koalition) nahe standen. Das ändert nichts daran, dass wohl alle im Jahr 2000 neuen Aufsichtsratsmitglieder nach ihrem Selbstverständnis „unabhängig" waren. Zunächst schieden kraft Gesetzes alle *bisherigen* Mitglieder mit Ablauf der Hauptversammlung, die nach Inkrafttreten des neuen Gesetzes stattfand, also unmittelbar nach Verabschiedung des Gesetzes, aus ihren Funktionen aus. Damit wurden automatisch alle SPÖ-nahen Aufsichtsratsmitglieder eliminiert, ebenso aber auch ÖVP-nahe Aufsichtsratsmitglieder, die großkoalitionär eingestellt waren und/oder für eine starke Sozialpartnerschaft eintraten. Offenkundiges Ziel war die rasche Beseitigung der großkoalitionär orientierten Struktur der verstaatlichten Industrie und die möglichst rasche und vollständige Privatisierung der Beteiligungsgesellschaften, womit wohl gleichzeitig das jahrzehntelang bestehende Machtzentrum „verstaatlichte Industrie" beseitigt werden sollte. 32

Die neuen Aufsichtsratsmitglieder wurden zunächst über bindenden Vorschlag der Bundesregierung in dieser Hauptversammlung gewählt. 33

Im Übrigen enthielt das spätere Gesetz BGBl I Nr. 24/2000 vom 26.4.2000 auch neue Bestimmungen über die *Bestellung* und *Abberufung von Aufsichtsratsmitgliedern* sowie über die *Funktionsdauer* (bis zu acht Jahre). Seit der erwähnten „personellen Neuorientierung" des Aufsichtsrates aufgrund des Gesetzes erfolgt die Bestellung und Abberufung im Wege der Beschlussfassung *durch den Kreis der zehn Aufsichtsratsmitglieder* der Kapitalgeberseite, und zwar mit einfacher Mehrheit (Dirimierungsrecht des Vorsitzenden), also durch Selbstergänzung (Kooptation)[27]. Zur vorzeitigen Abberufung war eine Mehrheit von 2/3 der 34

27 Siehe dazu *Nowotny*, ÖIAG-Gesetz 2000, ÖZW 2000, 116.

Kapitalvertreter erforderlich. Etwas versteckt[28] blieb – konkurrierend – auch der Hauptversammlung (deren Funktion vom Bundesminister für Finanzen wahrzunehmen war) die Möglichkeit zur Abberufung erhalten. Weiters sieht die Satzung einen „staggered board" mit Ausscheiden von je zwei Mitgliedern nach Ablauf von zwei bzw vier und sechs Jahren, im siebenten und achten Jahr von jeweils drei Mitgliedern vor.

35 Aus diesen – mittlerweile durch das ÖBIB-Gesetz 2015 wieder abgeschafften Regelungen – lassen sich gut die grundsätzlichen Probleme der Aufsichtsratsbildung bei Unternehmen im Einflussbereich der Öffentlichen Hand ablesen: Es geht immer um das Spannungsverhältnis zwischen Politik und sachbezogener Wirtschaftsführung. Erklärtermaßen hatte das im Jahr 2000 verankerte Selbstergänzungsrechts des Aufsichtsrates den Zweck, den Aufsichtsrat unabhängig von der Politik zu machen. Die Selbstergänzungsregel führte in ihren Auswirkungen zur Annäherung an eine Stiftung. Wie so oft auch bei der Privatstiftung – aus guten Gründen – die Abkoppelung vom Stifter (und von den Begünstigten) nicht voll stattfindet, wurde die „Entpolitisierung" nicht voll effektuiert. Das erreichte Ausmaß führte aber schließlich 2015 zur „Kehrtwende" durch das ÖBIB-Gesetz. Zunächst ergab wie erwähnt im Jahr 2000 die Neubestellung aller Aufsichtsratsmitglieder durch den Finanzminister auf Vorschlag der Bundesregierung eine eindeutig politisch geprägte Ausrichtung des Aufsichtsrates. Die Entpolitisierung bestand nämlich zunächst darin, dass die Politik Aufsichtsratsfunktionen ausschließlich Personen anvertraute, von welchen man die Durchsetzung des gewünschten wirtschaftspolitischen Kurses erwartete. Das nach wie vor bestehende Abberufungsrecht der Hauptversammlung und somit des Finanzministers ließ wohl mit Absicht unklar, ob ein Misstrauensvotum des Finanzministers ein wichtiger Grund zur Abberufung sein sollte.[29] Analog den Regeln über die Abberufung eines Vorstandsmitgliedes enthielt § 4 Abs 2 letzter Satz ÖIAG-Gesetz die Regel, dass die Abberufung eines Aufsichtsratsmitglieds wirksam ist, solange nicht über seine Unwirksamkeit rechtskräftig entschieden ist. Ein Aufsichtsratsmitglied, das sich gegen seine Abberufung rechtlich wehren hätte wollen, hätte daher gegen die ÖIAG einen Prozess führen müssen, um sein Amt wieder zu erlangen. Während des Prozesses wäre die Abberufung wirksam gewesen. Die Regelung ist allerdings nie zur Anwendung gekommen.

36 Ob zwischen *Bund und ÖIAG* ein faktisches Konzernverhältnis bestand (oder auch nur zulässig war), welches rechtlich unverbindliche Weisungen der Hauptversammlung (des Bundesministers für Finanzen) gestattet hätte, war angesichts

---

[28] § 87 Abs 3 AktG (Abberufung durch die Hauptversammlung) blieb mit der Maßgabe unberührt, dass für den Widerruf der Bestellung zum Aufsichtsratsmitglied *ein wichtiger Grund* vorliegen muss. Die Satzung der ÖIAG hätte dazu eine nähere Regelung treffen können. Die Satzung zählt als wichtigen Grund „namentlich grobe Pflichtverletzung oder Unfähigkeit zur ordnungsgemäßen Wahrnehmung der Aufgaben" auf. Ob das Misstrauen des Finanzministers auch einen wichtigen Grund darstellt, bleibt offen (s dazu nächste FN).

[29] *Nowotny* (in FN 27, siehe auch oben FN 28), in FN 1 lehnt die Abberufung durch den Finanzminister auf Grund eines – durch denselben Minister beschlossenen – Misstrauensvotums der Hauptversammlung ab und hat damit die „Stiftungsähnlichkeit" der Konstruktion gestärkt.

der detaillierten Regeln über die Aufgaben der Bundesregierung und Hauptversammlung insbesondere beim Privatisierungsprozess und bei der Wahl des Aufsichtsrates zweifelhaft; ein *Umkehrschluss* wäre auch in Anbetracht der Behauptungen bei Neuformulierung des Gesetzes im Jahr 2000, dass völlige politische Unabhängigkeit gewollt sei, nahe liegend gewesen. Wie immer man die Frage sieht, die Neuregelung hat jedenfalls bis Ende 2006 den amtierenden Finanzminister nicht gehindert, seinen Einfluss informell geltend zu machen und sich in wichtigen Entscheidungen entgegen allen Lippenbekenntnissen einzuschalten, was jedenfalls die abstrakte Korruptionsgefahr erhöhte.

Eine interessante Bestimmung enthielt schon vor 2000 § 11 Abs 2 ÖIAG-G; **37**
sie wurde durch das ÖBIB-Gesetz beibehalten. Hier ist bereits seit ca 25 Jahren eine *Dekonzernierungsklausel* enthalten: Das Gesetz verbietet ausdrücklich ein Konzernverhältnis *zwischen der ÖIAG und ihren Beteiligungsgesellschaften.* Dies wurde zwar von der ÖIAG gerade nach 2000 nicht immer beachtet, der Sinn des Gesetzes war aber sowohl nach dem Wortlaut und der Absicht des historischen Gesetzgebers vor 2000 das *Verbot auch einer bloß faktischen Konzernleitung der Beteiligungsgesellschaften durch die ÖIAG;* bei strenger Beachtung der Vorschrift hätte die ÖIAG (außerhalb der gesetzlichen Sonderregel zB über Vorbereitung von Privatisierungen, § 8 Abs 2 ÖIAG-G aF) nicht einmal unverbindlichen Konzernrichtlinien und auch nicht bloß faktische, rechtlich unverbindliche Weisungen erteilen dürfen. Um einen bestimmten über die Ausübung der Hauptversammlungsrechte hinausgehenden Einfluss auf die Beteiligungsgesellschaften zu erreichen und die Gesellschaften trotz der Dekonzernierungsklausel nach den Vorstellungen der ÖIAG zu leiten, hatte man auf die sichere Beherrschung der Aufsichtsräte der Beteiligungsgesellschaften erheblichen Wert gelegt und, nicht nur Vorstandsmitglieder der ÖIAG[30] und „zuverlässige" Vertrauensleute der ÖIAG, sondern auch Mitglieder des Aufsichtsrates der ÖIAG in die Aufsichtsräte der Beteiligungsgesellschaften entsandt. Es kam sogar zu einer Art Geschäftsverteilung im Aufsichtsrat der ÖIAG, nach der einzelne Aufsichtsratsmitglieder für einzelne Beteiligungsgesellschaften zuständig waren und in deren Aufsichtsrat gewählt wurden. Diese Umgehung der Dekonzernierungsvorschriften mag unternehmenspolitisch vernünftig gewesen sein, stand aber in einem Spannungsverhältnis zur Dekonzernierungsklausel und war wohl gesetzwidrig. Faktisch ging jedenfalls die Abschwächung des politischen Einflusses auf die Zusammensetzung des Aufsichtsrates der ÖIAG mit einer Verstärkung der Einflussnahme auf alle Beteiligungsgesellschaften im Sinne der wirtschaftspolitischen Vorstellung der kleinen Koalition einher.

Insgesamt führte auch im Jahr 2000 entsprechend der jahrzehntelangen öster- **38**
reichischen Erfahrungen die starke Stellung der Öffentlichen Hand, trotz immer wiederkehrender gegenteiliger Lippenbekenntnisse über die Unabhängigkeit der Organe und den Vorrang der Qualifikation, zu *starkem (partei)-politischen Einfluss auf die Organbestellungen*[31].

---

30 Dies wurde sogar durch § 11 Abs 5 ÖIAG-G aF dadurch gefördert, dass bis zu 20 Aufsichtsratssitze eines Vorstandsmitgliedes der ÖIAG bei Ermittlung der Obergrenze zulässiger Aufsichtsratsmandate als ein Mandat zu rechnen waren.

31 Das Stellenbesetzungsgesetz 1998, BGBl I 1998/26, das ein ganz ähnliches Gesetz vom 8. Oktober 1982 BGBl 521, über die öffentliche Ausschreibung von Funktionen in

2. Österreichische Bundes- und Industriebeteiligungen (ÖBIB)

39 Mit BGBl I 2015/37 wurde das Bundesgesetz über die neue Ordnung der Rechtsverhältnisse der Österreichischen Industrieholding Aktiengesellschaft und der Post und Telekom Beteiligungsverwaltungsgesellschaft – und damit die Einrichtung der österreichischen Bundes- und Industriebeteiligungen GmbH (ÖBIB) – beschlossen. Damit kam es im Ergebnis zu einer offenen Repolitisierung der ÖIAG. Durch die Kooptierung (Selbsterneuerung) des Aufsichtsrates der ÖIAG war aus Eigentümersicht der Einfluss auf die ÖIAG offenbar zu gering geworden, so dass man politisch den Bedarf eines stärkeren Durchgriffs sah. Dies hing einerseits mit der anstehenden Selbstergänzung des amtierenden Aufsichtsrats andererseits mit der in der Öffentlichkeit viel diskutierten Syndizierung der Telekom Austria Anteile mit America Movil zusammen.

40 Hauptziel der Neuordnung ist also die Repolitisierung und die Absicherung des schon durch die Rechtsform der GmbH vorgegebenen Durchgriffs der Staatsorgane auf die Entscheidungen der ÖBIB[32], sowie auf die Bestellung der Geschäftsführung der ÖBIB und der Aufsichtsratsmitglieder in den Beteiligungsgesellschaften. Dies findet in vier Hauptpunkten seinen Niederschlag (*Kalss/Kunz* Rz 34/148 ff):

- Geschäftsführer der ÖBIB: diese(r) wird vom Bundesminister für Finanzen (als Generalversammlung) auf Grund seines eigenen Vorschlags mit Zustimmung der Bundesregierung bestellt und führt den Titel „Generalsekretär"; er/sie ist insbesondere für das Beteiligungsmanagement und die Vorbereitung von Organbeschlüssen der Beteiligungsgesellschaften zuständig, aber auch für den Erwerb von Anteilsrechten und für die Privatisierung, letzteres jeweils nach Maßgabe eines Auftrags der Bundesregierung (näher § 1 Abs 2 und § 6f ÖIAG-G idF ÖBIB-G). Die enge Bindung der Geschäftsführung an die Politik wird dadurch unterstrichen, dass sie nicht bloß an Weisungen des „Eigentümervertreters" (also des Finanzministers) schon kraft GmbH-Gesetz gebunden ist, sondern zusätzlich verpflichtet wird, *vor* jeder Hauptversammlung bzw Generalversammlung einer Beteiligungsgesellschaft die Weisung des Finanzministers betreffend das Stimmverhalten einzuholen (§ 6 Abs 2 aE ÖIAG-G idF ÖBIB-G).
- Generalversammlung: Die „Eigentümerrechte des Bundes (an der ÖBIB) in der Generalversammlung" werden durch den Bundesminister für Finanzen ausgeübt (§ 2 ÖIAG-G idF ÖBIB-G). Das war vor dem ÖBIB-G ganz ähnlich; nur hatte damals der zuständige Minister bzw die Bundesregierung als Vertreter des Bundes in der Hauptversammlung einer AG außerhalb der Privatisierungsentscheidung rechtlich abgesichert keinen Einfluss auf den Vorstand der AG, während nunmehr der Bundesminister für Finanzen rechtlich abgesichert Weisung als Generalversammlung einer GmbH erteilen kann. Die ÖBIB hat keinen Aufsichtsrat, mit dem sich der Minister die oberste Leitung und Kont-

Kapitalgesellschaften mit öffentlicher Beteiligung, ersetzte, ist zwar auf Vorstandsmitglieder begrenzt, ordnet aber in § 4 Abs 1 ganz ausdrücklich an: „Das für die Besetzung zuständige Organ hat die Stelle *ausschließlich* auf Grund der Eignung der Bewerber zu besetzen." Das entsprach nicht immer der Realität (vgl auch *Schima* Rz 17/21).

32 Kritisch *Chini*, Aufsichtsrat aktuell, 2015, 1 mit gutem Überblick.

rolle der Gesellschaft teilen müsste; daher ist auch § 29 Abs 1 GmbHG nicht anwendbar (siehe § 3 ff ÖIAG-G idF ÖBIB-G).

- Nominierungskomitee: Die ÖBIB hat jedoch einen „Beirat“, dessen ausschließliche Aufgabe die Vorbereitung der Auswahl und die Nominierung der von ÖBIB in die Beteiligungsgesellschaften zu wählenden Aufsichtsratsmitglieder ist. Das Nominierungskomitee besteht aus vier Mitgliedern (zwei Minister oder Staatssekretäre und zwei unabhängigen Experten), die von der Bundesregierung über Vorschlag des Bundeskanzlers und des Vizekanzlers bestellt werden (näher § 4 ÖIAG-G idF ÖBIB-G; siehe auch § 5 ÖIAG-G idF ÖBIB-G zur Qualifikation und Wahl von Aufsichtsratsmitgliedern der Beteiligungsgesellschaften).
- Aufsichtsratsmitglieder der Beteiligungsgesellschaften: Die vom Nominierungskomitee bindend ausgewählten Aufsichtsratsmitglieder üben die unabhängige Funktion von Aufsichtsräten in den Beteiligungsgesellschaften aus. Anders als vor 2015 darf also die Geschäftsführung der ÖBIB keine Aufsichtsratsmandate wahrnehmen. Es kommt also zu einer Entkoppelung der Geschäftsführung der ÖBIB und der Aufsichtsratsfunktionen in den Beteiligungsgesellschaften. Eine „Abstimmung“ der Aufsichtsratstätigkeit der nominierten Aufsichtsratsmitglieder mit der ÖBIB wird aber vom Gesetzgeber offensichtlich angestrebt, weil die Beteiligungsgesellschaften zur Information an die ÖBIB verpflichtet werden und die ÖBIB die von ihr „nominierten“ Aufsichtsratsmitglieder bei der Wahrnehmung ihrer Aufgaben zu unterstützen hat (§ 6 Abs 2 ÖIAG-G idF ÖBIB-B). Dies ist zur Wahrung der Interessen der ÖBIB und der Republik sinnvoll, steht aber in einem Spannungsfeld zum Konzernierungsverbot des § 11 Abs 2 ÖIAG-G idF ÖBIB-G; dasselbe gilt für die Informationspflicht der Beteiligungsgesellschaften gegenüber der ÖBIB in § 6 Abs 2 ÖIAG-G idF ÖBIB-G.

3. Ausblick

Mittel- und langfristig hängt also die Zusammensetzung der Aufsichtsräte bei **41**
überwiegend öffentlichem Einfluss letztlich vom Wahlergebnis[33] *ab.* Dies führt dazu, dass ohne das Vertrauen der in der politischen Körperschaft maßgeblichen Partei oder Parteien eine Aufsichtsratsfunktion selten erlangt wird und auf Dauer kaum gehalten werden kann. Der reine Fachmann – ohne mehr oder weniger nachweisliche politische Sympathien, Mitgliedschaften oder zumindest Vertrauensbeziehungen zu maßgeblichen Politikern – kommt nur selten zum Zug.

Damit soll den Aufsichtsratsmitgliedern von Beteiligungsgesellschaften der **42**
Öffentlichen Hand keineswegs pauschal ihre fachliche Qualifikation für das Amt abgesprochen werden. Im Laufe der Jahrzehnte hat sich die Situation zumindest

[33] Soweit eine große Koalition an der Macht war, wurden jahrzehntelang im Bund die Sitze mehr oder weniger zu gleichen Teilen zwischen „Rot“ und „Schwarz“, seit Mitte der Siebzigerjahre mit „blauen Einsprengseln“ (FPÖ) aufgeteilt (sog Proporz). Ab 2000 wurden im ÖIAG-Aufsichtsrat großkoalitionär orientierte ÖVP-nahe Mitglieder nicht verlängert, Ziel war offensichtlich die rasche Beseitigung einer sozialpartnerschaflich und großkoalitionär orientierten Zusammensetzung.

bei den Bundesbeteiligungen und zunehmend auch bei den Landesbeteiligungen und Beteiligungen großer Kommunen wesentlich gebessert. Die Wichtigkeit der Loyalität vor der Qualifikation und die Abhängigkeit von der Politik sind jedoch geblieben und können bei der Entscheidungsfindung der Organträger nie ganz ausgeschlossen werden.[34]

III. Faktische Einflussfaktoren

A. Einfluss der Eigentümerstruktur

43 Wie schon oben unter II.A. bei der Behandlung der börsenotierten AGs dargestellt, sind fast alle börsenotierten österreichischen Aktiengesellschaften von Kernaktionären oder Kernaktionärsgruppen beherrscht (siehe insb bei FN 14). Das führt in aller Regel zu einem Aufsichtsrat, der sich – von den Arbeitnehmervertretern abgesehen – ausschließlich aus Vertrauensleuten des Kernaktionärs bzw der Kernaktionärsgruppe zusammensetzt, so dass die Streubesitzaktionäre im Aufsichtsrat nicht repräsentiert sind. Die Wahl eines oder zweier „unabhängiger Mitglieder" gemäß Regel 54 öCGK erfolgt fast immer mit den Stimmen der Hauptversammlungsmehrheit des Kernaktionärs bzw der Kernaktionärsgruppe[35], so dass trotz des Verbots der Vertretung von Aktionären mit mehr als 10% Beteiligung gemäß Regel 54 öCGK selbst diese „unabhängigen" Aufsichtsratsmitglieder das Vertrauen des Kernaktionärs genießen müssen und doch eine gewisse Abhängigkeit entsteht.

44 Etwas komplexer wird die Situation bei Kernaktionärsgruppen. Hier besteht häufig ein Stimmbindungsvertrag (Syndikatsvertrag), der eine Verteilung aller Aufsichtsratssitze unter den Mitgliedern der Kernaktionärs*gruppe* vorsieht, gleichgültig ob es sich um Familiengesellschaften, Joint-Venture- bzw Private-Equity-Strukturen oder aus Fusionen entstandenen Strukturen handelt.

45 Eine Aufteilung aller Aufsichtsratssitze ist auch dann nicht ungewöhnlich, wenn neben dem bisher beherrschenden Kernaktionär oder der bisher beherrschenden Kernaktionärsgruppe ein neuer Aktionär mit nicht unbedeutendem Beteiligungsbesitz (ab etwa zehn Prozent) auftritt, oder wenn es zu einem Wechsel des Kernaktionärs kommt. Bei Hinzukommen eines weiteren Kernaktionärs, wird mit und ohne bindende Absprache bisher häufig ein Aufsichtsratssitz gewährt, bei größeren Beteiligungen auch mehrere Sitze[36]. Die Grenze zwischen förmlichen Verträgen, formlosen Absprachen und abgestimmten Verhalten sind fließend, was bei Anwendung der Bestimmungen über gemeinsam vorgehenden Gruppen nach § 1 Z 6 iVm § 22a Übernahmegesetz zu Schwierigkeiten führt.

---

[34] Vgl *Egon Matzner*, Die vergeudete Republik, 2001, 21 ff; Matzner weist mit Recht darauf hin, dass Fehlentscheidungen auch in der Privatwirtschaft geschehen; dort kommen sie uU aus Loyalität zu oder Abhängigkeit vom privaten Eigentümer zustande (su).

[35] Der lange vor dem AktRÄG 2009 bei der Verbund AG durchgeführte Versuch, die Streubesitzvertreter von den Streubesitzaktionären in einer der HV vorgelagerten Briefwahl bestimmen zu lassen, war wenig erfolgreich, weil ein Anleger, selbst ein Elektrizitätsunternehmen, mit seinem großen Gewicht den Ausschlag gab; der kleine Streubesitzer übte sich in rationaler Apathie.

[36] So zB bei der Böhler AG und der VA-Tech AG, nachdem sich die Gruppe um Rechtsanwalt Dr. Fries bzw um den Industriellen Kovac eingekauft hatte.

Nicht wesentlich andere Probleme als bei börsenotierten Kernaktionärsgesellschaften ergeben sich bei nicht-notierten Gesellschaften für Aktionäre, die in der beherrschenden Gruppe nicht vertreten sind. Verfügen die Minderheitsaktionäre über wenig unternehmerischen Sachverstand und sind sie nicht im Stande oder nicht Willens, sich durch kritische Fachleute in der Hauptversammlung vertreten zu lassen, so ist ihre Situation sogar noch gefährdeter als die der gelisteten Streubesitzaktionäre, zumal sie bzw ihre nahen Angehörigen und Vertrauenspersonen nicht nur vom Aufsichtsrat ferngehalten werden, sondern auch keine Vorstands- und sonstigen Leitungspositionen mit guten Gehältern und Pensionsansprüchen sowie „perks" (wie Dienstwagen, Dienstwohnung, Repräsentationskostenersatz) erhalten können. Wenn die Gesellschaft wenig ertragreich ist und mehrere Angehörige der Kernaktionärsgruppe in der Gesellschaft „zu guten Konditionen" untergebracht werden, entsteht schon finanziell eine „Zweiklassengesellschaft" unter den Aktionären. Die Situation wird noch dadurch verschärft, dass die Minderheit in solchen Fällen auch durch den Informationsvorsprung der Kernaktionärsgruppe benachteiligt wird, den diese durch Vertrauenspersonen im Aufsichtsrat und Management erlangt. Nicht selten verschärft sich also gerade bei der nicht-börsenotierten AG das Principal/Agent-Problem zwischen Mehrheit und Minderheit. Hinzu kommt, dass die Minderheit ohne Börsenotierung die Aktien nicht einmal in kleinen Tranchen zu Geld machen kann. 46

Gerade wenn man an einem stabilen Einvernehmen zwischen allen Aktionären der Familiengesellschaft interessiert ist, wird daher der Aufsichtsrat etwa zur Hälfte von Fachleuten, welchen alle Aktionäre vertrauen und zur Hälfte von Familienangehörigen zusammengesetzt, streng auf die Marktüblichkeit aller Bezüge geachtet und die bevorzugte Behandlung von Familienangehörigen der Kernaktionärsgruppe vermieden. 47

Verhalten sich das Management und der Aufsichtsrat der AG mit Minderheitsaktionären korrekt, so kann der Minderheitsaktionär von der Kontrolle des Vorstands durch die Eigentümervertreter des Kernaktionärs im Aufsichtsrat geradezu profitieren, weil die straffe Führung und Kontrolle eines schon aus Eigennutz interessierten Kernaktionärs die nicht im Aufsichtsrat repräsentierte Minderheit mitschützt und diese gewissermaßen zu Freeridern des Kernaktionärs macht, freilich vorausgesetzt, dass der Kernaktionär eben keine Sondervorteile für sich sucht.[37] 48

---

[37] Diese Voraussetzung war wohl trotz vielfältiger Kritik am Management der „alten" ÖIAG im Verhältnis zu den nicht im Aufsichtsrat repräsentierten Streubesitzaktionären gegeben. Die konzernale Führung durch die ÖIAG, mit ihren Gefahren zulasten der Streubesitzer, war (und ist) gesetzlich verboten und wohl auch nur sehr begrenzt ein Problem. Dazu haben gewiss der Marktdruck der institutionellen Investoren und die jährlichen bzw halbjährlichen Road Shows beigetragen. Schon im Hinblick auf die nicht voll abgeschlossene Privatisierung musste die ÖIAG an ihrer Reputation als Emittent und Kernaktionär interessiert sein. Nicht unbedeutend mag auch das häufig große Selbstbewusstsein der erfolgreichen CEOs in den Beteiligungsgesellschaften gewesen sein. Bemerkenswert ist auch, dass die ÖIAG dem Vernehmen nach nie mit Aktien ihrer Beteiligungsgesellschaften an der Börse gehandelt hat. Man beschränkte sich auf Verkäufe im Rahmen von Privatisierungen (IPOs, Secondary Public Offerings) und Kapitalerhöhungen.

49 Vorläufig sind institutionelle Anleger im österreichischen Aufsichtsrat kaum vertreten. Shareholder Activism von kritischen Minderheiten börsenotierter Aktiengesellschaften ist noch immer selten. Eine solche Ausnahme bildet etwa die conwert SE, in deren Verwaltungsrat derzeit Mitglieder sind, die von institutionellen Anlegern unterstützt werden[38]. Der Umstand, dass bei größeren Aktiengesellschaften der Streubesitz meist überwiegend in den Händen ausländischer institutioneller Anleger liegt, hat bisher kaum zu Konsequenzen in der Zusammensetzung der Aufsichtsräte geführt. Die jährlichen bzw halbjährlichen Roadshows, bei welcher der CEO und oft auch der CFO des österreichischen Unternehmens am Sitz des institutionellen Anlegers (meist in den USA und England) einer gut vorbereiteten und intensiv geführten Befragung unterworfen werden, genügen den institutionellen Anlegern; die Prüfung der Performance des Managements an Hand der veröffentlichten Berichte und Bekanntmachungen der Gesellschaft, die Beurteilung durch Branchen-Analysten und öffentlich zugängliche Datenbanken, der Vergleich mit Benchmarks, das Urteil der Finanzpresse verbreitern die Entscheidungsbasis für Recherchen, verursachen weniger Aufwand und sind mit keinem Haftungsrisiko verbunden. Auch die Teilnahme an der Hauptversammlung zahlt sich nicht aus und bringt kaum zusätzliche Information, weshalb im „Normalfall" die ausländischen institutionellen Anleger trotz der Verbesserung der Aktionärsstellung auf Grund der Aktionärsrechterichtlinie 2007 und dem Aktienrechts-ÄnderungsG 2009 in der Hauptversammlung nur wenig aktiv sind.[39] Immerhin lässt sich ein Trend zur verstärkten mittelbaren Ausübung des Stimmrechts durch Stellvertreter beobachten. Im Zusammenhang damit zeichnet sich auch in Österreich der wachsende Einfluss von Proxy-Advisern ab, die – nicht selten – etwas mechanisch auf Corporate Governance Regeln (insbesondere über die maximale Funktionsdauer von Aufsichtsratsmandaten) bestehen, die auf die Kernaktionärsgesellschaft nicht passen. Insbesondere sollten Begrenzungen der maximalen Dauer von Aufsichtsratsfunktionen den Kernaktionär selbst nicht hindern, dem Aufsichtsrat auch länger anzugehören.

B. Der „eingezwickte" Aufsichtsrat

50 Ein spezifisches Problem des Aufsichtsrates, der von einem Kernaktionär/einer Kernaktionärsgruppe bestellt wird, wurde von der österreichischen Principle/Agent-Diskussion bisher nur wenig beachtet. Bei der Behandlung des Streubesitzes wurde bereits auf die herrschende Ansicht hingewiesen, wonach sich das Principal/Agent-Problem bei einer Kernaktionärsstruktur auf einen Konflikt zwischen Kernaktionär und Streubesitz (bzw Hauptversammlungsminderheit) verlagert. Der Kernaktionär wird auf Grund seiner gesellschaftsrechtlichen Vormachtstellung gewissermaßen zum Agent der Minderheit. Es wurde aber auch schon darauf hingewiesen, dass das Principal/Agent-Problem zwischen dem Kernaktionär und seiner Verwaltung trotzdem fortbesteht. Denn auch der Kernaktionär kann das Verhalten der Aufsichtsrats- und Vorstandsmitglieder durch die gesetzlich und

---

38 Näher dazu auf der Website der Gesellschaft www.conwert.com/investor-relations.

39 Anders verhält es sich mit Hedgefonds und „Raidern" die zB bei Übernahme- und Fusionsgerüchten Pakete aufbauen und Druck auf den/die Kernaktionär(e) ausüben.

vertraglich definierten Bestimmungen – im Sinne von *Coase* – nur beschränkt steuern.

Die Mitglieder der Kernaktionärsgruppe bzw der Kernaktionär können und wollen häufig nicht selbst die Aufsichtsratssitze wahrnehmen (als physische Person oder durch Organträger, wenn der Kernaktionär eine juristische Person ist), sehen sich also veranlasst ihre Interessen im Aufsichtsrat durch sachkundige dritte Personen vertreten zu lassen. Hier besteht die Gefahr, dass diese Personen, die ja in der Realität fast immer vom Kernaktionär gewählt wurden und auch bei ihrer Wiederbestellung auf seine Stimme angewiesen sind, in ihrer *Abhängigkeit* von seinem Wohlwollen nur ihm genehme Auffassungen vertreten und allfällige Zweifel mehr für das Protokoll, als um sich durchzusetzen, äußern. Das gilt unabhängig davon, ob es sich um Konzerntochtergesellschaften, um Beteiligungen der öffentlichen Hand oder Familiengesellschaften bzw um von einem Einzelunternehmer beherrschte Gesellschaften handelt. Vor allem gilt es dann, wenn der Kernaktionär, sei es im Aufsichtsrat, sei es durch seinen Einfluss außerhalb des Aufsichtsrats, eine bedenkliche Entscheidung plant oder bereits getroffen hat. Viel stärker als im Verhältnis zwischen Arzt und Patienten ist die Versuchung für den bloßen Vertrauensmann des Kernaktionärs, im Aufsichtsrat Verhaltensweisen, die nach seinem Urteil das Unternehmen wahrscheinlich schädigen werden oder schädigen können, stillschweigend zuzulassen, um Konflikte zu vermeiden. Besonders groß ist die Gefahr, wenn die Kernaktionärsentscheidung nicht evident schädlich ist und/oder der Schaden wenn überhaupt erst in ferner Zukunft eintreten wird; darüber hinaus eine Haftung des AR-Mitglieds unwahrscheinlich ist. Der menschlich verständlichen Neigung des Kernaktionärs, den Fehler, solange es geht, zu *verdrängen*[40], wird ein solches Aufsichtsratsmitglied nicht energisch entgegentreten, wenn ihm das gute Einvernehmen und damit die Fortdauer seiner Funktion wichtiger sind als das Wohl des Unternehmens und seiner Minderheitsaktionäre. Diese Tendenz wird noch verstärkt, wenn der Vorstand oder zumindest einzelne wichtige Vorstandsmitglieder selbst Mitglieder der Kernaktionärsgruppe sind oder sonst ein besonders enges Naheverhältnis zum Kernaktionär haben. Das kommt häufig vor, zB in Konzertöchtern, deren Vorstandsmitglied früher leitender Angestellter der Muttergesellschaft war oder in Familiengesellschaften, in welchen ein oder mehrere Vorstandsmitglieder nahe Angehörige des Kernaktionärs sind. Obwohl der Kernaktionär an der Verhinderung oder zumindest an der möglichst frühzeitigen Analyse von Fehlentscheidungen und der Schadensbegrenzung selbst am meisten interessiert sein müsste, muss das Aufsichtsratsmitglied gerade in solchen Fällen bei kritischem Hinterfragen der Vorstandsentscheidungen das Missfallen der Kernaktionärsgruppe bzw ihrer Vertreter befürchten. **51**

Je näher der Vorstand dem Kernaktionär steht, desto mehr *Zivilcourage* muss das Aufsichtsratsmitglied haben, um seine vom Vorstand abweichende Meinung zu vertreten. Nur ein Vorstand bzw ein Kernaktionär, der eigene Fehler immer für möglich hält und in der Lage ist, seine Entscheidungen selbstkritisch zu hinterfragen, wird dieser „Falle" entgehen und den Zweifel oder die Kritik durch Aufsichtsratsmitglieder zulassen und fördern. Diese Falle führt zu einer weite- **52**

---

[40] In den Sozialwissenschaften „*Reaktion auf kognitive Dissonanz*" genannt.

ren organisationspsychologisch bedingten Schwächung der Unabhängigkeit der Aufsichtsratsmitglieder. Die Anfälligkeit der Aufsichtsratsmitglieder für derartige Beeinträchtigungen wird umso größer sein, je höher das Aufsichtsratsmitglied, die mit dem Amt verbundene Reputation und Einkünfte bewertet. Die österreichischen Corporate-Governance-Regeln[41], die im Wesentlichen auf Interessenkonflikte zwischen AG und ihrem Vorstand einerseits und Aufsichtsratsmitglied andererseits und zu einem geringeren Grad auf psychologische Befangenheit des Aufsichtsratmitglieds gegenüber dem Vorstand fokussiert sind, erfassen das Problem nur unzureichend (vgl *Kalss* Rz 3/5; Rz 3/13 f).[42]

IV. Einige Anmerkungen aus der Sicht der Sozial- und Wirtschaftswissenschaften, insbesondere der Organisationspsychologie

53 Während die Neue Institutionenökonomie[43] aufbauend auf den grundlegenden Erkenntnissen von *Coase* nicht zuletzt dank der Bemühungen *Hopts*[44] im deutschen Sprachraum schon seit längerem Beachtung findet, werden die Forschungs-

---

41 S Rn 53 f. und Anlage 1.

42 Die dem öCGK zugrunde liegende Empfehlung der EU, Amtsblatt vom 15.2.2005, ABl L 52/51 S 51, verlangt Unabhängigkeit einer „ausreichenden Zahl von Aufsichtsratsmitgliedern" auch von einem kontrollierenden Aktionär. Zum Problem der Unabhängigkeit grundlegend *Jean N Druey* in FS-Peter Doralt, 2004, 151, aus stärker juristischer Sicht *V Werder/Wieczorek*, Anforderungen an Aufsichtsratsmitglieder, BB 2007, 297 ff; *K Oberhofer*, (FN 17) insb S 83 ff); siehe auch *Hopt-Roth*, Großkomm § 100 AktG Rn 106; *Semler* in Semler/V Schenck in AR-Handbuch, 2009, § 2 Rn 73; ebenda *P Doralt/W Doralt*, § 13, Rn 32 f.

43 Einen hervorragenden (deutschen) Überblick bietet die Habilitation *Wentges*, Corporate Governance und Stakeholder Ansatz, 1999*; Paul Milgrom & John Roberts*, Economics, Organisation and Management, 1992, ist ein wissenschaftlich orientiertes Lehrbuch, in dem vorrangig volkswirtschaftliche Konzepte und Einsichten für die betriebswirtschaftliche Analyse der Unternehmung erläutert werden; *Martin Ricketts*, The Economics of Business Enterprise, Edward Elgar Publishing Ltd., 2002, 261ff; ist ein wissenschaftlicher Klassiker; *Mancur Olson*, Die Logik des kollektiven Handelns, 5. Aufl., Mohr Siebeck, 2004; die Originalausgabe erschien 1965 bei Harvard University Press unter dem Titel: The Logic of Collective Action: Public Goods and the Theory of Groups (das Werk ist eine grundlegende volkswirtschaftliche, politologische und soziologische Studie mit dem Schwerpunkt auf Fragen der Bildung und dem Funktionieren von Gruppen im Verhältnis zur Gesamtgesellschaft und im Staat, zB Lobbies, Gewerkschaften). Das modernste, rechtsvergleichende und Law and Economics orientierte Werk über Gesellschaftsrecht ist: *R Kraakman, J Armour* et al, The Anatomy of Corporate Law (2nd ed 2009), A Comparative and Functional Approach; diese rechtsvergleichende Darstellung versteht sich als „funktional", womit gemeint ist „that our book highlights the economic logic of „corporate law". Hopt gehört dem internationalen Autorenteam an.

44 Vgl *Hopt*, American Corporate Governance Indices as seen from an European Perspective, University of Pennsylvania Law Review, Vol 158: 27 ff mit zahlreichen Literaturnachweisen.

ergebnisse der Organisationssoziologie[45] und Organisationspsychologie[46] jedenfalls von der österreichischen Rechtswissenschaft kaum berücksichtigt.

Es liegt nahe zum tieferen Verständnis der realen Probleme im Gesellschafts- 54
recht, aber auch der im Gesetz verankerten Lösungen auch diese Nachbarwissenschaften zu befragen. Einige Schlagwörter sollen die Einsichten der Nachbarwissenschaften beleuchten:

- **„Wes Brot ich ess, des Lied ich sing“ gegen „Minds wide open“**

Die gruppenpsychologische Literatur beschäftigt sich schon lange mit dem 55
Bias, dem abhängige Gruppenmitglieder und Mitglieder sehr kohärenter Gruppen unterliegen. Insbesondere Arbeitsgruppen in Unternehmen, in unternehmensähnli-

[45] Eine beachtliche Ausnahme stellen in Österreich die Arbeiten von *Günther H. Roth* (Innsbruck und seinen Mitarbeitern dar, *Büchele* ua (FN 8) dort insbes. *Roth/Wörle*, Die Unabhängigkeit des Aufsichtsrats 35, 64 ff (beruhend auf ZGR 2004, 565-630): Unter Berücksichtigung der soziologischen Einsichten der „*Rollentheorie*“ fordern sie, die positiven Anreize für das neue *Rollenbild eines unabhängigen Aufsichtsrats* und für die Erfüllung der damit verbundenen gesellschaftlichen Erwartungen zu stärken (S 82 f mit Literaturnachweisen). Ähnliche Überlegungen bei *R.H.Thaler / Cass Sunstein*, Nudge, Improving Decisions about Wealth, Health and Happiness, 2008/09, die eher subtile sozialpsychologische Werkzeuge als scharfe rechtlich orientierte Sanktionen zur Verbesserung der Entscheidungsqualität empfehlen.

[46] *Hofstätter*, Gruppendynamik – Kritik der Massenpsychologie, Rowohlts-Enzykopädie, (1986) (=grundlegend überarbeitete Neuauflage des gleichnamigen Werkes aus 1957): Wissenschaftlicher Klassiker, trotzdem für psychologische Laien gut lesbar; *Donald C. Langevoort*, Organized Illusions: A Behavioral Theory of Why Corporations Mislead Stock Market Investors (and Cause Other Social Harms), in Cass R. Sunstein (Hg), Behavioral Law & Economics, 2000, Cambridge University Press, 144 ff: wissenschaftlicher Aufsatz zum Phänomen des Overcommittement „Augen zu, mitten durch“; *derselbe*, Where Were the Lawyers? A Behavioral Inquiry into Lawyers Responsibility for Clients' Fraud, (1993), 46 Vand. L. Rev. 75 111; *Kreitner/Kinicki/Buelens*, Organisational Behaviour, 4th European Edition, McGraw-Hill Education, (2011); zur Gruppenpsychologie insb S. 229-230, 320-356, 399-415: gründliches gut lesbares wissenschaftliches Lehrbuch mit zahlreichen Literaturhinweisen und anschaulichen Beispielen; *Michael A. Hogg/Graham M. Vanghan*, Social Psychology, 6th Ed. (2011), 208 (People in Groups), 313 ff (Leadership and Decisiomaking); *Lutz von Rosenstiel/Friedemann W. Nerdinger*, Grundlagen der Organisationspsychologie, 7. Aufl., Schäffer Poeschel Verlag, (2011), wissenschaftliches Standardlehrbuch; *David M. Buss*, Evolutionäre Psychologie, 2. Aufl. (2004); *James Surowiecki*, The Wisdom of Crowds, Why the Many Are Smarter Than The Few, (2004), 9. Kapitel: Committees, Juries and Teams; 10. Kapitel: The Company; deutsch: Die Weisheit der Vielen, (2005): sehr gut lesbare populärwissenschaftliche Arbeit mit Hinweisen auf wissenschaftliche Arbeiten; *Mayrhofer/Schneidhofer/Steyrer*, T.E.A.M. – „Together Everyone Achieves More“ oder „Toll, Ein Anderer Macht's?“ Teams in Organisationen, in *Kasper/Mayrhofer* (Hg.) Personalmanagement Führung Organisation, 4. Aufl, Linde, (2009), 189 ff; aktuelles wissenschaftliches Lehrbuch mit guten Beispielen. Ergebnisse der Kognitionspsychologie vermitteln: *Dietrich Dörner,* Die Logik des Mißlingens, Strategisches Denken in komplexen Situationen, 8. Auflage 2009, *Jonah Lehrer*, Wie wir entscheiden, Piper, (2009), 271 ff; gehobenes populärwissenschaftliches Werk mit Schwerpunkten auf neueren Ergebnissen der neurologischen Erklärungsansätze; siehe auch *Rupert A.G. Monks/Nell/Minow*, Watching the Watchers, Corporate Governance for the 21th Century, mit einem Anhang von *Hugh Parker (1996)*, S 290 ff: populärwissenschaftliches Buch von Beratern mit interessanten Einblicken in die Board-Praxis der US.

chen staatlichen Organisationen, wie der NASA[47] und Kabinettsberatungen[48], sind Gegenstand von zahlreichen Untersuchungen. Hier werden Fehlentscheidungen analysiert, die ua durch die Abhängigkeit von einer höheren Hierarchieebene und dem Harmoniestreben in Gruppen, insbesondere in stark kohärenten Gruppen, zustande kommen. Auch die Abhängigkeit des Wirtschaftsprüfers von den ihn bestellenden bzw vorschlagenden Organen (strukturell der Abhängigkeit des Aufsichtsrats verwandt) wurde mehrfach untersucht. Trotz der unterschiedlichen[49] Corporate Governance Struktur sind solche Einsichten, insbesondere die Forderung einer offenen Gesprächskultur in den USA seit längerem anerkannt.

56 *Alfred P. Sloan*, CEO von General Motors während der Blütezeit des Unternehmens soll eine Board-Sitzung kurz nach Beginn mit folgenden Worten vertagt haben[50]: *„Meine Herren ich gehe davon aus, dass wir in dieser Entscheidung vollkommen übereinstimmen, deshalb schlage ich vor, dass wir weitere Diskussionen zum Thema auf die nächste Sitzung verschieben, damit wir Zeit haben kontroverse Positionen zu entwickeln und eine Vorstellung zu bekommen, worum es bei der Entscheidung geht.“* Im Gegensatz dazu wird in Österreich die Genehmigung einer Strategie oder einer Großinvestition, eines Zusammengehens mit einer branchenverwandten Firma oder der Kauf eines Unternehmens nicht überall so diskutiert, dass der Aufsichtsrat die Entscheidung kritisch hinterfragen und aus eigenem nachvollziehen kann. Dazu fehlt oft vordergründig die Zeit. Nur in manchen Gesellschaften wird die Entscheidung begleitend zum Vorstandshandeln in mehreren Sitzungen behandelt. Es kommt vor, dass der Genehmigungsbeschluss zum Erwerb großer Unternehmen etwa vor dem Vorliegen eines Due-Diligence-Berichtes gefasst wird (was im Einzelfall – etwa bei Erwerb eines börsenotierten

47 *Surowiecky*, Wisdom (oben FN 38) 173 ff mit Darstellung der Entscheidungsfindung des Columbia Unglücks 2003; als Hauptgrund wurde Verdrängung und Fatalismus („Nothing could be done“) gesehen.

48 Auch wissenschaftlich berühmt wurde die Fehlentscheidung des Kennedy-Kabinetts, mit der der Angriff einer kleinen Guerilla Gruppe auf Kuba beschlossen wurde (Schweinebucht). Daraus resultierte eine Vielzahl von Publikationen zum Phänomen des *groupthink*, insb Gruppen mit hoher Kohäsion und starkem „Anführer“. Als Mittel dagegen wurden ua Differenzierung der Herkunft der Mitglieder, Meinungsvielfalt, Institutionalisierung eines advocatus diaboli vorgeschlagen, s. ausführlich *Mayerhofer* (oben FN 38); *Kreitner/Kinicki/Buelens* (oben FN 38) 320. Als grundlegend gelten die Arbeiten von *Irving Janis*, Professor der Psychologie in Yale: Irving Janis Victims of Groupthink, 1972 und *Irving Janis* und *L. Mann* Decision Making, 1977; kritisch hiezu neuerdings *Robert S. Baron*, So right is wrong: Groupthink and the ubiquitous nature of polarized groups decision-making (Dptmt of Psychologie, University of Iowa, robert-baron@uiowa.edu). *Roland Bénabou*, Groupthink: Collective Decisions in Organisations and Markets, Princton University (www.princtone.edu/rbenabou/papers-groupthink). Diese Arbeit versucht, das Phänomen Groupthink mit Mitteln eines rigorosen Modelldenkens zu analysieren und zu verbreiten; insbesondere wird analysiert wie Wunschdenken und Verdrängung nicht nur Organisation, sondern auch Märkte durchdringen.

49 *Max H. Bazerman*, et.al. The Impossibility of Auditor Independence, Sloan Management Review, Summer 1997, 89; Moore/Loewenstein/Bazerman, Auditor Independence, Conflict of Interest, and the Unconscious Intrusion of Bias, Working Paper 03-116, Harvard Business School, 2003, 11 ff; *Wagenhofer/Ebert*, Externe Unternehmensrechnung, 2003, 475 ff. S auch *Peter Doralt*, in Corporate Governance nach der Finanz- und Wirtschaftskrise, hg von Allmendiger/Dorn ua (2011).

50 Zitiert nach *Lehrer*, 2009, (oben FN 41) S. 281.

Unternehmens im Weg der feindlichen Übernahme ausnahmsweise notwendig sein kann – aber die Ausnahme sein sollte). Immer noch kommt es vor, dass sich manchmal die externen Berater in vorauseilendem Gehorsam davon leiten lassen, welches Ergebnis sich das Management wünscht. Die Darstellung verschiedener Handlungsalternativen und das Abwägen von pro und contra der einzelnen Handlungsalternativen im Aufsichtsrat, bevor es dann zur Planung, Genehmigung und Durchführung einer der mehreren Alternativen kommt, würde in der Regel die Qualität der Entscheidungsfindung verbessern, ist aber noch immer eher die Ausnahme. Der Aufsichtsrat wird noch immer häufig nur mit der vom Vorstand präferierten Alternative konfrontiert, wenn er um seine Zustimmung ersucht wird. Die Verbesserung der Gruppenleistung durch bewusstes Fördern divergenter Auffassungen und kritischer Diskussionsbeiträgen ist nicht selbstverständlich. In den letzten Jahren ist allerdings eine Professionalisierung des Aufsichtsrats und der Entscheidungsprozesse im Aufsichtsrat zu beobachten. Gründliche Strategiediskussionen und engmaschigere Begleitung von Entscheidungsprozessen durch den Aufsichtsrat nehmen zu. Gelegentlich macht der Aufsichtsrat auch von seinem Recht Gebrauch, – insbesondere bei börsenotierten Gesellschaften – eigene Berater zur Kontrolle und Validierung des Entscheidungsprozesses beizuziehen, besonders dann, wenn er sein Haftungsrisiko dadurch verringern kann.

- **Die Angst des Fragers vor Bloßstellung**

In *Hans-Christian Andersens* Märchen „Des Kaisers neue Kleider" trifft der **57**
Kaiser bekanntlich eine Fehlentscheidung und traut zwei Betrügern, die sich als Weber und Schneider ausgeben. Sie behaupteten, dass sie die schönsten Stoffe weben und daraus Kleider anfertigen können, welche „die wunderbare Eigenschaft besitzen, dass sie für jeden Mensch unsichtbar seien, der nicht für sein Amt tauge oder der unverzeihlich dumm sei". Vorsichtsweise schickt der Kaiser, um sich nicht zu blamieren, seinen alten ehrlichen Minister zu den Webern, damit der die ersten Stoffe prüfen soll:

„Gott behüte uns!", dachte der alte Minister und riss die Augen auf: „Ich kann **58**
ja nichts erblicken", aber das sagte er nicht. Er fürchtete, sich zu blamieren.

Wir wissen, wie das Märchen ausgeht. Beim Festzug des Kaisers, der veran- **59**
staltet wird, um die neuen Kleider auszuführen, wollte es die längste Zeit sich niemand anmerken lassen, dass er keine Kleider sah … „Aber er hat ja gar nichts an!", sagte schließlich ein kleines Kind. … „Aber er hat ja gar nichts an!" rief zuletzt das ganze Volk. Anders als die Minister brauchte sich das Volk nicht vor Amtsverlust oder Reputationsverlust zu fürchten.

Ähnlich geht es manchem Aufsichtsratsmitglied, das nach der eindrucksvol- **60**
len Power Point Präsentation eines externen Beraters schweigt und keine kritischen Fragen stellt. Als die österreichische Länderbank eine größere englische Teilzahlungsbank erwarb, lag ein positives ca. 150 Seiten starkes Due-Diligence Gutachten einer großen internationalen Wirtschaftsprüfungsgesellschaft vor, das vom Aufsichtsrat nicht hinterfragt wurde. Ein weiteres Gutachten über die steuerliche Konstruktion war ebenfalls positiv. Die gesamte Diskussion dürfte kaum länger als eine Stunde gedauert haben. Der Aufsichtsrat und wohl auch der Vorstand sahen gute Gründe für das Geschäft, zumal die renommierte Wirtschaftsprü-

fungsgesellschaft im Due-Diligence Gutachten grünes Licht gegeben hatte. Die betroffene Wirtschaftsprüfungsgesellschaft hat im Wege eines Vergleichs später ca. 500 Mio Schilling gezahlt. Aber schon der Geschäftsführer einer viel kleineren amerikanischen Teilzahlungs-Tochtergesellschaft der Länderbank, der das Kaufobjekt nur einen halben Tag lang besucht hatte, hatte seine Zweifel – wie sich später herausstellte – gegenüber dem Vorstand völlig zutreffend berichtet, allerdings selbst nicht genug ernst genommen. Aus der Organisationspsychologie ist schon lange bekannt, dass bei großer Mehrheit (auch bei „schweigender" Mehrheit), das einzelne Gruppenmitglied seine ursprünglich richtige Auffassung sogar vor sich selbst aufgibt (wegrationalisiert) und seine eigene Wahrnehmung dem Mehrheitsdruck opfert.[51] Nur wenige Menschen haben von der Mehrheitsmeinung abweichende Meinungen, noch weniger Menschen sind bereit, dafür in einer Gruppe offen einzutreten; im Übrigen sind besondere „diplomatische" und „soziale" Fähigkeiten erforderlich, um trotz gelebter Bereitschaft zum Widerspruch im Milieu, in dem Aufsichtsräte rekrutiert werden, Akzeptanz und Reputation zu gewinnen. Praktische Erfahrungen legen es nahe, dass eine Fraktion, um gehört zu werden, typischerweise etwa ein Drittel des Gremiums umfassen sollte. Daher wäre die erforderliche Zahl der unabhängigen Aufsichtsratsmitglieder gem Regel 54 Corporate Governance Kodex anzuheben.[52]

- **Der Herdentrieb und das Harmoniestreben**

61 Einer der größten unternehmerischen Misserfolge der österreichischen Nachkriegsgeschichte war der Zusammenbruch der Voest-Alpine AG im Jahr 1985. Letztlich lag der Grund dafür wohl darin, dass ein Ausweg aus der damaligen Welt-Stahlkrise mit zum Teil erfolgreichen, zum Teil erfolglosen Diversifizierungen des Unternehmens in neue Branchen gesucht wurde. Der Aktionismus geriet aus dem Ruder. Ausgelöst wurde der Zusammenbruch durch Ölgeschäfte in großem Stil, die ursprünglich zum Hedgen von Öl-Bartergeschäften durch das Handelshaus der Voest-Alpine AG gedient haben sollen, im Laufe der Zeit aber zu rein spekulativen Zwecken, ohne ein zu sicherndes, zugrunde liegendes Handelsgeschäft, getätigt wurden. Im Rahmen der Prüfung der Verantwortung der Organe wurden die Mitglieder des (aufsichtsratsähnlichen) Beirats hierzu befragt. Ein Beiratsmitglied, das das wirtschaftliche Risiko der insgesamt etwa 40 Schiffsladungen „offener Positionen" Rohöl gut verstanden hatte, weil er mit strukturell ähnlichen Devisengeschäften vertraut war, antwortete auf die Frage, warum er dem Vorsitzenden nicht widersprochen habe: „Gegen den Wind kann man nicht schiffen, oder wenn

---

[51] *Salomon Asch* hat bereits 1952 nachgewiesen, dass etwa ein Drittel der Versuchs-Personen, die alleine mit hoher Wahrscheinlichkeit nebeneinander abgebildete unterschiedlich lange Linien richtig ordnen konnten, unter dem Druck der Mehrheit (als scheinbare Versuchspersonen mitwirkende Schauspieler) Fehlurteile abgaben und ihre ursprünglich richtige Auffassung verdrängten. Noch eindrucksvoller ist der Konformitätsdruck in kohärenten, schon einige Zeit bestehenden Arbeitsgruppen mit Hierarchiestrukturen. *Asch* ist daher meines Erachtens der eigentliche wissenschaftliche Begründer der Groupthink-Theorie. Siehe dazu *Hofstätter*, (oben FN 46) 58 ff (mit Darstellung älterer Experimente und Folgeexperimenten), sa *Kreitner/Kinicki/Buelens*, (oben FN 38), Seite 320 ff, guter moderner Überblick bei *M.A. Hogg/G.M. Vaughan*, Social Psychology 6th Ed., 246ff

[52] Vgl dazu die Frage der Diversität. Siehe dazu *M Doralt* Rz 8/76 ff; s auch die Nachweise in der vorangehenden FN 51.

Sie das nicht verstehen, gegen den Wind kann man nicht Klavierspielen". Das Beispiel belegt zweierlei: Erstens: Nicht nur gegen die Mehrheit kämpft man nicht gerne an, sondern auch ein mächtiger CEO kann Kritik zum Verstummen bringen. Zweitens: Ein einzelnes kritisches oder unabhängiges – bzw neutral „anders denkendes" und Risiken anders einschätzendes – Aufsichtsratsmitglied reicht – auf sich allein gestellt – meist nicht aus, Fehlentscheidungen zu verhindern.[53]

- **Augen zu und mitten durch**[54]

In dem oben angeführten Fall des durch Spekulationen ausgelösten Voest-Alpine AG Zusammenbruchs hatte der Generaldirektor und Vorsitzende des Beirats des Handelshauses seinem Aufsichtsrat ca. 10 Monate vorher, als der Verlust bereits bei mehreren hundert Mio Schilling lag, geantwortet: „Der Verlust wird sicher in der Größenordnung von 100 Mio Schilling liegen", freilich ohne klar zu machen, dass der Verlust selbst bei weiteren Spekulationsgewinnen kaum *unter* 100 Mio Schilling zu drücken sein wird. Der Aufsichtsrat hatte viel mehr den Eindruck, dass der Verlust nicht wesentlich über 100 Mio Schilling liegen werde. Auf die Frage, warum man auch bei einer Sonderuntersuchung durch die ÖIAG das wahre Ausmaß der bereits eingetretenen Schieflage geheim gehalten und erst vor dem unmittelbarem Zusammenbruch der Liquidität die Situation einigermaßen richtig dargestellt habe, lautete damals die Antwort (die wir hier nicht im original-oberösterreichischen Dialekt wiedergeben): „Wissen Sie, worin die wichtigste Aufgabe eines Generaldirektors besteht? Dass er sich mit seinem breiten Gesäß auf jeden stinkenden Fabriksschlot draufsetzt, damit man nichts riecht." Auch die Verschärfung der Verantwortung von Vorständen und Aufsichtsräten – sowohl zivilrechtlich, als auch strafrechtlich – hatte in der Zwischenzeit ohne Zweifel eine gewisse verhaltenssteuernde Wirkung.[55] Das Bewusstsein für Compliance hat sich in den vergangenen Jahren verbessert und der Trend geht durchaus in Richtung gesteigerter Sorgfalt im Unternehmen.[56] Ein aktuelles Beispiel aus der jüngsten

(The margin number 62 stands beside the first line of this paragraph.)

[53] Siehe dazu soeben oben bei FN 44 und 52; die Gefahr, die von „charismatischen" Führungspersönlichkeiten mit hohem Ansehen ausgehen kann, wird anschaulich geschildert von *David Skeel*, Icarus in the Boardroom: The Fundamental Flaws in Corporate America and Where They Came From (2005).

[54] Vgl dazu aus der amerikanischen Literatur *Donald C. Langevoort*, Organized Illusions: A Behavioral Theory of Why Corporations Mislead Stock Market Investors (and Cause Other Social Harms), in Cass R. Sunstein, Behavioral Law & Economics, Cambridge University Press (2000) 144; *Berry M. Straw*, at al., Knee-Deep in the Big Muddy: A study of Escalating Commitment to a Chosen Course of Action, 16 Organisational Behavour and Human Performance 27 (1976). Ein Beispiel für diese Verhaltensweise in der Politik liefert die Verhaltensweise von führenden Politikern in der Hypo Alpe Adria Bank Krise; s. *Grabner/Schnauder*, Hypo Alpe Adria: Von der Geldmaschine zum Milliardengrab (2015).

[55] Vgl etwa die viel diskutierte österreichische LIBRO-Entscheidung, 12 Os 117/12s vom 30.01.2014. Für Deutschland siehe etwa die Fälle Siemens – Neubürger („Neubürger-Urteil" LG München I · Urteil vom 10. Dezember 2013 · Az. 5HK O 1387/10, 5HK O 1387/10) oder Arcandor – Middelhoff (LG Essen 14.11.2014, 35 KLs 14713).

[56] Die zunehmende Verrechtlichung sollte unternehmerische Entscheidungen und Innovation nicht behindern; die gesetzliche Verankerung der Business Judgement Rule in § 84 Abs 1a AktG (BGBl I 2015/115) entschärft die Situation für die Entscheidungsträger. Die Neufassung von § 84 AktG gilt zwar erst ab 1.1.2016, stellt aber u.E. eine bloße Klarstellung klar, die daher auch auf frühere Geschäftsfälle anwendbar ist.

österreichischen Vergangenheit zeigte allerdings noch ein ähnliches Bild: Bei einem Erweiterungsausbau des Flughafen Wiens wurde Monat für Monat hindurch immer klarer, dass die budgetierten Kosten bei weitem überschritten und auch der Fertigstellungstermin nicht zu halten sein werden. Trotz vieler Alarmsignale hat es lange gedauert, bis die volle Information durchsickerte und Anlass zum Handeln gab. Als der Aufsichtsrat und die Kernaktionäre die Dimension der Zielverfehlung erkannten, blieb anscheinend nichts anderes übrig, als zur Schadensbegrenzung den Bau über mehrere Monate hindurch vollständig zu stoppen.

63 Solche und ähnliche Erfahrungen legen es nahe, bei extrem risikogeneigten Geschäftszweigen und bei risikogeneigten Einzelgeschäften, wie Unternehmenserwerb, Fusionen und Joint-Ventures sowie bei Großinvestitionen nicht nur die durch die Business Judgement Rule gebotene Information *vor* der Entscheidungsfindung im Gremium zu verarbeiten, sondern auch später *nach der Genehmigung der Maßnahme* Berichte über das genaue Ausmaß der Zielerreichung bzw Zielverfehlung und deren Gründe *zu verlangen* sind, um den Vorstand zu veranlassen, sich selbst mit den Folgen der Entscheidung (über einen längeren Zeitraum hindurch) auseinander zu setzen und von selbst oder über Druck des Aufsichtsrats die Ausweitung der allenfalls nachträglichen Folgen einer Fehlentscheidung in Grenzen zu halten. Die Regelberichterstattung wird dafür häufig nicht ausreichen.

***

64 Der Management Papst *Peter Drucker* soll einmal gesagt haben[1]: *„Whenever an institution malfunctions as consistently as board of directors have in nearly every major fiasco of the last 40 or 50 years, it is futile to blame men. It is the institution that malfunctions."*

65 Wir konnten nicht feststellen wie alt dieses Zitat ist, seine Aktualität wird aber niemand bestreiten. Bekanntlich sind Skandale, in welchen der Aufsichtsrat versagt hat, der Motor für Reformen. Tiefgreifende Veränderungen setzen wohl verstärkte interdisziplinäre Zusammenarbeit voraus.

[1] Zitiert nach *Robert R. G. Monks/Nell Minow* (oben FN 38) S. 293

Qualifikationsanforderungen der AR-Mitglieder

Susanne Kalss und Matthias Schimka

§§: 86 Abs 1, 90, 91, 95 Abs 7 AktG; 5 Z 1 FBG; 228 UGB, Regel 53 des Corporate Governance Kodex

Lteratur

Ö.: *Aburumieh*, Interimistische Bestellung eines Aufsichtsratsmitglieds zum Vorstandsmitglied, AR Aktuell, 3/2010, 9; *Barth*, Das Sachwalterrechts-Änderungsgesetz 2006, iFamZ 2006, 138; *S Bydlinski*, Das neue Diversitätsgebot bei der Wahl der Aufsichtsratsmitglieder, in Schenz/Eberhartinger, Corporate Governance in Österreich (2012) 301; *P Doralt/W Doralt*, Haftung und Schadenersatz, in Semler/von Schenck, Arbeitshandbuch für Aufsichtsratsmitglieder[3] (2008) § 13; *Eberhartinger*, Anforderungen an den Finanzexperten im Aufsichtsrat, in Schenz/Eberhartinger, Corporate Governance in Österreich (2012) 317; *Eigner*, Neue Regeln zur Vorstandsvergütung und zur Zusammensetzung des Aufsichtsrats, GesRZ 2012, 208; *Fida/Gelter/Rechberger*, Der Finanzexperte im Aufsichtsrat – lex imperfecta?, GeS 2006, 239; *Fida/Steindl*, Neues für den Aufsichtsrat, SWK 2005, 827; *Fida/Steindl*, Konkurrenten im Aufsichtsrat, GeS 2005, 356; *Frotz/Schörghofer*, Schadenersatzrechtliche Zurechnung bei Multiorganmitgliedschaften, GesRZ 2011, 334; *Frotz*, Grundsätzliches zur Haftung von Gesellschaftsorganen und für Gesellschaftsorgane, GesRZ 1982, 98; *Gregory Marielouise*, Reflexionen über die Unabhängigkeit von Aufsichtsratsmitgliedern – oder: Unabhängigkeit quergedacht, in Schenz/Eberhartinger, Corporate Governance in Österreich – Zum 10-jährigen Bestehen des Österreichischen Corporate Governance Kodex (2012) 281; *B. Jud*, Die Vorsorgevollmacht, AnwBl 2007, 11; *W. Jud*, Zur Bestellung von stellvertretenden Mitgliedern eines Aufsichtsratsausschusses, NZ 1982, 56; *Kalss*, Das nominierte Aufsichtsratsmitglied im Konzern nach österreichischem Recht, in FS Hoffmann-Becking (2012) 87; *Kalss*, Der Aufsichtsrat im Konzern nach österreichischem Recht, Der Konzern 2012, 89; *Kalss*, Auskunftsrechte und -pflichten für Vorstand und Aufsichtsrat im Konzern, GesRZ 2010, 137; *Karollus/Huemer*, Offene Frage zum Verbot der Organbestellung gegen das Organisationsgefälle, GeS 2006, 153; *Kodek/Nowotny/Umfahrer*, Firmenbuchgesetz (2005); *Mühlbacher*, Kompetenzmanagement als Grundlage strategischer Wettbewerbsvorteile (2007); *Nitsche*, Aufsichtsratsmandat und Interessenkollision, in FS Krejci I (2001) 751; *C Nowotny*, Der Beamte als Aufsichtsrat, RdW 1999, 283; *C Nowotny*, Neues für den Aufsichtsrat, RdW 1997, 577; *Reichl*, Corporate Governance ohne Paragraphen (2014); *Reischauer*, Zur Vertretung eines verhinderten Aufsichtsratsmitgliedes einer AG (§95 Abs 6 AktG), ÖJZ 1990, 450; *Roth/Wörle*, Die Unabhängigkeit des Aufsichtsrats, in Büchele/Mildner/Murschitz/Roth/Wörle, Corporate Governance in Deutschland und Österreich (2006) 35; *Rüffler*, Zwei Ungereimtheiten des GesRÄG 2005, wbl 2006, 14; *Schauer*, Vorsorgevollmacht und gesetzliche Angehörigenvertretung nach dem Sachwalterrechts-Änderungsgesetz 2006, iFamZ 2006, 148; *Schauer*, Schwerpunkte des Sachwalterrechts-Änderungsgesetzes (SWRÄG 2006) – Teil 2, ÖJZ 2007, 217; *Schima/Sindelar*, Aufgetragene Abberufung von Geschäftsleitern, Untersagung der Ausübung der Geschäftsführung und Konzessionsentzug bei Kreditinstituten, ÖBA 2015, 908; *Schima*, Betriebsrat über dem Gesetz – Kein Fit & Proper-Test für Arbeitnehmervertreter in Bank-Aufsichtsräten, ÖBA 2014, 28; *Schima*, Zur Effizienz von Syndikatsverträgen, insbesondere bei der AG, in FS Krejci (2001) 825; *Schimka*, Zur Voraussetzung der vollen Handlungsfähigkeit von Beiratsmitgliedern einer Privatstiftung, NZ 2009, 197; *Schimka*, Volle Handlungsfähigkeit – zwingenden persönliche Voraussetzung für Aufsichtsratsmitglieder einer AG, Aufsichtsrat aktuell 3/2009, 9; *Schimka*, Entscheidungsbesprechung zu OGH 6 Ob 131/09x, GesRZ 2010, 46; *Schoibl/Gruber*, Miszellen zum Firmenbuchgesetz 1991, WBl 1991, 109; *Semler*, Eignungsvoraussetzungen für ein Aufsichtsratsmitglied, in FS

100 Jahre Wirtschaftsuniversität (1998) 93; *Straube*, Zur Qualifikation von Aufsichtsratsmitgliedern, GesRZ 1981, *150; M Strasser*, Die Treuepflicht der Aufsichtsratsmitglieder der Aktiengesellschaft (1998); *Temmel*, Die Vorbereitung der Aufsichtsratssitzung durch Hilfskräfte, in Feiler/Raschhofer, Innovation und internationale Rechtspraxis (2009 = FS Zankl) 901 ff; *Wachter*, Der Aufsichtsrat von Kreditinstituten nach der Umsetzung der CRD IV-Richtlinie in Österreich, ÖBA 2015, 96; *Wenusch*, Bisher Unbeachtetes zur Wahl von Aufsichtsratsmitgliedern, GesRZ 2006, 4; *Winkler/Birkner*, Verpflichtender Aufsichtsratsausschuss nach § 92 Abs 4 AktG, RdW 1998, 244; *Zierl*, Handbuch Sachwalterrecht (2007).

Dtl: *Börsig/Löbbe*, Die gewandelte Rolle des Aufsichtsrats, in FS Hoffmann-Becking (2013) 125; *Diekmann/Wurst*, Die Organisation der Aufsichtsratsarbeit, NZG 2014, 121; *Drinhausen/Marsch-Barner*, Die Rolle des Aufsichtsratsvorsitzenden in der börsenotierten Aktiengesellschaft, AG 2014, 337, 350; *Fassbach*, Die verlorene Ehre des Aufsichtsrats vor Gericht, Der Aufsichtsrat 2015, 65; *Henning*, Die Zusammenarbeit mit dem Aufsichtsratsvorsitzenden, BOARD 2012, 243; *Kropff*, Aktiengesetz. Textausgabe des Aktiengesetzes vom 6. 9. 1965 mit Begründung des Regierungsentwurfs und Bericht des Rechtsausschusses des Deutschen Bundestags (1965); *Kropff*, Der unabhängige Finanzexperte in der Gesellschaftsverfassung, in FS K Schmidt (2009) 1023; *Lutter*, Bankenvertreter im Aufsichtsrat, ZHR 1981, 224; *Lutter*, Defizite für eine effiziente Aufsichtsratstätigkeit und gesetzliche Möglichkeiten einer Verbesserung, ZHR 1995, 287; *Mattheus/Ditschke*, Aufsichtsratsbesetzung nach Plan, Der Aufsichtsrat 2/2015, 21; *Mimberg*, Nichtigkeit der Aufsichtsratswahl in der Kreditinstituts-AG wegen unzulässiger Ämterhäufung nach § 25 dKWG, WM 2015, 1791; *Plagemann*, Die zeitliche Verfügbarkeit von Organmitgliedern von Banken und Finanzdienstleistungsinstituten, WM 2014, 2345; *Schilling*, Sie wollen also Aufsichtsrat werden?, Der Aufsichtsrat 2015, 138; *Semler*, Anforderungen an die Befähigung eines Aufsichtsratsmitglieds, in FS K Schmidt (2009) 1489; *Semler*, Der Aufsichtsrat in der Praxis, AR Aktuell-Sonderheft 5/2007, 4; *Theisen*, Onboarding neuer Aufsichtsratsmitglieder, AR 0693361; *Theisen*, Kostenstelle Aufsichtsrat, in FS Säcker (2012) 487; *Weber-Rey*, Professionalisierung des Aufsichtsrats, in Veil, Unternehmensrecht in der Reformdiskussion (2013) 161.

Gliederung **Rz**

I. Allgemeines – Unterschiedliche Aufgaben

Die Aufgaben eines Aufsichtsrats, die konkreten Rechte und Pflichten und damit die konkreten Qualifikationsanforderungen der Aufsichtsratsmitglieder richten sich nach der Rechtsform des Unternehmens. Aktiengesellschaften müssen zwingend einen Aufsichtsrat einrichten, GmbHs (vgl *Heidinger* Rz 40/1 ff) bei Vorliegen bestimmter gesetzlicher Voraussetzungen. Zudem steht ihnen die Möglichkeit der freiwilligen Einrichtung offen. Genossenschaften (s *Dellinger* Rz 41/1 ff) sind ebenso bei Vorliegen bestimmter Voraussetzungen verpflichtet, einen Aufsichtsrat zwingend einzurichten. In Privatstiftungen ist bei Vorliegen der Voraussetzungen gem § 22 PSG ein Aufsichtsrat zu etablieren, seine Aufgaben sind aber nicht mit jenen eines AG-Aufsichtsrats deckungsgleich (*Kalss* Rz 42/1 ff). Schließlich kann etwa in einem Verein aufgrund einer Satzungsbestimmung ein Aufsichtsrat auf freiwilliger Basis eingerichtet werden (vgl *Kalss* Rz 39/55 ff). Vielfach wird anstelle des Aufsichtsrats ein Beirat eingerichtet. Angesichts der Nähe der Aufgaben sind die Qualifikationsanforderungen sehr ähnlich. 1

Die Aufgaben des Organs Aufsichtsrat variieren in den einzelnen Rechtsformen. Grundsätzlich ist der Aufsichtsrat der Aktiengesellschaft mit dem größten Aufgabenbouquet ausgestattet, allen anderen Aufsichtsräten werden vom Gesetz weniger Aufgaben zugeordnet. Die konkreten Aufgaben und damit verbundenen Anforderungen hängen aber nicht allein von der Rechtsform, sondern auch von der konkreten Ausgestaltung und der Prägung des Organs Aufsichtsrat in der jeweiligen Gesellschaft ab. 2

Aufgaben – Überblick: Der Aufsichtsrat hat in der Aktiengesellschaft folgende Aufgaben: 3

- **Personalkompetenz**, somit Bestellung und Abberufung der Vorstandsmitglieder, Ausgestaltung des Dienstvertrages und sonstiger schuldrechtlicher Vereinbarungen mit dem Vorstand, weiters Vorschlagsrecht für die Nominierung weiterer Aufsichtsratsmitglieder
- **Überwachung** des Aufsichtsrates, der Leitungstätigkeit und maßgeblichen Prozessabläufe durch Berichte und deren Diskussion und kritische Reflexion sowie Zustimmung zu maßgeblichen Geschäften
- **Beratung** des Aufsichtsrates und strategische Begleitung
- **Unterstützung** je nach Bedarf der Geschäftsleitung in Sondersituationen nach außen und nach innen
- **Zusammenarbeit** mit dem Abschlussprüfer und Besorgung der Aufgaben im Rahmen der Prüfung und Feststellung des Jahresabschlusses (vgl Überblick *Frotz/Schörghofer* Rz 11/1 ff).

Obwohl die Rechte und Pflichten im Detail voneinander abweichen, setzt das Gesetz für alle Mitglieder von Aufsichtsräten bestimmte Mindestanforderungen voraus; es verlangt ein bestimmtes gemeinsames Basiswissen, einen sogenann- 4 ten *Common body of knowledge* (CBK). Unter vorrangiger Zugrundelegung für Aufsichtsräte von Aktiengesellschaften werden im folgenden Beitrag die Qualifikationsanforderungen dargelegt. Letztlich fallen bei den anderen Einrichtungen eigentlich die Personalkompetenz und die damit verbundenen Einwirkungsmöglichkeiten weg, sodass – bis auf diesen Aspekt – die Anforderungen die gleichen sind.

II. Rechtsfähigkeit – Handlungsfähigkeit

A. Zwingende Bestellungsvoraussetzung

5 **Rechtsfähigkeit:** Da die mit dem Aufsichtsratsamt verbundenen Rechte und Pflichten nur von Rechtssubjekten wahrgenommen werden können, müssen Aufsichtsratsmitglieder **rechtsfähig** sein.[1]

6 **Natürliche Person:** § 86 Abs 1 AktG schreibt vor, dass ausschließlich **natürliche Personen** zu Aufsichtsratsmitgliedern bestellt werden können.[2] Gleiches gilt für Aufsichtsratsmitglieder einer GmbH (vgl § 30a Abs 1 GmbHG). Juristische Personen, die ihrerseits durch ihre gesetzlichen Vertreter vertreten werden, sind nach österreichischem Recht nicht zugelassen.

7 **Handlungsfähigkeit:** Ausschließlich **voll handlungsfähige** Personen[3] können zu Aufsichtsratsmitgliedern bestellt werden. Eine ausdrückliche gesetzliche Vorschrift besteht – im Unterschied zur deutschen Rechtslage[4] – zwar nicht, die zwingende persönliche Voraussetzung der vollen Handlungsfähigkeit[5] lässt sich aber aus den mit dem Aufsichtsratsmandat verbundenen Rechten und Pflichten unter Berücksichtigung der zivilrechtlichen Vorschriften über die Handlungsfähigkeit (Geschäfts- und Deliktsfähigkeit) ableiten.[6] Handlungsunfähige bzw beschränkt handlungsfähige Personen dürfen somit nicht zu Aufsichtsratsmitgliedern bestellt werden. Es besteht ein **absolutes Bestellungsverbot**. Damit soll sichergestellt werden, dass die mit der Mandatsübernahme verbundenen Rechte und Pflichten sorgfältig und im Interesse der Gesellschaft ausgeübt werden.[7] Eine dagegen verstoßende Bestellung ist unwirksam, dh die Bestellung ist nichtig und die betreffende Person wird nicht Aufsichtsratsmitglied.[8] Sie darf als solche auch

---

1 *Schimka*, AR Aktuell 3/2009, 9.

2 *Kalss* in Kalss/Nowotny/Schauer, Österreichisches Gesellschaftsrecht Rz 3/472.

3 *Schimka*, AR Aktuell 3/2009, 9 ff; ferner *Kalss* in Doralt/Nowotny/Kalss, AktG² § 86 Rz 47; *Kalss* in Kalss/Nowotny/Schauer, Österreichisches Gesellschaftsrecht Rz 3/472; *M Strasser*, Treuepflicht der Aufsichtsratsmitglieder 4; *Temmel*, Aufsichtsrat 19; *Straube*, GesRZ 1981, 152.

4 Die volle Handlungsfähigkeit hat der deutsche Gesetzgeber in § 100 Abs 1 dAktG ausdrücklich als persönliche Voraussetzung für Aufsichtsratsmitglieder normiert; vgl dazu *Habersack* in MünchKomm AktG⁴ § 100 Rz 10; *Hopt/Roth* in GroßKomm AktG⁴ § 100 Rz 18; *Spindler* in Spindler/Stilz, AktG³ § 100 Rz 10.

5 Das Vorliegen der vollen Handlungsfähigkeit ausländischer Aufsichtsratsmitglieder ist gem § 12 IPRG grundsätzlich nach deren Personalstatut zu beurteilen; vgl dazu *Verschraegen* in Rummel, ABGB³ § 12 IPRG Rz 2ff.

6 *Schimka*, AR Aktuell 3/2009 9 f.

7 *Kalss* in Doralt/Nowotny/Kalss, AktG² § 86 Rz 47 mwN; *Kropff*, Aktiengesetz 135; *Hopt/Roth* in GroßKomm AktG⁴ § 100 Rz 18; *Spindler* in Spindler/Stilz, AktG³ § 100 Rz 10.

8 *Kalss* in Kalss/Nowotny/Schauer, Österreichisches Gesellschaftsrecht Rz 3/248 (zu Vor-

nicht ins Firmenbuch eingetragen werden. Eine dennoch vollzogene Eintragung heilt den Mangel nicht, da die Firmenbucheintragung bloß rechtsbekundende Wirkung entfaltet.[9] Die Erlangung des Amts erfordert – unabhängig von einer Firmenbucheintragung – nur einen wirksamen korporationsrechtlichen Akt (Wahl bzw Entsendung) sowie die Annahme durch den Gewählten (Entsandten). Der nachträgliche Wegfall des Bestellungshindernisses (zB das Erreichen der Volljährigkeit einen Monat nach Bestellung) heilt die unwirksame Bestellung ebenso wenig.[10] Vielmehr ist eine neuerliche Bestellung (und Eintragung) erforderlich.[11] Möglich ist es aber, dass etwa eine bisher ausgeschlossene Person erst mit Wirkung nach Wegfall des Bestellungshindernisses bestellt wird (zB mit Wirkung der Erreichung des Mindestalters).

B. Wahrnehmung des Amts

Die volle Handlungsfähigkeit ist nicht nur zwingende Bestellungsvoraussetzung, sondern muss auch während der **gesamten Amtsperiode** bei den Aufsichtsratsmitgliedern uneingeschränkt gegeben sein. 8

Nachträglicher Wegfall: Fällt die volle Handlungsfähigkeit **nachträglich kurzfristig** weg (etwa aufgrund von Trunkenheit), so bleibt die Stellung als Aufsichtsratsmitglied davon **unberührt**.[12] Die in diesen Zustand abgegebenen Stimmabgaben und Handlungen für den Aufsichtsrat sind jedoch unwirksam. Von der rechtlichen Qualifikation der Stimmabgabe des Aufsichtsratsmitglieds ist die **Fehlerhaftigkeit** des **Aufsichtsratsbeschlusses** zu unterscheiden (*Zollner* Rz 22/92 ff). 9

Dauerhafter Wegfall: Verliert ein wirksam bestelltes Aufsichtsratsmitglied **nachträglich dauerhaft** die volle Handlungsfähigkeit, endet damit dessen Mandat **automatisch** (*ex lege*).[13] Eine Abberufung ist nicht erforderlich.[14] Auf der Grundlage der Satzung bestellte Ersatzmitglieder können sofort ab Verlust der vollen 10

standsmitgliedern); *Habersack* in MünchKomm AktG[4] § 100 Rz 55; *Hopt/Roth* in GroßKomm AktG[4] § 100 Rz 119 f; *Spindler* in Spindler/Stilz, AktG[3] § 100 Rz 69.

[9] *Kalss* in Kalss/Nowotny/Schauer, Österreichisches Gesellschaftsrecht Rz 3/477, 3/480; *Habersack* in MünchKomm AktG[4] § 101 Rz 61.

[10] *Schimka*, AR Aktuell 3/2009, 10; *Habersack* in MünchKomm AktG[4] § 100 Rz 55.

[11] *Schimka*, AR Aktuell 3/2009, 10; dies entspricht der auf Aufsichtsratsmitglieder übertragbaren hM zu den Rechtsfolgen bei Fehlen zwingender Eignungsvoraussetzung von Organmitgliedern; vgl dazu *Schimka*, GesRZ 2010, 46 mwN (zu GmbH-Geschäftsführern); *Fleischer* in Spindler/Stilz, AktG[3] § 76 Rz 121 (zu Vorstandsmitglieder einer AG).

[12] *Kalss/Probst*, Familienunternehmen Rz 20/86; *Schimka*, AR Aktuell 3/2009, 10; vgl ferner *Schimka*, NZ 2009, 196 (zu Beiratsmitglieder einer Privatstiftung); Vgl *Schimka*, GesRZ 2010, 46 (zu GmbH-Geschäftsführern).

[13] *Kalss/Probst*, Familienunternehmen Rz 20/85; *Kalss* in Doralt/Nowotny/Kalss, AktG[2] § 87 Rz 60; *Kalss* in Kalss/Nowotny/Schauer, Österreichisches Gesellschaftsrecht 3/491; *Schimka*, AR Aktuell 3/2009, 10; dies entspricht der herrschenden deutschen Lehre: vgl dazu *Habersack* in MünchKomm AktG[4] § 100 Rz 60; *Hopt/Roth* in GroßKomm AktG[4] § 100 Rz 119 f; *Koch/Hüffer*, AktG[11] § 100 Rz 27; *Spindler* in Spindler/Stilz, AktG[3] § 101 Rz 112.

[14] *Kalss/Probst*, Familienunternehmen Rz 20/85; *Semler* in MünchKomm AktG[2] § 100 Rz 98; *Hopt/Roth* in GroßKomm AktG[4] § 100 Rz 119; vgl aber OGH 6 Ob 74/99x, JBl 2009, 49, der für ein handlungsunfähiges Vorstandsmitglied einer Privatstiftung die Abberufung aus wichtigem Grund verlangt; vgl dagegen *Schimka*, NZ 2009, 197.

Handlungsfähigkeit ihres Vormannes in dessen Amt nachrücken.[15] Sind keine Ersatzmitglieder bestellt, ist ein neues Mitglied zu wählen, zu entsenden oder gerichtlich zu bestellen, wenn dem Aufsichtsrat durch das Ausscheiden des nicht voll Handlungsfähigen die zur Beschlussfähigkeit nötige Zahl von Mitgliedern fehlt. Der Vorstand der Aktiengesellschaft ist gem § 91 AktG verpflichtet, einen Wechsel von Aufsichtsratsmitgliedern unverzüglich – in vertretungsbefugter Zahl – zur Eintragung in das Firmenbuch anzumelden. Auch das bloße Ausscheiden ohne Nachfolge ist anmeldepflichtig.[16] Wird der Verlust der vollen Handlungsfähigkeit nicht sofort bekannt, können die zwischenzeitig gefassten Beschlüsse nichtig sein, sofern sich die Mitwirkung des Handlungsunfähigen bzw beschränkt Handlungsfähigen – der aufgrund des dauerhaften Mangels der vollen Handlungsfähigkeit nicht mehr Aufsichtsrat ist – auf das Beschlussergebnis ausgewirkt hat (vgl dazu *Zollner* Rz 22/92 ff). Der Behauptung der fehlenden Handlungsfähigkeit und des damit einhergehenden Amtsverlusts können betroffene Aufsichtsratsmitglieder mit einer **Klage** zur Feststellung der bestehenden vollen Handlungsfähigkeit begegnen.[17]

11 **Beiräte**: Die volle Handlungsfähigkeit ist auch für die Ausübung des Amts in freiwillig eingerichteten Organen, insbesondere etwa in Beiräten, erforderlich (*Kalss* Rz 39/71 ff).[18]

C. Sachwalterbestellung

12 **Sachwalter – keine Amtsübernahme**: Wird für ein wirksam bestelltes Aufsichtsratsmitglied ein Sachwalter[19] zur Besorgung sämtlicher Angelegenheiten bestellt, stellt sich daran anknüpfend die Frage, ob das Aufsichtsratsmandat in den Wirkungskreis des Sachwalters fallen kann. Gem § 9 **eintragung** eines auf die Person des Sachwalters hinweisenden Zusatzes bei der Eintragung des betroffenen Aufsichtsratsmitglieds ist nicht von § 126 Abs 2 AußStrG gedeckt. Der Gesetzgeber hat in der taxativen Aufzählung der eintragungsfähigen Tatsachen im FBG[20] eine derartige Eintragung absichtlich nicht vorgesehen.

13 **Satzungsmäßige Regelung**: Empfehlenswert ist eine klare satzungsmäßige Regelung, etwa dass mit der Bestellung eines Sachwalters automatisch das Aufsichtsratsamt endet, unabhängig davon, über welchen Kreis der Angelegenheiten der Sachwalter bestellt wird. Damit besteht eine Rechtssicherheit für das einzelne Aufsichtsratsmitglied, vor allem aber auch für die Gesellschaft und kann das Aufsichtsratsmandat von der Hauptversammlung oder auch einem Entsendungsbe-

---

[15] Zur Ersatzmitgliedschaft vgl *Kalss* in Doralt/Nowotny/Kalss, AktG² § 86 Rz 22; *Kalss* in Kalss/Nowotny/Schauer, Österreichisches Gesellschaftsrecht Rz 3/536; *Strasser* in Jabornegg/Strasser, AktG II⁵ § 86 Rz 7; *W. Jud*, NZ 1982, 57.

[16] Vgl *Kalss* in Doralt/Nowotny/Kalss, AktG² § 91 Rz 5; *Kalss* in Kalss/Nowotny/Schauer, Österreichisches Gesellschaftsrecht Rz 3/492; *Schoibl/Gruber*, wbl 1991, 115 f.

[17] Vgl *Schimka*, NZ 2009, 197 mwN (zu Beiratsmitgliedern einer Privatstiftung).

[18] *Kalss/Probst*, Familienunternehmen Rz 20/91; *Schimka*, NZ 2009, 196.

[19] Damit wird jene Person bezeichnet, die dem Betroffenen nach Durchführung des gesetzmäßigen Bestellungsverfahren gem § 123 AußStrG endgültig bestellt wird. Zur Bestellung eines einstweiligen Sachwalters vgl § 120 AußStrG.

[20] Vgl *G. Nowotny* in Kodek/Nowotny/Umfahrer, FBG § 1 Rz 6; ferner OGH 6 Ob 131/09x, GesRZ 2010, 45

rechtigten neu besetzt werden. Damit können sich etwa in Familiengesellschaften auch Diskussionen über die Wirksamkeit der Amtsausübung erübrigen und liegen die Regelungen für das Erlöschen des Amtes klar fest.

D. Vorsorgevollmacht und Vertretungsbefugnis nächster Angehöriger

Vorsorgevollmacht – Amtsausführung: Wegen des Grundsatzes der höchstpersönlichen Amtsausübungspflicht (vgl dazu *Kalss* Rz 3/37 f) und dem damit einhergehenden Erfordernis der Legitimation der Aufsichtsratsmitglieder durch die Hauptversammlung (bzw die Entsendungsberechtigten) können Vertrauenspersonen eines Aufsichtsratsmitglieds nicht mittels Vorsorgevollmacht[21] zur Besorgung der Aufsichtsratsagenden berechtigt werden.[22] Einzig ein bereits bestelltes Aufsichtsratsmitglied kann mittels Vorsorgevollmacht zur Substitution iSd § 95 Abs 7 Satz 2 AktG berechtigt werden, sofern die Satzung eine solche Vertretung zulässt.[23] Da die Wahrnehmung des Aufsichtsratsamtes nicht unter die in § 284b ABGB aufgezählten Angelegenheiten subsumiert werden kann, steht auch den nächsten Angehörigen keine Befugnis zur vertretungsweisen Ausübung des Aufsichtsratsmandats zu,[24] wiederum scheitert dies auch am Grundsatz der Höchstpersönlichkeit und der Vertretungsfeindlichkeit gem § 95 Abs 7 Satz 1 AktG und § 30j Abs 6 Satz 1 GmbHG (vgl *Kalss* Rz 3/38 f). 14

E. Altersklausel

Sachgerechte Regelung: Sinnvoll ist es, in der Satzung oder in der Geschäftsordnung Vorkehrungen zu treffen, die vermeiden, dass Personen überhaupt noch ein Aufsichtsratsamt im Unternehmen übernehmen, wenn absehbar ist, dass sie die Aufsichtstätigkeit nicht mehr in vollem Umfang leisten können. Sinnvoll ist es daher, Regelungen in die Satzung oder in die Geschäftsordnung aufzunehmen, die das Auslaufen des Amtes bei Erreichung oder Vollendung (Achtung ein Jahr Unterschied!) eines bestimmten Alters (zB 70 Jahre, 72 Jahre, 75 Jahre) vorsehen. Dabei sind unterschiedliche Gestaltungen vorstellbar, nämlich insoweit als etwa eine bestimmte Altersgrenze festgelegt wird und das Vollenden einer bestimmten Zahl von Lebensjahren (75 Jahre) als absolute Grenze festgelegt wird und somit das Amt automatisch erlischt. Möglich ist aber auch eine Regelung, die noch eine einmalige Wiederbestellung ermöglicht, aber jedenfalls keine darauf folgende nochmalige Bestellung. Möglich ist auch eine Regelung, die einfach eine Zäsur markiert und ein Überlegen, ob die Person noch geeignet ist. Sinnvoll sind klare Grenzen, weil gerade im diesen Situationen Gespräche darüber besonders heikel und emotional sein können. Die Regelungen sind nicht nur in Familienunternehmen sinnvoll, sondern auch in sonstigen Unternehmen, da eine Unterlassung der Wiederbestellung vielfach als persönlicher Angriff gesehen wird. Wichtig ist es auch bei der Formulierung darauf zu achten, ob das Ende eines Mandats mit 15

21 *Kalss/Probst*, Familienunternehmen Rz 20/84.

22 *Kalss/Probst*, Familienunternehmen Rz 20/84; *Schimka*, AR Aktuell 3/2009, 12.

23 Vgl *Schimka*, AR Aktuell 3/2009, 12.

24 *Kalss/Probst*, Familienunternehmen Rz 20/84; *Schimka*, AR Aktuell 3/2009, 12.

dem Erreichen eines bestimmten Lebensjahres oder erst mit dessen Vollendung festgelegt werden soll. Immerhin liegt dazwischen genau ein Jahr. Eine mögliche Formulierung könnte etwa lauten: *Das Aufsichtsratsamt endet jedenfalls mit der Vollendung des 75. Lebensjahres*.

16 **Unternehmensbezogene Entscheidung**: Die Regelung über eine Altersklausel ist eine unternehmensbezogene Regelung. In einzelnen Fällen kann ein längeres Wirken von Personen im Aufsichtsrat für das Unternehmen von großem Interesse und hohem Nutzen sein. Möglich ist auch eine differenzierende Gestaltung für Familienmitglieder, Gründungsmitglieder und externe Personen. Bereits festgelegte Regelungen reduzieren aber jedenfalls den Diskussionsbedarf im Einzelfall und ermöglichen rasche Entscheidungen.

17 **Prozessanstoß**: Der eigentliche Zweck einer Altersklausel liegt darin, zeitgerecht einen **Planungsprozess** anzustoßen und Vorkehrungen zu treffen, dass geeignete Nachfolger gefunden werden und auch ein sachgerechtes Ausscheiden für die betroffene Person gefunden wird (Ehrenamt, Beirat). Die Nachfolgesuche kann rechtzeitig eingeleitet werden. In der Familie können bestimmte Personen in Vorbereitungspositionen bestellt werden oder ihnen sonst Gelegenheit gegeben werden, unternehmens- und marktbezogene Erfahrung zu sammeln.

III. Verhinderung

18 **Verhinderung – kein Amtsverlust**: Ist ein Aufsichtsrat dauerhaft oder jedenfalls nicht bloß ganz kurzfristig verhindert, etwa wegen eines Unfalls, einer Krankheit, allenfalls einer Inhaftierung, stellt sich ebenfalls die Frage der Amtstauglichkeit. Das Aufsichtsratsmitglied verliert wegen eines der genannten oder eines ähnlichen Verhinderungsgrunds nicht automatisch sein Amt.

19 **Rücktritt**: Jedenfalls kann das Aufsichtsratsmitglied mangels Ausübbarkeit des Amtes, somit aus wichtigem Grund, mit sofortiger Wirkung zurücktreten. Ist die Genesung nicht absehbar bzw die volle Aufnahmemöglichkeit der Amtsausübung, so ist das Aufsichtsratsmitglied dazu auch verpflichtet.

20 **Abberufung**: Bei entsprechender Dauer der Verhinderung liegt ein wichtiger Grund für die vorzeitige Abberufung gem § 87 Abs 10 AktG, § 30b Abs 5 GmbHG vor, eine 10%-Minderheit muss das Gericht anrufen. Insbesondere, aber nicht nur, ist dies der Fall, wenn die Beschlussfähigkeit jedesmal in Frage steht. Die Hauptversammlung oder die Gesellschafter der GmbH können jederzeit auch ohne das Vorliegen eines wichtigen Grundes ein Aufsichtsratsmitglied mit qualifizierter (3/4) Stimmenmehrheit abberufen, die Satzung kann das Quorum auf die einfache Mehrheit herabsetzen (vgl *M Doralt* Rz 8/150 ff). Stellvertretende Mitglieder, die bereits wirksam Aufsichtsratsmitglieder sind (*Kalss* Rz 3/40) können in dieser Zeit das Amt ausüben. Bis zum Amtsende oder der Wiederherstellung der vollen Amtstauglichkeit stellen sich unterschiedliche Fragen, etwa die mangelnde dauernde physische Anwesenheit, die Sicherung der Geheimhaltung bei der Übermittlung der Unterlagen oder bei Besprechungen, die Sicherung der sofortigen Erreichbarkeit oder die Organisation einer Unterschrift.

IV. Mandatsgrenzen

A. Drittelparität

Kapitalvertreter – Arbeitnehmervertreter: Der Aufsichtsrat besteht aus Kapitalvertretern und Arbeitnehmervertretern. Die Kapitalvertreter werden entweder von der Hauptversammlung gewählt oder von einzelnen Aktionären oder Gesellschaftern entsandt. Unabhängig von ihrem Wahl- oder Bestellungsmodus bilden sie gemeinsam die Gruppe der Kapitalvertreter. Die Mitbestimmung der Arbeitnehmer ist im Arbeitsverfassungsgesetz (ArbVG) geregelt und folgt dem Prinzip der Drittelparität, dh für je zwei Kapitalvertreter ist ein Arbeitnehmervertreter in den Aufsichtsrat zu entsenden (§ 110 Abs 1 ArbVG; *Gahleitner* 10/1 ff).[25] Ist die Zahl der Kapitalvertreter ungerade, hat das Belegschaftsorgan das Recht, einen weiteren Arbeitnehmervertreter zu bestellen. Maßgeblich für die Festlegung der Arbeitnehmervertreter ist die Zahl der tatsächlich bestellten Kapitalvertreter, nicht jene der satzungsmäßig vorgesehenen.[26] Die Arbeitnehmervertreter werden nicht gewählt, sondern von den zuständigen Einrichtungen entsendet; sie müssen dem Unternehmen angehören und nicht bloß außenstehende Interessenvertreter (zB Gewerkschafter) oder externe Experten (zB Universitätsprofessoren) sein. Allein in Holdinggesellschaften, die nur die Beteiligungen verwalten, nicht aber unternehmerisch Einfluss nehmen, sind gem § 110 Abs 6a ArbVG keine AN-Vertreter in den Aufsichtsrat zu berufen. Beteiligungsverwaltung bedeutet, dass keine unternehmerischen Entscheidungen getroffen, sondern nur die Eigentümerrechte ausgeübt werden (vgl *Gahleitner* Rz 10/27).[27] 21

B. Gesamtzahl der AR-Mitglieder

Gesamtmindestzahl: Das Gesetz sieht mehrere zahlenmäßige Grenzen für die Besetzung des Aufsichtsratsamts vor, nämlich eine Höchstzahl und eine Mindestzahl für das jeweilige Gesamtgremium sowie eine Höchstzahl von Mandaten, die ein einzelnes Aufsichtsratsmitglied übernehmen soll. § 86 Abs 1 AktG verlangt mindestens drei Kapitalvertreter für die Besetzung des Aufsichtsrats. 22

Kollegialorgan: Der Aufsichtsrat ist daher zwingend ein Kollegialorgan, das daher grundsätzlich in Form des Beschlusses handelt (vgl *Zollner* Rz 22/75 ff). Jedes Kollegialorgan bedarf der Koordination; diese Aufgabe kommt dem Vorsitzenden des Aufsichtsrats zu (vgl *Chini/Reiner* Rz 27/1 ff). Der Grund für die Etablierung eines Kollegialorgans liegt darin, Experten mit unterschiedlichem Fachwissen zusammenzuführen, die Meinungsbildung sachlich, vielseitig und ausgewogen zu gestalten, um auf einem hohen Argumentationsniveau eine angemessene Richtigkeitsgewähr für komplexe Entscheidungen zu erzielen und zugleich unterschiedliche Interessen in das Kontrollgremium einfließen und wirken zu lassen.[28] In der notwendigen Etablierung eines Kollegialorgans liegt daher die 23

[25] *Kalss* in Kalss/Nowotny/Schauer, Österreichisches Gesellschaftsrecht Rz 3/457, Rz 3/507.

[26] *Kalss* in Doralt/Nowotny/Kalss, AktG² § 86 Rz 30; *Schneller/Preiss* in Gahleitner/Mosler, ArbVG III⁵ § 110 Rz 20.

[27] *Kalss/Probst*, Familienunternehmen Rz 8/69.

[28] *Kalss* in Doralt/Nowotny/Kalss, AktG² § 86 Rz 8; *Lutter*, ZHR 1981, 226.

Chance der Verbesserung der Meinungsbildung und Sachlichkeit der Argumentation, umgekehrt aber auch die Gefahr der gruppendynamischen Verselbständigung, des Abtausches unsachlich untereinander verbundener Anliegen und gremiumsbezogener Machtdemonstration. Ebenso steigt die Gefahr des mangelnden Gefühls der Zuständigkeit und Verantwortung. Letztlich liegt es vor allem in der Hand der jeweils Bestellbefugten, insbesondere der Aktionäre, das – notwendig aus mindestens drei Personen bestehende - Gremium im Sinne der normativen Konzeption wirken zu lassen.

24 **Gerichtliche Bestellung**: Gem § 89 Abs 1 AktG hat das Gericht, wenn dem Aufsichtsrat länger als drei Monate weniger als die zur Beschlussfähigkeit nötige Zahl von Mitgliedern (Kapitalvertretern) angehört, ein Aufsichtsratsmitglied zu bestellen. Primär sind zur Ergänzung die Aktionäre (Hauptversammlung bzw Entsendungsberechtigte) berufen. Gem § 92 Abs 5 AktG liegt dieses Quorum bei drei Personen oder bei einem höheren satzungsmäßigen Präsenzquorum. Die Regelung dient der Sicherung der Arbeitsfähigkeit des Gremiums. Der Vorstand als Organ, ein Aufsichtsratsmitglied oder ein Aktionär kann einen Antrag auf Ergänzung des Aufsichtsrats bis zur erforderlichen Mindestzahl stellen.[29] Der Vorstand hat aber zunächst die Hauptversammlung zur Wahl des fehlenden Aufsichtsratsmitglieds einzuberufen. Erst wenn die Ergänzung des Aufsichtsrats auf die erforderliche Mitgliederzahl innerhalb der gesetzlichen Frist von drei Monaten nicht gelingt, ist der Vorstand zur Stellung eines Antrags auf gerichtliche Bestellung verpflichtet.[30] Die Satzung darf eine unter drei liegende Zahl als Untergrenze nicht festlegen.[31] Zulässig ist es hingegen, einen Ausschuss mit weniger als drei Personen einzurichten; ein Ausschuss muss aus mindestens zwei Personen bestehen (vgl *Schimka* Rz 29/19 ff).

25 **Eintragung in das Firmenbuch**: Alle Aufsichtsratsmitglieder werden in das Firmenbuch eingetragen, unabhängig davon, ob es sich um gewählte bzw. entsandte Kapitalvertreter oder Arbeitnehmervertreter handelt. Eingetragen wird auch, ob die Person Aufsichtsratsvorsitzender oder Stellvertreter ist. Ein Wechsel der Funktionen ist ebenfalls einzutragen. Die Eintragung in das Firmenbuch ist nur deklarativ; die Eintragung kann daher auch allfällige Mängel, die sich aus der Mandatsüberschreitung (vgl Rz 31) oder aus einem sonstigen die Unwirksamkeit begründenden Mangel (Inkompatibilität gem § 90) ergeben, nicht sanieren. Zuständig für die Eintragung ist der Vorstand; bei Vorliegen einer der genannten Mängel hat er die Antragstellung abzulehnen. Der Aufsichtsratsvorsitzende hat das Recht und die Pflicht, darauf hinzuwirken, dass bei der Eintragung bzw Antragstellung Mängel nicht passieren bzw umgehend beseitigt werden.

26 **Gesamtmaximalzahl**: Gem § 86 Abs 1 AktG darf ein Aufsichtsrat einer AG aus nicht mehr als zwanzig Kapitalvertretern bestehen; zwanzig bildet somit die Höchstgrenze. Die Satzung darf den Höchstwert nicht anheben, sie darf aber innerhalb der Bandbreite von drei bis zwanzig Mitgliedern, den Gestaltungsspielraum

---

[29] *Kalss* in Doralt/Nowotny/Kalss, AktG² § 89 Rz 9.

[30] *Kalss* in Kalss/Nowotny/Schauer, Österreichisches Gesellschaftsrecht Rz 3/486 FN 117; *Wenusch*, GesRZ 2006, 6 ff.

[31] *Kalss* in Kalss/Nowotny/Schauer, Österreichisches Gesellschaftsrecht Rz 3/459.

für die Gesellschaft determinieren. In der GmbH legt das Gesetz die Höchstzahl nicht fest. Der Gesellschaftsvertrag kann gemäß § 30 GmbHG eine Grenze festlegen. Zwanzig ist eine sehr hohe Zahl. Sinnvollerweise werden nur weniger Personen in das Gremium bestellt, damit es eine sachgerechte Arbeit leisten kann. Wird eine Person entgegen der gesetzlichen oder satzungsmäßigen Festlegung (Höchst- oder Mindestmaß) bestellt, ist der Wahlbeschluss gem § 99 AktG nichtig. Die Wahl ist somit zunächst wirksam, kann aber gerichtlich aufgehoben werden.[32] Die Festlegung einer satzungsmäßigen Höchstgrenze ist nicht erforderlich, in diesem Fall greift die gesetzliche Höchstgrenze. Wird eine satzungsmäßige Höchstgrenze festgelegt, muss ebenso wenig wie im Fall des Fehlens einer Satzungsbestimmung tatsächlich die Höchstzahl von Kapitalvertretern bestellt werden. Vielmehr liegt die Festlegung im Ermessen der Hauptversammlung, die über die Wahl Beschluss zu fassen hat (vgl zum Verhältnis von Mandatszahlen und Wahl *M Doralt* Rz 8/94 ff).

C. Individuelle Grenzen

Individuelle Mandatsgrenzen: Für einzelne Mitglieder des Aufsichtsrats legt das Gesetz eine Höchstgrenze von zehn Aufsichtsratsmandaten in Kapitalgesellschaften (AG, SE, GmbH) gem § 86 Abs 2 Z 1 AktG und § 30a Abs 2 GmbHG fest. Den Aufsichtsratsmandaten werden schlichte Verwaltungsratsmandate in der SE gem § 86 Abs 5 AktG und § 30a Abs 4 GmbHG gleichgehalten. 27

Nach dem Wortlaut und der Systematik des Gesetzes sind nur Ämter in Kapitalgesellschaften anzurechnen. Versicherungsvereine auf Gegenseitigkeit sind einer Kapitalgesellschaft gleichzuhalten.[33] Andere Rechtsträger, die über Aufsichtsräte verfügen, wie Privatstiftungen oder Genossenschaften, werden nicht gleichgestellt. Ebenso wenig werden Mitgliedschaften in Beiräten, etwa in GmbHs, die nicht Aufsichtsräten gleichzustellen sind, angerechnet, auch nicht Mandate in Beiräten von Privatstiftungen oder Vereinen. Auch Mandate als Stiftungsvorstand oder als Vorstandsmitglied in einer anderen Gesellschaft oder als Geschäftsführer einer anderen Gesellschaft werden nicht angerechnet. Das Gesetz will offensichtlich nur Aufsichtsratsfunktionen, nicht aber Geschäftsführungsfunktionen in diese Regelung einbeziehen. 28

Ausländische Mandate: Nach dem Wortlaut und der Systematik des Gesetzes ist davon auszugehen, dass das Gesetz tatsächlich nur Aufsichtsratsmandate in österreichischen Gesellschaften ausschließen will und in die Anrechnung einbeziehen will und erfassen will.[34] Gegen die Einbeziehung ausländischer Mandate spricht neben dem Wortlaut und der Systematik auch die Regelung von § 38 ff SEG, der nur Verwaltungsratsmandate in österreichischen Gesellschaften anspricht, nicht aber Verwaltungsratsmandate in ausländischen Gesellschaften. Aus- 29

---

32 *Kalss* in Doralt/Nowotny/Kalss, AktG² § 86 Rz 11.

33 *Eckert/Schopper* in Torggler, GmbHG § 30a Rz 4; *Rauter* in Straube, GmbHG § 30a Rz 32.

34 *Rauter* in Straube, GmbHG § 30a Rz 33; *Eckert/Schopper* in Torggler, GmbHG § 30a Rz 4; *Nowotny*, RdW 2005, 658; *Strasser* in Jabornegg/Strasser, AktG⁵ § 86 Rz 16; *Egermann*, RdW 2005, 66; aA noch die Vorauflage Rz 20; *Kalss* in Kalss/Nowotny/Schauer, Österreichisches Gesellschaftsrecht Rz 3/460; *Kalss* in MünchKomm zum AktG⁴ § 95 Rz 58; *A Heidinger* in Gruber/Harrer, GmbHG § 30a Rz 12.

ländische Mandate sind daher nur nach der allgemeinen Sorgfaltspflicht über die zeitliche Verfügbarkeit und Leistbarkeit der Ausübung der Tätigkeit zu berücksichtigen. Dies ist dann nur eine Berücksichtigung im konkreten Einzelfall und nicht eine Sperre für die Übernahme des Mandats mit der Rechtsfolge der Unwirksamkeit der Übernahme (Nichtigkeit).

30 Selbst wenn die strikten Zahlengrenzen nicht greifen, so obliegt es dem einzelnen Aufsichtsratsmitglied, im Rahmen seiner allgemeinen Sorgfaltspflicht zu entscheiden, ob er noch über ausreichend Kapazität verfügt, um ein Mandat auszufüllen, dabei sind sonstige Tätigkeiten, insbesondere Geschäftsführungspositionen und Organmandate in Stiftungen, Vereinen etc zu berücksichtigen. Ein Unterschied liegt in der Rechtsfolge.

31 **Rechtsfolge bei Überschreiten der Mandatszahl**: Hält oder überschreitet eine Person die gesetzlich zulässige Zahl von Aufsichtsratsmandaten, kann sie ein weiteres Aufsichtsratsmandat erst übernehmen, sobald sie die gesetzliche Höchstzahl gem § 86 Abs 6 AktG nicht mehr überschreitet. Wird die Höchstgrenze erreicht oder überschritten, ist die Annahme des die Grenze überschreitenden Mandats absolut nichtig.[35] Die Unwirksamkeit heilt nicht durch nachträgliches Absenken der Gesamtmandatszahl der Person, vielmehr bedarf es der neuerlichen Bestellung für das bislang unwirksame Mandat. Wird nicht die formale Mandatszahl überschritten, aber ist die sorgfaltsgemäße Ausübung des Aufsichtsamts wegen sonstiger Überlastung nicht möglich, so ist die Übernahme des Amts wirksam; das Aufsichtsratsmitglied haftet der Gesellschaft nur im Falle eines dadurch eintretenden Schadens; der Kausalitätsnachweis wird aber schwer zu erbringen sein.

32 **Mandatsgrenze bei Aufsichtsratsvorsitz**: Die Tätigkeit als Vorsitzender ist doppelt auf die allgemeine Höchstzahl anzurechnen. Mit der Übernahme von fünf Vorsitzposten ist somit die Höchstzahl erschöpft und kann kein weiteres Mandat angenommen werden. Hält etwa eine Person drei Vorsitzmandate, kann sie maximal noch vier einfache Aufsichtsratssitze einnehmen.

33 **Mandatszahl in börsenotierten Gesellschaften**: In börsenotierten Gesellschaften darf eine Person gem § 86 Abs 4 Z 1 AktG höchstens acht einfache Aufsichtsratsmandate übernehmen. Punkt 52 des Corporate Governance Kodex für börsenotierte Gesellschaften wiederholt diese gesetzliche Regelung von § 87 Abs 2a AktG.

34 **Aufsichtsratsvorsitz – börsenotierte Gesellschaft**: Die Tätigkeit als Aufsichtsratsvorsitzender einer börsenotierten Gesellschaft ist doppelt auf die Höchstzahl anzurechnen, somit darf eine Person maximal vier Vorsitzposten in börsenotierten Gesellschaften übernehmen. In der Praxis ist die Übernahme von vier Vorsitzmandaten in voneinander unabhängigen börsenotierten Gesellschaften schwer vorstellbar und wohl nur in Ausnahmesituationen und temporär möglich. Die Übernahme von Aufsichtsratsmandaten in börsenotierten Gesellschaften unterliegt somit einer mehrfachen Regelung: Die Person muss einerseits in der Lage

---

35 *Kalss* in Kalss/Nowotny/Schauer, Österreichisches Gesellschaftsrecht Rz 3/468; *Kalss* in Doralt/Nowotny/Kalss, AktG² § 86 Rz 82; *Wachter*, ÖBA 2015, 99.

sein, generell ein weiteres Mandat (Vorsitzmandat) zu übernehmen und zudem darf gem § 86 Abs 4 AktG die Höchstzahl für börsenotierte Gesellschaften nicht überschritten werden. Beide Beschränkungen müssen kumulativ eingehalten werden (vgl *Hlawati/Wilfling* Rz 32/1 ff).

Sonderregelung für Konzerne und öffentliche Unternehmen: Gem § 86 35
Abs 3 AktG sind auf die in § 86 Abs 2 Z 1 AktG genannten Höchstzahlen, somit auf die zehn Mandate sowie auf das doppelte Gewicht eines Vorsitzendenmandats, bis zu zehn weitere Sitze in Aufsichtsräten, in die ein Mitglied gewählt oder entsandt wurde, um die wirtschaftlichen Interessen des Bundes, eines Landes, eines Gemeindeverbands, einer Gemeinde oder eines mit der Gesellschaft konzernmäßig verbundenen oder an ihr unternehmerisch beteiligten Unternehmens iSv § 189a Z 2 UGB (20%-ige Beteiligung bzw Beteiligung, die dauernd dem Geschäftsbetrieb dient) zu wahren, nicht auf die Maximalgrenzen anzurechnen (Öffnungsklausel). Eine Person kann daher in den genannten Unternehmen bis zu 20 Mandate übernehmen, sofern jedenfalls zehn Mandate unter die Öffnungsklausel zugunsten öffentlicher Rechtsträger oder eines Konzerns fallen. Die Mandate werden nicht auf die Höchstzahl angerechnet, sodass es auch nicht zu einer doppelten Zählung von Vorsitzmandaten kommt. Dabei muss es sich nicht um den gleichen Konzern handeln.

Entgegen der Grundregelung können innerhalb eines Konzerns nicht nur 10, 36
sondern eine deutlich größere Zahl von Mandaten übernommen und gehalten werden, einfach weil die **Arbeitsbelastung** bei Kenntnis der Gruppe für die einzelne Person gemessen auf das einzelne Mandat deutlich geringer ist.[36]

Die Öffnungsklausel gilt nicht nur zugunsten der herrschenden, sondern 37
zugunsten aller konzernmäßig verbundenen Unternehmen. Nicht nur Vorstandsmitglieder der anderen konzernmäßig verbundenen Unternehmen werden erfasst, sondern alle Personen, die die Interessen der Konzerngesellschaften oder der sonstigen Interessenträger (Bund oder sonstiger öffentlicher Interessenträger) wahren. Damit werden auch Aufsichtsratsmandate, leitende Mitarbeiter oder sogar außenstehende Personen, die in einer zehn übersteigenden Zahl von Konzerngesellschaften vertreten sind, einbezogen.

Unternehmerische Beteiligung in öffentlichen Unternehmen: Neben kon- 38
zernmäßig verbundenen Unternehmen, fallen auch unternehmerisch beteiligte Unternehmen von Bund, Ländern oder Gemeinden, Gemeindeverbänden gem § 86 AktG und § 30a Abs 3 GmbHG unter die Öffnungsklausel. Eine unternehmerische Beteiligung liegt gem § 189a Z 2 UGB bei einer mindestens 20%-igen Kapitalbeteiligung am Nennkapital oder dann vor, wenn die Beteiligung dazu bestimmt ist, dem eigenen Geschäftsbetrieb durch eine dauernde Verbindung zu dienen. Die Privilegierung und die Ausweitung der Höchstzahl setzen einen Auftrag zur Interessenwahrung voraus.[37] Erforderlich ist aber kein ausdrücklicher schriftlicher Vertrag, es reicht das implizite oder konkludente Vorliegen dieses Auftrags. Der Grund für die Privilegierung liegt darin, dass Personen, die bestimmte Interessen

---

36 *Kalss* in MünchKomm zum AktG^4 § 95 Rz 59.

37 *Kalss* in Kalss/Nowotny/Schauer, Österreichisches Gesellschaftsrecht Rz 3/464.

in nahestehenden Unternehmen vertreten, ähnlich wie im Konzern einen geringeren Arbeitsaufwand haben als vollkommen externe Mitglieder.[38]

39 Gemäß § 86 Abs 3 GmbHG und § 30a Abs 3 GmbHG sind auf die Höchstzahl der zulässigen Mandate **bis zu 10 Sitze** in Aufsichtsräten von Konzerngesellschaften nicht anzurechnen bzw auf unternehmerisch beteiligte Gesellschaften von Bund, Ländern, Gemeinden oder Gemeindeverbänden. Dies bedeutet, dass entgegen der Grundregelung innerhalb eines Konzerns oder der Unternehmen im öffentlichen Eigentum nicht nur 10, sondern eben eine deutlich größere Zahl von Mandaten gehalten werden kann. Eine Person kann daher in diesem Fall bis zu 20 Mandate übernehmen, sofern 10 Mandate unter die Öffnungsklausel fallen. Vorsitzmandate werden bei dieser Zählung der Konzernsitze nicht doppelt gezählt.[39] Das Privileg und der Wegfall der Doppelzählung gelten bereits ab dem ersten Konzernmandat bzw Mandat in einer unternehmerischen Beteiligung des Bundes, Landes oder einer Gemeinde.[40] Eine Doppelzählung ist daher zumindest bei bis zu 10 Vorsitzmandaten im Konzern oder bei einer unternehmerischen Beteiligung in der öffentlichen Hand nicht erforderlich, da bis zu 10 Mandate unter die Öffnungsklausel des § 86 Abs 3 oder § 30a Abs 3 GmbHG fallen. Das Gesetz sieht keine Regelung vor, wie die Vorsitzmandate zwischen der Grundbestimmung von § 86 Abs 2 AktG bzw § 30a Abs 2 Z 1 GmbHG und der Öffnungsklausel des § 86 Abs 3 AktG bzw § 30a Abs 3 GmbHG aufzuteilen sind, wenn mehr als 10 Mandate im Konzern ausgeübt werden. Mangels gesetzlicher Regelung können die Mandate im Konzern daher wohl nach freiem Ermessen den beiden Bestimmungen zugeordnet werden. Wiederum ist die Grenze der allgemeinen Sorgfaltspflicht und der ordnungsgemäßen Ausübung des Aufsichtsrats- bzw Vorsitzmandats maßgeblich.

40 **Öffentliche Unternehmen**: In Unternehmen, die dem Public Corporate Governance Kodex unterliegen, sollten Personen nicht mehr als sechs Mandate in Überwachungsorganen ausüben (Punkt 11.2.1.3. des PCGK). Dabei ist es unerheblich, ob die Mandate in Gesellschaften oder Einrichtungen, die dem PCGK unterliegen oder nicht, ausgeübt werden.

41 **Mandatsgrenzen – Kreditinstitute**: Zusätzlich zu den aktien- und GmbH-rechtlichen Bestimmungen sind die bankaufsichtsrechtlichen Regelungen zu beachten. Gem § 28a Abs 5 Z 5 BWG dürfen Mitglieder des Aufsichtsrats eines Kreditinstituts insgesamt nur eine Tätigkeit in geschäftsführender Funktion in Verbindung mit zwei Tätigkeiten als Mitglied eines Aufsichtsrates wahrnehmen. Eine Person, die bereits zwei Aufsichtsratsmandate und ein Geschäftsführungsmandat hat, ist daher von der Bestellung als Aufsichtsrat bei einem Kreditinstitut mit erheblicher Bedeutung ausgeschlossen. Dies sind Kreditinstitute mit einer Bilanzsumme von über 1 Mrd Euro oder bei einer Börsenotierung.

---

[38] *Koppensteiner/Rüffler*, GmbHG³ § 30a Rz 12; *Kalss* in Kalss/Nowotny/Schauer, Österreichisches Gesellschaftsrecht Rz 3/464; *Kalss* in MünchKomm zum AktG⁴ § 95 Rz 59.

[39] *Kalss* in MünchKomm zum AktG⁴ § 95 Rz 59; *Eckert/Schopper* in Torggler, GmbHG § 30a Rz 5; *Koppensteiner/Rüffler*, GmbHG³ § 30 Rz 13.

[40] *Eckert/Schopper* in Torggler, GmbHG § 30a Rz 5; Rauter in Straube, GmbHG § 30a Rz 40; A *Heidinger* in Gruber/Harrer, GmbHG § 30a Rz 16 f; aA *Koppensteiner/Rüffler*, GmbHG³ § 30a Rz 12.

Anders als im Aktien- oder GmbH-Recht sind nach dem BWG somit auch geschäftsführende Funktionen in die Mandatsgrenzen einbezogen (vgl *Herbst* Rz 35/30 ff). Damit werden alle geschäftsführenden Funktionen innerhalb und außerhalb der Finanzbranche gem § 28a Abs 5 Z 5 BWG erfasst.[41] Bei der Beurteilung über die Aufsichtsratsmandate sind auch sonstige Aufsichtsratsmandate in anderen Branchen und nicht nur in der Finanzbranche zu berücksichtigen und einzubeziehen.[42] Nach der CRD IV-Richtlinie beschränkt sich der Kreis der Aufsichtsratsmandate aus bankaufsichtsrechtlicher Sicht auch nicht allein auf österreichische Gesellschaften. Bei Bestehen eines Geschäftsführungsmandats innerhalb oder außerhalb der Finanzbranche darf eine Person daher nur noch zwei weitere Aufsichtsratsmandate übernehmen, sobald ein Aufsichtsratsmandat ein Mandat in einem Kreditinstitut von erheblicher Bedeutung ist. Wird neben der Aufsichtsratstätigkeit in einem Kreditinstitut mit erheblicher Bedeutung keine weitere Geschäftsführungstätigkeit ausgeübt, dürfen vier Mandate in Aufsichtsräten insgesamt übernommen werden. Es reicht, dass ein einziges Mandat dabei in einem Kreditinstitut übernommen wird. 42

Privilegierte Mandate: Das Gesetz sieht aber auch vor, dass bestimmte Mandate in der Form privilegiert werden, dass mehrere Tätigkeiten als ein Mandat gelten, nämlich Mandate bei Instituts- und unternehmensrechtlichen Gruppen. Gemeint sind damit gem § 28a Abs 5 Z 5 lit a Sub lit b BWG-Mandate innerhalb derselben Gruppe, bestehend aus verbundenen Unternehmen gem § 189 Z 2 UGB, § 245a UGB oder § 15 AktG und § 115 GmbHG, somit kleinen oder großen Unternehmensgruppen oder Konzernen. Wird dabei eine geschäftsführende Funktion in einer Gruppe ausgeübt, so ist dieses Mandat nur als ein Geschäftsführungsmandat zu zählen. Dies bedeutet etwa, wenn eine Person in einer Unternehmensgruppe vier oder fünf Geschäftsführungspositionen (etwa in kleinen Tochtergesellschaften) ausübt, wird diese Tätigkeit nur als ein Geschäftsführungsmandat gezählt (vgl *Herbst* Rz 35/30 ff).[43] 43

Rechtsfolgen: Während die Nichteinhaltung der Mandatsgrenze nach Aktienrecht und GmbH-Recht zur absoluten Unwirksamkeit und mangelnden Wirksamkeit der Übernahme des Mandates führt, sieht das BWG andere Rechtsfolgen vor. Die Übernahme eines weiteren Mandats wäre auch bei Überschreitung der bankaufsichtsrechtlichen Grenzen, nämlich mit Genehmigung der FMA gem § 28a Abs 5 BWG zulässig. Die FMA kann nämlich auf Antrag eine Überschreitung der Begrenzung um eine Tätigkeit als Mitglied eines Aufsichtsrates genehmigen. Die Nichteinhaltung der aufsichtsrechtlichen Regelungen gem § 28a Abs 5 BWG stellt daher nur ein Bestellungshindernis, aber kein absolutes Bestellungsverbot dar.[44] Ein Verstoß gegen § 28a Abs 5 BWG führt daher nur zur Anfechtbarkeit des Wahlbeschlusses gem § 195 Abs 1 AktG und nicht zur absoluten Unwirksamkeit der Amtsübernahme. 44

Sonstige aufsichtsrechtliche Konsequenzen: Die Nichteinhaltung der Mandatsgrenzen stellt eine Verletzung der aufsichtsrechtlichen Regelungen dar. Gem 45

41 *Wachter*, ÖBA 2015, 99; RV 2438 BlgNR 24. GP 49 und 18.

42 2438 BlgNR 24. GP 49, 18; Wachter, ÖBA 2015, 99.

43 *Wachter*, ÖBA 2015, 100.

44 *Wachter*, ÖBA 2015, 98, 102.

§ 73 Abs 1 Z 8 BWG hat das Kreditinstitut die Änderungen unverzüglich schriftlich der FMA anzuzeigen und die FMA hat die Möglichkeit gem § 70 Abs 4 BWG aufzutragen, unverzüglich den rechtmäßigen Zustand herzustellen (vgl *Herbst* Rz 35/30 ff).[45]

D. Unvereinbarkeit – Inkompatibilität

46 **Unvereinbarkeit**: Gem § 90 Abs 1 AktG und § 30a Abs 2 GmbHG können Aufsichtsratsmitglieder nicht zugleich Vorstandsmitglieder oder dauernde Vertreter von Vorstandsmitgliedern derselben Gesellschaft sein; es besteht das Verbot der Personalunion.[46] Die Inkompatibilitätsregelung von § 90 Abs 1 AktG, § 30 Abs 2 GmbHG gilt nicht für ehemalige Vorstandsmitglieder, sie können daher grundsätzlich in den Aufsichtsrat gewählt werden.

47 **Abkühlphase – Cooling off:** Das Gesetz sieht allgemein keine Abkühlphase oder Cooling off-Periode beim Wechsel von der Geschäftsführungsposition in den Aufsichtsrat oder vom Vorstand in den Aufsichtsrat vor. Satzungsmäßig kann eine derartige Vorgabe in jeder Gesellschaft etabliert werden. Das Gesetz sieht für schlichte Aufsichtsratsmitglieder keine **Cooling off-period** vor, um der Gefahr vorzubeugen, dass Versäumnisse der eigenen Vorstandszeit nicht sachgerecht aufgearbeitet und der Kontrolle des Aufsichtsrats entzogen werden. Der Wechsel vom Vorstandsvorsitz in den Aufsichtsrat ist ebenso wenig beschränkt, wie vom schlichten Vorstandsmitglied zum Aufsichtsratsvorsitz; auch ein derartiger Wechsel ist aber von den Entscheidungsbefugten jeweils genau zu überlegen.

48 **Börsenotierte Gesellschaften – Abkühlphase**: Für börsenotierte Gesellschaften verlangt § 86 Abs 4 Z 2 AktG, dass eine Person, die in den letzten zwei Jahren Vorstandsmitglied dieser Gesellschaft war, grundsätzlich nicht in den Aufsichtsrat gewählt werden darf. Wird aber die Wahl auf Vorschlag von Aktionären, die mehr als 25 % von 100 der Stimmrechte an der Gesellschaft halten, vorgeschlagen, so ist die Wahl zulässig und kann ein Vorstandsmitglied direkt in den Aufsichtsrat wechseln. Damit soll dem Willen einer starken Aktionärs- und Eigentümergruppe nachgekommen werden und sollen insbesondere in Familiengesellschaften, in denen ein Angehöriger oder Vertrauter der Familie bisher in der Geschäftsführung tätig war, unmittelbar in den Aufsichtsrat wechseln können.[47] Das Gesetz zieht aber insofern eine Grenze, als dem Aufsichtsrat nicht mehr als zwei Vorstandsmitglieder angehören können, deren Vorstandsmandat noch nicht länger als zwei Jahre abgelaufen ist. Ist der Zeitintervall länger, so können auch mehrere ehemalige Vorstandsmitglieder im Aufsichtsrat tätig sein.[48]

49 **Aufsichtsratsvorsitz**: Das Gesetz sieht ebenso wie für einfache Aufsichtsratsmitglieder auch für den Aufsichtsratsvorsitzenden im Allgemeinen keine besonderen Unvereinbarkeitsregelungen vor.

---

45 *Wachter*, ÖBA 2015, 103.

46 OGH 10.10.2002, 6 Ob 97/02m; *Kalss* in Doralt/Nowotny/Kalss, AktG² § 90 Rz 1; *Strasser* in Jabornegg/Strasser, AktG II⁵ § 86 Rz 12, § 90 Rz 1; *Kalss* in Kalss/Nowotny/Schauer, Österreichisches Gesellschaftsrecht Rz 3/469.

47 *Kalss* in MünchKomm zum AktG⁴ § 95 Rz 55.

48 *Kalss* in MünchKomm zum AktG⁴ § 95 Rz 55; *Eigner*, GesRZ 2012, 208, 212 ff.

Börsenotierte Gesellschaft – Vorsitz nach Abkühlphase: In börsenotierten Gesellschaften allerdings darf gem § 92 Abs 1a BörseG ein Mitglied des Aufsichtsrats eine Person, die in den letzten zwei Jahren Vorstandsmitglied dieser Gesellschaft war, nicht zum Vorsitzenden des Aufsichtsrats gewählt werden. Anders als für die schlichten Aufsichtsratsmitglieder ist eine Ausnahme auch dann nicht möglich, wenn diese Person auf Vorschlag von einer mehr als 25 % beteiligten Aktionärsgruppe gewählt wird. Hier sieht das Gesetz eine klare Grenze vor.[49] 50

Aufsichtsratsvorsitz – Kreditinstitut/Versicherungsunternehmen: Gem § 28a BWG und § 11a VAG sind ehemalige Geschäftsleiter für zwei Jahre vom Amt des Aufsichtsratsvorsitzenden ausgeschlossen (vgl dazu *Herbst* Rz 35/39 ff; *Kalss/Wendt* Rz 38/1 ff). 51

ÖBIB – Cooling off: § 5 Abs 3 ÖBIB-G sieht eine spezifische Regelung vor. Ein Mitglied des Vorstands einer Beteiligungsgesellschaft der ÖBIB hat jedenfalls eine zweijährige Cooling off period für den Wechsel in den Aufsichtsrat derselben Beteiligungsgesellschaft einzuhalten. Hier greift die allgemeine 25 %-Klausel zugunsten des Eigentümers, die allgemein für Aktiengesellschaften vorgesehen ist, nicht (vgl (vgl *Kalss/Kunz* Rz 34/84 ff; *P Doralt/M Doralt* Rz 1/39 ff). 52

E. Vorübergehende Bestellung

Zulässig ist es, dass ein Aufsichtsratsmitglied gem § 90 Abs 2 AktG vorübergehend für ein verhindertes Vorstandsmitglied bestellt wird. Das Aufsichtsratsmandat ist für diese Zeit ruhend gestellt.[50] Damit wird der Grundsatz der Unvereinbarkeit gewahrt. Das Gesetz sieht keine starre Grenze für eine maximale Bestelldauer vor; maßgeblich ist, dass zum Zeitpunkt der Bestellung diese nur vorübergehend sein soll. Jedenfalls darf daher ein Zeitraum von 3 Monaten überschritten werden und ist 1 Jahr eine maximale Zieldauer, aber keine starre Maximalgrenze. 53

F. Unvereinbarkeit im Konzern

Unvereinbarkeit im Konzern: § 90 Abs 1 AktG und § 86 Abs 2 Z 2 AktG verbieten ebenso wie § 30a GmbHG einem Aufsichtsratsmitglied der Muttergesellschaft die Übernahme eines Vorstandsamtes ausdrücklich auch in der Tochtergesellschaft gem § 189a Z 7 UGB. Somit darf ein gesetzlicher Vertreter einer Tochtergesellschaft nicht Aufsichtsratsmitglied in der Muttergesellschaft sein. Der Grund dafür ist einfach: Darin liegt ein Verstoß gegen das natürliche Organgefälle im Konzern, der einer wirkungsvollen Kontrolle der Muttergesellschaft entgegenstehen würde. Der Vorstand oder Geschäftsführer der Tochtergesellschaft würde sich durch seine Aufsichtsratstätigkeit in der Mutter selbst kontrollieren.[51] Die Rechtsform des Tochterunternehmens ist unerheblich. Zudem ist es irrelevant, ob sich der Sitz der Tochtergesellschaft im In- oder Ausland befindet.[52] Unerheb- 54

[49] *Eigener*, GesRZ 2012, 208 ff.

[50] *Aburumieh*, AR Aktuell 3/2010, 9 f; aA *Schima* in Die Presse 21.2.2011, 18.

[51] *Kalss* in Kalss/Nowotny/Schauer, Österreichisches Gesellschaftsrecht Rz 3/465; *C Nowotny*, RdW 2005, 658 f; *Fida/Steindl*, SWK 2005, 828.

[52] *Karollus/Huemer*, GeS 2006, 156; *Kalss* in Kalss/Nowotny/Schauer, Österreichisches Gesellschaftsrecht Rz 3/465.

lich ist auch, ob es sich um eine unmittelbare oder mittelbare Tochtergesellschaft handelt.

55 **Arbeitnehmer** dürfen nicht zugleich als Kapitalvertreter Aufsichtsratsmitglieder ein und derselben Gesellschaft sein; möglich ist dies nur als Arbeitnehmervertreter. Auch Arbeitnehmervertreter von Tochtergesellschaften dürfen als Kapitalvertreter nicht Mitglieder des Aufsichtsrats der Muttergesellschaft sein.[53] Der Grund liegt wiederum darin, dass das – weisungsgebundene – Mitglied der Tochtergesellschaft seine eigene Tätigkeit kontrollieren würde, würde es als Kapitalvertreter im Aufsichtsrat der Mutter vertreten sein.

56 **Verbot der Überkreuzverflechtung**: Gem § 86 Abs 2 Z 3 AktG und § 30a Abs 2 Z 3 GmbHG kann ein gesetzlicher Vertreter einer anderen Kapitalgesellschaft (Vorstand), deren Aufsichtsrat ein Vorstandsmitglied der Gesellschaft angehört, nicht Aufsichtsratsmitglied sein, außer eine der Gesellschaften ist mit der anderen konzernmäßig verbunden oder an ihr iSv § 189a Z 2 UGB[54] unternehmerisch beteiligt.[55] Zulässig ist daher die Überkreuzverflechtung in den Fällen der unternehmerischen Beteiligung, die noch nicht die Qualifikation einer Tochtergesellschaft erreicht (zB zwischen 20% und 50%). Vorstellbar ist dies vor allem im Gleichordnungskonzern oder bei Schwestergesellschaften, was bei divisional geführten Konzernen von Relevanz ist. Bei einer konzernmäßigen Verbindung oder bei einer unternehmerischen Beteiligung sichert das auf Dauer angelegte wirtschaftliche Interesse der verbundenen bzw beteiligten Gesellschaft eine effiziente Überwachung. Überkreuzverflechtungen sind daher bei Gesellschaften möglich, die wechselseitig unternehmerische Beteiligungen halten bzw konzernmäßig verbunden sind, ohne dass zugleich ein Mutter-Tochter-Gesellschaftsverhältnis besteht.[56]

57 **Doppelmandat**: Die gleichzeitige Mitgliedschaft im Aufsichtsrat der Muttergesellschaft und der Tochtergesellschaft oder die gleichzeitige parallele Mitgliedschaft im Vorstand der Muttergesellschaft (Holding AG) und im Vorstand der Tochtergesellschaft bzw im Aufsichtsrat der Tochtergesellschaft ist erlaubt. Zu bedenken ist allerdings, dass die doppelte Aufsichtsratsmitgliedschaft zum Teil zu einer Eigenüberwachung führt, nämlich zur Überwachung im Rahmen der Konzernüberwachung (vgl *Enzinger/Kalss* Rz 31/94). Die doppelte Mitgliedschaft hat aber auch Vorteile, da sie eine einfache Informationsschiene und eine Kontinuität in der Arbeitsweise sichert. Umgekehrt spricht der Umstand der Überwachung der eigenen Tätigkeit ebenso gegen die Doppelmitgliedschaft wie die Gefahr von Interessenkonflikten als Vertreter der Mutter und der Tochter agieren zu müssen (Mehrheitsbeteiligung) und schließlich der Effekt, dass sich das eine Aufsichtsratsmitglied zu sehr von anderen Mitgliedern unterscheidet, sodass sich dieser

[53] OGH 6 Ob 34/08f, GesRZ 2008, 225 (*Kalss*).

[54] Die Aktualisierung des Verweises von „§ 228 Abs 1 UGB" auf „§ 189a Z 2 UGB" wurde in § 86 Abs 3 AktG durchgeführt, für § 86 Abs 2 Z 3 AktG aber vergessen; vgl dazu Art 2 Z 1 und Z 4 BGBl. I Nr. 22/2015 (RÄG 2014).

[55] *Fida/Steindl*, SWK 2005, 828.

[56] *Kalss* in Kalss/Nowotny/Schauer, Österreichisches Gesellschaftsrecht Rz 3/466; *Karollus/Huemer*, GeS 2006, 15; *Kittel*, Handbuch für Aufsichtsratsmitglieder 74; aA *Rüffler*, wbl 2006, 14.

Umstand negativ auf die Tätigkeit der Arbeit des Aufsichtsrats der Tochter auswirken kann. Derartige Konstellationen sollen daher gut überlegt sein. Umso mehr, wenn es sich nicht um 100%-ige Beteiligungen, sondern um bloße Mehrheitsbeteiligungen mit Minderheitsgesellschaften in der Tochtergesellschaft handelt. Allein aber die Mitgliedschaft einer Person in zwei Gesellschaftsgremien führt nicht zur sofortigen Zurechnung des Wissens des einen Mitglieds an die beaufsichtigte Gesellschaft (vgl *Enzinger/Kalss* Rz 31/109; *Kalss* Rz 26/113).

V. Ausschlussgründe und Besetzungsregeln

Ausschlussregelungen: Bestimmte Gesetze sehen Beschränkungen für die Mitgliedschaft im Aufsichtsrat für einzelne Berufsgruppen vor: § 63 Abs 4 Richterdienstgesetz (RDG) verbietet Richtern, dem Aufsichtsrat einer auf Gewinn gerichteten juristischen Person anzugehören. Mitglieder des VfGH fallen nicht unter diese Bestimmung; für sie gilt das allgemeine Sorgfaltsgebot, latente Interessenkonflikte zu vermeiden (vgl Rz 29). **58**

Ausgewogene Zusammensetzung: Das Gesetz verlangt in § 87 AktG eine ausgewogene Zusammensetzung des Gremiums (vgl *M Doralt* Rz 8/68 ff; *Mensi-Klarbach* Rz 7/22 ff). **59**

Keine Eintönigkeit: Sind nur gleiche Personen, etwa Männer mit ungefähr gleichem Alter, Herkommen und gleicher Ausbildung, im Aufsichtsrat vertreten, so entsteht ein **hohes humanes Klumpenrisiko,** da nur gleiche Erfahrungen, gleiche Denkweisen und gleiche Reaktionsmuster aufeinandertreffen und daher die Phantasie, Kreativität und Vorstellungskraft neuer Gestaltungen und Lösungsmöglichkeiten nicht voll ausgeschöpft werden. Das Gleiche gilt bei der Zusammenführung nur von „Alphatieren" aus Vorständen, die in einem Aufsichtsrat mit anderer Aufgabenstellung wirken müssen. **60**

Frauenquote: Das Gesetz sieht keine Frauenquote als Zielgröße oder als Besetzungsvorgabe für den Aufsichtsrat vor. § 87 Abs 2a AktG schreibt für Aufsichtsräte einer Aktiengesellschaft vor, dass bei der Besetzung des Aufsichtsrates auf die fachliche und persönliche Qualifikation der Mitglieder und auf eine fachlich ausgewogene Zusammensetzung des Aufsichtsrats zu achten ist und dabei sind Aspekte der Diversität des Aufsichtsrats im Hinblick auf die Vertretung beider Geschlechter und die Altersstruktur sowie bei börsenotierten Gesellschaften auch im Hinblick auf die Internationalität der Mitglieder angemessen zu berücksichtigen. Aspekte der Diversität bezogen auf die Vertretung beider Geschlechter sind somit bei der Besetzung von Aufsichtsräten der Aktiengesellschaft zu berücksichtigen, nicht hingegen bei Aufsichtsräten oder Organen anderer Rechtsformen. Selbst wenn das Gesetz keine Quote als Zielgröße verlangt, so ist aus dieser Bestimmung eine Pflicht der Organe abzuleiten, sich aktiv darum zu bemühen, Aufsichtsratsstellen auch mit Frauen zu besetzen.[57] In dieser **Anstoßwirkung** liegt – ebenso wie bei einer Altersklausel – der entscheidende Effekt einer Ziel- oder Quotenbestimmung (vgl Rz 15). **61**

---

57 *Kalss*, AR Aktuell 1/2011, 4 ff; *Kalss* in Doralt/Nowotny/Kalss, AktG^2 § 87 Rz 10.

62 Ein Aufsichtsrat und ein Unternehmen haben sich darauf **vorzubereiten**, tatsächlich **Frauen in die Lage** zu versetzen, als Aufsichtsratsmitglieder bestellt und bestimmt zu werden. Dies bedeutet, dass sie **Geschäftsführungspositionen** einnehmen und ihnen diese auch angeboten werden müssen, damit sie in Beiräten oder kleineren Aufsichtsräten Erfahrung sammeln können, um dann für größere Aufsichtsräte oder für die Berufung in den Aufsichtsrat die notwendige Führungskompetenz, unternehmerische Erfahrung und Gremialerfahrung mitzubringen und tatsächlich gewählt zu werden. Dies sind Aufgaben des Unternehmens und des Aufsichtsrats, diese Möglichkeit zu schaffen und **diese Karrierewege** zu öffnen und zu ermöglichen. Die wahre Funktion und Wirkung von Frauenquoten ist somit die Katalysatorfunktion, Prozesse auszulösen und zu fördern. Regeln haben den Vorteil, ein wesentliches **Planungselement** zu sein und dem Unternehmen die Vorgabe für einen Planungsprozess zu geben, ähnlich wie einen Lebensmittelstandard oder eine sonstige rechtliche Vorgabe. Entscheidend für das Unternehmen ist die **Vorhersehbarkeit** und die Planbarkeit.

63 **Die Pflicht der Organe**, sich um eine ausgewogenen Zusammensetzung und damit insbesondere auch um die Bestellung von Frauen in den Aufsichtsrat zu bemühen, folgt insbesondere aus dem ausschließlich dem Aufsichtsrat zustehenden Vorschlagsrecht an die Hauptversammlung, Personen für die Wahl in den Aufsichtsrat vorzuschlagen und deren Wahl in der Hauptversammlung gem § 109 Abs 1 AktG zu beantragen. Neben § 87 Abs 2a AktG spricht in börsenotierten Gesellschaften auch § 243b Abs 1 Z 1 UGB, der normiert, dass im Corporate Governance-Bericht die Zusammensetzung des Aufsichtsrats sowie seine Arbeitsweise anzugeben ist. Insbesondere ist gem § 243b Abs 1 Z 2 UGB darzulegen, welche Maßnahmen zur Förderung von Frauen unter anderem im Aufsichtsrat gesetzt wurden. Die völlige Nichtbeachtung der Diversität kann zur Anfechtung des Hauptversammlungsbeschlusses führen.[58] Die Regelung gilt nur für börsenotierte Aktiengesellschaften (*M Doralt* Rz 8/81).

64 **Öffentliche Unternehmen**: Der PCGK sieht in Punkt 11.2.1.2. eine Quotenregelung vor nach dem allgemeinen Gebot zur paritätischen Zusammensetzung.[59] Öffentliche Unternehmen, die unter den Anwendungsbereich des Public Corporate Governance Kodex fallen, somit insbesondere öffentliche Unternehmen des Bundes, unterliegen einer Frauenquote. Nach Punkt 11.2.1.2. ist die von der Bundesregierung beschlossene Quotenfestlegung des Frauenanteils von 25 % bis 31.12.2013 und 35 % bis 31.12.2018 umzusetzen (dazu *Mensi-Klarbach* Rz 7/3). Öffentliche Unternehmen im Eigentum oder unter der Einflussnahme der Länder oder von Gemeinden unterliegen dieser Quotenbestimmung nicht. Damit wird die Anstoßfunktion klar erkennbar. Unternehmen haben nicht nur Ausschau zu halten, sondern haben zeitgerecht aktive Planungs- und Vorsorgemaßnahmen zu treffen, um etwa Frauen in Geschäftsführungspositionen zu bringen, ihnen verantwortungsvolle Aufgaben zu übertragen, um sie dann – mit dem für die AR-Tätigkeit notwendigen Kenntnisstand – in den Aufsichtsrat zu berufen. Entscheidend sind

---

[58] *Eigner*, GesRZ 2012, 220; *Bydlinski* in Schenz/M Eberhartinger, Corporate Governance in Österreich 304 f; aA *Krecji*, GES 2012, 332.

[59] *Krejci*, GES 2012, 332.

die Vorbereitungsmaßnahmen, die der Aufsichtsrat anzustoßen, selbst vorzunehmen und laufend zu überwachen hat.

Beschränkungen: In einer nicht auf Gewinn gerichteten juristischen Person muss die Tätigkeit unentgeltlich sein. § 56 BDG sieht Beschränkungen für Beamte, Art 126b-VG für Angehörige des Rechnungshofs, §§ 4-6 Unvereinbarkeitsgesetz für Politiker, § 4 und § 5 ÖBIB-G für Aufsichtsratsmandate in Beteiligungsgeschäften der ÖBIB und schließlich § 10 RAO für Rechtsanwälte vor (vgl dazu *Kunz* Rz 4/8). **65**

VI. Qualifikationsanforderungen

A. Allgemeine Regelungen

Gesellschaftsrechtliche Bestimmungen: Weder das Aktiengesetz noch das GmbH-Gesetz sehen konkrete fachliche Anforderungen für die Ausübung der Aufsichtsratstätigkeit vor. Die fachlichen Anforderungen ergeben sich funktionsbezogen aus den dem Gremium zugedachten Rechten und Pflichten.[60] § 87 Abs 2a Satz 1 AktG fordert, dass auf das Vorliegen entsprechender Qualifikationen bei den einzelnen Mitgliedern und auf eine optimale Besetzung des Gremiums zu achten ist. Die Regelung gilt für alle Gesellschaften, unabhängig davon, ob sie an der Börse notiert sind oder nicht.[61] Bei der Wahl der Aufsichtsratsmitglieder ist **66**

- auf die fachliche,
- auf die persönliche Qualifikation der Mitglieder sowie
- auf eine im Hinblick auf die Struktur und das Geschäftsfeld der Gesellschaft fachlich ausgewogenen Zusammensetzung des Aufsichtsrats

zu achten. Damit wird keine inhaltliche Vorgabe gemacht, vielmehr wird nur die doppelte Zielrichtung des Gesetzes deutlich, nämlich dass

- **jedes einzelne Mitglied** über allgemeine Grundkenntnisse verfügen muss (common body of knowledge) und dass
- in Zusammenführung mit dem Spezialwissen der anderen Aufsichtsratsmitglieder zu einer angemessenen Bündelung von Wissen und Erfahrung im Gesamtgremium führt.[62]

Somit wird in der gesetzlichen Regelung diese funktionsbezogene doppelte Ausrichtung bezogen auf das einzelne Mitglied und das Gesamtgremium deutlich.

Besetzungskriterien – Besetzungsmatrix: Sinnvoll ist es, dass der Aufsichtsrat im Nominierungsausschuss, im Präsidium oder im Plenum seine vorhandenen Einzel- und Gesamtqualifikationen vergleicht und den Bedarf weiterer Expertise identifiziert und danach weitere Personen sucht bzw Vorbereitungen für den Know-how-Aufbau trifft.[63] **67**

---

60 *Kalss* in Doralt/Nowotny/Kalss, AktG² § 86 Rz 52 ff; *Eigner*, GesRZ 2012, 218.

61 *Eigner*, GesRZ 2012, 218.

62 *Kalss* in Doralt/Nowotny/Kalss, AktG² § 86 Rz 52 ff; *Eigner*, GesRZ 2012, 219.

63 S etwa *Mattheus/Ditschke*, Der Aufsichtsrat 2/2015, 21 f.

B. Einzelne Sonderregelungen

68 **Sondergesetzliche Regelungen**: Einzelne sondergesetzliche Regelungen gehen stärker auf die Qualifikationsanforderungen der Aufsichtsratsmitglieder ein. So sehen das Bundesbahngesetz sowie § 24 BGG besondere Regelungen für Wohnbaugenossenschaften vor.

69 **ÖBIB**-Gesetz: § 5 ÖBIB-G sieht für von der ÖBIB nominierte Aufsichtsratsmitglieder bestimmte Qualifikationen vor. So verlangt § 5 Abs 1 ÖBIB-G, dass die Kandidaten den höchsten Anforderungskriterien (best practice) für Aufsichtsratsmitglieder entsprechen müssen. Die Kandidaten müssen gem § 5 Abs 2 ÖBIB-G für ihre Leistungen allgemein anerkannte Unternehmer, angehöriger freier Berufe oder Führungskräfte aus der Wirtschaft oder dem öffentlichen Sektor sein. Sie sollen Persönlichkeiten mit mehrjähriger Praxiserfahrung als Leitungsorgan oder als Mitglied des Aufsichtsrats eines Unternehmens sein. Das Nominierungskomitee kann weitere Qualifikationsanforderungen für Mitglieder der Aufsichtsräte und Regelungen für das Auswahlverfahren festlegen. Das Nominierungskomitee hat gem § 5 Abs 4 ÖBIB-G ein Anforderungsprofil formuliert, das von der Internetseite der ÖBIB abgerufen werden kann.[64] Das Anforderungsprofil entspricht den Anforderungen des Corporate Governance Kodex, nimmt auch einzelne Elemente des Anforderungsprofils für Aufsichtsorgane von Kreditinstituten auf und lehnt sich an Kriterien ausländischer Corporate Governance Kodizes an. Letztlich sind es Anforderungen, die ein verantwortungsvoller Eigentümer für Personen, die er mit der Überwachung seines Vermögens betraut, naheliegenderweise festlegt.

70 **Kreditinstitute**: § 28a Abs 5 sieht für Aufsichtsratsmitglieder von Kreditinstituten besondere Anforderungen vor. Die Mitglieder des Aufsichtsrats müssen über geordnete wirtschaftliche Verhältnisse verfügen und es dürfen keine Tatsachen vorliegen, aus denen sich Zweifel an der persönlichen Zuverlässigkeit, Aufrichtigkeit und Unvoreingenommenheit für die Ausübung der Tätigkeit als Mitglied des Aufsichtsrats ergeben. Die Mitglieder des Aufsichtsrats müssen jederzeit über ausreichende Kenntnisse, Fähigkeiten und Erfahrungen verfügen, um gemeinsam in der Lage zu sein, die Geschäftstätigkeit des jeweiligen Kreditinstituts einschließlich damit verbundener Risken zu verstehen. Schließlich darf ein Aufsichtsratsmitglied nicht nach der Gewerbeordnung ausgeschlossen sein (gerichtliche Verurteilung). Über das Vermögen des Aufsichtsratsmitglieds darf nicht der Konkurs eröffnet sein (vgl *Herbst* Rz 35/42 ff; *Seeber* Rz 36/1 ff; *Oppitz* Rz 37/8 ff). Das besondere an den fachlichen Anforderungen der Aufsichtsratsmitglieder von Kreditinstituten liegt abgesehen von der Präzisierung im Gesetz darin, dass sie nicht nur als Sorgfaltsanforderungen und als Beurteilungskriterium für die zivil- und strafrechtliche Verantwortlichkeit heranzuziehen sind, sondern ex ante vor Übernahme des Mandats von der FMA geprüft werden. Sie unterliegen somit einer hoheitlichen Überprüfung im Vorhinein (dazu *Seeber* Rz 36/58 ff).

71 **Versicherungsunternehmen**: Das VAG sieht auch für Versicherungsunternehmen in bestimmten Maß besondere Anforderungen vor (vgl *Kalss/D Wendt* Rz 38/1 ff).

---

[64] www.oebib.at/anforderungsprofil.

C. Qualifikationsanforderungen

Generelle Qualifikationsanforderungen: Das Gesetz stellt keine expliziten inhaltlichen Qualifikationen und Kenntnisse für die Mitgliedschaft im Aufsichtsrat. Qualifikationen sind nach der Managementlehre an der Erfüllung der vorgegebenen Aufgaben orientiert, Kompetenzen beziehen sich auf die Fähigkeit, Ziele zu entwickeln, zu verfolgen und umzusetzen. Die Qualifikationsanforderungen folgen funktionsbezogen aus den dem Aufsichtsrat zugewiesenen Rechten und Pflichten. Die Qualifikationsanforderungen sind zweifach ausgerichtet. Sie beziehen sich zum einen auf das einzelne Aufsichtsratsmitglied und zum anderen auf das Gesamtgremium als Kollektiv und als Zusammenführung unterschiedlicher Fähigkeiten, Talente und Erfahrungen. Aufsichtsratsmitglieder müssen daher jedenfalls in der Lage sein, die ihnen vom Gesetz und in der Satzung zugewiesenen Aufgaben ordnungsgemäß zu erfüllen.[65] Die maßgeblichen Qualifikationsanforderungen ergeben sich somit aus den Aufgaben des Aufsichtsrats, dh aus seiner Kompetenz, den Vorstand zu bestellen und abzuberufen, eine effektive Überwachung des Vorstands zu leisten, den Vorstand zu beraten und strategisch zu unterstützen und schließlich aus den sonstigen dem Aufsichtsrat zugewiesene Aufgaben, wie etwa die Zusammenarbeit mit dem Abschlussprüfer, Maßnahmen im Zusammenhang mit Kapitalerhöhungen, Umstrukturierungen oder Übernahmeangeboten (vgl Rz 66). 72

Jedes einzelne Mitglied muss, um die vielfältigen Aufgaben eines Aufsichtsratsmitglieds ausfüllen zu können, über Grundkenntnisse der gesetzlichen Rahmenbedingungen, über ein Basiswissen und bestimmte Kenntnisse in betriebswirtschaftlichen Grundfragen der Steuerung und Überwachung von Arbeitsprozessen und über Grundkenntnisse hinsichtlich des Funktionierens von Marktmechanismen verfügen. Aufsichtsratsmitglieder müssen auch schwierige rechtliche und wirtschaftliche Zusammenhänge erfassen können (*Common Body of Knowledge für Aufsichtsratsmitglieder*).[66] Jedes Aufsichtsratsmitglied muss Bilanzen lesen und in ihren Grundaussagen analysieren können, insbesondere muss es auch die Berichte des Vorstands und beigezogener Sachverständiger des Vorstands und des Aufsichtsrats verstehen und kritisch hinterfragen können, um die Notwendigkeit einer weiteren Beratung beurteilen zu können (*financial literacy)*.[67] Letztlich geht es um die Fähigkeit des offenen, sachlichen und kritisch distanzierten Gesprächs mit dem Vorstand. Dafür ist entweder eigene Erfahrung in der Geschäftsführung oder sonst besondere Expertise notwendig. Dies bedeutet nicht, dass ein schlichtes Aufsichtsratsmitglied die Bilanz selbst erstellen oder auch jede einzelne Position sofort erkennen und kritisch hinterfragen können muss, jedenfalls muss es aber die wesentlichen Angaben, Tendenzen und Entwicklungen erkennen und verstehen können. Einen gesteigerten Kenntnisstand müssen der Finanzexperte sowie die sonstigen Mitglieder des Prüfungsausschusses haben. Die Aufsichtsratsmitglieder müssen insbesondere verstehen können, was der Wirtschaftsprüfer im Bericht 73

---

65 *Semler* in Semler/von Schenck, Arbeitshandbuch für Aufsichtsratsmitglieder[4] § 1 Rz 28 ff; *Kalss* in Kalss/Nowotny/Schauer, Österreichisches Gesellschaftsrecht Rz 3/473; *Kalss* in Doralt/Nowotny/Kalss, AktG[2] § 86 Rz 52.

66 OGH 5 Ob 306/76, EvBl 1978/4; OGH 8 Ob 202/02s, RdW 2003/377, 448; OLG Wien 25.10.2002, 3R 92/02z.

67 OGH 1 Ob 144/01k, GesRZ 2002, 86; OGH 8 Ob 262/02s, RdW 2003/377, 448.

schreibt und sonst erläutert und anhand dessen den Jahresabschluss kontrollieren. Jedes Aufsichtsratsmitglied muss über bestimmte unternehmerische Erfahrung verfügen.[68] Am naheliegendsten ist dafür eigene Vorstands- oder Geschäftsführungstätigkeit oder sonst eine spezifische Kenntnis.[69] Der Weg in den Aufsichtsrat führt daher vielfach über eine Vorstands- oder Geschäftsführungsstelle oder über spezielles Expertenwissen. Diese Erfahrung muss nicht unbedingt durch eigene unternehmerische Tätigkeit erworben werden, dies ist auch durch die Tätigkeit in der Verwaltung (Beteiligungsmanagement) oder durch unternehmensnahe Beratung möglich oder auch durch Tätigkeit in einem Betrieb (insbesondere bei Arbeitnehmervertretern).[70]

74 **Einschätzung der Vorstandsmitglieder**: Letztlich kommt es bei Aktiengesellschaften wegen der Personalkompetenz des Aufsichtsrats ganz entscheidend darauf an, dass die Aufsichtsratsmitglieder einschätzen können, ob das jeweilige Vorstandsmitglied in der Lage ist, seine Aufgaben im besten Interesse des Unternehmens zu erfüllen. Dafür bedarf es Erfahrung im Unternehmen, im Markt und im konkreten wirtschaftlichen Umfeld. Damit gehen auch **menschliches Einschätzungsvermögen** und Grundkenntnisse im Tätigkeitsfeld der Gesellschaft einher (vgl Rz 79).

75 **Gesellschaftsbezogene Kenntnis**: Die Anforderungen sind nicht pauschal für jedes Unternehmen gleich, vielmehr richten sie sich nach der konkreten Gesellschaft, ihrer Branche, ihrer Größe, ihres Umsatzes und ihrer Marktposition.[71] Die Anforderungen an ein Aufsichtsratsmitglied eines Kreditinstituts mit einer Bilanzsumme von mehreren Milliarden Euro ist anders, als das Anforderungsprofil eines Aufsichtsratsmitglieds einer Regionalbrauerei oder eines Gastronomiebetriebs. Der Maßstab ist das konkrete Geschäftsfeld (vgl *Schauer* Rz 45/20 ff).[72]

76 **Anforderungen nach der Judikatur**: Der BGH hat die Anforderungen folgendermaßen formuliert: „Mit dem Gebot persönlicher und eigenverantwortlicher Amtsausübung ist vorausgesetzt, dass ein Aufsichtsratmitglied diejenigen Mindestkenntnisse und Fähigkeiten besitzen oder sich aneignen muss, die es braucht, um alle normalerweise anfallenden Geschäftsvorgänge auch ohne fremde Hilfe verstehen und sachgerecht beurteilen zu können.[73] Der Oberste Gerichtshof statuierte in seiner *Krauland*-Entscheidung 1977 und 1978[74] sowie in der Entscheidung *Internationale Speditionen* 2002[75], dass jedes Mitglied dieses Organs über das Wissen und die Erfahrung, die zur kompetenten Bewältigung der dem Aufsichtsrat übertragenen Aufgaben erforderlich sind, verfügen muss. Dazu zählt jedenfalls auch die Fähigkeit, die von den Geschäftsführern an den Aufsichtsrat herangetragenen Berichte mit entsprechender Sachkenntnis aufzunehmen, um daraus die richtigen Schlüsse für die zu treffenden Entscheidungen über Geschäftsführungs-

68 *Semler* in FS K Schmidt 1502; *Spindler* in Spindler/Stilz, AktG[3] § 100 Rz 61 ff.
69 *Schilling*, Der Aufsichtsrat 10/2015, 138.
70 *Semler* in FS K Schmidt 1502.
71 *Semler* in FS K Schmidt 1503.
72 OGH 1 Ob 144/01k, GesRZ 2002, 86; *Kalss* in Doralt/Nowotny/Kalss, AktG[2] § 86 Rz 54.
73 BGH II ZR 27/82, BGHZ 85, 293 (*Hertie*).
74 OGH 5 Ob 306/76, JBl 1978, 158.
75 OGH 1 Ob 144/01k, GesRZ 2002, 86.

maßnahmen ziehen zu können. Nur so kann sichergestellt werden, dass der Aufsichtsrat insgesamt jenes Wissen, das zur kompetenten Bewältigung seiner Aufgaben erforderlich ist, aufbringt. Jedes einzelne Mitglied muss daher in der Lage sein, die ihm von anderen – allenfalls auch zugezogenen Sachverständigen – gelieferten Informationen zu verstehen und sachgerecht zu würdigen. Es müssen somit für die Ausübung des Aufsichtsratsmandats bestimmte unerlässliche intellektuelle Fähigkeiten vorliegen.[76] Der Oberste Gerichtshof hat zwar im Allgemeinen sehr strenge Anforderungen aufgestellt, sie im Einzelfall aber – jedenfalls bisher – jeweils abgeschwächt und bisher noch kein Aufsichtsratsmitglied wegen Fehlens der Qualifikationsvoraussetzungen zur zivilrechtlichen Verantwortung gezogen.

Maßgebliche Fähigkeit des Aufsichtsrats: Der Aufsichtsrat selbst muss nicht alle einzelnen Maßnahmen vornehmen können und muss diesen Aufgaben selbst nicht in allen Einzelheiten gewachsen sein. Der Aufsichtsrat hat nur zu überprüfen, ob die **maßgeblichen Prozesse und Abläufe** im Unternehmen etabliert sind und regelmäßig gewartet und verbessert werden. Der Vorstand und auch der Aufsichtsrat müssen solches Wissen und solche Erfahrung haben, diese Vorgänge und Entwicklungen **einschätzen** zu können. 77

Sicherung der eigenständigen Entscheidungsfindung: Vorstand und Aufsichtsrat müssen mit den Kenntnissen und mit der Erfahrung ausgestattet sein, dass die Sicherung der eigenständigen Entscheidungsfindung und die Handlungsfähigkeit bewahrt bleiben. Jedenfalls müssen die beiden Organe den Überblick über die unterschiedlichsten Entscheidungsstränge bewahren, diese verknüpfen können und auch in der Lage sein, die Entscheidungen selbst zu treffen und Berater tatsächlich nur als Unterstützer heranzuziehen. Berater dürfen stets nur unterstützen. Die Abhängigkeit von Beratern darf nicht zu groß werden, vielmehr muss ausreichende Erfahrung und Grundkenntnis im Organ selbst vorhanden sein (vgl *Kalss* Rz 23/7 ff). 78

Einschätzung von Menschen: Die maßgebliche Aufgabe des Aufsichtsrates liegt in der ausreichenden Menschenkenntnis, indem er eine Person als Vorstandsmitglied einschätzen kann, ob diese Person ihr Vorstandsamt in der konkreten Situation, sei es laufende Entwicklung, sei es Krise, sei es Expansion, tatsächlich leisten kann. Für diese **Einschätzung der Person** ist unternehmerische Erfahrung, Menschenführung und auch grundsätzliche unternehmensbezogene und marktbezogene Kenntnis erforderlich. Nur so ist eine ex ante-Einschätzung bestimmter Personen, die für ein Vorstandsamt in Frage kommen, möglich. Darin liegt die ausschlaggebende Kunst des Aufsichtsrats, davon hängt im höchsten Maß der Erfolg oder Misserfolg des Unternehmens ab. Dies ist deutlich wichtiger als das Lesen einzelner Berichte oder die Analyse einzelner Bilanzkennzahlen, letztlich geht es um das Gespür und die Fähigkeit der Einschätzung von Leitungsorganen für bestimmte Situationen (vgl Rz 74). 79

Tätigkeit im Konkurrenzunternehmen: Das Gesetz sieht bei einer Mitgliedschaft in einem Aufsichtsrat eines Konkurrenzunternehmens keine ausdrückliche Inkompatibilitätsregelung vor. Es verbietet somit die Aufsichtsratstätigkeit in 80

[76] S dazu auch *G. Frotz*, GesRZ 1982, 103.

einem Konkurrenzunternehmen nicht ausdrücklich. Ist allerdings ein Aufsichtsratsmitglied in einem konkurrierenden Unternehmen mit weitgehender paralleler Zielmarktausrichtung in Kernbereichen der Gesellschaft tätig, so sind latente Interessenkonflikte des Mandatars offenkundig, die ihm die ordnungsgemäße Erfüllung der Aufgaben unmöglich machen, sodass in einem derartigen Fall die Übernahme eines Mandats nicht zulässig ist. Das Mitglied darf das Amt nicht annehmen[77] bzw hat es sofort zurückzulegen (vgl *Frotz/Schörghofer* Rz 25/47 f).[78] Der unmittelbare Wechsel eines Aufsichtsratsmitglieds von einem direkten Konkurrenten ist vom Gesetz ebenso wenig verboten. Allerdings hat das Aufsichtsratsmandat seine Treuepflichten, noch nach Amtsende, gegenüber der früheren Gesellschaft zu beachten, sodass sich ein Zeitabstand von ein bis zwei Jahren jedenfalls empfiehlt. Der Kodex ist restriktiver.

81 Bestehen nur punktuelle und überschaubare Überschneidungen bzw Konfliktbereiche, die den Aufsichtsrat nicht ständig beschäftigen, kann eine Person das Aufsichtsratsamt übernehmen und hat nur auf die temporären Interessenkonflikte in entsprechender Weise zu reagieren (vgl *Frotz/Schörghofer* Rz 25/40 ff). Die satzungsmäßigen Beschränkungen dürfen nicht dazu führen, dass der Pool möglicher Aufsichtsratsmitglieder zu eng wird und keine echte Wahlmöglichkeit mehr besteht.

82 **Zeitbudget**: Ein Aufsichtsratsmitglied muss über ausreichend Zeit verfügen, um die vielfältigen Aufgaben, die das Aufsichtsratsmandat mit sich bringt, tatsächlich erfüllen zu können.[79] Neben der regelmäßigen Sitzungsteilnahme, der Beteiligung an ausschuss- und projektspezifischen Arbeiten sind insbesondere vorbereitende und nacharbeitende Tätigkeiten zu bedenken, ferner auch die laufende Überwachung des Marktumfelds durch aktive Wahrnehmung von unternehmensbezogenen Nachrichten, die regelmäßige Pflege von Kontakten und Gesprächen innerhalb und außerhalb des Unternehmens oder die Fortbildung in allgemeinen gesellschafts- und kapitalmarktrechtlichen Fragen, vor allem aber auch bezogen auf das konkrete Unternehmen. In Kreditinstituten wird das Zeitbudget gem § 28a Abs 5 BWG ausdrücklich gesetzlich verlangt (vgl *Herbst* Rz 35/30 ff).

83 **Engagement**: Für die sachgerechte Erfüllung des Amtes ist auch echtes Engagement der Aufsichtsratsmitglieder notwendig, das einerseits einen weit über die schlichten Sitzungen hinausgehenden Zeitaufwand bedeutet.[80] Andererseits bedeutet es die Wahrnehmung und Verarbeitung der für die Aufsichtstätigkeit nützlichen Informationen (Zeitschriftenmarkt, Berichte, Internet). Engagement bedeutet naturgemäß auch ordnungsgemäße Vor- und Nachbereitung der Sitzungen, Durcharbeitung der schriftlichen Unterlagen und schließlich das ernste Bemühen um eine vertrauensvolle Zusammenarbeit innerhalb des Aufsichtsrats mit dem Vorstand

[77] *Kalss* in Doralt/Nowotny/Kalss, AktG[2] § 86 Rz 66; strenger *Lutter/Krieger/Verse*, Rechte und Pflichten des Aufsichtsrats[6] § 1 Rz 21 ff. Die Annahme des Mandats ist nicht wirksam, die Person wird nur Scheinmitglied des Aufsichtsrats.

[78] *Kalss* in Doralt/Nowotny/Kalss, AktG[2] § 86 Rz 66; *P Doralt* in Semler, Handbuch des Aufsichtsrats[1] Rz M36.

[79] *Semler* in FS K Schmidt 1498.

[80] *P Doralt/W Doralt* in Semler/von Schenck, Arbeitshandbuch für Aufsichtsratsmitglieder[4] § 14 Rz 39.

und gegebenenfalls auch mit den Kernaktionären.[81] Zum Engagement gehört auch, sich aktiv vorzubereiten, dh für die jeweiligen Aufsichtsratssitzungen auszuloten, ob für bestimmte Maßnahmen oder Anliegen Koalitionen gebildet werden können, wie ein Argumentarium aufgebaut und vorgetragen werden soll, mit wem zusammengearbeitet oder Anliegen blockiert oder durchgebracht werden können (vgl *Königswieser* Rz 6/1 ff). Trotz des hohen Engagements und der Herstellung eines Verhältnisses wechselseitigen Vertrauens ist es notwendig, die Position der kritischen Distanz zu wahren, den Mut zu haben, weitere Informationen zu verlangen und weiterführende Fragen zu stellen, unsachliche Ausführungen einzuschränken, bestimmten Aussagen zu widersprechen und durch Stimmabgabe und sonstige Maßnahmen Widerstand zu leisten.[82] Insgesamt geht es um die Bereitschaft, kritische Diskussionen zu führen, Zivilcourage und Rückgrat zu beweisen,[83] zugleich Teamfähigkeit, Vertrauensaufbau und sachgerechte Kompromissbereitschaft, um zu konstruktiven Lösungen zu gelangen, die im Interesse der Gesellschaft liegen.

Teamfähigkeit: Der Aufsichtsrat ist als Kollegialorgan ausgestaltet. Damit der Aufsichtsrat seine vom Gesetz vorgegebenen Aufgaben tatsächlich der gesetzlichen Vorstellung entsprechend ausüben kann, muss auch die Bereitschaft der einzelnen Mitglieder bestehen, die Rolle eines Mitglieds in dem Gremium wahrzunehmen und nicht nur die sonstige berufliche Rolle, etwa als Vorstandsmitglied, Berater in das Gremium, parallel zu verschieben. Primadonnengleiches Auftreten, Macht- und Führungsgehabe in unpassender Rolle sind demgemäß kontraproduktiv; erforderlich ist viel eher eine Klärung der Position und Aufgabe des einzelnen Mitglieds im Gremium, wozu durchaus Training und Klausuren erforderlich sein können. Neben der Aufgabe als Gremium ist dies auch für das Verhältnis zum Vorstand (Atmosphäre, Vertrauen, gleichzeitige Distanz) erforderlich. Notwendig ist daher die Ausbildung eines Rollenverständnisses eigenständiger, zugleich vertrauensvoller Distanz und Zusammenarbeit (vgl *Königswieser* Rz 6/1 ff).[84] **84**

Team: Ein Aufsichtsrat soll nicht nur aus „Kapazundern“ und „Alphatieren“ anderer CEO zusammengesetzt sein. Dies bringt einem Unternehmen im Regelfall äußerst wenig, vielmehr ist es die Aufgabe des Aufsichtsrats, den Vorstand in entscheidenden Situationen zu stärken, den Rücken freizuhalten, zugleich aber ein starkes und bestimmtes Auftreten zu haben, sofern eine Richtung nicht stimmt. Daher muss der Aufsichtsrat letztlich anders ausgerichtet sein als ein ausschließlich guter Vorstand. **85**

D. Besondere Anforderungen für einzelne Mitglieder

Aufsichtsratsvorsitzender: Für den Aufsichtsratsvorsitzenden bestehen – abgesehen von den BWG- und VAG-rechtlichen Sonderbestimmungen – keine expli- **86**

[81] *P Doralt/W Doralt* in Semler/von Schenck, Arbeitshandbuch für Aufsichtsratsmitglieder⁴ § 14 Rz 39; *Leyens*, Information des Aufsichtsrats 45, 382 f.

[82] *P Doralt/W Doralt* in Semler/von Schenck, Arbeitshandbuch für Aufsichtsratsmitglieder⁴ § 14 Rz 39 f; *Leyens*, Information des Aufsichtsrats 45, 382 f.

[83] *Semler* in FS K Schmidt 1498.

[84] *Roth/Wörle* in Büchele/Mildner/Murschitz/Roth/Wörle, Corporate Governance 82 ff, die klar für dieses Rollenverständnis plädieren.

ziten spezifischen Regelungen über die Qualifikationsanforderungen. Die besonderen Qualifikationsanforderungen des Aufsichtsratsvorsitzenden im Vergleich zu sonstigen Aufsichtsratsmitgliedern ergeben sich wiederum aus seinen mit seiner Stellung verbundenen besonderen Rechte und Pflichten.[85] Jedenfalls muss ein Aufsichtsratsvorsitzender über Führungsqualitäten, somit Koordinations- und Entscheidungskompetenz verfügen. Weiters soll ein Aufsichtsratsvorsitzender auch über Kommunikationsfähigkeit – insbesondere gegenüber den Aktionären und der Öffentlichkeit -, zugleich über Vertrauensbildungsfähigkeit und Distanzwahrung gegenüber dem Vorstand, verfügen.[86] Diese Anforderungen hängen naturgemäß – wie bei sonstigen Mitgliedern – wiederum von der konkreten Gesellschaft ab (vgl *Chini/Reiner* Rz 27/1 ff).

87 **Ausschussmitglied:** Zum Teil werden Ausschüsse eingesetzt, um bestimmtes Know How in der Gesellschaft zu bündeln oder bestimmte Aufgaben von den Aufsichtsratsmitgliedern wahrnehmen zu lassen, die dafür besonders geeignet sind. Vorstellbar ist dies etwa für den Risikoausschuss in Kreditinstituten gem § 39d BWG. (vgl *Herbst* Rz 35/125 ff). Ausschüsse können aber auch aus anderen Gründen, zB der Vertraulichkeitswahrung, der Verhinderung von Interessenkonflikten etc, eingesetzt werden. Ist für die Mitwirkung in einem Ausschuss wegen seiner spezifischen Aufgabenstellung ein besonderes Know How erforderlich, muss ein Ausschussmitglied diesen zusätzlichen besonderen Anforderungen genügen, um den dort geforderten Sorgfaltsmaßstab tatsächlich erfüllen zu können. Die besonderen Qualifikationsanforderungen hängen somit wiederum von der spezifischen Aufgabenstellung und dem Zweck des Ausschusses ab.

88 **Finanzexperte**: Gem § 92 Abs 4a Satz 5 AktG sowie § 30g Abs 4a GmbHG (§ 24c Abs 6 GenG) muss dem Prüfungsausschuss eine Person angehören, die über den Anforderungen des Unternehmens entsprechende Kenntnisse und praktische **Erfahrung** im Finanz- und Rechnungswesen und in der Berichterstattung verfügt (Finanzexperte). Die Regelung wird für börsenotierte Gesellschaften in Punkt 40 (C) im ÖCGK wiederholt. Der Finanzexperte muss eine in den Belangen der Abschlussprüfung und Berichterstattung besonders versierte Person sein.[87] Die Anforderungen beziehen sich auf zwei Elemente, nämlich die Fachkenntnis und die **persönliche Unabhängigkeit**.[88] Finanzexperten können nicht nur Wirtschaftsprüfer, sondern alle Personen sein, die die vom Gesetz geforderten besonderen Kenntnisse und die praktische Erfahrung vorweisen können.[89] Neben Wirtschaftsprüfern und Leitern von Rechnungswesensabteilungen sind auch Personen qualifiziert, die in vergleichbaren Gesellschaften durch ihre bisherige Tätigkeit im Aufsichtsrat Kenntnisse und Erfahrung gesammelt haben. Es geht um die Verfügbarkeit theoretischer Kenntnisse und praktischer Erfahrungen. Während einfache Mitglieder des Aufsichtsrats daher die Fähigkeit haben müssen, Bilanzen lesen und analysieren sowie die Berichte des Vorstands und von beigezogenen Sachverständigen verste-

---

85 *Semler* in FS K Schmidt 1505.

86 *Kalss* in Doralt/Nowotny/Kalss, AktG^2 § 86 Rz 55; *Endl/Zumbo* in FS Nowotny 289 f.

87 ErlRV 927 BlgNR 22. GP 3 (GesRÄG 2005); *E Eberhartinger* in E Eberhartinger/Schenz, Corporate Governance in Österreich 317, 322 ff.

88 *E Eberhartinger* in E Eberhartinger/Schenz, Corporate Governance in Österreich 322.

89 *Fida/Gelter/Rechberger*, GeS 2006, 241; *Kropff* in FS K Schmidt 1023 ff.

hen und hinterfragen zu können, müssen Finanzexperten besondere Kenntnisse und Erfahrungen im Finanzrechnungswesen und in der Berichterstattung haben, dh die Kenntnisse des Finanzexperten müssen über den generellen Standard der Financial Literacy hinausgehen.[90] Gefordert wird nur ein höherer Kenntnis- und Erfahrungsstand, ein gesteigerter Einsatz oder Mehrarbeit wird damit nicht verlangt.[91] Ebenso wenig wird damit verlangt, dass der Finanzexperte tatsächlich die Bilanz selbst schreiben könnte, er muss aber jeden einzelnen Punkt verstehen und hinterfragen können. Eine Person darf nicht Finanzexperte sein, die in den letzten drei Jahren Vorstandsmitglied oder leitender Angestellter oder Abschlussprüfer der Gesellschaft war oder den Bestätigungsvermerk unterfertigt hat. Damit soll eine ausreichende Unabhängigkeit und Distanz zur Geschäftsleitung und externen Prüfung hergestellt werden. Zum darüber hinausgehenden Begriff der Unabhängigkeit s *Kalss* Rz 3/5; 3/13.

Erfüllt eine Person die formalen Voraussetzungen nicht, gilt er nicht als Fi- 89
nanzexperte. Der Finanzexperte muss nicht namentlich offengelegt werden, er ist nicht als solcher ins Firmenbuch einzutragen, es genügt die Eintragung als Mitglied des Aufsichtsrats. Eine bestimmte Person ist auch nicht im Jahresabschluss als Finanzexperte zu bezeichnen.[92] Ebenso wenig lässt sich aus § 87 Abs 2 AktG, wonach die Qualifikation zur Wahl vorgeschlagener Personen darzulegen ist, eine nachträgliche Offenlegung der vom Aufsichtsrat selbst zum Finanzexperten bestimmten Person ableiten. Der Finanzexperte wird nicht von der Hauptversammlung gewählt, sondern von dem Aufsichtsrat bestimmt, der den Ausschuss beschickt (vgl *Schimka* Rz 29/29 f). Übernimmt eine Person die Rolle des Finanzexperten im Prüfungsausschuss und erfüllt sie die besonderen Qualifikationsanforderungen gem § 92 Abs 4a AktG nicht, so macht sich diese Person – wie ein sonstiges Aufsichtsratsmitglied – einer Sorgfaltspflichtverletzung schuldig – und kann bei Eintritt eines Schadens von der Gesellschaft zur Haftung herangezogen werden (vgl *Schauer* Rz 45/23 ff).

Wird von der Hauptversammlung keine geeignete Person zum Aufsichts- 90
ratsmitglied bestellt, so hat der Aufsichtsrat entsprechend § 109 Abs 1 AktG und R 42 ÖCGK, generell die Verpflichtung, auf die Bestellung eines geeigneten Kandidaten in der Hauptversammlung hinzuwirken, dh geeignete Kandidaten vorzuschlagen und gegenüber den Aktionären klarzulegen, dass aus dem Kreis der aktuellen Mitglieder die Qualifikationsanforderungen nicht erfüllt werden. Wenn tatsächlich kein Finanzexperte im Prüfungsausschuss vertreten ist, hat dies keine Auswirkung auf die Gültigkeit der Ausschuss- und der Plenumsbeschlüsse, insbesondere auch nicht auf den Beschluss zur Feststellung des Jahresabschlusses. Die Nichteinhaltung stellt nur eine Ordnungsvorschrift dar. Wenn bereits die Unterlassung der Einrichtung eines Prüfungsausschusses und die Beschlussfassung im Plenum des Aufsichtsrats nicht zur Ungültigkeit der Feststellung des Jahresabschlusses führt, kann umso weniger die mangelnde Mitwirkung eines Finanzexperten die Unwirksamkeit des Feststellungsbeschlusses nach sich ziehen.[93] Die Funktion der

[90] *Fida/Gelter/Rechberger*, GeS 2006, 242.
[91] *Fida/Gelter/Rechberger*, GeS 2006, 242.
[92] *Fida/Gelter/Rechberger*, GeS 2006, 243.
[93] *Nowotny*, RdW 1997, 578; *Winkler/Birkner*, RdW 1998, 246 f; *Fida/Gelter/Rechberger*, GeS 2006, 244.

gesetzlichen Anordnung liegt auch hier in der „Anstoß"- und Planungsfunktion (vgl Rz 15). Die Gesellschaft, dh der Aufsichtsrat, hat rechtzeitig Vorsorge zu treffen, eine bestimmte qualifizierte Person zu finden oder entsprechend vorbereiten zu lassen.

E. Fähigkeiten der neuen Aufsichtsratsmitglieder

91 **Aufsichtsrechtliche Maßnahmen**: In Gesellschaften, die einer fachspezifischen Aufsicht unterliegen, wie in Kreditinstituten gem § 63a Abs 4 BWG oder Versicherungsunternehmen, die für den Prüfungsausschuss ebenfalls einen Finanzexperten vorsehen, ist diese gesetzliche Regelung nicht nur als Ordnungsvorschrift ausgestaltet, sondern aufsichtsrechtlich sanktioniert (vgl *Herbst* Rz 35/48; *Kalss/D Wendt* Rz 38/1 ff).

92 **Zeitpunkt des Vorliegens der Befähigung**: Jedes Aufsichtsratsmitglied muss grundsätzlich zu Beginn bei Übernahme des Amtes und am Beginn der Amtszeit und über deren gesamte Dauer der Tätigkeit die erforderliche Qualifikation besitzen.[94] Allerdings ist eine bestimmte Kulanzfrist, etwa von einem halben Jahr anzuerkennen, wonach bestimmtes Einzelwissen oder punktuelles Spezialwissen, einzelnes und begrenztes Nachholen von Kenntnissen möglich ist.[95] Dennoch steht fest, dass sich ein Aufsichtsratsmitglied vom Beginn seiner Tätigkeit an unbedingt mit der Gesellschaft und den maßgeblichen Unterlagen und Informationen der Gesellschaft auseinandersetzen muss.

93 **Informationsverschaffung am Beginn der Tätigkeit**: Den Aufsichtsrat trifft gem § 99 AktG und § 84 AktG die Verpflichtung, sich von der wirtschaftlichen Situation der Gesellschaft ein genaues Bild zu verschaffen.[96] Insbesondere hat er dabei bei Übernahme des Amtes den letzten Jahresabschluss und den Prüfbericht der Gesellschaft durchzusehen und zu prüfen und sich auch über die Arbeit der vorherigen Aufsichtsratsmitglieder zu informieren, inwieweit bestimmte Maßnahmen gesetzt worden sind. Diese Obliegenheiten treffen ein Aufsichtsratsmitglied insbesondere bei einem raschen Wechsel bzw bei einem Rücktritt von Aufsichtsratsmitgliedern oder bei einem sonstigen nicht routinemäßig geplanten Wechsel. Ein Aufsichtsratsmitglied hat somit von Beginn an bei Beschlussfassungen oder Maßnahmen, die in seine Amtstätigkeit fallen, eine Informationsbeschaffungsobliegenheit, unabhängig von dem Umstand, dass einzelne Maßnahmen schon deutlich länger vorbereitet werden. Umgekehrt sind auch der Aufsichtsratsvorsitzende und auch die anderen Mitglieder des Gremiums (Aufsichtsrat als Team; vgl *Königswieser* Rz 6/1 ff) sowie vor allem der Vorstand verpflichtet, neue Aufsichtsratsmitglieder mit entsprechender Information zu versorgen. Der Maßstab darf auf beiden Seiten nicht überspannt werden.

---

94 *Semler* in FS K Schmidt 1499; *Mutter* in Semler/von Schenck, Der Aufsichtsrat § 100 Rz 93.

95 Ausdrücklich etwa Merkblatt der BaFin zur Kontrolle der Mitglieder von Verwaltungs- und Aufsichtsorganen gem KWG und VAG vom 3.12.2012, abrufbar unter www.bafin.de.

96 BGH II ZR 280/07, AG 2009, 404 Rz 15; OLG Düsseldorf 6.11.2014, I-6U16/14, AG 2015, 434 Rz 26.

Zeitpunkt und „Onboarding": Um neue Aufsichtsratsmitglieder gut in das Gremium aufzunehmen und einen guten Start – sowohl für das Mitglied als auch für das Gremium – sicherzustellen,[97] sollten neue Aufsichtsratsmitglieder mit bestimmten Mindestinformationen versorgt werden, nämlich bestimmten Unterlagen und persönlicher Information. Die Information sollte die Organisation, Rechtsform, Gesellschafterstruktur, Konzernaufbau, maßgebliche Geschäftsfelder, Unternehmensgegenstand, maßgebliche Standorte etc erfassen. Dafür sind die letzten Einzel- und Konzernabschlüsse, der Lagebericht, allenfalls Corporate Governance-Bericht, Prüfbericht des Abschlussprüfers und Managementletter des Prüfers sinnvoll; ebenso der Prüfungsauftrag an den Abschlussprüfer. Jedenfalls sollte ein neues Aufsichtsratsmitglied folgende Unterlagen[98] - gleichsam als Stammdaten – vom Aufsichtsratsvorsitzenden oder in dessen Auftrag vom Vorstand erhalten: 94

- Satzung oder Gesellschaftsvertrag
- Organigramm
- Geschäftsordnung des Aufsichtsrats
- Geschäftsordnung des Vorstands
- Allfällige konzernbezogene Geschäftsordnungen
- zentrale Aufsichtsratsbeschlüsse, die die aktuelle Arbeit bestimmen
- Protokolle der Aufsichtsratssitzungen des letzten Geschäftsjahrs
- Protokoll der letzten Hauptversammlung
- Vorstandsberichte des letzten Geschäftsjahrs

Sinnvoll ist es, diese Unterlagen in einer Mappe auf Papier als Arbeitsgrundlage zur Verfügung zu stellen; wenn möglich und in der Gesellschaft üblich, sind diese Unterlagen auch elektronisch im virtuellen Datenraum (electronic board room) zur Verfügung zu stellen (vgl *Kalss* Rz 26/141 ff).

Ausmaß der Informationsbeschaffung: Das Ausmaß der Informationsbeschaffung einer Person, die ein Aufsichtsratsmandat übernehmen will, hängt einerseits vom Zeitstrahl für die Übernahme der Tätigkeit ab, nämlich ob nur ein Interesse besteht und eine Sondierung oder bereits eine Nominierung und Vorschlag an die Hauptversammlung gemacht wurde bzw ob überhaupt schon die Wahl und Annahme des Amtes vollzogen wurde und allein die Tätigkeit wegen aufschiebender Befristung noch nicht begonnen wurde. Bei bloßem Interesse oder erster Sondierung dürfen zunächst nur allgemein zugängliche Informationen weitergegeben werden. Zulässig ist aber auch die Weitergabe vertraulicher Information unter Sicherung der Geheimhaltungspflicht. Die Weitergabe bestimmter Informationen durch den Aufsichtsratsvorsitzenden ist als zulässige Informationsweitergabe gem § 99 AktG im Sinne der Sicherung der Unternehmensaufsicht und Unternehmensführung zu qualifizieren (vgl *Kalss* Rz 26/44 ff). Je näher und unmittelbarer die Amtsübernahme und je dringender bestimmte Beschlussfassungen, Entscheidungen und die Mitwirkung an Entscheidungen durch das neue Aufsichtsratsmitglied sind, desto stärker greift auch die Informationsbeschaffungsobliegenheit des neu eintretenden Aufsichtsratsmitglieds. Es hat daher ein Recht auf Einsichtnahme in Aufsichtsratsprotokolle, Kopien muss er nicht unbedingt davon erhalten. Dies ist 95

[97] *Theisen*, Der Aufsichtsrat 2015, AR 0693361.
[98] *Theisen*, Der Aufsichtsrat 2015, AR 0693361.

nur erforderlich, soweit dies für laufende oder nachfolgende Entscheidungen des neu eintretenden Aufsichtsratsmitglieds notwendig ist.

F. Die laufende Mitgliedschaft

96 **Fortbildungsobliegenheit**: Das Gesetz gewährt dem Mitglied somit keine lange Einarbeitungsfrist, das Aufsichtsratsmitglied muss die Mindestanforderungen von Anfang an erfüllen. Da Aufsichtsratsmitglieder nicht nur bei Übernahme des Mandats den allgemeinen und speziellen Anforderungen genügen müssen, müssen sie sich permanent mit Änderungen des Gesellschafts- und Kapitalmarktrechts sowie den Grundzügen des branchenspezifischen Rechts auseinandersetzen sowie sich über die aktuellen betriebswirtschaftlichen und sonstigen branchenspezifischen Entwicklungen am Laufenden halten. Somit besteht eine stete Fortbildungsobliegenheit.[99] In besonderem Maß sollte die Aus- und Fortbildungsobliegenheit für das Gremium des Aufsichtsrats als solches wahrgenommen werden, nämlich die Entwicklung eines gemeinsamen Verständnisses, einer klaren Zieldefinition, Aufbau von gemeinsamer Erfahrung, zumal die Wirkungsmacht des Aufsichtsrats als Organ und Gremium maßgeblich ist und nicht Einzelleistungen (vgl *Königswieser* Rz 6/1 ff).

97 **Abgeltung der Fortbildung**: Da die Mindestkenntnisse von Anfang an da sein müssen und das Aufsichtsratsmitglied selbst verpflichtet ist, diesen Kenntnisstand zu erhalten, besteht grundsätzlich kein Anspruch auf Fortbildungskosten, die den allgemeinen Kenntnisstand erhalten. Änderung sich aber die rechtlichen oder steuerlichen Rahmenbedingungen deutlich oder geht ein Unternehmen in ein völlig neues Geschäftsfeld, in dem wenig Aufsichtsratsexpertise (Marktkenntnis), Marktkultur im Aufsichtsrat gegeben ist, besteht auch die Verpflichtung einer Fortbildung. Diese Kosten für die neuen Anforderungen, sei es aufgrund der Änderung des normativen Umfelds oder der Marktgegebenheiten oder der Gesellschaftsausrichtung, sind den Aufsichtsratsmitgliedern abzugelten (vgl *Kalss* Rz 50/61). Generell liegt es in der Sorgfaltspflicht des Vorstands und auch des Aufsichtsratsvorsitzenden dafür zu sorgen, dass ausreichende finanzielle Ressourcen für die Einschulung der Mitglieder auch des Aufsichtsrats und deren laufende Schulung und Ajourhaltung an das normative und wirtschaftliche und sonstige Anforderungsprofil von Aufsichtsratsmitgliedern erhalten bleibt.

98 **Kreditinstitute – Fortbildung**: § 28a Abs 5 schreibt Kreditinstituten explizit vor, über angemessene personelle und finanzielle Ressourcen zu verfügen, um die Einschulung und laufende Schulung der Aufsichtsratsmitglieder – neben den Geschäftsleitern – sicherzustellen (vgl *Seeber* Rz 36/65 ff; *Herbst* Rz 35/42). Aus dieser für Kreditinstitute mit dem dichten Regelwerk stammenden Bestimmung ist eine allgemeine Wertung abzuleiten, wonach es zur Sicherung der ordnungsgemäßen Aufsicht im Unternehmen sowohl der Geschäftsführung als auch der Selbstorganisationspflicht des Aufsichtsrates obliegt, dafür ausreichende Mittel zur Verfügung zu stellen und Vorkehrungen zu treffen. Nur so kann das Qualifikationsniveau der Aufsichtsratsmitglieder dauerhaft gesichert werden. Daher ist es

[99] *Kalss* in Doralt/Nowotny/Kalss, AktG[2] § 86 Rz 59; *Schneller/Preiss* in Gahleitner/Mosler, ArbVG III[5] § 110 Rz 39.

zulässig und in bestimmten Maß geboten, dass die Gesellschaft dafür die Kosten jedenfalls übernimmt (vgl *Kalss* Rz 50/61 f).

Know How-Bündelung im Gesamten: Jedes einzelne Mitglied muss über die allgemeinen Grundkenntnisse für Aufsichtsratsmitglieder verfügen, somit einen Common Body of Knowledge haben. Darüber hinaus muss aber jedes einzelne Mitglied noch über ein bestimmtes Spezialwissen verfügen, um sich für den Aufsichtsrat zu qualifizieren, etwa besondere technische Kenntnisse (zB Industriedesign; biochemische Prozessorganisation), Marktkenntnisse, unternehmerische Erfahrung, rechtliche oder spezifische rechtliche Kenntnisse oder Kenntnisse in Finanzierungsangelegenheiten, gegebenenfalls auch besondere Kenntnisse im Konzern oder in der Familie, die für die Stabilität im Gremium wichtig sind.[100] 99

Rechtsfolgen Spezialkenntnisse: Bringt ein einzelnes Aufsichtsratsmitglied ein besonderes Spezialwissen in den Aufsichtsrat ein, so muss sich dieses Aufsichtsratsmitglied an den dadurch erhöhten Sorgfaltsmaßstab messen lassen, dh für ein Aufsichtsratsmitglied mit hohem Spezialwissen in einem bestimmten Bereich gilt ein anderer, dh höherer, Sorgfaltsmaßstab, als für die sonstigen Aufsichtsratsmitglieder, die in diesem Bereich über kein Spezialwissen verfügen.[101] Dies folgt auch aus der allgemeinen Regelung gem § 1299 ABGB, wonach ein Experte oder Sachverständiger eben genau für die Sorgfalt eines Experten oder Sachverständigen und nicht nach einer allgemeinen Durchschnittsbetrachtung zu beurteilen ist. Das Gesetz verlangt somit die Einbringung von Spezialwissen und die Zusammenführung unterschiedlicher Spezialbereiche, umgekehrt sanktioniert es zivilrechtlich konsequent diese Einbringung mit einem erhöhten Sorgfaltsmaßstab und einer damit einhergehenden erhöhten Verantwortung und einem höheren Haftungsrisiko (vgl *Schauer* Rz 45/23 f). 100

Netzwerk: Die Zugehörigkeit zu bestimmten Vereinigungen (Parteien), Gesellschaften oder aktiven Beziehungsnetzwerken kann gemeinsam mit der Kenntnis politischer und gesellschaftlicher Entscheidungsprozesse eine Qualifikation sein, die die Mitgliedschaft im Aufsichtsrat rechtfertigt (vgl zum AR in öffentlich Unternehmen *Kalss/Kunz* Rz 34/97 ff).[102] Sie kann nur ein begleitender Umstand sein; sie ist umgekehrt auch kein zwingender Disqualifikationsgrund. Damit kann eine wesentliche Beratungs- und Unterstützungsleistung für den Vorstand sowohl nach innen als auch nach außen geleistet werden. Zu achten ist aber in solchen Konstellationen auf die Wahrung der Unabhängigkeit und Eigenständigkeit der Entscheidungsfindung des Aufsichtsrats und die Bewältigung möglicher Interessenkonflikte. Diese Mitgliedschaften müssen ebenso wie etwa eine konkurrenzierende Tätigkeit gegebenenfalls der Hauptversammlung gem § 87 Abs 2 AktG vor der Wahl offengelegt werden, zumal sie den Anschein der Befangenheit auslösen können. Es genügt die Besorgnis dafür, nicht die tatsächliche Befangenheit (vgl *M Doralt* Rz 8/50 ff). 101

Satzungsmäßige Festlegung: Die Satzung einer Gesellschaft kann bestimmte Anforderungen vorsehen, etwa dass eine Mindestzahl an Familienangehörigen im 102

[100] *Kalss* in Doralt/Nowotny/Kalss, AktG² § 86 Rz 58.
[101] BGH NZG 2011, 1271.
[102] Krit *Roth/Wörle* in Büchele/Mildner/Murschitz/Roth/Wörle, Corporate Governance 65 ff.

Aufsichtsrat vertreten sein muss, dass die Mitgliedschaft im Aufsichtsrat von der Innehabung von Aktien abhängt, dass bestimmte Spezialkenntnisse erforderlich sind oder dass ein bestimmtes Mindestalter erreicht sein muss, um die entsprechende Lebens- und unternehmerische Erfahrung in das Gremium einzubringen. Zulässig ist es auch, das Erreichen oder die Vollendung eines bestimmten Lebensjahrs als Qualifikationsvoraussetzung festzulegen. Möglich und vielfach sinnvoll ist auch eine Regelung, wonach bei Erreichen eines bestimmten Lebensalters das Mandat jedenfalls endet, aber eine Weiter- bzw Wiederbestellung möglich ist; jedenfalls muss aber darüber aktuell entschieden werden (Altersklausel vgl Rz 15 ff). Die Satzung kann auch Vorgaben für die Diversität des Gremiums vorsehen (Männer/Frauen; Inländer/Ausländer; regionale Aufteilung; vgl Rz 61 f).

G. Rechtsfolgen mangelnder Qualifikation

103 **Bedeutung der Qualifikationsanforderungen**: Die Qualifikationsanforderungen eines Aufsichtsratsmitglieds bilden zunächst eine maßgebliche Entscheidungsgrundlage für die Aktionäre bei der Wahl der Kandidaten in der Hauptversammlung (vgl *M Doralt* Rz 8/68 f). Die mangelnde Qualifikation hat aber keinen Einfluss auf die Rechtswirksamkeit der Bestellung eines Aufsichtsratsmitglieds.[103] Sie werden von keiner Kontrolleinrichtung *ex ante* geprüft, vielmehr sind die Qualifikationsanforderungen nur mit einer Haftungssanktion belegt.

104 **Die eigentliche Bedeutung** dieser Anforderungen liegt in ihrer Funktion als Planungskriterium für den vorbestimmenden Aufsichtsrat selbst. Er hat Maßnahmen zu setzen oder zu fördern, um eine ausreichende Zahl von Personen in die Lage zu versetzen, diese Anforderungen zu erfüllen (Anstoßfunktion). Die Pflicht liegt beim Aufsichtsrat (zB Bestellung von Frauen in Geschäftsführungspositionen, Förderung von Ausbildungen und Ermöglichung des Erwerbs von Erfahrungen; zur Frauenquote Rz 61; zum Alter Rz 15 ff). Erfüllt nämlich ein Aufsichtsratsmitglied nicht die vom Gesetz vorgesehenen Mindestqualifikationen, so macht sich ein Aufsichtsratsmitglied der Einlassungsfahrlässigkeit schuldig und kann von der Gesellschaft dafür zur Verantwortung gezogen werden (vgl *Schauer* Rz 45/1 ff). Wird etwa eine Person in den Aufsichtsrat gewählt, obwohl sie über die notwendigen Kenntnisse des Bilanzlesens und der Financial Literacy insgesamt nicht verfügt, zugleich aber ein hohes unternehmerisches Gespür für Marktentwicklungen in einem bestimmten Bereich oder für wichtige gesellschaftliche Entwicklungen des Unternehmens insgesamt (medizinischer Bereich; Metallurgie) hat, ist eine Bestellung und Wahl einer derartigen Person wirksam. Die Person übernimmt damit aber die gleiche Verantwortung wie jedes andere Mitglied des Aufsichtsratsgremiums auch.

105 **Kreditinstitute**: Anders als im Allgemeinen führt der mangelnde Nachweis der Qualifikationsanforderungen von Aufsichtsratsmitgliedern in Kreditinstituten zu anderen Konsequenzen als in sonstigen Gesellschaften. Die FMA hat die Möglichkeit, die Bestellung zu untersagen oder die Abberufung eines Aufsichtsratsmitglieds zu verlangen (vgl *Herbst* Rz 35/51 ff; *Seeber* Rz 36/65 ff).

---

[103] *Semler* in FS K Schmidt 1494; *Hopt/Roth* in GroßKomm AktG[4] § 100 Rz 116, 22.

Das freie Mandat – Unabhängigkeit, Weisungsunabhängigkeit und Höchstpersönlichkeit

Susanne Kalss

§§: 86 Abs 1, 90, 91, 95 Abs 7 AktG; 5 Z 1 FBG; 228 UGB, Regel 53 des Corporate Governance Kodex

Literatr

Ö.: *Aburumieh*, Interimistische Bestellung eines Aufsichtsratsmitglieds zum Vorstandsmitglied, AR Aktuell, 3/2010, 9; *Barth*, Das Sachwalterrechts-Änderungsgesetz 2006, iFamZ 2006, 138; *S Bydlinski*, Das neue Diversitätsgebot bei der Wahl der Aufsichtsratsmitglieder, in Schenz/Eberhartinger, Corporate Governance in Österreich (2012) 301; *P Doralt/W Doralt*, Haftung und Schadenersatz, in Semler/von Schenck, Arbeitshandbuch für Aufsichtsratsmitglieder³ (2008) § 13; *Eberhartinger*, Anforderungen an den Finanzexperten im Aufsichtsrat, in Schenz/Eberhartinger, Corporate Governance in Österreich (2012) 317; *Eigner*, Neue Regeln zur Vorstandsvergütung und zur Zusammensetzung des Aufsichtsrats, GesRZ 2012, 208; *Fida/Gelter/Rechberger*, Der Finanzexperte im Aufsichtsrat – lex imperfecta?, GeS 2006, 239; *Fida/Steindl*, Neues für den Aufsichtsrat, SWK 2005, 827; *Fida/Steindl*, Konkurrenten im Aufsichtsrat, GeS 2005, 356; *Frotz/Schörghofer*, Schadenersatzrechtliche Zurechnung bei Multiorganmitgliedschaften, GesRZ 2011, 334; *Frotz*, Grundsätzliches zur Haftung von Gesellschaftsorganen und für Gesellschaftsorgane, GesRZ 1982, 98; *Gregory Marielouise*, Reflexionen über die Unabhängigkeit von Aufsichtsratsmitgliedern – oder: Unabhängigkeit quergedacht, in Schenz/Eberhartinger, Corporate Governance in Österreich – Zum 10-jährigen Bestehen des Österreichischen Corporate Governance Kodex (2012) 281; *B. Jud*, Die Vorsorgevollmacht, AnwBl 2007, 11; *W. Jud*, Zur Bestellung von stellvertretenden Mitgliedern eines Aufsichtsratsausschusses, NZ 1982, 56; *Kalss*, Das nominierte Aufsichtsratsmitglied im Konzern nach österreichischem Recht, in FS Hoffmann-Becking (2012) 87; *Kalss*, Der Aufsichtsrat im Konzern nach österreichischem Recht, Der Konzern 2012, 89; *Kalss*, Auskunftsrechte und -pflichten für Vorstand und Aufsichtsrat im Konzern, GesRZ 2010, 137; *Karollus/Huemer*, Offene Frage zum Verbot der Organbestellung gegen das Organisationsgefälle, GeS 2006, 153; *Kodek/Nowotny/Umfahrer*, Firmenbuchgesetz (2005); *Mühlbacher*, Kompetenzmanagement als Grundlage strategischer Wettbewerbsvorteile (2007); *Nitsche,* Aufsichtsratsmandat und Interessenkollision, in FS Krejci I (2001) 751; *C Nowotny*, Der Beamte als Aufsichtsrat, RdW 1999, 283; *C Nowotny*, Neues für den Aufsichtsrat, RdW 1997, 577; *Reichl*, Corporate Governance ohne Paragraphen (2014); *Reischauer*, Zur Vertretung eines verhinderten Aufsichtsratsmitgliedes einer AG (§95 Abs 6 AktG), ÖJZ 1990, 450; *Roth/Wörle*, Die Unabhängigkeit des Aufsichtsrats, in Büchele/Mildner/Murschitz/Roth/Wörle, Corporate Governance in Deutschland und Österreich (2006) 35; *Rüffler*, Zwei Ungereimtheiten des GesRÄG 2005, wbl 2006, 14; *Schauer*, Vorsorgevollmacht und gesetzliche Angehörigenvertretung nach dem Sachwalterrechts-Änderungsgesetz 2006, iFamZ 2006, 148; *Schauer*, Schwerpunkte des Sachwalterrechts-Änderungsgesetzes (SWRÄG 2006) – Teil 2, ÖJZ 2007, 217; *Schima/Sindelar*, Aufgetragene Abberufung von Geschäftsleitern, Untersagung der Ausübung der Geschäftsführung und Konzessionsentzug bei Kreditinstituten, ÖBA 2015, 908; *Schima*, Betriebsrat über dem Gesetz – Kein Fit & Proper-Test für Arbeitnehmervertreter in Bank-Aufsichtsräten, ÖBA 2014, 28; *Schima*, Zur Effizienz von Syndikatsverträgen, insbesondere bei der AG, in FS Krejci (2001) 825; *Schimka*, Zur Voraussetzung der vollen Handlungsfähigkeit von Beiratsmitgliedern einer Privatstiftung, NZ 2009, 197; *Schimka*, Volle Handlungsfähigkeit – zwingenden persönliche Voraussetzung für Aufsichtsratsmitglieder einer AG, Aufsichtsrat aktuell 3/2009, 9; *Schimka*, Entscheidungsbesprechung zu OGH 6 Ob

131/09x, GesRZ 2010, 46; *Schoibl/Gruber*, Miszellen zum Firmenbuchgesetz 1991, WBl 1991, 109; *Semler*, Eignungsvoraussetzungen für ein Aufsichtsratsmitglied, in FS 100 Jahre Wirtschaftsuniversität (1998) 93; *Straube*, Zur Qualifikation von Aufsichtsratsmitgliedern, GesRZ 1981, *150; M Strasser*, Die Treuepflicht der Aufsichtsratsmitglieder der Aktiengesellschaft (1998); *Temmel*, Die Vorbereitung der Aufsichtsratssitzung durch Hilfskräfte, in Feiler/Raschhofer, Innovation und internationale Rechtspraxis (2009 = FS Zankl) 901 ff; *Wachter*, Der Aufsichtsrat von Kreditinstituten nach der Umsetzung der CRD IV-Richtlinie in Österreich, ÖBA 2015, 96; *Wenusch*, Bisher Unbeachtetes zur Wahl von Aufsichtsratsmitgliedern, GesRZ 2006, 4; *Winkler/Birkner*, Verpflichtender Aufsichtsratsausschuss nach § 92 Abs 4 AktG, RdW 1998, 244; *Zierl*, Handbuch Sachwalterrecht (2007).

Dtl: *Börsig/Löbbe*, Die gewandelte Rolle des Aufsichtsrats, in FS Hoffmann-Becking (2013) 125; *Diekmann/Wurst*, Die Organisation der Aufsichtsratsarbeit, NZG 2014, 121; *Drinhausen/Marsch-Barner*, Die Rolle des Aufsichtsratsvorsitzenden in der börsenotierten Aktiengesellschaft, AG 2014, 337, 350; *Fassbach*, Die verlorene Ehre des Aufsichtsrats vor Gericht, Der Aufsichtsrat 2015, 65; *Henning*, Die Zusammenarbeit mit dem Aufsichtsratsvorsitzenden, BOARD 2012, 243; *Kropff*, Aktiengesetz. Textausgabe des Aktiengesetzes vom 6. 9. 1965 mit Begründung des Regierungsentwurfs und Bericht des Rechtsausschusses des Deutschen Bundestags (1965); *Kropff*, Der unabhängige Finanzexperte in der Gesellschaftsverfassung, in FS K Schmidt (2009) 1023; *Lutter*, Bankenvertreter im Aufsichtsrat, ZHR 1981, 224; *Lutter*, Defizite für eine effiziente Aufsichtsratstätigkeit und gesetzliche Möglichkeiten einer Verbesserung, ZHR 1995, 287; *Mattheus/Ditschke*, Aufsichtsratsbesetzung nach Plan, Der Aufsichtsrat 2/2015, 21; *Mimberg*, Nichtigkeit der Aufsichtsratswahl in der Kreditinstituts-AG wegen unzulässiger Ämterhäufung nach § 25 dKWG, WM 2015, 1791; *Opitz/Redenius-Hövermann*, Unternehmensinterne Aufsichtsratsbüros und Corporate Governance, Der Aufsichtsrat 2/2016, 18; *Plagemann*, Die zeitliche Verfügbarkeit von Organmitgliedern von Banken und Finanzdienstleistungsinstituten, WM 2014, 2345; *Schilling*, Sie wollen also Aufsichtsrat werden?, Der Aufsichtsrat 2015, 138; *Semler*, Anforderungen an die Befähigung eines Aufsichtsratsmitglieds, in FS K Schmidt (2009) 1489; *Semler*, Der Aufsichtsrat in der Praxis, AR Aktuell-Sonderheft 5/2007, 4; *Spindler*, Die Empfehlung der EV für den Aufsichtsrat und ihre deutsche Umsetzung im Corporate Governance Kodex, ZIP 2005, 2033; *Theisen*, Onboarding neuer Aufsichtsratsmitglieder, AR 0693361; *Theisen*, Kostenstelle Aufsichtsrat, in FS Säcker (2012) 487; *Weber-Rey*, Professionalisierung des Aufsichtsrats, in Veil, Unternehmensrecht in der Reformdiskussion (2013) 161.

Gliederung **Rz**

I. Das freie Mandat

A. Rechtliche Grundlagen

1 **Gesetzliche Regelung**: § 95 Abs 7 AktG und § 30j Abs 6 GmbHG schreiben vor, dass die Aufsichtsratsmitglieder ihre Obliegenheiten nicht durch andere ausüben lassen können. Sie haben daher das Amt selbst und höchstpersönlich auszuüben. Aufsichtsratsmitglieder üben ihr Amt jedenfalls in eigener Verantwortung aus.

B. Unabhängigkeit

Gesetzliche Regelungen: Das Aktiengesetz enthält keine Definition der Unabhängigkeit.[1] Der Begriff der Unabhängigkeit wird im AktG nur in § 92 Abs 4a AktG angesprochen, dh verwendet. Der Begriff der **Unabhängigkeit ist ein unbestimmter Rechtsbegriff** seine Auslegung steht nicht fest.[2] Nach dem Gesetz darf Vorsitzender des Prüfungsausschusses nicht sein darf, wer in den letzten drei Jahren Vorstandsmitglied dieser Gesellschaft, leitender Angestellter dieser Gesellschaft oder Abschlussprüfer dieser Gesellschaft war oder den Bestätigungsvermerk unterfertigt hat oder wer „aus **anderen Gründen nicht unabhängig** oder unbefangen" ist.Die Materialien des Gesetzes lassen den Begriff absichtlich offen und verweisen zur Konkretisierung nur auf die Empfehlung der EU.[3] Das BWG verlangt die Einrichtung eines Prüfungsausschusses gemäß § 63 Abs 4a BWG, des Vergütungsausschusses gemäß § 39c BWG und des Risikoausschusses gemäß § 63d BWG. Das Gesetz sieht vor, dass Vorsitzender der genannten Ausschüsse nicht sein darf, wer in den letzten drei Jahren Geschäftsleiter oder leitender Angestellter (§ 80 AktG) des betreffenden Kreditinstitutes war oder aus anderen Gründen **nicht unabhängig und unbefangen** ist. In ähnlicher Weise sieht § 63a Abs 4 BWG vor, dass Vorsitzender des **Prüfungsausschusses** oder Finanzexperte nicht sein darf, wer in den letzten drei Jahren Geschäftsleiter oder leitender Angestellter (§ 80 AktG) oder Bankprüfer des Kreditinstitutes war oder den Bestätigungsvermerk unterfertigt hat oder aus anderen Gründen **nicht unabhängig und unbefangen** ist. 2

Das BWG sieht ebenso wenig eine spezifische gesetzliche Regelung für den Begriff der Unabhängigkeit vor, vielmehr verweisen die Materialien auf die Parallelregelung des Aktiengesetzes.[4] Damit wird auf § 92a Abs 4 AktG verwiesen. Diese Regelung ist mit dem Unternehmensrechtsänderungsgesetz 2008 in die österreichische Rechtsordnung eingefügt worden. Die Regelung des § 92a Abs 4 AktG ihrerseits sieht aber – wie eben angesprochen – ebenso wenig wie das BWG eine eigenständige Regelung des Begriffes Unabhängigkeit vor, vielmehr wird auch dort auf die Begriffsbestimmung oder Begriffsannäherung in der EU-Empfehlung sowie auf den österreichischen Corporate Governance Kodex verwiesenc (vgl *Herbst* Rz 35/92).[5] Da die Gesetzesmaterialien auf die EU Empfehlung verweisen, ist sie zu berücksichtigen. Jedenfalls wird damit aber **keine unmittelbare Wirkung** der Empfehlung begründet.[6] Sie muss nur **bei der Auslegung** der jeweiligen gesetzlich verwendeten Begriffe in § 92 Abs 4 AktG in § 63a Abs 4 BWG, § 39c und § 39d BWG berücksichtigt werden. Wesentlich ist es dabei aber, dass **dies nicht iS einer bindenden Regel**, sondern als **ein leitender Gesichtspunkt** im Rahmen einer Einzelfallprüfung vorzunehmen ist.[7] Dabei sind Kriterien in der

---

1 Ausdrücklich zum parallelen deutschen Recht: *Kremer* in Ringleb/Kremer/Lutter/von Werder, Deutscher Corporate Governance Kodex – Kommentar[5] (2014) Punkt 5.4.2. Rz 1007.

2 So ausdrücklich *Spindler* in Spindler/Stilz, AktG[3] § 100 Rz 54.

3 467 BlgNR 23. GP 36 (zu § 92a Abs 4 AktG).

4 927 BlgNR 22. GP 8.

5 467 BlgNR 23. GP 36; *Dellinger/Steinböck* in Dellinger, BWG § 63a Rz 88.

6 *Spindler* in Spindler/Stilz, AktG[3] § 100 Rz 54.

7 *Grigoleit/Tomasic* in Grigoleit AktG § 100 Rz 13. *Spindler* in Spindler/Stilz, AktG[3] § 100 Rz 54.

Kommissionsempfehlung zu beachten, sie sind aber nur eine nicht abschließende Aufzählung und Anregung.

3 **Für börsenotierte Gesellschaften** greift der ÖCGK die Frage der Unabhängigkeit in zwei Regelungen auf, nämlich in Punkt 53 (C) und Punkt 54 (C). Die Regelung der Unabhängigkeit trifft daher primär die Aufsichtsratsmitglieder börsenotierter Gesellschaften, da nur für sie die C-Regelungen des Corporate Governance Kodex gelten (vgl *Hlawati/Wilfing* Rz 32/1 ff).

4 **Kodexregelungen**: Die Regelungen der Punkte 53 und 54 ÖCGK gehen auf Ziffer 4 der Empfehlung der EU 2005/162/EG zurück. Danach soll dem Verwaltungs- oder Aufsichtsrat eine ausreichende Zahl von unabhängigen Mitgliedern angehören, um im Fall von Interessenkonflikten mit Mitgliedern der Unternehmensleitung ein ordnungsgemäßes Verfahren sicherzustellen. Die Regelung der EU zielt primär auf den Verwaltungsrat. Die Empfehlung der EU sieht vor, dass der Aufsichtsrat eine ausreichende Anzahl unabhängiger Mitglieder haben soll. Eine bestimmte Zahl legt er nicht fest. Die europäische Vorlage normiert insbesondere nicht eine Mehrheit unabhängiger Aufsichtsratsmitglieder.

5 Die **EU-Empfehlung** selbst enthält aber ebenso wenig wie das österreichische Gesetz oder der österreichische Corporate Governance Kodex eine abschließende oder feststehende Definition des Begriffes Unabhängigkeit.[8] Weder werden abschließend positive noch abschließend negative Kriterien vorgesehen oder wird eine vollständige Liste angeführt.[9] Ausdrücklich konstatiert die Kommission selbst, dass es keinen feststehenden Begriff von Unabhängigkeit gibt[10]. Weder werden abschließend positive noch abschließend negative Kriterien vorgesehen oder wird eine vollständige Liste angeführt.[11] Die EU-Empfehlung erteilt nunmehr **einerseits den Mitgliedstaaten** einen **Regelungsauftrag**, die Kriterien für die Unabhängigkeit festzulegen[12] und zudem wird in einem **zweiten Schritt dem Aufsichtsrat die Aufgabe** dafür übertragen festzulegen, was er in seinem Bereich als unabhängig qualifiziert.[13] Dabei wird die Anleitung gegeben, dass den materiellen vor den formalen Kriterien Vorrang gegeben werden soll.[14] Ganz allgemein enthält die Empfehlung folgende – letztlich unverbindliche – Kriterien, die sich an das Verhältnis Aufsichtsrat – Vorstand und andererseits Aufsichtsrat Anteilseigner (Kernaktionär) richten.

Die Empfehlung überlässt es den Mitgliedsstaaten auf der einen Seite und ergänzend den Kodex-Regelungen bzw **den einzelnen Unternehmen**, die Kriterien der Unabhängigkeit festzulegen. Damit werden auf zwei Stufen Wertungen

---

8 *Spindler*, ZIP 2005, 2033, 2039.

9 *Kremer* in Ringleb/Kremer/Lutter/von Werder, Deutscher Corporate Governance Kodex – Kommentar[5] Rz 1010.

10 EU Empfehlung Anhang II Z 1; *Spindler*, Die Empfehlung der EU für den Aufsichtsrat und ihre deutsche Umsetzung im Corporate Governance Codex ZIP 2005, 2033, 2039.

11 *Kremer* in Ringleb/Kremer/Lutter/von Werder, Deutscher Corporate Governance Kodex – Kommentar[5] Rz 1010.

12 EU Empfehlung L 51, 51 EG 2005 Abschnitt III Nr. 13.1.

13 Ausdrücklich *Spindler*, ZIP 2005, 2039.

14 Ausdrücklich Erwägungsgrund 18. Seite 4 EU Empfehlung 2005 L 15/15.

sichtbar, die hier verdeutlicht werden sollen. Dies bedeutet, dass eine **dreifache Konkretisierung** der EU-Empfehlung (= Orientierungshilfe) vorzunehmen ist, nämlich

1. auf **gesetzlicher Ebene durch das AktG sowie das BWG** für die Tätigkeit in den jeweiligen Ausschüssen; die dort enthaltenen präzisen Regelungen (keine Vorstandstätigkeit, Prüfertätigkeit während der letzten drei Jahre) sind zwingend und nicht durch die Gesellschaft gestaltbar.
2. ein **Regelungsauftrag an die jeweilige Gesellschaft** unter Anleitung der Empfehlung der EU-Kommission und des Corporate Governance Kodex die Unabhängigkeit festzulegen. Was unter Unabhängigkeit zu verstehen ist, soll nach der EU-Empfehlung **grundsätzlich der Aufsichtsrat** selbst festlegen;[15] die EU-Empfehlung und der Kodex sind nicht verbindlich, sondern nur eine Anleitung;
3. auf **individueller Ebene des einzelnen Aufsichtsratsmitglieds**.

Kapitalvertreter: Die Regelungen des Corporate Governance Kodex beziehen sich nur auf die Kapitalvertreter. Die Regelungen erfassen die von der Hauptversammlung gewählten und von einzelnen Aktionären entsandten Mitglieder. Die Arbeitnehmervertreter bleiben bei diesen Regelungen außer Betracht. Im Gesetz selbst werden nur der **Vorsitzende** des Prüfungsausschusses (und von Ausschüssen in Banken) und der **Finanzexperte** erfasst (vgl *Kalss/Schimka* Rz 2/88). Die Nichtberücksichtigung der Arbeitnehmervertreter ist naheliegend, da sie jedenfalls aufgrund ihres dauerhaften Arbeitsverhältnisses zur Gesellschaft in einem Naheverhältnis stehen. **Die Unabhängigkeit** ist keine gesetzliche Bestellungsvoraussetzung gem § 86 AktG,[16] sondern eine letztlich – nicht verbindliche – Empfehlung der Corporate Governance-Kommission. Die Regelung zielt auf die Zusammensetzung des Gremiums insgesamt und verlangt nicht individuell die Unabhängigkeit einzelner bestimmter Aufsichtsratsmitglieder. Daher bildet die fehlende Unabhängigkeit keinen wichtigen Grund für eine vorzeitige Abberufung gem § 87 Abs 10 AktG (vgl *M Doralt* Rz 8/150 ff). 6

Eine Erklärung zur Unabhängigkeit kann in die Vorstellung eines Kandidaten zur Wahl in der Hauptversammlung gem § 87 Abs 2 AktG aufgenommen werden, zwingend notwendig ist dies nicht, da er nur die Umstände über die Besorgnis einer Befangenheit darlegen muss; eine Erklärung ist im Corporate Governance Bericht gemäß § 243b UGB erforderlich (vgl zur Erklärung *M Doralt* Rz 8/50 ff). 7

Herkunft der Regelung: Die Regelung der Unabhängigkeit gegenüber der Gesellschaft kommt aus dem monistischen Verwaltungssystem (Board-System) börsenotierter Gesellschaften und soll vermeiden, dass Leitungs- und Kontrollbefugnisse in der Hand weniger konzentriert werden, sondern Leitung und Kontrolle auch innerhalb eines Organs getrennt sind, um sicherzustellen, dass Interessenkonflikte vermieden werden bzw ihre Bedeutung für die Entscheidungsfindung 8

[15] Ausdrücklich *Kremer* in Ringleb/Kremer/Lutter/von Werder, Deutscher Corporate Governance Kodex – Kommentar[5] Rz 1005; *Gregory*, in Schenz/Eberhartinger, Corporate Governance in Österreich 281, 287;

[16] *Spindler* in Spindler/Stilz, AktG[3] § 100 Rz 45; *Drygalla* in K Schmidt/Lutter, AktG[3] § 100 Rz 29.

der Board-Mitglieder zu beschränken. Dies sollte durch die – mentale – Unabhängigkeit der nicht geschäftsführenden Verwaltungsmitglieder von den anderen Organmitgliedern und der Managementebene geleistet werden.[17]

9 **Die Regelung über die Unabhängigkeit** der Aufsichtsratsmitglieder dient der Sicherung der Beratungsqualität des Aufsichtsrates.[18] Der Zweck liegt in der Sicherung der Verbesserung der Überwachungstätigkeit des Aufsichtsrats. Sie soll gegenüber dem Vorstand und gegenüber den Aktionären gesichert werden.

10 **Kritik zur Unabhängigkeit**: So sehr die Teilnahme unabhängiger Aufsichtsratsmitglieder die Beratungsqualität und den Argumentationshaushalt eines Aufsichtsrats steigern kann, so ist umgekehrt die mangelnde Sinnhaftigkeit einer zu großen Zahl von unabhängigen Organmitgliedern zu bedenken, zumal sie tendenziell mit dem Unternehmen weniger vertraut sind und daher gerade auch bei großen strategischen Überlegungen mangels Kenntnis der Geschichte und Pfadabhängigkeit bestimmter Entscheidungen und Entwicklungen nicht immer die Gesamtzusammenhänge und Vielschichtigkeit eines Themas oder einer Entscheidung erfassen.[19]

11 **Unabhängige – außenstehende Mitglieder**: Damit zeigt sich eine Parallelität zu sonstigen außenstehenden und im Regelfall daher unabhängigen Mitgliedern des Aufsichtsrats. Sie sind im Regelfall als Experten Mitglied des Gremiums, sie verfügen häufig nicht über die vollständige Information der Unternehmensgruppe und haben zum Teil deswegen auch eine geringere Wirkungsmacht. Dessen müssen sich die Personen bewusst sein, um keine eigenen falschen Erwartungshaltungen zu haben (vgl zum Konzern *Enzinger/Kalss* Rz 31/107).

12 **Die C-Regelung ÖCGK** Punkt 53 lautet:

Die Mehrheit der von der Hauptversammlung gewählten oder von Aktionären aufgrund der Satzung entsandten Mitglieder des Aufsichtsrats ist von der Gesellschaft und deren Vorstand unabhängig.

Ein Aufsichtsratsmitglied ist als unabhängig anzusehen, wenn es in keiner geschäftlichen oder persönlichen Beziehung zu der Gesellschaft oder deren Vorstand steht, die einen materiellen Interessenkonflikt begründet und daher geeignet ist, das Verhalten des Mitglieds zu beeinflussen. Der Aufsichtsrat legt auf der Grundlage dieser Generalklausel die Kriterien der Unabhängigkeit fest und veröffentlicht diese im Corporate Governance-Bericht. Als weitere Orientierung dienen die in Anhang 1 angeführten Leitlinien für die Unabhängigkeit. Gemäß den festgelegten Kriterien hat jedes Mitglied des Aufsichtsrats in eigener Verantwortung dem Aufsichtsrat zu erklären, ob es unabhängig ist. Im Corporate Governance-Bericht ist darzustellen, welche Mitglieder nach dieser Beurteilung als unabhängig anzusehen sind.

---

17 *Kremer* in Ringleb-Kremer/Lutter/von Werder, Corporate Governance Kodex Rz 1030; *Wilsing* in Wilsing, DCGK Regelung 5.4.2. Rz 2.

18 *Wilsing* in Wilsing, DCGK Regelung 5.4.2. Rz 1.

19 S etwa *Lutter/Bayer/Schmidt*, Europäisches Unternehmens- und Kapitalmarktrecht[5] § 12 Rz 105.

Punkt 54 ÖCGK präzisiert diese Regelung und lautet: **13**

Bei Gesellschaften mit einem Streubesitz von mehr als 20 % gehört den von der Hauptversammlung gewählten oder von den Aktionären aufgrund der Satzung entsandten Mitgliedern des Aufsichtsrats mindestens ein gemäß C-Regel 53 unabhängiges Mitglied an, das nicht Anteilseigner mit einer Beteiligung von mehr als 10 % ist oder dessen Interessen vertritt.

Bei Gesellschaften mit einem Streubesitz von mehr als 50 % gehören mindestens zwei Mitglieder dem Aufsichtsrat an, die diese Kriterien erfüllen. Im Corporate Governance-Bericht ist darzustellen, welche Mitglieder des Aufsichtsrats diese Kriterien erfüllen.

Der Corporate Governance Kodex sieht gem der C-Regelung Punkt 53 eine Konkretisierung vor. **Punkt 53** des Kodex bezieht die Unabhängigkeit ausschließlich auf den **Vorstand und die Gesellschaft** (*Dellinger* Rz 41/8). Erfasst wird davon jedes einzelnes Aufsichtsratsmitglied. Danach ist die Mehrheit der Kapitalvertreter von der Gesellschaft und deren Vorstand unabhängig. Nach dieser Regelung ist ein Aufsichtsratsmitglied als unabhängig anzusehen, wenn es in keiner geschäftlichen oder persönlichen Beziehung zu der Gesellschaft oder deren Vorstand steht, die einen **materiellen Interessenkonflikt** begründet und daher geeignet ist, das Verhalten des Mitglieds zu beeinflussen. Diese Generalklausel wird im Anhang des Kodex noch präzisiert. Der Aufsichtsrat legt auf der Grundlage dieser Generalklausel die Kriterien der Unabhängigkeit fest und veröffentlicht sie auch im Corporate Governance-Bericht. Als weitere Orientierung dienen die in Anhang 1 angeführten Leitlinien für die **Unabhängigkeit.**

Punkt 54 spricht das Verhältnis zu den Anteilseignern an; das Regelungskonzept ist aber genau umgekehrt: Der Kodex verlangt gerade **nicht die Unabhängigkeit** jedes **einzelnen Aufsichtsratsmitglieds** von den **Anteilseignern,** sondern sieht nur vor, dass – bei einem Streubesitz von 20% dem Aufsichtsrat mindestens ein Mitglied angehört – das von der Gesellschaft und vom Vorstand im Sinn von Punkt 53 unabhängig ist und nicht einen mindestens 10%-igen Anteil hält oder dessen Interessenvertritt. Bei einem Streubesitz von 50% sind zwei unabhängige Vertreter zu bestellen. Der Kodex verlangt somit – anders als die EU-Empfehlung – überhaupt **nicht die Unabhängigkeit von den Anteilseignern**, sondern sieht nur vor, dass bei einem Streubesitz von zumindest 20% bzw 50% zumindest ein oder zwei **Minderheitenvertreter** im Aufsichtsrat vertreten ist bzw sind. Der Kodex trennt somit klar die Uabhängigkeit von der Gesellschaft und vom Vorstand und die Sicherung der Minderheitenvertetung (*Dellinger* Rz 41/8 FN 16). Liegt der **Streubesitz unter 20%,** so muss nach dem Kodex überhaupt **kein Minderheitsvertreter**, dh ein von den Kernaktionären unabhängiges und dessen Interessen nicht vertretendes Aufsichtsratsmitglied im Aufsichtsrat vertreten sein. Dies deckst sich auch mit der Wertung des Gesetzes, das in § 86 AktG eine Öffnungsklausel zugunsten des Konzerns vorsieht und zudem die Überkreuzverflechtung auch zugunsten konzernmäßig verbundener und unternehmerisch beteiligter Gesellschaften zulässt (vgl *Kalss/Schmika* Rz 2/56).

Adressat: Die Regelung richtet sich an den Aufsichtsrat, zumal er Vorschläge **14**
für die Besetzung des Aufsichtsrats an die Hauptversammlung gem § 109 Abs 1

AktG zu richten hat **(Wahlvorschläge)**. Mit diesem Selbstkooptierungsrecht des Aufsichtsrats, das zwar kein bindendes Vorschlagsrecht, aber doch eine starke Empfehlung darstellt, hat er einen großen Einfluss auf seine eigene Zusammensetzung.

15 **C-Regelung:** Die Regelungen sind C-Regelungen des Corporate Governance-Kodex, dh dass die Gesellschaft bei Abweichen von diesen Regelungen erklärungs- und begründungspflichtig ist (comply oder explain).[20] Da der Kodex sowohl von jedem einzelnen Mitglied als auch von der Gesellschaft im Corporate Governance-Bericht eine Erklärung verlangt, muss sich nun jedes Aufsichtsratsmitglied und auch jeder Aufsichtsrat aufgrund dieser Erklärungspflicht mit diesem Thema beschäftigen.[21] Der Kodex sieht **zwei Erklärungen** vor, nämlich einmal des einzelnen Mitglieds gegenüber dem Gesamtaufsichtsrat und in einem zweiten Schritt eine Erklärung des Gesamtaufsichtsrats gegenüber den Aktionären im Corporate Governance-Bericht.

16 **Zwei Richtungen:** Inhaltlich zielt der ÖCGK bei der Regelung der Unabhängigkeit in zwei Richtungen, nämlich

- Unabhängigkeit von der Gesellschaft und vom Vorstand (= Punkt 53) und
- Unabhängigkeit von den Aktionären (Punkt 54 Kleinaktionäre). Dabei geht es um die Sicherung eines Minderheitsvertreters im Aufsichtsrat (vgl Rz 13).[22]

17 **Generelle Regelung: Punkt 53** normiert generalklauselartig die Unabhängigkeit von der Gesellschaft und dem Vorstand. Danach ist unabhängig, wer in keiner geschäftlichen oder persönlichen Beziehung zu der Gesellschaft oder zum Vorstand steht, die einen materiellen Interessenkonflikt begründet und daher geeignet ist, das Verhalten des Mitglieds zu beeinflussen. Die Mehrheit der Kapitalvertreter im Aufsichtsrat muss von der Gesellschaft und vom Vorstand unabhängig sein.

18 **Die Regelung in Punkt 53 ist mehrstufig** aufgebaut. Sie beschränkt sich auf eine Generalklausel, die bereits im Kodex selbst allgemein umschrieben wird. Leitlinien im Anhang des ÖCGK präzisieren diese Generalklausel. Schließlich gibt der Kodex den einzelnen Gesellschaften einen Regelungsauftrag, die Kriterien der Unabhängigkeit für die Gesellschaft selbst festzulegen und im Corporate Governance-Bericht offenzulegen. Somit gibt der Kodex eine Orientierungshilfe für die Ausgestaltung der eigenen gesellschaftsbezogenen Festlegung der Unabhängigkeit.

19 **Die Leitlinien** nennen geschäftliche Beziehungen zwischen Gesellschaft und Aufsichtsratsmitglied, ehemalige Tätigkeit als Vorstand oder leitender Angestellter der Gesellschaft, familiäre oder verwandtschaftliche Beziehungen, eine 15 Jahre übersteigende Dauer der Aufsichtsratsmitgliedschaft. Diese Kriterien dienen als Grundlage für die Konkretisierung und Einzelfestlegung durch die Gesellschaft. Diese Kriterien beseitigen die Qualifikation als unabhängig. Die Tätigkeiten werden aber nicht unzulässig, sondern verlangen nur die Qualifizierung und deren Offenlegung. Tätigkeiten in konkurrenzierenden Unternehmen oder die Gesellschaft

20 *Kalss/Oppitz/Zollner,* Kapitalmarktrecht² Rz 25/5; Rz 25/26.
21 *Gregory* in Schenz/Eberhartinger, Corporate Governance in Österreich 281, 286.
22 *Gregory* in Schenz/Eberhartinger, Corporate Governance in Österreich 281, 287.

konkurrenzierende Tätigkeiten werden nicht explizit genannt, sollten oder können aber jeweils in der gesellschaftsbezogenen Festlegung aufgenommen werden; allerdings können berechtigte Überlegungen gegen die Aufnahme sprechen (zB Wettbewerb und gleichzeitige Zusammenarbeit).[23]

Die Leitlinien präzisieren in einem bestimmten Maß die Festlegung der Unabhängigkeit. Insbesondere muss bei der Pflege eines Geschäftsverhältnisses ein bestimmter betragsmäßiger Umfang und ein bestimmter Bedeutungsumfang erreicht werden. So disqualifizieren nur Geschäftsverhältnisse mit einem bedeutenden Umfang von der Unabhängigkeit, wenn das Aufsichtsratsmitglied bei Unternehmen mit Geschäftsbeziehungen ein erhebliches wirtschaftliches Interesse hat. Hier sollte dieses wirtschaftliche Interesse konkretisiert werden, sei es mit einer quantitativen oder mit einer qualitativen Umschreibung. Die familiären Beziehungen beziehen sich auf Ehepartner, Lebensgefährten, direkte Nachkommen, die Eltern, aber auch auf die Geschwister sowie Onkeln, Tanten, Nichten und Neffen. Cousins würden aus dieser Empfehlung herausfallen, können aber in der gesellschaftsindividuellen Festlegung aufgenommen werden. 20

Die vom Nominierungskomitee der ÖBIB gem § 5 Abs 1 ÖBIB-Gesetz vorgeschlagenen und dann von den Hauptversammlungen der jeweiligen Beteiligungsgesellschaften gewählten Mitglieder des Aufsichtsrates (vgl dazu *Kalss/Kunz*, Rz 34/1 ff), sind im Allgemeinen, dh ohne jede weitere Funktion (zB Mitglied eines Syndikatsrats), als unabhängig im Sinne von Punkt 53 und 54 des ÖCGK zu qualifizieren. § 5 Abs 6 ÖBIB-G mit der Möglichkeit der Abberufung nach gesetzlichen oder syndikatsvertraglichen Regelungen steht dem ebenso wenig entgegen wie § 6 Abs 2 ÖBIB-G, wonach die Geschäftsführung der ÖBIB die von der ÖBIB nominierten Aufsichtsratsmitglieder bei der Wahrnehmung ihrer Aufgaben zu unterstützen hat. Dadurch wird keine über eine Unterstützung hinausgehende abhängigkeitsbegründende Nahebeziehung hergestellt (vgl *Kalss/Kunz* Rz 34/156 ff). 21

Die Einstufung als abhängig oder unabhängig liegt in der eigenständigen Entscheidungsbefugnis jedes einzelnen Aufsichtsratsmitglieds.[24] Jedes Aufsichtsratsmitglied hat sich gegenüber dem gesamten Aufsichtsrat zu erklären. 22

Zahl der unabhängigen Mitglieder: Die Empfehlung der EU verlangt keine bestimmte Mindestanzahl an unabhängigen Mitgliedern, sondern empfiehlt eine angemessene Zahl, insbesondere verlangt die Empfehlung nicht die Bestellung einer Mehrheit unabhängiger Mitglieder.[25] 23

Die Regelung der Zahl der unabhängigen Mitglieder ist im Kodex zweigestuft geregelt, nämlich einmal bezogen auf das Verhältnis Aufsichtsrat – Vorstand und einmal auf das Verhältnis Aufsichtsrat – Aktionär (vgl Rz 16 ff). Anders als die europäische Vorgabe verlangt das österreichische Recht, dass die Mehrheit der Aufsichtsratsmitglieder von der Gesellschaft sowie ihrem Vorstand unabhängig ist. Bezogen auf die Anteilseigner sieht das Gesetz eine gestufte Mindestzahl 24

[23] *Gregory* in Schenz/Eberhartinger, Corporate Governance in Österreich 281, 287.
[24] *Gregory* in Schenz/Eberhartinger, Corporate Governance in Österreich 281, 288.
[25] Ausdrücklich *Wilsing* in Wilsing, DCGK Regelung 5.4.2. Rz 3; *Hüffer*, ZIP 2006, 637, 638 f.

abhängig vom Ausmaß der Beteiligung der Streubesitzaktionäre vor. Damit kann etwa in börsenotierten Familiengesellschaften der Einfluss der Familie über den Aufsichtsrat gut gewahrt werden und kann das unabhängige Aufsichtsratsmitglied als externer Experte die Beratungsqualität durch Einbringung einer externen Sichtweise erhöhen.

25 **Punkt 54 des Kodex** verlangt je nach Ausmaß der Streuung, je nach Ausmaß der Beteiligung von Streubesitzaktionären eine Mindestzahl von unabhängigen Mitgliedern. Sind an einer Gesellschaft mehr als 20 % Streuaktionäre beteiligt, so muss mindestens ein Kapitalvertreter von den Anteilseignern unabhängig sein. Relevante Anteilseigener sind jene, die mehr als 10 % der Aktien halten. Bei einem Streubesitzanteil von mehr als 50 % verlangt der Kodex die Bestellung von mindestens zwei von den großen Aktionären, somit Aktionären, die mehr als 10 % halten, unabhängige Mitglieder. Dabei geht es aber **nicht** um die **Unabhängigkeit**, sondern um die Sicherung von **Minderheitsvertretern** im Aufsichtsrat (vgl *Dellinger* Rz 41/8). Der Kodex weicht hier deutlich von der EU-Empfehlung ab, die auch die Unabhängigkeit von Aktionären verlangt. Diese Unabhängigkeit wird in Österreich – vergleichbar wie in Deutschland – ohnehin durch das strenge Regime des Verbots der Einlagenrückgewähr und des Verbots der Nachteilszufügung geleistet (vgl *Enzinger/Kalss* Rz 31/99 ff).

26 **Die Verletzung der Regelung** über die Unabhängigkeit stellt mangels gesetzlicher Regelung keinen Gesetzesverstoß dar. Da es sich nur um eine Empfehlung handelt, ist eine Verletzung der Unabhängigkeitsregelung auch kein wichtiger Grund für eine vorzeitige Abberufung gem § 87 Abs 10 AktG durch eine 10-%-ige Minderheit. Eine **falsche Erklärung** über die Unabhängigkeit kann die Grundlage für die mangelnde Entlastung wegen mangelnder Vertrauenswürdigkeit der Erklärung sein und auch den Verlust der Vertrauenswürdigkeit bewirken, die die Abberufung fördern kann. Weiters ist zu bedenken, dass eine falsche Erklärung des einzelnen Aufsichtsratsmitglieds, die in der Folge falsch in den Corporate Governance Kodex übernommen wird, eine falsche Mitteilung an den Kapitalmarkt und an die Öffentlichkeit ist und daher bei Vorliegen der sonstigen Voraussetzungen auch zu zivilrechtlichen Haftungsfolgen eines Anlegers gegenüber der Gesellschaft führen kann. Schließlich ist bei vorsätzlich falscher Erklärung auch auf die strafrechtlichen Folgen gem § 163a StGB zu denken (vgl *Kert/Komenda* Rz 46/1 ff).

C. Weisungsbindung

27 **Grundsatz**: Die Aufsichtsratsmitglieder sind grundsätzlich weder an die Weisung der Hauptversammlung noch eines Entsendungsberechtigten gem § 88 AktG oder eines Interessenträgers, in dessen Angelegenheit sie im Aufsichtsrat sitzen, gebunden.[26] Der Grundsatz der höchstpersönlichen Amtswahrnehmung schließt auch das Gebot ein, das Aufsichtsratsamt weisungsfrei auszuüben.[27]

---

26 *Kalss* in Doralt/Nowotny/Kalss, AktG² § 99 Rz 10; *Koppensteiner/Rüffler*, GmbHG³ § 33 Rz 2.

27 BGH II ZR 137/05, ZIP 2006, 2077; *Hopt/Roth* in GroßKomm AktG⁴ § 111 Rz 745; *Habersack* in MünchKomm AktG⁴ § 111 Rz 136.

Der Grundsatz der Weisungsfreiheit gilt aus gesellschaftsrechtlicher Sicht für sämtliche Aufsichtsratsmitglieder, dh für die von der Hauptversammlung gewählten ebenso, wie für Mitglieder, die von einzelnen Aktionären entsandt wurden. Auch Arbeitnehmervertreter unterliegen dieser Norm und handeln daher generell weisungsfrei.[28] 28

Unternehmenswohl: Jedes Aufsichtsratsmitglied ist *ad personam* gewählt und hat als oberste Leitschnur seiner Aufsichtstätigkeit das Wohl des Unternehmens zu verfolgen.[29] Der in § 70 AktG explizit für den Vorstand normierte Grundsatz gilt gem § 99 AktG für die Tätigkeit des Aufsichtsrats und daher auch für jedes einzelne Mitglied. Im GmbH-Recht folgt diese Leitschnur aus § 25 GmbHG iVm § 33 GmbHG. 29

Zweifaches Rechtsverhältnis: Ein genauer Blick zeigt, dass ein Aufsichtsratsmitglied nicht nur einem, sondern mehreren Rechtsverhältnissen unterliegt. Zu unterscheiden sind zwei Rechtsverhältnisse, nämlich das organschaftliche Rechtsverhältnis des Aufsichtsratsmitglieds zu der beaufsichtigten Gesellschaft. Dabei handelt es sich um ein gesellschaftsrechtliches Mandatsverhältnis (vgl *M Doralt* Rz 8/13).[30] Vielfach besteht aber daneben noch ein schuldrechtlicher Rechtsverhältnis. Besonders deutlich wird das Nebeneinander von verbandsrechtlichem Rechtsverhältnis und schuldrechtlichem Rechtsverhältnis bei entsendeten Mitgliedern gem § 88 AktG oder § 30c GmbHG. 30

Schuldrechtliches Rechtsverhältnis – Weisung: Auf der Grundlage eines schuldrechtlichen Rechtsverhältnisses können durchaus Weisungsbindungen des entsendenden oder nominierenden Mitglieds vereinbart werden (vgl *Kalss* Rz 9/55 ff; Rz 9/78 ff).[31] Jedenfalls findet die schuldrechtliche Weisungsbindung eine Schranke an der gesellschaftsrechtlichen Verpflichtung zur Verfolgung des Unternehmenswohls. Darin liegen die Bedeutung und der normative Gehalt der Weisungsfreiheit der Aufsichtsratsmitglieder. 31

Interessenvertretung: Trotz der grundsätzlichen gesellschaftsrechtlichen Weisungsfreiheit jedes einzelnen Mitglieds ist es anerkannt, dass einzelne Mitglieder, die Interessen von bestimmten Interessenträgern, etwa der Konzerngesellschaft, einer beteiligten Gesellschaft, eines Anteilseigners mit einer Beteiligung iSv § 189a Z 2 UGB oder einem sonstigen Interessenträger, in das Gremium einbringen können (vgl auch Beitrag *Enzinger/Kalss* Rz 31/30; *Kalss* Rz 9/53 ff).[32] Ein derartiges Aufsichtsratsmitglied darf daher etwa die Interessen seines Entsenders oder der nominierungsberechtigten Person in die Gesellschaft einbringen und intern einer derartigen Verpflichtung zur Einbringung unterworfen werden. Der Vertretung der Interessen eines Anteilseigners oder sonstigen Interessenträgers werden aber jedenfalls durch das Wohl des Unternehmens Grenzen gesetzt.[33] 32

---

[28] BGH II ZR 137/05, ZIP 2006, 2079; *Habersack* in MünchKomm AktG[4] § 111 Rz 136.
[29] OGH 1 Ob 144/01k, GesRZ 2002, 86.
[30] *Kalss* in Doralt/Nowotny/Kalss, AktG[2] § 88 Rz 25; *Nowotny*, RdW 1999, 283, 286.
[31] *Kalss* in FS Hoffmann-Becking 638 f.
[32] *Kalss* in Doralt/Nowotny/Kalss, AktG[2] § 86 Rz 77; *Kalss*, GesRZ 2010, 143.
[33] *Kalss* in Doralt/Nowotny/Kalss, AktG[2] § 86 Rz 77; *Koppensteiner/Rüffler*, GmbHG[3] § 30a Rz 11; *Nowotny*, RdW 1999, 284 FN 9.

Dies gilt für gewählte ebenso wie für entsandte Mitglieder.[34] Die Klausel, dass im Konzern bzw bei Beteiligungsunternehmen mehrere Aufsichtsratsmandate übernommen werden können, impliziert die Zulässigkeit der Interessenvertretung.[35] Eine strikte Weisungsgebundenheit ist ausgeschlossen, dennoch ist es zulässig, dass einzelne Aufsichtsratsmitglieder durch besondere Konsultationsverfahren, Diskussionsverlangen oder Informations- und Vorgespräche die Interessen der jeweiligen Interessenträger vertreten.[36] Die Pflichten der Aufsichtsratsmitglieder, die in derartigen internen bilateralen Vereinbarungen getroffen werden, wie etwa Berichtspflichten, Weisungseinholung, Konsultation, dürfen – naturgemäß – nicht den zwingenden Grundsätzen des Aktien- oder Gesellschaftsrechts gem § 84 iVm § 99 AktG widersprechen (vgl dazu Beitrag *Kalss* Rz 26/44 ff). Sie würden gegen zwingendes Recht verstoßen und wären ungültig.[37]

33 **Bei entsendeten Aufsichtsratsmitgliedern** gem § 88 AktG oder § 30c GmbHG anerkannt das Gesetz selbst ausdrücklich die Entsendung und damit das auftragsrechtliche Verhältnis, dem das Weisungsrecht immanent ist.[38] Das Weisungsrecht hat allein dort Schranken, wo das entsendete Mitglied bei Ausführung der Weisung gegen die Interessen der Gesellschaft handeln würde. Das Wohl der Gesellschaft gem § 70 AktG iVm § 99 AktG setzt daher die gesellschaftsrechtliche Grenze für die zivilrechtlich zulässige Weisung (vgl *Kalss* Rz 9/51 ff).

34 **Nominierte Aufsichtsratsmitglieder**: Dieser Gedanke lässt sich auch auf nominierte Mitglieder oder Mitglieder, die zur Besorgung der Interessenvertretung einer bestimmten Gesellschaftergruppe im Aufsichtsrat vertreten sind, übertragen. Somit können Personen, die aufgrund eines formalen satzungsmäßig oder gesellschaftsrechtlich eingeräumten Nominierungsrechts oder auf der Grundlage eines syndikatsvertraglichen Nominierungsrechts im Aufsichtsrat der Gesellschaft vertreten sind, im Rahmen ihrer Überwachungstätigkeit im zulässigen Rahmen auch Interessen des Gesellschafters einbringen. Wenn beim entsandten Aufsichtsratsmitglied die Weisungsbindung gestattet ist, so ist dies auf zivilrechtlicher Ebene auch für sonstige Aufsichtsratsmitglieder zulässig, sei es, dass diese Personen im Konzern und in der Muttergesellschaft tätig sind und in einem Dienstverhältnis zum nominierenden Gesellschafter stehen oder in einem sonstigen Auftrags- oder Geschäftsbesorgungsverhältnis gegenüber dem nominierenden Aktionär oder Gesellschafter. Aus diesem Verhältnis ist es zulässig, dem Aufsichtsratsmitglied bestimmte Vorgaben für seine Tätigkeit im Aufsichtsrat mitzugeben. Jedenfalls

---

34 *Strasser* in Jabornegg/Strasser, AktG II[5] §89 Rz 22; *Schima* in FS Krejci 840, 845; *Kalss*, GesRZ 2010, 143, 144.

35 *Kalss* in Doralt/Nowotny/Kalss, AktG § 86 Rz 66; *Nowotny*, RdW 1999, 284; *Nitsche* in FS Krejci 753.

36 *Kalss* in Doralt/Nowotny/Kalss, AktG[2] § 86 Rz 77; *Kalss*, GesRZ 2010, 143; *Schima* in FS Krejci 843; *Nitsche* in FS Krejci 754; *Nowotny*, RdW 1999, 286; *Kastner/Doralt/Nowotny*, Grundriß des österreichischen Gesellschaftsrecht[5] 245.

37 *Kalss* in Doralt/Nowotny/Kalss, AktG[2] § 86 Rz 77; *Strasser* in Jabornegg/Strasser, AktG II[5] §89 Rz 22; *Nowotny*, RdW 1999, 286; *Schima* in FS Krejci 839; *U Torggler* in FS H Torggler 1215, 1221.

38 *U Torggler* in FS H Torggler 1215 ff; *Schima* in FS Krejci 825, 840; *Nowotny*, RdW 1999, 283, 286; *Kalss* in FS Hoffmann-Becking 640.

unterliegen diese internen Anleitungen und Vorgaben den Grenzen der Verfolgung des Unternehmenswohls der beaufsichtigten Gesellschaft (vgl *Kalss* Rz 9/51 ff).[39]

Dieser Gedanke lässt sich auch noch einen Schritt weiterdrehen, sodass auch Aufsichtsratsmitglieder, die ohne explizites Nominierungsrecht, aber auf informellen Vorschlag einer Aktionärsgruppe oder eines Aktionärs im Aufsichtsrat einer bestimmten Gesellschaft tätig sind, auch diesen gegenüber internen Weisungsbindungen unterworfen werden dürfen. Jedenfalls finden auch diese Weisungsbindungen Grenzen an der zwingenden gesellschaftsrechtlichen Vorgabe der Verfolgung des Unternehmenswohls.[40] 35

Die Verantwortung dafür liegt beim handlungspflichtigen Aufsichtsratsmitglied.[41] Ein Aufsichtsratsmitglied darf daher die Interessen des entsendungsberechtigten Aktionärs im Aufsichtsrat vortragen und zum Diskussionspunkt machen (vgl *Kalss* Rz 9/53).[42] 36

II. Höchstpersönliche Amtsausübung

A. Grundsatz

Das Gesetz legt in § 95 Abs 7 AktG und § 30j Abs 6 GmbHG den Grundsatz der höchstpersönlichen Amtsausführung und Aufgabenerfüllung durch jedes Aufsichtsratsmitglied fest.[43] Aufsichtsratsmitgliedern ist es daher – abgesehen von den Ausnahmen gem § 95 Abs 6 und § 93 Abs 3 AktG und den GmbH-rechtlichen Parallelbestimmungen – verboten, andere Personen mit der Wahrnehmung des Amts zu beauftragen. 37

B. Vertretung im Aufsichtsrat

Das Gesetz sieht zur Sicherung der Funktionsfähigkeit des Gremiums unterschiedliche Vertretungsformen vor, nämlich die Bestellung von ersatz- oder stellvertretenden Aufsichtsratsmitgliedern, die Stellvertretung von Aufsichtsratsmitgliedern in einzelnen Sitzungen und schließlich die Stimmbotenschaft gem § 93 Abs 3 AktG. 38

Ersatzmitglieder des Aufsichtsrats sind Aufsichtsratsmitglieder, die bereits wirksam bestellt sind, aber aktiv die Aufsichtstätigkeit nicht ausfüllen, sondern erst, wenn das erste oder ein ganz bestimmtes Aufsichtsratsmitglied ausscheidet oder nicht mehr wirksam handelt. Für dieses Mitglied rückt das Ersatzmitglied in das Gremium nach. Die Mitgliedschaft ist aufschiebend bedingt mit dem Ausscheiden des anderen Mandatars. Vorher sind Ersatzmitglieder nicht Mitglieder des Aufsichtsrats und werden auch nicht in das Firmenbuch eingetragen. Sie un- 39

---

39 *Kalss* in FS Hoffmann-Becking 640 f.

40 *Kalss* in FS Hoffmann-Becking 640 f; deutlich zurückhaltender *U Torggler* in FS H Torggler 1215, 1221.

41 *Schima* in FS Krejci 840; *Kalss* in Doralt/Nowotny/Kalss, AktG § 86 Rz 67.

42 *Nowotny*, RdW 1999, 286; *Schima* in FS Krejci 840; *Kalss* in Doralt/Nowotny/Kalss, AktG² § 86 Rz 77; *Kalss*, GesRZ 2010, 143, 144; *Koch/Hüffer*, AktG¹¹ § 394 Rz 31 ff.

43 *Kalss* in Doralt/Nowotny/Kalss, AktG² § 95 Rz 151.

terliegen aber schon einer Treuepflicht gegenüber der Gesellschaft; dh sie dürfen die Gesellschaft nicht schädigen, ohne Rücksprache keine konkurrenzierenden Tätigkeiten übernehmen, die die Übernahme des Mandats verhindern oder auch nur belasten würde.[44]

40 **Stellvertretende Mitglieder** hingegen sind bereits „echte" Mitglieder des Aufsichtsrats. Sie sind für den Zweck vorgesehen, dass immer dann, wenn ein ordentliches Aufsichtsratsmitglied an der vorübergehenden Amtsausübung, somit über eine längere Dauer, verhindert ist, mit allen Rechten und Pflichten dessen Stelle einnehmen. Sie sind bereits Aufsichtsratsmitglieder kraft eigenen Rechts und sind nach außen mit allen gleichen Rechten und Pflichten wie sonstige Aufsichtsratsmitglieder im Firmenbuch eingetragen.[45] Mit derartigen Gestaltungen soll die Arbeitsfähigkeit des Gremiums gesichert werden, dennoch muss die dadurch bewirkte Neugewichtung der Aufsichtsratsarbeit sorgfältig ausgewogen werden; in der Praxis kommen stellvertretende Mitglieder kaum vor.

41 **Anforderungen**: Sowohl die Ersatzmitglieder als auch die stellvertretenden Mitglieder müssen den Anforderungskriterien sonstiger Aufsichtsratsmitglieder genügen.

42 **Stellvertretung in Aufsichtsratssitzungen**: § 95 Abs 7 AktG und § 30j Abs 6 GmbHG ermächtigen die Satzung, eine Vertretungsregelung vorzusehen. Danach kann die Satzung die Aufsichtsratsmitglieder ermächtigen, ein anderes Aufsichtsratsmitglied mit seiner Vertretung bei einer einzelnen Sitzung schriftlich zu bevollmächtigen. Die Bevollmächtigung kann bei entsprechender Ermächtigung auch durch ein Mail oder pdf mit gescannter Unterschrift gewährt werden. Nur andere Aufsichtsratsmitglieder sind zu einer derartigen Stellvertretung berechtigt. Neben einer Satzungsregelung bedarf es einer schriftlichen Vollmacht. Die Vollmacht kann auch per Mail und gescannter Unterschrift erteilt werden. Damit wird das Prozedere der Stellvertretung deutlich vereinfacht, umgekehrt die Beweissicherung für die Authentizität der Vollmachtserteilung gewahrt (vgl *Eiselsberg/Bräuer* Rz 24/70 ff). Der Vorsitz kann nicht übertragen werden. Der Stellvertreter darf einen eigenen Willensentschluss fassen, er darf sich mit dem vertretenen Aufsichtsratsmitglied auch vorher absprechen.

43 **Stimmbotenschaft**: Von der Stellvertretung gem § 95 Abs 7 AktG ist die Stimmbotenschaft gem § 93 Abs 3 AktG zu unterscheiden. Aufgrund einer Satzungsbestimmung kann ein Aufsichtsratsmitglied eine Person schriftlich ermächtigen, an der Aufsichtsratssitzung oder der Sitzung seines Ausschusses teilzunehmen. Diese dazu ermächtigte Person braucht nicht Mitglied des Aufsichtsrats zu sein. Dabei kann diese Person bloß als Beobachter des verhinderten Aufsichtsratsmitglieds tätig sein, eine schriftliche Ausführung überbringen oder auch die Stimme mit einer bereits vorgefassten endgültigen Entscheidung des verhinderten Aufsichtsratsmitglieds abgeben. Dabei muss für jeden einzelnen Beschluss die Ermächtigung nachgewiesen werden.[46] Angesichts der vielfältigen Möglichkeiten,

---

44 *Kalss* in Doralt/Nowotny/Kalss, AktG² § 86 Rz 22; *Strasser* in Jabornegg/Strasser, AktG II⁵ § 86 Rz 7.

45 *Kalss* in Doralt/Nowotny/Kalss, AktG² § 86 Rz 23.

46 *Kalss* in Doralt/Nowotny/Kalss, AktG² § 93 Rz 28 ff.

auch an einem entfernten Ort mittels elektronischer Medien an den Beratungen und Beschlussfassungen teilzunehmen, nehmen diese Möglichkeit der Vertretung in ihrer Bedeutung ab.

C. Höchstpersönliche und weisungsfreie Amtsführung

Gesetzliche Vorgabe: Gem § 95 Abs 7 AktG und § 30j Abs 6 GmbHG können Aufsichtsratsmitglieder ihre Obliegenheiten nicht durch andere ausüben lassen. Die Regelung von § 95 Abs 7 AktG sowie die GmbH-rechtlichen Regelung knüpfen an das Stellvertretungsverbot gem § 93 Abs 3 AktG an, das die Aufsichtsratsmitglieder zur persönlichen Wahrnehmung des Amtes verpflichtet. Den Aufsichtsratsmitgliedern ist es nach diesen Regelungen verwehrt, dass sie für sich selbst beliebig Stellvertreter einsetzen und mit der Wahrnehmung ihres Amtes, insbesondere mit der Teilnahme an den Sitzungen oder an den Beschlussfassungen, beauftragen (vgl Rz 42 f).[47] Das Gesetz sieht nur bestimmte Formen der Übertragung vor, nämlich die Einsetzung eines Ausschusses oder die Stimmbotenschaft. Zulässig sind die Delegation von Aufgaben an einen Ausschuss, die Stimmbotenschaft gem § 93 Abs 3 AktG, die Heranziehung von Sachverständigen und Auskunftspersonen gem § 95 AktG, und diese auch bei Sitzungen zuzulassen. Von besonderer Bedeutung ist es vor allem, dass der Aufsichtsrat vorbereitende Maßnahmen oder die Ausführung eines Beschlusses auch auf ein einzelnes Aufsichtsratsmitglied übertragen kann. 44

Eine über das gesetzliche Maß hinausgehende Delegation von Aufgaben an Dritte oder eine über das gesetzliche Maß hinausgehende Bevollmächtigung außenstehender Dritter kann die Satzung nicht zulassen.[48] Das Gesetz steht einem Umbau der Organe und einer Beeinflussung des Aufsichtsrats von dritter Seite reserviert gegenüber. Zudem soll die Interessenpluralität im Aufsichtsrat gewahrt werden. In der GmbH ist die Regelung insofern ein maßgeblicher Rahmen, als er jedenfalls die Pflichtzuständigkeiten beim Aufsichtsrat belässt und der Aufsichtsrat nicht durch Delegation nach außen ausgeschaltet werden kann. 45

Technische und sachliche Hilfe: Das Gebot der höchstpersönlichen Amtsausführung schließt es nicht aus, dass der Aufsichtsrat oder insbesondere der Aufsichtsratsvorsitzende Hilfskräfte zur technischen und sachlichen Vorbereitung seiner Aufgaben und zur Durchführung der Beschlüsse heranzieht.[49] Dabei handelt es sich nicht um eine schlichte Abwicklung der Bürotätigkeiten für das Mandat, vielmehr ist auch eine fachliche Unterstützung zulässig, indem sich der Aufsichtsrat Sitzungsunterlagen vorordnen, geeignete Informationsmaterialien vor- und aufbereiten und einschlägige Fachliteratur zusammenstellen lassen kann.[50] 46

Fachkräfte: Neben technischen Hilfskräften, wie Schreibkräften, Sekretären, Boten oder Fahrern, können auch fachliche Hilfskräfte herangezogen werden, die 47

47 *Habersack* in MünchKomm zum AktG[4] § 111 Rz 132; *Koch/Hüffer*, AktG[11] § 111 Rz 23.
48 *Habersack* in MünchKomm zum AktG[4] § 111 Rz 132.
49 *Habersack* in MünchKomm zum AktG[4] § 111 Rz 134; *Koch/Hüffer*, AktG[11] § 111 Rz 23; *Hopt/Roth* in GroßKomm zum AktG[4] § 111 Rz 747 f.
50 *Schütz* in Semler/von Schenck, Der Aufsichtsrat § 111 Rz 610.

den Aufsichtsrat bzw den Aufsichtsratsvorsitzenden oder jedenfalls einzelne Mitglieder davon auch bei der inhaltlichen Vorbereitung von Aufsichtsratssitzungen und insgesamt bei der Aufsichtsratstätigkeit unterstützen.[51] Gemeint sind damit etwa Personen mit wirtschaftlicher oder rechtlicher Ausbildung und allenfalls auch mit praktischer Erfahrung. Der BGH hat ausdrücklich anerkannt,[52] dass der Aufsichtsrat, insbesondere der Aufsichtsratsvorsitzende zur Unterstützung seiner Tätigkeit, zur Vorbereitung seiner Aufgaben und auch zur Durchführung der Aufsichtsratsbeschlüsse technische und sachliche, somit fachliche, Hilfe beiziehen kann. Klar ist dabei, dass es sich dabei nur um vorbereitende oder ausführende Tätigkeiten handelt. Die Meinungsbildung des Aufsichtsrates, des einzelnen Aufsichtsratsmitgliedes oder des Aufsichtsratsvorsitzenden darf nur unterstützt, nicht aber präjudiziert werden.

48 **Aufsichtsratsvorsitzender**: Angesichts der herausgehobenen Verantwortung des Aufsichtsratsvorsitzenden und der deutlich stärkeren Einbindung in das Unternehmen und der größeren Arbeitsbelastung im Vergleich zu sonstigen Aufsichtsratsmitgliedern (vgl *Chini/Reiner* 27/1 ff) ist es naheliegend, dass auch der Aufsichtsratsvorsitzende aus seiner Sorgfaltspflicht bedacht ist, eine ausreichende Unterstützung für seine Arbeit zu erhalten und in Anspruch nehmen zu können.[53] Die konkrete Organisation und Gestaltung dieser Unterstützung, insbesondere des Aufsichtsratsvorsitzenden, aber auch einzelner Aufsichtsratsmitglieder, obliegt der Sorgfalt des Aufsichtsrates bzw des Aufsichtsratsvorsitzenden, eine angemessene und unternehmensadäquate Arbeit zu leisten.

49 **Konkrete Gestaltungsmöglichkeiten**: Dem Aufsichtsratsvorsitzenden und – im Einzelfall – auch einzelnen Aufsichtsratsmitgliedern sind vom beaufsichtigten Unternehmen die erforderlichen sachlichen und personellen Mittel zur Wahrnehmung ihrer Aufgaben zur Verfügung zu stellen. Gemeint ist damit bei entsprechender Größe der Gesellschaft ein Sekretariat oder eine Assistenzkraft. Die Assistenzkraft geht über die schlichte Schreib- oder Organisationshilfe hinaus.

50 **In größeren börsenotierten Unternehmen** ist das Amt des Aufsichtsratsvorsitzenden ohne Sekretariatsunterstützung und einen dem Aufsichtsratsvorsitzenden zur Verfügung stehenden fachlich beschlagenen Assistenten nicht mehr mit der erforderlichen Sorgfalt wahrzunehmen.[54]

51 **Bei Unternehmen**, deren Überwachung aufgrund ihres Geschäftsgegenstandes oder ihrer Gesellschafts- oder Konzernstruktur besonders komplex und zeitintensiv ist, ist auch die Einrichtung eines eigenen Stabs für den Aufsichtsratsvorsitzenden anzuerkennen, der auch die übrigen Aufsichtsratsmitglieder bei der Wahrnehmung ihrer Aufsichtsratstätigkeit unterstützt. Dies besonders angesichts der Berücksichtigung der deutlich gestiegenen Überwachungsintensität und Viel-

[51] *Temmel* in Feiler/Raschhofer, Innovation und internationale Rechtspraxis (= FS Zankl) 901, 906 ff.

[52] BGHZ 85, 293, DB 1983, 165.

[53] *Drinhausen/Marsch-Barner*, AG 2014, 337, 350.

[54] *Börsig/Löbbe* in FS Hoffmann-Becking 125, 146; *Drinhausen/Marsch-Barner*, AG 2014, 337, 350; *Opitz/Redenius-Hövermann*, Der Aufsichtsrat 2/2016, 18.

falt des Aufsichtsrats und der zunehmenden Entwicklung und Vertiefung der Aufsichtstätigkeit.[55]

Konkrete Gestaltung: Die Gestaltung ist durch drei unterschiedliche Formen möglich, nämlich durch 52

- eigene Mitarbeiter im Unternehmen für den Aufsichtsratsvorsitzenden,
- die Einrichtung eines Aufsichtsratsbüros,
- die Übernahme dieser Tätigkeit in der Holding-Gesellschaft im Rahmen des Beteiligungsmanagements oder der Konzernüberwachung.

Fachlicher Assistent als Mitarbeiter: Zur Sicherung der notwendigen Unabhängigkeit sind Mitarbeiter des Unternehmens bei Anerkennung eines fachlichen Assistenten allein dem Aufsichtsratsvorsitzenden zugeordnet. Er ist der Dienstvorgesetzte, die Mitarbeiter sind gerade nicht zugleich Mitarbeiter des Vorstands.[56] Dabei ist der Informationsfluss auch auf Ebene der Assistenten von Vorstand und Aufsichtsrat zu sichern (vgl *Kalss* Rz 26/29 ff). Es erscheint wie ein „Anachronismus der Kommentarliteratur“, dass der Aufsichtsratsvorsitzende im Rahmen der Geltendmachung des Aufwandersatzanspruchs nur die Möglichkeit haben soll, auf Sekretariat, Botendienst, Fahrer und technische Assistenzkräfte zurückzugreifen.[57] Viel wichtiger ist die Anerkennung eines fachlichen Assistenten für inhaltliche Ausführungs- und Durchführungsarbeiten. 53

Vertraulichkeit: Von entscheidender Bedeutung ist die Arbeitsorganisation. Den Mitarbeitern dürfen vertrauliche Informationen mitgeteilt werden, sie sind in börsenotierten Gesellschaften in den Compliance-Bereich miteinzubeziehen (vgl *Kalss* Rz 26/52 ff).[58] Besondere Sorgfalt ist dabei bei Fachassistenten zu walten, die – ebenso wie das Aufsichtsratsmitglied in seinem Hauptberuf – einem anderen Unternehmen angehören[59] (zB Vorstand eines anderen Unternehmens und persönlicher Assistent). Die Informationskreise werden größer und sind daher besonders sorgfältig zu verwalten (vgl *Kalss* Rz 26/60 ff). 54

Distanz zu Vorstand: Bei der Einrichtung eines eigenen Stabs reicht es nicht aus, dass dem Vorstand unterstelltes Personal einfach zeitlich dem Aufsichtsrat zur Verfügung gestellt wird. Vielmehr muss dem Aufsichtsrat eigenes Personal gewährt werden. Dabei geht es nicht um den Aufbau einer Parallelorganisation, die das Unternehmen mit zusätzlichen Kosten belastet, sondern es geht um eine angemessene, personelle und sachliche Unterstützung des Aufsichtsrats, besonders des Vorsitzenden im Rahmen der Überwachung innerhalb des dualistischen Systems.[60] Eine einheitliche Stelle zur Mandatsbetreuung für Vorstand und Aufsichtsrat ist 55

---

[55] *Börsig/Löbbe* in FS Hoffmann-Becking 125, 146.

[56] *Drinhausen/Marsch-Barner*, AG 2014, 337, 350; *Börsig/Löbbe* in FS Hoffmann-Becking 125, 143, 146.

[57] So ausdrücklich *Börsig/Löbbe* in FS Hoffmann-Becking 125, 146.

[58] *Temmel* in Feiler/Raschhofer, Innovation und internationale Rechtspraxis (= FS Zankl) 901, 906; *Opitz/Redenius-Hövermann*, Der Aufsichtsrat 2/2016, 18 f.

[59] Auf die Gefahr des Informationsflusses an bzw in „Drittunternehmen“ hinweisend: *Opitz/Redenius-Hövermann*, Der Aufsichtsrat 2/2016, 18 f.

[60] *Börsig/Löbbe* in FS Hoffmann-Becking 125, 146; *Theisen* in FS Säcker 487, 510; *Opitz/Redenius-Hövermann*, Der Aufsichtsrat 2/2016, 19.

zwar billiger, aber konterkariert seine Aufgabe der sachlichen Unterstützung des Aufsichtsrats (*Eiselsberg/Bräuer* Rz 24/187).

56 **Aufsichtsratsbüro**: In der Praxis liegt eine Möglichkeit der Gestaltung der fachlichen Assistenz in der Einrichtung eines Aufsichtsratsbüros für administrative Aufgaben.[61] Büro ist damit nicht als Raum gemeint, es geht dabei vielmehr um die administrative Unterstützung für die Vorbereitung und Koordinierungstätigkeit. Hinzu kommt auch eine fachliche Vorbereitung durch Aufbereitung und Plausibilisierung von Sitzungsunterlagen. Fragen und Problemsachverhalte sollen herausgearbeitet werden, der Stand von Diskussionen im Rahmen von Aufsichtsratssitzungen zusammengefasst, Recherchearbeiten erledigt und Zahlenmaterial aufbereitet werden.

57 **Das Büro leistet logistische Unterstützung**, indem es die Sitzungen des Aufsichtsrats und seiner Ausschüsse sowie die Beschlussfassungen außerhalb von Sitzungen organisiert, etwa in Form eines elektronischen Board-Rooms (vgl *Kalss* Rz 26/141 f).[62] Das Aufsichtsratsbüro kann auch die zuständigen Fachabteilungen des Unternehmens beraten, wann und wie, in welcher Form Unterlagen und Berichte für Aufsichtsratssitzungen zu erstellen sind. In Abstimmung mit dem Aufsichtsratsvorsitzenden und dem Vorstand können diese besonderen Berichte auch zeitgerecht angeregt und angefordert werden. Berichte, die der Aufsichtsrat selbst zu erstellen hat, wie insbesondere etwa den Bericht gem § 96 AktG und § 104 AktG an die Hauptversammlung, weiters Stellungnahmen im Rahmen von Verschmelzungen, Spaltungen etc, Empfehlungen für Beschlüsse in der Hauptversammlung gem § 109 AktG sowie Teile des Corporate Governance-Berichts werden von Fachassistenten oder vom Aufsichtsratsbüro für den Aufsichtsrat und den Aufsichtsratsvorsitzenden vorbereitet. Weiters können die Fachkräfte die eigenen normativen Grundlagen, wie die Geschäftsordnung des Aufsichtsrats und des Vorstands und Beschlussvorlagen, die inhaltlich dem Aufsichtsrat zugewiesen sind, für den Aufsichtsratsvorsitzenden vorbereiten, der über den Beschlussantrag zu entscheiden hat.[63] Eine fachliche Unterstützung kann auch die Erstsondierung und die Abwicklung einer Mandatierung externer Sachverständiger bei Einholung von Gutachten oder sonstigen externen Meinungen sein (vgl *Chini/Reiner* Rz 27/1 ff).

58 **Beteiligungsmanagement – Konzernholding**: Die Tätigkeit eines Aufsichtsrats oder eines Aufsichtsratsvorsitzenden in Tochtergesellschaften kann insbesondere auch von einer Fachkraft oder einer Stabsabteilung in der Muttergesellschaft oder in der konzernleitenden Gesellschaft unterstützt werden. Hierbei können die Tätigkeiten eines Vorstands in der Konzernmuttergesellschaft (Konzernvorstand) sowie des Vorsitzenden eines Aufsichtsrates in kombinierter Weise von einer Abteilung oder einer einzelnen Fachkraft unterstützt werden. Jedenfalls ist auch

61 *Diekmann/Wurst*, NZG 2014, 121, 125; *Börsig/Löbbe* in FS Hoffmann-Becking 121, 145 f; *Drinhausen/Marsch-Barner*, AG 2014, 350.

62 *Drinhausen/Marsch-Barner*, AG 2014, 350; *Henning*, BOARD 2012, 243, 244; *Opitz/Redenius-Hövermann*, Der Aufsichtsrat 2/2016, 18 ff.

63 *Henning*, BOARD 2012, 243, 244.

dabei die Vertraulichkeit gegenüber der beaufsichtigten Gesellschaft unter Beiziehung der Assistenten sicherzustellen (vgl *Kalss* Rz 26/44 ff).[64]

Bestätigung durch ÖBIB-G: Die Anerkennung der Assistenztätigkeit zugunsten des Aufsichtsrats bzw des Aufsichtsratsvorsitzenden wird durch § 6 Abs 2 ÖBIB-G bestätigt. Gem § 6 Abs 2 ÖBIB-G hat der Geschäftsführer der ÖBIB die von der ÖBIB nominierten Aufsichtsratsmitglieder bei der Wahrnehmung ihrer Aufgaben zu unterstützen. Der normative Gehalt von § 6 Abs 2 ÖBIB-G liegt bezogen auf die Aufsichtsratstätigkeit darin, dass die ÖBIB als unterstützende Einrichtung für die von der ÖBIB und dessen Nominierungskomitee nominierten Aufsichtsratsmitglieder in den Beteiligungsgesellschaften der ÖBIB tätig zu werden hat. § 6 Abs 2 ÖBIB-G ist als Ausdruck allgemeiner Wertungen zu sehen. **59**

Die konkrete Gestaltung lässt das ÖBIB-Gesetz frei, es beruft allein die ÖBIB bzw dessen Geschäftsführung und die nachgeordneten Mitarbeiter zur Assistenz zugunsten der Aufsichtsratsmitglieder. Die Regelung ist nicht abschließend, sodass die Organisation einer Assistenz in den Beteiligungsgesellschaften auch anders organisiert werden kann. **60**

Kostentragung: Hat man erkannt, dass die fachliche Assistenz, sei es in Form der Beistellung eines fachlichen Mitarbeiters, der Einrichtung eines Aufsichtsratsbüros oder auch der Unterstützung eines Mitarbeiters aus der Holdinggesellschaft, Aufwand für die Besorgung sorgfaltsgemäßer Aufsichtsratstätigkeit ist, ist die fachliche Assistenz oder der Aufwand für das Aufsichtsratsbüro oder sonstiger adäquater fachlicher Unterstützung eine angemessene Aufwendung der Aufsichtsratstätigkeit und dieser Aufwand ist daher von der Gesellschaft zu tragen (*Kalss* Rz 50/64).[65] **61**

Abgeltung an Gesellschafter: Dies ist nicht nur deutlich bei einer Zuordnung eines Mitarbeiters aus dem Personalstand des Unternehmens oder der Einrichtung eines Aufsichtsratsbüros, das organisatorisch dem Unternehmen zugehört, ein Aufwandersatz ist auch möglich und zulässig bei der Besorgung dieser Tätigkeit durch eine Holdinggesellschaft. Eine Abgeltung dieses Aufwands für die Aufsichtsratstätigkeit zugunsten eines Mitarbeiters der Holdinggesellschaft oder jedenfalls der anteiligen Abgeltung der Zeit, die ein Holdingmitarbeiter für eine beaufsichtigte Gesellschaft erbringt, ist bei Zuordnung zur fachlichen Assistenz der Aufsichtsratstätigkeit und bei einer angemessenen Höhe der Abgeltung nicht als verbotene Einlagenrückgewähr gem § 52 AktG oder § 82 GmbHG zu qualifizieren. Vielfach wird diese Abgeltung auch im Rahmen der Konzernumlage geleistet.[66] Umgekehrt besteht nicht zwingend eine Pflicht der Konzernleitung bzw eines Gesellschafters in Form einer Kapitalgesellschaft, diesen Aufwand jedenfalls der Gesellschaft gegenüber zu verrechnen, vielmehr besteht für diese Abrechnung unternehmerisches Ermessen für die Zukunft der Gesellschaft aus Sicht des Gesellschafters. **62**

---

[64] *Temmel* in Feiler/Raschhofer, Innovation und internationale Rechtspraxis (FS Zankl) 901, 906; *Opitz/Redenius-Hövermann*, Der Aufsichtsrat 2/2016, 18 f.

[65] *Theisen* in FS Säcker 487, 512.

[66] *Opitz/Redenius-Hövermann*, Der Aufsichtsrat 2/2016, 18 f.

Der Rechtsanwalt als Aufsichtsrat

Peter Kunz

§§: 9, 10 RAO; 10 RL-BA 2015; 87, 95, 99 iVm 80 AktG; 30j GmbHG; 12 KStG; 22 EStG.

Literatur

Ö: *Ansaloni/Aumüllner/Kutschera,* Die anwaltliche Konfliktprüfung unter besonderer Berücksichtigung des neuen § 12a RL-BA, Jahrbuch Anwaltsrecht 2013, 205; *Benn-Ibler,* Das Maß der Freiheit, AnwBl 2010, 11; *Benn-Ibler,* Zwei Herren soll man nicht dienen, AnwBl 2008, 341; *Bergmann,* Einkünftezurechnung bei „zwischengeschalteten" Kapitalgesellschaften – Die neue Rz 104 der EstR 2000, GES 2010/2, 83; *Csoklich/Scheuba,* Standesrecht der Rechtsanwälte[2]; *Doralt/Nowotny/Kalss* (Hrsg), Kommentar zum Aktiengesetz (2012); *W. Doralt,* Transparenz und Kontrolle bei related party transactions: Verträge der Gesellschaft mit ihrem Aufsichtsratsmitglied, JBl 2008, 759; *Engelhart/Hoffmann/Lehner/Rohregger/Vitek,* RAO[9]; *Engelhart,* Überblick über neue Rechtsvorschriften und aktuelle Judikatur im Standes- und Disziplinarrecht 2011, Jahrbuch Anwaltsrecht 2012, 17; *Feil/Wennig,* Anwaltsrecht[4] (2006); *Hoenig/Stingl,* Geschäftschancen – Gedanken zur Reichweite des Einlagenrückgewährverbotes, GesRZ 2007, 23; *Hristov/Plansky/Ressler,* Aufsichts- und Verwaltungsratvergütungen im KStG auf dem Prüfstand des Verfassungsrechts, ecolex 2006, 509; *Jabornegg/Strasser* (Hrsg), Kommentar zum AktG[5] (2010); *Kalss,* Auskunftsrechte und -pflichten für Vorstand und Aufsichtsrat im Konzern, GesRZ 2010, 137; *Kalss,* Der Aufsichtsratsvorsitzende im Informationsregime zwischen Vorstand und Aufsichtsrat, AR aktuell 2008, 9; *Kalss,* Interessenkonflikte bei Geschäften von Aufsichtsratsmitgliedern mit ihrer Gesellschaft, ecolex 2009, 923; *Kutschera,* Zur Genehmigungspflicht für Geschäfte zwischen Aktiengesellschaften und deren Aufsichtsräten sowie diesem gleichzuhaltende Geschäfte nach österreichischem Recht, GesRZ 2011, 148; *Kalss,* Vergütung, Aufwendungsersatz und Beratungsentgelt des Aufsichtsratsmitglieds, AR aktuell 2010, 2; *Kalss/Oelkers,* Der Aufsichtsrat in der Insolvenz, AR aktuell 2007, 1; *Kittel,* Handbuch für Aufsichtsratsmitglieder (2006); *Krejci,* Der Rechtsanwalt im Aufsichtsrat, RdW 1993, 98; *Kunz/Schima,* Wem kann man heute – noch – raten, Aufsichtsrat zu werden?, Aufsichtsrat aktuell 2/2011 12ff; *G. Moser,* Einlagenrückgewähr durch Ergebnisabführungsvertrag?, RdW 2010, 354; *Murko,* § 12a RL-BA neu – Fortentwicklung des Standesrechtes, AnwBl 2011, 359; *Nowotny,* Der Beamte als Aufsichtsrat, RdW 1999/4b 283; *Renner,* Aufsichtsrat, Künstler, Schriftsteller und Sportler als GmbH?, RdW 2010,184; *Schärf,* Der Rechtsanwalt als Aufsichtsratsmitglied, AnwBl 1992, 535; *G. Schima,* Organ-Interessenkonflikte und Corporate Governance, GesRZ 2003, 199; *G. Schima,* Zur Effizienz von Syndikatsverträgen, insbesondere bei der AG, Festschrift Heinz Krejci (2001) 825; *I. Welser,* Aufsichtsräte im Spannungsfeld von Verschwiegenheits- und Offenlegungspflichten, in *Grünwald/Schummer/Zollner* (Hrsg.), Unternehmensrecht in Wissenschaft und Praxis – Festschrift für Waldemar Jud (2012) 745; Erläuterungen der Vertretersammlung des Österreichischen Rechtsanwaltskammertages zu den Richtlinien für die Ausübung des Rechtsanwaltsberufes (RL-BA 2015), AnwBl 2015, 606

Dtl: *Hopt/Wiedemann,* Kommentar zum Aktiengesetz (2010); *Hoffmann-Becking,* Münchener Handbuch des Gesellschaftsrechts IV Aktiengesellschaft[3] (2007); *Falkenhausen,* Der Anwalt im Aufsichtsrat, ZIP 2013, 862; *Hüffer,* Aktiengesetz[8] (2008); *Krieger/Uwe H. Schneider* (Hrsg), Handbuch Managerhaftung (2007) 39; *Kropff/Semler* (Hrsg), Münchener Kommentar zum Aktiengesetz III[2] (2004); *Lutter/Krieger,* Rechte und Pflichten des Aufsichtsrats[5] (2008); *Mertens* in Kölner Kommentar zum Aktiengesetz, Band 2[2] (1996) und Band 2/1[3] (2010); *Schäfer/Hamann* (Hrsg), Kapitalmarktgesetze – Kommentar (2006); *Semler/v Schenck* (Hrsg), Arbeitshandbuch für Aufsichtsratsmitglieder[3] (2009); *Vet-*

ter in *Fleischer/Koch/Kropff/Lutter*, 50 Jahre Aktiengesetz (2016) 106 ff; *Vetter*, Aufsichtsratsvergütung und Verträge mit Aufsichtsratsmitgliedern, ZIP 2008, 1; *Vetter*, Die Verantwortung und Haftung des überstimmten Aufsichtsratsmitglied, Der Betrieb 2004, 2623; *Wilsing/Linden*, Selbstbefreiung des Aufsichtsrats vom Gebot der Gremienvertraulichkeit, ZHR 178 (2014) 419; *Ziemons*, Rechtsanwälte im Aufsichtsrat – im Dickicht von Berufsrecht, Aktienrecht und Corporate Governance Kodex, Skript im Rahmen des 8. Deutschen Handels- und Gesellschaftsrechtstag in Berlin (13./14. September 2013)

Gliederung **Rz**

I. Einleitung

1 Das Gesellschaftsrecht und viele andere Rechtsbereiche wurden in den letzten Jahren aufgrund von unionsrechtlichen Vorgaben durch eine regelrechte Normenflut teilweise wesentlich geändert. Es gibt auch für Aufsichtsräte viele neue, wesentlich detailliertere Regelungen, die es nicht nur zu kennen gilt, sondern auch zu verstehen und anzuwenden. Aufsichtsräte sind heute mit mehr zivil- und auch strafrechtlichen Haftungen konfrontiert als bisher. Es ist davon auszugehen, dass sich dieser Trend noch verstärken wird. Das anwaltliche Berufsrecht wurde durch die ab 01.01.2016 geltende Richtlinie für das Berufsrecht (RL-BA 2015) geändert.

2 Um gesetzes- und regelkonform sowie unter Vermeidung von Schäden und Haftungen wirken zu können, benötigt der Aufsichtsrat auch juristisches Know-how. Über ein rechtliches Grundverständnis muss zwar jedes Aufsichtsratsmitglied verfügen, es ist aber nicht notwendig, dass jedes Aufsichtsratsmitglied über das vom Aufsichtsrat benötigte juristische Know-how verfügt. Es genügt, wenn insgesamt im Aufsichtsrat das erforderliche juristische Know-how vorhanden ist, um notwendige rechtliche Beurteilungen entweder selbst durchzuführen oder entscheiden zu können, dass im Einzelfall die Beiziehung eines externen Experten notwendig ist. Dieses Know-how kann der Aufsichtsrat auch dadurch erlangen, dass ein Rechtsanwalt zum Mitglied gewählt wird und seine Rechtskenntnisse in das Organ einbringt. Im nachfolgenden Beitrag wird dargestellt, was dafür oder dagegen sprechen könnte, dass ein Rechtsanwalt dem Aufsichtsrat angehört. Weiters werden die Für und Wider einer Annahme eines Aufsichtsratsmandats aus der Sicht des Rechtsanwalts, die Tätigkeit des Rechtsanwalts als entsandtes Aufsichtsratsmitglied und die steuerliche Behandlung der Aufsichtsratvergütung erörtert.

3 Die nachfolgenden Ausführungen beziehen sich auf einen österreichischen Rechtsanwalt und seine (mögliche) Tätigkeit als Aufsichtsrat in einer österreichischen Aktiengesellschaft oder GmbH. Ein Großteil der nachstehenden Überlegungen kann auch für eine mögliche Aufsichtsratstätigkeit bei einer österreichischen Privatstiftung oder einer österreichischen Genossenschaft übernommen werden.

II. Was spricht für einen Rechtsanwalt im Aufsichtsrat

A. Umfassende juristische Ausbildung mit hohem Praxisbezug

4 Um als Rechtsanwalt zugelassen zu werden, muss man den erfolgreichen Abschluss einer zumindest neun Jahre dauernden Ausbildung nachweisen. Nach dem Abschluss eines jedenfalls vier Jahre dauernden rechtswissenschaftlichen Studiums muss eine fünfjährige praktische Ausbildung, die auch eine derzeit jedenfalls fünfmonatige Praxis bei Gericht vorsieht und voraussichtlich ab 01.01.2017 eine siebenmonatige Praxis bei Gericht vorsehen wird, sowie die Rechtsanwaltsprüfung erfolgreich absolviert werden.[1] Gegenstand der Rechtsanwaltsprüfung, bei der neben auf der Universität erlernten theoretischen, vor allem auch praktische Kenntnisse des Rechts geprüft werden, sind beispielsweise Arbeits- und Sozial-

[1] § 1 RAO.

recht, bürgerliches Recht, Strafrecht, Handels- und Wertpapierrecht, Insolvenzrecht, Verfassungs- und Verwaltungsrecht, Abgabenrecht, Vertragsgestaltung und Urkundenverfassung und vieles anderes mehr.[2] Diese umfassende Ausbildung ist der Grundstein für das dem Rechtsanwalt zustehende Recht zur umfassenden Parteienvertretung in allen gerichtlichen und außergerichtlichen sowie in allen öffentlichen und privaten Angelegenheiten.[3]

Durch seine Ausbildung erlangt der Rechtsanwalt ein breit gestreutes juristisches Wissen, das vor allem auch den Umgang in der Praxis mit den Normen berücksichtigt. Wenn er dann entweder schwerpunktmäßig im Gesellschafts-, Unternehmens- und Wirtschaftsrecht (anwaltlich) tätig ist oder sich einschlägige Kenntnisse zB durch Fortbildungen angeeignet hat, dann kann er als Mitglied des Aufsichtsrats einen wesentlichen Beitrag zu einer schadens- und haftungsfreien Tätigkeit liefern. 5

B. Gewohnt und verpflichtet sich fortzubilden

Rechtsanwälte müssen sich laufend mit neuen Gesetzen auseinandersetzen, um ihre Mandanten richtig beraten und vertreten zu können. Für einen Rechtsanwalt ist es daher Teil seiner Tätigkeit sich über gesetzliche Neuerungen und Entwicklungen der Judikatur up to date zu halten. Dazu ist der Rechtsanwalt auch gesetzlich verpflichtet.[4] 6

Für Rechtsanwälte bedeutet daher die auch für Aufsichtsratsmitglieder notwendige ständige Beschäftigung mit neuen Gesetzen und aktueller Judikatur prinzipiell keinen Zusatzaufwand, weil dies der Beruf des Rechtsanwalts ohnehin erfordert. Zur Aufrechterhaltung des für den Aufsichtsrat notwendigen juristischen Know-hows wird die Fortbildung allerdings nur für Rechtsanwälte, die sich ohnehin laufend (anwaltlich) mit Fragen des Gesellschafts-, Unternehmens- und Wirtschaftsrechts beschäftigen, keinen Zusatzaufwand mit sich bringen. 7

C. Einem strengen Berufsrecht unterworfen

Über die für alle Bürger geltenden Gesetze hinaus gibt es für Rechtsanwälte eine Reihe von Regeln, die unter anderem gewährleisten sollen, dass der Rechtsanwalt die gegenüber seinem Mandanten bestehenden Pflichten korrekt erfüllt. Dazu gehören zum Beispiel die Verschwiegenheitsverpflichtung[5] oder das Verbot einen ehemaligen Mandanten in der Sache, in der man ihn vertreten hat, zu klagen,[6] Regeln über die Honorare und zulässige Honorarvereinbarungen[7], aber 8

---

2 § 20 Rechtsanwaltsprüfungsgesetz.

3 § 8 Abs 1 RAO.

4 Mit § 10 Abs 6 RAO wurde mit dem BRÄG 2008 eine ausdrückliche Fortbildungsverpflichtung des Rechtsanwalts, insbesondere für jene Wissensgebiete, welche Gegenstand des Studiums und der Rechtsanwaltsprüfung sind, normiert. Vor allem aufgrund der Haftungssituation ist davon auszugehen, dass bereits vor Einführung des § 10 Abs 6 RAO eine prinzipielle „Verpflichtung“ zur Fortbildung bestanden hat.

5 § 9 Abs 2 RAO.

6 Das ist ein Fall der sogenannten materiellen Doppelvertretung gemäß § 10 Abs 1 RAO.

7 § 16 Abs 1 RAO iVm § 15 RL-BA 2015.

auch die Fortbildungsverpflichtung[8] und die Verpflichtung zur Vermeidung und außergerichtlichen Lösung von Konflikten beizutragen. Ein Verstoß gegen diese und andere Standespflichten wird entweder vom Disziplinarrat oder vom Ausschuss der Rechtsanwaltskammer geahndet. Je nach Verstoß können diese Sanktionen von einem Verweis bis zu empfindlichen Geldstrafen und im Extremfall auch zum Ausschluss aus der Rechtsanwaltschaft führen. Die standesrechtlichen Sanktionen sind unabhängig von etwaigen Schadenersatzansprüchen des Klienten.

9 Mit Inkrafttreten der neuen Richtlinien für die Berufsausübung für Rechtsanwälte (RL-BA 2015) ab dem 01.01.2016 wurden – anders als bis dorthin[9] – Tätigkeiten eines Rechtsanwaltes als organschaftlicher Vertreter prinzipiell vom Berufsrecht ausgenommen (§ 2 Abs 1 RL-BA 2015). Sowohl Vorstände von Privatstiftungen, als auch von Gesellschaften aber eben auch Aufsichtsräte sind organschaftliche Vertreter und daher erfolgt die Übernahme derartiger Mandate nicht mehr in Ausübung des Rechtsanwaltsberufes und unterliegt nicht mehr dem Standesrecht. Diese Ausnahme vom Berufsrecht gilt aber nur dann, wenn der Rechtsanwalt für eine Gesellschaft als Aufsichtsrat und nicht gleichzeitig auch als anwaltlicher Berater tätig ist. Weiters gilt diese Ausnahme dann nicht, wenn er – auch ohne anwaltlicher Berater der Gesellschaft zu sein – in Ausübung seiner Aufsichtsratstätigkeit als Rechtsanwalt auftritt (§ 2 Abs 2 RL-BA 2015). Wenn beispielsweise ein Rechtsanwalt in der Korrespondenz, die er als Aufsichtsratsvorsitzender im Rahmen der Gesellschaft führt, seine Berufsbezeichnung „Rechtsanwalt" verwendet, dann tritt er als Rechtsanwalt auf und unterliegt damit dem Berufsrecht. Gemäß § 2 Abs 3 RL-BA 2015 ist jedenfalls im Zweifel anzunehmen, dass ein Rechtsanwalt fremde Angelegenheiten in Ausübung seines Berufs besorgt. Ein Rechtsanwalt, der von einem Mandanten in einen Aufsichtsrat entsendet wird, tut dies im Normalfall in Ausübung seines Berufes.

10 Wie oben ausgeführt, gilt seit Inkrafttreten der RL-BA 2015 ab 01.01.2016 prinzipiell das Berufsrecht für einen Rechtsanwalt, der für eine Gesellschaft nur als Aufsichtsrat tätig ist und diese Gesellschaft weder berät noch in irgendeiner Weise als Rechtsanwalt auftritt, nicht mehr. Nach wie vor gelten aber einige Bestimmungen der RL-BA 2015 auch für eine außerberufliche Tätigkeit eines Rechtsanwalts. So darf nach § 3 RL-BA 2015 ein Rechtsanwalt auch in außerberuflichen Angelegenheiten nur dann eine Verbindlichkeit eingehen oder eine Haftung für eine fremde Verbindlichkeit übernehmen, wenn nach sorgfältiger Erwägung zum Zeitpunkt der Übernahme der Verbindlichkeit deren ordnungsgemäße Erfüllung erwartet werden durfte. Weiters hat nach § 4 RL-BA 2015 ein Rechtsanwalt ihn treffende und zu Recht bestehende berufliche und außerberufliche Verbindlichkeiten zu erfüllen.

D. Verschwiegenheitsverpflichtung

11 Rechtsanwälte unterliegen einer strengen Verschwiegenheitsverpflichtung gemäß § 9 Abs 2 RAO und sind daher gewohnt Informationen und Unterlagen ver-

[8] § 10 Abs 6 RAO.

[9] Nach der RL-BA 1977 galt das Berufsrecht prinzipiell für jede Tätigkeit eines Rechtsanwalts.

traulich zu behandeln. Sie verfügen auch über einen Kanzleibetrieb, der auf die Behandlung von vertraulichen Unterlagen eingerichtet ist und sich daher auch als Aufbewahrungsort für vertrauliche Aufsichtsratsunterlagen eignet. Aufsichtsratsmitglieder unterliegen einer gesellschaftsrechtlichen Verschwiegenheitsverpflichtung gemäß §§ 99 iVm 84 AktG (s dazu *Kalss* Rz 26/12 ff, 18 ff).

1. Rechtsanwalt ist Aufsichtsrat ohne anwaltlicher Berater zu sein

Für die Verschwiegenheitsverpflichtung eines Rechtsanwalts bedeuten die ab 01.01.2016 geltenden RL-BA 2015 Folgendes: Für einen Rechtsanwalt, der in einer Gesellschaft nur als Aufsichtsrat tätig ist und diese weder anwaltlich berät noch dort als Rechtsanwalt auftritt, gilt bloß die im Allgemeinen geltende Verschwiegenheitsverpflichtung gem §§ 99 iVm 84 AktG; nicht aber auch zusätzlich die anwaltliche Verschwiegenheit gem § 9 RAO:[10] 12

Nach inzwischen wohl herrschender Rechtsansicht dürfen Aufsichtsratsmitglieder vertrauliche Informationen weitergeben, sofern dies im Unternehmensinteresse liegt. Darunter fällt unter anderem die Weitergabe im Konzern an die Alleinaktionäre der Muttergesellschaft. Auch die Weitergabe an Informationen an den entsendungsberechtigten Aktionär und auch bei jenen Fälle, bei denen es darum geht, größere Schäden von der Gesellschaft abzuwehren als auch die Fälle, bei denen wichtige persönliche Interessen des Aufsichtsrats, in concreto das Geheimhaltungsinteresse, überwiegen, sodass die Geheimhaltung für das einzelne Mitglied unzumutbar wird, wie das beispielsweise bei einem Rechtsstreit mit der Gesellschaft der Fall ist[11], fallen darunter. 13

Wenn der Rechtsanwalt, der als Aufsichtsrat tätig ist, nicht dem anwaltlichen Berufsrecht und damit nicht der anwaltlichen Verschwiegenheit gem § 9 Abs 2 RAO unterliegt, dann muss er im Regelfall – wie jedes andere Aufsichtsratsmitglied – selber entscheiden, wann und in welchem Ausmaß er die gesellschaftsrechtlich gebotene Verschwiegenheitsverpflichtung gem §§ 99 iVm 84 AktG als Aufsichtsratsmitglied durchbrechen kann. 14

2. Rechtsanwalt ist Aufsichtsratsmitglied und anwaltlicher Berater/ (keine) Verschwiegenheit gegenüber anderen Aufsichtsratsmitgliedern

Für einen Rechtsanwalt, der nicht nur als Aufsichtsrat, sondern auch als anwaltlicher Berater (§ 95 Abs 5 Z 12 AktG) der Gesellschaft tätig ist, tritt zur gesellschaftsrechtlichen Verschwiegenheitsverpflichtung gem §§ 99 iVm 84 AktG auch die anwaltliche Verschwiegenheitsverpflichtung gem § 9 Abs 2 RAO hinzu. 15

---

[10] *I. Welser,* Aufsichtsräte im Spannungsfeld von Verschwiegenheits- und Offenlegungspflichten, in Grünwald/Schummer/Zollner (Hrsg.), Unternehmensrecht in Wissenschaft und Praxis – Festschrift für Waldemar Jud (2012) 745, vgl auch *Kalss* in *Doralt/Nowotny/Kalss*, AktG² § 99 Rz 23.

[11] *I. Welser,* Aufsichtsräte im Spannungsfeld von Verschwiegenheits- und Offenlegungspflichten, in Grünwald/Schummer/Zollner (Hrsg.), Unternehmensrecht in Wissenschaft und Praxis – Festschrift für Waldemar Jud (2012), 769 mwN.

16 Hier stellt sich zuerst die Frage, ob sich der Rechtsanwalt für die Weitergabe von Informationen, die er aus der Beratungstätigkeit erhält, an die anderen Mitglieder des Aufsichtsrats vom Vorstand der Gesellschaft entbinden lassen muss. Da ein Beratungsauftrag an den Rechtsanwalt (vom Vorstand und mit Zustimmung des Aufsichtsrats gem § 95 Abs 5 Z 12 AktG) im Namen der Gesellschaft erteilt wird und es zwischen Vorstand und Aufsichtsrat keine Verschwiegenheitsverpflichtung gibt[12], wird der beratende Rechtsanwalt wohl sein Wissen, das er aus der Beratungstätigkeit hat, auch in den Aufsichtsrat einbringen dürfen bzw allenfalls zur Verhinderung von drohenden Schäden einbringen müssen. Eine Entbindung durch den Vorstand der Gesellschaft zur Weitergabe von Informationen, die der als Rechtsanwalt beratende Aufsichtsrat der Gesellschaft erhält, an die übrigen Mitglieder des Aufsichtsrats wird daher nicht notwendig sein.[13]

17 Sowohl bei Angelegenheiten, die mangels Wichtigkeit/Bedeutsamkeit nicht gegenüber dem Aufsichtsrat vom Vorstand zu berichten sind, als auch über solche, die der Vorstand – wozu er ausnahmsweise berechtigt ist – nur zeitverzögert an den Aufsichtsrat zu berichten hat (s *Kalss* Rz 26/91 ff), könnte man eine Verschwiegenheitsverpflichtung des Rechtsanwalts gegenüber seinen Aufsichtsratskollegen argumentieren und für die Weitergabe derartige Informationen eine Entbindung durch den Vorstand der Gesellschaft verlangen. Auch in diesem Falle müsste der Rechtsanwalt aber selber entscheiden, ob die Angelegenheit tatsächlich so unbedeutend ist, dass sie für den Aufsichtsrat von keinerlei Interesse ist bzw ob der Vorstand tatsächlich berechtigt ist, eine Information vor dem Aufsichtsrat zurückzuhalten und ob er nicht zur Verhinderung eines Schadens trotzdem die anderen Mitglieder des Aufsichtsrats informieren muss. Diese Zweifelsfragen können dadurch gelöst werden, dass man in der Beauftragung eines Aufsichtsratsmitglieds als Rechtsanwalt des Unternehmens durch den Vorstand und mit Zustimmung des Aufsichtsrats gemäß § 95 Abs 5 Z 12 AktG jedenfalls eine konkludente Entbindung von einer allfälligen Verschwiegenheitspflicht gegenüber dem Aufsichtsrat sieht.

18 Da es zu dieser Frage aber bisher keinerlei Rechtsprechung gibt, empfiehlt es sich, in die zwischen dem Rechtsanwalt und dem Unternehmen abzuschließende Mandatsvereinbarung ausdrücklich aufzunehmen, dass der beratende Rechtsanwalt berechtigt ist – bei Bedarf – alle Informationen, die er aus der Mandatstätigkeit erhält an die Mitglieder des Aufsichtsrats weiterzugeben. Damit sind sowohl für den Vorstand des Unternehmens als auch für den Rechtsanwalt und seine übrigen Aufsichtsratskollegen die Spielregeln klar und transparent.[14]

---

[12] *Hildegard Ziemons*, Skript S 18; *Hopt/Roth* in *Hopt/Wiedemann*, Kommentar zum Aktiengesetz (2005) § 116 Rz 254, 255.

[13] *Hildegard Ziemons*, Skript S 19; ablehnend *Falkenhausen*, ZIP 2013, 862 (864); vgl auch *Falkenhausen* dAnwBl 2012, 889. Soweit überblickbar ist die Frage im österreichischen Standesrecht nicht geklärt, ob ein Rechtsanwalt, der ein Mandat von der AG hat, vom Vorstand entbunden werden muss, um Informationen an den Aufsichtsrat zu geben?

[14] *Hildegard Ziemons*, Skript S 19.

3. Rechtsanwalt ist Aufsichtsratsmitglied und anwaltlicher Berater/ Verschwiegenheit gegenüber Dritten

Während der Rechtsanwalt, der das Unternehmen berät, zwar keine oder nur eine stark reduzierte Verschwiegenheitsverpflichtung gegenüber seinen Aufsichtsratskollegen hat, ist er selbstverständlich gegenüber Dritten gemäß § 9 Abs 2 RAO zur Verschwiegenheit über die ihm anvertrauten Angelegenheiten und die ihm sonst in seiner beruflichen Eigenschaft bekannt gewordenen Tatsachen, deren Geheimhaltung im Interesse seiner Partei gelegen ist, verpflichtet. Von der Verschwiegenheitsverpflichtung gegenüber Dritten kann ihn der Vorstand des Unternehmens entbinden. Trotz Entbindung durch den Vorstand kann der Rechtsanwalt aber auf sein Recht auf Verschwiegenheit bestehen. 19

Wie bereits ausgeführt, müssen nach inzwischen wohl überwiegender Rechtsansicht Aufsichtsratsmitglieder selber entscheiden, ob sie die Verschwiegenheitsverpflichtung gem §§ 99 iVm 84 AktG durchbrechen dürfen und müssen sich dafür nicht vorher vom Vorstand des Unternehmens entbinden lassen. Für den das Unternehmen beratenden Rechtsanwalt stellt sich die Frage, ob er aufgrund der aus dem anwaltlichen Mandat resultierenden Verschwiegenheitsverpflichtung gem § 9 Abs 2 RAO als Aufsichtsratsmitglied bei der Informationsweitergabe an Dritte eingeschränkter ist als die anderen Mitglieder des Aufsichtsrats. Soweit es sich um Informationen handelt, die der Rechtsanwalt den anderen Mitgliedern des Aufsichtsrats entweder zurecht weitergeleitet hat oder dies tun hätte dürfen (zu den Differenzierungen siehe oben), sollte zwischen einem Aufsichtsrat, der auch als Rechtsanwalt tätig ist und einem anderen kein Unterschied gemacht werden. Beide entscheiden selber, ob sie die Verschwiegenheitsverpflichtung gem §§ 99 iVm 84 AktG als Aufsichtsratsmitglied, soweit dies im Unternehmensinteresse liegt, durchbrechen dürfen und müssen daher nicht vom Vorstand des Unternehmens entbunden werden. Da es aber weder zur Frage, ob – wie das derzeit die wohl herrschende Rechtsmeinung sieht – sich Aufsichtsratsmitglieder selber entbinden können, noch zu der Frage, ob für einen das Unternehmen als Anwalt beratenden Aufsichtsrats etwas anderes gilt, es eine Judikatur gibt, empfiehlt es sich, diese Fragen im Mandatsvertrag, der zwischen dem Rechtsanwalt der Mitglied des Aufsichtsrates ist und dem Unternehmen Vertretenden durch den Vorstand abgeschlossen wird, zu regeln. 20

4. Rechtsanwalt ist Aufsichtsrat und anwaltlicher Berater einer Tochtergesellschaft

Wird ein Aufsichtsrat der Muttergesellschaft als Rechtsanwalt einer Tochtergesellschaft tätig, dann stellt sich die Frage, ob er Informationen, die er aus der anwaltlichen Beratung der Tochtergesellschaft erhält, an seine Kollegen im Aufsichtsrat der Muttergesellschaft weitergeben darf oder ob er hierzu eine Entbindung durch den Vorstand der Tochtergesellschaft bedarf. Da anerkannt ist, dass im Konzern sowohl Aufsichtsrat als auch Vorstand der Tochtergesellschaft berechtigt sind,[15] den Vorstand der Muttergesellschaft, die für die Konzernüberwachung not- 21

[15] *Kalss,* GesRZ 2010, 137; *I. Welser,* Aufsichtsräte im Spannungsfeld von Verschwiegenheits- und Offenlegungspflichten, in *Grüwald/Schummer/Zollner* (Hrsg.), Unternehmensrecht in Wissenschaft und Praxis – Festschrift für Waldemar Jud (2012), 745.

wendigen Informationen zu geben und der Vorstand der Muttergesellschaft seinen Aufsichtsrat darüber zu berichten hat, könnte man – soweit es sich um konzernleitende Sachverhalte handelt – diese Durchbrechung von der Verschwiegenheitsverpflichtung auch auf den die Tochtergesellschaft beratenden Rechtsanwalt, der Aufsichtsrat in der Muttergesellschaft ist, anwenden. Da im Falle einer Beauftragung eines Aufsichtsrats der Muttergesellschaft als Rechtsanwalt bei der Tochtergesellschaft zwar eine Beschlussfassung des Aufsichtsrats der Muttergesellschaft gem § 95 Abs 5 Z 12 AktG notwendig ist, nicht aber eine Beschlussfassung beim Aufsichtsrat der Tochtergesellschaft, ist – anders als oben ausgeführt – eine konkludente Entbindung durch den Vorstand der Tochtergesellschaft wohl nicht in jedem Fall anzunehmen.

22 Es ist daher in einer derartigen Konstellation umso mehr anzuraten, in der zwischen dem Rechtsanwalt als Berater der Tochtergesellschaft und der Tochtergesellschaft, vertreten durch ihren Vorstand, abzuschließenden Beratungsvertrag klar festzuhalten, wem der beratende Rechtsanwalt – ohne weitere Entbindung durch den Vorstand der Tochtergesellschaft – Informationen weitergeben darf. Auch wenn das nicht der Fall ist und man sich auf den – hier nicht vertretenden – Standpunkt stellt, dass der Rechtsanwalt der Tochtergesellschaft gegenüber seinen Aufsichtsratskollegen im Aufsichtsrat der Muttergesellschaft eine umfassende Verschwiegenheitsverpflichtung hat, wird der Rechtsanwalt in jedem einzelnen wesentlichen Fall überlegen müssen, ob er sich an eine derartige Verschwiegenheitsverpflichtung im Hinblick auf seine Funktion als Aufsichtsrat bei der Muttergesellschaft gebunden fühlen darf. Zu denken ist sowohl an die Verhinderung eines möglichen großen Schadens bei der Tochtergesellschaft durch zB eine geplante Akquisition, die im Konzern vollkommen falsch dargestellt wird oder bei der Beschlussfassung der Konzernbilanz, in die wegen eines drohenden Umweltdesasters eine große Rückstellung aufgenommen werden müsste.

E. Durchsetzungsfähigkeit und keine Angst vor kontroversiellen Diskussionen

23 Rechtsanwälte sind verpflichtet, die Rechte ihrer Partei gegen jedermann mit Eifer, Treue und Gewissenhaftigkeit zu vertreten.[16] Rechtsanwälte sind es gewohnt kontroversielle Diskussionen zu führen und sich nicht von Gesprächspartnern einschüchtern zu lassen. Von der Persönlichkeit her werden die meisten Rechtsanwälte keine Angst davor haben, auch eine sogenannte „dumme" Frage zu stellen und solange auf deren Beantwortung zu bestehen, bis es eine befriedigende Antwort gibt. Der Aufsichtsrat kann seine Kontroll- und Beratungsfunktion nur dann ausreichend erfüllen, wenn seine Mitglieder ohne Scheu und Rücksichtnahme die ihnen notwendig erscheinenden Fragen stellen und diese dann auch entsprechend erörtert werden. Zu einer derartigen Diskussionskultur kann ein dem Gremium angehörender Rechtsanwalt, der gewohnt ist seine Ansicht zu vertreten, einen wesentlichen Beitrag leisten[17] (s *P Doralt/M Doralt* Rz 1/53 ff, und *Königswieser* Rz 6/34 ff, 41 ff).

---

16 § 9 Abs 1 RAO.

17 In diesem Sinne auch *P Doralt/W Doralt* in *Semler/v Schenk* (Hrsg), ARHdb[3] § 13 Rz 32 unter Verweis auf *J Semler* in MünchKommAktG § 116.

F. Gewohnt, Unterlagen kritisch durchzulesen und zu hinterfragen

Rechtsanwälte sind es gewohnt umfangreiche Unterlagen durchzuarbeiten. 24
Auch solche, die von Experten für andere Gebiete zB Technik erstellt worden sind. Es gelingt ihnen auch regelmäßig durch wohl vorbereitete Fragen die in Gutachten von Experten vertretenen Äußerungen als unplausibel zu entlarven. Das kritische Durcharbeiten von umfangreichen Aufsichtsratsunterlagen vor einer Sitzung gehört nicht gerade zu den Lieblingsbeschäftigungen von manchen Aufsichtsräten, ist aber eine notwendige Vorarbeit für eine wirksame Tätigkeit des Aufsichtsrats in der Sitzung.

Ein Rechtsanwalt als Mitglied eines Aufsichtsratsgremiums kann hier folgen- 25
den Beitrag leisten: Einerseits wird es den meisten Rechtsanwälten aufgrund ihrer Persönlichkeit und ihrer Erfahrung nicht schwer fallen, Inhalt, Aufbereitung oder Umfang der Unterlagen soweit notwendig zu kritisieren und den Vorstand/Geschäftsführer um Abhilfe für die Zukunft zu ersuchen. Andererseits kann der Rechtsanwalt vielleicht andere Aufsichtsratsmitglieder, die bisher dem Studium der Unterlagen nicht ausreichend Zeit gewidmet haben, dazu motivieren, das in Zukunft auch zu tun und somit einen Beitrag zu einer wirksameren Kontrolle zu leisten.

G. Beurteilung von Rechtsgutachten und Marktkenntnisse über Gutachter

Rechtsanwälte haben Erfahrung im Umgang mit Gutachten und Gutachtern. 26
Sie verfassen selbst regelmäßig Rechtsgutachten, beauftragen Rechtsgutachten und bekämpfen diese, sofern dies notwendig ist. Wenn dem Aufsichtsrat vom Vorstand ein Rechtsgutachten vorgelegt wird, um zB die Zulässigkeit eines geplanten Geschäftes zu belegen, dann wird ein Rechtsanwalt leichter beurteilen können, ob und was das Gutachten „wert" ist. Das fängt schon damit an, dass der Rechtsanwalt beurteilen wird können, ob es sich zB bei einem Gutachtensverfasser um einen anerkannten Gesellschaftsrechtler handelt oder um einen Juristen, der sich nicht schwerpunktmäßig mit Gesellschaftsrecht befasst. Auch wenn der Rechtsanwalt kein Spezialwissen auf dem Gebiet hat, das das Rechtsgutachten behandelt, wird er aber jedenfalls beurteilen können, ob das Ergebnis plausibel ist oder ob es notwendig ist, ein weiteres Gutachten einzuholen, das beispielsweise der Aufsichtsrat selbst beauftragt (s *Kalss* Rz 23/9 ff, 14 ff).

Der Rechtsanwalt wird im Zuge der Erörterung des Rechtsgutachtens seine 27
praktische Erfahrung einbringen. Ein Rechtsgutachten ist keine Garantie dafür, dass ein Gericht, ein Schiedsgericht oder eine Verwaltungsbehörde die im Gutachten vertretene Rechtsansicht teilt. Er wird seine Aufsichtsratskollegen darauf aufmerksam machen, dass Rechtsgutachten kein 100 %-iger Schutz vor einer späteren strafgerichtlichen Verfolgung sind.[18]

[18] Nach Medienberichten hat zB das Gutachten eines Wirtschaftstreuhänders über die bilanzielle Behandlung des € 328 Mio Verlustes den Vorstand der Hypo-Alpe-Adria nicht vor einer strafgerichtlichen Verurteilung geschützt (http:/kaernten.orf.at/stories/418220).

H. Zurverfügungstellung einer von der Gesellschaft unabhängigen Büroinfrastruktur

28 Die vom Aufsichtsrat für die Erfüllung seiner Aufgaben benötigte Infrastruktur wie zB Sekretariat, Aufbewahrungsort für Unterlagen, Sitzungszimmer etc werden meist von der Gesellschaft zur Verfügung gestellt. Sofern der Aufsichtsrat über derartige Ressourcen verfügen möchte, die nicht im Einflussbereich des Vorstands bzw der Geschäftsführer der Gesellschaft stehen, stellt sich die Frage, wie das organisiert werden kann. Die Anmietung eines eigenen Büros und Anstellung von eigenem Personal wird im Normalfall wegen nicht ausreichender Auslastung und zu hohen Kosten nicht in Frage kommen. Da Rechtsanwälte – wie oben ausgeführt – über Kanzleien verfügen, die für den Umgang mit vertraulichen Dokumenten eingerichtet sind und auch über entsprechend geschulte Mitarbeiter verfügen, könnte mit dem Rechtsanwalt, der Aufsichtsratsmitglied ist, eine Vereinbarung[19] über die Zurverfügungstellung von Büroinfrastrukturleistungen an den Aufsichtsrat geschlossen werden. In der Praxis wird das dann am besten funktionieren, wenn der Rechtsanwalt zugleich Vorsitzender des Aufsichtsrats ist, weil im Normalfall dieser die Infrastrukturleistungen primär beanspruchen wird und es dann zu keinen „Ressourcenverteilungsdiskussionen" kommen wird.

III. Was könnte gegen einen Rechtsanwalt als Mitglied eines Aufsichtsrats sprechen?

A. Überbetonung des Formalismus

29 Ein Rechtsanwalt als Mitglied des Aufsichtsrats kann einen wichtigen Beitrag dazu leisten, dass Aufsichtsratsbeschlüsse (s Rz 39 ff) richtig gefasst und protokolliert werden und auch sonst gesetzes- und regelkonform vorgegangen wird. Wenn er aber bei seinem diesbezüglichen Wirken nicht zwischen wichtigen und weniger wichtigen Angelegenheiten unterscheiden will oder aufgrund seiner Persönlichkeit auch nicht kann, dann kann das dazu führen, dass damit zu viele Ressourcen des Aufsichtsrats und auch der Gesellschaft gebunden werden und das primäre Ziel, nämlich durch wirksame Kontrolle und Beratung zum Unternehmenserfolg beizutragen, vernachlässigt wird.

---

[19] Es versteht sich von selbst, dass eine derartige Vereinbarung zu marktkonformen Konditionen abgeschlossen werden muss. Wenn der Aufsichtsratsvorsitzende für die Erfüllung seiner Aufgaben Büro und Sekretariatsleistungen in Anspruch nimmt, dann kann er die Kosten, ohne dass er dafür eine Zustimmung des Aufsichtsrates nach § 95 Abs 5 Z 12 AktG benötigt, als Aufwandsersatz der Gesellschaft verrechnen. Stellt aber ein anderes Aufsichtsratsmitglied die Büroinfrastruktur seiner Anwaltskanzlei dem Gesamtaufsichtsrat bzw dem Vorsitzenden zur Verfügung, dann wird eine derartige Vereinbarung gem § 95 Abs 2 Z 12 AktG zu bewilligen sein (s *Kalss* Rz 13/12, 14 ff).

B. Reduktion der Entscheidungsfreudigkeit durch Horrorszenarien und Übervorsichtigkeit

Rechtsanwälte sind gewohnt, ihre Klienten über Risiken umfassend aufzuklären, die zB mit einem Vertragsabschluss verbunden sind. Als Mitglied eines Aufsichtsrats können sie diese Fähigkeit, die sie aufgrund ihres juristischen Wissens und ihrer praktischen Erfahrung haben, einbringen und damit einen positiven Beitrag (s Rz 23 ff) leisten. Wenn ein Rechtsanwalt aber nicht nur auf realistische Risiken hinweist, sondern auch Risiken, deren Eintritt zwar möglich, nach allgemeiner Lebenserfahrung aber ziemlich unwahrscheinlich ist, regelmäßig in sehr drastischer Form schildert, dann besteht die Gefahr, dass dadurch der Aufsichtsrat lahm gelegt wird. 30

C. Zu große Konfrontationslust

Ein Rechtsanwalt, der keine Angst hat, Fragen zu stellen und seinen Standpunkt zu vertreten (s Rz 23), ist sicherlich eine Bereicherung für einen Aufsichtsrat. Übertreibt er es aber, indem er eine Aufsichtsratssitzung mit einer Streitverhandlung vor Gericht verwechselt und mit seinen Aufsichtsratskollegen umgeht, wie mit einem Gegner, dann wird er auf die Diskussionskultur einen negativen Einfluss haben und damit auch auf die Wirksamkeit des Aufsichtsrats. 31

D. Interessenskollisionen wegen (bestehender) Mandate des Rechtsanwalts

Mit Zustimmung des Aufsichtsrats darf gem § 95 Abs 5 Z 12 AktG bzw § 30j Abs 5 GmbHG ein Rechtsanwalt sowohl Aufsichtsrat als auch Vertreter und Berater des Unternehmens sein. Da derartige Beratungsverträge von der Geschäftsführung an den Rechtsanwalt erteilt werden, der zugleich Aufsichtsrat ist und in dieser Funktion den Vorstand bzw den Geschäftsführer kontrollieren muss, ist prinzipiell die Gefahr einer Interessenskollision gegeben. Andererseits erhält ein auch als Rechtsanwalt für das Unternehmen tätiger Aufsichtsrat meist einen ganz anderen Einblick in das Unternehmen und kann dadurch zu einer wirksameren Kontrolle beitragen (s ausführlicher Rz 36 ff). 32

Eine Interessenskollision könnte es auch dann geben, wenn der Rechtsanwalt, der Aufsichtsratsmitglied ist, ein Konkurrenzunternehmen anwaltlich berät. Es darf zwar aufgrund der gesellschaftsrechtlichen **Verschwiegenheitsverpflichtung** einerseits und der anwaltlichen Verschwiegenheitsverpflichtung andererseits kein Wissenstransfer stattfinden, trotzdem könnte das aus der Sicht anderer Aufsichtsratsmitglieder oder der Aktionäre ein unerwünschter Zustand sein. Umgekehrt könnte der Rechtsanwalt durch die Beratung von Konkurrenzunternehmen ein umfassendes Wissen über die Branche erwerben und dieses – freilich ohne gegen irgendeine andere Verschwiegenheitsverpflichtung zu verstoßen – in den Aufsichtsrat einbringen. 33

Während die oben erwähnten Tätigkeiten eines Aufsichtsrats als Rechtsanwalt des Unternehmens und für konkurrierende Unternehmen grundsätzlich zulässig sind (und es von den konkreten Umständen des Einzelfalls abhängt, ob das Risiko 34 der Interessenskollision oder der mögliche Vorteil für die Gesellschaft größer ist), verhält sich das bei einer Vertretung des Rechtsanwalts gegen das Unternehmen, bei dem er Aufsichtsrat ist, anders. Hier wird in den meisten Fällen sowohl eine Interessenskollision, als auch eine standesrechtliche Unzulässigkeit gegeben sein (s Rz 85 ff).

35 Über diese aus der anwaltlichen Tätigkeit resultierenden möglichen Interessenskollisionen hinaus, sind bei einem Rechtsanwalt selbstverständlich auch sämtliche andere Interessenskollisionsfälle wie bei jedem anderen Aufsichtsratsmitglied denkbar (s *Frotz/Schörghofer* Rz 25/16 ff, 21 ff).

IV. Mögliche Beiträge eines Rechtsanwaltes zur Vermeidung von Schäden, Haftungen und Strafen

A. Gesetzes- und regelkonforme innere Organisation der Gesellschaft

36 Welche Aufgaben prinzipiell welches Organ in einer Aktiengesellschaft oder einer GmbH hat, wird jedes Aufsichtsratsmitglied wissen müssen. In der Praxis treten aber immer wieder Fälle auf, wo es nicht klar ist, ob eine konkrete Geschäftsführungsmaßnahme überhaupt durch den Aufsichtsrat zu genehmigen ist und wenn ja, ob eine Genehmigung durch einen Ausschuss (s *Schimka* Rz 29/56 ff, 60 ff) oder ein Plenumsbeschluss notwendig ist. Um (in Grenzfällen) durch Studium und Auslegung der Satzung, der Geschäftsordnungen, eventueller Beschlüsse und letztendlich von Gesetz und Judikatur zu einem sicheren Ergebnis zu kommen, bedarf es juristischer Expertise (s *Briem* Rz 12/47 ff, 88 ff).

37 Dass der Aufsichtsratsvorsitzende in einer Gesellschaft eine zentrale Rolle hat und welche seine wesentlichsten Aufgaben sind, wird jedes Aufsichtsratsmitglied wissen müssen. Beurteilen zu können, ob das konkrete Vorgehen eines Aufsichtsratsvorsitzenden gesetz- und regelkonform ist, kann aber eine juristisch anspruchsvolle Aufgabe sein, die gesellschaftsrechtliches Wissen verlangt (s *Chini/Reiner* Rz 27/18 ff, 26 ff).

38 Welche Aufgaben prinzipiell der Aufsichtsrat in einer Aktiengesellschaft oder einer GmbH hat, wird jedes Aufsichtsratsmitglied wissen müssen. Welche konkreten Aufgaben der Aufsichtsrat aber beispielsweise bei Umgründungsmaßnahmen wie Verschmelzungen oder Spaltungen bei Übernahmeverfahren oder auch bei einem Management-buy-out hat, bedarf hingegen juristischer Kenntnisse, die ein Rechtsanwalt im Aufsichtsgremium einbringen kann (s *Frotz/Schörghofer* Rz 11/60, 61).

39 Über Beschlussfassungen in- und außerhalb von Aufsichtsratssitzungen, Teilnahmerecht bzw Teilnahmeverpflichtung, Präsenz- und Konsensquoren wird jedes Aufsichtsratsmitglied das Wichtigste wissen müssen. Die Lösung von Fragen zB ob eine geheime Abstimmung[20] zulässig ist oder ob es ein Stimmverbot[21] für ein

[20] Zur geheimen Abstimmung s ua *Kalss* in *Doralt/Nowotny/Kalss,* AktG § 92 Rz 94.

[21] Zu Stimmrechtsausschluss und Stimmverbot s ua *Kalss* in *Doralt/Nowotny/Kalss*, AktG § 92 Rz 69 und Rz 72.

einzelnes Aufsichtsratsmitglied gibt, wird hingegen im Normalfall ohne juristisches Wissen nicht lösbar sein (s *Frotz/Schörghofer* Rz 25/33 ff).

Wenn im Nachhinein in Frage gestellt wird, ob der Aufsichtsrat in einem Schadensfall die richtigen Beschlüsse gefasst hat, dann wird dem Paperwork eine große Bedeutung zukommen. In einem Gerichtsverfahren ist es ein großer Unterschied, ob ein unter Berücksichtigung juristischer Aspekte klar formuliertes Protokoll existiert oder ob entweder gar kein Protokoll oder nur eines welches unklare oder im worst case ungültige Beschlüsse enthält. Da das Verfassen von rechtlich relevanten Texten eine Kernkompetenz von Rechtsanwälten ist, kann ein Rechtsanwalt als Mitglied im Aufsichtsratsgremium einen Beitrag dazu leisten, dass Beschlüsse, sei es in Aufsichtsratsprotokollen oder in Umlaufbeschlüssen, richtig protokolliert werden und dass auch das andere Paperwork richtig erstellt wird. Das fällt ohnehin in die unmittelbare Kompetenz des Aufsichtsratsvorsitzenden. Als normales Mitglied des Aufsichtsrats kann der Rechtsanwalt sich – soweit notwendig – unterstützend bzw korrigierend einbringen (s *Eiselsberg/Bräuer* Rz 24/186 ff). 40

B. Plausibilitätschecks bei zustimmungspflichtigen Geschäften

Es ist nicht Aufgabe des Aufsichtsrats, Geschäfte, die ihm gemäß § 95 AktG zur Genehmigung vorgelegt werden, im Detail einer juristischen Prüfung zu unterziehen. Vielmehr wird er sich im Normalfall darauf verlassen können, dass der Vorstand bzw die Geschäftsführer alle notwendigen Rechtsfragen im Vorfeld abgeklärt bzw durch kompetente Berater hat abklären lassen und dass daher aus rechtlicher Sicht nichts gegen die beantragte Zustimmung sprechen würde (s *Briem* Rz 12/65 ff). 41

Wenn es aber aus der Sicht des Aufsichtsrats erkennbare Zweifel gibt, ob die geplante Vorgangsweise des Vorstands bzw der Geschäftsführer rechtlich zulässig ist, dann wird es notwendig sein, diese zu hinterfragen. Abgesehen davon, dass es für ein normales Aufsichtsratsmitglied oft schon gar nicht erkennbar sein wird, ob es rechtliche Probleme geben könnte, wird die dann notwendige Fragestellung meist nur möglich sein, wenn das dafür notwendige juristische Wissen vorhanden ist. Ein Rechtsanwalt im Aufsichtsratsgremium wird in der Lage sein, diese Aufgabe zu übernehmen. 42

Auch wenn es keinen Grund gibt, daran zu zweifeln, dass eine vom Vorstand bzw von den Geschäftsführern vorgeschlagene Geschäftsführungsmaßnahme rechtmäßig ist, wird es im Zuge der Beratung über die Zustimmung sinnvoll sein, die Rechtmäßigkeit insbesondere da, wo eine Nichteinhaltung von Normen krasse Folgen hat, auf Plausibilität zu hinterfragen. 43

Ein Rechtsanwalt wird beispielsweise von Kartellrecht im Regelfall so viel verstehen, dass er die Frage stellen wird, ob bei einem kartell- oder vergaberechtlichen Sachverhalt die kartellrechtlichen Aspekte geprüft wurden und allenfalls darauf drängen, dass eine Prüfung durch einen ausgewiesenen Experten erfolgt. Da das Nichteinhalten dieser Bestimmungen zu Nichtigkeit und Strafen führt, kann der Rechtsanwalt im Aufsichtsratsgremium dadurch Schaden und Haftung verhindern. 44

45 Aufgrund der Entwicklung von Gesetzgebung und Judikatur zum Verbot der Einlagenrückgewähr sind heute viele Geschäfte im Konzern, die früher bedenkenlos durchgeführt werden konnten, unzulässig und können zu Haftungen und Strafen auch für Aufsichtsratsmitglieder führen. Besonders aktuell ist derzeit die gegenseitige Unterstützung von Gesellschaften im Konzern mit Finanzmitteln, die nur unter Einhaltung der von der Judikatur dazu entwickelten Bestimmungen erfolgen darf. In vielen Fällen bedarf es eines juristischen Spezialwissens, um überhaupt zu erkennen, dass eine Einlagenrückgewährproblematik vorliegen könnte. Ein Rechtsanwalt wird das eher erkennen und dann auch einbringen können, welche Möglichkeiten bestehen, dieses Risiko zu eliminieren bzw auf ein akzeptables Maß zu mindern.[22]

C. Richtiges Verhalten in der Krise des Unternehmens

46 Jedes Aufsichtsratsmitglied muss wissen, dass in der Krise des Unternehmens vom Aufsichtsrat eine Verdichtung und Intensivierung der Überwachungspflichten gefordert wird.[23] Daher kommt dem Aufsichtsrat in einer Unternehmenskrise eine führende und gestaltende Überwachungsfunktion zu. Die Beurteilung der Frage, ob es für Aufsichtsratsmitglieder besser ist in der Krise zurückzutreten oder nicht, ist aber genauso höchst anspruchsvoll wie die Frage, was der Aufsichtsrat im Zusammenhang mit einer allenfalls bestehenden Insolvenzantragstellungsverpflichtung des Vorstands bzw der Geschäftsführer konkret tun muss. Ein Rechtsanwalt wird hier einen Beitrag dazu leisten können, das zivil- und strafrechtliche Haftungsrisiko des Aufsichtsrats zu minimieren[24] (s *Kalss/J Wendt* Rz 30/43 ff).

D. Börsenotierte Unternehmen

47 Jedes Aufsichtsratsmitglieder einer börsenotierten Gesellschaft muss Grundkenntnisse darüber haben, welche besonderen Pflichten es zum Schutz der Anleger gibt, die zu den sonstigen Pflichten eines Aufsichtsrats hinzutreten. Verstöße gegen beispielsweise die ad hoc Meldeverpflichtung oder das Insiderhandelsverbot führen zu Haftungen und Strafen. Mit dem ab 26.11.2015 in Kraft getretenen § 95b BörseG wurde die Möglichkeit der Verhängung von Verwaltungsstrafen über das Unternehmen bis zu einer Höhe von 10 Millionen Euro eingeführt oder 5% des jährlichen Gesamtnettoumsatzes.[25] Die Beurteilung, ob und wann Verhandlungen über einen Unternehmenskauf als ad hoc meldepflichtige Tatsachen bekannt zu geben sind, kann im Einzelfall eine anspruchsvolle juristische Frage sein, bei deren Lösung ein Rechtsanwalt im Aufsichtsratsgremium einen wichtigen Beitrag leisten kann (s *Hlawati/Wilfing* Rz 32/56 ff).

---

22 *Hoenig/Stingl*, GesRZ 2007, 23 ff; *G Moser*, RdW 2010, 354 ff.

23 *Semler,* Aktiengesellschaft 1983, 141*; Kalss/Oelkers,* AR aktuell 2007/1, 11; *Jaufer/Gärtner,* AR aktuell 2008/4, 4.

24 Den Aufsichtsrat trifft zwar nach *Dellinger in Konecny/Schubert,* Kommentar zu den Insolvenzgesetzen § 69 Rz 40 keine Pflicht zur Antragstellung, wohl aber ist er ua nach *Reich-Rohrwig,* Das österreichische GmbH-Recht I Rz 4/447 f, verpflichtet, auf eine rechtzeitige Antragstellung durch die Vertretungsorgane hinzuwirken.

25 Gemäß § 95a BörseG kann gegenüber einer natürlichen Person eine Geldstrafe bis zu 2 Millionen Euro verhängt werden.

Zu Aufsichtsräten die ein börsenotiertes Unternehmen als Rechtsanwälte vertreten siehe Rz 100 ff. 48

E. Kreditinstitute

Jedes Aufsichtsratsmitglied eines Kreditinstituts muss Grundkenntnisse über 49
die den Aufsichtsrat zusätzlich zu anderen Gesellschaften treffenden Pflichten haben.[26] Die Frage, wann die meldepflichtige Großveranlagungsgrenze bei einer Kreditinstitutsgruppe erreicht bzw überschritten wird und damit die Meldepflicht an die Finanzmarkaufsicht ausgelöst wird, kann eine juristisch anspruchsvolle sein. Da die Nichteinhaltung der Meldepflicht zu einer Schadenhaftung, zu Strafen und jetzt auch zu sehr hohen Verwaltungsstrafen gemäß § 99d BWG für das Kreditinstitut führen kann (bis 10% des jährlichen Gesamtnettoumsatzes oder bis zu dem Zweifachen des aus dem Verstoß gezogenen Nutzens, soweit sich dieser beziffern lässt),[27] kann das juristische Know-how eines Rechtsanwalts im Aufsichtsratsgremium helfen, diese Risiken zu minimieren (s dazu *Herbst* Rz 35/137 ff).[28]

F. Öffentliche Unternehmen

Jedes Aufsichtsratsmitglied eines öffentlichen Unternehmens wird wissen 50
müssen, dass bestimmte Aufträge, die von öffentlichen Unternehmen vergeben werden, auszuschreiben sind. Ein Rechtsanwalt wird im Regelfall besser beurteilen können, ob in einem konkreten Fall ein vergaberechtlicher Sachverhalt vorliegen könnte und allenfalls darauf drängen, dass entweder eine Prüfung oder eine Begleitung des Verfahrens durch einen ausgewiesenen Experten erfolgt. Dadurch kann er verhindern, dass es zu einer Nichtigkeit des Verfahrens und zu Haftungen und Strafen kommt.[29]

G. Information über erhöhtes strafrechtliches Risiko

Ein Rechtsanwalt im Aufsichtsrat wird die anderen Mitglieder über die Aus- 51
wirkungen der Judikatur des Obersten Gerichtshofes zur Untreue (§ 153 StGB) aufklären und auch einen Beitrag zur Risikenminimierung einbringen können.[30]

---

[26] Der Vorsitzende des Aufsichtsrats muss gemäß § 28a Abs 3 BWG den sogenannten „Fit & Proper Test" bestehen. Dh er muss unter anderem eine fachliche Eignung nachweisen (s *Seeber* Rz 36/20 ff, 43 ff, 58 ff). Für den Finanzexperten des Prüfungsausschusses ist gemäß § 63a Abs 4 BWG erforderlich, dass er besondere Kenntnisse und praktische Erfahrung im bankbetrieblichen Finanz- und Rechnungswesen hat.

[27] Gemäß § 98 Abs 5 BWG können gegen natürliche Personen Verwaltungsstrafen bis zu 5 Millionen Euro verhängt werden. Überdies wird auf § 98 Abs 1 BWG verwiesen, wonach eine Geldstrafe bis zu 5 Millionen Euro oder bis zu dem Zweifachen des aus dem Verstoß gezogenen Nutzens, soweit sich dieser beziffern lässt, verhängt werden kann, wenn Bankgeschäfte ohne Konzession betrieben werden.

[28] Zu Aufsichtsräten die als Rechtsanwälte Kreditinstitute beraten siehe Rz 103, 104.

[29] Zu Aufsichtsräten die als Rechtsanwälte in öffentlichen Unternehmen tätig sind siehe Rz 105, 106.

[30] va Fluglinie Styrian Spirit, OGH 21.08.2012, 11 Os 19/12x; LIBRO, OGH 30.01.2014, 12 Os 117/12s.

Inwieweit die am 01.01.2016 in Kraft getretene Änderung des § 153 StGB iZm der Einführung der Business Judgement Rule (§ 84 AktG) zu einer Änderung der Rechtsprechung führen wird, bleibt abzuwarten. (s *Kert/Kommenda* Rz 46/54 ff)

V. Die Interessenslage von den anderen Aufsichtsratsmitgliedern und den Aktionären ist nicht zur Gänze deckungsgleich

A. Deckungsgleichheit bei Schadensverhinderung

52 Die Interessen der Aktionäre und der anderen Aufsichtsratsmitglieder an einen Rechtsanwalt im Aufsichtsrat werden hinsichtlich der Einbringung seines juristischen Know-hows zur Schadensverhinderung (keine Strafe wegen Verstoß gegen Kartellgesetz oder kein Verlust wegen riskanten Geschäften etc) deckungsgleich sein.

B. Größtmögliche Haftungsvermeidung der Aufsichtsratsmitglieder ist nicht primäres Ziel des Aktionärs/Gesellschafters

53 Nicht deckungsgleich sind die Interessen zwischen Aktionären/Gesellschaftern und den anderen Aufsichtsratsmitgliedern allerdings sowcit es um die Vermeidung von persönlichen Haftungen der Aufsichtsratsmitglieder geht. Dem Aktionär wird es primär von Bedeutung sein, dass das Unternehmen erfolgreich wirtschaftet und nicht, dass der Aufsichtsrat ein möglichst geringes Haftungsrisiko hat. Besonders in der Krise des Unternehmens kann sich hier die Interessenslage weit auseinander entwickeln. Ein Rechtsanwalt als Aufsichtsratsmitglied wird aus zivil- und strafrechtlichen Haftungsgründen darauf hinwirken ein Insolvenzverfahren rechtzeitig einzuleiten. Die Aktionäre/Gesellschafter wollen aber in den meisten Fällen auch unter Inkaufnahme der Überschreitung der gesetzlichen Fristen jede auch noch so kleine Chance zur Unternehmensrettung genützt sehen, da im Normalfall eine Insolvenz für den Aktionär bedeutet, sein gesamtes Investment zu verlieren. Auch bei einem zustimmungspflichtigen Geschäft gemäß § 95 Abs 5 AktG kann die Interessenslage zwischen Aktionär und Aufsichtsrat verschieden sein. Der Aktionär, der eine möglichst hohe Rendite erzielen will, wird wollen, dass möglichst viele Geschäfte mit (überschaubaren) Risiken abgeschlossen werden, da nur dadurch eine hohe Rendite erzielt werden kann. Unter dem Blickwinkel der persönlichen Haftung ist es aber für Aufsichtsratsmitglieder im Zweifel besser ein Geschäft nicht zu bewilligen, als diesem zuzustimmen.

VI. Was könnte aus der Sicht des Rechtsanwalts dafür sprechen, Mitglied eines Aufsichtsrats zu werden

A. Interesse an nicht primär juristischen Aufgaben

54 Auch wenn der Rechtsanwalt als Mitglied des Aufsichtsrats dort seine juristische Kompetenz einbringt, ist in Summe betrachtet seine Aufgabe – wie die aller

anderen Aufsichtsratsmitglieder – keine primär juristische. Genau das kann aber für einen begeisterten Juristen und Rechtsanwalt eine spannende Aufgabe sein, die auch eine Abwechslung zu seiner sonstigen Tätigkeit darstellt.

B. Erweiterung von Wissen und Erfahrungen, die auch für die anwaltliche Tätigkeit genützt werden können

Vor allem für Anwälte die laufend im Gesellschaftsrecht beraten oder M&A oder Privat Equity Transaktionen betreuen, kann es sehr lehrreich sein, selbst ein Aufsichtsratsmandat zu übernehmen und dabei die Sichtweise eines Aufsichtsrats aus eigener Erfahrung kennen zu lernen. Eine derartige Horizonterweiterung kann die künftige Mandantenbetreuung durch besseres Verständnis der praktischen Bedürfnisse des Gegenübers optimieren. 55

C. Renommeegewinn

Ein Aufsichtsratsmandat in einer renommierten Gesellschaft, die erfolgreich wirtschaftet und in keinerlei Skandale verwickelt ist, kann zu einem Renommeegewinn führen. 56

D. Neue Kontakte, die auch zu Mandaten führen könnten

Wenn der Rechtsanwalt seine Aufgaben als Aufsichtsrat mit Einsatz und Kompetenz erfüllt, dann ist das eine gute Voraussetzung dafür, dass sich aus den neuen Kontakten, die er aufgrund seiner Aufsichtsratstätigkeit bekommt, auch irgendwann ein interessantes Rechtsanwaltsmandat ergeben könnte. 57

VII. Was muss sich ein Rechtsanwalt überlegen, bevor er ein Aufsichtsratsmandat annimmt?

A. Erfülle ich die Voraussetzungen, die jedes Aufsichtsratsmitglied erfüllen sollte?

Nach gefestigter Rechtsansicht müssen alle Mitglieder des Aufsichtsrats über bestimmte Mindestqualifikationen verfügen, um grundlegende rechtliche und wirtschaftliche Zusammenhänge des konkreten Unternehmens zu erfassen.[31] Zum Mindeststandard gehört auch, dass jedes Aufsichtsratsmitglied die gesetzlichen Pflichten und Befugnisse des Aufsichtsrats kennt.[32] Zweifelsohne muss jedes Aufsichtsratsmitglied betriebswirtschaftliche Grundkenntnisse sowie Kenntnisse über Rechnungslegung und Bilanzierung haben.[33] (s *Schauer* Rz 45/21 ff sowie *Kalss/Schimka* Rz 2/72 ff). 58

Weiters sollte eine Aufsichtsratsfunktion nur dann übernommen werden, wenn man die dafür benötigte Zeit tatsächlich zur Verfügung stellen kann. Dabei ist zu 59

---

[31] *Kalss* in *Kalss/Nowotny/Schauer*, Gesellschaftsrecht (2008) 3/473.

[32] *P Doralt/W Doralt* in *Semler/v Schenk* (Hrsg), ARHdb^3 § 13, Rz 83.

[33] *P Doralt/W Doralt* in *Semler/v Schenk* (Hrsg), ARHdb^3 § 13, Rz 80.

berücksichtigen, dass der Trend von nur vier relativ kurzen Sitzungen im Jahr mit wenig Vorbereitungszeit eindeutig dahin geht, dass Aufsichtsratsmandate viel mehr Zeit beanspruchen werden.

60 Darüber hinaus wird zu bedenken sein, ob die Bestellung zum Aufsichtsratsmitglied zu Interessenskollisionen führt, welche die für die Ausübung des Mandats notwendige Unabhängigkeit gefährden. Das könnte sowohl ein Verwandtschaftsverhältnis zu einem Dienstnehmer der Gesellschaft sein als auch eine nahe Freundschaft zu einem erbitterten Prozessgegner der Gesellschaft, sowie eine Funktion bei einem Konkurrenzunternehmen oder einer Interessensvertretung oder vieles andere mehr. Auf den Rechtsanwalt bezogen wird abzuklären sein, ob es eine Interessenskollision mit bestehenden Mandaten geben kann (s dazu Rz 32 ff sowie *Frotz/Schörghofer* Rz 25/16 ff).

61 Jedes Aufsichtsratsmitglied muss jedenfalls über die notwendigen social skills verfügen, die für eine erfolgreiche und wirksame Zusammenarbeit in einem Kollegialorgan notwendig sind (s *Königswieser* Rz 6/26 ff, 45 ff und *P Doralt/M Doralt* Rz 1/53 ff).

62 Es sollte selbstverständlich für ein Aufsichtsratsmitglied sein, sich für die wirtschaftliche und politische Entwicklung zu interessieren und sich da auch ständig durch das Lesen von Tageszeitungen, Wirtschaftszeitungen, Berichten im Internet etc laufend auf dem letzten Stand zu halten. Besonderes Augenmerk sollte auf die Branche und das konkrete Umfeld, in dem die Gesellschaft tätig ist, geworfen werden und auch auf den medialen Auftritt der Gesellschaft selbst.

63 Gemäß § 87 Abs 2 AktG müssen die als Aufsichtsrat vorgeschlagenen Personen der Hauptversammlung vor der Wahl ihre fachliche Qualifikation, ihre beruflichen oder vergleichbaren Funktionen sowie alle Umstände darlegen, die die Besorgnis einer Befangenheit begründen könnten. Für den Rechtsanwalt, der von der Hauptversammlung zum Aufsichtsrat gewählt werden soll, stellt sich insbesondere die Frage, ob bestehende Mandatsverhältnisse die Besorgnis einer Befangenheit begründen könnten und was er in diesem Zusammenhang dazu offenlegen darf. Kommt der Rechtsanwalt dabei zu dem Ergebnis, dass die Annahme des Aufsichtsratsmandats zu einem Interessenskonflikt führen würde, die es ihm nicht möglich macht, sowohl seine Verpflichtungen aus den Anwaltsmandaten als auch aus der künftigen Position als Aufsichtsrat uneingeschränkt zu erfüllen, dann darf er ein derartiges Mandat ohnehin weder aus gesellschaftsrechtlicher noch aus standesrechtlicher Sicht annehmen. Das wäre zum Beispiel dann der Fall, wenn der Rechtsanwalt den Auftrag eines Klienten übernommen hat, eine Klage auf Leistung eines hohen Schadenersatzbetrages gegen die Gesellschaft, in der er Aufsichtsrat werden soll, vorzubereiten und dieses lukrative Mandat auch weiter betreuen möchte. (s *Frotz/Schörghofer* Rz 25/16 ff)

64 Kommt aber der Rechtsanwalt, der von der Hauptversammlung zum Aufsichtsrat bestellt werden soll, für sich selber zu dem Ergebnis, dass er sich wegen bestehender Mandate nicht befangen fühlt, stellt sich die Frage, ob und was er der Hauptversammlung offenlegen darf. Klar ist, dass er ohne Zustimmung seiner Mandanten weder die Tatsache, dass sie seine Mandanten sind, noch was er als Rechtsanwalt für sie macht, offenlegen darf. Der als Aufsichtsrat vorgeschlage-

ne Rechtsanwalt darf daher beispielsweise nicht ohne ausdrückliche Zustimmung offenlegen, dass er den Vorstand des Unternehmens in dessen privaten Angelegenheiten vertritt oder, dass er einen Konkurrenten der Gesellschaft anwaltlich berät. Sofern er von diesen Mandanten nicht ausdrücklich entbunden wird und zu dem Ergebnis kommt, dass diese Mandate offenzulegende Umstände sind, die die Besorgnis einer Befangenheit begründen könnten, wird ihm nichts anderes übrig bleiben, als das Aufsichtsratsmandat nicht anzunehmen.

Ob es sich in diesen beiden Fällen um offenzulegende Umstände handelt, wird 65 ganz wesentlich davon abhängen, ob es sich um für den Rechtsanwalt bedeutende Mandate handelt. Wenn beispielsweise ein Vorstandsmitglied beim Kauf einer Vorsorgewohnung vertreten wurde, ist das anders zu beurteilen, als wenn das Vorstandsmitglied als Eigentümer eines beträchtlichen Vermögens seit Jahren umfassend von dem Rechtsanwalt betreut wird. So macht es auch einen Unterschied, ob der Rechtsanwalt für das Konkurrenzunternehmen eine normale Forderungseintreibung durchführt oder ob er der Vertrauensanwalt des Konkurrenzunternehmens ist (s *Frotz/Schörghofer* Rz 25/21 ff).

Die Tatsache, dass der Rechtsanwalt, der zum Aufsichtsrat von der Hauptver- 66 sammlung bestellt werden soll, die Gesellschaft in der Vergangenheit anwaltlich beraten hat, wird im Normalfall kein Grund für die Besorgnis einer möglichen Befangenheit sein. Anders wird das eventuell sein, wenn der Rechtsanwalt in der Vergangenheit sehr intensiv für die Gesellschaft tätig war oder nach wie vor intensiv für die Gesellschaft tätig ist. Für die Beschäftigung nach der Bestellung ist jedenfalls eine Zustimmung nach § 95 Abs 5 Z 12 AktG notwendig. Wenn der Rechtsanwalt zB die Gesellschaft bei einer Transaktion beraten hat, die sich im Nachhinein als nachteilig für die Gesellschaft herausgestellt hat, wird das ein Grund für eine Besorgnis einer möglichen Befangenheit sein. Für die Offenlegung einer anwaltlichen Beratungstätigkeit und die Begründung warum dennoch keine Befangenheit vorliegt, bedarf es einer Entbindung von der anwaltlichen Verschwiegenheit durch den Vorstand der Gesellschaft.

Für Aufsichtsratsmitglieder, die nicht durch die Hauptversammlung gewählt, 67 sondern durch bestimmte Aktionäre oder Inhaber bestimmter Aktien entsendet werden, gilt § 87 Abs 2 AktG nicht, dh vor allem müssen sie nicht die Gründe, die die Besorgnis für eine Befangenheit sein könnten, darlegen. Das ändert jedoch nichts daran, dass ein Rechtsanwalt, der Aufsichtsratsmitglied werden soll, ein derartiges Mandat nur dann ausüben darf, wenn dies sowohl aus gesellschaftsrechtlicher als auch aus Sicht des Berufsrechts zulässig ist.

B. Erfülle ich die an mich gestellten Erwartungen?

Wenn ein Rechtsanwalt wegen seiner Rechtskenntnisse[34] in den Aufsichtsrat 68 berufen wird und somit die Erwartungshaltung besteht, dass er das juristische Know-how einbringt, über das die anderen eben nicht verfügen, dann muss er sich

[34] Es kann auch sein, dass ein Rechtsanwalt nicht wegen seiner Rechtskenntnisse, sondern wegen anderer spezieller Kenntnisse oder als Vertrauter eines Aktionärs (s Rz 119) entsendet/nominiert wird.

fragen, ob er willens und in der Lage ist, sich mit den benötigten Rechtsgebieten ausreichend laufend zu beschäftigen. Insbesondere wird er sich bei börsenotierten Gesellschaften und/oder Kreditinstituten fragen müssen, ob er auch in der Lage ist, das in diesen Gesellschaften im Aufsichtsrat benötigte Know-how einzubringen (s *Hlawati/Wilfing* Rz 32/40 ff, 96 ff und *Herbst* Rz 35/10 ff, 82 ff). Das wird für einen Rechtsanwalt, der ausschließlich in Wirtschaftssachen tätig ist und daher ohnehin mit gesellschaftsrechtlichen und anderen wirtschaftsrechtlichen Fragen laufend beschäftigt ist, einfacher sein, als für einen Rechtsanwalt, der sich ausschließlich mit Familienrecht beschäftigt.

69 Wenn ein Rechtsanwalt aufgrund eines Geschäftsbesorgungsauftrages von einem Aktionär in den Aufsichtsrat entsendet werden soll, dann muss er dem entsendenden Aktionär klar machen, dass er seine Interessen nicht uneingeschränkt vertreten kann, da er jedenfalls aufgrund der organschaftlichen Funktion auch die Interessen der Gesellschaft vertreten muss (s Rz 119 ff sowie *Kalss* Rz 9/51 ff).

C. Besitze ich die notwendige Unabhängigkeit gegenüber Großaktionären und dem Vorstand?

70 Der Aufsichtsrat ist dem Wohl des Unternehmens verpflichtet. Ein Aufsichtsratsmitglied darf von dieser Richtschnur auch nicht abweichen, wenn ein Großaktionär etwas anderes wünscht und ihm mit Abberufung oder auch anderen Nachteilen droht. Auch eine Nahebeziehung zum Vorstand darf keinesfalls dazu führen, dass ein Aufsichtsratsmitglied eine vom Vorstand gewünschte Entscheidung fällt, die dem Unternehmenswohl widerspricht.

D. Wie solide ist das Unternehmen und welche Zukunftsperspektive hat es?

71 In einer Unternehmenskrise nimmt die Intensität der Überwachungspflicht des Aufsichtsrats und damit einhergehend die Verantwortung des Aufsichtsrats zu. Um zu vermeiden, dass man als neubestelltes Aufsichtsratsmitglied unerwarteter Weise zum „Sanierungsmanager" wird, sollte man sich vor der Übernahme des Mandats umfassend über die aktuelle wirtschaftliche Situation, allfällige aktuelle oder potentielle wesentliche Risiken und die Zukunftsperspektiven informieren. (s *Kalss/J Wendt* Rz 30/4 ff, 7 ff)

E. Wer sind die anderen Mitglieder des Aufsichtsrates und wer sind die Vorstandsmitglieder?

72 Da der Aufsichtsrat als Kollegialorgan wirkt und prinzipiell von einer solidarischen Haftung (mit einer allfälligen Regressmöglichkeit) ausgegangen werden muss (s *Schauer* Rz 45/64), muss jedenfalls abgeklärt werden, wer die anderen (potentiellen) Mitglieder des Aufsichtsrats sind. Bringen die anderen Mitglieder die insgesamt benötigten Sachkenntnisse ein? In einer Gesellschaft, die zB Motoren erzeugt und weltweit vertreibt, muss es im Aufsichtsrat jemanden geben, der von Produktion und Entwicklung etwas versteht und jemanden, der vom Vertrieb

und dem konkreten Markt der Gesellschaft etwas versteht. Sind die anderen Mitglieder verlässlich, team- und lösungsorientiert?

Im Hinblick auf die zentrale Stellung des Aufsichtsratsvorsitzenden (s *Chini/Reiner* Rz 27/4 ff, 26 ff) muss jedenfalls auch abgeklärt werden, wie gut er seine Aufgabe bisher erfüllt hat und ob eine sinnvolle Zusammenarbeit mit ihm möglich sein wird. 73

Da die Geschicke der Gesellschaft und damit auch eine allfällige Haftung des Aufsichtsrats ganz wesentlich vom Vorstand bzw von den Geschäftsführern bestimmt werden, sollte abgeklärt werden, welche Leistungen die einzelnen Vorstands- bzw Geschäftsführungsmitglieder bisher erbracht haben und ob eine Zusammenarbeit mit ihnen gut vorstellbar ist. 74

F. Werde ich in meiner (künftigen) Tätigkeit als Rechtsanwalt beschränkt?

1. Anwaltliche Vertretung der Gesellschaft, in der der Rechtsanwalt Aufsichtsratsmitglied ist

Die anwaltliche Vertretung der Gesellschaft durch ein Mitglied des Aufsichtsrats ist zulässig. Dazu bedarf es eines Beschlusses des Aufsichtsrats nach § 95 Abs 5 Z 12 AktG. Bei dieser Beschlussfassung ist das betroffene Aufsichtsratsmitglied nicht stimmberechtigt. Das heißt, er muss sich der Stimme enthalten. Das Zustimmungserfordernis gilt auch für die Beratung von Tochtergesellschaften und auch für solche Unternehmen an denen ein Aufsichtsratsmitglied ein erhebliches wirtschaftliches Interesse hat, also beim Rechtsanwalt das Rechtsanwaltsunternehmen (s *Kalss* Rz 13/12 ff). 75

Die Regelung des § 95 Abs 5 Z 12 AktG soll primär verhindern, dass ein Aufsichtsratsmitglied aufgrund eigener Interessen an der Wahrnehmung seiner Aufgabe im Unternehmen, nämlich der unbefangenen Überwachung der Unternehmensleitung als befangen nicht mehr in der Lage ist.[35] Auch, aber nicht primär, soll eine Kontrolle der Vergütung von Aufsichtsratsmitgliedern für sonstige außerhalb der Aufsichtsratstätigkeit stehende Tätigkeiten für die Gesellschaft, also zum Beispiel der anwaltlichen Beratungsleistung, erfolgen.[36] 76

Für eine anwaltliche Beratungstätigkeit durch ein Aufsichtsratsmitglied spricht, dass dadurch das Aufsichtsratsmitglied ein viel besseres Wissen über das Unternehmen hat und dadurch in der Lage ist, seine Kontroll-, Überwachungs- und Beratungstätigkeit effizienter und wirksamer in den Gesamtaufsichtsrat einzubringen. Weiters spricht dafür, dass das Aufsichtsratsmitglied aufgrund des Wissens, dass es aufgrund (langjähriger) Aufsichtsratstätigkeit hat, sich einerseits dieses Wissen nicht wie ein externer Berater – auf Kosten des Unternehmens – extra erarbeiten muss und andererseits auch die Gefahr wesentlich geringer ist, ein wesentliches Sachverhaltselement bei der Gesamtbeurteilung zu übersehen. 77

35 *Kutschera*, GesRZ 2011, 148 (149); vgl auch *Nowotny*, Neues zum Aufsichtsrat, RdW 2005, 658 (659).

36 *Kutschera*, GesRZ 2011, 148 (149).

Es besteht daher die Möglichkeit, dass die Gesellschaft zu geringeren Kosten ein wesentlich besseres (anwaltliches) Beratungsergebnis erhält. In sehr heiklen Situationen, die eine besondere Vertraulichkeit bedürfen, wird durch die Beauftragung eines Aufsichtsratsmitglieds anstatt eines externen Beraters der Kreis der Wissensträger nicht erweitert und damit auch das Risiko, dass Informationen unbeabsichtigter Weise nach außen dringen, kleiner gehalten.

78 Gegen eine anwaltliche Beratungstätigkeit durch ein Aufsichtsratsmitglied spricht, dass dadurch die Gefahr besteht, dass das Aufsichtsratsmitglied die notwendige Unabhängigkeit verliert.[37] Dieses Risiko besteht vor allem dann, wenn der Aufsichtsrat wirtschaftlich von den Honoraren für die Beratungstätigkeit von der Gesellschaft, in der er Aufsichtsratsmitglied ist, sehr stark abhängig ist. In einem derartigen Fall besteht das Risiko, dass das Aufsichtsratsmitglied seine Überwachungs- und Kontrolltätigkeit gegenüber dem Vorstand, von dessen (im Namen der Gesellschaft) erteilten Beratungsaufträgen sein Einkommen wesentlich abhängt, nicht ausreichend objektiv wahrnehmen kann. Bei der Zustimmung zur Erteilung eines Beratungsauftrages an einen Rechtsanwalt wird gemäß § 95 Abs 5 Z 12 AktG durch den Aufsichtsrat daher primär darauf zu achten sein, ob das Aufsichtsratsmitglied trotz Beratungstätigkeit ausreichend unabhängig vom Vorstand bleibt.

79 Als Richtschnur dafür in welcher Höhe ein Honorar, das ein Aufsichtsratsmitglied als anwaltlicher Berater von der Gesellschaft erhält, dessen Unabhängigkeit vom Vorstand in Frage stellt, könnten die Regeln für die Abschlussprüfer herangezogen werden (s § 270 ff UGB).[38] Sofern sich die anwaltliche Beratungstätigkeit des Aufsichtsratsmitglieds zu einem Dauermandat entwickelt, wird es sinnvoll sein, dass das Aufsichtsratsmitglied in regelmäßigen Abständen dem Aufsichtsrat bestätigt nach wie vor unabhängig vom Vorstand zu sein.

80 In der vom Aufsichtsrat gemäß § 95 Abs 5 Z 12 AktG zu bewilligenden Mandatsvereinbarung sollte jedenfalls klargestellt sein, dass die vom Aufsichtsratsmitglied organschaftlich geschuldete Tätigkeit – die ja von der Aufsichtsratsvergütung abgegolten ist – nicht umfasst ist. Die vom Aufsichtsratsmitglied organschaftlich geschuldete Tätigkeit darf auch nicht (zum Teil) als Beratungsleistung der Gesellschaft in Rechnung gestellt werden.

81 Die vom Aufsichtsratsmitglied als anwaltlicher Berater erbrachten Leistungen müssen zu marktkonformen Honoraren erbracht werden. Dafür sind sowohl der Rechtsanwalt als auch der Vorstand der Gesellschaft und letztendlich auch die anderen Mitglieder des Aufsichtsrats verantwortlich. Der Rechtsanwalt ist zudem auch nach seinem Berufsrecht zu einer korrekten Verrechnung seiner Leistungen verpflichtet.

---

[37] *Kutschera*, GesRZ 2011, 148 (151) mwN.

[38] *J. Hopt/Roth* in *Hopt/Wiedemann*, Aktiengesetz (2005) § 114 Rz 72 ff.

2. Anwaltliche Vertretung von Vorstandsmitgliedern/ Aufsichtsratsmitgliedern/leitenden Angestellten/Aktionären des Unternehmens, bei dem der Rechtsanwalt Aufsichtsratsmitglied ist

Dagegen spricht nichts, sofern es sich dabei um keine Vertretung gegen die Gesellschaft handelt und solange sowohl die Verpflichtungen als Aufsichtsratsmitglied als auch als Rechtsanwalt uneingeschränkt eingehalten werden (s § 10 RL-BA 2015). 82

Wie in Rz 63 ff ausgeführt muss der Rechtsanwalt, der von der Hauptversammlung zum Aufsichtsrat gewählt werden soll, prüfen, ob er derartige Mandate offenlegen muss. Wenn er zu dem Ergebnis kommt, dass sie offenzulegen sind, dann darf das nur nach einer Entbindung von der Verschwiegenheitsverpflichtung durch den jeweiligen Mandanten erfolgen. 83

3. Anwaltliche Vertretung von Unternehmen, die in Konkurrenz zu dem Unternehmen stehen, in dem der Rechtsanwalt Aufsichtsratsmitglied ist

Auch dagegen spricht nichts und es kann – wie bereits unter Rz 33 ausgeführt – auch ein Vorteil sein, wenn der Rechtsanwalt dadurch umfassende Branchenkenntnisse erwirbt. Es kann aber auch sein, dass ein Mandant es nicht akzeptiert, dass sein Rechtsanwalt bei seinem Konkurrenten Aufsichtsrat ist und das zum Mandatsverlust führt. Wie in Rz 63 ff ausgeführt muss der Rechtsanwalt, der von der Hauptversammlung zum Aufsichtsrat gewählt werden soll, prüfen, ob er derartige Mandate offenlegen muss. Wenn er zu dem Ergebnis kommt, dass sie offenzulegen sind, dann darf das nur nach einer Entbindung von der Verschwiegenheitsverpflichtung durch den jeweiligen Mandanten erfolgen. 84

4. Vertretung gegen eine Gesellschaft, in der der Rechtsanwalt Aufsichtsratsmitglied ist

Zentrale Frage dabei ist, ob eine Aufsichtsratstätigkeit in (unzulässiger) Kollision mit bestehenden oder künftigen Rechtsanwaltsmandaten stehen kann. Die einschlägige Norm dazu ist § 10 RAO sowie die dazu ergangene Judikatur des Disziplinarrats und des Verwaltungsgerichtshofs. 85

§ 10 RAO verbietet dem Anwalt in der gleichen Sache die Parteien gegeneinander zu vertreten oder zu beraten und in der gleichen Sache zuerst die eine Partei gegen die andere zu vertreten und dann einen Frontwechsel durchzuführen.[39] Die Judikatur zu § 10 RAO hat die sogenannte materielle Doppelvertretung um die sogenannte unechte oder formelle Doppelvertretung erweitert. Nach der formellen Doppelvertretung ist es dem Rechtsanwalt auch untersagt, gegen einen Klienten ein Gerichtsverfahren in einer Angelegenheit zu führen, die nichts mit dem Mandat, das dieser Klient erteilt hat, zu tun hat.[40] Diese Regelungen gelten für sämtliche Rechtsanwaltsmandate. Sie legen fest, welche Mandate der Rechtsanwalt nicht 86

---

[39] Eigentliche und uneigentliche Doppelvertretung gem § 10 Abs 1, 1. und 2. Satz; vgl *Rohregger* in *Engelhart/Hoffmann/Lehner/Rohregger/Vitek*, RAO[9] § 10 I Rz 5 ff.

[40] AnwBl 2008, 408; AnwBl 2007, 370; AnwBl 2004, 252; AnwBl 1999, 499; AnwBl 1998, 768; AnwBl 1998, 511; AnwBl 1996, 318; AnwBl 1988, 341.

(gleichzeitig) betreuen darf. Aufgrund zahlreicher Kritik wurde das formelle Doppelvertretungsverbot insofern aufgeweicht, als auch hier eine Prüfung anhand materieller Kriterien möglich ist (§ 12a RL-BA 1977 bzw heute § 10 RL-BA 2015).

87 Aufsichtsratsmandate eines Anwalts sind jedenfalls vom Wortlaut des § 10 RAO nicht erfasst. Es stellt sich daher die Frage, ob auf den Rechtsanwalt § 10 RAO analog anzuwenden ist. Gegen eine analoge Anwendung spricht, dass sich die Tätigkeit als Aufsichtsrat grundsätzlich von der als Rechtsanwalt unterscheidet und sich daher Aufsichtsratstätigkeit und Rechtsanwaltstätigkeit schon aus diesem Grund nicht in dem Spannungsfeld gegenüber stehen, das Basis für § 10 RAO ist.

88 Dem gegenüber hat der Ausschuss der Wiener Rechtsanwaltskammer gegenüber einer Rechtsanwältin, die im Publikumsrat des ORF war und nach ihrem Ausscheiden Mandanten gegen den ORF vertreten hat, die Meinung vertreten, dass dies eine unzulässige Doppelvertretung gemäß § 10 RAO sei und die Weisung erteilt, das zu unterlassen. Seine Rechtsmeinung hat der Ausschuss mit einer Meinung von *Krejci*[41] begründet, wonach eine Kollision mit § 10 RAO insbesondere in jenem Fall angenommen werde, in welcher ein Rechtsanwalt die Funktion des Aufsichtsratsmitglieds einer Gesellschaft bekleide und gleichzeitig einen Dritten in Rechtsstreitigkeiten gegen die Gesellschaft berate und vertrete. Der Verwaltungsgerichtshof hat den Bescheid des Ausschusses der Wiener Rechtsanwaltskammer mit der Begründung aufgehoben, dass eine Untersagung der Übernahme von Vertretungen gegen den ORF (nach dem Ausscheiden aus dem Publikumsrat) für die Zukunft und auf zeitlich unbeschränkte Weise nicht gerechtfertigt ist. Obwohl sich der Verwaltungsgerichtshof in diesem Erkenntnis mit § 10 RAO und der dazu ergangenen Judikatur auseinandersetzt und diese Überlegungen auch zum Ergebnis der Entscheidung geführt haben dürften, trifft er keine explizite Aussage darüber, ob § 10 RAO überhaupt anwendbar ist.[42]

89 Es ist davon auszugehen, dass die Disziplinarbehörden im Falle, dass ein Rechtsanwalt einen Klienten gegen eine Gesellschaft vertritt, in der er selbst Aufsichtsrat ist, als unzulässige Doppelvertretung im Sinne des § 10 RAO ansehen würde und es muss davon ausgegangen werden, dass dies auch die Höchstgerichte so bestätigen würden. Unterstellt man dieses Ergebnis und überträgt die zu (konkurrierenden) Rechtsanwaltsmandaten entwickelten Grundsätze auf einen Rechtsanwalt, der Aufsichtsrat bei einer Gesellschaft ist, dann bedeutet das Folgendes:

- Der Rechtsanwalt darf keinen Klienten gegen die Gesellschaft, in der er Aufsichtsrat ist, beraten oder vertreten.
- Der Rechtsanwalt darf auch nach seinem Ausscheiden aus dem Aufsichtsrat für eine „angemessene Frist"[43] keinen Klienten gegen die Gesellschaft beraten oder vertreten. Nach Ablauf dieser Frist ist es aber möglich.

---

41 *Krejci,* RdW 1993/89.

42 VwGH 26.6.2008, 2006/06/0009.

43 Wie lange diese angemessene Frist ist, wird von den Umständen des Einzelfalles abhängen. Sie wird im Normalfall zumindest einige Monate betragen, kann aber unter besonderen Umständen auch deutlich länger sein. Die OBDK erachtet in ihrer Entscheidung 1 Bkd 4/09 vom 22.2.2010 zwanzig Tage jedenfalls nicht als angemessene Frist, auch acht Wochen (Entscheidung der OBDK vom 22.5.2006, 9 Bkd 3/05) sind ihrer Meinung nach nicht ausreichend.

- Wenn der Rechtsanwalt einen Mandanten gegen die Gesellschaft berät oder vertritt, in der er Aufsichtsrat werden möchte, dann muss er zuerst das Mandat kündigen, dann eine „angemessene Frist“ ablaufen lassen und kann erst dann das Aufsichtsratsmandat annehmen.

Im Hinblick auf die jetzt gemäß § 10 RL-BA 2015 durchzuführende Interessenskollisionsprüfung nach materiellen Aspekten, sollte die Tätigkeit im Aufsichtsrat einer Versicherungsgesellschaft und das gleichzeitige Führen eines Gerichtsverfahrens in einer Standardhaftpflichtcausa eigentlich zu keiner unzulässigen Kollision führen. Anders wäre das zweifelsohne dann, wenn es sich um ein für die Versicherungsgesellschaft wesentliches Verfahren handelt. Umgekehrt führt diese materielle Betrachtungsweise dazu, dass es fraglich ist, ob ein Rechtsanwalt im Aufsichtsrat der Muttergesellschaft tätig sein darf und zugleich in einem Gerichtsverfahren in einer für eine Tochtergesellschaft wesentlichen Angelegenheit die Gegenseite vertreten darf. 90

5. Beispiel für Konkurrenz von anwaltlicher Verschwiegenheitsverpflichtung und gesellschaftsrechtlicher Verpflichtung als Aufsichtsrat

a) Fallbeispiel: Ein ehemaliger Mandant bewirbt sich als Vorstandsmitglied

Ein ehemaliger Mandant bewirbt sich auf die ausgeschriebene Vorstandsposition in jener börsenotierten Gesellschaft, in der der Rechtsanwalt Mitglied des Aufsichtsrates ist. Der Rechtsanwalt weiß aufgrund seiner früheren Mandatierung etwas Negatives über den ehemaligen Mandanten (zB Spielsucht, Steuerhinterziehung etc) das ihn für die Vorstandsposition ungeeignet macht. Wie soll der Rechtsanwalt mit dieser Situation umgehen? 91

Die anwaltliche Verschwiegenheitspflicht gilt zeitlich unbegrenzt. Der Klient muss absolut sichergehen können, dass Tatsachen, die seinem Anwalt bei der Vertretung bekannt geworden sind, nie und unter keinen Umständen gegen ihn verwendet werden können.[44] Im Fallbeispiel steht also fest, dass der Rechtsanwalt zur Verschwiegenheit verpflichtet ist. Unabhängig davon, wie lange das Mandat zurückliegt. Dass dem ehemaligen Mandanten durch die Offenlegung dieser negativen Informationen über ihn Nachteile drohen, ist evident. Er hätte keine Chance darauf den Vorstandsposten zu bekommen, wenn der Aufsichtsrat diese Informationen hätte. 92

Aus der Sicht des Gesellschaftsrechtes ist der Rechtsanwalt als Aufsichtsrat zweifelsohne verpflichtet, alles zu tun, um den Schaden zu verhindern, der durch eine Bestellung des ehemaligen Mandanten zum Vorstandsmitglied droht. 93

Der Rechtsanwalt steht daher zwei einander widersprechender Pflichten gegenüber und kann damit wie folgt umgehen: 94

Er kann versuchen den ehemaligen Mandanten – in einem Vieraugengespräch und unter Einhaltung der Verschwiegenheitsverpflichtung – davon zu überzeugen, 95

[44] OBDK 4 Bkd 3/04, AnwBl 2005, 295 mit Anm *Strigl*; *Scheuba* in *Csoklich/Scheuba*, Standesrecht (2014) 56, 57.

dass es für ihn besser wäre seine Bewerbung zurückzuziehen, weil das Risiko sehr groß ist, dass sein „Makel“ bekannt wird und er mit Schimpf und Schande und unter medialer Begleitung vorzeitig abberufen wird. Wenn der Rechtsanwalt gleichzeitig vermittelt, dass er – ohne gegen seine Verschwiegenheitsverpflichtung zu verstoßen – sich gegen die Bestellung zum Vorstand aussprechen wird, dann sollte es im Normalfall wohl möglich sein, den ehemaligen Mandanten dazu zu bringen, seine Bewerbung freiwillig zurückzuziehen.

96 Wenn der ehemalige Mandant nicht bereit ist, seine Bewerbung zurückzuziehen, dann könnte ihn der Rechtsanwalt auch noch fragen, ob er ihn von der Verschwiegenheitsverpflichtung entbindet und damit die Möglichkeit besteht, die Angelegenheit offen im Aufsichtsrat zu diskutieren. Dem wird der ehemalige Mandant wohl nur dann zustimmen, wenn er – anders als sein ehemaliger Rechtsanwalt – davon überzeugt ist, dass er auch bei Offenlegung aller Umstände vom Aufsichtsrat zum Vorstandsmitglied bestellt würde.

97 Gelingt es dem Rechtsanwalt aber nicht den ehemaligen Mandanten entweder dazu zu bringen seine Bewerbung freiwillig zurückzuziehen oder ihn von seiner Verschwiegenheitsverpflichtung zu entbinden, dann stellt sich für den Rechtsanwalt die Frage, welche Schritte er setzen darf, um die Bestellung des ehemaligen Mandanten zum Vorstand zu verhindern, ohne dabei seine Verschwiegenheitsverpflichtung zu verletzen. Der sich in einer derartigen Situation anbietende Umgang mit einer Pflichtenkollision nämlich sich der Stimme zu enthalten bzw darüber hinaus auch an der Sitzung nicht teilzunehmen, würde zwar wohl der anwaltlichen Verschwiegenheitsverpflichtung gerecht werden, nicht aber der gesellschaftsrechtlichen Verpflichtung als Aufsichtsrat die Bestellung zum Vorstand zu verhindern. Wahrscheinlich würde der Rechtsanwalt dadurch, dass er seinen Aufsichtsratskollegen nur mitteilt, dass er gegen die Bestellung des Vorstandsmitglieds ist, noch nicht gegen seine Verschwiegenheitsverpflichtung gegenüber dem ehemaligen Mandanten verstoßen. Freilich dürfte er – ohne vom ehemaligen Mandanten entbunden zu sein – weder mitteilen, dass es sich um einen ehemaligen Mandanten handelt, noch was er anlässlich der Vertretungstätigkeit über ihn erfahren hat. Gelingt es dem Rechtsanwalt auch durch sein negatives Votum nicht die anderen Mitglieder des Aufsichtsrats davon zu überzeugen, dass der ehemalige Mandant nicht bestellt werden soll, dann muss sich der Rechtsanwalt entscheiden, welchen Regelbruch er begeht. Entweder er bricht seine Verschwiegenheitsverpflichtung und verhindert damit, dass der ehemalige Mandant zum Vorstand bestellt wird oder er verstößt gegen seine gesellschaftsrechtliche Verpflichtung, zu verhindern, dass es zu dieser Vorstandsbestellung kommt.

98 Im Falle des Bruchs der anwaltlichen Verschwiegenheitsverpflichtung könnte der Rechtsanwalt zwar gegenüber der Disziplinarbehörde versuchen, dies als eine rechtfertigende „Notstandshandlung“ zu argumentieren, im Hinblick auf den Stellenwert, den die Verschwiegenheitsverpflichtung für Rechtsanwälte hat, ist aber damit zu rechnen, dass es zu einer disziplinären Verurteilung kommen würde. Außerdem müsste der Rechtsanwalt damit rechnen, dass ihn der ehemalige Mandant auf Ersatz des Schadens klagen würde, den er durch den Bruch der Verschwiegenheitsverletzung erleiden würde. Der ehemalige Mandant könnte beispielsweise

behaupten, dass er von seiner Spielsucht – sollte er überhaupt darunter jemals gelitten haben und es dem Beklagten gelingen das zu beweisen – jedenfalls geheilt sei und er durch die unrichtigen Behauptungen seines ehemaligen Anwaltes einen Schaden in Höhe des Vorstandsbezuges erlitten hat.

Wenn der Rechtsanwalt seine Verschwiegenheitsverpflichtung nicht bricht und der ehemalige Mandant deswegen zum Vorstand bestellt wird und die Gesellschaft in der Folge ein Schaden entsteht, dann wird der Rechtsanwalt in einem Schadenersatzprozess sich damit zu rechtfertigen versuchen, dass er alles ihm zumutbare und gesetzlich Erlaubte versucht hat, die Bestellung zu verhindern. Der Schaden der Gesellschaft könnte darin bestehen, dass sie den Vorstand bei Bekanntwerden seines „Makels" auf Grund negativer sich auf den Börsenkurs auswirkenden Berichterstattungen vorzeitig abberufen müsste, es aber keinen ausreichend wichtigen Grund für eine kostengünstige vorzeitige Auflösung des Vorstandsvertrages gibt. Er könnte aber auch darin bestehen, dass das Vorstandsmitglied wegen seiner nach wie vor bestehenden Spielsucht mit den Mitteln der Gesellschaft ein hochriskantes zB Devisenspekulationsgeschäft abschließt, das zu einem großen Verlust führt. Wenn der ehemalige Mandant (mit den Stimmen der anderen Aufsichtsratsmitglieder) zum Vorstand bestellt wird, wird der Rechtsanwalt jedenfalls sein Aufsichtsratsmandat zurücklegen müssen. 99

G. Rechtsanwalt und Aufsichtsrat bei börsenotierten Unternehmen

Gemäß C-Regel 49 des ÖCGK idF 2015 hat die Gesellschaft im Corporate Governance Bericht Gegenstand und Entgelt von mit Aufsichtsratsmitgliedern abgeschlossenen Beratungsverträgen zu veröffentlichen. 100

Gemäß C-Regel 53 des ÖCGK idF 2015 soll die Mehrheit der von der Hauptversammlung gewählten oder von Aktionären entsandten Mitgliedern des Aufsichtsrats von der Gesellschaft und deren Vorstand unabhängig sein. Ein Aufsichtsratsmitglied ist danach als unabhängig anzusehen, wenn es in keiner geschäftlichen oder persönlichen Beziehung zu der Gesellschaft oder deren Vorstand steht, die einen materiellen Interessenskonflikt begründet und daher geeignet ist, das Verhalten des Mitglieds zu beeinflussen. 101

In den im Anhang 1 zum ÖCGK idF 2015 angeführten Leitlinien für die Unabhängigkeit von Aufsichtsratsmitgliedern wird einerseits verlangt, dass das Aufsichtsratsmitglied keine für das Aufsichtsratsmitglied bedeutsame Geschäftsbeziehung zur Gesellschaft unterhält oder im letzten Jahr unterhalten hat und andererseits aber auch festgehalten, dass die Genehmigung einzelner Geschäfte durch den Aufsichtsrat gemäß L-Regel 48 nicht automatisch zur Qualifikation als nicht unabhängig führen soll. Ob ein Aufsichtsrat, der die Gesellschaft anwaltlich mit Zustimmung gemäß § 95 Abs 5 Z 12 AktG berät als unabhängig im Sinne der C-Regel 53 des ÖCGK gilt, geht aus dem Text nicht ohne weiteres hervor. Die Voraussetzung für eine Erteilung einer Zustimmung gemäß § 95 Abs 5 Z 12 AktG zur Beratung der Gesellschaft durch ein Aufsichtsratsmitglied ist, dass dieser seine Unabhängigkeit gegenüber dem Vorstand vor allem wegen einer wirtschaftlichen

Abhängigkeit aufgrund hoher Honorare, die ihm die Gesellschaft bezahlt, nicht verliert, daher sollte man meinen, dass das mit der Prüfung und Bewilligung durch den Aufsichtsrat die Unabhängigkeit im Hinblick auf diese Tätigkeit attestiert ist. Da im Anhang 1 aber ausdrücklich festgehalten wird, dass eine Genehmigung durch den Aufsichtsrat nicht automatisch zur Qualifikation als unabhängig führt, stellt sich die Frage, wann ein Aufsichtsrat, der die Gesellschaft mit Zustimmung des Aufsichtsrats gemäß § 95 Abs 5 Z 12 AktG berät, auch als unabhängig im Sinne der C-Regel 53 des ÖCGK idF 2015 (nicht) gilt. Denkbar wäre folgender Fall, wo ein Aufsichtsrat als anwaltlicher Berater trotz Zustimmung gemäß § 95 Abs 5 Z 12 AktG nicht unabhängig im Sinne der C-Regel 53 des ÖCGK wäre: Der Aufsichtsrat hat einer anwaltlichen Beratung in einem für das Aufsichtsratsmitglied bedeutenden Umfang zugestimmt, weil er im konkreten Fall der Meinung war, dass das Aufsichtsratsmitglied trotzdem seine Unabhängigkeit nicht verloren hat. Im Sinne der C-Regel 53 des ÖCGK kann aber die bloße Tatsache, dass das Aufsichtsratsmitglied in einem bedeutenden Umfang für die Gesellschaft tätig war oder ist, zum Verlust der Unabhängigkeit führen.

Da im Regelfall der Aufsichtsrat die Zustimmung zu einer anwaltlichen Beratung durch ein Aufsichtsratsmitglied gemäß § 95 Abs 5 Z 12 AktG nur erteilen wird, wenn die Beratungstätigkeit in keinem für das Aufsichtsratsmitglied bedeutenden Umfang stattfindet, wird im Normalfall ein Aufsichtsratsmitglied, das mit Zustimmung des Aufsichtsrats die Gesellschaft berät, im Hinblick auf diese Tätigkeit (und bei Einhaltung aller anderen Voraussetzungen) als unabhängig im Sinne der C-Regel 53 des ÖCGK gelten.

102 Gemäß der L-Regel 40 des ÖCGK (§ 92 Abs 4a AktG, der auch für sehr große nicht börsenotierte Gesellschaften gilt) ist ein Prüfungsausschuss einzurichten, dem auch ein Finanzexperte angehören muss. Sowohl der Vorsitzende als auch der Finanzexperte müssen unabhängig und unbefangen sein. Prinzipiell wird ein Aufsichtsratsmitglied, das entweder Vorsitzender des Prüfungsausschusses oder – bei entsprechender Qualifikation – Finanzexperte des Prüfungsausschusses ist – mit Zustimmung des Aufsichtsrats gemäß § 95 Abs 5 Z 12 AktG – die Gesellschaft auch anwaltlich beraten dürfen.

H. Rechtsanwalt und Aufsichtsrat bei Kreditinstituten

103 Nach § 63a Abs 4 BWG müssen Kreditinstitute, deren Bilanzsumme 1 Milliarde Euro übersteigt oder die übertragbare Wertpapiere ausgegeben haben, einen Prüfungsausschuss einrichten. Der Ausschuss muss aus mindestens drei Mitgliedern bestehen.

104 Wie bei börsenotierten Unternehmen und sehr großen Gesellschaften (Rz 102) müssen der Vorsitzende und der Finanzexperte unabhängig sein. Auch hier ist davon auszugehen, dass ein Aufsichtsrat, der im Prüfungsausschuss als Vorsitzender – oder bei entsprechender Qualifikation als Finanzexperte tätig ist – mit Zustimmung des Aufsichtsrats gemäß § 95 Abs 5 Z 12 AktG die Gesellschaft anwaltlich beraten kann.

I. Rechtsanwalt und Aufsichtsrat bei öffentlichen Unternehmen

Nach der C-Regel 11.6.5 B-PCGK soll das Unternehmen mit Mitgliedern des Überwachungsorgans keine Dienstleistungs- und Werkverträge abschließen und diesen keine Leistungen in einer Weise vergünstigt erbringen, die nicht auch für andere Kunden offenstehen. Nach der L-Regel 14.2.5.4 des B-PCGK sind Dienstleistungs- und Werkverträge von Mitgliedern eines Überwachungsorgans mit dem Unternehmen im Anhang des Jahresabschlusses darzustellen. 105

Ein Aufsichtsratsmitglied in einem Unternehmen für das der B-PCGK gilt (s *Kalss/Kunz* Rz 34/80 ff), kann zwar – mit Zustimmung des Aufsichtsrats gemäß § 95 Abs 5 Z 12 AktG– mit der anwaltlichen Beratung der Gesellschaft beauftragt werden; wegen der Empfehlung dies nicht zu tun, wird es für eine derartige Beauftragung wohl einer besonderen Begründung bedürfen. Eine derartige Beauftragung ist jedenfalls im Corporate Governance Bericht festzuhalten und im Anhang des Jahresabschlusses darzustellen 106

J. Gibt es eine D&O Versicherung?

Dem Nachteil, dass eine D&O Versicherung in manchen Fällen überhaupt erst ein Begehren nach Schadenersatz auslöst, wohl steht der als größer zu bewertende Vorteil gegenüber, dass sie – innerhalb eines bestimmten Rahmens – das Aufsichtsratsmitglied vor persönlicher Inanspruchnahme schützt und der Gesellschaft auch große Schäden ersetzt werden. Ob eine D&O Versicherung einen ausreichenden Schutz bietet, hängt nicht nur von der Versicherungssumme ab, sondern genauso von den oft sehr umfangreichen und nicht immer leicht verständlichen Versicherungsbedingungen, die den Polizzen zugrunde liegen. Um einigermaßen abschätzen zu können, ob die D&O Versicherung einen ausreichenden Schutz bietet, ist es sinnvoll die Versicherungsbedingungen unter Berücksichtigung aus der zu erwartenden Tätigkeit wahrscheinlich resultierenden Risiken – allenfalls unter Beiziehung eines Experten – genau zu prüfen. (s *Ramharter* Rz 47/40 ff, 51 ff) 107

K. Ist die Vergütung angemessen?

Obwohl Aufsichtsratsvergütungen in den letzten Jahren in einigen Gesellschaften angehoben wurden, liegen sie in Österreich nach wie vor weit unter dem Niveau in Deutschland, und sind im Normalfall für eine professionelle Betreuung eines Aufsichtsratsmandates keine adäquate Entlohnung. Das hängt sicher auch damit zusammen, dass es in der Vergangenheit in vielen Gesellschaften üblich war, nur die gesetzlich vorgesehenen vier Aufsichtsratssitzungen pro Jahr in ziemlich straffer und komprimierter Form abzuhalten und sich der Vorbereitungsaufwand sehr in Grenzen gehalten hat. Aufgrund der sich geänderten Gesamtumstände und des viel realistischeren Haftungsrisikos als je zuvor wird die Aufsichtsratstätigkeit – wo das nicht ohnehin schon der Fall ist – wesentlich zeitintensiver werden. 108

Je nach Größe der Aktiengesellschaft wird man eher von sechs bis acht Aufsichtsratssitzungen, die zumindest zwei bis drei Stunden dauern, und einen Vorbereitungsaufwand von je zumindest fünf bis acht Stunden ausgehen müssen. Dazu kommt noch eine eventuelle Tätigkeit in Ausschüssen, sodass man – ohne Kri- 109 senszenarien und Zeitaufwand für einschlägige Fortbildung – von zumindest 100 Stunden pro Jahr ausgehen wird müssen und bei einem Aufsichtsratsvorsitzenden entsprechend mehr. Aus der Sicht des Rechtsanwaltes wird die Aufsichtsratsvergütung dann angemessen sein, wenn er in etwa den um einen Risikozuschlag erhöhten Stundensatz, den er normalerweise verrechnen kann, damit erwirtschaftet. Im Hinblick auf die unbeschränkte und unbeschränkbare Haftung ist – für diese interne Kalkulation – ein Risikozuschlag von 50 bis 100 % sicherlich angebracht.

110 Einem entsendeten Aufsichtsratsmitglied steht es frei, zusätzlich zu der vielleicht nicht angemessenen Aufsichtsratsvergütung mit dem entsendenden Aktionär eine Vergütung zu vereinbaren. Diese Vergütung, die ja nicht von der Gesellschaft, sondern von einem Aktionär geleistet wird, unterliegt – anders als die von der Gesellschaft geleistete Aufsichtsratsvergütung oder eine von der Gesellschaft geleistete Honorarzahlung – keinerlei aktienrechtlichen Beschränkungen.[45]

L. Kann ich mit der unbeschränkten und unbeschränkbaren Haftung und auch der strafrechtlichen Verantwortung leben?

111 Rechtsanwälte sind es zwar gewohnt, für ihre Tätigkeit persönlich zu haften, die Haftung ist aber durch eine Vereinbarung mit dem Mandanten beschränkbar.[46] Darüber hinaus ist der Rechtsanwalt verpflichtet, eine Haftpflichtversicherung[47] abzuschließen, die allfällige Schäden – bis zur vereinbarten Höchstsumme – abdeckt.

112 Dem gegenüber besteht für die Tätigkeit als Aufsichtsrat eine unbeschränkbare Haftung aber auch eine strafrechtliche Verantwortung. Die zivilrechtliche unbeschränkte und unbeschränkbare Haftung kann einerseits durch eine D & O Versicherung (s *Ramharter* Rz 47/40 ff, 51 ff) „gemildert“ werden und andererseits kann ein Dritter zB der entsendungsberechtigte Aktionär eine Schad- und Klagloserklärung gegenüber dem Aufsichtsratsmitglied abgeben.[48] Der Wert einer derartigen Schad- und Klagloserklärung hängt natürlich von der Bonität des entsendungsberechtigten Aktionärs ab.

M. Welches Risiko eines Imageverlustes besteht?

113 Während die Tätigkeit in einer renommierten Gesellschaft, die erfolgreich und in keinerlei Skandale verwickelt ist, zu einem Imagegewinn führen kann, kann sich das dann rasch ändern, wenn diese Gesellschaft – aus welchen Gründen auch immer – negative Schlagzeilen macht. So kann es passieren, dass man einen renommierten Rechtsanwalt, ohne dass ihn irgendein Verschulden daran trifft, über einen längeren Zeitraum ständig in Verbindung mit einem Skandal bringt.

---

45 *Strasser* in *Jabornegg/Strasser*, AktG[5] §§ 87–89 Rz 22.
46 *Feil/Wennig*, Anwaltsrecht[4] 665.
47 § 21 RAO.
48 *Kittel*, Handbuch für Aufsichtsratsmitglieder, 382 ff.

N. Bekomme ich Probleme mit meiner Sozietät?

Ein Rechtsanwalt, der seinen Beruf nicht alleine, sondern in einer Sozietät[49] ausübt, wird vor Annahme eines Mandats als Aufsichtsrat als Erstes einen Blick in den Sozietätsvertrag werfen müssen. In vielen Sozietäten bedarf die Übernahme eines Aufsichtsratsmandats wegen der auf die Sozietät ausstrahlenden Auswirkungen einer Zustimmung der anderen Partner. 114

Aus der Sicht der Sozietät des Rechtsanwalts, der Aufsichtsrat werden möchte, ist vor allem zu bedenken, in wie weit sich die in Rz 75 ff dargelegten standesrechtlichen Beschränkungen auf die gesamte anwaltliche Tätigkeit der Sozietät auswirken. Fest steht, dass die von der Disziplinarbehörde entwickelten Grundsätze zu konkurrierenden Rechtsanwaltsmandaten im Sinne des § 10 RAO auf die Sozietät ausgedehnt werden. Da davon auszugehen ist, dass die Disziplinarbehörde die zu § 10 RAO entwickelten Grundsätze auch auf ein Rechtsanwaltsmandat, das in Konkurrenz zu einem Aufsichtsratsmandat steht, anwenden würde, muss daher in weiterer Folge auch damit gerechnet werden, dass dies auch für die Sozietät des Rechtsanwalts gelten wird. 115

Was die anwaltliche Vertretung der Gesellschaft, in der der Rechtsanwalt Aufsichtsrat ist, durch die Sozietät betrifft, so ist dies mit Zustimmung des Aufsichtsrats gem § 95 Abs 5 Z 12 AktG bzw § 30j Abs 2 Z 10 GmbHG möglich. Das in diesen Gesetzesbestimmungen geforderte erhebliche wirtschaftliche Interesse des Aufsichtsratsmitglieds wird im Normalfall bei Beratungsverträgen zwischen der Sozietät und der Gesellschaft, in der einer der Partner Aufsichtsrat ist, jedenfalls gegeben sein (s *Kalss* Rz 13/26 ff). Zu den darüber hinausgehenden Überlegungen, die Für und Wider eine Beratungstätigkeit der Sozietät in einem derartigen Fall sprechen s Rz 77 ff. 116

Weiters wird aus der Sicht der Sozietät zu überlegen sein, wie mit der Tatsache, dass die Aufsichtsratsvergütung – zumindest nach bisheriger Praxis – meistens im Verhältnis zu dem, was der Partner in der der für die Aufsichtsratstätigkeit verwendeten Zeit mit anwaltlicher Tätigkeit erwirtschaften hätte können, deutlich zu gering ist. Dabei wird es eine wesentliche Rolle spielen, welches Gewinnverteilungssystem es in der Sozietät gibt. 117

Die Sozietät wird sich zwar vielleicht über einen Renommeegewinn an dem sie mitpartizipiert freuen, sie wird sich aber umgekehrt bei einem Renommeeverlust, der sie in die Medien bringt, zumindest ärgern. 118

VIII. Der Rechtsanwalt als entsandtes oder nominiertes Aufsichtsratsmitglied

In der Praxis werden Rechtsanwälte oft von Aktionären in Aufsichtsräte entsandt bzw nominiert[50] (s *Kalss* Rz 9/37 ff). Grund für die Bestellung ist hier das Vertrauensverhältnis zum entsendenden bzw nominierenden Aktionär, dem es im 119

[49] Derzeit stehen für die Zusammenarbeit von Anwälten gemäß § 1a RAO die GesbR, die OG, die KG und die GmbH zur Verfügung.

[50] § 88 AktG; § 30c GmbHG.

Normalfall mehr um die Vertretung seiner Interessen als um die Aufwertung des Aufsichtsrats durch einen juristischen Experten geht.

120 Wie bereits unter Rz 69 ausgeführt muss der Rechtsanwalt dem entsendenden bzw nominierenden Aktionär vor Übernahme eines derartigen Mandates sehr klar machen, dass die Vertretung der Interessen des Mandanten durch das Wohl des Unternehmens, das von ihm als Aufsichtsratsmitglied immer zu beachten ist, beschränkt ist.[51]

121 Wie ebenso bereits unter Rz 69 dargestellt, wird das Rechtsverhältnis zwischen dem entsendenden bzw nominierenden Aktionär und dem Aufsichtsrat ein Geschäftsbesorgungsverhältnis sein. Im Rahmen dieses Verhältnisses sollten die gegenseitigen Rechte und Pflichten, zu denen auch eine zusätzliche Entlohnung (s Rz 110) und eine Schad- und Klagloserklärung (s Rz 112) zählen können, geregelt werden.

IX. Exkurs: Die steuerliche Behandlung der Aufsichtsratsvergütung

A. Bei der Gesellschaft

122 Aufsichtsratsvergütungen sind bei der Gesellschaft nach § 12 Abs 1 Z 7 KStG nur zur Hälfte als Betriebsausgabe abzugsfähig. Das gilt auch für Reisekostenersätze, soweit sie die in § 26 Z 4 des Einkommensteuergesetzes angeführten Sätze übersteigen, nicht aber für sonstigen tatsächlich entstandenen Aufwand soweit dieser dem Aufsichtsratsmitglied gesondert erstattet worden ist.

123 Warum der Gesetzgeber Aufsichtsratsvergütungen nicht genauso zur Gänze wie zB Vorstandsvergütungen oder die Honorare der Abschlussprüfer als Betriebsausgabe anerkennt, ist nicht nachvollziehbar, da der Aufsichtsrat genauso wie der Abschlussprüfer eine Kontrolltätigkeit ausübt und das Aufsichtsratsmitglied die erhaltene Vergütung ohnehin versteuern muss. Diese Bestimmung hat mehr und mehr einen kontraproduktiven Lenkungseffekt, da manche Aufsichtsräte ihre Tätigkeit, wie auch von allen Seiten gefordert, zunehmend stärker und intensiver als bisher ausüben werden müssen. Dies werden sie realistischer Weise nur tun, wenn die Aufsichtsratstätigkeit adäquat vergütet wird. Die derzeitige, diskriminierende Gesetzeslage führt dazu, dass jede Erhöhung der Aufsichtsratsvergütung der Gesellschaft viel teurer kommt, als eine gleich große Anhebung zB der Vorstandsvergütung. Würde man das Gesamtentgelt, das für Vorstand bzw Geschäftsführer und Aufsichtsrat von der Gesellschaft aufgewendet wird dahingehend umschichten, dass der Vorstand bzw die Geschäftsführer etwas weniger und der Aufsichtsrat etwas mehr bekommt, dann wäre das im Ergebnis für die Gesellschaft teurer, weil die Hälfte der Aufsichtsratvergütungen nicht als Betriebsausgabe anerkannt wird. Ein Abgehen vom Abzugsverbot für Aufsichtsratvergütungen wäre im Hinblick auf die überall geforderte Ausweitung und Intensivierung der Aufsichtsratstätigkeit notwendig.

---

[51] *Kalss,* GesRZ 137, 2010; *Nowotny*, RdW 1999/287; *G Schima*, Zur Effizienz von Syndikatsverträgen, insbesondere bei der AG, Festschrift Heinz Krejci (2001) 840.

B. Beim Aufsichtsrat, der Rechtsanwalt ist

Vergütungen des Aufsichtsrats stellen beim Rechtsanwalt grundsätzlich Einkünfte aus sonstiger selbständiger Arbeit im Sinne des § 22 Z 2 EStG dar. Zu den Einkünften als Aufsichtsrat zählen alle geldwerten Vorteile, das können neben den Aufsichtsratvergütungen auch Sitzungsgelder, Tagesgelder, Aufwandsentschädigungen, Reisekostenersätze sein, die der Aufsichtsrat im Rahmen seiner Tätigkeit erzielt. **124**

Mit nunmehriger Neufassung der Rz 104 im EStR-Wartungserlass 2009 kann ein Rechtsanwalt seit 1.1.2010 seine Tätigkeit als Aufsichtsrat, die grundsätzlich eine höchstpersönliche Tätigkeit ist, über eine Rechtsanwalts-GmbH, an der er selbst beteiligt und Geschäftsführer ist, abrechnen. Dies ist jedoch nur unter der Voraussetzung, dass seine Tätigkeit als Aufsichtsrat bloßer Ausfluss der eigenbetrieblichen Tätigkeit der Kapitalgesellschaft (Gesellschaft ist Klient der Anwalts-GmbH) ist. In diesem Fall erfolgt keine direkte Zurechnung der Einkünfte beim Rechtsanwalt als natürliche Person.[52] **125**

Leistungen des Aufsichtsrats sind gemäß § 6 Abs 1 Z 9 lit b UStG unecht von der Umsatzsteuer befreit. Das bedeutet auf der einen Seite, dass keine Umsatzsteuer in Rechnung gestellt wird, auf der anderen Seite, dass kein Vorsteuerabzug zusteht. Von der Befreiung sind Vergütungen jeder Art einschließlich Reisekostenersätze erfasst, die ein Entgelt für die Überwachung der Geschäftsführung darstellen. **126**

---

52 *Bergmann,* Einkünftezurechnung bei „zwischengeschalteten" Kapitalgesellschaften – Die neue Rz 104 der EStR 2000, GES 2010/2, 83 ff; *Renner,* Aufsichtsrat, Künstler, Schriftsteller und Sportler als GmbH? RdW 2010/184 ff.

Der hauptberufliche Aufsichtsrat

Wilfried Stadler

In den vergangenen Jahren sind die Erwartungen an die Qualität der Arbeit von Aufsichtsräten deutlich gewachsen. Im Zuge einer stärkeren Kapitalmarkt-Orientierung und steigender Forderungen aller Anspruchsgruppen an das Management haben sich Vorstellungen von sachgerechter Gremienarbeit herausgebildet, die mit dem früheren (Zerr-)Bild einer oft unverbindlichen Ehrenfunktion nur mehr wenig zu tun haben. Auch eine seit der Finanzkrise kritischere Medien-Öffentlichkeit und steigende Haftungsrisiken tragen dazu bei, dass sich das **Rollenbild von Aufsichtsräten** auch in mittleren und kleineren Kapitalgesellschaften zusehends an zeitgemäßen Formen von Corporate Governance orientiert. Vor dem Hintergrund dieser unaufhaltsamen Tendenz zur Professionalisierung entscheidet sich eine zunehmende Anzahl von Personen dafür, die Ausübung von Funktionen in Aufsichtsräten und Beiratsgremien zum Schwerpunkt ihrer (frei-)beruflichen Tätigkeit zu machen.

Gliederung **Rz**

I. Corporate Governance: eine neue Unternehmenskultur

Es wäre glatte Geschichtsfälschung, würde man alle traditionellen Formen der Aufgabenerfüllung von Aufsichtsräten ex post für ungenügend erklären. Immerhin fanden die Gremien von Kapitalgesellschaften über Jahrzehnte mit dem Aktiengesetz als einem soliden Referenzrahmen für korrektes und professionelles Handeln das Auslangen. Die überwiegende Zahl der erfolgreichen Unternehmen war durch **sachgerechte Formen der „Gewaltenteilung“** zwischen Geschäftsleitung, Aufsichtsgremium und Hauptversammlung geprägt. Eine unzulässige Vermengung der Interessensphären blieb die Ausnahme. 1

Mit zunehmender Ausrichtung an der anglo-amerikanischen **Kapitalmarktorientierung** verfestigte sich allerdings seit Ende der Neunzigerjahre die Vorstel- 2 lung, es sei mit den Bestimmungen des Aktienrechtes nicht mehr das Auslangen zu finden. Die beeindruckend klare, den Zielkonflikt zwischen Shareholder- und Stakeholder-Interessen beschreibende Definition der Aufgaben des Vorstandes im Aktiengesetz schien als Handlungsmaßstab für den Aufsichtsrat nicht mehr zu genügen.[1]

3 Unter Hinweis auf Fehlentwicklungen, wie sie sich in jeder lebendigen Wirklichkeit im Vergleich zu normierten Leitbildern zeigen, wurden die traditionellen Normen des Aktiengesetzes für ungenügend erklärt und mit Idealvorstellungen verglichen, die aus der Vorstellungswelt börsennotierter Publikumsgesellschaften stammten. Über das Aktienrecht hinausgehende, **ergänzende Spielregeln** sollten sicherstellen, dass das Richtige geschah. An zahlreichen Finanzmärkten zeitgleich entstehende Corporate-Governance-Codices bemühten sich um Präzisierung des Rollenbildes von Aufsichtsräten.

4 Begrenzung der Dauer der Angehörigkeit zu einem Gremium, Begrenzung des Lebensalters, bis zu dem man als aufsichtsratstauglich gelten durfte, Einführung einer verbindlichen „cooling off"-Periode zwischen Vorstandsfunktion und Einzug in das Aufsichtsgremiums eines Unternehmens: diese Beispiele stehen für ein ganzes Bündel an Regelungen, deren Einführung stillschweigend zu einer **Umkehr der Beweislast** hinsichtlich der Einhaltung aufsichtsrechtlicher Tugenden führte.

5 Zunächst wurde die Corporate-Governance-Bewegtheit allgemein begrüßt. Sie galt als Wundermittel gegen den vermuteten Trott aufsichtsrechtlicher Routine in herkömmlichen Gremien, aber auch als willkommene Begründung für Aufräumarbeiten in den vertraulichen Hinterzimmern jener „Deutschland AG", die zum Symbol einer aktionärsfeindlichen Seilschaft einander privilegierender Räte kritisiert geworden war.

II. „Comply or explain": Der Imperativ kapitalmarktorientierter Unternehmensführung

6 Die Überzeichnung von in der überkommenen Aufsichtspraxis durchaus feststellbaren Missständen war jedoch begleitet von einer Überzeichnung der Vorteile des neuen Ansatzes. Die an eine immer weitergehende, immer detailreichere Regulierung und Normierung unternehmerischer Realverfassungen geknüpften Erwartungen wuchsen nahezu ins Unerfüllbare. Als übergeordnete Begründung diente die vermeintliche Notwendigkeit, sich der als vorbildhaft dargestellten angloamerikanischen Kapitalmarktkultur möglichst weit anzunähern.

7 Das gebieterische „Comply or explain" fand nicht nur auf die Erfüllung von Governance-Regeln Anwendung, sondern wurde unausgesprochen zu einem alle Bereiche der Unternehmenswelt durchziehenden Imperativ der Angleichung der Unternehmensverfassung an **angloamerikanische Vorbilder**. Die Überzeugung

[1] § 70 AktGes „Der Vorstand hat die Gesellschaft so zu leiten, wie es das Wohl des Unternehmens unter Berücksichtigung der Interessen der Aktionäre und der Arbeitnehmer sowie des öffentlichen Interesses erfordert."

von der Tauglichkeit zeitpunktbezogener Marktwerte als Signale für finanzwirtschaftliche Dispositionen führte bald zu einem allgemein geteilten Glauben an die Überlegenheit des kapitalmarktorientierten Ansatzes. Die „efficient market hypothesis" – verkürzt wiedergegeben im Mantra „Der Markt hat immer Recht" – lieferte die dazu passende akademische Rechtfertigung.

Über viele Jahre sah sich die kontinentaleuropäische Unternehmenswelt mit ihrer traditionellen Unternehmensverfassung in der Defensive. Über den Atlantik – und den Ärmelkanal – drängte der Appell des „Comply or explain" auf das Abrücken von vermeintlich überkommenen Finanzierungstraditionen. Gefordert wurde nicht weniger als eine grundlegende Änderung des Referenzrahmens, an dem gute Unternehmensführung zu messen ist. Schließlich führte die vermeintliche Überlegenheit einer am Kapitaleigner-Mehrwert orientierten Finanzmarktkultur zur Revision lange bewährter Finanzierungsgrundsätze. Viele der angeblich behäbigen Unternehmen Kontinentaleuropas mit ihren oft über lange Generationen hinweg familiengeprägten Eigentümerstrukturen blieben allerdings bis zuletzt skeptisch. 8

Selbst der im Gefolge der „New Economy"-Krise des Jahres 2000 aufgetretene Fall Enron führte nicht zu mehr Nachdenklichkeit auf dem Weg in die schöne neue Kapitalmarktwelt. Dabei hätte die dadurch ausgelöste Verstrengerung der Regeln für an US-Börsen notierende Unternehmen – einschließlich des im „Sarbanes-Oxley-Act" verankerten Zwanges, das Management auf die von ihm verkündeten Bilanzergebnisse vereidigen zu lassen – wohl ausreichend Anlass zur kritischen Überprüfung der Überlegenheits-Hypothese geboten. 9

Der Aufeinanderprall der angloamerikanischen mit der kontinentaleuropäischen Finanzierungskultur führte insbesondere im finanzwirtschaftlichen Bereich zu einem „Clash of Cultures", dessen Auswirkungen auf die Realwirtschaft und damit auch die Sphäre der Unternehmensaufsicht beträchtlich sind. Zu Anfang des vergangenen Jahrzehnts waren diese Entwicklungen schon im Ansatz erkennbar, durchschlagend wirksam wurden sie jedoch erst einige Jahre später, als 2008 die Schwächen eines durch falsch gesetzte Anreize entgleisten Systems im Gefolge der Lehman-Insolvenz in die größte Finanzkrise seit den Dreißigerjahren führten. 10

III. Bilanzierungsregeln und Basel II als Auslöser der Finanzmarktkrise

Besonders deutlich wird der Kontrast der unterschiedlichen – und in einigen Bereichen sogar unvereinbaren – Finanzierungskulturen des angloamerikanischen Raumes gegenüber Kontinentaleuropa an den Bilanzierungsregeln. Die sukzessive Ablöse einer Orientierung am Gläubigerschutz – und daher im Zweifel vorsichtigeren Bilanzansätzen – hin zu einer vermeintlich an den Interessen der Kapitaleigner orientierten Praxis der Marktwertorientierung, hat sich als höchst problematisch erwiesen. Das auf den ersten Blick schlüssige Shareholder-Value-Konzept, durch Ansatz von Marktwerten für möglichst alle Vermögenswerte (Assets) ein Höchstmaß von Transparenz für Aktionäre und Anleger herzustellen, wurde zum **prozyklischen Treibsatz bilanzieller Expansion**. In Phasen der Auf- 11 wärtsentwicklung der Marktwerte erwuchsen daraus meist kurzfristige Erfolge, die durch Kurssteigerungen und Anerkennung des Managements belohnt wurden. In der Krise lösten diese prozyklisch wirkenden Regeln eine fatale Abwärtsspirale in die umgekehrte Richtung aus.

12 Im Bankensystem und in der Immobilienwirtschaft bewirkte die Umstellung von früheren HGB (bzw. UGB-)Bilanzierungsregeln auf jene von IAS bzw. IFRS sowie US-GAAP eine noch viel ausgeprägtere Dynamik in diese Richtung. Jede Steigerung des Marktwertes finanzieller Assets auf der Aktivseite der Bankbilanz führte zu einer entsprechenden Erhöhung des Eigenkapitals. Dies ermöglichte – bei Aufrechterhaltung der regulatorisch gebotenen Relation zu den Fremdmitteln – eine **Erhöhung der Verschuldungskapazität** in Verbindung mit einer Erweiterung der Bilanzsumme und exzessiver Kredit-Geldschöpfung.

13 **Ebenso prozyklisch wirkte das Regulativ von Basel II** im Wege der Gewichtung des Eigenmittelerfordernisses für Kredite an Unternehmen nach Risikoklassen. Die Einschätzung der Ausfallwahrscheinlichkeit von Ausleihungen durch Rating-Agenturen wurde mit einem Mal zum Maßstab des bilanziellen Eigenmittelpolsters für künftig eintretende Risiken. Im Extremfall genügten in diesem neu geschaffenen System der **risikogewichteten Eigenmittelunterlegung** bei Verbriefungen und strukturierten Wertpapieren der höchsten Rating-Klasse 1,6 Prozent Eigenmitteleinsatz für eine Ausleihung von 100. Dieser Wert galt gemäß Basel-Spielregeln als ausreichend, obwohl er nur einem Fünftel der mit 8 Prozent ohnehin bescheidenen Mindestquote an „echtem" Eigenkapital entsprach. In den Jahren vor Ausbruch der Finanzmarktkrise erhöhte sich solchermaßen der Fremdmittel-Hebel (Leverage) der globalen Großbanken auf zuvor nie gekannte Niveaus. Auf diese Weise erwies sich das Regelwerk von Basel II als eingebauter **De-Stabilisator des Finanzsystems**, obwohl es doch für dessen Stabilisierung geschaffen worden war.

14 Der ab Sommer 2007 vom US-Immobilienmarkt ausgehende Zusammenbruch der Märkte für durchwegs in zu hohe Ratingklassen eingestufte Verbriefungen (Asset Backed Securities), einer Produktklasse, die bis zum damaligen Zeitpunkt noch keinen ernsthaften Realitätstest zu bestehen hatte, löste eine massive Liquiditäts- und Solvabilitätskrise aus. An deren Höhepunkt führte die Insolvenz der Investmentbank Lehman Brothers im September 2008 zu einem rapiden **Vertrauensverfall** auf den Kapitalmärkten.

15 Ein Totalzusammenbruch der Finanzmärkte konnte nur durch sofortige, global koordinierte Liquiditätshilfen der Notenbanken in Kombination mit einer gleichfalls international abgestimmten Intervention der Regierungen verhindert werden. Einlagegarantien für Sparer, Staatsgarantien für Bankanleihen sowie Kapitalmaßnahmen für das Bankensystem mit Nachrangkapital und direkter staatlicher Kapitalzufuhr sicherten die Grundfunktionen der Banken ab.

16 Nicht verhindert werden konnte das vorübergehende Übergreifen der Vertrauenskrise auf Konsumenten und Investoren. Weite Teile der Realwirtschaft wurden durch Umsatzrückgänge massiv getroffen. Die negativen Auswirkungen auf die Beschäftigungsquoten konnten durch Arbeitsmarkt- und Konjunkturmaßnahmen nur zum Teil gedämpft werden. In der nachfolgenden europäischen Staatsschul-

denkrise stießen die öffentlichen Haushalte an die Grenzen ihrer Verschuldungs- und Haftungskapazität. Die Besonderheiten einer als Geldunion nicht jedoch Fiskalunion konzipierten Eurozone erschweren bis heute eine nachhaltige konjunkturelle Erholung.

Von all diesen Entwicklungen wurden die Gremien der betroffenen Unternehmen ebenso überrascht wie die breitere Öffentlichkeit. Hätte vorausschauendes Handeln die Auswirkungen dieses externen ökonomischen Schocks auf betroffene Unternehmen verhindern können? Der Versuch einer Antwort auf diese Frage steht den seit damals in Schwung gekommenen Bemühungen um verbesserte Regelwerke für Aufsichtsgremien Pate. 17

IV. Systemversagen oder Organversagen?

Die hier in sehr komprimierter Form geschilderte Krise der Finanzmärkte bzw. des einseitig kapitalmarktorientierten Wirtschaftens wurde durch eben jene **am Shareholder-Value orientierte Finanzmarktarchitektur** wesentlich mit verursacht, die sich nun aufgrund offenkundiger Systemmängel als höchst korrekturbedürftig erweist. Selbst bestgeführte Unternehmen mit perfekter, regelkonformer Governance konnten ihren Folgewirkungen nicht entgehen. 18

Es macht schon deshalb wenig Sinn, die Krise im Nachhinein durch die Suche nach Schuldigen erklären und korrigieren zu wollen. Denn abgesehen von jenen Fällen, in denen es zu rechtlich relevantem Fehlverhalten kam, hat die große Zahl der Vorstände und Aufsichtsräte innerhalb der vor der Krise geltenden Maßstäbe durchaus professionell und meist wohl auch gewissenhaft gehandelt. Für ebenso wenig erfolgversprechend halte ich den Ansatz, an die Moral zu appellieren und auf Abschaffung der Gier zu hoffen. Ein neues Sitten-Regulativ oder gar die Verankerung von Gier-Verboten in Corporate Governance Codices wäre wenig hilfreich. Denn dass Anstand, Geradlinigkeit und Abstraktion von Eigeninteressen zu den Grundeigenschaften von Mitgliedern aller Gremien von Unternehmen gehören sollten, war wohl auch schon vor der Krise evident. 19

Dass die Krise eingetreten ist, war nicht vorrangig die Folge von Einzelnen zuordenbaren Sündenfällen, sondern Konsequenz einer kollektiven, von den Wirtschafts-, Wissenschafts-, Medien- Anleger- und Politik-Eliten mitgetragenen Fehlentwicklung. Die eigentliche Moral der Geschichte liegt deshalb wohl in der Pflicht, aus der neu gewonnenen **Klarheit über die krisenverursachenden Systemelemente** die richtigen Schlüsse zu ziehen. 20

Dieses Unterfangen kann uns nicht leicht von der Hand gehen. Das Eingeständnis, als Führungskraft oder Aufsichtsrat mit bestem Wissen und ohne Unrechtsbewusstsein letztlich eine kollektive Systementgleisung mit verursacht zu haben, ist nämlich kaum weniger schmerzhaft als der Weg einer Individualisierung der Schuld, mit dem man nur die Notwendigkeit grundsätzlicher Systemkorrekturen verdrängt. Gerade wenn es sich bei der Krise nicht um schuldhaftes **Organ-Versagen**, sondern um ein **System-Versagen** handelt, trifft Vorstände oder Aufsichtsräte umso mehr die Verpflichtung, konsequent um die **Verbesserung der Rahmenbedingungen** bemüht zu sein. 21

22 Es geht dabei um nicht weniger als einen Paradigmenwechsel in Bezug auf die Rahmenbedingungen unternehmerischen und damit auch aufsichtsrechtlichen Handelns. Von seinem Gelingen hängt es ab, ob die derzeit sich abzeichnende Tendenz zur Überregulierung und Ver(Straf-)Rechtlichung wieder rückgängig gemacht werden kann.

V. Reform der Incentive-Systeme für Führungskräfte

23 Ein besonders sensibles Anwendungsfeld solcher Systemkorrekturen liegt im Bereich der Remunerations- und Incentive-Systeme für Führungskräfte. Sie haben gerade im Bankbereich – vor allem im angloamerikanischen Raum – zu sonderbaren Auswüchsen geführt, die toleriert wurden, solange die Erwartungen der Shareholder erfüllbar waren. Nach der Notwendigkeit, das Banksystem durch Staatsgarantien und Steuermittel aufzufangen, ist die Bereitschaft, überzogene Incentive-Systeme zu akzeptieren, in den Medien und in der von den Krisenfolgen betroffenen Bevölkerung weitgehend verschwunden.

24 Die meisten Incentive-Programme für Führungskräfte waren auch in der Realwirtschaft auf **zeitpunktbezogene Maßstäbe** wie die jeweilige Börsenkapitalisierung abgestellt. Mittlerweile scheint sich die Meinung durchzusetzen, man müsse nun wieder auf nachhaltigere, echte Wertschöpfung messende Indikatoren setzen und allzu kurzfristige, an Markt- und Kurswerten orientierte stock-option-Programme entsprechend adaptieren. In der Finanzwirtschaft dominiert allerdings bis heute der Return on Equity (ROE) als Maßstab befriedigender Management-Performance – mit der fatalen Anreizwirkung, ausladende Bilanzen mit möglichst geringem Eigenkapital zu steuern.

25 Es irritiert bisweilen, dass die selben hochspezialisierten Berater, aus deren Feder die – so ist zu hoffen – auch zuvor nicht leichtfertig und ohne Bedachtnahme auf Nachhaltigkeit geschaffenen Incentive-Programme stammten, nun wieder zu den **Avantgardisten der neuen Mode** gehören. Und es sind oft die gleichen Aufsichtsräte, die sich nun mit der Revision der einst unter dem Beifall der Analysten von ihnen selbst eingeführten Programme zu befassen haben.

26 Statt maßloses Verhalten auf Kosten Dritter durch überzogene Renditeerwartungen in Kombination mit wirklichkeitsfremden Bilanzierungsregeln und Incentive-Programmen zu fördern, geht es im Bereich der Remuneration letztlich um Regeln, die auf Grundlage guter Ergebnisse faires und maßvolles Verhalten besser stellen als „moral hazard“. Der deutsche Gesetzgeber verpflichtet mittlerweile Aufsichtsräte ausdrücklich dazu, die **Angemessenheit von Gehaltsstrukturen** zu überprüfen und bei nachteiliger Geschäftsentwicklung eine solche Angemessenheitsprüfung sogar bis zu drei Jahre nach dem Ausscheiden von Führungskräften, vorzunehmen.

27 Ein verwandter Bereich der Korrektur kapitalmarktorientierter Spielregeln ist der Eigenhandel von Führungskräften mit Aktien des von ihnen geführten Unternehmens. Die Diskussion über eine EU-Richtlinie, mit der **Vorstands-Trading** wegen seiner Anfälligkeit für Insider-Vorfälle sogar verboten werden soll, ist allerdings wieder verebbt. Dennoch hat sich mittlerweile eine grundlegend skep-

tische Haltung gegenüber Vorstands-Trading durchgesetzt – ein doch beachtlicher Wandel angesichts der zuvor dominierenden Mainstream-Argumentation, das Engagement von Vorständen als Aktionäre im eigenen Unternehmen fördere am besten die Übereinstimmung der Management-Motivation mit den Zielen der Shareholder.

VI. Umsichtig gegen systemische Risiken

Nicht nur im Finanzbereich erlagen die Akteure in den vergangenen Jahren oft der Illusion, die gewissenhafte Einhaltung von Prüfroutinen, wie sie etwa durch die Kontrollsysteme von Basel II auferlegt wurden, führte zu einer echten **Beherrschbarkeit von Risiken** im Rahmen anerkannter Methoden. Auch hier erwies sich die Theorie einer jederzeitigen Messbarkeit des zeitpunktgenauen Risiko-Exposures (Value at risk) als auf Sand gebaut, da die zugrundliegenden Parameter viel zu stark von Marktschwankungen abhingen. Die Vorstellung, alle – auch künftigen – Risiken genau zu kennen und jederzeit darauf reagieren zu können, lenkte von der Tatsache ab, dass sich im Hintergrund höchst gefährliche **systemische Makro-Risiken** – etwa die einer Asset-Inflation – aufbauen konnten. 28

Ein eindrucksvolles Beispiel für die Gefahr methodischer Scheinsicherheit sind die im Vorfeld der Finanzkrise stark wachsenden Verbriefungen. Sie waren meist mit besten Rating-Noten ausgestattet und hatten die Funktion, dem Eingehen zu großer Einzel-Engagements entgegenzusteuern und für Risikostreuung zu sorgen. Letztlich aber trugen die meisten dieser synthetischen Wertpapiere zur Entstehungen systemischer Klumpenrisiken bei. Denn nach der Lehman-Insolvenz wurden für die einzelnen Risikotranchen wegen des rapiden Vertrauensverfalls keine Preise mehr gestellt, zugleich war für die meist außer-bilanziell geführten Investitions-Gesellschaften keinerlei Liquidität mehr verfügbar. 29

Auch bei den Bewertungsansätzen für Firmenbeteiligungen tun sich oft verführerisch breite methodische Spielräume auf, die in einer mit Blick auf technologische Durchbrüche etwa im Bereich der Digitalisierung euphorischen Marktumgebung höchst volatile Ergebnisse zeitigen können. Woran orientieren sich Management und Aufsicht, abhängig von der aktuellen Marktpositionierung eines Unternehmens, wenn es darum geht, sich hier für den „richtigen“ Ansatz zu entscheiden? Immerhin kann der Ausgang solcher Überlegungen im Vorfeld etwa eines Börsengangs für die Herausbildung des Börsenwertes maßgeblich sein. Auch wenn dazu in der Regel externe Expertisen und vergleichbare Branchenwerte abgerufen werden – die letztliche, sorgfältig erwogene Entscheidung obliegt den Gremien. 30

So wenig die Erfüllung von Regeln eigenverantwortliches Handeln ersetzen kann, so wenig ersetzt ständige Arbeit an der Optimierung von Unternehmensergebnissen den Blick auf das Ganze. Wenn Aufsichtsräte ihren Unternehmen wirklich nachhaltig dienen sollen, müssen sie Einsicht und Übersicht haben. Ein für eine solche Haltung schon etwas aus der Mode gekommenes Eigenschaftswort heißt: „umsichtig“. 31

VII. Professionalisierung der Unternehmensaufsicht – überspannte Erwartungen?

32 Nicht selten ist in Verbindung mit erhöhten Anforderungen an die Unternehmenskontrolle davon die Rede, die Krise wäre uns erspart geblieben, hätten nur alle Aufsichtsorgane schon so gehandelt, wie es in Hinkunft von ihnen gefordert wird. In Analogie zur Antwort auf die Schuldfrage ist konsequenterweise auch hier von übertriebenen Zuschreibungen an das, was Aufsichtsräte vermögen, zu warnen.

33 Die Finanzmarktkrise hat weite Teile der Unternehmerwirtschaft unvermittelt und gleichzeitig betroffen. Unter den letal geschädigten Unternehmen waren auch viele, deren Verantwortungsträger sich keine Versäumnisse vorzuwerfen hatten. Auch war es nicht selten eine Frage des Zufalls, ob ein Unternehmen von der Krise unmittelbar nach einer Großinvestition oder einem Unternehmenskauf gerade im Zustand relativer hoher Verschuldung getroffen wurde. Diese konnte nach den Maßstäben der Zeit vor Ausbruch der Krise durchaus maßvoll gewesen sein – und erwies sich dennoch als zu hoch, um den unerwarteten, abrupten Auftrags- und Einnahmenausfall mit nachfolgender Liquiditätskrise abzufangen.

34 Aufsichtsräte sollten deshalb **nicht mit Erwartungen überfrachtet** werden, die sinngemäß lauten: „solange ihr es nur richtig macht, wird das Unternehmen nicht gefährdet sein“. Eine solchermaßen überspannte Erwartungshaltung blendet aus, dass auch sehr gut geführte und kontrollierte Unternehmen von krisenhaften Situationen auf Grund von Technologiebrüchen, Marktveränderungen oder eben Finanzkrisen betroffen sein können, die nicht vorhersehbar waren.

35 Dennoch genügt es im aktuellen Umfeld erhöhter Aufmerksamkeit für die Qualität von Aufsichtsratsarbeit nicht, den grundlegenden aufsichtsrechtlichen Sorgfaltspflichten nachzukommen und deren regelmäßige Erfüllung durch ausreichende Dokumentation nachzuweisen. Neben der aufmerksamen, kritischen Begleitung des Management-Handelns bedarf es darüber hinaus auch eines wachen Blicks für mögliche unkalkulierbare Risiken.

36 Gerade deshalb ist die Forderung nach weiterer **Professionalisierung und Qualitätssteigerung** in den Aufsichtsräten sinnvoll. Der Druck in diese Richtung steigt nicht nur durch die noch auf längere Zeit schwierigere gesamtwirtschaftliche Situation, sondern hat eine Reihe von weiteren guten Gründen. Es gehört zu den Vorteilen des seit einigen Jahren gestiegenen Bewusstseins für „Corporate Governance“, dass die Notwendigkeit einer gelebten Gewaltenteilung zwischen den Gremien der operativen Führung, des Aufsichtsrates und der Eigentümer zunehmend auch in Unternehmen mittlerer Größe und familienunternehmerischen Zuschnitts erkannt wird.

37 Auch tragen die jüngsten Neuerungen des Aktienrechtes und die Neufassungen des Corporate Governance Code der Notwendigkeit Rechnung, die Arbeit des Aufsichtsrates inhaltlich und zeitlich anzureichern. Insbesondere die hervorgehobene Rolle des Prüfungsausschusses, dem mindestens ein ausgewiesener Finanzexperte anzugehören hat, stellt einen substantiellen Fortschritt dar.

VIII. Die zunehmende Bedeutung hauptberuflicher Aufsichtsräte

Mit der Professionalisierung der Funktion von Aufsichtsräten sowie den in den Corporate Governance Codices verankerten Beschränkungen hinsichtlich der Höchstzahl von Aufsichtsratsmandaten geht eine Tendenz zum stärkeren Einsatz hauptberuflicher Aufsichtsräte einher.[2] Schon heute nehmen jene Aufsichtsräte, die die meisten Funktionen bekleiden, ihr Aufgaben-Portfolio in unterschiedlichen Unternehmen hauptberuflich wahr. Auch werden **hauptberufliche Vorstände mit einem nebenberuflichen Aufsichtsratmandat** in großen börsennotierten Gesellschaften immer seltener. Dies gilt vor allem für die Funktion des Aufsichtsratsvorsitzes. Unter denjenigen Aufsichtsräten, die die meisten Mandate börsennotierter Unternehmen auf sich vereinigen, befindet sich kein einziger hauptberuflicher Vorstand.[3] 38

Es handelt sich bei hauptberuflichen Aufsichtsräten also meist um Personen, die zunächst neben einer Vorstandstätigkeit das eine oder andere Aufsichtsratsmandat in anderen Unternehmen wahrgenommen haben. Erst nach Ausscheiden aus ihrer operativen Funktion stehen sie dann für die Übernahme mehrerer, gleichzeitiger Kontrollaufgaben in verschiedenen Unternehmen zur Verfügung und übernehmen damit nach Beendigung ihrer Management-Aufgabe die **Rolle eines hauptberuflichen Aufsichtsrates**. 39

Im Idealfall sind sie in der Lage, den ihnen anvertrauten Aufgaben in Aufsichts- oder Beiräten in der gebotenen Qualität und mit entsprechendem zeitlichen Einsatz nachzukommen, wie es dem Gesetzgeber und den Schöpfern des Corporate Governance Codes vorschwebt. Allerdings unterscheiden die bestehenden Regeln der Mandatsbegrenzung nicht zwischen hauptberuflichen Aufsichtsräten und solchen, die ihre Mandate neben der Ausübung eines anderen Hauptberufes wahrnehmen. 40

Bei ausschließlicher Fokussierung der beruflichen Tätigkeit auf Aufsichtsratsfunktionen kann durchaus eine größere Anzahl von Mandaten professionell erfüllt werden. Wichtig ist dabei, Zahl und Intensität der Aufgaben insgesamt so zu bemessen, dass über die in Normalzeiten erforderliche Zahl von Sitzungen hinaus auch noch **Zeit für Sondersituationen** verfügbar ist. Diese erfordern mitunter zeitnahes Agieren von Aufsichtsräten im Rahmen von Sondersitzungen und Telefonkonferenzen, für die bei der Bemessung der Höchstzahl wahrgenommener Mandate Pufferzeiten einzuplanen sind. 41

IX. Remuneration von Aufsichtsratsfunktionen

Die Remuneration von Aufsichtsratsfunktionen stellt in der Regel auf die bisher übliche Intensität der Wahrnehmung solcher Funktionen ab. Dies entspricht etwa 4-5 Sitzungen pro Jahr, was kaum über dem gesetzlich vorgeschriebenen Minimum von vier Sitzungen liegt, die sich auf die vier Quartale verteilen. Der 42

2 Vgl. Oberhofer Katharina, Die Unabhängigkeit des Aufsichtsrates, Wien-Graz 2008, S 93f.
3 Im Geflecht der Kontrolleure, Handelsblatt 213/2009, 04.11.2009

europäische Durchschnitt liegt aber heute mit 6,7 Sitzungen – und in Sondersituationen noch mehr - allerdings deutlich darüber.

43 Die Tendenz zur Angleichung an diese doch um einiges höhere Intensität erhöht in Verbindung mit dem deutlich zunehmenden **Haftungs- und Reputationsrisiko** den Druck auf eine Anhebung der bisher in vielen Fällen im internationalen Vergleich eher bescheidenen Honorare für die Erfüllung solcher Aufgaben. Auch die zunehmende Anzahl von Personen, die ein ganzes Portfolio derartiger Funktionen hauptberuflich wahrnehmen, spricht für eine Anhebung. Andererseits sollten Aufsichtsratshonorare nicht Größenordnungen erreichen, die die Unabhängigkeit der Aufsichtsräte dadurch gefährden, dass diese zu opportunistischen Entscheidungen tendieren, um ihr Mandat nicht zu gefährden.

44 Die Vorstellungen von der **Angemessenheit des Aufsichtsratsentgeltes** sind höchst unterschiedlich ausgeprägt. Die Spannbreite reicht von der immer noch auftretenden Praxis, lediglich Sitzungsgelder zu zahlen, bis zu deutlich höheren, der umfänglicheren Aufgabe und der Größe der Gesellschaft entsprechenden Aufsichtsratsentgelten in börsennotierten Unternehmen. Als grobe Richtgröße kann derzeit in Österreich bei kleineren und mittleren Gesellschaften eine Spannbreite des jährlichen Aufsichtsratsentgeltes von 5.000.- bis 15.000.- Euro angesehen werden, bei größeren Unternehmen ab einem Umsatz von ca. 100 Mio Euro bis zu Großunternehmen hingegen eine Spannbreite von 15.000.- bis 40.000.- Euro. Für Aufsichtsratsmitglieder mit spezifischen, für das Unternehmen besonders wichtigen Kompetenzen, kann es erforderlich sein, höhere Entgelte festzusetzen. Gleiches gilt für die Mitglieder in Aufsichtsräten börsennotierter Großunternehmen.

45 Innerhalb dieser Bandbreiten wird je nach dem Grad der Mitwirkung in Ausschüssen, für die in der Regel höhere Entgelte vorgesehen sind, differenziert. Das Entgelt für Vorsitzende des Aufsichtsrates liegt in der Regel um die Hälfte oder bis zum Doppelten höher als das eines einfachen Aufsichtsratsmitglieds. Eine direkte Bindung des von der Hauptversammlung festzulegenden Aufsichtsratsentgelts an den Unternehmenserfolg wird nur in wenigen Ausnahmefällen praktiziert.

46 Die zunehmende Tendenz, Aufsichtsräte intensiver in strategische Vorgänge einzubeziehen, fördert eine Entwicklung in Richtung stärkerer zeitlicher Einbindung. Meist liegt dem das Vorbild einer einstufigen Aufsichtsstruktur im Sinne des One-Board-Systems zu Grunde, in der die operativ Verantwortlichen formal einem gemeinsamen Gremium mit den sie aufsichtsrechtlich Begleitenden („Non-Executive-Board“) angehören. Bei diesem Verständnis von Gremienarbeit, wie es im angloamerikanischen Raum aber etwa auch in der Schweiz vorherrscht, ist von deutlich erhöhten zeitlichen Erfordernissen auszugehen, die zu entsprechend angepassten Größenordnungen des jährlichen Entgelts führen.

47 Sonderfälle stellen jene Personen dar, die auf Zeit intensivere **Beratungsaufgaben** oder sogar operative Überbrückungs- und Begleitaufgaben wahrnehmen. Auch sie werden oft als „hauptberufliche“ Aufsichtsräte bezeichnet – allerdings mit dem Verständnis, dass sie auf Grundlage individueller Honorarvereinbarungen spezielle Aufgaben auf Zeit erfüllen. Derartige Sondervereinbarungen bedürfen der Berichterstattung an die bzw. der Zustimmung durch die Hauptversammlung.

48 Vor dem Hintergrund einer grundsätzlichen **Inkompatibilität** jeglicher Berater-

tätigkeit mit der Wahrnehmung von Aufsichtsratsfunktionen hat es sich als sinnvoll erwiesen, Engagements dieser Art auf bestimmte Projekte zu begrenzen und nach einem überschaubaren Zeitraum entweder zu beenden oder in ein anderes Organverhältnis überzuführen. Häufig stellen sich dafür in Frage kommende Aufgaben in Sanierungssituationen, vor allem in mittelständischen Unternehmen. Sie können bei Bewährung zu einer operativen Funktion des interimistisch als Projektverantwortlichen eingesetzten Aufsichtsrates im betreffenden Unternehmen führen. Bei börsennotierten Unternehmen sind solche Fälle allerdings eine seltene Ausnahme.

X. Zur Selbstorganisation der Arbeit hauptberuflicher Aufsichtsräte

Hauptberufliche Aufsichtsräte organisieren sich als **„Portfolio"-Arbeiter** so, 49
dass sie ihre Aufgaben für mehrere, oft sehr unterschiedliche Unternehmen, professionell erledigen können. Die Vor- und Nachbereitung von Sitzungen, die fallweise zwischenzeitliche Kontaktnahme zu den Aufsichtsratsvorsitzenden und der Geschäftsführung, die Wahrnehmung von aktuellen Informationen von den jeweiligen Unternehmen und ihrem Wettbewerbsumfeld sowie den für sie relevanten rechtlichen und politischen Themen: das alles braucht nicht nur Zeit, sondern auch Offenheit und Neugier für neue Entwicklungen.

Für die konzentrierte Wahrnehmung dieser Aufgaben empfiehlt sich jedenfalls 50
die Arbeitsbasis eines eigenen Büros, das auch räumlich **klar von der Privatsphäre getrennt** ist. In vielen Fällen bewährt sich die Anmietung von Räumlichkeiten in Kanzleigemeinschaften von Freiberuflern wie etwa Unternehmensberatern, Wirtschaftsprüfern oder Anwälten. Dies vor allem wegen der dann gegebenen Möglichkeit, die Büroinfrastruktur gemeinsam zu nützen – vom Empfangsraum über den Besprechungsraum bis zur Kaffeeküche. Ebenso bedeutsam ist die eventuelle Mitnutzung von EDV-Systemen, oft verbunden mit dem Vorteil der technischen Aushilfe im Fall von IT-Problemem – allerdings unter dem Vorbehalt einer strikten Beachtung der notwendigen Datensicherheit.

Die Frage einer **Büroassistenz** wird sehr unterschiedlich gehandhabt. Eine 51
vollzeitige Assistenz wird nur in Ausnahmefällen leistbar sein, weshalb sich auch hier oft Gemeinschaftslösungen mit Teilzeit-Assistenz bewähren. Die wachsende informationstechnische Mobilität im Zuge der Digitalisierung hat die Abhängigkeit von assistentieller Unterstützung zuletzt deutlich reduziert.

Die **Möglichkeiten der modernen Kommunikation** ermöglichen ein ho- 52
hes Maß an eigenverantwortlicher Organisation des Büros eines hauptberuflichen Aufsichtsrates. Da alle für die Sitzungen in den Gremien des Unternehmens notwendigen Unterlagen vom Unternehmen selbst erstellt und – meist nur mehr elektronisch – versendet werden, kann auch die **Sicherung einer verlässlichen Informationsablage und –Evidenz** mit Hilfe digitaler Speicherung gehandhabt werden. Der Großteil der Korrespondenz lässt sich ohnehin ortsunabhängig via Mail-Verkehr erledigen.

Die Terminverwaltung kann ebenfalls mit Unterstützung durch elektronische 53
Kalendersysteme selbständig erfolgen. Erst bei einer höheren Zahl von Mandaten

kann die Delegation von Arbeiten im Bereich der Ablage und des Informationsmanagements ebenso sinnvoll sein wie die Inanspruchnahme von Assistenz bei der Organisation von Reisen.

54 Die anfallenden Fixkosten für Büro, Infrastruktur und Assistenz sollten in einem angemessenen Verhältnis zu den Einkünften aus Aufsichtsratsfunktionen stehen. Da eine Aliquotierung dieser Kosten auf die einzelnen Mandate und deren direkte Verrechnung mit den Unternehmen unüblich ist, bedarf es keiner Schlüsselung der Kosten auf einzelne Mandate. Entscheidend ist, dass die Kostenpositionen eine gewisse Modularität behalten und daher bei Wegfall eines oder mehrerer Mandate entsprechend angepasst werden können.

XI. Aufsichtsratsprofile und Eigentümerstruktur

55 Aufgrund der Unterschiedlichkeit der Eigentümerstrukturen kann die Art und Weise, in der die jeweilige Unternehmensverfassung gelebt wird, nicht über einen Leisten geschlagen werden. Das Aktiengesetz ist aber bei aller Heterogenität der Ausgangslage die übergreifende, verbindliche Richtschnur des praktischen Handelns. Darüber hinausgehend stellt der Corporate Governance Code eine für börsennotierte Unternehmen verpflichtende, für andere Gesellschaften hingegen zunächst noch unverbindliche Leitlinie zur konkreten Ausrichtung der jeweiligen Gremien dar.

56 Selbst innerhalb desselben Unternehmenstypus können Aufsichtsräte, die den gleichen Spielregeln folgen, zu höchst unterschiedlichen Entscheidungen kommen – meist als Folge gegensätzlicher Interessenslagen in der Eigentümersphäre. Solange die Auffassungsunterschiede auf eigentumsrechtliche Themen und Machtfragen begrenzt bleiben, besteht die Chance, dass das Unternehmen in seiner Produkt-Markt-Positionierung und seiner laufenden Entwicklung davon nicht nachteilig betroffen wird. Das Auseinanderfallen von Eigentümer- und Unternehmensinteressen kann jedoch auch zu ernsthafteren Konflikten führen, welche die operative Performance des Unternehmens beeinträchtigen und die weitere strategische Entwicklung des Unternehmens gefährden.

57 Andererseits ist es durchaus legitim, wenn sich das implizite Mandat von Aufsichtsräten auch an den Vorstellungen der jeweiligen Eigentümergruppen orientiert. Es muss darin kein Widerspruch zur Forderung nach der Unabhängigkeit des Aufsichtsrates liegen. Entscheidend ist, dass das Wohl des Unternehmens im Mittelpunkt seiner Beiträge zum Gelingen der jeweils spezifisch angemessenen Ausprägung von Corporate Governance steht.

58 Ein Querschnitt durch Unternehmensformen, in denen der Autor dieses Beitrages im Laufe seines Berufslebens bisher Aufsichts- oder Beiratsfunktionen wahrgenommen hat oder aktuell wahrnimmt, zeigt, wie unterschiedlich die Eigentümerkonstellationen sein können, innerhalb derer sich eine jeweils spezifische Governance-Struktur herausbildet (die Nennung konkreter Gesellschaften unterbleibt bei den privaten Unternehmen):

- Rechtspersönlichkeiten sui generis mit öffentlichen Aufgaben (Finanzkuratorium der Akademie der Wissenschaften)

- Unternehmen im öffentlichen Eigentum, die für die Erstellung eines öffentlichen Gutes verantwortlich sind und in keinem Wettbewerb zu anderen Unternehmen stehen (Rundfunk- und Telekom-Regulierungs GmbH, AWS-Förderbank, Olympia 2014 Bewerbungsgesellschaft)
- Unternehmen im öffentlichen Eigentum, die privatwirtschaftlich gestioniert werden und in vollem Wettbewerb zu privaten Mitbewerbern stehen (Wienstrom GmbH)
- (Bank-)Konzern-Tochtergesellschaften
- Börsennotierte Publikumsgesellschaften mit strategisch bestimmenden Aktionärsgruppen
- Privatunternehmen im vollständigen oder mehrheitlichen Familien-Eigentum
- Privatunternehmen im Eigentum von (Familien-)Stiftungen
- Unternehmen im Eigentum von Finanzinvestoren (Private Equity Gesellschaften, Family Offices)
- und weitere Mischformen der angeführten Kategorien

Erfahrungen, die hauptberufliche Aufsichtsräte in Unternehmen mit unter- 59 schiedlicher Eigentümerkonstellation sammeln, können einen wertvollen Fundus für ihre Tätigkeit darstellen. Aufsichtsrats-Know-How aus verschiedenen Gesellschaften lässt sich so gerade in jenen Themenfeldern wirksamer umsetzen, die zu den **„Querschnittsmaterien"** solcher Gremien gehören: Offene, lösungsorientierte Diskussionskultur, personalpolitische Fragen, Konfliktzonen zwischen Unternehmensführung und Arbeitnehmervertretung, vor allem aber entsprechende Konsequenz in der Bearbeitung des unternehmerischen Zyklus von strategischer Orientierung, Planung, operativer Performance und Ergebniskontrolle.

XII. Aufsichtsräte: die mächtigen Machtlosen

Das Repertoire der Einflussnahme des Aufsichtsrates auf die Gestion eines 60 Unternehmens ist in der Praxis geringer, als es der Erwartungshaltung der Öffentlichkeit entspricht. Da die Abberufung des Vorstandes durch den Aufsichtsrat nur eine **ultima ratio in Sondersituationen** darstellen kann, ist das Spektrum der aufsichtsrechtlichen Interventionen sehr eingeschränkt, zumal die voreilige Handhabung dieses Instruments den Aufsichtsrat in beachtliche Schwierigkeiten bringen kann. Darin liegt die reale Machtlosigkeit des Aufsichtsrates.

Letztlich bilden der Vorstand bzw. die Geschäftsführung von Kapitalgesell- 61 schaften und deren Aufsichtsrat eine Schicksalsgemeinschaft. Im Spannungsfeld von Nähe und Distanz, Empathie und Objektivität, übergriffiger Einmischung und leichtgläubigem Laissez-Faire wirken sie im Idealfall in offener, vertrauensvoller und zugleich kritischer, das jeweilige Rollenverständnis respektierender Zusammenarbeit professionell zusammen. Nur so entsteht aus dem Zusammenwirken der Gremien eine gesteigerte Wertschöpfung zum Wohle des Unternehmens. Da es dem Aufsichtsrat – und hier insbesondere dem Vorsitzenden – obliegt, die Zusammenarbeit der Gremien mit Leben zu erfüllen, liegt die Macht zur gelungen Gestaltung bei ihm: in diesem Sinn ist er **ein durchaus mächtiger Machtloser**.

Die erforderliche Qualität kann jedoch nicht entstehen ohne ein Mindestniveau 62 der Intensität und Dauer der Zusammenarbeit zwischen Aufsichtsrat und Vorstand bzw. Geschäftsführung. Schon die grundlegendsten, gesetzlich vorgegebenen Aufgaben können nur mit Mühe in vier Sitzungen untergebracht werden – vor allem dann, wenn diese zu straff geführt werden und mangels Diskussionsmöglichkeiten zu kurz geraten. Zu empfehlen ist, dass in den im Normalfall auf mindestens einen halben Tag anberaumten Sitzungen **Spielraum für intensive inhaltliche Auseinandersetzung** freigehalten wird.

63 Die Befassung von Ausschüssen kann für die Schaffung dieser Freiräume nützlich sein. In spezieller Weise gilt dies für den obligatorischen Prüfungsausschuss, der die Gelegenheit gibt, neben einer Auseinandersetzung mit Methoden und Ergebnissen der Wirtschaftsprüfung regelmäßig das Interne Kontroll System (IKS), das Risikomangement-System und den Bereich der Revision durch intensive Information und Erkundung zu überwachen.

64 Mindestens ebenso viel Raum gebührt der **Planung und Vorschau**. Sie kann nur nachvollzogen und verstanden werden, wenn die Aufsichtsräte – gerade auch bei heterogener Zusammensetzung – ein Verständnis für das Stärke-/Schwächen-Profil, die Marktposition, das strategische Chancen-/Risikoprofil und das Produkt-/Markt-Portfolio entwickeln. Darauf aufbauend werden sie die Mengen- und Preisgerüste von Vorschaurechnungen, Planbudgets und Planbilanzen erst wirklich nachvollziehen und einer plausibilisierenden Diskussion unterziehen können.

65 Über all diese operativ-strategischen Erfordernisse hinaus liegt eine der zentralen Aufgaben von Aufsichtsräten, aufgrund ausreichender Vertrautheit mit den Gegebenheiten im Unternehmen **in Zeiten des Übergangs und der Krise** – etwa in Fragen der Besetzungspolitik – verfügbar und handlungsfähig zu sein. Auch diese Anforderung ist nur bei ausreichender Intensität und Qualität der Gremienarbeit erfüllbar.

66 Bei der oder dem Vorsitzenden des Aufsichtsrates liegt hier eine deutlich erhöhte Verantwortung. Als primärer Ansprechpartner des Vorstandes steuert der Vorsitzende den Informationsfluss mit der Geschäftsleitung und koordiniert die inhaltliche Vorbereitung der Sitzungen. Er beeinflusst maßgeblich, ob es erforderlich ist, in der jeweils aktuellen Situation vom in Normalzeiten üblichen Begleit-Modus der Aufsichtsratstätigkeit in eine Phase intensiverer Information, Kontrolle und Intervention überzugehen. Dies gilt sowohl für Krisenzeiten als auch für grundlegende, strategische Veränderungserfordernisse mit Auswirkungen auf das bisherige Geschäftsmodell des Unternehmens.

XIII. Aufsichtsräte prägen die Unternehmenskultur mit

67 Es ist auch in Normalzeiten unverzichtbar, gemeinsame Sichtweisen zur grundsätzlichen Ausrichtung des Unternehmens und über die Mittelfrist-Strategie hinausreichende Szenarien zu erarbeiten. Darüber hinaus ist es notwendig, gemeinsame Vorstellungen vom angemessenen **Modus der Unternehmensentwicklung** zu erringen. So gibt es etwa Situationen, in denen auf Grund technologischer Zwänge – etwa kurze time-to-market-Fenster für Innovationen – aggressives Wachstum geboten ist, umgekehrt aber auch solche, in denen Konsolidierung wichtiger ist als die Verlockung, um den Preis einer hohen Abhängigkeit von externer Finanzierung Wachstum zu erkaufen.

Auch liegt es am Aufsichtsrat, in **Fragen der unternehmerischen Verantwortung**, die über die Wahrnehmung des Tagesgeschäftes hinausgehen, den Ton anzustimmen. Dies betrifft den Umgang mit so schwierigen Themen wie Korruptionsbekämpfung, Steueroptimierung oder den angemessenen Umgang mit den Spielräumen kapitalmarktfreundlicher Bilanzgestaltung. 68

Weiters beeinflusst der Aufsichtsrat durch sein Diskussions- und Stimmverhalten die Kommunikationspolitik zu Fragen der gesamtgesellschaftlichen, sozialen und ökologischen Verantwortung mit. Es sollte aus seiner Handlungsweise deutlich erkennbar sein, dass es gegenüber dem Management **keine Doppelbotschaften** oder gar versteckte Kumpanei bezüglich rechtlicher Grenzgänge gibt. Darüber hinaus sollte in gut eingespielten Gremien Einigkeit darüber herrschen, woran, außer an Zahlen, Unternehmenserfolg „sonst noch" gemessen wird. 69

In keinem dieser Themenfelder geht es um operative Einmischung des Aufsichtsrates in die Agenden des Managements. Einfluss entsteht hier lediglich aus dem Umgang mit auftretenden oder aktiv in die Sitzung eingebrachten Themenstellungen, zu denen sich der Aufsichtsrat mit bestimmten Werthaltungen positioniert. Der Umgang mit solchen Fragen prägt letztlich die **grundlegende Unternehmenskultur**. Diese entscheidet darüber, ob es in einem Unternehmen gelingt, über die regelmäßige Erfüllung jährlicher Planvorgaben hinaus nicht nur Kunden und Marktpartner sondern auch die Mitarbeiter/innen zu überzeugen. 70

Die Kommunikationskultur eines gut geführten, qualitätsvollen Aufsichtsrates prägt insoferne auch den Kommunikationsstil der Führungskräfte mit ihren Mitarbeiter/innen. Wenn im Aufsichtsrat **informations- und konfliktfreudig** diskutiert wird, entlastet dies das Management und stärkt ihm den Rücken für die Entwicklung eines leistungsfreudigen, wertschätzenden, kooperativen Arbeitsstils. 71

Wesentliches Merkmal einer offenen Unternehmenskultur ist auch ein gelingendes Zusammenwirken von Mitarbeiterinnen und Mitarbeitern auf möglichst allen Ebenen der Unternehmenshierarchie. Die Frage, ob es gelingt, die Begabungen von Mitarbeiterinnen und Mitarbeitern richtig einzusetzen und die Herausbildung „gläserner Decken" zu verhindern, an denen Weiterentwicklung von Mitarbeiterinnen scheitert, wirkt tief in die Gesellschaft zurück. Die diesbezügliche Prägung eines Unternehmens wird von der Zusammensetzung des Aufsichtsgremiums unmittelbar mitbestimmt. Die Einführung von **Mindestquoten weiblicher Mitwirkender in Aufsichtsräten** kann deshalb ein wichtiger Anstoß für eine Verbesserung der Unternehmenskultur sein. 72

Unternehmen verdanken ihren Erfolg meist einem inneren, sinnstiftenden Zusammenhalt. Nur mit der richtigen inneren Verfasstheit können sie im Rahmen der gelebten Unternehmensverfassung erfolgreich sein. Das Bemühen um Wahrhaftigkeit und ehrliches Ringen um sachgerechte Lösungen sind erfolgversprechender als bloße Regel-Konformität. Dies schlägt sich letztlich auch in entsprechenden Markterfolgen und gesteigerter Attraktivität des Unternehmens für Mitarbeiter/innen und Marktpartner nieder. Darin, und nicht in der bloß formalen Erfüllung regulativer Anforderungen, liegt **der eigentliche Wert gelungener Corporate Governance.** 73

Der Aufsichtsrat als Hochleistungsteam? Was gute Teamarbeit im Aufsichtsrat bewirken kann!

Ulrich Königswieser

Gliederung **Rz**

I. Einleitung: Worum geht es in diesem Beitrag?

1 Der Aufsichtsrat spielt als Brücke zwischen den Eigentümern und dem Vorstand eine zentrale Rolle hinsichtlich des Erfolgs einer Gesellschaft. Diese Rolle nimmt an Bedeutung zu und somit auch die Anforderungen an die Mitglieder des Aufsichtsrats. Die Gesellschaftsorgane müssen immer komplexere Sachverhalte verstehen und unter dem Druck des Haftungsrisikos schwierige Entscheidungen treffen.

2 Dieser Entwicklung wird bislang im Gesellschaftsrecht und im *Corporate Governance Codex* nur teilweise Rechnung getragen. Gesetze, Satzungen und Geschäftsordnungen bilden den Rahmen und bieten mit ihren Regelungen und Empfehlungen eine gute Orientierung bezüglich der Ausübung des Aufsichtsratsmandats. Dabei wird deutlich, dass Teamarbeit einen zentralen Erfolgsfaktor darstellt. Würde der Aufsichtsrat als Team agieren, könnte er ein qualitativ völlig neues Leistungsniveau erreichen. Es geht darum, nicht nur die Potenziale jedes Einzelnen noch stärker zu nutzen als bisher, sondern auch die Art der Zusammenarbeit in neuen Formaten zu entwickeln. Nur wenn das gelingt, wird der Aufsichtsrat auch in Zukunft seiner tragenden Rolle im Hinblick auf den Gesellschaftserfolg gerecht werden.

3 Dieser Beitrag zielt darauf ab, die Erkenntnisse und Erfahrungen exzellenter Teamarbeit auf das Organ des Aufsichtsrats anzuwenden. Es geht darum aufzuzeigen, wie der Aufsichtsrat im Rahmen seiner Möglichkeiten mithilfe guter Teamarbeit sein Potenzial als Aufsichtsorgan und Sparringspartner noch besser entfalten kann, welche Hindernisse sich dabei ergeben können und wie diese zu überwinden sind.

4 Ich beschäftige mich sich seit zwei Jahrzehnten im Kontext von organisationalen Entwicklungen und Veränderungen mit Gruppenphänomenen und damit, wie sich eine Gruppe zu einem erfolgreichen Team entwickeln kann. Hier möchte ich daher den Aufsichtsrat als Gruppe und das Aufsichtsratsmitglied als Individuum beleuchten. Die Erfolgsfaktoren von Teamarbeit im Aufsichtsrat werden hierbei unabhängig vom rechtlichen Kontext der Gesellschaft und von der jeweiligen Gesellschaftsform beschrieben.

II. Welches sind die gesetzlichen Anforderungen an den Aufsichtsrat?

5 Die umfangreichen Aufgaben des Aufsichtsrats sind gesetzlich festgelegt (siehe Dr. Peter Kunz: Gesellschaftsrechtliches Aufsichtsrats-Know-how) und können nur im Team gut bearbeitet werden.

6 Die wichtigste Aufgabe des Aufsichtsrats ist die Wahl (ggf. Abberufung) eines Vorstands, der über die notwendigen fachlichen und sozialen Kompetenzen verfügen muss. Der Aufsichtsrat hat auch die Vergütung inklusive der Anreizsysteme für den Vorstand zu regeln. Das Gremium hat sich selbst z. B. anhand der Wahl eines Aufsichtsratsvorsitzenden, der Erlassung einer Geschäftsordnung oder des Einsetzens von Ausschüssen zu organisieren (Selbstorganisationspflicht). Es kann auch für den Vorstand eine Geschäftsordnung erlassen oder einen Vorstandsvorsitzenden bestellen. Der Aufsichtsrat hat in seiner Kernaufgabe den Vorstand zu überwachen und zu beraten, wobei die Geschäftsführungstätigkeit allein dem Vorstand zusteht. Darüber hinaus hat er einen Katalog der Geschäfte, die vom Vorstand nur mit Zustimmung des Aufsichtsrats getätigt werden dürfen, festzusetzen. Er wirkt bei der Bestellung des Abschlussprüfers mit und hat den vom Vorstand erstellten und vom Abschlussprüfer kontrollierten Jahresabschluss festzustellen. Schließlich sollte der Aufsichtsrat die Effizienz seiner Überwachungstätigkeit laufend durch Selbst- und Fremdevaluierungen überprüfen (lassen). Die Entscheidungen sind grundsätzlich als Gesamtaufsichtsrat (Kollegialorgan) zu treffen, was wiederum zeigt, wie wichtig gute Teamarbeit ist.

7 Somit muss sich die Aufsichtsratsgruppe bezüglich der Wahl des richtigen Vorstands auf die notwendigen fachlichen und sozialen Qualifikationen und Kompetenzen einigen. Auch wenn die Gruppe dabei z. B. die Stimme des amtierenden Vorstands oder anderer (Experten) einbeziehen kann, muss sie stets die Haftung für einen „schlechten" Vorstand übernehmen (Auswahlverschulden).

8 In der Aufgabenbeschreibung muss der Aufsichtsrat sowohl in der Rolle des Überwachers als auch in der des Beraters tätig werden, was bei den Mitgliedern durchaus zu einer Herausforderung bezüglich des Rollenverständnisses führen kann. Die Überwachung muss als dynamische Tätigkeit verstanden werden. Jahres-, Quartals-, Vorlage- und Sonderberichte des Vorstands dienen der Informationsbeschaffung aufgrund der Berichtspflicht der Vorstände. Darüber hinaus kann der Aufsichtsrat Berichte verlangen. Des Weiteren kann der Aufsichtsrat in die Bücher einsehen und nötigenfalls Sachverständige oder Auskunftspersonen zur Beratung bezüglich einzelner Gegenstände hinzuziehen. Da sich jedoch viele möglicherweise zukunftsrelevante Informationen in den Köpfen der Mitarbeiter und Führungskräfte der Gesellschaft befinden, sind die bisher genannten Quellen unter Umständen nicht ausreichend und zu einseitig, um eine gute Entscheidung treffen zu können. Gleichzeitig gilt es, stets die Vertraulichkeit gegenüber sensiblen Informationen zu wahren. Wenn das Verhältnis zwischen den Organen von Vertrauen geprägt ist, können auch weitere Personengruppen als Informationsquelle herangezogen werden. In Ausnahmefällen hat der Aufsichtsrat auch das Recht, Mitarbeiter und leitende Angestellte ohne Zustimmung des Vorstands zu befragen. Dieses Vorgehen muss allerdings durch eine konkrete Verdachtslage bzw. durch Misstrauen innerhalb des Aufsichtsrats gegenüber dem Vorstand begründet sein.

9 Als Berater des Vorstands hat der Aufsichtsrat im neueren Rollenverständnis die Pflicht, an der Strategieentwicklung des Unternehmens mitzuwirken. Dabei sollen Aufsichtsrat und Vorstand einander ergänzen. Hierbei ist es sicherlich dienlich, neben der Strategie auch die Geschäftsentwicklung, die Stärken/Schwächen

des Unternehmens und die künftigen Chancen/Risiken zu analysieren und zu diskutieren.

10 Das Gebot der Selbstorganisation soll die effiziente Erfüllung der Aufgaben des Aufsichtsrats gewährleisten. Hierzu zählen neben der Bildung von Ausschüssen (teils verpflichtend, teils freiwillig) auch die Beschließung der Geschäftsordnung – sowohl für den Vorstand als auch für den Aufsichtsrat selbst – und die Effizienzprüfung. Ziel der Effizienzprüfung ist die Professionalisierung des Aufsichtsrats. Das beinhaltet die Verbesserung der aufsichtsratsinternen Abläufe und der Zusammenarbeit, das Aufzeigen etwaiger Schwachpunkte des Unternehmens, die Vermeidung von Haftungsrisiken sowie die Möglichkeit, das Vertrauen von Investoren zu gewinnen bzw. aufrechtzuerhalten. Die Effizienzprüfung umfasst explizit Aspekte der Teamarbeit. Neben der Einhaltung des eigenen Regelwerks werden z. B. der Umgang mit abweichenden Meinungen sowie der Offenheitsgrad und die Qualität der Kommunikation im Aufsichtsrat untersucht. All dies soll der Verbesserung der Kommunikation und des Teamworks im Aufsichtsrat dienen. Die Evaluation kann mit oder ohne externe Berater durchgeführt werden.

11 Kaum eine der oben angeführten Aufgaben kann ohne gute Teamarbeit professionell erfüllt werden. Was aber macht gute Teamarbeit aus und welche Merkmale weist ein Aufsichtsrat auf, der im Modus eines Hochleistungsteams arbeitet?

III. Der Aufsichtsrat als idealtypisches Team

12 In diesem Abschnitt soll beschrieben werden, was ein wirklich gutes Team ausmacht. Danach wollen wir der Schilderung eines Idealzustands die Realität der Zusammenarbeit in Aufsichtsräten gegenüberstellen und auch die Gründe für die Diskrepanz zwischen Idealzustand und Wirklichkeit erörtern.

13 Ideale Teamarbeit wird anhand des von Königswieser & Network entwickelten Drei-Ebenen-Modells (Inhalt – Beziehungen – Struktur) beschrieben.

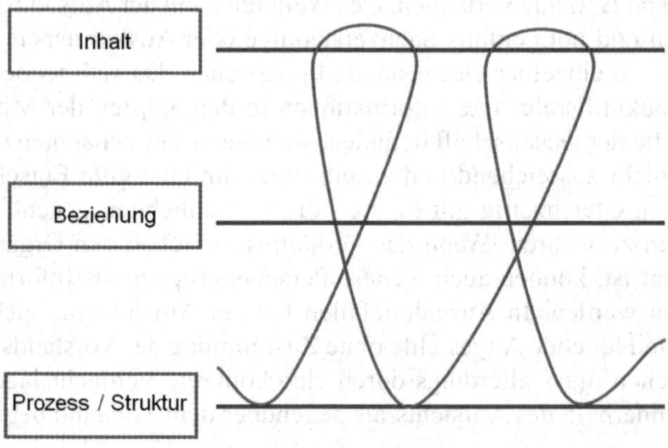

14 Das Modell zeigt auf, dass zu jedem Zeitpunkt der Zusammenarbeit in einer Gruppe immer alle Dimensionen/Ebenen gleichzeitig einen wichtigen Einfluss auf den Prozess und das Ergebnis (den Erfolg) der Arbeit haben.

Die **Inhaltsebene** umfasst die konkreten Sachthemen, die etwa in einer Sitzung oder in einem Gespräch zwischen mehreren Personen ausgetauscht bzw. bearbeitet werden. Entscheidungen bezüglich des Anforderungsprofils für die Vorstandsposition oder hinsichtlich einer Investition, die der Zustimmung des Aufsichtsrats bedarf; strategische Optionen, die der Aufsichtsrat dem Vorstand empfehlen würde; das Einrichten eines Ausschusses etc. **15**

Auf der **Beziehungsebene** wird deutlich, wie die Mitglieder zueinander stehen: freundschaftlich, kollegial, neutral, angespannt, konflikthaft oder konkurrenzierend? Sind sie einander sympathisch oder nicht? Aber auch gruppendynamische Prozesse und Phänomene spielen hier eine Rolle: Machtdynamiken, Koalitionen und die Teamkultur in der Zusammenarbeit (Offenheit in der Kommunikation, Konfliktvermeidung, Ziel- und Leistungsorientiertheit, Qualität der Beziehung zum Vorstand oder zu den Eigentümern etc.). **16**

Die **Strukturebene** beinhaltet z. B. den rechtlichen und organisationalen Rahmen für die Zusammenarbeit, die Führungs- Steuerungs- und Kommunikationsmuster, die Größe der Gruppe und die Charakteristika ihrer Mitglieder; die strukturbedingten Abhängigkeiten der Mitglieder voneinander und von anderen Interessengruppen; das dahinterliegende Anreizsystem und die spezifischen Rollen. **17**

Ich habe immer wieder Hochleistungsteams erlebt, die bessere Entscheidungen treffen konnten als durchschnittliche Teams. **18**

So war z. B. in einem Fall das Team der Eigentümervertreter gewillt, Gewinnausschüttungen aufzuschieben, weil die Mitarbeiter genug Vertrauen untereinander und zum Vorstand aufgebaut hatten und aus ihrer Sicht diese Entscheidung für das künftige Wohl der Organisation die beste Lösung darstellte. **19**

In einem anderem Team konnten die anlässlich einer Unternehmensintegration gemachten Fehler offen diskutiert und direkt in Lernerfahrung übersetzt werden: Der Enthusiasmus und Gestaltungswille der Käufer hatte die übernommene Organisation förmlich überrollt und letztendlich die „erworbenen“ Werte zerstört. Bei der nächsten Übernahme wurde großer Wert darauf gelegt, die Potenziale (Prozesse, Marktzugänge etc.) des übernommen Partners zu sichern und daher die Integration behutsam anzugehen). **20**

Die Spitzenleistungen eines weiteren Topteams und seiner Division waren auch der charismatischen Persönlichkeit des Topmanagers zu verdanken, der aufgrund seiner positiven, visionär-vorausschauenden Führung schwierige Aufgaben unter widrigen Umständen in herausfordernde, aber erreichbare Ziele übersetzen konnte. Als sich die Marktlage infolge externer Faktoren verschlechterte und die Strategie des Topmanagers weiterhin vom Tenor des „Wir schaffen das schon!“ geprägt war, bestand die große Gefahr, ein eventuelles Worst-Case-Szenario nicht zu bedenken, was großen Schaden unvermeidbar gemacht hätte. Aber infolge der Offenheit und Konfrontationsfähigkeit des Teams ließ die Führungskraft konstruktiv-kritische Rückmeldungen zu. Neben dem Best-Case-Szenario wurden auch Worst-Case-Szenarien besprochen und berechnet. Somit war das Team dann für den größer als erwarteten Markteinbruch gerüstet, da die präventiven Maßnahmen griffen und ein immer noch beachtlicher Erfolg erzielt werden konnte. **21**

22 Der Aufsichtsrat eines Immobilienunternehmens konnte sich bereits nach wenigen Einheiten einer Teamentwicklung zur Bearbeitung eines bis dato Tabuthemas durchringen: Er strukturierte die Ressortverteilungen im Vorstand neu. Die Ressourcen des Vorstands wurden daraufhin besser genutzt, und der Gründer und Eigentümer wechselte in den Aufsichtsrat. Dies entsprach nicht nur den Kompetenzen und Wünschen der betroffenen Personen, sondern diente auch den Unternehmensinteressen.

23 Wenn wir nun die Merkmale von Hochleistungsteams betrachten, sehen wir, dass viele davon sowohl die Beziehungsebene als auch die Strukturebene betreffen:

- Das Team hat eine gemeinsame Aufgabe, Zielsetzung, eine Vision, die es anstrebt (→ Inhaltsebene).
- Das Team ist so zusammengesetzt, dass sich Fähigkeiten, Diversität und Neigungen gut ergänzen (→ Strukturebene).
- Die Mitglieder haben belastbare, vertrauensvolle Beziehungen zueinander aufgebaut, die auch das konstruktive Austragen von Konflikten ermöglichen (→ Beziehungsebene).
- Jeder hat eine klar umrissene, aber zugleich flexible Rolle, übernimmt – wenn nötig – kompensatorische Verantwortung zur Erreichung des Gesamtziels (→ Strukturebene).
- Die Mitglieder des Teams haben eine lösungsorientierte Haltung entwickelt, die zu klaren und konsequenten Entscheidungen führt (→ Konfliktkultur als Teil der Beziehungsebene).
- Hochleistungsteams entwickeln sich unter einer kooperativen Leitung, die viel Freiraum für Kreativität und Eigeninitiative lässt, was das Motivationsniveau enorm hebt (→ Strukturebene).
- Teamerfolg hat Vorrang gegenüber dem Einzelerfolg (→ Haltung/Werte als Teil der Beziehungsebene).
- Exzellente Teams kommunizieren umfassend und holen Feedback von außerhalb und innerhalb der Gruppe ein, um sich selbststeuernd permanent weiterzuentwickeln (→ Strukturebene und Beziehungsebene).
- Die Arbeitsprozesse im Team laufen reibungslos ab, und das erworbene Prozess-Know-how hilft dem Team, das WAS und das WIE gekonnt miteinander zu verbinden (→ Strukturebene).
- Man hat nicht nur die Leistungen auf der Inhaltsebene im Blick, sondern auch die Bedeutung der Strukturebene bzw. die Unverzichtbarkeit der Beziehungsebene (→ Kulturmerkmal als Teil der Beziehungsebene).
- Das Team nimmt ausreichend Termine wahr, die es ermöglichen, gemeinsam in physischer Anwesenheit zu arbeiten (→ Strukturebene).

24 Auf der Inhaltsebene ist Teamarbeit sozusagen selbstverständlich – ihre tatsächliche Qualität zeigt sich auf der Struktur- und der Beziehungsebene.

25 Nun wollen wir das Drei-Ebenen-Modell auf Aufsichtsräte, die als Hochleistungsteam zusammenarbeiten sollen, anwenden. Wie müsste diese Zusammenarbeit inhaltlich, beziehungsmäßig und strukturell aussehen?

A. Inhaltsebene

26 Die folgenden Faktoren siedeln wir auf der Inhaltsebene an, obwohl sie auch in die Beziehungs- und Strukturebene hineinreichen.

1. Aufgabe, Ziel, Vision, Sinn

27 Der Aufsichtsrat sieht sich als ein Organ mit dem gemeinsamen Ziel, seine Aufgaben zum Wohl des Unternehmens wahrzunehmen. Eine gemeinsame Vision bezüglich der Zielvorstellungen und ein einheitliches Verständnis hinsichtlich der Sinnhaftigkeit der Arbeit als Aufsichtsrat verleihen dem Team eine wichtige Antriebskraft.

2. Qualifizierung, Wissen, Erfahrung der Aufsichtsratsmitglieder

28 In hervorragend funktionierenden Teams verfügen die Aufsichtsratsmitglieder über eine gute Basis an Generalwissen – unternehmensspezifisches, technisches Wissen und Managementwissen –, das zur Führung und Steuerung von Organisationen befähigt. Das Spezialwissen jedes einzelnen Aufsichtsratsmitglieds ergänzt sich gut mit dem Wissen der anderen bzw. komplettiert dieses (Marktwissen, Controlling, Marketing, Regionswissen etc.). Es ist hilfreich, wenn Aufsichtsratsmitglieder Erfahrung als Unternehmensführer haben und eine gute Mischung aus Kompetenzen sowohl als Fachmann als auch als Generalist vorweisen können. Sie sollten genügend Zeit für das Mandat aufbringen, ökonomische und geistige Unabhängigkeit zeigen, reife Persönlichkeiten sein, die nicht den Vorstand spielen möchten und sich als glaubwürdig und konsequent erweisen. Darüber hinaus sollten alle Mitglieder über soziale Kompetenzen verfügen, also Konflikte austragen, Teams moderieren und mit Widersprüchen umgehen können, sowie integrationsfähig und gute Kommunikatoren sein.

3. Professionsübergreifender Wissenstransfer und gemeinsames Lernen

29 Das Hochleistungsteam versteht es, Erfahrungen und Wissensgebiete wechselseitig zu transferieren, und nutzt die Vielfalt der Professionen, Rollen und Fähigkeiten (Kapitalvertreter, Arbeitnehmervertreter, Manager, Techniker, Internationalität etc.) und die entsprechend unterschiedlichen Sichtweisen zur Willensbildung und Entscheidungsfindung. Regelmäßiges oder – anlassbezogen – zeitnahes Feedback auszutauschen ist eine Selbstverständlichkeit. Das Team als solches lernt gemeinsam und qualifiziert sich als Kollegialorgan fortlaufend weiter. Der Aufsichtsrat durchdringt die Logik und Komplexität der Fragestellungen und Sachverhalte und kann infolgedessen die bestmögliche Kontrolle und Beratung bieten.

B. Beziehungsebene

1. Charakteristika der wechselseitigen Beziehungen

30 Die Mitglieder haben belastbare, vertrauensvolle Beziehungen zueinander aufgebaut, die einen offenen Austausch und auch das konstruktive Austragen von Konflikten ermöglichen. Die Beziehungen sind von wechselseitiger Akzeptanz und einem kollegialen Verhältnis geprägt. Falls neben der arbeitsbezogenen

eine freundschaftliche Beziehung oder andere Verflechtungen bestehen, können die Mitglieder die unterschiedlichen Rollen, in denen sie zueinander stehen, gut und transparent auseinanderhalten und die Sache in den Vordergrund stellen, ohne einander zu schonen. Auch das Verhältnis zum Vorstand und den Eigentümern ist (hinsichtlich der Person) von einer wertschätzenden und (in der Sache) konstruktiv-kritischen Haltung gekennzeichnet.

2. Gruppendynamische Prozesse

31 Der Aufsichtsratsvorsitzende hat zwar formell eine Führungsrolle inne, doch nimmt er diese im Sinne eines *primus inter pares* wahr. Auf dieser Weise kann sich der Einfluss einzelner Mitglieder auf das gesamte Team je nach Sachverhalt und Situation unterschiedlich verteilen. Dies ist in Hochleistungsteams dann möglich, wenn die Gruppe eine gewisse „Reife" erlangt hat. Macht- und Einflussdynamiken können im Team offen thematisiert und somit entschärft werden und gewinnen dadurch an „Leichtigkeit", sodass sie im Sinne der Ziele und Ergebnisse wirken können. Der Umgang mit Widersprüchen, Konflikten und Konkurrenz ist kein Tabu und kann immer wieder konstruktiv für die Sache genutzt werden. Aus Fehlern wird gelernt, und man sucht gemeinsam nach Auswegen. Keiner hat um seinen Platz zu fürchten, wenn er sich einmal eine Blöße geben musste. Die Mitglieder des Teams haben eine lösungsorientierte Haltung entwickelt, die klare und konsequente Entscheidungen ermöglicht. Die daraus resultierenden positiven Erfahrungen verstärken wiederum den Teamgeist. Jeder fühlt sich in der Verantwortung, die Gruppendynamik auf einem guten Niveau zu halten, und hinterfragt im Sinne der steten Erneuerung alte Gewohnheiten. Die Bereitschaft, sich und das Team zu verändern bzw. weiterzuentwickeln, ist stark ausgeprägt.

3. Gelebte Werte

32 Im Hochleistungsteam hat Teamerfolg Vorrang gegenüber dem Einzelerfolg. Die Einzelnen zeigen jedoch „Zivilcourage", wenn die Situation z. B. innovative Vorschläge erfordert. Man hat nicht nur die inhaltliche Leistungsebene im Blick, sondern auch die Bedeutung der Strukturebene bzw. die Unverzichtbarkeit der Beziehungsebene. Der Wille zur Erbringung bester Leistungen ist stark ausgeprägt (Lit: Ergebnisbericht KMU der Forschungsstelle FOKUS zum BMBF Forschungsprojekt HIPE – Innovation durch Förderung von nachhaltiger Hochleistung, High Performance Teams 2008-2011, Herausgeber: Technische Universität Chemnitz, Forschungsstelle für organisationale Kompetenz und Strategie [FOKUS]; Leitung: Prof. Dr. Peter Pawlowsky). Gute Leistung stimuliert die Teammitglieder und hebt die Motivation.

33 Die kontinuierliche Reflexion bezüglich der gemeinsamen Arbeit (Evaluation) wird als Chance zur Weiterentwicklung des Teams gesehen. Die gemeinsame Aufgabe wird sowohl aus der Sicht des Kontrollorgans als auch aus der des beratenden Organs wahrgenommen, wobei der Wechsel der Aspekte bewusst und reflektiert eingesetzt wird. Das Team sieht vorausschauendes Handeln und den Umgang mit Widersprüchen und Unsicherheiten als eine gemeinsame Herausforderung.

C. Strukturebene

1. Zusammensetzung der Gruppe

Die Eigentümer bzw. die Arbeitnehmervertreter entsenden bzw. nominieren die Aufsichtsräte gemäß den Erfordernissen der Position und der Eignung der Person. Das Team ist so zusammengesetzt, dass sich Fähigkeiten, Diversität (Alter, Geschlecht etc.) und Neigungen gut ergänzen. Für die Entscheidungsfindung sei auf die verschiedenen Formen der Typologisierung von Teammitgliedern verwiesen (z. B. Macher, Denker, Bewahrer und Erneuerer) oder auf die ausführliche Typologisierung im Modell der Arbeitsfunktionen von Margerison & McCann oder Riemann. Die Aufsichtsräte stehen zu den eigenen Möglichkeiten und Grenzen (hinsichtlich Kompetenzen und zeitlichen Ressourcen) und stimmen dem Mandat nur zu, wenn Sie nach gründlicher und kritischer Prüfung überzeugt sind, einen positiven Beitrag leisten zu können, und darüber hinaus kein negativ wirkender Interessenkonflikt oder zu große Abhängigkeiten voneinander bzw. von anderen Organen bestehen. Der *Corporate Governance Codex* liefert hierzu Richtlinien, doch akzeptieren erfolgreiche Aufsichtsratsmitglieder – je nach Komplexität der Gesellschaften – maximal einen oder zwei Aufsichtsratsposten. **34**

Die Gruppengröße ist rechtlich variabel und nach unten und oben begrenzt, eine ideale Größe, in der direkte Kommunikation möglich ist, liegt bei etwa sieben bis elf Personen. Größere Teams organisieren sich nach Teilaufgaben und orientieren sich dabei an der optimalen Gruppengröße mit differenzierten Rollen. **35**

2. Rollenverteilung im Team

Jeder hat eine klar umrissene, aber zugleich flexible Rolle und übernimmt – wenn nötig – kompensatorisch Verantwortung zur Erreichung des Gesamtziels. Hierbei werden die Spielregeln der Zusammenarbeit und die wechselseitigen Erwartungen an die Mitglieder und deren Rollen klar formuliert und vereinbart. Neben dem Aufsichtsratsvorsitzenden übernehmen die anderen Aufsichtsräte z. B. die Rolle des Ausschusssprechers, des Koordinators von Meetings etc., um die Effizienz der Zusammenarbeit zu steigern. Einzelne Aufgabenbündel werden immer klar von einem Verantwortlichen koordiniert. In Hochleistungsteams werden für die Gruppe wesentliche Funktionen – wie etwa Nachfragen, Zusammenfassen von Beiträgen, Koordinieren, Ziele schärfen, andere Meinungen einbeziehen, Vermitteln, Aufheitern, Konflikte schlichten, Loben, Regeln aufstellen etc. – jeweils von unterschiedlichen Teammitgliedern erfüllt, auch wenn man dies aufgrund ihrer formellen Rolle vielleicht nicht erwarten würde. Hat z. B. ein Mitglied entgegen einer Vereinbarung oder Erwartung gehandelt, wird es unverzüglich klar und deutlich darauf aufmerksam gemacht. Dieses Vorgehen unter Wahrung der persönlichen Beziehung schafft Orientierung und zeitigt konstruktive Arbeitsleistungen. **36**

3. Führungsrolle

Hochleistungsteams entwickeln sich unter einer kooperativen Leitung, die viel Freiraum für Kreativität und Eigeninitiative lässt, was sich auf das Motivationsniveau positiv auswirkt. Der Aufsichtsrat wählt jenen Kollegen aus seiner **37**

Mitte, der für die Aufgaben als Aufsichtsratsvorsitzender nicht nur laut Gesetz, Satzung oder Geschäftsordnung geeignet ist (siehe „Spezielle Aufgaben des Aufsichtsratsvorsitzenden"), sondern auch vom Team als Führungsperson anerkannt wird. Der Vorsitzende akzeptiert seine Kollegen als Experten und versteht sich eher als *primus inter pares*. Diese Haltung entspricht auch dem rechtlichen Rahmen. Entscheidungen werden immer vom gesamten Organ des Aufsichtsrats getroffen. Ein Weisungsrecht gegenüber seinen Kollegen gibt es nicht, auch wären Beeinflussungsversuche auf das Stimmverhalten anderer Aufsichtsratsmitglieder unzulässig. In der Rolle des „sozialen Architekten" schafft er Rahmenbedingungen, die ein verstärktes Maß an Kommunikation und Abstimmungen zwischen den Teammitgliedern ermöglichen. Er sorgt für einen guten Fluss der Zusammenarbeit innerhalb des Teams, und zwar indem er geschickt – je nach Erfordernis im Entscheidungsfindungsprozess – eine Rahmen setzende, öffnende bzw. restriktive, einbremsende Funktion ausübt. Er strukturiert die Sitzungen effizient und kann auch in konflikthaften Situationen erfolgreich moderieren. Er setzt somit seine Macht zum Wohl der Sache ein. In der Rolle als Coach unterstützt er die Mitglieder persönlich, damit diese ihren Beitrag zur Erreichung der Gesamtziele bestmöglich leisten können.

4. Kommunikationsstruktur

38 Exzellente Teams kommunizieren umfassend und holen Informationen von außerhalb und innerhalb der Gruppe ein, um sich selbststeuernd permanent weiterzuentwickeln. Eine im Interesse der Eigentümer spezifisch wichtige Funktion des Aufsichtsrats ist es, das Unternehmen (je nach Unternehmensgegenstand) mit Wirtschaft, Wissenschaft und Politik gut zu vernetzten. Aufsichtsräte bringen laufend relevante Informationen aus dem Geschäftsumfeld des Unternehmens ein. Dies erweitert den Horizont, bringt neue Sichtweisen ein und führt dazu, dass man eingefahrene Denkmuster hinterfragt. Aber auch für die Zusammenarbeit und Kommunikation untereinander ist es von zentraler Bedeutung, regelmäßige Meetings mit klaren Zielen und abgestimmter Agenda, guter Vorbereitung und moderiertem Ablauf abzuhalten. Die Meetingstruktur wird laufend an die inhaltlichen Erfordernisse, die es zu bestimmen gilt, angepasst, um die Effizienz der Meetings, Ausschüsse, Gespräche etc. möglichst hoch zu halten.

Technische Hilfsmittel werden so eingesetzt, dass in der gesamten Gruppe wie auch in Teilgruppen ein guter Mix aus z. B. Vor-Ort-Meetings, Telefon-/Video-Konferenzen und zunehmend web-basierter Kommunikation stattfindet. Hochleistungsteams nehmen ausreichend viele Termine wahr, die es ermöglichen, gemeinsam in physischer Anwesenheit zu arbeiten. Neben den klassischen Meetings von ein paar Stunden Dauer organisieren sie auch immer wieder im Jahr verteilt Klausuren, in deren Verlauf in konzentrierter Form strategische und grundsätzliche Fragen der Zusammenarbeit bearbeitet werden können. Das geschieht vor allem dann, wenn persönliche oder emotional aufgeladene Themen abzuhandeln sind, wenn noch ein gemeinsames Bild zur Klärung benötigt wird und es um dialogische Meinungsbildung geht, wenn sich also das Team als solches weiterentwickeln soll. Der Austausch von Feedback ist fixer Bestandteil der Tagesordnung. Somit können die persönlichen Beziehungen in der Zusammenarbeit, aber auch die Entscheidungs- und Arbeitsprozesse laufend verbessert werden. Das auf diese Weise entwickelte Prozess-Know-how hilft dem Team, das WAS und das WIE gekonnt miteinander zu verbinden.

5. Anreizsysteme

Hochleistungsteams gewinnen Ihren Antrieb vor allem aus der gemeinsamen Identität – einem Wir-Gefühl – und der Überzeugung von der Sinnhaftigkeit ihrer Arbeit, die sich an einem von allen getragenen Zielbild orientiert. Gleichermaßen von Bedeutung sind die Akzeptanz gegenüber dem Individuum, die Wertschätzung jedes Einzelnen seitens des Teams und die Möglichkeit des Mitgestaltens. So geartete Teams erleben immer wieder „flow-artige" Situationen, in denen die Leistungsfähigkeit und Produktivität in einer Atmosphäre von Leichtigkeit und Freude spürbar wird. Der Teamerfolg bringt auch Anerkennung aus dem Umfeld, was wiederum eine positive Aufwärtsspirale in Gang setzt. Auch wenn die intrinsische Motivation die wichtigste Größe darstellt, müssen die extrinsischen Faktoren in ausreichendem Maß gegeben und stimmig sein. Die jeweilige Entlohnung wird von allen Mitgliedern als fair empfunden, und diesbezügliche Unterschiede werden je nach Aufgabenbereich und geleistetem Zeiteinsatz zugelassen. 39

IV. Wie aber schaut die Realität oft aus?

Bis vor rund einem Jahrzehnt fanden sich in Aufsichtsratsgremien nur selten gut funktionierende und kaum Hochleistungsteams. In den vergangenen Jahren hat sich aber in vielen Aufsichtsräten die Qualität der Arbeit deutlich gebessert. Dennoch bleibt ein Handlungsbedarf bestehen. Daher beziehe ich mich – absichtlich plakativ – auf eine im Jahr 2004 im deutschsprachigen Raum durchgeführte Studie (FN: R. Königswieser/S. Artho/J. Gebhardt; Blick in den erlauchten Kreis – Eine Studie über die Aufsichts- bzw. Verwaltungsratspraxis, Organisationsentwicklung 01/2004.). 40

A. Inhaltliche Ebene

1. Aufgabe, Ziel, Vision, Sinn

Normalerweise haben Aufsichtsratsmitglieder zwar ein Ziel, aber es besteht darin, ihre Partikularinteressen zu verfolgen. Ihre Loyalität gehört jenen, von denen sie in diese Position gebracht wurden. Statt für die Interessen des Unternehmens einzutreten, stehen die Interessen des eigenen Systems (die eigene Unternehmung, die eigenen Beziehungen, Arbeitnehmervertreter) oder der eigenen Person (machtpolitische Stellung) im Vordergrund. Die Eigentümervertreter nehmen Verantwortung nur gegenüber einer Interessengruppe wahr, ohne auf eine Ausbalancierung der Widersprüche zu achten. Ein Aufsichtsratsmandat ist für sie ein „Platz in der Gesellschaft, der großes Ansehen und Prestige ermöglicht". Der Sinn eines Aufsichtsrats besteht darin, diese Privilegien zu schützen. Diese Gruppe hat auch keine gemeinsame für die Unternehmung gültige Vision entwickelt. Hier besteht für die Organisation sogar die Gefahr, dass eine potenziell erfolgreiche Zukunft auf Kosten von Partikularinteressen untergraben wird. Da sich die 41

Ziele der Einzelnen mit dem Ziel des Aufsichtsrats als Gremium kaum decken, kann sich auch keine Basis für gemeinsames Arbeiten entwickeln.

2. Qualifizierung, Wissen, Erfahrung der Aufsichtsratsmitglieder

42 In schlecht funktionierenden Aufsichtsratsgremien verstehen die Mitglieder ihre Aufgabe als Nebenjob. Sie gleicht eher einer „Trophäe als einer Berufung". Menschen, die einerseits gern in der Öffentlichkeit stehen und etwas gestalten möchten, können andererseits eine Psychostruktur entwickeln, die wenig konstruktiv ist. In destruktiven Aufsichtsräten finden sich viele Personen, die eine übertriebene Selbstbezogenheit aufweisen. Mögliche Unsicherheiten werden überkompensiert, indem eine übersteigerte Selbsteinschätzung konstruiert wird. Vielleicht führt gerade die Angst vor Ohnmacht zu den Größenphantasien, zur Abwertung anderer und zum Druck, Situationen immer selbst definieren zu müssen und Herr der Situation zu sein.

43 Fehlende soziale Kompetenz verschärft die Situation, sodass Diskussionen sehr rasch persönlich genommen werden oder der Diskussionsprozess aufgrund von Unstimmigkeiten und Konflikten ins Stocken gerät oder versandet.

3. Professionsübergreifender Wissenstransfer und gemeinsames Lernen

44 Die Potenziale der Akteure werden nicht genutzt. In ineffektiven Gruppen sind die Wissensgebiete der Mitglieder nicht wechselweise vernetzt, sie werden nicht abgerufen oder sogar abgewertet. „Der kommt ja aus einer ganz anderen Branche, der hat ja keine Ahnung!" „Wenn der nicht mein Fach studiert hat, kann ich gar nicht mit ihm reden." So werfen die Kapitalvertreter den Arbeitnehmervertretern vor, nur Betriebsratsarbeit zu machen, und umgekehrt fühlen sich die Arbeitnehmervertreter überlegen, da sie das Unternehmen besser kennen. Sachthemen können daher nur unzureichend bearbeitet werden, wodurch die Entscheidungsqualität massiv leidet. Bezüglich der Qualifikation hinsichtlich sozialer Kompetenz und Kommunikationsprozess-Know-how besteht keinerlei Bewusstsein. Hier findet man die Haltung vor, dass (gemeinsames) „Lernen nicht Sache der Elite ist". Feedback-, Reflexions- und Lernprozesse finden weder auf der Makroebene (Gesellschaftsebene) noch auf der Mikroebene (nach den Gremiensitzungen) statt. Was die Tiefenstruktur des eigenen Denkens und Handelns betrifft, existiert wenig Bewusstsein. Wenn es um Innovation und Erneuerung geht, stellt fehlendes Feedback eine massive Entwicklungsblockade dar.

B. Beziehungsebene

1. Beziehungen zwischen den Mitgliedern

45 In unproduktiven Gruppen sind die Beziehungen von Misstrauen, Missgunst und ungesunder Konkurrenz geprägt. Erfolge gönnt man nur sich selbst. Der Drang, dem „erlauchten Kreis" zuzugehören, ist so groß, dass dafür vieles in Kauf genommen wird. Oft ist viel Wissen über die Kollegen vorhanden, das nicht ans Licht treten soll. Daher versuchen die Mitglieder, ihr Beziehungskapital nicht durch Illoyalität zu gefährden.

In der Beziehung zum Vorstand herrscht die Meinung, dass der Aufsichtsrat eigentlich nachweislich der bessere Vorstand sei. Der Vorstand wiederum betrachtet den Aufsichtsrat als notwendiges Übel: Er mische sich entweder zu viel ein oder sei kaum ansprechbar, er behindere alles, und das Unternehmen müsse vor ihm geschützt werden. Konflikte innerhalb des Aufsichtsrats übertragen sich dann sehr rasch auf die Arbeit des Vorstands, indem Keile hineingetrieben werden oder extremer Druck ausgeübt wird. 46

2. Gruppendynamische Prozesse

Die Dynamik von dysfunktionalen Aufsichtsratsorganen ist stark hierarchisch geprägt. „Der Aufsichtsratsvorsitzende reißt die Macht an sich", bestimmt den Informationsfluss und lässt vorhandene Ängste für sich arbeiten. Mitläufertum und opportunistisches Verhalten werden somit gefördert. Im Fall von Fehlern findet man schnell Schuldige, ohne die wahren Wirkungszusammenhänge zu beleuchten. „Politische Machtspiele und Intrigen stehen an der Tagesordnung", und man muss fürchten, sein Gesicht zu verlieren und jederzeit abserviert zu werden. Phänomene wie *groupthink* („Wir sind die Besten, wir sind unfehlbar!") und Gruppendruck (Minderheitsmeinungen werden nicht akzeptiert) machen sich breit. Die Auseinandersetzung mit komplexen Sachverhalten erfolgt dementsprechend nur oberflächlich. Statt relevante Sachverhalte zu thematisieren, werden sie „in die Tabuzone abgeschoben". Entscheidungen werden im Vorfeld geheim abgesprochen, sodass bei den Aufsichtsratstreffen inoffiziell bereits gefasste Beschlüsse nur noch formalisiert werden müssen. Auf diese Weise gehen für den Meinungsbildungsprozess wichtige Perspektiven verloren. Problemdenken steht vor Lösungsdenken. Innovationen in der Gruppe werden im Keim erstickt, um bestehende Macht- und Einflusskonstellationen nicht zu gefährden. 47

3. Gelebte Werte

In einer schlecht funktionierenden Arbeitsgruppe gibt es kein „Wir-Gefühl". Jeder kämpft für die eigenen Interessen – sei es, zur Elite zu gehören oder gute Beziehungen zu verfestigen. Um die Sache geht es nur noch sekundär, wenn Klartext, Ehrlichkeit und Offenheit als störend empfunden werden und das Mitglied Gefahr läuft, aus dem Aufsichtsrat zu fliegen. Fachliche und sachliche Inhalte werden überbewertet, *soft facts* sind eben *soft* und somit nicht so gewichtig. Die Prozessebene – d. h. die Art der Kommunikation und die Machtkonstellation – wird eher intuitiv erfasst und in die Latenz verbannt. Wer überdurchschnittliche Leistungen erbringt, wird oft aus Neidmotiven tendenziell abgewertet. Das Leistungsniveau wird an das Mittelmaß angepasst. 48

C. Strukturebene

1. Zusammensetzung der Gruppe

Die Eigentümer bzw. die Arbeitnehmervertreter entsenden bzw. nominieren die Mitglieder des Aufsichtsrats, ohne auf die Ausgewogenheit der Kompetenzen und die Struktur der Gruppe zu achten. Falls es Abhängigkeiten gibt – z. B. wenn ein Aufsichtsratsmitglied zugleich Anwalt der Organisation ist – so werden diese 49 nicht transparent gemacht und tragen zu einer allgemeinen Verunsicherung und zu Misstrauen bei. Ein Überhang an „Alphatieren" und das Fehlen von Innovatoren und Umsetzern verringern das Problemlösungspotenzial. Professionalität wird aufgrund der Altersstruktur der Aufsichtsräte sowie infolge mangelnder Nachwuchsplanung und Qualifikation, aber auch durch das Hinzuziehen von Personen, die für den Job nur noch einen Bruchteil ihrer Zeit und ihres Engagements aufwenden können, erschwert. Der Besetzungsprozess orientiert sich dabei am Wunsch, das alte System zu zementieren. Da diejenigen Akteure, welche die Regeln festsetzen, nicht an Veränderungen interessiert sind, Angst vor Machtverlust und Kritik haben und die für sie passenden Mitglieder über persönliche Beziehungen auswählen, reproduziert und stabilisiert sich das System selbst. Das gilt sowohl für die Besetzung der Arbeitgeber- als auch für die der Kapitalvertreter. Professionelle Auswahlverfahren werden als Zumutung empfunden, und die Rekrutierung erfolgt nicht nach funktionalen Kriterien, sondern auf Basis von Beziehungsnetzwerken. Die Größe der Gruppe kann eine echte Herausforderung sein, dieser wird aber in ignoranten Gruppen nicht entsprechend begegnet.

2. Rollenverteilung im Team

50 Methaphern für eine dysfunktionale Rollenverteilung wären z. B. eine Bühne, auf der nur Stars auftreten, oder ein Marionettentheater, in dem nur die Allermächtigsten – die „Königsmacher" (die Aufsichtsratsvorsitzenden) – die Fäden ziehen. Hier wird die Funktion des Teams ad absurdum geführt, da es nicht nur als potenzieller Problemlöser ungenutzt bleibt, sondern darüber hinaus als Bühne für Einzelpersonen missbraucht wird.

51 Herausfordernd für alle Beteiligten sind z. B. Verhältnisse, wenn in einer Vorstands-Aufsichtsrats-Beziehung auch eine Vater-Sohn-Beziehung (oder umgekehrt) vorhanden ist. Diesbezüglich unreflektiertes Agieren und das Vermischen der beiden Rollen ist für das Gesamtsystem sehr belastend.

52 Es gibt kaum Arbeitsteilung oder Delegation von Themenaufbereitungen an Einzelne oder Experten. Das Fehlen von ausdifferenzierten Gruppenfunktionen wirkt sich negativ auf die Qualität der Arbeit aus, und die Potenziale der Akteure werden nicht oder nur ungenügend genutzt.

3. Führungsrolle

53 In dysfunktionalen Aufsichtsratsgruppen regiert meist der alles beherrschende Vorstandsvorsitzende. Er agiert als die für Vorstand und Eigentümer primäre Kontaktperson. Alles muss über seinen Schreibtisch laufen, und Meetings dienen mehr der Informations- oder „Befehls"-Ausgabe als der Meinungsbildung. Angst und vorauseilender Gehorsam prägen das Arbeitsklima. Der Vorsitzende spricht sich im Vorfeld wichtiger Entscheidungen mit seinen Kollegen ab, um ihnen eine bestimmte Richtung vorzugeben. Kommunikation und Dialog zwischen den Kollegen werden so weit wie möglich unterbunden. Das wird von einigen Mitgliedern als willkommene Entlastung, von anderen aber auch als Dominanz empfunden. In hierarchisch geprägten Systemen wird ein starker Vorsitzender gern toleriert, da er die bedrohlichen Machtspielchen durchschaut und eingreift oder die Taktiker

schachmatt setzt. Der Aufsichtsratsvorsitzende suggeriert seinem Umfeld, er habe alles im Griff, was jedoch die Qualität der Entscheidungen betrifft, gibt es kein Korrektiv, und das Risiko hinsichtlich einer Fehlentwicklung steigt von Tag zu Tag.

4. Kommunikationsstruktur

Dysfunktionale Arbeitsgruppen schotten sich ab, relevante Informationen von draußen werden ignoriert oder als unwichtig abgetan. Meetings werden nur soweit sie verpflichtend sind abgehalten, unterliegen keiner klaren Struktur, es gibt weder eine entsprechende Vorbereitung noch eine Agenda, und protokolliert wird nur das Allernötigste. Im Zeitraum zwischen den Meetings haben die Mitglieder kaum Kontakt zueinander. Die Informationsaufbereitung und das Reporting sind entweder zu knapp oder unvollständig oder in zu langen und schwer verständlichen Abhandlungen abgefasst. Das Gefühl, schlecht informiert zu sein, löst bei den Mitgliedern Unsicherheit, Passivität und Überforderung aus. Redebeiträge ufern aus, sodass kaum noch jemand zuhört und stattdessen E-Mails bearbeitet werden. Da es keine klaren Verantwortlichkeiten gibt, verlässt sich jeder auf den anderen, und in der Masse kann man sich gut verstecken. 54

Emotional geladene Themen oder Konflikte zwischen Personen werden über E-Mails abgehandelt und diese zwecks Stärkung der eigenen Position an einen großen Kreis cc oder bc verschickt. Aufgrund von Gruppendruck werden Sitzungsgespräche auf Tonband aufgenommen, was wiederum zu sehr verhaltenen Äußerungen führt. Es wird vermieden, direkt mit den Betroffenen über heikle Themen zu sprechen, dafür erfreut sich aber die Dreieckskommunikation großer Beliebtheit. 55

5. Anreizsysteme

In einem dysfunktionalen Aufsichtsratsorgan fehlen die ideellen Werte, die für das Wohl des Unternehmens zu sorgen hätten, weitestgehend, somit werden die monetären Vergütungen als Motivationsfaktor bedeutsamer, oder aber der Profilierungs- und Machtanspruch kann ausgelebt werden. Halt und Unterstützung von einem Team zu erfahren ist in solchen Gruppen nicht möglich und fällt als Anreiz komplett aus. 56

Dieses Bild, das vor einigen Jahren noch eher die Norm darstellte, ist bis heute nicht gänzlich aus der Realität verschwunden. Dennoch hat sich durch den Druck der Öffentlichkeit und infolge vieler Skandale die Situation merklich verbessert. 57

Was können nun Aufsichtsräte tun, um gemeinsam Hochleistungen zu erbringen? 58

V. Entwicklung zum Hochleistungsteam in sechs Schritten

A. Schritt 1: Bewusstsein schaffen

Wenn kein Bedarf für eine Veränderung gesehen wird, wird alles bleiben, wie es ist. Veränderung kann aus mehreren Ecken formuliert oder angeregt werden. 59

Der Aufsichtsrat hat (wie bereits unter seinen Aufgaben angeführt) die Effizienz seiner Überwachungstätigkeit laufend mithilfe von Selbst- und Fremdevaluierungen zu überprüfen (bzw. überprüfen zu lassen). Potenziale in der Zusammenarbeit werden aufgrund von Selbstreflexion von den Mitgliedern meist sehr rasch erkannt. Bewusstheit und Veränderungswille können auch durch externen Druck (Eigentümer, Öffentlichkeit, Belegschaft, Investoren etc.) erzeugt werden. Wenn jedoch bereits Skandale, an denen der Aufsichtsrat beteiligt war, in der Presse publiziert wurden, ist es für diese Gruppe meist schon zu spät.

60 Was aber kann man machen, wenn zwar einige wenige im Team einen konkreten Professionalisierungsbedarf sehen, die Mehrheit aber dafür kein Verständnis aufbringt oder sogar Widerstand zeigt? Immer wieder treten einzelne Personen oder Teilgruppen mit solchen Fragen an uns heran: „Einige Kollegen sehen so wie ich konkreten Bedarf, aber ein paar Schlüsselfiguren stellen sich dagegen und mauern. Wie können wir die anderen gewinnen und überzeugen?“ Unsere Empfehlung: Überzeugende Artikel, Studien oder Bücher empfehlen und Gespräche mit Skeptikern führen. Von zentraler Bedeutung ist es, den Aufsichtsratsvorsitzenden zu gewinnen, der dann leichter Überzeugungsarbeit leisten kann.

B. Schritt 2: Analysieren des Istzustands und Maßschneidern eines passenden Entwicklungsfahrplans

61 „Mache nichts ohne eine vorhergehende Analyse!“ Das heißt, dass zunächst die Stärken und Schwächen der aktuellen Zusammenarbeit im Team hinsichtlich der Dimensionen Inhalt – Beziehung – Struktur untersucht werden müssen. Je nach Gruppe können unterschiedlich viele Faktoren und Aspekte als Verbesserungspotenzial identifiziert werden. Wenn wir als Beratungsunternehmen zu solch einem Vorhaben eingeladen werden, klären wir zunächst den Auftrag mit dem Auftraggeber bzw. den Vertretern des Teams. Das erfordert das Erfassen einer scharf umrissenen Zielvorstellung und die Formulierung der Erwartungen bezüglich des Entwicklungsprozesses. Die hierfür notwendige Analyse führen wir in Form von Interviews (meist Einzelinterviews, teilweise mit ergänzenden Gruppeninterviews) mit den betroffenen Akteuren durch. Nach einer Auswertung werden die Eindrücken und Erkenntnisse an die Gruppe zurückgespiegelt und in einem offenen Austausch reflektiert. Darauf basierend werden die ersten inhaltlichen Handlungsstränge identifiziert. Der Prozess wird geplant und als „Projektvorhaben“ mit klarem Auftrag, Meilensteinen und Verantwortlichkeiten aufgesetzt bzw. begleitet.

C. Schritt 3: Idealzustand definieren und als Gruppe eine gemeinsame Basis finden

62 Erst wenn alle Mitglieder sich darüber, wo sie stehen und wohin die Reise gehen soll, einig sind, kann der gemeinsame Entwicklungsweg wirkungsvoll begangen werden. Schon dieser Schritt kann durchaus mit widersprüchlichen Sichtweisen einhergehen, die es im Dialog zu bearbeiten gilt. Gelingt dieser Schritt, kann dies im Team schon einen ersten Vertrauensschub auslösen. Die Inhalte werden im Team im Zuge eines Workshops bearbeitet. Das Ergebnis dieses Schrittes ist eine gemeinsam getragene „Vision" bzw. ein Zukunftsbild davon, wie das Team idealerweise operieren und wirken sollte. Das Fundament der Entwicklung zum Hochleistungsteam ist gelegt, und die notwendigen Entwicklungsmaßnahmen sind verabschiedet.

D. Schritt 4: Durchführung von teambezogenen Entwicklungsmaßnahmen

Hier geht es nun um die Vorbereitung und Durchführung der konkreten Maß- **63**
nahmen zur Entwicklung des Teams in Form von (extern) begleiteten Workshops bzw. Teamentwicklungen. Dabei sollten folgende Fragestellungen aufgearbeitet werden:

- Was erwarten wir von einer guten Zusammenarbeit und Entscheidungsfindung im Team? Woran machen wir fest, dass wir erfolgreich sind?
- Wie sehen wir unsere Aufgabe, welche Ziele sehen wir für unser Unternehmen und welchen Beitrag leisten wir dazu?
- Wie können wir unser spezifisches Wissen professionsübergreifend und vernetzt anwenden und miteinander lernen?
- Wie und wo können wir regelmäßig Feedback austauschen?
- Wie können wir eine offene und vertrauensvolle Kultur der Zusammenarbeit schaffen? Gibt es hierfür förderliche bzw. hinderliche Muster?
- Wie sähe unter Berücksichtigung der Anforderungen und Ressourcen/Qualifikationen eine sinnvolle Rollenverteilung aus? Wie wollen wir uns steuern und welche Rolle spielt dabei der Aufsichtsratsvorsitzende?
- Wie gestalten wir Meetings und schaffen eine effiziente Entscheidungsstruktur mithilfe von Ausschüssen, Unterausschüssen, Vorbereitungstreffen, Strategie- oder Teamklausuren etc.?
- Wie wollen wir miteinander und mit unseren Umwelten kommunizieren (*face to face*, in Telefon- und Videokonferenzen; Berichtswesen; Einbeziehung von Stakeholdern und themenbezogener Austausch von *best practices*)?
- Wie können wir untereinander und in den Arbeitsbeziehungen zu Personen außerhalb unseres Kreises Vertrauen herstellen?

Das Ergebnis dieses Schrittes wird sowohl in den Strukturen, Abläufen, Spiel- **64**
regeln und Verantwortlichkeiten als auch in der Art und Weise der Zusammenarbeit, der Qualität der Entscheidungsfindung und im Teamspirit sichtbar.

E. Schritt 5: Durchführung von personenbezogenen Entwicklungsmaßnahmen

Einführung von Coaching- oder Supervisionseinheiten für die Mitglieder zur **65**
Förderung der Reflexionsfähigkeit und zur Unterstützung der Bewusstseinsbildung – auch hinsichtlich der eigenen Rolle im Team. Da Verhalten eine Funktion von Person und Umwelt ist, sollten personenrelevante Aspekte, die es für ein Hochleistungseam braucht, ebenfalls weiterentwickelt werden. Dadurch entsteht eine positive Professionalisierungsspirale zwischen Team und Person.

F. Schritt 6: Gestaltung der Rahmenfaktoren

66 Nicht alles kann der Aufsichtsrat selbst in die Hand nehmen. Er ist Teil eines Gesamtsystems und sein Erfolg folglich auch von Rahmenentscheidungen relevanter Umwelten abhängig. Personalentscheidungen und solche bezüglich der Vergütungssysteme werden von den Eigentümern bzw. den Belegschaftsvertretern gefällt. Diese sind dafür verantwortlich, dass in der Gruppe des Aufsichtsrats ein guter Mix an Qualifikationen und fruchtbare Diversität besteht. Um das zu erreichen, ist wiederum die genaue Analyse der Anforderungen aufgrund der Unternehmens- und Marktsituation vonnöten, um dann als Basis für Entscheidungen zu dienen. Ein professionelles Auswahlverfahren, die Definition der passenden Gruppengröße und ein klares Erwartungsmanagement (Mindest-Zeitanforderungen, Limitierung der Mehrfachfunktionen der Mitglieder etc.) durch die Entsender sind weitere wichtige Voraussetzungen für die Bildung eines Hochleistungsteams. Diese Themen können auf Initiative des Aufsichtsrats mit seiner relevanten Umwelt z. B. in „strategischen Dialogen" mit Eigentümervertretern aufbereitet werden.

VI. Fazit

67 Der Aufsichtsrat ist rechtlich so konstruiert, dass seine Mitglieder alle Möglichkeiten haben, die kollektive Intelligenz einer Gruppe zu nutzen und sich zu einem Hochleistungsteam zu entwickeln. Eine exzellente Zusammenarbeit im Aufsichtsrat befähigt seine Mitglieder, ihre Aufgaben professionell zu erledigen und gemeinsam mit den Vorständen und den Eigentümern spürbar zum Unternehmenserfolg beizutragen.

68 Oft braucht es nicht mehr, als vom hohen Ross des Elitedenkens herunterzusteigen, sich ein bisschen umzusehen, sich selbst und die Gruppe zu hinterfragen und dann Schritt für Schritt einer systematischen Professionalisierung entgegenzugehen.

Diversität in Aufsichtsräten

Heike Mensi-Klarbach

Literatur

Barth, Die Nominierung von Aufsichtsratsmitgliedern, 2013; *Byrne*, The Attraction Paradigm, 1971 New York: Academic Press; *Hanappi-Egger/Mensi-Klarbach,* Diversität in Aufsichtsräten, Aufsichtsrat aktuell, 6/2014; *Heidenreich*, Consequences of the Norwegian Gender Quota Regulation for Public Limited Company Boards, in Huse et al, 2013, Getting Women on to Corporate Boards; *Holgersson*, Recruiting Managing Directors: Doing Homosociality, 2013, Gender, Work & Organization; *Korom*, Politisierte Aufsichtsräte? Über die Entwicklung personeller Verflechtungen von Wirtschaft und Politik in Österreich (1989–2011), 2014, Österreich Z Soz, 39; *Ladegard/Hansen/Bührmann,* Exploring director recruitment. What characteristics constitute an appointable candidate? In Mueller/Wells; *Langenbucher*, Zentrale Akteure der Corporate Governance: Zusammensetzung des Aufsichtsrats, ZGR 2012; *Meyer/Höllerer/Leixnering,* A question of values(s): Political connectedness and executive compensation in public sector organizations, International Public Management Journal, erscheinend; *Nesensohn,* Der Corporate Governance Kodex und dessen Anwendung in österreichischen ATX-Prime Unternehmen in Zusammenhang mit der Regelung der Aufsichtsratszusammensetzung und Nominierung, Masterarbeit 2015; *Podolny,* Market Uncertainty and Social Character of Economic Exchange, Administration Science Quarterly, 1994; *Rabe,* Die Mitbestimmung im Aufsichtsrat: Theorie und Wirklichkeit in deutschen Aktiengesellschaften, 2012, Management und Wirtschaft Studien; *Simcoe/Waguespack* , Status, Quality, and Attention: What's in a (Missing) Name?, Management Science, 2011; *Spitzer & Wieser*: Frauen.Management.Report.2015.

Gliederung **Rz**

I. Diversität im Aufsichtsrat – gesetzlicher Rahmen

Fragen der Diversität hinsichtlich **Geschlecht, Alter und Internationalität** 1
haben seit Jahren Eingang in die österreichische Corporate-Governance-Diskussion gefunden. Dies ist nicht zuletzt internationalen bzw. europäischen Bestrebungen geschuldet, die sich in den letzten Jahren vermehrt dem Thema Diversität und spezifisch der Repräsentanz von Frauen in Aufsichtsräten angenommen haben. Mehr oder weniger analog zu anderen europäischen Ländern hat der österreichische Corporate-Governance-Kodex (ÖCGK) bzw. das Aktiengesetz Diversitätsaspekte aufgenommen. 2009 wurde im österreichischen CGK in Punkt 42 des Kodex eine Diversitätsempfehlung verankert und zunächst als R-Regel formuliert.

Im Zuge der Änderungen des CGK im Jänner 2012 wurde Diversität als C-Regel weiterentwickelt und erstmals der Terminus „angemessen" aufgenommen.[1] Außerdem wurde zusätzlich die Regel 52 festgeschrieben,[2] welche sich explizit auf die Nominierung von Aufsichtsratsmitgliedern bezieht und dabei Bezug auf die Verantwortung der Hauptversammlung nimmt. Im Zuge des 2. Stabilitätsgesetz 2012[3] wurde die angemessene Berücksichtigung von Diversität hinsichtlich der Berücksichtigung beider Geschlechter sowie Alter und Internationalität in § 87 Abs 2 lit a AktG festgeschrieben.[4]

2 Es hat sich also die Relevanz der Berücksichtigung von Diversität hinsichtlich Geschlecht, Alter und Internationalität von einem Aspekt im Rahmen der freiwilligen **Selbstverpflichtung** von Kapitalmarktunternehmen im Jahr 2009 hin zu einer **zwingenden Rechtsvorschrift** im Jahr 2012 entwickelt. Die Geschwindigkeit ist beachtlich, nichts desto trotz bleibt die Frage der **Effektivität** dieser Vorschrift zunächst **offen**, denn die Sanktionierungsmöglichkeiten wie auch der Interpretationsspielraum der Formulierung „angemessen zu berücksichtigen" sind vage.

3 Anders als in anderen europäischen Ländern (Norwegen, Spanien, Italien und kürzlich auch Deutschland) hat die österreichische Gesetzgebung **keine verpflichtenden Zielwerte** zur Berücksichtigung von Diversität in der Nominierung von Aufsichtsrat Mitgliedern formuliert, ein Umstand, welcher der österreichischen Regelung die Bezeichnung des „zahnloser Tigers"[5] eingebracht hat. Einen Sonderfall stellen hier jedoch **Unternehmen in öffentlicher Hand** dar, für welche im Jahr 2011 eine verpflichtende Frauenquote von 35% bis 2018 beschlossen wurde. Der Geltungsbereich dieser Regelung bezieht sich auf sämtliche Unternehmen, an denen der Staat mit mindestens 50% beteiligt ist.[6]

---

[1] „(…)Weiters sind Aspekte der Diversität des Aufsichtsrats im Hinblick auf die Internationalität der Mitglieder, die Vertretung beider Geschlechter und die Altersstruktur angemessen zu berücksichtigen." (R42, ÖCGK, Jänner 2012, S. 30-31)

[2] „Bei der Bestellung des Aufsichtsrats achtet die Hauptversammlung auf die fachliche und persönliche Qualifikation der Mitglieder und auf eine im Hinblick auf Struktur und Geschäftsfeld der Gesellschaft fachlich ausgewogene Zusammensetzung des Aufsichtsrats. Weiters sind Aspekte der Diversität des Aufsichtsrats im Hinblick auf die Internationalität der Mitglieder, die Vertretung beider Geschlechter und die Altersstruktur angemessen zu berücksichtigen. (…)" (C52 Corporate Governance Kodex, Jänner 2012, S. 34)

[3] BGBl. I Nr. 35/2012.

[4] „Bei der Wahl von Aufsichtsratsmitgliedern hat die Hauptversammlung auf die fachliche und persönliche Qualifikation der Mitglieder sowie auf eine im Hinblick auf die Struktur und das Geschäftsfeld der Gesellschaft fachlich ausgewogene Zusammensetzung des Aufsichtsrats zu achten. Weiters sind Aspekte der Diversität des Aufsichtsrats im Hinblick auf die Vertretung beider Geschlechter und die Altersstruktur sowie bei börsenotierten Gesellschaften auch im Hinblick auf die Internationalität der Mitglieder angemessen zu berücksichtigen. Es ist auch darauf zu achten, dass niemand zum Aufsichtsratsmitglied gewählt wird, der rechtskräftig wegen einer gerichtlich strafbaren Handlung verurteilt worden ist, die seine berufliche Zuverlässigkeit in Frage stellt."

[5] *Spitzer & Wieser:* Frauen.Management.Report.2015. http://media.arbeiterkammer.at/PDF/AK_Frauen_Management_Report_2015.pdf

[6] Bundeskanzleramt (2015): Frauenangelegenheiten und Gleichstellung, https://www.bka.gv.at/site/6868/default.aspx

4 Während die gesetzliche Vorgabe in Form von **Quotenwerten insofern Wirkung** zeigt, als alle staatlichen Unternehmen in den vergangenen Jahren vermehrt Frauen in Aufsichtsräte nominiert haben und somit die Diversität hinsichtlich des Geschlechts kontinuierlich steigt, zeigt sich bei den nicht-staatlichen Unternehmen ein nur sehr langsamer Anstieg der Repräsentanz von Frauen in Aufsichtsräten.[7] Konkret wurden in den Jahren 2009 bis 2013 in staatsnahen ATX-Unternehmen 100% der neu zu besetzenden Aufsichtsratsmandate mit Frauen besetzt, während in ATX-Unternehmen ohne staatliche Beteiligung nur zwischen 7 und 10% der Nach- bzw. Neubesetzungen weiblich waren.[8]

5 Es scheint also, als würden gesetzliche Regelungen, die keine konkreten Zielvorgaben für Diversität vorgeben, weniger Wirkung zeigen als **Quotenvorgaben**. Am Beispiel Norwegen zeigt sich gut, dass selbst ein Richtwert von 40% Frauen in Aufsichtsräten innerhalb relativ kurzer Zeit erreichbar ist.[9] Gleichzeitig zeigt das Beispiel Norwegens, dass es zu **keinem Spill-Over-Effekt** von Supervisory Boards zu Executive Boards gekommen ist, im Gegenteil: Der Anteil von Frauen in Executive-Board-Positionen stagniert in Norwegen seit 2008 bzw. ist seit Kurzem sogar leicht rückläufig.[10]

6 Betrachtet man also die **tendenzielle Homogenität** von Aufsichtsräten hinsichtlich Alter, Geschlecht und Internationalität einerseits und die eben genannten Möglichkeiten, Wirkungen und Grenzen von gesetzlichen Bestimmungen und Soft-Law andererseits, stellen sich zwei Fragen:

i. Welche Ursachen hat die gleichbleibende Homogenität in Aufsichtsräten?
ii. Welche Möglichkeiten neben der freiwilligen Selbstverpflichtung bzw. gesetzlichen Quoten lassen sich aus diesen Ursachen zur Erhöhung der Diversität in Aufsichtsräten ableiten?

II. Ursachen für die Homogenität hinsichtlich Geschlecht in Aufsichtsräten[11]

A. Defizitorientierte Begründungsansätze

7 Zwei sehr häufig genannte Argumente für die geringe Repräsentanz von Frauen in Aufsichtsräten umfassen zum einen die Annahme, es gebe **nicht genügend**

---

7 *Spitzer & Wieser*, 2015;

8 *Nesensohn*, Der Corporate Governance Kodex und dessen Anwendung in österreichischen ATX-Prime Unternehmen in Zusammenhang mit der Regelung der Aufsichtsratszusammensetzung und Nominierung, 2015, Masterarbeit, WU Wien,

9 Das norwegische Parlament verabschiedete 200X die gesetzliche Frauenquote von 40% in börsenotierten Unternehmen, welche bis 2008 erfüllt werden musste

10 *Heidenreich*, Consequences of the Norwegian Gender Quota Regulation for Public Limited Company Boards, in Huse et al, 2013, Getting Women on to Corporate Boards

11 Im Folgenden wird ein Fokus auf Geschlechterdiversität gelegt, zumal der gesetzliche Rahmen hier im Gegensatz zu den beiden anderen genannten Dimensionen Alter und Internationalität eine aktive Förderung vorsieht. In der Präambel des ÖCGK etwa findet sich das Thema wieder mit Verweis auf die gesellschaftliche Verantwortung der Unternehmen und daraus ableitbaren Notwendigkeit etwa für Maßnahmen zur Vereinbarkeit von Beruf und Familie. Darüber hinaus schreibt L-60 des ÖCGK vor, dass Maßnahmen zur Förderung von Frauen im Vorstand, Aufsichtsrat und in leitenden Positionen zu verankern sind.

qualifizierte Kandidatinnen.[12] Zum anderen wird häufig argumentiert, Frauen würden die **Verantwortung scheuen** und kein großes Interesse an entsprechenden Positionen zeigen. Implizit liegen diesen Argumenten die Annahmen zugrunde,

i. es gebe ein entsprechendes **Qualifikationsprofil** für Aufsichtsratspositionen (das eben **Frauen nicht** erfüllten[13]) und
ii. es sei **wichtig** bzw. hinreichend, **Interesse** an der Ausübung von Aufsichtsratsmandaten zu bekunden (was Frauen ebenfalls nicht täten).

8 Diesen Argumenten steht jedoch die Tatsache entgegen, dass sich in den letzten sechs bis sieben Jahren etwa 150-200 Frauen durch unterschiedliche Lehrgänge spezifisch für Führungs- und Aufsichtsratspositionen qualifiziert haben.[14] Entlang bestimmter Kriterien absolvierten und absolvieren Frauen - und auch Männer[15] – Lehrgangsmodule über rechtliche Grundlagen, Risk Management und Rechnungslegung bis zu Verhandlungsführung und strategischem Management. Die Module umfassen also genau die Inhalte, die für Führungskräfte und speziell Aufsichtsratsmitglieder als relevant gelten.

9 Durch die Teilnahme an den Programmen zeigen die Teilnehmerinnen **Interesse** an der Übernahme von Führungs- bzw. Aufsichtsratspositionen und entwickelten gleichzeitig **fachspezifische Kompetenzen** für die Übernahme ebendieser Aufgaben. Dennoch sind die Auswirkungen dieser Programme auf die Repräsentanz von Frauen in Aufsichtsräten überschaubar bis nicht existent. Dies führt zu der Frage, ob die oben genannten impliziten Annahmen tatsächlich zutreffend sind.

10 Konkret ist fraglich, ob Kriterien für die Nominierungsfähigkeit bzw. Kompetenz- und Qualifikationskriterien (1) abschließend aufzählbar und (2) in Kursen vermittelbar sind. Des Weiteren scheint es **nicht der gängigen Praxis** zu entsprechen, dass das **Interesse** an Aufsichtsratsmandaten und die formale und fachliche **Qualifizierung** durch Aus- und Weiterbildung **hinreichend** für eine Nominierung sind. Vielmehr laufen Nominierungsprozesse für Aufsichtsräte in Österreich entlang anderer impliziter Kriterien ab, welche auf ihre Wirkung auf die homogene Zusammensetzung von Aufsichtsräten hin analysiert werden können.[16]

---

[12] Analog wird dieses Argument auch für Alter vorgebracht, indem angenommen wird, Alter korreliere direkt mit beruflicher Erfahrung und damit notwendiger Qualifikation für die Ausübung von Aufsichtsratsmandaten. In Bezug auf Internationalität gibt es diese Vorbehalte hinsichtlich mangelnder Qualifikation nicht, hier wird in Erklärungsansätzen eher davon ausgegangen, dass es zum einen schwierig ist, Zugang und Informationen über geeignete „internationale" KandidatInnen zu bekommen. Zum anderen wird häufig die im internationalen Vergleich geringe Höhe der Vergütung österreichischer Aufsichtsräte als Grund für die geringe internationale Diversität gesehen.

[13] Und analog jüngere Personen

[14] Siehe etwa das Führungskräfteprogramm Zunkunft.Frauen (www.zukunft-frauen.at)

[15] Etwa im Lehrgang für Governance Excellence der WU Executive Academy, welcher für Männer und Frauen konzipiert ist

[16] *Holgersson*, Recruiting Managing Directors: Doing Homosociality, 2013, Gender, Work & Organization

B. Strukturelle Begründungsansätze

Eine qualitative explorative Studie zum Thema Nominierungsentscheidungen in österreichischen Aufsichtsräten, welche 2013/14 am Institut für Gender und Diversität in Organisationen der WU Wien im Rahmen eines EU-Projekts durchgeführt worden ist,[17] gibt Hinweise darauf, dass die Nominierung von Aufsichtsräten in Österreich letztlich von einer überschaubaren Anzahl an Personen durchgeführt wird. Nominierungsausschüsse werden, wenn gesetzlich vorgeschrieben, eingerichtet, prozesstreibend sind jedoch Aufsichtsratsvorsitzende und, je nach Unternehmen und Eigentümerstruktur, diese in Absprache mit dem Mehrheitseigentümer bzw. dem Vorstandsvorsitzenden (sic!). Der Suche nach geeigneten Kandidaten und Kandidatinnen liegt häufig kein explizit ausformuliertes Qualifikationsprofil zugrunde, sondern vielmehr eine implizite Vorstellung über die notwendigen Anforderungen seitens der prozesstreibenden Personen.[18] Auch werden diese Überlegungen selten in eine Gesamtbetrachtung der vorhandenen Profile im Aufsichtsrat als Gremium eingeordnet: Vielmehr wird in der Regel nach einzelnen Personen gesucht, die für sich stehend als passend erscheinen.[19] Die Suche nach geeigneten Personen erfolgt in den seltensten Fällen über Personalvermittlungen,[20] üblicherweise werden **Personen aus dem näheren Arbeitsumfeld** der wenigen in den Suchprozess Eingebundenen in Betracht gezogen bzw. vorgeschlagen.[21] 11

Darüber hinaus ist auffallend, dass in der öffentlichen Diskussion häufig von „den Aufsichtsräten" gesprochen wird, es scheint also so, als gebe es ein geteiltes Verständnis von Aufsichtsräten, welches in der öffentlichen Darstellung nicht selten mythenhaft dargestellt wird.[22] Dieses **implizite Verständnis entzieht** sich jedoch offenbar der **Explizierbarkeit** (Verdeutlichung und Äußerbarkeit), was sich darin ausdrückt, dass gemeinhin nur formale Kriterien ausgesprochen werden, während darüber hinaus bestehende Ideen etwa über Persönlichkeitsmerkmale zwar die Vorstellung von „dem Aufsichtsrat" ergänzen, in den seltensten Fällen jedoch ausgesprochen werden. 12

Empirisch hat sich gezeigt, dass alle im Rahmen unserer Studie[23] interviewten Personen ein auf weiten Strecken unausgesprochenes wenn auch nicht unbedingt geteiltes Verständnis von den notwendigen Kompetenzen und auch den Anforderungen an Aufsichtsräte und deren Mitglieder haben. Wenn sie diese explizie- 13

---

[17] Projekt gefördert im Rahmen des PROGRESS-Programms durch die Europäische Kommission, koordiniert durch BMUF

[18] *Hanappi-Egger/Mensi-Klarbach,* Diversität in Aufsichtsräten, Aufsichtsrat aktuell, 6/2014, 2.

[19] *Ladegard, Hansen, Bührmann,* Exploring director recruitment. What characteristics constitute an appointable candidate? In: Mueller & Wells, Governance in Action Globally. Strategy, Process and Reality. Oxford, 2013: 177 - 200.

[20] Als Grund hierfür wurden unter anderem genannt, dass die Vergütung von Aufsichtsräten im Vergleich zu Vorständen und anderen Führungspositionen so gering sei, dass eine entgeltliche Personalvermittlung nicht angebracht sei.

[21] *Hanappi-Egger/Mensi-Klarbach,* Aufsichtsrat aktuell, 6/2014, 2

[22] *Rabe,* Die Mitbestimmung im Aufsichtsrat: Theorie und Wirklichkeit in deutschen Aktiengesellschaften, 2012, Management und Wirtschaft Studien, Band 73

[23] Progress Projekt, 2013

ren sollen, geschieht dies in der Regel anhand von **formalen Kriterien**, welche sich in den Modulen der oben angeführten Aufsichtsratslehrgängen widerspiegeln (rechtliches/wirtschaftliches Verständnis[24]). Interessanterweise werden genannte Kriterien in der Interviewsituation im gleichen Augenblick insofern **relativiert**, indem darauf hingewiesen wird, dass selbige allein natürlich noch **nicht ausreichend** für eine Nominierung in den Aufsichtsrat seien. Vielmehr sei eine etwaige Passungsfrage von der jeweiligen Person, also dem Kandidaten/der Kandidatin abhängig sowie von der spezifischen Situation des Unternehmens bzw. des Gremiums. D.h. neben den häufig genannten formalen Kompetenzkriterien kommt es zu einer **Evaluierung der Person an sich**, welche sich entlang unausgesprochener und damit sich einer Diskussion und Reflexion entziehender Kriterien vollzieht. Letztlich entscheiden also **Soft-Facts oder „Suitabilty criteria"**, welche schwer fassbar und damit auch schwer beschreib- bzw. festschreibbar sind. Diese wiederum eröffnen einen erheblichen Ermessensspielraum, neben den Qualifikationen und Kompetenzen personen- und situationsbezogen Kriterien einzubeziehen.[25]

14 Häufig werden diese Soft-Facts auch mit **Vertrauen** beschrieben, das ein Kandidat oder eine Kandidatin letztlich genießt oder eben nicht. Vertrauen spielt unserem empirischen Befund nach eine mindestens so große Rolle im Nominierungsprozess wie Qualifikation und Kompetenzen. Bisher beschränkten sich Diskussionen um Diversität und konkret Frauen in Aufsichtsräten ausschließlich sich auf Fragen der Qualifikation und Kompetenz und sparten den Faktor Vertrauen aus. Genau dieser Faktor jedoch hat **wesentliche Auswirkungen** auf den Status quo der Zusammensetzung von Aufsichtsräten in Österreich.

15 Es ist nur allzu verständlich, dass die **Abschätzung von Vertrauen** einen besonderen Stellenwert bei der Nominierung von Aufsichtsräten einnimmt. Schließlich ist es nachvollziehbar, dass Aktionäre ein Interesse daran haben, Personen in das Aufsichtsgremium zu entsenden, denen sie ein entsprechendes Vertrauen entgegen bringen. Genau dieses Vertrauen und die Frage, wem es letztlich entgegengebracht wird und warum, ist letztlich ausschlaggebend für die Frage nach kontinuierlich reproduzierter Homogenität in Aufsichtsräten. Wie entsteht also Vertrauen und was hat dies mit Diversität zu tun?

C. Vertrauen versus Diversität

16 **Vertrauen** entsteht über **persönliche Bekanntschaft** bzw. gemeinsame Erlebnisse etwa in bestehenden beruflichen Beziehungen. Dabei zeigt sich, dass Personen in der Regel bevorzugt mit anderen zusammenarbeiten, die sie als sich selbst ähnlich beschreiben würden; ein Phänomen, das sozialwissenschaftlich „similarity attraction" genannt wird.[26] Ähnlichkeit kann dabei in Form von unterschiedlichen Charakteristika relevant werden. Beispielsweise ein geteiltes Fachgebiet, die Ar-

---

[24] Konkret umfassen die Aufzählungen ein gutes kaufmännisches Verständnis, analytische Fähigkeiten oder etwa die Fähigkeit, die „richtigen" Fragen zum „richtigen" Zeitpunkt zu stellen. Darüber hinaus werden notwendige spezifische Fachkenntnisse, wie etwa die des/der FinanzexpertIn oder des/der Juristin, häufig genannt.

[25] *Holgersson*, GWO, 2013

[26] Siehe etwa *Byrne*, The Attraction Paradigm, 1971 New York: Academic Press.

beitsweise, das Alter oder das Geschlecht können Kategorien der Ähnlichkeit darstellen. Sichtbare Kriterien, wie etwa das Geschlecht sind fürAufsichtsratsnominierungen insofern eine relevante Kategorie zur Festschreibung von (Un-)Ähnlichkeit, als Frauen in Aufsichtsräten stark unterrepräsentiert sind und damit tendenziell das „Unähnliche" darstellen. Darüber hinaus geht es bei der Abschätzung von Ähnlichkeit auch um Fragen geteilter Normen und Werte; deren Beurteilung hängt in der Regel von einer persönlichen Bekanntschaft ab.[27]

Fehlen die persönliche Bekanntschaft und damit die Möglichkeit potentielle Ähnlichkeit (abseits sichtbarer Kategorien) abzuschätzen, kann auch auf andere Referenzen zurückgegriffen werden. Status etwa, also die Bekanntheit bzw. das **soziale Kapital in einer relevanten Community** wird häufig stellvertretend für die Evaluierung von Vertrauen herangezogen.[28] Status kann durch die Mitgliedschaft in bestimmten **machtvollen sozialen Netzwerken**, oder relevanten Communities erreicht werden.[29] Diese Netzwerke charakterisiert unter anderem ihre Geschlossenheit, sie umfassen einen überschaubaren Kreis an Personen und garantieren eben durch ihre Geschlossenheit entsprechendes soziales Kapital. 17

Beides, wahrgenommene Ähnlichkeit und Status dienen letztlich weniger der Beurteilung sachlicher Qualifikation oder Kompetenzen als der Evaluierung der impliziten Vorstellung von sozialer Passung bzw. Vertrauen. Gleichzeitig schließen sich „similarity attraction" sowie Status etwa über machtvolle Netzwerke und Diversität gewissermaßen gegenseitig aus. Damit verschiebt sich die Frage der Diversität von Aufsichtsräten ein Stück weit weg von der Diskussion um Qualifikation und Kompetenz hin zu einer Diskussion um die Frage, wie Vertrauen und Diversität, im Sinne von dem möglicherweise „Unbekannten" und „Unähnlichen" zusammengebracht werden können. 18

III. Diskussion von Handlungsimplikationen struktureller Gründe von Homogenität in Aufsichtsräten

Wie oben bereits ausgeführt, zielen zahlreiche **Soft-Law-Bestimmungen**, aber zunehmend auch gesetzliche Regelungen auf die Erhöhung von Diversität in Aufsichtsräten ab. Gleichzeitig scheint sich der Erfolg dieser Maßnahmen zumindest kurzfristig noch nicht einzustellen. Initiativen zur Erhöhung der Diversität in österreichischen Aufsichtsräten erschöpften sich bisher in solchen, die sich auf defizitorientierte Gründe für die Homogenität stützen, wie etwa spezifische Ausbildungsprogramme für Frauen. Die mindestens so relevante Frage des Vertrauens in potentielle Kandiaten und Kandidatinnen und deren Evaluierung jedoch, wird zumeist nicht diskutiert. 19

---

27 *Podolny* 1994, Market Uncertainty and Social Character of Economic Exchange, Administration Science Quarterly, 39 (3);

28 *Simcoe & Waguespack* 2011, Status, Quality, and Attention: What's in a (Missing) Name?, Management Science, 57 (2)

29 Siehe etwa *Korom*, Politisierte Aufsichtsräte? Über die Entwicklung personeller Verflechtungen von Wirtschaft und Politik in Österreich (1989–2011), 2014, Österreich Z Soz, 39

20 Zusätzlich können **strukturelle Gründe**, also im Nominierungsprozess liegende Gründe für die homogene Zusammensetzung von Aufsichtsräten erkannt werden. Es zeigte sich, dass der Nominierungsprozess in Österreich tendenziell durch ein wenig strukturiertes Vorgehen häufig ohne ausformulierte Anforderungsprofile[30] sowie eine von einigen wenigen Personen durchgeführte Suche nach Kandidaten und Kandidatinnen geprägt ist. Die prozesstreibenden Personen haben in der Regel ein implizites Verständnis von „dem Aufsichtsrat", das jedoch kaum konkretisiert und explizit gemacht wird. Dies führt dazu, dass die als relevant erachteten **Kriterien** zum einen **subjektiv unterschiedlich** sein können und sich zum anderen einer Evaluierung und Bewertung mangels **offener Diskussion entziehen**. Insbesondere der Faktor Vertrauen und die Abschätzung der „sozialen Passung" von Kandidatinnen und Kandidaten wird zwar als letztlich entscheidend dargestellt. Die Kriterien für eben diese Evaluierung bleiben vage und letztlich unhinterfragt. Insofern führt das Fehlen der Explizität häufig dazu, dass das Gesuchte dem bereits Vorhandenen entspricht und damit der Status quo und somit auch die Homogenität in den Gremien reproduziert wird.

21 Nimmt man also die strukturellen Gründe, sowie die Relevanz der Vertrauensevaluierung für die Zusammensetzung von Aufsichtsräten ernst, so ergeben sich einige Anknüpfungspunkte, die über Qualifizierungsmaßnahmen für Frauen hinaus gehen.

A. Strukturierung des Nominierungsprozesses

22 **Eine Strukturierung** des Nominierungsprozesses beschreibt etwa *Barth*, wenn er einen dreistufigen Nominierungsprozess vorschlägt.[31] Der dreistufige Prozess besteht in diesem Vorschlag aus der Profilerstellung, der strukturierten Suche sowie der Evaluierung der Kandidaten und Kandidatinnen. Bei der Profilerstellung ist es demnach wichtig, dass einerseits die gewünschten Kompetenzen und Fähigkeiten möglichst umfangreich und detailliert beschrieben werden. Andererseits ist dabei auf den gesamten Aufsichtsrat Bezug zu nehmen, um ein breites Portfolio an Kompetenzen zu erreichen. Die Qualität des beschriebenen Profils beeinflusst letztlich den Suchprozess – je präziser das Suchprofil, desto klarer die Suche; und schließlich sind die Möglichkeiten der Evaluierung von Kandidaten und Kandidatinnen wesentlich von der Qualität des Suchprofils abhängig.

23 Diesbezügliche Überlegungen sind keineswegs neu: So hat bereits der „Higgs Report" auf die zentrale Rolle von **Anforderungsprofilen** und **Nominierungskomitees** hingewiesen.[32] Darüber hinaus schreiben etwa die Listing Rules der New

---

30 Kontrastiert wird dieser empirische Befund etwa durch die Vorgehensweise einiger börsennotierter Aktiengesellschaften, welche die Nominierung auf Basis ausformulierter Anforderungsprofile durchführten. Anzuführen sind hier beispielsweise AGs, an denen der Bund mittelbar über die ÖBIB beteiligt ist.

31 *Barth,* Die Nominierung von Aufsichtsratsmitgliedern, 2013

32 Higgs Report (2003) Chapter 10 („Recruitment & Appointment"); Hinzuweisen ist auf den Unterschied Board (Verwaltungsrat) und Aufsichtsrat; in der Struktur sind die Mechanismen vergleichbar.

York Stock Exchange eine Veröffentlichung von Profilen vor.[33] Auch in Deutschland wurde das Thema diskutiert, *Langenbucher* beschreibt beispielsweise die Vorteile der Einführung von Besetzungserklärungen im Vorfeld von Aufsichtsratsnominierungen, welche eine Explizierung des Anforderungsprofils zugrunde legen.[34]

Ein internationaler Vergleich zeigt, dass die Veröffentlichung von Anforderungsprofilen, welche neben fachlichen Kompetenzen auch Soft-Facts festschreiben, gelebt werden kann. In Dänemark etwa werden die Anforderungsprofile an Supervisory Board Candidates börsennotierter Unternehmen auf deren Homepage veröffentlicht.[35] 24

Eine Veröffentlichungspflicht von Anforderungsprofilen beeinflusst in zweierlei Hinsicht den Entscheidungsprozess. Zunächst setzt diese voraus, dass es ein geteiltes Verständnis von gewünschten Anforderungen gibt; es ist also notwendig bereits intern, im Zusammenwirken der mit dem Nominierungsprozess betrauten Personen, ein gemeinsames Verständnis herzustellen. Dadurch käme es zu einem Konkretisieren des abstrakten (Selbst-) Verständnisses von Aufsichtsratsmitgliedern in Form mandatsbezogener Profile aber auch bezüglich des Aufsichtsrats als Gremium. Potentiell unterschiedliche Auffassungen unter den beteiligten Personen würden einen kritischen Diskurs letztlich auch hinsichtlich Homogenität/Hetereogenität fördern. Idealerweise beinhaltet dieser kritische Diskurs ebenfalls die Frage nach „sozialer Passung" und „Vertrauen" und welche Kriterien dafür heran gezogen werden. Solange jedoch die Vorstellungen abstrakt bleiben, entziehen sie sich jeglicher Diskussion und Reflexion hinsichtlich ihrer Konstitution wie auch Legitimität. 25

Dies führt zum anderen, nämlich dem potentiellen Einfluss der Veröffentlichungspflicht auf die **Profilerstellung**. Besteht die Verpflichtung Profile öffentlich zu machen, so wird die Frage der Legitimität der festgeschriebenen Kompetenzen und Qualifikationen nicht nur intern, sondern auch gegenüber externen Stakeholdern relevant. Dies erhöht unter anderem den Druck, Bezug auf die gesetzlichen Regelungen, aber auch die Empfehlungen des ÖCGK zu nehmen. Die Frage nach der angemessenen Berücksichtigung von Diversität ist hier jedenfalls enthalten und müsste auch in den Profilen entsprechende Abbildung finden. 26

B. Nominierungsentscheidung als Entscheidung im Komitee

Neben der Festschreibung und Veröffentlichung von Anforderungsprofilen kann außerdem davon ausgegangen werden, dass **Nominierungskomitees** dazu beitragen können, eine auf einer breiteren Basis getroffene Nominierungsentscheidung zu treffen. Während in Österreich der oben dargestellten Studie zufolge **Nominierungsentscheidungen** mehrheitlich von **einzelnen Personen** getroffen 27

---

[33] NYSE Listed Company Manual, Section 303A.09.

[34] *Langenbucher*, Zentrale Akteure der Corporate Governance: Zusammensetzung des Aufsichtsrats, ZGR 2012, 314.

[35] Z. B. Specification of Competencies required for the Supervisory Board in Carlsberg A/S, online abrufbar unter http://www.carlsberggroup.com/investor/news/Documents/Specification%20of%20Competencies%20Super visory%20Board.pdf.

werden,[36] liegt der Vorteil einer Entscheidung im Komitee darin, dass die Qualität, aber auch die Organisation der Suche und die Evaluierung der Kandidaten und Kandidatinnen als besser eingestuft werden können, weil sie die Positionen und Urteile mehrerer kundiger Personen berücksichtigen und beinhalten. Auch bezüglich der Frage der „sozialen Passung" bzw. des Vertrauens und Diversität ist es vorteilhaft, wenn mehrere Personen miteinbezogen werden (müssen).

28 Dem ÖCGK folgend ist das Nominierungskomitee intern zu besetzen, besteht also aus Mitgliedern des Aufsichtsrats. Eine Aufnahme externer Personen, wie es etwa in Schweden der Fall ist,[37] wäre u.a. für die Erhöhung von Diversität insofern förderlich, als dadurch die aktuell sehr **homogen zusammengesetzten** Aufsichtsräte durch **externe Personen** ergänzt würden. Internationale Untersuchungen zeigen, dass Boards grundsätzlich die Eigenschaften zukommt, sich durch Nachbesetzungen strukturell zu reproduzieren: das heißt, homogene Boards bleiben auf diese Weise homogen.[38] Die Beteiligung von externen Personen an der Entwicklung von Besetzungsprofilen sowie am Such- und Evaluierungsprozess lässt daher positive Effekte auf die Diversität im Gremium erwarten, sofern darauf geachtet wird, das diese Personen Diversität gewissermaßen abbilden.

IV. Ausblick

29 Neben gesetzlichen und Soft-Law Bestimmungen zur Erhöhung der Diversität in Aufsichtsräten ist es also sinnvoll, den Nominierungsprozess in den Fokus zu nehmen. Dabei spielt die Strukturierung des Prozesses als einen dreistufigen Prozess, welcher eine Profilerstellung (des Gremiums und daraus abgeleitet der einzelnen Mandate), eine strukturierte Suche, wie eine reflektierte Evaluierung der Kandidaten und Kandidatinnen umfassen soll, eine besondere Rolle. Dazu ist es in einem ersten Schritt wesentlich, die Diskussion rund um Qualifikation und Kompetenzen um die Frage nach Vertrauen und dessen Evaluierung zu ergänzen. Vertrauen spielt in der Nominierungsentscheidung eine besonders relevante Rolle, wird in der Regel aber nicht diskutiert und wirkt häufig den Bestrebungen zur Erhöhung von Vielfalt entgegen.

30 Nimmt man die Forderung nach Diversität in Aufsichtsräten ernst, so führt dies letztlich dazu, gewohnte Praktiken der Suche, wie auch der Evaluierung zu überdenken und möglicherweise zu verändern sind. Darüber hinaus ist es wichtig, einen größeren Personenkreis in die Nominierungsentscheidung zu involvieren und damit Vielfalt erst zu ermöglichen, sowie das damit verbundene Potential zuzulassen.

31 Außerdem verlangen die oben genannten Anknüpfungspunkte eine konkrete Beschäftigung mit der Frage nach Kompetenzen und Qualifikationen und letztlich

---

36 *Hanappi-Egger/Mensi-Klarbach*, Aufsichtsrat aktuell, 6/2014

37 http://ec.europa.eu/internal_market/auditing/docs/committees/swedish_nomination_committee_en.pdf

38 Zum sog. „Homophile"-Argument bei Nachbesetzungen siehe *Meyer, Höllerer, Leixnering*, A question of value(sI: Political connectedness and executive compensation in public sector organizations, erscheinend, International Public Management Journal

den Aufgaben von Aufsichtsräten in den jeweiligen Unternehmen. Aufgrund der Unterschiedlichkeit von Unternehmen und daraus folgend auch deren Aufsichtsräten kann diese Diskussion nicht abstrakt geführt werden. Vielmehr wird die Verantwortung durch eine Strukturierung des Nominierungsprozesses an die Unternehmen zurück gespielt, wohl aber mit der Auflage, die externen Stakeholder insofern im Blick zu behalten, als eine Veröffentlichung des für jedes Unternehmen gefundenen Konsens einer externen Legitimitätsprüfung Stand halten muss.

Insgesamt verschieben die oben genannten Punkte den Fokus von Diversität **32**
aus einer defizitorientierten Sicht hin zu einem Überdenken und Restrukturieren des Nominierungsprozesses und dem damit verbundenen Potential, die einzelnen Kandidatinnen und Kandidaten sowie das gesamte Gremium auf Basis eines expliziten und intensiv reflektierten Verständnisses auszusuchen. Dabei darf die Frage nach Vertrauen und sozialer Passung in Verbindung mit Diversität nicht fehlen, wenn tatsächlich das Ziel verfolgt werden soll, Vielfalt in Aufsichtsräten zu erhöhen.

Die Wahl des Aufsichtsrats

Maria Doralt

§§: 87 f AktG; 108 Abs 1, 2 und Abs 3 Z 1 AktG; 110 Abs 1 und 2 AktG; 119 Abs 2 und 3 AktG; 195 Abs 1a AktG; (beachte auch allgemein 89 f, 108 ff, 119, 121, 122, 128, 195 ff AktG); 30b Abs 1, 1a, 2 und 4 GmbHG; 30c Abs 1 bis 3 GmbHG; (beachte auch allgemein 30 bis 30e GmbHG); Art 40, Art 43 und Art 46 f SE-VO; 35 Abs 1 und 45 bis 48 SEG.

Literatur

Ö: *Aicher*, Zivil- und gesellschaftsrechtliche Probleme in Funk (Hrsg.), Die Besorgung öffentlicher Aufgaben durch Privatrechtssubjekte (1981), 191; *Bachner*, Aktienrechts-Änderungsgesetz beschlossen! – Die wichtigsten Neuerungen, GeS 2009, 248; *Bachner/Brix*, Das neue Recht der Hauptversammlung, RdW 2008/586, 632; *Bachner/Dokalik*, Die neue EU-Richtlinie über Aktionärsrechte und ihre Auswirkungen auf das österreichische Aktienrecht, GesRZ 2007, 104; *Bachner/Dokalik*, Das neue Recht der Hauptversammlung (2010); *Berger/Eckert*, Der Minderheitsvertreter im Aufsichtsrat nach österreichischem Recht, GesRZ 2001, 175; *Berger/Eckert/Grechenig*, Regelungsschwerpunkte der Minderheitsvertretung im Aufsichtsrat aus rechtsvergleichender Sicht, ZfRV 2002/14; *Berger/Steinbach*, Qualifikation und Organisation österreichischer Aufsichtsräte als Grundlage für effiziente Gremienarbeit, Aufsichtsrat aktuell 2015 H2, 12; *Birkner*, Mindestquote durch die Hintertür? Qualifikation geht vor Geschlecht, Die Presse 2013/17/04; *Birnbauer*, Aufsichtsratsänderung bei einer Aktiengesellschaft, GeS 2013, 21; *Brix*, Die Hauptversammlung der Aktiengesellschaft (2009); *Brix*, Die Satzung der Aktiengesellschaft (2011); *Brix*, Handbuch Aktiengesellschaft (2013); *S Bydlinski/Bachner,* Aktienrechts- Änderungsgesetz – der Übergang in das neue Regime, GeS 2009, 88; *Diregger/Kalss/Winner*, Das österreichische Übernahmerecht[2] – Ein Gesamtüberblick (2007); *Dokalik*, Der Nachweis der Aktionärseigenschaft nach dem Entwurf eines ARÄG 2009, GesRZ 2008, 329; *Eigner*, Neue Regeln zur Vorstandsvergütung und Zusammensetzung des Aufsichtsrats, GesRZ 2012, 208; *Eigner/Winner*, Die Elektronische Hauptversammlung - Eine Bestandaufnahme nach geltendem Recht und der neuen Aktionärsrechte-Richtlinie, ÖBA 2008, 43; *Fida/T Hofmann*, Die neue Offenlegungspflicht vor der Aufsichtsratswahl, GesRZ 2005, 273; *Fida/Steindl,* Konkurrenten im Aufsichtsrat, GeS 2005, 356; *Fida/Steindl,* Neues für den Aufsichtsrat Änderung durch das Gesellschaftsrechtsänderungsgesetz 2005, SWK 2005, W 10005; *Gall*, Acting in Concert und Angebotspflicht nach dem Übernahmegesetz, GesRZ 2008, 139; *Gall*, Die Angebotspflicht nach dem Übernahmegesetz (2003); *Hanappi-Egger/Mensi-Klarbach*, Diversität in Aufsichtsräten – Über den Mehrwert formalisierter Profilerstellung und strukturierter Suche, Aufsichtsrat aktuell 2014 H6, 5; *Hausmaninger/Gratz/Justich(Hrsg.),* Handbuch zur Aktiengesellschaft (2012); *Heidinger*, Aufgaben und Verantwortlichkeit von Aufsichtsrat und Beirat der GmbH, (1988); *Heidinger,* Block- und Einzelabstimmung im GmbH- und Aktienrecht, GesRZ 2000, 126; *Huber,* Übernahmegesetz – Kommentar (2007); *Huber*, Überlegungen zum gemeinsamen Vorgehen, Symposion „10 Jahre Übernahmegesetz", GesRZ 2010, 13; *Kalss*, Fallen ausländische Aufsichtsratsmandate unter die Grenzen gemäß § 86 AktG? AR aktuell 6/2005, 4; *Kalss*, Der Aufsichtsratsvorsitzende im Informationsregime zwischen Vorstand und Aufsichtsrat, AR aktuell 4/2008, 9; *Kalss*, Auskunftsrechte und -pflichten für Vorstand und Aufsichtsrat im Konzern, GesRZ 2010, 137; *Kalss*, Frauen im Aufsichtsrat – mehr als nur ein Schlagwort, Aufsichtsrat aktuell 2011 H1, 5; *Kalss*, Zauberwort „Fit and Proper" in Jahrbuch Wirtschaftsstrafrecht und Organverantwortlichkeit 2013, 301; *Kalss/Hlawati/Doralt/Adensamer,* Ausgewählte Fragen zur Satzungsgestaltung bei der Societas Europea, GesRZ 2007, 170 ff; *Kalss/Zollner*, Blockabstimmungen im Aufsichtsrat – Zur Zulässigkeit der Abstimmung en bloc am Beispiel der Abberufung von Vorstandsmitgliedern, GesRZ 2005, 66; *Kalss/Zoll-*

ner, Blockabstimmungen im Aufsichtsrat, AR aktuell 3/2005, 6; *Karollus/Huemer*, Offene Fragen zum Verbot der Organbestellung gegen das Organisationsgefälle, GeS 2006, 153; *Kastner*, Aktiengesetz 1965, JBl 1965, 392; *Koppensteiner*, Zurechnung von Beteiligungen im Wirtschaftsrecht, wbl 2005, 293; *Krejci*, Zum Minderheitsrecht nach § 87 AktG auf Einzelabstimmung bei der Aufsichtsratswahl, GesRZ 2001, 58; *Krejci*, Über unzulässige Aufsichtsratsvergütungen, ecolex 1991, 776; *Krejci*, Zur Qualifikation und Zusammensetzung des Aufsichtsrats der Aktiengesellschaft, GES 2012, 319; *Kunz*, Gesellschaftsrechtliches Aufsichtsrats-Know-how (2014); *Leser*, Acting in Concert im Übernahmerecht, Wolf Theiss Award (2009); *Moser*, Neue Bestimmungen für Vorstand und Aufsichtsrat im AktG und im UGB – Die Änderung im Rahmen des 2. Stabilitätsgesetzes, GES 2012, 271; *Ch Nowotny*, Satzungsgestaltung nach dem Aktienrechts-Änderungsgesetz 2009, RdW 2009/565, 566; *Ch Nowotny*, Anpassungen und Neuerungen im Österreichischen Corporate Governance Kodex – Die jüngste Kodexrevision im Überblick, SWK 2009, W 19; *Ch Nowotny*, Beirat – Aufsichtsrat – Ausschuss – Fragen der Gestaltung dualer Kontrollstrukturen, RdW 2008, 699; *Ch Nowotny*, Der Beamte als Aufsichtsrat, RdW 1999/4b, 283; *Öhlinger*, Verfassungsrecht[10] (2014); *Oberhofer/Prechtl/Schuster*, Professionelle Stimmrechtsvertretung und Werben um Stimmrechte bei börsennotierten Aktiengesellschaften, GeS 2008, 392; *Potyka*, Das Aktienrechtsänderungsgesetz 2009, ÖJZ 2009/76, 701; *Pucher*, Ausschließliche Kompetenzen des Gesamtaufsichtsrats und ausschussfähige Angelegenheiten, GeS 2009, 128; *Pucher/Zwick*, Die Einberufung der Hauptversammlung durch eine Minderheit, RdW 2009/208, 259; *Reich-Rohrwig*, Aktienrechts-Änderungsgesetz 2009 – ein erster Überblick I und II, ecolex 2009, 765 und 871; *Rummel*, Die Mangelhaftigkeit von Aufsichtsratswahlen (1969); *Schima*, Zur Effizienz von Syndikatsverträgen, insbesondere bei der AG in FS Krejci (2001), 825; *Schima*, Betriebsrat über dem Gesetz? – Kein Fit & Proper-Test für Arbeitnehmervertreter in Bank-Aufsichtsräten, ÖBA 2014, 28; *Schimka*, Das Teilnahmerecht der Aktionäre an der Hauptversammlung nach dem Aktienrechtsänderungsgesetz 2009, GesRZ 2009, 217; *Schrank/Meier*, Neue Benimmregeln für Vorstand und Aufsichtsrat. Fragwürdige Neuerungen für Aktiengesellschaften durch das Stabilisierungspaket 2012, Aufsichtsrat aktuell 2012 H2, 5; *Schrank/Stadler*, ARÄG 2009 - Die neue Hauptversammlung, GeS 2008, 384; *Schuster-Bonnott*, Die Grundlage des persönlichen Rechtsverhältnisses zwischen Aufsichtsratsmitglied und Aktiengesellschaft, ZAS 1978, 91; *Temmel*, Wahlen zum Aufsichtsrat als Auslöser eines Übernahmeangebots, Aufsichtsrat aktuell 4/2007, 8; *Thurnher/Wittwer*, Die Qual der Wahl – Praxisfragen vor und bei der Wahl des Aufsichtsrat nach § 87 Abs 1 AktG, NZ 2005, 102; *Wared*, Gender Diversity im Aufsichtsrat, ecolex 2013, 635 *Weninger*, Minderheitenvertreter im Aufsichtsrat, GesRZ 1988, 101; *Wenusch*, Bisher Unbeachtetes zu Wahl von Aufsichtsratsmitgliedern, GesRZ 2006, 4.

Dtl, Int: *Baums*, Der Aufsichtsrat – Aufgaben und Reformfragen, ZIP 1995, 11; *Deckert*, Effektive Überwachung der AG-Geschäftsführung durch Ausschüsse des Aufsichtsrates, ZIP 1996, 985; *Diekmann/Bidmon*, „Aufsichtsratmitglied nach dem BilMoG insbesondere als Vertreter des Hauptaktionärs", NZG 28/2009; *Eisenberg*, Corporations and Other Business Organizations, 9th Ed. Foundation Press, NY 2005; *Heinsius*, Zur Bestellung von Ersatzmitgliedern für den Aufsichtsrat durch die Hauptversammlung, ZGR 1982, 233; *Henssler/Strohn*, Gesellschaftsrecht 2. Aufl (2014); *Hopt*, Konzernrecht: Die europäische Perspektive, ZHR 2007, 199; *Lutter*, Defizite für eine effiziente Aufsichtsratstätigkeit und gesetzliche Möglichkeiten der Verbesserung, ZHR 1995, 287; *Lutter*, Information und Vertraulichkeit im Aufsichtsrat[3] (2006); *Noack*, Die Aktionärsrechte-Richtlinie in FS Westermann (2008), 1203; *Raiser*, Weisungen an Aufsichtsratsmitglieder?, ZGR 1978, 391; Semler/von Schenck, Arbeitshandbuch für Aufsichtsratsmitglieder 4. Aufl. (2013); *Semler/von Schenck*, Der Aufsichtsrat (2015).

Gliederung **Rz**

I. Grundlagen

A. Normative Grundlagen

1 Die wesentlichen Bestimmungen für die **Wahl des Aufsichtsrats der AG** sind **§ 87 AktG, § 108 Abs 1, 2 und Abs 3 Z 1 AktG, § 110 Abs 1 und 2 AktG** sowie **§ 195 Abs 1a AktG** zur Anfechtung bei einzelnen Verstößen (zu sonstigen Bestimmungen, die relevant sind siehe oben vor dem Literaturverzeichnis).

2 Die Wahl des Aufsichtsrats der AG wurde im Jahr 2009, anlässlich des **Aktienrechtsänderungsgesetzes 2009** (AktRÄG) teilweise neu geregelt. Die Neuerungen ergeben sich einerseits aus den allgemeinen Vorgaben der Aktionärsrechterichtlinie[1], insbesondere betreffend das Prozedere vor und während der Hauptversammlung. Andererseits wurde die Wahl des Aufsichtsrats auch materiell

[1] RL 2007/36/EG des Europäischen Parlaments und des Rates vom 11. Juli 2007 über die Ausübung bestimmter Rechte von Aktionären in börsenotierten Gesellschaften, ABl. L184 vom 14.7.2007, S. 17 („**Aktionärsrechte-Richtlinie**" oder „**AR-RL**"). Vgl dazu *Bachner/Dokalik*, GesRZ 2007, 104 ff; *Noack* in FS Westermann (2008), 1203 ff.

teilweise neu geregelt. Diese Änderungen sind im Wesentlichen nicht durch die Richtlinie vorgegeben (näher zum Zweck der Regelung Rz 5).[2] Darüber hinaus traten 2012, mit dem 2. Stabilitätsgesetz 2012[3] weitere Änderungen betreffend der Qualifikation und Zusammensetzung des Aufsichtsrates in Kraft,[4] wobei zwischen börsenotierten und nicht börsenotierten Gesellschaften unterschieden wird.

Die **Entsendung** in den Aufsichtsrat der AG ist in § 88 AktG geregelt. Die Bestimmung wurde inhaltlich durch das AktRÄG nicht geändert. 3

Zur **GmbH** siehe den Überblick unten Rz 216. 4

B. Hauptpunkte und Zwecke der Regelung

Die geltende Regelung für die Wahl des Aufsichtsrats unterscheidet deutlich zwischen börsenotierten und nicht börsenotierten AGs.[5] Hervorzuheben sind folgende Eckpfeiler: 5

Bei der börsenotierten AG sind AR-Kandidaten zwingend bereits vor der HV vorzustellen, eine Ad-hoc-Kandidatur erst in der HV ist nicht möglich.[6] Vielmehr muss man Kandidaten bei der börsenotierten AG dafür gewinnen, sich schon vor der Wahl vorschlagen und vorstellen zu lassen, auch wenn die Wahl aus verschiedensten Gründen noch unsicher ist (näher unten Rz 28). 6

Ein Wahlvorschlag bei der börsenotierten AG setzt voraus, dass ein Kandidat zumindest von einer **1% Minderheit** unterstützt wird (näher unten Rz 46).[7] 7

Die Abstimmung muss bei der Wahl des Aufsichtsrats der börsenotierten AG zwingend in Form der **Einzelabstimmung** erfolgen. Nur bei einer nicht börsenotierten AG ist eine Blockabstimmung zulässig, wenn sich kein Aktionär dagegen ausspricht (näher Rz 115). 8

Für alle AGs besteht die ausdrückliche gesetzliche Möglichkeit ein **Verhältniswahlrecht** in der Satzung vorzusehen. In aller Regel wird dieses Instrument (wenn überhaupt) nur für nicht börsenotierte AGs in Betracht kommen (näher Rz 126). 9

---

2 Näher zu den Änderungen nach AktRÄG *S Bydlinski/Bachner,* GeS 2009, 88 ff; *Bachner*, GeS 2009, 248 ff; *Bachner/Brix*, RdW 2008/586, 632 ff; *Dokalik*, GesRZ 2008, 329 ff; *Potyka*, ÖJZ 2009, 701 ff; *Ch Nowotny*, RdW 2009/565, 566 ff und 569 (kritisch zu den nicht durch die AR-RL vorgegebenen Änderungen, mit dem Hinweis, dass es diesbezüglich nach der Beobachtung der Praxis kaum Probleme gegeben hatte); *Reich-Rohrwig*, ecolex 2009, 765 ff, 871 ff; *Schrank/Stadler,* GeS 2008, 384 ff; *Schimka*, GesRZ 2009, 217 ff; *Oberhofer/Prechtl/Schuster*, GeS 2008, 392.

3 BGBl I 2012/35.

4 Ua zu §°87°Abs°2a°AktG; zum Inkrafttreten s § 262 Abs 31 AktG.

5 *S Bydlinski/Potyka*, AktRÄG 2009 (2009), 4 – mit dem AktRÄG wurden unabhängig von den Vorgaben der Aktionärsrechte-Richtlinie weitere Neuerungen eingeführt.

6 Genauer: Bei börsenotierten AGs ist eine Ad-hoc-Kandidatur seit dem AktRÄG nicht mehr möglich.

7 Zur Ratio siehe ErläutRV 208 BlgNR XXIV. GP, zu Art I (AktG – AktRÄG), idF nur „**ErläutRV**" zu § 87 Abs 6 AktG danach besteht ein legitimes Interesse „aussichtslose" Wahlvorschläge nicht berücksichtigen zu müssen. Die ErläutRV sind bei *S Bydlinski/Potyka*, AktRÄG 2009 (2009) abgedruckt.

10 Die Regelungen über die Wahl des Aufsichtsrats sind „eingebettet" in die **allgemeinen Bestimmungen über die Hauptversammlung**. Diese wurden durch die Umsetzung der AR-RL und das AktRÄG grundlegend neu gestaltet – einerseits wurden der Informationsfluss und die Position von Kleinaktionären und sonstigen Minderheitsaktionären verbessert; andererseits wurden gewisse Schranken zum Schutz des Funktionierens der börsenotierten AG eingeführt (siehe oben Rz 7 zur 1% Hürde für Wahlvorschläge). Die AR-RL zielt (nur) darauf ab, bei börsenotierten AGs die grenzüberschreitende Stimmrechtsausübung zu erleichtern und die Präsenz bei Hauptversammlungen zu erhöhen.[8] Der Zugang zu Informationen vor der Hauptversammlung wird insbesondere durch den Einsatz der im Firmenbuch eingetragenen Website der Gesellschaft verbessert. Auch die Einberufung der Hauptversammlung und die Ausübung des Stimmrechts (insbesondere Möglichkeit der Fernabstimmung) sind von der AR-RL vorgegeben. Mit dem AktRÄG wurden allerdings viele Vorgaben der Richtlinie, die sich nur auf börsenotierte Gesellschaften beziehen, auch für nicht notierte Gesellschaften übernommen, um eine unnötige Zweigleisigkeit zu vermeiden.[9]

C. Übersicht über die Bestellungsformen; Beziehung zwischen AR-Mitglied und Gesellschaft

11 Man unterscheidet folgende **Bestellungsformen**:[10]

- Wahl durch die Hauptversammlung (Gesellschafterversammlung);
- Entsendung durch dazu berechtigte Kapitalvertreter;
- Entsendung der Arbeitnehmervertreter (siehe dazu *Gahleitner* Rz 10/1 ff);
- Bestellung durch das Gericht.

12 Im Folgenden werden nur die Wahl (dazu Rz 14 ff) und die Entsendung (dazu Rz 158 ff) der Kapitalvertreter behandelt.

13 Das AR-Mitglied steht zur Gesellschaft in einem **Organverhältnis**. Daneben besteht auch eine rein **schuldrechtliche Beziehung** zur AG.[11]

II. Wahl durch HV-Beschluss bei der (börsenotierten und nicht-börsenotierten) AG

A. Einberufung der HV

14 Die Aufsichtsratsmitglieder werden von der Hauptversammlung gewählt (§ 87 Abs 1 AktG). In der Regel wird die Hauptversammlung durch den **Vor-**

---

[8] Dazu und zum Folgenden *S Bydlinski/Potyka*, AktRÄG 2009 (2009), 1 ff.

[9] Näher *S Bydlinski/Potyka*, AktRÄG 2009 (2009), 2.

[10] Siehe *Kalss* in Doralt/Nowotny/Kalss, AktG^2 § 87 Rz 3; zu Sonderregeln für Pensionskassen (PKG), Mitarbeitervorsorgekassen (BMVG) und die ehemalige ÖIAG (vorgesehen war eine Selbstkooptierung nach dem ÖIAG-Gesetz 2000; das ÖIAG-Gesetz wurde 2015 durch das ÖBIB-Gesetz (BGBl I 2015/37) aufgehoben, siehe §§ 4 und 5 ÖBIB-Gesetz zur Normierung von AR-Mitgliedern in ÖBIB-Beteiligungsgesellschaften).

[11] Näher dazu und zu den aus dem Organverhältnis und der schuldrechtlichen Beziehung resultierenden Rechten und Pflichten siehe *Kalss* Rz 50/1 ff sowie Rz 167 f.

stand einberufen (§ 104 Abs 1 und § 105 Abs 1 AktG). Die Hauptversammlung kann aber auch durch den **Aufsichtsrat**[12] (oder andere, insb aufgrund der Satzung Berechtigte)[13] einberufen werden. Eine **Minderheit von Aktionären, deren Anteile zusammen fünf Prozent des Grundkapitals** erreichen, kann auch schriftlich (§ 13 Abs 2 AktG) die Einberufung verlangen. Die Satzung kann dieses Recht an eine weniger strenge Form oder an den Besitzer eines geringeren Anteils am Grundkapital knüpfen; die Antragsteller müssen allerdings seit mindestens drei Monaten vor Antragstellung Inhaber der Aktien sein und die Aktien bis zur Entscheidung über den Antrag halten (näher § 105 Abs 3 und 4 AktG).[14]

Die Einberufung muss insbesondere die vorgeschlagene **Tagesordnung** enthalten (§ 106 Z 3 AktG, näher Rz 17 ff). Ein **Nachschieben von Tagesordnungspunkten durch den Vorstand ist grundsätzlich nicht möglich.**[15] Auf den ersten Blick spricht trotz des Gesetzeswortlauts und der ErläutRV viel dafür, zumindest in begründeten Ausnahmefällen ein Nachschieben von Tagesordnungspunkten zuzulassen, wenn dies **fristwahrend** möglich ist (Beispiel: Nachschieben des Tagesordnungspunktes „Wahlen in den Aufsichtsrat", wenn die Einberufung freiwillig vorzeitig veröffentlicht wurde und erst danach AR-Mitglieder unerwartet ausgeschieden sind, so dass Neuwahlen erforderlich sind). Ebenso sollte eine (fristwahrende) Berichtigung einer fehlerhaften Einladung durch den Vorstand grundsätzlich zulässig sein. Für die Zulässigkeit spricht in beiden Fällen, dass andernfalls zwingend eine weitere HV notwendig wäre (selbst wenn eine Ergänzung/Berichtigung fristwahrend möglich ist).[16] **15**

In der Einberufung sind auch Angaben über die **Möglichkeiten** der Aktionäre zu machen, nach § 108 Abs 3 bis 5 AktG in die dort genannten Unterlagen (insb **Beschlussvorschläge, Erklärung nach § 87 Abs 2 AktG) Einsicht zu nehmen und sich diese zu beschaffen** (§ 106 Z 4 AktG).[17] Bei einer börsenotierten AG ist auch ein Hinweis über die Rechte der Aktionäre nach § 110 AktG zu machen (siehe § 106 Z 5, allgemein zum Inhalt der Einberufung § 106 Z 1 bis 9 AktG).[18] **16**

---

12 Zum Sonderfall der Einberufung durch den Aufsichtsrat nach AktRÄG siehe nur *Brix*, Hauptversammlung (2009), Rz 155 ff (§ 95 Abs 4 AktG).

13 Vgl *Brix*, Hauptversammlung (2009), Rz 161 f.

14 Siehe auch *Brix*, Hauptversammlung (2009), Rz 163 ff; *Pucher/Zwick*, RdW 2009/208, 259 sowie unten FN 22.

15 ErläutRV zu § 106 Z 3: Nach AktRÄG ist die einzige Möglichkeit einer späteren Ergänzung der Tagesordnung ein Antrag eines Aktionärs nach § 109; anders die alte Rechtslage.

16 Anm: Zugleich muss (gerade im Hinblick auf den Gesetzeswortlaut und die ErläutRV) sichergestellt sein, dass bei etwaiger Ergänzung / Berichtigung nicht die Information der Aktionäre gefährdet wird. Ergänzungen / Berichtigungen müssen jedenfalls in derselben Form wie die ursprüngliche Einladung veröffentlicht werden, Änderungen sind klar hervorzuheben und zu erklären.

17 Näher *Brix*, Hauptversammlung (2009), Rz 320 ff und zu Formulierungsvorschlägen Seite 189 f (Einberufung börsenotierte AG), Seite 221 (Einberufung nicht börsenotierte AG).

18 Vgl *Brix*, Hauptversammlung (2009), Rz 338 f (auch zum Mindestinhalt des Hinweises in der Einberufung), zu Formulierungsvorschlägen Seiten 163 ff und 190.

B. Tagesordnung

1. Tagesordnungspunkt zur Wahl von AR-Mitgliedern

17 Die **Wahl von Aufsichtsratsmitgliedern setzt voraus**, dass ein entsprechender **Tagesordnungspunkt** angekündigt wurde. Die **Tagesordnung** wird in der Regel vom **Vorstand** vorgeschlagen und in der Einberufung bekanntgemacht (§ 106 Z 3, § 107 AktG).[19] Als Ausfluss des Rechts des Aufsichtsrats auf Einberufung der HV (oben Rz 14) hat der **Aufsichtsrat** auch das Recht, die Tagesordnung einer nicht von ihm einberufenen HV zu ergänzen.[20] Auf schriftlichen (§ 13 Abs 2) **Antrag von Aktionären**, deren Anteil zusammen **5%** des Grundkapitals erreicht, kann die Wahl des Aufsichtsrats auch auf Initiative der Aktionäre auf die Tagesordnung gesetzt werden (§ 109 AktG).[21] Die Satzung kann dieses Recht an eine weniger strenge Form oder an den Besitz eines geringeren Anteils am Grundkapital knüpfen. Die Antragsteller müssen allerdings seit mindestens drei Monaten vor Antragstellung Inhaber der Aktien sein (§ 109 AktG).[22]

18 Zum „**Nachschieben**" von Tagesordnungspunkten siehe Rz 15.

19 Die **Formulierung** eines Tagesordnungspunktes steckt den **Rahmen des zulässigen Beschlussinhalts** ab. Nach dem Konzept des AktRÄG wird der Inhalt der Tagesordnung nur in **Stichworten** angegeben.[23] Zu ausführliche Tagesordnungs-

---

19 Die Tagesordnung muss im Fall der oHV bereits am 28. Tag (ao HV: 21. Tag) vor der HV bekannt gemacht werden, sofern die Satzung keine längeren Fristen vorsieht (Regelfall: Wiener Zeitung; bei einer börsenotierten Gesellschaft zusätzlich auf elektronischem Weg gemäß § 107 Abs 3 AktG). Beschlussvorschläge müssen hingegen erst am 21. Tag vor der oHV vorgelegt und nur gemäß § 108 Abs 3 bis 5 AktG bekannt gemacht werden. Siehe auch ErläutRV zu § 108 Abs 1; zur Fristberechnung *Brix*, Hauptversammlung (2009), Rz 403 und 199 ff und *Bachner/Dokalik*, Hauptversammlung (2010), § 107 Rz 1 ff (allgemein zur Tagesordnung § 106 Rz 7 ff). Siehe auch *Bydlinski/Potyka* in Jabornegg/Strasser AktG[5] zu § 106 und § 107.

20 Siehe dazu nach AktRÄG *Brix*, Hauptversammlung (2009), Rz 255 und 257, *Kalss* in Doralt/Nowotny/Kalss, AktG[2] § 95 Rz 78 und *Kalss* in Doralt/Nowotny/Kalss, AktG[2] § 95 Rz 77; dies erfordert grundsätzlich einen Beschluss des AR als Organ mit einfacher Mehrheit.

21 Unterscheide: (i) Antrag vor Einberufung der HV; (ii) Antrag auf Ergänzung der bereits bekannt gemachten Tagesordnung erst nach Einberufung der HV – es muss nachträglich die ergänzte Tagesordnung bekannt gemacht werden. Zu Fristen und Prozedere § 109 Abs 2 AktG: Die Beantragung von Tagesordnungspunkten muss der Gesellschaft spätestens am 21. Tag vor der oHV (19. Tag vor der aoHV) zugehen. Eine ergänzte Tagesordnung ist spätestens am 14. Tag vor der HV (für die börsenotierte AG aber spätestens am 2. Werktag nach Fristende, dh nach dem 21. Tag vor der HV, vgl dazu Rz 61) zu veröffentlichen; § 108 Abs 3 bis 5 gelten sinngemäß. Besonderheiten für die börsenotierte AG: Frist für elektronische Bekanntmachung, Zugänglichmachen auf der Internetseite). Beachte ErläutRV zu § 109 Abs 2.

22 Nach dem Wortlaut von § 109 Abs 1 AktG kann die Satzung nur den Prozentsatz (5%) und die Formvorschriften (Schriftlichkeitsgebot) herabsetzen (vgl auch § 105 Abs 3 AktG). Die Regel, nach welcher die Antragsteller seit mindestens 3 Monaten Inhaber der Aktien sein **müssen**, dürfte hingegen (nach dem Wortlaut) auf den ersten Blick zwingend sein; allenfalls könnte sich aus dem Telos der Regelung Abweichendes ergeben.

23 Siehe ErläutRV zu § 108 Abs 1. Näher zur TO nach AktRÄG *Brix*, Hauptversammlung (2009), Rz 296 ff, 299 mwN: Die TO erzeugt insofern eine positive Bindungswirkung, als alle angeführten Verhandlungsgegenstände grundsätzlich behandelt werden müssen, beachte auch *Bachner* in Doralt/Nowotny/Kalss, AktG[2] § 106 Rz 18, § 116 Rz 20 mwN zur Streichung von TO-Punkten durch HV-Beschluss.

punkte schränken das Beschlussvorschlagsrecht (§ 110 für börsenotierte AGs, siehe Rz 22 f, 27 ff, 44 ff) und das Antragsrecht (§ 119 für alle AGs, siehe Rz 88) ein; die Zulässigkeit des Tagesordnungspunktes ist daher im Einzelfall zu prüfen (siehe Rz 22 zur Wahl des AR und Rz 25 zur Satzungsänderung). Unklar oder unbestimmt formulierte Tagesordnungspunkte vereiteln den Zweck der Aktionärsinformation.[24]

Bei der börsenotierten, wie bei der nicht notierten AG könnte der Tagesordnungspunkt für AR-Wahlen etwa lauten „**Wahlen in den Aufsichtsrat**". Diese Formulierung deckt die Neuwahl aller Mitglieder, die Ergänzungswahl einzelner Mitglieder oder auch die Ersatzwahl (Wahl eines neuen AR-Mitglieds als Ersatz für ein ausgeschiedenes Mitglied für die Dauer der restlichen Funktionsperiode).[25] Dieser Tagesordnungspunkt ist (insb im Zusammenspiel mit den nach AktRÄG zu veröffentlichenden Beschlussvorschlägen, vgl § 108 AktG und Rz 29) ausreichend konkret.[26] Alternativ kann auch eine engere Formulierung gewählt werden, etwa „**Neuwahl in den Aufsichtsrat**", „**Ergänzungswahl von Aufsichtsratsmitgliedern**", „**Wahl eines Ersatzmitglieds in den Aufsichtsrat**", oder auch „**Wahl eines Ersatzmitglieds statt Herrn X in den Aufsichtsrat**". Auch die Tagesordnungspunkte „**Wahl eines Mitglieds des Aufsichtsrats**" oder „**Wahl von zwei Personen in den Aufsichtsrat**" sind zulässig; im Fall einer Bandbreite von AR-Mitgliedern nach der Satzung kann damit die Tagesordnung die mögliche Beschlussfassung einschränken.[27] (Zum Tagesordnungspunkt bei Abwahl von AR-Mitgliedern siehe Rz 153). 20

Die Ankündigung „**Aufsichtsratsangelegenheiten**" ist **für die Aufsichtsratswahl unzureichend.** Die Ankündigung ist im Zusammenhang mit der Wahl von AR-Mitgliedern unüblich und daher auch unklar. (Hingegen ist die Ankündigung „Vorstandsangelegenheiten" in der Tagesordnung des AR für die Bestellung und Abberufung von Vorstandsmitgliedern durch den Aufsichtsrat in Österreich üblich und ausreichend).[28] 21

Ein Tagesordnungspunkt, der nur auf die Wahl einer oder mehrerer bestimmter Personen abzielt ist **unzulässig**, da er die Wahl – genauer die von der Tagesordnung umfassten möglichen **Beschlussvorschläge und das Antragsrecht – unzulässig einschränkt** (ein Abweichen von den genannten Personen wäre dann nicht mehr möglich, da nicht von der Tagesordnung umfasst).[29] Beispiel: „**Wahl von** 22

---

[24] *Brix*, Hauptversammlung (2009), Rz 305, *Bachner* in Doralt/Nowotny/Kalss, AktG² § 106 Rz 11; beachte auch allgemein *Bachner* in Doralt/Nowotny/Kalss, AktG² § 106 Rz 9 ff.

[25] *Brix*, Hauptversammlung (2009), Rz 313.

[26] Ebenso auch *Bachner* in Doralt/Nowotny/Kalss, AktG² § 106 Rz 12; siehe auch schon zum AktG aF *Bachner* in Doralt/Nowotny/Kalss, AktG § 108.Rz 8.

[27] *Brix*, Hauptversammlung (2009), Seite 143 f, 206 f.

[28] Anders wohl für Deutschland *Hopt/Roth* in Großkomm AktG⁴ § 110 Rz 24; Habersack in MünchKomm AktG⁴ § 110 Rz 19.

[29] Vgl *Bachner* in Doralt/Nowotny/Kalss, AktG² § 106 Rz 12 mwN FN 25: die TO darf Gegenanträgen nicht präkludieren, ein TO-Punkt unter Nennung eines Kandidaten ist daher gesetzeswidrig, mit Verweis auf OGH 29.1.1981, 7 Ob 507/81 ÖJZ 1981/128, 391 (EvBl) zur Bestellung eines GmbH-Geschäftsführers; *Bachner* in Doralt/Nowotny/Kalss AktG § 108 Rz 8. Dem folgend auch nach AktRÄG *Brix*, Hauptversammlung (2009), Rz 313 (unzulässige Einschränkung des Antragsrechts bei Wahlen). Beachte dazu allgemein ErläutRV zu

Frau X und Herrn Y in den Aufsichtsrat". Denn dadurch wäre ohne vorangehende Änderung (Erweiterung) der Tagesordnung, wozu eine Minderheit von 5% erforderlich ist, der Vorschlag und die Wahl von alternativen Kandidaten verhindert. Dem steht entgegen, dass für die börsenotierte AG eine Minderheit von 1% für den Wahlvorschlag ausreicht (§ 110 AktG, siehe Rz 46) und für die nicht börsenotierte AG ohnedies ein allgemeines Antragsrecht, auch für die Wahl von AR-Kandidaten besteht (§ 119 AktG, siehe Rz 88). Ein derart eingeengter Tagesordnungspunkt dürfte **auch dann unzulässig** sein, **wenn** der Antrag auf Ergänzung der Tagesordnung **von einer 5% Minderheit** kommt (§ 109 AktG und FN 21).

2. Tagesordnungspunkt bei gleichzeitiger Änderung der Satzungsbestimmung über die AR-Wahl

23 Die Satzung kann nähere Regeln über Wahlen in den Aufsichtsrat treffen (zB die genaue Zahl, Bandbreite oder auch Höchstzahl der zu bestellenden Aufsichtsratsmitglieder festlegen).[30] Soll die **Satzungsbestimmung geändert werden** ist auch das als **Tagesordnungspunkt** anzukündigen.

24 Die Wahlen in den Aufsichtsrat können nach der eben erst geänderten Satzungsbestimmung in der selben HV stattfinden. Der Beschluss der HV sollte auch ohne ausdrücklichen Hinweis als (hier jedenfalls zulässigerweise) bedingter Beschluss angesehen werden – bedingt durch die Eintragung der Satzungsänderung im Firmenbuch (vgl § 148 Abs 3 AktG zur konstitutiven Wirkung der Eintragung[31] einer Satzungsänderung).[32]

25 Der Tagesordnungspunkt könnte etwa lauten „**Änderung der Satzung in § [–] Abs [–]**". Ebenso wäre bei Neufassung der Satzung der Tagesordnungspunkt „**durchgreifende Neufassung der Satzung**" zulässig und ausreichend, um auch die Bestimmungen über den AR zu ändern.[33] Mit einem entsprechenden Tagesordnungspunkt steht aber auch die jeweilige Satzungsbestimmung (bei Neufassung: die gesamte Satzung) zur Disposition der HV.[34] Der Tagesordnungspunkt muss vor dem Tagesordnungspunkt über die Wahl in den AR stehen, wenn in der selben HV nach der „neuen" Satzung gewählt werden soll.

26 Im Gegensatz zu § 145 Abs 2 AktG aF ist es nach dem Konzept des AktRÄG

§ 106 Z 3 wonach ein TO-Punkt (bei sonstiger Anfechtbarkeit) nicht so auf ein bestimmtes Beschlussergebnis zugeschnitten sein darf, dass dadurch das Minderheitsrecht nach § 110 (Beschlussvorschläge von Aktionären/Veröffentlichung) vereitelt wird. Die Verwaltung soll demnach TO-Punkte grundsätzlich so weit fassen, dass eine sinnvolle Ausübung des Minderheitsrechts nach § 110 bei der börsenotierten AG möglich ist (bzw eine sinnvolle Ausübung des Antragsrechts bei der nicht börsenotierten AG möglich bleibt).

30 Vgl CA-Mustersatzung (1991).

31 *Gruber* in Doralt/Nowotny/Kalss, AktG § 148 Rz 23 und § 145 Rz 51.

32 Vgl *Ch Nowotny* in Nowotny/Kalss/Schauer, Gesellschaftsrecht (2008), Rz 4/513 FN 4 zur Möglichkeit der rückwirkenden Satzungsänderung, zumindest im Verhältnis zwischen den Gesellschaftern (GmbH) – alternativ zum bedingten Beschluss wäre wohl grundsätzlich auch das Instrument der rückwirkenden Satzungsänderung (rückwirkend zum Tag der HV im Hinblick auf § 148 Abs 3 AktG) möglich.

33 *Brix*, Hauptversammlung (2009), Rz 316.

34 *Brix*, Hauptversammlung (2009), Rz 316.

nicht erforderlich, den **Text der Satzungsänderung** (oder auch nur die Satzungsänderung „**nach ihrem wesentlichen Inhalt**", etwa die vorzuschlagende Zahl oder Bandbreite) in die Tagesordnung aufzunehmen.[35] Zulässig dürfte es aber grundsätzlich weiterhin sein:[36] Anders als bei der Einschränkung der Wahl des AR auf einen namentlich genannten Kandidaten, spricht viel dafür, dass dies kein unzulässiger Eingriff in das Beschlussvorschlagsrecht und Antragsrecht ist (beachte aber dem entgegen den Wortlaut der Gesetzesmaterialien, dazu FN 29 und 36).

C. Beschlussvorschlag und Erklärung nach § 87 Abs 2 AktG

1. Allgemeines

In Umsetzung der AR-RL hat das AktRÄG das zwingende Instrument des Beschlussvorschlags eingeführt:[37] Neben dem Tagesordnungspunkt ist für die Wahl von Aufsichtsratsmitgliedern, wie für jeden HV-Beschluss, ein entsprechender **Beschlussvorschlag notwendig** (vgl §§ 108, 110 AktG). Der Beschlussvorschlag zur Wahl des Aufsichtsrats kommt ausschließlich vom **Aufsichtsrat** oder von den **Aktionären** (näher Rz 32 ff und 41 ff). Sowohl für börsenotierte, als auch für nicht börsenotierte AGs sind **von der Gesellschaft** (bei der Wahl des AR: vom AR, siehe Rz 32) **zu jedem Punkt der Tagesordnung spätestens am 21. Tag vor der HV Beschlussvorschläge zu erstatten**; für börsenotierte AGs ist auch die zwingende Veröffentlichung der Beschlussvorschläge auf der im Firmenbuch eingetragenen Internetseite der AG vorgesehen (§ 108 Abs 3 bis 5 AktG). Es ist zulässig, Beschlussvorschläge bereits in die Einladung zur HV aufzunehmen. 27

Bei der **börsenotierten AG** muss ein **Wahlvorschlag** (von Aktionären, ausnahmsweise wohl auch ein Wahlvorschlag des AR, dazu Rz 44, jeweils) **samt Erklärung nach § 87 Abs 2**, (Rz 50) zwingend spätestens am 5. Werktag vor der HV nach § 87 Abs 6 AktG auf der im Firmenbuch eingetragenen Internetseite der AG veröffentlicht werden – andernfalls darf über die betreffende Person nicht abgestimmt werden.[38] **Spontanvorschläge (Ad-hoc-Kandidaturen)** sind **nicht zulässig;** daher muss man Kandidaten bei der börsenotierten AG dafür gewinnen, sich schon vor der Wahl vorschlagen und vorstellen zu lassen, auch wenn die Wahl aus verschiedensten Gründen noch unsicher ist (§ 87 Abs 6 AktG, siehe auch Rz 50).[39] Fraglich ist, ob eine entsprechende Regelung auch bei der **nicht börsenotierten AG in der Satzung** getroffen werden könnte. Das kann zwar nicht auf die ErläutRV zu § 110 Abs 5 AktG gestützt werden (da sich die Einschränkung aus § 87 Abs 6 AktG ergibt). Es spricht aber manches dafür, dass das zulässig ist.[40] 28

---

35 ErläutRV zu § 145.

36 Dafür *Brix*, Hauptversammlung (2009), Rz 315. Mögliches Gegenargument: ErläutRV zu § 106 Z 3 (siehe oben FN 29).

37 Näher *Bachner*, GeS 2009, 248, 252 f mwN; *Bachner/Dokalik*, Hauptversammlung (2010), § 108 Rz 1 ff und § 110 Rz 1, 3 ff; *Bydlinski/Potyka* in Jabornegg/Strasser AktG⁵ zu § 108 und § 110.

38 ErläutRV zu § 110 Abs 1.

39 *S Bydlinski/Potyka*, AktRÄG 2009 (2009), 139 Anm 2. Anm: Bei börsenotierten AGs ist eine Ad-hoc-Kandidatur seit dem AktRÄG nicht mehr möglich.

40 Dafür *Ch Nowotny*, RdW 2009/565, 566, 570.

29 Der Beschlussvorschlag **informiert die Aktionäre** über den bloß stichwortartigen Text der Tagesordnung hinaus, **schon vor der HV über den Inhalt der** von der Verwaltung (oder von den vorschlagenden Aktionären) **angestrebten Beschlüsse** und ist vom **Antrag** in der HV zu unterscheiden.[41] Der Beschlussvorschlag für die Wahl des AR **nennt** daher die konkret **zu wählenden Personen**;[42] dem Beschlussvorschlag ist die **Erklärung** der vorgeschlagenen Personen gemäß **§ 87 Abs 2 anzuschließen**, dazu Rz 50 ff; zur Sprache von Beschlussvorschlag und Erklärung siehe Rz 54 ff. **Eventual- und Alternativvorschläge** sind zulässig.[43] Ein Beschlussvorschlag muss auf das Zustandekommen eines inhaltlich rechtmäßigen Beschlusses gerichtet sein.[44]

30 Nach § 108 Abs 2 S 1 AktG ist bei jedem Wahlvorschlag für den AR auch **anzugeben, aus wie vielen Mitgliedern sich der AR bisher zusammengesetzt** hat und **wie viele Mitglieder** nunmehr zu wählen wären, **um diese Zahl wieder zu erreichen**. Die Regelung gilt unabhängig davon, von wem der Wahlvorschlag stammt (AR oder Aktionärsminderheit nach § 105 Abs 3 oder § 109 AktG).[45] Eine Angabe der (abweichenden) **Höchstzahl nach der Satzung** ist jedenfalls empfehlenswert.[46] Zur Frage, ob ein Abgehen von der bisherigen Mitgliederzahl im Rahmen der satzungsmäßigen Grenzen auch ohne vorhergehenden Beschlussvorschlag (und ohne Angabe zur satzungsmäßigen Höchstzahl) zulässig ist siehe Rz 72.

31 Grundsätzlich besteht **bei einem Wahlvorschlag weder für den AR, noch für Aktionäre eine Pflicht zur Begründung** – die erforderliche Information der Aktionäre erfolgt schon durch den Wahlvorschlag selbst.[47] Eine Begründung ist

---

41 ErläutRV zu § 108 Abs 1 verweist auf die gemeinschaftrechtliche Vorgabe (Art 5 Abs 4 lit d AR-RL); der Beschlussvorschlag informiert „worüber genau Beschlüsse gefasst werden sollen". Die ErläutRV heben hervor, dass der Beschlussvorschlag auch idR nicht als Antrag gilt (Ausnahme: § 119 Abs 2 für Beschlussvorschläge nach § 110 im Fall einer entsprechenden Satzungsregel). Der Beschlussvorschlag muss aber so formuliert sein, dass er sich als Antrag und Beschlusstext eignet. Allgemein zum Inhalt des Beschlussvorschlags *Brix,* Hauptversammlung (2009) Rz 383 ff.

42 Vgl dagegen für Deutschland § 124 Abs 3 S 4 (früher S 3) dAktG wonach aufgrund ausdrücklicher gesetzlicher Regelung Name, ausgeübter Beruf und Wohnort anzugeben sind – die Angaben müssen sehr konkret sein, nicht ausreichend ist nach dt Lit und Jud die Angabe „selbständiger Unternehmer" oder „Rechtsanwalt" (ohne Angabe der Sozietät), siehe nur *Hüffer*, AktG[11] § 124 Rz 25 mit Verweis auf LG München, Konzern 2007, 448, 452 f.

43 Siehe nur *Brix,* Hauptversammlung (2009) Rz 384, *Kubis* in MünchKomm AktG[3] §124 Rz 36 und *Hüffer*, AktG[11] § 124 Rz 16 f und 25; vgl auch oben Rz 35.

44 *Brix,* Hauptversammlung (2009) Rz 386, *Kubis* in MünchKomm AktG[3] § 124 Rz 38.

45 ErläutRV zu § 108 Abs 2; *Brix,* Hauptversammlung (2009) Rz 394. Anm: Es spricht auf den ersten Blick einiges dafür, dass diese Angabe nicht zwingend notwendig ist, wenn es sich eindeutig um eine Ersatzwahl für ein ausscheidendes AR-Mitglied handelt (arg ausreichender Informationsgehalt).

46 Vgl auch *Brix,* Hauptversammlung (2009) Rz 394, der dies im Hinblick auf die vollständige Information der Aktionäre empfiehlt, aber dafür „grundsätzlich keine Notwendigkeit" sieht.

47 Vgl *Brix,* Hauptversammlung (2009) Rz 398 und § 110 Abs 2 AktG. Anderes gilt bei Beschlussvorschlägen von der Aktionärsminderheit zu anderen Themen (wo die Sonderregel § 110 Abs 2 AktG nicht greift): hier muss der Beschlussvorschlag der Minderheit mit einer Begründung übermittelt werden, siehe auch *Brix* Rz 447.

aber zulässig und im Einzelfall oft sinnvoll (Beispiel: Erläuterung bei Alternativvorschlägen; Erklärung, dass die Funktionsperiode einiger/aller AR-Mitglieder ausläuft, oder ein Mitglied außerplanmäßig ausgeschieden ist); in jedem Fall muss die Begründung klar vom Beschlussvorschlag unterscheidbar sein.[48]

2. Beschlussvorschlag des Aufsichtsrats

a) Beschlussfassung im AR

Vorschläge der Gesellschaft für die Wahl von Aufsichtsratsmitgliedern sind **ausschließlich vom Aufsichtsrat** zu machen (§ 108 Abs 1 AktG; daneben sind Vorschläge der Aktionäre möglich, Rz 41 ff).[49] Den Aufsichtsrat trifft nicht nur ein Vorschlagsrecht, sondern grundsätzlich auch eine **Vorschlagspflicht**, die mit der Sorgfalt des ordentlichen und gewissenhaften AR-Mitglieds zu erfüllen ist:[50] Werden Wahlen in den AR von der Gesellschaft als Tagesordnungspunkt vorgeschlagen, ist vom AR **grundsätzlich zwingend** ein Beschlussvorschlag zu machen.[51] Bemerkenswert ist, dass der Gesetzgeber für die Bestellung von Kapitalvertretern die **Mitwirkung der Arbeitnehmervertreter** nicht ausgeschlossen hat. 32

Der Beschlussvorschlag des Aufsichtsrats setzt einen **Beschluss des Aufsichtsrats** voraus.[52] Die **Mitwirkung von Ausschüssen bei der Vorbereitung ist zulässig** und entspricht auch dem **Corporate Governance Kodex** (der sich zwar vorrangig an österreichische börsenotierte AGs richtet, dessen Einhaltung aber auch nicht notierten AGs empfohlen wird, soweit die Regeln auf diese anwendbar sind, Präambel CGK): Nach C-Regel 41 CGK[53] richtet der AR (jedenfalls bei einem AR von mehr als sechs Mitgliedern, einschließlich Arbeitnehmervertreter) einen **Nominierungsausschuss** ein, der sich mit Fragen der Nachfolgeplanung des Vorstands befasst. Darüber hinaus erarbeitet der Nominierungsausschuss aber **nach C-Regel 42 CGK Vorschläge zur Besetzung frei werdender Mandate im Aufsichtsrat.** 33

---

[48] Vgl *Brix,* Hauptversammlung (2009) Rz 398 mwN. Geben Aktionäre eine Begründung, ist sie wohl trotz § 110 Abs 2 AktG zu veröffentlichen, sofern nichts (§ 110 Abs 4) dagegen spricht, siehe FN 73.

[49] Darüber hinaus besteht eine ausschließliche Zuständigkeit des AR für Beschlussvorschläge zur Bestellung von Abschluss- und Sonderprüfern; in allen anderen Fällen haben Vorstand und AR Vorschläge zu machen. Ausnahme von der Vorschlagspflicht: Einberufung/Aufnahme eines TO-Punktes auf Antrag einer Minderheit (§ 105 Abs 3, § 109), vgl auch ErläutRV zu § 108 Abs 1 AktG.

[50] *Semler* in Semler/v. Schenck (Hrsg.), ARHdb.[4] § 1 Rz 26 mit Verweis auf die Kriterien, auf die nach DCGK bei Vorschlägen zur Wahl von AR-Mitgliedern geachtet werden soll (Kenntnisse, Fähigkeiten und fachliche Erfahrungen, Unabhängigkeit).

[51] Es spricht aber viel dafür, dass diese Verpflichtung zumindest im Konzern -- jedenfalls beim AR einer 100%-igen Konzerntochter -- abgeschwächt ist: Entsprechend der Konzernrealität, wonach der AR von der Konzernmutter bestimmt wird, sollte der AR einer Konzerntochter nicht unnötig gezwungen werden, einen Vorschlag zu erarbeiten, wenn dies vom 100% Aktionär nicht gewünscht wird. Vielmehr sollte hier auch ein Aktionärsvorschlag ausreichen.

[52] Vgl auch *Brix,* Hauptversammlung (2009) Rz 392, nach Brix ist wohl für den Wahlvorschlag auch eine Umlaufbeschlussfassung zulässig.

[53] Comply or Explain: eine Abweichung muss erklärt und begründet werden, um kodexkonform zu sein.

34 Fraglich ist, ob die Beschlussfassung über den Wahlvorschlag an einen Ausschuss delegiert werden kann. Nach **C-Regel 42 CGK** ist dies **zulässig** .[54] Gegen die Zulässigkeit der vollständigen Delegation an einen Ausschuss spricht aber – trotz C Regel 42 CGK, dass die Vorschläge zur Besetzung frei werdender Stellen ein wesentlicher Bestandteil der Selbstorganisation des AR sind. Die Wahlvorschläge berühren die Zusammensetzung des Organs und damit dessen Funktionsfähigkeit. **Als wesentlicher Bestandteil der zukünftigen Selbstorganisation** dürfte die **Beschlussfassung über Wahlvorschläge** daher auch (**entgegen dem CGK**) dem **Gesamtaufsichtsrat vorbehalten** sein und zu den nicht an einen Ausschuss delegierbaren Aufgaben gehören.[55]

35 **Inhalt des Wahlvorschlags:** Ein Vorschlag des Aufsichtsrats muss wohl **zumindest so viele Namen** enthalten, **wie Personen zu wählen sind** (auch eine Auswahl durch Alternativ- oder Eventualvorschläge ist zulässig; beachte auch Rz 29).[56] **Beispiel**: „Der Aufsichtsrat schlägt vor, Frau X und die Herren Y und Z in den Aufsichtsrat zu wählen. Derzeit besteht der Aufsichtsrat aus 9 Mitgliedern (Kapitalvertretern), es sind drei Mitglieder zu wählen, um diese Zahl wieder zu erreichen." Darüber hinaus ist es zumindest empfehlenswert, auch Höchstgrenzen nach Satzung/Gesetz anzugeben (dazu Rz 30).[57] Beispiel: „…es sind drei Mitglieder zu wählen, um diese Zahl wieder zu erreichen. Damit würde wie bisher wieder die Höchstgrenze der nach der Satzung zulässigen Zahl an Aufsichtsräten erreicht."

b) Grenzen der Zulässigkeit bei der Einbindung von Vorstand und Dritten

36 Durch die **ausschließliche Zuständigkeit des AR bei Wahlvorschlägen** (Rz 32) soll das natürliche **Organisationsgefälle** abgesichert werden: Der vom Aufsichtsrat zu kontrollierende Vorstand soll sich nicht in die Zusammensetzung des Aufsichtsrats „einmischen"; er „soll nicht beeinflussen können, wer seine Tätigkeit überwacht oder prüft".[58]

---

54 Der Nominierungsausschuss kann nach C-Regel 42 CGK nicht nur dem AR, sondern auch direkt der HV Vorschläge zur Besetzung frei werdender Mandate im AR unterbreiten (dies setzt wohl eine entsprechende Regelung in der Geschäftsordnung des AR oder einen einfachen Beschluss des AR voraus)

55 In diesem Sinn *Brix,* Hauptversammlung (2009) Rz 392 (bloß vorbereitende Tätigkeit des Nominierungsausschusses, Beschlussfassung des Wahlvorschlags durch den AR als Gesamtorgan). AA für Deutschland *Hüffer,* AktG[11] § 124 Rz 21, der einen Wahlvorschlag des Nominierungsausschusses an die HV für zulässig hält, wenn die GO das vorsieht. Siehe auch idS C-Regel 42 ÖCGK: „Der Nominierungsausschuss oder der gesamte AR".

56 *Hüffer,* AktG[11] § 124 Rz 25 mwN auf die hL in Deutschland, dem folgend *Brix,* Hauptversammlung (2009) Rz 384.

57 *Brix,* Hauptversammlung (2009) Rz 394.

58 Für Deutschland *Hüffer,* AktG[11] § 124 Rz 18 mit Verweis auf RegBegr *Kropff* S 174 und wN zur dt Jud, insb BGH NJW 2003, 970, 971 liSp, wonach ein vom Vorstand gemachter Vorschlag zur Anfechtbarkeit des Wahlbeschlusses führt, und zwar auch dann, wenn der Vorschlag als solcher nicht zur Abstimmung gestellt wurde! Für Österreich vgl *Brix,* Hauptversammlung (2009) Rz 388: „Die Ausklammerung des Vorstands soll dessen Einflussnahme auf die Wahl solcher Personen vorbeugen, die die Arbeit des Vorstands ausschließlich zu überwachen und zu prüfen haben" (mit Verweis auf die dt Lehre).

Konsultation und Vorschläge des Vorstands: Der Wahlvorschlag muss zwar zwingend vom Aufsichtsrat kommen. Das schließt aber nicht aus, dass der Vorstand bei der Suche von geeigneten Kandidaten behilflich ist. Der Vorstand **kann konsultiert werden** und kann sogar **unverbindliche Vorschläge zu konkreten Personen oder auch zur Zusammensetzung und zur Qualifikation** des Aufsichtsrates machen.[59] Dies ist durchaus im Interesse der Gesellschaft;[60] darin liegt noch keine unzulässige Einflussnahme. Die **Entscheidung** über den Wahlvorschlag der AG ist aber **ausschließliche Kompetenz des Aufsichtsrats**. Ein Vorschlag kann nie in irgendeiner Form bindend sein und damit in das vorgesehene Organisationsgefälle eingreifen. Das bedeutet insbesondere: Der **Vorstand** darf bei der **Beschlussfassung über den Wahlvorschlag nicht mitwirken**.[61] **37**

Von der Zulässigkeit der Konsultation (einschließlich der Einholung von Vorschlägen) im freien Ermessen des AR ist das (unverbindliche) **Recht auf Konsultation oder Erstattung von Vorschlägen des Vorstands** zu unterscheiden. Ex lege hat der Vorstand kein Vorschlagsrecht (siehe eben Rz 36 f).[62] Es spricht aber manches dafür, dass ein solches **unverbindliches Anhörungsrecht des Vorstands in der Satzung** vorgesehen werden kann, obwohl dadurch die Einflussmöglichkeit des Vorstands verstärkt wird. Erst recht kann dies der AR wohl in seiner eigenen Geschäftsordnung vorsehen (von der er ja jederzeit abgehen kann). In beiden Fällen muss aber die gesetzlich zwingende ausschließliche Kompetenz des Aufsichtsrats zur Erstattung des Beschlussvorschlags an die HV gewahrt bleiben. **38**

Konsultationen und die Einholung von Vorschlägen Dritter (insbesondere Aktionären) sind im Ermessen des AR **zulässig und geradezu üblich**.[63] Bei **Kernaktionären** ist die Konsultation schon deshalb zweckmäßig, weil ohne deren Zustimmung die erforderliche Mehrheit in der HV oft nicht zu erzielen ist.[64] Auch die Einschaltung von **Headhuntern** ist selbstverständlich **zulässig** und oft sinnvoll (insb wenn man im Hinblick auf das Erfordernis der Streuung der Qualifikation der einzelnen AR-Mitglieder Personen mit bestimmtem Profil sucht, zB den Finanzexperten gem § 92 Abs 4a AktG). Da die Zuständigkeit zum Beschlussvorschlag ausschließlich beim AR liegt, muss wohl der AR bei Beauftragung eines Headhunters durch den Vorstand zumindest eingebunden sein; selbstverständlich kann der AR auch den Auftrag selbst vergeben (§ 95 Abs 3, § 93 Abs 1 S 2 AktG). **39**

---

59 Vgl *Semler* in Semler/v. Schenck (Hrsg.), ARHdb.[4] § 1 Rz 26, 27.

60 Der Aufsichtsrat ist nicht nur Kontrollorgan, sondern auch „sparring partner" des Vorstands, etwa um strategische Weichenstellungen kritisch mit dem Vorstand zu diskutieren (und im Rahmen der AR-Tätigkeit auch zu untersagen). Vielfach hat der Vorstand im Hinblick auf das Wohl der Gesellschaft und der Aktionäre sinnvolle Vorstellungen über die optimale Zusammensetzung des AR. Insb im Hinblick auf die Pflicht des AR den Vorstand auch zu beraten wäre es verfehlt, die Mitwirkung in Form von unverbindlichen Vorschlägen des Vorstands nicht zuzulassen. IdS auch *Semler* in Semler/v. Schenck (Hrsg.), ARHdb.[3] § 1 Rz 23.

61 *Semler* in Semler/v. Schenck (Hrsg.), ARHdb.[4] § 1 Rz 27.

62 Vgl *Semler* in Semler/v. Schenck (Hrsg.), ARHdb.[4] § 1 Rz 27.

63 *Kastner/Doralt/Nowotny*, Gesellschaftsrecht[5].

64 Dies darf aber nicht zur Verlagerung der Willensbildung auf den Kernaktionär führen. Zur Frage, ob im Konzern der Beschlussvorschlag des AR ausnahmsweise unterbleiben kann siehe FN 51.

40 Auch ein **unverbindliches Konsultations- oder Vorschlagsrecht eines Dritten** (zB Aktionär, Beirat, allenfalls auch sonstiger Dritter – etwa Fremdkapitalgeber oder Kunde) ist wohl **grundsätzlich zulässig**. Einerseits ergibt sich das aus ähnlichen Überlegungen wie beim Vorstand, andererseits besteht nicht die Gefahr des Eingriffs in das Organisationsgefälle. Auch ein solches unverbindliches **Anhörungsrecht** Dritter kann wohl grundsätzlich in der Satzung festgelegt werden.[65] Die Zulässigkeit eines Anhörungsrechts von Aktionären ergibt sich auch daraus, dass (i) bei nicht börsenotierten AGs jeder Aktionär einen entsprechenden Antrag in der HV stellen kann (§ 119) und (ii) bei börsenotierten AGs zwar keine Ad-hoc-Wahlvorschläge in der HV mehr möglich sind (Rz 28), aber doch jeder Aktionär ab einer Beteiligung von 1% einen Beschlussvorschlag machen kann und die Satzung die ein-Prozent-Hürde herabsetzen kann (§ 110 Abs 1 AktG, Rz 46). Da ein Anhörungsrecht weniger weit geht, als ein Beschlussvorschlag, scheint es auch ohne Erfüllung (allgemeiner Herabsetzung) der ein-Prozent-Schwelle möglich (Grenze: § 47a AktG wenn keine sachliche Begründung für eine Ungleichbehandlung von Aktionären gegeben ist, vgl auch Rz 178 ff zum satzungsmäßigen Nominierungsrecht und Rz 181 ff zur syndikatsvertraglichen Gestaltung). Im Fall eines Anhörungsrechts muss aber auch hier die **Entscheidung zwingend ausschließliche Kompetenz des AR** bleiben.

3. Beschlussvorschlag von Aktionären

a) Nicht börsenotierte AG

41 Bei **Einberufung der HV** und bei **Aufnahme von Tagesordnungspunkten auf Verlangen einer Minderheit** ist von dieser **zwingend ein Beschlussvorschlag** zu machen. Wird die Wahl des Aufsichtsrats also auf Verlangen der Minderheit auf die Tagesordnung gesetzt (oder erfolgt sogar die Einberufung zu diesem Zweck auf Verlangen der Minderheit), so hat die Minderheit auch zwingend einen Beschlussvorschlag dazu zu machen. Fraglich ist, ob hier (sofern dies ausnahmsweise von Relevanz ist, idR kommen Tagesordnungspunkt und Beschlussvorschlag vom AR) ein Vorschlag von Aktionären auch so viele Namen enthalten müsste, wie Personen zu wählen sind, vgl Rz 35. Bei zeitgleicher Abberufung und Bestellung muss wohl zumindest die nach Gesetz und Satzung notwendige Mindestzahl wieder erreicht werden.[66]

42 Die **Satzung der nicht börsenotierten AG** kann **dispositiv** weitergehende Rechte von Aktionären auf Erstattung von Beschlussvorschlägen (und etwa deren Veröffentlichung im Intranet der Gesellschaft) vorsehen. Soweit keine abweichenden Bestimmungen getroffen werden, gelten § 110 Abs 1 bis 4 sinngemäß (§ 110 Abs 5); die Satzung kann von diesen Bestimmungen aber auch beliebig abweichen.[67]

43 Bei Beschlussvorschlägen von Aktionären ist der **AR jedenfalls berechtigt, eigene Vorschläge zu machen** (auch, aber nicht nur rein ablehnende Vorschläge).[68]

---

[65] Damit ist auch die Transparenz innerhalb des AR und auch nach außen gewahrt.
[66] Vgl auch ErläutRV zu § 108 Abs 2 (letzter Satz).
[67] ErläutRV zu § 110 Abs 5.
[68] Siehe nur *Brix,* Hauptversammlung (2009) Rz 390 mwN.

b) Börsenotierte AG

Wie bei der nicht börsenotierten AG ist ein **Beschlussvorschlag von Aktionären bei Einberufung** und **bei Aufnahme von Tagesordnungspunkten** auf Verlangen der Minderheit **immer zwingend** notwendig (Rz 141).[69] Wiederum ist der **AR jedenfalls berechtigt, eigene Vorschläge zu machen** (Rz 43). Ein Wahlvorschlag des AR für andere Kandidaten müsste wohl jedenfalls so rechtzeitig dem Vorstand zugehen, dass er am fünften Werktag vor der HV (in Abweichung von § 108 Abs 1 AktG) gemäß § 87 Abs 6 AktG auf der im Firmenbuch eingetragenen Website der AG publiziert werden kann. 44

Darüber hinaus besteht die Möglichkeit eines Beschlussvorschlags nach § 110 AktG (Sonderregel für börsenotierte AG nach AktRÄG): Aktionäre, deren Anteile **zusammen 1% des Grundkapitals** erreichen können der Gesellschaft **zu jedem Punkt der Tagesordnung in Textform Vorschläge zur Beschlussfassung** übermitteln und verlangen, dass diese Vorschläge (zusammen mit dem Namen der betreffenden Aktionäre, der anzuschließenden Begründung und einer allfälligen Stellungnahme des Vorstands oder des Aufsichtsrats) auf der im Firmenbuch eingetragenen **Internetseite** der Gesellschaft zugänglich gemacht werden. Die **Satzung** kann dieses Recht auch an den Besitz eines **geringeren** Anteils am Grundkapital knüpfen (nicht aber an den Besitz eines höheren Anteils am Grundkapital). Primär normiert § 110 damit das Recht für Aktionäre einer börsenotierten AG, zur Kommunikation mit anderen Aktionären die Plattform (im Firmenbuch eingetragene Internetseite) der Gesellschaft zu nutzen. 45

Nur in einer einzigen Konstellation – bei der Wahl des Aufsichtsrats – ergibt sich aus § 110 im Zusammenspiel mit § 87 Abs 6 AktG eine **Einschränkung**: **Bei der börsenotierten AG ist der Beschlussvorschlag von Aktionären nach § 110 Voraussetzung dafür, dass in der HV auch über den Antrag abgestimmt werden kann.**[70] Um das Missbrauchspotential zu reduzieren und um unnötige Komplexität zu vermeiden besteht die **Seriösitätsschwelle von 1%**. Diese Schwelle kann durch die Satzung herabgesetzt, aber nicht angehoben werden.[71] 46

Die Veröffentlichung muss verlangt werden. Das **Verlangen ist (nur) beachtlich**, wenn es der Gesellschaft spätestens am **siebten Werktag vor der HV zugeht**.[72] Die Gesellschaft muss dem Verlangen spätestens am **zweiten Werktag** 47

---

[69] Wieder ist fraglich, ob ein solcher Vorschlag von Aktionären – wie ein solcher Vorschlag des AR – zwingend so viele Namen enthalten muss, wie Personen zu wählen sind (vgl bei FN 66).

[70] *S Bydlinski/Potyka*, AktRÄG 2009 (2009), 139 (Anm 2 zu § 110). Siehe auch ErläutRV zu § 110 (vor Abs 1) zur Rechtslage in anderen Mitgliedstaaten.

[71] Näher *Bachner*, GeS 2009, 248, 255; ErläutRV zu § 110 Abs 1, *S Bydlinski/Potyka*, AktRÄG 2009 (2009), 136 f: Die Hürde von 1% des Grundkapitals für Wahlvorschläge für den AR bei börsenotierten AGs ist sachgerecht, weil durch das AktRÄG 2009 der Wahlmodus (Fernabstimmung, Abstimmung per Brief) und auch die Stimmenauszählung komplizierter werden, dem gegenüber besteht das legitime Interesse börsenotierter AGs, ohnedies aussichtslose (nicht einmal von 1% unterstützte) Wahlvorschläge nicht berücksichtigen zu müssen. Anm: ein späteres Absinken der 1%-Beteiligung schadet wohl nicht.

[72] Die Regelung entspricht der Vorgabe von Art 5 Abs 4 lit d AR-RL. Näher ErläutRV zu § 110 Abs 1: das Bestreben auf Veröffentlichung muss klar zum Ausdruck kommen; die namentliche Nennung und die Mitveröffentlichung der Begründung müssen die Antragsteller aber

nach Zugang entsprechen (Ausnahme: Beschlussvorschlag muss gemäß § 110 Abs 4 nicht veröffentlicht werden).[73] Die Informationen müssen bis zum Ablauf eines Monats nach der HV durchgehend auf der Internetseite zugänglich sein (§ 108 Abs 4 letzter Satz).

48 Der Beschlussvorschlag kann sich auch auf nur einen Kandidaten beziehen. Anders als der Vorschlag des AR (Rz 35) muss der Beschlussvorschlag nach § 110 nicht so viele Namen enthalten, wie Personen zu wählen sind (beachte aber Rz 41). Die übrigen gesetzlichen Vorgaben sind zu beachten (Rz 45).

49 **Beschlussvorschlag aufgrund sonstiger Satzungsregel?:** Eine andere Regelung in der Satzung die über die Ausnutzung des in § 110 eingeräumten Gestaltungsspielraums hinausgeht dürfte (anders als bei der nicht börsenotierten AG) nicht zulässig sein – vielmehr regelt § 110 AktG das Recht auf Beschlussvorschläge der Aktionäre für die börsenotierte AG abschließend.

4. Erklärung nach § 87 Abs 2 AktG

50 Jedem Vorschlag zur Wahl eines AR-Mitglieds ist die Erklärung der vorgeschlagenen Person nach § 87 Abs 2 anzuschließen (§ 108 Abs 2 S 2 AktG). Die Erklärung muss nach dem AktRÄG bereits **zum Zeitpunkt des Wahlvorschlags als Unterlage vorliegen** (arg § 108 Abs 2 S 2 AktG). Mangels anderer Regelung ist eine **Unterschrift durch die Kandidaten nicht erforderlich** (aber in der jüngeren Praxis weit verbreitet, vermutlich weil die Unterschrift dokumentiert, dass die Angaben entsprechend dem Gesetz vom Kandidaten selbst stammen, vgl Rz 28).[74] Die Regelung gilt unabhängig davon, von wem der Wahlvorschlag stammt (AR oder Aktionärsminderheit).[75] Das bedeutet: Bei der **börsenotierten AG** müssen sämtliche Kandidaten von AR und Aktionären sowie die Erklärungen nach § 87 Abs 2 jedenfalls zwingend vor der HV veröffentlicht werden (§§ 108, 110, 87 Abs 6 AktG, Rz 50). Bei der **nicht börsenotierten AG** müssen die Beschlussvorschläge des AR samt Erklärungen nach § 87 Abs 2 grundsätzlich auch vor der HV veröffentlicht werden (§ 108). Im Übrigen ist aber weiterhin eine Abgabe der Erklärung in der HV möglich (insb bei weiter zulässigen Ad-hoc-Kandidaten auf

---

nicht explizit verlangen. Vorstand und Aufsichtsrat sind berechtigt (aber nicht verpflichtet) sich zu Vorschlägen von Aktionären zu äußern und dies auch bekannt zu machen.

73 Keine Veröffentlichungspflicht, wenn der Beschlussvorschlag 1.) keine Begründung/Erklärung nach § 87 Abs 2 AktG enthält (für Wahlen in den AR ersetzt die Erklärung nach § 87 Abs 2 AktG die Begründung (§ 110 Abs 2, siehe auch FN 48); 2.) zu einem Gesetz oder satzungswidrigen Beschluss führen würde; 3.) bereits ein gleichsinniger Vorschlag zugänglich gemacht wurde; 4.) der Tatbestand der üblen Nachrede oder Beleidigung (§§ 111, 115 StGB) erfüllt würde oder der Vorstand dadurch strafbar würde; oder 5.) die Aktionäre zu erkennen geben, dass sie an der HV nicht teilnehmen und sich nicht vertreten lassen werden. Der Vorstand kann Vorschläge und Begründungen mehrerer Aktionäre zum selben Punkt der TO zusammenfassen.

74 Strenger *Brix,* Hauptversammlung (2009) Rz 395, der wohl die Textform (= Unterschrift, siehe § 13 Abs 2 AktG) verlangt. Kritisch zur § 87 Abs 2 Erklärung *Strasser* in Jabornegg/Strasser, AktG[5] §§ 87-89 Rz 11a.

75 ErläutRV zu § 108 Abs 2; *Brix,* Hauptversammlung (2009) Rz 395.

Antrag eines Aktionärs, aber wohl ausnahmsweise auch auf Antrag des AR, vgl Rz 88 und Rz 116).

51 In der Erklärung haben die vorgeschlagenen Personen ihre **fachliche Qualifikation,** ihre **beruflichen oder vergleichbaren Funktionen** sowie alle **Umstände darzulegen, die die Besorgnis einer Befangenheit begründen könnten**. Die Bestimmung dient der besseren Information der Hauptversammlung.[76] Die Angaben müssen wohl wie schon nach bisheriger Rechtslage vom Kandidaten selbst (nicht bloß vom Aktionär) stammen, da nur er Kenntnis aller relevanten Tatsachen hat und für unterlassene oder unrichtige Erklärungen unter Umständen auch zur Verantwortung gezogen werden kann.[77]

52 Bei der Darlegung der beruflichen und vergleichbaren Funktionen sind insb Haupt-, Nebenberufe und Organfunktionen in anderen (in- oder ausländischen) Gesellschaften oder sonstigen juristischen Personen, aber auch politische Mandate offenzulegen.[78] Rein private Funktionen sind nicht offenzulegen[79] (Ausnahme: wenn darin ein Umstand liegt, der zugleich Besorgnis einer Befangenheit begründet).

53 Als Umstand, der die Besorgnis einer Befangenheit begründen könnte ist insbesondere die Tätigkeit in einem Konkurrenzunternehmen oder maßgebliche konkurrenzierende Tätigkeiten offenzulegen. Der Kandidat kann auch darlegen, warum seiner Ansicht nach dennoch keine Befangenheit besteht.[80]

---

76 ErläutRV 927 BlgNR XXII. GP, zu Art I (AktG), zu Z 3 zu § 87 Abs 1a, idF **„ErläutRV zu § 87 Abs 1a AktG aF"** wobei damals – anders als nach AktRÄG (§ 108 Abs 2) – diese Erklärungen immer erst in der HV vorzulegen waren (persönlich oder auch schriftlich). Schon aus dem Begriff „vor der Wahl" ergibt sich, dass diese Informationspflicht für entsandte Mitglieder nicht besteht. Anm: § 87 Abs 2 AktG regelt den Inhalt der Erklärung und entspricht § 87 Abs 1a AktG aF, eingeführt durch das GesRÄG 2005 – inhaltlich ist es durch das AktRÄG zu keinen Änderungen gekommen.

77 ErläutRV zu § 87 Abs 1a AktG aF – diese Wertung greift weiterhin unverändert. Siehe auch *Brix,* Hauptversammlung (2009) Rz 395. AA *Bachner/Brix*, RdW 2008/586, 632, 635 (zum Gesetzesentwurf).

78 ErläutRV zu § 87 Abs 1a AktG aF, – dient einerseits dazu, die Befähigung des Kandidaten zu belegen; andererseits kann sich die Hauptversammlung anhand dieser Angaben ein Bild von den zeitlichen Ressourcen des Kandidaten zur Ausübung des Aufsichtsratsmandates machen. Sämtliche in- und ausländischen AR-Mandate sind unzweifelhaft offenzulegen. Darüber hinaus sind wohl auch sonstige (nicht AR) Mandate, etwa als Stiftungsvorstand, offenzulegen. In jedem Fall sind solche Mandate auf Anfrage offenzulegen.
Anm: Bei Familiengesellschaften ist wohl im Zweifel auch offenzulegen, wenn man Geschäftsführer einer Besitzgesellschaft im Familienkreis ist (sofern dies nicht allgemein bekannt ist).

79 So ausdrücklich ErläutRV zu § 87 Abs 1a AktG aF (arg „beruflich und vergleichbar"). Die Erklärung nach § 87 Abs 2 AktG soll nicht ausufernder sein. Daher ist auch nicht eine Auflistung sämtlicher Mitgliedschaften oder dergleichen zu verlangen. Dennoch zählen viele Mitgliedschaften wegen der Verquickung von Beruf und Privatem wohl durchaus zum Beruflichen und sind daher zumindest auf Anfrage in der HV offenzulegen (Beispiel: Mitgliedschaft in einem Anwaltsclub, beim CV oder auch in einem rotarischen Club).

80 ErläutRV zu § 87 Abs 1a AktG aF.

5. Sprache von Beschlussvorschlägen, Erklärungen nach § 87 Abs 2 und sonstigen Mitteilungen

54 **Ein Beschlussvorschlag** muss in **deutscher Sprachfassung** vorliegen (§ 128 Abs 5 AktG). Das Gesetz regelt nicht, in welchen anderen Sprachen außer Deutsch Beschlussvorschläge zulässig sind, maßgeblich ist stets die deutsche Fassung.[81]

55 Nach § 128 Abs 5 S 2 AktG ist eine deutsche Sprachfassung jedenfalls auch von „**Bekanntmachungen, Berichte[n] oder sonstige[n] Unterlagen der Gesellschaft**" vorzulegen, soweit die **Gültigkeit eines Beschlusses von deren Inhalt abhängt**; wieder ist die deutsche Fassung maßgeblich.

56 **Außerhalb der zwingenden Vorgaben von § 128 Abs 5 (und § 10 a Abs 4 AktG)** muss insb eine **Begründung nicht zwingend in deutscher Sprachfassung** vorgelegt werden,[82] es sei denn die **Satzung** gibt das vor (arg § 128 Abs 5 S 1 AktG bezieht sich ausdrücklich nur auf den Beschlussvorschlag). Vielmehr überlässt der Gesetzgeber außerhalb der zwingenden Vorgaben die Regelung der Sprache von Mitteilungen von Aktionären der AG: **Satzungsregeln** dazu sind zulässig.[83]

57 Für **Erklärungen nach § 87 Abs 2 AktG** gilt folgendes: Nach **§ 128 Abs 5 S 2 AktG** ist die **deutsche Sprachfassung** auch von anderen Unterlagen als Beschlussvorschlägen vorzulegen, **wenn die Gültigkeit eines Beschlusses vom Inhalt dieser Unterlagen abhängt**.

58 Bei **börsenotierten AGs** sind nach § 195 Abs 1a AktG **alle AR-Wahlbeschlüsse derselben HV anfechtbar**, wenn die Vorschrift von **§ 87 Abs 6** über die Bekanntgabe der Erklärung über die Qualifikation der Kandidaten gemäß § 87 Abs 2 AktG **verletzt** wurde Rz 195 und Rz 198. Obwohl § 195 Abs 1a den § 87 Abs 2 AktG nicht ausdrücklich aufzählt, führt die Aufzählung von § 87 Abs 6 (über die Internetbekanntmachung) wohl mittelbar zur Anfechtungssanktion bei Verletzungen von § 87 Abs 2 AktG. Denn der **wesentliche Inhalt der Internetbekanntmachung** betrifft den **Namen des Kandidaten** und die **Erklärung nach § 87 Abs 2 AktG**. **Die Erklärung muss daher jedenfalls auch auf Deutsch** bekannt gemacht werden. Das entspricht auch dem besonderen, vom Gesetzgeber anerkannten Informationsbedürfnis, das dem Informationsbedürfnis beim Beschlussvorschlag selbst vergleichbar ist.[84] Auch **Aktionäre** sind daher ver-

---

[81] ErläutRV zu § 128 Abs 5, mit dem Hinweis, dass nach allgemeinen Grundsätzen zu beurteilen ist, ob sich aus einer fehlerhaften Übersetzung Schadenersatzansprüche ergeben können.

[82] Vgl auch *Brix,* Hauptversammlung (2009) Rz 450 (arg ErläutRV zu § 128 Abs 5 „eingeschränkt") und Rz 495.

[83] Das ergibt sich insb auch aus ErläutRV zu § 10a Abs 4 (mit Hinweis auf die abweichende ursprünglich vorgeschlagene Regelung im Ministerialentwurf).

[84] Vgl auch *Ch Nowotny*, RdW 2009/565, 566 nach FN 4. Anm: 1. Dieser Auslegung steht nicht entgegen, dass § 128 Abs 5 von „Unterlagen der Gesellschaft" spricht – die nach § 195 Abs 1a iVm § 87 Abs 6 und 2 erforderliche Erklärung (egal ob vom Kandidaten des AR oder des Aktionärs) ist wohl eine Unterlage der Gesellschaft iSd § 128 Abs 5 AktG. Dafür spricht auch der Zweck von § 87 Abs 2: für den „objektiv urteilenden Aktionär" (§ 195 Abs 4 AktG) ist gleichgültig ob die fehlende / unvollständige Information von einem Minderheitsaktionär oder vom AR ausgeht. Noch dazu stammt auch bei Kandidaten der AG die Erklärung nicht unmittelbar von der AG, sondern vom Kandidaten. 2. Auch § 110

pflichtet, ihren Beschlussantrag und die an die Stelle einer Begründung tretende **Erklärung** ihres Kandidaten jedenfalls auch **in deutscher Sprache vorzulegen**, wenn es keine diesbezügliche Satzungsregel gibt, die ausdrücklich anderes regelt. Unterbleibt bei einem Wahlvorschlag von Aktionären die deutsche Erklärung, so ist fraglich, ob der Vorstand die Pflicht hat, auf Kosten der jeweiligen Aktionäre für eine Übersetzung zu sorgen, um den Wahlvorgang zu ermöglichen (und die möglicherweise vielfach höheren Kosten eines etwaigen Anfechtungsverfahrens zu vermeiden). Es trifft den Vorstand wohl grundsätzlich keine Pflicht, für eine Übersetzung zu sorgen.[85] Der Vorstand kann aber in seinem freien Ermessen einen Beschlussvorschlag oder eine Erklärung nach § 87 Abs 2 AktG übersetzen lassen und damit die konkrete Wahl ermöglichen (im Einzelfall ist die Gleichbehandlung der Aktionäre zu beachten).[86] Angesichts der verbleibenden Rechtsunsicherheit **empfiehlt sich jedenfalls eine Sprachregelung in der Satzung**. Im Hinblick auf § 128 Abs 5 AktG kann die Satzung nicht vorsehen, dass Beschlussvorschläge (oder Erklärungen nach § 87 Abs 2 AktG) ausschließlich in englischer Sprache vorgelegt und veröffentlicht werden können; zulässig wäre aber eine Regelung, dass die Aktionäre Beschlussvorschläge und auch Erklärungen nach § 87 Abs 2 AktG der Gesellschaft zeitgerecht auch in englischer Sprache vorlegen können und die Gesellschaft iSv § 128 Abs 5 AktG für die Übersetzung sorgt, wobei stets die deutsche Fassung maßgeblich ist. Achtung: Übersetzungen bergen ein gewisses Haftungsrisiko (aus fehlerhafter Übersetzung).[87]

Abs 2 AktG, wonach die Erklärung nach § 87 Abs 2 aufgrund ausdrücklicher gesetzlicher Regelung nicht dem Beschlussvorschlag, sondern der Begründung gleichzusetzen ist steht dem nicht entgegen. Andernfalls würde der Zweck von § 87 Abs 6 („zugänglich gemacht") und die in § 195 Abs 1a AktG liegende Wertung der Verletzung von § 87 Abs 6 AktG ausgehöhlt. Denn dann wäre (mangels Satzungsregelung) jede Sprache zulässig und auf der Website der börsenotierten AG zu veröffentlichen. Im Extremfall wäre damit eine Erklärung veröffentlicht, die mangels kurzfristiger Übersetzungsmöglichkeit keiner versteht. Es ist zu bezweifeln, dass dies bei fehlender Satzungsregel die Intention des Gesetzgebers war. 3. Der Telos geht den ErläutRV zu § 110 Abs 1 vor (wonach die Begründung nicht in deutscher Sprache vorgelegt werden muss, da „ihr Inhalt nicht im Sinn des § 128 Abs 5 zweiter Satz anfechtungsrelevant sein kann.")

85 Insb dann nicht wenn die Einberufung auf die zwingende Vorlage von Beschlussvorschlägen und Erklärungen nach § 87 Abs 2 in deutscher Sprache hinweist. Selbst ohne den Hinweis dürfte den Vorstand keine diesbezügliche Pflicht treffen. (Andernfalls könnte man mutwillig versuchen, die AG (den Vorstand) durch eine vollkommene Überflutung mit fremdsprachigen Anträgen „außer Gefecht zu setzen").

86 Allenfalls könnte den Vorstand die Pflicht treffen, bei Vorlage einer fremdsprachigen Fassung nochmal eine deutsche Übersetzung zu urgieren, wenn die Eingabe so rechtzeitig erfolgt, dass auch eine Übersetzung zweifellos noch fristgerecht (am siebten Tag vor der HV) in deutscher Sprache zur Veröffentlichung übermittelt werden könnte; auch hier ist es aber höchst fraglich, ob eine Pflicht des Vorstands besteht. § 47a (Gleichbehandlung) ist zu beachten.

87 Vgl ErläutRV zu § 128 Abs 5. Um das Haftungsrisiko der AG möglichst auszuschließen, können Übersetzungen als nicht verbindliche convenience translation gekennzeichnet werden, siehe dazu *Bachner/Dokalik*, Hauptversammlung (2010), § 129 Rz 13 – fraglich ist aber, ob dies die AG auch entlastet, wenn nach der Satzung fremdsprachige Erklärungen ausdrücklich zulässig sind.

59 Auch bei der **nicht börsenotierten AG** ist wohl die §-87-Abs-2-Erklärung **auf Deutsch** abzugeben, das gilt sowohl für Erklärungen der Kandidaten des AR, als auch der Aktionäre. Da hier weiterhin Ad-hoc-Kandidaturen (und damit Erklärungen erst in der HV) möglich sind, empfiehlt es sich besonders, klarstellend eine **Regelung zur Sprache in der HV** in der **Satzung** zu treffen. Beispiel: „**Die Verhandlungssprache in der Hauptversammlung ist Deutsch**". Damit wäre völlig klargestellt, dass fremdsprachige Erklärungen nach § 87 Abs 2, aber auch Redebeiträge, Fragen etc. nicht zugelassen werden (und die AG, die dazu ohnedies nicht verpflichtet ist, nicht für einen Übersetzer sorgt). Auch für die börsenotierte AG ist eine solche Regelung sinnvoll.[88]

60 Im Hinblick auf § 106 AktG sollte man die Aktionäre wohl in der **Einberufung darauf hinweisen**, dass sie **Beschlussanträge** und **Erklärungen nach § 87 Abs 2 zwingend** (auch) **in deutscher Sprache** vorlegen müssen und dass **stets die deutsche Sprache maßgeblich** ist.

6. Übersicht zum Zeitablauf bis zur oHV (Beispiel börsenotierte AG)

61 Die folgende Abbildung skizziert den Zeitablauf bis zur ordentlichen HV bei der **börsenotierten AG** mit besonderem Augenmerk auf Wahlen in den AR.

Spätestens am Tag 28 vor der oHV	**Einberufung** durch den Vorstand unter **Angabe der TO** (§ 7 Abs 1, § 106 Z 3 AktG). Die TO umfasst **Wahlen in den Aufsichtsrat**	**Einberufung** durch den Vorstand unter **Angabe der TO** (§ 7 Abs 1, § 106 Z 3 AktG). Die TO umfasst Wahlen in den Aufsichtsrat **nicht**
Spätestens am Tag 21vor der oHV	**Beschlussvorschlag von Vorstand und AR** zu jedem Punkt der TO (§ 108 AktG),[89] daher auch Beschlussvorschlag des AR zu Wahlen in den AR samt Erklärungen nach § 87 Abs 2 **Veröffentlichung von Beschlussvorschlag des AR und Erklärungen nach § 87 Abs 2 AktG** (§ 108 Abs 3 bis 5 AktG: auch auf der im Firmenbuch eingetragenen Internetseite der AG)	**Antrag auf Ergänzung der TO** um **Wahlen in den AR** unter Angabe des **Beschlussvorschlags** samt Erklärungen nach § 87 Abs 2 (§§ 109, 110 Abs 2 AktG) durch eine Aktionärsminderheit von **5 %** **Veröffentlichung spätestens am 2. Werktag nach Fristende** sowohl nach § 107 Abs 3 AktG, als auch auf der im Firmenbuch eingetragenen Internetseite der AG (Fristende = Tag 21 vor der oHV, siehe § 109 Abs 2 AktG)

88 Kritisch – zumindest vor dem Hintergrund von Satellitenversammlungen – *Bachner/Dokalik*, Hauptversammlung (2010), § 129 Rz 15.

89 Insb bei börsenotierten AGs wird es möglicherweise freiwillig zu einer sofortigen Bekanntmachung der Beschlussvorschläge zeitgleich mit Veröffentlichung der TO im Rahmen der Einberufung kommen. Selbstverständlich ist dies zulässig. Gerade bei Wahlvorschlägen des AR ist aber eher zu erwarten, dass die konkreten Kandidaten erst 21 Tage vor der HV bekannt gemacht werden.

Spätestens am 7. Werktag vor der oHV	**Beschlussvorschläge von 1% Aktionären mit Erklärungen nach § 87 Abs 2 AktG** samt Verlangen auf Veröffentlichung (§ 110 Abs 1 AktG)	**Weitere Beschlussvorschläge von 1% Aktionären mit Erklärungen nach § 87 Abs 2 AktG** samt Verlangen auf Veröffentlichung (§ 110 Abs 1 AktG); allenfalls **Beschlussvorschlag des AR** mit Erklärungen nach § 87 Abs 2
Spätestens am 5. Werktag vor der oHV (= 2 Werktage nach Zugang)	**Veröffentlichung von Beschlussvorschlägen der Aktionäre und Erklärungen nach § 87 Abs 2 spätestens am 2. Werktag nach Zugang** auf der im Firmenbuch eingetragenen Internetseite der AG (§ 110 Abs 1 AktG)	**Veröffentlichung von Beschlussvorschlägen und Erklärungen nach § 87 Abs 2 spätestens am 2. Werktag nach Zugang** auf der im Firmenbuch eingetragenen Internetseite der AG (§ 110 Abs 1 AktG)

Abbildung 1: Beispiel – Ordentliche HV bei der börsenotierten AG

D. Zusammensetzung des Aufsichtsrats

1. Überblick - § 87 Abs 2a AktG; Einfluss der Unternehmensstruktur

62 Gemäß § 87 Abs 2a AktG hat die Hauptversammlung bei der Wahl von Aufsichtsratsmitgliedern „*auf die fachliche und persönliche Qualifikation der Mitglieder sowie auf eine im Hinblick auf die Struktur und das Geschäftsfeld der Gesellschaft fachlich ausgewogene Zusammensetzung des Aufsichtsrats zu achten. Weiters sind Aspekte der Diversität des Aufsichtsrats im Hinblick auf die Vertretung beider Geschlechter und die Altersstruktur sowie bei börsenotierten Gesellschaften auch im Hinblick auf die Internationalität der Mitglieder angemessen zu berücksichtigen. Es ist auch darauf zu achten, dass niemand zum Aufsichtsratsmitglied gewählt wird, der rechtskräftig wegen einer gerichtlich strafbaren Handlung verurteilt worden ist, die seine berufliche Zuverlässigkeit in Frage stellt.*“ Die Regelung wurde 2012, durch das 2. Stabilitätsgesetz eingeführt.[90]

63 Damit ist die Zusammensetzung des Aufsichtsrates für Aktiengesellschaften erstmals ausdrücklich etwas näher im Gesetz geregelt. Inhaltlich bringt die gesetzliche Regelung aber keine „bahnbrechenden Neuerungen“. Auch vor Einführung einer expliziten Regelung bestand wohl eine gewisse Verpflichtung sowohl die Qualifikation, als auch die Diversität abzusichern. Dennoch eröffnet die nun explizite gesetzliche Regelung konkretere Kontrollmechanismen zur Absicherung: Das

[90] 2. Stabilitätsgesetz 2012 (BGBl I 2012/35), trat mit 1. Juli 2012 in Kraft (§ 262 Abs 31 AktG). Grundlegend dazu *Eigner*, GesRZ 2012, 208 ff. Siehe auch *Schrank/Meier*, Aufsichtsrat aktuell 2012, 5; *Krejci*, GeS 2012, 319. Zu empirischen Befunden siehe *Hanappi-Egger/Mensi-Klarbach*, Aufsichtsrat aktuell 2014, 5 (betreffend Diversität in öst. Aufsichtsräten sowie die Praxis der Suche und den Mehrwert formalisierter Profilerstellung und strukturierter Suche); *Berger/Steinbach*, Aufsichtsrat aktuell 2015, 12 (zu Qualifikation und Organisation österreichischer Aufsichtsräte als Grundlage für effiziente Gremienarbeit).

Firmenbuchgericht hat die Möglichkeit einer Prüfung.[91] Vor allem aber besteht die Möglichkeit einer Anfechtung.

64 Auswahlprozess[92] und auch Auswahlkriterien hängen auch von der Unternehmensstruktur ab:

65 Bei Familiengesellschaften beobachtet man regelmäßig eine überraschend hohe Diversität (was auch indizieren dürfte, dass Diversität nach zutreffender Ansicht der Anteilseigner vorteilhaft ist). Weiters spielen das persönliche Vertrauen der Anteilseigner und die „gute Chemie" mit den Anteilseignern typischerweise eine besondere Rolle.

66 Bei börsenotierten Unternehmen hat die gesetzliche Regelung in § 87 Abs 2a AktG insbesondere die Diversität verbessert. Bei der Auswahl spielt die nachweisbare fachliche Qualifikation eine besondere Rolle. Teilweise ist eine besondere Nähe von Aufsichtsratsmitgliedern zum Kernaktionär gegeben (was insbesondere Rechtsfragen iZm der Weitergabe von Informationen aufwirft).

67 Bei öffentlichen Unternehmen stehen die Interessen der öffentlichen Hand im Vordergrund. Regelmäßig spielen (partei-)politische Faktoren weiterhin eine Rolle bei der Besetzung.

2. Fachliche und persönliche Qualifikation; Unabhängigkeit

68 Gem § 87 Abs 2a AktG ist auf die *„**fachliche und persönliche Qualifikation** der Mitglieder sowie auf eine (...) **fachlich ausgewogene Zusammensetzung** des Aufsichtsrats zu achten.*" Eine nähere Bestimmung der konkret verlangten Qualifikation sowie der konkreten Kenntnisse findet sich im AktG (weiterhin) nicht (Ausnahme: Finanzexperte gemäß § 92 Abs 4a AktG).[93]

69 Im Ergebnis müssen die Mitglieder des Aufsichtsrates die durch Gesetz und Satzung zugewiesenen Aufgaben wahrnehmen und die dafür erforderliche Qualifikation und Erfahrung mitbringen.[94] Die konkreten Anforderungen sind je nach

[91] Zur Praxis vgl *Birnbauer*, GeS 2013, 23: nach *Birnbauer* ist eine Prüfung vorzunehmen, wenn ein Gesetzesverstoß zweifelsfrei feststeht oder durch geringfügige Erhebungen festgestellt werden kann (mit Verweis auf OGH 25.9.1997, 6 Ob 174/97z – nach dem Sachverhalt hatte das Firmenbuchgericht Kenntnis einer gesetzwidrigen Bestellung eines AR-Mitglieds – dem Revisionsrekurs gegen die Abweisung der Eintragung des AR-Mitgliedes wurde keine Folge gegeben).

[92] Vgl zu empirischen Befunden *Hanappi-Egger/Mensi-Klarbach*, Aufsichtsrat aktuell 2014, 5 (siehe *Mensi-Klarbach* Rz 7/1 ff, ferner FN 103).

[93] Anders hingegen in einzelnen sondergesetzlichen Bestimmung; vgl *Kalss* in Doralt/Nowotny/Kalss, AktG² § 86 Rz 51f. Siehe insbesondere § 28a BWG und § 11a VAG (u.a. zum „fit-and-proper-Test" durch die FMA zur ex ante Überprüfung von Qualifikation des AR-Vorsitzenden); siehe auch § 24 WGG (zur gesetzlich geforderten „Zuverlässigkeit" der Verwaltung, insbesondere auch des Aufsichtsrates) sowie § 4 Abs 1 ÖIAG-G (zum Nominierungskomittee der ÖBIB). Beachte auch *Kalss*, Jahrbuch Wirtschaftsstrafrecht, 301 ff; *Eigner*, GesRZ 2012, 208 ff, 218 ff.

[94] Vgl *Kalss* in Doralt/Nowotny/Kalss, AktG² § 86 Rz 51 f. Die Rsp legt einen höheren Maßstab als den des durchschnittlichen Kaufmannes an (vergleichbar mit dem Sorgfaltsmaßstab nach § 1299 ABGB), vgl OGH 31.5.1977, 5 Ob 306/76; OGH 26.6.2002, 1 Ob 144/01k; OGH 22.5.2003, 8 Ob 262/02s.

Einzelfall unterschiedlich; zu berücksichtigen sind insbesondere die Unternehmenstätigkeit, die Branche sowie die aktuellen Herausforderungen.

Der Aufsichtsrat **insgesamt** muss alle unternehmensrelevanten Bereiche abdecken, so dass eine adäquate Überwachung der Geschäftsführung (sowie Funktion als Sparring Partner) gewährleistet ist.[95] Jedes Mitglied hat mit seinen Kenntnissen zur ausgewogenen Zusammensetzung des Kollegialorgans (oder Ausschusses) beizutragen.[96] Ein Mangel an fachlicher Kompetenz kann nicht durch persönliche Kompetenz ausgeglichen werden und umgekehrt.[97] **70**

Auch kann nicht in den Aufsichtsrat bestellt werden, wer „*rechtskräftig wegen einer gerichtlich strafbaren Handlung verurteilt worden ist, die seine berufliche Zuverlässigkeit in Frage stellt*" (§ 87 Abs 2a AktG). Nach der Literatur hat eine Einzelprüfung hinsichtlich der beruflichen Zuverlässigkeit zu erfolgen.[98] Hier ist ein strenger Maßstab anzusetzen – im Zweifel ist die persönliche Qualifikation nicht erfüllt und sollte von einer Bestellung Abstand genommen werden. **71**

Formal sind auch **Bestellungsverbote** gem § 86 Abs 2 bis 4 AktG zu beachten (Mandatshöchstzahlen). Für börsenotierte Aktiengesellschaften ist außerdem gem § 86 Abs 4 Z 2 AktG die sog zwei jährige „**Cooling-Off-Periode**"[99] für ehemalige Vorstandsmitglieder der Gesellschaft zu berücksichtigen (keine AR-Funktion außer die Wahl erfolgt auf Vorschlag von Aktionären, die mehr als 25 Prozent der Stimmrechte an der Gesellschaft halten. Dem Aufsichtsrat darf jedenfalls nicht mehr als ein solches Mitglied angehören). **72**

Schließlich bestimmt C-Regel 53 ÖCGK, dass die „***Mehrheit** der von der Hauptversammlung gewählten oder von Aktionären aufgrund der Satzung entsandten Mitglieder des Aufsichtsrats ... **von der Gesellschaft und deren Vorstand unabhängig***" sein soll. „*Ein Aufsichtsratsmitglied ist als unabhängig anzusehen, wenn es in keiner geschäftlichen oder persönlichen Beziehung zu der Gesellschaft oder deren Vorstand steht, die einen materiellen Interessenkonflikt begründet und daher geeignet ist, das Verhalten des Mitglieds zu beeinflussen.*" Der Aufsichtsrat legt auf dieser Grundlage die Kriterien der Unabhängigkeit fest und veröffentlicht diese im Corporate Governance Bericht. Die in Anhang 1 zum ÖCGK angeführten Leitlinien für die Unabhängigkeit dienen als Orientierung. Nach den festgelegten Kriterien hat jedes Mitglied in eigener Verantwortung zu erklären, ob es unabhängig ist. Dies ist im Corporate Governance Bericht darzustellen. **73**

Weiters normiert C-Regel 54 ÖCGK eine **Unabhängigkeit vom Kernaktionariat**: Bei Gesellschaften mit einem Streubesitz von mehr als 20% soll den von der Hauptversammlung gewählten oder von Aktionären aufgrund der Satzung entsandten Mitgliedern des Aufsichtsrats mindestens ein gemäß C-Regel 53 unabhängiges Mitglied angehören, das nicht Anteilseigner mit einer Beteiligung von mehr **74**

---

95 Vgl *Krejci*, GES 2012, 322 f.

96 Vgl auch *Kalss* in Doralt/Nowotny/Kalss, AktG² § 86 Rz 56, 58.

97 Vgl *Krejci*, GES 2012, 324.

98 Näher *Eigner*, GesRZ 2012, 220. Siehe auch *Kalss* in Doralt/Nowotny/Kalss, AktG² § 86 Rz 52.

99 Vgl *Kalss* in Doralt/Nowotny/Kalss, AktG² § 86 Rz 64; *Eigner*, GesRz 2012, 212; *Justich* in Hausmaninger/Gratzl/Justich (Hrsg), Handbuch zur AG, Rz 17.

als 10 % ist oder dessen Interessen vertritt. Bei Gesellschaften mit einem Streubesitz von mehr als 50% gehören mindestens zwei Mitglieder dem Aufsichtsrat an, die diese Kriterien erfüllen. Im Corporate Governance Bericht ist darzustellen, welche Mitglieder des Aufsichtsrats diese Kriterien erfüllen. **Rechtspolitsch ist fraglich, ob dies ausreichend ist** (vgl dazu auch FN wonach laut Organisationspsychologen erst eine 30% Minderheit ausreichend Gehör hat, vgl *Kalss* Rz 3/61).

75 Zur Darlegung von etwaigen Umständen, die eine **Befangenheit** einzelner Kandidaten begründen könnten (§ 87 Abs 2 AktG) und somit zur Offenlegung aller potentiellen Interessenskonflikte.[100]

3. Diversität

76 Jüngere Studien belegen, dass **Diversität** den sogenannten **shareholder return steigert**.[101] Daher sollten Unternehmen ein inhärentes Interesse an Diversität haben.[102] Die vieldiskutierte Geschlechter-Diversität ist nur ein Aspekt. Entscheidend für den Erfolg eines Gremiums ist wohl der richtige Mix aus Erfahrung (somit auch Alter), fachlicher Kompetenz, Finanzkenntnis, Marktkenntnis, analytischen Fähigkeiten, Innovationskraft, Persönlichkeiten und wohl auch persönlicher Unabhängigkeit.

a) Vertretung beider Geschlechter

77 Der Frauenanteil in Aufsichtsräten und Vorständen von Wirtschaftsunternehmen ist durchwegs niedrig.[103] Dieses Phänomen beobachtet man durch alle Länder und Jurisdiktionen.

78 Jüngere Studien belegen, dass Diversität den sogenannten shareholder return steigert. Daher sollten Unternehmen – unabhängig von gesellschaftspolitischen Überlegungen – ein **inhärentes Interesse an Diversität**, insbesondere auch an Geschlechter-Diversität, haben (vgl *Mensi-Klarbach* Rz 7/1 ff).[104]

---

[100] Vg *Krejci*, GES 2012, 325.

[101] *Jenny Anderson*, Helena Morrissey - Aiming at Glass Ceilings, New York Times 27.1.2015, Seite B1 mit Verweis auf Studien von McKinsey, Catalyst und Credit Suisse.

[102] Vgl dazu die Initiative des 30% Clubs von Helena Morrisey in England, welcher für eine 30% Frauenquote in englischen Boards eintritt, siehe näher unten FN 103. Zu empirischen Befunden zum Status Quo in Österreich siehe *Hanappi-Egger/Mensi-Klarbach*, Aufsichtsrat aktuell 2014, 5 (betreffend Diversität in öst. Aufsichtsräten sowie die Praxis der Suche und den Mehrwert formalisierter Profilerstellung und strukturierter Suche); *Berger/Steinbach*, Aufsichtsrat aktuell 2015, 12 (zu Qualifikation und Organisation österreichischer Aufsichtsräte als Grundlage für effiziente Gremienarbeit).

[103] Siehe *Kalss*, Aufsichtsrat aktuell 2011, 5: gemäß einer Studie der Europäischen Kommission über Frauen und Männer in Entscheidungsprozessen aus dem Jahr 2009 sind in Österreich lediglich 7% der Frauen in Entscheidungsgremien vertreten, wodurch sich Österreich innerhalb der 27 Mitgliedsstaaten den wenig beeindruckenden 20. Platz sichert. Die Spitzenreiter bilden Norwegen mit 42 % und mit großem Abstand danach Schweden und Finnlang mit §27% bzw 24%. Deutschland liegt mit 11% Frauenanteil in der Führungsebene knapp 4% vor Österreich. Vgl auch den Bericht "Frauen in Führungspositionen", herausgegeben vom Bundeskanzleramt, Endbericht 2011, S. 20 sowie *Eigner*, GesRZ 2012, 219 f.

[104] Vgl dazu die Initiative des 30% Clubs von Helena Morrisey in England, welcher für eine 30% Frauenquote in englischen Boards eintritt, siehe Jenny Anderson, Helena Morrissey, Ai-

79 Unterschiedliche Länder reagieren unterschiedlich auf das Thema Geschlechter-Diversität.[105] Teilweise werden **gesetzliche Quoten** eingeführt. So etwa jüngst in Deutschland.[106]

80 In **Österreich** gibt es **bisher keine allgemeine gesetzliche Regelung einer Quote für Aktiengesellschaften:** § 87 Abs 2a AktG fordert von der Hauptversammlung (nur), bei der Wahl auf eine ausgewogene Zusammensetzung des Aufsichtsrats hinsichtlich der Vertretung beider Geschlechter zu achten. Eine Mindestzahl an Mandaten oder eine Quote wird jedoch nicht angegeben.[107]

81 Weiters haben **börsenotierte Gesellschaften** gemäß § 243b Abs 2 Z 2 UGB **im Corporate Governance Bericht anzugeben, welche Maßnahmen zur Förderung von Frauen im Vorstand, im Aufsichtsrat und in leitenden Stellungen**(§ 80 AktG) der Gesellschaft **gesetzt** wurden.

82 Schließlich gibt es diverse Maßnahmen um die Frauenquote im **öffentlichen Dienst** zu erhöhen.[108] Im **Bundes Public Corporate Governance Kodex** wird

ming at Glass Ceilings, New York Times 27.1.2015, Seite B1: "Working behind the scenes, [Ms Morrisey] has persuaded 120 of the country's top chairmen that they want what she wants: more diverse boards that will produce better company returns. The approach has produced some remarkable results. Since 2010, the percentage of women on Britain's top boards has nearly doubled, to 23 percent, while in the United States, the figure has crept up a few percentage points to 17 percent… Ms. Morrissey is adamant that the group is not promoting a women's initiative or a diversity initiative, but a business issue. … more diverse boards provide better shareholder returns, because homogeneous boards often provide little fresh thinking about customers, risks or outcomes. Not coincidentally, 30 percent representation is the level at which organizational psychologists agree a minority voice can be heard." Siehe auch http://30percentclub.org. Der 30% Club hat zwischenzeitig international expandiert, u.a. in die USA, Canada, Hong Kong, Süd Afrika, Malaysia.

105 Zur Forderung nach einer gesetzlichen Regelung vgl *Krejci*, GES 2012, 327 mwN. Vgl weiters, auch zu den möglichen Gründen für den niedrigen Frauenanteil, *Kalss*, Aufsichtsrat aktuell 2011, 5.

106 In Deutschland ist mit 1. Mai 2015 das „Gesetz für die gleichberechtigte Teilhabe von Frauen und Männern an Führungspositionen in der Privatwirtschaft und im öffentlichen Dienst" in Kraft getreten. Börsennotierte Aktiengesellschaften, für welche die paritätische Mitbestimmung gilt, haben demnach in Aufsichtsräten eine Geschlechterquote von 30 % ab dem 1. Jänner 2016 bei Neubesetzungen zu berücksichtigen. Bei Nichtbeachtung gilt der Grundsatz des „leeren Stuhls", dh die Sitze des unterrepräsentierten Geschlechts bleiben frei und eine der Bestimmung entgegenstehende Wahl ist nichtig. (*BMFSJ*, http://www.bmfsfj.de/BMFSFJ/gleichstellung,did=88098.html?view=renderPrint). Die Quote ist dabei vom Gesamtaufsichtsrat zu erfüllen. Es ist somit unerheblich, ob die 30 % auf Anteilseigner- oder Arbeitnehmervertreterseite vorliegen, es sei denn, dass eine Seite widerspricht. Dann haben beide Seiten diese Voraussetzung getrennt zu erfüllen (§ 96 Abs 2 dAktG).

107 In den Erläuterungen zur Regierungsvorlage wird zu § 87 Abs 2a AktG auf die bisherige C-Regel 52 ÖCGK (nunmehr L-Regel) verwiesen. Vgl ErlRV 1685 BlgNR XXIV. GP, 31.

108 Siehe http://www.bka.gv.at/site/6868/default.aspx mit Verweise auf die **Quote für staatsnahe Unternehmen** (Selbstverpflichtung durch die Bundesregierung im März 2011 im Ministerrat, eine Frauenquote in den Aufsichtsräten der Bundesunternehmen einzuhalten. Konkret wurden als Ziel 25 Prozent Frauenanteil bis Ende 2013 und 35 Prozent bis Ende 2018 vereinbart. Die Regelung gilt für die Aufsichtsräte jener Unternehmen, an denen der Staat mit mindestens 50 Prozent beteiligt ist), auf die **Frauenquoten an der Universität** (gemäß Universitätsgesetz müssen in allen Universitätsgremien und Organen, wie etwa dem

dementsprechend eine Empfehlung zur Einführung einer **Frauenquote** gegeben (vgl *Mensi-Klarbach* Rz 7/1 ff; *Kalss/Schimka* Rz 2/61 ff).[109]

b) Altersstruktur

83 Auch die altersmäßige Diversität ist wesentlich für die Qualität des Aufsichtsrates.[110] Gemäß **§ 87 Abs 2a AktG** ist bei der Zusammensetzung des Gremiums darauf Bedacht zu nehmen.

84 Ältere Aufsichtsratsmitglieder bringen typischerweise mehr Erfahrung und auch durch Erfahrung geprägte fachliche Kompetenz ein; hingegen bringen jüngere Mitglieder oft Flexibilität, Kreativität und den Blick für neue Entwicklungen mit.[111]

85 Die Einführung eines Höchstalter kann die Überalterung des Aufsichtsrates verhindern. Angesichts der steigenden Lebenserwartung (und angesichts des unterschiedlich raschen Alterns) ist die Einführung eines Höchstalters aber diskussionswürdig. In jedem Fall ist darauf zu achten, dass nicht alle Mitglieder gleichzeitig ausscheiden, und dass bestehendes Wissen dem Aufsichtsrat erhalten bleibt.[112]

c) Internationalität

86 **Börsenotierte Gesellschaften** haben gemäß **§ 87 Abs 2a AktG** neben der Vertretung beider Geschlechter und der Altersstruktur auch auf eine **angemessene internationale Zusammensetzung** des Aufsichtsrates zu achten. Auch hier ist die „richtige“ Zusammensetzung für den Einzelfall zu beurteilen.

87 In der Literatur wird treffend hervorgehoben, dass es angesichts der in Österreich **vergleichsweise niedrigen AR-Entlohnung** und vor dem Hintergrund des realen Haftungsrisikos schwierig sein kann, eine internationale Zusammensetzung zu ermöglichen.[113] Es ist zu erwarten, dass die AR-Tantiemen in Österreich in den nächsten Jahren steigen. Dies dürfte auch erforderlich sein, um abzusichern, dass qualifizierte Kandidaten gefunden werden.

Rektorat, zumindest 40 Prozent Frauen vertreten sein. Wenn die erforderliche Frauenquote nicht eingehalten wird, kann vom Arbeitskreis für Gleichbehandlungsfragen Einspruch erhoben werden. Gilt dieser Einspruch zu Recht, sind die Beschlüsse ungültig) sowie auf die **Erhöhung der Frauenquote im Öffentlichen Dienst** (bei Ausschreibungsverfahren war bis Ende 2009 bei gleicher Eignung bis zu einem Frauenanteil von 40 Prozent in dieser Funktion beziehungsweise Einstufung die Frau einem männlichen Bewerber vorzuziehen. Dieser Anteil wurde mit der Dienstrechtsnovelle am 1. Jänner 2010 auf 45 Prozent erhöht). Vgl auch *Krejci,* GES 2012, 328.

109 Vgl *Kunz,* Gesellschaftsrechtliches Aufsichtsrats-Know-how, 2014, 42; vgl auch Bundes Public Corporate Governance Kodex (B-PCGK) vom 30. Oktober 2012,11.2.1.2, welcher bestimmt, dass die von der Bundesregierung beschlossenen Quotenregelungen des Frauenanteils von 25% bis 31.12.2013 und 35% bis 31.12.2018 umzusetzen sind.

110 Vgl *Kalss* in Doralt/Nowotny/Kalss, AktG² § 86 Rz 50.

111 Vgl *Eigner,* GesRZ 2012, 220; *Krejci,* GES 2012, 329.

112 Vgl *Eigner,* GesRZ 2012, 220.

113 *Eigner*, GesRZ 2012, 220, nach FN 161.

E. Verfahren in der HV

1. Antrag

Die Wahl des Aufsichtsrats setzt, wie jeder andere Beschluss, einen entsprechenden **Antrag** in der HV voraus. Nach § 119 Abs 1 AktG hat grundsätzlich **jeder Aktionär, der Vorstand** und **der Aufsichtsrat** das Recht in der HV zu jedem Punkt der Tagesordnung Anträge zu stellen.[114] Bei der **Wahl des AR** sind dazu insbesondere **folgende Einschränkungen** zu beachten: 88

(i) Nur bei börsenotierten AGs:

§ 87 Abs 6 AktG: die **Wahl** bei der börsenotierten AG setzt voraus, dass der Beschlussantrag (Beschlussvorschlag) im Vorfeld angekündigt und samt Erklärung nach § 87 Abs 2 AktG veröffentlicht wurde, Rz 27. Es können also nur Personen gewählt werden, die zuvor „vorgestellt" wurden; auch bei der Vollversammlung ergibt sich keine Ausnahme (arg § 105 Abs 5).[115]

§ 119 Abs 2 AktG: über einen Beschlussvorschlag, der nach § 110 Abs 1 bekannt gemacht wurde ist nur abzustimmen, wenn er in der Versammlung **wiederholt** wird, es sein denn die Satzung bestimmt etwas anderes. Der Antrag in der HV muss aber nicht von demselben Aktionär erstattet werden, der den Beschlussvorschlag gemacht hat.[116] **Anmerkung**: Bei einer **nicht börsenotierten AG**, die entsprechend § 110 Abs 5 eine diesbezügliche Regelung trifft, kann die Satzung auch die Geltung von § 119 Abs 2 AktG festlegen.[117]

(ii) Bei allen AGs:

Bindungswirkung an eigene Beschlussvorschläge der Verwaltung: Nach den Materialien ist der AR an seine Vorschläge gebunden, „soweit nicht seit der Bekanntmachung **neue Tatsachen** aufgetreten oder der Verwaltung zur Kenntnis gelangt sind, die einen abweichenden Antrag rechtfertigen"; vor der HV bekannt gemachte Beschlussvorschläge können von der Verwaltung nicht beliebig geändert werden[118] (siehe Rz 15 zur Frage der Änderung von Beschlussvorschlägen innerhalb offener Frist). **Über den engeren Wortlaut der Materialien hinaus muss das Abweichen von einem Beschlussvorschlag auch zulässig sein**, wenn dies **aus anderen Gründen erforderlich** geworden ist.[119] Das ergibt sich auch daraus, dass ja ohnedies ein Beschlussvorschlags-

---

[114] Siehe dazu ErläutRV zu § 110 vor Abs 1 wo auf die schon nach bisherigem Recht herrschende Meinung verwiesen wird, nach welcher Sachanträge zu den in den Tagesordnung enthaltenen Beschlussgegenstände und Ergänzungsanträge ohne vorhergehende Ankündigung in der HV gestellt werden können (mit Verweis auf *Bachner* in Doralt/Nowotny/Kalss, AktG § 108 Rz 19 f). Nun ist das Recht, Anträge in der HV zu jedem Punkt der Tagesordnung zu stellen auch ausdrücklich im § 119 Abs 1 verankert.

[115] Vgl auch *Brix,* Hauptversammlung (2009) Rz 377: nur die Einhaltung von § 105 bis § 110 AktG ist verzichtbar. Zur Frage, ob eine nicht börsenotierte AG die Vorgabe von § 87 Abs 6 AktG in die Satzung übernehmen kann siehe Rz 28.

[116] ErläutRV zu § 119 Abs 2. Vgl auch *Ch Nowotny*, RdW 2009/565, 566, 571.

[117] Möglicherweise ergibt sich das auch aus der Auslegung der Bestimmung nach § 110 Abs 5, im Hinblick auf Rechtssicherheit ist aber eine ausdrückliche Regelung sinnvoll.

[118] So ausdrücklich ErläutRV zu § 119 Abs 1; *Kubis* in MünchKomm AktG^3 § 124 Rz 45.

[119] Ähnlich *Brix,* Hauptversammlung (2009) Rz 393. Beachte auch *Ch Nowotny*, RdW 2009/565, 566, 570 f bei FN 31 bis nach FN 34 (mit Formulierungsvorschlag für Klarstellung von Verfahrensfragen in der Satzung).

recht der 1% Aktionäre (bei der nicht börsenotierten AG ein allgemeines Antragsrecht) besteht; eine „unehrliche Umgehung" wäre also ohnedies möglich.

89 Ein Abgehen von einem Wahlvorschlag erscheint insb gerechtfertigt, wenn es zum **Ausfall von Kandidaten** kommt, aber auch wenn sonstige neue Tatsachen oder Erkenntnisse, insb betreffend die **Eignung von Kandidaten** bekannt werden. Auch ein **erhöhter Widerstand des Streubesitzes** oder eine **Verschiebung der Mehrheitsverhältnisse** können wohl ein Abgehen rechtfertigen.

2. Mehrheitserfordernis und Satzungsregelungen

90 Die Wahl von AR-Mitgliedern erfordert nach der allgemeinen Regelung von § 121 Abs 2 AktG (entspricht § 113 AktG aF) die **einfache Mehrheit der gültig abgegebenen Stimmen**, sofern die Satzung keine besondere Regelung enthält (Ausnahme: Minderheitsvertreter, siehe Rz 107).[120]

91 Die Satzung kann aber nach hL das **Mehrheitserfordernis verschärfen**, sonstige Erfordernisse (etwa Präsenzquoren) vorsehen oder aber die Mehrheit **herabsetzen** und die relative Mehrheit genügen lassen.[121] Die Grenze der Zulässigkeit bildet das Minderheitsrecht nach § 87 Abs 3 und 4 AktG (vgl unten Rz 107). Zur Abberufung beachte Rz 150 und FN 195.

92 Auch ein **Verhältniswahlrecht** kann durch die Satzung geregelt werden, dazu Rz 126 ff.[122]

93 Im Hinblick auf den Grundsatz der Einzelabstimmung (Rz 96) könnten neue Wahlverfahren an Bedeutung gewinnen. Bei einer abgewandelten Anwendung des Additionsverfahrens (Rz 101) ist es insb denkbar, dass alle Kandidaten (jeweils für eine Stelle) „gegeneinander" kandidieren und die Aktionäre nur jeweils für einen Kandidaten stimmen können. Dabei könnte es vorkommen, dass **im ersten Wahlgang kein Kandidat die einfache Mehrheit** der Stimmen erreicht. Möglich ist eine **Satzungsregel** zur Klarstellung für diesen Fall. Beispiel: „Wird bei Wahlen im ersten Wahlgang keine einfache Mehrheit erzielt, so findet die engere Wahl zwischen den beiden Kandidaten statt, die die meisten Stimmen erhalten haben. Bei Stimmengleichheit entscheidet das Los." **Mangels Satzungsregelung** wäre ebendiese Vorgehensweise wohl auch im Ermessen des **Sitzungsleiters** zulässig. In jedem Fall sind die Aktionäre vorab über das Verfahren zu belehren (näher Rz 99).

---

[120] Ganz hL siehe nur *Kalss* in Doralt/Nowotny/Kalss, AktG^2 § 87 Rz 17 mwN. (AA *Geppert/Moritz*, Gesellschaftsrecht für Aufsichtsräte 106 (qualifizierte Mehrheit), und mit Hinweis, dass wegen Bezugnahme auf die Stimmenmehrheit ein satzungsmäßig etabliertes Höchststimmrecht voll greift.)

[121] Siehe nur *Kalss* in Doralt/Nowotny/Kalss, AktG^2 § 87 Rz 17 und *Schmidt-Pachinger* in Doralt/Nowotny/Kalss, AktG^2§ 121 Rz 31ff sowie *Kalss* in Kalss/Nowotny/Schauer, Gesellschaftsrecht (2008) Rz 3/477 (die Zulässigkeit einer Regelung, die die relative Mehrheit genügen lässt ergibt sicht aus § 121 Abs 2 S 2 AktG (= § 113 Abs 2 AktG aF); *Ch Nowotny*, RdW 2009/565, 566, 569 f.

[122] *S Bydlinski/Potyka*, AktRÄG 2009 (2009) 160f mit Hinweis, dass § 121 Abs 2 S 2 AktG insb das nun nach § 87 Abs 5 AktG auch ausdrücklich gesetzlich vorgesehene Verhältniswahlrecht umfasst.

3. Abstimmung und Ablauf

a) Abstimmung über die Zahl der AR-Mitglieder

Wenn ein Aktionär oder der AR beantragt, die **Mitgliederzahl** im Rahmen der **satzungsmäßigen Grenze zu erhöhen oder zu verringern**, „ist darüber **vor der Wahl abzustimmen**" (§ 87 Abs 1 AktG). Damit ist klargestellt, dass die Zuständigkeit zur Festlegung der Größe des Aufsichtsrats im Rahmen der Satzung jedenfalls der HV zukommt.[123] **Trotz des Wortlauts von § 87 Abs 1** dürfte es zumindest bei der Erhöhung der Zahl der AR-Mitglieder **zulässig** sein, **in der selben HV die bereits beschlossene Zahl durch neuerliche Beschlussfassung nochmals zu revidieren**;[124] das folgt insb daraus, dass im allseitigen Interesse Kompromisslösungen ermöglicht werden müssen, die sich uU erst nach der Abstimmung über die einzelnen Kandidaten herauskristallisieren. 94

Fraglich ist, **ob ein Beschlussvorschlag und eine Angabe über die satzungsmäßige Höchstgrenze** (vgl Rz 27 ff und Rz 30) notwendig sind, **wenn eine** von der bisherigen Zahl der AR-Mitglieder **abweichende Höchstgrenze ausgeschöpft werden soll** (oder im Rahmen der satzungsmäßigen Bandbreite die Zahl der Mitglieder herabgesetzt werden soll). **Trotz der Materialien** und dem **grundsätzlichen Gebot von transparenten Beschlussvorschlägen der Verwaltung bereits am 21. Tag vor der HV (§ 108) spricht viel dafür, dass** eine Beschlussfassung auch ohne vorhergehenden Beschlussvorschlag (und Angabe über die Höchstgrenze) **zulässig** ist, vorausgesetzt die sonstigen Erfordernisse sind erfüllt (im Fall der börsenotierten AG keine Ad-hoc-Kandidatur, die **Personen** müssen bereits durch Beschlussvorschlag vor der HV bekannt gemacht werden, siehe Rz 28).[125] Das gilt insb im Fall der Erhöhung, doch auch sonst sollte wohl zumindest in begründeten Fällen (zB wichtiger Grund) eine Beschlussfassung ohne vorhergehenden Beschlussvorschlag möglich sein (vgl auch § 119 – Schranken ergeben sich jedenfalls aus dem zwingenden § 87 Abs 6). Nach den Materialien soll zwar den Aktionären bereits vor der HV die Anzahl der zu wählenden Aufsichtsratsmitglieder bekannt gegeben werden, um eine möglichst umfassende Information zu gewährleisten.[126] Den Materialien und dem grundsätzlichen Gebot von transparenten Beschlussvorschlägen ist entgegenzuhalten, dass eine **Reaktion auf einen Vorschlag von Aktionären den Organen möglich bleiben muss**. Im Übrigen sollte es im Interesse der AG und der Aktionäre (auch bei der börsenotierten AG) möglich sein, in der HV **flexibel auf sonstige neue Gegebenheiten zu reagieren** und innerhalb der satzungsmäßigen Bandbreite sinnvolle Anträge (insb von Aktionären) zu berücksichtigen. (Beispiel: Beschlussvorschlag des Aufsichtsrats mit Nennung von drei konkreten Kandidaten, weiterer Beschlussvorschlag eines Aktionärs mit Nennung eines weiteren Kandidaten; Antrag (erst) in der HV die Zahl 95

---

[123] ErläutRV zu § 87 Abs 1.

[124] Zu erwägen ist diesfalls sicherheitshalber die Wiederholung der Wahl (Bestätigung der Wahl), um den Vorgaben von § 87 Abs 1 („vor der Wahl") voll zu entsprechen.

[125] Wohl wie hier *Brix,* Hauptversammlung (2009) Rz 394, siehe FN 46; beachte auch FN 127.

[126] ErläutRV zu § 108 Abs 2; siehe auch *Brix,* Hauptversammlung (2009) Rz 394, mit Hinweis dass bei einem Wahlvorschlag zB zur „Wahl von zwei Personen in den AR" darüber hinaus nur noch die bisherige Anzahl der Mitglieder anzugeben wäre. *Brix* empfiehlt auch, im Wahlvorschlag zum Ausdruck zu bringen, ob es sich um eine Neuwahl oder Wiederwahl handelt.

des Aufsichtsrats innerhalb der satzungsmäßig vorgesehenen Bandbreite um eine Person zu erhöhen, um alle vier Kandidaten zu wählen). Für die Zulässigkeit dieser Vorgehensweise spricht neben **§ 119** auch der **enge Wortlaut von § 87 Abs 1** (wo nur von „beantragen" die Rede ist) sowie der **Wortlaut von § 108 Abs 2 S 1** AktG (siehe Rz 153).[127] Vom **Tagesordnungspunkt** Wahlen in den Aufsichtsrat ist ein solches Vorgehen jedenfalls gedeckt. Vgl auch Rz 153 zur Frage, ob bei Abberufung ein vorhergehender Beschlussvorschlag notwendig ist.

b) Abstimmung über die Wahl von AR-Mitgliedern

96 § 87 Abs 3 AktG normiert den **Grundsatz der Einzelabstimmung** (gesonderten Abstimmung): Wenn in der selben HV zwei oder mehr AR-Mitglieder zu wählen sind, muss über jede zu besetzende Stelle gesondert abgestimmt werden (näher Rz 108 zur insofern zwingenden Regelung für die börsenotierte AG und Rz 114 zur dennoch verbleibenden eingeschränkten Zulässigkeit der En-bloc Abstimmung für die nicht börsenotierte AG). Die (bei der börsenotierten AG zwingende) gesonderte Abstimmung macht das Verfahren zwar **langwieriger**.[128] Dafür ist es aber leichter möglich, vor der HV abgegebene Stimmen zu berücksichtigen.[129] Durch die Regelung soll den Aktionären insb die zeitgerechte Vorbereitung ihres Abstimmungsverhaltens (zB Instruktion eines Bevollmächtigten) ermöglicht oder erleichtert werden.[130]

97 Nach § 122 AktG richten sich **Form der Ausübung des Stimmrechts131** und **Verfahren zur Stimmenauszählung** nach der Satzung. Nach § 119 Abs 3 AktG richtet sich auch die **Reihenfolge der Abstimmung** im Rahmen der gesetzlichen Grenzen nach der **Satzung** (zu den gesetzlichen Grenzen beachte insb § 119 Abs 3 AktG: es ist zuerst über angekündigte Anträge abzustimmen, der Vorsitzende kann nicht einen erstmals in der HV gestellten Antrag vorziehen, siehe Rz 117). Mangels Satzungsregel entscheidet jeweils der **Vorsitzende**.[132]

98 Die Antragsteller können eine **Reihung oder Zuordnung der von ihnen vorgeschlagenen Personen** zu einzelnen Stellen (§ 87 Abs 3 S 2 AktG) vorweg festlegen. Dies ist vom Vorsitzenden bei der Abstimmung zu beachten.[133] In Ermangelung einer Festlegung ist davon auszugehen, dass eine **vorgeschlagene Person**

---

[127] AA offenbar *Bachner/Brix*, RdW 2008, 632, 635 und *Reich/Rohrwig*, ecolex 2009, 871, 873.

[128] *S Bydlinski/Potyka*, AktRÄG 2009 (2009), 80 Anm 1.

[129] *S Bydlinski/Potyka*, AktRÄG 2009 (2009), 80 Anm 1, *S Bydlinski/Potyka* verweisen auch noch auf den Vorteil, dass sich bei diesem Wahlmodus eindeutig feststellen lasse, wann eine Person zum Minderheitsvertreter gewählt wurde. Anm: Im Gegensatz dazu war nach alter Rechtslage die gesonderte Abstimmung nur auf Antrag eines Drittels des vertretenen Grundkapitals durchsetzbar (§ 87 Abs 1 S 2 AktG aF vor AktRÄG 2009; vgl dazu *Kalss* in Doralt/Nowotny/Kalss, AktG § 87 Rz 15 ff, insb Rz 16 mwN auch zur Rspr; *Krejci*, GesRZ 2001, 58 ff; *Berger/Eckert*, GesRZ 2001, 175 ff).

[130] Vgl ErläutRV zu § 87 Abs 3.

[131] Gemeint ist die Form der Abstimmung (zB Stimmkarten, Handzeichen, Aufstehen); siehe *Schmidt- Pachinger* in Doralt/Nowotny/Kalss, AktG[2] § 122 Rz 5 ff mwN.

[132] ErläutRV zu § 128 Abs 1, § 122 und zu § 119 Abs 3.

[133] Ausschussfeststellungen des JA zu §§ 87, 110 und 128 AktG, abgedruckt bei *S Bydlinski/Potyka*, AktRÄG 2009 (2009), 79.

für alle zu besetzenden Stellen kandidiert.[134] Die Minderheit hat aber – wie bisher – kein Recht auf die Reihung der übrigen in Einzelabstimmung zu wählenden Personen[135] (mangels Satzungsregel Entscheidung des Vorsitzenden).

Der Vorsitzende hat die HV über das gewählte **Verfahren zur Stimmenauszählung** zu **belehren.**[136] Es ist auch zulässig, über einzelne Tagesordnungspunkte und Beschlussanträge mit unterschiedlichen Verfahren abzustimmen, vorausgesetzt die HV wird jeweils darüber belehrt (zB Additionsverfahren für die Wahl des AR, im Übrigen Subtraktionsverfahren, dazu sogleich). **99**

Als Verfahren zur Stimmenauszählung ist insbesondere die weit verbreitete **Subtraktionsmethode** zulässig:[137] Dabei werden die Nein-Stimmen und die Stimmenthaltungen gezählt und von der festgestellten Gesamtpräsenz abgezogen; die sich daraus ergebenden Ja-Stimmen müssen (sofern es nicht ein anderes Mehrheitserfordernis[138] gibt) die **Mehrheit der gültig abgegebenen Stimmen** erreichen. Zur Feststellung der Gesamtzahl der gültig abgegebenen Stimmen sind die Stimmenthaltungen von der Präsenzzahl abzuziehen; die **Stimmenthaltungen sind daher weder den Nein-, noch den Ja-Stimmen hinzuzählen.** **100**

Ebenso zulässig ist die **Additionsmethode**, bei der die Zahl der Ja- und Nein-Stimmen zu zählen ist.[139] Die Gesamtzahl der gültig abgegebenen Stimmen setzt sich wiederum aus der Summe von Ja- und Nein-Stimmen zusammen. **101**

Die **Gesamtzahl der gültig abgegebenen Stimmen** ist nach jeder Abstimmung **vom Vorsitzenden zu verkünden** (§ 128 Abs 1 Z 1 und 3 AktG).[140] Das Verfahren ist auch danach auszurichten, dass die Verkündigung des Ergebnisses und der Beschlussfeststellung durch den Vorsitzenden sowie deren Veröffentlichung nach § 128 möglich sind, eine „bloße Feststellung, dass die erforderliche Mehrheit erreicht wurde, ist nicht ausreichend".[141] **102**

Trotz des Wortlauts von § 128 Abs 1 Z 4 (Verkündung und Veröffentlichung der „für jeden Wahlkandidaten abgegebenen Stimmen sowie der Gegenstimmen") muss aber (auch bei der börsenotierten AG) **nicht über alle vorgeschlagenen Per-** **103**

---

134 So ausdrücklich Ausschussfeststellungen des JA zu §§ 87, 110 und 128 AktG, abgedruckt bei *S Bydlinski/Potyka*, AktRÄG 2009 (2009), 79.

135 Zur alten Rechtslage und Rspr *Kalss* in Doralt/Nowotny/Kalss, AktG § 87 Rz 18 (mit Verweis auf OGH 18.12.2002, GesRZ 2003, 99) und Rz 21.

136 *Kalss* in Doralt/Nowotny/Kalss, AktG § 87 Rz 21.

137 Ausdrücklich ErläutRV zu § 122 und zu § 128 AktG mit Verweis auf Art 14 AR-RL (Ausnahme: abweichende Regelung in der Satzung).

138 ZB Satzungsregel über erhöhtes Mehrheitserfordernis, oder aber Satzungsregel, dass die relative Mehrheit genügt.

139 ErläutRV zu § 128 (Ausnahme: abweichende Regelung in der Satzung).

140 Näher *Kalss* in Kalss/ Nowotny/Schauer, Gesellschaftsrecht (2008) Rz 3/632 mwN und Verweis auf die Notwendigkeit der ausreichenden Belehrung der HV über das Verfahren durch den Vorsitzenden. Ablehnend *Strasser* in Jabornegg/Strasser, AktG^4, § 111 RZ [4]. Insofern unklar ErläutRV zu § 128 („abgegebenen Stimmen" statt Gesamtpräsenz); siehe auch *S Bydlinski/Potyka*, AktRÄG 2009 (2009), 170 FN 16 mit dem Hinweis, dass Enthaltungen nur festzustellen sind, wenn die Subtraktionsmethode angewandt wird (und in den ErläutRV irrtümlich das Wort „nicht" steht).

141 ErläutRV zu § 122; *S Bydlinski/Potyka*, AktRÄG 2009 (2009), 161 f.

sonen abgestimmt werden.[142] Vielmehr ist es auch nach dem AktRÄG zulässig, dass der Vorsitzende die Wahl im Rahmen der gesetzlichen Vorgaben möglichst **effizient** gestaltet. Es ist insbesondere zulässig, dass der Vorsitzende **zunächst** unter Anwendung der **Subtraktionsmethode über den aussichtsreichsten Kandidaten** abstimmen lässt. Lässt sich so ermitteln, dass der Kandidat die erforderliche Mehrheit erzielt, ist eine **Abstimmung über weitere Kandidaten nur dann notwendig, wenn die Wahl eines Minderheitsvertreters noch in Betracht kommt**. Das setzt voraus, dass **zumindest ein Drittel der gültig abgegebenen Stimmen** als **Nein-Stimmen** gegen den aussichtsreichsten Kandidaten abgegeben wurden. Denn andernfalls kann kein anderer Kandidat mehr in allen Wahlgängen das nach § 87 Abs 4 AktG erforderliche Drittel aller abgegebenen Stimmen erreichen.[143] Näher zur Wahl des Minderheitsvertreters Rz 118 f und 120 f.

104 Bei **Fernabstimmung** ist zu beachten, dass (per Fernabstimmung) abgegebene Stimmen nichtig sind, wenn der Beschluss in der HV mit einem anderen Inhalt gefasst wird, als im Formular oder der Eingabemaske vorgesehen. Eine **Umdeutung der Stimmen** kommt grundsätzlich nicht in Betracht; eine Ausnahme gilt aber in Fällen, wo sich der Aktionär eindeutig entschieden hat und nur aus Vereinfachung des Prozederes nicht separat abgestimmt wurde (Beispiel: Vor der HV Abgabe von Stimmen für Kandidat B durch Fernabstimmung; wird in der HV für die Abstimmung über Kandidat A die Subtraktionsmethode gewählt, sind die Stimmen für Kandidat B nicht nicht, sondern als Nein-Stimmen gegen Kandidat A zu werten).[144]

105 **Annahme:** Das organschaftliche Rechtsverhältnis des Aufsichtratsmitglieds zur Gesellschaft beginnt mit der Annahme der Wahl. Die Annahme kann in der Hauptversammlung, danach, aber auch bereits vorher – unter der aufschiebenden Bedingung des positiven Hauptversammlungsbeschlusses erklärt werden.

106 **Konstituierende Sitzung**: Das Gesetz kennt den Begriff der konstituierenden Sitzung nicht. Generell ist eine konstituierende Sitzung die erste Sitzung eines Gremiums, in dem bestimmte Regularien, etwa die Bestellung eines Vorsitzenden und dessen Stellvertreter, vorgenommen werden und vielfach eine Geschäftsordnung festgelegt wird. Jedenfalls hat sich der **erste** Aufsichtsrat der Gesellschaft zu konstituieren. Eine Konstituierung ist auch erforderlich, sofern der **gesamte Aufsichtsrat** neu bestellt wird. Die **alte Geschäftsordnung**, die die Vorgänger der aktuellen Mitglieder beschlossen haben gilt aber weiter, so lange keine neue Geschäftsordnung beschlossen wird. Zum Teil wird der Begriff der konstituierenden Sitzung auch für die Sitzung verwendet, die unmittelbar der Hauptversammlung folgt, insbesondere wenn ein oder mehrere Mitglieder neu bestellt werden. Eine Konstituierung ist in diesem Fall aber nicht unbedingt im eigentlichen Sinn erforderlich.

---

[142] Ausschussfeststellungen des JA zu §§ 87, 110 und 128 AktG, abgedruckt bei *S Bydlinski/Potyka*, AktRÄG 2009 (2009), 79 f mit dem Hinweis, dass § 128 Abs 1 Z 4 nur die Kandidaten meint, die tatsächlich in die Abstimmung einbezogen wurden (arg „abgegebene Stimmen").

[143] Vgl Ausschussfeststellungen des JA zu §§ 87, 110 und 128 AktG, abgedruckt bei *S Bydlinski/Potyka*, AktRÄG 2009 (2009), 79..

[144] Zu all dem *S Bydlinski/Potyka*, AktRÄG 2009 (2009), 167 Anm 1 und 2.

c) Näheres zum Minderheitsvertreter nach § 87 Abs 3 und 4

§ 87 Abs 3 und 4 AktG regelt die Wahl des (echten) **Minderheitsvertreters** im AR. Von den Bestimmungen kann nur abgewichen werden, wenn die Satzung ein Verhältniswahlrecht vorsieht (dazu Rz 126). 107

§ 87 Abs 3 AktG normiert insbesondere den Grundsatz der gesonderten Abstimmung (näher Rz 114). 108

§ 87 Abs 4 S 1 AktG normiert den Kern des gesetzlichen Minderheitsrechts (die Regel entspricht § 87 Abs 1 S 3 AktG aF, wobei nach AktRÄG klargestellt wird, dass der Minderheitsvertreter nur gewählt werden kann, wenn er für die letzte Stelle auch tatsächlich kandidiert; eine gesonderte Ankündigung der Wahl des Minderheitenvertreters ist aber nicht erforderlich[145]): Wenn in der selben HV **wenigstens drei AR-Mitglieder** zu wählen sind und sich vor der Abstimmung über die letzte zu besetzende Stelle ergibt, dass **wenigstens ein Drittel aller abgegebenen Stimmen bei allen vorangegangenen Wahlen zugunsten der selben Person**, aber ohne Erfolg abgegeben wurde, muss diese Person (ohne weitere Abstimmung) als für die letzte Stelle gewählt erklärt werden,[146] sofern sie für diese auch kandidiert. Der Minderheitsvertreter wird immer an **letzter Stelle** gewählt (bei mehr als drei zu besetzenden Stellen also nicht an Dritter Stelle).[147] 109

Die **Zusammensetzung der Minderheit** bei den einzelnen Wahlgängen muss **nicht identisch** sein; vielmehr kann sich die Zusammensetzung ändern.[148] Das Minderheitsrecht führt allerdings nur dann zum Erfolg, wenn sich die Minderheit **auf einen Kandidaten einigt**, siehe dazu Abbildung bei Rz 120. 110

Der einfachste Weg für die Durchführung der Abstimmung bei Anwendung von § 87 Abs 4 liegt darin, nach der Wahl über jede Stelle auch über den Gegenkandidaten der Minderheit abzustimmen und dadurch festzustellen, ob er in jedem Wahlgang ein Drittel der gültig abgegebenen Stimmen erhalten hat. Zulässig ist es auch, nach der Abstimmung über den Mehrheitskandidaten zu ermitteln wie viele Nein-Stimmen und Stimmenthaltungen es gibt – sofern diese in Summe weniger als 33,3% (ein Drittel) der Gesamtpräsenz ausmachen ist nicht weiter über den Minderheitsvertreter abzustimmen, da das notwendige Drittel jedenfalls nicht erreicht wird. Denn das **notwendige Drittel kann nur erreicht werden, wenn zumindest ein Drittel der gültig abgegebenen Stimmen als Nein-Stimmen** gegen den aussichtsreichsten Kandidaten abgegeben wurden (siehe schon Rz 103). 111

---

[145] *Kalss* in Doralt/Nowotny/Kalss, AktG² § 87 Rz 27 mit Verweis auf *Bachner/Dokalik,* Hauptversammlung § 87 Rz 16.

[146] Nach *Kalss* in Doralt/Nowotny/Kalss, AktG § 87 Rz 27 (mwN insb in FN 35) ist die Feststellung durch den Vorsitzenden konstitutiv; aA *Strasser* in Jabornegg/Strasser, AktG⁵ §§ 87-89 Rz 13 (deklarativ).

[147] *Kalss* in Doralt/Nowotny/Kalss, AktG § 87 Rz 27 f, insbesondere FN 65 mit Verweis auf OLG Wien 20.11.1986, GesRZ 1988, 104 (GmbH).

[148] *Strasser* in Jabornegg/Strasser, AktG⁵ §§ 87-89 Rz 13 (schon deshalb, weil bei geheimen Abstimmungen die Zusammensetzung der Minderheiten gar nicht feststellbar ist); *Kalss* in Doralt/Nowotny/Kalss, AktG § 87 Rz 28.

112 Grundvoraussetzung für die Anwendbarkeit der Regelung ist, dass **mindestens drei** AR-Mitglieder gewählt werden.[149] Die Regelung über den Minderheitsvertreter kann daher durch eine **Staffelung** des AR verhindert werden (sogenannter „staggered board“).[150] Beispiel: Die Laufzeiten der Kapitalvertreter sind so gestaltet, dass jeweils nur zwei AR-Mitglieder in einer HV neu zu wählen sind. Ein Umstieg auf eine Staffelungsregelung ist im Einzelfall genau zu prüfen; typischerweise kommt es dabei noch ein Mal zur Anwendbarkeit des Minderheitsrechts.

113 Die Bestimmung ist **so lange nicht anzuwenden, als sich im AR ein Mitglied befindet, das auf diese Art durch die Minderheit gewählt** wurde (Konsumierung des Rechts, 87 Abs 4 S 2 AktG, entspricht § 87 Abs 1 S 4 AktG aF).[151] Dies gilt auch, wenn sich die Eigentumsverhältnisse an der Gesellschaft ändern[152] oder wenn sich aus anderen Gründen im Zuge einer anderen Wahl eine anders formierte Minderheitsgruppe bilden würde.[153] Die Regelung ist allerdings nicht anwendbar, wenn die Minderheit ihr Recht durch Entsendung eines Vertreters konsumiert (das Entsendungsrecht zugunsten einer Gruppe darf aber nicht das gesetzliche Minderheitsrecht aushebeln, die maßgeblichen Minderheiten müssen sich daher diesfalls decken).[154] Zum unechten Minderheitsvertreter Rz 122.

d) Besonderheiten bei der börsenotierte AG

114 Die **Einzelabstimmung** ist hier bei der Wahl von AR-Mitgliedern **zwingend (Verbot der En-bloc-Abstimmung)**, siehe Rz 108.[155]

Anders als bei der nicht börsenotierten AG kann es **keine nicht angekündigten Anträge** zur Wahl von AR-Mitgliedern geben (siehe auch Rz 28).

e) Besonderheiten bei der nicht börsenotierte AG

115 Bei der nicht börsenotierten AG ist eine En-bloc-Abstimmung bei der Wahl von AR-Mitgliedern weiterhin eingeschränkt zulässig: Die En-bloc-Abstimmung ist (nur) zulässig, **wenn sich kein Aktionär dagegen ausspricht** (§ 87 Abs 3 S 3

---

149 *Kalss* in Doralt/Nowotny/Kalss, AktG § 87 Rz 28; *Strasser* in Jabornegg/Strasser, AktG[5] §§ 87-89 Rz 13 mit Verweis auf OLG Wien 20.11.1986, GesRZ 1998, 104.

150 *Kalss* in Doralt/Nowotny/Kalss, AktG[2] § 87 Rz 28 (Siehe auch *Kalss* in Doralt/Nowotny/Kalss (Vorauflage) § 87 Rz 19 mit Hinweis auf die davon abweichende historische Intention und einen Redaktionsfehler in der Fortschreibung der ursprünglichen Regelung – dennoch ist eine Staffelung zur Vermeidung der Regelung möglich; das geltende Recht bietet keine ausreichende Grundlage für eine zwingende Wahl von jeweils zumindest drei Mitgliedern).

151 *Kalss* in Doralt/Nowotny/Kalss, AktG § 87 Rz 28 mwN; *Strasser* in Jabornegg/Strasser, AktG[5] §§ 87-89 Rz 13. Ebenso schon *Kastner*, JBl 1965, 392, 395.

152 *Kalss* in Doralt/Nowotny/Kalss, AktG § 87 Rz 28.

153 Vgl *Strasser* in Jabornegg/Strasser, AktG[5] §§ 87-89 Rz 13.

154 *Kalss* in Doralt/Nowotny/Kalss, AktG § 87 Rz 28 mit Verweis auf *Kastner/Doralt/Nowotny*, Gesellschaftsrecht[5], 245 FN 21; ähnlich *Strasser* in Jabornegg/Strasser, AktG[5] §§ 87-89 Rz 13: die Minderheit verliert das Recht, wenn bei offener Abstimmung feststellbar ist, „dass sich bei jeder Abstimmung unter der unterlegenen Minderheit ein Aktionär befunden hat, dem ohnedies ein Entsendungsrecht“ zusteht (mit Verweis auf *Kastner*, JBl 1965, 392, 395).

155 *Bachner*, GeS 2009, 248, 254. Das bedeutet aber nicht, dass über alle Kandidaten abgestimmt werden muss, siehe Rz 103.

AktG). Wenn ein entsprechender Antrag gestellt wird, hat der Vorsitzende vorab über dieses **Prozedere** abstimmen zu lassen.[156]

Die sogenannte **Spontan- oder Ad-hoc-Kandidatur** ist weiterhin **möglich**: Ein Antrag auf Wahl eines AR-Mitglieds kann auch gestellt werden, wenn die Person nicht im Vorfeld der HV durch Beschlussvorschlag (und Erklärung nach § 87 Abs 2 AktG) vorgestellt wurde. **Für Kandidaten der Verwaltung** dürfte dies nur in **Ausnahmefällen** von Bedeutung sein. Das ergibt sich aus der grundsätzlichen Verpflichtung der Verwaltung einen Beschlussvorschlag zu erstellen und aus der grundsätzlichen Bindung daran (vgl Rz 27, 32 und 88 f). **Aktionäre** können aber, wie nach alter Rechtslage, in der HV Ad-hoc-Kandidaten vorschlagen. Wie bisher ist eine Erklärung nach § 87 Abs 2 AktG erforderlich (näher Rz 50 ff). **116**

Nach § 119 Abs 3 AktG ist **zuerst über die angekündigten Anträge** abzustimmen. Der Vorsitzende kann daher nicht einen erstmals in der HV gestellten Antrag vorziehen.[157] **Im Übrigen** kann der **Vorsitzende** aber (unter Berücksichtigung von Reihung oder Zuordnung der vorgeschlagenen Personen zu einzelnen Stellen [§ 87 Abs 3 S 2 AktG]), sofern die Satzung nichts anderes bestimmt, über die **Reihenfolge der Abstimmung entscheiden**. **117**

f) Beispiel 1

Bei einer börsenotierten AG sind in einer reinen Präsenzversammlung vier Aufsichtsräte zu wählen. Die Satzung enthält keine Sonderregeln über die Wahl in den AR. Derzeit gibt es im AR keinen Minderheitsvertreter. Folgende Beschlussvorschläge wurden zeitgerecht vorgelegt und werden in der HV wiederholt: **118**

- Vorschlag AR: Kandidat A (Stelle 1), Kandidat B (Stelle 2), Kandidat C (Stelle 3), Kandidate D (Stelle 4)
- Vorschlag Aktionär 1: Kandidat E (Stelle 1), Kandidat F (Stelle 2), Kandidat G (Stelle 3), Kandidate H (Stelle 4)
- Vorschlag Aktionär 2: Kandidat T und Kandidat U (keine Reihung/Zuordnung)
- Vorschlag Aktionär 3: Kandidat Z

Dem Vorsitzenden stehen verschiedenste Vorgehensweisen offen. Das gewählte Verfahren (insb Verfahren für die Stimmenauszählung) ist den Aktionären vorab zu erläutern. Der Vorsitzende könnte etwa mit abgewandeltem Additionsverfahren nach Stellen abstimmen lassen (Belehrung, dass die Aktionäre pro Stelle nur für einen Kandidaten stimmen können und daher, sofern sie keine Zuordnung vorgenommen haben entscheiden müssen, welchen Kandidaten sie auf welche Stelle wählen wollen; Belehrung wie vorgegangen wird, wenn keine einfache Mehrheit im ersten Wahlgang erzielt wird; Belehrung über den Minderheitenvertreter): **119**

Stelle 1: Es kandidieren Kandidat A, E, T, U, Z.[158]
Ausgang: Kandidat A 55%, E 8%, T 35%, U 0%, Z 2%.

---

[156] Vgl *Kalss* in Doralt/Nowotny/Kalss, AktG² § 87 Rz 21 mit Hinweis auf das Erfordernis zu ausreichend klarer Information an die Aktionäre insb bei Gesamt- oder Listenwahl.

[157] ErläutRV zu § 119 Abs 3.

[158] Annahme für alle Wahlgänge: es gibt weder Stimmenthaltungen, noch Nein-Stimmen gegen alle Kandidaten.

Kandidat A ist auf Stelle 1 gewählt. Als Minderheitsvertreter kommt nur mehr T in Betracht.

Stelle 2: Es kandidieren Kandidat B, F, T, U, Z
Ausgang: Kandidat B 55%, F 12%, T 31%, U 0%, Z 2%.
Kandidat B ist auf Stelle 2 gewählt. Als Minderheitsvertreter kommt kein Kandidat mehr in Betracht (T ist ausgeschieden, da er das notwendige Drittel in diesem Wahlgang nicht erreicht hat)

(…)

g) Beispiel 2

120 Das Minderheitsrecht nach § 87 Abs 3 und 4 AktG setzt voraus, dass sich zumindest ein Drittel der Aktionäre auf einen konkreten Minderheitsvertreter einigt. Das gilt beim Additionsverfahren wie beim Subtraktionsverfahren.

121 Dies wird durch das folgende Beispiel einer AR-Wahl bei einer börsenotierten AG illustriert (Abbildung 1).

Annahmen:

Abgegebene Stimmen pro Wahlgang	10.000
Zu besetzende Stellen im Aufsichtsrat	10

Bei der börsenotierten Z-AG gibt es drei Aktionärsgruppen: Gruppe A, B und C. Die Machtverhältnisse in der HV der Z-AG verteilen sich wie folgt:

	Gruppe A	Gruppe B	Gruppe C
Stimmenanteil	5.200	1.700	3.100
Prozentanteil in Stimmen	52%	17%	31%

Wenn Gruppe B und Gruppe C sich nicht auf einen Minderheitsvertreter einigen, der zumindest 1/3 der abgegebenen Stimmen, dh über 33,33% auf sich vereint werden **10 AR-Kandidaten von Gruppe A gewählt.**[159] **Mangels Einigung scheitert also die Bestellung eines Minderheitsvertreters. Dies gilt unabhängig vom Verfahren** (also beim Additionsverfahren wie beim Subtraktionsverfahren).

Abbildung 1: Rechenbeispiel Minderheitsrecht nach § 87 Abs 4 AktG

4. Zum unechten Minderheitsvertreter

122 Vom Minderheitsvertreter nach § 87 Abs 3 und 4 AktG („echten" Minderheitsvertreter, Rz 107) ist der **unechte Minderheitsvertreter** zu unterscheiden: der unechte Minderheitsvertreter wird vom Hauptaktionär oder den Großaktionären

[159] Dasselbe gilt jedenfalls im Fall einer entsprechenden Satzungsregel auch bei nur relativer Mehrheit von Gruppe A. Vgl dazu Rz 91.

im Hinblick auf die Vertretung der **Interessen des Streubesitzes** vorgeschlagen und gewählt.[160]

Zwar wird dadurch der Minderheit (auch ohne erfolgreiche Anwendung des Wahlmodus nach § 87 Abs 3 und 4 AktG) die Bestellung eines AR durch die Mehrheit gewährt.[161] Dennoch ist **fraglich, ob der unechte Minderheitsvertreter als Minderheitsvertreter nach § 87 Abs 3 und 4 gelten kann** (so dass das **Recht nach § 87 Abs 3 und 4 konsumiert wäre**, vgl Rz 113). Im **Einzelfall** ist dies denkbar (vgl Rz 113 zur vergleichbaren Wertung, ob durch ein Entsendungsrecht das Minderheitsrecht konsumiert werden kann). Typischerweise dürfte aber der unechte Minderheitsvertreter nicht als Minderheitsvertreter gem § 87 gelten;[162] das Vorhandensein eines unechten (vom Mehrheitsaktionär gewählten) Minderheitsvertreters hindert diesfalls nicht die Bestellung eines (echten) Minderheitsvertreters gem § 87 Abs 3 und 4. **123**

5. Querverbindung zum Übernahmerecht und zum Börserecht

Die Wahl von AR-Mitgliedern bei börsenotierten AGs ist auch im Zusammenspiel mit dem ÜbG von großer praktischer Bedeutung: Insbesondere wird nach § 1 Z 6 ÜbG ein **gemeinsames Vorgehen** vermutet, wenn mehrere Rechtsträger eine Absprache über die Ausübung ihrer Stimmrechte bei der Wahl von AR-Mitgliedern getroffen haben.[163] Das gemeinsame Vorgehen und die gemeinsame Kontrolle können insbesondere dazu führen, dass ein Pflichtangebot zu machen ist. **124**

Zu beachten ist auch das Zusammenspiel mit börserechtlichen Meldevorschriften.[164] **125**

---

[160] Auch die Bestellung von unabhängigen Mitgliedern des AR (vgl insbesondere C-Regel 54 ÖCGK, Rz 74) trägt in der Praxis zur Bestellung von unechten Minderheitsvertretern bei.

[161] Vgl. *Kalss* in Doralt/Nowotny/Kalss, AktG² § 87 Rz 30.

[162] Dafür sprechen neben dem Gesetzeswortlaut auch die Ausschussfeststellungen des JA zu §§ 87, 110 und 128 sowie die Begründung des Abänderungsantrags im JA (Abstellen darauf, dass der Minderheitsvertreter auch für die letzte zu besetzende Stelle tatsächlich kandidieren muss), siehe *S Bydlinski/Potyka*, AktRÄG 2009 (2009) 79.

[163] *Diregger/Kalss/Winner*, Übernahmerecht² Rz 46; *Huber*, Überlegungen zum gemeinsamen Vorgehen, Symposion „10 Jahre Übernahmegesetz“, GesRZ 2010, 13; siehe auch *Huber/Alscher* in Huber, Übernahmegesetz § 1 Rz 78 ff; *Gall*, GesRZ 2008, 139, 141; *Gall*, Angebotspflicht, 68; *Leser*, Acting in Concert, 70 ff. Vgl auch § 244 Abs 2 Z 2 UGB. Vgl dazu den Beschluss des OGH 6 Ob 97/15f vom 9.9.2015 betreffend den Rekurs der conwert SE gegen einen Bescheid der Übernahmekommission vom 18.3.2015.

[164] Beachte den Beschluss des OGH 6 Ob 97/15f vom 9.9.2015 betreffend den Rekurs der **conwert SE** gegen einen Bescheid der Übernahmekommission vom 18.3.2015. (Das HG Wien unterbrach zur Frage der Verletzung der börserechtlichen Meldepflicht nach § 92 Z 7 BörseG das anhängige Verfahren und übermittelte den Akt der ÜbK zur Beurteilung der Vorfrage, ob Aktien von einzelnen Aktionären (nämlich die Aktien der Mitglieder der Familie E*****) gemäß § 23 Abs 1 oder 2 ÜbG zusammenzurechnen seien. Die ÜbK stellte mit Bescheid vom 18. 3. 2015 fest, dass dies nicht der Fall sei. Der OGH bestätigte den Bescheid der ÜbK. Hintergrund des Streits war ein Anfechtungsprozess betreffend Wahlen in den Verwaltungsrat in der HV der conwert vom 7. 5. 2014. In der Wahl konnten sich die vom Verwaltungsrat der conwert vorgeschlagenen zwei Kandidaten knapp durchsetzen; unmittelbar vor der Abstimmung waren allerdings die Stimmrechte einzelner Aktionäre (der Mitglieder der Familie E*****) wegen eines behaupteten Verstoßes gegen börsegesetzliche Meldepflichten

F. Verhältniswahlrecht

1. Verhältniswahlrecht für die Wahl des Aufsichtrats

126 Nach § 87 Abs 5 AktG kann die **Satzung** der AG für die Wahl von Mitgliedern des AR durch die HV ein **Verhältniswahlrecht** vorsehen. In diesem Fall verdrängt die Satzungsregelung die Bestimmungen nach § 87 Abs 3 und 4 über den Minderheitsvertreter (näher zur Begriffsdefinition des Verhältniswahlrechts Rz 129).[165] § 87 Abs 5 AktG enthält keine näheren Vorgaben zum Verhältniswahlrecht. Es besteht daher **großer Gestaltungsspielraum** (näher Rz 132, zu den Schranken Rz 133).

127 Nach seiner Konzeption ist das Verhältniswahlrecht minderheitenfreundlich; es setzt allerdings auch voraus, dass sich Aktionärsgruppen auf einzelne AR-Mitglieder einigen (vgl dazu Rz 120 zur Bestellung des Minderheitsvertreters). Nach bisheriger Beobachtung und Einschätzung der Praxis kommt das Verhältniswahlrecht – wenn überhaupt – nur in nicht börsenotierten AGs zur Anwendung. Es wird vielfach in Frage gestellt, ob das Verhältniswahlrecht für kleine Wahlgremien wie die Wahl des AR geeignet ist.

128 In der österreichischen Praxis ist die Verhältniswahl für die Wahl des AR aber bisher kaum anzutreffen.[166] Die gesetzliche Klarstellung der Zulässigkeit durch das AktRÄG ist insofern von Bedeutung, als in der Literatur zum dAktG die Zulässigkeit des Verhältniswahlrechts mangels ausdrücklicher gesetzlicher Regelung nach wie vor umstritten ist.[167]

---

von der Vorsitzenden der HV gesperrt worden (ihre Rechtsansicht stützte die Vorsitzende auf zwei ihr vorliegende Rechtsgutachten).Der Ausschluss der Stimmrechte durch die Vorsitzende war für die Wahl der Verwaltungsratsmitglieder entscheidend; nur durch das Ruhen der Stimmrechte der Familie E***** war es möglich, dass sich die vom Verwaltungsrat der conwert vorgeschlagenen Kandidaten durchsetzen). Aus dem Bescheid der ÜbK ergibt sich, dass die Stimmrechte der Familie E****** nicht ausgeschlossen hätten werden sollen (was wiederum das Wahlergebnis verändert).

165 Näher *Bachner/Dokalik*, Hauptversammlung (2010), § 87 Rz 18 ff. Für Deutschland *Hopt/Roth* in Großkomm AktG[4] § 101 Rz 65 mwN. Nach den ErläutRV zu § 87 Abs 5 soll die Verhältniswahl den Aktionären die Möglichkeit geben (erleichtern?), schon vor der HV ihre Stimme abzugeben, da der Mechanismus nach Abs 3 und 4 auf die Präsenzversammlung zugeschnitten sei.

166 *S Bydlinski/Potyka*, AktRÄG 2009 (2009) 80 (Anm 2 mit Verweis auf § 113 Abs 2 AktG aF = § 121 Abs 2 S 2 AktG); *Bydlinski/Potyka* in Jabornegg/Strasser, AktG[5] § 121 Rz 28.. Zur Zulässigkeit auch *Kalss* in Doralt/Nowotny/Kalss, AktG[2] § 87 Rz 34 ff uwN insb Verweis auf die noch aA von *Kastner*, JBl 1965, 392, 395. Für Deutschland vgl *Hopt/Roth* in Großkomm AktG[4] § 101 Rz 63 ff mwN, insb in FN 269 mit dem Hinweis, dass in Deutschland die Mitbestimmung einer Verhältniswahl praktisch entgegenstehe.

167 Dagegen insb *Wagner* in Semler/v. Schenck (Hrsg.), ARHdb.[4] § 2 Rz 19 mwN; überzeugend dafür insb *Hopt/Roth* in Großkomm AktG[4] § 101 Rz 63 ff mwN (dies dürfte mittlerweiler trotz der gewichtigen Gegenstimmen zum dAktG hL, jedenfalls keine Mindermeinung mehr, sein). *Hopt/Roth* weisen in Rz 65 darauf hin, dass die Beschränkungen des Entsendungsrechts in § 101 Abs 2 S 4 dAktG ergeben, dass die Mehrheit der HV stets die Mehrheit der den Kapitalvertretern zustehenden Sitze besetzen kann.

2. Allgemeine Begriffsdefinition

129 Im überwiegenden deutschen Sprachgebrauch ist die Verhältniswahl ein Wahlsystem, bei dem die kandidierenden Gruppen geordnete Listen von Kandidaten aufstellen; die Wähler können nur zwischen diesen Listen wählen.[168] Nach dem AktG muss die Verhältniswahl aber nicht zwingend ein Listenwahlrecht sein. Beim Verhältniswahlrecht werden die zu vergebenden Mandate auf die wahlwerbenden Gruppen **im Verhältnis der für sie abgegebenen Stimmen** aufgeteilt, während beim Mehrheitswahlrecht die absolute, oder auch relative Mehrheit entscheidet. Das Verhältniswahlrecht kommt vor allem bei politischen Wahlen, dh bei Wahlen der Volksvertreter zur Anwendung.[169]

130 International wurden **über 200 verschiedene mathematische Verfahren des Verhältniswahlrechts** entwickelt.[170] Bei fast allen Verhältniswahlsystemen muss ein **Mindestanteil** an Stimmen erreicht werden, damit ein Wahlvorschlag berücksichtigt wird.[171] Besonders bekannt sind etwa die folgenden Verfahren (zu ausgewählten Rechenbeispielen siehe unten Rz 136 ff):[172]

- D'Hont'sches Verfahren (eine Variante davon ist das Hagenbach-Bischoff-Verfahren)
- Sainte-Laguë-Verfahren
- Adams-Verfahren
- Hare/Niemeyer-Verfahren
- Dean-Verfahren
- cumulative voting (dieses Verfahren ist im Gegensatz zu den anderen genannten Verfahren kein Listenwahlrecht, näher dazu unten Rz 140).

131 Die Frage, welches Verfahren sinnvoll ist, ist anhand der konkreten Aktionärsstruktur der Gesellschaft zu beantworten (näher Rz 141 ff; zur Kritik am Verhältniswahlrecht für die Wahl des AR Rz 127).

3. Gestaltungsmöglichkeiten

132 Das Verhältniswahlrecht ist grundsätzlich **minderheitsfreundlich**: Während beim Mehrheitswahlrecht die Mehrheit entscheidet, setzen sich beim Verhältniswahlrecht – je nach Ausgestaltung – die Wähler im Verhältnis ihrer Stimmen durch.

133 Neben all den bestehenden mathematischen Verfahren des Verhältniswahlrechts, die international entwickelt wurden, ist wohl jedes sonstige Verfahren zu-

---

[168] Vgl nur die ausführliche Definition in der freien Enzyklopädie Wikipedia, http://de.wikipedia.org . Dort wird auch als Nachteil der Verhältniswahl hervorgehoben, dass eine Personenwahl somit nicht möglich ist, wobei aber manche Systeme diesen Nachteil offenbar mit sog offenen oder lose gebundenen Listen abschwächen.

[169] Vgl etwa Art 26 Abs 1 B-VG „Grundsätze der Verhältniswahl".

[170] *Öhlinger*, Verfassungsrecht[10] (2014) Rz 373.

[171] Vgl die 4%-Hürde zum Erreichen des Grundmandats bei den öst. Nationalratswahlen.

[172] Im angelsächsischen Raum sind diese Verfahren zum Teil unter anderen Bezeichnungen bekannt – so entspricht zB das D'Hont'sche Verfahren der Jefferson's method, das Sainte-Laguë-Verfahren dem Webster-Verfahren. Zu all diesen Verfahren siehe nur die Erläuterungen in Wikipedia (oben FN168).

lässig, das der Konzeption des Verhältniswahlrechts entspricht. **Die Grenze der Zulässigkeit** liegt immer dort, wo ein Verhältniswahlrecht (wohl entgegen seiner grundsätzlichen Ausrichtung) weniger minderheitsfreundlich als die Regelung nach **§ 87 Abs 3 und 4 AktG** wäre.[173] Beispiel: Bei fast allen Verhältniswahlsystemen muss ein Mindestanteil an Stimmen erreicht werden, damit ein Wahlvorschlag berücksichtigt wird. Wählt man ein Listenwahlrecht, nach dem das „Grundmandat" an einen Mindestprozentsatz der Stimmen gekoppelt ist, so darf dieser Stimmenanteil jedenfalls nicht über der zwingenden Schwelle von einem Drittel der abgegebenen Stimmen nach § 87 Abs 4 liegen.[174]

134 Das Verhältniswahlrecht kommt als minderheitsfreundliches **Listenwahlrecht** insbesondere bei Gesellschaften in Betracht, die von mehreren Aktionärsgruppen gemeinsam gehalten und beherrscht werden. Hier bietet es eine mögliche Alternative zu Entsendungsrechten einzelner Aktionäre für AR-Mitglieder (dazu Rz 138).

135 Denn das **Minderheitsrecht nach § 87 Abs 3 und 4 AktG** setzt voraus, dass **zumindest ein Drittel der Aktionäre sich über einen konkreten Minderheitsvertreter einigt**, siehe dazu Abbildung 2 Rz 121.

136 Dem entgegen kann beim Verhältniswahlrecht – je nach Ausgestaltung – eine kleinere Aktionärsgruppe ein AR-Mitglied erfolgreich wählen. Zur Veranschaulichung skizziert Abbildung 2 eine Wahl der AR-Mitglieder nach dem **Sainte-Laguë-Verfahren**.

---

173 Weitere Schranken könnten sich im konkreten Fall aus sonstigen zwingenden Bestimmungen ergeben. Vgl dazu für Deutschland den Hinweis von *Hopt/Roth* (FN 167) dass sich Schranken aus den Beschränkungen des Entsendungsrechts ergeben können.

174 *S Bydlinski/Potyka*, AktRÄG 2009 (2009) 80 (Anm 2): ein Grundmandat erst ab einem Stimmenanteil von 40% wäre unzulässig, weil es die Wahl eines Minderheitsvertreters (bzw einer Minderheitsliste) im Gegensatz zur an sich zwingenden Rechtslage erschwert – das wollte der Gesetzgeber erkennbar verhindern.

Abgegebene Stimmen	10.000
Zu besetzende Stellen	10

	Gruppe A	Gruppe B	Gruppe C
Erhaltene Stimmen	5.200	1.700	3.100
Prozentanteil erh. Stimmen	52%	17%	31%

Divisor			
0,5	**10.400**	**3.400**	**6.200**
1,5	**3.467**	**1.133**	**2.067**
2,5	**2.080**	680	**1.240**
3,5	**1.486**	486	886
4,5	**1.156**	378	689
5,5	945	309	564
6,5	800	262	477
7,5	693	227	413
8,5	612	200	365
9,5	547	179	326

Die Zahl der erhaltenen Stimmen je Gruppe wird durch den Divisor 0,5 dividiert. Die sich daraus jeweils ergebende Zahl wird durch den nächsten Divisor (1,5) dividiert, etc. Da zehn Stellen zu besetzen sind, werden die Mandate entsprechend den höchsten zehn Zahlen vergeben (= **fett gedruckte Zahlen in der Tabelle**). Die Mandate werden wie folgt verteilt:

1. Mandat: Gruppe A (10.400)

2. Mandat: Gruppe C (6.200)

(…)

10. Mandat: Gruppe B (1.133)

Abbildung 2: Rechenbeispiel Sainte-Laguë-Verfahren

137 Abbildung 3 skizziert eine Wahl der AR-Mitglieder nach dem **D'Hondt'schen Verfahren**.

Abgegebene Stimmen 10.000

Annahme: 10 zu besetzende Stellen

	Gruppe A	Gruppe B	Gruppe C
Erhaltene Stimmen	5.200	1.700	3.100
Prozentanteil erh. Stimmen	52%	17%	31%

Divisor			
1	**5.200**	**1.700**	**3.100**
2	**2.600**	850	**1.550**
3	**1.733**	567	**1.033**
4	**1.300**	425	775
5	**1.040**	340	620
6	**867**	283	517
7	743	243	443
8	650	213	388
9	578	189	344
10	520	170	310

Wie beim Sainte-Laguë-Verfahren wird die Zahl der erhaltenen Stimmen je Gruppe wird durch den Divisor dividiert (näher oben Abbildung 2); der Divisor ist aber hier anders gewählt (1, 2, etc.). Durch den anders gewählten Divisor ergibt sich eine andere Verteilung der Mandate (= **fett gedruckte Zahlen in der Tabelle**):

1. Mandat: Gruppe A (5.200)

2. Mandat: Gruppe C (3.100)

(…)

10. Mandat: Gruppe A (867)

Abbildung 3: Rechenbeispiel d'Hondt'sches Verfahren

138 Die Abbildungen verdeutlichen, dass unterschiedliche Verfahren auch zu **unterschiedlichen Ergebnissen** führen können. Das D'Hondt'sche Verfahren etwa begünstigt im Gegensatz zum Sainte-Laguë-Verfahren den Mehrheitsaktionär.

139 Neben dem Listenwahlrecht ist wohl **jede andere Form des Verhältniswahlrechts** zulässig (zu den Grenzen der Zulässigkeit oben Rz 133).[175] Beispiel, an-

[175] Dem steht nicht entgegen, dass im deutschen Sprachgebrauch das Verhältniswahlrecht ein Listenwahlrecht ist, siehe oben Rz 129 und FN 168 zur Definition von Wikipedia.

gelehnt an *S Bydlinski/Potyka*:[176] Es wird über sämtliche AR-Kandidaten einzeln abgestimmt; bei drei zu vergebenden AR-Mandaten gelten jene Personen als gewählt, auf die die größte (Mandat 1), zweitgrößte (Mandat 2) und die drittgrößte (Mandat 3) Stimmenanzahl entfällt.

Die **international bekannteste Durchführungsform der Verhältniswahl** ist das **cumulative voting**,[177] das insbesondere im amerikanischen Raum weit verbreitet ist. Das cumulative voting ist als System des Verhältniswahlrechts nach § 87 Abs 5 AktG selbstverständlich zulässig.[178] Nach dem cumulative voting werden die bei der HV vertretenen Stimmen mit der Zahl der zu wählenden Personen multipliziert (Kumulierung der insgesamt abzugebenden Stimmen); Aktionäre können ihre Stimmen auf einen oder mehrere Kandidaten kumulieren. Abbildung 4 illustriert das System des cumulative votings. **140**

Vertretene Stimmen (S)	10.000
Annahme über die Zahl der zu besetzenden Stellen (D)	10
Insgesamt zu vergebende Stimmen	100.000

	Gruppe A	Gruppe B	Gruppe C
Stimmenanteil	5.200	1.700	3.100
Prozentanteil erhaltene Stimmen	52%	17%	31%
Insgesamt zu vergebende Stimmen	52.000	17.000	31.000

Sind etwa 10.000 Stimmen bei der HV vertreten (dh nicht anwesende/nicht vertretene und eigene Anteile bleiben wie immer außer Betracht), und sind insgesamt zehn Personen als Kapitalvertreter in den AR zu wählen, so werden nach cumulative voting insgesamt 100.000 Stimmen abgegeben (10.000x10). **Die Aktionärsgruppe A, die über 52% der bei der HV vertretenen Stimmen, also einen Stimmenanteil von 5.200, verfügt, hat daher insgesamt 52.000 Stimmen zu vergeben (5.200x10).** Die Aktionärsgruppe B, die über 17% der bei der HV vertretenen Stimmen verfügt, hat daher insgesamt 17.000 Stimmen zu vergeben (1.700x10); etc.

Um einen AR zu wählen, ist ein Stimmenanteil von 910, 09 erforderlich: Erforderlicher Anteil (x) um etwa 1 Aufsichtsrat zu wählen (N=1)

---

[176] AktRÄG 2009 (2009) 80 (Anm 2). Zur möglichen Satzungsgestaltung vgl auch *Ch Nowotny*, RdW 2009/565, 566, 570.

[177] So *Hopt/Roth* in Großkomm AktG[4] § 101 Rz 66 mwN FN 270 bis FN 278, insbesondere mit dem Hinweis das Verfahren sei international anerkannt und in den USA einzelstaatlich zT gesetzlicher Regelfall, zT sogar zwingend vorgeschrieben; siehe *Ch Nowotny*, RdW 2009/565, 566, 570 mit Formulierungsvorschlag für eine entsprechende Satzungsbestimmung.

[178] Näher dazu und zum folgenden *Eisenberg*, Corporations (2005), 217 ff (Section 7 cumulative voting).

x = (S*N)/(D+1)+1
x = (10.000*1)/(10+1)+1
x = 910,09
Gruppe A kann daher rechnerisch maximal 5,71 (5.200/910,09),

Gruppe B maximal 1,87 (1.700/910,09) und Gruppe C maximal 3,41 (3.100/910,09) Personen bestellen. Das Beispiel veranschaulicht damit eine der Hauptschwierigkeiten von jedem Verhältniswahlrecht: die Frage der **Verteilung der Restmandate** (hier konkret die Frage der **Zuteilung des 10. Mandats**, die je nach Ausgestaltung des konkreten Verhältniswahlrechts variieren kann).

Abbildung 4: Rechenbeispiel cumulative voting[179]

141 Kommt die **Einführung des Verhältniswahlrechts** bei einer AG in Betracht, ist daher im Vorfeld genau zu überlegen, ob und welches Verfahren für die Interessenlage passend ist. Das gewählte Verfahren ist in der **Satzung** ganz konkret zu skizzieren, es sollte in jedem Fall klar sein, wie nach dem gewählten Verfahren vorzugehen ist. Insb sollte die Satzung festlegen, **wie die Verteilung von Restmandaten funktioniert** (vgl dazu Abbildung 4 – die Lösung hängt vom Sachverhalt und der Ausgestaltung des Wahlrechts ab, eine weitere Analyse würde hier zu weit führen)[180], **inwieweit eine zeitliche Staffelung der Aufsichtsräte zulässig ist** (da dies das Minderheitsrecht aushebeln kann)[181] und **wann eine Abberufung zulässig ist**.

142 Auch ohne ausdrücklicher Satzungsregelung dürften zum Schutz der Minderheit – ähnlich wie beim Minderheitsvertreter nach § 87 Abs 3 und 4 AktG – gewisse Grenzen bei der **Abberufung** von Minderheitsvertretern bestehen; vgl dazu auch Rz 133.[182] Darüber hinaus gelten auch beim Verhältniswahlrecht gewisse **zwingende Bestimmungen des AktG**. Bei börsenotierten AGs muss daher auch im Fall eines satzungsmäßig geregelten Verhältniswahlrechts die zwingende Vorgabe von § 87 Abs 6 AktG eingehalten werden.

---

179 Angelehnt an *Eisenberg*, Corporations (2005), 217 ff.

180 Näher zu Rechenbeispielen und weiteren Nachweisen: *Eisenberg*, Corporations (2005), 217 ff.

181 Die unterschiedlichen Bundestaaten der USA sind mit dieser Frage in Legislatur und Judikatur unterschiedlich umgegangen, siehe *Eisenberg*, Corporations (2005), 219 mwN.

182 Vgl zu dieser Rechtsfrage bei cumulative voting *Eisenberg*, Corporations (2005), 219 f mit Verweis darauf, dass manche US-Bundesstaaten die Abberufung von „directors" bei cumulative voting gesetzlich verbieten, wenn die Gegenstimmen (Stimmen gegen eine Abberufung) ausreichend wären, um die Person nach cumulative voting zu wählen, so etwa Cal.Corp. Code § 303(a)(1). Es spricht viel dafür, dass eine Abberufung nach § 87 Abs 8 AktG (dazu *Kalss* in Doralt/Nowotny/Kalss, AktG^2 § 87 Rz 53, allg zur Abberufung unten Rz 150), sofern sie das Minderheitsrecht aushebeln würde, nicht zulässig ist; vorsichtshalber empfiehlt sich eine entsprechenden Regelung in der Satzung. Zur Satzungsgestaltung in Ö siehe auch *Ch Nowotny*, RdW 2009/565, 566, 570.

Das **Abweichen (oder die Abänderung)** von einem einmal gewählten Verhältniswahlrecht erfordert eine **Satzungsänderung**. Fraglich ist, ob das Verhältniswahlrecht im Einzelfall ein **Sonderrecht**[183] sein kann, von dem nur mit Zustimmung der betroffenen Minderheit abgewichen werden kann. Denn **wenn eine Satzungsregel zur Verhältniswahl auf die Sicherung des Einflusses einer konkreten Aktionärsgruppe abzielt,** kommt dies – zumindest von der wirtschaftlichen Interessenlage her – einem Entsendungsrecht (Sonderrecht) nahe. Es sprechen auf den ersten Blick mehrere Argumente dagegen, eine solche Satzungsregel ausnahmsweise als Sonderrecht zu beurteilen. Um Streitigkeiten zu vermeiden könnte in der **Satzung klargestellt** werden, dass es sich um **kein Sonderrecht** handelt und dass von der Regelung etwa **mit einfacher Mehrheit wieder abgewichen werden kann**. 143

G. Stellvertretende Aufsichtsratsmitglieder; Ersatzmitglieder

Aufsichtsratsmitglieder haben ihre Aufgabe grundsätzlich persönlich zu erfüllen (§ 95 Abs 7 S 1 AktG); es ist aber nach hL zulässig, stellvertretende Aufsichtsratsmitglieder und/oder Ersatzmitglieder zu bestellen.[184] 144

Stellvertretende Aufsichtsratsmitglieder[185] gelten organisationsrechtlich als echte Organmitglieder. Sie ersetzen verhinderte ordentliche Mitglieder und haben die gleichen Rechte und Pflichten wie die sonstigen AR-Mitglieder. Stellvertretende AR-Mitglieder sind auf die Gesamtzahl der AR-Mitglieder anzurechnen und werden auch im Firmenbuch eingetragen (§ 91 AktG, § 5 Z 1 FBG).[186] 145

Ersatzmitglieder[187] sind aufschiebend bedingt gewählt. Ihr Amt setzt erst bei 146

---

[183] Ein Sonderrecht wird durch die Satzung einzelnen Aktionären oder Aktiengruppen (unentziehbar) eingeräumt, vgl *Kastner/Doralt/Nowotny*, Gesellschaftsrecht^5, 291; unter Verweis darauf *Kalss* in Kalss/Nowotny/Schauer, Gesellschaftsrecht (2008) Rz 3/120.

[184] Näher dazu *Kalss* in Kalss/Nowotny/Schauer, Gesellschaftsrecht (2008) Rz 3/535 ff mwN und Hinweis auf sonstige Möglichkeiten bei Verhinderung eines AR-Mitglieds (Stellvertretung in einer einzelnen Sitzung durch ein anderes AR-Mitglied bei entsprechender Satzungsregelung nach § 95 Abs 7 S 2 AktG; Verwendung eines Stimmboten bei entsprechender Satzungsregelung nach § 93 Abs 3 AktG); *Kastner/Doralt/Nowotny*, Gesellschaftsrecht^5, 253. Beachte die abweichende dt Rechtslage nach § 101 Abs 3 dAktG: (i) Die Bestellung von stellvertretenden AR-Mitgliedern ist unzulässig. (ii) Die Wahl von Ersatzmitgliedern ist (insofern wie in Österreich) zulässig, angesichts der ausdrücklichen (und detaillierten) gesetzlichen Regelung aber (anders als in Österreich) weniger Spielraum für freie Gestaltung, zu beidem *Wagner* in Semler/v. Schenck (Hrsg.), ARHdb.^{4} § 2 Rz 63.

[185] Nach *Kastner/Doralt/Nowotny*, Gesellschaftsrecht^5, 253 setzt die Bestellung von stellvertretenden AR-Mitgliedern voraus, dass dies in der Satzung vorgesehen ist.

[186] Näher *Kalss* in Doralt/Nowotny/Kalss, AktG^2 § 86 Rz 23 ff; *Kalss* in Kalss/Nowotny/Schauer, Gesellschaftsrecht (2008) Rz 3/536; zur GmbH *Koppensteiner/Rüffler*, GmbHG^3, § 30a Rz 5 alle mwN, insb Verweis auf *M Heidinger*, Aufsichtsrat und Beirat (1988), 166 f, *Reich-Rohrwig* GmbH-Recht I^2 Rz 4/88. AA *Strasser* in Jabornegg/Strasser, AktG^5, §§ 86 Rz 6.

[187] Vgl (allerdings zur teils abweichenden dt Rechtslage, siehe FN 184) *Wagner* in Semler/v. Schenck (Hrsg.), ARHdb.^{4} § 2 Rz 63 mwN, nach welchen die Satzung die Wahl von Ersatzmitgliedern weder anordnen noch verbieten kann – das überzeugt für Deutschland angesichts der ausdrücklichen Regelung in § 101 Abs 3 dAktG. Es ist fraglich, ob dasselbe auch für Österreich gilt. Dagegen wohl *Kalss* in Kalss/Nowotny/Schauer, Gesellschaftsrecht (2008) Rz 3/536 mwN in FN 296: die Bestellung von Ersatzmitgliedern bei der AG dürfte

Ausscheiden anderer Mitglieder ein; vor Eintritt der Bedingung sind sie nicht Mitglied des Aufsichtsrats.[188]

147 Für die **Bestellung und Abberufung** von stellvertretende Aufsichtsrats-Mitglieder und Ersatzmitglieder gelten die **Vorschriften,** die **auch sonst für AR-Mitglieder** bestehen.[189] Bei **Beschlussvorschlägen** ist wohl neben dem Namen des Kandidaten auch eine Funktion (nur) als stellvertretendes AR-Mitglied oder als Ersatzmitglied anzugeben; Eventual- und Alternativvorschläge sind aber zulässig.[190]

H. Mandatsdauer; Abberufung

1. Allgemeines

148 Die **maximal zulässige Mandatsdauer** ist in § 87 Abs 7 AktG geregelt (entspricht § 87 Abs 2 AktG aF): kein AR-Mitglied kann für längere Zeit, als bis zur Beendigung der HV gewählt werden, die über die Entlastung für das vierte Geschäftsjahr nach der Wahl beschließt (das Geschäftsjahr der Wahl wird nicht mitgerechnet).[191] Zu den **Besonderheiten** für die Bestellung des **ersten Aufsichtsrates** beachte § 23 Abs 1 und § 87 Abs 9 AktG: Die Gründer haben den ersten Aufsichtsrat (nach Feststellung der Satzung) zu bestellen. Die Bestellung gilt nur bis zur Beendigung der ersten HV, die nach Ablauf eines Jahres seit der Eintragung der AG zur Beschlussfassung über die Entlastung stattfindet.[192]

149 Das gewählte AR-Mitglied kann auf **zwei Arten abberufen** werden: von der Hauptversammlung (Rz 150) und vom Gericht (Rz 157).[193]

---

voraussetzen, dass dies in der Satzung vorgesehen ist (anders wohl nur für die monistische SE angesichts der expliziten Regelung in § 46 Abs 2 SEG); offen lassend *Kastner/Doralt/Nowotny*, Gesellschaftsrecht[5], 253.

[188] *Kalss* in Kalss/Nowotny/Schauer, Gesellschaftsrecht (2008) Rz 3/536 mit Hinweis auf die nun explizite gesetzliche Regelung in § 46 Abs 2 SEG für die monistische SE; *Kastner/Doralt/Nowotny*, Gesellschaftsrecht[5], 253; *Koppensteiner/Rüffler*, GmbHG[3], § 30a Rz 6 alle mwN.

[189] Ebenso für Deutschland (im Hinblick auf Ersatzmitglieder) *Wagner* in Semler/v. Schenck (Hrsg.), ARHdb.[4] § 2 Rz 63 ff, überzeugend Rz 66: ein Ersatzmitglied rückt automatisch nach, wenn es schon bei der Wahl die Annahme ohne Vorbehalt erklärt hatte; eine erneute Annahmeerklärung ist daher nicht notwendig, aber zur Klarstellung sinnvoll. Rz 67: Wenn Satzung oder Wahlbeschluss nichts anderes regeln entspricht die Dauer des Mandats jener des Vorgängers; es kann auch ein Mandatsverlust (oder eine neuerliche Stellung als Ersatzmitglied) im Fall der Wahl eines dauerhaften Nachfolgers vorgesehen werden.

[190] Siehe nur *Brix,* Hauptversammlung (2009) Rz 384; *Kubis* in MünchKomm AktG[3] § 124 Rz 36 und *Hüffer*, AktG[11] §°124 Rz 16 f und 25; näher oben Rz 29 und 35.

[191] Näher dazu *Kalss* in Doralt/Nowotny/Kalss, AktG[2] § 87 Rz 39 ff.

[192] Die Bestellung kann vorher von der HV mit (nur) einfacher Mehrheit widerrufen werden. Auf die Besonderheiten wird hier nicht näher eingegangen, vgl dazu *Doralt/Diregger* in MünchKomm AktG[4] zu § 30 und *Kalss* in Kalss/Nowotny/Schauer, Gesellschaftsrecht (2008) Rz 3/190 f.

[193] Zu den sonstigen Beendigungsgründen (insb Rücktritt) siehe nur *Kalss* in Doralt/Nowotny/Kalss, AktG[2] § 87 Rz 56 f mwN und Rz 60.

2. Abberufung durch die HV

Die **Hauptversammlung** kann das gewählte AR-Mitglied vor Ablauf der Funktionsperiode **ohne sachliche Erfordernisse** abberufen.[194] Es ist also **kein wichtiger Grund erforderlich,** es wird keine materielle Kontrolle vorgenommen. Grundsätzlich ist aber ein erhöhtes Beschlussquorum erforderlich: Der Beschluss bedarf grundsätzlich einer Mehrheit von **mindestens drei Viertel** der abgegebenen Stimmen. Die Satzung kann diese Mehrheit allerdings durch eine **andere (auch geringere)** Mehrheit ersetzen oder auch andere Erfordernisse aufstellen (§ 87 Abs 8 AktG).[195] 150

Die **Kompetenz zur Abberufung des gewählten Mitglieds** liegt **ausschließlich bei der HV** und kann nicht an eine dritte Person oder an einen Aktionär übertragen werden; insbesondere kann ein AR-Mitglied nicht durch Mehrheitsbeschluss des Aufsichtsrats abberufen werden, auch ein Antrag auf gerichtliche Abberufung durch den Aufsichtsrat ist nicht zulässig (siehe Rz 137; zur Abberufung des entsandten AR-Mitglieds Rz 174).[196] Trotz des Entscheidungsmonopols der Aktionäre könnten wohl Tagesordnungspunkt und Beschlussvorschlag von der Verwaltung kommen (beachte § 108 AktG). 151

Die Abberufung von AR-Mitgliedern muss von der **Tagesordnung gedeckt** sein (vgl Rz 19). Der Tagesordnungspunkt „Neuwahl in den AR" ist zur Abberufung nicht ausreichend.[197] Zulässig wäre eine Abberufung etwa unter dem Tagesordnungspunkt **„Abberufung von Mitgliedern des AR und Wahlen in den AR"**.[198] Der Tagesordnungspunkt **„Entlastung** der Mitglieder des Aufsichtsrates" ist hingegen für eine Abberufung nicht ausreichend – dies auch dann nicht, wenn die Entlastung verweigert wird.[199] 152

Ob für die Abberufung ein **Beschlussvorschlag** vorliegen muss ist nicht ganz klar. Es spricht viel dafür. Dafür spricht insbesondere bei Vorschlag der Verwaltung die allgemeine Regel des § 108 Abs 1 S 1 AktG (**Gebot von transparenten Beschlussvorschlägen**). Danach soll die ausreichende Vorwarnung der Aktionäre 153

---

194 *Kalss* in Doralt/Nowotny/Kalss, AktG² § 87 Rz 47, beachte auch Rz 51 wonach auch die Satzung die Abberufung nicht an das Vorliegen wichtiger Gründe binden darf, so auch für Deutschland in *W Doralt* in Semler/v. Schenck (Hrsg.), ARHdb⁴ § 12 Rz 50.

195 Näher *Kalss* in Doralt/Nowotny/Kalss, AktG² § 87 Rz 48 mwN. Eine allgemeine Herabsetzung der Mehrheitserfordernisse in der Satzung auf die einfache Mehrheit, sofern nicht gesetzlich zwingend eine größere Mehrheit vorgesehen ist, kommt in der Praxis oft vor und ermöglicht die Abberufung von Aufsichtsratsmitgliedern durch die HV mit einfacher Mehrheit. Beachte auch *Kastner/Doralt/Nowotny*, Gesellschaftsrecht⁵, 246 mit Verweis auf BGH AG 1987, 152, wonach eine abweichende Satzungsregel für alle gewählten Mitglieder dieselbe Mehrheit vorsehen muss.

196 Näher *Kalss* in Doralt/Nowotny/Kalss, AktG² § 87 Rz 50 f mit Kritik aus rechtspolitischer Sicht.

197 *Bachner* in Doralt/Nowotny/Kalss, AktG² § 106 Rz 12 mwN; dem folgend *Brix*, Hauptversammlung (2009) Rz 313.

198 *Brix*, Hauptversammlung (2009) Rz 313.

199 Vgl dazu die verwandte Rechtsfrage, ob unter dem TO-Punkt Entlastung des Vorstands ein Misstrauensvotum gegen den Vorstand beschlossen werden kann (welches Basis für eine Abberufung sein kann) (dafür nach alter Rechtslage *Bachner* in Doralt/Nowotny/Kalss, AktG § 108 Rz 20 mwN).

stets sichergestellt sein. Diese Ratio steht wohl auch einem Umkehrschluss aus § 87 Abs 2 und 6 sowie § 110 Abs 2 entgegen (diese Regeln sind wohl vielmehr nur leges speciales für die Wahl). Aus **wichtigem Grund** sollte aber jedenfalls ein Abweichen von Beschlussvorschlägen oder auch eine Beschlussfassung ohne Beschlussvorschlag möglich sein, insbesondere wenn neue Tatsachen hervorgekommen sind (vgl dazu auch Rz 88); zumindest in diesem Zusammenhang spricht viel dafür, dass im Rahmen der Tagesordnung Spontananträge und entsprechende Beschlussfassungen in der HV möglich bleiben, auch wenn es keinen solchen Beschlussvorschlag gab (vgl auch § 119 AktG sowie Rz 95 zur Zulässigkeit der Abstimmung über die Zahl der AR-Mitglieder auch ohne vorhergehenden Beschlussvorschlag). Im Übrigen sind **Anträge der Aktionäre** jedenfalls nach **§ 119** zulässig, vorausgesetzt sie sind von der TO gedeckt.

154 Die Abberufung muss von der Tagesordnung gedeckt sein (über die **Abberufung** muss **ausdrücklich abgestimmt** werden. Die Verweigerung der Entlastung führt nicht automatisch zum Amtsentzug.[200] Das betroffene Aufsichtsratsmitglied kann, wenn es auch Aktionär ist, selbst in der HV mitstimmen **(kein Ausschluss vom Stimmrecht)**.[201]

155 **Abberufung des Minderheitsvertreters durch die HV**: Eine Ausnahme von der Möglichkeit der Abberufung durch die HV mit einfacher Mehrheit (aufgrund Herabsetzung der Mehrheitserfordernisse in der Satzung) besteht beim Minderheitsvertreter: könnte dieser jederzeit (etwa vom Hauptaktionär) durch einfache Mehrheit der HV abberufen werden, würde das Minderheitsrecht dadurch unterlaufen. Daher muss ein **Sperrecht der Minderheit** sichergestellt sein. Eine **Abberufung mit einfacher Mehrheit (wenn das Erfordernis der qualifizierten Mehrheit durch Satzungsregel herabgesetzt ist)** ist **nicht ausreichend**.[202] Hingegen ist eine Abberufung mit der (dispositiv vorgesehenen) Mehrheit von drei Vierteln der abgegebenen Stimmen zulässig; ebenso muss eine sonstige Mehrheit, die die Schwelle von zwei Drittel der abgegebenen Stimmen übersteigt zulässig sein.[203]

156 **Abberufung des ersten Aufsichtsrats durch die HV**: Der erste Aufsichtsrat kann jedenfalls von der HV vorzeitig mit (nur) einfacher Stimmenmehrheit abberufen werden (§ 87 Abs 9 AktG).[204]

---

200 *Kalss* in Doralt/Nowotny/Kalss, AktG² § 87 Rz 49.

201 *Kalss* in Doralt/Nowotny/Kalss, AktG² § 87 Rz 49: Der Beschluss ist nach den allgemeinen Regeln gem § 195 ff anfechtbar. Das abberufene Aufsichtsratsmitglied kann nur dann den Beschluss anfechten, wenn es auch Aktionär ist (andernfalls liegen die Voraussetzungen gem § 196 Abs 1 Z 5 nicht vor). Zur Wirkung der Beschlussfassung siehe *Kalss* Rz 56.

202 Siehe schon *Kastner*, JBl 1965, 395, 396.

203 *Kalss* in Doralt/Nowotny/Kalss, AktG² § 87 Rz 32 und 53 mwN insb Verweis auf *Kastner/Doralt/Nowotny*, Gesellschaftsrecht⁵, 246 und auf aA *Strasser* in Jabornegg/Strasser, AktG⁵, §§ 87-89 Rz 60 (entspricht praktisch unverändert AktG⁵ Rz 60).

204 Die Regel entspricht § 87 Abs 4 AktG aF; näher zur Ratio des Gesetzgebers, den Einfluss der Gründer auf den ersten Aufsichtsrat zu reduzieren *Kalss* in Doralt/Nowotny/Kalss, AktG² § 87 Rz 63 ff.

3. Abberufung durch das Gericht

Das **Gericht** hat auf **Antrag einer Minderheit, deren Anteile zehn Prozent** des Grundkapitals erreichen, ein AR-Mitglied abzuberufen, wenn hiefür ein **wichtiger Grund** vorliegt (§ 87 Abs 10 AktG).[205] Die Kompetenz liegt ausschließlich bei den **Aktionären**, ein Antrag auf gerichtliche Abberufung durch den Aufsichtsrat kann keine Abberufung herbeiführen.[206] 157

III. Entsendung bei der AG

A. Allgemeines

Die Satzung kann **bestimmten Aktionären** oder den **jeweiligen Inhabern bestimmter vinkulierten Namensaktien**[207] das Recht einräumen, Mitglieder in den Aufsichtsrat zu entsenden (Entsendungsrecht, § 88 AktG – einem Nicht-Aktionär kann kein Entsendungsrecht eingeräumt werden).[208] Das Entsendungsrecht ist ein **Sonderrecht**, das dem Aktionär oder dem Inhaber der jeweiligen Namensaktie ohne dessen **Zustimmung** nicht entzogen werden kann; selbst eine Satzungsänderung über die Zahl von Aufsichtsratsmitgliedern bedarf der Zustimmung der Entsendungsberechtigten, wenn dadurch in ihr Recht eingegriffen wird.[209] 158

Bei nicht börsenotierten AGs darf die Gesamtzahl der entsandten Mitglieder die **Hälfte** aller Aufsichtsratsmitglieder (Kapitalvertreter) nicht übersteigen; bei börsenotierten AGs darf die Gesamtzahl der entsandten Mitglieder ein **Drittel** aller Aufsichtsratsmitglieder (Kapitalvertreter) nicht übersteigen.[210] Durch diese 159

---

[205] Die Regelung entspricht § 87 Abs 5 AktG aF (eingeführt durch das GesRÄG 2005). Siehe auch FN 234.

[206] Näher *Kalss* in Doralt/Nowotny/Kalss, AktG[2] § 87 Rz 50 f mit Kritik aus rechtspolitischer Sicht. Beachte die abweichende Regelung in § 103 Abs 3 dAktG (gerichtliche Abberufung auf Antrag des AR bei Vorliegen eines wichtigen Grundes, dazu *W Doralt* in Semler/v. Schenck (Hrsg.), ARHdb[4] § 12 Rz 67 ff).

[207] Das sind Aktien, deren Übertragung an die Zustimmung der Gesellschaft gebunden ist (§ 88 Abs 2 AktG).

[208] Grundlegend *Kalss* in Doralt/Nowotny/Kalss, AktG[2] zu § 88 mwNIn der Praxis häufiger ist das syndikatsvertragliche Entsendungs- oder Nominierungsrecht. Beachte *Koppensteiner/Rüffler*, GmbHG[3] § 30c Rz 1 mwN, nach welchen Entsendungsrechte im Wege der Satzungsänderung nur mit Zustimmung der übrigen Gesellschafter begründet werden können.

[209] *Kalss* in Doralt/Nowotny/Kalss, AktG[2] § 88 Rz 8 und 14 und 19 f mit Hinweis, dass sich im Einzelfall allenfalls aus der Treuepflicht eine Zustimmungspflicht ergeben kann. AA offenbar *Strasser* in Jabornegg/Strasser, AktG[5] §§ 87 bis 89 Rz 16 (bei Verkleinerung des AR infolge Kapitalherabsetzung: je nach Fallkonstellation Verkleinerung ipso iure oder durch Satzungsanpassung). Beachte für die GmbH *Koppensteiner/Rüffler*, GmbHG[3] § 30c Rz 1 wonach statt der Zustimmung der Betroffenen jedenfalls ein wichtiger Grund genügt (mit Verweis auf die dt Lit zur GmbH). Siehe auch oben FN 183.

[210] Die Arbeitnehmervertreter werden nicht mitgezählt; *Kalss* in Kalss/Nowotny/Schauer, Gesellschaftsrecht (2008) Rz 3/484 FN 111 mwN; *Kalss* in Doralt/Nowotny/Kalss, AktG[2] § 88 Rz 17: die nach Satzung oder Gesetz erlaubte Höchstzahl (nicht die Zahl der jeweils bestellten AR-Mitglieder) ist maßgeblich (arg: Einfluss der HV schon dadurch abgesichert, dass vakante Stellen jederzeit aufgefüllt werden können und damit das Verhältnis zu den entsandten Mitgliedern angepasst werden kann); iE ebenso *Kastner/Doralt/Nowotny*, Gesellschaftsrecht[5], 246 FN 28, die aber zur Vermeidung von Streitigkeiten eine Satzungsbestimmung

Höchstgrenze wird der Vorrang der **Bestellungskompetenz der HV** abgesichert. Daher kann die Satzung die gesetzliche Grenze nicht erhöhen. Entgegenstehende Satzungsbestimmungen sind gesetzwidrig und damit nichtig.[211] Regelt die Satzung ein Entsendungsrecht, ist der HV für diese Stellen das Wahlrecht genommen. Das Entsendungsrecht umfasst (selbstverständlich) auch das Recht, sich selbst zu entsenden (Ausnahme bei Bestellungsverbot).[212]

160 Die **Satzung** kann nähere Regelungen treffen und das **Entsendungsrecht von gewissen Kriterien abhängig machen** (zB Kriterien die den **Aktionär** betreffen: Berufsstand, Familienzugehörigkeit, wohl auch sonstige klar definierte Ereignisse, etwa Sinken der Beteiligungsquote des Aktionärs unter eine bestimmte Schwelle. Auch Kriterien, die das entsandte **Mitglied** betreffen sind möglich, zB: Qualifikation, maximale Bestellfrist des entsandten Mitglieds, etwaige Altersgrenze für das entsandte Mitglied, sofern die Satzung sonst keine Altersgrenze enthält, oder von dieser durch Sonderregel in der Satzung abgewichen werden soll, was auf den ersten Blick zulässig scheint. Auch **sonstige** Regelungen sind zulässig, zB: Bedingungen oder Befristungen des Entsendungsrechts). Zur Abberufung bei Wegfall vorgegebener Kriterien siehe unten Rz 176).

161 Fraglich ist, ob ein Entsendungsrecht **ruht** bzw. als **konsumiert** gelten kann, wenn der Entsendungsberechtigte (oder, insb bei juristischen Personen ein dem Entsendungsberechtigten zuzurechnenende bzw nahe stehende natürliche Person) Vorstand oder Aufsichtsrat ist.[213] Dafür sprechen beim Vorstand das Organisationsgefälle und Corporate Governance Überlegungen, beim Aufsichtsrat ua die historische Absicht des AktG 1937, Entsendungsberechtigte in die Lage zu versetzen, auch ohne entsprechende Kapitalbeteiligung einen maßgeblichen Einfluss auf die Unternehmensführung zu bekommen (aber eben nicht die Vertretung eines ohnedies bereits vertretenen abzusichern).[214] Eine klarstellende Regelung in der Satzung kann die Frage eindeutig lösen, was zulässig und sinnvoll ist.[215]

162 Das **Entsendungsrecht zugunsten eines bestimmten Aktionärs** ist ein **höchstpersönliches Recht** des Aktionärs, das grundsätzlich nicht übertragbar

---

empfehlen. AA *Strasser* in *Jabornegg/Strasser* AktG[5] §§ 87 bis 89 Rz 15 und *Schima* in FS Krejci, 825, 843 (tatsächliche Zahl der Mitglieder maßgeblich).

211 Zu all dem *Kalss* in Doralt/Nowotny/Kalss, AktG § 88 Rz 16 mwN auch zur dt Lehre: Passt das Verhältnis von Anfang an nicht, sind alle Entsendungsrechte nichtig; wird nur später ein (unzulässiges) Entsendungsrecht hinzugefügt ist nur dieses nichtig. (Praktische Folgefragen: Wie ist vorzugehen, wenn ein AR-Mitglied auf Basis einer nichtigen Bestimmung entsandt wurde; was bedeutet das für die gefassten Beschlüsse? Wer kann/muss aktiv werden?).

212 *Strasser* in Jabornegg/Strasser, AktG[5] §§ 87-89 Rz 23.

213 Dafür *Henssler/Strohn*, Gesellschaftsrecht 2. Aufl (2014), § 101 Rz 9: „Ist der entsendungsberechtigte Aktionär Mitglied des Aufsichtsrats oder des Vorstands, ruht sein Entsendungsrecht" mwN.

214 *Mertens/Cahn* in Kölner Kommentar § 101 Rz 49. Beachte in dem Zusammenhang auch die EuGH Rspr zum Thema „one share one vote" und golden shares, siehe etwa EuGH 11.11.2010 C-543/08 (Energias de Portugal) mwN, wonach im konkreten Fall das Recht, ein Verwaltungsratsmitglied zu bestimmen, gegen die Kapitalverkehrsfreiheit verstieß.

215 Vgl *Mutter* in Semler/v.Schenck, Der Aufsichtsrat (2015), § 101 Rz 128.

ist.[216] Wird das Entsendungsrecht einem in der Satzung namentlich genannten Aktionär eingeräumt, so ist daher (entgegen dem Wortlaut von § 88 Abs 2 AktG) keine Vinkulierung erforderlich.[217]

Das **Entsendungsrecht zugunsten des jeweiligen Inhabers bestimmter vinkulierter Namensaktien** kann nur im Einvernehmen mit der Gesellschaft übertragen werden; die Zustimmung gibt der Vorstand, wenn die Satzung nichts anderes bestimmt (HV oder AR, siehe § 62 Abs 2 AktG).[218] 163

Zu den Besonderheiten beim Entsendungsrecht bei der GmbH siehe unten Rz 216. 164

B. Die Entsendung des Aufsichtsratsmitglieds

Der Entsendungsberechtigte übt sein Recht durch **einseitige Willenserklärung** aus; die Entsendung bedarf der **Zustimmung** der entsandten Person. Die Entsendung muss der Gesellschaft (Erklärungsempfänger: Vorstand) zugehen, damit die Bestellung wirksam wird.[219] 165

Es besteht **keine Entsendungspflicht**. Der Entsendungsberechtigte ist zur Ausübung seines Rechts grundsätzlich selbst dann nicht verpflichtet, wenn dadurch ein Mitglied für die Beschlussfähigkeit gem § 89 AktG fehlt (arg Bestellung durch das Gericht oder die HV möglich).[220] 166

---

216 Zu den Grenzen der Übertragbarkeit *Kalss* in Doralt/Nowotny/Kalss, AktG² § 88 Rz 1 und 10 f, zur Problematik bei Verschmelzung (und Spaltung) Rz 13 ff; beachte insb Rz 11 FN 20 (Verweis auf *Kalss* in Doralt/Nowotny/Kalss, PSG § 3 Rz 19): Nach *Kalss* bleibt mangels gegenteiliger Satzungsregelung das Entsendungsrecht einer Kapitalgesellschaft bei Veräußerung der Anteile an dieser Gesellschaft aufrecht (=mittelbare Weitergabemöglichkeit des höchstpersönlichen Rechts); die Satzung kann auch die Übertragung des Sonderrechts an zukünftige, namentlich bestimmte Aktionäre vorsehen.

217 *Kalss* in Doralt/Nowotny/Kalss, AktG² § 88 Rz 6 mwN.

218 *Kalss* in Doralt/Nowotny/Kalss, AktG² § 88 Rz 12; zur Vinkulierung *Kalss* in Kalss/Nowotny/Schauer, Gesellschaftsrecht (2008) Rz 3/103 mwN: das Zustimmungsrecht kann nach hL bei der AG nicht an Dritte oder Aktionäre übertragen werden. Beachte die abweichende Rechtslage bei der GmbH, dazu *Ch Nowotny* in Kalss/Nowotny/Schauer, Gesellschaftsrecht (2008) Rz 4/310 mwN: mangels Regelung ist für die Zustimmung die Generalverammlung zuständig; auch die Vinkulierung an die Zustimmung einzelner Gesellschafter ist zulässig.

219 *Kalss* in Doralt/Nowotny/Kalss, AktG § 88 Rz 25 und 22 mwN. Siehe auch *Geßler* in Geßler/Hefermehl, § 101 Rz 94: Ernennung/Annahme des Entsandten müssen dem Vorstand zugehen, um wirksam zu werden; eine Erklärung gegenüber dem AR-Vorsitzenden muss dem Vorstand übermittelt werden. AA wohl *Koppensteiner/Rüffler*, GmbHG³ § 30c Rz 4 (Entsendungsrecht zwingend durch Erklärung gegenüber der GmbH (GF) auszuüben, diese hat dann dem Berufenen die Ernennung zu erklären).

220 *Kalss* in Doralt/Nowotny/Kalss, AktG² § 88 Rz 23 mwN; *Strasser* in Jabornegg/Strasser, AktG⁵ §§ 87 bis 89 Rz 20; aA für die GmbH *Koppensteiner/Rüffler*, GmbHG³ § 30c Rz 4, nach welchen offenbar bei Nichtausübung des Entsendungsrechts innerhalb gesellschaftsvertraglich vorgesehener oder angemessener Frist jedenfalls die Generalversammlung bestellungsbefugt ist, wenn andernfalls das Mindesterfordernis des § 30 GmbHG oder des Gesellschaftsvertrages verletzt würde (beachte dazu: bei der GmbH gibt es, anders als nach AktG, keine Beschränkung über den Anteil der entsandten Mitglieder).

C. Besonderheiten für entsandte Mitglieder

167 Anders als beim gewählten AR-Mitglieds, ist immer zwischen **zwei Rechtsverhältnissen** zu unterscheiden: jenem zwischen AR-Mitglied und Gesellschaft und jenem zwischen AR-Mitglied und Entsendungsberechtigten (vgl *Kalss* Rz 9/34 ff; Rz 9/47).[221]

168 Die **Rechtsstellung gegenüber der Gesellschaft** entspricht grundsätzlich jener der anderen Aufsichtsräte (Kapitalvertreter), vgl auch Rz 13; insb ist die Verschwiegenheitspflicht der AR-Mitglieder insofern durchgängig, als sie sowohl die Kapitalvertreter, als auch die Arbeitnehmervertreter grundsätzlich bindet – eine Informationsweitergabe kann aber insb im Unternehmensinteresse zulässig sein; in der Lehre wird vertreten, dass die Verschwiegenheitspflicht insbesondere im Konzern, aber auch allgemein gegenüber bestimmten Aktionären gelockert werden kann (Grenze: Verbot der Nachteilszufügung; näher dazu *Kalss* Rz 26/29 ff; s auch *Kalss* Rz 9/80 ff; Rz 9/61 ff).[222] Auch § 87 Abs 2a AktG ist grundsätzlich zu berücksichtigen.[223]

169 Das Rechtsverhältnis entsteht mit Annahme der Entsendung (Erklärung gegenüber dem Vorstand, vgl Rz 165). Das entsandte Aufsichtsratsmitglied ist mit seinen Rechte und Pflichten den übrigen **Kapitalvertretern** gleichgestellt.[224] Wie die übrigen Kapitalvertreter (einschließlich Minderheitsvertreter) hat das entsandte Aufsichtrsatsmiglied **ex lege keinen Anspruch auf Sitz in allen oder bestimmten Ausschüssen**, vielmehr entscheidet das der AR im Plenum nach fachlichen Kriterien (nach § 93 Abs 2 AktG können aber AR-Mitglieder, die dem Ausschuss nicht angehören an Sitzungen teilnehmen, wenn die Satzung oder der Vorsitzende des AR nichts anderes bestimmt).[225] Es besteht aber ein **gewichtiger Unterschied: das entsandte AR-Mitglied unterliegt nicht** der **befristeten Bestelldauer**, die

---

[221] Beachte: auch beim gewählten AR-Mitglied kann im Einzelfall ein Rechtsverhältnis zu einem Aktionär bestehen, der für die Bestellung verantwortlich ist und das AR-Mitglied in der AR „gebracht hat". Näher zu den Besonderheiten des entsandten (und nominierten) AR-Mitglieds iZm Informationsweitergabe *Kalss*, GesRZ 2010, 137, 143 f.

[222] Grundlegend zu all dem *Kalss*, GesRZ 2010, 137, 141 ff; vgl auch *Strasser* in Jabornegg/Strasser, AktG[5] §§ 87 bis 89 Rz 22.

[223] *Eigner*, GesRZ 2012, 220 bei FN 165 und 167.

[224] *Kalss* in Doralt/Nowotny/Kalss AktG[2] § 88 Rz 25f mwN, insb FN 50 mit Verweis auf *Ch Nowotny*, RdW 1999/4b, 283, 286; *Kalss*, GesRZ 2010, 137, 141 ff (soeben FN 219) *Strasser* in Jabornegg/Strasser, AktG[5] §§ 87 bis 89 Rz 22: im Haftungsfall kann sich das AR-Mitglied nicht auf die rechtliche oder loyalitätsmäßige Bindung zum Entsendungsberechtigten berufen.

[225] *Kalss* in Doralt/Nowotny/Kalss AktG[2] § 88 Rz 26, § 87 Rz 31 und § 92 Rz 157 mwN und Hinweis, dass der Minderheitenvertreter bei der Informationsversorgung und Teilnahme an Ausschusssitzungen wie alle anderen Mitglieder des Aufsichtsrats zu behandeln ist. Es ist nicht ganz klar, ob ein Anspruch auf Teilnahme in einzelnen (oder allen) Ausschüssen in der Satzung (oder auch in einem Syndikatsvertrag) geregelt werden kann (arg möglicher Eingriff in die Entscheidungskompetenz und das Selbstorganisationsrecht des AR). Dafür *Strasser* in Jabornegg/Strasser, AktG[5] §§ 87 bis 89 Rz 18 mit Verweis auf *Schneider*, ÖJZ 1964, 619. Vgl auch *Ch Nowotny,* RdW 2008, 699, 703; *Pucher*, GeS 2009, 128 ff; *Berger/Eckert*, GesRZ 2001, 175, 180 (Informations- und Mitwirkungsrechten von entsandten Mitgliedern und Minderheitsvertreter werden dadurch geschützt, dass die Ausschlussmöglichkeit nicht diskrimierend gehandhabt werden darf und manches, insb Überwachung des Vorstands, nicht an Ausschüsse übertragbar ist).

für gewählte Mitglieder gesetzlich vorgesehen ist (vgl § 87 Abs 7 AktG; zur Abberufung des entsandten Mitglieds unten Rz 174).[226]

Die **Rechtsstellung gegenüber dem Entsendungsberechtigten** kann nach hL ohne besondere Bestimmungen **frei**, oder auch **auftragsähnlich** ausgestaltet sein.[227] 170

Eine **besondere Vergütung durch den Entsendungsberechtigten** ist jedenfalls zulässig. Eine solche besondere Vergütung berührt den Vergütungsanspruch des AR-Mitglieds gegenüber der Gesellschaft (allgemeine Aufsichtsratsvergütung aller Kapitalvertreter) nicht.[228] Die Zulässigkeit der besonderen Vergütung ergibt sich schon daraus, dass es einem entsendungsberechtigten Aktionär frei stehen muss, auch im Interesse der AG den aus seiner Sicht bestqualifizierten Aufsichtsrat zu bestellen und erforderlichenfalls (auch) selbst zu entlohnen. Vor allem (aber nicht nur) in **Restrukturierungsfällen** hat das praktische Bedeutung: hier liegt die Vergütung durch die AG, die nach § 98 AktG insb mit der Lage der AG im Einklang stehen muss,[229] oft unter dem, was dem „Wunschkandidaten" gezahlt werden soll; manchmal verzichten auch alle Aufsichtsräte der Gesellschaft gegenüber auf Vergütung. **Die Schranken der Zulässigkeit einer besonderen Vergütung** dürften **beim entsandten und beim gewählten Mitglied gleichermaßen** gelten. 171

Nach hL können auch besondere **Informations- und Berichtspflichten** vereinbart werden, sofern diese nicht zwingenden Schranken widersprechen (siehe schon oben Rz 168 sowie *Kalss* Rz 26/29 ff).[230] Auch hier **dürften idR die Schranken für Informations- und Berichtspflichten unabhängig davon gel-** 172

---

[226] *Strasser* in Jabornegg/Strasser, AktG[5] §§ 87 bis 89 Rz 52: Entsendung auf unbestimmte Zeit, auf beliebig bestimmte Zeit oder Bestellung unter auflösender Bedingung zulässig (arg jederzeitiges Abberufungsrecht nach § 88 Abs 4); *Kalss* in Doralt/Nowotny/Kalss AktG § 88 Rz mwN (siehe noch Vorauflage FN 59 mit Verweis auf die aA von *Mertens*, KölnerKomm[3] § 101 Rz 71, der nach Ablauf der gesetzlichen Höchstdauer eine erneute Entsendung für erforderlich hält. Nach *Kalss* kann das entsandte Mitglied lebenslang, oder je nach Vereinbarung mit dem Entsendungsberechtigten bestellt sein; beachte die unterschiedliche Rechtslage bei der SE, Rz 214. (Anm: Information des Vorstands und auch des AR über die Vereinbarung (insb etwaige Befristung) ist empfehlenswert, wenn nicht sogar im Einzelfall geboten.

[227] Grundlegend zur Informationspflicht und -Recht im Konzern, beim entsandten und beim nominierten AR-Mitglied und zur jeweiligen Rechtsstellung *Kalss*, GesRZ 2010, 137, 143. Siehe auch *Kalss* in Doralt/Nowotny/Kalss AktG[2] § 88 Rz 27 mwN, insb FN 52 mit Verweis auf *Aicher* in Funk, 191, 282, zur Möglichkeit der freien Ausgestaltung des Rechtsverhältnisses. Vgl auch *Kalss* Rz 26/29 ff.

[228] *Strasser* in Jabornegg/Strasser, AktG[5] §§ 87 bis 89 Rz 22; *Kalss* in Doralt/Nowotny/Kalss AktG[2] § 88 Rz 27.

[229] Vgl *Kalss* in Kalss/Nowotny/Schauer, Gesellschaftsrecht (2008) Rz 3/494 ff; *Kastner/Doralt/Nowotny*, Gesellschaftsrecht[5], 249 mwN.

[230] Vgl *Kalss* in Kalss/Nowotny/Schauer, Gesellschaftsrecht (2008) Rz 3/485; *Kalss* in Doralt/Nowotny/Kalss AktG § 88 Rz 27 f mwN insb FN 50 mit Verweis auf *Aicher* in Funk (Hrsg), 191, 282; *Kalss*, GesRZ 2010, 137, 143; *Strasser* in Jabornegg/Strasser, AktG[5] §§ 87 bis 89 Rz 22. Möglicherweise aA *Koppensteiner/Rüffler*, GmbHG[3] § 30c Rz 5; offenlassend wohl *Kastner/Doralt/Nowotny*, Gesellschaftsrecht[5], 245. Beachte auch *Ch Nowotny*, RdW 1999/4b, 283, 287 ff; *Lutter,* Vertraulichkeit im Aufsichtsrat[3] (2006).

ten, ob es sich um ein **entsandtes oder gewähltes Mitglied**[231] handelt. Vielmehr ist wohl nach der konkreten Interessenlage bei der Gesellschaft zu differenzieren. Bei der Beurteilung sind wohl ua folgende Aspekte zu berücksichtigen: Gleichbehandlungsgebot, Interesse an Offenlegung vs. Interesse an Geheimhaltung,[232] gibt es „außenstehenden" Aktionäre?; ist die Gesellschaft Teil eines Konzerns und benötigt der Konzern Informationen für die einheitliche Leitung? Beim AR-Mitglied im **Konzern** (zB von der Mutter bestelltes AR-Mitglied im AR der 100%-Tochter) ist ein Informationsbedürfnis der Mutter (die den Konzern auch einheitlich leitet) im Besonderen anzuerkennen.[233] Auch außerhalb des Konzerns können Informations- und Berichtspflichten im Rahmen der gesetzlichen Schranken zulässig sein. (Zu all dem *Kalss* Rz 26/29 ff).

173 Im Einzelfall kann nach Teilen der Lehre auch eine **Konsultationspflicht** und eine **Pflicht, Weisungen einzuholen** vorgesehen werden; dies ist allerdings umstritten.[234] In jedem Fall dürfen gesetzwidrige Weisungen nicht beachtet werden (§ 99 AktG). Weitere Ausführungen würden hier zu weit führen (vgl *Kalss* Rz 9/55).

D. Abberufung des entsandten AR-Mitglieds

174 Das nach § 88 AktG entsandte AR-Mitglied kann auf drei Arten abberufen werden – vom Entsendungsberechtigten, von der HV und vom Gericht:

175 Der **Entsendungsberechtigte** kann das entsandte AR-Mitglied **jederzeit** abberufen (§ 88 Abs 4 S 1 AktG). Schuldrechtliche Vereinbarungen, die dem entge-

[231] Die Frage der Zulässigkeit von Informationsweitergabe (oder auch von Konsultationspflicht/Pflicht Weisungen einzuholen) kann sich auch beim gewählten AR-Mitglied stellen, insb bei Wahl aufgrund von syndikatsvertraglichen Entsendungsrechten oder Nominierungsrechten (dazu Rz 178). Beachte dazu § 87 Abs 2 AktG: Während beim entsandten AR-Mitglied das Naheverhältnis zum Entsendungsberechtigten bekannt ist und (dafür) nach dem Wortlaut des Gesetzes keine Offenlegung nach § 87 Abs 2 vorgesehen ist, muss das gewählte Mitglied nach § 87 Abs 2 vor der Wahl ein bestehendes Rechtsverhältnis zu einem Aktionär offenlegen, wenn darin ein Umstand liegt, der die Besorgnis einer Befangenheit begründen könnte (vgl auch Rz 184 zu Offenlegungspflichten von syndikatsvertraglich nominierten AR-Mitgliedern). In jedem Fall (Entsendung oder Wahl) muss ein AR-Mitglied auch im AR stets die Interessen der AG wahren; eine Interessenkollision ist wohl offenzulegen. Vgl auch die Ratio von § 95 Abs 5 Z 12 AktG, siehe auch Rz 101.

[232] Vgl *Kalss* in Doralt/Nowotny/Kalss AktG² § 88 Rz 28 mit Verweis auf die mögliche Abgrenzung anhand von § 118 Abs 3 AktG .

[233] Das ergibt sich aus der Leitungsbefugnis der Konzernmutter (ohne Information ist die Leitung nicht möglich). Grundlegend dazu *Kalss*, GesRZ 2010, 137 ff.

[234] Vgl *Kalss*, GesRZ 2010, 137, 143 f; *Kalss* Rz 29/39; *Kalss* in Doralt/Nowotny/Kalss AktG² § 88 Rz 28 mit Verweis auf die zwingenden Grenzen nach § 84 iVm § 99 AktG und insb *Schima* in FS Krejci, 825, 839; *Aicher* in Funk, 191, 278 ff (für die Zulässigkeit von Bindungen entsandter AR-Mitglieder in den Grenzen des § 99 AktG); *Ch Nowotny*, RdW 1999/4b, 283, 286 f; dagegen *Koppensteiner/Rüffler*, GmbHG³ § 30c Rz 5: entgegen der wohl hL ist die Annahme vertraglicher und sonstiger Pflichten dem Entsender gegenüber verboten, insb besteht keine Weisungsbefugnis (zust Verweis auf OGH ecolex 1996, 25); dagegen wohl auch *Kastner/Doralt/Nowotny*, Gesellschaftsrecht⁵, 245 mit Verweis auf *Kastner*, GesRZ 1979, 46; *Raiser*, ZGR 1978, 391, 399 ff und 404 (unverbindliche Empfehlungen zur Absicherung des Einflusses von hinter AR-Mitgliedern stehenden Personen sind zwar möglich, Weisungen aber ausnahmslos unzulässig und wirkungslos).

gen stehen sind daher nicht wirksam.[235] Zulässig dürfte aber die schuldrechtliche Vereinbarung einer angemessenen Zahlung durch den Entsendungsberechtigten im Fall der Abberufung sein (ähnlich einer **Abfertigung** / Weiterzahlung bis zum Ablauf der Kündigungsfrist).

Die **HV** kann das entsandte Mitglied (nur) abberufen, wenn die in der Satzung bestimmten **Voraussetzungen** des Entsendungsrechts (Rz 160) **weggefallen** sind (§ 88 Abs 5 AktG: einfache Stimmenmehrheit nötig). Erst der Beschluss der HV führt zum Verlust des AR-Mandats.[236] **176**

Das **Gericht** hat auf Antrag einer Minderheit, deren Anteile zusammen zehn vom Hundert des Grundkapitals erreichen das entsandte Mitglied abzuberufen, wenn in der Person des Mitglieds ein **wichtiger Grund** vorliegt (§ 88 Abs 4 S 2 AktG).[237] **177**

E. Abgrenzung zu anderen Rechten

1. Unterschied Nominierung/Entsendung

Vom Entsendungsrecht ist das **satzungsmäßige Nominierungsrecht** (Vorschlagsrecht) zu unterscheiden. Ein Nominierungsrecht berechtigt dazu, **der HV einen Wahlvorschlag** zur Wahl in den Aufsichtsrat zu unterbreiten. Die **HV ist aber in der Entscheidung völlig frei**.[238] Ebenso wie das Entsendungsrecht ist das Nominierungsrecht ein **Sonderrecht**, das dem Berechtigten grundsätzlich nur mit seiner Zustimmung entzogen werden kann (dazu Rz 158 und FN 183; zu sonstigen Anhörungsrechten Dritter dem AR gegenüber siehe Rz 39). Die Bestellung zum Aufsichtsrat erfolgt aber – wie bei jeder Wahl eines Kapitalvertreters – erst durch Wahl und Annahme der Wahl. Auch für die Abberufung gelten die allgemeinen Regeln für gewählte Kapitalvertreter. **178**

Grundsätzlich ist es auch **nach AktRÄG weiterhin zulässig** in der Satzung Nominierungsrechte einzuräumen. **Grenzen der Zulässigkeit** ergeben sich aber **179**

---

[235] Näher *Kalss* in Doralt/Nowotny/Kalss AktG² § 88 Rz 33 ff mwN, eine beschränkte Amtszeit beseitigt das Abberufungsrecht nicht, für Deutschland siehe *W Doralt* in Semler/v. Schenck (Hrsg.), ARHdb⁴ § 12 Rz 57, 61, beachte auch Rz 58: Bei Selbstentsendung in den Aufsichtsrat kann das Amt somit jederzeit niedergelegt werden.

[236] Näher *Kalss* in Doralt/Nowotny/Kalss AktG² § 88 Rz 39 f mwN: eine satzungsmäßige Übertragung des Rechts auf Abberufung auf die HV auch in anderen Fällen ist problematisch, da sie in den Kern des Entsendungsrechts eingreift (*Kalss* Rz 37, differenzierend aber Rz 32). Nach *Strasser* in Jabornegg/Strasser, AktG⁵ §§ 87-89 Rz 18 kann die Satzung (zusätzlich zum Antragsrecht der Minderheit) eine Kompetenz der HV zur Abberufung von entsandten AR-Mitgliedern aus wichtigem Grund (§ 88 Abs 4) normieren, so auch *W Doralt* in Semler/v.Schenck (Hrsg.), ARHdb⁴ § 12 Rz 55 (jedoch ohne Bindung an einen wichtigen Grund). Anm: Praktisch empfiehlt es sich, soweit möglich in der Satzung konkrete Kriterien für das Entsendungsrecht vorzusehen (bei deren Wegfall unstrittig die Abberufung durch die HV möglich ist).

[237] Vgl *Kalss* in Doralt/Nowotny/Kalss AktG² § 88 Rz 5 und 36 ff mwN und Hinweis, dass die Kriterien von § 75 AktG (wichtiger Grund) herangezogen werden können. Beachte *Bachner* in Doralt/Nowotny/Kalss, AktG § 104 Rz 69 mwN: die Verweigerung der Entlastung des entsandten AR-Mitglieds rechtfertigt nicht automatisch die Abberufung, das Gericht muss prüfen, ob im Einzelfall ein wichtiger Grund vorliegt.

[238] Näher *Kalss* in Doralt/Nowotny/Kalss AktG² § 88 Rz 41 mwN.

durch das **AktRÄG** (soweit ersichtlich dürfte es nur bei börsenotierten AGs zu Abgrenzungsproblemen hinsichtlich der Zulässigkeit kommen): Bei **börsenotierten AGs** greift in jedem Fall **§ 87 Abs 6 AktG** (fristgerechte Veröffentlichung auf der Website der AG, Rz 28). Die (dispositive) **ein-Prozent-Hürde** nach § 110 Abs 1 AktG dürfte einem Nominierungsrecht zugunsten eines Aktionärs, der weniger als ein Prozent hält nicht entgegenstehen.[239] Allenfalls ergeben sich Grenzen aus § 47a AktG (Gleichbehandlung).

180 **Die Grenzen nach § 88 Abs 1 AktG** (Rz 158) **gelten nicht**, da das Nominierungsrecht weder nach dem Wortlaut, noch nach der ratio des Gesetzes mit dem Entsendungsrecht gleichzusetzen ist. Zu etwaigen Offenlegungspflichten des nominierten AR-Mitglieds vgl Rz 101.

2. Syndikatsvertragliches Entsendungsrecht

181 Vom satzungsmäßigen Entsendungsrecht (und vom satzungsmäßigen Nominierungsrecht) ist auch das **syndikatsvertragliche Entsendungsrecht** zu unterscheiden.[240] Dieses Recht berechtigt und **verpflichtet die Syndikatsmitglieder schuldrechtlich, in der HV für einen vom Berechtigten vorgeschlagenen Kandidaten zu stimmen**. Die Bestellung erfolgt wie bei jeder Wahl durch die HV erst mit Annahme der Wahl (und nicht mit Erklärung des Berechtigten). Auch für die Abberufung gelten die allgemeinen Regeln für gewählte Kapitalvertreter, wobei grundsätzlich syndikatsvertragliche Regeln dazu möglich sind.

182 Bei **börsenotierten AGs** ist selbstverständlich **§ 87 Abs 6 AktG** zu beachten. Angesichts von § 110 Abs 1 AktG muss das Syndikat, das einen Vorschlag unterbreitet bei der **börsenotierten AG auch die ein-Prozent-Hürde** (oder eine etwaige niedrigere satzungsmäßige Hürde) **bewältigen**. Im Innenverhältnis zwischen den Syndikatsmitgliedern dürfte die ein-Prozent-Hürde aber keine Rolle spielen (auch ein syndikatsvertragliches Entsendungs- / Nominierungsrecht zugunsten eines weniger als 1%-Aktionärs dürfte möglich sein).

183 **Beim syndikatsvertraglichen Entsendungsrecht** ist **nur das Verhältnis der Gesellschafter untereinander betroffen;** darüber hinaus kommt es (wie beim satzungsmäßigen Nominierungsrecht) zu einer **Wahl durch die HV**. Die **Grenzen nach § 88 Abs 1 AktG** (Rz 159) **gelten daher nicht.**[241]

184 Fraglich ist, ob ein AR-Mitglied in der § 87 Abs 2 Erklärung offenlegen muss, dass es aufgrund einer Nominierung aus einem Syndikatsvertrag kandidiert, oder im AR offenlegen muss, dass es aufgrund dessen gewählt wurde. Eine Offenle-

---

239 Käme man zu einem anderen Ergebnis, bliebe zu prüfen, ob das Nominierungsrecht (Sonderrecht, das an sich nur mit Zustimmung des Berechtigten abänderbar ist) durch AktRÄG unwirksam wird.

240 Näher *Kalss* in Doralt/Nowotny/Kalss AktG² § 88 Rz 42 f mwN. In der Praxis wird dieses Recht zT als syndikatsvertragliches Nominierungsrecht bezeichnet und gehandhabt, vgl *Kalss* Rz 43 – iE zielt die Gestaltung jedenfalls darauf ab, aufgrund syndikatsvertraglicher Bindung ein konkretes AR-Mitglied (oder mehrere) durchzusetzen. Zu sonstigen Anhörungsrechten Dritter dem AR gegenüber oben Rz 39 f.

241 Ebenso für die schon vor AktRÄG bestehende Drittelgrenze (nunmehr § 88 Abs 1 AktG) *Kalss* in Doralt/Nowotny/Kalss AktG² § 88 Rz 43.

gung ist wohl jedenfalls dann erforderlich, wenn im konkreten Fall in dieser Tatsache ein Umstand liegt, der die Besorgnis einer Befangenheit begründen könnte (§ 87 Abs 2) oder wenn eine Interessenkollision vorliegt (vgl dazu auch FN 228).

IV. Fehlerhafte Bestellung und Rechtsfolgen

A. Nichtige Einberufung und sonstige Nichtigkeitsgründe

Liegt ein **allgemeiner Nichtigkeitsgrund** nach § 199 Abs 1 AktG vor, so ist auch ein entsprechender **HV-Beschluss nichtig**. Die Nichtigkeit kann von jedem geltend gemacht werden; Aktionären und Mitgliedern des Aufsichtsrats und des Vorstands steht dafür die Nichtigkeitsklage nach § 201 AktG offen.[242] Denkbar sind bei der Wahl des Aufsichtsrats insbesondere folgende Nichtigkeitsgründe: **185**

- Vorliegen eines der in § 199 Abs 1 Z 1 AktG taxativ aufgezählten, **schwerwiegenden Einberufungsmängels**, sofern nicht ein Fall des § 105 Abs 5 AktG (Sanierung in einer Vollversammlung, sofern kein Aktionär der Beschlussfassung widerspricht) vorliegt.[243]
- Verstoß gegen § 120 Abs 1 und 2 AktG (**mangelhafte Beurkundung**).[244]

B. Anfechtungsgründe

1. Allgemeines

Liegen im Gegensatz zu den oben genannten Nichtigkeitsgründen weniger gravierende Mängel vor, kann ein **HV-Beschluss anfechtbar** sein. Eine Anfechtungsklage kann nach § 197 Abs 2 AktG nur innerhalb **eines Monats nach der Beschlussfassung** erhoben werden. **186**

Aktionäre, die in der Hauptversammlung erschienen sind, sind grundsätzlich nur dann zur Anfechtung eines Beschlusses befugt, wenn sie gegen diesen **Widerspruch** zur Niederschrift erklärt haben (§ 196 Abs 1 Z 1 AktG). Darüber **187**

---

[242] *Diregger* in Doralt/Nowotny/Kalss, AktG² § 199 Rz 52 und Rz 56 zum Eintragungshindernis bei Nichtigkeit eines HV-Beschlusses; *Rummel*, Die Mangelhaftigkeit von Aufsichtsratswahlen (1969); zu einzelnen Nichtigkeitsgründen der AR-Wahl nach dt Recht *Hüffer* AktG¹¹, § 250 Rz 2 ff.

[243] Diese Nichtigkeit kann nicht mehr geltend gemacht werden, wenn der Beschluss im Firmenbuch eingetragen wurde und seither drei Jahre verstrichen sind (Ausnahme: amtswegige Löschung im öffentlichen Interesse, § 200 Abs 2). Die Fälle nach Z 1 sind: (i) Verstoß gegen den Grundsatz der Einberufung durch den Vorstand, zB HV-Einberufung durch einen Abteilungsleiter, vgl *Bachner* in Doralt/Nowotny/Kalss, AktG § 105 Rz 12 in FN 23 mwN. (ii) Verstoß gegen § 106 Z 1 (Angabe von Firma, Tag, Beginnzeit und Ort der Hauptversammlung – sonstige Verstöße gegen § 106 führen nur zur Anfechtbarkeit, siehe nur ErläutRV zu § 106 Z 1). (iii) Verstoß gegen § 107 Abs 2 (Bekanntmachung nach § 18, Information namentlich bekannter Aktionäre nach § 107 Abs 2 und 3); dies kann nicht mehr geltend gemacht werden, wenn der nichtgeladene Aktionär den Beschluss genehmigt (§ 200 Abs 3); die Regelung entspricht dem Vorbild des § 242 Abs 2 Satz 4 dAktG, siehe ErläutRV zu § 199 Abs 3. Siehe auch *Bachner/Dokalik*, Hauptversammlung (2010), § 199 Rz 1 ff.

[244] Diese Nichtigkeit wird durch Eintragung des Beschlusses ins Firmenbuch geheilt (§ 200 Abs 1 AktG). Näher zur Heilung der Nichtigkeit *Diregger* in Doralt/Nowotny/Kalss, AktG² § 200 Rz 1 ff und Rz 20 zur Frage der Heilung unwirksamer HV-Beschlüsse.

hinaus ist **jeder andere teilnahmeberechtigte Aktionär** gemäß § 196 Abs 1 Z 2 sowie Z 1a AktG zur Anfechtung befugt.[245] Weiters besteht eine Anfechtungsbefugnis des **Vorstands** (sowie der Mitglieder des Vorstands) und der Mitglieder des **Aufsichtsrats** nach § 196 Abs 1 Z 4 und 5 AktG.

188 Zu beachten ist, dass **Informationsmängel nur** unter folgender Voraussetzung zu einer Anfechtung führen können: Wegen unrichtiger, unvollständiger oder verweigerter Erteilung von Informationen kann ein HV-Beschluss nur angefochten werden, wenn ein „objektiv urteilender Aktionär" (**objektiver Beurteilungsmaßstab**) die Erteilung der Information als „wesentliche Voraussetzung" (**Relevanzkriterium**) für die sachgerechte Wahrnehmung seiner Teilnahme- und Mitgliedschaftsrechte angesehen hätte.[246]

189 Bei der **Wahl des Aufsichtsrats** kommt eine **Anfechtung insbesondere aus den im Folgenden behandelten Gründen** in Betracht.

2. Sonstiger Einberufungsmangel, Ankündigungsmangel oder unrechtmäßige Nicht-Zulassung zur HV

190 Bei Verstoß gegen **sonstige Einberufungsvorschriften** (die nicht die Nichtigkeit begründen, dazu Rz 185), **Ankündigungsvorschriften** und **Regeln über die Zulassung** zur Teilnahme an der Hauptversammlung ist der entsprechende Beschluss anfechtbar. Ein anfechtbarer Beschluss liegt etwa vor, wenn **Wahlen in den Aufsichtsrat** durchgeführt werden, **ohne dass ein entsprechender Tagesordnungspunkt angekündigt wurde**. Ganz allgemein ist ein Beschluss anfechtbar, wenn ein **Beschlussgegenstand nicht ordnungsgemäß durch den Tagesordnungspunkt angekündigt wurde.**[247]

191 Zur Anfechtung ist **jeder teilnahmeberechtigte Aktionär** befugt (§ 196 Abs 1 Z 2 AktG).

3. Beschlussfassung ohne gesetzmäßigen Beschlussvorschlag

192 Wird vom AR **kein entsprechender Beschlussvorschlag** gemacht, kann ein dennoch gefasster Beschluss **im Einzelfall anfechtbar sein** (arg Verstoß gegen § 108 Abs 1 AktG). Es liegt zwar kein Einberufungs- oder Ankündigungsmangel gemäß § 196 Abs 1 Z 2 lit b oder c AktG[248] vor, vielmehr liegt grundsätzlich

---

[245] Schließlich ist bei Anfechtung wegen Stimmrechtsausübung zur vorsätzlichen Erlangen gesellschaftsfremder Sondervorteile (§ 195 Abs 2 AktG) jeder Aktionär zur Anfechtung befugt (§ 196 Abs 1 Z 3 AktG); dieser Anfechtungsgrund spielt bei der Wahl in den AR idR keine Rolle.

[246] *Bachner*, GeS 2009, 248, 256 mwN auf die damit kodifizierte Rspr des OGH (Relevanztheorie); *Potyka*, ÖJZ 2009, 701, 706; vgl auch ErläutRV zu § 195 Abs 4 Satz 1 AktG; *Bachner/Dokalik*, Hauptversammlung (2010), § 195 Rz 2 und § 87 Rz 25.

[247] Beachte *Bachner*, GeS 2009, 248, 252: ein Beschluss ist auch wegen § 196 Abs 1 Z 2 lit b anfechtbar, wenn in der Einberufung die Angaben betreffend die Unterlagen und Informationen nach § 108 Abs 3 bis 5 fehlen (§ 106 Z4). Siehe auch ErläutRV zu § 106 Z 3. Beachte auch FN 29 und Rz 16) sowie *Bachner/Dokalik*, Hauptversammlung (2010), § 196 Rz 6 ff.

[248] Anders als beim gewöhnlichen Verfahrensmangel hätten hier alle Aktionäre (auch ohne Widerspruch) ein Anfechtungsrecht. Anm: Auch bei gänzlich fehlendem Beschlussvorschlag

(wenn überhaupt) nur ein **gewöhnlicher Verfahrensmangel** vor, der nur einen **widersprechenden Aktionär** zur Anfechtung berechtigt (siehe aber Rz 194 FN 251); zugleich handelt es sich um einen **Informationsmangel**, der nur unter den Voraussetzungen von § 195 Abs 4 AktG geltend gemacht werden kann.[249]

Es besteht zwar grundsätzlich eine **Gebot des Beschlussvorschlags** (§ 108 Abs 1) und eine **Bindungswirkung** an Beschlussvorschläge (vgl Rz 88), es kann aber notwendig und zulässig sein von diesen **abzuweichen** oder auch Beschlussvorschläge der Aktionäre zu **erwidern oder ergänzen**.[250] Auch Anträge der Verwaltung **ohne vorhergehenden Beschlussvorschlag** können im Einzelfall notwendig und zulässig sein (vgl auch Rz 89). Schranken ergeben sich bei der **börsenotierten AG** jedenfalls durch das Zusammenspiel mit § 87 Abs 6 (keine Ad-hoc-Kandidaten für die Wahl des AR möglich). Innerhalb dieser Schranken ist aber auch bei der börsenotierten AG jedenfalls in **begründeten Fällen** ein nachträgliches Abweichen oder Abändern von Beschlussvorschlägen des AR zulässig; gleiches gilt für Anträge ohne vorhergehende Beschlussvorschläge. Bei der **nicht börsenotierten AG** gilt das ebenso; mangels der Regelung des § 87 Abs 6 kann hier im (**begründeten**) Einzelfall wohl auch eine Ad-hoc-Kandidatur auf Antrag des AR (ohne vorhergehenden Beschlussvorschlag) zulässig sein. Eine Anfechtung kommt dann nicht in Betracht. **193**

Hingegen ist bei der **börsenotierten AG** angesichts der Schranken von § 87 Abs 6 **keinesfalls eine Ad-hoc-Kandidatur möglich**. Ein dennoch gefasster Beschluss ist stets **anfechtbar**.[251] Bei der nicht börsenotierten AG kann dies wohl auch der Fall sein, wenn die Satzung (freiwillig) regelt, dass die Wahl des Aufsichtsrats eine vorhergehende Ankündigung (Beschlussvorschlag) voraussetzt (§ 110 Abs 5 AktG).[252] **194**

4. Beschlussfassung bei Verstoß gegen § 87 Abs 1 zweiter Satz, Abs 3, 4 und 6 AktG

Bei Verstoß gegen § 87 Abs 1 S 2, Abs 3, 4 und 6 AktG können alle in derselben HV gefassten Beschlüsse über die Wahl von AR-Mitgliedern angefochten werden (§ 195 Abs 1a AktG). Damit wird gewährleistet, dass es bei Verstoß gegen grundlegende Regeln bei der Wahl zur Wiederholung des gesamten Wahlvorgangs **195**

---

der Verwaltung ist ein weitergehendes Anfechtungsrecht (etwa auch für einen abwesenden Aktionär, der nicht Widerspruch erheben konnte) grundsätzlich abzulehnen; so wohl auch ErläutRV zu § 108 Abs 1.

249 So ausdrücklich die ErläutRV zu § 108 Abs 1 aE.

250 Vgl ErläutRV zu § 119 Abs 1. Der AR hat nach § 119 Abs 1 ausdrücklich auch das Recht in der HV zu jedem Punkt der TO Anträge zu stellen.

251 Bei Verstoß gegen § 87 Abs 6 spricht viel dafür, dass auch der abwesende Aktionär anfechtungsbefugt ist.

252 Die Satzung kann wohl neben der Möglichkeit zur Veröffentlichung von Beschlussvorschlägen (§ 110 Abs 5 AktG) auch eine § 87 Abs 6 entsprechende Regelung (oder andere Einschränkungen) vorsehen. Zu prüfen ist gegebenenfalls, ob eine solche Regelung auch im Wege einer Satzungsänderung eingeführt werden kann, wenn dem nicht alle Aktionäre zustimmen.

kommt – die Anfechtbarkeit greift daher unabhängig von Kausalität / Relevanz.[253] Folgende Fälle sind zu unterscheiden:

196 Erstens, Verstoß gegen § 87 Abs 1 S 2, wonach die Abstimmung über eine Änderung der Mitgliederzahl im Rahmen der Grenzen der Satzung vor der Wahl erfolgen muss. Zur Reichweite dieses Gebots und zur Frage, ob eine Änderung der Zahl vor der HV als Beschlussvorschlag anzukündigen ist siehe Rz 95 und Rz 30 – liegt kein Verstoß gegen § 87 vor, ist der Beschluss auch nicht anfechtbar.

197 Zweitens, Verstoß gegen § 87 Abs 3 und 4 über die Regeln zur Wahl des Minderheitsvertreters sowie über die Verpflichtung des HV-Leiters, eine Reihung oder Zuordnung der vorgeschlagenen Personen zu einzelnen Stellen zu beachten.

198 Drittens, Verstoß gegen § 87 Abs 6 AktG, wonach bei **börsenotierten AGs**[254] **Vorschläge zur Wahl von AR-Mitgliedern samt den Erklärungen nach § 87 Abs 2 spätestens am 5. Werktag vor der HV auf der Internetseite der Gesellschaft** zugänglich gemacht werden müssen, widrigenfalls die betreffende Person nicht in die Abstimmung einbezogen werden darf. Aus der Ratio von § 195 Abs 1a AktG iVm § 87 Abs 6 AktG folgt, dass ein Verstoß gegen § 87 Abs 6 zur Anfechtbarkeit des gesamten Wahlvorgangs (dh der Wahl aller AR-Kandidaten) führen kann. Insbesondere in folgenden Fällen kommt eine Anfechtung in Betracht:[255]

- **Wahl von Personen**, hinsichtlich welcher die **Veröffentlichung nach § 87 Abs 6 nicht gesetzeskonform** stattgefunden hat. Beispiel: erst verspätete (oder keine)[256] Veröffentlichung auf der Internetseite.
- Wahl von **gesetzeskonform angekündigten AR-Kandidaten**, wenn **andere entgegen § 87 Abs 6 AktG nicht auf der Internetseite bekannt gemachte** wurden – damit besteht ein Rechtsschutz für Aktionäre, deren Beschlussvorschläge nicht veröffentlicht werden.

199 Fraglich ist, was im Fall von unrichtigen oder unvollständigen Erklärungen nach § 87 Abs 2 AktG gilt. Nach den Materialien zum GesRÄG 2005, das die Bestimmung eingeführt hat (siehe Rz 51), kann eine unrichtige oder unvollständige Erklärung unter Umständen als Grund für eine Anfechtung der Bestellung der betreffenden Person (nicht aller Personen) herangezogen werden.[257] Beschlussfassung bei Verstoß gegen § 87 Abs 2a AktG

---

[253] So ausdrückliche ErläutRV zu § 195 Abs 1. Näher auch *Bachner/Dokalik*, Hauptversammlung (2010), § 87 Rz 25 und § 195 Rz 1 mit Hinweis, dass es „auf die Kausalität des Regelverstoßes für die Wahl eines konkreten AR-Mitglieds nicht an[kommt], womit diese Bestimmung eine besondere Ausprägung der Relevanztheorie darstellt."

[254] Zur Frage, ob dies freiwillig auch bei nicht börsenotierten AGs eingeführt werden kann vgl Rz 168.

[255] Zur Frage, ob es hier (bei Informationsmangel nach § 195 Abs 4) auch auf die Relevanz ankommt, dh ob die Anfechtung nur dann, wenn der Mangel auch nach objektivem Beurteilungsmaßstab relevant war in Betracht kommt vgl (dagegen) *Reich-Rohrwig*, ecolex 2009, 871, 874.

[256] Beachte: anders noch die ErläutRV zu § 87 Abs 1a GesRÄG 2005, wonach das gänzliche Unterlassen der Erklärung nach § 87 Abs 2 (nur) zur Anfechtbarkeit der Wahl *dieser* Person führen sollte. Anm: Für nicht börsenotierte AGs dürfte dies auf den ersten Blick bei fehlender Erklärung immer noch die Rechtsfolge sein (dh nicht gesamte Wahl anfechtbar).

[257] ErläutRV zu § 87 Abs 1a GesRÄG 2005, mit dem Hinweis, dass – wenn sich die Unrichtigkeit oder Unvollständigkeit der Erklärung erst nach Ablauf der Anfechtungsfrist herausstellt

Die Sanktionen bei Verstoß gegen § 87 Abs 2a AktG sind nicht gesondert geregelt.[258] Somit greifen die allgemeinen Bestimmungen. **200**

Ein HV-Beschluss, durch den ein nicht ausreichend qualifiziertes Aufsichtsratsmitglied bestellt wird, ist nicht unwirksam, kann aber im Einzelfall anfechtbar sein (§ 195 Abs 1 AktG iVm § 87 Abs 2a Satz 1 AktG).[259] **201**

Gleiches gilt grundsätzlich bei sonstigen Verstößen gegen § 87 Abs 2a AktG (somit bei Verstößen gegen Satz 2 und 3). Nach Teilen der Literatur wird die Anfechtungsmöglichkeit auch (nur) aufgrund der Verletzung der Diversitätsbestimmungen des § 87 Abs 2a Satz 2 AktG bejaht.[260] Auch dem ist wohl grundsätzlich zuzustimmen, wobei auf den Einzelfall abzustellen ist und wohl ein strenger Maßstab anzulegen ist (dh Anfechtbarkeit nur bei krasser Missachtung der – sehr weichen – gesetzlichen Vorgaben). **202**

Unzweifelhaft ist, dass eine Anfechtbarkeit auch auf § 87 Abs 2a Satz 3 AktG gegründet werden kann (Bestellung trotz rechtskräftiger Verurteilung, die die berufliche Zuverlässigkeit in Frage stellt) – auch hier ist auf den Einzelfall abzustellen, aber eine Anfechtbarkeit wohl im Zweifel leichter vorstellbar (siehe auch Rz 51).[261] **203**

5. Beschlussfassung trotz sonstiger Verstöße

Bei der Wahl von AR-Mitgliedern sind **sonstige Verstöße, insbesondere gegen §§ 108, 110 und 87 AktG** denkbar, die zur **Anfechtbarkeit von Beschlüssen** führen können. Zu denken ist etwa an folgende Fälle: **204**

- **keine Veröffentlichung eines Beschlussvorschlags** eines Aktionärs im Internet trotz fristgerechter korrekter Einbringung entgegen § 110 AktG (sofern nicht bereits ein Verstoß gegen § 87 Abs 1 S 2, Abs 3, 4 und 6 vorliegt, dazu Rz 195);[262]

– allenfalls ein wichtiger Grund für eine Abberufung des AR-Mitglieds durch das Gericht vorliegen könnte. Siehe auch *Bachner/Dokalik*, Hauptversammlung (2010), § 87 Rz 25 aE (keine Anfechtung aller Wahlvorgänge nach § 195 Abs 1a, wenn nur eine Erklärung inhaltlich falsch oder unzureichend ist).

258 Vgl *Eigner*, GesRZ 2012, 208; *Moser*, GES 2012, 271.

259 Näher *Eigner*, GesRZ 2012, 219 ff, insb aE 220 bei FN 170 und FN 171; *Schrank/Meier*, Aufsichtsrat aktuell 2012, 6. Zur Prüfung der Einhaltung von § 87 Abs 2a AktG durch das Firmenbuchgericht siehe vgl *Birnbauer*, GeS 2013, 23 – näher dazu siehe Rz 91.

Anm: Bei Übernahme einer Aufsichtsratsfunktion ohne ausreichender Qualifikation ist auch einen Haftung des Aufsichtsratsmitglieds nach allgemeinem Zivilrecht möglich; dazu *Kalss* in Doralt/Nowotny/Kalss, AktG² § 86 Rz 65.

260 *Eigner*, GesRZ 2012, 219 aE und 220 f mit Verweis darauf, dass im Hinblick auf eine drohende Anfechtung davon auszugehen ist, dass die börsenotierten Unternehmen bald zumindest jeweils eine Frau im Aufsichtsrat haben werden (und dass bei größeren Gremien mehr als eine Frau zu bestellen sein wird).

261 Wie hier wohl *Eigner*, GesRZ 2012, 221.

262 Siehe ErläutRV zu § 110 Abs 1 aE, der Beschluss ist wegen Verfahrensmangel anfechtbar; daneben kann eine Zwangsstrafe gem § 258 AktG verhängt werden.

- **keine Angabe über die Mitgliederzahl des Aufsichtsrats** (entgegen § 108 Abs 2 AktG, dazu Rz 30);[263]
- Gewisse Fehler bei der **Fernabstimmung**, wobei im Einzelfall auch eine Anfechtbarkeit nach § 196 Abs 1 Z 2 lit a vorliegen kann.[264]

205 Darüber hinaus gibt es viele weitere Verstöße im Zusammenhang mit AR-Wahlen, die unterschiedliche Rechtsfolgen haben können (zB die **Überschreitung der satzungsmäßigen Höchstzahl**[265]; die **Überschreitung der maximal zulässigen Funktionsperiode; Verstöße betreffend die mangelnde Wählbarkeit von Kandidaten**, außerhalb von § 87 Abs 2a AktG – etwa Verstöße gegen § 90 AktG über die Unvereinbarkeit; sonstige Verstöße gegen Regelungen des CGK, welche ohne Folgen bleibt, sofern es sich nicht um eine zwingende Regel handelt).

C. Fehlende Veröffentlichung des Abstimmungsergebnisses nach § 128 AktG

206 Ein Verstoß gegen die Einhaltung der Bestimmung über die Veröffentlichung hat keine Auswirkung auf die Gültigkeit der gefassten Beschlüsse, kann aber eine Zwangsstrafe nach § 258 nach sich ziehen.[266]

V. Besonderheiten bei der SE

207 Die Europäische Aktiengesellschaft (Societas Europea, SE) ist eine supranationale Alternative zur nationalen AG. Die SE zeichnet sich durch durch größere Flexibilität bei der Gestaltung der Corporate Governance aus. Man unterscheidet die monistische und die dualistische SE.[267]

208 **Regelungsgefüge**: Wichtigste gesetzliche Grundlage für die SE ist die unmittelbar anwendbare SE-VO.[268] Daneben sind aber weitere Normen zu berücksich-

---

[263] Beachte aber Rz 95: die HV kann daher wohl ohne Beschlussvorschlag und ohne Bekanntgabe einer abweichenden satzungsmäßigen Höchstzahl die Anzahl der konkret zu wählenden Aufsichtsräte ändern, wenn nach der Satzung ein Spielraum besteht; dies begründet wohl keine Anfechtbarkeit.

[264] ErläutRV zu § 196: War es einem Aktionär etwa nicht möglich, die Website zu erreichen, und liegt auch ein Verschulden der AG nach § 102 Abs 5 S 2 vor, ist der jeweilige Beschluss anfechtbar (§ 196 Abs 1 Z 2 lit a AktG zu Unrecht keine Zulassung zur Teilnahme an der HV). Wenn bei der Fernabstimmung in gesetzwidrigerweise keine Möglichkeit bestand Widerspruch zu erklären kommt eine Anfechtung nach § 196 Abs 1 Z 1a AktG in Betracht (wohl wiederum nur bei Verschulden der AG nach § 102 Abs 2).

[265] Nach *Kalss* in Doralt/Nowotny/Kalss, AktG² § 86 Rz 11 begründet das die Nichtigkeit; aA zur GmbH *Koppensteiner/Rüffler*, GmbHG³ § 30a Rz 3 mwN (Anfechtbarkeit bei Bestellung von mehr Mitgliedern als nach Gesellschaftsvertrag zulässig). Zu prüfen ist allenfalls, ob ein Beschluss auch eine Satzungsänderung beinhaltet.

[266] So ausdrücklich die ErläutRV zu § 128 (vor Abs 3), unter Verweis auf Art 14 Abs 3 AR-RL.

[267] Für einen Überblick siehe nur *Kalss* in Kalss/Nowotny/Schauer, Gesellschaftsrecht (2008) Rz 3/1070 ff, 3/1089 f zur Wahlfreiheit der Organisation, 3/1091 ff zum monistischen System und 3/1112 f zum dualistischen System.

[268] Näher dazu, zu sonstigen anwendbaren Regelungen und zur Normenhierarchie siehe nur *Kalss* in Kalss/Nowotny/Schauer, Gesellschaftsrecht (2008) Rz 3/1072 ff mwN.

tigen, im Zusammenspiel ergibt sich entsprechend **Art 9 SE-VO folgende komplexe Normenhierarchie**:[269]

- SE-VO und RL-Bestimmungen, auf welche die SE-VO direkt verweist;
- Satzungsbestimmungen, welche die SE-VO ausdrücklich zulässt;
- In Bezug auf nicht durch die SE-VO geregelte Bereiche, oder sofern ein Bereich nur teilweise geregelt ist:
  - SEG (nationales Ausführungsgesetz);
  - AktG;
  - Satzungsbestimmungen im Einklang mit dem AktG;
  - (Geschäftsordnungen);
  - (Corporate Governance Kodex).

Art 10 SE-VO normiert das Gleichstellungsgebot mit der nationalen AG (Diskriminierungsverbot, aber auch Besserstellungsverbot, sofern die SE-VO nicht ausdrücklich anderes regelt).[270] 209

Monistische SE: Im Gegensatz zum AktG besteht hier ein **Verwaltungsrat**. 210 Nach § 59 SEG sind allerdings auch zwingend ein oder mehrere Geschäftsführende Direktoren zu bestellen, sodass der Gesetzgeber eine Annäherung an das dualistische System gewählt hat; mit Ausnahme von börsenotierten SEs dürfen geschäftsführende Direktoren auch dem Verwaltungsrat angehören (§ 59 Abs 2 SEG).[271]

Art 43 und Art 46f SE-VO regelt die Vorgaben der SE-VO zur Bestellung des 211 Verwaltungsrats bei der monistischen SE, daneben sind **§ 45 bis 48 SEG** zu beachten. Für die Bestellung der Mitglieder des Verwaltungsrates gilt in aller Kürze folgendes – eine ausführliche Untersuchung würde hier zu weit führen:

Die Mitglieder des Verwaltungsrates werden **für den in der Satzung festgelegten Zeitraum von der HV bestellt**;[272] Wiederbestellung ist zulässig; die 212 Bestellung eines Ersatzmitglieds für jedes Mitglied des Verwaltungsrates ist ausdrücklich zulässig (Art 43 SE-VO, § 46 Abs 1 und 2 SEG, vgl auch Rz 146 FN 187). **§ 87 Abs 1 S 2, Abs 2 bis 4 und Abs 10 sowie §§ 88 und 108 Abs 2 AktG gelten sinngemäß** (§ 46 Abs 3 SEG).[273] Zur Bestellung durch das Gericht und zur Abberufung siehe weiters §§ 47 und 48 SEG.[274]

---

269 Vgl *Kalss* in Kalss/Nowotny/Schauer, Gesellschaftsrecht (2008) Rz 3/1074 mwN. *Kalss/Hlawati/Doralt/Adensamer,* GesRZ 2007, 170 ff.

270 Siehe nur *Kalss* in Kalss/Nowotny/Schauer, Gesellschaftsrecht (2008) Rz 3/1075 mwN.

271 *Kalss* in Kalss/Nowotny/Schauer, Gesellschaftsrecht (2008) Rz 3/1090 mwN.

272 Gemäß Art 45 Abs 1 SE-VO maximal 6 Jahre; die frühere Beschränkung auf maximal 5 Jahre nach § 46 Abs 1 SEG wurde durch das GesRÄG 2005 abgeschafft.

273 Anm: Der Verweis bezieht sich insb auf die Regeln zum Minderheitsvertreter, nicht aber auf die Verhältniswahl. Die Frage, ob in der Satzung einer monistischen SE dennoch die Verhältniswahl für den Verwaltungsrat (freiwillig) vorgesehen werden könnte bedürfte näherer Untersuchung.

274 Die Abberufung durch die HV erfolgt nach § 48 Abs 1 SEG mit Drei-Viertel-Mehrheit der abgegebenen Stimmen, eines wichtigen Grundes bedarf es nicht; das Mehrheitserfordernis kann durch die Satzung herabgesetzt werden bis zur einfachen Stimmenmehrheit; siehe nur *Kalss* in Kalss/Nowotny/Schauer, Gesellschaftsrecht (2008) Rz 3/1091.

213 **Dualistische SE**: Anhand der dargestellten Normenhierarchie (Rz 206) und des Gleichstellungsgebots (Rz 207) ist im Einzelfall zu prüfen, welchen Regelungen die dualistische SE unterliegt und inwieweit Gestaltungsspielraum besteht. Im Ergebnis unterliegt die dualistische SE **weitgehend den Regelungen des AktG. Art 40 und Art 46f SE-VO** regeln die Vorgaben der SE-VO zur Bestellung des AR bei der dualistischen SE, daneben ist § 35 Abs 1 SEG zur Zahl der AR-Mitglieder (Verweis auf § 86 AktG) zu beachten. Im Zusammenhang mit der Wahl des AR sind zumindest folgende Abweichungen zur AG hervorzuheben:

214 Bestellungsdauer bis zu maximal **sechs** Jahre (Art 46 Abs 1 SE-VO).[275]

215 Die Satzung kann schon nach der SE-VO Einschränkungen über die Wiederbestellung vorsehen. Etwaige Satzungsregelungen dazu gehen nach der Normenhierarchie auch dem AktG vor.[276]

VI. Besonderheiten bei der GmbH

216 Die Bestellung des Aufsichtsrats bei der GmbH wurde **zuletzt** grundlegend durch das **GesRÄG 2005** geändert. Die Neuerungen durch das AktRÄG lassen die Regelungen bei der GmbH unberührt. Zu den wichtigsten **normativen Grundlagen** siehe oben vor dem Literaturverzeichnis.

217 Einige Bestimmungen ähneln der Rechtslage bei der AG vor dem AktRÄG (insbesondere die Wahl des Minderheitsvertreters, dazu sogleich unten).[277]

218 Anders als bei der AG ist der **Aufsichtsrat** der GmbH **nicht immer obligatorisch**, sondern manchmal nur fakultativ (näher § 29 GmbHG).[278] Der Aufsichtsrat der GmbH besteht aus zumindest drei Mitgliedern – anders als das AktG nennt das GmbHG **keine gesetzliche Obergrenze** (§ 30 GmbHG).

219 Aufsichtsratsmitglieder (Kapitalvertreter) werden grundsätzlich durch Beschluss der Gesellschafter gewählt; anders als nach AktG gibt es **keine ausdrücklich normierte Alleinzuständigkeit des AR für die Erstellung von Wahlvorschlägen**, die Einbindung des Vorstands dürfte daher zumindest unkritischer als bei der AG sein (vgl zur AG Rz 36). Falls **zumindest drei AR-Mitglieder** von derselben Generalversammlung zu wählen sind, kann ein Drittel des vertretenen Stammkapitals verlangen, dass die Wahl für jedes zu bestellende Mitglied abgesondert erfolgt – anders als nach dem AktRÄG gibt es eine **gesonderte Abstimmung also nur auf Antrag der Minderheit** (§ 30b Abs 1 GmbHG, entspricht § 87 Abs 3 AktG aF).[279]

---

[275] Das dürfte angesichts der SE-VO (siehe FN 269) und der Normenhierarchie auch für entsandte Mitglieder gelten.

[276] Auf den ersten Blick scheint diese Besonderheit praktisch nicht von Bedeutung.

[277] Durch die GmbHG-Novelle 1980 wurden die aktienrechtlichen Vorschriften über den Aufsichtsrat mit wenigen Abweichungen, die sich aus der stärkeren Stellung der GmbH-Gesellschafter ergeben, in die §§ 29 ff GmbHG übernommen, *Kastner/Doralt/Nowotny*, Gesellschaftsrecht[5], 400.

[278] Vgl *Ch Nowotny* in Kalss/Nowotny/Schauer, Gesellschaftsrecht (2008) Rz 4/254f; *Koppensteiner/Rüffler*, GmbHG[3] § 29 Rz 8 ff.

[279] Näher *Koppensteiner/Rüffler*, GmbHG[3] § 30b Rz 3 mwN auch zur Rspr, insb Verweis auf OGH GesRZ 2003, 99 wonach Einzelabstimmung ausdrücklich verlangt werden muss (ab-

Aufgrund der personalistischen Elemente der GmbH ist das **Entsendungsrecht nach GmbHG nicht auf ein Drittel** des Aufsichtsrats **beschränkt**. Bei der GmbH können Entsendungsrechte daher die Wahl durch die Generalversammlung auch völlig ersetzen (§ 30c GmbHG).[280] Auch hinsichtlich der Vinkulierung bestehen im GmbH-Recht Besonderheiten.[281] **220**

Aufgrund der personalistischen Struktur und des größeren Gestaltungsspielraums bei der GmbH ist auch das **Prozedere der Wahl des Aufsichtsrates** (samt Ankündigung, Fristen, Beschlussvorschlägen, etc) im Einzelnen einfacher bzw flexibler als bei der (nicht börsenotierten) AG. Siehe dazu und zu den sonstigen Besonderheiten bei der GmbH *Heidinger* Rz 40/16 ff. **221**

---

lehnende Stimmabgabe bei der Blockabstimmung reicht nicht aus). Nach *Koppensteiner/Rüffler* ist das Recht auf Bestellung eines Minderheitsvertreters „unabdingbar, jedenfalls dann, wenn ein Aufsichtsrat zu bestellen ist" (arg § 22 Abs 2 S 3 GmbHG); bei fakultativem AR ist das Minderheitsrecht möglicherweise durch die Satzung abdingbar. AA *Straube/Rauter* in Wr Komm GmbHG § 30b Rz 35; offen lassend *Reich-Rohrwig*, GmbH-Recht I² Rz 4/91 ff, *Ch Nowotny* in *Kalss/Nowotny/Schauer*, Gesellschaftsrecht (2008) und *Kastner/Doralt/Nowotny*, Gesellschaftsrecht⁵, 401 f. Zu Recht heben *Koppensteiner/Rüffler* hervor, dass entgegen der Mindermeinung von *Berger/Eckert*, GesRZ 2001, 175, 179, de lege lata das Minderheitsrecht durch eine Staffelung des Aufsichtsrats ausgehebelt werden kann (näher dazu und allg zur insofern gleichen Rechtslage vor AktRÄG *Kalss* in Doralt/Nowotny/Kalss AktG § 87 Rz 19.

280 *Kastner/Doralt/Nowotny*, Gesellschaftsrecht⁵, 401 f mwN; dem folgend *Koppensteiner/Rüffler* GmbHG³ § 30c mwN und mit Hinweis demgegenüber auf SZ2/96; siehe auch *Ch Nowotny* in Kalss/Nowotny/Schauer, Gesellschaftsrecht (2008) Rz 4/257**.** Beachte auch FN 217 zur Nichtausübung des Entsendungsrechts bei der GmbH.

281 Vgl oben FN 215 am Ende; beachte auch FN 216 zur Ernennung des Berufenen.

Das entsendete und das nominierte Aufsichtsratsmitglied

Susanne Kalss

§§: 88 AktG; 30c GmbHG

Literatur

Ö: *Aicher*, Zivil- und gesellschaftsrechtliche Probleme der Besorgung öffentlicher Aufgaben, in Funk, Die Besorgung öffentlicher Aufgaben durch Privatrechtssubjekte (1981) 191; *Gruber/Auer*, Die Verschwiegenheitspflicht der Vorstands- und Aufsichtsratsmitglieder einer nicht börsenotierten AG, GesRZ 2013, 173; *Kalss,* Das nominierte Aufsichtsratsmitglied im Konzern nach österreichischem Recht, in FS Hoffmann-Becking (2013) 631; *Kalss*, Der Aufsichtsrat im Konzern nach österreichischem Recht, Der Konzern 2012, 89; *Kalss*, Auskunftsrechte und -pflichten für Vorstand und Aufsichtsrat im Konzern, GesRZ 2010, 137; *Kalss/Probst*, Syndikatsverträge in Familienunternehmen, GesRZ 2015, 154; *Nowotny*, Der Beamte als Aufsichtsrat, RdW 1999, 283; *Riss*, Doppelorganschaft (2010); *Schima*, Zur Effizienz von Syndikatsverträgen, insbesondere bei der AG, in FS Krejci (2001) 825; *U Torggler*, Zur Verschwiegenheitspflicht entsendeter Aufsichtsratsmitglieder, in FS Hellwig Torggler (2013) 1215; *Umlauft*, Gesellschaftsvertragliche Gestaltungsmöglichkeiten bei Bestellung und Abberufung von GmbH-Geschäftsführern unter besonderer Berücksichtigung des Nominierungsrechts, NZ 1992, 89.

Dtl: *Behnke*, Reichweite und Überprüfbarkeit von nationalem Gesellschaftsrecht am Maßstab der Grundfreiheiten, AG 2014, 841; *Kiem,* Drittvergütung von Aufsichtsratsmitgliedern, Der Aufsichtsrat 6/2015, 84; *Kiem,* Drittvergütung von Aufsichtsratsmitgliedern, in FS Stilz (2014) 329 ff; *Kropff,* Aufsichtsratsmitglied im Auftrag, in FS U Huber (2006) 841; *Lieder*, Staatliche Sonderrechte in Aktiengesellschaften, ZHR 172 (2008) 306; *Möslein*, Inhaltskontrolle aktienrechtlicher Entsendungsrechte, Europäische Anforderungen und Ausgestaltung im deutschen Aktienrecht, AG 2007, 770; *Seeling/Zwickel*, Das Entsenderecht in den Aufsichtsrat einer Aktiengesellschaft als Ewigkeitsrecht, BB 2008, 622; *Sethe*, Die Verschärfung des insiderrechtlichen Weitergabeverbots, ZBB 2006, 243; *Steinfort*, Entsendungsrechte in den Aufsichtsrat im europäischen Kontext (2015); *Veil*, Weitergabe von Informationen durch den Aufsichtsrat an Aktionäre und Dritte, ZHR 172 (2008) 239.

Gliederung **Rz**

I. Entsendung und Nominierung

1 **Entsendung – Gesellschaftsvertrag**: Neben der Wahl durch die Hauptversammlung der AG oder die Generalversammlung der GmbH sieht das Gesetz in § 88 AktG und § 30c GmbHG die Möglichkeit vor, die Entsendung von Aufsichtsratsmitgliedern durch bestimmte Gesellschafter in den Aufsichtsrat zuzulassen. Das Entsendungsrecht ist gesetzlich nicht vorgesehen. Vielmehr eröffnet das Gesetz die Möglichkeit, ein Entsendungsrecht in der Satzung oder im Gesellschaftsvertrag vorzusehen. Das Entsendungsrecht von Aktionären oder Gesellschaftern ist als **Sonderrecht** der einzelnen Gesellschafter zu qualifizieren.

2 **Nominierung**: Vielfach werden Aufsichtsratsmitglieder aber nicht aufgrund eines satzungsmäßig vorgesehenen Entsendungsrechts in den Aufsichtsrat einer Gesellschaft entsandt, vielmehr besteht entweder nur ein satzungsmäßig verankertes Nominierungsrecht eines Aktionärs, somit ein Vorschlagsrecht des Gesellschafters für die Wahl in der Hauptversammlung. Dieses ist ebenso wie das Entsendungsrecht ein Sonderrecht.[1] Das satzungsmäßig verankerte oder syndikatsvertraglich verankerte Entsendungsrecht oder Nominierungsrecht sind unabhängig von der Höhe der Beteiligung an der Gesellschaft. Sie können jedem Aktionär oder Gesellschafter, sofern er nur eine einzige Aktie hält oder einen Geschäftsanteil innehat, eingeräumt werden.

3 **Syndikatsvertrag**: Häufig besteht aber gar kein festgeschriebenes Recht in der Satzung oder im Gesellschaftsvertrag, sondern wird dieses Recht nur in einer begleitenden Gesellschafter- oder sonstigen syndikatsvertraglichen Vereinbarung, somit auf der Ebene des Syndikatsvertrages vereinbart. Die Bestellung von Aufsichtsratsmitgliedern sind als Corporate Governance-Fragen geradezu typische Beispiele für die Regelung eines Syndikatsvertrages.[2]

4 **Faktischer Einfluss**: Zum Teil fehlen aber überhaupt vertragliche Regelungen und werden Nominierungen kraft faktischen Einflusses aufgrund der Beteiligung vorgenommen.

---

[1] *Kalss* in Doralt/Nowotny/Kalss, AktG[2] § 88 Rz 41; *Kalss* in FS Hoffmann-Becking 631, 635.

[2] *Kalss/Probst*, Familienunternehmen Rz 3/44, Rz 4/63; *Kalss/Probst*, GesRZ 2015, 154, 155.

Zweck dieser beiden besonderen Rechte der Aktionäre und daher Formen der Bestellung von Aufsichtsratsmitgliedern ist jeweils die Sicherung des Einflusses, der unmittelbaren Kontrolle und der unmittelbaren Mitwirkung in der Gesellschaft, in der das entsendete oder nominierte Aufsichtsratsmitglied tätig ist.[3] Das Entsendungs- und Nominierungsrecht wird in verschiedenen, ja in allen Typen von Gesellschaften, insbesondere bei Familienunternehmen zur Sicherung des Familien- oder Stammeseinflusses angewendet; in öffentlichen Unternehmen zur Verteilung der Einflussnahme auf Gebietskörperschaften oder in Joint Venture-Gesellschaften, um den Venture-Partnern den unmittelbaren Zugriff zu gewähren. Sie finden sich zugunsten weniger Gesellschafter auch in großen börsenotierten Gesellschaften. **5**

Europarechtskonformität: Das Entsendungsrecht oder Nominierungsrecht einzelner Aktionäre oder Gesellschafter und damit auch des Staates war Gegenstand mehrere EuGH-Verfahren zum deutschen VW-Gesetz.[4] Der Gerichtshof entschied nicht darüber, ob ein Entsendungsrecht allein mit der Kapitalverkehrsfreiheit in Einklang steht,[5] vielmehr beanstandete er nur das Zusammenspiel von Stimmrechtsbeschränkung und Entsendungsrecht. Aus der mangelnden Bereitschaft der Kommission der nochmaligen Verfahrensführung vor dem EuGH lässt sich aber auf eine vorsichtig positive Anerkennung schlichter Entsendungsrechte zugunsten der öffentlichen Hand schließen. **6**

Entsendete Arbeitnehmervertreter: Von den entsendeten Kapitalvertretern ist das entsendete Arbeitnehmermitglied zu unterscheiden. Gem § 110 ArbVG hat der Betriebsrat oder die sonstige Arbeitnehmervertretung ein gesetzliches Entsendungsrecht in den Aufsichtsrat; die Regelungen gem § 88 AktG und § 30c GmbHG sind nicht unmittelbar auf die Arbeitnehmervertreter anzuwenden; vielmehr ist jede einzelne Frage gesondert zu beurteilen (vgl *Gahleitner* Rz 10/1 ff). **7**

II. Das entsendete Aufsichtsratsmitglied

A. Entsendungsrecht – Sonderrecht

Das Entsendungsrecht stellt ein **Sonderrecht** zugunsten eines Gesellschafters dar, es bedarf der **satzungsmäßigen Einräumung** in der Aktiengesellschaft.[6] Auch die Einräumung des gesellschaftsrechtlichen Entsendungsrechts in der GmbH bedarf der ausdrücklichen Regelung im **Gesellschaftsvertrag**. Die Ermächtigung im Gesellschaftsvertrag zur Einräumung dieses Rechts in einem nachgeordneten Regelwerk, wie etwa in einer Geschäftsordnung eines Gesellschafterrates oder Gesellschafterausschusses reicht für den Aufsichtsrat nicht, vielmehr muss die Zuständigkeit im Gesellschaftsvertrag selbst getroffen werden. **8**

---

[3] *Kalss* in FS Hoffmann-Becking 631, 636; *Kropff* in FS U Huber 841, 842 f.

[4] EuGH C 122/05; *Lieder*, ZHR 2008, 306, 324; *Kalss*, EuZW 2013, 948; *Drygalla* in Schmidt/Lutter, AktG³ § 101 Rz 15; *Steinfort*, Entsendungsrechte in den Aufsichtsrat im europäischen Kontext (passim).

[5] *Kalss*, EuZW 2013, 948; *Behnke*, AG 2014, 842; *Kalss/Klampfl*, Europäisches Gesellschaftsrecht Rz 67.

[6] *Kalss* in Doralt/Nowotny/Kalss, AktG² § 88 Rz 8; *Strasser* in Jabornegg/Strasser, AktG⁵ §§ 87-89 Rz 19.

B. Aktiengesellschaft

1. Satzungsgestaltung

9 **Satzung**: § 88 AktG ermächtigt die Satzung einer Aktiengesellschaft, für einzelne Aktionäre ein Entsendungsrecht für Mitglieder in den Aufsichtsrat vorzusehen. Gemeint ist damit die Zahl der konkret bestellten Aufsichtsratsmitglieder, nicht der satzungsmäßig möglichen.[7] Gemeint sind die **Kapitalvertreter**, die Arbeitnehmervertreter werden nicht mitgezählt, zumal es sich um eine Gestaltung des Einflusses unter den Aktionären handelt.[8] Bei **börsenotierten Gesellschaften** ist die maximale Zahl der entsendbaren Mitglieder des Aufsichtsrats auf ein **Drittel** der Kapitalvertreter begrenzt, bei nicht börsenotierten Gesellschaften auf die **Hälfte**. Die Zahl der maximal entsendbaren Aufsichtsratsmitglieder ist beschränkt, weil durch das Recht einzelner Aktionäre das Recht der Kapitalmehrheit in der Hauptversammlung beschränkt wird, die Aufsichtsratsmitglieder zu bestimmen.[9] Somit wird dadurch der maximale Einfluss einzelner Aktionäre auf die Besetzung des Aufsichtsrats bestimmt. Das Entsendungsrecht ist ein **Sonderrecht** und darf daher dem berechtigten Aktionär nur mit seiner Zustimmung entzogen werden.[10] Einem Aktionär kann das Recht eingeräumt werden, einen oder mehrere Aufsichtsratsmitglieder zu bestellen (zur GmbH vgl Rz 17; vgl auch *M Doralt* Rz 8/158 ff).

10 **Aktiengesellschaft – zwei Möglichkeiten**: Das Gesetz eröffnet zwei Möglichkeiten der Einräumung des Entsendungsrechts: Gem § 88 Abs 1 AktG kann einem bestimmten **namentlich** genannten Aktionär das Recht auf Entsendung von Aufsichtsratsmitgliedern eingeräumt werden (**personenbezogene Einräumung**). Es ist somit bei natürlichen Personen ein höchstpersönlich an einen oder mehrere bestimmte Aktionäre eingeräumtes Recht. Ohne Satzungsbestimmung erlischt es mit dem Tod des Berechtigten. Bei Gesellschaften geht das Recht bei einer Verschmelzung oder sonstiger Gesamtrechtsnachfolge auf die übernehmende Gesellschaft über, zumal das Recht klar unternehmensbezogen zugeordnet wurde.[11] Die Veräußerung der Aktien eines namentlich berechtigten Aktionärs führt zum Erlöschen des Entsendungsrechts. Es lebt durch einen Wiedererwerb der Aktien nicht wieder auf.[12] Nur bei entsprechender Satzungsgestaltung ist dieses Recht übertragbar und erlischt nicht mit dem Tod oder der Auflösung eines bestimmten Aktionärs. Das Entsendungsrecht kann juristischen und natürlichen Personen eingeräumt werden. Bei Einräumung an eine juristische Person üben es die jeweiligen Organe aus.

---

7 *Kalss* in Doralt/Nowotny/Kalss, AktG² § 88 Rz 3.

8 *Kalss* in Kalss/Nowotny/Schauer, Österreichisches Gesellschaftsrecht Rz 3/484 FN 111; *Kalss/Probst*, Familienunternehmen Rz 13/81; *M Doralt* in Kalss/Kunz, Handbuch für den Aufsichtsrat¹ § 6 Rz 134.

9 *Kalss/Probst*, Familienunternehmen Rz 13/81.

10 *Kalss/Probst*, Familienunternehmen Rz 13/81.

11 *Kalss*, Verschmelzung – Spaltung – Umwandlung² § 225a AktG Rz 41 ff.

12 *Habersack* in MünchKomm zum AktG⁴ § 101 Rz 36; *Drygalla* in Schmidt/Lutter, AktG³ § 101 Rz 17.

Anteilsbezogen: Nach der zweiten Variante kann die Satzung den Inhabern von vinkulierten Namensaktien das Recht auf Entsendung einräumen (**aktienbezogene Einräumung**). Das Sonderrecht wird bereits durch die Übertragung der Namensaktie übertragen.[13] Gerade in dem Fall, in dem dem Inhaber einer Namensaktie das Entsendungsrecht zukommt, kann etwa im Erbfall das Entsendungsrecht auf mehrere Personen übergehen. Sofern die Satzung keine besondere Regelung vorsieht, ist das Entsendungsrecht durch einen besonderen Vertreter gem § 63 AktG auszuüben.[14] Auf das Innenverhältnis kommt das Recht der Miteigentumsgemeinschaft gem § 825 ff ABGB zur Anwendung. Sinnvoll ist es daher, in der Satzung klar das Entsendungsrecht zuzuordnen. 11

Entsendungsberechtigt sind nur namentlich genannte Aktionäre oder Inhaber von vinkulierten Namensaktien. Dritte Personen können das satzungsmäßig eingeräumte Entsendungsrecht nicht ausüben. Somit muss der Aktionär entweder selbst in der Satzung genannt werden oder jedenfalls aus dem Aktienbuch ermittelbar sein und ist daher kraft Mitgliedschaft zur Entsendung berechtigt. 12

Das Entsendungsrecht kann auch an einen Mindestbesitz von Aktien, umgekehrt an einen Höchstbesitz geknüpft werden, etwa dass ein Entsendungsrecht nur bei Unterschreiten eines bestimmten Prozentsatzes von Aktien besteht. Bei einer höheren Beteiligung greift dann das Entsendungsrecht nicht, sondern die Mitglieder werden allgemein in der Hauptversammlung[15] gewählt. Das Entsendungsrecht kann auch beweglich gestaltet werden, dass es nur bei Vorliegen bestimmter Voraussetzungen besteht oder bei Eintritt bestimmter Voraussetzungen ruht.[16] Die Regelung muss an objektive Voraussetzungen anknüpfen, die in der Satzung klar festgelegt werden (vgl *M Doralt* Rz 8/165 ff). 13

Sowohl in **börsenotierten** als auch in **nicht börsenotierten** Aktiengesellschaften stehen beide Varianten offen, da in börsenotierten Gesellschaften neben den typischerweise ausgegebenen Inhaberaktien auch Namensaktien parallel ausgegeben werden dürfen und insofern den Inhabern dieser Namensaktien (aktienbezogene) Entsendungsrechte eingeräumt werden können. 14

Nichtausübung: Ein Mehrheitsgesellschafter oder kontrollierender Gesellschafter hat ein Wahlrecht, ob er das Entsendungsrecht für die Bestellung ausübt oder ob er in der Hauptversammlung wählt. Durch die Wahl geht das Entsendungsrecht nicht verloren, allerdings sind die Grenzen der AR-Größe durch die Satzung einzuhalten. Die Satzung bzw der Gesellschaftsvertrag kann auch vorsehen, dass mit der Wahl durch den Mehrheitsgesellschafter auch das Entsendungsrecht konsumiert wird und nicht mehr gesondert ausgeübt werden kann (vgl *M Doralt* Rz 8/165 ff). 15

---

13 *Kalss* in Doralt/Nowotny/Kalss, AktG² § 88 Rz 5; *Kalss/Probst*, Familienunternehmen Rz 13/84.

14 *Kalss* in Doralt/Nowotny/Kalss, AktG² § 88 Rz 24; *Spindler* in Spindler/Stilz, AktG² § 101 Rz 61; aA *Strasser* in Jabornegg/Strasser, AktG⁵ § 87 Rz 14.

15 *Hopt/Roth* in GroßKomm zum AktG⁴ § 111 Rz 123.

16 *Kalss/Probst*, Familienunternehmen Rz 13/85; *Hopt/Roth* in GroßKomm zum AktG⁴ § 101 Rz 124.

2. Nachträgliche Einführung

16 **Ursprüngliche Regelung**: Das Entsendungsrecht kann, muss aber nicht unbedingt in der ursprünglichen Satzung eingeräumt werden, es kann auch nachträglich etabliert werden. Die Zuordnung eines Entsendungsrechts an einen einzelnen Aktionär und damit einhergehend die Beschränkung der Wahl der Aufsichtsratsmitglieder durch die Hauptversammlung sind vom Gesetz anerkannt, sodass eine Regelung in der ursprünglichen Satzung keiner inhaltlichen Rechtfertigung bedarf.[17] **Die nachträgliche Einführung** ist zulässig, sofern die Aktionäre, die das Entsendungsrecht nicht erhalten, individuell zustimmen oder es eine ausreichende sachliche Differenzierung gibt, die eine ungleiche Behandlung der Aktionäre sachlich rechtfertigt. Im Fall der sachlichen Rechtfertigung ist eine Zustimmung der ungleich behandelten Aktionäre nicht erforderlich.[18] Die Ungleichbehandlung ist nur zulässig, wenn ein schützenswertes Interesse der Gesellschaft besteht und das Entsendungsrecht zur Verfolgung des Gesellschaftsinteresses geeignet und erforderlich ist, zugleich das gelindeste Mittel und der Eingriff verhältnismäßig ist. Vorstellbar ist dies etwa für die Sicherung einer eindeutigen Entscheidung, die Überbrückung einer Vakanz und die Sicherung der Entscheidungsfindung im Aufsichtsrat, noch bevor die gerichtliche Zuständigkeit gem § 89 AktG greift.[19] Trotz der jedenfalls in bestimmten Ausnahmesituationen bestehenden grundsätzlichen Möglichkeit bleibt ein Restrisiko der Anfechtung dieser nachträglichen Satzungsänderung, sodass die Erlangung der Zustimmung aller Gesellschafter empfehlenswert ist.

C. GmbH

17 **Gesellschaftsvertrag**: In der GmbH kann gem § 30c GmbHG der Gesellschaftsvertrag bestimmen, dass bestimmten Gesellschaftern oder den jeweiligen Inhabern vinkulierter Geschäftsanteile das Recht eingeräumt wird, bestimmte Mitglieder in den Aufsichtsrat zu entsenden. Somit muss in der GmbH – anders als in der AG – keine Restzuständigkeit der Gesellschafterversammlung bestehen, sondern kann die gesamte Bank der Kapitalvertreter durch individuell bestimmte Aufsichtsratsmitglieder besetzt werden. Keiner der Gesellschafter ist somit in dieser Situation bei Bestellung der Aufsichtsratsmitglieder auf die Zustimmung der Generalversammlung angewiesen.[20] Die Generalversammlung kann daher der Bestellungskompetenz vollkommen entledigt sein. Auch in der GmbH ist die personen- oder anteilsbezogene Einräumung des Rechts möglich (vgl Rz 10).

18 Nur ein **Gesellschafter** und nicht ein Dritter ist zur Entsendung berechtigt. Er muss im Firmenbuch als Gesellschafter eingetragen sein. Nur in Ausnahmefällen kann bereits bei kurzer Vakanz und unmittelbar bevorstehender Eintragung auch ein nicht eingetragener Gesellschafter, der den Gesellschaftsanteil bereits hält, dieses Recht wahrnehmen.[21]

---

17 *Kalss/Probst*, Familienunternehmen Rz 13/82; s ferner LG Essen AG 2007, 797, 798.
18 *Kalss/Probst*, Familienunternehmen Rz 13/86.
19 *Kalss/Probst*, Familienunternehmen Rz 13/88.
20 *A Heidinger* in Gruber/Harrer, GmbHG § 30c Rz 1.
21 Vgl zu § 78 GmbHG zurückhaltend: *Schopper* in Gruber/Harrer, GmbHG § 78 Rz 6 ff.

Stirbt bei personenbezogener und namentlicher Zuordnung des Rechts der **Berechtigte**, erlischt das Recht. Der Gesellschaftsvertrag kann aber auch den Übergang auf eine andere Person vorsehen. Bei anteilsmäßiger Zuordnung des Rechts geht dieses Recht im Weg der Gesamt- oder Einzelrechtsnachfolge über. Bei Tod des Inhabers eines Geschäftsanteils geht der Anteil auf die Erben über; sie haben mangels einer Regelung im Gesellschaftsvertrag einen Vertreter gem § 80 GmbHG zu nennen. Wiederum sollte zur raschen Ausübung des Rechts eine klare Zuordnung vorgenommen werden. Auch der Käufer oder Beschenkte erwirbt als Inhaber des Anteils das Entsendungsrecht. 19

D. Personengesellschaft

In Personengesellschaften kann für einen Aufsichtsrat oder ein sonstiges Aufsichtsorgan das Entsendungsrecht einzelner Gesellschafter oder Gesellschaftergruppen durch Gesellschaftsvertrag eingeräumt werden. Dabei besteht keine zahlenmäßige Beschränkung einer maximal entsendungsberechtigten Zahl von Mitgliedern. Da im Personengesellschaftsrecht keine Regelungen bestehen, bedarf eine entsprechende Verteilung der Entsendungsrechte jedenfalls auch einer vertraglichen Regelung. Zulässig ist es auch, im Gesellschaftsvertrag eine Ermächtigung für ein nachgeordnetes Regelwerk vorzusehen. Daher kann das Entsendungsrecht etwa auch in der Geschäftsordnung eines Gesellschafterrates (Beirates) vorgesehen werden. 20

E. Sonstige Rechtsformen

Auch in anderen Rechtsformen, etwa in einem **Verein**, kann bestimmten Mitgliedern, natürlichen Personen, oder Einrichtungen ein Entsendungsrecht für Aufsichtsratsmitglieder in der Satzung eingeräumt werden. In der **Privatstiftung** ist ein Entsendungsrecht des Stifters oder eines Begünstigten für den Aufsichtsrat nicht zulässig, da der Aufsichtsrat vom Gericht bestellt wird. Zulässig sind allenfalls – nicht bindende – Vorschlagsrechte zugunsten bestimmter Personen. Zulässig und üblich sind Entsendungsrechte in den Beirat der Privatstiftung (vgl *Kalss* Rz 39/116 ff). 21

F. Bestellung und Abberufung

1. Bestellung

Die Entsendung wird durch eine **formlose** Erklärung des Entsendungsberechtigten gegenüber der Gesellschaft vertreten durch den Vorstand vorgenommen. Die Entsendung bedarf zudem der Zustimmung der entsendeten Person.[22] Da das entsendete Aufsichtsratsmitglied den gleichen Rechten und Pflichten unterliegt wie sonstige Kapitalvertreter, muss er die **gleichen Qualifikationen** erfüllen wie sonstige Aufsichtsratsmitglieder.[23] Es fehlt aber der Filter des formalen Wahlver- 22

[22] *Kalss* in Doralt/Nowotny/Kalss, AktG² § 88 Rz 22; *Drygalla* in Schmidt/Lutter, AktG³ § 101 Rz 23.

[23] *Kalss* in Doralt/Nowotny/Kalss, AktG² § 88 Rz 25; *A Heidinger* in Gruber/Harrer, GmbHG § 30c Rz 5.

fahrens mit dem Vorschlagsrecht des Aufsichtsrats und die Erklärung der Kandidaten.

23 **Da keine Wahl** durch die Hauptversammlung oder Generalversammlung vorgenommen wird, muss für das entsendete Aufsichtsratsmitglied **keine** persönliche **Erklärung** gem § 87 Abs 2 AktG bzw § 30b Abs 1a GmbHG über die fachliche und persönliche Eignung sowie die Erklärung, dass keine Umstände vorliegen, die die Besorgnis einer Befangenheit begründen könnten, vorgelegt werden. Somit besteht keine Verpflichtung zur Vorwegpräsentation und zur Vorlage der persönlichen Erklärung in der Hauptversammlung.[24] Daher greift auch nicht die Frist gem § 87 Abs 6 AktG mit der Vorlage der Erklärung spätestens am 5. Werktag vor der Hauptversammlung. Die Entsendung wird unabhängig von der Hauptversammlung vorgenommen, sodass sich die Aktionäre in der Hauptversammlung – jedenfalls im Zeitpunkt der Bestellung – kein Bild über die konkrete Person machen müssen. Sie wählen ja nicht; die sonstigen Aktionäre haben die Aufsichtsratsmitglieder erst anlässlich der Entlastung zu beurteilen.

24 Der Entsendungsberechtigte hat die Verpflichtung, nur geeignete Personen zu entsenden. Zwar greift § 87 Abs 2a AktG nicht unmittelbar, ebenso fehlt eine Regelung für die GmbH. Allerdings leitet sich diese Verpflichtung des Gesellschafters aus der mitgliedschaftlichen Treuepflicht der Aktionäre, denen das Sonderrecht und damit dieses maßgebliche Einflussrecht zukommt, ab.[25]

25 **Der Entsendungsberechtigte** hat nur ein Recht, nicht aber eine Pflicht zur Entsendung. Übt er das Entsendungsrecht nicht aus, fällt die Kompetenz nicht an die Hauptversammlung zurück. Die Stelle bleibt vakant. Zulässig wäre der Übergang bei einem Verzicht und einer einmaligen oder befristeten oder auch unbefristeten Übertragung mit Widerrufsmöglichkeit.[26] Die Satzung kann eine Entsendungspflicht vorsehen. Sie kann auch anordnen, dass bei Nichtausübung des Entsendungsrechts bis zu einem bestimmten Zeitpunkt das Bestellungsrecht dauerhaft oder für eine Periode auf die Hauptversammlung übergeht. Zum umgekehrten Fall der Wahl anstelle der Entsendung vgl Rz 15.

26 Ein Entsendungsberechtigter kann auch **sich selbst** in den Aufsichtsrat entsenden.[27]

2. Abberufung

27 **Die Abberufung** eines entsendeten Aufsichtsratsmitglieds liegt im Regelfall auch in der Hand des Entsendungsberechtigten. Dies ist naheliegend, hätten doch sonst die anderen Gesellschafter oder zumindest die Gesellschaftermehrheit es in der Hand, das entsendete Mitglied umgehend abzuberufen. § 88 Abs 4 Satz 1 AktG und § 30c GmbHG sehen vor, dass entsendete Aufsichtsratsmitglieder von

[24] *Kalss* in Doralt/Nowotny/Kalss, AktG² § 87 Rz 13; *Kalss* in FS Hoffmann-Becking 636; *Fida/T Hoffmann*, GesRZ 2005, 273.

[25] *Drygalla* in Schmidt/Lutter, AktG3 § 101 Rz 27; *Habersack* in MünchKomm zum AktG⁴ § 101 Rz 48.

[26] *Mertens/Cahn* in KölnKomm zum AktG³ § 101 Rz 80; *Habersack* in MünchKomm zum AktG⁴ § 101 AktG Rz 44.

[27] *Drygalla* in Schmidt/Lutter, AktG³ § 103 Rz 8.

dem Entsendungsberechtigten jederzeit abberufen und durch andere ersetzt werden können. Dies ist der Regelfall. Für die Abberufung ist kein wichtiger Grund erforderlich. Der Entsendungsberechtigte hat jederzeit die Möglichkeit, das entsendete Aufsichtsratsmitglied abzuberufen und durch eine andere Person zu ersetzen. Daher besteht einerseits eine hohe Abhängigkeit zum und Loyalität gegenüber dem Aktionär, umgekehrt auch eine Disziplinierung, das Amt rechtskonform auszuüben.

Eine interne vertragliche Verpflichtung des Entsendungsberechtigten gegenüber dem Mitglied, das entsendete Mitglied nicht – vor Ablauf einer bestimmten Frist – abzuberufen, schlägt auf die Wirksamkeit der Abberufung gegenüber der Gesellschaft nicht durch. Die gegenüber dem Vorstand der Gesellschaft erklärte Abberufung des Aufsichtsratsmitglieds durch den Entsendungs- und Abberufungsberechtigten ist wirksam. Möglich und zulässig sind allfällige vertragliche Schadenersatzansprüche zwischen dem entsandten Aufsichtsratsmitglied und dem Entsendungsberechtigten. Da ein jederzeitiges Abberufungsrecht zulässig ist, ist es auch zulässig, dass der Entsendungsberechtigte das entsendete Mitglied eine Rücktrittserklärung blanko unterfertigen lässt und der Entsendungsberechtigte zum gegebenen Zeitpunkt das maßgebliche Datum einsetzt, insbesondere wenn deutlich gemacht wird, dass der Rücktritt auf Wunsch des Abberufungsberechtigten, dh des Gesellschafters, vorgenommen wird. 28

Für zwei Sonderfälle sieht das Gesetz andere Abberufungsmechanismen vor. Liegt in der Person des entsendeten Aufsichtsratsmitglieds ein **wichtiger Grund** vor, etwa weil er eine Pflichtwidrigkeit begangen hat oder weil er dauerhaft nicht in der Lage ist, sein Mandat auszuüben (schwere Krankheit, dauerhafter Auslandsaufenthalt), ist das **Gericht** auf Antrag einer 10-%-igen Minderheit verpflichtet, das Mitglied abzuberufen. 29

Schließlich ist die **Hauptversammlung** berechtigt, in dem Fall, in dem die satzungsmäßigen Voraussetzungen für das **Entsendungsrecht** weggefallen sind, das entsandte Mitglied mit einfacher Stimmenmehrheit abzuberufen. Der Wegfall des Entsendungsrechts führt damit nicht zum automatischen Mandatsverlust des entsendeten Mitglieds, vielmehr bleibt das entsendete Mitglied weiterhin Mitglied des Aufsichtsrates, nämlich entweder bis zum Ablauf seiner Mandatszeit bei einer befristeten Bestellung oder bis zu dem Zeitpunkt, bis es die Hauptversammlung mit einfacher Stimmenmehrheit abberuft. Vorstellbar ist dies etwa bei Tod eines persönlich zugeordneten Entsendungsrechts, bei Tod eines Gesellschafters, dem persönlich ein Entsendungsrecht zugeordnet wurde und das nicht übertragbar ist. Vorstellbar ist die Anwendung von § 88 Abs 5 AktG und § 30c GmbHG auch bei Verkauf der Aktien oder des Geschäftsanteils, die mit einem personengebundenen Entsendungsrecht verknüpft sind. Bei der Übertragung von vinkulierten Namensaktien, mit denen das Entsendungsrecht verbunden ist, verliert das entsendete Aufsichtsratsmitglied auch nicht automatisch sein Mandat, vielmehr ist nur der neue Entsendungsberechtigte gem § 88 Abs 4 Satz 1 AktG berechtigt, sein Abberufungsrecht auszuüben. 30

Rücktritt: Ein entsandtes Aufsichtsratsmitglied kann sein Amt durch Erklärung gegenüber der Gesellschaft, somit gegenüber dem Vorstand niederlegen. Da- 31 bei ist eine allfällig satzungsmäßig vorgesehene Frist einzuhalten. Sonst ist eine angemessene Frist zu wahren. Die Niederlegung des Amts wirkt auch gegenüber dem Entsendungsberechtigten, sofern nicht ein wichtiger Grund vorliegt. Die Erklärung muss gegenüber der Gesellschaft vorgenommen werden. Eine Erklärung des entsendeten Mitglieds nur gegenüber Entsendungsberechtigten, das Amt niederzulegen, führt noch nicht zur Amtsniederlegung. Vielmehr muss der Gesellschaft diese Erklärung zukommen.

32 **Frist**: Anders als bei den von der Hauptversammlung oder von der Generalversammlung gewählten Mitgliedern besteht von Gesetzes wegen keine Maximalfrist für die Dauer der Mitgliedschaft im Aufsichtsrat. Das Mandat ist daher nicht zeitlich begrenzt. Es kann aber durch den Entsendungsberechtigten von Anfang an oder auch nachträglich zeitlich begrenzt werden.

33 **Das Amt endet** sonst mit Fristablauf, Tod oder Geschäftsunfähigkeit der jeweiligen Person. Die Mandatsdauer, die für die von der Haupt- oder Generalversammlung gewählten Mitglieder anzuwenden ist, gilt nicht nur für die entsendeten Mitglieder. Die Begrenzung oder Gleichstellung wäre durch eine Satzungsregelung möglich. Der Entsendungsberechtigte hat mangels Satzungsregelung die Dauer festzulegen. In der Satzung vorgesehene Altersgrenzen gelten grundsätzlich auch für entsendete Mitglieder, es sei denn, dass sich die Grenze nur auf gewählte Mitglieder bezieht. Das Mandat erlischt jedenfalls bei Verlust der Geschäftsfähigkeit (vgl *Kalss/Schimka* Rz 2/5 ff).

G. Die Rechtsbeziehungen des entsendeten Mitglieds

1. Zwei Rechtsverhältnisse

34 Für ein entsendetes Aufsichtsratsmitglied sind **zwei Rechtsverhältnisse** zu unterscheiden, nämlich das organschaftliche (Gesellschaft – Mandatar) und das auftragsrechtliche Rechtsverhältnis (Entsender – Mandatar). Zum einen besteht das **organschaftliche Rechtsverhältnis** des Aufsichtsratsmitglieds zu der Gesellschaft, dh zu der Gesellschaft, in der das Mitglied in den Aufsichtsrat berufen wurde. Dieses Mandatsverhältnis ist ein verbandsrechtliches Rechtsverhältnis, das auftragsrechtliche Elemente zur Gesellschaft enthält.[28] Das Rechtsverhältnis zwischen dem entsendeten Mitglied und der Gesellschaft beginnt mit der Annahme der Entsendungserklärung des Entsendungsberechtigten gegenüber der Gesellschaft.

35 **Schuldrechtliches Rechtsverhältnis**: Neben dem organschaftlichen Rechtsverhältnis zwischen dem Aufsichtsratsmitglied und der Gesellschaft besteht ein schuldrechtliches Rechtsverhältnis zwischen entsendeten Mitglied und dem entsendenden Aktionär.[29] Diese Rechtsbeziehung kann frei ausgestaltet werden. Sie folgt im Wesentlichen auftragsrechtlichen Grundsätzen. Es ist eine Form der Geschäftsbesorgung.[30] Dieses schuldrechtliche Rechtsverhältnis mit dem Kern-

[28] *Kalss* in Doralt/Nowotny/Kalss, AktG^2 § 88 Rz 25; *Kalss* in FS Hoffmann-Becking 634; *Nowotny*, RdW 1999, 283, 286.

[29] *Kalss* in Kalss/Nowotny/Schauer, Österreichisches Gesellschaftsrecht Rz 3/485; *U Torggler* in FS H Torggler 1222.

[30] *Kalss* in Doralt/Nowotny/Kalss, AktG^2 § 88 Rz 27; *Kalss* in FS Hoffmann-Becking 634;

element der Geschäftsbesorgung muss nicht in einem gesondert und schriftlich abgeschlossenen Auftrag bestehen, sondern kann Teil einer weitergefassten Geschäftsbesorgung (zB Generalbevollmächtigung) oder auch Teil eines Dienstverhältnisses sein.[31]

Dieses Nebeneinander der beiden Rechtsverhältnisse, nämlich das Mandatsverhältnis zur Gesellschaft und das Geschäftsbesorgungsverhältnis zum Entsendungsberechtigten bzw zum entsendenden Aktionär bildet die Ausgangslage für die Rechtsstellung des entsendeten Mitglieds und der mit diesem Mandat verbundenen Rechte und Pflichten (vgl Rz 47 ff). 36

III. Das nominierte Aufsichtsratsmitglied

A. Nominierungsrecht – verschiedene Gestaltungen

Satzung: Vielfach besteht kein explizites satzungsmäßiges oder gesellschaftsvertragliches Entsendungsrecht, vielfach hat ein Gesellschafter nur ein gesellschaftsvertragliches Nominierungsrecht, dh ein Vorschlagsrecht, für die Wahl in der Hauptversammlung. Das Nominierungsrecht kann als Sonderrecht ausgestaltet werden.[32] 37

Syndikatsvertrag: Zum Teil besteht aber überhaupt kein in der Satzung oder im Gesellschaftsvertrag festgeschriebenes Recht, sondern bildet das Nominierungsrecht nur einen Teil einer Aktionärsvereinbarung oder **Gesellschaftervereinbarung** neben dem Gesellschaftsvertrag, dh das Nominierungsrecht wird zwischen allen Aktionären bzw Gesellschaftern oder den maßgeblichen Aktionären oder Gesellschaftern in einem allseitig gefassten Syndikat oder auch in einem Teilsyndikat vorabgestimmt. Nominierungsrechte und damit die Festlegung der Corporate Governance (Einfluss) in der Gesellschaft bilden einen typischen und regelmäßigen Teil von Gesellschaftervereinbarungen, somit von Syndikatsverträgen.[33] Die syndikatsvertragliche Regelung zielt darauf, die Syndikatsmitglieder zu verpflichten, für eine vom jeweiligen Berechtigten vorgeschlagene Person bei der Wahl in der Haupt- oder Generalversammlung zu stimmen.[34] 38

Faktisches Eigentum: Vielfach besteht keine explizite gesetzliche vertragsrechtliche Regelung, sondern wird die Nominierung nur **kraft der Beteiligung** und des damit einhergehenden Einflusses vorgenommen. 39

Wahl: Wird ein Aufsichtsratsmitglied nur nominiert, sei es durch ein satzungsmäßiges Nominierungsrecht, durch ein syndikatsvertragliches Nominierungsrecht oder schlicht kraft faktischen Einflusses und wird es dann in der AG vom Aufsichtsrat zur Wahl in die Hauptversammlung vorgeschlagen und gewählt, so ist es ein **von der Hauptversammlung gewähltes Mitglied** (vgl *M Doralt* Rz 8/178 ff). 40

Kalss in Kalss/Nowotny/Schauer, Österreichisches Gesellschaftsrecht Rz 3/485; *U Torggler* in FS H Torggler 1222.

31 *Kalss* in FS Hoffmann-Becking 634; *Kalss*, GesRZ 2010, 137; *Schima* in FS Krejci 825, 840.

32 *Kalss* in Doralt/Nowotny/Kalss, AktG² § 88 Rz 41; *Kalss* in FS Hoffmann-Becking 635.

33 *Kalss/Probst*, Familienunternehmen Rz 3/44, Rz 4/63; *Diregger/Tichy* in Doralt/Nowotny/Kalss, AktG² Exkurs zu § 121 Rz 40 ff.

34 *Kalss* in Doralt/Nowotny/Kalss, AktG² § 88 Rz 42; *Tichy*, Syndikatsvertrag 56.

Dennoch liegt gerade bei der satzungsmäßigen Nominierung oder auch bei einem allseitigen oder sonst umfassend bekannten Syndikatsvertrag klar offen, dass ein Aufsichtsratsmitglied von einem bestimmten Aktionär nominiert wurde.

41 **Das nominierte Aufsichtsratsmitglied**, das letztlich von der Haupt- oder Generalversammlung gewählt wird, unterliegt den allgemeinen Regelungen für gewählte Mitglieder, insbesondere ist die **Mandatsdauer** von Gesetzes wegen beschränkt und kann daher maximal bis zu der üblichen Mandatsdauer von rund vier Jahren bestellt werden. Nominierte Mitglieder sind gewählte Mitglieder und unterliegen daher bezogen auf die **Abberufung** auch den allgemeinen Regelungen wie sonst gewählte Mitglieder, dh sie können von der Hauptversammlung jederzeit mit 3/4-Mehrheit oder bei allgemeiner Herabsetzung der Mehrheit für die Abberufung mit einer einfacher Mehrheit abberufen werden. Während das entsendete Mitglied seine Berechtigung allein vom Entsendenden ableitet, ist das nominierte Mitglied von der Hauptversammlung gewählt, sodass jedenfalls die Mehrheit der Aktionäre für das nominierte Mitglied stimmen muss. Der Bestellung liegt somit nicht nur ein Erklärungsakt des Entsendungsberechtigten zugrunde, sondern die **Wahl durch die Hauptversammlung** und die Unterstützung von zumindest der Mehrheit der anwesenden oder vertretenen Aktionäre in dieser Hauptversammlung.[35]

B. Exkurs – Nominierung nach ÖBIB-Gesetz

42 **Auswahl Vorschlag Nominierungskomitee**: Gemäß § 4 Abs 1 ÖBIB-G schlägt das Nominierungskomitee der ÖBIB (vgl dazu *Kalss* Rz 39/6; *Kalss/Kunz* Rz 34/157) bestimmte Personen zur Wahl in den Aufsichtsrat der Beteiligungsgesellschaften der ÖBIB (zB OMV, Telekom, Post AG, CASAG) sowie für die Gesellschaften vor, an denen die Beteiligungsgesellschaften Anteile halten (zB Tochtergesellschaften der vorhin genannten Gesellschaften).[36]

43 **Weisungsrecht des Beirats**: Das Nominierungskomitee (NomKom) der ÖBIB hat **exklusiv** zur **Aufgabe**, die Kandidaten der ÖBIB ausfindig zu machen, ihre Eignung für die Aufgabe und deren Interesse zu prüfen und zu nominieren. Dem Nominierungskomitee kommt ein bindendes Vorschlagsrecht an die Geschäftsführung der ÖBIB zu. Der Eigentümervertreter (= Bundesminister für Finanzen – BMF) hat bezogen auf die Auswahl der Kandidaten gerade – entgegen dem allgemeinen GmbH-Recht – kein Weisungsrecht. § 5 Abs 4 ÖBIB-G und § 6 Abs 2 letzter Halbsatz ÖBIB-G schließen das Weisungsrecht des Eigentümervertreters (BMF) ausdrücklich aus und anerkennen die Weisungsbefugnis des Nominierungskomitees bei der Kandidatenauswahl und deren Nominierung. Das Weisungsrecht kommt für diese Frage dem Beirat Nominierungskomitee zu. Die Geschäftsführung der ÖBIB ist an den Vorschlag gebunden; sie hat diesen dem Aufsichtsrat der Beteiligungsunternehmen vorzuschlagen oder im Syndikatsvertrag entsprechend abzuklären. Die nominierten Kandidaten werden von der Geschäftsführung der ÖBIB der Beteiligungsgesellschaft übermittelt und zur Wahl vorgeschlagen. Das Leitungsorgan, die Generalsekretärin, der ÖBIB ist an den

---

35 *Kalss* in FS Hoffmann-Becking 331, 336.

36 Vgl www.oebib.at

Vorschlag des Nominierungskomitees gebunden. Dies ist somit als internes Weisungsrecht in der ÖBIB gestaltet. Dieses Recht des Normierungskomitees bezieht sich nur auf die Nominierung, nicht auf die Abberufung.

Die weitere Vorgehensweise, nämlich die Nominierung in der Hauptversammlung oder Generalversammlung der jeweiligen Gesellschaft folgt den aktienrechtlichen oder – im Gesetz nicht genannten – GmbH-rechtlichen Regelungen. Hinzu kommen allfällig vereinbarte syndikatsvertragliche Regelungen. 44

Dabei handelt es sich weder um ein gesetzlich eingeräumtes oder um ein satzungsmäßig oder gesellschaftsvertraglich vorbehaltenes Nominierungs- oder Vorschlagsrecht der Gesellschafterin ÖBIB gegenüber den Beteiligungsgesellschaften, sondern um ein Nominierungsrecht, das kraft faktischen Einflusses aufgrund der Beteiligung sowie – zum Teil – aufgrund syndikatsvertraglicher Regelungen zwischen der ÖBIB und anderen Kerngesellschaftern der Beteiligungsgesellschaften besteht. Ein gesetzliches Nominierungsrecht ist auch nicht aus der Regelung gem § 6 Abs 2 ÖBIB-Gesetz abzuleiten. Zwar spricht das Gesetz dort ausdrücklich von Aufsichtsratsmitgliedern, die von der ÖBIB in den Beteiligungsgesellschaften nominiert wurden, allerdings knüpft das Gesetz nicht an einer gesetzlichen oder satzungsmäßigen Nominierung an. Der vom Nominierungskomitee vorgenommene Vorschlag ist daher von der Geschäftsführung der ÖBIB an den Aufsichtsrat der jeweiligen Beteiligungsgesellschaft zu übermitteln. Die Geschäftsführung der ÖBIB hat dafür zu sorgen, dass der Aufsichtsrat der Beteiligungsgesellschaft den Nominierungsvorschlag in seinen Wahlvorschlag gemäß § 108 AktG aufnimmt und daher bei Vorbereitung der maßgeblichen Aufsichtsratssitzung im Rahmen der Unterstützung des Aufsichtsrats darauf achtet, dass die vom Nominierungskomitee vorgeschlagenen Personen in den Wahlvorschlag des Aufsichtsrats aufgenommen werden (vgl *Kalss/Kunz* Rz 34/157 ff). Ein Vorschlags- oder Entscheidungsrecht kommt der Geschäftsführung der ÖBIB gerade nicht zu. 45

Aufsichtsratsvorsitz: Das Nominierungskomitee ist je nach Gestaltung in den Syndikatsverträgen auch berechtigt, und ausschließlich dazu verpflichtet, einen Vorschlag für die Wahl des AR-Vorsitzes (Stellvertreters) zu machen. Das Recht zur Wahl steht dem jeweiligen Aufsichtsrat selbst zu. 46

C. Zwei Rechtsverhältnisse

Auch das nominierte Aufsichtsratsmitglied unterliegt im Regelfall zwei Rechtsverhältnissen,[37] nämlich einerseits dem verbandsrechtlich-organschaftlichen Rechtsverhältnis zwischen der Gesellschaft und dem Aufsichtsratsmitglied. Dieses Rechtsverhältnis beginnt mit der Annahme der Wahl durch die Hauptversammlung oder Generalversammlung der Gesellschaft. 47

Organmandat – schuldrechtliches Rechtsverhältnis: Vielfach besteht aber neben dem organschaftlichen Rechtsverhältnis zusätzlich noch ein auftragsrechtliches oder sonstiges Geschäftsbesorgungsverhältnis zwischen dem nominierten Aufsichtsratsmitglied und dem nominierenden Gesellschafter. Dieses Auftrags- oder Geschäftsbesorgungsverhältnis kann völlig frei gestaltet werden. Es unter- 48

37 *Kalss* in FS Hoffmann-Becking 636; *Kropff* in FS U Huber 841, 843.

liegt allein den aktienrechtlichen Schranken. Zum Teil haben nominierte Aufsichtsratsmitglieder ein Dienstverhältnis zum Nominierenden oder sie haben beim Nominierenden eine Organfunktion, zum Teil kommen nominierten Aufsichtsratsmitgliedern auch noch Funktionen in dem auf die Gesellschaft bezogenen Syndikat zu und ist die Übernahme von Aufgaben etwa im Syndikat auch Teil dieses Auftragsverhältnisses. Eine Vergütung ist ein typisches, aber nicht unbedingt ein notwendiges Element dieses Auftragsverhältnisses.

49 **Das Auftragsverhältnis** des nominierten Mitglieds zum Nominierungsberechtigten ist daher vielfach ein Angestellten- oder Dienstverhältnis oder ein sonstiges Auftragsverhältnis im Rahmen einer Generalbevollmächtigung oder auch eines gesonderten schriftlich abgeschlossenen Vertrags.

50 **Geschäftsbesorgung**: Zum Teil wird zwischen einzelnen institutionalen Investoren und einer – qualifizierten – Person ein Geschäftsbesorgungsverhältnis geschlossen, in dem sich die Person verpflichtet, bei entsprechender Wahl durch die Hauptversammlung anzunehmen und das Mandat auszuüben.[38] Diese Person sollte nicht die Interessen der Investoren besonders in den Aufsichtsrat einbringen (vgl Rz 53), vielmehr wird zur Vermeidung von Compliance- und Insiderverstößen Distanz gewahrt, zugleich nur eine sorgfältige Kontrolle des Unternehmens und damit des Investments verlangt.

IV. Rechte und Pflichten des entsendeten Aufsichtsratsmitglieds

A. Allgemeines

51 **Die entsendeten Mitglieder** haben – mit wenigen Ausnahmen – die gleichen Rechte und Pflichten wie die von der Haupt- oder Generalversammlung gewählten Mitglieder. Sie stehen somit den Kapitalvertretern vollkommen gleich.

52 **Unterschiede** zeigen sich in der Dauer des Mandats, in der Abberufung, gegebenenfalls in der Vergütung der Tätigkeit. Schließlich bestehen Unterschiede in den Grundlagen für die Informationsweitergabe, für die Artikulation der Interessen des Entsendungsberechtigten, für die Bewältigung von Interessenkonflikten und für die Weisungsgebundenheit der Aufsichtsratsmitglieder und bei der Haftung Differenzierungen zu den gewählten Mitgliedern bestehen.

B. Wahrung der Interessen

53 **Artikulation von Interessen**: Ein Aufsichtsratsmitglied ist berechtigt, die **Interessen** des entsendenden oder nominierenden **Gesellschafters** in das Aufsichtsratsgremium einzubringen.[39] Insbesondere ist es etwa zulässig, dass einzelne Aufsichtsratsmitglieder durch besondere Konsultationsverfahren, Diskussionsverlangen, Informations- oder Vorgespräche die Interessen eines Aktionärs ausdrücklich und deutlich artikulieren.[40] Der Vertretung der Interessen eines Gesellschaf-

---

38 *Kiem*, Der Aufsichtsrat 06/2015, 84; *Kiem* in FS Stilz 329 ff.

39 *Kalss*, GesRZ 2010, 137, 143; *Kalss* in FS Hoffmann-Becking 639.

40 *Kalss* in FS Hoffmann-Becking 639; *Kalss*, GesRZ 2010, 137, 143; *Nowotny*, RdW 1999, 283, 286.

ters, sei es einer Konzernmuttergesellschaft, eines Kernaktionärs, eines Gründers, eines Familienstammes oder eines Joint-Venture-Partners, werden durch das Wohl des Unternehmens, in der das Aufsichtsratsmandat besteht, Grenzen gesetzt.[41] Dies gilt sowohl in der AG als auch in der GmbH. Schon nach den Materialien des Gesetzes darf ein entsendetes Aufsichtsratsmitglied die Aktionärsinteressen des Entsenders in den Aufsichtsrat einbringen, nämlich die Belange des Entsenders im Gremium besonders vertreten. Bei Kollision geht das Unternehmensinteresse vor.[42] Ein entsendetes Aufsichtsratsmitglied kann – salopp formuliert – als Interessenvertreter des entsendenden Aktionärs angesehen werden, das den Gruppen- und Aktionärsinteressen Gehört verschaffen darf.

Wahl des Unternehmens: Grenze dieser Interessenvertretung im Aufsichtsrat ist das Unternehmenswohl. Das Interesse der unmittelbar betroffenen Gesellschaft, somit der Gesellschaft, in der das Aufsichtsratsmandat gehalten wird, geht den Interessen des entsendenden oder nominierenden Gesellschafters vor. Dies ist unabhängig davon, ob es sich um eine leitende Konzernmuttergesellschaft oder um einen sonstigen Gesellschafter handelt.[43] 54

C. Weisungsbindung

Eigene Verantwortung: Generell üben Aufsichtsratsmitglieder ihr Amt in eigener Verantwortung aus, wie sich aus § 95 Abs 6 Satz 1 AktG und § 33j Abs 6 GmbHG für Aufsichtsratsmitglieder der Kapitalgesellschaften ableitet. Aus der Höchstpersönlichkeit der Amtsausführung folgt generell der Grundsatz, das Aufsichtsratsamt weisungsfrei auszuüben (vgl *Kalss* Rz 3/27 ff).[44] § 5 Abs 4 VereinsG fordert etwa ausdrücklich eine entsprechende Unabhängigkeit der Mitglieder des Aufsichtsorgans vom Vorstand (vgl *Kalss* Rz 39/55 ff). Ein einzelnes Aufsichtsratsmitglied kann nicht an die Weisungsbindung an einen **Außenstehenden** gebunden werden, etwa an ein Kreditinstitut oder einen sonstigen dritten Geschäftspartner. 55

Auftragsverhältnis – Weisung: Da das Gesetz das Entsendungsrecht ausdrücklich anerkennt und es nach den Materialien klar der Interessenvertretung des Entsendungsberechtigten dient und das Rechtsverhältnis zwischen dem Entsendeten und dem entsendenden Aufsichtsratsmitglied ein Geschäftsbesorgungs- oder Auftragsverhältnis ist, wird deutlich, dass der Entsender gegenüber dem entsendeten Mitglied ein **Weisungsrecht** über dessen Verhalten im Aufsichtsrat hat.[45] 56

---

41 *Kalss* in FS Hoffmann-Becking 639; *Nowotny*, RdW 1999, 283, 284; *Koppensteiner/Rüffler*, GmbHG³ § 30a Rz 11; *Schima* in FS Krejci 825, 840.

42 Begründung zu § 84 dAktG 1937, abgedruckt in *Kalss/Burger/Eckert*, Die Entwicklung des österreichischen Aktienrechts 664; *U Torggler* in FS Hellwig Torggler 1216, 1221.

43 *Kalss* in FS Hoffmann-Becking 639; *Hopt/Roth* in GroßKomm zum AktG⁴ § 111 Rz 745.

44 *Kalss* in FS Hoffmann-Becking 639; *Habersack* in MünchKomm zum AktG⁴ § 111 Rz 136.

45 *Schima* in FS Krejci 825, 840; *Nowotny*, RdW 1999, 283, 286; *Kalss* in FS Hoffmann-Becking 640; *M Doralt* in Kalss/Kunz, Handbuch für den Aufsichtsrat¹ § 6 Rz 146; *Aicher* in Funk, Die Besorgung öffentlicher Aufgaben durch Privatrechtssubjekte 191, 274 ff; *Kalss* in Doralt/Nowotny/Kalss, AktG² § 88 Rz 28 f; *Straube/Rauter* in Straube, GmbHG § 30c Rz 53; *Riss*, Doppelorganschaft 54; *U Torggler* in FS H Torggler 1222; *Justich* in Hausmaninger/Gratzl/Justich, Handbuch Aktienrecht Rz 7/61; zum deutschen Recht: *Drygalla*

57 **AG-Schranke**: Das Weisungsrecht hat dort Schranken, wo das entsendete Mitglied bei Ausführung der Weisung gegen die Interessen der Gesellschaft oder überhaupt gegen zwingendes Recht verstoßen würde. § 70 iVm § 99 AktG setzt daher für den Aufsichtsrat in der AG die Grenze. Eine Weisung, die dem Unternehmensinteresse widerspricht, dh andere Interessen als die des Unternehmens verfolgt, ist **nichtig** und unbeachtlich und darf vom Aufsichtsratsmitglied nicht befolgt werden (vgl *Enzinger/Kalss* Rz 31/100).[46]

58 In der Satzung oder im Gesellschaftsvertrag kann generell das aktienrechtliche Weisungsrecht gem § 88 AktG sowie § 30c GmbHG zulässigerweise ausgeschlossen werden. Die Auskunftsrechte des Entsendungsberechtigten gegenüber dem entsendeten Mandatar können in der Satzung ebenso ausgeschlossen werden. Damit wird in der Satzung oder im Gesellschaftsvertrag das zivilrechtliche Auftragsverhältnis zwischen Entsender und entsandtem Mitglied vorgeformt.

59 **Auch in der GmbH** ist ein Weisungsrecht des Entsendungsberechtigten gegenüber dem entsendeten Aufsichtsratsmitglied anerkannt. Allfällige Weisungen des Entsenders dürfen aber wiederum nicht gegen das Interesse der Gesellschaft stehen (vgl *Enzinger/Kalss* Rz 31/98 ff).[47] Jedenfalls sind Weisungen gegenüber das Aufsichtsratsmitglied nichtig, die gegen zwingende gesetzliche Regelungen, etwa gegen das Verbot der Einlagenrückgewähr verstoßen. Vorstellbar ist dies etwa bei Zustimmungspflichten für einzelne Geschäfte zugunsten eines Gesellschafters. Im Regelfall wird aber überhaupt keine verbindliche Weisung gegeben, sondern behilft sich der Entsender mit unverbindlichen Richtlinien, Vorschlägen, Empfehlungen und Anleitungen, an denen sich das Aufsichtsratsmitglied orientieren soll.[48] Die Einflussnahme durch unverbindliche Richtlinien ist mindestens so effektiv wie verbindliche Anweisungen.[49]

60 **Das Weisungsrecht des Entsendungsberechtigten** besteht – in der AG und in der GmbH – unabhängig von einer Konzernleitung oder einer sonstigen Sondersituation. Die Sondersituation wird allein durch die gesetzliche Regelung der satzungsmäßig verankerten Entsendungsberechtigung etabliert. Darin liegt nach dem klaren Willen des Gesetzes die normative Anerkennung der Interessenvertretung. Zu Aufsichtsratsmitgliedern im Konzern vgl *Enzinger/Kalss* Rz 31/95 ff.

D. Informationsweitergabe

61 **Informationsbedarf**: Die Ausübung und die Möglichkeit, Interessen zu artikulieren und einzubringen und Weisungen an das Aufsichtsratsmitglied zu erteilen, verlangen nach Information. Zwar gilt generell gem § 99 iVm § 84 AktG das

in Schmidt/Lutter, AktG³ § 101 Rz 23, Rz 25; *Hopt/Roth* in GroßKomm zum AktG³ § 101 Rz 147 f, 156; aA *Habersack* in MünchKomm zum AktG⁴ § 101 Rz 51.

46 *U Torggler* in FS H Torggler 1222.

47 *A Heidinger* in Gruber/Harrer, GmbHG § 30c Rz 16; *Straube/Rauter* in Straube, GmbHG § 30c Rz 53.

48 *Kalss* in FS Hoffmann-Becking 641 (zum Konzern); *Kropff* in FS U Huber 841, 847; *Hopt/Roth* in GroßKomm zum AktG⁴ § 111 Rz 745.

49 *Kalss* in FS Hoffmann-Becking 641; *Kropff* in FS U Huber 841, 847.

Verschwiegenheitsgebot für Aufsichtsratsmitglieder in der AG. Im GmbH-Recht besteht zwar keine explizite Regelung für eine Verschwiegenheitsverpflichtung. Weder der Geschäftsführer noch ein Aufsichtsrat wird explizit zur Verschwiegenheit verpflichtet. Die **Verschwiegenheitspflicht** der Geschäftsführer und der Aufsichtsratsmitglieder gegenüber Dritten folgt aber aus dem organschaftlichen **Mandatsverhältnis** von Geschäftsführer und Aufsichtsratsmitglied gegenüber der Gesellschaft, somit aus der organschaftlichen Treuepflicht der Geschäftsführer[50] und der Aufsichtsratsmitglieder[51] gegenüber der Gesellschaft (vgl *Kalss* Rz 26/13).

Das Verschwiegenheitsgebot gilt nicht absolut, vielmehr sind Durchbrechungen des Verschwiegenheitsgebotes anerkannt (vgl *Kalss* Rz 26/23 ff und 44 ff). Das Gesetz enthält an verschiedenen Stellen ausdrückliche oder aus allgemeinen Regelungen ableitbare Wertungen. Der EuGH hat – in einem kapitalmarktrechtlichen Zusammenhang – entschieden, dass ein Mitglied des Aufsichtsrats eine Insiderinformation an einen Außenstehenden weitergeben darf, wenn dies für die Ausübung des Amts als Aufsichtsrat bzw für die Erfüllung der organschaftlichen Aufgaben durch den Aufsichtsrat unerlässlich ist.[52] 62

Entsender – Information: Wendet man nunmehr die Judikatur des EuGH auf die gesellschaftsrechtliche Frage an, so folgt die Zulässigkeit der Weitergabe von Informationen durch Aufsichtsratsmitglieder an andere Personen daraus, dass die Weitergabe der Information die Ausübung des Aufsichtsratsamts durch die konkrete Person erst ermöglicht und sicherstellt. Dies trifft für das entsendete Aufsichtsratsmitglied zu, zumal es als normativ anerkannter Interessenvertreter der entsendungsberechtigten Gesellschafter im Aufsichtsratsgremium vertreten ist. Durch die Entsendung einer Person soll es dem Entsendungsberechtigten – ja gerade – ermöglicht werden, seine Interessen zu artikulieren und seinem Repräsentanten oder seiner Mandatarin auch Anweisungen für das konkrete Verhalten im Gremium zu geben (vgl oben Rz 55 ff). Um aber die Weisungserteilung zu ermöglichen, braucht der Gesellschafter – vorher – entsprechende Informationen. Damit das Regelungsanliegen und die Wirkungsweise des Entsendungsrechts gem § 88 AktG sowie § 30c GmbHG überhaupt zur vollen Wirkung gelangen können, ist ein Informationsfluss an den Entsendungsberechtigten unerlässlich. Die Weitergabe der Information durch das entsendete Aufsichtsratsmitglied an den Entsender ist daher zulässig, soweit dies für die Berücksichtigung der Interessenwahrung des Entsendungsberechtigten, dh für die Ausübung des Amts durch das entsendete Aufsichtsratsmitglied, erforderlich ist.[53] 63

Zuständigkeit – Informationsfluss: Damit wird das allgemeine Verschwiegenheitsgebot des Aufsichtsratsmitglieds zugunsten der Interessenwahrung des 64

50 *Feltl/Told* in Gruber/Harrer, GmbHG § 25 Rz 84; *Reich-Rohrwig* in Straube, GmbHG § 25 Rz 60; *Fleischer* in MünchKomm zum GmbHG § 43 Rz 199.

51 *A Heidinger* in Gruber/Harrer, GmbHG § 33 Rz 13; *Straube/Rauter* in Straube, GmbHG § 33 Rz 49; *Reich-Rohrwig*, GmbH-Recht I² Rz 4/422.

52 EuGH NJW 2006, 133, 134 Tz 34; *Kalss*, GesRZ 2010, 137, 142; *Sethe*, ZBB 2006, 243, 250; *Veil*, ZHR 2008, 239, 254.

53 *Kalss* in Doralt/Nowotny/Kalss, AktG² § 88 Rz 28; *Kalss*, GesRZ 2010, 137, 143; *Nowotny*, RdW 1999, 283, 289; *U Torggler* in FS Hellwig Torggler 1222.

Entsenders durchbrochen. Diese Durchbrechung ist nur im unbedingt erforderlichen Ausmaß zulässig. Insofern ist eine Abwägung des Geheimhaltungsinteresses mit dem Informationsinteresse zur Ausübung der Rechte vorzunehmen. Dies fügt sich in den allgemeinen Grundsatz, dass ein Informationsrecht der immanenten Schranke funktionsgerechter Ausübung unterliegt. Die Entscheidung über die Informationsweitergabe fällt allein das einzelne Aufsichtsratsmitglied (vgl *Kalss* Rz 26/27).

65 **Jeder Entsender**: Die Informationsweitergabe des Aufsichtsratsmitglieds an den Entsender ist daher **unabhängig** von seiner **Beteiligungshöhe** des Gesellschafters und unabhängig davon, ob er ein konzernleitendes Unternehmen ist. Es leitet sich aus der Sonderstellung des Entsendungsrechts ab. Somit ist mit dem **Sonderrecht auf Entsendung** nicht nur das Recht auf Entsendung, sondern auch ein Recht auf Interessenartikulation, Weisungsadressierung an das entsendete Aufsichtsratsmitglied und damit einhergehend das Recht zur Sicherstellung des notwendigen Informationsflusses zur Ausübung dieser Rechte verbunden. Bildhaft gesprochen lassen sich aus dem **Entsendungsrecht** noch weitere **Annexrechte** zugunsten des Entsenders ableiten. Das Sonderrecht für die Entsendung ist daher nicht jeweils mit dem Entsendungsakt für den Aktionär oder Gesellschafter „konsumiert", vielmehr kann der berechtigte Gesellschafter dauerhaft während der aufrechten Entsendung bestimmte Hilf- und Ergänzungsrechte ausüben, die letztlich auf seine Einflusssicherung zielen.

66 **Zwischen dem Entsendungsberechtigten** und der **Gesellschaft**, in die das Aufsichtsratsmitglied entsendet wird, besteht das Mitgliedschaftsverhältnis, das durch das Sonderrecht für die Entsendung eine besondere Dichte erlangt. Aufgrund dieser engen Beziehung unterliegt der entsendungsberechtigte oder entsendende Aktionär oder Gesellschafter **besonderen Treuepflichten**, die sich etwa in einem **Verschwiegenheitsgebot** und in einem **Verwertungsverbot** der vom Aufsichtsrat erhaltenen Information zeigen (vgl *Kalss* Rz 26/51).

E. Bewältigung von Interessenkonflikten

67 **Zwei Rechtsverhältnisse – zwei Interessenwahrungs- und Treuepflichten**: Ein entsendetes Aufsichtsratsmitglied unterliegt wie bereits mehrfach angesprochen zwei Rechtsverhältnissen, nämlich zum einen dem organschaftlichen Rechtsverhältnis gegenüber der beaufsichtigten Gesellschaft und dem Auftragsverhältnis gegenüber dem Entsender. Aus diesen beiden Rechtsverhältnissen und den damit einhergehenden Treuepflichten können Loyalitätskonflikte, somit Interessenkonflikte, zwischen der beaufsichtigten Gesellschaft und dem Entsender entstehen, die in der Person des entsendeten Aufsichtsratsmitglieds zusammenkommen.

68 **Zustimmungspflichtiges Geschäft**: Vorstellbar ist dies etwa bei einem zustimmungspflichtigen Geschäft, das insbesondere im Interesse der Gesellschaft gelegen ist, für den Entsender aber keinen Vorteil bringt oder Interessen des Entsenders entgegensteht. Das organschaftliche Mandatsverhältnis und die schuldrechtliche Geschäftsbesorgung stehen nebeneinander. Dieser Konflikt ist eindeutig **zugunsten der beaufsichtigten Gesellschaft** zu lösen, da das entsendete Aufsichtsratsmitglied primär das Unternehmenswohl zu verfolgen hat und die

Interessenwahrung zugunsten des Entsenders nur innerhalb des Rahmens der Verfolgung des Unternehmenswohls vollzogen werden darf.

Besonderes Interesse des Entsenders: Vorstellbar ist auch eine Situation, dass eine Maßnahme vor allem im Interesse des entsendeten Gesellschafters steht. Solange die Maßnahme nicht gegen die Interessen der beaufsichtigten Gesellschaft verstößt, ist die Maßnahme zulässig. Jedenfalls ist dabei ein fremdvergleichsfähiger Leistungsaustausch zu vereinbaren. Zu Interessenkonflikten im Konzern siehe *Enzinger/Kalss* Rz 31/92 ff. 69

Instrument zur Bewältigung: Wie sonst auch steht eine Palette von Instrumenten zu Bewältigung des jeweiligen Interessenkonflikts zur Verfügung. Die Instrumente reichen von der Information des AR-Vorsitzenden und des Plenums bis zum Stimmverbot. Im äußersten Fall bei dauerhafter Konkurrenzierung bis zum Rücktritt. Das Entsendungsrecht kompensiert diese Qualifikation nicht (vgl *Frotz/Schörghofer* Rz 25/1 ff). 70

F. Sorgfaltspflicht

Gleicher Maßstab: Das entsendete Aufsichtsratsmitglied unterliegt gem § 99 AktG iVm § 84 AktG sowie § 33 GmbHG den gleichen Sorgfaltsmaßstab wie die anderen Aufsichtsratsmitglieder. Oberstes Leitprinzip ist die Verfolgung des Unternehmensinteresses unter Anwendung der gebotenen Sorgfalt. Gleich wie ein gewähltes Aufsichtsratsmitglied ist die Sorgfaltspflicht zweistufig gestaltet, nach den allgemeinen fachlichen Qualifikationsanforderungen und an das konkrete Verhalten in der konkreten Situation (vgl *Schauer* Rz 45/19 ff). 71

G. Vergütung

Vergütung gegen Gesellschaft: Das entsendete Aufsichtsratsmitglied hat wie die anderen Kapitalvertreter gem § 98 AktG und § 31 GmbHG einen Anspruch auf Entgelt für die geleistete Tätigkeit im Aufsichtsrat gegenüber die Gesellschaft (vgl *Kalss* Rz 50/6). Der Anspruch besteht dem Grunde nach, die Höhe ist von der Haupt- oder Generalversammlung festzulegen, zumal die Gesellschaft das Entgelt für alle Kapitalvertreter bezahlt. 72

Zusätzliches Entgelt: Zulässig und nicht unüblich ist es aber auch, dass der entsendende Aktionär oder Gesellschafter dem entsendeten Aufsichtsratsmitglied neben oder über die Vergütung der Gesellschaft hinaus eine zusätzliche Vergütung bezahlt.[54] Möglich und nicht unüblich ist dies etwa, wenn die konkrete Aufsichtsratstätigkeit von der Gesellschaft nur niedrig honoriert wird, dem Entsendungsberechtigten aber viel daran gelegen ist, dass eine bestimmte Person das Aufsichtsratsmandat ausübt und viel Zeit dafür aufwendet (vgl *Kalss* Rz 50/26). 73

Satzung: Ein Vergütungsanspruch des entsendeten Aufsichtsratsmitglieds gegenüber den Entsendungsberechtigten kann in der Satzung ausgeschlossen werden. Der Grund für den Ausschluss einer zusätzlichen Vergütung liegt einerseits in 74

---

54 *Kalss* in Doralt/Nowotny/Kalss, AktG² § 88 Rz 27; *Kalss* in FS Hoffmann-Becking 647; *Strasser* in Jabornegg/Strasser, AktG⁵ §§ 87-89 Rz 22.

der Schaffung einer Zweiklassengesellschaft im Kollektiv, andererseits vor allem im Versuch, einen Interessenkonflikt hintanzuhalten oder zumindest zu mindern, nämlich dass durch die zusätzliche Vergütung die Loyalitätsbindung des Mandatars zum Entsender noch deutlich größer wird als zu der zu beaufsichtigenden Gesellschaft.

H. Aufwandersatz

75 **Vergütung – Aufwandersatz**: Von der Vergütung ist der Aufwandersatz zu unterscheiden (vgl *Kalss* Rz 50/58 ff). Den Aufwandersatz für Reisekosten, Sitzungsgeld, Übernachtungskosten, Repräsentationskosten für den Vorsitz oder fachliche Assistenz sowie das Sekretariat hat die beaufsichtigte Gesellschaft zu tragen. Der Mandatar hat einen Anspruch gegen die Gesellschaft, in deren Aufsichtsrat er vertreten ist. Zulässig ist auch eine Übernahme der Kosten durch den entsendeten Gesellschafter. Er hat seinerseits bei einem zurechenbaren Aufwand für die Aufsichtstätigkeit einen Anspruch gegen die beaufsichtigte Gesellschaft. Möglich ist es aber auch, dass die Gesellschaft nicht den gesamten Aufwand trägt, etwa weil sie nur Vier-Stern- und nicht Fünf-Stern-Hotels bezahlt oder Businessclass nur ab einer bestimmten Flugdauer etc, hingegen der Mandatar mit dem Entsender für diese Situation eine besondere Vereinbarung getroffen hat.

V. Rechte und Pflichten des nominierten Aufsichtsratsmitglieds

A. Allgemeines

76 **Gewähltes Mitglied**: Das nominierte Aufsichtsratsmitglied ist – wie schon ausgeführt – von der Hauptversammlung oder Generalversammlung der Gesellschaft gewählt. Die Vorauswahl und den Vorschlag für die Wahl in der Hauptversammlung trifft aber wiederum ein bestimmter Aktionär oder eine Gruppe von Aktionären. Wie bereits ausgeführt kann das nominierte Aufsichtsratsmitglied aufgrund eines satzungs- oder gesellschaftsvertraglichen Sonderrechts nominiert und dann gewählt sein, aufgrund eines syndikatsvertraglichen Nominierungsrechts oder bloß aufgrund der faktischen Bedeutung und aufgrund des Einflusses und der Höhe der Beteiligung eines Gesellschafters in dem Unternehmen ohne weitere rechtliche Absicherung. Der Gesellschafter kann entweder selbst in formalisierter Weise den Antrag einbringen oder informell sein Anliegen an den Vorstand oder Aufsichtsrat herantragen. Dann wird ein entsprechender Vorschlag mit klarer Zuordnung zu einem Gesellschafter durch die Verwaltung der Gesellschaft vorgenommen. Jedenfalls wird das nominierte Aufsichtsratsmitglied von der Hauptversammlung gewählt und erwirbt sein Amt nicht bereits durch Erklärung des Entsendungsberechtigten und Annahme dieser Erklärung durch den Mandatar.

77 **Sonderrecht – Gesellschafter**: Für den Fall, dass das Nominierungsrecht in der Satzung verankert ist, somit ein **echtes Sonderrecht** des berechtigten Gesellschafters darstellt, begründet auch das Nominierungsrecht eine **Sonderstellung dieses Aktionärs** oder Gesellschafters gegenüber den anderen Gesellschaftern und dient auch das Nominierungsrecht ähnlich wie das Entsendungsrecht der **In-**

teressenwahrung des Gesellschafters und der Sicherung seines Einflusses, dh der Aktionär oder Gesellschafter unterliegt einer erhöhten Treuepflicht (vgl Rz 66).

B. Interessenwahrung – Weisung

Satzungsmäßiges Sonderrecht: Bei einer satzungsmäßigen Verankerung des Nominierungsrechts ist daher von der Zulässigkeit der Interessenartikulation im Aufsichtsratsgremium auszugehen. Ebenso ist eine Weisungsbindung des nominierten Aufsichtsratsmitglieds gegenüber dem nominierenden Gesellschafter anzuerkennen. Allein aus der Technik der Bestellung lässt sich keine ausreichende Differenzierung ableiten.[55] **78**

ÖBIB: Aus § 6 Abs 2 ÖBIB-G lässt sich für die von der ÖBIB nominierten Aufsichtsratsmitglieder gegenüber der ÖBIB eine Sonderstellung insofern ableiten, als die Geschäftsführung der ÖBIB in der Hauptversammlung und bei der Unterstützung und Vorbereitung der Aufsichtsratsmitglieder darauf zu achten hat, dass die Interessen der Republik Österreich, somit des Eigentümers vertreten werden. Insofern besteht eine eigenständige, sondergesetzliche Grundlage der Interessenwahrung. Sie ist aber schwächer ausgestaltet als für einen entsendeten Aufsichtsrat gem § 88 AktG oder gem § 30c GmbHG. **79**

C. Informationsweitergabe

Satzungsmäßiges Sonderrecht: Anerkennt man ein satzungsmäßiges Sonderrecht und die damit verbundenen weitergehenden Einwirkungsmöglichkeiten des Aktionärs oder Gesellschafters, so folgt konsequenterweise daraus auch ein Informationsweitergaberecht des nominierten Aufsichtsratsmitglieds an den nominierenden Gesellschafter. **80**

Schlichtes Nominierungsrecht: Ist das Nominierungsrecht hingegen nur in einem Syndikatsvertrag verankert, insbesondere bloß in einem Teilsyndikat, oder besteht überhaupt kein rechtlich eingeräumtes Nominierungsrecht, sondern wird die Nominierung kraft faktischen Einflusses aufgrund der Beteiligungshöhe vorgenommen, liegt darin **keine besondere Qualifikation**. Vielmehr ist dies Ausdruck des die Kapitalgesellschaften prägenden Mehrheitsprinzips und lässt sich allein aus der Nominierung durch einen bestimmten Aktionär **keine besondere bevorzugte Rechtstellung** des nominierten Aufsichtsratsmitglieds gegenüber diesem Gesellschafter ableiten. **81**

Besondere Regelungen für die Informationsweitergabe lassen sich für ein derart nominiertes Aufsichtsratsmitglied aber aus **anderen Grundlagen** ableiten, etwa aus dem Titel der Konzernleitung und –überwachung oder der sonstigen Wahrnehmung gesetzlich anerkannter Gesellschafterrechte (vgl *Kalss* Rz 26/44 ff).[56] Kommt somit bei einem nominierten Aufsichtsratsmitglied der Grund für die Nominierung, nämlich die Sicherung der Konzernkoordination hinzu, so ist etwa die Weitergabe der Information an die konzernkoordinierende **82**

---

55 S *Kalss*, GesRZ 2010, 137, 143; aA *Torggler* in FS H Torggler 1215, 1222.

56 *Kalss*, GesRZ 2010, 137, 143.

Gesellschaft gerechtfertigt und stellt eine zusätzliche Ausnahme vom Verschwiegenheitsgebot gem § 99 AktG sowie dem Rechtsgrundsatz aus § 33 GmbHG dar. Somit lässt sich bei einem schlicht nominierten Aufsichtsratsmitglied die Zulässigkeit der Informationsweitergabe nicht aus der informellen oder bloß syndikatsvertraglichen Nominierung ableiten, sondern gegebenenfalls bei Vorliegen der Voraussetzungen aus anderen Tatbeständen, insbesondere aus der Konzernleitung.[57] Syndikatsvertragliche Regelungen können nur bei umfassender Geltung und bei Verbindung mit dem Gesellschaftsvertrag eine besondere Stellung und Informationsweitergabe begründen.

D. Vergütung

83 Das nominierte Aufsichtsratsmitglied ist gewähltes Aufsichtsratsmitglied und hat daher einen allgemeinen Vergütungsanspruch gem § 98 AktG sowie § 31 GmbHG.

84 Dem nominierenden Gesellschafter steht es frei, zusätzlich ein Entgelt zu bezahlen. Dies ist weniger üblich als bei einem entsendeten Aufsichtsratsmitglied, kommt aber in der Praxis selbst ohne explizites Nominierungsrecht vor.[58]

57 *Kalss*, GesRZ 2010, 137, 143.
58 *Kiem*, Der Aufsichtsrat 6/2015, 84; *Kiem* in FS Stilz 329 ff.

Die Arbeitnehmervertreter

Sieglinde Gahleitner

§§: 110 ArbVG

Mitwirkung im Aufsichtsrat

§ 110. (1) In Unternehmen, die in der Rechtsform einer Aktiengesellschaft geführt werden, entsendet der Zentralbetriebsrat oder, sofern nur ein Betrieb besteht, der Betriebsrat aus dem Kreise der Betriebsratsmitglieder, denen das aktive Wahlrecht zum Betriebsrat zusteht, für je zwei nach dem Aktiengesetz 1965, BGBl. Nr. 98/1965, oder der Satzung bestellte Aufsichtsratsmitglieder einen Arbeitnehmervertreter in den Aufsichtsrat. Ist die Zahl der nach dem Aktiengesetz 1965 oder der Satzung bestellten Aufsichtsratsmitglieder eine ungerade, ist ein weiterer Arbeitnehmervertreter zu entsenden.

(2) Die Mitglieder des Zentralbetriebsrates (Betriebsrates), die auf dem Vorschlag einer wahlwerbenden Gruppe gewählt wurden, haben das Recht, durch Mehrheitsbeschluß Arbeitnehmervertreter für die Entsendung in den Aufsichtsrat zu nominieren, sowie ihre Abberufung zu verlangen. Dieses Recht steht für so viele Arbeitnehmervertreter zu, wie es dem Verhältnis der Zahl der vorschlagsberechtigten Personen zur Gesamtzahl der Mitglieder des Zentralbetriebsrates (Betriebsrates) entspricht. Listenkoppelung ist zulässig. Bei Erstellung der Nominierungsvorschläge soll auf eine angemessene Vertretung der Gruppe der Arbeiter und Angestellten und der einzelnen Betriebe des Unternehmens Bedacht genommen werden. Der Zentralbetriebsrat (Betriebsrat) ist bei Entsendung und Abberufung der Arbeitnehmervertreter an die Vorschläge der zur Nominierung berechtigten Mitglieder gebunden. Soweit vom Vorschlagsrecht nicht innerhalb von drei Monaten Gebrauch gemacht wird, entsendet der Zentralbetriebsrat (Betriebsrat) die restlichen Arbeitnehmervertreter durch Mehrheitsbeschluß in den Aufsichtsrat.

(3) Die Arbeitnehmervertreter im Aufsichtsrat üben ihre Funktion ehrenamtlich aus; sie haben Anspruch auf Ersatz der angemessenen Barauslagen. Auf sie finden die Bestimmungen der §§ 86 Abs. 1, 87, 90 Abs. 1 zweiter Satz und Abs. 2 und 98 des Aktiengesetzes 1965, BGBl. Nr. 98/1965, keine Anwendung. § 95 Abs. 2 erster Satz Aktiengesetz 1965 findet mit der Maßgabe Anwendung, daß auch zwei Arbeitnehmervertreter im Aufsichtsrat jederzeit vom Vorstand einen Bericht über die Angelegenheiten der Gesellschaft einschließlich ihrer Beziehungen zu Konzernunternehmen verlangen können. Ein Beschluß des Aufsichtsrates über die Bestellung und Abberufung von Mitgliedern des Vorstandes bedarf, abgesehen von den allgemeinen Beschlußerfordernissen des Aktiengesetzes, zu seiner Wirksamkeit der Zustimmung der Mehrheit der nach dem Aktiengesetz 1965 oder der Satzung bestellten Mitglieder. Das gleiche gilt für die Wahl des Aufsichtsratsvorsitzenden und seines ersten Stellvertreters. Im übrigen haben die Arbeitnehmervertreter im Aufsichtsrat gleiche Rechte und Pflichten wie nach dem Aktiengesetz 1965 oder der Satzung bestellte Aufsichtsratsmitglieder. Ihre Mitgliedschaft endet mit der Mitgliedschaft zum Betriebsrat oder mit der Abberufung durch die entsendende Stelle. Die Arbeitnehmervertreter im Aufsichtsrat sind vom Zentralbetriebsrat abzuberufen und neu zu entsenden, wenn sich die Zahl der von der Hauptversammlung gewählten Aufsichtsratsmitglieder ändert.

(4) Die Arbeitnehmervertreter im Aufsichtsrat haben das Recht, für Ausschüsse des Aufsichtsrates Mitglieder mit Sitz und Stimme nach dem in Abs. 1 festgelegten Verhältnis namhaft zu machen. Dies gilt nicht für Ausschüsse, die die Beziehungen zwischen der Gesellschaft und Mitgliedern des Vorstandes behandeln.

(5) Die Abs. 1 bis 4 über die Vertretung der Arbeitnehmer im Aufsichtsrat von Aktiengesellschaften sind sinngemäß anzuwenden auf:

1. Gesellschaften mit beschränkter Haftung,
2. Versicherungsvereine auf Gegenseitigkeit,
3. die Österreichische Postsparkasse,
4. Genossenschaften, die dauernd mindestens 40 Arbeitnehmer beschäftigen, sowie
5. Sparkassen im Sinne des Sparkassengesetzes, BGBl. Nr. 64/1979, in der jeweils geltenden Fassung.

(6) An der Entsendung von Arbeitnehmervertretern in den Aufsichtsrat einer Aktiengesellschaft (Gesellschaft mit beschränkter Haftung, Genossenschaft), die
1. Aktiengesellschaften,
2. aufsichtsratspflichtige Gesellschaften mit beschränkter Haftung,
3. Gesellschaften mit beschränkter Haftung im Sinne des § 29 Abs. 2 Z 1 GmbHG,
4. aufsichtsratspflichtige Genossenschaften,
5. Europäische Gesellschaften,
6. Europäische Genossenschaften

einheitlich leitet (§ 15 Abs. 1 Aktiengesetz 1965) oder auf Grund einer unmittelbaren Beteiligung von mehr als 50 Prozent beherrscht, nehmen der Zentralbetriebsrat (Betriebsrat) des herrschenden Unternehmens und die Gesamtheit der Mitglieder aller in den beherrschten Unternehmen (Z 1 bis 4) bestellten Betriebsräte teil, sofern das herrschende Unternehmen höchstens halb so viele Arbeitnehmer beschäftigt als alle beherrschten Unternehmen zusammen. Der Zentralbetriebsrat (Betriebsrat) des herrschenden Unternehmens entsendet so viele Arbeitnehmervertreter, als dem Verhältnis der Zahl der im herrschenden Unternehmen beschäftigten Arbeitnehmer zur Zahl der in den beherrschten Unternehmen beschäftigten Arbeitnehmer entspricht, mindestens jedoch einen Arbeitnehmervertreter. Dieses Recht des Zentralbetriebsrates (Betriebsrates) des herrschenden Unternehmens, unabhängig vom Verhältnis der Zahl der im herrschenden Unternehmen beschäftigten Arbeitnehmer zur Zahl der in den beherrschten Unternehmen beschäftigten Arbeitnehmer einen Arbeitnehmervertreter zu entsenden, entfällt, wenn sich die Tätigkeit des herrschenden Unternehmens auf die Verwaltung von Unternehmensanteilen der beherrschten Unternehmen beschränkt. Die übrigen Arbeitnehmervertreter im Aufsichtsrat sind von der Gesamtheit der in den beherrschten Unternehmen (Z 1 bis 4) bestellten Betriebsräte aus dem Kreis der Betriebsratsmitglieder, denen das aktive Wahlrecht zum Betriebsrat zusteht, nach den Grundsätzen des Verhältniswahlrechtes geheim zu wählen; auf diese Wahl sind die Bestimmungen der §§ 51 Abs. 3, 54 Abs. 2, 56 Abs. 1, 57, 59, 60, 62 Z 2 bis 5, 64 Abs. 1 Z 1 bis 3 und Abs. 4, 65 Abs. 1 erster Satz und Abs. 2, 78 Abs. 4, 81 Abs. 1 zweiter Satz, Abs. 2 und Abs. 4 sowie 82 Abs. 1 erster Satz sinngemäß anzuwenden. Dieser Absatz gilt nicht für Banken (§ 1 Bankwesengesetz, BGBl. Nr. 532/1993) und Versicherungsunternehmungen.

(6a) Abs. 6 gilt auch für herrschende Unternehmen, in denen kein Betriebsrat zu errichten ist, wenn deren Tätigkeit sich nicht nur auf die Verwaltung von Unternehmensanteilen der beherrschten Unternehmen beschränkt. Die Arbeitnehmervertreter im Aufsichtsrat sind von der Gesamtheit der in den beherrschten Unternehmen bestellten Betriebsräte nach Maßgabe der Bestimmungen des Abs. 6 vorletzter Satz zu wählen.

(6b) Ist in einem Konzern im Sinne der Abs. 6 und 6a eine Konzernvertretung (§ 88a) errichtet, so hat diese die Arbeitnehmervertreter in den Aufsichtsrat des herrschenden Unternehmens zu entsenden. Die aus dem Zentralbetriebsrat (Betriebsrat) des herrschenden Unternehmens stammenden Konzernvertretungsmitglieder haben das Recht, so viele Arbeitnehmervertreter vorzuschlagen, wie dem Verhältnis der Zahl der im herrschenden Unternehmen beschäftigten Arbeitnehmer zur Zahl der in den beherrschten Unternehmen beschäftigten Arbeitnehmer entspricht, mindestens jedoch einen Arbeitnehmervertreter. Abs. 6 dritter Satz ist sinngemäß anzuwenden. Die übrigen Arbeitnehmervertreter werden von den aus den Zentralbetriebsräten (Betriebsräten) der beherrschten Unternehmen stammenden Konzernvertretungsmitgliedern vorgeschlagen. Für die Ausübung des Vorschlagsrechts innerhalb der jeweiligen Gruppe der Konzernvertretungsmitglieder gilt Abs. 2 sinngemäß.

(7) Ist in einer Gesellschaft mit beschränkter Haftung, die persönlich haftender Gesellschafter in einer Kommanditgesellschaft ist, nach Gesetz oder Gesellschaftsvertrag ein Aufsichtsrat zu bestellen, so sind die Arbeitnehmervertreter im Aufsichtsrat der Gesellschaft mit beschränkter Haftung von der Gesamtheit der Mitglieder aller in den Unternehmen der Gesellschaft mit beschränkter Haftung und der Kommanditgesellschaft errichteten Betriebsräte aus dem Kreise der Betriebsratsmitglied, denen das aktive Wahlrecht zum Betriebsrat zusteht, nach den Grundsätzen des Verhältniswahlrechtes geheim zu wählen. Die Bestimmungen der §§ 51 Abs. 3, 54 Abs. 2, 56 Abs. 1, 57, 59, 60, 62 Z 2 bis 5, 64 Abs. 1, Z 1 bis 3 und Abs. 4, 65 Abs. 1 erster Satz und Abs. 2, 78 Abs. 4, 81 Abs. 1 zweiter Satz, Abs. 2 und Abs. 4 sowie 82 Abs. 1 erster Satz sind sinngemäß anzuwenden.

(8) Die Mitwirkung von Arbeitnehmern im Stiftungsrat des Österreichischen Rundfunks richtet sich nach den Bestimmungen des ORF-Gesetzes.

(9) (Anm.: aufgehoben durch Art. IV Abs. 1, BGBl. Nr. 321/1987)

Literatur:

Alversammer, Zuständigkeitsprobleme bei Schadenersatzklagen gegen Mitglieder des Aufsichtsrates, DRdA 2001, 239; *N. Arnold*, Strafrechtliche Verantwortlichkeit der Mitglieder des Aufsichtsrates, Aufsichtsrat aktuell 0/2004, 7; *Cerny*, Rundfunkgesetz und Arbeitsverfassung, DRdA 2001, 573; *Eckert/Gassauer-Fleissner*, Überwachungspflichten des Aufsichtsrats im Konzern, GeS 2004, 416; *Eckert/Schimka*, Die Arbeitnehmermitbestimmung bei grenzüberschreitenden Verschmelzungen nach dem EU-VerschG, wbl 2008, 201; *Eixelsberger/Zierler*, Zur Vorstandsbestellung im Ausschuss eines mitbestimmten Aufsichtsrats, GesRZ 2003,9; *Feltl*, Möglichkeiten zur Gestaltung des Managements einer englischen Private Limited Company, AR Aktuell 2008, H1, 7; *G. Frotz*, Grundsätzliches zu den Rechten und Pflichten des Aufsichtsrates und seiner bestellten und entsendeten Mitglieder, ÖZW 1978, 44; *Gagawczuk/H. Gahleitner/Leitsmüller/Preiss/Schneller*, Der Aufsichtsrat, 2. Auflage (2011); *Gahleitner* in *Kalss/Hügel* (Hrsg), Europäische Aktiengesellschaft, SE-Kommentar (2004) Teil II Arbeitnehmerbeteiligung; *Gahleitner*, Arbeitnehmerbeteiligung im Aufsichtsrat einer Konzernmuttergesellschaft, DRdA 1994, 427; *Gahleitner*, Arbeitsvertragsrechts-Anpassungsgesetz (AVRAG) und Arbeitsverfassungsgesetz-Novelle 1993, DRdA 1993, 416; *Geppert*, Die Arbeitnehmervertreter im Aufsichtsrat einer AG und die Bestellung sowie Anstellung von Vorstandsmitgliedern durch Aufsichtsratsausschüsse, DRdA 1980, 177; *Götz/Hueck*, Zur Verschwiegenheitspflicht der Arbeitnehmervertreter im Aufsichtsrat, RdA 1975, 35, 42; *M. Gruber*, Aufsichtsratspflicht im grenzüberschreitenden GmbH(& Co)-Konzern, wbl 2001, 254); *Hauser*, Überlegungen zum fehlenden Aufsichtsratsbeschluss, RdW 1996, 570; *Hemmer*, VfGH: Einen Entsendungsbeschluss nach § 110 Abs 2 ArbVG kann nur eine wahlwerbende Gruppe, nicht aber ein einzelnes Betriebsratsmitglied anfechten, DRdA 1983, 387; *Hirtzberger*, Zustimmungsvorbehalt und Mitbestimmungsrecht der Belegschaft im Aufsichtsrat, RdW 2002, 400; *Huber*, Fakultativer Aufsichtsrat, Beirat und Arbeitnehmermitwirkung in der GmbH, ecolex 1995, 807; *Jabornegg*, Aufsichtsratsmitwirkung im Konzern mit Untergesellschaften in der Rechtsform der GmbH & Co KG, DRdA 1999, 433; *Jabornegg*, Ein Ausschuss des Aufsichtsrates bestellt ein Vorstandsmitglied, DRdA 1981, 324; *Jabornegg*, Zur Aufsichtsratspflicht der von einer EU-ausländischen Muttergesellschaft abhängigen österreichischen GmbH, DRdA 2009,219; *Jabornegg*, Zur Verschwiegenheitspflicht der Arbeitnehmervertreter im Aufsichtsrat, DRdA 2004, 107; *Kalss*, Die Arbeitnehmermitbestimmung in Österreich, in *Baums/Ulmer* (Hrsg), Unternehmens-Mitbestimmung der Arbeitnehmer im Recht der EU-Mitgliedsstaaten, ZHR-Sonderheft 72 (2004) 95; *Kalss*, Die Zuständigkeit für die Suspendierung eines Vorstandmitglieds, AR 2006 H4, 4; *Kalss*, Die Vergütung der Vorstandsmitglieder der Aktiengesellschaft, in FS Nowotny (2015), 353 ff; *Kalss*, Zur Aufsichtsratspflicht in der Privatstiftung, RdW 2006/3; *Karollus/Karollus*, Die Sondervorschriften für den Aufsichtsrat einer Mitarbeitervorsorgekasse (§ 21 BMVG), DRdA 2003, 99; *Kastner*, Aufsichtsrat und Realität, in FS Strasser (1983) 843; *Kaufmann*, Die Arbeitnehmermitbestimmung bei grenzüberschreitenden Verschmelzungen, RdW 2008/113; *Kaufmann/Frotz*, Aufsichtsratsbefreiung auch bei Genossenschaften als Obergesellschaften?, RdW 2005,661; *Löschnigg*, Die Entsendung der Betriebsräte in den Aufsichtsrat – Organisationsrechtliche Probleme des § 110 ArbVG (1985); *Löschnigg*, Die wirtschaftliche Mitbestimmung im Konzern und in der GesmbH & Co KG, ZAS 1981, 3; *Marhold*, Aufsichtsratstätigkeit und Belegschaftsvertretung, Zur Rechtsstellung der Arbeitnehmer im Aufsichtsrat (1985); *Marhold*, Die Mitbestimmung im Aufsichtsrat der Branchen-Holdings des ÖIAG-Konzerns, RdW 1989, 68; *Marhold*, Konzern- und unternehmensverfassungsrechtliche Neuerungen, ZAS 1986, 194; *Marhold*, Konzernmitbestimmung (1990); *Marhold*, Zusammensetzung des Aufsichtsrates bei Reduzierung der Anteilseignervertreter, ASoK 1997, 322; *Markus Roth*, Haftung des Aufsichtsrats, GesRZ-SH 2005, 12 ff. *Mayer-Maly*, Über die Mitbestimmung der Arbeitnehmer in der verstaatlichten Industrie, wbl 1987, 32; *K. Mayr*, Die Entsendung von Arbeitnehmervertretern in den Aufsichtsrat einer „Holding" gem § 110 Abs 6a ArbVG, DRdA 2002, 531; Öhlinger, Verfassungsrechtliche Probleme der Mitbestimmung der Arbeitnehmer im Unternehmen (1982); *ohne Autor*, Die Neuregelung der Aufsichtsratsmitwirkung der AN-Vertreter im ÖLAG-Konzern, RdW 1986, 118; *Pernthaler*, Verfassungsrechtliche Voraussetzung und Grenzen der betrieblichen und unternehmerischen Mitbestimmung (1984); *Rauch*, Die Mitwirkung des Betriebsrats im Aufsichtsrat, ASoK 2015, 127; *Reich-Rohrwig*, Die Zusammensetzung von Ausschüssen des Aufsichtsrates – neue Rechtslage ab 1.1.1987, wbl 1987, 1; *Rieder*, Haftung von Aufsichtsräten, Aufsichtsrat aktuell 0/2004, 15; *Risak*, Die Arbeitnehmermitwirkung in der Societas Europaea, ecolex 2004, 767; *Risak*, Ein Rechtsträger – mehrere Zentralbetriebsräte? RdW 2001/46; *Röpke*, Europäische (Aktien-)Gesellschaft (SE) und Arbeitnehmerbeteiligung, DRdA 2002,177; *Röpke*, Zur Arbeitnehmer-Mitbestimmung der neuen EU-Verschmelzungsrichtlinie, DRdA 2006, 68; *Runggaldier*, Die Arbeitnehmermitbestimmung in der SE, GesRZ 2004 (Sonderheft, Societas Europaea) 47; *Runggaldier/Schima*, Abschluss von Vorstandsverträgen im Aufsichtsratsplenum, GesRZ 1992, 157; *Schima*, Fragen der Ausweitung der Aufsichtsratsentsendung im Konzern durch die ArbVG-Novelle 1993, GesRZ 1993, 202; *Schima*, Krida(-haftung) durch Aufsichtsratsmitglieder, RdW 1992, 294; *Schima*, Betriebsrat über dem Gesetz? – Kein Fit&Proper-Test für Arbeitnehmervertreter in Bank-Aufsichtsräten, ÖBA 2014, 28; *Schima*, Vorzeitiges Ausscheiden von Vorstandsmitgliedern und Aufsichtsratssorgfalt, RdW 1990, 448; *Schneller*, ArbVG versus PBVG: Entsendung von ArbeitnehmervertreterInnen in den Aufsichtsrat der Konzernspitze, DRdA 2007, 508; *Schnorr*, Probleme der wirtschaftlichen Mitbestimmung bei Betriebsführungsgesellschaften, ZAS 1981, 83; *Strasser*, Das Erlöschen der Mitgliedschaft von Arbeitnehmer-Vertretern im Aufsichtsrat, in FS Schnorr (1988) 325; *Strasser*, Die Ernennung (der Widerruf der Ernennung) eines Vorsitzenden des Vorstandes nach Aktienrecht und Arbeitsverfassungsrecht, in FS Schweind (1978) 311; *Strasser*, Dogmatische und Sozialpolitische Bemerkungen zum Pensionskassen-Aufsichtsrat, wbl 1991, 152; *Strasser*, Gedanken zu einem aus Begünstigten zusammengesetzten Beirat einer Privatstiftung, JBl 2000, 487; *Strasser*, Zur Neuordnung der Arbeitnehmerbeteiligung auf Konzern-Ebene, DRdA 1994, 213; *Straube*, Zur Qualifikation von Aufsichtsratsmitgliedern, GesRZ 1981, 150; *Straube/Rauter*, § 29 GmbHG – „terra incognita"? ecolex 2008, 434; *Temmel*, Der Aufsichtsrat – Ein Handbuch für die Praxis (2003); *Ulmer*, Aufsichtsratsmandat und Interessenkollision, NJW 1980, 1603; *Unterrieder/Fazekas*, Immer mit bestimmter Aufsichtsrat bei grenzüberschreitenden Verschmelzungen?, RdW 2010/239; *Wilhelm Wachter*, Die Mitwirkung der Arbeitnehmervertreter in Ausschüssen des Aufsichtsrats, ZAS 2015/12; *Walzel*, Beirat einer GmbH und Mitgliedschaft von Arbeitnehmervertretern in derartigen Beiräten, SWK 2007, 31; *Weiß*, Arbeitnehmermitwirkung bei der Be- und Anstellung der Vorstandsmitglieder, DRdA 1998, 22 und 94; *Weiß*, Die Verschwiegenheitspflicht der Aufsichtsratsmitglieder der Aktiengesellschaft, in *Achatz/Jabornegg/Karollus* (Hrsg), Aktuelle Probleme im Grenzbereich von Arbeits-, Unternehmens- und Steuerrecht (1998) 147; *Weiß*, Doppelte einfache Mehrheit im

Aufsichtsrat, ecolex 1999, 266; *Wolkerstorfer*, Zur Vertretung von Aufsichtsratsmitgliedern nach § 95 Abs 7 AktG, WBl 2012, 607 f; *Wresounig*, Mitbestimmung und Rechtskontrolle. Dargestellt an einzelnen Fragen der §§ 96 und 110 ArbVG, DRdA 1978, 104.

Gliederung **Rz**

I. Allgemeines zur Mitwirkung von Arbeitnehmervertretern im Aufsichtsrat in Österreich

Die Mitwirkung von Arbeitnehmervertretern im Aufsichtsrat ist in der österreichischen Rechtsordnung grundsätzlich in Form einer *Drittelbeteiligung* geregelt, d.h. für je zwei Kapitalvertreter ist ein Arbeitnehmervertreter zu entsenden. Bei einer ungeraden Anzahl von Kapitalvertretern ist ein weiterer Arbeitnehmervertreter zu entsenden[1]. Maßgeblich ist die Zahl der tatsächlich bestellten Kapitalvertreter, nicht jene der satzungsmäßig vorgesehenen. 1

Im Regelfall sind nach den gesetzlichen Vorschriften mindestens drei Aufsichtsratsmitglieder (Kapitalvertreter) zu bestellen[2]. Für fakultative Aufsichtsräte in Genossenschaften (Genossenschaften mit weniger als 40 Arbeitnehmern) bestehen keine zwingenden Vorschriften über eine Mindestanzahl von Aufsichtsratsmitgliedern[3]. 2

Durch weitere Abstimmungsvoraussetzungen (vgl § 110 Abs 4 ArbVG: kein Teilnahmerecht in Ausschüssen, die die Beziehungen zwischen der Gesellschaft und Mitgliedern des Vorstandes behandeln, sowie „doppelte Mehrheit“ bei Beschlüssen über die Bestellung und Abberufung von Vorstandsmitgliedern und bei der Wahl des Aufsichtsratsvorsitzenden und des ersten Stellvertreters) ist weitestgehend der Vorrang der Kapitalvertreter im Aufsichtsrat gesichert. Weiters ist in 3

1 ZB 3 Kapitalvertreter + 2 Arbeitnehmervertreter, 4+2, 5+3, 6+3, etc.
2 Vgl § 86 AktG, § 30 GmbHG, § 23 PSG.
3 Vgl OGH 17.2.2005, 6 Ob 3/05t, RdW 2005, 544.

Österreich – anders als etwa in Deutschland – eine Beteiligung von Gewerkschaftern als Arbeitnehmervertreter im Aufsichtsrat nicht vorgesehen[4].

4 Lediglich im Rahmen der Europäischen Aktiengesellschaft (SE) und der Europäischen Genossenschaft (SCE) ist durch die weitestgehende Vertragsfreiheit, die auch den Umfang der Mitwirkungsrechte und die Ausgestaltung der Mitwirkung im Aufsichtsrat erfasst, nunmehr im Rahmen der österreichischen Rechtsordnung eine abweichende Regelung von Mitwirkungsrechten sowie eine abweichende Ausgestaltung hinsichtlich der Anzahl der Arbeitnehmervertreter im Aufsichtsrat oder Verwaltungsrat einer SE durch Vereinbarung möglich.

5 Auch bei grenzüberschreitenden Verschmelzungen von Kapitalgesellschaften richtet sich die Aufsichtsratsmitbestimmung grundsätzlich nach § 110 ArbVG, wenn die aus der Verschmelzung hervorgehende Kapitalgesellschaft ihren Sitz in Österreich hat (§ 258 ArbVG). Bei bestimmten Verschmelzungskonstellationen gelten allerdings im Wesentlichen analog die Bestimmungen über die Beteiligung der Arbeitnehmer in der SE[5].

6 Ein typisches Merkmal der österreichischen Mitbestimmung im Aufsichtsrat ist auch die Tatsache, dass die Arbeitnehmervertreter ihre Funktion im Aufsichtsrat ehrenamtlich ausüben und daher keinen Anspruch auf eine Entlohnung für diese Tätigkeit haben.

7 Die Aufsichtsratsmitwirkung der Arbeitnehmervertreter wird als Teil der betriebsverfassungsrechtlichen Mandatsausübung gesehen, auch wenn die Arbeitnehmervertreter grundsätzlich – mit oben genannten Ausnahmen – die gleichen Rechte und Pflichten wie den Kapitalvertreter treffen und sich dadurch ein gewisses Spannungsverhältnis zwischen Belegschaftsinteressen einerseits und gesellschaftsrechtlichen Bindungen andererseits auftut[6].

II. Rechtsformen mit mitbestimmten Aufsichtsräten

8 § 110 ArbVG erfasst unmittelbar folgende Rechtformen

- Aktiengesellschaft;
- GesmbH;
- Versicherungsverein auf Gegenseitigkeit;
- Österreichische Postsparkasse AG[7];
- Genossenschaften, die dauernd mindestens 40 Arbeitnehmer beschäftigen;
- Sparkassen;

[4] Vgl § 110 Abs 1 ArbVG – „aus dem Kreise der Betriebsratsmitglieder, denen das aktive Wahlrecht zum Betriebsrat zusteht".

[5] Vgl Punkt 2.

[6] Vgl *Schneller*/Preiss in *Gahleitner/Mosler*, Arbeitsverfassungsrecht, Band 3, 5. Auflage, § 110 RZ 1.

[7] Die Österreichische Postsparkasse wurde zunächst in eine Aktiengesellschaft umgewandelt und später per 01.10.2005 mit der BAWAG zur BAWAG PSK Bank für Arbeit und Wirtschaft und österreichische Postsparkasse AG fusioniert. Für diese Gesellschaft gelten die Mitwirkungsregelungen für Aktiengesellschaften.

- GmbH & Co KG;
- Europäische Gesellschaften.

Die Aufsichtsratspflicht der GmbH ist allerdings auf eine Weise geregelt, dass im Regelfall der Aufsichtsrat nicht obligatorisch ist. Die Aufsichtsratspflicht hängt von der Anzahl der Arbeitnehmer ab (idR mehr als 300 AN bzw. mehr als 500 AN bei Konzerntochtergesellschaften).[8] **9**

Weiters werden für zahlreiche Unternehmen durch Sondergesetze Regelungen über die Aufsichtsratsmitbestimmung getroffen. Dies trifft etwa zu auf Privatstiftungen (vgl § 22 PSG) oder den ORF (vgl § 20 ORF-G[9]), sowie unterschiedliche weitere Gesellschaften, insbesondere im Zusammenhang mit Ausgliederungen aus der öffentlichen Hand[10]. **10**

Sonderbestimmungen gelten auch für Pensionskassen (vgl § 27 PKG), Mitarbeitervorsorgekassen (vgl § 21 BMSVG) sowie für Vereine (vgl § 5 VereinsG 2002). **11**

Zur Entsendung von Arbeitnehmervertretern in den Generalrat der österreichischen Nationalbank ist der Zentralbetriebsrat zuständig[11] **12**

Auch Europäische Aktiengesellschaften (SE) werden entsprechend der Umsetzungsbestimmungen zur EU-Richtlinie 2001/86/EG iSd § 110 ArbVG mit Arbeitnehmervertretern im Aufsichtsrat oder Verwaltungsrat besetzt, soferne nicht eine abweichende Vereinbarung getroffen wurde oder ein Beschluss gefasst wurde, auf die Mitbestimmung zu verzichten[12]. Das Gleiche gilt für Europäische Genossenschaften[13]. Für SE und SCE gilt, dass die Mitbestimmung kraft Gesetzes dann zur Anwendung kommt, wenn: **13**

- nicht eine abweichende Vereinbarung abgeschlossen wurde
- mindest eine der beteiligten Gesellschaften mitbestimmt ist und sich die Mitbestimmung auf zumindest ein Viertel der Gesamtzahl der Arbeitnehmer der beteiligten Gesellschaften bezieht oder
- wenn das besondere Verhandlungsgremium einen entsprechenden Beschluss zur Anwendung der Mitbestimmung kraft Gesetzes gefasst hat (auch wenn weniger Arbeitnehmer ursprünglich von der Mitwirkung erfasst waren).

Im Zusammenhang mit grenzüberschreitenden Verschmelzungen kommt grundsätzlich § 110 ArbVG zur Anwendung, wenn die aus der Verschmelzung entstehende Kapitalgesellschaft ihren Sitz in Österreich hat. Die Aufsichtsratsmitbestimmung richtet sich jedoch in bestimmten Verschmelzungsfällen nach den §§ 258 bis 263 ArbVG – welche im Wesentlichen den Mitbestimmungsregelungen **14**

---

8 Näheres zur Aufsichtsratspflicht der GmbH vgl *Straube/Rauter*, § 29 GmbHG – „terra incognita"?, ecolex 2008, 434.

9 Vgl *Cerny*, Rundfunkgesetz und Arbeitsverfassung, DRdA 2001, 573.

10 Vgl etwa § 12 Austro-Control-Gesetz, § 11 Bundesrechenzentrumgesetz, § 5 ff Arbeitsmarktservicegesetz, § 7 Bundesmuseengesetz, § 21 Universitätsgesetz 2002; weiterführend vgl Schneller/Preiss in Gahleitner/Mosler, Arbeitsverfassungsgesetz, Band 3, § 110 Rz 103 ff; sowie Jabornegg, in Strasser/Jabornegg/Resch, Kommentar zu ArbVG § 110 Rz 49-82.

11 Vgl OGH 13.07.2006, 8 ObA 52/06i, DRdA 2007,267 mit Anm *Jabornegg*.

12 Vgl §§ 244 ff ArbVG.

13 Vgl §§ 254 ff ArbVG.

im Rahmen einer SE nachgebildet sind – wenn bei einer solchen Verschmelzung die neu entstehende Kapitalgesellschaft ihren Sitz in Österreich hat und

- in mindestens einer der beteiligten Gesellschaften mehr als 500 Arbeitnehmer beschäftigt sind und in dieser Gesellschaft eine Form der Mitbestimmung besteht oder
- das österreichische Recht für die aus der Verschmelzung hervorgehende Gesellschaft nicht mindestens den gleichen Umfang an Mitbestimmungsrechten vorsieht, wie er in den beteiligten Gesellschaften bestanden hat, oder
- das österreichische Recht für die aus der Verschmelzung hervorgehende Gesellschaft für Arbeitnehmer in ausländischen Betrieben der Gesellschaft nicht den gleichen Anspruch auf Mitbestimmung der Arbeitnehmer vorsieht, wie er den Arbeitnehmern in Österreich gewährt wird.

15 In den genannten Fällen gilt grundsätzlich ein Arbeitnehmerbeteiligungssystem wie im Rahmen der SE, sohin kann auch hinsichtlich der Mitbestimmung durch Vereinbarung vom gesetzlichen Modell abgewichen werden bzw. über entsprechende Beschlussfassungen der zuständigen Arbeitnehmergremien auch auf Mitbestimmungsrechte verzichten werden[14].

16 Die Mitbestimmung kraft Gesetzes kommt bei grenzüberschreitenden Verschmelzungen dann zur Anwendung, wenn keine abweichende Vereinbarung getroffen wurde, wenn mindestens eine der beteiligten Gesellschaften mitbestimmt ist und sich die Mitbestimmung zumindest auf ein Drittel der Gesamtzahl der Arbeitnehmer aller beteiligten Gesellschaften erstreckt oder aber das besondere Verhandlungsgremium einen entsprechenden Beschluss auf Anwendung der Mitbestimmung kraft Gesetzes gefasst hat[15].

17 Zu berücksichtigen ist darüber hinaus, dass auf Betriebe mit besonderer Zweckbestimmung und Verwaltungsstellen juristischer Personen des öffentlichen Rechts nach §§ 132 ff ArbVG die Bestimmungen über die Aufsichtsratsmitwirkung nicht anzuwenden sind[16]. Dies betrifft insbesondere Betriebe, die unmittelbar politischen, koalitionspolitischen, konfessionellen, wissenschaftlichen, erzieherischen oder karitativen Zwecken dienen (sogenannte Tendenzbetriebe) ebenso wie die Österreichische Nationalbank[17] oder Theaterunternehmen.

18 Hinsichtlich der am weitesten verbreiteten Rechtsform der GmbH ist darauf zu verweisen, dass gem § 29 GmbHG nur unter bestimmten Voraussetzungen eine Aufsichtsratspflicht besteht. Wichtig ist in diesem Zusammenhang, dass auch im freiwilligen Aufsichtsrat die Arbeitnehmermitbestimmung zwingend Platz greift. Sofern die Mitbestimmungsvorschriften dadurch umgangen werden sollen, dass ein Aufsichtsgremium in einer nicht aufsichtsratspflichtigen Gesellschaft nicht als „Aufsichtsrat" bezeichnet wird, sondern etwa als „Beirat" oder ähnlich, können dadurch die Mitwirkungsrechte der Arbeitnehmervertreter nicht geschmälert wer-

---

[14] Vgl §§ 258 ff ArbVG.

[15] Vgl *Kaufmann*, Die Arbeitnehmermitbestimmung bei grenzüberschreitenden Verschmelzungen, RdW 2008/113.

[16] Vgl *Dunst*, in *Gahleitner/Mosler* Arbeitsverfassungsrecht, Band 4, § 132, Rz 7.

[17] Zur Mitwirkung in der Nationalbank vgl OGH 13.07.2006, 8 ObA 52/06i, DRdA 2007,267 mit Anm *Jabornegg*.

den. Soweit also ein Beirat tatsächlich Aufgaben eines Aufsichtsrates wahrnimmt, ist auch dieser mit Arbeitnehmervertretern zu besetzen[18] (vgl *Kalss* Rz 39/30).

Offen ist die Frage, ob die Arbeitnehmermitbestimmung iSd § 110 ArbVG auch auf ausländische Gesellschaften mit tatsächlichem Verwaltungssitz in Österreich auszudehnen ist[19]. **19**

III. Entsendung von Arbeitnehmervertretern

A. Entsendungsberechtigtes Organ

Grundsätzlich überantwortet § 110 ArbVG die Bestellung der Arbeitnehmervertreter in den Aufsichtsrat dem Zentralbetriebsrat als oberstem Belegschaftsorgan eines Unternehmens mit mehreren Betrieben. In kleineren Unternehmen, in denen nur ein Betrieb besteht, ist der Betriebsausschuss bzw. der Betriebsrat entsendungsberechtigt. Die Modalitäten der Entsendung regelt neben § 110 ArbVG die auf Basis dieser Bestimmung ergangene Aufsichtsratsentsendungsverordnung (AR-VO). **20**

Sonderbestimmungen gelten für die Entsendung von Arbeitnehmervertretern in Konzernen[20]. Ist in einem zentralbetriebsratspflichtigen Unternehmen mit mehreren Betrieben kein Zentralbetriebsrat errichtet, so verliert nach dem klaren Wortlaut des Gesetzes die Belegschaft ihr Entsenderecht in den Aufsichtsrat, da das Gesetz nur für den Fall, dass nur ein Betrieb besteht, den Betriebsrat zur Entsendung ermächtigt. Im Falle des Bestehens eines Unternehmens mit nur einem Betrieb, bei denen aber die getrennten Betriebsräte für Arbeiter und Angestellte keinen Betriebsausschuss gebildet haben, regelt die AR-VO allerdings, dass durch übereinstimmende Beschlüsse von Angestellten- und Arbeiterbetriebsrat die Entsendung vorgenommen werden kann. Wurde in einem Betrieb nur ein Angestellten- oder Arbeiterbetriebsrat gewählt, nicht aber ein Betriebsrat für die andere Mitarbeitergruppe, so kann nach der Judikatur des Verwaltungsgerichshofes auch der eine existierende Gruppenbetriebsrat die Entsendung nach § 110 ArbVG durchführen[21]. **21**

B. Entsendung im Konzern

Durch § 110 Abs 6 ArbVG wird eine eigenständige Definition für Konzerne geschaffen, in denen die Arbeitnehmervertreter im Aufsichtsrat der herrschenden Konzerngesellschaft durch die Konzernvertretung bzw. durch die Belegschaftsorgane des herrschenden und der beherrschten Unternehmen gemeinsam entsendet werden sollen. Dieser Konzernbegriff erfasst die Entsendung von Arbeitnehmervertretern in den Aufsichtsrat einer AG, GmbH oder Genossenschaft, die ihrerseits AG, aufsichtsratspflichtige GmbH, GmbH iSd § 29 Abs 2 Z 1 GmbHG, aufsichts- **22**

18 Vgl OGH 9 ObA 130/05s, DRdA 2008, 166 mit Anm *Putzer*.

19 Vgl dazu *Schneller/Preiss* in *Gahleitner/Mosler*, Arbeitsverfassungsrecht, Band 3, § 110 Rz 106; *Kalss* in *Baums/Ulmer*, Unternehmens-Mitbestimmung der Arbeitnehmer im Recht der EU-Mitgliedstaaten, ZHR Sonderheft 72 (2004), 95 und *Rebhahn* in *Rieble*, Zukunft der Unternehmensmitbestimmung, ZAAR Schriftenreihe Band 1 (2004), 41.

20 Vgl unten 3.2.

21 Vgl VwGH 29.10.1980, DRdA 1981, 327 = VwSlg 10.280.

ratspflichtige Genossenschaften, Europäische Gesellschaften oder Europäische Genossenschaften einheitlich leitet oder auf Grund einer unmittelbaren Beteiligung von mehr als 50 % beherrscht.

23 Fraglich ist, ob bei Fehlen einer einheitlichen Leitung tatsächlich eine unmittelbare Beherrschung zu erfolgen hat oder auch bei mittelbarer Beherrschung (im Verhältnis Großmutter zur Enkelgesellschaft) eine Entsendung in die oberste Konzerngesellschaft auch durch Betriebsräte der beherrschten Unternehmen erfolgen kann[22].

24 Der OGH hat im Zusammenhang mit **Privatstiftungen** klargestellt, dass der Begriff der einheitlichen Leitung einer Kapitalgesellschaft durch eine Privatstiftung als Voraussetzung für die Aufsichtsratspflicht nach dem gesetzlichen Schutzzweck der Arbeitnehmermitbestimmung dahin auszulegen ist, dass schon eine wenig intensive Einflussnahme in einem wichtigen Leitungsbereich (etwa im Finanzbereich) ausreicht, um eine einheitliche Leitung bejahen zu können. Die einheitliche Leitung von Enkelgesellschaften durch eine Privatstiftung als Konzernmutter könne auch mittelbar über Tochtergesellschaften der Privatstiftung erfolgen. Eine Privatstiftung könne Konzernspitze sein, wenn nicht eine unzulässige, alle wesentlichen Leitungsbereiche umfassende straffe Konzernleitung vorliegt, die dem Verbot des § 1 Abs 2 Z 1 und 2 PSG widerspreche. Die Aufsichtsratspflicht setze aber voraus, dass die Privatstiftung eine Leitungsfunktion tatsächlich ausübe, die bloße Möglichkeit dazu reiche nicht aus[23].

25 Ist in Konzernen eine Konzernvertretung errichtet, so hat diese die Arbeitnehmervertreter in den Aufsichtsrat des herrschenden Unternehmens zu entsenden (§110 Abs 6b ArbVG).

26 Ist in einem Konzern iSd § 110 Abs 6 ArbVG hingegen eine Konzernvertretung nicht errichtet, so hat ein kompliziertes Entsendungsverfahren mit entsendungsberechtigten Belegschaftsvertretungen einerseits des herrschenden Unternehmens, andererseits der beherrschten bzw. einheitlich geleiteten Unternehmen zu erfolgen[24].

27 Diese Regelungen gelten auch für herrschende Unternehmen, in denen kein Betriebsrat zu errichten ist, wenn deren Tätigkeit sich nicht nur auf die Verwaltung von Unternehmensanteilen der beherrschten Unternehmen beschränkt (sog. arbeitnehmerlose Holdings). Auch wenn diesfalls im beherrschenden Unternehmen gar kein Betriebsrat gewählt werden kann, besteht trotzdem Anspruch auf Beteiligung von Arbeitnehmervertretern aus den beherrschten Gesellschaften im Aufsichtsrat der arbeitnehmerlosen Holding.

28 Auch eine Privatstiftung kann Konzernspitze sein, wobei schon eine wenig intensive Einflussnahme in einem wichtigen Leitungsbereich (z.B. im Finanzbereich) ausreicht, um eine einheitliche Leitung bejahen zu können[25].

---

22 Vgl *Kalss* in *Doralt/Nowotny/Kalss*, Kommentar zum Aktiengesetz § 86 Rz 34 mwN

23 Vgl OGH 6 Ob 217/05p vom 1.12.2005, RdW 2006, 90.

24 Näheres zur Entsendung im Konzern vgl *Schneller/Preiss* in *Gahleitner/Mosler* (Hrsg), Arbeitsverfassungsrecht § 110 Rz 137 ff; sowie *Jabornegg* in *Strasser/Jabornegg/Resch* (Hrsg), Kommentar zum Arbeitsverfassungsgesetz § 110 ArbVG Rz 151-215.

25 Vgl OGH 01.12.2005, 6 Ob 217/05p, wbl 2006,183.

29 Die Regelungen des § 110 Abs 6 ArbVG über die Konzernentsendung kommen nach dessen letztem Satz nicht zur Anwendung, wenn das herrschende Unternehmen eine Bank oder eine Versicherungsunternehmung ist. Diese Ausnahme ist historisch dahin begründet, dass man davon ausging, dass Banken und Versicherungen bloß branchenfremde Beteiligungen verwalten würden. Da aber immer mehr genuine Bank- bzw. Versicherungstätigkeiten auch in Konzerntochtergesellschaften ausgegliedert werden, ist diese Begründung für die generelle Ausnahme von Banken und Versicherungsunternehmen bei der Konzernentsendung nicht mehr tragfähig[26].

C. Entsendung in den Aufsichtsrat/Verwaltungsrat der SE bzw. SCE

30 Vorrangig richtet sich die Frage der Entsendungsberechtigung von Arbeitnehmervertretern in Organe der SE bzw. der SCE nach den getroffenen Vereinbarungen, die auch von den gesetzlichen Auffangregelungen abweichen können. Soweit die Mitbestimmung kraft Gesetzes zur Anwendung kommt, liegt die Entsendungsberechtigung bei den in der SE, ihren Tochtergesellschaften und Betrieben bestehenden Organen zur Arbeitnehmerinteressenvertretung[27]. Die Verteilung der Arbeitnehmermandate auf die Arbeitnehmervertreter aus verschiedenen Mitgliedstaaten ist entsprechend den jeweiligen Anteilen der in den einzelnen Mitgliedstaaten beschäftigten Arbeitnehmer der SE, ihrer Tochtergesellschaften und Betriebe vorzunehmen[28].

D. Entsendungsvoraussetzungen

31 Wesentliche Eigenschaft, um ein Arbeitnehmermandat in einem Aufsichtsrat ausüben zu können, ist die Mitgliedschaft in einem und das aktive Wahlrecht zu einem Betriebsrat im Unternehmen. Die Mitgliedschaft beim Zentralbetriebsrat selbst ist nicht unbedingt erforderlich. Bei Entsendung in den Aufsichtsrat in der Konzernmuttergesellschaft reicht auch die Mitgliedschaft zu einem Betriebsrat in einem anderen Konzernunternehmen aus.

32 Da der Gesetzestext ausdrücklich auf das aktive Wahlrecht zum Betriebsrat abstellt, ist klargestellt, dass Gewerkschaftsangestellte oder Vorstandsmitglieder von Gewerkschaften, die gem § 53 Abs 4 ArbVG nur passiv in den Betriebsrat gewählt werden könnten, jedenfalls nicht berechtigt sind, Aufsichtsratsmandate als Arbeitnehmervertreter auszuüben.

---

26 Vgl auch *Jabornegg* in *Strasser/Jabornegg/Resch*, Kommentar zum ArbVG, § 110 Rz 170 sowie *Strasser*, DRdA 1994, 21.

27 Vgl § 245 ArbVG.

28 Vgl § 246 ArbVG; ähnliches gilt gem § 257 ArbVG auch im Falle der Europäischen Genossenschaften (SCE) sowie bei grenzüberschreitenden Verschmelzungen gemäß § 260f ArbVG.

E. Entsendungsverfahren

33 Die Entsendung der Arbeitnehmervertreter durch die jeweils entsendungsberechtigten Organe der Arbeitnehmerschaft erfolgen nicht durch Wahl, sondern durch Nominierung der auf einem Vorschlag einer wahlwerbenden Gruppe gewählten jeweiligen Mitglieder des entsendungsberechtigten Organs. Bei diesem Nominierungsverfahren, dem sog. d'Hondt'schen Verfahren, wird zunächst auf Basis der Anzahl der Mitglieder der jeweiligen wahlwerbenden Gruppe innerhalb des entsendungsberechtigten Organs und der Anzahl der zu entsendenden Arbeitnehmervertreter die Wahlzahl ermittelt und sodann die Entsendungsberechtigungen auf die jeweiligen wahlwerbenden Gruppen verteilt. Diese erstatten dann mit Mehrheitsbeschluss innerhalb der wahlwerbenden Gruppe einen Nominierungsvorschlag. Der Zentralbetriebsrat bzw. das jeweils entsendungsberechtigte Organ ist an diesen Nominierungsvorschlag gem § 110 Abs 2 ArbVG gebunden. Machen die wahlwerbenden Gruppen von ihrem Vorschlagsrecht nicht innerhalb von drei Monaten Gebrauch, so entsendet das entsendungsberechtigte Organ die restlichen Arbeitnehmervertreter durch Mehrheitsbeschluss in den Aufsichtsrat[29].

F. Ende der Mitgliedschaft

34 Die Dauer der Mitgliedschaft der Arbeitnehmervertreter im Aufsichtsrat ist nicht an die Funktionsperiode der Kapitalvertreter gebunden. Die Arbeitnehmervertreter im Aufsichtsrat verlieren ihre Mitgliedschaft in folgenden Fällen:

- Abberufung durch das entsendungsberechtigte Organ;
- Neuentsendung durch das neu gewählte, neu konstituierte entsendungsberechtigte Organ;
- Ausscheiden aus dem Betriebsrat;
- Rücktritt des Arbeitnehmervertreters.

35 Die Abberufung durch das entsendungsberechtigte Organ kann jederzeit auch ohne Angabe von Gründen erfolgen. Auch bei der Abberufung besteht allerdings eine Bindung an den Vorschlag der jeweils nominierungs- bzw. vorschlagsberechtigten wahlwerbenden Gruppe.

36 Im Fall der Änderung der Anzahl der Kapitalvertreter, die sich auch auf die Anzahl der Arbeitnehmervertreter auswirkt (z.B. Erhöhung der Kapitalvertreter von vier auf fünf), ist grundsätzlich eine Neuentsendung durchzuführen, dabei ist allerdings nicht eine bloß faktische, vorübergehende Veränderung der Anzahl der Kapitalvertreter von Relevanz, sondern nur eine Änderung der Anzahl der Kapitalvertreter auf Grund eines Hauptversammlungsbeschlusses[30].

37 Lediglich die Arbeitnehmervertreter im Aufsichtsrat eines herrschenden Unternehmens im Konzern gemäß § 110 Abs 6 ArbVG haben eine Funktionsperiode von 4 Jahren, wobei die Wiederwahl zulässig ist (vgl § 21 AR-VO). Die Tätigkeitsdauer beginnt mit der Feststellung des Wahlergebnisses durch den Wahlvor-

[29] Näheres zum Wahlverfahren vgl *Schneller/Preiss* in *Gahleitner/Mosler*, Arbeitsverfassungsrecht § 110, Rz 141.

[30] Vgl § 12 AR-VO.

stand oder mit Ablauf der Tätigkeitsdauer der früheren Arbeitnehmervertreter, wenn die Wahl vor diesem Zeitpunkte erfolgte.

IV. Rechtsstellung der Arbeitnehmervertreter im Aufsichtsrat

Arbeitnehmervertreter wie Kapitalvertreter treffen grundsätzlich bei ihrer Auf- **38**
sichtsratsaufgabe gleiche Rechte und Pflichten. Dieser Grundsatz wird in folgenden Bereichen durchbrochen:

- Die Arbeitnehmervertreter üben ihre Funktion ehrenamtlich aus, sie haben nur Anspruch auf Ersatz angemessener Barauslagen, aber keinen Anspruch auf Aufsichtsratsvergütung[31].
- Arbeitnehmervertreter werden auf die gem § 86 AktG festgesetzte Mindest- bzw. Höchstzahl an Aufsichtsratmitgliedern nicht angerechnet.
- Die Möglichkeit der Betrauung eines Arbeitnehmervertreters mit der Vertretung verhinderter Vorstandsmitglieder durch einen im Voraus begrenzten Zeitraum gem § 90 Abs 2 AktG wird ausdrücklich ausgeschlossen.
- Das Stimmgewicht der Arbeitnehmervertreter ist im Hinblick auf Personalentscheidungen mehrfach eingeschränkt:

Zum einen bedarf der Beschluss des Aufsichtsrates über die Bestellung und **39**
Abberufung von Vorstandsmitgliedern sowie über die Wahl des Aufsichtsratsvorsitzenden und seines ersten Stellvertreters zu ihrer Wirksamkeit, abgesehen von den allgemeinen Beschlusserfordernissen, zusätzlich der Zustimmung der Mehrheit der Kapitalvertreter im Aufsichtsrat. Dieses Erfordernis der „doppelten Mehrheit" (Mehrheit der Kapitalvertreter zuzüglich Mehrheit des Gesamtaufsichtsrates) stellt bei den angeführten Personalentscheidungen sicher, dass eine von Arbeitnehmervertretern gemeinsam mit einer Kapitalvertreterminderheit gebildete Mehrheit der Aufsichtsratsmitglieder nicht gegen den Willen der Kapitalvertretermehrheit Personalentscheidungen durchsetzen kann. Allerdings kann eine solcherart zusammengesetzte Aufsichtsratsmehrheit (Arbeitnehmervertreter plus Minderheit der Kapitalvertreter) bestimmte Personalentscheidungen zumindest verhindern.

Zum anderen ist die Rechtsstellung der Arbeitnehmervertreter auch dadurch **40**
eingeschränkt, dass diese in Aufsichtsratsausschüssen, die die Beziehungen zwischen der Gesellschaft und den Vorstandsmitgliedern behandeln, kein Recht auf Sitz und Stimme haben.[32] Da etwa der Abschluss sowie die Auflösung des Vorstandsdienstvertrages an einen Ausschuss übertragbar sind, haben Arbeitnehmervertreter in diesem Zusammenhang regelmäßig keine Mitwirkungsrechte. Jedoch ist darauf zu verweisen, dass unabhängig vom mangelnden Teilnahmerecht in einem solchen Ausschuss, die Arbeitnehmervertreter als Mitglieder des Gesamtaufsichtsrates jedenfalls Informationsrechte über das Ergebnis der Tätigkeit dieses

---

[31] Diese Ungleichbehandlung mit den Kapitalvertretern wird – mE zutreffend – vor allem auf die notwendige Unabhängigkeit vom Betriebsinhaber gestützt.

[32] Vgl *Wachter*, Die Mitwirkung der Arbeitnehmervertreter in Ausschüssen des Aufsichtsrats, ZAS 2015/12.

Ausschusses (insbesondere auch über den konkreten Vorstandsdienstvertrag oder die Auflösungsvereinbarung), haben.[33]

41 Im Hinblick auf die Novellierung von § 78 AktG, der nunmehr in Reaktion auf die Finanzkrise genauere Vorgaben für die Bemessung der Vorstandsbezüge regelt, ist es sachgerecht und notwendig, dass der Vorstandsvertrag allen Mitgliedern des Aufsichtsrates, sohin auch den Arbeitnehmervertretern, vor der Beschlussfassung über die Bestellung bekannt ist und sie die Vertragsregelung im Detail kennen. Sowohl der Dienstvertragsinhalt als auch die Vergütungsregelungen müssen den Arbeitnehmervertretern offengelegt werden.[34]

42 In Vergütungsausschüssen von Kreditinstituten nach § 39c BWG hat zumindest ein Mitglied aus dem Kreise der Arbeitnehmervertreter Sitz und Stimme. Auch hier ist demgemäß die Drittelparität durchbrochen.[35]

43 Auch bei der Frage der Einräumung von Aktienoptionsrechten an den Vorstand durch einen Aufsichtsratsausschuss muss die Drittelbeteiligung der Arbeitnehmervertreter gewährleistet sein[36].

44 Von den Verhandlungen über den Vorstandsdienstvertrag ist jedoch die organschaftliche Bestellung bzw. Abberufung zu unterscheiden: Dies ist nach herrschender Meinung nicht an den Ausschuss des Aufsichtsrates delegierbar und hat daher im Gesamtaufsichtsrat unter Mitwirkung der Arbeitnehmervertreter zu erfolgen[37].

45 Da Aufsichtsratsmitglieder, die einem Ausschuss nicht angehören, gemäß § 93 Abs 2 AktG dennoch ein Recht auf Teilnahme an Sitzungen des Ausschusses haben – wenn auch ohne Stimm- und Antragsrecht –, haben auch Arbeitnehmervertreter das Recht, an Personal- oder Vergütungsausschüssen teilzunehmen.[38]

46 Das in § 110 Abs 3 ausdrücklich erwähnte Recht, wonach auch zwei Arbeitnehmervertreter im Aufsichtsrat jederzeit vom Vorstand einen Bericht über die Angelegenheiten der Gesellschaft einschließlich ihrer Beziehung zu Konzernunternehmen verlangen können, ist seit der Novellierung des § 95 Abs 2 AktG durch das IRÄG 1997 (BGBl I. 1997/114) obsolet, da seit diesem Zeitpunkt generell zwei Aufsichtsratsmitglieder unabhängig vom Gesamtaufsichtsrat die Berichterstattung des Vorstandes an den Gesamtaufsichtsrat verlangen können (davor war dies nur drei Aufsichtsratsmitgliedern gemeinsam möglich gewesen).

---

33 Für ein solches Informationsrecht vgl. *Jabornegg* in *Strasser/Jabornegg/Resch*, Kommentar zum Arbeitsverfassungsgesetz § 110 RZ 2525 sowie *Weiss*, DRdA 1998, 101.

34 Vgl *Kalss*, Die Vergütung der Vorstandsmitglieder der Aktiengesellschaft, in FS Nowotny (2015), 356.

35 Vgl *Wachter*, Die Mitwirkung der Arbeitnehmervertreter in Ausschüssen des Aufsichtsrats, ZAS 2015/12.

36 Vgl *Jabornegg* in *Strasser/Jabornegg/Resch*, Kommentar zum Arbeitsverfassungsgesetz, § 110 Rz 96; *Kalss* in *Doralt/Nowotny/Kalss*, Kommentar zum Aktiengesetz, § 92 Rz 121f; aA Schima, GesRZ - Sonderheft 2001,71.

37 Vgl *Kalss* in *Doralt/Nowotny/Kalss*, Aktiengesetz § 92 Rz 135; *Jabornegg* in *Strasser/Jabornegg/Resch*, Kommentar zum Arbeitsverfassungsgesetz § 110 Rz 246); *Strasser* in *Jabornegg/Strasser*, AktG §§ 75,76 Rz 15, §§ 92-94 Rz 75; *Reich-Rohrwig*, wbl 1987,3.

38 Vgl. *Strasser* in *Jabornegg/Strasser*, AktG I[15], §§ 92-94 Rz 81; *Schimka* in *Kalss/Kunz*, HB AR[1] § 22 Rz 23; *Kalss* in *Doralt/Nowotny/Kalss*, AktG[2] § 93 Rz 56; *Wachter*, ZAS 2015/12.

Die Frage, ob im Falle einer Verhinderung eines Arbeitnehmervertreters dieser auch von einem Kapitalvertreter vertreten werden kann und umgekehrt, wird in der Literatur diskutiert. Ausgehend davon, dass grundsätzlich alle Aufsichtsratsmitglieder gleiche Rechte und Pflichten treffen, gehen *Reischauer*[39] sowie *Wolkerstorfer*[40] davon aus, dass eine wechselseitige Vertretung zulässig ist, während *Kastner* davon ausgeht, dass eine Vertretungsmöglichkeit nur innerhalb der Gruppe der Kapitalvertreter einerseits und der Arbeitnehmervertreter andererseits zulässig ist.[41] **47**

V. Rechte und Pflichten der Arbeitnehmervertreter

Da die Rechtsstellung der Arbeitnehmervertreter – mit den soeben unter Punkt 4 dargestellten Einschränkungen – im Wesentlichen mit jener der Kapitalvertreter gleichwertig ist, treffen Arbeitnehmervertreter grundsätzlich auch die gleichen Rechte und Pflichten wie Kapitalvertreter. Die Überwachungs- und Mitwirkungsrechte sind nach dem strengen Sorgfaltsmaßstab des Aktiengesetzes auszuüben. Die Aufsichtsratsmitglieder haben sich bei ihren Entscheidungen nach der Richtlinienbestimmung des § 70 AktG zum Wohl des Unternehmens, unter Berücksichtigung der Interessen der Aktionäre, der Arbeitnehmer und der Öffentlichkeit zu verhalten. Die Kontrolltätigkeit ist auch für die Arbeitnehmervertreter umfassend angelegt und erstreckt sich sowohl auf die Rechtmäßigkeit als auch auf die Zweckmäßigkeit und wirtschaftliche Richtigkeit sowie die sozialen Auswirkungen jeder Geschäftsführungsmaßnahme[42]. Zu Interessenkonflikten vergleiche Punkt 7. und 8., sowie zur Haftung Punkt 9. **48**

Die Arbeitnehmervertreter üben ihre Aufsichtsratsfunktion ehrenamtlich aus und haben sohin dafür keinerlei Entlohnungsanspruch. Da die Arbeitnehmervertreter aber als Arbeitnehmer der Gesellschaft (Kapitalvertreter dürfen niemals Arbeitnehmer der Gesellschaft sein) über ihren Dienstvertrag dennoch Bezüge von der Gesellschaft erhalten, kann es in Einzelfällen zu hinterfragen sein, ob allenfalls über vertragliche Sonderrechte indirekt doch eine Abgeltung der Aufsichtsratstätigkeit erfolgt. Besonders in Deutschland kam es zu Fragestellungen hinsichtlich der Beeinflussung des Stimmverhaltens der Arbeitnehmervertreter durch Gewährung finanzieller Sondervorteile, etwa im Fall Volkswagen[43]. Eine generelle Anwendbarkeit der Zustimmungserfordernisse nach § 95 Abs 5 Z 12 AktG für die Dienstverträge von Arbeitnehmervertretern im Aufsichtsrat ist jedoch abzulehnen[44]. Nur in Ausnahmefällen, etwa bei Gewährung spezifischer Sondervorteile, die in keiner Verbindung mit der Dienstleistung des Arbeitnehmervertreters **49**

---

39 *Reischauer*, ÖJZ 1990, 450.

40 *Wolkerstorfer*, Zur Vertretung von Aufsichtsratsmitgliedern nach § 95 Abs 7 AktG, wbl 2012, 607.

41 *Kastner*, Können sich Mitglieder des Aufsichtsrates der GmbH iSd § 95 Abs 6 AktG 1965 wechselseitig vertreten? GesRZ 1979, 45.

42 Vgl *Schneller/Preiss* in *Gahleitner/Mosler*, Arbeitsverfassungsrecht § 110, RZ 65 ff.

43 Vgl *Walter Doralt*, Transparenz und Kontrolle bei related party transactions: Verträge der Gesellschaft mit ihrem Aufsichtsratsmitglied, JBl 2008, 759.

44 Vgl *Walter Doralt*, aaO.

stehen, könnte eine derartige Zustimmungspflicht in Betracht gezogen werden. Generell hat die Frage der Gewährung von Sondervorteilen bei Beratertätigkeiten von Aufsichtsratsmitgliedern eine erhöhte Aufmerksamkeit, da die unabhängige und sorgfältige Ausübung der Überwachungstätigkeit bei jedem einzelnen Aufsichtsratsmitglied losgelöst von persönlichen finanziellen Abhängigkeiten gewährleistet sein sollte.

50 Sofern der Arbeitnehmervertreter gesetzwidriger Weise eine über den Ersatz der entstandenen Aufwendungen hinaus gehende Vergütung für die Aufsichtsratstätigkeit bezieht, ist eine solche auch sozialversicherungspflichtig nach § 2 Abs 1 Z 4 GSVG[45].

VI. Mitwirkungs- und Entscheidungsmöglichkeiten der Arbeitnehmervertreter

51 Aus dem unter Punkt 4. zur Rechtsstellung der Arbeitnehmervertreter im Aufsichtsrat Ausgeführten ergibt sich eine gewisse Differenzierung zwischen den Mitwirkungs- und Entscheidungsmöglichkeiten der Arbeitnehmervertreter gegenüber jenen der Kapitalvertreter. Durch die eingeschränkte Mitwirkung bei Personalentscheidungen wollte der Gesetzgeber ganz offenkundig die von den Arbeitnehmervertretern unabhängige Ausübung der Leitungs- und Dienstgeberfunktion durch den Vorstand sichern und auch die Kapitalvertreter im Aufsichtsrat vor „Majorisierung" schützen[46]. Aus dieser Sonderstellung der Arbeitnehmervertreter wird deutlich, dass trotz der grundsätzlichen Gleichstellung mit den Kapitalvertretern im Aufsichtsrat, - vom Gesetzgeber anerkannt - auch im Rahmen der Aufsichtsratsmitwirkung deutlich der Interessengegensatz zwischen Belegschaft und Betriebsinhaber durchschlägt. Die Tätigkeit der Arbeitnehmervertreter im Aufsichtsrat ist daher als Teil der betriebsverfassungsrechtlichen Mandatsausübung anzusehen, auch wenn das Stimmrecht der Arbeitnehmervertreter im Hinblick auf die sonstigen Überwachungsrechte und wirtschaftlichen Mitwirkungsmöglichkeiten im Aufsichtsrat nur durch die Drittelbeteiligung, nicht aber im Kern eingeschränkt ist.

52 Die Gleichstellung der Arbeitnehmervertreter mit den Kapitalvertretern ist insbesondere im Hinblick auf die Verantwortung jedes einzelnen Aufsichtsratsmitgliedes und damit auch jedes einzelnen Arbeitnehmervertreters für sein persönliches Stimmverhalten im Aufsichtsrat von Bedeutung: Der Arbeitnehmervertreter kann sich nicht mit dem Hinweis auf die mangelnde Mehrheit im Aufsichtsrat bzw. auf die bloße Drittelbeteiligung der Arbeitnehmer von der Verantwortung für sein konkretes Stimmverhalten befreien. Jedes Aufsichtsratsmitglied haftet für die sorgfältige persönliche Entscheidung und persönliche Stimmabgabe (vgl die Ausführungen unter 9.).

53 Auch wenn die Arbeitnehmervertreter daher bei der Auswahl und Abberufung der Vorstandsmitglieder bzw. des Aufsichtsratsvorsitzenden und des ersten Stellvertreters durch die „doppelte Mehrheit" letztlich nicht das gleichwertige Stimm-

---

[45] Vgl VwGH 2003/08/0132, ZfV 2007,99.

[46] Vgl *Marhold*, Aufsichtsratstätigkeit und Belegschaftsvertretung (1985), 226.

gewicht wie die Kapitalvertreter haben, ändert dies nichts daran, dass sie bei den relevanten Überwachungs- und Mitwirkungsaufgaben, insbesondere etwa auch im Rahmen der Mitwirkung bei zustimmungspflichtigen Geschäften, oder bei der Feststellung des Jahresabschlusses uneingeschränkte Stimmrechte und damit auch uneingeschränkt die Verantwortung für ihr Stimmverhalten haben.

Eine gewisse Differenzierung zwischen Arbeitnehmer- und Kapitalvertretern **54** ergibt sich aber etwa schon aufgrund der Tatsache, dass § 87 Abs 2 und Abs 2a AktG auf Arbeitnehmervertreter nicht anwendbar sind, sodass diese nicht der Hauptversammlung ihre Qualifikation und Integrität darlegen müssen und klarerweise auch nicht die Hauptversammlung dafür verantwortlich gemacht werden kann, dass Arbeitnehmervertreter ausreichend qualifiziert sind. Daraus kann aber nicht der Schluss gezogen werden, dass der Gesetzgeber des ArbVG Arbeitnehmervertreter im Aufsichtsrat von der Erfüllung objektivierter Qualifikations- und Sorgfaltserfordernisse befreien wollte.

Dennoch bestehen diesbezüglich gewisse Unterschiede: So ist etwa der für **55** Finanzinstitute seit 1. Jänner 2014 geltende § 28a Abs 5 BWG, der mehrere Anforderungen an Qualifikation, Vermeidung von Interessenkonflikten und zeitliche Verfügbarkeit von Aufsichtsratsmitgliedern festlegt und als Spezialvorschrift im Bereich der Finanzinstitute gilt, hinsichtlich seiner Bedeutung für die Arbeitnehmervertreter umstritten: Die Finanzmarktaufsicht geht davon aus, dass der Fit&Proper-Test auf Arbeitnehmervertreter nicht zur Anwendung komme[47]. Aufgrund der Tatsache, dass § 28a Abs 5 BWG unbeschadet anderer bundesgesetzlicher Bestimmungen gilt, verweisen die Gesetzesmaterialien hier insbesondere auf § 110 ArbVG. Die Einbeziehung von Arbeitnehmervertretern in die Überwachungstätigkeit des Aufsichtsrates hat die Wahrung von Mitwirkungsmöglichkeiten der Belegschaft im Fokus, sodass in diesem Zusammenhang eine abgestufte Behandlung jedenfalls vertretbar erscheint. Darüber hinaus wäre durch eine Einbeziehung der Arbeitnehmer in eine Prüfung durch die Finanzmarktaufsicht die Mitwirkung der Arbeitnehmerseite durch gewählte, aus dem Betrieb stammende Arbeitnehmervertreter gefährdet und damit auch die demokratische Legitimation durch die Betriebsratswahl. Durch § 28a Abs 5 Z 3 BWG ist auch klargestellt, dass die Mitglieder des Aufsichtsrates gemeinsam in der Lage sein müssen, die Geschäftstätigkeiten des jeweiligen Kreditinstitutes einschließlich damit verbundener Risiken so weit zu verstehen, dass sie die Entscheidungen der Geschäftsleitung überwachen und kontrollieren können. Durch diese Bestimmung ist damit auch klargestellt, dass durch ein möglichst vielfältige Zusammensetzung unterschiedlich qualifizierter Personen im Aufsichtsrat die Situation geschaffen werden soll, dass gemeinsam die Kontrolltätigkeit optimal ausgeführt werden kann. Dies bedeutet aber auch, dass nicht jedes Mitglied des Aufsichtsrates allein das gesamte im Aufsichtsrat erforderliche Know-how mitbringen muss. Dies ändert aber nichts daran, dass ein hoher Sorgfaltsmaßstab und eine breite Wissensbasis auch für Arbeitnehmervertreter unerlässlich sind für die Ausübung des Aufsichtsratsmandates.

---

47 Vgl kritisch dazu *Schima*, Betriebsrat über dem Gesetz? – Kein Fit&Proper-Test für Arbeitnehmervertreter in Bank-Aufsichtsräten, ÖBA 2014, 28.

VII. Spannungsfeld Unternehmenswohl versus Arbeitnehmerinteressen

56 Aus der Bindung an gesellschaftsrechtliche Vorgaben und gesellschaftsrechtliche Sorgfaltsmaßstäbe – wie etwa die Beachtung des Unternehmenswohls nach § 70 AktG einerseits und aus der betriebsverfassungsrechtlichen Belegschaftsvertretungsaufgabe andererseits – ergeben sich zahlreiche Spannungsfelder für die Ausübung des Aufsichtsratsmandates durch die Arbeitnehmervertreter:

57 Da die Aufsichtsratsmitbestimmung nach § 110 ArbVG als Teil der betriebsverfassungsrechtlichen wirtschaftlichen Mitwirkungsrechte der Belegschaft geregelt ist, ist durchaus vom Gesetzgeber gewollt, dass Betriebsratsmitglieder als Arbeitnehmervertreter im Aufsichtsrat speziell die Belegschaftsinteressen in den Vordergrund stellen[48]. Auch die Richtlinienbestimmung des § 70 AktG definiert das Wohl des Unternehmens durchaus „unter Berücksichtigung der Interessen der Aktionäre und der Arbeitnehmer, sowie der öffentlichen Interessen. Die Wahrnehmung von Partikularinteressen ist im Rahmen dieser Grundsatzbestimmung allerdings an der Verpflichtung auf das Unternehmenswohl zu relativieren. Der Gesetzgeber selbst sieht jedoch ganz offenkundig gerade keine Unvereinbarkeit zwischen Unternehmenswohl einerseits und Arbeitnehmerinteressen andererseits, sondern sieht dies im Verbund mit den Aktionärsinteressen und den öffentlichen Interessen als zu verbindende Gesichtspunkte. Dem Arbeitnehmervertreter steht daher ein entsprechender Freiraum zur zulässigen Belegschaftsvertretung, allerdings unter gesellschaftsrechtlicher Bindung und Verantwortung zu[49]. An dieser Stelle ist auch zu betonen, dass die Belegschaftsvertreter nicht nur das Recht und die Verpflichtung, Arbeitnehmerinteressen im Rahmen des Aufsichtsrates zu verfolgen, trifft, sondern auch das Recht und die Verpflichtung, ihr betriebliches know-how besonders einzubringen. Der Aufsichtsrat als Kollegialorgan soll zur Gewährleistung einer möglichst effizienten und kompetenten Überwachung und Mitwirkung diversifiziert zusammengesetzt sein und soll durch eine solche Zusammensetzung auch ein breites und fundiertes Wissen als Kollegialorgan sicherstellen. Die Betriebsräte können in diesem Zusammenhang äußerst wertvolles betriebliches Know-how einbringen. Sie sind im Regelfall mehr als jeder Kapitalvertreter in den täglichen Betriebablauf eingebunden und nicht nur berechtigt, sondern auch verpflichtet, ihr betriebliches Wissen einzubringen.

58 Da die Kapitalvertreter gemäß §§ 90 Abs 1 AktG bzw. 30e GmbHG grundsätzlich nicht gleichzeitig Angestellte der Gesellschaft sein dürfen (vgl OGH 6 Ob 174/97z = SZ 70/189), sind die Arbeitnehmervertreter als einzige in der Lage, betriebsinternes Wissen in die Aufsichtsratstätigkeit einzubringen[50]

59 Bei konstruktiver Ausübung der Mitwirkungsrechte im Aufsichtsrat können die Belegschaftsvertreter eine wirkliche Bereicherung für dieses Überwachungs-

---

48 Vgl auch *Kalss* in Kalss/Nowotny/Schauer, Österreichisches Gesellschaftsrecht, 732.

49 Vgl *Marhold*, Aufsichtsratstätigkeit und Belegschaftsvertretung, 231.

50 Zur Unwirksamkeit der Bestellung eines Arbeitnehmers der Tochtergesellschaft zum Kapitalvertreter im Aufsichtsrat der Muttergesellschaft vgl OGH 13.3.2008, 6 Ob 34/08f, ecolex 2008/195.

gremium darstellen, da sie eine Fülle von wichtigen Beobachtungen aus ihrem täglichen Arbeitsalltag einbringen, aber auch die tatsächliche Umsetzung von Aufsichtsratsbeschlüssen im Unternehmen auf Grund ihrer Anwesenheit im Betrieb entsprechend überwachen können. Aus dieser besonderen Rolle ergibt sich aber auch die aktive Pflicht, bei Wahrnehmung von Missständen oder mangelnder Befolgung von Aufsichtsratsbeschlüssen dieses Wissen im Gesamtaufsichtsrat einzubringen.

VIII. Informationsrecht versus Verschwiegenheitspflicht

Für die Sorgfaltspflicht und Verantwortlichkeit gilt für Arbeitnehmervertreter wie für Kapitalvertreter grundsätzlich § 99 AktG. Darüber hinaus regelt § 115 Abs 4 ArbVG ganz allgemein die Verschwiegenheitspflicht der Belegschaftsvertreter. Die gesellschaftsrechtliche Verschwiegenheitsverpflichtung der Aufsichtsratsmitglieder erstreckt sich allerdings auf alle vertraulichen Angaben und ist weitreichender als die betriebsverfassungsrechtliche Verschwiegenheitsverpflichtung. Relevant ist insbesondere, ob die Gesellschaft ein Geheimhaltungsinteresse hat. **60**

Auch die Arbeitnehmervertreter haben sich daher bei Fragen der Verschwiegenheit im Sinne des Unternehmenswohls zu verhalten und eine Schädigung des Unternehmens hintanzuhalten. Zu berücksichtigen ist aber, dass der Betriebsrat nach dem Arbeitsverfassungsgesetz unabhängig von einer Aufsichtsratsmitwirkung umfassende Informationsrechte in wirtschaftlichen Angelegenheiten besitzt (insbesondere §§ 108 ff). Erhält nun ein Arbeitnehmervertreter im Aufsichtsrat für das Belegschaftsinteresse maßgebliche Informationen, die er auch als Betriebsrat außerhalb der Aufsichtsratsmitwirkung erhalten hätte müssen, so ist er berechtigt, diese Informationen im Betriebsratsgremium weiterzugeben und entsprechende weitere betriebsverfassungsrechtliche Möglichkeiten auszuschöpfen, insbesondere Informationen und Beratungen vom Arbeitgeber zu verlangen. **61**

Erhält der Arbeitnehmervertreter im Aufsichtsrat darüber hinaus sonstige aus Belegschaftssicht besonders wichtige Informationen, so ist er unter Abwägung seiner betriebsverfassungsrechtlichen Aufgaben mit dem Unternehmenswohl auf der anderen Seite jedenfalls berechtigt, diese Informationen soweit erforderlich an das Betriebsratsgremium weiterzugeben. **62**

Auch bei der Information der Belegschaft selbst hat der Betriebsrat abzuwägen, wie groß das Interesse der Belegschaft am Erhalt der Information ist, ob ein solches Informationsinteresse von der Rechtsordnung als berechtigt erachtet wird einerseits und andererseits, ob für das Unternehmen ein Schaden auf Grund der Weitergabe der Information an die Belegschaft zu befürchten ist. Besteht sohin im Rahmen der betriebsverfassungsrechtlichen Mitwirkungsrechte ein sonstiger Informationsanspruch des Betriebsrates, so kann der Arbeitnehmervertreter, auch wenn er diese Informationen im Aufsichtsrat erlangt hat, nicht zur Verschwiegenheit über die Grenzen der Arbeitsverfassung hinaus verpflichtet werden[51]. Die Arbeitnehmervertreter im Aufsichtsrat haben daher jeweils im Einzelfall abzuwägen, **63**

---

51 Vgl etwa *Kalss* in *Doralt/Nowotny/Kalss*, AktG § 99, Rz 22; *Jabornegg*, DRdA 2004, 107 f; aA *Marhold*, Aufsichtsratstätigkeit und Belegschaftsvertretung, 219.

inwieweit eine Weitergabe von Informationen, die sie im Aufsichtsrat erhalten haben, im Sinne der betriebsfassungsrechtlichen Aufgaben und Informationsansprüche zulässig und für die Interessenvertretungsaufgabe auch erforderlich ist[52].

64 Die Weitergabe von Informationen an externe Sachverständige, die einzelne Aufsichtsratsmitglieder zu ihrer Beratung beiziehen, ist jedenfalls dann zulässig, wenn diese Sachverständigen auch selbst einer Verschwiegenheitsverpflichtung unterliegen (etwa Rechtsanwälte, Wirtschaftstreuhänder oder Experten von Interessenvertretungen)[53].

65 Eine Weitergabe von im Aufsichtsrat erlangten Informationen an außenstehende Dritte muss unter einem wesentlich erhöhten Sorgfaltsmaßstab geprüft werden, da dadurch einerseits wesentlich größerer Schaden im Untenehmen entstehen kann, andererseits außenstehende Dritte auch nicht selbst einer gesetzlichen Verschwiegenheitsverpflichtung unterliegen und damit eine Weiterverbreitung nicht hintangehalten werden bzw. sanktioniert werden kann. Diesfalls muss eine Interessenabwägung zwischen dem Geheimhaltungsinteresse der Gesellschaft einerseits und der Interessenvertretungsaufgabe des Betriebsrates bzw. Arbeitnehmervertreters im Aufsichtsrat andererseits ein eindeutiges Überwiegen der Arbeitnehmerinteressen und eine dringende Erforderlichkeit der Weitergabe an außenstehende Dritte ergeben[54].

66 Auch Arbeitnehmervertreter im Aufsichtsrat haben kapitalmarktrechtliche Verschwiegenheitsverpflichtungen einzuhalten, insbesondere gilt auch für Arbeitnehmervertreter das Verbot des Missbrauches von Insiderinformationen (vgl § 48b BörseG).

67 Zusammenfassend kann man mit Jabornegg von einer maßvollen Durchbrechung der Verschwiegenheitspflichtungen zu Gunsten der Arbeitnehmerinteressenvertretung sprechen[55]. Die Mitwirkung der Arbeitnehmervertreter im Aufsichtsrat ist als Teil der gesetzlich verankerten Interessenvertretungsaufgabe der Belegschaftsfunktionäre zu werten und ist daher auch das Maß der Verschwiegenheitsverpflichtung immer in Relation zur Interessenvertretungsaufgabe abzuwägen.

IX. Sorgfaltsmaßstab und Haftung der Arbeitnehmervertreter

68 Der Sorgfaltsmaßstab für die Aufgabenerfüllung im Aufsichtsrat ist grundsätzlich für Kapitalvertreter und Arbeitnehmervertreter gleich: Sie haben bei ihrer Überwachungstätigkeit das Wohl des Unternehmens unter Berücksichtigung der

[52] Vgl *Jabornegg*, Zu Verschwiegenheitspflicht der Arbeitnehmervertreter im Aufsichtsrat, DRdA 2004,107ff.

[53] Vgl *Kalss* in *Doralt/Nowotny/Kalss*, AktG § 99, Rz 33; *Strasser* in *Jabornegg/Strasser*, AktG[4], §§ 92 bis 94, RZ 43; *Geppert/Moritz*, Gesellschaftsrecht für Aufsichtsräte, 416.

[54] Vgl *Schneller/Preiss* in *Gahleitner/Mosler*, § 110, Rz 62 sowie *Gahleitner* in *Gahleitner/Mosler*, Arbeitsverfassungsrecht, Band 2, § 38, Rz 6; ähnlich *Kalss* in *Doralt/Nowotny/Kalss*, AktG, § 99, RZ 34.

[55] Vgl *Jabornegg* in *Strasser/Jabornegg/Resch*, Kommentar zum Arbeitsverfassungsgesetz § 110 Rz 271.

Interessen der Aktionäre, der Arbeitnehmer und der Öffentlichkeit zu beachten. Sie haben bei ihrer Tätigkeit die Sorgfalt eines ordentlichen und gewissenhaften Geschäftsleiters iSd §§ 99 iVm 84 AktG bzw. §§ 33 iVm 25 GmbHG zu beachten. Dieser hohe Sorgfaltsmaßstab ist aber daran zu relativieren, dass der Aufsichtsrat in der österreichischen Ausprägung eine Nebentätigkeit darstellt, die im Regelfall nicht annähernd mit der Intensität eines Full-Time-Jobs ausgeübt werden kann. Dennoch ist der von der Judikatur angelegte Sorgfaltsmaßstab außerordentlich streng:

Nach einer älteren Leitentscheidung haftet jedes einzelne Aufsichtsratsmitglied für den Mangel „jener Sorgfalt, die man von einem ordentlichen und gewissenhaften Aufsichtsratsmitglied nach der besonderen Lage des Einzelfalles verlangen kann, d.h. von einem Menschen, der in geschäftlichen und finanziellen Dingen ein größeres Maß an Erfahrung und Wissen besitzt als ein durchschnittlicher Kaufmann und die Fähigkeit hat, schwierige rechtliche und wirtschaftliche Zusammenhänge zu erkennen und ihre Auswirkungen auf die Gesellschaft zu beurteilen“[56]. **69**

Nach einer jüngeren Entscheidung hat jedes einzelne Aufsichtsratsmitglied in der Lage zu sein, die ihm von anderen – also etwa von der Geschäftsführung oder von Sachverständigen – gelieferten Informationen zu verstehen und sachgerecht zu würdigen und muss daher über eine das Durchschnittsniveau übersteigende, besondere intelligenzmäßige Kapazität verfügen[57]. **70**

Neben der besonderen Intelligenz ist auch der notwendige Fleiß erforderlich, um eine effiziente Kontrolle der Geschäftsführung zu gewährleisten. Der Arbeitnehmervertreter im Aufsichtsrat muss die Fähigkeit haben, die Vorgänge im Unternehmen sachgerecht zu beurteilen und aus den Berichten der Geschäftsführung die richtigen Schlüsse für die Unternehmensentscheidungen zu ziehen. Wesentlich ist, dass auch pflichtwidrige Inaktivität zur Haftung führen kann: die Aufsichtsratsmitglieder haben dafür zu sorgen, dass die notwendige Anzahl von Aufsichtsratssitzungen abgehalten werden und die relevanten Unterlagen zur Verfügung gestellt werden, damit die erforderlichen Beschlüsse gefasst werden können. Hiezu haben auch die einzelnen Aufsichtsratsmitglieder entsprechende Anträge zu stellen, wenn der Aufsichtsratsvorsitzende pflichtwidrig seinen Aufgaben nicht nachkommt. **71**

Auch die Branche, Größe und Marktposition des jeweiligen Unternehmens sind bei der Definition der konkreten Anforderungen an die Eigenschaften von Aufsichtsratsmitgliedern bestimmend. Für Aufsichtsratsmitglieder einer Bank gelten daher andere Auswahlkriterien als etwa für Aufsichtsratsmitglieder einer Spedition oder eines Bauunternehmens. **72**

Definitionsgemäß kann auch die Haftung des Aufsichtsrates nie weiter reichen als die Haftung der Geschäftsführung bzw. des Vorstandes. Wesentlich ist, dass keine Erfolgshaftung der Aufsichtsratsmitglieder besteht. Das Treffen von wirtschaftlichen Entscheidungen ist regelmäßig mit einem entsprechenden Risiko verbunden. Führt eine Geschäftsidee oder eine Entscheidung des Aufsichtsrates letzt- **73**

---

56 Vgl OGH 5 Ob 306/76, JBl 1978, 158.

57 Vgl OGH 1 Ob 144/01k, RdW 2002, 342.

lich nicht zum Erfolg, so ist dies dem Aufsichtsrat dann nicht anzulasten, wenn er im Zeitpunkt der Entscheidung branchen-, größen- und situationsgemäß gehandelt hat und alle ex ante zu beachtenden Risken sorgfältig abgewogen hat.

74 So kann etwa auch eine Entscheidung im Rahmen pflichtgemäßer Ermessensausübung vorliegen, wenn ein Aufsichtsrat beschließt, einem soeben suspendierten Vorstand im Rahmen einer einvernehmlichen Auflösung eine freiwillige Abfindung zu gewähren, wenn der Aufsichtsrat es als dem Unternehmensinteresse dienlich ansieht, wenn das Ausscheiden des Vorstandes ohne Rechtsstreitigkeiten und mit einer reibungslosen Übergabe sichergestellt wird und damit negative Einflüsse auf den Aktienkurs vermieden werden können. Der Aufsichtsrat hat dabei die Unternehmensgröße, die Ertragslage, die Prozesskostenfrage und allfällige Einflüsse auf den Aktienkurs in die Abwägung einzubeziehen[58].

75 Hinsichtlich des Haftungsmaßstabes hat der OGH ausgesprochen, dass sich der Aufsichtsrat bezüglich der Ordnungsmäßigkeit des Jahresabschlusses auf das Prüfungsergebnis des Abschlussprüfers verlassen dürfe, wenn kein besonderer Grund zu Bedenken vorliege und wenn er aufgrund des Berichts oder sonstiger Umstände die Überzeugung gewonnen hat, dass unparteiisch und gewissenhaft geprüft wurde. Der Aufsichtsrat habe sich aufgrund der Prüfergebnisse mit der Bilanzpolitik der Geschäftsführung auseinanderzusetzen, insbesondere mit Fragen der Wirtschaftlichkeit, Zweckmäßigkeit und Sparsamkeit. Wenn also etwa die Jahresabschlüsse einer Bank nicht nur durch Wirtschaftsprüfer und die Bankenaufsicht geprüft wurden, sondern auch Prüfungen durch die österreichische Nationalbank, das Finanzministerium und weitere Wirtschaftsprüfungskanzleien mit stets positivem Ergebnis erfolgt seien, so bleibe nur der Schluss, dass das Erkennen der wahren Situation (aufgrund der späteren Insolvenz der Bank) überdurchschnittliche Fähigkeiten und Untersuchungen erfordert hätte, die von Aufsichtsratsmitgliedern im Lichte der ihnen bekannten Prüfgutachten nicht verlangt werden konnten[59].

76 Wichtig ist, dass jedes Aufsichtsratsmitglied und damit auch jeder Arbeitnehmervertreter für seine persönliche Entscheidung und für sein persönliches Stimmverhalten haftbar und verantwortlich ist. Daher besteht auch keinerlei Bindung der einzelnen Arbeitnehmervertreter im Aufsichtsrat an Weisungen des entsendungsberechtigten Organs[60].

77 In der Praxis ist besonders wichtig, dass Arbeitnehmervertreter ihr sorgfältiges Handeln auch ausreichend dokumentieren. Hierzu ist auch erforderlich, dass etwa kritische Fragen und das Beschlussverhalten in den Aufsichtsratsprotokollen entsprechend klar wiedergegeben wird. Auch sollten Arbeitnehmervertreter den in der Praxis häufig vorkommenden Wunsch von Aufsichtsratsvorsitzenden, gerade heikle Beschlüsse einstimmig zu fassen, nicht unkritisch erfüllen, sondern vielmehr bei jedem Beschlussgegenstand eine gewissenhafte persönliche Entscheidung treffen, wie sie ihr Stimmrecht ausüben.

---

58 Vgl OGH 7 Ob 58/08t vom 11.6.2008, RdW 2008/79.

59 Vgl OGH 8 Ob 262/02s vom 22.5.2003, ecolex 2003/313.

60 Vgl *Strasser* in *Jabornegg/Strasser*, AktG, §§ 98, 99, RZ 42 sowie *Schneller/Preiss* in *Gahleitner/Mosler*, § 110, Rz 71.

Für den Fall, dass der Arbeitnehmervertreter keine ausreichende Informationslage oder Entscheidungsgrundlage für eine Beschlussfassung vorfindet, sollte auch eine Stimmenthaltung mit entsprechend protokollierter Begründung als sinnvolle Vorgangsweise in Betracht gezogen werden. Auch Stimmenthaltungen können allerdings eine Mitverantwortung für die getroffenen Beschlüsse begründen, da durch Stimmenthaltungen auch eine Minderheit der Aufsichtsratsmitglieder sich mit ihrer Meinung durchsetzen kann. **78**

Die Arbeitnehmervertreter haben auch das Recht, **Sachverständige** zur Beratung beizuziehen, soferne diese einer berufsrechtlichen Verschwiegenheitspflicht unterliegen bzw. eine entsprechende vertragliche Vereinbarung zur Verschwiegenheit getroffen wird.[61] **79**

Die Arbeitnehmervertreter haften sohin grundsätzlich persönlich für ihr jeweiliges Abstimmungsverhalten. Auch von Arbeitnehmervertretern ist ein hohes Ausmaß an Kenntnissen und Fähigkeiten zu verlangen, wobei jedoch durchaus zu berücksichtigen ist, dass die Arbeitnehmervertreter vor allem durch ihre Kenntnisse der tatsächlichen betrieblichen Verhältnisse einen wertvollen Beitrag zur Aufsichtsratsarbeit leisten können. Insbesondere müssen auch Arbeitnehmervertreter als Aufsichtsratsmitglieder alle für die Überwachungsaufgaben des Aufsichtsrates bedeutsamen Informationen an den Gesamtaufsichtsrat weitergeben, selbst wenn sie diese Informationen außerhalb der Aufsichtsratstätigkeit erlangt haben[62]. **80**

In prozessualer Hinsicht ist zu bemerken, dass in einem Aufsichtsratshaftungsprozess[63] der den Aufsichtsrat belangende Masseverwalter auch die Arbeitnehmervertreter in gleicher Weise wie die Kapitalvertreter vor dem Handelsgericht auf Schadenersatz klagte. Auf Antrag der Arbeitnehmervertreter wurde jedoch das Verfahren wegen sachlicher Unzuständigkeit an das Arbeits- und Sozialgericht überwiesen: Die Arbeitnehmervertreter hatten argumentiert, dass es sich bei einer Haftungsklage gegen Arbeitnehmervertreter um eine Rechtsstreitigkeit aus dem II. Teil der Betriebsverfassung handle und solche Streitigkeiten daher vor dem Arbeits- und Sozialgericht zu führen sind. Dies hatte im konkreten Fall zur Folge, dass die Verfahren gegen die Arbeitnehmervertreter aus dem Hauptverfahren ausgeschieden und bis zur endgültigen Entscheidung der Verfahren gegen die Kapitalvertreter unterbrochen werden konnten. Da letztlich der Masseverwalter mit seinem Schadenersatzbegehren auch gegen die Kapitalvertreter nicht durchdrang, wurden die Verfahren gegen die Arbeitnehmervertreter nicht mehr fortgesetzt. Auf diese Weise konnte das Verfahrensrisiko der Arbeitnehmervertreter bestmöglich minimiert werden. Da in diesem Fall gegen die Überweisung der Klage an das Arbeits- und Sozialgericht Wien kein Rechtsmittel erhoben wurde, ist aber offen, ob die vom Handelsgericht Wien sowie von den Arbeitnehmervertretern vertretene Rechtsansicht auch vom Obersten Gerichtshof geteilt würde[64]. **81**

---

61 Vgl *Kalss* in *Kalss/Kunz*, AR-HB § 16 Rz 19; *Strasser* in *Jabornegg/Strasser*, AktG[5], §§ 92-94 Rz 43.

62 So auch Landesgericht Dortmund AG 2002, 97, 99 (Harpener Omni II).

63 OGH 1 Ob 144/01k, RdW 2002,342.

64 Für die Zuständigkeit des ASG auch *Alversammer*, DRdA 2001, 239; *Jabornegg*, ArbVG-Kommentar, § 110, RZ 261; aA *Kalss* in *Doralt/Nowotny/Kalss*, AktG, § 99, RZ 4.

82 Der OGH hat in seiner Entscheidung zu 1 Ob 144/01k klargestellt, dass die Aufsichtsräte zwar grundsätzlich dem gleichen Sorgfaltsmaßstab unterliegen wie Vorstände und Geschäftsführer, die Aufsichtsratsmitglieder aber nicht die gleichen Pflichten im Unternehmen treffen. Die Überwachungspflichten des Aufsichtsrates sind mit den Handlungspflichten des Vorstandes bzw. Geschäftsführers nicht vergleichbar. Vorstände und Geschäftsführer haben als Verantwortliche für die Führung des Unternehmens wesentlich intensivere Kenntnisse, umfangreichere Informationen und auch Verantwortungen. Die Aufsichtsratstätigkeit ist grundsätzlich eine nebenberufliche und geht das gesetzgeberische Konzept daher – zu Recht – nicht davon aus, dass der Aufsichtsrat die Angelegenheiten der Gesellschaft in gleicher Weise durchdringen müsste, wie etwa Vorstand oder Geschäftsführer. Dennoch müssen Aufsichtsratsmitglieder über ausreichendes Wissen und Erfahrung verfügen, um die Überwachungsaufgabe, die ihnen übertragen wurde, kompetent zu erfüllen. Der Aufsichtsrat ist auch berechtigt, bei seiner Überwachungsaufgabe auf know-how und Kompetenz von externen Experten zurückzugreifen und kann auch Gutachten von Wirtschaftsprüfern oder anderen Experten miteinbeziehen.

83 Bei der Beurteilung des Umfangs der Sorgfaltspflicht ist im Besonderen auf die Branche des Unternehmens und auf sonstige Faktoren, wie etwa die Unternehmensgröße, die Marktposition und ähnliche Umstände abzustellen.

84 Nachteile aus dem allgemeinen Unternehmerrisiko hat aber die Gesellschaft und nicht das jeweilige Organmitglied zu tragen[65].

85 Die Anwendbarkeit des Dienstnehmerhaftpflichtgesetzes und der darin normierten Beschränkungen der Ersatzpflicht von Arbeitnehmern wird im Zusammenhang mit der Aufsichtsratstätigkeit von Arbeitnehmervertretern vom Obersten Gerichtshof und von der herrschenden Meinung abgelehnt[66].

86 Dirschmied vertritt demgegenüber, dass das Dienstnehmerhaftpflichtgesetz anwendbar sein soll[67].

87 Um eine Haftung zu begründen muss zunächst ein Schaden vom Aufsichtsratsmitglied verursacht worden sein. Das Aufsichtsratsmitglied muss pflichtwidrig gehandelt haben oder allenfalls pflichtwidrig eine Handlung unterlassen haben und dieses Verhalten bzw. diese Unterlassung muss kausal für den Schadenseintritt sein. In seiner Entscheidung vom 26.2.2002, 1 Ob 144/01k, RdW 2002, 342, hat der OGH allerdings festhalten, dass auch bei pflichtwidrigem Verhalten des Aufsichtsrates (etwa Nichtabhalten von Aufsichtsratssitzungen, Nichtaufforderung der Geschäftsführung zur Einleitung eines Insolvenzverfahrens, Nichteinberufung einer außerordentlichen Generalversammlung) dennoch keine Haftung eintritt, wenn auch bei rechtmäßigem Verhalten der Schaden nicht abzuwenden gewesen wäre. Ist daher davon auszugehen, dass auch bei Einberufung einer außerordent-

---

65 Vgl OGH 26.2.2002, 1 Ob 144/01k.

66 *Kalss* in *Doralt/Nowotny/Kalss*, Kommentar zum AktG, § 99 Rz 3; *Strasser* in *Jabornegg/Strasser*, AktG, §§ 98, 99, RZ 42; differenzierend *Jabornegg* in *Strasser/Jabornegg/Resch*, Kommentar zum ArbVG, § 110 Rz 256

67 *Dirschmied*, Dienstnehmerhaftpflichtgesetz, (1992) Erl 7.3; vgl auch *Reischauer*, DRdA 1978,195.

lichen Generalversammlung und Aufforderung an den Geschäftsführer, ein Insolvenzverfahren einzuleiten, dies unterblieben wäre, da der Eigentümer spezifische Interessen verfolgte, so kann der Aufsichtsrat auch von einem späteren Insolvenzverwalter nicht haftbar gemacht werden.

Im Verfahren hat grundsätzlich die Gesellschaft (oder im Rahmen einer Insol- **88**
venz der Insolvenzverwalter) bei einer Inanspruchnahme der Aufsichtsratsmitglieder den Schaden und die Verursachung des Schadens durch das Aufsichtsratsmitglied zu beweisen und muss auch Tatsachen vorbringen, die den Schluss auf eine Pflichtwidrigkeit des Aufsichtsratsmitgliedes nahelegen. Das belangte Aufsichtsratsmitglied hat sodann zu beweisen, dass es pflichtgemäß und nicht schuldhaft gehandelt hat[68].

[68] Vgl auch OGH vom 22.5.2003, 8 Ob 262/02s.

II. Aufgaben des Aufsichtsrats

Aufgaben des Aufsichtsrats

Stephan Frotz und Paul Schörghofer

§§: 74, 75, 78 Abs 1, 79, 80, 92, 93 Abs 1, 95, 96, 104, 196, 197, 201 AktG; 20, 24, 30g, 30h Abs 1, 30j, 30k, 30l, 41, 42 GmbHG; 270 UGB; L-Regel 32, C-Regeln 34, 37 ÖCGK

Literatur

Ö: *Ahammer/Balzar/Gedlicka/Kerschbaumer/Löffler/Nayer/Schirmbrand*, Neue Aufgaben für den Aufsichtsrat, Sonderheft AR aktuell 2008, 4; *Cernicky*, Die Vertretung der Aktiengesellschaft gegenüber Vorstandsmitgliedern, GesRZ 2002, 179; *Eckert/Gassauer-Fleissner*, Überwachungspflichten des Aufsichtsrats im Konzern, GeS 2004, 416; *Feltl/Pucher*, Corporate Compliance im österreichischen Recht – Ein Überblick, wbl 2010, 265; *G. Frotz*, Grundsätzliches zu den Rechten und Pflichten des Aufsichtsrates und seiner bestellten und entsendeten Mitglieder, ÖZW 1978, 44; *Kalss*, Das Interne Kontrollsystem (IKS) als Angelpunkt der Corporate Governance in Kapitalgesellschaften, in FS Krejci (2001) 699; *Kalss/Oelkers*, Der Aufsichtsrat in der Krise, AR aktuell 2006, 6; *Kalss/Schörghofer*, Corporate Compliance und Gesellschaftsrecht, in *Lucius/Oppitz/Pachinger*, Compliance im Finanzdienstleistungsbereich (2010) 9; *Manfreda*, Ausformung des Internen Kontrollsystems bei Kapitalgesellschaften, RWZ 1999, 271; *Milla/Vcelouch-Kimesweger/Weber*, Unternehmensrechts-Änderungsgesetz 2008 (2008); *Napokoj*, Risikominimierung durch Corporate Compliance (2010); *Pucher*, Geschäftsordnung des Vorstands der Aktiengesellschaft, RdW 2010/486, 464; *Reich-Rohrwig*, Wann vertritt der Aufsichtsrat die Aktiengesellschaft gegenüber Vorstandsmitgliedern? wbl 1987, 299; *Runggaldier/Schima*, Die Rechtsstellung von Führungskräften (1991); *Runggaldier/Schima*, Manager-Dienstverträge[4] (2014); *Schima*, Gestaltungsfragen bei Vorstandsverträgen in der AG, ecolex 2006, 452; *Schirmer/Uitz*, Rechtliche Aspekte der Unternehmensführung, in *Barbist/Ahammer*, Compliance in der Unternehmenspraxis[2] (2015) 7; *Terlitza*, Zur Abberufung des Vorstandsmitglieds einer AG aus wichtigem Grund, GesRZ 2003, 270; *Urlesberger/Haid*, Compliance Programme, ecolex 2007, 363.

Dtl: *Bachmann*, Besprechung von Leyens, Information des Aufsichtsrats, RabelsZ 2008, 796; *Bachmann*, Compliance. Rechtsgrundlagen und offene Fragen, in *VGR*, Gesellschaftsrecht in der Diskussion 2007 (2008) 65; *Fleischer*, Aktuelle Entwicklungen der Managerhaftung, NJW 2009, 2337; *Fleischer*, Handbuch des Vorstandsrechts (2006); *Leyens*, Information des Aufsichtsrats (2006); *Lösler*, Spannungen zwischen der Effizienz der internen Compliance und möglichen Reporting-Pflichten des Compliance-Officers, WM 2007, 676; *Lutter*, Zivilrechtlich korrekt und doch strafbar? Das kann nicht sein, NZG 2010, 601; *Lutter*, Aufsichtsrat und Sicherung der Legalität im Unternehmen, in FS Hüffer (2010) 617; *Lutter*, Besprechung von Leyens, Information des Aufsichtsrats, JZ 2007, 835; *Merkt*, Besprechung von Leyens, Information des Aufsichtsrats, NJW 2007, 1862; *Reichert/Ott*, Non Compliance in der AG – Vorstandspflichten im Zusammenhang mit der Vermeidung, Aufklärung und Sanktionierung von Rechtsverstößen, ZIP 2009, 2173; *Rodewald/Unger*, Kommunikation und Krisenmanagement im Gefüge der Corporate Compliance-Organisation, BB 2007, 1629; *Semler*, Der Aufsichtsrat – Die Karriere einer Einrichtung, NZG 2013, 771; *U.-H. Schneider*, Compliance als Aufgabe der Unternehmensleitung, ZIP 2003, 645; *Winter*, Die Verantwortlichkeit des Aufsichtsrats für „Corporate Compliance", in FS Hüffer (2010) 1103.

Gliederung **Rz**

I. Vorbemerkung

1 Die folgenden Ausführungen bieten einen Überblick über die **wichtigsten Aufgaben** des Aufsichtsrats in der AG bzw GmbH:

2 Im Einzelnen wird auf die Personalhoheit des Aufsichtsrats (siehe *Schima*, Rz 17/1 ff), dessen Überwachungsfunktion, den Erlass einer Geschäftsordnung für den Vorstand/die Geschäftsführer, die dem Aufsichtsrat zukommende Beratungsfunktion, die ihm obliegenden Stellungnahmen und Beanstandungen, zustimmungspflichtige Geschäfte (siehe *Briem*, Rz 12/1 ff), die Einberufung von

Hauptversammlung und Generalversammlung, die Mitwirkung des Aufsichtsrats an der Feststellung des Jahresabschlusses einschließlich der Zusammenarbeit mit dem Abschlussprüfer, die Beschränkung der Vertretungsbefugnis des Vorstands/der Geschäftsführer und die Vertretung der Gesellschaft gegenüber Mitgliedern des Vorstands/Geschäftsführern und die Aufgaben des Aufsichtsrats in Anfechtungs- und Nichtigkeitsverfahren sowie im Zusammenhang mit Umgründungen und Kapitalmaßnahmen eingegangen. Abschließend wird die Selbstorganisation des Aufsichtsrats dargestellt.

Zu den Aufgaben des Aufsichtsrats bei **Unternehmensübernahmen** und **Anteilserwerben** an der Gesellschaft siehe *Hödl*, Rz 33/1 ff. 3

Der Aufsichtsrat hat für bestimmte Aufgaben **Ausschüsse** zu bilden (siehe *Schimka*, Rz 29/1 ff). Zur Frage, welche Aufgaben des Aufsichtsrats einem Ausschuss übertragen werden können, siehe *Schimka*, Rz 29/1 ff. 4

Der Aufsichtsrat kann insofern als **Innenorgan** bezeichnet werden, als ihm zum Großteil gesellschaftsinterne Aufgaben zukommen.[1] Die Repräsentation der Gesellschaft nach Außen ist grundsätzlich Sache des Leitungsorgans, also des Vorstands in der AG bzw der Geschäftsführung in der GmbH. In einzelnen Situationen tritt der Aufsichtsrat aber sehr wohl im Außenverhältnis auf. So etwa im Rahmen seiner Personalhoheit oder bei der Vertretung der Gesellschaft gegenüber Mitgliedern des Vorstands nach § 97 AktG bzw der Geschäftsführung nach § 30l GmbHG. 5

Neben seiner zentralen Überwachungsaufgabe ist die Personalkompetenz im Hinblick auf den Vorstand aufgrund ihrer Wirkungsmacht als wesentliche Aufgabe des Aufsichtsrats (einer AG) zu nennen.[2] Sie ist nicht nur ein Überwachungsinstrument, sondern ermöglicht es dem Aufsichtsrat darüber hinaus auch, Einfluss auf die Unternehmensführung zu nehmen.[3] 6

II. Personalhoheit des Aufsichtsrats

A. Allgemeines

Der Aufsichtsrat einer AG übt die **Personalhoheit über den Vorstand** aus. Ihm obliegen die Bestellung (*Schima*, Rz 17/1 ff) sowie die Abberufung des Vorstands, die Ernennung eines Vorstandsvorsitzenden und der Widerruf der Ernennung sowie der Abschluss, die Gestaltung sowie die Auflösung des Vorstandsvertrags. Weiters kann der Aufsichtsrat Mitglieder des Vorstands suspendieren. Schließlich ist auf die Erteilung einer Ausnahmebewilligung vom Wettbewerbsverbot sowie die Aufgaben des Aufsichtsrats im Zusammenhang mit der Bestellung des Abschlussprüfers einzugehen. 7

Anderes gilt für die **GmbH**. Hier werden die Bestellung und Abberufung der Geschäftsführer zwingend von den Gesellschaftern vorgenommen (siehe *Heidinger*, Rz 40/1 ff). Im Gesellschaftsvertrag oder durch Beschluss der Gesellschafter 8

[1] Vgl etwa *Lutter/Krieger/Verse*, Rechte und Pflichten[6] § 1 Rz 40.
[2] Vgl etwa *Semler*, NZG 2013, 771 (772 f).
[3] Vgl *Lutter/Krieger/Verse*, Rechte und Pflichten[6] § 7 Rz 331.

kann der Aufsichtsrat einer GmbH jedoch mit dem Abschluss des Geschäftsführeranstellungsvertrags betraut werden.[4]

B. Bestellung des Vorstands

9 Nach § 75 Abs 1 Satz 1 AktG werden die Mitglieder des Vorstands durch den Aufsichtsrat **bestellt**. Die Auswahl der Vorstandsmitglieder ist eine der wichtigsten Aufgaben des Aufsichtsrats, weil damit Ausrichtung und Stil der Unternehmensleitung festgelegt werden.[5] Der Aufsichtsrat hat die zur Verfügung stehenden Kandidaten eingehend darauf zu prüfen, ob die betreffenden Personen die zur Führung des Unternehmens der Gesellschaft erforderlichen fachlichen und menschlichen Fähigkeiten aufweisen.[6] Desweiteren ist darauf zu achten, dass die in Aussicht genommenen Personen im Vorstand optimal zusammenarbeiten können. Insgesamt geht es darum, die für die konkrete Vorstandstätigkeit in der betreffenden Gesellschaft bestqualifizierten Personen, und zwar sowohl individuell als auch in ihrem Zusammenwirken im Kollegialorgan Vorstand, auszusuchen und zu bestellen.[7] Diese Entscheidung erfordert naturgemäß eine genaue Vorstellung darüber, welchen Weg das Unternehmen der Gesellschaft kurz-, mittel- und langfristig nehmen soll. Sowohl hiezu als auch zur erforderlichen Qualifikation der Vorstandsmitglieder sowie zur Eignung der für die Vorstandsfunktion in Betracht kommenden Personen hat sich der Aufsichtsrat – allenfalls auch unter Hinzuziehung externer Berater – eine fundierte Meinung zu bilden.[8]

10 Werden mehrere Personen zu Vorstandsmitgliedern bestellt, kann der Aufsichtsrat ein Mitglied zum **Vorsitzenden des Vorstands** ernennen (§ 75 Abs 3 AktG; siehe näher zur Bestellung des Vorstands einer AG *Schima*, Rz 17/1 ff).

C. Abschluss, Gestaltung und Auflösung des Vorstandsvertrags

11 Von der organschaftlichen Bestellung ist das zwischen der AG und dem Vorstandsmitglied im Regelfall bestehende schuldrechtliche **Anstellungsverhältnis** zu unterscheiden.[9] Dessen Begründung und Auflösung liegen in der alleinigen Kompetenz des Aufsichtsrats, der deshalb auch die Bezüge des Vorstandsmitglieds und die sonstigen vertraglichen Konditionen für die AG verhandelt und festlegt.[10] Nach § 78 Abs 1 Satz 1 AktG hat der Aufsichtsrat dafür zu sorgen, dass die Gesamtbezüge der Vorstandsmitglieder („*Gehälter, Gewinnbeteiligungen, Aufwandsentschädigungen, Versicherungsentgelte, Provisionen, anreizorientierte*

---

4 *Nowotny* in *Kalss/Nowotny/Schauer*, Gesellschaftsrecht Rz 4/153 mwN.

5 *Kalss* in *Kalss/Nowotny/Schauer*, Gesellschaftsrecht Rz 3/255.

6 *Runggaldier/Schima*, Rechtsstellung von Führungskräften 62.

7 Vgl *V. Schenck* in *Semler/v.Schenck*, Arbeitshandbuch4 § 1 Rz 59.

8 *Lutter/Krieger/Verse*, Rechte und Pflichten6 § 7 Rz 342.

9 *Kalss* in *Kalss/Nowotny/Schauer*, Gesellschaftsrecht Rz 3/283; *Runggaldier/Schima*, Rechtsstellung von Führungskräften 68; *Strasser* in *Jabornegg/Strasser*, AktG5 §§ 75, 76 Rz 75.

10 *Kittel*, Handbuch 221.

Vergütungszusagen und Nebenleistungen jeder Art“) in einem angemessenen Verhältnis zu den Aufgaben und Leistungen des einzelnen Vorstandsmitglieds, zur Lage der Gesellschaft und zu der üblichen Vergütung stehen und langfristige Verhaltensanreize zur nachhaltigen Unternehmensentwicklung setzen.[11] Der Aufsichtsrat hat damit in Bezug auf den Vorstand eine gesetzlich verankerte **Vergütungskontrollkompetenz** (siehe näher zum Abschluss, der Gestaltung sowie der Auflösung des Vorstandsvertrags in der AG *Schima*, Rz 17/1 ff).[12]

D. Suspendierung von Vorstandsmitgliedern

12 Die **Suspendierung** von Vorstandsmitgliedern durch den Aufsichtsrat ist gesetzlich nicht ausdrücklich vorgesehen. Dennoch anerkennen Lehre[13] und Judikatur[14] innerhalb gewisser Schranken eine vorläufige Amtsenthebung (siehe näher zur Suspendierung von Vorstandsmitgliedern einer AG *Schima*, Rz 17/1 ff).

E. Abberufung des Vorstands

13 Nach § 75 Abs 4 Satz 1 AktG kann der Aufsichtsrat die Bestellung zum Vorstandsmitglied und die Ernennung zum Vorsitzenden des Vorstandes bei Vorliegen eines wichtigen Grundes **widerrufen**. Der Aufsichtsrat handelt bei der Entscheidung über die Abberufung des Vorstands in Ausübung seiner allgemeinen Kontroll- und Überwachungsfunktion und ist hiebei dem Unternehmenswohl verpflichtet.[15] Das bedeutet, dass der Vorstand im Interesse der Gesellschaft dazu verpflichtet ist, die Bestellung von Vorstandsmitgliedern bei Vorliegen eines Abberufungsgrundes auch tatsächlich (möglichst rasch) zu widerrufen.

F. Erteilung einer Ausnahmebewilligung vom Wettbewerbsverbot

1. § 79 AktG

14 Nach § 79 Abs 1 AktG dürfen Vorstandsmitglieder ohne Einwilligung des Aufsichtsrats weder ein Unternehmen betreiben, noch Aufsichtsratsmandate in Unternehmen annehmen, die mit der Gesellschaft nicht konzernmäßig verbunden sind oder an denen die Gesellschaft nicht unternehmerisch beteiligt (§ 189a Z 2 UGB) ist, noch im Geschäftszweig der Gesellschaft für eigene oder fremde Rechnung Geschäfte machen. Vorstandsmitglieder dürfen sich auch nicht an einer anderen unternehmerisch tätigen Gesellschaft als persönlich haftende Gesellschafter beteiligen.

---

11 Dies gilt sinngemäß auch für Ruhegehälter, Hinterbliebenenbezüge und Leistungen verwandter Art (§ 78 Abs 1 letzter Satz AktG).

12 *Schima*, ecolex 2006, 452 (453).

13 *Runggaldier/Schima*, Rechtsstellung von Führungskräften 169; *Runggaldier/Schima*, Manager-Dienstverträge[4], 125 ff; *Strasser* in *Jabornegg/Strasser*, AktG[5] §§ 71 -74 Rz 65.

14 OGH 11.6.2008, 7 Ob 58/08t, GesRZ 2008, 378 (*Kalss/Zollner*) ua.

15 *Terlitza*, GesRZ 2003, 270 (271).

15 Für die Entbindung von Vorstandsmitgliedern vom Wettbewerbsverbot ist der Aufsichtsrat zuständig. Ob, mit welchen Einschränkungen/Auflagen und in welcher Form (vertraglich oder einseitig) der Aufsichtsrat den Vorstand vom Wettbewerbsverbot befreit, muss er unter Anwendung pflichtgemäßer Sorgfalt anhand der konkreten Umstände des Einzelfalles in Würdigung der sich für das Unternehmen der Gesellschaft daraus ergebenden wirtschaftlichen und sonstigen (nachteiligen) Folgen beurteilen.[16] Umstritten ist, ob der Aufsichtsrat eine wettbewerbsverbotswidrige Tätigkeit nachträglich genehmigen kann (siehe näher zur Erteilung einer Ausnahmebewilligung vom Wettbewerbsverbot des § 79 AktG *Schima*, Rz 17/1 ff).[17]

2. § 24 GmbHG

16 Nach § 24 Abs 1 GmbHG dürfen die Geschäftsführer ohne Einwilligung der Gesellschaft weder Geschäfte in deren Geschäftszweig für eigene oder fremde Rechnung machen, noch bei einer Gesellschaft des gleichen Geschäftszweigs als persönlich haftende Gesellschafter sich beteiligen oder eine Stelle im Vorstand oder Aufsichtsrat oder als Geschäftsführer bekleiden.

17 Zuständig für die gänzlich oder teilweise Aufhebung des Wettbewerbsverbots sind die Gesellschafter, es sei denn, der Gesellschaftsvertrag ordnet hiefür ausdrücklich die Zuständigkeit eines bestehenden Aufsichtsrats an.[18] Nur dann entscheidet der Aufsichtsrat darüber, ob, unter welchen Voraussetzung und in welchem Umfang der Geschäftsführer vom Wettbewerbsverbot des § 24 GmbHG befreit wird (siehe näher zur Erteilung einer Ausnahmebewilligung vom Wettbewerbsverbot des § 24 GmbHG *Heidinger*, Rz 40/1 ff).

G. Bestellung des Abschlussprüfers

18 Nach § 270 Abs 1 UGB hat der Aufsichtsrat einer AG und einer prüfpflichtigen GmbH einen unverbindlichen[19] Vorschlag für die Wahl des Abschlussprüfers durch die Gesellschafter zu erstatten. Ist der Abschlussprüfer bis zum Ablauf des Geschäftsjahrs nicht gewählt worden, hat das zuständige Gericht auf Antrag mindestens zweier Mitglieder des Aufsichtsrats den Abschlussprüfer zu bestellen; gleiches gilt, wenn ein gewählter Abschlussprüfer den Abschluss des Prüfungsvertrags abgelehnt hat, weggefallen ist oder am rechtzeitigen Abschluss der Prüfung verhindert ist und ein anderer Abschlussprüfer nicht gewählt worden ist (§ 270 Abs 4 UGB). Auf Antrag des Aufsichtsrats hat das zuständige Gericht ferner einen anderen Abschlussprüfer zu bestellen, wenn dies aus einem in der Person des gewählten Prüfers liegenden wichtigen Grund geboten erscheint, insbesondere wenn ein Ausschlussgrund vorliegt oder sonst die Besorgnis einer Befangenheit besteht (§ 270 Abs 3 UGB; siehe näher zur Bestellung des Abschlussprüfers *Milla/Rödler/Köll*, Rz 21/1 ff).

---

16 Vgl *Strasser* in *Jabornegg/Strasser*, AktG[5] §§ 77-84 Rz 78.

17 Bejahend *Nowotny* in *Doralt/Nowotny/Kalss*, AktG[2] § 79 Rz 5; verneinend *Strasser* in *Jabornegg/Strasser*, AktG[5] §§ 77-84 Rz 78; jeweils mwN.

18 *Koppensteiner/Rüffler*, GmbHG[3] § 24 Rz 9.

19 *Kalss* in *Kalss/Nowotny/Schauer*, Gesellschaftsrecht Rz 3/512.

Der Aufsichtsrat hat ferner unverzüglich nach der Wahl mit dem gewählten Prüfer den Vertrag über die Durchführung der Abschlussprüfung abzuschließen und das Entgelt zu vereinbaren. 19

III. Überwachung von Vorstand und Geschäftsführung

A. Inhalt der Überwachungspflicht

Zentrale Aufgabe des Aufsichtsrats ist ganz allgemein die **Überwachung der Geschäftsführung durch den Vorstand/die Geschäftsführung der Gesellschaft**. Der Aufsichtsrat hat zu prüfen, ob die Unternehmensleitung durch den Vorstand (die Geschäftsführung) mit den durch Gesetz und Satzung (Gesellschaftsvertrag) vorgegebenen Zielen übereinstimmt.[20] Wesentlich dabei ist, dass sich die Kontrolltätigkeit des Aufsichtsrates hiebei nicht in der bloßen Prüfung der **Rechtmäßigkeit** der Handlungen des Vorstands (der Geschäftsführung) erschöpft, sondern sich auch auf die Prüfung der **Ordnungs-** und **Zweckmäßigkeit** der Geschäftsleitung erstreckt.[21] Der Aufsichtsrat darf die Leitungsautonomie des Vorstands/der Geschäftsführer durch seine Überwachung nicht beeinträchtigen, sondern hat die Überwachung auf bedeutsame Schwerpunkte der Geschäftsführungstätigkeit zu konzentrieren.[22] 20

Der Aufsichtsrat hat bei der Erfüllung seiner Überwachungspflichten jenen **Ermessensspielraum** zu **berücksichtigen**, der jeder unternehmerischen Entscheidung immanent ist.[23] Er hat eine **Plausibilitätsprüfung** vorzunehmen. Trifft der Vorstand eine im Rahmen unternehmerischen Ermessens vertretbare Maßnahme, darf der Aufsichtsrat dieses Ermessen nicht in Frage stellen und deshalb seine nach Gesetz oder Satzung (Gesellschaftsvertrag) erforderliche Zustimmung verweigern.[24] Entscheidend für die Größe des Ermessensspielraums – und damit auch für die Überwachungspflicht des Aufsichtsrats – sind das objektive Ausmaß der Risiken und deren Verhältnis zur Lage der Gesellschaft. Je größer das mit der Entscheidung verbundene Risiko und je kritischer die Lage der Gesellschaft ist, desto geringer wird der dem Vorstand (der Geschäftsführung) zur Verfügung stehende Ermessensspielraum. Die bloße Tatsache, dass mit einer Geschäftsführungsmaßnahme ein mehr oder minder großes wirtschaftliches Risiko verbunden ist, begründet deshalb als solche noch keine Überschreitung des Ermessensspielraums.[25] 21

Der Aufsichtsrat hat den Vorstand (die Geschäftsführung) ferner im Bereich der **Konzernleitung** zu überwachen, und zwar ebenfalls nach den Kriterien der Rechtmäßigkeit, Ordnungs- und Zweckmäßigkeit. Durch diese Funktion wird der Aufsichtsrat der Obergesellschaft nicht zum Konzern-Aufsichtsrat. Er bleibt vielmehr Organ der Obergesellschaft und ist deshalb auch nur dazu verpflichtet, das 22

---

[20] *Habersack* in MünchKomm AktG⁴ § 111 Rz 12; *Kalss* in *Doralt/Nowotny/Kalss*, AktG² § 95 Rz 29; *Strasser* in *Jabornegg/Strasser*, AktG⁵ §§ 95 – 97 Rz 10; *Rauter* in *Straube/Ratka/Rauter*, GmbHG § 30j Rz 21.

[21] *Drygala* in *K. Schmidt/Lutter*, AktG³ § 111 Rz 20 f mwN.

[22] *Lutter/Krieger/Verse*, Rechte und Pflichten⁶ § 3 Rz 67 f mwN.

[23] *Mertens* in KölnKomm AktG² § 111 Rz 11.

[24] *Kalss* in *Doralt/Nowotny/Kalss*, AktG² § 95 Rz 22 mwN.

[25] *Strasser* in *Jabornegg/Strasser*, AktG⁵ §§ 95-97 Rz 10 mwN.

Verhalten des Vorstands (der Geschäftsführung) der Obergesellschaft zu überwachen. Seine Überwachungspflicht erstreckt sich also nicht auf das Verhalten der Geschäftsführung der nachgeordneten Gesellschaften.[26] Gegenstand der Überwachung des Vorstands (der Geschäftsführung) im Bereich der Konzernleitung sind insbesondere der Konzernaufbau, die Konzernrechnungslegung, die Einrichtung eines den Konzern umfassenden Dokumentations- und Berichtswesens (IKS), die Ausgestaltung der auf die Zukunft angelegten Konzernstrategie sowie Geschäftsführungsmaßnahmen auf der Ebene von Beteiligungsgesellschaften, die für den Konzern im allgemeinen und die Muttergesellschaft im besonderen von grundlegender Bedeutung sind (siehe näher zur Überwachungspflicht des Aufsichtsrats im Konzern *Einzinger/Kalss*, Rz 31/1 ff).[27]

23 Den Vorstand trifft die Verpflichtung, die Unternehmensangehörigen zu überwachen.[28] Dabei ist der Vorstand auch zur Vornahme organisatorischer Maßnahmen verpflichtet (**Compliance[29]-Organisation**).[30] Die inhaltliche Ausgestaltung der Compliance-Organisation hängt vom Einzelfall ab.[31] Neben der Einrichtung der Compliance-Organisation hat der Vorstand auch dessen Funktionieren sicherzustellen.[32] Entsprechende Pflichten treffen auch den Geschäftsführer einer GmbH.[33] Aufgabe des Aufsichtsrates im Rahmen der Überwachungspflicht ist es auch zu prüfen, ob der Vorstand (die Geschäftsführung) diese Compliance-Pflichten erfüllt.[34] Hiezu kommen die Ernennung von Compliance-Beauftragten auf Ebene des Aufsichtsrats sowie die Einrichtung von Compliance-Ausschüssen in Betracht.[35]

[26] *Kalss* in *Doralt/Nowotny/Kalss*, AktG² § 95 Rz 33 ff; OGH 17.6.2013, 2 Ob 112/12b, GesRZ 2014, 130 (*Reiner/Vanovac*).

[27] Vgl *Kalss* in *Kalss/Nowotny/Schauer*, Gesellschaftsrecht Rz 3/934.

[28] Vgl nur *Fleischer* in *Fleischer*, Handbuch § 8 Rz 32 ff; *Kalss/Schörghofer* in *Lucius/Oppitz/Pachinger*, Compliance im Finanzdienstleistungsbereich 9 (11 ff); jeweils mwN.

[29] Vgl zum Begriff *„Compliance"* nur *Kalss/Schörghofer* in *Lucius/Oppitz/Pachinger*, Compliance im Finanzdienstleistungsbereich 9 (9 f); *Napokoj* in *Napokoj*, Risikominimierung durch Corporate Compliance Rz 1 ff; jeweils mit zahlreichen Nachweisen.

[30] Vgl nur *Feltl/Pucher*, wbl 2010, 265 (269 f); *Fleischer* in *Fleischer*, Handbuch § 8 Rz 40, 43; *ders*, NJW 2009, 2337 (2338); *Kalss/Schörghofer* in *Lucius/Oppitz/Pachinger*, Compliance im Finanzdienstleistungsbereich 9 (9 ff); *Spindler* in *Hefermehl/Spindler*, AktG³ § 75 Rz 17; *U. H. Schneider*, ZIP 2003, 645 (647); *Schirmer/Uitz* in *Barbist/Ahammer*, Compliance in der Unternehmenspraxis² 7 (8 ff); *Urlesberger/Haid*, ecolex 2007, 363 (363).

[31] *Bachmann* in *VGR*, Gesellschaftsrecht in der Diskussion 2007, 65 (80) mit zahlreichen Nachweisen; *Kalss/Schörghofer* in *Lucius/Oppitz/Pachinger*, Compliance im Finanzdienstleistungsbereich 9 (17 f).

[32] Vgl *Kalss/Schörghofer* in *Lucius/Oppitz/Pachinger*, Compliance im Finanzdienstleistungsbereich 9 (17); *Reichert/Ott*, ZIP 2009, 2173 (2174 ff); *Schirmer/Uitz* in *Barbist/Ahammer*, Compliance in der Unternehmenspraxis² 7 (10 f).

[33] Vgl nur *Kalss/Schörghofer* in *Lucius/Oppitz/Pachinger*, Compliance im Finanzdienstleistungsbereich 9 (17); *Reich-Rohrwig* in *Straube/Ratka/Rauter*, GmbHG § 25 Rz 48, 57 f.

[34] *Bachmann* in *VGR*, Gesellschaftsrecht in der Diskussion 2007, 65 (93); *Kalss/Schörghofer* in *Lucius/Oppitz/Pachinger*, Compliance im Finanzdienstleistungsbereich 9 (23); *Lösler*, WM 2007, 676 (679); *Lutter* in FS Hüffer 617 (617 ff); *Napokoj* in *Napokoj*, Risikominimierung durch Corporate Compliance Rz 59; *U. H. Schneider*, ZIP 2003, 645 (647); *Winter* in FS Hüffer 1103 (1108 ff).

[35] *Kalss/Schörghofer* in *Lucius/Oppitz/Pachinger*, Compliance im Finanzdienstleistungsbereich 9 (23); *Rodewald/Unger*, BB 2007, 1629 (1631).

Spezifische Überwachungspflichten des Aufsichtsrats ergeben sich aus § 92 Abs 4a AktG bzw § 30g Abs 4a GmbHG. Danach hat der Prüfungsausschuss im Aufsichtsrat (siehe *Schimka*, Rz 29/1 ff) den **Rechnungslegungsprozess** sowie die **Wirksamkeit des internen Kontrollsystems**, gegebenenfalls **des internen Revisionssystems**, und **des Risikomanagementsystems** der Gesellschaft zu überwachen. Als internes Kontrollsystem (IKS) sind sämtliche aufeinander abgestimmte Methoden und Maßnahmen in einem Unternehmen zu verstehen, die dazu dienen, das Vermögen zu sichern, die Genauigkeit und Zuverlässigkeit der Abrechnungsdaten zu gewährleisten und die Einhaltung der vorgeschriebenen Geschäftspolitik zu unterstützen.[36] Als Risikomanagementsystem wird die Gesamtheit aller Maßnahmen und Entscheidungen verstanden, die sicherstellen sollen, dass alle wesentlichen Unternehmensrisiken rechtzeitig erkannt werden und entsprechend den unternehmensinternen Risikovorgaben vorgegangen wird.[37] **24**

B. Abstufung der Überwachungspflicht

Die hL[38] orientiert die Intensität der Überwachungspflicht des Aufsichtsrates an der wirtschaftlichen Lage der Gesellschaft. Je kritischer die Unternehmenssituation, desto intensiver muss die Überwachung sein. Unterschieden wird hier zwischen der begleitenden, der unterstützenden und der gestaltenden Überwachung. Diese Unterscheidung versteht sich als Orientierungshilfe für die Aufsichtsratsmitglieder, sie ist also nicht gesetzlich zwingend vorgeschrieben. Die **begleitende Überwachung** ist der „Normalfall" der Überwachung und erstreckt sich im Wesentlichen auf die Prüfung der vom Vorstand (von der Geschäftsführung) erhaltenen Informationen.[39] Erst wenn sich die Situation des Unternehmens zu verschlechtern droht, muss die Kontrolle durch den Aufsichtsrat verstärkt werden und wird zur **unterstützenden Überwachung**.[40] Das führt im Regelfall auch zu einer Erhöhung der Sitzungsfrequenz, was für das einzelne Aufsichtsratsmitglied eine gesteigerte zeitliche Inanspruchnahme bedeutet. Zusätzlich kann es sinnvoll und geboten sein, dass der Aufsichtsrat nach § 95 Abs 5 AktG bzw § 30 j Abs 5 GmbHG sukzessive den Katalog der zustimmungspflichtigen Geschäfte erweitert, um vermehrt in heikle unternehmenspolitische Entscheidungen voll eingebunden zu sein. Das darf freilich nicht dazu führen, dass der Aufsichtsrat zu einer Art „Supergeschäftsführer" wird und den Vorstand (die Geschäftsführung) der Gesellschaft im Bereich der Geschäftsführung verdrängt.[41] Missstände in der Geschäftsführung dürfen also nicht dadurch beseitigt werden, dass der Aufsichtsrat die Geschäftsführung oder einzelne Geschäftsführungsmaßnahmen selbst übernimmt. Ist er der Auffassung, dass der Vorstand (die Geschäftsführung) die Gesellschaft **25**

---

[36] ErläutRV 734 BlgNR 20. GP 64; näher vgl nur *Kalss* in FS Krejci 699 (699 ff); *Manfreda*, RWZ 1999, 271; jeweils mwN.

[37] *Ahammer et al*, Sonderheft AR aktuell 2008, 4 (5).

[38] *Hüffer*, AktG[11] § 111 Rz 15; *Kalss* in *Doralt/Nowotny/Kalss*, AktG[2] § 95 Rz 18 ff; *Koppensteiner/Rüffler*, GmbHG[3] § 30 j Rz 6; *Rauter* in *Straube/Ratka/Rauter*, GmbHG § 30j Rz 20.

[39] *Kalss* in *Doralt/Nowotny/Kalss*, AktG[2] § 95 Rz 19 mwN.

[40] *Drygala* in *K. Schmidt/Lutter*, AktG[3] § 111 Rz 24 f; *Kalss* in *Doralt/Nowotny/Kalss*, AktG[2] § 95 Rz 20; *Mertens* in KölnKomm AktG[2] § 111 Rz 20.

[41] *G. Frotz*, ÖZW 1978, 44 (44 ff).

nicht optimal führt, so muss er dem durch geeignete Maßnahmen – Erweiterung des Katalogs der zustimmungspflichtigen Geschäftsführungsmaßnahmen, intensivere Ausübung des Frage- und Informationsersuchens usw – begegnen, ohne die Geschäftsführung als solche an sich zu ziehen.[42] Verschlechtert sich die Lage des Unternehmens weiter, so wird die unterstützende Überwachung zur **gestaltenden Überwachung**.[43] Nun muss der Aufsichtsrat alle ihm zur Verfügung stehenden Mittel ausschöpfen, damit die Gesellschaft so rasch wie möglich wieder aus der Krise kommt.[44] Er muss darauf drängen, dass der Vorstand (die Geschäftsführung) die Ursachen der wirtschaftlichen Krise möglichst erschöpfend analysiert, um auf dieser Analyse aufbauend ein Konzept zur Bewältigung der Unternehmenskrise zu entwickeln und umzusetzen. Im Extremfall kann es sogar geboten sein, dass der Aufsichtsrat seine Personalkompetenz gegenüber dem Vorstand wahrnimmt, indem er etwa die Geschäftsverteilung unter den Vorstandsmitgliedern ändert oder den Vorstand abberuft, sollte dieser nicht in der Lage sein, die Krise zu bewältigen.[45] Bei einer GmbH muss der Aufsichtsrat auf die Generalversammlung einwirken, damit diese ihre entsprechende Kompetenz wahrnimmt (siehe näher zu den Aufgaben des Aufsichtsrats in der Unternehmenskrise *Kalss/J Wendt*, Rz 30/1 ff).

C. Mittel der Überwachung

1. Berichtspflichten des Vorstands/der Geschäftsführer

26 Der Vorstand bzw die Geschäftsführer haben dem Aufsichtsrat mindestens einmal jährlich über grundsätzliche Fragen der künftigen Geschäftspolitik des Unternehmens zu berichten sowie die künftige Entwicklung der Vermögens-, Finanz- und Ertragslage anhand einer Vorschaurechnung darzustellen (**Jahresbericht**). Darüber hinaus haben der Vorstand bzw die Geschäftsführer dem Aufsichtsrat regelmäßig, mindestens vierteljährlich, über den Gang der Geschäfte und die Lage des Unternehmens im Vergleich zur Vorschaurechnung unter Berücksichtigung der künftigen Entwicklung zu berichten (**Quartalsbericht**). Bei wichtigem Anlass ist dem Vorsitzenden des Aufsichtsrats sowie über Umstände, die für die Rentabilität oder Liquidität der Gesellschaft von erheblicher Bedeutung sind, dem Aufsichtsrat unverzüglich zu berichten (**Sonderbericht**). Zu den anlassbezogenen Berichten zählen schließlich auch Vorlageberichte und Anforderungsberichte (siehe näher zu den Berichtspflichten des Vorstands bzw der Geschäftsführer *Zollner*, Rz 22/1 ff).

2. Einsichts- und Prüfungsrecht des Aufsichtsrats

27 § 95 Abs 3 AktG bzw § 30j Abs 3 GmbHG berechtigen den Aufsichtsrat, in die **Bücher und Schriften der Gesellschaft** sowie die **Vermögensgegenstände**, namentlich die Gesellschaftskasse und die Bestände an Wertpapieren und Waren, Einsicht zu nehmen und diese zu prüfen.

---

42 *Strasser* in *Jabornegg/Strasser*, AktG^5 §§ 95-97 Rz 12 ff mwN.
43 *Kalss* in *Doralt/Nowotny/Kalss*, AktG^2 § 95 Rz 21.
44 *Kalss/Oelkers*, AR aktuell 2006, 6 (7).
45 *Drygala* in *K. Schmidt/Lutter*, AktG^3 § 111 Rz 26; *Kalss/Oelkers*, AR aktuell 2006, 6 (8).

3. Zuziehung von Sachverständigen und Auskunftspersonen

Grundsätzlich soll der Aufsichtsrat seine Kenntnisse und Fähigkeiten einsetzen, um die Angaben des Vorstands (der Geschäftsführung) selbst zu beurteilen. Gemäß § 93 Abs 1 AktG bzw § 30h Abs 1 GmbHG ist der Aufsichtsrat aber berechtigt, zur **Beratung über einzelne Gegenstände** auch Sachverständige und Auskunftspersonen zuzuziehen. Die betreffende Entscheidung wird entweder vom Aufsichtsratsvorsitzenden im Rahmen der Sitzungsleitung oder vom Gesamtaufsichtsrat mit Beschluss getroffen. Nach hM[46] setzt die Beiziehung eines Sachverständigen/einer Auskunftsperson einen sachlichen Grund voraus. Sie darf also nicht willkürlich erfolgen. Die bei manchen Gesellschaften anzutreffende Praxis, zu Aufsichtsratssitzungen ständig einen Berater hinzuzuziehen, ist daher nicht korrekt. Die punktuelle Heranziehung von Sachverständigen und Auskunftspersonen ist hingegen regelmäßig soweit zulässig, soweit dies nicht zu einer faktischen Auslagerung der Willensbildung des Aufsichtsrats auf Nichtmitglieder führt, die der Verantwortung und Haftung der Aufsichtsratsmitglieder nicht unterliegen. Hingegen ist es dem einzelnen Aufsichtsratsmitglied nicht verwehrt, sich auf eigene Kosten zur Vorbereitung einer Aufsichtsratsentscheidung bei Experten sachverständigen Rat zu holen. Es darf dadurch allerdings nicht zu einer Verletzung der **Verschwiegenheitspflicht** kommen. Soweit der herangezogene Experte nicht beruflich zur Verschwiegenheit verpflichtet ist, hat ihm das Aufsichtsratsmitglied eine solche Verpflichtung vertraglich aufzuerlegen.[47] 28

Fraglich ist, ob ein Aufsichtsratsmitglied die Verpflichtung trifft, Umstände und Kenntnisse, die die Gesellschaft betreffen, den **anderen Aufsichtsratsmitgliedern mitzuteilen** – so etwa Kenntnisse, die er aus der Heranziehung eines externen Experten erlangt hat. Orientiert man sich an der Aufgabe des Aufsichtsrates als solchem, der sich daraus ergebenden Aufgabe des einzelnen Aufsichtsratsmitgliedes und an der der Konzeption des Aufsichtsrates als Kollegialorgan zugrundeliegenden Vorstellung des Gesetzgebers, dass das Zusammenwirken mehrerer Experten mit dem ihnen jeweils eigenen Wissens- und Informationsstand das Zustandekommen der besten Entscheidung gewährleistet, so ist eine solche Verpflichtung anzunehmen. Damit der Aufsichtsrat seine Kontrollaufgabe optimal erfüllen kann, muss jedes einzelne Aufsichtsratsmitglied den anderen Aufsichtsratsmitgliedern seine im konkreten Fall relevanten Kenntnisse und Erkenntnisse vorbehaltlos mitteilen (siehe näher zur Zuziehung von Sachverständigen und Auskunftspersonen *Kalss*, Rz 25/1 ff). 29

4. Befragung von Arbeitnehmern der Gesellschaft

Nach hL[48] darf der Aufsichtsrat zur Informationsbeschaffung nur in Ausnahmefällen **direkten Kontakt**[49] mit Dritten aufnehmen. Zu Recht befürwortet die jün- 30

[46] *Kalss* in *Doralt/Nowotny/Kalss*, AktG² § 93 Rz 15 ff; *Strasser* in *Jabornegg/Strasser*, AktG⁵ §§ 92-94 Rz 40.

[47] *Strasser* in *Jabornegg/Strasser*, AktG⁵ §§ 92-94 Rz 43.

[48] Vgl die Nachweise bei *Leyens*, Information des Aufsichtsrats 182 ff; *Lutter/Krieger/Verse*, Rechte und Pflichten⁶ § 6 Rz 246.

[49] Von der Informationsbeschaffung durch den Aufsichtsrat ist der Problembereich des soge-

gere L[50] eine Ausweitung der Zulässigkeit von Direktkontakten mit dem Argument gestiegener Überwachungspflichten. Der Aufsichtsrat ist verpflichtet, die Wirksamkeit des internen Kontrollsystems und des Risikomanagementsystems der Gesellschaft zu überwachen (§ 92 Abs 4a AktG bzw § 30g Abs 4a GmbHG). Jedenfalls in diesem Zusammenhang ist auch die Zulässigkeit von Direktkontakten zu Unternehmensangehörigen zu befürworten.[51]

5. Befragung von Vertragspartnern der Gesellschaft

31 Voraussetzung einer Befragung von Vertragspartnern der Gesellschaft ist, dass die Berichte des Vorstands bzw der Geschäftsführer noch Fragen offen lassen, die der Vorstand bzw die Geschäftsführer nicht beantworten können. Zugleich muss es für die Erfüllung der Überwachungspflicht notwendig sein, die offenen Fragen zu beantworten. Der Vertragspartner fungiert dann als **Auskunftsperson**. Auch hier muss der Aufsichtsrat aber darauf Rücksicht nehmen, dass das Unternehmen vom Vorstand bzw von den Geschäftsführern vertreten wird. Die Befragung von Geschäftspartnern der Gesellschaft darf also nicht hinter dem Rücken des Vorstands bzw der Geschäftsführer erfolgen. Weiters ist zu beachten, dass die Vertragspartner gegenüber dem Aufsichtsrat (oder gar gegenüber einzelnen Mitgliedern des Aufsichtsrats) nicht verpflichtet sind, Auskünfte über Vertragsinhalte oder Verhaltensweisen von Vorstandsmitgliedern/Geschäftsführern zu erteilen.

6. Informelle Berichterstattung des Vorstands an den Aufsichtsrat

32 In der Unternehmenspraxis kommt es häufig vor, dass es zwischen Vorstand und Aufsichtsrat **außerhalb der dafür vorgesehenen Sitzungen** eine Vielzahl von Kontaktaufnahmen gibt. Das ist grundsätzlich auch zweckmäßig, weil damit in der Regel Informationsflüsse verbunden sind, die dazu beitragen, dass der Aufsichtsrat seine Überwachungstätigkeit besser wahrnehmen kann. Aus Sicht des Vorstands ist dabei aber zu beachten, dass eine solche informelle Information einzelner Aufsichtsräte **keinesfalls geeignet** ist, die oben dargestellten gesetzlichen **Berichtspflichten zu relativieren**. Diese bestehen unabhängig davon.

---

nannten Whistleblowing zu unterscheiden; vgl dazu nur *Leyens*, Information des Aufsichtsrats 199 ff.

50 Vgl nur *Leyens*, Information des Aufsichtsrats 191 ff mwN; zustimmend *Merkt*, NJW 2007, 1862 (1862); widersprechend *Lutter*, JZ 2007, 835 (835); vgl auch *Bachmann*, RabelsZ 2008, 796 (799); vgl weiters *Kalss* in *Doralt/Nowotny/Kalss*, AktG² § 95 Rz 61; *Milla/Vcelouch-Kimesweger/Weber*, Unternehmensrechts-Änderungsgesetz 2008, 161 f, wonach der Prüfungsausschuss ohne Einschaltung des Vorstands direkt mit den Verantwortlichen in den relevanten Abteilungen Kontakt aufnehmen darf.

51 Vgl auch *Kalss/Schörghofer* in *Lucius/Oppitz/Pachinger*, Compliance im Finanzdienstleistungsbereich 9 (26 f).

IV. Erlass einer Geschäftsordnung für den Vorstand/ die Geschäftsführer

Es liegt **im Ermessen des Aufsichtsrats**, eine Geschäftsordnung für den Vorstand zu erlassen.[52] Eine **Verpflichtung** des Aufsichtsrats kann sich **aus** der **Satzung** ergeben.[53] Die Geschäftsordnung kann insb eine Ressortverteilung, die Bildung von Ausschüssen sowie Bestimmungen über die Sitzungen des Vorstands enthalten.[54] In Betracht kommt auch der Erlass einer Geschäftsordnung für die Geschäftsführer einer GmbH. 33

V. Beratung von Vorstand und Geschäftsführung

Der Aufsichtsrat hat den Vorstand bzw die Geschäftsführer bei der Geschäftsführung zu beraten.[55] In diesem Zusammenhang ist auf die L-Regel 32 des ÖCGK hinzuweisen, die bestimmt, dass der Aufsichtsrat den Vorstand nicht nur überwacht, sondern diesen darüber hinaus bei der Leitung des Unternehmens, insbesondere bei Entscheidungen von grundlegender Bedeutung, unterstützt. Ergänzend ordnet die C-Regel 37 an, dass der Vorsitzende des Aufsichtsrats insbesondere mit dem Vorstandsvorsitzenden regelmäßig Kontakt hält und mit diesem die Strategie, die Geschäftsentwicklung und das Risikomanagement des Unternehmens diskutiert. Der Vorstand bzw die Geschäftsführer haben mit dem Aufsichtsrat einen **Strategiedialog** zu führen. Mit der Pflicht des Aufsichtsrats, den Vorstand/die Geschäftsführer zu beraten, korrespondiert die Pflicht des Vorstands/der Geschäftsführer, sich bei der Geschäftsführung beraten zu lassen.[56] Die Beratungspflicht des Aufsichtsrats reicht nur so weit wie seine Überwachungspflicht.[57] Generell obliegt die Bestimmung des Umfangs der Beratungstätigkeit durch den Aufsichtsrat dessen pflichtgemäßem Ermessen.[58] 34

VI. Stellungnahmen und Beanstandungen

Im Zusammenhang mit der Überwachungs- und Beratungsfunktion des Aufsichtsrats steht dessen Möglichkeit, durch **Stellungnahmen** und **Beanstandungen** auf die Geschäftsführung einzuwirken.[59] Diese sind vom Vorstand/der Geschäftsführung sorgfältig zu erwägen, obwohl sie rechtlich **unverbindlich** sind.[60] 35

---

52 *Kalss* in *Kalss/Nowotny/Schauer*, Gesellschaftsrecht Rz 3/343 mwN; vgl ferner *Pucher*, RdW 2010/486, 464 (466).

53 *Kalss* in *Kalss/Nowotny/Schauer*, Gesellschaftsrecht Rz 3/343 mwN.

54 *Kalss* in *Kalss/Nowotny/Schauer*, Gesellschaftsrecht Rz 3/344.

55 *Kittel*, Handbuch 252 ff mwN; *Lutter/Krieger/Verse*, Rechte und Pflichten[6] § 3 Rz 103 ff mwN; *V. Schenck* in *Semler/v. Schenck*, Arbeitshandbuch[4] § 1 Rz 233.

56 *Kittel*, Handbuch 252; *Lutter/Krieger/Verse*, Rechte und Pflichten[6] § 3 Rz 104.

57 *Lutter/Krieger/Verse*, Rechte und Pflichten[6] § 3 Rz 108.

58 *Lutter/Krieger/Verse*, Rechte und Pflichten[6] § 3 Rz 107.

59 *Lutter*, NZG 2010, 601 (603); *Lutter/Krieger/Verse*, Rechte und Pflichten[6] § 3 Rz 110.

60 *Lutter/Krieger/Verse*, Rechte und Pflichten[6] § 3 Rz 110.

VII. Zustimmungspflichtige Geschäfte

36 § 95 Abs 5 AktG und § 30j Abs 5 GmbHG zählen eine Reihe von Geschäftsführungsmaßnahmen auf, die der Vorstand (die Geschäftsführung) nur mit **Zustimmung des Aufsichtsrats** umsetzen darf (siehe *Briem*, Rz 12/1 ff). Zweck dieser Zustimmungsvorbehalte ist, dass der Aufsichtsrat bei Geschäften, die für die Gesellschaft von großer Bedeutung sind oder die nicht dem normalen Geschäftsbetrieb des jeweiligen Unternehmens zugeordnet werden können, an der Entscheidungsfindung zu deren Kontrolle mitwirken soll.

37 Die Aufzählungen in § 95 Abs 5 AktG sowie in § 30j Abs 5 GmbHG stellen nur einen **Mindestkatalog** dar, der nach den besonderen Verhältnissen der Gesellschaft durch die Satzung (den Gesellschaftsvertrag) und, in deren (dessen) Grenzen durch den Aufsichtsrat selbst in einer Geschäftsordnung für den Vorstand (die Geschäftsführung) erweitert und präzisiert werden kann (vgl § 95 Abs 5 letzter Satz AktG und § 30j Abs 5 letzter Satz GmbHG). Insbesondere im Rahmen der unterstützenden und gestaltenden Überwachung ist der Aufsichtsrat sogar dazu verpflichtet, sich mit der Frage zu befassen, ob und in welchem Umfang eine Erweiterung des Katalogs zustimmungspflichtiger Geschäftsführungsmaßnahmen zur Intensivierung seiner Kontrolle geboten ist. Dabei sind stets die besonderen Verhältnisse der Gesellschaft zu berücksichtigen. Eine Einschränkung der Zustimmungspflicht unter das gesetzliche Maß ist demgegenüber nicht zulässig.[61]

38 Den Aufsichtsrat kann ferner die Verpflichtung treffen, den Zustimmungsvorbehalt auf außerordentliche **Geschäftsführungsmaßnahmen von Beteiligungsgesellschaften** zu erstrecken, und zwar dann, wenn diese wesentliche Auswirkungen auf den Gesamtkonzern, insbesondere auf die Muttergesellschaft, haben.[62] So sind etwa Investitionsentscheidungen, die wegen ihres finanziellen Volumens oder ihrer wirtschaftlichen Bedeutung bei der Muttergesellschaft der Zustimmung des Aufsichtsrates bedürfen, auch in Beteiligungsgesellschaften dem Zustimmungsvorbehalt zu unterwerfen.[63] Maßgebend dafür ist der Gedanke, dass sich das wirtschaftliche Risiko in derartigen Fällen üblicherweise bei der Muttergesellschaft realisiert, auch wenn die Maßnahme durch eine Beteiligungsgesellschaft vollzogen wird. Ähnliches gilt für die Besetzung von Führungspositionen, sofern sie für den gesamten Konzern von Bedeutung sind. Zustimmungsvorbehalte für außerordentliche Geschäftsführungsmaßnahmen von Beteiligungsgesellschaften, die der Aufsichtsrat der Muttergesellschaft in Wahrnehmung seiner Kompetenz nach § 95 Abs 5 letzter Satz AktG oder § 30j Abs 5 letzter Satz GmbHG festlegt, entfalten auf der Ebene der betreffenden Beteiligungsgesellschaft keine unmittelbare rechtliche Wirkung. Deren Geschäftsführungsorgan ist also nicht dazu verpflichtet, die Zustimmung des Aufsichtsrats der Muttergesellschaft einzuholen.[64] Eine solche Ausdehnung des Zustimmungsvorbehaltes verpflichtet allerdings den Vorstand (die Geschäftsführung) der Muttergesellschaft, auf die betreffende Beteiligungsgesellschaft dahingehend einzuwirken, dass die erfassten außerordentlichen Geschäfts-

---

61 *Rauter* in *Straube/Ratka/Rauter*, GmbHG § 30j Rz 72.

62 *Kalss* in *Kalss/Nowotny/Schauer*, Gesellschaftsrecht Rz 3/525 mwN.

63 *Eckert/Gassauer-Fleissner*, GeS 2004, 416 (422).

64 *Kalss* in *Kalss/Nowotny/Schauer*, Gesellschaftsrecht Rz 3/525 mwN.

führungsmaßnahmen nur mit seiner Zustimmung vorgenommen werden, zu deren Erteilung es auf der Ebene der Muttergesellschaft wiederum der vorherigen Einwilligung deren Aufsichtsrates bedarf. Sollte der Aufsichtsrat der Obergesellschaft die Zustimmung zu einem bestimmten Geschäft verweigern, so ist der Vorstand (die Geschäftsführung) der Muttergesellschaft angehalten, darauf hinzuwirken, dass die beabsichtigte Maßnahme in der jeweiligen Beteiligungsgesellschaft unterbleibt.[65]

Nach **§ 80 Abs 1 AktG** darf **Vorstandsmitgliedern und leitenden Angestellten** der Gesellschaft **Kredit** nur mit ausdrücklicher Zustimmung des Aufsichtsrats gewährt werden. 39

Eine Sonderbestimmung für Organgeschäfte findet sich in **§ 28 BWG** (siehe näher *Herbst*, Rz 35/26 ff). 40

VIII. Einberufung von Haupt- und Generalversammlung

Der Aufsichtsrat hat eine Hauptversammlung/Generalversammlung einzuberufen, wenn das **Wohl der Gesellschaft** es erfordert (§ 95 Abs 4 AktG/§ 30j Abs 4 GmbHG). Über die Einberufung ist nach pflichtgemäßem Ermessen zu entscheiden.[66] Die Einberufung ist auch nur für die allgemeine Erörterung von Angelegenheiten im Gesellschafterkreis zulässig, muss also nicht mit einer Beschlussfassung verbunden sein.[67] Beispiele für die Einberufung einer Hauptversammlung/Generalversammlung durch den Aufsichtsrat wären etwa die Beschlussfassung über ein Misstrauensvotum gegen den Vorstand oder die Vornahme eines radikalen Kapitalschnitts.[68] 41

Darüber hinaus hat der Aufsichtsrat ein Einberufungsrecht, wenn er in einer Frage, die ein **zustimmungspflichtiges Geschäft** gemäß § 95 Abs 5 AktG betrifft, eine Entscheidung der Hauptversammlung für notwendig erachtet (§ 103 Abs 2 AktG). 42

Die Einberufung einer Hauptversammlung/Generalversammlung bedarf eines **Beschlusses des Gesamtaufsichtsrats**; das einzelne Aufsichtsratsmitglied kann eine Einberufung nur anregen.[69] Das einzelne Aufsichtsratsmitglied oder ein Ausschuss können jedoch mit der Durchführung der Einberufung beauftragt werden.[70] 43

Aus dem soeben erörterten Einberufungsrecht wird das Recht des Aufsichtsrats abgeleitet, die Tagesordnung einer nicht vom Aufsichtsrat einberufenen Hauptversammlung/Generalversammlung zu ergänzen.[71] 44

---

65 *Hopt/Roth* in Großkomm AktG^4 § 111 Rz 691.

66 *Strasser* in *Jabornegg/Strasser*, AktG^5 §§ 95-97 Rz 35; *Rauter* in *Straube/Ratka/Rauter*, GmbHG § 30j Rz 55.

67 *Kalss* in *Doralt/Nowotny/Kalss*, AktG^2 § 95 Rz 76.

68 *Kalss* in *Doralt/Nowotny/Kalss*, AktG^2 § 95 Rz 75.

69 *Kalss* in *Doralt/Nowotny/Kalss*, AktG^2 § 95 Rz 77; *Strasser* in *Jabornegg/Strasser*, AktG^5 §§ 95-97 Rz 31; *Rauter* in *Straube/Ratka/Rauter*, GmbHG § 30j Rz 59.

70 *Kalss* in *Doralt/Nowotny/Kalss*, AktG^2 § 95 Rz 77; *Strasser* in *Jabornegg/Strasser*, AktG^5 §§ 95-97 Rz 31; *Rauter* in *Straube/Ratka/Rauter*, GmbHG § 30j Rz 59.

71 *Kalss* in *Doralt/Nowotny/Kalss*, AktG^2 § 95 Rz 78; *Strasser* in *Jabornegg/Strasser*, AktG^5 §§ 95-97 Rz 32; *Rauter* in *Straube/Ratka/Rauter*, GmbHG § 30j Rz 60.

45 Siehe zu den Aufgaben des Vorsitzenden des Aufsichtsrats im Zusammenhang mit der Führung des Vorsitzes in der Hauptversammlung siehe *Nowotny*, Rz 28/1 ff.

IX. Die Mitwirkung des Aufsichtsrats an der Feststellung des Jahresabschlusses und die Zusammenarbeit mit dem Abschlussprüfer

A. Allgemeines

46 Auch wenn der Aufsichtsrat aufgrund der ihm zur Verfügung stehenden Überwachungsinstrumente und der Berichtspflichten des Vorstands/der Geschäftsführung über den wirtschaftlichen Zustand des Unternehmens, das heißt insbesondere dessen Vermögens-, Finanz- und Ertragslage durchgehend gut informiert sein sollte, zeichnet doch erst der Jahresabschluss ein endgültiges Bild der tatsächlichen Verhältnisse der Gesellschaft. Daher ist der Jahresabschluss die **wesentliche Grundlage für die Überwachungsarbeit des Aufsichtsrats.**[72] Konsequenterweise sieht das Gesetz eine Reihe von Mitwirkungsbefugnissen des Aufsichtsrats im Zusammenhang mit dem Jahresabschluss vor:

B. AG

47 Zuständig für die Aufstellung des Jahresabschlusses ist der Vorstand im Rahmen seiner Geschäftsführungsbefugnis. Um Wirksamkeit zu erlangen, muss der vom Vorstand aufgestellte Jahresabschluss **festgestellt** werden. § 96 AktG ordnet an, dass der Aufsichtsrat den vom Vorstand in den ersten fünf Monaten des Geschäftsjahres für das vorangegangene Geschäftsjahr zu erstellenden Jahresabschluss nach vorheriger Prüfung durch den Abschlussprüfer und Vorliegen des Abschlussprüfungsberichts sowie einen allfälligen Vorschlag des Vorstands für die Gewinnverwendung zu **prüfen** hat. Der Aufsichtsrat muss diese Prüfung innerhalb von zwei Monaten nach Vorlage vornehmen, sich **gegenüber** dem **Vorstand** darüber **erklären** und einen **Bericht an die Hauptversammlung** erstatten. In dem Bericht an die Hauptversammlung hat der Aufsichtsrat mitzuteilen, in welcher Art und in welchem Umfang er die Geschäftsführung der Gesellschaft während des Geschäftsjahrs geprüft hat, welche Stelle den Jahresabschluss und den Lagebericht sowie gegebenenfalls den Corporate Governance-Bericht und den Bericht über Zahlungen an staatliche Stellen geprüft hat und ob diese Prüfungen nach ihrem abschließenden Ergebnis zu wesentlichen Beanstandungen Anlass gegeben haben. Der Aufsichtsrat hat auch einen allfälligen Konzernabschluss und Konzernlagebericht zu prüfen. Billigt der Aufsichtsrat (durch Beschluss) den Jahresabschluss, so ist dieser festgestellt. Eine (weitere) Entscheidung durch die Hauptversammlung ist nicht erforderlich. Allerdings kann der Aufsichtsrat nach § 96 Abs 4 AktG gemeinsam mit dem Vorstand entscheiden, dass die Hauptversammlung den Jahresabschluss trotz dessen Billigung durch den Aufsichtsrat feststellen soll. Die Hauptversammlung stellt auch dann den Jahresabschluss fest, wenn der

---

[72] *Richardt* in *Semler/v.Schenck*, Arbeitshandbuch[4] § 9 Rz 1.

Aufsichtsrat diesen nicht gebilligt hat (§ 104 Abs 3 AktG). Die Verwendung eines im festgestellten Jahresabschluss ausgewiesenen Bilanzgewinnes ist hingegen nach § 104 AktG stets Sache der Hauptversammlung.

C. GmbH

Gemäß § 30k GmbHG hat der Aufsichtsrat den Jahresabschluss, einen allfälligen Konzernabschluss, den Vorschlag über die Gewinnverteilung sowie den Lagebericht und den allfälligen Konzernlagebericht zu **prüfen**. Anders als bei der AG hat er den Jahresabschluss aber nicht festzustellen, sondern bloß der Generalversammlung darüber zu berichten. In dem **Bericht an die Generalversammlung** hat der Aufsichtsrat mitzuteilen, in welcher Art und in welchem Umfang er die Geschäftsführung der Gesellschaft während des Geschäftsjahres geprüft hat, welche Stelle den Jahresabschluss und den Geschäftsbericht geprüft hat und ob die Prüfungen nach ihrem abschließenden Ergebnis zu wesentlichen Beanstandungen Anlass gegeben haben. **48**

D. Zusammenarbeit Aufsichtsrat – Abschlussprüfer

Auch wenn sich die Kriterien der Prüfpflicht teilweise unterscheiden, weisen die Prüfung des Jahresabschlusses durch den Aufsichtsrats in beträchtlichem Ausmaß Parallelen mit jener durch den Abschlussprüfer auf. Sowohl der Abschlussprüfer als auch der Aufsichtsrat können daher von der Prüftätigkeit des jeweils anderen erheblich profitieren, der Abschlussprüfer insbesondere von der unterjährigen Überwachungstätigkeit des Aufsichtsrates, der Aufsichtsrat wiederum von der Festlegung von Prüfungsschwerpunkten für die jährlich stattfindende Abschlussprüfung. Daher ist es sowohl für den Aufsichtsrat als auch für den Abschlussprüfer geboten, die **Zusammenarbeit** zwischen ihnen zu **intensivieren** und gegebenenfalls auch zu **institutionalisieren** (siehe näher zur Zusammenarbeit zwischen dem Aufsichtsrat und dem Abschlussprüfer *Milla/Rödler/Köll*, Rz 21/1 ff). **49**

X. Beschränkung der Vertretungsbefugnis des Vorstands/ der Geschäftsführer

Nach § 74 Abs 1 AktG ist der Vorstand der Gesellschaft gegenüber verpflichtet, die Beschränkungen einzuhalten, die die Satzung oder der Aufsichtsrat für den Umfang seiner Vertretungsbefugnis festgesetzt hat oder die sich aus einem Beschluss der Hauptversammlung nach § 103 AktG ergeben. Dritten gegenüber ist eine Beschränkung der Vertretungsbefugnis des Vorstands unwirksam (§ 74 Abs 2 AktG).[73] **50**

Eine ähnliche Bestimmung findet sich in § 20 GmbHG. Nach Abs 1 leg cit sind die Geschäftsführer der Gesellschaft gegenüber verpflichtet, alle Beschränkungen einzuhalten, die in dem Gesellschaftsvertrag, durch Beschluss der Gesellschafter oder in einer für die Geschäftsführer verbindlichen Anordnung des Aufsichtsrats für den Umfang ihrer Befugnis, die Gesellschaft zu vertreten, festgesetzt sind. **51**

---

[73] Vgl näher zu dieser Bestimmung nur *Strasser* in *Jabornegg/Strasser*, AktG[5] §§ 71-74 Rz 56 ff mwN.

Nach § 20 Abs 2 GmbHG hat eine Beschränkung der Vertretungsbefugnis gegen dritte Personen keine rechtliche Wirkung.[74]

XI. Vertretung der Gesellschaft gegenüber Mitgliedern des Vorstands/Geschäftsführern

52 **§ 97 AktG** überträgt in Durchbrechung des Vertretungsmonopols des Vorstands dem Aufsichtsrat für bestimmte Rechtsgeschäfte und Handlungen die Kompetenz zur Vertretung der Gesellschaft.[75] Die Regelung soll eine unbefangene Vertretung der AG sicherstellen.[76] Aus § 97 AktG ergeben sich **drei Fallgruppen**, in denen ausnahmsweise eine Vertretung der Gesellschaft durch den Aufsichtsrat vorgesehen ist: (i) die Vornahme von Rechtsgeschäften der Gesellschaft mit Vorstandsmitgliedern (§ 97 Abs 1 erster Fall AktG); (ii) die Führung der von der Hauptversammlung beschlossenen Rechtsstreitigkeiten der Gesellschaft gegen Vorstandsmitglieder (§ 97 Abs 1 zweiter Fall AktG) sowie (iii) die Einbringung von Klagen und die Führung der daraus entstehenden Rechtsstreitigkeiten der Gesellschaft gegen Vorstandsmitglieder ohne oder sogar gegen einen Beschluss der Hauptversammlung, wenn die Verantwortlichkeit eines Mitglieds des Aufsichtsrats in Frage kommt (§ 97 Abs 2 AktG).

53 Erfasst werden von § 97 Abs 1 erster Fall AktG nicht nur Rechtsgeschäfte, sondern auch **sonstige Maßnahmen**.[77] Der Wortlaut des § 97 Abs 1 zweiter Fall AktG erfasst nur die Führung von Aktivprozessen der Gesellschaft gegen Vorstandsmitglieder und nicht die passive Prozessvertretung. Die hL[78] dehnt die Vertretungsbefugnis des AR allerdings zu Recht auf **Passivprozesse** aus; denn auch hier besteht die (abstrakte) Gefahr von Interessenkonflikten zwischen Vorstand und Gesellschaft. § 97 Abs 1 zweiter Fall AktG betrifft in der Praxis vor allem von der Gesellschaft eingeleitete Verfahren zur Geltendmachung von Schadenersatzansprüchen gegen Vorstandsmitglieder. Was die Verantwortlichkeit eines Aufsichtsratsmitglieds als Voraussetzung für die Vertretungsmacht des Aufsichtsrats betrifft, so genügt es, wenn das einzelne Mitglied bei realistischer Einschätzung des Sachverhalts eine Haftung ernsthaft zu befürchten hat.[79] Es müssen also (noch) keine außergerichtlichen oder gerichtlichen Maßnahmen zur Geltendmachung von Schadenersatzansprüchen gegen das Aufsichtsratsmitglied gesetzt worden sein.

54 Die Vertretungsbefugnis des Aufsichtsrats greift jedenfalls gegenüber **amtierenden Vorstandsmitgliedern**, und zwar unabhängig davon, ob diese selbst auftreten oder sich im rechtsgeschäftlichen Kontakt mit der Gesellschaft durch einen Dritten vertreten lassen.[80] Ferner wird zu Recht vertreten, dass § 97 AktG analog

---

74 Vgl näher zu dieser Bestimmung nur *Koppensteiner/Rüffler*, GmbHG³ § 20 Rz 1 ff mwN.

75 *Kalss* in *Doralt/Nowotny/Kalss,* AktG² § 97 Rz 1; *Strasser* in *Jabornegg/Strasser*, AktG⁵ §§ 95-97 Rz 63.

76 *Kalss* in *Doralt/Nowotny/Kalss,* AktG² § 97 Rz 1.

77 *Kalss* in *Doralt/Nowotny/Kalss,* AktG² § 97 Rz 12.

78 *Kalss* in *Doralt/Nowotny/Kalss*, AktG² § 97 Rz 16; *Strasser* in *Jabornegg/Strasser*, AktG⁵ §§ 95-97 Rz 77.

79 *Kalss* in *Doralt/Nowotny/Kalss*, AktG² § 97 Rz 18.

80 *Kalss* in *Doralt/Nowotny/Kalss*, AktG² § 97 Rz 19.

anzuwenden ist, wenn das Vorstandsmitglied als Vertreter eines Dritten agiert und zwischen dem Vorstandsmitglied und der zu vertretenden Person wirtschaftliche Identität besteht.[81] Eine wirtschaftliche Identität ist jedenfalls dann zu bejahen, wenn das Vorstandsmitglied Alleingesellschafter der von ihm allein vertretenen Kapitalgesellschaft ist.[82] In Betracht kommt weiters die Vertretungsbefugnis des Aufsichtsrats gegenüber **potentiellen Vorstandsmitgliedern**.[83] Umstritten ist die Vertretungsbefugnis gegenüber **ausgeschiedenen Vorstandsmitgliedern**.[84] Es überzeugt jene Auffassung, die die Vertretungsbefugnis des Aufsichtsrats auch gegenüber ehemaligen Mitgliedern des Vorstands bejaht, weil auch in dieser Konstellation typischerweise eine Gefährdung der Gesellschaftsinteressen gegeben ist.[85] Soweit es um **Hilfsgeschäfte** geht, die im Zusammenhang mit der Vertretung gegenüber Vorstandsmitgliedern stehen (zB Einholung von Auskünften oder Beratung in Steuer- oder Rechtsfragen), kann der Aufsichtsrat auch Dritten gegenüber vertretungsbefugt sein.[86]

Die Vertretung der Gesellschaft durch den Aufsichtsrat nach Maßgabe des § 97 AktG ist als **organschaftliche Vertretung** zu qualifizieren.[87] Der Aufsichtsrat ist zur Vertretung der Gesellschaft nicht nur berechtigt, sondern auch verpflichtet.[88] Die Regelung ist zwingend.[89] Die Vertretungsbefugnis kommt grundsätzlich dem **Aufsichtsrat als Organ** zu.[90] Dies gilt auch dann, wenn die Verantwortlichkeit eines Aufsichtsratsmitglieds in Betracht kommt.[91] Für den **Zugang von Willenserklärungen** reicht die Abgabe gegenüber einem Mitglied des Aufsichtsrats aus.[92] Nach wohl überwiegender Auffassung[93] normiert § 97 Abs 1 AktG eine zum Vorstand **konkurrierende Vertretungsbefugnis**. **55**

---

81 *Kalss* in *Doralt/Nowotny/Kalss,* AktG² § 97 Rz 19 mwN.

82 *Kalss* in *Doralt/Nowotny/Kalss,* AktG² § 97 Rz 19.

83 *Kalss* in *Doralt/Nowotny/Kalss,* AktG² § 97 Rz 24 mwN.

84 Für einen Überblick über den Meinungsstand vgl *Kalss* in *Doralt/Nowotny/Kalss,* AktG² § 97 Rz 21 ff; *Strasser* in *Jabornegg/Strasser*, AktG⁵ §§ 95-97 Rz 75.

85 Vgl nur *Kalss* in *Doralt/Nowotny/Kalss,* AktG² § 97 Rz 21 mwN.

86 *Kalss* in *Doralt/Nowotny/Kalss,* AktG² § 97 Rz 24 mwN.

87 *Kalss* in *Doralt/Nowotny/Kalss,* AktG² § 97 Rz 4; *Strasser* in *Jabornegg/Strasser*, AktG⁵ §§ 95-97 Rz 65.

88 *Kalss* in *Doralt/Nowotny/Kalss,* AktG² § 97 Rz 5; *Strasser* in *Jabornegg/Strasser*, AktG⁵ §§ 95-97 Rz 65.

89 *Kalss* in *Doralt/Nowotny/Kalss,* AktG² § 97 Rz 5; *Strasser* in *Jabornegg/Strasser*, AktG⁵ §§ 95-97 Rz 82.

90 *Kalss* in *Doralt/Nowotny/Kalss,* AktG² § 97 Rz 26; *Strasser* in *Jabornegg/Strasser*, AktG⁵ §§ 95-97 Rz 66; zu den Möglichkeiten einer Bevollmächtigung einzelner Aufsichtsratsmitglieder vgl nur *Kalss* in *Doralt/Nowotny/Kalss,* AktG² § 97 Rz 29 ff; zur Bevollmächtigung eines Ausschusses siehe Rz 23/57.

91 *Kalss* in *Doralt/Nowotny/Kalss,* AktG² § 97 Rz 18, 27.

92 *Kalss* in *Doralt/Nowotny/Kalss,* AktG² § 97 Rz 28; aA *Strasser* in *Jabornegg/Strasser*, AktG⁵ §§ 95-97 Rz 69 f.

93 OGH 1.3.2005, 2 Ob 126/04z, GesRZ 2005, 136; *Reich-Rohrwig*, wbl 1987, 299 (299); *Strasser* in *Jabornegg/Strasser*, AktG⁵ §§ 95-97 Rz 71; aA *Cernicky*, GesRZ 2002, 179 (182); *Kalss* in *Kalss/Nowotny/Schauer*, Gesellschaftsrecht Rz 3/528 f; *Kalss* in *Doralt/Nowotny/Kalss,* AktG² § 97 Rz 8 ff.

56 Für die GmbH findet sich eine ähnliche Bestimmung in **§ 30l GmbHG**. Nach Abs 1 leg cit ist der Aufsichtsrat befugt, die Gesellschaft bei der Vornahme von Rechtsgeschäften mit den Geschäftsführern zu vertreten und gegen diese durch Gesellschafterbeschluss beschlossenen Rechtsstreitigkeiten zu führen. Wenn die Verantwortung eines seiner Mitglieder in Frage kommt, kann der Aufsichtsrat nach § 30l Abs 3 GmbHG ohne Gesellschafterbeschluss und selbst gegen den Beschluss der Gesellschafter die Geschäftsführer klagen. Die Vertretungsmacht kommt dem **Gesamtaufsichtsrat** zu.[94] Die Vertretungsbefugnis des Aufsichtsrats ist **nicht exklusiv**.[95]

XII. Anfechtungs- und Nichtigkeitsverfahren

57 Nach § 196 Abs 1 Z 5 AktG ist jedes Mitglied des Vorstands und des Aufsichtsrats zur **Anfechtung eines Beschlusses der Hauptversammlung** befugt, wenn sich die Mitglieder des Vorstands und des Aufsichtsrats durch die Ausführung des Beschlusses strafbar oder ersatzpflichtig machen würden.[96] Die Aufsichtsratsmitglieder üben das Anfechtungsrecht im eigenen Namen und Interesse aus.[97]

58 Nach § 197 Abs 2 AktG wird die Gesellschaft im Anfechtungsverfahren durch Vorstand und Aufsichtsrat (Doppelvertretung) und, wenn der Vorstand klagt, durch den Aufsichtsrat **vertreten**,[98] dies gilt nach § 201 Abs 1 AktG auch für das **Nichtigkeitsverfahren**.

59 Ähnliche Rechte und Pflichten finden sich auch für den Aufsichtsrat einer **GmbH** (§§ 41 f GmbHG; vgl auch *Heidinger*, Rz 40/1 ff).

XIII. Mitwirkung bei Umgründungen und Kapitalmaßnahmen

60 Der Aufsichtsrat hat an **Verschmelzungen**, **Spaltungen**, **Umwandlungen nach dem UmwG** sowie an einem **Gesellschafterausschluss nach dem GesAusG** mitzuwirken. Im Wesentlichen hat der Aufsichtsrat im Zusammenhang mit Umgründungen regelmäßig zwei Aufgaben zu erfüllen: Er hat zum einen die Umgründungsmaßnahme zu **prüfen** (§ 220c AktG, §§ 6, 17 SpaltG, §§ 2 Abs 3 5 Abs 5 UmwG iVm 220c AktG, § 3 Abs 3 GesAusG) und zum anderen an der **Bestellung des Verschmelzungs-** (§ 220b AktG), **Spaltungs-** (§ 5 Abs 2 SpaltG) und **Umwandlungsprüfers** (§ 2 Abs 3 Z 4 UmwG) sowie des **Prüfers nach dem GesAusG** (§ 3 Abs 2 GesAusG) mitzuwirken.

---

94 *Rauter* in *Straube/Ratka/Rauter*, GmbHG § 30l Rz 5 mwN; zu den Möglichkeiten einer Bevollmächtigung einzelner Aufsichtsratsmitglieder vgl nur *Rauter* in *Straube/Ratka/Rauter*, GmbHG § 30l Rz 7 mwN; zur passiven Vertretungsmacht *Rauter* in *Straube/Ratka/Rauter*, GmbHG § 30l Rz 8 mwN.

95 *Koppensteiner/Rüffler*, GmbHG^3 § 30l Rz 1; *Rauter* in *Straube/Ratka/Rauter*, GmbHG § 30l Rz 10; jeweils mwN.

96 Näher *Diregger* in *Doralt/Nowotny/Kalss,* AktG^2 § 196 Rz 52 ff mwN.

97 *Diregger* in *Doralt/Nowotny/Kalss,* AktG^2 § 196 Rz 58.

98 Näher *Diregger* in *Doralt/Nowotny/Kalss,* AktG^2 § 197 Rz 43 ff mwN.

Aufgaben treffen den Aufsichtsrat weiters im Zusammenhang mit Kapitalmaßnahmen der Gesellschaft. Er hat bei **Kapitalerhöhungen und -herabsetzungen**, bei **Kapitalberichtigungen** sowie bei der **Ausgabe von Wandel- oder Gewinnschuldverschreibungen** mitzuwirken.[99] **61**

XIV. Selbstorganisation des Aufsichtsrats

Innerhalb des durch Gesetz und Satzung/Gesellschaftsvertrag vorgegebenen **62** Rahmens hat der Aufsichtsrat sich selbst intern so zu organisieren, dass die bestmögliche Erfüllung der ihm zugewiesenen Aufgaben, insbesondere Überwachung der Geschäftsführung, gewährleistet ist.

Der Aufsichtsrat hat zunächst aus seiner Mitte einen Vorsitzenden und mindes- **63** tens einen Stellvertreter zu bestellen (§ 92 Abs 1 AktG/§ 30g Abs 1 GmbHG; siehe näher *Chini/Reiner*, Rz 27/1 ff).

Nach § 94 Abs 3 AktG/§ 30i Abs 3 GmbHG hat der Aufsichtsrat zumindest **64** vier Mal in einem Geschäftsjahr, und zwar vierteljährlich, **Sitzungen** abzuhalten.

Im Rahmen seiner Pflicht zur Selbstorganisation kann den Aufsichtsrat ferner **65** auch die Pflicht treffen, eine Geschäftsordnung zu erlassen.[100]

Schließlich hat der Aufsichtsrat für bestimmte Aufgaben **Ausschüsse** zu bilden **66** (siehe näher *Schimka*, Rz 29/1 ff).

---

99 Näher vgl nur *Temmel*, Aufsichtsrat 112 ff mwN.

100 *Kalss* in *Doralt/Nowotny/Kalss*, AktG § 92 Rz 6 f; *Rauter* in *Straube/Ratka/Rauter*, GmbHG § 30g Rz 21; C-Regel 34 ÖCGK.

Zustimmungspflichtige Geschäfte

Robert Briem

§§: 95 Abs 5 AktG; 30j Abs 5 GmbHG; Punkt 35 ÖCGK (L-Regel)

Literatur

Ö: *Aicher/Feltl*, Zur Durchsetzbarkeit eines „Atomausstiegs" nach österreichischem Aktienrecht – Möglichkeiten und Grenzen, in FS Torggler (2013) 1; *Wolf-Dieter Arnold*, Beratungsvertrag zwischen Aufsichtsratsmitglied und „seiner" AG (GmbH): Gefahr des Anspruchsverlustes? Aufsichtsrat aktuell 1/2010, 8; *Brix*, Die Satzung (2011) 387; *Chini*, Strategische Planung als dominante Aufgabe des Aufsichtsrats; Aufsichtsrat aktuell, 5/2015, 16; *Eckert/Gassauer-Fleissner*, Überwachungspflichten des Aufsichtsrates im Konzern, GeS 2004, 416; *Feltl*, Der Aufsichtsrat und die Geschäftspolitik, Aufsichtsrat aktuell 3/2015, 16; *derselbe*, Die zustimmungspflichtigen Maßnahmen des § 95 Abs 5 AktG, Aufsichtsrat aktuell 4/2015, 5; *Frotz/Spitznagel*, Zur konzernweiten Wirkung von Zustimmungsvorbehalten des Aufsichtsrates einer AG, RWZ 2011, 161; *Gagawczuk/Gahleitner/Leitsmüller/Preiss/Schneller*, Der Aufsichtsrat (2004) 94; *Justich* in Hausmaninger/Gratzl/Justich, Handbuch zur Aktiengesellschaft (2012) 367; *Kalss*, Leitung und Überwachung im Konzern, Aufsichtsrat aktuell 3/2009, 4; *dieselbe*, Auskunftsrechte und –pflichten für Vorstand und Aufsichtsrat im Konzern, GesRZ 2010, 137; *Kittel*, Handbuch für Aufsichtsratsmitglieder (2006) 263; *Reischauer*, Gedanken zur Aufsichtsratszustimmung nach § 95 Abs 5 AktG, in FS Strasser (1993) 287; *Nowotny*, Geschäftsordnung für den Vorstand einer AG, in Nowotny/Winkler, Wiener Vertragshandbuch, Band 3 (2006) 206; *Reich-Rohrwig*, Erweiterung der AR-zustimmungspflichtigen Geschäfte, ecolex 2006, 35 f; *Schima*, Zustimmungsvorbehalte als Steuerungsmittel des Aufsichtsrates in der AG und im Konzern, GesRZ 2012, 35; *Schima/Toscani*, Die Vertretung der AG bei Rechtsgeschäften mit dem Vorstand (§ 97 Abs 1 AktG), JBl 2012, 482; *Stern*, Der Aufsichtsrat bei Umgründungen in Beteiligungsgesellschaften und im Konzern, RdW 1999, 308; *Straube/Rauter/Ratka*, Die Aufsichtsratsgeschäftsordnung² (2006) 124; *Temmel*, Der Aufsichtsrat (2003) 83; *Wagner*, Zu § 95 Abs 5 AktG und § 30j Abs 5 GmbHG, NZ 1983, 97.

Dtl: *Berrar*, Die zustimmungspflichtigen Geschäfte nach § 111 Abs 4 AktG im Lichte der Corporate Governance-Diskussion, DB 2001, 2181; *Fleischer*, Sag, wie hältst du's mit dem Zustimmungsvorbehalt? AR 11/2013, 157; *Fonk*, Zustimmungsvorbehalte im AG-Aufsichtsrat, ZGR 2006, 841; *Rodewig* in Semler/von Schenk, Arbeitshandbuch für Aufsichtsratsmitglieder (2013) § 8; *Semler*, Zustimmungsvorbehalte als Instrument der Überwachung durch den Aufsichtsrat, in FS Peter Doralt (2004), 609; *Zwissler*, Grundsätze für die Erstellung und Überprüfung von Zustimmungskatalogen, AR 05/2015, 72.

Gliederung **Rz**

I. Einleitung

1 § 95 Abs 5 AktG enthält einen Katalog jener Geschäfte, welche nur mit Zustimmung des Aufsichtsrates vorgenommen werden dürfen. Bei diesem Katalog handelt es sich nur um einen „**Mindestkatalog**". Die Satzung oder der Aufsichtsrat können auch anordnen, dass – darüber hinaus – bestimmte Arten von Geschäften nur mit Zustimmung des Aufsichtsrates vorgenommen werden dürfen (§ 95 Abs 5 letzter Satz AktG). Der Aufsichtsrat kann somit die Kontrolldichte jederzeit erhöhen.

2 Der Zustimmungsvorbehalt ist ein wesentliches Instrument der **präventiven Kontrolle** durch den Aufsichtsrat. Im Ergebnis beinhaltet der Zustimmungsvorbehalt ein Vetorecht. In der praktischen Bedeutung geht der Zustimmungsvorbehalt jedoch weit darüber hinaus: Der Vorstand hat den Aufsichtsrat über die zustimmungspflichtigen Geschäfte in einer Weise zu informieren, dass die für die Entscheidung erforderlichen Entscheidungsgrundlagen vorliegen. Mitunter führt ein Zustimmungsvorbehalt auch zu Verhandlungen zwischen dem Vorstand und Aufsichtsrat. Insoweit ist es zutreffend, von einer „**mitgestaltenden Kontrolle**" des Aufsichtsrates zu sprechen.[1] MaW liegt im Umfang der zustimmungspflichtigen Geschäfte eine Mitwirkung des Aufsichtsrates an der Geschäftsführung und nicht nur eine bloße Überwachung der Geschäftsführung vor.[2] Dies zeigt sich insbeson-

---

[1] Siehe *Mertens/Cahn* in Kölner Kommentar zum AktG, Band 2/2[2] (2013) § 111 Rz 86.

[2] Siehe *Rodewig* in Semler/von Schenk, Arbeitshandbuch für Aufsichtsratsmitglieder (2013) § 8 Rz 4.

dere daran, dass „die Festlegung allgemeiner Grundsätze der Geschäftspolitik" der Zustimmung des Aufsichtsrates bedarf (§ 95 Abs 5 Z 8 AktG). Dahinter verbirgt sich die Strategie des Unternehmens. Die **Mitwirkung an der Strategiearbeit** ist eine der wesentlichen Aufgaben des Aufsichtsrates.

Mit dem Zustimmungsvorbehalt ist **kein Weisungsrecht** verbunden. Maß- 3
nahmen der Geschäftsführung können kraft der gesetzlichen Anordnung des § 95 Abs 5 Satz 1 AktG dem Aufsichtsrat nicht übertragen werden. Weiters kommt dem Aufsichtsrat auch **kein Initiativrecht** zu.[3]

Der Katalog zustimmungspflichtiger Geschäfte darf nicht soweit gehen, dass 4
er den Vorstand in seiner Geschäftsführungstätigkeit faktisch lahm legt[4] (sogenanntes **„Lähmungsverbot"**). Eine Regelung, wonach „alle wichtigen oder alle für die Lage der Gesellschaft bedeutsamen Geschäfte" der Zustimmung des Aufsichtsrates bedürfen, wäre unter diesem Blickwinkel unzulässig und unwirksam. Darüber hinaus wäre eine derartige Regelung zu unbestimmt.

Andererseits muss es Ziel eines Katalogs zustimmungspflichtiger Geschäf- 5
te sein, **Geschäfte von grundlegender Bedeutung** zu erfassen. Geschäfte von grundlegender Bedeutung sind solche, die nach Umfang, Gegenstand, Bedeutung oder Risiko für das Unternehmen der betreffenden Art und Größe aus dem routinemäßigen Geschäftsbetrieb signifikant hervorragen oder von spezifischer unternehmensstrategischer Bedeutung sind.[5] Die Frage, was grundlegende Geschäfte sind, kann sich im Zeitablauf ändern. Aus diesem Grund empfiehlt es sich, den Katalog zustimmungspflichtiger Geschäfte in regelmäßigen Abständen, etwa alle drei bis fünf Jahre, **auf seine Aktualität zu prüfen**.

Je nach der Ausgestaltung des Katalogs handelt es sich um eine Gesellschaft 6
mit einem „starken" Aufsichtsrat oder mit einem „starken", weil weitgehend in seiner Geschäftsgebarung unabhängigen, Vorstand. Durch die Ausgestaltung des Katalogs zustimmungspflichtiger Geschäfte kann es daher zu einer **Verschiebung des Kräfteverhältnisses** zwischen Vorstand und Aufsichtsrat kommen. Welche Bedeutung dem Katalog zustimmungspflichtiger Geschäfte zukommt, zeigt sich insbesondere auch bei **Familiengesellschaften**, bei denen einzelnen Stämmen syndikatsvertraglich ein Nominierungsrecht für einzelne Mitglieder des Aufsichtsrates zukommt und bei denen regelmäßig um die konkrete Ausgestaltung des Katalogs gerungen wird.

Der nachfolgende Beitrag befasst sich nur mit dem Aufsichtsrat einer Akti- 7
engesellschaft. Auch bei einer **GmbH**[6] kann es geboten sein, den gesetzlichen Mindestkatalog des § 30j Abs 5 GmbHG um zustimmungspflichtige Geschäfte zu erweitern. Bei der GmbH besteht jedoch die Besonderheit, dass die Generalversammlung als höchstes Organ der Gesellschaft nicht an die Entscheidung des

3 Siehe nur *Kalss* in Doralt/Nowotny/Kalss, AktG² (2012) § 95 Rz 94.

4 Siehe nur OGH 13.3.2008, 6 Ob 49/07 k und *Strasser* in Jabornegg/Strasser, AktG⁵ (2010) §§ 95 bis 97 Rz 48.

5 Siehe *Fonk*, Zustimmungsvorbehalte im AG-Aufsichtsrat, ZGR 2006, 841, 847 und *Mertens/Cahn* in Kölner Kommentar zum AktG, Band 2/2 (2013) § 111 Rz 84.

6 Zu den Besonderheiten des Aufsichtsrates in der GmbH siehe den Beitrag von *M. Heidinger* in diesem Handbuch.

Aufsichtsrates gebunden ist und jederzeit auch eine der Entscheidung des Aufsichtsrates entgegengesetzte **Weisung** erlassen kann, welche der Entscheidung des Aufsichtsrates vorgeht.[7] Bei der GmbH ist zu entscheiden, welche Maßnahmen der Zustimmung des Aufsichtsrates oder der Zustimmung der Generalversammlung oder allenfalls der Zustimmung beider Organe bedürfen. Je nach der Ausgestaltung wird die Gesellschaft entweder mehr von den Gesellschaftern oder vom Aufsichtsrat kontrolliert.

II. Der Katalog des § 95 Abs 5 AktG

A. Gesetzeswortlaut

8 § 95 Abs 5 AktG regelt als Mindestinhalt des Katalogs zustimmungspflichtiger Geschäfte insgesamt 14 Maßnahmen. Folgende Geschäfte dürfen nach § 95 Abs 5 Satz 2 AktG nur mit Zustimmung des Aufsichtsrates vorgenommen werden:

1. der Erwerb und die Veräußerung von Beteiligungen (§ 189a Z 2 UGB) sowie der Erwerb, die Veräußerung und die Stillegung von Unternehmen und Betrieben;
2. der Erwerb, die Veräußerung und die Belastung von Liegenschaften, soweit dies nicht zum gewöhnlichen Geschäftsbetrieb gehört;
3. die Errichtung und die Schließung von Zweigniederlassungen;
4. Investitionen, die bestimmte Anschaffungskosten im einzelnen und insgesamt in einem Geschäftsjahr übersteigen;
5. die Aufnahme von Anleihen, Darlehen und Krediten, die einen bestimmten Betrag im einzelnen und insgesamt in einem Geschäftsjahr übersteigen;
6. die Gewährung von Darlehen und Krediten, soweit sie nicht zum gewöhnlichen Geschäftsbetrieb gehört;
7. die Aufnahme und Aufgabe von Geschäftszweigen und Produktionsarten;
8. die Festlegung allgemeiner Grundsätze der Geschäftspolitik;
9. die Festlegung von Grundsätzen über die Gewährung von Gewinn- oder Umsatzbeteiligungen und Pensionszusagen an leitende Angestellte im Sinne des § 80 Abs. 1;
10. die Einräumung von Optionen auf Aktien der Gesellschaft an Arbeitnehmer und leitende Angestellte der Gesellschaft oder eines mit ihr verbundenen Unternehmens sowie an Mitglieder des Vorstands und des Aufsichtsrats von verbundenen Unternehmen;
11. die Erteilung der Prokura;
12. der Abschluss von Verträgen mit Mitgliedern des Aufsichtsrats, durch die sich diese außerhalb ihrer Tätigkeit im Aufsichtsrat gegenüber der Gesellschaft oder einem Tochterunternehmen (§ 189a Z 7 UGB) zu einer Leistung gegen ein nicht bloß geringfügiges Entgelt verpflichten. Dies gilt auch für Verträge mit Unternehmen, an denen ein Aufsichtsratsmitglied ein erhebliches wirtschaftliches Interesse hat;

---

[7] Siehe nur *Rauter* in Straube, Wiener Kommentar zum GmbHG (57. Lfg, November 2008) § 30j Rz 69.

13. die Übernahme einer leitenden Stellung (§ 80) in der Gesellschaft innerhalb von zwei Jahren nach Zeichnung des Bestätigungsvermerks durch den Abschlussprüfer, durch den Konzernabschlussprüfer, durch den Abschlussprüfer eines bedeutenden verbundenen Unternehmens oder durch den den jeweiligen Bestätigungsvermerk unterzeichnenden Wirtschaftsprüfer sowie eine für ihn tätige Person, die eine maßgeblich leitende Funktion bei der Prüfung ausgeübt hat, soweit dies nicht gemäß § 271c UGB untersagt ist;
14. Maßnahmen, mit denen der Vorstand von einer ihm gemäß § 102 Abs. 3 oder 4 erteilten Ermächtigung Gebrauch macht.

Zu den in Z 1 und 2 genannten Geschäften kann die Satzung oder der Aufsichtsrat Betragsgrenzen festsetzen, zu den in den Z 4, 5 und 6 genannten Geschäften haben die Satzung oder der Aufsichtsrat eine Betragsgrenze festzusetzen (Satz 4). Die Satzung oder der Aufsichtsrat kann auch anordnen, dass bestimmte Arten von Geschäften nur mit Zustimmung des Aufsichtsrats vorgenommen werden sollen (Satz 5). 9

Der gesetzliche Katalog zustimmungspflichtiger Maßnahmen ist **nicht abschließend**. Vielmehr ist der Aufsichtsrat berechtigt und verpflichtet, soweit dies zur Erfüllung seiner Überwachungsaufgabe erforderlich ist, weitere Geschäftsarten seiner Zustimmung zu unterwerfen.[8] Der gesetzliche Katalog ist jedoch ein **Mindestkatalog**. Der Aufsichtsrat darf den Kreis zustimmungspflichtiger Maßnahmen nur erweitern, nicht jedoch einschränken. Gleiches gilt im Verhältnis zu einem in der Satzung geregelten Katalog zustimmungspflichtiger Geschäfte. 10

Bei **Kreditinstituten** bestehen Sonderbestimmungen, die zusätzlich zu den rechtsformspezifischen Bestimmungen vom Aufsichtsrat einzuhalten sind. Dies gilt insbesondere für Großkredite, welche zwingend der Zustimmung des Aufsichtsrates bedürfen.[9] 11

B. Die einzelnen Ziffern des § 95 Abs 5 AktG

Im Folgenden werden die einzelnen Ziffern des § 95 Abs 5 AktG kurz kommentiert:[10]

1. der Erwerb und die Veräußerung von Beteiligungen (§ 189a Z 2 UGB) sowie der Erwerb, die Veräußerung und die Stillegung von Unternehmen und Betrieben: 12

Nach dieser Ziffer unterliegen der Erwerb und die Veräußerung von Beteiligungen im Sinne des § 189a Z 2 UGB sowie der Erwerb, die Veräußerung und die Stilllegung von Unternehmen oder Betrieben der Zustimmung des Aufsichtsrates. Die Art des **Erwerbs** ist unerheblich. Sowohl ein Erwerb im Wege der Gesamtrechtsnachfolge (zB im Rahmen einer Umgründung) als auch ein Erwerb im Rah-

---

8 *Kalss* in Doralt/Nowotny/Kalss, AktG (2012) § 95 Rz 83.

9 Siehe hierzu *Kunz*, Gesellschaftsrechtliches Aufsichtsrats-Know-how – Überblick für die Praxis unter Berücksichtigung von Kreditinstituten (2014).

10 Eine umfangreiche Kommentierung zu den Kataloggeschäften findet sich bei *Kalss* in Doralt/Nowotny/Kalss, AktG² (2012) § 95 Rz 81 – 128 sowie bei *Rauter* in Straube, Wiener Kommentar zum GmbHG (57. Lfg, November 2008) § 30j Rz 73 bis 109.

men der Einzelrechtsnachfolge (zB Kauf, Sacheinlage) bedürfen der Zustimmung des Aufsichtsrates.[11] Dasselbe gilt für die Veräußerung der vorgenannten Vermögenswerte. **Veräußerung** ist im Sinne der Aufgabe des Eigentumsrechtes zu verstehen, unabhängig davon, ob diese auf entgeltlicher, auf unentgeltlicher oder auf gesellschaftsrechtlicher Grundlage erfolgt. Dies kann zur Folge haben, dass der Aufsichtsrat mit ein und derselben Angelegenheit zweimal befasst wird, einmal im Rahmen der Umgründung (zB Prüfung nach § 220c AktG) und einmal im Rahmen der Beteiligungs- oder Unternehmensübertragung.[12]

Die Ziffer 1 erfasst zunächst **Beteiligungen** im Sinne des § 189a Z 2 UGB. Nach dieser Bestimmung bedeutet Beteiligung Anteile an einem anderen Unternehmen, die dazu bestimmt sind, dem eigenen Geschäftsbetrieb dauernd zu dienen. Wenn der Anteil am Kapital des Unternehmens mindestens 20 % beträgt, wird das Vorliegen einer Beteiligung vermutet. Sonstige Finanzanlagen, welche nicht den Beteiligungsbegriff erfüllen, fallen nicht darunter. Die bloße **Erhöhung bestehender Beteiligungen** fällt nicht unter den Wortlaut der Ziffer 1. ZT wird in der Literatur erwogen, auch Beteiligungserhöhungen unter Ziffer 1 zu subsumieren.[13] ME empfiehlt sich, den Fall der Erhöhung einer Beteiligung ausdrücklich zu regeln.

Der Begriff **Unternehmen** deckt sich mit jenem des allgemeinen Unternehmensrechtes. Der Begriff **Betrieb** orientiert sich an § 12 UmgrStG, was eine Gleichstellung mit § 3 Z 15 FBG nahe legt.[14] Teile der Literatur subsumieren auch Teilbetriebe unter die Ziffer 1.[15] **Stilllegung** des Unternehmens ist die vollständige Einstellung der Geschäftstätigkeit, welche mit einer Auflösung der Geschäftstätigkeit einhergeht. Stilllegung des Betriebes ist die Aufgabe des Betriebszwecks unter gleichzeitiger Auflösung der Betriebsorganisation (die bloße Produktionseinstellung ist nicht ausreichend).[16]

Die Belastung einer Beteiligung oder eines Unternehmens unterliegt – anders als nach Ziffer 2 – nicht der Zustimmung des Aufsichtsrates. Nach Teilen der Literatur fallen, über den Gesetzeswortlaut hinaus, auch die Verpachtung oder sonstige Nutzungsüberlassungen, wenn der Betrieb oder das Unternehmen eine entsprechende Bedeutung hat, unter die Zustimmungspflicht.[17]

Zu den in Ziffer 1 genannten Maßnahmen kann die Satzung Betragsgrenzen festlegen.

---

11 *Rauter* in Straube, Wiener Kommentar zum GmbHG (57. Lfg, November 2008) § 30j Rz 74.

12 AA *Jordis* in Kalss/Kunz, Handbuch für den Aufsichtsrat^{1} (2010) § 9 Rz 26, wonach dann, wenn das Gesetz spezielle Zuständigkeiten vorsieht, wie die Erststellung des Verschmelzungsprüfungsberichtes oder des Spaltungsprüfungsberichtes, die Genehmigungskompetenz verdrängt wird.

13 *Kalss* in Doralt/Nowotny/Kalss, AktG^{2} (2012) § 95 Rz 107.

14 *Kalss* in Doralt/Nowotny/Kalss, AktG^{2} (2012) § 95 Rz 107.

15 Siehe die Nachweise bei *Rauter* in Straube, Wiener Kommentar zum GmbHG (57. Lfg, November 2008) § 30j Rz 76.

16 *Rauter* in Straube, Wiener Kommentar zum GmbHG (57. Lfg, November 2008) § 30j Rz 76.

17 Siehe nur *Kalss* in Doralt/Nowotny/Kalss, AktG^{2} (2012) § 95 Rz 107

2. der Erwerb, die Veräußerung und die Belastung von Liegenschaften, soweit dies nicht zum gewöhnlichen Geschäftsbetrieb gehört: 13

Nach dieser Ziffer unterliegen der Erwerb, die Veräußerung und die Belastung von Liegenschaften der Zustimmung des Aufsichtsrates.

Der Begriff **Liegenschaften** ist mE im Sinne des Zivilrechtes auszulegen. Liegenschaften sind unbewegliche Sachen iS des § 293 ABGB.[18] Zur Liegenschaft gehört das Grundstück einschließlich des sogenannten Zugehörs, wie insbesondere die auf der Liegenschaft befindlichen Gebäude. Kraft ausdrücklicher Anordnung gilt auch das Baurecht als unbewegliche Sache und damit als Liegenschaft (§ 6 Abs 1 BauRG). Anders hingegen das **Superädifikat** (Gebäude auf fremden Grund und Boden). Dieses gilt im Sinne des Zivilrechts als bewegliches Vermögen.[19] Dies führt zu dem befremdlichen Ergebnis, dass der Erwerb, die Veräußerung und die Belastung von Superädifikaten nicht der Zustimmung des Aufsichtsrates bedürfen. Vom Sinn und Zweck der Bestimmung wäre eine Ausdehnung des Zustimmungsvorbehaltes auch auf Superädifikate geboten, doch bereitet die Feststellung einer planwidrigen Lücke, welche Voraussetzung für eine analoge Anwendung ist, Schwierigkeiten. Es ist daher zu empfehlen, den Zustimmungsvorbehalt um Superädifikate zu ergänzen.

Die Begriffe Erwerb und Veräußerung sind gleich wie bei der Ziffer 1 auszulegen. Nach Teilen der Literatur fallen auch dem Erwerb oder der Veräußerung vergleichbare Übertragungs- und Nutzungsvereinbarungen, wie etwa Leasing, Pacht und die Begründung eines Baurechts, unter den Zustimmungsvorbehalt.[20] Unter den Begriff **Belastungen** sind jedenfalls sämtliche dingliche Belastungen (Pfandrechte, Sicherungsübereignungen, Reallasten, Servitute, Baurechte, Veräußerungsverbote, verbücherte Bestandrechte),[21] mE jedoch auch bloß schuldrechtliche Belastungen zu verstehen, welche bei Eintritt des Sicherungsfalles dieselben Auswirkungen wie eine dingliche Belastung haben. Dementsprechend bedarf mE die Unterfertigung einer Schuld- und Pfandbestellungsurkunde, welche bei der Bank nur hinterlegt wird, ebenfalls der vorherigen Zustimmung des Aufsichtsrates.[22]

Die Einschränkung *„soweit dies nicht zum gewöhnlichen Geschäftsbetrieb gehört“*, wurde durch das URÄG 2008 eingeführt. Nach den Gesetzesmaterialien sollten damit Unternehmen erfasst werden, deren Unternehmensgegenstand der Erwerb und die Veräußerung von Liegenschaften umfasst, aber auch zB Kreditinstitute, bei denen der Erwerb von Liegenschaften im Zuge einer Sicherheitenverwertung in die Kompetenz der Geschäftsleiter fällt.[23]

---

18 Siehe *Koziol – Welser/Kletecka*, Bürgerliches Recht, Band I[14] (2014) Rz 770.

19 *Koziol – Welser/Kletecka*, Bürgerliches Recht, Band I[14] (2014) Rz 773 und *Spielbüchler* in Rummel, ABGB, Bd I[3] (2000) § 297 Rz 4.

20 Siehe nur *Kalss* in Doralt/Nowotny/Kalss, AktG[2] (2012) § 95 Rz 107 und *Rauter* in Straube, Wiener Kommentar zum GmbHG (57. Lfg, November 2008) § 30j Rz 79.

21 *Rauter* in Straube, Wiener Kommentar zum GmbHG (57. Lfg, November 2008) § 30j Rz 79.

22 In diesem Sinne auch *Temmel*, Der Aufsichtsrat (2003) 84.

23 *Rauter* in Straube, Wiener Kommentar zum GmbHG (57. Lfg, November 2008) § 30j Rz 78.

Zu den in Ziffer 2 genannten Maßnahmen kann die Satzung Betragsgrenzen festlegen.

14 ***3. die Errichtung und die Schließung von Zweigniederlassungen:***

Der Begriff „**Zweigniederlassung**" wird im Gesetz an verschiedenen Stellen verwendet (siehe zB §§ 12, 33 Abs 3 UGB, § 3 Abs 1 Z 6 FBG, § 254 AktG). Unter Zweigniederlassung im Rechtssinne wird nach heute gefestigter Auffassung *„ein von der Hauptniederlassung räumlich getrennter Teil des Unternehmens [verstanden], in dem dauerhaft und selbständig Geschäfte abgeschlossen werden und der die hierfür erforderliche Organisation in sachlicher und personeller Sicht (unter anderem eine eigene Leitung) aufweist"*.[24]

Nach Teilen der Literatur ist der Begriff Zweigniederlassung im Sinne der Ziffer 3 nicht formal (im Sinne einer rechtlichen Anknüpfung an den Zweigniederlassungsbegriff) auszulegen. Vielmehr seien auch Filialgeschäfte, bloß faktische Niederlassungen und Betriebsstätten, die keine Zweigniederlassung im Rechtssinne sind, hierunter zu subsumieren. Umgekehrt wird auch der Wegfall einer organisatorischen Selbständigkeit durch verstärkte Eingliederung in das Unternehmen als „Schließung" der Zweigniederlassung behandelt.[25]

Der Begriff „Zweigniederlassung" ist mE **im Rechtssinne auszulegen.** Anhaltspunkte dafür, dass der Gesetzgeber dem Begriff der Zweigniederlassung ein anderes Verständnis als sonst beimisst, liegen nicht vor.[26] Zudem würde die Ziffer 3 bei einem weiten Verständnis des Zweigneiderlassungsbegriffes jede scharfe Kontur verlieren. ZB würde jede Eröffnung eines Vertriebsbüros bereits unter die Zustimmungspflicht fallen, obgleich diese Maßnahme für das Unternehmen nicht von grundlegender Bedeutung ist.

15 ***4. Investitionen, die bestimmte Anschaffungskosten im einzelnen und insgesamt in einem Geschäftsjahr übersteigen:***

Der Begriff der Investition ist denkbar weit. Er umfasst nicht nur die Anschaffung von Vermögensgegenständen für den unternehmerischen Betrieb der Gesellschaft (zB Produktionsmaschinen, EDV-Anlagen), sondern jede Mittelverwendung, welche dem Ziel der Erwirtschaftung von Erträgen dient. In der Praxis können hierunter fast alle Ausgaben einer Gesellschaft, beginnend bei Aufwendungen, die dem Geschäftsbetrieb unmittelbar oder mittelbar dienen (zB Anschaffung von Fahrzeugen, Erneuerung des Maschinenparks, Bau einer Lagerhalle, aber auch der Ankauf von Bleistiften oder sonstigem Büromaterial), über die Durchführung einer Mitarbeiterveranstaltung bis hin zu Kulturförderung und Sponsoring fallen.[27] Nach dem Gegenstand der Investition lassen sich Sachinvestitionen, immaterielle Investitionen und Finanzinvestitionen unterscheiden.

---

[24] *Zib* in Zib, UGB, Großkommentar, Bd I/1 (2010) Vor § 12 Rz 14.

[25] Siehe die Nachweise bei *Rauter* in Straube, Wiener Kommentar zum GmbHG (57. Lfg, November 2008) § 30j Rz 81.

[26] glA *Eckert/Schopper* in U. Torggler, GmbHG (2014) § 30j Rz 21: Ein im Vergleich zu den gesetzlichen Bestimmungen „erweitertes oder wirtschaftliches Begriffsverständnis ist nicht veranlasst."

[27] *Temmel*, Der Aufsichtsrat (2003) 84.

Soll der Begriff der Investition nicht völlig konturlos werden, ist er mE **auf Investitionen in das Anlagevermögen einzuschränken**. Hierbei macht es keinen Unterschied, ob es sich um Neuinvestitionen, Ersatz- oder Erhaltungsinvestitionen handelt. Bei der Frage, ob eine zustimmungspflichtige Investition vorliegt, ist auf die **wirtschaftliche Einheit** der Investition abzustellen. Eine Aufspaltung der Investition in mehrere Teilinvestitionen ändert am Zustimmungsvorbehalt nichts.[28]

Zu den in Ziffer 4 genannten Maßnahmen haben die Satzung oder der Aufsichtsrat eine Betragsgrenze festzusetzen.

5. die Aufnahme von Anleihen, Darlehen und Krediten, die einen bestimmten Betrag im einzelnen und insgesamt in einem Geschäftsjahr übersteigen: 16

Diese Ziffer erfasst nicht nur die Aufnahme von Anleihen, Darlehen und Krediten, sondern jede sonstige Aufnahme von Fremdmitteln, in welcher rechtlichen Form dies auch immer geschieht.[29] Die Zustimmungspflicht umfasst nicht nur die ausgenützten Kredite, sondern auch die Aufnahme eines Kreditrahmens.[30]

Zu den in Ziffer 5 genannten Maßnahmen haben die Satzung oder der Aufsichtsrat eine Betragsgrenze festzusetzen.

6. die Gewährung von Darlehen und Krediten, soweit sie nicht zum gewöhnlichen Geschäftsbetrieb gehört: 17

Gleich der Ziffer 5 erfasst diese Ziffer nicht nur die Gewährung von Darlehen und Krediten sondern auch jede sonstige Zurverfügungstellung von Fremdkapital. UU empfiehlt es sich, auch hybride Finanzierungsformen, bei denen die Zuordnung zum Eigen- oder Fremdkapital nicht eindeutig ist, der Zustimmung zu unterwerfen.[31]

Zum „gewöhnlichen Geschäftsbetrieb" kann die Gewährung von Zahlungszielen an Kunden oder der Abschluss von Ratengeschäften, aber auch die Leistung von Gehaltsvorschüssen gehören.[32]

Zu den in Ziffer 6 genannten Maßnahmen haben die Satzung oder der Aufsichtsrat eine Betragsgrenze festzusetzen.

7. die Aufnahme und Aufgabe von Geschäftszweigen und Produktionsarten: 18

Geschäftszweige bilden Teilbereiche der Geschäftstätigkeit eines Unternehmens. Die Produktionsart beschreibt die Herstellung eines bestimmten Produktes.[33] Die Aufnahme neuer Geschäftszweige oder Produktionsarten ist nur innerhalb des satzungsmäßigen Unternehmensgegenstandes ohne Zustimmung der Hauptversammlung zulässig. Nicht jede Aufnahme einer neuen Produktionsart bedarf der Zustimmung des Aufsichtsrates, sondern nur eine solche, welche **er-**

---

28 *Rauter* in Straube, Wiener Kommentar zum GmbHG (57. Lfg, November 2008) § 30j Rz 84.
29 *Temmel*, Der Aufsichtsrat (2003) 85.
30 *Jordis* in Kalss/Kunz, Handbuch für den Aufsichtsrat[1] (2010) § 9 Rz 30.
31 *Kalss* in Doralt/Nowotny/Kalss, AktG[2] (2012) § 95 Rz 112.
32 *Rauter* in Straube, Wiener Kommentar zum GmbHG (57. Lfg, November 2008) § 30j Rz 88.
33 *Kalss* in Doralt/Nowotny/Kalss, AktG[2] (2012) § 95 Rz 113.

hebliche Eingriffe in die bisherige Betriebsorganisation mit sich bringt.[34] Die Grenzen sind hier fließend. ME kommt es bei der Frage, ob eine Maßnahme nach Ziffer 7 der Zustimmung des Aufsichtsrates bedarf, darauf an, ob diese Maßnahme aus dem routinemäßigen Geschäftsbetrieb herausragt oder von spezifischer unternehmensstrategischer Bedeutung ist (siehe Rz 51).

19 ***8. die Festlegung allgemeiner Grundsätze der Geschäftspolitik:***

Unter die Festlegung der allgemeinen Grundsätze der Geschäftspolitik fällt die gesellschaftliche Zielbildungs- und Strategiefindung, die Gestaltung und Aufrechterhaltung der Wirtschaftlichkeit und Rentabilität und der sozialen Dimension des Unternehmens einschließlich der Mittelbereitstellung und -zuteilung.[35] Die Mitwirkung an der Strategiearbeit ist eine der Kernaufgaben des Aufsichtsrates. Konkreter Ausfluss der Strategiearbeit ist die mittel- oder längerfristige Unternehmensplanung (siehe Rz 33).

Auch faktische Änderungen der bisherigen Geschäftspolitik (zB die, auch nur teilweise, Verlagerung der Produktion oder Änderung der Vertriebsstruktur) bedürfen der Zustimmung des Aufsichtsrates.[36] Detailfragen der Unternehmensstrategie sowie die Umsetzung der festgelegten Strategie sind hingegen Aufgabe des Vorstandes, soweit nicht für Einzelmaßnahmen (zB Erwerb eines Unternehmens) besondere Zustimmungspflichten bestehen.

20 ***9. die Festlegung von Grundsätzen über die Gewährung von Gewinn- oder Umsatzbeteiligungen und Pensionszusagen an leitende Angestellte im Sinne des § 80 Abs. 1:***

Leitende Angestellte sind gemäß § 80 Abs 1 Satz 2 AktG „die Geschäftsführer und Betriebsleiter, die zur selbständigen Einstellung oder Entlassung der übrigen im Betrieb oder in der Betriebsabteilung Beschäftigten berechtigt sind oder denen Prokura oder Generalvollmacht erteilt ist." Prokuristen oder Generalbevollmächtigte, die weder Geschäftsführer noch Betriebsleiter sind, fallen nicht unter diese Bestimmung.

Nach der Ziffer 9 unterliegen **nur die Grundsätze** über die Gewährung von Gewinn- und Umsatzbeteiligungen und Pensionszusagen an leitende Angestellte der Zustimmungspflicht. Diese Grundsätze beziehen sich auf die allgemeinen Richtlinien für **erfolgsabhängige Gehaltsbestandteile** sowie auf **Pensionszusagen**, unabhängig davon, ob diese fix oder variabel sind. Dem Zustimmungsvorbehalt unterliegen sowohl Direktzusagen als auch die Ansprüche aus einer Pensions- oder Versorgungskasse.[37] Dem Zustimmungsvorbehalt unterliegen jeweils nur die Grundsätze für die Einräumung der genannten Vorteile, nicht jedoch der Einzelvertrag.

Fehlen Grundsätze über die Gewährung von Gewinn- oder Umsatzbeteiligen oder Pensionszusagen, ist strittig, ob in diesem Fall der Einzelvertrag (Anstel-

[34] *Rauter* in Straube, Wiener Kommentar zum GmbHG (57. Lfg, November 2008) § 30j Rz 92.
[35] *Kalss* in Doralt/Nowotny/Kalss, AktG[2] (2012) § 95 Rz 114.
[36] *Jordis* in Kalss/Kunz, Handbuch für den Aufsichtsrat[1] (2010) § 9 Rz 33.
[37] *Kalss* in Doralt/Nowotny/Kalss, AktG[2] (2012) § 95 Rz 115.

lungsvertrag, womit die Gewinn- oder Umsatzbeteiligung oder die Pensionszusage eingeräumt wird) dem Zustimmungsvorbehalt unterliegt.[38] ME ist der Ansicht zu folgen, dass dann, wenn Grundsätze über die Einräumung der genannten Vorteile fehlen, eben jede Gewährung dieser Vorteile dem Zustimmungsvorbehalt unterliegt. Zweck der Regelung ist es, das Vermögen der Gesellschaft zu schützen. Soll der Gewinn der Gesellschaft durch gewinn- oder umsatzabhängige Vergütungen oder (in der Regel langfristige) Pensionszusagen geschmälert werden, bedarf es der vorherigen Befassung des Aufsichtsrates. Die Erleichterung der Ziffer 9 besteht darin, dass der Aufsichtsrat eben nur mit den Grundsätzen über die Gewährung dieser Vorteile zu befassen ist.

10. die Einräumung von Optionen auf Aktien der Gesellschaft an Arbeitnehmer und leitende Angestellte der Gesellschaft oder eines mit ihr verbundenen Unternehmens sowie an Mitglieder des Vorstands und des Aufsichtsrats von verbundenen Unternehmen: 21

Das Gesetz folgt bei der Einräumung von Aktienoptionen den allgemeinen Zuständigkeitsregelungen für Entlohnungsfragen, zugleich bindet es aber den Aufsichtsrat durch den Zustimmungsvorbehalt in die Entscheidung ein. Es ist zwischen der Einräumung der Aktienoptionen und der Beschaffung der den Optionen zugrunde liegenden Aktien zu unterscheiden. Während sich die **Beschaffung** der Aktien nach allgemeinen Regelungen richtet (zB bedingte Kapitalerhöhung nach den §§ 159 ff AktG oder genehmigtes Kapital nach den §§ 169 ff AktG für neue Aktien oder § 65 AktG für eigene Aktien), benötigt der Vorstand für die **Einräumung** der Aktienoptionen die Zustimmung des Aufsichtsrates. Es wird somit gleichsam eine geteilte Zuständigkeit festgelegt: Die Entscheidung über die Einräumung von Aktienoptionen zugunsten von Arbeitnehmern (einschließlich der leitenden Angestellten) liegt beim Vorstand. Er ist hierbei jedoch an die Zustimmung des Aufsichtsrates gebunden.[39] Für die Einräumung von Aktienoptionen an den Vorstand ist gemäß § 75 AktG der Aufsichtsrat ausschließlich zuständig. Werden Aktien an Arbeitnehmer von Tochtergesellschaften gewährt, so sind sowohl die Zuständigkeitserfordernisse auf Ebene der Tochtergesellschaft als auch jene auf Ebene der Muttergesellschaft einzuhalten. Dies kann dazu führen, dass sowohl die Zustimmung des Aufsichtsrates der Tochtergesellschaft als auch jenes der Muttergesellschaft einzuholen ist.

11. die Erteilung der Prokura: 22

Anders als bei einer GmbH bedarf die Erteilung einer Prokura bei einer Aktiengesellschaft in jedem Fall der Zustimmung des Aufsichtsrates. Bei einer GmbH bedarf die Entscheidung, ob Prokura oder Handlungsvollmacht zum gesamten Geschäftsbetrieb erteilt werden darf, nach § 35 Abs 1 Z 4 GmbHG eines Gesellschaf-

---

[38] Dafür *Reich-Rohrwig*, GmbH-Recht, Bd I^2 (1997) Rz 4/362; dagegen *Kalss* in Doralt/Nowotny/Kalss, AktG^2 (2012) § 95 Rz 115; *Jordis* in Kalss/Kunz, Handbuch für den Aufsichtsrat^1 § 9 Rz 34; *Wünsch*, GmbHG (1987) § 30j Rz 134, mit der Begründung, dass Einschränkungen der an sich unbeschränkten und unbeschränkbaren Vertretungsmacht eng auszulegen sind.

[39] Siehe zum Ganzen *Kalss* in Doralt/Nowotny/Kalss, AktG^2 (2012) § 95 Rz 138 f.

terbeschlusses. Dieses Zustimmungserfordernis kann nach § 35 Abs 2 GmbHG abbedungen werden. Insbesondere bei einer Aktiengesellschaft, die mehrere Prokuristen hat, wirkt dieses Zustimmungserfordernis anachronistisch und kann zu einer oftmaligen Befassung des Aufsichtsrates führen. Wünschenswert wäre eine Beschränkung dieses Zustimmungserfordernisses auf die Grundsätze der Prokuraerteilung.[40] Vor der Entscheidung über die Erteilung der Prokura sollten dem Aufsichtsrat zumindest der Lebenslauf des Kandidaten, dessen beruflicher Werdegang im Unternehmen sowie das Entscheidungspouvoir des Kandidaten dargelegt werden. Nicht unter die Ziffer 11 fällt die Erteilung einer Handlungsvollmacht; dies gilt auch für die Erteilung einer Generalvollmacht.

23 ***12. der Abschluss von Verträgen mit Mitgliedern des Aufsichtsrats, durch die sich diese außerhalb ihrer Tätigkeit im Aufsichtsrat gegenüber der Gesellschaft oder einem Tochterunternehmen (§ 189a Z 7 UGB) zu einer Leistung gegen ein nicht bloß geringfügiges Entgelt verpflichten. Dies gilt auch für Verträge mit Unternehmen, an denen ein Aufsichtsratsmitglied ein erhebliches wirtschaftliches Interesse hat:***

Dieser im Jahr 2005 eingefügte Zustimmungsvorbehalt hat Interessenkonflikte im Fokus, welche dadurch entstehen können, dass Aufsichtsratsmitglieder außerhalb ihrer Aufsichtsratstätigkeit für die Gesellschaft tätig werden. Durch diese Regelung wird der mögliche Interessenkonflikt den übrigen Aufsichtsratsmitgliedern zur Kenntnis gebracht, welche über den Abschluss derartiger Verträge zu entscheiden haben.[41]

Der Zustimmungsvorbehalt erfasst **jede Art von Verträgen** zwischen einem Aufsichtsratsmitglied und der Gesellschaft, nicht nur Dienstleistungsverträge, insbesondere Beratungsverträge, sondern auch Kauf- und Lieferverträge. Erfasst werden nicht nur Leistungen des Aufsichtsratsmitgliedes gegenüber der Gesellschaft, sondern auch solche der Gesellschaft gegenüber dem Aufsichtsratsmitglied. Die Leistungen des Aufsichtsratsmitgliedes müssen **außerhalb seiner Aufsichtsratstätigkeit** stehen, es darf sich somit nicht um Leistungen handeln, die ohnehin in den Pflichtenkreis der gewöhnlichen Aufsichtsratstätigkeit fallen. Auch Verträge mit Unternehmen, an denen ein Aufsichtsratsmitglied ein **erhebliches wirtschaftliches Interesse** hat, fallen hierunter. Ein solches wirtschaftliches Interesse ist bereits bei einer Beteiligung ab 25 % anzunehmen. Bei der Abstimmung über die Zustimmung zu diesem Geschäft ist das betroffene Aufsichtsratsmitglied von seinem Stimmrecht ausgeschlossen.[42]

24 ***13. die Übernahme einer leitenden Stellung (§ 80) in der Gesellschaft innerhalb von zwei Jahren nach Zeichnung des Bestätigungsvermerks durch den Abschlussprüfer, durch den Konzernabschlussprüfer, durch den Abschlussprüfer eines bedeutenden verbundenen Unternehmens oder durch den den jeweiligen Bestätigungsvermerk unterzeichnenden Wirtschaftsprüfer sowie eine für ihn***

---

[40] *Kalss* in Doralt/Nowotny/Kalss, AktG^2 (2012) § 95 Rz 127.

[41] Siehe zum Ganzen *Kalss* in Doralt/Nowotny/Kalss, AktG^2 (2012) § 95 Rz 119 sowie *Kalss* Rz 13/1 ff.

[42] Siehe *Kalss* in Doralt/Nowotny/Kalss, AktG^2 (2012) § 95 Rz 120, 123, 126.

tätige Person, die eine maßgeblich leitende Funktion bei der Prüfung ausgeübt hat, soweit dies nicht gemäß § 271c UGB untersagt ist:

Bereits nach **§ 271c UGB** dürfen in Gesellschaften mit den Merkmalen des § 271a Abs 1 UGB der Abschlussprüfer, der Konzernabschlussprüfer, der Abschlussprüfer eines bedeutenden verbundenen Unternehmens und der den jeweiligen Bestätigungsvermerk unterzeichnende Wirtschaftsprüfer innerhalb von zwei Jahren nach Zeichnung des Bestätigungsvermerks weder eine Organfunktion noch eine leitende Stellung (§ 80 Aktiengesetz) einnehmen (sogenannte **„Cooling Off-Periode"**). Gesellschaften „mit den Merkmalen des § 271a Abs 1 UGB" sind börsennotierte Gesellschaften sowie große Gesellschaften, bei denen das Fünffache eines der in Euro ausgedrückten Größenmerkmale einer großen Gesellschaft (§ 221 Abs 3 Satz 1 iVm Abs 4 bis 6 UGB) überschritten wird, also sogenannte „sehr große" Gesellschaften. Zweck dieser Regelung ist der Schutz der Unabhängigkeit des Abschlussprüfers, welche nicht durch seinen Wechsel zum geprüften Unternehmen beeinträchtigt werden soll.[43]

Nur soweit § 271c UGB nicht anwendbar ist, greift die Ziffer 13.[44] Durch diesen Zustimmungsvorbehalt wird der Aufsichtsrat in die Übernahme einer leitenden Stellung iS des § 80 AktG (siehe dazu Rz 20) durch eine nach Ziffer 13 ausgeschlossene Person eingebunden. Sollte die ausgeschlossene Person zum Vorstand bestellt werden, so ist für die Bestellung ohnehin der Aufsichtsrat allein zuständig.

14. Maßnahmen, mit denen der Vorstand von einer ihm gemäß § 102 Abs. 3 oder 4 erteilten Ermächtigung Gebrauch macht: **25**

Die Ziffer 14 unterwirft schließlich Maßnahmen, bei denen der Vorstand aufgrund der ihm in der Satzung erteilten Ermächtigung zur Teilnahme der Aktionäre an der Hauptversammlung im Wege der elektronischen Kommunikation (§ 102 Abs 3 AktG) oder zur elektronischen Übertragung der Hauptversammlung (§ 102 Abs 4 AktG) Gebrauch macht, der Zustimmung des Aufsichtsrates. Diese Bestimmung setzt eine satzungsmäßige Anordnung oder Ermächtigung voraus und unterwirft die konkrete Umsetzung dieser Ermächtigung der Zustimmung des Aufsichtsrates.[45]

C. Konzerndimension

26 Der Aufsichtsrat hat den Vorstand nicht nur hinsichtlich der Leitung der konkreten Gesellschaft, sondern bei Vorliegen eines Konzerns auch hinsichtlich der **Konzernleitung** zu überwachen. Der Katalog des § 95 Abs 5 AktG ist nicht auf Konzernsachverhalte zugeschnitten. Nur in den Ziffern 10, 12, und 13 wird auf Konzernsachverhalte Bezug genommen. Nach mE zutreffender Auffassung ist der Katalog des § 95 Abs 5 AktG auf Konzernsachverhalte **nicht analog** anzuwenden. Vielmehr hat der Aufsichtsrat selbst zu entscheiden, welche Maßnahmen

43 *Steckel* in U. Torggler, UGB (2013) § 271a Rz 1.

44 *Rauter* in Straube, Wiener Kommentar zum GmbHG (57. Lfg, November 2008) § 30j Rz 106.

45 *Kalss* in Doralt/Nowotny/Kalss, AktG² (2012) § 95 Rz 128.

seiner Zustimmung bedürfen.[46] Dabei hat sich der Aufsichtsrat an den jeweiligen Notwendigkeiten der konkreten Gesellschaft und des Konzerns zu orientieren. Maßstab dafür, ob eine von einer Konzerngesellschaft zu setzende Maßnahme auf Ebene der Muttergesellschaft in den Katalog zustimmungspflichtiger Geschäfte aufzunehmen ist, ist die Frage, ob die konkrete Maßnahme **entweder für den Konzern oder für die Muttergesellschaft von grundlegender Bedeutung** ist.[47] Dementsprechend verlangt auch Punkt 35 des Österreichischen Corporate Governance Kodex, dass der Aufsichtsrat für „wesentliche konzernrelevante Geschäfte von Tochtergesellschaften" Zustimmungsvorbehalte festzulegen hat. Andererseits darf und soll sich der Aufsichtsrat der Konzernobergesellschaft nicht in Detailfragen der einzelnen direkten oder indirekten Tochtergesellschaften verlieren.[48] Bei der Festlegung von Zustimmungsvorbehalten kann es sich empfehlen, bestimmte konzerninterne Transaktionen (zB Darlehensgewährungen) von der Zustimmungspflicht auszunehmen. Hingegen ist bei konzerninternen Umgründungen – auch im Hinblick darauf, dass sich der Konzernaufbau dadurch wesentlich verändern kann, aber auch im Hinblick auf steuerrechtliche Risken – Vorsicht geboten. Dies spricht grundsätzlich dagegen, derartige konzerninterne Umgründungen von einem Zustimmungsvorbehalt auszunehmen. In jedem Fall sollte die Frage, ob und in welchem Umfang auch Konzernsachverhalte dem Zustimmungsvorbehalt des Aufsichtsrates unterworfen werden sollen, im Aufsichtsrat erörtert werden (vgl *Enzinger/Kalss* Rz 31/59 ff).

27 Soweit Maßnahmen der Konzerngesellschaften von grundlegender Bedeutung für den Gesamtkonzern oder die Muttergesellschaft sind, kann mE auch eine **Verpflichtung** des Aufsichtsrates bestehen, **den Zustimmungsvorbehalt auf Konzernsachverhalte zu erstrecken**. Derartige Maßnahmen können etwa sein:[49]

a) wesentliche Investitionsvorhaben,
b) der Erwerb und die Veräußerung von Beteiligungen und von Unternehmen;
c) der Erwerb und die Veräußerung von Liegenschaften,
d) Umgründungen,
e) die Erschließung neuer Geschäftsfelder,
f) die strategische Ausrichtung der Konzerngesellschaften,
g) die Aufnahme von Fremdmitteln,
h) die Gewährung von Fremdmitteln sowie die Übernahme von Haftungen;
i) die Gewinnverwendung in Konzerngesellschaften,
j) der Abschluss von Betriebsvereinbarungen,
k) die Lohnpolitik.

28 Ist ein satzungsmäßiger oder vom Aufsichtsrat festgelegter Zustimmungsvorbehalt nicht konzernbezogen formuliert, so ist primär durch **Auslegung** zu ermitteln, ob dieser Zustimmungsvorbehalt auch Konzernsachverhalte umfasst. Nach

---

46 Siehe *Eckert/Gassauer-Fleissner*, Überwachungspflichten des Aufsichtsrates im Konzern, GeS 2004, 416, 425 f.

47 *Kalss*, Leitung und Überwachung im Konzern, Aufsichtsrat aktuell 3/2009, 4, 5.

48 Siehe *Enzinger/Kalss* Rz 31/59 ff.

49 Vgl *Frotz/Spitznagel*, Zur konzernweiten Wirkung von Zustimmungsvorbehalten des Aufsichtsrates einer AG, RWZ 2011, 161, 165.

mE zutreffender Auffassung[50] besteht jedoch kein Anlass, den Zustimmungsvorbehalt im Wege lückenfüllender ergänzender Auslegung auf Sachverhalte zu erstrecken, für die nicht mit hinreichender Deutlichkeit festgestellt werden kann, dass sie vom Willen des Aufsichtsrates erfasst sind.[51]

Adressat des Zustimmungsvorbehaltes ist der Vorstand der Gesellschaft. Die auf Ebene der Muttergesellschaft bestehenden Zustimmungsvorbehalte haben **keine unmittelbaren Wirkungen** für die Organe der Tochtergesellschaften. Es ist jedoch Pflicht des Vorstandes der Muttergesellschaft, im Rahmen seiner Möglichkeiten darauf hinzuwirken, dass dem Zustimmungsvorbehalt auf Ebene der Tochter-Gesellschaften zum Durchbruch verholfen wird.[52] Im GmbH-Konzern hat der Vorstand die Geschäftsführer der Tochtergesellschaften anzuweisen, dass eine Maßnahme solange zu unterbleiben hat, bis der Aufsichtsrat der Muttergesellschaft zugestimmt hat. Im AG-Konzern hat der Vorstand der Muttergesellschaft (allenfalls durch eine Mitgliedschaft im Aufsichtsrat der Tochtergesellschaft) darauf hinzuwirken, dass entweder in den Satzungen oder in den jeweiligen Geschäftsordnungen der Katalog zustimmungspflichtiger Geschäfte nach unten „gespiegelt" wird. Soweit es sich nicht um 100 %ige Tochtergesellschaften handelt, kann die Umsetzung des Zustimmungsvorbehaltes in den Tochtergesellschaften allerdings Schwierigkeiten bereiten. Im Konzern kann somit eine Kaskade von Zustimmungsvorbehalten entstehen. So ist es etwa möglich, dass ein und dieselbe Maßnahme sowohl der Zustimmung des Aufsichtsrates der Tochtergesellschaft als auch des Aufsichtsrates der Muttergesellschaft bedarf. Grundsätzlich empfiehlt sich eine nach oben verjüngende **Pyramide von Zustimmungsvorbehalten** in dem Sinne vorzusehen, dass die Betragsgrenzen je nach der Hierarchiestufe ansteigen (zB: auf Ebene der untersten Gesellschaft bedürfen Darlehen ab EUR 100.000,-- der Zustimmung des Aufsichtsrates oder der Gesellschafter, auf Ebene der mittleren Gesellschaft ab EUR 500.000,-- und auf Ebene der obersten Gesellschaft ab EUR 1 Mio).[53] 29

D. Betragsgrenzen

Zu den in § 95 Abs 5 Z 1 und 2 AktG genannten Geschäften kann die Satzung oder der Aufsichtsrat Betragsgrenzen festsetzen, zu den in den Z 4, 5 und 6 genannten Geschäften haben die Satzung oder der Aufsichtsrat eine Betragsgrenze festzusetzen (Satz 4). Wird die Betragsgrenze nicht erreicht, ist das Geschäft genehmigungsfrei. Bei Überschreiten der Betragsgrenze ist die Zustimmung des Aufsichtsrates einzuholen. 30

---

50 *Fonk*, Zustimmungsvorbehalte im AG-Aufsichtsrat, ZGR 2006, 841, 853.

51 Diese Frage ist strittig. Nach der vermittelnden Auffassung von *Mertens/Cahn* in Kölner Kommentar zum AktG, Band 2/2 (2013) § 111 Rz 97 ist bei einem satzungsmäßigen Zustimmungsvorbehalt durch Auslegung zu ermitteln, ob dieser auch auf Konzerngesellschaften zu erstrecken ist, nicht jedoch bei einem durch den Aufsichtsrat selbst festgelegten Zustimmungsvorbehalt. Denn der Aufsichtsrat kann selbst sagen, was er will und seine Beschlüsse jederzeit aktualisieren.

52 *Mertens/Cahn* in Kölner Kommentar zum AktG, Band 2/2 (2013) § 111 Rz 93.

53 Ein Beispiel für einen derart „gestuften" Katalog zustimmungspflichtiger Geschäfte findet sich bei *Hasch*, Macht und Konflikt – Rechtliche Möglichkeiten der Vorsorge und des Ausgleichs, in Schützinger, Erfolgreiche Unternehmensnachfolge (2015) 111, 119.

31 Die Betragsgrenze kann ein **Fixbetrag** sein oder **relativ** zu einer bestimmten Zahlengröße (zB Umsatz, Eigenkapital, EGT, EBITDA) bemessen werden.[54] Zulässig ist auch eine Regelung, wonach auf **eine bestimmte vom Aufsichtsrat jeweils selbst festgelegte Größe** abgestellt wird (zB: die Aufnahme von Anleihen, Darlehen und Krediten, soweit diese im Einzelfall den Betrag von EUR *** oder im Geschäftsjahr insgesamt den hierfür *im Finanzplan* für diesen Zeitraum ausgewiesenen und *vom Aufsichtsrat genehmigten Betrag* übersteigen[55]). In jedem Fall ist danach zu trachten, die Bezugsgröße klar zu definieren, damit diese leicht handhabbar ist. Anstelle einer Vielzahl von unterschiedlichen Betragsgrenzen kann oft mit zwei oder drei Betragsgrenzen das Auslangen gefunden werden, welche sich alle Beteiligten leichter merken. Soweit es sich um gesetzliche Betragsgrenzen handelt, welche zwingend vorzusehen sind (also bei Geschäften nach § 95 Abs 5 Z 4, 5 und 6), muss mE die Betragsgrenze **immer eine zahlenmäßige Größe** sein. ZB wäre es unzulässig, generell die Gewährung konzerninterner Darlehen von der Zustimmungspflicht auszunehmen.[56] Dies mag zwar sinnvoll erscheinen, ist jedoch vom Gesetz nicht gedeckt. In der Praxis kann man sich auch damit behelfen, dass man für konzerninterne Geschäfte höhere Betragsgrenzen als für Geschäfte mit Dritten vorsieht. Anderes gilt, wenn es sich um Geschäfte handelt, welche nur vom Aufsichtsrat mit einer Betragsgrenze versehen wurden. Hier ist es zulässig, **konzerninterne Geschäfte** von der Zustimmungspflicht auszunehmen (zB die Übernahme von Haftungen, ausgenommen zugunsten von Konzerngesellschaften). Kurz gesagt, kann bei den in den Ziffern 1, 2, 4, 5 und 6 des § 95 Abs 5 AktG genannten Geschäften immer auf ein bereits vom Aufsichtsrat bewilligtes Budget verwiesen werden. Bei Geschäften, die weder nach dem Gesetz noch nach der Satzung einem Zustimmungsvorbehalt unterliegen, steht es im Ermessen des Aufsichtsrates, ob und in welchem Umfang er diese Maßnahmen seiner Zustimmung unterwirft.

32 Ist in der Satzung die Betragsgrenze festgelegt, so darf der Aufsichtsrat die Grenze nur reduzieren, nicht jedoch erhöhen oder gar beseitigen.[57] Wie auch sonst, gilt der Grundsatz: Der Aufsichtsrat darf gegenüber der Satzung die Kontrolldichte nur erhöhen, nicht jedoch reduzieren. Fehlt eine Betragsgrenze zu den in § 95 Abs 5 Z 1, 2, 4 bis 6 AktG genannten Geschäften, hat dies zur Folge, dass jedes der dort genannten Geschäfte der Zustimmung des Aufsichtsrates bedarf. Hat der Aufsichtsrat eine Betragsgrenze festgelegt, kann die Satzung die Betragsgrenze reduzieren. Setzt die Satzung eine höhere Betragsgrenze fest, bleibt die vom Aufsichtsrat gesetzte Grenze davon unberührt.[58]

---

54 *Kalss* in Doralt/Nowotny/Kalss, AktG² (2012) § 95 Rz 130.

55 Siehe die Formulierung bei *Straube/Rauter/Ratka*, Die Aufsichtsratsgeschäftsordnung² (2006) 124.

56 AA *Jordis* in Kalss/Kunz, Handbuch für den Aufsichtsrat (2010) § 9 Rz 41: „Sind Betragsgrenzen zulässig, so ist es auch gestattet, etwa für konzerninterne Geschäfte die Zustimmungspflicht überhaupt auszuschließen."

57 *Kalss* in Doralt/Nowotny/Kalss, AktG² (2012) § 95 Rz 130.

58 *Strasser* in Jabornegg/Strasser, AktG⁵ (2010) §§ 95 bis 97 Rz 44.

III. Nicht vom Katalog des § 95 Abs 5 AktG erfasste Maßnahmen

A. Budget – Jahres- und Mehrjahresplanungen

Zunächst fällt auf, dass der Aufsichtsrat nach dem gesetzlichen Mindestkatalog zustimmungspflichtiger Maßnahmen nicht in die Aufstellung von Budgets eingebunden ist. Das **Budget** als Teil der Unternehmensplanung ist jedoch ein wesentliches Instrument zur Steuerung und Kontrolle eines Unternehmens und Grundlage für den Soll-Ist-Vergleich, den der Aufsichtsrat regelmäßig durchzuführen hat. Nach § 81 Abs 1 AktG hat der Vorstand dem Aufsichtsrat einmal jährlich über grundsätzliche Fragen der künftigen Geschäftspolitik des Unternehmens zu berichten sowie die künftige Entwicklung der Vermögens-, Finanz- und Ertragslage anhand einer Vorschaurechnung darzustellen (Jahresbericht). Der Vorstand hat weiters dem Aufsichtsrat regelmäßig, mindestens vierteljährlich, über den Gang der Geschäfte und die Lage des Unternehmens im Vergleich zur Vorschaurechnung zu berichten (Quartalsbericht). Eine **Vorschaurechnung** im Sinne dieser Bestimmung besteht aus einer Planbilanz, einer Plan-Gewinn- und Verlustrechnung sowie einer Plan-Cashflow-Rechnung. Falls das Unternehmen zur Aufstellung eines Konzernabschlusses verpflichtet ist, hat der Vorstand eine den gesamten Konzern umfassende Vorschaurechnung, somit ein Konzernbudget, vorzulegen.[59] Üblicherweise wird das Budget für ein Geschäftsjahr erstellt, wobei Unternehmen mehr und mehr dazu übergehen, revolvierende Budgets zu erstellen, welche insbesondere abhängig von der Absatzentwicklung vierteljährlich angepasst werden. Fixkosten und Investitionen werden idR nach wie vor auf Jahresbasis geplant. Das Budget setzt sich aus der Umsatz-, Personal-, Investitions-, Finanz- und Ergebnisplanung zusammen. Bei Produktionsunternehmen beinhaltet das Budget auch eine Produktions-, Beschaffungs- und Absatzplanung.[60] Eine eigene Definition des Budgets im Katalog zustimmungspflichtiger Geschäfte ist idR entbehrlich, weil im jeweiligen Unternehmen ohnehin bereits ein Budgetwesen existiert und auf diesem Begriffsverständnis aufgebaut werden kann. 33

ME ist es grundsätzlich geboten, dass der Aufsichtsrat auch Budgets dem Zustimmungsvorbehalt unterwirft. Verzichtet der Aufsichtsrat darauf, die Budgets seiner Zustimmung zu unterwerfen, so begibt er sich eines wesentlichen Steuerungsinstrumentes und degradiert sich selbst zu einem Organ der nachprüfenden Kontrolle. 34

Im deutschen Schrifttum ist zwischenzeitig für die **Jahresplanung** nahezu unbestritten[61], dass diese einem Zustimmungsvorbehalt unterworfen werden kann. ZT wird dies auch für die längerfristige und strategische Planung vertreten.[62] Für 35

---

59 Siehe *Nowotny* in Doralt/Nowotny/Kalss, AktG (2012) § 81 Rz 5.

60 *Rodewig* in Semler/von Schenk, Arbeitshandbuch für Aufsichtsratsmitglieder (2013) § 8 Rz 64.

61 Siehe nur *Rodewig* in Semler/von Schenk, Arbeitshandbuch für Aufsichtsratsmitglieder (2013) § 8 Rz 32; *Hüffer*, AktG[11] (2014) § 111 Rz 41; *Mertens/Cahn* in Kölner Kommentar zum AktG, Band 2/2 (2013) § 111 Rz 79, 86, jeweils mwN.

62 Siehe *Rodewig* in Semler/von Schenk, Arbeitshandbuch für Aufsichtsratsmitglieder (2013) § 8 Rz 32. – Nach *Eckert/Gassauer-Fleissner*, Überwachungspflichten des Aufsichtsrates im

die Ansicht, dass auch Jahresplanungen dem Zustimmungsvorbehalt unterworfen werden können, spricht insbesondere, dass sich in der Jahresplanung nicht nur Vorstellungen des Vorstandes über den zukünftigen Verlauf der „normalen" Geschäftsführung, sondern auch über strategische Fragen der zukünftigen Geschäftspolitik niederschlagen. Meist werden auch einzelne Investitionen, die in der Planung enthalten sind, eine Größenordnung erreichen, die über den nach § 95 Abs 5 Z 4 AktG zustimmungsfreien Rahmen hinausgehen.[63]

36 Einen Anknüpfungspunkt, dass eine **Mehrjahresplanung**, welcher notwendigerweise auch strategische Vorstellungen des Vorstandes zugrunde liegen, einem Zustimmungsvorbehalt des Aufsichtsrates unterworfen werden darf, bietet **§ 95 Abs 5 Z 8 AktG**, wonach „die Festlegung allgemeiner Grundsätze der Geschäftspolitik" der Zustimmung des Aufsichtsrates bedarf. Unter die allgemeinen Grundsätze der Geschäftspolitik fallen die gesellschaftliche Zielbildung und Strategiefindung, die Gestaltung und Aufrechterhaltung der Wirtschaftlichkeit, der Rentabilität und der sozialen Dimension des Unternehmens einschließlich der Mittelbereitstellung und -zuteilung.[64] Der Vorstand hat mit Zustimmung des Aufsichtsrates geeignete, hinreichend konkrete und nachprüfbare Ziele festzulegen. Teil der Aufgabe des Aufsichtsrates ist somit, nach dem klaren Gesetzeswortlaut, die **Mitwirkung an der Strategiearbeit** und nicht bloß die nachprüfende Kontrolle, ob die festgelegten Ziele erreicht wurden.[65] Im Unterschied zu den anderen zustimmungspflichtigen Geschäften des § 95 Abs 5 AktG erfordert die Festlegung allgemeiner Grundsätze der Geschäftspolitik nicht bloß eine anlassspezifisch-punktuelle, sondern eine fortwährende Abstimmung zwischen Vorstand und Aufsichtsrat.[66]

37 Als Ergebnis ist somit festzuhalten, dass der Aufsichtsrat sowohl die Jahresplanung als auch die Mittelfristplanung seiner Zustimmung unterwerfen darf. Insbesondere die Mittelfristplanung ist unmittelbarer Teil der Strategiearbeit, in welcher sich der Aufsichtsrat unmittelbar einzubringen hat. ME ist es grundsätzlich geboten, dass der Aufsichtsrat die jährlichen Budgets seiner Zustimmung vorbehält.

B. Geschäfte mit nahen Angehörigen

38 Nach **§ 97 Abs 1 AktG** ist der Aufsichtsrat befugt, die Gesellschaft bei der Vornahme von Rechtsgeschäften mit den Vorstandsmitgliedern zu vertreten. Nach der Judikatur und einem Teil der Lehre hebt § 97 Abs 1 AktG zwar das Vertretungsmonopol des Vorstandes auf, dem Aufsichtsrat wird jedoch nur eine zum Vorstand

---

Konzern, GeS 2004, 416, 426 empfehle es sich nicht nur die Budgetplanung des Vorstandes, sondern auch die mittelfristige Produktions-, Absatz-, Ertrags-, Finanz-, Investitions- und Personalplanung der Zustimmung des Aufsichtsrates zu unterwerfen.

[63] *Mertens/Cahn* in Kölner Kommentar zum AktG, Band 2/2 (2013) § 111 Rz 79, 86.

[64] *Kalss* in Doralt/Nowotny/Kalss, AktG^2 (2012) § 95 Rz 114.

[65] Vgl. nochmals *Kalss* in Doralt/Nowotny/Kalss, AktG^2 (2012) § 95 Rz 114.

[66] *Feltl*, Der Aufsichtsrat und die Geschäftspolitik, Aufsichtsrat aktuell 3/2015, 16, 17. Siehe auch *Chini*, Strategische Planung als dominante Aufgabe des Aufsichtsrats, Aufsichtsrat aktuell, 5/2015, 16 ff.

konkurrierende, somit **keine ausschließliche Vertretungsbefugnis** eingeräumt.[67] Soweit es um Geschäfte geht, die mit der Organfunktion des Vorstandsmitgliedes in Verbindung stehen (zB Pensionsvertrag, freiwillige Aufwandübernahme), besteht jedoch in jedem Fall eine ausschließliche Vertretungskompetenz des Aufsichtsrates.[68]

Anders als § 80 Abs 3 AktG (für Organkredite) und § 95 Abs 5 Z 12 AktG (für Geschäfte mit Aufsichtsratsmitgliedern) enthält das AktG keine Bestimmung, welche die Befassung des Aufsichtsrates für Geschäfte mit Vorstandsmitgliedern auch auf Geschäfte mit nahen Angehörige eines Vorstandsmitgliedes oder diesem nahe stehenden Gesellschaften erstreckt. Aus diesem Grund kann es sich im Sinne einer wirksamen Corporate Governance empfehlen, **sämtliche Geschäfte mit Vorstandsmitgliedern einschließlich nahen Angehörigen** im Sinne des § 25 BAO und **verbundenen Unternehmen** im Sinne des § 189a Z 8 UGB dem Zustimmungsvorbehalt des Aufsichtsrates zu unterwerfen. Dementsprechend wird im Schrifttum[69] die Auffassung vertreten, ein sorgfältig handelnder Aufsichtsrat sollte den Kreis der zustimmungspflichten Geschäfte unbedingt über den Anwendungsbereich des § 97 Abs 1 AktG auf die vorgenannten Geschäfte ausdehnen. 39

Abhängig von der Aktionärsstruktur kann auch erwogen werden, **Geschäfte mit Aktionären** einschließlich nahen Angehörigen im Sinne des § 25 BAO und verbundenen Unternehmen im Sinne des § 189a Z 8 UGB dem Zustimmungsvorbehalt des Aufsichtsrates zu unterwerfen. 40

C. Bestellung der Organe von verbundenen Unternehmen

Ebenfalls nicht im Katalog des § 95 Abs 5 AktG enthalten ist die Bestellung von Organen (insbesondere Geschäftsführern und Mitgliedern des Aufsichtsrates) von verbundenen Unternehmen im Sinne des §189a Z 8 UGB. Dieser personalpolitischen Entscheidung kommt jedoch wesentliche Bedeutung zu. Abhängig von der Größe des Konzerns empfiehlt es sich, entweder die Bestellung sämtlicher Organe von verbundenen Unternehmen, oder zumindest der Organe von Gesellschaften, welche Divisionsverantwortung bzw. überregionale Bedeutung haben, der Zustimmung des Aufsichtsrates der Muttergesellschaft vorzubehalten. 41

D. Sonstige nicht vom Katalog erfasste Maßnahmen

Nach § 95 Abs 5 Z 6 AktG bedarf nur die Gewährung von Darlehen und Krediten, soweit sie nicht zum ordentlichen Geschäftsbetrieb gehören, nicht jedoch die **Übernahme von Haftungen** der Zustimmung des Aufsichtsrates. Da mit der Übernahme von Haftungen (Bürgschaften, Garantien u.ä.) zumindest ein der Darlehensgewährung vergleichbares Risiko verbunden ist, empfiehlt es sich, auch die 42

[67] Siehe die Nachweise bei *Kalss* in Doralt/Nowotny/Kalss, AktG² (2012) § 97 Rz 8, welche jedoch die Ansicht vertritt, dass dem Aufsichtsrat eine ausschließliche Vertretungskompetenz zukommt.

[68] Siehe nochmals *Kalss* in Doralt/Nowotny/Kalss, AktG² (2012) § 97 Rz 10.

[69] *Schima*, Zustimmungsvorbehalte als Steuerungsmittel des Aufsichtsrates in der AG und im Konzern, GesRZ 2012, 35, 38.

Übernahme von Haftungen zugunsten Dritter (allenfalls ausgenommen zugunsten von Konzernunternehmen) der Zustimmungspflicht des Aufsichtsrates zu unterwerfen.[70]

43 Weitere Maßnahmen, die nicht unter den gesetzlichen Katalog fallen, sind unter anderem[71]:

a) der Erwerb eigener Aktien,
b) der Abschluss und die Änderung von Betriebsvereinbarungen,
c) die Erteilung und die Änderung von Pensionszusagen an andere Personen als leitende Angestellte iS des § 80 Abs 1 AktG,
d) der Abschluss und die Änderung von Verträgen über gewerbliche Schutzrechte, insbesondere Lizenzverträge,
e) die Gewinnverwendung und die Bildung von Gewinnrücklagen in Tochterunternehmen,
f) bestimmte Wertpapier- und Finanzgeschäfte, wie Optionsgeschäfte oder Termingeschäfte, insbesondere wenn diese nicht der Absicherung offener Positionen dienen,
g) die Gewährung von Spenden, die eine bestimmte Höhe übersteigen oder einem bestimmten Zweck dienen.

IV. Die Ausgestaltung des konkreten Katalogs

44 Wie in Rz 5 erwähnt, ist es Aufgabe des Aufsichtsrates Geschäfte von grundlegender Bedeutung seiner Zustimmung vorzubehalten. Geschäfte von grundlegender Bedeutung sind solche, die nach Umfang, Gegenstand, Bedeutung oder Risiko für das Unternehmen der betreffenden Art und Größe aus dem routinemäßigen Geschäftsbetrieb signifikant hervorragen oder von spezifischer unternehmensstrategischer Bedeutung sind.[72]

45 Die Frage, welche Geschäfte – zusätzlich zu den im Gesetz geregelten – der Zustimmung des Aufsichtsrates unterworfen werden, ist eine **unternehmerische Entscheidung** (siehe hierzu Rz 59 ff). Es gibt keinen allgemein gültigen, für jede Gesellschaft passenden Zustimmungskatalog. Es wäre daher verfehlt, die in den diversen Musterhandbüchern zusammengestellten Musterkataloge unkritisch abzuschreiben. Geboten ist vielmehr eine sorgfältige Ausgestaltung des Katalogs in Anpassung an die Besonderheiten des jeweiligen Unternehmens und seines Geschäftsumfeldes.Wie auch sonst, gilt hier der Grundsatz: Wer alles kontrollieren will, kontrolliert am Ende nichts.[73]

46 Aus **Haftungsgesichtspunkten** ist zu berücksichtigen: Ist der Katalog zu eng formuliert und fallen wesentliche Maßnahmen, deren Eintritt mit einiger Wahr-

70 In diesem Sinn auch *Straube/Rauter/Ratka*, Die Aufsichtsratsgeschäftsordnung² (2006) 127 FN 14.

71 Vgl *Kalss* in Doralt/Nowotny/Kalss, AktG² (2012) § 95 Rz 86 und *Strasser* in Jabornegg/Strasser, AktG⁵ (2010) §§ 95 bis 97 Rz 47.

72 Siehe *Fonk*, Zustimmungsvorbehalte im AG-Aufsichtsrat, ZGR 2006, 841, 847 und *Mertens/Cahn* in Kölner Kommentar zum AktG, Band 2/2 (2013) § 111 Rz 84.

73 *Fleischer*, Sag, wie hältst du's mit dem Zustimmungsvorbehalt? AR 11/2013, 157.

scheinlichkeit anzunehmen ist, nicht darunter, kann dies haftungsbegründend sein. Ist der Katalog zu weit, so gibt es vielfältige Entscheidungen, bei denen eine falsche Entscheidung des Aufsichtsrates möglich ist. Gesichtspunkte einer möglichen Haftung des Aufsichtsrates sollten mE jedoch, vor allem auch unter dem Blickwinkel der Business Judgement Rule (siehe Rz 59 ff), bei der Ausgestaltung des Katalogs zustimmungspflichtiger Geschäfte nicht im Vordergrund stehen. Im Vordergrund sollte vielmehr die Frage stehen, bei welchen Maßnahmen es im Interesse des Unternehmens liegt, dass diese nicht nur vom Vorstand gesetzt, sondern auch von einem weiteren Organ, dem Aufsichtsrat, geprüft werden.

A. Gegenstand des Zustimmungskatalogs

Als Gegenstand des Zustimmungskatalogs[74] kommen grundsätzlich **alle Maßnahmen der Geschäftsführung** in Betracht. Hierzu zählen der Abschluss von Rechtsgeschäften und interne Leitungsmaßnahmen. Ausgangsbasis für die Auswahl der Maßnahmen sind alle regelmäßig anfallenden oder mit einer gewissen Wahrscheinlichkeit zu erwartenden Geschäftsführungsmaßnahmen des Vorstandes. Bei der Formulierung des Katalogs sind Informationen aus der Unternehmensplanung, der Prognose- und Risikoberichterstattung und dem Risikomanagementsystem zu berücksichtigen. Aus den vorgenannten Unterlagen sind unternehmensspezifische Risken ersichtlich. 47

Unzulässig ist es hingegen, ein bestimmtes **Unterlassen** von der Zustimmung des Aufsichtsrates abhängig zu machen. Die Verweigerung der Zustimmung zu einem Unterlassen (zB Nichtteilnahme an einem Online-Handelssystem) bedeutet nämlich im Ergebnis, dass der Aufsichtsrat den Vorstand zur Durchführung bestimmter Maßnahmen (im Beispielsfall zur Teilnahme an einem Online-Handelssystem) zwingen könnte; dies würde jedoch einem unzulässigen Weisungsrecht des Aufsichtsrates gegenüber dem Vorstand gleichkommen.[75] Hingegen wäre im Beispielsfall eine Regelung, wonach die Teilnahme an einem Online-Handelssystem der Zustimmung des Aufsichtsrates bedarf, zulässig, sofern diese Frage für die Gesellschaft von wesentlicher Bedeutung ist. 48

Weiters ist es unzulässig, Geschäftsführungsmaßnahmen der Zustimmungspflicht zu unterwerfen, zu denen der Vorstand **kraft Gesetzes verpflichtet** ist[76], zB die Aufstellung des Jahresabschlusses, die Einberufung und die Vorbereitung einer Hauptversammlung. 49

Die Maßnahmen, welche für einen Zustimmungsvorbehalt in Betracht kommen, lassen sich wie folgt systematisieren[77]: 50

1. Unternehmensplanung
2. Investitionen und Desinvestitionen
3. Aufbau und Aufgabe bestehender Geschäftsfelder und/oder Produktionsarten

[74] Siehe zum Folgenden *Zwissler*, Grundsätze für die Erstellung und Überprüfung von Zustimmungskatalogen, AR 05/2015, 72.

[75] *Fonk*, Zustimmungsvorbehalte im AG-Aufsichtsrat, ZGR 2006, 841, 852.

[76] *Mertens/Cahn* in Kölner Kommentar zum AktG, Band 2/2 (2013) § 111 Rz 88.

[77] *Zwissler*, Grundsätze für die Erstellung und Überprüfung von Zustimmungskatalogen, AR 05/2015, 72.

4. Personal
5. Fremdmittelaufnahme und -gewährung sowie vergleichbare Finanzierungsgeschäfte
6. Vereinbarungen (insbesondere Betriebsvereinbarungen und Vereinbarungen mit einer längeren Bindungsfrist oder einer erheblichen jährlichen Belastung für die Gesellschaft)
7. Geschäfte mit nahestehenden Personen
8. Geschäfte und Maßnahmen in Konzernunternehmen

B. Grundsatz der Wesentlichkeit

51 Der Katalog zustimmungspflichtiger Geschäfte soll jene Maßnahmen erfassen, die bei verständiger Betrachtung als wesentlich einzustufen sind (**Untermaßverbot**). Wesentlich sind solche, die nach Umfang, Gegenstand, Bedeutung oder Risiko für das Unternehmen der betreffenden Art und Größe aus dem routinemäßigen Geschäftsbetrieb signifikant hervorragen oder von spezifischer unternehmensstrategischer Bedeutung sind. Geschäfte, die nach ihrer Art und unter Berücksichtigung der konkreten Verhältnisse der Gesellschaft nicht von grundlegender Bedeutung für die Gesellschaft sind, dürfen keinem Zustimmungsvorbehalt unterworfen werden (**Übermaßverbot**). Durch einen solchen Katalog würde unzulässigerweise in die Geschäftsführungskompetenz des Vorstandes eingegriffen werden.[78] Unzulässig wäre es zB, Warenbestellungen ab einem bestimmten Warenwert der Zustimmung des Aufsichtsrates zu unterwerfen, wenn derartige Bestellungen zum Tagesgeschäft der Gesellschaft gehören.

52 Der Katalog muss **bestimmt** genug formuliert sein. Eine Regelung, wonach der Vorstand für alle Maßnahmen von grundlegender Bedeutung die Zustimmung des Aufsichtsrates einzuholen hat, wäre unzulässig. An eine solche Regelung wäre der Vorstand nicht gebunden.

53 Soweit nicht bereits auf Grund des § 95 Abs 5 AktG eine Verpflichtung zur Nennung von Betragsgrenzen besteht, ist die Einführung von **Wesentlichkeitsschwellen** (insbesondere Wertgrenzen, die Bilanzsumme, Eigenkapital, Gewinn oder Umsatz) zu überlegen. Die Einschränkung, dass der Zustimmungsvorbehalt nur insoweit, gilt als die Maßnahme „über den gewöhnlichen Geschäftsbetrieb“ hinausgeht, wird gerade noch als zulässig angesehen,[79] ist jedoch – infolge ihrer Auslegungsbedürftigkeit – nach Möglichkeit zu vermeiden. Die Wesentlichkeitsschwelle kann jedoch auch in einem bestimmten **politischen Risiko oder Reputationsrisiko**[80] begründet sein, welches mit einer bestimmten Maßnahme verbunden ist (zB: Der Vertrieb von Waren in *** bedarf der vorherigen Zustimmung des Aufsichtsrates).

---

[78] *Zwissler*, Grundsätze für die Erstellung und Überprüfung von Zustimmungskatalogen, AR 05/2015, 73.

[79] *Fonk*, Zustimmungsvorbehalte im AG-Aufsichtsrat, ZGR 2006, 841, 848; *Zwissler*, Grundsätze für die Erstellung und Überprüfung von Zustimmungskatalogen, AR 05/2015, 73. Für Österreich gilt dies umso mehr, als der Gesetzgeber die Einschränkung „soweit dies nicht zum ordentlichen Geschäftsbetrieb gehört“ in § 95 Abs 5 Z 1 und 6 AktG selbst verwendet.

[80] Siehe *Judt/Klausegger*, Was ist eigentlich ... das Reputationsrisiko? ÖBA 2016, 56.

Vor der Verabschiedung des Katalogs empfiehlt sich die **Einbindung des Vorstandes**. Damit hat der Vorstand die Möglichkeit, seine Überlegungen einzubringen. Allfällige Unklarheiten können bei dieser Vorgangsweise noch vor der Verabschiedung des Katalogs beseitigt werden. 54

C. Einzelne Geschäfte

Nach zutreffender Auffassung ist es dem Aufsichtsrat nicht nur gestattet, bestimmte Arten von Geschäften, sondern auch einzelne Geschäfte seiner Zustimmung vorzubehalten.[81] Voraussetzung ist auch hier, dass es sich um ein Geschäft von grundlegender Bedeutung handelt. Die Unterwerfung eines einzelnen Geschäftes unter den Zustimmungsvorbehalt kann etwa dann geboten sein, wenn der Aufsichtsrat der Auffassung ist, dass eine Geschäftsführungsmaßnahme unvertretbar ist.[82] Andernfalls müsste der Aufsichtsrats sehendes Auges zulassen, dass eine Maßnahme, welche seines Erachtens unvertretbar ist, vom Vorstand gesetzt wird.[83] Da ein derartiger Beschluss in seinen Wirkungen dem Verbot der Durchführung von Maßnahmen gleichkommt, ist jedoch von diesem Instrument nur sparsam Gebrauch zu machen. 55

D. Ort der Regelung

Als Ort der Regelung des Katalogs empfiehlt sich die **Geschäftsordnung des Vorstandes**. Der Vorstand ist nämlich unmittelbarer Adressat des Katalogs. Mitunter findet sich der Katalog zustimmungspflichtiger Geschäfte nur in der Geschäftsordnung des Aufsichtsrates. In diesem Fall sollte vom Vorstand schriftlich bestätigt werden, dass er den Zustimmungskatalog erhalten und zur Kenntnis genommen hat.[84] Darüber hinaus kommt die Regelung in der **Satzung** in Betracht. Größere Flexibilität besteht jedoch, wenn der Katalog nur außerhalb der Satzung geregelt wird. Zusätzlich ist es dem Aufsichtsrat gestattet, auch durch einen **ad hoc-Beschluss** zustimmungspflichtige Geschäfte einzuführen.[85] 56

Die Entscheidung über die Festlegung von Zustimmungsvorbehalten obliegt dem **Plenum** des Aufsichtsrates und kann einem Ausschuss nicht übertragen werden.[86] 57

---

[81] strittig. Siehe die Nachweise bei *Kalss* in Doralt/Nowotny/Kalss, AktG[2] (2012) § 95 Rz 87 und *Rauter* in Straube, Wiener Kommentar zum GmbHG (57. Lfg, November 2008) § 30j Rz 117, welche sich beide dafür aussprechen, dass auch einzelne Geschäfte der Zustimmungspflicht unterworfen werden können. In Deutschland entspricht es der hM, dass auch einzelne Geschäfte der Zustimmung vorbehalten werden können (siehe *Hüffer*, AktG[11] (2014) § 111 Rz 39).

[82] *Martens/Cahn* in Kölner Kommentar zum AktG[3] (2013) § 111 Rz 83. Siehe auch *Kittel*, Handbuch für Aufsichtsratsmitglieder (2006) 263, 268.

[83] Siehe *Semler*, Zustimmungsvorbehalte als Instrument der Überwachung durch den Aufsichtsrat, FS Peter Doralt (2004), 609, 612.

[84] *Zwissler*, Grundsätze für die Erstellung und Überprüfung von Zustimmungskatalogen, AR 05/2015, 73 f.

[85] Siehe *Drygala* in Schmidt/Lutter, AktG, Bd I (2008) § 111 Rz 40.

[86] *Fonk*, Zustimmungsvorbehalte im AG-Aufsichtsrat, ZGR 2006, 841, 845.

E. Anpassung

58 Der Aufsichtsrat hat den Katalog zustimmungspflichtiger Geschäfte anzupassen, wenn er Erkenntnisse gewinnt, die darauf schließen lassen, dass bisher nicht als wesentlich eingestufte Maßnahmen als wesentlich zu erachten sind oder umgekehrt Maßnahmen, die bisher als wesentlich eingestuft wurden, ihre Relevanz verloren haben.[87] Besteht ein Anlass für die Anpassung des Katalogs, so ist die Anpassung unverzüglich vorzunehmen. Es empfiehlt sich, den Katalog zustimmungspflichtiger Geschäfte alle drei bis fünf Jahre auf seine Aktualität zu prüfen.[88] Sinnvoll ist es, diese Anpassung jeweils zu Beginn einer neuen Funktionsperiode des Aufsichtsrates vorzunehmen.

V. Unternehmerisches Ermessen – Haftung

A. Business Judgement Rule

59 Nach § 84 Abs 1a AktG, welcher ab 1. Jänner 2016 gilt, handelt ein Vorstandsmitglied „jedenfalls im Einklang mit der Sorgfalt eines ordentlichen und gewissenhaften Geschäftsleiters, wenn er sich bei einer unternehmerischen Entscheidung nicht von sachfremden Interessen leiten lässt und auf der Grundlage angemessener Informationen annehmen darf, zum Wohle der Gesellschaft zu handeln." Über den Verweis des § 99 AktG gilt diese Regelung (sogenannte „**Business Judgement Rule**") auch für die Mitglieder des Aufsichtsrates.

60 Ein Mitglied des Aufsichtsrates, welches sich an die vorgenannten Voraussetzungen der Business Judgement Rule hält, handelt nicht rechtswidrig (im Sinne von nicht objektiv sorgfaltswidrig), womit ein Schadenersatzanspruch gegen das Mitglied ausgeschlossen ist.[89]

61 Voraussetzungen für die Zuerkennung des weiten Entscheidungsermessens sind, dass

1. es sich um eine unternehmerische Entscheidung handelt (eine solche liegt dann vor, wenn das Organ nicht durch Gesetz, Satzung oder Organbeschlüsse zu einem bestimmten Handeln gezwungen ist; damit sollen insbesondere Prognoseentscheidungen erfasst werden),
2. das Aufsichtsratsmitglied frei von Sonderinteressen und anderen sachfremden Einflüssen handelt (das Vorliegen von Interessenkollisionen ist daher schädlich),
3. die Entscheidung auf angemessenen Informationen basiert (ohne sorgfältige Ermittlung der Entscheidungsgrundlagen gibt es kein schutzwürdiges unternehmerisches Ermessen) und

---

87 *Zwissler*, Grundsätze für die Erstellung und Überprüfung von Zustimmungskatalogen, AR 05/2015, 74 f.

88 Siehe *Kalss* in Doralt/Nowotny/Kalss, AktG (2012) § 95 Rz 94; siehe weiters *Fonk*, Zustimmungsvorbehalte im AG-Aufsichtsrat, ZGR 2006, 841, 857, welcher eine Überprüfung alle zwei bis drei Jahre vorschlägt.

89 Siehe nur *Schima*, Reform des Untreuetatbestands und Business Judgement Rule im Aktien- und GmbH-Recht, GesRZ 2015, 286, 290.

4. das Aufsichtsratsmitglied auf der Grundlage der erteilten Informationen annehmen darf, dass es zum Wohle der Gesellschaft handelt.

Sind die vorgenannten Voraussetzungen erfüllt, bewegt sich das Aufsichtsratsmitglied im Rahmen des „**sicheren Hafens**“, womit Schadenersatzansprüche gegen das Mitglied ausgeschlossen sind. Handelt das Aufsichtsratsmitglied nicht innerhalb des ausdrücklichen Rahmens unternehmerischen Ermessens im Sinne des § 84 Abs 1a AktG, weil es etwa nicht auf der Grundlage angemessener Informationen entscheidet, so handelt es nicht automatisch sorgfaltswidrig. Lediglich der Effekt des sicheren Hafens nach § 84 Abs 1a AktG entfällt. In diesem Fall ist nach der allgemeinen Regel des § 84 Abs 1 AktG zu prüfen, ob eine Sorgfaltswidrigkeit im Sinne dieser Bestimmung vorliegt.[90] **62**

Das unternehmerische Ermessen kommt im vorliegenden Zusammenhang auf mehreren Ebenen zu tragen: **63**

a) bei der Ausgestaltung des Katalogs zustimmungspflichtiger Maßnahmen (siehe Rz 45),
b) bei der Entscheidung des Vorstandes, ob eine zustimmungspflichtiges Maßnahme vorgenommen werden soll;
c) bei der Entscheidung des Aufsichtsrates, ob er einer zustimmungspflichtigen Maßnahme zustimmen soll (siehe Rz 64).

B. Die Zustimmungsentscheidung als unternehmerische Entscheidung

Die Entscheidung des Aufsichtsrates über die Zustimmung ist eine **unternehmerische Entscheidung**.[91] Für die Mitglieder des Aufsichtsrates gelten dabei dieselben Regelungen über die Sorgfaltspflichten und die Verantwortlichkeit wie bei Vorstandsmitgliedern. Dies bedeutet jedoch nicht, dass sie die geplante Maßnahme wie ein Vorstandsmitglied nach allen Richtungen durchzudenken und zu prüfen haben. Sie können vielmehr davon ausgehen, dass dies bereits durch den Vorstand geschehen ist. Die Aufgabe des Aufsichtsrates ist es, die Gründe des Vorstands kritisch zu prüfen und sich hierzu umfassend informieren zu lassen und sich auf dieser Basis eine Meinung darüber zu bilden, ob die geplante Maßnahme dem Wohl des Unternehmens entspricht. Dabei ist zu prüfen, ob die Maßnahme im Interesse der Gesellschaft liegt, den durch die Satzung und die allgemeine Geschäftspolitik des Unternehmens gezogenen Rahmen einhält, und ob der Vorstand nach Überzeugung des Aufsichtsrates **die Chancen und Risken der geplanten Maßnahme zutreffend abgewogen** hat.[92] **64**

---

[90] Siehe *Kalss/Durstberger*, Die Business Judgement Rule bei der Aufstellung der Bilanz, RWZ 2016, 60.

[91] *Habersack* in Münchener Kommentar zum AktG, Bd 2^4 (2014) § 111 Rz 127; *Rodewig* in Semler/von Schenk, Arbeitshandbuch für Aufsichtsratsmitglieder (2013) § 8 Rz 112.

[92] Siehe zum Ganzen *Rodewig* in Semler/von Schenk, Arbeitshandbuch für Aufsichtsratsmitglieder (2013) § 8 Rz 112 f.

C. Informationsgrundlagen für die Entscheidung des Aufsichtsrates

65 Der Frage, ob die Zustimmung des Aufsichtsrates auf **angemessenen Informationen** basiert und die Mitglieder des Aufsichtsrates auf der Grundlage dieser Informationen aus der Sicht ex ante annehmen durften, zum Wohle der Gesellschaft zu handeln, kommt daher wesentliche Bedeutung zu. Die Aufbereitung der Informationen für einen Aufsichtsratsbeschluss hat durch den Vorstand zu erfolgen. Sofern keine Anhaltspunkte dafür bestehen, dass die vom Vorstand zur Verfügung gestellten Informationen falsch sind (hierbei ist auch eigenes Wissen zu berücksichtigen, welches Aufsichtsratsmitglieder aus einer Tätigkeit außerhalb ihrer Aufsichtsratsfunktion erlangen), darf der Aufsichtsrat auf die ihm vom Vorstand zur Verfügung gestellten Informationen vertrauen.[93] Der Vorstand hat dem Aufsichtsrat die für die Entscheidung erforderlichen Unterlagen **zeitgerecht** und nicht nur als Tischvorlage zur Verfügung zu stellen, sodass diesem ausreichend Zeit zum Studium der Unterlagen verbleibt. In der Praxis soll mindestens ein Wochenende zwischen dem Erhalt der Unterlagen und der Sitzung für das Studium der Unterlagen zur Verfügung stehen.

66 Den Aufsichtsrat trifft die Verpflichtung, unternehmerische Entscheidungen auf der Grundlage angemessener Informationen zu treffen, „sinngemäß“. Hieraus wurde zT gefolgert, dass dem Aufsichtsrat die Unterlagen vorgelegt werden müssen, die ein pflichtbewusster und sorgfältig arbeitender Vorstand benötigt, wenn er über das anstehende Geschäft entscheidet. Nach mE zutreffender Auffassung ist jedoch die Information des Vorstandes an den Aufsichtsrat und eine gegebenenfalls darauf folgende Diskussion im Aufsichtsrat niemals mit der Vorstandsarbeit, weder in der Qualität noch in der Quantität, vergleichbar. Die Vorstandsvorlagen haben auf die für die Aufsichtsratsmitglieder zur Verfügung stehende und diesen zumutbare Vorbereitungszeit Rücksicht zu nehmen. So ist etwa der **wesentliche Inhalt** der abzuschließenden Verträge und einer durchgeführten Due Diligence vom Vorstand **komprimiert darzustellen**. Bei komplizierteren Verträgen soll die Information derart sein, dass die „Vertragslogik“ aus der Vorstandsunterlage ersichtlich ist. Es bleibt den Aufsichtsratsmitgliedern überlassen, weitere Verträge, Berichte oder Unterlagen zur Durcharbeitung anzufordern.[94] Im Sinne einer effizienten Vorgangsweise kann es sich empfehlen, dass der Aufsichtsrat das Schema der jeweiligen Vorstandsunterlage vorgibt.

67 Bei sämtlichen Maßnahmen sind grundsätzlich sowohl die Chancen als auch die Risken aufzuzeigen (wenn erforderlich, ist auch eine Worst Case Betrachtung durchzuführen). Eine Vorstandsunterlage, welche nur Chancen, aber keine Risken aufzeigt, ist vom Aufsichtsrat bereits per se kritisch zu hinterfragen.

68 Beim **Unternehmens- oder Beteiligungserwerb** ist der Aufsichtsrat in besonderer Weise gefordert. Ein verfehlter Beteiligungserwerb ist in der Regel nicht mehr korrigierbar. Wenige Entscheidungen sind vergleichbar schwierig und be-

93 *Kalss*, Die Informationsversorgung des Aufsichtsrates durch den Vorstand, Aufsichtsrat aktuell 4/2011, 5.

94 Siehe zum Ganzen *Fonk*, Zustimmungsvorbehalte im AG-Aufsichtsrat, ZGR 2006, 841, 862.

dürfen in gleicher Weise der Mitprüfung durch den Aufsichtsrat.[95] Der Aufsichtsrat muss, unabhängig vom Preis, Wert auf eine umfassende Unterrichtung legen. Es ist nicht ausreichend, dass dem Aufsichtsrat nur die wesentlichen Eckdaten der geplanten Transaktion (insbesondere Kaufpreis, Kaufgegenstand, Finanzierung) bzw. im Falle des schrittweisen Anteilserwerbs die wesentlichen Daten der entsprechenden Optionsvereinbarungen (Put- und Call-Option, allenfalls beim Veräußerer verbleibende Minderheitsrechte, Optionsausübungspreis, Optionsdauer) mitgeteilt werden. Neben dem Preis wird es häufig erforderlich sein, nähere Untersuchungen über den Wert des Zielunternehmens, allenfalls durch Einholung eines Bewertungsgutachtens, durchzuführen. Insbesondere wenn ein bisher nicht rentables Unternehmen erworben wird, sind die der Kaufentscheidung zugrunde liegenden Annahmen, insbesondere zur künftigen Ertragsentwicklung, kritisch zu hinterfragen. Regelmäßig ist auch zu fragen, welche Alternativvarianten zur Verfügung stehen. Der Aufsichtsrat muss auch prüfen, wie der Erwerb finanziert wird. Keinesfalls darf die Existenz des eigenen Unternehmens gefährdet werden. In der Regel (insbesondere beim Erwerb von mittleren oder größeren Unternehmen) hat dem Unternehmenserwerb eine wirtschaftliche und rechtliche, mitunter auch eine technische **Due Diligence** (DD) vorauszugehen. Besondere Risken, welche im Rahmen der Due Diligence hervortreten, sind dem Aufsichtsrat ebenfalls mitzuteilen. Enthält der DD-Bericht eine „Executive Summary", so wird dem Aufsichtsrat mitunter diese Zusammenfassung übermittelt. Sofern der DD-Bericht nicht besondere Risken aufzeigt, ist es nicht erforderlich, dass dem Aufsichtsrat die DD-Berichte zur Gänze übermittelt werden und dieser die Berichte im Detail studiert. Der Aufsichtsrat hat sich zu vergewissern, inwieweit sich die Gesellschaft gegen vorhandene Risken durch übliche **Garantien oder Gewährleistungen** abgesichert hat. Ist eine derartige vertragliche Absicherung unterblieben, so sind die Gründe hierfür kritisch zu hinterfragen.

Weitere Beispiele für Unterlagen, die vor der Entscheidung über eine zustim- 69
mungspflichtige Maßnahme einzuholen sind, sind **Marktanalysen** bei der Einführung neuer Produkte oder dem Eintritt in neue Märkte, außerdem im Einzelfall sachverständige **Gutachten** zu technischen oder rechtlichen (insbesondere steuerrechtlichen) Fragen, mit denen ein besonderes Risiko verbunden ist.[96] Bei **Investitionen** ist zu differenzieren, ob es sich um Ersatz- oder Erhaltungsinvestitionen oder Neuinvestitionen handelt. In letzterem Fall ist dem Aufsichtsrat die Rentabilität der Investition durch eine **Wirtschaftlichkeitsrechnung** nachzuweisen. Aber auch im ersten Fall kann eine Wirtschaftlichkeitsrechnung geboten sein, wenn etwa mit der Ersatzinvestition Rationalisierungseffekte oder Kapazitätserweiterungen einhergehen.[97] Bei Großinvestitionen gelten ähnliche Prüfpflichten wie beim Erwerb von Beteiligungen.[98]

---

95 Siehe zum Ganzen *Rodewig* in Semler/von Schenk, Arbeitshandbuch für Aufsichtsratsmitglieder (2013) § 8 Rz 113.

96 *Fonk*, Zustimmungsvorbehalte im AG-Aufsichtsrat, ZGR 2006, 841, 861.

97 *Rodewig* in Semler/von Schenk, Arbeitshandbuch für Aufsichtsratsmitglieder (2013) § 8 Rz 113.

98 *Rodewig* in Semler/von Schenk, Arbeitshandbuch für Aufsichtsratsmitglieder (2013) § 8 Rz 85.

70 Ein allgemein gültiger Leitfaden, welche Informationen für welche Entscheidungen zu verlangen sind, existiert nicht. Als Richtschnur gilt: Die Unterlagen sollen komprimiert und aussagekräftig sein und die wesentlichen, insbesondere wirtschaftlichen, Auswirkungen der Maßnahme für das Unternehmen, einschließlich möglicher Risken, aufzeigen. Bloße Zahlenfriedhöfe sind zu wenig. Eine eigene verbale Beschreibung der Chancen und Risken durch den Vorstand, und sei es nur im Rahmen von Powerpoint-Präsentationen, wird regelmäßig erforderlich sein.

D. Umfang der Prüfungspflicht

71 Das Zeitmaß der gewöhnlichen Vorbereitungs- und Sitzungsdauer begrenzt im Regelfall den Umfang der Aufgaben des Aufsichtsrates. Für die Prüfung der vorgelegten Unterlagen folgt hieraus, dass der Aufsichtsrat nicht verpflichtet ist, bei einer ihm zur Zustimmung vorgelegten Maßnahme einen eigenen, vollständigen unternehmerischen Entscheidungsprozess durchzuführen. Er hat vielmehr – im Rahmen einer **Plausibilitätsüberprüfung** – lediglich zu überprüfen, ob die Entscheidung plausibel begründet und ordnungsgemäß zustande gekommen ist. Der Aufsichtsrat hat hierbei zu prüfen, ob der Vorstand bei seiner Entscheidung so vorgegangen ist, wie es dem Standard eines sorgfältigen, den Risikograd der Entscheidung beachtenden Verfahrens entspricht.[99] **Zusätzlich** zu dieser Prüfung der vom Vorstand vorgelegten Unterlagen und Informationen hat sich der Aufsichtsrat mE auf Basis der vorgelegten Unterlagen und Informationen **selbst eine Meinung** darüber **zu bilden**, ob die geplante Maßnahme für das Unternehmen von Vorteil ist.[100] Ist der Aufsichtsrat nicht der Auffassung, dass die Maßnahme dem Wohle des Unternehmens entspricht, darf er mE der Maßnahme nicht zustimmen. Mit der bloßen Plausibilitätskontrolle ist es daher mE nicht getan (vgl Rz 85).[101]

72 Als Richtschnur dient: Je bedeutsamer die durchzuführende Maßnahme ist, desto intensiver ist auch die Prüfungspflicht des Aufsichtsrates. Weiters richtet sich die Intensität der Überwachungspflicht des Aufsichtsrates nach der Lage des Unternehmens. Im Normalfall kann sich der Aufsichtsrat darauf beschränken, Vorstandsberichte zu prüfen, gegebenenfalls ergänzende Berichte anzufordern, und den Vorstand mit Gegenvorstellungen zu konfrontieren. Ist die Lage der Gesellschaft angespannt oder bestehen sonstige risikoträchtige Besonderheiten, so muss der Aufsichtsrat seine Überwachungstätigkeit entsprechend intensivieren.[102]

---

99 Siehe zum Ganzen *Fonk*, Zustimmungsvorbehalte im AG-Aufsichtsrat, ZGR 2006, 841, 865; siehe weiters *Mertens/Cahn* in Kölner Kommentar zum AktG, Band 2/2 (2013) § 111 Rz 111.

100 In diesem Sinne auch *Kalss* in Doralt/Nowotny/Kalss, AktG^2 (2012) § 95 Rz 101: Der Aufsichtsrat hat „somit eine Plausibilitätsprüfung des Vorstandshandelns vorzunehmen und eine eigene wirtschaftliche Bewertung anzufügen."

101 strittig. Im Schrifttum wird zT die Auffassung vertreten, dass sich der Aufsichtsrat auf eine bloße Vertretbarkeitsprüfung beschränken kann (siehe nur *Mertens/Cahn* in Kölner Kommentar zum AktG, Band 2/2^3 (2013) § 111 Rz 111 mwN).

102 *Hüffer*, AktG^{11} (2014) § 111 Rz 15.

E. Haftung

Setzt der Vorstand eine Maßnahme, welche der Zustimmung des Aufsichtsrates bedarf, ohne die Zustimmung des Aufsichtsrates einzuholen, begeht er eine **Pflichtwidrigkeit**, die bei Vorliegen der sonstigen Voraussetzungen zu einer Schadenersatzpflicht führt. Die Nichteinholung der Zustimmung des Aufsichtsrates ist nämlich keine unternehmerische Entscheidung, für welche ein unternehmerisches Ermessen gilt (siehe oben Rz 61). In der Regel wird die Nichteinholung der Zustimmung des Aufsichtsrates auch einen Abberufungsgrund im Sinne des § 75 Abs 4 AktG darstellen.[103] 73

Im **Außenverhältnis** ist die vom Vorstand gesetzte Maßnahme gleichwohl wirksam, es sei denn, das Vorliegen der Zustimmung des Aufsichtsrates wurde zur Geschäftsbedingung erhoben (sogenannter „**Gremialvorbehalt**"). Das Verbot zur Durchführung der Maßnahme im Innenverhältnis kann auf das Außenverhältnis durchschlagen, wenn der Vorstand und der Vertragspartner absichtlich zum Schaden der Gesellschaft zusammenwirken (sogenanntes „**kollusives Zusammenwirken**") oder der Vertragspartner Kenntnis oder grob fahrlässig keine Kenntnis von der Nichteinholung der Aufsichtsratszustimmung hat (sogenannter „**Vollmachtsmissbrauch**"). Erkundigungspflichten des Geschäftspartners, ob eine allenfalls erforderliche Aufsichtsratszustimmung eingeholt wurde, bestehen jedoch grundsätzlich nicht.[104] Bei Maßnahmen im Sinne des § 95 Abs 5 Z 12 AktG (Verträge mit Mitgliedern des Aufsichtsrates oder diesen nahestehenden Unternehmen) wird die Nichteinholung der erforderlichen Aufsichtsratszustimmung regelmäßig auf das Außenverhältnis durchschlagen.[105] 74

Die Aufsichtsratsmitglieder trifft eine **Schadenersatzpflicht**, wenn sie die Zustimmung zu einer Maßnahme erteilen, die sie bei pflichtgemäßem Handeln hätten verweigern müssen.[106] Insoweit trifft den Aufsichtsrat eine Mitverantwortung bei der Durchführung von zustimmungspflichtigen Maßnahmen. Im Regelfall wird sich der Aufsichtsrat jedoch auf den „sicheren Hafen" des § 84 Abs 1a AktG (siehe oben Rz 59 ff) berufen können, mit der Folge, dass ein Ersatzanspruch ausgeschlossen ist. Verweigert hingegen der Aufsichtsrat die Zustimmung zu einer Maßnahme, welche zu genehmigen gewesen wäre, wird im Regelfall eine Haftung der Aufsichtsratsmitglieder ausscheiden, weil der Vorstand immer noch die Möglichkeit hat, gemäß § 103 Abs 2 AktG zu dieser Maßnahme eine Entscheidung der Hauptversammlung einzuholen.[107] 75

---

[103] *Schima* in Kalss/Kunz, Handbuch für den Aufsichtsrat[1] § 12 Rz 156 weist zutreffend darauf hin, dass nicht jede Missachtung von Zustimmungsvorbehalten durch den Vorstand zwingend einen Abberufungsgrund im Sinne des § 75 Abs 4 AktG darstellt. Zum einen bereite die Auslegung der Zustimmungstatbestände mitunter Schwierigkeiten. Zum anderen könne etwa die Überschreitung einer Zuständigkeitsgrenze infolge einer Kostenüberschreitung im Einzelfall dem Vorstand nicht zum Vorwurf gemacht werden, wenn er von der Kostenüberschreitung erst verspätet Kenntnis erlangt habe.

[104] Siehe zum Ganzen *Kalss* in Doralt/Nowotny/Kalss, AktG[2] (2012) § 95 Rz 96 und *Rauter* in Straube, Wiener Kommentar zum GmbHG (57. Lfg, November 2008) § 30j Rz 65.

[105] *Kalss* in Doralt/Nowotny/Kalss, AktG[2] (2012) § 95 Rz 129.

[106] *Rodewig* in Semler/von Schenk, Arbeitshandbuch für Aufsichtsratsmitglieder (2013) § 8 Rz 113.

[107] Siehe *Strasser* in Jabornegg/Strasser, AktG[5] (2010) §§ 95 bis 97 Rz 41.

76 Dadurch, dass der Aufsichtsrat die Maßnahme gebilligt hat, wird die **Ersatzpflicht des Vorstandes** nicht ausgeschlossen (§ 84 Abs 4 zweiter Satz AktG). Die allfällige Haftung der Aufsichtsratsmitglieder tritt daher neben jene der Vorstandsmitglieder. Anderes gilt, wenn die Handlung auf einem gesetzmäßigen Beschluss der Hauptversammlung beruht. In diesem Fall entfällt die Ersatzpflicht gegenüber der Gesellschaft (§ 84 Abs 4 erster Satz AktG), nicht jedoch jene gegenüber den Gesellschaftsgläubigern (§ 84 Abs 5 dritter Satz AktG).

VI. Die Entscheidung über zustimmungspflichtige Maßnahmen

A. Verfahren bei der Erteilung der Zustimmung

77 Das **grundsätzliche Prozedere** bei Vorliegen eines zustimmungspflichtigen Geschäftes ist, vom zeitlichen Ablauf her, wie folgt:

a) Erarbeitung der Strategie,
b) darauf aufbauend Erarbeitung eines Planes für eine konkrete Maßnahme,
c) die Entwicklung eines konkreten Projektes,
d) spätestens dann, wenn der Vorstand der Überzeugung ist, dass diese Maßnahme durchgeführt werden soll, Information des Aufsichtsrates und Antrag des Vorstandes auf Zustimmung zur geplanten Maßnahme,
e) Entscheidung des Aufsichtsrates über die Erteilung der Zustimmung,
f) bei Erteilung der Zustimmung durch den Aufsichtsrat: Umsetzung der Maßnahme,
g) allenfalls ex-post Kontrolle der Maßnahme nach einem bestimmten Zeitraum (insbesondere auch unter dem Blickwinkel, ob die der Entscheidung über die Durchführung der Maßnahme zugrunde liegenden Annahmen zutreffend waren).

78 In der Regel ist der Aufsichtsrat bereits in die dem Vorstandsantrag vorgelagerten Phasen eingebunden, sodass ihn der konkrete Antrag des Vorstandes auf Aufsichtsratszustimmung nicht „wie der Blitz vom Himmel" trifft. Bei funktionierender Zusammenarbeit zwischen Vorstand und Aufsichtsrat weiß somit der Aufsichtsrat, beginnend mit der Erarbeitung der Strategie, welche Überlegungen einer geplanten Maßnahme zugrunde liegen, ehe er formal um Zustimmung ersucht wird. In jedem Fall ist der **Antrag des Vorstandes** auf Erteilung der Zustimmung der formalen Befassung des Aufsichtsrates vorgelagert. Es ist die Aufgabe des Vorstandes, diesen Antrag zu formulieren. Kommt der Vorstand zu keiner Entscheidung, ob eine bestimmte Maßnahme (vorbehaltlich der Zustimmung des Aufsichtsrates) durchzuführen ist, so ist die Sache noch nicht reif, an den Aufsichtsrat herangetragen zu werden. Es ist daher unzulässig, zunächst die Meinung des Aufsichtsrates (durch Einholung einer Zustimmung) zu „erfragen", wenn die Willensbildung im Vorstand noch zu keinem Ergebnis geführt hat. Der Antrag des Vorstandes wird mitunter während der Aufsichtsratssitzung, über Anregung des Aufsichtsrates, **geändert**, um Bedenken des Aufsichtsrates Rechnung zu tragen. Gegen diese Vorgangsweise bestehen im Interesse einer raschen Entscheidungsfindung, insbesondere bei Einvernehmen aller Beteiligten, keine Einwände.

Während die Festlegung des Katalogs zustimmungspflichtiger Geschäfte Angelegenheit des Gesamtaufsichtsrats ist, kann die Entscheidung über die Zustimmung im Einzelfall, allenfalls beschränkt auf einzelne Geschäftsarten, auch einem **Ausschuss** übertragen werden.[108] Dem Vorsitzenden oder einem bestimmten Mitglied des Aufsichtsrates kann die Zustimmungskompetenz nicht übertragen werden.[109] **79**

Die Zustimmung ist einzuholen, bevor die Gesellschaft rechtliche oder faktische Bindungen eingeht. Das Erfordernis der **vorherigen Zustimmung** kann Schwierigkeiten bereiten, wenn eine Maßnahme noch nicht entscheidungsreif ist, die Entscheidung aber voraussichtlich vor der nächsten Sitzung des Aufsichtsrates getroffen werden muss. In diesem Fall kann es sinnvoll sein, dass der Aufsichtsrat den Stand des Vorhabens erörtert und bei positiver Tendenz beschließt, die abschließende Entscheidung im **Umlaufweg** zu beschließen.[110] Generell gilt, dass Beschlüsse über zustimmungspflichtige Maßnahmen von erheblicher Bedeutung in **Sitzungen** gefasst werden sollen. Nur in der Sitzung besteht die Möglichkeit des unmittelbaren Gedankenaustausches zwischen den Aufsichtsratsmitgliedern untereinander und mit den Vorstandsmitgliedern. **80**

Das Erfordernis der vorherigen Zustimmung gilt auch **in dringenden Fällen**. Ist die Zustimmung für derartige Eilfälle nicht einem Ausschuss übertragen, so ist der gesamte Aufsichtsrat zu befassen. Der Aufsichtsrat wird angesichts der heutigen Kommunikationsmittel (Telefon, Telefax, E-Mail) auch Eilentscheidungen grundsätzlich rechtzeitig treffen können. Eine Notwendigkeit, eine Aufsichtsratszustimmung erst im Nachhinein einzuholen, wird daher auch bei Eilfällen regelmäßig nicht vorliegen.[111] **81**

Die erteilte Zustimmung deckt eine Maßnahme nur bei **Fortbestand der Rahmenbedingungen**. Ändern sich diese, so hat der Vorstand um eine neuerliche Zustimmung des Aufsichtsrates anzusuchen.[112] Weiters ist um eine neuerliche Zustimmung anzusuchen, wenn die Aufsichtsratszustimmung **befristet** erteilt wurde und die Befristung abgelaufen ist. Davon zu unterscheiden ist die Frage, ob der Aufsichtsrat eine bereits erteilte Zustimmung auch **widerrufen** kann. Diese Frage ist mE grundsätzlich zu verneinen, andernfalls würde sich der Aufsichtsrat treuwidrig gegenüber dem Vorstand, welcher auf den Bestand der Zustimmung **82**

---

108 Siehe *Kalss* in Doralt/Nowotny/Kalss, AktG^2 (2012) § 92 Rz 177; *Straube/Rauter/Ratka*, Die Aufsichtsratsgeschäftsordnung^2 (2006) 29, welche allerdings darauf hinweisen, dass Beschlüsse nach § 95 Abs 5 Z 8 AktG (Festlegung allgemeiner Grundsätze der Geschäftspolitik) auf Grund ihrer Bedeutung der Zustimmung des Aufsichtsratsplenums bedürfen (glA *Rauter* in Straube, Wiener Kommentar zum GmbHG (57. Lfg, November 2008) § 30j Rz 70).

109 *Rodewig* in Semler/von Schenk, Arbeitshandbuch für Aufsichtsratsmitglieder (2013) § 8 Rz 52 f.

110 *Rodewig* in Semler/von Schenk, Arbeitshandbuch für Aufsichtsratsmitglieder (2013) § 8 Rz 55.

111 *Rodewig* in Semler/von Schenk, Arbeitshandbuch für Aufsichtsratsmitglieder (2013) § 8 Rz 56; *Habersack* in Münchener Kommentar zum AktG, Bd 2^4 (2014) § 111 Rz 124.

112 *Kalss* in Doralt/Nowotny/Kalss, AktG^2 (2012) § 95 Rz 97; *Mertens/Cahn* in Kölner Kommentar zum AktG, Band 2/2 (2013) § 111 Rz 114.

vertraut, handeln. Erlangt jedoch der Aufsichtsrat Kenntnis von Umständen, welche ihm im Zeitpunkt der Entscheidung noch nicht bekannt waren, und ist er auf Grund dieser Umstände der Ansicht, dass die Umsetzung der Maßnahme für die Gesellschaft von Nachteil ist, so kommt der Widerruf einer erteilten Zustimmung durch den Aufsichtsrat ausnahmsweise in Betracht.[113]

83 Den Vorstand trifft **keine Umsetzungsverpflichtung** zu einer Maßnahme, zu welcher der Aufsichtsrat seine Zustimmung erteilt hat.[114] Ist der Vorstand der Auffassung, dass die Maßnahme, zu welcher der Aufsichtsrat seine Zustimmung erteilt hat, nicht (mehr) den Interessen der Gesellschaft entspricht, so hat die Ausführung der Maßnahme zu unterbleiben.

B. Das Ermessen des Aufsichtsrates

84 Wie bereits oben zu Rz 59 ff dargelegt, handelt es sich bei der Entscheidung über die Erteilung der Zustimmung um eine unternehmerische Entscheidung. Die Entscheidung über die Erteilung der Zustimmung steht im **pflichtgemäßen Ermessen** des Aufsichtsrates.

85 Der Aufsichtsrat kann die Zustimmung nicht nur versagen, wenn er die Maßnahme für pflichtwidrig oder nachteilig hält (in diesem Fall hat er eine Ablehnungspflicht), sondern auch dann, wenn die Maßnahme seinen eigenen geschäftspolitischen Vorstellungen nicht entspricht. Auch bei Geschäften, die der Vorstand innerhalb seines eigenen geschäftspolitischen Ermessens vorschlägt, besteht **keine Zustimmungspflicht des Aufsichtsrates**, wenn er der Auffassung ist, dass dieses Geschäft nicht zum Vorteil des Unternehmens ist. Andernfalls müsste der Aufsichtsrat dem Geschäft zustimmen und damit die Mitverantwortung übernehmen, obwohl der Vorstand ihn nicht davon überzeugen konnte, dass die geplante Maßnahme zum Wohle des Unternehmens ist.[115] Mit anderen Worten hat der Aufsichtsrat bei der Entscheidung über eine zustimmungspflichtige Maßnahme ein **eigenes unternehmerisches Ermessen**, welches – im Sinne eines Vetorechtes – jenem des Vorstands vorgeht (vgl Rz 71).[116]

---

[113] *Feltl*, Die zustimmungspflichtigen Maßnahmen des § 95 Abs 5 AktG, Aufsichtsrat aktuell 4/2015, 5, 6, allerdings ohne die Einschränkung, dass der Aufsichtsrat Kenntnis von Umständen erlangt, welche ihm im Zeitpunkt der Zustimmungserteilung noch nicht bekannt waren.

[114] *Mertens/Cahn* in Kölner Kommentar zum AktG, Band 2/2³ (2013) § 111 Rz 11 und *Habersack* in Münchener Kommentar zum AktG, Bd 2⁴ (2014) § 111 Rz 128.

[115] Vgl *Rodewig* in Semler/von Schenk, Arbeitshandbuch für Aufsichtsratsmitglieder (2013) § 8 Rz 117, welcher jedoch der Auffassung ist, dass der Aufsichtsrat die Zustimmung auch dann erteilen kann, wenn er gegen die geplante Maßnahme Bedenken hat, sofern auch für die Meinung des Vorstands gute Gründe bestehen, die ihm das Geschäft jedenfalls vertretbar erscheinen lassen.

[116] *Habersack* in Münchener Kommentar zum AktG, Bd 2⁴ (2014) § 111 Rz 127; *Schima*, Zustimmungsvorbehalte als Steuerungsmittel des Aufsichtsrates in der AG und im Konzern, GesRZ 2012, 35.

C. Entscheidungsvarianten bei Vorliegen eines zustimmungspflichtigen Geschäftes

Der Aufsichtsrat hat mehrere Varianten der Entscheidung über eine zustimmungspflichtige Maßnahme: 86

i. Der Aufsichtsrat erteilt seine **Zustimmung** zur geplanten Maßnahme. Diese Zustimmung kann vorbehaltslos oder unter **Nebenbestimmungen** (insbesondere Auflagen, Bedingungen oder Befristungen) erfolgen. Die Auflage kann etwa beim Erwerb eines Unternehmens darin bestehen, dass bestimmte Garantien oder Gewährleistungen in den Unternehmenskaufvertrag aufgenommen werden oder dass bestimmte Fragenbereiche im Rahmen der Due Diligence noch genauer geprüft werden.
Bezogen auf die konkrete Maßnahme, welche dem Aufsichtsrat zur Entscheidung vorgelegt wird, geht es im Regelfall um die **grundsätzliche Entscheidung** und nicht um ihre Ausführung im Detail.[117] Im Beschluss genügt die Nennung des konkreten Vorhabens mit den wesentlichen Eckdaten (zB: *Es wird die Zustimmung zur Errichtung eines neuen Werkstandortes in *** mit einem Investitionsvolumen von EUR *** erteilt.*). Die Beauftragung der konkreten bauausführenden Firmen und der Maschinenlieferanten ist diesfalls allein Angelegenheit des Vorstandes. Im Regelfall wird zur Konkretisierung der Maßnahme ein Verweis auf die Vorstandsunterlage ausreichen.

ii. Der Aufsichtsrat **lehnt** die geplante Maßnahme **ab**. Die Maßnahme hat zu unterbleiben.

iii. Der Aufsichtsrat **vertagt** die Entscheidung und fordert vom Vorstand weitere Unterlagen an, welche für die Entscheidung des Aufsichtsrates erforderlich sind. In diesem Fall wird die Entscheidung des Aufsichtsrates über die Zustimmungserteilung – nach Einlangen der angeforderten Unterlagen – mitunter im Umlaufweg getroffen.

iv. Der Aufsichtsrat verlangt gemäß § 103 Abs 2 AktG, dass die Hauptversammlung über diese Maßnahme entscheidet. Die Möglichkeit zur **Vorlage an die Hauptversammlung** besteht unabhängig davon, ob der Aufsichtsrat eine inhaltliche Entscheidung zur geplanten Maßnahme (Billigung oder Ablehnung) getroffen hat.[118] Denkbar wäre auch, dass der Aufsichtsrat die Maßnahme billigt oder versagt und zusätzlich einen Beschluss auf Entscheidung durch die Hauptversammlung fasst; dies ist jedoch mE der Ausnahmefall. Bei Anrufung der Hauptversammlung muss diese über die Zustimmung zur geplanten Maßnahme entscheiden, die Zustimmung also entweder erteilen oder ablehnen.[119]

Hingegen ist es dem Aufsichtsrat **nicht gestattet, sich** bei Vorliegen eines zustimmungspflichtigen Geschäftes und sämtlicher Entscheidungsvoraussetzungen (insbesondere ausreichender Informationsgrundlagen) **einer Entscheidung zu enthalten**.[120] Vielmehr hat der Aufsichtsrat bei Vorliegen sämtlicher Entschei- 87

---

117 *Reischauer*, Gedanken zur Aufsichtsratszustimmung nach § 95 Abs 5 AktG, in FS Strasser (1993) 290.

118 *Bachner* in Doralt/Nowotny/Kalss, AktG² (2012) § 103 Rz 21.

119 *Geßler* in Geßler/Hefermehl, AktG, Bd II (1973) § 111 Rz 79.

120 Siehe *Kalss* in Doralt/Nowotny/Kalss, AktG² (2012) § 95 Rz 101.

dungsvoraussetzungen binnen angemessener Frist zu entscheiden. Gebietet die geplante Maßnahme eine rasche Entscheidung, so hat der Aufsichtsrat unverzüglich zu entscheiden.

D. Zweifel über das Vorliegen oder Nichtvorliegen eines zustimmungspflichtigen Geschäftes

88 Mitunter befasst der Vorstand den Aufsichtsrat mit einer Maßnahme, welche entweder nicht zustimmungspflichtig ist oder bei welcher zweifelhaft ist, ob es sich um eine zustimmungspflichtige Maßnahme handelt. Eine Untergruppe dieser Fallkonstellation ist, dass der Vorstand den Aufsichtsrat mit dieser Maßnahme nicht nur im Sinne einer Information befasst, sondern ausdrücklich die Zustimmung zu dieser Maßnahme beantragt.

Der Aufsichtsrat hat auch hier mehrere Varianten der Entscheidung:

i. Der Aufsichtsrat erteilt zu dieser Maßnahme seine **Zustimmung**. Diese Entscheidung inkludiert die Entscheidung des Aufsichtsrates, dass er sich für diese Maßnahme als zuständig erachtet. Dieses Vorgehen ist unproblematisch, weil der Aufsichtsrat jederzeit ad hoc eine Maßnahme seiner Zustimmung vorbehalten kann.
ii. Der Aufsichtsrat stellt fest, dass **die Maßnahme nicht in seine Zuständigkeit fällt**, gibt jedoch eine bloße Stellungnahme zur geplanten Maßnahme ab. Diese Stellungnahme kann positiv oder negativ sein. Da es sich bei der Entscheidung des Aufsichtsrates bei der inhaltlichen Frage, ob die Maßnahme durchgeführt werden soll, um eine bloße Stellungnahme handelt, steht es dem Vorstand frei, dieser Stellungnahme zu folgen oder sie zu ignorieren. Die mögliche Haftung des Aufsichtsrates ist bei dieser Fallkonstellation erheblich reduziert. Anstelle einer Stellungnahme kann sich der Aufsichtsrat auch jeglicher inhaltlichen Äußerung zur geplanten Maßnahme enthalten.
Die Entscheidung des Aufsichtsrates, dass kein zustimmungspflichtiges Geschäft vorliegt, kann jedoch unzutreffend sein. Die Satzung der AG und damit auch der dort enthaltene Katalog zustimmungspflichtiger Geschäfte sind objektiv auszulegen.[121] Dasselbe gilt mE auch für den in einer Aufsichtsrats- oder Vorstandsgeschäftsordnung enthaltenen Katalog zustimmungspflichtiger Geschäfte. Denn auch dieser Katalog hat insoweit Drittwirkung, als er Handlungsanweisungen für einen Dritten (den Vorstand) enthält, nämlich vor der Durchführung bestimmter Maßnahmen die Zustimmung des Aufsichtsrates einzuholen. Allerdings steht es dem Aufsichtsrat frei, diesen außerhalb der Satzung geregelten Katalog zustimmungspflichtiger Geschäfte jederzeit zu ändern. Aus dem Abgehen von einem außerhalb der Satzung vom Aufsichtsrat selbst festgelegten Katalog zustimmungspflichtiger Geschäfte kann daher mE dem Aufsichtsrat kein Vorwurf gemacht werden; in diesem Fall liegt keine Pflichtwidrigkeit des Aufsichtsrates vor.

---

121 Siehe die Judikaturnachweise bei *Jabornegg*, Auslegung der Satzung von Kapitalgesellschaften (AG und GmbH), in Artmann/Rüffler/Torggler, Die Verbandsverfassung (2013) 1, 6 ff.

iii. Der Aufsichtsrat nimmt die Maßnahme bloß „**zur Kenntnis**", ohne zur Frage der Zuständigkeit Stellung zu nehmen. Geht dieser Entscheidung keine inhaltliche Diskussion über die Maßnahme voraus, aus welcher erkennbar ist, dass der Aufsichtsrat der Maßnahme kritisch gegenüber steht, könnte diese vorbehaltslose Kenntnisnahme der geplanten Maßnahme auch als Zustimmung gewertet werden. Die Rechtsfolgen wären in diesem Fall dieselben wie im Fall (i). Falls der Aufsichtsrat die Kenntnisnahme nicht als Zustimmung gewertet wissen möchte, empfiehlt es sich daher, dies ausdrücklich klarzustellen. Möchte der Vorstand bei einer Maßnahme, bei welcher zweifelhaft ist, ob sie der Zustimmung des Aufsichtsrates bedarf, Gewissheit darüber erlangen, ob er die Maßnahme umsetzen darf, muss er mE einen förmlichen Antrag auf Zustimmung durch den Aufsichtsrat stellen. In diesem Fall muss der Aufsichtsrat zunächst die Frage entscheiden, ob er zuständig ist, und bei Bejahung der Zuständigkeit auch inhaltlich entscheiden, ob er der Maßnahme zustimmt oder diese ablehnt. Sollte sich nachträglich herausstellen, dass der Aufsichtsrat zu Unrecht seine Zuständigkeit verneint hat, und der Vorstand zwischenzeitig die Maßnahme trotz Nichtvorliegen einer Aufsichtsratszustimmung vorgenommen haben, so kann dem Vorstand hieraus mE grundsätzlich kein Vorwurf gemacht werden.

iv. Fällt die Maßnahme nicht unter den Katalog zustimmungspflichtiger Geschäfte, ist sie jedoch von grundlegender Bedeutung und ist der Aufsichtsrat der Auffassung, dass die Durchführung der Maßnahme für die Gesellschaft von Nachteil ist, so hat er die Maßnahme **abzulehnen**. Die Situation ist in diesem Fall vergleichbar jenem Fall, dass der Aufsichtsrat – ohne dass eine konkrete Maßnahme zur Beschlussfassung ansteht – der Auffassung ist, dass Geschäfte mit einer gewissen Wahrscheinlichkeit eintreten können, welche grundlegende Auswirkungen auf die wirtschaftliche Entwicklung der Gesellschaft haben und diese daher unter dem Blickwinkel seiner Kontrollaufgabe der Zustimmung zu unterwerfen sind. Hier kann sich das Recht des Aufsichtsrates, Geschäfte seiner Zustimmung zu unterwerfen, zu einer entsprechenden Pflicht verdichten.

E. Vorratsbeschlüsse

Der Aufsichtsrat muss nicht immer jedes zustimmungspflichtige Geschäft individuell behandeln.[122] Soweit die Geschäfte durch Gesetz oder Satzung der Zustimmungspflicht unterworfen werden, kann er seine Zustimmung nur innerhalb enger Grenzen durch **Vorratsbeschlüsse** im Vorhinein erteilen. Vorratsbeschlüsse kommen nur dann in Betracht, wenn die Maßnahme zumindest ihrer Art nach konkretisiert ist und die maßgeblichen Entscheidungsgrundlagen für die Maßnahme bereits vorliegen. So kann etwa die Zustimmung zu einem bestimmten Investitionsvorhaben etwa dadurch erfolgen, dass der Investitionsplan durch den Aufsichtsrat genehmigt wird, wodurch auch die in diesem Plan genannten einzelnen Investitionsvorhaben als mitgenehmigt gelten, ohne dass noch die Zustimmung zu jedem einzelnen Investitionsvorhaben einzuholen ist.[123] 89

[122] Nach § 28b Abs 1 BWG sind bei Großkrediten, welche mindestens EUR 500.000,-- betragen, Vorratsbeschlüsse unzulässig.

[123] Siehe *Strasser* in Jabornegg/Strasser, AktG[5] (2010) §§ 95 bis 97 Rz 41; *Kalss* in Doralt/

90 Abzulehnen ist hingegen die Auffassung, dass Vorratsbeschlüsse nur bei Geschäften von untergeordneter Bedeutung und geringem Risiko in Betracht kommen, wenn es gilt, Verzögerungen sowie eine Lähmung der Geschäftsführung zu vermeiden.[124] Zum einen haben Geschäfte von untergeordneter Bedeutung im Katalog zustimmungspflichtiger Geschäfte nichts verloren, zum anderen ist der Katalog so auszugestalten, dass eben eine Lähmung der Geschäftsführung bereits vom Ansatz her vermieden wird.

91 Anderes gilt, wenn sich die Zustimmungspflicht nicht durch Gesetz oder Satzung, sondern nur auf Grund eines Beschlusses des Aufsichtsrates ergibt. In diesem Fall kann der Aufsichtsrat oder, auf Grund einer ausdrücklichen Ermächtigung durch den Aufsichtsrat, auch ein Ausschuss, ohne weitere Einschränkungen, seine Zustimmung zum Abschluss von zustimmungspflichtigen Geschäften im Vorhinein erteilen.[125]

VII. Anhang: Beispiel eines Katalogs zustimmungspflichtiger Geschäfte

92 (1) Folgende Geschäfte und Maßnahmen bedürfen der Zustimmung des Aufsichtsrates:

1. Investitionen/Desinvestitionen
   - 1.1. der Erwerb, die Veräußerung und die Belastung von Beteiligungen (einschließlich der Erhöhung bestehender Beteiligungen), die Gründung von Tochterunternehmen im Sinne des § 189a Z 7 UGB (kurz „**Tochterunternehmen**") (einschließlich der Beschlussfassung über Kapitalerhöhungen oder Kapitalherabsetzungen und die Ausgabe von Wandel- oder Gewinnschuldverschreibungen und Genussrechten bei Tochterunternehmen), der Abschluss von stillen Gesellschaftsverträgen, Zusammenschlüsse und Umgründungen im weiteren Sinn sowie der Erwerb, die Veräußerung, die Verpachtung, die Belastung und die Stilllegung von Unternehmen, Betrieben oder Betriebsteilen, durch die Gesellschaft selbst oder ihre Tochterunternehmen;
   - 1.2. der Erwerb und die Veräußerung von Liegenschaften, Superädifikaten oder grundstücksgleichen Rechten, sofern der Transaktionswert den Betrag von EUR *** übersteigt, durch die Gesellschaft selbst oder ihre Tochterunternehmen;
   - 1.3. die Belastung von Anlagevermögen, die Durchführung von Sale und Leaseback Finanzierungen sowie wirtschaftlich gleichwertiger Transaktionen, sofern der Transaktionswert den Betrag von EUR *** übersteigt, durch die Gesellschaft selbst oder ihre Tochterunternehmen;
   - 1.4. Investitionen, soweit das Einzelprojekt in seiner wirtschaftlichen Einheit Anschaffungs- oder Herstellungskosten von EUR *** übersteigt, sowie Leasingverträge, wenn die daraus entstehenden Verpflichtungen

---

Nowotny/Kalss, AktG (2012) § 95 Rz 98; *Reischauer*, Gedanken zur Aufsichtsratszustimmung nach § 95 Abs 5 AktG, in FS Strasser (1993) 292.

[124] *A. Heidinger* in Gruber/Harrer, GmbHG (2014) § 30j Rz 46.

[125] Vgl. *Mertens/Cahn* in Kölner Kommentar zum AktG, Band 2/2³ (2013) § 111 Rz 109.

den Betrag von EUR *** übersteigen, durch die Gesellschaft selbst oder ihre Tochterunternehmen;

2. Budget/Gewinnverwendung in Tochterunternehmen
   - 2.1. die Aufstellung und Änderung der jährlichen Budgets auf Konzernebene (Konzernbudget);
   - 2.2. die Gewinnverwendung und die Bildung von Gewinnrücklagen in Tochterunternehmen;
3. Finanzierung
   - 3.1. die Aufnahme von Anleihen, Darlehen, Krediten und sonstiger Fremdmittel, die im Einzelfall EUR *** oder im Geschäftsjahr insgesamt den Betrag von EUR *** übersteigen, durch die Gesellschaft selbst oder ihre Tochterunternehmen;
   - 3.2. die Übernahme von Haftungen, Bürgschaften, die Bestellung sonstiger Sicherheiten und die Gewährung von Darlehen, Krediten und sonstiger Fremdmittel, soweit sie nicht zum ordentlichen Geschäftsbetrieb gehören und im Einzelfall den Betrag von EUR *** übersteigen, durch die Gesellschaft selbst oder ihre Tochterunternehmen;
4. Geschäftspolitik, Geschäftszweige/Produktionsarten, Zweigniederlassungen
   - 4.1. die Festlegung allgemeiner Grundsätze der Geschäftspolitik durch die Gesellschaft selbst oder ihre Tochterunternehmen;
   - 4.2. die Aufnahme und Aufgabe von Geschäftszweigen oder Produktionsarten durch die Gesellschaft selbst oder ihre Tochterunternehmen;
   - 4.3. die Errichtung und die Schließung von Zweigniederlassungen durch die Gesellschaft;
5. Personalangelegenheiten
   - 5.1. die Bestellung von Prokuristen der Gesellschaft und die Bestellung von Geschäftsführern in Tochterunternehmen;
   - 5.2. der Abschluss und die Änderung von Geschäftsführerverträgen sowie die Festlegung von Grundsätzen über die Gewährung von Gewinn- oder Umsatzbeteiligungen an Geschäftsführer und leitende Angestellte im Sinne des § 80 Abs 1 AktG durch die Gesellschaft selbst oder ihre Tochterunternehmen;
   - 5.3. der Abschluss und die Änderungen von Verträgen mit Geschäftsführern der Gesellschaft oder Tochterunternehmen einschließlich nahen Angehörigen im Sinne des § 25 BAO und verbundenen Unternehmen im Sinne des § 189a Z 8 UGB durch die Gesellschaft selbst oder ihre Tochterunternehmen;
   - 5.4. der Abschluss und die Änderung von Dienst- oder Werkverträgen mit Mitarbeitern, deren Jahresbruttogehalt EUR *** übersteigt, durch die Gesellschaft selbst oder ihre Tochterunternehmen;
   - 5.5. der Abschluss und die Änderung von D&O-Versicherungen zur Versicherung von Haftpflichtfällen von Mitgliedern der Aufsichts- und Leitungsorgane durch die Gesellschaft selbst oder ihre Tochterunternehmen;

5.6. die Erteilung und die Änderung von Pensionszusagen durch die Gesellschaft selbst oder ihre Tochterunternehmen;

5.7. der Abschluss und die Änderung von Vereinbarungen mit dem Betriebsrat und sonstigen Betriebsvereinbarungen durch die Gesellschaft selbst oder ihre Tochterunternehmen, soweit diese von überregionaler Bedeutung sind;

5.8. die Einräumung von Optionen auf Aktien der Gesellschaft an Arbeitnehmer und leitende Angestellte der Gesellschaft oder eines mit ihr verbundenen Unternehmens sowie an Mitglieder des Vorstands und des Aufsichtsrats von verbundenen Unternehmen durch die Gesellschaft selbst oder ihre Tochterunternehmen;

6. Verträge

6.1. der Abschluss von Verträgen betreffend Patente, Markenrechte, Gebrauchsmusterrechte und sonstige gewerbliche Schutzrechte (ausgenommen Standardsoftware) durch die Gesellschaft selbst oder ihre Tochterunternehmen;

6.2. der Abschluss von Verträgen mit einer Bindungsfrist von mehr als drei Jahren und einer jährlichen Belastung von mehr als EUR *** durch die Gesellschaft selbst oder ihre Tochterunternehmen;

6.3. der Abschluss von Verträgen mit Mitgliedern des Aufsichtsrats, durch die sich diese außerhalb ihrer Tätigkeit im Aufsichtsrat gegenüber der Gesellschaft oder einem Tochterunternehmern (§ 189a Z 7 UGB) zu einer Leistung gegen ein nicht bloß geringfügiges Entgelt verpflichten. Dies gilt auch für Verträge mit Unternehmen, an denen ein Aufsichtsratsmitglied ein erhebliches wirtschaftliches Interesse hat;

7. Übernahme einer leitenden Stellung durch den Abschlussprüfer

die Übernahme einer leitenden Stellung im Sinne des § 80 AktG in der Gesellschaft innerhalb von zwei Jahren nach Zeichnung des Bestätigungsvermerkes durch den Abschlussprüfer, durch den Konzernabschlussprüfer, durch den Abschlussprüfer eines bedeutenden verbundenen Unternehmens oder durch den den jeweiligen Bestätigungsvermerk unterzeichnenden Wirtschaftsprüfer sowie eine für ihn tätige Person, die eine maßgeblich leitende Funktion bei der Prüfung ausübt, soweit dies nicht gemäß § 271c UGB untersagt ist;

8. Einsatz elektronischer Medien in der Hauptversammlung

Maßnahmen des Vorstandes, mit denen der Vorstand von der ihm in § *** der Satzung erteilten Ermächtigung zur Teilnahme der Aktionäre an der Hauptversammlung im Wege der elektronischen Kommunikation oder zur elektronischen Übertragung der Hauptversammlung Gebrauch macht.

93 (2) Soweit die vorgenannten Maßnahmen bereits in einem Budget genannt sind, welches vom Aufsichtsrat genehmigt wurde, bedürfen diese Maßnahmen keines gesonderten Aufsichtsratsbeschlusses mehr.

94 (3) Die in Abs 1 genannten Beträge sind derart wertgesichert, dass sie sich in demselben Verhältnis erhöhen und vermindern, wie sich die von der Statistik

Austria verlautbarte Indexzahl des Index der Verbraucherpreise 2010 jeweils gegenüber der für den Monat der jeweiligen Ausgangsgrundlage verlautbarten Indexzahl erhöht oder vermindert. Ausgangsgrundlage der erstmaligen Wertanpassung ist die für den Monat *** verlautbarte Indexzahl. Die Wertanpassung hat nur alle drei Jahre jeweils auf Basis der für den Monat Jänner verlautbarten Indexzahl, erstmals auf Basis der für den Monat Jänner *** verlautbarten Indexzahl, zu erfolgen. Sollte der Index der Verbraucherpreise 2010 nicht mehr ermittelt werden, so wird der Wertsicherung jener Index zugrunde gelegt, welcher an Stelle des zuletzt verlautbarten Index tritt oder diesem wirtschaftlich am nächsten kommt.

Beratungsverträge und sonstige Organgeschäfte von Aufsichtsratsmitgliedern mit der Gesellschaft

Susanne Kalss

§§: 95 Abs 5 Z 12 AktG; 30j Abs 5 Z 10 GmbHG; Art 48 CGK

Literatur

Ö: *Arnold*, Beratungsvertrag zwischen Aufsichtsratsmitglied und „seiner" AG (GmbH): Gefahr des Anspruchsverlustes?, Aufsichtsrat Aktuell 2010, 8; *Auer,* Missbrauch der Vertretungsmacht im Handels- und Gesellschaftsrecht, GesRZ 2000, 138; *Barnert*, Beratungsverträge mit Mitgliedern des Stiftungsbeirats: Kommt es zu einer analogen Anwendung des § 95 Abs 5 Z 12 AktG auf Privatstiftungen? Aufsichtsrat Aktuell 2011, 30; *P Bydlinski*, Der sogenannte Missbrauch unbeschränkbarer Vertretungsmacht, in FS F Bydlinski (2002) 19; *W Doralt*, Transparenz und Kontrolle bei Related Party Transactions: Verträge der Gesellschaft mit ihrem Aufsichtsratsmitglied, JBl 2008, 759; *Egermann*, GesRÄG 2005 – Zu den geplanten Änderungen beim Aufsichtsrat, RdW 2005, 66; *Fida*, Zur Genehmigungspflicht von Sonderverträgen mit Aufsichtsratsmitgliedern, wbl 2006, 357; *Fida*, Zur Genehmigung von Beratungsverträgen mit Aufsichtsratsmitgliedern, RdW 2010, 454; *Fida/Fölhs*, Beratungsverträge mit Aufsichtsratsmitgliedern – ein Überblick in Fragen und Antworten, Aufsichtsrat Aktuell 2010, 7; *A Hofmann*, Der mittelbare Beteiligungserwerb durch eine beherrschte Privatstiftung im Übernahmegesetz (ÜbG) nach dem Übernahmerechts-Änderungsgesetz 2006 (ÜbRÄG), GesRZ 2007, 182; *N Hofmann*, Missbrauch von Formalvollmachten (Dissertation 2009); *Hügel*, Beratung durch Aufsichtsratsmitglieder, GesRZ 1996, 213; *Jud*, Vorratsbeschlüsse im System zustimmungspflichtiger Geschäfte des Aufsichtsrats, ÖBA 1993, 773; *Kalss*, Die Zustimmungspflicht des Aufsichtsrats zu Verträgen mit Unternehmen seiner Mitglieder, SWK 2006, 419; *Kalss*, Interessenkonflikte bei Geschäften von Aufsichtsratsmitgliedern mit ihrer Gesellschaft, ecolex 2009, 923; *Kalss*, Organgeschäfte mit Unternehmen des Aufsichtsratsmitglieds, Aufsichtsrat aktuell 2006, 7; *Kalss*, Alternativen zum deutschen Aktienkonzernrecht, ZHR 2007, 146; *Kalss*, Vergütung, Aufwandersatz und Beratungsentgelt des Aufsichtsratsmitglieds, Aufsichtsrat Aktuell 2010, 5; *Kalss/Schauer*, Die Reform des Österreichischen Kapitalgesellschaftsrecht, 16. ÖJT Band II/1 (2006); *Kutschera*, Zur Genehmigungspflicht für Geschäfte zwischen Aktiengesellschaften und deren Aufsichtsräten sowie diesen gleichzuhaltende Geschäfte nach österreichischem Recht, GesRZ 2011, 148; *Kutschera*, Zur Genehmigungspflicht für Geschäfte zwischen Aktiengesellschaften und deren Aufsichtsräten sowie diesen gleichzuhaltende Geschäfte nach österreichischem Recht, in GS Gruson (2009) 277; *Melicharek*, Beratungsverträge mit Mitgliedern des Stiftungsbeirats, PSR 2011/26; *Nowotny*, Fragen der Aufsichtsratsvergütung, RdW 2014, 572; *Nowotny*, Neues zum Aufsichtsrat, RdW 2005/742, 658; *Oberhofer*, Die Unabhängigkeit des Aufsichtsrats (2008); *Potyka*, Das Gesellschaftsrechtsänderungsgesetz 2005, ÖJZ 2006/14, 192; *Reich-Rohrwig*, Erweiterung der AR-zustimmungspflichtigen Geschäfte, ecolex 2006, 35; *Schauer*, GesRÄG 2005: Verbesserung bei der Corporate Governance – Rückschritte bei der Abschlussprüfung, Aufsichtsrat Aktuell 2005, 4; *Schimka*, Beratungsverträge mit Aufsichtsratsmitgliedern, Aufsichtsrat Aktuell 2012, 10; *Schimka/Volgger*, Zur analogen Anwendung des § 95 Abs. 5 Z 12 AktG im Privatstiftungsrecht, Aufsichtsrat Aktuell 2013, 26; *Wachter*, Transaktionen mit nahestehenden Unternehmen und Personen (Related Party Transactions) bei börsenotierten Gesellschaften: Die Vorschläge im Entwurf der Kommission zur Änderung der Aktionärsrechterichtlinie aus österreichischer Sicht, ZFR 2015, 309; *Zollner*, Die kontrollierte Privatstiftung aus gesellschafts- und kapitalmarktrechtlicher Sicht, GesRZ 2003, 278.

Dtl: *Benecke*, Beratungsvereinbarungen mit Aufsichtsratsmitgliedern – neue Akzente der Rechtsprechung und ungeklärte Fragen, WM 2007, 717; *Bicker*, Zulässigkeit von Vorstandszahlungen an Aufsichtsratsmitglieder, DStR 2011, 2155; *Bosse*, Rechtliche Anforderungen an Verträge mit Aufsichtsratsmitgliedern und die Zustimmung nach § 114 AktG, NZG 2007, 172; *Faulhaber*, Beratertätigkeit mit Unternehmenskontrolleuren im deutschen und englischen Recht (2004); *Fischer*, Der Rückgewähranspruch bei Beraterverträgen mit Aufsichtsratsmitgliedern, BB 2015, 1411; *Freiherr von Falkenhausen*, Der Anwalt im Aufsichtsrat, ZIP 2013, 862; *Graewe/Dethleff*, Beratungsverträge mit Aufsichtsräten, ZJS 2014, 135; *Happ*, Anwaltlicher Beratungsvertrag und Aufsichtsratsmandat, in FS Priester (2007) 175; *Hoffmann-Becking*, Beratungsverträge mit Aufsichtsratsmitgliedern – grenzenlose Anwendung des § 114 AktG?, in FS K Schmidt (2009) 657; *Königshausen*, Fresenius und Solarworld: Unter welchen Voraussetzungen sind Beratungsverträge mit Aufsichtsratsmitgliedern genehmigungsfähig? GWR 2015, 111; *Langenbucher*, Wettbewerbsverbote, Unabhängigkeit und die Stellung des Aufsichtsratsmitglieds, ZHR 2007, 571; *Lorenz/Pospiech*, Beratungsverträge mit Aufsichtsratsmitgliedern in Zeiten moderner Corporate Governance, NZG 2011, 81; *Lutter*, Beraterverträge mit Aufsichtsratsmitgliedern in Gesellschaft und Konzern, in FS Westermann (2008) 1171; *Lutter/Kremer*, Die Beratung der Gesellschaft durch Aufsichtsratsmitglieder, ZGR 1992, 87; *Peltzer*, Beratungsverträge der Gesellschaft mit Aufsichtsratsmitgliedern: Ist das gute Corporate Governance?, ZIP 2007, 305; *Rahlmeyer/Gömöry*, Der unternehmerische Ermessensspielraum (§ AktG § 93 AktG § 93 Absatz I 2 AktG) bei Beratungsverträgen mit Aufsichtsratsmitgliedern, NZG 2014, 616; *Ruoff*, Der richtige Umgang mit Beratungsaufträgen an Aufsichtsratsmitglieder nach dem Fresenius-Urteil des BGH, BB 2013, 899; *Säcker*, Rechtliche Anforderungen an die Qualifikation und Unabhängigkeit von Aufsichtsratsmitgliedern, AG 2004, 179; *Scheuffele/Baumgartner*, Beratungsverträge einer GmbH mit Mitgliedern ihres (mitbestimmten) Aufsichtsrats, GmbHR 2010, 400; *Semler*, Corporate Governance – Beratung durch Aufsichtsratsmitglieder, NZG 2007, 881; *Spindler*, Beratungsverträge mit Aufsichtsratsmitgliedern – Vorabzustimmung oder nachträgliche Genehmigung? NZG 2011, 334; *Tschöpe/Wortmann*, Abberufung und außerordentliche Kündigung von geschäftsführenden Organvertretern – Grundlagen und Verfahrensfragen, NZG 2009, 85, 161; *Vetter*, Aufsichtsratsvergütung und Verträge mit Aufsichtsratsmitgliedern, ZIP 2008, 5; *Vetter*, Beratungsverträge mit Aufsichtsratsmitgliedern, AG 2006, 173; *R Werner*, Die Beratung der Aktiengesellschaft durch Mitglieder ihres Aufsichtsrats, DB 2006, 935; *Wilsing/von der Linden*, Unabhängigkeit, Interessenkonflikte und Vergütung von Aufsichtsratsmitgliedern – Gedanken zur Kodexnovelle 2012, DStR 2012, 1391; *Ziemons*, Beraterverträge mit Mitgliedern des Aufsichtsrats, GWR 2012, 451.

Gliederung **Rz**

I. Normative Grundlagen

1 In der Praxis sind Vereinbarungen von Mitgliedern des Aufsichtsrats mit der Gesellschaft über Beratungsleistungen oder sonstige Leistungen häufig. Seit 2005[1] sieht das Gesetz besondere Regelungen dafür vor. Die maßgeblichen normativen Grundlagen finden sich in § 95 Abs 5 Z 12 AktG und gleichlautend in § 30j Abs 5 Z 10 GmbHG.

2 Die aktienrechtliche Bestimmung lautet:

(5) „... Folgende Geschäfte sollen jedoch nur mit Zustimmung des Aufsichtsrats vorgenommen werden: ...

12. der Abschluss von Verträgen mit Mitgliedern des Aufsichtsrats, durch die sich diese außerhalb ihrer Tätigkeit im Aufsichtsrat gegenüber der Gesellschaft oder einem Tochterunternehmen (§ 228 Abs 3 UGB) zu einer Leistung gegen ein nicht bloß geringfügiges Entgelt verpflichten. Dies gilt auch für Verträge mit Unternehmen, an denen ein Aufsichtsratsmitglied ein erhebliches wirtschaftliches Interesse hat. ...“

3 Wortgleich sieht dies seit 1.1.2006 auch Art 48 des österreichischen Corporate Governance-Kodex vor. Diese Bestimmung löste die alte noch anders formulierte Regelung gem Art 49 des Kodex ab, die ihrerseits – gemeinsam mit § 114 des deutschen Aktiengesetzes – Vorbild für die gesetzliche Regelung war.

4 **Alle Kapitalgesellschaften**: Das Gesetz schränkt – anders als der Corporate Governance-Kodex – seinen Anwendungsbereich nicht auf börsenotierte Aktiengesellschaften ein, sondern erfasst alle Aktiengesellschaften sowie GmbHs. Eine Parallelregelung für den Aufsichtsrat der Genossenschaft oder auch von Privatstiftungen fehlt. Eine analoge Anwendung dafür ist nicht zwingend geboten.

5 **Auf Beiräte**, die in einer Gesellschaft neben dem Aufsichtsrat eingerichtet sind, sind diese Regelungen nicht zwingend anzuwenden. Die Gesellschaft kann aber durch eine entsprechende Regelung in der Geschäftsordnung des Beirats eine parallele Regelung vorsehen. Allein für Beiräte, die aufsichtsratsgleiche Funktion haben, erscheint eine analoge Anwendung geboten.

II. Zweck der Regelung

6 **Gesetzliche Anerkennung**: Die Regelungen anerkennen ausdrücklich die Parallelität von Aufsichtstätigkeit und gleichzeitiger Leistungserbringung, insbesondere der Beratung der Gesellschaft durch einzelne Mitglieder.

7 **Effizienz**: Dies ist aus Sicht des Vorstands oder auch aus Sicht der Eigentümer effizient, kennt doch das – lang beratende – AR-Mitglied viele Prozesse im Unternehmen und Details und ist „im Thema“. Dennoch sind die Nähe und der

[1] BGBl I 2005/59 (GesRÄG 2005).

Interessenkonflikt der gleichzeitigen Rolle der Mitwirkung an der operativen Geschäftsführung und der Aufsicht zu bedenken.

8 **Interessenkonflikt – Bewältigung**: Die Regelung über die Zustimmungspflicht des Aufsichtsrats für Organgeschäfte ist eine zentrale Regelung, die der Lösung potentieller Interessenkonflikte zwischen einem Aufsichtsratsmitglied und der Gesellschaft dient. Sie verfolgt mehrere Zwecke: Die Regelung soll verhindern, dass für die Tätigkeit der Mitglieder des Aufsichtsrats auch nur der Anschein der Befangenheit für ihre Tätigkeit als Aufsichtsratsmitglieder entsteht.[2] Die Mitglieder des Aufsichtsrats sollen sich bei ihrer Tätigkeit im Aufsichtsrat nicht von sachfremden Überlegungen leiten lassen. Insbesondere soll verhindert werden, dass sie gegenüber dem Vorstand weniger kritisch eingestellt sind, weil dieser Einfluss auf andere Geschäftsbeziehungen mit wirtschaftlichem Gehalt nehmen könnte.[3] Die Befangenheit ist gegeben, wenn ein Aufsichtsratsmitglied aufgrund eigener Interessen oder wegen der möglichen Gefährdung eigener Interessen nicht mehr zur unbefangenen Überwachung der Unternehmensleitung imstande ist.

9 **Sicherung der Willensbildung**: Durch zusätzliche Vergütungen und Vorteilszuwendungen wird zugleich die kollektive Willensbildung im Aufsichtsrat beeinflusst. Abgesehen von der Beeinflussung des konkret betroffenen Mitglieds wird auch die kollektive Willensbildung des Gremiums insgesamt beeinflusst, wenn dem Gremium der mögliche verzerrende Einfluss einer zusätzlichen Leistung an ein Aufsichtsratsmitglied nicht bekannt ist.[4]

10 **Unbefangenheit**: Die Regelung zielt somit auf die Sicherung der **Unbefangenheit** und der sachgerechten Willensbildung im Aufsichtsrat und somit auf den Schutz der Organisationsverfassung der Gesellschaft.[5] Schließlich ist eine Doppelung der strategischen Beratung im Allgemeinen sowie der Ausarbeitung oder Vorbereitung strategischer grundlegender Entscheidungen zu vermeiden (vgl *Kalss* Rz 3/9).[6]

11 **Vergütung**: Zusätzlich dient die Regelung auch der **Verhinderung der Umgehung** gesetzlicher Vergütungsregelungen für den Aufsichtsrat und des damit verbundenen Vermögensschutzes der Gesellschaft.[7] Die Regelung zielt damit auf die Sicherung der Entgeltleistung gegenüber Aufsichtsratsmitgliedern zu fremdüblichen Bedingungen.[8]

---

[2] ErläutRV 927 BlgNR 22. GP 8.

[3] *W Doralt*, JBl 2008, 759, 761; *Nowotny*, RdW 2005, 658, 659; *Kutschera* in GS Gruson 277, 279; *Kutschera*, GesRZ 2011, 148, 149.

[4] *W Doralt*, JBl 2008, 759, 761.

[5] *Kutschera* in GS Gruson 277, 280; *Kutschera*, GesRZ 2011, 148, 149.

[6] *W Doralt*, JBl 2008, 759, 762; *Fida*, RdW 2010, 455; *Oberhofer*, Die Unabhängigkeit des Aufsichtsrats 179.

[7] *Kalss*, SWK 2006, 419; krit dazu *Kutschera* in GS Gruson 277, 279; *Kutschera*, GesRZ 2011, 148, 149.

[8] *W Doralt*, JBl 2008, 759, 762; krit dazu *Kutschera* in GS Gruson 277, 279 f; *Kutschera*, GesRZ 2011, 148, 149.

III. Der Begriff des Organgeschäfts

A. Leistungen des Aufsichtsratsmitglieds

Dienstleistungen: Das Gesetz spricht von Verträgen, durch die sich ein Aufsichtsratsmitglied zu einer Leistung gegenüber der Gesellschaft verpflichtet. Das Gesetz hat damit grundsätzlich Beratungen und sonstige Dienstleistungen, wie zB Buchhaltung, Softwareerstellung, Bilanzerstellung, Versicherungs- und Bankdienstleistungen, Lobbying, Geschäftsanbahnung, Mediation, rechtliche, ökonomische oder technische Sachverständigengutachten des Aufsichtsratsmitglieds, im Auge. Der Begriff der Leistung ist aber weiter.[9] Eine Reduktion auf Werk- und Dienstleistungen der Aufsichtsratsmitglieder[10] erscheint angesichts des weiten Gesetzeswortlauts nicht möglich. Der Begriff erfasst daher auch Leistungen außerhalb des unmittelbaren Dienstleistungsbereichs, nämlich auch **Kauf- und Lieferverträge**, bei denen das Aufsichtsratsmitglied gegenüber der Gesellschaft die Leistung erbringt und nicht bloß Leistungsempfänger ist. Vorstellbar ist dies etwa für die Lieferung von Erdölprodukten oder sonstigen fossilen Brennstoffen für die Gesellschaft oder etwa die Zurverfügungstellung von Raum (Hotelbetrieb, Seminarräume) oder von Cateringleistungen oder sonstigen gastronomischen Tätigkeiten. 12

B. Leistung der Gesellschaft an das Aufsichtsratsmitglied

Leistungen von der Gesellschaft: Der Wortlaut des Gesetzes spricht von Leistungen des Aufsichtsratsmitglieds an die Gesellschaft. Nunmehr stellt sich die Frage, ob auch der umgekehrte Fall, nämlich Leistungen der Gesellschaft an das Aufsichtsratsmitglied von der Regelung gem § 95 Abs 5 Z 12 AktG erfasst wird. Der Zweck der Regelung liegt in der Vermeidung von Interessenkollisionen und der Verhinderung von Befangenheit oder auch nur des Anscheins von Befangenheit. Diese Zweckrichtung spricht für eine Ausdehnung der Regelung im Wege der Analogie auch für diese Art von Verträgen. Der Wortlaut, der bloß von Leistungen des Aufsichtsratsmitglieds an die Gesellschaft spricht und die in den Materialien genannten Vorbildregelungen, nämlich Art 49 des Corporate Governance-Kodex in der damals gültigen Fassung (aktuell Fassung 2015, Punkt 48 [C]) sowie § 114 Abs 1 des deutschen Aktiengesetzes, die nur Leistungen des Aufsichtsratsmitglieds und nicht der Gesellschaft zum Regelungsgegenstand haben und schließlich der Umstand, dass eben nicht alle, sondern nur ganz spezifische Interessenkonflikte durch eine Zustimmungsregelung aufgelöst werden sollen, lassen sich als Argumente gegen eine Ausdehnung ins Treffen führen. Für eine Ausdehnung spricht aber der Zweck der Regelung, tatsächlich die Unbefangenheit des Aufsichtsratsmitglieds zu sichern und zudem verdeckte Leistungen, die nicht *at arms length* vorgenommen werden, zu verhindern. Die einfache Vergleichbarkeit der Konfliktsituation und die Parallele ihrer Auflösung sprechen für die analoge Anwendung der Zustimmungspflichten auch für Geschäfte, die Leistungen der Gesellschaft an 13

---

9 *Nowotny*, RdW 2005, 658, 659 f; *Fida*, wbl 2006, 357.

10 So *Kutschera* in GS Gruson 277, 281; *Kutschera*, GesRZ 2011, 148, 149.

Aufsichtsratsmitglieder zum Gegenstand haben.[11] Aus der parallelen Anwendung der Regelung auch auf Leistungen der Gesellschaft an das Aufsichtsratsmitglied folgt auch, dass nunmehr auch **Kredite**, die die **Gesellschaft** einem Mitglied des Aufsichtsrats **gewährt**, unter die Genehmigungspflicht des Aufsichtsrats fallen. Schlichte Kontoüberziehungen des Girokontos fallen als Geschäfte gegen geringfügiges Entgelt nicht unter diese Regelung (vgl *Kalss* Rz 50/78). Nach der Rechtslage bis 2005 bestand – anders als für Vorstandsmitglieder gem § 80 AktG – keine ausdrückliche Regelung, sodass die Information des Aufsichtsratsvorsitzenden als ausreichend angesehen wurde.[12] Der Corporate Governance Kodex für börsenotierte Gesellschaften verbietet Kreditgewährungen an Aufsichtsratsmitglieder außerhalb des gewöhnlichen Rahmens.

C. Leistungen außerhalb der Aufsichtsratstätigkeit

14 Nach der ausdrücklichen Bestimmung von § 95 Abs 5 Z 12 AktG muss die Leistung des Aufsichtsratsmitglieds außerhalb seiner Tätigkeit im Aufsichtsrat erbracht werden. Dies bedeutet, dass es sich dabei nicht um Leistungen handeln darf, die ohnehin in den Pflichtenkreis der gewöhnlichen Aufsichtstätigkeit fallen. Eine Vereinbarung einer Vergütung über eine derartige Leistung, die insbesondere in einer Beratungsleistung bestehen kann und sich auf eine jedenfalls zu erbringende Tätigkeit bezieht, ist sorgfaltswidrig und verstößt gegen § 95 Abs 1 AktG. Sonstige Absprachen, etwa direkter Informationsaustausch mit bestimmten Mitarbeitern gerade für dieses eine Projekt, sind hingegen zulässig. Eine gesonderte Entgeltvereinbarung darüber kann vom Vorstand nicht wirksam geschlossen werden und begründet daher auch weder vertragliche noch bereicherungsrechtliche[13] Entgeltansprüche des betroffenen Aufsichtsratsmitglieds. Widrigenfalls könnte der Zweck der Regelung nicht erreicht werden. Die Abgrenzung des jedenfalls zu erbringenden Leistungsspektrums eines Aufsichtsratsmitglieds und außerhalb liegender Leistungen richtet sich nach dem konkreten Aufgabenbereich des jeweiligen Aufsichtsrats bzw des jeweiligen Mitglieds, das seine Spezialkenntnisse einzubringen hat (vgl dazu *Kalss/Schimka* Rz 2/72 ff; *Schauer* Rz 45/23 ff). Ein Aufsichtsratsmitglied, das über spezifische Fachkenntnisse, etwa juristischer Natur, verfügt, darf für grundlegende Entscheidungen und Leistungen, die in die Organpflicht bzw in die Pflicht als Organträger fallen, für den Einsatz seiner Spezialkenntnisse keine gesonderte Vergütung verlangen.[14] Die Überwachungstätigkeit des Aufsichtsrats bezieht sich auf Rechtmäßigkeit, Ordnungsmäßigkeit, Wirtschaftlichkeit und Zweckmäßigkeit der Leitungstätigkeit (vgl *Frotz/Schörghofer* Rz 11/20).[15] Die Überwachung erfasst sowohl die nachträgliche Kontrolle als auch eine präventive Überwachung in Form der strategischen Begleitung des Vorstands.[16]

---

11 *Fida*, wbl 2006, 357; *W Doralt*, JBl 2008, 759, 769.
12 *Kalss* in Doralt/Nowotny/Kalss, AktG² § 98 Rz 29.
13 BGH II ZR 160/08, WM 2009, 1660; s auch *Arnold*, Aufsichtsrat Aktuell 2010, 8 ff.
14 *Oberhofer*, Die Unabhängigkeit des Aufsichtsrats 181; *Peltzer*, ZIP 2007, 305, 306.
15 *Kalss* in Doralt/Nowotny/Kalss, AktG² § 95 Rz 10 ff; *Lutter* in FS Westermann 1171, 1174; s ferner *Habersack* in MünchKomm AktG⁴ § 111 AktG Rz 29, 42.
16 *Kalss* in Doralt/Nowotny/Kalss, AktG² § 95 Rz 14 f; *Kalss* in Kalss/Nowotny/Schauer, Ös-

15 Die Überwachung und strategische Begleitung haben grundsätzliche Fragen der Geschäftspolitik und der Unternehmensplanung zum Gegenstand, wie sich etwa klar aus der Berichtspflicht gem § 81 AktG ergibt.[17] Die Aufsichts- und strategische Beratungstätigkeit des Aufsichtsrats bezieht sich hingegen nicht auf die täglichen Geschäfte und allgemein weniger bedeutenden Angelegenheiten der operativen Geschäftsführung.[18] Bei derartigen Angelegenheiten ist – geradezu umgekehrt – der Vorstand vor unerwünschter Einmischung des Aufsichtsrats in seine Geschäftsführung abzugrenzen und zu bewahren.[19] Das Aufsichtsratsmitglied hat im Rahmen seines begrenzten Zeitaufwands[20] seine sonstige Arbeit, seine Fähigkeiten und sein Fachwissen[21] zur Problemkenntnis und zur Entwicklung grundsätzlicher Lösungen einzubeziehen, nicht aber zur Ausarbeitung konkreter Lösungen.[22] Die Intensität der Tätigkeit des Aufsichtsrats mag bei Krise und Schieflage oder sonstigen Sondersituationen der Gesellschaft zunehmen (vgl dazu *Kalss/J Wendt* Rz 30/12; *Briem* Rz 12/72), dennoch ändert dies nichts an der hier vorgenommenen Abgrenzung im Allgemeinen.[23]

16 Auf dieser Basis ist nunmehr die organschaftlich geschuldete Tätigkeit, insbesondere die – strategische – Beratung der Gesellschaft, von der daneben möglichen vertraglichen Beratung durch ein Aufsichtsratsmitglied, abzugrenzen. Maßgeblich ist der Gegenstand, somit der Inhalt der Beratungsleistung.[24] Entscheidend ist somit die inhaltliche Abgrenzung.[25] Es kommt darauf an, ob die Beratungstätigkeit zu dem eben beschriebenen Aufgabenkreis des Aufsichtsratsmitglieds gehört oder nicht. Indiz für die mangelnde Zugehörigkeit zum gewöhnlichen Aufgabenkreis des Aufsichtsratsmitglieds ist es, dass die Beratung oder sonstige Tätigkeit spezielle Fragen eines besonderen Fachgebiets betreffen und die Beratungstiefe oder Arbeitsleistung den vom Aufsichtsratsmitglied zu erbringenden Einsatz überschreitet.[26]

17 Außerhalb der gewöhnlichen Tätigkeit von Aufsichtsratsmitgliedern liegen etwa Beratungsleistungen, die sich mit **Detailfragen im Tagesgeschäft** des Vorstands auseinandersetzen sowie sonstige Beratungstätigkeiten, die eine **Kom-**

---

terreichisches Gesellschaftsrecht Rz 3/515; *Lutter/Krieger/Verse*, Rechte und Pflichten des Aufsichtsrats[6] Rz 62, 103 ff; *Hopt/Roth* in Großkomm AktG[4] § 111 Rz 61; *Habersack* in MünchKomm AktG[4] § 111 AktG Rz 12, 39.

[17] *Kalss* in Doralt/Nowotny/Kalss, AktG[2] § 95 Rz 15 f; *Kalss* in Kalss/Nowotny/Schauer, Österreichisches Gesellschaftsrecht Rz 3/513; *Lutter/Krieger/Verse*, Rechte und Pflichten des Aufsichtsrats[6] Rz 859.

[18] *Hopt/Roth* in Großkomm AktG[4] § 114 Rz 21; *Vetter*, AG 2006, 173, 176.

[19] *Lutter/Krieger/Verse*, Rechte und Pflichten des Aufsichtsrats[6] Rz 108.

[20] *Hopt/Roth* in Großkomm AktG[4] § 111 Rz 295.

[21] *Vetter*, AG 2006, 173, 176; *Lutter* in FS Westermann 1171, 1175.

[22] *Hopt/Roth* in Großkomm AktG[4] § 111 Rz 290; *Lutter* in FS Westermann 1171, 1175 f.

[23] *Hopt/Roth* in GroßkommAktG[4] § 114 Rz 17; *Lutter/Krieger/Verse*, Rechte und Pflichten des Aufsichtsrats[6] Rz 860; *Lutter* in FS Westermann 1171, 1175.

[24] *Hopt/Roth* in Großkomm AktG[4] § 114 Rz 17; *Mertens/Cahn* in KölnKomm AktG[3] § 114 Rz 6; *Lutter/Krieger/Verse*, Rechte und Pflichten des Aufsichtsrats[6] Rz 860.

[25] *W Doralt*, JBl 2008, 759, 761; *Lutter* in FS Westermann 1171, 1172; *Vetter*, AG 2006, 173.

[26] *Hopt/Roth* in Großkomm AktG[4] § 114 Rz 17, 21; *Lutter* in FS Westermann 1171, 1176; *Lutter/Kremer*, ZGR 1992, 87, 108; zurückhaltender *Semler*, NZG 2007, 881, 882 sub III 2.

plexität und **inhaltliche Verfeinerung** erreichen, die von einem Aufsichtsratsmitglied im Rahmen seiner gewöhnlichen Aufsichtsratstätigkeit nicht erbracht wird und auch wegen des Eingriffs in die Zuständigkeit des Vorstands bzw der Geschäftsführung nicht erbracht werden darf. Als Beispiele sind etwa die Beratung von bestimmten Transaktionen, Großinvestitionen, außergewöhnlichen Finanzierungen oder sonstigen außergewöhnlichen Projekten, intensives Lobbying, Geschäftsanbahnung für Projekte zu nennen.[27] Ein Aufsichtsratsmitglied schuldet der Gesellschaft auch keine Prozessführung für die Gesellschaft, auch nicht die Erstellung der Steuererklärung, nicht die Bauüberwachung, nicht Gutachten zu einer streitigen Rechtsfrage und auch nicht die Erarbeitung komplexer Verträge sowie sonstiger Regelwerke und Argumentarien.[28]

18 Eine Tätigkeit, die ein Aufsichtsratsmitglied – zB der Rechts- oder Steuerberater – typischerweise vorzunehmen hat, ist etwa die Prüfung von bereits ausgearbeiteten Verträgen (aber nur: Plausibilitätskontrolle) sowie die Gestaltung bzw Ergänzung von weitestgehend standardisierten Vorstandsverträgen. Bereits aber die Erarbeitung komplexer Vorstandsverträge mit der Ausarbeitung von zukunftsorientierten und nachhaltigkeitsbezogenen Entlohnungsmodellen oder von allfälligen Rückfall- und Rückholklauseln fällt nicht in den Standardbereich der Tätigkeit eines Aufsichtsratsmitglieds, auch nicht eines Präsidialmitglieds oder des Aufsichtsratsvorsitzenden, sodass auch derartige komplexe und auf bestimmte Sondersituationen Bedacht nehmende Vertragsgestaltungen nicht in den Pflichtenkreis eines Aufsichtsratsmitglieds einbezogen sind.

19 Allein Tätigkeiten, die bereits in die allgemeine organschaftliche Pflicht eines Aufsichtsratsmitglieds fallen, dürfen nicht gesondert abgegolten werden. Eine gesonderte Abgeltung ist nur mit Beschlussfassung der Hauptversammlung zulässig. Die Abgrenzungsfrage stellt sich naturgemäß vor allem im Beratungsbereich, sonstige Leistungspflichten hat ein Aufsichtsratsmitglied nicht, insbesondere hat er der Gesellschaft keine sonstigen Dienstleistungen zu erbringen oder Sachen zu leisten.

D. Leistungen gegen geringfügiges Entgelt

20 Eine Zustimmungspflicht des Aufsichtsrats besteht nur, sofern für die Leistung des Aufsichtsratsmitglieds von der Gesellschaft ein nicht bloß geringfügiges Entgelt zu bezahlen ist. Unentgeltliche Leistungen des Aufsichtsratsmitglieds gegenüber der Gesellschaft fallen nicht unter die Zustimmungspflicht.[29]

21 Da der Zweck der Regelung über die Zustimmungspflicht und der vorausgehenden Offenlegungspflicht generell darin liegt, verdeckte Sonderzuwendungen an Aufsichtsratsmitglieder hintanzuhalten und zugleich jede Befangenheit oder auch nur einen Anschein der Befangenheit zu vermeiden, muss das Ausmaß der Leistung daher von bestimmter Gravität und Spürbarkeit sein.

---

[27] *Kalss* in Doralt/Nowotny/Kalss, AktG² § 95 Rz 120; *Hügel*, GesRZ 1996, 213, 216 f; *Schima*, GesRZ-Sonderheft 2001, 19, 21.

[28] *Lutter* in FS Westermann 1171, 1175 f.

[29] *Egermann*, RdW 2005, 66, 70; *W Doralt*, JBl 2008, 759, 767.

Leistungen, die zu **gewöhnlichen Bedingungen** abgeschlossen werden und Geschäfte des **täglichen Lebens** darstellen, wie etwa der Warenbezug für den Privatgebrauch, fallen daher als Geschäfte des täglichen Lebens mit geringfügigem Entgelt jedenfalls aus dem Anwendungsbereich von § 95 Abs 5 Z 12 AktG heraus. **22**

Als Wertungsparallele kann dafür § 18 Abs 6 GmbHG angeführt werden: Während § 18 Abs 5 GmbHG für Rechtsgeschäfte, die der einzige Gesellschafter im eigenen Namen und im Namen der Gesellschaft abschließt, eine spezifische Interessekonfliktregelung vorsieht, dispensiert § 18 Abs 6 GmbHG eben von dieser Regelung, wenn es sich um Geschäfte handelt, die zum gewöhnlichen Geschäftsbetrieb gehören und zu geschäftsüblichen Bedingungen abgeschlossen werden. **23**

In der Literatur wird eine Grenze von EUR 5.000,- unter Heranziehung der entsprechenden Regelung von § 28 BWG für Organgeschäfte in Kreditinstituten herangezogen.[30] Dabei handelt es sich aber bloß um eine Orientierungshilfe, die bei entsprechender Begründetheit auch in angemessener Weise höher angesetzt werden könnte. Allerdings darf keine beliebige Grenze nach oben festgelegt werden.[31] Maßgeblich ist bei der Festlegung einer derartigen Grenze, dass dadurch nicht der Anschein der Befangenheit erzeugt wird.[32] Die Grenze von EUR 5.000,- bietet eine gute Orientierung,[33] sie ist allenfalls in Sondersituationen niedriger anzusetzen.[34] **24**

Sinnvoll ist es für die Gesellschaft jedenfalls, entweder in der Satzung oder naheliegender, in der Geschäftsordnung, eine Grenze festzulegen,[35] um den praktischen Umgang mit dieser Regelung zu vereinfachen. **25**

IV. Geschäfte mit Unternehmen des Aufsichtsratsmitglieds

A. Geschäfte mit Unternehmen, an denen das Aufsichtsratsmitglied ein erhebliches wirtschaftliches Interesse hat

Das Gesetz dehnt die Geschäfte, die persönlich vom Aufsichtsratsmitglied mit der Gesellschaft abgeschlossen werden und auf deren Basis das Aufsichtsratsmitglied Leistungen erbringt, auf Unternehmen aus, an denen das Aufsichtsratsmitglied ein **erhebliches wirtschaftliches Interesse** hat. Der Zweck dieser ausdehnenden Regelung ist klar: Das Gesetz zielt darauf, eine Umgehung der Zustimmungspflicht der persönlichen Geschäfte zwischen dem Aufsichtsratsmitglied und der Gesellschaft zu verhindern, indem bloß eine Einpersonen-GmbH oder ein sonstiger Rechtsträger dazwischengeschaltet wird, der anstelle des Aufsichtsratsmitglieds das Geschäft tätigt, dessen wirtschaftliche Vorteile aber letztlich dem Aufsichtsratsmitglied zukommen. Die als Umgehungsregel konzipierte Ausdeh- **26**

---

30 *Nowotny*, RdW 2005, 658, 660; *Fida*, wbl 2006, 357, 358; deutlich niedriger *Doralt*, JBl 2008, 759, 768: EUR 500 - 1.000,-.

31 *Fida*, wbl 2006, 357, 358; *W Doralt*, JBl 2008, 759, 768 (Verneinung von EUR 10.000,- Grenze).

32 ErläutRV 927 BlgNR 22. GP 8.

33 *Kutschera* in GS Gruson 277, 284; *Kutschera*, GesRZ 2011, 147, 150.

34 *Kutschera* in GS Gruson 277, 284; *Kutschera*, GesRZ 2011, 147, 150.

35 *Kalss*, SWK 2006, 419, 425; *Fida*, wbl 2006, 357, 358; *W Doralt*, JBl 2008, 759, 768.

nung[36] zielt gerade darauf zu verhindern, dass das als Individualgeschäft an und für sich zustimmungspflichtige Geschäft des Aufsichtsratsmitglieds bei Abschluss durch ein Unternehmen der Zustimmungspflicht entzogen wird. Vielmehr soll bei gleicher Interessenlage und gleichem Zweck dieselbe Vorlage- und Zustimmungspflicht bestehen.[37]

27 Das erhebliche wirtschaftliche Interesse kann grundsätzlich einerseits auf Anteilsebene von Gesellschaften etabliert werden, andererseits auch auf Organebene.[38] Primär wird das erhebliche wirtschaftliche Interesse auf der Anteilsebene von Gesellschaften begründet. Aus der Formulierung „erheblich" ist abzuleiten, dass nicht jede Beteiligung bereits ein erhebliches wirtschaftliches Interesse impliziert. Neben einer 100%-igen Beteiligung und einer Mehrheitsbeteiligung ist auch eine bloß 50%-ige Beteiligung erfasst.[39] Jedenfalls ist von der Notwendigkeit des Vorliegens einer Beteiligung iSv § 189a UGB auszugehen.[40] Für diese Schwelle spricht gerade auch der Umstand, dass das Gesetz ausdrücklich von „erheblich" spricht und somit eine bestimmte Größe und Relevanz voraussetzt.

28 Das erhebliche wirtschaftliche Interesse kann aber auch ausnahmsweise auf **Organebene** etabliert werden. Allein aber der Umstand, dass ein Geschäft mit einem Unternehmen abgeschlossen wird, in dem das Aufsichtsratsmitglied ebenfalls eine Organfunktion ausübt, führt nicht automatisch zur Zustimmungspflicht in der Gesellschaft. Vielmehr muss das Organ seinerseits einen spürbaren wirtschaftlichen Vorteil aus dem Geschäft ziehen. Gerade die Befangenheit soll vermieden und eine unrechtmäßig erhöhte Zuwendung hintangehalten werden und soll das Aufsichtsratsmitglied somit nicht in die Situation nachlässiger, weil befangener Kontrolle geraten. Daraus wird deutlich, dass eine schlichte Aufsichtsratsmitgliedschaft ebenso wie die Beiratsmitgliedschaft in einem anderen Unternehmen typischerweise nicht zu dieser Konfliktlage führen und daher nicht in die Genehmigungspflicht einzubeziehen sind.[41]

29 Überwiegend wird davon ausgegangen, dass bei einem Vorstandsmitglied jedenfalls ein wirtschaftliches Interesse besteht.[42] Das wirtschaftliche Interesse kann auch dann gegeben sein, wenn die finanziellen Vorteile nicht in der Person des betreffenden Organmitglieds, sondern in der Gesellschaft entstehen.[43] Allerdings

---

36 *Kalss*, SWK 2006, 419, 421; *Kalss*, Aufsichtsrat Aktuell 2006, 7; *Schauer*, Aufsichtsrat Aktuell 2006, 4, 5; *W Doralt*, JBl 2008, 759, 762.

37 *Kalss*, SWK 2006, 419, 421; *W Doralt*, JBl 2008, 759, 762.

38 *Nowotny*, RdW 2005, 658, 660; *Fida*, wbl 2006, 357, 359; *Kalss*, SWK 2006, 419, 422.

39 *Oberhofer*, Die Unabhängigkeit des Aufsichtsrats 187.

40 *Kalss*, SWK 2006, 419, 422; *Fida*, wbl 2006, 357, 359; *Nowotny*, RdW 2005, 658, 660; *Oberhofer*, Die Unabhängigkeit des Aufsichtsrats 187.

41 *Nowotny*, RdW 2005, 658; *Kalss*, SWK 2006, 419, 422; *Oberhofer*, Die Unabhängigkeit des Aufsichtsrats 187; *Fida*, wbl 2006, 357, 359; aA *W Doralt*, JBl 2008, 759, 767 unter Bezugnahme auf den Wortlaut der Regelung.

42 *Fida*, wbl 2006, 357, 359; *Nowotny*, RdW 2005, 658, 660; *Chini* in Reiter/Reiter/Chini, Praxiskommentar GesRÄG 2005, 57; *Oberhofer*, Die Unabhängigkeit des Aufsichtsrats 187; *W Doralt*, JBl 2008, 759, 767.

43 *Nowotny*, RdW 2005, 658, 660; *W Doralt*, JBl 2008, 759, 776; *Lutter* in FS Westermann 1171, 1180 f.

steht damit noch nicht fest, ob es tatsächlich ein substantiiertes persönliches wirtschaftliches Interesse ist. Das schlichte allgemeine Interesse an guten Geschäftsbeziehungen zwischen der Gesellschaft und dem in Frage stehenden Unternehmen führt nicht automatisch zu einer Zustimmungspflicht durch den Aufsichtsrat der Gesellschaft. Die Vorstandspositionen und ihre Bedeutung bzw deren Remunerierung sind unterschiedlich ausgestaltet, sodass nicht immer von einem erheblichen wirtschaftlichen Interesse ausgegangen werden kann.[44] Ein erhebliches wirtschaftliches Interesse ist jedenfalls gegeben, wenn eine Person die alleinige Geschäftsführung innehat, wenn die Person Vorsitzender der Geschäftsführung mit weitreichender Führungskompetenz ist oder wenn sich ein Vertragsabschluss tatsächlich auf die Remunerierung auswirkt, etwa über Aktienoptionen, Erfolgsprämien etc.[45] Maßgeblich ist somit eine besondere Entgeltgestaltung, anhand der das Aufsichtsratsmitglied, das die Geschäfte in der anderen Gesellschaft führt, mittelbar oder unmittelbar profitiert.[46] Die Anwendung des § 95 Abs 5 Z 12 Satz 2 AktG ist anzunehmen, wenn das aus dem Geschäft erzielte Entgelt dem Partner einer Wirtschaftsprüfungsgesellschaft oder Wirtschaftstreuhandgesellschaft oder Rechtsanwaltssozietät, der dem Aufsichtsrat der Gesellschaft angehört, letztlich in einem die Geringfügigkeit überschreitenden Ausmaß zufließt.[47] Damit können auch gerade die Verträge mit Anwaltssozietäten oder Wirtschaftsprüfungskanzleien oder sonstigen freien Berufen in angemessener Weise erfasst werden (Umsatzbeteiligung).[48]

B. Geschäfte des Aufsichtsratsmitglieds mit Tochterunternehmen der Gesellschaft

Nach der ausdrücklichen Regelung von § 95 Abs 5 Z 12 AktG fallen nicht nur Geschäfte zwischen dem Aufsichtsratsmitglied bzw einem ihm zuzurechnenden Unternehmen mit der Gesellschaft selbst, in die Zustimmungspflicht des Aufsichtsrats, sondern auch Verträge, die das Aufsichtsratsmitglied mit Tochtergesellschaften der Gesellschaft abschließt. Die Regelung dient der Verhinderung der Umgehung der Zustimmungspflicht im Verhältnis zu unmittelbaren Geschäften mit der Gesellschaft.[49] Die Zustimmungspflicht besteht daher unabhängig davon, ob der Vertrag mit der Gesellschaft selbst abgeschlossen wird und die Leistungen aber gegenüber der Tochtergesellschaft erbracht werden oder ob der Vertrag tatsächlich unmittelbar zwischen dem Tochterunternehmen und dem Aufsichtsratsmitglied zustande kommt. Das Gesetz grenzt die Zustimmungspflicht mit dem Begriff des Tochterunternehmens ab. Gem § 189a UGB sind Tochterunternehmen als verbundene Unternehmen anzusehen, die gem § 244 UGB in den Konzernabschluss eines Mutterunternehmens einzubeziehen sind, die somit voll zu konsolidieren sind. Die Qualifikation als Tochtergesellschaft ist selbst dann gegeben, 30

44 *Kalss*, SWK 2006, 419, 423.
45 *Kalss*, SWK 2006, 419, 423.
46 *Kalss*, SWK 2006, 419, 422; *Kutschera* in GS Gruson 277, 285; *Kutschera*, GesRZ 2011, 147, 151.
47 *Kutschera* in GS Gruson 277, 288; *Kutschera*, GesRZ 2011, 147, 152.
48 *Kutschera* in GS Gruson 277, 288; *Kutschera*, GesRZ 2011, 147, 152.
49 *W Doralt*, JBl 2008, 759, 768.

wenn die Aufstellung unterbleibt. Im Wesentlichen handelt es sich dabei um Unternehmen, die unter einheitlicher Leitung stehen oder beherrscht werden oder sonst unter einem Kontrolltatbestand von § 244 Abs 2 UGB fallen. Der Begriff des Tochterunternehmens ist rechtsformunabhängig. Nicht von Bedeutung ist es auch, ob es sich um eine unmittelbare oder mittelbare Tochtergesellschaft handelt.

31 Sonstige Unternehmen, an denen die Gesellschaft nur beteiligt ist, die Beteiligung aber nicht die Qualifikation als Tochterunternehmen erfüllt, begründen keine Zustimmungspflicht des Aufsichtsrats der Gesellschaft, die die Beteiligung hält.[50] Beratungsverhältnisse im Nahebereich der Gesellschaft, wie etwa ein persönliches Beratungsmandat mit einem Vorstandsmitglied, unabhängig davon, ob es mit Bezug zur Gesellschaft steht oder nicht, unterliegen nicht dem Zustimmungsvorbehalt gem § 95 Abs 5 Z 12 AktG.[51] Nicht genehmigungspflichtig sind auch Verträge eines Aufsichtsratsmitglieds der Gesellschaft mit dem Mutterunternehmen dieser Gesellschaft.[52] In analoger Weise sind auch Geschäfte der Gesellschaft mit einer Privatstiftung, auf die ein Aufsichtsratsmitglied erheblichen Einfluss als Stifter oder Organmitglied hat,[53] oder zu deren Begünstigten es zählt, in die Zustimmungspflicht einzubeziehen.[54] Der Aufsichtsrat ist gefordert, selbst klare Grenzen und Fälle festzulegen.

C. Konzerngeschäfte

32 Nach dem Wortlaut der Bestimmung können auch Konzernkonstellationen, in denen Vorstandsmitglieder der Konzernmuttergesellschaft zugleich auch Vorstands- oder Aufsichtsratsmitglieder der Tochter- oder Enkelgesellschaft sind, in den Anwendungsbereich von § 95 Abs 5 Z 12 AktG fallen. Eine derartige Zurechnung ist aber nicht stets,[55] sondern nur dann anzunehmen, wenn ein persönliches erhebliches wirtschaftliches Interesse an diesem Unternehmen gegeben ist. Nach dem Wortlaut unterfallen auch Geschäfte im faktischen Konzern, etwa wenn ein Aufsichtsratsmitglied und Kernaktionär Vertragspartner der AG ist, der Bestimmung.

33 Gerade bei 100%-igen Tochtergesellschaften und deren Geschäften mit der Muttergesellschaft besteht aber kein Bedarf für eine derartige Kontrolle der Konzerngeschäfte und das Prozedere im Aufsichtsrat. Zusätzlich ist die stete Aufsichtsratspflicht nicht praktikabel.[56] Das Gesetz anerkennt in § 86 Abs 3 AktG ausdrücklich, dass Konzerninteressen im Aufsichtsrat der Tochtergesellschaft wahrgenommen werden dürfen.[57] Die Öffnungsklausel wird gerade für den Be-

---

50 *Fida*, wbl 2006, 357, 359; *Nowotny*, RdW 2005, 658, 660; krit *W Doralt*, JBl 2008, 759, 768 f.

51 *Hoffmann-Becking* in FS K Schmidt 657, 667 f; aA *Habersack* in MünchKomm AktG^4, § 114 Rz 18; ferner *Säcker*, AG 2004, 179, 180, 183.

52 *Nowotny*, RdW 2005, 658, 660; *Fida*, wbl 2006, 357, 359.

53 S dazu *Zollner*, GesRZ 2003, 278; *Hofmann*, GesRZ 2007, 182.

54 *Fida*, wbl 2006, 357, 359; *W Doralt*, JBl 2008, 759, 766.

55 So aber *Reich-Rohrwig*, ecolex 2006, 35, 36.

56 *Kalss*, SWK 2006, 419, 423 f; *W Doralt*, JBl 2008, 759, 770.

57 *Kalss* in Doralt/Nowotny/Kalss, AktG^2 § 86 Rz 75, 77.

reich des Konzerns ausgedehnt, nämlich insofern, als die Konzernverbundenheit und das Beteiligungsinteresse iSv § 189a UGB privilegiert werden.[58] Die Erweiterung der Interessenverfolgung wird ausdrücklich anerkannt. § 86 und § 90 AktG erklären die Aufsichtsratsmitgliedschaft ausdrücklich im Sinne des Konzerngefälles für zulässig.[59]

Eine Auslegung, die jedes Geschäft zwischen der Konzernmutter, die durch ein Vorstandsmitglied im Vorstand oder im Aufsichtsrat der Konzerntochter vertreten ist, mit der Tochtergesellschaft der Aufsichtsratspflicht der Muttergesellschaft unterwirft, ist überschießend[60] und ist daher zu reduzieren. Die ausdrücklich im Gesetz anerkannte Konzernsteuerung durch Kontrolle im Vorstand oder Aufsichtsrat der Tochter würde ganz maßgeblich erschwert bzw jedenfalls bürokratisiert werden und sich daher als wenig zweckmäßig darstellen.[61] Jedenfalls sind Geschäfte mit 100%-igen Tochtergesellschaften des Mutterunternehmens aus dem Anwendungsbereich der Zustimmungspflicht herauszunehmen.[62] **34**

Das gesamte Konzept des individuellen Organgeschäfts kehrt als verdeckte konzernverfassungsrechtliche Regelung unter den Konzerngesellschaften als Related Party Transaction wieder. Die Regelung der Offenlegung von Related Party Transactions in § 237 Z 8b UGB spricht gegen das Ergebnis einer steten Zustimmungspflicht im Aufsichtsrat der Muttergesellschaft, entscheidet sich der Gesetzgeber im Rahmen des Konzerns unter Related Parties doch klar für den Weg der Offenlegung und nicht für den der Zustimmung im Aufsichtsrat. In Deutschland wird für Kredite und vergleichbare Geschäfte die Aufsichtsratspflicht der Tochtergesellschaft bei Horizontalgeschäften zwischen Mutter- und Tochtergesellschaften gem § 89 Abs 4 und § 115 Abs 3 Z 2 dAktG explizit von der Genehmigungspflicht des Aufsichtsrats ausgenommen. Genau diese Wertung wird analog auf Beratungs- und vergleichbare Geschäfte gem § 114 dAktG angewendet.[63] In Österreich ist dieses Ergebnis für den Konzern durch eine teleologische Auslegung zu erzielen.[64] Auf europäischer Ebene ist eine Regelung zur Zustimmungspflicht von related party transactions in Vorbereitung. **35**

D. Geschäfte mit dem Ehepartner eines Aufsichtsratsmitglieds

Das Gesetz bezieht sich nur auf Geschäfte des Aufsichtsratsmitglieds selbst. Anders als § 80 AktG, der die Regelungen über die Kreditgewährung an Vorstandsmitglieder und leitende Angestellte auch auf Kredite an den Ehegatten oder an ein minderjähriges Kind ausdehnt und anders als § 28 BWG, der vom **36**

[58] ErläutRV 947 BlgNR 22. GP 8; *Kalss*, SWK 2006, 419, 424.
[59] OGH 6 Ob 34/08f, GesRZ 2008, 225 (*Kalss*).
[60] *Kalss*, SWK 2006, 419, 424.
[61] *Kalss*, SWK 2006, 419, 424; *Nowotny*, RdW 2005, 658, 660.
[62] *Kalss*, SWK 2006, 419, 424; *Nowotny*, RdW 2005, 658, 660; *W Doralt*, JBl 2008, 759, 770.
[63] *Hopt/Roth* in Großkomm AktG⁴ § 114 Rz 38 ff; *Habersack* in MünchKomm AktG⁴ § 114 AktG Rz 12 ff; *Kalss*, SWK 2006, 419, 423.
[64] *Kalss*, SWK 2006, 419, 425; *Nowotny*, RdW 2005, 658; aA *Reich-Rohrwig*, ecolex 2006, 35, 36; differenziert *W Doralt*, JBl 2008, 759, 770 (nur 100%-ige Tochtergesellschaften); vgl auch *Kalss*, ZHR 2007, 169 ff; *Kalss* in Kalss/Schauer, Gutachten zum 16. ÖJT 162 f.

Abschluss von Rechtsgeschäften von Geschäftsleitern des Kreditinstituts auch eine Gleichstellung von Familienmitgliedern des Geschäftsleiters vornimmt und anders als § 48d Abs 4 BörseG, der bei Regelungen des Directors′ Dealings, somit beim Erwerb und der Veräußerung von Aktien der Gesellschaft durch Organmitglieder, auch Erwerbs- und Veräußerungsgeschäfte von Familienmitgliedern normiert, sieht § 95 Abs 5 Z 12 AktG für den Abschluss von Geschäften, die gerade nicht mit dem Aufsichtsratsmitglied selbst, sondern mit einem Familienmitglied, insbesondere dem **Ehepartner** des Aufsichtsratsmitglieds, abgeschlossen werden, **keine Zustimmungspflicht** vor. Ebenso wenig normiert das Gesetz eine Ausdehnung für die Konstellationen, in denen nicht das Aufsichtsratsmitglied selbst, sondern ein Familienmitglied, insbesondere der Ehepartner, ein erhebliches wirtschaftliches Interesse an einem Unternehmen hat, das mit der Gesellschaft kontrahiert. Vorstellbar ist dies etwa, wenn ihm dieses Unternehmen allein oder mehrheitlich gehört oder er auch die einflussgebende und ertragsabhängige Geschäftsführerstelle innehat. Das Gesetz verzichtet offenbar auf eine derartige Umgehungsregelung.

37 Die **Parallelfälle** stehen vor Augen, aber ganz absichtlich formuliert das Gesetz eine Ausdehnung nur auf der unternehmensbezogenen, nicht aber auf der familienbezogenen Seite. Die Befangenheit durch wirtschaftliche Vorteilhaftigkeit soll sich tatsächlich auf das wirtschaftliche Interesse des Aufsichtsratsmitglieds selbst beziehen und sich nicht auf seine Familie erstrecken. Auch die Durchsicht der österreichischen und deutschen Literatur zeigt, dass der Abschluss mit dem Ehepartner bzw mit sonstigen Familienmitgliedern nicht mit erheblichem wirtschaftlichen Interesse des Aufsichtsratsmitglieds gleichzusetzen ist und daher nicht automatisch zu einer Zurechnung an das Aufsichtsratsmitglied, somit zu einer gesetzlich zwingend gebotenen Genehmigungspflicht des Aufsichtsrats führt.

38 Davon unabhängig kann bei einer besonders **engen Verflechtung** und bei Konstellationen, in denen der Ehepartner mehrheitlich das Unternehmen innehat sowie die Geschäfte führt, ein allgemeiner Interessenkonflikt vorliegen, der nach den schon bisher geltenden Regelungen zu einer Offenlegungspflicht des Aufsichtsratsmitglieds gegenüber dem Aufsichtsratsvorsitzenden bzw gegenüber dem Präsidium oder auch dem Gesamtaufsichtsrat führen kann. Dabei ist aber jedenfalls auf den konkreten Einzelfall abzustellen.[65]

39 Zielt der Abschluss des Vertrags mit einem Ehepartner oder dem Unternehmen des Ehepartners darauf ab, die Genehmigungspflicht zu umgehen, so ist nach allgemeinen Regeln über **Umgehungsgeschäfte** eine Genehmigungspflicht anzunehmen.[66] Auch bei Ablehnung einer gesetzlichen Pflicht zur Genehmigung von Geschäften mit Ehepartnern bzw Unternehmen, an denen der Ehepartner bzw sonstige Familienangehörige ein erhebliches wirtschaftliches Interesse haben, erscheint es durchaus zweckmäßig, dass der Aufsichtsrat die Regelungen derartiger Konstellationen auf freiwilliger Ebene durch Aufsichtsratsbeschluss bzw Regelung in der Geschäftsordnung, in die Zustimmungspflicht einbezieht oder zumin-

---

65 Vgl *Kalss* in Doralt/Nowotny/Kalss, AktG^2 § 86 Rz 67.
66 *Hopt/Roth* in Großkomm AktG^4 § 114 Rz 40.

dest klar eine Offenlegungspflicht derartiger Geschäfte an den Aufsichtsratsvorsitzenden bzw einen Ausschuss oder das Gesamtgremium normiert.

Vorstandsmitglieder – Familienmitglieder: Der Aufsichtsrat ist für Geschäfte der Gesellschaft mit dem Vorstand gem § 97 AktG vertretungsbefugt (vgl *Kalss* Rz 23/56 ff). Jedenfalls soll der Aufsichtsrat bei der von der Judikatur und zum Teil auch von der Literatur angenommenen parallelen (= konkurrierenden) Zuständigkeit des Aufsichtsrats neben dem Vorstand eingebunden werden. Daher soll der Aufsichtsrat jedenfalls bei allen Rechtsgeschäften der Gesellschaft mit dem Vorstand – auch außerhalb der Organtätigkeit des Vorstands – ein Zustimmungsrecht haben. Dasselbe ist für Geschäfte des Ehepartners, Lebensgefährten sowie der Nachkommen zu empfehlen; ebenso bei Geschäften mit Tochterunternehmen und sofern Geschäftspartner nicht der Ehepartner, sondern ein Unternehmen ist, auf das der Ehepartner bzw die anderen oben genannten Personen erheblichen Einfluss haben (vgl *Briem* Rz 12/38 ff). **40**

E. Altverträge

Beendete Verträge: Verträge, die ein Aufsichtsratsmitglied bereits vor seinem Amtsantritt mit der Gesellschaft abgeschlossen hat und die bereits auch erfüllt und somit beendet sind, bedürfen nicht der Zustimmung des Aufsichtsrats.[67] Diese Verträge sind aber – bei entsprechendem Umfang – in die Erklärung gem § 87 Abs 2 AktG zur Information der Hauptversammlung aufzunehmen. **41**

Laufende Verträge: Wurden Verträge bereits vor Amtsantritt bzw Wahl des Aufsichtsratsmitglieds abgeschlossen und sind diese noch aufrecht, so fällt die Regelung zwar nach dem Wortlaut nicht in den Anwendungskreis der Zustimmungspflicht, da das Gesetz vom Abschluss des Vertrags spricht. Der Zweck der Regelung, nämlich die Sicherung der Unbefangenheit und die Sicherung der unbeeinflussten Willensbildung im Gesamtgremium des Aufsichtsrats sprechen aber für eine Beschlussfassung durch den Aufsichtsrat nach Amtsübernahme.[68] **42**

Hat allerdings das Aufsichtsratsmitglied vor Amtsantritt gem § 87 Abs 10 AktG die fachliche Qualifikation, die berufliche Funktion sowie die Umstände, die die Besorgnis einer Befangenheit begründen könnten, dargelegt und insbesondere auch die bestehende Geschäftsbeziehung offengelegt, so ist der Schutzzweck der Regelung, nämlich Offenlegung und Klarlegung möglicher Befangenheit und Beeinflussung des Aufsichtsratsgremiums, erreicht und bedarf es nicht einer nachfolgenden Zustimmung durch den Aufsichtsrat.[69] Die Offenlegung gem § 87 Abs 2 AktG befreit aber nur dann von der nachträglichen Zustimmungspflicht durch den Aufsichtsrat, wenn die Hauptversammlung in gleicher Weise über die Tätigkeit und den Vertrag informiert wird wie der Aufsichtsrat über die Beschlussfassung. **43**

Verträge, die bereits vor dem 1.1.2006, dem Zeitpunkt des Inkrafttretens von § 95 Abs 5 Z 12 AktG, abgeschlossen wurden, unterliegen nicht einer nachträgli- **44**

---

67 *W Doralt*, JBl 2008, 759, 766.

68 *Fida*, wbl 2006, 357 bei FN 28; *Oberhofer*, Die Unabhängigkeit des Aufsichtsrats 184 f; *Hopt/Roth* in Großkomm AktG^4 § 114 Rz 31.

69 *W Doralt*, JBl 2008, 759, 766 f; *Fida*, wbl 2006, 357, 359.

chen Genehmigungspflicht.[70] Sinnvoll erscheint allerdings eine allgemeine Information an den Aufsichtsrat über das Bestehen eines Interessenkonflikts.

45 Werden bereits vor dem 1.1.2006 eingegangene Verträge, die befristet sind, verlängert oder werden die Vertragspflichten wesentlich geändert, liegt darin ein Vertragsabschluss, der genehmigungspflichtig ist. Handelt es sich bei der Verlängerung bloß um eine Nichtkündigung und ein Weiterlaufen und keinen faktischen Neuabschluss, sondern um eine Erstreckung der Geltungsdauer, bedarf es keiner Genehmigungspflicht. Bloß geringfügige Anpassungen bereits bestehender Geschäftsbeziehungen fallen nicht in die Genehmigungspflicht, sie ändern die Position des Aufsichtsratsmitglieds nicht und geben keinen Anlass für die Befangenheit und keinen Anhaltspunkt einer verdeckten Vermögenszuwendung als Aufsichtsratsentgelt.[71]

F. Prozedere der Zustimmung

46 Das Gesetz geht davon aus, dass Aufsichtsratszustimmungen unmittelbar **vor der Durchführung** durch den Vorstand vorgenommen werden, unabhängig davon, ob es sich um ein Rechtsgeschäft mit der Gesellschaft selbst oder mit einem Tochterunternehmen handelt. Die bloße Kenntnisnahme des Aufsichtsrats reicht nicht.[72] Letztlich wird bei unverdächtigen oder Standardzustimmungen die Zustimmungspflicht gem § 95 Abs 5 Z 12 AktG vielfach einer besonders informativen Offenlegung nahekommen,[73] dennoch ist ein Beschluss des Aufsichtsrats erforderlich. Die Genehmigung ist durch Beschluss des Aufsichtsrats zu vollziehen, der Aufsichtsrat handelt als Kollektivorgan stets in Beschlussform. Das betroffene Aufsichtsratsmitglied ist vom Stimmrecht ausgeschlossen.[74] Grundsätzlich ist das Aufsichtsratsmitglied nur vom Stimmverbot ausgeschlossen, ein generelles Teilnahmeverbot für diese Sitzung erscheint nicht unbedingt erforderlich.[75]

47 **Nachträgliche Beschlüsse** sind nur in Ausnahmefällen zulässig; sie sind aber grundsätzlich wirksam, zumal es allemal besser ist, dass zumindest nachträglich die Kontrolle und Genehmigung vorgenommen wird.[76] Auch nachträglich kann die Zustimmung verweigert werden. Je länger allerdings der Abschluss des Geschäfts bereits zurückliegt, desto schwerer ist diese Sorgfaltswidrigkeit einfach durch Beschlussfassung sanierbar.[77]

---

[70] *Fida*, wbl 2006, 357, 361.

[71] *Fida*, wbl 2006, 357, 361.

[72] Eine zustimmende Kenntnisnahme lässt sich im Zweifel aber als Zustimmung interpretieren; vgl *Briem* Rz 12/88.

[73] *Kutschera* in GS Gruson 277, 290; *Kutschera*, GesRZ 2011, 147, 153.

[74] *Kalss* in Doralt/Nowotny/Kalss, AktG² § 92 Rz 88 ff; *Potyka*, ÖJZ 2006, 192, 195 FN 24; *Chini* in Reiter/Reiter/Chini, Praxiskommentar GesRÄG 2005, 56; *Fida*, wbl 2006, 357, 360; *W Doralt*, JBl 2008, 759, 764; BGH II ZR 325/05, DB 2007, 1296; OLG Frankfurt, 1 U 14/05, AG 2005, 925; *Hopt/Roth* in Großkomm AktG⁴ § 114 Rz 407; *Habersack* in MünchKomm AktG⁴ § 114 AktG Rz 30.

[75] In diese Richtung aber *Lutter* in FS Westermann 1171, 1172 FN 7; *W Doralt*, JBl 2008, 759, 771.

[76] *W Doralt*, JBl 2008, 759, 764; *Fida*, RdW 2010, 456; *Happ* in FS Priester 175, 197; *Vetter*, ZIP 2008, 5, 8.

[77] *Vetter*, ZIP 2008, 5, 8; *W Doralt*, JBl 2008, 759, 764.

48 Der Aufsichtsrat darf die Genehmigung nur vornehmen, wenn er bei ausreichender Information über die konkrete Vereinbarung bzw das konkrete Geschäft zur Ansicht kommt, dass diese Vereinbarung im **Interesse der Gesellschaft** liegt.[78] Wenn ein Geschäft einem Drittvergleich nicht standhält oder nicht notwendig ist, somit nicht im Interesse der Gesellschaft liegt, darf es nicht geschlossen werden.[79] Grundsätzlich darf und soll der Aufsichtsrat darauf vertrauen, dass die Entscheidung des Vorstands ein Aufsichtsratsmitglied als Sachverständigen beizuziehen, notwendig und sachgerecht ist;[80] die besondere Nähe durch die Organmitgliedschaft berechtigt, verpflichtet aber nicht, den generellen Vertrauensgrundsatz zwischen Vorstand und Aufsichtsrat zu durchbrechen (vgl *Kalss* Rz 23/17).

49 Der Aufsichtsrat hat bei der Beratung und Beschlussfassung über die Genehmigung darüber zu befinden, ob das Aufsichtsratsmitglied ein **angemessenes Entgelt** für die Leistung erhält. Insbesondere ist zu prüfen und zu beurteilen, ob das Aufsichtsratsmitglied bei Genehmigung des Vertrags weiterhin seine Organpflicht in unbefangener Weise und tatsächlich im Interesse der Gesellschaft ausführen kann.[81] Dabei hat der Aufsichtsrat einen hohen Ermessensspielraum. Abgesehen vom eigenen Urteil der anderen Aufsichtsratsmitglieder ist naturgemäß eine Befragung des konkret betroffenen Aufsichtsratsmitglieds möglich. Der Aufsichtsrat kann sich dabei auf die Aussagen verlassen, soweit diese nicht offensichtlich falsch, unvollständig oder widersprüchlich sind.[82]

50 Die Argumente, die eine **Befangenheit** etablieren, sind mit den Argumenten, die für eine Beauftragung sprechen (Nähe, Vertrautheit, Kontinuität der rechtlichen Beratung), abzuwägen; der Ermessenspielraum ist weit,[83] je nach Bedeutung und Volumen des Geschäfts kann das Aufsichtsratsmitglied seine **Unabhängigkeit** gegenüber der Gesellschaft (Vorstand) verlieren.

51 Während generell für die zustimmungspflichtigen Geschäfte gem § 95 Abs 5 AktG eine **Vorlagepflicht** des Vorstands, somit eine Bringschuld des Vorstands, die maßgebliche Angelegenheit zur Beschlussfassung an den Aufsichtsrat heranzutragen (vgl dazu *Zollner* Rz 22/42; *Briem* Rz 12/78),[84] besteht, so trifft die Pflicht und das Recht zur Befassung des Aufsichtsrats zur Genehmigung eines Organgeschäfts gem § 95 Abs 5 Z 12 AktG den Vorstand und das betroffene Aufsichtsratsmitglied.[85] Weder der Vorstand noch das Aufsichtsratsmitglied kann sich daher darauf berufen, dass der jeweils andere die Befassung des Aufsichtsrats verabsäumt hat.

---

78 *Rodewig* in Semler/von Schenk, Arbeitshandbuch für Aufsichtsräte^4 § 8 Rz 112 ff; *W Doralt*, JBl 2008, 759, 764; *Fida*, RdW 2010, 456.

79 *Kutschera* in GS Gruson 277, 289.

80 *Kutschera* in GS Gruson 277, 280; *Fida*, RdW 2010, 455.

81 *Kutschera* in GS Gruson 277, 290.

82 *Kutschera* in GS Gruson 277, 289.

83 *Kutschera* in GS Gruson 277, 299; *Kutschera*, GesRZ 2011, 147, 153; *Fida*, RdW 2010, 456.

84 *Kalss* in Doralt/Nowotny/Kalss, AktG^2 § 95 Rz 94; *Strasser* in Jabornegg/Strasser, AktG II^5 §§ 97 Rz 42.

85 *W Doralt*, JBl 2008, 759, 770, 763 f; *Habersack* in MünchKomm AktG^4 § 114 AktG Rz 27; *Rodewig* in Semler/von Schenk, ARHdb^4 § 8 Rz 153; *Vetter*, AG 2006, 173, 178; *Hüffer/Koch*, AktG^{11} § 114 Rz 8; enger nur Vorstandspflicht *Fida*, wbl 2006, 357, 361.

52 Geht es um eine Vereinbarung, die das betroffene Aufsichtsratsmitglied nicht mit der Gesellschaft selbst, sondern mit einer Tochtergesellschaft abschließt, so hat der jeweilige Vorstand der Tochtergesellschaft wiederum an den Vorstand seiner Muttergesellschaft zu berichten, damit der Vorstand der Gesellschaft, dessen Aufsichtsrat der Vertragspartner angehört, dieses Geschäft zur Genehmigung vorlegt. Wie sonst bei Zustimmungspflichten im Konzern auch (vgl dazu *Enzinger/Kalss* Rz 31/59 ff), ist nicht der Vorstand der Tochtergesellschaft zur Vorlage verpflichtet bzw auch nur berechtigt, sondern nur der Vorstand der Gesellschaft selbst. Unbedingt erforderlich ist daher ein funktionierendes Berichtswesen auf Vorstandsebene (Tochtergesellschaft, Muttergesellschaft; vgl dazu *Zollner* Rz 22/63 f), die aber für Geschäfte gem § 95 Abs 5 Z 12 AktG ohnehin durch die Befassungspflicht des Aufsichtsratsmitglieds flankiert wird.

53 Damit der Aufsichtsrat in sachgerechter Weise über die Genehmigung entscheiden kann, bedarf er ausreichender und angemessener Information.[86] Daher ist dem Aufsichtsrat die konkrete Leistungsverpflichtung,[87] die Art der Leistung und ihr Umfang darzulegen.[88] Der Vorstand hat schriftlich alle die für die Entscheidung (Zustimmung des Aufsichtsrats) notwendigen Unterlagen zeitgerecht zur Verfügung zu stellen.[89] Der wesentliche Inhalt des Beratungsvertrags ist ebenso offenzulegen wie das Beratungshonorar.[90] Der Aufsichtsrat muss sich ein eigenständiges Urteil über die Art der Leistung, ihren Umfang sowie die Höhe und Angemessenheit der Vergütung bilden können.[91] Die genaue Information über die Vereinbarung ist deshalb erforderlich, um überhaupt feststellen zu können, ob der Gegenstand der Vereinbarung außerhalb der Pflicht aus dem Organmandat liegt und ob die Vereinbarung im Interesse der Gesellschaft liegt. Das Entgelt ist dem Aufsichtsrat offenzulegen,[92] jedenfalls die Art der Berechnung. Eine phrasenhafte Darstellung, wie etwa eine Abrechnung nach üblichen Stundensätzen oder gesetzlich geregelten Tarifen, genügt jedenfalls nach deutscher Judikatur nicht;[93] die Abrechnung nach Stundensätzen berufsständiger Honorarordnungen ist ausreichend, sofern insgesamt eine Vorstellung von der Gesamthöhe des Honorars besteht oder ohnehin ein Rahmen (dh eine Obergrenze) festgelegt ist.[94] Das Entgelt wird vom Vorstand mit dem Aufsichtsratsmitglied vereinbart, nicht vom Aufsichtrat; dieser hat nur Zustimmungskompetenz.

54 Nicht erforderlich ist es, dass für jedes einzelne zustimmungspflichtige Geschäft ein eigener Zustimmungsbeschluss gefasst wird.[95] Die Zustimmung zu

---

86 *Hügel*, GesRZ 1996, 213, 216.

87 *Hopt/Roth* in Großkomm AktG⁴ § 114 Rz 52 f; *Rodewig* in Semler/von Schenk, ARHdb⁴ § 8 Rz 155; *W Doralt*, JBl 2008, 759, 770.

88 BGH II ZR 197/93, BGHZ 126, 340, 344 f.

89 *Kalss* in Doralt/Nowotny/Kalss, AktG² § 95 Rz 93; *Fida*, RdW 2010, 455.

90 *Arnold*, Aufsichtsrat Aktuell 2010, 8, 9; *Fida*, RdW 2010, 455.

91 BGH II ZR 197/93, BGHZ 126, 340, 344 f; BGH II ZR 325/05, NZG 2007, 516, 518; *Kutschera* in GS Gruson 277, 289; *Fida*, RdW 2010, 455.

92 *Kutschera* in GS Gruson 277, 289.

93 LG Stuttgart 27 O 7/98, BB 1998, 1549.

94 *Oberhofer*, Die Unabhängigkeit des Aufsichtsrats 192; *Fida*, RdW 2010, 455.

95 *Chini* in Reiter/Reiter/Chini, Praxiskommentar GesRÄG 2005, 56; *Fida*, wbl 2006, 357, 360.

künftigen zustimmungspflichtigen, noch nicht unmittelbar bevorstehenden Vertragsabschlüssen kann im Voraus erteilt werden. Zulässig ist es auch, einen **Vorratsbeschluss** zu fassen, sofern die Voraussetzungen für einen Vorratsbeschluss im Allgemeinen eingehalten werden.[96] Das Gesetz anerkannt ausdrücklich die Zustimmung in Form eines **Vorratsbeschlusses**, dh eines Beschlusses, der im Vorhinein über eine bestimmte Art von Geschäften gefasst wird. Ausdrücklich normiert § 28 Abs 4 BWG für Kreditinstitute die Möglichkeit der Beschlussfassung für Organgeschäfte für ein Jahr im Voraus.[97] Jedenfalls müssen die Geschäfte ihrer Art nach konkretisiert sein und müssen die maßgeblichen Entscheidungsgrundlagen vorliegen (vgl auch *Herbst* Rz 35/153; *Oppitz* Rz 37/15 ff).[98]

Insbesondere der Modus für die ermittelte **Entgeltleistung** ist festzulegen, ebenso die Art, die maximale Größe eines Einzelgeschäfts und das maximale Volumen insgesamt. Der Zweck der Bestimmung bleibt dadurch erhalten, es sollte eine mögliche Befangenheit offengelegt, eine Beeinflussung der kollektiven Willensbildung transparent gemacht und verdeckte Zuwendungen verhindert werden. Durch den Vorratsbeschluss wird dieser Zweck nicht vereitelt. Der Vorratsbeschluss sollte daher auch einen ziffernmäßig abgesteckten Rahmen für die höchstzulässige Entgeltleistung festlegen. § 28 Abs 4 BWG und § 80 AktG sehen eine maximale Zeitdauer des Beschlusses für ein Jahr vor. Einer derartig strikten zeitlichen Begrenzung bedarf es für einen Vorratsbeschluss gem § 95 Abs 5 Z 12 AktG nicht, da die Offenlegung möglicher Befangenheit und Beeinflussung der Willensbildung und die Verhinderung einer verdeckten Zuwendung auch so erreicht werden kann, dennoch bildet diese Zeitdauer eine Orientierung für die notwendige Konkretheit der Beschlussfassung im Vorhinein.[99] 55

Vergleich der Angelegenheit: Handelt es sich hingegen mit dem gleichen Aufsichtsratsmitglied um einen Vertrag, der nicht unter die Parameter des Vorratsbeschlusses fällt, so ist eine eigene Beschlussfassung durch den Aufsichtsrat unter Offenlegung der notwendigen – oben dargelegten – Informationen vorzunehmen. 56

Plenum: Gem § 95 Abs 5 AktG ist es allgemein zulässig, dass ein Beschluss über die Genehmigung eines Vertrags mit einem Aufsichtsratsmitglied nicht im Plenum, sondern in einem dafür **zuständigen Ausschuss** gefasst wird (vgl *Briem* Rz 12/79; *Schimka* Rz 29/60). Dieser Ausschuss ist demgemäß auch mit Entscheidungsbefugnis ausgestattet. Die Zustimmungspflicht zur Zustimmung eines Organgeschäfts eines Aufsichtsratsmitgliedes des Aufsichtsrats ist plenumsfest,[100] dh es muss der gesamte Aufsichtsrat den Beschluss fassen. Der Grund liegt darin, dass alle Mitglieder über den Interessenkonflikt informiert sind und darüber entscheiden sollen. Allein wenn es sich bei dem zustimmungspflichtigen Geschäft um eine Beratungsleistung eines Aufsichtsratsmitglieds für die Erstellung **komplexer** 57

---

[96] *Fida*, wbl 2006, 357, 360 FN 40; *Fida*, RdW 2010, 455; grundsätzlich zustimmend, aber zurückhaltend *W Doralt*, JBl 2008, 759, 771.

[97] *Diwok* in Diwok/Göth, BWG § 28 Rz 33; *Jud*, ÖBA 1993, 773, 781; *Dellinger/Puhm* in Dellinger, BWG § 28 Rz 85 ff.

[98] *Kalss* in Doralt/Nowotny/Kalss, AktG² § 95 Rz 98.

[99] Vgl *Fida*, wbl 2006, 357, 360 FN 40.

[100] *Spindler* in Spindler/Stilz, AktG³ § 114 Rz 21; aA noch die Vorauflage in Rz 54.

Vorstandsverträge oder eines komplexen Vorstandsvertrags handelt, so kommt die Beschlussfassung durch den Personalausschuss in Betracht. Auch die Verhandlung über die wirtschaftlichen Eckdaten eines Vorstandsvertrags werden nicht im Plenum abgehandelt, sondern einem Ausschuss gem § 92 Abs 4 AktG (Personalausschuss/Präsidialausschuss) zugeordnet.[101] Diese die Arbeitnehmervertreter ausschließende Ausschusszuständigkeit für die schuldrechtlichen Verhältnisse des Vorstands gegenüber der Gesellschaft spricht für eine Ausschusszuständigkeit der Beschlussfassung auch für die beratende Tätigkeit eines Aufsichtsratsmitglied. Durch den Aufsichtsratsausschuss ist dem Plenum darüber nach allgemeinen Regeln zu berichten. Zu empfehlen ist aber auch in diesem Fall die Beschlussfassung für die Beratungsdienstleistung als **solche im Plenum**.

G. Offenlegung von Geschäften mit Aufsichtsratsmitgliedern

58 Die C-Regel 49 des ÖCGK enthält die Verpflichtung für börsenotierte Gesellschaften, im Corporate Governance-Bericht Gegenstand und Entgelt von gem L-Regel 48 (= 95 Abs 5 Z 12 AktG) zustimmungspflichtigen Verträgen zu veröffentlichen. Eine Zusammenfassung gleichartiger Verträge ist nach dieser Bestimmung zulässig.

H. Rechtsfolgen bei Fehlen eines Zustimmungsbeschlusses

59 **Allgemein – interne Grenze**: Grundsätzlich ist in Entsprechung der allgemeinen Regelung für zustimmungspflichtige Geschäfte gem § 95 Abs 5 AktG davon auszugehen, dass Vereinbarungen zwischen einem Aufsichtsratsmitglied und der Gesellschaft bzw einem Tochterunternehmen wirksam sind, selbst wenn die Genehmigung gem § 95 Abs 5 Z 12 AktG vom Aufsichtsrat nicht erteilt wird.[102]

60 **Der Vorstand** darf allerdings ein zustimmungspflichtiges Geschäft ohne Zustimmung des Aufsichtsrats nicht vornehmen, er handelt bei Zuwiderhandeln gesetz- und sorgfaltswidrig und kann sich gegenüber der Gesellschaft schadenersatzpflichtig machen. Zudem kann ein Abberufungsgrund für eine vorzeitige Abberufung gesetzt werden.[103]

61 **Vollmachtsmissbrauch**: Zu beachten ist allerdings, dass es sich bei Verträgen des Aufsichtsratsmitglieds mit der Gesellschaft nicht um Verträge mit Außenstehenden handelt, die grundsätzlich keinen Nachforschungspflichten über das Bestehen allfälliger interner Zustimmungspflichten unterliegen.[104] § 95 Abs 5 Z 12 AktG unterscheidet sich von den anderen zustimmungspflichtigen Geschäften dadurch, dass nicht ein Geschäft mit einem außenstehenden Dritten, der interne Zustimmungspflichten nicht kennt, abgeschlossen wird. Vielmehr ist er, dh das

---

101 *Kalss* in Kalss/Nowotny/Schauer, Österreichisches Gesellschaftsrecht Rz 3/520.

102 *Kalss* in Doralt/Nowotny/Kalss, AktG² § 95 Rz 96; *Koppensteiner/Rüffler*, GmbHG³ § 30j Rz 18; *Strasser* in Jabornegg/Strasser, AktG II⁵ §§ 97 Rz 41; *Hofmann*, Missbrauch von Formalvollmachten 50 ff.

103 *W Doralt*, JBl 2008, 759, 772; ferner allgemein *Tschöpe/Wortmann*, NZG 2009, 85, 161.

104 *W Doralt*, JBl 2008, 759, 775; vgl weiters OGH 1 Ob 617/79, JBl 1980, 33; OGH 1 Ob 576/85, GesRZ 1985, 198; OGH 3 Ob 124/90, RdW 1991, 76; *Hofmann*, Missbrauch von Formalvollmachten 152 ff; *Auer*, GesRZ 2000, 138, 143, 147; *P Bydlinski* in FS F Bydlinski 19, 43.

Aufsichtsratsmitglied, selbst grundsätzlich für die Zustimmung zuständig. Fehlt daher die Zustimmung, so greift die Verkehrsschutzregelung wie sonst bei § 95 Abs 5 AktG, die einer Vollmacht, wie der des Vorstands gem § 71 AktG zugrunde liegt, nicht[105] und kommt das Geschäft wegen eines Vollmachtsmissbrauchs, nämlich Kennen oder Kennenmüssen einer internen Zustimmung des Aufsichtsrats, nicht zustande.[106]

Unternehmen mit Interesse: In den Fällen allerdings, in denen ein Unterneh- **62**
men, an dem das Aufsichtsratsmitglied ein erhebliches wirtschaftliches Interesse hat, den Vertrag mit der Gesellschaft oder einem Tochterunternehmen abschließt und das konkrete Aufsichtsratsmitglied in den Vertragsabschluss in keiner Weise eingebunden ist und daher keine Kenntnis von der Zustimmungspflicht hat, greift das Instrument des Vollmachtsmissbrauchs nicht und kommt das Geschäft daher auch ohne Zustimmung des Aufsichtsrats der betroffenen Gesellschaft bzw Muttergesellschaft wirksam zustande.[107]

Die mangelnde Befassung des Aufsichtsrats durch den Vorstand bzw das be- **63**
troffene Aufsichtsratsmitglied stellt jedenfalls eine Sorgfaltswidrigkeit dar, welche sowohl den Vorstand als auch das Aufsichtsratsmitglied gegenüber der Gesellschaft ersatzpflichtig machen kann. Schadenersatzpflicht setzt einen Schaden der Gesellschaft voraus. Dies ist etwa möglich, wenn das Geschäft zu unangemessenen Bedingungen genehmigt wurde. Eine Genehmigung saniert aber die Sorgfaltswidrigkeit nicht.[108]

Die mangelnde Befassung und Unterlassung einer Genehmigung der Ver- **64**
einbarung der Gesellschaft mit dem Aufsichtsratsmitglied durch den Aufsichtsrat kann auch unter Umständen einen wichtigen Grund für die vorzeitige Abberufung nicht bloß des Vorstands, sondern auch des Aufsichtsratsmitglieds begründen und damit die Möglichkeit der vorzeitigen Abberufung gem § 87 Abs 8 AktG öffnen.

Zustimmung zu Geschäften aus Aufsichtsratstätigkeit: Wird hingegen die **65**
Zustimmung zu einem Rechtsgeschäft erteilt, dass innerhalb der Aufsichtsratspflicht aus seiner Organmitgliedschaft liegt, so ist ein derartiger Vertrag wegen eines Verstoßes gegen die zwingende Regelung gem § 95 Abs 1 AktG nichtig.

V. Résumé

Die Zustimmungspflicht des Aufsichtsrats für Vereinbarungen des Aufsichts- **66**
ratsmitglieds mit der Gesellschaft stellt einen maßgeblichen Pfeiler im Regime der Bewältigung von Interessenkonflikten von Organmitgliedern einer Gesellschaft dar. Es greift einen wichtigen Ausschnitt aus einer umfassenden Interessenskonfliktproblematik heraus. Der praktische Umgang mit § 95 Abs 5 Z 12 AktG verlangt eine sorgfältige Dokumentation, insbesondere auch eine stete Abwägung des Interesses der Gesellschaft und möglicher Nachteile aus der Verfangenheit in

---

105 *Hofmann*, Missbrauch von Formalvollmachten 51 f.

106 *W Doralt*, JBl 2008, 759, 774 unter Bezugnahme auf *P Bydlinski* in Koziol/Bydlinski/Bollenberger, ABGB⁴ § 1016 Rz 5; ferner *Fida*, wbl 2006, 357, 361.

107 *Fida*, wbl 2006, 357, 361; *W Doralt*, JBl 2008, 759, 774 f.

108 *Fida*, wbl 2006, 357, 361.

Interessenkonflikten. Die Beratungsgeschäfte und sonstigen Leistungen der Aufsichtsratsmitglieder an die Gesellschaft sind nicht verboten, sondern unterliegen Dokumentations- und Zustimmungspflichten, um Interessenkonflikte und Befangenheit offenzulegen und dennoch eine ordnungsgemäße und interessengerechte Willensbildung im Aufsichtsrat zu sichern sowie verdeckte Zuwendungen zu vermeiden. Die Vornahme von Geschäften des Aufsichtsratsmitglieds mit der Gesellschaft kann dazu führen, dass das Aufsichtsratsmitglied **nicht mehr unabhängig** im Sinn von P 53 des Corporate Governance Kodex ist (vgl *Kalss* Rz 3/12 f).

Strategisches Management für den Aufsichtsrat

Peter Kunz und Werner H. Hoffmann

§§: 17, 70, 81, 84, 92, 95, 103, 108 AktG; 30g, 30j GmbHG

Literatur

Ö: *Chini*, Strategische Planung als dominante Aufgabe des Aufsichtsrats, Aufsichtsrat aktuell 2015 H 5, 16; *Kunz*, Gesellschaftsrechtliches Aufsichtsrats-Know-how (2014); *Koppensteiner/Rüffler*, GmbH-Gesetz[3]; *Straube*, GmbHG[1]; *Kraßnig*, Ausschusstaugliche und ausschusspflichtige Aufsichtsratsagenden, Aufsichtsrat aktuell 2015 H 1, 12; *Schima*, Zustimmungsvorbehalte als Steuerungsmittel des Aufsichtsrates in der AG und im Konzern, GesRZ 2012, 35; *Doralt/Nowotny/Kalss*, Kommentar zum Aktiengesetz[2]; *Jabornegg/Strasser*, AktG II[5].

Dlt: *Holger Fleischer/Jens Koch/Bruno Kopf/Marcus Lutter*, 50 Jahre Aktiengesetz (2016); *Goette/Habersack*, Münchener Kommentar zum Aktiengesetz[3]; *Hirte/Mülbert/Roth*, Aktiengesetz Großkommentar[5]; *Hoffmann-Becking*, Münchener Handbuch des Gesellschaftsrechts IV Aktiengesellschaft[4] (2015); *Hopt/Wiedemann*, Großkommentar zum Aktiengesetz (2005); *Spindler/Stilz*, Kommentar zum Aktiengesetz (2007); *Hüffer*, AktG[9].

Barney, Gaining and Sustaining Competitive Advantage, Prentice Hall (2002); *Barney.* Firm Resources and Sustained Competitive Advantage. In: Journal of Management, Vol. 17, S. 99-120 (1991); *Denk,* Die 13% Company, WUV Universitätsverlag (2002); *Dyer/Singh,* The Relational View: Cooperative Strategy and Sources of Interorganizational Competitive Advantage. In: Academy of Management Review, Vol. 23, S. 660-679 (1998); *Grant,* Contemporary Strategy Analysis, Wiley-Blackwell (2005); *Grant*, Toward a Knowledge-Based Theory of the Firm. In: Strategic Management Journal, Vol. 17, S. 109-122 (1996); *Hamel/Prahalad*, Competing for the Future, Harvard Business School Press (1996); *Hoffmann*, Strategies for Managing a Portfolio of Alliances. In: Strategic Management Journal, Vol. 28, S. 827-856 (2007); *Hoffman/Nagy*, Corporate Governance und Steuerungssystem. In: Hrebicek, G./ Fichtinger, M. (Hrsg.): Corporate Governance Handbuch, S. 221-238 (2003); *Kaplan/Norton*, The Balanced Scorecard, Harvard Business School Press (1996); *Monks/Minow*, Corporate Governance, Wiley-Blackwell (2003); *Porter*, On Competition, Harvard Business School Publishing (2008); *Porter*, Competitive Advantage, Free Press (1985); *Porter*, Competitive Strategy, Free Press (1980); *Wernerfelt*, A resource-based view of the firm. In: Strategic Management Journal, Vol. 5, S. 171-180 (1984); *Aktiengesetz* § 95 AktG Aufgaben und Rechte des Aufsichtsrats (Stand 01.06.2010), http://www.jusline.at/95_Aufgaben_ und_Rechte_des_Aufsichtsrats_AktG.html, 06.07.2010; Österreichischer Arbeitskreis für Corporate *Governance*: Österreichischer Corporate Governance Kodex (Fassung Jänner 2010), http://www.corporate-governance.at/, 06.07.2010.

Gliederung **Rz**

I. Einleitung

1 Bei keiner anderen Aufgabe der Unternehmensaufsicht hat sich das Bild von Rolle und Verantwortung des Aufsichtsrats in den letzten Jahren so stark verändert, wie im strategischen Management. Während im traditionellen Verständnis der Aufsichtsratstätigkeit die Genehmigung von großen Investitionen im Zuge der Strategieumsetzung und die Überwachung der Auswirkungen strategischer Entscheidungen des Vorstands (ex-post Kontrolle) im Vordergrund standen, wird heute die Beratungs- und Mitentscheidungsrolle des Aufsichtsrats betont. Der Aufsichtsrat wird als wichtigster Berater und Sparringpartner des Vorstands bei der strategischen Weiterentwicklung des Unternehmens gesehen. Durch diese Rolle übernimmt der Aufsichtsrat über die Vorstandsbestellung hinaus unmittelbar Verantwortung für die nachhaltige Wettbewerbsfähigkeit (Vitalität) des Unternehmens. Gerade in Zeiten disruptiver Innovation und tiefgreifender Branchenveränderungen erlangt die rechtzeitige Beschäftigung mit der Frage, ob das Unternehmen über eine zukunftsträchtige Strategie und ein erfolgversprechendes Geschäftsmodell verfügt, eine zentrale Bedeutung für den Aufsichtsrat.

2 Um dieser Verantwortung gerecht werden zu können, benötigt der Aufsichtsrat neben einer guten Unternehmens- und Branchenkenntnis auch ausreichendes Wissen über die zeitgemäße Gestaltung eines strategischen Managementsystems

in Unternehmen. Daher möchte dieser Buchbeitrag kurz den „State of the Art" des strategischen Managements darstellen, um daraus die Anforderungen an die instrumentelle und institutionelle Mindestausstattung des strategischen Managements abzuleiten. Diese Ausführungen können dem Leser quasi als „Checkliste" für die Beurteilung des Entwicklungsstandes bzw Entwicklungsbedarfes des strategischen Managements im eigenen Unternehmen dienen.

Darauf aufbauend beschreibt der Beitrag die Rechte und Pflichten des Aufsichtsrats bei der Strategiearbeit. Diese umfassen sowohl die Funktionen des Aufsichtsrats als Berater und Sparringpartner als auch als Überwacher des Vorstands, wobei der Aufgabenteilung und dem Zusammenwirken zwischen Unternehmensaufsicht und exekutiver Führung besondere Beachtung geschenkt wird. **3**

II. Zweck des strategischen Managements

Zweck des strategischen Managements ist die nachhaltige Sicherung der Lebens- und Entwicklungsfähigkeit von Unternehmen und damit von zentraler Bedeutung für die Aufsichtstätigkeit. **4**

Strategisches Management bedeutet[1]: **5**

- vorhandene Erfolgspotenziale abzusichern und neue Erfolgspotenziale aufzubauen
- die Positionierung des Unternehmens/Geschäftsfeldes zum Wettbewerb und Umfeld
- die Erreichung einer starken Marktposition und den Aufbau nachhaltiger Wettbewerbsvorteile
- die Richtung angeben, in die sich das Unternehmen entwickeln soll
- Konzentration knapper Ressourcen (Personal, Kapital, etc.) auf die Erfolg versprechendsten Geschäftsfelder
- Entscheidung über:
  - Wachstum in bestehenden Geschäftsfeldern (Erhöhung des Marktanteils)
  - Aufbau neuer, attraktiver Geschäftsfelder
  - Konsolidierung/Restrukturierung bestehender Geschäftsfelder
  - Rückzug aus unattraktiven, verlustbringenden Geschäftsfeldern

Übergeordnetes Ziel des strategischen Managements ist die Schaffung eines nachhaltigen unternehmerischen Werts (ökonomischen Mehrwerts). Das Vorliegen eines überzeugenden Konzepts für die Zukunftsgestaltung eines Unternehmens (Strategieplan) ist nicht nur eine wesentliche Voraussetzung zur Zukunftssicherung des Unternehmens, sondern spielt auch eine wichtige Rolle im Rahmen des Unternehmensratings und in der Kommunikation mit dem Kapitalmarkt. Gerade in turbulenten Zeiten, das heißt in Zeiten mit starken und schwer prognostizierbaren Umfeldveränderungen und disruptiver Innovation, erlangt das strategische Management eine besonders hohe Bedeutung.[2] Dies wird durch Abbildung 1 illustriert: **6**

---

1 Vgl. *Grant* (2005), S. 4 ff.

2 Vgl. *Grant* (2005), 38 ff.

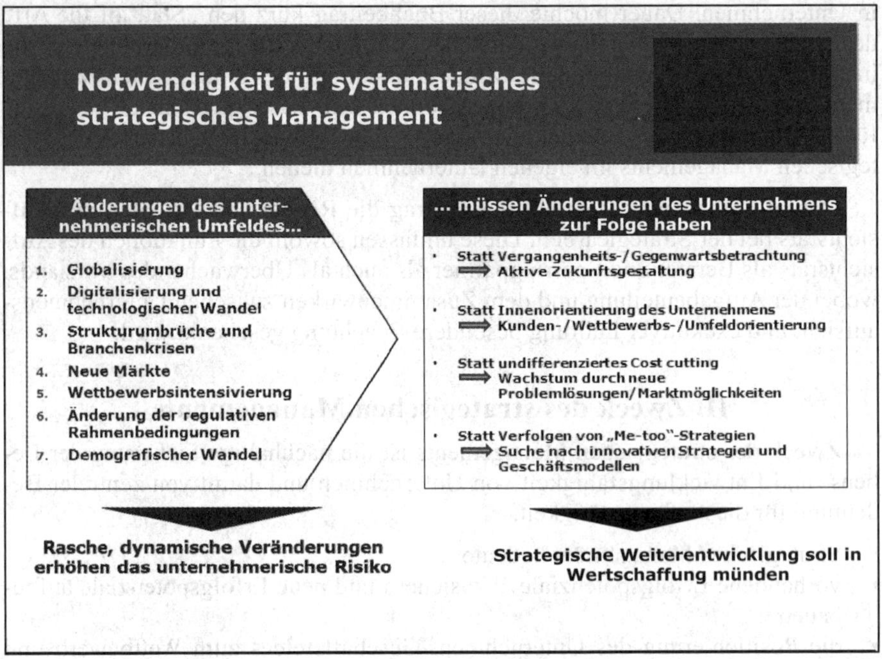

Abb. 1: Notwendigkeit für systematisches strategisches Management

III. Grundüberlegungen des strategischen Managements

A. Konzeptionelle Grundlagen

7 Strategisches Management als wissenschaftliche Disziplin hat die Erklärung von Performancedifferenzen zwischen Unternehmen zum Gegenstand. Anders formuliert: strategisches Management möchte erklären, was langfristig besonders erfolgreiche Unternehmen auszeichnet, um daraus Handlungs- und Gestaltungsempfehlungen ableiten zu können.

8 Aus heutiger Sicht können drei Strömungen der Theoriebildung im strategischen Management unterschieden werden: der marktbasierte Ansatz (market-based view)[3], der ressourcenbasierte Ansatz (resource-based view)[4] und als dritte Gruppe Ansätze, die einzelne Ressourcen-Kategorien, wie zB Wissen (wissensbasierter Strategieansatz)[5] und interorganisationale Beziehungen (relational view)[6] thematisieren. Abbildung 2 gibt einen Überblick über die Entwicklung theoretischer Konzepte zum Thema Unternehmensstrategie:

---

3 Vgl. *Porter* (1980 und 1985).
4 Vgl. *Wernerfelt* (1984) 171-180; Barney (1991).
5 Vgl. *Grant* (1996), 109-122.
6 Vgl. *Dyer/Singh* (1998), 660-679.

Abb. 2: Entwicklung der theoretischen Grundlagen des strategischen Managements

Während Konzepte des market-based view den Unternehmenserfolg aus der unterschiedlichen Attraktivität der bedienten Märkte und der besetzten Marktpositionen erklären, versucht der resource-based view Performanceunterschiede zwischen Unternehmen durch deren unterschiedliche Ressourcenausstattung (Stärken und Schwächen) zu begründen. Der relational view rückt interorganisationale Beziehungen, insbesondere strategische Allianzen mit Kunden, Lieferanten, Mitbewerbern und Komplementären in den Mittelpunkt der Betrachtung und erklärt überlegenen Unternehmenserfolg daher primär aus einem wohlüberlegten Allianzportfolio bzw Unternehmensnetzwerk.[7] 9

Empirische Befunde und Erfahrungen belegen, dass alle Ansätze zur Erklärung von Performanceunterschieden zwischen Unternehmen praktisch relevant sind. Der marktbasierte Strategieansatz eignet sich sehr gut dazu, die aktuelle Branchensituation zu analysieren und richtig zu bewerten, um daraus valide Schlüsse für die zu erwartende künftige Umfeldentwicklung (insbesondere Chancen und Risiken) zu ziehen. Der ressourcenbasierte Strategieansatz liefert eine taugliche Grundlage für die Einschätzung der spezifischen Ressourcenausstattung eines Unternehmens und die daraus resultierenden Stärken und Schwächen. Ergänzende Ansätze helfen einzelne im konkreten Anwendungsfall besonders relevante Ressourcenkategorien zu analysieren und in ihrer Performanceauswirkung zu bewerten. Eine solide Entscheidungsgrundlage für strategische Entscheidungen muss immer auf einer umfassenden fundierten Branchen- und Umfeldanalyse (basierend auf den theoretischen Überlegungen des market-based view) und einer ausreichend differenzierten Einschätzung der Ressourcenausstattung 10

7 Vgl. *Dyer/Singh* (1998); Hoffmann (2007).

und Kompetenzen des Unternehmens (basierend auf dem resource-based view) aufbauen.[8]

B. Handlungsfelder des strategischen Managements

11 Strategie im weiteren Sinn des Wortes umfasst sowohl die Festlegung längerfristiger Entwicklungsziele (strategische Ziele) des Unternehmens als auch Strategien im Sinne von Wegbeschreibungen zur Erreichung dieser Entwicklungsziele. Die zentralen strategischen Entscheidungen, die im Zuge der Strategieplanung zu treffen sind, beziehen sich auf

- die Festlegung der Geschäftsfelder (Produkte/Dienstleistungen, Kundengruppen), auf die sich das Unternehmen in Zukunft konzentrieren möchte
- die Festlegung des geografischen Aktionsraums (Regionen bzw Wirtschaftsräume), in denen das Unternehmen in Zukunft aktiv sein möchte (Internationalisierungsstrategie) und
- die grundsätzliche Beantwortung der Frage, welche Geschäftsstrategien das Unternehmen in den einzelnen Geschäftsfeldern und Regionen verfolgen möchte und wie durch die Realisierung dieser Geschäftsstrategie ein ökonomischer Mehrwert erzielt werden kann (strategische Positionierung der einzelnen Geschäftsfelder bzw Geschäftsmodelle).

Die Abbildung 3 veranschaulicht diese drei strategischen Handlungsfelder:

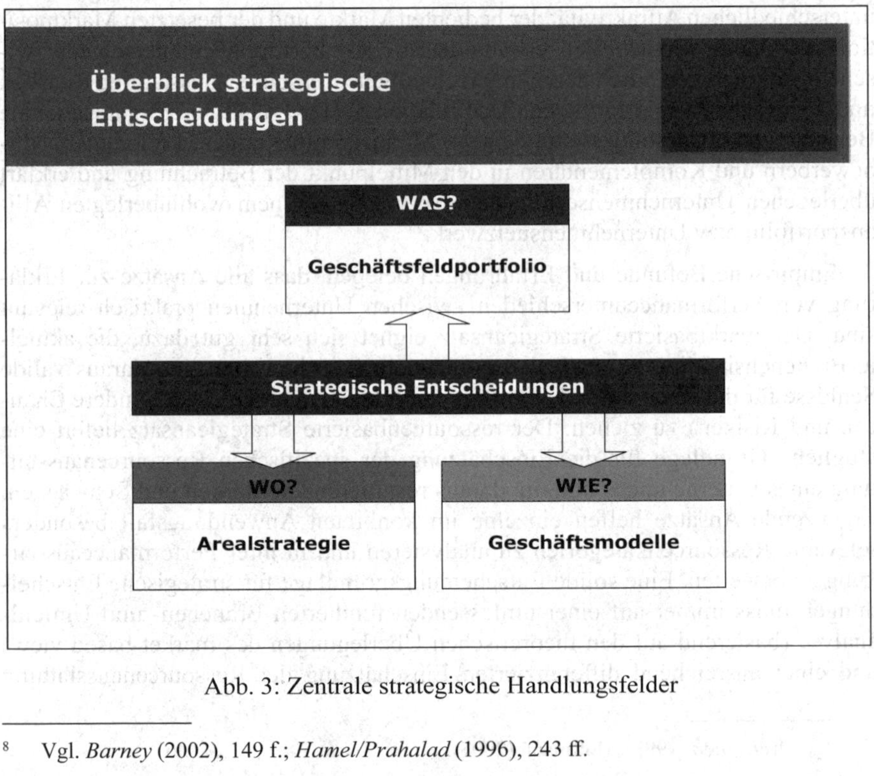

Abb. 3: Zentrale strategische Handlungsfelder

[8] Vgl. *Barney* (2002), 149 f.; *Hamel/Prahalad* (1996), 243 ff.

Aus Abbildung 3 wird deutlich, dass strategische Entscheidungen auf zwei unterschiedlichen Handlungs- bzw Abstraktionsebenen zu treffen sind – einmal auf Gesamtunternehmensebene (Corporate Strategy) und einmal auf Geschäfts- bzw Geschäftsfeldebene (Business Strategy).[9] Auf Gesamtunternehmensebene sind das Geschäftsportfolio und die Arealstrategie für die Zukunft festzulegen, auf Geschäftsebene sind für jedes Geschäftsfeld die strategische Positionierung und das Geschäftsmodell einschließlich der Profitgenerierungslogik zu detaillieren. **12**

Daraus wird deutlich, dass Strategiediskussionen im Unternehmen auf unterschiedlichem Detailierungsniveau zu führen sind – wir also von einer Pyramide (Hierarchie) strategischer Entscheidungen im Unternehmen auszugehen haben. In dieser betrieblichen Planungs- und Steuerungspyramide ist die Strategie eingebettet in eine hierarchische Planungslogik, bei der an der Spitze die Mission und Vision des Unternehmens stehen und deren Basis, also die Umsetzung und Realisierung der Strategie, das operative Management darstellt. Dementsprechend ist es sinnvoll und in der Praxis üblich, zwischen normativer, strategischer und operativer Planung und Steuerung zu unterscheiden (siehe Abbildung 4). **13**

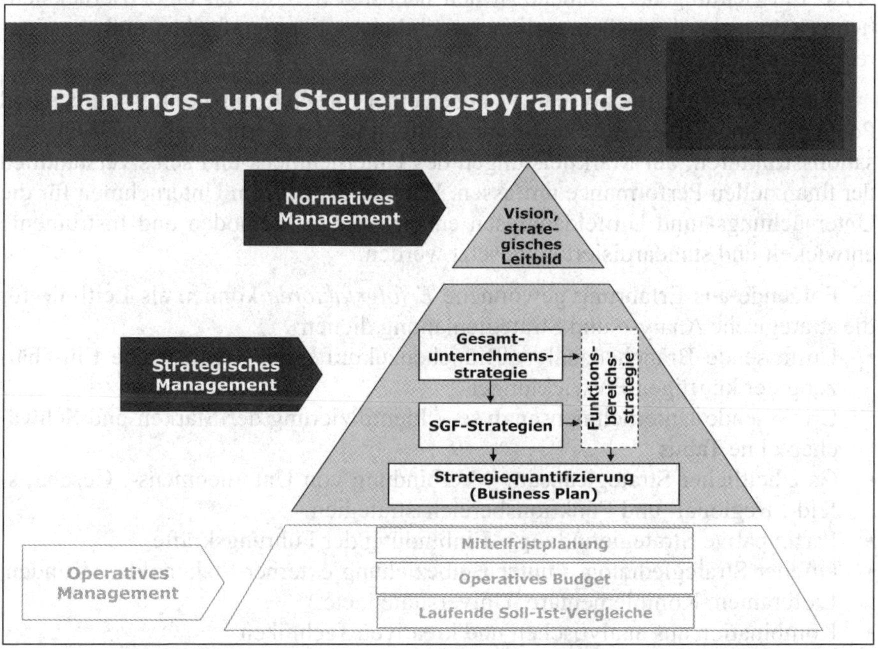

Abb. 4: Ebenen der Unternehmensführung

Abbildung 4 verdeutlicht, aus welchen Bausteinen ein vollständiges betriebliches Planungs- und Steuerungssystem zu bestehen hat. Besonderes Augenmerk ist dabei der Stimmigkeit (Widerspruchsfreiheit) zu schenken, dh der konsistenten **14**

[9] Vgl. *Grant* (2005), 22.

Ableitung untergeordneter Pläne aus übergeordneten Zielen (zB SGF-Strategie folgt aus Gesamtunternehmensstrategie).

C. Prozess des strategischen Managements

15 Am Beginn der **Strategieplanung** steht eine systematische Analyse des Unternehmensumfeldes (Chancen/Risiken) und des eigenen Unternehmens (Stärken/Schwächen, Kompetenzen). Umfeld- und Unternehmensanalyse sowie die damit verbundene Bewertung relevanter Stakeholderbeziehungen liefern das „Ausgangsmaterial" für die strategische Zielplanung und inhaltliche Strategieplanung. Im Zuge der Branchen- und Umfeldanalyse sind im Sinne des sogenannten 5-Kräfte-Modells[10] von Michael Porter insbesondere Art und Intensität des Wettbewerbs unter den bestehenden Anbietern, Verhandlungsmacht der Kunden/Abnehmer, Verhandlungsmacht der Lieferanten, Eintrittsbarrieren für potenzielle neue Wettbewerber und Substitutionsgefahren zu bewerten und in ihrer künftigen Entwicklung zu prognostizieren. Die sich daraus ergebende Gesamteinschätzung bildet eine fundierte Grundlage für ein Branchenzukunftsbild, das die zu erwartende Entwicklung der Branche in den nächsten 3–5 Jahren unter Berücksichtigung von technologischen, politisch-rechtlichen, demografischen und sonstiger relevanter Einflussfaktoren ermöglicht.[11]

16 Die Unternehmensanalyse muss neben einer Einschätzung der Ressourcen und Potenziale auch eine kritische Bestandsaufnahme der Kernprozesse und Organisationsstrukturen, der Marktleistungen des Unternehmens und selbstverständlich der finanziellen Performance umfassen. Wichtig ist, dass im Unternehmen für die Untersuchungs- und Umfeldanalysen entsprechende Methoden und Instrumente entwickelt und standardisiert eingesetzt werden.

17 Folgende aus Erfahrung gewonnene *Erfolgsfaktoren* können als Leitlinie für die strategische Analyse und Strategieplanung dienen:

- Umfassende Branchenanalyse/Branchenzukunftsbild – realistische Einschätzung der künftigen Entwicklungen
- Umfassende Unternehmensanalyse – Identifizierung der Stärken und Schwächen ohne Tabus
- Ganzheitlicher Strategieansatz – Verbindung von Unternehmens-, Geschäftsfeld-, Regional- und Funktionsbereichsstrategien
- Partizipative Strategiefindung – Einbindung der Führungskräfte
- Offener Strategiedialog – unter Einbeziehung externer Stakeholder (Kunden, Lieferanten, Komplementäre, Universitäten, etc.)
- Kombination aus analytischen und kreativen Techniken
- Einbeziehung von Benchmarks, Geschäftsmodellen anderer Unternehmen und anderer Branchen
- Frühzeitige Einbeziehung von Finanzzielen
- Frühzeitige finanzielle Bewertung von Strategien sowie Verknüpfung mit Mittelfristplanung

---

10 Vgl. *Porter* (1980).

11 Vgl. *Porter* (2008), 24 f.

- Wertgenerierung primär durch Wachstumsstrategien, sekundär durch Cost Cutting
- Realistische Zeitplanung – straffes Zeitmanagement, aber kein unrealistischer Zeitdruck
- Ausreichende Ressourcenausstattung für den Analyse- und Planungsprozess (insb. Top-Management Commitment)

Die Erfahrung zeigt, dass viele große „strategische Ideen" letztlich in der Umsetzung scheitern, und dies nicht, weil die Ideen fehlgeleitet waren, sondern weil die Umsetzung nicht ausreichend konsequent vorbereitet und betrieben wurde. Daher erlangt die Strategieumsetzung bzw die Überwachung der **Strategieumsetzung** eine besonders hohe Bedeutung im strategischen Management. Durch den Einsatz geeigneter strategischer Instrumente wie der Balanced Scorecard[12] und einem Programm-Management zur Strategieumsetzung kann die Realisatationswahrscheinlichkeit von Strategien deutlich verbessert werden. Folgende *Empfehlungen* können für die Gestaltung der Strategieumsetzung im Unternehmen grundsätzlich gegeben werden: **18**

Hard facts: **19**

- Fundierter, partizipativer und offener Strategieentwicklungsprozess
- Strategiekonkretisierung und Maßnahmenplanung
- Strategiemonitoring und Maßnahmencontrolling
- Fit von Strategie, Organisation und Kultur
- Systematische Strategiekommunikation
- Strategiekonforme Entlohnungs- und Anreizmodelle
- Strategiekonforme Ressourcenausstattung (Personal, Kapital, …)

Soft facts: **20**

- Vorbildwirkung durch (Top-) Management (Top-Management Attention und Commitment)
- Beharrlichkeit und Konsequenz in der Umsetzung
- Kritischen, konstruktiven Geist bewahren; Hinterfragen von tradierten Mustern und Handlungsweisen und laufendes Aufzeigen von Optimierungspotenzialen
- Erfolge feiern, mit Rückschlägen rechnen, Niederlagen verkraften; daraus lernen, aber nicht vom grundsätzlichen Weg abbringen lassen
- Dynamik schaffen, Lust auf Neues kultivieren

Zusammenfassend kann strategisches Management als ein Zusammenspiel von Projektarbeit (Analyse und Konzeption) und dauerhaften Prozessen der Strategieumsetzung und der Strategiereflexion beschrieben werden. Strategische Analyse und Strategiekonzeption sind aufgrund ihres außergewöhnlichen und zeitlich befristeten Charakters als Projekte zu organisieren. Die Umsetzung der Strategien und das Monitoring der Strategieumsetzung sind dauerhafte Prozesse im Unternehmen, die gegebenenfalls neue Strategieprojekte anstoßen können. Generell ist in der Praxis eine klare Tendenz zu einer „rollierenden Strategieplanung" zu beobachten, bei der zwar strategische Ziele und Strategiepläne für einen mittel- **21**

[12] Vgl. *Kaplan/Norton* (1996), 2 ff.

bis längerfristigen Zeitraum (3/5/7 Jahre) erstellt werden, gleichzeitig aber die Strategiepläne einer jährlichen Revision bzw Reflexion unterzogen werden, die gegebenenfalls zu einer Adaption der Ziele und Maßnahmenpläne führen kann.

22 Dieses Zusammenspiel von Strategie als Projektarbeit und dauerhaftem Prozess im Strategiekreislauf wird in Abbildung 5 veranschaulicht.

Abb. 5: Prozess des strategischen Managements[13]

D. Wertschaffung durch Wachstum

23 Zentrales Ziel des strategischen Managements ist nachhaltige Wertschaffung[14]. Die Erfahrung zeigt, dass längerfristig betrachtet ökonomischer Wert nur über Wachstumsstrategien geschaffen werden kann. Vorübergehend können selbstverständlich Redimensionierung und Restrukturierung einen wesentlichen Beitrag zur Wertsteigerung von Unternehmen leisten, auf Dauer muss jedoch aus einem gesundgeschrumpften Kern wieder über Wachstumsimpulse Wert geschaffen werden. Offensichtlich ist eine erfolgreiche Unternehmensentwicklung durch einen gesunden Rhythmus von Wachstumsimpulsen und Restrukturierungsschritten gekennzeichnet. Wesentliche Wachstumsimpulse können kommen aus:

- Marktdurchdringung im Kerngeschäft
- Ansprechen neuer Kundengruppen
- Erschließung neuer regionaler Märkte

13 Quelle: Contrast Management-Consulting

14 Vgl. *Grant* (2005), 39.

- Erhöhung des Integrationsgrads (Vorwärts- oder Rückwärtsintegration)
- Aufbau neuer Geschäftsfelder mit vorhandenen Kernkompetenzen

Diese Wachstumsimpulse können grundsätzlich sowohl ausschließlich unter Einsatz eigener Ressourcen (organisches Wachstum) als auch unter Zugriff auf Ressourcen anderer Unternehmen (externes Wachstum) durch Akquisitionen und Fusionen realisiert werden. 24

Redimensionierung und Restrukturierung können über folgende Wege wertschaffend wirken: 25
- Portfoliobereinigung durch
- Rückzug aus Regionalmärkten
- Rückzug aus Geschäftsfeldern/Kundengruppen
- Rückzug aus bestimmten Wertschöpfungsstufen (Reduktion der Wertschöpfungstiefe)
- Reengineering/Kostenmanagement in den wesentlichen Kernprozessen

Ein Beleg, wie wichtig Wachstum für die Schaffung von ökonomischem Wert ist, liefert der von Contrast Management-Consulting seit mehr als einem Jahrzehnt durchgeführte Strategic Performance Test. Abbildung 6 gibt einen Überblick über finanzielle Performance und Marktperformance aller österreichischen börsenotierten Unternehmen in Abhängigkeit ihres Wachstums. 26

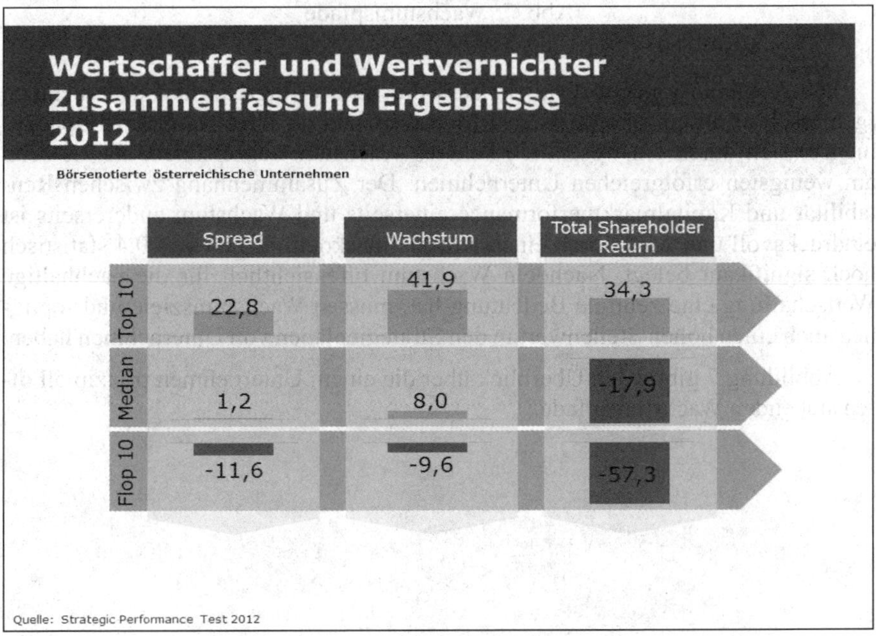

Abb. 6: Unternehmenserfolg und Wachstum

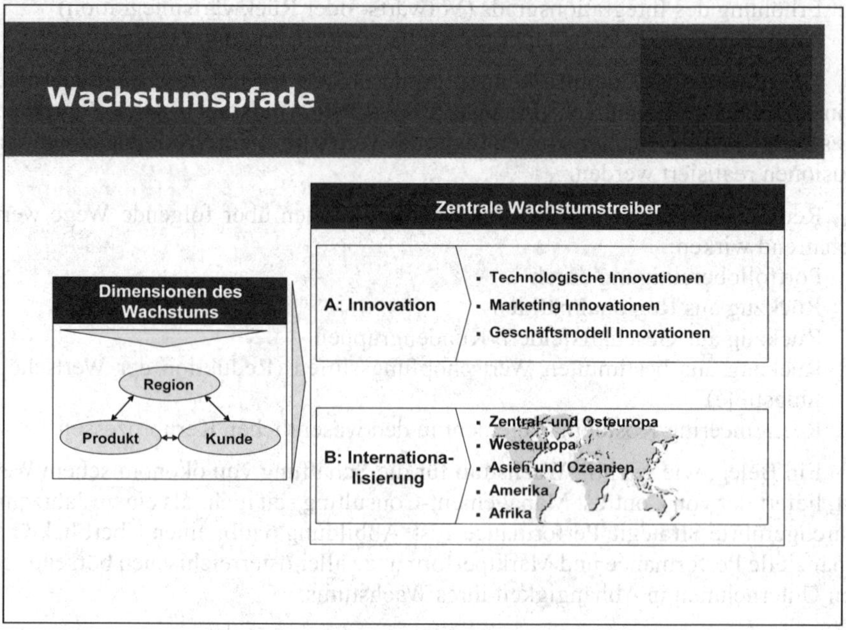

Abb. 7: Wachstumspfade

27 Die Abbildung macht deutlich, dass die zehn erfolgreichsten Unternehmen (gemessen an ihrem ökonomischen Mehrwert und an ihrer Kapitalmarktperformance) sich durch ein wesentlich höheres Wachstum auszeichnen, als die zehn am wenigsten erfolgreichen Unternehmen. Der Zusammenhang zwischen Rentabilität und Kapitalmarktperformance einerseits und Wachstum andererseits ist eindrucksvoll und wird durch einen Korrelationskoeffizienten von 0,4 statistisch hoch signifikant belegt. Nachdem Wachstum offensichtlich für die nachhaltige Wertschaffung eine zentrale Bedeutung hat, müssen Wachstumsziele und -optionen auch einen hohen Stellenwert in den Strategieplänen von Unternehmen haben.

28 Abbildung 7 gibt einen Überblick über die einem Unternehmen prinzipiell offen stehenden Wachstumspfade.

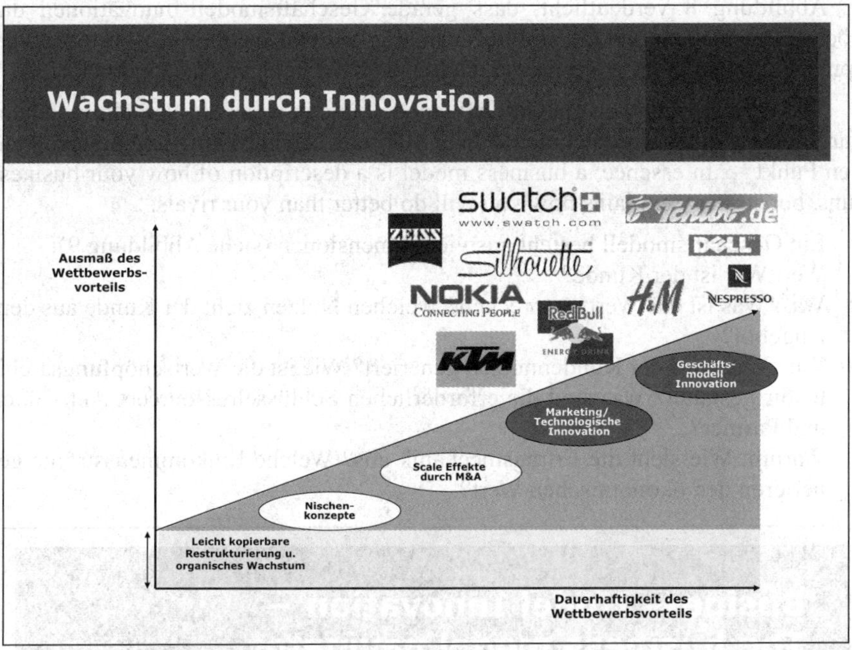

Abb. 8: Wachstum durch Innovation

Internationalisierung und Innovation sind mit Sicherheit die zwei wesentlichsten Wachstums- und Werttreiber von Unternehmen[15]. Gerade die Internationalisierung war in den letzten 20 Jahren sicherlich der wichtigste Wachstumsmotor österreichischer Unternehmen und offensichtlich von zentraler Bedeutung für deren erfolgreiche wirtschaftliche Entwicklung. Die rasche und erfolgreiche Expansion in den Zentral- und Osteuropäischen Wirtschaftsraum war wohl das vorherrschende Strategiemuster österreichischer Unternehmen in diesem Zeitraum. Der hohe Beitrag dieser Region zum finanziellen Erfolg österreichischer Unternehmen über einen längeren Zeitraum betrachtet unterstreicht die Wichtigkeit und Richtigkeit dieser strategischen Entscheidung. Für die Zukunft stellt sich für diese Unternehmen die Frage, aus welchen Weltregionen die Wachstumsimpulse für die nächsten Jahrzehnte kommen können. **29**

Neben der Internationalisierung ist Innovation als zweiter zentraler Wachstums- und Werttreiber zu betrachten[16]. Innovationen können sowohl technologischer als auch marketingbezogener Natur sein und im Idealfall ein Geschäft neu definieren. Im letzteren Fall spricht man von sogenannten Geschäftsmodell-Innovationen. **30**

[15] Der dritte Wachstumspfad, die Diversifikation, hat erfahrungsgemäß ein vergleichsweise geringeres Wertsteigerungspotenzial. Etwaigen Economies of Scope stehen häufig zunehmende Komplexitätskosten gegenüber.

[16] Vgl. *Barney* (2002), 287.

31 Abbildung 8 verdeutlicht, dass gerade Geschäftsmodell-Innovationen das höchste Ausmaß an und die größte Nachhaltigkeit von Wettbewerbsvorteilen versprechen. Beispiele wie Nespresso, Dell und H&M belegen dies eindrucksvoll.

32 Was ist nun eigentlich ein Geschäftsmodell und in welchem Verhältnis steht es zur Strategie eines Unternehmens? Joan Magretta bringt es kurz und prägnant auf den Punkt – „In essence, a business model is a description of how your business runs, but strategy explains how you will do better than your rivals."

33 Ein Geschäftsmodell besteht aus vier Dimensionen (siehe Abbildung 9):

- Wer: Wer ist der Kunde?
- Was: Was ist das Wertversprechen? Welchen Nutzen zieht der Kunde aus dem Angebot?
- Wie: Wie wird der Kundennutzen generiert? Wie ist die Wertschöpfungsarchitektur gestaltet? Was sind die erforderlichen Schlüsselressourcen, Aktivitäten und Partner?
- Warum: Wie sieht die Ertragsmechanik aus? Welche Einkommensströme generieren den ökonomischen Wert?

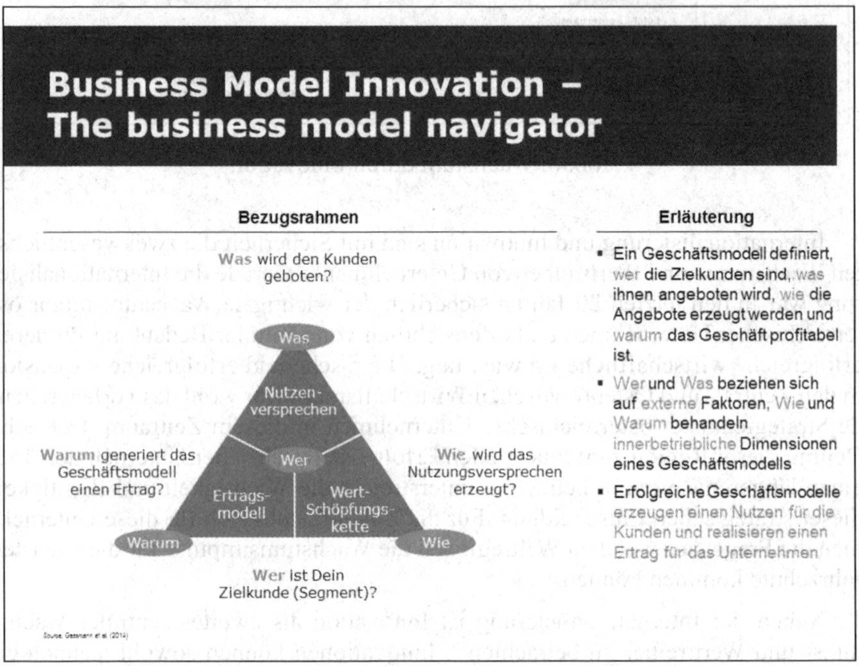

Abb. 9: Business Model Navigator

34 Geschäftsmodellinnovationen setzen üblicherweise gleichzeitig an mehreren dieser Dimensionen an, wie das Beispiel Nespresso verdeutlicht:

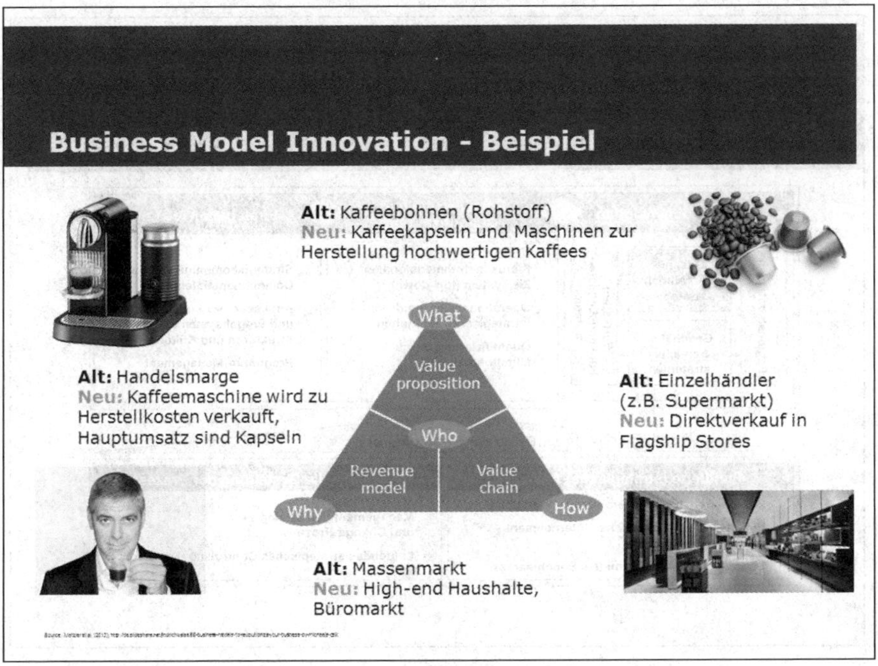

Abb. 10: Business Model Innovation am Beispiel Nespresso

IV. Standards erfolgreicher Strategiearbeit

Fasst man die bisherigen Ausführungen zur strategischen Planung und Strategieumsetzung zusammen, dann werden Standards erfolgreicher Strategiearbeit deutlich, die auch als Grundlage für die Beurteilung der Qualität des strategischen Managements durch Aufsichtsräte eingesetzt werden können. 35

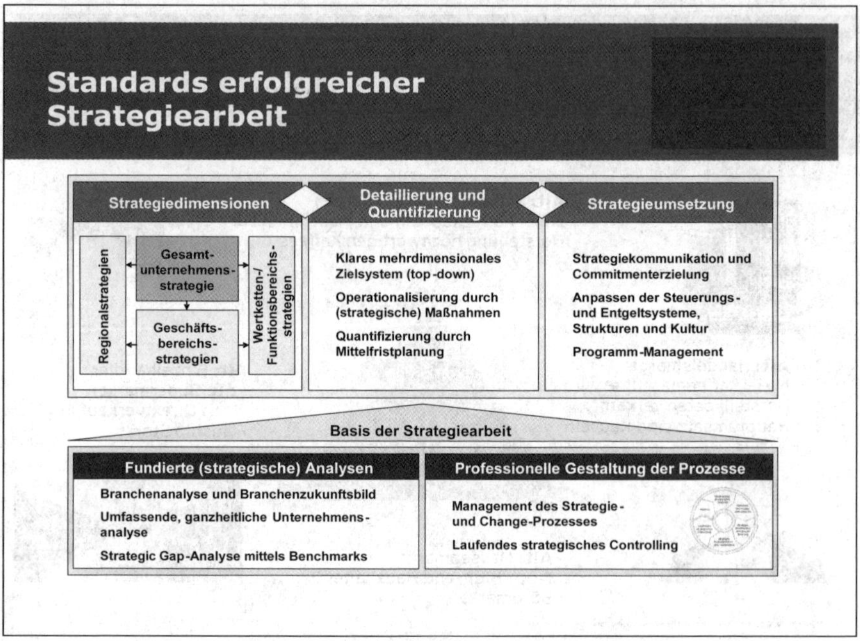

Abb. 11: Standards erfolgreicher Strategiearbeit[17]

36 Jedes Unternehmen benötigt eine wohlüberlegte Gesamtunternehmensstrategie, in der das Geschäftsportfolio und die Arealstrategie für die Zukunft festgelegt werden. Daraus sind die Teilstrategien für die einzelnen Geschäftsbereiche und Geschäftsfelder abzuleiten und die damit verbundenen Geschäftsmodelle zu präzisieren, sowie die strategischen Stoßrichtungen für die wichtigsten Funktionsbereiche abzuleiten (zB HR-Strategie, IT-Strategie, Controlling- und Finanz-Strategie usw.). Für international tätige Unternehmen ist weiters eine Konkretisierung der Gesamtunternehmensstrategie bzw der Geschäftsbereichsstrategien für einzelne Regionen oder Länder erforderlich.

37 Neben der inhaltlichen Strategiefestlegung (Ziel- und Maßnahmenplanung), ist die finanzielle Bewertung und Schärfung der Strategien ein wesentlicher Bestandteil einer ordnungsgemäßen Strategieplanung. Unternehmen benötigen nicht nur eine langfristige inhaltliche Perspektive, sondern auch eine langfristige Festlegung auf finanzielle Performanceziele im Sinne eines finanziellen Zielsystems. In diesem Zielsystem sind Rendite-Ziele bzw Kapitalmarkt-Ziele im Sinne eines Commitments des Managements langfristig festzulegen. Anschaulich illustriert wird das am sogenannten 13 %-Performance-Commitment der OMV, in dem sich die OMV langfristig sowohl zu einem durchschnittlichen jährlichen Rendite-Ziel[18] von 13 % als auch zu einem Total-Shareholder-Return in dieser Höhe verpflichtet

[17] Quelle: Contrast Management-Consulting.
[18] Vgl. *Denk* (2002).

hat. Dieses finanzielle Zielsystem dient zusätzlich zum inhaltlichen Zielsystems des Unternehmens als wesentlicher Orientierungspunkt nach innen und nach außen.

In der Strategieumsetzung tritt zuallererst die Frage, ob die Strategiepläne ausreichend konkretisiert und operationalisiert wurden sowie Verantwortliche zur Strategieumsetzung benannt wurden, in den Vordergrund. Im Zuge der Strategieumsetzung ist gerade anfangs, das heißt, nach Abschluss der Strategieplanung eine intensive und kreative Kommunikation der Strategieinhalte zur Erzielung eines breiten Strategie-Commitments in der Organisation von besonderer Bedeutung. In weiterer Folge erlangt ein Programmmanagement, das den Erfolg der Strategieumsetzung transparent macht und strategische sowie operative Lücken zeitnah aufzeigt, eine besondere Bedeutung. Die Balanced Scorecard kann dabei sowohl die Strategiekonkretisierung und Maßnahmenplanung als auch das Monitoring der Erreichung strategischer Ziele an Hand von sogenannten Key Performance Indikatoren unterstützen. Gerade für Aufsichtsräte kann eine auf ihre Informationsbedürfnisse maßgeschneiderten BSC ein wichtiges Hilfsmittel bei der Überwachung der Strategieumsetzung sein. Eine maßgeschneiderte Aufsichtsrats-BSC oder „Supervisory Scorecard" hat erstens die zentralen Informationen der Gesamtunternehmens-BSC in entsprechender hoher Aggregation zu umfassen und kann darüber hinaus auch spezielle Steuerungsinformation für Aufsichtsräte (insb. über die Funktionsfähigkeit des CG-Systems des Unternehmens) beinhalten.[19] **38**

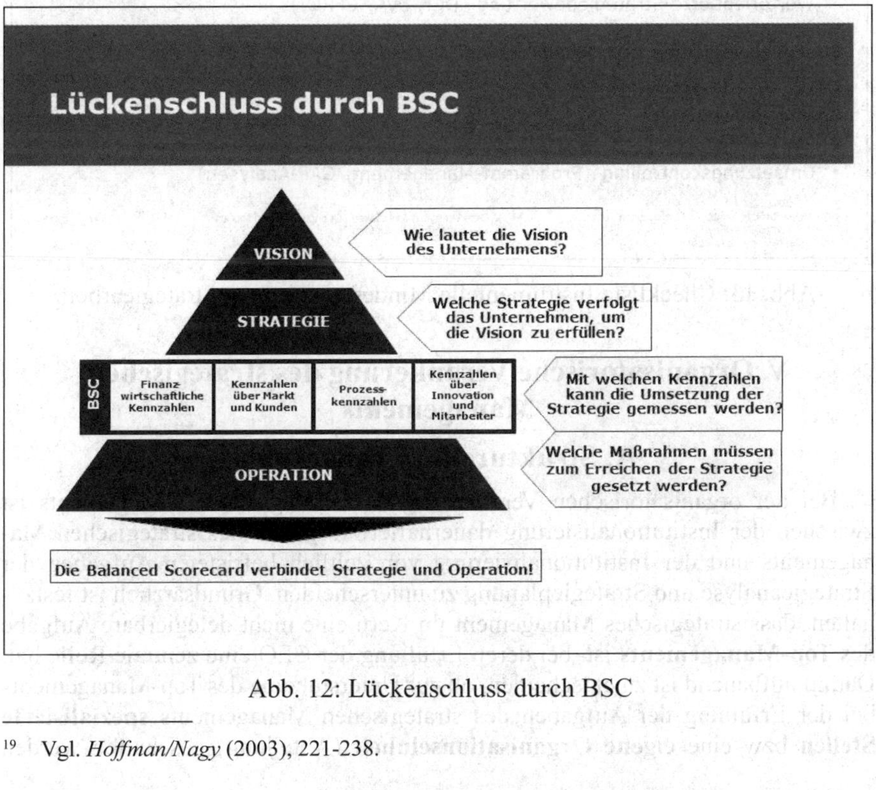

Abb. 12: Lückenschluss durch BSC

[19] Vgl. *Hoffman/Nagy* (2003), 221-238.

39 Durch ein systematisches strategisches Controlling kann das Wachstums- und Ergebnissteigerungspotenzial, das der beschlossenen Strategie innewohnt, auch mit hoher Wahrscheinlichkeit realisiert werden. Basis der erfolgreichen Strategiearbeit sind fundierte strategische Analysen und eine professionelle Gestaltung der strategischen Planungs- und Umsetzungsprozesse, einschließlich der Bereitstellung der dafür erforderlichen Methoden und Werkzeuge.

Abbildung 13 fasst die instrumentelle Mindestausstattung zur Unterstützung der Strategieplanung und -umsetzung im Sinne einer Check-Liste zusammen:

Checkliste Instrumentelle Mindestausstattung Strategiearbeit

Analyse:
- Umfeld- und Branchenanalyse (Five Forces, Benchmarking)
- Unternehmensanalyse (Wertkettenanalyse, VRIO, SWOT)

Generierung strategischer Optionen:
- Strategische Grundpositionierung (Portfoliowerkzeuge)
- Festlegung des Geschäftsmodells (Business Model Navigator)

Optionenbewertung und Auswahl:
- Wertorientierte Strategiebewertung (DCF, EVA, CFROI)

Strategiedetaillierung und Quantifizierung:
- Operationalisierung der Strategie (Balanced Scorecard)

Strategieumsetzung:
- Maßnahmendefinition (Roadmap)
- Umsetzungscontrolling (Programm-Management, GAP-Analysen)

VRIO – Value Rarity Imitability And Organization
DCF – Discounted Cash Flow
CFROI – Cash-Flow-Return On Investment
SWOT – Strengths, Weaknesses, Opportunities, and Threats
EVA – Economical Value Added

Abb. 13: Checkliste Instrumentelle Mindestausstattung Strategiearbeit

V. Organisatorische Verankerung des strategischen Managements

A. Strukturelle Verankerung

40 Bei der organisatorischen Verankerung des strategischen Managements ist zwischen der Institutionalisierung dauerhafter Aufgaben des strategischen Managements und der Institutionalisierung von zeitlich befristeten Aufgaben der Strategieanalyse und Strategieplanung zu unterscheiden. Grundsätzlich ist festzuhalten, dass strategisches Management im Kern eine nicht delegierbare Aufgabe des **Top-Managements** ist, bei deren Erfüllung der CEO eine zentrale Rolle hat. Darauf aufbauend ist zu entscheiden, ob zur Unterstützung des Top-Managements bei der Erfüllung der Aufgaben des strategischen Managements **spezialisierte Stellen** bzw eine **eigene Organisationseinheit** (Abteilung) geschaffen werden

sollen. Derartige Organisationseinheiten tragen üblicher Weise Bezeichnung wie Strategieabteilung, Abteilung für Unternehmensentwicklung, Corporate & Business Development, strategisches Controlling, etc. und sind üblicherweise direkt dem CEO unterstellt. Aufgabe derartiger Abteilungen ist es, eine Infrastruktur – dh Instrumente, Methoden und standardisierte Abläufe – für das strategische Management zur Verfügung zu stellen sowie die Strategiearbeit zu organisieren und zu koordinieren. Die inhaltliche Strategieverantwortung liegt auch bei Vorhandensein einer „Strategieabteilung" selbstverständlich beim Top-Management und nicht bei den „Strategiespezialisten".

Zusätzlich zu einer „Strategieabteilung" erscheint es zweckmäßig eine **laterale Struktur (Kollegium)** zu institutionalisieren, über die Führungskräfte aus unterschiedlichen Bereichen des Unternehmens von Zeit zu Zeit zusammenkommen, um strategisch relevante Sachverhalte zu diskutieren und zu entscheiden. Derartige organisatorischen Einrichtungen können folgende Bezeichnungen tragen: Strategy Committee, Strategischer Führungskreis, Strategy Board etc. Aufgabe dieser Institution ist es, unternehmensweit die Ergebnisse strategischer Analysen zu diskutieren und zu bewerten, Strategiepläne zur Diskussion zu stellen und abzustimmen sowie gemeinsam den Strategieumsetzungsfortschritt zu überwachen. 41

Die Erfüllung komplexerer strategischer Analyse- und Planungsarbeiten ist zweckmäßiger Weise als **Projekt** unter Beachtung der etablierten Standards des Projektmanagements zu organisieren. Im Lenkungsausschuss derartiger Projekte sitzen ein oder mehrere Mitglieder des Strategy Committees, Projektleiter ist typischer Weise die für den Analyse- bzw Planungsausschnitt verantwortliche Führungskraft, unterstützt von einem Mitarbeiter der Strategieabteilung. In das Projektteam werden weitere Personen einbezogen, die über relevantes Know-how zur Aufgabenerfüllung verfügen. Auch externe Berater werden in Strategieprojekten häufig eingeschaltet. 42

Wichtig erscheint eine wohlüberlegte Aufgaben- und Kompetenzverteilung zwischen diesen unterschiedlichen Institutionen des strategischen Managements – Vorstand (insbesondere CEO), Strategy Committee, Strategieabteilung und strategischen Projektgruppen. 43

B. Organisation des Strategieplanungs- und Monitoringprozesses

Insbesondere in großen Unternehmen ist die Organisation der unterschiedlichen strategischen Analyse-, Planungs-, Umsetzungs- und Monitoringprozesse eine hochkomplexe Aufgabe, weil viele Personen aus unterschiedlichen Bereichen einzubinden sind. Strategisches Management ist ein arbeitseiliger Prozess, der vorausschauend organisiert (WER macht WAS bis WANN) werden muss, um Effizienz und Effektivität der Strategiearbeit sicherzustellen. Sofern in einem Unternehmen das Wirtschaftsjahr zugleich das Kalenderjahr ist, findet die inhaltliche Strategiearbeit – dh Strategierevision und Adaption von Strategien – typischer Weise im ersten Halbjahr statt, während im zweiten Halbjahr die Transformation der Strategie in die Mittelfristplanung und in die operativen Budgets und eine damit abgestimmte Maßnahmenplanung erfolgen. 44

45 Abbildung 14 illustriert eine mögliche zeitliche Verteilung unterschiedlicher strategischer Analyse- und Planungsschritte über das Jahr:

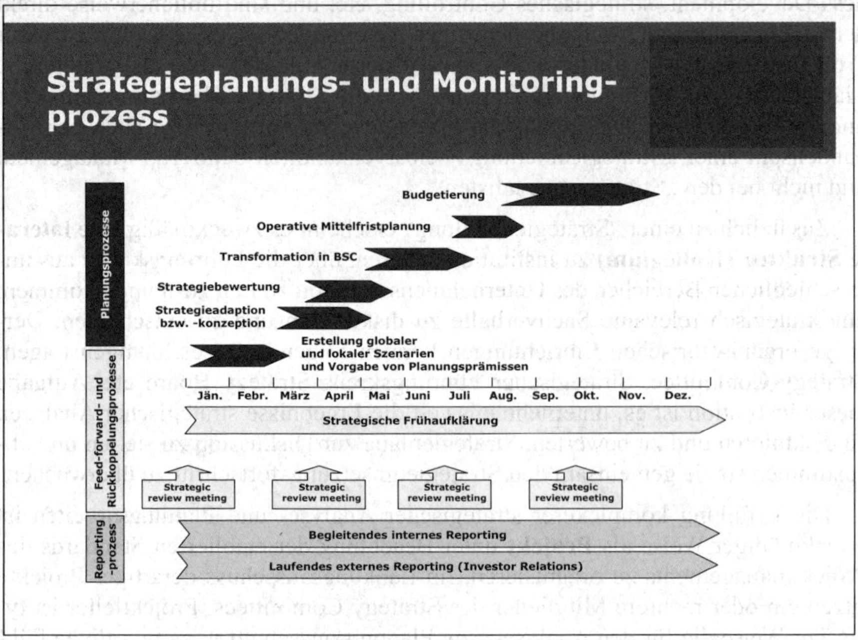

Abb. 14: Strategieplanungs- und Monitoringprozess im Jahreskreis

46 Aus Sicht des Aufsichtsrats ist es wichtig sicherzustellen, dass strategisches Management im Unternehmen ordnungsgemäß organisiert ist. Wie bereits ausgeführt wurde, ist es dazu erforderlich, dass

- entsprechende Institutionen bzw spezialisierte Stellen für strategisches Management geschaffen werden,
- die regelmäßig wiederkehrenden Aufgaben (dauerhaften Aufgaben) des strategischen Managements im Jahreskreislauf festgelegt sind und die zeitliche Verfügbarkeit der einzubinden Führungskräfte frühzeitig sichergestellt wird,
- strategische Analyse- und Planungsaufgaben höherer Komplexität als Projekte unter Berücksichtigung der etablierten Standards des Projektmanagements organisiert werden, und
- dem Stand der Technik entsprechende Methoden und Instrumente für die strategische Analyse, die Strategieplanung und das Monitoring der Strategieumsetzung entwickelt und unternehmensweit in standardisierter Form eingesetzt werden.

47 Je größer ein Unternehmen ist, desto wichtiger ist der Einfluss der Institutionalisierung bzw des Organisationsgrads des strategischen Managements auf den Erfolg der Strategiearbeit. Insbesondere die planmäßige Strategieumsetzung ist wesentlich von einer professionellen Organisation des strategischen Managements abhängig.

VI. Rechte und Pflichten des Aufsichtsrats bei der Strategiearbeit

A. Erarbeitung und Umsetzung der Strategie durch den Vorstand

Gemäß § 70 AktG hat der Vorstand unter eigener Verantwortung die Gesellschaft so zu leiten, wie es das Wohl des Unternehmens unter Berücksichtigung der Interessen der Aktionäre und der Arbeitnehmer sowie des öffentlichen Interesses erfordert. Der Vorstand ist bei der Erfüllung seiner Aufgaben sowohl gegenüber der Hauptversammlung/den Aktionären als auch gegenüber dem Aufsichtsrat **weisungsfrei.**[20] Eine der wesentlichen Leitungsaufgaben ist auch die Erarbeitung der Geschäftspolitik, also den strategischen Rahmen und die grundsätzliche Orientierung des Unternehmens in Bezug auf seine Geschäftsfelder, Erfolgspotentiale, Kernkompetenzen und Wettbewerbsvorteile festzulegen.[21] **48**

Bei einem mehrgliedrigen Vorstand kann entweder die Satzung oder der Aufsichtsrat oder der Vorstand selbst eine Ressortverteilung vorsehen. Einem Vorstandsmitglied kann beispielsweise die kaufmännische Leitung und einem anderen die technische Leitung als eigenes Ressort zugewiesen werden. Bestimmte Aufgaben, zu denen auch grundsätzliche Entscheidungen über die Unternehmenspolitik gehören,[22] sind **von der Möglichkeit der Ressortaufteilung ausgeschlossen**, dh sie müssen immer von allen Vorstandsmitgliedern wahrgenommen werden.[23] Für die Festlegung und laufende Weiterentwicklung der Unternehmensstrategie sind daher alle Vorstandsmitglieder gemeinsam verantwortlich. **49**

Der Vorstand ist weiters für die **Umsetzung** des Strategieprozesses auf allen Ebenen des Unternehmens verantwortlich. Hier kann es sehr wohl eine Ressortverteilung geben, was im Regelfall auch sinnvoll ist. **50**

B. Notwendige Zustimmung des Aufsichtsrats zu den Grundsätzen der Geschäftspolitik

Die Festlegung der Grundsätze der Geschäftspolitik sind zwar vom (weisungsfreien) Vorstand zu erarbeiten, sie bedürfen aber jedenfalls der vorherigen Zustimmung des Aufsichtsrats gemäß § 95 Abs 5 Z 8 AktG. Darunter fällt die gesellschaftliche Zielbildung und Strategiefindung, die Gestaltung und Aufrechterhaltung der Wirtschaftlichkeit und Rentabilität und die soziale Dimension des Unternehmens, einschließlich der Mittelbereitstellung und – zuteilung.[24] Auch faktische Änderungen der bisherigen Geschäftspolitik (zB die teilweise Verlagerung der Produktion oder Änderung der Vertriebsstruktur) bedürfen der Zustimmung des Aufsichtsrats (s *Briem* Rz 12/12 ff). **51**

[20] *Strasser* in *Jabornegg/Strasser*, AktG II[5] § 70 Rz 1 ff.

[21] *Fleischer* in *Spindler/Stilz*, Kommentar zum Aktiengesetz (2007) § 90 Rz 17; *Kalss* in *Doralt/Nowotny/Kalss*, AktG[2] (2012) § 95 Rz 114; *Koppensteiner* in *Koppensteiner/Rüffler*, GmbHG[3] § 30j Rz 21 mwN.

[22] *Nowotny* in *Doralt/Nowotny/Kalss* AktG[2] 2012 § 70 Rz 26.

[23] *Strasser* in *Jabornegg/Strasser*, AktG II[5] § 70 Rz 39; *Kalss* in *Doralt/Nowotny/Kalss*, AktG[2] (2012) § 70 Rz 23 ff.

[24] *Kalss* in *Doralt/Nowotny/Kalss*, AktG[2] § 95 Rz 114.

52 Der Vorstand hat gemäß § 95 Abs 2 AktG dem Aufsichtsrat im Vorhinein schriftlich die für die Entscheidung notwendigen Unterlagen (Vorlagebericht) zu übermitteln.[25] Der Aufsichtsrat hat ein eigenes unternehmerische Ermessen iS von § 84 AktG, ob er zustimmt oder nicht (s *Briem* Rz 12/84 ff). In Fragen der Festlegung der Grundsätze der Geschäftspolitik ist der Aufsichtsrat aber gefordert dem Vorstand als Berater und Sparringpartner zu Verfügung zu stehen. Es genügt keineswegs, dass er einen entsprechenden Antrag des Vorstands einfach ablehnt oder bewilligt.

53 Soweit nicht für Einzelmaßnahmen (wie zB Stilllegung eines Unternehmens oder Durchführung einer großen Investition) (Rz 58 ff) eine besondere Zustimmungspflicht des Aufsichtsrats besteht, sind Detailfragen der Umsetzung der festgelegten Strategie hingegen Aufgabe des Vorstands.

C. Mitarbeit bei der Entwicklung der Geschäftspolitik als Berater und Sparringpartner des Vorstands

54 Die Strategie der Gesellschaft ist zwar vom Vorstand zu erarbeiten, es ist aber Aufgabe des Aufsichtsrats, diese mit dem Vorstand zu diskutieren. Neben der Personalhoheit ist die strategische Beratung und Begleitung des Vorstands die **wichtigste Aufgabe des Aufsichtsrats.**[26] Der Aufsichtsrat hat vorausschauend die Strategie und die systemhafte Planung des Unternehmens zu begleiten und zu beraten und wird dadurch zu Partner und Begleiter des Vorstands.[27]

55 Der Aufsichtsrat soll sowohl Berater des Vorstands, als auch dessen Sparringpartner sein.[28] Der Aufsichtsrat ist gefordert, sich intensiv einzubringen und dabei auch die ihm zustehenden Einflussmöglichkeiten (siehe Rz 58 ff) zu nützen.

56 Der Aufsichtsrat ist aber **kein Vorgesetzter des Vorstands** und kann diesem daher auch in Fragen der Strategie keine Weisung erteilen. Das ändert aber nichts daran, dass der Aufsichtsrat alle ihm zustehenden Möglichkeiten nützen muss, um eine aus seiner Sicht notwendige Strategieschärfung oder auch einen Strategiewechsel zum Durchbruch zu verhelfen, wenn das nach seiner Überzeugung notwendig ist. Wenn es nach Überzeugung des Aufsichtsrats im Sinne des Unternehmenswohls erforderlich ist, dass es zu einer Strategieschärfung oder Strategieänderung kommt, dann genügt es nicht, dass der Aufsichtsrat seine Argumente in die Diskussion mit dem Vorstand einbringt und dann aber einfach akzeptiert, dass sich der Vorstand davon nicht überzeugen lässt. Der Aufsichtsrat ist gefordert, alle seine weiteren Einfluss- und Mitwirkungsmöglichkeiten zu nützen, um die aus seiner Sicht notwendige Kurskorrektur herbeizuführen. Das gilt allerdings nicht in jedem Fall von abweichenden Vorstellungen des Aufsichtsrats über die Geschäftspolitik. Wenn die Vorstellungen des Vorstands über die Geschäftspolitik von jenen des Aufsichtsrats abweichen, dann hat der Aufsichtsrat diese zu akzeptieren,

---

25 *Kalss* in *Doralt/Nowotny/Kalss*, AktG² § 95 Rz 93; *Rauter* in *Straube*, GmbHG (2013) § 30j Rz 67; *Strasser* in *Jabornegg/Strasser*, AktG II⁵ §§ 95-97 Rz 20 ff.

26 *Kalss* in *Doralt/Nowotny/Kalss*, AktG² § 95 Rz 6.

27 *Hüffer*, AktG⁹ § 111 Rz 45.

28 *Hüffer*, AktG⁹ § 111 Rz 5; *Strasser* in *Jabornegg/Strasser*, AktG II⁵ §§ 95-97 Rz 7.

sofern sie sich im Rahmen der gesetzlichen und satzungsmäßigen Vorgaben und des **unternehmerischen Ermessens des Vorstands** halten und dem Gebot der Wirtschaftlichkeit und Zweckmäßigkeit gerecht werden.[29]

Der Aufsichtsrat kann auch zu Fragen der Strategie sowohl darauf drängen, dass der Vorstand einen **externen Berater** beizieht als auch selbst einen externen Berater beiziehen. Er kann auch einzelne Experten zu einzelnen Aufsichtsratssitzungen einladen und mit diesen und dem Vorstand die Geschäftspolitik diskutieren[30]. Sofern der externe Experte in einer derartigen Diskussion die vom Aufsichtsrat vorgebrachten Argumente, die zum Beispiel für eine Teilstrategiewechsel sprechen, mit guten Argumenten unterstützt, wird es dem Vorstand im Normalfall sehr schwer fallen sie einfach vom Tisch zu wischen.[31] **57**

D. Einfluss des Aufsichtsrats auf die Strategieumsetzung durch weitere Zustimmungsvorbehalte

Soweit die Aufnahme neuer Geschäftszweige oder Produktionsarten erhebliche Eingriffe in die bisherige Betriebsorganisation mit sich bringt und entweder aus dem routinemäßigen Geschäftsbetrieb herausragt oder von spezifischer unternehmensstrategischer Bedeutung sind, bedürfen sie gemäß § 95 Abs 5 Z 7 AktG der Zustimmung des Aufsichtsrats (s *Briem* Rz 12/18, 51). Überdies ist eine Aufnahme neuer Geschäftszweige oder Produktionsarten nur innerhalb des satzungsmäßigen Unternehmensgegenstand ohne Zustimmung der Hauptversammlung zulässig (s Rz 75 ff).[32] **58**

Gemäß § 95 Abs 5 Z 4 AktG erfordern Anschaffungen der Gesellschaft (zB Fuhrpark, Produktionsmaschinen, EDV-Anlagen), wenn diese die vom Aufsichtsrat festgelegte Betragsgrenze erreichen, ebenfalls einer Zustimmung des Aufsichtsrats.[33] **59**

Der Aufsichtsrat kann auf den Strategieumsetzungsprozess durch die Zustimmung zu den oben genannten Einzelmaßnahmen gemäß § 95 Abs 5 Z 4 und 7 AktG und **allfälliger weiterer im Rahmen des § 95 Abs 5 AktG** bestimmten Einzelmaßnahmen Einfluss nehmen. Soweit eine derartige Einzelmaßnahme zustimmungspflichtig ist und sie in der Geschäftspolitik Deckung findet, darf der Aufsichtsrat seine Zustimmung im Rahmen seines Ermessens untersagen, weil er die Geschäftspolitik für nicht mehr richtig hält (vgl *Briem* Rz 12/64; Rz 12/86 ff).[34] **60**

---

29 *Vetter* in *Fleischer/Koch/Kropf/Lutter*, 50 Jahre Aktiengesetz (2016) 118.

30 *Kunz*, Gesellschaftliches Aufsichtsrats-Know-How 2014 S 78.

31 *Kalss* in *Doralt/Nowotny/Kalss*, AktG² § 95 Rz 66; *Hüffer*, AktG⁹ § 111 Rz 5.

32 *Kalss* in *Doralt/Nowotny/Kalss*, AktG² § 95 Rz 113; *Rauter* in *Straube*, GmbHG (2013) § 30j Rz 91 ff; *Koppensteiner* in *Koppensteiner/Rüffler*, GmbHG³ § 30j Rz 21.

33 *Kalss* in *Doralt/Nowotny/Kalss*, AktG² § 95 Rz 110, 131; *Rauter* in *Straube*, GmbHG (2013) § 30j Rz 821 ff.

34 *Schima*, Zustimmungsvorbehalte als Steuerungsmittel des Aufsichtsrates in der AG und im Konzern, GesRZ 2012, 35; *Spindler* in *Spindler/Stilz*, Kommentar zum Aktiengesetz (2007) § 111 Rz 20; aA *Hoffmann-Becking*, Münchener Handbuch des Gesellschaftsrechts IV Aktiengesellschaft⁴ (2015) § 29 Rz 31-34 mwN; *Vetter* in *Fleischer/Koch/Kropf/Lutter*, 50 Jahre Aktiengesetz (2016) S 117, 118.

61 **Fallbeispiel**: Wenn die vom Aufsichtsrat „bewilligte" Geschäftspolitik eine Wachstumsstrategie in einem konkreten europäischen Land vorsieht, dürfte ein Antrag auf Zustimmung zum Erwerb eines Bürogebäudes in diesem Land nicht alleine[35] mit der Begründung abgelehnt werden, dass eine Investition in diesem Land derzeit nicht sinnvoll ist. Wohl aber ist der Aufsichtsrat jederzeit, insbesondere bei einem Vorlagebericht, berechtigt und verpflichtet allfällige Bedenken gegen die beschlossene Strategie einzubringen und zu versuchen den Vorstand zu einer Änderung der seiner Ansicht nach nicht richtigen Strategie zu überzeugen. Wenn es dem Aufsichtsrat nicht gelingt den Vorstand davon zu überzeugen, dass die Strategie geändert werden muss und daher die Investition nicht sinnvoll ist, besteht die Möglichkeit in einem derartigen Fall die Angelegenheit an die Hauptversammlung zu delegieren und entscheiden zu lassen (s Rz 75 ff).

E. Überwachung des Vorstands durch den Aufsichtsrat

62 Der Aufsichtsrat hat die Tätigkeit des Vorstands zu überwachen. Die Intensität der Überwachungstätigkeit ist weiters von der wirtschaftlichen Situation des Unternehmens abhängig. Die Überwachungstätigkeit bei einem Unternehmen in der Krise ist eine andere als bei einem mehr als erfolgreichen Unternehmen.[36]

63 Im Hinblick auf die Geschäftspolitik bzw der Strategie besteht die Überwachungstätigkeit darin, dass einerseits die „richtige" Strategie entwickelt und laufend angepasst wird und anderseits deren Umsetzung erfolgt. Neben den bereits erwähnten Möglichkeiten des Aufsichtsrats die Strategieentwicklung und -umsetzung zu überwachen (Berater- und Sparringpartner und Zustimmungsvorbehalte) hat der Aufsichtsrat auch noch folgende Möglichkeiten:

1. Laufende Berichtspflicht des Vorstands

64 Gemäß § 81 AktG hat der Vorstand dem Aufsichtsrat mindestens einmal jährlich schriftlich unter anderem über grundsätzliche Fragen der künftigen Geschäftspolitik zu berichten. Darüber hinaus hat er schriftliche Quartalsberichte und bei Bedarf auch Sonderberichte zu erstatten.[37]

65 Jeder dieser Berichte bietet dem Aufsichtsrat die Möglichkeit, eine mehr oder weniger intensive Diskussion mit dem Vorstand über strategische Fragen zu führen und dabei auch auf allfällige Fehlentwicklungen und/oder notwendige Änderungen hinzuweisen und zu versuchen beim Vorstand die notwendige Überzeugungsarbeit zu leisten. Dem Aufsichtsrat steht jedenfalls das uneingeschränkte Recht zu den Vorstand zu fragen, warum er etwas für richtig oder falsch hält und der Vorstand ist verpflichtet Antworten zu geben.

---

[35] Wenn der AR aber Zweifel daran hat, ob der Preis für das Bürogebäude angemessen ist oder ob Eigentum daran rechtmäßig erworben werden kann etc, dann ist er sehr wohl berechtigt bzw verpflichtet seine Zustimmung zu verweigern.

[36] *Kalss* in *Doralt/Nowotny/Kalss*, AktG[2] § 95 Rz 18 ff mwN; va *Spindler* in *Spindler/Stilz*, Kommentar zum Aktiengesetz (2007) § 111 Rz 25 ff; *Habersack* in *Goette/Habersack*, Münchener Kommentar zum Aktiengesetz[3] § 111 Rz 44 ff.

[37] *Kalss* in *Doralt/Nowotny/Kalss*, AktG[2] § 81 Rz 2 ff; *Strasser* in *Jabornegg/Strasser*, AktG II[5] §§ 77-84 Rz 3 ff.

Der Aufsichtsrat kann gemäß § 95 Abs 2 AktG vom Vorstand jederzeit über jedes Thema, somit auch über die Geschäftspolitik und deren Umsetzung, Berichte verlangen.[38] 66

2. Stellungnahme des Vorstands zu Beanstandungen des Aufsichtsrats

Wie in allen anderen Bereichen, kann der Aufsichtsrat jederzeit durch Stellungnahme und Beanstandungen auch in Sachen Strategie auf den Vorstand einwirken. Diese sind zwar rechtlich unverbindlich, vom Vorstand aber sorgfältig zu erwägen (s *Frotz/Schörghofer* Rz 11/35). 67

F. Einfluss der Personalauswahl auf die Strategie

Da es primär Aufgabe des Vorstands ist die Strategie festzulegen und weiter zu entwickeln, ist es entscheidend den für das jeweilige Unternehmen in der jeweiligen Zeit richtigen Vorstand auszuwählen. Ein noch so guter und erfahrener Vorstand, der seine Zeitung nur als Hardcopy liest, sich Emails nur ausgedruckt vorlegen lässt und Handys für überflüssig hält, wird nicht der Richtige sein, um ein IT-Unternehmen fit für die Zukunft zu machen. Gerade für die Strategiearbeiten im Vorstand ist es auch ganz wesentlich, dass dieser richtig zusammengesetzt ist und auch die für das jeweilige Unternehmen sinnvollen Diversity-Aspekte berücksichtigt werden (s *Mensi-Klarbach* Rz 7/1 ff). 68

Neben der Auswahl des Vorstands hat der Aufsichtsrat auch noch durch die Festsetzung des Belohnungssystems, das sinnvollerweise auch strategische Ziele/Erfolge als Voraussetzung für Bonifikationen festlegen kann, einen Einfluss auf die Unternehmensstrategie.[39] 69

Da die Frage inwieweit der Aufsichtsrat die richtigen Inputs zur Festlegung und Entwicklung der Strategie liefern kann, davon abhängt, welche Mitglieder dort vertreten sind, sollte der Aufsichtsrat auch seine eigene Nachfolgeplanung (nicht nur die für den Vorstand) darauf ausrichten. Gemäß § 108 Abs 1 AktG hat der Aufsichtsrat der Hauptversammlung Wahlvorschläge für die Besetzung von Aufsichtsratsmandaten zu machen. Diese werden üblicherweise von einem Normierungsausschuss des Aufsichtsrats vorbereitet und auch beschlossen. Der Aufsichtsrat hat dabei die Möglichkeit Kandidaten vorzuschlagen, von denen er glaubt, dass sie aufgrund ihrer Erfahrung, ihrer Ausbildung, ihres Alters, ihrer Herkunft, ihres Geschlechts, etc. wichtige Inputs für die Unternehmensstrategie leisten können. 70

G. Umgang des Aufsichtsrats mit einem „unfähigen" Vorstand

Wenn der Aufsichtsrat zur Überzeugung kommt, dass der Vorstand trotz Beratung und Diskussion mit dem Aufsichtsrat entweder eine benötigte neue Strategie nicht erstellen kann und/oder diese nicht überzeugend umsetzen kann, dann muss der Aufsichtsrat auf einen möglichst raschen Vorstandswechsel hinwirken. 71

---

38 *Kalss* in *Doralt/Nowotny/Kalss*, AktG² § 95 Rz 40.

39 *Vetter* in *Fleischer/Koch/Kropf/Lutter*, 50 Jahre Aktiengesetz (2016) S 118.

72 Da in den meisten Fällen eine Uneinigkeit zwischen Vorstand und Aufsichtsrat über die Unternehmensstrategie eine sofortige Abberufung aus wichtigem Grund eine nicht durchsetzbare sein wird, wird der Aufsichtsrat mit einem oder allen Vorstandsmitgliedern Verhandlungen über eine vorzeitige Beendigung des Vorstandsvertrages führen. Dabei wird er zu beurteilen haben, ob der Vorteil, den das Unternehmen aufgrund eines raschen Vorstandswechsels hat, größer ist als die dem Unternehmen durch die vorzeitige Auflösung bestehender Vorstandsverträge entstehenden Kosten (s *Schima* Rz 17/1 ff)

73 Während die Höhe der Auflösungskosten mit Hilfe eines in derartigen Rechtsfragen erfahrenen Experten größenordnungsmäßig einschätzbar sein wird, wird sich der Vorteil den der neue Vorstand durch Entwicklung einer neuen Unternehmensstrategie erlangen soll, nicht so leicht in eine Planrechnung einstellen lassen. Letzteres bedeutet aber nicht, dass ein Vorstandswechsel nicht vom Aufsichtsrat durchgeführt werden darf, nur weil es nicht möglich ist, die wirtschaftlichen Vorteile, die aus der erst zu entwickelnden neuen Unternehmensstrategie resultieren sollen, genau zu berechnen und den Auflösungskosten gegenüberstellen zu können.

H. Strategieausschuss und Selbstorganisationspflicht des Aufsichtsrats

74 Der Aufsichtsrat hat die Pflicht, sich selbst zu organisieren (§ 92 AktG). Man spricht von einer Selbstorganisationspflicht oder einer Organisationsautonomie des Aufsichtsrats. Die Selbstorganisation soll die effiziente Erfüllung der Aufgaben des Aufsichtsrats – insbesondere die Überwachung des Vorstands – gewährleisten. Zu diesem Zweck kann er bestimmte Aufgaben an Anschüsse delegieren. Besonderes Augenmerk liegt dabei auf der Bildung von Ausschüssen, die teils verpflichtend einzurichten sind, teils freiwillig eingerichtet werden.[40] Vor allem bei größeren Aufsichtsräten kann es Sinn machen, einen eigenen Strategieausschuss (Rz 101 ff) des Aufsichtsrats einzurichten, der sich dann in einer kleinen Gruppe ständig mit dem Thema Strategie beschäftigt.[41]

I. Tiefgreifender Strategiewechsel/Zuständigkeit der Hauptversammlung

75 Prinzipiell bildet der Unternehmensgegenstand gemäß § 17 AktG jedenfalls die Grenze eines möglichen Strategiewechsels. Je enger der Unternehmensgegenstand gefasst ist, desto geringer ist der Spielraum für eine Strategieänderung.[42] Sofern ein Strategiewechsel nicht mehr im Unternehmensgegenstand gedeckt ist, bedarf es einer Satzungsänderung und damit der Zustimmung der Hauptversamm-

---

40 *Kalss* in *Doralt/Nowotny/Kalss*, AktG² § 92 Rz 131 ff; *Kunz*, Gesellschaftliches Aufsichtsrats-Know-How (2014) S 74; *Kraßnig*, Ausschusstaugliche und ausschusspflichtige Aufsichtsratsagenden, Aufsichtsrat Aktuell 2015 H 1, 12.

41 *Vetter* in *Fleischer/Koch/Kropf/Lutter*, 50 Jahre Aktiengesetz (2016) S 116, 117.

42 *Gruber* in *Doralt/Nowotny/Kalss* AktG² § 17 Rz 10; *Heidinger/Schneider* in *Jabornegg/Strasser*, AktG I⁵ § 17 AktG Rz 13 ff.

lung. Fraglich ist, ob bei einer wesentlichen Strukturänderung innerhalb des Unternehmensgegenstandes die Zustimmung der Hauptversammlung einzuholen ist (Holzmüller-Doktrin).[43]

So könnte die Formulierung des Unternehmensgegenstandes eines Elektrizitätsunternehmens lauten, dass bei der Erzeugung von Strom auf den Einsatz von Kernenergie zu verzichten ist.[44] Ist der Vorstand nun der Ansicht, dass ein Strategiewechsel notwendig sei, da die Erzeugung von Strom aus Wasserkraft nicht mehr rentabel ist, bedeutet dies eine Änderung des Unternehmensgegenstandes, die der Zustimmung der Hauptversammlung bedarf. **76**

Die Grenzen der Handlungsfreiheit des Vorstands sind dann erreicht, wenn der Unternehmensgegenstand eine so hohe Regelungsdichte aufweist, dass der Vorstand auch bei der Führung der laufenden Geschäfte zum reinen Exekutivorgan der Aktionäre ohne einem unternehmerischen Entscheidungs- und Handlungsspielraum wird.[45] **77**

Die Hauptversammlung ist jedenfalls für Geschäftsführungsfragen dann zuständig, wenn dies seitens des Vorstands oder – sofern es sich um zustimmungspflichtiges Geschäft gemäß § 95 Abs 5 AktG handelt – seitens des Aufsichtsrats verlangt wird (§ 103 Abs 2 AktG).[46] **78**

J. Der Aufsichtsrat im börsenotierten Unternehmen

Gemäß L-Regel 9 des ÖCGK idF Jänner 2015 hat der Vorstand den Aufsichtsrat regelmäßig, zeitnah und umfassend über alle relevanten Fragen der Geschäftsentwicklung zu informieren. Der Vorstand stimmt weiters die strategische Ausrichtung des Unternehmens mit dem Aufsichtsrat ab und erörtert mit ihm in regelmäßigen Abständen den Stand der Strategieumsetzung (L-Regel 11). Der Aufsichtsrat überwacht den Vorstand und unterstützt diesen bei der Leitung des Unternehmens, insbesondere bei Entscheidungen von grundlegender Bedeutung (L-Regel 32). **79**

Gemäß C-Regel 37 hat der Aufsichtsratsvorsitzende insbesondere mit dem Vorstandsvorsitzenden regelmäßig Kontakt zu halten und mit ihm die Strategie, die Geschäftsentwicklung und das Risikomanagement des Unternehmens zu diskutieren. **80**

K. Der Aufsichtsrat im Kreditunternehmen

Seit 01.01.2014 ist für Kreditinstitute gemäß § 39d BWG zwingend die Einrichtung eines eigenen Risikoausschusses des Aufsichtsrats vorgesehen, welcher die Strategie und das Risikomanagement des Kreditinstitutes überprüfen soll (§28a BWG). **81**

---

[43] BGH 25.02.1982 II ZR 174/80; vgl auch *Kalss* in *Doralt/Nowotny/Kalss*, AktG² § 103 Rz 28 ff; *Bydlinski/Potyka* in *Jabornegg/Strasser*, AktG II⁵ § 103 AktG Rz 19, 20.

[44] *Sailer-Coceani* in *Hoffmann-Becking*, Münchener Handbuch des Gesellschaftsrechts IV Aktiengesellschaft⁴ (2015) § 9 Rz 16.

[45] Röhricht in *Hopt/Wiedemann*, Großkommentar zum Aktiengesetz⁴ (1996) § 23 Rz 85 f.

[46] *Kalss* in *Doralt/Nowotny/Kalss*, AktG² § 103 Rz 19 ff; *Bydlinski/Potyka* in *Jabornegg/Strasser*, AktG II⁵ § 103 AktG Rz 13 ff.

L. Der Aufsichtsrat in öffentlichen Unternehmen

82 Von bestimmten öffentlichen Unternehmen ist der Bundes Public Corporate Governance Kodex idF 2012 (B-PCGK) anzuwenden (s *Kalss/Kunz* Rz 34/80 ff). Gemäß L-Regel 8.1.2. des B-PCGK stimmt die Geschäftsleitung auf der Grundlage des Unternehmensgegenstandes und allfälliger Zielvorgaben des Anteilseigners die Unternehmensstrategie mit dem Überwachungsorgan ab und erörtert mit ihm in regelmäßigen Abständen den Stand der Umsetzung.

83 Die Geschäftsleitung entwickelt gemäß L-Regel 9.1.2. des B-PCGK im Rahmen der gesetzlichen und statutarischen Vorgaben sowie im Rahmen allfälliger Vorgaben der Anteilseigner und des Überwachungsorgans die strategische Ausrichtung des Unternehmens, stimmt sie mit dem Überwachungsorgan ab und sorgt für ihre Umsetzung.

84 C-Regel 11.3.4. des B-PCGK sieht vor, dass der Vorsitzende des Überwachungsorgans mit der Geschäftsleitung regelmäßig Kontakt hält und mit ihr die Strategie, die Geschäftsentwicklung und das Risikomanagement des Unternehmens berät.

M. Besonderheiten bei der GmbH

85 Auch bei der GmbH hat die Geschäftsführung die Unternehmensstrategie zu erarbeiten und der Aufsichtsrat hat sie dabei zu beraten und zu überwachen. Wie bei der Aktiengesellschaft bedürfen die von der Geschäftsführung erarbeiteten Grundsätze der Geschäftspolitik der Zustimmung durch den Aufsichtsrat gemäß § 30j Abs 5 Z 8 GmbHG. Wie bei der Aktiengesellschaft kann der Aufsichtsrat die Strategie auch über weitere zustimmungspflichtige Geschäfte beeinflussen.

86 So bedarf die Aufnahme neuer Geschäftszweige oder Produktionsarten gemäß § 30j Abs 5 Z 7 GmbHG – soweit diese erhebliche Eingriffe in die bisherige Betriebsorganisation mit sich bringen – der Zustimmung des Aufsichtsrats. Die Aufnahme neuer Geschäftszweige oder Produktionsarten ist bloß im Rahmen des gesellschaftsvertraglichen Unternehmensgegenstandes zulässig.[47] Wie bei der Aktiengesellschaft erfordern Anschaffungen der Gesellschaft, wenn diese die vom Aufsichtsrat festgelegte Betragsgrenze erreichen, gemäß § 30j Abs 5 Z 4 GmbHG der Zustimmung des Aufsichtsrats.[48]

87 Wie bei der Aktiengesellschaft muss die Zustimmung zu zustimmungspflichtigen Geschäften nicht immer vom Plenum getroffen werden, sondern kann gemäß § 30g Abs 4 GmbHG an Ausschüsse delegiert werden. Daher kann der Aufsichtsrat ebenfalls – wie bei der Aktiengesellschaft – einen Strategieausschuss bilden. Ob die Zustimmung zu den allgemeinen Grundsätzen der Geschäftspolitik im Ausschuss oder vom Plenum zu treffen ist, ist nach der herrschenden Lehre nicht einheitlich beantwortet.[49]

---

[47] *Rauter* in *Straube*, GmbHG[1] § 30j Rz 91; *Kalss* in *Doralt/Nowotny/Kalss*, AktG[2] § 95 Rz 113.

[48] *Rauter* in *Straube*, GmbHG[1] § 30j Rz 82 ff.

[49] *Rauter* in *Straube*, GmbHG[1] § 30j Rz 70; aA *Koppensteiner* in *Koppensteiner/Rüffler*, GmbHG[3] § 30g Rz 22.

Anders als bei der Aktiengesellschaft, wo der Aufsichtsrat den Vorstand bestellt und damit Einfluss auf die Strategie nehmen kann, bestellen bei der GmbH die Gesellschafter die Geschäftsführer.[50] **88**

Weiters ist der wesentliche Unterschied zur Aktiengesellschaft der, dass die Generalversammlung ein Weisungsrecht gegenüber der Geschäftsführung hat und mit diesem auch unmittelbar strategische Fragen entscheiden kann. Die Geschäftsführung hat derartige Weisungen zu befolgen. Mit solchen Weisungen können auch Entscheidungen des Aufsichtsrats „overruled" werden.[51] Weiters ist es bei der GmbH – anders als bei der Aktiengesellschaft – auch möglich, dem Aufsichtsrat ein Weisungsrecht gegenüber der Geschäftsführung einzuräumen (s *Heidinger* Rz 40/28 ff). **89**

N. Mögliche Unterstützung durch einen Beirat

Sowohl bei der AG als auch bei der GmbH kann es neben dem Aufsichtsrat auch einen Beirat geben. Ein Beirat ist – anders als der Aufsichtsrat – kein gesetzlich vorgesehenes Organ, sondern kann aufgrund privat autonomer Gestaltung in der Gesellschaft oder in einer sonstigen Einrichtung errichtet werden (s *Kalss* Rz 39/1 ff). Neben vielen anderen Aufgaben, die ein Beirat – je nach der konkreten Aufgabenzuweisung – haben kann, kann er auch in die Strategiearbeit miteingebunden sein. **90**

In der Aktiengesellschaft kann ein Beirat entweder in der Satzung oder auf schuldrechtlicher Basis (zB Beschluss des Vorstands) verankert werden (s *Kalss* Rz 39/15 ff). Dem Beirat dürfen aber keine Aufgaben zu Lasten von Hauptversammlung, Aufsichtsrat und Vorstand eingeräumt werden. Der Aufsichtsrat ist allerdings nicht befugt, zu seiner Unterstützung einen Beirat einzurichten. Der Aufsichtsrat darf zu Einzelfragen externe Sachverständige beiziehen und ist berechtigt und – allenfalls verpflichtet – aufsichtsratsinterne Ausschüsse einzurichten, denen ausschließlich Mitglieder des Aufsichtsrats angehören. Für die Strategiearbeit könnte der Aufsichtsrat einen Strategieausschuss (Rz 101 ff) einrichten. **91**

Die Rechte und Pflichten des Aufsichtsrats bei der Strategiearbeit werden durch einen Beirat, zu dessen Aufgabenbereich die Strategiearbeit gehört, nicht eingeschränkt. Der Aufsichtsrat bleibt Berater und Sparringpartner bei der Entwicklung der Geschäftspolitik und hat deren Anpassung und Umsetzung laufend zu überwachen. Sinnvollerweise wird er aber die Unterstützung eines Beirats zum Wohl des Unternehmens nützen und in seine eigene Beratungs- und Überwachungstätigkeit einfließen lassen. **92**

Auch bei der GmbH kann ein Beirat sowohl aufgrund einer gesellschaftsvertraglichen Regelung als auch auf schuldvertraglichen Ebene eingerichtet werden. Wenn bei einer GmbH, die nicht aufsichtsratspflichtig ist, ein Beirat eingerichtet wird und diesem Kompetenzen eingeräumt werden, die normalerweise ein Aufsichtsrat hat, dann sind auf diesen Beirat die Regelungen über den Aufsichtsrat anzuwenden (s *Kalss* Rz 39/30). **93**

---

[50] *Straube/Ratka/Stöger/Völkl* in *Straube*, GmbHG[1] § 15 Rz 20 f.

[51] *Rauter* in *Straube*, GmbHG[1] § 30j Rz 69 ff; *Koppensteiner* in *Koppensteiner/Rüffler*, GmbHG[3] § 30j Rz 20.

94 Ein Beirat einer GmbH kann auch so ausgestaltet werden, dass er neben die Generalversammlung tritt und dabei mit Kompetenzen ausgestattet wird, die sonst der Generalversammlung zukommen. So kann dem Beirat auch eine Weisungsbefugnis gegenüber Geschäftsführern übertragen werden[52] (s *Kalss* Rz 39/38). Ein derartiger Beirat kann der Geschäftsführung auch in Fragen der Erarbeitung und Umsetzung der Geschäftspolitik Weisungen erteilen, die auch Entscheidungen des Aufsichtsrats „overrulen". Die Tatsache, dass bei der GmbH die Gesellschafter nicht nur die Geschäftsführer bestellen, sondern auch diesen gegenüber ein Weisungsrecht haben, ändert aber nichts daran, dass sowohl Geschäftsführung als auch Aufsichtsrat für die Entwicklung, Anpassung und laufende Umsetzung der Strategie entsprechend den ihnen gesetzlich zugeteilten Rollen verantwortlich sind.

O. Zusammenwirken von exekutiver Führung und Aufsicht im Kreislauf des strategischen Managements

95 Aus der Bewältigung der dargestellten Spannungsfelder ergibt sich folgende idealtypische Aufgabenverteilung zwischen exekutiver Führung und Aufsichtsgremium:

Abb. 15: Das Zusammenwirken von exekutiver Führung und Aufsicht im strategischen Management

52 *Straube/Ratka/Stöger/Völkl* in *Straube*, GmbHG[1] § 15 Rz 25.

Abbildung 15 zeigt, dass es die unbestrittene Aufgabe des Vorstands (der exe- 96
kutiven Führung) ist, strategische Ziele und Strategien zu planen, legitimiert durch die entsprechenden Beschlüsse der zuständigen Gremien zu realisieren und den Umsetzungserfolg zu kontrollieren. Insbesondere ist es auch Aufgabe der exekutiven Führung, ein System der strategischen Planung und des strategischen Controlling aufzubauen und den Anforderungen entsprechend weiterzuentwickeln.

Aufgabe des Aufsichtsrats ist es hingegen sicherzustellen, dass zukunftswei- 97
sende wertsteigernde Strategien entwickelt und kontrolliert umgesetzt werden. In diesem Prozess der Strategieplanung und Konkretisierung wirkt der Aufsichtsrat als aktiver, fachkompetenter Sparringpartner mit. Weiters hat der Aufsichtsrat den Erfolg der Strategieumsetzung laufend zu überwachen und mit dem Vorstand einen Dialog über Ursachen von Abweichungen und mögliche Steuerungsmaßnahmen zu führen. Im Zuge der zumindest jährlich durchzuführenden Strategy-Reviews kann der Aufsichtsrat darüber hinaus durchaus eine grundsätzliche Diskussion strategisch relevanter Fragestellungen einfordern und eine Adaption strategischer Festlegungen anregen. Insgesamt übernimmt der Aufsichtsrat aufgrund dieses Rollenbildes nicht nur die Funktionen der Überwachung und der Kontrolle, sondern auch der Beratung im gesamten Kreislauf des strategischen Managements.

Betrachtet man die Funktionen des Aufsichtsrats differenziert nach den einzel- 98
nen Phasen des Kreislaufs des strategischen Managements (siehe Abbildung 5), so ergibt sich folgendes Bild:

Der „Strategiekreislauf" im Spiegel der Aufsichtsrat-Aufgabenbereiche

- **Strategieentwicklung**
  - Mitentwicklung/Anregung unternehmensspezifischer strategischer Überlegungen
- **Strategieprüfung**
  - Bewertung der Unternehmensstrategie unter Risiko- und Ertragsaspekten
- **Strategieumsetzung**
  - Prüfung und Genehmigung von (zustimmungspflichtigen) Einzelmaßnahmen der Strategie
  - Zuordnung der Ressourcen zu den strategischen Zielsetzungen (Investitionen)
- **Strategie(umsetzungs)kontrolle**
  - Einforderung von Zwischenzielen zur Prüfung der Strategieumsetzung
  - Prüfung des Controlling und der –instrumente auf Zweckmäßigkeit
- **Strategieanpassung**
  - Anwendung zielgerichteter Controlling-Instrumente
  - Mitwirkung an der Anpassung der Strategie an geänderte Marktbedingungen
  - Gegebenenfalls Änderung der Vorstandszusammensetzung

Abb. 16: Der „Strategiekreislauf" im Spiegel der Aufsichtsrat-Aufgabenbereiche

99 Aus der Abbildung 16 wird deutlich, dass die Rolle des Aufsichtsrats im strategischen Management in weiten Teilen des Strategiekreislaufs deutlich über die Funktion der reinen Überwachung hinausgeht. Dies wirft die Frage auf, wie der Aufsichtsrat der damit verbundenen Verantwortung – und gegebenenfalls den daraus resultierenden Haftungsansprüchen – gerecht werden kann. Pragmatisch betrachtet kommt dem Aufsichtsrat in seiner Beratungs- und Überwachungsfunktion vor allem die Rolle des Hinterfragens und auf Plausibilität und Stimmigkeit Prüfens zu. Die „richtigen" Fragen zum richtigen Zeitpunkt im strategischen Entscheidungs- und Umsetzungsprozess zu stellen, hat daher eine herausragende Bedeutung für die Aufsichtsratstätigkeit. Nachstehende Fragen erscheinen besonders geeignet, um aus Sicht des Aufsichtsrats Sicherheit zu bekommen, dass (1) im Unternehmen ein funktionierendes anforderungsgerechtes System des strategischen Managements etabliert ist und (2) im gegenständlichen Fall erfolgversprechende strategische Entscheidungen vorgelegt werden bzw in Umsetzung sind:

- Werden dem AR überhaupt Strategien zur Prüfung vorgelegt?
- Sind die vom Vorstand vorgelegten Strategien vollständig?
- Sind die Strategien in sich widerspruchsfrei?
- Entsprechen die Strategien den langfristigen Entwicklungszielen?
- Sind die vom Vorstand angenommenen Umweltentwicklungen zutreffend?
- Werden die Strategien bei Änderung der Umweltbedingungen aktualisiert?
- Erscheinen die Strategien realisierbar?
- Lassen die Strategien eine Verbesserung des Unternehmensergebnisses erwarten?
- Sind die Strategien geeignet, die Existenz des Unternehmens langfristig zu sichern?
- Ist das mit der Strategieumsetzung verbundene Risiko-Exposure vertretbar (verkraftbar)?
- Der Aufsichtsrat hat bei strategischen Entscheidungen die Verantwortung, sich einen ausreichend umfassenden und detaillierten Einblick in die Entscheidungsgrundlagen zu verschaffen. Eine wichtige Rolle des Aufsichtsrates ist es daher sicherzustellen, dass strategische Entscheidungen auf „professionelle" Weise vorbereitet werden, dh dass die für derartig weitreichende Entscheidung notwendigen Fakten, Analysen und Befunde in hoher Qualität erstellt und verdichtet werden und daraus rational nachvollziehbare Einschätzungen und Bewertungen vorgenommen werden, die letztlich zu einem wohlbegründeten Entscheidungsvorschlag führen. Ein systematisches, mehr auf Fakten und Befunden, denn auf Emotionen und Stimmungen basierendes Entscheidungsverhalten kann zwar die mit strategischen Entscheidungen zwingend verbundenen Unsicherheiten nicht beseitigen, jedoch die Wahrscheinlichkeit deutlich reduzieren, dass unkalkulierbare Risiken leichtfertig eingegangen werden.

100 Strategische Entscheidungen determinieren die künftigen Ertragspotenziale, aber auch die Risikoexponiertheit des Unternehmens. Ertrags-/Risikoabwägungen systematisch und rational zu treffen, erfordert eine professionelle Gestaltung strategischer Entscheidungsprozesse und eine enge und vertrauensvolle Zusammenarbeit zwischen Vorstand und Aufsichtsrat. Zu diesem Zweck muss auch die Strategiearbeit im Aufsichtsrat auf geeignete Art und Weise institutionalisiert werden. Eine praxisbewährte Form dafür ist die Bildung eines sogenannten Strategieausschusses.

P. Der Strategieausschuss: Aufgaben und Arbeitsorganisation

Die Forderung nach einer verstärkten Einbringung des Aufsichtsrats in die Strategiearbeit verlangt auch die systematische Strukturierung und organisatorische Verankerung der Erfüllung dieser Aufgaben im Aufsichtsrat. Insbesondere in Fällen, bei denen dem Aufsichtsrat viele Personen angehören, kann die Bildung eines Strategieausschusses, in dem einige ausgewählte Aufsichtsratsmitglieder sich vertieft mit strategischen Fragestellungen im Vorfeld von weitreichenden Strategieentscheidungen beschäftigen (Rz 58 ff), ein wichtiges Hilfsmittel sein, um die Effizienz und Effektivität der Strategiearbeit im Aufsichtsrat zu erhöhen. Die Zweckmäßigkeit der Einrichtung eines derartigen Ausschusses hängt von der Größe des Unternehmens und des Aufsichtsrats sowie von Ausmaß und Dringlichkeit des strategischen Handlungsbedarfes (zB Markt- und Industriedynamik, Ergebnis- und Liquiditätssituation) ab. In früheren Fassungen des österreichischen Corporate Governance Codex wurde die Einrichtung eines Strategieausschusses explizit empfohlen: „*... Der Aufsichtsrat richtet einen Strategieausschuss ein. Bei einem Aufsichtsrat bei weniger als sechs Mitgliedern (einschließlich Arbeitnehmervertreter), kann diese Funktion von allen gemeinsam wahrgenommen werden. Der Strategieausschuss bereitet in Zusammenarbeit mit dem Vorstand und gegebenenfalls unter Beiziehung von Experten grundlegende Entscheidungen vor, die dann im Gesamtaufsichtsrat zu treffen sind.*“ **101**

In der letzten Fassung des österreichischen Corporate Governance Codex ist die explizite Empfehlung eines Strategieausschusses zwar nicht mehr enthalten, an der prinzipiellen Nützlichkeit eines derartigen Gremiums in großen Aufsichtsräten ändert dies jedoch nichts. Die wichtigsten Aufgaben im Kreislauf des strategischen Managements, die von Strategieausschüssen des Aufsichtsrats übernommen bzw unterstützt werden können, sind: **102**

a) „Strategischer Auditor“
   - Plausibilitätsprüfung der vorgelegten Strategiepläne
   - Inhaltliche Validierung der wesentlichen Management-Entscheidungen auf ihre strategische Sinnhaftigkeit bzw ihren Beitrag zur Strategieumsetzung
   - Monitoring der Strategieumsetzung

b) „Strategischer Berater“
   - Eigenständige Beobachtung relevanter Umweltausschnitte und der grundlegenden strategischen Ausrichtung des Unternehmens
   - „Strategie-Sparring“ des Vorstands
   - Vorbereitung von Beschlüssen des Plenums zur strategischen Ausrichtung und zur Strategieumsetzung

Zur Illustration der Bedeutung von Strategieausschüssen und deren inhaltlicher Schwerpunktsetzung in österreichischen Unternehmen ein Beispiel aus der Praxis: **103**

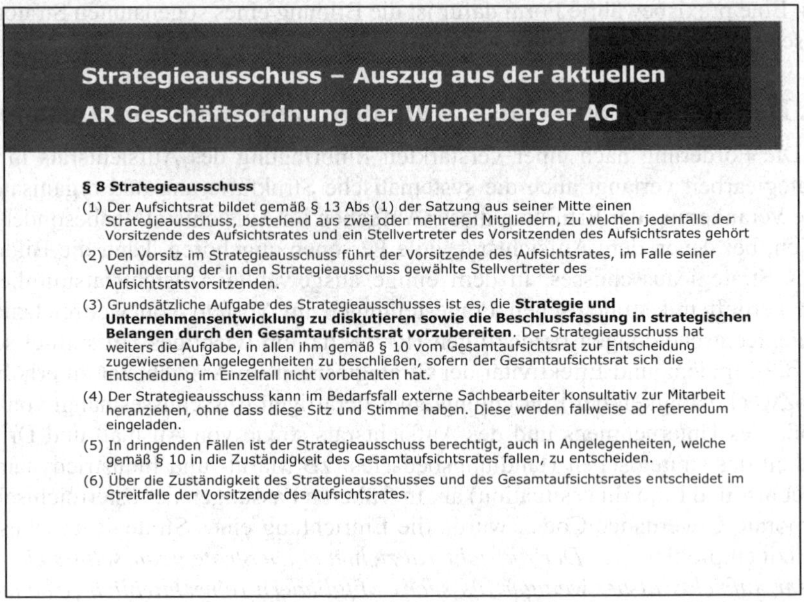

Abb. 17: Praxisbeispiel: Aufgaben des Strategieausschusses in der Wienerberger AG

VII. Fazit und Ausblick

104

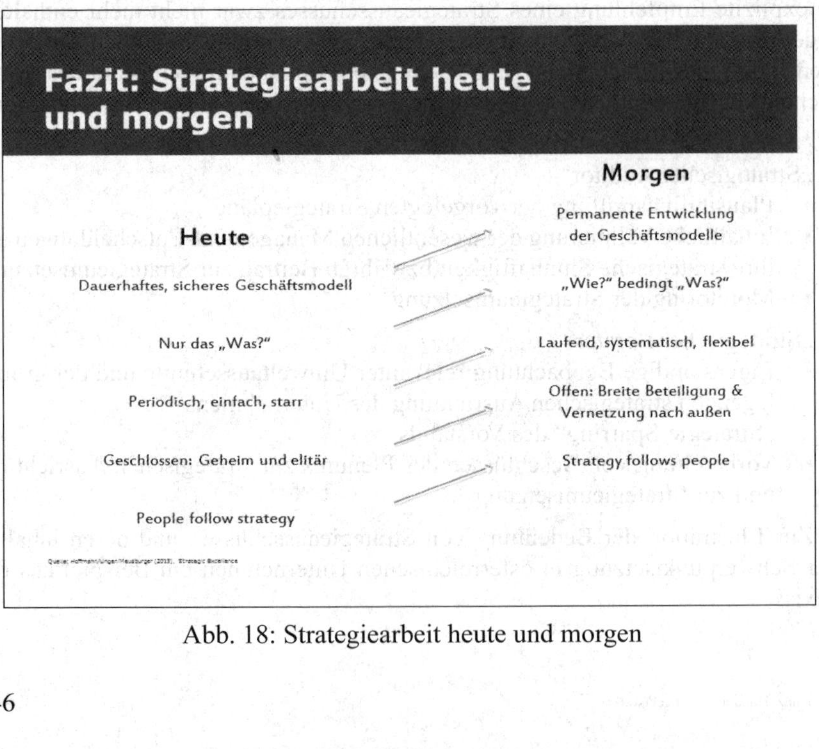

Abb. 18: Strategiearbeit heute und morgen

Investitionsentscheidung für den Aufsichtsrat*

Romuald Bertl

§§: § 95 Abs 5 Z 1 und 4 AktG; § 30j Abs 5 Z 1 und 4

Literatur

Ö: *Aschauer/Bertl/Purtscher,* Die Bewertung von KMU, *in Feldbauer-Durstmüller/Janschek* (Hrsg) Jahrbuch für Controlling und Rechnungswesen (2015); *Bartl/Bertl/Posautz*, Neue Regelungen zur Bewertung von Beteiligungen und Unternehmen, in iwp (Hrsg), Wirtschaftsprüferjahrbuch 2015 (2015); *Purtscher/Sylle*, Grobplanungsphase und Konvergenz, RWZ 2015, 178; *Wagenhofer,* Bilanzierung und Bilanzanalyse[12] (2015); *Egger/Samer/Bertl,* Der Jahresabschluss nach dem Unternehmensgesetzbuch, Band 3 (2014); *Kammer der Wirtschaftstreuhänder*, Fachgutachten zur Unternehmensbewertung (KFS BW1); *Lechner/Egger/Schauer*, Einführung in die allgemeine Betriebswirtschaftslehre[26] (2013); *Urnik/Schuschnig*, Investitionsmanagement, Finanzmanagement, Bilanzanalyse[2] (2013); *Aschauer/Purtscher,* Einführung in die Unternehmensbewertung (2011); *Bertl/Fattinger,* Anforderung an die Unternehmensplanung aus der Sicht der Unternehmensbewertung, in *Königsmaier/Rabel* (Hrsg) Unternehmensbewertung (2010); *Grbenic/Jansa*, ZEPHYR-Multiples – Branchenbezogene Transaktionsmultiplikatoren zur Preisfindung für Mehrheitsanteile von nicht börsennotierten Unternehmen, RWZ 2009, 344; *Zischg*, Beurteilung der Vorteilhaftigkeit einer Investition nach der Kapitalwertmethode, SWK 2008, W 13; *Zischg*, Dynamische Methoden der Investitionsrechnung – Interne-Zinsfuß-Methode, SWK 2008, W 19; *Seicht*, Investition und Finanzierung[10] (2001); *Mandl/Rabel*, Unternehmensbewertung (1997); *Mandl/Rabel*, Zweckadäquate Auswahl von Verfahren zur Unternehmensbewertung, RZW 1997, 350.

Dtl: *Mandl/Rabel*, Methoden der Unternehmensbewertung (Überblick), in Peemöller (Hrsg), Praxishandbuch der Unternehmensbewertung[6] (2015); *Hering*, Unternehmensbewertung (2014); *Kruschwitz*, Investitionsrechnung[14] (2014); *Becker*, Investition und Finanzierung[6] (2013); *Hommel/Dehmel,* Unternehmensbewertung case by case[6] (2011); *Berger/Knoll*, Objektivierte Unternehmensbewertung und internationale Bewertungsstandards, BewertungsPraktiker 4/2009, 2; *Fischer/Winkelmann/Busch,* Die praktische Anwendung der verschiedenen Unternehmensbewertungsverfahren, Finanz Betrieb 2009, 715; *Franke/Hax*, Finanzwirtschaft des Unternehmens und Kapitalmarkt[6] (2009); *Frühling*, Unternehmensbewertung und ewige Rente, FB 2009, 200; *Kuhner/Maltry*, Unternehmensbewertung (2006); *Bruski*, Kaufpreisbemessung und Kaufpreisanpassung im Unternehmenskaufvertrag, BB-Special 07/2005, 19; *Götze/Bloech*, Investitionsrechnung[4] (2004).

Allgemeine Literatur: Österreichischer Arbeitskreis für Corporate *Governance*, Österreichischer Corporate Governance Kodex (2015); *Doralt/Nowotny/Kalss*, Kommentar zum Aktiengesetz (2012); *Kalss/Nowotny/Schauer*, Österreichisches Gesellschaftsrecht (2008); *Koppensteiner*, GmbH-Gesetz Kommentar[3] (2007); *Reich-Rohrwig*, Das österreichische GmbH-Recht[2] (1997).

Gliederung **Rz**

* Für die Unterstützung bei der Erstellung dieses Beitrages bedanke ich mich bei Frau Dr. Barbara Schallmeiner.

I. Normative Grundlagen

1 Der Aufsichtsrat überwacht den Vorstand und unterstützt diesen bei der Leitung des Unternehmens, insbesondere bei Entscheidungen von grundlegender Bedeutung.[1] Aus diesem Grunde sieht das Gesetz für bestimmte Geschäfte eine Zustimmungspflicht des Aufsichtsrates vor. Die maßgeblichen normativen Grundlagen finden sich in § 95 Abs 5 Z 1 bis 4 AktG und gleichlautend in § 30j Abs 5 Z 1 bis 4 GmbHG. Die für diesen Beitrag relevanten Bestimmungen lauten:

„Folgende Geschäfte sollen jedoch nur mit Zustimmung des Aufsichtsrates vorgenommen werden:

---

[1] Österreichischer Corporate Governance Kodex, Tz 32.

1. der Erwerb und die Veräußerung von Beteiligungen (§ 189a Z 2 UGB) sowie der Erwe*rb, die Veräußerung und die Stillegung von Unternehmen und Betrieben;*
2. der Erwerb, die Veräußerung und die Belastung von Liegenschaften, soweit dies nicht zum gewöhnlichen Geschäftsbetrieb gehört;
3. die Errichtung und die Schließung von Zweigniederlassungen;
4. Investitionen, die bestimmte Anschaffungskosten im einzelnen und insgesamt in einem Geschäftsjahr übersteigen;"

Die Formulierung „sollen" bedeutet, dass diese Geschäfte nicht ohne Zustimmung des Aufsichtsrates durchgeführt werden dürfen.[2]

II. Zweck der Regelung

Die Regelung der zustimmungspflichtigen Geschäfte soll sicherstellen, dass 2 der Aufsichtsrat schon im Vorhinein an der Entscheidungsfindung beteiligt ist und damit möglichst eng in den Entscheidungsprozess eingebunden wird. Es soll verhindert werden, dass der Aufsichtsrat bezüglich Investitionsentscheidungen vor vollendete Tatsachen gestellt wird.[3]

III. Zustimmungspflichtige Geschäfte im Zusammenhang mit Investitionsentscheidungen

Die Liste der zustimmungspflichtigen Geschäfte in § 95 Abs 5 AktG und 3 § 30j Abs 5 GmbHG stellt lediglich eine **Mindestanforderung** dar, die weder durch einen Aufsichtsratsbeschluss, noch durch Satzungsänderung eingeschränkt werden darf.[4] Der Aufsichtsrat hat Betragsgrenzen einzuführen, den Katalog durch Ergänzung und konkrete Ausgestaltung anzupassen und diesen sowie die Betragsgrenzen regelmäßig auf seine aktuelle Leistungskraft zu hinterfragen und gegebenenfalls anzupassen bzw zu überarbeiten.[5] Zu näheren Ausführungen dazu siehe „Beitrag Jordis".

Die Zustimmungspflicht soll dazu beitragen, das Risiko von Fehlinvestitio- 4 nen in der Gesellschaft zu reduzieren. Vorstand und Geschäftsführung leiten die Gesellschaft unter eigener Verantwortung und treffen sowohl grundlegende Entscheidungen, als auch jene, die mit der Konkretisierung und der Umsetzung dieser Entscheidungen verbunden sind. Obwohl bei mehrpersonalen Vorstands- bzw Geschäftsführungsorganen schon eine auf der Gesamtverantwortung dieser Organe beruhende gegenseitige Überwachung gegeben ist, sind dem Aufsichtsrat dennoch die Genehmigungen wesentlicher Entscheidungen vorbehalten.

Investitionsentscheidungen sind grundsätzlich **langfristiger Natur** und be- 5 treffen daher das **Anlagevermögen** einer Gesellschaft.[6] Dieses besteht aus dem

2 *Reich-Rohrwig*, Das österreichische GmbH-Recht², Rz 4/352; *Koppensteiner*, GmbH-Gesetz §30j Rz 18.
3 *Kalss* in Doralt/Nowotny/Kalss, AktG § 95 Rz 82.
4 *Kalss* in Doralt/Nowotny/Kalss, AktG § 95 Rz 83 ff.
5 *Kalss* in Kalss/Nowotny/Schauer, Österreichisches Gesellschaftsrecht, Rz 3/523.
6 *Seicht*, Investition und Finanzierung¹⁰, 17.

immateriellen Anlagevermögen, dem Sachanlagevermögen und dem Finanzanlagevermögen. Aufgrund der gesellschaftsrechtlichen Regelungen sind alle Investitionen (sofern sie bestimmte Anschaffungskosten übersteigen) dem Aufsichtsrat zur Genehmigung vorzulegen. Jedenfalls dem Aufsichtsrat zur Genehmigung vorzulegen sind Investitionen in Beteiligungen (bzw der Erwerb von Unternehmen und Betrieben), somit besondere Investitionen ins Finanzanlagevermögen, sowie der Erwerb von Liegenschaften, somit besondere Investitionen im Bereich des Sachanlagevermögens. Diese Hervorhebung weist auf die traditionell hohe Wertigkeit von Liegenschaften und den Erwerben ganzer Unternehmen hin. Kritisch anzumerken ist, dass die derzeitige Gesetzeslage nicht die besondere Bedeutung von immateriellen Werten beachtet, die sich zB in den Investitionen (Aufwendungen) in Werbefeldzüge, Forschungs- und Entwicklungsaufwendungen, oder Mitarbeiterentwicklungs- und Ausbildungsprogramme abbildet.

6 Die Inhalte der zustimmungspflichtigen Geschäfte und deren Anknüpfung an Betragsgrenzen lassen vermuten, dass der Gesetzgeber weiters davon ausgeht, dass die Beurteilung hinsichtlich der Zustimmung oder Ablehnung eines aufsichtsratspflichtigen Geschäftes **quantifizierbar** ist, dh dass die Entscheidung des Aufsichtsrates aufgrund rechnerischer Grundlagen mithilfe von Rechenmodellen erfolgen kann. In der Betriebswirtschaftslehre haben sich diesbezüglich Investitionsrechnungsverfahren entwickelt, deren Inhalte und Bedeutung für Aufsichtsratsentscheidungen im Nachfolgenden analysiert werden.

IV. Konzeptionelle Grundlagen (Rechenverfahren) für Investitionsentscheidungen

A. Rahmenbedingungen für Investitionsentscheidungen

7 Investitionsentscheidungen werden in der Regel auf Kalkülen aufbauen, die einen quantitativen Vorteilhaftigkeitsvergleich zwischen zwei oder mehreren Alternativen erlauben. Die scheinbar einfachste Alternative ist jene zwischen Investition und Nicht-Investition. Auf diese Investitionsentscheidung wird der Aufsichtsrat sehr häufig, insbesondere bei Entscheidungen über Beteiligungs- bzw Unternehmenskäufe, treffen. Sowohl diese Entscheidung, wie auch komplexere zwischen zwei oder mehreren Alternativen setzen einerseits voraus, dass die mit der Investition angestrebten Ziele eindeutig definiert (und damit auch messbar sind) und andererseits, dass die mit der Investition verbundenen Chancen und Risiken weitestgehend bekannt sind. Erst dann ist es möglich, ein Investitionsrechnungsverfahren als Entscheidungsgrundlage heranzuziehen.

8 **Unternehmerische Ziele** können äußerst vielfältig auftreten.[7] In einem erwerbswirtschaftlich geführten Unternehmen werden jedenfalls immer zwei Grundziele bei Investitionsentscheidungen zu beachten sein, nämlich die Erzielung eines ausreichenden Gewinnes bzw eines zumindest ausgeglichenen Ergebnisses und das Aufrechterhalten der Zahlungsfähigkeit (Liquidität). Diese Hauptziele können in Form von Kennzahlen, wie unterschiedlichen Gewinngrößen, Rentabilitätsgrö-

[7] *Lechner/Egger/Schauer*, Einführung in die allgemeine Betriebswirtschaftslehre[26], 66 ff.

ßen, Wirtschaftlichkeits- und Produktivitätsgrößen, sowie Finanzierungs- und Liquiditätskennzahlen aber auch wertorientierten Kennzahlen konkretisiert werden.[8] Es handelt sich um quantifizierbare bzw monetäre Ziele.

Selbstverständlich können grundsätzlich auch **nicht quantifizierbare Ziele** bei Investitionsentscheidungen beachtet werden. Dazu zählen die Sicherung von Arbeitsplätzen, Unabhängigkeit, Macht oder Prestige. Der Inhalt dieser Ziele zeigt, dass eine Objektivierung nur sehr schwer möglich ist und sie daher nicht in standardisierte Investitionsentscheidungsverfahren eingehen können. In der Praxis der Aufsichtsratstätigkeit wird sich daher vor einer Investitionsentscheidung die Frage stellen, ob zB eine bestimmte Rentabilität von einer Investition erwartet wird, oder wie lange es dauern darf, bis das eingesetzte Kapital über die mit der Investition verbundenen Erträge wieder zurückfließt. **9**

Zu beachten ist, dass die **Konkretisierung der Ziele** der Gesellschaft grundsätzlich dem Vorstand bzw der Geschäftsführung obliegt.[9] Der Aufsichtsrat kann allerdings auf diese Zielfestsetzung einwirken, da ihm ebenfalls die Zustimmungspflicht zu Grundsätzen der Geschäftspolitik, wozu auch Strategie und Zielfestlegung zählen, zukommt. **10**

Teilweise in Verbindung mit den Zielen stehen auch die Klärung und die Definition von **Rahmenbedingungen** bevor es zum Investitionsentscheidungsprozess kommt.[10] Dazu zählt zB die Frage, ob eine Investition finanzierbar ist, oder wie hoch die damit verbundenen Risiken sind. Genauso aber auch technische Fragen wie zB, was eine Anlage leisten kann und welche Kostenwirkungen damit verbunden sind. Nicht zuletzt sind im Rahmen von Investitionen auch Vorfragen dahingehend zu klären, wie der Markt oder die Umwelt auf diese Investitionsentscheidung reagiert (zB Preisdumping durch die Konkurrenz). Damit Investitionsentscheidungen sachgerecht getroffen werden können, sind daher alle entscheidungsrelevanten Informationen bzw alle Risiken und Chancen, die mit der Investitionsentscheidung verbunden sind, vorweg zu erheben und einem Entscheidungskalkül zuzuführen. **11**

Der Qualität der **Datenerhebung** wird der Aufsichtsrat daher ein besonderes Augenmerk widmen müssen. Bei Sachanlagenentscheidungen wird in der Regel die Qualität des Controlling- und Planungsinstrumentariums der Gesellschaft von besonderer Bedeutung sein, insbesondere die für das Investitionsprojekt ermittelbaren Ertragsgrößen und Zahlungsströme. Bei Beteiligungs- und Unternehmenswerben wird auch die Planungsqualität des Investitionsobjektes von Bedeutung sein, die zB in Form einer Due Diligence-Prüfung evaluiert werden kann. Due Diligence-Prüfungen sind Stärken/Schwächen-Analysen von Unternehmen, die im Rahmen von Transaktionsprozessen eingesetzt werden. Neben einer wirtschaftlichen Due Diligence wird unter anderem eine rechtliche Due Diligence durchgeführt.[11] **12**

---

[8] *Egger/Samer/Bertl*, Jahresabschluss, Band 3, 142 ff; *Wagenhofer*, Bilanzierung und Bilanzanalyse[12], 201 ff.

[9] Österreichischer Corporate Governance Kodex, Tz 14.

[10] *Seicht,* Investition und Finanzierung[10], 19 f.

[11] ZB *Lechner/Egger/Schauer*, Einführung in die allgemeine Betriebswirtschaftslehre[26], 256.

B. Investitionsrechnungsverfahren

13 Investitionen entstehen bei der Gründung des Unternehmens und im Verlaufe der Betriebstätigkeit. Sie können als Ersatzinvestitionen, Rationalisierungsinvestitionen, Erweiterungsinvestitionen oder Umstellungsinvestitionen auftreten.[12] Investitionsrechnungsverfahren sind Methoden, mit deren Hilfe die rechnerische Vorteilhaftigkeit von Investitionsmaßnahmen festgestellt bzw geprüft wird. Klassische Investitionsrechnungsverfahren können nur einen Teil der entscheidungsrelevanten Einflussgrößen abbilden, nämlich all jene, die quantifizierbar und in monetären Werten ausdrückbar sind. Qualitative Faktoren können in herkömmlichen Investitionsrechnungsverfahren nicht berücksichtigt werden.

14 Im einfachsten Fall können bei Investitionsvorhaben nur die damit verbundenen **Kosten** (Kosteneinsparungen) berücksichtigt werden. Bezieht man auch die mit dem Investitionsvorhaben verbundenen **Erträge** mit ein, ist die Investitionsentscheidung schon zweidimensional. Als Dritte Dimension kommt die **Finanzierung** dazu, da eine Investition stets mit der Notwendigkeit der Mittelaufbringung verbunden ist. Schließlich ist als vierte Dimension noch der **Zeitfaktor** zu berücksichtigen, dh der Zeitraum der Nutzung der Investition, der als entscheidungsrelevant angesehen wird.

15 Die klassischen Investitionsrechnungsmodelle sind stets Partialmodelle, bei denen einzelne Aspekte wie Kosten, Rentabilität oder Liquiditätswirkungen betrachtet werden. Im Einzelfall kann es daher zweckmäßig sein, mehrere Partialmodelle zu verwenden oder Investitionsrechnungen im Rahmen einer integrierten Unternehmensplanung abzubilden. Erst durch die Gesamtschau von Finanzplan, Planerfolgsrechnung und Planbilanz zeigen sich die endgültigen Konsequenzen einer Investitionsentscheidung auf die Vermögens-, Finanz- und Ertragslage eines Unternehmens. Dies ist vor allem im Zusammenhang mit der Einhaltung gesamtunternehmerischer Zielvorstellungen von besonderer Relevanz. Beispielhaft sei eine Investitionsentscheidung genannt, die das Ziel der Rentabilität erfüllt, jedoch bei einer Gesamtbetrachtung zu einer Verschuldenszunahme der Gesellschaft führt, die das Ziel „finanzielle Stabilität" gefährdet.

16 Die Betriebswirtschaftslehre unterscheidet bei den partiellen Rechenmodellen zwischen statischen und dynamischen Investitionsrechnungsverfahren. Die **statischen Investitionsrechnungsverfahren** sind vereinfachte Verfahren, bei denen in Form von Durchschnittsrechnungen Vorteilhaftigkeitsvergleiche getroffen werden, ohne die zeitliche Dimension des Auftretens von Einnahmen und Ausgaben zu berücksichtigen. Typische Formen von statischen Investitionsrechnungsverfahren sind Kostenvergleichsrechnungen, Gewinnvergleichsrechnungen, Rentabilitätsrechnungen und Amortisationsrechnungen.

17 Die **dynamischen Investitionsrechnungsverfahren** erfassen in der Regel alle planbaren Einzahlungs- und Auszahlungsströme in Form eines Mehr-Periodenmodells, das die geplante wirtschaftliche Nutzungsdauer des Investitionsobjektes umfasst.[13] Der Zeitfaktor wird durch Ansatz einer Zinseszinsrechnung berücksich-

---

[12] *Seicht,* Investition und Finanzierung[10], 17.

[13] *Lechner/Egger/Schauer*, Einführung in die allgemeine Betriebswirtschaftslehre[26], 323 f; *Aschauer/Purtscher*, Einführung in die Unternehmensbewertung 25 f.

tigt, bei dem die dem Investitionsobjekt zuzurechnenden Ein- und Auszahlungen entweder auf den Investitionsentscheidungszeitpunkt abgezinst (Barwertermittlung) oder auf das Ende der Nutzungsdauer aufgezinst (Endwertermittlung) werden. Zu den **Barwertverfahren** zählen auch die Kapitalwertmethode, die Methode des internen Zinsfußes und die Annuitätenmethode. Die Kapitalwertmethode kommt üblicherweise auch bei der Unternehmensbewertung zum Einsatz.

V. Die Vorteilhaftigkeit von Sachanlageinvestitionen

Die Vorteilhaftigkeit von Sachanlageinvestitionen kann praktisch mit jedem Investitionsrechnungsverfahren gemessen werden. In diesem Beitrag werden nur jene Investitionsrechnungsverfahren dargestellt, die aus der praktischen Erfahrung des Autors bei Entscheidungen in Aufsichtsräten von besonderer Relevanz sind. Dies sind insbesondere jene Verfahren, die auf die Entscheidungssituation Investition oder Nicht-Investition anwendbar sind. 18

Bei der **Gewinnvergleichsrechnung**, werden die während der Nutzungsdauer eines Vermögensgegenstandes erzielbaren Gewinne mit jenen einer alternativen Investition verglichen. Dabei wird von gleichbleibender Kapazitätsauslastung sowie gleichbleibenden Erträgen und Kosten ausgegangen. Der Sinn dieser Berechnung besteht im Wesentlichen darin, alternative Investitionsobjekte mit unterschiedlichen Anschaffungs-(Herstellungs-)Kosten, unterschiedlicher Nutzungsdauer und unterschiedlicher Kapazität vergleichbar zu machen. 19

Bei der **Kostenvergleichsrechnung** werden sogar die erzielbaren Erlöse vernachlässigt bzw unterstellt, dass diese für jede Investitionsalternative gleich groß sind. Die Investition mit den geringsten Kosten ist daher die vorteilhafteste.[14] Die Aussagekraft und die Entscheidungsrelevanz der Gewinn- und Kostenvergleichsrechnungen sind daher eingeschränkt. 20

Die Rentabilität eines Investitionsvorhabens, dh das Verhältnis des mit der Investition verbundenen Ertrages zu den Anschaffungs-(Herstellungs-)Kosten hat hingegen schon eine wesentlich höhere Informationsqualität und findet daher, ebenso wie die Amortisationsrechnung, regelmäßig Anwendung bei unternehmerischen Entscheidungsprozessen, die im Aufsichtsrat zu behandeln sind. Die **Rentabilitätsrechnung** wird im besonderen Maße bei Liegenschaftserwerben angewandt. Die **Amortisationsrechnung** hat als Entscheidungskalkül die Rückflussdauer des eingesetzten Kapitals. Beide Berechnungen werden nachfolgend detaillierter dargestellt. 21

Von den **dynamischen Investitionsrechnungsmodellen** wird in der Praxis vor allem die Barwertmethode eingesetzt, die insbesondere bei Beteiligungs- und Unternehmenserwerben zum Einsatz kommt. Die interne Zinsfußmethode findet sich in der Regel vereinfacht als Rentabilitätsrechnung und wird daher nachfolgend nur kurz dargestellt, während der Kapitalwertmethode als zentrale investitionsrechnerische Methode mehr Aufmerksamkeit gewidmet wird. 22

---

14 *Becker*, Investition und Finanzierung[6], 41.

A. Renditevergleichsrechnung

1. Rechenverfahren und notwendiges Datenmaterial

23 Bei der Renditevergleichsrechnung werden die durchschnittlichen Gewinne des Investitionsprojektes zu seinem Kapitalbedarf ins Verhältnis gesetzt. Die so ermittelte Rendite zeigt die **Verzinsung des gebundenen Kapitals** in Prozent an.[15] Liegt die Rendite über der Zielrendite oder der Rendite einer allfälligen Investitionsalternative, so ist die Investition absolut vorteilhaft. Im Vergleich zweier Investitionsalternativen ist jene mit der höheren Rendite die relativ vorteilhaftere.[16] Zur Berechnung der Rendite kann folgende Formel herangezogen werden:

$$\text{Rendite} = \frac{\text{Gewinn vor Zinsen}}{\text{durchschnittlich gebundenes Kapital}}$$

Formel 1: Berechnung der Rendite[17]

2. „Aussagekraft"

24 Das folgende vereinfachte Beispiel soll die Vorgangsweise verdeutlichen:

Investition	**A**	**B**
Anschaffungspreis	600.000	720.000
erwartete Nutzungsdauer	6 Jahre	5 Jahre
beschäftigungsfixe Kosten (ohne Abschreibung und Zinsen je Jahr)	96.000	230.000

Investition	**A**	**B**
Erlöse	792.000	1.056.000
variable Kosten	–504.000	–576.000
Abschreibungen	–100.000	–144.000
sonstige fixe Kosten	–96.000	–230.000
Gewinn vor Zinsen	92.000	106.000

$$\text{Investition A: Rendite} = \frac{92.000}{300.000} = 30{,}67\%$$

$$\text{Investition B: Rendite} = \frac{106.000}{360.000} = 29{,}44\%$$

Die Rendite von Investition A ist höher als jene von Investition B. Das bedeutet, dass Investition A in Bezug auf die Rendite vorteilhafter ist.

---

15 *Becker*, Investition und Finanzierung[6], 54.; *Urnik/Schuschnig*, Investitionsmanagement, Finanzmanagement, Bilanzanalyse[2], 42 f.

16 *Götze/Bloech*, Investitionsrechnung[4], 61.

17 *Kruschwitz*, Investitionsrechnung[14], 36.

3. Hinweis für den Aufsichtsrat

Durch den Rentabilitätsvergleich können auch vollkommen unterschiedliche Investitionsprojekte miteinander verglichen werden. Vom Aufsichtsrat sind besonders die Annahmen über die Erlöserwartungen und auch die Entwicklung der variablen Kosten zu hinterfragen. **25**

Bei der Entscheidung werden auch qualitative Aspekte zu berücksichtigen sein. Dazu zählt im konkreten Beispiel der geringere Kapitalansatz bei Investition A bei gleichzeitig längerer Nutzungsdauer gegenüber Investition B. **26**

B. Amortisationsrechnung

1. Rechenverfahren und notwendiges Datenmaterial

Die Amortisationsrechnung gibt Auskunft darüber, wie lange es dauert, bis die Auszahlungen für eine Investition durch Einzahlungen ausgeglichen sind.[18] Die Amortisationsrechnung knüpft an Zahlungen und nicht an Kosten und Erlöse an. Da der Betrachtungszeitraum gegebenenfalls länger als ein Jahr ist, ist die Amortisationsrechnung ein mehrperiodisches Verfahren. Das **Entscheidungskriterium** ist die Amortisationsdauer, wobei jene Investition mit der geringsten Amortisationsdauer am vorteilhaftesten ist.[19] Um die Amortisationsrechnung durchführen zu können, sind **Daten** über die mit der Investition verbundenen künftigen Ein- und Auszahlungen **erforderlich**. **27**

Die Amortisationsdauer kann auf zwei Arten berechnet werden: Mittels der Kumulationsmethode und mittels der Durchschnittsmethode. Bei der **Kumulationsmethode** wird die Amortisationsdauer ermittelt, indem die Ein- und Auszahlungen beginnend mit dem Investitionszeitpunkt **schrittweise aufaddiert** werden, bis die kumulierten Einzahlungen die Höhe der kumulierten Auszahlungen erreicht haben. Wenn die Differenz aus Ein- und Auszahlungen einer Investition in jedem Jahr in etwa die gleiche Höhe hat, dann kann die Amortisationsdauer einfacher durch die **Durchschnittsmethode** ermittelt werden:

$$AD = \frac{\text{Anschaffungskosten}}{\text{Cash-Flow pa}}$$

Formel 2: Berechnung der genauen Amortisationsdauer nach der Durchschnittsmethode

2. „Aussagekraft"

Das folgende vereinfachte Beispiel soll die Vorgangsweise verdeutlichen. Von zwei Investitionsalternativen sind folgende Daten bekannt: **28**

---

[18] *Götze/Bloech*, Investitionsrechnung[4], 63.

[19] *Kruschwitz*, Investitionsrechnung[14], 318 f.

	Investition A	Investition B
Anschaffung	240.000	210.000
Nutzungsdauer	8	7
durchschnittlicher Gewinn pro Jahr	26.000	23.000
kalkulatorische Abschreibung	30.000	30.000
durchschnittlicher Rückfluss (Gewinn + Abschreibung) pro Jahr	56.000	53.000

$$\text{Investition A: AD} = \frac{240.000}{56.000} = 4{,}29 \text{ Jahre}$$

$$\text{Investition B: AD} = \frac{210.000}{53.000} = 3{,}69 \text{ Jahre}$$

29 Im Vergleich zweier Investitionen ist jene mit der kürzeren Amortisationsdauer vorteilhafter. Die Amortisationszeit einer Investition gibt auch Auskunft darüber, welche **Nutzungsdauer mindestens** erreicht werden muss, um einen Überschuss in Höhe von null zu erreichen.[20] Eine kürzere Amortisationsdauer ist aber **nicht zwingend** mit der größtmöglichen Rendite **gleichzusetzen**.

3. Hinweis für den Aufsichtsrat

30 Wie bei allen Entscheidungs-(Investitions-)Rechnungen ist die Datenqualität von ausschlaggebender Bedeutung. Die Ermittlung des durchschnittlichen Gewinnes, vor allem dessen Entwicklung in der Zukunft ist kritisch zu hinterfragen.

31 Damit verbunden ist die Frage nach Chancen und Risiken der Investition, für die die Amortisationsrechnung nur dann Informationen liefert, wenn kalkulatorische Risiken im erwarteten Rückfluss bzw Gewinn berücksichtigt sind.[21]

32 Anstelle einer Investitionsalternative wird in der Praxis oft eine Zielamortisationsdauer herangezogen. Sie muss mit der Gesamtzielsetzung bzw den verschiedenen Zielgrößen zur Erreichung des Gesamtunternehmenszieles kompatibel sein.

33 Wenn sich die Amortisationsdauer der wirtschaftlichen Nutzungsdauer der Investition annähert, ist auch der Restwert (Liquidationserlös) des Investitionsprojektes (als Korrekturposten der Anschaffungskosten) zu berücksichtigen.

C. Kapitalwertmethode

1. Rechenverfahren und notwendiges Datenmaterial

34 Grundlage der Kapitalwertmethode ist das **Barwertprinzip**. Damit wird der Umstand, dass ein in der Gegenwart verfügbarer Geldbetrag mehr wert ist, als ein gleich hoher Betrag, der erst in der Zukunft verfügbar ist, bezeichnet.

20 *Franke/Hax*, Finanzwirtschaft des Unternehmens und Kapitalmarkt[6], 181 f.
21 *Kruschwitz*, Investitionsrechnung[14], 21.

35 Bei der Kapitalwertmethode werden alle durch eine mögliche Investition verursachten Ein- und Auszahlungen auf einen **einheitlichen Bezugszeitpunkt** – auf den Beginn der Investition – abgezinst,[22] um die Geldflüsse vergleichbar zu machen. Bei Abzinsung auf den Anschaffungszeitpunkt erhält man den **Barwert** der Ein- und Auszahlungen. Unter der Annahme, dass alle Zahlungen des Investitionsprojektes genau zum jeweiligen Periodenende anfallen, die Anschaffungsauszahlung im Zeitpunkt t_0 erfolgt und mit einem konstanten Zinssatz gerechnet werden kann, gilt für die Berechnung des Barwertes der Ein- und Auszahlungen folgendes:

$$K_0 = \sum_{t=1}^{\infty} -A + \frac{EÜ_t}{(1+i)^t}$$

Formel 3: Berechnung des Kapitalwertes

K_0 ..... Kapitalwert
A....... Anschaffungsauszahlung
$EÜ_t$.... durch die Investition verursachter Einzahlungsüberschuss in der Periode t
i .... Zinssatz

36 Zur Berechnung des Barwertes sind die folgenden **Daten notwendig**: Die Anschaffungsauszahlung, die zukünftigen Ein- und Auszahlungen, die Nutzungsdauer, der Liquidationserlös am Ende der Nutzungsdauer und der Kalkulationszinssatz. Da für die Erhebung dieser Daten eine Reihe von Prognosen erforderlich ist, kann sich die Datenermittlung als problematisch erweisen.[23]

37 Der Kapitalwertmethode liegt die Erkenntnis zu Grunde, dass eine Bewertung ein Vergleich individueller Alternativen ist. Daher werden die Zahlungsströme anhand des Kalkulationszinsfußes der günstigsten Handlungsalternative gegenübergestellt. Für eine sinnvolle Anwendung der Kapitalwertmethode beim Vergleich mit der günstigsten Alternative, muss **Vergleichbarkeit hinsichtlich Laufzeit, Kapitalbindung, Arbeitseinsatz, Besteuerung, Verfügbarkeit, Kaufkraft, Währung und Unsicherheit** zwischen den Investitionsalternativen gegeben sein.[24]

2. „Aussagekraft"

38 Das folgende vereinfachte Beispiel soll die Vorgangsweise verdeutlichen (es wird auf die Angabe bei der Amortisationsrechnung Rz 28 zurückgegriffen): Der Kalkulationszinssatz beträgt 6 %.

$$KW_A = -240.00 + \frac{56.000}{1{,}06^1} + \frac{56.000}{1{,}06^2} + \frac{56.000}{1{,}06^3} + \frac{56.000}{1{,}06^4} + \frac{56.000}{1{,}06^5} + \frac{56.000}{1{,}06^6} + \frac{56.000}{1{,}06^7} + \frac{56.000}{1{,}06^8} = 107.748$$

---

22 *Zischg*, SWK 2008, W 13.
23 *Götze/Bloech*, Investitionsrechnung[4], 80.
24 *Mandl/Rabel*, Unternehmensbewertung 75.

$$KW_B = -180.00 + \frac{53.000}{1{,}06^1} + \frac{53.000}{1{,}06^2} + \frac{53.000}{1{,}06^3} + \frac{53.000}{1{,}06^4} + \frac{53.000}{1{,}06^5} + \frac{53.000}{1{,}06^6} + \frac{53.000}{1{,}06^7} + \frac{53.000}{1{,}06^8} = 85.866$$

39 Im konkreten Beispiel ist der Barwert der Investition A mit EUR 107.748 um EUR 21.882 höher, als der Barwert der Investition B. Die Investition A ist daher vorzuziehen. Aufgrund der Einbeziehung des Zinseffektes kehrt sich daher die Vorteilhaftigkeit im Vergleich zum Amortisationsverfahren in diesem Beispiel um.

3. Hinweis für den Aufsichtsrat

40 Auch bei der Kapitalwertmethode ist die Datenqualität von Bedeutung.[25] Beim Kapitalwertmodell ist zu beachten, dass „sichere" Zukunftserwartungen abgebildet sein sollen. Je länger der Planungszeitraum jedoch ist, desto schwieriger ist es, die Zukunft zu prognostizieren. Bei unterschiedlichem Mitteleinsatz alternativer Investitionsmodelle wird außerdem unterstellt, dass die frei werdenden Mittel zum einheitlichen Kalkulationszinssatz wieder veranlagt werden können. Die Ermittlung des Kalkulationszinssatzes selbst ist eine freie Entscheidung des Managements und wirkt sich maßgeblich auf die absolute Höhe des Barwertes aus.[26]

41 Anhand des Kapitalwertes lassen sich **für die Beurteilung von Investitionsalternativen** folgende Empfehlungen ableiten: Ein positiver Kapitalwert bedeutet, dass die Investition vorteilhafter ist, als die durch den Kalkulationszinssatz implizit zum Ausdruck kommende Alternative. Daher ist eine Investition absolut vorteilhaft, sobald der Kapitalwert größer als null ist. Beträgt der Kapitalwert genau null, so ist die Investition genauso viel wert, wie die Vergleichsinvestition. Ist der Kapitalwert negativ, ist die Investitionsalternative vorzuziehen, da diese gegenüber der bewerteten Investition vorteilhafter ist.[27] Beim Vergleich zweier Investitionsalternativen ist jene mit dem höheren Kapitalwert vorteilhafter und daher vorzuziehen.[28]

D. Interne Zinsfuß-Methode

1. Rechenverfahren und notwendiges Datenmaterial

42 Der interne Zinsfuß ist **jener Zinssatz**, bei dem der **Kapitalwert** einer Investition **genau null** ist.[29] Die absolute Vorteilhaftigkeit einer Investition ist gegeben, wenn der interne Zinssatz größer als der Kalkulationszinssatz ist. Der Kalkulationszinssatz repräsentiert hierbei die Kosten der Finanzierung oder die Rendite einer Alternativinvestition. Ist also der interne Zinssatz einer Investition höher als der Zinssatz der Finanzierung, sollte die Investition realisiert werden. Im Ver-

25 *Bertl/Fattinger,* Anforderung an die Unternehmensplanung aus der Sicht der Unternehmensbewertung 85.

26 *Urnik/Schuschnig*, Investitionsmanagement, Finanzmanagement, Bilanzanalyse², 58.

27 *Aschauer/Purtscher*, Einführung in die Unternehmensbewertung 26.

28 *Götze/Bloech*, Investitionsrechnung⁴, 71.

29 *Zischg*, SWK 2008, W 19.

gleich zweier Investitionsalternativen ist jene Investition mit dem höheren internen Zinssatz günstiger.[30]

2. „Aussagekraft“

Das folgende vereinfachte Beispiel soll die Vorgangsweise verdeutlichen: 43

Zeitpunkt	**0**	**1**
Zahlungen	–100	110

$$i = \frac{110}{100} - 1 = 10\%$$

Bei einer Investitionsauszahlung von 100 und einem Rückfluss von 110 nach einem Jahr ergibt sich ein interner Zinsfuß von 10 %. Bei einem Kalkulationszinssatz von 10 % ist der Barwert dieser Investition gleich null. Die Investition sollte dann realisiert werden, wenn der Zinssatz für die Finanzierung oder der interne Zinssatz einer Alternativinvestition kleiner als 10 % ist. 44

3. Hinweis für den Aufsichtsrat

Die Problematik bei der Ermittlung des internen Zinsfußes ist die Unterstellung einer Veranlagung von Kapitalrückflüssen zum internen Zinssatz (dh konstante Wiederveranlagungsrendite). Diese Annahme ist insbesondere bei Sachinvestitionen wenig realistisch.[31] 45

VI. Beteiligungs-(Unternehmens-)Erwerbe und Investitionsrechnung

Der Erwerb eines gesamten Unternehmens oder einer Beteiligung an einer Gesellschaft setzt einen komplexen Entscheidungsprozess voraus. Nicht der Anschaffungspreis und die Einnahmen und Ausgaben eines einzelnen Vermögensgegenstandes sind entscheidungsrelevant, sondern alle Faktoren, die im Rahmen der Organisationseinheit „Unternehmen“ unter Beachtung der Zielvorstellungen des Erwerbers wertbeeinflussend sind. Diese wertbestimmenden Faktoren liegen beispielsweise in der Marktstellung des Unternehmens, in seinem Betriebsprozess oder in der technologischen Entwicklung. Dazu kommt, dass es sich bei vielen dieser Faktoren um zukünftige und damit unsichere Daten handelt. Die damit verbundenen Erwartungen und Einschätzungen können in unterschiedlichen Unternehmensbewertungsmodellen abgebildet werden. 46

Grundsätzlich wird zwischen **Gesamtbewertungsverfahren** und Einzelbewertungsverfahren unterschieden. Beim Gesamtbewertungsverfahren werden auf Basis der oben besprochenen Kapitalwertmethode zukünftige Überschüsse, die mit dem Unternehmen bzw der Beteiligung erzielt werden können, auf den Zeitpunkt des beabsichtigten Erwerbes abgezinst. Das Gesamtbewertungsverfahren setzt daher 47

30 *Götze/Bloech*, Investitionsrechnung[4], 96 f.

31 *Urnik/Schuschnig*, Investitionsmanagement, Finanzmanagement, Bilanzanalyse[2], 69.

aussagekräftige Planungen und damit verbunden auch Zukunftsprognosen voraus. Die **Einzelbewertungsverfahren** sind hingegen substanzwertorientiert und ermitteln den Vermögenswert zum Bilanzstichtag nach Maßgabe der Bewertungszielsetzung entweder als Veräußerungs- oder Wiederbeschaffungspreis. Darüber hinaus gibt es auch eine Fülle von **Mischverfahren**. In der Praxis bedeutsam ist auch die **Multiplikatormethode**, bei der mittels Multiplikation eines Vervielfältigers einzelner Unternehmenskennzahlen (wie zB Umsatz) mit der entsprechenden Kennzahl ein Unternehmenswert oder eine Indikation für den Unternehmenswert ermittelt wird.

48 Eine aktuelle Untersuchung zeigt, dass in der (deutschen) Praxis der Unternehmensbewertung für Klein- und Mittelbetriebe die Gesamtbewertungsverfahren dominieren.[32] Sie werden doppelt so oft angewandt wie Mittelwertverfahren oder Multiplikatorverfahren.

A. Gesamtbewertungsverfahren

1. Ertragswertverfahren

49 Das Ertragswertverfahren liefert einen **Entscheidungswert** aus der Sicht eines potentiellen Käufers oder Verkäufers.[33] Nach dem Ertragswertverfahren ergibt sich der Unternehmenswert aus dem **Barwert der erwarteten Erträge** aus dem Unternehmen,[34] das Unternehmen wird dabei als Einheit bewertet. Der **Kapitalisierungszinssatz** leitet sich aus individuellen Renditevorgaben, der Renditeerwartung der besten Alternative oder aus aus Kapitalmarktdaten abgeleiteten Renditen des Investors ab.[35] In der Praxis wird der Zinssatz so ermittelt, dass ein Basiszinssatz um einen individuell zu ermittelnden Risikozuschlag erhöht wird.[36]

50 Bei unterstellter **begrenzter Dauer** des Unternehmens, wird zum Barwert der erwarteten Zuflüsse bis zur Unternehmensaufgabe der Barwert der Nettozuflüsse aus der Aufgabe des Unternehmens addiert.[37] Diese Vorgehensweise entspricht jener der Kapitalwertmethode. Bei **unbegrenzter Dauer** des Unternehmens entspricht der Unternehmenswert dem Barwert der den Unternehmenseignern für eine unbegrenzte Zeit zufließenden finanziellen Überschüsse.[38]

$$UW = \frac{E}{i}$$

Formel 4: Unternehmenswert bei ewiger Rente[39]

UW ... Unternehmenswert
E .... erwarteter Unternehmensertrag
i .... Zinssatz

---

32 *Fischer/Winkelmann/Busch*, Finanz Betrieb 2009, 715 f.
33 *Mandl/Rabel*, RWZ 1997, 353.
34 *Bruski*, BB-Special 07/2005, 20.
35 *Mandl/Rabel*, Unternehmensbewertung 31; KFS BW1, Rz 113.
36 *Berger/Knoll*, BewertungsPraktiker 4/2009, 8.
37 KFS BW1, Rz 98.
38 KFS BW1, Rz 97.
39 *Mandl/Rabel,* Unternehmensbewertung 32.

Das folgende vereinfachte Beispiel soll die Vorgehensweise verdeutlichen: 51
Basiszinssatz: 2 %
Risikozuschlag: 5 %
Erwartete finanzielle Überschüsse: 100/Periode

$$UW = \frac{100}{0{,}02 + 0{,}05} = 1.428{,}57$$

Aufgrund der **abnehmenden Prognosesicherheit** bei zunehmender zeitlicher 52
Entfernung vom Bewertungsstichtag werden die finanziellen Überschüsse meist in zwei Phasen geplant und prognostiziert. Während des Detailprognosezeitraumes, der die erste Phase nach dem Bewertungsstichtag umfasst und der in der Regel drei bis fünf Jahre beträgt, ist eine periodenspezifische Prognose der finanziellen Überschüsse möglich. In der zweiten Phase nach dem Detailprognosezeitraum sind nur globale bzw pauschale Annahmen möglich. Daher wird in der Regel eine Unternehmensentwicklung mit gleich bleibenden oder konstant wachsenden finanziellen Überschüssen unterstellt.[40]

Das folgende vereinfachte Beispiel soll die Vorgehensweise verdeutlichen: 53
Basiszinssatz: 2 %
Risikozuschlag: 5 %

	Detailprognosezeitraum					Zweite Phase
Periode	1	2	3	4	5	6–∞
Erwarteter finanzieller Überschuss	21.000	23.000	25.000	27.000	25.000	23.000
Barwert:	19.626	21.495	23.364	25.234	23.364	328.571
Unternehmenswert	441.656					

Der Grenzpreis des Kaufes[41] für den Unternehmenserwerb beträgt EUR 441.656.

Die Vorgangsweise, ab einer bestimmten Periode aufgrund einer zu geringen 54
Prognosesicherheit auf die Berechnung des Barwertes einer **ewigen Rente** zurückzugreifen, ist **nicht unproblematisch**. Denn eine ewige Rente unterstellt die unendliche Fortführung des Unternehmens. *Frühling* hat gezeigt, dass der Barwert einer ewigen Rente je nach Zinssatz und **tatsächlicher Unternehmenslebensdauer** vom Barwert der Erträge dieser tatsächlichen Lebensdauer stark abweicht. Bei einem Diskontierungszinssatz von 10 % müsste das zu bewertende Unternehmen noch 80 Jahre weiterbestehen, um eine fehlerfreie Anwendung der Methodik zu ermöglichen.[42] Das obige Beispiel zeigt außerdem, dass der Barwert der ewigen Rente, der im Vergleich zum Detailprognosezeitraum durch eine abnehmende Prognosesicherheit charakterisiert ist, ca 75 % des Unternehmenswertes ausmacht.

---

40 KFS BW1, Rz 59 ff.
41 *Hering*, Unternehmensbewertung 58.
42 *Frühling*, FB 2009, 200.

2. Discounted Cash-Flow-Verfahren (DCF-Verfahren)

55 Bei den DCF-Verfahren wird der Unternehmenswert durch **Diskontierung zukünftiger Cash-Flows** ermittelt. Der Unterschied zum Ertragswertverfahren besteht in der konzeptionellen **Orientierung am Kapitalmarkt**. Die Renditeforderungen, die in den Diskontierungszinssatz einfließen, werden mittels kapitalmarkttheoretischer Modelle bestimmt.[43] Die subjektiven Erwartungen und Risikoeinschätzungen eines konkreten Investors werden dabei nicht berücksichtigt. Im Rahmen der DCF-Verfahren kann im Wesentlichen zwischen Bruttoverfahren (Entity Approach), Nettoverfahren (Equity-Approach) und Adjusted Present Value-Verfahren unterschieden werden.

3. Hinweis für den Aufsichtsrat

56 Die Ermittlung des Ertragswertes als Grundlage einer Investitionsentscheidung wird in der Praxis beim Erwerb von ganzen Unternehmen oder Beteiligungen angewandt oder beim Erwerb oder der Herstellung von betrieblichen Vermögenswerten, die einen eigenständigen bzw eindeutig zuordenbaren Ertrag (Cash-Flow) generieren. Dem Aufsichtsrat muss bei dieser Betrachtungsweise klar sein, dass es sich um eine isolierte Analyse handelt. Die Auswirkungen auf das Gesamtunternehmen sind nur durch eine integrierte Unternehmensplanung und Bewertung ermittelbar.

57 Neben der schon mehrfach erwähnten Notwendigkeit robuster Planungs- und Prognosemodelle hat insbesondere der für die Ermittlung der ewigen Rente (Terminal-Value) angewandte Zinssatz herausragende Bedeutung für die Qualität der Wertermittlung.

58 Im Planungsmodell muss jener Ertrag definiert sein, der in einem Gleichgewichts-(Beharrungs-)Zustand plausibel erscheint. Zwischen der Detailplanungsphase und dem Gleichgewichts-(Beharrungs-)Zustand wird daher in der Praxis sehr oft eine Konvergenz- oder Grobplanungsphase eingeführt, um nachvollziehbar die Angleichung an ein nachhaltiges Rentabilitätsniveau zu erreichen.[44] Der Zinssatz wiederum muss risikoadäquat sein, wobei die Unsicherheitsstruktur des Einnahmestroms sowie die daraus folgenden Risiken- und Chancengewichtungen adäquat im Zinssatz abzubilden sind.[45]

59 Schließlich hat der Aufsichtsrat auch zu berücksichtigen, dass gerade der Erwerb von Beteiligungen bzw ganzen Unternehmen positive und negative Synergieeffekte im Konzernverbund auslösen kann, die bei der Entscheidung ebenfalls berücksichtigt werden müssen.[46]

---

43 *Mandl/Rabel*, RWZ 1997, 352.

44 *Purtscher/Sylle*, Grobplanungsphase und Konvergenz, RWZ 2015, 178.

45 *Hommel/Dehmel*, Unternehmensbewertung case by case[6], 117.

46 *Bartl/Bertl/Posautz*, Neue Regelungen zur Bewertung von Beteiligungen und Unternehmen 241.

B. Substanzwertverfahren (Einzelbewertungsverfahren)

Bei den **substanzwertorientierten Methoden** wird der Unternehmenswert stichtagsbezogen mittels der Summe der Werte der einzelnen Vermögensgegenstände abzüglich der Summe der Werte der Schulden berechnet. Als Wertmaßstäbe kommen bei Fortführung des Unternehmens **Reproduktionswerte** und bei einer Zerschlagung des Unternehmens **Liquidationswerte** in Frage.[47] 60

1. Reproduktionswert

Der **Reproduktionswert** beurteilt die Möglichkeit des Käufers, ein dem Kaufobjekt äquivalentes Unternehmen neu zu errichten. Soll der Reproduktionswert eine exakte Kopie aller Vermögensgegenstände des Bewertungsobjektes sein, gilt er als nicht zielführend, da im Reproduktionswert in erster Linie die Unternehmenssubstanz erfasst werden kann. Man spricht vom Teilreproduktionswert, wenn ausschließlich die Unternehmenssubstanz als Reproduktionswert angesetzt wird. Für eine Vollreproduktion, also eine exakte Kopie des zu bewertenden Unternehmens müssten jedoch auch nicht erfassbare Bestandteile, wie immaterielle Vermögenswerte miteinbezogen werden. Dazu gehören unter anderem Marken, Know-how, Kundenbeziehungen oder Mitarbeiterqualität. 61

Ertragswert und Reproduktionswert können maßgeblich voneinander abweichen.[48] 62

Im Reproduktionswert sind weder ein schlechter Standort, noch hoher Konkurrenzdruck oder negative Konjunkturerwartungen abgebildet, aber auch nicht Überrenditen, Know-How-Vorsprung uÄ. In der Regel ist daher der Reproduktionswert nur eine Hilfsgröße bei Investitionsentscheidungen. 63

2. Liquidationswert

Neben der Fortführung kann ein Käufer auch die Liquidation des Unternehmens erwägen. Dabei gibt es die Möglichkeit der Zerschlagung des Unternehmens oder des Verkaufes als Ganzes. Für den **Liquidationswert** ist der Grundsatz der Bewertungseinheit nicht einzuhalten, da die ertragsreichste Zerschlagungsform oder die bestmögliche Verwertung des Unternehmensvermögens zu wählen ist. Ist der Liquidationswert höher als der unter der Fortführungsprämisse ermittelte Grenzpreis, wird die Liquidation die vorzuziehende Handlungsalternative sein. Sowohl für den Käufer als auch für den Verkäufer ergibt sich aus dem Liquidationswert ein identer Entscheidungswert dh einerseits eine Preisobergrenze, andererseits eine Preisuntergrenze. Liquidationswerte können je nach Form der Unternehmensauflösung erheblich voneinander abweichen.[49] Für nicht betriebsnotwendige Vermögensgegenstände, die Bestandteil eines Unternehmenserwerbs sein können, werden grundsätzlich die Liquidationswerte angesetzt. 64

---

47 *Mandl/Rabel*, Unternehmensbewertung 46 ff.

48 *Hommel/Dehmel*, Unternehmensbewertung case by case[6], 55 f.

49 *Mandl/Rabel*, Unternehmensbewertung 46 ff.

3. Hinweis für den Aufsichtsrat

65 Eine Investitionsentscheidung bezüglich des Kaufes eines Unternehmens sollte auf Basis der Ertragswerte des Zielunternehmens erfolgen. Qualitativ kann aber auch der Substanzwert von Bedeutung sein, da bestimmte Investitionsentscheidungen mit dem Substanzwert schon vorweggenommen wurden.[50]

66 Mit dem Erwerb der Unternehmenssubstanz können Ersparniseffekte (vorweggenommene Ausgaben) verbunden sein, die davon abhängen, ob der Erwerber den Betrieb auf dem bisherigen Niveau weiterführen oder wesentlich verändern wird.

67 Der Liquidationswert hat im Entscheidungsfall des Aufsichtsrates zweifache Bedeutung. Einerseits wird der Liquidationswert von Relevanz sein, wenn iZm dem Erwerb von ganzen Unternehmen oder Gesellschaften auch nicht betriebsnotwendige Vermögensgegenstände erworben werden, die veräußert (liquidiert) werden können. Andererseits ist der Liquidationswert unter Umständen ein Auslöser für eine Desinvestitionsentscheidung, wenn der Liquidationswert höher ist als der Fortführungswert.

68 Schließlich wird der Investor zu beachten haben, dass der Verkäufer, wenn er rational handelt, sein Unternehmen nicht unter dem Liquidationswert veräußern wird.

C. Mischverfahren

69 Die **Mischverfahren** stellen eine Kombination aus Ertragswert- und Substanzwertverfahren dar.[51] Dadurch wird versucht, sowohl Elemente der Gesamtbewertungskonzeption als auch der Einzelbewertungskonzeption einfließen zu lassen.[52]

1. Übergewinnmethode

70 Bei der Übergewinnmethode ergibt sich der Unternehmenswert aus der Summe des Substanzwertes zu Teilreproduktionswerten und dem Barwert der Übergewinne.[53] Als Übergewinn wird der Gewinn, den das Unternehmen über der marktmäßigen Verzinsung erzielt bezeichnet. Es wird unterstellt, dass ein Übergewinn nur für eine begrenzte Dauer erwirtschaftet werden kann.[54]

2. Mittelwertmethoden

71 Im einfachsten Fall der Mittelwertmethoden wird der Unternehmenswert als Durchschnitt aus der Summe des als Teilreproduktionswert bestimmten Substanzwertes und des Ertragswertes berechnet. Die Ertragswert- bzw Substanzwertkomponenten können auch unterschiedlich gewichtet werden.[55] Im Folgenden ist die Berechnung des Unternehmenswertes nach der Praktikermethode dargestellt:

---

50 *Hommel/Dehmel*, Unternehmensbewertung case by case[6], 58.

51 *Kuhner/Maltry*, Unternehmensbewertung 272.

52 *Mandl/Rabel*, Methoden der Unternehmensbewertung (Überblick), 89.

53 *Lechner/Egger/Schauer*, Einführung in die allgemeine Betriebswirtschaftslehre[26], 345.

54 *Mandl/Rabel*, Unternehmensbewertung 50.

55 *Mandl/Rabel*, Unternehmensbewertung 51.

$$UW = \frac{SW + EW}{2}$$

Formel 5: Unternehmenswert nach der Praktikermethode

EW ... Ertragswert
SW.... Substanzwert

Weitere Mittelwertmethoden sind das Schweizer Verfahren (Summe aus Substanzwert und doppeltem Ertragswert, dividiert durch drei), das Wiener Verfahren (wird in Österreich zur Ermittlung steuerlicher Vermögenswerte von Kapitalgesellschaften herangezogen und entspricht grundsätzlich der Praktikermethode) und das Stuttgarter Verfahren (wird in Deutschland für steuerliche Zwecke angewandt und ist dem Wiener Verfahren ähnlich).

3. Hinweis für den Aufsichtsrat

Obwohl wissenschaftlich nicht anerkannt, werden in der Praxis zur Ermittlung 72
von Entscheidungswerten häufig Mittelwertmethoden angewandt. Praktiker versuchen damit einerseits die Prognoseunsicherheit durch Anwendung eines Wiederbeschaffungswertes zu reduzieren und andererseits immaterielle Werte (Ertragswerte) in die Bewertung einfließen zu lassen.

D. Multiplikatormethode

1. Rechenverfahren und notwendiges Datenmaterial

Mittels der Multiplikatormethode wird der geschätzte Marktpreis anhand von 73
Erfahrungswerten in Form von market multiples berechnet.[56] Market multiples sind aus Marktpreisen von Unternehmen verarbeitete Vergleichsgrößen, von denen angenommen wird, dass sie mit einer spezifischen Bezugsgröße in linearem Verhältnis stehen. Als solche Bezugsgrößen kommen Kennziffern wie Gewinn-, Cash-Flow-, Umsatz- oder Mengengrößen des Unternehmens in Frage.[57] Der geschätzte Marktpreis wird dann anhand einer Multiplikation der Bezugsgröße mit dem dazugehörigen Multiplikator ermittelt.[58]

Der potentielle Marktpreis errechnet sich also beispielsweise folgendermaßen: 74

$$P(U) = B_U \times m$$

Formel 6: geschätzter Marktpreis nach der Multiplikatormethode[59]

P(U).. Marktpreis
B_U..... Bezugsgröße (zB Umsätze)
m ...... Multiplikator

Multiplikatoren treten entweder als „market multiples“ oder als Branchen-Multiplikatoren auf. Market multiples setzen einen entsprechenden Markt für

56 *Mandl/Rabel*, Unternehmensbewertung 45.
57 *Aschauer/Purtscher*, Einführung in die Unternehmensbewertung 245.
58 *Bartl/Bertl/Posautz*, Neue Regelungen zur Bewertung von Beteiligungen und Unternehmen 235.
59 *Hommel/Dehmel,* Unternehmensbewertung case by case^6, 65.

Unternehmensanteile (Börse) voraus. Bei entsprechender Kenntnis einer ausreichenden Anzahl von Transaktionen können auch diese Transaktionspreise herangezogen werden.[60] In der Praxis finden sich jedoch auch häufig Branchen-Multiplikatoren, die sich entweder auf Gewinn, Cash-Flow oder Umsatz beziehen.[61] Wird der Cash-Flow herangezogen, handelt es sich um eine vereinfachte Investitionsrechnung analog der Amortisationsrechnung (siehe Rz 27 ff).

2. Hinweis für den Aufsichtsrat

75 Die Multiplikatorbewertung eignet sich vor allem für eine Grobanalyse und erste Entscheidung, ob ein Investitionsprojekt weiterverfolgt werden soll oder nicht. Durch Multiplikatoren werden in der Regel Gesamtunternehmenswerte (Enterprise-Value, Entity-Value) ermittelt. Um den Kaufpreis für das Eigenkapital zu ermitteln, sind von diesem Wert noch die finanziellen Verbindlichkeiten in Abzug zu bringen.[62]

76 Häufig werden aufgrund der Unternehmensziele und -pläne des erwerbenden Unternehmens Multiplikator-Obergrenzen festgelegt, mit denen der maximale Kaufpreis für einen Unternehmenserwerb ermittelt wird. Die Vorgehensweise entspricht daher der Soll-Vorgabe bei Amortisationsrechnungen.

VII. Zusammenfassung

77 Der Aufsichtsrat einer Kapitalgesellschaft hat eine Überwachungs- und Beratungsfunktion für das Management, die eine Zustimmungspflicht für bestimmte Geschäfte, wie zB Investitionen, vorsieht. Dadurch soll erreicht werden, dass der Aufsichtsrat möglichst eng in den Entscheidungsprozess eingebunden wird.

78 Die Anschaffung oder Herstellung von langfristig für die Gesellschaft zur Verfügung stehenden Vermögensgegenständen (Anlagevermögensgegenstände), wird als Investition bezeichnet. Investitionsentscheidungen haben grundsätzlich die Unternehmensziele zu beachten, die zwischen Unternehmensleitung und Aufsichtsrat im Rahmen der Grundsätze der Geschäftspolitik abgestimmt werden.

79 Die Beurteilung, ob das Unternehmensziel durch eine bestimmte Investitionsentscheidung (besser) erreicht oder gefördert werden kann, sollte auf Basis von Investitionsrechnungen erfolgen. Durch Investitionsrechnungen ist es qualifiziert und nachvollziehbar möglich zu entscheiden, ob eine Investition durchgeführt oder nicht durchgeführt wird bzw welche Investition (bei Investitionsalternativen) die zweckmäßigste ist.

80 Investitionsrechnungsverfahren können allerdings nur quantifizierbare und monetär messbare Einflussgrößen berücksichtigen. In diesem Beitrag werden die wesentlichen von der Betriebswirtschaftslehre zur Verfügung gestellten Investitionsrechnungsmodelle – Gewinnvergleichsrechnung, Kostenvergleichsrechnung, Rentabilitätsrechnung, Amortisationsrechnung und Barwertmethode – dargestellt

---

60 *Grbenic/Jansa*, RWZ 2009, 345 ff.

61 *Fischer/Winkelmann/Busch*, Finanz Betrieb 2009, 724.

62 *Aschauer/Bertl/Purtscher*, Die Bewertung von KMU 202.

und hinsichtlich ihrer Aussagekraft analysiert. Die Analyse zeigt, dass die mit der Investition verfolgten Ziele exakt zu definieren sind, um ein adäquates Investitionsrechnungsverfahren einsetzen zu können.

Ein weiteres Kriterium für den erfolgreichen Einsatz von Investitionsrech- **81**
nungsverfahren ist die Qualität der in die Investitionsrechnung eingehenden Daten. Dies wird bei der Investitionsentscheidung Beteiligungs- oder Unternehmenserwerb besonders bewusst, da bei dieser Entscheidung eine Fülle von zukünftigen und damit unsicheren Daten zu berücksichtigen ist. In der Unternehmens-(Aufsichtsrats-)Praxis wird daher oftmals auf komplexe Methoden der Unternehmensbewertung verzichtet und stattdessen werden zB vereinfachte Investitionsrechnungsverfahren, wie die Multiplikatormethode oder Amortisationsrechnung, angewandt.

Bei Investitionsentscheidungen hat daher der Aufsichtsrat die grundsätzliche **82**
Frage nach den Entscheidungskriterien und damit nach der Investitionsrechnung zu stellen. In weiterer Folge ist im Aufsichtsrat zu beurteilen, ob ein unternehmenszielkonformes Rechenmodell eingesetzt wird – bzw hat er dahin gehend mitzuwirken, dass dies geschieht. Schließlich obliegt es noch dem Aufsichtsrat, die Plausibilität der in die Investitionsrechnung eingegangenen Daten zu hinterfragen.

Bilanzlesen und Bilanzpolitik für den Aufsichtsrat

Klaus Hirschler und Gudrun Geutebrück

Literatur

AFRAC, Stellungnahme – Wertaufhellung und Wertbegründung vor und nach Aufstellung von Jahres- und Konzernabschlüssen, Juni 2011; *Altenberger/Brandstätter/Schultze*, Bilanzpolitik versus Bilanzdelikte: Die Haftung von Unternehmensorganen für mangelhafte Finanzberichterstattung in Österreich, in IWP (Hrsg), Wirtschaftsprüfer-Jahrbuch 2005, 167; *Bertl*, Steuerbilanzpolitik, in Bertl/Djanani/Eberhartinger/Kofler/Tumpel, Handbuch der österreichischen Steuerlehre, Band II[2] (2010) 291; *Bertl/Deutsch-Goldoni/Hirschler*, Buchhaltungs- und Bilanzierungshandbuch[9] (2015); *Bertl/Fraberger*, Bilanzpolitische Maßnahmen, RWZ 2000/9, 26; *Bertl/Fraberger*, Materielle Instrumente der Bilanzpolitik (I) und (II), RWZ 2000/39, 120 und RWZ 2000/50, 154; *Bertl/Hirschler*, Beteiligungsbewertung im Unternehmens- und Steuerrecht in der Wirtschaftskrise RWZ 2009/81, 299; *Detert/Sellhorn*, Bilanzpolitik, DBW 2007, 247; *Dokalik/Hirschler*, SWK-Spezial RÄG 2014 – Reform des Bilanzrechts (2015); *Egner*, Eine wirkungsorientierte Systematisierung bilanzpolitischer Gestaltungen am Beispiel der Bilanzskandale der jüngsten Vergangenheit, in Seicht, Jahrbuch für Controlling und Rechnungswesen 2006, 201; *Hirschler*, Bilanzrecht (2010); *Jabornegg*, Kommentar zum HGB (1997); *Keppert/Brandstetter*, Bilanzdelikte (2009); *Küting*, Bilanzpolitik, in Küting, Saarbrücker Handbuch der Betriebswirtschaftlichen Beratung[4] (2008) 747; *Küting*, Der Stellenwert der Bilanzanalyse und Bilanzpolitik im HGB- und IFRS-Bilanzrecht, DB 2006, 2753; *Küting*, Erkennung von Unternehmenskrisen anhand angewandter Bilanzpolitik, Controlling Heft 4/5 2005, 223; *Leffson*, Die Grundsätze ordnungsmäßiger Buchführung[7] (1987); *Löw*, Verlustfreie Bewertung antizipativer Sicherungsgeschäfte nach HGB, WPg 2004, 1109; *Lüdenbach/Hoffmann*, IFRS Kommentar[8] (2010); *Moxter*, Grundsätze ordnungsgemäßer Rechnungslegung (2003); *Petersen/Zwirner/Brösel*, Systematischer Praxiskommentar Bilanzrecht (2010); *Pfitzer/Scharpf/Schaber*, Voraussetzungen für die Bildung von Bewertungseinheiten und Plädoyer für die Anerkennung antizipativer Hedges, WPg 2007, 675; *Pfleger*, Die neue Bilanzpolitik[4] (1991); *Rohatschek/Schiemer*, Generalnorm und GoB – im UGB nichts Neues?, in Bertl ua, Reform der Rechnungslegung in Österreich (2015) 27; *Selchert*, Windowdressing – Grenzbereich der Jahresabschlussgestaltung, DB 1996, 1933; *Straube*, Wiener Kommentar zum UGB II/RLG[3]; *Velte*, Bewertung von sonstigen langfristigen Rückstellungen nach dem RÄG 2014 und AbgÄG 2014, RWZ 2015/63, 263; *Wagenhofer*, Internationale Rechnungslegungsstandards – IAS/IFRS[6] (2009); *Zib/Dellinger*, UGB-Kommentar Band III (2013).

Gliederung **Rz**

I. Einleitung

1 Das Wissen um die Inhalte des Jahresabschlusses und deren Auswirkungen auf Kennzahlen des Jahresabschlusses ist mittlerweile für jeden Bilanzadressaten essentiell. Insbesondere für Aufsichtsräte, da eine der Kardinalpflichten des Aufsichtsrates die Prüfung des Jahresabschlusses auf Gesetzmäßigkeit, Wirtschaftlichkeit, Zweckmäßigkeit sowie Sparsamkeit ist. Der Jahresabschluss stellt somit eine wesentliche Grundlage für die Überwachungstätigkeit des Aufsichtsrates dar.

2 Wenngleich sich der Titel des Beitrags namentlich auf die Begriffe „Bilanzlesen und Bilanzpolitik" beschränkt, ist damit doch immer „Jahresabschlusslesen und Jahresabschlusspolitik" gemeint. Der insoweit sperrigere Begriff „Jahresabschluss" wird allerdings traditionell in der Literatur und facheinschlägigen „Umgangssprache" nicht verwendet sondern synonym durch „Bilanz" ersetzt.

II. Bilanzlesen – Versuch einer Inhaltsabgrenzung

3 Zunächst ist im Zusammenhang mit dem Begriff „Bilanzlesen" die Frage zu klären, welche Posten inhaltlich in einem Jahresabschluss zahlenmäßig abgebildet werden. Entsprechend der Bestimmung des § 196 Abs 1 UGB hat der Jahresabschluss alle Vermögensgegenstände, Rückstellungen, Verbindlichkeiten und Rechnungsabgrenzungsposten sowie Aufwendungen und Erträge des Unternehmens zu enthalten, soweit gesetzlich nichts anderes bestimmt ist. Aber abgesehen von der Frage, welche Posten grundsätzlich in einem Jahresabschluss abgebildet werden, ist es auch wichtig zu verstehen, mit welchem Wert diese Abbildung erfolgt. „Bilanzlesen" heißt daher unter anderem, sich mit Fragen des Bilanzansatzes und der Bewertung auseinander zu setzen, wobei es sowohl im Rahmen des Bilanzansatzes wie der Bewertung zahlreiche Wahlrechte gibt, deren gezielte Ausübung man unter dem Begriff der Bilanzpolitik zusammenfassen kann.

4 Aus der Vielzahl an möglichen Fragestellungen im Zusammenhang mit dem Thema „Bilanzlesen" soll daher in weiterer Folge vor allem das Thema der Bilanzpolitik aus Sicht der Vorschriften des UGB dargestellt werden. Ehe dies geschieht, soll aber auch der rechtliche Rahmen, innerhalb dessen sich die Bilanzpolitik abspielt, dargestellt werden, da die gesamte Bilanzpolitik wie die gesamte

Jahresabschlusserstellung stets im Einklang mit den einschlägigen Grundsätzen ordnungsmäßiger Bilanzierung (GoB) zu erfolgen hat.

III. Grundsätze ordnungsmäßiger Bilanzierung

Die rechtlichen Rahmenbedingungen der Rechnungslegung sehen einige Wahlrechte vor und eröffnen dem Bilanzersteller somit einen gewissen Gestaltungsspielraum. Es kann daher keinen „absolut richtigen und wahren" Jahresabschluss geben, sondern nur einen, der der Generalnorm folgend (§§ 195, 222 Abs 2 UGB) ein möglichst getreues Bild der Vermögens-, (Finanz-) und Ertragslage vermittelt. Um die Richtigkeit eines Jahresabschlusses beurteilen zu können, ist es daher unerlässlich, die bei der Bilanzierung anzuwendenden Rechnungslegungsgrundsätze zu kennen. Die wichtigsten dieser Regeln stellen die sogenannten Grundsätze ordnungsmäßiger Bilanzierung (GoB) dar, worunter Ansatz-, Ausweis- und Bewertungsregeln verstanden werden, von denen die meisten im UGB kodifiziert sind. Die für die sachverständige Beurteilung eines Jahresabschlusses wesentlichsten GoBs werden nachfolgend dargestellt:[1] 5

A. Bilanzwahrheit

Der Grundsatz der Bilanzwahrheit verlangt, dass Vermögen und Schulden eines Unternehmens den tatsächlichen Verhältnissen entsprechend ausgewiesen werden. Ein Jahresabschluss muss aber nicht objektiv richtig sein, denn dies würde eine nicht zumutbare Anforderung an die Jahresabschlussersteller darstellen. Es ist daher ausreichend, wenn der Aufsteller des Jahresabschlusses alle einem ordentlichen und gewissenhaften Unternehmer zumutbaren Maßnahmen gesetzt hat, um einen richtigen Jahresabschluss zu erstellen. Da es folglich keine objektiv „wahre" Bilanz gibt, sondern eine Bilanz nur den gesetzlich vorgegebenen Bilanzierungszwecken entsprechen kann, ist der Grundsatz der Bilanzwahrheit dann erfüllt, wenn die Bilanzierung den Grundsätzen der Richtigkeit und Willkürfreiheit entspricht.[2] 6

Der Grundsatz der Richtigkeit ist dann erfüllt, wenn Vermögensgegenstände und Geschäftsfälle nach den anzuwendenden Ansatz- und Bewertungsvorschriften dargestellt werden und keine unwahren, irreführenden oder undeutlichen Angaben gemacht werden. Ein Jahresabschluss ist daher dann richtig, wenn dieser intersubjektiv nachprüfbar ist, ein Dritter somit bei Kenntnis der Unterlagen und sonstigen Informationen des Unternehmers zum gleichen Ausweis und Wertansatz kommen würde. So sind beispielsweise die für Schätzungen heranzuziehenden Parameter anhand objektiv bestimmbarer und nachvollziehbarer Grenzen zu wählen.[3] 7

---

[1] Ausführlich zu den GoB *Bertl/Deutsch-Goldoni/Hirschler*, Buchhaltungs- und Bilanzierungshandbuch[9] 224ff.

[2] Vgl. *Keppert*, in Keppert/Brandstätter, Bilanzdelikte 48; *Bertl/Deutsch-Goldoni/Hirschler*, Buchhaltungs- und Bilanzierungshandbuch[9] 232.

[3] Vgl. *Leffson*, Die Grundsätze ordnungsmäßiger Buchführung[7] 197; *Marschner* in Hirschler, Bilanzrecht § 190 Rz 41.

8 Ein Jahresabschluss entspricht somit dem Grundsatz der Richtigkeit, wenn

- dieser aus richtigen Aufzeichnungen abgeleitet ist (Richtigkeit der Buchführung),
- die einzelnen Posten des Jahresabschlusses den erfassten Tatbeständen entsprechend bezeichnet sind (Richtigkeit der Darstellung),
- alle Vermögensgegenstände, Schulden und Geschäftsfälle ausgewiesen werden (Vollständigkeit),
- die Bewertung der einzelnen Posten nach den für die Bewertung geltenden Vorschriften und GoB erfolgt,
- die Zusammenstellung zu einem richtigen Ausweis des Jahresergebnisses führt.

9 Der Grundsatz der Richtigkeit ist daher nur dann erfüllt, wenn andere GoB, wie z.B. das Vollständigkeitsgebot oder die Bewertungsvorschriften, richtig angewendet wurden.[4]

10 Der Grundsatz der Willkürfreiheit verlangt, dass der Bilanzierende selbst den von ihm vorgenommenen Bilanzausweis und Wertansatz für eine den tatsächlichen Verhältnissen entsprechende Abbildung hält. Willkürfreiheit liegt demnach vor, wenn die Darstellung im Jahresabschluss mit der inneren Überzeugung von ihrer Richtigkeit übereinstimmt. Auch der Grundsatz der Willkürfreiheit konkretisiert sich in der Anwendung anderer GoB, insbesondere auch in der Ausübung von Bewertungswahlrechten.[5]

B. Vollständigkeit (§ 196 Abs 1 UGB)

11 Eng verbunden mit dem Grundsatz der Bilanzwahrheit ist der Grundsatz der Vollständigkeit. Bildet eine Bilanz nicht sämtliche bilanzierungspflichtigen Vermögensgegenstände, Schulden und Rechnungsabgrenzungsposten oder eine GuV nicht sämtliche Erträge und Aufwendungen ab, können diese nicht als richtig angesehen werden. Das Vollständigkeitsgebot und damit der Grundsatz der Richtigkeit sind jedoch nicht verletzt, soweit gesetzliche Bilanzierungsverbote oder Bilanzansatzwahlrechte bestehen.

12 So stellt beispielsweise die Nichtaktivierung selbsterstellter immaterieller Vermögensgegenstände des Anlagevermögens (§ 197 Abs 2 UGB) keinen Verstoß gegen den Vollständigkeitsgrundsatz dar, da für diese ein Aktivierungsverbot besteht. Für Rückstellungen von untergeordneter Bedeutung besteht gemäß § 198 Abs 8 Z 3 UGB ein Ansatzwahlrecht. Werden diese nicht bilanziert, stellt dies keinen Verstoß gegen das Vollständigkeitsgebot dar.[6]

13 Ebenso stellt die Nichtaktivierung von Bilanzposten, die keine Vermögensgegenstände darstellen, sogenannte Bilanzierungshilfen, keinen Verstoß gegen das

---

4 Vgl. *Bertl/Deutsch-Goldoni/Hirschler*, Buchhaltungs- und Bilanzierungshandbuch[9] 232.

5 Vgl. *Leffson*, Die Grundsätze ordnungsmäßiger Buchführung[7] 199; *Bertl/Deutsch-Goldoni/Hirschler*, Buchhaltungs- und Bilanzierungshandbuch[9] 232.

6 Vgl. *Lüdenbach/Christian* in Hirschler, Bilanzrecht § 196 Rz 8; *Bertl/Deutsch-Goldoni/Hirschler*, Buchhaltungs- und Bilanzierungshandbuch[9] 233; *Wittmann/Schuster* in Petersen/Zwirner/Brösel, Bilanzrecht § 243 Rz 24.

Vollständigkeitsgebot dar, da diese nicht vom Vollständigkeitsgebot erfasst sind. Für Bilanzierungshilfen ist ein gesetzliches Aktivierungswahlrecht normiert, wie beispielsweise für den Umgründungsmehrwert (§ 202 Abs 2 UGB). Der Gesetzgeber hat jedoch in den vergangenen Jahren Aktivierungswahlrechte kontinuierlich abgeschafft, wie insbesondere im Rahmen des RÄG 2010 für Aufwendungen für das Ingangsetzen und Erweitern eines Betriebes (§ 198 Abs 3 UGB aF, nunmehr Aktivierungsverbot), sowie für den derivativen Firmenwert (§ 203 Abs 5 UGB, nunmehr Aktivierungsplicht) und im Rahmen des RÄG 2014 für das Disagio (§ 198 Abs 7 UGB, nunmehr Aktivierungspflicht) oder für aktive latente Steuern (§ 198 Abs 9 UGB, nunmehr Aktivierungspflicht für mittelgroße und große Gesellschaften).[7]

Der Grundsatz der Vollständigkeit wird durch das Verrechnungsverbot (§ 196 Abs 2 UGB) ergänzt. Aufgrund des Saldierungsverbotes dürfen Posten der Aktivseite nicht mit Posten der Passivseite, Aufwendungen nicht mit Erträgen sowie Grundstücksrechte nicht mit Grundstückslasten verrechnet werden. Das UGB verlangt somit einen Bruttoausweis der einzelnen Posten der Bilanz und der GuV, weshalb in diesem Zusammenhang auch von einer Ausweisvollständigkeit gesprochen werden kann. Durch die Saldierung von Posten würde die Vermittlung eines möglichst getreuen Bildes der Vermögens-, (Finanz-) und Ertragslage verhindert werden. **14**

Der Bruttoausweis kann daher nur im Falle einer zivilrechtlich möglichen Aufrechnung oder in gesetzlich ausdrücklich geregelten Fällen durchbrochen werden. Eine Aufrechnung ist möglich, wenn Gläubiger- und Schuldneridentität vorliegt und Forderung und Verbindlichkeit in etwa die gleiche Fälligkeit aufweisen. Eine Saldierung erscheint dann geboten, wenn bis zur Aufstellung der Bilanz Forderung und Verbindlichkeit bereits im Wege der Aufrechnung erloschen sind oder mit ihrer tatsächlichen Aufrechnung zu rechnen ist. Eine Durchbrechung aufgrund expliziter unternehmensrechtlicher Bestimmungen ist insbesondere durch Saldierung der Umsatzerlöse und der Erlösschmälerungen (§ 189a Z 5 UGB) sowie der Bestandserhöhungen und -verminderungen (§ 231 Abs 2 Z 2 UGB) möglich.[8] **15**

Keinen Verstoß gegen das Verrechnungsverbot stellt auch die Bilanzierung einer Bewertungseinheit dar, auf deren Grundsätze im Rahmen der Einzelbewertung (Kapitel III.D) näher eingegangen wird. **16**

C. Bilanzklarheit (§ 195 UGB)

Der Grundsatz der Bilanzklarheit fordert eine klare und übersichtliche Gestaltung und Bezeichnung der Posten der Bilanz und der GuV, er ist aber auch im Anhang sowie im Lagebericht einzuhalten und gilt in gleicher Weise für den Konzernabschluss. Ein sachverständiger Bilanzleser soll sich daher in angemessener Zeit ein Bild über die Lage des Unternehmens verschaffen können. Das Gebot der **17**

[7] Vgl. *Lüdenbach/Christian* in Hirschler, Bilanzrecht § 196 Rz 9; *Dokalik/Hirschler*, RÄG 2014 29f.

[8] Vgl. *Lüdenbach/Christian* in Hirschler, Bilanzrecht § 196 Rz 103ff; *Bertl/Deutsch-Goldoni/Hirschler*, Buchhaltungs- und Bilanzierungshandbuch[9] 233.

Klarheit ist dann erfüllt, wenn die einzelnen Posten der Bilanz und GuV eindeutig, verständlich und aussagekräftig bezeichnet werden und sich daher von anderen Posten unterscheiden lassen. Die einmal gewählte äußere Gestaltung und Bezeichnung ist beizubehalten, sofern keine wesentliche Änderung in der Zusammensetzung des Postens eintritt.[9]

18 Das Gebot der Klarheit verlangt weiters eine aussagekräftige und ausreichend detaillierte Gliederung des Jahresabschlusses, die auf die Besonderheiten des Unternehmens Rücksicht nimmt. Die Gliederung hat so zu erfolgen, dass unterschiedliche Sachverhalte nicht vermengt werden und wird sich am Gliederungsschema der Bilanz und GuV für Kapitalgesellschaften (§§ 224, 231 UGB) orientieren. Sollte die für Kapitalgesellschaften gesetzlich vorgegebene Mindestgliederung des § 224 UGB nicht zur Vermittlung eines getreuen Bildes ausreichen, so sind gemäß § 223 Abs 4 UGB zusätzliche Posten einzufügen. Ebenso kann eine Änderung der gesetzlichen Gliederung und Bezeichnung vorgenommen werden, soweit dies zur Aufstellung eines klaren und übersichtlichen Jahresabschlusses erforderlich ist (§ 223 Abs 8 UGB). Obwohl die Gliederungsvorschriften der §§ 223, 224 sowie 231 UGB ausdrücklich nur für Kapitalgesellschaften gelten, wird der dahinter stehende Zweck zumeist auch für andere Unternehmer eine entsprechende Gliederung des Jahresabschlusses erforderlich machen. Die Gliederung des Jahresabschlusses unterliegt ebenfalls der Beibehaltungspflicht, solange nicht neue Umstände ein Abweichen erforderlich machen.[10]

19 Allerdings soll eine zu tiefe Gliederung des Jahresabschlusses unterbunden werden, der Grundsatz der Übersichtlichkeit stellt daher eine sinnvolle Beschränkung des Grundsatzes der Klarheit dar. Insbesondere können zusätzliche Informationen in den Anhang verlagert werden, um eine Informationsüberladung der Bilanz zu verhindern. Weiters können bestimmte Posten des gesetzlichen Gliederungsschemas zusammengefasst werden, wenn dadurch die Klarheit der Darstellung verbessert wird (§ 223 Abs 6 UGB).[11]

D. Einzelbewertung (§ 201 Abs 2 Z 3 UGB)

20 Die Wertermittlung eines jeden Bewertungsobjekts hat unabhängig von den Wertverhältnissen anderer Bewertungsobjekte zu erfolgen, insbesondere ist eine Saldierung der Wertentwicklung auch innerhalb eines Bilanzpostens unzulässig. Die Einzelbewertung von Vermögensgegenständen und Schulden soll einen Wertausgleich zwischen den einzelnen Bewertungsobjekten verhindern, da eine Saldierung dem imparitätischen Realisationsprinzip (dazu Kapitel III.H.2) widersprechen würde.

21 Einzeln zu bewerten sind all jene Vermögensgegenstände oder Schulden, die nach der Verkehrsauffassung eine solche Selbständigkeit aufweisen, dass für sie

---

9 Vgl. *Fraberger/Petritz/Walter-Gruber* in Hirschler, Bilanzrecht § 195 Rz 15ff; *Wittmann/Schuster* in Petersen/Zwirner/Brösel, Bilanzrecht § 243 Rz 23.

10 Vgl. *Fraberger/Petritz/Walter-Gruber* in Hirschler, Bilanzrecht § 195 Rz 18f; *Bertl/Deutsch-Goldoni/Hirschler*, Buchhaltungs- und Bilanzierungshandbuch[9] 234.

11 Vgl. *Geist* in Jabornegg, HGB § 195 Rz 7; *Bertl/Deutsch-Goldoni/Hirschler*, Buchhaltungs- und Bilanzierungshandbuch[9] 234.

bei einer allfälligen Veräußerung im Rahmen eines Gesamtkaufpreises ein besonderes Entgelt angesetzt werden würde. Bei der Beurteilung der Selbständigkeit ist der betriebliche Nutzungs- und Funktionszusammenhang zu beachten. Soweit Vermögensgegenstände durch ihre wirtschaftliche Verbindung als Einheit anzusehen sind, sind sie auch einheitlich zu bewerten, wie beispielsweise der nachträgliche Einbau einer Zentralheizung in ein Gebäude.[12]

Eine Ausnahme vom Einzelbewertungsgebot aus Gründen der Wirtschaftlichkeit und Wesentlichkeit sehen die Bewertungsvereinfachungsverfahren nach § 209 UGB vor. Gegenstände des Sachanlagevermögens sowie Roh-, Hilfs- und Betriebsstoffe können mit einem gleich bleibenden Wert angesetzt werden, wenn ihr Gesamtwert nicht wesentlich ist und ihr Bestand in seiner Zusammensetzung, Größe und Wert voraussichtlich nur geringen Veränderungen unterliegt (Festwertverfahren – § 209 Abs 1 UGB). Ebenso können bestimmte gleichartige oder annähernd gleichwertige Vermögensgegenstände (wie insbesondere Finanzanlagevermögen, Vorräte und Wertpapiere des Umlaufvermögens) jeweils zu einer Gruppe zusammengefasst und mit dem gewogenen Durchschnittswert angesetzt werden (§ 209 Abs 2 erster Fall UGB). Als drittes Bewertungsvereinfachungsverfahren sind die sogenannten Verbrauchsfolgeverfahren normiert, die eine bestimmte Abfolge des Vermögenseinsatzes von Vorräten unterstellen, wie beispielsweise LIFO, FIFO, HIFO oder LOFO (§ 209 Abs 2 zweiter Fall UGB). Ebenso stellen pauschale Rückstellungen und Wertberichtigungen sowie sogenannte geschlossene Positionen als Bewertungseinheit zulässige Ausnahmen von einem zu weit und streng verstandenen Einzelbewertungsgebot dar.[13] **22**

Für das Vorliegen einer den GoB entsprechenden Bewertungseinheit werden folgende Kriterien gefordert:[14] **23**

- Objektiver Absicherungsbedarf: das abzusichernde Risiko ist zu dokumentieren, der unrealisierte Verlust muss quantifizierbar sein.
- Wirtschaftlicher Zusammenhang zwischen Grund- und Sicherungsgeschäft: das Sicherungsgeschäft muss zum Zweck der Absicherung gegen ein bestimmtes Risiko abgeschlossen werden, Grund- und Sicherungsgeschäft müssen daher objektiv in einem einheitlichen Nutzungs- und Funktionszusammenhang stehen, welcher angemessen zu dokumentieren ist. Die Absicht, die Sicherungsmaßnahmen über die (sinnvolle) Laufzeit des zu sichernden Geschäfts aufrechtzuerhalten (Halteabsicht), muss bestehen. Dies kann insbesondere durch in der Vergangenheit getätigte Sicherungsgeschäfte bestätigt werden. Bei kürzerer Laufzeit des Sicherungsgeschäftes muss durch entsprechende Dokumentation sichergestellt sein, dass der Sicherungszusammenhang durch entsprechende Anschlussgeschäfte aufrechterhalten werden soll.

---

12 Vgl. *Christian/Schiebel* in Hirschler, Bilanzrecht § 201 Rz 54ff; *Bertl/Deutsch-Goldoni/Hirschler*, Buchhaltungs- und Bilanzierungshandbuch[9] 234f.

13 Vgl. *Bertl/Deutsch-Goldoni/Hirschler*, Buchhaltungs- und Bilanzierungshandbuch[9] 235.

14 Vgl. Arbeitskreis „Externe Unternehmensrechnung" der Schmalenbach-Gesellschaft, Bilanzierung von Finanzinstrumenten im Währungs- und Zinsbereich, DB 1997, 638f; *Löw*, Verlustfreie Bewertung antizipativer Sicherungsgeschäfte nach HGB, WPg 2004, 1109ff; *Pfitzer/Scharpf/Schaber*, Voraussetzungen für die Bildung von Bewertungseinheiten und Plädoyer für die Anerkennung antizipativer Hedges, WPg 2007, 675ff mwN; *Christian/Schiebel* in Hirschler, Bilanzrecht § 201 Rz 60ff.

- Kausalzusammenhang zwischen Gewinnchance und Verlustrisiko.
- Homogene Beeinflussung von Gewinnchance und Verlustrisiko: auf Gewinne und Verluste müssen die gleichen Einflussfaktoren wirken.
- Wirksamkeit der Sicherungsbeziehung: Grund- und Sicherungsgeschäft müssen derart aufeinander abgestimmt sein, dass bei einer gleichgerichteten Veränderung des Einflussfaktors eine Kompensation des Risikos durch das gegenläufige Geschäft stattfindet. Je höher das Ausmaß der Kompensation des Risikos, desto wirksamer ist das Sicherungsgeschäft. Dies bedeutet aber nicht, dass eine betragsmäßige Übereinstimmung zwischen Grund- und Sicherungsgeschäft vorliegen muss (im überschießenden Betrag des Grundgeschäfts liegt dann eine offene Position vor, die für sich zu bewerten ist). Auch Fristengleichheit der beiden Geschäfte ist nicht zwingend erforderlich, soweit Fristenunterschiede durch dokumentierbare Anschlusssicherungsgeschäfte überbrückt werden können.
- Kein Bestehen von operativen Risiken bzw. Bonitätsrisiken, da solche Risiken das Einbeziehen der von dem Risiko betroffenen Geschäfte in die Bewertungseinheit verbieten.

24 Zu beachten ist jedoch, dass vielfach hinsichtlich des Vorliegens bzw Nichtvorliegens einer wirtschaftlichen Sicherungsbeziehung ein gewisser bilanzpolitischer Gestaltungsspielraum bestehen kann.

E. Stichtagsprinzip (§ 201 Abs 2 Z 3 UGB)

25 Die Bewertung der Vermögensgegenstände und Schulden hat zum Abschlussstichtag zu erfolgen. Wertveränderungen, die auf Ereignisse nach diesem Zeitpunkt zurückzuführen sind (wertbeeinflussende Umstände), sind daher grundsätzlich nicht mehr in diesem sondern in einem nachfolgenden Jahresabschluss zu berücksichtigen. Dies bedeutet jedoch nicht, dass nur mit dem am Abschlussstichtag vorhandenen Wissen zu bewerten ist. Es sind vielmehr sogenannte werterhellende Umstände zu berücksichtigen, denn gemäß § 201 Abs 2 Z 4 lit b UGB sind erkennbare Risken und drohende Verluste auch dann zu berücksichtigen, wenn sie erst nach dem Abschlussstichtag bekannt werden. Werterhellend sind jene Umstände, die am Abschlussstichtag bereits objektiv bestanden haben, aber erst zu einem späteren Zeitpunkt bekannt wurden (wie beispielsweise die Eröffnung eines Insolvenzverfahrens eines Schuldners).[15]

26 Die werterhellenden Umstände müssen jedoch bis zum Tag der Aufstellung des Jahresabschlusses bekannt geworden sein. Ein späteres Hervorkommen der Umstände kann erst im nächsten Jahresabschluss berücksichtigt werden. Der Tag der Aufstellung des Jahresabschlusses ist grundsätzlich jener, an dem der Unternehmer bzw. verantwortliche Geschäftsleiter (Geschäftsführer, Vorstand) mit seiner Unterschrift die Beendigung der Jahresabschlussarbeiten bestätigt. Sofern ein Aufsichtsrat bestellt ist, wird vielfach (entgegen dem Wortlaut des § 201 Abs 2 Z 3 UGB) als Ende des Werterhellungszeitraumes der Tag der Feststellung durch diesen angesehen, da eine Feststellung auf Basis werterhellender Informationen

15 Vgl. *Fraberger/Petritz* in Hirschler, Bilanzrecht § 201 Rz 152.

nur möglich ist, wenn der zuvor aufgestellte Jahresabschluss seitens Vorstand/ Geschäftsführung aufgehoben und mit neuem Inhalt ein weiteres Mal aufgestellt wird. Werterhellende Umstände, die zwischen Aufstellung und Feststellung bekannt werden, können es daher im Einzelfall erforderlich machen, einen fehlerfrei aufgestellten Jahresabschluss zu ändern. Nach der Feststellung bekannt werdende werterhellende Umstände können nur noch im Rahmen einer Bilanzänderung berücksichtigt werden.[16]

F. Bilanzkontinuität

Der Grundsatz der Bilanzkontinuität lässt sich in die formelle und die materielle Bilanzkontinuität unterteilen. **27**

Die **formelle Bilanzkontinuität** wiederum lässt sich unterteilen in die

- zeitpunktbezogene Bilanzidentität, wonach die Eröffnungsbilanz des neuen Geschäftsjahres mit der Schlussbilanz des vorhergehenden Geschäftsjahres übereinstimmen muss (§ 201 Abs 2 Z 6 UGB), und die
- zeitraumbezogene formelle Bilanzkontinuität ieS (sog. Gliederungsstetigkeit), die die Beibehaltung der einmal gewählten Gliederung und Bezeichnung der Posten, zwecks Vergleichbarkeit der aufeinander folgenden Jahresabschlüsse fordert. Eine Änderung ist nur aufgrund besonderer Umstände möglich. Die Gliederungsstetigkeit dient somit der Einhaltung des Grundsatzes der Bilanzklarheit.[17]

Unter der **materiellen Bilanzkontinuität** ist die in § 201 Abs 2 Z 1 UGB normierte Stetigkeit zu verstehen. Durch das RÄG 2014 erfuhr § 201 UGB eine Erweiterung, sodass neben der Beibehaltung der Bewertungsmethoden nunmehr auch die auf den vorhergehenden Jahresabschluss angewendeten Bilanzierungsmethoden beizubehalten sind. Voraussetzung für die Anwendbarkeit des Stetigkeitsgebots ist einerseits eine Bilanzierungs- oder Bewertungsmethode und andererseits das Vorliegen eines sich auf diese Methode beziehenden Wahlrechtes (dazu näher unten Kapitel IV.B.2). Soweit keine Wahlrechte bestehen, bedarf es daher auch keiner Anordnung einer stetigen, d.h. wiederholten gleichartigen Anwendung von Bewertungs- oder Bilanzierungsvorschriften.[18] **28**

Unter einer Bewertungsmethode versteht man jedes Verfahren zur Ermittlung von Wertansätzen, das einem bestimmten Ablauf folgt und bestimmte vorgegebene Bewertungselemente verwendet. Eine Bilanzierungsmethode bezieht sich hingegen auf den Bilanzansatz dem Grunde nach, dh wann ein Vermögensgegenstand, ein sonstiger Aktivposten oder eine Schuld in der Bilanz angesetzt wird.[19] Das Stetigkeitsgebot umfasst nicht nur idente sondern auch gleichartige Vermö- **29**

---

16 Vgl. *Fraberger/Petritz* in Hirschler, Bilanzrecht § 201 Rz 155; *AFRAC*, Stellungnahme – Wertaufhellung und Wertbegründung vor und nach Aufstellung von Jahres- und Konzernabschlüssen, Juni 2011, Rz 18ff.

17 Vgl. *Bertl/Deutsch-Goldoni/Hirschler*, Buchhaltungs- und Bilanzierungshandbuch[9] 236f; *Küting*, Bilanzpolitik, in Küting, Saarbrücker Handbuch der Betriebswirtschaftlichen Beratung 765.

18 Vgl. *Dokalik/Hirschler*, RÄG 2014 34; *Urnik/Urtz* in Straube, UGB II/RLG[3] § 201 Rz 17.

19 Vgl. *Müller* in Hirschler, Bilanzrecht § 236 Rz 37ff.

gensgegenstände, Schulden oder Sachverhalte, auch wenn diese nicht im unmittelbar vorangegangenen Jahr, sondern in weiter zurückliegenden Jahren bilanziert wurden.[20] Als Beispiele für Bewertungsmethoden seien Einbeziehungswahlrechte in die Herstellungskosten (§ 203 Abs 3 und 4 UGB, Sozialkosten, Fremdkapitalzinsen) oder Bewertungsvereinfachungsverfahren (§ 209 UGB) genannt, als Bilanzansatzwahlrechte Aufwandsrückstellungen (§ 198 Abs 8 Z 2 UGB) oder Rückstellungen von untergeordneter Bedeutung (§ 198 Abs 8 Z 3 UGB).

30 Von den Methodenwahlrechten sind die so genannten Wertansatzwahlrechte zu unterscheiden, die ein gesetzliches Wahlrecht auf Ausübung eines Wertansatzes darstellen (zB Abwertungswahlrecht nach § 204 Abs 2 UGB bei nicht dauerhafter Wertminderung von Finanzanlagevermögen). Die Anwendung des Stetigkeitsgrundsatzes auf dieses Wahlrecht ist jedoch umstritten. Aufgrund der Tatsache, dass es sich beim Wertansatzwahlrecht um kein Methodenwahlrecht handelt, wird sich dieses wohl nur auf das idente Bewertungsobjekt beziehen (Wertstetigkeit).[21]

31 Die Bewertungsstetigkeit gilt jedoch nicht nur bei der Ausübung gesetzlicher Bewertungsmethoden, sondern auch sofern freiwillig innerbetrieblich verbindliche Bewertungsgrundsätze festgelegt wurden. Sehen innerbetriebliche Grundsätze beispielsweise vor, dass außerplanmäßige Abschreibungen nicht vorzunehmen sind, wenn die Wertminderung nicht von Dauer ist, so stellt dies eine verbindliche Vorschrift dar, die dem Stetigkeitsgebot unterliegt. Nicht vom Stetigkeitsgebot umfasst ist hingegen die Inanspruchnahme steuerlicher Investitionsbegünstigungen, um steuerliche Gestaltungen nicht zu verhindern.[22]

32 Das Stetigkeitsgebot gilt jedoch – wie auch die anderen GoB - nicht uneingeschränkt, denn bei Vorliegen besonderer Umstände kann von den bisherigen Bewertungsmethoden abgegangen werden (§ 201 Abs 3 UGB). Solche besonderen Umstände sind beispielsweise ein Eigentümer- bzw. Managementwechsel, Gesetzes- bzw. Rechtsprechungsänderungen, die Einleitung von Sanierungsmaßnahmen, die Änderung des Unternehmensschwerpunkts, aber auch die Ergebnisse steuerlicher Betriebsprüfungen und die Nutzung ansonst verfallender steuerlicher Verlustvorträge, soweit dem nicht unternehmensrechtliche Vorschriften entgegenstehen. Eine Änderung von Bilanzierungs- und Bewertungsmethoden allein aus bilanzpolitischen Gründen ist hingegen nicht zulässig.[23]

G. Grundsatz der Unternehmensfortführung (§ 201 Abs 2 Z 2 UGB)

33 Bei Bewertung des Vermögens und der Schulden ist grundsätzlich von der Fortführung des Unternehmens auszugehen (Going-Concern-Prinzip). Dabei ist von einer planmäßigen bzw. bestimmungsgemäßen Verwendung der Bewertungs-

[20] Vgl. *Urnik/Urtz* in Straube, UGB II/RLG³ § 201 Rz 20; *Bertl/Deutsch-Goldoni/Hirschler*, Buchhaltungs- und Bilanzierungshandbuch⁹ 238.

[21] Vgl. *Hirschler/Neugschwandtner* in Hirschler, Bilanzrecht § 201 Rz 10.

[22] Vgl. *Urnik/Urtz* in Straube, UGB II/RLG³ § 201 Rz 24.

[23] Vgl. *Hirschler/Neugschwandtner* in Hirschler, Bilanzrecht § 201 Rz 15; *Bertl/Deutsch-Goldoni/Hirschler*, Buchhaltungs- und Bilanzierungshandbuch⁹ 238f.

objekte innerhalb des Unternehmens und der normalen Unternehmenstätigkeit auszugehen. Dementsprechend sind die Vermögensgegenstände mit den Anschaffungs- und Herstellungskosten anzusetzen und planmäßig auf ihre Nutzungsdauer abzuschreiben.[24]

Fraglich ist in diesem Zusammenhang, wann die Anwendung des Going-Concern-Prinzips nicht mehr zulässig ist. Nach dem Gesetzeswortlaut müssen einer Fortführung tatsächliche oder rechtliche Gründe entgegenstehen, um ein Abweichen zu rechtfertigen. Dabei ist auf die Gesamtsituation des Unternehmens abzustellen. Tatsächliche Gründe sind neben einer beabsichtigten Liquidation oder Aufgabe vor allem erkennbare wirtschaftliche Schwierigkeiten, die eine ernsthafte Gefährdung des Unternehmensbestandes erkennen lassen. Rechtliche Gründe sind neben der Eröffnung eines Insolvenzverfahrens ua auch der Konzessionsverlust oder behördliche Betriebseinstellungen. Bei einem Abweichen vom Going-Concern-Prinzip sieht das UGB keine besonderen Bewertungsregelungen vor. Die Bewertung hat sich daher weiterhin nach den allgemeinen Grundsätzen zu richten, allerdings unter Berücksichtigung der besonderen Situation der Nichtfortführung des Unternehmens.[25] **34**

H. Vorsichtsprinzip (§ 201 Abs 2 Z 4 UGB)

Gemäß § 201 Abs 2 Z 4 UGB ist bei der Bewertung der Grundsatz der Vorsicht einzuhalten. Aktiva sind daher eher niedriger (Niederstwertprinzip), Passiva eher höher zu bewerten (Höchstwertprinzip). Die Grenze dieses Vorsichtsprinzips liegt jedoch in einer willkürlichen Unterbewertung der Aktiva bzw. Überbewertung der Passiva, da dies gegen den Grundsatz der Vermittlung eines möglichst getreuen Bildes der Vermögens-, (Finanz-) und Ertragslage verstoßen würde. Das Vorsichtsprinzip selbst ist im UGB nicht weiter definiert, findet jedoch in zahlreichen Ansatz- und Bewertungsvorschriften seinen Niederschlag. Zwei wesentliche Anwendungsfälle des Vorsichtsgrundsatzes werden unterschieden: das Realisationsprinzip für den Gewinnausweis und das Imparitätsprinzip für den Verlustausweis.[26] **35**

1. Das Realisationsprinzip

Der Zweck des Realisationsprinzips (§ 201 Abs 2 Z 4 lit a UGB) besteht darin, den Ausweis und die Ausschüttung noch nicht realisierter Gewinne zu verhindern und die Erfolgsneutralität der Anschaffungs- oder Herstellungsvorgänge zu gewährleisten. Nur die am Abschlussstichtag tatsächlich verwirklichten Gewinne dürfen ausgewiesen werden.[27] **36**

Entscheidende Bedeutung kommt daher dem Zeitpunkt der Gewinnrealisierung zu, also wann Gewinne als realisiert anzusehen sind. Nach ganz herrschender Ansicht ist Realisationszeitpunkt idR jener Zeitpunkt, zu dem die Preisgefahr (zivilrechtlicher Gefahrenübergang) auf den Leistungserwerber übergeht. Diese geht **37**

---

[24] Vgl. *Bertl/Deutsch-Goldoni/Hirschler*, Buchhaltungs- und Bilanzierungshandbuch[9] 239.
[25] Vgl. *Fraberger/Petritz* in Hirschler, Bilanzrecht § 201 Rz 23ff.
[26] Vgl. *Bertl/Deutsch-Goldoni/Hirschler*, Buchhaltungs- und Bilanzierungshandbuch[9] 239.
[27] Vgl. *Leffson*, Die Grundsätze ordnungsmäßiger Buchführung[7] 251.

grundsätzlich dann auf den Erwerber über, wenn der Leistungsersteller alles zur ordnungsgemäßen Vertragserfüllung Notwendige getan hat. Regelungen über den Zeitpunkt des Gefahrenübergangs bzw. des Übergangs der Preisgefahr enthalten auch die sog. INCOTERMS.

38 Für die Erfolgsrealisation bei Leistungserbringung genügt es, dass die Leistung im Wesentlichen erbracht wurde. Allfällige Gewährleistungsverpflichtungen aus der abgewickelten Leistung sind als Verbindlichkeitsrückstellung zu berücksichtigen, ändern jedoch nichts an der Möglichkeit des Erfolgsausweises. Bei Dauerschuldverhältnissen tritt die Gewinnrealisierung zeitanteilig ein. Für Teilleistungen einer längerfristigen (mehr als zwölf Monate dauernden) Leistungserstellung wird man zwischen abrechenbaren und nicht abrechenbaren Teilleistungen unterscheiden müssen. Soweit abrechenbare Teilleistungen vorliegen und der Leistungsersteller deren Abnahme verlangen kann, kann ein Gewinn ab dem Zeitpunkt der vereinbarten Übernahme durch den Erwerber ausgewiesen werden, wenn keine Abnahmerisiken für die Teilleistung bestehen. Soweit eine abrechenbare Teilleistung vorliegt, wird der Ausweis eines Gewinns allerdings dann nicht zulässig sein, wenn aus der weiteren Auftragsabwicklung ein Verlust droht. Soweit keine abrechenbaren Teilleistungen vorliegen, stellt sich die Frage einer periodenbezogenen Abrechnung der Aufwendungen und der dem Herstellungsprozess entsprechenden Erträge. Die international vertretene Methode der Teilgewinnrealisierung entsprechend dem Fertigstellungsgrad (percentage of completion method) ist in Österreich auch weiterhin nicht anwendbar (es gilt die sogenannte complete contract method).[28]

2. Das Imparitätsprinzip

39 Das Imparitätsprinzip (§ 201 Abs 2 Z 4 lit b UGB) besagt, dass erkennbare Risken und drohende Verluste, die in dem oder einem vorangegangenen Geschäftsjahr entstanden sind, zu berücksichtigen sind. Das Imparitätsprinzip verpflichtet somit im Interesse der Kapitalerhaltung und des Gläubigerschutzes zur Antizipation von Verlusten. Während Gewinne somit so spät als möglich auszuweisen sind, nämlich im Zeitpunkt ihrer Realisierung, sind Verluste so früh als möglich, nämlich mit ihrer Erkennbarkeit, zu berücksichtigen. Verluste und Risken (Aufwendungen) sind daher in jener Periode zu berücksichtigen, in der sie wirtschaftlich entstanden (verursacht) sind. Dabei spielt es im Sinne der Werterhellungstheorie keine Rolle, ob die drohenden Verluste bzw. Risken vor dem Bilanzstichtag oder erst zwischen diesem und dem Tag der Aufstellung der Bilanz bekannt geworden sind. Entscheidend ist lediglich, dass der Grund für Verlust bzw. Risiko vor dem Stichtag verwirklicht wurde. Umstände, die erst nach Aufstellung der Bilanz bekannt werden, sind allerdings grundsätzlich nicht mehr zu berücksichtigen. Dieses Werterhellungsgebot gilt ebenso für das Realisationsprinzip, auch wenn dies dort nicht ausdrücklich angeordnet ist. Die nach dem Bilanzstichtag bekannt gewordene Realisierung eines Gewinns vor dem Bilanzstichtag verpflichtet ebenfalls zum Gewinnausweis im abgelaufenen Jahr.[29]

---

[28] Vgl. *Bertl/Deutsch-Goldoni/Hirschler*, Buchhaltungs- und Bilanzierungshandbuch[9] 240f.

[29] Vgl. *Bertl/Deutsch-Goldoni/Hirschler*, Buchhaltungs- und Bilanzierungshandbuch[9] 241; *Fraberger/Petritz* in Hirschler, Bilanzrecht § 201 Rz 149f.

I. Periodenabgrenzung

40 Entsprechend dem Grundsatz der Periodisierung sind Aufwendungen und Erträge eines Geschäftsjahres unabhängig vom Zeitpunkt ihrer Zahlung zu berücksichtigen (§ 201 Abs 2 Z 5 UGB). Ebenso beinhaltet auch das Vorsichtsprinzip Kriterien für die periodengerechte Zuordnung von Gewinnen und Verlusten. Daneben gibt es in Form der Rechnungsabgrenzungsposten (§ 198 Abs 5 und 6 UGB) ein allgemeines Instrument zur periodengerechten Zurechnung von Zahlungen. Einnahmen und Ausgaben vor dem Abschlussstichtag sind insoweit als passive bzw. aktive Rechnungsabgrenzungsposten auszuweisen, als sie Erträge und Aufwendungen für eine bestimmte Zeit nach dem Abschlussstichtag darstellen. Aber auch die Verteilung der Anschaffungs- bzw. Herstellungskosten eines Vermögensgegenstandes im Rahmen der planmäßigen Abschreibung auf die wirtschaftliche Nutzungsdauer ist Ausdruck des Periodisierungsgrundsatzes.[30]

J. Wesentlichkeit und Wirtschaftlichkeit

41 Der Grundsatz der Wesentlichkeit war bisher nicht im UGB kodifiziert. Das RÄG 2014 fügt nunmehr in § 189a Z 10 UGB eine Definition des Begriffs der Wesentlichkeit ein. Die Abgrenzung der Wesentlichkeit von der Unwesentlichkeit erfolgt dabei nach qualitativen als auch nach quantitativen Kriterien. Eine Information ist demnach wesentlich, wenn ihre Auslassung oder fehlerhafte Angabe Entscheidungen eines Bilanzlesers beeinflusst (qualitatives Beurteilungskriterium). In quantitativer Hinsicht ist die Wesentlichkeit abhängig von der Größe oder der spezifischen Eigenschaft des Postens oder der Fehlerhaftigkeit der Angabe. Zu beachten ist, dass mehrere unwesentliche gleichartige Posten im Rahmen einer Gesamtbetrachtung als wesentlich gelten können.[31]

42 Ebenfalls durch das RÄG 2014 wurde § 196a Abs 2 UGB eingefügt, der sich jedoch nur auf die Darstellung und Offenlegung des Jahresabschlusses bezieht. Die Anwendung des Wesentlichkeitsgrundsatzes ist jedoch nicht auf diese beiden Bereiche beschränkt, sondern für die nicht in § 196a Abs 2 UGB genannten Bereiche einzelfallbezogen aus dem Gesetz abzuleiten.[32]

43 Der Grundsatz der wirtschaftlichen Betrachtungsweise zählte bislang zu den nicht kodifizierten GoB und wurde durch das RÄG 2014 nunmehr ausdrücklich in § 196a Abs 1 UGB verankert. Demnach ist bei der Zurechnung auf den wirtschaftlichen Gehalt und nicht auf die formelle juristische Gestaltung abzustellen. Beispielsweise ist bei der Bilanzierung von Leasingverträgen oder Treuhandvereinbarungen auf diesen Grundsatz abzustellen.[33]

K. Das Verhältnis der GoB zueinander

44 Hinsichtlich des Verhältnisses dieser einzelnen GoB zueinander ist anzumerken, dass der Jahresabschluss entsprechend §§ 195 und 222 UGB ein möglichst

[30] Vgl. *Hirschler/Petutschnig*, in Hirschler, Bilanzrecht § 201 Rz 76ff.
[31] Vgl. *Dokalik/Hirschler*, RÄG 2014 20.
[32] Vgl. *Dokalik/Hirschler*, RÄG 2014 26.
[33] Vgl. *Nowotny* in Straube, UGB II/RLG³ § 195 Rz 14.

getreues Bild der Vermögens-, (Finanz-) und Ertragslage verschaffen soll („true and fair view"). Während Teile der Literatur diese Bestimmung als den übrigen GoB gleichwertig erachten,[34] wird sie von anderen der Rechtsprechung des EuGH folgend als sogenanntes „Overriding Principle" verstanden, sodass die konkrete Anwendung der einzelnen GoB insgesamt stets im Lichte der Verschaffung eines möglichst getreuen Bildes der Vermögens-, (Finanz-) und Ertragslage zu erfolgen hat.[35]

IV. Bilanzpolitik

A. Definition von Bilanzpolitik

45 Bilanzlesen hat wie bereits oben in Kapitel II angesprochen viel mit Bilanzpolitik zu tun. Mit dem Grad der (Er)Kenntnis der ausgeübten bilanzpolitischen Maßnahmen steigt der Grad der Aussagekraft des Jahresabschlusses. Der Begriff Bilanzpolitik umfasst alle Wahlrechte und Maßnahmen, die es dem Unternehmer ermöglichen, die Gestaltung des Jahresabschlusses im Rahmen der GoB derart zu beeinflussen, dass bestimmte Ziele erreicht werden können.[36] Die Grenzen der Bilanzpolitik liegen einerseits bei den GoB, dh Bilanzpolitik ist scharf zu trennen von Bilanzkosmetik/Bilanzmanipulation/Bilanzfälschung,[37] und andererseits innerhalb des durch die GoB gesetzten Rahmens wie oben dargestellt in der Verschaffung eines möglichst getreuen Bildes der Vermögens-, (Finanz-) und Ertragslage.[38]

---

[34] Vgl. *Rohatschek/Leitner-Hanetseder*, in Zib/Dellinger, UGB-Kommentar § 195 Rz 20 mwN.

[35] Vgl. *Fraberger/Petritz/Walter-Gruber* in Hirschler, Bilanzrecht § 195 Rz 20 ff.

[36] Vgl. *Bertl/Fraberger*, Bilanzpolitische Maßnahmen, RWZ 2000/9, 26; *Bertl*, Steuerbilanzpolitik, in Bertl ua, Handbuch der Betriebswirtschaftlichen Steuerlehre, Band II², 298; *Pfleger*, Die neue Bilanzpolitik⁴, 23; *Detert/Sellhorn*, Bilanzpolitik, DBW 2007, 247.

[37] Zur Unterscheidung zwischen Bilanzkosmetik und Bilanzfälschung vgl. *Altenberger/Brandstätter/Schultze*, Bilanzpolitik versus Bilanzdelikte: Die Haftung von Unternehmensorganen für mangelhafte Finanzberichterstattung in Österreich, in IWP (Hrsg), Wirtschaftsprüfer-Jahrbuch 2005, 172.

[38] Vgl. *Bertl/Fraberger*, Bilanzpolitische Maßnahmen, RWZ 2000/9, 26, die auch darauf hinweisen, dass bei der bewussten und zielgerichteten Verschleierung der Vermögens-, (Finanz-) und Ertragslage durch die Bilanzaufsteller auch die Grenze zum illegalen Window-Dressing überschritten werden kann, die sowohl zivil- wie strafrechtliche Folgen nach sich ziehen kann.

B. Bilanzpolitische Maßnahmen

Bilanzpolitik wird traditionell in folgende Kategorien unterteilt:[39] 46

- Maßnahmen vor dem Bilanzstichtag – sog. Sachverhaltsgestaltungen
- Maßnahmen nach dem Bilanzstichtag – sog. Sachverhaltsabbildungen

1. Sachverhaltsgestaltung

Aus Sicht der bilanzpolitischen Wirkung kommt dabei den Sachverhaltsgestaltungen ein viel höheres Gewicht zu, da diese Maßnahmen als vor dem Bilanzstichtag gesetzt, das Unternehmen in die Lage versetzen, die bilanzpolitisch gewünschten Effekte zu erzielen. Innerhalb der Sachverhaltsgestaltung kann folgende Untergliederung vorgenommen werden: 47

- zeitliche Vor- oder Nachverlagerung von Geschäftsfällen, die ohnehin stattgefunden hätten
- Handlungen vor dem Bilanzstichtag, die nach dem Bilanzstichtag nicht ohne weiteres umkehrbar sind
- Handlungen vor dem Bilanzstichtag, die nach dem Bilanzstichtag umkehrbar sind.[40]

a) Zeitliche Vor- oder Nachverlagerung von Geschäftsfällen, die ohnehin stattgefunden hätten

Ziel derartiger Verlagerungen ist es, im Jahresabschluss gezielte Vermögens- und Kapitalstrukturen zu erreichen bzw gezielt Aufwand oder Ertrag zu realisieren oder zu vermeiden. Durch sachverhaltsgestaltende Maßnahmen kann auch der (operative) Cash Flow zielgerichtet beeinflusst werden.[41] 48

Typische Sachverhalte, die diesen Zielen dienen sind:[42] 49

- die Fertigstellung langfristiger Aufträge, sodass der Gewinn noch vor dem Bilanzstichtag realisiert werden kann oder genau umgekehrt, das bewusste Nichtfertigstellen derartiger Aufträge zwecks Vermeidung der Gewinnrealisierung und die Verschiebung dieses Gewinns in das kommende Geschäftsjahr;
- der Abschluss von rechtlich getrennten Teilaufträgen anstelle eines Gesamtauftrages, sodass der einzelne fertig erfüllte Teilauftrag zur Gewinnrealisierung berechtigt;

---

39 Vgl. *Bertl*, Steuerbilanzpolitik, 314; *Küting*, Der Stellenwert der Bilanzanalyse und Bilanzpolitik im HGB- und IFRS-Bilanzrecht, DB 2006, 2755. Zum Teil wird auch das Begriffspaar „reale Bilanzpolitik" versus „buchmäßige Bilanzpolitik" verwendet; vgl. in diesem Sinne *Altenberger/Brandstätter/Schultze*, Bilanzpolitik versus Bilanzdelikte: Die Haftung von Unternehmensorganen für mangelhafte Finanzberichterstattung in Österreich, in IWP (Hrsg), Wirtschaftsprüfer-Jahrbuch 2005, 168.

40 Vgl. *Bertl*, Steuerbilanzpolitik, 314; *Küting*, Erkennung von Unternehmenskrisen anhand angewandter Bilanzpolitik, Controlling Heft 4/5 2005, 226f; *Egner*, Eine wirkungsorientierte Systematisierung bilanzpolitischer Gestaltungen am Beispiel der Bilanzskandale der jüngsten Vergangenheit, in Seicht, Jahrbuch für Controlling und Rechnungswesen 2006, 204ff; *Bertl/Fraberger*, Materielle Instrumente der Bilanzpolitik, RWZ 2000/39, 120.

41 Vgl. *Detert/Sellhorn*, Bilanzpolitik, DBW 2007, 250.

42 Vgl. *Bertl*, Steuerbilanzpolitik, 315; *Küting*, Bilanzpolitik, 760.

Beispiel Teilgewinnrealisierung

Die X-AG ist operativ im langfristigen Anlagenbau tätig. Die Aufträge haben meistens eine Laufzeit von 3 bis 5 Jahren. Der Unternehmensleitung gelang es trotz Wirtschaftskrise Anfang 2016 einen Großauftrag iHv TEUR 45,- zu erhalten. Die Controllingabteilung rechnet mit Gesamtkosten des Auftrages iHv TEUR 30,–.

Bislang wurden Großaufträge nicht in selbständige Leistungen gesplittet. Daher liegen keine abrechenbaren Teilleistungen vor. Auf Grund des Realisationsprinzips iSd UGB können daher keine Teilgewinne in den Jahresabschlüssen 2016 und 2017 ausgewiesen werden, erst im Jahresabschluss 2018 kann der gesamte Gewinn aus dem Großauftrag im Ergebnis vor Steuern (EvS) gezeigt werden.

Bilanzstichtag 31.12	**2016**	**2017**	**2018**
EvS	0	0	15

Durch Sachverhaltsgestaltung kann das Management eine bilanzielle Teilgewinnrealisierung iHv TEUR 5,– erwirken, indem das Großprojekt von vornherein in abrechenbare Teilleistungen unterteilt wird. Des Weiteren wird vereinbart, dass der Großkunde vor dem Bilanzstichtag die jeweilige Teilleistung (A, B oder C) abnimmt. Nun ist eine Teilgewinnrealisierung und folglich eine Ergebnisglättung möglich.

Bilanzstichtag 31.12	**2016**	**2017**	**2018**
EvS	5	5	5

50
- das Vorziehen von Anschaffungen des Anlagevermögens, um Abschreibungen als Aufwand zu generieren oder umgekehrt die Verzögerung der Anschaffung, um die Vermögens- und Kapitalstruktur nicht mit langfristig gebundenem Vermögen zu belasten;
- die zeitliche Verlagerung von Reparaturen oder Instandhaltungen von Wirtschaftsgütern in nachfolgende Geschäftsjahre, wobei dies nur dann sinnvoll ist, wenn nicht aufgrund von § 198 Abs 8 Z 1 UGB Rückstellungen zu bilden sind;
- die zeitliche Verlagerung von Reklamefeldzügen, Personalausbildung und Forschungs- und Entwicklungsaktivitäten in nachfolgende Geschäftsjahre;

Beispiel Ergebnisverbessernde Sachverhaltsgestaltung

Die X-AG plant für die letzte Dezember Woche 2016 ihre Mitarbeiter der EDV-Abteilung für 3 Tage zur Fortbildung nach München zu entsenden. Die gesamten Kosten belaufen sich auf TEUR 10,- und werden am Tag des Kursbeginns bezahlt.

Die Personalausbildungskosten sind 2016 aufwandswirksam und belasten daher im Zeitpunkt ihrer Entstehung das EvS.

Bilanzstichtag 31.12	**2016**	**2017**
EvS	–10	0
CF	–10	0

Im Wissen, dass die Aktionäre für das Jahr 2016 einen möglichst hohen ausschüttbaren Gewinn wünschen, schlägt der Leiter des Konzernrechnungswesens der Unternehmensleitung die Verschiebung der Fortbildungsmaßnahme auf die erste Jännerwoche 2017 vor. Die Verschiebung des Geschäftsfalles ermöglicht eine verbesserte Darstellung der Ertragslage und Liquiditätslage für den Jahresabschluss 2016.

Bilanzstichtag 31.12	**2016**	**2017**
EvS	0	–10
CF	0	–10

- die zeitliche Abstimmung von ohnehin vorgesehenen Verkäufen von Anlagevermögen und der damit verbundenen Gewinnrealisierung im Hinblick auf das Erfordernis einer Ergebnisglättung (zeitlich vorgezogene Veräußerung zum Zwecke des Ausgleichs mit Aufwendungen); **51**
- Beeinflussung des Zeitpunktes vorgesehener Pensionszusagen oder Pensionserhöhungen.

b) Handlungen vor dem Bilanzstichtag, die nach dem Bilanzstichtag nicht ohne weiteres umkehrbar sind

Im Vergleich zu den zeitlich vor- oder nachverlagerten Geschäftsfällen stellen **52** diese Handlungen Vorgänge dar, die in ihrer Umsetzung komplexer sind, sich in ihren Wirkungen vielfach über mehrere Geschäftsjahre verteilen und aus diesem Grund als in der Regel nicht umkehrbar bezeichnet werden.

Typische Sachverhalte, die diesem Ziel dienen, sind:[43] **53**

- Auslagerung von Tätigkeiten in Töchtergesellschaften:
  Zum einen wird damit beim auslagernden Unternehmen eine Gewinnrealisierung anlässlich der Auslagerung erreicht durch das mit der Auslagerung verbundene Aufdecken der stillen Reserven. Zum anderen kann im Bereich immaterieller Vermögensgegenstände das Aktivierungsverbot des § 197 Abs 2 UGB umgangen werden, wenn die Herstellung der immateriellen Vermögensgegenstände bei der Tochtergesellschaft im Auftrag der auslagernden Muttergesellschaft erfolgt. Damit liegt bei der Tochtergesellschaft Umlaufvermögen vor, für das Aktivierungspflicht besteht, und bei der Muttergesellschaft eine Anschaffung von immateriellen Vermögenswerten, für die ebenfalls Aktivierungszwang besteht.

Beispiel Auslagerung von Tätigkeiten

Ein Unternehmen beauftragt einen Mitarbeiter aus der EDV-Abteilung eine Lagersoftware zu entwickeln. Die Entwicklung verursacht Kosten iHv TEUR 9,–. Da die Software dem Geschäftsbetrieb längerfristig dient, greift das unternehmensrechtliche Aktivierungsverbot für selbsterstelltes immaterielles Anlagevermögen. Demnach bleibt der Vermögensgegenstand auf der Aktivseite den Bilanzadressaten „verborgen". Die Herstellungskosten der Software stellen einen Aufwand dar, der das EvS im Jahr der Entwicklung belastet.

[43] Vgl. *Bertl*, Steuerbilanzpolitik, 315; *Küting*, Bilanzpolitik, 760; *Bertl/Fraberger*, Materielle Instrumente der Bilanzpolitik, RWZ 2000/39, 121.

Bilanzstichtag 31.12	2016	2017	2018
EvS	–9	0	0
CF	–9	0	0

Das Management entschließt sich, eine 100%ige Tochtergesellschaft mit der Programmierung der Lagersoftware zu beauftragen. Die Tochtergesellschaft verrechnet einen fremdüblichen Preis iHv TEUR 9,–. Die betriebliche Nutzungsdauer der Software beträgt 3 Jahre. Nun muss der immaterielle Vermögensgegenstand in der Bilanz ausgewiesen und die jährliche planmäßige Abschreibung in der GuV berücksichtigt werden.

Bilanzstichtag 31.12	2016	2017	2018
EvS	–3	–3	–3
CF	–9	0	0

54 • Veräußerung von Vermögensgegenständen an Dritte (oder auch verbundene Unternehmen), von denen die veräußerten Vermögensgegenstände zurück gemietet werden (sale and lease back). Auch damit wird im Jahr der Veräußerung eine Gewinnrealisierung erreicht, verbunden mit einer Verkürzung der Bilanzsumme, wenn anschließend mit dem realisierten Gewinn Verbindlichkeiten getilgt werden. In der Regel wird dadurch die Eigenkapitalquote verbessert.

Beispiel Sale and lease back von Anlagevermögen
Die X-AG ist im langfristigen Spezialmaschinenbau tätig. Aufgrund des Nachfrageeinbruches im Industriegütermarkt rechnet das Management für das Jahr 2016 mit einem negativen EvS iHv TEUR 30,– und einem negativen Cash Flow iHv TEUR 100,–. Der CFO befürchtet eine Verschlechterung des Ratings des Unternehmens.

Bilanzstichtag 31.12	2016
EvS	–30
CF	–100

Das Management entschließt sich dieser Entwicklung entgegenzuwirken. Durch Sale-and-lease-back des Maschinenparks an eine Leasinggesellschaft soll einerseits die Liquidität der X-AG erhöht und anderseits auch die Ertragslage verbessert werden. Es wird ein fremdüblicher Verkaufspreis iHv TEUR 200,– vereinbart. Der Buchwert des Maschinenparks beträgt TEUR 120,–. Der Differenzbetrag iHv TEUR 80,– zwischen Verkaufspreis und Buchwert stellt einen Ertrag aus dem Abgang von Anlagevermögen dar und erhöht das EvS. Die X-AG mietet anschließend den Maschinenpark um TEUR 25,– p.a. zurück.

Bilanzstichtag 31.12	2016
EvS	25
CF	75

c) Handlungen vor dem Bilanzstichtag, die nach dem Bilanzstichtag umkehrbar sind

Unter diese Handlungen fallen nach ganz hA jene Maßnahmen, die unter dem Titel „Window-Dressing" zusammengefasst werden können. Es handelt sich dabei um Maßnahmen, die kurz vor dem Bilanzstichtag gesetzt werden und wenige Tage danach in gegenteiliger Richtung wieder umgekehrt werden und deren Ziel darin besteht, bestimmte Bilanzrelationen herzustellen.[44] **55**

Typische Sachverhalte, die diesem Ziel dienen, sind:[45] **56**

- die Rückzahlung von Bankkrediten kurz vor dem Bilanzstichtag, um den Verschuldungsgrad zu senken, obwohl sie kurz nach dem Bilanzstichtag wieder aufgenommen werden.

Beispiel Verbesserung der Kapitalstruktur

Im Dezember 2016 informiert der Leiter des Rechnungswesens das Management, dass die in der Bilanz 2016 voraussichtlich ausgewiesene Kapitalstruktur unzureichend ist. Die Fremdkapitalquote (Verhältnis von Fremdkapital zu Gesamtkapital) wird demnach 62,5% betragen. Von den Bilanzadressaten wird aber eine Fremdkapitalquote von maximal 60% erwartet.

Voraussichtliche Eckdaten des Jahresabschlusses:

Bilanzstichtag 31.12	**2016**
Eigenkapital	30
Fremdkapital	50
Gesamtkapital	80
Fremdkapitalquote (FK/GK)	**62,5%**
Kassa	30
CF	**55**

Der Leiter des Rechnungswesens schlägt daher vor, noch vor dem Bilanzstichtag Verbindlichkeiten gegenüber Kreditinstituten iHv 5,- TEUR vorzeitig zu tilgen. Dies würde die Fremdkapitalquote um 2,5 Prozentpunkte verringern. Da der Cash Flow schon vor dieser Maßnahme mit einer Höhe von TEUR 55,- weit über den Erwartungen der Jahresabschlussadressaten liegt, kann die durch die Tilgung verursachte Verringerung des Cash Flow ohne Bedenken in Kauf genommen werden.

---

[44] Zur Frage der Zulässigkeit und den denkbaren Grenzen zur Verschleierung der Vermögens,- (Finanz-) und Ertragslage durch Einsatz von Window-Dressing-Maßnahmen vgl. zB *Selchert,* Windowdressing – Grenzbereich der Jahresabschlussgestaltung, DB 1996, 1933 ff; *Bertl/Fraberger,* Bilanzpolitische Maßnahmen, RWZ 2000/1, 27; *Bertl/Fraberger*, Materielle Instrumente der Bilanzpolitik, RWZ 2000/39, 121.

[45] Vgl. *Bertl*, Steuerbilanzpolitik, 316; *Küting*, Bilanzpolitik, 760; *Bertl/Fraberger*, Materielle Instrumente der Bilanzpolitik, RWZ 2000/39, 121.

Durch „Window-Dressing“ verändertes Bild des Jahresabschlusses:

Bilanzstichtag 31.12	**2016**
Eigenkapital	30
Fremdkapital	45
Gesamtkapital	75
Fremdkapitalquote (FK/GK)	**60%**
Kassa	25
CF	**50**

Der Effekt auf die Kapitalstruktur bzw auf den Cash Flow lässt sich nach dem Bilanzstichtag durch die Kreditaufnahme der vor dem Bilanzstichtag getilgten Summe wieder umkehren.

57 • die Gestaltung von Pensionsgeschäften;
- der Verkauf oder Rückverkauf von Vorräten zwischen Konzernunternehmen, um Ertrag und Liquidität zu verbessern;
- das Gewähren von Gesellschafterzuschüssen nach § 229 Abs 2 Z 5 UGB durch Aktivierung einer Forderung gegenüber dem Gesellschafter; der Zuschuss wird nach dem Bilanzstichtag wieder einvernehmlich rückgängig gemacht.

2. Sachverhaltsabbildung

58 Unter den Sachverhaltsabbildungen (der buchmäßigen Bilanzpolitik) versteht man die sich aus der realen Verwirklichung eines Geschäftsfalles ergebenden bilanzpolitischen Möglichkeiten. Dabei wird unterschieden zwischen formeller Bilanzpolitik, zu der die Ausweis-, Gliederungs- und Erläuterungswahlrechte gehören und der materiellen Bilanzpolitik, zu der die Bilanzansatz- und Bewertungswahlrechte zählen. Insbesondere bei der materiellen Bilanzpolitik wird der Begriff Wahlrecht mehrdeutig im Sinne von Ermessen und Wahlrechte im engeren Sinn verstanden, letztere können wiederum unterteilt werden in faktische Wahlrechte und gesetzliche Wahlrechte.[46]

a) Bilanzansatzwahlrechte

59 Die nach Einführung des RÄG 2014 verbliebenen aktivseitigen Bilanzansatzwahlrechte sind:
- Aktivierungswahlrecht für latente Steuern gemäß § 198 Abs 9 UGB für kleine Kapitalgesellschaften
- Aktivierungswahlrecht für latente Steuern auf Basis von Verlustvorträgen
- Aktivierungswahlrecht für Buchverluste im Zusammenhang mit Umgründungen gemäß § 202 Abs 2 UGB

60 Passivseitig besteht ein Wahlrecht hinsichtlich Aufwandsrückstellungen, soweit kein Passivierungszwang aufgrund GoB besteht, sowie Rückstellungen, Soweit es sich um nicht wesentliche Beträge handelt, gemäß § 198 Abs 8 Z 2 und 3 UGB.

61 Folge der Ausübung des jeweiligen Aktivierungswahlrechts ist eine Erhöhung des Jahresüberschusses im Jahr der Aktivierung und damit eine Erhöhung des Betrages des Eigenkapitals. Ebenso beeinflusst die Nichtpassivierung der genannten

[46] Vgl. *Küting*, Bilanzpolitik, 763; *Pfleger*, Bilanzpolitik, 22; *Bertl*, Steuerbilanzpolitik, 314.

Rückstellungen den Jahresüberschuss positiv. Umgekehrt führt die Nichtaktivierung der genannten Posten bzw die Passivierung der Rückstellung zu einer aufwandswirksamen Verminderung des Jahresüberschusses.

Hinsichtlich der Ausübung der Bilanzansatzwahlrechte besteht seit dem RÄG 2014 grundsätzlich Stetigkeitsgebot, wobei allerdings Voraussetzung für die Erfüllung des Stetigkeitsgebots das Vorliegen vergleichbarer Sachverhalte ist. Dies wird hinsichtlich des Aktivierungswahlrechts latenter Steuern als solcher tendenziell ebenso gegeben sein wie für die Passivierung von Aufwandsrückstellungen und Rückstellungen von nicht wesentlichen Beträgen, aber grundsätzlich nicht im Zusammenhang mit Umgründungen. Hinsichtlich der Aktivierung von Verlustvorträgen im Rahmen der latenten Steuern ist dies ebenfalls eher sachverhaltsbezogen zu sehen.[47] **62**

b) Bewertungswahlrechte

Innerhalb der Bewertungswahlrechte gibt es solche, bei denen der Gesetzgeber dem Unternehmer eine Auswahlmöglichkeit zwischen zumindest zwei möglichen Wertansätzen einräumt. **63**

Typische Fälle, die diesem Gedanken entsprechen sind[48] **64**

- Bewertung der hergestellten Vermögensgegenstände mit über den Einzelkosten und angemessenen Teilen der fixen und variablen Gemeinkosten gemäß § 203 Abs 3 UGB hinausgehendem Wert aufgrund Aktivierung von bestimmten Sozialaufwendungen gemäß § 203 Abs 3 letzter Satz UGB und Fremdkapitalzinsen gemäß § 203 Abs 4 UGB.

Beispiel Herstellungskosten
In Zusammenhang mit der Herstellung eines Gebäudes fallen Materialeinzelkosten iHv TEUR 1.000,- Materialgemeinkosten von 60%, Fertigungseinzelkosten iHv TEUR 2.000,- und Fertigungsgemeinkosten von 90% an. Darüber hinaus fallen noch Fremdkapitalzinsen im Ausmaß von 2% der aktivierten Gemeinkosten an.
Variante Gewinnminimierung:
Verfolgt das Unternehmen das Ziel der Gewinnminimierung, so ist dieses bestrebt, den Aufwand möglichst hoch auszuweisen. Unter dieser Prämisse erfolgt die Aktivierung des Gebäudes zu den Einzelkosten iHv TEUR 3.000,- (Materialeinzelkosten 1.000 + Fertigungseinzelkosten 2.000), und den verpflichtend zu aktivierenden Gemeinkosten iHv TEUR 2.400,- (Materialgemeinkosten 60% * 1.000 = 600 und die Fertigungsgemeinkosten 90% * 2.000 = 1.800), während der Fremdkapitalzinsaufwand iHv TEUR 48,- als laufender Aufwand ausgewiesen wird und somit das EvS um TEUR 48,- mindert.

Bilanzstichtag 31.12	**2016**
EvS	–48

[47] Vgl. *Dokalik/Hirschler*, RÄG 2014 34; *Rohatschek/Schiemer*, Generalnorm und GoB in Bertl ua, Reform der Rechnungslegung 31ff.

[48] Vgl. *Bertl/Fraberger*, Materielle Instrumente der Bilanzpolitik, RWZ 2000/39, 122 und RWZ 2000/50, 155.

Variante Gewinnmaximierung:
Strebt das Unternehmen einen möglichst hohen Gewinn an, wird das Gebäude sowohl mit den Einzel- als auch zu den Gemeinkosten zuzüglich der Fremdkapitalzinsen aktiviert, d.h. mit dem Wert 5.448 aktiviert. In diesem Fall wird das EvS durch die Herstellung des Gebäudes nicht beeinflusst.

Bilanzstichtag 31.12	2016
EvS	0

65 • Bewertung von umgründungsbedingten Einlagen mit dem beizulegenden Wert oder dem Buchwert gemäß § 202 UGB

Beispiel Bewertung von umgründungsbedingten Einlagen
Im Rahmen einer zB Einbringung/Spaltung wird Anfang 2016 Vermögen mit einem Buchwert von TEUR 1.000,- und einem Verkehrswert iHv TEUR 1.500,- (die Differenz iHv TEUR 500,- stellt den Firmenwert dar – geplante Nutzungsdauer 5 Jahre) auf eine GmbH übertragen. Die GmbH gewährt dafür neue Anteile im Nominale von TEUR 100,-.
Im Fall der Buchwertfortführung entsteht bei der übernehmenden GmbH ein sog. Buchgewinn von TEUR 900,-, im Fall der Neubewertung eine Differenz von TEUR 1.400,-, die jeweils als Aufgeld größenabhängig in der gebundenen bzw. ungebundenen Kapitalrücklage ausgewiesen wird.
Wird die Variante der Neubewertung gewählt, ist der Firmenwert in Höhe von TEUR 500,- zu aktivieren und über die geplante Nutzungsdauer von fünf Jahren abzuschreiben. Daraus ergibt sich eine jährliche Firmenwertabschreibung von jeweils TEUR 100,-.

Variante Firmenwertaktivierung:

Bilanzstichtag 31.12	2016	2017	2018	2019	2020
EvS	–100	–100	–100	–100	–100

66 • Festlegung der Abschreibungsmethode gemäß § 204 Abs 1 UGB, wonach die Abschreibung der abnutzbaren Anlagevermögensgegenstände „planmäßig“ zu erfolgen hat. Als typische planmäßige Abschreibungsmethoden werden die lineare, die degressive, die progressive, die Abschreibung nach Leistung sowie die Abschreibung nach Substanzverbrauch angesehen. Auch hinsichtlich der Abschreibung von Disagio und Firmenwert stehen unterschiedliche Abschreibungsmethoden wahlweise zur Verfügung.

Beispiel Wahl der Abschreibungsmethode
Variante lineare Abschreibung:
Die lineare Abschreibung unterstellt einen kontinuierlichen Entwertungsverlauf der Anlage. Die Abschreibung erfolgt in gleich bleibenden Jahresraten. Wird eine Maschine um TEUR 300,- und einer Nutzungsdauer von 5 Jahren angeschafft, so ergibt sich nach der linearen Abschreibung eine über die Laufzeit konstante jährliche planmäßige Abschreibung iHv TEUR 60,-, die sich gewinnmindernd auf das EvS auswirkt.

Bilanzstichtag 31.12	**2016**	**2017**	**2018**	**2019**	**2020**
EvS	–60	–60	–60	–60	–60

Variante degressive Abschreibung:
Die degressive Abschreibung geht davon aus, dass die Leistungsfähigkeit und die Entwertung einer Anlage in den ersten Jahren am größten sind. Dementsprechend sind die Abschreibungsbeträge im ersten Jahr am höchsten und verringern sich im Zeitablauf. Die Auswirkung der degressiven Abschreibung auf das EvS ist somit im ersten Jahr am stärksten und nimmt mit Verlauf der Nutzungsdauer ab. Eine Maschine mit Anschaffungskosten iHv TEUR 300,- und voraussichtlich 5 jähriger Nutzungsdauer wird mit Abschreibungsbeträgen iHv 50% des jeweiligen Buchwertes abgeschrieben. Nach der geometrisch-degressiven Abschreibungsmethode sind im ersten Jahr TEUR 150,- (Buchwert 300*50 % Abschreibung), im zweiten Jahr TEUR 75,- (Buchwert 150*50% Abschreibung), im dritten Jahr TEUR 37,5,-, im vierten und fünften Jahr TEUR 18,75,- als planmäßige Abschreibung zu verbuchen. Diese wirken sich in der jeweiligen Höhe negativ auf das EvS aus.

Bilanzstichtag 31.12	**2016**	**2017**	**2018**	**2019**	**2020**
EvS	–150	–75	–37,5	–18,75	–18,75

Variante progressive Abschreibung:
Die progressive Abschreibung entspricht dem Entwertungsverlauf von Anlagen, bei welchen erst allmählich eine volle Nutzung erfolgt (zB. Großkraftwerke oder EDV-Großanlagen, deren Kapazität zunächst nur teilweise genutzt wird). In den Anfangsjahren der Nutzung werden geringere Abschreibungsbeträge verrechnet als gegen Ende der Nutzungsdauer. Die Belastung des EvS und der gewinnmindernde Effekt der Abschreibung sind am Anfang der Nutzungsdauer am geringsten und steigen mit dem Verlauf der Nutzungsdauer an. Eine um TEUR 300,- angeschaffte Maschine ist somit wie folgt abzuschreiben. Zuerst ist der Progressionsbetrag zu berechnen, der den Quotient aus dem Abschreibungsausgangswert (300) und der Summe der Nutzungsjahre darstellt. Die Summe der Nutzungsjahre ist bei einer Nutzungsdauer von fünf Jahren 1+2+3+4+5 = 15. Es ergibt sich ein Progressionsbetrag iHv TEUR 20,-. Die Abschreibung im ersten Jahr beträgt somit TEUR 20,- und in den folgenden Jahren steigt diese jährlich um TEUR 20,- an. Die Abschreibungsbeträge des zweiten bis fünften Jahres sind TEUR 40, 60, 80 und 100. Diese wirken sich wiederrum in der jeweiligen Höhe gewinnmindernd auf das EvS aus.

Bilanzstichtag 31.12	**2016**	**2017**	**2018**	**2019**	**2020**
EvS	–20	–40	–60	–80	–100

- Abschreibung von Finanzanlagevermögen auch dann, wenn die Wertminderung nicht von Dauer ist gemäß § 204 Abs 2 UGB 67

Beispiel Wertminderung Finanzanlagevermögen
Das Unternehmen hält im Anlagevermögen eine 25 % Beteiligung an einer Aktiengesellschaft. Die Anschaffungskosten und der Buchwert der Beteiligung

zum Jahresanfang betragen TEUR 100,-. Der Verkehrswert der Beteiligung zum Bilanzstichtag ist auf TEUR 80,- gesunken, wobei diese Wertminderung voraussichtlich nicht von Dauer ist. Verfolgt das Unternehmen das Ziel der Gewinnminimierung, so wird das Wahlrecht des § 204 Abs 2 UGB ausgeübt werden, denn die Abschreibung von TEUR 20,- wirkt sich gewinnmindernd auf das EvS aus.

Variante Gewinnminierung:

Bilanzstichtag 31.12	2016
EvS	–20

Variante Gewinnmaximierung:

Verfolgt das Unternehmen das Ziel der Gewinnmaximierung, wird das Abschreibungswahlrecht nicht in Anspruch genommen werden, das EvS bleibt trotz der Wertminderung der Beteiligung unverändert.

Bilanzstichtag 31.12	2016
EvS	0

68 • Aktivierungswahlrecht für angemessene Teile der Verwaltungs- und Vertriebskosten bei Vorliegen einer langfristigen Auftragsfertigung gemäß § 206 Abs 3 UGB, sofern in Ausnahmefällen das Verbot der Aktivierung dieser Aufwendungen dazu führt, dass ein möglichst getreues Bild der Vermögens-, Finanz- und Ertragslage auch mit zusätzlichen Anhangangaben nicht vermittelt werden kann.[49]

Beispiel Aktivierungswahlrecht für Verwaltungs- und Vertriebskosten

Bei der Fertigung einer Anlage für einen Auftraggeber fallen Einzelkosten iHv TEUR 25,-, Gemeinkosten iHv TEUR 15,- und Verwaltungs- und Vertriebskosten iHv TEUR 10,- an. Das EvS wird zunächst durch die Produktion dieser Anlage iHv TEUR 50,- belastet.

Ertragslage vor Aktivierung der Herstellungskosten:

Bilanzstichtag 31.12	2016
EvS	–50

Variante Gewinnmaximierung:

Verfolgt das Unternehmen das Ziel der Gewinnmaximierung und nutzt es das Wahlrecht des § 206 Abs 3 UGB aus, so kann es insgesamt Herstellungskosten iHv TEUR 50,- ergebniswirksam aktivieren. Durch die Aktivierung der Anlage werden die gesamten Aufwendungen neutralisiert, der Herstellungsprozess hat demnach keine Auswirkung auf die Ertragslage des Unternehmens.

Bilanzstichtag 31.12	2016
EvS	0

49 Zur Frage, in welchen Fällen daher überhaupt eine derartige Aktivierung bei Kapitalgesellschaften denkbar ist, vgl *Dokalik/Hirschler*, RÄG 2014 44f, die insbesondere für schwerpunktmäßig als (Anlage)Bauunternehmen tätige Kapitalgesellschaften einen Anwendungsbereich sehen.

Variante Gewinnmaximierung, aber Voraussetzungen des § 206 Abs 3 UGB werden nicht erfüllt:
Kann das Wahlrecht des § 206 Abs 3 UGB nicht genutzt werden, da sich der Auftrag bspw. nicht über 12 Monate erstreckt oder durch eine entsprechende Anhangangabe eine dem § 222 Abs 2 UGB entsprechende Information ergibt, können nach § 203 Abs 3 UGB nur die Einzel- und Gemeinkosten aktiviert werden, d.h. die Aktivierung erfolgt mit TEUR 40-. Die nichtaktivierten Verwaltungs- und Vertriebskosten iHv 10,- mindern das EvS.

Bilanzstichtag 31.12	**2016**
EvS	–10

Variante Gewinnminimierung:
Verfolgt das Unternehmen das Ziel der Gewinnminimierung, so werden nur die Einzel- und Gemeinkosten iHv TEUR 40,- aktiviert und alle sonstigen Aufwendungen wirken sich iHv TEUR 10,- gewinnmindernd auf das EvS aus. Im Jahr der Übergabe der fertiggestellten Leistung an den Auftraggeber ergibt sich umgekehrt ein entsprechend höherer Gewinn.

Bilanzstichtag 31.12	**2016**
EvS	–10

- Anwendung der Bewertungsvereinfachungsverfahren gemäß § 209 Abs 1 und 2 UGB

Neben diesen Bewertungswahlrechten bestehen gerade beim Ermitteln eines konkreten Wertansatzes nicht unerhebliche Ermessensspielräume. Dieses Ermessen zeichnet sich dadurch aus, dass es eine Bandbreite akzeptabler Wertansätze gibt, die plausibel sind und daher als den GoB entsprechend angesetzt werden können.[50] Zu erwähnen sind in diesem Zusammenhang unbestimmte Rechtsbegriffe wie „Gegenstände des Anlagevermögens sind bei voraussichtlich dauerhafter Wertminderung...“[51], „Rückstellungen sind mit dem Erfüllungsbetrag anzusetzen, der bestmöglich zu schätzen ist“[52], „Rückstellungen mit einer Restlaufzeit von mehr als einem Jahr sind mit einem marktüblichen Zinssatz abzuzinsen“.[53] Weiters die konkrete Festlegung der Nutzungsdauer von abnutzbaren Anlagegütern, die Ermittlung und Festlegung des beizulegenden Wertes von Vermögensgegenständen, sofern es sich nicht gerade um einen Vermögensgegenstand handelt, für den ein standardisierter Marktpreis (Börsenkurs) besteht. Zu denken ist in diesem Zusammenhang insbesondere an die Ermittlung des beizulegenden Wertes einer Beteiligung entsprechend den Grundsätzen ordnungsmäßiger Unternehmensbewertung und andere Vermögensgegenstände, für die der beizulegende Wert mit **69**

50 Vgl. *Bertl*, Steuerbilanzpolitik, 330; *Bertl/Fraberger*, Materielle Instrumente der Bilanzpolitik, RWZ 2000/39, 121.

51 Vgl. dazu zB. *Bertl/Hirschler*, Beteiligungsbewertung im Unternehmens- und Steuerrecht in der Wirtschaftskrise RWZ 2009/81, 299 ff.

52 Vgl. dazu zB *Dokalik/Hirschler*, RÄG 2014 51 unter Verweis auf *Konezny* in Hirschler, Bilanzrecht § 211 Rz 38.

53 Zur Frage der Ermittlung des marktüblichen Zinssatzes und dessen Ermittlung vgl. *Dokalik/Hirschler*, RÄG 2014 51f sowie *Velte*, Bewertung, RWZ 2015/63 263.

Hilfe eines Ertragswertes bestimmt wird (zB Bewertung des Firmenwerts).[54] Hinsichtlich der Dauerhaftigkeit wird die Ansicht vertreten, dass bei abnutzbaren Anlagegegenständen Dauerhaftigkeit jedenfalls vorliegt, wenn die laufende Abschreibung erst in mehr als fünf Jahren den beilzulegenden Wert des Jahresabschlussstichtages erreicht, was aber nicht bedeutet, dass bei einer kürzeren Dauer für die Erreichung dieses Wertes nicht auch von Dauerhaftigkeit gesprochen werden kann. Jedenfalls nicht dauerhaft wird eine Situation sein, bei der bereits zum nächsten Jahresabschlussstichtag der beizulegende Wert des Jahresabschlussstichtages erreicht wäre. Bei nicht abnutzbarem Anlagevermögen wird mangels planmäßiger Abschreibung die Auffassung vertreten, dass bereits dann eine dauerhafte Wertminderung vorliegt, wenn bis zum Aufstellen des Jahresabschlusses eine Wertsteigerung nicht absehbar ist. Sollte diese Wertsteigerung erst in mehr als fünf Jahren erfolgen, wird aber jedenfalls auch hier von einer dauerhaften Wertminderung auszugehen sein. Fraglich und damit eine Ermessensfrage könnte daher auch hier sein, ob für erwartete Wertsteigerungen in mehr als zwei Jahren nach dem aufzustellenden Jahresabschluss bereits von Dauerhaftigkeit der Wertminderung gesprochen werden kann. Auch ist es nicht immer eindeutig, ob Herstellung oder Erhaltungsaufwand vorliegt bzw. ob im Lichte des Realisationsprinzips der Unternehmer tatsächlich alles zur Vertragserfüllung erforderliche gemacht hat.[55]

C. Bilanzpolitik im Geltungsbereich der IFRS

70 Die obigen Ausführungen beziehen sich auf die Bestimmungen des UGB. Bilanzpolitik ist aber nicht nur ein Thema im Rahmen des UGB, sondern ebenso im Rahmen der IFRS. Auch dort kommt dem Thema der Sachverhaltsgestaltung eine nicht unwesentliche Bedeutung zu, genauso aber auch den diversen Elementen der Sachverhaltsabbildung.[56] Während es im Gegensatz zum UGB in den IFRS de facto keine Bilanzansatzwahlrechte gibt, sind auch in den IFRS zahlreiche Bewertungswahlrechte und Ermessensspielräume vorhanden. Diese ergeben sich zum Teil aus dem Recht zur Neubewertung (fair value-Ansatz), verbunden mit der letztlich im Ermessensspielraum auszuübenden Ermittlung des fair value bzw. eines recoverable amount, weiters aus nicht immer eindeutigen Abgrenzungen wie zB zwischen den nicht aktivierbaren Forschungs- und den aktivierungspflichtigen Entwicklungskosten. Wie im UGB gibt es auch dem Wesen nach ähnliche Ermessensspielräume hinsichtlich der Bildung und Bewertung von Rückstellungen. Aufgrund diverser Nachweisverpflichtungen zwecks Anwendung einer bestimmten Bilanzierungsregel steckt alleine in der Erfüllung bzw. Nichterfüllung dieser Nachweise ein erheblicher Ermessensspielraum hinsichtlich der konkreten Darstellung des Sachverhalts im Jahresabschluss.[57]

---

[54] Vgl. dazu zB *Bertl/Hirschler*, Beteiligungsbewertung, RWZ 2009/81, 299 ff.

[55] Vgl. *Bertl/Fraberger*, Materielle Instrumente der Bilanzpolitik, RWZ 2000/39, 121f.

[56] Vgl. dazu ausführlich zB *Lüdenbach/Hoffmann*, IFRS Kommentar[8] § 51 Rz 4ff; *Wagenhofer*, Internationale Rechnungslegungsstandards – IAS/IFRS[6] 564ff.

[57] Vgl. dazu *Lüdenbach/Hoffmann*, IFRS Kommentar[8], § 51 Rz 24ff hinsichtlich Abgrenzung Forschung und Entwicklung, Teilgewinnrealisierung bei langfristiger Auftragsfertigung, Bestimmung der Indikatoren für das Vorliegen von cash generating units usw.

V. Auswirkungen auf die Bilanzanalyse

Die oben dargestellten und kurz beschriebenen Bilanzansatz- und Bewertungswahlrechte (unabhängig ob nach UGB oder IFRS) verdeutlichen, dass es nicht den einen richtigen Jahresabschluss geben kann, sondern dass innerhalb der Grundsätze orndungsmäßiger Bilanzierung, insbesondere innerhalb des Grundsatzes der Vermittlung eines möglichst getreuen Bildes der Vermögens-, Finanz- und Ertragslage, eine Bandbreite an denkbaren Jahresabschlüssen eines Unternehmens gibt. Soweit dem Leser des Jahresabschlusses diese Wahlrechte vor allem auch zahlenmäßig erkennbar sind, kann er sich deren Auswirkungen auf den Jahresabschluss auch rechnerisch bewusst machen. Wurde daher in der Vergangenheit beispielsweise ein Firmenwert wahlweise aktiviert, könnte durch einfache Verrechnung mit dem Eigenkapital verprobt werden, wie sich die Eigenkapitalquote dadurch verändern würde. Soweit eine derartige zahlenmäßige Erkennbarkeit nicht gegeben ist, aber zumindest durch Anhangsangaben verbale Informationen über die konkrete Ausübung eines Wahlrechts gegeben wird, können zumindest ansatzweise Rückschlüsse auf die Veränderung von Bilanzkennzahlen vorgenommen werden, wenn ein anderes Bilanzierungsverhalten unterstellt wird. Wesentliche Anhangsangaben für die Bilanzanalyse im Zusammenhang mit den hier besprochenen Bilanzansatz- und Bewertungswahlrechten sind vor allem die Angaben des § 237 Abs 1 UGB hinsichtlich der angewandten Bilanzierungs- und Bewertungsmethoden. **71**

VI. Zusammenfassung

Mit dem vorliegenden Beitrag soll dem Aufsichtsrat bewusst gemacht werden, in welchem rechtlichen Umfeld Jahresabschlüsse erstellt werden, welche Grundsätze ordnungsmäßiger Bilanzierung rechtlich bestehen, welche Entscheidungsspielräume in Form der Bilanzpolitik dem Ersteller des Jahresabschlusses dabei zur Verfügung stehen und welche Auswirkungen die gewählten Entscheidungen auf die betriebswirtschaftliche Interpretation des Jahresabschlusses haben können. **72**

Die Begründung, Gestaltung und Beendigung der Vorstandstätigkeit durch den Aufsichtsrat

Georg Schima

§§: 70–80 AktG; Regeln 13–31, 33, 38, 41–43 ÖCGK.

Literatur

Ö: *Aburumieh*, Interimistische Bestellung eines Aufsichtsratsmitglieds zum Vorstandsmitglied, Aufsichtsrat aktuell 2010, 9; *Aicher/Kalss/Oppitz*, Grundfragen des neuen Börserechts (1998); *Baums*, Der Gesellschaftsleitervertrag (1987); *Binder*, Auflösungsmöglichkeiten im „Vor-Arbeitsstadium", in FS Floretta (1983) 329; *Bollenberger/Wess*, Libro-Straferkenntnis: Untreue und Gesellschaftsrecht, RdW 2014, 247; *Brandl/Hohensinner*, Die Haftung des Vorstandes für Verletzungen der Ad-Hoc-Publizität nach § 82 Abs 6 BörseG, ecolex 2002, 92; *Brugger*, Unternehmenserwerb (2014); *Cernicky*, Die Vertretung der Aktiengesellschaft gegenüber Vorstandsmitgliedern, GesRZ 2002, 179; *Dellinger/Schellner*, Aufsichtsratsinterne Informationen und ihre Verweigerung am Beispiel von Managerdienstverträgen, in FS Nowotny (2015) 245; *Peter Doralt*, Bestellung und Abberufung von Vorstandsmitgliedern durch Ausschüsse des Aufsichtsrates, GesRZ 1979, 137; *Peter Doralt*, Die Unabhängigkeit des Vorstands nach österreichischem und deutschem Aktienrecht – Schein und Wirklichkeit, in FS Grün (2003) 31; *Peter Doralt/Kastner*, Grenzen der Aktionärsschutzklausel des § 110 Abs 3 ArbVG bei der AG, GesRZ 1975, 38; *Egermann*, Zur Suspendierung eines Vorstandsmitgliedes, RdW 2006, 69; *Eiselsberg/Prohaska-Marchried*, Von transparenten Besetzungen und Vertragsschablonen – Das StellenbesG, ecolex 1998, 319; *Eixelsberger/Zierler*, Zur Vorstandsbestellung im Ausschuss eines mitbestimmten Aufsichtsrats, GesRZ 2003, 9; *Engelbrecht*, Die Beendigung des Arbeitsvertrages, in Mazal/Risak (Hrsg), Das Arbeitsrecht I (2013); *Enzinger*, Interessenkonflikt und Organpflichten (2005); *Eypeltauer*, Bedingte und befristete Entlassung, DRdA 1985, 319; *Eypeltauer*, Änderung erfolgsabhängiger variabler Vergütungen für Mitarbeiter von Kreditinstituten, ecolex 2011, 544; *Feltl*, Der Vorstand der AG, in Ratka/Rauter (Hrsg), Handbuch Geschäftsführerhaftung mit Vorstandshaftung² (2011) 439; *Fida*, Zur Ad-hoc-Publizität bei personellen Veränderungen im Vorstand, FS Nowotny (2015) 639; *Floretta*, Anmerkung zu OGH 15.6.1988, 9 ObA 117/88, DRdA 1990, 333; *Floretta*, Zum Vorstandsverhältnis bei Aktiengesellschaften und Sparkassen, in FS W. Schwarz (1991) 475; *Fritz*, Die Kommanditgesellschaft (2013); *G. Frotz*, Grundsätzliches zu den Rechten und Pflichten des Aufsichtsrates und seiner bestellten und entsendeten Mitglieder, ÖZW 1978, 48; *Geist*, Kündigungsklauseln bei befristeten Arbeitsverhältnissen, ÖJZ 2002, 405; *Geppert*, Anmerkung zu VwGH 15.5.1981, DRdA 1982, 407; *Geppert/Moritz*, Gesellschaftsrecht für Aufsichtsräte (1979); *Geppert*, Der „Anstellungs"vertrag des Vorstandsmitgliedes einer AG, DRdA 1980, 1; *Geppert*, Die Arbeitnehmervertreter im Aufsichtsrat einer AG und die Bestellung sowie Anstellung von Vorstandsmitgliedern durch Aufsichtsratsausschüsse, DRdA 1980, 178; *Gerhartl*, Anrechnung bei Entgeltfortzahlung wegen Arbeitsausfall aus Umständen in der Arbeitgebersphäre, wbl 2007, 14; *Graf*, Rechtsfolgen unzulässig hoher Vorstandsbezüge, RdW 2007, 515; *Griehser*, Versicherungsmöglichkeit von Vorstands- und Aufsichtsratsmitgliedern – Anpassung der Director's and Officer's Liability Insurance für Österreich, RdW 2006, 133; *Gruber*, Freier Dienstvertrag und Arbeitsrecht, Teil I, ASoK 2000, 306; Teil II, ASoK 2000, 344; *Gruber*, Ad-hoc-Publizität, ÖBA 2003, 239; *Gruber/Wax*, Wer ist für den Abschluss einer D&O-Versicherung zuständig? wbl 2010, 169; *Grünwald*, Die Rechtsfolgen der Verschmelzung von Aktiengesellschaften auf die Funktion eines Vorstands- bzw Aufsichtsratsmitglieds, ZAS 1994, 196; *Haberer/Kraus*, Gedanken zur Angemessenheit der Vorstandsvergütung, GeS 2010, 10; *Hainz*, Anmerkung zu OGH 15.9.1994,

8 ObA 276/94, ecolex 1994, 831; *Hausmanninger*, Insider Trading – Eine systemvergleichende Untersuchung amerikanischer, europäischer und österreichischer Regelungen (1997); *Herzeg,* Die arbeitsrechtliche Stellung der Vorstandsmitglieder von AG und Geschäftsführer von GmbH, JAP 2008/2009, 93; *Herzer/Strobl/Taufner*, Der Vorstand, in Hausmaninger/Gratzl/Justich, Handbuch zur Aktiengesellschaft (2012) (Hrsg); *Hochedlinger*, D&O-Versicherung für den Stiftungsvorstand, ecolex 2008, 143; *Hodik*, Verstöße gegen das Ausschreibungsgesetz und das Gesellschaftsrecht, RdW 1984, 362; *Hofer/Moser*, Kommunikation der Exekutive Compensation, in Schuster/Gröhs/Havranek (Hrsg), Executive Compensation (2008) 175; *Holoubek*, Anmerkung zu OGH 30.9.2009, 7 Ob 119/09i, GesRZ 2010, 112; *Holzer,* Verschuldeter Annahmeverzug des Arbeitgebers und Anrechnung anderweitig absichtlich versäumten Verdienstes, DRdA 1983, 7; *Hörlsberger/Schröckenfux*, Können strafrechtliche Konsequenzen „zu hoher" Prämien an den Vorstand vermieden werden? ecolex 2004, 373; *Hügel*, Verdeckte Gewinnausschüttung und Drittvergleich im Gesellschaftsrecht und Steuerrecht in Kalss/U.Torggler (Hrsg), Einlagenrückgewähr, Beiträge zum zweiten Wiener Unternehmensrechtstag (2014) 19; *Jabornegg*, Ein Ausschuss des Aufsichtsrates bestellt ein Vorstandsmitglied, DRdA 1981, 324; *Jabornegg,* Handelsvertreterrecht und Maklerrecht (1987); *Jabornegg*, Unternehmensrecht und Arbeitsrecht, DRdA 1991, 13; *Jabornegg*, Anmerkung zu OGH 28.9.2007, 9 ObA 28/07, DRdA 2009, 502; *W. Jud*, Vorratsbeschlüsse im System zustimmungspflichtiger Geschäfte des Aufsichtsrates, ÖBA 1993, 773; *W. Jud/Wünsch*, Zum Anwendungsbereich des Ausschreibungsgesetzes und das Gesellschaftsrecht, NZ 1994, 25; *Kalss*, Anlegerinteressen – der Anleger im Handlungsdreieck von Vertrag, Verband und Markt (2001); *Kalss,* Die Zuständigkeit für die Suspendierung eines Vorstandsmitglieds; Aufsichtsrat aktuell 4/2006, 4; *Kalss*, Gesellschaftsrechtliche Folgen strafrechtlich relevanten Handelns, Jahrbuch Wirtschaftsrecht und Organverantwortlichkeit (2011) 131; *Kalss*, Gesellschaftsrechtliche Anmerkungen zur Libro-Entscheidung, ecolex 2014, 496; *Kalss*, Die Vergütung der Vorstandsmitglieder der Aktiengesellschaft, in FS Reich-Rohrwig (2014) 253; *Kalss*, Die Übernahme von verwaltungsrechtlichen Geldstrafen durch die Gesellschaft, GesRZ 2015, 78; *Kalss/Burger/Eckert*, Die Entwicklung des österreichischen Aktienrechts (2001) 632 ff; *Kalss/Nowotny/Schauer*, Österreichisches Gesellschaftsrecht (2008); *Kalss/Hasenauer*, Aktuelles zur Ad-hoc-Publizität bei Beteiligungs- und Unternehmenstransaktionen, GesRZ 2014, 269; *Kalss/Oppitz/Zollner*, Kapitalmarktrecht (2005); *Kalss/Zollner*, Blockabstimmungen im Aufsichtsrat – zur Zulässigkeit der Abstimmung en bloc am Beispiel der Abberufung von Vorstandsmitgliedern, GesRZ 2005, 66; *Kalss/Zollner*, Anmerkung zu OGH 11.6.2008, 7 Ob 58/08t, GesRZ 2008, 378; *Karollus* in Leitner (Hrsg), Handbuch verdeckte Gewinnausschüttung (2010) 19; *Kastner*, Bestellung von Vorstandsmitgliedern einer Aktiengesellschaft auf unbestimmte Zeit, ÖJZ 1953, 645; *Kastner*, Gedanken über Gelegenheitsgesetze, JBl 1963, 62; *Kastner,* Aktiengesetz 1965, JBl 1965, 392; *Kastner*, Die Stellung des Vorstandes der österreichischen Aktiengesellschaft, in FS Schmitz I (1967) 82; *Kastner*, Grundriss des österreichischen Gesellschaftsrechts[4] (1983); *Kastner*, Zur Mitgliedschaft in mehreren Organen derselben Gesellschaft, in GedS Schönherr (1986) 193; *Kastner*, Zu Fragen der „Wirtschaftlichkeit" im österreichischen Recht, in FS Kralik (1986), 407; *Kastner/Doralt/Nowotny*, Grundriss des österreichischen Gesellschaftsrechts[5] (1990); *Keinert*, Österreichisches Genossenschaftsrecht (1988); *Kietaibl*, Flexibilisierungsmöglichkeiten im Arbeitsverhältnis Arbeit auf Abruf – Widerrufs- und Änderungsvorbehalte – Unverbindlichkeitsvorbehalte – Befristung von Arbeitsbedingungen, ASoK 2008, 370; *Kittel,* Handbuch für Aufsichtsratsmitglieder (2006); *Korenjak*, Das Vorstandsmitglied als arbeitnehmerähnliche Person, RdW 2009/451; *Körber-Risak/Schima G.*, Einseitige Eingriffe in und Ablaufstörungen bei erfolgsbezogenen Vergütungen, ZAS 2013/11, 59; *Kramer*, Hauptprobleme des befristeten und resolutiv bedingten Arbeitsverhältnisses, DRdA 1973, 162; *Kraus,* Kompetenzverteilung bei der GmbH, ecolex 1998, 631; *Krejci*, Zur „Entmachtung" des Vorstandsmitgliedes einer Aktiengesellschaft, in FS Wagner (1978) 247; *Krejci*, Grenzen einseitiger Entgeltbestimmung durch den Arbeitgeber untersucht am Beispiel stei-

ermärkischer Primararztverträge, ZAS 1983, 203; *Krejci*, Die Kapitalgesellschaft als Spender und Förderer II, GesRZ 1984, 199; *Krejci*, Zulässigkeitsgrenzen konzernbildender Unternehmensverträge, ÖZW 1988, 66; *Krejci*, Empfiehlt sich die Einführung neuer Unternehmensformen? GA 10. ÖJT I/1, (1988); *Krejci*, Über unzulässige Aufsichtsratsvergütungen, ecolex 1991, 776; *Krejci*, Der neugierige Aufsichtsrat, GesRZ 1993, 2; *Krejci*, Zur En-bloc-Abberufung des AG-Vorstandes, in FS Michalek (2005) 229; *Kuderna*, Die befristete Entlassung, DRdA 1972, 53; *Lewisch*, Gesellschaftsrecht und Strafrecht nach „Libro", in Lewisch (Hrsg), Jahrbuch Wirtschaftsstrafrecht und Organverantwortlichkeit 2014 (2014) 19; *Löschnigg*, Bestandschutz und befristetes Dienstverhältnis, DRdA 1981, 18; *Marhold*, Besprechung von Kastners Grundriß, ZAS 1981, 36; *Marhold*, Die Wirkung ungerechtfertigter Entlassungen – eine Kritik des sogenannten Schadenersatzprinzips, ZAS 1978, 13; *Marhold*, Aufsichtsratstätigkeit und Belegschaftsvertretung (1985); *Marhold*, Konzern- und unternehmensverfassungsrechtliche Neuerungen, ZAS 1986, 194; *Marhold/Osmanovic*, Erste Anmerkungen zu § 39b BWG, ASoK 2011, 130; *Marhold/Friedrich*, Österreichisches Arbeitsrecht[2] (2012); *Mayer/Kucsko-Stadlmayer/Stöger*, Bundesverfassungsrecht[11] (2015); *Mayr/Resch*, BMSVG Abfertigung neu (2009); *Mazal/Risak*, Das Arbeitsrecht – System und Praxiskommentar (2002); *Mazal*, (K)Eine Regel ohne Ausnahmen? ecolex 2008, 843; *Mazal*, Variable Entgeltgestaltung – individualarbeitsrechtliche Analyse, in *Brodil* (Hrsg), Entgeltliches im Arbeitsrecht, Rechtsprobleme von Entgeltgestaltung und –abwicklung, Wiener Oktobergespräche 2011 (2013) 1; *Neumayr*, Die Entlastung des Geschäftsführers, JBl 1990, 273; *Nicolussi*, Insider-Information: Zur Auslegung des Kriteriums der „präzisen" Information iSd Art 1 Z 1 der Marktmissbrauchsrichtlinie, GesRZ 2015, 127; *Nowotny*, Suspendierung und vorzeitige Abberufung eines in eine Tochtergesellschaft entsandten Vorstandes, DRdA 1989, 427; *Nowotny*, Anlegerhaftung des Vorstandes und des Aufsichtsrates bei Kursverlust? RdW 1995, 132; *Petrovic*, Anmerkung zu OGH 13.3.1979, 4 Ob 124/78, JBl 1986, 331; *Petrovic*, Kommentar zu OGH 19. 3. 1985, 4 Ob 31/85, ZAS 1987, 18; *Petrovic*, Die „Entlassung" einer arbeitnehmerähnlichen Person, DRdA 1993, 196; *Plöchl*, Zur Amtszeit des Vorstandes, GesRZ 1979, 11; *Prändl/Geppert/Göth*, Corporate Governance (2003); *Radner*, Prozesskostenersatz durch den Arbeitgeber bei „erfolgreicher" Schadensabwehr? DRdA 2009, 54; *Ratka/Rauter* (Hrsg), Handbuch Geschäftsführerhaftung[2] (2011); *Rebhahn*, Kommentar zum Gleichbehandlungsgesetz (2005); *Reich-Rohrwig*, Die Zusammensetzung von Ausschüssen des Aufsichtsrates – neue Rechtslage ab 1.1.1987, wbl 1987, 1; *Reich-Rohrwig*, Wann vertritt der Aufsichtsrat die Aktiengesellschaft gegenüber Vorstandsmitgliedern? wbl 1987, 299; *Reich-Rohrwig*, Anmerkung zu OGH 11.6.2008, 7 Ob 58/08t, ecolex 2008, 926; *Reich-Rohrwig/Lahnsteiner*, Schiedsvereinbarungen mit einem als Arbeitnehmer oder Verbraucher zu qualifizierenden GmbH-Geschäftsführer, ecolex 2008, 740; *Reischauer*, Zur Vertretung eines verhinderten Aufsichtsratmitglieds einer AG (§ 95 Abs 6 AktG), ÖJZ 1990, 450; *Reissner*, Anmerkung zu OGH 8.6.1994, 9 ObA 88-90/94, ZAS 1995, 22; *Resch*, Zur Ressortverteilung im Vorstand der Aktiengesellschaft, GesRZ 2000, 2; *Riegler*, Wirtschafts- versus Verbraucherstreitigkeiten vor Schiedsgerichten, ecolex 2011, 882; *Rüffler*, Probleme der börserechtlichen ad-hoc-Publizität bei personellen Veränderungen im Vorstand, ÖBA 2009, 728; *Runggaldier/G. Schima*, Die Rechtsstellung von Führungskräften (1991); *Runggaldier/G. Schima*, Abschluss von Vorstandsverträgen im Aufsichtsratsplenum, GesRZ 1992, 158; *Runggaldier/G. Schima*, Manager-Dienstverträge[4] (2014); *Saurer*, Handlungsbedarf des Aufsichtsrats bei Missbrauch von Insiderinformationen durch ein Vorstandsmitglied? ecolex 2003, 736; *Schenz/Eberhartinger*, Die Regelung der Managergehälter im Österreichischen Corporate Governance Kodex, ÖBA 2010, 209; *Schiemer*, Zur Bestellung und Anstellung von Vorstandsmitgliedern einer AG, GesRZ 1984, 11; *G. Schima*, Gibt es einen „freien" Handelsvertreter? RdW 1987/1, 16; *G. Schima*, Enthaftung des Vorstandes (AR) durch Entlastungsbeschluss sämtlicher Aktionäre, GesRZ 1991, 185; *G. Schima*, Anmerkung zu OGH 10.5.1989, 9 ObS 6/89, ZAS 1989, 206; *G. Schima*, Vorzeitiges Ausscheiden von Vorstandsmitgliedern und Aufsichtsratssorgfalt, RdW 1990, 448; *G. Schima*, Abfertigungsregeln in Vorstandsverträgen, in Runggaldier (Hrsg), Abfertigungsrecht (1991) 407; *G. Schima*, Zustimmungsrechte des BR nach dem „KVI" rechtsunwirksam, RdW 1995, 101; *G. Schima*, Der Rücktritt des GmbH-Geschäftsführers nach dem Entwurf des IRÄG 1997, RdW 1997, 60; *G. Schima*, Gestaltungsfragen bei Aktienoptionen, GesRZ-Sonderheft Aktienoptionen 2001, 61; *G. Schima*, Zur Effizienz von Syndikatsverträgen, insbesondere bei der AG, in FS Krejci (2001) 825; *G. Schima*, Aktienoptionen für Aufsichtsratsmitglieder – ein Schritt auf dem Weg in Richtung Board-System? GesRZ-Sonderheft Aktienoptionen 2001, 19; *G. Schima*, Organ-Interessenkonflikte und Corporate Governance, GesRZ 2003, 199; *G. Schima*; Umgründungen im Arbeitsrecht (2004); *G. Schima*, Gestaltungsfragen bei Vorstandsverträgen in der AG, ecolex 2006, 452; *G. Schima*, Beendigung von Vorstandsrechtsverhältnissen, ecolex 2006, 456; *G. Schima*, Zulässigkeitsgrenzen von „Golden Handshakes" – zugleich Anmerkungen zu OGH 11. Juni 2008, 7 Ob 58/08t, in FS Binder (2010) 817; *G. Schima*, Business Judgment Rule und Beweislastverteilung bei der Vorstandshaftung nach US-, deutschem und österreichischem Recht, in Baudenbacher/Kokott/Speitler (Hrsg), Aktuelle Entwicklungen des Europäischen und Internationalen Wirtschaftsrechts (2010) 369; *G. Schima*, Der Vorstandsvorsitzende als „Über-Vorstand"? GeS 2010, 260; *G. Schima*, Die Bestellung von Aufsichtsratsmitgliedern zu Vertretern verhinderter Vorstandsmitglieder, GeS 2011, 259; *G. Schima*, Vorstandsmitglieder – hochbezahlte Dienstnehmer ohne rechtliche Absicherung? GesRZ 2011, 265; *G. Schima*, Vorstandsvergütung als Corporate-Governance-Dauerbaustelle, in Schenz/Eberhartinger (Hrsg), Corporate Governance in Österreich. Zum 10-jährigen Bestehen des Österreichischen Corporate Governance Kodex (2012) 246; *G. Schima*, Zustimmungsvorbehalte als Steuerungsmittel des Aufsichtsrates in der AG und im Konzern, GesRZ 2012, 35; *G. Schima*, Die Beweislastverteilung bei der Geschäftsleiterhaftung, in FS W. Jud (2012) 571; *G. Schima*, Betriebspensionsrecht (2013); *G. Schima*, Dividendenausschüttung, Einlagenrückgewähr und Untreue, in FS Reich-Rohrwig (2014) 160; *G. Schima*, Reform des Untreue-Tatbestandes und gesetzliche Verankerung der Business Judgment Rule im Gesellschaftsrecht, RdW 2015, 288; *G. Schima*, Reform des Untreue-Tatbestandes und Business Judgment Rule im Aktien- und GmbH-Recht: Die Bedeutung der neuen Regelung, GesRZ 2015, 286; *G. Schima/Eichmeyer*, Einbeziehung von Vorstandsmitgliedern in das System der Abfertigung neu, RdW 2008, 154; *G. Schima/Eichmeyer*, Zur (Un)Zulässigkeit von Schiedsklauseln in Geschäftsführer- und Vorstandsdienstverträgen nach dem SchiedsRÄG 2006, RdW 2008, 723; *G. Schima/Toscani*, Die Vertretung der AG bei Rechtsgeschäften mit dem Vorstand (§ 97 Abs 1 AktG), JBl 2012, 482 (Teil I) und 570 (Teil II); *G.Schima/Liemberger/Toscani*, Der GmbH-Geschäftsführer (2015); *Schlosser*, Die Organhaftung der Mitglieder der Aktiengesellschaft (2002); *Schneller*, Total- oder Teilnichtigkeit? Kritische Anmerkungen zum „Verbotszweck", DRdA 2010, 103; *Schopper/Kapsch,* Anmerkung zu OGH 11.6.2008, 7 Ob 58/08t, GeS 2008, 378; *Schopper/Walch*, Ad-hoc-Publizität bei zeitlich gestreckten Sachverhalten – zugleich eine Besprechung von VwGH 2012/17/0554, ZFR 2014/164, 255; *Schrank*, Übernahme von Strafen durch die Gesellschaft. Ein Fall fürs Strafgericht? CFO aktuell 2013, 59; *Schuhmacher*, Enthebung verdächtiger Vorstandsmitglieder, ecolex 1992, 774; *Schuster-Bonnott*, Zustandekommen und Lösung des Anstellungsverhältnisses zwischen Vorstandsmitgliedern und Aktiengesellschaft, GesRZ 1983, 109; *Schuster-Bonnott*, Die Rechtsnatur des zwischen Aktiengesellschaft und Vorstandsmitglied abgeschlossenen Anstellungsvertrages, in FS Kastner (1972) 421; *Schuster/Gröhs/Havranek* (Hrsg), Executive Compensation (2008); *Schwab*, Neues im Zivilverfahrensrecht – Änderungen seit dem Budgetbegleitgesetz 2011, JAP 2013/2014/6, 35; *Semler*, Mitverantwortung der Vorstandsmitglieder einer Aktiengesellschaft für die eigenen Vergütungen, in FS Happ (2006) 277; *Slezak*, Koppelungsklauseln in Vorstandsverträgen (2014); *Sprung/Wenzel*, Studien zu § 75 Abs 1, 3. Satz, Aktiengesetz 1965, in FS Krejci (2001) 868; *Strasser,* Die Ernennung (der Widerruf der Ernennung) eines Vorsitzenden des Vorstandes nach Aktienrecht und Arbeitsverfassungsrecht, in FS Schwind (1978) 311; *Strasser*, Die Leitung der Aktiengesellschaft durch den Vorstand, JBl 1990, 477; *Strasser*, Anmerkung zu OGH 22.2.1994, 6 Ob 3/94, ecolex 1994, 472; *Terlitza*, Zur Abberufung des Vorstandmitglieds einer AG aus wichtigem Grund, GesRZ 2003, 270; *Thöni*, Rechtsfolgen fehlerhafter GmbH-Gesellschafterbeschlüsse (1998); *Tichy*, Syndikatsverträge bei Kapitalgesellschaften (2000); *Tomandl*, Kommentar zum Arbeitsverfassungsgesetz (2005); *U. Torggler*, Anmerkung zu OGH 11.6.2008, 7 Ob 58/08t, wbl 2008, 348; *U. Torggler*, Interessenkonflikte, insb bei „materiellen Insichgeschäften", ecolex 2009, 920; *U. Torggler*, Abdingbarkeit, Umwälzbarkeit, Versicherbarkeit, in Artmann/Rüffler/Torggler (Hrsg), Die Organhaftung (2013) 35; *U. Torggler*, Das fehlerhafte Vorstandsmandat, insb bei rückwirkendem Entfall, in FS Reich-Rohrwig (2014) 239; *Wachter*, Wesensmerkmale der arbeitnehmerähnlichen Person (1980); *Wachter*, Dienstleistungen am Rande des Arbeitsrechts – zur Rechtsstellung von Vorstandsmitgliedern von Aktiengesellschaften und Sparkassen, wbl 1991, 81; *Wachter,* Vom Angestellten zum Vorstandsmitglied, ecolex 1991, 714; *Wagnest*, Nichtigkeit von Ausbildungskostenrückersatzklauseln, ASoK 2009, 324; *Waldherr/Zimmermann*, Beschränkungen für Bonuszahlungen durch das Bankwesengesetz – Vergütungspolitik der Kreditwirtschaft am Prüfstand, ÖBA 2012, 366; *Wallisch*, Die Wiederbestellung von Vorstandsmitgliedern, wbl 2010, 561; *Weigand*, Zur aktienrechtlichen Wirksamkeit der Rücktrittserklärung eines Vorstandsmitglieds gegenüber einem einzelnen Aufsichtsratsmitglied, GeS 2004, 381; *D. Weiß,* Arbeitnehmermitwirkung bei der Be- und Anstellung der Vorstandsmitglieder, Teil I, DRdA 1998, 22; Teil II, DRdA 1998, 94; *Wilhelm*, Beiläufige zivilistische Bemerkungen zum Stellenbesetzungsgesetz, ecolex 1998, 826; *G. Winkler,* Die Weisung des Arbeitgebers als arbeitsrechtliches Problem, GA 4. ÖJT 1970/II/4, 26; *Wolf*, Mißbrauch von Insiderinformationen: Abberufung und Entlassung von Vorstandsmitgliedern, ecolex 2003, 741; *Zankel*, Ersatz von Strafverteidigerkosten nach § 1014 ABGB, DRdA 2009, 59; *Zankl*, Anmerkung zu OGH 7.6.1984, 7 Ob 18/84, JBl 1985, 559; *Zankl*, Lebensversicherung und Nachlaß, NZ 1985, 82; *Zankl*, Anmerkung zu OGH 2.10.1986, 7 Ob 647, 648/86, NZ 1988, 331; *Zöllner*, Lohn ohne Arbeit bei Vorstandsmitgliedern, in FS Koppensteiner (2001) 291; *Zouplna/C. Wildmoser*, Öffentliche Ausschreibung bei der Wiederbestellung von Organmitgliedern? GeS 2008, 353.

Dtl: *Assmann*, Rechtsanwendungsprobleme des Insiderrechts, AG 1997, 50; *J. H. Bauer/Arnold,* Vorstandsverträge im Kreuzfeuer der Kritik, DB 2006, 260; *J. H. Bauer/Arnold,* Festsetzung und Herabsetzung der Vorstandsvergütung nach dem VorstAG, AG 2009, 717; *Bauer/Krets,* Gesellschaftsrechtliche Sonderregeln bei der Beendigung von Vorstands- und Geschäftsführerverträgen, DB 2003, 811; *Baums*, Anerkennungsprämien für Vorstandsmitglieder, in FS Ulrich Huber (2206) 655, 2; *Bundesjustizministerium* (Hrsg), Referentenentwurf eines Aktiengesetzes (1965); *Dauner-Lieb,* Die Verrechtlichung der Vorstandsvergütung durch das VorstAG als Herausforderung für den Aufsichtsrat, Der Konzern 2009, 583; *Diekmann*, Die Drittvergütung von Mitgliedern des Vorstands einer Aktiengesellschaft, FS Georg Maier-Reimer (2010) 81; *Dittrich*, Die Untreuestrafbarkeit von Aufsichtsratsmitgliedern bei der Festsetzung überhöhter Vorstandsvergütungen (2007); *Dose*, Die Rechtsstellung der Vorstandsmitglieder einer Aktiengesellchaft3 (1975); *Dreher*, Der Abschluß von D&O-Versicherungen und die aktienrechtliche Zuständigkeitsordnung, ZHR 165 (2001) 293; *Dreher*, Change of Control-Klauseln bei Aktiengesellschaften, AG 2002, 214; *Dreher*, Die Rechtsnatur der D&O-Versicherung, DB 2005, 1669; *Dreher*, Überformung des Aktienrechts durch die Rechtsprechung von Straf- und Verwaltungsgerichten? AG 2006, 213; *Fassbach*, Die „D&O-Verschaffungsklausel" für Aufsichtsräte, Der Aufsichtsrat 2013/10, 142; *Fleischer*, Zur organschaftlichen Treuepflicht der Geschäftsleiter im Aktien und GmbH-Recht, WM 2003, 1045; *Fleischer*, Handbuch des Vorstandsrechts (2006); *Fleischer*, Ad hoc-Publizität beim einvernehmlichen vorzeitigen Ausscheiden des Vorstandsvorsitzenden, NZG 2007, 401; *Fleischer*, Das Gesetz zur Angemessenheit der Vorstandsvergütung (VorstAG), NZG 2009, 801; *Fonk*, Die Zulässigkeit von Bezügen dem Grunde nach, NZG 2005, 248; *Goette*, Aktuelle Entwicklungen im deutschen Kapitalgesellschaftsrecht im Lichte der höchstgerichtlichen Rechtsprechung, ÖBA 2009, 18; *Gruber/Gilmann*, Abberufung und Kündigung von Vorstandsmitgliedern einer Aktiengesellschaft, DB 2003, 770; *Gruber/Mitterlechner/Wax,* D&O-Versicherung mit internationalen Bezügen (2012); *Heidbüchel*, Das Aufsichtsratsmitglied als Vorstandsvertreter, WM 2004, 1317; *Hoffmann*, Der Aufsichtsrat3 (1994); *Hoffmann-Becking,* Zum einvernehmlichen Ausscheiden von Vorstandsmitgliedern, in FS Stimpel (1985) 589; *Hoffmann-Becking,* Zur rechtlichen Organisation der Zusammenarbeit im Vorstand der AG, ZGR 1998, 497; *Hofmann/Becking*, Gestaltungsmöglichkeiten bei Anreizsystemen, NZG 1999, 797; *Hoffmann-Becking*, Rechtliche Anmerkungen zur Vorstands- und Aufsichtsratsvergütung, ZHR 169 (2005) 155; *Hoffmann-Becking*, Vorstandsvergütung nach Mannesmann, NZG 2006, 127; *Hoffmann-Becking*, Anmerkung zu BGH 21.12.2005, 3 StR 470/04, NZG 2006, 127; *Hohenstatt*, Das Gesetz zur Angemessenheit der Vorstandsvergütung, ZIP 2009, 1349; *Hohenstatt/Naber*, Die „Abfindung der Restlaufzeit" bei der vorzeitigen Auflösung von Vorstandsverträgen, in FS J. H. Bauer (2010) 447; *Höhn*, Die Geschäftsleitung der GmbH[2] (1995); *Hölters/Weber,* Vorzeitige Bestellung von Vorstandsmitgliedern, AG 2005, 629; *Hopt/Voigt*, Prospekt- und Kapitalmarktinformationshaftung – Recht und Reform in der Europäischen Union, der Schweiz und der USA (2005); *Hüffer*, Mannesmann/Vodafone: Präsidiumbeschlüsse des Aufsichtsrats für die Gewährung von „Appreciation Awards" an Vorstandsmitglieder, Beilage 7 zu BB, 2003, 13; *Jaeger*, Zur Problematik von Altersgrenzen für Vorstandsmitglieder im Hinblick auf das AGG, in FS J. H. Bauer (2010) 495; *Kalb/Fröhlich*, die Drittvergütung von Vorständen, NZG 2014, 167; *Kort*, „Change-of-Control"-Klauseln nach dem „Mannesmann"-Urteil des BGH: zulässig oder unzulässig? AG 2006, 108; *Kort*, Voraussetzungen der Zulässigkeit einer D&O-Vereinbarung von Organmitgliedern, DStR 2006, 799; *Krieger*, Personalentscheidungen des Aufsichtsrates (1981); *Krieger/Schneider* (Hsg), Handbuch Managerhaftung (2007); *Lange*, D&O-Versicherung und Managerhaftung (2014); *Liebers/Hoefs*, Anerkennungs- und Abfindungszahlungen an ausscheidende Vorstandsmitglieder, ZIP 2004, 97; *Lutter*, Stand und Entwicklung des Konzernrechts in Europa, ZGR 1987, 324; *Lutter*, Aktienrechtliche Aspekte der angemessenen Vorstandsvergütung, ZIP 2006, 733; *Lutter*, Information und Vertraulichkeit im Aufsichtsrat (2006); *Lutter*, Die Business Judgement Rule in Deutschland und Österreich, GesRZ 2007, 79 ff; *Lutter/Krieger/Verse*, Rechte und Pflichten des Aufsichtsrates6 (2014); *Martens*, Die Vorstandsvergütung auf dem Prüfstand, ZHR 169 (2005), 124; *Mayer-Uellner*, Zur Zulässigkeit finanzieller Leistungen Dritter an die Mitglieder des Vorstands, AG 2011, 193; *Möllers*, Wechsel von Organmitgliedern und „Key Playern": Kursbeeinflussungspotential und Pflicht zur „Ad-Hoc-Publizität", NZG 2005, 459; *Mutter*, Unternehmerische Entscheidungen und Haftung des Aufsichtsrates der Aktiengesellschaft (1994); *Noack/Spindler*, Unternehmensrecht und Internetrecht (2001); *Obermüller/Werner/Winden* (Hsg), Aktiengesetz 1965 (1965); *Olbrich*, Die D&O-Versicherung2 (2007); *Paefgen*, Struktur und Aufsichtsratsverfassung der mitbestimmten AG (1982); *Peltzer*, Das Mannesmann-Revisionsurteil aus der Sicht des Aktien- und allgemeinen Zivilrechts, ZIP 2006, 207; *Raguß*, Der Vorstand einer Aktiengesellschaft (2005); *Rahlmeyer/Fassbach*, Vorstandshaftung und Prozessfinanzierung, GWR 2015, 331; *Ransiek*, Anerkennungsprämien und Untreue – das „Mannesmann"-Urteil des BGH, NSW 2006, 814; *Reuter*, Die aktienrechtliche Zulässigkeit von Konzernanstellungsverträgen, AG 2011, 274; *Säcker*, Rechtsprobleme beim Widerruf der Bestellung von Organmitgliedern und Ansprüche aus fehlerhaften Anstellungsverträgen, in FS G. Müller (1981) 745; *v. Schenck*, Handlungsbedarf bei der D&O-Versicherung, NZG 2015, 494; *G. Schima*, Business Judgment Rule und Beweislastverteilung bei der Vorstandshaftung nach US-, deutschem und österreichischem Recht, in Baudenbacher/Kokott/*Speitler*, Aktuelle Entwicklungen des Europäischen und Internationalen Wirtschaftsrechts (2010) 369; *K.Schmidt*, Gesellschaftsrecht (2002); *Schünemann*, Der BGH im Gestrüpp des Untreuetatbestandes, NStZ 2006, 196; *Selzer*, Drittvergütungen in der Übernahme, AG 2013, 818; *Semler/v. Schenck*, Arbeitshandbuch für Aufsichtsratsmitglieder4 (2013); *Thüsing*, Das Gesetz zur Angemessenheit der Vorstandsvergütung, AG 2009, 517; *Traugott/Grün*, Finanzielle Anreize für Vorstände börsennotierter Aktiengesellschaften bei Private Equity-Transaktionen, AG 2007, 761; *Werder/Braun/Fromholzer* in Eilers/Koffka/

Mackensen (Hsg), Private Equity[2] (2012) 198; *Widder*, Anmerkung zu BGH 25.2.2008, II ZB 9/67, ZFR 2009, 24; *Willemer*, Die Neubestellung von Vorstandsmitgliedern vor Ablauf der Amtsperiode, AG 1977, 130; *Zollner*, Anmerkung zu BGH 25.02.2008, II ZB 9/67, ZFR 2009, 24; *Zürn/Böhm*, Neue Regeln für die Vergütung in Banken – Arbeitsrechtliche Umsetzung der Änderungen der Instituts-Vergütungsverordnung, BB 2014, 1271.

USA: *G. Schima*, Business Judgment Rule und Beweislastverteilung bei der Vorstandshaftung nach US-, deutschem und österreichischem Recht, in Baudenbacher/Kokott/Speitler, Aktuelle Entwicklungen des Europäischen und Internationalen Wirtschaftsrechts (2010) 369; *Merkt*, US-amerikanisches Gesellschaftsrecht[3] (2013).

Gliederung **Rz**

I. Auswahl und Bestellung des Vorstandes

A. Die Auswahl des Vorstandes

1. Kardinalaufgabe des Aufsichtsrates

1 Die Auswahl des „richtigen" Vorstandes in einer Aktiengesellschaft ist die eindeutig wichtigste[1], gar „höchste und verantwortungsvollste"[2] Aufgabe des Aufsichtsrates. Versagen des Aufsichtsrates bedeutet in der Praxis immer wieder auch die Nicht-Erfüllung gerade *dieser* zentralen Aufgabe. Bei einem starken Vorstand kann ein schwacher Aufsichtsrat wenig Schaden anrichten, wobei umgekehrt ein schwacher Vorstand durch einen starken Aufsichtsrat nicht kompensiert werden kann.[3] Einen unfähigen oder untätigen Aufsichtsrat verkraftet ein Unternehmen jedenfalls eher als einen unfähigen Vorstand.[4]

---

[1] *Hopt/M. Roth* in GroßkommAktG[4] § 111 Rz 67 mwN in FN 197; ebenso *Kalss* in Doralt/Nowotny/Kalss, AktG[2] § 95 Rz 8.

[2] *Krieger,* Personalentscheidungen des Aufsichtsrates 1; *Fonk* in Semler/v. Schenck, ARHdb[4] § 10 Rz 1; das Zitat stammt von *Rathenau*, Vom Aktienwesen (1918) 19.

[3] Vgl *Kalss* in Doralt/Nowotny/Kalss, AktG[2] § 95 Rz 8.

[4] So im Ergebnis auch *Mertens/Cahn* in KölnKommAktG[3] (2013) Vorb. § 95 Rz 4, die ausführen, dass dem Aufsichtsrat in seiner gestaltenden Mitwirkung an der Unternehmenspolitik

Die Wahrnehmung der in der AG allein dem Aufsichtsrat zukommende Personalhoheit über den Vorstand erfordert eine langfristig ausgerichtete Personalplanung.[5]

Unabhängig von der nach wie vor offenen und höchstgerichtlich nicht entschiedenen Streitfrage, ob die Bestellung (und Abberufung) von Vorstandsmitgliedern allein dem Aufsichtsratsplenum vorbehalten ist oder doch in einem (mitbestimmten) Ausschuss erledigt werden darf (dazu Rz 43 ff) erfordert die Bedeutung der Angelegenheit es, dass der gesamte Aufsichtsrat sich – wenn auch abgestuft – mit der Vorstandsauswahl befasst. Die Einrichtung eines Nominierungsausschusses, den die C-Regel 41 und 42 ÖCGK empfehlen, steht damit keinesfalls in Widerspruch. Kleine Gremien sind üblicherweise effizienter als große und die Vorbereitung der Vorstandsauswahl kann in einem Ausschuss typischerweise besser bewältigt werden. Die Beiziehung von Personalberatungsunternehmen für die Kandidatensuche und Aufbereitung der Daten ist meist zweckmäßig.[6] Zur Erteilung entsprechender Aufträge an Beratungsunternehmen kommt dem Aufsichtsrat – richtigerweise wegen § 75 Abs 1 AktG sogar ausschließliche – Vertretungsmacht für die Gesellschaft zu.[7] 2

Da der Aufsichtsrat den Vorstand nicht zwingen kann, Talente im Unternehmen zu fördern und Nachfolger aufzubauen, handelt es sich dabei um eine gemeinsam von Vorstand und Aufsichtsrat zu bewältigende Aufgabe. Umso wichtiger ist es für den Aufsichtsrat, gegenüber dem „starken Mann" (oder auch der „starken Frau") im Vorstand eine gewissen kritische Distanz zu bewahren. Krisensituationen begünstigen die Entstehung solcher Führungsstrukturen; Teamfähigkeit gehört aber oft nicht zu den Stärken solcher Persönlichkeiten, und diese ist in jeder Lage eines Unternehmens gefragt. 3

In der Praxis kommt es nicht selten vor, dass Aufsichtsräte (gelegentlich auch selbstherrlich agierende Aufsichtsratsvorsitzende) dem/der Vorsitzenden des Vorstandes weitgehende Mitspracherechte bei der Auswahl der anderen Vorstandsmitglieder einräumen. Dies geht manchmal so weit, dass der Vorstandsvorsitzende sich „sein Team zusammensucht". 4

Hier ist aus der Sicht des Aufsichtsrates Vorsicht geboten. Gewiss macht es Sinn, bei der Zusammenstellung eines Vorstandsteams gerade den Vorstandsvorsitzenden mit einzubeziehen (freilich gilt es auch für das Verhältnis „einfacher" Vorstandsmitglieder untereinander, was Aufsichtsräte in der Praxis manchmal

---

enge Grenzen gesetzt seien und dass das eigentliche Gravitationszentrum der Unternehmenspolitik der Vorstand sei und bleibe. Dies hat sich auch durch die im Zuge der umfassenden, seit mehr als zehn Jahren auf Deutschland und Österreich übergegriffenen Corporate Governance-Diskussion erfolgte Aufwertung der Rolle des Aufsichtsrates mE nicht entscheidend geändert.

5 *Kalss* in Kalss/Nowotny/Schauer, Gesellschaftsrecht Rz 3/255; *Spindle*r in MünchKomm-AktG[4] (2014) § 84 Rz 16.

6 *Fonk* in Semler/v. Schenck, ARHdb[4] § 10 Rz 28.

7 Vgl idS für die Kompetenz zur Erteilung von Aufträgen gemäß § 111 Abs 2 dAktG (entspricht im wesentlichen § 95 Abs 3 öAktG) *Mertens/Cahn* in KölnKommAktG[3] § 111 Rz 68; *Pentz* in Fleischer, Handbuch des Vorstandsrechts § 16 Rz 96; *Hopt/Roth* in GroßkommAktG[4] §111 Rz 428.

nicht bedenken). Denn zu den Aufgaben des Vorstandsvorsitzenden zählt nun einmal die Koordinierung der Aufgaben im Vorstand.[8]

5 Zwischen der – vor allem bei kapitalmarknahen Unternehmen auch rechtlich gebotenen – Transparenz und der im Interesse des Unternehmens bei der Vorstandsauswahl oft gebotenen Diskretion besteht ein unübersehbares Spannungsverhältnis. Dieses kann sich bei staatsnahen, dh der Rechnungshofkontrolle unterworfenen Unternehmen mit der für diese geltenden Ausschreibungspflicht (vgl dazu Rz 19 ff) noch verschärfen, zumal es in Österreich auch vereinzelt börsenotierte Unternehmen gibt, die in diese Kategorie fallen.

Bei strikter Einhaltung der für staatsnahe Unternehmen geltenden Verpflichtung kann der Aufsichtsrat vor dem Problem stehen, das zu Verfügung stehende Kandidatenpotenzial nicht voll ausschöpfen zu können.

Auch die gute Praxis, künftige Vorstandsmitglieder oder Vorstandsvorsitzende länger Zeit im Unternehmen aufzubauen, verträgt sich nicht ganz mit der Ausschreibungspflicht.[9]

6 Den Aufsichtsrat trifft für die Auswahl des bestgeeigneten Vorstandes auch eine haftungsrechtliche Verantwortung gem § 99 iVm § 84 AktG. Dabei handelt es sich um eine § 1315 ABGB ähnliche Haftung für Auswahlverschulden (vgl *Schauer* Rz 45/1 ff).[10]

Diese Verantwortung und Haftung bezieht sich nicht nur auf die Bestellung des bestgeeigneten Vorstandes, sondern auch auf die Belassung von untauglichen oder gar die Gesellschaft schädigenden Vorstandsmitgliedern im Amt. Erkennt der Aufsichtsrat, dass ein Vorstandsmitglied die Gesellschaft schädigt, dann wandelt sich das Recht zur Abberufung zu einer Pflicht, deren Verletzung den Aufsichtsrat der Haftung für vom Vorstandsmitglied danach herbeigeführte Folgeschäden aussetzt, soweit zwischen diesen und der Pflichtverletzung des Aufsichtsrates ein Rechtswidrigkeitszusammenhang besteht. Bei der Abberufung von Vorstandsmitgliedern handelt es sich in der Regel um eine unternehmerische (Ermessens-) Entscheidung[11] mit einem mehr oder weniger großen Entscheidungsspielraum (der bei manifesten und groben Pflichtverletzungen eines Vorstandsmitgliedes gegen Null tendieren kann). Deshalb bedeutet das Unterbleiben einer Abberufung nur

[8] Vgl *Ch. Nowotny* in Doralt/Nowotny/Kalss, AktG[2] § 70 Rz 29; *Kalss* in Kalss/Nowotny/Schauer, Gesellschaftsrecht Rz 3/252; *Strasser* in Jabornegg/Strasser, AktG[5] § 70 Rz 54.

[9] In Österreich bekannt gewordene flagrante Verstöße gegen die Ausschreibungspflicht (wie zB die Vorstandsbestellung in der Flughafen Wien AG im Jahr 2009 als Reaktion auf die massiven Verzögerungen und Kostenüberschreitung beim Skylink-Projekt) können freilich nicht für sich in Anspruch nehmen, aus solchen „guten Gründen" zu erfolgen, sondern basieren in der Regel auf rein politischem Kalkül.

[10] *Ch. Nowotny* in Doralt/Nowotny/Kalss, AktG § 75 Rz 4; *Kalss* in Kalss/Nowotny/Schauer, Gesellschaftsrecht Rz 3/255.

[11] Vgl zu solchen und zur Abgrenzung gegenüber gesetzlich oder satzungsmäßig determinierten Entscheidungen ausführlich *G. Schima* in FS Binder 817 (824 ff) und zur Ermessensentscheidung des Aufsichtsrates bei der Gewährung anstellungsvertraglich nicht vorgesehener „Trennungsvergütungen" OGH 11.6.2008, 7 Ob 58/08t GesRZ 2008, 378 (*Kalss/Zollner*).

dann ein objektiv sorgfaltswidriges, dh rechtswidriges Verhalten, wenn die Belassung des betroffenen Vorstandsmitgliedes im Amt unverantwortlich ist.[12]

Ob der Aufsichtsrat ein Vorstandmitglied abberuft, das eine größere Fehlinvestition zu verantworten, aber keine spezifische Pflichtverletzung begangen hat, liegt in seinem verantwortlichen Ermessen.[13]

2. Ausschreibung bei staatsnahen Unternehmen

Die Bestellung von Mitgliedern des Leitungsorgans (Vorstandsmitglieder von Aktiengesellschaften und GmbH-Geschäftsführer) von Unternehmungen mit eigener Rechtspersönlichkeit, die der Kontrolle des Rechnungshofes unterliegen, darf gemäß dem Stellenbesetzungsgesetz[14] nur nach einer im Gesetz näher geregelten öffentlichen Ausschreibung erfolgen. Die Ausschreibung ist von dem Organ vorzunehmen, das die Stelle zu besetzen hat, in der AG also vom Aufsichtsrat und in der GmbH von den Gesellschaftern. Die Ausschreibung muss möglichst sechs Monate vor, spätestens jedoch innerhalb eines Monats nach Freiwerden der Stelle erfolgen. Neue Stellen sind innerhalb eines Monats nach dem Zeitpunkt der betreffenden organisatorischen Maßnahmen zu besetzen (§ 2 Abs 2 StellenbesG). 7

Die Stelle ist ausschließlich aufgrund der Eignung der Bewerber zu besetzen. Externe Berater (insbesondere Personalberatungsunternehmen) dürfen beigezogen werden (§ 4 Abs 3 StellenbesG). 8

Das für die Besetzung zuständige Organ hat den Namen des erfolgreichen Bewerbers und die Namen aller an der Entscheidung Mitwirkenden zu veröffentlichen. 9

Betreffend den Aufsichtsrat der AG haben die Vorgaben des StellenbesG nur insofern normative Bedeutung, als die Verpflichtung zur öffentlichen Ausschreibung und Art der Veröffentlichung angeordnet wird; dass der Aufsichtsrat dazu angehalten ist, den geeignetsten Bewerber als Vorstandsmitglied zu bestellen, ergibt sich schon aufgrund der auch für den Aufsichtsrat qua Analogie zu § 70 AktG[15] geltenden Sorgfaltsanforderungen. 10

---

12 Vgl zum Kontrollmaßstab der „Unverantwortlichkeit“ *Hopt/M. Roth* in GroßkommAktG⁵ § 93 Rz 124 mwN; so auch schon der BGH in der ARAG/Garmenbeck-E BGHZ 135, 244, 253 und dem gegenüber zum Maßstab der Vertretbarkeit bzw Unvertretbarkeit bei beschränktem unternehmerischem Ermessen, insbesondere bei gesetzlich, vertraglich oder durch Satzung gebundenen Entscheidungen, wo es letztlich um Rechtsauslegung geht, *Hopt/M. Roth*, GroßkommAktG⁵, § 93 Rz 126 mwN; dazu auch *G. Schima* in Baudenbacher/Kokott/Speitler 396.

13 Ob ein Fall wie der beschriebene in Anbetracht des – wenngleich nur demonstrativen – Katalogs der Abberufungsgründe in § 75 Abs 4 AktG einen Abberufungsgrund bildet oder dem Aufsichtsrat nur die Möglichkeit verschafft, die Aktionäre zur Fassung eines Misstrauensvotums zu motivieren, ist nämlich eine wesentliche Frage (dazu unten im Zusammenhang mit der Abberufung Rz 144).

14 BGBl I 1998/26.

15 Vgl *G. Frotz*, Grundsätzliches zu den Rechten und Pflichten des Aufsichtsrates und seiner bestellten und entsendeten Mitglieder, ÖZW 1978, 44 (48); *Geppert/Moritz*, Gesellschaftsrecht für Aufsichtsräte 425; *Marhold*, Aufsichtsratstätigkeit und Belegschaftsvertretung (1985) 152; *Kastner,* Zu Fragen der „Wirtschaftlichkeit“ im österreichischen Recht, in FS

Die Vorschriften des StellenbesG sind keine Vollmachtsbeschränkungen,[16] sondern Verhaltensgebote an das für die Bestellung von Mitgliedern der Unternehmensleitung zuständige Organ. Sie konkretisieren das im AktG vorgegebene Sorgfaltsgebot.

Bei GmbH-Gesellschaftern, die keinem § 25 GmbHG vergleichbaren Sorgfaltsmaßstab unterliegen,[17] hat die Verpflichtung zur Bestellung des Bestgeeigneten indes schon normative Bedeutung (soweit die Gesellschafter nicht Körperschaften sind, die nur durch einem gesetzlichen Sorgfaltsgebot unterliegende Geschäftsleitern handeln können).

11 Die Aussage des OGH[18], das StellenbesG sei ein „*Selbstbindungsgesetz*", weil darin „*bestimmte Verhaltenspflichten des Bundes geregelt*" seien, trifft in dieser Form nur auf Konstellationen zu, in denen der Bund zu 100 % an einer GmbH beteiligt ist. Das Verhaltensgebot trifft aber nicht die Gebietskörperschaft als solche, sondern das zuständige Bestellungsorgan, in der GmbH also die Generalversammlung und in der AG allein den Aufsichtsrat.

Gegen die Zulässigkeit einer Verlagerung der Ausschreibungspflicht in der GmbH auf einen Aufsichtsrat spricht die enge Verknüpfung der Ausschreibung mit der organschaftlichen Bestellung.

Die Ausschreibung ist ein Akt des Privatrechts.[19]

12 Es überzeugt nicht, die Ausschreibungspflicht bei der Wiederbestellung von Vorstandsmitgliedern zu verneinen.[20] Dass ein Kandidat aufgrund Absolvierung einer Amtsperiode bereits bewiesen hat, dass er geeignet ist, ändert daran nichts, denn das Gesetz sicherstellen möchte, dass bei jedem anstehenden Bestellungsakt das Bestellungsorgan seine Verpflichtung, den Bestgeeigneten zu bestellen, durch ein formalisiertes Ausschreibungsverfahren aktiviert.

13 Eine Ausschreibung kann dann unterbleiben, wenn ein zu besetzendes Vorstandsmandat zeitlich so knapp nach einer ordnungsgemäß durchgeführten Ausschreibung vakant wird, dass das Bestellungsorgan mit gutem Grund davon ausgehen darf, die Ausschreibungslage und der Bewerberkreis hätte sich nicht (signifikant) geändert.[21]

Kralik (1986) 407 (409 f); *Reischauer,* Zur Vertretung eines verhinderten Aufsichtsratsmitgliedes einer AG (§ 95 Abs 6 AktG ÖJZ 1990, 450 (452); *Kastner/Doralt/Nowotny*, Gesellschaftsrecht[5] 257; *Kalss in* Kalss/Nowotny/Schauer, Gesellschaftsrecht, Rz 3/510 ff; *Strasser* in Jabornegg/Strasser, AktG[5] § 70 Rz 23.

16 Dies erwägt *Wilhelm,* Beiläufige zivilistische Bemerkungen zum Stellenbesetzungsgesetz, ecolex 1998, 826 (827).

17 Vgl zur Sorgfaltspflicht von GmbH-Gesellschaftern *Koppensteiner/Rüffler*, GmbHG[3] § 61 Rz 14, die den Sorgfaltsmaßstab des § 25 GmbHG zu Recht nicht für anwendbar halten; aM OGH 4 Ob 65/01i SZ 74/64; OGH 2 Ob 308/02m RdW 2003, 268; OGH 6 Ob 313/03b GesRZ 2004, 379 (*Harrer*).

18 OGH 7 Ob 119/09i GesRZ 2010, 112 f (*Holoubek*); 1 Ob 218/14m EvBl 2015, 610.

19 Zutr OGH 7 Ob 119/09i GesRZ 2010, 112 f (*Holoubek*); 1 Ob 218/14m EvBl 2015, 610.

20 So *Zouplna/C. Wildmoser*, Öffentliche Ausschreibung bei der Wiederbestellung von Organmitgliedern? GeS 2008, 353 (354); gegenteilig *Eiselsberg/Prohaska-Marchried,* Von transparenten Besetzungen und Vertragsschablonen – Das Stellenbesetzungsgesetz, ecolex 1998, 319.

21 Zutr *Mazal,* (K)eine Regel ohne Ausnahmen? ecolex 2008, 843 (845).

Ebenfalls unterbleiben kann eine Ausschreibung dann, wenn Gefahr im Verzug ist und eine ausschreibungsbedingt längere Vakanz für das Unternehmen nachteilig wäre.[22] Dies kann vor allem bei Kreditinstituten relevant werden, die über zumindest zwei Geschäftsleiter verfügen müssen (§ 5 Abs 1 Z 12 BWG).[23] **14**

In solchen Fällen sollte die Bestellung bloß provisorisch erfolgen und zeitnah eine ordnungsgemäße Ausschreibung durchgeführt werden.[24]

Eine Ausschreibung ist auch dann erforderlich, wenn ein bestehendes Organmitglied in einer anderen Gesellschaft der Unternehmensgruppe eine weitere und unbesoldete Geschäftsleiterfunktion übernehmen soll, die in Form der „Drittanstellung" durch den mit der anderen Konzerngesellschaft bestehenden Anstellungsvertrag abgegolten wird. **15**

Bei Ausgliederungen entfällt die Ausschreibungspflicht nur dann, wenn eine Person im ausgegliederten Bereich Geschäftsleiter (Vorstandsmitglied, Geschäftsführer) wird, die schon davor als Geschäftsleiter dem ausgegliederten Bereich vorstand.[25]

Im StellenbesG ist keine Sanktion für den Fall seiner Verletzung enthalten. Es wird daher auch als „*lex imperfecta*" bezeichnet.[26] **16**

Weitgehend gesichert ist, dass ein Verstoß gegen die Ausschreibungspflicht nicht die Sanktion der Unwirksamkeit der Bestellung hat, was auch schon zum AusschreibungsG 1982 ganz überwiegend vertreten wurde.[27]

Schon aktienrechtlich hat der Aufsichtsrat die Verpflichtung, den geeignetsten Bewerber zu bestellen; dass die Verletzung dieser Verpflichtung nur in rechnungshofkontrollierten Unternehmen mit Nichtigkeitssanktion belegt würde, wäre sachlich nicht nachvollziehbar und würde die Rechtssicherheit unerträglich belasten.[28]

Die Bestellung ist auch nicht dadurch unwirksam, dass gar keine Ausschreibung durchgeführt wurde.[29]

---

22 *Mazal,* ecolex 2008, 844.

23 In der Praxis erfolgt bei unvorhergesehenem Absinken der Anzahl der Geschäftsleiter unter die gesetzliche Mindestzahl meist die bescheidmäßige Anordnung durch die FMA, dass das Kreditinstitut binnen der im Bescheid festgesetzten Frist die Zahl der Geschäftsleiter auf die gesetzliche Mindestzahl aufzustocken hat (so vor ein paar Jahren geschehen bei einer Wiener Privatbank).

24 *Mazal,* ecolex 2008, 845

25 Zutr *Mazal,* ecolex 2008, 846.

26 So zB *Eiselsberg/Prohaska-Marchried*, ecolex 1998, 320 f; vgl auch *Zouplna/C. Wildmoser*, GeS 2008, 355.

27 Vgl *Hodik,* Verstöße gegen das Ausschreibungsgesetz und das Gesellschaftsrecht, RdW 1984, 362; *W. Jud/Wünsch*, Zum Anwendungsbereich des Ausschreibungsgesetzes, NZ 1994, 25.

28 Auch *Wilhelm* (ecolex 1998, 826 f) räumt ein, dass die sich hier stellenden Abgrenzungsprobleme auch seine – entgegen der hier vertretenen Ansicht – am Vollmachtsrecht anknüpfenden Überlegungen zu eher theoretischen Gedankenspielereien machen.

29 Demgegenüber hat der OGH für den Fall des Unterbleibens eines ordnungsgemäßen, § 107 UG 2002 entsprechenden Berufungsverfahrens für einen Professor die Nichtigkeit des Arbeitsvertrages angenommen, weil die verletzten Vorschriften über das Berufungsverfahren auch dem Schutz von Allgemeininteressen dienen (OGH 8 Ob 1/08t DRdA 2010, 303 [*Löschnigg*]. Dieser Fall hat aber mE keine relevanten Prallelen zum Fall der Ausschreibung von Vorstandsmandaten nach dem StellenbesG.

Das Unterbleiben einer Ausschreibung muss keineswegs bedeuten, dass nicht der Bestgeeignete genommen wurde.[30]

17 Der OGH qualifizierte die (Wieder-) Bestellung des Präsidenten des Salzburger Festspielfonds trotz Unterlassung einer Ausschreibung als wirksam.[31] Wenige Monate später vertrat der OGH freilich die Ansicht, dass der Vertrag mit einem Universitätsprofessor schon bei bloßem Verstoß gegen das im § 107 UniversitätsG 2002 normierte Ausschreibungsgebot unwirksam sei.[32]

Diese Sichtweise lässt sich auf die Bestellung von Geschäftsleitern von AG und GmbHs entgegen *Löschnigg*[33] nicht übertragen, weil kein vergleichbares öffentliches Interesse wie jenes an sachlich ablaufenden Postenbesetzungen im staatlichen Bildungswesen besteht.

18 Die in der AG den Aktionären zur Verfügung stehende Möglichkeit der Abberufung von Aufsichtsratsmitgliedern, die gegen die Ausschreibungspflicht verstoßen haben (vgl § 87 Abs 8 AktG) ist eher theoretischer Natur, weil solche Verstöße üblicherweise mit Rückendeckung des Eigentümers gesetzt werden.

Gegen eine Verpflichtung des Aufsichtsrates, ausschreibungslos oder nicht als bestgeeignete Kandidaten bestellte Vorstandsmitglieder wieder abzuberufen,[34] sprechen zudem rechtliche Erwägungen, weil sich das verletzte Verhaltensgebot nur an das Bestellungsorgan und nicht an den Bestellten richtet und die Berufung auf eigene Sorgfaltswidrigkeit mE rechtsmissbräuchlich wäre.

19 Schutzobjekt der die Ausschreibungspflicht anordnenden Normen des StellenbesG ist die betroffene Gesellschaft (und mittelbar die daran beteiligte Gebietskörperschaft). Zweck des Gesetzes ist es mE nicht, abgewiesenen, aber geeigneteren Bewerbern die Position zu verschaffen. Analogien zum Vertrag zugunsten Dritter oder die Bejahung eines „Kontrahierungszwanges“ zugunsten des *„wahrhaft Geeigneten“* verbieten sich von vornherein.[35]

20 Der OGH[36] hat bestätigt, dass der Zweck des StellenbesG die Bestellung der geeignetsten Personen für die Leitungsfunktionen der dem Gesetz unterliegenden Unternehmen sei und dass potenzielle Bewerber keinen Anspruch auf Ausschreibung hätten.

---

30 Auch *Wilhelm* scheint seine Thesen vor allem auf den Fall der Bestellung eines Ungeeigneten abzustellen, nicht dagegen auf den Fall der Bestellung des Geeignet(s)ten trotz Unterbleibens einer Ausschreibung.

31 OGH 8 Ob A 1/11x ecolex 2011/338.

32 Der Kläger war jedoch Vertragsassistent, und das Unterbleiben der Ausschreibung soll nach Ansicht des OGH bei Mitarbeitern auf sonstigen wissenschaftlichen Stellen nicht die Unwirksamkeit des Vertrags zur Folge haben (OGH 9 Ob A 76/11h DRdA 2013, 39 [*L*öschnigg]).

33 DRdA 2013, 39.

34 Eine solche habe ich in *Runggaldier/G. Schima*, Führungskräfte 64 noch bejaht.

35 So aber *Wilhelm*, ecolex 1998, 827 f.

36 OGH 7 Ob 120/11i EvBl 2012/74 = ÖJZ 2012, 511 (*Konecny*). Es handelte sich um das fortgesetzte Verfahren betreffend die ausschreibungslose (Wieder-)Bestellung des Geschäftsführers der Bundestheater Holding GmbH Dr Georg Springer, das den OGH bereits in der E vom 30.9.2009, 7 Ob 119/09i beschäftigt hatte. Dort musste der OGH nur die Frage der Zulässigkeit des Rechtsweges klären.

Entgegen der vom OGH vertretenen Ansicht kommen aber auch Schadenersatzansprüche des übergangenen (aber geeigneteren) Bewerbers oder des wegen Unterbleibens einer Ausschreibung potenziellen Bewerbers nicht in Betracht. Der Ableitung solcher Ansprüche aus dem qua „Fiskalgeltung der Grundrechte" anzuwendenden Gleichbehandlungsgrundsatz[37] steht schon der regelmäßige Umstand im Wege, dass es sich um die Tätigkeit einer privatrechtlichen Kapitalgesellschaft handelt, deren Grundrechtsbindung nur bei Besorgung tatsächlich öffentlicher Aufgaben und nicht bloß erwerbswirtschaftlicher Tätigkeiten zu bejahen ist.[38] An dieser Voraussetzung wird es meist fehlen.

Auch Parallelen zum Vergaberecht, das Schadenersatzansprüche übergangener Bieter kennt, überzeugen nicht.[39] Denn das StellenbesG ist kein Schutzgesetz für potenzielle Stellen-Mitbewerber, sondern dient einerseits der Sicherung der Effizienz von – mittelbar (bei der Aktiengesellschaft) bzw unmittelbar (bei der GmbH) – staatlichen Handelns und – dies gilt jedenfalls für die AG – konkretisiert nur die den Aufsichtsrat im Zusammenhang mit der Vorstandsauswahl ohnehin treffende Sorgfaltspflicht. Warum nur bei rechnungshofkontrollierten Unternehmen ein übergangener, aber geeigneterer Bewerber oder ein potenzieller Bewerber Schadenersatzansprüche haben sollte, in allen anderen Fällen hingegen nicht, wäre sachlich nicht begründbar.

In zwei Entscheidungen aus dem Jahr 2014 musste sich der OGH mit Schadenersatzklagen von potenziellen Bewerbern beschäftigen. **21**

Die Klage eines potenziellen Bewerbers in die Bundestheater Holding GmbH wegen Unterlassung einer Ausschreibung bei der wiederholten Bestellung ihres Geschäftsführers wies das Höchstgericht ab.[40] Der Kläger begehrte Schadenersatz und stützte sich auf Schutzgesetzverletzung, culpa in contrahendo sowie das Gleichbehandlungsgesetz. Der OGH ließ jedoch offen, ob die Verletzung der Ausschreibungspflicht nicht Schadenersatzansprüche von an der Bewerbung gehinderten Interessenten begründen könne. Bei unterbliebenem Ausschreibungsverfahren käme allenfalls ein Vertrauensschaden in Betracht, den der Kläger jedoch nicht geltend gemacht habe.

In einer weiteren Entscheidung[41] bejahte der OGH die Möglichkeit des Schadenersatzes einer Bewerberin betreffend die ebenfalls unter Ausschreibungspflicht stehende Bestellung zur Landesgeschäftsführerin des Arbeitsmarktservice eines Bundeslandes. Hier wurde die Position ordnungsgemäß ausgeschrieben, die Klägerin behauptete, dass sie die objektiv Bestgeeignete gewesen sei. Das Höchstgericht sprach aus, dass das StellenbesG zwar keinen subjektiven Anspruch auf Einstellung vermittle, sehr wohl aber auch die Interessen von Bewerbern schütze, und diese vor unsachlichen Besetzungsentscheidungen zu bewahren. Die Fiskalgeltung der Grundrechte fände auch für den Bereich der Privatwirtschaftsverwaltung Anwendung. Wegen der ausschließlich staatlichen Trägerstruktur hätte das

---

37 Derartiges deutet der OGH in seiner E vom 30.9.2009, 7 Ob 119/09i (GesRZ 2010, 112) an (vgl auch *Holoubek,* GesRZ 2010, 114).

38 Vgl OGH 30.11.1993, 4 Ob 146/93; *Holoubek*, GesRZ 2010, 114.

39 Solche Parallelen erwägend *Holoubek*, GesRZ 2010, 114.

40 OGH 25.8.2014, 8 Ob A 10/14z DRdA 2015, 247 (*Kletečka*).

41 OGH 23.12.2014, 1 Ob 218/14m EvBl 2015/86.

erstbeklagte AMS daher auch bei den privatrechtlichen Akten (hier: der Bestellung von Geschäftsführern) das Sachlichkeitsgebot zu beachten.

ME ist auch diese Sichtweise nicht auf der Rechnungshofkontrolle unterliegende Aktiengesellschaften und GmbHs übertragbar, wenn die Interessenlage und die Organverantwortlichkeiten nicht mit jener/n in der staatlichen Arbeitsmarktverwaltung vergleichbar sind. Jedenfalls der Aufsichtsrat der AG hat schon aktienrechtlich die Verpflichtung, den bestgeeigneten Kandidaten zu bestellen; eine Differenzierung in den Sanktionen bei Verletzung dieser Pflicht zwischen rechnungshofkontrollierten und anderen Unternehmen wäre sachlich nicht begründbar.

22 **Schadenersatzansprüche** von Bewerbern sind nicht gegen die Gebietskörperschaft zu richten, sondern die Gesellschaft und zwar auch dann, wenn es sich um eine im Alleineigentum des Bundes stehende GmbH handelt, Adressat der Ausschreibungspflicht daher unmittelbar der Bund als Alleingesellschafter ist. Denn das Gesellschaftsorgan (Generalversammlung in der GmbH, Aufsichtsrat in der AG) handelt bei der Bestellung von Organmitgliedern und damit auch bei der mit dieser eng verknüpften Ausschreibung *in Vertretung der Gesellschaft*. Der OGH hätte daher in seiner E vom 30.9.2009[42] betreffend die Bestellung des Geschäftsführers der Bundestheater Holding GmbH die Entscheidungen der Unterinstanzen, die die Klagen wegen Unzulässigkeit des Rechtsweges zurückgewiesen hatten, nicht aufheben, sondern die Klage mE gleich abweisen müssen, weil sie gegen den Bund[43] gerichtet war.

B. Die Bestellung des Vorstandes

1. Rechtsnatur und Formerfordernisse der Bestellung

23 Der Aufsichtsrat bestellt die Vorstandsmitglieder gem § 75 Abs 1 Satz 1 AktG auf höchstens fünf Jahre; eine Bestellung auf unbestimmte Zeit, ohne Zeitbestimmung oder für einen fünf Jahre übersteigenden Zeitraum ist nach Anordnung des Gesetzes nur fünf Jahre wirksam. Zuständig ist grundsätzlich der Gesamtaufsichtsrat; zur Frage der Möglichkeit einer Verlagerung in einen Ausschuss s Rz 42 ff. Die Bestellung hat durch Beschluss des Aufsichtsrates zu erfolgen. Dieser bedarf mangels abweichender Spezialregelung der einfachen Mehrheit.[44]

Eine Verschärfung der Mehrheitserfordernisse durch die Satzung (nicht: durch die Geschäftsordnung für den Aufsichtsrat) sowie die Zuerkennung eines Dirimierungsrechtes an den Aufsichtsratsvorsitzenden bei Stimmengleichheit, ist zulässig.[45] Eine Verschärfung der Mehrheitserfordernisse schafft grundsätzlich die Gefahr der Lahmlegung und damit potenzielle Vertretungsprobleme,[46] ist aber gleichwohl zulässig.

---

42 7 Ob 119/09i GesRZ 2010, 112 ff (*Holoubek*).

43 Zunächst gegen den Minister für Unterricht und Kunst und vom Rekursgericht dann juristisch unpräzise auf „*Republik Österreich*“ richtiggestellt.

44 Vgl *Kastner/Doralt/Nowotny*, Gesellschaftsrecht[5] 252; *Schuster-Bonnott,* Zustandekommen und Lösung des Anstellungsverhältnisses zwischen Vorstandsmitgliedern und Aktiengesellschaft, GesRZ 1983, 109 ff, 115; *Runggaldier/G. Schima*, Führungskräfte 54 f.

45 *Runggaldier/G. Schima*, Führungskräfte 55; *Ch. Nowotny* in Doralt/Nowotny/Kalss, AktG[2] § 75 Rz 8.

46 *Runggaldier/G. Schima*, Führungskräfte 55.

Die Bestellung durch Aufsichtsratsbeschluss muss nicht unbedingt schriftlich erfolgen, sehr wohl aber ausdrücklich, weil stillschweigende Aufsichtsratsbeschlüsse keine Wirksamkeit entfalten.[47] Auch die jahrelange Bezeichnung einer Person als Vorstandsmitglied auf Geschäftspapieren und mit Kenntnis des gesamten Aufsichtsrates ersetzt nicht die wirksame Bestellung.[48] **24**

Möglich ist es aber, dass ein vorhandener Aufsichtsratsbeschluss durch *Auslegung* inhaltlich ergänzt werden kann. In der Praxis werden Bestellung und Anstellung so gut wie nie in *einem* Aufsichtsratsbeschluss erledigt (weil für den Anstellungsvertragsabschluss jedenfalls ein mitbestimmter Ausschuss ausreicht) und unterbleibt nicht selten überhaupt ein Beschluss (auch bloß eines Ausschusses) über den Anstellungsvertragsinhalt.

In derartigen Konstellationen, nämlich bei Vorhandensein eines ausdrücklichen Beschlusses über die Vorstandsbestellung ohne eigenen Anstellungsvertragsbeschluss, können mE zusätzliche Erklärungen insbesondere des Aufsichtsratsvorsitzenden (mit denen zB auf den schon bestehenden Anstellungsvertrag für die abgelaufene Mandatsperiode verwiesen wird) zum Ergebnis führen, dass ein Aufsichtsratsbeschluss auch über den Anstellungsvertrag gegeben ist. Die Bestellung zum Vorstandsmitglied kann durch solche konkludenten Handlungen freilich nicht ersetzt werden. **25**

Richtiger Ansicht zufolge ist die Bestellung eines Vorstandsmitglieds ein körperschaftsrechtlicher Vertrag.[49] **26**

Diese Ansicht ist nicht unumstritten; manchen sehen die Bestellung als einseitiges Rechtsgeschäft[50], und es besteht nicht einmal vollkommene Einigkeit, ob die Bestellung annahmebedürftig oder bloß empfangsbedürftig ist.[51] An der Annahmebedürftigkeit der Bestellung kann indes kein wie immer gearteter Zweifel bestehen.[52]

---

47 Vgl OGH 3 Ob 546/77 EvBl 1978/41; *Schuster-Bonnott*, GesRZ 1993, 155; *Schiemer*, AktG² Anm 3.1. zu § 75; *Strasser* in Jabornegg/Strasser, AktG⁵ § 70 Rz 45, §§ 75, 76 Rz 34.

48 Vgl *Säcker*, Rechtsprobleme beim Widerruf der Bestellung von Organmitgliedern und Ansprüche aus fehlerhaften Anstellungsverträgen, in FS G. Müller 745; BGH 6.4.1964 – II ZR 75/62 BGHZ 41, 282 (285 f); *Runggaldier/G. Schima* Führungskräfte 55; abweichend und nicht ganz klar in Bezug auf den Abschluss des Anstellungsvertrages *Schuster-Bonnott*, Die Rechtsnatur des zwischen Aktiengesellschaft und Vorstandsmitglied abgeschlossenen Anstellungsvertrages, in FS Kastner (1972) 421 ff, 428 f, der konkludentes Zustandekommen des Anstellungsvertrages zu bejahen scheint.

49 Andeutungsweise schon *Runggaldier/G. Schima*, Führungskräfte 59; ebenso *Keinert*, Genossenschaftrecht (1988) 156 Rz 335; *Baums*, Der Geschäftsleitervertrag (1987) 40; *Seibt* in K. Schmidt/Lutter (Hrsg), AktG³ (2015) § 84 Rz 6 mwN zur Gegenmeinung in FN 10; anders *Hüffer/Koch* AktG¹¹ § 84 Rz 4.

50 Gegen die Vertragsnatur schon *Strasser*, Die Leitung der Aktiengesellschaft durch den Vorstand, JBl 1990, 477 (480) ohne Begründung; *Ch. Nowotny* in Doralt/Nowotny/Kalss, AktG² § 75 Rz 5; *Kalss* in Kalss/Nowotny/Schauer, Gesellschaftsrecht Rz 3/261; *Strasser* in Jabornegg/Strasser, AktG⁵ §§ 75, 76 Rz 5.

51 Für Annahmebedürftigkeit *Ch. Nowotny* in Doralt/Nowotny/Kalss, AktG² § 75 Rz 5; *Kalss* in Kalss/Nowotny/Schauer, Gesellschaftrecht Rz 3/261; für bloße Empfangsbedürftigkeit hingegen (offenbar nur) *Strasser* in Jabornegg/Strasser, AktG⁵ §§ 75, 76 Rz 5.

52 *Strasser* in Jabornegg/Strasser, AktG⁵ §§ 75, 76 Rz 5 zitiert *Runggaldier/G. Schima,* Führungskräfte 58 *für* seine Meinung, obwohl dort dezidiert das *Gegenteil*, nämlich Annahmebedürftigkeit, vertreten wird.

Auch die Deutung, die Annahme der Bestellung sei bloß deren Rechtsbedingung,[53] vermag die Rechtsnatur der auch ohne Anstellungsvertrag durch ein Verhältnis gewisser gegenseitiger Rechte und Pflichten gekennzeichneten Bestellung nicht voll zu erfassen. Die Sichtweise, es handle sich zwar um zwei einseitige, aber inhaltlich auf einander bezogene, und damit einem Vertrag entsprechende Rechtsgeschäfte,[54] entspringt offenbar dem Unbehagen, das sowohl der Vertragsthese als auch der Theorie vom einseitigen (durch Annahme bedingten) Rechtsgeschäft entgegengebracht wird.[55] Gegen die Deutung als Vertrag bestehen aber keine wirklichen Bedenken, zumal damit noch nichts darüber ausgesagt ist, welche Pflichten konkret zueinander im Synallagma stehen. Selbstverständlich kann ein Vorstandsmitglied, dem das Entgelt nicht gezahlt wird, nicht seine Arbeitsleistung zurückhalten (schon weil die Vorstandspflichten auch im Interesse des Gläubigerschutzes statuiert sind). Andererseits hat ein ordnungsgemäß bestelltes Vorstandsmitglied auch ohne Abschluss eines Anstellungsvertrages Anspruch auf ein angemessenes Entgelt, wenn nicht aufgrund der Umstände (zusätzliches Konzernmandat) anderes zu gelten hat.[56]

27 Damit die Bestellung als Rechtsakt Wirksamkeit entfalten kann, bedarf sie der **Annahme** durch den Bestellten. Dafür ist zunächst ein dem Erklärenden zurechenbarer und von ihm willentlich gesteuerter Vorgang des Zugangs an den Erklärungsempfänger erforderlich. Bloß zufällige Kenntnis von der Willenserklärung reicht nicht aus, was in der Praxis vor allem für die Abberufung von Bedeutung ist.[57]

Die Annahmebedürftigkeit erfolgt schon daraus, dass die Bestellung weitreichende Pflichten (und insbesondere auch eine strenge persönliche Haftung) auslöst.[58] Die Annahme ist nicht formbedürftig; sie kann schriftlich, mündlich oder auch nur konkludent (zB durch faktische Aufnahme der Tätigkeit)[59] und auch schon vor der Bestellung abgegeben werden[60], wobei aber die bloße Bewerbung

---

[53] Diese rechtsdogmatische Deutung wird im gesellschaftsrechtlichen Schrifttum auch unter den Befürwortern der These vom einseitigen Rechtsgeschäft oft nicht vorgenommen (so äußern sich zB *Ch. Nowotny* in Doralt/Nowotny/Kalss, AktG² § 75 Rz 5 und *Kalss* in Kalss/Nowotny/Schauer, Gesellschaftrecht Rz 3/261 dazu nicht), wohl aber im zivilrechtlichen Schrifttum: Für Rechtsbedingung zB *Reuter* in MünchKommBGB⁵ § 27 Rz 16; *Weick* in Staudinger, BGB § 27 Rz 10.

[54] *Hüffer/Koch*, AktG¹¹ § 84 Rz 4; zust *Seibt* in K. Schmidt/Lutter, AktG³ § 84 Rz 6, wobei die Formulierung *„einem Vertrag entsprechende"* sich bei *Hüffer* so nicht findet.

[55] Deutlich diesbezüglich *Hüffer/Koch*, AktG¹¹ § 84 Rz 4: *„Voll überzeugend ist keine der referierten Ansichten."*

[56] Vgl *Baums*, Geschäftsleitervertrag 52 f, 160; *Runggaldier/G. Schima,* Führungskräfte 87.

[57] Vgl zB *U.H. Schneider* in Scholz, GmbHG¹⁰ § 38 Rz 30 mwN: „Eine nur zufällige Kenntnisnahme des Abzuberufenden von dem Beschluss durch das Abberufungsorgan macht die Abberufung nicht wirksam."

[58] Vgl *Schiemer*, AktG² Anm 1.4. zu § 75; *Kalss* in Kalss/Nowotny/Schauer, Gesellschaftsrecht Rz 3/261; *Runggaldier/G. Schima*, Führungskräfte 59; aM – nämlich für bloße Empfangsbedürftigkeit der Bestellung – soweit ersichtlich, nur *Strasser* in Jabornegg/Strasser, AktG⁵ §§ 75, 76 Rz 5.

[59] *Strasser*, JBl 1990, 479; *Runggaldier/G. Schima*, Führungskräfte 58; *Strasser* in Jabornegg/Strasser, AktG⁵ §§ 75, 76 Rz 5.

[60] *Ch. Nowotny* in Doralt/Nowotny/Kalss, AktG² § 75 Rz 5; *Hefermehl* in Gessler/Hefermehl/Eckardt/Kropff, AktG § 84 Rz 13; *Runggaldier/G. Schima*, Führungskräfte 58; anscheinend

um das Vorstandsamt keine vorweggenommene Annahme der dann erfolgten Bestellung bedeutet.[61]

2. Zuständigkeit

Noch immer umstritten und nicht durch Rsp geklärt ist die Frage, ob die Bestellung von Vorstandsmitgliedern dem Aufsichtsratsplenum vorbehalten ist oder auch in einem Ausschuss erfolgen darf. Die hM tritt für ausschließliche Plenumszuständigkeit zumindest beim mitbestimmten Aufsichtsrat ein.[62] **28**

Früher ging es in der Diskussion primär um das Verhältnis zwischen § 92 Abs 4 AktG und § 110 Abs 3 (später: Abs 4) ArbVG und ob aufgrund der Zulassung der Vorstandsbestellung im Ausschuss die Mitbestimmungsrechte der Belegschaftsvertretung umgangen werden könnten.[63] In jüngerer Zeit wird die alleinige Zuständigkeit des Aufsichtsratsplenums von der überwiegenden Ansicht daraus abgeleitet, dass es sich bei der Vorstandsbestellung um eine „Kernaufgabe" des

---

auch diesbezüglich aM *Strasser* in Jabornegg/Strasser, AktG[5] §§ 75, 76 Rz 5: Arg *„Gibt das bestellte Vorstandmitglied, nachdem ihm die Bestellung ordnungsgemäß zugegangen ist [...]"*.

61 *Runggaldier/G. Schima*, Führungskräfte 58.

62 Vgl *Strasser*, Die Ernennung (der Widerruf der Ernennung) eines Vorsitzenden des Vorstandes nach Aktienrecht und Arbeitsverfassungsrecht, in FS Schwind, 317 ff; *Geppert/Moritz*, Gesellschaftsrecht für Aufsichtsräte 221 ff; *Geppert*, Die Arbeitnehmervertreter im Aufsichtsrat einer AG und die Bestellung sowie Anstellung von Vorstandsmitgliedern durch Aufsichtsratsausschüsse, DRdA 1980, 178 ff; *Jabornegg*, Ein Ausschuss des Aufsichtsrates bestellt ein Vorstandsmitglied, DRdA 1981, 324; *Schiemer*, AktG[2] Anm 1.2. zu § 75 und Anm 7.4. zu § 92; OLG Wien NZ 1982, 72; *Kastner/Doralt/Nowotny*; Gesellschaftsrecht[5] 255; *Ch. Nowotny* in Doralt/Nowotny/Kalss, AktG[2] § 75 Rz 6; *Kalss* in Doralt/Nowotny/Kalss, AktG[2] § 92 Rz 175; *Kalss* in MünchKommAktG[4] § 84 Rz 256; *D. Weiß*, Arbeitnehmermitwirkung bei der Be- und Anstellung der Vorstandsmitglieder, Teil I, DRdA 1998, 22 ff, Teil II 94 (99); *Jabornegg* in Strasser/Jabornegg/Resch (Hrsg), ArbVG-Komm § 110 Rz 246 ff; *Reich-Rohrwig*, Die Zusammensetzung von Ausschüssen des Aufsichtsrates – neue Rechtslage ab 1. Jänner 1987, wbl 1987, 1 (2 f); *Löschnigg*, Arbeitsrecht[12] (2015) 11/297; *Nowotny,* DRdA 1989, 431 f; *Saurer*, Handlungsbedarf des Aufsichtsrats bei Missbrauch von Insiderinformationen durch ein Vorstandsmitglied? ecolex, 2003, 736; *Strasser* in Jabornegg/Strasser, AktG[5] §§ 75, 76 Rz 15; der von *Strasser* (aaO) für die hM angeführte *Terlitza*, Zur Abberufung des Vorstandsmitglieds einer AG aus wichtigem Grund, GesRZ 2003, 270, 271, äußert sich zu der Frage nicht, sondern gibt nur die hM wieder, dass für die Abberufung ausschließlich der Aufsichtsrat (gemeint: nicht dagegen ein anderes Organ) in der AG zuständig sei; *Eixelsberger/Zierler*, Zur Vorstandsbestellung im Ausschuss eines mitbestimmten Aufsichtsrats, GesRZ 2003, 9 ff, 16 f, 19, lehnen die hM nach detaillierter Analyse sogar dezidiert ab und treten für Zulässigkeit der Ausschussbestellung (sogar mit bloß *einem* Arbeitnehmervertreter) ein.

63 Vgl *Strasser* in FS Schwind 317 ff; *Geppert/Moritz*, Gesellschaftsrecht für Aufsichtsräte 221 ff; *Geppert*, DRdA 1980, 178 ff; *Jabornegg*, DRdA 1981, 324 ff; *Schiemer*, AktG[2] Anm 1.2. zu § 75 und Anm 7.4. zu § 92; OLG Wien NZ 1982, 72; *Kastner/Doralt/Nowotny*, Gesellschaftsrecht[5] 255; als Vertreter der Gegenmeinung und für Zulässigkeit der Ausschussbestellung damals *Peter Doralt/Kastner*, Grenzen der Aktionärsschutzklausel des § 110 Abs 3 ArbVG bei der AG, GesRZ 1975, 40; *Peter Doralt*, Bestellung und Abberufung von Vorstandmitgliedern durch Ausschüsse des Aufsichtstrates, GesRZ 1979, 137; *Marhold*, Aufsichtsratstätigkeit und Belegschaftsvertretung (1986) 31 ff; *Runggaldier/G. Schima*, Führungskräfte 56 ff.

Aufsichtsrates handle.[64] Vertreter dieser Ansicht bejahen die alleinige Plenumszuständigkeit – insofern konsequent – auch für den nicht mitbestimmten dh über keine Belegschaftsvertreter verfügenden Aufsichtsrat.[65]

29 Auch die in der jüngeren Diskussion vorgetragenen Argumente von der Alleinzuständigkeit des Aufsichtsratsplenums vermögen die vom Verfasser schon vor 25 Jahren vertretene Auffassung von der Zulässigkeit der Vorstandsbestellung auch in einem (mitbestimmten) Ausschuss des Aufsichtsrates[66] nicht schlüssig zu widerlegen. Die ArbVG-Nov 1986 hat mit § 110 Abs 4 ArbVG, nämlich der Verankerung des Rechts der Arbeitnehmer auf drittelparitätische Vertretung in allen Ausschüssen des Aufsichtsrates mit Ausnahme des die (schuldrechtlichen) Beziehungen zu Vorstandsmitgliedern regelnden Ausschusses die mitbestimmungsrechtlichen Bedenken gegen eine mögliche Umgehung beseitigt.[67] Schon vor der ArbVG-Nov 1986 war die hM jedoch nicht überzeugend,[68] weil § 110 Abs 3 Satz 4 ArbVG keinesfalls die Bedeutung eines Verbots der Ausschusserrichtung (die dort auch mit keinem Wort erwähnt wird) bei der Vorstellungsbestellung entnommen werden kann[69] und die Sicherung der Arbeitnehmermitbestimmung bei der Vorstandsbestellung im Aufsichtsrat nicht nur durch ein Verbot der Ausschussverlagerung gewährleistet ist.[70]

§ 110 Abs 3 Satz 4 ArbVG ist keineswegs eine „vollständige“ Regelung,[71] sondern hat die Ausschussregelung in § 92 Abs 4 Satz 2 AktG erst lückenhaft gemacht.[72]

30 Schon vor der ArbVG-Novelle 1986 hatte richtigerweise in Anbetracht des klaren in § 110 Abs 1 iVm Abs 3 Satz 4 ArbVG zum Ausdruck kommenden gesetzgeberischen Willens, dass eine Vorstandsbestellung allein mit drittelparitätischer Beteiligung der Arbeitnehmer – unter Berücksichtigung der „doppelten Mehrheit“ auch im Ausschuss – zustande kommen sollte,[73] die drittelparitätische Beteiligung der Arbeitnehmer unter Anwendung der „Aktionärsschutzklausel“ auch im Ausschuss Anwendung zu finden.[74]

---

[64] So *Ch. Nowotny* in Doralt/Nowotny/Kalss, AktG² § 75 Rz 6; *Kalss* in Doralt/Nowotny/Kalss, AktG² § 92 Rz 175; *Kalss* in MünchKommAktG⁴ § 94 Rz 256; *Kalss* in Kalss/Nowotny/Schauer, Gesellschaftsrecht Rz 3/258.

[65] So im Ergebnis auch *D. Weiß*, DRdA 1998, 94 (99) – jedoch ohne Rückgriff auf das „Kernaufgabe-Dogma“, sondern unter Berufung auf seine (verfehlte) These von der Derogation des § 92 Abs 4, Satz 2, Halbsatz 2 AktG; nicht ganz klar, aber anscheinend für Plenumszuständigkeit auch im nicht mitbestimmten Aufsichtsrat *Strasser* in Jabornegg/Strasser, AktG⁵ §§ 75, 76 Rz 15.

[66] *Runggaldier/G. Schima*, Führungskräfte 56 ff mwN.

[67] Vgl *Marhold*, Konzern- und unternehmensverfassungsrechtliche Neuerungen, ZAS 1986, 198; *Runggaldier/G. Schima*, Führungskräfte 57.

[68] Vgl *Runggaldier/G. Schima*, Führungskräfte 56 f.

[69] *Peter Doralt*, GesRZ 1979, 139.

[70] *Runggaldier/G. Schima*, Führungskräfte 56 f.

[71] So aber *Jabornegg*, DRdA 1981, 327.

[72] Zutr *Marhold*, Aufsichtsratstätigkeit 33; *Runggaldier/G. Schima*, Führungskräfte 57.

[73] Vgl die Andeutungen bei *Strasser* in FS Schwind 318.

[74] Überzeugend *Marhold*, Aufsichtsratstätigkeit 34 f; *Runggaldier/G. Schima*, Führungskräfte 57; aM, aber mE inkonsequent *Peter Doralt*, GesRZ 1979, 140: Zulässigkeit der Bestellung im Ausschuss auch ohne drittelparitätische Arbeitnehmerbeteiligung.

Es ist völlig naheliegend und dogmatisch gut begründbar, der Umgehung der „Aktionärsschutzklausel" durch analoge Anwendung der doppelten Mehrheit im Ausschuss zu begegnen.[75] Der Begriff *„Mehrheit"* in § 110 Abs 3 Satz 4 ArbVG lässt sich zwanglos als Mehrheit der im Ausschuss vertretenen Aktionärsvertreter deuten.[76]

Die klare Absicht des Gesetzgebers, der Mehrheit der Anteilseigner keinen Vorstand gegen ihren Willen aufzuzwingen, kann durch die analoge Anwendung der doppelten Mehrheit (Aktionärsschutzklausel) auch bei Verlagerung in einen Ausschuss viel adäquater Rechnung getragen werden, als durch ein – überschießendes – Verbot der Ausschussbestellung, das im Übrigen klar gegen § 92 Abs 4 Satz 2 AktG verstößt.

Die Annahme einer materiellen Derogation des § 92 Abs 4 Satz 2 AktG durch § 110 Abs 4 ArbVG[77] verbietet sich nicht nur aus den schon erwähnten Gründen und wegen des nicht deckungsgleichen Anwendungsbereiches,[78] sondern auch deshalb, weil der Gesetzgeber nach der ArbVG-Novelle 1986 mehrfach § 92 Abs 4 Satz 2 AktG novelliert hat. Erst das IRÄG 1997[79] ersetzte den Verweis des § 92 Abs 4 Satz 2 AktG auf das BRG 1947 durch den Verweis auf § 110 ArbVG. Mit dem Aktienoptionengesetz (AOG) 2001[80] wurde eine weitere (Gegen-) Ausnahme vom Ausschluss der Arbeitnehmer von der Mitwirkung in „Personalausschüssen" in Gestalt der Einräumung von Optionen auf Aktien der Gesellschaft aufgenommen.[81] Dies bedeutete ohne Zweifel eine Novellierung von § 110 Abs 4 Satz 2 ArbVG, weil bis zur Inkraftsetzung des AOG 2001 auch die Einräumung von Aktienoptionen an Vorstandsmitglieder zweifellos zu den (gemeint: schuldrechtlichen) *„Beziehungen zwischen der Gesellschaft und Mitgliedern des Vorstandes"* und damit zu anstellungsvertraglichen Agenden iwS zählte. **31**

Der wesentliche Argumentationsfehler der hA von der Alleinzuständigkeit des Aufsichtsratsplenums liegt darin, dass einer nicht-aktienrechtlichen Norm (im ArbVG) ein noch dazu gegen eine ausdrückliche Vorschrift des AktG (§ 92 Abs 4 Satz 2 AktG) verstoßender Rechtssatz mit dem Inhalt entnommen wird: „Die Bildung eines Aufsichtsratsausschusses für die Bestellung von Vorstandsmitgliedern und die Bestellung in einem solchen ist unzulässig".[82] Durch die mehrfachen Novellierungen von § 92 Abs 4 Satz 2 AktG nach der ArbVG-Novelle 1986 hat der Gesetzgeber diese aktienrechtliche Norm in ihrem Bestand bekräftigt. **32**

Es kann auch nicht gesagt werden, dass die Vorstandsbestellung seit der ArbVG-Novelle 1986 wichtiger geworden wäre und es einen diesbezüglichen „Paradigmenwechsel" gegeben habe. Der österreichische Gesetzgeber hat sich

---

75 *Peter Doralt*, GesRZ 1979, 138.

76 So *Peter Doralt*, GesRZ 1979, 140.

77 So *D. Weiß*, DRdA 1998, 94 (99); ebenso, aber insoweit nicht überzeugend (wenngleich vor dem IRÄG 1997 und dem AOG 2001) *Marhold*, ZAS 1986, 198.

78 Dazu ausführlich *Eixelsberger/Zirler*, GesRZ 2003, 14 f.

79 Art XI Z 4 lit b IRÄG 1997.

80 BGBl I 2001/42.

81 Vgl zum Verhältnis von § 110 Abs 4 ArbVG und § 92 Abs 4 Satz 2 AktG idF AOG 2001 *G. Schima*, Gestaltungsfragen bei Aktienoptionen, GesRZ-Sonderheft Aktienoptionen 2001, 61 ff, 70 ff.

82 So schon *Runggaldier/G. Schima*, Führungskräfte 56.

eben bewusst nicht für eine Regelung wie den deutschen § 107 Abs 3 dAktG entschieden, wonach Vorstandsbestellungen dem Plenum vorbehalten sind.[83]

33 Nicht überzeugend ist die Sichtweise, aus dem zutr Argument, § 92 Abs 4 letzter Satz AktG sei durch § 110 Abs 4 ArbVG nicht materiell derogiert worden abzuleiten, dass für die Bestellung und Abberufung von Vorstandsmitgliedern im Ausschuss nicht die drittelparitätische Besetzung gilt, sondern nur *ein* Arbeitnehmervertreter mitzuwirken habe.[84]

Eine reine Wortlautinterpretation mag dieses Verständnis noch decken; es unterläuft aber den eindeutigen Zweck des § 110 Abs 3 Satz 4 iVm § 110 Abs 4 ArbVG. Denn schon vor der ArbVG-Novelle 1986 ordnete § 92 Abs 4 Satz 2 AktG für die Bestellung und Abberufung von Vorstandsmitgliedern im Ausschuss die Mitwirkung *eines* Arbeitnehmervertreters an. Da der ArbVG-Novelle 1986 nicht unterstellt werden kann, den Mitbestimmungsstandard zurückgeschraubt zu haben, muss die Wortfolge *„Beziehungen zwischen der Gesellschaft und Mitgliedern des Vorstandes"* in § 110 Abs 4 Satz 2 ArbVG eng in dem Sinne interpretiert werden, dass die Bestellung und Abberufung davon nicht erfasst ist.[85] Vorstandsbestellungen und -abberufungen fallen daher, wenn sie im Ausschuss durchgeführt werden, unter § 110 Abs 4 Satz 1 ArbVG.[86]

34 Ganz ohne Brüche kommt keine der vertretenen Ansichten aus, was an der nicht geglückten Abstimmung von § 92 Abs 4 Satz 2 AktG einerseits und § 110 Abs 3 Satz 4 und § 110 Abs 4 ArbVG andererseits liegt. Der Gesetzgeber wollte in den durch diesen Normenkonflikt ausgelösten Meinungsstreit offenkundig nicht eingreifen, wie er mit mehreren Novellierungen bewiesen hat.[87]

35 Der Praxis muss in Anbetracht des Fehlens höchstgerichtlicher Rsp freilich geraten werden, ungeachtet der mangelnden Überzeugungskraft der hA die Bestellung von Vorstandsmitgliedern (ebenso wie die Abberufung) durch das Aufsichtsratsplenum erledigen zu lassen, weil eine Adaption der hA durch die Rsp letztlich die Rechtsunwirksamkeit der Bestellung im Ausschuss bedeuten könnte.[88]

---

83 Zutr *Peter Doralt*, GesRZ 1979, 139 f; *Runggaldier/G. Schima*, Führungskräfte 58.

84 So aber *Eixelsberger/Zierler*, GesRZ 2003, 15 f

85 *Runggaldier/G. Schima*, Führungskräfte 57 f.

86 Es ist daher nicht zutreffend, wenn *Eixelsberger/Zierler* (GesRZ 2003, 16 f) meinen, eine analoge Anwendung des Drittelparitätsgebotes – und damit in weiterer Konsequenz auch der Aktionärsschutzklausel – auf den *„Personalausschuss"* scheide aus, weil § 110 Abs 4 Satz 2 ArbVG *„in seiner Ablehnung der Drittelparität für den Personalausschuss eindeutig"* sei. Von einem *„Personalausschuss"* ist im Gesetz nirgendwo die Rede, sondern nur von den *„Beziehungen zwischen der Gesellschaft und Mitgliedern des Vorstandes"*.

87 Nicht überzeugend daher *Reich-Rohrwig*, wbl 1987, 3, wonach der Gesetzgeber die in § 92 Abs 4 Satz 2 AktG enthaltene Gegenausnahme deshalb nicht in § 110 Abs 4 ArbVG aufgenommen habe, weil er mit der hM von der Unzulässigkeit der Vorstandsbestellung im Ausschuss eines mitbestimmten Aufsichtsrates ausgegangen sei und eine derartige Gegenausnahme daher als überflüssig angesehen habe (diese Ansicht referierend *Ch. Nowotny*, Suspendierung und vorzeitige Abberufung eines in eine Tochtergesellschaft entsandten Vorstands, DRdA 1989, 427 (431 f); ebenso *D. Weiß*, DRdA 1998, 99). Dafür fehlt jeglicher Anhaltspunkt im Gesetz und in den Materialien. Die Existenz der Kontroverse schon vor der ArbVG-Nov 1986, die dem Gesetzgeber wohl bekannt war, spricht viel eher *gegen* als für eine solche Deutung.

88 Vgl *Runggaldier/G. Schima*, Manager-Dienstverträge[4] 36. Ob die Rsp in Österreich ähn-

3. Bestellungsvoraussetzungen

Bestellungsverbote und Bestellungshindernisse sind auf Gesetz oder Satzung beruhende Vorschriften, die für die Bestellung von Vorstandsmitgliedern bestimmte positive oder negative Voraussetzungen aufstellen.[89] **36**

Bei einem Verstoß gegen ein Bestellungsverbot ist die Bestellung rechtsunwirksam und wird der Bestellte daher nicht wirksam Vorstandsmitglied,[90] wohingegen die Nichtbeachtung von Bestellungshindernissen (idR sind es Eignungserfordernisse), die Bestellung nach praktisch einheitlicher Ansicht[91] in ihrer Wirksamkeit nicht berührt.

§ 75 Abs 2 und § 90 AktG enthalten Bestellungsverbote. Eine juristische Person oder eine Personengesellschaft (Offene Gesellschaft, Kommanditgesellschaft) kann gemäß § 75 Abs 2 AktG nicht zum Vorstandsmitglied bestellt werden. Ein dagegen verstoßender Bestellungsbeschluss ist nichtig, bedarf also keiner Anfechtung.[92] **37**

Gemäß § 90 Abs 1 AktG können Aufsichtsratsmitglieder nicht zugleich Vorstandsmitglieder oder dauernde Vertreter von Vorstandsmitgliedern der Gesellschaft oder ihrer Tochterunternehmen iSd § 189a Z 7 UGB sein. Sie können auch nicht als Angestellte die Geschäfte der Gesellschaft führen.

Wenn ein Aufsichtsratsmitglied, das gemäß § 90 Abs 2 AktG als Vertreter eines verhinderten Vorstandsmitglieds für einen vorübergehenden, bestimmten Zeitraum in den Vorstand bestellt wurde, der Verpflichtung nicht nachkommt, während dieser Zeit die Tätigkeit als Aufsichtsratsmitglied nicht auszuüben,[93] dann wird richtiger Ansicht zufolge die Mitgliedschaft im Vorstand nicht wirksam erworben, was die Haftung als faktisches Organmitglied freilich unberührt lässt.[94]

---

lich vorgehen würde wie der BGH dereinst bei der Behandlung von in einem Zweimann-Ausschuss abgeschlossenen Vorstands-Anstellungsverträgen, die das Höchstgericht als unzulässig, für den Zeitraum bis zum Bekanntwerden der Judikatur aber als wirksam ansah, ist fraglich.

89 Vgl *Ch. Nowotny* in Doralt/Nowotny/Kalss, AktG² § 75 Rz 3; *Kalss* in Kalss/Nowotny/Schauer, Gesellschaftsrecht Rz 3/247 ff, 250, 264; *Strasser* in Jabornegg/Strasser, AktG⁵ §§ 75, 76 Rz 6 ff; *Runggaldier/G. Schima*, Führungskräfte 62 ff.

90 *Ch. Nowotny* in Doralt/Nowotny/Kalss, AktG² § 75 Rz 3; *Strasser* in Jabornegg/Strasser, AktG⁵ §§ 75, 76 Rz 6.

91 Vgl *Strasser* in Jabornegg/Strasser, AktG⁵ §§ 75, 76 Rz 7; *Ch. Nowotny* in Doralt/Nowotny/Kalss, AktG² § 75 Rz 3; *Kalss* in Kalss/Nowotny/Schauer, Gesellschaftsrecht Rz 3/250, 264 mwN.

92 Vgl *Kalss* in Doralt/Nowotny/Kalss, AktG² § 90 Rz 6; *Strasser* in Jabornegg/Strasser, AktG⁵ §§ 75, 76 Rz 6; *Kalss* in Kalss/Nowotny/Schauer, Gesellschaftsrecht Rz 3/247, die darauf hinweist (FN 7), dass die SE-VO die (von Österreich freilich nicht genützte) Bestellung einer juristischen Person beinhaltet und dass mit der Umsetzung einer solchen Möglichkeit das Ernennungsrecht in Bezug auf die das Vorstandsamt tatsächlich ausübende Person auf die juristische Person überginge.

93 Vgl *Strasser* in Jabornegg/Strasser, AktG⁵ §§ 75, 76 Rz 6; *Kalss* in Kalss/Nowotny/Schauer, Gesellschaftsrecht Rz 3/248; näher *Kastner*, Zur Mitgliedschaft in mehreren Organen der selben Gesellschaft, in GedS Schönherr (1986) 193 ff.

94 Offen gelassen von *Kalss* in Doralt/Nowotny/Kalss, AktG² § 90 Rz 19 und *Strasser* in Jabornegg/Strasser, AktG⁵ § 90 Rz 17.

Bestellt die Hauptversammlung ein Vorstandsmitglied zum Mitglied des Aufsichtsrates, erlischt dadurch mE nicht die Vorstandsmitgliedschaft des Bestellten, sondern ist vielmehr der betroffene Hauptversammlungsbeschluss, weil *„mit dem Wesen der Aktiengesellschaft unvereinbar"* und außerdem wegen Verstoßes von zumindest *auch* dem Gläubigerschutz dienenden Normen gemäß § 199 Abs 1 Z 3 AktG *absolut nichtig.*[95] Bloße Anfechtbarkeit würde der Bedeutung des Gesetzesverstoßes nicht gerecht.[96] § 90 AktG verbietet auch eine Delegierung wesentlicher Geschäftsführungsbefugnisse eines ganzen Resorts an den Aufsichtsrat im Wege einer Bevollmächtigung durch den Vorstand.[97]

Unwirksam ist auch die Bestellung einer nicht voll geschäftsfähigen Person zum Vorstandsmitglied.[98]

38 Verschiedene Gesetze enthalten bestimmte Eignungserfordernisse für Vorstandsmitglieder. Dazu gehören zB das Unvereinbarkeitsgesetz,[99] das Stellenbesetzungsgesetz (siehe Rz 19 ff), Art 126 B-VG betreffend Beschränkungen für Mitglieder des Rechnungshofes,[100] § 56 BDG betreffend das Verbot von abträglichen Nebenbeschäftigungen für Bundesbeamte und deren Verpflichtung eine Tätigkeit im Vorstand, Aufsichtsrat, Verwaltungsrat oder in einem sonstigen Organ einer auf Gewinn gerichteten juristischen Person des Privatrechts der Dienstbehörde zu melden, § 63 Abs 4 RStDG[101], § 36 Abs 2 Z 3 BörseG und die Eignungs-

---

95 *Kalss* in MünchKommAktG⁴ § 105 Rz 39 mwN. Vgl dem gegenüber *Strasser* in Jabornegg/Strasser, AktG⁵ § 195 Rz 5, der diesen Fall offenbar unter die unwirksamen Beschlüsse wegen Überschreitens der Zuständigkeit der Hauptversammlung subsumiert (*Strasser* nennt explizit den Fall der Bestellung einer juristischen Person zum Aufsichtsratsmitglied entgegen § 86 Abs 1 Satz 1 AktG). Der Vorzug dieser Sichtweise liegt darin, dass es keine Heilung nach dreijähriger Firmenbucheintragung gem § 200 Abs 2 AktG gibt; dennoch sind dagegen Bedenken anzumelden und der Fall der Bestellung eines Vorstandsmitgliedes zum Aufsichtsratsmitglied zB nicht dem von *Strasser* (in Jabornegg/Strasser, AktG⁵ § 195 Rz 5) auch erwähnten Fall der Bestellung oder Abberufung eines Vorstandsmitgliedes gleich zu halten, weil im letztgenannten Fall die Hauptversammlung über ihre Kompetenz hinausgeht und in die exklusive Zuständigkeit eines anderen Organs eingreift, wohingegen bei Wahl eines Vorstandsmitgliedes in den Aufsichtsrat „nur" gegen ein gesetzliches Bestellungsverbot verstoßen wird, die Hauptversammlung aber für die Wahl von Aufsichtsratsmitgliedern allein zuständig ist.

96 Vgl OGH 10.10.2002, 6 Ob 97/02m GesRZ 2003, 41 (42 f), der für diesen Fall zwischen Nichtigkeit nach § 199 Abs 1 Z 3 AktG und bloßer Anfechtbarkeit nach § 195 Abs 1 AktG schwankt, dabei freilich zwischen einem direkten Verstoß gegen § 90 AktG – der im Anlassfall nicht vorlag, weil das Aufsichtsratsmitglied nicht Vorstandsmitglied war, sondern „nur" *Vorstandsaufgaben besorgte* – und einer Umgehung des in § 90 AktG verankerten Trennungsprinzips durch Verlagerung von Vorstandsaufgaben an Aufsichtsratsmitglieder nicht sauber unterschied.

97 OGH 6 Ob 97/02m GesRZ 2003, 41.

98 So schon *Kastner*, Gedanken über Gelegenheitsgesetze, JBl 1963, 62 (66); *Strasser* in Jabornegg/Strasser, AktG⁵ §§ 75, 76 Rz 10; ebenso *Kalss* in Kalss/Nowotny/Schauer, Gesellschaftsrecht Rz 3/248.

99 BGBl 1983/330; vgl dazu näher *Strasser* in Jabornegg/Strasser, AktG⁵ §§ 75, 76 Rz 8.

100 Vgl *Kalss* in Kalss/Nowotny/Schauer, Gesellschaftsrecht Rz 3/250; *Strasser* in Jabornegg/Strasser, AktG⁵ §§ 75, 76 Rz 8.

101 *Kalss* in Kalss/Nowotny/Schauer, Gesellschaftsrecht Rz 3/250; *Strasser* in Jabornegg/Strasser, AktG⁵ §§ 75, 76 Rz 8.

erfordernisse in den §§ 4 Abs 3 Z 6, 5 Abs 1 Z 6-11, 13 BWG, § 4 Abs 6 Z 1 VAG und § 9 Z 9-13 PKG.

Bestellungshindernisse bzw Eignungserfordernisse können auch in der Satzung enthalten sein. Denkbar sind satzungsmäßige Erfordernisse betreffend Staatsbürgerschaft, Wohnsitz, Ausbildung, berufliche Vorerfahrung, Zugehörigkeit zu einer bestimmten Familie, Aktionärseigenschaft, etc.[102] Die Möglichkeit des Aufsichtsrates, einen qualifizierten Vorstand zu finden, darf durch satzungsmäßige Eignungserfordernisse jedoch nicht unsachlich eingeschränkt werden.[103] **39**

Problematisch und uU unwirksam sind satzungsmäßige Eignungserfordernisse, die sich auf nach dem Gleichbehandlungsgesetz verpönte, weil diskriminierend wirkende Kriterien wie zB Geschlecht, Rasse, ethnische Zugehörigkeit, Religion oder Weltanschauung, Behinderung, Alter und sexuelle Ausrichtung beziehen.[104] Da das GlBG auch Bedingungen für den Zugang zur selbständigen Erwerbstätigkeit erfasst (§ 1 Abs 1 Z 4 bzw § 4 Z 3 GlBG),[105] ist eine im obigen Sinne diskriminierende Satzungsbestimmung gemäß § 879 Abs 1 ABGB unwirksam.[106]

Altersbeschränkungen sind mE nur im Falle sehr niedriger Altersmindestgrenzen und sehr hoher Altershöchstgrenzen iSd § 20 Abs 3 GlBG rechtfertigbar.

Bei Verstoß gegen – sowohl gesetzliche als auch satzungsmäßige – Bestellungshindernisse ist der Bestellungsbeschluss nicht unwirksam. Gesetzliche Bestellungshindernisse hat auch das Firmenbuchgericht jederzeit von Amts wegen aufzugreifen;[107] für Verstöße gegen satzungsmäßige Bestellungshindernisse gilt das hingegen nicht.[108] **40**

Die von der hA im Schrifttum vertretene Position, bei einem Verstoß gegen (gesetzliche und satzungsmäßige) Eignungserfordernisse sei der Aufsichtsrat *„zur sofortigen Abberufung verpflichtet"*,[109] ist in dieser Allgemeinheit nicht überzeu-

---

102 Vgl *Strasser* in Jabornegg/Strasser, AktG⁵ §§ 75, 76 Rz 10; *Kalss* in Kalss/Nowotny/Schauer, Gesellschaftsrecht Rz 3/251.

103 Dies gilt umso mehr, je weniger sachbezogen die Kriterien sind. Enthält die Satzung zB die Bestimmung, dass der Vorstand sich ausschließlich aus Personen zusammensetzen dürfe, die sowie deren Eltern und Großeltern immer in einem bestimmten Bundesland gelebt hätten und die außerdem einer bestimmten politischen Partei angehörten, dann wird dadurch die Fähigkeit des Aufsichtsrates, den bestqualifizierten Vorstand zu finden, in unverhältnismäßiger und unsachlicher Weise eingeschränkt, sodass der Aufsichtsrat nicht pflichtwidrig handelt, wenn er solche Bestimmungen nicht beachtet, freilich aber seine Abberufung riskiert.

104 Vgl *Kalss* in Kalss/Nowotny/Schauer, Gesellschaftsrecht Rz 3/251; *Spindler* in MünchKommAktG⁴ § 84 Rz 29.

105 Vgl *Rebhahn* in Rebhahn, GlBG § 1 Rz 38, 47; *Kalss* in Kalss/Nowotny/Schauer, Gesellschaftsrecht Rz 3/251.

106 *Rebhahn* in Rebhahn, GlBG § 1 Rz 38, § 3 Rz 28 f; *Kalss* in Kalss/Nowotny/Schauer, Gesellschaftsrecht Rz 3/251.

107 *Ch. Nowotny* in Doralt/Nowotny/Kalss, AktG² § 75 Rz 3.

108 *Strasser* in Jabornegg/Strasser, AktG⁵ §§ 75, 76 Rz 10.

109 So *Ch. Nowotny* in Doralt/Nowotny/Kalss, AktG² § 75 Rz 3; *Kalss* in MünchKommAktG⁴ § 76 Rz 145; ähnlich – möglicher Weise aber nur auf gesetzliche Bestellungshindernisse bezogen – *Kalss* in Kalss/Nowotny/Schauer, Gesellschaftsrecht Rz 3/250; auch für satzungsmäßige Bestellungshindernisse eine Abberufungsverpflichtung annehmend *Strasser* in Jabornegg/Strasser, AktG⁵ §§ 75, 76 Rz 10; so schon früher *Schiemer*, AktG² Anm 5.4. und 5.5. zu § 75; *Hämmerle/Wünsch*, Handelsrecht³ II 258; *Hefermehl* in Gessler/Hefermehl/Eckardt/Kropff, AktG § 84 Rz 19.

gend. Es muss vielmehr darauf ankommen, ob ein schutzwürdiges Interesse der Gesellschaft an der Einhaltung der Bestimmung besteht, diese zB auch dem Schutz von Gläubigern oder (Minderheits-)Aktionären dient und ob dem Vorstandsmitglied die Satzungsbestimmung bekannt oder eine Unkenntnis vorwerfbar war. Es ist sachlich nicht begründbar, zB den Verstoß gegen die Berücksichtigung typisierter Qualifikationsmerkmale (wie zB die Absolvierung eines bestimmten Studiums) anders zu behandeln, als die Verletzung der den Aufsichtsrat treffenden Pflicht, die bestgeeignete Person zum Vorstandsmitglied zu bestellen.[110]

Entzieht die Hauptversammlung einem Vorstandsmitglied deshalb das Vertrauen, weil dieses ein gesetzliches oder satzungsmäßiges Eignungserfordernis nicht erfüllt, ist ein solcher Vertrauensentzug indes nicht *„offenbar unsachlich"*,[111] sofern die Aktionäre den Verstoß nicht schon im Vorfeld gebilligt haben.

41 Die Kompetenz den Vorstand zu bestellen, kann nicht an ein anderes Organ als den Aufsichtsrat oder an eine sonstige Stelle übertragen werden.[112] Auch die Satzung kann eine solche Übertragung nicht vornehmen.[113]

4. Bestellungsdauer

42 Vorstandsmitglieder können vom Aufsichtsrat auf höchstens fünf Jahre bestellt werden (§ 75 Abs 1 Satz 1 und 2 AktG). Wenn die Bestellung auf eine bestimmte längere Zeit, auf unbestimmte Zeit oder ohne Zeitangabe erfolgt, ist sie fünf Jahre wirksam.

Begrenzt ist im Gesetz also nur die Höchstdauer für eine Mandatsperiode, nicht jedoch die gesamte Amtsdauer eines einzelnen Vorstandsmitgliedes, sodass Amtsperioden unbeschränkt aneinander gereiht werden können.[114]

Die Fünf-Jahres-Frist beginnt nicht mit dem Zeitpunkt der Fassung des Be-stellungsbeschlusses, sondern mit dem Zeitpunkt des Funktionsbeginns zu laufen.[115]

43 Innerhalb der fünfjährigen Höchstfrist des § 75 Abs 1 Satz 1 AktG sind Klauseln mit „Verlängerungsautomatik" grundsätzlich unproblematisch.[116] Soweit mit einer solchen Verlängerungsklausel die Fünf-Jahres-Grenze überschritten wird, tritt jedoch (Teil-)Unwirksamkeit ein.[117]

---

110 Vgl zu alldem näher *Runggaldier/G. Schima,* Führungskräfte 63.

111 Vgl *Runggaldier/G. Schima*, Führungskräfte 63.

112 *Runggaldier/G. Schima,* Führungskräfte 64; *Strasser* in Jabornegg/Strasser, AktG⁵ §§ 75, 76 Rz 12; *Kalss* in Kalss/Nowotny/Schauer, Gesellschaftsrecht Rz 3/257.

113 *Kalss* in MünchKommAktG⁴ § 84 Rz 253; *dieselbe* in Kalss/Nowotny/Schauer, Gesellschaftsrecht Rz 3/257; *Ch. Nowotny* in Doralt/Nowotny/Kalss, AktG² § 75 Rz 6; *Strasser* in Jabornegg/Strasser, AktG⁵ §§ 75, 76 Rz 12.

114 *Runggaldier/G. Schima*, Führungskräfte 60.

115 Vgl *Schiemer*, AktG² Anm 2.1. zu § 75; *Kastner/Doralt/Nowotny,* Gesellschaftsrecht⁵ 218 f; *Geppert/Moritz*, Gesellschaftsrecht für Aufsichtsräte 238; *Plöchl*, Zur Amtszeit des Vorstandes, GesRZ 1979, 11 (12); *Runggaldier/G. Schima,* Führungskräfte 61; *Strasser* in Jabornegg/Strasser, AktG⁵ §§ 75, 76 Rz 29; *Kalss* in Kalss/Nowotny/Schauer, Gesellschaftsrecht Rz 3/266.

116 *Runggaldier/G. Schima*, Führungskräfte 60; *Ch. Nowotny* in Doralt/Nowotny/Kalss, AktG² § 75 Rz 12; *Kalss* in Kalss/Nowotny/Schauer, Gesellschaftsrecht Rz 3/266; *Strasser* in Jabornegg/Strasser, AktG⁵ §§ 75, 76 Rz 32.

117 *Runggaldier/G. Schima*, Führungskräfte 60; *Strasser* in Jabornegg/Strasser, AktG⁵ §§ 75, 76 Rz 32.

„Verlängerungs- bzw Kettenklauseln", wonach das Vorstandsmandat sich auf eine bestimmte Zeit verlängert, wenn der Aufsichtsrat nicht bis zu einem bestimmten Zeitpunkt einen gegenteiligen Beschluss gefasst hat, sind zulässig, sofern die ursprüngliche Mandatsdauer und die Verlängerungsdauer (n) insgesamt fünf Jahre nicht überschreiten.[118]

Es gibt keine gesetzliche Mindestbestellungsdauer für Vorstandsmitglieder.[119] **44**
Grundsätzlich liegt es im verantwortlichen Ermessen des Aufsichtsrates, für wie lange er innerhalb der gesetzlichen Höchstdauer ein Vorstandsmitglied bestellt.[120] In den letzten Jahren mutierte der Fünf-Jahres-Vertrag von der Regel eher zur Ausnahme.

Gleichwohl begegnen schrankenlos kurze Bestellungsdauern gewissen Bedenken. Sie untergraben tendenziell die die im AktG (§ 70) gewährleistete Unabhängigkeit des Vorstandes auch vom Aufsichtsrat, erschweren dem Vorstand vorausschauende und nicht bloß kurzfristige Planung und können in Gestalt von Kettenklauseln mit sehr kurzfristigen Bestellungsdauern das auf zwingendem Recht beruhende Erfordernis eines wichtigen Grundes für die Abberufung (§ 75 Abs 4 AktG) umgehen.[121]

Demgemäß sind Kettenklauseln mit kurzen (zB sechs Monate betragende) Befristungen – als Konsequenz des § 75 Abs 1 Satz 2 AktG – als Bestellung auf unbestimmte Zeit und damit auf fünf Jahre zu qualifizieren, weil sonst das Erfordernis eines wichtigen Grundes für die Abberufung sinnlos wäre.[122] Eine starre Untergrenze[123] lässt sich daher schwer ausmachen.[124]

5. Wiederholte Bestellung

Die „wiederholte Bestellung" bedarf gem § 75 Abs 1 Satz 3 AktG *„zu ihrer* **45**
Wirksamkeit der *schriftlichen Bestätigung durch den Aufsichtsratsvorsitzenden"*. Diese umstrittene Vorschrift wird zu Recht im Schrifttum als *„offensichtlich misslungen"* bezeichnet.[125] Denn logisch wäre es, für die Wiederbestellung nicht strenger, sondern nur geringere Anforderungen zu verlangen.[126]

---

118 *Runggaldier/G. Schima*, Führungskräfte 60.

119 Vgl *Runggaldier/G. Schima*, Führungskräfte 62; *Kalss* in Kalss/Nowotny/Schauer, Gesellschaftsrecht Rz 3/266; *Strasser* in Jabornegg/Strasser, AktG^5 §§ 75, 76 Rz 32.

120 *Strasser* in Jabornegg/Strasser, AktG^5 §§ 75, 76 Rz 32.

121 Vgl *Hefermehl* in Gessler/Hefermehl/Eckardt/Kropff, AktG § 84 Rz 23; *Runggaldier/G. Schima*, Führungskräfte 62; ähnlich *Kalss* in Kalss/Nowotny/Schauer, Gesellschaftsrecht Rz 3/266 und jüngst *Kalss* in MünchKommAktG^4 § 84 Rz 260.

122 Vgl *Kalss* in MünchKommAktG^4 § 84 Rz 260 und *Kalss* in Kalss/Nowotny/Schauer, Gesellschaftsrecht Rz 3/266, die davon spricht, dass ein Widerruf der Bestellung *„sonst überflüssig würde"*.

123 Vgl *Kastner*, Bestellung von Vorstandsmitgliedern einer Aktiengesellschaft auf unbestimmte Zeit, ÖJZ 1953, 645, plädiert für eine Untergrenze von einem Jahr.

124 *Runggaldier/G. Schima*, Führungskräfte 62.

125 So *Kastner/Doralt/Nowotny*, Gesellschaftsrecht^5 219. Ausführlich zur Entstehung der Bestimmung *Wallisch*, Die Wiederbestellung von Vorstandsmitgliedern, wbl 2010, 561 (567).

126 Vgl *Runggaldier/G. Schima*, Führungskräfte 59; vgl auch *Kastner*, ÖJZ 1953, 647, der unter der Geltung des AktG 1937 die Meinung vertrat, dass die „wiederholte Bestellung" auch durch Unterlassung der Abberufung und Vornahme von Handlungen – wie zB der Billigung

Kastner[127] vertrat tatsächlich die Auffassung, die schriftliche Bestätigung der Wiederbestellung durch den Aufsichtsratsvorsitzenden könne den Wiederbestellungsbeschluss ersetzen.[128]

46 Die Rechtsmeinung hat sich aber nicht durchgesetzt und widerspricht doch dem insoweit klaren (wenn auch rechtspolitisch fragwürdigen) Gesetzeswortlaut, der *sowohl* einen Wiederbestellungsbeschluss *als auch* die schriftliche Bestätigung durch den Aufsichtsratsvorsitzenden verlangt.[129]

47 Da der Sinn und Zweck der Vorschrift nicht auszumachen ist und der Gesetzgeber außerdem tatsächlich die Meinung zu vertreten schien, dass die schriftliche Bestätigung den Wiederbestellungsbeschluss substituieren könne,[130] ist eine korrigierende Auslegung mE in der Weise berechtigt, dass das Erfordernis der schriftlichen Bestätigung durch den Aufsichtsratsvorsitzenden überhaupt *entfallen* kann. Denn die gegenteilige Ansicht vermag grotesk unbillige Ergebnisse zu produzieren.

Auch wenn man diese Sichtweise nicht teilt, genügt jedenfalls die Unterfertigung des Protokolls über den Wiederbestellungsbeschluss durch den Aufsichtsratsvorsitzenden.[131] § 75 Abs 1 Satz 3 AktG verlangt nicht, dass die *„schriftliche Bestätigung"* – bei der es sich nur um eine Wissenserklärung und nicht um Willenserklärung handeln kann[132] – dem Wiederbestellten auch zugehen muss. Protokollunterfertigung reicht daher jedenfalls aus.

48 Das österreichische AktG enthält – anders als § 84 Abs 1 Satz 3 dAktG – keine Regelung darüber, „wie früh" Wiederbestellungen von Vorstandsmitgliedern erfolgen dürfen (nach der deutschen Regelung frühestens ein Jahr vor Ende der Amtszeit). Die Geltung einer maximal einjährigen Vorlaufzeit für Österreich kann daher nicht vertreten werden.[133] Selbst in Deutschland wird § 84 Abs 1 Satz 3 dAktG im Schrifttum[134] nicht streng dem Wortlaut ausgelegt, sondern soll nach hL

---

des Jahresabschlusses – erfolgen könne, die deutlich erkennen ließen, dass der Aufsichtsrat den Betroffenen weiterhin als Vorstandsmitglied betrachte.

[127] *Kastner,* Aktiengesetz 1965, JBl 1965, 392 ff, 394 f.

[128] Ebenso *Kastner* in FS Schmitz (1967) I 82 ff, 98.

[129] *Runggaldier/G. Schima*, Führungskräfte 59; *Strasser* in Jabornegg/Strasser, AktG^5 §§ 75, 76 Rz 34; *Geppert/Moritz*, Gesellschaftsrecht für Aufsichtsräte 238; für den Charakter als konstitutive Formvorschrift auch OGH 20.9.1977, 3 Ob 546/77 EvBl 1978/41 = HS 11.301.

[130] Vgl dazu *Kastner*, Die Stellung des Vorstandes der österreichischen Aktiengesellschaften, in FS Schmitz I (1967) 82 (97 f); *Kastner*, Grundriss des österreichischen Gesellschaftsrechts^4 (1983) 180; *Runggaldier/G. Schima*, Führungskräfte 59.

[131] So schon *Kastner/Doralt/Nowotny*, Gesellschaftsrecht^5 219 f; diesen folgend *Runggaldier/G. Schima*, Führungskräfte 59 f; *Kalss* in Kalss/Nowotny/Schauer, Gesellschaftsrecht Rz 3/267; *Kalss* in MünchKommAktG^4 § 84 Rz 261; *Kalss/Burger/Eckert*, Entwicklung des österreichischen Aktienrechts 638 ff; *Strasser* in Jabornegg/Strasser, AktG^5 §§ 75, 76 Rz 34 f; gegenteilig *Sprung/Wenzel*, Studien zu § 75 Abs 1, 3. Satz, Aktiengesetz 1965, in FS Krejci I 868 (892), die zwar eine eingehende Analyse anstellen, sich letztlich aber in Begriffe verstricken und den Telos der Regelung dabei aus den Augen verlieren.

[132] Insoweit zutr *Strasser* in Jabornegg/Strasser, AktG^5 §§ 75, 76 Rz 34.

[133] So aber offenbar *Kalss* in Kalss/Nowotny/Schauer, Gesellschaftsrecht Rz 3/267 und MünchKommAktG^4 § 84 Rz 261 ohne Begründung und unter bloßem Verweis auf die deutsche Regelung, ja sogar mit der Aussage, dass eine frühere Wiederbestellung unwirksam sei.

[134] So aber offenbar *Kalss* in Kalss/Nowotny/Schauer, Gesellschaftsrecht Rz 3/267 und Münch-

nur greifen, wenn durch den Wiederbestellungsbeschluss des Aufsichtsrates eine „faktische Amtszeit" von mehr als sechs Jahren zustande käme, der Aufsichtsrat also erst nach sechs Jahren (oder einem noch längerem Zeitraum) über eine erneute Wiederbestellung entscheiden müsste.[135]

Auch die kritischen Stimmen im deutschen Schrifttum problematisieren eine „Wiederbestellung" nicht, durch die die fünfjährige Höchstdauer ohnehin nicht überschritten wird.[136] Von der *„wiederholten Bestellung"* ist außerdem die *Erneuerung der Bestellung* zu unterscheiden. Bei letzterer wird während der Amtszeit ein zB für fünf Jahre bestelltes Vorstandsmitglied nach zwei oder drei Jahren neuerlich, und zwar für eine sofort neu wirksame Periode von wiederum maximal fünf Jahren bestellt. Dabei handelt es sich um die Aufhebung der bisherigen Bestellung unter gleichzeitiger Neubestellung.[137]

Jedenfalls gibt es keinen überzeugenden Grund, die deutsche Regelung in § 84 Abs 1 Satz 3 dAktG kraft Interpretation einfach in Österreich anzuwenden.[138]

Nach der Absicht des Gesetzgebers soll es zumindest alle fünf Jahre (bezogen **49**
auf ein und dieselbe Person als Vorstandsmitglied) zu einer Willensentscheidung des Aufsichtsrates über den Bestand des Mandats kommen. Dabei darf aber zeitlich nicht mit dem Lineal gemessen werden.[139] Der Beschluss des Aufsichtsrates auf wiederholte Bestellung ist (nur) dann rechtswidrig und nichtig, wenn er so gefasst wird, dass es faktisch zu einer die gesetzliche Höchstdauer von fünf Jahren beträchtlich überschreitenden Funktionsperiode kommt.[140] Gegen einen verhältnismäßig geringfügigen „Überhang" in der Weise, dass die „de facto-Amtszeit" eines Vorstandsmitgliedes auch einige Monate länger dauert als fünf Jahre, ist aber

---

KommAktG[4] § 84 Rz 261 ohne Begründung und unter bloßem Verweis auf die deutsche Regelung, ja sogar mit der Aussage, dass eine frühere Wiederbestellung unwirksam sei.

135 Ausdrücklich *Kort* in GroßkommAktG[5] § 84 Rz 105, der von einer „maximal sechsjährigen Bindung des Aufsichtsrates an seine Personalentscheidung" spricht.

136 *Hefermehl/Spindler* in MünchKommAktG[2] § 84 Rz 36; *Hüffer/Koch*, AktG[11] § 84 Rz 8.

137 Vgl *Hefermehl/Spindler* in MünchKommAktG[2] § 84 Rz 36; *Spindler* in MünchKommAktG[4] § 84 Rz 50; die Zulässigkeit solcher Neubestellungen ablehnend *Mertens/Cahn*, KölnKommAktG[3] § 84 Rz 23.

138 So auch zutr *Strasser* in Jabornegg/Strasser, AktG[5] §§ 75, 76 Rz 37; aM offenbar *Kalss* in Kalss/Nowotny/Schauer, Gesellschaftsrecht Rz 3/267.

139 Gegen eine starre Grenzziehung *Wallisch*, Die Wiederbestellung von Vorstandsmitgliedern, wbl 2010, 561 (565), der die Wirksamkeit einer aus sachlichen Gründen erfolgenden vorzeitigen Wiederbestellung bejahen würde, selbst wenn sie mehr als ein Jahr vor Auslaufen der Fünfjahresfrist erfolgt.

140 Vgl *Strasser* in Jabornegg/Strasser, AktG[5] §§ 75, 76 Rz 37. Strasser knüpft die Unzulässigkeit daran, dass die Wiederbestellung „ohne sachlichen Grund zu einem unverhältnismäßig frühen Zeitpunkt während der ersten Funktionsperiode erfolgt" und „es auf dieser Weise faktisch zu einer die gesetzliche Höchstdauer von fünf Jahren beträchtlich überschreitenden Funktionsperiode kommt […]" Dieser Auffassung ist beizutreten, weil nichts dagegen einzuwenden ist und es auch in der Praxis regelmäßig vorkommt, dass die Wiederbestellung so erfolgt, dass die neue Mandatsperiode zB fünfeinhalb Jahre nach Fassung des Wiederbestellungsbeschlusses ausläuft, weil der Aufsichtsrat ohnehin sechs Monate vor Ablauf der Mandatsperiode über eine Wiederbestellung entscheidet. *Nowotny* (in Doralt/Nowotny/Kalss, AktG[2] § 75 Rz 13) meint, es sei auch eine Wiederbestellung einige Monate vor Ablauf der Bestellung unbedenklich, „soweit nicht übliche Fristen für die Vorbereitung auf einen Berufswechsel (in der Regel höchstens ein Jahr) überschritten werden."

sicher nichts einzuwenden.[141] Sechs Monate nicht überschreitende „Überhänge" sind mE grundsätzlich unproblematisch und entsprechen auch der in gut geführten Unternehmen üblichen Praxis, dass der Aufsichtsrat idR nicht später als sechs Monate vor Ablauf der Amtszeit über die Wiederbestellung entscheidet, sodass es dann im Falle einer Verlängerung auf die aktienrechtliche Höchstdauer ohnehin zu einer längeren als fünfjährigen „de-facto-Amtszeit" kommt. Mehr als ein Jahr dauernde Überhänge sind indes nicht tolerabel;[142] dazwischen liegt – auch mangels Rechtsprechung – ein juristischer Graubereich, sodass insofern – gemessen an der herrschenden Auslegung des § 84 Abs 1 Satz 3 dAktG – in Österreich sogar *mehr* Vorsicht bei der frühzeitigen Wiederbestellung von auf fünf Jahre bestellten Vorstandsmitgliedern geboten ist.

C. Der mehrgliedrige Vorstand

1. Geschäftsordnung und Geschäftsverteilung

50 Nach dem gesetzlichen Model besteht nicht nur eine Gesamtvertretungsbefugnis,[143] sondern auch Gesamtgeschäftsführung. Das Gesetz enthält keine ausdrückliche Regelung über die Geschäftsführungsbefugnis des Vorstands.[144] Dennoch ist anerkannt, dass dem gesamten Vorstand als Kollegialorgan die Geschäftsführung obliegt, sodass alle Vorstandsmitglieder gleichberechtigt zur Geschäftsführung berufen sind.[145] Von der Gesamtgeschäftsführung kann aber durch Satzungsgestaltung oder mittels vom Aufsichtsrat zu beschließender Geschäftsordnung auf mehrere Arten abgewichen werden.[146]

Sowohl Satzung als auch Geschäftsordnung können Einzelgeschäftsführung anordnen oder unechte Gesamtgeschäftsführung in Form der Führung der Geschäfte durch ein Vorstandsmitglied gemeinsam mit einem Prokuristen.[147] Gesamtgeschäftsführung bedeutet, dass alle Vorstandsmitglieder an der Entscheidungsfindung mitwirken müssen; Mehrheitsbeschluss genügt.[148] Einzelnen Vorstandsmitgliedern können auch Veto-Rechte eingeräumt werden.

51 Die primäre Kompetenz die Geschäfte in einem mehrgliedrigen Vorstand aufzuteilen kommt der Satzung zu. Diese macht in der Praxis davon aber nur selten

---

141 Vgl *Sprung/Wenzel* in FS Krejci I 869 ff, 890 ff; *Strasser* in Jabornegg/Strasser, AktG^5 §§ 75, 76 Rz 37; *Ch. Nowotny* in Doralt/Nowotny/Kalss, AktG^2 § 75 Rz 13.

142 Liberaler hingegen *Wallisch*, wbl 2010, 561 (656), der auf die sachliche Begründung im Einzelfall abstellt.

143 Vgl dazu näher *Strasser* in Jabornegg/Strasser, AktG^5 §§ 71–74 Rz 27 ff; *Kalss* in Kalss/Nowotny/Schauer, Gesellschaftsrecht Rz 3/375.

144 *Strasser* in Jabornegg/Strasser, AktG^5 § 70 Rz 30.

145 Vgl *Kastner/Doralt/Nowotny*, Gesellschaftsrecht^5 229; *Strasser* in Jabornegg/Strasser, AktG^5 § 70 Rz 31; *Kalss* in MünchKommAktG^4 § 77 Rz 70; *Kalss* in Kalss/Nowotny/Schauer, Gesellschaftsrecht Rz 3/339; *Ch. Nowotny* in Doralt/Nowotny/Kalss, AktG^2 § 70 Rz 20 f.

146 Vgl *Kalss* in Kalss/Nowotny/Schauer, Gesellschaftsrecht Rz 3/342.

147 Vgl *Kalss* in Kalss/Nowotny/Schauer, Gesellschaftsrecht Rz 3/342; *Spindler* in MünchKommAktG^4 § 77 Rz 30; *Mertens/Cahn*, KölnKommAktG^3 § 77 Rz 15.

148 *Nowotny* in Doralt/Nowotny/Kalss, AktG^2 § 70 Rz 20 ff. In Deutschland ist, anders als im ö AktG, in § 77 Abs 1 dAktG explizit festgeschrieben, dass mangels abweichender Satzungs- oder Geschäftsordnungsbestimmung die Vorstandsmitglieder nur einstimmig („gemeinschaftlich") über Geschäftsführungsmaßnahmen entscheiden.

Gebrauch. Die konkrete Ressortvergabe an bestimmte Personen ist der Satzung darüber hinaus verwehrt.[149]

Regelmäßig sorgt der Aufsichtsrat für die Ressortbildung und Ressortvergabe.[150]

In einem mehrgliedrigen Vorstand ist es nicht nur ein Recht, sondern eine *Pflicht* des Aufsichtsrates für eine sachgerechte und die bestmögliche Führung der Gesellschaft sicherstellende Ressortbildung und Ressortvergabe zu sorgen.[151]

Nimmt der Aufsichtsrat seine Aufgabe nicht wahr, kann der Vorstand die Geschäfte selbst unter sich aufteilen und sich Regeln für die Willensbildung geben.[152]

Schon daraus ergibt sich, dass jene Auffassung nicht richtig sein kann, nach der nur eine vom Aufsichtsrat beschlossene Geschäftsverteilung die Wirkung einer abgestuften Verantwortlichkeit[153] im mehrgliedrigen Vorstand hätte, nicht dagegen eine Geschäftsverteilung, die sich der Vorstand selbst gibt.[154]

Denn aus der Verfehlung einer den Aufsichtsrat treffenden Verpflichtung eine Verschlechterung der haftungsrechtlichen Situation des Vorstandes abzuleiten, der dieses aufgrund der Pflichtverletzung des Aufsichtsrates entstehende Vakuum ausfüllt, ist nicht vertretbar.[155]

Ein umsichtiger Aufsichtstrat hat darauf zu achten, eine anstellungsvertragli- **52**
che Verfestigung einer gegebenen Ressortverteilung entstehen zu lassen. Die in

---

149 *Runggaldier/G. Schima*, Führungskräfte 103; *Marhold*, Aufsichtsratstätigkeit 51; *Schiemer*, AktG[2] Anm 4.2. zu § 70; *Strasser* in Jabornegg/Strasser, AktG[5] § 70 Rz 32 ff; *Kastner/Doralt/Nowotny*, Gesellschaftrecht[5] 229 FN 56.

150 Vgl *Doralt/Kastner*, GesRZ 1975, 41; *Schiemer*, AktG[2] Anm 4.2. zu § 70; *Strasser* in Jabornegg/Strasser, AktG[5] § 70 Rz 32, 34 f; *Kalss* in Kalss/Nowotny/Schauer, Gesellschaftsrecht Rz 3/343.

151 Vgl auch in diese Richtung *Kalss* in Kalss/Nowotny/Schauer, Gesellschaftsrecht Rz 3/345, die eine solche Verpflichtung für aus der allgemeinen Sorgfalts- und Treuepflicht des Aufsichtsrat ableitbar erachtet; ebenso *Ch. Nowotny* in Doralt/Nowotny/Kalss, AktG[2] § 70 Rz 23: *„Regelmäßig wird es zu den Pflichten des Aufsichtsrates gehören, sich um eine geeignete Ressortverteilung zu kümmern, zumal die in seine Zuständigkeit fallende Bestellung und Anstellung von Mitgliedern des Vorstandes impliziert, dass sich der Aufsichtsrat mit der Eignung eines Mitgliedes für bestimmte Aufgaben auseinander setzt.*"; vgl auch *G. Schima*, Gestaltungsfragen bei Vorstandsverträgen in der AG, ecolex 2006, 452 f.

152 Vgl *Ch. Nowotny* in Doralt/Nowotny/Kalss, AktG[2] § 70 Rz 22, der anscheinend überhaupt meint, es sei allein der Selbstorganisation des Vorstands überlassen, *„in welcher Form die gemeinsame Willensbildung im Vorstand erfolgt"*. Daran ist zumindest so viel richtig, dass der Aufsichtsrat bei der Erlassung einer Geschäftsordnung und der Aufstellung organisatorischer Rahmenbedingungen für den Vorstand die Konkretisierung, schon um die Unabhängigkeit des Vorstandes zu wahren, nicht auf die Spitze treiben und zB nicht anordnen kann, dass der Vorstand einmal in der Woche an einem bestimmten Ort zusammentreffen muss.

153 Vgl zu dieser – im Grundsatz allgemein anerkannten, in den Details aber umstrittenen – abgestuften Verantwortlichkeit im mehrgliedrigen Vorstand bei Ressortverteilung OGH 3 Ob 536/77 GesRZ 1978, 36 für die AG; OGH 6 Ob 104/73 EvBl 1973/306 für die Genossenschaft; OGH 3 Ob 622/78 SZ 52/116 = EvBl 1980/4 = JBl 1980, 38 für die GmbH; *Kalss* in Kalss/Nowotny/Schauer, Gesellschaftsrecht Rz 3/425; *Ch. Nowotny* in Doralt/Nowotny/Kalss, AktG[2] § 70 Rz 24.

154 So *Strasser* in Jabornegg/Strasser, AktG[5] § 70 Rz 33, 35, 40, 42.

155 *G. Schima*, ecolex 2006, 453. Zustimmend *Feltl* in Ratka/Rauter (Hrsg), Handbuch Geschäftsführerhaftung[2] (2011) Rz 9/431.

Anstellungsverträgen von Vorstandsmitgliedern idR enthaltenen Verweisungen auf die „Geschäftsordnung" bzw „Geschäftsverteilung"[156] sind im Zweifel als statisch und nicht als dynamische Verweisung zu qualifizieren.[157]

Wurde einem Vorstandsmitglied ein bestimmtes Ressort dessen ungeachtet anstellungsvertraglich zugesichert, muss es eine gegen die Zusage verstoßende Geschäftsordnung/Geschäftsverteilung nicht hinnehmen,[158] sondern hat das Recht zur Mandatswiederlegung und vorzeitigen Beendigung des Anstellungsvertrages.[159]

2. Vorstandsvorsitzender

53 Bei Existenz mehrerer Vorstandsmitglieder kann gemäß § 75 Abs 3 AktG der Aufsichtsrat ein Mitglied zum Vorsitzenden des Vorstandes ernennen. Die Satzung kann dem Aufsichtsrat weder vorschreiben noch verbieten, einen Vorstandsvorsitzenden zu bestellen.[160] Denn die Satzung darf ohne gesetzliche Ermächtigung nicht in das gesetzlich vorgesehene Zuständigkeitsgefüge eingreifen und dieses nicht zugunsten der Aktionäre verschieben.[161] Es ist eine allein dem Aufsichtsrat zukommende *unternehmenspolitische Entscheidung*, ob ein Vorstandsvorsitzender bestellt werden soll.[162]

54 Wenn ein Vorstandsmitglied zum Vorsitzenden des Vorstandes ernannt ist, so gibt gemäß § 70 Abs 2 AktG, wenn die Satzung nichts anderes bestimmt, seine Stimme bei Stimmengleichheit den Ausschlag. Aus den Gesetzesmaterialien zum AktG 1965 ergibt sich, dass der Gesetzgeber damals auch die Einräumung

[156] Vgl die Mustervertragsregelung bei *Runggaldier/G. Schima*, Manager-Dienstverträge[4] (2014) 197.

[157] *Strasser* in Jabornegg/Strasser, AktG[5] § 70 Rz 37; meine Auffassung in *Runggaldier/G. Schima*, Führungskräfte 120, eine bloße Bezugnahme im Anstellungsvertrag auf die Geschäftsordnung/Geschäftsverteilung sei im Zweifel als *statische Verweisung* zu qualifizieren, kann nicht aufrecht erhalten werden Vgl *Runggaldier/G. Schima,* Manager-Dienstverträge[4] 246 – Anmerkung 5a) zum Mustervertrag mit einem Vorstandsmitglied.

[158] *Krejci*, Zur „Entmachtung" des Vorstandsmitgliedes einer Aktiengesellschaft in FS Wagner (1978) 247 (255); Vgl auch *Doralt/Kastner*, GesRZ 1975, 42; *Strasser* in Jabornegg/Strasser, AktG[5] § 70 Rz 37. *Mertens/Cahn* in KölnKommAktG[3] § 77 Rz 64 sind jedoch ebenfalls der Ansicht, dass eine vom Inhalt des Anstellungsvertrages abweichende Ressortzuteilung körperschaftsrechtlich wirksam ist, aber einen Austrittsgrund in Bezug auf den Anstellungsvertrag bildet.

[159] *Strasser* in Jabornegg/Strasser, AktG[5] § 70 Rz 37; *Lutter/Krieger/Verse*, Rechte und Pflichten des Aufsichtsrates[6] § 7 Rz 455, 457 mwN.

[160] Ganz hM in Deutschland: Vgl *Kort* in GroßkommAktG[5] § 84 Rz 120; *Lutter/Krieger/Verse*, Rechte und Pflichten des Aufsichtsrates[6] § 7 Rz 467 (differenzierend noch die Vorauflage: Vorschreibung zulässig, Untersagung dagegen unzulässig [*Lutter/Krieger*, Rechte und Pflichten des Aufsichtsrates[5] Rz 458]; *Fleischer* in Spindler/Stilz, AktG § 84 Rz 86; *Spindler* in MünchKommAktG[4] § 84 Rz 112; *Wiesner* in MünchHdbGesR[4] IV § 24 Rz 2; *Mertens* in KölnKommAktG[2] § 84 Rz 88; *Mertens/Cahn* in KölnKommAktG[3] § 84 Rz 101; *Paefgen,* Struktur und Aufsichtsratsverfassung der mitbestimmten AG (1982) 142; für Österreich ebenso *Strasser* in Jabornegg/Strasser, AktG[5] §§ 75, 76 Rz 58; *G. Schima,* Der Vorstandsvorsitzende als „Über-Vorstand"? GeS 2010, 260; aM *Krieger,* Personalentscheidungen des Aufsichtsrates 252 f; *Dose,* Die Rechtsstellung der Vorstandsmitglieder einer Aktiengesellschaft[3] (1975) 28 ff.

[161] Vgl *Kalss* in Kalss/Nowotny/Schauer, Gesellschaftsrecht Rz 3/686.

[162] Zutr *Mertens/Cahn* in KölnKommAktG[3] § 84 Rz 101.

eines Alleinentscheidungsrechtes des Vorstandsvorsitzenden als eine der Satzung offenstehende Möglichkeit verstand.[163] Demgemäß bejaht die ganz hA, dass die Satzung nicht nur ein Veto-Recht des Vorstandsvorsitzenden[164], sondern auch ein Alleinentscheidungsrecht entsprechend dem „Führer-Prinzip" des AktG 1937/38 vorsehen kann.[165]

Die hA ist mit *Strasser*[166] indes deshalb abzulehnen, weil ein Alleinentscheidungsrecht des Vorstandsvorsitzenden ein Über- und Unterordnungsverhältnis im Vorstand schafft und den Vorstandsvorsitzenden zum Vorgesetzten der anderen Vorstandsmitglieder macht, was sich mit § 70 Abs 1 AktG nicht verträgt.[167]

In teleologischer Reduktion des § 70 Abs 2 letzter Satz AktG ist der Satzung daher die Einräumung eines Alleinentscheidungsrechtes an den Vorstandsvorsitzenden nicht gestattet. Abgesehen davon kann jedem Aufsichtsrat von der Wahrnehmung einer solchen Möglichkeit nur abgeraten werden.[168]

Auf keinen Fall kann der Aufsichtsrat (mittels Geschäftsordnung) Veto, Dirimierungs- oder gar Alleinentscheidungsrechte verankern, weil eine dies erlaubende Regelung anders als in Deutschland (§ 77 Abs 1 Satz 2 dAktG) fehlt.[169]

Dieselben Bedenken wie gegen ein Alleinentscheidungsrecht des Vorstandesvorsitzenden sprechen gegen ein gewöhnliches Dirimierungsrecht im Zweier-Vorstand. Denn damit wird genauso eine „Zweiklassen-Gesellschaft" im Vorstand geschaffen wie beim Alleinentscheidungsrecht des Vorstandsvorsitzenden und ein Vorstandsmitglied zum Vorgesetzten des Anderen.[170] **55**

Jedenfalls verwirklicht die nachträgliche Einführung eines Alleinentscheidungsrechtes für den Vorstandsvorsitzenden oder eines Dirimierungsrechtes im Zweier-Vorstand für die von einer Maßnahme negativ betroffenen Vorstandsmit- **56**

---

163 ErlRV 301 BlgNR 10. GP 68; abgedruckt zB bei *Kalss/Burger/Eckert*, Die Entwicklung des österreichischen Aktienrechts 635.

164 *Kalss* in MünchKommAktG⁴ § 77 Rz 74; *Kalss* in Kalss/Nowotny/Schauer, Gesellschaftsrecht Rz 3/353; dies wird auch in Deutschland als mit § 77 Abs 1 letzter Satz dAktG für vereinbar gehalten: *Spindler* in MünchKommAktG⁴ § 77 Rz 16 f; krit *Hüffer/Koch*, AktG¹¹ § 77 Rz 12; *Kort* in GroßkommAktG⁵ § 77 Rz 27 f.

165 So *Kastner/Doralt/Nowotny*, Gesellschaftsrecht⁵ 229; *Ch. Nowotny* in Doralt/Nowotny/Kalss, AktG² § 70 Rz 27, der darauf hinweist, dass diese Regelung frei von nationalsozialistischem Gedankengut und in der Satzung jedenfalls zulässig ist; *Peter Doralt*, Die Unabhängigkeit des Vorstandes nach österreichischem und deutschem Aktienrecht – Schein und Wirklichkeit, in FS Grün (2003) 31 (36); *Ch. Nowotny* in Prändl/Geppert/Göth, Corporate Governance 27; *Kalss* in MünchKommAktG⁴ § 77 Rz 74; *Kalss* in Kalss/Nowotny/Schauer, Gesellschaftsrecht Rz 3/353.

166 *Strasser* in Jabornegg/Strasser, AktG⁵ § 70 Rz 52.

167 Vgl idS *Strasser* in Jabornegg/Strasser, AktG⁵ § 70 Rz 52; *G. Schima*, GeS 2010, 264.

168 Vgl idS auch *Fleischer* in Spindler/Stilz, AktG § 77 Rz 42, der darauf hinweist, es sei de lege ferenda nicht empfehlenswert, den Gesellschaften in Bezug auf ein CEO-Modell größere Satzungsautonomie einzuräumen, dh gesetzlich vorzusehen, dass Vorstandsvorsitzende mit größerer Machtfülle ggf auch wieder (wie nach dem AktG 1937) mit einem Alleinentscheidungsrecht ausgestattet werden können.

169 AM ohne Begründung *Kalss* in Kalss/Nowotny/Schauer, Gesellschaftsrecht Rz 3/353.

170 Inkonsequent daher *Strasser* in Jabornegg/Strasser, AktG⁵ § 70 Rz 53, der das Dirimierungsrecht bei Stimmengleichheit im Zweier-Vorstand zulässt, weil das Gesetz (§ 70 Abs 2 Satz 2 AktG) diesbezüglich keine Einschränkung beinhalte.

glieder einen Grund für die – hier ausnahmsweise wohl unter Einhaltung einer angemessenen Frist zu erklärende – Niederlegung des Mandats aus wichtigem Grund und die vorzeitige Auflösung des Anstellungsvertrages.

3. Sprecher des Vorstandes

57 Den Sprecher des Vorstandes kennt das AktG nicht; ein solcher ist in Österreich deutlich unüblicher als in Deutschland. Ob die Ernennung nur dem Aufsichtsrat vorbehalten ist[171] oder ob auch der Vorstand selbst bei Untätigkeit des Aufsichtsrats einen Sprecher bestimmen kann,[172] ist strittig.

Unbestritten ist, dass dem Vorstandssprecher die zentralen Vorsitzenden-Funktionen wie Dirimierungs- oder Veto-Rechte sowie die Befugnis zur verbandsinternen Überwachung und Koordination nicht eingeräumt werden können.[173]

Ein Vorstandssprecher kann daher auch nicht neben einem Vorstandsvorsitzendem existieren; seine Funktion endet automatisch mit der Bestellung eine Vorstandsvorsitzenden durch den Aufsichtsrat.[174]

Kommt dem Sprecher nur die Rolle zu, Erklärungen des Gesamtvorstandes an der Öffentlichkeit abzugeben, besteht kein Zweifel, dass der Vorstand einen solchen Sprecher ernennen darf. Zweifelhaft ist viel eher, ob der Aufsichtsrat gegen den Willen des Vorstandes einen „Pressesprecher" bestimmen darf.

4. Unverträglichkeiten im Vorstand

58 Aufgabe des Aufsichtsrates ist es, bei einem mehrgliedrigen Vorstand auf eine optimale Zusammensetzung zu achten.[175]

Die Aufgabe, den bestqualifizierten Vorstand zu finden, wird in der Aufgabe gespiegelt, sich von einem nicht oder nicht mehr geeigneten Vorstand oder Vorstandsmitglied möglichst bald zu trennen,[176] es sei denn, der Gesellschaft droht nach vertretbarer Prognose aus der Abberufung ein Schaden, der die Nachteile der Belassung des Vorstandsmitgliedes in Amt überwiegt.[177]

59 Besonders gefordert ist der Aufsichtsrat, wenn ein aus mehreren Personen bestehender Vorstand in sich zerstritten ist und einzelne Vorstandsmitglieder miteinander nicht mehr optimal zusammenarbeiten *können* und/oder bekanntermaßen

---

171 So offenbar *Strasser* in Jabornegg/Strasser, AktG[5] § 70 Rz 50; *Kalss* in Kalss/Nowotny/Schauer, Gesellschaftsrecht Rz 3/351.

172 So die hA in Deutschland: Vgl *Kort* in GroßkommAktG[5] § 77 Rz 57 f; *Lutter/Krieger/Verse,* Rechte und Pflichten des Aufsichtsrates[6] § 7 Rz 468; *Hüffer/Koch,* AktG[11] § 84 Rz 30; *Mertens/Cahn* in KölnKommAktG[3] § 84 Rz 103; *Fleischer* in Spindler/Stilz, AktG § 84 Rz 90; *Hoffmann-Becking*, Zur rechtlichen Organisation der Zusammenarbeit im Vorstand der AG, ZGR 1998, 497 (517).

173 So zutr *Wiesner* in MünchHdbGesR[4] IV § 24 Rz 5 f.

174 Vgl *Krieger*, Personalentscheidungen des Aufsichtsrates 255 ff; *Wiesner* in MünchHdbGesR[4] IV § 24 Rz 7; *Lutter/Krieger/Verse*, Rechte und Pflichten des Aufsichtsrates[6] § 7 Rz 468.

175 *Krieger*, Personalentscheidungen des Aufsichtsrates 191 ff; *Mertens/Cahn* in KölnKommAktG[3] Vorb § 95 Rz 2 f.

176 *Strasser* in Jabornegg/Strasser, AktG[5] §§ 75, 76 Rz 11; *Wiesner* in MünchHdbGesR[3] IV § 20 Rz 51; *Krieger*, Personalentscheidungen des Aufsichtsrates 140 f.

177 *Mertens/Cahn* in KölnKommAktG[3] § 84 Rz 105 mwN.

nicht mehr zusammenarbeiten *wollen*. Die Frage nach Schuldzuweisungen und die Anwendung des „Verursacher-Prinzips" wird dann zweitrangig;[178] sie tritt in den Hintergrund gegenüber der den Aufsichtsrat dann zufallenden Aufgabe, personelle Konsequenzen zu ziehen, um die Handlungsfähigkeit des obersten Führungsgremiums sicherzustellen.[179] Darin darf sich der Aufsichtsrat nicht die Kontrolle aus der Hand nehmen lassen und sich insbesondere nicht durch langandauernde und möglicherweise von vornherein fruchtlose Recherchen darüber aufhalten lassen, wer an dem Zerwürfnis im Vorstand „schuld" ist.[180]

Unheilbare Zerwürfnisse oder langandauernder Unfriede zwischen den Vorstandsmitgliedern, der ein gedeihliches Zusammenarbeiten gefährdet, können in schweren Fällen einen wichtigen Grund für die Abberufung bilden.[181] Grobe Pflichtverletzung bildet die vorsätzliche Täuschung von Vorstandskollegen über geschäftserhebliche Tatsachen,[182] wiederholte Übergriffe in den Kompetenzbereich anderer Vorstandsmitglieder[183] oder sonstige persönliche Unverträglichkeit in der kollegialen Zusammenarbeit.[184] Bloße Meinungsverschiedenheiten zwischen Vorstandsmitgliedern reichen aber (grundsätzlich) nicht.[185]

Bei einem sich auf mehrere Vorstandsmitglieder erstreckenden Zwist hat der Aufsichtsrat eine sachgerechte Auswahl zu treffen[186] und kann ein gewisses Ermessen in Anspruch nehmen, welches von mehreren Vorstandsmitgliedern abberufen werden soll.[187] Bei „unheilbarer" Verfeindung muss der Aufsichtsrat nicht notwendigerweise den „Schuldigen" abberufen; er kann sich auch für den Fähigeren entscheiden.[188]

[178] *Fonk* in Semler/v. Schenck, ARHdb^{3} § 9 Rz 307.

[179] Vgl *Fonk* in Semler/v. Schenck, ARHdb^{4} § 10 Rz 304.

[180] *Wiesner* in MünchHdbGesR^{4} IV § 20 Rz 56; *Spindler* in MünchKommAktG^{4} § 84 Rz 132; BGH II ZR 131/97 AG 1998, 519 f; BGH II ZR 79/91 ZIP 1992, 760 f; OLG Koblenz ZIP 1987, 1120 (1124).

[181] So *Wiesner* in MünchHdbGesR^{3} IV § 20 Rz 48; *Spindler* in MünchKommAktG^{4} § 84 Rz 132 mwN; BGH II ZR 31/83 WM 1984, 29 f.

[182] OLG Düsseldorf DB 1983, 1036 (fristlose Kündigung eines Bankvorstandsmitgliedes).

[183] OLG München 6 U 5444/04 AG 2005, 776 ff.

[184] *Mertens/Cahn* in KölnKommAktG^{3} § 84 Rz 125 f; *Wiesner* in MünchHdbGesR^{4} IV § 20 Rz 56; *Raguß*, Der Vorstand einer Aktiengesellschaft (2005) 190 ff; *Hüffer/Koch*, AktG^{11} § 84 Rz 36 mwN; *Kort* in GroßkommAktG^{5} § 84 Rz 158 mwN.

[185] BGH II ZR 131/97 AG 1998, 519 f; LG Stuttgart 31 KfH 62/01 AG 2003, 53; BGH II ZR 79/91 ZIP 1992, 760 f.

[186] *Thüsing* in Fleischer, Handbuch des Vorstandsrechts § 5 Rz 24 mwN.

[187] *Spindler* in MünchKommAktG^{4} § 84 Rz 132; OLG Stuttgart 20 U 59/01 AG 2003, 211 f; *Kort* in GroßkommAktG^{5} § 84 Rz 149.

[188] *Wiesner* in MünchHdbGesR^{4} IV § 20 Rz 56; *Spindler* in MünchKommAktG^{4} § 84 Rz 132; BGH II ZR 131/97 AG 1998, 519 f; BGH II ZR 79/91 ZIP 1992, 760 f; OLG Koblenz ZIP 1987, 1120 (1124).

II. Der Vorstands-Anstellungsvertrag

A. Formale Fragen

1. Abschlusskompetenz und Formerfordernisse

60 Im Sinne der „Trennungsthese" muss zwischen körperschaftsrechtlichem – wenn auch richtiger Ansicht zufolge bereits zu einem Vertragsabschluss führendem[189] – Akt der Bestellung und (wie zu zeigen sein wird nicht unverzichtbar) Abschluss des Anstellungsvertrages zwischen Gesellschaft und Vorstandsmitglied unterschieden werden.[190]

61 Der Anstellungsvertrag ergänzt das Vorstandsmandat[191], das ohne ersteren sehr wohl bestehen kann. Umgekehrt gilt dies hingegen nicht.[192] Ein abgeschlossener Anstellungsvertrag vermag auch keinen Anspruch auf Bestellung zu vermitteln.[193]

62 Für den Abschluss des Anstellungsvertrages ist innerhalb der AG unentziehbar der Aufsichtsrat zuständig[194]; dem Vorstand fehlt es diesbezüglich an jeglicher Vertretungsmacht, sodass er die Gesellschaft gegenüber Vorstandsmitglieder in Anstellungsvertragsfragen gar nicht wirksam verpflichten kann.[195] Die Abgrenzung, wann es sich um eine unter § 75 Abs 1 letzter Satz AktG fallende „anstellungsvertagliche Zusage" handelt, kann im Einzelfall Schwierigkeiten bereiten.

63 Der Abschluss des Anstellungsvertrages kann unstrittiger Weise von einem Ausschuss besorgt werden in dem gem § 110 Abs 4 Satz 2 ArbVG den Arbeitnehmervertreter ausnahmsweise kein Recht auf Teilnahme oder Stimmrecht zusteht. Denn es geht um *„die Beziehungen zwischen der Gesellschaft und Mitgliedern des Vorstandes"* (§ 92 Abs 4 AktG).[196] Die hA, wonach bei Abschluss des Anstellungsvertrages im Aufsichtsratsplenum den Arbeitnehmervertretern uneinge-

---

[189] Vgl oben Rz 43; *Runggaldier/G. Schima*, Führungskräfte 58 f; *Floretta* in FS W. Schwarz 310; *Keinert*, Genossenschaftsrecht (1988) 156 Rz 335; *Baums*, Geschäftsleitervertrag 40; *Seibt* in K. Schmidt/Lutter, AktG³ § 84 Rz 6 mwN in FN 11; ebenso für die Geschäftsführerbestellung in der GmbH *Koppensteiner/Rüffler*, GmbHG³ § 15 Rz 7, 11; aM *Strasser*, JBl 1990, 478 (480); *Strasser* in Jabornegg/Strasser, AktG⁵ §§ 75, 76, Rz 5

[190] Vgl *Runggaldier/G. Schima*, Führungskräfte 65

[191] Vgl insb *Floretta* in FS W. Schwarz 475 ff; *G. Schima,* Umgründungen im Arbeitsrecht (2004) 226 f.

[192] Vgl dazu näher *Baums*, Geschäftsleitervertrag 159 f; ausführlich *Runggaldier/G. Schima*, Führungskräfte 86 ff; BGH II ZR 265/51 BGHZ 8, 348.

[193] OGH 4 Ob 163 /02b EvBl 2002/197.

[194] *Kastner/Doralt/Nowotny*, Gesellschaftsrecht⁵ 257, *Runggaldier/G. Schima*, Führungskräfte 67 ff; *Kalss* in Kalss/Nowotny/Schauer, Gesellschaftsrecht Rz 3/283; *Strasser* in Jabornegg/Strasser, AktG⁵ §§ 75, 76 Rz 75.

[195] Ausführlich, auch zur Abgrenzung von § 97 Abs 1 und § 75 Abs 1 AktG *G. Schima/Toscani*, JBl 2012, 570 (Teil II); *Strasser* in Jabornegg/Strasser, AktG⁵ §§ 75, 76 Rz 75; *Spindler* in MünchKommAktG⁴ § 84 Rz 68 ff; *Kastner/Doralt/Nowotny*, Gesellschaftsrecht⁵ 257; *Runggaldier/G. Schima*, Führungskräfte 68.

[196] Vgl *Kalss* in Doralt/Nowonty/Kalss, AktG² § 92 Rz 160; *Schiemer*, AktG² Anm 7.3. zu § 92, der zutr auch die Angelegenheiten in den §§ 79, 80 AktG darunter subsummiert; *Doralt/Kastner*, GesRZ 1975, 42; *Kalss* in Kalss/Nowotny/Schauer, Gesellschaftsrecht Rz 3/283; *Strasser* in Jabornegg/Strasser, AktG⁵ §§ 75, 76 Rz 76; *Jabornegg* in Strasser/Jabornegg/Resch, ArbVG-Komm § 110 Rz 252 f.

schränktes Teilnahme- und Stimmrecht zustehen soll[197], überzeugt nicht. Vielmehr gilt auch in diesem Fall die „Aktionärsschutzklausel" (doppelte Mehrheit), sodass es im Plenum der Mehrheit nicht nur sämtlicher Aufsichtsratsmitglieder, sondern auch der Kapitalvertreter bedarf.[198]

Der Abschluss des Anstellungsvertrages ist „einseitig formgebunden"[199], bedarf also auf Seiten des Aufsichtsrates eines Beschlusses (entweder durch Plenum oder Ausschuss), weil konkludentes Verhalten grundsätzlich nicht die Wirkung eines Aufsichtsratsbeschlusses haben kann.[200] Freilich darf man das Gebot der Ausdrücklichkeit von Aufsichtsratswillensäußerungen gerade beim Anstellungsvertragsabschluss nicht überdehnen. Es kommt in der Praxis häufig vor, dass mit Vorstandsmitgliedern vor ihrer Bestellung sehr konkret über Anstellungsvertragsinhalte verhandelt wird, sodann die Bestellung erfolgt und es danach über lange Zeit oder überhaupt nicht zu einem schriftlichen Anstellungsvertragsabschluss kommt. Hier kann der Bestellungsbeschluss idR so *ausgelegt* werden, dass auch die mit dem Kandidaten verhandelten Anstellungsvertragsbedingungen, insbesondere der ausgehandelte Bezug, als vereinbart gelten.[201] **64**

Der Aufsichtsrat/Ausschuss kann eine bestimmte Person – idR den Aufsichtsratsvorsitzenden – zum Abschluss des Anstellungsvertrages bevollmächtigen.[202] Kraft seiner Funktion ist der Aufsichtsratsvorsitzende nicht Vertreter des Aufsichtsrates im Willen, kann daher Willenserklärungen des Aufsichtsrates, bei denen dieser die Gesellschaft vertritt (wie eben nach § 75 Abs 1 AktG) nur entweder als Bote überbringen oder als vom Aufsichtsrat oder einem Ausschuss (dann aber nur mittels Beschlusses) bevollmächtigter Vertreter abgeben.[203] **65**

---

197 So *Strasser* in FS Schwind 318; *Geppert,* DRdA 1980, 182 f; *Marhold*, Aufsichtsratstätigkeit 36 ff; *Jabornegg* in Strasser/Jabornegg/Resch, ArbVG-Komm § 110 Rz 252 f; *Kalss* in Kalss/Nowotny/Schauer, Gesellschaftsrecht Rz 3/283; *Strasser* in Jabornegg/Strasser, AktG⁵ §§ 75, 76 Rz 76.

198 *Runggaldier/G. Schima*, Führungskräfte 68 f; ausführlich *Runggaldier/G. Schima*, Abschluss von Vorstandsverträgen im Aufsichtsratsplenum, GesRZ 1992, 158 ff; diesen folgend *Nowotny* in Doralt/Nowotny/Kalss, AktG² § 75 Rz 17a.

199 So zutr *Strasser* in Jabornegg/Strasser, AktG⁵ §§ 75, 76 Rz 77.

200 So zutr *Strasser* in Jabornegg/Strasser, AktG⁵ §§ 75, 76 Rz 77.

201 So auch *Ch. Nowotny,* DRdA 1989, 430; *Runggaldier/G. Schima,* Führungskräfte 66 f.

202 Vgl OGH 2 Ob 500, 501/52 HS 2105; *Schiemer*, AktG² Anm 4.3. zu § 75; *Runggaldier/G. Schima*, Führungskräfte 68. Richtig ist, dass einem einzelnen Aufsichtsratsmitglied nicht die Kompetenz zum Anstellungsvertragsabschluss übertragen werden kann. Daraus aber gleich abzuleiten, ein einzelnes Mitglied (zB der Vorsitzende) könne nur zur Unterzeichnung bevollmächtigt werden (*Spindler* in MünchKommAktG⁴ § 84 Rz 71), geht eindeutig zu weit. Denn gegen eine inhaltlich determinierte Bevollmächtigung auch eines einzelnen Mitglieds im Einzelfall spricht nichts (etwas differenzierter auch *Wiesner* in MünchHdbGesR⁴ IV § 21 Rz 22). Nach *Nowotny* in Doralt/Nowotny/Kalss, AktG² § 75 Rz 17 soll idR die Satzung vorschreiben, dass der Aufsichtsratsvorsitzende bevollmächtigt ist, die Gesellschaft aufgrund des Beschlusses des Aufsichtsrates oder eines Ausschusses zu vertreten.

203 So ausdrücklich OGH 9 ObA 28/07v DRdA 2009, 497 (500) (*Jabornegg*); *Strasser* in Jabornegg/Strasser, AktG⁵ § 95–97 Rz 68, 70; vgl auch *Lutter/Krieger/Verse*, Rechte und Pflichten des Aufsichtsrates⁶ § 11 Rz 682 mwN. Eine Ausnahme besteht nur für die Durchführung solcher Rechtsgeschäfte, die für eine ordnungsgemäße Durchführung der Aufgaben des Aufsichtsrates erforderlich sind, wie zB die Anmietung von Sitzungsräumen (*Lutter/Krieger/Verse*, Rechte und Pflichten des Aufsichtsrates⁶ § 11 Rz 681); ob dies auch für den

66 Die Vollmacht kann Abschluss- oder bloße Verhandlungsvollmacht sein; im Zweifel wird man mE Abschlussvollmacht annehmen können.

67 Der Aufsichtsrat ist nur *innerhalb* der AG unentziehbar für den Abschluss des Anstellungsvertrages zuständig. Insbesondere in Unternehmensgruppen ist hingegen die „Drittanstellung" weit verbreitet, bei der der Anstellungsvertrag nicht mit jener Gesellschaft abgeschlossen wird, in der das Vorstandsmitglied sein Mandat ausübt, sondern zB mit einer Konzernobergesellschaft. Solche Gestaltungen sind grundsätzlich zulässig.[204]

68 Der BGH hat in einer neuen Entscheidung[205] die Zulässigkeit von Drittanstellungsverträgen bestätigt, jedoch ausgesprochen, dass der Aufsichtsrat zwingend für den Abschluss des Vertrages zwischen der AG und dem Dritten (Beratungsunternehmen) zuständig ist, aus dem sich indirekt die Vergütung des Vorstandsmitglieds ableite. Dies ergebe sich aus der Kompetenz des Aufsichtsrates zur Bestellung von Vorstandsmitgliedern und dem „Gleichlauf von Bestellungs- und Anstellungskompetenz".[206]

69 Für Verträge, die die AG mit einem Dritten schließt und die zumindest indirekt die Vergütung eines Vorstandsmitgliedes regeln, ist dieser Ansicht mE zuzustimmen. Bei solchen Drittanstellungen, bei der die Gesellschaft keinerlei (Rück-)Vergütung für das Vorstandsmitglied schuldet, sondern das Vorstandsgehalt ausschließlich von Dritten getragen wird,[207] muss mE der Aufsichtsrat der Gesellschaft dem Abschluss des Anstellungsvertrages des Vorstandsmitglieds mit dem Dritten hingegen nicht zustimmen. Davon muss uU im Fall von speziellen erfolgsbezogenen Vergütungsregelungen eine Ausnahme gemacht werden, wenn sie andere Komponenten beinhalten, die mit dem Inhalt der in der Gesellschaft etablierten, vom Aufsichtsrat gestalteten und mit den Vorstandsmitgliedern vereinbarten Vergütungssystemen nicht kompatibel sind.

70 Da durch die Drittanstellung nicht die gesetzlich verbriefte Unabhängigkeit und Weisungsfreiheit des Vorstandsmitgliedes gefährdet werden darf[208], sind solche

---

Abschluss von Honorarvereinbarungen mit gem § 93 Abs 1 Satz 2 AktG zu einer Sitzung beigezogenen Sachverständigen gilt (so für die vergleichbare Vorschrift des § 109 Abs 1 Satz 2 dAktG *Lutter/Krieger/Verse*, Rechte und Pflichten des Aufsichtsrates[6] § 11 Rz 681), halte ich für fraglich. Zumindest für die Beauftragung von Sachverständigen nach § 95 Abs 3 AktG ist wohl zumindest ein Ausschussbeschluss zu fordern.

[204] Dafür im Ergebnis auch *Nowotny*, DRdA 1989, 428; offensichtlich auch *Kastner/Doralt/Nowotny*, Gesellschaftsrecht[5] 224; *Runggaldier/G. Schima*, Führungskräfte 68 f, 98 ff; so auch die hA in Deutschland: Vgl *Krieger*, Personalentscheidungen des Aufsichtsrates 186 f; *Lutter/Krieger/Verse*, Rechte und Pflichten des Aufsichtsrates[6] § 7 Rz 438 f; *Wiesner* in MünchHdbGesR[4] IV § 21 Rz 3 ff; *Seibt* in K. Schmidt/Lutter, AktG[3] § 84 Rz 26; aM *Kort* in GroßKommAktG[5] § 84 Rz 320 ff, 325; *Mertens/Cahn* in KölnKommAktG[3] § 84 Rz 56; *Spindler* in MünchKommAktG[3] § 84 Rz 66; *Thüsing* in Fleischer, Handbuch des Vorstandsrechts § 4 Rz 68 f; *Baums*, Geschäftsleitervertrag 73 f.

[205] BGH II ZR 63/14 NZG 2015, 792.

[206] BGH II ZR 63/14, Rz 27.

[207] Solche Konstellationen werden außerhalb einer Konzernbeziehung mit dem Dritten höchst selten vorkommen, weil der Dritte (Beratungsgesellschaft) kein Interesse haben wird, Managementleistungen unentgeltlich zur Verfügung zu stellen.

[208] Vgl *Baums*, Geschäftsleitervertrag 62; *Runggaldier/G. Schima*, Führungskräfte 69, 99 f.

Verträge in der Weise *auszulegen*,[209] dass die arbeitsrechtliche Weisungsbefugnis des Dritten durch die zwingende gesellschaftsrechtliche Struktur der AG und die dem Vorstandsmitglied dadurch verschaffte Weisungsfreiheit überlagert wird.

Unzulässig und unwirksam ist es daher auch, das zwingende aktienrechtliche Erfordernis eines wichtigen Grundes für die Abberufung durch eine nicht an Gründe gebundene Kündigung des Drittanstellungsvertrages zu unterlaufen und damit dem Vorstandsmandat die wirtschaftliche Grundlage zu entziehen.[210] Abgesehen davon besitzt das Vorstandsmitglied, wenn sich die Unentgeltlichkeit der Mandatsausübung nicht aus den Umständen ergibt, schon gem § 1152 ABGB einen Entgeltanspruch gegen die Gesellschaft. **71**

2. Bestellungen ohne Anstellungsvertrag

Ein Anstellungsvertrag ist nicht unabdingbare Voraussetzung für die Tätigkeit eines Vorstandsmitgliedes.[211] § 75 Abs 1 letzter Satz AktG schreibt den Abschluss eines Anstellungsvertrages nicht vor, sondern setzt für den Fall des Abschlusses bloß der Gestaltungsfreiheit gewisse Grenzen.[212] **72**

Anstellungsvertragslose Mandatsausübung kommt in Unternehmensgruppen nicht selten vor.[213] **73**

Heikler sind die Fälle, in denen nach erfolgter Bestellung ein Anstellungsvertragsabschluss außerplanmäßig unterbleibt. Dies ist in der Praxis nicht so selten der Fall, zumal gerade Manager sich um ihre eigenen (Vertrags-)Angelegenheiten oft recht nachlässig kümmern.[214] **74**

Wie schon oben ausgeführt, ergibt sich nach erfolgter Bestellung zum Vorstandsmitglied die Verpflichtung der Vertragspartner, die noch offenen Anstellungsbedingungen in fairer Weise zu regeln.[215] Verweigert die Gesellschaft dies, kommt als Sanktion in aller Regel nur die vorzeitige Mandatsniederlegung in Betracht.[216] **75**

Das Bestehen von Schadenersatzansprüchen wegen schuldhafter Verletzung der die Gesellschaft treffenden Verpflichtung, die Anstellungsbedingungen in fai- **76**

---

[209] Vgl *Ch. Nowotny*, DRdA 1989, 428; so auch *E. Vetter* in FS Hoffmann-Becking, 1297 (1304 f).

[210] *Runggaldier/G. Schima*, Führungskräfte 99 f.

[211] *Runggaldier/G. Schima*, Führungskräfte 58 f, 61 f, 65 f; so auch schon *Schiemer*, GesRZ 1984, 18.

[212] *Runggaldier/G. Schima*, Führungskräfte 65.

[213] *Runggaldier/G. Schima*, Führungskräfte 66.

[214] Dieser Befund trifft im Übrigen oft auch dann zu, wenn sehr wohl schriftliche Anstellungsverträge vereinbart werden, deren Reichweite dem Vortandsmitglied aber nicht bewusst ist. Das drastischste Beispiel ist die „Koppelungsklausel“, bei der im Falle der selbst unverschuldeten Abberufung der Vorstandsvertrag sofort erlöschen soll deren Bedeutung dem Vorstandsmitglied erst bewusst wird, wenn aufgrund von Unstimmigkeiten über die Beendigung des Mandats verhandelt wird oder es gar zu einer einseitigen Abberufung kommt. Zur Zulässigkeit und Wirkung solcher Koppelungsklauseln s Rz 154.

[215] So zutr *Baums*, Geschäftsleitervertrag 52 f, 160, 201, 204 f; vgl auch *Nowotny*, DRdA 1989, 430 FN 11; *Runggaldier/G. Schima*, Führungskräfte 66.

[216] So offenbar auch *Baums*, Geschäftsleitervertrag 52 f; *Runggaldier/G. Schima*, Führungskräfte 66.

rer Weise zu regeln, kann im Ergebnis auch einen Entgeltanspruch des Vorstandsmitgliedes für die Restlaufzeit des Mandats bedeuten.

3. Anstellungsdauer

77 Die Anordnung der sinngemäßen Geltung der für die Bestellung geltenden Regeln auch für den Anstellungsvertrag (§ 75 Abs 1 letzter Satz AktG) bedeutet, dass der Vorstands-Anstellungsvertrag ein Vertag auf bestimmte Zeit sein muss und mit der Höchstdauer der Funktionsperiode, dh mit fünf Jahren – maximal aber mit der Bestellungsdauer – begrenzt ist.[217]

78 Einen die im Bestellungsbeschluss festgesetzte Mandatsdauer überdauernden Anstellungsvertrag kann es nicht geben. Ein solcher Anstellungsvertrag wäre teilnichtig.[218]

79 Zu diesem Ergebnis nötigt weniger das – in der Diskussion oft maßlos überschätzte – Gebot der Entscheidungsfreiheit des Aufsichtsrates, der versucht sein könnte, jenes Vorstandsmitglied wieder zu bestellen, das schon über eine weitereichende Zusage verfügt,[219] sondern der Umstand, dass Inhalt des Anstellungsvertrages ja nicht bloß die Verpflichtung der Gesellschaft bildet, das vereinbarte Entgelt zu zahlen, sondern die Pflicht (und natürlich auch das Recht) des Bestellten als Vorstandsmitglied seinen Aufgaben nachzukommen. Dazu kann sich ein Vorstandsmitglied über die Bestellungsdauer hinaus aber weder verpflichten noch kann der Aufsichtsrat über die Bestellungsdauer hinaus grundsätzlich ein solches Recht zusagen.

80 Rechtlich unbedenklich ist eine anstellungsvertragliche „Verlängerungsklausel" (Kettenklausel) der zufolge sich der Anstellungsvertrag bei Wiederbestellung des Vorstandsmitgliedes automatisch auf die Dauer der neuen Amtsperiode verlängert.[220] Die vereinzelte Gegenmeinung[221] übersieht unter anderem, dass das (ohnehin keinen nachvollziehbaren Zweck erfüllende; siehe oben) Gebot der schriftlichen Bestätigung für die Verlängerung des Anstellungsvertrages nicht gilt.[222]

4. Arbeitnehmereigenschaft

81 Vorstandsmitglieder einer AG sind nach heute wohl einhellig vertretener Ansicht in Lehre und Judikatur keine Arbeitnehmer.[223]

217 *Runggaldier/G. Schima,* Führungskräfte 69; vgl *Schiemer*, AktG² Anm 4.3 zu § 75; *Schuster-Bonnott*, GesRZ 1983, 116; *G. Schima*, ecolex 2006, 457; *Strasser* in Jabornegg/Strasser, AktG⁵ §§ 75, 76 Rz 78.

218 Vgl *Runggaldier/G. Schima*, Führungskräfte 70.

219 IdS *Hefermehl* in Gessler/Hefermehl/Eckardt/Kropff, AktG § 84 Rz 42.

220 *Kastner/Doralt/Nowotny*, Gesellschaftsrecht⁵ 221 f, 222 FN 21; *Runggaldier/G. Schima*, Führungskräfte 70; ebenso *Hefermehl* in Gessler/Hefermehl/Eckardt/Kropff AktG § 84 Rz 42; *Mertens/Cahn* in KölnKommAktG³ § 84 Rz 53; *Hüffer/Koch*, AktG¹¹ § 84 Rz 20; *Spindler* in MünchKommAktG⁴ § 84 Rz 79; *Seibt* in K. Schmidt/Lutter, AktG³ § 84 Rz 28; BGH II ZR 118/50 BGHZ 3, 90 (94); BGH II ZR 126/52 BGHZ 10, 187 (194).

221 Vgl *Schiemer* AktG² Anm 4.4 zu § 75; *Strasser* in Jabornegg/Strasser, AktG⁵ §§ 75, 76 Rz 82.

222 *Runggaldier/G. Schima*, Führungskräfte 70; so auch *Kalss* in Kalss/Nowotny/Schauer, Gesellschaftsrecht Rz 3/284; *Kalss* in MünchKommAktG⁴ § 84 Rz 265.

223 Erstmals idS OGH 2 Ob 356/74 SZ 48/79 = Arb 9371 = EvBl 1976/66 = GesRZ 1976,

Nach ganz herrschender und zutreffender Ansicht ist der Vorstands-Anstellungsvertrag ein „freier" Dienstvertrag.[224] Die nicht ausrottbare Meinung, es käme auch ein Werkvertrag in Betracht,[225] ist schon deshalb unhaltbar,[226] weil der Werkvertrag ein reines Zielschuldverhältnis ist und die Besorgung der Aufgaben in Geschäftsführungs- und Vertretungsorganen einer Körperschaft grundsätzlich nicht im Rahmen eines Zielschuldverhältnisses abgewickelt werden kann.[227]

Auch ein Auftragsvertrag kommt als solcher für eine Einordnung von Vorstandsverträgen (nicht bloß in der AG) nicht in Betracht.[228]

---

26 = HS 9602; bestätigend OGH 4 Ob 5/85 SZ 58/20 = Arb 10.406 = EvBl 1985/80 = GesRZ 1985, 142 = ÖBl 1985, 124 (*Collin*); OGH 9 Ob A 117/88 DRdA 1990, 333 (*Floretta*); ausführlich *Geppert*, Der „Anstellungs"vertrag des Vorstandsmitgliedes einer AG, DRdA 1980, 1 (8 ff); *Jabornegg*, Unternehmensrecht und Arbeitsrecht, DRdA 1991, 13 mwN in FN 13 zum Meinungsstand; *Wachter*, Dienstleistungen am Rande des Arbeitsrechts – Zur Rechtsstellung von Vorstandsmitgliedern von Aktiengesellschaften und Sparkassen, wbl 1991, 81 (83) – ohne eigene Begründung; sehr eingehend VwGH 1773/80 DRdA 1982, 407 (zust *Geppert*); *Kastner/Doralt/Nowotny*, Gesellschaftsrecht^5 223; ausführlich *Runggaldier/G. Schima,* Führungskräfte 1 ff; *Floretta* in FS W. Schwarz 488 ff; *Kalss* in Kalss/Nowotny/Schauer, Gesellschaftsrecht Rz 3/280; *Strasser* in Jabornegg/Strasser, AktG^5 §§ 75, 76 Rz 64 ff.

[224] *Wachter*, wbl 1991, 81 (83); *Runggaldier/G. Schima*, Führungskräfte 2; *Kalss* in Kalss/Nowotny/Schauer, Gesellschaftsrecht Rz 3/280; *Strasser* in Jabornegg/Strasser, AktG^5 §§ 75, 76 Rz 65.

[225] Vgl für den GmbH-Geschäftsführer zB OGH 4 Ob 69/76 Arb 9538 = EvBl 1977/112 = ZAS 1978, 53 ff mit Anm *Buchsbaum;* aus jüngster Zeit zB *Herzeg*, Die arbeitsrechtliche Stellung der Vorstandsmitglieder von AG und Geschäftsführer von GmbH, JAP 2008/2009, 93 (95); für das Vorstandsmitglied einer Stiftung unter ausdrücklichem Verweis auf die „Einordnungsproblematik" bei der GmbH *N. Arnold*, PSG-Kommentar^3 § 15 Rz 111 mwN.

[226] So auch ganz zutr zB *Schuster-Bonnott*, Die Rechtsnatur des zwischen Aktiengesellschaft und Vorstandsmitglied geschlossenen Anstellungsvertrages, in FS Kastner (1972) 421 (429); *Strasser* in FS Schwind (1978) 311 (314).

[227] Vgl *Runggaldier/G. Schima*, Führungskräfte 2, 9; verkennend zB *Herzeg*, JAP 2008/2009, 93 (95) und FN 19, der behauptet, ein Werkvertrag könne *„ausnahmsweise etwa bei Sanierungsmanagern („One Dollar-Managern", „Trouble-Shootern")"* eine Rolle spielen, und *Floretta* (in FS W. Schwarz 476) *„irre"* sich, wenn er meine, der Werkvertrag käme als mögliches Rechtsverhältnis nicht in Betracht, weil ein Vorstandsmitglied nicht das Herbeiführen eines bestimmten Erfolgs schulde. Diese Meinung überzeugt jedoch nicht, denn auch ein „Sanierungsmanager" schuldet keinen Erfolg im *rechtlichen*, dh werkvertraglichen Sinne, und selbst wenn es zulässig sein sollte, zwischen Gesellschaft und Vorstandsmitglied gültig zu vereinbaren, dass das Vorstandsmitglied zB die Eigenkapitalquote innerhalb von zwei Jahren auf einen ganz bestimmten Wert anzuheben hat, läge deshalb noch kein Werkvertrag (Zielschuldverhältnis) vor, sondern ohne Zweifel genauso ein „freier" Dienstvertrag.

[228] *Runggaldier/G. Schima*, Führungskräfte 2, 9; abl gegenüber dem Werkvertrag und dem Bevollmächtigungsvertrag/Auftragsvertrag auch VwGH 2397/79 Arb 9876; dies verkennend *Schiemer*, AktG^2 Anm 4.2. zu § 75; *Schiemer*, GesRZ 1984, 16 f; ebenso *Strasser* in Rummel, ABGB I^3 § 1002 Rz 39 mit ungerechtfertigter Kritik an der zitierten VwGH-E; nunmehr abgeschwächt und auf die Linie des freien Dienstvertrages mit Elementen eines Bevollmächtigungsvertrages einschwenkend *Strasser* in Jabornegg/Strasser, AktG^5 §§ 75, 76 Rz 65; auch der Vertrag mit dem Vorstandsmitglied einer Privatstiftung kann – entgegen *N. Arnold* (PSG-Kommentar^3 § 15 Rz 111) – kein *„bloßes Auftragsverhältnis"* als solches sein, weil auch ein Stiftungs-Vorstandsmitglied im Rahmen eines Dauerschuldverhältnisses laufend gattungsmäßig umschriebene Leistungen zu erbringen hat, die in den §§ 1002 ff

82 Wenngleich § 70 Abs 1 AktG dem Vorstand bzw Vorstandsmitglied nur die Freiheit von sachlichen Weisungen gewährleistet, sind richtiger Ansicht zufolge die für ein Arbeitsverhältnis charakteristischen persönlichen Weisungen dem Aufsichtsrat einer AG gegenüber einem Vorstandsmitglied gar nicht gestattet.[229] Ebenso wenig ist der Aufsichtsrat berechtigt, „Disziplinarmaßnahmen" über Vorstandsmitglieder zu verhängen, also zB eine Disziplinarordnung zu erlassen. Die Zulässigkeit von – möglicherweise als „Disziplinarmaßnahmen" empfundenen Maßnahmen (wie zB eine Suspendierung) bestimmt sich allein nach vertragsrechtlichen Grundsätzen.[230]

83 In der *Danosa*-E aus dem Jahr 2010 hatte der EuGH[231] die Frage zu behandeln, ob ein Vorstandsmitglied einer AG Arbeitnehmerin im unionsrechtlichen Sinn sein kann. Bei einer lettischen AG bejahte der EuGH die Anwendung der Mutterschutz-RL[232] (auf die gestützt das Vorstandsmitglied die angeblich wegen der Schwangerschaft ausgesprochene Kündigung bekämpfte).[233]

Arbeitnehmer iSd RL seien Personen, die während einer bestimmten Zeit gegen Entgelt Leistungen für eine andere Person nach deren Weisung erbrächten.[234]

Ein Mitglied der Unternehmensleitung – so der EuGH – das gegen Entgelt Leistungen gegenüber der Gesellschaft erbringt, die es bestellt hat und in die es eingegliedert ist, das seine Tätigkeit nach der Weisung oder unter der Aufsicht eines anderen Organs dieser Gesellschaft ausübt, und das jederzeit ohne Einschränkung von seinem Amt abberufen werden kann, erfüllt dem ersten Anschein nach die Voraussetzungen, um als Arbeitnehmer iSd Mutterschutz-RL zu gelten.[235]

Ob die im dt Schrifttum gezogene Schlussfolgerung, diese Entscheidung habe keine Auswirkungen auf das dt Aktienrecht, berechtigt ist, könnte aber hinterfragt werden. Die vom EuGH aufgestellten Kriterien des Arbeitnehmerbegriffs[236] treffen nämlich nicht auf dt AG-Vorstandsmitglieder zu, weil diese nicht jederzeit abberufen werden können, wie dies bei der lettischen AG der Fall ist, die in Wahrheit eher mit einer dt GmbH vergleichbar[237] ist. Die Argumente des Generalanwalts,[238]

ABGB enthaltenen Regelungen aber auf die Besorgung eines Einzelgeschäftes zugeschnitten sind (*Runggaldier/G. Schima*, Führungskräfte 2). Dass über § 1151 Abs 2 ABGB die §§ 1002 ff ABGB sinngemäß zur Anwendung gelangen, weil gerade Vorstandsmitglieder in erheblichem Maße Rechtsgeschäfte tätigen, kann indes keinem Zweifel unterliegen (vgl *Schuster-Bonnott*, GesRZ 1983, 114; *Runggaldier/G. Schima*, Führungskräfte 2).

229 *Runggaldier/G. Schima*, Führungskräfte 3 f.

230 *Runggaldier/G. Schima*, Führungskräfte 4.

231 EuGH 11.11.2010, C-232/09 *Danosa*.

232 Richtlinie 92/85/EWG des Rates vom 19. Oktober 1992 über die Durchführung von Maßnahmen zur Verbesserung der Sicherheit und des Gesundheitsschutzes von schwangeren Arbeitnehmerinnen, Wöchnerinnen und stillenden Arbeitnehmerinnen am Arbeitsplatz, ABl L 348 vom 28.11.1992, 1.

233 Vgl den veröffentlichten Sachverhalt in NJW 2011, 2343.

234 Vgl EuGH 11.11.2010, C-232/09 Rz 39.

235 Vgl Rz 51 der Entscheidung.

236 *Kort* in GroßKommAktG[5] § 84 Rz 273c.

237 So *Preis/Sagan,* Der GmbH-Geschäftsführer in der arbeits- und diskriminierungsrechtlichen Rechtsprechung des EuGH, BGH und BAG, ZGR 2013, 26 (33 ff) mwN.

238 Schlussanträge des Generalanwalts Yves Bot vom 2. September 2010 zu C-232/09, Rz 77–84.

mit denen die Arbeitnehmereigenschaft bejaht wurde und auf die der EuGH in seiner Entscheidung ausdrücklich verweist,[239] treffen mE auch auf Vorstandsmitglieder zu. Nach dieser Argumentation agiert ein Organ dann nicht in völliger Unabhängigkeit, wenn seine Mitglieder *„bereits wegen eines Vertrauensverlustes abberufen werden"* können. In so einem Fall sähe sich das Organ gezwungen, die Leitung der Gesellschaft sehr wohl nach den Erwartungen des Aufsichtsorgans zu richten. Vergegenwärtigt man sich, dass ein Vertrauensentzug nach dt oder österreichischem Aktienrecht nur *„nicht offenbar unsachlich"* sein muss, kann nicht ausgeschlossen werden, dass der EuGH deutsche und österreichische Vorstandsmitglieder einer AG ebenfalls als Arbeitnehmer iSd Unionsrechts qualifizieren würde.

Dies würde aber nicht die Einstufung als Arbeitnehmer iSd nationalen Arbeitsrechts bedeuten und auch nicht, dass auf dieser Grundlage die körperschaftsrechtliche Abberufung ebenfalls als unwirksam bekämpft werden könnte. Denn Zweck der mutterschaftsrechtlichen Vorschriften ist wohl in erster Linie die Schaffung eines wirtschaftlichen Schutzes gegenüber Kündigungen in prekärer Lage, nicht hingegen die Bewahrung eines bestimmten Arbeitsplatzes.

Die Einordnung des Vorstandsvertrages als „freier" Dienstvertrag führt dazu, dass grundsätzlich jene arbeitsrechtlichen Normen analog anzuwenden sind, die einen Geltungsgrund nicht in der das Arbeitsverhältnis kennzeichnenden persönlichen Abhängigkeit und besonderen sozialen Schutzbedürftigkeit haben.[240] **84**

Nicht anwendbar ist zB § 23 AngG alt betreffend die Abfertigung.[241]

Ebenfalls nicht als solches generell (analog) anwendbar ist das UrlG, was aber nichts daran ändert, dass Vorstandsmitglieder schon wegen der sie persönlich treffenden Arbeitspflicht ohne Vertretungsmöglichkeit zumindest einen Anspruch auf (und sei es nur unbezahlte) Freistellung in dem einem Arbeitnehmer zustehenden Ausmaß haben.

Durch die analoge Anwendung der arbeitsrechtlichen Bestimmungen auf „freie" Dienstverträge geht der zwingende Charakter der Norm grundsätzlich verloren.[242] Dennoch können Abweichungen von in diesem Sinne dispositiven Normen auch bei freien Dienstverträgen sittenwidrig sein. Ein Bsp wäre zB die Verankerung eines nachvertraglichen Wettbewerbsverbotes, das das Vorstandsmitglied – in Abweichung von § 37 AngG – auch bei einer unverschuldeten Abberufung oder einen vorzeitigen Rücktritt und Austritt aus wichtigem (gar von der Gesellschaft verschuldetem) Grund einhalten muss, ohne dafür eine Entschädigung zu erhalten.[243]

---

239 Dies in Rz 48 der Entscheidung.

240 Vgl *Rebhahn* in *Kletečka/Schauer*, ABGB-ON[1.02] § 1151 ABGB Rz 135 mwN; *Wachter*, Der sogenannte freie Dienstvertrag, DRdA 1984, 405 ff; OGH 9 Ob 902/91 DRdA 1992, 124 (*Wachter*); *Runggaldier/G. Schima*, Führungskräfte 2; *Strasser* in Jabornegg/Strasser, AktG[5] §§ 75, 76 Rz 68.

241 Vgl OGH 4 Ob 45/81 Arb 10.055 (Tierarzt); OGH 14 ObA 46/87 Arb 10.697 (Zielorte-Reiseleiter) und dazu *G. Schima*, Abfertigungsregelungen in Vorstandsverträgen, in *Runggaldier*, Abfertigungsrecht (1991) 407 (408).

242 *Strasser* in Jabornegg/Strasser, AktG[5] §§ 75, 76 Rz 68.

243 Wobei die Leistung einer Karenzentschädigung wohl nur den erstgenannten Fall zulässig macht; siehe zu alledem Rz 410).

Von einer Klausel, mit der das AngG subsidiär für anwendbar erklärt wird, soweit der Vertrag nichts anderes bestimmt, kann dem Aufsichtsrat wegen der dadurch geschaffenen, uU diffizilen Auslegungsprobleme nur abgeraten werden.[244]

5. Arbeitnehmerähnlichkeit

85 Während die ältere Rsp – bis zu einer diese Linie grundlegend ändernde OGH-E[245] – sogar die Möglichkeit der Arbeitnehmereigenschaft von Vorstandsmitgliedern einer AG bejaht hatte, verneint sie seit einer E aus dem Jahr 1996[246] auch die Arbeitnehmerähnlichkeit. Der OGH hat diese Sichtweise in der Folge bestätigt.[247]

Bei Vorliegen *„ganz besonderer Umstände"* möchte das Höchstgericht Arbeitnehmerähnlichkeit uU anerkennen.[248]

So meint der OGH,[249] die Arbeitnehmerähnlichkeit könne im Einzelfall bloß dann gegeben sein, wenn die wirtschaftliche Abhängigkeit des Vorstandsmitgliedes überhaupt über das übliche Maß hinausgehe, insbesondere, wenn die vertragliche Verpflichtung die *„Einhaltung der kollektivvertraglichen Arbeitszeit"* die *„Führung von Überstundenaufzeichnungen"*, die *„Verrichtung der Tätigkeit in den Räumen der Aktiengesellschaft"* sowie den mehrfachen Verweis auf die *„keineswegs nur subsidiäre Geltung des AngG"* beinhalte.

86 Die Auffassung des OGH und der diesem folgenden Ansicht in der Lehre[250] ist abzulehnen; richtigerweise sind hauptberuflich tätige Vorstandsmitglieder, die nicht wesentlich an der Gesellschaft beteiligt sind, nicht generell arbeitnehmerähnlich.[251]

87 Die praktischen Konsequenzen an der Verneinung oder Bejahung der Arbeitnehmerähnlichkeit von Vorstandsmitgliedern halten sich in Grenzen.

Vor allem geht es um die Gerichtszuständigkeit. Aufgrund der Rsp des OGH gehören Rechtsstreitigkeiten zwischen AG und Vorstandsmitglied grundsätzlich vor die Handelsgerichte. Es kann aber die Zuständigkeit der Arbeits- und Sozialgerichtes vereinbart werden.[252]

---

[244] *Runggaldier/G. Schima*, Manager-Dienstverträge[4] 267 (Anmerkung 40 zum Mustervertrag eines Vorstandsmitglieds).

[245] OGH 2 Ob 356/74 SZ 48/79 = EvBl 1976/66 = GesRZ 1976, 26 = HS 9602.

[246] OGH 9 ObA 2003/96s SZ 69/103 = Arb 11.519 = RdW 1997, 417 = wbl 1997, 77.

[247] Vgl OGH 9 ObA 2044/96w ARD 4799/21/96 = DRdA 1996, 522; OGH 29.3.2006, 9 ObA 75/05b; OGH 27.2.2008, 3 Ob 252/07v; 8 ObS 16/08y Arb 12.777.

[248] OGH 9 ObA 2003/96s SZ 69/103 = Arb 11.519 = RdW 1997, 417 = wbl 1997, 77.

[249] OGH 9 ObA 75/05b ARD 5685/13/06.

[250] So *Strasser* in Jabornegg/Strasser, AktG[5] §§ 75, 76 Rz 67.

[251] So *Runggaldier/G. Schima*, Manager-Dienstverträge[4] 20; *Runggaldier/G. Schima*, Führungskräfte 32 ff, 34.

[252] IdZ ist Vorsicht bei der Formulierung der anstellungsvertraglichen Zuständigkeitsklausel geboten. Der Verfasser ist gerade mit einem Fall beschäftigt, in dem – der üblichen Formulierung entsprechend – laut Gerichtsstandsklausel *„die aus dem Anstellungsvertrag resultierenden Streitigkeiten, wozu auch Streitigkeiten über dessen Gültigkeit zählen"* vor dem Arbeits- und Sozialgericht auszutragen sind und wo die geklagte Gesellschaft nun behauptet, die Bekämpfung des Abberufungsbeschlusses des Aufsichtsrates falle nicht unter diese Gerichtsstandsklausel, weil es dabei um den Bestand des Mandats und nicht des Anstellungsvertrags ginge. Zwar ist diese Auffassung mE klar verfehlt, weil eine sachgerechte

Das auf arbeitnehmerähnliche Personen an sich anwendbare Dienstnehmerhaftpflichtgesetz (DHG) ist auf Vorstandsmitglieder und Geschäftsführer, selbst wenn sie arbeitnehmerähnlich oder gar Arbeitnehmer sind, nach der Rsp nicht anwendbar.[253] Das Kautionsschutzgesetz ist auf arbeitnehmerähnliche Personen anwendbar und beschränkt die Stellung von Sicherheiten und Kautionen auf den Arbeitnehmer/die arbeitnehmerähnliche Person zugunsten des Arbeitgebers/Vertragspartners.[254] Das Arbeitskräfteüberlassungsgesetz (AÜG) ist auf arbeitnehmerähnliche Personen zwar anwendbar, sein wesentlicher Teil gilt aber für die konzerninterne Überlassung nicht, wenn die Überlassung nicht dem Betriebszweck der überlassenden Gesellschaft bildet.[255]

Vom IESG sind zwar seit 1.10.2005 GmbH-Geschäftsführer nicht mehr, wohl aber nach wie vor Vorstandsmitglieder ausgeschlossen, weil sie keine Arbeitnehmer sind.[256]

B. Anstellungsvertragsinhalt

1. Regelung der Tätigkeit des Vorstandsmitgliedes

a) Ressortvergabe

Wie schon erwähnt, bedarf die Einräumung eines – dem Aufsichtsrat nicht an- **88**
zuratenden – vertraglichen Rechts auf ein ganz konkretes Ressort gegenüber einen Vorstandsmitglied explizierter vertraglicher Zusage; bloße Verweisungen auf die vom Aufsichtsrat beschlossene Geschäftsverteilung sind im Zweifel dynamisch und nicht statisch zu verstehen.[257]

Der Auffassung, eine derartige Zusage würde in die Geschäftsordnungskompetenz des Aufsichtsrates eingreifen und sei deshalb unzulässig,[258] ist nicht zu folgen.[259]

Auslegung der vertraglichen Regelung deren Anwendung auf das *gesamte* Rechtsverhältnis zwischen AG und Vorstandsmitglied ergibt; durch entsprechend umfassende Formulierung erspart man sich aber diese Komplikationen.

253 OGH 1 Ob 179/73 SZ 46/113 = EvBl 1974/83 = Arb 9185 für Vorstandsmitglieder einer AG; OGH EvBl 1979/135 für GmbH-Geschäftsführer; *Schiemer*, AktG² Anm 4.1. zu § 84; *Schuster-Bonnott* in FS Kastner 436 f; *Marhold*, Aufsichtsratstätigkeit 149 f; *Jabornegg*, DRdA 1991, 14 f; ebenso, aber mit der Ausnahme für deliktische Schäden, die nicht in Ausübung der Unternehmensleitung zugefügt werden, *Runggaldier/G. Schima*, Führungskräfte 219 ff; *Kalss* in Kalss/Nowotny/Schauer, Gesellschaftsrecht Rz 3/423; *Strasser* in Jabornegg/Strasser, AktG⁵ §§ 77–84 Rz 95 geht darauf nicht näher ein, was von seiner Position her konsequent ist, wonach Vorstandsmitglieder ohnehin *nie* arbeitnehmerähnlich sein können.

254 Vgl dazu OGH 8 ObA 57/06z SZ 2006/112 = ARD 5722/3/06: es stehe allerdings nicht fest, ob das gesamte Gesetz auf alle arbeitnehmerähnlichen Personen anzuwenden ist; OLG Innsbruck, ARD 4399/11/92 = ZASB 1992, 6.

255 Vgl dazu ausführlich *Runggaldier/G. Schima*, Führungskräfte 40 f; *Runggaldier/G. Schima*, Manager-Dienstverträge⁴ 21.

256 Vgl ausführlich *Runggaldier/G. Schima*, Manager-Dienstverträge⁴ 229 ff.

257 Vgl diesbezüglich noch zurückhaltender *Runggaldier/G. Schima*, Führungskräfte 103 f, 119 ff.

258 Vgl dazu für Deutschland zB *Wiesner* in MünchHdbGesR⁴ § 22 Rz 27.

259 Wie hier auch *Kort* in GroßkommAktG⁵ § 77 Rz 93 f; *Lutter/Krieger/Verse*, Rechte und Pflichten des Aufsichtsrates⁶ § 7 Rz 455, 457.

Vermag der Aufsichtsrat die Zusage nicht einzuhalten und ergibt sich nicht ausnahmsweise eine Verpflichtung des Vorstandsmitgliedes trotz anstellungsvertraglicher Zusage (zB bei unbedingt erforderlicher Vergrößerung oder Verkleinerung des Vorstandes) in maßvolle Änderungen einzuwilligen, kann das Vorstandsmitglied sein Amt niederlegen und den Vertrag fristlos auflösen.[260] Folgt man der (nicht überzeugenden) hA, dass Vorstandsbestellungen dem Aufsichtsratsplenum vorbehalten sind, müsste dies wegen der unmittelbaren Verknüpfung mit der Bestellung auch für eine anstellungsvertragliche Zusage eines ganz konkreten Ressorts gelten.[261]

b) Konzernmandatsklauseln

89 Klausen, die das Vorstandsmitglied (für die GmbH-Geschäftsführer gilt ganz Ähnliches) während der Dauer des Mandats bzw des Anstellungsvertrages verpflichten, Mandate in anderen konzernangehörigen Unternehmen – insbesondere als Aufsichtsratsmitglied oder Geschäftsführer von Tochter- und Beteiligungsgesellschaften – ohne gesondertes Entgelt zu übernehmen und diese Funktionen auf jederzeitiges Verlangen der Gesellschaft unverzüglich zurückzulegen[262] sind in Verträgen mit Geschäftsleitern geradezu zur Vertragssitte geworden.[263]

90 Teilweise ist die Wirksamkeit solcher Konzernmandatsklauseln im Hinblick auf die in § 70 Abs 1 AktG verbriefte Unabhängigkeit und Weisungsfreiheit des Vorstandes in Zweifel gezogen worden.[264] Der OGH[265] hatte den Fall zu beurteilen, dass ein Vorstandsmitglied ua deshalb fristlos entlassen wurde, weil es der in seinem Anstellungsvertrag in der „Konzernmandatsklausel" enthaltenen Verpflichtung nicht nachgekommen war, Mandate in verbundenen Unternehmen niederzulegen.

Zur konkreten Konzernmandatsklausel musste der OGH nicht Stellung nehmen, weil er die Entlassung – zutreffend – schon aus anderen Gründen verneinte. Er schloss sich aber der hA zur beschränkten Zulässigkeit von Weisungsklauseln in Beherrschungsverträgen oder Anstellungsverträgen an,[266] soweit das dadurch

---

260 *Ch. Nowotny* in Doralt/Nowotny/Kalss, AktG² § 70 Rz 25; *Lutter/Krieger/Verse*, Rechte und Pflichten des Aufsichtsrates⁶ § 7 Rz 455, 457.

261 Vgl für Deutschland zB *Lutter/Krieger/Verse*, Rechte und Pflichten des Aufsichtsrates⁶ § 7 Rz 389 4; *Mertens/Cahn* in KölnKommAktG³ § 84 Rz 49; *Wiesner* in MünchHdbGesR⁴ IV § 21 Rz 21.

262 Vgl ausführlich zu dieser Art von Klauseln *Runggaldier/G. Schima,* Führungskräfte 104 ff; *Runggaldier/G. Schima*, Manager-Dienstverträge⁴ 42 ff.

263 Wie die Praxis zeigt, wird dabei ganz überwiegend der Muster-Vertragstext von *Runggaldier/G.Schima,* Führungskräfte 270 bzw *Runggaldier/G. Schima,* Manager-Dienstverträge³ 198 verwendet. Nicht durchgesetzt hat sich in der Praxis die in Abs 4 dieses Muster-Vertragstextes verankerte Verpflichtung des Vorstandsmitglieds, zur Sicherung der Verpflichtung zum jederzeitigen Rücktritt von der Funktion bereits blanko unterschriebene Rücktrittserklärungen der Gesellschaft zu übergeben. Eine solche Regelung ist in der Tat nicht ganz unproblematisch. In der Neuauflage (*Runggaldier/G. Schima*, Manager-Dienstverträge⁴ [2014] 236) ist diese Regelung in Pkt III. Abs 4 des Mustervertrags mit einem AG-Vorstandsmitglied gleichwohl weiterhin enthalten.

264 Vgl *Jabornegg,* Anm zu OGH 28.9.2007, 9 Ob A 28/07v, DRdA 2009, 497.

265 OGH 28.9.2007, 9 Ob A 28/07v DRdA 2009, 497 (*Jabornegg).*

266 Vgl dazu ausführlich *Runggaldier/G. Schima,* Manager-Dienstverträge⁴ 7 ff; *Runggaldier/G. Schima*, Führungskräfte 20 ff; *Krejci,* ÖZW 1988, 66 ff.

anvertraute Unternehmensinteresse (§ 70 Abs 1 AktG) nicht beeinträchtigt werde, und begründete dies mit dem „*beträchtlichen Interesse der Wirtschaft an funktionierenden Konzernen*".

Der Kritik von *Jabornegg,*[267] wonach die konkrete Konzernmandatsklausel wegen der darin verkörperten unzulässigen „*Vorgabe betreffend die Geschäftsleitung des abhängigen Unternehmens*" unzulässig sei und bloß bei einer aus wichtigem Grund erklärten Abberufung des Vorstandsmitgliedes greifen könne, ist in dieser Form nicht zu folgen. 91

Soweit die Klausel in die das Vorstandsmitglied in gruppenangehörigen Unternehmen, insb in beherrschenden Gesellschaften, treffende Verpflichtung zur Leitung bzw Überwachung und Kontrolle von nachgeordneten Gesellschaften, also in die „Konzernkoordinierungspflicht"[268] eingreift, ist sie unwirksam. Bei *aufrechtem Mandat* kann eine solche Klausel das Vorstandmitglied nicht daran hindern, in Erfüllung der „Konzernkoordinationspflicht" relevante Organpositionen nach eigenem verantwortlichen Ermessen zu bekleiden und demgemäß auch nicht dazu verpflichten, solche Funktionen niederzulegen.

Bei Beendigung des Mandats gem § 75 Abs 4 AktG, die nach dem Gesetz vorläufig wirksam ist, gilt mit *Jabornegg* in dieser Fallkonstellation, dass das Vorstandsmitglied zur Aufgabe der Konzernmandate sehr wohl angehalten werden kann.

Bei Konzernmandaten, deren Ausübung nicht mehr auf eine das Vorstandsmitglied schon nach dem AktG treffende „Geschäftsleitungspflicht" oder „Konzernkoordinationspflicht" gestützt werden kann, ist die anstellungsvertragliche Verankerung einer Zurücklegungspflicht aber auch bei aufrechtem Vorstandsmandat unbedenklich. Hier kann eine Weigerung des Vorstandsmitgliedes sehr wohl einen Abberufungsgrund iSd § 75 Abs 4 erster Fall AktG verwirklichen.

Die in Konzernmandatsklauseln fast immer enthaltene Verpflichtung, die Funktionen ohne gesondertes Entgelt auszuüben, berührt § 70 Abs 1 AktG nicht und ist unbedenklich.

c) Wiederbewerbungs- und Konzernbeschäftigungklauseln

Manchmal enthalten Vorstands-Anstellungsverträge eine Regelung, dass das Vorstandsmitglied nach Ablauf der Bestellungsdauer sich wieder um das Amt bewerben und eine Wiederbestellung zu mindestens gleich guten Konditionen annehmen muss, anderenfalls finanzielle „Sanktionen" in Form des Verfalls einer vertraglichen Abfertigung oder des betrieblichen Pensionsanspruches greifen.[269] Derartige Klauseln sind an § 1158 Abs 3 ABGB zu messen. Diese Vorschrift ist auch auf solche freien Dienstverträge anzuwenden, in deren Rahmen der Dienstverpflichtete seine (gesamte) persönliche Arbeitskraft zur Verfügung zu stellen hat.[270] 92

---

267 *Jabornegg,* DRdA 2009, 502 f.

268 Vgl *Hüffer/Koch,* AktG[11] § 76 Rz 46 ff; *Kort* in GroßkommAktG[5] § 76 Rz 177; *Hopt* in GroßkommAktG[5] § 93 Rz 204; *Spindler* in MünchKommAktG[4] § 76 Rz 42 ff; *Fleischer* in Spindler/Stilz, AktG § 76 Rz 73 ff.

269 Vgl dazu *Runggaldier/G. Schima,* Führungskräfte 110 ff mwN.

270 *Runggaldier/G. Schima,* Führungskräfte 111 f mit ausführlicher Begründung und Verweis auf die Diskussion auch in Deutschland.

Der Verfall einer direkten und bei Vorstandsmitgliedern einer AG nicht vom BPG erfassten Pensionsleistungszusage bei Unterbleiben der Wiederbewerbung ist grundsätzlich unbedenklich und bedeutet nichts anderes als die Festigung einer bestimmten Anwartschaftsdauer.[271]

Ähnliches gilt für den Verfall einer Abfertigung, weil das Unterbleiben der Annahme einer Mandatsverlängerung trotz mindestens gleich guter Konditionen wertungsmäßig einer „Dienstnehmerkündigung" gleichzuhalten ist und für diese auch § 23 Abs 7 AngG alt den Verfall der Abfertigung absieht. Eine Besserstellung von Vorstandsmitgliedern gegenüber Arbeitnehmern ist nicht geboten.[272]

93 Manchmal sind Anstellungsverträge in der Praxis nicht nur auf die Vorstandstätigkeit zugeschnitten, sondern entstehen bei aus dem Unternehmen selbst geholten Vorstandsmitgliedern aus alten Dienst- bzw Prokuristenverträgen, die anlässlich der Bestellung zum Vorstandsmitglied uU nur in punkto Bezugshöhe geändert und im Übrigen „weiterverwendet" werden. Solche Vertragsgestaltungen können vielfältige Auslegungsprobleme und insbesondere die Frage aufwerfen, ob die Gesellschaft nach Ablauf des Vorstandsmandates berechtigt oder gar verpflichtet ist, dem (ehemaligen) Vorstandsmitglied eine andere adäquate Führungstätigkeit in der Gesellschaft oder in einem verbundenen Unternehmen anzubieten und ob das ehemalige Vorstandsmitglied eine damit korrespondierende Pflicht trifft oder in ein damit korrespondierendes Recht auf Ausübung einer solchen Tätigkeit zusteht.[273]

Vertragsklauseln, die solche Rechte bzw Pflichten ausdrücklich vorsehen, sind durchaus möglich und je nach Interessenlage uU auch sinnvoll. Denn Vorstandsmitglieder genießen keinen arbeitsrechtlichen Kündigungsschutz, weshalb die Zusicherung einer an die Mandatsbeendigung sich anschließenden Tätigkeit als Führungskraft in der Gesellschaft oder der Unternehmensgruppe attraktiv sein kann. Aus dem Umstand, dass die Gesellschaft bei einer vom Vorstandsmitglied nicht verschuldeten Abberufung und mangels Kündigungs- oder Koppelungsklausel eine möglicherweise noch lange andauernde Restlaufzeit abzugelten hat, verpflichtet das Vorstandsmitglied nicht, auf Verlangen der Gesellschaft anderweitigen (Führungs)Tätigkeiten für die Gesellschaft oder in einem verbundenen Unternehmen nachzugehen.[274]

2. Wettbewerbsverbot

94 Vorstandsmitglieder dürfen ohne Einwilligung des Aufsichtsrates weder ein Unternehmen betreiben noch Aufsichtsratsmandate in Unternehmen annehmen, die mit der Gesellschaft nicht konzernmäßig verbunden sind oder an denen die Gesellschaft nicht im Sinne des § 189a Z 2 UGB unternehmerisch beteiligt ist, noch im Geschäftszweig der Gesellschaft für eigene oder fremde Rechnung Geschäfte machen. Sie dürfen sich auch nicht an einer anderen unternehmerisch tätigen Gesellschaft als persönlich haftende Gesellschafter beteiligen (§ 79 Abs 1 AktG idF des ARÄG 2014[275]).

---

271 Vgl *Petrovic,* Kommentar zu OGH 19. 3. 1985, 4 Ob 31/85, ZAS 1987, 18 (19); *Runggaldier/G. Schima*, Führungskräfte 113.

272 Vgl *Runggaldier/G. Schima*, Führungskräfte 113 f.

273 *Runggaldier/G. Schima*, Führungskräfte 114 f.

274 Vgl *G. Schima*, Umgründungen im Arbeitsrecht (2004) 228 ff; dies ist umstritten.

275 BGBl I 2015/22.

Die Sanktionen im Falle eines Verstoßes sind denen nach dem AngG nachgebildet, dh Schadenersatz, Herausgabe des aus dem verbotenen Geschäft erlangten Vorteiles oder Abtretung des Vergütungsanspruches an die Gesellschaft bzw Ermöglichung des Eintrittes der Gesellschaft in das Geschäft (§ 79 Abs 2 AktG). Nicht ausdrücklich erwähnt ist als Sanktion die Abberufung aus wichtigem Grund und die vorzeitige Auflösung des Anstellungsvertrages, die sich aber schon aus § 75 Abs 4 erster Fall AktG ergibt, denn es handelt sich um eine Verletzung von Vorstandspflichten.[276]

§ 79 AktG weist auch nach den Novellierungen logische Brüche auf. So ist nicht verständlich, warum Aufsichtsratsmandate auch in nicht konkurrenzierenden Gesellschaften der Genehmigung bedürfen, außer es handelt sich um eine konzernverbundene Gesellschaft, wohingegen die mit vergleichbarem oder sogar höherem Haftungsrisiko und mindestens so intensiver Inanspruchnahme verbundene Tätigkeit als Gesellschafter, Geschäftsführer in einer nicht konkurrenzierenden GmbH vom Gesetz nicht erfasst wird. Die wohl hM bezieht deshalb § 79 AktG – entgegen den Wortlaut – auch auf die Übernahme von Geschäftsführungs- und Vorstandsmandaten in anderen Gesellschaften, unabhängig ob diese konkurrenzierend sind oder nicht.[277] **95**

Das Wettbewerbsverbot ist an den aufrechten Bestand des Mandats geknüpft und erlischt daher mit dessen Ende, auch wenn der Anstellungsvertrag bzw die Entgeltzahlungspflicht der Gesellschaft noch fortdauert.

Der Aufsichtsrat kann ein Vorstandsmitglied vom Wettbewerbsverbot ganz oder teilweise entbinden. Zuständig ist dafür der Aufsichtsrat entweder als Plenum oder in Form eines Ausschusses ohne Arbeitnehmervertreter gem § 92 Abs 4 letzter Halbsatz AktG iVm § 110 Abs 4 letzter Satz ArbVG.[278] Einen gerechtfertigten Grund für eine auch nur teilweise Befreiung vom Wettbewerbsverbot wird der Aufsichtsrat nur selten haben. Bei der Entscheidung darüber unterliegt der Aufsichtsrat der Business Judgment Rule (§ 84 Abs 1a iVm § 99 AktG). Hat der Aufsichtsrat oder eines seiner Mitglieder selbst ein geschäftliches Interesse an der Befreiung des Vorstandsmitgliedes vom Wettbewerbsverbot, hat sich das betroffene Mitglied der Stimme zu enthalten. **96**

Erteilte Genehmigungen bzw (teilweise) Befreiung vom Wettbewerbsverbot sollte der Aufsichtsrat an einen Abänderungsvorbehalt bei geänderten Verhältnissen knüpfen.

Für Einwilligungen der Gesellschaft in eine Lockerung oder gar Aufhebung des Wettbewerbsverbotes und für vertragliche Erklärungen betreffend eine Verschärfung des Verbotes ist namens der Gesellschaft ausschließlich der Aufsichtsrat

---

[276] Vgl *Nowotny* in Doralt/Nowotny/Kalss, AktG² § 79 Rz 9; *Runggaldier/G. Schima*, Führungskräfte 154; *Schiemer,* AktG² Anm 3.1. zu § 79; *Strasser* in Jabornegg/Strasser, AktG⁵ §§ 77–84 Rz 79.

[277] Vgl *Kalss* in MünchKommAktG⁴ § 88 Rz 69 mwN; ebenso *U. Torggler*, Interessenkonflikte, insb bei „materiellen Insichgeschäften“, ecolex 2009, 920 (920 f).

[278] *Runggaldier/G. Schima*, Führungskräfte 153; *Marhold,* Aufsichtsratstätigkeit 42 ff; *Strasser* in Jabornegg/Strasser, AktG⁵ §§ 77–84 Rz 70; *Geppert*, DRdA 1980, 187 scheint nur die *Verschärfung* des Wettbewerbsverbotes unter § 92 Abs 4, letzter Halbsatz AktG bzw § 110 Abs 4, letzter Satz ArbVG zu subsumieren.

(Plenum oder nicht mitbestimmter Ausschuss) zuständig,[279] weil es sich nicht um eine Angelegenheit des § 97 AktG, sondern um die aus § 75 Abs 1 AktG abgeleitete *Anstellungsvertragskompetenz* des Aufsichtsrates handelt und dem Vorstand diesbezüglich jegliche Vertretungsmacht fehlt.[280]

Für die Entscheidung über die Ergreifung von Sanktionen bei Verstoß gegen das Wettbewerbsverbot ist bei *aktiven* Vorstandsmitgliedern mE *nur* der Aufsichtsrat zuständig.[281]

3. Regelung von Interessenkonflikten

97 Spezielles Augenmerk sollte der Aufsichtsrat dem Thema „Interessenkonflikte von Vorstandsmitgliedern bei der Abwicklung von Geschäften" widmen.[282] Gleichgültig ob man der herrschenden und mE überzeugenden Ansicht ist, dass nach § 97 Abs 1 AktG dem Aufsichtsrat beim Abschluss von Geschäften mit Vorstandsmitgliedern nur ein neben die Kompetenz des Vorstandes tretendes Vertretungsrecht zukommt oder ob man mit der Mindermeinung dem Aufsichtsrat ausschließliche Vertretungsmacht zuerkennt, sollte es zur guten Corporate Governance im Unternehmen gehören, dass nicht Vorstandsmitglieder die AG bei Geschäften mit anderen Vorstandsmitgliedern vertreten.[283]

Mangels näherer vertraglicher Regelung ist nicht gesichert, ob ein Vorstandsmitglied, das zB die Betriebsverpflegung einem Cateringunternehmen im Eigentum seiner Ehefrau vergibt, pflichtwidrig handelt, wenn dieses Unternehmen nachweislich Bestbieter war.[284]

---

279 Vgl *Runggaldier/G. Schima*, Führungskräfte 153; ebenso *Strasser* in Jabornegg/Strasser, AktG^5 §§ 77–84 Rz 70.

280 Vgl zur schwierigen Abgrenzung der Materien ausführlich *G. Schima/Toscani*, JBl 2012, 570 (574 ff, 577).

281 *Runggaldier/G. Schima,* Führungskräfte 154, aM *Strasser* in Jabornegg/Strasser, AktG^5 §§ 77–84 Rz 83, der konkurrierende Zuständigkeit von Vorstand und Aufsichtsrat annimmt.

282 Vgl *Runggaldier/G. Schima*, Manager-Dienstverträge^4 109 ff und die Mustervertragsklausel Pkt IX. Abs 5 (Seite 240); *G. Schima,* Gestaltungsfragen bei Vorstandsverträgen in der AG, ecolex 2006, 455.

283 Ein „Abstimmungsbedarf" (vgl *Strasser* in Jabornegg/Strasser, AktG^5 §§ 77–84 Rz 83) ergibt sich also vor allem insofern, als der Aufsichtsrat dies klar zu stellen hätte.

284 Die Beweislast würde das Vorstandsmitglied in diesem Fall mE auch nach österreichischem Verständnis treffen – und zwar selbst wenn man nicht der verfehlten hM folgt, die die Beweislast auch in punkto Rechtswidrigkeit umgekehrt sehen will (vgl dazu *G. Schima*, in Baudenbacher/Kokott/Speitler, Aktuelle Probleme 369 ff, 404 ff und besonders eingehend *G. Schima*, Die Beweislastverteilung bei der Geschäftsleiterhaftung, FS W. Jud [2012] 571 [592ff]) und wenn man sich nicht unmittelbar an der in § 93 Abs 1 dAktG vor mittlerweile mehr als zehn Jahren verankerten „deutschen Business Judgment Rule" anlehnt (wobei die deutsche Regelung bekanntlich gar nicht explizit das Fehlen eines Interessenkonfliktes als Anwendungsvoraussetzung für die BJR anführt, dies aber der einhelligen Lehrmeinung entspricht). Denn der Abschluss eines Rechtsgeschäftes mit einer einem Vorstandsmitglied nahe stehenden Person ist ein Verhalten, das zumindest einen *Schluss auf eine mögliche Pflichtwidrigkeit* zulässt, sodass auch nach der hier vertretenen Meinung das Vorstandsmitglied den Beweis führen müsste, die Sorgfalt eines ordentlichen und gewissenhaften Geschäftsleiters angewendet zu haben, was darauf hinausläuft, den Nachweis zu führen, dass das Geschäft unter fremdüblichen Konditionen abgeschlossen wurde (*G. Schima*, Reform des Unteuetatbestandes und Business Judgment Rule im Aktien- und GmbH-Recht, GesRZ 2015, 286 (292).

Die Verfasser des ÖCGK waren offenkundig der Meinung, dass zumindest bei börsenotierten Gesellschaften die vorangehende Genehmigung solcher Geschäfte durch den Aufsichtsrat dem geltenden Recht entspricht, weil die dies besagende Regel 24 als L-Regel ausgestaltet ist.

Insbesondere für Familienunternehmen lässt sich dies aber nicht ohne weiteres sagen.

Es empfiehlt sich sorgfältige anstellungsvertragliche Gestaltung in der Weise, dass Geschäfte mit einem Vorstandsmitglied nahestehenden physischen oder juristischen Personen der vorangehenden Genehmigung des Aufsichtsrates oder eines zuständigen Ausschusses bedürfen.[285]

Nicht selten sind in Vorstands-Anstellungsverträgen auch Regelungen enthalten, die für die Aufnahme von weder konkurrenzierenden noch einen Interessenkonflikt beinhaltenden Nebentätigkeiten die vorangehende Zustimmung des Aufsichtsrates verlangen.[286] **98**

Dabei kann es um Funktionen in berufsständischen Kammern und Verbänden gehen, aber auch um ehrenamtliche Funktionen in gemeinnützigen Vereinen. Bloße Mitgliedschaften fallen im Zweifel nicht unter solche Klauseln, und sie kann die Gesellschaft auch nicht wirksam verbieten, weil damit in Persönlichkeitsrechte eingegriffen wird.

Die bloße Formulierung im Anstellungsvertrag, das Vorstandsmitglied habe der Gesellschaft seine „*gesamte Arbeitskraft zur Verfügung zu stellen*",[287] begründet aber kein Nebenbeschäftigungsverbot.

4. Corporate Opportunities

Es ist in der österreichischen[288], aber auch deutschen[289] Gesellschaftsrechtslehre und Rsp[290] anerkannt, dass Vorstandsmitglieder bzw Geschäftsführer von **99**

---

[285] Vgl die Formulierung der Mustervertragsklausel Pkt IX. Abs 5 bei *Runggaldier/G. Schima*, Manager-Dienstverträge⁴ 240.

[286] Vgl *Runggaldier/G. Schima*; Führungskräfte 157 f; *Runggaldier/G. Schima*, Manager-Dienstverträge⁴ 107 f.

[287] Vgl die Formulierung im Mustervertrag bei *Runggaldier/G. Schima*, Führungskräfte 272 f und *Runggaldier/G. Schima,* Manager-Dienstverträge⁴ 239, Pkt IX. Abs 2 des Mustervertrages.

[288] Vgl für die Personengesellschaft *Enzinger* in *Straube*, UGB⁴ I § 114 Rz 49; für Geschäftsführer einer GmbH *Schima/Liemberger/Toscani*, Der GmbH-Geschäftsführer (2015) 78 f; *Koppensteiner/Rüffler*,GmbHG³ § 82 Rz 17e; für Vorstandsmitglieder einer AG *Herzer/Strobl/Taufner*, Der Vorstand, in *Hausmaninger/Graztl/Justich*, Handbuch zur Aktiengesellschaft Rz 146; *Kalss* in *Kalss/Nowotny/Schauer*, Österreichisches Gesellschaftsrecht Rz 3/395 mwN; *Nowotny* in *Doralt/Nowotny/Kalss*, AktG I² § 79 Rz 14.

[289] Vgl *Hopt/Roth* in GroßKomm AktG, § 93 Rdn 250 ff; *Mertens/Cahn*, KK-AktG³ § 93 Rz 105; *Seibt* in *K. Schmidt/Lutter*, AktG³ § 88 Rz 7; *Spindler* in MüKoAktG⁴ § 88 Rz 14 ff; *Fleischer* in *Spindler/Stilz*, AktG § 93 Rz 124 ff; *Fleischer* in *Fleischer*, Handbuch des Vorstandsrechts (2006) § 9 Rz 23; *Lutter*, Die Business Judgment Rule in Deutschland und Österreich, GesRZ 2007, 79 ff (82).

[290] Vgl für Österreich OGH 23.2.1999, 4 Ob 27/99w, EvBl 1999/129; 4 Ob 123/07b RIS-Justiz RS0111527; für Deutschland BGHZ 1985, 1484, 1485; BGH WM 1956, 865; BGH NJW 1986, 585.

Kapitalgesellschaften Geschäftschancen der Gesellschaft nicht an sich ziehen und zum eigenen Nutzen verwerten dürfen. Die „Corporate Opportunities-Doktrin" kommt aus dem US-amerikanischen Recht[291] und basiert dort auf unterschiedlichen theoretischen Erklärungsmodellen. Entscheidend ist letztlich überall die Frage, wie konkret eine „Geschäftschance" für die Gesellschaft sein muss, dass ihre Verwertung zum eigenen Nutzen für den Geschäftsleiter (Vorstandsmitglied / Geschäftsführer) pflichtwidrig ist.[292]

100 Der Sache nach geht es um eine besser als Interessenwahrungspflicht zu bezeichnende und vom OGH als „besonderer Typus der Treuepflichtverletzung"[293] betitelte Verpflichtung, die für Vorstandsmitglieder und Geschäftsführer mE bereits aus § 1009 iVm § 1151 Abs 2 ABGB resultiert. Ist schon das Unterlassen des Abschlusses konkret ertragbringender Geschäfte für die Gesellschaft[294] auch ohne Ausnützung der Geschäftschance zum eigenen Vorteil pflichtwidrig, ergibt sich aus einem Größenschluss, dass die Verwertung einer Geschäftschance für die Gesellschaft zum eigenen Vorteil des Geschäftsleiters umso mehr eine Verletzung von dessen organschaftlichen Pflichten bedeutet.

101 Richtigerweise kann der Aufsichtsrat ein Vorstandsmitglied – anders als beim Wettbewerbsverbot des § 79 Abs 1 AktG – nicht einfach vom *Verbot der Ausnutzung von Geschäftschancen* der Gesellschaft befreien. Denn eine solche Befreiung bedeutet letztlich nichts anderes als eine *Einwilligung in die Schädigung der Gesellschaft* durch das Vorstandsmitglied.[295]

Denn bei einer „Befreiung" vom Verbot der eigennützigen Ausnutzung von Geschäftschancen der Gesellschaft kann es sinnvoll nur um die konkrete Befrei-

---

[291] Vgl *Merkt*, US-amerikanisches Gesellschaftsrecht[3] (2013) Rz 995 ff mwN.

[292] Vgl BGHZ 1985, 1484, 1485 (Annahme einer vom Vorstand privat erlangten, auch für die Gesellschaft vorteilhaften Geschäftschance); BGH WM 1956, 865; BGH NJW 1986, 585 (Ausnutzung von corporate opportunities); BGH WM 1977, 361, 362 (Erwerb eines Betriebsgrundstücks).

[293] OGH 23.2.1999, 4 Ob 27/99w, EvBl 1999/129: *„Einen besonderen Typus der Treuepflichtverletzung bilden jene, die nicht nur durch Konkurrenz im Geschäftszweig der Gesellschaft, sondern auch durch Vereitelung sog Geschäftschancen („Corporate Opportunities") begangen werden: Nach verbreiteter Auffassung kann nicht nur ein Leitungsorgan der Gesellschaft, sondern jeder Mitgesellschafter pflichtwidrig handeln, wenn er sich eigenmächtig und treuwidrig eine Geschäftschance der Gesellschaft für eigene Zwecke zunutze macht, va wenn er davon als Mitglied Kenntnis erlangt hat, diese Chance an ihn in dieser Eigenschaft herangetragen worden oder sie für die Gesellschaft von besonderer Bedeutung ist ... So handelt ein Gesellschafter treuwidrig, wenn er sich in einen zwischen der GmbH und einem Dritten abgeschlossenen Vertrag hineindrängt, indem er das Geschäft auf sich selbst überleitet oder den Dritten zum Vertragsbruch veranlasst ...".*

[294] Diese Verpflichtung des Machtgebers zur Verschaffung des größtmöglichen Nutzens zugunsten des Machthabers betont auch der OGH in seiner strafrechtlichen Judikatur zu § 153 StGB (vgl OGH 19. 4. 1994, 11 Os 10/94; 11. 3. 1999, 15 Os 211/98; 1. 3. 2011, 14 Os 80/10m), wobei für die Verwirklichung des Straftatbestandes der Untreue durch Unterlassung zusätzlich die Kriterien des § 2 StGB erfüllt sein müssen.

[295] Deshalb ist auch die Bestimmung Section 7 im „European Model Companies Act", eines im September 2015 anlässlich einer zweitägigen Veranstaltung in Wien vorgestellten „Professoren-Gesetzes-Entwurfes" nicht ganz sachgerecht, wonach vom Verbot der Ausnutzung von Geschäftschancen der AR bzw die independent directors entbinden können sollen. Da-

ung hinsichtlich einer bestimmten Geschäftschance gehen. Eine generelle Befreiung ist in der Praxis nicht oder kaum vorstellbar und aus der Sicht des Aufsichtsrates immer pflichtwidrig. Geht es aber um eine konkrete Befreiung vom Verbot, dann bedeutet dies naturgemäß die Einwilligung in eine Schädigung der Gesellschaft. Hätte letztere ohnehin nie die Absicht gehabt, die Geschäftschance wahrzunehmen, träfe das Vorstandsmitglied von vornherein nicht das Verbot der Ausnutzung zum eigenen Vorteil (sofern nicht gleichzeitig ein Verstoß gegen § 79 Abs 1 AktG vorläge).

Der Aufsichtsrat kann einem Vorstandsmitglied eine Geschäftschance freilich **102** auch als *Vergütungsbestandteil* zuwenden (zB die Überlassung eines Bildes der Gesellschaft zu einem vergünstigen Preis oder die Schenkung des Dienstfahrzeuges). Die Zulässigkeit eines solchen Vorganges setzt voraus, dass neben der Einhaltung der für Vorstandsvergütungen geltenden Maximen auch offengelegt wird, dass es sich dabei um einen Teil der Vorstandsvergütung handelt.

5. Vorstandsentgelt

a) Gesetzliches Angemessenheitsgebot

Der Aufsichtsrat hat gem § 78 Abs 1 AktG für ein angemessenen Verhältnis **103** der Gesamtbezüge zu den Aufgaben und **Leistungen** des Vorstandsmitgliedes, zur Lage der AG und zu der üblichen Vergütung, und dafür zu sorgen, dass **langfristige Verhaltensanreize zur nachhaltigen Unternehmensentwicklung** gesetzt werden.[296] Die Gesamtbezüge umfassen sowohl feste als auch variable Bezüge, Entgelt und Aufwandersatz, Geld- und Sachleistungen.[297] Das Gesetz erwähnt explizit: Gehälter, Gewinnbeteiligungen, Aufwandsentschädigungen, Versicherungsentgelte, Provisionen, anreizorientierte Vergütungszusagen und Nebenleistungen jeder Art. Unter Nebenleistungen sind zB die private Nutzungsmöglichkeit eines Dienstwagens, Freikarten oder die kostenlose oder besonders günstige Inanspruchnahme von Dienstleistungen oder Waren zu verstehen.[298] Die Angemessenheitskriterien gelten sinngemäß auch für Ruhegehälter, Hinterbliebenenbezüge und Leistungen verwandter Art (§ 78 Abs 1 letzter Satz AktG).

Als Kriterien werden anerkannt: die Qualifikation und der Marktwert des Vor- **104** standsmitglieds; konkrete Verhandlungslage; Dauer der Zugehörigkeit zur Gesellschaft; familiäre Verhältnisse.[299] Ebenso sind die Branche, in der die AG tätig ist, die Ertragslage und Größe des Unternehmens sowie die Struktur und die Größe des Vorstandes zu berücksichtigen.[300] Eine wirtschaftlich schlechte Lage der AG

---

rauf wies der Verfasser in seinem vom 10. September 2015 gehaltenen Referat hin. Siehe auch *T. Baums/P. Krüger Andersen*, The European Model Company Law Act Project, http://www.ilf-frankfurt.de/fileadmin/_migrated/content_uploads/ILF_WP_078.pdf (abgefragt am 18.11.2015).

296 Die fett hervorgehobenen Kriterien sind mit der Novellierung der Bestimmung durch das 2. StabilitätsG 2012 (BGBl I 2012/35) hinzugekommen.

297 *Ch. Nowotny* in Doralt/Nowotny/Kalss, AktG² § 78 Rz 5.

298 *Kort* in GroßKommAktG⁵ § 87 Rz 44; *Nowotny* in Doralt/Nowotny/Kalss, AktG² § 78 Rz 5.

299 BGH II ZR 88/91 = ZIP 1992, 1152 ; BGH II ZR 126/89 BGHZ 111, 224, 228 = ZIP 1990, 784.

300 *Raguß*, Der Vorstand einer Aktiengesellschaft (2005) 117 ff.

bedeutet nicht zwingend, dass dem Vorstand niedrige(re) Bezüge zu zahlen sind: es kommt darauf an, was für die Beschäftigung einer zur Sanierung geeigneten Person aufgewendet werden muss.[301] Das kann einen sogar höheren Wert ergeben als für einen Manager „in Friedenszeiten" angemessen wäre.[302]

105 Die in § 78 Abs 1 AktG enthaltenen Vorgaben ergeben sich schon aus der auch dem Aufsichtsrat vom Gesetz zur Pflicht gemachten vorrangigen Berücksichtigung des Unternehmenswohls (§ 70 Abs 1 AktG).

Die Entscheidung über die Vorstandsvergütung ist grundsätzlich eine *unternehmerische Ermessensentscheidung*,[303] bei der der Aufsichtsrat einen ent-sprechenden Entscheidungsspielraum hat. Diverse gesetzliche oder in Kodex-Empfehlungen oder Empfehlungen der EU-Kommission gegossene Vorgaben als Resultat der globalen Finanzkrise 2008/2009[304] verleihen dieser unternehmerischen Ermessensentscheidung zwar immer stärker die Züge einer gebundenen Entscheidung; ein beträchtlicher Spielraum verbleibt dem Aufsichtsrat aber nach wie vor.

106 Dass die Vergütung des Vorstands „*in einem angemessenen Verhältnis zu der* üblichen Vergütung" stehen müsse, bedeutet letztlich die Maßgeblichkeit eines horizontalen, dh am Mark orientierten Vergleiches, was auch schon vor der Novelle 2012 galt.[305] Es geht also um einen Vergleich mit den Gehältern von Führungskräften aus Unternehmen vergleichbarer Größe und Branche,[306] wobei zu berücksichtigen ist, dass der Arbeitsmarkt für Topmanager ein internationaler, ja zT globaler ist.

Dem österreichischen Gesetzgeber scheint eine „nationale Grenze" für die Angemessenheitsprüfung vorzuschweben,[307] doch hängt die Zulässigkeit der Einbeziehung von Managergehältern in vergleichbaren ausländischen Unternehmen mE ausschließlich davon ab, ob in Bezug auf das konkrete Unternehmen ein Österreich übergreifender Markt für die Rekrutierung von Managern besteht oder nicht.[308] Der Aufsichtsrat hat dies in pflichtgemäßem Ermessen und allenfalls un-

---

301 *Hüffer/Koch*, AktG[11] § 87 Rz 4 mwN; *Hofmann/Becking*, Gestaltungsmöglichkeiten bei Anreizsystemen, NZG 1999, 797 (798); BGH II ZR 204/74 WM 1976, 1226 (1228); BGH II ZR 126/89 BGHZ 111, 224, 228 = NJW 1990, 2625.

302 Vgl zutr *Mertens/Cahn* in KölnKommAktG[3] § 87 Rz 9; *Kort* in GroßKommAktG[5] § 87 Rz 77

303 OGH 7 Ob 58/08t GesRZ 2008, 378 (*Kalss/Zollner*) = wbl 2008, 598 (*U. Torggler*) = ecolex 2008, 926 (*Reich-Rohrwig*) = GeS 2008, 356 (*Schopper/Kapsch*); ausführlich *G. Schima* in FS Binder 817 (825 ff).

304 Vgl zu den damaligen Entwicklungen, noch vor der Novelle zu § 78 AktG zB *Haberer/Kraus*, Gedanken zur Angemessenheit der Vorstandsvergütung, GeS 2010, 10 (11 ff); *Schenz/Eberhartinger*, Die Regelung der Managergehälter im Östrreichischen Corporate Governance Kodex, ÖBA 2010, 209.

[Vgl] dazu zB *Thüsing*, AG 2009, 517.

305 So auch *Haberer/Kraus*, GeS 2010, 15 und die überzeugende Meinung in D: Vgl *Fleischer*, Das Gesetz zur Angemessenheit der Vorstandsvergütung (VorstAG), NZG 2009, 801 (802); *Dauner-Lieb*, Der Konzern 2009, 583 ff.

306 *Ch. Nowotny* in Doralt/Nowotny/Kalss, AktG[2] § 78 Rz 9.

307 So die ErläutRV 1685 BlgNR 24. GP 30 zu Z1 der Änderungen des AktG.

308 Zutreffend *Kort* in GroßKommAktG[5] § 87 Rz 84 ff.

ter Zuziehung von Personal- oder Vergütungsberatern oder entsprechender Vergütungsstudien[309] zu ermitteln.

Nach dem im Gesetzeswortlaut nicht wirklich zum Ausdruck kommenden Willen des Gesetzgebers[310] soll die Angemessenheit der Vergütung auch anhand eines vertikalen Vergleichs gemessen und darauf Bedacht genommen werden, wie sich die Vorstandsvergütung zur durchschnittlichen Entlohnung von Führungskräften im selben Unternehmen verhält. Dass Vorstandsmitglieder in einer Niedriglohnbranche weniger verdienen dürfen als Manager in Unternehmen mit hohen Löhnen, lässt sich nicht generell sagen.[311] Im Konfliktfall muss der horizontale Vergleichsmaßstab vorgehen[312] und das schon deshalb, weil nur über den horizontalen Fremdvergleich der Aufsichtsrat seiner Aufgabe nachkommen kann, den bestmöglichen Vorstand zu finden. Wenn dieses Ziel nur unter Inkaufnahme eines sehr hohen „vertikalen Vervielfachungsfaktors“ erreichbar ist, dann darf der Aufsichtsrat nicht deshalb davon absehen.

2012 neu eingefügt wurde auch das Kriterium der *„langfristigen Verhaltensanreize zur nachhaltigen Unternehmensentwicklung“*. Diese Vorgabe war früher schon in der C-Regel 27 des ÖCGK enthalten.[313] Schon vor der Kodifikation war die Sichtweise vorherrschend, dass der Aufsichtsrat durch seine Bindung an das idR langfristig angelegte Unternehmensinteresse verpflichtet ist, die Vergütung so zu gestalten, dass das Wohl des Unternehmens nachhaltig und dauerhaft gewährleistet ist.[314] Der Gesetzgeber nennt als Beispiel, dass Bonifikationen nicht so gestaltet werden dürfen, dass die Erfüllung der Parameter nur zu einem einzigen Stichtag vorliegen muss oder durch ein Verhalten der Vorstandsmitglieder in Form der Aufblähung von Geschäftsvolumen beeinflusst werden kann.[315] **107**

b) Rechtsfolgen unangemessener Vergütung

Nach der älteren und nach wie vor tendenziell vorherrschenden Sichtweise beinhalten § 78 Abs 1 AktG (und § 87 Abs 1 dAktG) keine Verbotsgesetze, sondern Handlungsanleitungen an den Aufsichtsrat, deren Verletzung eine gegen das Angemessenheitsverbot verstoßende Vergütung nicht rechtsunwirksam, sondern den **108**

309 Vgl *Haberer/Kraus*, GeS 2010, 10 (15).

310 ErläutRV 1685 BlgNR 24. GP 30 zu Z1 der Änderungen des AktG.

311 So überzeugend *Kort* in GroßKommAktG^5 § 87 Rz 91.

312 So *Seibt* in K. Schmidt/Lutter, AktG^3 § 87 Rz 10 f, wobei in D die Gesetzesmaterialien den Vertikalvergleich tatsächlich in Form einer „Kann-Formulierung“ begründen. Das ist in Österreich nicht der Fall. Dennoch muss auch hier mE wegen der fragwürdigen Tauglichkeit des vertikalen Vergleichs der horizontale Vergleich im Zweifel Vorrang haben. So auch *Haberer/Kraus*, GeS 2010, 10 (15).

313 Vgl zur Entwicklung der Bestimmungen *G. Schima* in Schenz/Eberhartinger, Corporate Governance 250, 260.

314 *Haberer/Kraus*, GeS 2010, 10 (17) mwN.

315 Vgl ErläutRV 1685 BlgNR 24. GP 30 f zu Z1 der Änderungen des AktG. Ersteres war zB vor ein paar Jahren bei einem Aktienoptions-Vergütungsprogramm in der Telekom Austria AG der Fall, das in mehrere Strafverfahren mündete, weil der Börsekurs, der zu einem ganz bestimmten Zeitpunkt einen bestimmten Wert überschreiten musste, um hohe Bonuszahlungen für eine größere Gruppe von Führungskräften auszulösen, im Einvernehmen mit Entscheidungsträgern der Gesellschaft manipuliert worden war.

Aufsichtsrat verantwortlich macht.[316] Nach der Gegenmeinung ist die Gesellschaft bei überhöhten Vergütungen wegen Teilnichtigkeit des Vertrages zur Rückforderung berechtigt.[317]

Konsens besteht darüber, dass in missbräuchlicher (und vom Vorstandsmitglied erkannter oder nur grob fahrlässig nicht erkannter) Ausnützung der Vertretungsmacht des Aufsichtsrates gewährte Vergütungen wegen Kollusion unwirksam sind.[318]

Damit sind die beiden Positionen einander aber ohnehin stark angenähert. Denn wenn – mit der mE überzeugenden Ansicht des OGH,[319] wonach nur bei *eklatanter*[320] Überschreitung des dem Aufsichtsrat durch § 78 Abs 1 AktG eingeräumten Ermessensspielraumes, dh bei *krass überhöhten* Vorstandsbezügen überhaupt *rechtswidriges* Handeln vorliegt, das den Aufsichtsrat verantwortlich macht[321], dann reduziert sich die Diskussion auf die Frage, ob diese Fälle gleich zu setzen sind mit dem Tatbestand der Kollusion, bei der das Geschäft unwirksam ist, der Gesellschaft daher notwendigerweise ein Schadenersatzanspruch gegen die Aufsichtsratsmitglieder und – parallel – ein Rückforderungsanspruch gegen das begünstigte Vorstandsmitglied zusteht.

Richtigerweise kann es keine oder kaum Fälle geben, in denen trotz krass überhöhter Vorstandsbezüge dem Vorstandsmitglied eine allfällige Unkenntnis dieses Umstandes nicht als grobe Fahrlässigkeit vorzuwerfen ist.[322] Denn das Vorstandsmitglied darf nach mE zutreffender Meinung bei der Aushandlung seiner eigenen Vergütung nicht allein seine Interessen vertreten, sondern hat auch das Unternehmenswohl im Auge zu behalten, was es verbietet, sich eklatant überhöhte Vergütungen zusagen zu lassen.[323]

---

316 Vgl OGH 9 ObA 513/88 DRdA 1989, 417 – „VOEST-Manager-Pensionserkenntnis"; *Strasser* in Jabornegg/Strasser, AktG[5] §§ 77–84 Rz 142; *Kalss* in Kalss/Nowotny/Schauer, Gesellschaftsrecht Rz 3/289; *Nowotny* in Doralt/Nowotny/Kalss, AktG[2] § 78 Rz 10.

317 *Krejci*, Über unzulässige Aufsichtsratsvergütungen, ecolex 1991, 776 (778), vertritt diese Position aber nicht generell, sondern nur für spezielle Fälle wie Kollusion, Knebelung etc; insoweit sich zu Unrecht auf diesen berufend *Hörlsberger/Schröckenfux*, Können strafrechtliche Konsequenzen „zu hoher" Prämien an den Vorstand vermieden werden? ecolex 2004, 373 (375). Auch *Kalss* in Kalss/Nowotny/Schauer, Gesellschaftsrecht Rz 3/289 ordnet *Krejci* nicht richtig in die Kategorie der generellen „Rückforderungsbefürworter" ein.

318 *Kalss* in Kalss/Nowotny/Schauer, Gesellschaftsrecht Rz 3/289; *Strasser* in Jabornegg/Strasser, AktG[5] §§ 77–84 Rz 142; *Graf,* RdW 2007, 515 (516 f).

319 OGH 7 Ob 58/08t GesRZ 2008, 378 (*Kalss/Zollner*) = wbl 2008, 598 (*U. Torggler*) = ecolex 2008, 926 (*Reich-Rohrwig*) = GeS 2008, 356 (*Schopper/Kapsch*); vgl schon davor – aber nicht zu Vergütungsscheidungen – OGH 1 Ob 144/01k GesRZ 2002, 86.

320 So auch *Seibt* in K. Schmidt/Lutter, AktG[3] § 87 Rz 16.

321 So auch *Graf,* RdW 2007, 515 (516 f); *G. Schima* in FS Binder 817 ff, 827; aM *U. Torggler,* wbl 2008, 603 und *Kalss* in Kalss/Nowotny/Schauer, Gesellschaftsrecht Rz 3/289 FN 144, die dem OGH in der E 7 Ob 58/08t vom 11.6.2008 eine *„kaum nachvollziehbare Haltung"* attestiert, dabei mE aber – wie *U. Torggler* – nicht berücksichtigt, dass es sich um eine unternehmerische Ermessensentscheidung handelt und der OGH mit der Formulierung – mE ganz zu Recht – zum Ausdruck bringen wollte, dass sich die Grenzen der (Un-)Angemessenheit auch nicht annähernd exakt bestimmen lassen (vgl dazu auch anschaulich *Lutter,* Aktienrechtliche Aspekte der angemessenen Vorstandsvergütung, ZIP 2006, 733 [734 f]).

322 IdS auch *Graf*, RdW 2007, 515 (517).

323 Vgl *Kort* in GroßKommAktG[5] § 87 Rz 350 ff, der davon ausgeht, dass eine solche Haftung

Selbst in so einer Konstellation muss noch nicht strafrechtlich Untreue iSd § 153 StGB vorliegen. Schon wegen dem von der zitierten Norm geforderten qualifizierten Vorsatz der Wissentlichkeit (bezogen auf den Befugnismissbrauch) wird es Fälle geben, bei denen zwar zivilrechtliche Rechtswidrigkeit wegen grober Ermessensüberschreitung vorliegt, nicht aber der Straftatbestand des § 153 StGB verwirklicht ist. Eine Verantwortlichkeit des begünstigten Vorstandsmitgliedes als Beitragstäter nach den §§ 12, 14 iVm § 153 StGB kommt – zumindest für Österreich – entgegen der vom BGH in der Mannesmann-E[324] geäußerten Meinung, das Vorstandsmitglied träfe bei der Aushandlung seiner eigenen Vergütung keinerlei Vermögensbetreuungspflicht gegenüber der Gesellschaft,[325] mE vom Grundsatz her schon in Betracht. Voraussetzung ist freilich, dass das Vorstandsmitglied dem Befugnismissbrauch durch den unmittelbaren Täter für gewiss halten muss. **109**

Da Vorstandsvergütungen gerade in den letzten Jahren zu einem heiklen Thema geworden sind, bietet sich zur Entlastung von Vorstand und Aufsichtsrat bei heiklen Vergütungsentscheidungen § 103 Abs 2 AktG an. Diese Norm gibt dem Vorstand und bei dem der Zustimmung des Aufsichtsrates unterliegenden Geschäften auch diesem die Möglichkeit, in einer Angelegenheit der Geschäftsführung die Hauptversammlung anzurufen,[326] die dann zwar nicht verpflichtend ist, zu entscheiden, im Falle einer Entscheidung aber den Vorstand bindet, ihm also ausnahmsweise eine Weisung erteilen kann.[327] Nach überzeugender Ansicht kann der Aufsichtsrat die Hauptversammlung nicht nur dann anrufen, wenn die Maßnahme der Geschäftsführung seiner Zustimmung bedarf, sondern auch wenn sie von vornherein in seine alleinige oder mit dem Vorstand geteilte Kompetenz fällt.[328] Das betrifft nicht nur den Abschluss von Geschäften mit Mitgliedern des Vorstandes (§ 97 AktG), sondern insbesondere auch die Ausübung der allein dem Aufsichtsrat vorbehaltenen Zuständigkeit zur Regelung der anstellungsvertraglichen Bedingungen (§ 75 Abs 1 AktG).

Haben Vorstand oder Aufsichtsrats „*aufgrund eines gesetzmäßigen Beschlusses der Hauptversammlung*" gehandelt, sind sie von der Haftung gegenüber der Gesellschaft befreit (§ 84 Abs 4 Satz 1 AktG).

---

nur in seltenen Fällen in Frage kommen wird; *Fleische*r in Spindler/Stilz, AktG § 87 Rz 29;; *Dreher,* Überformung des Aktienrechts durch die Rechtsprechung von Straf- und Verwaltungsgerichten? AG 2006, 213 (219); *Lutter,* ZIP 2006, 733, 736; *Semler,* Mitverantwortung der Vorstandsmitglieder einer Aktiengesellschaft für die eigenen Vergütungen in FS Happ (2006) 277 (282 f); *Fonk* in Semler/v. Schenck, ARHdb[4] § 10 Rz 120 mwN. Die Gegenansicht vertritt nunmehr *Spindler* in MünchKommAktG[4] § 87 Rz 135 ff; auch *Seibt* in K. Schmidt/Lutter, AktG[3] § 87 Rz 16 f vertritt die Ansicht, dass das Vorstandsmitglied nicht Pflichtenadressat von § 87 dAktG ist.

324 BGH 3 StR 470/04 BB 2006, 323 = ZIP 2005, 72; zu dieser aus österr Sicht ausführlich *G. Schima* in FS Binder 817 (843 ff); *G. Schima* in Baudenbacher/Kokott/Speitler, Aktuelle Entwicklungen 420 ff.

325 BGH 3 StR 470/04 ZIP 2006, 72 (81 f).

326 Vgl ausführlich *Runggaldier/G. Schima*, Führungskräfte 16 ff; *Kalss* in Doralt/Nowotny/Kalss, AktG[2] § 103 Rz 19 ff.

327 *Kalss* in Doralt/Nowotny/ Kalss, AktG[2] § 103 Rz 25; *Runggaldier/G. Schima*, Führungskräfte 17 f mwN.

328 *G. Frotz* in FS Wagner 137 (140); *Kalss* in Doralt/Nowotny/Kalss, AktG[2] § 103 Rz 21; aM *Strasser* in Jabornegg/Strasser, AktG[5] § 103 Rz 9.

Anders als nach der in Deutschland hM[329] darf hier nicht zu sehr am Gesetzeswortlaut geklebt werden, weshalb auch eine durch alle Aktionäre oder durch den Alleinaktionär ausgesprochene Billigung ausreicht, wie dies im GmbH-Recht seit langem anerkannt ist,[330] wo sogar ein formloses Zusammenwirken aller Gesellschafter als Gesellschafterbeschluss behandelt wird.[331] Nach hA in Österreich hat die Billigung des Verhaltens (des Vorstandes – oder wie hier – des Aufsichtsrates) durch alles Aktionäre die Wirkungen eines Hauptversammlungsbeschlusses.[332] Es darf dann aber nicht einmal eine kleine Minderheit fehlen.[333]

Es kommt für die Haftungsbefreiung auch nicht darauf an, ob die Hauptversammlung bzw die Gesamtheit der Aktionäre eine förmliche Weisung erteilt hat.[334] Die durch Hauptversammlungsbeschluss erfolgende (oder durch sämtliche Aktionäre erklärte) Billigung einer Maßnahme genügt aber nur dann, wenn diese *vor* Durchführung der Maßnahme bzw vor Abschluss des Geschäftes erfolgt.[335] Auch wenn man anderer Meinung ist, könnte bei Billigung des Verhaltens durch den Alleinaktionär oder alle Aktionäre das in Anspruch genommene Vorstands- oder Aufsichtsratsmitglied der Gesellschaft den Einwand der unzulässigen Rechtsausübung entgegen halten.[336]

c) Veröffentlichung der Vergütung

110 § 239 Abs 1 UGB (Pflichtangaben über Organe und Arbeitnehmer) bestimmt, dass mittelgroße und große Gesellschaften[337] im Anhang zum Jahresabschluss in Bezug auf die Vergütung von Organmitgliedern Folgendes anführen müssen:

---

329 *Spindler* in MünchKommAktG[4] § 93 Rz 249; *Wiesner* in MünchHdbGesR[4] IV § 26 Rz 43.

330 Vgl OGH 1 Ob 482/58 SZ 32/2; *Runggaldier/G. Schima*, Führungskräfte 24 f, 242.

331 OGH 3 Ob 601/90 ecolex 1991, 394 (*Reich-Rohrwig*) – sogar bei Missachtung eines satzungsmäßigen Schriftformerfordernisses; OGH 5 Ob 553/87 RdW 1987, 371; OGH 7 Ob 633/95wbl 1996, 249; RIS-Justiz RS0059949, zuletzt in 8 ObA 49/11f; ebenso *Koppensteiner/Rüffler*, GmbHG[3] § 35 Rz 26; *Nowotny* in Kalss/Nowotny/Schauer, Gesellschaftsrecht Rz 4/278.

332 *Kastner,* Die Stellung des Vorstandes der österreichischen Aktiengesellschaften in FS Schmitz I 87; *Kastner/Doralt/Nowotny*, Gesellschaftsrecht[5] 238; *Frotz* in FS Wagner 136 ff, 149; *Runggaldier/G. Schima*, Führungskräfte 238 f; *Nowotny*, in Doralt/Nowotny/Kalss, AktG[2] § 84 Rz 29; *Kalss* in Kalss/Nowotny/Schauer, Gesellschaftsrecht Rz 3/417; *Schlosser*, Organhaftung 17; aM *Strasser* in Jabornegg/Strasser, AktG[5] §§ 77–84 Rz 115. AA jetzt auch *Kalss* in MünchKommAktG[4] § 93 Rz 367.

333 *Runggaldier/G. Schima*, Führungskräfte 239.

334 *Ch. Nowotny* in Doralt/Nowotny/Kalss, AktG[2] § 84 Rz 29; *Kastner/Doralt/Nowotny*, Gesellschaftrecht[5] 238; aA *Kalss* in MünchKommAktG[4] § 93 Rz 367 unter Berufung auf die OGH-E 6 Ob 210/12v, die aber nicht einschlägig ist.

335 Vgl *Runggaldier/G. Schima,* Führungskräfte 239; *Nowotny* in Doralt/Nowotny/Kalss, AktG[2] § 84 Rz 29.

336 So die in D wohl hL: Vgl *Wiesner* in MünchHdbGesR[4] IV § 26 Rz 43 mwN; *Fleischer*, Handbuch des Vorstandsrechts § 11 Rz 83; *Fleischer* in Spindler/Stilz, AktG § 84 Rz 223 mwN. § 93 Abs 4 dAktG wird insofern als gesetzliche Ausprägung bzw Fortentwicklung des Arglisteinwandes betrachtet (*Fleischer*, Handbuch des Vorstandsrechts § 11 Rz 83). AA *Krieger/Seiler-Coceani* in K. Schmidt/Lutter, AktG[3] § 93 Rz 60; *Hopt/M. Roth* in GroßKommAktG[5] § 93 Rz 479.

337 Zu den Größenklassen: § 221 Abs 2 UGB: Mittelgroß ist eine Gesellschaft, die mindestens zwei der folgenden Merkmale überschreitet: 5 Mio Bilanzsumme, 10 Mio Umsatzerlös,

- Z 3: die **Aufwendungen für Abfertigungen und Pensionen**, getrennt nach solchen für Vorstandsmitglieder und leitende Angestellte gem § 80 Abs 1 AktG und für andere Arbeitnehmer;
- Z 4: die Bezüge der Mitglieder des Vorstands, des Aufsichtsrates oder ähnlicher Einrichtungen gesondert für jede Personengruppe, und zwar:
  a) die für die Tätigkeit im Geschäftsjahr gewährten Gesamtbezüge (Gehälter, Gewinnbeteiligungen, Aufwandsentschädigungen, Versicherungsentgelte, Provisionen und Nebenleistungen jeder Art)[338]
  b) die **Gesamtbezüge** (Abfindungen, Ruhegehälter, Hinterbliebenenbezüge und Leistungen verwandter Art) der **früheren Mitglieder** der bezeichneten Organe und ihrer Hinterbliebenen; lit a ist entsprechend anzuwenden;
- Z 5: Aktienoptionen:
  a) Anzahl und Aufteilung der insgesamt und der im Geschäftsjahr eingeräumten Optionen auf Arbeitnehmer und leitende Angestellte sowie auf die namentlich anzuführenden Organmitglieder […];
  b) Anzahl, Aufteilung und Ausübungspreis der im Geschäftsjahr ausgeübten Optionen auf Arbeitnehmer und leitende Angestellte sowie auf die namentlich anzuführenden Organmitglieder; […].

Die Veröffentlichung der Summe der Bezüge der Organmitglieder bedeutet, dass das individuelle Gehalt der einzelnen Vorstands- und Aufsichtsratsmitglieder geheim bleiben darf. Zwar sind die Namen der aktiven Vorstandmitglieder bei mittelgroßen und großen Gesellschaften auch im Anhang zu veröffentlichen (§ 239 Abs 2 UGB), doch erfolgt keine individuelle Zuordnung von Bezügen. Nur bei der Veröffentlichung der eingeräumten oder ausgeübten Aktionenoptionen erfolgt eine persönliche Zuordnung zu den einzelnen Mitgliedern von Vorstand und Aufsichtsrat.[339]

Bei börsenotierten Aktiengesellschaften sieht § 243 Abs 2 Z 3 UGB hingegen vor, dass im Corporate Governance Bericht auch die Gesamtbezüge der *einzelnen* Vorstands- und Aufsichtsratsmitglieder (gem § 239 Abs 1 Z 4 lit a UGB), sowie die Grundsätze der Vergütungspolitik offengelegt werden müssen. Die Verpflichtung zur Einzelangabe der Vorstandsbezüge war bis zur Novellierung der Bestimmung im UGB durch das 2. StabilitätsG 2012[340] nur als C-Regel 31 im ÖCGK enthalten; seither ist sie jedoch gesetzlich vorgeschrieben und verpflichtend. Die „Schutzklausel“ des § 242 Abs 4 UGB, wonach eine Veröffentlichung bei weniger als drei betroffenen Personen unterbleiben darf, kommt für börsenotierte Gesellschaften

---

beschäftigt durchschnittlich 50 Arbeitnehmer im Jahr; und mindestens zwei der folgenden Merkmale nicht überschreitet: 20 Mio Bilanzsumme, 40 Mio Umsatzerlöse, beschäftigt durchschnittlich 250 Arbeitnehmer im Jahr. § 221 Abs 3 UGB: Groß ist eine Kapitalgesellschaft, die mindestens zwei der drei genannten Merkmale überschreitet: 20 Mio Bilanzsumme, 40 Mio Umsatzerlöse, beschäftigt durchschnittlich 250 Arbeitnehmer im Jahr. „Unternehmen von öffentlichem Interesse“ sind immer große Kapitalgesellschaften. Gemäß der Definition des § 189a Z 1 UGB sind folgende Unternehmen „von öffentlichem Interesse“: kapitalmarktorientierte Unternehmen, Kreditinstitute und Versicherungsunternehmen, sowie Unternehmen, die ein Bundesgesetz als solche bezeichnet.

338 Dies entspricht genau der Aufzählung der Bezüge in § 78 Abs 1 AktG.

339 *Ch. Nowotny* in Straube, UGB UGB II/RLG³ § 239 Rz 47c, 47e.

340 BGBl I 2012/35.

explizit nicht zur Anwendung. Die Einzelveröffentlichung von Vorstandsbezügen dient der Information der Aktionäre.[341]

d) Feste und variable Bezüge (Bonifikationen)

111 Zu den Festbezügen gehören nicht nur das (monatliche bzw jährliche) Grundgehalt, sondern alle Zahlungen, die nicht leistungsbezogen sind, und regelmäßig anfallen, so zB Urlaubs- und Weihnachtsgeld,[342] die Bereitstellung eines Dienstwagens zur privaten Nutzung (Sachbezug) oder die Übernahme einer Versicherungsprämie oder eines Zuschusses zu einer privaten Krankenversicherung durch die Gesellschaft. Das mit dem Vorstandsmitglied vereinbarte Fixgehalt ist häufig die Bemessungsgrundlage für Abfertigungsansprüche.

Wertsicherungsklauseln können Teil des Vorstandsvertrages sein; dem Aufsichtsrat ist aber eine automatische Valorisierung eher nicht zu empfehlen, weil er sich uU einen sinnvollen Gestaltungsspielraum gibt.

112 Variable Vergütungsbestandteile können gemäß § 77 AktG als Gewinnbeteiligungen gewährt werden, die *„in einem Anteil am Jahresüberschuss zu bestehen haben“*. Diese Formulierung wird weit ausgelegt und die hL anerkennt daher die Zulässigkeit von Prämienmodellen (Tantiemen),[343] denen Kriterien zugrunde liegen, die sich im Jahresüberschuss (zumindest) auswirken. Dazu gehören zB Cash-Flow bezogene Kennzahlen; ROI, sowie der Abbau von negativen Erfolgsbeiträgen, dividendenbezogene oder auf Kurzziele abstellende („phantom shares“; „stock appreciation rights“, „stock option plans“) Vereinbarungen.[344] Unzulässig und teilnichtig werden hingegen rein vom Umsatz abhängige Prämien oder die Berücksichtigung der Auflösung von Gewinnrücklagen aus zB konzerninternen Transkationen sein.[345]

113 Der ÖCGK enthält va für variable Bezüge eine Reihe von Empfehlungen.[346] C-Regel 27 dritter Satz empfiehlt, dass grundsätzlich variable Vergütungen im Anstellungsvertrag festgelegt werden sollen. Die variablen Vergütungsbestandteile sollen C-Regel 27 zufolge insbesondere an *„nachhaltige, langfristige und mehrjährige Leistungskriterien“* anknüpfen und *„dürfen nicht zur Eingehung unangemessener Risiken verleiten“*.[347] Für variable Vergütungsbestandteile sollen *„messbare Leistungskriterien sowie betraglich oder als Prozentsätze der fixen Vergütungsteile bestimmte Höchstgrenzen im Voraus festgelegt“* werden. Außerdem empfiehlt C-Regel 27 ein vertragliches Rückforderungsrecht der Gesellschaft, *„wenn diese auf der Grundlage von offenkundig falschen Daten ausgezahlt wurden“*. Ein derartiges Recht ergibt sich freilich bei einer solchen Sachlage schon aus allgemeinen zivil- oder sogar strafrechtlichen Erwägungen.

---

341 Vgl *Geirhofer* in U. Torggler, UGB (2013) § 243b Rz 14.

342 *Raguß*, Der Vorstand einer Aktiengesellschaft 123.

343 *Raguß*, Der Vorstand einer Aktiengesellschaft 126 f.

344 *Strasser* in Jabornegg/Strasser, AktG[5] § 77–84 Rz 152; *Ch. Nowotny* in Doralt/Nowotny/Kalss, AktG[2] § 77 Rz 1 ff; einschränkend BGH 10.3.2003, II ZR 163/02 BB 2003, 917.

345 *Strasser* in Jabornegg/Strasser, AktG[5] § 77–84 Rz 152; *Ch. Nowotny* in Doralt/Nowotny/Kalss, AktG[2] § 77 Rz 3.

346 Vgl dazu *Schenz/Eberhartinger*, Die Regelung der Managergehälter im Österreichischen Corporate Governance Kodex, ÖBA 2010, 209; *Haberer/Kraus*, GeS 2010, (16 f).

347 Vgl die gleichlautende Formulierung in § 4 Abs 1 FinStAG-VO, BGBl II 2008/382.

Die Nachhaltigkeit bei der variablen Vorstandsvergütung soll bei ATX-Unternehmen (45 %) meist mittels Verknüpfung zumindest eines Vergütungsbestandteils mit dem Aktienkurs erreicht werden.[348] Sogenannte Long-Term-Incentive-Programs (LTIP) werden bereits von 40 % der ATX-Unternehmen angewandt, meist in Kombination mit Eigeninvestment und einer Laufzeit von drei Jahren.[349]

Variable Vergütungsbestandteile werden üblicherweise nicht für die gesamte 114
Laufzeit des Anstellungsvertrages festgelegt, sondern in jährlichen Zielvereinbarungen zwischen dem Vorstandsmitglied und dem Aufsichtsrat (bzw dem Vergütungsausschuss) definiert. So kann die Anknüpfung der variablen Vergütungsbestandteile an bestimmte Parameter regelmäßig an die wirtschaftliche Entwicklung des Unternehmens, an die Leistung oder die Aufgabe des Vorstandsmitgliedes und die jeweils aktuellen Umstände angepasst werden.

Je nach Formulierung der Vergütungsvereinbarung werden die Zielparameter für die variable Vergütung jährlich entweder einseitig vom Aufsichtsrat vorgegeben oder in einer Zielvereinbarung zwischen dem Vorstandsmitglied und dem Aufsichtsrat (Vergütungsausschuss) einvernehmlich festgelegt. Das bedeutet, dass beide Parteien rechtzeitig vor Beginn eines Geschäftsjahres (oder zu dem im Vertrag angegebenen Zeitpunkt) in Verhandlungen über die neuen Parameter treten und sich über deren Festlegung einigen müssen. Wenn keine Zielvereinbarung zustande kommt, bedeutet dies idR nicht, dass das Vorstandsmitglied deswegen keinen Anspruch auf eine Bonifikation hat.[350] Ratsam ist es, für den Fall des Scheiterns der Zielvereinbarung vertraglich vorzusorgen, indem zB die Vereinbarung des Vorjahres weitergilt, ein vorab festgelegter Zweifelswert für die Parameter angenommen wird, oä. ME kann auf die Grundwertung des § 1152 ABGB zurückgegriffen werden, wonach mangels einer Entgeltvereinbarung ein *angemessenes* Entgelt zu zahlen ist, sofern nicht Unentgeltlichkeit vereinbart wurde.[351]

e) Fringe benefits

Vorstandsverträge enthalten regelmäßig auch Sachbezüge und sonstige Neben- 115
leistungen wie zB einen privat nutzbaren Dienstwagen, eine Dienstwohnung, Zuschüsse zu Versicherungen, Vergünstigungen beim Bezug von Waren oder Dienstleistungen etc. Auch solche Leistungen sollten aus der Sicht des Aufsichtsrates genau vertraglich geregelt werden, insbesondere im Hinblick auf die Beendigung der Vorstandstätigkeit oder die Widerruflichkeit.[352] Auch für die Nebenleistungen gilt das Angemessenheitsgebot des § 78 Abs 1 AktG. Zwar ist die Angemessenheit an den Gesamtbezügen zu messen, sodass ein Vorstandsmitglied sehr wohl einen unangemessen luxuriösen Dienstwagen und in einer unüblich großen luxuriösen Dienstvilla wohnen darf, sich dies aber bei den sonstigen Bezügen dämpfend auszuwirken hat.[353]

348 Studie der AK-Wien, Vorstandsvergütung in den ATX-Unternehmen 2013/2014, 18 f.
349 Studie der AK-Wien, Vorstandsvergütung in den ATX-Unternehmen 2013/2014, 20.
350 Vgl aber die OGH-E vom 17.12.2012, 9 ObA 111/12g und die Kritik bei *Körber-Risak/G. Schima*, Einseitige Eingriffe in und Ablaufstörungen bei erfolgsbezogenen Vergütungen, ZAS 2013/11, 59 (67).
351 So schon *Körber-Risak/G. Schima*, ZAS 2013/11, 59 (67 f).
352 *Runggaldier/G. Schima*, Manager-Dienstverträge[4] 81.
353 Vgl dazu ausführlich *Kalss*, Die Vergütung der Vorstandsmitglieder der Aktiengesellschaft in FS Reich-Rohrwig (2014) 253 (257).

116 Dienstwagenregelungen wird in Vorstandsverträgen meist überproportionale Aufmerksamkeit gewidmet. Dass das Vorstandsmitglied die Lohnsteuer trägt, die sich aus dem für die Privatnutzung anzusetzenden Sachbezugswert[354] ergibt, versteht sich von selbst, wird aber in den Verträgen meist ausdrücklich festgehalten. Genauer geregelt werden sollte das Ausmaß der von der Gesellschaft übernommenen Betriebs- und sonstigen Kosten und die Frage, wer außer dem Vorstandsmitglied das Fahrzeug noch benutzen darf (Familienangehörige). Sinnvoll ist es auch, zu regeln, unter welchen Bedingungen die Gesellschaft dem Vorstandsmitglied das Fahrzeug etwas bei Dienstfreistellung entziehen kann.[355] Wegen der niedrigen vertraglichen Begrenzung des steuerlichen Sachbezugswertes mit monatlich maximal EUR 960,-[356] bzw bei emissionslosen Autos sogar EUR 0,- sind Dienstwagenklauseln steuerlich ebenso interessant wie die Zurverfügungstellung von Dienstwohnungen.

117 Bei Dienstwohnungsvereinbarungen hat die Gesellschaft darauf zu achten, dass kein Schutz nach dem MRG begründet wird, was bei entsprechender Vertragsgestaltung aber nicht schwierig ist.[357] Der Dienstvertrag muss Vertragsgrundlage des Mietvertrages sein, was nicht unbedingt bedeutet, dass das Vorstandsmitglied bei Beendigung des Dienstverhältnisses die Wohnung räumen muss.[358] Ergibt sich aufgrund der Festlegung von für das Vorstandsmitglied besonders günstigen Konditionen ein Vermögensvorteil in Höhe der Differenz zwischen Verkehrswert und Kaufpreis, liegt ein lohnsteuerpflichtiger Vorteil aus dem Dienstverhältnis vor;[359] erfolgt die Veräußerung an Familienangehörige, ist ein lohnsteuerpflichtiger Bezug mE nur dann denkbar, wenn dadurch das (Ex-)Vorstandsmitglied von einer (Unterhalts-) Verpflichtung entlastet wurde.

118 Üblicher Standard in Vorstandsverträgen sind private Kranken-, Unfall- und Lebensversicherungen, wobei das Vorstandsmitglied idR berechtigt wird, den oder die Begünstigten für den Todesfall zu bestimmen. Dies ist nicht unbedeutend, weil Lebensversicherungsverträge, denen zufolge im Ablebensfalle die Versicherungssumme an eine bestimmte Person (Begünstigter) ausgezahlt werden soll, nach überwiegender Ansicht nicht in den Nachlass fallen.[360]

---

354 Vgl die Novelle der Sachbezugswerteverordnung (BGBl II 2015/243), die mit Wirksamkeit ab 1.1.2016 eine Erhöhung der bisherigen Sachbezugswerte von 1,5% auf 2% der tatsächlichen Anschaffungskosten, dh maximal EUR 960 vorsieht, und außerdem Vergünstigungen für Fahrzeuge mit niedrigem CO_2-Ausstoß bzw einen Sachbezugswert von Null für Fahrzeuge ohne CO_2-Emissionen, dh Elektrofahrzeuge. Vgl dazu überblicksartig Sachbezugsverordnung – Kfz-Sachbezug, BBi 2015 H 10, 4.

355 Ist im Vertrag dazu nichts geregelt, trifft die Gesellschaft uU die Verpflichtung, dem Vorstandsmitglied bei Entzug des Dienstwagens während der Dienstfreistellung den Entgang der Privatnutzung zu ersetzen (vgl *Runggaldier/G. Schima*, Manager-Dienstverträge[4] 82).

356 Diese Beträge liegen weit unter jenen monatlichen Kosten, die für die Anschaffung bzw das Leasing inklusive Versicherung und Unterhaltung selbst eines Mittelklasse-PkW a la Audi A4, 3er-BMW oder C-Klasse Mercedes anfallen.

357 Dazu genauer *Runggaldier/G. Schima*, Manager-Dienstverträge[4] 84 ff.

358 *Prader*, MRG[4.09] § 1 E 180, E 193/1.

359 Vorstandsmitglieder einer AG werden – obwohl im arbeitsrechtlichen Sinne keine Arbeitnehmer – steuerlich als Dienstnehmer behandelt, sofern sie die Beteiligungsgrenze des § 22 Z 2 EStG (25 %) nicht überschreiten. Im Detail *Runggaldier/G. Schima*, Manager-Dienstverträge[4] 73 ff.

360 Vgl §§ 166 Abs 2, 167 Abs 2 Satz 2 VersG; *Welser* in Rummel/Lukas, ABGB[4] § 531 Rz 11;

f) Vertragliche Abfertigung und BMSVG

Vorstandsmitglieder unterlagen mangels Arbeitnehmereigenschaft nicht dem System der „Abfertigung alt" des § 23 AngG. Üblich waren aber früher vertragliche Abfertigungsregelungen, die oft § 23 AngG nachgebildet waren. **119**

Für Arbeitsverträge, die nach dem 31.12.2002 abgeschlossen wurden, gilt das Abfertigungsregime des BMSVG (Betriebliches Mitarbeiter- und Selbständigenvorsorge Gesetz), in das auch Vorstandsmitglieder und freie Dienstnehmer seit 1.1.2008 einbezogen werden (§ 1 Abs 1a BMSVG). Bei Vorstandsmitgliedern, die aufgrund eines vor dem 1. Jänner 2003 geschlossenen und daher noch nicht unter die Geltung des BMSVG fallenden Arbeitsvertrages Arbeitnehmer der Gesellschaft geworden und später zum Vorstandsmitglied bestellt worden sind, ist in der Praxis die übliche Durchrechnung der Abfertigung, also das Unterbleiben einer Auszahlung samt Berücksichtigung der Vorstandszeiten (und der damit idR einhergehenden Entgelterhöhung) rechtlich zulässig und mit § 40 AngG vereinbar, weil sie für den Betroffenen günstiger ist als die Auszahlung der Abfertigung bei Bestellung zum Vorstandsmitglied.[361]

Bei der Gestaltung vertraglicher Abfertigungen in Vorstandsverträgen sind die Vertragspartner nach wie vor nicht an die inhaltlichen Vorgaben des § 23 AngG gebunden, weil diese gesetzliche Regelung für Vorstandsverträge nicht gilt und nie galt. Die Abfertigung kann daher zB auch nur auf der Basis des Festbezuges ohne Einbeziehung variabler Vergütungen berechnet werden. Bei der Regelung jener Beendigungsgründe, bei deren Vorliegen die Abfertigung nicht gebühren soll, empfiehlt sich eine Bedachtnahme auf den Umstand, dass der Anstellungsvertrag vom Gesetz her befristet sein muss. Eine Dienstgeber- oder Dienstnehmerkündigung gibt es daher nicht notwendigerweise (und wenn keine Kündigungsklauseln vereinbart sind, überhaupt nicht). Es ist daher zu bedenken, dass die Ablehnung der Wiederbestellung durch Vorstandsmitglied trotz mindestens gleichwertiger Konditionen einer „Dienstnehmerkündigung" gleichzuhalten und die Verweigerung der Wiederbestellung durch den Aufsichtsrat trotz Bereitschaft des Vorstandsmitgliedes wie eine „Dienstgeberkündigung" anzusehen sind.

Für die dem BMSVG nunmehr unterliegenden Dienstverhältnisse und eben auch Vorstandsdienstverträge muss die Gesellschaft gem § 6 BMSVG einen laufenden Beitrag in Höhe von 1,53 % des sozialversicherungspflichtigen Entgelts iSd § 49 ASVG[362] zahlen, mit dem die Abfertigung finanziert wird. Nur Beiträge in diesem Ausmaß sind steuer- und sozialversicherungsfrei.[363] Berechnungsgrundla- **120**

Zankl, Lebensversicherung und Nachlass, NZ 1985, 82 f; OGH, 1 Ob 555/86, JBl 1987, 46 (48); RIS-Justiz RS0007845, zuletzt in OGH 1 Ob 61/15z.

[361] OGH 9 Ob S 6/89 ZAS 1989, 205 (*G. Schima*) = GesRZ 1989, 221 = wbl 1989, 377; ausführlich *G. Schima,* Abfertigungsregelungen in Vorstandsverträgen, in Runggaldier, Abfertigungsrecht (1991) 409 ff. Für die Sicherung von Abfertigungsansprüchen von Arbeitnehmern, die später zu Organmitgliedern bestellt wurden, wird hingegen die zuletzt als Arbeitnehmer bezogene Entgelthöhe für das Insolvenzausfallsgeld eingefroren und werden nur Zeiten berücksichtigt, in denen die Person nicht Organmitglied war (OGH 8 Ob S 6/07a Arb 12.664 = ARD 5793/4/2007).

[362] Zum sozialversicherungsrechtlichen Entgeltbegriff vgl VwGH 22.10.1991, 90/08/0189; VwGH ÖJZ 1973, 193.

[363] *Schindler*, Ansprüche bei Beendigung des Arbeitsverhältnisses, in Mazal/Risak, Das Arbeitsrecht, Kap XX Rz 93 und 94.

ge sind daher alle sozialversicherungspflichtigen Bezüge unter Außerachtlassung der Geringfügigkeitsgrenze und der Höchstbeitragsgrundlage.[364]

121 Gemäß der Übergangsvorschrift des § 73 Abs 7 BMSVG[365] bleiben Vorstandsmitglieder, die am 31. Dezember 2007 in einem aufrechten freien Dienstverhältnis standen und deren Anstellungsvertrag eine freiwillige Abfertigungsregelung enthält, die spätestens am 31. Dezember 2007 begründet worden sein muss, weiterhin vom BMSVG ausgenommen und haben nach wie vor (nur) Anspruch auf die ihnen vertraglich zugesagte freiwillige Abfertigung.[366]

Die vertraglich vereinbarte Abfertigung muss zwar spätestens vor dem 31. Dezember 2007 vereinbart worden sein, wobei aber der im Zusammenhang mit der Bestellung und deren Annahme typischerweise getroffene Grundkonsens über die Entgeltfragen mit oder ohne vertragliche Abfertigung ausreicht und der formelle Abschluss des Anstellungsvertrages mE auch nach dem 31. Dezember 2007 erfolgt sein darf, ohne dass bei Existenz einer vertraglichen Abfertigung eine Anwendung des BMSVG begründet wird.

Das Gesetz stellt nicht darauf ab, *wie* die vertragliche Abfertigungsregelung des Vorstandsmitgliedes genau beschaffen ist. *Jede* Abfertigungsregelung, dh auch eine im Niveau hinter § 23 AngG (weit) zurückbleibende[367] Regelung, schließt daher die Anwendung des BMSVG aus.

122 Für Anstellungsverträge im Anwendungsbereich des StellenbesetzungsG enthält die SchablonenVO gewisse Beschränkungen für die Vereinbarung von vertraglichen Abfertigungen. Gem § 2 Abs 3 Z 14 SchablonenVO darf eine vertragliche Abfertigung nur so ausgestaltet werden, dass sie die im AngG geregelte maximale Abfertigung nicht übersteigt. Findet auf den Anstellungsvertrag das

---

364 Bereits während des Begutachtungsverfahrens wurden Stimmen laut, dass diese Regelung die Dienstgeber bzw Vertragspartner von unselbständig Beschäftigten sowie nach den Bestimmungen des ASVG Versicherten gegenüber den GSVG-Versicherten in einer verfassungswidrigen Weise benachteilige. Denn während das BMSVG, wie gesagt, die Höchstbeitragsgrundlage des ASVG nicht berücksichtigt (§ 6 Abs 5 BMSVG), verweist § 52 Abs 3 BMSVG für die Beitragsgrundlage der GSVG-Versicherten auf die §§ 25, 26 sowie 35b GSVG und schließt somit die Höchstbeitragsgrundlage (§ 25 Abs 5 GSVG) mit ein. Dadurch werden in der Folge die nach den Bestimmungen des ASVG versicherten Dienstnehmer höhere Leistungen aus der BMSVG-Pensionskasse als die GSVG-Versicherten erhalten; eine sachliche Rechtfertigung dieser Differenzierung lässt sich hierfür mE nicht ins Treffen führen.

365 Der genaue Wortlaut der Regelung lautet wie folgt:
„[…] § 1 Abs 1a findet auf zum 31. Dezember 2007 bestehende freie Dienstverhältnisse mit vertraglich festgelegten Abfertigungsansprüchen sowie auf unmittelbar nachfolgende mit demselben Dienstgeber oder einem Dienstgeber im Konzern (§ 46 Abs 3 Z 2) abgeschlossene freie Dienstverhältnisse mit solchen Abfertigungsansprüchen keine Anwendung.“

366 Dazu ausführlich *G. Schima/Eichmeyer*, Einbeziehung von Vorstandsmitgliedern in das System der Abfertigung neu, RdW 2008, 154.

367 Praktische Relevanz hat dieser Umstand in Bezug auf Vorstandsverträge insbesondere hinsichtlich der dort nicht unüblichen Regelung (vgl *Runggaldier/G. Schima*, Manager-Dienstverträge[4] 241, 257 f), dass in die Bemessung der Abfertigung nur der feste Bezug, nicht aber eine Bonifikation oder ein sonstiger erfolgsbezogener Vergütungsbestandteil, einbezogen wird. Eine solche Bestimmung verstieße bei Arbeitnehmern gegen § 23 Abs 1 AngG (im Sinne der stRsp des OGH zu dieser Norm).

BMSVG Anwendung, darf zusätzlich gar keine vertragliche Abfertigung mehr vereinbart werden (§ 2 Abs 3 Z 14 lit c SchablonenVO).[368]

Vorstandsmitglieder, die erst seit dem 1.1.2008 eine Funktion in einem rechnungshofkontrollierten Unternehmen begonnen haben und für die daher Beiträge nach dem BMSVG abgeführt werden, dürfen in ihren Anstellungsverträgen somit keine zusätzliche vertragliche Abfertigung vereinbaren.

g) Change of Control-Klauseln

Change of Control-Klauseln wurden in den letzten Jahren auch in Österreich immer häufiger Bestandteil von Vorstands-, aber auch Geschäftsführerverträgen.[369] **123**

Die typische Change of Control-Klausel sieht meist folgendermaßen aus: dem Vorstandsmitglied/Geschäftsführer wird das Recht eingeräumt, binnen einer bestimmten, sich üblicherweise zwischen drei und sechs Monaten bewegenden Frist ab Eintritt eines (sinnvollerweise möglichst exakt zu definierenden)[370] Eigentümer- bzw Kontrollwechsels[371] durch einseitige Erklärung (also Rücktritt), die ebenfalls unter einer Einhaltung einer Frist zu erfolgen hat, das Mandat und den Anstellungsvertrag zu beenden, wobei die finanziellen Konsequenzen in der Praxis am ehesten den Rechtsfolgen wie bei Beendigung des Mandats und des Anstellungsvertrages durch die Gesellschaft ohne Verschulden des Organmitgliedes angenähert sind (oder im Einzelfall auch noch darüber hinaus gehen).

Die vertraglichen Gestaltungen können vielfältig sein. In einem auf unbefristete Zeit abgeschlossenen GmbH-Geschäftsführervertrag kann die Klausel uU bloß vorsehen, dass bei kontrollwechselbedingtem Rücktritt dem Geschäftsführer die Abfertigung gebührt (die, wenn es sich um eine Abfertigung alt handelt, bei Dienstnehmerkündigung nach § 23 Abs 7 AngG verfallen würde); ebenso ist es aber denkbar, dass in einem Vorstandsvertrag vorgesehen wird, dass bei Rücktritt aufgrund Kontrollwechsels dem Vorstandsmitglied die gesamte Restlaufzeit als Barabfindung ausgezahlt wird. Diese Abfindung kann im Vertrag sowohl mit einer Untergrenze (falls die Restlaufzeit nur mehr gering ist) als auch mit einer Obergrenze versehen werden. Letztere wird in der Praxis vor allem bei börsenotierten

---

368 Diese letzte Bestimmung trat mit der Veröffentlichung im BGBl II 66/2011 am 24.2.2011 in Kraft.

369 Vgl *Runggaldier/G. Schima*, Manager-Dienstverträge⁴ 138; *G. Schima* in FS Binder 817 (836 ff); vgl für Deutschland zB *Dreher,* Change of Control-Klauseln bei Aktiengesellschaften, AG 2002, 214; *Fonk* in Semler/v. Schenck, ARHdb⁴ § 10 Rz 178 ff, der Change in Control-Klauseln bei erstmaligem Kontrollerwerb in einer bis dahin unabhängigen Gesellschaft und Change of Control-Klauseln bei Kontrollwechsel unterscheidet. Gut formulierte Klauseln sollten *beide* Fälle abdecken

370 Darauf verweist auch zu Recht *Fonk* in Semler/v. Schenck, ARHdb⁴ § 10 Rz 180.

371 In Anbetracht der in Österreich mit der ÜbG-Novelle 2006 vollzogenen Ersetzung eines materiellen Kontrollbegriffes durch einen formellen Kontrollbegriff, der bei einer 30%igen Beteiligung ansetzt, ist es aus der Sicht des Vorstandsmitgliedes einer börsenotierten Aktiengesellschaft *nicht empfehlenswert*, den Kontrollwechsel anstellungsvertraglich an den übernahmegesetzlichen Kontrollwechseltatbestand zu knüpfen. Denn wie auch die österreichische Praxis seit der Novelle zeigt, lassen sich börsenotierte Aktiengesellschaften bei entsprechendem Streubesitz und in Anbetracht der niedrigen Hauptversammlungspräsenz auch mit (uU deutlich) unter 30%iger Beteiligung beherrschen.

Unternehmen in Anlehnung an die Empfehlung der C-Regel 27a ÖCGK[372] nicht selten mit zwei Gesamt-Jahresvergütungen eingezogen.

124 Change of Control-Klauseln verfolgen vor allem bei börsenotierten Gesellschaften den Zweck, dem Vorstandsmitglied die unbefangene Beurteilung eines Übernahmeversuches zu ermöglichen, es also davon abzuhalten, gegen den neuen Groß- oder Mehrheitsaktionär nur deshalb Stellung zu beziehen, weil das Vorstandsmitglied den Amtsverlust und die Ersetzung durch eine von neuen Eigentümern bestellte Geschäftsführung zu fürchten hat.[373] Daneben soll die Change of Control-Klausel aber auch schlicht dem Vorstandsmitglied einen finanziell gut gepolsterten Ausstieg ermöglichen, wenn sich gleichsam die Identität seines Ansprechpartners in einer vom Vorstandsmitglied möglicherweise als unangenehm empfundenen Form ändert.

Zu messen sind Change of Control-Klauseln letztlich nur (aber immerhin) am *Angemessenheitsgebot* des § 78 Abs 1 AktG (bzw § 87 Abs 1 dAktG). Die von *Martens*[374] in Deutschland geäußerten Bedenken weisen letztlich ebenfalls nur auf das aktienrechtliche Angemessenheitsgebot hin. Es handelt sich um eine Maßfrage.

Nicht gefolgt werden kann daher auch der Meinung, wonach im Allgemeinen die Gewährung von über die Auszahlung des Anstellungsvertrages hinausgehenden Vergütungen im Wege einer Change of Control-Klausel nicht gerechtfertigt sei.[375]

125 Zumindest unter dem Blickwinkel der Mannesmann-E des BGH (dazu unten im Kapitel „Anerkennungsprämien") sind solche Change of Control-Klauseln zumindest heikler, die erst nachträglich oder dann vertraglich verankert werden, wenn ein Übernahmeversuch sich bereits abzeichnet[376] oder gar schon erfolgt ist.[377]

Eine generelle Unzulässigkeit solcher nachträglich implementierter Change of Control-Klauseln kann man mE aber selbst aus dem Mannesmann-Erk nicht einmal dann ableiten, wenn die Klausel bei einem sich schon abzeichnenden Übernahmeversuch vereinbart wird. Denn auch in einer solchen Situation kann ein ganz konkretes und zukunftsbezogenes Interesse der Zielgesellschaft und ihrer Aktionäre darin bestehen, dass der Vorstand in dieser heiklen Phase möglichst frei von überwiegend finanziell motivierten Ängsten um seine berufliche Zukunft agiert.[378]

---

372 Vgl zu den Hintergründen dieser Regelung *G. Schima* in Schenz/Eberhartinger, Corporate Governance 246 (255 ff).

373 Zutr *Hoffmann-Becking*, ZHR 169 (2005) 155 (170); *Kort*, AG 2006, 108; *Fonk* in Semler/v. Schenck, ARHdb[4] § 10 Rz 178.

374 *Martens*, Die Vorstandsvergütung auf dem Prüfstand, ZHR 169 (2005) 124 (139 ff).

375 IdS *Lutter,* Aktienrechtliche Aspekte der angemessenen Vorstandsvergütung, ZIP 2006, 733 (737).

376 Diesbezüglich ohne Bedenken *Fonk* in Semler/v. Schenck, ARHdb[4] § 10 Rz 179 mwN.

377 Vgl *Kort,* AG 2006, 108; auch diesbezüglich ohne Bedenken dagegen *Hoffmann-Becking*, ZHR 169 (2005), 155 (171).

378 *Fonk* (in Semler/v. Schenck, ARHdb[4] § 10 Rz 179) und *Hoffmann-Becking* (ZHR 169 [2005] 155 [171]) betonen, dass gerade in einer solchen Konstellation der Zweck der Change of Control-Klausel besonders einleuchtend sei.

Im Auge behalten muss der Aufsichtsrat bei der Implementierung von Change of Control-Klauseln nicht nur, aber insbesondere bei der börsenotierten AG, dass es eine Führungslosigkeit der Gesellschaft zu vermeiden gilt. Es muss darauf geachtet werden, ausreichend lange Rücktrittsfristen vorzusehen, damit einerseits sämtliche Mitglieder des Vorstandes die Change of Control-Klausel in Anspruch nehmen können, ein überfallsartiger Kollektivrücktritt des gesamten Vorstandes andererseits aber vermieden wird. Denn auch ein strategischer Investor, der eigenes Führungspersonal einbringt, ist gegen die plötzliche Führungslosigkeit nicht leicht gewappnet. In einer solchen Vorgangsweise könnte uU auch ein Verstoß gegen das übernahmerechtliche Verhinderungsverbot (§ 12 ÜbG) liegen. Eine Drei-Monats-Frist für die Ausübung des Rücktrittsrechts wird wohl die Untergrenze sein; besser sind sechs Monate.[379]

h) Nachlaufklauseln

Der Umstand, dass Vorstandsverträge in der AG gesetzlich befristet sind, **126**
schafft für das Vorstandsmitglied zumindest theoretisch (wenn auch nur bei schlechter Corporate Governance des Aufsichtsrates) die Gefahr, erst sehr kurzfristig zu erfahren, ob der Aufsichtsrat eine Verlängerung der Amtsperiode (Wiederbestellung) wünscht.

Um Vorstandsmitgliedern als wirtschaftliches Äquivalent zu einer angemessenen Kündigungsfrist, wie sie in unbefristeten Verträgen notwendigerweise vereinbart wird, zu sichern, haben sich in der Praxis sogenannte „Nachlaufklauseln" herausgebildet. Sie sehen typischerweise vor, dass die Pflicht der Gesellschaft zur Zahlung der (zumindest festen) Vorstandsbezüge sich um einen bestimmten Zeitraum (in der Praxis sind sechs Monate nicht unüblich) verlängert, wenn der Aufsichtsrat nicht zu einem bestimmten Zeitpunkt vor Mandatsende (zB ebenfalls sechs Monate) dem Vorstandsmitglied mitteilt, dass eine Wiederbestellung beabsichtigt ist oder nicht. Die Zahlung schuldet die Gesellschaft dann, wenn der Aufsichtsrat entweder die Mitteilung unterlässt und es dann nicht zur Wiederbestellung kommt oder die Wiederbestellung signalisiert und diese dann unterbleibt.[380]

„Nachlaufklauseln" sind, sofern maßvoll und damit nicht mit dem Angemessenheitsgebot des § 78 Abs 1 AktG bzw § 87 dAktG in Konflikt geratend,[381] unbedenklich. Jene Einwände gegen die Zulässigkeit solcher Klauseln, die eine „Beschränkung der Entschlussfreiheit" des Aufsichtsrates monieren,[382] verkennen mE erstens den Sinn und Zweck solcher Regelungen und geraten außerdem in unlösbare Wertungswidersprüche zu diversen anderen Vergütungsbestandteilen,

379 *Runggaldier/G. Schima*, Manager-Dienstverträge[4] 141.

380 *Fonk* in in Semler/v. Schenck, ARHdb[4] § 10 Rz 216 beschreibt hingegen Klauseln, in denen sich die Gesellschaft „verpflichtet", bis zu einem bestimmten Tag vor Ablauf des Mandats über die Wiederbestellung zu entscheiden. Damit wäre keine Rechtspflicht der Gesellschaft verbunden, sondern es handelt sich um eine reine Absichtserklärung. Bei Fristversäumnis oder widersprüchlichem Handeln des Aufsichtsrates kommen Schadenersatzansprüche des Vorstandsmitglieds in Betracht. Wirksamer, weil mit konkreten finanziellen Konsequenzen verbunden, ist sicherlich die hier beschriebene Art der Nachlaufklausel.

381 Zutr *Fonk* in Semler/v. Schenck, ARHdb[3] § 9 Rz 132.

382 Vgl *Spindler* in MünchKommAktG[4] § 84 Rz 78, der aber gegen die hier behandelten Vereinbarungen nichts einzuwenden haben dürfte.

gegen deren grundsätzliche Zulässigkeit bisher zu Recht kein Einwand erhoben wurde (zB Pensionsregelungen oder die gerade behandelten Change of Control-Klauseln).

i) Barabfindung der Restlaufzeit

127 Wenn die Gesellschaft sich von einem Vorstandsmitglied ohne dessen Verschulden trennen möchte, steht sie regelmäßig vor dem Problem, dass das Vorstandsmitglied üblicherweise die Auszahlung des Vertrages, dh die Abfindung der Restlaufzeit und allfällige sonstiger Ansprüche begehrt. Kündigungsklauseln (und noch stärker natürlich Koppelungsklauseln) können die finanzielle Last der Gesellschaft deutlich lindern, dies aber auch nur dann, wenn Hauptversammlung und Aufsichtsrat bereit sind, das Vorstandsmitglied nach § 75 Abs 4, 3. Fall AktG, also wegen eines Misstrauensvotums der Hauptversammlung abzuberufen. Denn ohne wirksame Abberufung kommen Kündigungs- und Koppelungsklauseln gar nicht zur Anwendung. In börsenotierten Gesellschaften kommt ein Misstrauensvotum der Hauptversammlung fast nie vor, sodass in solchen Fällen auch vereinbarte Kündigungs- und Koppelungsklauseln der Gesellschaft in den Trennungsverhandlungen mit nicht mehr gewollten, aber nicht pflichtwidrig handelnden Vorstandsmitgliedern kaum helfen, sodass im Ergebnis hohe Abfindungen ausgezahlt werden, die sich mehr an der restlichen Mandatsdauer als an der Dauer einer vertraglich vereinbarten Kündigungsfrist orientieren. Die österreichische Praxis ist reich an derartigen Fallgestaltungen, die in der nur unzureichend informierten Öffentlichkeit meist auf Unverständnis stoßen.

Die Barabfindung der Restlaufzeit für den Fall vorzeitiger Mandatsbeendigung kann schon im Anstellungsvertrag vereinbart sein, was in Österreich selten vorkommt, gleichwohl rechtlich unbedenklich und aus der Sicht des Vorstandsmitgliedes sehr empfehlenswert ist. Die Gesellschaft verzichtet damit vorweg auf die ihr zustehende Möglichkeit, für den Zeitraum zwischen Beendigung des Mandats und des Anstellungsvertrages, in dem des (ehemalige) Vorstandsmitglied keine Tätigkeitspflicht mehr trifft, anderweitig erzieltes Erwerbseinkommen oder absichtlich versäumten Erwerb des Vorstandsmitglieds gem § 1155 ABGB anzurechnen.[383] Die Zulässigkeit einer im Anstellungsvertrag vereinbarten Abfindung der gesamten Restlaufzeit ist auch dann nicht in Zweifel zu ziehen, wenn mit der Abfindung die von der EU-Kommission[384] empfohlene Grenze von zwei festen Jahresvergütungen oder die in C-Regel 27a ÖCGK empfohlene Grenze von zwei Gesamtjahresvergütungen überschritten wird. Börsenotierte und den Kodex einhaltende Gesellschaften müssten eine Abweichung von C-Regel 27a freilich öffentlich kommunizieren.

Grundsätzlich dasselbe gilt für nicht anstellungsvertraglich vorgesehene, aber im Zuge der Trennungsverhandlungen ad hoc vertraglich zuerkannte Abfindungen der Restlaufzeit. Auch hier ist das Ermessen des Aufsichtsrats, der eine unterneh-

---

383 Vgl ausführlich *Runggaldier/G. Schima*, Führungskräfte 179 ff; *G. Schima*, ecolex 2006, 456 (458).

384 Empfehlung der Kommission zur Ergänzung der Empfehlungen 2004/913/EG und 2005/162/EG zur Regelung der Vergütung von Mitgliedern der Unternehmensleitung börsennotierter Gesellschaften, vom 30.4.2009, 2009/385/EG.

merische Entscheidung gem § 84 Abs 1a iVm § 99 AktG trifft, mit dem aktienrechtlichen Angemessenheitsgebot des § 78 Abs 1 AktG begrenzt.

Pflichtwidrig kann ein Verhalten des Aufsichtsrates freilich dann sein, wenn dieser – ohne Existenz einer anstellungsvertraglich vereinbarten Barabfindungsklausel – einem Vorstandsmitglied die volle Restlaufzeit als Abfindung abgilt, obwohl er weiß, dass das Vorstandsmitglied bereits eine neue und entsprechend gut dotierte Position antreten wird.

j) Anerkennungsprämien (appreciation awards)

Es geht – etwas abstrahiert betrachtet – im Wesentlichen um Vergütungen, die der Aufsichtsrat einem Vorstandsmitglied für eine entweder schon erbrachte oder noch zu erbringende, aufgrund bestimmter Umstände bevorstehende Leistung zuerkennt, die ohne eine solche spezielle Vergütungsabrede mit der im Anstellungsvertrag bereits vereinbarten Vergütung abgegolten wäre. Dabei kann es sich in der Praxis insbesondere um Vergütungen an der Mitwirkung an einem gut abgewickelten Verkauf entweder des Unternehmens der Gesellschaft selbst, einer Tochtergesellschaft oder eines Unternehmensteiles handeln. **128**

Der Begriff „Anerkennungsprämien" trat in das Bewusstsein der „juristischen Öffentlichkeit" im Wesentlichen mit dem berühmten „Mannesmann-Urteil"[385] des deutschen BGH. Bei Mannesmann ging es um die Honorierung des Vorstandsvorsitzenden von Mannesmann, seines Teams aber auch einer ganzen Reihe von Aufsichtsratsmitgliedern, Hinterbliebenen von früheren Führungskräften und Aufsichtsratsmitglieder (in Form von Pensionsabfindungen) im Zusammenhang mit vehementer Gegenwehr des Mannesmann-Management im Übernahmekampf gegen Vodaphone. Diese Gegenwehr hatte zu einem massiven Anstieg des Aktienkurses von Mannesmann und damit zu Profiten für die Aktionäre in Milliardenhöhe geführt.

In dem darüber letztlich geführten Strafprozess unter anderem gegen den Vorstandsvorsitzenden, aber auch den Aufsichtsratsvorsitzenden von Mannesmann vertrat der BGH – zusammengefasst – folgende Ansicht: Ist im Dienstvertrag vereinbart, dass eine an einen Geschäftserfolg gebundene einmalige oder jährlich wiederkehrende Prämie als variabler Bestandteil der Vergütung gezahlt wird, dürfe sie nach Ablauf des Geschäftsjahres nachträglich zuerkannt werden. Der weite Beurteilungs- und Ermessensspielraum der Präsidiumsmitglieder sei als Ausfluss ihrer Vermögensbetreuungspflicht nur insoweit eingeschränkt, als die Gesamtbezüge des bedachten Vorstandsmitgliedes gem § 87 Abs 1 Satz 1 dAktG in einem angemessenen Verhältnis zu seinen Aufgaben und zur Lage der Gesellschaft stehen müssten. Auch bei fehlender Rechtsgrundlage im Dienstvertrag sei die Bewilligung einer nachträglichen Anerkennungsprämie zulässig, wenn und soweit dem Unternehmen gleichzeitig Vorteile zuflössen, die in einem angemessenen Verhältnis zu der mit der freiwilligen Zusatzvergütung verbundenen Minderung des Gesellschaftsvermögens stünden. Dies komme insbesondere in Betracht, wenn die freiwillige Sonderzahlung entweder dem begünstigten Vorstandsmitglied selbst oder zumindest anderen aktiven oder potenziellen Führungskräften signalisiere,

[385] BGH 21.12.2005, BB 2006, 323 ff = ZIP 2006, 72 ff.

dass sich außergewöhnliche Leistungen lohnten, von ihr also eine für das Unternehmen vorteilhafte Anreizwirkung ausginge. Unter dem Gesichtspunkt einer Anreizwirkung für Dritte erscheine die Zuwendung einer freiwilligen Anerkennungsprämie auch an ein Vorstandsmitglied denkbar, das demnächst aus der Gesellschaft ausscheide. In all diesen Fällen werde aber dem Angemessenheitsgebot des § 87 Abs 1 Satz 1 dAktG besondere Bedeutung zukommen. Welche Grenzen sich daraus für die Höhe einer Prämie ergäben, entziehe sich – so der BGH – generalisierender Betrachtung und bedürfe angesichts der Besonderheiten des zu entscheidenden Falles keiner näheren Erörterung.

Eine im Dienstvertrag nicht vereinbarte Sonderzahlung für eine geschuldete Leistung, die ausschließlich belohnenden Charakter habe und der Gesellschaft keinen zukunftsbezogenen Nutzen bringen könne – dafür verwendete der BGH die Bezeichnung „*kompensationslose Anerkennungsprämie*“ – sei dem gegenüber als treuepflichtwidrige Verschwendung des anvertrauten Gesellschaftsvermögens zu bewerten. Sie sei *bereits dem Grunde nach unzulässig*, ohne dass es auf die Frage ankomme, ob die Gesamtbezüge des begünstigten Vorstandsmitgliedes unter Einschluss der Sonderzahlungen nach den Grundsätzen des § 87 Abs 1 Satz 1 dAktG der Höhe nach noch als angemessen beurteilt werden könnten.

129 Die Entscheidung wurde zu Recht ganz überwiegend sowohl von gesellschaftsrechtlichem als auch strafrechtlichem Schrifttum kritisiert. Denn der BGH schloss sich der herrschenden Ansicht, dass Anerkennungsprämien – unabhängig von einer Anreizwirkung – dann zulässig seien, wenn die Gesamtbezüge dem aktienrechtlichen Angemessenheitsgebot entsprächen, ausdrücklich nicht an.[386]

In der Tat ist der kardinale Fehler der Mannesmann-E das „*Ignorieren des aktiengesetzlichen Angemessenheitsgebotes*“. Wie der OGH in der E vom 11. Juni 2008[387] zutreffend ausführte, gibt es kein dem § 78 Abs 1 AktG bei der Bemessung der Vorstandsbezüge gleichsam „vorgelagertes“ Unternehmensinteresse bzw Unternehmenswohl; vielmehr ist § 78 Abs 1 AktG nichts anderes als die spezifische Ausprägung der in § 70 AktG vorgegebenen Leitmaxime. Für Deutschland hat nichts anderes zu gelten, denn die Rechtslage ist völlig vergleichbar. Das aktienrechtliche Angemessenheitsgebot als spezifische gesetzliche Ausprägung eines interessengerechten Handelns in der Kapitalgesellschaft behandelt nämlich sowohl die Frage nach dem „ob“ der Vergütungszusage als auch nach dem „wie“ bzw „wie hoch“.[388] Der BGH wollte sich mit der Schaffung der seltsamen Rechtsfigur der „*kompensationslosen Anerkennungsprämie*“ in Wahrheit vor der Angemessenheitsprüfung drücken. Nur das wäre der methodologisch richtige Weg gewesen.

---

386 Vgl *Hüffer*, Beilage 7 zu BB 2003, 18 ff; *Baums*, Anerkennungsprämien für Vorstandsmitglieder, Johann Wolfgang Goethe-Universität Frankfurt am Main, Institut für Bankrecht Nr 121, 2 ff; *Fonk*, NZG 2005, 248; *Liebers/Hoefs*, Anerkennungs- und Abfindungszahlungen an ausscheidende Vorstandsmitglieder, ZIP 2004, 97; *Hoffmann-Becking*, ZHR 169 (2005) 155 (161 ff); *Kort*, NJW 2005, 333. Dass sich der BGH von dieser „Phalanx“ ziemlich unbeeindruckt zeigte, dürfte zumindest auch darauf zurückzuführen sein, dass es sich dabei zum überwiegenden Teil um Auftragsarbeiten (zB für die Deutsche Bank) handelte, was freilich die Überzeugungskraft diverser, dem BGH widersprechender Argumente nicht schwächt.

387 OGH 7 Ob 58/08t GesRZ 2008, 378 (*Kalss/Zollner*) = wbl 2008, 598 (*U. Torggler*) = ecolex 2008, 926 (*Reich-Rohrwig*) = GeS 2008, 356 (*Schopper/Kapsch*).

388 So treffend *Dittrich*, Untreuestrafbarkeit (2007) 98.

Nimmt man die Argumentation des BGH in der Mannesmann-E ernst, müssten dieselben für den Aufsichtsrat aufgestellten Schranken auch für den Vorstand gelten, wenn dieser zB verdienten Mitarbeitern zusätzliche Leistungen gewährt, knapp vor Ruhestandsversetzung Prämien zahlt oder für einen ausscheidenden, viele Jahre verdienstvoll tätigen Mitarbeiter auf Unternehmenskosten ein kleines Fest ausrichtet. Die Zulässigkeit solcher Zuwendungen hat zu Recht noch niemand bestritten. Warum sollte dann der Aufsichtsrat dem Vorstand Vergütungen nicht zuerkennen dürfen, die der Vorstand rechtlich unbedenklich den ihm unterstellten Mitarbeitern gewähren darf.[389]

In Deutschland hat die Mannesmann-E große Rechtsunsicherheit herbeigeführt. Aus der Hirsch-Servo-E vom 11. Juni 2008[390] kann man aber ableiten, dass der österreichische OGH diese Argumentationsweise ganz offensichtlich nicht billigt. Denn in dem dieser Entscheidung zugrundeliegender Sachverhalt wurden vom Anstellungsvertrag nicht gedeckte Vergütungen offenkundig deshalb gezahlt, um die Vorstandsmitglieder zum möglichst „geräuschlosen" Verlassen des Unternehmens zu bewegen (dazu im Folgenden). **130**

Unter dem Einfluss der Mannesmann-E empfiehlt sich allenfalls die anstellungsvertragliche Verankerung der Möglichkeit des Aufsichtsrates, unter bestimmten Voraussetzungen für besondere Leistungen besondere Vergütungen festzulegen. Welche Art von „Ankündigungsklauseln" für den BGH ausreichend ist, um als „*anstellungsvertragliche Anspruchsgrundlage*" anerkannt, zu werden, lässt das Höchstgericht offen und produziert damit große Rechtsunsicherheit.[391]

All dies zeigt aber nur die Unhaltbarkeit des Begründungsansatzes des BGH, denn die Pflichtwidrigkeit oder gar Strafbarkeit von Vorstandsvergütungen kann nicht davon abhängen, ob sich im Anstellungsvertrag eine formularmäßige Klausel findet, dass der Aufsichtsrat bei besonderen Leistungen besondere Vergütungen gewähren kann oder ob diese Klausel – vielleicht irrtümlich – vergessen wurde.[392]

k) Zahlungen für geräuschlose Trennung

Bei Trennungen zwischen Vorstandsmitgliedern und Aufsichtsrat geht es oft darum, das „Waschen von Schmutzwäsche" zu vermeiden. Daran haben meist beide Seiten ein Interesse – wenn auch nicht immer in gleich hohem Ausmaß, sodass die mehr oder weniger unverhohlene Drohung, gewisse Ereignisse an die Öffentlichkeit zu bringen, in nicht ganz friedlich verlaufenden Trennungsverhandlungen immer wieder als Druckmittel gebraucht wird. **131**

Gesellschaften sind selten geneigt, bei der Trennung von einem ungeliebten, aber nicht grob pflichtwidrig gehandelt habenden und daher nicht durch Entlassung entfernbaren Vorstandsmitglied verhältnismäßig großzügig zu sein, um auf diese Art und Weise die Trennung möglichst ohne große Aufregung und ohne an die Öffentlichkeit gelangende Indiskretionen abzuwickeln.

---

389 Zutr *Hoffmann-Becking*, NZG 2006, 129.

390 OGH 7 Ob 58/08t GesRZ 2008, 378 (*Kalss/Zollner*) = wbl 2008, 598 (*U. Torggler*) = ecolex 2008, 926 (*Reich-Rohrwig*) = GeS 2008, 356 (*Schopper/Kapsch*); dazu eingehend *G. Schima*, in FS Binder (2010), 817.

391 Vgl *Fonk* in Semler/v. Schenck, ARHdb⁴ § 10 Rz 146 ff.

392 Vgl *Hoffmann-Becking*, NZG 2006, 130.

Derartige Zahlungen sind ebenfalls Bestandteil der Vorstandsvergütung und unterliegen daher dem Angemessenheitsgebot des § 78 Abs 1 AktG. Eine besondere Leistung wird mit solchen Zahlungen üblicherweise nicht vergütet, sondern sie soll die Unsicherheiten für beide Seiten ausgleichen, die mit einer Anfechtungsklage gegen eine Abberufung verbunden wären. Im Hinblick auf den zukunftsgerichteten Nutzen für die Gesellschaft werden daher solche Zahlungen kritisch zu hinterfragen sein.

132 In seiner E vom 11. Juni 2008 hatte sich der OGH[393] mit einer solchen Konstellation auseinanderzusetzen. Der Aufsichtsrat hatte zwei Vorstandsmitglieder nach Hinweisen auf Missmanagement suspendiert und stand nach Erhalt des vollständigen Berichtes, der keine für eine Abberufung und Entlassung tauglichen Pflichtverletzung zu Tage förderte vor dem Problem, die Vorstandsmitglieder einerseits nicht mehr zurücknehmen zu wollen, andererseits aber auch nicht entschädigungslos und mit rechtlicher Aussicht auf Erfolg entfernen zu können. Darüber hinaus wollte der Aufsichtsrat – wenn wohl auch rechtsirrig – eine ad hoc Meldung der Suspendierungen vermeiden und ließ sich in der Folge auf Abfindungszahlungen an die beiden Vorstandsmitglieder in Höhe von in einem Fall etwas über EUR 500.000 und im anderen von etwas über EUR 600.000 ein, die über die durch den Anstellungsvertrag begründeten Zahlungen der Restlaufzeit hinausgingen. In Anbetracht des Umstandes, dass es sich um eine verhältnismäßig kleine börsenotierte Gesellschaft handelte, betrugen diese Zahlungen in jedem Fall wohl deutlich mehr als einen Jahresbezug.

133 An der E wurde verschiedentlich Kritik geübt. *Kalss/Zollner*[394] bezeichneten die unreflektierte Bezugnahme auf „Prozessvermeidung" und „Verhinderung von Reputationsschaden" als *„schablonenhaftes Totschlagargument"*.

Dem ist grundsätzlich schon beizupflichten; in Wahrheit sind aber die dürftigen Angaben im Urteil mE nicht ausreichend, um verlässlich zu beurteilen, ob der Aufsichtsrat bei der Vereinbarung der Konditionen über das Ausscheiden der beiden suspendierten Vorstandsmitglieder das ihm eingeräumte und durchaus beträchtliche (da ist dem OGH zuzustimmen) Ermessen in noch verantwortungsvoller Weise ausgeübt hat. Denn man erfährt im Urteil nicht, wofür dieses Geld genau gezahlt wurde. Wollte der Aufsichtsrat damit etwa verhindern, dass eigene Kontrollversäumnisse ans Licht der Öffentlichkeit gelangten, wäre dies keine korrekte Vorgangsweise.[395] Ob diese alles in allem keineswegs professionelle Vorgangsweise des Aufsichtsrates auch die Haftung der für die freiwilligen Abfertigungen stimmenden Aufsichtsratsmitglieder auslöste, ist zumindest zweifelhaft und auf der Grundlage der dürftigen Sachverhaltsinformationen freilich nicht verlässlich beurteilbar.[396]

---

393 OGH 7 Ob 58/08t GesRZ 2008, 378 (*Kalss/Zollner*) = wbl 2008, 598 (*U. Torggler*) = ecolex 2008, 926 (*Reich-Rohrwig*) = GeS 2008, 356 (*Schopper/Kapsch*); dazu eingehend *G. Schima*, FS Binder (2010) 817.

394 GesRZ 2008, 378 (385).

395 IdS auch *Kalss/Zollner*, GesRZ 2008, 378 (384).

396 Für eine Haftung aber anscheinend *Kalss/Zollner*, GesRZ 2008, 378 (384 f).

l) D & O Versicherung

D&O Versicherungen[397] sind Vermögensschadens-Haftpflichtversicherungen für Manager mit idR gut dimensionierter Rechtsschutzversicherung. Sie wirken zu Gunsten des Managers (versicherte Person),[398] kommen jedoch auch in gewisser Weise der Gesellschaft (Versicherungsnehmerin) zu Gute und sichern ihr (bzw ihren Gläubigern) einen Haftungsfonds. Die D&O-Versicherung ist eine Versicherung für fremde Rechnung iSd §§ 74 ff VersVG.[399] Versicherungsnehmer und Prämienschuldner ist die Gesellschaft, Versicherter der betroffene Manager bzw eine Gruppe von Managern. Nicht selten kommt es vor, dass das Management einer ganzen Unternehmensgruppe versichert ist; als Versicherungsnehmer tritt dann meist, aber nicht immer die Konzernobergesellschaft auf. Einbezogen sind in aller Regel auch die Mitglieder des Aufsichtsrates. Die begünstigten Personen werden nicht namentlich in die Polizze aufgenommen, sondern pauschal umschrieben: zB aktuelle und ehemalige Mitglieder des Führungsorgans und des Überwachungsorgans der Gesellschaft und deren Tochtergesellschaften.[400] **134**

Die Versicherung deckt das Risiko von Organmitgliedern ab, aufgrund von Fehlhandlungen bei der Ausübung ihrer Organtätigkeit[401] entweder der Gesellschaft gegenüber (Innenhaftung) oder Dritten (Außenhaftung) verantwortlich zu werden.[402] Gedeckt sind Vermögensschäden, also Schäden, die weder Personenschäden[403] noch Sachschäden[404] sind oder sich aus solchen Schäden ableiten.[405]

Der Schutz des Managers umfasst im Wesentlichen zwei Komponenten: Erstens den *Abwehrschutz*, also die notwendigen Verteidigungs- und Beratungskosten im Zusammenhang mit der Abwehr unberechtigter Schadenersatzansprüche (dh Rechtsanwaltskosten, aber auch außergerichtliche Kosten).[406] Die zweite Komponente ist die *Freistellung* von berechtigten Schadenersatzansprüchen durch den Versicherer. Der Versicherer hat die geltend gemachten Haftungsansprüche zu prüfen und vorerst die Wahl, ob er die Abwehr finanziert, oder die erhobenen Ansprüche befriedigt.[407] Ist ein Schadenersatzanspruch der Gesellschaft oder eines Dritten durch rechtskräftiges Urteil, Anerkenntnis oder Vergleich festgestellt, hat **135**

---

397 Vgl *Kort*, Voraussetzungen der Zulässigkeit einer D&O-Versicherung von Organmitgliedern, DStR 2006, 799 (802 f); siehe die ausführliche Darstellung von *Fleischer*, Handbuch des Vorstandsrechts § 12 Rz 1 ff; für Ö *Gruber/Wax*, Wer ist für den Abschluss einer D&O-Versicherung zuständig? wbl 2010, 169.

398 Üblicherweise erfassen D&O-Versicherungen Vorstandsmitglieder, Geschäftsführer, leitende Angestellte sowie Aufsichtsratsmitglieder.

399 Vgl *Dreher,* Die Rechtsnatur der D&O-Versicherung, DB 2005, 1669 (1670); *Olbrich,* Die D&O-Versicherung² (2007) 53.

400 *Lange*, D&O-Versicherung und Managerhaftung (2014) § 6 Rz 3 ff.

401 *Gruber/Mitterlechner/Wax*, D&O-Versicherung mit internationalen Bezügen (2012) § 4 Rz 8.

402 *Gruber/Wax*, wbl 2010, 169.

403 Tod, Verletzung oder Gesundheitsschädigung eines Menschen.

404 Zerstörung, Beschädigung, Verlust einer Sache.

405 Ausführlich *Gruber/Mitterlechner/Wax*, D&O-Versicherung § 4 Rz 23.

406 *Gruber/Mitterlechner/Wax*, D&O-Versicherung § 6 Rz 6 ff.

407 *Lange*, D&O-Versicherung § 14 Rz 5; *Gruber/Mitterlechner/Wax*, D&O-Versicherung § 6 Rz 4.

der Manager den Anspruch gegen die Versicherung, ihn von der Verbindlichkeit zu befreien, dh an den Anspruchsberechtigten zu leisten.[408]

136 Die D&O-Versicherung funktioniert nach dem sogenannten „*claims made-Prinzip*", also dem Anspruchserhebungsprinzip (im Gegensatz zu dem in der Haftpflichtversicherung sonst geltenden Verstoßprinzip). Wird während der Dauer des Versicherungsvertrages (idR ein Jahr mit automatischer Verlängerung, falls nicht gekündigt wird[409]) ein versicherter Manager von der Gesellschaft oder einem Dritten ernsthaft auf Schadenersatz in Anspruch genommen, tritt der Versicherungsfall ein und der Versicherer ist zur Leistung verpflichtet.[410] Die versicherten Personen treffen eine Reihe von Obliegenheiten, wie etwa die rechtzeitige Meldung der Inanspruchnahme. Es kommt daher nicht darauf an, wann die schädigende Handlung oder der Schadenseintritt erfolgten. Die Schädigung kann auch aus einer Zeit vor Abschluss des Versicherungsvertrages stammen,[411] solange im Zeitpunkt der Geltendmachung des Schadenersatzanspruchs der Versicherungsvertrag (bzw eine allfällige Nachmeldefrist) aufrecht ist, der Anspruch geltend gemacht wird und noch nicht verjährt ist und es sich um eine vom Versicherungsvertrag umfasste Person und Schädigung handelt. Die D&O-Versicherung enthält eine unbegrenzte Rückwärtsversicherung.[412] Nach Ende des Versicherungsvertrages kann eine oft mehrjährige Nachmeldefrist vereinbart werden, binnen derer weitere Schäden gemeldet werden können, die sich während der Laufzeit der Versicherung ereignet haben.[413]

137 Nach wie vor heftig umstritten ist die Frage, ob die wirtschaftliche Tragung von Prämien einer den Vorstand der AG versichernden D&O-Versicherung durch die Gesellschaft Entgelt iSd § 78 Abs 1 AktG ist, was eine zwingende Zuständigkeit des Aufsichtsrates begründen würde, oder ob es sich dabei um eine so überwiegend im Gesellschaftsinteresse gelegene Leistung handelt, dass von einem Entgelt nicht gesprochen werden kann.

In Deutschland hat die den Entgeltcharakter verneinende Ansicht[414] durch die Sichtweise der Finanzverwaltung Auftrieb erhalten, die wegen des überwiegenden Interesses der Gesellschaft eine Lohnsteuerpflicht verneint.[415] Ein Teil der Lehre in Deutschland bejaht jedoch nach wie vor den Entgeltcharakter der Prämienübernahme.[416]

---

408 *Gruber/Mitterlechner/Wax*, D&O-Versicherung § 6 Rz 5.

409 *Kersten v. Schenck*, Handlungsbedarf bei der D&O-Versicherung, NZG 2015, 494 (498).

410 *Gruber/Mitterlechner/Wax*, D&O-Versicherung § 4 Rz 2, § 6 Rz 93 ff.

411 Die bei Abschluss des Vertrages bekannten Schäden muss die Gesellschaft offenlegen – für sie besteht kein Versicherungsschutz (*v. Schenck*, NZG 2015, 494 [496]).

412 *Gruber/Mitterlechner/Wax*, D&O-Versicherung § 6 Rz 98 und im Detail Rz 123 ff; *Lange*, D&O-Versicherung und Managerhaftung § 10 Rz 25 ff.

413 Ausführlich *Lange*, D&O-Versicherung § 10 Rz 54 ff, der zwischen Nachhaftungsfrist und Nachmeldefrist unterscheidet. Bei letzterer steht die Nachhaftung unter der Bedingung, dass die Versicherungsfälle während der Nachhaftungsfrist eintreten und gemeldet werden.

414 So *Wiesner* in MünchHdbGesR IV[4] § 26 Rz 76; *Fleischer*, Handbuch des Vorstandsrechts § 12 Rz 12; *Dreher,* Der Abschluß von D&O-Versicherungen und die aktienrechtliche Zuständigkeitsordnung, ZHR 165 (2001), 293 (304); *Hüffer/Koch*, AktG[11] § 93 Rz 58.

415 Vgl dazu *Kort* in GroßKommAktG[5] § 87 Rz 154.

416 Differenzierend *Spindler*, MünchKommAktG[4] § 87 Rz 25 ff, der darauf abstellt, ob die Versicherung nur den Vorstand erfasst (dann Entgelt iSd § 87 dAktG) oder ob es sich um eine „Fürsorgecharakter" tragende Gruppenversicherung handelt, die auch die leitenden Ange-

Der OGH[417] hat die im Anlassfall eben nicht vom Aufsichtsrat genehmigte, sondern vom Vorstandsmitglied eigenmächtig durchgesetze Tragung der Prämie für eine Manager-Rechtschutzversicherung als Entgelt iSd § 78 Abs 1 AktG qualifiziert und die Abberufung wegen grober Pflichtverletzung und die fristlose Entlassung des die Versicherung eigenmächtig abschließenden und die Prämienlast auf die Gesellschaft überwälzenden Vorstandsmitgliedes gebilligt. Das Höchstgericht anerkannte gerade *nicht* das Argument, der Abschluss der Versicherung liege auch im Interesse der Gesellschaft, weil im Schadensfall die Einbringlichkeit von Ersatzansprüchen besser gesichert sei. Vielmehr sei die Versicherung des das Vorstandsmitglied treffende Haftungsrisikos allein dessen Angelegenheit und allein von diesem zu finanzieren. Ein Aufwandsersatzanspruch des Vorstandmitgliedes aus § 1014 ABGB sei abzulehen.[418]

Daraus leitet die in Österreich hM[419] mE zu Recht ab, dass Prämien für eine gesellschaftsfinanzierte D&O Versicherung Entgelt iSd § 78 Abs 1 AktG sind.

An dieser Meinung sollte auch festgehalten werden. Denn sie hat die besseren Gründe für sich.[420] Letztlich überwiegt klar das Interesse des versicherten Vorstandsmitgliedes, bei Bestehen einer D&O-Versicherung mit einigermaßen gut dotierter Versicherungsumme damit rechnen zu können, auch bei grob fahrlässigen Fehlhandlungen persönlich ungeschoren davon zu kommen. Diese Interessenlage entspricht es auch, dass Vorstandsmitglieder (wie Aufsichtsratsmitglieder) in Österreich kaum mehr eine Position ohne entsprechenden Versicherungsschutz übernehmen.

In der Diskussion wird teilweise die Frage der Vertragsabschlusskompetenz **138**
mit der Frage nach dem Entgeltcharakter vermengt, was nicht zur Klarheit beiträgt.[421]

---

stellten der Gesellschaft/Unternehmensgruppe erfasst (im letzteren Fall soll die Angelegenheit in die Geschäftsführungsbefugnis des Vorstandes fallen).

417 OGH 30.6.1999, 9 Ob A 68/99m, RWZ 1999, 360.

418 Vgl auch *G. Schima*, Gestaltungsfragen bei Vorstandsverträgen in der AG, ecolex 2006, 452 (454) FN 21.

419 Vgl *G. Schima*, Organ-Interessenkonflikte und Corporate Governance, GesRZ 2003, 199 (208); *Griehser*, Versicherungsmöglichkeit von Vorstands- und Aufsichtsratsmitgliedern – Anpassung der Director's and Officer's Liability Insurance in Österreich, RdW 2006, 133 (136); *Hochedlinger,* D&O-Versicherung für den Stiftungsvorstand, exolex 2008, 143; *U. Torggler* in Artmann/Rüffler/Torggler, Organhaftung, 52 ff; aM *Gruber/Mitterlechner/Wax*, D&O-Versicherung § 5 Rz 26 ff; auch schon *Gruber/Wax*, wbl 2010, 169 (173 ff) und aM (außer für den Fall einer individuell auf Vorstandsmitglieder zugeschnittenen D&O-Versicherung) auch *Kalss* in Kalss/Nowotny/Schauer, Gesellschaftsrecht Rz 3/453 für den Vorstand und Rz 3/505 für den Aufsichtsrat, die *Gruber/Wax* (wbl 2010, 174 FN 68) zu Unrecht der den Entgeltcharakter vertretenden Meinung zuordnet.

420 AM *Kalss* in Kalss/Nowotny/Schauer, Gesellschaftsrecht Rz 3/453. Auch in Deutschland angestellte Untersuchungen belegen ziemlich deutlich, dass die Hauptmotivation für den Abschluss von D&O-Versicherungen im Interesse der Organmitglieder liegt, ihr persönliches Haftungsrisiko zu minimieren. Demgemäß akzeptiert heute zumindest in Deutschland, mittlerweile aber auch weitgehend in Österreich kaum ein Manager eines größeren – oder gar an der Börse notierenden oder beaufsichtigten – Unternehmens eine Vorstandsposition ohne entsprechend dimensionierte D&O-Versicherung.

421 Deutlich wird dies zB beim Beitrag von *Gruber/Wax*, wbl 2010, 169 ff.

Den D&O-Versicherungsvertrag kann mE nur der Vorstand abschließen, weil dem Aufsichtsrat dafür die Vertretungsmacht fehlt.[422] *Pflichtgemäß* handelt der Vorstand aber nur, wenn der Aufsichtsrat in Wahrnehmung seiner in § 75 Abs 1 iVm § 78 Abs 1 AktG verankerten, exklusiven Kompetenz dem Vorstand eine entsprechende – inhaltlich zumindest ausreichend bestimmte[423] – *Zusage* gemacht hat, dass die Gesellschaft die Prämien zahlt.[424] Entgeltcharakter und Vertragsabschlusskompetenz des Vorstandes schließen daher einander keineswegs aus.

139 Bei der Gestaltung der D&O-Versicherung ist große Vorsicht geboten und jedenfalls fachlicher und auch rechtskundiger Rat einzuholen. Denn die genaue Beschaffenheit und die Risikoausschlüsse der Versicherung entscheiden möglicherweise Jahre später über die wirtschaftliche Existenz von Vorstands- und Aufsichtsratsmitgliedern.

Besonders relevant ist in der Praxis der Risikoausschluss für vorsätzliches Verhalten, der aber in ganz unterschiedlicher Ausgestaltung in den Bedingungen auftritt. Am günstigsten für den Versicherten ist der Ausschlussgrund der wissentlichen Pflichtverletzung, gefolgt vom Ausschluss bei vorsätzlicher Schadensverursachung und dem ungüngstigen Ausschlusstatbestand, der vorsätzlichen Pflichtverletzung.[425]

So gut wie immer enthalten die Polizzen einen Ausschluss für Strafen, Geldbußen mit Strafcharakter sowie Vertragsstrafen.[426] Beim Strafrechtsschutz gibt es einen Ausschluss bei Verurteilung einer Vorsatztat, wobei aber darauf geachtet werden muss, dass der Versicherer bis zu jenem Zeitpunkt, an dem eine (rechtskräftige) Verurteilung feststeht, die laufenden Kosten sehr wohl finanziert. Auf die im Falle der Verurteilung wegen einer Vorsatztat mögliche Rückforderung geleisteter Kosten hat zumindest ein Anbieter auf dem deutschen und österreichischen Markt bereits in seinen Bedingungen verzichtet.

140 Die D&O-Versicherung stammt aus dem US-amerikanischen Rechtsbereich. Dort werden Schadenersatzansprüche gegen directors fast nie von der Gesellschaft angestrengt, sondern von Aktionären im Wege sogenannter „derivative law suits". Die Übertragung der rechtlichen Konstruktion der D&O-Versicherung in Juristiktionen, in denen – wie in in Österreich und Deutschland – die „Innenhaftung", dh die Verantwortlichkeit des Vorstandes/Aufsichtsrates gegenüber der Gesellschaft, die dominierende Rolle spielt, führt unweigerlich zu Interessenkonflikten. Da jede Pflichtverletzung des Vorstandes eine potenzielle Pflichtverletzung des Aufsichtsrates bedeutet,[427] ist es ganz natürlich, dass geklagte Vorstandsmitglieder nicht nur

---

422 *Griehser,* RdW 2006, 133 (136), der sogar meint, es stünde *„außer Zweifel"*, dass für den Abschluss des Versicherungsvertrages *„in jedem Fall der Vorstand zuständig"* sei; wie hier auch *Lutter/Krieger*, Rechte und Pflichten des Aufsichtsrates[5] § 7 Rz 435.

423 Darin sollte zumindest die Versicherungssumme geregelt sein.

424 Zutr *Lutter/Krieger*, Rechte und Pflichten des Aufsichtsrates[5] § 7 Rz 435; vgl auch *Griehser,* RdW 2006, 133 (136), der es vor ein paar Jahren sogar noch als *„unstrittig"* bezeichnete, dass ein zugunsten des Vorstandes abgeschlossener Versicherungsvertrag vom Aufsichtsrat genehmigt werden müsste. Zumindest *das* gilt mittlerweile nicht mehr.

425 *Lange*, D&O-Versicherung und Managerhaftung § 11 Rz 17; *Gruber/Mitterlechner/Wax*, D&O-Versicherung § 7 Rz 58.

426 *Gruber/Mitterlechner/Wax*, D&O-Versicherung § 7 Rz 6 f.

427 *v. Schenck*, NZG 2015, 494 (497 f).

anderen Vorstandsmitgliedern, sondern auch Aufsichtsratsmitgliedern den Streit verkünden und sie ins Verfahren hineinziehen. Im Nu gibt es ein Verfahren mit vier, fünf oder zehn beklagten Parteien mit jeweils eigener Rechtsvertretung und einem gemeinsamen Versicherer, der schnell nicht mehr weiß, wie er sich zwischen diesen mit teilweise gegensätzlichen Interessen ausgestatteten Verfahrensbeteiligten verhalten soll, die allesamt versicherte Personen sind und denen der Versicherer Unterstützung und Hilfe (zB auch durch Informationsbeschaffung im Verfahren) schuldet. Von Deutschland ausgehend, wo der Markt deutlich entwickelter und auch eine viel größere Anzahl an Rechtsstreitigkeiten anhängig ist, haben sich Lösungen wie die Two Tier Trigger Policy entwickelt. Bei dieser wird die Streiverkündigung als eigener Versicherungsfall statuiert und gleichsam eine Auffangdeckung für den Aufsichtsrat in einer solchen Interessenkonfliktsituation geschaffen. Daneben deckt dieses Versicherungsprodukt zB auch den Fall ab, dass die Versicherungsbedingungen vom Versicherer wegen unrichtiger Angaben (des Vorstandes) bei Vertragsabschluss angefochten werden, und der Aufsichtsrat, der in den Versicherungsabschluss gar nicht involviert war, ohne Deckung dastünde, wenn die Bedingungen vom Versicherer erfolgreich angefochten werden. Außerdem wird der Fall der Summenausschöpfung (Deckungskonkurs) geregelt.

Es ist daher sowohl aus der Sicht des Vorstands als auch aus der des Aufsichtsrates sinnvoll, *für die beiden Gruppen von Organmitgliedern getrennte Polizzen abzuschließen*, um die genannten Interessenkonflikte zu vermeiden.[428]

Wegen einer anderen Art von Interessenkonflikt empfiehlt sich auch der *getrennte Abschluss von Straf- und Zivilrechtsschutz*. Denn die Verurteilung der versicherten Person wegen einer Vorsatztat wird fast immer den Ausschluss des Zivilrechtsschutzes wegen wissentlicher oder vorsätzlicher Pflichtverletzung oder vorsätzlicher Schadensverursachung bedeuten. Ein und derselbe Versicherer befindet sich daher auch diesbezüglich in einem Interessenkonflikt.

Da die versicherte Person an sich auf die Gestaltung des Versicherungsvertrages keinen Einfluss hat und insbesondere nach dem Ausscheiden aus dem Unternehmen keine Möglichkeit hat, einen guten Versicherungsschutz zu seinen Gunsten aufrechtzuerhalten,[429] empfiehlt sich die anstellungsvertragliche Verankerungen einer sog D&O-Verschaffungsklausel bzw Absicherungsklausel.[430] In dieser Klausel sagt die Gesellschaft dem Vorstandsmitglied zu, einen bestimmten Versicherungsschutz aufrechtzuerhalten oder den Manager allenfalls für den Fall zu entschädigen, dass dieser Schutz nicht gewährt wird. Der Klausel gemäß sollte die Gesellschaft angehalten werden, nach Ausscheiden des Vorstandsmitgliedes den Versicherungsschutz zumindest für die Dauer der aktienrechtlichen Verjährungsfrist für Schadenersatzansprüche aufrechtzuerhalten, was auch durch Kündigung des Versicherungsvertrags und Vereinbarung einer mehrjährigen Nachmeldefrist vereinbart werden kann. Dann steht freilich nur noch die aus dem letzten Versicherungsjahr übrig gebliebene Versicherungssumme zur Verfügung.[431] **141**

---

428 *v. Schenck*, NZG 2015, 494 (500).

429 *Runggaldier/G. Schima*, Manager-Dienstverträge[4] 216 f; *v. Schenck*, NZG 2015, 494 (498).

430 Vgl dazu *Fassbach*, Die „D&O-Verschaffungsklausel“ für Aufsichtsräte, Der Aufsichtsrat 2013, Heft 10, 142 f.

431 *Lange*, D&O-Versicherung § 10 Rz 61 ff.

Die „Kontinuitätsgarantie-Klausel“ bewirkt, dass Verschlechterungen des Versicherungsschutzes durch Reduktion der Versicherungssumme oder durch zusätzliche Ausschlüsse (insbesondere nach Ausscheiden eines Vorstandsmitgliedes) nur für Versicherungsfälle gelten, die nach Vornahme der Änderung eintreten.[432]

m) Aktienoptionen

142 Aktienoptionen sind heute auch in Östereich ein bei börsenotierten Gesellschaften gängiges Vergütungsinstrument.[433] Aktienoptionen sollen einen *Gleichklang zwischen Manager- und Aktionärsinteressen* herstellen und damit den „principal-agent-Konflikt“ einebnen.[434]

Eine solche Einebnung wurde zumindest in den Anfangsjahren weder in Deutschland noch in Österreich ernsthaft versucht. Denn um dem Optionsbegünstigten in die Position des Aktionärs zu bringen (was ja der Uridee solcher in den USA entwickelten Vergütungsmodelle entspricht), ist es erforderlich, dass der begünstigte Manager wie ein Aktionär auch das *Risiko von Kursverlusten* trägt. Der Fall ist dies bei den sogenannten „Phantom Stocks“[435], einer schuldrechtlichen Nachbildung von Aktienoptionen, bei denen – anders als bei den „Stock Appreciation Rights“[436] – der Begünstigte auch das Kursrisiko trägt, ihm dafür aber auch Dividenden zugeschrieben werden.

In den vergangen Jahren hat diesbezüglich aber ein Umdenken eingesetzt und knüpfen die meisten Aktienoptionsmodelle gutgeführter börsenotierter Unternehmen (insbesondere solcher die in Österreich im ATX notieren) an den Aktienkurs nur mehr insofern an, als dessen Verlauf die potentielle Entlohnungshöhe bestimmt, verwenden im Übrigen aber Parameter bzw Ausübungshürden, die den nachhaltigen Erfolg der Gesellschaft abbilden sollen. Dass einem Aktionär vergleichbare Risiko trägt der Optionsberechtigte auch dann aber nur, wenn – wie dies die C-Regel 28 Satz 3 ÖCGK empfiehlt – der begünstigte Manager einen *„angemessenen Eigenanteil“*[437] an Aktien hält.[438]

Interessanterweise enthalten die Empfehlungen der EU-Kommission[439] in ge-

---

432 Ähnlich *v. Schenck*, NZG 2015, 494 (499 f).

433 Vgl dazu *G. Schima*, Aktienoptionen für Aufsichtsratsmitglieder – ein Schritt auf dem Weg in Richtung Board-System? GesRZ-Sonderheft 2001, 19 ff; *G. Schima*, Gestaltungsfragen bei Aktienoptionen, GesRZ-Sonderheft 2001, 61 ff.

434 In Österreich ist seit dem am 1. Mai 2001 in Kraft getretenen Aktienoptionengesetz (AOG) – anders als in Deutschland, wo der BGH Aktienoptionen für Aufsichtsratsmitglieder untersagte (vgl BGH 16.02.2004, II ZR 316/02, BGHZ 153, 122 = AG 2004,265) – auch die Ausgabe von Aktienoptionen an Mitglieder des Aufsichtsrates erlaubt und ohne den Umweg über Wandelschuldverschreibungen möglich.

435 Vgl dazu zB *Spindler* in MünchKommAktG[3] § 87 Rz 59 mwN.

436 Vgl dazu *Spindler* in MünchKommAktG[3] § 87 Rz 59 mwN.

437 Der Begriff *„Eigeninvestment“* wurde deshalb nicht verwendet, weil zum Ausdruck gebracht werden sollte, dass das Vorstandsmitglied die Aktien auch schon *vor* Einräumung der Optionen bzw der begünstigten Übertragung von Aktien angeschafft haben kann.

438 Vgl *G. Schima*, GesRZ 2011, 265 (279).

439 Vgl dazu *Link*, Die Empfehlung zur Regelung der Vergütung von Mitgliedern der Unternehmensleitung börsenotierter Gesellschaften im Lichter der Rechtslage in Deutschland und Frankreich, GPR 2009, 229.

wisser Verkennung des Sinns und des Zwecks von Aktienoptionsmodellen eine solche Vorgabe nicht.

Wesentlich ist, dass das Optionsmodell ein sogenanntes „Benchmarking" beinhaltet, womit die Kursentwicklung der Gesellschaft in Relation zu vergleichbaren Marktteilnehmern gesetzt wird, um zu verhindern, dass in Zeiten boomender Börsen das Management hohe Gewinne lukriert, obwohl die Kurssteigerung bei der eigenen Gesellschaft hinter dem Vergleichsumfeld zurückbleibt.[440]

Bei nachträglicher Lockerung bzw Neufestsetzung von Ausübungshürden nach Feststehen oder Sich-Abzeichnen der Verfehlung der bisherigen Hürden („Repricing") besteht im Lichte der „Mannesmann-Entscheidung" des BGH[441] ein erhöhtes Pflichtwidrigkeitsrisiko. Repricing sollte unabhängig davon jedenfalls unterbleiben und allenfalls in ganz speziellen Ausnahmefällen mit qualifizierter HV-Zustimmung zugelassen werden (Vgl C-Regel 28 Satz 2 ÖCGK).[442]

6. Ersatz von Strafen, Verteidigungs- und Vertretungskosten

Vorstandsmitglieder trifft nach § 9 VStG die verwaltungsstrafrechtliche Verantwortung nach außen, was zur Verhängung von tlw empfindlich hohen Geldstrafen führen kann. Vereinbarungen, mit denen sich die Gesellschaft im Vorhinein gegenüber dem Vorstandsmitglied zur Übernahme von Verwaltungsstrafen verpflichtet, sind wegen der damit verbundenen *„Untergrabung der Autorität von Verwaltungsstrafnormen"* gemäß § 879 ABGB sittenwidrig und damit nichtig.[443] 143

Eine *nach* der Tat zustande gekommene Vereinbarung über den Ersatz der dem Täter entstandenen Vermögensnachteile in einem konkreten Fall wird von der Rsp hingegen als zulässig und wirksam angesehen.[444]

Eine solche Übernahme von (Verwaltungs-)Strafen bedeutet freilich einen lohnsteuerpflichtigen Vorteil aus dem Dienstverhältnis,[445] unabhängig davon, ob die Gesellschaft es freiwillig tut oder dazu verpflichtet ist.

Ob die Rsp solche im Vorhinein getroffene Ersatz-Vereinbarungen akzeptieren würde, wenn der Ersatz an die Voraussetzung geknüpft wird, dass das Vorstandsmitglied kein grobes Verschulden trifft, niemand konkret gefährdet wurde, die Übertretung nicht gegen Unternehmensinteressen verstieß und im konkreten Fall die Verweigerung eines Ersatzes „unbillig" wäre, müsste getestet werden, ist aber zu bezweifeln. Ein praktisches Bedürfnis für solche Vereinbarungen gäbe es schon, zumal die Rsp bis hinauf zum VwGH bei der Prüfung des Nachweises bzw der Glaubhaftmachung des mangelnden Verschuldens bei *„Ungehorsamsdelikten"* iSd § 5 VStG so streng ist, dass der Nachweis so gut wie nie gelingt. Es kann daher durchaus sein, dass ein Vorstandsmitglied zwar pflichtwidrig iSd Verwaltungsstrafrechts gehandelt hat, seine Sorgfaltspflichten gegenüber der Ge-

---

440 *G. Schima*, GesRZ 2011, 265 (279).

441 BGH 21.12.2005, BB 2006, 323 ff = ZIP 2006, 72 ff.

442 Vgl *G. Schima*, GesRZ 2011, 265 (279).

443 OGH 6 Ob 281/02w, RIS-Justiz RS0016830; *Krejci* in Rummel/Lukas, ABGB⁴ § 879 Rz 202.

444 OGH 3 Ob 96/55 SZ 28/56; vgl auch OGH 9 Ob 284/92 wbl 1993, 157; *Runggaldier/G. Schima*, Manager-Dienstverträge⁴ 77 ff; *Krejci* in Rummel/Lukas, ABGB⁴ § 879 Rz 202.

445 LohnsteuerRL 2002 Rz 659.

sellschaft jedoch erfüllt hat.[446] Dies ist auch der Fall, wenn Vorstandsmitglieder eine für die Gesellschaft günstige, vertretbare Rechtsansicht annehmen, der die Behörde aber nicht folgt.[447]

144 Die Entscheidung, ob Vorstandsmitgliedern eine verhängte Geldstrafe im Nachhinein ersetzt wird, obliegt dem Aufsichtsrat. Diese Kompetenz ergibt sich mE aus der Anstellungsvertragskompetenz gemäß § 75 Abs 1 AktG, weil die Übernahme der Geldstrafe ein geldwerter (und auch lohnsteuerpflichtiger!) Vorteil ist. Der Vorstand hat diesbezüglich gar keine Vertretungsmacht. Die Übernahme der Strafe muss im eindeutigen und überwiegenden Interesse der Gesellschaft liegen, andernfalls der Aufsichtsrat pflichtwidrig handelt, und sich schadenersatzpflichtig macht.[448] Die FMA vertritt in einem (nicht öffentlich zugänglichen) Schreiben an die Wirtschaftskammer vom 8.3.2011 die Rechtsansicht, dass Gesellschaftsorgane die die Übernahme einer Geldstrafe gegen das Unternehmenswohl bewilligen, Untreue gemäß § 153 StGB begehen können und dies insbesondere dann der Fall sei, wenn die Erstattung der Geldstrafe bereits vor der Tat zugesagt wurde, der Aufsichtsrat sein Ermessen pflichtwidrig ausgeübt hätte oder wenn die Tat vorsätzlich begangen wurde und dennoch eine Erstattung erfolgte.[449] In jedem Fall ist der Aufsichtsrat sehr gut beraten, die Entscheidung und die ihr zugrunde liegende Interessenabwägung genau zu dokumentieren.[450]

145 Wird ein Vorstandsmitglied iZm seiner beruflichen Tätigkeit mit straf-, verwaltungsstraf- oder zivilrechtlichen Vorwürfen bzw Verfahren konfrontiert, hat es grundsätzlich gemäß § 1014 ABGB eine Anspruch gegenüber der Gesellschaft auf Ersatz der mit einer angemessenen rechtlichen Vertretung und Verteidigung verbundenen (uU beträchtlichen) Kosten und nach der zitierten Gesetzesstelle auch *Anspruch* auf eine *angemessene Bevorschussung* dieser Ausgaben.[451] Dies gilt für Zivil- gleichermaßen wie für Verwaltungsstraf- und gerichtliche Strafverfahren.

Der Ersatzanspruch gegenüber der Gesellschaft ist aber auflösend bedingt mit einer straf- oder verwaltungsstrafrechtlichen Verurteilung des Vorstandsmitglieds. In so einem Fall besteht bei der Rückforderung kaum ein Ermessen für den Aufsichtsrat. Anders verhält es sich, wenn ein Vorstandsmitglied nur wegen fahrlässiger Schädigung (zur Haftung) verurteilt wird; diesfalls kann die Gesellschaft im Nachhinein entscheiden, ob sie die Verteidigungskosten im Rahmen verantwortungsvollen Ermessens dennoch endgültig trägt.[452]

Ausnahmsweise kann die Ersatzfähigkeit von Verteidigerkosten auch im Fall einer strafgerichtlichen Verurteilung gegeben sein, wie der OGH im „Aschenglut-

446 So *G. Schima/Liemberger/Toscani*, Der GmbH-Geschäftsführer 149.

447 *Kalss*, Die Übernahme von verwaltungsrechtlichen Geldstrafen durch die Gesellschaft, GesRZ 2015, 78 (89).

448 Vgl *G. Schima/Liemberger/Toscani*, Der GmbH-Geschäftsführer 149, Fn 835.

449 Vgl die Wiedergabe des Inhalts des Schreibens bei *Kalss*, GesRZ 2015, 78; und *Schrank*, CFO aktuell 2013, 59.

450 *Runggaldier/G. Schima*, Manager-Dienstverträge[4] 80.

451 OGH 9 ObA 326/99b SZ 73/20; Vgl *Runggaldier/G. Schima*, Manager-Dienstverträge[4] 80; *Zankel,* Ersatz von Strafverteidigerkosten nach § 1014 ABGB, DRdA 2009, 59 (60 f); *Radner,* Prozesskostenersatz durch den Arbeitgeber bei „erfolgreicher" Schadensabwehr? DRdA 2009, 54 (57).

452 Vgl *Kalss*, GesRZ 2015, 78 (90 f).

Fall“[453] anerkannte. Konkret ging es um die Verurteilung einer Arbeitnehmerin wegen fahrlässiger Herbeiführung einer Feuersbrunst. Das Höchstgericht begründete die Ersatzpflicht mit dem Umstand, dass die Prozessführung wegen der Abwehransprüche des Arbeitgebers in Folgeprozessen auch in dessen Interesse gelegen sei. Wenn man diesen Gedanken verallgemeinert, wird dies freilich auch auf diverse wirtschaftsstrafrechtliche Verfahren und insbesondere deshalb zutreffen können, weil die Bestimmungen des Verbandsverantwortlichkeitsgesetzes (VerbVG) die strafrechtliche Verantwortung juristischer Personen an die Voraussetzung strafbaren Verhaltens von Organen oder Entscheidungsträgern knüpfen und zum anderen die Existenz zivilrechtlicher Ansprüche Dritter gegen die Gesellschaft davon abhängen kann, ob gar Mitglieder oder „Repräsentanten“ rechtswidrig bzw deliktisch gehandelt haben.

7. Urlaub

Beim Vorstandsmitglied einer AG ist mangels Arbeitnehmereigenschaft das **146**
UrlG nicht direkt anwendbar.[454] Auch auf freie Dienstverhältnisse, die den Dienstnehmer zur persönlichen Arbeitsleistung verpflichten (wie dies auf Vorstandsmitglieder zutrifft), ist aber zumindest analog ein (und sei es auch nur unbezahlter) Freistellungsanspruch zumindest in dem für Arbeitnehmer jährlich geltenden Ausmaß anzuwenden.

Wegen dieser rechtlichen Unsicherheit ist eine möglichst präzise Regelung im Vorstandsvertrag geboten. Durchaus sachgerecht ist es, das UrlG vertraglich für generell anwendbar zu erklären. Hüten sollte man sich aber vor zweifelhaften Formulierungen wie zB *„dem Vorstandsmitglied gebührt ein jährlicher Urlaub in der im UrlG geregelten Höhe“*, weil hier offen bleibt, ob das Gesetz auch in den anderen Bereichen, wie insbesondere der Vortragsfähigkeit und der Abgeltung offen Urlaubs bei Beendigung angewendet werden soll. Aufgrund der nicht direkten Anwendbarkeit des UrlG gibt es gerade diesbezüglich größeren vertraglichen Gestaltungsspielraum. Es könnte auch geregelt werden, dass offener Urlaub bei Ausscheiden überhaupt verfällt oder zB mit einem Jahresurlaub begrenzt ist.

8. Nachvertragliches Wettbewerbsverbot

Die §§ 36, 37 AngG gelten für Vorstandsmitglieder einer AG nicht unmittelbar. **147**
Auch eine analoge Anwendung der Bestimmungen kommt grundsätzlich nicht in Betracht, doch sind nachvertragliche Wettbewerbsverbote auch in Vorstandsverträgen an die Grenzen des § 879 ABGB gebunden.[455] Die Vorschriften des AngG können bei der Sittenwidrigkeitskontrolle zumindest als grobe Richtschnur dienen.[456]

Die im AngG vorgesehene Höchstdauer von einem Jahr kann in Vorstandsverträgen wohl etwas überschritten werden; bei wesentlichen Überschreitungen hat die Gesellschaft mE zwecks Vermeidung einer groben Äquivalenzstörung eine

---

453 OGH 8 ObA 2051/96t ZAS 1997, 111 (*Tomandl*) = EvBl 1997/4.

454 Vgl für alle *Runggaldier/G. Schima*, Manager-Dienstverträge[4] 253.

455 Vgl näher *Runggaldier/G. Schima*, Führungskräfte 161 f mwN; *Kalss* in MünchKomm-AktG[4] § 88 Rz 70 mwN; für D *Spindler* in MünchKommAktG[4] § 88 Rz 49 ff.

456 *Kalss* in MünchKommAktG[4] § 88 Rz 70 mwN.

Vergütung („Karenzentschädigung") zu leisten. Darüber hinaus können Klauseln, die auf ein umfassendes Berufsverbot hinauslaufen auch bei Vorstandsmitgliedern sittenwidrig sein.[457]

Da § 37 Abs 2 AngG nicht gilt, kann die Gesellschaft im Vertrag auch kumulativ die Unterlassung des konkurrierenden Verhaltens und das Recht auf Schadenersatz – zB auch in Form einer Konventionalstrafe – vereinbaren.[458]

Sittenwidrig sind mE nachvertragliche Wettbewerbsverbote, die auch gelten sollen, wenn die Mandats- bzw Anstellungsvertragsbeendigung von der Gesellschaft ungerechtfertigt vorgenommen wurde (also zB eine auf grobe Pflichtverletzung gestützte Abberufung sich als ungerechtfertigt erweist) oder Mandat und Anstellungsvertrag durch das Vorstandsmitglied aus wichtigem, von der Gesellschaft zu vertretendem oder gar verschuldetem Grund beendet wurden. Im erstgenannten Fall könnte die Zulässigkeit der Klausel durch eine entsprechende „Karenzentschädigung" wohl aufrechterhalten werden.

9. Beendigungsklauseln

a) Kündigungsklauseln

148 Der Anstellungsvertrag des Vorstandsmitgliedes einer AG muss laut § 75 Abs 1 letzter Satz AktG ein *befristeter*[459] sein. Ist er dennoch auf unbestimmte Zeit abgeschlossen, gilt er als auf Bestellungsdauer (maximal fünf Jahre) geschlossen.

Die Befristung steht aber nach hM[460] nicht der Verankerung von Kündigungsklauseln im Wege, die der Gesellschaft im Falle einer berechtigen (jedoch nicht auf grobe Pflichtverletzung des Vorstandsmitgliedes gestützten und daher für eine fristlose Entlassung nicht tauglichen) Abberufung die Möglichkeit einräumen, den Anstellungsvertrag unter Einhaltung einer vertraglich vereinbarten (zB sechsmonatigen) Kündigungsfrist aufzulösen. Damit wird das finanzielle Risiko der Gesellschaft bei unverschuldeter Abberufung erheblich begrenzt.

Für rechnungshofkontrollierte Unternehmen schreibt § 2 Abs 3 Z 1 lit b SchablonenVO verpflichtend die Verankerung einer Kündigungsklausel mit einer Frist von maximal sechs Monaten vor.

Eine Kündigungsklausel zugunsten der Gesellschaft für Fälle der berechtigten Abberufung des Vorstandsmitgliedes kann, muss aber mE nicht mit einer spiegelbildlichen Kündigungs- und Rücktrittsmöglichkeit für das Vorstandsmitglied verbunden werden.[461]

---

457 Vgl zB OLG Düsseldorf, BB 2001, 956.

458 Vgl zu dieser Frage im Anwendungsbereich des AngG *Runggaldier/G. Schima*, Manager-Dienstverträge[4] 113 f.

459 Der Anstellungsvertrag des Vorstandsmitgliedes einer AG muss laut § 75 Abs 1 letzter Satz AktG ein *befristeter* sein.

460 Vgl *Runggaldier/G. Schima,* Führungskräfte 177 f; BGH II ZR 126/80 WM 1981, 759; *Strasser* in Jabornegg/Strasser, AktG[5] §§ 75, 76 Rz 86; *Wiesner* in MünchHdbGesR[3] § 21 Rz 80; allgemein *Engelbrecht* in Mazal/Risak, Arbeitsrecht I, Kap XVI Rz 19 ff; *Runggaldier/G. Schima*, Manager-Dienstverträge[4] 133 ff mwN zur ö Rsp.

461 Vgl *Runggaldier/G. Schima*, Manager-Dienstverträge[4] 135.

b) Koppelungsklauseln

149 „Koppelungsklauseln", die in den letzten Jahren häufiger in Vorstandsverträgen verwendet werden, sehen vor, dass im Falle – auch unverschulteter – Beendigung des Vorstandsmandates der Anstellungsvertrag entweder automatisch erlischt, oder von der Gesellschaft ohne Einhaltung einer Frist aufgelöst werden kann. Wenn diese Klausel im Ergebnis dazu führt, dass die Gesellschaft zur fristlosen Beendigung des Rechtsverhältnisses ohne Fortzahlung jedweder Bezüge selbst bei Fehlen eines wichtigen Grundes berechtigt ist, verstößt diese Gestaltung mE gegen den Grundsatz, dass auch freie Dienstverträge, bei denen der Dienstnehmer seine persönliche Arbeitskraft ohne Vetretungsmöglichkeit zur Verfügung stellt, nicht fristlos ohne wichtigen Grund aufgelöst werden dürfen.[462] Eine derartige Klausel ist daher *sittenwidrig* und nichtig. Dies verkennt die gegenteilige Auffassung von *Slezak*[463], der die Zulässigkeit solcher Klauseln mit dem Verlust der zwingenden Wirkung der arbeitsrechtlichen Schutzvorschriften bei analoger Anwendung auf freie Dienstnehmer begründet; selbst wenn man dies – anders als der OGH zumindest bei den Kündigungsfristregelungen des ABGB – so sieht, wird dabei viel zu schematisierend „der freie Dienstvertrag" dem Arbeitsvertrag gegenüber gestellt und übersehen, dass es innerhalb des Typus „freier Dienstvertrag" Verträge gibt, bei denen sich eine natürliche Person zur Zurverfügungstellung ihrer gesamten Arbeitskraft zur Bestreitung des Lebensunterhaltes verpflichtet. Hier gebieten spezielle Wertungsgesichtspunkte, Kauseln die Wirksamkeit zu versagen, die den zur Dienstleistung Verpflichteten von einem Tag auf den anderen ohne Vorliegen eines wichtigen Grundes von jeder Entgeltzahlung abschneiden. Solche Wertungsgesichtspunkte gibt es für freie Dienstverträge von Steuerberatungs-GmbHs, die laufend Buchhaltungsarbeiten übernehmen, nicht. Darauf, ob auf Vorstandsverträge auch § 1164 ABGB analog anwendbar ist, kommt es entgegen *Slezak*[464] somit gar nicht entscheidend an. Eine fristlose und entschädigungslose selbst bei Fehlen eines wichtigen Auflösungsgrundes wirkende Koppelungsklausel ist vielmehr (auch) sittenwidrig.

Sieht der Vertrag eine anderweitige finanzielle Absicherung – so zB in Form eines Pensionsvertrages – vor, die einer angemessenen Kündigungsfrist wirtschaftlich gleichkommt, ist die Klausel indes zulässig.[465]

150 Unzulässige Koppelungsklauseln werden in Klauseln mit angemessener Kündigungsfrist umgedeutet werden können.[466] Auch der OGH hat dies vom Grundsatz her anerkannt und deren Sittenwidrigkeit nur für den Ausnahmefall angenom-

[462] Vgl *Runggaldier/G. Schima,* Führungskräfte 182. Auch in D wird die Zulässigkeit von Gleichlaufklauseln für Fälle bezweifelt, in denen die Mandatsbeendigung von der Gesellschaft ausgeht: *Wiesner* in MünchHdbGesR^4 IV § 21 Rz 28.

[463] *Slezak*, Koppelungsklauseln 319 ff, 326.

[464] *Slezak*, Koppelungsklauseln 319 ff, 326.

[465] So auch *G. Schima*, ecolex 2006, 456 und *Runggaldier/G. Schima*, Manager-Dienstverträge^4 138.

[466] In diesem Sinne BGH II ZR 220/88 NJW 1989, 2683 für den Fall der Abberufung des Vorstandsmitgliedes wegen eines unverschuldeten Misstrauensvotums; allgemein *Spindler* in MünchKommAktG^4 § 84 Rz 194 mwN; anders noch *Runggaldier/G. Schima*, Führungskräfte 182, die hier Teilnichtigkeit annahmen.

men.[467] In einer zweiten Entscheidung[468] hat sich der OGH der soeben zitierten Rechtsansicht des deutschen BGH[469] im Ergebnis angeschlossen. Der OGH hält eine vertragliche Vereinbarung, den Anstellungsvertrag bei Abberufung vom Mandat automatisch enden zu lassen, zwar für grundsätzlich zulässig, sprach aber aus, dass die Klausel nicht dazu führen dürfe, dass der (freie) Dienstnehmer den gesetzlichen Mindestschutz der §§ 1159 ff ABGB gänzlich verliere, indem sämtliche Ansprüche unverzüglich erlöschen würden. Das Anstellungsverhältnis ende im Falle unverschuldeter Abberufung daher erst nach Ablauf der gesetzlichen (oder vertraglich bedungenen längeren) Frist zum nächstmöglichen Kündigungstermin. Die „gesetzliche" Kündigungsfrist bei Vorstandsmitgliedern richtet sich laut OGH nach der analog anwendbaren Vorschrift des § 1159a Abs 1 ABGB und beträgt daher gerade einmal vier Wochen.

151 Koppelungsklauseln stehen in einem starken Spannungsverhältnis zur im Aktiengesetz normierten Unabhängigkeit des Vorstands.[470] Ein kluger Aufsichtsrat sollte sie nicht einsetzen, und ein selbstbewusst verhandelndes Vorstandsmitglied sie auf gar keinen Fall akzeptieren.

c) Vertragliches Rücktrittsrecht

152 Das Aktienrecht regelt – anders als § 16a GmbHG[471] – den Rücktritt von Vorstandsmitgliedern einer AG nicht. Aus wichtigen, die Fortführung des Mandats unzumutbar machenden Gründen, ist der Rücktritt – dafür bedarf es keiner speziellen gesetzlichen Verankerung – ohnehin zulässig.

Es gibt aber gewissen vertragspraktischen Bedarf nach Regelungen, mit denen dem Vorstandsmitglied ein ordentliches Rücktrittsrecht eingeräumt und dieses entweder an gar keine speziellen Gründe (sondern nur an die Einhaltung einer Frist) oder an spezifische Gründe geknüpft wird, die ohne vertragliche Verankerung aber vielleicht keine wichtigen wären. So könnte ein Vorstandsmitglied sich ein Rücktrittsrecht vorbehalten lassen, wenn die Gesellschaft einen Geschäftszweig schließt oder verkauft oder wenn der Vorstand in bestimmter Weise verändert (verkleinert/vergrößert) wird.

d) Anrechnung anderweitigen Verdienstes

153 Im Falle einer zwar berechtigten, aber vom Vorstandgsmitglied nicht verschuldeten Abberufung – in Betracht kommt vor allem die Abberufung nach einem Vertrauensentzug durch die Hauptversammlung – ist die Gesellschaft nicht verpflichtet, das Entgelt für die Restlaufzeit in einer kapitalisierten Einmal-Abfin-

---

[467] OGH 3 Ob 251/07v GES 2008, 110 = NZ 2008, 277 (279) – freilich ohne nähere Behandlung der für die Abgrenzung relevanten Aspekte.

[468] OGH 1 Ob 190/09m SZ 2010/7 = RdW 2010, 407 = wbl 2010, 300/117 (*Grillberger*) = ecolex 2010, 683 = ARD 6059/3/2010. Zu dieser Entscheidung auch *Slezak*, Koppelungsklauseln in Vorstandsverträgen (2014) 171 ff.

[469] BGH II ZR 220/88 NJW 1989, 2683.

[470] *Runggaldier/G. Schima*, Manager-Dienstverträge[4] 138.

[471] Vgl dazu *G. Schima*, Der Rücktritt des GmbH-Geschäftsführers nach dem Entwurf des IRÄG 1997, RdW 1997, 60.

dung auszuzahlen.[472] Viel mehr schuldet die Gesellschaft nur die laufende Entgeltzahlung nach den vertraglich bedungenen Fälligkeiten.

Da § 1155 ABGB analog auch für freie Dienstverträge im Allgemeinen und für Vorstandsverträge im Besonderen gilt, [473] hat sich das Vorstandsmitglied nach Beendigung des Mandats im Wege der Abberufung, die gem § 75 Abs 4 AktG vorläufig wirksam ist, gem § 1155 ABGB jenes Einkommen anrechnen zu lassen, das es aufgrund anderweitiger Erwerbstätigkeit erzielt oder zu erzielen absichtlich versäumt hat.

Für die Geltendmachung der Anrechnung ist der Dienstgeber, dh die Gesellschaft, behauptungs- und beweispflichtig.[474] Freilich trifft das ausgeschiedene Vorstandsmitglied eine Auskunftspflicht.[475] Diese darf jedoch nach Ansicht des OGH nicht überspannt werden und ist bloß eine Auskunftobliegenheit.[476] Da das Vorstandsmitglied nach (zumindest vorläufig) wirksamer Abberufung nicht mehr zur Tätigkeit für die Gesellschaft berechtigt und verpflichtet ist und das aktienrechtliche Wettbewerbsverbot des § 79 AktG mit Mandatsbeendigung endet, darf das Vorstandsmitglied (vorbehaltlich der Verankerung eines nachvertraglichen Wettbewerbsverbotes) selbst konkurrenzierende Tätigkeiten aufnehmen. Die Gesellschaft ist auch zur Anrechnung fiktiven Erwerbseinkommens berechtigt, wenn das Vorstandsmitglied einen Erwerb absichtlich[477] ausgeschlagen oder versäumt hat. 154

Das Vorstandsmitglied trifft nur die Obliegenheit, *zumutbare* Erwerbsgelegenheiten zu verfolgen. Bei der Prüfung der Zumutbarkeit ist darauf abzustellen, welche Tätigkeiten bisher verrichtet und vertraglich geschuldet wurden und inwiefern diese mit den am Arbeitsmarkt angebotenen Tätigkeiten vergleichbar sind. Vor allem bei Anbot einer anderen Position *im selben* Unternehmen, kann die Anrechnung gem § 1155 ABGB nur greifen, wenn die angebotene Beschäftigung grundsätzlich gleichwertig ist.[478] Wenn es auch keinen Grundsatz gibt, dass Vorstandsmitgliedern nur Vorstandstätigkeiten zumutbar sind[479], wird man einem 155

---

472 Vgl zum Thema *Zöllner,* Lohn ohne Arbeit bei Vorstandsmitgliedern, in FS Koppensteiner (2001) 291.

473 Vgl ausführlich *Runggaldier/G. Schima,* Führungskräfte 179 ff mwN; *Rebhahn/Ettmayer* in Kletečka/Schauer, ABGB-ON[1.02] § 1155 ABGB Rz 5; *G. Schima*, Umgründungen im Arbeitsrecht 228; jüngst auch OGH 9 Ob A 153/14m ARD 6448/7/2015.

474 *Krejci* in Rummel, ABGB³ I § 1155 Rz 30.

475 *Krejci* in Rummel, ABGB³ I § 1155 Rz 30.

476 OGH 8 ObA 11/13w Arb 13.123.

477 Unter „*absichtlich*" ist richtiger Ansicht zufolge nicht qualifizierter Vorsatz im Sinne strafrechtlicher Absichtlichkeit (vgl § 5 Abs 2 StGB) zu verstehen. Vielmehr genügt einfacher, ja auch bedingter Vorsatz (idS offensichtlich auch *Rebhahn/Ettmayer* in Kletečka/Schauer, ABGB-ON[1.02] § 1155 Rz 40, die zutr meinen, wegen des Naheverhältnisses der Säumnisanrechnung mit der Sittenwidrigkeit müsse es ausreichen, wenn der Arbeitnehmer die Umstände kenne, die die Sittenwidrigkeit begründeten, sodass es zur Anrechnung komme, wenn der Arbeitnehmer um die Zumutbarkeit der anderweitigen Tätigkeit wusste und dennoch nicht tätig wurde). Jene Rsp, die darauf abzustellen scheint, dass es dem Arbeitnehmer gerade darauf ankam, die Anrechnung zu vermeiden, ist daher abzulehnen (so auch *Rebhahn/Ettmayer* in Kletečka/Schauer, ABGB-ON[1.02] § 1155 Rz 40).

478 *Krejci* in Rummel, ABGB³ I § 1155 Rz 25.

479 *G. Schima*, Umgründungen im Arbeitsrecht [2004] 230; vgl auch *Baums*, Geschäftsleitervertrag 343 mwN.

ehemaligen Vorstandsmitglied zumindest nicht zumuten können, für *dieselbe* Gesellschaft künftig in der zweiten Ebene und vielleicht unter der Leitung eines früheren, nun zum Vorstandsmitglied aufgestiegenen „Untergebenen" zu arbeiten.[480]

156 Aus der Sicht des Vorstandsmitgliedes ist natürlich eine Vertragsgestaltung optimal, bei der das Problem der Anrechung nach § 1155 ABGB von vornherin vermieden wird und die Gesellschaft sich im Anstellungsvertrag verpflichtet, bei unverschuldeter Abberufung die Restlaufzeit als Einmalabfindung (allenfalls abgezinst) auszuzahlen. Solche Klauseln sind in österreichischen Vorstandsverträgen nach wie vor selten; Vorstandsmitglieder sollten aber genau diesem Punkt in den Vertragsverhandlungen besonderes Augenmerk schenken.

10. Schiedsklauseln

157 Streitigkeiten zwischen (ehemaligen) Vorstandsmitgliedern und einer Aktiengesellschaft können beträchtliche „Kollateralschäden" verursachen und Reputationsverluste für beide Seiten bewirken. Solche Auseinandersetzungen gehen weit über die üblichen arbeitsrechtlichen Streitigkeiten hinaus.

Vor allem die Öffentlichkeitswirkung vermeidet eine Austragung von Streitigkeiten in einem Schiedsverfahren, weil dieses nur parteiöffentlich ist. Daneben bieten Schiedsverfahren gerade in komplexen Auseinandersetzungen zwischen Vorstandsmitgliedern und Gesellschaften, wo es oft um schwierige Haftungsfragen, um Probleme des Rechnungslegungsrechtes etc geht, die Möglichkeit, Schiedsrichter mit spezifischer Erfahrung auszusuchen. Beim staatlichen Gericht ist die Wahrscheinlichkeit groß, auf einen Richter zu treffen, der das erste Mal in seinem Leben einen solchen Prozess führt.

158 Was die Zulässigkeit von Schiedsklauseln in Anstellungsverträgen von Vorstandsmitgliedern einer AG anbelangt,[481] hat der Gesetzgeber eine höchst verwirrende und widersprüchliche Rechtslage geschaffen, weil das SchiedsRÄG 2006[482] verabsäumte, § 9a ASGG einerseits und die §§ 617, 618 ZPO andererseits hinsichtlich ihrer (Nicht-)Anwendung auf Organmitglieder juristischer Personen aufeinander abzustimmen. Mit der Novelle 2006 wurden nämlich Schutzvorschriften im Zusammenhang mit Schiedsvereinbarungen zwischen Verbrauchern und Unternehmern in die ZPO eingefügt. § 617 Abs 1 ZPO bestimmt, dass Schiedsvereinbarungen zwischen diesen Parteien nur für bereits entstandene Rechtsstreitigkeiten wirksam abgeschlossen werden können. Ergebnis der Novelle ist also, dass genau jene Einschränkung, von der § 9 Abs 2 ASGG Vorstandsmitglieder und Geschäftsführer explizit ausgenommen hatte, mit den neuen Verbraucherschutzvorschriften der §§ 617 ff ZPO für Vorstandsmitglieder wieder eingeführt wurde.[483]

---

480 Vgl zu alledem *G. Schima*, Umgründungen im Arbeitsrecht 229 f; *Grünwald*, Die Rechtsfolgen der Verschmelzung von Aktiengesellschaften auf die Funktion eines Vorstands- bzw Aufsichtsratsmitgliedes, ZAS 1993, 196 (201); *Baums*, Der Geschäftsleitervertrag 343 mwN; *Bayer* in Lutter/Winter, UmwG³ I § 87 Rz 10.

481 Vgl zu dazu *G. Schima/Eichmeyer*, Zur (Un-)Zulässigkeit von Schiedsklauseln in Geschäftsführer- und Vorstandsdienstverträgen nach dem SchiedsRÄG 2006, RdW 2008, 723 (723 f).

482 BGBl I 2002/76, in Kraft seit 1. Jänner 2003.

483 Zu den Mängeln der Gesetzestechnik, die diesen Widerspruch geschaffen haben, vgl im

Wendet man das Gesetz wörtlich an und bedenkt man, dass Vorstandsmitglieder und Geschäftsführer, die nicht wesentlich beteiligt sind, im Regelfall *Verbraucher* sind,[484] käme man zu dem grosteken Ergebnis, dass die aufgrund ihres Arbeitnehmerstatus höheren gesetzlichen Schutz genießenden GmbH-Geschäftsführer in punkto Schiedsgerichtsklausel weniger geschützt werden als Vorstandsmitglieder einer AG, die weder Arbeitnehmer noch arbeitnehmerähnlich sind.[485]

Es bedarf daher einer *teleologischen Reduktion* des in § 617 Abs 1 ZPO verankerten Verbraucherbegriffes in der Weise, dass dieser Vorstandsmitglieder einer AG nicht erfasst, die weder Arbeitnehmer noch arbeitnehmerähnlich sind.[486] ME sind daher Schiedsklauseln in Anstellungsverträgen mit Vorstandsmitgliedern entgegen dem Wortlaut von § 617 Abs 1 ZPO sehr wohl zulässig. Die restlichen Absätze des § 617 ZPO zum Schutze von Verbrauchern sind auf Schiedsklauseln in Vorstandsverträgen aber sehr wohl anzuwenden.[487] Dies bedeutet, dass die Schiedsklausel in einer gesonderten Urkunde vereinbart und eigenhändig unterschrieben werden muss, das Vorstandsmitglied eine schriftliche Rechtsbelehrung über die wesentlichen Unterschiede zwischen einem Schiedsverfahren und einem staatlichen Gerichtsverfahren zu erhalten hat, die einfach, aber dennoch aussagekräftig und genau formuliert sein muss und hinsichtlich des Schiedsortes gewisse Beschränkungen zugunsten des Vorstandsmitgliedes bestehen (§ 617 Abs 2 bis 5 ZPO). Das Fehlen einer schriftlichen Rechtsbelehrung bildet sogar einen zusätzlichen Grund für die Aufhebung des Schiedsspruches gem § 611 Abs 7 ZPO.

Detail *Riegler*, Wirtschafts- versus Verbraucherstreitigkeiten vor Schiedsgerichten, ecolex 2011, 882 (884).

484 Vgl *Reich-Rohrwig/Lahnsteiner*, Schiedsvereinbarungen mit einem als Arbeitnehmer oder Verbraucher zu qualifizierenden GmbH-Geschäftsführer, ecolex 2008, 740 (742 f); *G. Schima/Eichmeyer*, RdW 2009, 723. Es kommt bei Organmitgliedern juristischer Personen dabei auf die Beteiligung (zB durch Aktien) an der Gesellschaft an und ob damit ein relevanter Einfluss auf die Geschäftsführung verbunden ist (*Apathy* in Schwimann/Kodek, ABGB⁴ Va § 1 KSchG Rz 8), sodass das Organmitglied aufgrund der Interessenidentität mit der Gesellschaft in Wahrheit selbst unternehmerisch tätig wird. Vgl für den GmbH-GF zuletzt OGH 29.1.2015, 6 Ob 170/14i. Beim Abschluss des eigenen Anstellungsvertrages kommt eine Unternehmereigenschaft des Vorstandsmitglieds jedoch kaum in Betracht. Vgl *Reich-Rohrwig/Lahnsteiner*, Schiedsvereinbarungen mit einem als Arbeitnehmer oder Verbraucher zu qualifizierenden GmbH-Geschäftsführer, ecolex 2008, 740 (742 f); *G. Schima/Eichmeyer*, RdW 2009, 723. Es kommt bei Organmitgliedern juristischer Personen dabei auf die Beteiligung (zB durch Aktien) an der Gesellschaft an und ob damit ein relevanter Einfluss auf die Geschäftsführung verbunden ist (*Apathy* in Schwimann/Kodek, ABGB⁴ Va § 1 KSchG Rz 8), sodass das Organmitglied aufgrund der Interessenidentität mit der Gesellschaft in Wahrheit selbst unternehmerisch tätig wird. Vgl für den GmbH-GF zuletzt OGH 29.1.2015, 6 Ob 170/14i. Beim Abschluss des eigenen Anstellungsvertrages kommt eine Unternehmereigenschaft des Vorstandsmitglieds jedoch kaum in Betracht.

485 *G. Schima/Eichmeyer*, RdW 2008, 723 (728).

486 *G. Schima/Eichmeyer*, RdW 2008, 723 (728). Dies erwägt auch *Riegler*, ecolex 2011, 882 (885), der jedoch meint, dass damit das Problem keinesfalls umfassend gelöst sei. Er plädiert daher – richtigerweise – für eine Korrektur des § 617 ZPO durch den Gesetzgeber.

487 Gegenteilig *Reich-Rohrwig/Lahnsteiner*, ecolex 2008, 740 (742 f).

III. Beendigung der Vorstandsfunktion

A. Abberufung

1. Wichtiger Grund und Aufsichsratsverantwortung

159 Vorstandsmitglieder einer Aktiengesellschaft können nur aus wichtigem Grund vorzeitig abberufen werden. Das Aktiengesetz nennt in § 75 Abs 4 AktG beispielhaft drei wichtige Gründe: Grobe Pflichtverletzung, Unfähigkeit zur ordnungsgemäßen Geschäftsführung und Entziehung des Vertrauens durch die Hauptversammlung (Misstrauensvotum), es sei denn, das Vertrauen wurde aus offenbar unsachlichen Gründen entzogen (zu den einzelnen Abberufungsgründen siehe weiter unten).[488] Die gesetzliche Aufzählung ist eine demonstrative. Dennoch bereitet es in der Praxis durchaus Schwierigkeiten, Gründe zu finden und zu kategorisieren, die *neben* den im Gesetz genannten drei Gründen in Betracht kommen. Mit der Feststellung, es müsse sich um einen den aufgezählten Gründen *gleichwertigen* Grund handeln,[489] ist nicht viel gewonnen. Denn die drei gesetzlichen Gründe sind von so unterschiedlicher Ausprägung und Bedeutung, dass die Gleichwertigkeitsprüfung schwer fällt. Die gemeinsame Klammer muss richtiger Ansicht zufolge aber auch hier – ähnlich wie beim Arbeitsverhältnis im Zusammenhang mit der Prüfung von Entlassungsgründen – das Kriterium der *Unzumutbarkeit der Weiterbeschäftigung* sein.

In Betracht kommen als zusätzliche, nicht im Gesetz genannte Gründe primär solche, die eine fristlose Auflösung des Anstellungsvertrages nicht erlauben. Zu denken ist zB an gravierende Zerwürfnisse im Vorstand, bei denen die Suche nach dem/n „Schuldigen" nicht gelingt oder gar nicht gelingen kann (vgl dazu oben Rz 58) aber auch schwerwiegende Konflikte eines Vorstandsmitgliedes mit einem besonders wichtigen Kunden, Abnehmer oder Aktionär, sodass ein Verbleib des Vorstandsmitgliedes eine für die Gesellschaft wirtschaftlich essentielle Geschäftsbeziehung gefährden würde. Fraglich ist auch, ob die Abberufung auf ein sachlich gerechtfertigtes Bestreben der Gesellschaft gestützt werden kann, das Vorstandsgremium zu verkleinern, etwa weil Geschäftsbereiche eingestellt oder verkauft werden sollen. Daneben kommt zB die Weigerung des Vorstandsmitgliedes in Betracht, mündlich vor der Bestellung besprochene Vertragsbedingungen nach Bestellung schriftlich zu fixieren oder die ungerechtfertigte Verweigerung der Übernahme von Konzernmandaten (vgl dazu ausführlich Rz 89 ff).

160 Der Bestellungswiderruf ist eine *empfangsbedürftige* Mitteilung;[490] er ist wirksam, solange über seine Unwirksamkeit nicht rechtskräftig abgesprochen wurde. Diese vorläufige Wirksamkeit ordnet § 75 Abs 4 AktG aus Verkehrsschutzgründen

488 *G. Schima*, Beendigung von Vorstandsrechtsverhältnissen, ecolex 2006, 456.

489 Vgl *Strasser* in Jabornegg/Strasser, AktG[5] §§ 75, 76 Rz 40, der unter Berufung auf den OGH (6 Ob 517/95 EvBl 1995/182 = wbl 1995, 423 = ecolex 1995, 725 = RdW 1995, 342 = GesRZ 1996, 112 = SZ 68/98) meint, der nicht im Gesetz ausdrücklich genannte Grund dürfe gegenüber den genannten Gründen *„kein Minus darstellen"*; vgl dagegen *Mertens/Cahn* in KölnKommAktG[3] § 84 Rz 121, die zu Recht auf *Unzumutbarkeit* der Weiterbeschäftigung abstellen.

490 Diesbezüglich gilt dasselbe wie beim Zugang der Bestellung: eine bloß zufällige Kenntnisnahme, zB durch Mitteilung von „Kollegen", die davon gehört haben, bewirkt keinen Zugang. Erforderlich ist vielmehr eine der Gesellschaft zurechenbare Mitteilung. Als Bote

und zur Vermeidung einer Ungewissheit über die – aktuelle – Zusammensetzung des Vorstandes ausdrücklich an.[491] Sie gilt aber richtiger Ansicht nach nicht, wenn es nicht am Vorliegen eines wichtigen Grundes fehlt, sondern der Abberufungsbeschluss an formellen Mängeln leidet, die zur Unwirksamkeit des Beschlusses führen (zB fehlerhafte Einberufung; Abstimmung über einen nicht angekündigten Tagesordnungspunkt ohne Konsens aller Aufsichtsratsmitlgieder).[492]

Die Abberufung eines Vorstandsmitglieds zählt zu den besonders verantwortungsvollen Aufgaben des Aufsichtsrates, weil von der Qualität der Geschäftsführung regelmäßig das Schicksal des Unternehmens abhängt.[493] Die Untätigkeit des Aufsichtsrates gegenüber ungewöhnlich leichtfertigen Maßnahmen des Vorstandes wurde bereits als Verletzung der Aufsichtspflichten qualifiziert.[494] **161**

Der Aufsichtsrat haftet auch für eine verspätete Abberufung von Vorstandsmitgliedern.[495] Ob ein wichtiger Grund zur Abberufung vorliegt, ist nach hA keine Ermessensfrage, sondern gerichtlich nachprüfbar.[496]

Der Aufsichtsrat hat insbesondere die Verpflichtung, den Vorstand von unerlaubten Handlungen oder gesellschaftsschädlichen Geschäften mit allen ihm zur Verfügung stehenden Mitteln, notfalls durch Abberufung, abzuhalten.[497] Dabei kommt dem Aufsichtsrat ein eingeschränktes Ermessen zu, das bedeutet, der Aufsichtsrat ist verpflichtet, eine derartige Abberufung unverzüglich vorzunehmen, falls durch den Weiterverbleib des Vorstandsmitgliedes in seiner Funktion der Gesellschaft Schaden droht.[498]

2. Grobe Pflichtverletzung

Mit „*grober Pflichtverletzung*" umschreibt § 75 Abs 4 AktG Verhaltensweisen, die im Rahmen des Dauerschuldverhältnisses Vorstandsmandat und Vorstands-Anstellungsvertrag generell den Charakter eines Auflösungsgrundes für die Gesellschaft haben, weil unter solchen Umständen die weitere Vertragsfortführung der Gesellschaft nicht zumutbar ist.[499] Der Tatbestand der *„groben Pflichtverletzung"* berechtigt daher nach so gut wie unbestrittener Auffassung die Gesellschaft idR auch dazu, den mit dem Vorstandsmitglied üblicherweise geschlossenen Anstellungsvertrag fristlos aufzulösen. Der Abberufungsgrund der groben Pflichtver- **162**

---

kann natürlich mit Billigung des Aufsichtsrates Jedermann fungieren – auch ein anderes Vorstandsmitglied, wenngleich das nicht von Fingerspitzengefühl des Aufsichtsrates zeugt.

491 *Nowotny* in Doralt/Nowotny/Kalss, AktG[2] § 75 Rz 26; *Hüffer/Koch*, AktG[11] § 84 Rz 39 mwN.

492 *Hüffer/Koch*, AktG[11] § 84 Rz 39; *Spindler* in MünchKommAktG[4] § 84 Rz 142; *Mertens/Cahn* in KölnKommAktG[3] § 84 Rz 1116 ff; *Wiesner* in MünchHdbGesR[4] IV § 20 Rz 62; OLG Stuttgart AG 1985, 193; LG München I AG 1986, 142 f; LG Berlin WM 1991, 809.

493 *Hoffmann*, Der Aufsichtsrat[3] Rz 200.

494 BGH II ZR 150/75 BGHZ 69, 207, 214 = NJW 1977, 2311.

495 *Strasser* in Jabornegg/Strasser, AktG[5] §§ 98, 99 Rz 35.

496 *Spindler* in MünchKommAktG[4] § 84 Rz 127; *Kort* in GroßKommAktG[5] § 84 Rz 145.

497 *Semler* in MünchKommAktG[2] § 116 Rz 108.

498 Bzw umgekehrt: wenn die Abberufung der Gesellschaft mehr Schaden brächte als die Weiterbeschäftigung, hat die Abberufung im Gesellschaftsinteresse zu unterbleiben. Dies muss der Aufsichtsrat abwägen (*Kort* in GroßKommAktG[5] § 84 Rz 150).

499 *Hüffer/Koch*, AktG[11] § 84 Rz 34 mwN; OLG Stuttgart AG 2003, 211, 212.

letzung ist daher gleichsam das aktienrechtliche Pendant eines Entlassungsgrundes.[500]

Bei der Beurteilung einer Pflichtverletzung ist zu berücksichtigen, dass der Rechtsbeziehung zwischen Vorstandsmitglied und der Aktiengesellschaft ein *besonderes Vertrauensverhältnis* zu Grunde liegt, weil der Vorstand einer Aktiengesellschaft fremdes Vermögen verwaltet und es sich um Fremd- bzw Drittorganschaft handelt.[501]

163 Bei der Prüfung, ob ein Abberufungsgrund vorliegt, ist vorrangig auf die Interessenlage der Gesellschaft abzustellen.[502] Dieser Grundsatz gilt freilich *so* nur bei unverschuldeten Gründen, weil dann das Korrektiv für die Berücksichtigung der wirtschaftlichen Interessen des Vorstandsmitgliedes die anstellungsvertraglichen Ansprüche bilden. Bei der Beurteilung, ob es sich um eine „*grobe Pflichtverletzung*" handelt, muss dagegen schon eine umfassende Interessenabwägung getroffen werden, weil dieses so gut wie immer darüber entscheidet, ob das Vorstandsmitglied fristlos und ohne jegliche Ansprüche aus dem Amt entfernt werden kann.

Die das Vorstandsmitglied treffenden „*fiduciary duties*" verlangen vom Vorstandsmitglied insbesondere, dass es bei Konflikten seine Interessen jenen der Gesellschaft unterzuordnen hat.[503] Bei allen Entscheidungen, die im Unternehmen zu treffen sind, hat das Vorstandsmitglied allein und ausschließlich an das Wohl der Gesellschaft zu denken und seine Interessen, auch wenn dies für seine Vermögenssphäre nachteilig sein sollte, hintan zu stellen.

Bei Verletzung der Treue- und Loyalitätspflichten des Vorstandsmitgliedes gegenüber der Gesellschaft ist es irrelevant, ob die Gesellschaft geschädigt wurde;[504] maßgeblich ist bloß die Unzumutbarkeit der Fortsetzung des mit dem Vorstandsmitglied eingegangenen Vertragsverhältnisses.[505] Es kommt, anders gesagt, auf ein grob schuldhaftes Handeln oder Unterlassen des Vorstandsmitgliedes im Rahmen der Ausübung seiner Leitungsfunktion an, wobei für die Rechtmäßigkeit der Abberufung der Eintritt eines Schadens bei der Gesellschaft nicht erforderlich ist.[506] Ein Vorstandsmitglied, das sich anlässlich eines Vertragsabschlusses von Dritten Provisionen versprechen lässt oder Vorzugspreise für sich aushandelt, handelt treuwidrig; für den Treuepflichtverstoß spielt es dabei keine Rolle, ob der Gesellschaft durch das Verhalten ihres Vorstandsmitglieds ein Schaden entstanden

---

500 *Strasser* in Jabornegg/Strasser, AktG[5] § 70 Rz 61; § 75 Rz 88 ff.

501 *Strasser* in Jabornegg/Strasser, AktG[5] § 75 Rz 42.

502 Vgl dazu näher *G. Schima*, GesRZ 2011, 265 (271). Die Interessen des Vorstandsmitglieds sind jedoch zumindest gegen die der Gesellschaft abzuwägen: *Hüffer/Koch*, AktG[11] § 84 Rz 34; *Fonk* in Semler/v. Schenck, ARHdb[4] § 10 Rz 301; *Grumann/Gillmann*, Abberufung und Kündigung von Vorstandsmitgliedern einer AG, DB 2003, 770.

503 *Fleischer*, WM 2003, 1049.

504 *Fleischer*, Handbuch des Vorstandsrechts § 5 Rz 19 mwN; *Eckert*, Die Abberufung des GmbH-Geschäftsführers 41 mwN.

505 BGH 8.5.1967, AG 1967, 327; BGH II ZR 126/65 BGHZ 1967, 679; *Spindler* in MünchKommAktG[4] § 84 Rz 131; *Terlitza*, Zur Abberufung des Vorstandsmitglieds einer AG aus wichtigem Grund, GesRZ 2003, 270 ff; *Höhn*, Die Geschäftsleitung der GmbH 216 f.

506 *Terlitza*, Zur Abberufung des Vorstandsmitglieds einer AG aus wichtigem Grund, GesRZ 2003, 270 ff.

ist oder nicht.[507] Dasselbe gilt für ein Vorstandsmitglied, das, um eine es selbst treffende Verpflichtung loszuwerden, mit seinem Gläubiger (das kann eine Bank sein, die sowohl mit dem Vorstandsmitglied, dessen private Kredit- oder Veranlagungsgeschäfte abwickelt oder ein Lieferant von Büromöbeln, bei dem das Vorstandsmitglied eine Wohnzimmereinrichtung gekauft, aber nicht bezahlt hat) vereinbart, dass dieser Gläubiger bei der Abwicklung von Geschäften mit der Gesellschaft überhöhte Entgelte verrechnet, um den Ausfall der Forderung gegen das Vorstandsmitglied zu kompensieren.[508] Im Übrigen besteht richtiger Ansicht zufolge ein Beweis des Anscheins dafür, dass das betreffende Geschäft ohne die Zuwendung mit anderem Inhalt, insbesondere mit einer höheren Gegenleistung für die Gesellschaft zustande gekommen wäre und der Gesellschaft damit zumindest ein Schaden in der Höhe des gewährten Vorteils entstanden ist.[509]

Lehre und Rsp qualifizieren uA folgende Umstände als wirksamen Abberu- **164**
fungsgrund[510]: Handeln zum Nachteil der Gesellschaft;[511] Missbrauch von Gesellschaftsvermögen für eigene Zwecke,[512] selbst wenn dies zur Sicherung etwaiger künftiger Ansprüche gegen die Gesellschaft erfolgt,[513] die Annahme einer vom Vorstand privat erlangten, auch für die Gesellschaft vorteilhaften Geschäftschance (Corporate Opportunity),[514] Missachtung aktienrechtlicher Zustimmungsvorbehalte[515], illoyales Verhalten,[516] das zur Gefährdung der Interessen der Gesellschaft durch das Verhalten des Geschäftsleiters führt (die grobe Pflichtverletzung liegt nicht erst in der Beeinträchtigung der Gesellschaftsinteressen!); Einsatz von Mitarbeitern und Mitteln der Gesellschaft für private Angelegenheiten,[517] die Entgegennahme von Schmiergeld (kick backs),[518] schwere charakterliche Mängel sowie Missbrauch der Vertretungsmacht. Auch bloße Unredlichkeit kann genügen.[519] Ebenso gehen verbotene Insichgeschäfte regelmäßig mit Vertrauensunwürdigkeit einher.[520]

Unheilbares Zerwürfnis oder dauernder Unfriede zwischen den Vorstandsmitgliedern, der ein gedeihliches Zusammenarbeiten gefährdet[521] können in schweren

507 *Fleischer*, Handbuch des Vorstandsrechts § 9 Rz 42 f mit weiteren Judikaturnachweisen.

508 Vgl *G. Schima*, GesRZ 2007, 95 mwN in FN 20; OGH 24.5.2012, 6 Ob 83/12t GesRZ 2012, 356 und dazu G. Schima, „Selbstbedienung" von Vorstandsmitgliedern als grobe Pflichtverletzung, GesRZ 2012, 322 ff.

509 *Fleischer*, Handbuch des Vorstandsrechts § 9 Rz 43 mwN in FN 207.

510 Vgl mwN *Höhn*, Die Geschäftsleitung der GmbH 218 f; *Hüffer/Koch*, AktG[11] § 84 Rz 36 mwN; *Thüsing* in Fleischer, Handbuch des Vorstandsrechts § 5 Rz 20; *Nowotny* in Doralt/Nowotny/Kalss, AktG[2] § 75 Rz 21; *Strasser* in Jabornegg/Strasser, AktG[5] §§ 75, 76 Rz 41; *Grumann/Gillmann*, DB 2003, 771.

511 *Terlitza*, GesRZ 2003, 270 ff.

512 BGH WM 1984, 29.

513 BGH NJW 1995, 2850 = AG 1996, 32.

514 BGH WM 1956, 865; BGHZ 1985, 1484, 1485 = NJW 1986, 585.

515 Vgl *Spindler* in MünchKommAktG[4] § 84 Rz 131; OLG München DB 2009, 1231, 1233.

516 BGH NJW 2000, 1683 = NZG 2000, 546.

517 OLG Düsseldorf AG 2012, 511, 512; OLG Wien 4.7.2013, 5 R 22/13m.

518 OLG München AG 2007, 361, 363.

519 OGH 6 Ob 656/82 GesRZ 1982, 253; OGH 4 Ob 515/73 GesRZ 1974, 27; OLG Wien 6 R 133/91 NZ 1992, 273.

520 OGH 8 Ob 563/89 GesRZ 1990, 225.

521 BGHZ 1998, 519 ff, 520.

Fällen einen wichtigen Grund iSd § 75 Abs 4 AktG bilden.[522] Dabei wird es sich aber im Regelfall nicht um den Abberufungsgrund der groben Pflichtverletzung, sondern um einen „anderen wichtigen Grund" handeln.

165 Der Verlust des Vertrauens in den Vorstand durch den Aufsichtsrat ist per se – wie der OGH auch schon klarstellte[523] – kein aktienrechtlicher Abberufungsgrund iSd § 75 Abs 4 AktG,[524] womit aber nicht sehr viel ausgesagt ist, weil es ja darauf ankommt, *weshalb* der Aufsichtsrat das Vertrauen verloren hat. Denn sehr wohl kann zB *mangelnde Offenheit gegenüber dem Aufsichtsrat* den Tatbestand der groben Pflichtverletzung verwirklichen,[525] ebenso wie unüberbrückbare Differenzen oder Zerwürfnisse[526] zwischen Vorstand und Aufsichtsrat über grundsätzliche Fragen der Unternehmenspolitik.[527]

Auch *illoyales Verhalten* gegenüber dem (alleinigen) Gesellschaftseigner berechtigt zur Abberufung aus wichtigem Grund.[528]

166 Die *Missachtung aktienrechtlicher Zustimmungsvorbehalte* zugunsten des Aufsichtsrates wird in Lehre und Rsp so gut wie einheitlich als Abberufungsgrund qualifiziert.[529] Das ergibt sich schon daraus, dass die Rsp grundsätzlich Verletzungen organschaftlicher Kernpflichten als grob pflichtwidrig ansieht.[530]

Freilich muss diese Aussage insoweit relativiert werden, als ein bloß objektiver Verstoß gegen Zustimmungsvorbehalte keine grobe Pflichtverletzung begründet, sondern zu prüfen ist, welcher Grad von Sorgfaltsverstoß dem Vorstandsmitglied konkret vorzuwerfen ist. Zum einen kann schon die Auslegung der in § 95 Abs 5 AktG enthaltenen und regelmäßig durch den Aufsichtsrat erweiterten Genehmigungstatbestände im Einzelfall gewisse Schwierigkeiten bereiten, sodass nicht immer ganz eindeutig gesagt werden kann, *ob* bestimmte Geschäfte genehmigungspflichtig sind oder nicht.[531] Darüberhinaus ist es denkbar, dass die Überschreitung von Genehmigungsgrenzen im Einzelfall keinen Vorwurf gegen den Vorstand begründet, der gleich eine Abberufung rechtfertigt – so zB, wenn bei einer nicht genehmigungspflichtigen Investition nachträglich eine – die Genehmigungspflicht auslösende – Kostenüberschreitung eintritt, die der Vorstand deshalb

522 *Wiesner* in MünchHdbGesR[4] IV § 20 Rz 53; *Spindler* in MünchKommAktG[4] § 84 Rz 132 mwN, ua BGH WM 1984, 29 f.

523 OGH 1 Ob 11/99w wbl 2000, 37.

524 Für viele *Thüsing* in Fleischer, Handbuch des Vorstandsrechts § 5 Rz 26 mwN.

525 OGH 1 Ob 11/99w wbl 2000, 37.

526 *Mertens* in KölnKommAktG[3] § 84 Rz 126 mwN; *Thüsing* in Fleischer, Handbuch des Vorstandsrechts § 5 Rz 24 mwN; OGH 6 Ob 517/95 wbl 1995, 423 = ecolex 1995, 725 = RdW 1995, 342 = AnwBl 1996, 148 = GesRZ 1996, 112 = SZ 68/98.

527 Abwägend *Wiesner* in MünchHdbGesR[4] IV § 20 Rz 56; *Spindler* in MünchKommAktG[4] § 84 Rz 132.

528 BGH NJW 2000, 1638; *Thüsing* in Fleischer, Handbuch des Vorstandsrechts § 5 Rz 20 mwN.

529 Vgl *Spindler* in MünchKommAktG[4] § 84 Rz 131; BGH 26.3.1956, II ZR 57/55; BGHZ 20, 239, 246; BGH 13.7.1998, II ZR 131/97 AG 1998, 519; OLG München AG 2005, 776; *Kalss* in Kalss/Nowotny/Schauer, Gesellschaftsrecht Rz 3/304.

530 *Seibt* in Schmidt/Lutter, AktG[3] § 84 Rz 49a mwN.

531 So kann bei nicht sehr umfassend und subtil formulierten Geschäftsordnungen – um nur ein Bsp zu nennen – der Tatbestand der „Kreditgewährung" durchaus Anlass zu Zweifeln geben, nämlich zB ob und ab wann darunter die Gewährung von Lieferantenzielen oder das „Stehenlassen" von Forderungen gegenüber Konzerngesellschaften fällt.

nicht bemerkt, weil ihm der verantwortliche Mitarbeiter falsche Berechnungen liefert, die nicht gleich als unrichtig erkennbar sind.

Grobe Pflichtverletzung kann auch bei Verletzung der den Vorstand gem § 81 AktG treffenden Berichtspflicht gegenüber dem Aufsichtsrat vorliegen. **167**

Freilich wird es bei der Verletzung der Berichterstattungspflicht auch darauf anzukommen haben, wie gravierend der Fehler bei der Berichterstattung ist, weil wohl nur gravierende Verstöße gegen § 81 AktG (bzw § 90 dAktG) eine grobe Pflichtverletzung bilden.[532] Grob und wiederholt unrichtige Berichterstattung eines Vorstandsmitglieds (wozu zB auch die Vorlage von unrichtigen Prognose- oder Budgetzahlen an den Aufsichtsrat zählen) sind jedenfalls als grobe Pflichtwidrigkeit zu qualifizieren und berechtigen zur Abberufung.

3. Unfähigkeit zur ordnungsgemäßen Geschäftsführung

Für das Vorliegen dieses Abberufungsgrundes ist kein Verschulden des Vor- **168**
standsmitgliedes erforderlich, und ein solches liegt sogar typischerweise nicht vor. Das Unvermögen des Vorstandsmitgliedes muss über eine bloße Untüchtigkeit oder einen einmaligen wirtschaftlichen „Misserfolg" hinausgehen; es bedeutet die *habituelle Unfähigkeit*, das Vorstandsamt auszuüben (zB aufgrund einer schweren Erkrankung).[533] Sie ist daher nicht schon bei einmaligem Scheitern des Vorstandsmitglieds im Hinblick auf Führungsaufgaben anzunehmen, sehr wohl aber bei einer dauerhaft und wesentlich beeinträchtigten Leistungsfähigkeit. Alkohol-, Medikamenten- oder Drogenabhängigkeit können die Unfähigkeit zur ordnungsgemäßen Geschäftsführung ebenfalls bewirken.[534] Überschuldung oder Insolvenz des Vorstandsmitgliedes können ein Zeichen für die mangelnde Fähigkeit zur Unternehmensführung sein,[535] genauso wie gewerberechtliche Unzuverlässigkeit.[536]

Strittig ist, ob der Wegfall von Eignungsvoraussetzungen, die die *Satzung* **169**
vorschreibt, den Aufsichtsrat zum Widerruf der Bestellung wegen Unfähigkeit berechtigt.[537] Dies wird mE je nach den Umständen des Einzelfalles anders zu beurteilen sein.

Den Abberufungsgrund herbeiführen kann auch das Verlangen der Aufsichtsbehörde einer der Aufsicht unterliegenden Aktiengesellschaft (zB Abberufungsverlangen der FMA bei einem Kreditinstitut).[538]

ME ist eine Aufforderung einer Aufsichtsbehörde (zB der FMA gegenüber einem Kreditinstitut gemäß § 70 Abs 4 Z 1 BWG), Vorstandsmitglieder abzuberufen (etwa weil die Eignungsvoraussetzungen gemäß § 5 Abs 1 BWG nicht

---

532 *Kort* in GroßkommAktG[5] § 90 Rz 188 *ohne* weitergehende Nachweise.
533 *Nowotny* in Doralt/Nowotny/Kalss, AktG[2] § 75 Rz 22.
534 *Seibt* in Schmidt/Lutter, AktG[3] § 84 Rz 49a mwN.
535 *Wiesner* in MünchHdbGesR[4] IV § 20 Rz 55.
536 *Seibt* in Schmidt/Lutter, AktG[3] § 84 Rz 49a mwN.
537 Dafür: *Spindler* in MünchKommAktG[4] § 84 Rz 132; *Seibt* in Schmidt/Lutter, AktG[3] § 84 Rz 49a; dagegen *Mertens/Cahn* in KölnKommAktG3 § 84 Rz 126 und 10, die nur nach den Umständen des Einzelfalls einen Abberufungsgrund verwirklicht sehen und berücksichtigen wollen, ob der Aufsichtsrat vom Fehlen der Eignungsvoraussetzung wusste oder nicht. Dem ist grundsätzlich zuzustimmen.
538 *Thüsing* in Fleischer, Handbuch des Vorstandsrechts § 5 Rz 22 f mwN; *Kort* in GroßKommAktG[5] § 84 Rz 172 mwN; *Mertens/Cahn* in KölnKommAktG[3] § 84 Rz 130.

vorliegen), kein zwingender Anlass für den Aufsichtsrat, die Abberufung sofort durchzuführen. Vielmehr hat der Aufsichtsrat abzuwägen, ob der Bescheid der Aufsichtsbehörde erfolgreich bekämpft werden kann und ob es im Interesse des Unternehmens liegt, diesen (zeit- und kostenintensiven) Schritt zu setzen.[539]

Hält der Aufsichtsrat die Vorgehensweise der FMA mit guten Gründen für unberechtigt, oder zumindest für in einem rechtsförmlichen Verfahren prüfenswert, kommt die Möglichkeit in Betracht, von einer Abberufung zumindest vorläufig Abstand zu nehmen und in ausreichender Anzahl Geschäftsleiter zu bestellen, in deren Person keine aufsichtsbehördlichen Bedenken begründet sind. Der FMA ist es richtiger Ansicht zufolge wegen der Geltung des Grundsatzes der Anwendung des jeweils gelindesten Mittels nicht gestattet, in so einem Fall dem Kreditinstitut die Konzession zu entziehen; vielmehr wäre die Aufsichtsbehörde darauf verwiesen, dem Geschäftsleiter die Geschäftsführung bescheidmäßig zu untersagen.[540]

4. Entziehung des Vertrauens durch die Hauptversammlung

170 Ein Abberufungsgrund ist auch die Entziehung des Vertrauens durch die Hauptversammlung, es sei denn das Vertrauen wurde aus *„offenbar unsachlichen Gründen"* entzogen (§ 75 Abs 4 3. Fall AktG).[541] Wie der OGH in seiner diesbezüglichen Leitentscheidung aus dem Jahr 1998 in Anlehnung an die Rsp des deutschen BGH aussprach, ist auch ein *„seiner sachlichen Berechtigung nach zweifelhaftes"* Misstrauens-Votum ein tauglicher Abberufungsgrund für den Aufsichtsrat, sofern nicht offenbare Unsachlichkeit vorliegt.[542]

Die inhaltlichen Voraussetzungen für eine auf Vertrauensentzug gestützte Abberufung zu erfüllen, ist nach alledem nicht besonders schwer. Zur *praktischen Anwendung* kommt der Abberufungsgrund freilich so gut wie immer nur in nicht börsenotierten Gesellschaften, denn bei einer börsenotierten Gesellschaft scheuen Großaktionäre und Aufsichtsrat einen solchen Schritt nicht nur wegen der Kosten für eine außerordentliche Hauptversammlung, sondern va auch deshalb, weil dem breiten Publikum und dem Kapitalmarkt (insbesondere internationalen Investoren) schwer klargemacht werden kann, dass ein sachlich berechtigter oder zumindest nicht unsachlicher Vertrauensentzug auch gegenüber sich tadellos verhaltenden, ja sogar geschäftlich erfolgreichen Vorstandsmitgliedern erklärt werden kann, mit anderen Worten also keineswegs dadurch die Befürchtung ausgelöst werden muss, es hätte jemand „silberne Löffel" gestohlen.

171 Nach Lehre[543] und Rsp[544] ist es Aufgabe des abberufenen Vorstandsmitgliedes, das seine Abberufung gerichtlich anficht, nachzuweisen, dass das Misstrauens-

539 *Kort* in GroßKommAktG[5] § 84 Rz 172 mwN.

540 Vgl zu alledem ausführlich *G. Schima/Sindelar*, Aufgetragene Abberufung von Geschäftsleitern, Untersagung der Ausübung der Geschäftsführung und Konzessionsentzug bei Kreditinstituten, ÖBA 2015, 908.

541 *Nowotny* in Doralt/Nowotny/Kalss, AktG[2] § 75 Rz 23; *Thüsing* in Fleischer, Handbuch des Vorstandsrechts § 5 Rz 26 ff; *Hüffer/Koch*, AktG[11] § 84 Rz 37 mwN.

542 OGH 1 Ob 294/97k RdW 1998, 461; vgl auch OGH 1 Ob 191/02y ecolex 2003, 178 = GesRZ 2003, 38 = RdW 2003, 140 = ARD 5434/7/2003.

543 *Nowotny* in Doralt/Nowotny/Kalss, AktG[2] § 75 Rz 23; *Kort* in GroßkommAktG[5] § 84 Rz 209.

544 OGH 1 Ob 294/97k RdW 1998, 461; OGH 1 Ob 191/02y GesRZ 2003, 38 (40 f); OGH 1 Ob 190/09m RWZ 2010, 137 (*Wenger*).

Votum aus offenbar unsachlichen Gründen erfolgt ist, also zB in keinerlei Zusammenhang mit seiner Tätigkeit steht, oder – das ist der in der Literatur regelmäßig angeführte Paradefall – das Vorstandsmitglied von den Aktionären dafür „bestraft" werden soll, dass es sich für die Einhaltung einer rechtmäßigen Vorgangsweise eingesetzt hat.[545]

Die Gesellschaft muss – weil andernfalls dieser ohnehin mehr als schwierige Nachweis vom Vorstandsmitglied nie geführt werden könnte – die Gründe, die die Hauptversammlung zum Entzug des Vertrauens bewegt haben, offenlegen,[546] weshalb es in der Praxis anzuraten ist, in der über den Vertrauensentzug entscheidenden Hauptversammlung auch über die Erwägungen, die zum Vertrauensentzug führen, entsprechend zu beraten und dies zumindest in geraffter Form im Protokoll zu dokumentieren.

„Nachhaltige Erfolglosigkeit" genügt als nicht offenbar unsachlicher Grund bei einem Vorstandsmitglied in einer seit vielen Jahren Verluste schreibenden Gesellschaft, auch wenn das betroffene und für den Bereich Finanzen zuständige Vorstandsmitglied erst rund eindreiviertel Jahre im Amt war.[547] Hat die Hauptversammlung dem Vorstand die Entlastung erteilt, kann sich ein späteres Misstrauensvotum nicht auf Umstände stützten, in deren Kenntnis die Entlastung erteilt wurde – dies wäre missbräuchlich bzw ist offenbar unsachlich.[548]

Der Aufsichtsrat ist nicht verpflichtet, auf einen Vertrauensentzug der Haupt- **172** versammlung mit der Abberufung zu reagieren. Es steht vielmehr in seinem pflichtgemäßen Ermessen, die Abberufung zu beschließen oder nicht.[549] Üblicherweise wird der Aufsichtsrat nicht ein Vorstandsmitglied halten, das das Vertrauen der Aktionärsmehrheit verloren hat. Jedenfalls muss der Aufsichtsrat aber das Misstrauens-Votum der Hauptversammlung eingehend beraten.[550] Der Aufsichtsrat kann sich auf das Misstrauens-Votum allein stützen, um die Abberufung zu begründen. Es bedarf keiner weiteren wichtigen Gründe.[551]

Unzulässig und unwirksam ist ein Abberufungsbeschluss, der sich auf einen **173** zukünftigen oder möglichen Vertrauensentzug durch die Hauptversammlung stützt.[552]

Hat der Aufsichtsrat ein Vorstandsmitglied wegen eines anderen wichtigen Grundes abberufen und ist sich später nicht mehr sicher, ob dieser Grund einer gerichtlichen Prüfung standhält, kann er einen Vertrauensentzug durch die Haupt-

545 Wehrt sich zB ein Vorstandsmitglied gegen Begehrlichkeiten eines Großaktionärs, die auf eine verbotene Einlagenrückgewähr hinauslaufen würden und bekommt es als Sanktion die Abberufung, wäre dies der klassische Fall eines offenbar unsachlichen Misstrauens-Votums. Freilich muss vor Gericht ein Zusammenhang dargestellt werden können.

546 OGH 1 Ob 294/97k RdW 1998, 461; *Kort* in GroßkommAktG^5 § 84 Rz 166 mwN.

547 OGH 1 Ob 294/97k RdW 1998, 461.

548 *Mertens/Cahn* in KölnKommAktG^3 § 84 Rz 127 mwN; *Kort* in GroßKommAktG^5 § 84 Rz 166a.

549 *Nowotny* in Doralt/Nowotny/Kalss, AktG^2 § 75 Rz 23.

550 *Mertens/Cahn* in KölnKommAktG^3 § 84 Rz 129; *Fonk* in Semler/v. Schenck, ARHdb^4 § 10 Rz 306.

551 OGH 1 Ob 294/97k SZ 71/77; 2 Ob 285/04g GesRZ 2005, 86.

552 OGH 6 Ob 517/95 SZ 68/98; 1 Ob 11/99w SZ 72/90.

versammlung anregen und – falls dieser erfolgt – darauf mit einem weiteren Beschluss die neuerliche Abberufung stützten. Wenn nur die zweite Abberufung sich als wirksam erweisen sollte, hat die Gesellschaft freilich – unbeschadet der Anwendung des § 1155 ABGB – an das Vorstandsmitglied das Entgelt für den Zeitraum zwischen den beiden Abberufungsbeschlüssen zu zahlen.

5. Sonstige Abberufungsgründe

174 Der Katalog der Abberufungsgründe in § 75 Abs 4 AktG ist nicht abschließend formuliert. Sonstige wichtige Gründe, die unter keinen der drei aufgezählten Gründe zu subsumieren sind, müssen dennoch den zwingenden Voraussetzungen genügen, dass sie ein Beibehalten des Vorstandsmitgliedes für die Gesellschaft unzumutbar machen.[553] Ein Verschulden des Vorstandsmitglieds an den Umständen ist nicht erforderlich.

Es ist nach hM unzulässig, in der Satzung oder durch Vereinbarung mit dem Vorstandsmitglied Widerrufsgründe zu normieren, die ohne jegliche Überprüfung zur Abberufung des Vorstandsmitgliedes berechtigen.[554] Das Kriterium der Unzumutbarkeit der Weiterbeschäftigung muss bei sonstigen Abberufungsgründen stets erfüllt sein. Infrage kommen zB die Zugehörigkeit zu einer radikalen Partei,[555] anhaltende Kritik von Seiten einer Behörde, Kreditgebern, Vertragspartnern etc,[556] eine Änderung des Unternehmensgegenstandes, die zur Folge hat, dass das Vorstandsmitglied nicht mehr die notwendigen Kenntnisse und Fähigkeiten aufweist.[557]

Zu erwägen ist auch die Zulässigkeit der Verankerung ganz konkreter „Misserfolgsparameter" als besonderer Abberufungsgrund (zB die zweimalige Verfehlung von bestimmten Budgetvorgaben oder nachhaltige Unter- bzw Überschreitung bestimmter Kennzahlen).[558] Damit könnte insbesondere in börsenotierten Gesellschaften, wo Vorstandsmitglieder wegen der de facto-Unanwendbarkeit des Misstrauensvotums als Abberufungsgrund viel fester im Sattel sitzen,[559] das Problem gelöst werden, auch unfähigen Vorstandsmitgliedern, um sie los zu werden, hohe Abfindungen in Form der Auszahlung der Vertragsrestlaufzeit zahlen zu müssen.[560]

175 Für jeden dieser Abberufungsgründe ist gesondert zu prüfen, ob dabei auch ein wichtiger Grund für die Auflösung des Anstellungsvertrages gegeben ist. Bei einer Änderung des Unternehmensgegenstandes, die das Vorstandsmitglied „ungeeignet" werden lässt, ist kein Entlassungsgrund verwirklicht, denn die Gesellschaft hat den Abberufungsgrund hier selbst herbeigeführt.

176 Eine Abberufung wegen geplanter Verkleinerung des Vorstandsgremiums ist kein wichtiger, in der Person des Vorstandsmitglieds gelegener Grund für eine

553 Vgl *G. Schima*, GesRZ 2011, 265 (271).
554 *Seibt* in K. Schmidt/Lutter, AktG³ § 84 Rz 48.
555 *Kort* in GroßKommAktG⁵ § 84 Rz 170 mwN.
556 *Kort* in GroßKommAktG⁵ § 84 Rz 172a.
557 *Kort* in GroßKommAktG⁵ § 84 Rz 174a.
558 Dafür grs *G. Schima* in Schenz/Eberhartinger, Corporate Governance 246 (278).
559 Vgl zu dieser „Zweiklassengesellschaft" *G. Schima*, GesRZ 2011, 265 (271 f).
560 *G. Schima*, GesRZ 2011, 265 (272), *G. Schima* in Schenz/Eberhartinger, Corporate Governance 246 (278).

Abberufung.[561] Selbst ein genereller, groß angelegter Personalabbau liefert keinen wichtigen Grund, auch das Vorstandsgremium zu verkleinern.[562] Darüber lässt sich freilich trefflich streiten. Basiert die Verkleinerung des Vorstandes nicht auf Initiative des Aufsichtsrates, sondern ist sie Folge einer grundlegenden Umstrukturierung des Unternehmens, kann dies freilich ein wichtiger sonstiger Abberufungsgrund sein.[563] Die Abgrenzung scheint schwierig – es kommt auf die Umstände des Einzelfalls an.

6. Unverzügliche Geltendmachung, Nachschieben von Abberufungsgründen, Rechtsschutz

a) Zur Verfristung des Abberufungsrechts

Das Recht zur Abberufung eines Vorstandsmitgliedes aus wichtigem Grund wegen eines einmaligen Vorfalls kann durch Untätigkeit des Aufsichtsrats untergehen.[564] Sofern das Substrat des Abberufungsgrundes in einem einmaligen Vorfall besteht (anders bei Dauertatbeständen), muss der Aufsichtsrat daher *von seinem Abberufungsrecht unverzüglich* bei sonstiger Verwirkung seines Rechts *Gebrauch machen*. Eine angemessene Zeit zur Befassung des Plenums, zur Überlegung, uU auch zur näheren Sachverhaltsermittlung und nicht zuletzt zur Bewältigung aller notwendigen Verfahrensschritte (zB Einholung der Zustimmung der Mehrheit der Kapitalvertreter) steht aber dem Aufsichtsrat selbstverständlich zur Verfügung. Ein aus mehreren nebenberuflich tätigen Personen bestehendes Gremium hat naturgemäß eine schwerfälligere Willensbildung als eine Einzelperson. **177**

Verwirkung ist dann anzunehmen, wenn das Vorstandsmitglied nach Treu und Glauben objektiv nicht mehr mit einer Abberufung rechnen musste.[565]

Hier kommt es immer auf den Wissensstand des Aufsichtsrates, insbesondere des Vorsitzenden, an.[566]

b) Das Nachschieben von Abberufungsgründen

In der Praxis kommt es immer wieder vor, dass nach bereits erfolgter Abberufung eines Vorstandsmitgliedes aus einem wichtigen, von ihm verschuldeten Grund, die Gesellschaft – zB im Rahmen einer durch den Aufsichtsrat beauftragten „kleinen Sonderprüfung" gemäß § 95 Abs 3 AktG – Untersuchungen anstellt, um etwaige zusätzliche Pflichtverletzungen des abberufenen Vorstandsmitglieds aufzudecken. Dabei können dem Aufsichtsrat weitere Verfehlungen bekanntwerden, die zum Zeitpunkt der ersten Abberufung noch nicht verwertet werden konnten. **178**

Bei der vorzeitigen Auflösung von Arbeitsverhältnissen (Entlassung) ist nach völlig hM das Nachschieben von Gründen unabhängig davon zulässig, ob die Auf-

---

561 *Spindler* in MünchKommAktG⁴ § 84 Rz 132; *Kort* in GroßKommAktG⁵ § 84 Rz 174a, 175a.

562 So der Fall des ehemaligen Personalvorstands der deutschen Commerzbank, LG Frankfurt 3-05 O 8/14 BB 2014, 1223.

563 *Kort* in GroßKommAktG⁵ § 84 Rz 175, 175a.

564 *Strasser* in Jabornegg/Strasser, AktG⁵ §§ 75, 76 Rz 45 f; *Kort* in GroßkommAktG⁵ § 84 Rz 198; *Wiesner* in MünchHdbGesR³ IV § 20 Rz 55; BGH II ZR 211/53 BGHZ 13, 188, 194 f.

565 So auch *Mertens/Cahn* in KölnKommAktG³ § 84 Rz 140.

566 *Strasser* in Jabornegg/Strasser, AktG⁵ §§ 75, 76 Rz 45.

lösung ein befristetes oder unbefristetes Dienstverhältnis (vorzeitig) beendet. Der Auflösungsgrund muss dem Erklärenden zum Zeitpunkt der Auflösung nicht bekannt gewesen sein; er muss nur *objektiv vorgelegen* haben.[567] Dies bedeutet, dass nach stRsp des OGH nach Ausspruch einer vorzeitigen Auflösung weitere Gründe für ihre Rechtfertigung herangezogen werden können, selbst wenn der Erklärende erst nachträglich von diesen Kenntnis erlangt.[568]

179 Die gerade dargestellten Grundsätze gelten für das Nachschieben von Abberufungsgründen gegenüber Vorstandsmitgliedern an sich genauso.[569]

Eine Besonderheit ist aber zu beachten: Lehre und Rsp[570] verlangen bei nachgeschobenen Abberufungsgründen einen *neuerlichen Abberufungsbeschluss* des Aufsichtsrates, der sich auf den nachträglich entdeckten Abberufungsgrund bzw die nachträglich entdeckte Pflichtverletzung stützt. Dieses Erfordernis wurzelt im Vertretungsregime des Aktienrechts: Es soll immer der Aufsichtsrat darüber entscheiden dürfen, welche Sachverhalte und Gründe zum Gegenstand einer Abberufung eines Vorstandsmitglieds gemacht werden und auch auf welche Fakten sich die Gesellschaft daher in einem Gerichtsverfahren zur Rechtfertigung einer Abberufung stützt.

Eine Einschränkung insofern, als das Nachschieben nur dann zulässig sein sollte, wenn eine Wiedereinführung des abberufenen Vorstandsmitglieds in sein Amt noch möglich sei, ist nicht angezeigt.[571]

180 Ob und inwieweit auch beim Nachschieben der Unverzüglichkeitsgrundsatz gilt, ist nicht hinreichend geklärt. Überzeugend ist es, der Gesellschaft auch beim Nachschieben in einem laufenden Verfahren nicht unbegrenzt Zeit nach der Entdeckung zu geben, den weiteren Grund ins Spiel zu bringen. Da aber beim Nachschieben das Klarstellungsinteresse des ohnehin bereits aus dem Amt entfernten Vorstandsmitgliedes deutlich weniger Rolle spielt, ist es angebracht, hier in punkto Verfristung weniger streng zu sein.

c) Rechtsschutz gegen die Abberufung

181 Das Vorstandsmitglied kann die – vorläufig wirksame – Abberufung mittels Anfechtungsklage gem § 75 Abs 4 AktG bekämpfen und vorbringen, dass kein wichtiger Grund vorliegt. Beklagte ist die Gesellschaft, vertreten durch den Vorstand.[572] Das Klagebegehren ist ein Rechtsgestaltungsbegehren, weil die Unwirksamerklärung der Abberufung beantragt wird und damit die Wiedereinsetzung in die Vorstandsfunktion. Sollte das abberufene Vorstandsmitglied noch vor Ablauf

---

567 *Pfeil* in Zeller, Kommentar zum Arbeitsrecht³ § 25 AngG Rz 12.

568 OGH, 4 Ob 239/53; OGH 4 Ob 105/63 Arb 7843; OGH 4 Ob 30/65 Arb 8037; OGH 9 ObA 54/87 DRdA 1989, 41 (*Wachter*); RIS-Justiz RS0029144.

569 *Thüsing* in Fleischer, Handbuch des Vorstandsrechts § 5 Rz 16; *Hüffer/Koch*, AktG¹¹ § 84 Rz 42; OGH 1 Ob 11/99w SZ 72/90 = wbl 2000, 37; OGH 1 Ob 294/97k RdW 1998, 461.

570 OGH 1 Ob 11/99w SZ 72/90 = wbl 2000, 37 = AG 2001, 100; OGH, 9 Ob 47/01d; *Mertens/Cahn* in KölnKommAktG³ § 84 Rz 140 mwN.

571 *Thüsing* in Fleischer, Handbuch des Vorstandsrechts § 5 Rz 16.

572 *Strasser* in Jabornegg/Strasser, AktG⁵ § 97 Rz 79 mwN zur Gegenmeinung. In D ist hingegen der Aufsichtsrat zuständig (vgl § 112 dAktG: „Vorstandsmitgliedern gegenüber vertritt der Aufsichtsrat die Gesellschaft gerichtlich und außergerichtlich.“).

der Mandatsdauer das Verfahren gewinnen, tritt es daher rückwirkend wieder in das Mandat ein.[573] Im Regelfall geht sich das aber in Anbetracht der realistischen Verfahrensdauern nicht aus. Das Klagebegehren ist in so einem Fall auf Kosten einzuschränken.[574]

Eine Frist kennt das Gesetz für die Einbringung der Klage nicht, doch ist allgemein anerkannt, dass damit nicht lange zugewartet werden darf. Dies ergibt sich schon aus dem Klarstellungsinteresse der Gesellschaft, dem eine „Aufgriffsobliegenheit" des abberufenen Vorstandsmitgliedes gegenüber steht.[575] Klagen, die innerhalb eines Monats nach Mitteilung der Abberufung eingebracht werden, sind jedenfalls rechtzeitig. Manche halten eine bis zu dreimonatige Frist für zulässig.[576] Eine starre Grenze lässt sich nicht ziehen. **182**

Die Beweislast für das Vorliegen eines wichtigen Grundes trägt die Gesellschaft – der Beweis dafür, dass ein von der Gesellschaft nachgewiesenes, als Grund für die Abberufung herangezogenes Misstrauensvotum der Hauptversammlung *offenbar unsachlich* war, ist hingegen vom Vorstandsmitglied zu erbringen.[577] Dazu muss die Gesellschaft freilich erst offenlegen, auf welchen Grund der Vertrauensentzug durch die Hauptversammlung gestützt war (siehe oben in Rz 170 ff).[578] **183**

7. Auflösung des Anstellungvertrages

Verwirklicht der Abberufungsgrund gleichzeitig einen Entlassungstatbestand, was bei „*grober Pflichtverletzung*" immer der Fall ist, kann der Anstellungsvertrag fristlos aufgelöst werden.[579] Bei einem vom Vorstandsmitglied schuldhaft gesetzten Entlassungsgrund verliert das Vorstandsmitglied sämtliche Ansprüche ab **184**

---

573 *Ch. Nowotny* in Doralt/Nowotny/Kalss, AktG2 § 75 Rz 26.

574 OGH 6 Ob 517/95 SZ 68/98: Auch eine Umstellung des Klagebegehrens auf Feststellung der Unwirksamkeit der Abberufung kommt in Betracht, wobei das Gestaltungsbegehren ein entsprechendes Feststellungsbegehren auf Feststellung der Unwirksamkeit der Abberufung als minus mitumfasst (OGH 1 Ob 11/99w). Die Frage musste in der E des OGH 6 Ob 517/95 nicht geklärt werden, weil der Kläger ein Feststellungsbegehren als Eventualbegehren gestellt hatte.

575 Dies ist bei insofern völlig vergleichbarer Interessenlage im Zusammenhang mit arbeitsrechtlichen Bestandschutzstreitigkeiten von der Rsp des OGH längst anerkannt (zB darf mit der Klage, den aufrechten Bestand eines Arbeitsverhältnisses zum Erwerber wegen behaupteten Betriebsübergangs oder einer betriebsübergangsbedingten und damit unwirksamen Kündigung nicht zehn Monate zugewartet werden (OGH, 9 ObA 160/99s DRdA 2000, 311 [*Binder*]; vgl zur Aufgriffsobliegenheit des Arbeitnehmers *G. Schima*, Umgründungen im Arbeitsrecht [2004] 172f). Da es bei der Abberufung von Vorstandsmitgliedern um Mitglieder des gesetzlichen Geschäftsführungs- und Vertretungsorgans geht, ist freilich eine etwas weniger großzügige Betrachtungsweise geboten und muss eine Klageerhebung nach sechs Monaten, die bei arbeitsrechtlichen Sachverhalten in Übertragung der Wertungen des § 1162d ABGB bzw § 34 AngG (vgl *Krejci*, Betriebsübergang [1972] 83; *Holzer*, DRdA 1995; *Binder*, AVRAG2 [2010] § 3 Rz 96 und für ausnahmsweise Verkürzungen Rz 97; *G. Schima*, Umgründungen 172f) gerade noch tolerabel sein dürfte, generell als verspätet qualifiziert werden.

576 Vgl *Krieger*, Personalentscheidungen des Aufsichtsrates 129 ff.

577 *Kort* in GroßKommAktG5 § 84 Rz 209. Für die Beweislastverteilung bei Vertrauensentzug RIS-Justiz RS0110177.

578 *Runggaldier/G. Schima*, Manager-Dienstverträge4 132.

579 Vgl *Runggaldier/G. Schima*, Manager-Dienstverträge4 131

dem Tag der Entlassung[580] und ist uU zum Schadenersatz an die Gesellschaft verpflichtet. Auch der meist unverschuldete Abberufungsgrund der „Unfähigkeit zur ordnungsgemäßen Geschäftsführung" berechtigt die Gesellschaft in sinngemäßer Anwendung von § 27 Z 2 AngG uU zur fristlosen Auflösung des Anstellungsvertrages, jedoch behält das Vorstandsmitglied jene Ansprüche aus dem Anstellungsvertrag, die nur bei verschuldeter Entlassung verfallen, wie zB den Anspruch auf Abfertigung.[581]

185 Für die Beendigung des Anstellungsvertrages ist ebenfalls der Aufsichtsrat zuständig, auch wenn dies in § 75 Abs 1 bzw 4 AktG nicht ausdrücklich geregelt ist.[582] Die Kündigung oder Entlassung des Anstellungsvertrages ist eine empfangsbedürftige Willenserklärung, die mit Zugang an das Vorstandsmitglied ihre Wirksamkeit entfaltet. Die Beendigungserklärung kann der Aufsichtsrat im Abberufungsbeschluss abgeben. Der Aufsichtsrat sollte die Beendigungserklärung für den Anstellungsvertrag möglichst explizit behandeln, sowohl im entsprechenden Beschluss, als auch in der Erklärung gegenüber dem Vorstandsmitglied. Die Abberufungserklärung kann jedoch im Einzelfall auch als Beendigung des Anstellungsvertrags gedeutet werden.[583]

186 Von einer zulässigerweise vereinbarten Kündigungsklausel kann und darf die Gesellschaft nur Gebrauch machen, wenn sie zuerst die Hürde des wichtigen Abberufungsgrundes nimmt. Damit ist der Kündigung des Vorstandsvertrages eine klare Schranke eingezogen: Wenn nämlich die Kündigung des Anstellungsverhältnisses durch die Gesellschaft dank entsprechender anstellungsvertraglicher Vereinbarung möglich ist, ist sie dennoch nur nach erfolgter Abberufung aus der organschaftlichen Stellung als Vorstandsmitglied zulässig. Zwar bedarf die ordentliche Kündigung des Anstellungsvertrages als solche wegen der herausgehobenen Vertrauensstellung des Vorstandsmitglieds keiner inhaltlichen Rechtfertigung;[584] der Gleichlauf von Bestellung und Anstellung gebietet aber, dass eine ordentliche Kündigung des Anstellungsvertrags nur bei ihr vorangehender oder gleichzeitiger Beendigung der Bestellung möglich ist. Da die Bestellung ihrerseits nur aus wichtigem Grund widerrufen werden kann, ist eine ordentliche Kündigung des Anstellungsvertrages in der Regel nur dann möglich, wenn ein wichtiger Grund für den Widerruf der Bestellung vorliegt. Angesichts dessen bedarf somit letztlich auch die ordentliche Kündigung des Anstellungsverhältnisses regelmäßig eines (wichtigen) Grundes.[585]

---

580 Nicht jedoch entlassungsunabhängige Ansprüche wie zB die Ersatzleistung für die bis zur Beendigung des Vertrages nicht verbrauchten Urlaubstage (sofern dieses Recht vertraglich vereinbart ist); Bonifikationen, die für vergangene Leistungsperioden gebühren, aber noch nicht zur Auszahlung fällig sind etc.

581 *Runggaldier/G. Schima*, Manager-Dienstverträge^4 131.

582 Vgl *Nowotny* in Doralt/Nowotny/Kalss, AktG^2 § 75 Rz 32.

583 OGH 8 Ob 134/10d GeS 2011, 442 unter Berufung auf *Strasser* in Jabornegg/Strasser, AktG^5 §§ 75, 76 Rz 89.

584 *Kort* in GroßkommAktG^5 § 84 Rz 477.

585 So auch LG München AG 2005, 131.

B. Rücktritt

Der Rücktritt des Vorstandsmitgliedes wird im AktG – anders als bei der GmbH in § 16a GmbHG[586] – nicht behandelt. 187

Ungeachtet der Nicht-Regelung im AktG ist der Rücktritt des Vorstandsmitgliedes als Form der Mandatsbeendigung seit jeher anerkannt. Er ist auch anstellungsvertraglich gestaltbar, dh dem Vorstandsmitglied kann ein Rücktrittsrecht im Anstellungsvertrag eingeräumt und dieses näher geregelt werden.[587] Aus wichtigem Grund, der die Fortführung der Vorstandstätigkeit unzumutbar erscheinen lässt, kann das Vorstandsmitglied immer und im Extremfall auch ohne Einhaltung einer Frist zurücktreten;[588] nach ganz herrschender und zutreffender Meinung ist aber selbst ein *ungerechtfertigter Rücktritt wirksam*,[589] wenngleich er uU Schadenersatzansprüche der Gesellschaft auslöst, denn die Gesellschaft und der Rechtsverkehr dürfen nicht im Unklaren darüber sein, wer die AG rechtsgültig vertreten kann.[590]

Der – selbst ungerechtfertigte – Rücktritt ist sofort (mit Zugang) der Klärung wirksam, es sei denn, das Vorstandsmitglied erklärt den Rücktritt selbst unter Einhaltung einer bestimmten Frist. Eine Analogie zu § 16a GmbHG, wo der nicht begründete Rücktritt erst nach zwei Wochen wirksam wird, ist nicht zu befürworten, weil die Vorschrift im GmbH-Recht ihren Zweck ohnehin nicht erreichen kann[591] 188

---

586 Vgl dazu *G. Schima*, Der Rücktritt des GmbH-Geschäftsführers nach dem Entwurf des IRÄG 1997, RdW 1997, 60. Vgl außerdem ausführlich *G. Schima/Liemberger/Toscani*, Der GmbH-Geschäftsführer 115 ff.

587 Vgl *Strasser* in Jabornegg/Strasser, AktG^5 §§ 75, 76 Rz 53.

588 Vgl *Strasser* in Jabornegg/Strasser, AktG^5 §§ 75, 76 Rz 53.

589 *Schiemer,* AktG^2 Anm 5.2. zu § 23, Anm 9.4. zu § 75; ausführlichst *Runggaldier/G. Schima*, Führungskräfte 165 ff mwN; *G. Schima*, RdW 1997, 61; *Weigand,* Zur aktienrechtlichen Wirksamkeit der Rücktrittserklärung eines Vorstandsmitgliedes gegenüber einem einzelnen Aufsichtsratsmitglied, GeS 2004, 381; *G. Schima*, ecolex 2006, 457; *Nowotny* in Doralt/Nowotny/Kalss, AktG^2 § 75 Rz 27; *Kalss* in Kalss/Nowotny/Schauer, Gesellschaftsrecht Rz 3/313; *Strasser,* in Jabornegg/Strasser, AktG^5 §§ 75, 76 Rz 53 f; für D zB *Mertens/Cahn* in KölnKommAktG^3 § 84 Rz 199; *Baums*, Geschäftsleitervertrag 404, 408 ff; etwas unklar OGH 7 Ob 504/77 GesRZ 1977, 143 (weil nicht deutlich wird, ob der wichtige Grund nur als Zulässigkeits- oder auch als Wirksamkeitsvoraussetzung qualifiziert wird); nicht einschlägig, weil zum Notgeschäftsführer eine GmbH und keine Aussage zum hier interessierenden Problem beinhaltend die von *Strasser* (ebenda) zitierte E des OGH 6 Ob 3/94 SZ 67/30 = EvBl 1994/168 = ecolex 1994, 472 = RdW 1994, 174 = RZ 1995, 67 = wbl 1994, 312; abweichend *Kastner/Doralt/Nowotny*, Gesellschaftsrecht^5 226, die bei einem ungerechtfertigten Rücktitt die Annahme durch den Aufsichtsrat fordern.

590 *Runggaldier/G. Schima*, Führungskräfte 165 f; idS auch prägnant *Mertens/Cahn* in KölnKommAktG^3 § 84 Rz 199.

591 Ein Geschäftsführer in den ganz offensichtlich den Verfassern des IRÄG 1997 vorschwebenden Fallkonstellationen, der – wie das in der Praxis bei gefährdeten und nicht sehr geordnet geführten Unternehmen immer wieder vorkommt – zwecks (wenn auch nur vermeintlicher) Vermeidung persönlicher Haftung für Steuern und Sozialversicherungsbeiträge „die Reißleine zieht“, wird das tun und sich nicht um Fristen und Termine kümmern, sondern im schlimmsten Fall ab dem nächsten Tag nicht mehr erscheinen. Gläubiger- und Gesellschaftsschutz lässt sich mit der verzögerten Wirksamkeit ungerechtfertigter Rücktritte also nicht verwirklichen. Freilich wird eine solche Vorgangsweise keinen wichtigen Grund für sich in Anspruch nehmen können, sodass beim GmbH-Geschäftsführer ein darauf gestützter Rück-

und im Falle einer Analogie ohne Not ins Aktienrecht dieselbe Rechtsunsicherheit hineingetragen würde. Dies spricht auch dagegen, einem „offensichtlich rechtsmissbräuchlichen“ oder „zur Unzeit“ erklärten Rücktritt ausnahmsweise selbst die Wirksamkeit zu versagen.[592] Denn die Abgrenzungsprobleme wären gar nicht bewältigbar.

189 Dass das Vorstandsmitglied nur bei Vorliegen eines wichtigen Grundes berechtigt ist, das Mandat zurückzulegen, ergibt sich daraus, dass es in einem befristeten Dauerschuldverhältnis steht, dessen grundlose Auflösung vor Fristablauf rechtswidrig ist.[593] Dies gilt auch , wenn ein Anstellungsvertrag – so zB im Unternehmensverbund – fehlt und/oder die Mandatsausübung unentgeltlich erfolgt, es sei denn, die Vertragspartner hätten anderes vereinbart.[594]

190 Das Feld der denkbaren Rücktrittsgründe für Vorstandsmitglieder ist breit. In Betracht kommen zum einen sicher auch Rücktrittsgründe, die va die anstellungsvertragliche Sphäre betreffen und damit eine gewisse „arbeitsrechtliche Affinität“ aufweisen,[595] wie zB die Vorenthaltung des vereinbarten Entgelts durch die Gesellschaft, die willkürliche Blockierung von Urlaubswünschen durch den Aufsichtsrat, der vertragswidrige Entzug des Dienstwagens oder benötigter Sachausstattung, die vertragswidrige Kündigung einer zugesagten D&O-Versicherung[596] etc. Dann gibt es Gründe, die Mandats- *und* Anstellungsvertragssphäre berühren können. Dazu zählen zB ehrverletzende Äußerungen über das Vorstandsmitglied, die willkürliche Untersagung von nicht abträglichen Nebentätigkeiten oder angeblich, aber nicht wirklich konkurrenzierender Beschäftigungen.[597] Die Verweigerung der Entlastung bildet keinen Rücktrittsgrund, sofern die Gesellschaft sie nicht auf diskriminierende oder ehrenrührige Weise erklärt oder kommuniziert.[598]

191 Daneben[599] kommen aber Rücktrittsgründe in Betracht, die sich aus den speziellen Gegebenheiten der Vorstandstätigkeit erklären und keine arbeitsrechtlichen Parallelen aufweisen. Dazu gehören rechtswidrige und mit § 70 Abs 1 AktG unvereinbare Eingriffe des Aufsichtsrates (dem gemäß ausdrücklicher Anordnung in § 95 Abs 5 Satz 1 AktG Maßnahmen der Geschäftsführung nicht übertragen werden können)[600] in die Geschäftsführung des Vorstandes.[601] Inhaltlich damit ver-

---

tritt erst mit zweiwöchiger Verzögerung wirksam wird. Das kann zusätzliche persönliche Haftungen des Geschäftsführers auslösen.

592 So aber *Kalss* in Kalss/Nowotny/Schauer, Gesellschaftsrecht Rz 3/313. Für D *Spindler* in MünchKommAktG⁴ § 84 Rz 204; *Hüffer/Koch,* AktG¹¹ § 84 Rz 44 f; OLG Düsseldorf DStR 2000, 454; ausdrücklich offen lassend BGH ZIP 1993, 430 ff, 432.

593 *Runggaldier/G. Schima*, Führungskräfte 166 mwN.

594 *Runggaldier/G. Schima*, Führungskräfte 166.

595 Vgl *Runggaldier/G. Schima*, Führungskräfte 166.

596 Zu dieser Problematik *Spindler* in MünchKommAktG⁴ § 84 Rz 198.

597 *Runggaldier/G. Schima*, Führungskräfte 167.

598 *Runggaldier/G. Schima*, Führungskräfte 167; für den GmbH-Geschäftsführer bei abweichender Rechtslage *Neumayr,* Die Entlastung des Geschäftsführers, JBl 1990, 273 (287 f).

599 Die hier verwendete Dreiteilung erhebt keinen Anspruch auf dogmatische Ausgefeiltheit; die Gruppen weisen auch Überschneidungen auf (vgl *Runggaldier/G. Schima*, Führungskräfte 167, wo wir unzulässige Eingriffe in die Geschäftsführung des Vorstandes der zweiten Gruppe zurechneten).

600 Vgl *Kalss* in Doralt/Nowotny/Kalss, AktG² § 95 Rz 39.

601 Vgl zB *Spindler* in MünchKommAktG⁴ § 84 Rz 198.

wandt sind auch die oben bei der Behandlung des Vorstandsvorsitzenden erörterten beiden Fälle, dass in einem Vorstand nachträglich der Vorstandsvorsitzende ein Alleinentscheidungsrecht eingeräumt bekommt oder in einem Zweier-Vorstand das andere Vorstandsmitglied (Vorstandsvorsitzender) nachträglich mit einem Dirimierungsrecht ausgestattet wird.[602] Damit wird nämlich ein Über- und Unterordnungsverhältnis im Vorstand geschaffen. Selbst wenn man das für mit § 70 Abs 1 AktG vereinbar und für durch Satzungsgestaltung herstellbar hält, muss man dem erst nach Amtsantritt damit konfrontierten Vorstandsmitglied mE jedenfalls die Möglichkeit geben, das Mandat und den Vertrag vorzeitig zu beenden. Dafür ist es unerheblich, ob das Dirimierungs-, bzw Alleinentscheidungsrecht durch einen Willensakt des Aufsichtsrates, also durch nachträgliche Bestellung eines Vorstandsvorsitzenden, oder durch eine Satzungsänderung geschieht.[603]

Auch das Verhalten der Aktionäre ist im Verhältnis zum Vorstandsmitglied der Gesellschaft zurechenbar. Rücktrittswürdige Umstände können schließlich auch darin bestehen, dass ein anderes Vorstandsmitglied in die Zuständigkeiten des Vorstandsmitgliedes eingreift und der Aufsichtsrat diesen Zustand trotz Verständigung nicht abstellt.[604] In solchen und anderen Konstellationen ergibt sich das Interesse des Vorstandsmitgliedes auch aus der besonderen und mit einem Arbeitnehmer nicht entfernt vergleichbaren Haftungs- und Verantwortlichkeitssituation von Vorstandsmitgliedern. Da mehrere Vorstandsmitglieder solidarisch haften, ist jedes Mitglied durch pflichtwidriges Verhalten eines anderen Vorstandsmitgliedes akut in seiner Rechtsposition betroffen.[605] Verletzt ein Vorstandsmitglied seine Pflichten und nehmen dies die anderen Mitglieder in Erfüllung der sie ressortübergreifend treffenden Überwachungs- und Kontrollpflicht[606] wahr, dann bleibt nur der Aufsichtsrat als Instanz, wenn es innerhalb des Vorstandes nicht gelingt, den Defiziten abzuhelfen.

Heikel und sehr praxisrelevant ist die Frage, ob der Rücktritt auch in Fällen, **192**
wo das nach arbeitsrechtlichen Grundsätzen nicht geboten wäre, *angedroht* werden muss und ob es die Sicherstellung einer ordnungsgemäßen Vertretung der Gesellschaft bzw die Aufrechterhaltung von deren vollen Handlungsfähigkeit zumindest in besonderen Fällen gebietet, den Rücktritt nicht fristlos zu erklären, sondern eine – wenn auch kurze – *Frist* zu setzen.

---

602 Beides halte ich – wie oben ausführlich begründet – für ohnehin *unzulässig*. Wenn man es aber mit der hM erlaubt, dann muss die Konsequenz der nachträglichen Einführung mE die Einräumung eines Rücktritts- und Austrittsrechts sein, weil sich die Umstände der Amtsausübung damit für die anderen Vorstandsmitglieder fundamental ändern.

603 Vgl zum – nicht unähnlichen – Fall der nachträglichen Einengung der Geschäftsführungsbefugnisse eines Vorstandsmitgliedes durch die Satzung oder den Aufsichtsrat *Spindler* in MünchKommAktG[4] § 84 Rz 198, der zutr meint, Derartiges könne nach Lage des Falles einen Rücktrittsgrund abgeben.

604 Vgl *Kort* in GroßkommAktG[5] § 84 Rz 224a, der aber zu Recht darauf hinweist, dass eine Pflichtverletzung der Gesellschaft bzw eines ihrer Organe oder Organmitglieder für einen wichtigen Grund gar nicht erforderlich ist.

605 Vgl *Runggaldier/G. Schima*, Führungskräfte 167.

606 Vgl zur Haftung bei Ressortverteilung und zur wechselseitigen Kontrollpflicht *Kastner/Doralt/Nowotny*, Gesellschaftsrecht[5] 382, 394 f; *Runggaldier/G. Schima*, Führungskräfte 234 ff; *Kalss* in Kalss/Nowotny/Schauer, Gesellschaftsrecht Rz 3/345 und 3/425; *Strasser* in Jabornegg/Strasser, AktG[5] §§ 77–84 Rz 104; 3 Ob 536/77 GesRZ 1978, 36.

Beide Fragen sind vorsichtig zu bejahen. Es gelingt besonders in Konstellationen, in der eine Information an den Aufsichtsrat überhaupt Voraussetzung dafür ist, dass der Aufsichtsrat vom Bestehen des Grundes erfährt. Aber auch wenn ein Vorstandsmitglied längere Zeit einen an sich rechtswidrigen bzw zum Rücktritt berechtigenden Zustand hingenommen hat, folgt schon aus den auch im Arbeitsrecht geltenden und von der Rsp seit langem entwickelten Grundsätzen,[607] dass das Vorstandsmitglied, das den rücktrittswürdigen Zustand nicht mehr hinzunehmen bereit ist, dies entsprechend ankündigen muss.

Selbstverständlich darf auch ein Vorstandsmitglied, dessen Monatsbezug nicht pünktlich überwiesen wird, nicht sofort mit Rücktritt oder vorzeitigem Austritt aus dem Anstellungsverhältnis reagieren,[608] sondern muss zunächst die Gründe erforschen. Der Aufsichtsrat ist zwar nicht mit der ständigen Überwachung von Konten und Zahlungsflüssen oder gar mit Überweisungen befasst. Nicht rechtzeitige Gehaltszahlungen an Vorstandsmitglieder könnten daher viel eher mit Mängeln zu tun haben, die im Verantwortungsbereich des Vorstandes selbst gelegen sind.

Auch die in der Praxis auftretenden Fallkonstellationen, die dadurch gekennzeichnet sind, dass Aufsichtsrat und Vorstand bzw deren Mitglieder zueinander die vom Gesetz, Satzung und Geschäftsordnung vorgegebene Kompetenztrennung nicht beachten,[609] was gelegentlich im Szenario eines „starken" und völlig ungeniert in das Geschäft hineinregierenden Aufsichtsratsvorsitzenden gipfelt, berechtigt ein Vorstandsmitglied noch nicht unbedingt zum vorwarnungslosen bzw fristlosen Rücktritt. Durch die Einhaltung einer Frist wird auch keineswegs zum Ausdruck gebracht, dass die Fortsetzung nicht unzumutbar sei. Auch bei Arbeitsverhältnissen hat der OGH dies für den umgekehrten Fall schon anerkannt, als er aussprach, dass der Arbeitgeber – ohne sich seines Entlassungsrechts zu begeben – die Entlassung zumindest dann, wenn dies dem Arbeitnehmer zum Vorteil gereicht, auch mit Setzung einer Frist aussprechen kann.[610]

193 Der Rücktritt ist *formfrei*[611] und kann daher auch mündlich erklärt werden (was schon aus Beweisgründen und wegen der konstitutiven Wirkung der Erklärung[612] nicht ratsam ist). Er ist *empfangsbedürftig*, muss also der Gesellschaft zugehen. An der Meinung, dass der Rücktritt nicht nur gegenüber dem gesam-

---

607 Vgl zB OGH 14 Ob 215/86 DRdA 1990, 131 ff (*Eypeltauer*) betreffend den Fall der Hinnahme von länger dauernden Entgeltrückständen.

608 Auch ein Arbeitnehmer darf nicht unbedingt bei einer einmaligen Nichtzahlung für einen gewissen Zeitraum sofort austreten, doch gibt es durchaus Fälle, in denen die Rsp dies gestattet; vgl näher zB *Sonntag* in Mazal/Risak, Arbeitsrecht XVII Rz 126 f mwN.

609 Vgl auch den hochinteressanten und oben im Zusammenhang mit den Bestellungsverboten bzw -hindernissen und Eignungserfordernissen für Vorstandsmitglieder erörterten Fall bei OGH 6 Ob 97/02m GesRZ 2003, 41, wo einem Aufsichtsratsmitglied „ganz offiziell" Vorstandsaufgaben übertragen waren, was der OGH zu Recht als unzulässige Umgehung des in § 90 AktG verankerten Trennungsprinzips qualifizierte.

610 OGH 4 Ob 81/82 DRdA 1985, 200 ff (*Csebrenyak*); vgl auch *Kuderna*, Die befristete Entlassung, DRdA 1972, 53; *Eypeltauer*, Bedingte und befristete Entlassung, DRdA 1985, 319.

611 *Runggaldier/G. Schima*, Führungskräfte 169; *Strasser* in Jabornegg/Strasser, AktG[5] §§ 75, 76 Rz 54.

612 Die Firmenbucheintragung wirkt nur deklarativ, ist also insb für die Begrenzung des Haftungszeitraumes grs irrelevant.

ten Aufsichtsrat und gegenüber dessen Vorsitzenden/Stellvertreter, sondern auch gegenüber jeder zur passiven Vertretung befugten Person, dh insb gegenüber jedem (auch kollektiv zeichnungsberechtigten) Vorstandsmitglied (aber auch Prokuristen) erklärt werden kann,[613] ist festzuhalten.[614] Es stimmt zwar, dass es beim Rücktritt um ein Rechtsverhältnis geht, für dessen Begründung auf Seiten der AG ausschließlich der Aufsichtsrat zuständig ist,[615] doch gerade darauf kommt es bei der passiven Vertretungsbefugnis ja nicht an.

Der Rücktritt vom Mandat und der vorzeitige Austritt aus dem Anstellungsvertrag sind zwar – der „Trennungsthese" entsprechend – begrifflich und rechtlich voneinander zu unterscheiden, *können* aber natürlich gemeinsam erklärt werden. Wie schon gesagt, muss der gerechtfertigte Rücktritt ex definitione immer einen Austrittsgrund bilden, weil es sonst zum unlösbaren Wertungswiderspruch käme, dass die Gesellschaft auf einen berechtigten Rücktritt mit ebenso berechtigter Entlassung reagieren könnte, vermag doch das Vorstandsmitglied mit Zugang des Rücktritts sein Amt nicht mehr auszuüben.[616] Anders als bei der GmbH, wo sich bei unklaren Erklärungen stets das Problem stellt, ob nur Rücktritt vom Mandat oder auch Austritt aus dem Anstellungsvertrag gemeint ist,[617] wird *dieses* Problem beim Rücktritt des Vorstandsmitgliedes einer AG kaum auftreten. Da der Rücktritt stets eines wichtigen Grundes bedarf, muss man mE im Zweifel davon ausgehen, dass mit der Niederlegung des Mandats auch der Anstellungsvertrag vorzeitig aufgelöst werden soll. **194**

Welche finanziellen Ansprüche das Vorstandsmitglied bei berechtigtem Rücktritt und Austritt aus dem Anstellungsvertrag hat, ergibt sich primär aus diesem.[618] **195**

Vorbehaltlich einer abweichenden vertraglichen Regelung besteht ein Anspruch auf Fortzahlung des bedungenen Entgelts für die Restlaufzeit des Vertrages in analoger Anwendung des § 29 AngG und nach (in dieser Norm ja abgebildeten)[619] schadenersatzrechtlichen Grundsätzen nur dann, wenn die Gesellschaft ein *Verschulden* am vorzeitigen Rücktritt und Austritt trifft.[620] Hier kommt daher der Verschuldensfrage und der Verhaltenszurechnung wesentliche Bedeutung zu. Grundsätzlich hat zu gelten, dass – wie schon oben gesagt – rechtswidriges und schuldhaftes Verhalten sowohl von Aufsichtsrats- als auch von Vorstandsmitgliedern und auch von wesentlichen Aktionären der Gesellschaft zuzurechnen ist.

Ist im Anstellungsvertrag eine Kündigungs- oder gar Koppelungsklausel verankert, dann werden dadurch mE die Ansprüche des Vorstandsmitgliedes auf Fortzahlung des Entgelts bis zum fiktiven Ende des befristeten Vorstandsvertrages

---

613 *Schiemer*, AktG² Anm 9.4. zu § 75; *Runggaldier/G. Schima*, Führungskräfte 169.

614 Gegenteilig *Strasser* in Jabornegg/Strasser, AktG⁵ §§ 75, 76 Rz 54; *Ch. Nowotny* in Doralt/Nowotny/Kalss, AktG² § 75 Rz 27; *Weigand*, GeS 2004, 381 f; offenbar auch *Kalss* in Kalss/Nowotny/Schauer, Gesellschaftsrecht Rz 3/314.

615 *Strasser* in Jabornegg/Strasser, AktG⁵ §§ 75, 76 Rz 54.

616 *Runggaldier/G. Schima*, Führungskräfte 167 f.

617 Vgl näher *Runggaldier/G. Schima*, Führungskräfte 187 f.

618 *Runggaldier/G. Schima*, Führungskräfte 168.

619 Die sogenannte Kündigungsentschädigung ist dogmatisch ein Schadenersatzanspruch (vgl zB *Löschnigg*, Arbeitsrecht¹² (2015), 678, 708; *Jabornegg* in FS Koziol (2010), Zur Rechtsnatur der Kündigungsentschädigung 176 mwN).

620 *Runggaldier/G. Schima*, Führungskräfte 168.

durch Fristablauf nicht begrenzt. Denn der im Arbeitsrecht geltende Grundsatz, dass die Kündigungsentschädigung beim Austritt der Fortzahlung des Entgelts (nur) bis zu jenem Zeitpunkt entspricht, zu dem der Arbeitgeber das Arbeitsverhältnis hätte ordnungsgemäß kündigen können,[621] greift hier nicht, weil die Gesellschaft erst die Hürde des wichtigen Abberufungsgrundes übersteigen müsste, um von der Kündigungs- oder Koppelungsklausel Gebrauch machen zu können. Dieser Kausalverlauf ist aber bei der Berechnung des Schadenersatzanspruches des Vorstandsmitgliedes nicht zu unterstellen.

C. Einvernehmliche Auflösung

196 Die einvernehmliche Auflösung des Vorstandsmandats ist im AktG wie der Rücktritt nicht geregelt. Ihre Zulässigkeit – und die Zulässigkeit der damit korrespondierenden einvernehmlichen Auflösung des Anstellungsvertrages ergibt sich aus der Privatautonomie. Von praktischer Relevanz sind die Zuständigkeitsfragen. Da die einvernehmliche Auflösung eine Willenserklärung (auch) der Gesellschaft voraussetzt, mit der diese ihr Einverständnis dazu gibt, dass eine bestimmte Person nicht mehr Vorstandsmitglied sein soll, können für die Vertretung der Gesellschaft mE nur dieselben Grundsätze gelten wie für die Entscheidung über die Abberufung. Betrachtet man mit der (wenn von mir nicht geteilten) hM ausschließlich das Aufsichtsratsplenum als für die Abberufung zuständig, dann kann auch nur dieses über die einvernehmliche Beendigung entscheiden. Dies ist auch ganz herrschende, wenn nicht einhellige Meinung in Deutschland,[622] und dagegen kann nicht eingewendet werden, diese Sichtweise werde in Deutschland auf den in § 107 Abs 3 Satz 2 dAktG zum Ausdruck kommenden Gedanken gestützt,[623] der im öAktG keine Entsprechung finde. Denn genau einen solchen ungeschriebenen Grundsatz leitet die hA (wenn auch in concreto wenig überzeugend) ja auch für die österreichische Rechtslage ab. Man kann auch nicht sagen, die einvernehmliche Auflösung des Mandats sei „weniger wichtig" als die Abberufung.

Für die Auffassung, die Gesellschaft werde bei der einvernehmlichen Auflösung des Mandats wie bei der Entgegennahme einer Rücktrittserklärung durch den *Aufsichtsratsvorsitzenden* vertreten, und es bedürfte keines Aufsichtsratsbeschlusses, *„weil das Vorstandsmitglied jederzeit auch einseitig zurücktreten könnte"*,[624] fehlt jede Rechtsgrundlage. Der Vorsitzende des Aufsichtsrates ist aus eigenem Recht, dh ohne Bevollmächtigung, zur aktiven Vertretung der Gesellschaft grundsätzlich nicht befugt.[625] Nach der hier vertretenen Auffassung, wonach die Bestellung und

---

621 Vgl *Löschigg*, Arbeitsrecht[12] (2015) 708.

622 Vgl nur *Hüffer/Koch*, AktG[11] § 84 Rz 47; *Spindler* in MünchKommAktG[4] § 84 Rz 158; *Hoffmann-Becking* in FS Stimpel (1985) 589 ff, 593; *Fleischer* in Spindler/Stilz, AktG § 84 Rz 143; BGHZ 79, 38 ff, 43 f = NJW 1981, 757.

623 Letzteres ist natürlich zutreffend.

624 So *Ch. Nowotny* in Doralt/Nowotny/Kalss, AktG[2] § 75 Rz 29, der sich außerdem zu Unrecht auf *Strasser* (in Jabornegg/Strasser, AktG[5] §§ 75, 76 Rz 87; in der Vorauflage wurde nichts anderes gesagt) beruft, der diese Meinung gar nicht vertritt, sondern nur den Fall der einvernehmlichen Auflösung des Anstellungsvertrages behandelt, dabei aber auch nicht dem Aufsichtsratsvorsitzenden die Vertretungsbefugnis zuweist.

625 So ausdrücklich auch OGH 9 ObA 28/07v DRdA 2009, 497 ff, 500 (*Jabornegg*). Ausnahmen sind nur beim Abschluss von Rechtsgeschäften anzuerkennen, die der Aufsichtsratsvorsit-

Abberufung auch einem (freilich mitbestimmten) Ausschuss überantwortet werden kann, müsste ein solcher in die einvernehmliche Mandatsbeendigung einwilligen. Man kann sich diesem Erfordernis auch nicht dadurch einfach entziehen, dass man nur auf die in der Praxis meist im Vordergrund stehenden Verhandlungen über die Regelung der aus dem Anstellungsvertrag resultierenden finanziellen Ansprüche abstellt und die Sache als Angelegenheit des § 92 Abs 4 letzter Halbsatz AktG bzw § 110 Abs 4 Satz 2 ArbVG (*„Beziehungen zwischen der Gesellschaft und Vorstandsmitgliedern“*) betrachtet. Denn es ist von der Gesellschaft eben *nicht nur* über den Anstellungsvertrag, sondern *auch über den Bestand des Mandats* zu entscheiden. Es geht auch nicht an, hinsichtlich der Zuständigkeit danach zu differenzieren, ob die Initiative für die Trennung vom Vorstandsmitglied oder von der Gesellschaft ausgegangen ist. Die Praxis folgt den dargelegten Grundsätzen meiner Erfahrung nach in aller Regel *nicht*. Einvernehmliche Trennungen von Vorstandsmitgliedern werden so gut wie nie vom Aufsichtsratsplenum behandelt, oft nicht einmal von nicht mitbestimmten Ausschüssen, sondern vielmehr vom *Aufsichtsratspräsidium* (oder gar nur vom Aufsichtsratsvorsitzenden) entschieden. Dabei behilft man sich gelegentlich damit, dass das zum Ausscheiden entschlossene Vorstandsmitglied seinen Rücktritt erklärt, dies aber nur vor dem Hintergrund einer davor mit dem Aufsichtsratsvorsitzenden bzw dem Aufsichtsratspräsidium getroffenen finanziellen Einigung über die Behandlung der anstellungsvertraglichen Ansprüche tut. Diese Lösung ist zwar pragmatisch, aber rechtlich auch nicht ganz sauber. Denn es handelt sich genau genommen wieder nur um eine verdeckte einvernehmliche Beendigung der Vorstandsfunktion, für die auf Seiten der Gesellschaft der Aufsichtsrat in jener Besetzung zu agieren hätte, die auch bei Bestellung und Abberufung erforderlich ist.

D. Suspendierung

Die Suspendierung sieht das AktG nicht ausdrücklich vor (nur das Genossenschaftsgesetz enthält dazu eine explizite Regelung[626]); sie ist aber zu Recht überwiegend anerkannt.[627] Der Aufsichtsrat ist berechtigt, zur näheren Überprüfung von Vorwürfen, die gegen ein Vorstandsmitglied im Raum stehen, dieses Mitglied zu suspendieren[628] und somit seinen Pflichten als Vorstandsmitglied vorübergehend zu entheben,[629] damit mit der erforderlichen Sorgfalt überprüft werden kann, 197

zende in Ausübung seiner Befugnis zur Koordinierung und Organisation der Willensbildung des Kollegialorgans Aufsichtsrat abschließt (zB Anmietung von Räumlichkeiten für eine Sitzung: vgl *Lutter/Krieger/Verse*, Rechte und Pflichten des Aufsichtsrates[6] § 11 Rz 681.

626 Vgl *Runggaldier/G. Schima*, Manager-Dienstverträge[4] 155.

627 Vgl *Nowotny,* DRdA 1989, 427 ff mwN; *Runggaldier/G. Schima*, Führungskräfte 169 ff mwN; *Nowotny* in Doralt/Nowotny/Kalss, AktG[2] § 75 Rz 30; *G. Schima*, Vorzeitiges Ausscheiden von Vorstandsmitgliedern und Aufsichtsratssorgfalt, RdW 1990, 448; *G. Schima*, ecolex 2006, 456 (457); differenzierend und nicht ganz klar *Strasser* in Jabornegg/ Strasser, AktG[5] §§ 75, 76 Rz 65 ff; aM *Egermann*, Zur Suspendierung eines Vorstandsmitgliedes, RdW 2006, 69 ff.

628 *G. Schima*, RdW 1990, 448 ff.

629 Zur Möglichkeit der Dienstfreistellung auch OGH 3.2.2005, 2 Ob 285/04g mit ausführlicher Darstellung der Lehre; *Schuhmacher*, Enthebung verdächtiger Vorstandsmitglieder, ecolex 1992, 774 ff mwN; *Wolf*, Mißbrauch von Insiderinformationen: Abberufung und Entlassung von Vorstandsmitgliedern, ecolex 2003, 741 ff.

ob im Raum stehende Abberufungsumstände tatsächlich bestehen und – dies wird der Regelfall sein – sich der zur Abberufung führende Vorwurf der groben Pflichtwidrigkeit erhärten lässt.

198 Aus den gesetzlich verankerten Voraussetzungen für die Abberufung eines Vorstandsmitglieds ergibt sich, dass auch für die Suspendierung ein *wichtiger Grund* vorliegen muss; an diesen sind aber nicht dieselben Anforderungen wie an eine Abberufung zu stellen.[630] Außerdem darf die Suspendierung als bloß vorübergehende und nicht mit dem Entzug der Vertretungsbefugnis verbundene, daher auch nicht ins Firmenbuch einzutragende Maßnahme nur für verhältnismäßig *kurze Zeit* ausgesprochen werden. Suspendierungen, die deutlich über einen Monat hinausgehen, sind zumindest problematisch und nur in besonderen Fällen gerechtfertigt.[631]

199 Wer für die Suspendierung in der AG genau zuständig ist, ist nicht unumstritten. Richtigerweise reicht dafür ein nicht-bestimmter Ausschuss des Aufsichtsrates. Dafür gibt es zunächst einen evident sachlichen und praktischen Grund: Die Suspendierung ist eine vorläufige, oft sehr *eilbedürftige Maßnahme*, bei der in ganz besonderem Maße das Erfordernis der Diskretion zu beachten ist, kann doch das Ergebnis einer Suspendierung eines Vorstandsmitgliedes einerseits die Abberufung oder zumindest eine gravierende Abmahnung, andererseits aber auch die Rehabilitierung des Vorstandsmitglieds sein. Die Involvierung von dem Vorstandsmitglied als Arbeitnehmer unterstellten Personen in die Suspendierungsentscheidung ist geeignet, die Autorität des Suspendierten irreparabel zu untergraben, was schon für sich für die Zulässigkeit eines Handelns in einem nicht-mitbestimmten Ausschuss spricht.[632]

Auch die Gesetzeslage ist aber eindeutig und stützt dieses Ergebnis. Die Verlagerung der Suspendierung in einen – im Hinblick auf § 92 Abs 4 AktG mitbestimmungsfreien – Ausschuss des Aufsichtsrates ist jedenfalls und selbst dann zulässig, wenn man[633] für die Bestellung und Abberufung von Vorstandsmitgliedern einen Plenumsbeschluss fordert. § 92 Abs 4 AktG spricht nämlich davon, dass Ausschüsse dann ohne Belegschaftsvertreter gebildet werden, wenn es um

[630] Vgl *Runggaldier/G. Schima,* Manager-Dienstverträge[4] 125 ff, die davon ausgehen, dass der wichtige Grund *„naturgemäß"* kein Abberufungsgrund zu sein brauche, sondern vielmehr das Vorliegen *„gewichtiger Verdachtsmomente"* für ausreichend halten.

[631] Vgl *Ch. Nowotny* in Doralt/Nowotny/Kalss, AktG[2] § 75 Rz 30 sowie *Runggaldier/G. Schima,* Manager-Dienstverträge[4] 125f mwN, die einen Zeitraum von einem Monat bis zu drei Monaten als zulässig ansehen.

[632] Vgl *G. Schima*, ecolex 2006, 456. Das ergibt sich auch aus § 92 Abs 4 AktG, der als „Ausnahme von der Ausnahme", dh als Durchbrechung des Grundsatzes, dass Ausschüsse, die Vorstandsbeziehungen abhandeln, mitbestimmungsfrei sind, nur drei Fälle nennt: die Bestellung von Vorstandsmitgliedern, deren Abberufung und die Gewährung von Aktienoptionen an Vorstandsmitglieder. Die letztgenannte „Gegenausnahme" wurde mit dem Aktienoptionengesetz 2001 (in Kraft seit 1. Mai 2001) eingefügt, also zu einem Zeitpunkt, wo dem Gesetzgeber der Umstand längst geläufig war, dass die im AktG nirgendwo geregelte Suspendierung in Lehre und Judikatur allgemein anerkannt ist. Wenn der Gesetzgeber trotzdem *nicht* anordnete, dass Suspendierungen nur in einem mitbestimmten Ausschuss verfügt werden dürfen, dann kann dieses „beredte Schweigen" nur so verstanden werden, dass der Gesetzgeber eine derartige Anordnung eben bewusst nicht treffen *wollte*.

[633] Was ebenfalls fraglich und nicht überzeugend ist, vgl ausführlich zur Gegenmeinung *Runggaldier/G. Schima,* Führungskräfte 56 ff mwN.

„die Beziehungen zwischen der Gesellschaft und Vorstandsmitgliedern" geht.[634] Von *„**schuldrechtlichen** Beziehungen"* im Sinne von Angelegenheiten, die den Anstellungsvertrag, nicht aber das Mandat betreffen, ist im Gesetz aber nirgendwo die Rede. Eine Suspendierung kann daher – mangels Gegenausnahme in § 92 Abs 4 AktG, wie für Bestellung und Abberufung – in einem *Ausschuss ohne Belegschaftsvertreter* beschlossen werden.[635] Voraussetzung dafür ist natürlich, dass vom Aufsichtsratsplenum ein Ausschuss gebildet wurde, der für die Suspendierung explizit oder zumindest durch ausreichend klare, implizite Umschreibung der Aufgabenbereiche zuständig gemacht worden ist. Eine „automatische" Ausschusszuständigkeit für Suspendierungen gibt es klarer Weise nicht.

Bei einer zu lange aufrechterhaltenen oder grundlos ausgesprochenen Suspendierung kann das Vorstandsmitglied Mandat und Anstellungsvertrag – dies wohl aber erst nach kurzfristiger Vorwarnung des Aufsichtsrates – aus wichtigem Grund mit den sich daraus ergebenden finanziellen Konsequenzen vorzeitig auflösen.[636] **200**

Erfolgt die Suspendierung wegen des Verdachts grober Pflichtverletzungen und erweist sich dieser Verdacht später als gerechtfertig und mündet er in eine berechtigte Abberufung und Entlassung aus dem Anstellungsvertrag, dann ist die Gesellschaft nicht gehalten, dem Vorstandsmitglied für die Dauer der Suspendierung das Entgelt zu zahlen bzw darf gezahltes Entgelt zurückgefordert werden. Denn in solchen Fällen unterbleibt die Dienstleistung aus in der Person des Vorstandsmitgliedes gelegenen Gründen (§ 1155 ABGB). Dass dessen Fehlverhalten uU längere Zeit geheim gehalten werden konnte und komplexe Untersuchungen durch von der Gesellschaft Beauftragte erforderlich macht, darf sich nicht zu Gunsten des pflichtwidrig handelnden Vorstandsmitgliedes auswirken. [637]

---

634 *Nowotny*, DRdA 1989, 427 ff mwN.

635 *Runggaldier/G. Schima,* Manager-Dienstverträge[4] 106 ff; *G. Schima*, ecolex 2006, 457; aM *Kalss,* Die Zuständigkeit für die Suspendierung eines Vorstandsmitglieds, Aufsichtsrat aktuell 4/2006, 4; *Kalss* in Kalss/Nowotny/Schauer, Gesellschaftsrecht Rz 3/311.

636 *Runggaldier/G. Schima,* Manager-Dienstverträge[4] 125 ff.

637 Vgl *G. Schima*, Dienstfreistellung auch ohne Entgelt möglich, Die Presse/ Rechtspanorama vom 6. Dezember 2015.

Professionelles On- und Offboarding von Vorstandsmitgliedern

Josef Fritz

Gliederung **Rz**

I. Professionelles On- und Offboarding

Die wichtigsten Aufgaben des Aufsichtsrates sind: die Bestellung, das „an-Bord-Nehmen" und die Abberufung, das **„Offboarding"** von Vorstandsmitgliedern bzw. Geschäftsleitern. 1

Diese Aufgaben darf sich der Aufsichtsrat weder aus der Hand nehmen lassen (zB. von Eigentümer oder Vorstand) noch darf er diese maßgebliche Funktion delegieren. 2

Die Wahl der bzw. des Richtigen oder der bzw. des Falschen und ihre/seine Bestellung, das **„Onboarding"**, bestimmt maßgeblich die zukünftige Unternehmens- und Geschäftsentwicklung und hat ganz erhebliche, mittel- und langfristige Auswirkungen auf das Unternehmen, die Eigentümer, die Mitarbeiter und die Stakeholder. 3

Personelle Fehlentscheidungen kosten zweistellige Millionenbeträge, nicht nur bei Großunternehmen, wenn man die indirekten Kosten miterfasst. 4

Es ist die Pflicht des Aufsichtsrates und seines Vorsitzenden bei Erkennen einer Fehlbesetzung, einer Fehlbestellung rasch zu handeln und die nicht ausreichend befähigten Vorstandsmitglieder abzuberufen. 5

In wirtschaftlich volatilen Zeiten hat der Aufsichtsrat auch Bestellungen und 6

Abberufungen vor dem Ablauf der Funktionsperiode vorzunehmen, wenn die Unternehmensentwicklung oder die Rahmenbedingungen andere Kompetenzen und Fähigkeiten im Top-Management verlangen.

7 „On- und Offboarding" sind strukturierte, bewusst gestaltete und zu gestaltende sozio-emotionale Prozesse. Ein professionelles, spezialisiertes Dienstleistungsunternehmen bietet entsprechendes Personalmanagement und gesamthafte Unterstützung.

8 Ein Zusammenkommen oder ein Auseinandergehen betrifft nicht nur etwa die rechtlichen und pekuniären Sphären, sondern ist dem Menschen mit der erforderlichen Wertschätzung und dem gebotenen Respekt geschuldet.

II. Aufsichtsratkompetenz

9 Für Unternehmen und Organisationen ist die Professionalität und Qualität ihrer Aufsichtsratsmitglieder ein wichtiger Faktor für den Erfolg und die Performance ihres Unternehmens geworden.

10 Gesetzgeber und Rechtsprechung haben die unternehmens- und gesellschaftspolitische Verantwortung des Gremiums Aufsichtsrat deutlich hervorgehoben.

11 Die Professionalität und Qualifikation von Aufsichtsräten wird zunehmend kritischer hinterfragt, da die Entscheidungen des obersten Kontroll- und Beratungsgremiums gravierende Auswirkungen auf die Unternehmensentwicklung haben.

12 Für jedes Aufsichtsratsmitglied sind **persönliche Qualifikationsfaktoren** wie

- Unabhängigkeit
- Entscheidungskraft
- Integrität
- Charakter
- Commitment

Führungskompetenzen wie

- Gestaltungwille
- Konfliktfähigkeit
- Kontrollkompetenz
- Steuerungskompetenz
- Kommunikative Stärken
- Teamfähigkeit – auch übergreifend mit anderen Gremien
- Begeisterungsfähigkeit
- Netzwerkpflege

und **fachliche Kompetenzen** wie

- Fachspezifische Expertise (Finanzexpertise ist für jedes Gremium Aufsichtsrat gesetzlich vorgeschrieben)
- Im Sinne des Unternehmens verantwortliches Handeln
- Strategisches Denken
- Ergebnisorientierung
- Wertebewusstsein

unerlässlich.

Personen, die trotz immer schwieriger gesetzlicher Rahmenbedingungen bereit sind Aufsichtsratsmandate anzunehmen, waren und sind auch bereit einen entsprechenden Selektions- und Qualitätsprozess zu durchlaufen. 13

III. Aufsichtsrats-Dilemma

Das Dilemma der Aufsichtsräte bei ihrer vornehmlichen Aufgabe, der Vorstandsbestellung- und –abberufung, kann wie folgt auf den Punkt gebracht werden: 14

„Diejenigen, die selbst durch keinen wirklichen Selektions- und Qualitätsprozess gehen – nämlich Aufsichtsräte – haben als wichtigste Aufgabe genau das und üben sich in etwas, das nicht ihre Kernkompetenz ist, aber sein sollte". 15

A. Der Weg an die Unternehmensspitze

Fragt man Manager, die es bis an die Spitze einer Unternehmung geschafft haben, wie sie in diese Position gekommen sind, so hört man sehr oft Sätze wie 16

- Ich war zur richtigen Zeit am richtigen Ort
- Ich hatte Glück
- Es war Zufall
- Die Wahl fiel auf mich, weil ich gerade verfügbar war
- Ich hatte einen Mentor, der mich förderte
- Mein Netzwerk brachte mich dorthin
- Man muss mit seinen Leistungen auffallen, und das bei den Richtigen, das war im Familienunternehmen leichter für mich

Studien belegen: Ins obere Management komme man zu 70 Prozent wegen eines guten **Netzwerks** und nur zu 30 Prozent, weil man seinen **Job gut** ausübt. [1] 17

Jemand formulierte es auch so: „Top-Manager müssen nicht so viel können. Sie leben von der Arbeit ihrer qualifizierten und engagierten Mitarbeiter. Die, die viel können, sitzen am allerwenigsten in der Chefetage. Können ist die eine Sache, Macht ist die andere".[2] 18

In viel zu wenig Fällen wurden Topmanager systematisch und rechtzeitig rekrutiert. 19

Führen und Weiterbilden wird oft nur an die Human Resource-Abteilungen als Aufgabe übertragen. Top-Manager haben in der Vergangenheit nicht immer eine persönlichkeitsbildende Ausbildung erfahren, die für das Führen von Mitarbeitern unerlässlich ist. Auch die Weiterbildung in fachlicher und persönlicher Hinsicht wird vernachlässigt. Die Bereitschaft Kritik anzunehmen, und Selbstreflexion, sind im Top-Management rar. 20

---

1 FAS Research.

2 Harald Kratzmair, Netzwerk-Analyst.

B. Die Aufsichtsratsbestellung

21 In Unternehmen ist es üblich, dass es für zu vergebende Aufgaben sehr klare Stellenbeschreibungen und Anforderungsprofile gibt. Das beginnt beim Portier, geht über die Sachbearbeitung und Experten bis zum Top-Management.

22 Es gibt jedoch kaum Unternehmen, die über eine schriftliche Jobdeskription für einen Aufsichtsrat verfügen. Deshalb reüssieren „Beziehungsräte". Die Methode: „ich brauche einen Aufsichtsrat, kennst Du jemanden", dominiert.

23 Es ist vorteilhaft, über ein klares Anforderungsprofil eines Aufsichtsratsmitgliedes zu verfügen. Das ist jedoch nur der erste Schritt. Es bedarf auch eines schriftlich definierten Profils für das gesamte Gremium, welche Kompetenzen und Qualifikationen sollen im Aufsichtsrat vorhanden sein und können für das Unternehmen Nutzen stiften.

C. Human Resource-Kompetenz im Aufsichtsrat

24 „Die wichtigste Aufgabe des Aufsichtsrates ist es den Vorstand auszuwählen und zu ernennen. Das Geschick darüber zeigt sich um Nachhinein **„ täglich "!** Es ist somit nicht ein einmaliger Vorgang, der sich alle paar Jahre – früher alle 5 Jahre, nunmehr tendenziell 2-3 Jahre – wiederholt. Entscheidend für den Aufsichtsrat von heute ist – neben der Ernennung – die **laufende** Vorstands-Performance.

25 Da auch Disharmonien in Geschäftsleitungen ein viel mehr beachtetes Thema werden, ist der Aufsichtsrat und da vor allem der Vorsitzende gefordert, dies zu erkennen und im Sinne des Unternehmenswohles zu handeln.

26 In der Praxis sind noch viel zu wenige Aufsichtsräte mit einem professionellen Personalwissen ausgestattet. Human Resource-Profis sind gefragt, Human Resource-Expertise erforderlich.

IV. Die Vorstandsbestellung

27 In fast allen Unternehmen, in denen ich tätig war, war es immer wieder erforderlich, die Aufbauorganisation des Unternehmens neuen Gegebenheiten anzupassen. Dabei war es für die meisten Vorstandsmitglieder und Manager schwierig, Organisationskriterien, Organisationsstrukturen und Organigramme zunächst einmal losgelöst von den Menschen zu denken. Jeder Manager hat sofort Namen im Hinterkopf, die er mitdenkt. So kommt es in nicht wenigen Fällen dazu, dass die Aufbauorganisationsstrukturen an (Namens-) Grenzen stoßen müssen.

28 In der Unternehmenspraxis zeigt sich das vor allem dann, wenn innerhalb weniger Monate Führungskräfte ausscheiden. Dann wird deutlich, dass die Aufbauorganisation zu sehr um einzelne Personen und deren Fähigkeiten „gestrickt" wurde – Schwachstellen sind unvermeidlich.

29 Was sich bei der Aufbauorganisation als Nachteil erweist, gilt in einem noch höheren Maß für die Vorstandsauswahl und -bestellung:

- Zu wenig Vorbereitung
- Nicht rechtzeitig

- Zu wenig Konsequenz
- Zu wenig Systematik
- Zu wenig Abstraktion
- Vernachlässigen der notwendigen Basisanalysen
- Zu schnelles Denken in Kandidaten

Vorstandsmitglieder werden zunehmend für die Misserfolge eines Unternehmens verantwortlich gemacht. Die Bereitschaft, sich von ihnen rasch zu trennen, ist stark gestiegen. Steigende Haftungsrisiken, Rendite-Erwartungen und Beobachtung durch die Öffentlichkeit erhöhen den Druck auf Vorstände und Aufsichtsräte – nicht immer zum Wohl der Unternehmen. **30**

A. Zeit und Vorstandsperformance

War es früher die Regel, dass Vorstandsbestellungen immer auf fünf Jahre erfolgten, so hat sich das erheblich geändert. Heute werden Vorstandsmitglieder im Schnitt nur mehr für eine **kürzere Vorstandslaufzeit** ernannt. In einigen Fällen sogar nur mehr für ein Jahr. War es früher üblich, dass Fünfjahresverträge von Generaldirektoren um weitere Fünfjahresperioden verlängert – und das in einigen Fällen sogar mehrfach – wurden, so ist dies heute eher die Ausnahme als die Regel. **31**

Dass einmal ernannte Vorstandsmitglieder bei Ablauf ihrer Vorstandsverträge wieder bestellt wurden und oft nur aus Altersgründen ausschieden – diese Zeiten sind vorüber. **32**

Das Wort Volatilität ist nicht nur für die Rahmenbedingungen und die Ergebnisentwicklungen, sondern auch für die Vorstandsmandate zutreffend geworden: **33**

Konnten Unternehmen früher unter relativ gesicherten politischen und wirtschaftlichen Rahmenbedingungen planen und Strategien entwickeln, so ist dies heute nicht mehr der Fall. „Die Welt ist ein Dorf", besagt ein Sprichwort. Die Abhängigkeiten der internationalen Finanzmärkte gelten nicht mehr nur untereinander, sondern zeitigen ihre Auswirkungen längst auch in der Realwirtschaft. Auf Unternehmensebene bedeutet dies, dass geopolitische Verwerfungen, Kriege und Krisen auf Grund der internationalen Arbeitsteilung und Präsenz auf vielen Kontinenten unmittelbare Auswirkungen auf das Unternehmen, seine Mitarbeiter, Lieferanten und Kunden haben. **34**

Stabile Ergebnisse sind wünschenswert, aber heute kaum mehr zu erreichen. Unternehmensergebnisse verkehren sich oft innerhalb kurzer Zeit. Selbst Top-Konzerne mit validem Geschäftsmodell müssen außerordentliche Ereignisse bewältigen. **35**

Die Ergebnisentwicklung hängt von vielen, auch immer mehr externen Faktoren ab. **36**

Unter solchen volatilen Umständen ist der Aufsichtsrat bei der Beurteilung der Vorstandsperformance gefordert. Er hat zu trennen, welche Faktoren für das Unternehmensergebnis relevant und vor allem vom Vorstand beeinflussbar sind. Das sowohl in Hinblick auf die positiven Faktoren, als auch auf die negativen. Wenn es einem Unternehmen gut geht, die Marktentwicklung vorteilhaft und die **37**

Branche im Aufwind ist, dann hat dies der Aufsichtsrat zu erkennen und in die Beurteilung der Vorstandsperformance einfließen zu lassen. Andererseits kann das Unternehmen stark von externen Faktoren getroffen sein, die weder vorhersehbar noch vom Vorstand zu beeinflussen waren. Dies kann das Ergebnis schmälern oder sogar zunichtemachen. Der Aufsichtsrat hat auch dies in die Evaluierung der Vorstandstätigkeit einzubeziehen.

38 Unter solchen Umständen ist es verständlich, dass Aufsichtsräte Vorstandsmandatslaufzeiten kürzer anberaumen, als dies das Gesetz zulässt. Sie wollen sich damit nicht eine allzu lange Bindung auferlegen. Geht es gut, so können die Aufsichtsräte das Vorstandsmandat ja prolongieren. Ist der Aufsichtsrat mit der Vorstandsperformance unzufrieden, so ist die Bereitschaft zum Handeln und Abberufen von Vorstandsmitgliedern – auch weil die Laufzeit nicht mehr so lange ist – höher ausgeprägt.

39 Der Aufsichtsrat will sich seine Handlungsfreiheit bewahren und da ist das Begrenzen der Vorstandsmandatslaufzeit ein probates Mittel.

40 Ein weiterer, in der Öffentlichkeit nur selten genannter Umstand für die Einschränkung der Vorstandsdauer, liegt im pekuniären Bereich. Werden Manager vor dem Ablauf ihrer Funktionsperiode abberufen, so haben sie grundsätzlich Anspruch auf volle Ausbezahlung ihrer Entgelte bis zum Mandatsende. Da Vorstandsgehälter die jeweils höchsten im Unternehmen sind, geht es bei der Ausbezahlung von einigen Jahren **Restlaufzeit** um **hohe Summen**. Bezieht man dann auch noch Abfertigungen und Pensionsvorsorgeansprüche mit ein, dann kulminieren diese Beträge nochmals. In der Öffentlichkeit wird dies bestenfalls im Nachhinein im Zuge der Auseinandersetzungen, die nicht selten vor Gericht landen, bekannt.

41 Professionell agierende Aufsichtsratsmitglieder bedenken dies vorab. Sie widmen der rechtzeitigen Vorstandsauswahl ausreichend Zeit. Somit sorgen sie vor, dass Entscheidungen nicht unter Druck erfolgen müssen. Sie wissen, dass Last-Minute-Entscheidungen selten gut und häufig sehr teuer sind.

42 Der internationale Gesetzgeber hat im Zuge der internationalen Regularien, vor allem für Banken, aber auch Unternehmen ab einer bestimmten Größenordnung vorgeschrieben, dass der Aufsichtsrat über einen eigenen **Nominierungsausschuss** zu verfügen hat. In diesem Ausschuss des Aufsichtsrates befasst man sich kontinuierlich mit der Frage der Vorstands- aber auch Aufsichtsratsbesetzung. Der Nominierungsausschuss macht Wahlvorschläge zur Besetzung von Vorstandspositionen an den Aufsichtsrat in seiner Gesamtheit.

43 Der **Personalausschuss** des Aufsichtsrates macht Vorschläge zur Bestellung oder Beendigung von Vorstandsmandaten, beschäftigt sich mit der Vergütung und Vergütungssystemen, Darlehensgewährungen, Bewilligung von Nebentätigkeiten des Vorstandes als auch des Aufsichtsrates selbst. Bei manchen Unternehmen befasst er sich auch mit der Personalstruktur, der Personalentwicklung sowie der Personalplanung. Die Ausprägung der Kompetenzen kann von Unternehmen zu Unternehmen variieren.

44 Jahrzehntelang war es verpönt, dass sich Aufsichtsratsmitglieder über den Vorstand hinaus mit Führungskräften der nachgelagerten Ebenen zusammensetzen.

Wenn dies geschah, dann war dies mehr informell im Zuge von Niederlassungs- oder Werksbesuchen oder bei Aufsichtsratsexkursionen der Fall. Bei einigen Unternehmen ist es Usance, dass Aufsichtsratsmitglieder auch zu firmeninternen Veranstaltungen geladen werden. Auch so besteht die Möglichkeit, Führungskräfte eines Unternehmens etwas näherkennenzulernen.

Neu ist, dass die Kontakte des Aufsichtsrates, insbesondere die des Vorsitzenden, mit Vertretern der anderen Managementebenen unterhalb des Vorstands systematisch und regelmäßig erfolgen. **45**

Was lange Zeit strittig war, ob der Aufsichtsrat denn überhaupt über den Vorstand hinweg mit Führungskräften Kontakt aufnehmen dürfe, wird nunmehr in der Praxis stärker gehandhabt. Führungskräfte und Experten des Unternehmens werden heute regelmäßig zu einzelnen Tagesordnungspunkten als Gäste zur Aufsichtsratssitzung beigezogen. Einzelne wiederkehrende Berichtsthemen wie Risikomanagement, Compliance oder Rechtsfälle stehen als Gesamtbericht einmal im Jahr auf der Tagesordnung, wobei der zuständige Fachverantwortliche – in der Hierarchie unter dem Vorstand – berichtet und sich den Fragen stellt. **46**

In Deutschland sorgte die Aufsichtsratsvorsitzende bei Henkel, Simone Bagel-Trah, für Aufsehen und Verwunderung, weil sie sich regelmäßig mit Führungskräften der zweiten, dritten und vierten Ebene zu Gesprächen in der Betriebsmensa traf. Mittlerweile hat das Beispiel Schule gemacht, immer mehr Aufsichtsratsvorsitzende agieren auf diese Art. **47**

Aufsichtsratsvorsitzende und Aufsichtsratsmitglieder sollen und wollen besseren Einblick in das Unternehmen, um über die Leistungsträger fachlich und eventuell auch charakterlich besser Bescheid zu wissen. So sind sie auch kurzfristig in der Lage, geeignete interne Nachfolgekandidaten für den Vorstand zu nennen. **48**

Exzellente Aufsichtsratsmitglieder verfügen gedanklich über ein „Schatten-Vorstandsteam". Sollte der CEO oder ein Vorstandsmitglied plötzlich ausscheiden oder ableben, so sind sie für diesen Fall vorbereitet. **49**

Vorbereitung für Aufsichtsmandat

So hat ein Vorzeigeunternehmen eine Liste von potenziellen, qualifizierten und geeigneten Aufsichtsratsmitgliedern in spe, die professionell auf ihre Aufgabe vorbereitet werden. Einzelne Kandidaten nehmen an Aufsichtsratssitzungen als Gäste teil, kennen das Unternehmen, Kunden, Lieferanten und seine wesentlichen Mitbewerber, die Branche sowie die amtierenden Vorstände und Aufsichtsratsmitglieder. Sie benötigen kein Onboarding mehr, sondern können wie ein guter Leichtathlet-Staffelläufer „das Staffelholz im vollen Lauf übernehmen". **50**

Der Nominierungsausschuss des Aufsichtsrates hat auch – vom Standpunkt der Finanzen betrachtet – eine besondere Bedeutung. Wenn die Mitglieder ihre Arbeit professionell ausführen, können sie zum Beispiel größeren Unternehmen Kosten in zweistelliger Millionenhöhe ersparen. Das sind jene Kosten, die Vorstandsfehlbesetzungen ausmachen und im Vorhinein nicht am Unternehmensradarschirm aufleuchten. Sichtbar werden diese Beträge immer nur im Nachhinein, wenn die pekuniären Auswirkungen von Managerfehlbesetzungen bis zu Gerichtsverfahren **51** kulminieren. Die Aufsichtsratstantieme dagegen in Bezug gesetzt zeigt, dass gute Aufsichtsratstätigkeit ihr Geld immer wert und der Return on Investment sehr hoch ist.

52 Da die Vorstandsauswahl sowie die Abberufung die wichtigste und vordringlichste Aufgabe des Aufsichtsrates ist, soll Human Resource-Expertise in keinem guten Aufsichtsrat fehlen.

53 Analog der zweiten wesentlichen Aufsichtsratsaufgabe – der Feststellung des Jahresabschlusses – sollte – aus rechtspolitischer Sicht – Human Resource-Expertise sogar gesetzlich verpflichtend vorgeschrieben sein. Der Finanzexperte im Aufsichtsrat ist – auf Grund der Wichtigkeit des Jahresabschlusses – zwingend vorgesehen. Ein Mitglied im Aufsichtsrat muss Bilanzen lesen und verstehen können. In Konsequenz ist deshalb zu fordern, dass Human Resource-Expertise im Gremium bei allen Unternehmen, Institutionen und Organisationen verpflichtend erwartet bzw. vorausgesetzt werden kann.

54 Viele Aufsichtsratsmitglieder sprechen sich auch ausdrücklich für die Betrauung von Headhuntern aus, die für den Aufsichtsrat entsprechend fundierte Vorschläge für externe Kandidaten bzw. objektive interne Kandidaten liefern können.

B. Der Teamaspekt

55 Der im Allgemeinen so naheliegende Gedanke der Teamfähigkeit von Vorstandsmitgliedern bedarf einer besonderen Erwähnung. In der Praxis zeigt sich immer wieder, dass die eingeschränkte Teamfähigkeit von Geschäftsleitern der häufigste Grund ist, weshalb Vorstandsmitglieder ihr Potenzial nicht gänzlich zur Entfaltung bringen können beziehungsweise sogar scheitern.

56 Vorstandsmitglieder sind häufig „Alphatiere“ mit individuellen Stärken, Fähigkeiten und einer sehr ausgeprägten Persönlichkeitsstruktur. Ihre Auswahl basiert auch häufig auf diesen Kriterien. Dem Aspekt der Teamfähigkeit wird von den Aufsichtsräten a priori zu wenig Bedeutung beigemessen. Ganz im Gegenteil. Viele Aufsichtsräte gehen davon aus, dass die Mitglieder des Vorstandes sich zu verstehen haben. Dass dem nicht so ist, lehrt die Erfahrung.

57 Professionell agierende Aufsichtsräte achten bei einer Vorstandsbesetzung nicht nur auf die Fachqualifikation, sondern vor allem auf die Soft-Skills. Wesentlich erfolgsentscheidend ist dabei die Teamfähigkeit, die ein möglichst konfliktfreies Zusammenwirken im Vorstand bewirkt.

58 Parallelen mit dem Sport sind nicht zufällig. Selbst wenn ein Gönner einem Fußballverein durch das großzügige Bereitstellen von Kapital den Einkauf vieler toller Einzelspieler ermöglicht, so ist erst der Trainer gefordert, diese zu einem Team zusammen zu schweißen. Es gewinnen nicht die besten Einzelspieler allein, sondern die Mannschaft als Team.

59 Vorstandsbesetzungen erfolgen bislang häufig nach dem Organisationsprinzip. Mehrköpfige Vorstände setzen sich aus dem CEO, dem Finanzvorstand, dem jeweiligen „Geschäftsvorstand“ und weiteren Fachvorständen – je nach Branche – zusammen. Deshalb suchte man in der Vergangenheit zumeist nur nach den

besten Verkäufern, Einkäufern, Finanzexperten, Technikern und die speziell für das jeweilige Unternehmen Fachkundigen. Die Fachkompetenz stand eindeutig im Mittelpunkt.

Aus meiner eigenen 20-jährigen Vorstandstätigkeit weiß ich, dass die bewusste Auswahl nach Kriterien wie z.B. **60**
- Wie passen Vorstandsmitglieder persönlich zusammen?
- Was zeichnet ihre Charaktere aus?
- Wie ist ihr Konfliktverhalten?
- Wie stark ist ihre Kommunikationsfähigkeit ausgeprägt?
- Wie sehr können sie das Unternehmenswohl über kurzfristige Ziele und Eigeninteressen stellen?

deutlich zu selten überlegt wird.

Mir hat auch kein anderes Vorstandsmitglied erzählt, dass er im Interview oder Hearing darob befragt wurde. **61**

Aufgabe der Aufsichtsräte ist es, dass diese Eigenschaften vorab thematisiert und erkannt werden. Sie bedienen sich externer Unterstützung bei Rechtscausen, Grundstückstransaktionen und bei Großinvestitionen. Auch beim Aufbau neuer Strukturen, beim Redimensionieren ist es durchaus üblich, sich die jeweilige Expertise extern einzuholen. Warum soll dies nicht auch bei Human Resource so sein. **62**

Die Kosten von nicht teamfähigen Vorstandsmitgliedern scheinen weder beim Aufsichtsrat und schon gar nicht am Unternehmensradarschirm auf. Sie sind jedoch ganz erheblich. Zerstrittene Vorstände senden desaströse Signale in das Unternehmen. Nicht selten habe ich erlebt, dass auch die dazugehörigen Organisationsabteilungen dann in Konflikten verfangen waren. Das ging so weit, dass Abteilungsleiter und Mitarbeiter des einen Vorstandsmitglieds nicht mit Abteilungsleitern und Mitarbeitern des anderen Mitglieds hinreichend kommunizierten. Egoistisches Ressortdenken und Einzelbefindlichkeiten schaden immens. Sie sind in so gut wie jedem Unternehmen mehr oder minder ausgeprägt. Autoritäre Führungskräfte und Egomanen, die demotivierend wirken und zu einer eingeschränkten Kommunikation, Verunsicherung und schlechtem Betriebsklima führen, schaden dem Unternehmen nachhaltig.. **63**

Aufsichtsräte erfahren oft erst beim Ausscheiden eines Konflikthahnes von solchen Umständen und dem Hintergrund. **64**

Hier ist der Aufsichtsratsvorsitzende besonders gefordert. Er hat den meisten direkten Kontakt mit dem CEO, dem Finanzvorstand und auch mit den Geschäftsvorständen. Professionell agierende Aufsichtsratsvorsitzende hinterfragen regelmäßig – und auch im Gespräch mit Dritten – nicht nur die Vorstandsperformance, sondern auch das spannungsfreie Zusammenwirken. Sie greifen bereits bei sich anbahnenden Konflikten ein und stellen klar, dass es nicht um Ressortinteressen und persönliche Befindlichkeiten, sondern um das Unternehmenswohl geht. **65**

Professionelle Aufsichtsratsvorsitzende sitzen auf wöchentlicher Basis mit dem CEO oder auch einzelnen Vorstandsmitgliedern zusammen. Sie bekommen so ein besseres Bild und entwickeln dadurch das notwendige Feingefühl, um **66**

Spannungen und Konfliktfelder zu erkennen. Sie bringen das Fingerspitzengefühl mit, um auch persönliche Disharmonien zu spüren.

V. Anforderungsprofil und Auswahl

A. Die 7 Phasen der Vorstandsbestellung

67 **Phase 1**

Ein gutes Anforderungsprofil beginnt nicht gleich bei der Jobdescription, sondern mit **strategischen Überlegungen** zur Vorstandsbesetzung.

Vorteilhaft ist es, sich die Vision und Mission des Unternehmens bei dieser Gelegenheit wieder in Erinnerung zu rufen und sie auf Aktualität zu hinterfragen.

68 **Phase 2**

Im zweiten Schritt reflektieren die Aufsichtsräte die **Unternehmensstrategie** und die Aufstellung des Unternehmens. Die vermeintlich so simple Frage – wer sind wir, woher kommen wir und wo wollen wir hin – ist insbesondere in dynamischen Unternehmensentwicklungsphasen unerlässlich. Erfahrung aus erlebten Prozessen lehren, dass diese Kernfragen gar nicht so leicht zu beantworten sind und es unter den Maßgeblichen eventuell divergente Sichtweisen gibt.

69 **Phase 3**

Der dritte Schritt beinhaltet den **Wertekatalog** der Gesellschaft. Wofür steht das Unternehmen, mit welchen moralischen Ansprüchen und auf Basis welches Menschenbildes gilt es, Führungskräfte und Mitarbeiter zu finden und zu begeistern.

70 **Phase 4**

Im vierten Vorbereitungsschritt geht es um die kurzfristigen, mittel- und langfristigen **Ziele** des Unternehmens. Auf Basis eines Stärken-/Schwächeprofils werden Chancen und Risiken abgewogen. Viele Aufsichtsräte neigen in diesem Prozess dazu nur auf das Erreichte zu blicken. Entscheidend ist jedoch, den Fokus auf nicht erreichte Ziele zu legen und Gründe zu analysieren, weshalb die Vorgaben nicht eingehalten werden konnten.

71 **Phase 5**

Auf Basis dieses „Settings" lässt sich ein erstes, bewusst noch nicht eng gefasstes **Anforderungsprofil** gut schärfen. Es ist ratsam, nicht zu schnell in Personen und möglichen Kandidaten zu denken. Das engt ein. Ein breit geöffnetes Visier lässt in diesem Stadium Neuerungen und Möglichkeiten zu, die sonst gar nicht in Betracht gezogen würden.

72 **Phase 6**

Noch bevor es zur Definition der Anforderungskriterien kommt gilt es, eine **„Negativliste"** zu erstellen, was bewusst nicht gewollt wird.

Phase 7 73

Danach werden jene **Fähigkeiten** beschrieben, die das Unternehmen bisher nicht hatte, aber über die es verfügen sollte.

Eine kurze, vorab erstellte Unternehmenspräsentation aus Sicht des Aufsichtsrates, der Eigentümer und des Vorstands fasst die Vorzüge des Unternehmens und seiner Branche zusammen. Auf Basis dieser Unterlage können attraktive Kandidaten professionell angesprochen werden. Zahlreiche Gesellschaften gehen davon aus, dass man sie kennt und dass sie für potenzielle Kandidaten ohnedies attraktiv sind. Ein „Employer-Branding" auf quasi höchster Ebene ist ratsam. 74

Dieser Prozess wird von nicht wenigen als entbehrlich erachtet – dies ist jedoch unprofessionell. Das systematische Durchgehen aller einzelnen beschriebenen 7 Abschnitte ist die unerlässliche Basis für einen qualifizierten Auswahlprozess. 75

Auf dieser Grundlage kann nun mehr das Kompetenz- und Persönlichkeitsprofil des Vorstandes definiert werden. Dabei wird vorab auf die Geschäftsordnung des Vorstands und die Ressortverteilung Bedacht genommen. Ungenügend vorbereitete Prozesse erkennt man auch daran, dass bei Abschluss eines Vorstandsvertrages und kurz nach dem Tätigwerden der Vorstand von sich aus kommt und eine abgeänderte Geschäftsordnung vorlegt. Hier hat sich der Aufsichtsrat das Heft aus der Hand nehmen lassen und seine vorherige „Hausaufgabe" nicht gemacht. 76

Das Anforderungsprofil aus solch einem beschriebenen strukturierten Prozess ergibt sich fast von selbst. Es enthält sowohl fachliche Anforderungen als auch persönliche zum Unternehmen passende Eigenschaften. Der vorab definierte Wertekatalog stimmt mit dem Charakter des Kandidaten überein. 77

Die Teamfähigkeit ist nicht generalistisch zu sehen, sondern ganz konkret auf Basis der Stärken und Schwächen schon berufener Vorstandsmitglieder zu beschreiben und zu definieren. 78

B. Zwei Erfahrungsbeispiele

Erfahrungsbeispiel 1: 79

Ein namhaftes Unternehmen war in der Vergangenheit weder strukturiert noch systematisch bei der Vorstandssuche tätig. Kandidaten, die später als Vorstandsmitglieder bestellt wurden, standen bereits fest. Die „Suche" war nur mehr ein Formalakt, weil man unter das Ausschreibungsgesetz fiel.

Man bediente sich eines Headhunters, der bei dem Spiel mitmachte. In den Medien wurde am Ende des Bestellungsprozesses eine Anzeige platziert, dass der Headhunter an der Personalentscheidung mitgewirkt hat.

Die so rekrutierte Person hat sich als ungeeignet im Vorstand erwiesen. Das auf diese Art bestellte Vorstandsmitglied war wenig unternehmerisch tätig und „eigentümerhörig". Da dem Vorstand die eigene Position wichtiger als das Unternehmenswohl war, fand er nur schwer Akzeptanz, weder im Unternehmen noch bei den anderen Vorstandskollegen. Über kurz oder lang kam es zu Spannungen, die leider auch öffentlich ausgetragen wurden.

Der Schaden für das Unternehmen und seine Stakeholder war enorm.

Am Ende stand man vor „viel zerbrochenem Porzellan", einem schlechten Betriebsklima, Reputationsbeeinträchtigungen bei Lieferanten und teilweise sogar Kunden, denen solches nicht verborgen bleiben konnte, negativem öffentlichen Image und der Notwendigkeit, einen neuen Suchprozess zu starten.

80 **Erfahrungsbeispiel 2:**

Ein Unternehmen in einer Branche, welches durchaus als Oligopol beschrieben werden kann, wusste, dass die Suche nach einem neuen CEO nicht so leicht werden würde. Unternehmensinterne Kandidaten waren vorab nicht erwünscht, da das Unternehmen bewusst neu aufgestellt werden sollte. Ein Umfeld in erheblicher Veränderung und die Digitalisierung waren Bedrohung und Chance zugleich.

Erstmals in der Unternehmensgeschichte setzte man einen strukturierten Vorstandsrekrutierungsprozess in Gang.

Das neutrale Stellenprofil am Ende des Prozesses wurde eingehend im Aufsichtsrat diskutiert und endete mit einer Überraschung. Ein Aufsichtsratsmitglied, CEO in einem Unternehmen einer anderen Branche, fand, dass er den definierten Anforderungen sehr gut entsprach. Er bewarb sich – mittels Blindprofil – und wusste den Vorteil der Unternehmenskenntnis aus seiner Aufsichtsratstätigkeit miteinzubringen.

Das Aufsichtsratsmitglied wurde zum CEO des suchenden Unternehmens bestellt, konnte in seiner ersten Amtsperiode das Unternehmen neu positionieren und damit eine prosperierende Entwicklung mitbewirken.

C. Hans sucht Hänschen

81 Für Aufsichtsräte gilt – ähnlich wie beim Peter-Prinzip – auch beim „Hans sucht Hänschen" Phänomen, klassische Muster zu durchbrechen.

82 Bei „Hans sucht Hänschen" suchen Verantwortliche ein Abbild ihrer selbst – nur in kleinerer Ausführung.

83 Oft benötigt die erfolgreiche Übernahme einer Position aber andere, manchmal gegenteilige Kompetenzen, mit denen man sich als Führungskraft auch aktiv arrangieren muss.

84 Bei „Hans sucht Hänschen" fokussiert man zu sehr auf die Teampassung. Manchmal bedarf es aber aufbrechender Kompetenzen, die Vorstandsteams neu inspirieren und dazu führen, dass man sich den Aufgabenstellungen anders widmet und gewohnte Pfade verlässt.

85 Aufsichtsräte haben sich auch die Frage zu stellen, ob Vorstände hinreichend divers in ihren Kompetenzen, Fähigkeiten, Erfahrungen und Perspektiven sind. Sind sie geeignet, eventuell anstehende Veränderungsprozesse gemeinsam zu bewältigen? Gibt es für das Unternehmen wichtige Fähigkeiten, an denen es bisher mangelte, die aber bei der Bewältigung der Zukunft unbedingt erforderlich sind?

86 Die Otto Beisheim School of Management hat mehr als 630 Vorstände vom Dax-, MDax-, TecDax- und großen nicht börsennotierten Unternehmen analysiert

und mit den Vorstandsprofilen auch Typologien der Macht herausgefiltert: Deutsche Top-Manager sind zu 95 % männlich, im Mittel 52 Jahre alt, verheiratet und haben im Schnitt 2,3 Kinder.

14 Prozent der Top-Manager kommen aus der Arbeiterklasse, 29 Prozent aus klassischen Mittelschichtfamilien, 57 Prozent aus Akademikerfamilien. **87**

Was sie eint, ist eine sportliche Jugend und früh übernommene Führungsfunktionen wie zum Beispiel Klassen- oder Schulsprecher beziehungsweise Engagement in Vereinen. Über 91 Prozent der Vorstände haben sich in ihrer Jugend mit Ferien- und Nebenjobs Geld dazu verdient. Manche weil sie mussten, andere weil sie wollten. Rund 40 Prozent der Vorstände haben einen Doktortitel. **88**

Bis sie es ganz nach oben geschafft haben, war es für viele ein längerer Weg. Im Schnitt werden Vorstandspositionen im Unternehmen nach 15 Jahren Unternehmenszugehörigkeit erreicht. **89**

Die Work-Life-Balance fällt in Vorstandsetagen sehr zugunsten des Work-Aspektes aus – sie haben eine 65-Stunden Woche. **90**

VI. Executive Search

A. Die Personalsuche – Ein strukturierter technologiegestützter Prozess

Veränderungswillige aktualisieren ihr Curriculum Vitae und schauen einschlägige Medien nach Stelleninseraten – insbesondere am Wochenende – durch. Sie aktualisieren ihre Profile in den sozialen Medien, beispielsweise auf XING oder LinkedIn und lassen auch im Bekanntenkreis dezent wissen, dass sie neuen Herausforderungen gegenüber aufgeschlossen sind. **91**

Viele Veränderungswillige kontaktieren bekannte Personalberater oder senden auch Blindprofile – ohne sich auf eine offene Stelle zu beziehen. **92**

Gibt es eine adäquate Position und der Bewerber bringt hervorragende Kenntnisse und Erfahrung mit, wird der Veränderungswillige zu einem persönlichen Gespräch eingeladen. Es folgen strukturierte Interviews, Persönlichkeitstests und Assessment-Center (auch mit dem Unternehmen). **93**

IKEA Italien hat für die Neueröffnung eines seiner Märkte die komplette Mannschaft vom Lagermitarbeiter bis zum Geschäftsführer gesucht. Beworben haben sich fast 30.000 Personen. Aber nur externe Begleitung des Prozesses und eine ausgeklügelte Software vermochten den Suchprozess strukturiert zu gestalten, um erste Selektionen durchführen zu können. **94**

So konnte man innerhalb weniger Monate dem Ansturm gerecht werden und schließlich auch mit einem engagierten und qualifizierten Team starten. Bis vor kurzem wäre dies in einer derart kurzen Zeit nicht möglich gewesen. **95**

B. Executive Search

96 Top-Manager werden meist im Wege des Executive Search gesucht.

97 Zu Beginn eines Executive Search-Prozesses steht ein Beauty-Contest, welche Headhunter-Unternehmen zu einer Angebotslegung eingeladen werden. Dabei kommt es nicht nur auf die Reputation und Erfahrung des Headhunting-Unternehmens selbst, sondern besonders auch auf die in diesem Fall agierenden Personen an.

98 Die Praxis zeigt, dass die Betrauung eines Executive Searchers für einen objektiven Recruiting-Prozess bereichernd ist. Die Professionalität des Headhunters, seine Vertrauenswürdigkeit und seine persönliche Unabhängigkeit sind Garant für eine valide Bewertungsgrundlage. Der Executive Search-Profi wird sein Erfahrungswissen, seine Vergleichsmöglichkeiten mit dem ihm entsprechend zur Verfügung stehenden Benchmarks und sein Know-How für personenindividuelles, aber auch gremienbezogenes Coaching einbringen.

99 Ein guter Headhunter soll selbst mindestens 15 Jahre im Top-Management vorweisen können und muss in den Branchen, für die er tätig wird, sehr versiert sein.

C. Die 5 Phasen der Vorstandssuche

100 Ein Suchprozess für ein Vorstandsmitglied erfolgt meist in einem 5-phasigen Verlauf:

101 **Phase 1: Positionsbriefing**

Vertraulichkeit und Diskretion sind die Basis des Geschäftes. Das suchende Unternehmen legt dem Headhunter seine aktuelle Position und seine Zukunftsstrategie offen. Dieses Vertrauen verpflichtet. Dem Headhunter werden auch Interna und etwaige Dissonanzen bekannt. Gemeinsam mit dem Auftraggeber wird ein Anforderungsprofil erstellt, das viel antizipatives Denken erfordert.

Formelle Unterlagen wie die Unternehmenssatzung, die Geschäftsordnungen für den Vorstand und Aufsichtsrat, die wesentlichen Eckdaten des Unternehmens und ein Unternehmens-Summary, die Compliance-Bestimmungen/der Code of Conduct, der Geschäftsbericht mit Jahresabschluss und Anhang, ein etwaiger Corporate Social Responsibility bzw. Nachhaltigkeitsbericht, ein Eigentümer-Grobprofil oder die Hinterlegungsliste/das Aktionärsverzeichnis der letzten Hauptversammlung und Angaben über Börsennotizen sowie jüngste Aktionärsberichte beziehungsweise Ad-Hoc-Meldungen sowie ein Pressespiegel der letzten Zeit runden das Bild ab und dürfen beim Briefing nicht fehlen.

102 **Phase 2: Research und Ansprache**

Auf dieser Basis wird der Headhunter aktiv. Kein Headhunter wird dabei seine Quellen und seine Vorgangsweise offenlegen, da sein Netzwerk wichtiges Kapital ist. Die Vorgangsweise ist durchaus differenziert, da jeder Auftrag ein Einzelfall ist und nie auf früheren Recherchen aufgebaut werden kann. Je breiter und internationaler ein Headhunter aufgestellt ist, umso mehr kann er auch seine lokalen Netzwerke aktivieren und mit Partnern in den jeweiligen Ländern kooperieren. All diese Tätigkeiten basieren auf dem höchsten Maß an Verschwiegenheit. Es gilt, potentielle Kandidaten direkt ohne Sekretariate zu erreichen. Weder das Unternehmen, in dem ein potentieller Kandidat tätig ist, noch der Markt dürfen von der Suche erfahren. Indiskretionen und Pannen sind nicht erlaubt.

Die Direktansprache des Kandidaten ist einer der großen Unterschiede zur Personalberatung. Vorab gilt es zu recherchieren, so zum Beispiel, in wieweit bei einem Zielkandidaten eine Wechselwilligkeit vorhanden ist. In der Recherchearbeit geht es um Hard- wie auch Softfacts. Das Einkommen des Kandidaten ist dabei nicht nur hinsichtlich des Bruttojahreseinkommens, sondern auch inklusive aller Fringe-Benefits und Versorgungsansprüche äußerst dezent in Erfahrung zu bringen. Dennoch ist es bei diesen Spitzenpositionen selten, dass Geld allein das Motiv für einen Unternehmenswechsel ist. Es muss ein attraktives Gesamtpaket sein, das herausfordernd und interessant ist. Dabei kommt es nicht nur auf das Unternehmen selbst, sondern auch auf seine Rahmenbedingungen, auf handelnde Personen auf der Eigentümer- und Aufsichtsratsseite sowie auf Spezifika im Unternehmen und zukünftige Vorstandskollegen an.

Die gute Kenntnis der privaten Verhältnisse des Kandidaten kann bei der Besetzung der neuen Position mitentscheidend sein. Wie wechselwillig ist der Ehepartner, welche Schul- und Ausbildungsmöglichkeiten bestehen für die Kinder, welche Lebensqualität besteht für die Familie, können bestehende Netzwerke weiter gepflegt werden.

Solche und ähnliche Fragen sind oft das Zünglein an der Waage und haben schon den Ausschlag für oder gegen eine Position gegeben.

Phase 3: Kandidatenselektion 103

Executive-Searcher hören sich vorab über die Zielkandidaten um und holen erste Referenzen ein.

Mittels strukturierter Interviews werden die wesentlichen Informationen im persönlichen Gespräch erhoben.

Diese Phase kann auch mit Computertests kombiniert werden. Hochentwickelte Softwareprogramme stehen den Top-Executive-Unternehmen zur Verfügung. Entgegen der landläufigen Meinung, dass ein „Computertest" wenig über den Menschen und seine Haltung sowie Einstellungen preisgeben kann, sei an dieser Stelle versichert, auch durch Eigenerfahrung, dass dies sehr wohl der Fall ist.

Kompetenzprofile von Vorstandspositionen enthalten zum Beispiel

- Strategische Kompetenzen
- Fachkompetenzen
- Führungskompetenzen
- Markt-, Branchen- und Kundenkompetenzen
- Kosten- und Ergebniskompetenzen
- Internationale Kompetenzen

Denkmuster

- Lernfähigkeit
- Verbaler Ausdruck

- Verbales Denken
- Umgang mit Zahlen
- Nummerisches Denken

Verhaltensmerkmale

- Energieebene
- Durchsetzungsstärke
- Soziale Ausrichtung
- Lenkbarkeit
- Grundeinstellung
- Entscheidungsstärke
- Kompromissfähigkeit
- Unabhängigkeit
- Objektivität

Der Job-Matchprozess der sogenannten „Berufsinteressen" vergleicht die drei wichtigsten Berufsinteressen des Anforderungsprofils mit den drei wichtigsten Interessen des Kandidaten

Die drei wichtigsten Berufsinteressen, zum Beispiel für die Position eines Vorsitzenden des Vorstandes, könnten sein

- Unternehmergeist
- Kundenorientierung
- Soziale Kompetenz

Weniger wichtige Berufsinteressen für diese Position wären – stark branchenabhängig – zum Beispiel

- Technologie
- Mechanik

Die Programme bieten tabellarische und grafische Auswertungen.

Solche Computersoftware enthält auch Benchmark-Anforderungsprofile auf der Basis von zuvor ausgewerteten Profilen von Top-Führungskräften. Je umfangreicher die vorhandenen Daten sind, umso besser kann im Benchmark Prozess skaliert werden. So können auch unterschiedliche regionale und kulturelle Aspekte mit einbezogen werden.

Auf Basis dieser gewonnenen Daten und Einschätzungen wird eine sogenannte Shortlist der am besten geeigneten Kandidaten erstellt und mit dem Auftraggeber besprochen.

Schriftliche Profile werden ausgearbeitet und dem Kunden übergeben.

104 **Phase 4: Kandidatenpräsentation**

Jene Damen und Herren, die so vorselektioniert sind, werden nun zu Vorstellungsgesprächen eingeladen. Diese Gespräche erfolgen gemeinsam mit dem Kunden sowie dem Headhunter. Ihre praktische Ausgestaltung kann variieren – von einem Gespräch mit den maßgeblichen Entscheidungsträgern bis zur Durchführung von halbtägigen Assessment-Centern mit Fremdsprachenpräsentationen und „kreuzverhörartigen" Befragungen.

Auf Basis der professionellen Tätigkeit des Headhunters gibt es sowohl beim

Kandidaten als auch beim suchenden Unternehmen vorab eine Vielzahl von Informationen. Das eigentliche Hearing wird daher oft auf einer Ebene geführt, wo Fragen unerwartet kommen und es auch um das Erkunden von ganz spezifischen, für das suchende Unternehmen allerdings sehr wichtigen Eigenschaften geht.

Ein Schwerpunkt ist, ob handelnde Personen miteinander können und die Chemie stimmt.

Ergebnis der Kandidatenpräsentation ist entweder eine weitere Vertiefung mit Einholung zusätzlicher Referenzen oder die Festlegung auf die Top-Kandidaten.

Nach einer Phase der Meinungsbildung im Unternehmen kommt es zum Austausch mit dem Headhunter und last but not least zur Endauswahl.

Phase 5: Vertragsverhandlungen und Onboarding 105

Ist ein Search beendet und hat sich der Aufsichtsrat für einen Kandidaten entschieden, so ist der Prozess noch nicht beendet.

Wiewohl in den Vorphasen die Bandbreite der pekuniären Rahmenbedingungen abgesteckt wurde, beginnen nun die Detailverhandlungen. Dabei geht es vorwiegend um z.B.

- Jahresbruttoeinkommen
- Überstundenpauschale oder All-In-Vertrag
- Bezugserhöhungsregelung
- Bonusregelung
- Variable Tantieme
- Kosten- und Spesenersatz
- Urlaubsregelung
- Diensterfindungen
- Fabrikations- und Geschäftsgeheimnisse
- Konkurrenzverbot
- Firmenpension
- Witwen- und Waisenversorgungen
- Etwaige Fringe-Benefits
- Dienstwagen/Chauffeur
- Dienstreisemodalitäten
- Versicherungsschutz
- Dienstwohnung

Das Unternehmen legt einen Vorstandsvertrag vor. Etwaige Vertragsverhandlungen scheitern meist nicht an den Vorteilen und Vergünstigungen, sondern betreffen Konkurrenzverbote und andere Bindungsbestimmungen, Ausscheidungsmodalitäten und auch immer mehr zusätzliche Vergütungswünsche.

Am Ende dieser Phase ist entweder alles geklärt und der Vorstandsvertrag wird vom Kandidaten und vom Unternehmen gefertigt oder es besteht Dissens und die Suche beginnt erneut.

Onboarding heißt der letzte Schritt. Dabei geht es darum, den Neuen möglichst rasch mit dem Unternehmen, seinen Stärken und Schwächen, seinen Chancen und Risiken sowie maßgeblich handelnden Personen im Unternehmen vertraut zu machen. Die gute Vorarbeit eines systematischen Prozesses, wie zuvor beschrieben, trägt auch hierbei Früchte.

Wenn es eine geplante Übergangszeit mit einer Parallelität zwischen dem neuen und dem ausscheidenden Vorstandsmitglied gibt, hat der Aufsichtsrat, insbesondere dessen Vorsitzender, diese Phase intensiv zu begleiten. Der Neue soll in möglichst viele Führungskreise eingeführt werden, die Stakeholder und auch Branchengremien kennenlernen.

Neue Top-Manager von außen brauchen durchschnittlich bis zu eineinhalb Jahre, um die Strukturen und vor allem auch informellen Usancen eines neuen Unternehmens kennenzulernen. Sie müssen sich auch hausintern ein Netzwerk aufbauen und möglichst rasch herausfinden, wer loyal zu ihnen steht und wer z.B. die Vasallen der Macht beziehungsweise Einflüsterer mit Eigeninteressen, sind.

Die Kenntnis nicht nur der im jeweiligen Organigramm Kästchen an der Spitze Stehenden, sondern der wahren Leistungsträger erfordert „Management by walking around“, Einzelgespräche und vor allem Zeit.

VII. Noch Wichtiges bei ber Suche nach den besten Köpfen

106 • **Frühzeitiger Beginn**

Machtwechsel in Vorstandsetagen sind insbesondere bei Vertragsablauf eines Vorstandes oder bei Pensionierung meist Jahre im Voraus absehbar – Zeit genug für CEO´s, Aufsichtsräte und Eigentümer, sich Gedanken zu machen.

107 • **Schattenkabinett**

Qualifizierte und geeignete Kandidaten regelmäßig als potenzielle Vorstandskandidaten mitdenken und deren Entwicklung im Auge behalten. Ein eingerichteter Nominierungsausschuss des Aufsichtsrates kümmert sich systematisch und regelmäßig darum.

108 • **Altersgrenzen**

Unternehmen mit Altersgrenzen, das heißt Festlegen jenes Alters, mit dem Vorstände auszuscheiden haben, haben Vorteile bei der systematischen Vorstandsplanung- und -suche.

109 • **Vorteile der internen Nachfolge**

Interne Kandidaten sind berechenbar und sorgen für Kontinuität im Unternehmen. Sie zeichnet Loyalität zum Unternehmen aus, sie kennen Lieferanten, Kunden und Mitarbeiter und haben Netzwerke aufgebaut. Interne Nachbesetzungen stärken den Ruf des Unternehmens als guter Arbeitgeber und senden das Signal aus, dass man in diesem Unternehmen bis zum Vorstand aufsteigen kann.

110 • **Vorteile bei der externen Nachfolge**

Die externe Besetzung schöpft aus einem viel breiteren Potential. Insbesondere bei Unternehmensneupositionierungen, Change Management Projekten, Redimensionierung, Restrukturierung, Unternehmenskrise oder Turn Around Management geht es nicht ohne externe Neubesetzungen.

Wenn ein Vorstand unvorhergesehen z.B. wegen Krankheit ausscheidet, kann unternehmensinternen Grabenkämpfen mit externer Besetzung begegnet werden.

- **Risiken in der Persönlichkeit von Vorständen** 111
  Arroganz, Perfektionismus, Exzentrik, Unberechenbarkeit, übertriebene Vorsicht und Misstrauen, nicht vertrauen und nicht delegieren können, Abgehobenheit, Unnahbarkeit, Distanziertheit, Schadenfreude, Spontanität, die ins Chaos führt, Gelacktheit, Unehrenhaftigkeit, Bestechlichkeit, Korruptheit; sich selbst nicht, oder auch sich selbst zu sehr mögen

- **Führungsqualitäten** 112
  Mitarbeiter kommen zum Unternehmen und gehen wegen der Vorgesetzten!

- **Unternehmenskultur** 113
  Die Unternehmenskultur ist Rahmen für Geben und Nehmen im Unternehmen und schafft Gleichgewicht.

- **Karriereumbrüche in der Lebensmitte** 114
  Vieles von dem, was mit dem Begriff Erfolg unmittelbar verbunden war – Geld, Status, Sicherheit – bekommt nicht selten in der Lebensmitte plötzlich ein anderes Gewicht, befriedigt Wünsche nicht/nicht mehr, macht keinen Sinn. Etliche Top-Manager wechseln Mitte 40 die berufliche Richtung. Die Frage: Ist das, was ich leiste, in diesem Umfeld und in der Art und Weise das, was ich für mich möchte? kann zu kritischeren Einschätzungen der beruflichen Situation führen, aus der man Veränderungen ableitet. Für Aufsichtsräte bedeutet dies, sich dieses Umstandes stärker bewusst zu sein. Es eröffnet Chancen – insbesondere bei der Suche nach wechselwilligen Führungskräften und Top-Managern.

- **Familienzugehörigkeit** 115
  Professionelles Management kommt vor Familienzugehörigkeit. Insbesondere in Familienunternehmen hat sich die Öffnung für Externe sowohl im obersten Management als auch im Aufsichtsrat oder Beirat bewährt.

- **Abberufung** 116
  Bei der Abberufung sind die beiden Rechtssphären Vorstandsvertrag und Dienstvertrag zu beachten. Bei einem Rücktritt eines Vorstandsvorsitzenden oder Vorstandsmitgliedes ist auch auf den Rücktritt von allen anderen Funktionen im Konzern oder externen Funktionen – sofern vom Aufsichtsrat gewünscht – Bedacht zu nehmen. In der Praxis hat sich eine glasklare Regelung bei Abberufung, und nicht erst etappenweise im Nachhinein, als vorteilhaft erwiesen.

- **Professionelles Off-Boarding** 117
  Dies ist in der Praxis sehr selten, aber ungemein wichtig! Zu wenige Unternehmen führen auf Mitarbeiterebene beim Ausscheiden ein Austrittsgespräch. Noch wichtiger ist es, dieses wohlvorbereitete Austrittsgespräch beim Ausscheiden von Führungskräften und Vorstandsmitgliedern zu führen. Ein persönliches Gespräch des Aufsichtsratsvorsitzenden mit dem Ausscheidenden, das wertschätzend und mit dem gebotenen Respekt geführt wird, ist für beide von großem Nutzen. Der Aufsichtsratsvorsitzende unterscheidet dabei die Unzulänglichkeiten, die zur Abberufung geführt haben (die im Gespräch nicht mehr wiederholt werden) von der Persönlichkeit und dem Vorstandsmitglied als Mensch (Unterscheidung zwischen „Job nicht ok“ – Person ok). Das ist auch bei der nächsten Suche nach „Besten Köpfen!“ hilfreich.

118 • **Betrauen heißt Vertrauen**
Jemand mit einem Vorstandsmandat zu betrauen heißt uneingeschränkt zu vertrauen.

119 • **Aufsichtsratsverantwortung leben!**
Aktuelle empirische Untersuchungen über die Praxis des Nominierungsprozesses zeigen Unterschiedliches als noch gelebte Realität bei der Personalauswahl durch Aufsichtsräte: sie reichen von „der Aufsichtsrat darf materiell sehr wenig (darf nur vorher getroffene Personalentscheidungen abnicken)" bis zu „der Aufsichtsrat lässt sich das Recht der Vorstandsbestellung und -abberufung nicht aus der Hand nehmen".

VIII. Kosten und Auswirkungen eines Fehlgriffs in der Vorstandsbesetzung

120 Die Kosten und Wirkungen lassen sich auf 8 wesentliche Faktoren zusammenführen[3]

- Kosten der Erfüllung des laufenden Vertrags und Neubesetzungskosten
- Gegebenenfalls Belastungen des Aktienkurses (beim „Abgasmanipulationsskandal" bei VW brach der Aktienkurs nach dem Bekanntwerden binnen zwei Tagen um ein Drittel ein und verlor in Folge insgesamt minus 20 Prozent; nur an einem Wochenende büßte der Konzern 27 Milliarden Euro Börsenwert ein)
- Die Kosten fehlerhafter Entscheidungen und Strategien
- Die Kosten schlechter Umsetzungen
- Entgangene Erlöse aus verpassten Geschäfts-Chancen
- Einbußen von Geschäftsdynamik
- Gegebenenfalls Ausscheiden wichtiger Führungskräfte und Fachleute
- Verunsicherung und Vertrauensverlust bei Kunden, Lieferanten, Mitarbeitern und anderen Stakeholdern

121 Bei der Vorstandsbestellung, vor allem auch bei der Abberufung, geht es nicht nur um die Person, sondern auch um große Beträge.

122 Ich habe viele Aufsichtsratssitzungen erlebt, wo nur die Bestellung der Person im Mittelpunkt stand. Das „Pekuniäre" überließ man per „Blankovollmacht" dem Vorsitzenden des Aufsichtsrats, dem Präsidium, manchmal sogar dem CEO, und/oder im Zusammenwirken dem Human Resource-Bereich sowie der Rechtsabteilung – das ist meiner Erfahrung nach nicht der beste Weg! Der Aufsichtsrat als Gremium ist in der Verantwortung und diese hat er wahrzunehmen.

123 Auch bei der Abberufung eines Vorstandsmitglieds gilt Ähnliches. In der Aufsichtsratssitzung begnügt man sich sehr oft damit, dass ein Vorstand die Zustimmung zur vorzeitigen Auflösung seines Mandates gibt, mit der mündlichen oder schriftlichen Rücktrittserklärung. Professionell agierende Aufsichtsräte befassen sich auch zugleich mit allen Auflösungsmodalitäten.

---

3 Albert Thienel/mit freundlicher Genehmigung von Herrn Dr. Albert Thienel / Dr. Thienel Consulting GmbH, Düsseldorf; NACHWEIS: Vortrag „Fachtagung für Aufsichtsräte" am 12.11.2014 in Frankfurt

Festsetzung und Prüfung der Vergütung des Vorstands

Michael H. Kramarsch und Regine Siepmann

Gliederung **Rz**

I. Einleitung

Das Thema Vorstandsvergütung steht heute – mehr denn je – im öffentlichen Fokus. So sind seit dem 1. März 2014 in Österreich Vergütungen über 500.000 EUR p.a. nicht mehr als Betriebsausgabe abzugsfähig und erhöhen somit die Ertragssteuerbelastung des Unternehmens signifikant. Die Neuregelung wurde vom Verfassungsgerichtshof als verfassungskonform erachtet, um das Einkommensgefälle in Österreich zu reduzieren (Urteil des Verfassungsgerichtshofs vom 09.12.2014 G136/2014). Die Gesetzesänderung zeigt, dass Vergütungshöhen von Vorstandsmitgliedern und anderen Führungskräften weiterhin ein kontrovers diskutiertes Thema in Österreich bleiben – sowie auch international. 1

Diesen Entwicklungen zum Trotz konnten Auswertungen der Geschäftsberichte der ATX-Unternehmen für das Jahr 2014 nachweisen, dass die Vergütungen der Vorstandsvorsitzenden getrieben durch Grundvergütungsanhebungen stiegen, während die Unternehmensgewinne deutlich sanken[1]. 2

Der Aufsichtsrat als verantwortliches Organ ist gefordert, die Vorstandsvergütung unter Berücksichtigung unterschiedlicher Interessen(gruppen) und Abwägungen angemessen festzusetzen. Diese ohnehin nicht leichte Aufgabe wird dadurch erschwert, dass jede Stakeholdergruppe auf die Frage nach der „richti- 3

[1] Quelle: hkp/// Geschäftsberichtsauswertung Vorstandsvergütung ATX 2014

gen" Vergütung eine andere Antwort zu haben scheint: Während die Öffentlichkeit zumeist niedrigere Vergütungen fordert und die Betroffenen selbst angemessen entlohnt werden wollen, streben Aktionäre einen klaren Bezug zur Steigerung des Unternehmenswerts an. Mitarbeiter hingegen wünschen sich Zielsetzungen wie Arbeitsplatzsicherheit, Mitarbeiterzufriedenheit und ein angemessenes Verhältnis zur Vergütung der Gesamtbelegschaft.

4 Im Rahmen der immer öffentlicheren Debatte über Vorstandsvergütung hat der österreichische Regulator inzwischen eine Vielzahl von Regelwerken mit unterschiedlichen Adressaten geschaffen. So besteht mit § 78 Aktiengesetz (AktG) eine allgemeine gesetzliche Regelung für die Rechtsform der Aktiengesellschaft, um angemessene Bezüge mit langfristigen Verhaltensanreizen für Vorstandsmitglieder zu erwirken. Diese Anforderungen werden mit dem Österreichischen Corporate Governance Kodex (ÖCGK) spezifiziert und erweitert, der detaillierte Grundsätze der Festlegung und Überprüfung von Vorstandsvergütung definiert. Die Anforderungen aus dem ÖCGK gelten lediglich für börsennotierte Unternehmen, werden aber häufig aus Gründen guter Corporate Governance auch von nicht-börsennotierten Unternehmen angewandt. Innerhalb des ÖCGK werden sämtliche Regeln in drei Kategorien eingruppiert: *Legal Requirement (L)*: Regel ist zwingend umzusetzen; *Comply or Explain (C)*: Regel soll eingehalten werden, bei Nichteinhaltung muss die Abweichung erklärt und begründet werden; *Recommendation (R):* Regel mit Empfehlungscharakter. Es gilt festzuhalten, dass die ÖCGK-Regelungen mit Bezug auf Vorstandsvergütung ausschließlich L- oder C-Regeln sind und somit einen hohen verbindlichen Charakter für börsennotierte Unternehmen aufweisen. Für Fragen, die speziell die Corporate Governance staatseigener und staatsnaher Unternehmen betreffen, wurde in Analogie zum ÖCGK der Public Corporate Governance Kodex (B-PCGK) geschaffen. Zusätzlich wird die Vorstandsvergütung in der Banken- und Versicherungsbranche durch zahlreiche EU-Regelwerke (z. B. CRD IV, Solvency II) und deren nationale Umsetzung vor allem im Hinblick auf die Höhe und Bemessung sowie Auszahlungsmechanismen der variablen Vergütung stark reguliert.

5 Die folgenden Seiten sollen dazu dienen, Vorstandsvergütung hinsichtlich ihrer rechtlichen und regulatorischen Anforderungen einzuordnen. Dafür werden in den Ausführungen im Schwerpunkt börsennotierte Aktiengesellschaften mit Sitz in Österreich zugrunde gelegt. Für nicht-börsennotierte und öffentliche Unternehmen sowie Unternehmen aus dem Banken- und Versicherungssektor kann es hiervon abweichende Regelungen geben, deren zusätzliche Erläuterung jedoch nur auszugsweise behandelt wird und einen eigenen Beitrag notwendig machen würde. Außerdem werden anhand der österreichischen und europäischen Marktpraxis konkrete Ausgestaltungsmöglichkeiten für Vorstandsvergütung dargestellt und mit ihren Stellschrauben, die sich dem Aufsichtsrat bei der Festsetzung und Überprüfung bieten, aufgezeigt.

II. Aufsichtsrat und Vergütungsausschuss

Die Bestellung von Vorständen sowie die Gestaltung von Vorstandsverträgen und -vergütung zählen zu den Kernaufgaben des Aufsichtsrats. Um diese Bedeutung zu akzentuieren, sollen börsennotierte Aktiengesellschaften gemäß Ziffer 43 ÖCGK einen Vergütungsausschuss einrichten, dessen Vorsitzender der Aufsichtsratsvorsitzende ist. International hingegen wird der Vorsitz in sogenannten Remuneration Committees i. d. R. durch ein anderes Board-Mitglied als den Vorsitzenden wahrgenommen. 6

Auch die Bankenregulierung sieht einen Vergütungsausschuss vor. So ist für Finanzinstitute gemäß § 39 c Bankwesengesetz (BWG) ein Vergütungsausschuss ab einer Bilanzsumme von über einer Milliarde Euro verpflichtend. Hier darf der Vorsitzende des Vergütungsausschusses in den letzten drei Jahren kein Geschäftsleiter oder leitender Angestellter gewesen sein (§ 39 c BWG). 7

Während der Aufsichtsrat in seiner Gesamtheit für die Vergütung im Allgemeinen zuständig ist, beschäftigt sich der Vergütungsausschuss gemäß ÖCGK vor allem mit der Umsetzung detaillierter Anforderungen des ÖCGK, Vertragsfragen und regelmäßig anfallenden Aufgaben im Rahmen der Vorstandsvergütung. Der Vergütungsausschuss für Finanzinstitute hingegen ist neben der Vergütung für Vorstandsmitglieder auch für die Überprüfung der Vergütungspolitik und -praktiken für alle Mitarbeiter verantwortlich (Anlage zu § 39 b BWG). Um die Erfüllung der Aufgaben gewährleisten zu können, muss mindestens ein Mitglied des Vergütungsausschusses über Kenntnisse und Erfahrung im Bereich der Vergütungspolitik verfügen (Ziffer 43 ÖCGK bzw. § 39 c (3) BWG). Damit ist Österreich eines der wenigen Länder, das hierfür eine Entsprechung zum Financial Expert für den Prüfungsausschuss vorsieht. Interessant ist auch, dass in einigen Ländern wie Deutschland die Vorstandsvergütung in das Delegationsverbot an Ausschüsse aufgenommen wurde, um eine breite Diskussion und Beschlussfassung im Aufsichtsratsplenum zu ermöglichen. 8

Aber auch in Deutschland gewinnt das Thema des (vorbereitenden) Vergütungsausschusses an Bedeutung. So hat in 2013 die Siemens AG[2] als erstes deutsches Industrieunternehmen freiwillig einen Vergütungsausschuss implementiert. Hauptmotive dafür waren eine gezielte Auseinandersetzung und eine intensive Diskussion mit dem so öffentlichkeitswirksamen Thema der Vorstandsvergütung. Um dennoch dem deutschen Delegationsverbot an Ausschüsse nachzukommen, bereitet der Vergütungsausschuss von Siemens in mindestens drei Sitzungen jährlich Beschlussfassungen zu Themen wie Vergütungssystem, Zielvorgaben für variable Vergütung und Überprüfung der Angemessenheit für den Aufsichtsrat vor. Der Aufsichtsrat kann basierend auf den Vorschlägen eine gezielte Diskussion führen und gewährleistet mit diesem Procedere einen professionellen und ausgewogenen Umgang mit dem Thema Vorstandsvergütung. 9

2 Vergleiche hierzu „Der Vergütungsausschuss – ein Novum in Industrieunternehmen“ von Mannert und Kramarsch, erschienen in „Der Aufsichtsrat“ in der Ausgabe 07-08/2015

III. Rechte und Pflichten des Aufsichtsrats und des Vergütungsausschusses

10 Zu den Hauptaufgaben des Aufsichtsrats im Zusammenhang mit der Vertragsgestaltung für den Vorstand gehört die Ausgestaltung und Festsetzung von Vergütung. Dabei steht er nicht nur unter dem oben angesprochenen Druck von Medien und Gesellschaft nach moderaten Vergütungshöhen. Es gilt auch, mit attraktiven und zielgerichteten Vergütungssystemen Wunschkandidatinnen und -kandidaten für Vorstandsposten zu gewinnen und zu halten. Gleichzeitig muss die Vergütung den Ansprüchen des Gesetzgebers und Regulators genügen, der u. a. mit dem ÖCGK einen umfangreichen Anforderungskatalog erstellt hat. Zudem ist bei der Festsetzung von Vergütungssystemen deren Anreizwirkung zu beachten, damit Vorstandsmitglieder Entscheidungen im besten Unternehmenssinne treffen und zu entsprechender Leistung motiviert werden. Gleichzeitig sollten zur Sicherstellung von Marktüblichkeit und Wettbewerbsfähigkeit aktuelle Markttrends in die Festlegung von Vorstandsvergütung einbezogen werden. Dies ist eine Anforderung des ÖCGK und verschafft dem Aufsichtsrat einen Überblick über marktübliche Standards, die auch im eigenen Unternehmen sinnvoll Anwendung finden könnten.

11 Neben der Festsetzung von Vorstandsvergütung muss die Vergütungspolitik für Vorstandsmitglieder gemäß Ziffer 43 ÖCGK regelmäßig überprüft werden. Dies fällt in den Aufgabenbereich des Vergütungsausschusses. Im Markt hat sich die Praxis entwickelt, die Überprüfung mindestens alle zwei Jahre durchzuführen, um Veränderungen im eigenen Unternehmen sowie in der Gesetzgebung und dem Marktumfeld entsprechend zeitnah Rechnung tragen zu können. Im Allgemeinen geht die Überprüfung der Frage nach der Einhaltung der regulatorischen Anforderungen aus AktG und ÖCGK nach. Hierzu zählt in jedem Falle das angemessene Verhältnis der Vorstandsvergütung zu den Aufgaben und Leistungen des einzelnen Vorstandsmitglieds, zur Lage der Gesellschaft und zur üblichen Vergütung sowie die Ausrichtung der Vergütung an einer nachhaltigen Unternehmensentwicklung (§ 78 Abs. 1 AktG sowie Ziffer 26a ÖCGK).

12 In der Aufsichtsratspraxis ist das Zusammenspiel zwischen Vergütungsausschuss und Plenum nicht immer zufriedenstellend gelöst. So ist es beispielsweise zweifelhaft, inwieweit das Plenum nicht detailliert Vertrags- und Vergütungsregelungen im Rahmen von Neubestellungen von Vorstandsmitgliedern mit beschließen muss. Insbesondere bei individuellen Abweichungen von bereits verabschiedeten Vertragsgrundsätzen ist dies wohl zu bejahen.

13 Zusätzlich zu der regelmäßigen Überprüfung der Vergütungspolitik verlangt der ÖCGK in Ziffer 62, dass die Einhaltung aller mit „C“ gekennzeichneten Ziffern des Kodex mindestens alle drei Jahre durch eine externe Institution evaluiert werden soll. Die im Rahmen der Vorstandsvergütung relevanten C-Regeln (27, 27a, 28, 30 und 31) beziehen sich u. a. auf die Ausgestaltung der variablen Vergütung (insbesondere aktienbasierte Programme), Höchstgrenzen, die Möglichkeit zur Zurückforderung von variablen Vergütungskomponenten und Abfindungszahlungen. Um diesen Aufgaben umfänglich nachzukommen, kann der Aufsichtsrat bzw. Vergütungsausschuss externe Berater mandatieren. Jedoch ist sicherzustellen, dass der Berater nicht gleichzeitig Vorstand und Aufsichtsrat in Vergütungsfragen

berät (Ziffer 43 ÖCGK). Inwieweit eine Mandatierung externer Berater durch den Vorstand zu Vorstandsvergütung überhaupt zulässig wäre, scheint fraglich. Die Forderung nach neutraler Beratung für den Mandanten Aufsichtsrat ist sinnvoll. Sie zu präzisieren, hat sich z. B. in Deutschland die Vereinigung unabhängiger Vergütungsberater (VUVB) zur Aufgabe gemacht und diesbezüglich Regelwerke zur Überprüfung dieser Unabhängigkeit herausgegeben[3].

Jährlich ist der Aufsichtsrat des Weiteren dafür verantwortlich, den Anforderungen des Unternehmensgesetzbuches (UGB) und des ÖCGK zur Offenlegung der Vorstandsvergütung nachzukommen. Ziffer 29 ÖCGK fordert die im Geschäftsjahr gewährten Gesamtbezüge des Vorstands im Anhang zum Geschäftsbericht auszuweisen. Außerdem sind im Corporate Governance Bericht die gewährten sowie ausbezahlten Gesamtbezüge der einzelnen Vorstandsmitglieder gem. § 239 Abs. 1 Z 4 lit. A UGB und die Grundsätze der Vergütungspolitik gemäß § 243b Abs. 2 Z 3 UGB anzugeben. Gemäß Ziffer 30 ÖCGK soll der Corporate Governance Bericht außerdem u. a. die Grundsätze der Vergütungspolitik, Höchstgrenzen, Informationen zur Altersversorgung und Regelungen bei Ausscheiden sowie das Verhältnis der fixen zu den variablen Bestandteilen widergeben. Die internationale Praxis zum Ausweis von Vorstandsbezügen ist zwischenzeitlich großteils deutlich detaillierter, so beispielsweise in den USA, Großbritannien und Deutschland. Abzuwarten gilt, in welcher finalen Ausgestaltung die Novelle der europäischen Aktionärsrechte-Richtlinie verabschiedet wird. Nach derzeitigem Stand sieht sie u. a. eine bindende Abstimmung der Hauptversammlung über die Vergütungspolitik des Unternehmens vor, die mindestens alle drei Jahre durchzuführen ist. Des Weiteren wäre jährlich über den Vergütungsbericht abzustimmen. Um eine einheitliche Anwendung zu gewährleisten, soll der EU-Kommission die Befugnis übertragen werden, Rechtsakte zur Präzisierung der standardisierten Darstellung der Informationen zu erlassen. Dies würde zu einer deutlich verbesserten Qualität des Vergütungsausweises und einem Angleich mit internationalen Standards mit sich bringen. **14**

Abschließend gilt es zu erwähnen, dass der Aufsichtsrat für die Einhaltung und Umsetzung der gesetzlichen Vorgaben zur Vorstandsvergütung haftet, analog zu seinen Aufgaben und Pflichten jenseits der Vorstandsvergütung. Dies ist im Konzept der Verschuldenshaftung verankert, wonach der Aufsichtsrat die Sorgfaltspflicht schuldet (§ 99 AktG). Kommt der Aufsichtsrat diesen Pflichten nicht nach, drohen entsprechende namentliche Schadensersatzpflichten. **15**

IV. Vergütungselemente und ihre Anreizwirkung

Um den bereits angesprochenen unterschiedlichen Anforderungen an eine angemessene Vergütung für den Vorstand, die gleichzeitig motivierend, fair und attraktiv gestaltet ist, nachzukommen, hat der Aufsichtsrat verschiedene „Stellschrauben". So besteht die Vergütung für Vorstandsmitglieder aus verschiedenen Elementen, die üblicherweise eine Grundvergütung, variable Vergütungskomponenten und Zusagen auf betriebliche Altersversorgung sowie weitere Nebenleis- **16**

3 Der Autor ist Gründungsmitglied und Vorsitzender des VUVB e.V. (vuvb.de)

tungen umfasst. Im Folgenden werden diese Elemente kurz beschrieben und ihre Verbreitung auf Basis aktueller Geschäftsberichtsauswertungen des österreichischen ATX sowie internationaler Marktpraxis börsennotierter Gesellschaften für das Jahr 2014 dargestellt[4].

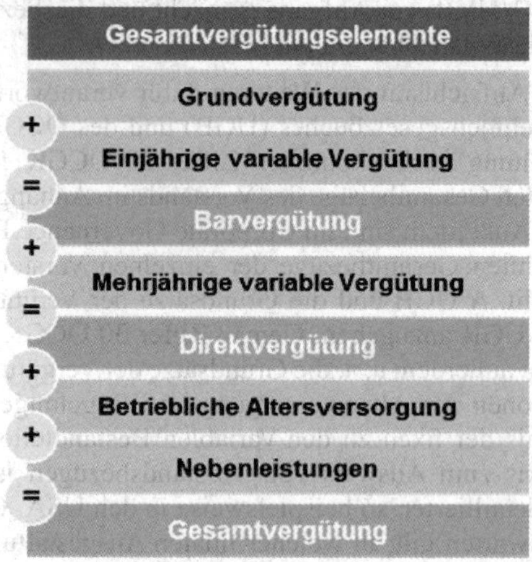

A. Grundvergütung

17 Die Grundvergütung ist eine fixe, vertraglich vereinbarte Vergütung, die üblicherweise monatlich in gleicher Höhe ausgezahlt wird. Unabhängig von Unternehmensentwicklung und Leistung des Vorstandsmitglieds dient dieser Betrag der Grundsicherung des Vorstandsmitgliedes, sodass dieses für den Fall, dass die variable Vergütung komplett entfallen sollte, dennoch auskömmlich entlohnt wird. Der Durchschnitt der Grundvergütung der ganzjährigen Vorstandsvorsitzenden im ATX lag im Jahre 2014 bei rund 790.000 EUR, wobei die Werte stark von rund 550.000 EUR bis 1.400.000 EUR schwankten. Relativ zur Direktvergütung betrug die Grundvergütung der Vorstandsvorsitzenden im ATX rund 50 %. Im deutschen Leitindex DAX hingegen lag der Anteil für 2014 lediglich bei 25 %.

B. Einjährige variable Vergütung

18 Die verbleibenden 50 % der Direktvergütung (ohne bAV und Nebenleistungen) sind somit variable Vergütungsbestandteile (ein- wie mehrjährig). Bei diesen hängt der tatsächliche Auszahlungsbetrag von definierten Bemessungsgrundlagen, die über einen gewissen Performancezeitraum gemessen werden, und/oder von einer Beurteilung durch den Aufsichtsrat ab. Typischerweise lassen sich variable Vergütungen in einjährige, die einen Performancezeitraum von lediglich einem Jahr umfassen, sowie mehrjährige variable Vergütungen, die Leistungen über einen mehrjährigen (oft drei- bis vierjährigen) Zeitraum messen, unterscheiden. Die

4 Quelle: hkp/// Geschäftsberichtsauswertungen Vorstandsvergütung ATX, DAX und MDAX 2014

variable Vergütung darf dabei gemäß Ziffer 27 ÖCGK nicht zum Eingehen unangemessener Risiken verleiten und soll auch nicht-finanzielle Kriterien beinhalten. Allgemein gilt für die variable Vergütung, dass die Gesellschaft variable Vergütungskomponenten zurückfordern kann, wenn sich herausstellt, dass diese auf der Grundlage von offenkundig falschen Daten ausgezahlt wurden (Ziffer 27 ÖCGK).

Die einjährige variable Vergütung errechnet sich oft zu wesentlichen Teilen anhand von betriebswirtschaftlichen, finanziellen Kennzahlen, die über den Zeitraum von einem Jahr gemessen wurden. Sie dient der Incentivierung des Geschäftserfolgs eines Jahres und entfaltet somit direkte Wirkung, da sich der Erfolg des letzten Geschäftsjahres unmittelbar in der einjährigen variablen Vergütung widerspiegelt. Bei isolierter Verwendung kann dieses Vergütungselement jedoch zu kurzfristigen und wenig nachhaltigen unternehmerischen Entscheidungen anreizen, indem z. B. Investitionen nicht getätigt werden, um negative Ergebniskonsequenzen im laufenden Geschäftsjahr zu vermeiden. **19**

Häufig wird die einjährige variable Vergütung auch verwendet, um die individuelle Leistung der einzelnen Vorstandsmitglieder zu berücksichtigen, indem entweder der Erfolg der eigenen Geschäftseinheit oder auch stärker qualitative Ziele wie Projekterfolg, Aufbau neuer Märkte oder Mitarbeiterführung als Messgröße dienen. Diese Berücksichtigung der individuellen Leistung trägt Ziffer 26 a ÖCGK Rechnung und kann ein effektives Mittel sein, neben den geschäftlichen Ergebnissen die Führungsverantwortung und -leistung der Vorstandsmitglieder abzubilden. **20**

Hinsichtlich der Häufigkeit von ein- bzw. mehrjähriger variabler Vergütung in Österreich lässt sich anhand veröffentlichter Informationen keine vollständige Aussage treffen, da im Vergütungsausweis keine explizite Trennung von einjähriger und mehrjähriger variabler Vergütung gefordert wird. Bei Unternehmen des ATX, die in ihrem Ausweis eine klare Trennung vornehmen, überwiegt die einjährige variable Vergütung die mehrjährige variable Vergütung mit etwa 60 % zu 40 %. Insgesamt wurde 2014 im Durchschnitt der ATX-Vorstandsvorsitzenden rund 810.000 EUR variable Vergütung gezahlt. **21**

C. Mehrjährige variable Vergütung

Die mehrjährige variable Vergütung weist Performancezeiträume von mindestens zwei Jahren auf. In der Praxis haben die meisten Unternehmen eine Laufzeit von drei oder vier Jahren gewählt. Durch die Messung der Unternehmensleistung über mehrere Jahre soll dieses Vergütungselement vor allem die geforderte nachhaltige Entwicklung des Unternehmenserfolgs zum Ziel haben. Gleichzeitig kann die mehrjährige variable Vergütung dazu dienen, die Interessen von Vorstand und Aktionären anzugleichen, indem die mehrjährige variable Vergütung zumindest in Teilen an die langfristige Wertentwicklung des Unternehmens gebunden ist. **22**

Gerade bei der Gestaltung der mehrjährigen variablen Vergütung sollte der konkreten Zielvorgabe besonderes Augenmerk gewidmet werden. Werden langfristig Ziele gesetzt, die sehr leicht zu erreichen sind, schöpfen Vorstandsmitglieder u. U. nicht das volle Potenzial des Unternehmens aus. Im Umkehrschluss gilt **23** auch, dass – wenn Ziele zu ambitioniert und damit nicht realistisch erreichbar sind – die Anreizwirkung verpufft. Werden Kennzahlen, die an die Vergütung gekoppelt sind, zu einseitig oder entgegen der strategischen Ausrichtung des Unternehmens gewählt, trifft der Vorstand ggf. Entscheidungen, die nicht im besten Unternehmensinteresse sind. Sind die Zielvorgaben hingegen klar an strategische Zielsetzungen geknüpft, mit historischen Daten, Planwerten und ggf. auch Wettbewerbsvergleichen validiert, so kann die mehrjährige variable Vergütung ganz gezielt positiven Einfluss auf die nachhaltige Unternehmensentwicklung nehmen.

24 Obwohl Ziffer 27 ÖCGK insbesondere nachhaltige, langfristige und mehrjährige Leistungskriterien verlangt, hatten in 2014 von den 20 Unternehmen des ATX acht Unternehmen keine explizite Langfristvergütung für ihre Vorstandsmitglieder implementiert. Unter den restlichen zwölf Unternehmen betrug der Anteil der mehrjährigen variablen Vergütung an der gesamten variablen Vergütung lediglich durchschnittlich 40 %. Ein Blick in das Nachbarland Deutschland zeigt, dass hier die mehrjährige variable Vergütung die einjährige in aller Regel übersteigt, um den gesetzlichen und regulatorischen Anforderungen an Nachhaltigkeit und Mehrjährigkeit gerecht zu werden. So beträgt der Anteil der mehrjährigen variablen Vergütung der Vorstandsvorsitzenden im DAX über 60 % der gesamten variablen Vergütung.

D. Betriebliche Altersversorgung

25 Die betriebliche Altersversorgung (bAV) für Vorstandsmitglieder dient als Absicherung des Vorstandsmitglieds und seiner Familie im Alter, bei Invalidität sowie Tod und hat eine besonders „langfristige" Orientierung. Altersversorgungszusagen können dabei grundsätzlich in leistungsorientierte und beitragsorientierte Zusagen unterteilt werden. Bei Leistungszusagen bestimmt sich die Rente meist als Prozentsatz der letzten Grundvergütung bei Eintritt des Versorgungsfalls. Dabei entspricht der maximale Versorgungsgrad, der typischerweise nach 15 Jahren Dienstzeit erreicht wird, zwischen 40 % und 55 % der Bemessungsgrundlage.

26 In den letzten Jahren haben jedoch immer mehr Unternehmen ihre leistungsorientierten Zusagen abgelöst und neue, beitragsorientierte Zusagen eingeführt. Hierbei gewährt das Unternehmen eine Zusage auf Beiträge (z. B. in eine Pensionskasse) während der Dienstzeit. Durch einen Wechsel von leistungs- auf beitragsorientierte Zusagen kann das Unternehmen Demographie- und Kapitalmarktrisiken auf den Berechtigten übertragen und gleichzeitig Liquiditätsbelastungen und Rückstellungsvolatilitäten reduzieren. Üblicherweise berechnen sich die Beitragshöhen als Prozentsatz anderer Vergütungsbestandteile. Hierbei schwanken die Prozentsätze z. B. in Prozent der Grundvergütung üblicherweise zwischen 30 % und 45 %.

E. Nebenleistungen

27 Gewährte Nebenleistungen für Vorstandsmitglieder beinhalten zumeist einen Dienstwagen inklusive der Möglichkeit der Nutzung eines Fahrerpools. Außerdem gewähren Unternehmen häufig personenindividuelle Leistungen, z. B. Umzugs- und Wohnkosten bei Neueintritten oder regelmäßige Gesundheitstests. Zum Schutz des Vorstandsmitglieds wird häufig eine Manager-Haftpflichtversicherung (Directors-and-Officers-Versicherung; D&O-Versicherung) abgeschlossen. Besteht eine solche durch das Unternehmen finanzierte D&O-Versicherung, muss sie gemäß Ziffer 30 ÖCGK im Corporate Governance Bericht angegeben werden.

Ein weiteres übliches Vertragselement sind Abfindungsklauseln im Falle einer Kündigung oder Abberufung durch das Unternehmen ohne wichtigen Grund. Jedoch ist zu berücksichtigen, dass solche Abfindungen gemäß Ziffer 27a ÖCGK zwei Jahresgesamtvergütungen nicht überschreiten und nicht mehr als die Restlaufzeit des Anstellungsvertrages abgelten dürfen. Falls die vorzeitige Beendigung des Vorstandsvertrages aus einem vom Vorstandsmitglied zu vertretenden wichtigen Grund (z. B. erhebliche Pflichtverletzung durch das Vorstandsmitglied) erfolgt, sind keine Abfindungen zu zahlen. Insgesamt sind bei der Festlegung der Abfindungshöhe die Umstände des Ausscheidens und die wirtschaftliche Lage des Unternehmens zu berücksichtigen. 28

V. Stellschrauben des Aufsichtsrats in der Ausgestaltung von variablen Vergütungssystemen

A. Bemessungsgrundlagen

Wesentlicher Bestandteil der Festlegung von Vorstandsvergütungssystemen und elementare Entscheidung zur Anreizsetzung für den Vorstand ist die Wahl geeigneter Kennzahlen, anhand derer die Auszahlung der variablen Vergütung bemessen wird. Es empfiehlt sich, sowohl für einjährige als auch für mehrjährige variable Vergütung mehr als eine, aber nicht mehr als vier Bemessungsgrundlagen zu definieren. Somit kann vermieden werden, dass auf der einen Seite zu viel Risiko von einer einzigen Bemessungsgrundlage getragen wird und eine zu einseitige Anreizsetzung entsteht sowie auf der anderen Seite das System unnötig kompliziert und kleinteilig wird, was die Anreizwirkung mindert. 29

Die gewählten Bemessungsgrundlagen sollten die Ziele des Unternehmens, aber auch die Spezifika der eigenen Industrie, widerspiegeln. So sollte ein Dienstleistungs- oder Handelsunternehmen anhand anderer relevanter Kennzahlen bemessen werden als ein produzierendes Unternehmen der Industrie, das z. B. hohe Investitionen für neue Anlagen tätigen muss. Wird die Vorstandsvergütung in diesem Fall am EBIT gemessen, werden sich die getätigten Investitionen bzw. die damit verbundenen Abschreibungen zunächst negativ im EBIT niederschlagen und damit nicht nur das ausgewiesene EBIT, sondern auch die variable Vergütung des Vorstands reduzieren. Wird seine Vergütung hingegen am EBITDA, das Abschreibungen außer Acht lässt, bemessen, so ist der Vorstand stärker incentiviert, langfristig zu planen und Investitionen mit Blick auf zukünftige Erträge zu tätigen als unter Verwendung des EBIT. Andererseits bleiben bei einer Orientierung am EBITDA Firmenwertabschreibungen auf zu teuer getätigte Akquisitionen außen vor. In den letzten Jahren ist ein Trend beobachtbar, den Vorstand an unadjustierten Nachsteuergrößen wie Jahresüberschuss zu incentivieren, um alle Elemente der Ergebnisrechnung und Bilanz zu berücksichtigen. 30

31 Auch die spezifische Situation des Unternehmens, ob es sich z. B. in einer Wachstums- oder Konsolidierungsphase befindet, sollte in den Kennzahlen berücksichtigt werden. So könnte ein Unternehmen im (Online-)Handel, das seinen Fokus auf die Erhöhung seiner Marktanteile legt, am Umsatzwachstum gemessen werden, während für einen alteingesessenen Baukonzern eher Renditekennzahlen herangezogen werden. Generell empfiehlt es sich, eine Kombination aus unterschiedlichen betriebswirtschaftlichen Kennzahlen zu verwenden, z. B. eine Ertragsgröße (z. B. EBIT) mit einer Rendite-Größe (z. B. Gesamtkapitalrendite), um so profitables Wachstum zu incentivieren. Während Investoren für stark rechenbare Vergütungsmodelle plädieren, in denen die Kennzahlen wie im Geschäftsbericht veröffentlicht („as reported") die Auszahlungshöhe festlegen, um die direkte Wirkung mit dem Unternehmenserfolg nachvollziehen zu können, werden sich verantwortlich handelnde Aufsichtsräte immer Ermessenspielräume erhalten wollen. Diese Ermessenspielräume finden in der Praxis Anklang, da keine noch so präzise „Formel" unter allen denkbaren Szenarien eine „passende" Vergütung garantieren kann.

32 Jedoch sollten nicht nur finanzielle Kenngrößen verwendet werden: Die Ziffern 26a und 27 ÖCGK fordern, dass die Vergütung im angemessenen Verhältnis zu den Leistungen des einzelnen Vorstandsmitglieds steht und im Rahmen der variablen Vergütung auch nicht-finanzielle Kriterien einbezogen werden. Es empfiehlt sich daher, die individuelle Leistung der Vorstandsmitglieder in der variablen Vergütung zu berücksichtigen, um auch dem individuellen Erfolgsbeitrag jedes Einzelnen Rechnung zu tragen. Die Bewertung der individuellen Leistung erfolgt hier meist beurteilend bzw. diskretionär durch den Aufsichtsrat, teilweise anhand vorher definierter, meist qualitativer Kriterien.

B. Anspannungsgrad

33 Zusätzlich muss der Aufsichtsrat den Anspannungsgrad der Bemessung der variablen Vergütung durch die Festlegung des Zielwerts, Minimums und Maximums bestimmen. Damit entscheidet der Aufsichtsrat, wie anspruchsvoll die Zielerreichung für die Vorstandsmitglieder ausgestaltet ist. Im Markt immer noch sehr häufig als Zielwert anzutreffen ist das Jahresbudget, in dem der tatsächliche Ist-Wert der Kennzahl nach Ende der Planlaufzeit mit dem Soll-Wert, der sich aus der Jahresplanung des Unternehmens ergibt, verglichen wird. So beschreibt der Geschäftsbericht 2014 der OMV AG, dass das Erreichen der Ziele „… mittels Vergleich der vereinbarten Werte mit den tatsächlich erreichten Werten festgestellt…" wird (S. 24). Während diese Berechnungsmethodik leicht nachvollziehbar ist, kann sie jedoch dazu führen, dass im Rahmen der unternehmensinternen Budgetplanung sehr konservativ vorgegangen wird, was für Aufsichtsräte ex ante nur schwer zu beurteilen ist. Des Weiteren ist bei Verwendung der Jahresplanung der Zielwert jährlich neu durch den Aufsichtsrat zu definieren.

34 Eine mögliche Alternative stellen strategische Zielrenditen dar, die in der Regel für mehrere Jahre („über den Geschäftszyklus") festgelegt werden und somit keine jährliche Anpassung erfordern (z. B. Gesamtkapitalrendite von 15 %). Alternativ können – sofern Wachstum entsprechend incentiviert werden soll – auch

die Ergebnisse des Vorjahres als Zielwert für die nächsten Jahre herangezogen werden. In allen Fällen ist es üblich, dem Aufsichtsrat das Recht einer diskretionären Anpassung des Auszahlungsbetrags einzuräumen. Dies ist v. a. im Falle unvorhersehbarer Ereignisse wie einer konjunkturellen Krise oder bedeutenden Unternehmensakquisition ein wichtiges Instrument für den Aufsichtsrat, die variable Vergütung gemäß der aktuellen Unternehmenssituation anzupassen.

C. Gestaltung mehrjähriger variabler Vergütung

Um der Forderung nach einer mehrjährigen variablen Vergütung nachzukommen, haben sich in den vergangenen Jahren im Markt verschiedene Planausgestaltungen entwickelt. Konkret nennt der ÖCGK in Ziffer 28 Aktienoptions- und Aktienübertragungsprogramme, für die er eine Sperrfrist von mindestens drei Jahren vorsieht. Des Weiteren ist vom Vorstand für die Dauer eines solchen Programmes, längstens aber bis zur Beendigung der Vorstandstätigkeit, ein angemessener Eigenanteil an Aktien des Unternehmens zu halten. In der Praxis haben jedoch insbesondere Aktienoptionen national und international in den letzten Jahren deutlich an Popularität verloren, da ihr typisches „Alles-oder-Nichts"-Profil aus Sicht vieler Unternehmen keine nachhaltigen Anreizstrukturen erzielt. Als einziges Unternehmen im ATX vergütet die Andritz AG 2014 laut Geschäftsbericht ihre Vorstandsmitglieder mit Aktienoptionen, die mit einer Sperrfrist von drei Jahren versehen sind. Auch im deutschen Leitindex DAX werden Aktienoptionen oder virtuelle Optionen nur noch von 13 % der Unternehmen eingesetzt. 35

Sogenannte Deferrals (aufgeschobene Vergütungen), bei denen ein Teil der einjährigen variablen Vergütung in seiner Auszahlung verschoben und unter weiteren Performancevorbehalt gestellt wird, haben sich hingegen rasch verbreitet, da derartige Pläne relativ einfach in bestehende Systeme zu integrieren sind und die auf Jahresbasis erzielten Erfolge in den Folgejahren „auf die Probe stellen". Des Weiteren sind Deferrals für Finanzinstitute regulatorisch gefordert (Anlage zu § 39 b BWG Ziffer 12), sodass z. B. die Erste Group Bank AG gemäß Geschäftsbericht 2014 80 % der variablen Vergütung des Vorstands für mindestens ein weiteres Jahr aufschiebt. 36

Im Rahmen eines Performance Cash Plans erhält das Vorstandsmitglied eine bedingte Zusage über einen Geldbetrag nach Ablauf einer festgelegten Laufzeit von meist drei bis vier Jahren. Basierend auf der Zielerreichung definierter Erfolgsziele (aktienbasiert und/oder nicht-aktienbasiert) während des Performancezeitraums bestimmt sich nach Ablauf der Laufzeit die tatsächliche Höhe des Auszahlungsbetrags. Die Implementierung eines solchen Plans ist sinnvoll, da er den künftigen Erfolg des Unternehmens einbezieht und somit eine langfristige Anreizwirkung in die Zukunft setzt. Sollten durch den Vorstand wenig nachhaltige Entscheidungen getroffen werden, wird sich dies in der späteren Auszahlungshöhe des Performance Cash Plans widerspiegeln. So hat z. B. die Lenzing AG im Geschäftsbericht 2014 einen Performance Cash Plan ausgewiesen, der einen Performancezeitraum von drei Jahren umfasst und die Leistung des Vorstands anhand finanzieller und qualitativer Ziele bemisst. 37

38 Im Vergleich zum Performance Cash Plan ist der Performance Share Plan um die Komponente des Aktienkurshebels erweitert: Berechtigte eines Performance Share Plans erhalten eine bedingte Zusage zur Überlassung von (echten oder virtuellen) Aktien nach Ablauf einer festgelegten Laufzeit von meist drei bis vier Jahren. Zu Beginn der Planlaufzeit wird dazu eine Anzahl Performance Shares (100 %) zugeteilt. Basierend auf der Zielerreichung definierter Erfolgsziele während des Performancezeitraums kann sich die Anzahl der Performance Shares erhöhen bzw. verringern und so die finale Anzahl der zuzuteilenden Performance Shares bestimmt werden. Nach Ende des Performancezeitraums werden die Performance Shares entweder in Aktien oder durch eine entsprechende Auszahlung in bar, die durch eine Multiplikation der erreichten Stückzahl mit dem dann aktuellen Aktienkurs errechnet wird, bedient. Mit der Kombination aus relevanten Erfolgszielen, die die Stückzahl an Performance Shares beeinflussen, und der Kursentwicklung stellen Performance Share Pläne ein geeignetes Instrument dar, um sowohl die Interessen des Vorstands an die der Aktionäre anzugleichen, als auch die nachhaltige Entwicklung des Unternehmens zu fördern. Als Beispiel kann der Performance Share Plan von CA Immobilien Anlagen AG genannt werden, der gemäß Geschäftsbericht 2014 über drei Jahre läuft und neben dem Aktienkurshebel verschiedene für Immobilienunternehmen typische Finanzkennzahlen wie NAV-Wachstum (Net Asset Value) und FFO-Wachstum (Funds From Operations) verwendet.

39 Mehrjahresboni funktionieren in der Ausgestaltung grundsätzlich wie eine klassische einjährige variable Vergütung mit der Ausnahme, dass die Performance nicht nur über einen Zeitraum von einem Jahr, sondern über den Durchschnitt mehrerer (in der Regel drei) Jahre gemessen wird. Im Gegensatz zu den zuvor beschriebenen, nach vorne gerichteten, Langfristvergütungen wird bei Mehrjahresboni eine rückwärtsgerichtete Betrachtung der Performance vorgenommen. Sie stellen ein Mittel dar, um einjährige variable Vergütung ohne großen Aufwand mehrjährig zu gestalten und gleichzeitig keine Auszahlungslücke hervorzurufen, die bei der Einführung eines vorwärts gerichteten LTI-Plans entstehen kann. Jedoch sind sie aufgrund ihrer rückwärtsgerichteten Logik nur bedingt geeignet, einen Anreiz zur nachhaltigen, zukünftigen Unternehmensentwicklung zu setzen.

D. Obergrenzen

40 Unabhängig von der konkreten Wahl ein- und mehrjähriger variabler Vergütungen ist zu beachten, dass der Aufsichtsrat betragsmäßige oder als Prozentsätze der fixen Vergütungsteile bestimmte Höchstgrenzen im Voraus festlegen muss (Ziffer 27 ÖCGK). Somit müssen sowohl einjährige als auch mehrjährige variable Vergütungselemente Obergrenzen (sogenannte Caps) vorsehen, um die Vergütungshöhen auch bei außergewöhnlichem Unternehmenserfolg in einem angemessenen Rahmen zu halten.

41 Im ATX 2014 schwankten die Caps für den STI zwischen 50 % und 300 % des Grundgehalts, wobei 100 % am häufigsten anzutreffen war. Die Caps für LTIs waren im ATX deutlich seltener ausgewiesen und zeigten – wo veröffentlicht – ähnliche Zahlen wie für den STI. Ein Blick in den deutschen MDAX zeigt, dass der

Maximalwert der einjährigen variablen Vergütung, bezogen auf den Zielwert, zwischen 100 % und 300 % liegt, wobei die Mehrheit der Unternehmen die Auszahlung auf 200 % des Zielwerts begrenzt hat. Etwas höher liegt der Maximalwert der mehrjährigen variablen Vergütung – bezogen auf den Zielwert – zwischen 100 % und 390 % mit einem Median bei 250 %. Dennoch gibt es z. B. mit dem deutschen Software-Unternehmen SAP AG oder dem Gasehersteller Linde AG Unternehmen, die bewusst kein betragsmäßiges Maximum für aktienbasierte mehrjährige variable Vergütung definieren. Hauptargument dafür ist die gewünschte Gleichbehandlung von Aktionären und Vorstand mit unbegrenzter Teilhabe an der Aktienkursentwicklung nach unten ebenso wie nach oben.

VI. Festsetzung und Überprüfung von angemessenen Vergütungshöhen

Neben der Festlegung angemessener und anreizkompatibler Vergütungssysteme und -elemente kommt der Festsetzung der korrespondierenden Vergütungshöhen durch den Aufsichtsrat entscheidende Bedeutung zu. Auf der einen Seite gilt es, marktübliche und damit wettbewerbsfähige Vergütungen anzubieten, um talentierte und erfahrene Vorstandsmitglieder gewinnen und halten zu können, doch gerade das Thema Vergütungshöhe ist in der Öffentlichkeit stark diskutiert – zumeist mit der Forderung nach geringeren Vergütungen. **42**

Gemäß § 78 (1) AktG und Ziffer 26 a ÖCGK hat der Aufsichtsrat „… dafür zu sorgen, dass die Gesamtbezüge der Vorstandsmitglieder […] in einem angemessenen Verhältnis zu den Aufgaben und Leistungen des einzelnen Vorstandsmitglieds, zur Lage der Gesellschaft und zu der üblichen Vergütung stehen […]" Der hierin postulierte Angemessenheitsbegriff umfasst somit unterschiedliche Aspekte: **43**

So können sich die konkreten Aufgaben der einzelnen Vorstandsmitglieder stark unterscheiden, da es zumeist neben der Betreuung typischer Stabsfunktionen (z. B. Finanzen, Recht, Personal) auch Vorstandsmitglieder gibt, die Geschäftseinheiten verantworten. In aller Regel wird der Vorstandsvorsitz als Funktion mit herausgehobener Bedeutung und externer Beachtung differenziert und herausgehoben vergütet. Anders stellt sich die Situation bei den weiteren Vorstandsmitgliedern dar. Teilweise verfügen besonders erfolgskritische oder langjährige, sehr erfahrene Vorstandsmitglieder über Vergütungen, die im Vergleich zu den weiteren Mitgliedern 20 % bis 30 % höher ausfallen. Außerdem kann beobachtet werden, dass neue, erstbestellte Vorstandsmitglieder u. U. zunächst für ein bis drei Jahre nur ca. 80 % der „Regelvergütung" erhalten. Es gilt daher für den Aufsichtsrat abzuwägen, ob die konkrete Aufgabe und Wichtigkeit des einzelnen Mitglieds eine Differenzierung der Vergütung bedingen oder ob die gesamthafte Verantwortung des Vorstands als Organ der Gesellschaft den Ausschlag (für eine einheitliche Vergütung) geben sollte. So kann eine einheitliche Vergütung auch dazu beitragen, Wertungen der Wichtigkeit von Aufgaben und daraus resultierende Konflikte im Vorstand zu vermeiden. Die Frage nach einer Differenzierung oder Einheitlichkeit der Vergütung sollte daher jedes Unternehmen bzw. jeder Aufsichtsrat für sich und seine spezifische Ausgangssituation beantworten. **44**

45 Die im Angemessenheitsbegriff umfasste individuelle Leistung des einzelnen Vorstandsmitglieds kann sich zum einen in den konkreten Auszahlungsbeträgen der variablen Vergütung, die auf Basis der individuellen Leistung bemessen werden, niederschlagen (siehe dazu Kapitel „Bemessungsgrundlagen"); zum anderen ist es jedoch auch möglich, die bisherige individuelle Leistung über differenzierte Zielvergütungshöhen, also Beträge, die bei 100 % Zielerreichung ausbezahlt werden sollen, zu berücksichtigen.

46 Einen weiteren wichtigen Angemessenheitsaspekt stellt die Üblichkeit der Vergütung dar. Dabei sollte die Vergütung sowohl horizontal als auch vertikal auf Üblichkeit überprüft werden. Im Rahmen eines horizontalen Vergleichs wird die Vorstandsvergütung des eigenen Unternehmens der Vorstandsvergütung vergleichbarer Unternehmen gegenübergestellt. AktG und ÖCGK spezifizieren die Forderung nach vergleichbaren Unternehmen nicht weiter, so dass verschiedene Kriterien denkbar sind, die eventuell auch in mehreren Vergleichsgruppen berücksichtigt werden können: Zunächst sollte die Vergleichsgruppe Unternehmen beinhalten, die ähnlich groß sind, da die Unternehmensgröße und die damit einhergehende Komplexität sowie Verantwortung einen maßgeblichen Treiber der Vergütungshöhe darstellen. Faktoren wie die Anzahl der Mitarbeiter, die Höhe des Umsatzes und die Börsenkapitalisierung können als Maßstäbe für die Unternehmensgröße fungieren. Auch sollte aus Gründen der Vergleichbarkeit und Wettbewerbsfähigkeit die Branche des Unternehmens berücksichtigt werden, indem die Vergleichsgruppe Unternehmen enthält, die in der gleichen bzw. einer verwandten Branche tätig sind. Außerdem ist das Land des Unternehmens ein wesentliches Kriterium, um vergleichbare Unternehmen zu selektieren, da teils deutliche länderspezifische Unterschiede in der Corporate Governance bestehen (z. B. monistisches vs. duales Board-System). Neben der beschriebenen horizontalen Betrachtung sollte außerdem ein sogenannter Vertikalvergleich vorgenommen werden, in dem die Vergütungshöhen der Vorstandsmitglieder mit denen der Führungskräfte und der Gesamtbelegschaft innerhalb des eigenen Unternehmens verglichen werden. Im Zuge dessen sollte insbesondere berücksichtigt werden, dass mögliche Gehaltssteigerungen des Vorstands nicht konträr zur Entwicklung der Vergütung der weiteren Belegschaft verlaufen. Denkbar wäre des Weiteren, die unternehmenseigene Vergütungsrelation zwischen Vorstand und Mitarbeitern den Vergütungsrelationen in anderen Unternehmen gegenüber zu stellen, um ein angemessenes Verhältnis zu ermitteln. In der Praxis stellt sich dies jedoch als quasi unmöglich dar, da Vergütungsstrukturen über Unternehmen hinweg stark von den jeweiligen Geschäftsmodellen geprägt sind. Werden vor allem hochqualifizierte Mitarbeiter im Unternehmen beschäftigt (z. B. in einem Software-Unternehmen), ist das Vergütungsverhältnis zum Vorstand deutlich geringer, als wenn geringer qualifizierte Mitarbeiter im Unternehmen beschäftigt sind (z. B. Handelsunternehmen).

VII. Die Rolle des Vergütungsberaters

47 Der ÖCGK verlangt in Ziffer 62, dass die Einhaltung sämtlicher mit „C" gekennzeichneten Ziffern des Kodex mindestens alle drei Jahre durch eine externe

Institution evaluiert wird. Für die Vorstandsvergütung von börsennotierten Unternehmen bedeutet dies, dass die Ziffern 27, 27a, 28, 30 und 31 ÖCGK – konkret die Ausgestaltung der variablen Vergütung, Höchstgrenzen, die Möglichkeit zur Zurückforderung von variablen Vergütungskomponenten und die Höhe von Abfindungszahlungen – extern zu überprüfen sind. In der Praxis bedienen sich zahlreiche Aufsichtsräte – vor allem großer Unternehmen – dabei der Unterstützung externer Vergütungsberater. Zwar nimmt ein externer Vergütungsberater nicht die gleiche Stellung wie der bestellte Wirtschaftsprüfer oder ein sonstiger institutionalisierter Funktionsträger ein, jedoch kann er im Rahmen professioneller Befassung mit dem Thema Vorstandsvergütung von großem Nutzen sein.

Eine Vergütungsüberprüfung durch einen externen Berater dient jedoch nicht nur der Erfüllung der Anforderungen des ÖCGK. In der Regel können Vergütungsberater auf eine große Anzahl von Markt- und Vergütungsdaten aus Studien und Projekten zurückgreifen. Mit diesen Daten können marktübliche Vergütungshöhen unter der Berücksichtigung der Aufgabenverteilung innerhalb des Vorstands, der Größe und Situation des Unternehmens sowie der Branche und Internationalität des Wettbewerbs abgeleitet werden. Basierend auf dem Vergleich zwischen aktueller Vorstandsvergütung im eigenen Unternehmen und marktüblichen Höhen können mögliche Anpassungen vorgeschlagen werden, um Vorstandsmitglieder attraktiv und gleichzeitig im Sinne des AktG und ÖCGK angemessen zu entlohnen. 48

Durch langjährige Praxiserfahrung aus ähnlichen Projekten können Vergütungsberater zudem bei der Konzeption von Vergütungssystemen unterstützen. Mit der Erfahrung aus anderen Projekten lassen sich so Schwachstellen oder Optimierungsmöglichkeiten des Vergütungssystems identifizieren, um mögliche Fehlsteuerungen zu vermeiden. Außerdem lassen sich unterschiedliche Optionen aufzeigen, um das Vergütungssystem unter Beachtung der Interessen aller Stakeholder zu (re-)designen. Diese Unterstützung ist vor allem für Unternehmen interessant, deren Vergütungssysteme stark im Interesse von Medien, großen institutionellen Investoren und Proxy Advisors stehen oder die eine vollständige Überarbeitung des Vergütungssystems für Vorstände geplant haben und in diesem Rahmen unterschiedliche Interessen verschiedener Parteien berücksichtigen müssen. 49

Ein entscheidender Faktor bei der Überlegung, einen externen Berater zu konsultieren, sind des Weiteren mögliche unternehmensinterne Interessenkonflikte. Diese können durch eine Beauftragung von externen Beratern vermieden werden: Der Vergütungsberater steht als unternehmensfremde Person im Gegensatz zu mit dem Thema Vorstandsvergütung betrauten Angestellten des Unternehmens nicht in einer (direkten oder indirekten) Berichtslinie zum Vorstand. Dies erlaubt eine jederzeit unabhängige Beratung und Unterstützung des Aufsichtsrats – frei von möglichen Interessenkonflikten und unternehmensinternen Abhängigkeiten. Jedoch ist sicherzustellen, dass der Berater nicht gleichzeitig den Vorstand und den Aufsichtsrat in Vergütungsfragen berät (Ziffer 43 ÖCGK), da ansonsten die Gefahr besteht, dass der Berater selbst in einen Interessenkonflikt gerät. Dazu ist die Unabhängigkeit des Vergütungsberaters von entscheidender Bedeutung, denn nur so kann der Berater den Aufsichtsrat frei von eigenen wirtschaftlichen Interes- 50 sen (z. B. aufgrund möglicher vom Vorstand mandatierter Projekte) beraten. Professionelle Vergütungsberater haben sich daher zur Einhaltung von Grundregeln zur Unabhängigkeit verpflichtet, wie sie in Deutschland im Kodex der „VUVB - Vereinigung unabhängiger Vergütungsberater" enthalten sind. Mit Einhaltung des Kodex verpflichten sich Vergütungsberater, u. a. nicht mehr als 15 Prozent der Gesamtgeschäftseinnahmen durch einen einzelnen Kunden zu erzielen und kein Unternehmen zu beraten, zu dem signifikante finanzielle Verbindungen bestehen. Entscheidend ist außerdem, dass der mandatsführende Vergütungsberater den Vorstand nicht zu Vergütungsfragen beraten hat oder andere Stellen in der Gesellschaft gleichzeitig zu Vergütungsfragen berät. Dadurch kann extern wie intern glaubhaft kommuniziert werden, dass die Vorstandsvergütung objektiv und neutral überprüft bzw. entwickelt wurde.

VIII. Fazit

51 Zusammenfassend lässt sich festhalten, dass Vorstandsvergütung durch wachsendes öffentliches Interesse und zahlreiche rechtliche Anforderungen zu einem der prominentesten Aufgabengebiete des Aufsichtsrats geworden ist. Dies macht eine professionelle und intensive Befassung mit der Thematik unerlässlich. Die Einbindung externer und unabhängiger Institutionen stellt dabei eine notwendige und gleichermaßen hilfreiche Unterstützung dar. Denn der Aufsichtsrat besitzt mit der Festlegung der Vorstandsvergütung ein wichtiges Instrument, um im besten Unternehmenssinne Einfluss auf die Entscheidungen der Vorstandsmitglieder zu nehmen und wirkungsvolle Anreize für eine nachhaltige Unternehmensentwicklung zu setzen.

Vorstandsvergütung und CSR

Janine Wendt

§§: 77, 78 AktG; ÖGCK; Art 5 StGG; Art 6 StGG; Art 12 StGG; Art 11 EMRK; 1. ZProtEMRK; Bundesverfassungsgesetz vom 27. November 1984 über den umfassenden Umweltschutz (BGBl. Nr. 491/1984); Zweites Stabilitätsgesetz 2012 (BGBl. I Nr 35/2012).

Literatur

Ö: *Baumüller*, Wie gut sind die „besten" Geschäftsberichte? Status quo der Rechnungslegung österreichischer Unternehmen und NPOs, CFOaktuell 2015, 256; *Baumüller*, Corporate Social Responsibility, SWK 2015, 983; *Baumüller/Faseli-Friedl*, Alte und neue Probleme der Nachhaltigkeitsberichterstattung von Unternehmen anhand des Beispiels der Umweltberichterstattung, ecolex 2015, 917; *Berka,* Verfassungsrecht[5] (2013); *Doralt/Nowotny/Kalss*, Kommentar zum Aktiengesetz[2] (2012); *Eigner,* Neue Regeln zur Vorstandsvergütung und zur Zusammensetzung des Aufsichtsrats, GesRZ 2012, 208; *Felber*, Verfassungen und Gemeinwohl. Werte, Ziele, Mittel und Erfolgsmessung in der Gemeinwohl-Ökonomie und was demokratische Verfassungen dazu sagen, in *Pfeil/Urnik* (Hrsg.), Gesellschaftliche Verantwortung und Gemeinwohl als Unternehmensziele (2015), 15; *Fritz*, Verdienen Aufsichtsräte und Vorstände, was sie verdienen? Bericht zum Forum Aufsichtsrat 2015, Aufsichtsrataktuell 2015 H 4, 22; *Glaser*, Corporate Social Responsibility (CSR): Erweiterung der (Lage-)Berichterstattung um nicht-finanzielle Informationen zur Erhöhung der Unternehmenstransparenz in Umwelt- und Sozialbelangen, IRZ 2015, 55; *Gutsche/Gratwohl/Fauser*, Bewertungsrelevanz von Corporate Social Responsibility (CSR-)Informationen – Eine empirische Analyse, IRZ 2015, 455; *Hengstschläger/Leeb*, Grundrechte (2012); *Holoubek*, Grundrechtliche Gewährleistungspflichten (1997); *Kalss*, in Münchener Kommentar zum Aktiengesetz[4] (2014); *Korinek*, Grundrechte und Verfassungsgerichtsbarkeit (2000); *Moser*, Neue Bestimmungen für Vorstand und Aufsichtsrat im AktG und im UGB, GeS 2012, 271; *Schaunig/Varro*, VfGH zu „Managergehältern": Anfang vom Ende des objektiven Nettoprinzips?, GesRZ 2015, 233; *Schober/Rauscher*, Social Return on Investment: eine umfassende Wirkungsanalyse mit Spitzenkennzahl. Erfassung des gesellschaftlichen Mehrwerts von Organisationen, CFOaktuell 2015, 270; *Sedmak*, Gemeinwohl und Verwundbarkeit, in *Pfeil/Urnik* (Hrsg.), Gesellschaftliche Verantwortung und Gemeinwohl als Unternehmensziele (2015), 1; *Schmidpeter*, Unternehmerische Verantwortung - „Corporate Social Responsibility" als Paradigmenwechsel im Management?!, WiPol 1|2013, 127; *Schulz/Schimka*, Richtlinie über die Offenlegung nichtfinanzieller und die Diversität betreffender Informationen durch bestimmte große Gesellschaften und Konzerne, GesRZ 2014, 342; *Strasser/Jabornegg*, Kommentar zum Aktiengesetz[5] (2011); *Traunwieser*, Zur Ambivalenz von Corporate Social Responsibility, in *Pfeil/Urnik* (Hrsg.), Gesellschaftliche Verantwortung und Gemeinwohl als Unternehmensziele (2015) 121.

Dlt/Int: *Arbeitskreis Externe Unternehmensrechnung der Schmalenbach-Gesellschaft für Betriebswirtschaft e.V.*, Nichtfinanzielle Leistungsindikatoren – Bedeutung für die Finanzberichterstattung, zfbf 67, 5/2015, 235; *Bassen/Busch/Friede*, Corporate Sustainability and Financial Performance: A Meta-Study of Meta-Analyses (2015); *Bayer/Schmidt*, BB-Gesetzgebungs- und Rechtsprechungsreport Europäisches Unternehmensrecht 2014/15, Betriebs-Berater 30/2015, 1731 ff.; *Becker/Kramarsch*, Leistungs- und erfolgsorientierte Vergütung für Führungskräfte (2006); *Becker/Ostrowski*, Materielle Anreizsysteme für Führungskräfte, WiSt, 2012, 526; *Bickenbach*, Die Einschätzungsprärogative des Gesetzgebers (2014); *Bosse*, Handbuch Vorstandsvergütung (2015); *Cahn*, Vorstandsvergütung als Gegenstand rechtlicher Regelung, in FS Hopt (2010) 431; *Cai/Jo/Pan*, Vice or Virtue? The Impact of Corporate Social Responsibility on Executive Compensation, Journal of Business Ethics, 2011, 104 (2), 159; *Eccles/Perkins/Serafeim*, How to become a sustainable company, MIT Sloan Management Review 2012, 4/53, 42; *Elkington/Zeitz*, The breakthrough challenge: 10 ways to connect today´s profits with tomorrow´s bottom line (2014); *Epstein/Roy*, Sustainability in action: Identifying and measuring the key performance drivers, Long Range Planning 2001, Vol. 34, Heft 5, 585; *Fabrizi/Mallin/Michelon*, The Role of CEO´s Personal Incentives in Driving Corporate Social Responsibility, Journal of Business Ethics, Volume 124, Issue 2, 2014, 311; *Friedman*, The social responsibility of business is to increase its profits, The New York Times Magazine, 32 und 122, abrufbar etwa unter http://www.colorado.edu/studentgroups/libertarians/issues/friedman-soc-resp-business.html; *Friedrich*, Die Verrechtlichung von Organbezügen als europäisches Problem (2011); *Goette/Wulf*, Münchener Kommentar zum Aktiengesetz, Band II[4] (2014); *Gummert/Butzer*, Münchener Handbuch des Gesellschaftsrechts[4] (2014); *Hommelhoff*, Aktuelle Impulse aus dem europäischen Unternehmensrecht: Eine Herausforderung für Deutschland, NZG 2015, 1329; *Hong/Li/Minor*, Corporate Governance and Executive Compensation for Corporate Social Responsibility, 2015, http://papers.ssrn.com/sol3/papers.cfm?abstract_id=2553963; *Hüffer*, Kommentar zum Aktiengesetz[11] (2014); *Huber*, Nachhaltigkeitsorientierte Anreizsysteme: Eine empirische Analyse zu Gestaltung und Verhaltenswirkungen (2014); *Isensee/Kirchhof*, Handbuch des Staatsrechts (2006); *Jian/Lee*, CEO compensation and corporate social responsibility, Journal of Multinational Financial Management, 29, 2015, 46; *Kiron/Kruschwitz/Haanaes/von Streng Velken*, Sustainability nears a tipping point, MIT Sloan Management Review 2012, Vol. 2/53, 69; *Knudsen/Geisler/Ege*, Corporate social responsibility in the board room – when do directors pay attention?, Human Resource Development International, 2/16, 2013, 238; *Kort*, Gemeinwohlbelange beim Vorstandshandeln, NZG 2012, 926; *Kramarsch,* Vorstandsvergütung in Deutschland: Irrtümer und neue Qualität der Transparenz, Betriebs-Berater 29/2015, I; *Labbé/Thomaszik/Hertle*, Der Weg zu einer angemessenen und nachhaltigen Vorstandsvergütung. Ableitung von Handlungsempfehlungen, Zeitschrift für Corporate Governance, 2/12, 265; *Mangoldt/Klein/Starck*, Kommentar zum Grundgesetz, Band I[6] (2010); *Margolis/Walsh*, Misery Loves Companies: Rethinking Social Initiatives by Business, Administrative Science Quarterly, Vol. 48, No. 2, 2003, 268; *Merriman/Sen*, Incenting managers toward the triple bottom line: An agency and social norm perspective, Human Resource Management, Vol. 51, No. 6, 2012, 851; *Münch/Kunig*, Grundgesetz Kommentar, Band I[6] (2012); *Nicht/Pianowski*, Die Verantwortlichkeit des Vorstands einer Aktiengesellschaft zwischen Shareholder Value und Corporate Social Responsibility, UmweltWirtschaftsForum, 4/12, 2005, 28; *Orlitzky/Schmidt/Reynes*, Corporate Social and Financial Performance: A Meta-analysis, Organizational Studies 24/3, 2003, 403; *Rekker/Benson/Faff*, Corporate Social Responsibility and CEO Compensation Revisited, Do Disaggregation, Market Stress, Gender Matter?, Journal of Economics and Business, 1/2013, 72; *Röhrbein*, Integrating ESG issues with executive pay, IPE Investment & Pension Europe, 2012, http://www.ipe.com/integrating-esg-issues-with-executive-pay/48169.fullarticle; *Röttgen/Kluge*, Nachhaltigkeit bei Vorstandsvergütungen, NJW 2013, 900; *Roth-Mingram*, Corporate Social Responsibility (CSR) durch eine Ausweitung der nichtfinanziellen Informationen, NZG 2015, 1341; *Sachs*, Grundgesetz Kommentar[6] (2011); *Semler/Peltzer/Kubis*, Arbeitshandbuch für Vorstandsmitglieder[2] (2015); *Schmidt/Lutter*, Aktiengesetz Kommentar, Band I[3] (2015); *Schrader*, Nachhaltigkeit in Unternehmen – Verrechtlichung von Corporate Social Responsibility, ZUR 2013, 451; *Semler*, Gedanken zur Bedeutung des Unternehmenszwecks, in FS Hopt (2010) 1391; *Spindler/Stilz,* Kommentar zum Aktiengesetz[3] (2015); *Thüsing/Forst*, Nachhaltigkeit als Zielvorgabe für die Vorstandsvergütungen, GWR 2010, 515; *Von Eckardstein/Konlechner*, Vorstandsvergütung und gesellschaftliche Verantwortung der Unternehmung (2008); *Von Hülsen/Weisel*, Nachhaltigkeitsmanagement: Aufgaben, Organisation und Steuerung, in *Wieland/Schack* (Hrsg.), Soziale Marktwirtschaft: Verantwortungsvoll gestalten (2011) 122; *Von Rosen/von Flotow*, Studien des Deutschen Aktieninstituts (2011); *Wagner*, Nachhaltige Unternehmensentwicklung als Ziel der Vorstandsvergütung AG 2010, 774; *Wood*, A Leader´s Guide to Thrive Ability. A Multi-Capital Operating System for a Regenerative Inclusive Economy (2015).

Gliederung **Rz**

I. Ausgangslage und Begriffsbestimmung

Am 8. Juli 2015 hat das **Europäische Parlament** einen Kompromissvorschlag zur Abänderung der Aktionärsrechte-Richtlinie[1] angenommen (ARRL-EP)[2] und damit zu dem von der Europäischen Kommission bereits am 9. April 2014 veröffentlichten Entwurf zur Änderung der Aktionärsrechte-Richtlinie[3] Stellung bezogen.[4] Die vom Europäischen Parlament vorgeschlagenen Änderungen sehen als zusätzliches Kriterium für die **Höhe der Vorstandsvergütung** die **Berücksichtigung von Programmen zur Corporate Social Responsibility** (CSR) vor.[5] 1

Was der Begriff CSR konkret erfasst, ist eine offene Frage.[6] Es existieren viele Definitionsversuche und Zugänge, teils mit, teils ohne moralische Wertung. Nach einer Definition der Europäischen Kommission aus dem Jahr 2011 steht der Begriff für „die Verantwortung von Unternehmen für ihre Auswirkungen auf die Gesellschaft“[7]. Zehn Jahre zuvor, im Jahr 2001, definierte die Europäische Kommission CSR noch deutlich enger, nämlich als „Konzept, das den Unternehmen als Grundlage dient, auf freiwilliger Basis soziale Belange und Umweltbelange in ihre Unternehmenstätigkeit und in die Wechselbeziehungen mit den Stakeholdern zu integrieren“.[8] Jedenfalls geht CSR über das hinaus, was von den Unternehmen bereits aufgrund einer gesetzlichen Pflicht verlangt wird.[9] 2

Konkret lautet der Vorschlag des Europäischen Parlaments: „*Die Leistungen von Mitgliedern der Unternehmensleitung sollten anhand sowohl finanzieller als* 3

---

1 Richtlinie 2007/36/EG des Europäischen Parlaments und des Rates vom 11.7.2007 über die Ausübung bestimmter Rechte von Aktionären in börsennotierten Gesellschaften, ABl L 184 vom 14. 7. 2007, S 17.

2 http://www.europarl.europa.eu/sides/getDoc.do?pubRef=-//EP//NONSGML+TA+P8-TA-2015-0257+0+DOC+PDF+V0//DE, Abruf am 6.1.2016.

3 Vorschlag für eine Richtlinie des Europäischen Parlaments und des Rates zur Änderung der Richtlinie 2007/36/EG im Hinblick auf die Förderung der langfristigen Einbeziehung der Aktionäre sowie der Richtlinie 2013/34/EU in Bezug auf bestimmte Elemente der Erklärung zur Unternehmensführung, KOM (2014) 213 endg,, http://eur-lex.europa.eu/resource.html?uri=cellar:59fccf6c-c094-11e3-86f9-01aa75ed71a1.0002.01/DOC_1&format=PDF, Abruf am 6.1.2016.

4 *Hommelhoff*, NZG 2015, 1329 (1332).

5 Art 9a Abs 3 UAbs 3-5 ARRL-EP.

6 *Baumüller*, SWK 2015, 983.

7 KOM(2011) 681 endg. (2011) 7.

8 KOM(2001) 366 (2001) Rz 20; vgl auch *Roth-Mingram*, NZG 2015, 1341.

9 *Baumüller*, SWK 2015, 983.

auch nicht finanzieller Kriterien – wie ökologischen und sozialen Faktoren und Aspekten der Unternehmensführung – bewertet werden."[10] Der Vorschlag wird derzeit im informellen Trilog zwischen Europäischer Kommission, Rat und Parlament beraten.[11]

4 Die vorgeschlagenen Änderungen stehen in einem inhaltlichen Zusammenhang zu der am 5. Dezember 2015 in Kraft getretenen sog. **CSR-Richtlinie**:[12] Ab 1. Jänner 2017 müssen große Unternehmen[13] von öffentlichem Interesse[14], die durchschnittlich mehr als 500 Mitarbeiter beschäftigen, in ihren Lagebericht eine Erklärung über sog. nicht-finanzielle Informationen aufnehmen. Dies sind Angaben, die für das Verständnis des Geschäftsverlaufs, des Geschäftsergebnisses, der Lage des Unternehmens sowie der Auswirkungen ihrer Tätigkeit erforderlich sind und sich mindestens auf Umwelt-, Sozial- und Arbeitnehmerbelange sowie auf die Achtung der Menschenrechte und Bekämpfung von Korruption und Bestechung beziehen.[15] Die Richtlinie ist bis zum 6. Dezember 2016 in nationales Recht umzusetzen. Die Mitgliedstaaten verfügen hierbei über einen weitreichenden Gestaltungsspielraum:

5 Der österreichische Gesetzgeber kann den Anwendungsbereich der betroffenen Unternehmen ausweiten.[16] Mögliche Optionen für eine solche Ausweitung des Anwendungsbereichs sind einerseits: Die Absenkung des Schwellenwerts von 500 auf 250 Mitarbeiter;[17] die Ausweitung des Pflichtbereichs auch auf Unternehmen,

---

[10] Entwurf einer legislativen Entschließung des Europäischen Parlaments zu dem Vorschlag für eine Richtlinie des Europäischen Parlaments und des Rates zur Änderung der Richtlinie 2007/36/EG im Hinblick auf die Förderung der langfristigen Einbeziehung der Aktionäre sowie der Richtlinie 2013/34/EU in Bezug auf bestimmte Elemente der Erklärung zur Unternehmensführung (COM(2014)0213 – C7-0147/2014 – 2014/0121(COD), Abänderungsantrag Pkt. 15.

[11] Vgl auch *Bayer/Schmidt*, BB 30/2015, 1731 (1732).

[12] Richtlinie 2014/95/EU des Europäischen Parlaments und des Rates vom 22.10.2014 zur Änderung der Richtlinie 2013/34/EU im Hinblick auf die Angabe nichtfinanzieller und die Diversität betreffender Informationen durch bestimmte große Unternehmen und Gruppen von Bedeutung für den Europäischen Wirtschaftsraum, veröffentlicht am 15.11.2014 im Amtsblatt der EU (L 330), s. etwa auch *Schulz/Schmimka*, GesRZ 2014, 342; *Glaser*, IRZ 2015, 55.

[13] Große Unternehmen sind Unternehmen, die am Bilanzstichtag mindestens zwei der drei folgenden Größenmerkmale überschreiten: a) Bilanzsumme: 20.000.000 Euro; b) Nettoumsatzerlöse: 40.000.000 Euro; c) durchschnittliche Zahl der während des Geschäftsjahres Beschäftigten: 250 (Art 3 IV RL 2013/34/EU).

[14] Für eine Definition s. Art 2 Nr. 1 RL 2013/34/EU. Hierunter fallen Unternehmen, die unter das Recht eines Mitgliedstaats fallen und deren Wertpapiere zum Handel an einem geregelten Markt zugelassen sind, sowie alle großen Kreditinstitute, Finanzdienstleistungsinstitute, Versicherungsunternehmen oder Unternehmen, die von den Mitgliedstaaten als Unternehmen von öffentlichem Interesse bestimmt wurden.

[15] Art 1 1 RL 2014/95/EU.

[16] Vgl Erwägungsgrund (14) S 2: „Dies sollte die Mitgliedstaaten nicht daran hindern, die Angabe nichtfinanzieller Informationen von anderen Unternehmen und Gruppen als jenen, die unter diese Richtlinie fallen, zu verlangen.", vgl auch Erwägungsgrund (1) S. 2.

[17] Dänemark hat die CSR-Richtlinie als erster europäischer Mitgliedstaat bereits am 21.5.2015 umgesetzt. Durch die Absenkung des Schwellenwerts und die zusätzliche Anwendung auch auf große Unternehmen fallen ca. 1.200 Unternehmen von nicht öffentlichem Interesse unter

die nicht „von öffentlichem Interesse“[18] sind bzw eine Festlegung von weiteren Unternehmen von „öffentlichem Interesse“. Andererseits kann der österreichische Gesetzgeber auch bestimmte Unternehmen von der Berichterstattung ausnehmen: Art 19a Abs 3 und Art 29a Abs 3 Bilanz-Richtlinie-neu[19] sehen unter bestimmten Voraussetzungen Ausnahmen von der Berichtspflicht für Tochterunternehmen vor.

Die **Offenlegung nicht-finanzieller Leistungsindikatoren** hat in den vergangenen Jahren zunehmend an Bedeutung gewonnen. Es ist heute anerkannt, dass diese Indikatoren eine wichtige Rolle für die Abbildung des Unternehmenswerts spielen.[20] Ihre Verknüpfung mit der Vorstandsvergütung könnte der nächste Schritt sein. Jedenfalls ist festzustellen, dass der Europäische Gesetzgeber bereit ist, das unbedingte Freiwilligkeitsprinzip in CSR-Belangen aufzugeben.[21] 6

Einer Umfrage der Bertelsmann Stiftung zufolge wünschen sich 88% der Menschen in Deutschland und sogar 90% der Österreicher, dass soziale und ökologische Faktoren verstärkt in den Mittelpunkt des Wirtschaftens rücken.[22] Kapitalgesellschaften werden zunehmend auch danach beurteilt, ob sie die Interessen der Gesellschaft fördern. Dadurch hat sich auch das **Konzept der Verantwortung von Unternehmen** fundamental verändert: CSR entwickelte sich von einem zunächst eher philanthropischen Ansatz, der sich auf Spenden und Sponsoring konzentrierte, zu einem Konzept des Verantwortungsmanagement.[23] Diese strategische Neupositionierung zielt darauf ab, **den Unternehmenswert und den gesellschaftlichen Mehrwert gleichermaßen zu steigern**.[24] 7

Vor dem Hintergrund, dass der Aufsichtsrat über die Struktur und die Höhe der Vorstandsvergütung entscheidet, soll dieser Beitrag untersuchen, welcher Anreizmechanismus einer CSR-gekoppelten Vergütung zugrunde liegt und ob die Einführung einer solchen – losgelöst von einer etwaigen europäischen Regelung – nach österreichischem Recht möglich und geboten wäre. 8

die Richtlinie. Diese Zahl ist hoch, sie deckt sich mit der ungefähren Menge an Unternehmen, die in Deutschland unter die Richtlinie fallen, wenn der deutsche Gesetzgeber keine Änderung der Anwendungsvoraussetzungen vornimmt.

18 Frankreich und die Niederlande bedauerten ausdrücklich die Einschränkung auf Unternehmen von öffentlichem Interesse: "They regret that the text does not include in its scope large unlisted companies, as the activities of these companies may also have a substantial impact in the social and environmental field or in the field of human rights, but welcome the possibility of revisiting these issues when the directive will be reviewed.", http://www.government.nl/documents-and-publications/publications/2014/04/02/boosting-social-and-environmental-standards-in-international-trade.html, Abruf am 6.1.2016.

19 Richtlinie 2013/34/EU des europäischen Parlaments und des Rates vom 26. Juni 2013 über den Jahresabschluss, den konsolidierten Abschluss und damit verbundene Berichte von Unternehmen bestimmter Rechtsformen und zur Änderung der Richtlinie 2006/43/EG des Europäischen Parlaments und des Rates und zur Aufhebung der Richtlinie 78/660/EWG und 83/349/EWG des Rates; vgl zudem Erwägungsgrund (15) CSR-Richtlinie.

20 *Baumüller/Faseli-Friedl*, ecolex 2015, 917.

21 *Baumüller*, SWK 2015, 984; *Roth-Mingram*, NZG 2015, 1341.

22 Bertelsmann Stiftung, Bürger wollen kein Wachstum um jeden Preis, Studie 1; vgl hierzu *Felber*, in: *Pfeil/Urnik,* 15.

23 *Schmidpeter*, WiPol 2013, 127.

24 *Schmidpeter*, WiPol 2013, 127; kritisch *Traunwieser*, in: *Pfeil/Urnik,* 121 (122).

II. Wirtschaftliche Betrachtung

9 Eigentum und Verfügungsmacht fallen in Kapitalgesellschaften regelmäßig auseinander. Mit den hieraus resultierenden Anreizproblemen befasst sich die **Prinzipal-Agent-Theorie**. Überträgt man deren Grundüberlegungen auf große Kapitalgesellschaften, sind die Vorstände in der Position des Agenten, die Anteileigner bilden die Prinzipale. Um opportunistisches Verhalten zu reduzieren, müssen die Ziele der Aktionäre mit den Zielen des Vorstands in Einklang gebracht werden. In der Praxis geschieht dies durch den Einsatz von Aktienoptionsprogrammen als zentrales Element **variabler Vergütungssysteme** – bisher überwiegend gebunden an finanzielle Messgrößen wie Gewinn oder Aktienkurs.

10 In seinem klassischen Werk „Capitalism and Freedom" von 1962 beschrieb Milton Friedman die Grundmaxime der Wertsteigerung des Unternehmens zugunsten der Anteilseigner: Jene Handlungen, die den finanzwirtschaftlichen Zielen der Eigentümer am ehesten entsprechen, seien zu setzen. Das Ziel sei die langfristige Maximierung des Unternehmenswerts.[25] Das sei geradezu die einzige Verantwortung der Unternehmen, von der sie auch nicht abweichen dürften.[26]

11 Gegen die exklusive Fokussierung auf den **Shareholder Value Ansatz** wendet sich der **Stakeholder Ansatz**: Dessen Basisannahme ist, dass auch die Ziele anderer Anspruchsgruppen als die der Anteilseigner, nämlich jene der Stakeholder, in der Zielformulierung der Organisation zu berücksichtigen seien. Das Erfüllen der Stakeholder Ansprüche sei nicht lediglich ein Mittel zur Maximierung des Shareholder Values, sondern ein Zweck an sich.[27]

12 In diesem Zusammenhang ist CSR ein Ansatz, der im Rahmen der Einbeziehung der Interessen der Stakeholder anzusiedeln ist.[28] Empirische Untersuchungen zeigen, dass sich **CSR bzw eine Stakeholder Orientierung und Profiterzielung nicht ausschließen**: Mehrere Studien belegen einen positiven Zusammenhang zwischen sozialer und finanzieller Performance eines Unternehmens.[29] Die Integration von Stakeholder Interessen scheint – wie die empirischen Untersuchungen nahelegen – nicht nur positive Auswirkungen auf die finanzielle Leistung des Unternehmens zu haben, sondern wird auch **in immer größerem Ausmaß sozial akzeptiert bzw gefordert**.[30] Ein Engagement im CSR-Bereich ist dabei oft durchaus strategisch, im Sinne des Aufbaus von moralischem Kapital zur Stärkung immaterieller Werte wie der Reputation des Unternehmens.[31]

---

25 Von *Eckardstein/Konlechner*, 21 f.

26 *Friedman* 1970.

27 Vgl von *Eckardstein/Konlechner*, 21 f.

28 Von *Eckardstein/Konlechner*, 24.

29 Umfassende (Meta-)Analysen stammen von *Margolis und Walsh* (2003) und *Orlitzky et al* (2003). *Margolis und Walsh* untersuchten 109 Studien, die im Zeitraum zwischen 1972 und 2002 zum Zusammenspiel von CSR und Corporate Financial Performance publiziert wurden. 54 der Studien wiesen einen positiven Zusammenhang nach, sieben Studien einen negativen. *Orlitzky et al* arbeiteten mit einem Sample von 52 Studien. Sie belegten ebenfalls eine positive Korrelation. S. *Margolis/Walsh*, Administrative Science Quarterly, 268; *Orlitzky/Schmidt/Reynes*, Organizational Studies, 403.

30 *Lin-Hi*, BB 45/2014, S. I; *Fritz*, Aufsichtsrataktuell 2015, 24.

31 *Schober/Rauscher*, CFOaktuell 2015, 270; vgl hierzu auch kritisch *Traunwieser*, in: *Pfeil/Urnik,* 121 (122).

13 Sollen die Interessen von Shareholdern und/oder Stakeholdern bei unternehmerischen Entscheidungen berücksichtigt werden, müssen Anreizmechanismen greifen. Bei allen kritischen Betrachtungen über die **Wirkung finanzieller Anreize**[32] ist davon auszugehen, dass diese einen **maßgeblichen Hebel für unternehmerische Nachhaltigkeit** bilden können. Die Motive der Unternehmenslenker für ihre Entscheidungen sind vielfältig. Neben persönlichen Überzeugungen, moralischen Ansprüchen und dem Verständnis des Beitrags der CSR für die Unternehmensperformance beeinflussen variable Vergütungsbestandteile unternehmerische Entscheidungen, sofern die Ergebnisse der Entscheidung einen wesentlichen Einfluss auf die Höhe der variablen Vergütung haben.[33] Die Managementvergütung wird dann – was ihre Funktion und Bedeutung anbetrifft – als Instrument der Unternehmenssteuerung begriffen, deren professioneller Einsatz Anreize für das Management für eine nachhaltige Unternehmensentwicklung setzen kann, die dem Unternehmen und seinen Stakeholdern dient.

14 Für die Finanzkrise der letzten Jahre wurden auch vermeintlich überhöhte Vergütungen von Vorständen als Ursache ausgemacht.[34] Studien belegen zwar, dass die individuelle Vorstandsvergütung seit dem Jahr 2006 nur maßvoll gestiegen ist.[35] Auch liegt der Gini-Koeffizient, der die Ungleichheit in der Einkommensverteilung bemisst, in Österreich im europaweiten Vergleich im untersten Drittel[36] und weist Österreich nach dem UNO-Entwicklungsbericht 2014 im weltweiten Vergleich eine der gleichmäßigsten Einkommensverteilungen auf.[37]

15 Empirische Befunde zeigen aber dennoch, dass die Vorstandsgehälter von der Bevölkerung als unangemessen hoch empfunden werden.[38] Erkenntnisse der Gerechtigkeitsforschung erläutern, dass für die Beurteilung von Gerechtigkeit nicht nur **Verteilungsaspekte** („Wer bekommt wie viel)“, sondern auch **Verfahrensaspekte** („Wofür werden die Vorstände entlohnt“) relevant sind.[39]

---

32 *Becker/Ostrowski*, WiSt 2012, 526.

33 *Knudsen/Geisler/Ege*, Human Resource Development International 2013, 238; *Fabrizi/Mallin/Michelon*, Journal of Business Ethics 2014, 311.

34 *Labbé/Thomaszik/Hertle,* Zeitschrift für Corporate Governance 2012, 265.

35 Eine Analyse der Geschäftsberichtsauswertungen für die Vorstandsvergütung in DAX-Unternehmen ergibt einen jährlichen Anstieg um 3%, bei einem spürbaren Rückgang in den Krisenjahren 2009 und 2010, vgl http://www.hkp.com/de/hr-compensation-benchmarking/studies-research/geschaeftsberichtsauswertung-vorstandsverguetung-dax/, Abruf am 6.1.2016.

36 Statistik von Eurostat, Gini-Koeffizient des verfügbaren Äquivalenzeinkommens, s. http://appsso.eurostat.ec.europa.eu/nui/show.do?dataset=ilc_di12&lang=de, Abruf am 6.1.2016.

37 UNDP, Bericht über die menschliche Entwicklung 2014 (2014) 202, s. http://www.dgvn.de/fileadmin/user_upload/PUBLIKATIONEN/UN_Berichte_HDR/HDR/HDR_2014/HDR-2014-Internet.pdf, Abruf am 6.1.2016.

38 *Kramarsch*, BB 29/2015, S. I; vgl auch *Fritz*, Aufsichtsrataktuell 2015, 22; *Schaunig/Varro*, GesRZ 2015, 234.

39 *Von Eckardstein/Konlechner*, 24.

III. Best Practises

16 Zu der Frage, welche konkreten nicht-finanziellen Zielgrößen in welchem Ausmaß in die Vorstandsvergütung einfließen, besteht noch erheblicher empirischer Forschungsbedarf.[40] Auf den Märkten scheint allerdings bereits ablesbar, dass **Vorstandsvergütungen zunehmend an ESG[41]-Faktoren geknüpft** werden. In der **internationalen Unternehmenslandschaft** lässt sich feststellen, dass die Bedeutung nicht-finanzieller Indikatoren in der Managementvergütung steigt: Mehr als die Hälfte der S&P 500 Unternehmen beziehen mindestens einen Nachhaltigkeitsfaktor in die Vergütung der Vorstände ein. 16% der Unternehmen veröffentlichen konkrete Faktoren, weniger als zehn Prozent konkrete Ziele. Laut einer Studie im Auftrag der United Nations Principles for Responsible Investment verknüpfen 83% der großen Bergbau- und Energieunternehmen ESG-Kennzahlen mit der Vergütung ihres Managements.[42]

17 Von den **zwanzig österreichischen ATX[43] Unternehmen** kommen die Erste Bank der oesterreichischen Sparkassen AG, die Flughafen Wien AG und die OMV Aktiengesellschaft der Aufforderung des Österreichischen Corporate Governance Kodex (ÖCGK) nach und beziehen als nicht-finanzielle Indikatoren für die Vorstandsvergütung erweiterte Kriterien mit ein.[44] Im ÖCGK ist bereits seit dem Jahr 2010 als Comply-or-explain-Bestimmung (C-Regel 27) geregelt, dass variable Vergütungsbestandteile insbesondere an nachhaltige, langfristige und mehrjährige Leistungskriterien anknüpfen sollen und zusätzlich nicht-finanzielle Kriterien einzubeziehen sind. Die Erste Bank setzte hierbei gemäß ihrem Geschäftsbericht 2013/2014 auf das Employee Engagement, der Flughafen Wien auf die Kundenzufriedenheit und die OMV u.a. auf einen allgemeinen Fortschritt im Bereich Nachhaltigkeit. Weitgehend unklar bleibt, welche Zielvereinbarungen tatsächlich in die Vergütung einfließen. Hinsichtlich der Komponente „nicht-finanzielle-Kriterien" besteht jedenfalls Handlungsbedarf in den Vergütungsberichten im Hinblick auf soziale, beschäftigungsrelevante und ökologische Ziele.

18 Im Jahr 2015 erstellte das österreichische Controller Institut eine Geschäftsberichtanalyse im Rahmen des Austrian Public Reporting Award.[45] Hierzu wurden rund 100 Geschäftsberichte großer österreichischer Unternehmen auf Umfang, Vollständigkeit und Aussagekraft untersucht. Unter anderem wurden die sog. „allgemeinen Informationen zum Unternehmen" beurteilt. Diese umfassen neben der Beschreibung der Führungsorganisation oder der Vergütung von Vorständen und Aufsichtsräten u.a. auch die Darstellung von CSR-Aktivitäten. Bei den börsennotierten Unternehmen beträgt der durchschnittliche Erfüllungsgrad in der Bericht-

---

[40] *Baumüller*, SWK 2015, 984.

[41] Environmental, Social, Governance.

[42] Die Studie kann bei der United Nations-backed Principles for Responsible Investment (PRI) Initiative angefordert werden, vgl http://www.unpri.org/publications/integrating-esg-issues-into-executive-pay-a-review-of-global-utility-and-extractive-companies/, Abruf am 6.1.2016.

[43] Austrian Traded Index.

[44] Vgl https://media.arbeiterkammer.at/PDF/Vorstandsgehaelter_ATX_Unternehmen_2011-2013.pdf, Abruf am 6.1.2016.

[45] Vgl *Baumüller*, CFOaktuell 2015, 256.

erstattung 75,88%, bei den kapitalmarktfernen Gesellschaften sind es 44,23%. Mehr als zwei Drittel aller österreichischen börsennotierten Unternehmen messen derzeit also bereits nicht-finanzielle Faktoren und berichten über diese.

Das Ergebnis, das sich CSR als Managementansatz in Österreich weitgehend etabliert hat, deckt sich mit den Resultaten einer Studie der factor-D Diversity Consulting GmbH zur Institutionalisierung des Konzepts CSR (und Diversity) in den ATX-Unternehmen. Die Studie wurde in Kooperation mit der Erste Bank AG ebenfalls im vergangenen Jahr durchgeführt. Basis der Untersuchung war eine Online-Umfrage unter den zwanzig größten börsennotierten Unternehmen Österreichs sowie ebenfalls eine Analyse ihrer letztveröffentlichten Geschäfts-, Corporate Governance und Nachhaltigkeitsberichte. Die Studie zeigt, dass sich alle ATX-Unternehmen mittlerweile mit dem Prinzip der gesellschaftlichen Verantwortung und Nachhaltigkeit befassen und – nach eigenen Angaben – CSR-relevante Maßnahmen setzen.[46] Die Hälfte der ATX-Unternehmen hat CSR strategisch verankert und weist etwa einen CSR-Beauftragten mit Berichtslinie zum Vorstand oder ein CSR-Controlling auf.[47] **19**

Eine Verknüpfung mit der Vorstandsvergütung, wie sie der ÖCGK empfiehlt, erfolgt hierdurch freilich noch nicht. **20**

Von den **deutschen DAX 30-Unternehmen** berichten die Bayerische Motorenwerke Aktiengesellschaft, Deutsche Lufthansa AG und RWE AG über die Verknüpfung der Vorstandsvergütung mit einer Nachhaltigkeitsleistung im Sinne von CSR-Zielfaktoren. **21**

Bei BMW orientiert sich die Vergütung der Vorstände an der Innovationsleistung (ökonomisch und ökologisch), der Kundenorientierung, der Wandlungsfähigkeit, der Führungsleistung und dem Beitrag zur Attraktivität als Arbeitgeber sowie schließlich an den Fortschritten bei der Umsetzung des Diversity-Konzepts sowie den Aktivitäten zur Wahrnehmung gesellschaftlicher Verantwortung (Corporate Social Responsibility). Bei der Lufthansa erhalten Vorstand und Führungskräfte der Lufthansa Group variable Vergütungen zu Teilen auf Basis des Cash Value Added und anhand von Nachhaltigkeitsparametern wie Treibstoffeffizienz und CO2-Emissionen, aber auch anhand der Kunden- und Mitarbeiterzufriedenheit. Bei RWE werden 25% der Tantieme zurückbehalten und erst nach drei Jahren ausbezahlt, wenn der sog. Bonus-Malus-Faktor eine nachhaltige Unternehmensführung belegt. 45% dieses Faktors werden anhand eines unternehmensspezifischen Index zur Corporate Responsibility (CR) ermittelt; dieser baut auf der RWE-Nachhaltigkeitsberichterstattung auf und bildet das ökologische und gesellschaftliche Handeln des Unternehmens ab. **22**

---

46 Vgl zur Studie ARD 6449/4/2015, 2.

47 Die Studie ist abrufbar unter: http://www.factor-d.at/site/article_list.siteswift?SWS=a5855d-a6332896b8c0a37dd5702ea441&do=all&c=gotosection&d=site%2Fde%2Fnews, Abruf am 6.1.2016.

IV. Rechtliche Betrachtung

A. Aktuelle Rechtslage

23 Das Aktienrecht regelt die Grundzüge für die **Vorstandsvergütung in** §§ 77 **sowie 78 Abs 1 AktG**. Demnach besteht die Vergütung aus mehreren – festen und variablen – Komponenten, die zusammen die Gesamtvergütung darstellen. Der Aufsichtsrat hat dafür Sorge zu tragen, dass die Gesamtvergütung in einem **angemessenen Verhältnis** zu den Aufgaben und Leistungen des Vorstandsmitglieds und der Lage der Gesellschaft sowie der üblichen Vergütung steht.[48]

24 Die Anforderungen, dass die Vorstandsvergütung der Branchen-, Größen- und Landesüblichkeit sowie dem vertikalen Lohn- und Gehaltsgefüge innerhalb des Unternehmens zu entsprechen hat und dass sie zusätzlich zu den Aufgaben auch in ein angemessenes Verhältnis zu den **Leistungen des einzelnen Vorstands** zu setzen ist, wurde erst mit dem Zweiten Stabilitätsgesetz 2012[49] eingeführt.

25 Die Vorgabe „angemessen" begründet dabei eine Verhaltenspflicht für den Aufsichtsrat, die sein unternehmerisches Ermessen begrenzt.[50]

26 § 78 Abs 1 S 1 AktG bestimmt zudem, dass der Aufsichtsrat die Vergütungsstruktur auf eine **nachhaltige Unternehmensentwicklung** ausrichten soll. Auch diese Vorgabe wurde mit dem Zweiten Stabilitätsgesetz 2012 in das Aktiengesetz eingeführt. Sie findet sich als Legal Requirement zugleich als **L-Regel 26a** im **ÖCGK**.

27 Im Ergebnis sind die österreichische und die deutsche Rechtslage zu den Grundsätzen der Vorstandsvergütung damit inhaltlich vergleichbar.[51]

28 Es besteht überwiegende Einigkeit darüber, dass der Begriff „nachhaltig" restriktiv zu definieren ist und ausschließlich als **langfristige Rentabilitätsverpflichtung** und Wertsteigerung des Unternehmens verstanden werden kann:[52] Die nachhaltige Unternehmensentwicklung soll den Gegensatz zu einer *„augenblicksbezogene[n] Optimierung"*[53] bzw einem *„unternehmerischen Strohfeuer"*[54] bilden. Nachhaltigkeit im Sinne von CSR-Elementen umfasst der aktienrechtliche Begriff gerade nicht.

29 Die Praxis der Aufsichtsräte scheint die herrschende Lehre anzunehmen. Als Ergebnis einer Befragung von Aufsichtsräten erwies sich die langfristige Existenzsicherung des Unternehmens im Markt als zutreffendste Beschreibung der

---

[48] Ausf *Cahn,* in FS Hopt 433 ff.

[49] BGBl. I 2012/35.

[50] *Kalss,* in Münchener Kommentar zum Aktiengesetz, § 87 Rz 237; *Strasser,* in: *Strasser/Jabornegg*, Kommentar zum Aktiengesetz, § 77-84 Rz 142, vgl auch OGH GesRZ 2008, 378.

[51] *Kalss*, in Münchener Kommentar zum Aktiengesetz, § 87 Rz 237; *Eigner*, GesRZ 2012, 208 (209); *Moser*, GeS 2012, 271 (273).

[52] *Spindler* in: Münchner Kommentar zum Aktiengesetz, § 87 Rz 75; ebenso für eine restriktive Auslegung *Koch* in *Hüffe*r, Aktiengesetz, § 87 Rz 11; *Fleischer* in *Spindler/Stilz,* § 87 Rn. 27; *Kort*, NZG 2012, 926 (928).

[53] *Kalss*, in Münchener Kommentar zum Aktiengesetz, § 87 Rz 239.

[54] *Kubis,* in *Semler/Peltzer/Kubis*, Arbeitshandbuch für Vorstandsmitglieder, § 3 Rz 67.

nachhaltigen Unternehmensentwicklung, gefolgt von der laufenden Überprüfung des Geschäftsmodells anhand der Marktgegebenheiten und der überdurchschnittlich positiven Entwicklung des Unternehmenswerts – mithin keine CSR-Interpretation.[55]

Gleichwohl gibt es **vereinzelte Stimmen in der deutschen Literatur**, die dafür plädieren, von dem Versuch einer Begriffsbestimmung der Nachhaltigkeit speziell für das Aktienrecht abzusehen und den Begriff unter Besinnung auf die allgemeinen Grundsätze der juristischen Methodenlehre so zu verstehen wie er in anderen Gesetzen und im politischen Bereich verstanden wird (sog. **„weiter Nachhaltigkeitsbegriff“**).[56] **30**

Diese Gegenansicht zur herrschenden Lehre argumentiert, dass sich der Begriff der Nachhaltigkeit nicht in einer mehrjährigen finanziellen Perspektive erschöpfen könne, da § 87 Abs 1 S. 2 dAktG, der § 78 Abs 1 S. 1 öAktG inhaltlich entspricht, andernfalls verzichtbar bzw redundant zu der in Österreich davorstehenden Aussage „langfristige Verhaltensanreize“ wäre. **31**

Zur Stützung des weiten Nachhaltigkeitsbegriffs wird ferner angeführt, dass seit der Vorlage des Abschlussberichts „Our Common Future“ der Brundtland-Kommission der Vereinten Nationen im Jahr 1987[57], spätestens aber seit der Konferenz der Vereinten Nationen in Rio de Janeiro im Jahr 1992, von einem weiten Begriffsverständnis auszugehen ist. Der umfassende Nachhaltigkeitsbegriff entspreche einem übergreifenden politischen Verständnis und müsse auch im Aktienrecht gelten. **32**

Dieser Argumentation ist zu entgegnen, dass der Begriff der Nachhaltigkeit kein „Neologismus des Aktienrechts“[58] ist, sondern ein dem Aktiengesetz bereits vertrauter Begriff. Es entspricht inzwischen schon als traditionell zu bezeichnender herrschender Ansicht, dass das Unternehmensinteresse als verbindlicher Maßstab für das Vorstandshandeln eine nachhaltige Steigerung des Unternehmenswerts (anstelle einer kurzfristigen Profitmaximierung) im Blick haben muss.[59] Dies erfordert eine Orientierung der Vergütungsstruktur an einem dauerhaften, periodenübergreifenden Erfolg – im Gegensatz zur stichtagsbezogenen Orientierung an einzelnen Erfolgsparametern wie dem Umsatz oder dem Volumen ausgereichter Kredite.[60] **33**

Die wenigen Autoren, die dem Nachhaltigkeitsbegriff in § 87 Abs 1 dAktG einen selbständigen Inhalt entnehmen, der auch CSR-Belange miteinbezieht, versehen dies mit der Einschränkung, dass die Beurteilung der Frage, ob solche Aspekte bei dem Streben nach nachhaltiger Unternehmensentwicklung zu berücksichtigen sind, der **autonomen Kompetenz des Aufsichtsrats** unterliegt.[61] **34**

---

55 *Labbé/Thomaszik/Hertle*, ZCG 6/12, 270.

56 So *Röttgen/Kluge*, NJW 2013, 900 ff.

57 Http://www.un-documents.net/our-common-future.pdf, Abruf am 6.1.2016.

58 *Thüsing/Forst*, GWR 2010, 515.

59 Dazu umfassend *Nicht/Pianowski*, UmweltWirtschaftsForum, 2005, 28.

60 *Kort*, NZG 2012, 926 (928).

61 *Wagner*, AG 2010, 774; so wohl auch *Friedrich*, S. 172, der aber anderseits unter Hinweis auf das Drei-Säulen-Konzept den von ihm angenommenen verengten Blick einiger Autoren

35 Auch ein Blick nach Europa kann die Mindermeinung der Befürworter des weiten Nachhaltigkeitsbegriffs nicht stützen: Bereits das Grünbuch der Europäischen Kommission mit dem Titel „Europäische Rahmenbedingungen für die soziale Verantwortung der Unternehmen“[62] erkennt ein wachsendes Bewusstsein für die Verknüpfung aus CSR und wirtschaftlichem Wert. Das Grünbuch betont allerdings ausschließlich die Möglichkeit der Unternehmen, neben der Gewinnerzielung auch einen Beitrag zur Erreichung sozialer und ökologischer Ziele zu leisten. Eine Pflicht, soziale Verantwortung in die grundsätzliche Unternehmensstrategie und Managementinstrumente einzubeziehen, konstatiert das Grünbuch gerade nicht.[63]

36 Nicht auszuschließen ist freilich, dass sich der aktienrechtliche Begriff der Nachhaltigkeit im weiteren Verlauf der Zeit fortentwickeln wird: Heute wird „Nachhaltigkeit“ ausschließlich im Sinne einer reinen Mehrjährigkeitsperspektive verstanden. In Anbetracht der steigenden Relevanz der CSR könnte der Begriff künftig aber auch klassische Nachhaltigkeitsaspekte mit umfassen.

B. Rechtsvergleich

37 In den Rechtsvergleich wurden die folgenden Staaten einbezogen: Dänemark, Deutschland, Großbritannien, Finnland, Frankreich, Italien, Niederlande, Norwegen und Schweden. Ausgangspunkt der Prüfung war stets die Fragestellung, ob die Rechtsordnung des jeweiligen Staates eine Verknüpfung zwischen Vorstandsvergütung und dem Erreichen von CSR-Zielvorgaben kennt und/oder ob der Corporate Governance Kodex (CGK) eine solche empfiehlt. Ersatzweise wurde geprüft, ob der jeweilige CGK das Thema CSR überhaupt anspricht.

38 In **keiner der untersuchten Rechtsordnungen** gibt das Gesellschaftsrecht derzeit die **Verbindung von Vorstandsentlohnung und CSR** vor. Auch die Kodizes empfehlen eine solche nicht bzw nicht ausdrücklich.

39 Der italienische Corporate Governance Kodex (**Codice di Autodisciplina**)[64], der am 10. Juli 2015 in überarbeiteter Fassung publiziert worden ist, hat aber in Art 4.C.1. (Commento) zumindest die Empfehlung aufgenommen, dass Unternehmen, die im italienischen Leitindex FTSE MIB notieren, ad hoc ein Komitee einrichten, das sich mit der Nachhaltigkeit der Gesellschaft im Sinne einer CSR auseinandersetzt.[65]

40 Der niederländische Corporate Governance Kodex (**Code Frijns**) aus dem Jahr 2009 spricht das Thema Nachhaltigkeit und Vergütung explizit an.[66] Ebenso

auf den Nachhaltigkeitsbegriff in § 87 Abs 1 AktG kritisiert, weil dieser neben ökologischen auch soziale und wirtschaftliche Aspekte mit einbeziehe.

62 KOM/2001/0366 endg.

63 KOM/2001/0366 endg., Begründungserwägung 11, vgl später auch Europäische Kommission 2011, Europäisches Parlament/ Rat der Europäischen Union 2014.

64 Http://www.borsaitaliana.it/comitato-corporate-governance/news/20150710.pdf; Abruf am 6.1.2016.

65 Http://www.borsaitaliana.it/comitato-corporate-governance/codice/2015clean.pdf; S. 21; Abruf am 6.1.2016.

66 S. www.commissiecorporategovernance.nl; Abruf am 6.1.2016.

wie in Österreich und Deutschland wird der Begriff der Nachhaltigkeit allerdings ausschließlich im Sinn der Mehrjährigkeit verstanden. Zudem legt der Code Frijns ebenso wie der ÖCGK fest, dass bei Aufnahme von Performance-Indikatoren auch nicht-finanzielle Größen Berücksichtigung finden sollen. Eine Überarbeitung des Kodex wird in Kürze erwartet.

Der deutsche Corporate Governance Kodex (**DCGK**), der im Mai 2015 neu veröffentlicht worden ist, bestimmt in Abschnitt 4.2.3 demgegenüber lediglich, dass die Vergütungsstruktur auf eine nachhaltige Unternehmensentwicklung auszurichten ist, also langfristige und mehrjährige Leistungskriterien mit einbeziehen soll.[67] **41**

Ähnliches gibt Section D des **UK Corporate Governance Codes** vor, der im September 2014 überarbeitet worden ist: "Executive directors' remuneration should be designed to promote the long-term success of the company. Performance-related elements should be transparent, stretching and rigorously applied."[68] Das Thema CSR adressiert auch der britische Code nicht. **42**

Der französische Corporate Governance Kodex (**Code de gouvernement d'entreprise des sociétés cotées**) aus Juni 2013 spricht CSR ebenfalls nicht an. Der Code sieht in Abschnitt 23.2. lediglich allgemein vor, dass bei der Festsetzung der Vorstandsvergütung in einem größtmöglichen Umfang auch die Wahrnehmung anderer Stakeholder und das Empfinden der allgemeinen Öffentlichkeit zu berücksichtigen sind.[69] **43**

Auch in den skandinavischen Staaten schlägt keiner der Corporate Governance Kodizes eine CSR-geknüpfte Vergütung vor. Während der **schwedische und finnische Corporate Governance Kodex** das Thema CSR gar nicht adressieren, empfiehlt der dänische Kodex (**Anbefalinger for god selskabsledelse**) zumindest in Abschnitt 2.2.1: „The Committee recommends that the board of directors adopt policies on corporate social responsibility."[70] **44**

Ähnliches sieht auch der norwegische Corporate Governance Kodex (**Eierstyring og selskapsledelse**) in Kapitel 10 vor: „The board of directors must ensure that the company has sound internal control and systems for risk management that are appropriate in relation to the extent and nature of the company's activities. Internal control and the systems should also encompass the company's corporate values, ethical guidelines and guidelines for corporate social responsibility."[71] **45**

---

67 Http://www.dcgk.de//files/dcgk/usercontent/de/download/kodex/2015-05-05_Deutscher_Corporate_Goverance_Kodex.pdf, S. 7; Abruf am 6.1.2016.

68 Https://www.frc.org.uk/Our-Work/Publications/Corporate-Governance/UK-Corporate-Governance-Code-2014.pdf, S. 20; Abruf am 6.1.2016.

69 Http://www.ecgi.org/codes/documents/afep_medef_code_revision_jun2013_fr.pdf, S. 20; Abruf am 6.1.2016.

70 Http://www.ecgi.org/codes/documents/recommendations_cg_denmark_nov_2014_en.pdf, S. 13; Abruf am 6.1.2016.

71 Http://www.ecgi.org/codes/documents/norway_code_30oct2014_en.pdf, S. 43; Abruf am 6.1.2016.

C. Zwischenergebnis

46 Damit ergibt sich als Zwischenergebnis, dass derzeit weder das österreichische Aktiengesetz noch der ÖCGK eine Verknüpfung zwischen der Erreichung von CSR-Zielvorgaben und der Vorstandsvergütung vorsehen. Der vorgenommene Rechtsvergleich zeigt, dass die Ausgangslage in den europäischen Nachbarstaaten annähernd deckungsgleich ist.

47 Entsprechend ist im nächsten Schritt zu prüfen, ob und gegebenenfalls wie **de lege ferenda** die Einführung einer derartigen Verbindung möglich wäre.

V. Prüfung der Verfassungsgemäßheit

48 Nach der ständigen Rechtsprechung des österreichischen Verfassungsgerichtshofs (VfGH) steht dem einfachen Gesetzgeber innerhalb der Schranken der Verfassung ein weiter rechtspolitischer Gestaltungsspielraum zu.[72] Insbesondere bewertet der VfGH nicht, ob die Entscheidungen des einfachen Gesetzgebers, welche Ziele er mit seinen Regelungen verfolgt, aus sozialpolitischen Gründen zweckmäßig sind; er tritt dem Gesetzgeber nur dann entgegen, wenn ein verfolgtes Ziel keinesfalls im öffentlichen Interesse liegt.[73] Dies wird bei der Förderung der sozialen Verantwortung durch Unternehmen kaum der Fall sein, vielmehr wird diese als anerkanntes sozial- und gesellschaftspolitisches Lenkungsziel gelten können.

49 Jedoch ist der Gesetzgeber bei der Auswahl seiner zur Zielerreichung gewählten Mittel nicht frei: In einem Erkenntnis aus dem Jahr 1978 hielt der VfGH erstmals fest, dass der einfache Gesetzgeber die Schranken der Verfassung dann überschreitet, wenn er bei der Bestimmung der einzusetzenden Mittel das Sachlichkeitsgebot verletzt und etwa zur Zielerreichung vollkommen ungeeignete Mittel vorsieht oder wenn die vorgesehenen, an sich tauglichen Mittel zu einer sachlich nicht begründbaren Differenzierung führen.[74]

50 Es gilt also zu prüfen, ob sich der rechtspolitische Ruf nach einer weiteren Regulierung der Vorstandsvergütung zu einem verfassungsrechtlich legitimen Ziel formen lässt:

51 Zunächst ist hierzu die **Vereinbarkeit mit dem Grundrecht auf Unverletzlichkeit des Eigentums** zu prüfen. Der Eigentumsschutz der österreichischen Bundesverfassung basiert „auf zwei Säulen"[75]: Art 5 StGG[76] und Art 1 des (1.) Zusatzprotokolls zur EMRK[77]: Die vornehmliche Bedeutung kommt Art 5 StGG

---

72 *Berka*, Verfassungsrecht, Rz 1654 ff; *Schaunig/Varro*, GesRZ 2015, 240.

73 VfGH 6.10.1987, G 1/87 ua; 29.11.2002, G 181/02; 14.10.2005, G 13/05 ua; 9.12.2014, G 136/2014 ua, Rn. 172; *Schaunig/Varro*, GesRZ 2015, 240.

74 VfGH 14.12.1978, G 82/78, VfSlg 8457/1978.

75 *Korinek*, Grundrechte und Verfassungsgerichtsbarkeit 155.

76 Staatsgrundgesetz über die allgemeinen Rechte der Staatsbürger v 21.12.1867, RGBl 142; Bestandteil des österreichischen Bundesverfassungsrechts gem Art 149 Abs 1 B-VG.

77 Konvention zum Schutz der Menschenrechte und der Grundfreiheiten v 4.11.1950 und Zusatzprotokoll zu dieser Konvention vom 20.3.1952, in Österreich in Geltung seit BGBl 210/1958, im Verfassungsrang seit BGBl 59/1964.

zu, aber auch das 1. Zusatzprotokoll zur EMRK verbürgt in Art 1 jeder natürlichen und juristischen Person das Recht auf Achtung ihres Eigentums. Dieses darf nicht entzogen werden, es sei denn, dass das öffentliche Interesse es verlangt. Jedenfalls sind die durch Gesetz und die allgemeinen Grundsätze des Völkerrechts vorgesehenen Bedingungen zu wahren. Vereinzelt sehen die Verfassungen der österreichischen Bundesländer ebenfalls Regelungen zum Eigentumsschutz vor.[78]

Der sachliche Schutzbereich des Art 5 StGG erfasst neben dem klassischen Eigentumsrecht an körperlichen Sachen u.a. auch das aus der Privatautonomie resultierende Recht zum Abschluss privatrechtlicher Verträge[79] und Aktionärsrechte[80]. Zu seinen Verbürgungen gehören insbesondere die Privatnützigkeit des Vermögenswertes und die Verfügungsbefugnis des Eigentümers.[81] Eine gesetzliche Vorgabe zu der Vergütungsstruktur beeinträchtigt die mitgliedschaftsrechtliche Eigentumsgewährleistung, weil sie das Recht des Anteilseigentümers, selbstbestimmt funktionale Verfahrensstrukturen einzurichten, einschränkt. Insofern ist die durch Art 5 StGG gewährleistete Entscheidungsfreiheit über die innere Organisation (Privatautonomie) verkürzt. **52**

Ein gesetzlicher Eingriff in das Grundrecht auf Unversehrtheit des Eigentums kann nur dann verfassungsgemäß sein, wenn die Eigentumsbeschränkung den Wesensgehalt des Grundrechts nicht berührt oder in anderer Weise gegen einen bindenden Verfassungsgrundsatz verstößt. Der Gesetzesvorbehalt ist insofern eine Ermächtigungsnorm im grundrechtlich geschützten Bereich.[82] Die Beschränkung der Grundrechtsgewährleistung durch einfaches Gesetz muss **im öffentlichen Interesse** liegen und darf **nicht unverhältnismäßig** sein.[83] **53**

Die gesetzliche Anknüpfung von Teilen der variablen Vorstandsvergütung an das Erfüllen von CSR-Zielvorgaben soll den Unternehmen den Anreiz geben, umweltverträglich, ethisch und sozial verantwortlich und zugleich ökonomisch erfolgreich zu arbeiten. Eine Regelung, die dazu führt, dass Unternehmen ihre gesamtgesellschaftliche und ökonomische Verantwortung intensivieren, dient dem Schutz der Umwelt und damit dem öffentlichen Interesse. **54**

Festzulegen ist die Grenze zu einer **wirtschaftlich unverhältnismäßig belastenden Inpflichtnahme** von Unternehmen. Hierzu wird die Annahme vertreten, dass börsennotierte Unternehmen eine besondere gesellschaftspolitische Verantwortung tragen. Diese etwaige besondere Verantwortung kann allerdings nicht aus der Börsennotierung selbst resultieren. Denn ihr liegt eine staatliche Regulierung zugrunde, die auf den Funktionsschutz des Kapitalmarkts sowie den (vorrangig **55**

---

78 So etwa in Tirol und Vorarlberg; vgl *Korinek*, Grundrechte und Verfassungsgerichtsbarkeit 156; *Hengstschläger/Leeb*, Grundrechte Rz 8/1.

79 Vgl VfSlg 14.500/1996; 17.071/2003; vgl zudem VfSlg 14.503/1996 (Eingriff in die Privatautonomie durch die gesetzlich angeordnete Bewilligung zur Beschäftigung ausländischer Arbeitnehmer).

80 Vgl VfSlg 17.584/2005.

81 Ausf. *Korinek*, Grundrechte und Verfassungsgerichtsbarkeit 158 ff.

82 *Korinek*, Grundrechte und Verfassungsgerichtsbarkeit 165.

83 Grundlegend VfSlg 9911/1983, s. auch *Korinek*, Grundrechte und Verfassungsgerichtsbarkeit 176 ff.

institutionellen) Anlegerschutz abstellt und keine weitergehenden Eingriffe in die innere Organisation der Gesellschaften rechtfertigt.

56 Vertretbar scheint allenfalls die Annahme, dass börsennotierte Unternehmen angesichts ihrer Größe häufig eine hohe Belastung für die Umwelt mit sich bringen und deshalb eine besondere Verantwortung tragen.[84] Zu prüfen ist daher, ob in den Grenzen der Verhältnismäßigkeit eine Quote für die Vergütungsstruktur eingeführt werden kann. Diese könnte so ausgestaltet sein, dass der **prozentuale Anteil der CSR-verknüpften Vergütung** mit zunehmender **Größe des Unternehmens steigt**.

57 Bei der Prüfung der Verhältnismäßigkeit des Eingriffs in das Anteilseigentum steht das Kriterium der Angemessenheit im Mittelpunkt, das ein Bestandteil des verfassungsrechtlichen Grundsatzes der Verhältnismäßigkeit ist. Das Gewicht des Eingriffs und das verfolgte öffentliche Interesse sind einander gegenüberzustellen und abzuwägen. Der Eingriff muss tauglich und erforderlich sein; zudem muss das öffentliche Interesse die entgegenstehenden Interessen der vom Eingriff Betroffenen überwiegen.[85]

58 Bezugspunkte der Abwägung, die bei der Prüfung der Angemessenheit vorzunehmen ist, sind damit einerseits die Privatnützigkeit des Eigentums, andererseits seine **Gemeinwohlbindung**.[86] Je stärker die Gemeinwohlbindung ausgeprägt ist, desto weiter kann eine Quote ausgreifen. Umgekehrt sind ihr desto engere Grenzen gezogen, je stärker Elemente der Privatnützigkeit berührt werden.

59 Von einer Gemeinwohlbindung kann zumindest insoweit gesprochen werden, als die Organe zur Wahrung derjenigen Allgemeininteressen verpflichtet sind, deren Schutz durch Gesetze gewährleistet ist. Die Annahme einer darüber hinausgehenden Pflicht der Organe zur Verfolgung des Gemeinwohls ist abzulehnen.

60 Als Staatsziel genannt ist im Bundesverfassungsgesetz vom 27. November 1984 über den **umfassenden Umweltschutz** (BGBl. Nr. 491/1984) eben dieser: „§ 1 (1) Die Republik Österreich (Bund, Länder und Gemeinden) bekennt sich zum umfassenden Umweltschutz. (2) Umfassender Umweltschutz ist die Bewahrung der natürlichen Umwelt als Lebensgrundlage des Menschen vor schädlichen Einwirkungen. Der umfassende Umweltschutz besteht insbesondere in Maßnahmen zur Reinhaltung der Luft, des Wassers und des Bodens sowie zur Vermeidung von Störungen durch Lärm." Unter einer Staatszielbestimmung werden Verfassungsnormen verstanden, welche die Aufgaben und die Richtung gegenwärtigen und künftigen staatlichen Handelns festlegen.[87]

61 Dies bedeutet, dass die staatliche Gewalt verfassungsrechtlich verpflichtet ist, das Gemeinschaftsgut „Bewahrung der natürlichen Umwelt als Lebensgrundlage des Menschen" im Sinne eines Optimierungsgebots zu schützen. Der Umweltschutz wird zu einer Staatsaufgabe. Das Bundesverfassungsgesetz wendet sich in erster Linie an den Gesetzgeber, bezieht aber auch die Exekutive und die Recht-

---

84 Ähnliche Argumentation bei *Baumüller*, SWK 2015, 984.

85 *Hengstschläger/Leeb*, Grundrechte Rz 8/11.

86 Vgl *Sedmak*, in: *Pfeil/Urnik*, 4.

87 Vgl zu einem etwaigen Grundrecht auf Umweltschutz auch *Holoubek*, Grundrechtliche Gewährleistungspflichten 284.

sprechung in den Schutzauftrag mit ein. Bei der Konkretisierung unbestimmter Rechtsbegriffe und bei der Betätigung von Ermessen ist das Schutzgebot des Bundesverfassungsgesetzes Auslegungs- und Abwägungshilfe.

Aufbauend auf dem Staatsziel „umfassender Umweltschutz" scheint es möglich, für den Umfang der an CSR-Kriterien geknüpften Vergütung eine flexible Quote festzulegen, die sich nach der Größe des Unternehmens richtet. Eine Gesetzesänderung wäre im Rahmen der vorgenannten zu berücksichtigenden Aspekte verfassungsgemäß. **62**

Vereinbarkeit mit der Freiheit der Erwerbsbetätigung nach Art 6 StGG: **63**
Art 6 StGG räumt jedem Staatsbürger und inländischen juristischen Personen das Recht ein, unter den gesetzlichen Bedingungen jeden Erwerbszweig auszuüben.[88] In die durch Art 6 StGG damit ebenfalls geschützte Berufsfreiheit der juristischen Person würde eine Regelung für eine verpflichtende CSR-gebundene Vergütung des Vorstands eingreifen, weil sie die Freiheit der Gesellschaft, konkret jene des Aufsichtsrats, beschränkt.

Als sog. Berufswahlbeschränkung dürfte sich eine Quotenbestimmung aber grundsätzlich nicht erweisen. Dies wäre nur dann der Fall, wenn dadurch die betroffenen Gesellschaften in aller Regel und nicht nur in Ausnahmefällen wirtschaftlich nicht mehr in der Lage wären, den gewählten „Erwerb", also die ausgeübte Unternehmenstätigkeit, weiterhin zur Grundlage der unternehmerischen Gewinnerzielung zu machen, wenn also die Leistungsfähigkeit des Unternehmens oder sein (teilweiser) Bestand gefährdet wäre.[89] Dies erscheint wenig wahrscheinlich. Eine entsprechende Bestimmung dürfte sich daher regelmäßig nur als sog. Berufsausübungsregelung darstellen. **64**

Art 6 StGG könnte zudem im Hinblick auf die Berufsfreiheit der Vorstände sowie der Aufsichtsräte betroffen sein. Ein Eingriff liegt vor, da die Freiheit, das Unternehmen nach selbstbestimmten Leistungs- und Leitungskriterien zu führen, mit der Verknüpfung der Vorstandsvergütung an CSR-Erfolge eingeschränkt wird. **65**

Für Berufsausübungs- und Berufswahlregelungen gelten unterschiedliche Adäquanzanforderungen.[90] Ein Eingriff in die Berufsausübungsfreiheit ist hinzunehmen, wenn er durch sachgerechte und vernünftige Erwägungen des Gemeinwohls gerechtfertigt ist. Prüfungsmaßstab ist somit der Verhältnismäßigkeitsgrundsatz. Es kommt auf das Vorhandensein eines legitimen Ziels, die Geeignetheit, die Erforderlichkeit und die Angemessenheit des Eingriffs an. Hinsichtlich des Eingriffs kann insoweit auf die Ausführungen zu Art 5 StGG verwiesen werden. Demzufolge ist ein gerechter Ausgleich zwischen den Interessen der börsenorientierten Unternehmen, ihre Strukturen im Unternehmen frei zu gestalten und dem Staatsziel „umfassender Umweltschutz" zu schaffen. **66**

Vereinbarkeit mit der Vereinigungsfreiheit nach Art 12 StGG, Art 11 EMRK. Eine Verknüpfung der Vorstandsvergütung mit der Erreichung von CSR-Zielen kann auch die von Art 12 StGG sowie Art 11 EMRK geschützte Verei- **67**

88 *Hengstschläger/Leeb*, Grundrechte Rz 10/3.
89 Vgl hierzu *Korinek*, Grundrechte und Verfassungsgerichtsbarkeit 137.
90 *Hengstschläger/Leeb*, Grundrechte Rz 10/9.

nigungsfreiheit betreffen. Schutzgut ist die Freiheit, eine Vereinigung zu bilden, sowie der Bestand und die freie Betätigung während des aufrechten Bestandes.[91] Der Schutzbereich der Vereinigungsfreiheit ist umstritten. Die hM bezieht – basierend auf der Rechtsprechung des VfGH[92] – nur ideelle Vereine in den Anwendungsbereich des Art 12 StGG in.[93] Art 11 EMRK erfasst hingegen jedenfalls auch wirtschaftliche Vereinigungen wie Kapitalgesellschaften.[94]

68 Die Vereinigungsfreiheit schließt nicht jede staatliche Regelung der Organisation und Willensbildung einer Vereinigung aus. Die Notwendigkeit einer gesetzlichen Ausgestaltung der Vereinigungsfreiheit gehört vielmehr sogar zur Schutzpflicht. Der Gesetzgeber hat sich bei der Ausgestaltung aber am Schutzgut der Grundrechtsgewährleistung zu orientieren und den Grundsatz der Verhältnismäßigkeit zu wahren. Sofern die Funktionsfähigkeit des Unternehmens nicht ernsthaft gefährdet und die Selbstbestimmung der Gesellschaft über ihre innere Organisation und Willensbildung nicht grundsätzlich in Frage gestellt wird, dürfte eine Verknüpfung der Vorstandsvergütung mit der Erreichung von CSR-Zielen mit der Gewährleistung des Art 12 StGG bzw Art 11 EMRK vereinbar sein. Die Beurteilung der Zulässigkeit deckt sich entsprechend mit jener nach Art 5 und Art 6 StGG.

VI. Fazit

69 Das Thema „Berücksichtigung von CSR bei der Vorstandsvergütung" ist hochaktuell. Ein Entwurf des Europäischen Parlaments zu der Abänderung der Aktionärsrechte-Richtlinie vom 8. Juli 2015 schlägt eine entsprechende Verknüpfung vor.

70 Parallel steigt in der Unternehmenspraxis die Bedeutung nicht-finanzieller Indikatoren für die vom Aufsichtsrat festzusetzende Vorstandsvergütung. Empirische Untersuchungen zeigen, dass sich CSR und Profiterzielung nicht ausschließen: Internationale Studien belegen einen positiven Zusammenhang zwischen sozialer und finanzieller Performance eines Unternehmens. Können Investoren und Öffentlichkeit CSR-Informationen richtig verarbeiten, haben sie das Potenzial, den Shareholder-Value zu steigern.

71 Dennoch berichten derzeit nur drei der ATX-Unternehmen darüber, wie sie die Vergütung der Vorstände mit nicht-finanziellen Kriterien verknüpfen.

72 Die derzeitige Rechtslage sieht eine Berücksichtigung von CSR-Kriterien bei der Vorstandsvergütung weder im österreichischen Recht noch im (untersuchten) europäischen Rechtsvergleich vor.

73 Auch die Corporate Governance Kodizes der jeweiligen Rechtsordnungen fordern oder empfehlen eine entsprechende Kopplung der Vergütung an CSR-Erfolge aktuell nicht. CSR findet allerdings langsam Eingang in die Kodizes; einige Länderfassungen greifen das Thema auf und empfehlen die Befassung des Unternehmens mit CSR. Der Österreichische Arbeitskreis für Corporate Governance legt

---

91 *Hengstschläger/Leeb*, Grundrechte Rz 22/13.

92 S. bereits Slg 1397/1931.

93 *Potacs* in *Merten/Papier*, VII/1 443 mwN; aA *Hengstschläger/Leeb*, Grundrechte Rz 22/11.

94 *Hengstschläger/Leeb*, Grundrechte Rz 22/12.

die Aufnahme von nicht-finanziellen Performance-Indikatoren als Comply-or-explain Regel fest.

Eine verpflichtende Berücksichtigung von CSR bei der Vorstandsvergütung wäre verfassungsrechtlich wohl in Gestalt einer flexiblen Quote möglich. Für eine derartige Quote spricht der Anreizmechanismus[95] etwa zugunsten des Staatsziels „umfassender Umweltschutz". Gegen eine Quote sprechen die zunehmende Drangabe der privatautonomen Kompetenzen des Aufsichtsrats sowie der Wunsch nach Bürokratieabbau (reducing red tape). **74**

Dass ein CSR-Engagement der Kapitalgesellschaften in immer größerem Ausmaß sozial gefordert wird, lässt sich aber in jedem Fall ebenso feststellen wie die Aufgabe des unbedingten Freiwilligkeitsprinzips in Sachen CSR durch die Europäische Union. **75**

---

95 Differenzierend zum allgemeinen Anreizmechanismus der Vergütung *Cahn*, in: FS Hopt (2010) 437 f.

Auswahl und Beauftragung des Abschlussprüfers

Aslan Milla, Friedrich Rödler und Annette Köll

§§: 268 bis 276 UGB; 92 ff, 106 und 121 AktG; 5, 59 und 82 WTBG; § 1 WT-ARL; 18a A-QSG; 60 ff BWG; 260 ff VAG; 31 PKG; 318 dHGB

Literatur

Ö: *Bertl/Mandl:* Handbuch der Rechnungslegung (2009); *Chini/Reiter/Reiter:* Praxiskommentar zum Gesellschaftsrechtsänderungsgesetz 2005, Abschlussprüfungs-Qualitätssicherungsgesetz (2005); *Csoklich/Müller/Gröhs/Helbich*, Handbuch zum Privatstiftungsgesetz (1994); *Doralt/Nowotny/Kalss*, Kommentar zum Aktiengesetz (2012); *Draxler*, Aufsichtsrat und Abschlussprüfer – eine vermehrte Zusammenarbeit wäre wünschenswert, GeS 2008/7, 272; *Fuchs/Hanslik*, BVerG-Novelle 2010 und neue landesgesetzliche Regelungen im Vergabeschutz, RFG 2010, 121; *Gahleitner*: Unternehmensrechts-Änderungsgesetz 2008 (Teil I), ecolex 2008, 536; *Gelter*, Die Unabhängigkeit des Abschlussprüfers (2004); *Geirhofer*, Prüfungsbericht und Management Letter des Abschlussprüfers als Unterstützungsinstruments für Aufsichtsratsmitglieder, AR aktuell 5/2005, 21; *Hammerschmied*, Steuerberatung und Wirtschaftsprüfung in Europa – Festschrift für Alfred Brogyanyi (2008); *Hasenauer/Birkner*, Jahresabschlussprüfung: Keine Nichtigkeit bei Verstoß gegen Unabhängigkeitsbestimmungen, AR Aktuell 2/2006, 10; *Hämmerle/Wünsch*, Handelsrecht, Band II (1978); *Holoubek*: Die Wahl des Abschlussprüfers zwischen Unternehmens- und Vergaberecht, ÖZW 2009, 2; *Holoubek/Fuchs/Holzinger*, Vergaberecht[3] (2012); *iwp*, Handbuch zur Qualitätssicherung in Abschlussprüfungsbetrieben (2012); *IWP/PE 19*, Stellungnahme des Instituts Österreichischer Wirtschaftsprüfer zu Einzelfragen zu den Unabhängigkeitsvorschriften nach dem Unternehmensgesetzbuch (UGB) idF Unternehmensrechts-Änderungsgesetz 2008 (URÄG 2008) Fassung Juni 2014; *Jabornegg/Strasser*, AktG Kommentar, 5. Auflage, Teil II §§ 70-273 (2010); *Kalss/Nowotny/Schauer*, Österreichisches Gesellschaftsrecht (2008); *Kalss/Schörghofer*, Corporate Compliance und Gesellschaftsrecht in *Lucius/Oppitz/Pachinger* (2010); *Kastner/Doralt/Nowotny*, Grundriss des österreichischen Gesellschaftsrechtes (1990); *Kerschbaumer/Reimoser/Geirhofer*, AFRAC-Stellungnahme zur Beurteilung der Funktionsfähigkeit des Risikomanagements gemäß Regel 83 ÖCGK in Wirtschaftsprüfer-Jahrbuch 2013; *KFS/PE 18:* Stellungnahme des Fachsenats für Unternehmensrecht und Revision des Instituts für Betriebswirtschaft, Steuerrecht und Organisation der Kammer der Wirtschaftstreuhänder zu ausgewählten Fragen zur Redepflicht des Abschlussprüfers gemäß § 273 Abs 2 und 3 UGB (Stellungnahme KFS/PE 18) Juni 2015; *Koppensteiner/Rüffler*, GmbH-G, 3. Auflage (2007); *Kraßnig*, L., Die Kooperation zwischen Aufsichtsrat und Wirtschaftsprüfer als wichtiger Beitrag zu einer hochqualitativen Abschlussprüfung, AR Aktuell 3/2007, 6; *Kraßnig*, U., Aufsichtsrat meets Abschlussprüfer – ein empirischer Befund zu einem kritischen Verhältnis, AR Aktuell 4/2009, 18; *Kraßnig*, U., Zur Verantwortlichkeit des Aufsichtsrats bei der Bestellung des Abschlussprüfers de lege ferenda, AR Aktuell 3/2008, 13; *Kraßnig*, U., Grundlagen der Qualitätssicherung der Abschlussprüfung in Österreich im Lichte internationaler Entwicklungstendenzen (2007); *Lucius/Oppitz/Pachinger*, Compliance im Finanzdienstleistungsbereich (2010); *Milla/Köll*, Die Abschlussprüfung als Teil der Corporate Governance in *Schenz/Eberhartinger*, 387; *Milla/Köll/Wenger/Adrian*, EU-Regulation zur Abschlussprüfung – Neue Pflichten für Aufsichtsrat und Prüfungsausschuss, RWZ 2014, 369; *Milla/Schwartz/Dirnberger*, EU-Neuregelung der Abschlussprüfung in WP-Jahrbuch 2015; *Milla/Vcelouch-Kimeswenger/Weber*, Praxiskommentar URÄG 2008 (2008); *Nowotny/Mayer/Hassler*, Rechnungslegung, Prüfung und Beratung, KPMG-Festschrift (1996); *Österreichischer Arbeitskreis für Corporate Governance*, Interpretationen zum Österreichischen Corporate Governance Kodex (2009 ff); *PwC*, Der Aufsichtsrat im Konzern: Herausforderungen und Pflichten (2014); *PwC,* Fragen des Aufsichtsrats an den Abschlussprüfer, Anregungen und Herausforderungen (2013); *Reich-Rohrwig, J.*: Das österreichische GmbH-Recht I, 2. Auflage (1997); *Rödler/Müller/Köll,* Fragen des Aufsichtsrats an den Abschlussprüfer, AR aktuell 4/14,10; *Schenz/Eberhartinger*, Corporate Governance in Österreich: Zum 10-jährigen Bestehen des ÖCGK (2012); *Schramm/Aicher/Fruhmann*, Kommentar zum Bundesvergabegesetz 2006 (2013); *Straube* (Hrsg), UGB-Kommentar, 2. Band §§ 189-283, 3. Auflage (2011 und 2012); *Wiedermann*, URÄG 2008: Angemessenes Prüfungshonorar und Aufsichtsratshaftung, RWZ 9/2009, 257; *Zib/Dellinger,* UGB Großkommentar, Band III – Teil 2 (2015).

Dtl: *Adler/Düring/Schmaltz*, Rechnungslegung und Prüfung der Unternehmen (2000); *Baetge/Kirsch/Thiele*, Bilanzrecht (2010); *Beck'scher Bilanzkommentar* (2014); *Küting/Weber*, Handbuch der Rechnungslegung Einzelabschluss (2010); *Velte,* Die Vereinbarung des Prüfungshonorars durch Aufsichtsrat und Abschlussprüfer als Element der Corporate Governance – Eine normative und empirische Bestandsaufnahme für den deutschen Kapitalmarkt, WPg 24/2009, 1229; *Zöllner*, Kölner Kommentar zum AktG (2004), Band 6.

Gliederung **Rz**

I. Normative Grundlagen

Maßgebliche normative Grundlage für die Auswahl und Beauftragung des Abschlussprüfers bei prüfungspflichtigen Gesellschaften[1] ist § 270 UGB, der im Wesentlichen § 318 dHGB entspricht. Die Bestimmung wurde durch das URÄG 2008[2], mit dem die Abschlussprüfungsrichtlinie (Abschlussprüfungs-RL)[3] umgesetzt wurde, inhaltlich geändert und weist dem Aufsichtsrat eine wesentliche Rolle bei der Bestellung und Beauftragung des Abschlussprüfers zu. Damit soll die Unabhängigkeit des Abschlussprüfers vom Vorstand der zu prüfenden Gesellschaft gestärkt werden.[4] Ebenso wurden die Informations- und Berichtspflichten des vorgeschlagenen Abschlussprüfers erweitert sowie die Vereinbarung „angemessener" Prüfungshonorare explizit in den Gesetzestext aufgenommen.[5] §§ 270 Abs 1, 1a und 2 UGB regeln die Bestellung und Beauftragung des Abschlussprüfers bzw des Konzernabschlussprüfers durch die Gesellschaftsorgane. Die Abs 3 bis 5 enthalten Regelungen über die Bestellung des Abschlussprüfers durch das Gericht. Die Abs 6 und 7 regeln die (vorzeitige) Kündigung des Prüfungsvertrages durch den Prüfer aus wichtigem Grund. 1

Die persönlichen Anforderungen an den Abschlussprüfer sowie die Gründe für seine etwaige Befangenheit oder Ausgeschlossenheit sind in § 268 Abs 4 UGB sowie in §§ 271, 271a, 271b und 271c UGB geregelt. 2

Besonders hohe Anforderungen an die fachliche Kompetenz und strenge Ausschlussgründe werden hinsichtlich der Jahresabschlussprüfer von Banken (§ 60 ff BWG) und Versicherungen (§ 260 ff VAG) gesetzlich normiert. 3

Die Regelungen des URÄG 2008 sollen die Transparenz in die Finanzberichterstattung verbessern sowie das Vertrauen in die Tätigkeit des Abschlussprüfers stärken. 4

---

1 Gem § 268 Abs 1 UGB sind der Jahresabschluss und der Lagebericht von Kapitalgesellschaften durch einen Abschlussprüfer zu prüfen. Dies gilt nicht für kleine Gesellschaften mit beschränkter Haftung (§ 221 Abs 1 UGB), sofern diese nicht auf Grund gesetzlicher Vorschriften einen Aufsichtsrat haben müssen. Der vorliegende Beitrag beschränkt sich auf die Darstellung der Rechtslage für prüfungspflichtige Gesellschaften.

2 BGBl 2008/70 (Unternehmensrechts-Änderungsgesetz 2008 – URÄG 2008).

3 Richtlinie 2006/43/EG des europäischen Parlaments und des Rates vom 17. Mai 2006 über die Abschlussprüfung von Jahresabschlüssen und konsolidierten Abschlüssen, zur Änderung von den Richtlinien 78/660/EWG und 83/349/EWG des Rates und zur Aufhebung der Richtlinie 84/253/EWG des Rates, Abl vom 9.6.2006, L 157/87.

4 Siehe dazu die Regierungsvorlage ErlRV URÄG 2008, 467 BlgNR XXIII GP, 20.

5 *Wiedermann*, RWZ 9/2009, 257.

5 Das Berufsrecht für Wirtschaftsprüfer im engeren Sinn ist im Wirtschaftstreuhandberufsgesetz (WTBG)[6] sowie in der Wirtschaftstreuhandberufs-Ausübungsrichtlinie[7] geregelt. Darüber hinaus sind für alle als Abschlussprüfer tätige Wirtschaftsprüfer und Wirtschaftsprüfungsgesellschaften auch die Bestimmungen des Abschlussprüfungs-Qualitätssicherungsgesetzes (A-QSG)[8] relevant.

II. Rechtsstellung des Abschlussprüfers

6 Nach herrschender Ansicht ist der Abschlussprüfer, wenngleich er im Rahmen der jährlich wiederkehrenden Abschlussprüfung eine organähnliche Funktion erfüllt, nicht als Organ der Gesellschaft anzusehen.[9] Er wird vielmehr als eine außerhalb der Gesellschaft stehende unabhängige Prüfungsstelle verstanden.[10]

7 Das zivilrechtliche Auftragsverhältnis zwischen geprüfter Gesellschaft und Abschlussprüfer wird in Österreich nach herrschender Lehre als **Werkvertrag** qualifiziert.[11] Der Prüfungsvertrag beinhaltet die Erbringung einer abgegrenzten Leistung (nämlich die Durchführung der Prüfung und die Abgabe des Prüfungsberichts gem § 273 UGB sowie die Erteilung des Bestätigungsvermerks gem § 274 UGB) in Eigenverantwortung, nach eigenem Plan und mit eigenen Mitteln, wobei auch Hilfspersonen eingesetzt werden können.

8 Dabei unterliegt der Abschlussprüfer einem **erhöhten Sorgfaltsmaßstab** (gewissenhafte und unparteiische Prüfung gemäß § 275 Abs 2 UGB), da er den objektiven **Sorgfaltsmaßstab eines ordentlichen Wirtschaftsprüfers** einhalten muss, um eine vertragskonforme Leistung zu erbringen. Es liegt somit eine Sorgfalts- und keine Erfolgsverbindlichkeit vor.[12]

9 Auf Basis der berufsrechtlichen Grundlagen sind Berufsberechtigte der Wirtschaftstreuhandberufe gemäß § 82 WTBG sowie § 1 WT-ARL verpflichtet, ihren Beruf **gewissenhaft, sorgfältig, eigenverantwortlich, unabhängig** und **verschwiegen** auszuüben.[13]

---

6 BGBl I Nr. 58/1999, zuletzt geändert durch BGBl I Nr. 46/2014.

7 Wirtschaftstreuhandberufs-Ausübungsrichtlinie 2003 in der Fassung ABl-KWT 2/2005, ABl-KWT 2/2008, ABl-KWT 1/2010 und WT-ABl Sondernummer I/2011.

8 BGBl I Nr. 84/2005 Abschlussprüfungs-Qualitätssicherungsgesetz (A-QSG) zuletzt geändert durch BGBl. I Nr. 34/2015.

9 *Kalss/Nowotny/Schauer*, 622; vgl *Nowotny*, in: Csoklich/Müller/Gröhs/Helbich, 149.

10 *Gelter*, in: Bertl/Mandl, C.III, 5; vgl ua *Nowotny*, in: Nowotny/Mayer/Hassler, 224.

11 *Gelter*, in: Bertl/Mandl, C.III, 6 mwN; vgl *Kastner/Doralt/Nowotny*, 281; *Hämmerle/Wünsch*, Handelsrecht II, 320.
In Deutschland wird der Pflichtprüfungsvertrag zwischen Gesellschaft und Abschlussprüfer als Geschäftsbesorgung gemäß § 675 BGB angesehen wobei Teile der Vorschriften über den Auftrag anzuwenden sind (vgl *Adler/Düring/Schmalz,* Rechnungslegung[6] § 318 HGB Rz 191 mwN). Die rechtliche Einordnung als Dienst- oder Werkvertrag bzw typengemischter Vertrag besonderer Art ist umstritten.

12 *Gelter*, in: Bertl/Mandl, C.III, 6.

13 Konkretisierung der Berufspflichten: Gewissenhaftigkeit und Sorgfältigkeit (§§ 2 und 3 WT-ARL), Eigenverantwortlichkeit (§ 5 Abs 1 WT-ARL), Unabhängigkeit (§ 88 WTBG, § 21 ff WT-ARL) und Verschwiegenheit (§ 91 WTBG).

In Österreich wird die Bestellung und die Abberufung des Abschlussprüfers für alle Fälle der Prüfungspflicht (§ 268 UGB) einheitlich und unabhängig von der Rechtsform der zu prüfenden Gesellschaft geregelt. Demnach erfolgt die Bestellung des Abschlussprüfers grundsätzlich durch Wahl durch die Gesellschafter und nur in bestimmten Ausnahmefällen durch das Gericht.[14] **10**

Gemäß § 270 UGB erfolgt das Verfahren zur Bestellung des Abschlussprüfers grundsätzlich in drei Schritten: **11**
- Erstellung eines **Wahlvorschlags durch den Aufsichtsrat** (sofern vorhanden);
- **Wahl** des Abschlussprüfers durch die Gesellschafter;
- **Abschluss des Prüfungsvertrages** zwischen der Gesellschaft und dem Abschlussprüfer durch den Aufsichtsrat (sofern vorhanden, ansonsten durch die gesetzlichen Vertreter).

Zur allfälligen Verpflichtung zur vorherigen Durchführung eines Vergabeverfahrens bei öffentlich-rechtlichen Unternehmen siehe unten in Kapitel VI. **12**

A. Wahlvorschlag

Nach § 270 Abs 1 UGB wird der Abschlussprüfer zwar durch die Gesellschafter gewählt, zur Vorbereitung dieser Wahl hat jedoch der Aufsichtsrat – sofern ein solcher besteht – den Gesellschaftern einen Vorschlag zu erstatten. **13**

Die Erstellung des Wahlvorschlags muss unter Berücksichtigung folgender wesentlicher Kriterien erfolgen: **14**
- Formale Qualifikation (Details diesbezüglich siehe Rz 16),
- Leistungsfähigkeit (Rz 18) sowie
- Qualität und Erfahrung, Referenzen (Rz 18 f)

des Wirtschaftsprüfers bzw der Wirtschaftsprüfungsgesellschaft.

Auch wenn die Gesellschafter bei der Wahl des Abschlussprüfers nicht an diesen Wahlvorschlag gebunden sind, macht das Fehlen eines solchen die Wahl anfechtbar.[15] **15**

1. Wählbare Personen

Formale Voraussetzung der Prüferbestellung ist die **berufliche Qualifikation** (§ 268 Abs 4 UGB). Als Abschlussprüfer kommen demnach nur **Wirtschaftsprüfer** iSd § 5 WTBG oder **Wirtschaftsprüfungsgesellschaften** gem § 59 WTBG in Betracht. Rechtsfolge des Fehlens der Berufsbefugnis ist die Nichtigkeit der Bestellungsbeschlüsse und des Jahresabschlusses.[16] **16**

---

[14] Dies entspricht dem auf europäischer Ebene festgelegten Primat des Gesellschafters bei der Bestellung eines Abschlussprüfers (Art 37 Abs 1 AbschlussprüfungsRL).

[15] *Baetge/Kirsch/Thiele*, Bilanzrecht, § 318 Rz 28.

[16] *Völkl/Lehner* in *Straube*, UGB II/RLG³ § 271 Rz 8. Ein nachträglicher Verlust der Berufsbefugnis beeinträchtigt hingegen die Wirksamkeit des Bestellungsbeschlusses grundsätzlich nicht. Allerdings ist eine wirksame Feststellung des Jahresabschlusses nicht mehr möglich. Damit verfehlt auch der Prüfungsvertrag seinen Zweck und zerfällt, da seiner Erfüllung ein dauerndes Hindernis entgegensteht. Eine Kündigung des Prüfungsvertrages ist in diesem Fall nicht erforderlich. Vgl *Müller/Köll* in *Zib/Dellinger*, Großkomm UGB § 270 Rz 23; *Völkl* in *Straube*, UGB II/RLG³ § 270 Rz 41.

17 Durch Satzung bzw Gesellschaftsvertrag kann der Kreis der wählbaren Wirtschaftsprüfer bzw Wirtschaftsprüfungsgesellschaften eingeschränkt werden. Es können etwa zusätzliche Qualifikationserfordernisse oder bestimmte Branchenerfahrungen[17] gefordert werden. Unzulässig wäre allerdings eine derart weit reichende Einschränkung, dass de facto keine Auswahl mehr zwischen verschiedenen Abschlussprüfern möglich ist.[18]

18 Bei der Auswahl der in Frage kommenden Abschlussprüfer wird der Aufsichtsrat insbesondere die folgenden wesentlichen Kriterien zu berücksichtigen haben:[19]

- Hat das zu prüfende Unternehmen Tochtergesellschaften im Ausland, so wird es sinnvoll sein, Wirtschaftsprüfer bzw Wirtschaftsprüfungsgesellschaften mit entsprechender **Anbindung an ein internationales Netzwerk** auszuwählen um einen international standardisierten Prüfungsansatz und eine entsprechende einheitliche Prüfungsqualität zu gewährleisten.
- Abhängig von der Größe des zu prüfenden Unternehmens wird vom Wirtschaftsprüfer bzw von Wirtschaftsprüfungsgesellschaften eine bestimmte **Leistungsfähigkeit** zu fordern sein, wobei insbesondere auf die Anzahl, der im Prüfbetrieb tätigen Mitarbeiter, aufgeschlüsselt nach Qualifikation und Berufserfahrung, zu achten sein wird. Dies ist schon deswegen von Bedeutung, damit der Prüfer bei unvorhergesehenen Problemen flexibel reagieren kann (beispielsweise bei einer während der Prüfung auftretenden Notwendigkeit zur Ausweitung des Prüfungsumfangs).
- Hinsichtlich der Qualität und Erfahrung werden **Referenzen** von geprüften Gesellschaften ähnlicher Größenordnung und Branche zu fordern sein.

19 Bei der Prüfung der **Qualität und der Erfahrung** des Prüfungsteams wird in Abhängigkeit von der Größe, der Branche, dem Risikoprofil, der Komplexität und anderen Merkmalen des zu prüfenden Unternehmens beispielsweise auf folgende Qualifikationen zu achten sein:[20]

- Erfahrung bei der Bilanzierung und Beurteilung von branchentypischen Geschäftsfällen,
- fundiertes Wissen über die Behandlung von Sonderfragen der Rechnungslegung soweit bei branchenspezifischen Geschäftsfällen zu erwarten,
- ausreichende Erfahrung in der Durchführung von IT-Prüfungen (Datenschutz, Zugangsberechtigungen, etc),
- bei Konzernprüfungen: fundiertes Wissen über Konsolidierungsvorschriften und über die Prüfung von Konzernabschlüssen nach nationalen oder internationalen Rechnungslegungsbestimmungen, sowie praktische Erfahrungen in der Koordination von Abschlussprüfern bei Beteiligungsunternehmen im In- und Ausland und die dabei – falls erforderlich – eingesetzten technischen Hilfsmit-

[17] Gemäß § 62 BWG besteht ein Ausschließungsgrund für die Bestellung als Bankprüfer bei mangelnder Vorbildung und fachlicher Eignung. Die theoretische und praktische Befähigung zur Bankprüfung ist durch eine staatliche oder staatlich anerkannte Eignungsprüfung sowie die laufende Fortbildung zur Gewährleistung der Aktualität der Kenntnisse nachzuweisen.

[18] Vgl *Adler/Düring/Schmalz,* Rechnungslegung[6] § 318 HGB Rz 52 f.

[19] *Kraßnig, L.*, AR Aktuell 3/2007, 6.

[20] Vgl ähnlich: *Draxler*, GeS 2008/7, 278.

tel (wie beispielsweise elektronische Arbeitspapiere, Datenbanken und ähnliches), sowie
- die Höhe der vom Abschlussprüfer abgeschlossenen Berufshaftpflichtversicherung.

Hinsichtlich börsenotierter Unternehmen oder Tochtergesellschaften von börsenotierten Konzernmutterunternehmen ist zudem das Vorliegen weiterer Qualifikationen zu überprüfen: **20**
- ausreichendes Wissen über die Erfordernisse und dementsprechende Berichterstattung im Sinne des österreichischen Corporate Governance Kodex,
- gegebenenfalls fundiertes Wissen über die Erfordernisse bei Prüfungen, die nach den International Standards of Auditing (ISA) abzuwickeln sind (siehe hierzu auch Rz 71), sowie
- gegebenenfalls bei Unternehmen und Konzernen, deren Muttergesellschaft an der US-Börse notieren, fundiertes Wissen über die Anforderungen seitens der SEC an Prüfung und Berichterstattung (hierzu gehören auch entsprechende Erfahrungen in der Prüfung nach dem Sarbanes Oxley [SOX 404]).

Die Einladung zur Angebotslegung sollte bereits wesentliche Themen des Prüfungsvertrages beinhalten, sodass den anbietenden Abschlussprüfern ermöglicht wird, ein realistisches **Zeitbudget** zu erstellen.[21] Es ist nicht zulässig, bei der Einladung zur Angebotslegung die Beurteilung bestimmter Sachverhalte abzufragen und somit die Beauftragung von der Zustimmung zu einer bestimmten bilanziellen Vorgangsweise abhängig zu machen.[22] **21**

Um die Unabhängigkeit des Abschlussprüfers zu gewährleisten, sollte der **Einfluss des Vorstandes auf die Auswahl** der vom Aufsichtsrat zur Angebotslegung einzuladenden Abschlussprüfer **möglichst gering** gehalten werden. Der Aufsichtsrat wird die administrativen Arbeiten zur Einholung von Angeboten geeigneter Abschlussprüfer und zur Erstellung eines Vorschlags für den durch die Gesellschafter zu wählenden Abschlussprüfer an den Vorstand delegieren können. Inhaltlich kann der Aufsichtsrat sich durch den Vorstand beraten lassen, die endgültige Auswahl des vorzuschlagenden Abschlussprüfers sollte jedoch durch den Aufsichtsrat – unter sorgfältiger Beurteilung der Qualitätskriterien sowie möglicher Befangenheits- und Ausschlussgründe gemäß § 271ff UGB – eigenständig und unbeeinflusst durch den Vorstand erfolgen. **22**

Die primäre Abstellung auf das für die Abschlussprüfung geforderte **Honorar** wird – wenngleich es in der Praxis häufig als eigentliches Auswahlkriterium herangezogen wird – einem fundierten Auswahlverfahren nicht gerecht.[23] Ein unangemessen niedriges Honorar, ebenso wie ein ungewöhnlich hohes Honorar ist im Hinblick auf die Gewährleistung der Objektivität und Unabhängigkeit jedenfalls kritisch zu hinterfragen (siehe zur Unabhängigkeit auch II.A.3, Rz 36 ff). Die Struktur der Honorarermittlung ist jedoch durchaus als Qualitätskriterium anzusehen. **23**

---

21 *Kraßnig, U.*, AR Aktuell 4/2009, 14.
22 Vgl *Milla/Vcelouch-Kimeswenger/Weber*, URÄG 2008, 84.
23 *Draxler*, GeS 2008/7, 279.

2. Informations- und Offenlegungspflichten des Prüfers

24 Um in den Wahlvorschlag aufgenommen werden zu können, muss der Wirtschaftsprüfer bzw die Wirtschaftsprüfungsgesellschaft gemäß § 270 Abs 1a UGB bestimmten Informations- und Offenlegungspflichten nachkommen, um die Unabhängigkeit und Unbefangenheit gegenüber der zu prüfenden Gesellschaft zu dokumentieren. Die zur Angebotslegung eingeladenen Wirtschaftsprüfer bzw Wirtschaftsprüfungsgesellschaften haben nach § 270 Abs 1a UGB im Rahmen des so genannten „**Transparenzschreibens**“ die folgenden Informationen offen zu legen:

- eine nach Leistungskategorien gegliederte **Aufstellung** über das für das vorangegangene Geschäftsjahr von der Gesellschaft erhaltene **Entgelt**;
- einen Bericht über die Einbeziehung in **ein gesetzliches Qualitätssicherungssystem**;
- die Darlegung und Dokumentation von Umständen, die eine **Befangenheit oder Ausgeschlossenheit** begründen könnten sowie von **Schutzmaßnahmen**, die getroffen worden sind, um eine unabhängige und unbefangene Prüfung sicherzustellen.

25 Der Gesetzeswortlaut sieht die diesbezügliche (schriftliche) Berichterstattung durch den Abschlussprüfer an den Aufsichtsrat beziehungsweise an den Prüfungsausschuss vor (wenn ein solcher eingerichtet ist).[24]

26 Der Prüfungsausschuss bzw der Aufsichtsrat hat diese Informationen dann vor der Wahl des Abschlussprüfers an die Hauptversammlung bzw Generalversammlung weiterzuleiten.[25]

27 Das **Fehlen oder die Unvollständigkeit der Offenlegung** macht die Prüferwahl bzw den Prüfungsvertrag nicht von vorne herein unwirksam. Bei einer wesentlichen Verletzung der Offenlegungspflicht wäre grundsätzlich eine **Anfechtung des Wahlbeschlusses** denkbar (wird von § 270 Abs 3 letzter Satz UGB nicht ausgeschlossen) oder auch die Nichtigkeit des Prüfungsvertrages wegen Kollusion, wenn der Aufsichtsrat das Bestellungshindernis kannte oder grob fahrlässig nicht kannte. Allerdings muss diesbezüglich eine **hinreichende Relevanz** für die Beschlussfassung gegeben sein.[26] Dies wird beispielsweise dann der Fall sein, wenn Umstände vorliegen, die einen Ausschlussgrund darstellen oder bei ordnungsgemäßer Berichterstattung oder Offenlegung eine ernsthafte Besorgnis der Befangenheit im Sinne der Ausführungen in § 270 Abs 3 UGB begründet hätten.

28 Bei der nach **Leistungskategorien gegliederten Aufstellung** über das für das vorangegangene Geschäftsjahr von der Gesellschaft erhaltene **Entgelt**, hat der Wirtschaftsprüfer sämtliche der Gesellschaft in dem der Prüfung vorausgehenden Geschäftsjahr in Rechnung gestellten Honorare, zumindest getrennt nach Prüfungs- und Nicht-Prüfungsleistungen, aufzuschlüsseln.[27] Die Entscheidung in welche Tiefe die aufgegliederte Information gehen muss, obliegt dem Aufsichts-

---

[24] § 270 Abs 1a UGB letzter Satz.

[25] ErlRV zum GesRÄG 2005, 927 BlgNR, 22. GP Artikel IV § 270 Abs 1 HGB.

[26] Vgl *Gelter*, in: Bertl/Mandl, C.III, 11; Vgl *Doralt/Nowotny/Kalss,* § 195 Rz 55 ff.

[27] *Kraßnig, U.,* AR Aktuell 3/2008, 14.

rat. Bei Bestellung des Konzernabschlussprüfers sind die Honorare von allen im Konsolidierungskreis stehenden Unternehmen einzubeziehen.[28] Es empfielt sich auch von anderen Prüfern **innerhalb desselben Netzwerks** bezogene Honorare einzubeziehen.

Mangels entsprechender gesetzlicher Verpflichtung zur Offenlegung der Gesamtumsätze ist es allerdings praktisch nicht möglich, aus dieser Aufstellung auch einen definitiven Schluss auf die wirtschaftliche Abhängigkeit des Abschlussprüfers vom zu prüfenden Unternehmen zu ziehen. Sofern in der Praxis durch den Aufsichtsrat nicht zusätzlich auch eine solche Offenlegung der Gesamtumsätze aktiv eingefordert oder durch Rückgriff auf die in bestimmten Fällen zu veröffentlichenden Transparenzberichte von Abschlussprüfern und Prüfungsgesellschaften gem § 24 A-QSG[29] nachvollzogen wird, bleibt die Offenlegung daher wenig aussagekräftig. 29

Nach dem Abschlussprüfungs-Qualitätssicherungsgesetz sind Abschlussprüfer in ein **externes Qualitätssicherungssystem** einzubeziehen. Im Rahmen der Berichterstattung hat der Wirtschaftsprüfer bzw die Wirtschaftsprüfungsgesellschaft über den Verfahrensstand bei der Qualitätssicherung und über die Gültigkeitsdauer der Qualitätsbescheinigung zu berichten.[30] 30

Schließlich verlangt § 270 Abs 1a UGB die Darlegung aller Umstände, die die **Befangenheit oder Ausgeschlossenheit** des Wirtschaftsprüfers bzw der Wirtschaftsprüfungsgesellschaft begründen könnten sowie jener **Schutzmaßnahmen** die getroffen worden sind, um eine unabhängige und unbefangene Prüfung sicherzustellen. 31

Die Beurteilung, ob eine Befangenheit oder Ausgeschlossenheit vorliegt, hat nach **objektiven Kriterien** zu erfolgen. Sobald die Unbefangenheit nach objektiver Prüfung und Beurteilung in Zweifel gezogen werden kann, gilt der Prüfer als befangen. Der **Anschein** der Voreingenommenheit oder die **Besorgnis**, dass bei der Ausübung der Tätigkeit andere als rein sachliche Argumente das Prüfungsurteil beeinflussen könnten, reichen für die Erfüllung des Tatbestandes der Befangenheit aus.[31] 32

Eine bloße Besorgnis einer Befangenheit (§ 271 Abs 1 UGB), wenn kein konkreter Ausschlussgrund vorliegt, oder das Bestehen von Ausschlussgründen im Netzwerk kann durch das Ergreifen entsprechender **Schutzmaßnahmen** durch 33

---

[28] *Gelter*, in: Bertl/Mandl, C.III, 10; vgl *Chini/Reiter/Reiter*, 71.

[29] Gem § 24 Abs 1 A-QSG sind Abschlussprüfer und Prüfungsgesellschaften, die sich in Abständen von jeweils drei Jahren einer externen Qualitätsprüfung zu unterziehen haben (d.s. Prüfer von börsenotierten Unternehmen, Kreditinstituten, Versicherungen und Pensionskassen), verpflichtet jährlich einen Transparenzbericht zu veröffentlichen, der ua den Gesamtumsatz, aufgeschlüsselt nach Prüfungshonoraren, Honoraren für andere Bestätigungsleistungen, Steuerberatungsleistungen und sonstige Leistungen zu enthalten hat.

[30] *Kraßnig*, L., AR Aktuell 3/2007, 7.

[31] *Gelter*, in: Bertl/Mandl, C.III, 10.

den Wirtschaftsprüfer[32] beseitigt werden.[33] Die getroffenen Maßnahmen sind zu dokumentieren und in die Berichterstattung aufzunehmen.

34 Als allgemeine Schutzmaßnahme gilt die **Einrichtung eines Sicherheitssystems** zur Verhinderung von Unabhängigkeitsgefährdungen bei der Wirtschaftsprüfungsgesellschaft, sowie die Dokumentation der Funktionsweise dieses Systems hinsichtlich Nichtprüfungsleistungen. Das System hat zu gewährleisten, dass unabhängigkeitsgefährdende Leistungen rechtzeitig erkannt und entsprechende Schutzmaßnahmen (oder Vermeidungsmaßnahmen) ergriffen werden.[34]

35 Als **spezifische Schutzmaßnahmen** sind ua geeignet:[35]

- Einrichtung getrennter Verantwortlichkeiten für die Durchführung von Prüfungsaufträgen und Nichtprüfungsaufträgen;
- Ausschluss befangener Mitarbeiter von der Mitwirkung an der Durchführung des Prüfungsauftrages;
- Überprüfung der Ergebnisse einer Nichtprüfungsleistung oder nochmalige Durchführung derselben durch eine andere Person, die nicht an einer Prüfung mitwirkt, sodass diese die Verantwortung für die Leistung übernehmen kann.

3. Exkurs: Unabhängigkeit des Abschlussprüfers

36 Essentielle Voraussetzung für eine objektive und gesetzmäßige Prüfung des Jahresabschlusses ist die Unabhängigkeit des Abschlussprüfers von der zu prüfenden Gesellschaft.

37 Nach der **Generalklausel** des **§ 271 Abs 1 UGB** darf ein Wirtschaftsprüfer die Abschlussprüfung nicht durchführen, wenn Gründe, insbesondere Beziehungen geschäftlicher, finanzieller oder persönlicher Art, vorliegen, nach denen die Besorgnis der Befangenheit besteht. Daneben sind in den nachstehenden Bestimmungen absolute bzw besondere Ausschlussgründe normiert. Die Ausschlussgründe für den Abschlussprüfer gelten sinngemäß auch für den Konzernprüfer.

38 **§ 271 Abs 2 UGB** normiert die folgenden **absoluten Ausschlussgründe**:

- **Z 1 (Anteilsbesitz):** Als Abschlussprüfer ist ausgeschlossen, wer Anteile an der zu prüfenden Gesellschaft, egal in welchem Ausmaß, oder an einem Unternehmen besitzt, das mit dieser Gesellschaft verbunden ist oder an dieser mindestens 20% der Anteile hält, oder wer auf den Erwerb, die Verwaltung und die Veräußerung derartiger Anteile maßgeblichen Einfluss hat.
- **Z 2 (Gesetzlicher Vertreter, Aufsichtsrat oder Arbeitnehmer):** Als Abschlussprüfer ist ausgeschlossen, wer gesetzlicher Vertreter, Mitglied des Aufsichtsrats oder Arbeitnehmer der zu prüfenden Gesellschaft oder eines Unternehmens ist, das mit dieser Gesellschaft verbunden ist oder an dieser mit

32 *IWP/PE 19* (2014), Einzelfragen zu den Unabhängigkeitsvorschriften, Rz 13.

33 Man unterscheidet in diesem Zusammenhang zwischen ‚unbeseitigbarer' Befangenheit und ‚bloßer' Befangenheit. Bei ersterer ist aufgrund der Charakteristika des Sachverhaltes (Ausschlussgrund gemäß § 271 Abs 2 oder § 271a Abs 1 UGB) eine Schutzmaßnahme nicht möglich (*Gahleitner*, ecolex 2008, 537).

34 *IWP/PE 19* (2014), Einzelfragen zu den Unabhängigkeitsvorschriften, Rz 24 ff.

35 *IWP/PE 19* (2014), Einzelfragen zu den Unabhängigkeitsvorschriften, Rz 25 ff.

mindestens 20% der Anteile beteiligt ist (dabei gilt eine 24-monatige Cooling Off Periode, gerechnet vom Beginn des zu prüfenden Geschäftsjahres).

- **Z 3 (Fehlende Bescheinigung gemäß § 15 A-QSG)**: Siehe dazu oben unter Rz 30.
- **Z 4a (Mitwirkung bei Buchführung und Aufstellung des Jahresabschlusses)**: Infolge des Verbots der Selbstprüfung ist eine Mitwirkung an der Buchführung und Aufstellung des Jahresabschlusses über die Prüfungstätigkeit hinaus unzulässig, insbesondere wenn der Abschlussprüfer selbst Entscheidungen trifft, die sich unmittelbar auf den Jahresabschluss auswirken. Eine Beratungstätigkeit für das zu prüfende Unternehmen, die sich auf das Aufzeigen von Gestaltungsalternativen beschränkt und die Entscheidungsverantwortlichkeit beim Prüfungsmandanten belässt, steht der gleichzeitigen Tätigkeit als Abschlussprüfer jedoch nicht entgegen.[36]
- **Z 4b (Mitwirkung bei der Internen Revision):** Ein wesentlicher Aufgabenbereich der vom Vorstand eingesetzten Internen Revision ist das so genannte *Financial Auditing*. Abschlussprüfer sind von der Mitwirkung bei der Internen Revision der zu prüfenden Gesellschaft ausgeschlossen. Eine Prüfung von speziellen Sachverhalten beispielsweise im Auftrag des Aufsichtsrates oder der Geschäftsleitung, die auch Gegenstand einer Internen Revision sein könnten, wird dagegen auch weiterhin – unabhängig vom Bestehen einer Internen Revision – als zulässig zu erachten sein.[37]
- **Z 4c (Managementaufgaben):** Unzulässig ist auch die Übertragung von Entscheidungen, welche typischerweise vom Management zu treffen sind, auf den Abschlussprüfer (beispielsweise die Auswahl von Mitarbeitern).
- **Z 4d** (für den **Abschluss „wesentliche" Bewertungsleistungen oder versicherungsmathematische Dienstleistungen):** Erstellt der Abschlussprüfer für das zu prüfende Unternehmen Bewertungsgutachten, deren Ergebnisse in den zu prüfenden Jahresabschluss Eingang finden, besteht die Gefahr der Selbstprüfung. Bewertungsleistungen, die sich gar nicht oder nur unwesentlich auf den Abschluss auswirken, sind im Umkehrschluss zulässig.
- **Z 5 (Mittelbare Mitwirkung):** Gesetzliche Vertreter, Mitglieder des Aufsichtsrats oder Gesellschafter einer natürlichen oder juristischen Person oder einer Personengesellschaft, Inhaber oder Arbeitnehmer eines Unternehmens sind, sofern die juristische oder natürliche Person, oder die Personengesellschaft oder eine ihrer Gesellschafter oder das Einzelunternehmen gemäß Z 4 a bis d nicht Abschlussprüfer sein darf, von der Prüfung ausgeschlossen. Dieser Tatbestand soll eine Umgehung der Z 4 a bis d durch die Bildung verschiedener Gesellschaften über eine durch personelle Verflechtung abgesicherte Zusammenarbeit ausschließen.[38]
- **Z 6 (Beschäftigung einer befangenen Person):** Der Abschlussprüfer darf bei der Prüfung keine Personen beschäftigen, die gemäß den Ausschlusstatbestän-

---

36 *Kraßnig U.* (2007) 68; vgl Verlautbarung des Vorstandes der Wirtschaftsprüferkammer zur Abgrenzung von Prüfung und Erstellung (§ 319 Abs 2 Nr 5 dHGB) in: DB, 1996, 1434 f.

37 Vgl *Chini/Reiter/Reiter*, 92, *IWP/PE 19* (2014), Einzelfragen zu den Unabhängigkeitsvorschriften, Rz 50.

38 *Völkl/Lehner* in *Straube*, UGB II/RLG³ § 271 Rz 54.

den der Z 1 bis 5 nicht Abschlussprüfer sein dürfen. Diese Regelung betrifft nur Fachkräfte, nicht Hilfskräfte.[39]

- **Z 7 (Wirtschaftliche Abhängigkeit – Umsatzabhängigkeitsgrenze):** Wer in den letzten fünf Jahren jeweils mindestens 30 % der Gesamteinnahmen seiner beruflichen Tätigkeit aus der Prüfung und Beratung der zu prüfenden Gesellschaft oder von mit dieser verbundenen Unternehmen oder von Unternehmen, an denen die zu prüfende Gesellschaft mindestens mit 20 % beteiligt ist, bezogen hat, und wenn dies auch im laufenden Geschäftsjahr zu erwarten ist, darf nicht Abschlussprüfer sein.

39 Mit § 271 Abs 3 UGB wird ausgeschlossen, dass jemand als Abschlussprüfer tätig ist, der seinen Beruf zusammen mit einer nach Abs 2 ausgeschlossenen Person ausübt oder mit dieser gemeinsam die Voraussetzungen von Z 7 des Abs 2 erfüllt (sog **Sozietätsklausel**). Gemäß § 271 Abs 4 UGB ist dem Abschlussprüfer zudem nicht erlaubt, an einer anderen Wirtschaftsprüfungsgesellschaft, die von der Prüfung ausgeschlossen ist, beteiligt zu sein (**striktes Verbot der unmittelbaren Beteiligung**).

40 § 271a UGB normiert zusätzliche **besondere Ausschlussgründe für börsenotierte Unternehmen und sehr große Gesellschaften**. Bei einer großen Kapitalgesellschaft im Sinne des § 221 Abs 3 Satz 2 UGB[40] oder einer großen Gesellschaft[41], bei der das 5-fache eines der finanziellen Größenmerkmale einer großen Gesellschaft gemäß § 221 Abs 3 Satz 1 UGB (das sind Umsatz bzw Bilanzsumme) überschritten wird:

- **Z 1 (15% Grenze bei Gesamteinnahmen):** Halbierung der zulässigen Umsatzabhängigkeit gemäß § 271 Abs 2 Z 7 UGB.
- **Z 2 (für den Abschluss wesentliche und „gestaltende“ Rechts- und Steuerberatung):** Leistungen, die über das Aufzeigen von Gestaltungsalternativen hinausgehen, unmittelbar eine bestimmte Darstellung im Jahresabschluss bezwecken und sich damit auf den zu prüfenden Abschluss nicht nur unwesentlich auswirken, können, wenn die Grenze zur Selbstprüfung überschritten ist, nicht mehr erbracht werden.
- **Z 3 (Entwicklung und Einführung von Rechnungslegungssystemen)**: Der Abschlussprüfer darf nicht über die Entwicklung oder Errichtung des Rech-

[39] *Völkl/Lehner* in *Straube*, UGB II/RLG³ § 271 Rz 56. Abstellung auf Arbeitnehmer, die einen nicht unerheblichen Einfluss auf die Qualität der Prüfung, das Prüfungsergebnis und die Berichterstattung haben können. Als Fachkraft ist ein Revisionsassistent jedenfalls anzusehen. Die Tätigkeit muss, um den Ausschlussgrund zu verwirklichen, der konkreten Prüfung zurechenbar sein. Da auf die „Beschäftigung“ abgestellt wird, ist es unerheblich, ob die Person in einem Dienstverhältnis oder als freier Mitarbeiter beschäftigt ist. Zu dieser Tätigkeit gehören auch die Prüfungsplanung, Bearbeitung einzelner Prüffelder und materielle Berichtskritik.

[40] Eine Kapitalgesellschaft gilt stets als groß, wenn Aktien oder andere von ihr ausgegebene Wertpapiere an einem geregelten Markt im Sinne des § 1 Abs 2 BörseG oder an einem anerkannten, für das Publikum offenen, ordnungsgemäß funktionierenden Wertpapiermarkt in einem Vollmitgliedstaat der OECD zum Handel zugelassen sind.

[41] Überschreitung von mindestens zwei der in § 221 Abs 2 bezeichneten Merkmale:
Z1: EUR 20 Mio Bilanzsumme
Z2: EUR 40 Mio Umsatzerlöse
Z3: im Jahresdurchschnitt 250 Arbeitnehmer

nungslegungssystems Darstellungen im Jahresabschluss beeinflussen, die in weiterer Folge Gegenstand der Prüfung sind.[42]

- **Z 4 (Prüferrotation nach fünf Jahren):** Sofern nicht eine Unterbrechung der Prüfungstätigkeit für zumindest zwei aufeinanderfolgende Geschäftsjahre stattgefunden hat, muss nach fünf Jahren eine personenbezogene Rotation des verantwortlichen Prüfungsleiters (Wirtschaftsprüfers) und der für ihn tätigen Person, die eine maßgeblich leitende Funktion bei der Prüfung ausübt, stattfinden. Bei Wirtschaftsprüfungsgesellschaften mit mehreren Wirtschaftsprüfern ist die interne Rotation zulässig. Diese Bestimmung gilt auch für Prüfer von bedeutenden Tochtergesellschaften, wenn sie Konzernabschlussprüfer werden.

Für Mitglieder eines **Netzwerks**[43], die bei ihrer Berufsausübung zur Verfol- 41 gung gemeinsamer wirtschaftlicher Interessen für eine gewisse Dauer zusammenwirken, normiert **§ 271b UGB** eine Befangenheit und Ausgeschlossenheit bei Vorliegen einzelner Voraussetzungen der §§ 271, 271a UGB bei einem anderen Netzwerk-Mitglied, sofern nicht geeignete Schutzmaßnahmen getroffen werden. In bestimmten Fällen (kritische Nicht-Prüfungsleistungen: Mitwirkung an der Buchführung und Aufstellung des Jahresabschlusses, Mitwirkung an der Internen Revision, Einbeziehung in Managementaufgaben, wesentliche Bewertungsleistungen und versicherungsmathematische Dienstleistungen) können keine Schutzmaßnahmen ergriffen werden und somit liegt für den Abschlussprüfer im Netzwerk eine absolute Ausgeschlossenheit vor.[44]

§ 271c UGB sieht ein **befristetes Tätigkeitsverbot** als Organ oder in leitender 42 Stellung eines Unternehmens bei vorheriger Tätigkeit als Abschlussprüfer für den Zeitraum von zwei Jahren vor („cooling off").

Die **Rechtsfolgen eines Verstoßes gegen die Unabhängigkeitsbestimmun-** 43 **gen** wurden mit dem GesRÄG 2005 eindeutig geregelt. Gemäß § 268 Abs 1 letzter Satz UGB wird die Gültigkeit der Prüfung nur berührt, wenn ein außerstreitiges Ersetzungsverfahren im Sinne des § 270 Abs 3 UGB zur Bestellung eines anderen Abschlussprüfers führt. Demnach ist die Prüfung von Befangenheit und Ausgeschlossenheit nach den §§ 271 und 271a UGB nur noch unter Einhaltung einer Ein-Monats-Frist möglich. Ohne Ersetzungsverfahren kann der Jahresabschluss in keinem Fall für nichtig erklärt werden. Überdies kann der Antrag auf Bestellung eines anderen Abschlussprüfers nach Erteilung des Bestätigungsvermerks nicht mehr gestellt werden. Damit ist das Interesse von an der Bestellung des Abschlussprüfers unbeteiligten Dritten geschützt und sichergestellt, dass **nach Erteilung des Bestätigungsvermerks keine Nichtigkeit des Jahresabschlusses** im Fall eines Verstoßes gegen Unabhängigkeitsbestimmungen vorliegen kann.

---

42 ErlRV zum GesRÄG 2005, 927 BlgNR, 22. GP § 271a Abs 1 Z 3.

43 Für das Vorliegen eines Netzwerkes müssen folgende zwei Kriterien kumulativ erfüllt sein (vgl *IWP/PE 19* (2014), Einzelfragen zu den Unabhängigkeitsvorschriften, Rz 54.):
- Vorliegen einer auf Dauerhaftigkeit ausgerichtete Struktur, der ein Wirtschaftsprüfer oder eine Wirtschaftsprüfungsgesellschaft angehört;
- Hauptzweck der dauerhaften Kooperation muss in der Förderung gemeinsamer wirtschaftlicher Interessen der Netzwerkangehörigen liegen.

44 Vgl zu den Unabhängigkeitsvorschriften im Detail *Milla/Vcelouch-Kimeswenger/Weber*, Praxiskommentar URÄG 2008, zu §§ 271, 271a und 271b UGB idF URÄG 2008.

44 Als Ausgleich für den Wegfall der Sanktion der Anfechtbarkeit bzw Nichtigkeit des Jahresabschlusses wurde mit dem GesRÄG 2005 klargestellt, dass sich der Abschlussprüfer bei Vorliegen eines Ausschlussgrundes zur Durchsetzung seines Vergütungsanspruches nicht auf bereicherungsrechtliche Vorschriften stützen kann. Zudem führt Kenntnis oder grob fahrlässige Unkenntnis der Ausgeschlossenheit zu einer **unbeschränkten Haftung des Abschlussprüfers.**[45]

45 In **WTBG** und **WT-ARL** bestehen noch teilweise weiter reichende **berufsrechtliche Regelungen zur Unabhängigkeit.**[46] Während ein Verstoß gegen die Unabhängigkeitsbestimmungen des UGB für den Abschlussprüfer unmittelbar rigorose Rechtsfolgen, wie etwa den Entfall des Prüfungshonorars und strengere Haftungsbestimmungen, nach sich zieht, hatte in der Vergangenheit ein bloßer Verstoß gegen die diesbezüglichen berufsrechtlichen Vorschriften nur vergleichsweise milde standesrechtliche Folgen; diese wurde aber durch die Reform des Berufsrechtes (BGBl I Nr. 10/2010) deutlich verschärft.[47]

B. Wahl des Abschlussprüfers

46 Nach § 270 Abs 1 Satz 4 UGB ist der Abschlussprüfer **vor Ablauf des Geschäftsjahres** zu wählen, auf das sich seine Prüfungstätigkeit erstreckt. Die Wahl ist für jedes Geschäftsjahr neu und gesondert vorzunehmen. Erfolgt die Wahl nicht rechtzeitig, hat das Gericht auf Antrag der gesetzlichen Vertreter, des Aufsichtsrats oder eines Gesellschafters einen Abschlussprüfer zu bestellen (Näheres dazu siehe unter Kapitel III. Gerichtliche Bestellung).

47 Bei **Banken, Versicherungen und Pensionskassen** hat die Bestellung des Abschlussprüfers bereits vor Beginn des zu prüfenden Geschäftsjahres zu erfolgen (siehe § 63 Abs 1 BWG, § 260 Abs 1 VAG sowie § 31 Abs 2 PKG).

1. Wahlverfahren

48 Für das Wahlverfahren enthält § 270 UGB keine besonderen Regelungen. Es gelten daher die jeweiligen Regeln über die Willensbildung der Gesellschafter. Der konkrete Ablauf des Wahlverfahrens ist demnach von der jeweiligen Gesellschaftsform abhängig.[48]

49 Bei der **Aktiengesellschaft** ist für die Wahl des Abschlussprüfers zwingend die **Hauptversammlung** zuständig.[49] Dies kann auch durch Satzung nicht geän-

---

45 *Hasenauer/Birkner*, AR Aktuell 2/2006, 10 ff.

46 So stellen im Berufsrecht auch private persönliche sowie verwandtschaftliche Beziehungen des Abschlussprüfers zum Prüfungsmandanten einen Ausschlussgrund dar. Die Bestimmungen sind additiv zu beachten, dh dass sowohl die berufsrechtlichen als auch die UGB-Bestimmungen vom Wirtschaftsprüfer zu beachten sind.

47 *Kraßnig U.*, Grundlagen (2007) 205. Als berufsrechtliche Sanktionen sind im Rahmen des Disziplinarverfahrens die Verhängung einer Verwarnung oder Geldbuße vorgesehen. Durch die Novelle zum A-QSG (Abschlussprüfer-Qualitätssicherungsgesetz) – BGBl I Nr. 10/2010 – ist für Abschlussprüfer eine Ausweitung der Sanktionen und Strafen im Falle einer Verletzung der Vorschriften zur Unabhängigkeit erfolgt (§ 18a A-QSG – Entzug der Bescheinigung).

48 *Völkl* in *Straube*, § 270 Rz 12; *Müller/Köll* in *Zib/Dellinger*, § 270 Rz 7.

49 Vgl *Adler/Düring/Schmalz*, Rechnungslegung[6] § 318 HGB Rz 104.

dert werden. Gemäß § 121 Abs 2 AktG kann die Satzung lediglich die für die Beschlussfassung erforderlichen Quoren erhöhen.

Die Wahl des Abschlussprüfers findet regelmäßig in der ordentlichen Hauptversammlung der Gesellschaft statt, die über die Gewinnverwendung und Entlastung der Organe beschließt. Die Wahl kann grundsätzlich aber auch im Rahmen einer außerordentlichen Hauptversammlung durchgeführt werden. Jedenfalls sind gemäß § 270 Abs 1 3. Satz UGB die Mitglieder des Aufsichtsrats zur Teilnahme an der Hauptversammlung, die über die Bestellung des Abschlussprüfers zu entscheiden hat, einzuladen. Die fehlende Einladung kann zur Anfechtbarkeit des Wahlbeschlusses führen.[50] 50

Die Hauptversammlung ist vom Vorstand nach den allgemeinen Vorschriften unter **Ankündigung des Gegenstands der Tagesordnung** einzuberufen (§ 106 AktG). Fehlt eine entsprechende Ankündigung, ist die Prüferwahl anfechtbar. Inwieweit der Wahlvorschlag des Aufsichtsrats in die Bekanntmachung der Tagesordnung aufgenommen werden muss, ist in Österreich (im Gegensatz zu Deutschland)[51] mangels entsprechender expliziter gesetzlicher Regelung strittig.[52] 51

Bei der **GmbH** ist der Abschlussprüfer grundsätzlich im Rahmen einer Generalversammlung zu wählen. Nach hM kann die Wahl jedoch bei Einverständnis aller Gesellschafter auch in Form eines Umlaufbeschlusses gemäß § 34 Abs 1 GmbHG vorgenommen werden.[53] 52

Bei der **Europäischen Aktiengesellschaft** (Societas Europaea) ist zwischen monistischer und dualistischer Organstruktur zu unterscheiden. Während letztere dem Verfahren bei der AG folgt, übernimmt bei einer Societas Europea mit monistischer Organstruktur (Geschäftsleitung und Aufsichtsfunktion einem einheitlichen Organ zugewiesen) der Verwaltungsrat die Aufgaben des Aufsichtsrats und hat daher einen Wahlvorschlag zu erstatten.[54] 53

Bei **prüfungspflichtigen Personengesellschaften** müssen alle Gesellschafter (einschließlich der Kommanditisten) über die Prüferbestellung einig sein, sofern nicht gesellschaftsvertraglich andere Beschlussmehrheiten vereinbart wurden.[55] 54

2. Wahlbeschluss

Nach hM sind die **Gesellschafter bei der Wahl[56] des Abschlussprüfers nicht an den Vorschlag des Aufsichtsrats gebunden**. Es steht ihnen sowohl frei, einen anderen Wahlvorschlag zu machen, als auch einen anderen Prüfer zu wählen. Dies kann gegebenenfalls zu Problemen im Zusammenhang mit vergaberechtlichen 55

[50] *Gelter*, in: Bertl/Mandl, C.III, 11; Vgl *Nowotny,* in Nowotny/Mayer/Hassler, 231.

[51] Vgl *Adler/Düring/Schmalz,* Rechnungslegung⁶ § 318 HGB Rz 106 f.

[52] *Gelter*, in: Bertl/Mandl, C.III, 12.

[53] Vgl *Koppensteiner/Rüffler*, GmbHG (2007) § 34 Rz 19.

[54] Vgl *Gelter*, in: Bertl/Mandl, C.III, 12. Die Vorbereitung des Vorschlags des Verwaltungsrats für die Auswahl des Abschlussprüfers obliegt gemäß § 51 Abs 3a Z 7 SEG dem Prüfungsausschuss. Diesem dürfen keine geschäftsführenden Direktoren angehören.

[55] Vgl *Gelter*, in: Bertl/Mandl, C.III, 14.

[56] Vgl *Gelter*, in: Bertl/Mandl, C.III, 12.

Vorschriften (Näheres dazu siehe unten in Kapitel VI) als auch mit der Informations- und Offenlegungspflicht (vgl Rz 24 ff) des vorgeschlagenen Abschlussprüfers führen. Die mangelhafte Erfüllung der Informations- und Offenlegungspflichten des Prüfers macht, wie in Rz 27 erwähnt, den Prüfungsvertrag an sich nicht unwirksam, kann bei hinreichender Relevanz für die Beschlussfassung jedoch zur Anfechtbarkeit der Wahl führen und uU den Prüfer oder die Aufsichtsratsmitglieder, die Hinweisen auf eine Befangenheit, mangelnde Qualifikation oder andere Ausschlussgründe des Prüfers nicht nachgegangen sind, haftbar machen.

56 Der Wahlbeschluss muss dem **Erfordernis der Bestimmtheit** entsprechen, dh der Abschlussprüfer muss so eindeutig bezeichnet werden, dass ein unverzüglicher Abschluss des Prüfungsvertrages möglich ist. Unzulässig wäre es, im Wahlbeschluss mehrere Personen zu nennen und die Auswahl zwischen diesen dem Aufsichtsrat oder den gesetzlichen Vertretern zu überlassen. Ebenso darf die Wahl nicht von der Zustimmung eines Dritten abhängig gemacht werden.[57]

57 Der Wahlbeschluss kann jedoch **Ersatzprüfer** für den Fall vorsehen, dass der „Erstgereihte" das Anbot zum Abschluss eines Prüfungsvertrages nicht annimmt oder wegfällt.[58]

58 Die **Bestellung mehrerer Abschlussprüfer** zur gemeinschaftlichen Prüfung ist zulässig.[59] Bei einer derartigen gemeinsamen Abschlussprüfung (**Joint Audit**) trägt jeder der Abschlussprüfer weiter die volle Verantwortung für die ganze Prüfung und das Prüfungsergebnis. Bei einer Bestellung mehrerer Prüfer nebeneinander, prüft jeder der Abschlussprüfer selbständig.

59 Hinsichtlich der Vorteilhaftigkeit des Joint Audit gegenüber der „normalen" Prüfung besteht keine einheitliche Meinung. Vorteile des Joint Audit wären zum einen die Stärkung der Unabhängigkeit des Abschlussprüfers gegenüber dem Mandanten durch wechselseitige Kontrolle der Prüfer, zum anderen die erhöhte Kompetenz aufgrund des Vier-Augen-Prinzips bzw unter Umständen mehr zur Verfügung stehenden Ressourcen.

60 Kritiker argumentieren hingegen, dass mit Kommunikations- und Abstimmungsproblemen sowohl zwischen den beteiligten Prüfern als auch zwischen Abschlussprüfern und dem Mandanten zu rechnen sei. Zudem wird eine Stärkung der Unabhängigkeit als fraglich angesehen, da beide Prüfer die gleichen Interessen verfolgen würden und der zusätzliche Abstimmungsbedarf nur die erforderlichen Prüfungszeiten und Kosten erhöhe ohne eine Verbesserung der Objektivität einer Abschlussprüfung zu erreichen.

61 Im Gegensatz zu Frankreich, wo der Joint Audit bereits seit Einführung des Handelsgesetzbuchs "Code de Commerce" im Jahr 1966 Pflicht für alle publizitätspflichtigen Unternehmen ist, hat der österreichische Gesetzgeber diesbezüglich auf eine gesetzliche Normierung verzichtet.

---

57 Vgl *Adler/Düring/Schmalz,* Rechnungslegung[6] § 318 HGB Rz 63 f.

58 *Völkl* in *Straube,* § 270 Rz 13; *Adler/Düring/Schmalz,* Rechnungslegung[6] § 318 HGB Rz 65 ff.

59 Vgl *Adler/Düring/Schmalz,* Rechnungslegung[6] § 318 HGB Rz 68 ff.

Unzulässig ist hingegen die Bestellung mehrerer selbständiger Prüfer für jeweils bestimmte Teilgebiete der Jahresabschlussprüfung, die nur für die Prüfung ihres jeweiligen Teilgebiets verantwortlich sind.[60] **62**

C. Abschluss des Prüfungsvertrages

Nach der Wahl des Abschlussprüfers durch die Gesellschafter hat der **Aufsichtsrat**[61] gemäß § 270 Abs 1 Satz 5 UGB mit diesem **unverzüglich** – dh ohne schuldhaftes Zögern[62] – einen Vertrag über die Durchführung der Abschlussprüfung[63] abzuschließen. **63**

1. Zuständigkeit

Der Aufsichtsrat hat die Gesellschaft bei Anbahnung und Abschluss des Vertrages mit dem Abschlussprüfer nicht nur zu vertreten, sondern **auch im Innenverhältnis die maßgeblichen Entscheidungen über die Vertragsinhalte** zu treffen.[64] Der Abschluss des Prüfungsvertrages gehört zu den unabdingbaren Mindestzuständigkeiten des Aufsichtsrats. Dies gilt unabhängig davon, ob der Aufsichtsrat aufgrund gesetzlicher Verpflichtung oder gesellschaftsvertraglicher Regelung besteht.[65] Die Vertretung durch den Vorstand kann auch mit einer nachträglichen Genehmigung des Prüfungsvertrages durch den Aufsichtsrat nicht saniert werden (vgl *Kalss* Rz 23/51 ff).[66] **64**

Auch die bisweilen gängige Praxis, dass der Vorstand den Vertrag mit dem Abschlussprüfer inhaltlich verhandelt und der Aufsichtsrat den Vertrag dann - ohne sich näher mit diesem auseinanderzusetzen - bloß unterzeichnet, entspricht nicht den gesetzlichen Vorgaben.[67] Der Vorstand könnte bestrebt sein, den Aufsichtsrat dahingehend zu beeinflussen, dass das Prüfungshonorar möglichst niedrig angesetzt wird um dadurch – bei (noch) vertretbarer Prüfungsqualität – die Intensität und das Ausmaß der Prüfungshandlungen möglichst zu beschränken. Der Aufsichtsrat sollte den Abschlussprüfer dagegen vielmehr als „Gehilfen" seiner eigenen Prüfungstätigkeit sehen und könnte im Prüfungsvertrag beispielsweise die Prüfungsintensität oder ergänzende Prüfungshandlungen in bestimmten Prüfungsfeldern vereinbaren. **65**

Es besteht keine ausdrückliche Regelung darüber, nach welchem Verfahren der Aufsichtsrat den Prüfungsvertrag abzuschließen hat. Obwohl es sich um eine **66**

---

[60] Vgl *Adler/Düring/Schmalz,* Rechnungslegung[6] § 318 HGB Rz 83 ff.

[61] Besteht kein Aufsichtsrat, fällt der Abschluss des Prüfungsvertrages in die Zuständigkeit des Vorstands.

[62] Er kann aber zuwarten, wenn mit Ersetzungsanträgen (§ 270 Abs 3 UGB) zu rechnen ist.

[63] Im Zuge des URÄG 2008 wurde der Begriff „Prüfungsauftrag" durch den Begriff „**Prüfungsvertrag**" ersetzt.

[64] *Gahleitner*, ecolex 2008, 538.

[65] Vgl *Gelter*, in: Bertl/Mandl, C.III, 18; vgl *Reich-Rohrwig*, § 30j GmbHG, Rz 4/47. Falls kein Aufsichtsrat besteht, erteilt den Prüfungsauftrag der Vorstand (bzw bei Gesellschaften mit beschränkter Haftung die Geschäftsführung, bei Personengesellschaften die zur Geschäftsführung verpflichteten Gesellschafter).

[66] *Gahleitner*, ecolex 2008, 538.

[67] *Kraßnig, U.*, AR Aktuell 3/2008, 13; vgl *Holoubek*, ÖZW 2009, 12.

zwingende Zuständigkeit des Gesamtaufsichtsrats handelt, und der Aufsichtsratsbeschluss zu den Inhalten des Prüfungsvertrages bzw zum Abschluss des Prüfungsvertrages im Wesentlichen nur eine Konkretisierung der Auswahlentscheidung der Gesellschaft darstellt,[68] kann die interne Willensbildung (zB über die Honorarfrage) auch an den Prüfungsausschuss (nicht aber an den Vorstand) übertragen werden.[69]

67 Der Vertretungsakt gegenüber dem Prüfer ist entweder durch den gesamten Aufsichtsrat bzw durch einen dazu ermächtigten Ausschuss oder den Aufsichtsratsvorsitzenden vorzunehmen.[70]

68 Das Angebot zum Abschluss eines Prüfungsvertrages geht idR von der zu prüfenden Gesellschaft aus. Der Vertrag kommt erst mit **Annahme** des Angebots **durch den Wirtschaftsprüfer** zustande. Dabei bestehen keine besonderen Formerfordernisse. Die Annahme kann ausdrücklich oder – insbesondere bei Folgeprüfungen – auch konkludent erklärt werden. In der Regel werden in der Praxis oft so genannte Auftragsbestätigungsschreiben verwendet. Der Wirtschaftsprüfer ist nicht zur Annahme verpflichtet; sie liegt – außer bei Vorliegen von Ausschließungsgründen – in seinem freien Ermessen. Eine Begründung der Ablehnung ist nicht erforderlich.[71]

69 Dem Prüfungsvertrag werden regelmäßig die von der Kammer der Wirtschaftstreuhänder herausgegebenen Allgemeinen Auftragsbedingungen für Wirtschaftstreuhänder[72] zugrunde gelegt, soweit nicht zwingende gesetzliche Bestimmungen (beispielsweise zur Haftung des Abschlussprüfers) einzelnen Punkten der Allgemeinen Auftragsbedingungen vorgehen.[73]

2. Inhalt des Prüfungsvertrages

70 Der Prüfungsvertrag muss Deckung im Wahlbeschluss finden, dh er muss sich an die selbe(n) Person(en) richten und auch sonst mit diesem übereinstimmen. Wird der Prüfungsvertrag mit einer anderen Person bzw ohne vorhergehende Wahl abgeschlossen, kommt kein wirksamer Prüfungsvertrag im Sinne des § 270 UGB zustande.[74]

71 Der **Inhalt der Prüfungstätigkeit ist weitgehend durch gesetzliche Vorschriften** (§§ 269 und 272 bis 275 UGB) **und berufsständische Regelungen**[75] **definiert.** Weiters legt der Fachsenat für Unternehmensrecht und Revision im

[68] Vgl *Adler/Düring/Schmalz,* Rechnungslegung⁶ § 318 HGB Rz 168 f.

[69] Vgl *Milla/Vcelouch-Kimeswenger/Weber*, Praxiskommentar URÄG 2008, Ausführungen zu § 92 Abs 4a.

[70] Vgl *Gelter*, in: Bertl/Mandl, C.III, 18; *Strasser* in *Jabornegg/Strasser*, §§ 95-97 Rz 66; *Reich-Rohrwig*, GmbH-Recht, Rz 4/399; *Koppensteiner/Rüffler*, GmbHG³ § 301 Rz 2.

[71] Vgl *Adler/Düring/Schmalz,* Rechnungslegung⁶ § 318 HGB Rz 135 f.

[72] Allgemeine Auftragsbedingungen für Abschlussprüfungen (AAB AP 2011), http://www.kwt.or.at/PortalData/2/Resources/downloads/downloadcenter/AAB_2011_de.pdf.

[73] *Völkl* in *Straube*, § 270 Rz 30.

[74] Vgl *Adler/Düring/Schmalz,* Rechnungslegung⁶ § 318 HGB Rz 189.

[75] Diverse Fachgutachten, Stellungnahmen und Richtlinien der Fachsenate der Kammer der Wirtschaftstreuhänder und des Instituts Österreichischer Wirtschaftsprüfer (iwp) sowie Stellungnahmen des AFRAC.

neuen KFS/PG 1[76] ausdrücklich fest, dass für die Durchführung von und Berichterstattung über Abschlussprüfungen die **Anwendung der ISAs (International Standards on Auditing)** als die angemessene Interpretation der österreichischen Grundsätze ordnungsmäßiger Abschlussprüfung erachtet werden. Das neue KFS/PG 1 ist auf Prüfungen von Abschlüssen für Geschäftsjahre, die am oder nach dem 30. Juni 2016 enden, anzuwenden, wobei eine vorzeitige Anwendung zulässig ist.

Eine Einschränkung der Prüfungstätigkeit durch vertragliche Vereinbarungen **72**
wäre unzulässig, nicht hingegen eine Vereinbarung von **zusätzlichen oder erweiterten Prüfungsschwerpunkten**,[77] etwa zur Aufklärung bestimmter Verdachtsmomente oder turnusmäßigen genaueren Untersuchung bestimmter Bereiche.[78] Eine Beeinträchtigung der gesetzlichen Mindestanforderungen an die Prüfung und die Eigenverantwortlichkeit und Weisungsfreiheit des Prüfers darf dadurch aber nicht erfolgen.[79]

Der Inhalt des Prüfungsvertrages wird naturgemäß in Abhängigkeit von Bran- **73**
chenzugehörigkeit, Größe und Komplexität des zu prüfenden Unternehmens variieren. Unabhängig davon sollten folgende Punkte im Prüfungsvertrag immer angesprochen werden:[80]

- Zielsetzung und Umfang der Abschlussprüfung,
- anzuwendende Rechnungslegungsvorschriften sowie die zu beachtenden Gesetze, berufsständischen Vorschriften und Prüfungsgrundsätze,
- Verantwortlichkeit des gesetzlichen Vertreters für die Erstellung des Jahresabschlusses,
- Zeitplan für die Durchführung der Prüfungshandlungen,
- Inhalt, Form und Zeitpunkt der Berichterstattung[81],
- Risiko, dass selbst wesentliche falsche Aussagen unentdeckt bleiben können (prüfungsimmanente Grenzen, Notwendigkeit der Stichprobenprüfung),
- Vorlagepflicht und Auskunftsrecht gemäß § 272 UGB: Verpflichtung der gesetzlichen Vertreter, dem Abschlussprüfer sämtliche für die Durchführung der Prüfung erforderlichen Aufzeichnungen, Schriftstücke und andere Informationen zur Verfügung zu stellen,
- Kommunikation mit dem Vorstand und der zu prüfenden Gesellschaft; Verfahren bei der Anforderung von Unterlagen und Auskünften und die vom Vorstand zur Erteilung von Auskünften autorisierten Auskunftspersonen,
- subsidiäre Anwendbarkeit der Allgemeinen Auftragsbedingungen für Wirtschaftstreuhandberufe bzw der Allgemeinen Auftragsbedingungen für Abschlussprüfungen,
- Ermittlung des Prüferhonorars.

---

[76] KFS/PG 1, Stand Juni 2015, Rz 3 und 13.

[77] Vgl *Adler/Düring/Schmalz,* Rechnungslegung[6] § 318 HGB Rz 173.

[78] Vgl *Adler/Düring/Schmalz,* Rechnungslegung[6] § 318 HGB Rz 209.

[79] *Kraßnig, U.*, AR Aktuell 3/2008, 16.

[80] Vgl *Kraßnig, U.*, AR Aktuell 3/2008, 15; *iwp*, Handbuch zur Qualitätssicherung, Arbeitshilfe 3.2.3.3. Vorlage Auftragsbestätigungsschreiben/Prüfungsvertrag.

[81] Der Prüfungsbericht als zentrales Element der Berichterstattung des Abschlussprüfers ist durch eine mündliche Berichterstattung zu ergänzen (§ 93 AktG).

3. Das Prüferhonorar

74 Aufgabe des Aufsichtsrats ist auch die Vereinbarung des Prüfungshonorars mit dem Prüfer. Das Honorar hat gemäß § 270 Abs 1 UGB in einem **angemessenen Verhältnis** zu den vom Prüfer im Rahmen der Abschlussprüfung zu erbringenden Leistungen zu stehen und darf nicht an zusätzliche Bedingungen geknüpft sein. Insbesondere ist die Vereinbarung eines Erfolgshonorars für Prüfungshandlungen wegen der damit verbundenen potentiellen Beschränkung der Entscheidungsfreiheit und der Unbefangenheit des Prüfers nicht zulässig, ebenso die Annahme oder Gewährung von Provisionen für die Vermittlung von Prüfungsaufträgen. Zudem dürfen zusätzlich an das zu prüfende Unternehmen (zB im Rahmen von Beratungsaufträgen) erbrachte Leistungen das Prüfungshonorar nicht beeinträchtigen. Auch in den berufsrechtlichen Bestimmungen ist in § 95 WTBG ein Verbot von Provisionen normiert.

75 Der Aufsichtsrat hat die Angemessenheit des Prüferhonorars **unter Berücksichtigung von Branchenzugehörigkeit, Größe und Komplexität** des zu prüfenden Unternehmens zu beurteilen und das Prüfungshonorar einer Plausibilitätsprüfung auf Basis des vom Abschlussprüfer vorgelegten Stundenbudgets (detailliert nach Vor-, Hauptprüfung und eventuellen Sonderprüfungen sowie aufgeteilt auf das vorgesehene Prüfungspersonal und dessen Qualifikation) zu unterziehen.[82] Der Aufsichtsrat hat also nicht nur die absolute Höhe des Honorars, sondern auch das der Honorarkalkulation zugrunde gelegte **Honorarsystem** zu beurteilen. Nur dann ist nämlich gewährleistet, dass das Honorar auch bei Veränderungen im Prüfungsumfang oder der erforderlichen Prüfungsintensität (zB wegen außergewöhnlicher Ereignisse, Betriebseinstellungen, Großinvestitionen, Zukäufen oder Marktveränderungen) angemessen angepasst wird. In der Praxis ist der Aufsichtsrat meist bestrebt, für die Abschlussprüfung ein **Pauschalhonorar** festzulegen. Bei Eintritt nicht vorhersehbarer Umstände im Bereich des Auftraggebers, die zu einer erheblichen Erhöhung des Prüfungsaufwandes führen, müsste auch ein Pauschalhonorar entsprechend angepasst werden können, um die Entscheidungsfreiheit des Abschlussprüfers auch unter besonderen Prüfungserschwernissen oder wesentlich geänderten Umständen zu gewährleisten. In Deutschland wird die Vereinbarung eines Fixhonorars ohne eine solche Öffnungsklausel ausdrücklich als unzulässig angesehen.[83]

Seitdem die „Honorargrundsätze für Wirtschaftstreuhandberufe" der Kammer
76 der Wirtschaftstreuhänder aufgrund kartellrechtlicher Bedenken widerrufen wurden[84], können diese nicht mehr als Richtlinie für die Festlegung des Prüferhonorars herangezogen werden. Aufgrund der vorgesehenen Publizität der Prüfungshonorare (Pflichtangabe im Anhang) ist aber zu erwarten, dass sich **marktübliche Bandbreiten** für angemessene Prüfungshonorare herausbilden werden.

---

[82] Siehe Rz 19 ff.

[83] *Velte,* WPg 24/2009, 1230.

[84] Die Honorargrundsätze wurden vom Vorstand der Kammer der Wirtschaftstreuhänder per 31.8.2007 widerrufen.

Der Aufsichtsrat hat jedenfalls das Prüfungshonorar **ohne Einbeziehung des Vorstandes** mit dem Abschlussprüfer zu verhandeln. Dabei hat der Aufsichtsrat die **wirtschaftlichen Interessen der Gesellschaft**, aber auch das **Anforderungsprofil, die Prüfungsqualität und die Risikoeinschätzung** zu berücksichtigen. Verfügt der Aufsichtsrat nicht über ausreichende Kenntnisse und Erfahrungen, um die Angemessenheit des Prüfungshonorars zu beurteilen, so kann er sich durch aussenstehende Sachverständige beraten lassen. Bei einem **nicht kostendeckenden Prüfungshonorar** besteht die Gefahr, dass erforderliche Prüfungshandlungen überhaupt nicht oder nur unzureichend gesetzt werden.[85] Soll die Gesellschaft durch ein geringes Prüfungshonorar für lukrative Beratungsleistungen „geködert" werden, kann das auch zu einer Gefährdung der Unabhängigkeit des Prüfers führen.[86] So besteht nämlich die Gefahr, dass der Abschlussprüfer aufgrund der Abhängigkeit von Folgeaufträgen durch den Vorstand beispielsweise bei Meinungsverschiedenheiten über die bilanzielle Behandlung rechtlich nicht gedeckte Zugeständnisse macht (psychologische bzw wirtschaftliche Abhängigkeit).[87] Zulässig ist eine auf einer mehrjährigen Kalkulation basierende Honorargestaltung (aber nicht eine bindende mehrjährige Honorarvereinbarung), dh der Prüfer investiert in das Mandat, das sich erst im Lauf mehrerer Prüfungen amortisiert.[88] 77

Bei einem **unverhältnismäßig hohen Honorar** liegt hingegen der Verdacht nahe, dass ein vorteilhaftes Prüfungsergebnis honoriert werden soll. 78

III. Gerichtliche Bestellung

Die gerichtliche Bestellung des Abschlussprüfers ist gemäß § 270 Abs 3 und 4 UGB einerseits im Zusammenhang mit der **Ersetzung des gewählten Abschlussprüfers** sowie bei **fehlender Bestellung** eines Abschlussprüfers vorgesehen und **ersetzt den Wahlbeschluss der Gesellschafter.** 79

Mit der Annahme der gerichtlichen Bestellung erlangt der Abschlussprüfer die **Stellung eines gesetzlichen Abschlussprüfers.** Gemäß § 270 Abs 5 UGB hat der gerichtlich bestellte Abschlussprüfer Anspruch auf Ersatz der notwendigen baren Auslagen und auf eine **angemessene Entlohnung**. Der Aufsichtsrat hat mit dem vom Gericht bestellten ebenso wie mit einem gewählten Abschlussprüfer Vereinbarungen über Honorar und Prüfungsschwerpunkte zu treffen. Eine Festsetzung des Honorars durch das Gericht erfolgt nach hA nur subsidiär auf Antrag des Prüfers.[89] 80

A. Ersetzung des gewählten Abschlussprüfers

Das Firmenbuchgericht hat gemäß § 270 Abs 3 UGB **auf Antrag** einen **anderen Abschlussprüfer** zu bestellen, wenn dies aus einem in der Person des 81

[85] *Kraßnig, U.*, AR Aktuell 3/2008, 17.
[86] Vgl *Milla/Rödler* in Hammerschmied, 233.
[87] *Wiedermann*, RWZ 2009, 257; *Kraßnig, U.*, AR Aktuell 3/2008, 17; *Kraßnig U.*, Grundlagen (2007) 170.
[88] Vgl *Gelter*, Unabhängigkeit, 30 ff.
[89] *Völkl* in *Straube*, UGB II/RLG³ § 270 Rz 38; vgl *Adler/Düring/Schmalz*, Rechnungslegung⁶ § 318 HGB Rz 430.

gewählten Abschlussprüfers liegenden wichtigen Grund geboten erscheint. Das **Ersetzungsverfahren** nach § 270 Abs 3 UGB setzt eine wirksame Prüferwahl durch die Gesellschafter voraus. Ist die Wahl nichtig, kommt das Ersetzungsverfahren nicht in Betracht.[90] In diesem Fall ist der Abschlussprüfer weiterhin von den Gesellschaftern zu wählen. Ist das Geschäftsjahr bereits abgelaufen, kann eine Bestellung nach Abs 4 (siehe dazu unten Rz 86 ff) beantragt werden.[91]

82 **Antragsberechtigt** für die Ersetzung des gewählten Abschlussprüfers sind die gesetzlichen Vertreter (Vorstand bzw Geschäftsführer als Gremium)[92], der Aufsichtsrat als solches (nicht aber einzelne Aufsichtsratsmitglieder) und Gesellschafter deren Anteile zusammen den zwanzigsten Teil des Nennkapitals oder den anteiligen Betrag von EUR 350.000 erreichen sowie gegebenenfalls eine staatliche Aufsichtsbehörde. Ein Ausschluss der Antragsbefugnis durch Gesellschaftsvertrag ist nicht möglich.[93]

83 Der Ersetzungsantrag muss sich auf einen **wichtigen in der Person des Prüfers liegenden Grund** stützen. Wichtige Gründe sind insbesondere das Vorliegen eines **Ausschließungsgrundes** oder einer sonstigen **Besorgnis der Befangenheit**.[94] Ein wichtiger Grund kann aber auch etwa darin liegen, dass der gewählte Abschlussprüfer nicht über die fachliche Qualifikation (zB Branchenkenntnisse) oder die erforderliche personelle und/oder sachliche Ausstattung zur ordnungsgemäßen Durchführung der Prüfung verfügt.[95]

84 Der Antrag ist **binnen einem Monat nach dem Tag der Wahl** des Abschlussprüfers zu stellen.[96] Die Frist beginnt unabhängig von Kenntnis oder Zeitpunkt des Eintritts des wichtigen Grundes. Bei nachträglichem Auftreten von Ausschluss- und Befangenheitsgründen beginnt die Monatsfrist erst mit dem Tag der Kenntnis des Antragsberechtigten oder dessen grob fahrlässiger Unkenntnis. Nach Erteilung des Bestätigungsvermerks (bzw im Fall einer Nachtragsprüfung nach Ergänzung des Bestätigungsvermerks) kann der Antrag auf Ersetzung des gewählten Abschlussprüfers jedenfalls nicht mehr gestellt werden.

85 Rechtsfolge des gerichtlichen Beschlusses auf Ersatzbestellung ist der Amtsverlust des gewählten Prüfers und damit auch die Auflösung des zivilrechtlichen Prüfungsvertrages, da dessen Erfüllung unmöglich wird. Eine Kündigung des Prü-

---

90 *Gelter*, in: Bertl/Mandl, C.III, 23 f; vgl *Adler/Düring/Schmalz,* Rechnungslegung^6 § 318 HGB Rz 317.

91 *Gelter*, in: Bertl/Mandl, C.III, 24; vgl *Claussen/Korth* in: Kölner Komm AktG^2, § 318 HGB Rz 32.

92 Vgl *Adler/Düring/Schmalz,* Rechnungslegung^6 § 318 HGB Rz 323; *Winkeljohann/Hellwege* in Beck'scher Bilanzkommentar^9 § 318 Rz 18; *Baetge/Thiele* in Küting/Weber(2010) § 318 Rz 87.

93 *Gelter*, in: Bertl/Mandl, C.III, 25; vgl *Adler/Düring/Schmaltz^6*, § 318 AktG Rz 322.

94 § 270 Abs 3 UGB stellt somit den Rechtsbehelf zur Bekämpfung der Befangenheit oder Ausgeschlossenheit des Prüfers dar. Wegen eines Verstoßes gegen §§ 271 Abs 1 bis 5, 271a und 271b UGB kann weder eine Nichtigkeits- noch eine Anfechtungsklage erhoben werden.

95 *Gelter*, in: Bertl/Mandl, C.III, 27; vgl *Völkl* in *Straube*, UGB II/RLG^3 § 270 Rz 32.

96 Gesellschafter können den Antrag nur dann stellen, wenn sie bei der Wahl des Abschlussprüfers bei der Beschlussfassung Widerspruch erklärt haben (§ 270 Abs 3 Satz 2 UGB).

fungsvertrages (siehe dazu in Kapitel V. Beendigung des Prüfungsvertrages) ist nicht erforderlich.

B. Bestellung des fehlenden Abschlussprüfers

Für den Fall, dass bis zum Ablauf des Geschäftsjahres keine Wahl eines Abschlussprüfers durch die Gesellschafter erfolgt ist, sowie für den Fall, dass der gewählte Prüfer den Abschluss des Prüfungsvertrages abgelehnt hat, weggefallen ist oder am rechtzeitigen Abschluss der Prüfung verhindert ist, sieht **§ 270 Abs 4 UGB,** um die rechtzeitige Durchführung der Abschlussprüfung zu sichern, die gerichtliche Bestellung eines Abschlussprüfers vor. Im Unterschied zu § 270 Abs 3 UGB greift Abs 4 dann ein, **wenn es keinen wirksam bestellten Prüfer gibt**, dh bei Untätigkeit der Wahlorgane der Gesellschaft, bei Unwirksamkeit der Wahl oder bei sonstigen Ereignissen (insbesondere Wegfall des Prüfers durch Anfechtung des Wahlbeschlusses).[97] 86

Antragslegitimiert sind die gesetzlichen Vertreter, mindestens zwei Mitglieder des Aufsichtsrats oder ein Gesellschafter. Die **gesetzlichen Vertreter sind zur Antragstellung verpflichtet** und können gemäß § 283 Abs 1 UGB durch Zwangsstrafen dazu angehalten werden.[98] 87

IV. Besonderheiten bei der Bestellung des Konzernabschlussprüfers

Für die Bestellung des Konzernabschlussprüfers gelten grundsätzlich dieselben Regeln wie für die Bestellung des Einzelabschlussprüfers; zur Wahl sind gemäß § 270 Abs 1 Satz 2 UGB die **Gesellschafter des Mutterunternehmens** legitimiert. 88

Der Gesetzgeber geht grundsätzlich davon aus, dass im Regelfall der Abschlussprüfer des Mutterunternehmens auch den Konzernabschluss prüfen soll. Wenn kein gesonderter Konzernabschlussprüfer bestellt wird, gilt daher nach § 270 Abs 2 UGB der **Abschlussprüfer des Jahresabschlusses des Mutterunternehmens auch als Abschlussprüfer des Konzernabschlusses**. Mit dem implizit gewählten Konzernabschlussprüfer ist vom Aufsichtsrat des Mutterunternehmens ein Prüfungsvertrag über Einzel- und Konzernabschluss abzuschließen.[99] 89

Diese gesetzliche Fiktion greift nicht nur bei der Bestellung durch die Gesellschafter, sondern gilt grundsätzlich auch für die Bestellung durch Gericht.[100] 90

Der Konzernprüfer hat infolge der Neufassung des § 269 Abs 2 UGB durch das URÄG 2008 nicht nur die im Konzernabschluss konsolidierten Jahresabschlüsse dahingehend zu prüfen, ob sie den Grundsätzen ordnungsgemäßer Buchführung entsprechen und ob die für die Übernahme in den Konzernabschluss maßgebli- 91

---

97 Vgl *Adler/Düring/Schmalz,* Rechnungslegung[6] § 318 HGB Rz 386 f.

98 *Gelter*, in: Bertl/Mandl, C.III, 30; vgl *Völkl* in *Straube*, UGB II/RLG[3] § 270 Rz 14.

99 *Gelter*, in: Bertl/Mandl, C.III, 33; vgl *Adler/Düring/Schmalz,* Rechnungslegung[6] § 318 HGB Rz 287 f.

100 Vgl *Adler/Düring/Schmalz,* Rechnungslegung[6] § 318 HGB Rz 286.

chen Vorschriften beachtet worden sind. Er muss allenfalls auch die Tätigkeit eines für die einbezogenen Unternehmen eingesetzten (anderen) Abschlussprüfers in geeigneter Weise überwachen.[101]

V. Beendigung des Prüfungsvertrages

92 Der Abschlussprüfer kann den **Prüfungsvertrag nur aus „wichtigem Grund“** kündigen, die zu prüfende Gesellschaft gar nicht (§ 270 Abs 6 UGB). Ihr steht nur das Ersetzungsverfahren gemäß § 270 Abs 3 UGB (siehe dazu oben in Kapitel III.A) offen. Auch eine einvernehmliche Auflösung des Prüfungsvertrages ist idR nicht möglich.[102]

93 Die Kündigung durch den Abschlussprüfer bedarf der Schriftform und ist zu begründen. Bei der Beurteilung des Vorliegens eines wichtigen Grundes wird ein strenger Maßstab herangezogen.[103] Als **wichtige Gründe** kommen insbesondere in Betracht:[104]

- nachträgliches Eintreten eines Ausschlussgrundes nach §§ 271ff UGB;
- Gründe für die Bestellung eines anderen Abschlussprüfers nach § 270 Abs 3 UGB;
- schwere persönliche Differenzen mit den Gesellschaftsorganen, wenn dadurch die weitere Durchführung der Prüfung unzumutbar ist.

94 Meinungsverschiedenheiten zwischen zu prüfender Gesellschaft und Abschlussprüfer werden im Gesetz explizit als Kündigungsgrund ausgeschlossen (§ 270 Abs 6 Satz 2 UGB); persönliche Differenzen rechtfertigen eine Kündigung nur in extremen Fällen. Die Verletzung von Auskunftspflichten durch die gesetzlichen Vertreter rechtfertigt nicht zur Kündigung aus wichtigem Grund, führt jedoch allenfalls zu einer Einschränkung oder Versagung des Bestätigungsvermerks.[105] Bei Zweifeln an der Vertrauenswürdigkeit ist lediglich in extremen Fällen (zB Verwicklung in kriminelle Aktivitäten) eine Kündigung gerechtfertigt.

95 Durch die Kündigung des Prüfungsvertrages endet der zivilrechtliche Vertrag und die Tätigkeitspflicht des Prüfers. Der Abschlussprüfer verliert seine Stellung als gesetzlicher Abschlussprüfer. Die Gesellschaft hat unverzüglich einen neuen Prüfer zu wählen, sonst ist gemäß § 270 Abs 4 UGB gerichtlich einer zu bestellen. Der bisherige Abschlussprüfer hat einen **Bericht über das Ergebnis seiner Prüfungstätigkeit** vorzulegen.

VI. Vergaberechtliche Besonderheiten[106]

96 Leistungen der Wirtschaftsprüfer, insbesondere auch eine Prüfungstätigkeit gemäß §§ 268 ff UGB werden als **prioritäre Dienstleistungen** im Sinne der Kategorie 9 des Anhangs III zum Bundesvergabegesetz 2006 (BVergG) gesehen.

---

[101] Vgl *Milla/Vcelouch-Kimeswenger/Weber*, URÄG 2008, 75.
[102] Vgl *Völkl* in Straube, UGB/RLG³ § 270 Rz 42 f.
[103] Vgl *Adler/Düring/Schmalz,* Rechnungslegung⁶ § 318 HGB Rz 435.
[104] *Völkl* in *Straube*, UGB/RLG³ § 270 Rz 39.
[105] Vgl *Adler/Düring/Schmalz,* Rechnungslegung⁶ § 318 HGB Rz 439.
[106] Vgl *Holoubek*, ÖZW 2009, 2 ff.

Insofern sind bei prüfungspflichtigen Unternehmen, die öffentliche Auftraggeber im Sinne des § 3 Abs 1 Z 2 BVergG sind und bei denen die einschlägigen **Schwellenwerte für Direktvergaben** (derzeit EUR 100.000)[107] überschritten werden, bei der Auswahl des Abschlussprüfers die Vorschriften des BVergG über die Vergabe öffentlicher Dienstleistungsaufträge zu beachten. **97**

Der Aufsichtsrat hat in einem solchen Fall vor Erstattung eines Vorschlags für die Wahl des Abschlussprüfers ein Vergabeverfahren nach den Regeln des BVergG durchzuführen, um den Bestbieter zu ermitteln (**Zuschlagsentscheidung**).[108] Diesen schlägt der Aufsichtsrat sodann den Gesellschaftern zur Wahl vor. **98**

Wird der vorgeschlagene Abschlussprüfer gewählt und damit das Ergebnis des Vergabeverfahrens bestätigt, hat der Aufsichtsrat den Abschlussprüfervertrag abzuschließen (**Zuschlagserteilung**). Zwischen der Absendung der Mitteilung der Zuschlagsentscheidung und der Zuschlagserteilung ist gemäß § 132 BVergG eine Stillhaltefrist einzuhalten. Sie beträgt bei einer Übermittlung auf elektronischem Weg oder mittels Telefax 10 Tage, bei einer Übermittlung auf brieflichem Weg 15 Tage.[109] Für den Unterschwellenbereich ist die Stillhaltefrist mit 7 Tagen festgelegt. Wenn die Wahl der Gesellschafter nicht mit dem Wahlvorschlag übereinstimmt, so hat der Aufsichtsrat die Zuschlagsentscheidung zurückzunehmen und eine neuerliche Bestbieterermittlung nach den Vorschriften des Vergabeverfahrens durchzuführen. **99**

Im Ober- und im Unterschwellenbereich können **öffentliche Auftraggeber die Abschlussprüfung im offenen oder nicht offenen Verfahren mit vorheriger Bekanntmachung vergeben.**[110] Im Unterschwellenbereich können Dienstleistungsaufträge auch ohne weitere Voraussetzung im Verhandlungsverfahren **mit** vorheriger Bekanntmachung vergeben werden (§ 38 Abs 1 BVergG). Wenn der geschätzte Auftragswert (der Dienstleistung) max. EUR 100.000 beträgt, kann die Abschlussprüfung gemäß § 38 Abs 2 Z 2 BVergG auch im Verhandlungsverfahren **ohne** vorherige Bekanntmachung vergeben werden. Weiters wurde mit der BVergG-Novelle 2012[111] im neuen § 41a BVergG eine neue Verfahrensart eingeführt, nämlich die „Direktvergabe mit vorheriger Bekanntmachung", welche bei Dienstleistungsverträgen bis zu einem Auftragswert von EUR 130.000 zulässig ist. **100**

Gemäß § 19 Abs 1 letzter Satz BVergG 2006 dürfen Aufträge nur an befugte, leistungsfähige und zuverlässige Unternehmen vergeben werden. Die diesbezügli- **101**

---

[107] Gemäß § 41 Abs 2 BVergG EUR derzeit 100.000 (die Schwellenwerte-Verordnung wurde mit BGBL II 292/2014 bis Ende 2016 verlängert).

[108] Die Zuschlagsentscheidung ist gemäß § 131 BVergG den Bietern nachweislich mitzuteilen. Details hinsichtlich Zuschlagsentscheidung als Basis des Wahlvorschlags siehe *Holoubek*, ÖZW 2009, 14 f.

[109] Die Bieter haben die Möglichkeit gegen die Zuschlagsentscheidung einen Nachprüfungsantrag einzubringen. Dem Antrag kommt keine aufschiebende Wirkung zu. Der Nachprüfungsantrag kann aber mit einem Antrag auf Erlassung einer einstweiligen Verfügung verbunden werden. Wird der einstweiligen Verfügung stattgegeben, darf der Zuschlag bis zur Entscheidung der Vergabekontrollinstanz nicht erteilt werden.

[110] Zwischen diesen beiden Verfahren besteht Wahlfreiheit des öffentlichen Auftraggebers.

[111] BGBl I Nr. 10/2012.

chen Anforderungen öffentlicher Auftraggeber sind in den §§ 68 ff BVergG geregelt und umfassen im Wesentlichen vier Kategorien:

- Anforderungen an die **Befugnis** (§ 71 BVergG);
- Anforderungen an die **berufliche Zuverlässigkeit** (§§ 72 f BVergG);
- Anforderungen an die **finanzielle und wirtschaftliche Leistungsfähigkeit** (§ 74 BVergG); und
- Anforderungen an die **technische Leistungsfähigkeit** (§ 75 BVergG).

102 Das Vergaberecht unterscheidet in diesem Zusammenhang zwischen unternehmensbezogenen **Eignungskriterien** und auftragsbezogenen **Zuschlagskriterien**, wobei letztere im Hinblick auf den zu vergebenden Auftrag die Auswahl des Bestbieters (§ 79 Abs 3 BVergG; technisch und wirtschaftlich günstigstes Angebot) aus dem Kreis der geeigneten Bieter bestimmen.[112]

103 Im Vergabeverfahren wird zum Nachweis der technischen Leistungsfähigkeit von Auftraggebern oft ein Nachweis über erbrachte Leistungen, so genannte Referenzen[113], verlangt, wobei jedoch unternehmens- und berufsrechtliche Geheimhaltungsverpflichtungen zu beachten sind.

104 Wird ein Abschlussprüfer für ein Unternehmen, das als öffentlicher Auftraggeber iSd Vergabegesetzes anzusehen ist, gewählt und mit diesem ein Prüfungsvertrag abgeschlossen, wobei das vereinbarte Honorar den Schwellenwert übersteigt, ohne zuvor ein Vergabeverfahren nach BVergG durchzuführen, liegt vergaberechtlich gesehen eine unzulässige Direktvergabe[114] vor. Die im ehemaligen Abs 3 des § 132 BVergG geregelte Nichtigerklärung der Zuschlagserteilung bei offenkundiger rechtswidriger Zuschlagserteilung nach bekanntmachungsloser Direktvergabe ohne Verfahrensbeteiligung anderer Unternehmen ist durch die BVergG-Novelle BGBl I 2010/15 entfallen und geht jetzt in den viel weiter gezogenen Nichtigerklärungs- bzw Aufhebungstatbestand des § 312 Abs 3 Z 3 iVm § 334 Abs 2 bis 5 BVergG auf.[115] Gemäß diesen Bestimmungen wird dem Bundesverwaltungsgericht die Zuständigkeit eingeräumt, Verträge, die unter Verstoß gegen bestimmte Vorschriften des BVergG zu Stande gekommen sind, für **nichtig zu erklären.**

105 Demnach hat das Bundesverwaltungsgericht im Oberschwellenbereich Verträge im Rahmen eines Feststellungsverfahrens beispielsweise dann für nichtig zu

---

[112] EuGH 24.1.2008, Rs C-532/06, Lianakis: als Zuschlagskriterien sind Kriterien ausgeschlossen, die nicht der Ermittlung des wirtschaftlich günstigsten Angebots dienen, sondern die im Wesentlichen mit der Beurteilung der fachlichen Eignung der Bieter zusammenhängen. Dh, wenn das Kriterium im Wesentlichen unternehmensbezogen die fachliche Eignung prüft, dann ist es ein Eignungskriterium, wenn das Kriterium im Wesentlichen angebotsbezogen die Wirtschaftlichkeit des Angebots prüft, dann ist es ein Zuschlagskriterium.

[113] Gemäß § 75 Abs 3 BVergG haben diese Referenzen zumindest Namen und Sitz des Leistungsempfängers sowie den Namen der Auskunftsperson, den Wert der Leistung, Zeit und Ort der Leistungserbringung sowie Angaben darüber zu enthalten, ob die Leistung fachgerecht und ordnungsgemäß ausgeführt wurde.

[114] § 25 Abs 10 BVergG: Bei der Direktvergabe wird eine Leistung, gegebenenfalls nach Einholung von Angeboten oder unverbindlichen Preisauskünften von einem oder mehreren Unternehmern, formfrei unmittelbar von einem ausgewählten Unternehmer gegen Entgelt bezogen.

[115] Vgl *Schramm/Aicher/Fruhmann,* Kommentar BVergG 2006 (2013) § 132 Rz 1.

erklären, wenn festgestellt wurde, dass eine Vergabe rechtswidriger Weise ohne gehörige Bekanntmachung oder rechtswidriger Weise ohne Mitteilung der Zuschlagserteilung erteilt wurde. Im Unterschwellenbereich erfolgt eine Nichtigerklärung nur bei einer „offenkundig unzulässigen" Vorgangsweise des Auftraggebers. Die Nichtigkeit tritt dabei grundsätzlich **ex tunc** ein, kann aber in besonderen Fällen auch **ex nunc** oder **pro futuro** ausgesprochen werden.

Bei Vorliegen bestimmter Voraussetzungen kann das Bundesverwaltungsgericht von der Nichtigerklärung des Vertrages **absehen**, nämlich im Oberschwellenbereich dann, wenn der Auftraggeber dies beantragt und **zwingende Gründe eines Allgemeininteresses** es rechtfertigen. Im Unterschwellenbereich hat das Bundesverwaltungsgericht den Vertrag dann aufrechtzuerhalten, wenn der Auftraggeber dies beantragt hat und eine **Interessensabwägung** zugunsten der Aufrechterhaltung des Vertragsverhältnisses ausfällt. Hat das Bundesverwaltungsgericht von einer Nichtigkeitserklärung des Vertrages abgesehen, ist anstelle dessen über den Auftraggeber als „alternative Sanktion" eine wirksame **Geldbuße** zu verhängen (§ 334 BVergG).[116] **106**

Der Feststellungsantrag ist grundsätzlich binnen **sechs Wochen** ab dem Zeitpunkt, in dem der Antragsteller vom Zuschlag Kenntnis erlangt hat oder Kenntnis hätte erlangen können, längstens jedoch innerhalb eines Zeitraums von **sechs Monaten**, nachdem der Zuschlag erteilt wurde, einzubringen, wobei in bestimmten in § 332 BVergG geregelten Fällen die Frist auf 30 Tage verkürzt ist. Der Antrag auf Feststellung ist unzulässig, sofern der behauptete Verstoß im Rahmen eines Nachprüfungsverfahrens gemäß den §§ 320 ff BVerG hätte geltend gemacht werden können (Feststellungsverfahren als „subsidiäres Verfahren").[117] **107**

Im Unterschied dazu ist für den Fall, dass ein Zuschlag ohne Einhaltung der Stillhaltefrist erteilt wurde, der Vertrag **ex lege nichtig**. Auch keine gesonderte Nichtigkeitserklärung durch das Bundesverwaltungsgericht bedarf es für den Fall, dass ein Antrag auf Erlassung einer einstweiligen Verfügung (mit dem die Untersagung der Erteilung des Zuschlags begehrt wird) gestellt wurde. In diesem Fall ist es dem Auftraggeber – bis zur Entscheidung über den Antrag – bei sonstiger Nichtigkeit untersagt, den Zuschlag zu erteilen (§ 328 Abs 5 Z 1 BVergG). **108**

VII. Sorgfaltspflichten des Aufsichtsrats im Zusammenhang mit Auswahl und Bestellung des Abschlussprüfers

Durch das Unternehmensrechts-Änderungsgesetz 2008 (URÄG 2008) sind die Anforderungen an Aufsichtsrat und Abschlussprüfer gestiegen. Neben der deutlicheren und klareren Darstellung der Pflichten des Abschlussprüfers, der Stärkung der Anforderungen an dessen Unabhängigkeit und Berufsethik sowie der Verpflichtung zur externen Qualitätssicherung und öffentlichen Aufsicht über den Prüferberuf, wurde durch das URÄG 2008 die Stärkung der Position des Auf- **109**

[116] *Fuchs/Hanslik*, BVerG-Novelle 2010, RFG 2010, 123 f.
[117] *Holoubek/Fuchs/Holzinger*, Vergaberecht³, 182 ff.

sichtsrats und des Abschlussprüfers durch die Einbindung des Aufsichtsrats in die Bestellung des Abschlussprüfers beabsichtigt.[118]

110 Die **Sorgfalts- und Treuepflicht der Aufsichtsratsmitglieder** wird aus § 99 AktG iVm § 84 AktG abgeleitet. Die Aufsichtsratsmitglieder haben demnach die Pflicht zur sorgfältigen Wahrnehmung ihrer Organfunktion und unterliegen einer objektiven Sorgfaltspflicht, die sich nach der Maßfigur eines „ordentlichen Aufsichtsratsmitglieds" richtet.[119]

111 Hinsichtlich Auswahl und Bestellung des Abschlussprüfers ist besonders zu beachten, dass in den §§ 270 ff UGB bezüglich der **Unabhängigkeit des Prüfers und anderer Ausschlussgründe** gesetzliche Vorgaben bestehen, von denen keine Abstriche gemacht werden können und für deren Überwachung der Aufsichtsrat verantwortlich ist.

112 Der Abschlussprüfer ist zwingend von den Gesellschaftern zu wählen, nur in Ausnahmefällen kann das Gericht den Abschlussprüfer bestellen. Der Aufsichtsrat hat den Gesellschaftern einen **Wahlvorschlag** zu erstatten. Obwohl die Gesellschafter nicht an diesen Vorschlag gebunden sind, folgen die Gesellschafter – vor allem bei Publikumsgesellschaften – in der Regel diesem Wahlvorschlag. Im Hinblick auf die hohe Bedeutung der Auswahl eines geeigneten Prüfers hat der Aufsichtsrat bei der Erstattung des Wahlvorschlages eine hohe Verantwortung.

113 Der Aufsichtsrat hat zunächst darüber zu befinden, ob der bisherige Prüfer zur **Wiederbestellung** vorgeschlagen werden soll, ob allenfalls auch **Konkurrenzangebote** anderer Prüfer eingeholt werden sollen, oder ob den Gesellschaftern jedenfalls ein neuer Prüfer zur Wahl vorgeschlagen werden soll oder vorgeschlagen werden muss (weil etwa in Zukunft die gesetzliche maximale Laufzeit des Prüfungsmandates erreicht ist, vgl Abschnitt IX.B.1.). Selbst wenn es keinen zwingenden Grund für einen Wechsel des Prüfers gibt, kann der Aufsichtsrat (bzw der Prüfungsausschuss) auf Basis einer **Evaluierung der bisherigen Tätigkeit des Prüfers** von Zeit zu Zeit nicht nur den bisherigen Prüfer, sondern auch andere geeignete Prüfer zur Angebotslegung einladen. Der Aufsichtsrat sollte dabei allerdings bedenken, dass nicht nur die Ausschreibung einer Jahresabschlussprüfung und die sorgfältige Evaluierung der Angebote einen beträchtlichen Arbeitsaufwand bedeuten, sondern vor allem auch, dass ein Wechsel des Abschlussprüfers immer auch mit einem erhöhten **Fehlerrisiko** und einem **Verlust an Know-How** verbunden ist.

114 Vor der Ausschreibung der Prüfung sollte der Aufsichtsrat (bzw der Prüfungsausschuss) die Kriterien und deren Gewichtung festlegen, die er bei Evaluierung der Angebote und der Auswahl des den Gesellschaftern vorzuschlagenden des Prüfers anwenden will (siehe oben Rz 18–20). Die absolute Höhe des Prüfungshonorars kann dabei nur eines von mehreren Kriterien sein (siehe oben Rz 75–78).

---

[118] Siehe dazu die Regierungsvorlage ErlRV URÄG 2008, 467 BlgNR XXIII GP, 3.

[119] Vgl *Kalss/Nowotny/Schauer*, 758, sowie die Ausführungen zu den allgemeinen Qualitätsanforderungen in *Kalss/Schimka* Rz 2/1 ff.

VIII. Exkurs: Zusammenarbeit des Aufsichtsrats mit dem Abschlussprüfer

A. Unterstützungsfunktion des Abschlussprüfers für die Aufsichtsratstätigkeit

Dem Aufsichtsrat obliegt eine **Überwachungs-** sowie eine **Prüfungs- und Berichtspflicht.** § 96 Abs 1 AktG sieht eine Prüfung des vom Vorstand bzw der Geschäftsführung aufzustellenden Jahresabschlusses, des Vorschlags für die Gewinnverteilung und des Lageberichts sowie gegebenenfalls des Corporate Governance Berichtes durch den Aufsichtsrat vor. Zu den Kontrollaufgaben des Aufsichtsrats gehört aber auch ganz wesentlich die Überwachung der Prüfung durch den externen Abschlussprüfer. Umgekehrt hat der Abschlussprüfer den Aufsichtsrat bei der von diesem durchzuführenden eigenständigen Prüfung des Jahresabschusses zu unterstützen. 115

Die Prüfung durch den Abschlussprüfer ist darauf gerichtet, dem Abschlussprüfer eine Aussage darüber zu ermöglichen, ob der Jahresabschluss den gesetzlichen Vorschriften entspricht und unter Beachtung der maßgeblichen Rechnungslegungsgrundsätze dem Bilanzleser gemäß § 274 Abs 2 UGB ein **möglichst getreues Bild der Vermögens-, Finanz- und Ertragslage** des Unternehmens (des Konzerns) vermittelt. Die Kontrollverantwortung des Aufsichtsrates geht jedoch weiter als die des Abschlussprüfers. Der Aufsichtsrat hat nämlich nicht nur Gesetz- und Satzungsmäßigkeit des Jahresabschlusses zu prüfen, **Hauptaufgabe des Aufsichtsrats** ist im Unterschied zum Abschlussprüfer vielmehr die **Überwachung** der Geschäftsführung des Vorstands bezüglich **Rechtmäßigkeit, Zweckmäßigkeit und Wirtschaftlichkeit.**[120] 116

Bezüglich der Prüfung des Jahresabschlusses und des Lageberichtes können die Aufsichtsratsmitglieder von dem Ergebnis der Abschlussprüfung ausgehen, sofern sich keine gegenteiligen Indizien zeigen und kein Anlass besteht, einzelnen bilanziellen Fragestellungen nachzugehen. Von den Aufsichtsratsmitgliedern wird somit nicht eine Wiederholung der Prüfung verlangt, sondern dass sie sich über die Ordnungsmäßigkeit des Jahresabschlusses und seines Beiwerkes ein eigenes Bild machen, um beurteilen zu können, ob der Jahresabschluss vom Aufsichtsrat gebilligt und damit gemäß § 96 Abs 4 AktG ohne Einschaltung der Hauptversammlung festgestellt werden kann.[121] 117

Eine gesetzeskonforme Prüfung des Jahresabschlusses hängt ganz wesentlich von Erfahrung, Unabhängigkeit und Kompetenz des externen Abschlussprüfers ab. Hat sich der Aufsichtsrat davon überzeugt, dass die Prüfung durch den Abschlussprüfer ordnungsgemäß erfolgt ist, so kann andererseits der Aufsichtsrat bei seiner Prüfung des Jahresabschlusses auf die Feststellungen des Abschlussprüfers ähnlich wie auf das Gutachten eines Sachverständigen vertrauen und auf dessen Prüfungsergebnissen aufbauen. Mit der Einführung des **Prüfungsausschusses** 118

---

[120] *Draxler*, GeS 2008/7, 273; OGH 22.5.2003, 8 Ob 262/02 s (Rieger-Bank Urteil).

[121] OGH 22.5.2003, 8 Ob 262/02 s.

durch das GesRÄG 2005[122] wurde eine **verstärkte Zusammenarbeit zwischen den Kontrollorganen Aufsichtsrat und Abschlussprüfer** angestrebt. Die Erfahrung aus der Praxis zeigt jedoch, dass – obwohl sowohl der Abschlussprüfer von den unterjährigen Kontroll- und Überwachungstätigkeiten des Aufsichtsrates, als auch umgekehrt der Aufsichtsrat durch eine **gemeinsame Festlegung von Prüfungsschwerpunkten** für die jährlich stattfindende Abschlussprüfung und deren Erkenntnissen daraus profitieren könnte – der gewünschte Dialog vielfach noch nicht ausreichend stattfindet, sondern sich die Zusammenarbeit in vielen Fällen auf die **gesetzlich geregelten Informations- und Berichtspflichten** des Abschlussprüfers beschränkt.[123]

B. Gesetzliche Informations- und Berichtspflichten

119 **Die gesetzlichen Informations- und Berichtspflichten** umfassen insbesondere:

- Das „Transparenzschreiben" des zur Wahl vorgeschlagenen Abschlussprüfers gemäß § 270 Abs 1a UGB, welches die für die Beurteilung und Dokumentation des Nichtvorliegens von Befangenheits- und Ausschlussgründen wesentlichen Angaben zu enthalten hat (im Einzelnen siehe dazu Kapitel II.A.2 - Rz 24 ff)
- das Auftrags- und Annahmeschreiben, das die Einzelheiten des Prüfungsauftrages, insbesondere auch das Honorar, regelt (Kapitel II.C. – Rz. 63 ff)
- die Teilnahme und Berichtspflichten des Abschlussprüfers bei Aufsichtsrats- und Prüfungsausschuss-Sitzungen, die sich mit der Prüfung sowie mit der Vorbereitung und der Feststellung des Jahresabschlusses beschäftigen (§ 92 Abs 4a bzw § 93 Abs 1 AktG) sowie
- die Berichterstattung gemäß § 273 UGB (Prüfungsbericht, Erläuterungen zu wesentlichen nachteiligen Veränderungen, Redepflicht bei Gefährdung des Bestands des geprüften Unternehmens oder Konzerns oder einer wesentlichen Beeinträchtigung der wirtschaftlichen Entwicklung, bei schwerwiegenden Verstößen der gesetzlichen Vertreter oder Arbeitnehmer[124] gegen Gesetz, Gesellschaftsvertrag oder Satzung, bei wesentlichen Schwächen in der internen Kontrolle des Rechnungslegungsprozesses bzw bei Vorliegen der Vermutung eines Reorganisationsbedarfs).[125]

120 Ein etwaiger vom Abschlussprüfer bei Wahrnehmung seiner Tätigkeit festgestellter Gesetzesverstoß im Sinne des § 273 UGB eines Aufsichtsratsmitglie-

---

[122] GesRÄG 2005 – Neufassung des davor in § 92 Abs 4 AktG geregelten Bilanzausschusses.

[123] Vgl *Draxler,* GeS 2008/7, 279.

[124] Hingegen wird von Seiten der OECD in diesem Zusammenhang der Begriff „Agents" verwendet, um auch Personen, die für das Unternehmen handeln, aber nicht angestellt sind, zu erfassen. Siehe auch *Milla/Vcelouch-Kimeswenger/Weber,* URÄG 2008, 122 ff.

[125] Die unverzügliche Redepflicht des Abschlussprüfers wurde durch das URÄG 2008 in drei wesentlichen Bereichen erweitert (§ 273 Abs 2 UGB): Bestandsgefährdung des Konzerns, schwerwiegende Verstöße von Arbeitnehmern und wesentliche Schwächen bei der internen Kontrolle des Rechnungslegungsprozesses. Diesbezüglich im Detail siehe *Milla/Vcelouch-Kimeswenger/Weber*, URÄG 2008, 121 ff sowie *KFS/PE 18* (Stand Juni 2015) zu ausgewählten Fragen zur Redepflicht.

des ist nicht Gegenstand der Redepflicht.[126] Hingegen kann über einen derartigen Sachverhalt beispielsweise im Rahmen der erweiterten Berichtspflicht und des Rederechts des Abschlussprüfers gemäß § 92 Abs 4a AktG der Prüfungsausschuss informiert werden.

121 Darüber hinausgehende besondere Berichtspflichten des Abschlussprüfers bestehen bei Banken (§ 60 ff BWG) und Versicherungen (§ 260 ff VAG).

122 Ein über die gesetzlichen Minimalerfordernisse hinausgehender Austausch zwischen Aufsichtsrat und Abschlussprüfer ermöglicht es beiden Seiten, vom Informationsstand des anderen zu profitieren und somit die jeweiligen Aufgaben besser und effizienter wahrzunehmen.

C. Zusammenarbeit und Kommunikation über die gesetzlichen Mindestanforderungen hinaus

123 Neben der rechtlich vorgeschriebenen Kommunikation zwischen Aufsichtsrat und Abschlussprüfer ist ein den Anforderungen einer angemessenen Unternehmensüberwachung und –kontrolle entsprechender **informeller Dialog** nicht minder wichtig. Der Abschlussprüfer wird immer mehr Berater und verlängerter Arm des Aufsichtsrates bei der Beurteilung der wirtschaftlichen Lage des Unternehmens bzw des Konzerns und fungiert dabei als **unabhängige und sachverständige Auskunftsperson**, insbesondere im Hinblick auf betriebswirtschaftliche Informationen sowie komplexe ökonomische bzw bilanzielle Sachverhalte.[127] Umgekehrt kann der Abschlussprüfer eine sachgerechte und effiziente Prüfung nur durchführen, wenn er auch vom Aufsichtsrat über die im Aufsichtsrat behandelten Themen voll informiert wird.

124 Auch der **Österreichische Corporate Governance Kodex** sieht Best-Practice-Regeln vor, welche die Kommunikation und Zusammenarbeit zwischen Aufsichtsrat und Abschlussprüfer stärken sollen. So sieht die C-Regel 77 vor, dass im Vertrag über die Durchführung der (Konzern-) Abschlussprüfung der Aufsichtsrat festzulegen hat, dass diese nach den internationalen Prüfungsgrundsätzen (ISA[128]) zu erfolgen hat. Die Anwendung der ISA hat Auswirkungen auf die Kommunikation zwischen Abschlussprüfer und dem Aufsichtsrat (ISA 260), sowie auf die Mitteilungspflicht des Abschlussprüfers über Mängel im internen Kontrollsystem (ISA 265).[129] Diese sich aus den ISAs ergebenden erweiterten Berichtspflichten werden künftig – nämlich mit der Anwendung des neuen Fachgutachtens KFS/PG 1[130] und somit der **Anwendung der ISAs** - für alle Abschlussprüfungen gelten (siehe Hinweis in Rz 71).

---

[126] Vgl *KFS/PE 18*, zu ausgewählten Fragen der Redepflicht, Rz 4 sowie Wortlaut des § 273 Abs 2 1. Satz UGB.

[127] Vgl *Kraßnig, L.*, AR Aktuell 3/2007, 8.

[128] International Standards on Auditing (ISAs), herausgegeben vom International Auditing and Assurance Standards Board (IAASB) der International Federation of Accountants (IFAC).

[129] Vgl ausführlich hierzu *Milla/Köll*, Die Abschlussprüfung als Teil der Corporate Governance in: *Schenz/Eberhartinger*, Corporate Governance in Österreich, 406 ff.

[130] KFS/PG 1 (Stand Juni 2015) ist anzuwenden auf die Prüfung von Abschlüssen für Geschäftsjahre, die **am oder nach dem 30. Juni 2016 enden**, wobei eine vorzeitige Anwendung zulässig ist.

125 Weiters wurde mit der Einführung der **C-Regel 81a ÖCGK** im Jahr 2012 die wechselseitige Kommunikation zwischen Abschlussprüfer und Prüfungsausschuss erweitert und konkretisiert. Die C-Regel 81a ÖCGK sieht vor, dass der Abschlussprüfer zusätzlich zu den im Gesetz vorgesehenen Fällen zumindest bei einer weiteren Sitzung des Prüfungsausschusses teilzunehmen hat. Die Regelung soll damit einen stärkeren Dialog zwischen Abschlussprüfer und Prüfungsausschuss fördern. Die Kommunikation zwischen Aufsichtsrat und Abschlussprüfer soll sich nicht auf den Zeitpunkt nach Abschluss der Prüfung beschränken, sondern laufend über den gesamten Prüfungszeitraum stattfinden. Besonders zu erwähnen ist der in der C-Regel 81a ÖCGK vorgesehene Austausch des Prüfungsausschusses mit dem Abschlussprüfer ohne Beisein des Vorstandes (**sog „Executive Session"**), die dem Aufsichtsrat die Gelegenheit bietet, mit gezielten Fragen auch heikle Themen anzuschneiden und mit dem Abschlussprüfer offen zu diskutieren. Mögliche Fragen des Aufsichtsrats in einer Executive Session könnten beispielsweise wie folgt lauten:[131]

- Wurden im Zuge der Prüfung von der Geschäftsleitung wesentliche Umbuchungen vorgenommen? Wäre ohne diese Umbuchungen ein uneingeschränkter Bestätigungsvermerk möglicherweise nicht erteilt worden?
- Wie schätzt der Abschlussprüfer die Qualität der Finanzberichterstattung sowie der zugrunde liegenden Prozesse und Kontrollen im Vergleich zu anderen Unternehmen ein?
- Gibt es im Finanz- und Rechnungswesen Mitarbeiter in Schlüsselpositionen, für die fachlich geeignete Stellvertreter fehlen?
- Gibt es Mitarbeiter im Finanz- und Rechnungswesen, die übermäßig belastet oder mit ihren Aufgaben überfordert sind? Wie ist generell die CFO-Funktion zu beurteilen?
- Gibt es eine Nachfolgeplanung für den CFO und für Schlüsselmitarbeiter im Rechnungswesen?
- Gab es Meinungsverschiedenheiten zwischen Vorstand und Abschlussprüfer zu bestimmten Bilanzpositionen?
- Inwieweit wurden Ermessens- und Gestaltungsspielräume ausgeübt und welche Auswirkung hat dies auf die Vermögens-, Finanz- und Ertragslage?

126 Darüber hinaus hat der Abschlussprüfer gemäß der **C-Regel 83 ÖCGK** auf Grundlage der vorgelegten Dokumente und der zur Verfügung gestellten Unterlagen die **Funktionsfähigkeit des Risikomanagements** zu beurteilen und darüber dem Vorstand zu berichten. Der Bericht ist auch dem Vorsitzenden des Aufsichtsrats zur Kenntnis zu bringen. Dieser hat Sorge zu tragen, dass der Bericht im Prüfungsausschuss behandelt wird und im Aufsichtsrat darüber berichtet wird.[132]

127 Mit Ausnahme von börsenotierten Aktiengesellschaften, die sich zum Österreichischen Corporate Governance Kodex bekennen und die entsprechenden Regeln daher erfüllen, basiert die Berichterstattung über die Funktionsfähigkeit des Risikomanagements auf **freiwilliger Vereinbarung** zwischen Auftraggeber und Abschlussprüfer, kann aber auch schon im Prüfungsvertrag als eine zusätzliche Leistung des Abschlussprüfers vereinbart werden.

---

131 Vgl *Rödler/Müller/Köll* in AR aktuell 4/2014, 16.

132 Österreichischer Corporate Governance Kodex, C-Regel 83.

1. Fragen vor der Prüfung

In Betracht kommen **Fragen des Aufsichtsrats an den Abschlussprüfer zur Überprüfung der Qualifikation, Ressourcen und Erfahrung** des Abschlussprüfers, wie beispielsweise:[133] 128

- Verfügt das Prüfungsteam über ausreichende Erfahrung bei der Bilanzierung und Beurteilung von Geschäftsfällen und Sonderfragen der Rechnungslegung in der betreffenden Branche? Welche Referenzen können genannt werden? Gibt es Interessenkonflikte mit Konkurrenten des zu prüfenden Unternehmens?
- Verfügt das Prüfungsteam über ausreichend freie Kapazität, um die Prüfung zeitgerecht abzuschließen? Wie viel Zeit kann der zuständige Partner/Prüfungsleiter für das Mandat einplanen? Welche anderen Mandate hat der zuständige Partner/Prüfungsleiter noch zu betreuen?
- Hat das Prüfungsteam ausreichende Erfahrung in der Durchführung von IT-Prüfungen bei Gesellschaften ähnlicher Größenordnung und Branche?
- Verfügt das Prüfungsteam über fundiertes Wissen der anzuwendenden Konsolidierungsvorschriften sowie über ausreichend praktische Erfahrung in der Koordination von Konzernabschlussprüfungen?
- Ist das internationale Netzwerk des Konzernprüfers an den wesentlichen Auslandsstandorten ausreichend stark vertreten?
- Wie werden strittige oder zweifelhafte Bilanzierungsfragen geklärt? Wer kann für die Prüfungsgesellschaft fachliche Entscheidungen verbindlich treffen?
- Welche Prüfungs- und Kommunikations-Tools verwendet der Prüfer? Welche Maßnahmen zur Qualitätssicherung kommen beim Abschlussprüfer zum Einsatz?

Mögliche Fragen zur **Überprüfung der Unabhängigkeit** des Abschlussprüfers sind: 129

- Wurden in der Vergangenheit sonstige Leistungen (zB Beratungsleistungen) durch den Abschlussprüfer erbracht, die sich auf den Jahresabschluss des zu prüfenden Geschäftsjahres noch wesentlich auswirken? Welche Beratungsleistungen haben andere zum Netzwerk des Abschlussprüfers gehörende Gesellschaften erbracht? Wie hoch war das dafür verrechnete Honorar?
- Wie stellt der Abschlussprüfer sicher, dass er eine mögliche Gefährdung seiner Unabhängigkeit rechtzeitig erkennt?
- Durch welche organisatorischen Maßnahmen ist sichergestellt, dass die zur Beseitigung einer Besorgnis der Befangenheit eingerichteten Schutzmaßnahmen wirksam sind?

Mögliche Fragen zur Überprüfung der **Angemessenheit des Entgelts** 130

- Wie viele Arbeitsstunden wurden für die Abschlussprüfung insgesamt eingeplant und wie verteilen sich diese Stunden auf die einzelnen Prüfschritte und Prüffelder?
- Wie viele Stunden entfallen auf den/die verantwortlichen Wirtschaftsprüfer und den Prüfungsleiter, wie viel auf Prüfungsassistenten?
- Wie werden Zusatzleistungen verrechnet?

---

133 *PwC*, Fragen des Aufsichtsrats an den Abschlussprüfer (2012), 6 ff; ausführlich auch *Rödler/Müller/Köll* in AR aktuell 4/2014, 10 ff.

131 Mögliche Fragen zur **Prüfungsplanung:**

- Wie hat sich der Prüfer mit der Unternehmensstrategie auseinandergesetzt? Welche unternehmensspezifischen Risiken sind in der Prüfungsplanung berücksichtigt? Wie wurden diese identifiziert?
- Gibt es eine mehrjährige Planung der Prüfungsschwerpunkte?
- Wie und mit welchen DV-technischen Hilfsmitteln wird das IT-System geprüft? Welche Systeme werden vom Abschlussprüfer als relevant für die Finanzberichterstattung erkannt und sollen daher im Rahmen der Prüfung abgedeckt werden? Wie wird die Datensicherheit geprüft?

2. Fragen während der Prüfung

132 Der Aufsichtsrat sollte – auch wenn es gesetzlich hierzu keine Verpflichtung gibt – bereits bei Abschluss des Prüfungsvertrages mit dem Abschlussprüfer periodische Sitzungen vereinbaren, zu denen der Prüfungsausschuss mit dem Abschlussprüfer zum Informationsaustausch zusammentrifft. Fragen, die in einem solchen Zusammenhang während der Abschlussprüfung gestellt werden können, sind zB:[134]

- Welche wesentlichen Diskussionspunkte mit der Geschäftsführung haben sich bislang im Zuge der Prüfungsdurchführung ergeben?
- Mit welchen Schwierigkeiten sieht sich der Abschlussprüfer bei der Prüfungsdurchführung konfrontiert?
- Sind Umstände eingetreten, die zu einer Änderung des ursprünglichen Prüfungsplans geführt haben? Welche Gründe waren dafür ausschlaggebend und lassen diese Gründe Rückschlüsse auf bestehende Risiken zu?
- Gibt es Feststellungen hinsichtlich des internen Kontrollsystems in der Finanzberichterstattung, die zu einer Veränderung (Ausweitung) von Prüfungshandlungen geführt haben?

3. Fragen nach der Prüfung

133 Mögliche Fragen des Aufsichtsrats an den Abschlussprüfer zur **Prüfungsdurchführung** sind:[135]

- Nach welchen Prüfungsgrundsätzen wurde die Abschlussprüfung durchgeführt?
- In welchen Bereichen wurden datenanalytische Methoden bei der Prüfung angewandt?
- In welchen Prüfungsfeldern wurden Systemprüfungen durchgeführt? Wo mussten wegen Schwächen des IKS zusätzliche Stichproben-Prüfungen erfolgen?
- Welche Wesentlichkeitsüberlegungen lagen der Prüfungsdurchführung zu Grunde?
- Wurden alle vom Prüfer angeforderten Unterlagen zeitgerecht zur Verfügung gestellt und standen die gewünschten Auskunftspersonen zur Verfügung?

---

134 *Rödler/Müller/Köll* in AR aktuell 4/2014, 10 ff.

135 *PwC*, Fragen des Aufsichtsrats an den Abschlussprüfer (2012), 14 ff; *Rödler/Müller/Köll* in AR aktuell 4/2014, 14 ff.

- Wie viele Arbeitsstunden wurden für die Abschlussprüfung aufgewendet? Wie viele Arbeitsstunden entfielen auf den/die verantwortlichen Wirtschaftsprüfer und erfahrene Prüfungsleiter?
- Gab es Sachverhalte, zu deren Beurteilung der Abschlussprüfer weitere Konsultationen (zB IFRS- bzw UGB-Fachabteilungen, Risk Management) vorgenommen hat?
- Welche Prüfungshandlungen wurden vorgenommen, um absichtlich herbeigeführte Fehldarstellungen im Jahresabschluss *(fraud)* oder andere dolose Handlungen zu erkennen?

Mögliche Fragen zu den **Prüfungsergebnissen** sind: **134**

- Welche wesentlichen Prüfungsfeststellungen wurden im Zuge der Prüfung getroffen?
- Welche Berichtigungsbuchungen waren im Rahmen der Prüfung erforderlich? Welche vom Prüfer vorgeschlagenen Berichtigungsbuchungen wurden nicht durchgeführt?
- Welche bilanzpolitischen Entscheidungen wurden getroffen? Wie wurden Bilanzierungswahlrechte ausgeübt?
- Gab es Bilanzierungs- und/oder Berichtssachverhalte, die im Zuge der Prüfung festgestellt wurden, welche zu einer Beanstandung durch die Enforcement-Stelle führen könnten?
- Gab es Feststellungen und wie erfolgte die Berichterstattung hinsichtlich von Schwächen des internen Kontrollsystems?
- Gibt es nach Ansicht des Abschlussprüfers wesentliche Risiken, welche die Zukunft des Unternehmens gefährden könnten, aber noch keine Berichterstattung nach § 273 UGB ausgelöst haben?
- Welche Prüfungshandlungen hat der Abschlussprüfer bei der Beurteilung von Prognoserechnungen gesetzt? Wurden hierfür Spezialisten hinzugezogen?
- Wie schlägt sich die allgemeine Wirtschaftslage auf den Jahresabschluss und dessen Prüfung nieder? Welche Auswirkungen werden in Zukunft erwartet?
- Welche Fragestellungen haben sich aus der Prüfung der für die Berichterstattung des Unternehmens wesentlichen EDV-Systeme ergeben?
- Liegen dem Abschlussprüfer lückenlos Originale externer Bestätigungen von Banken, Rechtsanwälten und Steuerberatern vor? Ergaben sich aus diesen Bestätigungen Sachverhalte, die in dem zur Prüfung vorgelegten Jahresabschluss noch nicht berücksichtigt waren?
- Gab es wesentliche Ereignisse nach dem Bilanzstichtag, die dem Prüfer zur Kenntnis gelangten?
- Wie schätzt der Abschlussprüfer die Qualität der Finanzberichterstattung sowie der zugrunde liegenden Prozesse und Kontrollen im Vergleich zu anderen Unternehmen ein?

4. Besondere Aspekte im Konzern

Selbst wenn Unternehmen unter einheitlicher Leitung zusammengefasst sind, **135** bleiben die einzelnen in einem Konzern verbundenen Unternehmen rechtlich selbständig.[136] Es gibt daher keinen „Konzernaufsichtsrat", denn der Konzern hat

[136] §15 AktG.

selbst keine eigenen Organe. Der Aufsichtsrat der Muttergesellschaft ist somit ausschließlich deren Aufsichtsrat und nicht auch der des Konzerns. Allerdings hat der Aufsichtsrat der Muttergesellschaft den Konzernabschluss (einschließlich des Konzern-Lageberichtes und des konsolidierten Corporate Governance Berichtes) zu prüfen und der Hauptversammlung darüber zu berichten[137], sowie die Geschäftsführungstätigkeit des Vorstandes in der Muttergesellschaft und somit die **gesamte Konzerngeschäftsführungstätigkeit des Vorstandes** zu überwachen.[138] Das bedeutet nicht, dass die unmittelbare Überwachungsaufgabe des Aufsichtsrats der Muttergesellschaft auf die Leitungsorgane der Tochtergesellschaft ausgedehnt wird, sondern, dass der Aufsichtsrat der Muttergesellschaft auch die Ausübung der Leitungsmacht des Vorstands der Muttergesellschaft im Konzern zu überwachen hat.[139]

136 Der Aufsichtsrat der Konzern-Muttergesellschaft hat unmittelbar keinen Zugang zu den Organen und Unterlagen der Tochtergesellschaften, er kann aber mit dem Prüfer des Konzernabschlusses besondere Prüfungsschwerpunkte oder zusätzliche Prüfungshandlungen (beispielsweise betreffend bestimmte Tochtergesellschaften) vereinbaren, die für den Konzernabschluss und die Beurteilung der Konzern-Geschäftsführung relevant sind. In einem tief gegliederten Konzern hat der Aufsichtsrat über den Konzern-Abschlussprüfer unter Umständen eine viel weitergehende Möglichkeit, um sich Informationen über nachgeordnete Konzerngesellschaften zu beschaffen, als durch Anforderung eines Berichtes vom Vorstand der Muttergesellschaft gem. § 95 Abs 2 AktG über „Beziehungen zu einem Konzernunternehmen"

137 Mögliche Fragen des Aufsichtsrats im Zusammenhang mit der **Überwachung des Konzerns** könnten zB sein:

- Welche Konzerngesellschaften werden von wem geprüft? Bei welchen Tochterunternehmen hat der Abschlussprüfer bedeutende Risiken identifiziert?
- Gibt es Tochterunternehmen, die nicht in die Konsolidierung einbezogen werden?
- Welcher Anteil der Konzernumsätze (der Konzernbilanzsumme) wird in welchem Umfang *(full scope/vollumfängliche Prüfung – limited scope/eingeschränkte Prüfung – desk top review/prüferische Durchsicht)* geprüft?
- Wie erfolgt die Steuerung der Konzernabschlussprüfung? Welche Instruktionen erhalten die Prüfer der Tochterunternehmen? Welche Berichte sind wann von den Prüfern der Tochterunternehmen zu liefern? Wie erfolgt die Kommunikation mit den Prüfern der Tochterunternehmen? Wo wird der Konzernabschlussprüfer selbst vor Ort sein?

---

137 § 96 Abs 3 AktG.

138 *PwC*, Der Aufsichtsrat im Konzern: Herausforderungen und Pflichten (2014), 10 ff.

139 OGH 17.6.2013, 2 Ob 112/12b: „Der Aufsichtsrat hat nur das Verhalten des Vorstandes der herrschenden Gesellschaft, nicht aber das Verhalten der Geschäftsführer der nachgeordneten Gesellschaften zu überwachen.", sowie „Der Aufsichtsrat hat die Entwicklung in den Konzerngesellschaften so weit zu verfolgen, als es sich um für die Obergesellschaft wesentliche wirtschaftliche Aktivitäten oder Vermögensbindungen handelt. Er hat zu beurteilen, ob und wie der Vorstand der Obergesellschaft auf die nachgeordneten Unternehmen Einfluss nehmen soll."

- Wie hoch ist die Wesentlichkeitsgrenze für den Konzernabschluss/für wesentliche Tochterunternehmen?
- Gibt es im Konzern Off-Shore-Gesellschaften?
- Ist in allen Tochterunternehmen mit einem uneingeschränkten Bestätigungsvermerk zu rechnen?

Die Überwachung der Konzerngeschäftsführungstätigkeit des Vorstands durch den Aufsichtsrat der Muttergesellschaft umfasst auch die Überwachung des Konzernaufbaus, wie zB die Governance im Konzern (zentrale oder dezentrale Entscheidungsstruktur), den Bestand eines konzernweiten Berichts- und Informationssystems oder einer Compliance-Einrichtung. Der Begriff „Compliance" bezeichnet die Verpflichtung, sich im Einklang mit dem geltenden Recht und den vorgegebenen Regeln zu bewegen und zielt darauf ab, rechtskonformes Verhalten im Rahmen der Unternehmensorganisation sicherzustellen, dh jene Maßnahmen vorzusehen, die notwendig sind, um in einem Unternehmen die Einhaltung der einschlägigen Gesetze und Normen sowie der daraus abgeleiteten, selbstgewählten Regeln und Standards sicherzustellen.[140] Insbesondere auch im Finanzdienstleistungsbereich spielt Compliance eine zentrale Rolle. So ordnet etwa § 30 BWG an, dass das übergeordnete Kreditinstitut für die Einhaltung der Bestimmungen des BWG, die für die Kreditinstitutsgruppe gelten, verantwortlich ist. In der Literatur wird das Compliance Management System vielfach als ein Teilsystem des internen Kontrollsystems definiert und dieses wiederum als Teilsystem des Risikomanagementsystems.[141] **138**

Im Hinblick auf die Abschlussprüfung ist zu beachten, dass die Prüfung von **Compliance Management Systemen nicht Bestandteil der gesetzlichen Pflichtprüfung** ist. Der Abschlussprüfer ist in das Compliance-System nicht vollständig eingebunden und eine Prüfungspflicht besteht nur insofern, als das rechnungslegungsbezogene interne Kontrollsystem (IKS) Bestandteil der Abschlussprüfung ist. **139**

Um sein Risiko zu minimieren, kann es daher für den Aufsichtsrat des Mutterunternehmens sinnvoll sein, den Konzern-Abschlussprüfer zur Prüfung des Risikomanagementsystems (im Sinne der C-Regel 83 des ÖCGK, siehe hierzu Rz 127) oder des Compliance Management Systems des Konzerns **gesondert zu beauftragen**. **140**

---

140 *Kalss/Schörghofer* in *Lucius/Oppitz/Pachinger*, Compliance im Finanzdienstleitungsbereich (2010), Kap. 1 und 4.

141 Vgl *Kerschbaumer/Reimoser/Geirhofer* in Wirtschaftsprüfer Jahrbuch 2013, 93 f.

IX. Ausblick – Neuerungen iZm der Auswahl und Bestellung des Abschlussprüfers[142]

A. Rechtliche Grundlagen

141 Mit der Verabschiedung der **Verordnung (EU) 537/2014 über spezifische Anforderungen an die Abschlussprüfung bei Unternehmen von öffentlichem Interesse**, welche unmittelbare Rechtskraft innerhalb der Europäischen Union entfaltet und mit **17. Juni 2016** in Kraft tritt, sowie der Richtlinie 2014/46/EU, welche von den Mitgliedsstaaten noch bis 17. Juni 2016 in nationales Recht umzusetzen ist, wird es künftig ua zu Neuerungen hinsichtlich der Auswahl und Bestellung des Abschlussprüfers kommen. In den Anwendungsbereich der zitierten Verordnung fallen ausschließlich Abschlussprüfungen bei **Unternehmen von öffentlichem Interesse** (Public Interest Entities, **PIEs**). Unternehmen von öffentlichem Interesse sind „kapitalmarktorientierte Unternehmen"[143], Kreditinstitute und Versicherungsunternehmen. Die Mitgliedstaaten können darüber hinaus weitere Unternehmen als solche von öffentlichem Interesse definieren.[144] Der österreichische Gesetzgeber hat in § 189a Z 1 UGB idF RÄG 2014 die Unternehmen von öffentlichem Interesse definiert.

142 Die Regelungen der VO (EU) Nr. 537/2014 (im Folgenden auch als „*VO*" bezeichnet) gelten unmittelbar und bedürfen keiner Umsetzung in nationales Recht. Allerdings ist zu erwarten, dass der österreichische Gesetzgeber aufgrund in der VO vorgesehener **Mitgliedstaatenwahlrechte** legistische Maßnahmen ergreifen wird. Die Bestimmungen zum Auswahlverfahren des Abschlussprüfers der VO gelten ab **17. Juni 2016**, wobei für die Bestimmungen über die externe Rotation eigene Übergangsbestimmungen vorgesehen sind (Art 41 VO (EU) Nr. 537/2014).

143 Nachfolgend wird ein kurzer Überblick über die Neuerungen aufgrund der VO (EU) Nr. 537/2014 im Zusammenhang mit der Auswahl und der Bestellung des Abschlussprüfers **für PIEs** gegeben.

B. Überblick über die wesentlichen Neuerungen für PIEs

1. Laufzeit des Mandats

144 Art 17 der VO (EU) Nr. 537/2014 regelt die **Laufzeit** des Prüfungsmandats. Darin ist vorgesehen, dass PIEs einen Abschlussprüfer bzw eine Prüfungsgesellschaft für ein erstes Mandat für mindestens ein Jahr zu bestellen haben. Abweichend davon können aber die Mitgliedstaaten verlangen, dass das erste Mandat eine Laufzeit von mehr als einem Jahr hat.[145]

---

[142] Siehe ausführlich hierzu *Milla/Köll/Wenger/Adrian*, EU-Regulation zur Abschlussprüfung, RWZ 2014, 369 ff.

[143] Unternehmen, deren übertragbare Wertpapiere zum Handel auf einem geregelten Markt eines Mitgliedstaats iS von Art 4 Abs 1 Nr 21 der Richtlinie 2014/65/EU über Märkte für Finanzinstrumente zugelassen sind.

[144] Zur Definition der Unternehmen von öffentlichem Interesse siehe Art 2 Nr. 13 Abschlussprüfungs-RL 2006/43/EG idF RL 2014/56/EU.

[145] Art 17 Abs 2 lit a VO (EU) Nr. 537/2014.

Eine Wiederbestellung ist zulässig, solange die in der VO maximal vorgesehene Laufzeit des Mandats nicht erreicht wird. Neubestellungen werden sohin aufgrund der in der VO vorgesehenen Verpflichtung zum zwangsweisen Wechsel des Abschlussprüfers bzw der Prüfungsgesellschaft notwendig (**externe Rotation**). Dabei legt die VO eine **Grundrotationszeit von 10 Jahren** fest. Dh, ein Prüfer sowie Mitglieder seines Netzwerks innerhalb der Union dürfen nach Ablauf der Höchstzeit (idR 10 Jahre) innerhalb des folgenden Vierjahreszeitraums (**sog Cooling-Off-Periode**) nicht die Abschlussprüfung bei demselben Unternehmen durchführen.[146] Die Mitgliedstaaten können – ohne Vorliegen bestimmter Voraussetzungen – auch eine kürzere Grundrotationszeit vorsehen. Andererseits wird den Mitgliedstaaten auch das Recht eingeräumt, die **Grundrotationszeit** zu **verlängern**. Eine Verlängerung ist allerdings nur unter bestimmen Voraussetzungen zulässig, und zwar 145

- auf **20 Jahre**, wenn nach Ablauf der Grundrotationszeit ein **öffentliches Ausschreibungsverfahren** – das bestimmten in der VO vorgesehenen Kriterien zu entsprechen hat – für die Abschlussprüfung durchgeführt wird, oder
- auf **24 Jahre**, wenn nach Ablauf der Grundrotationszeit mehr als ein Abschlussprüfer oder eine Prüfungsgesellschaft gleichzeitig beauftragt werden und die Abschlussprüfung zur Vorlage eines gemeinsamen Bestätigungsvermerks führt (**„Joint Audit“**).[147]

Sollte der Gesetzgeber das Ausübungswahlrecht zur Verlängerung der externen Pflichtrotation in nationales Recht umsetzen, ist es weiterhin Aufgabe des Prüfungsausschusses zu beurteilen, ob eine Verlängerung der Mandatszeit des bisherigen Abschlussprüfers angestrebt werden soll. Voraussetzung für die Gewährung der Verlängerungsoption ist nämlich, dass der Aufsichtsrat auf Empfehlung des Prüfungsausschusses der General- bzw Hauptversammlung vorschlägt, das Mandat zu verlängern und dieser Vorschlag angenommen wird.[148] 146

2. Joint Audit

Nach der VO können Mitgliedstaaten beschließen, dass PIEs unter bestimmten Umständen eine Mindestanzahl von Abschlussprüfern oder Prüfungsgesellschaften bestellen und die Modalitäten für die Beziehungen zwischen den bestellten Abschlussprüfern und Prüfungsgesellschaften festlegen (**„Joint Audit“).**[149] 147

3. Verfahren zur Bestellung des Abschlussprüfers

Im Falle von Prüfungen von Unternehmen von öffentlichem Interesse muss bei der Bestellung des Abschlussprüfers künftig differenziert werden zwischen einer 148

- Neubestellung/Mandatsneuvergabe (**„Initial Engagement“)** und einer
- Wiederbestellung/Erneuerung des Prüfungsmandats (**„Renewal Engagement“**).

[146] Art 17 Abs 1 und 3 VO (EU) Nr. 537/2014.
[147] Art 17 Abs 4 VO (EU) Nr. 537/2014.
[148] Art 17 Abs 5 VO (EU) Nr. 537/2014.
[149] Art 16 Abs 7 VO (EU) Nr. 537/2014.

149 Neubestellungen werden aufgrund der vorgesehenen externen Rotation notwendig. Für die Neubestellung ist in der VO ein **besonders geregeltes Auswahlverfahren** vorgesehen. Nach Art 16 Abs 4 VO (EU) Nr. 537/2014 sind von diesem Auswahlverfahren lediglich jene Unternehmen von öffentlichem Interesse ausgenommen, die „kleine oder mittlere Unternehmen" oder Unternehmen mit geringer Marktkapitalisierung iS der EU-Prospektrichtlinie[150] sind.

a) Verfahren bei Neubestellung

150 Für die Neubestellung eines PIE-Abschlussprüfers ist ein besonders geregeltes Auswahlverfahren vorgesehen (Art 16 Abs 3 VO (EU) Nr. 537/2014), das in die **Zuständigkeit des Prüfungsausschusses** fällt. Auf Basis dieses Auswahlverfahrens – das bestimmten Kriterien entsprechen muss – hat der Prüfungsausschuss eine Auswahl zu treffen und dem Aufsichtsrat eine **Empfehlung** für die Bestellung des Abschlussprüfers bzw der Prüfungsgesellschaft vorzulegen. Die Empfehlung muss begründet werden, **mindestens zwei Vorschläge** für das Prüfungsmandat sowie eine **Präferenz** des Prüfungsausschusses für einen der beiden Vorschläge unter Angabe der Gründe enthalten.[151] Des Weiteren erklärt der Prüfungsausschuss, dass seine Empfehlung frei von ungebührlicher Einflussnahme durch Dritte ist und ihm keine Klausel zur Beschränkung der Auswahlmöglichkeit aufgelegt wurde.[152]

151 Die **Wahl des Abschlussprüfers** bzw der Prüfungsgesellschaft erfolgt wie bislang durch die Gesellschafterversammlung. Nach der VO richtet der Aufsichtsrat an die General- bzw Hauptversammlung einen Vorschlag für die Bestellung, welcher die Empfehlung und die Präferenz des Prüfungsausschusses enthält. Falls der Vorschlag des Aufsichtsrats von der Präferenz des Prüfungsausschusses abweicht, sind die Gründe anzugeben, warum der Empfehlung nicht gefolgt wird. Der vom Aufsichtsrat empfohlene Abschlussprüfer muss aber an dem Auswahlverfahren teilgenommen haben.[153]

152 **Anforderungen an das Auswahlverfahren**: Das geprüfte Unternehmen hat **Ausschreibungsunterlagen** zu erstellen und Abschlussprüfer bzw Prüfungsgesellschaften zur Angebotslegung einzuladen. Dabei steht es dem geprüften Unternehmen frei, beliebige Abschlussprüfer oder Prüfungsgesellschaften zur Unterbreitung von Vorschlägen für die Erbringung von Abschlussprüfungsleistungen aufzufordern, sofern diese nicht aufgrund der in der VO vorgesehenen Cooling-off-Periode von vier Jahren von der Abschlussprüfung ausgeschlossen sind und sofern die Teilnahme von Unternehmen, die im vorausgegangenen Kalenderjahr in dem betreffenden Mitgliedstaat weniger als 15 % der von Unternehmen von öffentlichem Interesse gezahlten Gesamthonorare erhalten haben, an dem Ausschreibungsverfahren in keiner Weise ausgeschlossen wird. Die Ausschreibungsunterla-

---

[150] Vgl Art 2 lit f und lit t der RL 2003/71/EG, zuletzt geändert durch RL 2010/73/EU.

[151] Art 16 Abs 2 der VO (EU) Nr. 537/2014.

[152] Jede Klausel in einem zwischen einem PIE und Dritten geschlossenen Vertrag, die die Auswahlmöglichkeit auf bestimmte Kategorien oder Listen von Abschlussprüfern beschränkt, ist gemäß Art 16 Abs 6 der VO nichtig.

[153] Art 16 Abs 5 VO (EU) Nr. 537/2014.

gen müssen es ermöglichen, die Geschäftstätigkeit des geprüften Unternehmens und die Art der durchzuführenden Abschlussprüfung zu erfassen. Die Ausschreibungsunterlagen müssen **transparente, diskriminierungsfreie Auswahlkriterien** für die Bewertung der Angebote der Abschlussprüfer oder Prüfungsgesellschaften enthalten. Die nach nationalem Recht durch den Abschlussprüfer bzw die Prüfungsgesellschaft zu erfüllenden Qualitätsstandards sind ebenfalls in die Ausschreibungsunterlagen aufzunehmen. Das Auswahlverfahren kann frei gestaltet werden, wobei auch im Laufe des Verfahrens direkte Verhandlungen mit interessierten Bietern geführt werden können. Das geprüfte Unternehmen hat die Vorschläge der Abschlussprüfer bzw Prüfungsgesellschaften anhand der in den Ausschreibungsunterlagen festgelegten Auswahlkriterien zu beurteilen und einen Bericht über die im Auswahlverfahren gezogenen Schlussfolgerungen zu erstellen, der vom Prüfungsausschuss validiert wird. Das geprüfte Unternehmen muss auf Verlangen in der Lage sein, gegenüber der für die Aufsicht von Abschlussprüfern zuständigen Behörde darzulegen, dass das Auswahlverfahren auf faire Weise durchgeführt wurde.[154]

b) Verfahren bei Wiederbestellung

Im Fall einer Wiederbestellung des Abschlussprüfers bzw der Prüfungsgesellschaft hat der Prüfungsausschuss dem Aufsichtsrat zwar eine Empfehlung (über die Wiederbestellung) vorzulegen. Dieser geht aber **kein** – wie soeben beschriebenes – **Auswahlverfahren** voran. Weiters muss die Empfehlung im Fall einer Wiederbestellung nicht begründet werden. **153**

4. Unabhängigkeit des Abschlussprüfers

Im Zusammenhang mit der Bestellung des Abschlussprüfers haben Aufsichtsräte künftig auch die neuen Bestimmungen zur Unabhängigkeit des Abschlussprüfers in **Art 5 der VO** zu beachten. Die Kriterien über die "Unabhängigkeit des Abschlussprüfers" in Bezug auf andere Leistungen als Prüfungsleistungen werden durch die VO bei PIEs verschärft. **154**

So enthält die VO einerseits eine **„Black List“** von **Nichtprüfungsleistungen,** deren Erbringung im Jahr der Abschlussprüfung **jedenfalls verboten ist**. Dabei handelt es sich um nachfolgende Nichtprüfungsleistungen: **155**

- Steuerberatungsleistungen im Zusammenhang mit Lohnsteuer und Zöllen
- Leistungen, mit denen eine Teilnahme an der Führung oder an Entscheidungen des geprüften Unternehmens verbunden ist
- Buchhaltung und Erstellung von Unterlagen der Rechnungslegung und Abschlüssen
- Lohn- und Gehaltsverrechnung
- Juristische Leistungen im Zusammenhang mit
  - allgemeiner Beratung („provision of general counsel“, wobei es sich hier eher um Leistungen als Generalanwalt handelt wird[155])
  - Verhandlungen im Namen des geprüften Unternehmens und

[154] Art 16 Abs 3 der VO (EU) Nr. 537/2014.
[155] Vgl *Milla/Schwartz/Dirnberger* in Wirtschaftsprüfer-Jahrbuch 2015, 91.

  – Vermittlungstätigkeiten in Bezug auf die Beilegung von Rechtsstreitigkeiten
- Leistungen im Zusammenhang mit der internen Revision
- Leistungen im Zusammenhang mit der Finanzierung, der Kapitalstruktur und –ausstattung sowie der Anlagestrategie des geprüften Unternehmens, **ausgenommen** Bestätigungsleistungen einschließlich Comfort Letter im Zusammenhang mit herausgegebenen Prospekten
- Werbung für, Handel mit oder Zeichnung von Aktien des geprüften Unternehmens
- Personaldienstleistungen in Bezug auf
  – Suche nach oder Auswahl von Kandidaten bzw Überprüfung von Referenzen von Kandidaten für Positionen der Unternehmensleitung, die in der Lage sind, erheblichen Einfluss auf das Rechnungswesen oder die Abschlüsse auszuüben
  – Aufbau der Organisationsstruktur
  – Kostenkontrolle

156 Bereits **im Jahr vor** der Abschlussprüfung verboten ist die Gestaltung und Umsetzung interner Kontroll- oder Risikomanagementverfahren, die bei der Erstellung und/oder Kontrolle von Finanzinformationen oder Finanzinformationstechnologiesystemen zum Einsatz kommen.

157 Ausdrücklich als zulässig angesehen werden nach der VO Leistungen wie zB Sorgfaltsprüfungen (Due Diligence Untersuchungen) oder die Erstellung von Prüfbescheinigungen.[156]

158 Anderseits werden in der VO **Nichtprüfungsleistungen** festgelegt, welche die Mitgliedsstaaten unter **bestimmten Voraussetzungen** zulassen können.[157] Solche **Mitgliedstaatenwahlrechte** bestehen bei folgenden verbotenen Nichtprüfungsleistungen[158]:
- Steuerberatungsleistungen im Zusammenhang mit
  – Erstellung von Steuererklärungen
  – Ermittlung von staatlichen Beihilfen und steuerlichen Anreizen, es sei denn die Unterstützung des bestellten Abschlussprüfers ist gesetzlich vorgeschrieben
  – Unterstützung hinsichtlich Steuerprüfungen, es sei denn, die Unterstützung des bestellten Abschlussprüfers ist gesetzlich vorgeschrieben
  – Berechnung der direkten und indirekten Steuern sowie latenter Steuern
  – Erbringung von Steuerberatungsleistungen
- Bewertungsleistungen einschließlich Bewertungen im Bereich der Versicherungsmathematik und der Unterstützung von Rechtsstreitigkeiten

159 Ob Österreich vom Mitgliedstaatenwahlrecht Gebrauch macht, bleibt abzuwarten.

---

156 Vgl Erwägungsgrund (8) der VO (EU) Nr. 537/2014.

157 Art 5 VO (EU) Nr. 537/2014.

158 Art 5 Abs 3 VO (EU) Nr. 537/2014.

X. Résumé

Der Aufsichtsrat hat eine **zentrale Rolle bei der Bestellung und Beauftragung des Abschlussprüfers**. Aufgrund europarechtlicher Vorgaben werden künftig auf Aufsichtsräte bzw den in den Aufsichtsräten einzurichtenden Prüfungsausschüssen weitere Anforderungen zukommen. So sieht die VO (EU) Nr. 537/2014 für Unternehmen von öffentlichem Interesse bei der Neubestellung eines Abschlussprüfers ein besonders geregeltes Auswahlverfahren vor, das in die Zuständigkeit des Prüfungsausschusses fällt. 160

Dem Aufsichtsrat obliegt sowohl eine **Überwachungs- als auch eine Prüfungs- und Berichtspflicht**. § 96 Abs 1 AktG sieht eine eigenständige Prüfung des vom Vorstand bzw der Geschäftsführung aufzustellenden Jahresabschlusses, des Vorschlags für die Gewinnverteilung und des Lageberichts sowie gegebenenfalls des Corporate Governance Berichtes auch durch den Aufsichtsrat vor, der sich aber bei dieser Aufgabe im Hinblick auf die **Gesetzmäßigkeit und Ordnungsmäßigkeit** auf die Ergebnisse einer gesetzeskonform erfolgten Abschlussprüfung stützen kann. 161

Zu den Kontrollaufgaben des Aufsichtsrates gehört ebenso die **Überwachung der Prüfung durch den Abschlussprüfer**. Eine gesetzeskonforme Prüfung des Jahresabschlusses hängt ganz wesentlich von der Erfahrung, Unabhängigkeit und Kompetenz des externen Abschlussprüfers ab. Bei der Beurteilung der Qualität der Abschlussprüfung sind insbesondere die Größe, Branche, das Risikoprofil und die Komplexität des zu prüfenden Unternehmens und diesbezüglich erforderlichen Qualifikationen des Prüfers zu berücksichtigen. 162

Der Inhalt der Prüfungstätigkeit ist weitgehend durch gesetzliche Vorschriften (§§ 269 und 272 bis 275 UGB) und berufsständische Vorschriften definiert. Das **Prüfungshonorar** hat gemäß § 270 Abs 1 UGB in einem **angemessenen Verhältnis** zu den vom Prüfer im Rahmen der Abschlussprüfung zu erbringenden Leistungen zu stehen und darf nicht an zusätzliche Bedingungen geknüpft sein. Die Vereinbarung von Erfolgshonoraren oder die Gewährung von Provisionen ist sowohl nach gesetzlichen als auch berufsrechtlichen Normen nicht zulässig. 163

Die **verstärkte Zusammenarbeit zwischen den Kontrollorganen** Aufsichtsrat und Abschlussprüfer wurde bereits mit der Einführung des Prüfungsausschusses durch das GesRÄG 2005 eingeleitet. Mit dem URÄG 2008 wurden die diesbezüglichen Bestimmungen inhaltlich erweitert und dem Aufsichtsrat nicht nur eine wesentliche Rolle bei der Bestellung und Beauftragung zugewiesen, sondern auch eine **Intensivierung der Kommunikation mit dem Abschlussprüfer** bezweckt. Damit soll die Unabhängigkeit des Abschlussprüfers vom Vorstand der zu prüfenden Gesellschaft gestärkt und die Arbeit des Aufsichtsrats unterstützt werden. Der Einfluss des Vorstandes auf die Auswahl des Abschlussprüfers ist möglichst gering zu halten. Inhaltlich kann sich der Aufsichtsrat durch den Vorstand beraten lassen, die endgültige Auswahl des vorzuschlagenden Abschlussprüfers sollte jedoch durch den Aufsichtsrat – unter sorgfältiger Beurteilung der Qualitätskriterien sowie möglicher Befangenheits- und Ausschlussgründe gemäß §§ 271ff UGB – eigenständig und unbeeinflusst durch den Vorstand erfolgen. 164

165 Neben der rechtlich vorgeschriebenen Kommunikation zwischen Aufsichtsrat und Abschlussprüfer ist ein darüber hinausgehender **informeller Dialog** nicht minder wichtig. Der Abschlussprüfer sollte **Berater des Aufsichtsrates** bei der Beurteilung der wirtschaftlichen Lage des Unternehmens sein und fungiert dabei als unabhängige und sachverständige Auskunftsperson. Umgekehrt kann der Abschlussprüfer eine sachgerechte und effiziente Prüfung nur durchführen, wenn er auch vom Aufsichtsrat über wesentliche Entwicklungen im Unternehmen und über Entscheidungen, die sich auf den zu prüfenden Abschluss auswirken, voll informiert wird.

166 Aufsichtsräte können die Zusammenarbeit und Kommunikation intensivieren und den Abschlussprüfer **mittels gezielter Fragestellung** vor, während und nach der Prüfung als objektive und sachverständige Auskunftsperson bestmöglich in die eigene Überwachungstätigkeit einbinden. Da der Abschlussprüfer aufgrund der durchgeführten Abschlussprüfung das Unternehmen und dessen Abläufe und Prozesse bereits kennt, kann es für Aufsichtsräte sinnvoll sein, den Abschlussprüfer zu sonstigen Leistungen – etwa zur Prüfung des Risikomanagementsystems – gesondert zu beauftragen. Der Abschlussprüfer kann damit einen noch besseren Beitrag zur Corporate Governance und zur Überwachung des Managements von unternehmerischen Risiken leisten.

III. Handlungsinstrumente

Aufsichts- und Handlungsinstrumente des Aufsichtsrats

Johannes Zollner

Literatur

Ö: *Egger,* Die Vorschaurechnung und der viertel-jährliche Soll-Ist-Vergleich gemäß § 81 AktG (28a GmbHG) idF RÄG 1997, RWZ 1997, 327; *Feltl*, Beschlussmängel im Aktienrecht (2014); *Feltl*, Der Beschluss als Instrument organschaftlicher Willensbildung im Privatrecht, in FS Aicher, 2012, 79; *Frotz/Dellinger/Stockenhuber*, Das neugierige Aufsichtsratsmitglied, öGesRZ 1993, 181; *Geist*, Zur Information und Ordnung im arbeitsteilig organisierten Aufsichtsrat der Aktiengesellschaft, in Achatz/Jabornegg/Karollus, Aktuelle Probleme im Grenzbereich von Arbeits-, Unternehmens- und Steuerrecht (1998) 121; *Harrer*, Fehlerhafte Aufsichtsratsbeschlüsse, Wbl 1996, 13; *Jaufer*, Berichtswesen bei Kapitalgesellschaften und ihre Wirkung auf die insolvenzrechtliche Fortbestehensprognose, RWZ 2004, 57; *Kalss*, Der Aufsichtsrat im Konzern nach österreichischem Recht, Der Konzern, 2012, 89; *Kalss*, Auskunftsrechte und -pflichten für Vorstand und Aufsichtsrat im Konzern, GesRZ 2010, 137; *Kalss*, Geheimnisschutz – Datenschutz – Informationsschutz im Gesellschaftsrecht, in Studiengesellschaft für Wirtschaft und Recht (Hrsg), Geheimnisschutz – Datenschutz – Informationsschutz (2008), 237; *Kalss*, Gesellschaftsrecht und Internet, in Studiengesellschaft für Wirtschaft und Recht (Hrsg), Internet und Recht (2002) 259; *Kalss/Klampfl,* Wie beeinflussen elektronische Medien die Sitzungspraxis und Beschlussfassung des Aufsichtsrats?, RWZ 2011, 33; *Krejci*, Der neugierige Aufsichtsrat, öGesRZ 1993, 2; *Krejci*, Zur Berichtspflicht des Vorstands gegenüber dem Aufsichtsrat, in FS Frotz 1993, 370; *Lauss*, Zum Ausmaß der Berichtspflicht des Vorstandes gegenüber dem Aufsichtsrat, insbesondere bei Konzernmuttergesellschaften, SWK 2004, W 41; *Mildner*, Rechtliche und betriebliche Vorgaben für den Vorstandsbericht, in *Büchele/Mildner/Murschitz/Roth/Wörle*, Corporate Governance in Deutschland und Österreich (2006) 87; *Nowotny*, Neues für den Aufsichtsrat – Das Wichtigste aus dem IRÄG 1997, RdW 1997, 557; *Simonishvili/Pendl*, Das Recht des Aufsichtsratsmitglieds auf Aufsichtsratsprotokolle, GES 2014, 109; *Zollner*, Die Rolle der neuen Medien bei Aufsichtsratsbeschlüssen, Aufsichtsrat aktuell 2010, 14.

Dtl: *Axhausen*, Anfechtbarkeit aktienrechtlicher Aufsichtsratsbeschlüsse, 1986; *Baltzer*, Der Beschluß als rechtstechnisches Mittel organschaftlicher Funktion im Privatrecht, 1965; *Barzen/Kampf*, Berichtspflicht des AG-Vorstands zu Tochtergesellschaften, BB 2011, 3011; *Baums*, Der fehlerhafte Aufsichtsratsbeschluß, ZGR 1983, 300; *Brandi*, Ermittlungspflicht des Aufsichtsrates über die wirtschaftliche Situation des Unternehmens „am Vorstand vorbei"? ZIP 2000, 173; *Deckert*, Organschaftliche und vertragliche Beratungspflichten des Aufsichtsratsmitglieds, AG 1997, 109; *Dreher*, Direktkontakte des Aufsichtsrats in der Aktiengesellschaft zu dem Vorstand nachgeordneten Mitarbeitern, in FS Ulmer, 2003, 87; *Elsing/M Schmidt*, Individuelle Informationsrechte von Aufsichtsratsmitgliedern einer Aktiengesellschaft, BB 2002, 1705; *Fleischer*, Fehlerhafte Aufsichtsratsbeschlüsse: Rechtsdogmatik – Rechtsvergleichung – Rechtspolitik, DB 2013, 160 (Teil 1), 217 (Teil 2); *Fleischer*, Der Zusammenschluss von Unternehmen im Aktienrecht, ZHR 2008, 538; *Fleischer,* Gesundheitsprobleme eines Vorstandsmitglieds im Lichte des Aktien- und Kapitalmarktrechts, NZG 2010, 561; *Fleischer*, Vertrauen von Geschäftsleitern und Aufsichtsratsmitgliedern auf Information Dritter, ZIP 2009, 1397; *Fleischer*, Zur Privatsphäre von GmbH-Geschäftsführern und Vorstandsmitgliedern, NJW 2006, 3242; *Fonk*, Zustimmungsvorbehalte des AG-Aufsichtsrats, ZGR 2006, 841; *Goedecke*, NaStraG: Erster Schritt zur Öffnung des Aktienrechts für moderne Kommunikationstechniken, BB 2001, 369; *Götz*, Rechtsfolgen fehlerhafter Aufsichtsratsbeschlüsse – Analoge Anwendung der §§ 241 ff

AktG? FS Lüke, 1997, S 167; *Graumann/Grundei*, Beurteilung der Informationsbasis zustimmungspflichtiger Geschäfte, Der Aufsichtsrat 2014, 21; *Habersack*, Aktienrecht und Internet, ZHR 165 (2001) 172; *Henze*, Leitungsverantwortung des Vorstands – Überwachungspflicht des Aufsichtsrats, BB 2000, 209; *Hildebrandt*, Die telefonische Abstimmung im Aufsichtsrat, AG 1957, 5; *Hoffmann-Becking*, Der Aufsichtsrat im Konzern, ZHR 159 (1995) 325; *Hommelhoff*, Grundsätze ordnungsgemäßer Kontrolle der Beteiligungsverwaltung des Konzernvorstands durch den Konzernaufsichtsrat, AG 1995, 225; *Hommelhoff*, Zur Anteils- und Beteiligungsüberwachung im Aufsichtsrat, in FS Stimpel, 1985, S 603; *Hüffer*, Beschlußmängel im Aktienrecht und im Recht der GmbH – eine Bestandsaufnahme unter Berücksichtigung der Beschlüsse von Leitungs- und Überwachungsorganen, ZGR 2001, 833; *Kindl*, Analoge Anwendung der §§ 241 ff AktG auf aktienrechtliche Beschlüsse? AG 1993, 153; *Kindl*, Beschlußfassung des Aufsichtsrats und neue Medien – Zur Änderung des § 108 Abs 4 AktG, ZHR 166 (2002) 335; *Köstler*, Zustimmungsvorbehalte des Aufsichtsrates als Realisierung der Sorgfaltspflicht, WiB 1994, 714; *Köstler/Schmidt*, Interessenvertretung und Information – Zum Verhältnis von Information und Vertraulichkeit im Aufsichtsrat, BB 1981, 88; *Kropff*, Informationsbeschaffungspflichten des Aufsichtsrats, in FS Raiser (2005), 225; *Kropff*, Zur Information des Aufsichtsrats über das interne Überwachungssystem, NZG 2003, 346; *Kunze*, Das Einsichtsrecht einzelner Aufsichtsratsmitglieder, Mitbestimmungsgespräch 1969, 13; *Lemke*, Der fehlerhafte Aufsichtsratsbeschluß, 1994; *Leyens*, Information des Aufsichtsrats (2006); *Link*, Die Kommunikation zwischen Vorstand und Aufsichtsrat, Board 2015, 249; *Lutter*, Der Stimmbote, in FS Duden, 1977, S 269; *Lutter*, Information und Vertraulichkeit im Aufsichtsrat[3], 2006; *Lutter/Krieger/Verse*, Rechte und Pflichten des Aufsichtsrats[6], 2014; *Manger*, Das Informationsrecht des Aufsichtsrats gegenüber dem Vorstand – Umfang und Grenzen, NZG 2010, 1255; *Mertens*, Stimmabgabe abwesender Aufsichtsratsmitglieder nach § 108 Abs 3, AG 1977, 210; *Mertens*, Zur Berichtspflicht des Vorstands gegenüber dem Aufsichtsrat, AG 1980, 67 ff; *Naumann*, Das Berichtswesen an den Aufsichtsrat – Zur Kommunikation zwischen Aufsichtsrat und Abschlussprüfer, Board 2015, 175; *Osterloh*, Zum Problem der rechtzeitigen Information bei Arbeitnehmervertretern in Betriebs- und Aufsichtsräten, AuR 1986, 332; *Riegger*, Die schriftliche Stimmabgabe, BB 1980, 130; *Roth*, Möglichkeiten vorstandsabhängiger Information des Aufsichtsrats, AG 2004, 1; *Schneider S H*, Informationspflichten und Informationssystemeinrichtungspflichten im Aktienkonzern, 2006; *Schneider U H*, Das Informationsrecht des Aufsichtsratsmitglieds einer Holding-AG, in FS Kropff, 1997, S 271; *Schneider U H*, Der Aufsichtsrat des herrschenden Unternehmens im Konzern, FS Hadding, 2004, S 621; *Semler*, Zustimmungsvorbehalte als Instrument der Überwachung durch den Aufsichtsrat, in FS Doralt, 2004, S 609; *Steinbeck*, Überwachungspflicht und Einwirkungsmöglichkeit des Aufsichtsrats in der Aktiengesellschaft, 1992; *Theisen*, Information und Berichterstattung des Aufsichtsrats, 4. Aufl. 2007; *Ulmer*, Stimmrechtsschranken für Aufsichtsratsmitglieder bei eigener Kandidatur zum Vorstand, NJW 1982, 2288; *Wagner*, Aufsichtsratssitzung in Form der Videokonferenz; gegenwärtiger Stand und mögliche Änderungen durch das Transparenz- und Publizitätsgesetz, NZG 2002, 57; *Weber-Rey*, Whistleblowing zwischen Corporate Governance und Better Regulation, AG 2006, 406.

Gliederung **Rz**

I. Einleitung

Nach § 95 Abs 1 AktG hat der Aufsichtsrat die Geschäftsführung zu überwachen. Welche Aufsichtsinstrumente dem Aufsichtsrat für seine Aufgaben zustehen, nennt das Gesetz allerdings nicht immer explizit. Vielmehr lassen sich in einzelnen Bestimmungen des AktG, in einigen Sondergesetzen, sowie im Corporate Governance Kodex Aufzählungen einzelner Kontrollinstrumente finden, durch deren Inanspruchnahme ein Aufsichtsrat seine zentrale Aufgabe der Überwachung der Geschäftsführung überhaupt erst wahrnehmen kann. Die Aufsichtsinstrumente des Aufsichtsrats sind daher keineswegs Selbstzweck, vielmehr bilden diese die notwendige Voraussetzung für die Wahrnehmung seiner Aufgaben.[1] Die dienende Funktion der Aufsichtsinstrumente erfordert es – nach einer Auflistung der einschlägigen Rechtsquellen – kurz auf den Gegenstand der Überwachung des Aufsichtsrats einzugehen, um so die Reichweite der Aufsichtsinstrumente abzugrenzen. 1

Für die Wahrnehmung seiner Aufgaben muss der Aufsichtsrat in einer bestimmten Form tätig werden. Der Aufsichtsrat ist ein **Kollegialorgan**, das zentrale Handlungsinstrument ist daher der **Beschluss**. Dieser stellt aber keineswegs das einzige Handlungsinstrument dar. So dienen etwa auch Stellungnahmen, Erklä- 2

[1] *Lutter*, Information[3] Rz 15; *Krejci* in Frotz-FS 370.

rungen, Beratungen etc dazu, die Aufgaben des Aufsichtsrats zu erfüllen. Diese Instrumente bilden aber keinen notwendigen Gegensatz zum Beschluss (vgl eingehend Rz 99), vielmehr liegt diesen regelmäßig ein Beschluss des Aufsichtsrats zugrunde, wenn es eine Handlung des Aufsichtsrats zu setzen gilt (siehe Rz 75 ff).

II. Rechtsquellen

A. Instrumente der Aufsicht

3 § 95 Abs 2 AktG räumt dem Aufsichtsrat das Recht ein, jederzeit vom Vorstand einen Bericht über die Angelegenheit der Gesellschaft verlangen zu können. Gem Abs 3 leg cit steht dem Aufsichtsrat das Recht zur Einsicht und Prüfung der Bücher und Schriften der Gesellschaft sowie der Vermögensgegenstände zu. Umgekehrt ist der Vorstand gem § 81 Abs 1 AktG verpflichtet, dem Aufsichtsrat von sich aus einmal jährlich den Jahresbericht zu erstatten, mindestens vierteljährlich über die Lage des Unternehmens und den Gang der Geschäfte zu berichten sowie unverzüglich in bestimmten Konstellationen einen Sonderbericht zu erstatten. Für börsenotierte Unternehmen sind darüber hinaus noch die Regeln 9-12 des Corporate Governance Kodex zu beachten, die mitunter die gesetzlichen Aufsichtsinstrumente konkretisieren. Speziell zu Aufsichtsräten in börsenotierten Unternehmen vgl *Hlawati/Wilfling* Rz 32/1 ff).

4 Für Kreditinstitute sieht § 28 Abs 4 BWG besondere Berichtspflichten gegenüber dem Aufsichtsrat bei Organgeschäften, § 28b Abs 1 leg cit bei Großveranlagungen vor. § 63a Abs 1 BWG berechtigt den Aufsichtsrat, Wirtschaftsprüfer oder Wirtschaftsprüfungsgesellschaften mit der Durchführung einer Prüfung der Gesetz- und Ordnungsmäßigkeit des gesamten Unternehmens zu betrauen. Zu den Besonderheiten für Aufsichtsräte von Kreditinstituten vgl *Herbst* Rz 35/1 ff.

5 § 30j GmbHG normiert für Aufsichtsräte von GmbHs eine mit § 95 Abs 2 und Abs 3 AktG korrespondierende Bestimmung. Ebenso wie § 81 AktG sieht § 28a GmbHG eine Pflicht zur Abgabe von Jahres-, Quartals- und Sonderberichten an den Aufsichtsrat vor.

6 Für das Auskunfts- und Einsichtsrecht des Aufsichtsrats einer Privatstiftung verweist § 25 Abs 1 PSG auf § 95 Abs 2 und Abs 3 AktG.

Der **Bericht des Aufsichtsrats an die Hauptversammlung** gem § 96 AktG stellt kein Instrument der Aufsicht des Aufsichtsrats über den Vorstand dar. Denn in diesem Bericht stellt der Aufsichtsrat der Hauptversammlung seine eigene Prüfungstätigkeit dar und legt so den Aktionären Rechenschaft.[2]

---

2 *Kalss/Gruber* in Doralt/Nowotny/Kalss, AktG² § 96 Rz 48 ff.

B. Handlungsinstrumente

Im Vergleich zum deutschen AktG finden sich in Österreich nur wenige gesetzliche Regelungen, die Handlungsinstrumente des Aufsichtsrats betreffen. § 92 Abs 2 AktG schreibt eine Pflicht zur Protokollierung der Verhandlungen und Beschlüsse des Aufsichtsrats vor und setzt damit den Beschluss als das zentrale Handlungsinstrument logisch voraus. § 92 Abs 3 AktG stellt die Zulässigkeit schriftlicher, fernmündlicher oder in sonst vergleichbarer Form gefasster Beschlüsse außer Streit, sofern kein Aufsichtsratsmitglied diesem Verfahren widerspricht; die mündliche Beschlussfassung wird somit vom Gesetzgeber als Regelfall angesehen. Die Beschlussfähigkeit des Aufsichtsrats ist gem § 92 Abs 5 AktG nur gegeben, wenn mindestens drei Mitglieder an der Sitzung teilnehmen und die Satzung keine strengeren Vorgaben enthält. 7

Für die GmbH sehen § 30g Abs 2 und Abs 3 GmbHG inhaltsgleiche Regelungen vor. 8

Für Aufsichtsräte von Privatstiftungen gelten die allgemeinen Vorschriften über die innere Ordnung von Stiftungsorganen (§ 28 PSG): Eine schriftliche Beschlussfassung ist auch hier nur zulässig, wenn kein Mitglied widerspricht. Die Beschlüsse müssen – mangels abweichender Regelung in der Stiftungserklärung – mit einfacher Mehrheit der Stimmen aller Mitglieder gefasst werden. Bei Stimmengleichheit gibt die Stimme des Vorsitzenden den Ausschlag. 9

III. Gegenstand der Aufsichtstätigkeit

Für Art und Umfang der dem Aufsichtsrat zustehenden Aufsichtsinstrumente ist es essentiell, den Gegenstand seiner Aufsichtstätigkeit zu kennen, da der Aufsichtsrat dieser nur bei entsprechenden Aufsichtsmöglichkeiten im angemessenen Umfang nachkommen kann. In einer stark vereinfachten schematischen Darstellung lassen sich die Aufgaben des Aufsichtsrats wie folgt unterteilen (vgl eingehend zu den Aufgaben des Aufsichtsrats *Frotz/Schörghofer* Rz 11/1 ff): 10

- Der Aufsichtsrat bestellt den Vorstand und ruft diesen bei Vorliegen von wichtigen Gründen wieder ab.
- Der Aufsichtsrat hat die Geschäftsführung zu überwachen.
- Der Aufsichtsrat hat an bestimmten Entscheidungen mitzuwirken.

IV. Typen der Aufsichtsinstrumente

Die dem Aufsichtsrat obliegenden Aufgaben zeigen, dass deren Wahrnehmung weitreichende Informationen über die Geschäftsführung und damit über die Tätigkeit des Vorstands voraussetzt.[3] Vor diesem Hintergrund überrascht es wenig, dass der Gesetzgeber gerade die Informationsrechte des Aufsichtsrats bzw die Berichtspflichten des Vorstands gegenüber dem Aufsichtsrat relativ detailreich geregelt hat; ob diese gesetzlichen Bestimmungen allerdings ausreichend sind, eine sachgerechte Wahrnehmung der Aufsichtsfunktion sicherzustellen, gilt es 11

[3] *Lutter*, Information[3] Rz 23; *Lutter/Krieger/Verse*, Rechte und Pflichten des Aufsichtsrats[6] Rz 192; *Steinbeck*, Überwachungspflicht 120.

an gebotener Stelle zu erörtern. Neben den Informationsrechten (im weitesten Sinn) verfügt der Aufsichtsrat auch über ganz andere Aufsichtsinstrumente: So kann etwa der Aufsichtsrat eines Kreditinstituts einen Wirtschaftsprüfer oder eine Wirtschaftsprüfungsgesellschaft mit der Durchführung einer Prüfung der Gesetz- und Ordnungsmäßigkeit des gesamten Unternehmens betrauen; aus der genannten bankrechtlichen Regelung darf jedoch nicht im Umkehrschluss gefolgert werden, dass dem Aufsichtsrat anderer Unternehmen die Beiziehung externer Experten nicht möglich ist (vgl dazu eingehend *Kalss* Rz 23/1 ff). Auch die Kompetenz des Aufsichtsrats, Vorstandsmitglieder bei Vorliegen von wichtigen Gründen abzuberufen, kann ein Instrument der Aufsicht sein: So wird schon die bloße Abberufungsmöglichkeit den Vorstand zu einem pflichtkonformen Verhalten bewegen; gleichzeitig stellt dieses Recht auch eine Möglichkeit dar, den sonstigen Aufsichtsinstrumenten zur Durchsetzung zu verhelfen (siehe noch Rz 99).[4] Auch der Katalog zustimmungspflichtiger Geschäfte in § 95 Abs 5 AktG stellt ein Aufsichtsinstrument dar, das sich aber in seiner Zielrichtung von den sonstigen unterscheidet:[5] Denn die Zustimmungsrechte dienen grundsätzlich der Kontrolle des zukünftigen Vorstandshandelns und sind gerade nicht auf eine ex post-Kontrolle beschränkt. Die Berichtspflichten des Vorstands im Zusammenhang mit der Feststellung des Jahresabschlusses dienen der ex post-Kontrolle des Vorstandshandelns.[6]

V. Informationsbezogene Aufsichtsinstrumente

A. Systematik

12 Ein einheitliches Informationsregime für den Aufsichtsrat fehlt, was jedoch nicht als Manko zu qualifizieren ist. Vielmehr spiegeln die differenzierenden Regelungen die **Komplexität des Informationsregimes** zwischen Aufsichtsrat und Vorstand wider. Die einzelnen Regelungen lassen sich in **Informationsrechte** und **Informationspflichten** oder – plakativer – in Bring- und Holschulden unterteilen (vgl auch *Kalss* Rz 26/63 f).[7] So bestehen vielfältige Berichtspflichten des Vorstands gegenüber dem Aufsichtsrat, die eine regelmäßige oder anlassbezogene Unterrichtung des Aufsichtsrats durch den Vorstand über die der Überwachung unterliegenden Vorgänge gewährleisten sollen. Es handelt sich dabei um eine „Bringschuld" des Vorstands, dieser hat von sich aus den Aufsichtsrat zu informieren; diese Form der Informationslieferung stellt den Regelfall dar.[8] Außerhalb dieser Berichtspflichten kann der Aufsichtsrat von sich aus jederzeit bestimmte Informationen über die Angelegenheiten der Gesellschaft einschließlich ihrer Beziehungen zu einem Konzernunternehmen anfordern (§ 95 Abs 2 AktG) und in die Unterlagen der Gesellschaft Einsicht nehmen (§§ 95 Abs 3 AktG), ohne dabei an

---

4 *Henze*, BB 2000, 214, der diese Möglichkeit als Instrument der gestaltenden Überwachung versteht, das vor allem in oder vor der Krise von Bedeutung ist.

5 Vgl *Henze*, BB 2000, 214, der in diesem Zusammenhang von unterstützender Überwachung spricht.

6 Diese werden auch zu den Vorlageberichten gezählt; *Lutter/Krieger/Verse*, Rechte und Pflichten des Aufsichtsrats[6] Rz 217; *Lutter*, Information[3] Rz 77 ff.

7 Siehe auch *Link*, Board 2015, 250.

8 *Link*, Board 2015, 250.

das Vorliegen bestimmter Umstände gebunden zu sein (näher dazu Rz 47 ff und 54 ff); diese „Holschulden" des Aufsichtsrats sollen gewährleisten, dass dieser seine Überwachungsaufgabe ordnungsgemäß erfüllen kann.[9]

Nicht nur zwischen Informationsrechten und –pflichten unterscheidet das Gesetz, auch nach dem **Grund** bzw **Zeitpunkt** (periodisch und anlassbezogen) des Informationsanspruches wird differenziert: So ist der Vorstand gem § 81 Abs 1 AktG zur Vorlage eines Jahresberichts und eines Quartalsberichts verpflichtet. Neben diesen periodischen Berichten muss der Vorstand von sich aus auch dem Aufsichtsrat unverzüglich einen **Sonderbericht bei wichtigem Anlass** erstatten.[10] Zu den anlassbezogenen Berichtspflichten können auch die so genannten Vorlageberichte gezählt werden: Darunter sind alle jene Berichte zu verstehen, die der Vorstand zu erstatten hat, wenn er einen bestimmten Beschluss des Aufsichtsrats anstrebt, weil eine bestimmte Maßnahme der Zustimmung des Aufsichtsrats bedarf.[11] Umgekehrt kann der Aufsichtsrat von sich aus ohne bestimmten Grund jederzeit dem Vorstand die Erstattung von Berichten über die Angelegenheiten der Gesellschaft, einschließlich ihrer Beziehungen zu einem Konzernunternehmen auftragen. **13**

Auch **Informationsschuldner** und **Informationsgläubiger** werden in den gesetzlichen Regelungen unterschiedlich bestimmt. Die Berichtspflicht trifft in erster Linie den **Vorstand als Organ,**[12] nicht aber einzelne Organmitglieder. In bestimmten Konstellationen verfügt der Aufsichtsrat aber auch über Informationsrechte gegenüber Mitarbeitern der AG (siehe Rz 70).[13] Im Rahmen der Prüfung des Jahresabschlusses ist auch der **Abschlussprüfer** gem § 273 UGB dem Aufsichtsrat zur Berichterstattung verpflichtet.[14] Umgekehrt ist in der Regel nur der Aufsichtsrat als Organ berechtigt, Informationen zu verlangen (vgl Rz 20). § 95 Abs 2 AktG sieht aber vor, dass auch einzelne Aufsichtsratsmitglieder Auskunft verlangen können, wobei dem Aufsichtsratsvorsitzenden diesbezüglich eine besonders starke Stellung zukommt (siehe Rz 51). **14**

Ebenso kann hinsichtlich der Art und Qualität der geschuldeten Information differenziert werden. Das Gesetz selbst unterscheidet zwischen **Berichten und Einsichtsrechten**. Während bei ersteren der Aufsichtsrat zunächst auf die Informationen des Auskunftspflichtigen verlassen muss, ermöglicht es das Einsichtsrecht dem Aufsichtsrat, sich selbst einen Überblick über die Lage der Gesellschaft zu verschaffen. Dies kann – in besonderen Konstellationen – hinsichtlich der Glaubwürdigkeit der Information einen wesentlichen Unterschied darstellen.[15] In diesem Zusammenhang ist auch die Möglichkeit zu erwähnen, die Einsicht an **15**

---

9 *Link*, Board 2015, 250.

10 Vgl *Nowotny* in Doralt/Nowotny/Kalss, AktG² § 81 Rz 7; *Kalss* in MünchKommAktG⁴ § 90 Rz 73.

11 *Lutter*, Information³ Rz 76.

12 Siehe etwa nur *Kort* in GroßKommAktG⁵ § 90 Rz 5; *Steinbeck*, Überwachungspflicht 121 f; *Krejci* in Frotz-FS 367; *Strasser* in Jabornegg/Strasser, AktG⁵ §§ 77-84 Rz 3; *Link*, Board 2015, 250.

13 Siehe dazu auch *Henze*, BB 2000, 214.

14 Speziell dazu *Naumann*, Board 2015, 175.

15 *Lutter/Krieger/Verse*, Rechte und Pflichten des Aufsichtsrats⁶ Rz 241.

einen Sachverständigen zu delegieren; dadurch kann gewährleistet werden, dass die für die Entscheidungen des Aufsichtsrats wesentlichen Informationen herausgefiltert werden. Hinsichtlich der Art der geschuldeten Information gibt das Gesetz eine **Zweiteilung von mündlicher und schriftlicher Berichterstattung** vor: Die periodischen Berichte sind schriftlich zu erstatten und auf Verlangen des Aufsichtsrats mündlich zu erläutern. Für die anlassbezogenen Berichtspflichten lässt § 81 Abs 2 AktG eine mündliche oder schriftliche Berichterstattung zu.[16]

16 Auch in ihren **Zielrichtungen** unterscheiden sich die einzelnen informationsbezogenen Aufsichtsinstrumente. So dienen etwa die Vorlageberichte, die für die zustimmungspflichtigen Geschäfte nach § 95 Abs 5 AktG erstellt werden, der unmittelbaren Vorbereitung einer Entscheidung des Aufsichtsrats und sind grundsätzlich nicht auf die ex post-Kontrolle der Vorstandstätigkeit gerichtet;[17] nur die Mitwirkung des Aufsichtsrats bei der Feststellung des Jahresabschlusses[18] dient der ex post-Kontrolle. Umgekehrt dienen die Regel- und Sonderberichte sowie vor allem auch das eigene Einsichtsrecht der Kontrolle der Geschäftsführung und damit der ex post-Kontrolle von Vorstandsentscheidungen.[19]

17 Eine Sonderstellung nimmt der **Bericht des Abschlussprüfers** nach § 273 UGB ein. Diese betrifft nicht nur den Schuldner der Information, sondern vor allem auch die systematische Verankerung. Neben der allgemeinen Berichterstattung über das Ergebnis der Abschlussprüfung (§ 273 Abs 1 UGB), die eher den periodischen Berichtspflichten zuzuordnen ist, treffen den Abschlussprüfer im Rahmen seines Berichts auch speziellen Berichtspflichten über Tatsachen, die eine Redepflicht iSd § 273 Abs 2 oder 3 UGB ausgelöst haben.[20] Letztgenannte Berichtspflichten können eher als anlassbezogen qualifiziert werden. Zum Bericht des Abschlussprüfers siehe Rz 68 f im Detail.

B. Periodische Berichtspflichten

18 Zu den periodischen Berichten zählen nach § 81 Abs 1 AktG der **Jahres**- und der **Quartalsbericht**. Sonstige Pflichten zur periodischen Berichterstattung werden nicht normiert; einen eigenständigen Rentabilitätsbericht, den der Vorstand mindestens einmal im Jahr über die Rentabilität der Gesellschaft zu erstatten hat, kennt das öAktG im Unterschied zum dAktG (§ 90 Abs 1 Z 2) nicht. Der Corporate Governance-Bericht gem § 243b UGB, den eine Aktiengesellschaft, deren Aktien zum Handel auf einem geregelten Markt iSd § 1 Abs 2 BörseG zugelassen sind, zu erstellen hat, zählt nicht zu den Aufsichtsinstrumenten im engeren Sinn.

---

16 Vgl auch *Nowotny* in Doralt/Nowotny/Kalss, AktG² § 81 Rz 8; *Kalss* in MünchKommAktG⁴ § 90 Rz 76 f.

17 Zustimmungsvorbehalte sind Instrumente der unterstützenden Überwachung; *Henze*, BB 2000, 214; *Krejci* in Frotz-FS 374 spricht in diesem Zusammenhang von begleitender Überwachung. Vgl auch *Lutter/Krieger/Verse*, Rechte und Pflichten des Aufsichtsrats⁶ Rz 220.

18 Die in diesem Zusammenhang bestehenden Berichtspflichten des Vorstands werden auch zu den Vorlageberichten gezählt; *Lutter/Krieger/Verse*, Rechte und Pflichten des Aufsichtsrats⁶ Rz 217; *Lutter*, Information³ Rz 77 ff.

19 Nach *Henze*, BB 2000, 214, sind diese Grundlage der begleitenden Überwachung.

20 *Steckel* in U. Torggler, UGB² § 273 Rz 1.

Denn dabei handelt es sich um einen Bericht, den der Vorstand der Aktiengesellschaft zugunsten des Publikums zu erstellen hat; ein spezielles Instrument innerhalb des Informationsregimes zwischen Vorstand und Aufsichtsrat wird damit nicht geschaffen. Auch der Bericht des Abschlussprüfers über das Ergebnis der Abschlussprüfung ist – soweit es diese Aspekte betrifft – den periodischen Berichtspflichten zuzuordnen.

1. Informationsschuldner- und Gläubiger

Jahres- und Quartalsbericht müssen vom Vorstand dem Aufsichtsrat gegenüber erstattet werden; nur für den Bericht des Abschlussprüfers gilt Abweichendes (siehe bereits Rz 17). **Schuldner der Information** ist der Vorstand als Kollegialorgan.[21] Dies bedeutet, dass jedes einzelne Vorstandsmitglied zur Mitwirkung an der Berichterstattung verpflichtet, aber auch berechtigt ist.[22] Über Angelegenheiten, die der Berichtspflicht unterliegen und die in die Ressortzuständigkeit einzelner Vorstandsmitglieder fallen, ist von den zuständigen Vorstandsmitgliedern zu berichten. Dieser Teilbericht ist an den Gesamtvorstand zu übermitteln, der dann über die Berichterstattung mit Beschluss entscheidet.[23] Die Übermittlung einzelner Teilberichte durch einzelne – auch ressortzuständige – Vorstandsmitglieder, stellt keine ordnungsgemäße Berichterstattung iSd Gesetzes dar.[24] Dies gilt auch für die Berichterstattung durch einzelne oder mehrere Vorstandsmitglieder, die alleine oder zusammen geschäftsführungsbefugt sind.[25] Mangels Einigkeit über den Berichtsinhalt erfüllt auch ein Bericht über die divergierenden Auffassungen (**dissenting opion**) die gesetzliche Pflicht.[26] Einigt sich der Vorstand zwar auf einen gemeinsamen Bericht, wird dieser aber nicht von allen Vorstandsmitgliedern getragen, weil unterschiedliche Auffassungen über die erforderlichen Informationen bestehen, ist in Einzelfällen das Recht und die Pflicht des Vorstandsmitglieds anzunehmen, dem Aufsichtsrat von sich aus über die unterschiedlichen Meinungen zu berichten, wenn dadurch ein mehr an Information an den Aufsichtsrat erreicht wird.[27] 19

Adressat des Berichts und damit **Informationsgläubiger** ist der **Gesamtaufsichtsrat**.[28] Dies ergibt sich schon aus einem Umkehrschluss aus § 81 Abs 1 letzter Satz AktG, der ausdrücklich zwischen Sonderberichten an den Aufsichtsratsvorsitzenden und an den (Gesamt-)Aufsichtsrat unterscheidet. Bei Umständen, die 20

21 *Kort* in GroßKommAktG⁵ § 90 Rz 5; *Steinbeck*, Überwachungspflicht 121 f; *Krejci* in Frotz-FS 367; *Strasser* in Jabornegg/Strasser, AktG⁵ §§ 77-84 Rz 3; *Kalss* in MünchKommAktG⁴ § 90 Rz 78; *Nowotny* in Doralt/Nowotny/Kalss, AktG² § 81 Rz 3.

22 Vgl nur *Kort* in GroßKommAktG⁵ § 90 Rz 5; *Strasser* in Jabornegg/Strasser, AktG⁵ §§ 77-84 Rz 3; *Mertens/Cahn* in KölnKommAktG³ § 90 Rz 20.

23 *Kort* in GroßKommAktG⁵ § 90 Rz 5; *Nowotny* in Doralt/Nowotny/Kalss, AktG² § 81 Rz 3.

24 *Kort* in GroßKommAktG⁵ § 90 Rz 6.

25 *Kort* in GroßKommAktG⁵ § 90 Rz 6; *Mertens/Cahn* in KölnKommAktG³ § 90 Rz 20.

26 *Spindler* in MünchkommAktG⁴ § 90 Rz 7; *Mertens/Cahn* in KölnKommAktG³ § 90 Rz 21; *Kort* in GroßKommAktG⁵ § 90 Rz 8.

27 *Krejci* in Frotz-FS 368.

28 Vgl nur *Kort* in GroßKomm AktG⁵ § 90 Rz 9; *Steinbeck*, Überwachungspflicht 125; *Krejci* in Frotz-FS 368; *Kalss* in MünchKommAktG⁴ § 90 Rz 79.

für die Rentabilität oder Liquidität der Gesellschaft von erheblicher Bedeutung sind, ist dem Aufsichtsrat als Gesamtorgan unverzüglich Bericht zu erstatten, bei sonstigem wichtigen Anlass hingegen nur dem Vorsitzenden des Aufsichtsrats (zu den unterschiedlichen Adressatenkreisen bei der Sonderberichterstattung eingehend Rz 36 ff). Da das Gesetz für die periodischen Berichtspflichten eine solche Zweiteilung nicht enthält, sondern immer von einem Bericht an den Aufsichtsrat spricht, ist von einer Berichtspflicht an den Gesamtaufsichtsrat auszugehen.[29] Die Berichterstattung an den Gesamtaufsichtsrat korrespondiert auch mit der Pflicht des Gesamtaufsichtsrats, die Geschäftsführung zu überwachen. Aufgrund des Schriftlichkeitsgebots (siehe Rz 27) für diese beiden Regelberichte sind diese, wie § 81 Abs 2 erster Satz AktG klarstellt, („*sie sind jedem Aufsichtsratsmitglied zu erstatten*“) zu Handen jedes Aufsichtsratsmitglieds zu erstatten.[30]

21 Die (schriftliche) Berichterstattung gegenüber dem Gesamtaufsichtsrat ist der gesetzestypische Ausgangsfall. Eine Möglichkeit zur Berichterstattung gegenüber dem Aufsichtsratsvorsitzenden oder einzelnen Ausschüssen in besonderen Fällen eröffnet das Gesetz nicht. Zu überlegen ist aber, ob nicht ausnahmsweise aus Gründen der Vertraulichkeit eine Berichterstattung an den Aufsichtsratsvorsitzenden auch bei den periodischen Berichtspflichten zulässig ist, wenn nur so die Vertraulichkeit – aus der Sicht des Unternehmens besonders – sensibler Informationen gewährleistet werden kann.[31] Anerkennt man die Möglichkeit, in ganz speziellen Konstellationen die Berichtspflicht aus Gründen der Geheimhaltung zu sistieren (eingehend dazu Rz 61; *Kalss* Rz 26/98, Rz 26/115), so genügt kraft eines einfachen Größenschlusses auch die **Berichterstattung an den Aufsichtsratsvorsitzenden ausnahmsweise** den gesetzlichen Anforderungen.[32]

2. Jahresbericht

22 In dem Jahresbericht hat der Vorstand über grundsätzliche Fragen der künftigen Geschäftspolitik des Unternehmens zu berichten sowie die künftige Entwicklung der Vermögens-, Finanz- und Ertragslage anhand einer Vorschaurechnung darzustellen. Der Inhalt des Jahresberichts hat somit zukunftsbezogen zu sein,[33] gilt es doch über die künftige Geschäftspolitik und die künftigen Entwicklungen zu berichten. Eine Rechtfertigung für vergangene Jahre ist nicht in den Jahresbericht aufzunehmen, diese Funktion erfüllt der Quartalsbericht. Aus seinem Charakter als Bericht über die zukünftige Entwicklung des Unternehmens ergibt sich weiters, dass der Jahresbericht vor Beginn eines Geschäftsjahres zu erstellen und dem Aufsichtsrat zu übermitteln ist. Denn nur so ist eine strategische Überwachung der laufenden Geschäftspolitik durch den Aufsichtsrat möglich.[34] Insgesamt ist der Jahresbericht also **zweigeteilt**, nämlich in die **Darstellung der wesentlichen Ent-**

---

29 *Lutter*, Information im Aufsichtsrat³ Rz 182 ff.

30 *Nowotny*, RdW 1997, 577.

31 So *Kalss* in WiR, Geheimnisschutz 253 ff; *Lutter*, Information im Aufsichtsrat³ Rz 135; ähnlich wohl auch *Krejci* in Frotz-FS 368 („*bei wichtigem Anlass*“).

32 *Kalss* in WiR, Geheimnisschutz 253 ff; *Lutter*, Information im Aufsichtsrat³ Rz 135.

33 Statt aller siehe nur *Mildner* in Büchele/Mildner/Murschitz/Roth/Wörle, Corporate Governance 94.

34 *Kalss* in MünchKommAktG⁴ § 90 Rz 70.

wicklung der künftigen Geschäftspolitik und in die **Vorschaurechnung** über die künftige Entwicklung der Vermögens-, Finanz- und Ertragslage.[35] Zu den grundsätzlichen Fragen der künftigen Geschäftspolitik, über welche der Vorstand im Jahresbericht zu berichten hat, zählen die Konkretisierung der Unternehmensziele sowie die Angabe der dafür erforderlichen Mittel einschließlich der Art und Weise, wie diese beschafft werden.[36] Die Festlegung der künftigen Geschäftspolitik hat dabei mit der genuinen Vorstandsaufgabe, diese festzulegen, zu korrelieren und kann daher in Umfang und Reichweite im jeweiligen Einzelfall variieren.[37]

Der zweite Teil des Jahresberichts muss der Vorschaurechnung gewidmet sein. **23**
Zweck der Vorschaurechnung ist es, über die künftige Entwicklung der Vermögens-, Finanz- und Ertragslage des Unternehmens Auskunft zu geben. Nach dem ausdrücklichen Regelungswillen des Gesetzgebers sollte sie aus einer Planbilanz, einer Plan-, Gewinn- und Verlustrechnung sowie aus einer Plan-Geldflussrechnung bestehen.[38] Insgesamt kann die Vorschaurechnung als Präzisierung des allgemeinen Berichts über die künftige Geschäftspolitik verstanden werden. Auch wenn es das Gesetz in § 81 Abs 1 Satz 1 AktG nicht ausdrücklich vorgibt, ergibt sich aus der systematischen Zusammenschau mit dem Quartalsbericht, insbesondere aus dem Umstand, dass dieser einen vierteljährlichen Soll-Ist-Vergleich darstellt,[39] dass die Vorschaurechnung in vier verschiedene Vorschaurechnungen, nämlich für jeweils ein Quartal, zu zerfallen hat.[40] Andernfalls wäre ein Vergleich der ex post erfolgten Quartaltsberichte mit der Vorschaurechnung mangels Vergleichbarkeit der Größen nicht möglich.[41] Die Plan-, Gewinn- und Verlustrechnung stellt nichts anderes als eine Übersicht über die Erfolgsplanung dar.[42] Es sind dabei die geplanten Erlöse abzüglich der vorhersehbaren (variablen und fixen) Kosten anzugeben, wobei eine Gliederung nach Segmenten empfehlenswert ist, sofern in einem Unternehmen mehrere Sparten vorhanden sind.[43] In der Plan-Geldflussrechnung sind – basierend auf der Erfolgsplanung – die zu erwartenden Geldflüsse anzugeben und damit auch der Finanzüberschuss bzw der Finanzbedarf aufzuzeigen.[44] Da eine Planbilanz erst auf der Grundlage eines Jahresabschlusses erstellt werden kann, ist davon auszugehen, dass die Planbilanz auf der Grundlage der schon vorhandenen vergangenheitsbezogenen Daten aufzustellen ist.[45]

---

35 *Mildner* in Büchele/Mildner/Murschitz/Roth/Wörle, Corporate Governance 94; *Kalss* in MünchKommAktG[4] § 90 Rz 70.

36 *Kalss* in MünchKommAktG[4] § 90 Rz 70; *Nowotny* in Doralt/Nowotny/Kalss, AktG[2] § 81 Rz 5.

37 *Lutter/Krieger/Verse*, Rechte und Pflichten des Aufsichtsrats[6] Rz 199.

38 ErlRV 734 BlgNR 20. GP 62 f; *Mildner* in Büchele/Mildner/Murschitz/Roth/Wörle, Corporate Governance 94; *Kalss* in MünchKommAktG[4] § 90 Rz 70; *Nowotny* in Doralt/Nowotny/Kalss, AktG[2] § 81 Rz 5.

39 Vgl ErlRV 734 BlgNR 20. GP 62 f; *Mildner* in Büchele/Mildner/Murschitz/Roth/Wörle, Corporate Governance 95; *Nowotny* in Doralt/Nowotny/Kalss, AktG[2] § 81 Rz 5.

40 *Egger*, RWZ 1997, 328.

41 *Egger*, RWZ 1997, 328; *Nowotny* in Doralt/Nowotny/Kalss, AktG[2] § 81 Rz 5.

42 *Egger*, RWZ 1997, 328.

43 *Egger*, RWZ 1997, 328.

44 Vgl dazu das Beispiel bei *Egger*, RWZ 1997, 329.

45 Siehe nur *Kalss* in MünchKommAktG[4] § 90 Rz 71.

3. Quartalsbericht

24 In dem Quartalsbericht hat der Vorstand dem Aufsichtsrat regelmäßig, mindestens aber vierteljährlich über den Gang der Geschäfte und über die Lage des Unternehmens im Vergleich zur Vorschaurechnung unter Berücksichtigung der künftigen Entwicklung zu berichten. Die Quartalsberichte haben damit den Zweck, einen Soll-Ist-Vergleich des zukunftsbezogenen Jahresberichts mit den im jeweiligen Quartal erreichten Zielen zu ermöglichen.[46] Dies erfordert es, für das jeweilige Quartal Bilanzen, Gewinn- und Verlustrechnungen sowie entsprechende Geldflussrechnungen zu erstellen,[47] um so überhaupt erst eine Vergleichbarkeit möglich zu machen. Der Quartalsbericht stellt somit das **Gegenstück zur jährlichen Vorschaurechnung** dar, anhand welcher nun deren Realitätsbezogenheit überprüft werden kann. Das Gesetz schreibt ausdrücklich bloß eine Mindestfrequenz (einmal pro Quartal) vor, darüber hinausgehende Berichte sind möglich.[48] Die Quartalsbezogenheit ergibt sich dabei aus den im Regelfall vierteljährlich stattfindenden Aufsichtsratssitzungen. Die Quartalsberichte müssen mit dem Jahresbericht korrelieren, dh Aufschluss über den erreichten und aktuellen Gang der Geschäfte und die Lage des Unternehmens geben. Auch ist im Quartalsbericht die weitere künftige Entwicklung des Unternehmens anzugeben, um bereits zu diesem Zeitpunkt auch die restlichen Prognosen auf ihre Plausibilität prüfen zu können.[49]

25 Über den Zeitpunkt der Berichterstattung schweigt das Gesetz, nur die Mindestfrequenz wird geregelt. Da die vierteljährliche Berichtspflicht eng mit dem in der Praxis vierteljährlich stattfindenden Aufsichtsratssitzungen zusammenhängt,[50] muss der Quartalsbericht so rechtzeitig an den Aufsichtsrat erstattet werden, dass diese auch in der vierteljährlich stattfindenden Aufsichtsratssitzung behandelt werden können;[51] Regel 12 des ÖCGK[52] sieht hierfür eine Frist von einer Woche als regelmäßig ausreichend an, während in der Literatur eine 4-6 wöchige Frist gefordert wird.[53]

4. Prüfungsbericht

26 In seinem **Bericht über das Ergebnis der Abschlussprüfung** hat der Abschlussprüfer gem § 273 Abs 1 Satz 1 UGB zu berichten, ob die Buchführung ordnungsgemäß durchgeführt wurde, der Jahresabschluss und der Lagebericht den gesetzlichen Regelungen entsprechen, (falls zutreffend) der Corporate-Governance-Bericht (§ 243b UGB) aufgestellt wurde und die gesetzlichen Vertreter die

---

[46] *Kalss* in MünchKommAktG[4] § 90 Rz 72.
[47] *Kalss* in MünchKommAktG[4] § 90 Rz 72; *Egger*, RWZ 1997, 329 f.
[48] *Kalss* in MünchKommAktG[4] § 90 Rz 72.
[49] ErlRV 734 BlgNR 20. GP 62 f.
[50] Vgl nur *Lutter/Krieger/Verse*, Rechte und Pflichten des Aufsichtsrats[6] Rz 193; *Bleicher*, Aufsichtsrat im Wandel 41, 44 geht von einem Durchschnittswert von 3,8 Aufsichtsratssitzungen pro Jahr aus.
[51] *Lutter/Krieger/Verse*, Rechte und Pflichten des Aufsichtsrats[6] § 6 Rz 193.
[52] Österreichischer Corporate Governance Kodex, Fassung Jänner 2015.
[53] *Lutter/Krieger/Verse*, Rechte und Pflichten des Aufsichtsrats[6] Rz 193.

verlangten Aufklärungen und Nachweise erbracht haben.[54] Bezüglich der Gesetzmäßigkeit von Jahresabschluss und Lagebericht ist auf den Bestätigungsvermerk zu verweisen, wobei im Regelfall weitere Erläuterungen erforderlich sein werden.[55] Die einzelnen Posten des Jahresabschlusses sind aufzugliedern und zu erläutern (§ 273 Abs 1 Satz 4 UGB). Darüber hinaus ist dieser Bericht anlassbezogen um jene Tatsachen zu erweitern, die eine Redepflicht iSd § 273 Abs 2 oder 3 UGB ausgelöst haben.[56] Siehe noch Rz 68 f.

5. Form der Berichte

§ 81 Abs 2 sieht ausdrücklich vor, dass sämtliche **Regelberichte schriftlich**[57] **27**
zu erstatten sind. Eine mündliche Erörterung ist auf Verlangen des Aufsichtsrats durchzuführen. Weiters ordnet das Gesetz explizit an, dass die Regelberichte jedem Aufsichtsratsmitglied auszuhändigen sind. Somit hat der Vorstand jedem einzelnen Aufsichtsratsmitglied den Bericht zu übermitteln. Zulässig ist aber auch, dass der Vorstand die entsprechende Zahl von Berichten dem Vorsitzenden des Aufsichtsrats übermittelt, der diese an die einzelnen Aufsichtsratsmitglieder weiter zu leiten hat.[58] Eine normativ verankerte Wahlmöglichkeit des Vorstands, den Bericht schriftlich oder mündlich zu erstatten, besteht – anders als bei den Sonderberichten – nicht.[59] Damit ist ein schriftlicher Jahres- bzw Quartalsbericht auch dann erforderlich, wenn dieser sensible Informationen enthält, deren Geheimhaltung im Unternehmenswohl liegt.[60] Ist der Schutz der Vertraulichkeit dieser Informationen bei einer schriftlichen Berichterstattung nicht sicher, kann der Vorstand im Rahmen einer Ermessensentscheidung[61] die Informationsdichte der (schriftlichen) Berichterstattung steuern und hinsichtlich geheimhaltungsbedürftiger Detailinformationen auf die mündliche Erörterung verweisen.[62] Maßgeblich für eine temporäre Zurückhaltung von Informationen sind die Verhinderung einer Schädigung der Gesellschaft durch Missbrauch der Information durch einzelne Aufsichtsratsmitglieder oder durch zu frühes Hinausdringen an die Öffentlichkeit, sowie die mangelnde unverzügliche Entscheidungsnotwendigkeit.[63] Die Berichte sind auf Verlangen des Aufsichtsrats diesem näher zu erläutern, was eine detaillierte Information gestattet und damit den zuvor angegebenen Spielraum der besonders sensiblen Daten ermöglicht, ohne dass die Qualität der Information darunter zu leiden hat.

---

[54] Vgl *Steckel* in U. Torggler, UGB² § 273 Rz 6.

[55] *Steckel* in U. Torggler, UGB² § 273 Rz 7.

[56] *Steckel* in U. Torggler, UGB² § 273 Rz 7.

[57] Mit Schriftform muss aber nicht unbedingt das Erfordernis der Unterschrift von Vorstandsmitgliedern verbunden sein. Vielmehr genügt eine Darstellung in Schriftform, sodass auch ein nicht unterschriebener Bericht ebenso wie ein bloß via Fax oder via E-Mail übermittelter Bericht ausreichend ist. Vgl dazu *Kalss* in MünchKommAktG⁴ § 90 Rz 77.

[58] *Kalss* in MünchKommAktG⁴ § 90 Rz 76.

[59] Vgl nur ErlRV 734 BlgNR 20. GP 62.

[60] *Kalss* in MünchKommAktG⁴ § 90 Rz 79.

[61] *Kalss* in WiR, Geheimnisschutz 252 f.

[62] Vgl auch *Link*, Board 2015, 251.

[63] *Kalss* in MünchKommAktG⁴ § 90 Rz 79.

28 Im Unterschied zur deutschen Rechtslage (vgl § 90 Abs 4 Satz 2 dAktG) – nach dieser stellt die schriftliche Berichterstattung den Regelfall dar, eine mündliche Berichterstattung ist jedoch ausnahmsweise zulässig, wenn dafür eine besonderen Rechtfertigung, wie etwa Gewährleistung der Vertraulichkeit[64], vorliegt – verlangt § 81 Abs 2 AktG **pauschal immer eine schriftliche Berichterstattung**. Dem liegt die Überlegung zugrunde, dass eine schriftliche und vor allem rechtzeitige Berichterstattung den Aufsichtsratsmitgliedern die Möglichkeit zur eingehenden Vorbereitung auf die Aufsichtsratssitzungen bietet und vor allem die schriftliche Dokumentation die Argumentation des Vorstands leichter nachvollziehbar und nachprüfbar macht.[65] Trotz des klaren Regelungswortlauts kann auch eine bloß **mündliche Berichterstattung** ganz ausnahmsweise **gesetzeskonform** sein:[66] Dies setzt voraus, dass eine besondere Rechtfertigung – vor allem ist hier an den Geheimnisschutz zu denken – ein Abgehen von der Schriftform rechtfertigt und sich das Ziel, die Information des Aufsichtsrats und die Berücksichtigung des Gesellschaftsinteresses, nicht anders erreichen lassen. Ist etwa aus Gründen der Geheimhaltung auch eine grundsätzliche schriftliche Berichterstattung mit anschließender mündlicher Erörterung der sensiblen Daten (vgl dazu Rz 27) nicht möglich und wäre eine gänzliche mündliche Berichterstattung ein geeignetes Mittel, den Aufsichtsrat zu informieren und die im Gesellschaftsinteresse gelegene Geheimhaltung zu gewährleisten, kann eine solche Berichtsform ausnahmsweise auch für den Jahres- und Quartalsbericht als gesetzeskonform angesehen werden.[67]

6. Gestaltung der Berichte

29 Auch wenn seit dem IRÄG 1997 ein ausdrücklicher Verweis darauf, dass die Berichte des Vorstands dem **Grundsatz einer gewissenhaften und getreuen Rechenschaft** zu entsprechen haben, fehlt, so gilt dieser Grundsatz weiter.[68] Dies bedeutet, dass die Berichte zunächst inhaltlich richtig und vollständig sein müssen.[69] Dabei ist auch bei der Darstellung darauf zu achten, dass zwischen Tatsachen auf der einen und vom Vorstand erfolgten Bewertungen bzw Prognoseentscheidungen auf der anderen Seite differenziert wird.[70] Die Berichte müssen eine klare Strukturierung, konzise Formulierung und übersichtliche Gliederung aufweisen (**berichtsrechtliches Transparenzgebot**).[71] Der Bericht ist seinem Zweck entsprechend zu gestalten, dh dass der Aufsichtsrat seinen vor allem in § 95 Abs 1 AktG geregelten Aufgaben, der kritisch strategischen und begleitenden Überwachung pflichtgemäß nachkommen kann.[72] Gerade bei den Quartalsberichten ist darauf zu

---

64 *Lutter/Krieger/Verse*, Rechte und Pflichten des Aufsichtsrats[6] Rz 226.

65 Vgl nur *Lutter/Krieger/Verse*, Rechte und Pflichten des Aufsichtsrats[6] Rz 225.

66 So schon *Kalss* in WiR, Geheimnisschutz 253 ff.

67 *Kalss* in WiR, Geheimnisschutz 253 ff.

68 Statt aller vgl nur *Nowotny* in Doralt/Nowotny/Kalss, AktG[2] § 81 Rz 8; *Nowotny*, RdW 1997, 577; *Kalss* in MünchKommAktG[4] § 90 Rz 75.

69 Siehe etwa *Kalss* in WiR, Geheimnisschutz, 251; *Link*, Board 2015, 250.

70 *Link*, Board 2015, 250.

71 S etwa *Lutter/Krieger/Verse*, Rechte und Pflichten des Aufsichtsrats[6] Rz 224; *Kalss* in MünchKommAktG[4] § 90 Rz 73.

72 Siehe *Kalss* in MünchKommAktG[4] § 90 Rz 75. Vgl auch *Graumann/Grundei*, Der Aufsichtsrat 2014, 21 f.

achten, dass eine Vergleichbarkeit der einzelnen Kriterien mit dem Jahresbericht gegeben ist, da die Quartalsberichte nur so ihre Funktion als vierteljährlicher Soll-Ist-Vergleich (siehe Rz 24) erfüllen können.

C. Anlassbezogene Berichtspflichten

Die anlassbezogenen Berichtspflichten unterscheiden sich von den regelmäßigen Berichtspflichten dadurch, dass diese vom Vorstand nur bei Vorliegen konkreter Umstände, also anlassbezogen, zu erstatten sind. Neben den **Sonderberichten**, die das Gesetz in § 81 Abs 1 letzter Satz AktG vorgibt, zählen auch die so genannten **Vorlageberichte** zu den anlassbezogenen Berichtspflichten. Bei diesen geht es im Wesentlichen darum, dass der Vorstand die Zustimmung des Aufsichtsrats zu einer bestimmten Geschäftsführungsmaßnahme einholen möchte; dies setzt eine entsprechende Information des Aufsichtsrats voraus, die eben als so genannter Vorlagebericht erfolgt.[73] Auch die so genannten Anforderungsberichte stellen anlassbezogene Berichtspflichten dar, werden diese erst durch ein entsprechendes Berichtsersuchen des Aufsichtsrats ausgelöst. **30**

1. Sonderberichte

a) Auslösende Ereignisse

§ 81 Abs 1 letzter Satz AktG normiert die Voraussetzungen für die Erstattung eines Sonderberichts: Die Pflicht zur Berichterstattung ist an das Vorliegen eines wichtigen Anlasses gebunden. Dem Gesetz liegt kein einheitliches System der Berichterstattung aus wichtigem Anlass zugrunde, vielmehr wird – wenn auch etwas versteckt – zwischen **zwei unterschiedlichen Arten von Sonderberichten** differenziert; diese Unterscheidung wirkt sich unmittelbar auf den Informationsempfänger aus, führt aber mittelbar auch zu Unterschieden in Qualität und Umfang der Berichterstattung. Konkret unterscheidet das Gesetz zwischen Sonderberichten über **Umstände**, die für **die Rentabilität oder Liquidität der Gesellschaft von erheblicher Bedeutung** sind, und Sonderberichten, die **aus bloß wichtigem Anlass** zu erstatten sind, aber für Rentabilität oder Liquidität der Gesellschaft keine erhebliche Bedeutung haben.[74] Umstände, die für die Rentabilität oder Liquidität der Gesellschaft von erheblicher Bedeutung sind, stellen zwar einen wichtigen Anlass iSd § 81 Abs 1 Satz 3 erster Halbsatz AktG dar, sodass auch ohne ausdrückliche Nennung in § 81 Abs 1 Satz 3 zweiter Halbsatz AktG die Berichtspflicht zu bejahen wäre. Mit der Zweiteilung[75] und den daran anknüpfenden Differenzierungen bringt der Gesetzgeber zum Ausdruck, dass innerhalb der Gruppe von wichtigen Gründen, die zur Sonderberichterstattung verpflichten, Umstände, die für die Rentabilität oder Liquidität der Gesellschaft von erheblicher Bedeutung sind, eine besondere Stellung einnehmen. Dies offenbart sich darin, dass – anders als bei dem „einfachen" Sonderbericht über sonstige wichtige Anlässe – beim **31**

---

[73] Näher dazu siehe *Graumann/Grundei*, Der Aufsichtsrat 2014, 21 f.

[74] *Kalss* in MünchKommAktG⁴ § 90 Rz 74; *Nowotny* in Doralt/Nowotny/Kalss, AktG² § 81 Rz 7.

[75] *Kalss* in MünchKommAktG⁴ § 90 Rz 74; *Nowotny* in Doralt/Nowotny/Kalss, AktG² § 81 Rz 7. So auch ErlRV 734 BlgNR 20. GP 62.

Sonderbericht betreffend die Rentabilität oder Liquidität der Gesellschaft eine Berichterstattung an den Aufsichtsratsvorsitzenden nicht genügt. Treten Umstände ein, die sich erheblich auf die Rentabilität und Liquidität der Gesellschaft – im positiven sowie im negativen Sinn[76] – auswirken, muss der Vorstand unverzüglich dem Aufsichtsrat (als Kollegialorgan) Bericht erstatten.

32 Ob ein Umstand erhebliche Bedeutung für die Liquidität oder Rentabilität der Gesellschaft hat oder nicht, muss für den jeweiligen Einzelfall geprüft werden. Die Entscheidung darüber liegt im pflichtgemäßen Ermessen des Vorstands.[77] Konkret muss die wirtschaftliche Lage der Gesellschaft, die Größe und vor allem auch deren Gegenstand berücksichtigt werden und in Relation zu dem jeweils betroffenen Geschäftsfall oder sonstigen Umstand gesetzt werden;[78] es kann insofern von einem doppelt größenabhängigen Kriterium gesprochen werden.[79] Die Pflicht zur Sonderberichtserstattung wird durch das Eintreten von Umständen ausgelöst, die für die Liquidität oder Rentabilität der Gesellschaft erhebliche Bedeutung haben. Das Gesetz verwendet bewusst den weiten Begriff „Umstand", um möglichst alle für die Gesellschaft relevanten Vorgänge zu erfassen. So lösen zum einen unmittelbar aus dem Tätigkeitsbereich der Gesellschaft stammende Ereignisse die Berichtspflicht aus, wie etwa der Abschluss von Rechtsgeschäften;[80] dabei ist es irrelevant, ob das Rechtsgeschäft in den Katalog zustimmungspflichtiger Geschäfte nach § 95 Abs 5 AktG fällt oder nicht.[81] Auch sonstige Ereignisse, die nicht aus dem Tätigkeitsbereich der AG stammen, können eine Pflicht zur Sonderberichterstattung auslösen, wenn diese von erheblicher Bedeutung für Liquidität oder Rentabilität der Gesellschaft sind. Dabei ist etwa an eine Veränderung der externen Marktsituation, etwa durch das Hinzutreten neuer, gewichtiger Konkurrenten zu denken.[82]

33 Anders als die deutsche Parallelregelung (§ 90 Abs 1 Z 4 dAktG) knüpft die österreichische Norm an Umständen an, die von erheblicher Bedeutung für Liquidität oder Rentabilität „sind" und nicht bloß „sein können". Die Formulierung legt somit den Schluss nahe, dass nur solche Umstände zur Sonderberichterstattung verpflichten, die bereits aktuell Auswirkungen auf die Lage des Unternehmens haben. Vor dem Hintergrund der Tatsache, dass die Sonderberichte als Korrektiv für die Jahresberichte zu verstehen sind (vgl Rz 34),[83] besteht eine Berichtspflicht aus wichtigem Anlass immer dann, wenn **Umstände eintreten**, die nach vernünftiger kaufmännischer Prognose mit **hinreichender Wahrscheinlichkeit** geeignet sind, erheblichen Einfluss auf Rentabilität und Liquidität der Gesellschaft zu nehmen.[84]

---

76 *Kalss* in MünchKommAktG[4] § 90 Rz 74 aE.
77 *Mildner* in Büchele/Mildner/Murschitz/Roth/Wörle, Corporate Governance 98.
78 *Kort* in GroßKommAktG[5] § 90 Rz 61; ähnlich auch die amtlichen Begründungen abgedruckt bei *Kropff*, S 117 zum deutschen Aktiengesetz.
79 *Lutter/Krieger/Verse*, Rechte und Pflichten des Aufsichtsrats[6] Rz 208.
80 So ausdrücklich die engere Bestimmung in § 90 Abs 1 Z 4 dAktG.
81 *Lutter/Krieger/Verse*, Rechte und Pflichten des Aufsichtsrats[6] Rz 208; *Kropff*, AktG 117
82 Vgl etwa *Meyer-Landrut* in GroßKommAktG[3] § 90 Rz 5; *Kropff*, AktG 117.
83 *Mildner* in Büchele/Mildner/Murschitz/Roth/Wörle, Corporate Governance 96.
84 So etwa für die deutsche Rechtslage *Kort* in GroßKommAktG[5] § 90 Rz 61.

Der Vorstand hat dem Vorsitzenden des Aufsichtsrats auch bei sonstigem **wichtigem Anlass** unverzüglich gem § 81 Abs 1 Satz 3 erster Halbsatz AktG zu berichten. Erfasst sind alle sonstigen wichtigen Gründe, die keine erhebliche Bedeutung für die Rentabilität oder Liquidität der Gesellschaft haben, aber dennoch Anlass zur Unterrichtung des Aufsichtsrats, respektive des Aufsichtsratsvorsitzenden geben.[85] Nach den Wertungen des Gesetzgebers ist die Berichtspflicht über sonstige wichtige Gründe von graduell abgestufter Bedeutung, da keine Information an den Aufsichtsrat als Kollegialorgan, sondern gem § 81 Abs 1 Satz 3 erster Halbsatz AktG ausschließlich an den **Aufsichtsratsvorsitzenden** vorgesehen ist. Für die Beurteilung, ob ein Ereignis einen wichtigen Anlass zur Sonderberichterstattung darstellt, ist auch hier die systematische Verknüpfung von Jahres- und Sonderbericht zu berücksichtigen:[86] Dient ein Sonderbericht der Signalisierung einer Abweichung vom Jahresbericht, stellen alle Umstände, die die im Jahresbericht getätigten Aussagen nachträglich in einem anderen Licht erscheinen lassen, einen wichtigen Anlass zur Berichterstattung iSd § 81 Abs 1 Satz 3 erster Halbsatz AktG dar, wenn die Abweichung ein bestimmtes Ausmaß erreicht.[87] Als auslösende Faktoren kommen neben Ereignissen aus dem **Tätigkeitsbereich der Gesellschaft** (Geschäfte, Rechtsstreitigkeiten, Kreditlinienveränderungen, Konzernsachverhalte) auch **externe Umstände**, wie etwa wesentliche Marktveränderungen (Wechselkursschwankungen, Konkurrenzsituation, geänderte rechtliche Rahmenbedingungen etc) in Betracht.[88] 34

Nicht gesetzlich geregelt ist die Frage, ob eine Berichts- oder Informationspflicht einzelner Vorstandsmitglieder besteht, wenn sich der Vorstand gegen die Stimme eines oder mehrere Vorstandsmitglieder entscheidet, keinen Sonderbericht zu erstatten. Für solche Konstellationen wird ein Recht bzw eine Pflicht zur Information über die unterschiedlichen Auffassungen zu bejahen sein.[89] 35

b) Adressat

Der Adressatenkreis der Sonderberichte ist – wie bereits dargelegt – **zweigeteilt**.[90] So besteht für Sonderberichte wegen Umständen, die für die Rentabilität oder Liquidität der Gesellschaft von erheblicher Bedeutung sind, eine zwingende Pflicht zur Berichterstattung gegenüber dem **(Gesamt-)Aufsichtsrat**. Hingegen genügt bei sonstigen Sonderberichten iSd § 81 Abs 1 Satz 3 erster Halbsatz AktG die Information des Aufsichtsratsvorsitzenden bzw im Verhinderungsfall dessen Stellvertreters.[91] 36

---

85 *Kalss* in MünchKommAktG⁴ § 90 Rz 74; *Nowotny* in Doralt/Nowotny/Kalss, AktG² § 81 Rz 7; *Strasser* in Jabornegg/Strasser, AktG⁵ §§ 77-84 Rz 7.

86 *Lutter*, Information³ Rz 67 ff; *Lutter/Krieger/Verse*, Rechte und Pflichten des Aufsichtsrats⁶ Rz 209.

87 *Lutter/KriegerVerse*, Rechte und Pflichten des Aufsichtsrats⁶ Rz 209.

88 Vgl noch *Nowotny* in Doralt/Nowotny/Kalss, AktG² § 81 Rz 7; *Lutter/KriegerVerse*, Rechte und Pflichten des Aufsichtsrats⁶ Rz 209.

89 *Krejci* in Frotz-FS 368.

90 *Kalss* in MünchKommAktG⁴ § 90 Rz 73 f.

91 *Spindler* in MünchKommAktG⁴ § 90 Rz 32; *Nowotny* in Doralt/Nowotny/Kalss, AktG² § 81 Rz 7.

37 Sonderberichte über Umstände, die für die **Rentabilität oder Liquidität der Gesellschaft von erheblicher Bedeutung** sind, müssen gem § 81 Abs 1 Satz 3 zweiter Halbsatz AktG gegenüber dem **Gesamtaufsichtsrat** (als Kollegialorgan) erstattet werden. Dies verlangt im Falle eines mündlichen Berichts eine Berichterstattung gegenüber dem gesamten Aufsichtsrat (bei einer Sitzung), im Fall der schriftlichen Berichterstattung wird der Gesamtaufsichtsrat als Gläubiger der Information durch den Aufsichtsratsvorsitzenden vertreten;[92] dieser hat dann die Berichte an die übrigen Mitglieder weiter zu leiten. Ist aber aus Gründen der Geheimhaltung (etwa wenn über besonders sensible Informationen einem heterogen besetzten Aufsichtsrat berichtet werden soll) eine Information des Gesamtaufsichtsrats mit den Interessen der Gesellschaft überhaupt nicht in Einklang zu bringen, liegt es dann im pflichtgebundenen Ermessen des Aufsichtsratsvorsitzenden, wie viel an Informationen er den übrigen Mitgliedern weiterleitet.

38 Für **Sonderberichte aus sonst wichtigem Anlass** (iSv § 81 Abs 1 Satz 3 erster Halbsatz AktG) ist die Berichterstattung an den Aufsichtsratsvorsitzenden ausreichend, die Pflicht zur Aushändigung etwaiger schriftlicher Berichte besteht gem § 81 Abs 2 AktG nur für den Jahresbericht und den Quartalsbericht. Dennoch darf aus den genannten Regelungen nicht geschlossen werden, dass eine Information der übrigen Mitglieder unterbleiben kann. Vielmehr weisen die gesetzlichen Regelungen dem Aufsichtsratsvorsitzenden die Rolle des **Informationsvermittlers** zwischen dem Vorstand und dem Gesamtaufsichtsrat zu, schränken aber nicht die Informationsmöglichkeiten der übrigen Aufsichtsratsmitglieder ein. Es liegt vielmehr im pflichtgebundenen Ermessen des Aufsichtsratsvorsitzenden, wann und vor allem in welchem Umfang er die an ihn adressierten Informationen an die übrigen Aufsichtsratsmitglieder weitergibt.[93] Aufgrund der Gesamtverantwortung aller Aufsichtsratsmitglieder zur Überwachung des Vorstands ist grundsätzlich von der **Pflicht des Aufsichtsratsvorsitzenden** auszugehen, die übrigen Aufsichtsratsmitglieder über den Sonderbericht aus sonst wichtigem Anlass (iSd § 81 Abs 1 Satz 3 erster Halbsatz) zu informieren. Die Ermessensentscheidung des Aufsichtsratsvorsitzenden bei solchen Sonderberichten ist seiner Rolle als Informationsvermittler entsprechend auf den **Zeitpunkt** und den **Umfang** der **Informationsweitergabe** beschränkt. Bei seiner Entscheidung hat der Aufsichtsratsvorsitzende etwaige Geheimhaltungsinteressen der Gesellschaft und die Gravität des wichtigen Anlasses für die Gesellschaft und damit für die Überwachungsaufgabe des Aufsichtsrats gegeneinander abzuwägen.[94] Auch wenn im öAktG eine mit § 90 Abs 5 Satz 3 dAktG vergleichbare Norm fehlt, ist die nächste Aufsichtsratssitzung als allerspätester Zeitpunkt anzusehen, zu dem die Information der übrigen Aufsichtsratsmitglieder durch den Vorsitzenden zu erfolgen hat.[95]

---

92 *Lutter*, Information³ Rz 185 ff.

93 Ähnlich *Kalss* in MünchKommAktG⁴ § 90 Rz 80; *Lutter*, Information³ 65.

94 Ähnlich bereits *Kalss* in WiR, Geheimnisschutz 257 f; *dies* in MünchKommAktG⁴ § 90 Rz 80.

95 Offenbar weitergehend *Kalss* in MünchKommAktG⁴ § 90 Rz 80 („*zumindest bis zur nächsten Sitzung zurückzuhalten*“).

Wurde der Sonderbericht (aus sonst wichtigem Anlass) schriftlich erstattet, so kann der Aufsichtsratsvorsitzende in speziellen Konstellationen eine Aushändigung des Berichts an die übrigen Aufsichtsratsmitglieder verweigern, wenn die schriftliche Fassung aus der Sicht der Gesellschaft besonders geheimhaltungsbedürftige Informationen enthält und die Vertraulichkeit im Aufsichtsrat nicht gewährleistet ist. Jedenfalls sind die übrigen Mitglieder unverzüglich von dem Inhalt des Berichts in Kenntnis zu setzen, nur die inhaltliche Reichweite der Informationsweitergabe kann gesteuert werden. **39**

c) Form und Gestaltung

Im Unterschied zu den periodischen Berichten können Sonderberichte gem § 82 Abs 2 letzter Satz AktG schriftlich oder mündlich erstattet werden. Ob ein Sonderbericht schriftlich oder mündlich zu erstatten ist, kann in einer etwaigen Berichtsordnung (vgl Rz 65) geregelt werden.[96] Fehlt eine solche ausdrückliche Regelung, ist kein freies Wahlrecht des Vorstands anzunehmen, ob er einen Sonderbericht – gleich welchen Typs – schriftlich oder mündlich erstattet. Denn der Überwachungspflicht des Aufsichtsrats kann nur dann ausreichend Genüge getan werden, wenn Berichte regelmäßig schriftlich erstattet werden. stellt dies doch eine hinreichende Dokumentation des Sonderberichts sicher.[97] Eine mündliche Berichterstattung wird regelmäßig nur dann dem Grundsatz einer gewissenhaften und getreuen Rechenschaft entsprechen, wenn besonders wichtige Umstände eine schriftliche Berichterstattung nicht zulassen. Dafür würden etwa ein besonders hohes Maß an Vertraulichkeit der Information[98] oder aber an Dringlichkeit der Berichterstattung sprechen. In anderen Fällen ist von einer Pflicht des Vorstands zur schriftlichen Berichterstattung gegenüber dem Aufsichtsrat bzw dem Aufsichtsratsvorsitzenden auszugehen. **40**

Auch die Sonderberichte haben dem **Grundsatz einer gewissenhaften und getreuen Rechenschaft** zu entsprechen.[99] Sie müssen nicht nur inhaltlich richtig und vollständig sein, sondern auch eine klare Strukturierung, konzise Formulierung und übersichtliche Gliederung aufweisen (berichtsrechtliches Transparenzgebot).[100] **41**

2. Vorlageberichte

Ebenfalls zu den anlassbezogenen Berichten zählen die so genannten Vorlageberichte. Bei diesen handelt es sich um Berichte, die der Vorstand im Rahmen von Vorlagen erstattet, wenn er zu bestimmten Fragen die Beschlussfassung des Aufsichtsrats anstrebt.[101] Dazu zählen zum einen all jene Maßnahmen, die dem **42**

---

[96] Vgl dazu noch Rz 65.

[97] Ähnlich *Kalss* in MünchKommAktG⁴ § 90 Rz 80.

[98] *Nowotny*, RdW 1997, 577; *Kalss* in WiR, Geheimnisschutz 259 f.

[99] Statt aller vgl nur *Nowotny* in Doralt/Nowotny/Kalss, AktG² § 81 Rz 8; *Kalss* in MünchKommAktG⁴ § 90 Rz 75; allg *Nowotny*, RdW 1997, 577.

[100] S etwa *Lutter/Krieger/Verse*, Rechte und Pflichten des Aufsichtsrats⁶ Rz 224; *Kalss* in MünchKommAktG⁴ § 90 Rz 75.

[101] *Lutter/Krieger/Verse*, Rechte und Pflichten des Aufsichtsrats⁶ Rz 216.

Katalog der zustimmungspflichtigen Geschäfte iSd § 95 Abs 5 AktG angehören, sowie zum anderen alle sonstigen Angelegenheiten, für welche die Zustimmung des Aufsichtsrats gesetzlich vorgesehen ist (etwa im Rahmen von genehmigtem Kapital gem § 171 AktG). Auch die Informationen, die dem Aufsichtsrat bei der Feststellung des Jahresabschlusses zur Verfügung gestellt werden müssen, werden mitunter zu den Vorlageberichten gezählt. Gerade bei der Feststellung des Jahresabschlusses kann der Aufsichtsrat auch auf den Prüfbericht des Abschlussprüfers gem § 273 UGB zurückgreifen; Schuldner dieses Berichts ist der Abschlussprüfer.

43 Aber auch sonstige Maßnahmen kommen in Betracht, für welche der Vorstand freiwillig eine Beschlussfassung des Aufsichtsrats anstrebt. Diese Vorlageberichte dienen der **Information und Entscheidungsvorbereitung** des Aufsichtsrats, setzt eine Beschlussfassung durch denselben doch voraus, dass er über den Beschlussgegenstand, dh die zustimmungspflichtige Maßnahme, ausreichend informiert ist. Damit gibt die zustimmungspflichtige Maßnahme auch den erforderlichen Umfang der Information vor: Der Vorstand hat den Bericht so detailliert abzufassen, dass der Aufsichtsrat eine sachgerechte Entscheidung über die Erteilung oder Versagung der Zustimmung treffen kann.[102]

44 Dem Gesetz fehlen nähere Vorgaben über die Vorlageberichte. Auch diese haben den Anforderungen **einer gewissenhaften und getreuen Rechenschaft** zu entsprechen (siehe schon Rz 29),[103] was die inhaltliche Richtigkeit, Vollständigkeit der Berichte, eine klare Strukturierung und konzise Formulierungen erfordert. Der Inhalt des Berichts wird – wie immer – auch hier durch den **Funktionsbezug** bestimmt; er muss alle erforderlichen Informationen enthalten, die der Aufsichtsrat für seine Entscheidung benötigt.[104] Weiters wird in der Literatur die Ansicht vertreten, dass ein Vorlagebericht Informationen a) über die zustimmungspflichtigen Geschäfte selbst, b) über die mit den Geschäften verfolgten Ziele, c) über das prognostizierte Ausmaß der Zielerreichungen sowie d) über das Risiko, diese Zielerreichungen zu verfehlen, enthalten soll.[105]

45 Eine zwingende Pflicht zur schriftlichen Berichterstattung besteht nicht, regelmäßig wird aber nur die Schriftform dem Bedürfnis des Aufsichtsrats nach einer entsprechenden Dokumentation entsprechen, muss dieser doch auch im Nachhinein eine einmal erklärte oder verweigerte Zustimmung rechtfertigen können. Die Schriftlichkeit ist dabei keineswegs unabdingbar, so kann insbesondere wegen der Notwendigkeit einer raschen Entscheidung, aber auch aus Gründen der Geheimhaltung (siehe dazu bereits oben Rz 40) eine mündliche Information genügen.

46 An wen die Vorlageberichte zu adressieren sind, hängt von der zustimmungspflichtigen Maßnahme ab. Obliegt die Beschlussfassung einem bestimmten Ausschuss, so genügt die Berichterstattung an diesen.[106] Ist jedoch der Gesamtauf-

---

102 Vgl auch *Graumann/Grundei*, Der Aufsichtsrat 2014, 21 f; ähnlich auch *Link*, Board 2015, 250.

103 Statt aller vgl nur *Nowotny* in Doralt/Nowotny/Kalss, AktG² § 81 Rz 8; *Kalss* in MünchKommAktG⁴ § 90 Rz 75.

104 *Krejci* in Frotz-FS 378; *Graumann/Grundei*, Der Aufsichtsrat 2014, 21.

105 Siehe nur *Graumann/Grundei*, Der Aufsichtsrat 2014, 21.

106 *Krejci* in Frotz-FS 368.

sichtsrat zur Zustimmung berechtigt, ist auch diesem, vertreten durch den Aufsichtsratsvorsitzenden, der schriftliche Vorlagebericht zu erstatten, um den Gleichklang von Informationsempfänger und Verantwortlichem zu gewährleisten; ausnahmsweise kann auch hier die Berichterstattung an den Aufsichtsratsvorsitzenden genügen (vgl dazu schon Rz 27). Bei mündlichen Berichten ist von der Berichterstattung im Rahmen einer Aufsichtsratssitzung auszugehen.

3. Anforderungsberichte

Ebenfalls zu den anlassbezogenen Berichten zählen die so genannten Anforde- **47** rungsberichte. Sie sind vom Vorstand nur **auf Gesuch des Aufsichtsrats** zu erstatten, worin der wesentliche Unterschied zu den zuvor erörterten Berichtspflichten liegt. § 95 Abs 2 AktG ermächtigt den Aufsichtsrat, jederzeit vom Vorstand einen Bericht über die Angelegenheiten der Gesellschaft einschließlich ihrer Beziehungen zu einem Konzernunternehmen zu verlangen. Darüber hinaus steht gem § 95 Abs 2 AktG dieses Recht auch jedem einzelnen Mitglied des Aufsichtsrats zu, wobei bei Ablehnung durch den Vorstand die Berichtspflicht nur besteht, wenn das Berichtsverlangen durch ein anderes Aufsichtsratsmitglied unterstützt wird; einzig der Aufsichtsratsvorsitzende kann sein Informationsbegehren in jedem Fall auch alleine durchsetzen. Zweck des Anforderungsberichts ist es, eine **ausreichende Überwachung des Vorstands durch den Aufsichtsrat sicherzustellen**.[107] Denn während die bisherigen Berichte immer an der Berichterstattung des Vorstands anknüpfen und der Aufsichtsrat somit darauf angewiesen ist, dass der Vorstand bestimmte wichtige Umstände für berichtswürdig hält, trägt der Anforderungsbericht iSd § 95 Abs 2 AktG dem Umstand Rechnung, dass über die Wichtigkeit bestimmter Umstände zwischen Aufsichtsrat und Vorstand unterschiedliche Auffassungen bestehen können. Gelangt der Aufsichtsrat zur Überzeugung, dass er zur Wahrung seiner Kontrollaufgabe über bestimmte Umstände einen Bericht des Vorstands benötigt, kann der Aufsichtsrat dies im Rahmen des Anforderungsberichts durchsetzen, auch wenn der Vorstand keinen Anlass zu einer Sonderberichterstattung sieht.[108]

Die Entscheidung, ob ein Bericht gem § 95 Abs 2 AktG angefordert wird, liegt **48** im **pflichtgebundenen Ermessen** des Aufsichtsrats bzw einzelner Mitglieder.[109] Der Aufsichtsrat kann und soll jene Informationen verlangen, die er zur Erfüllung seiner Überwachungstätigkeit für erforderlich hält; eine permanente und umfangreiche Informationsbeschaffung durch den Aufsichtsrat, die über das Maß der Erforderlichkeit hinausgeht, ist nicht zulässig.[110] Entscheidend ist vor allem der **Funktionsbezug** der angeforderten Information, diese muss für die Aufsichtstätigkeit von Bedeutung sein.[111] Zu den Grenzen der Information siehe auch Rz 60 ff.

[107] ErlRV 734 BlgNR 20. GP 64; vgl auch *Link*, Board 2015, 250 f.

[108] Vgl nur *Spindler* in MünchKommAktG[4] § 90 Rz 33; *Lutter/Krieger/Verse*, Rechte und Pflichten des Aufsichtsrats[6] Rz 68; ähnlich auch die Gesetzesbegründung (ErlRV 734 BlgNR 20. GP 64).

[109] Siehe nur *Leyens*, Information des Aufsichtsrats 170 f; vgl auch *Link*, Board 2015, 250.

[110] *Krejci* in Frotz-FS 372.

[111] *Krejci* in Frotz-FS 376; *Link*, Board 2015, 250.

49 **Schuldner der Information** ist – wie bei den sonstigen Berichtspflichten auch (vgl Rz 14) – der Vorstand als **Kollegialorgan.**[112] Jedes einzelne Vorstandsmitglied ist zur Mitwirkung an der Berichterstattung verpflichtet und auch berechtigt.[113] Über Angelegenheiten, die in die Ressortzuständigkeit einzelner Vorstandsmitglieder fallen, müssen die ressortzuständigen Vorstandsmitglieder den Gesamtvorstand informieren, der dann über die (Gesamt)Berichterstattung mit Beschluss entscheidet.[114] Auch bei den Vorlageberichten ist die Übermittlung einzelner Teilberichte durch einzelne – auch ressortzuständige – Vorstandsmitglieder nicht als gesetzeskonforme Berichterstattung anzusehen.[115] Die Entscheidung, ob ein Informationsgesuchen einzelner Aufsichtsratsmitglieder gem § 95 Abs 2 Satz 2 zweiter Halbsatz AktG abgelehnt wird oder nicht, obliegt dem Gesamtvorstand.

50 **Gläubiger der Information** ist der Aufsichtsrat:[116] Unabhängig davon, wer das Verlangen nach einem Anforderungsbericht an den Aufsichtsrat stellt, ist dieser immer an den Gesamtaufsichtsrat zu erstatten. Insofern korrelieren die Kontrollverantwortung des gesamten Aufsichtsrats und der für die Überwachungstätigkeit erforderliche Informationsfluss. Von der Frage, an wen auf Anforderung hin der Vorstand zu berichten hat, ist die Frage zu trennen, **wer ein solches Begehren** stellen kann.

51 Zunächst kann der Aufsichtsrat als Kollegialorgan (durch Beschluss) entscheiden, ob er ein Berichtsverlangen nach § 95 Abs 2 Satz 1 AktG stellt.[117] § 95 Abs 2 Satz 2 AktG gestattet es jedoch auch **jedem einzelnen Aufsichtsratsmitglied**, einen solchen Anforderungsbericht vom Vorstand zu verlangen. Handelt es sich dabei um das Informationsverlangen des Aufsichtsratsvorsitzenden, so muss der Vorstand[118] dem Anforderungsbericht entsprechen. Informationsverlangen sonstiger Aufsichtsratsmitglieder kann der Vorstand ablehnen, sofern nicht das Begehren eines einzelnen Mitglieds durch ein weiteres Aufsichtsratsmitglied unterstützt wird. Der Vorstand hat aber nicht dem informationsuchenden Mitglied, sondern dem **Gesamtaufsichtsrat** gegenüber zu berichten. Das Auseinanderfallen von Leistungsempfänger und Forderungsberechtigtem ist als **Schutzmechanismus** zur Verhinderung von rechtsmissbräuchlichen Anforderungsberichten zu erblicken.[119] Genau dasselbe Regelungsanliegen liegt auch der Möglichkeit zur Ablehnung von Informationsbegehren zugrunde, die von einzelnen Aufsichtsratsmitgliedern gestellt werden.

---

112 *Kort* in GroßKommAktG^5 § 90 Rz 5; *Steinbeck*, Überwachungspflicht 121 f; *Krejci* in Frotz-FS 367; *Strasser* in Jabornegg/Strasser, AktG^5 §§ 77-84 Rz 3.

113 Vgl nur *Kort* in GroßKommAktG^5 § 90 Rz 5; *Strasser* in Jabornegg/Strasser, AktG^5 §§ 77-84 Rz 3; *Kalss* in Doralt/Nowotny/Kalss, AktG^2 § 95 Rz 41.

114 *Kort* in GroßKommAktG^5 § 90 Rz 6; *Strasser* in Jabornegg/Strasser, AktG^5 §§ 77-84 Rz 3.

115 *Kort* in GroßKommAktG^5 § 90 Rz 6.

116 *Kalss* in Doralt/Nowotny/Kalss, AktG^2 § 95 Rz 45.

117 Vgl nur *Kort* in GroßKommAktG^5 § 90 Rz 87; *Spindler* in MünchKommAktG^4 § 90 Rz 37 f.

118 Zu den Schranken des Anforderungsberichts und sonstiger Informationsansprüche s sogleich unten.

119 Zum Zweck der Regelung vgl auch *Spindler* in MünchKommAktG^4 § 90 Rz 40; *Kort* in GroßKommAktG^5 § 90 Rz 104.

52 Auch wenn das Gesetz zur Form der Anforderungsberichte schweigt, ist die **Schriftform als Regelfall** anzunehmen.[120] Nur diese wird dem Bedürfnis des Aufsichtsrats nach einer adäquaten Dokumentation entsprechen und lässt auch für die Zukunft eine Nachprüfung der Entscheidungen des Aufsichtsrats zu. Die Schriftlichkeit ist aber keineswegs zwingend, so kann insbesondere wegen der Notwendigkeit einer raschen Berichterstattung durch den Vorstand, aber auch aus Gründen der Geheimhaltung (siehe dazu bereits oben Rz 27) eine mündliche Information genügen.[121] Wie alle Vorstandsberichte haben auch die Anforderungsberichte dem **Grundsatz einer gewissenhaften und getreuen Rechenschaft** zu entsprechen (siehe schon Rz 29),[122] was die inhaltliche Richtigkeit, Vollständigkeit der Berichte, eine klare Strukturierung und konzise Formulierungen erfordert. In inhaltlicher Hinsicht müssen die Berichte so gestaltet sein, dass sie die für die Überwachungsaufgaben des Aufsichtsrats erforderliche Information enthalten, was sich regelmäßig nach dem Inhalt der Berichtsanforderung bestimmt.

4. Prüfungsbericht

53 In seinem **Bericht über das Ergebnis der Abschlussprüfung** hat der Abschlussprüfer auch über jene Tatsachen zu berichten, die eine Redepflicht iSd § 273 Abs 2 oder 3 UGB ausgelöst haben.[123] Werden keine Tatsachen iSd § 273 Abs 2 oder 3 UGB festgestellt, so ist dies im Bericht ausdrücklich festzuhalten (§ 273 Abs 1 letzter Satz UGB). Diese anlassbezogene Berichtspflicht des Abschlussprüfers stellt eine Warnpflicht dar, welche bei schwerwiegenden Bedenken auszuüben ist und die Gesellschaft vor schwerwiegenden Schäden bewahren soll.[124] Die Redepflicht wird durch bestandsgefährdende oder die Entwicklung der Gesellschaft beeinträchtigende Tatsachen und schwerwiegende Pflichtverletzungen der gesetzlichen Vertreter oder Arbeitnehmer sowie wesentliche Schwächen der rechnungslegungsprozessrelevanten internen Kontrollen (§ 273 Abs 2 UGB) ausgelöst. Auch das Vorliegen eines Reorganisationsbedarfs iSd § 22 Abs 1 Z 1 URG löst die Redepflicht aus. Siehe noch Rz 69.

D. Einsichts- und Prüfungsrecht

54 Auch das Einsichtsrecht nach § 95 Abs 3 AktG zählt zu den informationsbezogenen Aufsichtsinstrumenten. Dieses ermächtigt den Aufsichtsrat, die Bücher und die Schriften der Gesellschaft sowie die Vermögensgegenstände einzusehen und zu prüfen. In einer systematischen Zusammenschau stellt das Einsichtsrecht eine Ergänzung der Berichtspflichten des Vorstands dar: Zum einen ermöglicht dieses dem Aufsichtsrat, die Vorstandsberichte auf ihre Richtigkeit und Vollständigkeit hin zu prüfen. Zum anderen erlaubt es das Einsichtsrecht dem Aufsichtsrat auch,

---

120 *Kalss* in Doralt/Nowotny/Kalss, AktG² § 95 Rz 43.

121 *Kalss* in Doralt/Nowotny/Kalss, AktG² § 95 Rz 43.

122 Statt aller vgl nur *Nowotny* in Doralt/Nowotny/Kalss, AktG² § 81 Rz 8; *Kalss* in MünchKommAktG⁴ § 90 Rz 75; *dies* in Doralt/Nowotny/Kalss, AktG² § 95 Rz 43.

123 *Steckel* in U. Torggler, UGB² § 273 Rz 7.

124 *Steckel* in U. Torggler, UGB² § 273 Rz 13.

eine eigenständige Tatsachenrecherche durchzuführen.[125] Das Einsichtsrecht ist dabei als **Hilfsrecht** zu verstehen, dient es doch der Überwachung des Vorstands durch den Aufsichtsrat, weshalb dieses auch durch die Überwachungsaufgaben des Aufsichtsrats funktional begrenzt wird.[126] Dabei ist aber zu bedenken, dass vor allem das Einsichtsrecht nicht nur der ex post-Kontrolle des Vorstands durch den Aufsichtsrat dient, sondern auch für die Entscheidungsvorbereitung – etwa im Rahmen von Zustimmungsbeschlüssen – von Bedeutung ist.

55 Über die Wahrnehmung des Einsichts- und Prüfungsrechts entscheidet der Aufsichtsrat durch **Beschluss**.[127] Ein einzelnes Aufsichtsratsmitglied kann das Einsichts- und Prüfungsrecht nicht als eigenes Recht nicht ausüben, jedoch kann er dieses im Falle einer Delegation wahrnehmen. Auch die Übertragung des Einsichts- und Prüfungsrechts an ein einzelnes Aufsichtsratsmitglied oder an einen Sachverständigen bedarf eines entsprechenden Organbeschlusses.[128] In der Sache unterscheiden sich die Delegation des Einsichts- und Prüfungsrechts an ein einzelnes Aufsichtsratsmitglied und an einen externen Sachverständigen dadurch, dass dem Sachverständigen das Recht nur für bestimmte Aufgaben übertragen werden kann.[129] Dies erfordert eine Beschränkung sowohl in sachlicher als auch in zeitlicher Hinsicht.[130] Hingegen kann ein einzelnes Aufsichtsratsmitglied auch dauerhaft mit der Wahrnehmung dieses Rechts, zumindest in bestimmten Bereichen betraut werden; soll diese Betrauung aufgehoben werden, bedarf es wiederum eines Aufsichtsratsbeschlusses.[131] Sowohl der Betrauung des Sachverständigen als auch eines einzelnen Aufsichtsratsmitglieds ist gemeinsam, dass es zu einer Delegation des Einsichts- und Prüfungsrechts kommt. Dem Aufsichtsratsplenum steht während aufrechter Delegation ein eigenständiges Recht zur Wahrnehmung der Einsichts- und Prüfungskompetenz nicht mehr zu, diese Aufgabe muss vom damit betrauten AR-Mitglied oder vom Sachverständigen wahrgenommen werden.[132]

56 § 95 Abs 3 AktG ermächtigt den Aufsichtsrat, die Bücher und Schriften der Gesellschaft sowie die Vermögensgegenstände, namentlich die Gesellschaftskasse und die Bestände an Wertpapieren und Waren, einzusehen und zu prüfen. Nach allgemeinem Begriffsverständnis der Rechnungslegung werden unter dem Begriff **„Bücher“** die **Handelsbücher iSd § 190 UGB** verstanden,[133] sodass vom Einsichtsrecht des Aufsichtsrats sämtliche Bücher erfasst sind, die die AG nach den

[125] *Semler*, Leitung und Überwachung² Rz 165; *Habersack* in MünchKommAktG⁴ § 111 Rz 61.

[126] *Habersack* in MünchKommAktG⁴ § 111 Rz 66 f.

[127] *Habersack* in MünchKommAktG⁴ § 111 Rz 62; *Simonishvili/Pendl*, GES 2014, 110.

[128] Vgl *Habersack* in MünchKommAktG⁴ § 111 Rz 71 ff; *Kalss* in Doralt/Nowotny/Kalss, AktG² § 95 Rz 64 ff; *Simonishvili/Pendl*, GES 2014, 110.

[129] *Habersack* in MünchKommAktG⁴ § 111 Rz 75; *Kalss* in Doralt/Nowotny/Kalss, AktG² § 95 Rz 66.

[130] *Habersack* in MünchKommAktG⁴ § 111 Rz 75; *Hopt/Roth* in GroßKommAktG⁴ § 111 Rz 424; *Semler*, Leitung und Überwachung² Rz 163.

[131] *Habersack* in MünchKommAktG⁴ § 111 Rz 72.

[132] *Habersack* in MünchKommAktG⁴ § 111 Rz 74 iVm Rz 72.

[133] So etwa zum Auskunftsrecht des Abschlussprüfers nach § 272 Abs 1 UGB *Lukas/Zetter*, Kommentar zum RLG³ § 272 Rz 2; *Adler/Düring/Schmaltz*, Rechnungslegung und Prüfung von Unternehmen⁵ § 320 Rz 9.

Grundsätzen ordnungsgemäßer Buchführung führt, wobei auch EDV-Datenträger unter diesen Begriff fallen.[134] Unter Schriften werden alle **Belege** und **sonstigen Geschäftsunterlagen** verstanden, wozu beispielsweise Vorstandsprotokolle, Planungs- und Investitionsrechnungen, Buchungsbelege, Quittungen, Verträge, Projektunterlagen, Statistiken, Aufsichtsratsprotokolle etc zählen.[135] Ein generelles Recht zur Einsichtnahme in Vorstandsprotokolle wird mitunter mit dem Hinweis darauf bestritten, dass der Aufsichtsrat nicht an Vorstandssitzungen teilnehmen darf.[136] Da sich die Teilnahme an einer Sitzung, in der aktuell über bestimmte Fragen der Geschäftsführung abgestimmt wird, von der bloßen (ex post) Nachlese des Sitzungsprotokolls ganz deutlich unterscheidet, vermag diese Argumentation nicht zu überzeugen. Im Sinn eines weiten Verständnisses des Einsichtsrechts sind daher grundsätzlich auch Vorstandsprotokolle erfasst,[137] gilt es doch die Überprüfbarkeit von Entscheidungen des Vorstands sicherzustellen.[138] Auch die Berichte der internen Revision sind nach hA vom Einsichtsrecht des Aufsichtsrats erfasst.[139]

In der Betonung der Vermögensgegenstände und der Bücher in § 95 Abs 3 **57**
AktG offenbart sich ein Schwerpunkt der Überwachungstätigkeit des Aufsichtsrats, nämlich die Prüfung der Rechnungslegung.[140] Darüber hinaus steht außer Streit, dass der Aufsichtsrat sämtliche Geschäftsräume der Gesellschaft betreten darf.

Zur konzerndimensionalen Bedeutung des Einsichts- und Prüfungsrechts siehe **58**
unten Rz 63.

Die Ausübung des Einsichtsrechts liegt ebenso wie Informationsverlangen **59**
nach Abs 2 leg cit im **pflichtgebundenen Ermessen** des Aufsichtsrats.[141] Der Aufsichtsrat kann und soll jene Informationen verlangen, die er zur Erfüllung seiner Überwachungstätigkeit für erforderlich hält; eine permanente und umfangreiche Informationsbeschaffung durch den Aufsichtsrat, die über das Maß der Erforderlichkeit hinausgeht, ist unzulässig.[142] Zu den Grenzen der Informationsbeschaffung siehe sogleich Rz 60 ff.

---

134 *Ebke* in MünchKommHGB³ § 320 Rz 8.

135 Siehe nur *Simonishvili/Pendl*, GES 2015, 110; vgl auch *Lukas/Zetter*, RLG³ § 272 Rz 2; *Ebke* in MünchKommHGB³ § 320 Rz 8; *Adler/Düring/Schmaltz*, Rechnungslegung⁵ § 320 Rz 10.

136 Siehe etwa *Habersack* in MünchKommAktG⁴ § 111 Rz 63 mwN.

137 *Hopt/Roth* in GroßKommAktG⁴ § 111 Rz 401. So auch *Leyens*, Information des Aufsichtsrats 178; *Simonishvili/Pendl*, GES 2014, 110.

138 So wohl auch *Hopt/Roth* in GroßKommAktG⁴ § 111 Rz 401; enger *Habersack* in MünchKommAktG⁴ § 111 Rz 63.

139 *Hopt/Roth* in GroßKommAktG⁴ § 111 Rz 401; *Habersack* in MünchKommAktG⁴ § 111 Rz 63, jeweils mwN.

140 Siehe nur *Hopt/Roth* in GroßKommAktG⁴ § 111 Rz 401.

141 Siehe nur *Leyens*, Information des Aufsichtsrats 170 f.

142 *Krejci* in Frotz-FS 372.

E. Grenzen der Information

60 Bei sämtlichen informationsbezogenen Aufsichtsinstrumenten stellt sich die Frage nach den Grenzen der Bericht- bzw Auskunftserstattung: Unter welchen Voraussetzungen kann der Vorstand die Herausgabe bestimmter Informationen verweigern, ohne dabei eine Pflichtverletzung zu begehen? Bei den Berichtspflichten des Vorstands geben die gesetzlichen Regelungen und die unterschiedlichen Zwecke der Berichte den notwendigen Inhalt der Information und damit auch die Grenzen der Informationsweiterleitung vor. Über Umstände, die an sich der Berichtspflicht unterliegen, muss der Aufsichtsrat informiert werden. Nur so kann dieser seiner Überwachungsfunktion nachkommen.[143] Dabei hat die Information so zu erfolgen, dass der Aufsichtsrat anhand der ihm zur Verfügung gestellten Informationen seinen Aufgaben im erforderlichen Ausmaß nachkommen kann; dies schließt eine möglichst umfassende und damit überladene Information des Aufsichtsrats ebenso aus, wie das Vorenthalten essentieller Informationen.[144]

61 Generell wird man jedoch das Recht zur Verweigerung der Informationsweitergabe bejahen können, wenn der Vorstand durch die Informationsweitergabe eine strafrechtliche Norm verletzten würde.[145] Ganz ausnahmsweise wird man **als ultima ratio** eine – zumindest zeitlich vorübergehende – Verweigerung der Informationsweitergabe zulassen können, wenn die betreffenden Informationen äußerst sensibler Natur sind, deren vorzeitiges Bekanntwerden nachhaltig die Interessen der Gesellschaft schädigen würde und die Vertraulichkeit im Aufsichtsrat nicht gewährleistet ist.[146] Gerade Letzteres muss besonders streng geprüft werden, da die einzelnen Aufsichtsratsmitglieder kraft Gesetzes zur Verschwiegenheit verpflichtet sind, und auch die Information des Vorsitzenden (oder auch eines Ausschusses) als gelinderes Mittel Abhilfe zur Sicherstellung der Vertraulichkeit schaffen könnte (vgl dazu bereits Rz 27 sowie *Kalss* Rz 26/98).[147] Insbesondere ist es nicht zulässig, die Grenzen der Auskunftsverweigerung des Vorstands in der Hauptversammlung gegenüber den Aktionären (§ 118 Abs 3 AktG) auf das Verhältnis Aufsichtsrat-Vorstand zu übertragen, da die Aktionäre gerade keiner organmäßigen Verschwiegenheitspflicht unterliegen.[148]

62 Die Ausübung des Einsichtsrechts gem § 95 Abs 3 AktG und Anforderung eines Berichts gem § 95 Abs 2 AktG liegt im **pflichtgebundenen Ermessen** des Aufsichtsrats bzw einzelner Mitglieder.[149] Der Aufsichtsrat kann und soll jene Informationen verlangen, die er zur Erfüllung seiner Überwachungstätigkeit für

---

143 Ein Geheimhaltungsrecht des Vorstands generell ablehnend *Hopt/Roth* in GroßKommAktG[4] § 111 Rz 413 ff; *Habersack* in MünchKommAktG[4] § 111 Rz 67.

144 Statt aller siehe nur *Krejci* in Frotz-FS 370 f.

145 *Hopt/Roth* in GroßKommAktG[4] § 111 Rz 413 f; *Habersack* in MünchKomm AktG[4] § 111 Rz 67.

146 Vgl auch *Kalss* in MünchKommAktG[4] § 90 Rz 79. Ausdrücklich aA *Hopt/Roth* in GroßKommAktG[4] § 111 Rz 413 ff; *Habersack* in MünchKommAktG[4] § 111 Rz 67.

147 Instruktiv *Leyens*, Information des Aufsichtsrats 169 f; *Krejci* in Frotz-FS 377.

148 *Leyens*, Information des Aufsichtsrats 169; ähnlich *Habersack* in MünchKommAktG[4] § 111 Rz 67.

149 Siehe nur *Leyens*, Information des Aufsichtsrats 170 f.

erforderlich hält;[150] eine permanente und umfangreiche Informationsbeschaffung durch den Aufsichtsrat, die über das Maß der Erforderlichkeit hinausgeht, ist unzulässig.[151] Damit stellt sich die Frage, ob bei Missbrauch dieses Ermessens dem Vorstand das Recht zur Informationsverweigerung zusteht. Das Problem ist offensichtlich: Obliegt es dem zu kontrollierenden Organ selbst zu entscheiden, ob die Wahrnehmung von Kontrollrechten missbräuchlich ist oder nicht, hätte es der Vorstand in der Hand, die Intensität der Überwachung zu steuern. Gleichzeitig sind aber durchaus Konstellationen vorstellbar, in welchen die Wahrnehmung der Instrumente der Informationsbeschaffung zweckfremden Interessen dient.[152] Auch wenn eine abschließende Lösung dieses Dilemmas nicht möglich ist, scheint doch in einem Regel-Ausnahmemodell ein möglicher Ausweg zu liegen, der auch durch die gesetzgeberischen Wertungen getragen wird: Die Informationsbeschaffung durch – und an – den Aufsichtsrat (als Plenum oder durch einen Ausschuss) soll die Vermutung der Richtigkeit der Ermessensausübung tragen.[153] Dies zeigt vor allem § 95 Abs 2 AktG deutlich, wonach eine Verweigerung der Information nicht zulässig ist, wenn das Plenum den Anforderungsbericht begehrt; eine Ablehnung ist nur zulässig, wenn die Berichterstattung von einem einzelnen Mitglied begehrt wird und dieses Verlangen nicht von einem weiteren Aufsichtsratsmitglied unterstützt wird. Liegt dennoch ein Ermessensmissbrauch bei der Wahrnehmung der Informationsrechte vor, ist der Vorstand für deren Vorliegen dem Aufsichtsrat gegenüber beweispflichtig.[154] Dabei wird vor allem dem **Funktionsbezug** der angeforderten Information erhebliche Bedeutung zukommen.[155]

F. Sonderfragen im Unternehmensverbund

Im Unternehmensverbund treffen den Vorstand besondere, erweiterte **63**
Pflichten,[156] sodass sich auch die Frage stellt, inwieweit die Aufsichtsinstrumente des Aufsichtsrats den erweiterten Vorstandsaufgaben anzupassen sind. Die Prüfungstätigkeit des Aufsichtsrats ist den erweiterten Vorstandsaufgaben, den im Unternehmensverbund auch die Pflicht zur Leitung und Überwachung des Konzerns trifft,[157] entsprechend anzupassen, sodass dessen Tätigkeit über die Überwachung der Gesellschaft selbst hinauszugehen hat.[158] Den Besonderheiten von Konzernkonstellationen trägt – zumindest punktuell – auch das Gesetz Rechnung, indem etwa § 96 Abs 1 AktG die Prüfung des Konzernabschlusses durch den Aufsichtsrat anordnet oder § 95 Abs 2 AktG bei den Anforderungsberichten auch die Beziehung der Gesellschaft zu Konzernunternehmen ausdrücklich als Gegenstand

---

150 *Link*, Board 2015, 250.

151 *Krejci* in Frotz-FS 372.

152 Siehe dazu auch *Krejci* in Frotz-FS 376.

153 *Leyens*, Information des Aufsichtsrats 171. Im Ergebnis ähnlich *Krejci* in Frotz-FS 376.

154 *Leyens*, Information des Aufsichtsrats 171; *Krejci* in Frotz-FS 376.

155 *Krejci* in Frotz-FS 376.

156 Siehe nur *Lutter/Krieger/Verse*, Rechte und Pflichten des Aufsichtsrats[6] Rz 142.

157 Statt aller vgl nur *Kalss*, GesRZ 2010, 139; *Lutter/Krieger/Verse*, Rechte und Pflichten des Aufsichtsrats[6] Rz 142; *Hopt/Roth* in GroßKommAktG[4] § 111 Rz 371 ff.

158 Vgl *Kalss*, GesRZ 2010; 139; *Lutter/Krieger/Verse*, Rechte und Pflichten des Aufsichtsrats[6] Rz 142.

der Berichtspflicht erwähnt. Darin kann die verallgemeinerungsfähige Wertung erblickt werden, dass – korrespondierend zu den erweiterten Vorstandsaufgaben im Unternehmensverbund – auch die Überwachungsaufgaben des Aufsichtsrats und somit auch dessen Informationsbedürfnisse wachsen.[159] Der Aufsichtsrat kann im Rahmen seiner Informationsrechte auch Auskünfte über die Beziehung zu Konzerunternehmen verlangen, sofern ein funktionaler Zusammenhang zu den „Konzerngeschäftsführungsaufgaben"[160] des Vorstands besteht.[161] Eingehend zu den Aufgaben des Aufsichtsrats im Konzern *Enzinger/Kalss* Rz 31/1 ff. Wegen der Erweiterung des Aufgabenkreises des Aufsichtsrats der Konzernobergesellschaft kann es sinnvoll sein, einen eigenen **Ausschuss** mit der Wahrnehmung der besonderen Überwachungsaufgaben im Unternehmensverbund zu betrauen.[162] Siehe dazu *Schimka* Rz 29/56 ff.

64 **Schuldner** der (erweiterten) konzernbezogenen Informationen ist grundsätzlich der Vorstand des herrschenden Unternehmens, gilt es doch dessen Tätigkeit zu überwachen.[163] Vor dem Hintergrund der Möglichkeit des Aufsichtsrats, auch Angestellte zu befragen (vgl Rz 70), ist auch ein direkter Anspruch auf Auskunft gegenüber den Organmitgliedern beherrschter Gesellschaften zu befürworten; dem funktionalen Zusammenhang der informationsbezogenen Aufsichtsratsinstrumente entsprechend beschränken sich diese auf jene Informationen, die zur Überwachung des Vorstands der herrschenden Gesellschaft notwendig sind.

G. Exkurs: Informationsordnung

65 Im deutschen Corporate Governance Kodex[164] findet sich – anders als im österreichischen – in Regel 3.4 die Empfehlung, eine Informationsordnung zu etablieren, mit welcher die Informations- und Berichtspflichten des Vorstands gegenüber dem Aufsichtsrat näher festgelegt werden. Die Kompetenz zur Etablierung einer Informationsordnung kann aus den einzelnen Informationsrechten, der Überwachungspflicht des Aufsichtsrats und aus seiner Kompetenz zur Errichtung einer Geschäftsordnung für den Vorstand abgeleitet werden.[165] Deren Regelung kann in der Satzung, in der Geschäftsordnung des Vorstands[166] oder des Aufsichtsrats oder auch im Rahmen einer eigenständigen Informationsordnung erfolgen.[167] Die Schaffung einer solchen Informationsordnung ist ganz generell zu empfehlen, können doch klare Linien für den Informationsfluss zwischen Vorstand und Aufsichtsrat geschaffen werden. Die Informationsordnung kann als Konkretisierung verstanden werden, **was**, **wann**, **in welcher Form** und auch **an wen** zu berichten ist;[168] sie stellt somit ein speziell auf die Gesellschaft abgestimmtes Berichtssys-

159 HA: Statt aller vgl nur *Habersack* in MünchKommAktG[4] § 111 Rz 54.
160 Zum Begriff vgl *Habersack* in MünchKommAktG[4] § 111 Rz 54.
161 *Lutter/Krieger/Verse*, Rechte und Pflichten des Aufsichtsrats[6] Rz 146 ff.
162 *Lutter/Krieger/Verse*, Rechte und Pflichten des Aufsichtsrats[6] Rz 143.
163 *Kalss*, GesRZ 2010, 140 ff.
164 IdF von 30.9.2014.
165 *Hopt/Roth* in GroßKommAktG[4] § 111 Rz 182.
166 *Mildner* in Büchele/Mildner/Murschitz/Roth/Wörle, Corporate Governance 112 f.
167 *Hopt/Roth* in GroßKommAktG[4] § 111 Rz 182.
168 *Mildner* in Büchele/Mildner/Murschitz/Roth/Wörle, Corporate Governance 116.

tem dar.[169] Auch das Fragerecht des Aufsichtsrats gegenüber den Angestellten des Unternehmens (vgl Rz 70) kann und sollte in die Informationsordnung aufgenommen werden. So können zum einen inhaltliche Fragen, wie etwa die Durchsetzung der Antwortpflicht (durch Vorstandsweisung),[170] geregelt werden. Auch würde eine Vorabklarstellung dieser Informationsmöglichkeit dazu beitragen, dass die Inanspruchnahme des Rechts nicht unbedingt als Akt des Misstrauens des Aufsichtsrats gegenüber dem Vorstand verstanden wird.[171]

Die Informationsordnung kann an die Besonderheiten des Unternehmens angepasst auch höhere **Berichtsfrequenzen** vorsehen.[172] Vor allem kann auch eine **Konkretisierung nach Kennzahlen oder Umständen** erfolgen, die die Pflicht zur Sonderberichterstattung durch den Vorstand auslösen.[173] Die Informationsordnung stellt auch eine Möglichkeit dar, den Informationsfluss innerhalb des Aufsichtsrats, insbesondere im Verhältnis Plenum – Ausschuss zu regeln (vgl *Kalss* Rz 26/120 ff). **66**

VI. Beiziehung von Experten

Das Gesetz gestattet an verschiedenen Stellen dem Aufsichtsrat ausdrücklich die Beiziehung von externen Experten: So kann etwa der Aufsichtsrat eines Kreditinstituts einen Wirtschaftsprüfer oder eine Wirtschaftsprüfungsgesellschaft mit der Durchführung einer Prüfung der Gesetz- und Ordnungsmäßigkeit des gesamten Unternehmens betrauen. Sachverständige können gem § 93 Abs 1 AktG zu den Sitzungen des Aufsichtsrats zur Beratung über einzelne Gegenstände zugezogen werden. Für die Wahrnehmung des Einsichtsrechts kann der Aufsichtsrat gem § 95 Abs 3 AktG auch einen Sachverständigen für bestimmte Aufgaben betrauen. Auch die Beiziehung von (externen) Experten kann im weitesten Sinn als Instrument der Aufsicht verstanden werden, ermöglicht dieses doch dem Aufsichtsrat, seine Überwachungsaufgabe effizienter wahrzunehmen. Auch wenn den unterschiedlichen Bestimmungen das gleiche Regelungsanliegen, nämlich die Steigerung der Effizienz der Überwachung des Vorstands, zugrunde liegt, so sind deren Wirkungen doch recht unterschiedlich. Während einmal die Beiziehung von Experten der Unterstützung des Aufsichtsrats dient und diesen nicht von seinen Überwachungsaufgaben befreit, begibt sich der Aufsichtsrat bei der Beauftragung eines Sachverständigen mit der Wahrnehmung des Einsichts- und Prüfungsrechts seiner Kompetenzen bis zu einer gegenteiligen Beschlussfassung (vgl dazu bereits Rz 55).[174] Aus der bloß punktuellen Gestattung der Delegation von Aufgaben des Aufsichtsrats an externe Experten ist auf eine grundsätzlich ablehnende Haltung des Ge- **67**

[169] *Hopt/Roth* in GroßKommAktG⁴ § 111 Rz 184.

[170] *Leyens*, Information des Aufsichtsrats 233; *Hopt/Roth* in GroßKommAktG⁴ § 111 Rz 516 f. Zur Frage, ob eine solche Bestimmung der Zustimmung des Vorstands bedarf, vgl *Hopt/Roth* in GroßKommAktG⁴ § 111 Rz 517 (befürwortend) auf der einen und *Kropff* in Raiser-FS 242 (ablehnend) auf der anderen Seite.

[171] *Hopt/Roth* in GroßKommAktG⁴ § 111 Rz 185.

[172] *Mildner* in Büchele/Mildner/Murschitz/Roth/Wörle, Corporate Governance 113 f.

[173] *Mildner* in Büchele/Mildner/Murschitz/Roth/Wörle, Corporate Governance 114.

[174] *Habersack* in MünchKommAktG⁴ § 111 Rz 74.

setzgebers zu dieser Frage zu schließen. Daraus darf aber nicht eine generelle Unzulässigkeit der Beiziehung von Sachverständigen in einzelnen Aspekten, die auch über die gesetzlich genannten Fälle hinausgehen, abgeleitet werden, sofern die Experten nur unterstützend und nicht an Stelle des Aufsichtsrats tätig werden. Die Beiziehung von externen Experten kann eine sinnvolle und notwendige Maßnahme[175] zur effizienten Erfüllung der Überwachungsaufgaben des Aufsichtsrats darstellen (eingehend dazu *Kalss* Rz 23/1 ff).

68 Auch der Abschlussprüfer kann vom Aufsichtsrat als Experte beigezogen werden. Dies betrifft vor allem die Feststellung des Jahresabschlusses: Bei dieser verantwortungsvollen Aufgabe kann der Aufsichtsrat auf den Abschlussprüfer zurückgreifen. Dessen Prüfungsergebnisse unterstützen den Aufsichtsrat maßgeblich bei der Beurteilung der Berichterstattung des Vorstands. Die Prüfungsergebnisse des Abschlussprüfers geben dem Aufsichtsrat grundlegende Hinweise über die Vertrauenswürdigkeit der vom Vorstand übermittelten Abschlussinformationen.[176] So liefert der Abschlussprüfer mit seinem Prüfungsbericht wichtige Bausteine dafür, dass der Aufsichtsrat seine Überwachungstätigkeit wirksam ausüben kann; denn der Aufsichtsrat kann dem Prüfungsbericht des Abschlussprüfers Hinweise entnehmen, worauf er seine eigene Überwachungstätigkeit schwerpunktmäßig ausrichten soll.[177] Der Abschlussprüfer handelt bei der Vorbereitung der Überwachungsfunktion des Aufsichtsrats als dessen Gehilfe und dient dem Aufsichtsrat als sachverständige und unabhängige Informationsquelle.[178]

69 Die Berichtspflichten des Abschlussprüfers selbst sind in § 273 UGB geregelt. Zusätzlich zur allgemeinen Berichterstattung über das Ergebnis der Abschlussprüfung (Abs 1) enthält diese Bestimmung Regelungen zu speziellen Berichtspflichten (Abs 2 und 3). Gem § 273 Abs 1 Satz 1 UGB hat der Abschlussprüfer schriftlich zu berichten. Im Bericht ist festzuhalten, ob die Buchführung ordnungsgemäß durchgeführt wurde, der Jahresabschluss und der Lagebericht den gesetzlichen Regelungen entsprechen, (falls zutreffend) der Corporate-Governance-Bericht (§ 243b UGB) aufgestellt wurde und die gesetzlichen Vertreter die verlangten Aufklärungen und Nachweise erbracht haben.[179] Bezüglich der Gesetzmäßigkeit von Jahresabschluss und Lagebericht ist auf den Bestätigungsvermerk zu verweisen, wobei im Regelfall weitere Erläuterungen erforderlich sein werden.[180] Die einzelnen Posten des Jahresabschlusses sind aufzugliedern und zu erläutern (§ 273 Abs 1 Satz 4 UGB). Tatsachen, die eine Redepflicht iSd § 273 Abs 2 oder 3 UGB ausgelöst haben, hat der Abschlussprüfer ebenso in seinem Prüfungsbericht darzustellen.[181] Werden keine Tatsachen iSd § 273 Abs 2 oder 3 UGB festgestellt, so ist dies im Bericht ausdrücklich festzuhalten (§ 273 Abs 1 letzter Satz UGB). Wie schon gezeigt, regelt das UGB in § 273 nicht nur die allgemeine Berichterstattung

---

175 Vgl OGH 22.5.2003, 8 Ob 262/02s RdW 2003/377; OLG Stuttgart 25.11.2009, 20 U 5/09, NZG 2010, 141; *Fleischer*, NZG 2010, 121.
176 *Naumann*, Board 2015, 175 f.
177 *Naumann*, Board 2015, 176 und 178.
178 *Naumann*, Board 2015, 176.
179 Vgl *Steckel* in U. Torggler, UGB² § 273 Rz 6.
180 *Steckel* in U. Torggler, UGB² § 273 Rz 7.
181 *Steckel* in U. Torggler, UGB² § 273 Rz 7.

über das Ergebnis der Abschlussprüfung, sondern auch spezielle Berichtspflichten des Abschlussprüfers (Redepflicht): Bei diesen speziellen Berichtspflichten handelt es sich um Warnpflichten des Abschlussprüfers, welche bei schwerwiegenden Bedenken auszuüben sind und die Gesellschaft vor schwerwiegenden Schäden bewahren soll.[182] Die Redepflicht ist unverzüglich auszuüben (§ 273 Abs 2 Satz 1 UGB). In § 273 UGB sind die Tatbestände aufgezählt, welche zur unverzüglichen Berichterstattung des Abschlussprüfers verpflichten. Dies umfasst bestandsgefährdende oder die Entwicklung beeinträchtigende Tatsachen und schwerwiegende Pflichtverletzungen der gesetzlichen Vertreter oder Arbeitnehmer sowie wesentliche Schwächen der rechnungslegungsprozessrelevanten internen Kontrollen (§ 273 Abs 2 UGB). Weiters löst nach § 273 Abs 3 UGB auch das Vorliegen eines Reorganisationsbedarfs (§ 22 Abs 1 Z 1 URG) die Redepflicht aus. Neben dieser gesetzlich vorgeschriebenen Rolle kann der Abschlussprüfer den Aufsichtsrat bei seinen weiteren Überwachungs- und Beratungsaufgaben unterstützen.[183]

VII. Sonstige Aufsichtsinstrumente

Zu den Berichtspflichten des Vorstands und dem Einsichts- und Prüfungsrecht **70** des Aufsichtsrats gem § 95 Abs 3 AktG tritt eine weitere, normativ nicht verankerte Möglichkeit der Informationsbeschaffung. Der Aufsichtsrat kann im Rahmen der Überwachung des Vorstands auch leitende Angestellte befragen.[184] Da der Aufsichtsrat zu seinen Sitzungen gem § 93 Abs 1 AktG auch Auskunftspersonen beiziehen kann,[185] muss auch die Befragung außerhalb von Sitzungen möglich sein.[186] Eine unzulässige Einmischung des Aufsichtsrats in die Geschäftsführung wird dadurch nicht begründet, da das Fragerecht der Überwachung des Vorstands und nicht der Angestellten zu dienen hat.[187] Jedoch empfiehlt sich ein sehr sorgsamer Umgang mit diesem Aufsichtsinstrument, kann dies doch zu einem erheblichen Misstrauensverhältnis zwischen Vorstand und Aufsichtsrat führen, das die erforderliche Zusammenarbeit schwer belasten könnte.[188] Eine entsprechende Regelung in der Informationsordnung (vgl dazu Rz 65 f) könnte hier Abhilfe schaffen.[189] Ein Fragerecht gegenüber Angestellten ermöglicht dem Aufsichtsrat auch die Beschaffung **vorstandsunabhängiger Informationen**, die gerade im internationalen Vergleich einen hohen Stellenwert einnimmt.[190]

182 *Steckel* in U. Torggler, UGB² § 273 Rz 13.

183 Näher zu den möglichen erweiterten oder zusätzlichen Prüfungsaufträgen siehe *Naumann*, Board 2015, 176.

184 *Habersack* in MünchKommAktG⁴ § 111 Rz 68; *Hopt/Roth* in GroßKommAktG⁴ § 111 Rz 511 ff.

185 *Kalss* in Doralt/Nowotny/Kalss, AktG² § 93 Rz 15 ff.

186 Vgl *Habersack* in MünchKommAktG⁴ § 111 Rz 68; *Hopt/Roth* in GroßKommAktG⁴ § 111 Rz 511 ff.

187 Wie hier *Habersack* in MünchKomm AktG⁴ § 111 Rz 68.

188 Eingehend dazu *Hopt/Roth* in GroßKommAktG⁴ § 111 Rz 511 ff; *Leyens*, Information des Aufsichtsrats 198.

189 *Leyens*, Information des Aufsichtsrats 198 f.

190 *Hopt/Roth* in GroßKommAktG⁴ § 111 Rz 502 f.

71 Fraglich ist, ob der Aufsichtsrat auch Informationen, die ihm von den Arbeitnehmern zugetragen werden, entgegennehmen darf (so genanntes „**whistleblowing**").[191] Richtigerweise muss die Frage lauten, ob der Aufsichtsrat sich mit den von Dritten zugetragenen Informationen näher auseinandersetzen muss; denn bevor er die Information entgegennimmt, kennt der Aufsichtsrat ihren Inhalt nicht, sodass nicht die Zulässigkeit der Entgegennahme, sondern die Frage der Verwertung entscheidend ist. Dies wird jedenfalls bei strafbaren Handlungen des Vorstands bejaht.[192] Darüber hinaus ist eine solche Pflicht nur dann anzunehmen, wenn die Informationen in einem engen, funktionalen Zusammenhang mit der Überwachungstätigkeit stehen, wie etwa Informationen über gravierende Rechnungslegungsverstöße etc.[193]

72 Auch das Recht und die Pflicht des Aufsichtsrats,[194] die **Hauptversammlung einzuberufen**, wenn es das Wohl der Gesellschaft erfordert, stellt ein Aufsichtsinstrument dar.[195] Zum einen kann so die Hauptversammlung dem Vorstand das Vertrauen entziehen und für den Aufsichtsrat einen Grund zur Abberufung desselben schaffen. Daneben erlaubt es diese Kompetenz auch, die Einberufung der HV durch den Vorstand durchzusetzen.[196]

73 Als weitere Instrumente, die der Aufsicht über den Vorstand dienen, sind zu nennen: Das Recht, die Geschäftsordnung des Vorstands mitzugestalten (vgl dazu *Eiselsberg/Bräuer* Rz 24/34 ff); die Befugnisse des Aufsichtsrats bei der Feststellung des Jahresabschlusses durch die Hauptversammlung.[197] Die Personalkompetenzen des Aufsichtsrats, insbesondere das Recht zur Vorstandsabberufung, stellen hingegen kein Aufsichtsinstrument dar.[198]

VIII. Handlungsinstrumente

A. Überblick

74 Der **Beschluss** ist das **zentrale**, aber nicht das einzige **Handlungsinstrument** des Aufsichtsrats. Der Beschluss stellt das Ergebnis der Willensbildung des Organs Aufsichtsrat dar und ist ein Rechtsgeschäft. Sonstige Handlungsinstrumente, wie etwa **tatsächliche Handlungen**, **Stellungnahmen**, **Beratungen** etc bestehen neben dem Beschluss:[199] Während der Beschluss die Erklärung der Willensbildung des Kollegialorgans Aufsichtsrat darstellt, beschreiben die sonstigen Handlungsinstrumente den Inhalt der Aufsichtstätigkeit. Sie schließen einander nicht aus. So hat etwa einer Stellungnahme des Aufsichtsrats, mit welcher eine Kundgabe der Meinung des Aufsichtsrats (als Organ) erfolgen soll, ein Beschluss, dh eine

---

191 Zum Begriff siehe etwa nur *Hopt/Roth* in GroßKommAktG⁴ § 111 Rz 508.

192 *Leyens*, Information des Aufsichtsrats 200.

193 *Leyens*, Information des Aufsichtsrats 200 f; *Hopt/Roth* in GroßKommAktG⁴ § 111 Rz 511 ff.

194 Vgl nur *Habersack* in MünchKommAktG⁴ § 111 Rz 89.

195 *Habersack* in MünchKommAktG⁴ § 111 Rz 89.

196 *Habersack* in MünchKommAktG⁴ § 111 Rz 91.

197 *Habersack* in MünchKommAktG⁴ § 111 Rz 27.

198 *Habersack* in MünchKommAktG⁴ § 111 Rz 28.

199 *Hopt/Roth* in GroßKommAktG⁴ § 108 Rz 18; *Spindler* in Spindler/Stilz, AktG³ § 108 Rz 8; *Habersack* in MünchKommAktG⁴ § 108 Rz 10.

entsprechende Willensbildung zugrunde zu liegen. Umgekehrt können einzelne Aufsichtsratsmitglieder den Vorstand beraten, ohne dass eine Willensbildung durch Beschluss stattgefunden hat, weshalb solche Beratungen auch nur die Auffassung eines einzelnen Mitglieds wiedergeben. Die Unterscheidung ist dabei keineswegs von bloß akademischer Bedeutung, beziehen sich doch Fragen der Beschlussfähigkeit, der Fehlerhaftigkeit von Beschlüssen und insbesondere auch das Verfahren der Beschlussfindung nur auf Beschlüsse (eingehend zur Abgrenzung Rz 75 ff).

B. Beschluss

1. Rechtsnatur und Abgrenzung

Der Aufsichtsratsbeschluss stellt eine **Entscheidung dieses Organs** bzw seiner Ausschüsse dar, in welcher ein **entsprechender Organwille** gebildet wird.[200] Die Willensbildung im Aufsichtsrat hat durch Beschluss zu erfolgen, gilt es mit bindender Wirkung Angelegenheiten des Aufsichtsrats zu regeln. Der Beschluss ist ein Rechtsgeschäft,[201] welches aus mehreren gleichlautenden Willenserklärungen besteht. Der Beschluss stellt keinen Vertrag dar, er erzeugt auch Bindung gegenüber jenen Aufsichtsratsmitgliedern, die keine korrespondierenden Willenserklärungen abgegeben haben; dies ist Ausdruck des organschaftlichen Prinzips.[202] Versteht man den Beschluss als Bündel von Willenserklärungen, so ist erstgenannter von letztgenannten zu differenzieren: Die einzelnen Willenserklärungen der Aufsichtsratsmitglieder können – wie jedes andere Rechtsgeschäft auch – Mängeln, wie etwa Willensmängeln, unterworfen sein (siehe Rz 92 ff). Während die allgemeinen Regeln der Rechtsgeschäftslehre auf inhaltliche Mängel des Beschlusses anzuwenden sind (vgl dazu Rz 92 ff), gehen die speziellen aktienrechtlichen Formvorschriften für Beschlüsse des Aufsichtsrats den allgemeinen rechtsgeschäftlichen Regelungen über die Form von Willenserklärungen vor.[203] **75**

Aufgrund der besonderen Vorschriften über Beschlussfähigkeit und Beschlussquoren muss der **Beschluss von sonstigen Handlungsinstrumenten des Aufsichtsrats abgegrenzt werden**. Die Abgrenzung ist nach zutreffender Ansicht nach dem **Urheber** vorzunehmen.[204] Das mancherorts herangezogene Kriterium der rechtlichen Wirkungen, die an die Willensbildung des Aufsichtsrats gebunden sind,[205] ist nur bedingt geeignet, den Beschluss von sonstigen Handlungsin- **76**

---

200 *Kalss* in Doralt/Nowotny/Kalss, AktG² § 92 Rz 72; *Hopt/Roth* in GroßKommAktG⁴ § 108 Rz 18; *Spindler* in Spindler/Stilz, AktG³ § 108 Rz 5; *Habersack* in MünchKommAktG⁴ § 108 Rz 8 f.

201 Vgl *Feltl*, Beschlussmängel 49 ff; *dens* in FS Aicher 113 f; *Kalss* in Doralt/Nowotny/Kalss, AktG² § 92 Rz 73; *Habersack* in MünchKommAktG⁴ § 108 Rz 11; *Hopt/Roth* in GroßKommAktG⁴ § 108 Rz 12; *Spindler* in Spindler/Stilz, AktG³ § 108 Rz 9.

202 *Feltl* in FS Aicher 113; *Kalss* in Doralt/Nowotny/Kalss, AktG² § 92 Rz 73; *Spindler* in Spindler/Stilz, AktG³ § 108 Rz 8; *Hopt/Roth* in GroßKommAktG⁴ § 108 Rz 12.

203 *Hopt/Roth* in GroßKommAktG⁴ § 108 Rz 13; ähnlich auch *Habersack* in MünchKommAktG⁴ § 108 Rz 11.

204 So *Habersack* in MünchKommAktG⁴ § 108 Rz 10.

205 Vgl die Nachweise bei *Hopt/Roth* in GroßKommAktG⁴ § 108 Rz 15 ff; *Habersack* in MünchKommAktG⁴ § 108 Rz 8, 11; *Spindler* in Spindler/Stilz, AktG³ § 108 Rz 5 ff.

strumenten des Aufsichtsrats abzugrenzen.[206] Geht es um eine **Willenskundgabe des Aufsichtsrats als Organ**, bedarf es einer entsprechenden Willensbildung, für welche eine Beschlussfassung erforderlich ist.[207] Dies trifft auch für Stellungnahmen, Kritiken, Beratungen des Aufsichtsrats gegenüber dem Vorstand zu. Immer wenn sich der Aufsichtsrat als Organ in bestimmten Angelegenheiten gegenüber dem Vorstand äußern möchte, ist dafür eine entsprechende Willensbildung im Aufsichtsrat erforderlich, welche durch Beschlussfassung zu erfolgen hat.[208] Davon sind eben sonstige Handlungen einzelner Aufsichtsratsmitglieder zu trennen, durch welche ein Aufsichtsratsmitglied seiner Überwachungs- und Beratungsaufgabe gegenüber dem Vorstand nachkommen kann. Hier wird gerade kein Wille des Aufsichtsrats artikuliert, sodass es auch keiner entsprechenden organinternen Willensbildung bedarf, für welche ein Beschluss erforderlich wäre.[209] Wird ein Antrag eines einzelnen Aufsichtsratsmitglieds gestellt, ist über diesen **immer durch Beschluss** zu entscheiden.[210]

77 Von der Willensbildung im Aufsichtsrat durch Beschluss ist die **Kundgabe desselben** zu unterscheiden, welche gerade nicht den Regelungen über die Beschlussfassung unterliegt, sondern vielmehr auch von einem einzelnen Aufsichtsratsmitglied vorgenommen werden kann.[211]

2. Beschlussfassung

78 Für die Willensbildung im Aufsichtsrat, aber auch in einzelnen Ausschüssen gilt das **Gebot der ausdrücklichen Beschlussfassung**.[212] Dieses besagt, dass es eine konkludente Willenserklärung durch den Aufsichtsrat in jenen Angelegenheiten, für die ein Beschluss zu fassen ist, nicht gibt. So ist etwa die Bestellung eines Vorstandsmitglieds durch ein Aufsichtsratsmitglied (oder durch den Aufsichtsratsvorsitzenden) selbst dann nichtig, wenn diese vom Einverständnis aller übrigen Aufsichtsratsmitglieder getragen ist, eine förmliche Beschlussfassung aber nicht stattgefunden hat.[213] Die konkludente Zustimmung einzelner Aufsichtsratsmitglieder zu einer Maßnahme des Aufsichtsrats vermag das Beschlusserfordernis nicht zu ersetzen, eine gültige Willensbildung durch den Aufsichtsrat liegt mangels Förmlichkeit nicht vor.[214] Das **Verbot der konkludenten Beschlussfassung** wird von der Überlegung getragen, dass sich bei einer stillschweigenden Willensäußerung weder die Beschlussfähigkeit, noch das Abstimmungsergebnis mit Sicherheit

206 Wie hier *Habersack* in MünchKommAktG[4] § 108 Rz 10 aE.

207 Vgl *Kalss* in Doralt/Nowotny/Kalss, AktG[2] § 92 Rz 73; *Spindler* in Spindler/Stilz, AktG[3] § 108 Rz 5; *Habersack* in MünchKommAktG[4] § 108 Rz 10 aE.

208 *Habersack* in MünchKommAktG[4] § 108 Rz 10 aE.

209 Vgl *Habersack* in MünchKommAktG[4] § 108 Rz 10; *Kalss* in Doralt/Nowotny/Kalss, AktG[2] § 92 Rz 73. Siehe auch *Hopt/Roth* in GroßKommAktG[4] § 108 Rz 19.

210 *Hopt/Roth* in GroßKommAktG[4] § 108 Rz 15 ff.

211 Vgl etwa *Kalss* in Doralt/Nowotny/Kalss, AktG[2] § 92 Rz 73; *Habersack* in MünchKommAktG[4] § 108 Rz 8.

212 Statt vieler vgl nur *Mertens/Cahn* in KölnKommAktG[3] § 108 Rz 14; *Spindler* in Spindler/Stilz, AktG[3] § 108 Rz 9 jeweils mit weiteren Nachweisen; *Kalss* in Doralt/Nowotny/Kalss, AktG[2] § 92 Rz 79.

213 Vgl *Mertens/Cahn* in KölnKommAktG[3] § 108 Rz 14.

214 *Feltl*, Beschlussmängel 268.

feststellen lässt.[215] Dem Gebot der ausdrücklichen Beschlussfassung widerspricht es aber nicht, dass bei einer gegebenenfalls notwendigen Auslegung von Beschlüssen der konkludente Erklärungsgehalt berücksichtigt werden kann und muss.[216]

Die Willensbildung durch den Aufsichtsrat erfolgt nach einem entsprechenden **79** **Antrag**, jedem Beschluss muss ein solcher Antrag zugrunde liegen.[217] Der Antrag wird angenommen, wenn sich die dafür **erforderliche Mehrheit** (vgl noch Rz 84) gefunden hat, widrigenfalls gilt der Antrag als abgelehnt. Die Antragsberechtigung steht jedem Aufsichtsratsmitglied zu.[218] (Mündliche) **Beschlussfassungen** in Aufsichtsratssitzungen stellen nach der gesetzlichen Konzeption den Regelfall dar, die schriftlichen oder auf sonstige Weise gefassten Beschlüsse sind nur unter den Voraussetzungen des § 92 Abs 3 AktG möglich (siehe Rz 87 ff). Die ordnungsgemäße Beschlussfassung durch den Aufsichtsrat setzt nicht nur das Vorliegen eines Antrags und das Erreichen der erforderlichen Beschlussmehrheit, sondern vor allem auch die **Beschlussfähigkeit** voraus.

Gem § 92 Abs 5 AktG ist der Aufsichtsrat nur **beschlussfähig**, wenn an der Sit- **80** zung mindestens **drei Mitglieder** teilnehmen. Dabei ist ein Mitglied, das ein anderes Aufsichtsratsmitglied vertritt, bei der Feststellung der Beschlussfähigkeit gem § 95 Abs 7 Satz 2 AktG nicht mitzuzählen. Bei der Ermittlung der Beschlussfähigkeit ist nicht zwischen Arbeitnehmern und Kapitalvertretern zu differenzieren.[219] Die Satzung kann jedoch auch ein höheres Quorum für die Beschlussfähigkeit sowie sonstige Voraussetzungen vorsehen (zu den Grenzen der Regelungsmöglichkeiten siehe sogleich). Der **Gestaltungsfreiheit** sind bei der Vorschreibung sonstiger Voraussetzungen jedoch **Grenzen** gesetzt: Unzulässig wäre es etwa, die Beschlussfähigkeit des Aufsichtsrats an das Erscheinen bestimmter Mitglieder zu binden, da dadurch das zwingend geltende Kopfstimmrecht[220] verletzt wird.[221]

Die dauerhafte Beschlussfähigkeit wird unter anderem dadurch sichergestellt, **81** dass gem § 89 Abs 1 AktG das Gericht zur Bestellung von Aufsichtsratsmitgliedern auf Antrag eines Vorstands, eines Aufsichtsratsmitglieds oder eines Aktionärs berechtigt ist, wenn für einen Zeitraum von mehr als drei Monaten dem Aufsichtsrat weniger als für die Beschlussfähigkeit nötige Anzahl von Aufsichtsratsmitgliedern angehören.

Zur Beschlussfähigkeit von Aufsichtsratsausschüssen vgl *Schimka* Rz 29/1 ff. **82**

---

[215] *Hopt/Roth* in GroßKommAktG[4] § 108 Rz 20.

[216] *Mertens/Cahn* in KölnKommAktG[3] § 108 Rz 15; *Kalss* in Doralt/Nowotny/Kalss, AktG[2] § 92 Rz 80.

[217] *Kalss* in Doralt/Nowotny/Kalss, AktG[2] § 92 Rz 74; *Strasser* in Jabornegg/Strasser, AktG[5] §§ 92-94 Rz 59. Näher zum Beschlussantrag siehe *Feltl*, Beschlussmängel 20 ff; *dens* in FS Aicher 89 ff.

[218] *Strasser* in Jabornegg/Strasser, AktG[5] §§ 92-94 Rz 59; *Kalss* in Doralt/Nowotny/Kalss, AktG[2] § 92 Rz 75.

[219] *Kalss* in Doralt/Nowotny/Kalss, AktG[2] § 92 Rz 123.

[220] *Kalss* in Doralt/Nowotny/Kalss, AktG[2] § 92 Rz 83.

[221] *Hopt/Roth* in GroßKommAktG[4] § 108 Rz 75; vgl auch BGH 25.2.1982, III ZR 145/80 BGHZ 83, 151; aA *Kalss* in Doralt/Nowotny/Kalss, AktG[2] § 92 Rz 127.

83 Für das **Zustandekommen eines positiven Beschlusses** müssen die gültig abgegebenen Ja-Stimmen die Zahl der gültig abgegebenen Nein-Stimmen überragen. Bei der Berechnung, ob ein Beschluss die erforderliche Mehrheit hat oder nicht, sind **Stimmenthaltungen nicht** zu zählen, da sie keine Stimmabgabe darstellt. Zur Auswirkung der Stimmenthaltung bei schriftlicher Beschlussfassung vgl Rz 81 ff.

84 Die **einfache Mehrheit** stellt den gesetzestypischen Regelfall dar.[222] Die Satzung oder die Geschäftsordnung kann – zumindest für bestimmte Angelegenheiten – auch eine qualifizierte Mehrheit vorsehen. Dabei ist jedoch zu beachten, dass durch qualifizierte Mehrheiten das Zustandekommen der Beschlüsse erschwert wird und damit die Aufgabenerfüllung des Aufsichtsrats gefährdet ist. Daher sind erhöhte Mehrheitserfordernisse nur für diejenigen Beschlussgegenstände zulässig, über die der Aufsichtsrat nicht kraft Gesetzes sondern aufgrund einer speziellen Regelung in der Geschäftsordnung zu entscheiden hat.[223] Dies trifft auch auf Zustimmungsvorbehalte nach § 95 Abs 5 AktG zu, bei welchen die Satzung zustimmungspflichtige Geschäfte anordnen kann.[224] Das **Gesetz** sieht für die Wahl des Vorstands sowie des Aufsichtsratsvorsitzenden **doppelte Mehrheitserfordernisse** gem § 110 Abs 3 ArbVG vor (vgl dazu *Gahleitner* Rz 10/51 ff).

85 Über die Verhandlungen und die Beschlüsse des Aufsichtsrats ist gem § 92 Abs 2 AktG eine Niederschrift anzufertigen, die vom Vorsitzenden oder vom stellvertretenden Vorsitzenden zu unterzeichnen ist.[225] Ein etwaiger Verstoß gegen diese Protokollierungspflicht berührt die Wirksamkeit eines Beschlusses nicht.[226]

86 § 92 Abs 5 letzter Satz AktG stellt die Zulässigkeit einer **schriftlichen**, **fernmündlichen** oder sonst in vergleichbarer Form gefassten Stimmabgabe einzelner Aufsichtsratsmitglieder klar. So kann in Präsenzsitzungen auch ein oder einzelne Aufsichtsratsmitglieder durch schriftliche, fernmündliche oder andere vergleichbare Form ihre Stimme abgeben. Somit können sich einzelne Mitglieder an der Willensbildung beteiligen, ohne dass sie **selbst an der Sitzung teilnehmen**.[227] Eine solche schriftliche oder sonst fernmündliche Stimmabgabe ist jedoch nur zulässig, wenn diese vom Aufsichtsrat oder von der Satzung zugelassen wird. Die Beschlussfähigkeit des Aufsichtsrats muss in diesen Fällen durch die anwesenden Mitglieder erreicht werden (vgl dazu Rz 80).

3. Beschlüsse ohne Sitzungen

87 Auch wenn nach der gesetzlichen Systematik die mündliche Beschlussfassung und somit **Beschlussfassung in einer Sitzung** den gesetzestypischen Regelfall darstellt, so stellt § 92 Abs 3 AktG klar, dass auch **Beschlüsse ohne Sitzungen**

---

222 *Kalss* in Doralt/Nowotny/Kalss, AktG² § 92 Rz 85.
223 *Kalss* in Doralt/Nowotny/Kalss, AktG² § 92 Rz 86.
224 *Hopt/Roth* in GroßKommAktG⁴ § 108 Rz 37.
225 Zum Zweck des § 92 Abs 2 AktG siehe *Simonishvili/Pendl*, GES 2014, 109.
226 *Kalss* in Doralt/Nowotny/Kalss, AktG² § 92 Rz 56 ff, zu den Beschlüssen des Aufsichtsrats einer AG. Für die Protokollierung von Generalversammlungsbeschlüssen *Koppensteiner/Rüffler*, GmbHG³ § 40 Rz 5.
227 ErlRV 466 Blg 26. GP 35.

möglich sind.[228] So sind **schriftliche Beschlussfassungen**, **fernmündliche** oder andere **vergleichbare Formen der Beschlussfassung** des Aufsichtsrats oder seiner Ausschüsse ausdrücklich zulässig, sofern kein Mitglied des Aufsichtsrats der Beschlussfassung ohne Sitzung widerspricht. Mit dem GesRÄG 2004[229] wurden die Möglichkeiten zur Beschlussfassung ohne Sitzung erweitert, um die Zulässigkeit von Beschlussfassungen auf elektronischem Weg, wie etwa durch Videokonferenzen oder Internetkonferenzen mit Bildübertragungen, ausdrücklich zu verankern. Diese sind unter den gleichen Voraussetzungen wie eine schriftliche Beschlussfassung möglich, setzen also voraus, dass kein Mitglied des Aufsichtsrats widerspricht. Die Entscheidung, ob eine Beschlussfassung im Aufsichtsrat auf schriftlichem oder sonst fernmündlichem Weg stattfinden soll, obliegt mangels abweichender Regelung in der Geschäftsordnung bzw in der Satzung dem **Aufsichtsratsvorsitzenden**.[230] Die Geschäftsordnung oder die Satzung könnte eine Beschlussfassung in schriftlichem, fernmündlichem oder sonst vergleichbarem Weg verbieten. Ist dies nicht der Fall, obliegt die Entscheidung dem Aufsichtsratsvorsitzenden; dieser hat bei seiner Entscheidung zu berücksichtigen, ob durch eine Beschlussfassung ohne Sitzung nicht die erforderliche Beratungsintensität ausgedünnt wird und damit der Aufsichtsrat seiner Aufgabenerfüllung nicht ausreichend nachkommt.[231] Jedes einzelne Mitglied des Aufsichtsrats kann unabhängig von einer Regelung in der Satzung einer Geschäftsordnung gegen eine schriftliche, fernmündliche oder sonstige vergleichbare Form der Beschlussfassung widersprechen, sodass diese zu unterbleiben hat; das **Widerspruchsrecht ist zwingend** und kann weder durch Satzung noch durch Geschäftsordnung ausgeschlossen werden.[232] Die bloße Nichtäußerung stellt jedoch keinen Widerspruch dar.[233]

Ein besonderes Verfahren zur Feststellung des Beschlussergebnisses sieht das **88**
Gesetz für Beschlussfassungen ohne Sitzungen nicht vor. Zunächst fehlt für die Beschlussfassung im Aufsichtsrat eine § 34 Abs 2 GmbHG vergleichbare Regelung. Da die § 34 Abs 2 GmbHG tragenden Wertung – Fehlen eines anderen geeigneten Maßstabs – nicht überzeugt,[234] ist auch deren Übertragung auf Aufsichtsratsbeschlüsse ohne Sitzungen abzulehnen.[235] Denn als maßgebliche Basis für die Berechnung der Mehrheit kann die Zahl der gültig abgegebenen Stimmen herangezogen werden. Vor allem ist gerade bei Videokonferenzen bzw bei „Internetsitzungen“ mit Bildübertragung nicht ersichtlich, wieso ein anderer Berechnungsmodus zu gelten hätte als bei der Beschlussfassung unter Anwesenheit der Mitglieder.

---

228 *Kalss* in Doralt/Nowotny/Kalss, AktG² § 92 Rz 93; *Spindler* in Spindler/Stilz, AktG³ § 108 Rz 60.

229 BGBl 2004/67.

230 *Kalss* in Doralt/Nowotny/Kalss, AktG² § 92 Rz 93; *Nowotny* in FS Krejci 784; *Kalss* in WiR, Internet und Recht 276.

231 Zur Problematik vgl nur *Spindler* in Spindler/Stilz, AktG³ § 108 Rz 61.

232 Statt aller vgl nur *Kalss* in Doralt/Nowotny/Kalss, AktG² § 92 Rz 99.

233 *Mertens/Cahn* in KölnKommAktG³ § 108 Rz 41; *Kalss* in Doralt/Nowotny/Kalss, AktG² § 92 Rz 99.

234 *Koppensteiner/Rüffler*, GmbHG³ § 34 Rz 1.

235 Vgl auch *Kalss* in Doralt/Nowotny/Kalss, AktG² § 92 Rz 100.

4. Die Rolle der neuen Medien bei Aufsichtsratsbeschlüssen

89 Neue Medien sind aus juristischer Sicht für Beschlussfassungen des Aufsichtsrats unter mehreren Aspekten von Bedeutung: Zum einen geht es um die Frage, ob und unter welchen Voraussetzungen Beschlüsse unter Einbeziehung neuer Medien gefasst werden können, ohne dass eine Sitzung mit körperlicher Anwesenheit der Aufsichtsratsmitglieder stattfindet. Für Präsenzsitzungen, die den gesetzlichen Regelfall darstellen, ist weiters zu untersuchen, ob einzelne Aufsichtsratsmitglieder ihre Stimme auf elektronischem Weg abgeben können.

90 **Beschlüsse ohne Sitzungen** (vgl schon Rz 87 können gem § 92 Abs 3 AktG auch auf elektronischem Weg gefasst werden. So ist nicht nur die Zuschaltung eines einzelnen Mitglieds durch Videokonferenz bzw Internetkonferenz mit Bildübertragungen zulässig (siehe Rz 87), sondern auch die Beschlussfassung ohne Sitzung. Auch wenn Beschlussfassungen durch Video- oder Internetkonferenzen (mit Bild) einer Präsenzsitzung sehr nahe kommen, ist der österreichische Gesetzgeber dem Vorbild des deutschen Gesetzes[236] gefolgt und sieht eine Gleichstellung dieser Form der Beschlussfassung mit der echten Präsenzsitzung gerade nicht vor.[237] Beschlussfassungen im Wege neuer Medien sind daher nur zulässig, wenn kein Mitglied des Aufsichtsrats widerspricht und Geschäftsordnung oder Satzung solche nicht verbieten (vgl schon Rz 87). Die Entscheidung, ob eine Beschlussfassung im Aufsichtsrat auf schriftlichem oder sonst fernmündlichem Weg stattfinden soll, obliegt mangels abweichender Regelung in der Geschäftsordnung bzw in der Satzung dem **Aufsichtsratsvorsitzenden**.[238] Dieser hat bei seiner Entscheidung zu berücksichtigen, ob durch eine Beschlussfassung ohne Sitzung nicht die erforderliche Beratungsintensität ausgedünnt wird und damit der Aufsichtsrat seiner Aufgabenerfüllung nicht ausreichend nachkommt.[239]

91 Gem § 92 Abs 5 letzter Satz AktG können ein oder einzelne Aufsichtsratsmitglieder ihre **Stimme** für eine Beschlussfassung in einer Aufsichtsratssitzung schriftlich, fernmündlich oder in anderer vergleichbarer Form **abgeben**. So können sich einzelne Mitglieder an der Willensbildung beteiligen, ohne dass sie körperlich **selbst an der Sitzung teilnehmen**.[240] Diese Form der Stimmabgabe ist jedoch nur zulässig, wenn diese vom Aufsichtsrat oder von der Satzung zugelassen wird; der Widerspruch einzelner Mitglieder gegen die von Satzung oder Aufsichtsrat zugelassene Form der Stimmabgabe ist unerheblich.[241] Die Beschlussfähigkeit des Aufsichtsrats muss in diesen Fällen durch die anwesenden Mitglieder erreicht werden (vgl dazu Rz 80). Auch wenn durch die Zuschaltung eines Aufsichtsratsmitglieds durch Video- oder Internetkonferenz (mit Bild) eine körperliche Anwesenheit dieses Mitglieds simuliert wird, bedarf diese Form der Stimmabgabe einer ausdrücklichen Ermächtigung durch den Aufsichtsrat oder durch die Satzung; der Gesetz-

---

236 Zur Vorbildfunktion siehe ErlRV 466 BlgNR 26. GP 35.

237 *Spindler* in Spindler/Stilz, AktG³ § 108 Rz 61. ErlRV 466 BlgNR 26. GP 35 sprechen von „Zuschaltung" einzelner Mitglieder.

238 *Kalss* in Doralt/Nowotny/Kalss, AktG² § 92 Rz 93; *Nowotny* in FS Krejci 784; *Kalss* in WiR Internet und Recht 276.

239 Zur Problematik vgl nur *Spindler* in Spindler/Stilz, AktG³ § 108 Rz 61.

240 ErlRV 466 BlgNR 26. GP 35.

241 ErlRV 466 BlgNR 26. GP 35.

geber hat sich hier und auch bei Beschlüssen ohne Sitzungen bewusst gegen eine Gleichstellung mit der echten körperlichen Anwesenheit ausgesprochen.[242]

C. Exkurs: Der fehlerhafte Beschluss

Aufsichtsratsbeschlüsse können aus den verschiedensten Umständen mangelhaft sein. Der Bogen möglicher Fehler spannt sich von Verstößen des Beschlussinhalts gegen Vorschriften des Gesetzes, der Satzung und/oder der Geschäftsordnung, über Missachtung von Verfahrensvorschriften bis hin zu Mängeln in der Stimmabgabe eines einzelnen Mitglieds selbst.[243] Im Unterschied zum Vereinsrecht (§ 7 VerG) fehlt eine allgemeine Regelung für die fehlerhaften Beschlüsse. Das Aktienrecht sieht nur für die Feststellung des Jahresabschlusses gem § 202 AktG eine punktuelle Lösung vor. **92**

Gem § 202 Abs 1 Z 1 AktG ist ein vom Vorstand mit Billigung des Aufsichtsrats festgestellter Jahresabschluss (unter anderem) dann nichtig, wenn der Vorstand oder der Aufsichtsrat bei der Feststellung nicht ordnungsgemäß mitgewirkt haben. Diese Nichtigkeit kann aber gem Abs 2 leg cit nicht mehr geltend gemacht werden, wenn die Veröffentlichung des Jahresabschlusses zum Firmenbuchgericht eingereicht ist und seitdem sechs Monate verstrichen sind. Die Wertungen des § 202 AktG lassen sich nach der Lehre weder auf alle Beschlussmängel des Aufsichtsrats bei der Feststellung des Jahresabschlusses, noch generell auf fehlerhafte Organbeschlüsse übertragen;[244] Letzteres schon deshalb nicht, weil der Zweck von § 202 AktG in einer möglichst umfassenden Bestandssicherung des Jahresabschlusses liegt.[245] **93**

Ob die Wertungen von § 7 VerG – die Regelung differenziert zwischen absolut nichtigen und bloß vernichtbaren Beschlüssen – für den fehlerhaften Aufsichtsratsbeschluss fruchtbar gemacht werden können, ist noch nicht geklärt.[246] Gegen einen solchen Wertungstransfer spricht der Umstand, dass § 7 VerG für Organ- und Mitgliederbeschlüsse gleichermaßen gilt und damit der Besonderheit von Aufsichtsratsbeschlüssen, für welche wegen ihrer typischen Innenwirkungen kein Bestandsschutz erforderlich ist, nicht ausreichend Rechnung trägt.[247] **94**

Nach hL sind die (aktienrechtlichen) Vorschriften über die Anfechtbarkeit von Hauptversammlungsbeschlüssen nicht auf Organbeschlüsse auszudehnen; Aufsichtsratsbeschlüsse sind entweder **wirksam oder unwirksam**, eine Differenzierung zwischen nichtigen und bloß vernichtbaren Beschlüsse wird abgelehnt.[248] **95**

---

242 ErlRV 466 BlgNR 26. GP 35 sprechen von „Zuschaltung" einzelner Mitglieder.

243 Näher zu den fehlerhaften Aufsichtsratsbeschlüssen siehe *Feltl*, Beschlussmängel 249 ff.

244 *Diregger* in Doralt/Nowotny/Kalss, AktG² § 202 Rz 14; *Kalss* in Doralt/Nowotny/Kalss, AktG² § 92 Rz 112.

245 *Diregger* in Doralt/Nowotny/Kalss, AktG² § 202 Rz 2; *Kalss* in Doralt/Nowotny/Kalss, AktG² § 92 Rz 112.

246 Abl *Kalss* in Kalss/Nowotny/Schauer, Österreichisches Gesellschaftsrecht Rz 3/567 ff; vgl auch *dies* in Doralt/Nowotny/Kalss, AktG² § 92 Rz 112.

247 *Diregger* in Doralt/Nowotny/Kalss, AktG² Vor § 195 Rz 40; *Kalss* in Doralt/Nowotny/Kalss, AktG² § 92 Rz 112.

248 *Diregger* in Doralt/Nowotny/Kalss, AktG² Vor § 195 Rz 36 ff; *Kalss* in Doralt/Nowotny/

Nach einer jüngeren Ansicht (siehe sogleich Rz 98) können jedoch auch Aufsichtsratsbeschlüsse – je nach Art des Mangels – nichtig oder anfechtbar sein.[249] Nach der hL haben Verstöße gegen bloße **Ordnungsvorschriften**, wie etwa die Protokollierungspflicht, keine Beschlussnichtigkeit zur Folge.[250] Umgekehrt begründen **gravierende inhaltliche Mängel**, wie etwa ein Verstoß gegen zwingendes Recht die Nichtigkeit des Beschlusses,[251] wenn der Zweck der verletzten Vorschrift die Rechtsfolge der Nichtigkeit gebietet.[252] Verstöße gegen Verfahrensvorschriften werden uneinheitlich behandelt; es wird aber grds zwischen gravierenden und nicht gravierenden Verstößen unterschieden.[253] **Gravierende Verfahrensverstöße** (wie etwa Missachtung der Beschlussfähigkeit, Beschlüsse ohne Sitzungen gegen den Widerspruch einzelner Mitglieder, Beschlussfassung ohne Ankündigung in der Tagesordnung bei Widerspruch eines Mitglieds) machen den Beschluss unwirksam.[254] Gleiches hat wohl auch für die Nichteinladung eines Mitglieds zur Beschlussfassung zu gelten, auch wenn die Stimme des nicht eingeladenen zwar nicht kausal für eine bestimmte Entscheidung war, jedoch die Möglichkeit zur Beeinflussung der Willensbildung im Aufsichtsrat bestanden hat.[255] Hingegen haben **weniger gravierende Verstöße** gegen (verzichtbare) Verfahrensvorschriften keine Beschlussunwirksamkeit zur Folge.[256]

96 Bei gravierenden Verfahrensverstößen wird aus Gründen des Verkehrsschutzes eine zeitliche Beschränkung der Geltendmachung der Nichtigkeit gefordert.[257] Auch wenn das österreichische Zivilrecht – anders als das deutsche BGB – das Rechtsinstitut der Verwirkung nicht kennt,[258] kann wohl in § 202 Abs 2 AktG eine verallgemeinerungsfähige Wertung für Aufsichtsratsbeschlüsse gefunden werden, die aus Gründen der Außenwirkung erhöhte Bestandssicherheit genießen

---

Kalss, AktG² § 92 Rz 114; *dies* in Kalss/Nowotny/Schauer, Österreichisches Gesellschaftsrecht Rz 3/568; *Strasser* in Jabornegg/Strasser, AktG⁵ §§ 92-94 Rz 72; OGH SZ 58/32; OGH wbl 1996, 37 (jeweils zur GmbH); aA *Feltl*, Beschlussmängel 255 ff; *Koppensteiner/Rüffler*, GmbHG³ § 30g Rz 14.

249 *Feltl*, Beschlussmängel 255 ff.

250 *Kalss* in Doralt/Nowotny/Kalss, AktG² § 92 Rz 120; *Hopt/Roth* in GroßKommAktG⁴ § 108 Rz 148; *Habersack* in MünchKommAktG⁴ § 108 Rz 79; *Koppensteiner/Rüffler*, GmbHG³ § 30g Rz 14 lassen für Verfahrensvorschriften nur eine Anfechtbarkeit, keine Nichtigkeit zu.

251 So auch *Koppensteiner/Rüffler*, GmbHG³ § 30g Rz 14; *Kalss* in Doralt/Nowotny/Kalss, AktG² § 92 Rz 116; *Feltl*, Beschlussmängel 270.

252 *Strasser* in Jabornegg/Strasser, AktG⁵ §§ 92-94 Rz 72; *Feltl*, Beschlussmängel 270.

253 *Spindler* in Spindler/Stilz, AktG³ § 108 Rz 72 f; *Kalss* in Doralt/Nowotny/Kalss, AktG² § 92 Rz 119; *Koppensteiner/Rüffler*, GmbHG³ § 30g Rz 14.

254 *Spindler* in Spindler/Stilz, AktG³ § 108 Rz 72 f; *Kalss* in Doralt/Nowotny/Kalss, AktG² § 92 Rz 119; siehe auch *Koppensteiner/Rüffler*, GmbHG³ § 30g Rz 14.

255 *Kastner*, GesRZ 1981, 17; *Zollner*, PSR 2010, 48 f; hingegen für eine Anfechtbarkeit *Koppensteiner/Rüffler*, GmbHG³ § 30g Rz 14; *Feltl*, Beschlussmängel 262.

256 Vgl *Strasser* in Jabornegg/Strasser, AktG⁵ §§ 92-94 Rz 72; *Kalss* in Doralt/Nowotny/Kalss, AktG² § 92 Rz 119. Für die Anfechtbarkeit aber *Feltl*, Beschlussmängel 262.

257 *Kalss* in Doralt/Nowotny/Kalss, AktG² § 92 Rz 122.

258 Aus diesem wird für Deutschland eine zeitliche Beschränkung der Geltendmachung der Nichtigkeit von Organbeschlüssen abgeleitet; statt aller vgl nur *Spindler* in Spindler/Stilz, AktG³ § 108 Rz 82.

sollten;[259] mit der Ausdehnung ist jedoch mit Blick auf die spezielle Konstellation beim Jahresabschluss besonders vorsichtig umzugehen.

Dem rechtsgeschäftlichen Charakter des Beschlusses entsprechend können **Willensmängel bei der Stimmabgabe einzelner Aufsichtsratsmitglieder** nach den allgemein zivilrechtlichen Grundsätzen angefochten werden.[260] Von praktischer Bedeutung kann insbesondere die Irrtumsanfechtung wegen mangelnder oder falscher Informationen in Betracht kommen.[261] Die Anfechtung ist gegenüber dem Aufsichtsratsvorsitzenden zu erklären.[262] Für Beschlüsse, die aus Verkehrsschutzgründen besonderen Bestandsschutz verdienen (vgl Rz 96), wie etwa die Feststellung des Jahresabschlusses, ist diese Möglichkeit jedoch abzulehnen. **97**

Differenzierte Betrachtung: Nach jüngerer Ansicht[263] können auch mangelhafte Aufsichtsratsbeschlüsse entweder nichtig oder bloß anfechtbar sein; bei bestimmten Mängel liegt auch gar kein (gültiger) Beschluss vor. Argumentationsbasis dafür sind – gleich wie die zuvor dargestellte hL mit einem allerdings völlig anderen Ergebnis – zivilrechtliche Wertungen. Ist ein Beschluss anfechtbar, ist die Gesellschaft passiv legitimiert.[264] Die Anfechtungsklage muss binnen angemessener Frist erhoben werden.[265] Nichtige Beschlüsse können hingegen unbefristet mit Feststellungsklage bekämpft werden.[266] Verstöße gegen die zwingenden Vorschriften über die Beschlussfähigkeit oder über die Zuständigkeit (Plenum statt Ausschuss) führen dazu, dass gar **kein Aufsichtsratsbeschluss** vorliegt.[267] Sonstige Verfahrensmängel begründen – mit Ausnahme des Verstoßes gegen die Aktionärsschutzklausel, die zur Nichtigkeit führt – die bloße Anfechtbarkeit des Beschlusses. Gesetzwidrige Beschlüsse können je nachdem, welche gesetzliche Norm verletzt wurde, nichtig oder bloß anfechtbar sein.[268] Verstöße gegen die Satzung führen – sofern diese überhaupt wesentlich sind – hingegen bloß zur Anfechtbarkeit des Aufsichtsratsbeschlusses.[269] Verstöße gegen die Geschäftsordnung begründen ebenfalls nur die Anfechtbarkeit des Beschlusses, sofern sich diese nicht in der Wiedergabe von gesetzlichen oder statutarischen Vorschriften erschöpfen.[270] **98**

---

[259] Ähnlich auch *Kalss* in Doralt/Nowotny/Kalss, AktG² § 92 Rz 122.

[260] Näher dazu siehe *Feltl*, Beschlussmängel 145 ff; *Spindler* in Spindler/Stilz, AktG³ § 108 Rz 71; *Mertens/Cahn* in KölnKommAktG³ § 108 Rz 90.

[261] Vgl *Feltl*, Beschlussmängel 145 ff; *Spindler* in Spindler/Stilz, AktG³ § 108 Rz 71; *Mertens/Cahn* in KölnKommAktG³ § 108 Rz 90.

[262] *Mertens/Cahn* in KölnKommAktG³ § 108 Rz 90.

[263] *Feltl*, Beschlussmängel 255 ff.

[264] *Feltl*, Beschlussmängel 257.

[265] *Feltl*, Beschlussmängel 258.

[266] *Feltl*, Beschlussmängel 258 f.

[267] *Feltl*, Beschlussmängel 261.

[268] *Feltl*, Beschlussmängel 269 f.

[269] *Feltl*, Beschlussmängel 271 ff.

[270] *Feltl*, Beschlussmängel 273 ff.

D. Sonstige Handlungsinstrumente

99 Als sonstige Handlungsinstrumente sind – wie bereits zuvor dargestellt – Stellungnahmen, Kritiken, Äußerungen, tatsächliche Erklärungen, Beratungen einzelner Aufsichtsratsmitglieder zu nennen. Auch können die genannten sonstigen Handlungsinstrumente vom gesamten Aufsichtsrat in Anspruch genommen werden. Sollen diese jedoch gegenüber dem Vorstand als Maßnahme des Aufsichtsrats transportiert werden, bedarf es – wenngleich es an der Herbeiführung von unmittelbaren rechtlichen Wirkungen fehlt – eines Beschlusses des Gesamtaufsichtsrats.[271] Dabei ist etwa an Stellungnahmen iSd § 14 ÜbG zu denken, die der Aufsichtsrat einer Zielgesellschaft zum Angebot abzugeben hat. Für die sonstigen Handlungsinstrumente gelten die Regelungen über Beschlussfähigkeit, Form der Beschlussfassung etc nicht, stellen diese doch keine Willensbildung des Aufsichtsrats dar, sodass auch für schriftliche Stellungnahmen bzw fernmündliche oder in sonstiger vergleichbarer Weise verlautbart Stellungnahmen die Anforderungen des § 92 Abs 3 AktG nicht greifen. Auch die Wahrnehmung von Aufsichtsinstrumenten kann ein sonstiges Handlungsinstrument sein, wenn diese gerade nicht an eine Beschlussfassung durch den Aufsichtsrat anknüpft; dabei ist insbesondere an das Verlangen eines einzelnen Aufsichtsratsmitglieds iSd § 95 Abs 2 AktG (Anforderungsbericht) zu denken.[272]

---

271 *Habersack* in MünchKommAktG[4] § 108 Rz 10; *Hopt/Roth* in GroßKommAktG[4] § 108 Rz 19.

272 *Habersack* in MünchKommAktG[4] § 108 Rz 10.

Vertretungsbefugnis des Aufsichtsrats und die Beiziehung eines Sachverständigen

Susanne Kalss

§§: Zur Vertretungsbefugnis: 75 Abs 1 und Abs 4, 97 AktG; zur Beiziehung des Sachverständigen: 95 Abs 3 AktG; 99.

Literatur

Ö: *P Bydlinski,* Der sogenannte Missbrauch unbeschränkbarer Vertretungsmacht, in FS F Bydlinski (2002) 19*; P Doralt/W Doralt*, Rechtsvergleichung und Rezeption in der Managerhaftung, in FS Koziol (2010) 565; *Kalss*, Finanzinnovationen und Geschäftsleiterverantwortung, in Möslein, Finanzinnovation und Rechtsordnung (2014) 245; *Kalss*, Organhaftung in Österreich – Einige rechtspolitische Anmerkungen, GesRZ 2014, 159; *Kalss/Durstberger*, Die Business Judgement Rule bei der Aufstellung der Bilanz, RWZ 2016, 13; *Kalss*, Die Verantwortung der Organe bei Verwendung von Informationen Dritter, in Konecny, Insolvenzforum 2009 (2010), 149; *Kalss*, Die Beauftragung eines Beraters durch den Aufsichtsrat, AR-Aktuell 2010, 4; *Karollus*, Business Judgement Rule und Handeln auf Grundlage angemessener Information am Beispiel eines Vergleichs über Ansprüche gegen Dritte, in FS Jud (2012) 307; *A Reich-Rohrwig*, Aufklärungspflichten vor Vertragsabschluss (2015); *Schopper/Walch,* Vorstandshaftung bei Vertrauen auf unrichtigen Rechtsrat, GES 2012, 215; *Told*, Business Judgement Rule und Anwendbarkeit in Österreich, GES 2015, 60.

Dtl: *Bayer/Scholz*, Vertretung durch den Aufsichtsrat nach § 112 AktG und Rechtsirrtümer im Kernbereich des Aktienrechts, ZIP 2015, 1853; *Binder*, Geschäftsleiterhaftung und fachkundiger Rat, AG 2008, 274; *Birk*, Der Rechtsanwalt im Aufsichtsrat (2014); *Von Falkenhausen*, Der Aufsichtsrat der Aktiengesellschaft als Geschäftsführungs- und Vertretungsorgan, ZIP 2015, 956; *Fleischer*, Rechtsrat und Organwalterhaftung im Gesellschafts- und Kapitalmarktrecht, in FS Hüffer (2009) 187; *Fleischer*, Vertrauen von Geschäftsleitern und Aufsichtsratsmitgliedern auf Informationen Dritter. Konturen eines kapitalgesellschaftsrechtlichen Vertrauensgrundsatzes, ZIP 2009, 1397; *Fleischer*, Vorstandshaftung und Vertrauen auf anwaltlichen Rat, NZG 2010, 121; *Fleischer,* Vorstandshaftung und Rechtsirrtum über die Vertretungskompetenz beim Abschluss eines Interim-Management-Vertrags, DB 2015, 1764; *Hoffmann-Becking*, Unabhängigkeit im Aufsichtsrat, NZG 2014, 801; *Kort,* Beziehungen des Vorstandsmitglieds der AG zu Dritten: Drittanstellung, Interim Management, Personalleasing und Vergütung durch Dritte, AG 2015, 531; *Krieger*, Interimmangement, in FS Hofmann-Becking (2013) 339; *Spindler*, Die Haftung von Vorstand und Aufsichtsrat für fehlerhafte Auslegung von Rechtsbegriffen, in FS Canaris II (2007) 403; *Strassner,* Die Vertretung der AG durch den Aufsichtsrat, Der Aufsichtsrat 4/2015, 52; *Strohn,* Einholung von Rechtsrat, CCZ 2013, 177; *Theisen,* Beratene Berater, Der Aufsichtsrat 1/2014, 1; *Uffmann*, Interim Management (2015); *E Vetter,* Drittanstellung von Vorstandsmitgliedern, aktienrechtliche Kompetenzverteilung und Exkulpation des Vorstands bei rechtlicher Beratung, NZG 2015, 889; *E Vetter*, Kosten der Aufsichtsratstätigkeit und Budgetrecht des Aufsichtsrats, in VGR, Gesellschaftsrecht in der Diskussion 2014, 115.

Gliederung **Rz**

I. Normative Grundlagen

1 **Vertretung der Gesellschaft:** § 75 Abs 1 lautet: *Vorstandsmitglieder bestellt der Aufsichtsrat auf höchstens fünf Jahre (...). Diese Vorschriften gelten sinngemäß für den Anstellungsvertrag.*

§ 97 AktG lautet: *Der Aufsichtsrat ist befugt, die Gesellschaft bei der Vornahme von Rechtsgeschäften mit den Vorstandsmitgliedern zu vertreten und gegen diese die von der Hauptversammlung beschlossenen Rechtsstreitigkeiten zu führen.*

2 **Beiziehung des Sachverständigen:** § 95 Abs 3 AktG lautet: *(3) Der Aufsichtsrat kann die Bücher und Schriften der Gesellschaft sowie die Vermögensgegenstände, namentlich die Gesellschaftskasse und die Bestände an Wertpapieren und Waren, einsehen und prüfen, er kann damit auch einzelne Mitglieder oder für bestimmte Aufgaben besondere Sachverständige beauftragen.*

II. Die Beiziehung eines externen Sachverständigen – Vorüberlegungen

A. Beratungsbedarf

3 **Zuständigkeit:** Bei der Frage der Beiziehung eines Sachverständigen sind zwei maßgebliche Fragen zu unterscheiden, nämlich ob der Aufsichtsrat überhaupt berechtigt ist und welche Rechtsfolgen mit der Bestellung verbunden sind und ob und wie der Aufsichtsrat die Gesellschaft bei der Beauftragung vertritt. Der Aufsichtsrat ist berechtigt, bei den Angelegenheiten, die in seine Zuständigkeit fallen, zur Unterstützung seiner Entscheidung einen Sachverständigen beizuziehen. Vorstellbar ist dies daher bei Entscheidungen, die ausschließlich in seine Zuständigkeit fallen, etwa bei Abschluss eines Dienstvertrages mit einem Vorstandsmitglied oder bei Auflösung des Dienstvertrages; bei der Erstellung und Strukturierung eines Anforderungsprofils und des Auswahlprozesses; bei der Klärung der Zuständigkeit für eine Zustimmung gemäß § 95 Abs 5 AktG, § 30j Abs 5 GmbHG oder

auch bei Beurteilung einer Maßnahme, die in seine Zustimmungskompetenz fällt. Der Sachverständige darf nur bestellt werden, denn sich der Aufsichtsrat außer Stande sieht, diese Frage selbst und allein zu beurteilen. Davon ist die Konstellation zu unterscheiden, in der der Aufsichtsrat dem Vorstand empfiehlt, zur Klärung einer Frage noch einen Sachverständigen beizuziehen. In dieser Variante bestellt der Vorstand im Rahmen seiner Leitungstätigkeit. Der Aufsichtsrat gibt nur eine Anregung oder eine Stellungnahme dazu ab.

Großer Bedarf an Beratung: Die Zahl und die Komplexität von gesetzlichen und sonstigen Regelungen haben in den letzten Jahren deutlich zugenommen. Angesichts der Dichte des Normengefüges wird von Vorstand und Aufsichtsrat schon im Vorfeld der Klärung schwieriger Fragen auf gutachterliche Auskünfte der Rechtsabteilungen, von externen Beratern oder auch von Universitätsinstituten oder -professoren zurückgegriffen. Die Organwalter verfolgen das Ziel, bei ihrer Amtsführung die gesetzlichen Regelungen einzuhalten und damit die zivil- und strafrechtliche Verantwortlichkeit wahrzunehmen und strafrechtliche Verfolgung sowie Schadenersatzansprüche zu vermeiden.[1] 4

Beiziehung – Zulässigkeit: § 95 Abs 3 AktG berechtigt den Aufsichtsrat, für bestimmte Aufgaben besondere Sachverständige zu beauftragen. Diese Berechtigung besteht nicht bloß allein aufgrund dieser ausdrücklichen gesetzlichen Regelung, sondern ist Ausdruck sorgfaltsgemäßer Ausübung des Aufsichtsratsamts mit seinen Überwachungs- und Beratungspflichten und sonstigen Kompetenzen.[2] Aufsichtsratsmitglieder müssen über die Kenntnisse und Fähigkeiten eines ordentlichen Aufsichtsratsmitglieds verfügen (*Schauer* Rz 45/1 ff).[3] Dazu gehört auch die Pflicht, sich bei Amtsübernahme über ihre gesellschafts- und kapitalmarktrechtlichen Verhaltenspflichten zu unterrichten und sich fortlaufend fortzubilden (vgl Beitrag *Kalss/Schimka* Rz 2/96 ff). In Zweifelsfällen dürfen sie sich nicht auf ihr eigenes Urteil verlassen, sondern müssen, wenn ihre eigene Kenntnis nicht ausreicht, sachverständigen Rat einholen.[4] 5

Verpflichtung – Beiziehung: Der Oberste Gerichtshof statuierte ausdrücklich, dass der Aufsichtsrat berechtigt, aber zugleich auch verpflichtet ist, den Rat eines Sachverständigen einzuholen, sofern er die Frage selbst nicht in entsprechender Weise klären und entscheiden kann.[5] Das OLG Stuttgart sprach bei vergleichbarer Rechtslage ausdrücklich aus, dass ein Organmitglied verpflichtet ist, im Einzelfall fehlende Sachkunde durch Einholung externer Expertise auszugleichen.[6] Bei entsprechender Bedeutung der Frage ist der Aufsichtsrat – ebenso wie der Vorstand – verpflichtet, einen Rechtsrat oder eine sonstige sachverständige Expertise 6

[1] *Fleischer* in FS Hüffer 187.

[2] *Kalss* in Doralt/Nowotny/Kalss, AktG² § 99 Rz 25.

[3] *Kalss* in Doralt/Nowotny/Kalss, AktG² § 99 Rz 5; *Strasser* in Jabornegg/Strasser, AktG⁵ §§ 98, 99 Rz 32.

[4] *Fleischer* in Spindler/Stilz, AktG³ § 93 Rz 29; *Fleischer* in FS Hüffer 189.

[5] OGH 8 Ob 262/02s, RdW 2003/377 (*Rieger-Bank*); ferner OGH 1 Ob 144/01k, GesRZ 2002, 86 (*Internationale Speditionen*).

[6] OLG Stuttgart NZG 2010, 141; dazu *Kalss* in Konecny, Insolvenzforum 2009, 149, 153; *Fleischer*, NZG 2010, 121.

einzuholen.[7] Verabsäumt der Aufsichtsrat die Beiziehung eines Sachverständigen, obwohl dies angesichts der Komplexität der Fragestellung, der Neuheit des Problems für die Gesellschaft bzw für das Gremium oder angesichts der Risikogeneigtheit der Maßnahme für die Gesellschaft erforderlich wäre, liegt – bei Fehlen ausreichenden Sachverstands im Gremium – allein darin eine Sorgfaltswidrigkeit. Die Vorlage eines Gutachtens durch den Vorstand darf daher nicht stets mit einem Gegengutachten des Aufsichtsrats repliziert werden. Es sollte die Ausnahme sein. Grundsätzlich hat der Aufsichtsrat dem Vorstand bei seinen Handlungen zu **vertrauen**. Vielmehr hat der Aufsichtsrat zunächst eine Lektüre und Kontrolle des vom Vorstand vorgelegten Gutachtens vorzunehmen und erst in einem Folgeschritt zu überlegen, ob er ein eigenes Gutachten beauftragt (vgl *Kalss* Rz 26/81 ff).

7 **Verhältnis: eigenes Urteil – Expertise:** Der Aufsichtsrat darf daher nicht generell jede von ihm zu beurteilende Frage an einen externen Sachverständigen weiterreichen, sondern hat sich zunächst ein Urteil zu bilden, ob dies erforderlich ist und worin die Problematik bzw Fragestellung überhaupt liegt und ob dies mit eigenem Sachverstand entschieden werden kann. Aufsichtstätigkeit darf **nicht** bloß „**beratergetrieben**" sein, der Aufsichtsrat darf nicht zum schlichten Exekutor externer Ratgeber und Expertisen für seine eigene Überwachungstätigkeit verkommen.[8] Der Aufsichtsrat darf sich nicht dem **Diktat der Beraterisierung**[9] unterwerfen, sondern muss kraft seiner mehrseitigen Erfahrung versuchen, ein eigenständiges Urteil zu bilden. Nur wenn er sich außer Stande sieht, eine Entscheidung ohne Beiziehung eines Experten oder einer Expertin zu treffen, darf und hat er eine externe Meinung einzuholen. Der Aufsichtsrat sollte aber durchaus auch die Bereitschaft und Fähigkeit haben, bestimmte Angelegenheiten ohne Gutachten zu entscheiden. Gerade wenn Experten im Aufsichtsratsgremium zu speziellen Fragen vertreten sind, ist die Beiziehung eines Sachverständigen oft nicht erforderlich. Zulässig ist es auch, ein Aufsichtsratsmitglied als besonderen Experten für eine spezifische Beratung zu betrauen; dafür greifen die Regelungen gem § 95 Abs 5 Z 12 AktG sowie § 30j Abs 5 Z 12 GmbHG (Beitrag *Kalss* Rz 13/14 ff). Auch gegenüber den als Sachverständige oder Berater vom Vorstand beigezogenen Aufsichtsratsmitgliedern besteht grundsätzlich der **Vertrauensgrundsatz** (vgl *Kalss* Rz 13/48), dh die Notwendigkeit als solche ist nicht pauschal in Frage zu stellen.

8 **Sondersituation – Krise:** Gerade in Sondersituationen, insbesondere in Phasen der finanziellen Krise oder Reputationskrise, haben der Vorstand und auch der Aufsichtsrat Aufgaben zu bewältigen, mit denen sie nicht vertraut sind. Haben sie vorher eine bekannte Markt-Community zu betreuen, so müssen sie sich nun plötzlich neuen Adressaten (Medien, unbekannte Gegner) stellen. Diesen blitzartig auftauchenden Anforderungen sind sie oft nicht – sofort – gewachsen, sodass sie neue, ihnen **unbekannte Berater** oder überhaupt **Beraterkategorien** brauchen. Da ihnen dieses Feld nicht vertraut ist, geraten sie in eine deutlich stärkere

---

7 *Kalss* in Konecny, Insolvenzforum 2009, 149, *Fleischer*, NZG 2010, 121, 122.

8 *Kalss* in Konecny, Insolvenzforum 2009, 150 (für die Geschäftsführung).

9 *Kalss* in Möslein, Finanzinnovation und Rechtsordnung 245, 258; *Theisen*, Der Aufsichtsrat 1/2014.

Beraterabhängigkeit und auch zu einer Phase der **fehlenden Entschlusskraft**. Dem kann nur mit Vorbereitung auf Krisenszenarien und breiterer Ausbildung und Erfahrung begegnet werden, um dem **Gebot eigenständiger Entscheidung** und Entschlusskraft nachkommen zu können (vgl *Kalss/Schimka* Rz 2/78).

B. Unternehmerisches Ermessen des Aufsichtsrats im Allgemeinen

Unternehmerisches Ermessen – Informationsaufbereitung: Die Beiziehung eines Sachverständigen durch den Aufsichtsrat ist zum Teil für die Klärung einzelner Rechtsfragen erforderlich, zum Teil aber auch für eine sachgerechte Aufbereitung der Information im Rahmen der unternehmerischen Ermessensentscheidungen, die nicht nur der Vorstand, sondern auch der Aufsichtsrat treffen muss. **9**

Die Judikatur anerkannte in Österreich schon seit langem einen unternehmerischen Ermessenspielraum für den Aufsichtsrat einer GmbH und einer AG (vgl *Schauer* Rz 45/13).[10] Unternehmerisches Ermessen besteht bei unternehmerischen Entscheidungen, die auch ein Aufsichtsrat in unterschiedlicher Weise zu treffen hat. Eine unternehmerische Entscheidung liegt vor, wenn das Organ nicht durch Gesetz, Satzung oder Organbeschlüsse zu einem bestimmten Handeln gezwungen ist, sondern das Organ dabei mehrere Entscheidungsalternativen hat.[11] Bei unternehmerischen Entscheidungen besteht im Regelfall auch eine Entscheidungsunsicherheit, weil das Ereignis in der Zukunft liegt und der Geschehensablauf noch ungewiss ist, somit dem Vorhaben der Entscheidung ein prognostisches Element innewohnt oder die Rechtslage unklar ist.[12] **10**

Beispiele für unternehmerische Ermessensentscheidungen des Aufsichtsrats finden sich etwa bei der Bestellung und Abberufung von Vorstandsmitgliedern, **11** bei der Festlegung der Vergütung oder sonstiger schuldrechtlicher Vereinbarungen mit einem Vorstandsmitglied, aber auch bei Ausübung des Zustimmungsrechts zu zustimmungspflichtigen Maßnahmen gem § 95 Abs 5 AktG sowie § 30j Abs 5 GmbHG (vgl dazu *Briem* Rz 12/84 ff).

Nach § 84 Abs 1a AktG und § 25 Abs 1a GmbHG handelt ein Vorstandsmitglied oder Geschäftsführer jedenfalls in Einklang mit der Sorgfalt eines ordentlichen Geschäftsleiters, wenn er sich bei einer unternehmerischen Entscheidung nicht von sachfremden Interessen leiten lässt und auf der Grundlage angemessener Information annehmen darf, zum Wohle der Gesellschaft zu handeln. Diese Regelungen gelten gem § 99 AktG und § 33 GmbHG auch für den Aufsichtsrat. Somit handelt ein Aufsichtsorgan im Rahmen des unternehmerischen Ermessens, wenn es (i) seine unternehmerische Entscheidung (ii) frei von Eigeninteressen oder sachfremden Einflüssen (iii) auf Basis angemessener Information (iv) zum Wohl des Unternehmens trifft und dabei (v) kein übergroßes Risiko eingeht.[13] Maßgeb- **12**

---

[10] OGH 1 Ob 144/01k, GesRZ 2002, 86; OGH 6 Ob 262/02s; OGH 7 Ob 58/08t; *Kalss*, GesRZ 2014, 161; *Cahn*, WM 2013, 1293.

[11] *Fleischer* in Spindler/Stilz, AktG³ § 93 Rz 67; *Kalss/Durstberger*, RWZ 2016, 60 ff.

[12] *Cahn*, WM 2013, 1294 f; *Kalss/Durstberger*, RWZ 2016, 60.

[13] *Kalss*, GesRZ 2014, 161; *Kalss/Durstberger*, RWZ 2016, 60; *Karollus* in FS Jud 307, 322; *Told*, GES 2015, 60 f.

lich ist hierfür eine ex ante-Betrachtung jeweils im Zeitpunkt der Entscheidungsfindung.

13 Gerade für die Elemente der Klärung einer **Rechtsunsicherheit** sowie insbesondere die Handlungsnotwendigkeit auf Basis **angemessener Information** zeigt sich die Berechtigung und zum Teil Notwendigkeit für einzelne Fragen einen Sachverständigen zur Klärung der Rechtslage, zur Hebung der Rechtssicherheit und schließlich zur Informationsaufbereitung zu sorgen.

C. Beiziehung – Ermessensentscheidung

14 Bei der Entscheidung über die Beauftragung eines Sachverständigen durch den Aufsichtsrat selbst und bei dessen Auswahl verfügt der Aufsichtsrat über ein weites Ermessen gemäß § 84 Abs 1a iVm § 99 AktG.[14] Maßstab für die Befassung eines Sachverständigen ist die Ausübung der Überwachungstätigkeit und sonstigen Aufsichtsratstätigkeit ausschließlich im Interesse der Gesellschaft. Die Beauftragung des Sachverständigen ist nicht ultima ratio,[15] die Beauftragung setzt auch nicht voraus, dass der Aufsichtsrat die Prüfung selbst gar nicht vornehmen könnte.[16]

15 **Beiziehungspflicht:** Die Beauftragung eines Sachverständigen kann zur Pflicht des Aufsichtsrats werden, nämlich wenn Anhaltspunkte für Unregelmäßigkeiten des Vorstands bestehen oder wenn im Aufsichtsrat zu einer bestimmten Frage kein spezifisches Know-How gegeben ist und daher diese Lücke gedeckt werden muss.[17]

16 **Beschluss:** Die Beauftragung des Sachverständigen bedarf eines Beschlusses des Plenums.[18] Zulässig ist es aber auch, dass ein zuständiger und hiezu ermächtigter Aufsichtsratsausschuss darüber beschließt.[19] Mit der Entscheidungskompetenz des Aufsichtsrats geht auch die organschaftliche Vertretungsbefugnis gegenüber den dritten Sachverständigen einher. Ein einzelnes Mitglied kann für den Aufsichtsrat diesen Beschluss nicht ersetzen, auch nicht der Aufsichtsratsvorsitzende.[20] Zulässig ist es allerdings, dass das Plenum in seinem Beschluss oder der zuständige Ausschuss die konkrete Beauftragung des Sachverständigen für

---

[14] *Habersack* in MünchKomm AktG[4] § 111 Rz 76; *Hopt/Roth* in GroßKomm AktG[4] § 111 Rz 424.

[15] *Habersack* in MünchKomm AktG[4] § 111 Rz 76.

[16] *Habersack* in MünchKomm AktG[4] § 111 Rz 76; strenger *Lutter*, Information und Vertraulichkeit[3] 304, aber weniger streng Rz 305; ferner für die Zulässigkeit *Hopt/Roth* in GroßKomm AktG[4] § 111 Rz 425; *Von Schenck* in Semler/von Schenck, Der Aufsichtsrat § 113 Rz 136.

[17] *Kalss* in Doralt/Nowotny/Kalss, AktG[2] § 95 Rz 66; *Habersack* in MünchKomm AktG[4] § 111 Rz 76.

[18] *Kalss* in Doralt/Nowotny/Kalss, AktG[2] § 95 Rz 66; *Hopt/Roth* in GroßKomm AktG[4] § 111 Rz 426; *Habersack* in MünchKomm AktG[4] § 111 Rz 74; *Hüffer*, AktG[11] § 111 Rz 23.

[19] *Hopt/Roth* in GroßKomm AktG[4] § 111 Rz 426; *Habersack* in MünchKomm AktG[4] § 111 Rz 74; *Semler* in MünchKomm AktG[2] § 111 Rz 306; *Hüffer*, AktG[11] § 111 Rz 23.

[20] *Hopt/Roth* in GroßKomm AktG[4] § 111 Rz 426; *Mertens/Cahn* in KölnKomm AktG[3] § 111 Rz 61.

einen bestimmten Prüfungsbereich auf den Aufsichtsratsvorsitzenden überträgt.[21] Damit wird der Vorsitzende sowohl für die Vertretung im Willen als auch für die Erklärung (Botenschaft) berechtigt.

Der Aufsichtsrat ist an die Verfolgung des Unternehmensinteresses gebunden, damit hat er die Kostenbelastung der Sachverständigenbestellung zu berücksichtigen und muss die Beiziehung des Sachverständigen in einem angemessenen Verhältnis zur Bedeutung der Angelegenheit stehen. Grenze für die Beiziehung eines Sachverständigen ist das Verbot der missbräuchlichen Ausübung. Missbrauch ist ausgeschlossen, wenn der Aufsichtsrat die möglichen Folgen seines Vorgehens in die Abwägung einbezieht und für die Beauftragung des Sachverständigen plausible Gründe bestehen.[22] **17**

D. Punktuelle Beiziehung

Die Beiziehung eines Sachverständigen darf – anders als die Betrauung eines Mitglieds des Aufsichtsrats mit einer besonderen Aufgabenstellung (vgl *Zollner* Rz 22/67) nicht dauernd und pauschal vorgenommen werden, vielmehr bedarf es einer konkreten zu untersuchenden Einzelangelegenheit.[23] Mit § 95 Abs 3 AktG wäre es daher unvereinbar, einen Sachverständigen dauerhaft mit der Prüfung bestimmter, uU gar regelmäßig wiederkehrender Einzelvorgänge zu beauftragen.[24] Nicht zulässig ist es auch, einen Sachverständigen ständig mit der Wahrnehmung der Einsichts- und Prüfungsrechte zu beauftragen.[25] Dies wäre mit dem Grundsatz der höchstpersönlichen Amtswahrnehmung (vgl *Kalss* Rz 3/37 ff) nicht vereinbar. Die Beauftragung eines Sachverständigen ist damit in sachlicher und zeitlicher Hinsicht beschränkt.[26] **18**

III. Anforderungen für die Auswahl

A. Allgemeine Sorgfaltspflicht

Überwachungssorgfalt: Ein Aufsichtsrat hat die Sorgfalt eines ordentlichen und gewissenhaften Aufsehers eines Unternehmens der selben Art und Größe zu leisten. Die Aufsichtsratsmitglieder müssen sich bei der Erfüllung ihrer Aufgaben gesetzestreu verhalten. An die Rechtskenntnis der einzelnen Aufsichtsratsmitglieder ist ein angemessen hoher Maßstab anzulegen. Die maßgeblichen Rechtsvorschriften, die die Überwachung einer Aktiengesellschaft betreffen, hat ein Aufsichtsratsmitglied zu kennen. Es hat sich darüber kundig zu machen. Das Aufsichtsratsmitglied muss auch ein Minimum an grundlegender Rechtskenntnis je nach Art und Größe des Unternehmens, Ausrichtung und Risikogeneigtheit der **19**

21 *Hopt/Roth* in GroßKomm AktG[4] § 111 Rz 426; *Mertens/Cahn* in KölnKomm AktG[3] § 111 Rz 61; *Lutter*, Information und Vertraulichkeit[3] 93.

22 *Habersack* in MünchKomm AktG[4] § 111 Rz 76.

23 *Kalss* in Doralt/Nowotny/Kalss, AktG[2] § 95 Rz 66.

24 BGH II ZR 27/82, BGHZ 85, 293, 296 (*Hertie*); *Hopt/Roth* in GroßKomm AktG[4] § 111 Rz 424; *Hüffer*, AktG[11] § 111 Rz 23; *Habersack* in MünchKomm AktG[4] § 111 Rz 75.

25 *Habersack* in MünchKomm AktG[4] § 111 Rz 75.

26 *Habersack* in MünchKomm AktG[4] § 111 Rz 75; *Hopt/Roth* in GroßKomm AktG[4] § 111 Rz 424; *Hüffer*, AktG[8] § 111 Rz 23; BGH II ZR 27/82, BGHZ 85, 293, 296 (*Hertie*).

Tätigkeit und der Geschäftsausführung mitbringen.[27] Ein Aufsichtsratsmitglied hat somit ein bestimmtes Mindestmaß an Kenntnissen mitzubringen. Insgesamt muss der Aufsichtsrat gem § 87 AktG fachlich ausgewogen zusammengesetzt sein, um zumindest als Kollegium den maßgeblichen Fragen bei der Überwachung der Geschäftsführung des Vorstandes eigenständig besorgen zu können.

20 **Auf der Grundlage** von zwei innerhalb der letzten Jahre ergangenen BGH-Entscheidungen zur Beiziehung eines Sachverständigen durch den Vorstand lassen sich auch grundlegende Wertungen für den Aufsichtsrat ermitteln. Der BGH hatte zwei Mal über die Beiziehung eines Sachverständigen und die Pflichten der dafür zuständigen Organe zu entscheiden.[28] Sie sind auch für Österreich relevant.

21 **Aufsichtsratsmitglieder** haben ihre Auskunftspersonen sorgfältig auszuwählen.[29] Der beigezogene Rechtsberater oder sonstige Sachverständige muss daher verlässlich sein, er muss somit Gewähr für eine objektive, sorgfältige, pflichtgemäße und verantwortungsbewusste Auskunftserteilung oder Erstellung des Gutachtens bieten.

22 Vier Kriterien bestehen für ein berechtigtes Vertrauen auf den Rechtsrat:[30]

- **Fachkompetenz** und Zuverlässigkeit
- **Unabhängigkeit** des Beraters
- **Umfassende Information** des Beraters durch den Aufsichtsrat
- Eigene **Plausibilitätskontrolle** des Rechtsrats durch den Aufsichtsrat[31]

23 Die vier genannten Prüfkriterien sind mit Augenmaß zu handhaben. Nur so kann der Sorgfaltsmaßstab für den Aufsichtsrat zu sachgerechten Ergebnissen führen.[32]

24 **Fachkompetenz**: Grundsätzlich darf sich der Aufsichtsrat auf die **Formalqualifikation** eines Gutachters verlassen. Hier kommt es aber gerade darauf an, um welchen Gutachter es sich handelt. Die einzelnen Aufsichtsratsmitglieder sind hier besonders gefordert, ihre Expertise in den verschiedenen Teilgebieten einzubringen. Die unterschiedliche Zusammensetzung des Aufsichtsrats soll sicherstellen, dass aus den verschiedenen Bereichen geeignete Sachverständige herangezogen werden. Ein Techniker wird den Gutachtensmarkt für technische Gutachten über die Bodendichte und Gesteinszusammensetzung, die Erosionsgefahr oder die Machbarkeit einer Produktentwicklung erkennen. Ein Jurist wird sich über die Gutachtensqualität einzelner Rechtsprofessoren oder Fachkollegen besser auskennen und hat dazu seine Expertise einzubringen. Grundsätzlich erfüllt der Aufsichtsrat seine Pflicht, wenn er sich an die Formalkriterien hält und sich darauf verlässt.[33] Es ist somit nicht verpflichtend erforderlich, unbedingt eine bestimmte

---

[27] Vgl zur Geschäftsführung *Schopper/Walch*, GES 2012, 215 f.

[28] BGH II ZR 234/09, DB 2011, 2484; BGH II ZR 63/14, AG 2015, 535.

[29] *Binder*, AG 2008, 274, 284; Fleischer, ZIP 2009, 1397, 1402; *Fleischer* in FS Hüffer 189; *Habersack* in MünchKomm AktG[4] § 111 Rz 76.

[30] *Fleischer*, DB 2015, 1766; *Schopper/Walch*, GES 2012, 215, 219; *Vetter*, NZG 2015, 880.

[31] BGH II ZR 234/09, DB 2011, 2484; BGH II ZR 63/14, AG 2015, 535.

[32] Ausdrücklich *Fleischer*, DB 2015, 1767.

[33] *Fleischer* in FS Hüffer 190; BGH VIII ZR 279/00, NJW 2001, 3114, 3115; ferner OGH 8 Ob 262/02s, RdW 2003/377 (*Rieger-Bank*).

Spezialqualifikation zu verlangen oder die Sorgfaltspflicht des Aufsichtsrats bei der Auswahl nur zu bejahen, wenn diese spezifischen Kenntnisse auch gegeben sind. Naturgemäß ist es aber hilfreich und sachgerecht, diese einzubringen. Wenn allerdings umgekehrt im Aufsichtsrat bekannt ist, dass einem bestimmten Gutachter die Expertise für den konkreten Gegenstand offensichtlich fehlt, darf er – trotz formaler Befugnis – nicht herangezogen werden.[34] Wird er dennoch als Gutachter bestellt, so handeln die Aufsichtsratsmitglieder nicht mehr in gutem Glauben und daher nicht sorgfaltsgemäß.[35]

Verlässlichkeit bedeutet einerseits **fachliche Sachkunde** und andererseits **persönliche Zuverlässigkeit**.[36] Damit der Aufsichtsrat seiner Pflicht, die Auswahl eine Sachverständigen sorgfaltsgemäß vorzunehmen, nachkommt, müssen die beiden Elemente der Sachkunde und der persönlichen Zuverlässigkeit nicht objektiv gegeben sein, vielmehr muss der Aufsichtsrat oder müssen die betroffenen Aufsichtsratsmitglieder vernünftigerweise davon ausgehen dürfen, dass die Voraussetzungen vorliegen.[37] **25**

Persönlich zuverlässig ist ein Gutachter oder eine Auskunftsperson nur, wenn sie mit der Erteilung der Auskunft oder des Gutachtens **keine Eigeninteressen** verfolgt und wenn keine Anhaltspunkte dafür bestehen, dass sie unseriös oder käuflich ist.[38] Der Aufsichtsrat darf sich auf ein Gutachten oder auf einen Sachverständigen **nicht verlassen**, der sich erkennbar in einem **Interessenkonflikt** befindet. Darin zeigt sich eine Parallele zur Anerkennung des unternehmerischen Ermessens, das jedenfalls ausgeschlossen ist, sofern sich ein Organmitglied im Interessenkonflikt befindet.[39] Allein der Umstand, dass ein Gutachter einige Aktien an der Gesellschaft hält oder einen Geschäftsanteil oder dem Aufsichtsrat angehört, führt noch nicht zwingend zu einem unüberbrückbaren Interessenkonflikt, der die Beiziehung als Gutachter jedenfalls unzulässig macht.[40] Aus § 95 Abs 5 Z 12 AktG ist die grundsätzliche gesetzliche Anerkennung abzuleiten, dass Aufsichtsratsmitglieder als Berater der Gesellschaft tätig werden; der Bestellende ist aber der Vorstand (vgl *Kalss* Rz 13/6 ff). Hier bestellt der Aufsichtsrat selbst ein Mitglied aus ihrer Mitte zu einem besonderen Berater. Der Aufsichtsrat hat den Aspekt der Mitgliedschaft im Gremium bei seiner Auswahlentscheidung zu berücksichtigen. Gibt es jedoch Anhaltspunkte für eine Unseriosität, Hinweise auf eine Tätigkeit im Graubereich oder Umstände, dass der Gutachter als Gefälligkeitsgutachter bekannt ist, so ist die Auswahl nicht sorgfaltsgemäß und kann sich der Aufsichtsrat auf eine derartige Expertise nicht stützen.[41] Syndici, Angehörige **26**

---

[34] *Fleischer* in FS Hüffer 189 unter Bezugnahme auf *Vogel* in Leipziger Kommentar zum StGB[12] (2007) § 17 Rz 81.

[35] *Fleischer* in FS Hüffer 191.

[36] *Fleischer* in FS Hüffer 190.

[37] *Fleischer* in FS Hüffer 190.

[38] *Fleischer* in FS Hüffer 191 f; *Vogel* in Leipziger Kommentar zum StGB[12] § 17 Rz 80.

[39] *Kalss* in Kalss/Nowotny/Schauer, Österreichisches Gesellschaftsrecht[1] Rz 3/336; *Kalss* in Doralt/Nowotny/Kalss, AktG[2] § 95 Rz 22; *Lutter*, GesRZ 2007, 80 f; *P Doralt/W Doralt* in FS Koziol 572 f.

[40] *Fleischer* in FS Hüffer 192.

[41] *Fleischer* in FS Hüffer 192.

von Rechtsabteilungen und sonstige In-door-Juristen sind nicht per se von der Gutachtenserstellung ausgeschlossen, zumal sie besondere Sachkunde haben und die Abhängigkeit nicht anders ist als bei einer engen Mandatsbeziehung.

27 **Unabhängigkeit** bedeutet, dass der Berater frei von Interessenkonflikten ist. Allein sein Interesse an einem wirtschaftlichen Umsatz begründet noch keinen unüberwindbaren Interessenkonflikt. Bei Beiziehung eines externen Beraters wird im allgemeinen Unabhängigkeit angenommen. Unabhängigkeit ist im Regelfall bei einem externen Sachverständigen gegeben, wenn er einen nicht zu großen Teil seines Umsatzes mit der betroffenen Gesellschaft macht. Unabhängigkeit ist von der fachlichen Kompetenz zu trennen. Die beiden Aspekte sind völlig voneinander gelöst. Sie müssen getrennt voneinander vorliegen.

28 **Interne Rechtsabteilung**: Unabhängigkeit bedeutet aber nicht zwingend die Beiziehung eines externen Beraters. Vielmehr kann auch die Rechtsabteilung der Gesellschaft, das Beteiligungsmanagement oder eine sonstige Stabstelle in der Gesellschaft oder überhaupt die operative Geschäftsführung und Umsetzung die tatsächliche Problemsicht und die Auslotung neuer Fragen erläutern. Mangelnde Fähigkeiten und Kenntnisse des Aufsichtsratsmitglieds, die dem verlangten objektiven Standard nicht genügen, sind kein Entschuldigungsgrund. Der Aufsichtsrat trägt dann das Risiko, die Rechtslage zu verkennen, was ihm als Rechtswidrigkeit und Sorgfaltswidrigkeit vorgeworfen werden kann.

29 **Unabhängigkeit des Rechtsberaters** bedeutet, dass der Berater in der Sache, dh etwa bei einer rechtlichen Auskunft, sachlich unabhängig sein muss. Er muss somit unbeeinflusst sein und er muss die Auskunft unabhängig von unmittelbaren oder mittelbaren Vorgaben bezogen auf das Ergebnis erteilt haben.[42] Die Unabhängigkeit muss im Rahmen einer Gesamtwürdigung der Umstände beurteilt werden; die fehlende Unabhängigkeit ist eine Einzelfallbeurteilung.[43]

30 **Sachverhaltsübermittlung**: Der Aufsichtsrat oder die Aufsichtsratsmitglieder sind verpflichtet, dem Gutachter den zu beurteilenden Sachverhalt bzw die gestellte Aufgabe **zutreffend** und **vollständig** zu schildern. Vielfach wird aber der Aufsichtsrat selbst nicht in der Lage sein oder die Fähigkeit haben, den Sachverhalt nach seiner Vollständigkeit zu beurteilen. Daher hat der Gutachter seinerseits auf eine Vollständigkeit der Sachverhaltsdarstellung hinzuwirken.[44]

31 **Die Plausibilitätsprüfung** des Sachverständigengutachtens soll untaugliche Expertenauskünfte und Gefälligkeitsgutachten ausschließen.[45] Der Aufsichtsrat hat ein von ihm eingeholtes Sachverständigengutachten einer Plausibilitätsprüfung zu unterziehen. Ausdrücklich bedeutet Plausibilitätsprüfung nicht eine rechtliche Überprüfung der Rechtsauskünfte, vielmehr bedeutet die Plausibilitätsprüfung die Überprüfung, ob dem Sachverständigen für den Inhalt der Auskunft alle erforderlichen oder die hauptsächlich relevanten Informationen zur Verfügung standen, er dann diese Informationen verarbeitet hat und sich die aufdrängenden

---

42 BGH II ZR 63/14, AG 2015, 525 Tz 36.
43 *Drescher* in Fleischer/Goette, MünchKomm GmbHG², § 43.
44 *Fleischer* in FS Hüffer 193 f.
45 *Fleischer*, DB 2015, 1767.

Fragen widerspruchsfrei beantworten haben lassen oder ob weitere Fragen notwendig waren.[46] Die Darlegungs- und Beweislast für die Vornahme der Plausibilitätsprüfung obliegt dem Aufsichtsrat bzw dem einzelnen Aufsichtsratsmitglied.[47] Daher hat der Aufsichtsrat bzw das einzelne Mitglied auf eine sorgfaltsgemäße Dokumentation zu achten.

Intensität der Prüfung: Ein umfangreiches Gutachten muss nicht von jedem einzelnen Aufsichtsratsmitglied im Detail durchgearbeitet werden. Der Aufsichtsratsvorsitzende kann sich etwa von seinem Assistenten (vgl *Kalss* Rz 3/47) unterstützen lassen. Ein Aufsichtsratsmitglied kann sich auch auf die Zusammenfassung oder die Kurzfassung der Ausführungen des Experten verlassen und allenfalls Stichproben zum Gesamtgutachten machen.[48] Widersprüche, Lücken und Auslassungen, die offensichtlich sind, sind zu berücksichtigen; er muss die Ergebnisse mit seiner Erfahrung abgleichen. 32

Sorgfaltsmaßstab – Prüfung: Dafür gilt für die einzelnen Aufsichtsratsmitglieder ein unterschiedlicher Sorgfaltsmaßstab. Juristisch kundige Aufsichtsratsmitglieder unterliegen bei einem Rechtsgutachten einem höheren Sorgfaltsmaßstab als juristisch unkundige Mitglieder. Sie dürfen sich grundsätzlich auf ein Rechtsgutachten verlassen und nur dann nicht vertrauen, wenn dem Gutachten klar der „Hautgout" eines Gefälligkeitswerkes entsteigt.[49] 33

B. Mündliche Auskünfte

Zulässig ist es auch, bloß **mündliche Auskünfte** und Expertisen einzuholen. Es ist nicht zwingend erforderlich, immer schriftliche Gutachten einzuholen. Selbst wenn bei schriftlichen Informationen eine höhere Richtigkeitsgewähr gegeben ist,[50] schließt dies die Seriosität und damit Zulässigkeit mündlich gewährter Auskünfte im Einzelfall nicht aus. Gerade in Kapitalmarktangelegenheiten, bei denen es etwa um eine ad hoc-Mitteilung oder um eine sonstige rasch erforderliche Entscheidung (Kauf, Verkauf) geht, ist die mündliche Auskunft oft die einzige Möglichkeit.[51] Sinnvoll ist es naturgemäß, vom Aufsichtsratsmitglied eine Dokumentation dieser Auskunft schriftlich niederzulegen. Auch Stehgreifauskünfte sind nicht unzulässig, vielmehr darf sich ein Aufsichtsrat, der ad hoc jemanden beizieht und schnell um Auskunft bittet, bei Einhaltung der sonstigen Seriositäts- und Zuverlässigkeitsgebote auf diese Einschätzung einer Auskunftsperson oder eines Gutachters verlassen.[52] 34

46 *Schopper/Walch*, GES 2012, 215, 219; *Fleischer*, DB 2015, 1767.
47 BGH II ZR 63/14, AG 2015, 525 Tz 35, Tz 33 ff.
48 *Strohn*, CCZ 2013, 177, 183 f; *Fleischer*, DB 2015, 1769.
49 *Fleischer* in Spindler/Stilz, AktG³ § 93 Rz 35e.
50 In ähnlichem Zusammenhang *Mülbert/Leuschner*, JZ 2009, 158, 160; *Kocher*, BB 2008, 1980, 1981.
51 *Fleischer* in FS Hüffer 196 f.
52 *Fleischer* in FS Hüffer 197.

C. Mehrere Sachverständige

35 Nach dem Wortlaut der Regelung von § 95 Abs 3 AktG ist auch die Beauftragung mehrerer Sachverständiger zur gleichen Thematik zulässig.[53] Dabei ist aber auch die Kostenbelastung und die Notwendigkeit im Interesse der Gesellschaft zu handeln, zu berücksichtigen. Gegebenenfalls ist es aber sinnvoll, zwei unabhängige fundierte Meinungen einzuholen, um eine Thematik auszuleuchten. Wenn ohnehin verschiedene Aspekte oder verschiedene Themenbereiche (Steuerrechtliche, gesellschaftsrechtliche, vergaberechtliche Beurteilung) abgefragt werden, stellt sich diese Frage nicht unmittelbar.

D. Rechtsfolgen der Beiziehung eines Sachverständigen

36 **Welche Rechtsfolgen** treten bei Beiziehung eines Sachverständigen bezogen auf die Verantwortung der Aufsichtsratsmitglieder ein? Unter welchen Voraussetzungen kann sich der Aufsichtsrat aufgrund eines Rechtsirrtums entlasten? Die Beauftragung eines Gutachtens wirkt nicht per se entlastend. Umgekehrt dürfen an ein Gutachten nicht überzogene Ansprüche gestellt werden.[54] Aus der Judikatur des BGH ist abzuleiten, dass die Aufsichtsratsmitglieder grundsätzlich für ihren Rechtsirrtum einstehen müssen, wenn sie schuldhaft gehandelt haben.[55] Ein das Verschulden ausschließender Rechtsirrtum liegt vor, wenn der Verpflichtete die Rechtslage sorgfältig prüft, den erforderlichen Rechtsrat einholt und die Judikatur beachtet. Der Rechtsrat muss von einem fachkompetenten und unabhängigen Berater stammen, auf einer umfassenden Information des Beraters beruhen und einer Plausibilitätskontrolle durch das beauftragende Organ genügen.[56] Maßgeblich ist dabei der Verständnishorizont des Beauftragenden, dh der Vorstandsmitglieder und der Aufsichtsratsmitglieder.

37 **Kongruentes Handeln**: Der Aufsichtsrat kann sich durch den Rechtsrat oder das sonstige Sachverständigengutachten nur dann exkulpieren, wenn er sein Organhandeln tatsächlich an diesen Sachverständigenrat ausrichtet, somit eine Kongruenz des Sachverständigenrats und des Organhandelns besteht.[57]

38 **Wegfall des Verschuldens**: Die Beiziehung eines Sachverständigen und die Einholung juristischen Rats, können die Aufsichtsratsmitglieder entlasten.[58] Zu überlegen ist, dass dadurch nicht nur das Verschulden entfällt, sondern bereits die Rechtswidrigkeit des Verhaltens, da der Aufsichtsrat bei gebotener und berechtigter Einholung des Rechtsrats objektiv sorgfaltsgemäß handelt.[59] Sorgfaltsgemäß und damit rechtskonform geht der Aufsichtsrat vor, wenn er bei Bedarf in der konkreten Situation einen unabhängigen und fachlich kompetenten Sachverstän-

---

53 *Hopt/Roth* in GroßKomm AktG⁴ § 111 Rz 427.

54 *Fleischer*, DB 2015, 1766.

55 BGH II ZR 234/09 (Ision), DB 2011, 2484; BGH II ZR 63/14 (Interimmangement), AG 2015, 525.

56 *Fleischer* in Spindler/Stilz, AktG³ § 93 Rz 35 ff.

57 *Fleischer*, DB 2015, 1767.

58 So ausdrücklich OGH 3 Ob 306/76, EvBl 1978/4; *Schopper/Walch,* GES 2012, 215, 2016; *Fleischer*, DB 2015, 1766.

59 *Schopper/Walch*, GES 2012, 215, 216.

digen beizieht. Unabhängigkeit und Fachkompetenz sind scharf zu trennen.[60] Nur wenn die Auswahlkriterien eingehalten werden, entfällt die Rechtswidrigkeit der Vorgehensweise und der Entscheidungsfindung.

IV. Teilnahme des Sachverständigen an Aufsichtsratssitzung

Teilnahme des Sachverständigen bei der Aufsichtsratssitzung: Explizit gestattet nur § 93 Abs 1 Satz 2 AktG Sachverständigen und Auskunftspersonen für einzelne Angelegenheiten zugezogen zu werden, zu denen sie kraft ihrer Fachkunde oder kraft ihrer tatsächlichen Kenntnisse Auskunft beitragen können. Sachverständige sind Personen, die fachspezifisches Wissen zu einzelnen Fragen haben. Auskunftspersonen sind wiederum Personen, die bestimmte tatsächliche Kenntnisse oder hohes Wissen über praktische Vorgänge oder bestimmte Verhältnisse haben.[61] Großaktionäre, deren Vertreter oder Vertreter von Konzerngesellschaften können als Auskunftspersonen qualifiziert werden.[62] 39

Abgeleitetes Teilnahmerecht des Sachverständigen: § 93 AktG begründet kein eigenes Teilnahmerecht der Dritten, sondern ermöglicht dem Aufsichtsrat, sich bei Bedarf sachkundigen Rat bestimmter Personen einzuholen.[63] Dabei ist es nicht zulässig, einen ständigen Berater des Aufsichtsrats als Einrichtung des Aufsichtsrates zu etablieren.[64] Vielmehr ist die Hinzuziehung eines Dritten nur insofern zulässig, als dieser Dritte bei der Beratung von einzelnen Tagesordnungspunkten mit ihrem Sachverstand und mit Beiträgen Auskunft geben können.[65] Dabei geht es darum, einen Mehrwert für die Beratung des Aufsichtsrates als Vorbereitung einer Beschlussfassung oder einer sonstigen Überlegung zu leisten. 40

Die Entscheidung über die Teilnahme liegt entweder beim Vorsitzenden im Rahmen der Sitzungsleitung und Vorbereitung der Aufsichtsratssitzung oder beim Organ des Aufsichtsrates im Gesamten. Während der Vorsitzende die Entscheidung allein trifft, fällt das Organ des Aufsichtsrats seine Entscheidung durch Beschluss.[66] Über die Zustimmung entscheidet somit grundsätzlich der Vorsitzende als Sitzungsleiter.[67] Sofern aber das Plenum einen abweichenden Beschluss fasst, muss sich der Sitzungsleiter dem beugen. Somit ist diese Entscheidung vom Vorsitzenden des Aufsichtsrates vorzubereiten und im Regelfall zu entscheiden.[68] Ein Plenumsbeschluss ist daher nicht erforderlich, wenn weder der Vorsitzende noch ein sonstiges Mitglied des Aufsichtsrats eine Beschlussfassung durch das Plenum verlangt. 41

---

60 *Schopper/Walch*, GES 2012, 215, 219.

61 *Kalss* in Doralt/Nowotny/Kalss, AktG² § 93 Rz 15.

62 *Habersack* in Münchner Kommentar zum AktG⁴ § 109 Rz 18.

63 *Drygala* in Lutter/Schmidt, AktG³ § 109 Rz 8.

64 *Lutter/Krieger/Verse*, Rechte und Pflichten des Aufsichtsrates⁶ Rz 703; *Hüffer/Koch*, AktG¹¹ § 109 Rz 5; *Habersack* in Münchner Kommentar zum AktG⁴ § 109 Rz 16.

65 Ausdrücklich *Drygala* in Lutter/Schmidt, AktG³ § 109 Rz 8; *Lutter/Krieger/Verse*, Rechte und Pflichten des Aufsichtsrates⁶ Rz 703.

66 *Kalss* in Doralt/Nowotny/Kalss, AktG² § 93 Rz 15.

67 *Drygala* in Lutter/Schmidt, AktG³ § 109 Rz 15.

68 *Hüffer/Koch*, AktG¹¹ § 109 Rz 5; *Drygala* in Lutter/Schmidt, AktG³ § 109 Rz 15.

V. Vertretungsbefugnis des Aufsichtsrats

A. Vertretungsbefugnis des Vorstands

42 **Allgemeine Vertretungsbefugnis - Vorstand:** Gemäß §71 AktG vertritt der Vorstand die Gesellschaft; ihm kommt das Vertretungsrecht und auch die Vertretungspflicht zu (Vertretungsmonopol). Der Vorstand hat daher organschaftliche Vertretungsbefugnis, die ihm kraft seiner Stellung und seiner Organfunktion zukommt. Die Vertretungsbefugnis ist inhaltlich nicht beschränkbar (unbeschränkbare Formalvollmacht). Das Gesetz geht von Gesamtvertretungsbefugnis des Vorstands aus. Dem Vorstand kann aber auch Einzelvertretungsbefugnis eingeräumt werden.[69]

B. Verschiedene Bereiche für den Aufsichtsrat

43 Die Vertretungsbefugnis des Aufsichtsrates besteht für wenige ausgewählte Bereiche, nämlich dann, wenn die Befugnis erforderlich ist, um die Gesellschaft gegenüber dem Vorstand zu vertreten und wenn sie notwendig ist, um die Überwachungsaufgabe, Beratung und Personalkompetenz des Aufsichtsrats zur Sicherung der Funktionsfähigkeit der Gesellschaft wirksam umzusetzen.

44 Die Vertretungsbefugnis des Aufsichtsrates besteht daher bei

- Wahrnehmung der Personalkompetenz gegenüber dem Vorstand,
- als Annexkompetenz bei seinen Überwachungsaufgaben und zur
- Erteilung des Prüfungsauftrages gegenüber dem Abschlussprüfer und gegenüber sonstigen Prüfern.[70]

C. Personalkompetenz

45 **Personalkompetenz gegenüber Vorstand**: Gem § 75 Abs 1 Satz 1 AktG bestellt der Aufsichtsrat den Vorstand. Gem § 75 Abs 1 letzter Satz AktG gelten diese Vorschriften auch sinngemäß für den Anstellungsvertrag. Gem § 97 Abs 1 AktG ist der Aufsichtsrat befugt, die Gesellschaft bei der Vornahme von Rechtsgeschäften mit den Vorstandsmitgliedern zu vertreten. Die Bestellungs- und Anstellungskompetenz des Aufsichtsrates umfasst jedenfalls gem § 75 Abs 1 letzter Satz AktG auch den Abschluss des Vorstandsvertrages. Dies folgt klar aus der Regelung gem § 75 Abs 1 letzter Satz AktG.[71]

46 **Bestellung – Dienstvertrag des Vorstands:** Die beiden Bestimmungen legen die Zuständigkeit des Aufsichtsrates sowohl für die Bestellung als auch für den Abschluss des Dienstvertrages für den Vorstand der Gesellschaft fest. § 97 AktG durchbricht gemeinsam mit § 75 AktG damit das Vertretungsmonopol des Vorstands und räumt dem Aufsichtsrat für bestimmte Rechtsgeschäfte die Vertre-

---

69 *Kalss* in Kalss/Nowotny/Schauer, Österreichisches Gesellschaftsrecht[1] Rz 3/375 ff; *Nowotny* in Doralt/Nowotny/Kalss, AktG[2] § 71 Rz 18 ff; *Kalss* in MünchKomm zum AktG[4] § 78 Rz 139 f.

70 S *Spindler* in Spindler/Stilz, AktG[3] § 112 Rz 3; *Habersack* in MünchKomm zum AktG[4] § 112 Rz 4; *Drygalla* in Schmidt/Lutter, AktG[3] § 112 Rz 3.

71 *Nowotny* in Doralt/Nowotny/Kalss, AktG[2] § 75 Rz 17.

tungsbefugnis zur wirksamen Vertretung der Gesellschaft ein.[72] Der Aufsichtsrat ist nicht nur berechtigt, sondern auch verpflichtet, von seiner Vertretungsbefugnis Gebrauch zu machen.[73]

Vorbereitungsgeschäfte: Das Aktiengesetz räumt dem Aufsichtsrat nicht nur für die Bestellung und den Abschluss des Dienstvertrages Vertretungsbefugnis ein, sondern insbesondere auch bei der Vorbereitung der Bestellung und der Kandidatenauswahl.[74] Gerade bei Geschäften, bei denen es sich um die Organfunktion des Vorstands handelt, ist der Aufsichtsrat ausschließlich zuständig, die Gesellschaft zu vertreten. Die organschaftliche Vertretungsmacht des Vorstands greift daher nicht mehr. Geschäfte, die mit der Organfunktion in Zusammenhang stehen, sind etwa der Abschluss des Dienstvertrages und Vorbereitungshandlungen.[75] Die Kompetenz des Aufsichtsrats und seine Vertretungsbefugnis erschöpft sich nicht in der ihm gesetzlich unmittelbar zugewiesenen Vertretungsbefugnis des Abschlusses mit Verträgen mit dem Vorstand (Dienstvertrag, Pensionsvertrag, Auflösungsvereinbarung; vgl *Schima* Rz 17/1 ff). Vielmehr kann und wird die AG auch in den Geschäften, die er als sogenannte Hilfsgeschäfte zur Durchführung seiner eigenen Aufgaben ausführt, vom Aufsichtsrat vertreten.[76] Der Aufsichtsrat muss gegenüber Bewerbern und gegenüber dem aktuellen Vorstand handlungsfähig sein, ohne dass der Vorstand in den Auswahlprozess eingeschaltet wird. Daher ist der Aufsichtsrat zur Vertretung der Gesellschaft befugt, wenn er Rechtshandlungen mit dem Ziel vornimmt, ein neues Vorstandsmitglied zu bestellen.[77] 47

Drittanstellung: Der Aufsicht ist auch dann als Ausfluss der Personalkompetenz gem § 75 AktG zur Vertretung der Gesellschaft befugt, wenn eine Vergütungsvereinbarung nicht mit dem Vorstandsmitglied selbst abgeschlossen wird, sondern mit einer Gesellschaft, deren einziger Gesellschafter dieses Vorstandsmitglied ist oder bei der sonst wirtschaftliche Identität besteht.[78] Ergänzend dazu kann die Vertretungsbefugnis auch auf die allgemeine Regelung gem § 97 AktG gestützt werden, wenn es sich tatsächlich um eine Vorstandsgesellschaft mit wirtschaftlicher Identität handelt.[79] 48

Personalsuche: Ausdrücklich wird darunter unter anderem die Einschaltung eines Personalberaters als möglicher Schritt genannt.[80] Die Vertretungsbefugnis 49

---

72 *Kalss* in Doralt/Nowotny/Kalss, AktG² § 97 Rz 1.

73 *Strasser* in Jabornegg/Strasser, AktG⁵ § 95-97 Rz 65; *Kalss* in Doralt/Nowotny/Kalss, AktG² § 97 Rz 5.

74 Ausdrücklich *Kalss* in Doralt/Nowotny/Kalss, AktG² § 97 Rz 5; ferner *Spindler* in Spindler/Stilz, AktG³ § 112 Rz 3.

75 *Kalss* in Doralt/Nowotny/Kalss, AktG² § 97 Rz 10.

76 *Von Schenck* in Semler/von Schenck, Arbeitshandbuch für Aufsichtsräte⁴ § 4 Rz 136, 158.

77 Ausdrücklich BGH II ZR 212/56, BGHZ 26, 236, 238; LG München I, NZG 2013, 260, 261; *Habersack* in MünchKomm AktG⁴ § 112 Rz 11; *Spindler* in Spindler/Stilz, AktG³ § 112 Rz 6.

78 BGH II ZR 63/14, AG 2015, 535; *Kort*, AG 2015, 531, 533; *Fleischer*, DB 2015, 1765; *Krieger*, Interimmanagement, in FS Hoffmann-Becking, 339.

79 *Fleischer*, DB 2015, 1765; *Bayer/Scholz*, ZIP 2015, 1854.

80 *Von Schenck* in Semler/von Schenck, Arbeitshandbuch für Aufsichtsräte⁴ § 4 Rz 137, 158; *Mertens/Cahn* in KölnKomm AktG³ § 112 Rz 24; *Hopt/Roth* in Großkomm zum AktG § 112 Rz 62; *Spindler* in Spindler/Stilz, AktG³ § 112 Rz 3.

des Aufsichtsrats für die Beauftragung eines Personalsuchunternehmens (Head Hunters) ist ein typisches Vorbereitungsgeschäft für eine künftige Anstellung eines Vorstandsmitgliedes und fällt daher in den Kompetenz- und Vertretungsbereich des Aufsichtsrates. Dabei ist es unerheblich, ob mit dem Vorstandsmitglied tatsächlich ein Vertrag zustande kommt und diese Person später bestellt wird oder nicht.[81] Der Vorstand hat dafür jedenfalls keine Vertretungsbefugnis. Die Kosten der Personalsuche trägt die Gesellschaft; sie wird durch den Aufsichtsrat unmittelbar verpflichtet. Streckt der Aufsichtsrat die Kosten vor, hat er gegen die Gesellschaft einen Aufwandersatzanspruch (vgl *Kalss* Rz 50/60).

50 **Umfassendes Verständnis**: In die Vertretungsbefugnis des Aufsichtsrats fallen daher der Abschluss und die Kündigung sämtlicher Anstellungs-, Pensions- oder sonstiger Verträge mit dem Vorstand einschließlich der Erstattung von Auslagen oder der Zurverfügungstellung von Dienstwagen oder des Abschlusses von Versicherungen zugunsten des Vorstandes.[82] Auflösungsverträge sind als Dienstverträge ebenfalls vom Aufsichtsrat abzuschließen. Werden Beratungsverträge mit dem Vorstandsmitglied im Zuge der Auflösung oder jedenfalls im funktionalen Kontext mit der Auflösung eines Vorstandsvertrages abgeschlossen, so ist dafür ebenfalls jedenfalls der Aufsichtsrat zuständig, zumal es sich noch um eine Vereinbarung aus dem Organverhältnis handelt, sofern man nicht überhaupt davon ausgeht, dass auch gegenüber ausgeschiedenen Vorstandsmitgliedern der Aufsichtsrat vertretungsbefugt ist.[83]

D. Vertretungsbefugnis – Annexkompetenz

51 **Überwachung**: Neben der Personalkompetenz kommt dem Aufsichtsrat auch im Rahmen seiner Überwachungstätigkeit Vertretungsbefugnis zu, damit er seine Überwachungsaufgabe tatsächlich vollziehen kann. Im Rahmen der Beauftragung eines Sachverständigen zur Vollziehung der Überwachungstätigkeit kommt der Vertrag mit dem Sachverständigen mit der AG vertreten durch den Aufsichtsrat zustande.[84] Bei dieser Auftragserteilung handelt der Aufsichtsrat im Rahmen der ihm zugewiesenen Geschäftsführungsbefugnis für die Gesellschaft.[85] Dabei handelt es sich nicht um eine dem Vorbehalt vorbehaltene Maßnahme der Geschäftsführung, sondern um eine Maßnahme des Aufsichtsrats im Zuge der Überwachung. In der Praxis wird dieser Auftrag in wenigen Fällen tatsächlich allein vom Aufsichtsrat erteilt, sondern meistens gemeinsam von Vorstand und Aufsichtsrat.[86]

52 **Beispiele** dafür sind etwa eine rechtliche Analyse für ein kompliziertes zustimmungspflichtiges Geschäft oder eine zusätzliche wirtschaftliche marktrelevante

---

81 *Spindler* in Spindler/Stilz, AktG[3] § 112 Rz 6; *Habersack* in MünchKomm zum AktG[4] § 112 Rz 11.

82 *Spindler* in Spindler/Stilz, AktG[3] § 112 Rz 27; *Habersack* in MünchKomm zum AktG[4] § 112 Rz 15.

83 So *Kalss* in Doralt/Nowotny/Kalss, AktG[2] § 97 Rz 21; aA OGH 7 Ob 704/87, GesRZ 1988, 171; OGH 2 Ob 356/74, SZ 48/79.

84 *Hoffmann-Becking* in Münchener Handbuch zum Gesellschaftsrecht, AG[5] § 29 Rz 35; *Hüffer*, AktG[11] § 111 Rz 24; *Spindler* in Spindler/Stilz, AktG[3] § 111 Rz 46.

85 *Schütz* in Semler/von Schenck, Der Aufsichtsrat § 111 Rz 418.

86 *Hoffmann-Becking*, ZGR 2011, 136, 140 f; *Schütz* in Semler/von Schenck, AktG § 111 Rz 418.

Einschätzung. Vorstellbar ist auch eine Beauftragung zur Überprüfung einzelner Berichte und Aussagen bestimmter Tätigkeiten des Vorstands oder die Überprüfung einer Expertise, die vom Vorstand vorgelegt worden ist und die Einholung einer Second Opinion. Zulässig ist auch die Beauftragung eines Sachverständigen zur Überprüfung bestimmter Tätigkeiten des Vorstands oder bestimmter einzelner Projekte. Gerade in diesen Phasen macht es Sinn, dass der Aufsichtsrat bei einer Informationssammlung und bei einer Ersterhebung und Informationsfindung ohne Vorstand agiert. Er muss dafür aber einen Anlass haben und in angemessener Weise handeln.

Vorstellbar ist es auch, dass der Aufsichtsrat in Sondersituationen oder bei Auftreten unvorhergesehener Fragen und Probleme für einen bestimmten Tätigkeitsbereich oder in der Krise des Unternehmens oder in einer völlig unerwarteten neuen Situation fachlichen externen Rat einholt, der unabhängig von interner oder externer Beratung des Vorstands ist. Dies kann rechtliche, steuerliche, wirtschaftlich-finanzielle oder auch technische Beratung für Einzelbereiche, wie etwa durch einen IT-Experten, sein.[87] **53**

Ad-hoc-Meldung: Eine weitere Annexkompetenz ergibt sich aus öffentlich-rechtlich kapitalmarktrechtlichen Bestimmungen. So ist etwa bei Abberufung des Vorstands oder bei Suspendierung des Vorstands der Aufsichtsrat befugt und verpflichtet, die Ad-hoc-Mitteilungspflicht gegenüber der FMA abzugeben und die Offenlegung zu veranlassen.[88] **54**

Selbstorganisation: Vorstellbar und zulässig sind auch Vertretungshandlungen im Zuge der Eigenorganisation, etwa die Organisation der Aktenverwaltung des Aufsichtsrats durch ein IT-Unternehmen (vgl *Kalss* Rz 3/46). Hinzu kommt die Organisation von Besprechungen, Klausuren etc. Zum Teil ist hiefür auch der Aufsichtsratsvorsitzende alleine vertretungsbefugt (vgl Rz 60). **55**

E. Organschaftliche Vertretungsbefugnis

Vertretungsbefugnis – Organ Aufsichtsrat: Aus § 75 Abs 1 und § 97 AktG folgt, dass der Aufsichtsrat als Organ der Gesellschaft zu deren Vertretung befugt ist. Die Vertretung des Aufsichtsrats ist daher eine **organschaftliche Befugnis**, die mit der Funktion des Aufsichtsrats verbunden ist. Das Gesetz keine nähere Regelung über die Ausübung der Vertretungsmacht. **56**

Ausschuss: Ist ein Ausschuss des Aufsichtsrat zur Entscheidung über einer bestimmte Angelegenheit berechtigt (vgl *Schimka* Rz 29/56 ff), so hat er dafür wegen der Gleichwertigkeit mit dem Plenum auch die Vertretungsbefugnis. Ein Ausschuss erfüllt in vollkommen gleicher Weise wie das Plenum die Aufgaben des Aufsichtsrates, insbesondere ist er dann auch berechtigt, Entscheidungen zu treffen.[89] Im Regelfall bilden der Aufsichtsratsvorsitzende und dessen Stellvertreter das Präsidium des Aufsichtsrates. Vielfach sind diese auch als Ausschuss dazu **57**

---

87 *Von Schenck* in Semler/von Schenck, Der Aufsichtsrat § 113 Rz 137.

88 *Kalss/Oppitz/Zollner*, Kapitalmarktrecht² Rz 16/50; *Schima* in Kalss/Kunz, Handbuch Aufsichtsrat¹ § 12 Rz 185.

89 *Kalss* in Doralt/Nowotny/Kalss, AktG² § 92 Rz 171.

berechtigt, über den Dienstvertrag zu entscheiden und ihn abzuschließen und zwar als Ausschuss des Aufsichtsrats der Gesellschaft. Gemäß § 92 Abs 5 Satz 2 AktG müssen einem Ausschuss eines Aufsichtsrats einer Aktiengesellschaft mindestens 2 Personen angehören (vgl *Schimka* Rz 29/20).[90]

58 **Vertrag Gesellschaft – Dritter**: Wird der Aufsichtsrat mit organschaftlicher Vertretungsbefugnis tätig, so kommt der Vertrag zwischen der Gesellschaft und dem außenstehenden Dritten, dh dem Sachverständigen, zustande. Selbst wenn ein Beschlussmangel besteht, bleibt die Bestellung des Sachverständigen und der Abschluss des Vertrages zwischen der Gesellschaft und dem Sachverständigen aufrecht.[91] Nur wenn dem sachverständigen Dritten die Rechtswidrigkeit der Beschlussfassung oder die Unzulässigkeit der Beschlussfassung durch den Ausschuss und damit die Rechtswidrigkeit der Vorgehensweise vor Augen steht oder sie offensichtlich ist, er somit den Vertretungsmangel kennt oder kennen müsste, und von einem Vollmachtsmissbrauch auszugehen ist, kommt der Vertrag nicht zustande.[92]

59 **Beschluss und Erklärung:** Zu unterscheiden ist für den Aufsichtsrat dabei die Vertretung im Willen (= Entscheidung und Beschlussfassung) und die Vertretung der Gesellschaft auf der Grundlage des Beschlusses durch die Erklärung (Botenschaft).[93] Die Vertretung der Gesellschaft durch den Aufsichtsrat setzt sich daher aus zwei Elementen zusammen, nämlich aus der Willensbildung des Gremiums und aus der Erklärung nach außen (Botenstellung). Dies ist deshalb erforderlich, weil der Aufsichtsrat ein Kollegialorgan ist; er muss aus mindestens zwei Mitgliedern bestehen.

60 **Aufsichtsratsvorsitzender – Erklärung:** Die Vertretung der Gesellschaft durch Erklärung des Aufsichtsrats wird im Regelfall durch den Aufsichtsratsvorsitzenden vollzogen. Der Aufsichtsratsvorsitzende muss zu dieser Erklärung berechtigt sein. Diese Berechtigung beruht auf einer rechtsgeschäftlichen Vollmacht. Die Satzung, die Geschäftsordnung des Aufsichtsrats oder ein Beschluss kann den Aufsichtsratsvorsitzenden zur **Kundgabe von Aufsichtsratsbeschlüssen** ermächtigen. Hierfür kann er eine Ermächtigung als Einzelperson erhalten.[94]

61 **Eigenkompetenz des Aufsichtsratsvorsitzenden**: Der Aufsichtsratvorsitzene hat – anders als der Aufsichtsrat selbst – grundsätzlich keine Vertretungsbefugnis. Der Aufsichtsratsvorsitzende hat nur in engem Rahmen eine eigene Vertretungskompetenz (Wille und Erklärung), nämlich im Rahmen seiner Vorbereitungs- und Leitungskompetenz des Gremiums (etwa für die Anmietung von Sitzungsräumen, Organisation einer Reise etc).

---

90 *Kalss* in Doralt/Nowotny/Kalss, AktG² § 92 Rz 156; *Straube/Rauter* in Straube, GmbHG § 30g Rz 224.

91 *Hopt/Roth* in GroßKomm zum AktG⁴ § 111 Rz 428; *Lutter*, Information und Vertraulichkeit im Aufsichtsrat³ 95.

92 *Hopt/Roth* in GroßKomm zum AktG⁴ § 111 Rz 428.

93 *Habersack* in MünchKomm zum AktG⁴ § 112 Rz 20; so auch *Nowotny* in Doralt/Nowotny/Kalss, AktG² § 75 Rz 17.

94 *Nowotny* in Doralt/Nowotny/Kalss, AktG² § 75 Rz 17; *Habersack* in MünchKomm zum AktG⁴ § 112 Rz 20.

Vertretung im Willen – Beschlussfassung: Die Erklärung ist nicht ausreichend, vielmehr bedarf es vorher der Beschlussfassung durch das Gesamtgremium oder durch den zuständigen Ausschuss. Hierfür bedarf es aber nicht zwingend eines ausdrücklichen Beschlusses, ebenso wenig einer Protokollierung. Es reicht die zustimmende Kenntnisnahme des Plenums oder des Ausschusses (Personalausschuss für den Abschluss des Personalsuchauftrags etc). **62**

Formalvollmacht – keine Nachforschungspflicht: Schließt ein Sachverständiger (ein Gutachter, ein Personal- oder Vergütungsberater) mit dem Aufsichtsratsvorsitzenden einen Vertrag ab, so treffen ihn keine weiteren Nachforschungspflichten, ob diesem Vertragsabschluss eine wirksame Willensbildung zugrundeliegt. Vielmehr ist von objektiven Sorgfaltsanforderungen entsprechend dem Wissensstand und nach dem Maßstab einer durchschnittlichen Person der jeweiligen Verkehrskreise in der konkreten Situation auszugehen.[95] Daher ist nicht von einer generellen Nachforschungspflicht auszugehen, vielmehr ist von den durchschnittlichen Sach- und Fachkenntnissen des jeweiligen Verkehrskreises auszugehen. **63**

Beschluss der Vollmacht: Gerade in den Fällen, in denen eine Formalvollmacht besteht, wie beim Aufsichtsrat für Verträge mit dem Vorstand sowie annexer Hilfsgeschäfte wie der Beauftragung eines Sachverständigen, ist somit vom Vorliegen einer Vollmacht auszugehen und besteht keine Erkundigungspflicht, ob tatsächlich ein konkreter Beschluss gefasst wurde.[96] **64**

Vollmachtsmissbrauch: Allein wenn der Vertreter interne Schranken verletzt hat und dies dem Dritten bei Geschäftsabschluss bekannt war oder ganz offensichtlich hätte auffallen müssen, würde der Vertrag nicht zustande kommen und bestünde eine weitgehende Nachforschungspflicht des Vertragspartners.[97] **65**

F. Rolle des Vorstands

Der Vorstand muss in die Beiziehung eines Sachverständigen nicht einbezogen werden. Der Vorstand hat auch keinen Anspruch, vor Beauftragung des Sachverständigen gehört zu werden oder die Beauftragung vorzunehmen.[98] Zulässig ist es aber, dass der Aufsichtsrat den Vorstand um die Beauftragung des Sachverständigen bittet. Damit vertritt der Vorstand die Gesellschaft und wird der Vertrag zwischen Sachverständigen und Gesellschaft geschlossen. Eine derartige Vorgehensweise ist auch dann zu wählen, wenn der Aufsichtsrat keinen Beschluss fasst und der Aufsichtsratsvorsitzende nicht aktiv nach außen tätig wird, sondern der Aufsichtsrat nur einen Wunsch für eine Prüfung äußert und der Vorstand selbst die Vergabe einer externen Beauftragung vornimmt.[99] **66**

---

95 S nur *A Reich-Rohrwig*, Aufklärungspflichten vor Vertragsabschluss (2015) 510.

96 Vgl *P Bydlinski* in Koziol/Bydlinski/Bollenberger, ABGB⁴ § 1016 Rz 5.

97 *P Bydlinski* in FS F Bydlinski 19, 30 ff, 44; *P Bydlinski* in Koziol/Bydlinski/Bollenberger, ABGB⁴ § 1016 Rz 5.

98 *Habersack* in MünchKomm AktG⁴ § 111 Rz 74.

99 *Hopt/Roth* in GroßKomm AktG⁴ § 111 Rz 428.

G. Entgelt – Gesellschaft

67 **Vergütung des Sachverständigen**: Da der Vertrag mit der Gesellschaft zustande kommt, schuldet auch die Gesellschaft die Vergütung gegenüber dem Sachverständigen.[100] Die Vergütung unterliegt generell den allgemeinen Regelungen des bürgerlichen Rechts; spezifische gesellschaftsrechtliche Bestimmungen bestehen nicht. Der Aufsichtsrat hat bei Vereinbarung der Vergütung im besten Interesse der Gesellschaft zu handeln, dh ein angemessenes Entgelt auf nachvollziehbare Weise zu vereinbaren. Nicht das billigste Gutachten ist daher anzustreben, sondern eine Vereinbarung, bei der die Leistung in angemessener Weise im besten Interesse der Gesellschaft abgegolten wird. Sonderregeln gelten nur für die Sachverständigen, die auch dem Aufsichtsrat angehören; § 95 Abs 5 Z 12 AktG sieht besondere Regelungen vor (vgl *Kalss* Rz 13/12 ff).

68 **Budget – Kontenbefugnis**: Trotz der Anerkennung der Vertretungsbefugnis des Aufsichtsrates und trotz der Befugnis, die Gesellschaft wirksam zu verpflichten, verfügt der Aufsichtsrat nicht zwingend über ein eigenes Budget, vielmehr verpflichtet der Aufsichtsrat die Gesellschaft nur. Die Abwicklung der Auszahlung ist Teil der Geschäftsführungstätigkeit des Vorstands.[101] Der Vorstand hat dabei aber nur eine Prüfpflicht, ob die gesetzlichen Regelungen eingehalten werden, etwa dass mit der Leistung nicht gegen das Verbot der Einlagenrückgewähr verstoßen wird. Eine Zweckmäßigkeitsüberprüfung der Gutachtensbeauftragung oder einzelner Überwachungsschritte steht dem Vorstand nicht zu.

VI. Beiziehung durch ein einzelnes Aufsichtsratsmitglied

69 Die Beiziehung eines Sachverständigen bloß für sich selbst wird durch das Gebot der persönlichen Ausübung des Aufsichtsamts beschränkt.[102] Im Allgemeinen ist daher die Beiziehung eines Sachverständigen durch das einzelne Aufsichtsratsmitglied nur gestattet, wenn sich das Aufsichtsratsmitglied in einzelnen Angelegenheiten berät, um sich selbst eine Meinung zu bilden.[103] Zulässig ist dies in Einklang mit der Informationsweitergabe an einen Dritten nur (vgl *Kalss* Rz 26/23 ff), soweit dies in einem unmittelbaren Zusammenhang mit der Aufsichtsratstätigkeit steht und für die Erfüllung des Aufsichtsamts unbedingt erforderlich ist. Durch diese Beratung darf naturgemäß die Verpflichtung zur Verschwiegenheit gem § 99 iVm § 84 AktG nicht verletzt werden (vgl *Kalss* Rz 26/31). Jedenfalls ist sicherzustellen, dass eine Weitergabe der Information unterbunden wird und dass jedenfalls die Verschwiegenheitspflicht auch des beigezogenen Sachverständigen sichergestellt wird, sei es, dass er ohnehin gesetzlich zur Verschwiegenheit verpflichtet ist, sei es, dass er vertraglich dadurch eine ausdrückliche Vertraulichkeits- und

---

100 *Kalss* in Doralt/Nowotny/Kalss, AktG^2 § 95 Rz 66; *Hopt/Roth* in GroßKomm AktG^4 § 111 Rz 432.

101 *Spindler* in Spindler/Stilz, AktG^3 § 112 Rz 4; *Vetter* in VGR, Gesellschaftsrecht in Diskussion 2014, 115, 135 ff.

102 *Kalss* in Doralt/Nowotny/Kalss, AktG^2 § 95 Rz 68; *Strasser* in Jabornegg/Strasser, AktG^5 §§ 95-97 Rz 28.

103 *Von Schenck* in Semler/von Schenck, Handbuch für Aufsichtsratsmitglieder^3 § 8 Rz 184; *Kalss* in Doralt/Nowotny/Kalss, AktG^2 § 95 Rz 69.

Verschwiegenheitsverpflichtung gebunden wird.[104] Eine dauerhafte Beratung zugunsten eines einzelnen Mitglieds durch einen Sachverständigen ist nicht zulässig.

In bestimmten Situationen kann es durchaus gestattet oder geboten sein, dass der zunächst nur für ein einzelnes Mitglied eingeholte Rat eines Sachverständigen nicht bloß dem Einzelmitglied, sondern dem Gesamtaufsichtsrat oder dem Ausschuss zur Verfügung gestellt wird und von diesem fruchtbar gemacht wird, nämlich wenn eine wichtige Rechtsfrage nicht nur für das Einzelmitglied, sondern für den Gesamtaufsichtsrat oder den Ausschuss von Bedeutung ist und diese Einzelfragen erkannt werden. **70**

Kostentragung: Die Kosten für die Beiziehung eines Sachverständigen durch ein einzelnes Mitglied hat das Mitglied selbst zu tragen. Das Aufsichtsratsmitglied kann somit unter Wahrung der Verschwiegenheit und unter Wahrung der grundsätzlichen Verpflichtung der persönlichen Amtsausübung auf eigene Kosten Sachverständige beiziehen, um für bestimmte Angelegenheiten das fehlende Fachwissen beizuschaffen. **71**

Kostenüberwälzung von einzelnem Mitglied: Ausnahmsweise können die Kosten der Beratung durch den Sachverständigen zugunsten eines Mitglieds auf die Gesellschaft überbunden werden, sofern nämlich die Rechtsexpertise dem Gesamtaufsichtsrat oder einem Ausschuss zur Verfügung gestellt wird und der gesamte Aufsichtsrat oder der Ausschuss die Expertise für sich übernimmt.[105] **72**

---

[104] *Habersack* in MünchKomm AktG^4 § 111 Rz 76.

[105] *Kalss* in Doralt/Nowotny/Kalss, AktG^2 § 95 Rz 70.

Paperwork – Ein Leitfaden für die Praxis

Maximilian Eiselsberg und Andreas Bräuer

§§: 75, 76, 81, 86 – 95, 108 AktG; Regel 9, 12, 34, 36, 37, 66–70 ÖCGK

Literatur

N. Arnold, Die Geschäftsordnung des Aufsichtsrates, Aufsichtsrat aktuell 1/2005, 16; *N. Arnold*, Die Protokollierung von Aufsichtsratssitzungen, Aufsichtsrat aktuell 3/2005, 8; *N. Arnold*, Die Anfechtung von Aufsichtsratsbeschlüssen, Aufsichtsrat aktuell 6/2005, 7; *Bachner*, AktRÄG 2009 beschlossen – Die wichtigsten Neuerungen, GeS 2009, 248; *Barnert*, Satzungsgestaltung nach dem AktRÄG 2009, Aufsichtsrat aktuell 5/2009, 38; *Brix*, Die Hauptversammlung der Aktiengesellschaft (2009); *S. Bydlinski/Potyka*, AktRÄG 2009 (2009); *Eckert/Gassauer-Fleissner*, Überwachungspflichten des Aufsichtsrates im Konzern, GeS 2004, 416; *Gagawczuk/Gahleitner/Leitsmüller/Preiss/Schneller*, Der Aufsichtsrat, Die häufigsten Fragen, (2004); *Heidinger/Schneider*, AktG (2007); *Jabornegg/Strasser*, AktG II[5] (2010); *Kalss/Nowotny/Schauer*, Österreichisches Gesellschaftsrecht – Systematische Darstellung sämtlicher Rechtsformen (2008); *Lauß*, Zum Ausmaß der Berichtspflicht des Vorstandes gegenüber dem Aufsichtsrat insbesondere bei Konzernmuttergesellschaften, SWK 2004, W 41; *Pichler/Weninger*, Der Vorstand der AG (2004); *Potyka*, Das AktRÄG 2009 – Das neue Recht der HV, ÖJZ 2009/76; *Rauter*, Änderungen im Recht der Hauptversammlung, JAP 2009/2010/6; *Reich-Rohrwig*, Aktienrechts-Änderungsgesetz 2009 – ein erster Überblick (Teil II) ecolex 2009, 871; *Schimka*, Volle Handlungsfähigkeit – zwingende persönliche Voraussetzungen für Aufsichtsratsmitglieder einer AG, Aufsichtsrat aktuell 3/2009, 9; *Semler*, Der Aufsichtsrat in der Praxis, Sonderheft Aufsichtsrat aktuell 5/2007; *Straube/Rauter/Ratka,* Die Aufsichtsratsgeschäftsordnung, LexisNexis ARD Orac (2006); *Weber*, Das Unternehmensrechts-Änderungsgesetz 2008 im Überblick, ÖJZ 2008/45.

Gliederung **Rz**

I. Einleitung

1 Mit diesem Beitrag wird der Versuch unternommen, für die in ihrer Gesamtheit zu sehende Tätigkeit des Aufsichtsrats, die immer komplexer wird, **Hinweise zu geben, vor allem für das, was schriftlich festzulegen und schriftlich festzuhalten ist**. Auseinandersetzungen mit den rechtlichen Grundlagen unterbleiben; ein Anspruch auf Vollständigkeit kann nicht erhoben werden.

2 Ausgeklammert bleibt die Tätigkeit des Aufsichtsrats bei Umgründungen und in Übernahmeverfahren.

3 Die Ausführungen beziehen sich auf den aktienrechtlichen Aufsichtsrat. Auf Besonderheiten des Aufsichtsrats bei der Europäischen Gesellschaft (SE) und bei der Gesellschaft mit beschränkter Haftung, ist gesondert Bedacht zu nehmen; desgleichen auf den genossenschaftsrechtlichen Aufsichtsrat.

4 Während die ursprüngliche Konzeption der Aktiengesellschaft von einem streng dualen System ausgegangen ist, hat die Rechtsentwicklung und das neue Verständnis für die Kontroll- und Beratungstätigkeit des Aufsichtsrats diesem verstärkte **Eingriffsmöglichkeiten** in die Geschäftsführung eröffnet und ihm auch weitere **Eigenzuständigkeiten** zugeordnet. Daraus ergibt sich eine Reihe von „Schnittstellen", die auch im Paperwork Niederschlag finden.

5 Der deutlich gestiegenen Bedeutung des Aufsichtsrats, die er nicht nur in den Medien, sondern auch beim Gesetzgeber und in der Judikatur in den letzten Jahren erfahren hat, soll Rechnung getragen werden. Eine Allgemeingültigkeit darf aus den Ausführungen nicht abgeleitet werden; es wird vielmehr in jedem Einzelfall der richtige Weg zu suchen sein.

6 Das Paperwork ist, was Art und Umfang anlangt, auch im Lichte der vom Gesetzgeber mit Wirkung ab 1. Jänner 2016 gesetzlich definierten „**Business Judgement Rule**" zu sehen. Sie ist anzuwenden, wenn Entscheidungen auf der „Grundlage angemessener Informationen" getroffen werden. Dies gilt auch für Aufsichtsratsentscheidungen. Die für seine Entscheidungen erforderlichen Informationen sind dem Aufsichtsrat vorzulegen und – wenn sie nicht ausreichend zur Verfügung gestellt werden – anzufordern und selbst zu beschaffen. Es sei daher angesichts des beibehaltenen dualen Organsystems auf das für die Aufsichtsratstätigkeit wesentliche „Networking" außerhalb der Sitzungen verwiesen.

II. Vor der Wahl des Aufsichtsrats

Gemäß den aktienrechtlichen Vorschriften kann ein Aufsichtsrat auf mehrere Arten bestellt werden, entweder mittels Wahl durch die Hauptversammlung, Entsendung durch berechtigte Kapitalvertreter, Bestellung durch das Gericht oder Entsendung der Arbeitnehmervertreter. In jedem Fall hat die Gesellschaft dafür Sorge zu tragen, dass ein entscheidungsfähiger Aufsichtsrat rechtzeitig eingesetzt wird. Es empfiehlt sich daher, insbesondere wenn es sich um einen Konzern handelt, entsprechende Vorkehrungen zu treffen, um einen Überblick über alle Mandate, die Funktionsperioden und Fristen zu erhalten. Dies kann in Form eines elektronischen **Fristenkalenders** oder einer **Datenbank** erfolgen, in der der Zeitpunkt der Bestellung und der Zeitpunkt des Ablaufs des Mandats verzeichnet wird, sowie alle Maßnahmen und Vorlaufzeiten, die für eine fristgerechte Wiederbestellung erforderlich sind. In der Praxis empfehlenswert ist es, wenn dieser Überblickskalender zentral gepflegt und verwaltet wird. Da oftmals Altersgrenzen festgelegt sind, sind auch die persönlichen Daten in Evidenz zu halten („letzter" Bestellzeitpunkt; „automatisches" Ausscheiden bei Erreichen der Altersgrenze). 7

Erfolgt die Bestellung des Aufsichtsrats mittels Wahl durch die Hauptversammlung, so haben **vorgeschlagene Personen** der Hauptversammlung ihre fachliche Qualifikation, ihre beruflichen oder vergleichbaren Funktionen sowie alle Umstände darzulegen, die die Besorgnis einer Befangenheit begründen könnten (§ 87 Abs 2 AktG). Obwohl dies nicht ausdrücklich von den Erklärungen, die nach § 87 Abs 2 AktG abzugeben sind, umfasst ist, wird es Sache jeder für die Wahl vorgeschlagenen Person sein, Auskünfte über ihre Wählbarkeit zu geben, insbesondere darüber, ob die darzulegenden Funktionen die Höchstgrenzen der ausübbaren Mandate gemäß § 86 Abs 2 ff AktG erreichen (vgl *M Doralt* Rz 8/50 ff). 8

Da diese Erklärungen Teil der Beschlussvorschläge sind, die einer Hauptversammlung vor der Wahl zu unterbreiten sind, hat die vorgeschlagene Person diese **Erklärungen** schriftlich abzugeben. Gemeinsam mit den anderen Beschlussvorschlägen müssen diese Erklärungen fristgerecht – ab dem 21. Tag vor der Hauptversammlung (§ 108 Abs 3 AktG) – zur Einsichtnahme aufliegen. 9

Bei börsennotierten Gesellschaften ist darüber hinaus der Vorschlag zur Wahl von Aufsichtsratsmitgliedern samt den Erklärungen der vorgeschlagenen Person spätestens am fünften Werktag vor der Hauptversammlung auf der Internetseite der Gesellschaft **zugänglich** zu machen (§ 87 Abs 6 AktG). Ein Verstoß gegen diese Bestimmungen hat zur Folge, dass die betroffene Person nicht in die Abstimmung einbezogen werden darf. 10

Hat sich die Gesellschaft dem ÖCGK (idF Jänner 2015), einem Ordnungsrahmen für die Leitung und Ausrichtung von österreichischen Unternehmen, freiwillig unterworfen, so hat der Aufsichtsrat bei der Vorbereitung seiner Vorschläge gemäß der C-Regel 42 darauf zu achten, dass die Hauptversammlung die erforderlichen Informationen über die Qualifikation und die Zuverlässigkeit der Kandidaten gemäß der L-Regel 52 vor der Wahl erhält. Aspekte der Diversität im Hinblick auf die Vertretung beider Geschlechter, der Altersstruktur und der internationalen Ausrichtung sollen berücksichtigt werden, dennoch aber bleibt die 11

Hauptversammlung autonom. Denkbar, aber unüblich ist, der Hauptversammlung mehrere Kandidaten für eine Vakanz vorzustellen; in einem solchen Fall müssen von allen Kandidaten die Erklärungen vorliegen.

12 Vor Durchführung des Wahlverfahrens in der Hauptversammlung kann der vorgeschlagenen Person durchaus Gelegenheit gegeben werden, sich selbst der Hauptversammlung vorzustellen und den Inhalt der bereits schriftlich vorliegenden Erklärungen zu erläutern und zu bekräftigen. Dieses Rederecht ist als Ausnahme zu sehen. Grundsätzlich gilt, dass auch ein in einer Aktionärsanfrage angesprochenes Mitglied des Aufsichtsrats weder berechtigt noch verpflichtet ist, Auskünfte in der Hauptversammlung – und schon gar nicht außerhalb – zu erteilen. Der Vorsitzende des Aufsichtsrats gibt allenfalls erforderliche Erklärungen namens des Aufsichtsrats ab.

13 Die Wahl ist annahmebedürftig und daher bis zur Annahme schwebend unwirksam. Die Abgabe einer Erklärung gemäß § 87 Abs 2 AktG allein wird noch nicht genügen, um daraus eine – konkludente – Annahme der nachfolgenden Wahl ableiten zu können. Es wird daher nach der Wahl eine entsprechende mündliche oder schriftliche **Annahmeerklärung** einzuholen sein; eine konkludente Annahme ist ausreichend. Es ist zweckmäßig, die Annahmeerklärung zugleich mit den Erklärungen gemäß § 87 Abs 2 AktG einzuholen, damit die Wahl unmittelbar wirksam wird. Gegen eine (bedingte) Annahmeerklärung, die bereits vor der Wahl abgegeben wird, können keine rechtlichen Bedenken bestehen.

14 Unterlassene oder unrichtige Erklärungen führen zur **Anfechtbarkeit** der Bestellung oder nach Ablauf der Anfechtungsfrist zur Möglichkeit der Abberufung des betroffenen Mitgliedes des Aufsichtsrats durch das Gericht aus wichtigem Grund, und zwar schon auf Antrag einer Aktionärsminderheit (§ 87 Abs 10 AktG).

15 Für Mitglieder, die in den Aufsichtsrat durch berechtigte Kapitalvertreter entsandt werden (§ 88 AktG) **gelten diese Bestimmungen nicht**. Wohl aber hat sich der Entsendungsberechtigte davon zu überzeugen, dass die Voraussetzungen gemäß § 87 Abs 2 AktG vorliegen. Auch von entsandten Mitgliedern wird davon ausgegangen, dass sie ihre Funktion als Aufsichtsrat so ausüben können, dass die Besorgnis einer Befangenheit nicht vorliegt. Gleiches gilt sinngemäß auch für Arbeitnehmervertreter im Aufsichtsrat, die nach ArbVG entsandt werden, zumal sie gleiche Rechte und Pflichten wie alle anderen Mitglieder des Aufsichtsrats haben, worauf der ÖCGK in der L-Regel 59 auch ausdrücklich hinweist.

16 Ein **Schuldverhältnis** zwischen dem Gewählten und der Gesellschaft (oder dem wählenden Organ) wird durch die Wahl nicht begründet; die Wahl ist – genauso wie die Annahmeerklärung des Gewählten – ein körperschaftsrechtlicher Akt. Parallel zu der Bestellung zum Mitglied des Aufsichtsrats könnte zwar ein Schuldverhältnis begründet werden; der Abschluss individueller Verträge der Gesellschaft mit den Mitgliedern des Aufsichtsrats mit Bezug auf die Ausübung der Funktion ist in Österreich jedoch nicht gebräuchlich.

17 Da die gesetzlichen Bestimmungen zweifellos ein allfälliges **Einlassungsverschulden** einer vorgeschlagenen Person unterstreichen, empfiehlt es sich, im Vorfeld Erkundigungen über die Zusammensetzung des Aufsichtsrats und/oder über weitere vorgeschlagene Personen einzuholen. Damit soll sich eine vorgeschlagene Person ein Bild machen, ob das für die Gesellschaft erforderliche breite Fachwissen vorgefunden werden kann. Wesentlich dabei ist die Feststellung, ob dem Aufsichtsrat auch ein Finanzexperte angehört oder angehören wird, oder ob die vorgeschlagene Person selbst die Voraussetzungen erfüllt[1].

III. Grundlagen

18 Die gesetzlichen Bestimmungen über die innere Ordnung des Aufsichtsrats umschreiben die Rahmenbedingungen[2]. Soweit diese nicht zwingendes Recht sind, kann die **Satzung** weitergehende Regelungen enthalten. Die Grenze für derartige Regelungen wird dort anzunehmen sein, wo die Eigenständigkeit der aktienrechtlichen Organe eingeschränkt oder Zuständigkeitsbereiche verschoben werden. So würde beispielsweise ein zu extensiver Katalog zustimmungspflichtiger Geschäfte das Geschäftsführungsmonopol des Vorstandes (§ 70 AktG) in unzulässiger Weise beschneiden.

19 Im Rahmen seines Rechtes, Beschlussvorschläge zu unterbreiten, kann der Aufsichtsrat ihm zweckmäßig erscheinende Änderungen und Ergänzungen der Satzung vorschlagen, insbesondere wenn er Regelungsdefizite ortet. Aus den Rechten des Aufsichtsrats zur Einberufung der Hauptversammlung ist *a maiore ad minus* abzuleiten, dass der Aufsichtsrat zur Ergänzung der Tagesordnung einer Hauptversammlung um weitere Verhandlungsgegenstände berechtigt ist.[3]

20 Jedes Mitglied des Aufsichtsrats hat auf die gesetzlichen Bestimmungen und auf die Regelungen der Satzung Bedacht zu nehmen und sich auch darauf einzurichten, jederzeit seine Funktion ausüben zu können. Jedes Mitglied des Aufsichtsrats muss sich darauf einstellen, dass jederzeit unter Einhaltung der in der Satzung oder der Geschäftsordnung festgelegten Frist oder – auf eigenes Verlangen, auf Verlangen eines Mitglieds des Aufsichtsrats oder des Vorstands – vom Vorsitzenden eine Sitzung einberufen werden kann, die innerhalb von zwei Wochen nach der Einberufung stattfinden muss (§ 94 Abs 1 AktG). Diese Frist kann nicht (generell) verlängert werden.[4]

21 Der Aufsichtsrat hat sich selbst so zu organisieren, dass er effizient arbeiten kann. Es obliegt ihm daher, innerhalb des gesetzlichen Regelungsspielraums, eine geeignete **Geschäftsordnung** zu erarbeiten, in der weitere Bestimmungen zur Gestaltung der inneren Ordnung festzulegen sind. Auf den ÖCGK ist von Organen jener Gesellschaften, die sich ihm unterworfen haben, zu achten. Auch wenn dies nicht erfolgt ist oder nicht erfolgen musste, empfiehlt es sich, nach dessen Regeln vorzugehen.

22 Eine bereits bestehende und beschlossene Geschäftsordnung bindet auch die Nachfolger im Amt, es sein denn, dass eine Geschäftsordnung ausdrücklich befristet oder auch personenbezogen – auf eine bestimmte Zusammensetzung des

---

1 S L-Regel 52 ÖCGK

2 Vgl §§ 92–94, § 95 Abs 7 AktG.

3 Vgl *Strasser* in *Jabornegg/Strasser*, AktG II[5] §§ 95-97 Rz 32.

4 S auch Rz 51 ff.

Aufsichtsrats – in Kraft ist. Die Tatsache, dass eine Geschäftsordnung verabschiedet ist, enthebt aber neu gewählte Mitglieder des Aufsichtsrats nicht von der Verpflichtung, deren Zweckmäßigkeit und Vollständigkeit zu prüfen und gegebenenfalls Änderungen und/oder Ergänzungen zu verlangen.

A. Geschäftsordnung für den Aufsichtsrat

23 **Ziel** der Geschäftsordnung ist es, die organisatorischen Voraussetzungen für die Tätigkeit des Aufsichtsrats so zu regeln, dass einem nicht ständig tagenden Organ und allen seinen Mitgliedern die Möglichkeiten gegeben werden, seine Aufgaben wahrzunehmen und die mit der Funktion verbundene Verantwortung zu tragen.

24 Die **Verabschiedung** einer Geschäftsordnung für den Aufsichtsrat obliegt dem Aufsichtsrat selbst (*Selbstorganisationspflicht*). Gemäß C-Regel 34 ÖCGK hat sich der Aufsichtsrat eine Geschäftsordnung zu geben, in der die Informations- und Berichtspflichten des Vorstandes – auch für Tochtergesellschaften – festgelegt werden sollten, sofern dies nicht bereits in der Satzung oder der Geschäftsordnung für den Vorstand geregelt ist. Für die Beschlussfassung ist die einfache Mehrheit ausreichend. Die Verabschiedung einer Geschäftsordnung für einen Ausschuss kann das Plenum des Aufsichtsrats vornehmen; es kann dies aber dem Ausschuss selbst überlassen sein. Jeder Ausschuss hat jedoch die Möglichkeit, ergänzende Bestimmungen in seine Geschäftsordnung aufzunehmen, sofern diese nicht in Widerspruch zu Gesetz, Satzung oder den anzuwendenden Regelungen der Geschäftsordnung des Aufsichtsrats steht (vgl *Schimka* Rz 29/10).

25 Abseits einer Geschäftsordnung kann der Aufsichtsrat und jeder Ausschuss für sich Verfahrensfragen, die nicht durch Gesetz oder Satzung bestimmt sind, *ad hoc* durch schlichten **Aufsichtsratsbeschluss** regeln.

26 Die **innere Ordnung** des Aufsichtsrats ist im Gesetz nicht abschließend geregelt. Üblicherweise enthält die Satzung Bestimmungen zur Einberufung von Sitzungen des Aufsichtsrats als Voraussetzung für das Zustandekommen von gültigen Beschlüssen. Die Aufnahme dieser Bestimmungen in die Satzung ist zweckmäßig, um einerseits dem Aufsichtsrat selbst und dem Vorstand der Gesellschaft, andererseits aber auch außenstehenden Dritten den Zeitrahmen für das Zustandekommen von Sitzungen des Aufsichtsrats – und damit von Beschlüssen – einsehbar zu machen.

27 Im Rahmen der Vorgaben von Gesetz und Satzung ist der Aufsichtsrat bei der Gestaltung seiner Organisation autonom. Die **Autonomie** umfasst nicht nur die Gestaltung der formellen Abläufe, sondern auch das Recht, selbst festzulegen, wie der Aufsichtsrat seine Aufgaben wahrnimmt.

28 Bei der **Gestaltung einer Geschäftsordnung** kann es – aus Übersichtsgründen – zweckmäßig sein, Bestimmungen des Gesetzes und der Satzung zu wiederholen und mit den erforderlich erscheinenden näheren Regelungen zu ergänzen; eine derart vollständig gestaltete Geschäftsordnung verschafft einen raschen Überblick. Es ist aber evident zu halten, dass sowohl bei Gesetzes- wie auch bei Satzungsänderungen eine Anpassung der Geschäftsordnung vorzunehmen ist.

Die Verpflichtung zur Verabschiedung einer Geschäftsordnung trifft Gesellschaften, die sich dem ÖCGK unterworfen haben (C-Regel 34) und ergibt sich auch aus der Emittenten-Compliance Verordnung (ECV) der Finanzmarktaufsicht (FMA) für börsennotierte Gesellschaften. Darüber hinaus kann auch die Satzung den Aufsichtsrat zur Erlassung einer Geschäftsordnung verpflichten. **29**

Der **wesentliche Inhalt** der Geschäftsordnung ist auf die ordnungsgemäße Vorbereitung, Einberufung und Abhaltung von Sitzungen des Aufsichtsrats gerichtet, um sicherzustellen, dass der Aufsichtsrat gültige und rechtswirksame Beschlüsse fassen kann. Folgende Bereiche werden vom Gesetz selbst geregelt (sie können in der Satzung nicht abweichend, aber konkretisierend geregelt werden): **30**

- die Beschlussfähigkeit;
- die Formen der Beschlussfassung;
- die Konstituierung;
- die Einberufung von Sitzungen;
- die Protokollierung;
- die mögliche Verlagerung von Aufgaben in Ausschüsse;
- die Teilnahme von Nichtmitgliedern.

Darüber hinausgehende Bestimmungen über Sitzungshäufigkeit, Berichtstiefe und Berichtgestaltung können stets nur **demonstrativen Charakter** haben, weil darüber im Einzelfall und je nach der Lage der Gesellschaft zu entscheiden ist. **31**

Es ist grundsätzlich davon auszugehen, dass der Aufsichtsrat als Kollegialorgan durch Abstimmung seinen Willen bildet und dass die einfache Mehrheit für die **Willensbildung** erforderlich und ausreichend ist, um durch Beschlussfassung den Willensbildungsprozess abzuschließen. Ausnahmen bestehen aufgrund der arbeitsverfassungsgemäßen Mitbestimmung („Drittelparität") in Aufsichtsräten, denen Arbeitnehmervertreter angehören: Bei Beschlussfassungen über die Bestellung und über die Abberufung von Mitgliedern des Vorstandes, für die Wahl des Vorsitzenden des Aufsichtsrats sowie von dessen erstem Stellvertreter ist eine doppelte Mehrheit erforderlich, nämlich die Mehrheit aller Mitglieder des Aufsichtsrats und die Mehrheit der von der Hauptversammlung gewählten und von Aktionären entsandten Mitgliedern des Aufsichtsrats (§ 110 Abs 3 ArbVG). Aus dem Protokoll hat sich das Erreichen der erforderlichen Mehrheit zu ergeben. Im Rahmen seines Selbstorganisationsrechtes kann der Aufsichtsrat zur Fassung von Beschlüssen in bestimmten Angelegenheiten auch weitere Beschlusserfordernisse festlegen. **32**

Angesichts der Tatsache, dass – in bestimmten Fällen nach dem Gesetz und nach dem ÖCGK – **Ausschüsse** zu bilden sind, ist es zweckmäßig, die Geschäftsordnung so zu gestalten, dass sie auch für die Tätigkeit der Ausschüsse des Aufsichtsrats Anwendung findet; ist dies nicht der Fall oder um weitergehende Regelungen für einen bestimmten Ausschuss vorzusehen, kann einem bestimmten oder allen Ausschüssen eine eigene Geschäftsordnung vorgegeben werden. Die Geschäftsordnung des Aufsichtsrats gilt auch für seine Ausschüsse, wenn keine eigenen Regelungen für die Ausschüsse erlassen wurden oder ergänzt diese bei nicht vollständiger Regelung. **33**

B. Geschäftsordnung für den Vorstand

1. Allgemeine Festlegungen

34 Auszugehen ist von der gesetzlich normierten ausschließlichen und alleinigen Leitungs- und Vertretungskompetenz des Vorstandes.[5] Die Trennung in Geschäftsführung und Vertretung ermöglicht es dem Aufsichtsrat, für jeden dieser Bereiche Vorgaben zu machen und Regelungen vorzusehen. Die Satzung gibt die Zahl der zu bestellenden Mitglieder des Vorstandes vor oder räumt dem Aufsichtsrat die Möglichkeit ein, innerhalb des Rahmens der zulässigen Zahl von Vorstandsmitgliedern Bestellungen vorzunehmen. Der Aufsichtsrat hat daher bereits vor einem Bestellungsbeschluss die Entscheidung darüber zu treffen, wie viele Vorstandsmandate er vergibt und ob und welche Zuständigkeiten er schafft.

35 Es empfiehlt sich, Kandidaten für die Besetzung des Vorstandes bereits anhand der vorgenommenen Zuständigkeitseinteilungen zu suchen, das zu besetzende Ressort in allfälligen Ausschreibungsunterlagen zu definieren und auf die erforderliche Qualifikation bei der Auswahl von Kandidaten zu achten. Eine nähere Konkretisierung kann im Anstellungsvertrag erfolgen, doch sollte sich der Aufsichtsrat seine Handlungsfreiheit und damit die Möglichkeit zur späteren Änderung vorbehalten. Empfehlenswert ist, die näheren Bestimmungen eines Anstellungsvertrages mit Bewerbern bereits vor der Bestellung – anhand eines Entwurfes für den Anstellungsvertrag – abzuklären, um die Handlungsfreiheit des Aufsichtsrats nach erfolgter Bestellung zu sichern. Werden für einen mehrgliedrigen Vorstand Zuständigkeitsbereiche festgelegt, so ist unbeschadet dessen stets auf die Gesamtverantwortlichkeit des Vorstandes und auf jene Tätigkeiten des Vorstandes, die er gemeinschaftlich zu erledigen und auch zu vertreten hat – wie beispielsweise die Unterfertigung des Jahresabschlusses – Bedacht zu nehmen. Die Beschlussfassung über eine Ressortverteilung erfolgt im Aufsichtsrat mit Beschluss, für den die einfache Mehrheit ausreicht. Nimmt der Aufsichtsrat keine Ressortverteilung vor, so kann der Vorstand selbst eine Aufteilung der Geschäfte vornehmen, dies aber nur einstimmig.

36 Der Aufsichtsrat kann dem Vorstand eine **Geschäftsordnung** vorgeben, durch die aber nicht in das Leitungsmonopol des Vorstandes eingegriffen werden darf. Die Geschäftsordnung wird typischerweise folgende Regelungen umfassen:

- Ressortzuständigkeiten;
- Vertretungsregelungen bei Verhinderung eines Vorstandsmitgliedes;
- zustimmungspflichtige Geschäfte;
- Durchführung der Vorstandssitzungen;
- Regelungen für die Willensbildung.

37 Deckt die **Ressortverteilung** die Zuständigkeiten nicht zur Gänze ab, so wird im Zweifel von einer Gesamtzuständigkeit des Vorstandes auszugehen sein. Eine Geschäftsordnung kann durch Zeichnungs- und Vertretungsregeln ergänzt werden, in denen festgelegt wird, welche Art von Geschäften vom Vorstand und von anderen vertretungsbefugten Personen rechtsverbindlich gezeichnet wird; derarti-

---

5 § 70 AktG; *Strasser* in *Jabornegg/Strasser*, AktG II[5] § 70 Rz 2.

ge Unterschriftsordnungen sind vor allem im Bankenbereich üblich und werden oftmals durch Aushang kundgemacht.

Bei mehrgliedrigen Vorständen können **Vorstandsausschüsse** eingerichtet werden. In der Praxis bedeutet dies, dass in bestimmten Fällen ein Ressort – meist handelt es sich dabei lediglich um ein bestimmtes Projekt – federführend von jenen Vorstandsmitgliedern durchzuführen ist, die gemeinsam damit betraut worden sind. **38**

Die **Geschäftsverteilung** kann nach folgendem Stufenbau festgelegt werden: Die Hauptversammlung kann durch Satzungsbestimmung – und nur durch diese – Ressortzuständigkeiten schaffen. An diese – meist nur grundsätzliche – Regelung sind sowohl der Aufsichtsrat wie auch der Vorstand gebunden. Mangels Satzungsregelung legt der Aufsichtsrat die Ressortzuständigkeiten generell – in einer Geschäftsordnung – oder speziell – bei einer bestimmten personellen Zusammensetzung des Vorstandes – für die Mitglieder des Vorstandes verbindlich fest. Im Rahmen dieser vorgegebenen Ressortzuständigkeiten kann durch den Vorstand selbst eine nähere Definition, nicht aber eine Abänderung festgelegt werden. Sind keine Zuständigkeiten vorgegeben, so hat sich der Vorstand selbst über die Aufgabenverteilung zu einigen; diese Festlegung bedarf der Willensübereinstimmung und ist einem Mehrheitsbeschluss des Vorstandes nicht zugänglich. **39**

Aus der gesetzlichen Rahmenbestimmung des § 70 Abs 2 AktG folgt, dass der Vorstand seine Beschlüsse mit Mehrheit fassen kann. Mangels abweichender Regelung in der Satzung kommt dem Vorsitzenden des Vorstandes bei Stimmengleichheit das Entscheidungsrecht („**2. Stimme**") zu. Es wird stets darauf ankommen, einen vernünftigen, der Verantwortung Rechnung tragenden und praktikablen Ausgleich zwischen Gesamtgeschäftsführung und Einzelgeschäftsführung in einem Ressort zu finden. Auskunft darüber erhält der Aufsichtsrat, wenn er sich über Beschlussmehrheiten im Vorstand erkundigt, was sein Recht und auch seine Pflicht ist. Für den Kernbereich der Geschäftsführungstätigkeiten gilt zweifellos stets die Gesamtgeschäftsführung durch alle Mitglieder des Vorstandes, zumal alle Mitglieder des Vorstandes zur Aufstellung des Jahresabschlusses, des Konzernabschlusses sowie der Berichte und Anträge an den Aufsichtsrat verpflichtet sind. **40**

2. Der Katalog zustimmungspflichtiger Geschäfte

Die Verpflichtung des Vorstandes bestimmte Geschäfte nur mit Zustimmung des Aufsichtsrats vornehmen zu dürfen, schränkt sein Leitungsmonopol ein und erweitert die Überwachung durch den Aufsichtsrat, indem der Aufsichtsrat in Geschäftsführungsmaßnahmen ex ante eingreifen kann. Die Festlegung des Kataloges der zustimmungspflichtigen Geschäfte ist somit das stärkste und wirksamste Mittel des Aufsichtsrats in Erweiterung seiner Überwachungskompetenzen (vgl *Briem* Rz 12/1 ff). **41**

Der Katalog zustimmungspflichtiger Geschäfte richtet sich primär nach dem Gesetz, kann aber auch in der Satzung vorgegeben sein; in diesem Fall hat der Aufsichtsrat das Recht, ihm zweckmäßig erscheinende Ergänzungen vorzunehmen und Betragsgrenzen für einzelne Geschäfte zu bestimmen. Legt die Satzung **42** nichts fest, so ist es Aufgabe des Aufsichtsrats, den Katalog zu erstellen und ihn in geeigneter Weise in Kraft zu setzen. Es kann dies die Geschäftsordnung für den Aufsichtsrat sein. Häufiger aber ist die Verabschiedung einer eigenen Geschäftsordnung für den Vorstand, in die der Katalog aufgenommen wird. Es ist Aufgabe des Aufsichtsrats dafür zu sorgen, dass jedes Mitglied des Vorstandes nachweislich Kenntnis vom Bestehen eines derartigen Kataloges hat. Es wird daher häufig auch im Vorstandsvertrag auf den Katalog zustimmungspflichtiger Geschäfte Bezug genommen.

43 Der vom Gesetz[6] vorgegebene Katalog zustimmungspflichtiger Geschäfte bedarf im Einzelfall der Erweiterung und Ergänzung und ist nicht abschließend. Die Betragsgrenzen sind dem Geschäftsgang entsprechend angemessen festzulegen und zu valorisieren. Der Katalog soll und darf jedoch nicht soweit ausgebaut werden, dass dadurch eine Verlagerung der Geschäftsführung – und damit auch der Verantwortung – auf den Aufsichtsrat erfolgt. Vielmehr ist es Aufgabe des Aufsichtsrats, im Rahmen seiner Überwachungsfunktion die notwendigen Zustimmungspflichten inklusive angemessener Betragsgrenzen schriftlich festzulegen und dabei auf die speziellen Marktgegebenheiten Bedacht zu nehmen.

44 Der Aufsichtsrat hat durch die Gestaltung des Kataloges vor allem sicherzustellen, dass er bei Investitionen, Erweiterungen, Unternehmenskäufen, Gründung von Tochtergesellschaften und bei allen Maßnahmen der – inhaltlichen oder geographischen – Erweiterung des Geschäftsfeldes befasst wird. Es kann nicht sein, dass Geschäftsführungsorgane von Tochtergesellschaften größere „Freiräume“ haben als der Vorstand der Konzernobergesellschaft.

45 Bei **Konzernobergesellschaften** umfasst die Überwachungspflicht des Aufsichtsrats auch die Konzernleitungsfunktion des Vorstandes. Der Aufsichtsrat der Konzernobergesellschaft hat sicherzustellen, dass Geschäfte, die in der Konzernobergesellschaft an seine Zustimmung gebunden sind, je nach deren Größe und Bedeutsamkeit für die Unternehmensgruppe, ihm auch dann zur Zustimmung vorgelegt werden, wenn sie von einer Konzerngesellschaft ausgeführt werden (vgl *Briem* Rz 12/26; *Enzinger/Kalss* Rz 31/59 ff).

46 In der Praxis hat der Vorstand bei zustimmungspflichtigen Geschäften dem Aufsichtsrat **im Vorhinein** die entscheidungsrelevanten schriftlichen Unterlagen zukommen zu lassen. Dabei trifft den Vorstand eine Bringschuld. Erst nach Zustimmung des Aufsichtsrats darf der Vorstand das jeweilige Geschäft abschließen; falls ein Geschäft ohne Zustimmung des Aufsichtsrats vorgenommen wird, kommt das Geschäft zwar rechtswirksam zustande, da die Zustimmungspflicht nur im Innenverhältnis wirksam ist; gegen den Vorstand können jedoch Schadenersatzansprüche erhoben werden. In dringenden Fällen, etwa bei Gefahr in Verzug oder wenn es zu einer Schädigung des Unternehmens kommen sollte, wird die nachträgliche Zustimmung des Aufsichtsrats ausreichend sein.

47 Es empfiehlt sich, Anträge auf Erteilung der Zustimmung stets nach einem **einheitlichen Raster** zu gestalten, damit der Geschäftsfall vollständig dargestellt und nach stets gleichbleibenden Kriterien beurteilt werden kann. Dies trifft vor

[6] Vgl § 95 Abs 5 AktG.

allem auf Investitionen zu. Als Kriterien sollten neben der Investitionssumme und den Auswirkungen auf das Perioden- und Jahresergebnis angegeben werden, ob es sich bei Maschinen und maschinellen Anlagen um Erneuerungs- oder Erweiterungsinvestitionen handelt, nach welchen Kriterien die Entscheidung für die Vergabe getroffen worden ist, ob Vergleichsangebote eingeholt worden sind, welche Auswirkungen für den Produktionsprozess, welche Rationalisierungs- und Synergieeffekte erwartet werden; es sollten auch grundsätzliche Fragen nach dem „strategischen Fit" beantwortet werden.

IV. Nach der Wahl des Aufsichtsrats

A. Konstituierung

Als **konstituierende Sitzung** des Aufsichtsrats wird das erstmalige Zusammentreffen eines neu gewählten Aufsichtsrats bezeichnet. Sieht die Satzung vor, dass mit Ende der ordentlichen Hauptversammlung die Funktion des Vorsitzenden und seiner Stellvertreter oder die Zusammensetzung der Ausschüsse endet, so dient die im Anschluss an die ordentliche Hauptversammlung abzuhaltende Sitzung des Aufsichtsrats der Konstituierung. **48**

Nach einer gebräuchlichen Formulierung in Satzungen findet **im Anschluss an die ordentliche Hauptversammlung** jedenfalls eine konstituierende Sitzung des Aufsichtsrats statt, wobei meist in der Satzung bestimmt ist, dass es für das Zusammentreten dieser Sitzung keiner gesonderten Einladung bedarf. Allerdings beschränken die Satzungsbestimmungen die Zuständigkeit dieser konstituierenden Sitzung meist auf die Wahl des Vorsitzenden und seines oder seiner Stellvertreter. In einem derartigen Fall kann die Tagesordnung nur dann erweitert werden, wenn alle Mitglieder des Aufsichtsrats anwesend und einverstanden sind. Regelmäßig wird ein Beschluss über die Auftragserteilung an den in der ordentlichen Hauptversammlung gewählten Abschlussprüfer zu fassen sein.[7] Darüber hinaus kann auch die Bestellung von Ausschüssen erforderlich sein.[8] Soll die Tagesordnung einer konstituierenden Sitzung über das in der Satzung Vorgesehene hinaus erweitert werden, ist auch die konstituierende Sitzung des Aufsichtsrats vom Vorsitzenden frist- und formgerecht einzuberufen; werden neue Mitglieder des Aufsichtsrats gewählt, so kann die Verständigung bereits im Vorfeld – zugleich mit der Einholung der Erklärungen gemäß § 87 Abs 2 AktG – vorbehaltlich des Wahlergebnisses erfolgen. **49**

Die Mitglieder des Aufsichtsrats haben in der Hauptversammlung **tunlichst anwesend** zu sein (§ 116 Abs 2 AktG); die zur Wahl vorgeschlagenen Mitglieder werden üblicherweise – als Gäste – zugelassen, um ihnen die Gelegenheit zu bieten, sich vorzustellen. Es kann daher davon ausgegangen werden, dass eine im Anschluss an die (ordentliche) Hauptversammlung stattfindende Sitzung des Aufsichtsrats bei Anwesenheit aller Mitglieder beschlussfähig ist und daher die Tagesordnung nach Bedarf und im Einverständnis erweitert werden kann. **50**

---

7 Vgl § 270 Abs 1 UGB.

8 Vgl § 92 Abs 4a AktG; L-Regel 40, C-Regeln 41 und 43, R-regel 42 ÖCGK.

51 Ist das Amt des Vorsitzenden des Aufsichtsrats mit dem Ende der ordentlichen Hauptversammlung erloschen, so tritt die konstituierende Sitzung des Aufsichtsrats zusammen, ohne dass ein Vorsitzender bestellt ist. Es ist praktische Übung, dass in diesen Fällen ein Mitglied des Aufsichtsrats – meist das an Dienstjahren älteste Mitglied – **interimistisch den Vorsitz übernimmt** und die Sitzung zur Durchführung der Wahl leitet. Nach Verkündung des Wahlergebnisses wird der Vorsitz dem gewählten Vorsitzenden zur weiteren Sitzungsleitung übertragen.

52 Bestimmt die Satzung, dass die Wahl des Vorsitzenden für die Dauer seiner Funktionsperiode im Aufsichtsrat erfolgt, so kann sich die jährliche Konstituierung erübrigen. Dies gilt auch für den oder die Stellvertreter des Vorsitzenden. Ist allerdings eines dieser Ämter mit dem Ablauf der ordentlichen Hauptversammlung erloschen, so ist in deren Anschluss die Konstituierung vorzunehmen. Erlischt eines dieser Ämter während der Funktionsperiode, so hat unverzüglich eine Wahl stattzufinden.

53 Dies gilt auch für Ausschüsse des Aufsichtsrats. Allerdings wird – falls die Satzung keine klare Vorgabe enthält – von folgender Überlegung auszugehen sein: Wird der Aufsichtsrat turnusmäßig alljährlich zum Teil erneuert, sollte dem Aufsichtsrat die Gelegenheit geboten werden, auch die Ausschusszusammensetzungen zu verändern; damit soll auch neu gewählten Mitgliedern in gleicher Weise sowohl ein passives, als auch ein aktives Wahlrecht in die Ausschüsse des Aufsichtsrats zukommen.

54 Vom Ergebnis der konstituierenden Sitzung oder von unterjährig durchgeführten Wahlen hat der Vorsitzende des Aufsichtsrats den Vorstand zu informieren. Der Vorstand hat allenfalls erforderliche Eintragungen im Firmenbuch zu veranlassen.

55 Der Vorsitzende des Aufsichtsrats hat dafür zu sorgen, dass allen Mitgliedern des Aufsichtsrats die Satzung, die Geschäftsordnung für den Aufsichtsrat und eine allenfalls verabschiedete Geschäftsordnung für den Vorstand – wenn diese den Katalog der zustimmungspflichtigen Geschäfte und/oder die Geschäftsverteilung enthält – sowie sonstige für den Aufsichtsrat relevante interne Regelungen, wie etwa eine Richtlinie zur Corporate Governance, zur Compliance oder zur Anti-Korruption in der jeweils geltenden Fassung zur Verfügung gestellt werden.

56 Bei Beschlüssen, die den Aufsichtsrat über mehrere Funktionsperioden binden und auch bei Projekten, die sich über einen längeren Zeitraum erstrecken, empfiehlt sich die regelmäßige Bezugnahme auf derartige „offene" Geschäftsfälle zumindest im Jahresbericht oder auch in Ergänzung zum Jahresabschluss, wenn derartige Geschäftsfälle nicht (im Anhang) erwähnt sind oder aus Gründen der Vertraulichkeit nicht erwähnt werden sollen. Hat der Aufsichtsrat für einzelne dieser Fälle besondere Berichterstattungspflichten oder besondere Beschlussmehrheiten vorgesehen, so empfiehlt es sich, dies in die Geschäftsordnung aufzunehmen.

B. Aufsichtsratssitzung

57 Das Gesetz verpflichtet den Aufsichtsrat zur Abhaltung von **vier Sitzungen pro Jahr**, die zeitlich so anzusetzen sind, dass in jedem Kalenderquartal eine stattfindet.[9] Bei gewöhnlichem Geschäftsverlauf ist davon auszugehen, dass dies ausreichend ist. Wenn es die Lage des Unternehmens – etwa in einer Krisensituation oder bei Vorliegen sonstiger wichtiger Umstände, die erhebliche Auswirkungen auf das Unternehmen oder seinen Fortbestand haben – erfordert, sind vom Aufsichtsrat darüber hinaus auch weitere (außerordentliche) Sitzungen abzuhalten.[10]

58 Auch **Sitzungen mit Zuschaltungen**, an der einzelne Aufsichtsratsmitglieder physisch an einem Ort zusammen kommen und andere Aufsichtsratsmitglieder telefonisch zugeschaltet sind, sind beschlussfähig. Bei der Ermittlung der Beschlussfähigkeit werden jedoch nur die physisch anwesenden Personen mitgezählt.

59 Eine weitere Variante ist die **Videokonferenz**. Bei dieser Art der Sitzung bedarf es keiner Mindestanzahl an physisch an einem Ort anwesenden Aufsichtsratsmitgliedern. Wenn alle Merkmale, die eine physische Sitzung qualifizieren erfüllt sind, gilt die Videokonferenz als Aufsichtsratssitzung. Folgendes muss jedoch eingehalten werden:

- Alle Teilnehmer müssen durchgängigen Sicht- und Hörkontakt haben, um miteinander kommunizieren zu können.
- Allenfalls beigezogene Dritte müssen die Möglichkeit haben, an der Videokonferenz teilzunehmen.
- Alle Teilnehmer müssen über den gleichen Informationsstand und die gleichen Unterlagen verfügen.
- Die Authentizität der Diskussion (Gestik, Mimik, Intonation, etc.) muss ebenso wie die Vertraulichkeit gewährleistet sein.

Die Vorbereitung und Organisation obliegt dem Vorsitzenden, der sich unterstützen lassen darf.

60 Jedem Mitglied des Aufsichtsrats und dem Vorstand kommt gemäß § 94 Abs 1 AktG das Recht zu, vom Vorsitzenden die **Einberufung einer Sitzung zu verlangen**. Das Verlangen ist an keine besondere Form gebunden; Satzung oder Geschäftsordnung können jedoch eine bestimmte Form (zum Beispiel die Schriftlichkeit) vorsehen. Es ist in jedem Fall ein Medium zu wählen, das die zeitgerechte Verständigung garantiert, wie etwa die Versendung via E-Mail oder über ein elektronisches Datenablagesystem. Der Verlangende hat Zweck und Grund für sein Begehren sowie die Gründe für die Dringlichkeit der Einberufung darzulegen. Der Vorsitzende hat diesem Verlangen unverzüglich zu entsprechen und eine Sitzung ohne schuldhaftes Zögern einzuberufen; in der Satzung oder in der Geschäftsordnung kann eine Frist, innerhalb der der Vorsitzende die Sitzung nach Erhalt des Verlangens einzuberufen hat, vorgesehen werden. Die Sitzung muss binnen zwei Wochen nach der Einberufung stattfinden. Diese Fristen können weder in der Satzung noch in der Geschäftsordnung verlängert werden. Aus der Formulierung

---

9 § 94 Abs 3 AktG.

10 Siehe auch Regel 36 des ÖCGK.

„*binnen zwei Wochen*“ kann jedoch abgeleitet werden, dass auch eine kürzere Frist zugemutet werden kann.

61 Kommt der Vorsitzende dem Verlangen nicht nach, so können die Antragsteller selbst eine Sitzung des Aufsichtsrats einberufen. Zu beachten ist, dass sich dieses „**Selbsthilferecht**“ gemäß § 94 Abs 2 AktG nicht vollkommen mit der Berechtigung gemäß § 94 Abs 1 AktG, eine Einberufung zu verlangen, deckt. Die selbständige Einberufung nach dem erfolglosen Einberufungsbegehren kann nur von **zwei** Mitgliedern des Aufsichtsrats gemeinsam erfolgen, die Einberufung kann jedoch bereits von einem einzelnen Mitglied des Aufsichtsrats verlangt werden. Die allgemeinen Einberufungsvorschriften sind einzuhalten. Zu bemerken ist, dass § 94 Abs 1 AktG vom Vorsitzenden nur die unverzügliche Einberufung verlangt und sich der Termin der Abhaltung nicht nach dem Zeitpunkt des Verlangens, sondern dem der Einberufung richtet. Auch dem Vorstand kommt das Recht zu, die Einberufung einer Sitzung des Aufsichtsrats zu verlangen oder – mangels Einberufung durch den Vorsitzenden – dies selbst zu tun, wenn die Voraussetzungen hierfür vorliegen. Grundlage ist ein mit Mehrheit zu fassender Beschluss des Vorstandes.

62 Dem Vorsitzenden des Aufsichtsrats steht es nicht zu, aus eigenem über den Inhalt eines Verlangens zu entscheiden und die Einberufung zu verweigern. Wohl aber kann er im pflichtgemäßen Ermessen und mangels besonderer Dringlichkeit, die Behandlung der Angelegenheit auf die nächste bereits geplante Sitzung des Aufsichtsrats verschieben, zumal dann, wenn deren Termin bereits fixiert ist und in absehbarer Zukunft liegt. Auch wenn von der Berechtigung, die Abhaltung einer Sitzung zu verlangen, ohne Angabe des Grundes oder in rechtsmissbräuchlicher (schikanöser) Weise Gebrauch gemacht wird, kann der Vorsitzende in eigener Verantwortung, wenn er dies als im Interesse der Gesellschaft ansieht, die Einberufung einer (außerordentlichen) Sitzung verweigern.

63 Wenn für Sitzungen von Ausschüssen des Aufsichtsrats keine eigenen Regelungen bestehen, gelten die allgemeinen Festlegungen für den Aufsichtsrat auch für seine Ausschüsse. Eine analoge Anwendung der gesetzlichen Bestimmungen zur Beantragung und Durchsetzung einer Sitzung (§ 94 Abs 1 und 2 AktG) auf die Ausschüsse des Aufsichtsrats wird jedoch überwiegend abgelehnt. Dies führt zu keiner Einschränkung der Rechte der Aufsichtsratsmitglieder und des Vorstandes, da auch bei Zuweisung einer Angelegenheit an einen Ausschuss das Plenum des Aufsichtsrats jederzeit damit befasst werden kann.[11]

1. Sitzungskalender

64 Es empfiehlt sich, die **Sitzungstermine** für das kommende Wirtschaftsjahr rechtzeitig festzulegen, am besten bereits einige Monate im Voraus, insbesondere in einem Konzern, da sich hier die Konzerntochtergesellschaften nach den Sitzungen der Konzernmutter orientieren und ihren Sitzungskalender und den nachfolgender Enkelgesellschaften an jenen der übergeordneten Konzernmuttergesellschaft anpassen müssen.

[11] Vgl *Strasser* in *Jabornegg/Strasser*, AktG II^5 §§ 92-94 Rz 35.

Bei börsennotierten Unternehmen richten sich Sitzungstermine vorwiegend nach den Terminen, die für die Veröffentlichung der Quartalsergebnisse vom Vorstand vorgesehen werden, und dem Termin der geplanten ordentlichen Hauptversammlung. Vom Termin der geplanten ordentlichen Hauptversammlung sind deren Einberufungsfristen, aber auch die dem Aufsichtsrat zur Verfügung stehende Zeit für die Prüfung und Billigung des Jahresabschlusses, rückzurechnen. **65**

Bei konzernleitenden Gesellschaften ist auf die Notwendigkeiten, Möglichkeiten, aber auch die vorgesehenen Termine bei den Konzern- und Tochtergesellschaften, Bedacht zu nehmen: Zustimmungspflichtige Rechtsgeschäfte betreffen oftmals Konzern- oder Tochtergesellschaften und gelangen erst nach Beschlussfassung in den zuständigen Organen zur (abschließenden) Zustimmung in den Aufsichtsrat der Konzernobergesellschaft. Geschäftsergebnisse der Konzerngesellschaften wiederum sind – je nach Größe und Umfang – für die Gestaltung des Berichtes der Konzernobergesellschaft an ihren Aufsichtsrat von Bedeutung. **66**

Ausgehend von den vom Kapitalmarkt geforderten Terminen, die sich auch nach „Road Shows" im In- und Ausland richten können, wird üblicherweise vom Vorstand ein Sitzungskalender so vorbereitet, dass dem Aufsichtsrat die regelmäßigen Berichte vor deren Veröffentlichung vorliegen. Auch wenn der Aufsichtsrat auf externe Notwendigkeiten bei der Termingestaltung im Interesse der Gesellschaft Rücksicht nimmt (und ein „Termingetriebener" sein kann), bleibt ihm das autonome Recht zur Festlegung seiner Termine und der Zahl der Sitzungen uneingeschränkt erhalten. **67**

Je nach der Art und der Genauigkeit des **Sitzungskalenders** ist dieser als Planungshilfe für alle Mitglieder des Aufsichtsrats – wie auch für die Organe der Konzernunternehmen – zu sehen. Eine Einberufung – im formellen Sinn – zu den Sitzungen des Aufsichtsrats kann in einem Sitzungskalender grundsätzlich nicht erblickt werden, weil für einen längeren Zeitraum die konkrete Tagesordnung weder im Vorhinein bestimmt werden kann noch mitgeteilt wird. Daher bleibt trotz eines „Sitzungskalenders" die Notwendigkeit bestehen, jede einzelne Sitzung des Aufsichtsrats gesondert unter Anfügung der Tagesordnung einzuberufen. **68**

Zeitgemäß und empfehlenswert ist das Anlegen eines **elektronischen Terminkalenders**. In diesen werden alle relevanten Sitzungstermine (Hauptversammlungen, Generalversammlungen, Aufsichtsrats- und Ausschusssitzungen, Vorstandssitzungen, etc.) eingetragen und verwaltet und die jeweiligen Teilnehmer elektronisch eingeladen. Dadurch haben alle Beteiligten einen Überblick über die unternehmensrelevanten Termine und können die Vorbereitung – wie die Erstellung von Berichten oder die Vorbereitung von entscheidungsrelevanten Unterlagen – zeitgerecht planen. Ausreichende Vorbereitungszeiten sichern den geordneten Sitzungsablauf und die Entscheidungsfindung. Auch bei zentraler Koordinierung ist aber die Unabhängigkeit und Selbständigkeit des Aufsichtsrats zu wahren. **69**

2. Einberufung

Die Einberufung ist Voraussetzung dafür, dass der Aufsichtsrat eine Tätigkeit als Kollegialorgan entfalten und Beschlüsse fassen kann. Nur wenn alle Formalvoraussetzungen eingehalten werden, kann der Aufsichtsrat rechtswirksame Be- **70** schlüsse fassen. Auf die Einhaltung von Formalvoraussetzungen kann jederzeit verzichtet werden; dies setzt aber voraus, dass alle Mitglieder des Aufsichtsrats einen derartigen Verzicht erklären. Strittig ist, ob auch namens eines vertretenen Aufsichtsratsmitgliedes Verzichtserklärungen möglich sind; die Reichweite von Vollmachten hängt zweifellos auch von deren Textierung ab. Bei der Feststellung der Beschlussfähigkeit werden vertretene Mitglieder nicht gezählt; die gesetzliche Regelung ist zwingend und kann durch die Satzung oder eine Geschäftsordnung nicht erleichtert, wohl aber verschärft werden.[12] Die Einberufung hat in der Form zu erfolgen, wie sie in der Satzung oder Geschäftsordnung festgelegt ist; auch wenn keine besondere Form vorgegebene ist, empfiehlt sich die Schriftlichkeit. Möglich ist auch per Mail oder sonstige elektronische Übermittlung. Diese Form ist deshalb sinnvoll, um die Frist gerade bei Abwesenheiten zu wahren und auch nicht einen Formfehler wegen fehlender Unterschriften zu begehen. Wesentliche Bestandteile einer Einberufung sind

- ***die Festlegung des Zeitpunktes des Beginns (Tag und Uhrzeit) einer Sitzung***
  Eine nachträgliche Änderung ist nur zulässig, wenn diese Änderung so rechtzeitig erfolgt, dass auch für die Änderung die Einberufungsfrist, die sich aus der Satzung oder der Geschäftsordnung ergibt, eingehalten wird.
- ***der Ort der Sitzung***
  Die Sitzungen finden üblicherweise in den Räumen der Gesellschaft statt. Es kann aber auch ein anderer geeigneter Tagungsraum am Sitz der Gesellschaft gewählt werden. Eine nachträgliche Änderung – auch innerhalb der Einberufungsfrist – ist dann zulässig und unbedenklich, wenn sich daraus keine Erschwernis für die Teilnehmer ergibt. Eine Verlegung ist rechtzeitig im Vorhinein mitzuteilen.
- ***die Tagesordnung***
  Die Tagesordnung ist so zu gestalten, dass jedes Mitglied des Aufsichtsrats erkennen kann, welche Angelegenheiten behandelt und welche Beschlüsse gefasst werden sollen. Die Tagesordnung kann – wenn die Satzung oder die Geschäftsordnung keine anderslautenden Bestimmungen enthält – nachträglich (auch ohne Einhaltung der Einberufungsfrist) ergänzt und geändert werden, allerdings nur unter der Voraussetzung, dass eine angemessene Vorbereitungszeit verbleibt.
- ***die Unterlagen (Berichte und Anträge) zu den einzelnen angekündigten Tagesordnungspunkten***
  Die schriftlichen Unterlagen, namentlich Berichte, sind tunlichst bereits mit der Einberufung jedem Mitglied des Aufsichtsrats zur Verfügung zu stellen. Auf Vorlagefristen, die sich aus der Satzung oder der Geschäftsordnung ergeben können, ist Bedacht zu nehmen; diese kann auch kürzer sein als die Einberufungsfrist, doch soll sichergestellt sein, dass jedem Mitglied des Aufsichtsrats eine ausreichende Vorbereitungszeit zur Verfügung steht. Die Gestaltung der Tagesordnung steht in einer Wechselwirkung mit den vorgelegten Unter-

[12] § 95 Abs 7 iVm § 92 Abs 5 AktG. Diese Gesetzesbestimmung unterstreicht den Charakter des Aufsichtsrats als Kollegialorgan.

lagen: wenn keine Anträge samt begründenden Unterlagen vorgelegt werden (können), wie dies bei zustimmungspflichtigen Geschäften oftmals aus Termingründen der Fall ist, dann muss die Tagesordnung umso ausführlicher den Geschäftsfall, dessen Bedeutung und den zu fassenden Beschluss ankündigen.

Nachträgliche Änderungen einer Einberufung stehen ausschließlich demjenigen zu, der die Einberufung vorgenommen hat; dies gilt auch für den Widerruf der Einberufung. Dem Vorsitzenden des Aufsichtsrats kommt das Recht zur Erweiterung der Tagesordnung zu; anderen Einberufungsberechtigten nur dann, wenn auch ihnen für den weiteren Tagesordnungspunkt das Recht zur Einberufung zukommt. **71**

Unterlagen, die zur Behandlung anstehen, werden vom Vorstand zur Verfügung gestellt und sind vom Vorsitzenden (zumindest aber namens des Vorsitzenden) allen Mitgliedern des Aufsichtsrats zur Verfügung zu stellen. Die früher üblich gewesene Einladung an die Mitglieder des Aufsichtsrats, in Unterlagen am Sitz der Gesellschaft vor der Sitzung Einsicht zu nehmen, ist nicht mehr zeitgemäß und entspricht nicht der gestiegenen Verantwortung, die dem Aufsichtsrat übertragen worden ist. **72**

Es ist üblich und zweckmäßig, am Ende einer Sitzung des Aufsichtsrats einen Hinweis auf den vorgesehenen **Termin** der nächsten Sitzung zu geben. Nur wenn auch die Tagesordnung bereits festgelegt wird, kann der Terminhinweis die (schriftliche) Einberufung ersetzen. Sollten nicht alle Mitglieder des Aufsichtsrats im Zeitpunkt der Terminfestlegung an der Sitzung teilnehmen, so kann die Festhaltung im Protokoll nur dann als ordnungsgemäße Einberufung gelten, wenn das Protokoll so rechtzeitig zugestellt wird, dass die Einberufungsfristen gewahrt sind. **73**

Sind mehrere Formen für die **Einberufung** zulässig, so kann der Einberufende wählen und die ihm am **zweckmäßigsten** erscheinende Art festlegen. Je nach Art der Tagesordnung kann es geboten sein, jene Art der Einberufung zu wählen, die im Einzelfall die größtmögliche Sicherheit und Vertraulichkeit bietet; die Übergabe eines Einberufungsschreibens an den Empfänger mittels Boten wird jedenfalls – auch wenn dies nicht ausdrücklich in der Satzung oder in der Geschäftsordnung vorgesehen ist – zulässig sein und als ordnungsgemäß gelten. **74**

Vereinzelt werden zwei Zustellarten (elektronisch und mittels eingeschriebenen Briefes) vorgesehen, wobei von der Satzung oder der Geschäftsordnung festgelegte Fristen bereits mit der – üblicherweise früheren – elektronischen Einberufung als gewahrt gelten. Zeitgemäß und sicher ist auch die Einladung über ein elektronisches Datenablagesystem, auf das jeder Berechtigte zugreifen kann, doch muss sichergestellt sein, dass jeder Adressat auf andere und übliche Weise von der „Hinterlegung“ der Post erfährt. **75**

Das Gesetz gibt keine **(Mindest-)Frist** für die Einberufung von Sitzungen des Aufsichtsrats vor. Die C-Regel 12 des ÖCGK empfiehlt als Untergrenze für die Bereitstellung der Unterlagen eine Frist von einer Woche. Daraus kann geschlossen werden, dass die Frist zur Einberufung entsprechend länger sein soll. Zu lange Mindest-Fristen sind zweifellos nicht im Interesse der Gesellschaft. Ist ein mit den erforderlichen Zuständigkeiten ausgestatteter Ausschuss eingerichtet, der kurz- **76** fristig zusammentreten kann (Dringlichkeitsausschuss), kann bei größeren und international besetzten Aufsichtsräten eine längere Einberufungsfrist ausreichend sein. In diesem Fall kann die Einberufungsfrist bis zu drei Wochen betragen, sonst wird die Einberufungsfrist üblicherweise mit zwei Wochen oder kürzer bemessen. Der Einberufende – und nur dieser – kann die bereits von ihm einberufene Sitzung absagen. Die Absage sollte begründet werden (zB ein zustimmungspflichtiges Geschäft wird nicht zustande kommen).

77 Da es das Ziel des Einberufenden ist, eine beschlussfähige Sitzung zustande zu bringen, ist es – mangels bestehender Terminvereinbarung und sohin insbesondere bei außerordentlichen Sitzungen – seine Aufgabe, in geeigneter Weise durch – informelle – Kontaktaufnahmen die Terminmöglichkeiten aller Mitglieder zu sondieren. Sollten dem Aufsichtsrat Mitglieder angehören, die ihren Wohnsitz nicht am Sitz der Gesellschaft haben, empfiehlt es sich, deren Teilnahmemöglichkeit durch Rückfragen zu sichern.

78 Die **Mitglieder des Vorstandes** – meist alle – werden dem Aufsichtsrat die erforderlichen Informationen in der Sitzung erteilen und Fragen beantworten. Regelmäßig wird daher ihre Teilnahme an Sitzungen des Aufsichtsrats nicht nur zweckmäßig, sondern auch erforderlich sein, zumal ein Vorstandsbeschluss auf Änderung oder Neufassung eines Antrages in laufender Sitzung notwendig werden könnte. Daher sind auch die Mitglieder des Vorstandes zu laden. Nur in Ausnahmefällen und wenn dies ausdrücklich verfügt wird, nehmen sie an Sitzungen des Aufsichtsrats oder an Beratungen zu einzelnen Punkten der Tagesordnung nicht teil. Die Entscheidung über die Einladung der Vorstandsmitglieder trifft der Vorsitzende, über ihren Ausschluss entscheidet der Aufsichtsrat.

79 Den **Zeitpunkt** der Sitzung und den **Ort** legt der Einberufende fest. Bei der Wahl des Ortes hat er darauf Bedacht zu nehmen, dass er geeignet und erreichbar ist. Die Voraussetzungen hierfür ergeben sich im Einzelfall; regelmäßig aber wird es zweckmäßig sein, den Sitzungsraum so zu wählen, dass die erforderliche Vertraulichkeit gegeben ist. Es kann in Ausnahmefällen zweckmäßig sein, eine Sitzung nicht am Ort der Geschäftsleitung abzuhalten, namentlich dann, wenn der Vorstand nicht beigezogen wird. Es ist dem Aufsichtsrat das Recht zur Vertretung der Gesellschaft zuzusprechen, wenn er in diesem Fall ein Tagungslokal (entgeltlich) anmietet.

3. Tagesordnung

80 Die Tagesordnung wird **vom Vorsitzenden des Aufsichtsrats erstellt**, der die Sitzung einberuft. Wird die Abhaltung einer Sitzung berechtigterweise von einer anderen Person als dem Vorsitzenden verlangt, so erfolgen die Einladung und die Festlegung der Tagesordnung durch den oder die Personen, die das Verlangen gestellt haben.

81 Aus der Berechtigung gemäß § 94 Abs 1 AktG zur Beantragung einer Aufsichtsratssitzung folgt auch, dass jedes Mitglied des Aufsichtsrats sowie der Vorstand unter Angabe des Zwecks und der Gründe verlangen kann, dass eine bestimmte Angelegenheit auf die Tagesordnung einer einzuberufenden oder bereits einberufenen Sitzung des Aufsichtsrats gesetzt wird.

Sowohl die **organisatorische wie auch die inhaltliche Vorbereitung** wird der Vorsitzende des Aufsichtsrats regelmäßig mit dem Vorsitzenden (oder Sprecher) des Vorstandes oder – insbesondere mangels eines solchen – mit allen Vorstandsmitgliedern beraten und festlegen. **82**

Der „**Kommunikationsweg**" führt stets vom Vorsitzenden des Vorstandes zum Vorsitzenden des Aufsichtsrats und umgekehrt. Demnach sind die für eine Sitzung des Aufsichtsrats bestimmten Unterlagen dem Vorsitzenden des Aufsichtsrats zur Verteilung zu übergeben. Dieser Kommunikationsweg ist grundsätzlich immer – in beide Richtungen – einzuhalten; es ist nicht statthaft, dass sich der Vorsitzende oder ein einzelnes Mitglied des Aufsichtsrats an Mitarbeiter des Unternehmens oder Organe von Tochtergesellschaften in Aufsichtsratsangelegenheiten direkt wendet, so wie auch umgekehrt Mitteilungen an den Aufsichtsrat nicht direkt durch Mitarbeiter oder Organe von Konzerngesellschaften zu erfolgen haben. Ausnahmen bestehen lediglich bei der Anforderung und Entgegennahme von Berichten der internen Revision und in Compliance-Angelegenheiten bei börsenotierten Gesellschaften und soweit es sich um Mitarbeiter handelt, die zur Unterstützung des Aufsichtsrats und seines Vorsitzenden abgestellt sind. **83**

Ein Sonderfall ist der **Prüfungsausschuss**, der in Gesellschaften, die die Merkmale des § 271a Abs 1 UGB aufweisen, zwingend eingerichtet werden muss. Der Prüfungsausschuss hat zumindest zwei Sitzungen (davon mindestens eine mit dem Abschlussprüfer) pro Jahr abzuhalten und zu entscheiden. Dem Prüfungsausschuss muss zumindest eine Person angehören, die über besondere Kenntnisse und praktische Erfahrung im Finanz- und Rechnungswesen sowie in der Berichterstattung verfügt (**Finanzexperte**). In den Sitzungen des Prüfungsausschusses, die sich mit der Vorbereitung der Feststellung des (Konzern-) Jahresabschlusses und dessen Prüfung beschäftigen, ist der **Abschlussprüfer** zuzuziehen, der über die Abschlussprüfung zu berichten hat. Zusätzlich zu den gesetzlich vorgesehenen Terminen sieht die C-Regel 81a ÖCGK vor, dass der Vorsitzende des Prüfungsausschusses den Abschlussprüfer zu einer weiteren Sitzung einzuladen hat. In dieser soll die Art der Kommunikation zwischen dem Prüfungsausschuss und dem Abschlussprüfer festgelegt werden. Ferner hat im Rahmen dieser Sitzung der Prüfungsausschuss Gelegenheit, sich mit dem Abschlussprüfer ohne Beisein des Vorstandes auszutauschen. Weitere Aufgabe des Prüfungsausschusses ist, die Wirksamkeit des internen Kontrollsystems und Risikomanagements sowie der internen Revision zu überwachen und über das Prüfungsprogramm der internen Revision für das Unternehmen zu beraten. In der Praxis empfiehlt sich eine direkte und unmittelbare Berichterstattung des Revisionsleiters in einer Sitzung des Prüfungsausschusses. **84**

Die Tagesordnung soll so gestaltet sein, dass jedes Mitglied des Aufsichtsrats erkennen kann, welche Angelegenheiten behandelt werden. Damit soll auch Gelegenheit geboten werden, dass sich jedes Mitglied des Aufsichtsrats mit den anstehenden Angelegenheiten auseinandersetzen und in Wahrnehmung seiner Verantwortung seinen (ergänzenden) Informationsbedarf vor der Sitzung decken und sein Beschlussverhalten vorbereiten kann. **85**

86 Ist die Einberufung einer Sitzung bereits erfolgt und die **Tagesordnung** bekanntgegeben, so kann diese auch nachträglich – in derselben Form wie die Einberufung – ergänzt werden. Die Satzung oder die Geschäftsordnung können nähere Regelungen enthalten. Jedenfalls aber hat die Ergänzung so rechtzeitig zu erfolgen, dass den Mitgliedern des Aufsichtsrats ausreichende Vorbereitungszeit zur Verfügung steht. Eine Ergänzung und Ausweitung der Tagesordnung während einer Sitzung des Aufsichtsrats ist zulässig, wenn alle Mitglieder des Aufsichtsrats anwesend und mit der Vorgangsweise einverstanden sind.

87 Die Tagesordnung wird regelmäßig aus zwei Blöcken bestehen, nämlich zunächst einem **Berichtsteil** und einem Teil zur Diskussion und **Beschlussfassung**.

88 Um den Sitzungsablauf und die Protokollierung möglichst effizient zu gestalten ist es in der Praxis empfehlenswert, für den Vorsitzenden ein **Handprotokoll** oder einen **Sitzungsspiegel** vorzubereiten. Diese Unterlage soll sicherstellen, dass im Laufe der Sitzung und der Wortmeldungen an alle in das Protokoll aufzunehmenden wesentlichen Bestandteile gedacht wird. Die Unterlage soll aufzeigen, ob sich einzelne Mitglieder des Aufsichtsrats entschuldigt haben, ob Vollmachten erteilt worden sind und ob weitere Personen – beispielsweise Vertreter des Abschlussprüfers – zur Sitzung geladen sind. Durch Anführung der Tagesordnung in dem Handprotokoll wird die vollständige Erledigung des Sitzungsprogramms evident gehalten. Es empfiehlt sich, die vom Aufsichtsrat eigenständig festzulegenden Beschlüsse vorzuformulieren und die gestellten Anträge zur Verlesung bereit zu halten. Es dient auch dazu, die Feststellung zu treffen, dass ein Beschluss gefasst und damit zustande gekommen ist.

89 **Der Sitzungsablauf** soll so gestaltet werden, dass den Mitgliedern des Aufsichtsrats die Möglichkeit geboten wird, an Ergebnisse vorangegangener Sitzungen anzuknüpfen und mit den vorbereitenden Informationen über aktuelle Entscheidungsgrundlagen zu verfügen. Daher wird stets auch über den Vollzug oder den Stand des Vollzuges früherer Beschlüsse und über den Stand des Budgetvollzuges zu berichten sein.

90 Nach der Eröffnung, Erfassung der Anwesenden, Überprüfung der Vollmachten und der ordnungsgemäßen sowie fristgemäßen Einberufung und der Bestellung eines Protokollführers ist es zweckmäßig, unter Einhaltung eines möglichst gleichbleibenden Schemas folgende Tagesordnungspunkte vorzusehen und abzuhandeln:

a) Genehmigung des Protokolls der vorangegangen Sitzung(en)

91 Dieser Tagesordnungspunkt ermöglicht einerseits allen Mitgliedern des Aufsichtsrats für sich selbst zu prüfen, ob sie an der Sitzung teilgenommen haben und welche Ergebnisse festgehalten wurden, andererseits gibt er dem Vorsitzenden Gelegenheit zu prüfen, ob alle Mitglieder des Aufsichtsrats das Protokoll auch tatsächlich erhalten haben, und die gefassten Beschlüsse in Erinnerung zu rufen sowie deren Vollzug zu kontrollieren.

92 Anmerkungen zum Protokoll der vorangegangenen Sitzung(en) und gegebenenfalls auch Berichtigungen einzelner Wortmeldungen werden im Protokoll der aktuellen Sitzung festgehalten.

Sind seit der letzten Sitzung Beschlüsse auf schriftlichem Weg gefasst worden, so hat der Vorsitzende über das Zustandekommen des Beschlusses zu berichten; es empfiehlt sich, den Beschlussinhalt zu protokollieren. Ist ein Beschluss im Umlaufweg nicht zustande gekommen, so ist auch diese Tatsache – allenfalls mit der Begründung, warum die Abstimmung auf schriftlichem Wege nicht zustande gekommen ist – anzuführen. **93**

Es empfiehlt sich, zu überprüfen, ob bei der vorangegangenen Sitzung Fragen offen geblieben, aus den geschilderten Geschäftsgängen die angekündigten Auswirkungen eingetreten, angekündigte Maßnahmen eingeleitet und zustimmungspflichtige Geschäfte vollzogen worden sind (*Check-List*; *To-Do-List*). **94**

Der Tagesordnungspunkt sollte – auf Antrag des Vorsitzenden – mit einem Beschluss auf Genehmigung des Protokolls und der Umlaufbeschlüsse vervollständigt werden. **95**

b) Bericht des Vorsitzenden

Dieser Tagesordnungspunkt dient dem Vorsitzenden des Aufsichtsrats zur Erstattung eines eigenen – kurzen – Berichtes über seine Tätigkeiten seit der letzten Sitzung; es können dies allenfalls relevante Gespräche mit dem Vorstand, dem Abschlussprüfer und dem Leiter der Revision sein. **96**

Ist der Vorsitzende des Aufsichtsrats zugleich auch Vorsitzender von Ausschüssen, so ist über Ausschusstätigkeiten zu berichten. Wenn Ausschüsse Entscheidungskompetenz haben, dann auch über deren Beschlüsse. Ist ein anderes Mitglied des Aufsichtsrats Vorsitzender eines Ausschusses, dann obliegt ihm die Berichterstattung an den Aufsichtsrat. **97**

Als Leiter des Vergütungsausschusses wird sich der Bericht des Vorsitzenden auf die Tatsache des Abschlusses von Vorstandsverträgen oder der (alljährlichen) Zielvereinbarung sowie über deren Vollzug beschränken können. **98**

c) Berichte des Vorstandes

Der Berichtsteil des Vorstandes wird meist mit einem allgemeinen Bericht, der namens des Vorstandes von dessen Vorsitzenden oder Sprecher anhand einer schriftlichen Unterlage mündlich vorgetragen wird, beginnen. Inhaltlich knüpft der Bericht an den Gang der Geschäfte und die Erörterungen bei vorangegangenen Sitzungen an. Er hat Ausführungen über den Vollzug beschlossener Geschäfte und Maßnahmen zu enthalten und allenfalls dabei aufgetretene Hindernisse oder Verzögerungen zu erörtern. Es ist auch auf nicht durchgeführte Geschäfte, denen der Aufsichtsrat aber die Zustimmung erteilt hat, einzugehen. Des Weiteren berichtet der Vorstand über Entwicklungen am Markt, die Auswirkungen auf das Unternehmen haben bzw. haben könnten sowie die Geschäftspolitik. **99**

Für den Aufsichtsrat ist dieser Bericht von Bedeutung, um zu prüfen, ob Geschäfte, denen er zugestimmt hat, auch tatsächlich vollzogen worden sind. Insbesondere bei Investitionsentscheidungen soll die Möglichkeit geschaffen werden, auf geänderte Verhältnisse einzugehen und zu verhindern, dass durch den Verlust der zeitlichen Nähe das Pouvoir des Vorstandes durch nicht oder noch nicht in Anspruch genommene Zustimmungen faktisch erweitert wird. **100**

101 An den zusammenfassenden (Kurz-)Vortrag des Quartalsberichtes hat sich eine mündliche Erörterung anzuschließen. Hauptaugenmerk des Aufsichtsrats ist es, anhand des Berichtes die Umsetzung der Grundsätze der Geschäftspolitik überwachen zu können und beratend einzugreifen. Über Antrag des Vorsitzenden des Aufsichtsrats kann und sollte der Aufsichtsrat einen Beschluss fassen, mit dem der Bericht zur Kenntnis genommen wird.

102 Einmal in jedem Wirtschaftsjahr ist der Jahresbericht zu behandeln; Näheres siehe Rz 133 ff.

d) Beschlussfassung über Anträge – zustimmungspflichtige Geschäfte

103 Der Aufsichtsrat kann davon ausgehen, dass der Vorstand ein Geschäft, das der Zustimmungspflicht unterliegt, aus eigenem rechtzeitig und im Vorhinein dem Aufsichtsrat vorlegt. Der Aufsichtsrat entscheidet über einen Antrag des Vorstandes; es ist kein Antrag des Vorsitzenden oder eines Mitgliedes des Aufsichtsrats. Schon deswegen steht es dem Aufsichtsrat nicht zu, den Antrag abzuändern. Lehnt der Aufsichtsrat einen Antrag ab, so steht es dem Vorstand frei – auch im Laufe einer Sitzung – den ursprünglichen Antrag zu modifizieren und einen neuen Antrag zu stellen. Dies setzt jedoch einen Beschluss des Vorstandes voraus, der nach den für den Vorstand geltenden Regeln von diesem zu fassen ist (siehe auch Rz 46).

104 Der Aufsichtsrat kann sowohl generell, wie auch für einen Einzelfall Kriterien vorgeben, die bei der Begründung von **Anträgen** einzuhalten sind. Es empfiehlt sich, ein **Schema** zu erstellen, um stets die gleichen Basisinformationen zu geben: so ist beispielsweise bei Unternehmenskäufen anzugeben, ob der Kauf im Einklang mit der Geschäftspolitik steht, wie die Finanzierung erfolgt sowie welche wirtschaftlichen Ergebnisse und welche Synergien erwartet werden.

105 **Ein Antrag des Vorstandes** ist auf die Tagesordnung des Aufsichtsrats zu setzen. Weder der Vorsitzende des Aufsichtsrats noch der Aufsichtsrat kann a priori die Behandlung eines Antrages des Vorstandes verweigern. Allerdings ist der Antrag mit einer vollständigen **Begründung** so rechtzeitig den Mitgliedern des Aufsichtsrats zuzustellen, dass sie sich auf die Beschlussfassung vorbereiten können. Mangelhafte Anträge können den Aufsichtsrat – neben der Ablehnung des Antrages – auch zu anderen Konsequenzen veranlassen, dazu gehört eine Präzisierung in der Geschäftsordnung; in Wiederholungsfällen – namentlich wenn die Mangelhaftigkeit als schuldhaft anzusehen ist – hat der Aufsichtsrat zu prüfen, ob dies nicht ein wichtiger Grund ist, der eine Abberufung des Vorstandes rechtfertigt.

4. Niederschrift (Protokoll)

106 Über die Verhandlungen und Beschlüsse des Aufsichtsrats ist eine **Niederschrift anzufertigen** (§ 92 Abs 2 AktG). Dieser Gesetzesbestimmung ist lediglich eindeutig zu entnehmen, dass die Beschlüsse des Aufsichtsrats schriftlich festzuhalten sind – konkludente Beschlüsse des Aufsichtsrats gibt es nicht. Der zugrunde liegende Zweck dieser Regelung ist klar: das anzufertigende Protokoll dient als Beweisurkunde dafür, was in der jeweiligen Sitzung festgelegt und verhandelt wurde. Was allerdings unter den Begriff „Verhandlungen" zu subsumieren ist, bleibt weitestgehend offen; die Geschäftsordnung kann nähere Regelungen treffen. Als „**Verhandlungen**" zählen jedenfalls niederschriftliche Angaben zur formalen Ordnung (frist- und formgerechte Einberufung, Anwesenheiten), das Beschlussergebnis und das Verkünden des Beschlusses durch den Vorsitzenden, wobei aber die Gültigkeit und Rechtswirksamkeit nicht von der Protokollierung abhängt.

Aus der Wortwendung „*ist […] anzufertigen*" kann abgeleitet werden, dass die Niederschrift im Anschluss an die Sitzung zu verfassen ist. Desgleichen kann aus dieser Formulierung entnommen werden, dass es nicht Aufgabe des Vorsitzenden des Aufsichtsrats ist, selbst die Protokollierung vorzunehmen, wohl aber wird er dafür zu sorgen haben, dass die Niederschrift auch tatsächlich von einer geeigneten Person, die als Protokollführer an der Sitzung teilgenommen hat, angefertigt wird. **107**

Ein **Wortprotokoll** der gesamten Sitzung ist von Gesetzes wegen nicht erforderlich. In der Praxis sollte darauf hingewiesen werden, etwa durch eine standardisierte Formulierung im Protokoll, dass es sich um ein Beschlussprotokoll (mit einer Übersicht über die wesentlichen Sitzungsinhalte und Beschlussfassungen) und nicht um ein Wortprotokoll handelt, und dass aus diesem Grund Wortmeldungen der Sitzungsteilnehmer nur auf ausdrücklichen Wunsch protokolliert werden. Ein schlichtes Ergebnisprotokoll ist nicht ausreichend: Vielmehr sollte im Protokoll der **Gang der Verhandlungen** nachvollziehbar wiedergegeben werden. Wird ein (schriftlich vorliegender) Antrag modifiziert, so ist der vollständige Wortlaut des Antrages wiederzugeben. **108**

Der Protokollführer kann während der Sitzung ein **handschriftliches Protokoll** und/oder eine **Tonbandaufnahme** anfertigen. Nach herrschender Rechtsprechung und überwiegender Literatur ist ins Protokoll jedenfalls alles aufzunehmen, was für das Zustandekommen, den Inhalt und die Wirksamkeit der Entscheidung über den jeweiligen Verhandlungsgegenstand von Bedeutung ist. **109**

Die Niederschrift ist vom Vorsitzenden oder seinem Stellvertreter zu unterzeichnen (§ 92 Abs 2 2 Halbsatz AktG), wodurch die inhaltliche Richtigkeit bestätigt wird; es ist dies offenkundig eine Alternativzuständigkeit, die die Unterfertigung durch eine der genannten Personen zulässt, auch wenn sie nicht Sitzungsleiter war. Wohl aber ist es Aufgabe des Sitzungsleiters, dem Protokollführer während oder nach der Sitzung mitzuteilen, welche Teile der „Verhandlung" in das Protokoll aufgenommen werden sollen. **110**

Es empfiehlt sich, den Wortlaut eines Antrags auch in der Niederschrift anzuführen, sodass der **Beschlussinhalt** (auch optisch) der Niederschrift leicht entnommen werden kann. Darüber hinaus empfiehlt es sich, Beschlüsse zu nummerieren, um sich bei Folgebeschlüssen oder Berichten über die Vollziehung durch Bezugnahme leichter orientieren zu können. Insbesondere bei mehrjährigen Investitionsprojekten und bei Beteiligungen ist eine Bezugnahme auf bestehende Beschlüsse zweckmäßig. Zur Unterstützung und Erleichterung kann darüber hinaus ein nach verschiedenen Suchkriterien geordnetes Beschlussverzeichnis hilfreich sein. **111**

112 Die Wiedergabe von Einzelheiten der Verhandlung und damit der **Umfang des Protokolls** wird sich in der Praxis auch nach der Qualität der vorgelegten Unterlagen und der gestellten Anträge samt deren Begründung richten können. Bei zustimmungspflichtigen Geschäften, die dem Aufsichtsrat schriftlich samt einer ausreichenden Begründung vorlagen, und bei einstimmiger Annahme des Antrages kann der Protokollinhalt wohl auf das Beschlussergebnis beschränkt werden. Die Protokollierung wird ausführlicher und vollständiger zu sein haben, wenn ein Antrag erst mündlich in der Sitzung vorgetragen und begründet wird. Gleiches gilt auch, wenn der Vorstand aufgrund der Verhandlungen im Aufsichtsrat einen bereits eingebrachten Antrag modifiziert oder wenn eine Abstimmung nicht zu einem einstimmigen Ergebnis führt. In diesem Fall ist – auch aus Gründen der Haftungszuordnung – namentlich anzuführen, wer für und wer gegen einen Antrag gestimmt hat.

113 Je kritischer ein Verhandlungsgegenstand beraten wird, umso sorgfältiger und detaillierter müssen der Sitzungsverlauf und die unterschiedlichen Meinungsäußerungen protokolliert werden. Stimmt ein Mitglied des Aufsichtsrats gegen einen Antrag, so sollte eine (kurze) **Begründung** seines Stimmverhaltens in das Protokoll aufgenommen werden; über Verlangen dieses oder auch eines anderen Mitgliedes des Aufsichtsrats muss die Begründung für das ablehnende Stimmverhalten im Protokoll jedenfalls festgehalten werden. Zweifellos zulässig ist die Anfügung einer schriftlichen Stellungnahme, die ein Mitglied verfasst und übergeben hat, doch muss der Inhalt der Stellungnahme in der Sitzung vor der Abstimmung vorgetragen worden sein.

114 Die vom Vorstand dem Aufsichtsrat vorgelegten Berichte sowie die in der Praxis üblich gewordenen elektronischen Präsentationen des Vorstandes zum Geschäftsgang sind als **Beilagen** Bestandteil des Protokolls; das gleiche gilt für schriftlich vorgelegte Anträge, namentlich zu zustimmungspflichtigen Geschäften. Es empfiehlt sich, dem Protokoll ein Beilagenverzeichnis anzufügen und darin anzugeben, welche Unterlagen allen Mitgliedern des Aufsichtsrats bereits zugegangen sind, wohingegen Präsentationen und Unterlagen, die erst in der Sitzung verteilt oder verwendet worden sind, dem Protokoll angeschlossen werden sollten.

115 Aus Aktualitätsgründen ist es oftmals nicht anders möglich, als dass der Vorstand erst in der Sitzung Unterlagen verteilt (**Tischvorlagen**) oder aber Informationen durch Projektion präsentiert. Auch kann es – über Anfrage – ergänzende Auskünfte und Informationen geben; auch diese Unterlagen sind aus Gründen der Vollständigkeit dem Protokoll als Beilagen anzufügen.

116 Der Protokollführer hat dem Sitzungsleiter den Entwurf der Niederschrift vorzulegen, der sodann die **Endredaktion** vornimmt und eine Unterschriftsfassung des Protokolls herstellen lässt. Es kann durchaus zweckmäßig sein, in diesem Stadium den Protokollentwurf auch dem Vorstand zur Überprüfung der Protokollierung vorzulegen.

117 Auch ohne dass dies im Gesetz ausdrücklich vorgesehen ist, entspricht es dem heutigen Standard und auch der nunmehr verstärkten Aufsichtsratsverantwortung, möglichst **zeitnah** nach einer Sitzung – allenfalls innerhalb einer in der Satzung oder der Geschäftsordnung vorgesehenen Frist – eine Kopie der vom Vorsitzenden des Aufsichtsrats oder seinem Stellvertreter unterzeichneten Niederschrift über die

Sitzung jedem Mitglied des Aufsichtsrats zu übermitteln. Nur das Recht zur Einsichtnahme einzuräumen, ist nach der heutigen Rechtslage zweifelsohne unzureichend. Die Art der Übermittlung legt der Vorsitzende fest. Zulässig sind E-Mail, Datenraum, Brief, Bote oder auch sonstige Übermittlungsformen.

Die **Geschäftsordnung** kann nähere Regelungen enthalten, beispielsweise auch eine Fristvorgabe, innerhalb der die Niederschrift hergestellt und/oder versandt werden muss. **118**

In der nächstfolgenden Sitzung, in der üblicherweise die Genehmigung des Protokolls beschlossen wird, haben die Aufsichtsratsmitglieder die Möglichkeit, **Berichtigungswünsche** einzubringen. Dabei ist zu beachten, dass nur Fragen der Protokollierung zur Debatte stehen. Nicht zulässig ist es, Ergänzungen vorzunehmen oder den von einem einzelnen Mitglied als unrichtig angesehenen Sitzungsverlauf zu korrigieren. Bei unterschiedlichen Auffassungen besteht nur die Möglichkeit, dies als Vorbehalt oder zur Ergänzung des Genehmigungsbeschlusses zu protokollieren. **119**

C. Beschlussfassung außerhalb einer Sitzung

Das Gesetz[13] lässt Beschlussfassungen auch außerhalb einer Sitzung zu. Die Beschlussfassung erfolgt auf schriftlichem, fernmündlich oder einem anderen vergleichbaren Weg (*Umlaufbeschluss*; *Zirkularbeschluss*; vgl *Zollner* Rz 22/87). **120**

Das Gesetz bestimmt, dass derartige Beschlüsse zulässig und gültig sind, wenn kein Mitglied des Aufsichtsrats der Vorgangsweise widerspricht. Die Satzung oder auch die Geschäftsordnung können Näheres regeln. Es können dies strengere Regeln sein, als vom Gesetz vorgegeben; das Recht jedes einzelnen Mitgliedes des Aufsichtsrats, der Vorgangsweise zu widersprechen, kann aber nicht entzogen werden. **121**

Wenn auch nur ein Mitglied erklärt, mit der Abstimmung außerhalb einer Sitzung nicht einverstanden zu sein, kommt ein gültiger Beschluss nicht zu Stande. Der Antragsteller hat in diesem Fall in eigenem Ermessen zu entscheiden, ob er die (sofortige) Einberufung einer Sitzung des Aufsichtsrats verlangt oder ob die Angelegenheit bei der nächsten regulären Sitzung des Aufsichtsrats behandelt werden soll. Zur Wahrung der Einberufungsfristen und wenn das Einverständnis zur Beschlussfassung außerhalb der Sitzung nicht gesichert erscheint, kann „parallel" eine Sitzung einberufen werden, die nach Zustandekommen des Beschlusses wieder abgesagt wird. **122**

Der Aufsichtsrat kann in allen Beschlussangelegenheiten, die ihm obliegen, auf schriftlichem, fernmündlich oder anderem vergleichbaren Weg abstimmen. Es liegt im pflichtgemäßen Ermessen eines jeden einzelnen Mitgliedes des Aufsichtsrats zu entscheiden, ob auf eine mündliche Erörterung des Antrages im Rahmen einer Sitzung verzichtet werden kann. In der Praxis kommen Umlaufbeschlüsse vor, wenn eine Angelegenheit bereits ausreichend erörtert worden und beschlussreif ist, jedoch eine Ergänzung nachzutragen oder ein Ereignis abzuwarten ist. **123**

[13] Vgl § 92 Abs 3 AktG.

Auch bei Gefahr im Verzug, das heißt, wenn mit einer bedeutenden Schädigung des Unternehmens zu rechnen ist, können Umlaufbeschlüsse ausreichend sein.

124 Wenn Satzung und Geschäftsordnung nichts vorsehen, empfiehlt es sich, das Abstimmungsblatt so zu gestalten, dass ersichtlich ist, unter welchen Bedingungen der Beschluss als rechtswirksam gefasst gilt (Rücklangen des Abstimmungsblattes beim Vorsitzenden des Aufsichtsrats bis zu einem bestimmten Zeitpunkt). Auch bei der Beschlussfassung im Umlaufwege kann gegen den gestellten Antrag gestimmt werden, ohne die Abhaltung einer Sitzung zu verlangen. Es werden abgegebene Ja-Stimmen, Nein-Stimmen und Stimmenthaltungen gezählt. Der Vorsitzende hat – je nach Bedeutung des Beschlusses – den Aufsichtsrat und den Vorstand sofort oder in der nächsten Sitzung über das Ergebnis der Abstimmung zu informieren und das Zustandekommen eines Beschlusses festzustellen.

125 Es empfiehlt sich, zu Beginn der auf die Beschlussfassung im Umlaufwege folgenden Sitzung auf die seit der letzten Sitzung auf diesem Weg gefassten Beschlüsse hinzuweisen, deren gültiges Zustandekommen sowie deren Inhalt zu bestätigen.[14] Dadurch ist eine durchgängige und nachvollziehbare Dokumentation aller Aufsichtsratsbeschlüsse gewährleistet. Ebenfalls empfehlenswert ist das Führen einer Liste, in der alle Beschlüsse eingetragen werden. So gewinnt der Aufsichtsrat einen Überblick über alle gefassten Beschlüsse und kann nachprüfen, ob und welche Beschlüsse umgesetzt wurden.

D. Berichte an den Aufsichtsrat

126 Es obliegt dem **Vorstand**, unaufgefordert dem Aufsichtsrat zu berichten. Gesetzlich[15] aufgetragen ist ihm die Erstellung und Übergabe eines Jahresberichtes und von insgesamt vier Quartalsberichten in jedem Wirtschaftsjahr. Diese Berichte sind **regelmäßig** und ohne besonderen Anlass zu erstellen. Sie sind schriftlich zu erstatten.

127 Nach Bedarf und Anfall legt der Vorstand die zustimmungspflichtigen Geschäfte mit Erläuterung vor (**Vorlagebericht**) und erstattet auf Anforderung des Aufsichtsrats Berichte zu Teilbereichen (**Anforderungsberichte**).

128 Die Berichterstattung durch den Vorstand ist als eine **Bringschuld** des Vorstandes zu sehen. Der Aufsichtsrat hat darüber zu wachen, dass diese Verpflichtung auch pünktlich und getreu erfüllt wird. Die Einhaltung der gesetzlich vorgesehenen Berichtspflichten wird im Regelfall für die ausreichende Information des Aufsichtsrats genügen. Es kann aber im Einzelfall – namentlich in besonderen, wirtschaftlich schwierigen Situationen – geboten sein, eine häufigere Berichterstattung zu fordern. So kann und sollte der Aufsichtsrat – beispielsweise in einer Liquiditätskrise – monatliche Liquiditätsmeldungen als einen besonderen Teilbericht verlangen. In krisenhaften Situationen kann es geboten sein, einen vollständigen oder verkürzten Monatsbericht anzufordern.

---

[14] Zu Beschlussfassungen im elektronischen Wege vgl *Zollner* § 15 Rz 83 ff.

[15] Vgl § 81 AktG.

Aus Effektivitätsgründen sollte ein gemeinsames Interesse des Vorstandes und des Aufsichtsrats bestehen, dass **beiden Organen die gleichen Informationen vorliegen**; abweichende oder besondere Berichtsformen nur für den Aufsichtsrat deuten oftmals darauf hin, dass der Vorstand für sich andere Führungsinstrumente verwendet. Allerdings muss die Berichtstiefe für den Aufsichtsrat nicht so weit gehen, wie die Informationen, die dem Vorstand zur Verfügung stehen müssen. **129**

Der Aufsichtsrat kann auf die Gestaltung von Form und Inhalt der Berichte Einfluss nehmen und vom Vorstand bestimmte Darstellungen, Analysen und Kennzahlen verlangen. Gute **Berichtswesen** zeichnen sich durch gleichbleibende, kontinuierliche Gestaltung der Berichte aus, die dem Aufsichtsrat einen verlässlichen Einblick vermitteln. Es ist gängige Praxis, Berichte in komprimierter Form in graphischer Aufbereitung vorzulegen und die Bedeutsamkeit einzelner Punkte in einem Ampelsystem zu kennzeichnen. Es ist Sache des Aufsichtsrats, zu bestimmen, ob sein Informationsbedarf damit gedeckt ist. Gegebenenfalls hat der Aufsichtsrat – mündliche oder auch schriftliche – Ergänzungen zu verlangen. **130**

Der Aufsichtsrat darf darauf vertrauen, dass die Berichte des Vorstandes den gesetzlichen Bestimmungen entsprechen, sohin auch vollständig, getreu und richtig sind. Der Aufsichtsrat – und zwar jedes Mitglied für sich und als höchstpersönliche Pflicht – hat sich mit den ihm vorgelegten Berichten auseinanderzusetzen; dabei ist insbesondere die Logik, Plausibilität und Geschlossenheit kritisch zu beleuchten. Es kommt für die gewissenhafte Berichtsprüfung nicht darauf an, dass der Aufsichtsrat oder einzelne seiner Mitglieder „die Bücher und Schriften der Gesellschaft sowie die Vermögensgegenstände, namentlich die Gesellschaftskasse und die Bestände an Wertpapieren und Waren, einsehen und prüfen" (§ 95 Abs 3 AktG); diese historische Gesetzesformulierung widerspiegelt nicht das heutige Verständnis einer verantwortungsvollen Aufsichtsratstätigkeit. Stellt der Aufsichtsrat fest, dass der Vorstand die Berichtsgrundsätze nicht eingehalten hat, so hat er seine Tätigkeit zu intensivieren. **131**

Dem Aufsichtsrat kommt ein Fragerecht zu diesen Berichten zu, den Vorstand trifft eine Beantwortungspflicht. **132**

1. Jahresbericht

Der **Jahresbericht** – oft auch **Budgetbericht** oder **Budget** genannt – ist eine Darstellung über die künftige Entwicklung der Vermögens-, Finanz- und Ertragslage einer Gesellschaft anhand einer **Vorschaurechnung**, die von der Geschäftsleitung erstellt wird. Der Jahresbericht setzt sich aus zwei Teilen zusammen: Ein Teil besteht aus der verbalen Darstellung der Geschäftspolitik – das sind die Unternehmensziele, die dafür erforderlichen finanziellen Mittel sowie die Art und Weise der Mittelaufbringung. Im zweiten Teil wird die künftige Entwicklung der Vermögens-, Finanz- und Ertragslage an Hand einer Vorschaurechnung dargelegt; dieser hat aus zukunftsorientierten Rechnungen zu bestehen – der Planbilanz, der Plan-Gewinn- und Verlustrechnung sowie einer Plangeldflussrechnung. Oft ergibt sich ein enger Zusammenhang zwischen Vorschaurechnung und Budget, das ebenfalls vom Aufsichtsrat zu genehmigen ist. Somit ist der Jahresbericht eines der wichtigsten Planungsinstrumente einer Kapitalgesellschaft, da er in der Regel alle **133** wichtigen Kenn- und Vergleichszahlen – wie die künftige Gewinn- und Verlustrechnung und die Bilanz – enthält, an Hand derer die Entwicklung eines Unternehmens ablesbar ist (vgl *Zollner* Rz 22/22 f).

134 Vom Gesetz ist der **inhaltliche Aufbau** der Vorschaurechnung vorgegeben. Demnach hat sie der Gliederung des Jahresabschlusses (Bilanz und Gewinn- und Verlustrechnung) zu entsprechen.

135 Die Vorschaurechnung ist das Ergebnis eines vorgelagerten internen Planungszyklus, der auch alle Konzern-, Tochter- und Beteiligungsgesellschaften umfasst.

136 Bei den von börsenotierten Gesellschaften zu veröffentlichenden Daten werden regelmäßig die Periodenergebnisse verglichen. Für interne Zwecke, insbesondere aber auch zur Überprüfung der Planungsgenauigkeit, hat sich der Aufsichtsrat nicht nur mit den Ist-Ergebnissen auseinander zu setzen, sondern auch mit den geplanten Ergebnissen. Dieser Vergleich ist zur Beurteilung der Verlässlichkeit der Berichterstattung, aber auch der Unternehmensführung durch den Vorstand von Bedeutung (Soll-Ist-Vergleich).

137 Regelmäßig wird über die gesetzlichen Mindesterfordernisse hinaus auch ein **Personalplan**, der Aufschluss über die Personalpolitik des Vorstandes gibt, verlangt und vorgelegt.

138 Der **Investitionsplan** gibt einen Überblick über die geplanten Investitionen und deren Finanzierung. Es empfiehlt sich klarzustellen, ob die Zustimmung zum Investitionsplan bereits als Zustimmung für die Durchführung aller darin enthaltenen Maßnahmen, auch wenn es sich um zustimmungspflichtige Geschäfte handelt, gewertet werden kann oder ob dem Aufsichtsrat – unbeschadet der Plangenehmigung – die Investitionen als zustimmungspflichtiges Geschäft vorzulegen sind.

139 Der **Jahresbericht** sollte stets vor Beginn des Wirtschaftsjahres, auf das er sich bezieht, erstellt und dem Aufsichtsrat vorgelegt werden, sodass er mit dessen Zustimmung zu Beginn des Jahres bereits in Kraft ist. Bei diesem zeitlichen Ablauf ist in Kauf zu nehmen, dass dem Jahresbericht noch nicht die vollständigen Ist-Daten des gesamten vorangehenden Wirtschaftsjahres zugrunde gelegt werden können; um die Planungsungenauigkeit so gering als möglich zu halten, sollte der Jahresbericht jedenfalls auf Ist-Daten von drei Quartalen aufbauen.

140 Der Jahresbericht ist vom Vorstand unaufgefordert zu erstellen und von diesem auch zu beschließen. Er wird vom Aufsichtsrat regelmäßig als eigener Tagesordnungspunkt behandelt und mündlich mit dem Vorstand erörtert. Soweit dies nicht ausreichend dargestellt ist, soll sich der Aufsichtsrat nach den Planungsprämissen, von denen der Vorstand ausgegangen ist, erkundigen. Der Jahresbericht ist mit Beschluss des Aufsichtsrats zur Kenntnis zu nehmen; insoweit im Jahresbericht auch zustimmungspflichtige Geschäfte so klar dargelegt sind, dass über diese befunden werden kann, ist auf Antrag des Vorstandes über die Zustimmung über diese Geschäfte abzustimmen.

2. Quartalsbericht

Der Quartalsbericht ist eine **rückblickende Darstellung** über den Gang der Geschäfte und die Lage des Unternehmens im Vergleich zur Vorschaurechnung unter Berücksichtigung der künftigen Entwicklung. Der Quartalsbericht wird demnach grob in zwei Teile gegliedert: die Lage des Unternehmens (als statischer Teil) und der Gang der Geschäfte (als dynamischer Teil). Im dynamischen Teil erfolgt eine Vergleichsdarstellung zu Vorperioden, die Bezugnahme auf die seinerzeit erstellte Vorschaurechnung und auf die künftige Entwicklung mittels Hochrechnungen (vgl *Zollner* Rz 22/24). **141**

Ziel des Quartalsberichtes ist es, **Abweichungen** des Vierteljahresergebnisses von der Jahresplanung **darzustellen** und so einen Überblick über den Gang der Geschäfte der Gesellschaft zu geben. Im Falle von großen Abweichungen ist festzulegen, ob an den bisherigen Planungen festgehalten wird oder ob die Vorschaurechnungen zu korrigieren sind. Zu empfehlen ist auch eine Darstellung nach einzelnen Geschäfts- und Produktbereichen sowie – im Falle von besonders auffälligen oder abweichenden Daten – eine Erläuterung betreffend den Grund der Abweichung. Auch Personalkennzahlen und vertiefende Informationen zu den Kerngeschäften erhöhen die Transparenz. Wesentlich für den Aufsichtsrat ist es, die Reaktion des Managements auf Abweichungen und die Geschwindigkeit bei notwendig werdenden Anpassungen zu ersehen. Der Aufsichtsrat wird die Begründung für Abweichungen zu verlangen haben. **142**

V. Hauptaufgaben des Aufsichtsrats

A. Bestellung und Abberufung des Vorstandes

1. Bestellung des Vorstandes

Die Bestellung des Vorstandes einer Aktiengesellschaft ist die wichtigste der Eigenzuständigkeiten des Aufsichtsrats. Durch Wahl und Bestellung des Vorstands werden die **Weichen für die künftige Unternehmenspolitik** gestellt (vgl *Schima* Rz 17/1 ff). **143**

Ausgegliederte Rechtsträger in Form von Kapitalgesellschaften, die der Kontrolle des Rechnungshofes unterliegen, haben bei der Bestellung von Vorstandsmitgliedern auf das **Stellenbesetzungsgesetz**[16] Bedacht zu nehmen. Das bedeutet, dass eine öffentliche Ausschreibung des zu besetzenden Vorstandspostens vorzunehmen ist. Die Vorstandsverträge haben den Vertragsschablonen der Bundesregierung[17] zu entsprechen und insbesondere folgende Inhalte zu regeln: Gesamtjahresbezug, neben dem nur erfolgsabhängige sonstige Leistungen zulässig sind, sowie leistungs- und erfolgsorientierte Komponenten, die sich an der wirtschaftlichen Entwicklung des Unternehmens, insbesondere hinsichtlich der Gewinn-, Umsatz- und Exportentwicklung, zu orientieren haben. **144**

---

16 Bundesgesetz über die Transparenz bei der Stellenbesetzung im staatsnahen Unternehmensbereich, BGBl. I Nr. 26/1998.

17 Verordnung der Bundesregierung betreffend die Vertragsschablonen gemäß dem Stellenbesetzungsgesetz, BGBl. II Nr. 254/1998.

145 **Bestellungshindernisse** finden sich auch in weiteren Gesetzen, wie etwa dem Unvereinbarkeitsgesetz 1983[18] oder dem Börsegesetz 1989[19]. Erfolgt eine Bestellung entgegen einem solchen sondergesetzlichen Bestellungshindernis, ist diese nicht rechtsunwirksam; es liegt keine Nichtigkeit des Bestellungsaktes vor. Als Folge hat der Aufsichtsrat das betroffene Vorstandsmitglied jedoch sofort abzuberufen; auch das Firmenbuchgericht hat Bestellungshindernisse jederzeit aufzugreifen.

146 Die Bestellung von Vorstandmitgliedern fällt ex lege zwingend in den **Verantwortungsbereich des Aufsichtsrats** als Kollegialorgan (§ 75 AktG) und kann an kein anderes Organ – auch nicht durch eine entsprechende Satzungsbestimmung – übertragen werden. In der Satzung können jedoch Bestellerfordernisse verankert werden, etwa eine bestimmte Ausbildung, ein Mindest- oder Höchstalter.

147 Sollte eine Bestellung nicht rechtzeitig erfolgen können oder erfolgt sein, so kann der Aufsichtsrat aus seiner Mitte eines seiner Mitglieder zum Vertreter eines „behinderten Vorstandsmitgliedes" bestellen; in dieser Zeit darf die Tätigkeit als Aufsichtsrat nicht ausgeübt werden[20]. Ist ein Mitglied des Vorstandes ausgeschieden und kann die Bestellung eines Nachfolgers nicht oder nicht sofort erfolgen, so ist in dringenden Fällen auf Antrag eines Beteiligten (etwa eines verbliebenen Vorstandsmitgliedes, eines Gläubigers, aber auch eines einzelnen Mitgliedes des Aufsichtsrats) vom Gericht ein sogenannter **Notvorstand** zu bestellen (§ 76 AktG). Dies kann bei Tod, Rücktritt oder Eintritt einer dauerhaften Verhinderung (Krankheit) der Fall sein. Dadurch soll verhindert werden, dass die Gesellschaft ohne entsprechende Vertretung und Führung praktisch handlungsunfähig wird. Das so bestellte Vorstandsmitglied hat dieselben Rechte und Pflichten wie ein vom Aufsichtsrat bestellter Vorstand. Ihm kommt auch ein Anspruch auf ein angemessenes Entgelt gegenüber der Gesellschaft zu. Der Notvorstand wird für die Zeitdauer bis zur Behebung des Mangels, also bis zur Bestellung eines neuen Vorstandes, bestellt. Mit der Neubestellung endet das Mandat ohne Abberufung durch Gericht oder Aufsichtsrat. Im Falle der Bestellung eines Notvorstandes kann nach den Umständen des Einzelfalles eine grobe Verletzung der Pflichten des Aufsichtsrats vorliegen, für die er allenfalls zu haften hat. Die Berufung durch das Gericht kommt vor allem in Frage, wenn der Aufsichtsrat nicht beschlussfähig ist.

148 **Nur physische Personen** können zu Mitgliedern des Vorstandes bestellt werden. Die Bestellung juristischer Personen ist ausgeschlossen. Mitglieder des Aufsichtsrats können nicht zugleich dem Vorstand und dem Aufsichtsrat angehören. Wird ein Aufsichtsratsmitglied zum Mitglied des Vorstandes bestellt, so ist die – zeitgleiche – Niederlegung der Funktion als Aufsichtsrat Voraussetzung.

149 Es ist bei Gesellschaften, deren Tätigkeit sich auf die Verwaltung von Anlagevermögen – meist von Immobilien – beschränkt nicht unüblich die gesamte **Leitungsfunktion an Dritte** zu übertragen („Managementvertrag"). Der Dienstleister übernimmt im Rahmen des Managementvertrages die Entsendung von Personen, die zu Mitgliedern des Vorstandes bestellt werden sollen. Den Aufsichtsrat trifft

18 BGBl. Nr. 330/1983.
19 § 36 Abs 2 Z 3 BörseG.
20 § 90 Abs 2 AktG.

in diesen Fällen sowohl die Verantwortung dafür, dass die mit dem Managementvertrag „zugekauften" Dienstleistungen die eigenständige Unternehmensleitung sicherstellen, und auch dafür, dass die vom Manager vorgeschlagenen Personen, die zu Mitgliedern des Vorstandes bestellt werden sollen, in der Lage sind, die Vorstandsfunktion frei von gesellschaftsfremden Interessen auszuüben.

Von Gesetzes wegen kann ein Vorstandsmitglied für eine **Höchstdauer von** 150
fünf Jahren bestellt werden. Dabei ist der Tag des Amtsantritts maßgeblich, nicht jener der Beschlussfassung. Über die konkrete Dauer der Funktion entscheidet immer der Aufsichtsrat. Dabei ist auch auf die wirtschaftliche Situation des Unternehmens sowie das Umfeld, in dem das Unternehmen tätig ist, Bedacht zu nehmen. Bestellungen auf unbestimmte Zeit oder auf eine längere Periode als die gesetzlich vorgesehenen fünf Jahre gelten automatisch als auf fünf Jahre erfolgt. Der Amtsantritt muss innerhalb eines Jahres nach dem Bestellungsbeschluss erfolgen.

Die **Wiederbestellung eines Vorstandes** ist gesetzlich ausdrücklich erlaubt. 151
Sie bedarf zu ihrer Wirksamkeit der schriftlichen Bestätigung durch den Vorsitzenden des Aufsichtsrats. Üblicherweise erfolgt eine gesonderte Mitteilung an das wiederbestellte Vorstandsmitglied. Bis zu dieser schriftlichen Bestätigung ist die Bestellung schwebend unwirksam. Das bedeutet, dass für das bestellte Vorstandsmitglied zunächst noch keine Verpflichtungen entstehen. Es ist zu beachten, dass die neue Funktionsperiode unmittelbar an die alte anschließen muss, um von einer Wiederbestellung zu sprechen. Das bedeutet, dass der Wiederbestellungsbeschluss noch vor Ablauf der alten Funktionsperiode zu erfolgen hat. Trifft dies nicht zu, ist von einer „Erstbestellung" auszugehen und das Erfordernis der Schriftform entfällt.

Damit die Bestellung wirksam wird, hat das bestellte Vorstandsmitglied eine 152
schriftliche, mündliche oder konkludente Erklärung mit der **Annahme der Funktion** abzugeben. Die Bereitschaft, die Bestellung oder Wiederbestellung anzunehmen, kann auch vor dem Beschluss des Aufsichtsrats abgegeben werden.

Die **Dauer der Funktionsperiode** für einzelne Mitglieder des Vorstandes wird 153
vom Aufsichtsrat autonom bestimmt. Es ist üblich, die gesetzlich höchstzulässige Funktionsperiode von fünf Jahren auszuschöpfen; insbesondere dann, wenn nachhaltige Erfolgskriterien für die Bemessung von variablen Vorstandsvergütungen herangezogen werden, würde eine zu kurz festgelegte Funktionsperiode dem Vorstand das Interesse an langfristiger und nachhaltiger Planung nehmen. Bei einem mehrgliedrigen Vorstand hat der Aufsichtsrat zu entscheiden, ob die Funktionsperioden aller Mitglieder des Vorstandes synchron verlaufen oder ob die Funktionsperioden individuell und somit überlappend sind. Für synchrone Funktionsperioden sprechen Überlegungen, den Vorstand als ein kollegiales „Team" zu sehen; es eröffnet die Möglichkeit, einer Person, die als Chief Executive Officer (CEO) vorgesehen ist, die Zusammensetzung „seines Teams" vorzuschlagen. Der Aufsichtsrat wird daher bereits bei der Bestellung der Mitglieder des Vorstandes die Ressortzuständigkeiten zuteilen können. Für den Aufsichtsrat besteht somit eine größere Entscheidungsfreiheit, wenn er alle Mitglieder des Vorstandes mit gleichlaufender Funktionsperiode zugleich bestellen kann. Bestehen hingegen unterschiedliche Funktionsperioden, so hat der Aufsichtsrat die durch Neu- und Wie-

derbestellungen mögliche und sich ergebende Erneuerung des Vorstandes zu gestalten. Eine allzu häufige Befassung des Aufsichtsrats mit Vorstandsbestellungen führt dazu, dass meist nur die Nachfolge in einem frei werdenden Vorstandsressort besetzt werden kann und auch dazu, dass die langfristige, für alle Vorstandsmitglieder gleichmäßige Betrachtung der Nachhaltigkeit bei der Gestaltung von erfolgsabhängigen Teilen der Vorstandsvergütung nur eingeschränkt möglich ist.

154 In begründeten Fällen wird der Aufsichtsrat von der Möglichkeit Gebrauch machen, eine **kürzere Funktionsperiode** festzulegen. Dies kann in einer Übergangsphase – etwa nach einer Verschmelzung oder Akquisition – wie auch in Krisen- und Sanierungsphasen – der Fall sein. Auch bei erstmaliger Bestellung eines „externen" Kandidaten zur Ergänzung eines bestehenden (größeren) Vorstandes wird die mögliche Höchstdauer oftmals nicht ausgeschöpft; denkbar ist auch die Bestellung von „stellvertretenden Vorstandsmitgliedern", wenn dies die Satzung zulässt. Weiters auch in Fällen einer vorzeitigen Funktionsbeendigung eines Vorstandsmitgliedes, um durch die Bestellung eines Nachfolgers „synchrone Funktionsperioden" (wieder)herzustellen.

155 Es empfiehlt sich die Erstellung eines „**Tableaus**", dem jederzeit überblicksmäßig die Funktionsperioden sowohl des Vorstandes wie auch des Aufsichtsrats entnommen werden können, um rechtzeitig Bestellungsvorgänge, auch unter Berücksichtigung der eigenen Funktionsperiode des Aufsichtsrats, einleiten zu können.

156 Die Vorbereitung und der Abschluss des Vorstandsvertrages (Anstellungsvertrages) gehört zu den Aufgaben des Aufsichtsrats, die üblicherweise einem Ausschuss (Vergütungsausschuss; Präsidium) übertragen wird. Die Arbeitnehmervertreter im Aufsichtsrat nehmen an der Tätigkeit dieses Ausschusses nicht teil.

2. Abberufung des Vorstandes

157 Die Abberufung eines Vorstandsmitgliedes fällt in die **ausschließliche Kompetenz des Aufsichtsrats.** Wenn ein wichtiger Grund vorliegt, kann der Aufsichtsrat die Bestellung zum Vorstandsmitglied und die Ernennung zum Vorsitzenden gemäß § 75 Abs 4 AktG widerrufen. Lediglich der vom Gericht bestellte Notvorstand ist von Amts wegen abzuberufen. Damit die Abberufung Wirksamkeit erlangt, ist die Zustellung an das jeweilige Vorstandsmitglied ausreichend. Eine gesonderte Erklärung des Vorstandes ist nicht nötig, auch nicht die Annahme des Abberufungsbeschlusses.

158 Die Abberufung bedarf eines **wichtigen Grundes**; zu diesen zählen gemäß § 75 Abs 4 AktG (demonstrative Aufzählung):

- grobe Pflichtverletzung,
- Unfähigkeit zur ordnungsgemäßen Geschäftsführung,
- Entziehung des Vertrauens durch die Hauptversammlung aus offenbar nicht unsachlichen Gründen (Misstrauensvotum).

Daneben können sich weitere Gründe ergeben, die in ihrer Gewichtigkeit den im Gesetz genannten Gründen entsprechen müssen. Als Maßstab dient hier die Zumutbarkeit, das bedeutet, dass abgeklärt werden muss, ob das Vorstandsmitglied bis zum Ende seiner Funktionsperiode der Gesellschaft zugemutet werden kann oder nicht.

Bei Vorliegen eines Abberufungsgrundes hat der Aufsichtsrat im Rahmen seines pflichtgemäßen Ermessens zu entscheiden, welche Maßnahme am besten den Interessen der Gesellschaft entspricht. Um nachteilige Auswirkungen in der Öffentlichkeit zu vermeiden, kann es im Einzelfall durchaus zweckmäßig sein, nur „gelindere Maßnahmen" zu ergreifen. Zu denken ist – je nach der weiteren Laufzeit der Funktionsperiode – an eine Änderung oder einen Entzug der Ressortzuständigkeit, an eine einschränkende Änderung des Vertretungsrechtes nach außen oder eine Beurlaubung. Auf die Konsequenzen für den Vorstandsvertrag ist dabei Bedacht zu nehmen. Bei Vorliegen eines wichtigen Grundes hat der Aufsichtsrat unverzüglich zu handeln, um die gebotenen Maßnahmen zu beschließen. Als rechtzeitig und unverzüglich wird eine Beschlussfassung dann anzusehen sein, wenn der Vorsitzende des Aufsichtsrats nach Erhalt und Überprüfung der Informationen unverzüglich eine Sitzung des Aufsichtsrats einberuft oder die Sitzung des Aufsichtsrats von anderen einberufungsberechtigten Personen einberufen wird. **159**

Unter **grober Pflichtverletzung** werden alle Handlungen und Unterlassungen subsumiert, die eine mangelhafte Wahrnehmung der Pflichten des Vorstandsmitgliedes erkennen lassen. Der Abberufungsgrund der groben Pflichtverletzung ist immer verschuldensabhängig. Als Beispiele gilt die Verurteilung wegen Vermögensdelikten, aber auch das bewusste Verschweigen von Informationen, die für den Aufsichtsrat relevant sind. Schließlich auch die mangelhafte und irreführende Berichterstattung an den Aufsichtsrat. **160**

Verliert ein Mitglied des Vorstandes die Fähigkeit, seine Aufgaben entsprechend wahrzunehmen, liegt ein Fall der Unfähigkeit zur ordnungsgemäßen Geschäftsführung vor. Ein Verschulden des Vorstandes ist nicht erforderlich. Unter diesen Tatbestand wird insbesondere eine Erkrankung des Vorstandes zu subsumieren sein. **161**

Entzieht eine Hauptversammlung mit Beschluss, für den die einfache Mehrheit reicht, einem Mitglied des Vorstandes das Vertrauen, so hat der Aufsichtsrat unverzüglich einen Beschluss zu fassen, mit dem die Bestellung des Mitgliedes des Vorstandes widerrufen wird. Der Vertrauensentzug durch die Hauptversammlung darf nur bei Vorliegen offenbar nicht unsachlicher Gründe erfolgen. Ein Verschulden des Vorstandes ist für den Vertrauensentzug nicht erforderlich. Als nicht offenbar unsachlich gilt auch wirtschaftliche Erfolglosigkeit. **162**

Besteht der Abberufungsgrund in einem einmaligen Vorfall (im Gegensatz zu Dauertatbeständen), muss der Aufsichtsrat von seinem Abberufungsrecht unverzüglich Gebrauch machen, andernfalls er dieses verwirkt. Ein angemessener Zeitraum zur Sachverhaltsermittlung und zur Durchführung der erforderlichen Verfahrensschritte steht dem Aufsichtsrat jedoch jedenfalls zur Verfügung. **163**

Es können auch noch **weitere Gründe** vorliegen, die eine Abberufung rechtfertigen. Diese müssen, wie bereits zuvor erwähnt, das gleiche Gewicht haben wie die gesetzlich determinierten Gründe und eine Unzumutbarkeit für die Weiterbeschäftigung des Vorstandsmitgliedes nach sich ziehen. Eine konkrete Prüfung **164** des Einzelfalls ist durchzuführen. Beispiele hierfür sind etwa Bestellungsfehler oder das Fehlen oder Entfallen von satzungsmäßig geforderten Eigenschaften. Die Satzung (oder eine Geschäftsordnung) kann die dem AktG entsprechenden Abberufungsgründe jedoch weder einschränken noch erweitern. Einzig eine Konkretisierung weit gefasster Gesetzesbegriffe („*wichtiger Grund*", „*Pflichtverletzung*") ist zulässig.

B. Abschlussprüfung

165 Ziel des Gesetzgebers ist es, ein unmittelbares Verhältnis zwischen Aufsichtsrat und Abschlussprüfer herzustellen. Es darf aber nicht übersehen werden, dass die organisatorischen Abläufe das Unternehmen betreffen und dass der Aufsichtsrat auf diese Bereiche keinen Einfluss hat und auch nicht nehmen kann. Es wird der Aufsichtsrat daher auf Angaben des Vorstandes über den Prüfungsablauf, die Termingestaltung, aber auch über die Zusammenarbeit mit dem Prüfer angewiesen sein (vgl *Milla/Rödler/Köll* Rz 21/115 ff).

166 Es ist Aufgabe des Aufsichtsrats der Hauptversammlung einen schriftlichen Vorschlag für die **Wahl des Abschlussprüfers** zu unterbreiten. Grundlage für diesen Vorschlag sind die vom Aufsichtsrat eingeholten Erklärungen des Abschlussprüfers gemäß § 270 UGB. Je nach Größe und Komplexität des Unternehmens werden dabei an die Qualifikationen und die Erfahrungen des Abschlussprüfers unterschiedliche Anforderungen zu stellen sein. Bei Konzernunternehmen empfiehlt sich die Bestellung eines Abschlussprüfers mit Verbindungen zu einem internationalen Netzwerk, um auch in ausländischen Tochtergesellschaften einen gleich hohen Prüfstandard zu gewährleisten.

167 Nach der erfolgten Wahl hat der Aufsichtsrat den **Prüfauftrag** zu erteilen und das Entgelt[21] für die Prüfungstätigkeit mit dem Abschlussprüfer zu vereinbaren. Der mit Beschluss des Aufsichtsrats ermächtigte Vorsitzende hat den Vertrag mit dem Abschlussprüfer zu vereinbaren. Der Abschlussprüfer hat eine unternehmensspezifische Prüfungsstrategie zu erarbeiten; der Aufsichtsrat kann weitere prüfungsrelevante Gebiete nennen und gegebenenfalls ergänzte Prüfungsschwerpunkte vereinbaren.

168 Bei Konzernobergesellschaften erstreckt sich diese Aufgabe des Aufsichtsrats nur auf den Abschlussprüfer und den Konzernprüfer der Konzernobergesellschaft. Der Abschlussprüfer jeder einzelnen der Konzerngesellschaften wird von deren Hauptversammlung gewählt.

C. Berichte des Aufsichtsrats

1. Bericht des Aufsichtsrats an die Hauptversammlung: Prüfungs- und Berichtsaufgaben in Bezug auf den Geschäftserfolg (§ 96)

169 Es gehört zu den Aufgaben des Aufsichtsrats, jährlich der Hauptversammlung einen Bericht über die Überwachung der Geschäftsführung gemäß § 96 AktG vorzulegen. Kern dieses Berichts bildet das Ergebnis der Prüfung des Jahresabschlusses, des Gewinnverwendungsvorschlages des Vorstandes, des Lageberichts und

[21] Vgl § 270 Abs 1 UGB.

eines allfälligen Corporate Governance-Berichts, zu der der Aufsichtsrat binnen zwei Monaten nach Vorlage durch den Vorstand verpflichtet ist (§ 96 Abs 1 AktG). Der Vorstand legt dem Aufsichtsrat diese Unterlagen üblicherweise mit dem Bericht des **Abschlussprüfers** vor. Bei der Prüfung durch den Abschlussprüfer, die eigentlich eine Art Vorprüfung der Prüfung durch den Aufsichtsrat darstellt, handelt es sich der Intensität und Genauigkeit nach um die eigentliche Hauptprüfung. Den Mitgliedern des Aufsichtsrats ist es aus zeitlichen und fachlichen Gründen nicht möglich, eine solche Prüfung durchzuführen. Das Ergebnis dieser Prüfung ist der vom Abschlussprüfer unterfertigte Prüfbericht und der uneingeschränkte oder näher erläuterte eingeschränkte Bestätigungsvermerk gemäß § 274 UGB. In der Folge hat der Abschlussprüfer diese Unterlagen dem Vorstand und den Mitgliedern des Aufsichtsrats vorzulegen.

Die Prüfung durch den Abschlussprüfer enthebt den Aufsichtsrat nicht von seiner Prüfpflicht gemäß § 96 Abs 1 AktG. Es wird jedoch nicht von ihm verlangt, noch einmal die von den Experten durchgeführte Abschlussprüfung in aller Tiefe zu wiederholen. Der Aufsichtsrat ist jedoch verpflichtet, sich der Ordnungsmäßigkeit und der sachlichen Unbedenklichkeit des Jahresabschlusses und aller weiterer Unterlagen zu versichern, damit er beurteilen kann, ob der Jahresabschluss vom Aufsichtsrat gebilligt und damit ohne weitere Befassung der Hauptversammlung festgestellt werden kann. **170**

Neben der Darstellung dieses Prüfergebnisses hat der Aufsichtsrat über Art und Umfang seiner Überwachungstätigkeit während des Geschäftsjahres, die Identität des Abschlussprüfers und über allfällige Beanstandungen im Zuge der allgemeinen Überwachungstätigkeit und der Abschlussprüfung zu berichten. Insbesondere hinsichtlich des Gewinnverwendungsvorschlags des Vorstandes hat der Aufsichtsrat festzulegen, ob er der Hauptversammlung empfiehlt, diesen anzunehmen oder ob er einen eigenen Vorschlag unterbreitet. **171**

Für die Praxis ist es wichtig, im Bericht des Aufsichtsrats folgende Punkte darzustellen (**Inhalt des Prüfberichts**): **172**

- Zahl der Sitzungen, die der Aufsichtsrat abgehalten hat;
- Kurzbeschreibung der Prüftätigkeit und Überwachung der laufenden Geschäftstätigkeit durch den Aufsichtsrat;
- Nennung des Abschlussprüfers und Darstellung des Prüfergebnisses
- Erwähnung, dass die vom Vorstand vorgelegten Unterlagen den gesetzlichen und wirtschaftlichen Vorgaben entsprechen;
- Erklärungen zur Prüfung des Jahresabschlusses, des Lageberichtes und des Gewinnverwendungsvorschlages.

Der Aufsichtsrat legt den Inhalt des Berichtes an die Hauptversammlung mit **Beschluss** fest. Es wird empfohlen, das Abstimmungsergebnis zur Information der Hauptversammlung offenzulegen. **173**

Der Vorstand hat den Bericht des Aufsichtsrats gemäß § 96 AktG zusammen mit dem Jahresabschluss, dem Gewinnverwendungsvorschlag, dem Lagebericht und den Corporate Governance-Bericht der Hauptversammlung vorzulegen[22]. **174**

[22] S § 104 Abs 1 AktG; vgl auch § 108 Abs 3 Z 2 AktG.

Nicht vorgelegt und veröffentlicht wird der Bericht des Abschlussprüfers. Davon ausgenommen ist der Bestätigungsvermerk des Abschlussprüfers, der einen Bestandteil des Jahresabschlusses bildet.

2. Zum Corporate Governance-Bericht

175 In einer börsennotierten Aktiengesellschaft hat der Vorstand einen Corporate Governance-Bericht[23] zu erstellen und dem Aufsichtsrat zur Beschlussfassung vorzulegen. Der Bericht ist in den ersten fünf Monaten des Geschäftsjahres für das vorangegangene Geschäftsjahr zu erstellen und muss von sämtlichen Mitgliedern des Vorstands unterfertigt werden. Der Bericht muss zumindest folgende Inhalte enthalten:

- die Nennung eines in Österreich oder am jeweiligen Börseplatz allgemein anerkannten Corporate Governance-Kodex;
- die Angabe, wo dieser öffentlich zugänglich ist;
- soweit diese Aktiengesellschaft von Kodex-Bestimmungen abweicht, eine Erklärung in welchen Punkten und aus welchen Gründen (Konzept „Comply or Explain“);
- eine Begründung, falls beschlossen wurde den Kodex nicht anzuwenden;
- die Zusammensetzung und die Arbeitsweise des Vorstandes und des Aufsichtsrats sowie seiner Ausschüsse; dieser Berichtsteil soll eine Darstellung der Aufgabenbereiche und deren Aufteilung im Vorstand sowie die Anzahl und Art der Entscheidungsbefugnisse des Aufsichtsrats und seiner Ausschüsse sowie Angaben über die Anzahl der Aufsichtsratssitzungen und die Tätigkeit des Aufsichtsrats haben;
- welche Maßnahmen zur Förderung von Frauen im Vorstand, im Aufsichtsrat und in leitenden Stellungen der Gesellschaft gesetzt wurden;
- die Gesamtbezüge der einzelnen Vorstandsmitglieder und die Grundzüge der Vergütungspolitik.

176 Innerhalb von zwei Monaten nach Vorlage des Berichts hat der Aufsichtsrat dem Vorstand mitzuteilen, ob er den Bericht billigt oder nicht. Zu den zentralen Aufgaben des Aufsichtsrats gehört es zudem im Prüfbericht an die Hauptversammlung gemäß § 96 Abs 2 AktG darzulegen, welche Stelle den Corporate Governance-Bericht geprüft und ob es aufgrund dieser Prüfung wesentliche Beanstandungen gegeben hat.

177 Der Aufsichtsrat hat keine besonderen Prüfungshandlungen zu setzen. Er ist lediglich verpflichtet den Corporate Governance-Bericht dahingehend zu prüfen, ob nach den Kenntnissen des Aufsichtsrats und der ihm vorliegenden Unterlagen der Bericht richtig und vollständig ist. Dabei hat der Aufsichtsrat darauf zu achten, dass der Bericht nicht nur die gesetzlich vorgeschriebenen Inhalte, sondern auch jene Angaben enthält, die im ÖCGK vorgesehen sind. Bei letzteren stehen vor allem jene Anforderungen im Vordergrund, welche den Aufsichtsrat selbst betreffen, wie z.B. persönliche Angaben zu den Aufsichtsratsmitgliedern, Angaben zur Unabhängigkeit sowie zur Zusammensetzung, zur Arbeitsweise und zu den Sitzungen des Aufsichtsrats und seiner Ausschüsse. Denn laut ÖCGK ist für die Einhaltung

---

[23] Vgl § 222 Abs 1 iVm § 243b UGB.

der Corporate Governance-Grundsätze und die Begründung von Abweichungen jenes Organ verantwortlich, welches Adressat der jeweiligen Regelung ist.

Eine externe Berichtsprüfung ist nicht verpflichtend. § 96 Abs 2 AktG verpflichtet den Aufsichtsrat lediglich dazu, in seinem Bericht an die Hauptversammlung darzulegen, in welcher Art und Weise der Corporate Governance-Bericht überprüft wurde; ein Hinweis ist daher auch ausreichend. Die Einhaltung der C-Regeln des ÖCGK hat regelmäßig, zumindest alle drei Jahre, durch eine externe Institution zu erfolgen; dies ist im Corporate Governance-Bericht darzustellen[24]. **178**

Die Gesellschaft hat den Corporate Governance-Bericht spätestens am 21. Tag vor der Hauptversammlung auf ihrer Internetseite zu veröffentlichen[25] sowie spätestens neun Monate nach dem Abschlussstichtag beim Firmenbuch einzureichen[26]. **179**

VI. Kapitalmarktrechtliche Hinweise

Zahlreiche kapitalmarktrechtliche Bestimmungen legen dem Aufsichtsrat, und zwar jedem einzelnen Mitglied des Aufsichtsrats persönlich und in seiner (direkten) Verantwortung, Verpflichtungen auf. Die kapitalmarkt- und die aktienrechtliche Nomenklatur, die aus unterschiedlichen Rechtssystemen stammen, sind uneinheitlich und erfordern oftmals angleichende Interpretationen. **180**

Nach der L-Regel 20 ÖCGK hat die Gesellschaft die Bestimmungen der Emittenten-Compliance-Verordnung[27] der Finanzmarktaufsicht anzuwenden. Nach der C-Regel 21 ÖCGK hat der Vorstand Vorkehrungen zu treffen, dass diese Verordnung im gesamten Unternehmen umgesetzt wird. Nach Regel 44 ÖCGK, die als L-Regel bezeichnet wird, halten die Mitglieder des Aufsichtsrats die Bestimmungen der ECV 2007 ein. **181**

Nach den Begriffsbestimmungen der ECV 2007 gehören Mitglieder des Aufsichtsrats zu den „Personen aus Vertraulichkeitsbereichen".[28] Der Emittent hat sicher zu stellen, dass Personen aus Vertraulichkeitsbereichen – sohin auch jedes einzelne Mitglied des Aufsichtsrats – die aus den Rechts- und Verwaltungsvorschriften erwachsenden Pflichten schriftlich anerkennen und schriftlich erklären, sich der Sanktionen bewusst zu sein, die bei einer missbräuchlichen Verwendung oder einer nicht ordnungsgemäßen Verbreitung von Insider-Informationen verhängt werden.[29] Die Mitglieder des Aufsichtsrats gelten als Insider im Sinne der ECV 2007 und sind daher in ein vom Compliance-Verantwortlichen zu führendes Verzeichnis (Insider-Verzeichnis) aufzunehmen. **182**

Jedes Mitglied des Aufsichtsrats hat die Sperrfristen, in denen keine Orders in Finanzinstrumenten des Emittenten erteilt werden dürfen, einzuhalten.[30] Der **183**

---

24 Vgl C-Regel 62 ÖCGK.
25 Vgl § 108 Abs 4 Z 2 AktG.
26 Vgl § 108 Abs 3 AktG
27 Emittenten-Compliance-Verordnung 2007 – ECV 2007, BGBl II Nr 213/2007.
28 § 3 Z 4 ECV 2007.
29 § 4 Abs 5 ECV 2007.
30 § 8 ECV 2007.

Compliance-Verantwortliche kann Mitglieder des Aufsichtsrats direkt ansprechen (und umgekehrt); dies widerspricht an sich den aktienrechtlichen Grundsätzen.[31]

184 In Verbindung mit dem ÖCGK und der ECV 2007 sind die Mitglieder des Aufsichtsrats Personen, die „*bei einem Emittenten von Finanzinstrumenten [...] Führungsaufgaben wahrnehmen*“[32] und fallen unter den Begriff „director“. Sie sind daher verpflichtet, getätigte Geschäfte mit Aktien und aktienähnlichen Wertpapieren des Emittenten und mit den sich darauf beziehenden Derivaten, aber auch mit derartigen Wertpapieren an verbundenen Unternehmen, der FMA zu melden („Directors´ Dealings“). Die Meldung hat gemäß der Verordnung der FMA[33] unter Verwendung der Formulare zu erfolgen. Diese Meldepflicht gilt auch für Personen, die in „*enger Beziehung*“ zu Personen mit Führungsaufgaben stehen; darunter fallen der Ehegatte, unterhaltsberechtigte Kinder und sonstige Familienmitglieder im gemeinsamen Haushalt. Ist der Erwerber eine juristische Person, so wird auf die wirtschaftlich berechtigten Personen „durchgegriffen“. Die Mitteilung wird von der FMA auf eigene Kosten veröffentlicht. Mangels Einverständnis mit der Veröffentlichung durch die FMA hat der Meldepflichtige selbst für die Veröffentlichung gemäß der Verordnung zu sorgen.

185 Durch ausdrückliche Erwähnung an mehreren Stellen der unterschiedlichen Anhänge zur EU-Prospektrichtlinie[34] hat jedes Mitglied des Aufsichtsrats des Emittenten Angaben über seine persönlichen Verhältnisse zu machen, so über etwaige Schuldsprüche in Bezug auf betrügerische Straftaten während zumindest der letzten fünf Jahre, über Insolvenzen, zu öffentlichen Anschuldigungen, zu potentiellen Interessenskonflikten, aber auch über seine Eignung zur Ausübung der Funktion.[35]

VII. Unterstützung der Aufsichtsratstätigkeit

186 Der Aufsichtsrat hat – auch wenn dies vom Gesetz nicht ausdrücklich normiert, wohl aber aus den erwarteten Tätigkeiten abzuleiten ist – Anspruch darauf, dass die Gesellschaft ihm die für seine Tätigkeit erforderliche „**Infrastruktur**“ zur Verfügung stellt. Dies umfasst neben den organisatorischen Notwendigkeiten, die sich für die Vorbereitung und Abhaltung von Sitzungen ergeben, auch die Beistellung einer fachkundigen Unterstützung zur Evidenthaltung von Fristen und Terminen, die Unterstützung bei der Einhaltung aller die einzelnen Mitglieder des Aufsichtsrats treffenden persönlichen Verpflichtungen, wie insbesondere aus den kapitalmarktrechtlichen Vorschriften, und die Aufbereitung und Evidenthaltung des gesamten Paperworks, wie insbesondere auch die Vorbereitung von Einladungen, Tagesordnungen, Berichten sowie die Beratung bei den sich dabei ergebenden Rechtsfragen (vgl *Kalss* Rz 3/44 ff).

---

31 S RZ 67.

32 § 48d Abs 4 BörseG.

33 BGBl Nr 109/2005 idF BGBl Nr 113/2008.

34 Richtlinie 2003/71/EG des Europäischen Parlaments und des Rates vom 4. November 2003 betreffend den Prospekt, der beim öffentlichen Angebot von Wertpapieren oder bei deren Zulassung zum Handel zu veröffentlichen ist, und zur Änderung der Richtlinie 2001/34/EG.

35 S insb Punkt 14 des Anhangs I der Richtlinie 2003/71/EG.

Neben der Einrichtung eines Aufsichtsratssekretariats, das sich um Terminkoordination, die Aussendung und Einholung von Erklärungen von Aufsichtsratskandidaten und der Korrespondenz mit dem Abschlussprüfer kümmert, wird darüber hinaus dem Vorsitzenden auch ein fachkundiger, insbesondere auch rechtskundiger Mitarbeiter zur Herstellung von Niederschriften über Sitzungen beizugeben sein. In Angelegenheiten des Aufsichtsrats ist dieser Mitarbeiter des Unternehmens durch geeignete dienstvertragliche Festlegungen dem Vorsitzenden des Aufsichtsrats zu unterstellen und bei seiner Tätigkeit für den Vorsitzenden des Aufsichtsrats und des Aufsichtsrats als Ganzes gegenüber anderen Gesellschaftsorganen weisungsfrei. Je nach Art und Größe des Unternehmens kann es empfehlenswert und notwendig sein, dass – zur Vermeidung von Interessenskonflikten – ein sachkundiger Mitarbeiter ausschließlich für den Aufsichtsrat tätig ist. Es muss jedenfalls sichergestellt sein, dass dieser Mitarbeiter in Aufsichtsratsangelegenheiten zur Verschwiegenheit – auch intern und gegenüber dem Vorstand – verpflichtet ist. Zweckmäßig ist, wenn dem Leiter des Vorstandssekretariats und dem für den Aufsichtsrat tätigen Mitarbeiter Koordinationsaufgaben übertragen werden (vgl *Kalss* Rz 3/54 f). **187**

In Wahrnehmung seiner Aufgaben kann dem Aufsichtsrat das Recht zur selbständigen Vornahme von Geschäftsführungsentscheidungen, die die Gesellschaft binden, nicht abgesprochen werden. Dies betrifft beispielsweise die Erteilung eines Gutachtensauftrages. In diesen Fällen hat der Vorstand als vertretungsbefugtes Organ die Entscheidung des Aufsichtsrats zu vollziehen (vgl *Kalss* Rz 23/66). **188**

VIII. Unterlagen des Aufsichtsrats – Aufbewahrung

Anstelle der Aussendung und Übermittlung schriftlicher Unterlagen hat sich die Einrichtung von elektronischen Ablagesystemen („share point“) bewährt und erleichtert dadurch die Aufbewahrung und den Zugang zu Dokumenten, die für den Aufsichtsrat relevant sind. Jedes Aufsichtsratsmitglied erhält elektronischen Zugang und kann jederzeit Unterlagen – auch früherer Sitzungen und vorangegangener Geschäftsjahre – abrufen. Allerdings kann und darf nicht zugemutet werden, dass jedes Mitglied des Aufsichtsrats regelmäßig die Bereitstellung von Post kontrolliert, zumal ja dieses System voraussetzt, dass ein Mitglied des Aufsichtsrats über die Einrichtungen verfügt, die ihm den Zugang ermöglichen. Es muss daher zusätzlich auf herkömmlichem Weg – soweit dies festgelegt ist: per E-Mail – die Bereitstellung von Einberufungsschreiben und Unterlagen mitgeteilt werden. Diese Zugangsmöglichkeit muss jedenfalls bis zum Ausscheiden aus dem Aufsichtsrat bestehen. Sie muss einem ausgeschiedenen Mitglied des Aufsichtsrats aber auch dann eingeräumt werden, wenn nach seinem Ausscheiden Ansprüche gegen ihn erhoben werden und die Unterlagen zur Abwehr derartiger Ansprüche, insbesondere auch in Gerichtsverfahren, als Beweismittel benötigt werden. **189**

Der Gesellschaft gegenüber trifft das einzelne Mitglied des Aufsichtsrats keine Verpflichtung zur Aufbewahrung der ihm als Mitglied des Aufsichtsrats zugekommenen Unterlagen, weil sich § 212 UGB an den Unternehmer – also an die Gesellschaft – und nicht an ein einzelnes Organmitglied richtet. **190**

191 Es ist durchaus gebräuchlich, dass Mitglieder des Aufsichtsrats bei ihrem Ausscheiden die erhaltenen Unterlagen der Gesellschaft zurückstellen oder zurückzustellen haben. Dies liegt sowohl im Interesse der Gesellschaft wie auch im Interesse des ausgeschiedenen Aufsichtsratsmitgliedes, um die der Verschwiegenheitspflicht entsprechende Verwahrung der Unterlagen sicherzustellen. Allerdings muss für das die Unterlagen abgebende Aufsichtsratsmitglied die Möglichkeit bestehen, im Fall eines Rechtsstreits wiederum an die Unterlagen heranzukommen. Eigene Unterlagen, wie Mitschriften bei Sitzungen oder sonstige Aufzeichnungen, muss das Mitglied des Aufsichtsrats nicht herausgeben.

192 Der Verschwiegenheit und Geheimhaltung unterliegen nur jene Unterlagen, die nicht allgemein zugänglich und veröffentlicht sind. Somit sind Jahresabschlüsse und sonstige Unterlagen, die zur Einsichtnahme in öffentlichen Urkundensammlungen (wie der Urkundensammlung beim Firmenbuch) zugänglich sind, nicht schutzbedürftig. Da die Aufsichtsratstätigkeit ja höchstpersönlich ist, hat jedes Mitglied des Aufsichtsrats alle ihm zukommenden und als vertraulich einzustufenden oder der Verschwiegenheit unterliegenden Unterlagen während der Zeit seiner Mandatsausübung und auch danach entsprechend gesichert aufzubewahren und die Verschwiegenheitspflicht auf Personen, die Zugang zu diesen Unterlagen haben, auszudehnen.

193 Für die Gesellschaft selbst empfiehlt es sich, die Protokolle des Aufsichtsrats nicht nur während der siebenjährigen Frist gem § 212 UGB aufzubewahren, sondern solange sie für die Gesellschaft und deren Organträger von Bedeutung sein können, etwa zB Rahmenzustimmungsbeschlüsse zu bestimmten Maßnahmen oder Festlegung einer bestimmten Geschäftspolitik. Der siebenjährige Zeitraum kann deutlich überschritten werden.

IX. Schlussbemerkungen

194 Der Umfang des vom Aufsichtsrat zu bewältigenden „Paperworks" ist durch den österreichischen Gesetzgeber und durch die ebenfalls gestiegenen Anforderungen der Kapitalmarktregeln stark angewachsen. Die Wahrnehmung erfordert sachkundige Betreuung mit großem Aufwand.

195 Auch wenn die Funktion des Aufsichtsrats durch das Gesetz nach wie vor nicht als eine „Vollzeitbeschäftigung" gesehen wird – und auch nicht als solche gesehen werden darf –, ist der Verantwortungsbereich des Aufsichtsrats in den letzten Jahren erheblich vergrößert worden und beschränkt sich nicht (mehr) auf die – quartalsmäßige – Sitzungstätigkeit. Die derzeit üblichen Vergütungen für den Aufsichtsrat, sowie sie in mehreren Studien erhoben worden sind, zeigen eine Diskrepanz zwischen der Wertung der Aufsichtsratstätigkeit durch die Aktionäre im Verhältnis zu dem gewachsenen Aufgabenbereich und der gestiegenen Verantwortung. Auch der Gesetzgeber sieht die Aufsichtsratstätigkeit immer noch als eine Art der Gewinnverteilung, weil die Aufwendungen für den Aufsichtsrat nur zur Hälfte als Betriebsausgabe abzugsfähig sind.[36]

---

[36] § 12 Abs 1 Z 7 KStG.

Interessenkonflikte im Aufsichtsrat

Stephan Frotz und Paul Schörghofer

§§: 84, 86, 87, 88 Abs 4, 90, 92, 95 Abs 5 Z 12, 99, 125 AktG; 30a, 30b, 30e, 30j Abs 5 Z 10, 30g Abs 4a, 39 GmbHG; Regeln 44–49, 53-55, 57, 59 ÖCGK

Literatur

Ö: *Bachner*, Aktienrechts-Änderungsgesetz beschlossen! – Die wichtigsten Neuerungen, GeS 2009, 248; *Birkner/Löffler*, Corporate Governance in Österreich (2004); *D. Bydlinski*, Ruhendstellen von Aufsichtsratsmandaten bei Interessenkonflikten, ecolex 2014, 243; *D. Bydlinski*, Ruhendstellen von Aufsichtsratsmandaten bei Interessenkonflikten (Dissertation Wien, 2013); *F. Bydlinski*, Juristische Methodenlehre und Rechtsbegriff[2] (2011); *P. Doralt*, Die Typologie des Aufsichtsrats und die Logik seines Versagens. Ein erster Versuch aus österreichischer Sicht, in FS Hopt (2010) 3059; *Dorda/Aigner*, Wesentliche Neuerungen des geplanten GesRÄG 2005 (I), ecolex 2005, 42; *Dorda/Aigner*, Wesentliche Neuerungen des geplanten GesRÄG 2005 (II), ecolex 2005, 127; *Egermann*, GesRÄG 2005 – Zu den geplanten Änderungen beim Aufsichtsrat, RdW 2005/101, 66; *Enzinger*, Interessenkonflikt und Organpflichten am Beispiel des Management Buy-out (2005); *Fellner*, Die Kompetenzen, Verantwortung und Qualifikation des Aufsichtsrats unter Berücksichtigung des Österreichischen Corporate Governance Kodex, NZ 2002, 353; *Feltl/Kraus*, Wettbewerbsverbot für Aufsichtsratsmitglieder, wbl 2011, 61; *Fida/Steindl*, Konkurrenten im Aufsichtsrat, GeS 2005, 356; *Fida/Steindl*, Neues für den Aufsichtsrat. Änderungen durch das Gesellschaftsänderungsgesetz 2005, SWK 2005, W 105; *Francesconi*, Der Aufsichtsrat im Konzern (2013); *Frotz/Schörghofer*, Schadenersatzrechtliche Zurechnung bei Multiorganmitgliedschaften, GesRZ 2011, 334; *Frotz/Schörghofer*, Neuerungen im Gesellschaftsrecht durch das 2. Stabilitätsgesetz 2012, RdW 2012/412, 383; *Haberer*, Corporate Governance (2003); *Harrer*, Haftungsprobleme bei der GmbH (1990); *Hausmaninger/Kletter/Burger*, Corporate Governance (2003); *Heidinger*, Aufgaben und Verantwortlichkeit von Aufsichtsrat und Beirat der GmbH (1989); *W. Jud*, Die Inkompatibilität zwischen Aufsichtsratsmandat und anderer Organfunktion im Konzern, GesRZ 1982, 111; *Kalss*, Interessenkonflikte bei Geschäften von Aufsichtsratsmitgliedern mit ihrer Gesellschaft, ecolex 2009, 923; *Kalss/Probst*, Mehrfachmandate in Familienunternehmen, GesRZ 2014, 232; *Kastner*, Aktiengesetz 1965, JBl 1965, 392; *Kastner*, Aufsichtsrat und Realität, in FS Strasser (1983) 843; *Koziol*, Pflichtenkollisionen im Wertpapiergeschäft bei Übernahme von Aufsichtsratsmandaten durch Mitarbeiter der Bank, in FS Frotz (1993) 351; *Krejci*, Zur Berichtspflicht des AG-Vorstandes gegenüber dem Aufsichtsrat, in FS Frotz (1993), 374; *C. Nowotny*, Der Beamte als Aufsichtsrat, RdW 1999, 283; *Luschin*, GesRÄG 2005 – Zwischen Corporate Governance und Aktiengesetz, GeS 2005, 150; *Lutter*, Interessenkonflikte durch Bankenvertreter im Aufsichtsrat, RdW 1987, 314; *Nitsche*, Aufsichtsratsmandat und Interessenkollision, in FS Krejci (2001) 751; *Oberhofer*, Die Unabhängigkeit des Aufsichtsrats. Die Rolle des Aufsichtsrats in einer modernen Corporate Governance (2008); *Potyka*, Das Gesellschaftsrechtsänderungsgesetz 2005, ÖJZ 2006/14, 192; *Prändl*, Der Aufsichtsrat im System der Corporate Governance, in *Prändl/Geppert/Göth*, Corporate Governance Kodex (2003) 35; *Reich-Rohrwig*, Aktienrechts-Änderungsgesetz 2009 – ein erster Überblick (Teil I), ecolex 2009, 765; *Reich-Rohrwig*, Aktienrechts-Änderungsgesetz 2009 – ein erster Überblick (Teil II), ecolex 2009, 871; *Reich-Rohrwig/Priemayer*, Wesentliche Neuerungen durch das GesRÄG 2005 (Update), ecolex 2005, 618; *Reiter*, Das Gesellschaftsrechtsänderungsgesetz 2005 GesRÄG 2005, RWZ 2005/1, 2; *Riss*, Doppelorganschaft und Treuepflichten. Haftungsfragen bei Kollision organschaftlicher Treuepflichten infolge mehrfacher Organstellung (2008); *Riss*, Doppelorganschaft, Kollision von Treuepflichten und Business Judgment Rule, ecolex 2010, 156; *G. H. Roth/Wörle*, Die Unabhängigkeit des Aufsichtsrats – Recht und Wirklichkeit, in *Büchele/Mildner/Murschitz/G. H. Roth/Wörle*, Corporate Governance in Deutschland und Österreich (2006) 35; *Schima*, Organ-Interessenkonflikte und Corporate Governance, GesRZ 2003, 199; *Schopper*, Zurechnung des deliktischen Verhaltens eines Multiorganmitglieds, in FS Kalus (2010) 477; *M. Strasser*, Die Treuepflicht der Aufsichtsratsmitglieder der Aktiengesellschaft (1998); *Straube/Rauter/Ratka*, Die Aufsichtsratsgeschäftsordnung[2] (2006); *U. Torggler*, Zur Verschwiegenheitspflicht entsendeter Aufsichtsratsmitglieder, in FS H. Torggler (2013) 1215; *U. Torggler*, Entsendung in den Aufsichtsrat einer börsennotierten Aktiengesellschaft, in FS Fenyves (2013) 1033; *Wenger*, Zu Interessenkonflikten der Aufsichtsratsmitglieder und zur Inkompatibilität von Ämtern, RWZ 2002, 1; *Wenger*, Notwendigkeit der Abhaltung einer Generalversammlung trotz Stimmrechtsausschluss des Mitgesellschafters, RWZ 2002, 77.

Dtl: *Al-Wraikat*, Interessenkonflikte im Aufsichtsrat bei Mehrfachmandaten im faktischen Aktienkonzern (2014); *Bürgers/Schilha*, Die Unabhängigkeit des Vertreters des Mutterunternehmens im Aufsichtsrat der Tochtergesellschaft. Relativierung der Konzernleitung durch Rechtsprechung und BilMoG? AG 2010, 221; *Canaris*, Die Feststellung von Lücken im Gesetz[2] (1983); *Deckert*, Inkompatibilitäten und Interessenkonflikte, DZWiR 1996, 406; *Diekmann/Fleischmann*, Umgang mit Interessenkonflikten in Aufsichtsrat und Vorstand der Aktiengesellschaft, AG 2013, 141; *Dreher*, Interessenkonflikte bei Aufsichtsratsmitgliedern von Aktiengesellschaften, JZ 1990, 896; *Giesen*, Organhandeln und Interessenkonflikt (1984); *Fischer*, Die Verantwortung des Aufsichtsrats bei Interessenkollisionen, in GS Duden (1982) 55; *Gofferje*, Unabhängigkeit als persönliche Voraussetzung für Aufsichtsratsmitglieder (2007); *Heuking/Jasper*, Interessenkonflikte des Aufsichtsratsmitglieds der GmbH, DStR 1992, 1438; *Hoffmann-Becking*, Vorstands-Doppelmandate im Konzern, ZHR 1986, 570; *Hopt*, Interessenwahrung und Interessenkonflikte im Aktien-, Bank- und Berufsrecht. Zur Dogmatik des modernen Geschäftsbesorgungsrechts, ZGR 2004, 1; *Krebs*, Interessenkonflikte bei Aufsichtsratsmandaten in der Aktiengesellschaft (2002); *Kübler*, Aufsichtsratsmandate in konkurrierenden Unternehmen, in FS Claussen (1997) 239; *Lutter*, Bankenvertreter im Aufsichtsrat, ZHR 1981, 224; *Lutter*, Die Unwirksamkeit von Mehrfachmandaten in den Aufsichtsräten von Konkurrenzunternehmen, in FS Beusch (1993) 509; *Lutter*, Interessenkonflikte und Business Judgment Rule, FS Canaris (2007) 245; *Lutter/Kirschbaum*, Zum Wettbewerber im Aufsichtsrat, ZIP 2005, 103; *Matthießen*, Stimmrecht und Interessenkollision im Aufsichtsrat (1989); *Mense*, Interessenkonflikte bei Mehrfachmandaten im Aufsichtsrat der AG (2008); *Merkt*, Unternehmensleitung und Interessenkollision, ZHR 1995, 423; *Möllers*, Interessenkonflikte von Vertretern des Bieters bei Übernahme eines Aufsichtsratsmandats der Zielgesellschaft, ZIP 2006, 1615; *G. H. Roth/Wörle*, Die Unabhängigkeit des Aufsichtsrats – Recht und Wirklichkeit, ZGR 2004, 565; *Scholderer*, Unabhängigkeit und Interessenkonflikte der Aufsichtsratsmitglieder, NZG 2012, 168; *U. H. Schneider*, Wettbewerbsverbot für Aufsichtsratsmitglieder einer Aktiengesellschaft, BB 1995, 365; *U. H. Schneider*, Interessenkonflikte im Aufsichtsrat, in FS Goette (2011) 475; *Seibt*, Interessenkonflikte im Aufsichtsrat, in FS Hopt (2010) 1363; *Kort*, Interessenkonflikte bei Organmitgliedern der AG, ZIP 2008, 717; *Semler*, Doppelmandats-Verbund im Konzern. Sachgerechte Organisationsform oder rechtlich unzulässige Verflechtung? in FS Stiefel (1987) 719; *Semler/Stengel*, Interessenkonflikte bei Aufsichtsratsmitgliedern von Aktiengesellschaften am Beispiel von Konflikten bei Übernahme, NZG 2003, 1; *Singhof*, Die Amtsniederlegung durch das Aufsichtsratsmitglied einer Aktiengesellschaft, AG 1998, 318; *Ulmer*, Aufsichtsratsmandat und Interessenkollision, NJW 1980, 1603; *Wardenbach*, Interessenkonflikte und mangelnde Sachkunde als Bestellungshindernisse zum Aufsichtsrat der AG (1996); *Wardenbach*, Niederlegung des Aufsichtsratsmandats bei Interessenkollisionen, AG 1999, 74; *Weninger*, Mitbestimmungsspezifische Interessenkonflikte von Arbeitnehmervertretern im Aufsichtsrat (2011); *Werner*, Aufsichtsratstätigkeit von Bankenvertretern, ZHR 1981, 252; *Wiedemann*, Organverantwortung in der Aktiengesellschaft – Doppel- und Mehrfachorgane, ZIP 1997, 1565.

Schweiz: *Habersack*, Die Verantwortlichkeit des Aufsichtsorgans der Gesellschaft, ZSR 2005, 533.

Gliederung **Rz**

I. Grundlagen und Funktionsweise des Organs Aufsichtsrat

Mitglieder des Aufsichtsrats einer AG oder GmbH sind zur Wahrung der Interessen der Gesellschaft, deren Aufsichtsrat sie angehören, verpflichtet. Die Interessen der Gesellschaft können mit widerstreitenden Interessen des Aufsichtsratsmitglieds in Konflikt geraten.[1] **Interessenkonflikte**[2] **im Aufsichtsrat** sind **organkonzeptionsimmanent**, hat der Gesetzgeber das Aufsichtsratsamt doch bewusst als Nebenamt ausgestaltet[3] und den Aufsichtsrat als Kollegialorgan organisiert, das gerade vom Interessengegensatz seiner Mitglieder wertvolle Impulse erhalten soll.[4] Besonders betroffen von Interessenkonflikten im Aufsichtsrat sind **Arbeitnehmervertreter** (siehe *Gahleitner* Rz 10/56 ff), **entsandte Mitglieder** (siehe *Kalss* Rz 9/53 ff) sowie **Bankenvertreter**.[5] Anfällig sind ferner Multior- 1

---

[1] Vgl näher *G. H. Roth/Wörle*, ZGR 2004, 565 (611 ff); *G. H. Roth/Wörle* in *Büchele/Mildner/Murschitz/G. H. Roth/Wörle*, Corporate Governance 35 (50 ff); vgl auch *P. Doralt* in FS Hopt, 3059 (3062 ff).

[2] Vgl für einen Überblick über Interessenkonflikte im Aktien-, Bank- und Berufsrecht *Hopt*, ZGR 2004, 1 (1 ff); zur Business Judgment Rule *Lutter* in FS Canaris 245 (245 ff).

[3] Vgl *Fischer* in GS Duden 55 (56); *Kalss* in *Doralt/Nowotny/Kalss*, AktG[2] § 86 Rz 67; *Kittel*, Handbuch 122 f; *Nitsche* in FS Krejci 751 (768); *Oberhofer*, Die Unabhängigkeit des Aufsichtsrats 206; *Spindler* in *Spindler/Stilz*, AktG[3] § 116 Rz 84; *Lutter/Krieger/Verse*, Rechte und Pflichten[6] § 12 Rz 894; *Marsch-Barner* in *Semler/v. Schenck*, Arbeitshandbuch[4] § 13 Rz 82 ff; *Krebs*, Interessenkonflikte 11 f; *Seibt* in FS Hopt 1363 (1364); *Wenger*, RWZ 2002, 1 (1).

[4] Vgl *Heidinger*, Aufgaben und Verantwortlichkeit 339.

[5] Vgl *Koziol* in FS Frotz 351 (351 ff); *Lutter*, RdW 1987, 314 (314 ff); *Lutter*, ZHR 1981, 224 (224 ff); *Lutter/Krieger/Verse*, Rechte und Pflichten[6] § 12 Rz 915 ff; *Werner*, ZHR 1981, 252

ganmitglieder, also Personen, die gleichzeitig Organfunktionen in mehreren Gesellschaften innenhaben.[6] Der Gesetzgeber hält Interessenkonflikte nicht per se für schlecht oder anstößig noch will er sie von vornherein ausschließen; es liegt ihm „nur" an der korrekten Bewältigung solcher Konflikte.[7] Gerade im Hinblick auf das in den letzten Jahren durchaus gewandelte Verständnis des Aufsichtsratsamts weg vom (bloßen) „Ehrenamt" hin zum „Aufsichtsrat als Sparring-Partner des Vorstands/der Geschäftsführung" und die damit einhergehenden gestiegenen Anforderungen an die Aufsichtsratstätigkeit, kommt dem Erkennen und der Lösung von Interessenkonflikten im Aufsichtsrat besonders große Bedeutung zu.[8] Vor diesem Hintergrund möchte der vorliegende Beitrag zum einen die Sensibilität für das Vorliegen von Interessenkonflikten schärfen und zum anderen eine Richtschnur für deren Lösung bzw rechtlich einwandfreie Behandlung geben.

2 Nach Auffassung des Gesetzgebers sind Aufsichtsratsmitglieder regelmäßig auch dann in der Lage, ihr Amt sorgfaltsgemäß auszuüben, wenn sie unterschiedlichen Interessen ausgesetzt sind.[9] Ein Mitglied des Aufsichtsrats, auf das unterschiedliche Interessen einwirken, hat **vorrangig** die **Interessen der Gesellschaft**, in deren Aufsichtsrat es sich befindet, zu befolgen; Eigen- oder Drittinteressen hat es hintanzustellen.[10] Diese Verpflichtung lässt sich mit der organschaftlichen Treuepflicht, der jedes Aufsichtsratsmitglied unterliegt, begründen.[11] Eine entsprechende Anordnung findet sich auch im ÖCGK (L-Regel 44). Dies gilt auch dann, wenn ein Aufsichtsratsmitglied gewählt oder entsandt ist, *„um die wirtschaftlichen Interessen des Bundes, eines Landes, eines Gemeindeverbandes, einer Gemeinde oder eines mit der Gesellschaft konzernmäßig verbundenen oder an ihr unternehmerisch beteiligten Unternehmens (§ 189a Z 2 UGB) zu wahren (...)"* (vgl § 86 Abs 3 AktG bzw § 30a Abs 3 GmbHG).[12]

(252 ff); ferner *U. Torggler* in FS H. Torggler 1215 (1215 ff); *U. Torggler*, in FS Fenyves 1033 (1034 ff); *Weninger*, Mitbestimmungsspezifische Interessenkonflikte passim.

6 Vgl etwa *Frotz/Schörghofer*, GesRZ 2011, 334 (334); ferner *Al-Wraikat*, Interessenkonflikte 47 ff, 110 ff; *Francesconi*, Aufsichtsrat im Konzern 94 ff, 138 ff; *Kalss/Probst*, GesRZ 2014, 232 (233).

7 Vgl *Heidinger*, Aufgaben und Verantwortlichkeit 339; *W. Jud*, GesRZ 1982, 111 (115); *Kalss*, ecolex 2009, 923 (923); *Kittel*, Handbuch 123; *Riss*, ecolex 2010, 156 (156).

8 Vgl auch *Seibt* in FS Hopt 1363 (1363).

9 Vgl *Marsch-Barner* in *Semler/v. Schenck*, Arbeitshandbuch[4] § 13 Rz 94.

10 BGH 29.1.1962, II ZR 1/61, BGHZ 36, 296 (307); 21.12.1979, NJW 1980, 1629 (1630) (vgl zu dieser Entscheidung *Ulmer*, NJW 1980, 1603 [1603 ff]); *Birkner/Löffler*, Corporate Governance 171; *Deckert*, DZWiR 1996, 406 (408); *W. Jud*, GesRZ 1982, 111 (117); *Kort*, ZIP 2008, 717 (717, 720); *Lutter*, ZHR 1981, 224 (239 ff); *Lutter/Krieger/Verse*, Rechte und Pflichten[6] § 12 Rz 897; *Hausmaninger/Kletter/Burger*, Coporate Governance Regeln 44-46 Rz 5, 16; *Kalss* in *Kalss/Nowotny/Schauer*, Gesellschaftsrecht Rz 3/574; *Marsch-Barner* in *Semler/v. Schenck*, Arbeitshandbuch[4] § 13 Rz 94 ff; *Möllers*, ZIP 2006, 1615 (1615 ff); *Riss*, Doppelorganschaft und Treuepflichten 11 f; *Seibt* in FS Hopt 1363 (1370 f); *Semler/Stengel*, NZG 2003, 1 (2); *Singhof*, AG 1998, 318 (323); *Ulmer*, NJW 1980, 1603 (1605); *Wenger*, RWZ 2002, 1 (1); vgl auch *Merkt*, ZHR 1995, 423 (429 f); *U. Torggler*, in FS Fenyves 1033 (1034 f).

11 *Hausmaninger/Kletter/Burger*, Coporate Governance Regeln 44-46 Rz 5, 16; *Seibt* in FS Hopt 1363 (1370 f).

12 *Schima*, GesRZ 2003, 199 (203 f); *Wenger*, RWZ 2002, 1 (1); vgl auch *C. Nowotny*, RdW

Schwierigkeiten bereitet freilich die Konkretisierung des Begriffs des **Unternehmensinteresses**. Das Unternehmensinteresse ist kein endgültig feststehender Begriff mit fixem Inhalt. Es ist durch die Organe der Gesellschaft in einem dynamischen Prozess immer wieder neu zu definieren und zu präzisieren. 3

Die Pflicht zur vorrangigen Befolgung der Interessen der Gesellschaft gilt jedoch nur für die Tätigkeit im Aufsichtsrat. Außerhalb seiner Tätigkeit als Aufsichtsrat ist das Aufsichtsratsmitglied in der Regel nicht an das Unternehmensinteresse gebunden.[13] Man spricht vom **Grundsatz der Rollentrennung**.[14] Nur ausnahmsweise hat das Aufsichtsratsmitglied auch bei einem Handeln außerhalb des Aufsichtsrats die Interessen der Gesellschaft zu berücksichtigen.[15] 4

Um bestimmte Interessenkonflikte von vornherein zu verhindern, legt das Gesetz **Inkompatibilitäten** fest (siehe *Kalss/Schimka* Rz 2/46 ff). Der Gesetzgeber setzt dieses Instrument allerdings nur sparsam ein. Man kann insoweit von einem *„Grobfilter"* sprechen.[16] Diese Zurückhaltung ist verständlich, hat der Gesetzgeber doch den Aufsichtsrat als Organ gestaltet, für das Interessenvielfalt von ausschlaggebender Bedeutung ist.[17] Dennoch stellt sich die Frage, ob die **gesetzlichen Inkompatibilitätsbestimmungen lückenhaft** und in weiterer Folge im Wege der Analogie zu füllen sind. Darüber hinaus steht es den Aktionären/Gesellschaftern frei, die gesetzlichen Inkompatibilitätsregelungen in der **Satzung**/im **Gesellschaftsvertrag** der Gesellschaft auszudehnen (siehe *Kalss/Schimka* Rz 2/52), so zB durch Festlegung eines Wettbewerbsverbots. 5

Neben den Inkompatibilitätsregelungen finden sich **im AktG bzw GmbHG** weitere **punktuelle gesetzliche Bezugnahmen** auf Interessenkonflikte im Aufsichtsrat: Zur Wahl der Aufsichtsratsmitglieder ordnet § 87 Abs 2 AktG bzw § 30b Abs 1a GmbHG an, dass die vorgeschlagenen Personen der Hauptversammlung/den Gesellschaftern vor der Wahl ihre fachliche Qualifikation, ihre beruflichen oder vergleichbare Funktionen sowie alle Umstände darzulegen haben, die die Besorgnis einer Befangenheit begründen könnten (siehe *M Doralt* Rz 8/50 ff). Hervorzuheben ist an dieser Stelle, dass Mitglieder des Aufsichtsrats einer AG oder GmbH – anders als Mitglieder des Vorstands (§ 79 AktG) oder Geschäftsführer (§ 24 GmbHG) – **keinem Wettbewerbsverbot** unterliegen.[18] Nach § 95 Abs 5 Z 12 AktG bzw § 30j Abs 5 Z 10 GmbHG bedarf der Abschluss von Verträgen mit 6

1999, 283 (286 f); vgl aber *Nitsche* in FS Krejci 751 (753); vgl auch *Riss*, Doppelorganschaft und Treuepflichten 68 ff mwN (implizite Reduktion der Interessenwahrungspflicht durch Entsendung bzw Zustimmung zur Übernahme des Aufsichtsratsmandats).

13 *Dreher*, JZ 1990, 896 (900); *Marsch-Barner* in *Semler/v. Schenck*, Arbeitshandbuch[4] § 13 Rz 98; *Oberhofer*, Die Unabhängigkeit des Aufsichtsrats 207; jeweils mwN.

14 *Dreher*, JZ 1990, 896 (900); *Lutter/Krieger/Verse*, Rechte und Pflichten[6] § 12 Rz 897; *Marsch-Barner* in *Semler/v. Schenck*, Arbeitshandbuch[4] § 13 Rz 98; *Singhof*, AG 1998, 318 (323).

15 Vgl *Deckert*, DZWiR 1996, 406 (408); *Marsch-Barner* in *Semler/v. Schenck*, Arbeitshandbuch[4] § 13 Rz 101 ff mwN.

16 *Rauter* in *Straube/Ratka/Rauter*, GmbHG § 30a Rz 1.

17 Vgl *Heidinger*, Aufgaben und Verantwortlichkeit 340.

18 Zur AG: *Haberer*, Corporate Governance 215; *Kittel*, Handbuch 122; *Strasser* in *Jabornegg/Strasser*, AktG[5] § 98, 99 Rz 39; zur GmbH: *Rauter* in *Straube/Ratka/Rauter*, GmbHG § 33 Rz 47 mwN.

Mitgliedern des Aufsichtsrats, durch die sich diese außerhalb ihrer Tätigkeit im Aufsichtsrat gegenüber der Gesellschaft oder einem Tochterunternehmen (§ 189a Z 7 UGB) zu einer Leistung gegen ein nicht bloß geringfügiges Entgelt verpflichten, der Zustimmung des Aufsichtsrats. Dasselbe gilt nach dieser Bestimmung auch für Verträge mit Unternehmen, an denen ein Aufsichtsratsmitglied ein erhebliches wirtschaftliches Interesse hat. Weiters ist im gegebenen Zusammenhang die in §§ 99 iVm 84 AktG angeordnete Verschwiegenheitspflicht der Aufsichtsratsmitglieder von Bedeutung; das GmbHG enthält zwar keine derartige Regelung, die hL[19] ist allerdings dennoch zu Recht der Auffassung, dass auch die Aufsichtsratsmitglieder einer GmbH zur Verschwiegenheit verpflichtet sind (siehe ausführlich zur Verschwiegenheitspflicht der Aufsichtsmitglieder *Kalss* Rz 26/1 ff). Auf Interessenkonflikte im Aufsichtsrat nimmt darüber hinaus § 92 Abs 4a AktG bzw § 30g Abs 4a GmbHG Bezug. Nach diesen Bestimmungen darf Vorsitzender des Prüfungsausschusses oder Finanzexperte nicht sein, wer in den letzten drei Jahren Vorstandsmitglied bzw Geschäftsführer, leitender Angestellter (§ 80 AktG) oder Abschlussprüfer der Gesellschaft war oder den Bestätigungsvermerk unterfertigt hat oder aus anderen Gründen nicht unabhängig und unbefangen ist (siehe ausführlich dazu *Schimka* Rz 29/81 ff).

7 **Detailliertere Regeln** für Interessenkonflikte im Aufsichtsrat enthält der **ÖCGK** (zum ÖCGK siehe näher *Hlawati/Wilfling* Rz 32/6 ff):[20] Nach der L-Regel 44 dürfen Aufsichtsratsmitglieder bei ihren Entscheidungen keine eigenen Interessen oder die ihnen nahestehender Personen oder nahestehender Unternehmen verfolgen, die im Widerspruch zu den Interessen des Unternehmens stehen, oder Geschäftschancen, die dem Unternehmen zustehen, an sich ziehen. Die L-Regel 44 sowie die C-Regel 46 regeln die Offenlegung von Interessenkonflikten (siehe unten Rz 27 ff). Die C-Regel 47 untersagt die Gewährung von Krediten des Unternehmens an Aufsichtsratsmitglieder außerhalb der gewöhnlichen Geschäftstätigkeit. Die L-Regel 48 sowie die C-Regel 49 beschäftigen sich mit Organgeschäften (siehe unten Rz 32 ff). Schließlich hält die L-Regel 59 fest, dass sich die Arbeitnehmervertreter, wie auch Kapitalvertreter, bei persönlichen Interessenkollisionen der Stimme zu enthalten haben (siehe unten Rz 33 ff).

8 L und Rsp haben auf der Grundlage und in Ergänzung des vorhandenen gesetzlichen Regimes ein **umfangreiches Instrumentarium zur Bewältigung von Interessenkonflikten** entwickelt. Neben der Verpflichtung auf das Unternehmenswohl kommen in Betracht

- die Offenlegung des Konflikts (siehe Rz 27),
- Stimmverbote (siehe Rz 33) und -enthaltungen (siehe Rz 35) sowie Teilnahmeverbote (siehe Rz 40),
- Informationsbeschränkungen (siehe Rz 44),
- die Verlagerung in Ausschüsse (siehe Rz 45),

[19] Vgl die Nachweise bei *Rauter* in *Straube/Ratka/Rauter*, GmbHG § 33 Rz 49.

[20] Vgl auch *Birkner/Löffler*, Corporate Governance 171 ff; *Hausmaninger/Kletter/Burger*, Corporate Governance 233 ff; *Prändl* in *Prändl/Geppert/Göth*, Corporate Governance Kodex 35 (45 ff); *Schima*, GesRZ 2003, 199 (199 ff); *Wenger*, RWZ 2002, 1 (1 ff).

- die Ablehnung der Bestellung zum Aufsichtsratsmitglied (siehe Rz 46) bzw die Niederlegung des Amts (siehe Rz 47) sowie
- die Abberufung des Aufsichtsratsmitglieds (siehe Rz 48).

Nach dem deutschen Schrifttum[21] kommt im Fall gravierender umfassender, jedoch temporärer Interessenkonflikte das **Ruhenlassen des Aufsichtsratsmandats** in Betracht. Diese Auffassung wird auch für die österreichische Rechtslage vertreten.[22] UE ist das – vom Gesetzgeber nicht vorgesehene – Ruhenlassen des Mandats durch das Aufsichtsratsmitglied schon aus Gründen der Rechtssicherheit kritisch zu sehen; auch kann in der Praxis wohl durch das in Rz 40 beschriebene Instrumentarium (insbesondere Teilnahmeverbote und Informationsbeschränkungen) das Auslangen gefunden werden. 9

Außerhalb von Inkompatibilitäten (siehe Rz 16) stehen zur Bewältigung von Interessenkonflikte somit einzelne gesetzliche Bestimmungen sowie in L und Rsp (weiter)entwickelte Instrumente zur Verfügung. Wie im Fall eines Interessenkonflikts zu verfahren ist, kann nicht generell dargestellt werden; es kommt vielmehr immer auf die Umstände des konkreten **Einzelfalls**, insbesondere die Intensität und Dauer des zu bewältigenden Interessenkonflikts, an.[23] Es gilt der Verhältnismäßigkeitsgrundsatz, dh es ist jenes Instrument einzusetzen, das zur Bewältigung des konkreten Interessenkonflikts gerade noch ausreicht. Ansonsten würde die Funktionsfähigkeit des Organs Aufsichtsrat über Gebühr beeinträchtigt werden, was nicht im Sinn des Gesetzgebers und dessen Konzeption des Aufsichtsrats läge.[24] 10

Wird gegen eine im Folgenden zu beschreibende Verpflichtung verstoßen, stellt sich die Frage nach den **Rechtsfolgen** dieses Zuwiderhandelns (siehe *Kalss/Schimka* Rz 2/44). 11

Interessenkonflikte lassen sich anhand unterschiedlicher Kriterien **unterteilen**: Rechtlich relevant ist vor allem die Unterscheidung zwischen einzelfallbezogenen und dauerhaften Interessenkonflikten (siehe Rz 22 ff) sowie jene zwischen bloßen Interessengegensätzen und Pflichtenkollisionen (siehe Rz 26). 12

Die **Geschäftsordnung** des Aufsichtsrats kann und soll Regelungen zum Prozedere im Fall eines Interessenkonflikts enthalten. 13

Vielfältige Interessenkonflikte können im Zusammenhang mit **M & A Transaktionen** (siehe dazu *Hödl* Rz 33/1 ff) sowie im **Konzern** (siehe dazu *Enzinger/Kalss* Rz 31/99 ff) auftreten. 14

Der vorliegende Beitrag behandelt Interessenkonflikte im Aufsichtsrat einer **AG** und **GmbH** (siehe zum Aufsichtsrat in der Privatstiftung *Kalss* Rz 42/1 ff; zum Aufsichtsrat in der Genossenschaft *Dellinger* Rz 41/1 ff). 15

---

21 Etwa *Seibt* in FS Hopt 1363 (1383) mwN; vgl auch *Lutter/Krieger/Verse*, Rechte und Pflichten[6] § 12 Rz 901.

22 *D. Bydlinski*, ecolex 2014, 243 (245 f); *D. Bydlinski*, Ruhendstellen von Aufsichtsratsmandaten 143 ff, 159 ff.

23 Vgl *Kalss* in *Doralt/Nowotny/Kalss*, AktG[2] § 86 Rz 67; *Marsch-Barner* in *Semler/v. Schenck*, Arbeitshandbuch[4] § 13 Rz 105; *Seibt* in FS Hopt 1363 (1372 f).

24 Vgl auch *Marsch-Barner* in *Semler/v. Schenck*, Arbeitshandbuch[4] § 13 Rz 105.

II. Gesetzlich geregelte Inkompatibilitäten

16 Inkompatibilitäten im weitesten Sinn enthalten zunächst **§ 86 AktG** und **§ 30a GmbHG** (siehe näher *Kalss/Schimka* Rz 2/46 ff). Mitglied des Aufsichtsrats kann nach § 86 Abs 2 AktG bzw § 30a Abs 2 GmbHG nicht sein, wer 1. bereits in 10 Kapitalgesellschaften Aufsichtsratsmitglied ist, wobei die Tätigkeit als Vorsitzender doppelt auf diese Höchstzahl anzurechnen ist, 2. gesetzlicher Vertreter eines Tochterunternehmens (§ 189a Z 7 UGB) der Gesellschaft ist oder 3. gesetzlicher Vertreter einer anderen Kapitalgesellschaft ist, deren Aufsichtsrat ein Vorstandsmitglied der Gesellschaft angehört, es sei denn, eine der Gesellschaften ist mit der anderen konzernmäßig verbunden oder an ihr unternehmerisch beteiligt (§ 189a Z 7 UGB). Auf die Höchstzahlen nach § 86 Abs 2 Z 1 AktG bzw § 30a Abs 2 Z 1 GmbHG sind nach § 86 Abs 3 AktG bzw § 30a Abs 3 GmbHG bis zu 10 Sitze in Aufsichtsräten, in die das Mitglied gewählt oder entsandt ist, um die wirtschaftliche Interessen des Bundes, eines Landes, eines Gemeindeverbandes, einer Gemeinde oder eines mit der Gesellschaft verbundenen oder an ihr unternehmerisch beteiligten Unternehmens (§ 189a Z 7 UGB) zu wahren, nicht anzurechnen. Für börsenotierte Gesellschaften bestimmt § 86 Abs 4 Z 1 AktG, dass Mitglied des Aufsichtsrats nicht sein kann, wer bereits in 8 börsenotierten Gesellschaften Aufsichtsratsmitglied ist, wobei die Tätigkeit als Vorsitzender doppelt auf diese Höchstzahl anzurechnen ist. Die Tätigkeit als Verwaltungsmitglied (§§ 38 ff SEG) ist der Tätigkeit als Aufsichtsratsmitglied gleichzuhalten (§ 86 Abs 5 AktG bzw § 30a Abs 4 GmbHG). § 86 Abs 4 Z 2 AktG regelt seit dem 2. StabG 2012[25] eine Cooling-off-Phase für Vorstandsmitglieder börsenotierter Gesellschaften. Danach kann Mitglied des Aufsichtsrats einer börsenotierten Gesellschaft nicht sein, wer in den letzten zwei Jahren Vorstandsmitglied dieser Gesellschaft war, es sei denn, seine Wahl erfolgt auf Vorschlag von Aktionären, die mehr als 25% der Stimmrechte an der Gesellschaft halten; dem Aufsichtsrat darf jedoch nicht mehr als ein ehemaliges Vorstandsmitglied angehören, für das die zweijährige Frist noch nicht abgelaufen ist. Ein Mitglied des Aufsichtsrats einer börsenotierten Gesellschaft, das in den letzten zwei Jahren Vorstandsmitglied dieser Gesellschaft war, kann nach § 92 Abs 1a AktG außerdem nicht zum Vorsitzenden des Aufsichtsrats gewählt werden.

Ferner ordnet **§ 90** Abs 1 Satz 1 **AktG** an, dass Aufsichtsratsmitglieder nicht
17 zugleich Vorstandsmitglieder oder dauernd Vertreter von Vorstandsmitgliedern der Gesellschaft oder ihrer Tochterunternehmen (§ 189a Z 7 UGB) sein können (siehe näher *Kalss/Schimka* Rz 2/54). Aufsichtsratsmitglieder können weiters nach § 90 Abs 1 Satz 2 AktG nicht als Angestellte die Geschäfte der Gesellschaft führen. Auf die Arbeitnehmervertreter im Aufsichtsrat ist die Inkompatibilitätsbestimmung des § 90 Abs 1 Satz 2 AktG nach § 110 Abs 3 ArbVG nicht anwendbar (siehe näher *Kalss/Schimka* Rz 2/55). Eine entsprechende Regelung findet sich für die GmbH in **§ 30e** Abs 1 **GmbHG**.

18 Darüber hinausgehende Bestimmungen enthält der **ÖCGK**: Nach seiner **C-Regel 45** dürfen Aufsichtsratsmitglieder keine Organfunktionen in anderen Gesellschaften wahrnehmen, die zum Unternehmen in Wettbewerb stehen (siehe näher

[25] BGBl I 2012/35; vgl für einen Überblick über die gesellschaftsrechtlichen Änderungen durch das 2. StabG 2012 etwa *Frotz/Schörghofer*, RdW 2012/412, 383.

allgemein *Hlawati/Wilfling* Rz 32/6). Die **C-Regel 53** ordnet weiters an, dass die Mehrheit der von der Hauptversammlung gewählten oder von Aktionären aufgrund der Satzung entsandten Mitglieder des Aufsichtsrats von der Gesellschaft und deren Vorstand unabhängig zu sein hat. Ein Aufsichtsrat ist nach dieser Bestimmung dann als unabhängig anzusehen, wenn er in keiner geschäftlichen oder persönlichen Beziehung zu der Gesellschaft oder deren Vorstand steht, die einen materiellen Interessenkonflikt begründet und daher geeignet ist, das Verhalten des Mitglieds zu beeinflussen (vgl auch Anhang 1 ÖCGK) (siehe näher *Kalss* Rz 3/4 ff). Daran anschließend ordnet die **C-Regel 54** an, dass bei Gesellschaften mit einem Streubesitz von mehr als 20% den von der Hauptversammlung gewählten oder von Aktionären aufgrund der Satzung entsandten Mitgliedern des Aufsichtsrats mindestens ein gemäß C-Regel 53 unabhängiges Mitglied angehört, das nicht Anteilseigner mit einer Beteiligung von mehr als 10% ist oder dessen Interessen vertritt. Bei Gesellschaften mit einem Streubesitz von mehr als 50% gehören mindestens zwei Mitglieder dem Aufsichtsrat an, die diese Kriterien erfüllen. Aufsichtsratsmitglieder, die dem Vorstand einer börsenotierten Gesellschaft angehören, dürfen nach der **C-Regel 57** insgesamt nicht mehr als vier Aufsichtsratsmandate in konzernexternen AGs wahrnehmen, wobei Vorsitze doppelt zählen (siehe näher *Hlawati/Wilfling* Rz 32/13).

Schließlich finden sich Inkompatibilitäten in **Sondergesetzen**. **19**

Zu **Rechtsfolgen** der Missachtung von Inkompatibilitäten siehe *Kalss/Schimka* Rz 2/44. **20**

III. Analoge Anwendung der gesetzlichen Inkompatibilitätsbestimmungen?

A. Allgemeines

Ob in vom Gesetz nicht erfassten Fällen, in denen ein Interessenkonflikt droht, **21** die gesetzlichen Inkompatibilitätsbestimmungen analog angewendet werden können, ist Gegenstand widerstreitender Stellungnahmen. Der Meinungsstreit hat sich vor allem an Doppelmandaten in konkurrierenden Unternehmen entzündet (siehe Rz 22). Keinesfalls sind die gesetzlichen Inkompatibilitätsbestimmungen generell auf sämtliche Konstellationen zu erstrecken, in denen die Gefahr eines Interessenkonflikts besteht.[26] Dagegen spricht die Konzeption des Aufsichtsrats. Interessengegensätze und auch -konflikte sind grundsätzlich durch die Verpflichtung auf das Unternehmenswohl aufzulösen und im Allgemeinen nicht durch eine Erweiterung der Bestellungshindernisse. Gleichfalls scheidet die generelle analoge Anwendung in Fällen aus, in denen Personen mehrere Organfunktionen in unterschiedlichen Gesellschaften ausüben,[27] hat der Gesetzgeber doch bloß einzelne Mehrorganschaften durch Inkompatibilitätsbestimmungen verboten, ohne Mehrorganschaften generell zu untersagen.[28] Eine Lücke, also eine *„planwidrige*

---

[26] Vgl *Drygala* in *K. Schmidt/Lutter*, AktG³ § 100 Rz 27 f; *W. Jud*, GesRZ 1982, 111 (115 f).

[27] *W. Jud*, GesRZ 1982, 111 (115 ff); *Riss*, ecolex 2010, 156 (156); *Riss*, Doppelorganschaft und Treuepflichten 63; *Schopper* in FS Kalus 477 (480); *M. Strasser*, Treuepflicht 108; *Wiedemann*, ZIP 1997, 1565 (1566 f); vgl auch *Semler* in FS Stiefel 719 (741 ff).

[28] Vgl *W. Jud*, GesRZ 1982, 111 (115); *Riss*, Doppelorganschaft und Treuepflichten 63; *Schopper* in FS Kalus 477 (480); *M. Strasser*, Treuepflicht 108.

Unvollständigkeit des positiven Rechts gemessen am Maßstab der gesamten geltenden Rechtsordnung“[29], liegt daher nicht vor.

B. Doppelmandate in konkurrierenden Unternehmen

22 Von **keiner gesetzlich geregelten Inkompatibilität** ist der Fall erfasst, dass ein Mitglied des Aufsichtsrats gleichzeitig Organmitglied in einem konkurrierenden Unternehmen ist. Ein entsprechendes Verbot findet sich bloß im ÖCGK, nach dessen C-Regel 45 Aufsichtsratsmitglieder keine Organfunktionen in anderen Gesellschaften wahrnehmen dürfen, die zum Unternehmen in Wettbewerb stehen. Weiters kann ein entsprechendes Verbot in die Satzung/den Gesellschaftsvertrag aufgenommen werden.[30]

23 Gleichwohl ist diese Konstellation **problematisch**, weil ein solches Aufsichtsratsmitglied permanent zwischen den gegenläufigen Interessen zweier Unternehmen „hin- und hergerissen“ sein wird[31] und sich dadurch auch einem beträchtlichen Haftungsrisiko aussetzt. Dazu kommt, dass durch eine solche Doppel- oder Mehrfachmitgliedschaft die Wettbewerbsfähigkeit und wettbewerbliche Autonomie der betroffenen Unternehmen und damit Grundwerte unserer Wirtschaftsordnung beeinträchtigt werden.[32]

24 Die Meinungen darüber, ob die Organstellung in einem Konkurrenzunternehmen der Bestellung als Mitglied des Aufsichtsrats entgegensteht, gehen auseinander. Es stellt sich die Frage der analogen Anwendung der gesetzlichen Inkompatibilitätsbestimmungen.[33] Voraussetzung hierfür ist freilich das Vorliegen einer Lücke.[34] Gegen das Vorliegen einer Lücke spricht, dass der Gesetzgeber im Rahmen des GesRÄG 2005[35] die Inkompatibilitätsbestimmungen des AktG und GmbHG novelliert, dabei jedoch kein Verbot der Ausübung einer Organfunktion in einem konkurrierenden Unternehmen verankert hat.[36] Dass das Problem von Doppelmandaten in konkurrierenden Unternehmen dem Gesetzgeber des GesRÄG 2005 bekannt gewesen sein musste, zeigt nicht zuletzt auch die C-Regel 45 ÖCGK, die bereits Bestandteil der ersten Fassung des ÖCGK aus dem Jahr 2002 war. Im Fall der „*Tätigkeit in einem Konkurrenzunternehmen*“ trifft das (potentielle) Aufsichtsratsmitglied nach dem aus den Materialien zum GesRÄG 2005 ersichtlichen Willen des Gesetzgebers (bloß) die Verpflichtung, sich der Transparenzbestimmung in § 87 Abs 2 AktG bzw § 30b Abs 1a GmbHG konform zu ver-

---

29 *Canaris*, Feststellung von Lücken², 39.

30 *Fida/Steindl*, GeS 2005, 356 (358); *Kalss* in *Doralt/Nowotny/Kalss*, AktG² § 86 Rz 66.

31 Vgl *Feltl/Kraus*, wbl 2011, 61 (61); *Kalss* in *Doralt/Nowotny/Kalss*, AktG² § 86 Rz 66; *Marsch-Barner* in *Semler/v. Schenck*, Arbeitshandbuch⁴ § 13 Rz 142.

32 *Lutter*, ZHR 1981, 224 (237).

33 *Feltl/Kraus*, wbl 2011, 61 (62); *Fida/Steindl*, GeS 2005, 356 (357).

34 *F. Bydlinski*, Methodenlehre², 472 ff mwN.

35 Gesellschaftsrechtsänderungsgesetz 2005 – GesRÄG 2005, BGBl I 2005/59; vgl für einen Überblick zum GesRÄG 2005 *Dorda/Aigner*, ecolex 2005, 42 (42 ff); *Dorda/Aigner*, ecolex 2005, 127 (127 ff); *Egermann*, RdW 2005/101, 66 (66 ff); *Fida/Steindl*, SWK 2005, W 105 (W 105 ff); *Luschin*, GeS 2005, 150 (150 ff); *Potyka*, ÖJZ 2006/14, 192 (192 ff); *Reich-Rohrwig/Priemayer*, ecolex 2005, 618 (618 ff); *Reiter*, RWZ 2005/1, 2 (2 ff).

36 *Fida/Steindl*, GeS 2005, 356 (357 f).

halten, sohin die Gesellschafter über diesen Umstand aufzuklären (siehe *M Doralt* Rz 8/50 ff).[37] Weiters kann gegen eine analoge Anwendung der gesetzlichen Inkompatibilitätsbestimmungen ins Treffen geführt werden, dass Mitglieder eines Aufsichtsrats – anders als Mitglieder des Vorstands und Geschäftsführer – kein gesetzliches Wettbewerbsverbot trifft.[38] Schließlich spricht auch § 24 GmbHG gegen eine Inkompatibilität.[39] Eine **Inkompatibilität besteht** im Fall von Doppelmandaten in konkurrierenden Unternehmen somit **nicht** (siehe auch *Kalss/Schimka* Rz 2/80).[40]

Obwohl die Organstellung in einem Konkurrenzunternehmen somit kein Bestellungshindernis hinsichtlich des Aufsichtsrats darstellt, sieht sich das Mitglied des Aufsichtsrats, das gleichzeitig eine Organfunktion in einem Konkurrenzunternehmen bekleidet, doch konfligierenden Interessen ausgesetzt. Anzuwenden ist daher das **für Interessenkonflikte zur Verfügung stehende Instrumentarium**. Ist eine ständige Beeinträchtigung der Aufsichtsratsfunktion gegeben und kann der Interessenkonflikt dauerhaft nicht anders gelöst werden, hat das Aufsichtsratsmitglied das Mandat abzulehnen (siehe Rz 46; siehe auch *Kalss/Schimka* Rz 2/80 f)[41] bzw es – bei späterem Auftreten der permanenten Konfliktsituation – unverzüglich niederzulegen (siehe Rz 47).[42] Weiters kommt eine Abberufung in Betracht (siehe Rz 48).[43] Konkurrenzieren einander Unternehmen dagegen nur in Randbereichen und wird das Aufsichtsratsmitglied daher nur punktuell von Interessenkonflikten erfasst, kann anderes gelten. Maßgebend ist, ob dem punktuellen Interessenkonflikt durch gelindere Mittel abgeholfen werden kann, so zB durch einen partiellen Ausschluss des Mitglieds von sensiblen Informationen (siehe Rz 44), die Nicht- **25**

[37] EBRV 927 BlgNR XXII. GP 8; vgl auch *Fida/Steindl*, GeS 2005, 356 (358); vgl aber *Feltl/Kraus*, wbl 2011, 61 (64).

[38] Vgl *Marsch-Barner* in *Semler/v. Schenck*, Arbeitshandbuch[4] § 13 Rz 145; *Oberhofer*, Die Unabhängigkeit des Aufsichtsrats 213; *U. H. Schneider*, BB 1995, 365 (366 f); *Spindler* in *Spindler/Stilz*, AktG[3] § 100 Rz 41.

[39] *W. Jud*, GesRZ 1982, 111 (116).

[40] *Fida/Steindl*, GeS 2005, 356 (358); vgl weiters *Oberhofer*, Die Unabhängigkeit des Aufsichtsrats 213; *Strasser* in *Jabornegg/Strasser*, AktG[5] § 86 Rz 14; *Rauter* in *Straube/Ratka/Rauter*, GmbHG § 30a Rz 27 mwN; (zur Rechtslage vor dem GesRÄG 2005) *W. Jud*, GesRZ 1982, 111 (116); *Kastner/Doralt/Nowotny*, Gesellschaftsrecht[5] 243; *M. Strasser*, Treuepflicht 109 ff; vgl auch *Kastner*, in FS Strasser 843 (849 f); aA *Feltl/Kraus*, wbl 2011, 61 (64 ff); *Kalss* in *Doralt/Nowotny/Kalss*, AktG[3] § 86 Rz 66 (Übernahme des Amts ist nicht zulässig, aber wirksam); (zur Rechtslage vor dem GesRÄG 2005) *Schima*, GesRZ 2003, 199 (204). Auch die herrschende L in Deutschland lehnt eine Inkompatibilität in diesem Fall ab (vgl die Nachweise bei *Gofferje*, Unabhängigkeit 128 ff; *Habersack* in MünchKomm AktG[4] § 100 Rz 82 f; *Hopt/M. Roth* in GroßKomm AktG[4] § 100 Rz 82; *Krebs*, Interessenkonflikte 269 ff; *Kübler* in FS Claussen 239 [239 ff]; *Mense*, Interessenkonflikte 97 ff; *U. H. Schneider*, BB 1995, 365 [365 ff]; *Spindler* in *Spindler/Stilz*, AktG[3] § 100 Rz 40 f, § 116 Rz 88 ff; aA *Lutter* in FS Beusch 509 [509 ff]; *Lutter*, RdW 1987, 314 [318 f]; *Lutter*, ZHR 1981, 224 [234 ff]; *Lutter/Krieger/Verse*, Rechte und Pflichten[6] § 12 Rz 917; *Wardenbach*, Interessenkonflikte 70 ff).

[41] *Fida/Steindl*, GeS 2005, 356 (358); *Kastner*, in FS Strasser 843 (850).

[42] *Heuking/Jasper*, DStR 1992, 1438 (1440); *Marsch-Barner* in *Semler/v. Schenck*, Arbeitshandbuch[4] § 13 Rz 149; *Kalss* in *Doralt/Nowotny/Kalss*, AktG[2] § 86 Rz 66; *Kalss* in *Kalss/Nowotny/Schauer*, Gesellschaftsrecht Rz 3/574; *Kittel*, Handbuch 124.

[43] *Marsch-Barner* in *Semler/v. Schenck*, Arbeitshandbuch[4] § 13 Rz 148.

teilnahme an Beratungen, die kritische Punkte betreffen (siehe Rz 40) oder durch die Nichtausübung des Stimmrechts (siehe Rz 33).

26 Gelangt man – entgegen der hier vertretenen Auffassung – zum Ergebnis, dass Doppelmandate in konkurrenzierenden Unternehmen nicht zulässig sind, ist dieses Verbot jedenfalls mehrfach einzuschränken: Zum einen ist zwischen einem Wettbewerb im Kernbereich und einem **Wettbewerb im Randbereich** der unternehmerischen Tätigkeit der beteiligten Gesellschaften zu unterscheiden. Nur ersterer kann – wenn überhaupt – die Unzulässigkeit des Doppelmandats nach sich ziehen.[44] Zum anderen wird auch ein bloß **potentieller Wettbewerb** nicht ausreichen.[45] Schließlich wird die Annahme eines generellen Verbots von Doppelmandaten in Konkurrenzunternehmen jedenfalls bei Vorliegen eines **Konzerns** abgelehnt.[46]

IV. Offenlegung des Konflikts

27 Der Offenlegung potentieller Interessenkonflikte dient § 87 Abs 2 AktG (bzw die L-Regel 44 des ÖCGK) bzw § 30b Abs 1a GmbHG. Beide Bestimmungen ordnen im Zusammenhang mit der Wahl der Aufsichtsratsmitglieder an, dass die vorgeschlagenen Personen der **Hauptversammlung**/den **Gesellschaftern vor der Wahl** ihre fachliche Qualifikation, ihre beruflichen oder vergleichbaren Funktionen sowie alle Umstände darzulegen haben, die die Besorgnis einer Befangenheit begründen könnten (siehe ausführlich dazu *M Doralt* Rz 8/50 ff).

28 Auch das gewählte **einzelne Aufsichtsratsmitglied** hat zu beachten, dass ihm die Verpflichtung obliegt, dem Aufsichtsrat bestehende Interessenkonflikte grundsätzlich unverzüglich offenzulegen.[47] Die Verpflichtung ergibt sich aus seiner organschaftlichen Treuepflicht.[48] Ansprechperson ist der Aufsichtsratsvorsitzende bzw – wenn dieser selbst interessenverfangen ist – dessen Stellvertreter.[49] Eine entsprechende Verpflichtung sieht auch der ÖCGK vor. Nach seiner C-Regel 46 haben Aufsichtsratsmitglieder, die in Interessenkonflikte geraten, dies unverzüglich dem Vorsitzenden des Aufsichtsrats offen zu legen. Der Vorsitzende hat, wenn

---

[44] *Feltl/Kraus*, wbl 2011, 61 (65 f); *Hausmaninger/Kletter/Burger*, Coporate Governance Regeln 44-46 Rz 22; *Lutter/Kirschbaum*, ZIP 2005, 103 (104); *Lutter*, ZHR 1981, 224 (237); *Marsch-Barner* in *Semler/v. Schenck*, Arbeitshandbuch[4] § 13 Rz 146; *Wardenbach*, Interessenkonflikte 92 ff.

[45] *Birkner/Löffler*, Corporate Governance 173.

[46] *Feltl/Kraus*, wbl 2011, 61 (65); *Marsch-Barner* in *Semler/v. Schenck*, Arbeitshandbuch[4] § 13 Rz 147.

[47] *Diekmann/Fleischmann*, AG 2013, 141 (144 f); *Enzinger*, Interessenkonflikt 67; *Habersack*, ZSR 2005, 533 (561); *Hopt/M. Roth* in GroßkommAktG[4] § 100 Rz 164 mwN; *Kalss* in *Doralt/Nowotny/Kalss*, AktG[2] § 92 Rz 88; *Kittel*, Handbuch 126; *Lutter/Krieger/Verse*, Rechte und Pflichten[6] § 12 Rz 927; *Mense*, Interessenkonflikte 103 mwN; *Seibt* in FS Hopt 1363 (1371); *U. Torggler*, in FS Fenyves 1033 (1035 f).

[48] *Diekmann/Fleischmann*, AG 2013, 141 (145); *Habersack*, ZSR 2005, 533 (561); *Mense*, Interessenkonflikte 103; *Hopt/M. Roth* in GroßkommAktG[4] § 100 Rz 164; *Seibt* in FS Hopt 1363 (1370 f); jeweils mwN.

[49] *Kalss* in *Doralt/Nowotny/Kalss*, AktG[2] § 92 Rz 88; *Kittel*, Handbuch 126; vgl aber *Enzinger*, Interessenkonflikt 68.

er in Interessenkonflikte gerät, dies unverzüglich seinem Stellvertreter offen zu legen.

In welchem **Ausmaß** und in welcher **Intensität** die gebotene Offenlegung zu erfolgen hat, hängt wiederum von den **Umständen des Einzelfalls** und insbesondere davon ab, ob das Aufsichtsratsmitglied insoweit Verschwiegenheitspflichten gegenüber Dritten treffen, so etwa aufgrund einer Organfunktion im Verhältnis zu einer anderen Gesellschaft oder standesrechtlich im Verhältnis zu seinem Mandanten.[50] Im Sinne des Grundsatzes der vertrauensvollen Zusammenarbeit im Aufsichtsrat ist davon auszugehen, dass die Information möglichst in dem Umfang zu erfolgen hat, der es den anderen Aufsichtsratsmitgliedern ermöglicht, sich bei der Entscheidungsfindung auf das Bestehen des Interessenkonflikts einzustellen.[51] 29

Regelmäßig wird es **ausreichen**, wenn der Interessenkonflikt offengelegt wird und das betroffene Aufsichtsratsmitglied den Vorrang des Unternehmensinteresses befolgt; insbesondere in all jenen Fällen, in denen der Interessenkonflikt nur sehr **schwach ausgeprägt** und außerdem bloß **temporär** ist.[52] Jedenfalls ermöglicht es die Offenlegung, dass im Aufsichtsrat darüber diskutiert werden kann, welche allenfalls erforderlichen zusätzlichen Schritte zur Bewältigung des Konflikts ergriffen werden müssen. 30

V. Verschwiegenheitspflicht

Aufsichtsratsmitglieder, und zwar sowohl Kapitalvertreter als auch Arbeitnehmervertreter, haben über vertrauliche Angaben Stillschweigen zu bewahren (siehe *Kalss* Rz 26/1 ff). Befindet sich ein Aufsichtsratsmitglied somit in der Situation, dass eine im Rahmen seiner Aufsichtsratstätigkeit erworbene Information auch außerhalb des Aufsichtsrats von Interesse ist, verbietet ihm seine Verschwiegenheitspflicht die Weitergabe dieser Information an Dritte.[53] 31

VI. Organgeschäfte

Eine für die Bewältigung von Interessenkonflikten wesentliche gesetzliche Bestimmung findet sich in **§ 95 Abs 5 Z 12 AktG** bzw **§ 30j Abs 5 Z 10 GmbHG** (und **L-Regel 48 ÖCGK**). Satz 1 dieser Regelung sieht vor, dass der Abschluss von Verträgen mit Mitgliedern des Aufsichtsrats, durch die sich diese außerhalb ihrer Tätigkeit im Aufsichtsrat gegenüber der Gesellschaft oder einem Tochterunternehmen (§ 189a Z 7 UGB) zu einer Leistung gegen ein nicht bloß geringfügiges Entgelt verpflichten, der Zustimmung des Aufsichtsrats bedarf. Nach Satz 2 dieser Bestimmung gilt dies auch für Verträge mit Unternehmen, an denen ein Aufsichtsratsmitglied ein erhebliches wirtschaftliches Interesse hat. Die **C-Regel 49** des **ÖCGK** verpflichtet die Gesellschaft ergänzend dazu, im Corporate Governance Bericht Gegenstand und Entgelt von gemäß L-Regel 48 zustimmungspflichtigen Verträgen zu veröffentlichen, wobei eine Zusammenfassung gleichartiger Verträ- 32

---

50 AA *U. Torggler*, in FS Fenyves 1033 (1036).
51 So auch *U. Torggler*, in FS Fenyves 1033 (1036).
52 Vgl auch *Seibt* in FS Hopt 1363 (1374); ferner *D. Bydlinski*, ecolex 2014, 243 (244).
53 *Krebs*, Interessenkonflikte 73.

ge zulässig ist. Siehe ausführlich zu Beratungsverträgen und sonstigen Organgeschäften von Aufsichtsratsmitgliedern mit der Gesellschaft *Kalss* Rz 13/1 ff.

VII. Stimmverbot/Stimmenthaltung

33 Mithilfe des Vorrangs des Unternehmensinteresses lassen sich viele, aber nicht alle Interessenkonflikte zufriedenstellend lösen. Die Maxime der Verpflichtung auf das Unternehmenswohl ermöglicht bei **bloßen Interessengegensätzen** im Sinne einer Befangenheit des Aufsichtsratsmitglieds im Regelfall eine adäquate Lösung. Jedes Aufsichtsratsmitglied hat im Zuge der Meinungsfindung und Entscheidung im Aufsichtsrat allfällige Partikularinteressen offenzulegen (siehe unten Rz 27), in offener Diskussion zu diskutieren und zu klären, wie weit diese Partikularinteressen mit dem Unternehmensinteresse in Einklang gebracht werden können. Der Vorrang des Unternehmensinteresses hilft jedoch immer dann nicht weiter, wenn es nicht um bloße Interessengegensätze, sondern darüber hinaus um echte **Pflichtenkollisionen** geht, also dann, wenn sich das Aufsichtsratsmitglied zwei oder mehr widerstreitenden Interessen ausgesetzt sieht, zu dessen Wahrnehmung jeweils eine Rechtspflicht besteht.[54] Hier kann die Pflichterfüllung im Pflichtbereich Aufsichtsratsamt zwangsläufig nur zu einer Pflichtverletzung in der anderen Funktion führen, die das Aufsichtsratsmitglied bekleidet. Es liegt somit ein unauflösbarer Interessenkonflikt vor. Während sich der Betreffende in dem einen Bereich korrekt verhält, verstößt er zugleich gegen Pflichten aus dem anderen Bereich und macht sich dadurch schadenersatzpflichtig. Mit dieser schwierigen Situation verbunden ist naturgemäß die Gefahr, dass das Aufsichtsratsmitglied bei der Beschlussfassung im Aufsichtsrat nicht ausschließlich die Interessen der Gesellschaft berücksichtigt. Beispielhaft sei hier die Situation eines Rechtsanwalts angeführt, der im Kreditausschuss einer Bank sitzt, der mit der Kreditvergabe an einen Mandanten des Rechtsanwalts befasst ist.

34 Das **Gesetz** sieht für Aufsichtsratsmitglieder einer AG oder GmbH **kein ausdrückliches Stimmverbot** vor. Aufsichtsratsmitglieder können grundsätzlich in allen Angelegenheiten mitstimmen.[55] Dies trifft insbesondere auch auf verbandsrechtliche Angelegenheiten, so zB die Wahl zum Aufsichtsratsvorsitzenden oder zu dessen Stellvertreter, zu.[56]

35 Gleichwohl wird ein Stimmverbot von Aufsichtsratsmitgliedern bejaht, wobei Begründung und Reichweite des Stimmrechtsausschlusses umstritten sind.[57] Ein

---

[54] Vgl *Dreher*, JZ 1990, 896 (900); *Marsch-Barner* in *Semler/v. Schenck*, Arbeitshandbuch[4] § 13 Rz 99; jeweils mwN.

[55] *Kalss* in *Doralt/Nowotny/Kalss*, AktG[2] § 92 Rz 87.

[56] *Kalss* in *Doralt/Nowotny/Kalss*, AktG[2] § 92 Rz 87.

[57] Vgl zur deutschen Rechtslage *Giesen*, Organhandeln und Interessenkonflikt 101 ff; *Habersack* in MünchKomm AktG[4] § 108 Rz 29 ff; *Hoffmann-Becking*, ZHR 1986, 570 (579 ff); *Hüffer* in *Hüffer*, AktG[11] § 108 Rz 9; *Krebs*, Interessenkonflikte 113 ff; *Matthießen*, Stimmrecht und Interessenkollision im Aufsichtsrat passim; *Mense*, Interessenkonflikte 107 ff; *Hopt/M. Roth* in GroßKomm AktG[4] § 108 Rz 53 ff; *Mense*, Interessenkonflikte 107 ff; *Seibt* in FS Hopt 1363 (1374 ff); *Spindler* in *Spindler/Stilz*, AktG[3] § 108 Rz 27 ff; *Zöllner/Noack* in *Baumbach/Hueck*, GmbHG[20] § 52 Rz 89; jeweils mwN.

Stimmverbot wird zunächst zutreffend mit der **analogen Anwendung des § 125 AktG** begründet,[58] der durch das AktRÄG 2009[59] an die Stelle des § 114 Abs 5 AktG aF[60] getreten ist, wobei die österreichische Regelung an § 136 Abs 1 dAktG angeglichen werden sollte.[61] Nach Satz 1 der neuen Bestimmung kann niemand für sich oder für einen anderen das Stimmrecht ausüben, wenn darüber Beschluss gefasst wird, ob er zu entlasten oder von einer Verbindlichkeit zu befreien ist oder ob die Gesellschaft gegen ihn einen Anspruch geltend machen soll. § 125 Satz 2 AktG normiert nunmehr, dass für Aktien, aus denen ein Aktionär gemäß dem ersten Satz das Stimmrecht nicht ausüben kann, das Stimmrecht auch nicht durch einen anderen ausgeübt werden kann. Für den Aufsichtsrat einer GmbH ist **§ 39 Abs 4 GmbHG als Analogiebasis** heranzuziehen.[62] Dieser regelt, dass weder im eigenen noch im fremden Namen das Stimmrecht hat, wer durch die Beschlussfassung von einer Verpflichtung befreit, oder wem ein Vorteil zugewendet werden soll (Satz 1 leg cit). Gleiches gilt bei der Beschlussfassung, die die Vornahme eines Rechtsgeschäfts mit einem Gesellschafter oder die Einleitung oder Erledigung eines Rechtsstreits zwischen ihm und der Gesellschaft betrifft (Satz 2 leg cit). Wenn ein Gesellschafter jedoch selbst zum Geschäftsführer, Aufsichtsrat oder Liquidator bestellt oder als solcher abberufen werden soll, ist er bei der Beschlussfassung in der Ausübung seines Stimmrechts nicht beschränkt (§ 39 Abs 5 GmbHG). Da Interessenkonflikte bei Beschlussfassungen im Aufsichtsrat aufgrund des Beziehungsgeflechtes, in dem sich Aufsichtsratsmitglieder befinden, idealtypisch häufiger auftreten, als in anderen Organen, besteht hier sogar noch ein größerer Bedarf für das Stimmverbot. Dem steht nicht entgegen, dass der Gesetzgeber durch die Gestaltung des Aufsichtsrats Interessenkonflikte nicht nur in Kauf nimmt, sondern sogar provoziert (vgl Rz 1). Wie bereits dargelegt (siehe Rz 3 ff), sollen diese Interessenkonflikte ausgetragen und mit der Verpflichtung auf das Unternehmenswohl gelöst werden. Das hilft allerdings dann nicht mehr, wenn die **Einhaltung der Verpflichtung auf das Unternehmenswohl im spezifischen Fall nicht mehr erwarten werden kann** – genau wie in den Fällen des § 125 AktG und § 39 Abs 4 GmbHG, in denen das Gesetz mit der Verhängung eines Stimmverbots reagiert.

---

58 Vgl auch *Kalss* in *Doralt/Nowotny/Kalss*, AktG² § 92 Rz 88; *Strasser* in *Jabornegg/Strasser*, AktG⁵ § 92-94 Rz 65; zur Rechtslage vor dem Inkrafttreten des AktRÄG 2009: *Wenger*, RWZ 2002, 1 (2); jeweils mwN.

59 Aktienrechts-Änderungsgesetz 2009 – AktRÄG 2009, BGBl I 2009/71; vgl für einen Überblick zum AktRÄG 2009 *Bachner*, GeS 2009, 248 (248 ff); *Reich-Rohrwig*, ecolex 2009, 765 (765 ff); *Reich-Rohrwig*, ecolex 2009, 871 (871 ff).

60 Nach dieser Bestimmung konnte ein Aktionär, der durch die Beschlussfassung entlastet oder von einer Verpflichtung befreit werden sollte, weder für sich noch für einen anderen das Stimmrecht ausüben. Gleiches galt, wenn darüber Beschluss gefasst wurde, ob die Gesellschaft gegen den Aktionär einen Anspruch geltend machen sollte.

61 EBRV 208 BlgNR XXIV. GP 38.

62 *Reich-Rohrwig*, GmbHR I² Rz 4/250; *Wenger*, RWZ 2002, 1 (2); vgl auch *Koppensteiner/Rüffler*, GmbHG³ § 30g Rz 11, wonach eine analoge Anwendung des § 39 Abs 4 GmbHG jedenfalls dann zu bejahen ist, wenn der Aufsichtsrat kraft entsprechender gesellschaftsvertraglicher Anordnung über Gegenstände beschließt, die sonst in die Zuständigkeit der Gesellschafterversammlung fallen.

36 Weiter gehen jene Vertreter in der L, die ein Stimmverbot aufgrund **allgemeiner Rechtsgrundsätze** bei **echten Interessenkollisionen** annehmen.[63] Die Annahme eines Stimmverbots aufgrund allgemeiner Rechtsgrundsätze ist zu Recht kritisiert worden.[64] Sie ist uE vor allem aus Gründen der Rechtssicherheit abzulehnen.[65]

37 Das Aufsichtsratsmitglied unterliegt jedenfalls einem Stimmverbot, wenn über **Organgeschäfte** des Aufsichtsratsmitglieds abgestimmt (siehe *Kalss* Rz 13/46 ff) oder über die **Einleitung oder Beendigung eines Rechtsstreits** zwischen der Gesellschaft und dem Aufsichtsratsmitglied entschieden wird.[66]

38 Primär ist das **Aufsichtsratsmitglied** selbst verpflichtet, darauf zu achten, bei Bestehen eines Stimmverbots nicht an einer Beschlussfassung teilzunehmen.[67] Verstößt das Aufsichtsratsmitglied gegen diese Verpflichtung setzt es sich der Gefahr von Schadenersatzansprüchen aus. Zusätzlich trifft den **Vorsitzenden des Aufsichtsrats** die Verpflichtung, das Aufsichtsratsmitglied auf den Interessenkonflikt aufmerksam zu machen.[68] Weiters hat er die Stimme des ausgeschlossenen Mitglieds bei der Abstimmung nicht mitzuzählen[69] und den Stimmrechtsausschluss in der Niederschrift festzuhalten.[70]

39 In Fällen, in denen kein Stimmverbot besteht, kommt eine freiwillige **Stimmenthaltung** des interessenverfangenen Aufsichtsratsmitglieds in Betracht.[71] In diesem Zusammenhang ist auch die **L-Regel 59** des **ÖCGK** zu beachten, nach der sich die Arbeitnehmervertreter, wie auch Kapitalvertreter, bei persönlichen Interessenkollisionen der Stimme zu enthalten haben.

---

63 *Kastner/Doralt/Nowotny*, Gesellschaftsrecht[5], 243; *Kastner*, JBl 1965, 392 (396); *Kastner* in FS Strasser 843 (851); *W. Jud*, GesRZ 1982, 111 (115); *Straube/Rauter/Ratka*, Die Aufsichtsratsgeschäftsordnung[2], 44; vgl auch *Enzinger*, Interessenkonflikt 67; *Kalss* in *Doralt/Nowotny/Kalss*, AktG[2] § 92 Rz 88; *Kittel*, Handbuch 126; vgl auch *Temmel*, Der Aufsichtsrat 125. Schließlich wird vertreten, dass die sonst im Gesellschaftsrecht festgelegten Stimmverbote als Analogiebasis herangezogen werden können (*Kalss* in *Doralt/Nowotny/Kalss*, AktG[2] § 92 Rz 88).

64 *Koppensteiner/Rüffler*, GmbHG[3] § 30g Rz 11.

65 Vgl auch *Koppensteiner/Rüffler*, GmbHG[3] § 30g Rz 11.

66 *Kalss* in *Doralt/Nowotny/Kalss*, AktG[2] § 92 Rz 88; *Kalss* in MünchKomm AktG[4] § 107 Rz 200; *Kalss* in *Kalss/Nowotny/Schauer*, Gesellschaftsrecht Rz 3/574; *Wenger*, RWZ 2002, 1 (2).

67 *Geppert/Moritz*, Gesellschaftsrecht für Aufsichtsräte 172; *Kalss* in *Doralt/Nowotny/Kalss*, AktG[2] § 92 Rz 89; *Kalss* in *Kalss/Nowotny/Schauer*, Gesellschaftsrecht Rz 3/574; *Rauter* in *Straube/Ratka/Rauter*, GmbHG § 30g Rz 130.

68 *Kalss* in *Doralt/Nowotny/Kalss*, AktG[2] § 92 Rz 89; *Kastner* in FS Strasser 843 (852); *Rauter* in *Straube/Ratka/Rauter*, GmbHG § 30g Rz 130.

69 *Kalss* in *Doralt/Nowotny/Kalss*, AktG[2] § 92 Rz 89; *Kalss* in *Kalss/Nowotny/Schauer*, Gesellschaftsrecht Rz 3/574; *Rauter* in *Straube/Ratka/Rauter*, GmbHG § 30g Rz 130.

70 *Kalss* in *Doralt/Nowotny/Kalss*, AktG[2] § 92 Rz 89; *Kalss* in *Kalss/Nowotny/Schauer*, Gesellschaftsrecht Rz 3/574; *Rauter* in *Straube/Ratka/Rauter*, GmbHG § 30g Rz 130.

71 Vgl nur *Krebs*, Interessenkonflikte 166 ff; *Mense*, Interessenkonflikte 105 ff; jeweils mwN.

VIII. Teilnahmeverbot

Fraglich ist, ob ein Aufsichtsratsmitglied, das aufgrund eines Interessenkonflikts einem Stimmverbot unterliegt in der Aufsichtsratssitzung zu dem entsprechenden Beschlussgegenstand an der Beratung teilnehmen darf. Das **Gesetz** enthält auch hiezu **keine ausdrückliche Regelung**. 40

Für die Beantwortung der Frage ist von Folgendem auszugehen: Zum einen verbietet § 125 AktG (§ 114 Abs 5 AktG aF) bzw § 39 Abs 4 GmbHG den von der Interessenkollision betroffenen Aktionär nicht die Teilnahme an der betreffenden Gesellschafterversammlung.[72] Dem liegt die Überlegung zugrunde, dass es dem Gesellschafter möglich bleiben soll, seine Meinung zum Gegenstand der Beschlussfassung darzulegen und auch allfällige Bedenken vorzutragen, mit denen sich die anderen Gesellschafter befassen sollen. Zum anderen sind Aufsichtsräte zur Teilnahme an Aufsichtsratssitzungen nicht nur berechtigt, sondern sogar dazu verpflichtet. Schließlich gilt im Aufsichtsrat der Grundsatz der vertrauensvollen Zusammenarbeit. Die Aufsichtsratsmitglieder sollen miteinander offen, fair und loyal umgehen. Sie haben im Zusammenhang mit einer bestimmten Entscheidung alle Pro- und Kontraargumente vorbehaltslos zu erörtern. All das spricht dafür, dass auch das Aufsichtsratsmitglied, das an der Beschlussfassung nicht mitwirken darf, grundsätzlich dazu berechtigt bleibt, an der Beratung über den Beschlussgegenstand teilzunehmen. Es kann also und soll sogar seine Meinung offen darlegen und mit den anderen Aufsichtsratsmitgliedern diskutieren – dies selbst dann, wenn es um die potentielle Geltendmachung von Ansprüchen gegen das Aufsichtsratsmitglied oder um den Abschluss eines Vertrages mit diesem geht.[73] Die mögliche Beeinträchtigung einer objektiven Beratung im Aufsichtsrat allein durch die Anwesenheit des Aufsichtsratsmitgliedes, das sich in einem Interessenkonflikt befindet, reicht also für ein Teilnahmeverbot nicht aus.[74] Ein Teilnahmeverbot kann sich allerdings ausnahmsweise daraus ergeben, dass sonstige **wichtige Belange der Gesellschaft gefährdet** sind.[75] Eine solche Gefährdung liegt jedenfalls immer dann vor, wenn die konkrete Gefahr besteht, dass das Aufsichtsratsmitglied vertrauliche Informationen zu Lasten der Gesellschaft missbräuchlich verwendet. Das ist etwa dann anzunehmen, wenn das Aufsichtsratsmitglied bereits angekündigt/angedeutet hat, die Vertraulichkeit nicht zu wahren, oder wenn sich die konkrete Missbrauchsgefahr durch wiederholtes Vorgehen/wiederholte Verdachtsmomente in der Vergangenheit oder sonstige objektive Fakten erhärten lässt.[76] Fraglich ist, 41

---

72 OGH 10.1.2002, 2 Ob 328/01a, RdW 2002/348, 341; vgl zu dieser Entscheidung auch *Wenger*, RWZ 2002, 77 (77 f).

73 Vgl auch *Kalss* in *Doralt/Nowotny/Kalss*, AktG² § 92 Rz 90.

74 Vgl aber *Kastner* in FS Strasser 843 (851).

75 *Krebs*, Interessenkonflikte 160 mwN; *Mense*, Interessenkonflikte 138 ff mwN; *Hopt/M. Roth* in Großkomm AktG⁴ § 100 Rz 169, § 109 Rz 17 ff mwN; *Wenger*, RWZ 2002, 1 (3); vgl auch *Enzinger*, Interessenkonflikt 67; *Kalss* in *Doralt/Nowotny/Kalss*, AktG² § 92 Rz 90, § 93 Rz 11; *Kalss* in *Kalss/Nowotny/Schauer*, Gesellschaftsrecht Rz 3/574; *Kalss* in *Doralt/Nowotny/Kalss,* AktG² § 92 Rz 90, § 93 Rz 11; *Reich-Rohrwig*, GmbHR I² Rz 4/222 f; vgl weiters *Rauter* in *Straube/Ratka/Rauter*, GmbHG § 30h Rz 8; aA *Koppensteiner/Rüffler*, GmbHG³ § 30h Rz 1.

76 *Hopt/M. Roth* in Großkomm AktG⁴ § 109 Rz 17 20.

ob ein Teilnahmeverbot schon bei der Annahme gerechtfertigt ist, eine offene und unbefangene Diskussion und Willensbildung des Aufsichtsrates wäre ansonsten beeinträchtigt, etwa weil das Mitglied eines Konkurrenzunternehmens im Aufsichtsrat sitzt. Hier wird es auf die Umstände des Einzelfalls ankommen.[77] Eine bloß abstrakte Gefährdung der Gesellschaft reicht jedenfalls für den Ausschluss eines Aufsichtsratsmitgliedes von der Teilnahme an einer Aufsichtsratssitzung nicht aus. Abstrakte Gefährdungen hat der Gesetzgeber mit der bereits dargestellten Ausgestaltung des Aufsichtsrats als solchem und der Aufsichtsratsfunktion als Nebenamt bewusst in Kauf genommen. Weniger strenge Anforderungen werden an den Ausschluss bei in der Person des Aufsichtsratsmitglieds begründeten Interessenkollisionen gestellt.[78]

42 Selbst bei einem Teilnahmeverbot steht es dem betroffenen Aufsichtsratsmitglied zu, seine Meinung zu der Beschlussfassung zu Beginn der Sitzung/des Tagesordnungspunktes **vorweg darzulegen**, um den anderen Aufsichtsratsmitgliedern Gelegenheit zu geben, sich mit dieser auseinanderzusetzen.[79]

43 In Zweifelsfällen ist der **Aufsichtsrat als Gesamtorgan** und nicht etwa der Aufsichtsratsvorsitzende aufgerufen, ohne das befangene Mitglied zu entscheiden, ob ein Aufsichtsratsmitglied auch von der Beratung im Aufsichtsrat auszuschließen ist.[80]

IX. Informationsbeschränkung

44 Bejaht man ein Stimm- (siehe oben Rz 33) und sogar Teilnahmeverbot (siehe oben Rz 44), sind diese Maßnahmen bei **konkreter Missbrauchsgefahr** auch mit einer Beschränkung der Information des betreffenden Aufsichtsratsmitglieds zu verbinden.[81]

X. Verlagerung in Ausschüsse

45 In Einzelfällen, insbesondere bei länger andauernden Projekten, könnte auch daran gedacht werden, bestimmte Angelegenheiten in Ausschüsse mit Beschlusskompetenz zu verlagern, denen das **interessenverfangene Aufsichtsratsmitglied nicht angehört** (siehe allgemein zu Ausschüssen des Aufsichtsrats *Schimka* Rz 29/1 ff).[82]

---

77 Vgl auch *Kalss* in *Doralt/Nowotny/Kalss*, AktG² § 92 Rz 90 mwN.

78 Vgl *Hopt/M. Roth* in Großkomm AktG⁴ § 109 Rz 21 mwN.

79 *Hopt/M. Roth* in Großkomm AktG⁴ § 100 Rz 170, § 109 Rz 21.

80 *Fellner*, NZ 2002, 353 (361); *Kalss* in *Kalss/Nowotny/Schauer*, Gesellschaftsrecht Rz 3/574; *Wenger*, RWZ 2002, 1 (3) mwN; aA *Kastner* in FS Strasser 843 (852); *Rauter* in *Straube/Ratka/Rauter*, GmbHG § 30h Rz 8.

81 *Kalss* in *Doralt/Nowotny/Kalss*, AktG² § 92 Rz 91; *Krejci* in FS Frotz 374 (377); *Wenger*, RWZ 2002, 1 (3); vgl auch *Kalss* in *Kalss/Nowotny/Schauer*, Gesellschaftsrecht Rz 3/574.

82 Vgl *Marsch-Barner* in *Semler/v. Schenck*, Arbeitshandbuch⁴ § 13 Rz 181; ausführlich *Mense*, Interessenkonflikte 236 ff.

XI. Ablehnung der Bestellung

Tritt ein **permanenter und unüberbrückbarer** Interessenkonflikt bereits vor der Bestellung zum Mitglied des Aufsichtsrats zutage, so ist das potentielle Mitglied dazu verpflichtet, die **Bestellung abzulehnen** (siehe allgemein zur Bestellung von Mitgliedern des Aufsichtsrats einer AG *M Doralt* Rz 8/1 ff, einer GmbH *Heidinger* Rz 40/16 ff).[83] 46

XII. Amtsniederlegung

Liegt ein **gravierender und dauerhafter** und deshalb mit Hilfe des soeben beschriebenen Instrumentariums nicht bewältigbarer Interessenkonflikt vor, ist das Aufsichtsratsmitglied – bei sonstiger Haftung – zur **Niederlegung des Amts** verpflichtet.[84] Die anderen Aufsichtsratsmitglieder haben auf das interessenverfangene Aufsichtsratsmitglied dahingehend einzuwirken. Ist dieses säumig, hat der restliche Aufsichtsrat dafür zu sorgen, dass das Aufsichtsratsmitglied abberufen wird.[85] Zu beachten ist hierbei freilich, dass weder das Aktien- noch das GmbH-Recht ein *„Selbstreinigungsrecht"* des Aufsichtsrats vorsieht (siehe für die AG *M Doralt* Rz 8/148 ff). Die Amtsniederlegung ist **ultima ratio** und nur dann erforderlich, wenn der Interessenkonflikt nicht anders gelöst werden kann.[86] Die Niederlegung des Aufsichtsratsamts wird etwa im Fall der Organstellung in einem Unternehmen notwendig sein, das wesentlicher Konkurrent in einem Kerngeschäftsbereich des Unternehmens, dessen Aufsichtsrat das betroffene Mitglied angehört, ist (siehe Rz 25). 47

XIII. Abberufung

Die vorzeitige Abberufung eines Aufsichtsratsmitglieds durch die Gesellschafter setzt nicht das Vorliegen eines wichtigen Grunds voraus (siehe für die AG *M Doralt* Rz 8/150; allgemein zur Abberufung von Mitgliedern des Aufsichtsrats einer AG *M Doralt* Rz 8/148 ff). Ein solcher ist aber Voraussetzung einer **gericht-** 48

---

83 *Kalss* in *Doralt/Nowotny/Kalss*, AktG² § 86 Rz 66. Im Fall einer gerichtlichen Bestellung (§§ 30d GmbHG, 89 AktG) hat das Gericht ein Aufsichtsratsmitglied erst gar nicht zu bestellen, wenn sich ein dauerhafter und unüberbrückbarer Interessenkonflikt abzeichnet (OLG Schleswig 26.4.2004, 2 W 46/04, ZIP 2004, 1143; LG Hannover 12.3.2009, 21 T 2/09, ZIP 2009, 761; vgl zu dieser Entscheidung *Bürgers/Schilha*, AG 2010, 221 [221 ff]).

84 Vgl *Enzinger*, Interessenkonflikt 68; *Fischer* in GS Duden 55 (66); *Habersack* in MünchKomm AktG⁴ § 103 Rz 59 f; *Harrer*, Haftungsprobleme 116 f; *Kalss* in *Doralt/Nowotny/Kalss*, AktG² § 92 Rz 91; *Kalss* in *Kalss/Nowotny/Schauer*, Gesellschaftsrecht Rz 3/574; *Kastner* in FS Strasser 843 (851); *Krebs*, Interessenkonflikte 180 ff; *Lutter/Krieger/Verse*, Rechte und Pflichten⁶ § 12 Rz 900, 927; *Nitsche* in FS Krejci 751 (768); *Oberhofer*, Die Unabhängigkeit des Aufsichtsrats 101 f; *Rauter* in *Straube/Ratka/Rauter*, GmbHG § 30b Rz 61; *Scholderer*, NZG 2012, 168 (175); *Seibt* in FS Hopt 1363 (1383 f); *Spindler* in *Spindler/Stilz*, AktG³ § 103 Rz 63 mwN; *Wardenbach*, AG 1999, 74 (76 f); vgl aber *Singhof*, AG 1998, 318 (323 ff).

85 *Kalss* in *Doralt/Nowotny/Kalss*, AktG² § 92 Rz 91; *Kittel*, Handbuch 126; *Oberhofer*, Die Unabhängigkeit des Aufsichtsrats 102.

86 Vgl *Lutter/Krieger/Verse*, Rechte und Pflichten⁶ § 12 Rz 900; *Seibt* in FS Hopt 1363 (1384).

lichen Abberufung auf Antrag einer Minderheit nach § 87 Abs 10 AktG bzw § 30b Abs 5 GmbHG (siehe für die AG *M Doralt* Rz 8/157). Das Vorliegen eines Interessenkonflikts kann ein wichtiger Grund sein, der nach § 87 Abs 10 AktG bzw § 30a Abs 5 GmbHG zur gerichtlichen Abberufung führen kann. Dies trifft auch für die gerichtliche **Abberufung eines entsandten Aufsichtsratsmitglieds** einer AG nach § 88 Abs 4 AktG zu;[87] auf entsandte Mitglieder einer GmbH ist § 30b Abs 5 GmbHG anzuwenden.[88]

XIV. Rechtsfolgen

49 Verstößt ein Aufsichtsratsmitglied gegen die zuvor dargestellten Verpflichtungen, kommt seine **Abberufung** in Betracht.

50 Darüber hinaus setzt es sich der Gefahr der Geltendmachung von **Schadenersatzansprüchen** durch die Gesellschaft aus (siehe zur zivilrechtlichen Verantwortlichkeit des Aufsichtsrats näher *Schauer* Rz 45/1 ff).

51 Schließlich stellt sich die Frage nach der **Mangelhaftigkeit von Beschlüssen**, die unter Mitwirkung eines nach den vorstehenden Ausführungen von der Mitwirkung eigentlich ausgeschlossenen Aufsichtsratsmitglieds zustande gekommen sind (siehe dazu *Zollner* Rz 22/92 ff; *M Doralt* Rz 8/195 ff).

XV. Zusammenfassung

52 Interessenkonflikte im Aufsichtsrat sind **organkonzeptionsimmanent**. Sie sind primär dadurch aufzulösen, dass die Mitglieder des Aufsichtsrats **vorrangig** die **Interessen der Gesellschaft** zu befolgen haben.

53 Zur Vermeidung bestimmter Interessenkonflikten sieht der Gesetzgeber **Inkompatibilitäten** vor. Die analoge Anwendung dieser Bestimmungen wird insbesondere bei Doppelmandaten in konkurrierenden Unternehmen diskutiert.

54 Weiters stehen zur Reaktion auf Interessenkonflikte zur Verfügung: die **Offenlegung des Konflikts**, die **Verschwiegenheitspflicht** der Mitglieder des Aufsichtsrats, die gesetzlichen Regelungen über **Organgeschäfte** von Aufsichtsratsmitgliedern, **Stimmverbote** und **-enthaltungen** sowie **Teilnahmeverbote**, **Informationsbeschränkungen**, die **Verlagerung in Ausschüsse** und die **Ablehnung der Bestellung** bzw die **Amtsniederlegung** sowie die **Abberufung** des Aufsichtsratsmitglieds. Welches Instrument jeweils heranzuziehen ist, richtet sich nach den konkreten Umständen des **Einzelfalls**.

55 Reagiert ein Aufsichtsratsmitglied nicht adäquat auf einen Interessenkonflikt, kommen seine **Abberufung** und **Schadenersatzansprüche** der Gesellschaft in Betracht.

---

87 *Kalss* in *Doralt/Nowotny/Kalss*, AktG² § 88 Rz 37.

88 *Rauter* in *Straube/Ratka/Rauter*, GmbHG § 30b Rz 70 mwN.

Das Informationsregime des Aufsichtsrats

Susanne Kalss

§§: 81, 84, 99, 95 Abs 3 AktG, 30 GmbHG, 48b BörseG; R 17 (C), R 34 (C) Corporate Governance Kodex

Literatur

Ö: *Dellinger/Schellner,* Aufsichtsratsinterne Information und ihre Verweigerung am Beispiel von Managerdienstverträgen, in FS Nowotny (2015) 245; *Endl/Zumbo*, Der Aufsichtsratsvorsitzende – Erster unter Gleichen, in FS Nowotny (2015) 285; *Geist*, Zur Informationsordnung im arbeitsteilig organisierten Aufsichtsrat, in Achatz/Jabornegg/Karollus, Aktuelle Probleme im Grenzbereich von Arbeits-, Unternehmens- und Steuerrecht (1998) 121; *Gruber/Auer*, Die Verschwiegenheitspflicht der Vorstands- und Aufsichtsratsmitglieder einer nicht börsenotierten AG, GesRZ 2013, 173; *Hasenauer*, Due Diligence – Praxisleitfaden für Transaktionen (2015); *Hoffmann*, Due Diligence (2006); *Iro*, Banken und Wissenszurechnung, ÖBA 2001, 3, 112; *Kalss*, Die Vergütung der Vorstandsmitglieder der Aktiengesellschaft, in FS Nowotny (2015) 353; Kalss, Aufsichtsratsmitglied im Konzern – Überlegungen zum österreichischen Recht, Der Konzern 2013, 299; *Kalss*, Geheimnisschutz-Datenschutz-Informationsschutz im Gesellschaftsrecht, in Studiengesellschaft für Wirtschaft und Recht, Geheimnisschutz-Datenschutz-Informationsschutz (2008) 237; *Kalss*, Auskunftsrechte und -pflichten für Vorstand und Aufsichtsrat im Konzern, GesRZ 2010, 137; *Kalss*, Die Verantwortlichkeit der Organe bei Verwendung von Informationen Dritter, in Konecny, Insolvenzforum (2009/2010) 137; *Kalss/Oelkers*, Der Aufsichtsrat in der Unternehmenskrise, Aufsichtsrat Aktuell 2006, 6 ff; *Kalss/Oelkers*, Öffentliche Bekanntgabe – ein wirksames Aufsichtsinstrument im Kapitalmarktrecht?, ÖBA 2/2009, 123; *Kalss/Schörghofer*, Corporate Compliance und Gesellschaftsrecht, in Lucius/Oppitz/Pachinger, Compliance im Finanzdienstleistungsbereich (2010) 9; *Marhold/Friedrich*, Österreichisches Arbeitsrecht (2006); *Nowotny*, Due Diligence und Gesellschaftsrecht, wbl 1998, 145; *Nowotny*, Der Beamte als Aufsichtsrat, RdW 1999, 283; *Riss*, Doppelorganschaft und Treuepflichten (2008); *Rieder*, Verschwiegenheitspflichten der Organmitglieder versus Auskunftspflichten bei der Due Diligence, in Althuber/Schopper, Handbuch Unternehmenskauf und Due Diligence I (2010) 340; *G Roth*, Geheimnisschutz im Gesellschaftsrecht, in Ruppe, Geheimnisschutz im Wirtschaftsleben (1980) 69; *Schumacher,* Zeugnisverweigerung wegen eines Geschäftsgeheimnisses, ÖJZ 1987, 673; *Temmel*, Die Vorbereitung der Aufsichtsratssitzung durch Hilfskräfte, in Feiler/Raschhofer, Innovation und Internationale Rechtspraxis (FS Zankl – 2009) 901; *U. Torggler*, Zur Verschwiegenheitspflicht entsendeter Aufsichtsratsmitglieder, in FS H. Torggler (2013) 1215; *I. Welser*, Aufsichtsräte im Spannungsfeld von Verschwiegenheits- und Offenlegungspflichten, in FS Jud (2012) 745.

Dtl: *Breuer/Nikitina*, Einrichtung und Überwachung der Internen Revision, Der Konzern 2015, 537; *Cahn*, Gesellschaftsinterne Informationspflichten bei Zusammenschluss- und Akquisitionsvorhaben, AG 2014, 525; *Dauner-Lieb/Von Preen/Simon*, Das Vorst-AG – Ein Schritt auf dem Weg zum Board-System, DB 2010, 377; *Drinhausen/Marsch-Barner*, Die Rolle des Aufsichtsratsvorsitzenden in der börsenotierten Aktiengesellschaft, AG 2014, 337; *Fleischer*, Vertrauen von Geschäftsleitern und Aufsichtsratsmitgliedern auf Information Dritter, ZIP 2009, 1397; *Fleischer*, Der Zusammenschluss von Unternehmen im Aktienrecht, ZHR 2008, 538; *Fleischer*, Zur Privatsphäre von GmbH-Geschäftsführern und Vorstandsmitgliedern, NJW 2006, 3242; *Fonk*, Zustimmungsvorbehalte des AG-Aufsichtsrats, ZGR 2006, 841; *Hellgardt*, Die deliktische Außenhaftung von Gesellschaftsorganen für unternehmensbezogene Pflichtverletzungen, WM 32/2006, 1514; *Henze*, Leitungsverantwortung des Vorstands – Überwachungspflicht des Aufsichtsrats, BB 2000, 209; *Hülsberg/Knake*, Prüfung der Wirksamkeit der internen Revision durch den Aufsichtsrat, Der Konzern 2015, 545; *Koch*, Der Vorstand im Kompetenzgefüge der Aktiengesellschaft, in Fleischer/Koch/Kropff/Lutter, 50 Jahre Aktiengesetz (2015) 65; *Leyens*, Information des Aufsichtsrats (2006); *Lutter*, Information und Vertraulichkeit im Aufsichtsrat[3] (2006); *März*, Moderne Gremienkommunikation für Aufsichtsräte, Der Aufsichtsrat 2/2015, 24; *Mertens*, Zur Berichtspflicht des Vorstands gegenüber dem Aufsichtsrat, AG 1980, 67 ff; *Paefgen*, Unternehmerische Entscheidungen und Rechtsbindung der Organe in der AG (2002); *Roth*, Möglichkeiten vorstandsabhängiger Information des Aufsichtsrats, AG 2004, 1; *Ruhweder/Weitzel*, Die Berichterstattung des Aufsichtsrats, Der Aufsichtsrat 3/2013, 40; *Schneider*, Die Weitergabe von Insiderinformationen im Konzern, in FS Wiedemann (2002) 1255; *Sethe*, Die Verschärfung des insiderrechtlichen Weitergabeverbots, ZBB 2006, 243; *Sina*, Zur Berichtspflicht des Vorstands gegenüber dem Aufsichtsrat bei drohender Verletzung der Verschwiegenheitspflicht durch einzelne Aufsichtsratsmitglieder, NJW 1990, 1016; *Strohn*, Verschwiegenheitspflicht von Aufsichtsratsmitgliedern der öffentlichen Hand, Der Aufsichtsrat 2015, AR 0693585, 59; *Sutter-Rüdisser*, Sitzungsmanagement im Aufsichtsrat, BOARD 2015, 162 ff; *Veil*, Weitergabe von Informationen durch den Aufsichtsrat von Aktionären und Dritten, ZHR 2008, 239; *Verse*, Doppelmandate und Wissenszurechnung im Konzern, AG 2015, 413; *E Vetter*, Der Tiger zeigt die Zähne, Anmerkungen zum Urteil des BGH im Fall Leo Kirch/Deutsche Bank, NZG 2009, 561; *Wilsing/Von der Linden*, Selbstbefreiung des Aufsichtsrats vom Gebot der Gremienvertraulichkeit, ZHR 178 (2014) 419; *Wittgens/Vollersten*, Gruppenvorbesprechungen im Aufsichtsrat, AG 2015, 264.

Gliederung **Rz**

I. Normative Grundlagen

Mehrere gesetzliche Grundlagen normieren die Information des Aufsichtsrats, die um Regelungen des Corporate Governance Kodex ergänzt werden. 1

§ 84 Abs 1 Satz 2 iVm § 99 AktG lautet: „*Über vertrauliche Angaben haben sie [die Aufsichtsratsmitglieder] Stillschweigen zu bewahren.*“ 2

§ 48b Abs 1 BörseG lautet: „*Wer als Insider eine Insiderinformation mit dem Vorsatz ausnützt, sich oder einem Dritten einen Vermögensvorteil zu verschaffen, indem er [...] 2. diese Information, ohne dazu verhalten zu sein, einem Dritten zugänglich macht, ist vom Gericht mit Freiheitsstrafe bis zu drei Jahren, wenn durch die Tat ein 50.000,- Euro übersteigender Vermögensvorteil verschafft wird, jedoch mit Freiheitsstrafe von sechs Monaten bis zu fünf Jahren zu bestrafen.*“ 3

§ 81 regelt die Berichtspflichten des Vorstands an den Aufsichtsrat: „*§ 81 (1) Der Vorstand hat dem Aufsichtsrat mindestens einmal jährlich über grundsätzliche Fragen der künftigen Geschäftspolitik des Unternehmens zu berichten sowie die künftige Entwicklung der Vermögens-, Finanz- und Ertragslage anhand einer Vorschaurechnung darzustellen (Jahresbericht). Der Vorstand hat weiters dem Aufsichtsrat regelmäßig mindestens vierteljährlich über den Gang der Geschäfte und die Lage des Unternehmens im Vergleich zur Vorschaurechnung unter Berücksichtigung der künftigen Entwicklung zu berichten (Quartalsbericht). Bei wichtigem Anlass ist dem Vorsitzenden des Aufsichtsrats unverzüglich zu berichten; ferner ist über Umstände, die für die Rentabilität oder Liquidität der Gesellschaft von erheblicher Bedeutung sind, dem Aufsichtsrat unverzüglich zu berichten (Sonderbericht). (2) Der Jahresbericht und die Quartalsberichte sind schriftlich zu erstatten und auf Verlangen des Aufsichtsrats mündlich zu erläutern, sie sind jedem Aufsichtsratsmitglied auszuhändigen. Die Sonderberichte sind schriftlich oder mündlich zu erstatten.*“ 4

§ 95 Abs 2 lautet: „*§ 95 (2) Der Aufsichtsrat kann vom Vorstand jederzeit einen Bericht über die Angelegenheiten der Gesellschaft einschließlich ihrer Beziehungen zu einem Konzernunternehmen verlangen. Auch ein einzelnes Mitglied kann einen Bericht, jedoch nur an den Aufsichtsrat als solchen verlangen. Lehnt der Vorstand die Berichterstattung ab, so kann der Bericht nur dann verlangt* 5 *werden, wenn ein anderes Aufsichtsratsmitglied das Verlangen unterstützt. Der Vorsitzende des Aufsichtsrats kann einen Bericht auch ohne Unterstützung eines anderen Aufsichtsratsmitglieds verlangen.“*

6 Der Corporate Governance Kodex idF Jänner 2015 enthält in Pkt 34 und in Pkt 17 weitere informationsbezogene Regelungen.

II. Einleitung

7 **Geheimnis- und Informationsschutz** im Gesellschaftsrecht ist eine Frage der **Interessenabwägung** zwischen dem Geheimhaltungsinteresse des Unternehmens und den gegenläufigen Interessen unterschiedlicher Gruppen.[1] Der Aufsichtsrat besteht stets aus mehreren Personen, die zwar alle der Verfolgung des Unternehmenswohls als oberste Handlungsanleitung verpflichtet sind, die aber naturgemäß unterschiedliche Interessen in das Gremium einbringen und vertreten, was sich auf den Umgang mit Information **vielfältig auswirkt**. Das besondere an Information liegt darin, dass sie – sobald sie an die Öffentlichkeit bzw an unberechtigte Personen gelangt – den Nachteil für den Geschützten schon bewirkt hat und dieser Nachteil **nicht mehr gänzlich beseitigt** werden kann.[2] Vertraulichkeitsprobleme sind dadurch gekennzeichnet, dass eine Ad hoc-Lösung in der Regel zu spät kommt, sodass organisatorische Vorkehrungen – bevorzugt in der Satzung oder der Geschäftsordnung – erforderlich sind. **Ungeordneter Informationsfluss** verhindert die Durchführung von Geschäften und vernichtet Geschäftschancen. Eine zu Unrecht zurückgehaltene Information bewirkt hingegen umgekehrt Informations-, Kontroll-, Entscheidungs- und Handlungsdefizite, die ihrerseits unwiederbringlichen Schaden für die Gesellschaft, deren Eigentümer oder sonstige Betroffene bedeuten können. Information bildet keinen Selbstzweck, sondern die Grundlage für Handlungen und Entscheidungen.[3]

8 Das moderne Verständnis der Aufsichtsratstätigkeit geht von einer **Erweiterung der Tätigkeitsfelder** aus und lässt den Aufsichtsrat zunehmend an der Unternehmensführung teilhaben.[4] Die Überwachungsaufgaben werden inhaltlich ausgedehnt und verfeinert; der Aufsichtsrat ist zugleich zunehmend beratend-strategisch tätig. Aus dieser Aufgabenmehrung folgt die Notwendigkeit verbesserter Information der (Mit-)Entscheidungsträger; umgekehrt steigt damit naturgemäß auch die Gefahr eines ungeordneten, somit unrechtmäßigen Informationsflusses. Für dieses Spannungsverhältnis hat die Rechtsordnung in angemessener Weise Vorsorge zu treffen.

9 Von Bedeutung sind **mehrere Informationskreise**: Einerseits die **Weitergabe** der Information nach außen, über die ein Mitglied des Aufsichtsrats verfügt, und

---

[1] *Roth* in Ruppe (Hrsg), Geheimnisschutz im Wirtschaftsleben (1980), 69; *Kalss* in Studiengesellschaft für Wirtschaft und Recht, Geheimnisschutz-Datenschutz-Informationsschutz (2008) 237, 238.

[2] Allgemein dazu *Druey*, Information als Gegenstand des Rechts (1995); *Dedayan*, Regulierung der Unternehmenskommunikation (2015), 215 ff; *Kalss/Oelkers*, ÖBA 2009, 123, 129.

[3] *K Schmidt*, Informationsrechte in Gesellschaften und Verbänden 23.

[4] S nur *Leyens*, Information des Aufsichtsrats 131.

andererseits die **Beschaffung** oder das Erlangen der Information, um bestimmte Entscheidungen überhaupt treffen zu können. Schließlich ist die Informationsweitergabe innerhalb des Gremiums von Relevanz. Mehrere Einzelaspekte sind zu unterscheiden:

a) **Weitergabe vom Aufsichtsrat an Dritte**:
- Aufsichtsratsmitglied-allgemeine Öffentlichkeit
- Aufsichtsrat-bestimmte außenstehende Dritte
- Aufsichtsratsmitglied-Aktionär

b) **Beschaffung der Information von außen**
- Vorstand-Aufsichtsrat
- Sonstige Informationsbeschaffung durch den Aufsichtsrat

c) **Weitergabe innerhalb des Aufsichtsratsgremiums**
- Aufsichtsratsvorsitzender-Plenum
- Aufsichtsratsausschuss-Aufsichtsratsplenum
- Aufsichtsratsmitglied – Aufsichtsratsmitglied

III. Gesellschaftsrechtliche Verschwiegenheitspflicht

A. Geschäfts- und Betriebsgeheimnis

Geschäfts- und Betriebsgeheimnisse sind unternehmensbezogene Tatsachen kommerzieller oder technischer Art, die nur einer bestimmten oder begrenzten Anzahl von Personen bekannt und nicht oder nur schwer zugänglich sind und die nach dem Willen des Berechtigten nicht über den Kreis der Eingeweihten hinausdringen sollen. Der Geschäfts- oder Betriebsinhaber, somit die Gesellschaft, muss an der Nichtoffenbarung dieser Tatsachen ein wirtschaftliches Interesse haben.[5] Geschäftsgeheimnisse sind Tatsachen kaufmännisch-geschäftlicher, Betriebsgeheimnisse überwiegend technischer Natur. Zu den Geschäfts- und Betriebsgeheimnissen zählen etwa Einzelheiten aus dem Finanzierungsbereich, Umsatzhöhe und Reingewinn, kaufmännische oder unternehmerische Auskünfte (künftige Vorhaben möglicher Kooperationspartner), Computerprogramme, Konstruktionszeichnungen und Verfahrenstechniken. Bei der AG kommt es hierbei grundsätzlich auf die Willensbildung des Vorstands an, bei der GmbH vorrangig auf die Gesamtheit der Gesellschafter und subsidiär auf den Willen der Geschäftsführer. Zahlreiche gesetzliche Bestimmungen zielen auf die Sicherung der Geheimhaltung vertraulicher Informationen. Neben dem StGB und UWG enthalten auch das Aktien- und GmbH-Recht ausdrückliche Bestimmungen. 10

Der Vorstand der Gesellschaft legt mit seiner Unternehmensplanung und – politik den Rahmen der Geschäfts- und Betriebsgeheimnisse fest. Daraus folgt objektiv der Rahmen notwendiger Geheimhaltung.[6] Er entscheidet durch seine Unternehmensplanung, ob eine Angelegenheit oder Information vertraulich ist;[7] maßgeblich ist eine objektive Betrachtung. Der Aufsichtsrat kann sich auf diese Entscheidung 11

5 *Schumacher*, ÖJZ 1987, 1673 ff.
6 *Gruber/Auer*, GesRZ 2013, 173, 180.
7 *Spindler* in MünchKomm AktG[4] § 93 Rz 119; *Kalss*, GesRZ 2010, 137.

des Vorstands berufen und ihr vertrauen;[8] zugleich hat er sie bei Festlegung durch den Vorstand grundsätzlich anzuerkennen. Die Geheimhaltungspflicht des Aufsichtsrats folgt darum aus der Festlegung der Unternehmenspolitik des Vorstands.[9] Davon ist die Frage zu unterscheiden, ob ein Aufsichtsrat im Einzelfall berechtigt ist, eine bestimmte Information weiterzugeben (vgl dazu Rz 23; Rz 44 ff).

B. Reichweite der Verschwiegenheitspflicht

12 **Organpflicht – Verschwiegenheitsgebot**: Von der allgemeinen arbeitsrechtlichen Verpflichtung zur Wahrung von Geschäfts- oder Betriebsgeheimnissen ist für die Mitglieder des Vorstands oder des Aufsichtsrats einer Aktiengesellschaft die aktienrechtliche **Verschwiegenheitspflicht** gem § 84 Abs 1 AktG bzw § 99 AktG zu unterscheiden. Gem § 84 Abs 1 AktG (§ 99 AktG) haben Organmitglieder, somit Vorstands- und Aufsichtsratsmitglieder, über vertrauliche Angaben Stillschweigen zu bewahren. Die streng ausgestaltete Verschwiegenheitspflicht des Aufsichtsrats ist das Pendant zur weitgehenden Informations- und Berichtspflicht des Vorstands gegenüber dem Aufsichtsrat:[10] diese Bestimmung wird jedoch in der Praxis zum Teil nicht oder zu wenig beachtet.[11] Die Pflicht zur Verschwiegenheit ist das notwendige Korrelat zur Pflicht des Vorstands, dem Aufsichtsrat grundsätzlich alle Informationen über sämtliche Geschäftsangelegenheiten offenzulegen und zu berichten (vgl Rz 63).

13 **Verschwiegenheitspflicht – Treuepflicht**: Das Gesetz wiederholt mit der ausdrücklichen Bestimmung gem § 84 Abs 1 Satz 2 AktG und § 99 AktG eine bereits aus der Organstellung erfließende Verpflichtung von Vorstands- und Aufsichtsratsmitgliedern, nach außen hin keine vertraulichen Informationen weiterzugeben.[12] Für andere Rechtsformen folgt dies aus einer analogen Anwendung der aktienrechtlichen Regelungen und aus dem Ausfluss der Treuepflicht der organschaftlichen Stellung. Die Verschwiegenheitspflicht bildet einen Teil der **organschaftlichen Treuepflicht** von Vorstands- und Aufsichtsratsmitgliedern gegenüber der Gesellschaft.[13] Die Verschwiegenheitspflicht kann weder durch die Satzung noch durch die Geschäftsordnung für den Aufsichtsrat erleichtert oder verschärft werden.[14]

14 **Vertrauliche Angaben** gehen über den Bereich der Geschäfts- und Betriebsgeheimnisse hinaus[15] und umfassen insbesondere auch vertrauliche Beratungen im

---

8 *Spindler* in MünchKomm AktG[4] § 93 Rz 119; *Mertens/Cahn* in KölnKomm[3] § 116 Rz 47.

9 *Gruber/Auer*, GesRZ 2013, 173, 180; *Mertens/Cahn* in KölnKomm zum AktG3 § 116 Rz 46; strenger noch Vorauflage § 19 Rz 11.

10 *Lutter*, Information und Vertraulichkeit im Aufsichtsrat[3] 43, 49; *Mertens/Cahn* in KölnKommAktG[3], § 90 Rz 14.

11 *Sina*, NJW 1990, 1016.

12 *Nowotny* in Doralt/Nowotny/Kalss, AktG[2] § 84 Rz 12.

13 *Kalss* in Doralt/Nowotny/Kalss, AktG[2] § 99 Rz 23; *Kalss*, GesRZ 2010, 141; *Gruber/Auer*, GesRZ 2013, 173, 177; *Kalss* in Studiengesellschaft für Wirtschaft und Recht, Geheimnisschutz-Datenschutz-Informationsschutz 245.

14 *Kalss* in Doralt/Nowotny/Kalss, AktG[2] § 99 Rz 23; *Kastner/Doralt/Nowotny*, Gesellschaftsrecht[5] (1990) 263; *Lutter*, Information und Vertraulichkeit im Aufsichtsrat[3] Rz 5.

15 *Kalss* in Kalss/Nowotny/Schauer, Österreichisches Gesellschaftsrecht Rz 3/571; *Lutter*, Information und Vertraulichkeit im Aufsichtsrat[3] Rz 172; *Hoffmann*, Due Diligence 146; *Kalss*

Personalbereich, über schwebende Vertragsverhandlungen, über den Forschungsstand im Technologiebereich, über die Produktionsplanung und über die allgemeine strategische Unternehmensplanung.[16] Unter einem von § 84 Abs 1 AktG geschützten Geheimnis ist jede relativ unbekannte, dh nicht öffentlich bekannte Tatsache zu verstehen, deren Weitergabe oder Veröffentlichung einen Schaden für die Gesellschaft verursachen würde. Zugleich muss ein Zusammenhang zur Gesellschaft bestehen. Relativ unbekannt bedeutet, dass die betreffende Information nur einem begrenzten Personenkreis bekannt sein darf. Um als vertrauliche Information der Gesellschaft klassifiziert werden zu können und damit unter den Schutzbereich der Verschwiegenheitspflicht zu fallen, muss die Tatsache dem Aufsichtsratsmitglied im Rahmen seiner **Organfunktion** bekannt geworden sein. Sonst zufällig erlangtes Wissen schadet nicht. Dabei ist ein strenger Abgrenzungsmaßstab anzulegen.[17] Nicht nur die geheimzuhaltende Information selbst, sondern die das Geheimnis bildenden Tatsachen und Beziehungen zum Unternehmen sind zu schützen. Vertrauliche Informationen sind alle Informationen, deren Nichterörterung im Unternehmensinteresse der Gesellschaft liegt. In diese Kategorien fallen nicht nur objektive Daten, sondern auch subjektive Ansichten und Meinungen, die von einem Aufsichtsratsmitglied über die Lage des Unternehmens oder eines bestimmten Geschäftsvorfalls getätigt werden.[18] Beispiele für subjektive Meinungen sind etwa die Einschätzung des Vorstandssprechers oder des Vorsitzenden des Aufsichtsrats einer Bank über einen Großkunden[19] oder des Aufsichtsratsvorsitzenden einer Muttergesellschaft über die wirtschaftliche Lage eines maßgeblichen Tochter- oder sonstigen Beteiligungsunternehmens.

Öffentlich bekannte Informationen, dh Informationen, die von der Gesell- **15**
schaft bereits veröffentlicht wurden, oder Daten, zu denen jedermann Zugang hat, sind nicht geschützt. Sie werden daher von der Verschwiegenheitspflicht nicht erfasst. Nicht unbedingt erforderlich ist es, dass in den Medien über diese Tatsachen berichtet wurde. Es genügt, dass die Information auf andere Art und Weise zumindest der Bereichsöffentlichkeit, dh einer interessierten Gruppe, die typischerweise die Information erlangt,[20] dh den relevanten Marktteilnehmern, zugänglich gemacht wurde. Die Veröffentlichung von Informationen als Gerücht entbindet die Aufsichtsratsmitglieder nicht von ihrer Verschwiegenheitspflicht.[21]

Ende des Amtes: Die Verschwiegenheitspflicht der Organmitglieder endet – **16**
anders als nach dem UWG und überwiegend für das Arbeitsrecht vertreten[22] –

---

in Studiengesellschaft für Wirtschaft und Recht, Geheimnisschutz-Datenschutz-Informationsschutz 240.

16 *Gruber/Auer,* GesRZ 2013, 173, 177; *Semler* in Münchener Kommentar zum AktG² § 116 Rz 401; *Lutter*, Information und Vertraulichkeit im Aufsichtsrat³ Rz 145.

17 *Kalss* in Doralt/Nowotny/Kalss, AktG² § 99 Rz 23; *Kalss* in Studiengesellschaft für Wirtschaft und Recht, Geheimnisschutz-Datenschutz-Informationsschutz 241.

18 *Lutter*, Information und Vertraulichkeit im Aufsichtsrat³ Rz 171; *Kalss* in Studiengesellschaft für Wirtschaft und Recht, Geheimnisschutz-Datenschutz-Informationsschutz 241.

19 BGH ZIP 2006, 317 (*Kirch*); *Fleischer*, NJW 2006, 32, 42; *Hellgardt*, WM 32/2006, 1514 ff.

20 *Kalss/Oppitz/Zollner*, Kapitalmarktrecht² § 21 Rz25.

21 *Kalss* in Studiengesellschaft für Wirtschaft und Recht, Geheimnisschutz-Datenschutz-Informationsschutz 242; *Kittel*, Handbuch für Aufsichtsratsmitglieder 120.

22 *Marhold/Friedrich*, Österreichisches Arbeitsrecht 106; OGH 5.7.2001, ASoK 2002, 57.

nicht mit dem **Ende des Amts**. Dies folgt aus der nachwirkenden Treuepflicht aus dem Mandatsverhältnis.[23] Das Aufsichtsratsmitglied ist berechtigt, die für seine Tätigkeit relevanten Unterlagen jedenfalls als **Kopie** zu behalten. Für das Ausscheiden aus dem Amt soll eine Regelung (etwa in der GO) getroffen werden.

17 **Da die Beratungen des Aufsichtsrats** vertraulich sind, sind sie dem **Auskunftsrecht der Aktionäre** in der Hauptversammlung grundsätzlich nicht zugänglich.[24] Als Beispiele mögen etwa ein Beschluss des Aufsichtsrats über die Abwägungen für die Zustimmung zu einem Vertrag zwischen der Gesellschaft und einem Aufsichtsratsmitglied gem § 95 Abs 5 Z 12 AktG oder der Grund für die Ablehnung der Bestellung einer bestimmten Person als Vorstandsmitglied dienen, ebenso die Liste möglicher Kandidaten für eine Vorstandsposition.

18 **Allgemeine Geltung**: Alle Aufsichtsratsmitglieder unterliegen der Verschwiegenheitsverpflichtung, unabhängig davon, ob sie Kapital- oder Arbeitnehmervertreter sind. Grundsätzlich ist davon **auszugehen, dass auch Arbeitnehmervertreter** im Aufsichtsrat nicht berechtigt sind, dem entsendenden Organ (zB Betriebsrat) vertrauliche Informationen zu übermitteln, die sie im Zuge ihrer Aufsichtsratstätigkeit erfahren haben:[25] Sie sind den **Kapitalvertretern gleichgestellt** und unterliegen wie die Kapitalvertreter der Verschwiegenheitspflicht gem § 99 iVm § 84 Satz 2 AktG (vgl *Gahleitner* Rz 10/60 ff). Gem § 110 Abs 3 ArbVG gilt die besondere Verschwiegenheitspflicht der Aufsichtsratsmitglieder (§ 99 iVm § 84 Satz 2 AktG) ohne jede Einschränkung auch für die als Arbeitnehmervertreter in den Aufsichtsrat entsandten Betriebsratsmitglieder.[26] Grundsätzlich sind keine Durchbrechungen zugunsten der Arbeitnehmervertreter anzuerkennen.[27] Arbeitnehmervertreter sind aber berechtigt, im Rahmen des Informationsanspruchs gem § 108 und § 109 ArbVG (wirtschaftliche Interventions- und Beratungsrechte; Mitwirkung bei Betriebsänderung), zu berichten; darüber sind sie dem entsendenden Betriebsratsgremium gegenüber nicht zur Verschwiegenheit verpflichtet.[28]

19 Die Frage der **Reichweite** der **zulässigen Informationsweitergabe** einzelner Aufsichtsratsmitglieder ist nicht speziell für Arbeitnehmervertreter, sondern allgemein für alle Mitglieder des Aufsichtsrats zu lösen, für die das Gesetz ausdrücklich oder implizit eine spezielle Interessenwahrung zugunsten bestimmter Personen oder Einrichtungen anerkennt (vgl Rz 44 ff).

---

23 *Kalss* in Doralt/Nowotny/Kalss, AktG² § 99 Rz 36; *Kalss* in Studiengesellschaft für Wirtschaft und Recht, Geheimnisschutz-Datenschutz-Informationsschutz 245; *Lutter/Krieger/Verse*, Rechte und Pflichten des Aufsichtsrats⁶ Rz 285.

24 OLG Stuttgart, AG 1995, 234; *Decher* in Großkommentar zum Aktiengesetz⁴ § 131 Rz 191; *Kubis* in Münchener Kommentar zum AktG³ § 131 Rz 192; *Vetter*, NZG 2009, 561, 565.

25 Vgl *Kalss* in Doralt/Nowotny/Kalss, AktG § 99 Rz 22; *Marhold*, Aufsichtsratstätigkeit und Belegschaftsvertretung 191; *Lutter*, Information und Vertraulichkeit im Aufsichtsrat³ 235.

26 Vgl RV-301 BlgNR 10. GP 70 (AktG 1965); abgedruckt in *Kalss/Burger/Eckert*, Die Entwicklung des österreichischen Aktienrechts 671 ff; *Schneller/Preiss* in Gahleitner/Mosler, ArbVG5 § 110 Rz 57. Dafür spricht auch die Regelung von § 250 ArbVG für die SE.

27 *Marhold*, Aufsichtsratstätigkeit und Belegschaftsvertretung 209 ff; aA noch *Cerny*, Die Verschwiegenheitspflicht der Betriebsratsmitglieder, RdA 1968, 73 ff; *Floretta* in ArbVG 778 f: sofern die Interessenvertretungsaufgaben die aktienrechtlichen Pflichten überwiegen.

28 Vgl *Kalss* in Doralt/Nowotny/Kalss, AktG § 99 Rz 22; *Koppensteiner/Rüffler*, GmbHG³ § 33 Rz 2; *Schneller/Preiss* in Gahleitner/Mosler, ArbVG⁵ § 110 Rz 57.

C. Rechtsfolgen

Strafrecht: Die Verletzung der Verschwiegenheitspflicht unterliegt nach geltendem Recht keiner aktienrechtlichen Strafandrohung. Die vorsätzliche Verwertung von Geschäfts- und Betriebsgeheimnissen zu Zwecken des Wettbewerbs ist gem § 11 UWG strafbewährt. § 123 StGB unterwirft die Auskundschaftung von Geschäfts- und Betriebsgeheimnissen einer Strafandrohung, nicht aber die schlichte Weitergabe der Geheimnisse.[29] 20

Zivilrecht – Schadenersatz: Erleidet die Gesellschaft wegen der Informationsweitergabe einen Schaden, so hat die Gesellschaft bei Vorliegen der zivilrechtlichen Voraussetzungen einen Ersatzanspruch. Darin liegt die bedeutendste Sanktion gegenüber der Gesellschaft.[30] Zu den haftungsrechtlichen Folgen (vgl *Schauer* Rz 45/42). 21

Abberufung: Aufsichtsratsmitglieder, die die gesellschaftsrechtliche Verschwiegenheitspflicht verletzen, setzen einen wichtigen Grund zur vorzeitigen Abberufung, es kann somit das Recht gem § 87 Abs 10 AktG sowie § 30b Abs 5 GmbHG greifen, wonach eine 10%-ige Minderheit bei Gericht die Abberufung beantragen kann. Selbstredend kann die Hauptversammlung das Aufsichtsratsmitglied mit qualifizierter Mehrheit abberufen. Für die Abberufung eines Aufsichtsratsmitglieds einer Aktiengesellschaft durch die Hauptversammlung bedarf es aber generell keines wichtigen Grundes, es genügt die qualifizierte Stimmenmehrheit (vgl *M Doralt* Rz 8/150). 22

IV. Zulässige Weitergabe der Information

A. Unternehmensinteresse

Die Verschwiegenheitspflicht wirkt **nicht absolut**,[31] in bestimmten Ausnahmesituationen ist die Weitergabe zulässig. 23

Beratungen und Abstimmungen im Aufsichtsrat müssen ein hohes Maß an Vertraulichkeit genießen, da andernfalls die Gefahr besteht, dass die Entscheidungsautonomie jedes einzelnen Aufsichtsratsmitglieds durch den Einfluss Dritter untergraben wird.[32] Allein in außergewöhnlichen Situationen, wenn der Gesellschaft ein **schwerer Schaden** droht, ist es zulässig, Informationen über Beratungen und Abstimmungen weiterzugeben.[33] Nur so kann die Arbeits- und Entscheidungsfähigkeit des Aufsichtsrats gewährleistet werden. 24

Informationen über die **Unternehmensplanung** und die Unternehmensstrategie stammen vom Vorstand und dürfen von den Aufsichtsratsmitgliedern grund- 25

---

29 *Lewisch* in Wiener Kommentar zum StGB² 30. Lieferung § 123 Rz 6.

30 *Nowotny* in Doralt/Nowotny/Kalss, AktG² § 84 Rz 19; *Kalss* in Doralt/Nowotny/Kalss, AktG² § 99 Rz 38.

31 *Nowotny* in Doralt/Nowotny/Kalss, AktG² § 84 Rz 15; *Koch/Hüffer*, AktG¹¹ § 93 Rz 31 ff; *Kalss*, GesRZ 2010, 137 ff, 140; *Gruber/Auer,* GesRZ 2013, 173, 111.

32 *Lutter*, Information und Vertraulichkeit im Aufsichtsrat³ Rz 496; *Hopt/Roth* in GroßKomm AktG⁴ § 116 Rz 251; *Veil*, ZHR 2008, 239, 246.

33 *Veil,* ZHR 2008, 246.

sätzlich ebenfalls nicht weitergegeben werden. Allein in ganz bestimmten Situationen und unter bestimmten Voraussetzungen dürfen derartige Informationen Dritten zugänglich gemacht werden,[34] nämlich wenn die **Gesellschaft** an einem **selektiven Informationsfluss ein Interesse** hat, dh die Informationsweitergabe muss im Unternehmensinteresse liegen; zudem muss ein funktionaler Zusammenhang mit dem Aufsichtsrat bestehen.

26 **Bei der Konkretisierung des funktionalen Zuschnitts** geht es nicht allein um eine inhaltliche Abgrenzung, sondern insbesondere auch um den Aggregationsgrad einer Information, inwieweit hier einzelne, ganz präzise und konkrete Informationen weitergegeben werden oder nur allgemeiner gehaltene Informationen.[35] Jedenfalls ist bei jeder Informationsweitergabe eine funktionale Bezugnahme auf den jeweiligen Rechtfertigungsgrund, somit die Konzernleitung einerseits, die Ausübung der gesetzlich anerkannten Eigentümerrechte, etwa bezogen auf die Verwaltung von Syndikatsverträgen oder die Wahrung des öffentlichen Interesses bei der Ausübung der Eigentümerrechte der öffentlichen Hand, zu berücksichtigen.[36]

27 **Entscheidung über Weitergabe**: Die Entscheidung, ob ein Aufsichtsratsmitglied die Informationen an ein Nichtmitglied, somit eine Person außerhalb des Aufsichtsrats weitergibt, obliegt dem **einzelnen Aufsichtsratsmitglied**.[37] Ebenso entscheidet das Aufsichtsratsmitglied selbst, ob er – über § 321 ZPO hinaus – in einem Zivilverfahren vertrauliche Informationen offenlegt.[38]

B. Unterstützung der Aufsichtsratstätigkeit

28 **Ausnahmesituationen**: Das Aufsichtsratsamt ist höchstpersönlich (vgl dazu *Kalss* Rz 3/37 ff); dennoch ist es notwendig und zulässig, dass der Aufsichtsrat oder das Aufsichtsratsmitglied einzelne Informationen zur Vorbereitung, Nachbereitung oder allgemein Ausübung des Aufsichtsratsamts weitergibt. Dies kann Routine oder ein einmaliger Vorgang sein. Nunmehr ist zu prüfen, ob und unter welchen Voraussetzungen die Information weitergegeben werden darf.

29 **Sekretariat – Fachliche Assistenten**: Aufsichtsratsmitglieder, insbesondere der Aufsichtsratsvorsitzende und sein Stellvertreter sind berechtigt, neben organisatorischer Hilfe (Sekretariat) auch fachliche Assistenz heranzuziehen, die Informationen aufbereiten und auswerten sowie Berichte prüfen, plausibilisieren und erstellen[39] (vgl *Kalss* Rz 3/44 ff). Zu diesem Zweck ist auch die Weitergabe der dafür erforderlichen Information zulässig. Aufsichtsratsmitglieder dürfen daher **Assistentinnen**, Sekretäre und sonstige Mitarbeiter beiziehen, um sich für die Aufsichtstätigkeit entsprechend vorzubereiten und ihnen dafür auch die Informa-

---

[34] *Lutter*, Information und Vertraulichkeit im Aufsichtsrat³ Rz 515.

[35] *Kalss*, Der Konzern 2013, 305.

[36] *Kalss*, Der Konzern 2013, 305; *Spindler/Jansen-Ischebeck* in Fleischer/Kalss/Vogt, Divergenzen und Konvergenzen im Gesellschafts- und Kapitalmarktrecht (2010) 147 ff.

[37] *I Welser* in FS Jud 745, 758; ferner *Wilsing/Von der Linden*, ZHR 178 (2014) 419 ff; *Kalss* in MünchKomm4 § 116 Rz 97.

[38] *I Welser* in FS Jud 745, 764.

[39] S nur *Temmel* in Feiler/Raschhofer, Innovation und Internationales Recht 901, 906 ff; *Drinhausen/Marsch-Barner*, AG 2014, 350; *Börsig/Löbbe* in FS Hoffmann-Becking 125, 146.

tion weitergeben. Die Mitarbeiter sind einer vertraglichen Verschwiegenheitsverpflichtung zu unterstellen.

Abschlussprüfer: Die Verschwiegenheitspflicht besteht gegenüber dem **Abschlussprüfer** im Umfang seines aus § 272 Abs 2 UGB folgenden Informationsrechts und generell nicht, wenn die Information für seine Prüfungstätigkeit notwendig ist. Diese unterliegen einer standesrechtlichen und aus dem Mandatsverhältnis entspringenden Vertraulichkeitsverpflichtung. 30

Berater: Grundsätzlich ist die Informationsweitergabe an Berater zulässig, wenn diese gerade im Interesse der Gesellschaft liegt. Bei Einschaltung von **Beratern**, die ihrerseits zur Berufsverschwiegenheit verpflichtet sind,[40] ist die Vertraulichkeit jedenfalls gewahrt, sonst bedarf es wiederum der vertraglichen Verpflichtung. 31

Kaufwillige Interessenten: Die Weitergabeberechtigung kann zum Teil noch weitergehen, insbesondere an außenstehende Dritte, die am Erwerb der Gesellschaft oder Teilen der Gesellschaft bzw Anteilen interessiert (Due Diligence) sind.[41] Diese sind jedenfalls auch besonderen Verschwiegenheitspflichten zu unterwerfen. Die Kaufinteressenten haben keine organschaftliche und mitgliedschaftliche Bindung, sodass es jedenfalls einer vertraglichen Absicherung bedarf. 32

Aktionäre: An künftige Mitglieder können bereits bestimmte Informationen unter Wahrung der Geheimhaltung weitergegeben werden (vgl *Kalss/Schimka* Rz 2/95). Zur Weitergabe an Aktionäre (vgl Rz 44). 33

C. Konzern – Weitergaberecht

Die Verschwiegenheitspflicht der Aufsichtsratsmitglieder auch gegenüber **bestimmten Aktionären gelockert**. Abgesehen von der Entsendung einzelner Mitglieder (Drittel oder Hälfte der Kapitalvertreter) anerkennt das Gesetz in § 86 Abs 3 AktG und § 30c GmbHG mit der **Konzern- oder Beteiligungsklausel** von 20% und den erhöhten personellen Mandatsgrenzen ausdrücklich eine privilegierte Interessenvertretung der Aufsichtsratsmitglieder zu Gunsten der entsendenden oder nominierenden Rechtsträger.[42] Dies bedeutet aber umgekehrt nicht, dass sie allein deswegen den entsendenden oder nominierenden Rechtsträgern alle vertraulichen Informationen übermitteln dürfen.[43] 34

Eine Weitergabe der Information eines Aufsichtsratsmitglieds an einen Aktionär ist zulässig, wenn der Aktionär die **herrschende Muttergesellschaft** ist. Soweit es zur **Wahrnehmung der Konzernleitung erforderlich** ist, kann ein Aufsichtsratsmitglied ebenso wie der Vorstand der betroffenen beherrschten Gesellschaft[44] dem Vorstand der Konzerngesellschaft Geschäftsgeheimnisse und ver- 35

---

40 *Kalss* in Doralt/Nowotny/Kalss, AktG² § 99 Rz 25; *Gruber/Auer*, GesRZ 2013, 173, 177; *Nowotny* in Doralt/Nowotny/Kalss, AktG² § 84 Rz 15; *Koch/Hüffer*, AktG¹¹ § 93 Rz 31.

41 *Hasenauer*, Due Diligence – Praxisleitfaden für Transaktionen 90 ff.

42 *Nowotny*, RdW 1999, 283, 286; *Kalss* in Doralt/Nowotny/Kalss, AktG² § 86 Rz 77, § 99 Rz 24 ff.

43 *Kalss* in Doralt/Nowotny/Kalss, AktG² § 99 Rz 27; *Habersack* in MünchKomm AktG⁴ § 116 Rz 55; *Kalss*, GesRZ 2010, 141.

44 *Kalss*, GesRZ 2010, 140; *Kalss* in Kalss/Nowotny/Schauer, Österreichisches Gesellschafts-

trauliche Angaben übermitteln.[45] Zulässig ist die Weitergabe daher zu Zwecken der Konzernleitung, etwa zur **Sicherung der Konzernüberwachung,** zur **Herstellung der konzernmäßigen Aufgaben- und Arbeitsteilung,** zur **Ausübung von besonderen Mitgliedschaftsrechten** (vgl Rz 44).[46] Das Auskunfts- oder Informationsweitergaberecht hat nicht nur der Vorstand, sondern auch der Aufsichtsrat bzw dessen Mitglieder.[47]

36 Ganz überwiegend wird die Weitergabe der Information an die **konzernleitende Gesellschaft**, somit die Mehrheitsgesellschafterin, als eine zulässige Weitergabe der Information im Rahmen der Konzernführung gesehen und wird daher die Weitergabe und der Austausch von **Information im erforderlichen Ausmaß** als zulässig angesehen.[48] Die Informationsweitergabe, die die berechtigte **Konzernkoordinierung** ermöglicht, liegt daher im Interesse der Gesellschaft und daher ist die Informationsweitergabe zulässig.[49] Die Konzernleitung stellt einen sachlichen Grund für eine ungleiche Informationsweitergabe dar.[50] Damit wird der **Konzern** faktisch zur **Informationseinheit**. Ob tatsächlich weitergegeben wird, entscheidet jeweils die Einrichtung oder die Person, die die Information weitergibt, somit der Vorstand als Organ oder ein einzelnes Vorstandsmitglied oder das Aufsichtsratsmitglied.[51]

37 **Mündliche-schriftliche Information**: Bei der Informationsweitergabe ist kein Unterschied zu machen, ob es sich um eine **mündliche** oder **schriftliche** Information handelt. Die Weitergabe von Berichten und sonstigen schriftlichen Unterlagen ist naheliegend, kann doch nur auf diese Weise die Kontinuität für die **Konzernleitung** gesichert werden.[52] Schriftliche Unterlagen, wie etwa Berichte – aber auch Aufsichtsratsprotokolle – können daher an die herrschende Konzerngesellschaft weitergegeben werden, wenn diese Unterlagen im funktionalen Zusammenhang mit der Konzernleitung stehen und soweit die Herausgabe der Unterlagen in Einklang mit dem Unternehmenswohl steht und der betroffenen Gesellschaft kein Nachteil zugefügt wird.[53]

---

recht Rz 3/936; *Doralt/Diregger* in MünchKomm AktG Bd. 5[4] Österr KonzernR Rz 46 und 69 ff.

45 *Kalss* in Doralt/Nowotny/Kalss, AktG[2] § 99 Rz 26; *Kalss*, GesRZ 2010, 141; *Lutter*, Information und Vertraulichkeit im Aufsichtsrat[3] (2006) Rz 475 ff; *Drygala* in Schmidt/Lutter, AktG[3] § 116 Rz 37; *Hopt* in Roth, Großkommentar zum AktG[4] § 116 Rz 273 ff; *Marsch-Barner* in Semler/von Schenck, Arbeitshandbuch für Aufsichtsratsmitglieder[4] § 13 Rz 37 ff.

46 Vgl *Schneider* in FS Wiedemann 1263 ff; ferner *Assmann* in Assmann/Schneider, WpHG[6] § 14 Rz 94 f.

47 *Kalss*, GesRZ 2010, 141; *Hopt/Roth* in GroßKomm AktG[4] § 116 Rz 274.

48 *Kalss*, GesRZ 2010, 137, 140 ff; *Kalss* in Kalss/Kunz, Handbuch für den Aufsichtsrat § 19 Rz 28 ff; *C Nowotny* in Doralt/Nowotny/Kalss, AktG[2] § 84 Rz 15.

49 *Kalss*, Aufsichtsratsmitglied im Konzern – Überlegungen zum österreichischen Recht, Der Konzern 2013, 299, 303, 305; *I Welser* in FS Jud 745, 750, 760; *Lutter*, Information und Vertraulichkeit im Aufsichtsrat[3] 475 ff; zurückhaltend *U Torggler* in FS H Torggler 1215 ff.

50 *Kalss*, Der Konzern 2013, 305; *Doralt/Winner* in Doralt/Nowotny/Kalss, AktG[2] § 47a Rz 17 f.

51 *Kalss*, Der Konzern 2013, 305; *I Welser* in FS Jud 745, 756.

52 *Kalss*, GesRZ 2010, 145.

53 *Kalss*, GesRZ 2010, 145.

Eine schematisch gleichmäßige Information aller Aktionäre der betroffenen Gesellschaft ist nicht geboten, zumal die Informationsweitergabe zum Zweck der Konzernleitung vollzogen wird. Das **Gleichbehandlungsgebot** erlaubt und gebietet zugleich eine sachliche Differenzierung. Die **Konzernleitung** stellt einen **sachlichen Grund** dar, der eine **allfällige Ungleichbehandlung** rechtfertigt.[54] In dem Fall, in dem die Informationen des Aufsichtsrats in der beherrschten Gesellschaft in einem funktionellen Zusammenhang mit der von der herrschenden Gesellschaft ausgeübten Konzernleitung und Überwachung stehen, sind die einzelnen Mitglieder des Aufsichtsrats der beherrschten Gesellschaft von ihrer **Pflicht zur Verschwiegenheit** gegenüber der **herrschenden Muttergesellschaft** entbunden.[55] In einem derartigen Fall widerspricht die Weitergabe der Information dem Gleichbehandlungsgebot nicht. **38**

Die Informationsweitergabe darf auch **nicht dem Verbot der Nachteilszufügung** der Gesellschaft widersprechen,[56] dh die Informationen dürfen etwa nicht zu Konkurrenzproblemen führen. **39**

Die Herausgabe von Informationen und Unterlagen an die herrschende Gesellschaft bedeutet, dass der **Vorstand** als **Vertretungsorgan der herrschenden Gesellschaft** diese Unterlagen erhält. Er hat sie im Rahmen seiner Leitungstätigkeit, die auch die Konzernleitung mitumfasst, zu verwenden. Naturgemäß kann der Vorstand nicht alle Tätigkeiten, die sich aus seiner Geschäftsleitung und damit einhergehend auch seiner **Konzernleitung** ergeben, tatsächlich selbst ausführen, vielmehr ist er berechtigt, unter seiner Verantwortung **geeignete Personen** mit konkreten **Einzelaufgaben zu betrauen**, etwa Mitarbeiter oder auch ganze Abteilungen. Dies ändert aber nichts an der Zuständigkeit und Verantwortlichkeit des Vorstands dafür. Ist die herrschende Gesellschaft eine Aktiengesellschaft hat der Vorstand die Information auch an den Aufsichtsrat zu geben; nicht aber an die Aktionäre. Hierfür gelten wieder die allgemeinen Kriterien. Ist die herrschende Gesellschaft eine GmbH oder eine Personengesellschaft, haben die Gesellschafter Anspruch auf die Information. **40**

D. Pflicht zur Informationsweitergabe

Von der Berechtigung, bestimmte Informationen weiterzugeben, ist die **Pflicht** zur Weitergabe zu unterscheiden. Der Vorstand der herrschenden Gesellschaft ist verpflichtet, den gesamten Konzern zu leiten und zu überwachen.[57] Ein wesentliches Element der Konzernleitung ist ein umfassendes **Dokumentations- und Berichtswesen**.[58] Der Vorstand der beherrschenden Gesellschaft ist berechtigt, Weisungen und Einflussnahmen in der beherrschten Gesellschaft vorzunehmen, **41**

---

54 *Doralt/Winner* in Doralt/Nowotny/Kalss, AktG² § 47a Rz 17 f; *Kalss*, GesRZ 2010, 141; *Kalss*, Der Konzern 2013, 305.

55 Ausdrücklich *Drygala* in Schmidt/Lutter, AktG³ § 116 Rz 37.

56 *Kalss* in Kalss/Nowotny/Schauer, Österreichisches Gesellschaftsrecht Rz 3/937 f.

57 OGH 23.11.1988, 7 Ob 700/88 SZ 61/260; *Kalss* in Kalss/Nowotny/Schauer, Österreichisches Gesellschaftsrecht Rz 3/934.

58 *Kalss* in Kalss/Nowotny/Schauer, Österreichisches Gesellschaftsrecht Rz 3/934; *Doralt/Diregger* in Münchener Kommentar zum AktG Bd 5⁴ Österreichisches Konzernrecht Rz 54.

sofern dies im funktionalen Zusammenhang mit der Konzernleitung steht. Das Verlangen nach Information muss somit im funktionalen Zusammenhang mit der Konzernleitung stehen. Da der Vorstand Träger der Informationshoheit ist, ist er auch primärer Adressat der Informationsverpflichtung bzw -berechtigung.

42 Aus dem **Auskunftsanspruch** gem § 118 AktG, den Berichtspflichten des Vorstands, insbesondere aus den Auskunftspflichten für die **Rechnungslegung** gem § 247 Abs 3 UGB, hat jedes Tochterunternehmen an die beherrschende Muttergesellschaft ein allgemeines **Recht** der **Konzernmutter** auf **Information** gegenüber den **Tochtergesellschaften** abzuleiten, um in angemessener Weise die Konzernleitung auszuüben.[59] Der Konzern wird insofern zu einer **Wirkungseinheit**, die nicht nur wirtschaftlich, sondern bezogen auf die Information eine gemeinsame rechtliche Grenze gem § 84 Abs 1 Satz 2 AktG erhält. Nach außen hin ist Stillschweigen über alle Geheimnisse und vertrauliche Angaben jeder Konzerngesellschaft zu wahren.[60] Einhellig anerkannt ist, dass das Leitungsorgan der Muttergesellschaft von den Leitungsorganen (Vorstand, Geschäftsführer) der Tochterunternehmen Informationen verlangen kann. Fraglich ist hingegen, ob ein derartiges gesellschaftsrechtlich begründetes Informationsrecht des Vorstands der Muttergesellschaft auch gegenüber dem Aufsichtsrat bzw den einzelnen Aufsichtsratsmitgliedern begründet werden kann. Gesellschaftsrechtlich ist dies fraglich. Das Informationsbegehren richtet sich an das Leitungsorgan des Tochterunternehmens, somit an den Vorstand oder Geschäftsführer als vertretungsbefugtes Organ. Mit der Anerkennung des Vertragskonzerns im österreichischen Recht ist zugleich ein Weisungsrecht des Vorstands der Muttergesellschaft gegenüber dem Vorstand der Tochtergesellschaft anzuerkennen, wobei sich dieses Weisungsrecht nur an den Vorstand richtet.[61] Allerdings bestehen Ausnahmen. Ebenso wie beim Auskunftsrecht als solchem erscheint es wie bei der Auskunftsberechtigung lebensfremd, eine Auskunftspflicht bei Aufsichtsratsmitgliedern über Informationen, über die sie tatsächlich verfügen und die für die Konzernleitung funktional notwendig ist, völlig abzulehnen. Vorstellbar ist dies etwa für allgemeine für die Konzernleitung unbedingt erforderliche Informationen. Eine derartige Verpflichtung kann zwischen dem Konzernunternehmen und einem Aufsichtsratsmitglied auf schuldvertraglicher Ebene jedenfalls begründet werden (Rz 44).[62]

43 Ist die **beherrschte Gesellschaft** eine **GmbH**, ist die Durchsetzung einer Berichtspflicht bzw der Informationserlangung nach dem GmbHG zu beurteilen. Gem § 20 GmbHG ist die Generalversammlung berechtigt, Weisungen an den Geschäftsführer zu erteilen, um Informationen zu erlangen. Bei einem einzigen Gesellschafter ist dies umso leichter durchzusetzen. Bei einem dominierenden Ge-

---

[59] *Kalss*, GesRZ 2010, 140 ff; *Doralt/Diregger* in MünchKomm AktGBd 5[4] Österr KonzernR Rz 71; *Schröckenfuchs*, wbl 2003, 549 f; zurückhaltender *U Torggler* in FS H Torggler 1215 ff.

[60] *Kalss*, GesRZ 2010, 140; *Lutter*, Information und Vertraulichkeit im Aufsichtsrat[3] Rz 490; *Schneider/Schneider*, Vorstandshaftung im Konzern, AG 2005, 57, 60; *Hopt/Roth* in GroßKomm AktG[5] § 93 Rz 288.

[61] Vgl zum deutschen Recht: *Altmeppen* in MünchKomm AktG[4] § 308 Rz 85; *Koppensteiner* in KölnKomm AktG[3] § 308 Rz 74.

[62] *Kalss*, GesRZ 2010, 143 f.

sellschafter bedarf es zwar formal eines Gesellschafterbeschlusses. Dies ist aber nicht unbedingt erforderlich, um auf informeller Ebene die Information zu erlangen, was unter dem Gesichtspunkt der ungleichen Informationsweitergabe wegen der sachlichen Differenzierung zulässig ist. Jeder Gesellschafter hat darüber hinaus jedenfalls ein umfassendes und jederzeitiges Informationsrecht gegenüber der Geschäftsführung unabhängig von der Generalversammlung.

E. Weitergabe an bestimmte Aktionäre

Entsandte Mitglieder: Einzelne gem § 88 AktG **entsandte Aufsichtsratsmitglieder** sind aufgrund eines **Geschäftsbesorgungsvertrags**[63] berechtigt, die Interessen des Entsendungsberechtigten im Aufsichtsrat zu artikulieren, entsprechend zur Geltung zu bringen und den **Entsendungsberechtigten** zugleich auch darüber **zu informieren**.[64] Insbesondere gilt dies für Aufsichtsratsmandatare, die von der öffentlichen Hand entsandt werden. Zulässig ist es aber generell, zwischen dem entsendungsberechtigten Rechtsträger und dem **entsandten Aufsichtsratsmitglied** vertraglich wirksam zu vereinbaren, dass das entsandte Aufsichtsratsmitglied den betroffenen Aktionär von der Aufsichtsratssitzung und den maßgeblichen Vorgängen zu berichten hat (vgl *Kalss* Rz 9/61 ff).[65] Nur so ist das Aufsichtsratsmitglied überhaupt in der Lage, sein Amt auszuüben und die Interessen der entsendungsberechtigten Aktionäre zulässigerweise im Gremium – innerhalb der gesellschaftsrechtlich vorgegebenen Grenzen – vorzutragen. Grenze dafür ist neben dem Gebot der **Gleichbehandlung** das **Verbot der Nachteilszufügung** gegenüber der Gesellschaft. Diese Grenzen sind jedenfalls einzuhalten.[66] Die Weitergabepflicht darf – ebenso wie zum Konzern ausgeführt – nicht dem Gesellschaftsinteresse und damit zwingenden gesetzlichen Bestimmungen entgegenstehen.[67] Widrigenfalls sind derartige Vereinbarungen ungültig (vgl auch *Kalss* Rz 9/57).[68] 44

Nominierte Mitglieder: Anerkennt man eine derartige vertragliche Vereinbarung bei entsandten Mitgliedern durch eine explizite oder **schlüssig** abgeschlossene Vereinbarung, so ist diese Gestaltung parallel auch auf Aufsichtsratsmandatare zu übertragen, die zwar nicht aktienrechtlich formal gem § 88 AktG entsandt werden, sondern die ihr Mandat aufgrund einer syndikatsvertraglichen oder einer **informellen Nominierung** des nominierenden Rechtsträgers ausüben.[69] 45

---

[63] *Schima* in FS Krejci 825, 840; *Kalss*, GesRZ 2010, 143; *Nowotny*, RdW 1999, 286; *Strasser* in *Jabornegg/Strasser*, AktG II[5] §89 Rz 1; *U Torggler* in FS H Torggler 1215 ff; ferner *Mertens/Cahn* in Kölner Kommentar zum AktG[3] § 101 Rz 72; *Riss*, Doppelorganschaft und Treuepflichten 13.

[64] *Schima* in FS Krejci 825, 840; *Nowotny*, RdW 1999, 287,

[65] *Schima* in FS Krejci 840 f; *Kalss*, GesRZ 2010, 137, 143; *U Torggler* in FS H Torggler 1215, 1222.

[66] *Kalss*, GesRZ 2010, 143.

[67] *Schima* in FS Krejci 840; *Nowotny*, RdW 1999, 286; *Kalss* in Doralt/Nowotny/Kalss, AktG[2] § 88 Rz 27 f.

[68] *Kalss* in Doralt/Nowotny/Kalss, AktG[2] § 88 Rz 28; *Schima* in FS Krejci 825, 839; *Aicher* in Funk, Besorgung öffentlicher Aufträge durch Privatrechtsobjekte 191, 282.

[69] *Kalss*, GesRZ 2010, 144; deutlich zurückhaltender und aA U Torggler in FS H Torggler 1215, 1222.

46 Eine derartige **Vereinbarung** kann anlässlich der Übernahme eines **Aufsichtratsmandats** getroffen werden. Sie kann aber, insbesondere in einem Konzern oder bei öffentlich-rechtlichen Rechtsträgern, auch bereits Teil der **allgemeinen Dienstpflichten** sein, die sich insbesondere aus der Mandatsübernahme ergeben bzw aktualisieren. Naturgemäß reichen eine **mündliche Vereinbarung** sowie die **implizite Vereinbarung** im Rahmen der allgemeinen Dienstpflichten; aus Gründen der Einheitlichkeit und Vorhersehbarkeit für die Beteiligten kann es aber auch sinnvoll sein, diese Pflichten schriftlich niederzulegen.[70]

47 **Schuldrechtlich** kann daher eine **Pflicht begründet** werden, die an den **gesellschaftsrechtlichen Grenzen** zu messen ist. Im Lichte der Anerkennung des gesellschaftsrechtlichen Informationsweitergaberechts von Aufsichtsratsmitgliedern ist es zulässig, dass Aufsichtsratsmitglieder auf schuldrechtlicher Basis von ihrem Entsendungsberechtigten wirksam vertraglich verpflichtet werden, dem betroffenen Aktionär von der Aufsichtsratssitzung und den maßgeblichen Vorgängen unter Wahrung der Interessen der Gesellschaft und des Verbots der Nachteilszufügung zu berichten.[71] Werden die gesellschafts- und kapitalmarktrechtlichen Grenzen missachtet, so sind derartige Vereinbarungen ungültig (vgl *Kalss* Rz 9/67; Rz 9/57).[72]

48 **Oberste Leitschnur** der Entscheidung über die Informationsweitergabe ist die Verfolgung des **Unternehmensinteresses**. Allein die Verfolgung dieses Interesses rechtfertigt die Weitergabe, nicht das Vorliegen oder die Verfolgung bloßer Aktionärsinteressen.[73]

49 **Einzelfallbezogene Weitergabe**: Zulässig ist die Informationsweitergabe über Konzernkonstellationen (Beherrschung, einheitliche Leitung) hinaus auf **kontrollierende** oder dominierende Beteiligungen, wenn die selektive Information dieser Aktionäre klar im Unternehmensinteresse liegt, etwa für die Abklärung eines weiteren Engagements bei Kapitalmaßnahmen, bei Stimm- und Investitionsverhalten (*exit*), bei der Entlohnung des Aufsichtsrats[74] (vgl *Kalss* Rz 50/1 ff) und auch des Vorstands oder bei grundlegenden strategischen Entscheidungen, die auch die Gesellschafter unmittelbar berühren.

50 **Sondersituation**: Aufsichtsratsmitglieder dürfen daher in Sondersituationen, etwa bei Bieterprozessen oder im Rahmen einer Due Diligence-Prüfung (vgl Rz 32), die Information weitergeben, sofern die Weitergabe unumgänglich ist, um einen Schaden von der Gesellschaft abzuwenden, weil etwa ein auch für die Gesellschaft bedeutendes Geschäft sonst scheitern würde.[75]

---

[70] *Kalss*, GesRZ 2010, 144.

[71] *Kalss*, GesRZ 2010, 143 f; *Schima* in FS Krejci 840 f; *U Torggler* in FS H Torggler 1215, 1222.

[72] *Kalss* in Doralt/Nowotny/Kalss, AktG² § 88 Rz 28; *Kalss*, GesRZ 2010, 144; *Schima* in FS Krejci 839; *Doralt/Diregger* in MünchKomm AktG Bd 5⁴ Österr KonzernR Rz 45 f; *U Torggler* in FS H Torggler 1215, 1222.

[73] *Nowotny* in Doralt/Nowotny/Kalss, AktG² § 84 Rz 13; *Nowotny*, wbl 1998, 145, 149; *Kalss* in MünchKomm⁴ § 93 Rz 355.

[74] *Nowotny*, RdW 2014, 572, 573.

[75] Vgl (zum Vorstand) auch *Hoffmann*, Due Diligence 140 ff; *Nowotny*, wbl 1998, 145, 149; *Hüffer*, AktG¹¹ § 93 Rz 32; *Kalss* in MünchKomm⁴ § 93 Rz 355; *Rieder* in Althuber/Schop-

Weitergabe – Folgen: Erhalten daher Aktionäre oder GmbH-Gesellschafter oder sonstige Gesellschafter der Gesellschaft vertrauliche Informationen, so unterliegen sie kraft mitgliedschaftlicher Treuepflicht und aus der Sondersituation der Informationsweitergabe ihrerseits einer Verschwiegenheitspflicht gegenüber der Gesellschaft[76] und zudem somit einem Weitergabeverbot. Aus der **Treuepflicht** ist auch ein **Verwertungsverbot zu Lasten der Gesellschaft** abzuleiten.[77] Sinnvoll ist es in diesem Fall jedenfalls, die kraft mitgliedschaftlicher Treuepflicht aus der Sondersituation bestehende Verschwiegenheitspflicht auch vertraglich durch eine ausdrückliche Vereinbarung klarzustellen und festzuhalten und mit entsprechenden Sanktionen abzusichern (vgl *Kalss* Rz 9/66). 51

F. Kapitalmarktrechtliche Bestimmungen – börsenotierte Gesellschaften

1. Insiderrechtliches Weitergabeverbot gem § 48b Abs 1 BörseG

Bei **börsenotierten Gesellschaften** sind zusätzliche Überlegungen anzustellen.[78] Die Ausnahme vom Verbot der Weitergabe einer **Insiderinformation** hat ihre Grundlage im EU-Gemeinschaftsrecht. Art 3a der Insiderrichtlinie[79] sowie Art 8 Marktmissbrauchs-VO, die am 3. Juli 2016 in Kraft tritt, bestimmte, dass das Verbot nicht für die Weitergabe einer Insiderinformation durch eine Person in einem normalen Rahmen in Ausübung ihrer Arbeit oder ihres Berufs oder in Erfüllung ihrer Aufgaben gilt. Diese Regelung war Gegenstand des Urteils des EuGH vom 22.11.2005 in der Rechtssache *Grøngaard und Bang*.[80] Der EuGH hatte zu entscheiden, ob Art 3a der genannten Richtlinie es verbietet, dass ein Arbeitnehmervertreter eine Insiderinformation an die Organisation (im konkreten: eine Gewerkschaft) weitergibt, die ihn in das Unternehmensorgan gewählt hat. Der Gerichtshof legte die Ausnahme vom allgemeinen Verbot einer Weitergabe von Insiderinformationen im Interesse der praktischen Wirksamkeit eng aus.[81] Eine Ausnahme vom Verbot sei nur anzuerkennen, soweit 52

(i) ein **enger Zusammenhang** zwischen der Weitergabe und der Ausübung der Arbeit oder des Berufs der betreffenden Person oder der Erfüllung der Aufgaben der betreffenden Person besteht und

(ii) die Weitergabe für die Ausübung der Arbeit oder des Berufs der betreffenden Person oder für die **Erfüllung der Aufgaben** der betreffenden Person **unerlässlich** ist.[82]

---

per, Unternehmenskauf und Due Diligence 360 Rz 22, Rz 59, Rz 62; *Krieger/Sailer-Coceani* in Schmidt/Lutter, AktG[3] § 93 Rz 27; *Veil*, ZHR 2008, 247.

76 Ausdrücklich *Strohn*, Der Aufsichtsrat 2015/AR 0693585 unter Bezugnahme auf OVG Berlin-Brandenburg 28.1.2015 OVG 12132113.

77 Vgl dazu die Paralelle zum Insiderhandelsverbot.

78 *Kalss*, GesRZ 2010, 142 ff.

79 89/592 EWG.

80 EuGH 3.5.2001, Rs C-28/99, NJW 2006, 133.

81 EuGH 3.5.2001, Rs C-28/99, NJW 2006, 133, 134; ferner Generalanwalt *Bojares Maduro*, Beschlussanträge von 22.11.2005, Rs C-384/02, Slg 2005 I-9939 Rz 29.

82 EuGH 3.5.2001, Rs C-28/99, NJW 2006, 133, 134 Tz 34.

53 Abgesehen von der Sensibilität der Insiderinformation ist zu bedenken, dass jede zusätzliche Weitergabe naturgemäß die Gefahr vergrößern kann, dass die Insiderinformation tatsächlich ausgenutzt wird. Die für die Insiderinformation nach der Insider-RL 1989 entwickelten Grundsätze des EuGH sind auch für das geltende Recht nach der Marktmissbrauchsrichtlinie[83] gültig. Das Urteil des EuGH hat keinen Paradigmenwechsel in der Auslegung der ausnahmsweisen Weitergabeberechtigung herbeigeführt, sondern eine Akzentverschiebung,[84] die den engen Konnex zwischen Weitergabe und Aufgabenerfüllung und die unbedingte Notwendigkeit der Weitergabe betont.

54 **Weitergabeverbot**: § 48b Abs 1 Z 2 BörseG normiert für börsenotierte Gesellschaften das Verbot für die Weitergabe von Insiderinformationen. Gem § 48b BörseG ist es verboten, sich oder einem Dritten einen Vermögensvorteil zu verschaffen, indem Insiderinformationen, ohne dazu verhalten zu sein, einem Dritten zugänglich gemacht werden. Vorstandsmitglieder und Aufsichtsratsmitglieder sind Insider. Sie erlangen ihre Information aus der beruflichen und organbezogenen Tätigkeit.[85] Die börserechtliche Regelung über das Weitergabeverbot von Informationen gilt für Insiderinformationen, somit Informationen die, wären sie öffentlich bekannt, erheblich auf den Kurs der Finanzinstrumente auswirken, auf das sie sich beziehen.

55 **Berechtigung der Weitergabe**: Nach § 48a und § 48b BörseG darf die Information nicht weitergegeben werden, ohne dazu verhalten zu sein. Gemeint ist damit, dass die Information nicht unbefugt anderen zugänglich gemacht werden darf. Die Zugänglichkeit der Information erfüllt daher den Tatbestand von § 48b BörseG, wenn ein Insider sie unbefugt weitergibt. Befugt ist daher eine Weitergabe, wenn die Weitergabe der Information oder die Zugänglichmachung für die Ausübung der Tätigkeit unerlässlich ist und daher aufgaben-, tätigkeits- und berufsbedingt vorgenommen werden muss. Diese Unerlässlichkeit ist in Einklang mit dem EuGH nicht beliebig, sondern streng zu prüfen.[86]

56 Im Licht der EuGH-Judikatur und der Auslegung der entsprechenden börserechtlichen Bestimmung von § 48b BörseG ist die Weitergabe der Information somit zulässig, sofern die Mitteilung einer Insiderinformation eine gesetzliche **Pflicht** darstellt und daher eine aktienrechtliche oder sonstige gesetzliche Pflicht zu erfüllen ist.[87] Der Begriff der Pflicht umfasst auch die Berechtigung, die Information weiterzugeben.[88] Zu prüfen ist daher, ob eine aktienrechtliche oder sonstige rechtliche Verpflichtung oder zumindest **Berechtigung** zur Weitergabe besteht. Einfach vorstellbar ist dies etwa an einen beratenden Sachverständigen oder eine Rechtsanwältin.[89] Grundsätzlich dürfen Insiderinformationen nicht weitergegeben werden. Allein bei Bestehen einer aktienrechtlichen oder sonstigen Rechtspflicht

[83] RL 2003/6/EG.
[84] *Sethe*, ZBB 2006, 243, 250; *Veil*, ZHR 2008, 254; *Kalss*, GesRZ 2010, 142.
[85] *Kalss/Oppitz/Zollner*, Kapitalmarktrecht^2 Rz 21/15.
[86] EuGH, NJW 2006, 133, 134 Tz 34.
[87] *Kalss*, Anlegerinteressen 324; *Hoffmann*, Due Diligence 217; *Kalss* in Studiengesellschaft für Wirtschaft und Recht, Geheimnisschutz-Datenschutz-Informationsschutz 246.
[88] *Kalss*, GesRZ 2010, 142; *Kalss*, Anlegerinteressen 324.
[89] *Kalss/Oppitz/Zollner*, Kapitalmarktrecht^2 § 21 Rz 52; *Kalss*, Anlegerinteressen 310 ff.

oder Befugnis zur Weitergabe sind die Aufsichtsratsmitglieder dazu berechtigt.[90] Die börserechtliche Zulässigkeit orientiert sich daher an gesellschaftsrechtlichen Pflichten.

Ein Mitglied des Aufsichtsrats darf eine Insiderinformation an einen Aktionär oder einen Dritten nach der EuGH-Judikatur nur weitergeben, wenn dies für die **Ausübung** seines **Organamts** bzw für die Erfüllung seiner organschaftlichen Aufgaben **unerlässlich** ist.[91] Die vorhin genannten Fälle der Weitergabe sind unter diesem Raster zu prüfen und bei Vorliegen der Voraussetzungen daher grundsätzlich möglich. Bloße Zweckmäßigkeitserwägungen legitimieren den Informationsfluss nicht. Die Abwägung zwischen dem Interesse an der Geheimhaltung und dem Interesse an einer **selektiven Informationsweitergabe** ist unter dem Gesichtspunkt der Verhältnismäßigkeit vorzunehmen.[92] Im Ergebnis ist daher darauf abzustellen, ob die Informationsweitergabe notwendig ist, um dem Informanten, dh dem Aufsichtsratsmitglied, (nicht dem Informationsadressaten) die Ausübung von Beruf, Tätigkeit oder Aufgabe im üblichen Rahmen zu ermöglichen.[93] Je eher die weitergegebene Information geeignet ist, den Wert der Aktien zu beeinflussen, wie etwa eben sensible Insiderinformationen, umso weniger ist eine Weitergabe der Information im Rahmen der Ausübung des Organamts anzuerkennen, da der übliche Rahmen umso leichter überschritten ist. **57**

Beispiele: So ist jedenfalls bei der Weitergabe an den Mehrheitseigentümer die Zulässigkeit anzuerkennen. Sie steht mit dem insiderrechtlichen Weitergabeverbot gem § 48b BörseG in Einklang. Die Sicherung des Funktionierens der Gesellschaft und die Abstimmung mit dem Mehrheitseigentümer zur Gestaltung und möglichen Durchführung von Vorhaben der Gesellschaft, wie Kapitalerhöhungen, Änderung der Finanzierungsstruktur rechtfertigen die Weitergabe. Der Ausgleich unterschiedlicher Interessen mit dem Mehrheitseigentümer wird in diesem Fall stärker gewichtet als die Steigerung der Gefahr unbefugter Weitergabe und die Verhinderung der Chancengleichheit der Marktteilnehmer. Darauf zielt nämlich das insiderrechtliche Weitergabeverbot.[94] Das maßgebliche Schutzgut ist in diesem Fall die Sicherung des Funktionierens der Gesellschaft in Abstimmung mit dem Mehrheitsgesellschafter, der von Gesetzes wegen unterschiedliche Eigentümerinteressen wahrnehmen zu hat. Da dieses Schutzgut auch durch die Sicherung der Vertraulichkeit abgesichert wird,[95] so ist diese Weitergabe zulässig. Die Versicherung der Vertraulichkeit folgt einerseits vertraglichen Regelungen, andererseits vor allem bereits den verfassungsgesetzlichen und einfachgesetzlichen Vorgaben. **58**

90 *Kalss* in Münchener Kommentar zum AktG[4] § 93 Rz 356 (zu Vorstandsmitgliedern).

91 *Kalss*, GesRZ 2010, 142.

92 *Riss*, Doppelorganschaft und Treuepflichten 7 f; *Hopt* in Schimansky/Bunte/Lwowski, Bankrechtshandbuch[3] § 107 Rz 60; *Veil*, ZHR 2008, 256.

93 *Kalss*, GesRZ 2010, 142; *Kalss*, Anlegerinteressen 310 ff; *Assmann* in Assmann/Schneider, WpHG[6] § 14 Rz 89, 96 ff; *Lutter/Krieger/Verse*, Rechte und Pflichten des Aufsichtsrats[6] Rz 299.

94 *Kalss/Oppitz/Zollner*, Kapitalmarktrecht[2] Rz 21/41 ff; *Schwark/Kruse* in Schwark/Zimmer, Kapitalmarktgesetz[4] § 14 Rz 51.

95 *Ziemons*, AG 1999, 401; *Schwark/Kruse* in Schwark/Zimmer, Kapitalmarktgesetz[4] § 14 WpHG Rz 54.

2. Compliance-rechtliches Weitergabeverbot

59 Die Sicherung der Vertraulichkeit und des Insiderhandelsverbotes werden durch Compliance-Vorschriften abgesichert. Entsprechende Überwachungs- und Organisationsvorgaben sollen die ungeordnete Weitergabe von Insiderinformationen verhindern.[96] Gem § 3 Z 3 ECV haben Emittenten Vertraulichkeitsbereiche einzurichten, somit ständige oder vorübergehende Unternehmensbereiche, in denen Personen regelmäßig oder anlassbezogenen Zugang zu compliance-relevanten Informationen haben.

60 Gem § 6 Abs 2 ECV ist die Weitergabe von compliance-relevanten Informationen an unternehmensfremde Personen unter bestimmten Voraussetzungen zulässig. Unternehmensfremde Personen sind Personen, die weder in einem Arbeitsverhältnis zum Emittenten stehen, noch für diesen im Rahmen einer Vertragsbeziehung tätig sind. Die Weitergabe an unternehmensfremde Personen ist nur zulässig zu Unternehmenszwecken, wenn sie zu Unternehmenszwecken notwendig ist und sich auf den erforderlichen Umfang beschränkt, dh die Weitergabe folgt dem Prinzip *need to know*.[97]

61 Der Informationsfluss bezieht sich dabei auf das für die Aufgabenerfüllung erforderliche Maß. Darin zeigt sich wiederum der funktionale Bezug der Informationsweitergabe, der auch aktienrechtlich maßgeblich ist. Die Emittenten-Compliance-Verordnung steht daher inhaltlich mit dem Aktienrecht in Einklang.

62 Ausdrücklich sieht § 7 ECV vor, dass mit dem jeweiligen Informationsadressaten eine **Geheimhaltungs- und Vertraulichkeitsvereinbarung** abzuschließen ist. Neben dem Eigentümervertreter, der im Regelfall bereits der Geheimhaltungsverpflichtung kraft Gesetzes unterliegt, sind daher auch allfällige Mitarbeiter, die für **bestimmte Vorbereitungs**- und **Nachbereitungsarbeiten** zuständig sind, in eine Vereinbarung aufzunehmen und haben sich ihr zu unterwerfen.

V. Informationsregime zwischen Vorstand und Aufsichtsrat im Allgemeinen

A. Bring- und Holschulden

63 Nachdem vorstehend die Weitergabe der Information durch einzelne Aufsichtsratsmitglieder an bestimmte Dritte dargestellt wurde, ist an dieser Stelle zu klären, wie der Aufsichtsrat und dessen Mitglieder die Information überhaupt **erlangen**. Primärer Adressat der Informationsübermittlung ist der Vorstand.

64 Das **Informationsregime** zwischen Vorstand und Aufsichtsrat ist **mehrschichtig** aufgebaut. Es besteht aus einem System von **Bringschulden** des Vorstands und **Holschulden** des Aufsichtsrats.

65 **Ausgewogene Informationsversorgung**: Gem § 95 Abs 1 AktG liegt neben der Bestellungs- und Abberufungskompetenz des Vorstands die Hauptaufgabe des Aufsichtsrats darin, den Vorstand strategisch zu beraten und zu überwachen.[98] Für

---

96 *Kalss/Oppitz/Zollner*, Kapitalmarktrecht² Rz 23/1.

97 *Kalss/Oppitz/Zollner*, Kapitalmarktrecht² Rz 23/28.

98 *Kalss* in Doralt/Nowotny/Kalss, AktG² § 95 Rz 6 und 15 ff.

eine ordnungsgemäße Erfüllung dieser Pflicht haftet der Aufsichtsrat gem § 99 iVm § 84 AktG. Er ist damit für jeden Schaden verantwortlich, der bei Erfüllung seiner Verpflichtung hätte vermieden werden können. Daraus folgt, dass der Aufsichtsrat als Kontrollorgan grundsätzlich lückenlos von **sämtlichen Geschäftsvorfällen** Kenntnis erlangen muss, um der Kardinalpflicht der Überwachung des Vorstands ordnungsgemäß nachkommen zu können.[99] Der aktienrechtlichen **Eigenverantwortung** des Vorstands muss eine funktionierende und informierte **Kontrolle** gegenüberstehen, um Missbräuche und Fehlentscheidungen möglichst hintanzuhalten. Maßgebliches Instrument der strategischen Begleitung und Beratung ist die laufende und grundsätzlich vollständige Information des Aufsichtsrats durch den Vorstand. Dennoch sind im einzelnen enge Ausnahmen anzuerkennen (vgl Rz 72, Rz 91 ff).

B. Vorstandsberichte an den Aufsichtsrat

Das Gesetz sieht **mehrere Berichte** vor, die der Vorstand gegenüber dem Aufsichtsrat zu erstatten hat (vgl *Zollner* Rz 22/30 ff).[100] 66

- Gem § 81 AktG ist der Vorstand einer AG dem Aufsichtsrat gegenüber verpflichtet, mindestens einmal jährlich über grundsätzliche Fragen der zukünftigen Geschäftspolitik des Unternehmens zu berichten sowie die künftige Entwicklung der Vermögens-, Finanz- und Ertragslage anhand einer Vorschaurechnung darzustellen (**Jahresbericht**). Der Vorstand einer Muttergesellschaft hat auch auf die Tochterunternehmen einzugehen, soweit sich dies auf den Gesamtkonzern auswirkt.[101]
- Die Geschäftsleitung hat regelmäßig mindestens vierteljährlich über den Gang der Geschäfte und die Lage des Unternehmens im Vergleich zur Vorschaurechnung und Berücksichtigung der künftigen Entwicklung zu berichten (**Quartalsbericht**).
- Die Unternehmensleitung hat außerdem bei jedem wichtigen Anlass dem Vorsitzenden des Aufsichtsrats einen Bericht zu erstatten. Ferner hat er dem gesamten Aufsichtsrat über Umstände zu berichten, die für die Rentabilität oder Liquidität der Gesellschaft von erheblicher Bedeutung sind, unverzüglich zu berichten (**Sonderbericht**).
- Der Vorstand hat für Angelegenheiten, die der Genehmigung des Aufsichtsrats bedürfen, etwa für Angelegenheiten gem § 95 Abs 5 AktG einen Bericht zu erstatten, in dem er die Maßnahme (**Vorlagebericht** – vgl *Briem* Rz 12/65 ff) darstellt, erläutert und begründet (zB Erwerb und Veräußerung von Beteiligungen oder Unternehmen).
- Der Vorstand einer börsenotierten Gesellschaft hat zudem einen **Corporate Governance-Bericht** zu erstellen und gem § 243b UGB dem Aufsichtsrat vorzulegen.

---

99 *Strasser* in Jabornegg/Strasser, AktG⁴ §§ 95-97 Rz 11, § 84 Rz 89; *Kalss* in Münchener Kommentar zum AktG⁴ § 93 Rz 354; *Nowotny* in Doralt/Nowotny/Kalss, AktG² § 84 Rz 14.

100 S nur *Nowotny* in Doralt/Nowotny/Kalss, AktG² § 81 Rz 4 ff; *Strasser* in Jabornegg/Strasser, AktG II⁵ §84 Rz 3 ff; *Kalss* in Münchener Kommentar zum AktG⁴ § 90 Rz 67 ff.

101 *Kalss*, GesRZ 2010, 139.

- Darüber hinaus ist der Aufsichtsrat von sich aus jederzeit gem § 95 Abs 2 AktG berechtigt, vom Vorstand einen Bericht über die Angelegenheiten der Gesellschaft einschließlich ihrer Beziehungen zu einem Konzernunternehmen zu verlangen (**Anforderungsbericht**).
- Prüfbericht des Abschlussprüfers: Ergänzend zu den Berichten des Vorstands ist vom Abschlussprüfer der Prüfbericht zu erstellen, der Gegenstand, Art und Umfang, Feststellungen und Ergebnisse der unternehmensrechtlichen Pflichtprüfung schriftlich und klar verständlich darzustellen hat (vgl *Rödler/Milla/Köll* Rz 21/119 ff).

C. Gestaltung der Berichte

67 **Schriftlichkeit**: Grundsätzlich müssen die genannten Berichte schriftlich erstattet werden. Das Gesetz anerkennt aber für verschiedene Berichte eine besondere Sensibilität und die Notwendigkeit der Vertraulichkeit der enthaltenen Information. Für die Sonderberichte genügt daher Mündlichkeit. Damit sollen die Effizienz, die Raschheit, vor allem aber auch die Vertraulichkeit der Information sichergestellt werden (vgl *Zollner* Rz 22/27 ff).[102]

68 **Gewissenhafte Rechenschaft**: Jeder Bericht des Vorstands an den Aufsichtsrat oder dessen Vorsitzenden hat den Grundsätzen einer gewissenhaften und getreuen Rechenschaft zu entsprechen.[103] Die UGB-rechtlichen Wertungen sind auch auf das gesellschaftsinterne Berichtswesen zu übertragen. Da ein gesellschaftsinterner Informationsfluss vorliegt, ist die Berichtspflicht des Vorstands umfassend und grundsätzlich durch keine Schutzklausel, wie sie etwa § 118 Abs 3 AktG gegenüber Aktionären vorsieht, beschränkt.[104] Naturgemäß darf der Vorstand seinem Aufsichtsrat keine Unwahrheiten übermitteln und diesen damit über die wirtschaftliche Lage des Unternehmens in die Irre führen. Abgesehen von dem Grundsatz der wahren, vollständigen und nicht irreführenden Berichterstattung und Informationspflicht[105] folgt dies aus den allgemeinen Grundsätzen ordentlicher und gewissenhafter Unternehmensführung gem § 84 Abs 1 AktG und entspricht dem dem Aktiengesetz immanenten Gedanken einer effizienten Zusammenarbeit von Geschäftsführungs- und Kontrollorgan.

69 **Die Vorbereitungs- und Entscheidungshoheit** über die Art der Tätigkeit des Aufsichtsrats liegt beim Aufsichtsrat, insbesondere beim Aufsichtsratsvorsitzenden.[106] Daher ist es auch die Zuständigkeit des Aufsichtsrates gegeben, wie er

---

[102] *Kalss* in Münchener Kommentar zum AktG⁴ § 90 Rz 80; *Nowotny* in Doralt/Nowotny/Kalss, AktG² § 81 Rz 8 f; *Kalss* in Studiengesellschaft für Wirtschaft und Recht, Geheimnisschutz-Datenschutz-Informationsschutz 251.

[103] *Strasser* in Jabornegg/Strasser, AktG II⁵ § 84 Rz 12; *Kalss* in Münchener Kommentar zum AktG⁴ § 90 Rz 75; *Kalss* in Studiengesellschaft für Wirtschaft und Recht, Geheimnisschutz-Datenschutz-Informationsschutz 251.

[104] *Kalss* in Doralt/Nowotny/Kalss, AktG² § 95 Rz 44; *Strasser* in Jabornegg/Strasser, AktG II⁵ § 84 Rz 89.

[105] *Kalss* in Münchener Kommentar zum AktG⁴ § 90 Rz 75 *Lutter*, Information und Vertraulichkeit im Aufsichtsrat³ Rz 34.

[106] *Von Schenk* in Semler/von Schenk, Arbeitshandbuch für Aufsichtsratsmitglieder⁴ (2014) § 5 Rz 55.

die Entscheidungsgrundlagen und entscheidungsunterstützenden Informationen aufbereitete haben will um eine sachgerechte und effiziente Aufsichtstätigkeit im Interesse des Unternehmens sicherzustellen. Die Kompetenz der **Gestaltung** der **Aufsichtsratssitzung** und seiner Unterlagen liegt in der Sitzungsleitungs- und Vorbereitungskompetenz des Aufsichtsratsvorsitzenden (vgl *Chini/Reiner* Rz 27/52 ff).

Insbesondere ist dabei etwa die Möglichkeit anzuerkennen, stärker auf schriftliche klar strukturierte und gegliederte und vergleichbare Berichte zu setzen und mündliche Präsentationen zu beschränken, um Raum für Diskussion, Beratung und Austausch von Argumenten zu geben. Zugleich wird so den Aufsichtsratsmitgliedern die Möglichkeit der entsprechenden Vorbereitung und Einbringung ihrer Überlegungen gegeben.[107] **70**

Der **Aufsichtsratsvorsitzende** soll – in Abstimmung mit dem Aufsichtsrat – die Sitzung strukturieren und entsprechend einem Regelablauf gestalten. Dabei kann er das Verhältnis schriftlicher Berichterstattung vorweg und ergänzender mündlicher Berichterstattung festlegen. Ebenso ist er berechtigt, die Art der Gestaltung und Länge der Präsentation der schriftlichen Berichte vorzugeben (vgl *Chini/Reiner* Rz 27/46). **71**

D. Unterschiedliches Informationsniveau Vorstand – Aufsichtsrat

Unterschiedliche Aufgaben: Teilweise wird für den Aufsichtsrat ein dem Vorstand entsprechendes Informationsniveau des Aufsichtsrats verlangt. Dies ist aber nicht nur realitätsfremd, sondern berücksichtigt auch die arbeitsteilige Aufgabenzuteilung an Vorstand und Aufsichtsrat nicht ausreichend. Bereits aus der zeitlichen Taktung der Vorstandsberichte gem § 81 AktG (jährlich, vierteljährlich, keine vollendete Tatsache) zeigt sich, dass der **Aufsichtsrat nicht durchgängig am Pulsschlag** des unternehmerischen Geschehens steht und auch nicht stehen muss und auch nicht an allen Einzelschritten teilnimmt und teilnehmen muss.[108] Dem Vorstand ist auch im Lichte der Sonderberichterstattung bei Vorliegen bestimmter Voraussetzungen ein zeitlicher Vorlauf in einer vorgelagerten Planungsphase zuzugestehen, während der er eigenverantwortlich ohne Einbeziehung des Aufsichtsrats handelt (vgl Rz 90).[109] **72**

Gefahr des Informationslochs: Anzuerkennen ist die Zurückhaltung der Information auch in Situationen, in denen die Geheimhaltungsinteressen der Gesellschaft in Gefahr sind und die Gefahr besteht, dass Informationen – ungeordnet – und unzulässigerweise weitergegeben werden, insbesondere bei heterogenen und konfliktträchtigen Aufsichtsratsgremien.[110] **73**

---

[107] S etwa *Sutter-Rüdisser*, BOARD 2015, 162 ff.

[108] Ausdrücklich *Koch* in Fleischer/Koch/Kropff/Lutter, 50 Jahre Aktiengesetz 65, 84; *Cahn*, AG 2014, 525, 526.

[109] *Koch* in Fleischer/Koch/Kropff/Lutter, 50 Jahre Aktiengesetz 65, 85.

[110] *Kropff*, NZG 1998, 613, 615; *Leyens*, Information des Aufsichtsrats 373 ff; *Koch* in Fleischer/Koch/Kropff/Lutter, 50 Jahre Aktiengesetz 65, 86.

74 **Das Geheimhaltungsinteresse** des Vorstands steht in einem **Spannungsverhältnis** zum Überwachungsinteresse des Aufsichtsrats. Im Sinn der organadäquaten Funktionenteilung muss der Aufsichtsrat nicht in allen Situationen über die vollständige Information verfügen. Organadäquate Funktionsteilung bedeutet, dass aktienrechtliche Entscheidungen von dem Organ getroffen werden sollen, das dafür nach seiner Zusammensetzung, Funktion und Verfahrensweise am besten geeignet ist.[111]

75 **Vertrauensgrundsatz**: Für den Aufsichtsrat ist es von entscheidender Bedeutung, ob und inwieweit er sich auf die vorgelegten **Berichte verlassen** kann oder ob er eine Überprüfungspflicht der Berichte und eine eigene Nachforschungspflicht hat. Die Frage läuft darauf hinaus, ob sich Aufsichtsratsmitglieder auf die vom Vorstand zusammengestellten Unterlagen verlassen dürfen oder ob sie – generell – auf vorstandsunabhängige Informationsquellen zurückgreifen müssen. Weder darf das **Vertrauensprinzip** des Aufsichtsrats noch das reine Misstrauensprinzip des Aufsichtsrats gegenüber dem Vorstand überwiegen, vielmehr wird man der Frage am ehesten gerecht, wenn man von einer **gestuften Pflichtenlage** aus der unterschiedlichen Organstellung ausgeht.[112]

76 Der Aufsichtsrat muss zunächst die ihm vom Vorstand vorgelegten Unterlagen auf ihre **Vollständigkeit** und **Eignung als Entscheidungsgrundlage** prüfen. Ergibt sich daraus kein vollständiges Bild, sind weitere Informationen anzufordern.

77 Bei **vermeintlicher Vollständigkeit** darf sich der Aufsichtsrat nicht auf die Vorstandsinformation verlassen,[113] wenn Anhaltspunkte für konkrete Interessenkonflikte bei einzelnen Auskunftspersonen oder Verdachtsmomenten für Falschinformationen vorliegen, wenn etwa ein Vorstand oder Geschäftsführer die Vertrauensgrundlagen gegenüber dem Aufsichtsrat bereits vorher durch Eigenmächtigkeiten zerstört hat.[114]

78 Den Aufsichtsrat trifft generell eine tiefergehende **Prüfungspflicht**[115] einer Angelegenheit, wenn es sich nicht um einen Zustimmungstatbestand gem § 95 Abs 5 AktG oder einen anderen definierten Zustimmungstatbestand (zB § 27 Abs 6 BWG), sondern um eine vollständig eigene Entscheidung, Stellungnahme oder Erklärungspflicht handelt (Prüfung und Entscheidungsaufbereitung).[116] Dennoch hat er naturgemäß den Vorlagebericht gem § 95 AktG sowie § 30 GmbHG für die zustimmungspflichtige Maßnahme zu prüfen. Zu unterscheiden sind daher die Prüfung des Berichts und jene der Maßnahme insgesamt. Bei der Zustimmung durch den Aufsichtsrat hat dieser nämlich nicht mehr die Entscheidung des Vorstands vollständig zu wiederholen, sondern nur selbst eigenständig zu prüfen, ob er dem Vorschlag des Vorstands zustimmt oder nicht (vgl *Briem* Rz 12/77 ff). Eine

[111] *Koch* in Fleischer/Koch/Kropff/Lutter, 50 Jahre Aktienrecht 82; *Cahn*, AG 2014, 525, 527.

[112] Ausdrücklich *Fleischer*, ZIP 2009, 1397, 1401; *Fleischer*, ZHR 2008, 538, 548; *Kalss* in Konecny, Insolvenzforum 2009, 154 f.

[113] *Paefgen*, Unternehmerische Entscheidungen und Rechtsbindung der Organe in der AG, 231 ff.

[114] BGH ZIP 2007, 224 Rz 13; *Habersack* in Münchener Kommentar zum AktG^4 § 111 Rz 127 FN 345; *Lutter/Krieger*, Rechte und Pflichten des Aufsichtsrats^5 Rz 986 FN 1.

[115] OLG Zweibrücken, DB 1990, 1401; *Schlitt*, DB 2005, 2007.

[116] *Fleischer*, ZIP 2009, 1401.

weitergehende Pflicht besteht etwa, wenn der Aufsichtsrat selbst eine Stellungnahme im Rahmen des Übernahmeverfahrens gem § 14 ÜbG oder einen Aufsichtsratsbericht gem § 220c AktG für eine Verschmelzung, gem § 6 SpaltG für eine Spaltung oder gem § 25 AktG für eine Gründung oder Kapitalerhöhung einer AG abzugeben hat.

Wenn **keine zusätzliche Qualifizierung** (Verletzung der allgemeinen Vertrauensbasis, Verdacht eines Interessenkonflikts, eigenständige Berichtspflicht) vorliegt, darf sich der Aufsichtsrat grundsätzlich mit einer **Plausibilitätsprüfung** des Vorstandsberichts für ein geplantes Vorhaben begnügen.[117] Aufsichtsratsmitglieder dürfen auf die vom Vorstand erstatteten Berichte grundsätzlich vertrauen, wenn ihnen diese gemessen an ihrer eigenen Geschäftskenntnis plausibel erscheinen.[118] Zur Anforderung ergänzender Berichte oder zu eigenen Nachforschungen sind sie nur verpflichtet, wenn die Berichte unklar, unvollständig oder erkennbar unrichtig sind.[119] Die Plausibilitätsüberprüfung liegt in einem gezielten Nachfragen,[120] im Verlangen nach Zusatzberichten oder Spezifizierungsbegehren über bestimmte Aussagen. Wenn der Aufsichtsrat auf andere Weise glaubwürdige Hinweise auf ein Fehlverhalten des Vorstands erhält, muss er ebenfalls eigene Nachforschungen anstellen.[121] **79**

Generell ist eine **vertiefte Prüfung** des Berichts bei besonderen Umständen, wie etwa im **Gründungsstadium** des Unternehmens, in der **Unternehmenskrise**, bei Eingehen besonders riskanter Geschäfte, beim Start eines neuen Geschäftsfelds, beim erstmaligen Markteintritt, bei fehlender Offenheit des Vorstands oder generell schleppender Berichterstattung des Vorstands geboten. **80**

Vertrauensanerkennung: Insofern besteht eine sehr weit gehende **Anerkennung zulässigen Vertrauens** des Aufsichtsrats gegenüber dem Vorstand. Diese ist deshalb notwendig, da dem Aufsichtsratsmandat für die eigene Informationsbeschaffung enge Grenzen gezogen sind.[122] Generell ist von einem grundsätzlichen gegenseitigen Vertrauen von Vorstand und Aufsichtsrat auszugehen.[123] Letztlich bestehen **Nuancierungen** der **Nachforschungspflichten**. Jedenfalls darf aber der Aufsichtsrat sich nicht ohne weitere Prüfung, dh blindlings auf die Angaben und Unterlagen des Vorstands verlassen.[124] **81**

---

[117] Vgl OGH 22.5.2003, 8 Ob 262/02s (*Rieger Bank* zum Verhältnis Aufsichtsrat-Prüfungsbericht); *Doralt/Doralt* in Semler/von Schenck, Arbeitshandbuch für Aufsichtsratsmitglieder⁴ § 14 Rz 81; *Fonk*, ZGR 2006, 841, 864 f; *Fleischer*, ZIP 2009, 1401.

[118] *Kalss* in Konecny, Insolvenzforum 2009, 154 f; *Doralt/Doralt* in Semler/von Schenck, Arbeitshandbuch für Aufsichtsratsmitglieder³ § 13 Rz 9; *Habersack* in Münchener Kommentar zum AktG⁴ § 111 Rz 127; *Hopt/Roth* in GroßKomm AktG⁴ § 111 Rz 173; *Lutter/Krieger*, Rechte und Pflichten des Aufsichtsrats⁶ Rz 990; *Fleischer*, ZIP 2009, 1401.

[119] *Fleischer*, ZIP 2009, 1401.

[120] OGH 22.5.2003, 8 Ob 262/02s (*Rieger Bank*); *Kalss* in Studiengesellschaft für Wirtschaft und Recht, Geheimnisschutz-Datenschutz-Informationsschutz 251; *Kalss* in Konecny, Insolvenzforum 2009, 155 f.

[121] LG Bielefeld, ZIP 2000, 20, 23 ff.

[122] *Habersack* in Münchener Kommentar zum AktG⁴ § 111 Rz 127.

[123] *Hopt/Roth* in GroßKomm AktG⁴ § 116 Rz 126; *Henze*, BB 2000, 209, 213.

[124] *Hopt/Roth* in GroßKomm AktG⁴ § 114 Rz 173; *Fleischer*, ZIP 2009, 1401.

E. Eigenständige Informationsbeschaffung – Dritte und Mitarbeiter

82 **Eigenständige Informationsbeschaffung**: Im Rahmen der Plausibilitäts- oder gesteigerten Nachforschungspflicht hat der Aufsichtsrat daher – unabhängig vom Vorstand – zusätzliche **Informationen** zu generieren.[125] Der Aufsichtsrat muss sich daher generell über die Vorstandsinformation hinaus und unabhängig davon informieren und Informationen beschaffen.[126] So hat er sich etwa über die Wettbewerbssituation eines Produkts oder die Marktposition der Gesellschaft insgesamt Klarheit zu verschaffen, um entsprechend begleitende Beratungs-, Strategie- und Überwachungsschritte setzen zu können. Es reicht nicht, die technischen Details eines Produkts durch den Vorstand erläutert zu erhalten, vielmehr muss der Aufsichtsrat auch die Marktsituation vergleichbarer Produkte kennen. Die eigenständige Pflicht, Information zu besorgen, ist von der Kontrolle der Vorstandsinformation selbst zu unterscheiden.

83 Der Aufsichtsrat hat neben den Berichtspflichten **weitere Informationsmöglichkeiten**, so steht ihm das Recht auf Augenschein gem § 95 Abs 2 mit umfassenden Einsichtsrechten in die Unterlagen der Gesellschaft zu (vgl *Zollner* Rz 22/54 ff) ebenso das Recht auf Beiziehung eines Sachverständigen zur Untersuchung eines bestimmten Sachverhalts (vgl *Kalss* Rz 23/5). Der Aufsichtsrat hat gem § 92 Abs 4a Z 1 und Z 2 AktG nach der ausdrücklichen gesetzlichen Regelung auch den Rechnungslegungsprozess sowie die Wirksamkeit des **internen Kontrollsystems** und allenfalls auch des internen Revisionssystems und des Risikomanagementsystems zu überwachen, was auf eine unmittelbare Prüfpflicht hindeutet. Die Interne Revision hat eine wesentliche Rolle bei der Überwachung der anderen Steuerungssysteme des Unternehmens, daher zielt das Gesetz auf die Prüfpflicht des Aufsichtsrats.[127] Dabei ist nicht die Prüfung der Internen Revision und deren Mitarbeiter Prüfungsgegenstand, sondern die Ressourcen, der Prüfplan und die Prüfmethode.[128]

84 **Mitarbeiter des Unternehmens**: Generell ist davon auszugehen, dass der Aufsichtsrat sich bei der Informationsbeschaffung auch über diese Angelegenheiten sowie über sonstige Angelegenheiten grundsätzlich nicht **unmittelbar** an **Angehörige des Unternehmens** wenden darf, sondern dass er diese Information unter Einbindung des Vorstands zu besorgen hat.[129] Zwar ist gerade mit Blick auf die neuen präzisen Aufgaben des Aufsichtsrats bezogen auf interne Überwachungsprozesse ein unmittelbares Berichts- und Informationsrecht des Aufsichts-

---

125 *Fleischer*, ZIP 2009, 141.

126 *Kalss* in Studiengesellschaft für Wirtschaft und Recht, Geheimnisschutz-Datenschutz-Informationsschutz 250; *Kalss/Oelkers*, Aufsichtsrat aktuell 2006, 2 ff; *Lutter/Krieger/Verse*, Rechte und Pflichten des Aufsichtsrats[6] Rz 72, 78, 95 ff; *Roth*, AG 2004, 1 ff; noch weitergehend *Leyens*, Information des Aufsichtsrats 159 ff, 195 ff.

127 *Hülsberg/Knake*, Der Konzern 2015, 545, 547 f.

128 *Breuer/Nikitina*, Der Konzern 2015, 537, 541 f.

129 *Spindler* in MünchKomm AktG[4] § 90 Rz 39; *Fleischer* in Spindler/Stilz, AktG[3] § 90 Rz 43 sowie zur gegenteiligen Auffassung Rz 44; *Koch/Hüffer*, AktG[11] § 90 Rz 11; *Drygalla* in Lutter/Schmidt, AktG[3] § 109 Rz 10; *Drinhausen/Marsch-Barner*, AG 2014, 344.

rats gegenüber Angehörigen des Unternehmens naheliegend.[130] Dennoch kann aus dieser engen und funktionsbezogenen Zulässigkeit **kein pauschales** generelles unmittelbares Auskunftsrecht des Aufsichtsrats gegenüber Unternehmensangehörigen abgeleitet werden. Dadurch kann die Autorität des Vorstands untergraben werden, zudem können Angehörige des Unternehmens in Loyalitätskonflikte geraten.[131] In **Kreditinstituten** hat der Leiter der internen Revision dem Vorsitzenden des Aufsichtsrats gem § 42 Abs 3 BWG unmittelbar zu berichten. Weder darf aber aus dieser unmittelbaren Berichtspflicht noch aus der Ausdehnung der Prozessprüfungspflichten des Aufsichtsrats gem § 92 Abs 4a AktG eine generelle und umfassende Befugnis der direkten Berichterstattung, Information und Kontaktnahme des Aufsichtsrats gegenüber Unternehmensangehörigen abgeleitet werden. Vielmehr hat der Aufsichtsrat grundsätzlich den Weg über den Vorstand zu gehen. Allein wenn begründete **Verdachtsmomente** bestehen, dass der Vorstand seinen Informationspflichten nicht nachkommt und Information hintan hält, ist eine unmittelbare Kontaktaufnahme und Befragung bzw Aufforderung für eine Berichterstattung an Unternehmensangehörige unmittelbar zulässig und auch geboten.[132]

Informationsordnung: Jedenfalls zulässig ist die direkte Kontaktaufnahme 85 mit Zustimmung des Vorstands; er kann auch eine pauschale Zustimmung für eine weitreichende direkte Information geben. Dies ist auch sinnvoll, sodass auf der Grundlage eines **festgelegten Rahmens**, somit einer abgestimmten Informationsordnung, zwischen Aufsichtsrat und Vorstand der Aufsichtsratsvorsitzende oder bestimmte Aufsichtsratsmitglieder berechtigt sind, mit einzelnen Vorstandsmitgliedern oder Mitarbeitern des Unternehmens zu sprechen. Jedenfalls ist es zulässig und sinnvoll, vielfach auch üblich, eine Rahmenvereinbarung zwischen Vorstand und Aufsichtsrat herzustellen und eine klare Informationsordnung vorzusehen.[133] Sie sollte für alle einfach handhabbar sein.

Eine derartige Informationsordnung könnte entweder die **Informationsweitergabe** auf die Vorstandsmitglieder **fokussieren**, deren Assistenten einbinden 86 oder die Mitarbeiter festlegen. Die Informationsordnung kann auch die Angelegenheiten bestimmen, die Gegenstand von derartigen – pauschal genehmigten – Direktgesprächen sein können, ggf. kann dies auch in einem zeitlichen Rahmen und Raster gelegt werden. Die Kompetenz festzulegen, wer von den Mitarbeitern konkret angesprochen werden darf, liegt beim Vorstand; er ist der Informationsverpflichtete.

---

130 *Leyens*, Information des Aufsichtsrats 182 ff, 191 ff; *Dreher* in FS Ulmer 87, 98; *Kalss/Schörghofer* in Lucius/Oppitz/Pachinger, Compliance 25 f.

131 *Fleischer* in Spindler/Stilz, AktG[3] § 90 Rz 43; *Kort* in GroßKomm AktG[5] § 90 Rz 94; *Spindler* in MünchKomm AktG[4] § 90 Rz 39.

132 *Spindler* in MünchKomm AktG[4] § 90 Rz 39; *Kort* in GroßKomm AktG[5] § 90 Rz 99; *Drinhausen/Marsch-Barner*, AG 2014, 344; *Mertens/Cahn* in KölnKomm zum AktG[3] § 90 Rz 52; enger und auch dies ablehnend *Lutter/Krieger/Verse*, Rechte und Pflichten des Aufsichtsrats[6] Rz 246 ff.

133 *Mertens/Cahn* in Kölner Kommentar zum AktG[3] (2012) § 111, AktG Rz 26, Rz 55; *Drygala* in Lutter/Schmidt, AktG[3] (2015) § 109, Rz 10.

F. Rechtsfolgen der Verletzung der Berichterstattung

87 **Zivilrechtliche Haftung des Vorstands**: Die Verletzung der Berichterstattungspflicht ist sowohl **zivilrechtlich** als auch **strafrechtlich bewehrt**. Erleidet die Gesellschaft wegen mangelnder Berichterstattung durch den Vorstand einen Schaden, so hat er wegen dieser mangelhaften Berichterstattung als sorgfaltswidriger Geschäftsführung gem § 84 AktG sowie wegen expliziten Gesetzesverstoßes dafür gegenüber der Gesellschaft einzustehen.

88 **Abberufung**: Ergänzend zur Pflicht zum Schadenersatz ist die fehlende oder fehlerhafte Berichterstattung als Pflichtwidrigkeit zu qualifizieren, die zur vorzeitigen Abberufung des Vorstands führen kann. Hinzu kommen bei vorzeitiger Auflösung des Dienstvertrages arbeitsrechtliche Konsequenzen, dh möglicherweise der Entfall der Auszahlung des Dienstvertrages bzw sonstiger Ansprüche (vgl *Schima* Rz 17/1 ff).

89 **Strafrechtliche Haftung des Vorstands**: § 163a StGB sanktioniert die verschleiernde, unvollständige oder fehlerhafte Berichterstattung des Vorstands gegenüber dem Aufsichtsrat mit einer gerichtlichen Strafandrohung. Das Fehlen eines derartigen Berichts führt nicht zur Strafbarkeit gem § 163a StGB. Einzig der **Sonderbericht** an den Aufsichtsratsvorsitzenden, der bei **mangelnder Liquidität** unverzüglich zu erstatten ist, ist stärker strafrechtlich sanktioniert: auch das vollständige Fehlen unterliegt der Strafdrohung[134] (vgl Beitrag *Kert/Komenda* Rz 46/95 ff).

VI. Schranken der Information

A. Duale Organisation – Funktionsadäquate Aufgaben

90 Schranken des Informationsanspruchs des Aufsichtsrates gegenüber dem Vorstand ergeben sich – zunächst – aus der **gesellschaftsinternen Gewaltenteilung**: Ein wesentliches Prinzip der dualistischen Unternehmensorganisation besteht in der eigenverantwortlichen Unternehmensführung durch den Vorstand gem § 70 AktG. Der Aufsichtsrat darf sich grundsätzlich **nicht** in Geschäftsführungsangelegenheiten **einmischen;** was aber etwa der Fall wäre, wenn der Vorstand vom Aufsichtsrat aufgefordert würde, über völlig unbedeutende Rechtsgeschäfte oder über sämtliche laufende Geschäfte zu berichten. Derartige Informationsansprüche des Aufsichtsrates stellen eine unzulässige Einmischung in das Geschäftsführungsmonopol des Vorstandes dar und müssen bzw dürfen daher nicht beachtet werden.[135] Das gleiche gilt für **missbräuchliche Informationsverlangen**: Ist die vom Aufsichtsrat eingeforderte Information offensichtlich ohne Relevanz für die Beratungs-, Überwachungs- und Kontrollbefugnisse des Aufsichtsrats, kann die Information vom Vorstand verweigert werden,[136] etwa wenn ein Bericht zu ei-

---

[134] Zur alten Rechtslage gem § 255 AktG: *Kalss* in Doralt/Nowotny/Kalss, AktG² § 255 Rz 35.

[135] *Lutter*, Information und Vertraulichkeit im Aufsichtsrat³ 40; *Mertens/Cahn* in KölnKommAktG³ § 90 Rz 8.

[136] *Lutter*, Information und Vertraulichkeit im Aufsichtsrat³ 40; LG Dortmund, Die Mitbestimmung 1984, 410, 411; *Mertens/Cahn* in KölnKommAktG³ § 90 Rz 9, 13 und § 111 Rz 83 ff; *Spindler* in MünchKomm AktG⁴ § 90 Rz 52.

nem Gegenstand verlangt wird, über den erst kürzlich berichtet wurde und eine Änderung der Situation gegenüber dem früheren Bericht vernünftigerweise nicht zu erwarten ist (etwa: wöchentliche Berichte zur Ertragslage des Unternehmens außerhalb einer Krise oder ohne sonstige Rechtfertigung).[137]

B. Zurückhaltung der Information

Interessen der Allgemeinheit: Zu eng ist die Auffassung, dem Vorstand ein darüber hinausgehendes Informationsverweigerungs- bzw Geheimhaltungsrecht nur für jene Fällen zuzubilligen, in denen es um die Geheimhaltung besonders geschützter Interessen der Allgemeinheit[138] geht; weiters, wenn die Offenlegung gegen ein strafrechtliches Verbot verstoßen würde oder sonstige gesetzliche Vorschriften, insbesondere solche des öffentlichen Rechts (zB militärische oder andere Staatsgeheimnisse), verletzt würden.[139] 91

Temporäre Informationszurückhaltung: Damit stellt sich die Frage, ob der Vorstand seinem Aufsichtsrat unter bestimmten weiteren **Umständen einzelne Informationen vorenthalten** kann, indem er von sich aus die Berichterstattung teilweise oder gänzlich unterlässt. Die Geheimhaltung muss sich an § 70 Abs 1 AktG messen, wonach der Vorstand dazu verpflichtet ist, bei der Leitung des Unternehmens das Wohl des Unternehmens zu verfolgen, dh im **bestmöglichen Interesse der Gesellschaft** und daher auch der Aktionäre zu handeln.[140] 92

Derartige Konfliktsituationen sind in der Praxis allgemein denkbar, wenn dem Aufsichtsrat auch Vertreter eines **konkurrierenden Unternehmens** (oder einer konkurrierenden Unternehmensgruppe) angehören, und der Vorstand daher über einzelne zukunftsträchtige Projekte nicht allzu große Einblicke gewähren möchte bzw wenn Projekte in Vorbereitungsphasen sind und eine vorzeitige Information die Realisierung gefährden würde.[141] Aus der möglichen **Befangenheit** eines oder von zwei Mitgliedern des Aufsichtsrats darf aber nicht das Recht des Vorstands abgeleitet werden, dem Aufsichtsrat insgesamt die Information vorzuenthalten. Aus der Befangenheit oder Konfliktstellung einzelner Mitglieder darf nicht auf die Befangenheit des Gesamtgremiums geschlossen werden. Information ist nicht Selbstzweck. Eine vollständige Informationsvorenthaltung würde zu einem eminenten **Kontrolldefizit** in dieser Angelegenheit führen, da die Information die maßgebliche Grundlage für die Kontrolle ist. In einem derartigen Fall darf der Vorstand entweder nur die unbefangenen Aufsichtsratsmitglieder direkt informieren oder den Aufsichtsratsvorsitzenden, der – in Kenntnis der Befangenheit der einzelnen Mitglieder – die Information nicht allen, sondern nur den unbefangenen Mitgliedern weitergeben darf; in diesem Fall wird somit die **Information selektiv weitergegeben**; jedenfalls müssen sie der Aufsichtsratsvorsitzende, in seinem Konfliktfall der Stellvertreter, und gegebenenfalls ein Ausschuss bzw auch 93

---

[137] *Spindler* in MünchKomm AktG[4] § 90 Rz 52 ff, 57, 36.
[138] *Hopt/Roth* in GroßKomm AktG[4] § 111 Rz 414; aA *Spindler*, MünchKommAktG[4] § 90 Rz 54.
[139] *Hopt/Roth* in GroßKomm AktG[4] § 111 Rz 414; *Spindler* in MünchKomm AktG[4] § 90 Rz 54.
[140] *Kalss* in Studiengesellschaft für Wirtschaft und Recht, Geheimnisschutz-Datenschutz-Informationsschutz 258 f; *Kalss* in MünchKomm[4] § 90 Rz 79.
[141] *Sina*, NJW 1990, 1018.

die sonstigen unbefangenen Aufsichtsmitglieder erhalten;[142] die – temporäre – Differenzierung der Informationsversorgung ist sachlich geboten und daher zulässig.

94 **Sicherung des Unternehmensinteresses**: Der tragende Gedanke ist zugleich die bestmögliche Sicherung der **Interessen der Gesellschaft** und die **Verhinderung einer Schädigung** der Gesellschaft.[143] Dieser Gedanke lässt sich auch für jene Fälle fruchtbar machen, in denen bei Weitergabe der Informationen des Vorstands an den Aufsichtsrat die **Gefahr einer ungeordneten Weiterleitung** an die Öffentlichkeit oder Unberechtigte spürbar steigt. Die Weitergabe erscheint daher im Interesse der Gesellschaft untragbar, zumal ein Vorhaben zum Schaden der Gesellschaft nicht realisiert werden kann.[144] Dies ist etwa bei **heterogen besetzten Aufsichtsräten** der Fall, wenn mehrere starke Gesellschafter mit entsprechender Repräsentation im Aufsichtsrat einander gegenüberstehen, die **unterschiedliche** wirtschaftliche oder politische **Interessen verfolgen**; ferner wenn nicht bloß gesellschaftsrechtliche, sondern politische Interessen eine Rolle spielen oder wenn starke Interessengegensätze zwischen Kapital- und Arbeitnehmervertretern bestehen.[145] Die Grenze verläuft durchaus über diese traditionell unterschiedlichen Aufsichtsratsmitgliedertypen hinweg. Wiederum ist die Information jedenfalls an den Aufsichtsratsvorsitzenden sowie einen allfällig bestehenden Ausschuss zu erteilen; eine weitere Differenzierung ist einzelfallbezogen zu beurteilen.

95 **Information – Entscheidungsgrundlage**: Schließlich ist eine **Differenzierung der Informationsnotwendigkeit** auch danach möglich, ob der Aufsichtsrat nur informiert werden kann (und nicht muss), weil die Information eine bereits abgeschlossene Angelegenheit ohne sofortige Entscheidungsnotwendigkeit des Aufsichtsrats betrifft (zB erste behördliche Ermittlungen gegen ein Vorstandsmitglied wegen Verdachts eines Verstoßes gegen das Verbot der Marktmanipulation oder das Verbot des Insiderhandels, der Untreue bei ehrenamtlicher Tätigkeit des Vorstands in einem anderen Rechtsträger), oder ob unbedingt eine sofortige Beratung über die weitere Vorgehensweise des Aufsichtsrats der Gesellschaft erforderlich ist.[146]

96 **Temporäre Geheimhaltung**: Die maßgeblichen Überlegungen, die für die **temporäre Geheimhaltung** gegenüber dem Gesamtaufsichtsrat und die ausschließliche Informierung des **Aufsichtsratsvorsitzenden** sprechen, sind die Hintanhaltung der Schädigung der Gesellschaft wegen der Gefahr des ungeordneten Informationsflusses im allgemeinen oder der Ausschluss jedenfalls ganz be-

---

142 *Endl/Zumbo* in FS Nowotny 285, 308; *Koch* in Fleischer/Koch/Kropff/Lutter, 50 Jahre Aktiengesetz 65, 83.

143 *Mertens*, AG 1980, 74; *Kalss* in MünchKomm[4] § 90 Rz 79; *Nowotny* in Doralt/Nowotny/Kalss, AktG[2] § 84 Rz 14.

144 AA *Spindler* in MünchKomm AktG[4] § 93 Rz 59; s ferner *Fleischer* in Spindler/Stilz, AktG[3] § 90 Rz 53.

145 *Koch* in Fleischer/Koch/Kropff/Lutter, 50 Jahre Aktiengesetz 65, 83 ff.

146 Ähnlich der Unterscheidung der Informationsweitergabe bei entscheidungsbefugten oder bloß vorbereitenden Aufsichtsratsausschüssen vgl dazu *Dellinger/Schellner* in FS Nowotny 245, 260 ff.

stimmter Aufsichtsratsmitglieder von einer bestimmten Information und die mangelnde Dringlichkeit wegen Fehlens eines unmittelbaren Entscheidungsbedarfs einer Angelegenheit.

Vorsitzender – Stellvertreter: Sollte der Aufsichtsratsvorsitzende nicht verfügbar sein oder gerade er selbst in einem potenziellen Interessenkonflikt (Wettbewerbssituation) mit dieser Information stehen, ist grundsätzlich der **Stellvertreter des Aufsichtsratsvorsitzenden** oder allenfalls der Vorsitzende des Personalausschusses zu informieren, soferne dieser nicht ohnehin in Personalunion Aufsichtsratsvorsitzender ist.[147] 97

Die Beschränkung der Informationsadressierung an den **Aufsichtsratsvorsitzenden** ist insbesondere auch in jenen Fällen zulässig und zugleich geboten, in denen gem § 81 Abs 1 letzter Satz AktG wegen des Durchschlagens auf die Rentabilität und Liquidität der Gesellschaft an und für sich die Information an den Gesamtaufsichtsrat geboten ist. Die strafrechtliche Absicherung dieser Informationspflicht ändert daran nichts. 98

Ein **vollständiges Geheimhaltungs**- bzw Informationsrückhaltungsrecht des Vorstands gegenüber dem Aufsichtsrat und damit auch gegenüber dem Aufsichtsratsvorsitzenden ist hingegen nur in **extremen Ausnahmesituationen** zulässig, da die (zwingende) Überwachungskompetenz des Aufsichtsrats unterminiert werden würde und der Vorstand relativ einfach argumentieren könnte, er habe zum Wohl des Unternehmens Informationen zurückhalten müssen; Missbräuche wären damit nicht ausgeschlossen. 99

Interessenabwägung: Dennoch ist im Rahmen einer Interessenabwägung, die klar zum Wohl der Gesellschaft und zur Hintanhaltung eines Schadens oder dessen voraussichtlichen Eintritts ausfällt, eine **Geheimhaltung** zumindest vorübergehend in ganz besonderen Situationen sogar auch gegenüber dem **Aufsichtsratsvorsitzenden** anzuerkennen.[148] Vorstellbar ist dies etwa bei (an-)laufenden Ermittlungen gegen ein Vorstandsmitglied für ein kapitalmarktrechtliches oder vermögensrechtliches Delikt, dessen Bekanntwerden den Kurs und folglich auch die Ertragskraft der Gesellschaft massiv beeinträchtigen würden; insbesondere auch, wenn die Aufsichtsratsmitglieder oder der Aufsichtsratsvorsitzende selbst Aktien der Gesellschaft halten (Aktienoptionsprogramme, Familiengesellschaften, etc). Entscheidungsbefugt dafür ist der Vorstand[149], er hat zu entscheiden, ob die Annahme der Geheimhaltungsbedürftigkeit gegenüber dem Aufsichtsrat bzw sogar gegenüber dem Aufsichtsratsvorsitzenden vertretbar erscheint; maßgeblich ist die Sicht ex-ante. 100

Vorübergehende Informationsverweigerung: Somit ist auch über die oben genannten „eindeutigen" Fälle hinaus ein – zumindest **vorübergehendes** – Geheimhaltungsinteresse anzuerkennen.[150] Das Spannungsverhältnis zwischen Ge- 101

---

[147] *Endl/Zumbo* in FS Nowotny 285, 308 f.

[148] Vgl *Kalss* in MünchKommAktG[4] § 93 Rz 354; aA *Endl/Zumbo* in FS Nowotny 285, 308.

[149] *Hopt/Roth* in GroßKomm AktG[4] § 107 Rz 442.

[150] *Kalss* in MünchKomm[4] § 90 Rz 79, § 93 Rz 354.

heimhaltungsinteresse und Informationspflicht[151] ist durch ein einzelfallbezogenes, **abgestuftes Informationsregime** zu lösen:[152]

(a) Grundsätzlich ist davon auszugehen, dass der Vorstand gegenüber seinem Aufsichtsrat zur **lückenlosen** und unverfälschten Berichterstattung verpflichtet ist.

(b) In jenen Fällen, in denen zur Sicherung eines unternehmerischen Vorhabens vorübergehend unbedingte Vertraulichkeit erforderlich scheint, ist die **temporäre Zurückhaltung**[153] bestimmter Informationen an den Gesamtaufsichtsrat und die Informationsübermittlung alleine an den Aufsichtsratsvorsitzenden zulässig.[154]

(c) In extremen Ausnahmesituationen ist es sogar zulässig, dass der Vorstand die Information auch gegenüber dem Aufsichtsratsvorsitzenden zurückhält, nämlich wenn andernfalls die **Gefahr der Schädigung** der Gesellschaft untragbar ansteigt.

VII. Datenschutz und Bankgeheimnis

102 Aus **datenschutzrechtlichen** Gesichtspunkten ergeben sich **keine Beschränkungen**, da gesetzliche Einschränkungen des **Grundrechts auf Datenschutz** zulässig sind, sofern damit ein Schutz von berechtigten Interessen Dritter verfolgt wird: Die Überwachungsaufgabe und der Informationsanspruch des Aufsichtsrates gegenüber dem Vorstand bestehen aufgrund einer ausdrücklichen gesetzlichen Regelung (§§ 81, 95 AktG); Ziel dieser Bestimmungen ist es, zum Schutz der Aktionäre (und auch der Gläubiger und der Arbeitnehmer) ein funktionierendes gesellschaftsinternes Überwachungssystem einzurichten, das den Vorstand als Geschäftsführungsorgan laufend kontrolliert und sicherstellt, dass Entscheidungen im Unternehmenswohl gem § 70 AktG und nicht zur Verfolgung von Partikularinteressen getroffen werden.

103 **Keine schutzwürdigen Interessen**: Darüber hinaus fehlt es in all diesen Fällen am schutzwürdigen Interesse gem § 1 Abs 1 DSG 2000, das für das Bestehen eines Geheimhaltungsanspruches Voraussetzung ist. Gemessen an dem in § 84 Abs 1 AktG (für Vorstandsmitglieder) bzw in § 99 AktG (für Aufsichtsratsmitglieder) festgelegten Pflichtenmaßstab muss die Sorgfalt eines ordentlichen und gewissenhaften Geschäftsleiters angewendet werden; diese gebietet aber gerade ein Handeln im Einklang mit den (aktien-)gesetzlichen Bestimmungen. Maßgeblich ist die Förderung des Unternehmenswohls, anderweitige Interessen dürfen keine Rolle spielen – und können daher auch nicht als „schutzwürdige Interessen" im Sinne von § 1 Abs 1 DSG 2000 qualifiziert werden. So wäre es etwa nicht möglich, eine Genehmigung einer Investition durch den Aufsichtsrat vorzunehmen, soferne dieser nicht die notwendigen Daten des Kooperationspartners kennt, da er keine sorgfaltsgemäße Risikoabschätzung vornehmen könnte.

---

151 Vgl *Lutter*, Information und Vertraulichkeit im Aufsichtsrat[3] 2 f; *Kalss* in Studiengesellschaft für Wirtschaft und Recht, Geheimnisschutz-Datenschutz-Informationsschutz 253 f.

152 *Kalss* in Studiengesellschaft für Wirtschaft und Recht, Geheimnisschutz-Datenschutz-Informationsschutz 253 f.

153 Vgl *Kalss* in MünchKommAktG[4] § 93 Rz 354.

154 Vgl *Kalss* in Doralt/Nowotny/Kalss, AktG[2] § 95 Rz 44; *Lutter*, Information und Vertraulichkeit im Aufsichtsrat[3] 45.

Die Weitergabe der Information im Konzern muss auch den datenschutzrechtlichen Bestimmungen genügen. Das österreichische Recht (DSG) enthält **keine generelle Konzernklausel**. Vielmehr ist bei jeder Informationsweitergabe von oder an Aufsichtsratsmitglieder und anderen am Konzern Interessierten im Einzelfall zu überprüfen, ob berechtigte Interessen für die Weitergabe bestehen (Rz 34 ff). Angesichts der teilweise bestehenden Pflicht zur Informationsweitergabe und der noch weitergehenden Befugnis für die Weitergabe ist der Informationsfluss im Konzern daher schutzrechtlich grundsätzlich zulässig. Es bedarf allerdings der Prüfung der Voraussetzungen im Einzelfall. 104

Bankgeheimnis: Aus dem Gebot der Wahrung des **Bankgeheimnisses** folgt für den Aufsichtsrat von Kreditinstituten keine Beschränkung der Informationsweitergabe zwischen Vorstand und Aufsichtsrat und innerhalb des Aufsichtsrats.[155] Der Informationstransfer zur Sicherung der Beratungs- und Überwachungsaufgabe des Aufsichtsrats ist als ausreichende Rechtfertigung anzusehen und geht dem Interesse des Kunden an möglichst geringer Weitergabe der Information vor.[156] Die Ausdehnung des Bankgeheimnisses auf den Aufsichtsrat zeigt umgekehrt wiederum die hohe Bedeutung der Wahrung der Verschwiegenheitspflicht der Aufsichtsratsmitglieder. 105

VIII. Aufsichtsrat – Vorstand

A. Teilnahmerecht an Sitzung

Ausgewählte Bereiche für Einzelfall: Trotz der grundsätzlichen Offenheit zwischen Vorstand und Aufsichtsrat ist auch ein Geheimhaltungsinteresse des **Aufsichtsrats** gegenüber dem **Vorstand** – zumindest temporär – anzuerkennen. 106

Personalangelegenheiten: Geheimhaltung ist notwendig und geboten, wenn über eine vorzeitige **Abberufung**, eine **Suspendierung** oder die Geltendmachung von Schadenersatzansprüchen oder sonstigen dienstrechtlichen Sanktionen beraten wird.[157] Auch die Ausarbeitung eines neuen **Entlohnungs**- oder sonstigen **Anreizsystems** ist Angelegenheit des Aufsichtsrats und muss dieser Überlegungen dazu daher in der Konzeptions- und Beratungsphase nicht dem Vorstand offenlegen. 107

B. Teilnahme Vorstand an Aufsichtsratssitzungen

Naheliegend ist es, dass der Vorstand bei den Themen, die den Vorstand selbst betreffen, nicht an der Aufsichtsratssitzung teilnimmt. Neben der Vorstandsvergütung, der Vorstandsbestellung und Haftungsthemen kann es Sinn machen, dass auch bei der Effizienzprüfung des Aufsichtsrats die Diskussion nicht durch 108

---

[155] *Kalss* in Studiengesellschaft für Wirtschaft und Recht, Geheimnisschutz-Datenschutz-Informationsschutz 252 ff.

[156] *Sommer/Hirsch* in Dellinger, BWG § 38 Rz 114, 374; *Apathy* in Apathy/Iro/Koziol, Österreichisches Bankvertragsrecht I Rz 2/15, Rz 2/54.

[157] *Kalss* in Doralt/Nowotny/Kalss, AktG² § 99 Rz 32; *Endl/Zumbo* in FS Nowotny 285, 310; *Mertens/Cahn* in KölnKomm zum AktG³ § 116 Rz 58; *Habersack* in MünchKomm zum AktG⁴ § 116 Rz 56.

den Vorstand geprägt werden soll.[158] Vielfach kann bei diesen Themen der Vorstandsvorsitzende beigezogen werden, wenn er nicht unmittelbar betroffen ist. Die Beiziehung ist aber nicht unbedingt notwendig, sie bietet sich an, wenn der Vorstandsvorsitzende bei der Diskussion über andere Vorstandsmitglieder als Auskunftsperson zur Verfügung steht. Beratungen und Entscheidungen des Aufsichtsrates sollen allein vorgenommen werden.[159] Darüber hinaus ist die Teilnahme des Vorstands an Aufsichtsratssitzungen unangemessen, wenn die Diskussion eines Themas im Aufsichtsrat bei Anwesenheit des Vorstandsvorsitzenden oder eines Vorstandsmitglieds allein anders verlaufen würde, etwa wenn klar ist, dass von einem wichtigen und klarstellenden Wortbeitrag abgesehen wird, wenn der Vorstand anwesend ist, etwa die volle Stummheit einer bestimmten Gruppe von Aufsichtsratsmitgliedern.[160]

109 **Vorstand – Teilnahme**: Grundsätzlich ist der Vorstand verpflichtet und berechtigt, an Aufsichtsratssitzungen teilzunehmen. Nur so kann Kontrolle laufend und nicht erst ex post ausgeübt werden, zudem soll der Vorstand beraten werden und sollten die Organe Vorstand und Aufsichtsrat zusammenarbeiten. Vielfach sollen Themen vom Vorstand gemeinsam mit dem Aufsichtsrat entwickelt werden.[161]

110 **Zeitnahe Information des Vorstands**: Nimmt der Vorstand an Beratungen des Aufsichtsrats – ausnahmsweise – nicht teil, so sind ihm die relevanten Ergebnisse der Diskussion zeitnah mitzuteilen, entweder unmittelbar nach der Sitzung oder noch am Ende der Sitzung, um eine Diskussion führen zu können, sonst unmittelbar schriftlich oder telefonisch danach.

111 **Schriftliche Unterlagen**: Besteht Bedarf für den Ausschluss der Sitzungsteilnahme des Vorstands, so ist es naheliegend, das Sitzungsprotokoll über diesen exklusiven Teil der Aufsichtsratssitzung dem Vorstand nicht zur Verfügung zu stellen, sondern nur die sonstigen Teile des Sitzungsprotokolls (vgl *Eiselsberg/Bräuer* Rz 24/106 ff).[162]

IX. Aufsichtsratsvorsitzender – Aufsichtsrat – Aufsichtsratsmitglieder

A. Vorsitzender – Mitglieder im Allgemeinen

112 **Regelinformationsfluss**: Der Informationsfluss vom **Vorstand** an den Aufsichtsrat läuft im Regelfall über den Aufsichtsratsvorsitzenden. Der Vorstand informiert somit nicht jedes einzelne Aufsichtsratsmitglied, sondern den **Aufsichtsratsvorsitzenden**, der seinerseits die Information weitergibt. In bestimmten Fällen ordnet das Gesetz ausdrücklich die Information der Mitglieder des Aufsichtsrats durch den Vorstand und nicht bloß des Aufsichtsrats als Organ an. Selbst in ei-

[158] *Henning*, BOARD 2015, 211; *Wilsing*, Deutscher Corporate Governance Kodex Ziffer 3.6. Rz 20.
[159] *Henning*, BOARD 2015, 211.
[160] *Henning*, BOARD 2015, 212.
[161] *Henning*, BOARD 2015, 212; *Wilsing*, Deutscher Corporate Governance Kodex Ziffer 3.6. Rz 29.
[162] *Henning*, BOARD 2015, 212.

nem derartigen Fall kommt der Vorstand seiner Informationspflicht nach, wenn die Weitergabe an die einzelnen Mitglieder feststeht.

Wissenszurechnung an Aufsichtsrat: Sobald der Aufsichtsratsvorsitzende die Information vom Vorstand hat, ist dieser Wissensstand dem Aufsichtsrat zuzurechnen, da es ausreicht, wenn nur ein Organmitglied – insbesondere der Vorsitzende – von den relevanten Umständen weiß.[163] Umgekehrt bedeutet aber das Wissen eines Aufsichtsratsmitglieds nicht zugleich Wissen des Vorstands und der Gesellschaft. Hat daher ein Aufsichtsratsmitglied ein bestimmtes Wissen – ohne dass diese Information im Aufsichtsrat mit dem Vorstand diskutiert wird bzw sonst dem Vorstand zukommt, so wird dieses Wissen der Gesellschaft nicht zugerechnet.[164] Dies ist gerade etwa für Insiderwissen oder zivilrechtlich relevante Schlechtgläubigkeit von Bedeutung (vgl *Enzinger/Kalss* Rz 31/109). 113

Weiterleitung an einzelne Mitglieder: Hat der Aufsichtsratsvorsitzende die Information vom Vorstand erhalten, obliegt ihm die Entscheidung, wie er mit dieser Information weiterverfährt. Grundsätzlich hat er in seiner **Mittlerfunktion** zwischen Vorstand und Gesamtaufsichtrat[165] für die Informationsversorgung der übrigen Gremiumsmitglieder zu sorgen.[166] Die Mittlerrolle besteht aber nicht in der schlichten Durchleitungsfunktion, vielmehr hat der Aufsichtsratsvorsitzende nun seinerseits im Sinne der **bestmöglichen Verfolgung** des **Unternehmenswohls** aus der Sicht der Überwachung und strategischen Begleitung der Unternehmensleitung über die Informationsweitergabe zu entscheiden.[167] 114

Zurückbehaltung der Information: Zu prüfen ist nun, inwieweit der **Aufsichtsratsvorsitzende** seinerseits berechtigt und verpflichtet ist, eine **bestimmte Information** gegenüber dem Plenum oder auch gegenüber den Mitgliedern eines an sich zuständigen Ausschusses (zB Personalausschuss) **zurückzuhalten**. Der Aufsichtsratsvorsitzende hat – wie eben ausgeführt – darüber im Rahmen pflichtgemäßen Ermessens zu entscheiden. Für die grundsätzliche Zulässigkeit der mangelnden sofortigen Information spricht zunächst die Anordnung bzw Anerkennung der mündlichen Information. Weiters ist aus dem Blickwinkel des Aufsichtsratsvorsitzenden, der dafür nunmehr die Verantwortung trägt, die bestmögliche Verfolgung der Interessen der Gesellschaft das maßgebliche Kriterium; die Vermeidung einer Schädigung der Gesellschaft ist gegen die Sicherung der unmittelbaren Aufgabenerfüllung, nämlich der Kontroll- und Beratungsaufgabe des Aufsichtsrats, abzuwägen. Wiederum sind der Schaden bei vorzeitigem Bekanntwerden der Information für Unbeteiligte, die Gefahr des ungeordneten Informationsflusses und die Notwendigkeit einer unverzüglichen Beratung oder Entscheidung des Aufsichtsrats oder des zuständigen Ausschusses sowie umge- 115

---

163 *Iro*, ÖBA 2001, 9 f, *Riss*, Doppelorganschaft und Treuepflichten 97; *Drinhausen/Marsch-Barner*, AG 2014, 349.

164 *Verse*, AG 2015, 413.

165 *Kalss* in Doralt/Nowotny/Kalss, AktG² § 92 Rz 17; *Leyens*, Information des Aufsichtsrats 247.

166 Vgl *Endl/Zumbo* in FS Nowotny 285, 308 f; *Lutter*, Information und Vertraulichkeit im Aufsichtsrat³ 65.

167 *Kalss* in Studiengesellschaft für Wirtschaft und Recht, Geheimnisschutz-Datenschutz-Informationsschutz 257 f; *Endl/Zumbo* in FS Nowotny 285, 308 f.

kehrt die Verhinderung eines Informations- und Kontrolldefizits in die Abwägung einzubeziehen.[168]

116 **In besonderen Situationen** (Konkurrenzsituation, Befangenheit einzelner Mitglieder, Gefahr des Verstoßes gegen Insiderhandelsverbot) ist es auch zulässig, dass der Aufsichtsratsvorsitzende die Aufsichtsratsmitglieder nicht in vollkommen gleicher Weise informiert, sondern unterschiedlich (selektive Information).[169]

B. Vorbereitung Aufsichtsratssitzung

117 **Da die vorbereitende Tätigkeit** des Aufsichtsratsvorsitzenden gerade dazu dient, spezifisch ressortbezogene Fragen, die später Teil der Plenumssitzung sind, vor zu besprechen und – zur Vorbereitung und Strukturierung für das Plenum im Detail zu erörtern[170] ist es zulässig, dass der Vorstand den vorbereitenden Aufsichtsratsmitgliedern, somit insbesondere dem Aufsichtsratsvorsitzenden, und deren Assistenten dabei Informationen gibt, die im Aggregations- und Detaillierungsgrad über jenen hinausgehen, wie er im Plenum erreicht wird.

118 **Die größere Detailgenauigkeit** ist teilweise auch deshalb erforderlich, um in Fällen von Anträgen, die kurzfristig unter „Allfälliges" vorgetragen werden sollen, überhaupt zu entscheiden, in welcher Form diese Angelegenheit in dem Plenum zur Sprache kommt. Daher ist es zulässig, dass der Aufsichtsratsvorsitzende und mit ihm vorbereitende Mitglieder des Aufsichtsrats sowie die unterstützenden Personen vom Vorstand auch über Informationen mit höherem Detaillierungsgrad erfahren. Die Zulässigkeit des höheren Detaillierungsgrades der Information folgt aus der Vorbereitungs- und Auswahlkompetenz des Aufsichtsratsvorsitzenden. Die Grenze liegt darin, dass den anderen Aufsichtsratsmitgliedern jedenfalls so viel an Information gegeben werden muss, dass sie ordnungsgemäß und sachgerecht Entscheidungen diskutieren, beraten und treffen können.

C. Einzelnes Mitglied – Vorsitzender

119 Jedes **Aufsichtsratsmitglied** hat seinerseits ihm bekannt gewordene **Umstände** den anderen Aufsichtsratsmitgliedern oder zumindest dem Aufsichtsratsvorsitzenden mitzuteilen.[171] Im Sinne der Interessenwahrungpflicht und der organschaftlichen **Treuepflicht** besteht die Redepflicht, unabhängig davon, ob die Information unternehmens- oder tätigkeitsbezogen ist oder ob die Information aus anderer Quelle stammt.[172]

---

[168] *Endl/Zumbo* in FS Nowotny 285, 308 ff; *Koch* in Fleischer/Koch/Kropff/Lutter, 50 Jahre Aktiengesetz 65, 83 ff; ferner *Drinhausen/Marsch-Barner*, AG 2014, 349.

[169] *Riss*, Doppelorganschaft und Treuepflichten 25.

[170] *Johanssen/Roth* in Wilsing, DCGK (2012) Z 3.6. Rz 10; *Wittgens/Vollertsen*, AG 2015, 264.

[171] *Riss*, Doppelorganschaft und Treuepflichten 17; *Lutter/Krieger/Verse*, Rechte und Pflichten des Aufsichtsrats[6] Rz 892.

[172] *Riss*, Doppelorganschaft und Treuepflichten 16; *Lutter/Krieger/Verse*, Rechte und Pflichten des Aufsichtsrats[6] Rz 892, Rz 997.

X. Ausschuss – Plenum des Aufsichtsrats

A. Grundsatz – gleichmäßige Information

Innerhalb des Aufsichtsrats soll es grundsätzlich **keine unterschiedliche Informationsversorgung** und keine Geheimhaltung geben; es handelt sich um einen organinternen Informationsfluss, der ungebremst funktionieren muss, um eine zweckentsprechende Arbeit und Funktionserfüllung des Organs überhaupt zu ermöglichen. 120

Der Aufsichtsrat muss nicht immer im Plenum tagen: Er ist nicht nur zur Ausschussbildung berechtigt – vielmehr haben gemäß § 92 Abs 4a AktG bestimmte Gesellschaften jedenfalls einen Prüfungsausschuss zu bilden. Im Rahmen seiner Selbstorganisationspflicht[173] ist der Aufsichtsrat generell berechtigt und verpflichtet, Ausschüsse zu bilden (vgl *Schimka* Rz 29/5 ff). Für börsenotierte Gesellschaften sieht der Corporate Governance Kodex die Bildung von bestimmten Ausschüssen vor; für Kreditinstitute.[174] Ausschüsse sind für eine sinnvolle und effektive Arbeitsaufteilung erforderlich, da sie flexibler als der Gesamtaufsichtsrat sind und schneller handeln können;[175] vielfach werden Ausschüsse aber gerade auch wegen des damit verbundenen **begrenzten Informationsflusses** und der Sicherung der Vertraulichkeit eingesetzt.[176] Daraus folgt die naheliegende Frage, wie das Informationsverhältnis zwischen dem Ausschuss und dem Plenum des Aufsichtsrats beschaffen ist. 121

Jeder Ausschuss muss an den Gesamtaufsichtsrat berichten. Die Berichterstattung hat im Regelfall der Ausschussvorsitzende vorzunehmen (vgl *Schimka* 29/63 ff).[177] Die Berichterstattung ist an keine Form gebunden, sie kann schriftlich oder mündlich vorgenommen werden, jedenfalls ist aber sicherzustellen, dass der gesamte Aufsichtsrat davon erfährt. Der Gesamtaufsichtsrat sollte über alle Ausschusssitzungen und sonstigen Aktivitäten des Ausschusses informiert werden. 122

Das Informationsregime beruht auf mehreren Säulen, nämlich auf 123

- der Berichterstattungspflicht des Ausschusses gegenüber dem Gesamtaufsichtsrat,
- einem ergänzenden Recht auf Berichterstattung des Gesamtaufsichtsrates durch den Ausschuss; das Plenum kann somit jederzeit ergänzend einen Bericht vom Ausschuss verlangen; dabei kann sich das Plenum grundsätzlich auf den Bericht verlassen, es genügt eine Plausibilitätsprüfung.[178]
- Die einzelnen Mitglieder des Aufsichtsrats, die dem Ausschuss nicht angehören, haben gem § 93 Abs 2 AktG das Recht, an Ausschusssitzungen teilzuneh-

---

173 *Kalss* in Doralt/Nowotny/Kalss, AktG² § 92 Rz 131.

174 Vgl Regel 39 ff ÖCGK.

175 Vgl *Kalss* in Doralt/Nowotny/Kalss, AktG² § 92 Rz 131 f; *Kittel*, Handbuch für Aufsichtsratsmitglieder 186f.

176 *Geist* in Achatz/Jabornegg/Karollus, Aktuelle Probleme im Grenzbereich von Arbeits-, Unternehmens- und Steuerrecht 126 f; *Riss*, Doppelorganschaft und Treuepflichten 25.

177 *Dellinger/Schellner* in FS Nowotny 237, 253; *Habersack* in MünchKomm zum AktG⁴ § 107 Rz 165.

178 *Kalss* in Konecny, Insolvenzforum 2009, 159.

men, um sich auf diese Weise direkt und unmittelbar von der Ausschusstätigkeit zu informieren;

- ergänzend zum fehlenden Teilnahmerecht besteht im Allgemeinen ein Informationsrecht der nicht teilnehmenden Ausschussmitglieder.

124 **Vorbereitende – Entscheidende Ausschüsse**: Nunmehr sind die einzelnen Informationsmechanismen zwischen Ausschuss und Plenum genauer zu betrachten. Zu unterscheiden ist der Informationsumfang zwischen vorbereitenden Ausschüssen und entscheidungsbefugten Ausschüssen (vgl dazu *Schimka* Rz 29/56 ff). Nur vorbereitende Ausschüsse sind Ausschüsse, die die Entscheidung des Gesamtaufsichtsrats nur durch eine Empfehlung vorzubereiten haben, während ein entscheidungsbefugter Ausschuss eine Angelegenheit, die in die Kompetenz des Aufsichtsrates fällt, endgültig entscheidet. Der Beschluss des Ausschusses des Aufsichtsrats hat die gleiche Wirkung wie der Beschluss des Plenums. Sachgerecht ist daher eine differenzierende Sicht des Informationsregimes.[179]

125 **Ein vorbereitender Ausschuss** hat umfassend an das Plenum zu berichten, nur so kann der Aufsichtsrat seinerseits seinen Aufgaben der Beschlussfassung nachkommen.[180] Sinnvoll ist es dabei aber, dass das umfassende Auskunftsverlangen dem Plenum erst nach Abschluss der Tätigkeit des vorbereitenden Ausschusses zukommt. Einzelaspekte im Rahmen der Vorbereitung[181] brauchen dem Plenum nicht offengelegt zu werden. Allenfalls kann der Aufsichtsratsvorsitzende auch widersprechen, wenn nach seiner Sicht noch ein Geheimhaltungsinteresse gegeben ist.[182] Allerdings ist dies mit dem Abschluss der Vorbereitungstätigkeit des Ausschusses nicht mehr anzuerkennen.

126 **Unmittelbare anknüpfende Entscheidung**: In ähnlicher Weise wird man ein vollständiges Auskunftsverlangen für die Aufsichtsratsausschüsse anzuerkennen haben, die zwar selbstständig entscheiden, deren Entscheidung aber unmittelbar an eine Folgeentscheidung des Gesamtaufsichtsrats vorgelagert ist oder ein notwendiger Bestandteil für die Entscheidungsfindung des Gesamtaufsichtsrats ist.

127 **Ein typisches Beispiel** dafür ist etwa der Vorstandsvertrag des Personalausschusses der AG. Der Gesamtaufsichtsrat muss nicht alle Vertragsentwürfe und alle verhandelten und dann nicht vereinbarten Vertragsbestandteile kennen, das Ergebnis und den fertigen, unterschriebenen Vertrag bzw unter der aufschiebenden Bedingung der Bestellung stehenden Vertrag jedoch sehr wohl. Damit wird auch das abgestufte Regime der zeitlich verzögerten Geheimhaltung zwischen vorbereitendem Ausschuss oder unmittelbar parallel arbeitenden Ausschuss wegen einer vorbereitungsähnlichen Angelegenheit deutlich.

128 **Vorstandsvertrag**: Dem Gesamtaufsichtsrat muss der ganze Vorstandsvertrag offengelegt werden. Die Aufsichtsratsmitglieder, die eine Person zum Vorstand bestellen, müssen alle Konditionen kennen, sonst fehlen ihnen maßgebliche Ent-

---

[179] *Dellinger/Schellner* in FS Nowotny 245, 260.

[180] *Dellinger/Schellner* in FS Nowotny 260; *Rellermeyer*, Aufsichtsratsausschüsse 225 f.

[181] *Lutter/Krieger/Verse*, Rechte und Pflichten des Aufsichtsrats⁶ § 11 Rz 787; *Spindler* in Spindler/Stilz, AktG³ § 107 Rz 118 ff; *Semler*, AG 1988, 60, 65.

[182] *Geist* in Achatz/Jabornegg/Karollus, Aktuelle Probleme 121, 145.

scheidungsgrundlagen, gerade auch für die Bestellung und für die nachfolgende Überwachung.[183] Der Vorstandsvertrag des Aufsichtsrats der AG ist daher allen Mitgliedern des Aufsichtsrats, den Kapitalvertretern und Arbeitnehmervertretern, vor Beschlussfassung über die Bestellung bekanntzumachen. Sie müssen zur Besorgung der aufgrund der Personalkompetenz und damit einhergehenden Befugnis der Bestellung der Aufsichtsratsmitglieder die Vertragsregelung kennen. Nur so können sie ihren Sorgfaltspflichten bei Bestellung der Verbindung von Anreiz und Vergütung bei der Bestellung des Vorstands sorgfaltsgemäß nachkommen. Nicht erforderlich ist es dabei, dass der Vorstandsvertrag an die einzelnen Mitglieder versendet wird, auch nicht, dass der Vertrag in Kopien verteilt wird. Es reicht die Mitteilung des Abschlusses des Vorstandsvertrages durch den Ausschuss (Personalausschuss) und die Möglichkeit der Einsichtnahme durch die einzelnen Aufsichtsratsmitglieder.[184] So kann das Spannungsverhältnis von Geheimhaltungsinteresse und Verpflichtung zur sorgfaltsgemäßen Besorgung der Personalkompetenz aller Aufsichtsratsmitglieder in sachgerechter Weise gelöst werden. Nach deutschem Recht ist nicht nur die Bestellkompetenz, sondern auch die Kompetenz zum Abschluss des Vorstandsvertrages Angelegenheit des Plenums. Dies ist auch Ausdruck der allgemeinen Zuständigkeit der Personalkompetenz des Aufsichtsrats gegenüber dem Vorstand.

Keine Personalkompetenz: Kommt hingegen einem Aufsichtsrat nicht die 129
Kompetenz zur Bestellung des Vorstandes zu, wie etwa dem Aufsichtsrat einer GmbH oder dem Aufsichtsrat einer Genossenschaft, so ist es nicht erforderlich, dass vor Bestellung des Vorstands durch die Generalversammlung der GmbH oder der Generalversammlung der Genossenschaft dem gesamten Aufsichtsrat der vollständige Vorstandsvertrag zur Einsicht zur Verfügung gestellt wird. Vielmehr reicht in dem Fall, in dem die Aufsichtsratsmitglieder nur Überwachungsbefugnisse haben, ein Ergebnisbericht.[185] Die Aufsichtsratsmitglieder brauchen den Vertrag nicht im Detail zu kennen. Dabei reicht aber nicht das Aufschlüsseln der Vorstandsbezüge nach den einzelnen Mitgliedern und ein Aufschlüsseln nach fester und variabler Vergütung. Vielmehr sind wiederum die Vertragslogik und die einzelnen Anreizmechanismen und deren Wirkungsgrad und Ausmaß klar festzulegen.[186] Der Grund liegt einfach darin, dass der Aufsichtsrat ohne genaue Kenntnis der Anreizwirkungen[187] seiner Personalverantwortung nicht nachkommen kann. Ein schlichter Betrag oder grobe Aufschlüsselung reichen nicht. Nur so kann etwa in der nachfolgenden Überwachung sichergestellt werden, dass Aufsichtsratsmitglieder rechtzeitig erkennen, warum ein Vorstandsmitglied ein bestimmtes Projekt, an das eben bestimmte Anreizwirkungen und Bonusregelungen bei Verfolgung oder Verwirklichung anknüpfen, deutlich stärker forciert und verfolgt als ein anderes, mindestens so wichtiges Vorhaben der Gesellschaft oder Genossenschaft.

Entscheidungsbefugte Ausschüsse: Ein umfassender Informationsanspruch 130
besteht gegenüber entscheidungsbefugten Ausschüssen, die endgültig und ab-

183 *Kalss* in FS Nowotny 353, 356.
184 *Kalss* in FS Nowotny 356 FN 25.
185 So ausdrücklich *Dellinger/Schellner* in FS Nowotny 253.
186 Deutlich enger *Dellinger/Schellner* in FS Nowotny 253 f.
187 Dazu *Dauner-Lieb/Von Preen/Simon*, DB 2010, 377; *Kalss* in FS Nowotny 356.

schließend über eine bestimmte Maßnahme entscheiden, etwa bei einem Projektausschuss, der über bestimmte Investitionen für den Aufsichtsrat entscheidet und der Aufsichtsrat keine weitere, daran unmittelbar anknüpfende Maßnahme entscheidet. Ein weiteres Beispiel bildet etwa auch ein Kredit- oder Risikoausschuss. Die Entscheidung über die Gewährung eines Kredits durch Vorstand und Aufsichtsrat ist bei Übertragung der Entscheidungsbefugnis endgültig. Der Bericht an den Gesamtaufsichtsrat ist nur soweit erforderlich als dies zur Wahrnehmung der dem Plenum zukommenden Überwachungsaufgabe erforderlich ist. Somit ist bei diesen Aufsichtsräten keine Detailinformation erforderlich.[188] Für die einzelnen Aktivitäten reicht grundsätzlich ein knapper Ergebnisbericht (vgl *Schimka* Rz 29/63 ff).[189]

131 **Ergänzende Berichte** hat der Ausschuss zu erteilen, sofern der Gesamtaufsichtsrat die Beantwortung ergänzender Fragen befürwortet, dh er legt dies in einen Beschluss.[190] Der Gesamtaufsichtsrat kann durch Beschluss auch die Einsichtnahme in Protokolle, ergänzende Sitzungsunterlagen sowie in die einzelnen genehmigten oder für die Beschlussfassung des Ausschusses vorliegende Verträge verlangen.[191]

132 **Einzelne Aufsichtsratsmitglieder**: Komplementär zu der Durchsetzung der Berichterstattung durch den Gesamtaufsichtsrat haben auch zwei Aufsichtsratsmitglieder, somit ein Aufsichtsratsmitglied, das durch ein anderes Aufsichtsratsmitglied gem § 95 Abs 2 AktG, § 30j Abs 2 GmbHG sowie § 24e Abs 1 GenG (§ 58 Abs 2 SE-G) einen Anspruch auf ergänzende Berichterstattung.[192]

133 **Teilnahmerecht**: Die Information kann auch durch einzelne Aufsichtsratsmitglieder, die dem Aufsichtsratsausschuss nicht angehören, erlangt werden. Diese Aufsichtsratsmitglieder können die von ihnen erwünschte Information auch durch Teilnahme an den Sitzungen des Ausschusses erlangen, dem sie nicht angehören. Ausschussfremde Aufsichtsratsmitglieder sind gem § 93 Abs 2 AktG, § 30h Abs 2 GmbHG (§ 52 Abs 2 SE-G) grundsätzlich berechtigt, an den Ausschusssitzungen teilzunehmen. Ebenso steht dieses Recht ausschussfremden Mitgliedern in Genossenschaften zu.[193]

134 **Teilnahme – Einsicht**: Mit dem Teilnahmerecht ist auch die Befugnis verbunden, Einsicht in die Ausschussunterlagen und in das Sitzungsprotokoll zu nehmen

---

188 *Lutter/Krieger/Verse*, Rechte und Pflichten des Aufsichtsrats^6 § 11 Rz 787; *Geist* in Achatz/Jabornegg/Karollus, Aktuelle Probleme im Grenzbereich von Arbeits-, Unternehmens- und Steuerrecht (1998) 121, 128 ff und 134 ff, 142; ferner Rellermeyer, Aufsichtsratsausschüsse 224; *Semler*, AG 1988, 60, 65; *Spindler* in Spindler/Stilz, AktG^3 § 107 Rz 119.

189 *Dellinger/Schellner* in FS Nowotny 231, 253.

190 *Dellinger/Schellner* in FS Nowotny 231, 255; *Habersack* in MünchKomm zum AktG^4 § 107 Rz 166; *Mertens/Cahn* in KölnKomm zum AktG^3 § 107 Rz 142.

191 *Kalss* in Doralt/Nowotny/Kalss, AktG^2 § 93 Rz 57; *Dellinger/Schellner* in FS Nowotny 231, 255.

192 *Berger/Eckert*, GesRZ 2001, 175, 180 FN 61; *Geist* in Achatz/Jabornegg/Karollus, Aktuelle Probleme 121, 144 f; aA *Dellinger/Schellner* in FS Nowotny 231, 257.

193 *Kalss* in Doralt/Nowotny/Kalss, AktG^2 § 93 Rz 56; *Dellinger/Schellner* in FS Nowotny 231, 243, 247.

(vgl *Schimka* Rz 29/47 ff).[194] Das Teilnahmerecht der nicht dem Ausschuss angehörenden Aufsichtsratsmitglieder kann durch den Aufsichtsratsvorsitzenden gem § 93 Abs 2 AktG, § 30h Abs 2 GmbHG (§ 52 Abs 2 SE-G) auch durch den Aufsichtsratsvorsitzenden sowie durch die Satzung ausgeschlossen werden (*Schimka* Rz 29/47 ff).[195] Ebenfalls zulässig ist der Ausschluss durch den Gesamtaufsichtsrat.[196] Der Ausschluss kann für eine bestimmte Angelegenheit, für eine einzelne Sitzung vorgenommen werden. Der Ausschluss kann nicht pauschal nur für eine bestimmte Gruppe (Arbeitnehmervertreter) vorgenommen werden, sondern entweder insgesamt für alle ausschussfernen Mitglieder oder gegenüber denen ein echter Interessenkonflikt besteht, der die Informationsvorenthaltung konkret rechtfertigt.

Der Entzug des Teilnahmerechts führt nicht zum automatischen Verlust auch des Rechts auf Einsicht in Ausschussunterlagen, da es auf den Zweck des Teilnahmeausschluss ankommt. Dient der Ausschluss der ausschussfremden Aufsichtsratsmitglieder nur der Effizienzsteigerung, ist der Teilnahmeausschluss gerechtfertigt, nicht aber der Entzug des Einsichtsrechts. Besteht hingegen eine entsprechende sachliche Rechtfertigung, dh ist der Ausschuss vor allem aus Vertraulichkeitsüberlegungen eingesetzt worden, so kann auch das Einsichtsrecht entzogen werden. Dies ist vom jeweils zuständigen Organ festzuhalten,[197] nach denen das Einsichtsrecht automatisch mit dem Teilnahmerecht wegfällt, wenn das Teilnahmerecht aus Vertraulichkeitsgründen eingeschränkt wird. Der Teilnahmeausschluss kann auch einen Ausschluss für die Einsichtnahme mitumfassen. 135

Arbeitnehmervertreter sind vom Personalausschuss ausgeschlossen. Wie dargelegt ist es sachgerecht, die Einsichtnahme in vorbereitende Unterlagen (etwa Erwägungen zur Ablehnung bestimmter Vertragsklauseln oder abgelehnte Vertragsklauseln) sind von der Einsichtnahme mitauszuschließen, nicht aber das Ergebnis, nämlich den ausgehandelten Vorstandsvertrag. 136

XI. Information nach außen

Grundsatz – Vorstand: Der Vorstand ist Leitungsorgan und damit auch zur Vertretung der Gesellschaft befugt und hat daher auch gegenüber Außenstehenden und der Öffentlichkeit zu kommunizieren. Die Aufsichtsratsmitglieder haben hingegen nach außen keine Informationen an die Öffentlichkeit zu geben. 137

Gesetzliche Zuständigkeiten des Aufsichtsrates: Das Gesetz räumt dem Aufsichtsratsvorsitzenden mehrfach explizite Zuständigkeiten ein, in denen er auch nach außen hin auftreten muss, so etwa als Vorsitzender der Hauptversamm- 138

[194] *Kalss* in Doralt/Nowotny/Kalss, AktG² § 93 Rz 56; *Habersack* in MünchKomm zum AktG⁴ § 109 Rz 23.

[195] *Kalss* in Doralt/Nowotny/Kalss, AktG² § 93 Rz 47; *Koppensteiner/Rüffler*, GmbHG³ § 30h Rz 8; *Dellinger/Schellner* in FS Nowotny 245, 248.

[196] *Kalss* in Doralt/Nowotny/Kalss, AktG² § 93 Rz 47; *Dellinger/Schellner* in FS Nowotny 245, 248.

[197] *Kalss* in Doralt/Nowotny/Kalss, AktG² § 93 Rz 43; *Geist* in Achatz/Jabornegg/Karollus, Aktuelle Probleme 121, 130; ferner Leyens, Information des Aufsichtsrats 283; *Dellinger/ Schellner* in FS Nowotny 245, 250.

lung oder bei bestimmten Firmenbuchanmeldungen, etwa bei einer Kapitalerhöhung oder einer Kapitalherabsetzung. Darüber hinaus ist der Aufsichtsrat der AG für die Personalagenden gegenüber dem Vorstand verantwortlich und hat daher bei Bedarf darauf bezogene Informationen zu erbringen.

139 **Kommunikationsordnung**: Selbst wenn das Aktiengesetz dafür keine explizite Regelung vorsieht,[198] ist es zulässig und sachgerecht, dem Aufsichtsratsvorsitzenden im Rahmen einer Kommunikationsordnung die Möglichkeit einzuräumen, entsprechende Investor Relations eigenständig zu pflegen.[199] Diese **Kommunikationsordnung** muss mit dem Vorstand abgesprochen und vereinbart sein. Der Aufsichtsrat kann entscheiden, ob er als Kollegialorgan auftritt oder allein den Aufsichtsratsvorsitzenden zum Kommunikator und Sprachrohr nach außen macht. Der Vorstand hat darauf keinen Einfluss. Dies ist allein Entscheidung des Aufsichtsrates.[200]

140 **Repräsentation**: Von der Information ist die schlichte Repräsentation zu unterscheiden, somit der Auftritt für die Gesellschaft in der Öffentlichkeit bzw bei bestimmten Veranstaltungen. Primär kommt auch diese Aufgabe nur dem Vorstand zu; gerade aber der Aufsichtsratsvorsitzende hat und kann diese Aufgabe auch wahrnehmen; gegebenenfalls je nach Bedarf auch die sonstigen Aufsichtsratsmitglieder (vgl zur Kostentragung *Kalss* Rz 50/58 ff).

XII. Verwendung elektronischer Medien für Arbeitsorganisation

A. Praktische Bedeutung

141 **Zunehmend** sind unterschiedliche Formen elektronischer und informationsgestützter Organisationsformen im Gebrauch, die die Tätigkeit des Aufsichtsrats unterstützen.[201] Unternehmen gehen zunehmend darauf über, Einladungen an Aufsichtsratsmitglieder auch oder vielmehr ausschließlich per Mail oder mithilfe eines sonstigen elektronischen Mediums auszuschicken (vgl *Eiselsberg/Bräuer* Rz 24/75). Einladungen müssen nicht mehr mittels eingeschriebenen Briefs oder eines Boten übermittelt werden. Damit sparen Unternehmen **Zeit und Kosten** bei der Aufbereitung und Versendung (Vervielfältigung) der Unterlagen. Dem Vorteil der Kostenersparnis steht ein hohes Risiko der **ungesicherten Informationsweiterleitung** gegenüber (Gefahr für Datensicherheit); das Risiko ist daher unbedingt durch entsprechende Maßnahmen (Verschlüsselung, PIN-Code-Zugang etc) einzuschränken.

142 **Textform**: Das Gesetz lässt die Einladung des Aufsichtsrats mittels Textform gem § 13 Abs 2 AktG zu. Textform bedeutet, dass einfach der Text für die Einladung mit einer gescannten Unterschrift oder auch nur die Angabe des Namens des

---

198 *Von Schenck*, AG 2010, 649, 651 ff; *Koch/Hüffer*, AktG[11] § 107 Rz 8.

199 *Fleischer/Bauer/Wansleben*, DB 2015, 360, 365; *Steinbach*, BOARD 2013, 219, 223; *Koch* in Fleischer/Koch/Kropff/Lutter, 50 Jahre Aktiengesetz 65, 92.

200 *Koch* in Fleischer/Koch/Kropff/Lutter, 50 Jahre Aktiengesetz 92.

201 S nur *März*, Der Aufsichtsrat 2/2015, 24.

Aufsichtsratsvorsitzenden ohne echte oder ohne Scan-Unterschrift möglich ist. Dies sollte in der Satzung oder in der Geschäftsordnung des Aufsichtsrats klargestellt werden.

Einsatzmöglichkeiten: Dem Aufsichtsrat stehen unterschiedliche Medien offen; etwa die Mailnutzung oder ein elektronischer Datenraum (Share Point oder virtueller board room).[202] Ein Share Point hat den Vorteil, dass die Daten nicht über Mail verschickt werden und damit diese Gefahrenquelle ausscheidet. Umso mehr Augenmerk ist auf die **Sicherung des Zugangs** zu legen. Die elektronischen Medien können in unterschiedlicher Form eingesetzt werden, nämlich 143

- als Übermittlungsmedien für **Einladungen** und sonstige Informationen, somit Unterlagen,
- als Medium für die **Organisation der Kommunikation** unter den Aufsichtsratsmitgliedern
- als Medium für die Kommunikation zwischen dem **Vorstand** und dem **Aufsichtsrat** und seinen Mitgliedern
- als **Plattform** für die Organisation von **Beschlussfassungen** im Umlaufweg,
- als Plattform für die **Kommunikation mit dem Abschlussprüfer** und sonstigen ausgewählten **Sachverständigen**, wie etwa einem ad hoc beizuziehenden Verschmelzungsprüfer, einem Gründungsprüfer bei einer Kapitalerhöhung etc,
- schließlich als Plattform für die Kommunikation mit **weiteren Mitarbeitern** des **Unternehmens**.

B. Rechtliche Überlegungen für elektronischen Datenraum

Zugangsberechtigung: Aus diesen technisch möglichen Einsatzmöglichkeiten ergeben sich zahlreiche Rechtsfragen, die sich gerade auch auf das Informationsregime beziehen. Von entscheidender Bedeutung ist zunächst die Frage, wer überhaupt Zugang zu diesem elektronischen Informationsmedium hat, nämlich ob nur die Aufsichtsratsmitglieder selbst oder auch der Vorstand, dh jedes einzelne Vorstandsmitglied, Zugang hat. Als weitere Gruppe kommen die Assistenten des Aufsichtsratsvorsitzenden (vgl dazu Rz 28 ff; *Kalss* Rz 3/46 ff), allenfalls auch weitere persönliche Mitarbeiter einzelner Aufsichtsratsmitglieder in Betracht. Das Gleiche gilt auf Vorstandsebene: Nicht nur das einzelne Vorstandsmitglied, sondern zusätzlich auch noch die persönlichen Mitarbeiter der einzelnen Vorstandsmitglieder werden oder können einen unmittelbaren Zugang haben, etwa ein Generalsekretariat oder eine sonstige Stabstelle. Dies hängt jeweils von der konkreten Organisation in der Gesellschaft ab. Dabei können unterschiedliche Zugangsformen und die unterschiedliche Zugänglichkeit zu einzelnen Informationen gestaltet werden. 144

Sonstige Personen: Weiters ist zu überlegen, ob ausnahmsweise auch noch weitere Personen Zugang haben, etwa der Abschlussprüfer – jedenfalls in eingeschränkter Weise – oder auch noch sonstige Mitarbeiter jeweils projektbezogen. Dies hängt wiederum von der Organisation ab. 145

202 *März*, Der Aufsichtsrat 2/2015, 25.

146 **Administration des elektronischen Datenraums**: Eine weitere ganz maßgebliche Frage liegt darin, zu klären, wer dieses Informationssystem administriert, nämlich ob dies tatsächlich in der Hand des Aufsichtsrates liegt und einem eigens nur dem Aufsichtsrat Unterworfenen, einer ausschließlich dem Aufsichtsrat unterstellten Person als Administrator zufällt oder einer Person, die dem Vorstand dienstlich unterstellt ist und die Aufgaben für den Aufsichtsrat nur mitbetreut oder schließlich ob dies ein dritter, außenstehender externer Dienstleister, der einfach diese Informationsdienstleistung anbietet, leistet. Bei Klärung der Fragen und Festlegung der Zuständigkeiten muss klar sein, dass damit Kontroll- und Einflussmöglichkeiten einhergehen. Die Gesellschaft bzw der Aufsichtsrat sollen daher die Zuordnung unter Berücksichtigung der Kosten, der Gewährung der Sicherheit und möglichen Einflussverschiebungen überlegen. Die genauen Rechte und Pflichten sowie deren Sanktionierung sind in einem Administratoren- und Wartungsvertrag festzulegen.

147 **Information lesen und ergänzen**: Jedenfalls stellt sich die Frage, wer das System als Leser nutzen darf und wer Informationen einspeisen darf und in welcher Weise dies geschieht.

148 **Dokumentation der Nutzung**: Vorab ist zu klären, ob gespeichert und dokumentiert werden darf, ob und wie häufig einzelne Zugangsberechtigte, insbesondere Aufsichtsratsmitglieder und Vorstandsmitglieder, tatsächlich von der Information über das Informationssystem Gebrauch machen, somit Unterlagen abrufen und somit lesen. Durch die Vereinfachung der Übermittlung und Zugänglichkeit entsteht damit eine nicht zu unterschätzende Kontrollmöglichkeit. Sicherzustellen ist daher, dass Dokumente zur Vorbereitung auch sonst und nicht nur im Datenraum abgespeichert werden können, sondern auch auf persönliche – für die Gesellschaft und den Administrator – nicht weiter zugänglichen Accounts. Umso wichtiger sind dafür klare Zugänge und Zuständigkeiten.

149 **Korrektur- und Austauschmöglichkeit der Dokumente**: Eine weitere Frage stellt sich, inwieweit Dokumente bei schlichten einfachen Schreib- und Rechenfehlern ausgetauscht werden können. Dies ist bei Übermittlung auf elektronischem Weg nicht mehr einfach möglich, anders als bei einfach ausgedruckten Dokumenten. Dies hängt wiederum eng mit der Zugangsberechtigung sowie mit der Dokumentation und Nachvollziehbarkeit des Zugangs, Eingriffs und der Verwendung der Unterlagen in Zusammenhang.

150 **Vertraulichkeits- und Verwendungsvereinbarung**: Weiters ist zu überlegen und jedenfalls zu empfehlen, dass all die Zugangsberechtigten über die allgemeine Vertraulichkeitsvereinbarung hinaus noch eigenständige Vertraulichkeitsvereinbarungen, gerade bezogen auf das System abschließen sollten; insbesondere sollte dabei auch das Ausscheiden eines Mitglieds aus dem Aufsichtsratsgremium und seine Berufung auf den Zugriff oder Eigenspeicherung bestimmter Unterlagen geregelt werden (vgl Rz 16).

IV. Aufsichtsratsvorsitz

Der Aufsichtsratsvorsitz

Leo W. Chini und Elisabeth Reiner

§§: 75 AktG, 86 AktG, 87 AktG, 88 AktG, 92 AktG, 93 AktG, 94 AktG, 95 Abs 2 AktG, 108 Abs 4 AktG, 28a Abs 1 GmbHG, 30 GmbHG, 30b, 30c und 30g GmbHG, 5 Abs 1 Z 6-13 BWG, 28a BWG, 271a Abs 1 UGB

Literatur

Ö: *Augustin,* Abkühlphase beim Wechsel eines Vorstandsmitglieds in den Aufsichtsrat, GES 2013, 4; *Endl/Zumbo*, Der Aufsichtsratsvorsitzende – Erster unter Gleichen?, in FS Nowotny (2015), 285-314; *Hecht,* Fit & proper: „Ich habe mich sehr intensiv vorbereitet", Die Presse, 31.10.2013**;** *Chini*, Strategische Planung als dominante Aufgabe des Aufsichtsrats, Aufsichtsrat aktuell, 2015, 1; *Chini*, Die höhere Verantwortung von Aufsichtsräten in Kreditinstituten, Aufsichtsrat aktuell, 2010, 11; *Fritz,* Ist Ihr Aufsichtsrat so gut wie Ihr Unternehmen?, Aufsichtsrat aktuell, 2013, 5; *Doralt/Notwotny/Kalss*, Kommentar Aktiengesetz, 2012, Wien: Linde; *HayGroup*, Non-executive directors in Europe, Dezember 2014; *Schima,* Organ-Interessenkonflikte und Corporate Governance, GesRZ 2003, 1999; *Maidorfer/Hoffmann*, Unternehmensaufsicht und ihre Wirksamkeit, Aufsichtsrat aktuell 2015, 8; *Muhri/Ertl/Gerlach/Griesmayr*, Persönliche Haftung der Geschäftsführer, Vorstände und Aufsichtsräte, 2013, Wien: Linde; *Nowotny,* Die Hauptversammlung und „ihr Protokoll", GES 2013, 228; *Schopper/Walch*, Ad-hoc-Publizität bei zeitlich gestreckten Sachverhalten – zugleich eine Besprechung von VwGH 2012/170554 ZFR 2014/164, 255; *Schönbacher,* Die Haftung des Aufsichtsrats bei Konkursverschleppung, Pflichten und Haftung des Aufsichtsrats bei Krise und Insolvenz, 2009, Wien: Linde; *Wachter*, Der Aufsichtsrat von Kreditinstituten nach der Umsetzung der CRD IV-Richtlinie in Österreich, ÖBA 2015, 96.

D: *Drinhausen/Marsch-Barner*, Die Rolle des Aufsichtsratsvorsitzenden in der boersennotierten Aktiengesellschaft, AG 2014, 337; *Hirsch/Sandt*, Der Beitrag deutscher Aufsichtsräte zu einer verantwortungsvollen Unternehmensführung deutscher Unternehmen: Konzeptionelle Überlegungen und empirische Erkenntnisse, Zeitschrift für Wirtschafts- und Unternehmensethik 6.2 (2005), 179; *Pfitzer/Oser* (Hrsg), Deutscher Corporate Governance Kodex, Ein Handbuch für Entscheidungsträger, 2003, Stuttgart: Schäffer-Poeschel Verlag; *Schaub,* Die innere Organisation des Aufsichtsrats, ZGR, 2009, 293-318; *Stimpel,* Chairman 2.0: Die Rolle des Aufsichtsratsvorsitzenden im 21. Jahrhundert, 2011, Heidrick & Struggles; *v. Schenk*, Der Aufsichtsrat und sein Vorsitzender – Eine Regelungslücke, AG 18/2010, 649.

Gliederung **Rz**

I. Einleitung

1 Dem Vorsitzenden des Aufsichtsrats (AR) kommt innerhalb des Aufsichtsgremiums eine besondere Bedeutung zu. Diese äußert sich einerseits in spezifischen gesetzlichen Regelungen, mehr jedoch noch in zahlreichen praktischen Aufgaben und Herausforderungen. *Kalss* stellt fest, dass die rudimentären gesetzlichen Regelungen mit der tatsächlichen Kompetenz und Bedeutung dieser Funktion nicht im Einklang stehen.[1] In der Tat gibt es überraschend wenige explizite gesetzliche Regelungen für die komplexe Anforderungsstruktur, die insbesondere der Vorsitzende zu erfüllen hat; dies macht Fragen der praktischen Funktionsausübung umso gewichtiger.

2 Das vorliegende Kapitel[2] nähert sich der Institution des AR folglich aus einer angewandten Perspektive und ergänzt somit die anderen im vorliegenden Handbuch enthaltenen Beiträge[3], die sich ebenfalls mit Fragen des Aufsichtsratsvorsitzenden (AR-Vorsitzenden) auseinandersetzen. Ziel ist es, die Berufsausübung des AR-Vorsitzenden vor dem Hintergrund der rechtlichen Rahmenbedingungen näher zu beleuchten: Es wird herausgearbeitet, was ein AR-Vorsitzender leisten und welche persönlichen Fähigkeiten er vorweisen muss[4], damit er seine gesetzlichen Aufgaben erfüllen und darüber hinaus zu einer effizienten Unternehmensführung sowie einer „*good governance*“[5] beitragen kann; als „*good corporate governance*“ gewinnt dieses Konzept auch in der Wirtschaftswelt weiter an praktischer Bedeutung.[6] Der AR und sein Vorsitzender haben Anteil an einer solchen Unternehmenssteuerung. Zentrales Argument des Beitrages ist die Bedeutung des AR-Vorsitzenden für den AR als *Kollektivorgan*. Der Kommunikationsaspekt gewinnt hier eine

---

1 Vgl *Kalss*, in Doralt/Notwotny/Kalss, AktG, § 92, Rz 17. Siehe auch *Drinhausen/Marsch-Barner*, Die Rolle des Aufsichtsratsvorsitzenden in der börsennotierten Aktiengesellschaft, AG 2014, 337 (337).

2 Vgl den von *Saxinger/Helml* verfassten Beitrag „Der Aufsichtsratsvorsitz“. Dieser ist in der Erstauflage des Handbuches Aufsichtsrat erschienen. *Saxinger/Helml,* Der Aufsichtsratsvorsitz (§ 20), in Kalss/Probst (Hrsg), Handbuch Aufsichtsrat, 1. Auflage (2010), 719-751.

3 Vgl insbesondere die Beiträge von *Kalss/Schimka* (§ 2), *Frotz/Schörghofer* (§ 8), *Nowotny* (§ 21), *Herbst*, *Hlawati/Schmidt (§ 29)*, *Heidinger* (§ 30), *Dellinger* (§ 31) und *Kalss* (§32).

4 Vgl dazu etwa die in Deutschland durchgeführte Studie des Beratungsunternehmens Heidrick & Struggles: *Stimpel*, Chairman 2.0: Die Rolle des Aufsichtsratsvorsitzenden im 21. Jahrhundert, 2011.

5 Dieses Konzept der guten Regierungsführung hat ausgehend von Politikwissenschaften und Staatstheorie in den letzten Jahren Eingang in die Betriebswirtschaftslehre und Managementtheorie genommen.

6 Vgl *Pfitzer/Oser* (Hrsg), Deutscher Corporate Governance Kodex, Ein Handbuch für Entscheidungsträger, 2003, Stuttgart: Schäffer-Poeschel Verlag, 7ff; *Hirsch/Sandt*, Der Beitrag deutscher Aufsichtsräte zu einer verantwortungsvollen Unternehmensführung deutscher Unternehmen: Konzeptionelle Überlegungen und empirische Erkenntnisse, Zeitschrift für Wirtschafts- und Unternehmensethik 6.2 (2005), 179-194.

entscheidende Bedeutung, und damit auch die Rolle des AR-Informationssystems für die Tätigkeit des AR; zur besseren Veranschaulichung wird im Beitrag eine beispielhafte Umsetzung einer effizienten Ablauforganisation dargestellt.[7]

In nicht wenigen Fällen hängt der Erfolg eines Unternehmens oder auch dessen Restrukturierung wesentlich von den Fähigkeiten des AR-Vorsitzenden ab.[8] Die gesetzlichen Bestimmungen können nur versuchen, diese vielfältigen Anforderungen so gut wie möglich zu fassen und festzuschreiben; die konkrete Art und Weise der Aufgabenumsetzung obliegt dem einzelnen AR-Vorsitzenden. Damit fällt diesem eine besonders verantwortungsvolle Funktion zu. Die Personalauswahl will daher von allen Seiten wohlüberlegt und aufgrund objektiver Kriterien getroffen werden. 3

II. Rahmenbedingungen des AR-Vorsitzes

A. Allgemeines

Während in der Aktiengesellschaft in jedem Fall zwingend ein AR einzurichten ist[9], ist dies bei der GmbH[10] und der Genossenschaft[11] nur bei Vorliegen bestimmter Voraussetzungen der Fall; in beiden Fällen kann und wird jedoch häufig freiwillig ein Aufsichtsorgan eingerichtet. Neben rechtsformspezifischen Normen greifen auch andere Gesetzesbestimmungen in das rechtliche Gefüge rund um den AR und seinen Vorsitz ein. Zu nennen sind hier beispielsweise die Bestimmungen des Bankwesengesetzes (BWG) oder auch des Arbeitsverfassungsgesetzes (ArbVG). Hinzukommen europäische Bestimmungen, wie die CRD IV-Richtlinie (RL 2013/36/EU).[12] Wie vielfach dargestellt, haben sich jedoch viele der heutigen Kompetenzen des AR-Vorsitzenden aus der Praxis und weniger aus gesetzlichen Ermächtigungen entwickelt.[13] 4

B. Auswahl des AR-Vorsitzenden

Die Ausgestaltung des gesetzlichen Rahmens für die Auswahl des AR-Vorsitzenden ist in den letzten Jahren im Wesentlichen unverändert geblieben. Neben zwingenden gesetzlichen Regelungen, insbesondere des AktG und GmbHG, trägt der Österreichische Corporate Governance Kodex (ÖCGK)[14] zum Regelwerk bei. 5

Der AR ist in erster Linie ein Kontrollorgan, dem der AR-Vorsitzende vorsteht. Aus der Mitte aller AR-Mitglieder wird in der Regel in der konstituierenden AR-Sitzung der AR-Vorsitzende sowie mindestens ein Stellvertreter gewählt (vgl § 92 Abs 1 AktG). Der AR-Vorsitzende repräsentiert das Kollegialorgan nach 6

7 Kapitel III D.

8 Vgl die Studie *Maidorfer/Hoffmann*, Aufsichtsrat aktuell 2015, 8. Zur öffentlichen Wahrnehmung des AR bei Fehlverhalten des Vorstands siehe *P Doralt/M Doralt* Rz 1/5, FN 7.

9 Vgl § 86 Abs 1 AktG.

10 Vgl § 29 GmbHG.

11 Vgl § 24 Abs 1 GenG.

12 Vgl *Wachter*, ÖBA 2015, 96.

13 Vgl *Saxinger/Helml* in Kalss/Kunz, Handbuch Aufsichtsrat[1], § 20 Rz 5.

14 In der Fassung Jänner 2015.

außen.[15] Obwohl der AR-Vorsitzende in der sozialen Gruppe AR eine besondere Rolle einnimmt, darf diese Stellung nicht missverstanden werden; es kommt ihm grundsätzlich weder ein Weisungsrecht zu noch darf er die Führung des AR dem Vorstand überlassen.[16] Der AR-Vorsitz muss in diesem Spannungsverhältnis seine Rolle so auszuüben, dass das Gruppenziel, letztlich Wohl und Erfolg des Unternehmens, erreicht werden kann.

7 Zunächst muss jedoch eine für den AR-Vorsitz geeignete Person gefunden werden, wobei damit der vom Gesetzgeber eigentlich vorgesehene Ablauf der Identifizierung und Auswahl eines Kollegialorgans, das dann aus seiner Mitte einen Vorsitzenden bestellt, zumeist aus pragmatischen Gründen auf den Kopf gestellt wird. Während entgegen der gesetzlichen Konzeption sich früher oft der Vorstand „seinen" AR ausgesucht hat[17], nehmen nun allerdings immer öfter die Eigentümer ihre Verantwortung wahr und treten zunächst an einen potentiellen AR-Vorsitzenden heran. Die Wahl der einzelnen AR-Mitglieder erfolgt schließlich durch die Hauptversammlung (vgl § 87 Abs 1 AktG).

8 Die Literatur weist auf den Grundsatz der Selbstorganisation des AR hin: so darf beispielsweise die Satzung oder die Geschäftsordnung keine, über funktionsbezogene Anforderungen hinausgehende, Voraussetzungen für die Bestellung eines AR-Vorsitzenden aufstellen.[18] Ein in der Satzung eingeräumtes Zustimmungsrecht eines bestimmten Aktionärs wäre daher als unzulässiger Eingriff zu werten.[19] Dies ändert jedoch nichts daran, dass insbesondere Kernaktionäre in der Praxis sehr wohl faktischen Einfluss auf die Aufsichtsratswahl nehmen.[20] Nicht automatisch handelt es sich dabei um eine generell abzulehnende Einflussnahme, da ein bestehendes Vertrauensverhältnis zwischen Aktionär (speziell einem Kernaktionär) und AR eine wesentliche Basis für zielgerichtete Unternehmensentscheidungen ist. Die tatsächliche Wahl zum AR-Vorsitzenden durch die anderen AR-Mitglieder ist in der Praxis somit meist Resultat strategischen Vorgehens, sodass es zu keinen überraschenden Wahlergebnissen kommt.

9 Große Unternehmen geben die schwierige und zeitkritische Verantwortung der Suche eines AR-Vorsitzenden und anderer AR-Mitglieder oft an spezialisierte Beratungsunternehmen weiter. Als AR-Vorsitzende infrage kommende Personen haben meist nur eine relativ knapp bemessene Bedenkzeit, um sich ein Engagement im Kontrollorgan eines Unternehmens zu überlegen. Daher muss von den Personen rasch überblickt werden, in welchem wirtschaftlichen Zustand sich das Unternehmen befindet, welche Umfeldbedingungen bestehen und welche Maßnahmen erforderlich sind. Gerade angesichts der bestehenden rechtlichen Verantwortlichkeiten kann erst nach vollständiger und umfänglicher Prüfung darüber entschieden werden, ob man sich der Wahl zum AR-Vorsitzenden stellt oder nicht.

---

15 *Kalss* in Kalss/Nowotny/Schauer, Gesellschaftsrecht 2008, Rz 3/534.

16 Vgl zur Diskussion „*primus inter pares*", *Endl/Zumbo* in FS Nowotny, 285 f.

17 Diese Praxis steht im Widerspruch zur gesetzlichen Konzeption des Verhältnis AR und Vorstand: Gemäß § 75 Abs 1 AktG wird nämlich der Vorstand vom AR bestellt. Es handelt sich dabei um eine der zentralen Gestaltungsmaßnahmen des AR.

18 *Endl/Zumbo* in FS Nowotny, 288 f, mwN.

19 Vgl *Endl/Zumbo* in FS Nowotny, 289.

20 Vgl *Endl/Zumbo* in FS Nowotny, 289.

C. Ausgewogene fachliche und persönliche Zusammensetzung des AR

10 Der Gesetzgeber verfolgt wie bereits eingangs angesprochen das Ziel, im Aufsichtsorgan die Expertise verschiedener Personen zusammenzuführen, um eine bestmögliche Ausgangslage für die Wahrnehmung der gesetzlichen Rechte und Pflichten herzustellen.[21] Nach der Identifizierung eines geeigneten AR-Vorsitzenden steht in der Praxis somit zunächst die Suche nach geeigneten und zur Verfügung stehenden weiteren AR-Mitgliedern an.

11 Diese Suche obliegt in vielen Fällen dem designierten AR-Vorsitzenden. Das Unternehmen kann hier von einem guten Netzwerk und einer hohen Reputation des AR-Vorsitzenden profitieren, indem der AR-Vorsitzende eigenständig und zielgerichtet qualifizierte Mitglieder für den AR ausmachen kann. Es ist nicht erforderlich, dass alle AR-Mitglieder dieselben Kenntnisse mitbringen, viel wichtiger ist, dass der AR als Kollegialorgan funktioniert und den einzelnen AR-Mitgliedern Aufgabenbereiche übertragen werden, zu denen sie auch tatsächlich fachlich beitragen können. Das bedeutet, dass der AR-Vorsitzende auf eine ausgewogene Zusammensetzung des Kollegialorgans achten muss und die potenziellen sozialen Dynamiken einzuschätzen weiß.

12 Gemäß § 87 Abs 2a AktG muss die Hauptversammlung bei ihrer Wahl „*auf die fachliche und persönliche Qualifikation der Mitglieder sowie auf eine im Hinblick auf die Struktur und das Geschäftsfeld der Gesellschaft ausgewogene Zusammensetzung des Aufsichtsrats*“ achten. Ziel ist es somit, dass die einzelnen Fähigkeiten zusammengefasst den AR zu einem effektiven und starken Kontrollorgan machen. Die unterschiedlichen Fähigkeiten können in den verschiedenen Ausschüssen eingebracht werden (vgl § 92 Abs 4 AktG). Zudem ist es möglich und auch zweckmäßig, dass es eine Aufgabenteilung vergleichbar der Ressortverantwortung der Vorstände vereinbart wird. Dies ändert jedoch nichts daran, dass der AR ein permanent tätiges Gremium ist und nicht nur in großen Abständen zusammenkommt. Der AR-Vorsitzende trägt dabei die Verantwortung, die Kontinuität des Handelns des AR sicherzustellen.[22]

13 Trotz der unterschiedlichen fachlichen Kompetenzen der AR-Mitglieder müssen diese alle für sich in der Lage sein, wichtige Entscheidungen zu beurteilen: „*Bei Geschäften, die wegen ihres Umfangs, der mit ihnen verbundenen Risiken oder ihrer strategischen Funktion für die Gesellschaft besonders bedeutsam sind, muss jedes Aufsichtsratsmitglied den relevanten Sachverhalt erfassen und sich ein eigenes Urteil bilden; dies umfasst regelmäßig auch eine eigene Risikoanalyse.*“[23]

---

[21] Innerhalb des AR kann zwischen Kapitalvertretern, Arbeitnehmervertretern, Stellvertretern von AR-Mitgliedern und Ersatz AR-Mitgliedern unterschieden werden. Vgl *Strasser* in Jabornegg/Strasser, AktG II⁵ § 86 AktG Rz 1 (Stand 1.3.2010, rdb.at).

[22] *v. Schenk* sieht in der Praxis eine „faktische Diskontinuität des Handelns des Aufsichtsrats“, AG 2010. 649. *v. Schenk*, AG 18/2010, 649 (651 f). Es handelt sich dabei weniger um das Problem einer Regelungslücke, als einer Lücke in der tatsächlichen Umsetzung der Aufsichtsratstätigkeit als permanenter Prozess.

[23] Erster Leitsatz OLG Stuttgart, Urteil vom 29. 2. 2012 – 20 U 3/11, bestätigt von BGH v. 6.11.2012 – II ZR 111712, AG 2013, 90 – VW Piëch. Vgl *Drinhausen/Marsch-Barner* (2014), 351.

Nicht nur aus diesem Zitat wird ersichtlich, dass sich der Charakter der Ausübung eines AR-Mandats in den letzten Jahren stark gewandelt hat[24]: Während bis zu den vermehrt aufgetretenen Strafanzeigen gegen Aufsichtsräte ein Mandat als AR-Vorsitz vor allem mit Repräsentationsaufgaben und einem geringen Zeitaufwand verbunden wurde, rückt nun vermehrt die hohe Verantwortung – die schließlich auch mit verschiedenen Haftungsrisiken[25] einhergeht – in den Mittelpunkt. *Drinhausen/Marsch-Barner* sehen bei der Risikoanalyse vor allem den AR-Vorsitzenden in der Verantwortung, da dieser *„das Vorgehen im Aufsichtsrat planen und umsetzen muss"*.[26]

D. Strategische Planung

14 Seiner Verantwortung für eine strategische Planung kann der AR nur nachkommen, wenn er die Umweltentwicklungen und die Stärken und Schwächen des Unternehmens kennt (vgl Abbildung 1). Das Aufsichtsrats-Informationssystem (AR-Informationssystem, vgl Kapitel III. B) ermöglicht eine Analyse der Stärken und Schwächen (SWOT-Analyse). Die Kenntnisse entscheidender Umweltszenarien erfordert jedoch umfangreiches externes Wissen, das bereits vor der Annahme des AR-Mandates vorhanden sein muss.[27] Dies will der Gesetzgeber durch die Normierung von Diversität im AR sicherstellen (vgl § 87 AktG). Verantwortlich für die tatsächliche Umsetzung ist der AR-Vorsitzende.[28]

15 Personalwechsel im AR stehen denn auch oft in Zusammenhang mit einer schwierigen wirtschaftlichen Situation im Unternehmen; kommt es beispielsweise aufgrund von zurückliegenden rechtlich und wirtschaftlich problematischen Unternehmensentscheidungen zu einem Wechsel des Vorstands, kann in weiterer Folge auch die Person des AR-Vorsitzenden von den Eigentümern hinterfragt werden.[29] Tatsächlich greifen Verantwortungen des Vorstands und des AR oftmals ineinander, sodass es zwangsläufig fragwürdig erscheint, wenn sich der AR-Vorsitzende im Falle konkreter Vorhalte, etwa im Zuge gerichtsanhängiger Handlungen oder Entscheidungen des Vorstands, auf Unkenntnis beruft.[30]

---

[24] Vgl *Fritz* (2013), 9.

[25] Vgl etwa *Muhri/Ertl/Gerlach/Griesmayr*, Persönliche Haftung der Geschäftsführer, Vorstände und Aufsichtsräte, 2013; *Schönbacher,* Die Haftung des Aufsichtsrats bei Konkursverschleppung, Pflichten und Haftung des Aufsichtsrats bei Krise und Insolvenz, 2009.

[26] *Drinhausen/Marsch-Barner* (2014), 351.

[27] Vgl *Chini*, Strategische Planung als dominante Aufgabe des Aufsichtsrates, Aufsichtsrat aktuell, 2015, 1 (4).

[28] Vgl *Chini* (2015), 1 (4).

[29] Abhängig von Größe und Ausrichtung des Unternehmens kann es in einer solchen Situation auch zu einer unternehmensinternen Kritik kommen.

[30] Vgl dazu etwa OLG Stuttgart, Urteil vom 29.2.2012 – 20 U 3/11.

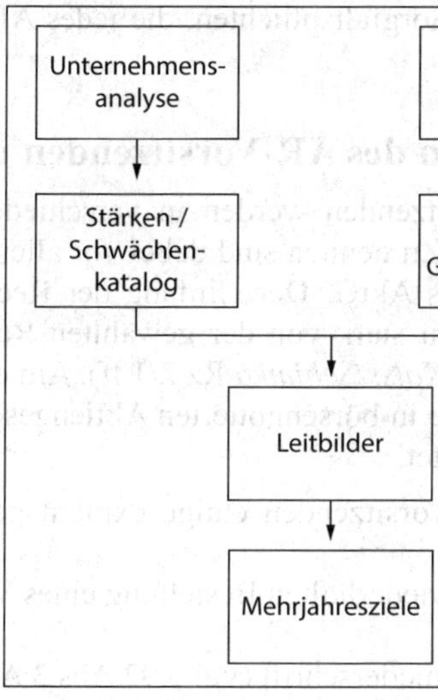

Abbildung 1: Strategischer Planungsprozess des AR[31]

E. Beschränkung Anzahl AR-Mandate

Die gesetzlich vorgesehene Beschränkung der Anzahl an individuellen AR-Mandaten ist als Konsequenz der mit der Funktion verbundenen Haftungsrisiken zu sehen.[32] Der Gesetzgeber möchte mit dieser Bestimmung zudem sicherstellen, dass die AR-Mitglieder und besonders der AR-Vorsitzende nicht mit zu vielen Mandaten betraut sind, da sonst die Gefahr besteht, dass sie nur mit ungenügender Qualität ausgeübt werden können. 16

Die individuelle Mandatsgrenze beträgt zehn AR-Sitze in Kapitalgesellschaften (AG, SE, GmbH).[33] Die Ausübung eines AR-Vorsitzes ist dabei doppelt anzurechnen.[34] In börsennotierten Gesellschaften reduziert sich die maximale Anzahl an Aufsichtsratsposten gemäß § 86 Abs 4 Z 1 AktG auf acht. Die Bestimmungen sollen sicherstellen, dass der zeitliche Rahmen für eine verantwortungsvolle Funktionsausübung gewährleistet bleibt.[35] Der tatsächliche Aufwand hängt natürlich vom jeweiligen Einzelfall und der Größe des Unternehmens ab. Unerlässlich ist jedenfalls, dass ein AR-Mandat nur angenommen wird, wenn tatsächlich auch Zeit für eine angemessene Ausübung bleibt; dieses eigenverantwortliche Handeln 17

[31] Die Abbildung basiert auf *Chini*, Aufsichtsrats-Informationssystem, Wiesbaden: Gabler, 1988.

[32] Vgl § 86 Abs 2 und 4 AktG. Vgl *Strasser* in *Jabornegg/Strasser*, AktG II^5 § 86 AktG.

[33] Vgl § 86 Abs 2 Z 1 AktG.

[34] Vgl *Strasser* in *Jabornegg/Strasser*, AktG II^5 § 86 AktG. Die gesetzliche Bestimmung trägt hiermit dem Mehraufwand als AR-Vorsitzender Rechnung.

[35] Unklarheit besteht in der Lehre darüber, inwieweit ausländische Mandate anzurechnen sind, da das Gesetz darüber keine Auskunft gibt. *Kalss* sieht die Notwendigkeit einer Anrechnung. Vgl *Kalss* in *Kalss/Nowotny/Schauer*, Österreichisches Gesellschaftsrecht Kapitel 3.1, Rz 3/460.

ist Bestandteil der allgemeinen Sorgfaltspflichten, die jedes AR-Mitglied betreffen.[36]

F. Gesetzliche Aufgaben des AR-Vorsitzenden und ÖCGK

18 Die Aufgaben des AR-Vorsitzenden werden in verschiedenen gesetzlichen Bestimmungen festgeschrieben. Zu nennen sind dabei vor allem die spezifischen Reglungen des GmbHG und des AktG. Der Umfang der Rechte und Pflichten (AR-Kompetenzen[37]) hängt somit stark von der gewählten Rechtsform und der Art des Unternehmens[38] ab (vgl *Kalss/Schimka* Rz 2/1 ff). Am engsten ist die Regelungsdichte konsequenterweise in börsennotierten Aktiengesellschaften, an die sich auch primär der ÖCGK richtet.

19 Das Gesetz weist dem AR-Vorsitzenden einige explizit genannte Aufgaben zu:[39]

- schriftliche Bestätigung der wiederholten Bestellung eines Vorstandsmitglieds (§ 75 Abs 1 AktG),
- Unterzeichnung der Sitzungsniederschrift (vgl § 92 Abs 3 AktG),
- Entscheidung über die Teilnahme an Ausschusssitzungen für Nichtmitglieder (vgl § 93 Abs 2 AktG),
- Einberufung des AR auf Verlangen eines Mitgliedes (§ 94 Abs 1 AktG),
- Verlangen nach einem Bericht des Vorstands (§ 95 Abs 2 AktG),
- Vorsitz in der Hauptversammlung (vgl *Nowotny* Rz 28/1 ff),
- Verpflichtungen gemeinsam mit dem Vorstand bei Kapitalmaßnahmen (wie §§ 151, 155, 162, 180, 192, 194 AktG).

20 Der ÖCGK ergänzt wie angesprochen das Regelwerk rund um den AR. Er richtet sich primär an österreichische börsennotierte Aktiengesellschaften und in Österreich eingetragene börsennotierte Europäische Aktiengesellschaften (SE).[40] Ziel des ÖCGK ist es, Rahmenbedingungen für eine gute Unternehmensführung und Transparenz herzustellen. Seine Geltung beruht auf einer freiwilligen Selbstverpflichtung der Unternehmen, weshalb er auch als „*soft law*" bezeichnet wird.[41] Die zwingend zu erfüllenden Anforderungen werden durch die im jeweiligen Einzelfall bestehenden unternehmerischen Gegebenheiten in der Gesellschaft ergänzt (vgl *Kalss/Schimka* Rz 2/1 ff). Beispielsweise muss der AR-Vorsitzende von Kreditinstituten und Versicherungsunternehmen Sondervorschriften genügen.[42]

---

36 Vgl *Kalss* in *Kalss/Nowotny/Schauer*, Österreichisches Gesellschaftsrecht Kap. 3.1, Rz 3/460.

37 Vgl *Strasser* in Jabornegg/Strasser, AktG II[5] Vor §§ 86-99 AktG Rz 2; *Seeber* Rz 36/1 ff.

38 Vgl zu den Besonderheiten von Kreditinstitute den Beitrag von *Herbst* Rz 35/1 ff und von Versicherungsunternehmen den Beitrag von *Kalss/Wendt* Rz 38/1 ff.

39 *Kalss* in Kalss/Nowotny/Schauer, Gesellschaftsrecht 2008, Rz 3/534.

40 Vgl ÖCGK, Jänner 2015, 11.

41 Vgl Präambel ÖCGK, Jänner 2015, 12; vgl *P Doralt/M Doralt* Rz 1/5 f. Regelungen des ÖCGK dienen jedoch immer wieder als Grundlage für eine spätere gesetzliche Umsetzung. Vgl beispielsweise § 87 Abs 2a AktG, ErläutRV 1685 BlgNR XXIV. GP, 31.

42 Vgl dazu beispielsweise *Endl/Zumbo* in FS Nowotny, 291 f.

G. Entscheidungsfindung

Die Institution des AR wird zentral durch seine Rolle als Kollegialorgan geprägt, was sich insbesondere beim Entscheidungsfindungsprozess zeigt; die gesetzliche Vorgabe, gemeinsame Beschlüsse zu fassen, übt einen starken Einfluss auf die Entscheidungsgeschwindigkeit aus. Unternehmensspezifische Maßnahmen werden durch Beschlüsse des AR getroffen (vgl § 92 Abs 5 AktG). In bestimmten Situationen zeigt sich jedoch, dass gesetzliche Anforderung und Praxis auseinanderfallen. **21**

Da der AR-Vorsitzende Teil des Kollegialorgans AR ist, kann er nach dem gesetzlichen Leitbild keine Maßnahmen alleine beschließen; der AR-Vorsitzende ist bloßer „Repräsentant" des AR.[43] Er hat keine organschaftliche Vertretungsbefugnis[44] der Gesellschaft oder des AR (vgl *Kalss* Rz 23/61.[45] Nichtsdestotrotz ist es immer wieder notwendig, dass der AR-Vorsitzende – als primärer Ansprechpartner für außenstehende Personen und Institutionen (wie beispielsweise Behörden) – Entscheidungen zunächst, vorbehaltlich der späteren Zustimmung des AR, alleine treffen muss, da nicht die Zeit bleibt, um mit den anderen AR-Mitgliedern sofort Rücksprache zu halten und somit einen formellen Beschluss zu fällen. Diese Divergenz bringt das AR-Gremium und speziell den AR-Vorsitzenden in eine schwierige rechtliche Lage, welche bislang nicht gelöst ist. Soweit wie möglich sollten wichtige Entscheidungen somit jedenfalls in der gesetzlich vorgesehenen Weise im Kollegialorgan getroffen werden. **22**

Gemäß § 94 Abs 3 AktG muss zumindest viermal im Geschäftsjahr eine AR-Sitzung abgehalten werden. Zudem kann jedes AR-Mitglied sowie der Vorstand unter Angabe von Gründen verlangen, dass vom AR-Vorsitzenden eine Sitzung einberufen wird (vgl § 94 Abs 1 AktG). Sollte dieser einem solchen von mindestens zwei AR-Mitgliedern oder dem Vorstand geäußerten Verlangen nicht entsprechen, können die Antragsteller selbst den AR einberufen (vgl § 94 Abs 2 AktG). Der Gesetzgeber beschränkt für diesen Fall die faktische Einflussmöglichkeit des AR-Vorsitzenden, um das Wohl der Gesellschaft nicht potentiell zu gefährden. **23**

Die Ablauforganisation stellt sicher, dass alle AR-Mitglieder laufend auf der gleichen Informationslage aufbauen können. Im Regelfall sollte es daher in den AR-Sitzungen zu keiner Austragung von Konflikten kommen; die Sitzung ist eigentlich nur der formale Abschlusspunkt laufender Prozesse. Letztlich beschränkt sich die Tätigkeit als AR-Vorsitzender damit nicht auf die Teilnahme an den Sitzungen, da der AR als permanent wirkendes Kollegialorgan funktioniert. Dessen soziales Funktionieren zu gewährleisten ist zentrale Aufgabe des AR-Vorsitzenden, was die mit der Funktionsausübung verbundene Verantwortung verdeutlicht. **24**

Die Mehrzahl der vom AR-Vorsitz zu bewältigenden Aufgaben stellt sich jedoch im Zusammenhang mit Fragen der Organisation. Die gesetzlichen Grund- **25**

---

43 *Drinhausen/Marsch-Barner,* AG 2014, 348 mwN.

44 Der Gesetzgeber weist dem Kollegialorgan AR etwa in § 97 Abs 1 AktG eine mit den Vorstandsmitgliedern gemeinsame Vertretungsbefugnis der Gesellschaft zu. Vgl *Endl/Zumbo* in FS Nowotny, 308 f.

45 Vgl *Drinhausen/Marsch-Barner,* AG 2014, 348 mwN.

lagen können dieses Aufgabenspektrum nachvollziehbar nur am Rande fassen. Der folgende Abschnitt greift daher einige dieser praktischen Aspekte heraus und diskutiert sie.

III. Institution des AR-Vorsitzenden und Aufgabenbereiche

A. Fachliche und persönliche Eignung

26 Der AR-Vorsitzende bewegt sich in einem Spannungsfeld verschiedener Interessen. Diese Situation stellt ihn vor ganz besondere Herausforderungen, denen er sowohl fachlich als auch persönlich gewachsen sein muss. *Fritz* beschreibt vier Elemente, die ein AR grundsätzlich aufweisen muss: Vertrauen, Qualifikation, Eignung und Unabhängigkeit.[46] Schließlich ist von großer Bedeutung, wie der AR-Vorsitzende die Ausübung seiner Funktion anlegt und wie er sich unternehmensintern und in der Außenwahrnehmung positioniert. Obwohl der AR gesetzlich als Kontrollgremium des Managements fungiert, haben auch die Handlungen des AR Einfluss auf die Geschäftsführung, weshalb umfassende unternehmerische und fachspezifische Fähigkeiten erforderlich sind.

27 Das Gesetz schreibt keine spezifischen Anforderungen für AR-Vorsitzende vor. Der „Fit und Proper" Maßstab der Finanzmarktaufsicht (FMA) richtet sich an AR-Mitglieder und AR-Vorsitzende von Finanzinstituten[47] und basiert insbesondere auf §§ 5 Abs 1 Z 6-13 BWG sowie § 28a BWG (vgl *Seeber* Rz 36/1 ff). Diese von der FMA an den AR-Vorsitz gestellten Anforderungen beziehen sich bemerkenswerterweise vor allem auf das „Kennen und Können" [48] von Rechtsmaterien, was von der FMA auch tatsächlich geprüft wird.[49] Die Bestimmungen der FMA werden jedoch dem umfassenden Anforderungsprofil an AR nicht gerecht und begnügen sich mit einem regulatorischen Profil der AR-Mitglieder. Eine wichtige Rolle kommt bei der Berufsausübung jedoch den betriebswirtschaftlichen Fähigkeiten zu: Ohne betriebswirtschaftliches Wissen können die AR-Mitglieder weder geeignete Vorstandsmitglieder identifizieren, die Managemententscheidungen der Vorstände überprüfen, noch selbst geeignete Maßnahmen treffen.

28 Der Grad der notwendigen Fachkenntnisse hängt natürlich stark von dem jeweiligen Unternehmen und dessen Größe ab; so erfordert beispielsweise eine AR-Tätigkeit in einem international agierenden Unternehmen – beispielsweise in der Automobilbranche – sowohl außerordentliches betriebswirtschaftliches als auch technisches Wissen. Vor allem bei börsennotierten Unternehmen sind die Handlungen des AR von medialem Interesse. Die Funktion geht daher für AR-Vorsitzende mit einer nicht zu unterschätzenden Öffentlichkeitswirksamkeit einher: Die getroffenen Entscheidungen werden medial und öffentlich kommentiert und bewertet. Demzufolge können unbedachte öffentliche Äußerungen des AR-Vorsitzenden zu weitreichenden Folgen für das Unternehmen führen.[50]

---

46 Vgl *Fritz,* AR-Aktuell 2013, 5.

47 Vgl etwa *Chini*, 2010, 11.

48 Vgl *FMA*, Fit & Proper Rundschreiben, Stand November 2014, 18.

49 Vgl beispielsweise *Hecht*, Die Presse, 31.10.2013.

50 Vgl beispielsweise den Fall Volkswagen (VW), wo die öffentliche Kritik des AR-Vorsitzen-

Die Eigentümer des Unternehmens müssen festlegen, welches **Profil** der AR-Vorsitzende aufweisen soll. Neben den fachlichen Kenntnissen, die der AR-Vorsitzende vor seiner Wahl in den AR darlegen können muss[51], sind auch persönliche Eigenschaften erforderlich. Letztere lassen sich im Gegensatz zu den fachlichen Anforderungen nur schwer im Vorhinein überprüfen, tragen jedoch entscheidend zu einem erfolgreichen Wirken des Kollegialorgans bei. Der AR-Vorsitzende braucht neben dem Mut zur Übernahme von Verantwortung auch die persönliche Kapazität, die Unabhängigkeit des Kollegialgremiums auch tatsächlich in seiner Person zu verkörpern. Dies wird in entscheidendem Ausmaß durch das ihm entgegengebrachte Vertrauen der AR-Mitglieder bestimmt. 29

Eine solche Unabhängigkeit des AR-Vorsitzenden bedeutet hier in erster Linie, dass er nur dem Unternehmen verpflichtet ist. In diesem Zusammenhang sind so genannte Entsendungsrechte anzusprechen, da sie die Unabhängigkeit von AR-Mitgliedern potentiell gefährden können. Ein Entsendungsrecht, also das Recht, eine Person eigener Wahl in den AR zu entsenden, kann Aktionären sowohl aufgrund von gesetzlichen (§ 88 Abs 1 AktG, § 30c Abs 1 GmbHG) als auch vertraglichen Grundlagen zukommen.[52] 30

Derartige Entsendungsrechte sind zulässig (vgl *Kalss* Rz 9/1 ff), obwohl sie dem Bestellungsrecht durch die Hauptversammlung und dem Grundsatz des freien Mandats der AR-Mitglieder entgegenwirkend[53]: Auch wenn das entsendete AR-Mitglied dem Wohl der Gesellschaft und nicht dem Wohl des entsendenden Aktionärs verpflichtet ist, ist es naheliegend, dass es zu Interessenskonflikten kommen kann. Dies wird dadurch verstärkt, dass der entsendende Aktionär das AR-Mitglied jederzeit abberufen und durch ein neues AR-Mitglied ersetzen kann (§ 88 Abs 4 AktG, § 30c Abs 3 GmbHG). In der Praxis kommt es immer wieder vor, dass entsendete AR-Mitglieder ihr Unabhängigkeitsgebot verletzen und stattdessen die Interessen der Aktionäre vertreten, indem sie beispielsweise versuchen, Einfluss auf Personalentscheidungen zu nehmen. Treten derartige Konstellationen auf, kommt dem AR-Vorsitzenden eine besonders hohe Verantwortung zu, solche zielgerichteten Interventionen zu erkennen und hintanzuhalten. Dies muss vor allem mit der Perspektive der Sicherung der Objektivierung in der Entscheidungsvorbereitung erfolgen. 31

Wie bereits angesprochen, ist der AR-Vorsitzende die zentrale Ansprechperson des Unternehmens, welches er nach außen vertritt. Er steht somit im Mittelpunkt, wenn außenstehende Personen versuchen, beim AR zu intervenieren oder ihn inhaltlich zu beeinflussen. Der AR-Vorsitzende muss sich daher unter allen Umstän- 32

den Ferdinand Piëch am Vorstandsvorsitzenden Martin Winterkorn eine nachhaltige Eigendynamik auslöste.

51 Die erforderlichen Kenntnisse lassen sich beispielsweise über eine spezifische Berufserfahrung darlegen. Voraussetzung ist jedoch immer, dass das Unternehmen selbst weiß, welchen Anforderungen die AR-Mitglieder und eben vor allem der AR-Vorsitzende genügen müssen. Es muss also zunächst ein klares Anforderungsprofil erstellt werden, von dem ausgehend die Suche nach geeigneten Personen begonnen werden kann, die wie angemerkt oftmals durch spezialisierte Unternehmen vorgenommen wird.

52 Entsendungsrechte finden sich oft in Syndikatsverträgen.

53 Vgl *Strasser*, in *Jabornegg/Strasser*, AktG II[5] § 89 AktG, Rz 15.

den am Wohl des Unternehmens orientieren und sich seine Unabhängigkeit von verschiedenen Interessensgruppen bewahren.

33 In diesem Zusammenhang ist die so genannte „*Cooling-Off-Phase*" zu verstehen, die festlegt, dass nach dem Ausscheiden aus einem Vorstandsamt kein unmittelbarer Wechsel in den AR eines börsennotierten Unternehmens möglich ist (vgl § 86 Abs 4 Z 1 AktG, C-Regel 55 ÖCGK). Diese Praxis war noch vor einigen Jahren üblich, wurde jedoch im Jahr 2012 untersagt.[54] Der Gesetzgeber geht davon aus, dass ein nahtloser Funktionswechsel von der Unternehmensführung in das AR-Gremium nicht ohne Interessenskonflikte stattfinden kann. Der gesetzlich eingeführte zeitliche Abstand soll die notwendige Unabhängigkeit gewährleisten.[55] Nicht nachvollziehbar ist vor diesem Hintergrund, warum der Gesetzgeber die C-Regel 55 ÖCGK nur für börsennotierte Gesellschaften umgesetzt hat.

34 Die Rolle des AR und des AR-Vorsitzenden hat sich in den letzten Jahren stark gewandelt, sie zeichnet sich inzwischen durch eine zunehmende Professionalisierung aus. Die Position eines AR-Vorsitzenden geht mit einer hohen Verantwortung einher, die sich auch in einem nicht zu unterschätzenden Haftungsrisiko äußert. An dieser Stelle ist zu erwähnen, dass die Aufwandsentschädigungen für die AR-Mitglieder in vielen Fällen nicht so hoch sind wie öffentlich wahrgenommen. Das Entgelt muss jedenfalls den Aufwand und die Größe des Unternehmens widerspiegeln (vgl § 98 Abs 1 AktG);[56] auch kann die Suche nach qualifizierten Personen es notwendig machen, ein attraktives Entlohnungssystem einzusetzen. Die Kombination von Aufwand und Verantwortung wirft schließlich die Frage auf, ob das Amt des AR-Vorsitzenden in vielen Fällen hauptberuflich ausgeübt werden sollte.[57]

B. Implementierung eines AR-Informationssystems

35 Nach der erfolgreichen Wahl zum AR-Vorsitzenden liegt eine der ersten wichtigen Aufgaben in der Implementierung eines so genannten AR-Informationssystems. Dieses stellt die unumgängliche Basis dar, um alle AR-Mitglieder auf dem gleichen Informationsstand zu halten. Das System ist somit auch Basis wichtiger im Gremium zu treffender Entscheidungen. Darüber hinaus ist es Grundlage der Kommunikation mit dem Vorstand und den Eigentümern. Die zunehmende Komplexität in der Unternehmensführung verlangt nach einer zentral gemanagten und sicheren Datenbank, auf die die AR-Mitglieder zugreifen können.

36 Die Sicherstellung, dass der AR über alle notwendigen Informationen verfügt, kann als Holschuld bezeichnet werden[58]: Es liegt in der Verantwortung des AR, die richtigen Fragen zu stellen und die erforderlichen Unterlagen einzufordern. Der AR-Vorsitzende muss umfassend denken und verschiedene Szenarien mitberücksichtigen, damit überhaupt die strategisch richtigen Schritte getroffen werden können. Der AR kann sich eben nicht damit begnügen, dass der Vorstand ihn über eine bestimmte

---

54 BGBl I 35/2012.

55 Vgl ErläutRV 1685 BlgNR XXIV. GP, 31.

56 Vgl die Studie über AR-Vergütungen: *HayGroup*, Non-executive directors in Europe, Dezember 2014, 20ff (Daten für Österreich).

57 Vgl *Drinhausen/Marsch-Barner*, AG 2014, 350f.

58 Vgl auch *Drinhausen/Marsch-Barner*, AG 2014, 342 mwN.

Angelegenheit nicht informiert hat. Dieser Thematik liegt das grundsätzliche Problem zugrunde, dass sich die meisten AR-Mitglieder in einer indirekten Informationsstruktur bewegen müssen, auch wenn der Vorstand dem AR natürlich wichtige Informationen nicht vorenthalten darf.[59] Der AR muss sich darüber bewusst sein, dass Informationen, die er direkt vom Vorstand erhält, automatisch (wenn auch nur unbewusst) gefiltert sind.

Das AR-Informationssystem dient nicht zuletzt dazu, eine Monopolisierung der Informationen beim AR-Vorsitzenden hintanzuhalten. Es liegt in seiner Verantwortung, die anderen AR-Mitglieder miteinzubeziehen, wobei das AR-Informationssystem die technische Abwicklung ermöglicht. Abbildung 2 stellt in einem Modell die Interventionsmöglichkeiten des AR auf Basis eines AR-Informationssystems mit der Zielsetzung eines strategischen Controllings dar. **37**

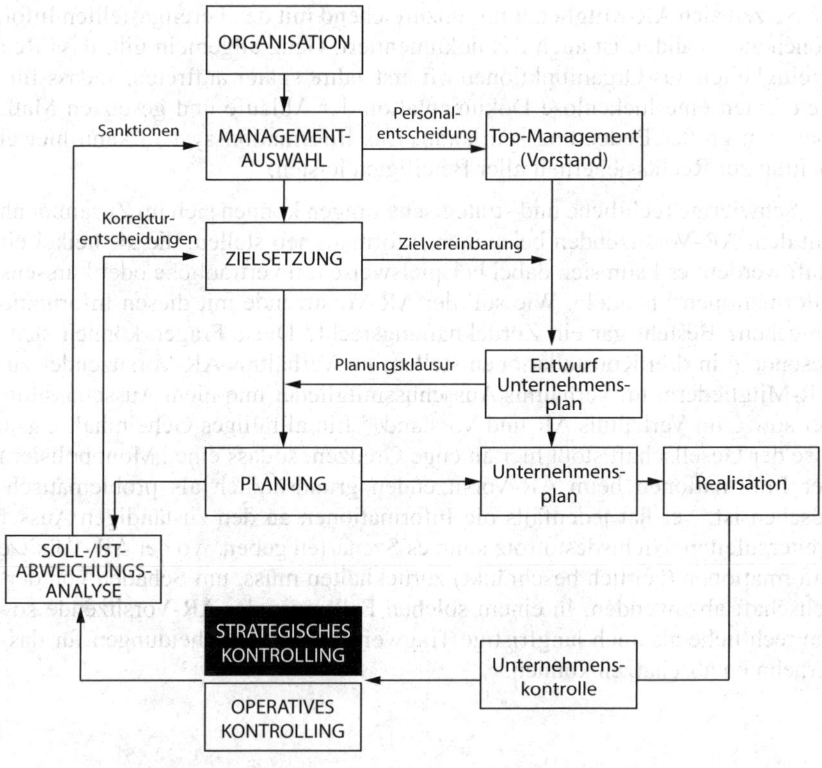

Abbildung 2: Modell eines AR-Informationssystems[60]

Die praktische Implementierung beruht auf der Anwendung von Sicherheitsstandards am aktuellen Stand der Technik: Jedes AR-Mitglied erhält einen Zugangscode und bekommt auf sein Mobiltelefon einen TAN übermittelt, so es auf die Datenbank zugreifen möchte. Dieses System ermöglicht sowohl, dass nur **38**

---

59 Vgl etwa § 28a Abs 1 GmbHG: Dem Vorsitzenden des AR sind wichtige Vorkommnisse sofort von den Geschäftsführern zu berichten.

60 Die Abbildung basiert auf *Chini*, Aufsichtsrats-Informationssystem, 1988.

berechtigte Personen zugreifen, als auch, dass dokumentiert ist, wer wann auf welche Dokumente zugegriffen hat. Die allgemeinen Sorgfaltspflichten fordern schließlich von den AR-Mitgliedern, dass sie sich regelmäßig mit den hochgeladenen Dokumenten[61] auseinandersetzen. Es besteht ebenso die Möglichkeit, für das Präsidium[62], bestehend aus dem AR-Vorsitzendem und seinen Stellvertretern, einen zugriffsgeschützten Order einzurichten, auf den nur die Präsidiumsmitglieder Zugriff haben; wichtige Dokumente und Angelegenheiten können auf diesem Weg vorab diskutiert werden. Das spielt besonders dann eine wichtige Rolle, wenn heikle Entscheidungen, wie beispielsweise die Abberufung eines Vorstandsmitglieds, in einer AR-Sitzung diskutiert werden müssen. Das Präsidium geht dann unter Umständen bereits mit einer einheitlichen Meinung in die Sitzung, um den Entscheidungsfindungsprozess zu vereinfachen.

39 Setzen sich AR-Mitglieder nur unzureichend mit den bereitgestellten Informationen auseinander, ist auch das dokumentiert. Ganz allgemein gilt, dass Rechtsstreitigkeiten aus Organfunktionen oft erst Jahre später auftreten, sodass für alle Beteiligten eine lückenlose Dokumentation der Abläufe und gesetzten Maßnahmen von großer Bedeutung sein kann. Das Informationssystem kann hier einen Beitrag zur Rechtssicherheit aller Beteiligten leisten.

40 Schwierige rechtliche und strategische Fragen können sich im Zusammenhang mit dem AR-Vorsitzenden bekannten Informationen stellen, die als heikel eingestuft werden; es kann sich dabei beispielsweise um vertrauliche oder kurssensible Informationen[63] handeln. Wie soll der AR-Vorsitzende mit diesen Informationen umgehen? Besteht gar ein Zurückhaltungsrecht? Diese Fragen können sich insbesondere in drei Konstellationen stellen: im Verhältnis AR-Vorsitzender zu den AR-Mitgliedern, im Verhältnis Ausschussmitglieder und nicht Ausschussmitglieder sowie im Verhältnis AR und Vorstand.[64] Ein allfälliges Geheimhaltungsinteresse der Gesellschaft stößt hier an enge Grenzen, sodass eine „Monopolisierung" der Informationen beim AR-Vorsitzenden grundsätzlich als problematisch anzusehen ist;[65] er hat jedenfalls die Informationen an den zuständigen Ausschuss weiterzuleiten. Nichtsdestotrotz kann es Szenarien geben, wo der AR-Vorsitzende Informationen (zeitlich beschränkt) zurückhalten muss, um Schaden von der Gesellschaft abzuwenden. In einem solchen Fall muss der AR-Vorsitzende sowohl die rechtliche als auch langfristige Tragweite seiner Entscheidungen für das Unternehmen abschätzen können.

---

61 Beispielsweise können im Zuge der Auswahl der Vorstandsmitglieder die Lebensläufe der Kandidaten zur allgemeinen Ansicht hochgeladen werden, sodass sich die AR-Mitglieder ausreichend mit der Personalentscheidung auseinandersetzen können.

62 Das so genannte Präsidium ist gesetzlich nicht vorgesehen. Ein Präsidium wird jedoch insbesondere in großen Aufsichtsräten regelmäßig eingerichtet, um die internen Abläufe zu erleichtern. Es besteht in der Regel aus dem AR-Vorsitzenden und seinen Stellvertretern.

63 Vgl dazu *Schopper/Walch*, ZFR 2014/164, 255.

64 Vgl *Endl/Zumbo* in FS Nowotny, 302 ff.

65 *Drinhausen/Marsch-Barner* sehen in Deutschland einen relativ weiten Ermessensspielraum des AR-Vorsitzenden. *Drinhausen/Marsch-Barner*, AG 2014, 341f.

C. Handling der Aufbau- und Ablauforganisation

Nach der erfolgreichen Implementierung des AR-Informationssystem stehen eine Reihe von wichtigen Maßnahmen an: die Auswahl des Managements, die Formulierung konkreter unternehmerischer Zielsetzungen und die Einführung eines strategischen und operativen Controllings. Für den Unternehmenserfolg ist eine umfassende strategische Planung durch den AR entscheidend.[66] Die Organisation dieses Planungsprozesses gehört zu den zentralen Aufgaben des AR-Vorsitzenden. **41**

Die Aufbauorganisation dient dabei in einem ersten Schritt dazu, innerhalb des AR bestimmte Strukturen bereitzustellen, innerhalb derer die AR-Mitglieder handeln.[67] Im Zuge dessen werden den einzelnen AR-Mitgliedern verschiedene Aufgabenbereiche übertragen.[68] Die Zuteilung sollte nach den fachlichen und persönlichen Kenntnissen der einzelnen Personen erfolgen, da nur so das volle Potenzial des Kollegialorgans ausgenutzt werden kann und die Personen gleichzeitig stärker an das Unternehmen gebunden werden. Gleichzeitig soll die Aufbauorganisation einen kritischen AR ermöglichen, der Entscheidungen hinterfragt und nicht unreflektiert mitbeschließt. Tatsächlich besteht jedoch das große Problem einer enormen Machtkonzentration auf den AR-Vorsitzenden und das Präsidium. Diese Machtkonzentration in der Person des Vorsitzenden und die damit einhergehende große Verantwortung stehen somit in einem Spannungsverhältnis zum AR als Kollektivorgan, wie es vom Gesetzgeber eigentlich vorgesehen ist. **42**

Dem AR steht die Möglichkeit offen, aus seiner Mitte Ausschüsse zu bilden, um beispielsweise Verhandlungen und Beschlüsse vorzubereiten (§ 92 Abs 4 AktG, § 30g Abs 4 GmbHG). Der Gesetzgeber sieht weitere Aspekte und Strukturen zwingend vor: Bei Vorliegen der Merkmale des § 271a Abs 1 UGB muss von den AR-Mitgliedern ein Prüfungsausschuss gebildet werden (§ 92 Abs 4a AktG, § 30g Abs 4a GmbHG). **43**

Der AR muss zudem Diversity-Vorgaben erfüllen. Diese sind gesetzlich vorgegeben (§ 87 Abs 2a AktG). Die Besetzung der Aufsichtsräte soll insbesondere in Bezug auf Geschlecht, Alter und Internationalität divers erfolgen. Das Thema Diversität ist auch Inhalt des ÖCGK (2015). Der AR-Vorsitzende trägt auch hier eine Mitverantwortung, dass die potentiellen AR-Mitglieder den Diversitätsvorgaben entsprechen. **44**

Diskussionen rufen immer wieder laut werdende Überlegungen hervor, verpflichtende „Frauenquoten“ in AR von öffentlichen und börsennotierten Unternehmen vorzugeben. Tatsächlich ist die Zahl von Frauen in Kontrollorganen weiterhin sehr niedrig. In Deutschland wurde inzwischen ein entsprechendes Gesetz verabschiedet.[69] Allerdings kommt es hier zu einem Spannungsverhältnis von gesellschaftspolitischen Zielsetzungen und der Privatautonomie der Unternehmen; dieser Konflikt gilt im speziellen für private Unternehmen, wo gesetz- **45**

---

[66] Vgl *Chini*, Aufsichtsrat aktuell 2015, 1.

[67] Vgl *Chini*, Aufsichtsrats-Informationssystem (1986), 83.

[68] Vgl *Chini*, Aufsichtsrats-Informationssystem (1986), 83.

[69] Vgl Gesetz für die gleichberechtigte Teilhabe von Frauen und Männern an Führungspositionen in der Privatwirtschaft und im öffentlichen Dienst, Bundesgesetzblatt vom 30.4.2015.

liche Diversitätsvorgaben einen großen Eingriff in Unternehmensführung bedeuten können.

46 Eine Herausforderung besteht darin, die AR-Mitglieder tatsächlich in die Entscheidungsfindung zu integrieren und zu einem aktiven Funktionsverständnis beizutragen. Der AR wird seinen Aufgaben nur gerecht, wenn er in den Ausschüssen eine kritische Sichtweise einbringt; dabei ist jedes einzelne Mitglied gefragt; die kompetenzorientierte Zuteilung zu den einzelnen Ausschüssen kann das Klima und damit eine kritische Beteiligungskultur positiv beeinflussen.

47 Essentielle Aufgabe des AR ist die Erstellung eines **Anforderungsprofils** für den **Vorstand**. Dabei spielen sowohl qualitative als auch quantitative Kriterien eine Rolle. Welche fachlichen Kenntnisse soll er ausfüllen und welche Funktionen soll er abdecken können? Welche Zahl an AR-Mitgliedern ist erforderlich, um die unternehmerischen Anforderungen abzudecken?[70]

48 Generell sieht sich der AR-Vorsitzende zu einem großen Teil damit konfrontiert, **ablauforganisatorische Maßnahmen** zu bewältigen. Dazu zählt insbesondere die Organisation und Vorbereitung der ordentlichen und außerordentlichen Hauptversammlungen, für deren ordnungsgemäße Durchführung er verantwortlich ist.

49 Dem AR-Vorsitzenden obliegt die **Verantwortung** für ein optimales **Zeitmanagement** des AR. Neben der Einhaltung der gesetzlichen Vorgaben für Entscheidungstermine sind die dafür erforderlichen Zeiten für die Entscheidungsvorbereitung so zu organisieren, dass die einzelnen AR-Mitglieder ausreichend Zeit für eine umfassende Vorbereitung dieser Entscheidungen haben. Dieser Anforderung steht die verbreitete Vorgehensweise der Verteilung von so genannten „Tischvorlagen“[71] kurz vor oder während der Sitzung entgegen. Diese Vorgangsweise ist rechtlich problematisch, weil sie den AR-Mitgliedern die Möglichkeit nimmt, sich umfassend und ausreichend mit der Entscheidungsvorbereitung zu beschäftigen, was schließlich zu ihren Kernaufgaben gehört.

50 Der AR-Vorsitzende hat daher die Verpflichtung, **Tischvorlagen** nicht zuzulassen, oder ihre Anwendung nur in Notfällen und nur für Themen von untergeordneter Bedeutung zu gestatten. In einem solchen Fall könnte die Sitzung auch für einen bestimmten Zeitraum unterbrochen werden, damit sich die AR-Mitglieder mit den Unterlagen auseinandersetzen können. Der AR-Vorsitzende muss jedenfalls Sorge tragen, dass für die einzelnen Entscheidungen ausreichend Zeit für Diskussion und Fragen zur Verfügung steht.

---

[70] Die Größe des AR ergibt sich zum Teil implizit bereits aus gesetzlichen Vorgaben. Im Bereich der Finanzinstitute ist eine strikte Trennung der Aufgabenbereiche Markt und Marktfolge vorgesehen. Dazu kommen noch die verpflichtenden Sitze für die Arbeitnehmervertreter, sodass der AR bereits organisatorisch zumeist aus vier Personen bestehen muss.

[71] Darunter werden Abstimmungsgegenstände verstanden, die erst kurzfristig über ausgeteilte Unterlagen bekanntgegeben werden.

D. Beispielhafte Umsetzung einer effizienten Ablauforganisation

Wie dargestellt kommt dem AR-Vorsitzenden die Verantwortung für eine effiziente Ablauforganisation zu. Obwohl die konkrete Umsetzung von Fall zu Fall unterschiedlich ist, stellt die folgende Punktation die Schlüsselelemente einer Ablauforganisation dar. Der umfassende Informationsaustausch stellt schlussendlich die Basis für eine effiziente AR-Sitzung dar. Ziel einer optimalen Ablauforganisation ist es, dass jegliche entscheidungsrelevanten Sachverhalte allen Beteiligten bekannt sind und sich somit neue Erkenntnisse nur mehr aus Diskussionen ergeben. Die einzelnen dargestellten Schritte und deren Reihenfolge können und müssen bei Bedarf angepasst werden. **51**

1. Permanenter Informationsfluss zwischen Vorstand und AR-Vorsitzenden;
2. Beschaffung von Detailinformationen nach Abstimmung mit dem Vorstand von anderen Mitarbeiterinnen und Mitarbeitern;
3. Beschaffung von Informationen aus externen Quellen;
4. Kontaktaufnahme mit relevanten Entscheidungsträgern, z.B. Bundesministerium für Finanzen, FMA, OeNB, EZB;
5. Informationsaustausch mit Rechts- und Wirtschaftsberatern des AR und der Gesellschaft;
6. Informationsaustausch mit dem Abschlussprüfer;
7. Beschaffung von Informationen über die interne Revision;
8. Informationsaustausch mit dem AR-Präsidium über eine eigens dafür implementierte Plattform;
9. Abstimmung mit AR-Mitgliedern, die über Spezialwissen verfügen;
10. Zusammenstellung der entscheidungsrelevanten Informationen;
11. Entwicklung eines Entscheidungsvorschlages;
12. Diskussion des Entscheidungsvorschlages mit dem Vorstand;
13. Diskussion des Entscheidungsvorschlages mit dem Präsidium des AR;
14. Übermittlung des mit dem Präsidium abgestimmten Vorschlages an den Vorstand;
15. Bereitstellung der entscheidungsrelevanten Informationen auf der Plattform für alle AR-Mitglieder, mit der Bitte um Stellungnahme;
16. Einbau der Stellungnahmen in den Entscheidungsvorschlag;
17. Abstimmung des Entscheidungsvorschlages mit Rechts- und Wirtschaftsberatern;
18. Abstimmung des Entscheidungsvorschlages mit Aufsichtsorganen;
19. Formulierung der Anträge für die Tagesordnung der AR-Sitzung;
20. Information der AR-Mitglieder über die Plattform;
21. Realzeitige Aussendung der Tagesordnung über die Plattform an die AR-Mitglieder, inklusive Bereitstellung aller entscheidungsrelevanten Unterlagen, dass sich die AR-Mitglieder umfassend auf die AR-Sitzung vorbereiten können;
22. Bereitstellung weiterer Informationen, die zwischen der offiziellen Aussendung und der AR-Sitzung noch zur Verfügung gestellt wurden.

E. Vermitteln und Gestalten

52 Der AR-Vorsitzende muss in der Ausübung seiner Funktion verschiedene Rollen ausfüllen. In der **Hauptversammlung ist er Moderator** und muss als solcher vermittelnd wirken. Die Hauptversammlung ist ein gruppendynamischer Prozess, bei dem die verschiedenen Interessen aufeinander stoßen. Die Dynamik hängt vor allem auch mit der Eigentümerstruktur zusammen.[72] Der AR-Vorsitzende muss strategische Ziele verfolgen, mit denen der Unternehmenserfolg gesichert werden soll. Er muss entscheiden, welche Informationen an die Aktionäre weitergegeben werden müssen und weitergegeben werden sollen. Am Ende muss er die getroffenen Entscheiden mittragen und verantworten; es hängt daher stark von seinen persönlichen Fähigkeiten ab, ob im Kollegialorgan und auch in der Hauptversammlung letztlich die Beschlüsse gefasst werden, die er für strategisch richtig hält (vgl *Nowotny* Rz 28/1 ff).

53 Der AR-Vorsitzende muss sich auch überlegen, in welcher Form in der Hauptversammlung **protokolliert** werden soll. Die Protokolle haben in einer nachträglichen Betrachtung heikler Entscheidungsfindungsprozesse eine wichtige Auskunftsfunktion. Es ist daher auf eine genaue und sorgfältige Protokollierung Wert zu legen; so sollten beispielsweise unterschiedliche Sichtweisen und Argumente der AR-Mitglieder im Zuge einer AR-Sitzung im Protokoll dokumentiert werden. Trotzdem stellt sich bei jeder Protokollierung die Frage, was genau protokolliert wird.[73] Eine weitere Absicherungsmöglichkeit liegt daher in digitalen Aufzeichnungen (Ton und/oder Film), wobei sich hier wieder die Frage anschließt, was mit den Aufzeichnungen geschieht. Eine nachträgliche Transkription der Aufnahmen wird in den meisten Fällen zu kostspielig sein. Werden die Aufnahmen aufgehoben, muss entschieden werden, über welchen Zeitraum.

54 Das Gesetz sieht für den AR-Vorsitzenden bestimmte **Vertretungsaufgaben** vor.[74] Er vertritt und repräsentiert das Unternehmen gegenüber Stakeholdern, wie der Österreichischen Nationalbank, Europäischen Zentralbank oder FMA. Mit dieser Vertretungsfunktion gehen auch Risiken einher. Für den AR-Vorsitzenden gilt daher, dass er das Unternehmen in allen seinen Bereichen kennen und verstehen muss. Der AR-Vorsitzende prägt mit seinem Verhalten die öffentliche Wahrnehmung des Unternehmens. Hingegen können grundlegende Fehlentscheidungen des Managements wie gezeigt unter Umständen auch für den AR-Vorsitzenden zu einem Problem werden.

55 Der AR-Vorsitzende steht in einem ständigen engen **Austausch** mit dem **Vorstand**. Obwohl der Gesetzgeber den AR als Kontrollorgan konzipiert und eine strenge Trennung zur Geschäftsleitung vorliegt, wird der AR und speziell der

72 Beispielsweise unterliegt die Hauptversammlung eines Unternehmens mit wenigen Eigentümern oder auch in Familienunternehmen einer anderen Dynamik als die einer Publikumsgesellschaft. Das persönliche Verhältnis zwischen Vorstand und AR hat ebenso einen Einfluss auf den Ablauf in der Hauptversammlung.

73 Vgl zu Fragen der Protokollierung in der Hauptversammlung: *Nowotny*, GES 2013, 228.

74 Der AR-Vorsitzende ist kein eigenständiges Organ des Unternehmens und auch nicht Vertreter des AR. Für eine rechtswirksame Vertretung des AR muss eine rechtsgeschäftliche Vertretungsmacht vorliegen.

AR-Vorsitzende faktisch zu einem Teil des Managements. Das bedeutet, dass die Grenzen der Kompetenzen zwischen Vorstand und AR verschwimmen. Diese Tatsache widerspricht der im Aktiengesetz vorgesehenen strikten Trennung zwischen Unternehmensführung und Kontrolle (vgl §§ 70 Abs 1 und 95 Abs 1 AktG).

Entscheidungen des AR-Vorsitzenden, beispielsweise welche Anträge in der Hauptversammlung zugelassen werden oder der Genehmigung von Investitionen, greifen immer auch in die Geschäftsführung ein. Diesem Effekt sollte sich sowohl der Vorstand als auch der AR bewusst sein. Eine zu enge Involvierung in Angelegenheiten des Vorstandes birgt zudem die Gefahr, dass die Distanz, und letztlich die Kontrollkompetenz, verloren gehen. Der AR-Vorsitzende ist Schnittstelle in der Kommunikation mit dem Vorstand und trägt eine hohe Verantwortung für derartige Eingriffe in die Unternehmensführung, da er **56**

- die ihm übermittelten Informationen zu bearbeiten, zu prüfen und zu selektieren hat;
- die Vorentscheidung trifft, welche Informationen an die AR-Mitglieder übermittelt werden;

Der AR-Vorsitzende kann seine Aufgabe nur dann lösen, wenn er über einen Wissensvorrat verfügt, der unter Umständen sogar über den des Vorstandes hinausgeht, insbesondere aus Sicht einer unternehmensexternen Beurteilung. Die entscheidungsrelevanten Themen muss der AR-Vorsitzende gegenüber dem Vorstand aus einem differenzierten Blickwinkel analysieren und aufbereiten; eine ungeprüfte Weiterleitung an den AR zur Beschlussfassung widerspricht einem effizienten Beitrag zur Unternehmensführung. Eine fehlerhafte oder unzureichende Beurteilung der Informationen durch den AR-Vorsitzenden kann hingegen zu negativen Effekten auf das Unternehmen führen. **57**

Die Entscheidungsbereiche sind hinsichtlich der Informationsgenerierung und der Informationsbearbeitung zu trennen nach: **58**

- Aktivitäten mit unmittelbaren Effekten auf die Unternehmensführung (wie die Zustimmung zu Investitionen);
- Aktivitäten, die die Rahmenbedingungen für die Unternehmensführung bestimmen (wie die Bestellung und Entlassung von Vorstandsmitgliedern);
- Aktivitäten im Rahmen eines Sanierungsszenarios;

Der AR-Vorsitzende befindet sich in der Ausübung seiner Funktion in ständigen Zielkonflikten[75] zwischen Eigentümern, Vorstand, AR, Arbeitnehmervertretern und Personal sowie den erwähnten externen Playern (vor allem öffentliche Institutionen). Ein Teil der Arbeit besteht daher im Konfliktmanagement. Letztlich muss der AR-Vorsitzende diese im Unternehmen liegenden Zielkonflikte beherrschen und lösen. Maßstab ist wiederum die Unabhängigkeit und die Orientierung am Wohl des Unternehmens. **59**

Konflikte können auch daraus resultieren, dass der AR-Vorsitzende sein Mandat zu „unabhängig“ anlegt, was wiederum bei den Eigentümern zu Unverständnis **60**

[75] Ein Beispiel für einen solchen Zielkonflikt ist der Wunsch der Eigentümer nach einer möglichst großen Gewinnausschüttung, während der AR eine Thesaurierung der Gewinne für notwendig erachten könnte.

führen kann. Diese Abgrenzung erfordert vom AR-Vorsitzenden Mut und persönliche Stärke.[76]

61 Genau aus diesem Grund ist auch unbedingt notwendig, dass es klare verabschiedete Ziele und Strategien gibt, an denen sich der AR-Vorsitzende orientieren kann. Die Leistungsbeurteilung des AR ist letzten Ende dieselbe des Vorstandes: Beide Organe werden an der Erreichung der Unternehmensziele gemessen, auch wenn sie andere Funktionen ausüben.

62 Bei einem schwachen AR besteht die Gefahr, dass dieser vom Vorstand „gemanagt" wird und somit seine Verantwortung nicht wahrnehmen kann. Alle AR-Mitglieder müssen daher Wissen und hohe Eigenverantwortung in ihre Funktion einbringen.

IV. Zusammenfassung

63 Der AR-Vorsitzende wird aus der Mitte der AR-Mitglieder gewählt. Er steht dem Kollegialorgan AR vor, dessen zentrale gesetzliche Aufgabe die Kontrolle der Geschäftsleitung ist. In der Praxis erfolgt die Auswahl des AR-Vorsitzenden meist durch die Eigentümer.

64 Der AR-Vorsitzende hat die Aufgabe, die soziale Gruppe AR zu organisieren und so dessen Kontrolltätigkeit des Vorstandes sicherzustellen. Die Tätigkeit des AR stellt sich dabei als permanenter Prozess dar.

65 Der AR-Vorsitzende repräsentiert das Unternehmen nach außen; seine Äußerungen und Aktionen werden dem Unternehmen zugerechnet. Obwohl eine strenge Trennung zwischen Geschäftsleitung und Aufsichtstätigkeit besteht, haben die Handlungen des AR-Vorsitzenden Auswirkungen auf den Unternehmenserfolg.

66 Neben den gesetzlich vorgesehenen Aufgaben des AR-Vorsitzenden stellen sich in der Funktionsausübung verschiedene praktische Aufgaben und Herausforderungen, denen der AR-Vorsitzende sowohl fachlich als auch persönlich gewachsen sein muss. Der so genannte „Fit und Proper"-Maßstab der Finanzmarktaufsicht (FMA) gilt für AR-Vorsitzende, die in einem Finanzinstitut tätig sind. Die entsprechende fachliche Eignung ist nachzuweisen. Der FMA-Maßstab zielt insbesondere auf das Beherrschen rechtlicher Bestimmungen ab. Darüber hinaus sind jedoch vor allem betriebswirtschaftliche Kenntnisse und Managementfähigkeiten notwendig, um erfolgreich gestalten zu können.

67 In jedem Fall sind der AR-Vorsitzende, wie auch alle anderen AR-Mitglieder, dem Wohl des Unternehmens verpflichtet. Seine Funktionsausübung erfolgt unabhängig. In der Praxis kann es immer wieder zu Interessenskonflikten kommen, beispielsweise bei Interventionsversuche von dritter Seite oder auch im Zuge von Entsendungsrechten.[77]

---

[76] Die Bestellung von AR-Mitgliedern kann gesetzlich nur mit einer 3/4 Mehrheit der in der Hauptversammlung abgegebenen Stimmen beziehungsweise durch Gesellschafterbeschluss widerrufen werden. Die Satzung kann jedoch eine andere Mehrheit vorsehen und weitere Erfordernisse vorsehen. Vgl § 87 Abs 8 AktG, § 30b Abs 3 GmbHG.

[77] Vgl dazu etwa: *Schima*, GesRZ 2003, 1999.

Verschiedene öffentlichkeitswirksame Skandale haben dazu beigetragen, dass nicht nur die Tätigkeit des Vorstands, sondern folgerichtig auch die Handlungen des AR hinterfragt werden. Es gilt daher mehr denn je, dass dem AR-Vorsitzenden bereits vor seiner Wahl bekannt sein muss, in welcher wirtschaftlichen Lage sich das Unternehmen befindet. Schließlich bestimmt der AR wesentlich die Geschäftsführungspolitik mit, für die der AR von Beginn an eine klare Strategie verfolgen sollte. Die an AR-Vorsitzende gestellten Anforderungen werden somit immer größer, was sowohl mit der zunehmenden Regelungsdichte als auch den komplexen wirtschaftlichen Rahmenbedingungen zusammenhängt. Ein effektiv eingerichtetes AR-Informationssystem dient dabei als wichtiges Steuerungsinstrument. In Zukunft wird es noch wichtiger werden, dass sich die einzelnen AR ihrer Verantwortung bewusst werden und sie proaktiv wahrnehmen, was als „*good corporate governance*" bezeichnet werden kann. **68**

Der Vorsitzende des Aufsichtsrats als Leiter der Hauptversammlung

Christian Nowotny

§§: 105–128 AktG

Literatur

Ö: *Abram/Oberlechner/Stelzel*, Handbuch Hauptversammlung (2010); *M. Bauer*, Rechtsfragen der Hauptversammlung unter besonderer Berücksichtigung der HV bei der Publikums-AG, Diss. Universität Wien (1990); *Bachner*, Aktienrechts-Änderungsgesetz beschlossen! – Die wichtigsten Neuerungen, GeS 2009, 251; *Brix*, Die Hauptversammlung der Aktiengesellschaft (2009); *Bydlinski/Bachner*, Aktienrechts-Änderungsgesetz – der Übergang in das neue Regime, Ges 2009, 88; *Doralt/Nowotny/Kalss*, Komm AktG² (2012); *Eigner/Winner*, Die elektronische Hauptversammlung, ÖBA 2008, 43; *Endl/Zumbo*, Der Aufsichtsratsvorsitzende in FS Ch. Nowotny (2015) 285; *Entmayr-Schwarz*, Die ad-hoc-Bestellung des Versammlungsleiters, GES 2013, 291; *Gall*, Die Stimmrechtsvertrtung in der Hauptversammlung nach dem AktRÄG 2009, ecolex 2009, 1062; *Gratzl*, Die Hauptversammlung, in Hausmaninger/Gratzl/Justich (Hrsg), Handbuch zur Aktiengesellschaft (2012); *Kalss/Burger/Eckert*, Die Entwicklung des österreichischen Aktienrechts (2002); *Kalss/Nowotny/Schauer*, Österreichisches Gesellschaftsrecht (2008); *Kalss/Oppitz/Zollner*, Kapitalmarktrecht System² (2015); *Kastner/Doralt/Nowotny*, Grundriß österr. Gesellschaftsrecht⁵; *Koppensteiner/Rüffler*, Komm GmbH³; *Nicolussi*, Der Stimmrechtsverlust als neue Sanktion der Beteiligungspublizität, GesRZ 2013, 20; *Nowotny*, Satzungsgestaltung nach dem Aktienrecht-Änderungsgesetz 2009, RdW 2009, 566; *derselbe*, Hauptversammlung: Abwahl des Vorsitzenden? GesRZ 2005, 271; *derselbe*, Die Hauptversammlung und „ihr Protokoll", GES 2013, 228; *derselbe*, Beteiligungspublizität und Ruhen der Stimmrechte in FS Torggler 877; *Pucher*, Ausschließliche Kompetenzen des Gesamtaufsichtsrats und ausschussfähige Angelegenheiten, GeS 2009, 128; *Schimka*, Das Teilnahmerecht der Aktionäre an der Hauptversammlung nach dem AktRÄG 2009, GesRZ 2009, 217; *Bydlinski/Potyka* in Jabornegg/Strasser, Komm AktG⁵; *Straube*, Wiener Komm GmbHG (2008); *Wenusch*, Praxishandbuch der Hauptversammlung, Leitfaden für das Forum der Eigentümer einer Aktiengesellschaften (2003).

Dlt: *Drinhausen/Marsch-Barner*, Zur Rechtsstellung des Aufsichtsratsvorsitzenden als Leiter der Hauptversammlung einer börsennotierten Gesellschaft, AG 2014, 757; Großkomm AktG⁴; *Hüffer*, AktG¹¹; Grunewald, Die Bindung der Aktiengesellschaft an Beschlussanträge ihrer Aktionäre, AG 2015, 689; *Ihrig*, Zur Entscheidungskompetenz der Hauptversammlung in Fragen der Versammlungsleitung in FS Goette (2011) 205; *K. Schmidt/Lutter*, Komm AktG³ (2015); *Kremer*, Zur Praxis der Hauptversammlungsleitung in FS Hoffmann-Becking (2011) 697; *Kropff*, Aktiengesetz (1965); Kölner Komm AktG; Münchener Komm AktG; *Martens*, Leitfaden für die Leitung der Hauptversammlung einer Aktiengesellschaft³ (2003); *Schaaf*, Die Praxis der Hauptversammlung³ (2011); *Scholz*, Beschlussvereitelung und Reaktionsmöglichkeiten der Aktionäre, AG 2015, 696; *Semler/Balke*, Arbeitshandbuch für die Hauptversammlung³ (2011); *Spindler/Stilz*, Komm AktG³ (2015); *Theusinger/Schilka*, Gerichtliche Bestimmung des Versammlungsleiters für einzelne Tagesordnungspunkte der Hauptversammlung, NZG 2016, 56; *von der Linden*, Haftung für Fehler bei der Leitung der Hauptversammlung, NZG 2013, 208.

Gliederung **Rz**

I. Die Regelung des AktG

1 Das AktG 1965 hat § 108 des bis dahin geltenden dAktG 1937 um einen Absatz 4 ergänzt und dort im zweiten Satz bestimmt, dass den Vorsitz in der Hauptversammlung der Vorsitzende des Aufsichtsrats oder sein Stellvertreter führt, mangels diesem hat der Notar die Versammlung zur Wahl eines Vorsitzenden zu leiten. In den EBRV[1] wird dazu ausgeführt, dass durch den Einbau dieser Bestimmung von der Praxis als nachteilig empfundene Lücken geschlossen werden sollen. Die Regelung des zweiten Satzes gewährleiste, im Unterschied zu einigen anderen Lösungsmöglichkeiten, eine der Wichtigkeit des Gegenstands entsprechend unter allen Umständen zweckvolle Lösung; sie dürfe daher auch nicht in der Satzung durch eine andere, möglicherweise ungeeignete ersetzt werden.

2 Das AktRÄG 2009 hat die Bestimmung in § 116 Abs 1 mit geringfügigen sprachlichen Änderungen übernommen.[2] Das ebenfalls im Jahr 1965 völlig neu gefasste deutsche Aktiengesetz hat erstaunlicherweise keinen Bedarf gesehen, den Vorsitz in der Hauptversammlung näher zu regeln. Es wurde lediglich in § 116 Abs 2 der Satz eingefügt, dass die Mitglieder des Vorstands und des Aufsichtsrats an der Hauptversammlung teilnehmen sollen, was mit der Bedeutung der Hauptversammlung für die Gesellschaft begründet wurde.[3] Das Erfordernis eines Versammlungsleiters ergibt sich hingegen im deutschen Aktienrecht lediglich mittelbar[4], insbesondere wird dies aus § 122 Abs 3 zweiter Satz im Zusammenhang mit

---

[1] BlgNR 10. GP 71 (abgedruckt in *Kalss/Burger/Eckert*, Entwicklung 703).

[2] Statt der Formulierung „… mangels dieser …" heißt es nun „… fehlen diese …"; weiters wurde „zunächst" eingefügt. Neu ist § 116 Abs 2 wonach die Mitglieder des Vorstands und des Aufsichtsrats in der Hauptversammlung tunlichst anwesend zu sein haben. Die Satzung kann auch eine Zuschaltung von Mitgliedern des Vorstands oder des Aufsichtsrats über eine optische und akustische Zweiwegverbindung gestatten. Siehe dazu die EBRV 208 BlgNR 24. GP 35.

[3] Siehe *Kropff*, AktG 164.

[4] Vgl *Ziemons* in K. Schmidt/Lutter, AktG³ § 129 Rz 46 ff; Siehe auch *Kubis* in Münchener Komm AktG³ § 119 Rz 105; *Wieke* in Spindler/Stilz, AktG³ § 119 Anh Rz 1, der auch auf § 130 Abs 2 und § 131 Abs 2 Satz 2 hinweist.

der Einberufung auf Verlangen einer Minderheit abgeleitet; die Bestimmung sieht vor, dass im Falle der Ermächtigung der Minderheit zur Einberufung das Gericht gleichzeitig den Vorsitzenden bestimmen kann.[5] Deshalb ist es auch nicht verwunderlich, dass in den Kommentaren zum dAktG die Behandlung der Aufgaben und Funktionen des Leiters der Hauptversammlung an unterschiedlichen Stellen zu finden ist.[6]

Das AktRÄG 2009 hat die Einbeziehung des Aufsichtsrats in die Vorbereitung **3** der Hauptversammlung verstärkt. Dies kommt vor allem in drei Bestimmungen zum Ausdruck. Zum einen sind in der Einberufung der ordentlichen Hauptversammlung zu jedem Punkt der Tagesordnung Beschlussvorschläge von Vorstand und Aufsichtsrat zu machen und aufzulegen bzw bei einer börsennotierten Gesellschaft den Aktionären auf der Internetseite zugänglich zu machen; nur bei Wahlen in den Aufsichtsrat sowie bei der Bestellung von Abschluss- und Sonderprüfern ist der Beschlussvorschlag nur vom Aufsichtsrat vorzubereiten (§ 108). Außerdem hat der Vorstand die Zustimmung des Aufsichtsrats einzuholen, falls er auf Grund einer entsprechenden Satzungsermächtigung von der Möglichkeit der Abhaltung der Hauptversammlung bzw der Stimmabgabe im Wege der Fernteilnahme Gebrauch machen möchte (§ 95 Abs 5 Z 14, siehe Rz 6). Das Zustimmungserfordernis wird mit der besonderen Bedeutung solcher Maßnahmen begründet.[7] Des Weiteren bestimmt nunmehr ausdrücklich § 128, mit welchem Detaillierungsgrad der Vorsitzende das Abstimmungsergebnis bekanntzugeben und den Inhalt des gefassten Beschlusses festzustellen hat (§ 128 Abs 1).[8] Die neue Regelung führt dazu, dass dem Aufsichtsrat verstärkt Aufgaben in Bezug auf die Hauptversammlung zukommen, woraus sich ergibt, das er in Erfüllung dieser Aufgaben dafür Sorge zu tragen hat, dass der Vorstand jene Maßnahmen zeitgerecht und fristgerecht setzt, die für die ordnungsgemäße Einberufung (inklusive Bekanntmachungen) und Durchführung der Hauptversammlung geboten sind.[9]

II. Aufgaben des Aufsichtsrats im Zusammenhang mit der Einberufung und Vorbereitung der Hauptversammlung

Wie bereits dargestellt, ergibt sich seit dem AktRÄG 2009 aus mehreren Re- **4** gelungen des AktG, dass der Aufsichtsrat in die Vorbereitung der Hauptversammlung einbezogen ist.[10] Freilich war es auch bisher weitgehend geübte Praxis, dass

---

5 Siehe für Österreich nunmehr § 105 Abs 4 zweiter Satz.

6 *Kubis* in Münchener Komm AktG³ § 119 Rz 105; *Mülbert* in Großkomm AktG⁴ vor §§ 118-147 Rz 67 ff; *Zöllner* in Kölner Komm AktG § 119 Rz 46 ff; *Ziemons* in K. Schmidt/Lutter, AktG³ § 129 Rz 48 ff; *Wicke* in Spindler/Stilz, AktG³ Anh § 119; *Koch* in Hüffer, AktG¹¹ § 129 Rz 18 ff.

7 Siehe EBRV 208 BlgNR 24. GP 14.

8 Zur Begründung siehe die EBRV 208 BlgNR 24. GP 37 und 39.

9 Zur Organisation siehe *Lausch*, Die Hauptversammlung aus organisatorischer Sicht, in Abram/Oberlechner/Stelzel (Hrsg), Hdb HV 31 ff.

10 Siehe *Bydlinski/Bachner*, Ges 2009, 88; *Bachner*, GeS 2009, 251; *Wandl*, Rechte und Pflichten in der Hauptversammlung – Aktionäre. Vorstand, Aufsichtsrat und Außenstehende, in Abram/Oberlechner/Stelzel (Hrsg), Hdb HV 201, 256 ff.

der Vorstand bei der Festlegung des Termins der Hauptversammlung und der Tagesordnungspunkte vorangehend die Abstimmung mit dem Aufsichtsrat vorgenommen hat. Die rein technische Organisation der Versammlung ist hingegen weiterhin Aufgabe des Vorstands[11] (siehe auch § 105 Abs 2 für den Fall der Einberufung durch eine Minderheit). Dies gilt etwa für die Bestimmung des konkreten Versammlungsortes, die Auswahl und Beauftragung des Notars[12], die Größe des Versammlungssaales, das Bereitstellen von Rednerpulten, die Vornahme von Sicherungsmaßnahmen und Ähnliches.[13]

5 Demnach ist die Hauptaufgabe des Aufsichtsrats darauf ausgerichtet, die rechtlichen Rahmenbedingungen im Auge zu haben, um Versäumnissen des Vorstands entgegenzuwirken. Hier hat grundsätzlich die Initiative vom Vorsitzenden des Aufsichtsrats auszugehen. Dies gilt auch dann, wenn er auf Grund bereits bekannter Umstände als Leiter der Versammlung selbst nicht in Betracht kommt. So wird der Vorsitzende auf den Vorstand einzuwirken haben, dass die im Gesetz oder allenfalls in der Satzung festgelegten Fristen für die ordentliche Hauptversammlung gewahrt werden und dafür Sorge tragen, dass der Aufsichtsrat rechtzeitig in einer Sitzung über die für die ordentliche Hauptversammlung erforderlichen Beschlussvorschläge abstimmt und dies mit dem Vorstand koordiniert wird.[14]

6 Die Entscheidung des Vorstands, von einer durch die Satzung eingeräumten Befugnis, von der Möglichkeit der Fernteilnahme und -abstimmung[15] an der HV (§ 102 Abs 3, Abs 4) Gebrauch zu machen, bedarf der Zustimmung des Aufsichtsrats (§ 95 Abs 5 Z 14); bei der entsprechenden Zustimmungsentscheidung des Aufsichtsrats ist ein Vorstandsbericht vorzulegen, in dem dargelegt wird, wie der Ablauf erfolgen soll und in welcher Art und Weise damit verbundene Risiken abgedeckt werden; dies gilt insb bei der Ermöglichung der Fern- bzw Briefabstimmung iSd §§ 126 f. Grundsätzlich sollte die Haltung des Aufsichtsrats zu Maßnahmen einer erweiterten Teilnahmemöglichkeit positiv sein. Die Zustimmungsentscheidung kann auch einem Ausschuss übertragen werden. Anderes gilt für die zu unterbreitenden Beschlussvorschläge, die wegen ihrer grundlegenden Bedeutung im Aufsichtsratsplenum zu behandeln sind.[16]

III. Die Stellung des Leiters der Hauptversammlung im Organisationsgefüge der Aktiengesellschaft

7 Jede nicht bloß beratende Hauptversammlung bedarf eines Vorsitzenden, da andernfalls die Beschlüsse nicht festgestellt werden können und für das Zustan-

---

11 *Schaaf*, Die Praxis der Hauptversammlung^3 Rz 36 ff.

12 Zur Kostentragung gemäß § 12 NTG: OGH 6 Ob 540/92.

13 Siehe dazu *Lausch*, Die Hauptversammlung aus organisatorischer Sicht, in Abram/Oberlechner/Stelzel (Hrsg), Hdb HV 31 ff.

14 Zur Frage, ob zwingend ein einheitlicher Beschlussvorschlag zu den Tagesordnungspunkten der oHV vorliegen muss, siehe *Nowotny*, RdW 2009, 570; *Werner* in Großkomm AktG^4 § 124 Rz 71 f; *Abram/Stelzel*, Die Vorbereitung der Hauptversammlung aus rechtlicher Sicht, in Abram/Oberlechner/Stelzel (Hrsg), Hdb HV 125 f, wonach auch getrennte Vorschläge zulässig sind.

15 Zur elektronischen Teilnahme und Abstimmung siehe *Eigner/Winner*, ÖBA 2008, 43 ff.

16 *Pucher*, GeS 2009, 128 (133).

dekommen eines für die Gesellschaft relevanten Beschlusses die Feststellung durch den Vorsitzenden Voraussetzung ist (siehe nunmehr § 128 Abs 1 und § 120 Abs 2).[17] Fehlt es demnach an einem Vorsitzenden, der den Voraussetzungen des AktG entspricht, so kann keine Hauptversammlung abgehalten werden;[18] trotzdem gefasste Beschlüsse sind nichtig.[19]

Davon wird die Hauptversammlung einer Einpersonen-Aktiengesellschaft ausgenommen, da hier mangels mehrerer Aktionäre Unklarheiten über den Aktionärswillen von vornherein ausgeschlossen sind.[20] Das gleiche gilt, wenn alle Aktionäre ihre Stimmen über einen Weg der Fernabstimmung (§§ 126 f) abgeben. Hier genügt es, wenn ein von der Gesellschaft bestellter Notar den Vorgang und den sich aus den abgegebenen Stimmen ergebenden Beschluss beurkundet[21], wobei aber in diesem speziellen Fall keine Beurkundung gemäß § 87 NO – wie dies § 120 Abs 1 vorsieht – erforderlich ist, sondern der tatsächliche Vorgang gemäß § 88 NO zu beurkunden ist. Allerdings ist das vergleichbare Problem bei Umlaufbeschlüssen in der GmbH in den Fällen notarieller Beurkundung nicht endgültig geklärt,[22] sodass die schriftliche Beschlussfassung dann nicht verwendet werden kann, wenn der Beschluss Grundlage für eine Firmenbucheintragung sein soll. Hingegen ist nach hA für eine wirksame Beschlussfassung ein Leiter erforderlich, selbst wenn es sich um eine Universalversammlung handelt (§ 105 Abs 5) oder wenn nur ein Aktionär anwesend ist.[23] Falls nur eine Person erscheint, aber über Vollmachten sämtlicher Aktionäre verfügt, ist dies wie die Hauptversammlung der Einpersonen-AG zu behandeln. Das AktG sieht die Leitung der Hauptversammlung durch eine bestimmte Person (im Unterschied zum GmbHG) vor, weil es bei der AG typischerweise darum geht, eine Vielzahl von Personen bei der geordneten Ausübung ihrer Rechte zu koordinieren. Wenn nur eine Person anwesend ist, so ist dies nach Sinn und Zweck der Regelung nicht erforderlich.[24] Die förmliche Feststellung des Beschlussergebnisses ist für den Normalfall einer Versammlung mit mehreren Teilnehmern gedacht, bei der unterschiedliche Stimmabgaben möglich sind. Ist hingegen nur ein Ergebnis denkbar, weil ein Aktionär alle Stimmen in sich vereint, wäre es sinnloser Formalismus auf diesen Vorgang zu bestehen. Für Rechtssicherheit genügt die auch hier erforderliche notarielle Niederschrift. 8

17 Vgl *Kubis* in Münchener Komm AktG³ § 119 Rz 105; *Hüffer*, AktG¹¹ § 129 Rz 18; *Bachner* in Doralt/Nowotny/Kalss, AktG² § 128 Rz 14.

18 *Oberlechner* in Abram/Oberlechner/Stelzer (Hrsg), Hdb HV 168.

19 Siehe *M. Bauer*, HV bei der Publikums-AG, 110. Seit dem AktRÄG 2009 wird auch dies aus dem Erfordernis der formellen Beschlussfeststellung über das Ergebnis der Abstimmung durch den Vorsitzenden (§ 128 Abs 1 AktG) abgeleitet, sodass bei Fehlen eines Vorsitzenden kein Beschluss wirksam gefasst werden kann (*Bachner* in Doralt/Nowotny/Kalss, AktG² § 116 Rz 10).

20 *Mülbert* in Großkomm AktG⁴ vor §§ 118-147 Rz 73.

21 Anders *Bachner* in Doralt/Nowotny/Kalss, AktG² § 105 Rz 71 und § 116 Rz 14; *Oberlechner* in Abram/Oberlechner/Stelzer (Hrsg), Hdb HV 168.

22 Siehe *Koppensteiner/Rüffler*, GmbH³ § 34 Rz 20 f; *Enzinger* in Wiener Komm GmbHG § 34 Rz 62 ff.

23 Vgl *Bachner* in Doralt/Nowotny/Kalss, AktG² § 105 Rz 71; *Mülbert* in Großkomm AktG⁴ vor §§ 118-147 Rz 73; *Kubis* in Münchener Komm AktG³ § 119 Rz 105.

24 Anders *Bachner* in Doralt/Nowotny/Kalss, AktG² § 105 Rz 71; *Oberlechner* in Abram/Oberlechner/Stelzer (Hrsg), Hdb HV 168.

9 Es ist strittig, ob der Leiter der Hauptversammlung als Organ der Gesellschaft anzusehen ist.[25] Für die Abgrenzung der Aufgaben und Pflichten des Versammlungsleiters ist diese Frage freilich unergiebig. Vielmehr ergeben sich diese aus der Übernahme des Amtes und dem damit verbundenen Auftragsverhältnis, welches den Vorsitzenden dazu verpflichtet, die Hauptversammlung entsprechend den gesetzlichen Vorgaben, den Grundsätzen der Neutralität, der Gleichbehandlung der Aktionäre und der Verhältnismäßigkeit so zu leiten, dass die Beschlüsse rechtlich einwandfrei gefasst werden.[26]

10 Diese Aufgabenstellung ergibt sich für den Versammlungsleiter unabhängig davon, ob er die Leitung auf Grund der Organposition im Aufsichtsrat (Vorsitzender oder bei dessen Verhinderung Stellvertreter) übernimmt oder ob er zum Vorsitzenden in der Hauptversammlung gewählt wird und diese Wahl annimmt oder auf Grund eines Minderheitenverlangens gemäß § 105 Abs 1 vom Gericht bestellt wird[27]. Ein Unterschied besteht nur insoweit, als bei der Leitung durch den Vorsitzenden des Aufsichtsrats bzw seinen Stellvertreter die Vergütung der Mühewaltung, die damit verbunden ist, mit der Aufsichtsratsvergütung abgedeckt wird und nicht zusätzlich ein Entgelt verlangt werden kann; hingegen ist der von der Hauptversammlung gewählte Leiter berechtigt, die mit der Gesellschaft vereinbarte Vergütung zu erhalten, falls eine solche Vereinbarung fehlt, eine angemessene Vergütung. Eine weitere Differenzierung ergibt sich im Zusammenhang mit der Vorbereitung der Hauptversammlung: Der Vorsitzende des Aufsichtsrats hat darauf zu achten, dass die erforderlichen Beschlussvorschläge vorbereitet werden und auch begleitend zu kontrollieren, ob der Vorstand die entsprechenden Vorbereitungsmaßnahmen setzt. Für den gewählten Leiter besteht dieser Pflichtenbereich im Zusammenhang mit der Vorbereitung nicht.

11 Es geht aber zu weit, den Vorsitzenden des Aufsichtsrats in seiner Eigenschaft als Leiter auch dafür verantwortlich zu machen, dass geeignete Räumlichkeiten beigestellt werden, der Notar engagiert wird und angemessene Sicherheitsmaßnahmen getroffen werden.[28] Dem Vorsitzenden kommt auch nicht bereits auf Grund dieser Funktion die Berechtigung und Vollmacht zu, im Namen der Gesellschaft Verträge über Vorbereitungsmaßnahmen abzuschließen. Dies gilt auch dann, wenn die Einberufung durch den Aufsichtsrat erfolgt (§ 95 Abs 4) oder aufgrund eines Verlangens der Minderheit (§ 105 Abs 3) erfolgt ist.[29] Auch in diesen Fällen ist der Vorstand verpflichtet, die gebotene Unterstützung zu leisten (§ 105

[25] Vgl *Mülbert* in Großkomm AktG[4] vor §§ 118-147 Rz 86: „Der Versammlungsleiter bildet ein nicht ständiges Organ der Gesellschaft"; aA *Kubis* in Münchener Komm AktG[3] § 119 Rz 121.

[26] Siehe auch BGHZ 44, 245, 248.

[27] *Bachner* in Doralt/Nowotny/Kalss, AktG[2] § 105 Rz 60; *Oberlechner* in Abram/Oberlechner/Stelzer (Hrsg), Hdb HV 168; *Bydlinski/Potyka* in Jabornegg/Strasser, AktG[5] § 105 Rz 32 (mit Betonung, dass nach den Materialien die gerichtliche Bestellung nur dann angebracht ist, wenn befürchtet werden muss, dass sonst dem Anliegen der Minderheit nicht in gebührlicher Weise Rechnung getragen wird).

[28] So aber *Kubis* in Münchener Komm AktG[3] § 119 Rz 132; wie hier *Oberlechner* in Abram/Oberlechner/Stelzer (Hrsg), Hdb HV 172.

[29] *Bachner* in Doralt/Nowotny/Kalss, AktG[2] § 105 Rz 32 und § 116 Rz 14; *Oberlechner* in Abram/Oberlechner/Stelzer (Hrsg), Hdb HV 167.

Abs 2). Auch die Erstellung des Teilnehmerverzeichnisses und das Treffen der dafür erforderlichen Maßnahmen ist Aufgabe des Vorstands, den generell die Pflicht trifft, den für eine Hauptversammlung rechtlichen und räumlichen Rahmen ordnungsgemäß beizustellen, unabhängig davon, ob die Einberufung vom Vorstand, vom Aufsichtsrat oder einer Aktionärsminderheit ausgegangen ist (siehe § 105 Abs 2).

Die Regelung über den Vorsitz in § 116 Abs 1 ist zwingend und kann durch **11a**
die **Satzung** daher nicht geändert werden. Diese kann weder einen anderen Leiter bestimmen noch bei Fehlen eines solchen die Wahl durch die Hauptversammlung abbedingen. Der Kreis der wählbaren Personen kann nach sachlichen Kriterien (zB Aktionärseigenschaft, Mitgliedschaft im Aufsichtsrat, Fachkunde, Zulassung als Rechtsanwalt oder Notar) eingeschränkt werden[30]. Des Weiteren kann die Bestimmung des Ortes der Versammlung erweitert werden (§ 102 Abs 2). Ebenso können bestimmte Termine ausgeschlossen werden. Der Ablauf der Versammlung selbst, wie etwa das Verfahren der Abstimmung oder Beschränkungen der Redezeit[31] uä ist hingegen zwingend mit der Leitungsfunktion verbunden.

IV. Verpflichtung des Aufsichtsratsvorsitzenden zur Leitung der Hauptversammlung?

Mit der Annahme der Wahl zum Vorsitzenden des Aufsichtsrats ist auch auto- **12**
matisch und zwingend die Aufgabe verbunden, die Hauptversammlung zu leiten.[32] Dies bedeutet, dass der Vorsitzende nicht willkürlich und aus Bequemlichkeit sich dieser Aufgabe entziehen darf.[33] Tut er dies, so kommt es zu der in der Praxis allerdings höchst theoretischen Rechtsfolge, dass er der Gesellschaft den daraus sich ergebenden Schaden zu ersetzen hat. Zu einem derartigen Schaden wird es freilich selten kommen, da dieses pflichtwidrige Verhalten auf die Gültigkeit der in der Hauptversammlung gefassten Beschlüsse keinen Einfluss hat. Denn entweder übernimmt der Stellvertreter die Leitung oder die Hauptversammlung wählt einen Vorsitzenden. Im letzteren Fall könnte allenfalls die an den Gewählten zu leistende Honorierung einen ersatzfähigen Schaden darstellen. Keine Bedenken bestehen dagegen, dass der Vorsitzende des Aufsichtsrats und sein Stellvertreter die Sitzung alternierend leiten.[34] Die Funktion des gewählten Vorsitzenden endet, wenn der Vorsitzende des Aufsichtsrats oder sein Stellvertreter verspätet erscheint und erklärt, nunmehr die Leitung der Versammlung zu übernehmen.[35]

Da die Wahl des Vorsitzenden durch die Hauptversammlung als verfahrens- **13**
leitender Beschluss keiner Ankündigung bedarf, wird es auch kaum je dazu kom-

30 *Bachner* in Doralt/Nowotny/Kalss, AktG² § 116 Rz 8, wonach aber die Wahlmöglichkeit nicht unsachlich eingeschränkt werden darf.

31 Die Satzung kann hier Vorgaben enthalten; aber auch ohne Regelung in der Satzung kann der Leiter Beschränkungen verfügen (anders offenbar *Oberlechner* in Abram/Oberlechner/Stelzer (Hrsg), Hdb HV 189).

32 *Bydlinski/Potyka* in Jabornegg/Strasser, AktG⁵ § 116 Rz 1.

33 Wohl auch *Oberlechner* in Abram/Oberlechner/Stelzer (Hrsg), Hdb HV 166.

34 *Bachner* in Doralt/Nowotny/Kalss² § 116 Rz 6.

35 *Bachner* in Doralt/Nowotny/Kalss² § 116 Rz 8.

men, dass die Hauptversammlung wegen des Fehlens des Vorsitzenden und seines Stellvertreters abgesagt werden muss.[36] Davon ist der Fall zu unterscheiden, dass der Vorsitzende des Aufsichtsrats planmäßig und begründet die Vorsitzführung ablehnt. Das AktG geht zwar davon aus, dass im Regelfall der Vorsitzende wegen seiner Vertrautheit mit der Gesellschaft zur Vorsitzführung besonders geeignet ist, doch ist andererseits die Eignung und Bereitschaft zur Leitung der Hauptversammlung keine der wesentlichen Eigenschaften, die bei der Auswahl des Vorsitzenden zu beachten sind, zumal es sich bei der Hauptversammlung normalerweise um ein einmal im Jahr stattfindendes Ereignis handelt.

14 Auch aus der Regelung des durch das AktRÄG 2009 neu eingeführten § 116 Abs 2, wonach die Mitglieder des Vorstands und des Aufsichtsrats in der Hauptversammlung tunlichst anwesend zu sein haben, lässt sich nicht mittelbar auf eine besonders ausgeprägte Verpflichtung des Vorsitzenden schließen; insbesondere resultiert aus dieser Bestimmung kein Anspruch der einzelnen Aktionäre auf Präsenz der Organmitglieder, sondern es wird damit nur klargestellt, dass die Anwesenheit eine Verpflichtung gegenüber der Gesellschaft als Ausfluss der Organpflichten darstellt.[37]

15 In den Fällen, in denen die Leitung planmäßig nicht durch den Vorsitzenden des Aufsichtsrats erfolgt (zB wegen fehlender Sprachkenntnisse), ist dessen Vertretung durch seinen Stellvertreter oder gegebenenfalls die Leitung durch einen dafür von der Hauptversammlung Gewählten kein Grund, der die Teilnahme des Vorsitzenden des Aufsichtsrats an der Hauptversammlung verhindert, freilich ohne Leitungsaufgaben und -befugnisse.

16 Gute Gründe können dafür sprechen, dass jemand als Vorsitzender des Aufsichtsrats gewählt wird, der für die Leitung der Hauptversammlung nicht bestens geeignet ist, etwa wegen fehlender Sprachkenntnisse oder Kenntnis und Erfahrung mit Verfahrensvorschriften, wie dies häufig bei ausländischen Vorsitzenden der Fall sein wird.[38] Hier ist es nicht als pflichtwidrig einzustufen, wenn der Vorsitzende des Aufsichtsrats von vornherein die Leitung der Hauptversammlung ablehnt, da dies dann durchaus im Interesse der Gesellschaft liegt.[39] Auch die Möglichkeit einer Simultanübersetzung ist bei einer Versammlung mit einer größeren Zahl

---

[36] Siehe auch *Bachner* in Doralt/Nowotny/Kalss² § 116 Rz 11, wonach auch bei Wegfall des Vorsitzenden während der Hauptversammlung eine Wahl in Betracht kommt.

[37] Siehe die EBRV 208 BlgNR 24. GP 35; *Bachner* in Doralt/Nowotny/Kalss, AktG² § 116 Rz 33; *Bydlinski/Potyka* in Jabornegg/Strasser, AktG⁵ § 116 Rz 10 (wonach unentschuldigtes Fernbleiben eine Abberufung aus wichtigem Grund rechtfertigen kann, was aber wohl nur bei wiederholtem Fernbleiben zutrifft).

[38] Vgl auch *Martens*, Leitfaden³, 24.

[39] Vgl *Kubis* in Münchener Komm AktG³ § 119 Rz 107, wonach die Kenntnis der deutschen Sprache und der Verfahrensregeln für die Hauptversammlung zumindest wünschenswert ist; im Übrigen ist es auf Grund der abweichenden Rechtslage zum dAktG strittig, ob den Vorsitzenden des Aufsichtsrats die Pflicht zur Leitung der Hauptversammlung trifft, wenn die Satzung dies vorsieht; ablehnend *Kubis* in Münchener Komm AktG³ § 119 Rz 108; aA *Mülbert* in Großkomm AktG⁴ vor §§ 118-147 Rz 81. Nach *Ziemons* in K.Schmidt/Lutter, AktG³ § 129 Rz 58 kann der satzungsmäßig Berufene ebenso wie der von der Hauptversammlung gewählte Versammlungsleiter sein Amt jederzeit und ohne wichtigen Grund niederlegen.

von Teilnehmern keine taugliche Abhilfe.[40] Ebenso ist es nicht pflichtwidrig, wenn der Vorsitzende des Aufsichtsrats schwerlich eine neutrale Grundhaltung einnehmen kann, weil der Aufsichtsrat unter seinem Vorsitz einen Bericht oder eine Stellungnahme abgegeben hat, die zentral den Gegenstand der Versammlung betrifft, wie etwa bei der Beschlussfassung über einen Gesellschafterausschluss. Ebenso handelt der Vorsitzende des Aufsichtsrats nicht pflichtwidrig, wenn er auf Grund anderer triftiger Gründe (zB wesentliche Verpflichtung aus einer anderen Berufstätigkeit, langwierige Erkrankung) von vornherein bei der Terminplanung bekannt gibt, dass er die Hauptversammlung nicht leiten wird. Hier besteht auch regelmäßig ausreichend Zeit, dass sich sein Stellvertreter auf diese Aufgabe vorbereitet. Sollte auch dieser von vornherein erklären, dass er dazu nicht bereit oder in der Lage ist, so ist es Aufgabe des Vorstands, die Wahl des Vorsitzenden in der Hauptversammlung vorzubereiten, etwa dadurch, dass eine geeignete Person gesucht wird, die zur Übernahme dieser Aufgabe bereit ist und deren Wahl dann in der Hauptversammlung beantragt wird. Auch bei dieser „planmäßigen" Wahl eines Leiters der Hauptversammlung ist eine Ankündigung als eigener Tagesordnungspunkt nicht erforderlich, da für diesen Beschluss die Willensbildung unter den Aktionären keiner besonderen Vorbereitung bedarf.

V. Der Einfluss der Aktionäre auf die Bestimmung des Leiters der Hauptversammlung

Nach § 105 Abs 4 hat das Gericht im Falle des Verlangens einer Minderheit von 5 % auf Einberufung einer Hauptversammlung die Minderheit zur Einberufung zu ermächtigen, wenn trotz eines rechtmäßigen Einberufungsverlangens (siehe § 105 Abs 3) diesem nicht entsprochen wird. Zugleich kann das Gericht den Vorsitzenden der Versammlung bestimmen. Dieses ist an Anträge oder Anregungen der antragstellenden Minderheit nicht gebunden.[41] Das Gericht kann nach hA mit Zustimmung der Antragsteller auf die Bestimmung eines Vorsitzenden verzichten, ebenso kann anstelle der Bestellung eines Vorsitzenden das Gericht verfügen, dass bestimmte Personen von der Vorsitzführung ausgeschlossen sind.[42] 17

Nach zutreffender Ansicht[43] ist diese Regelung auch dann anzuwenden, wenn eine Minderheit die Ergänzung der Tagesordnung beantragt. Die Neuregelung in § 109 sieht zwar wegen des gedrängten Fristenlaufes nicht mehr vor, dass die Minderheit selbst durch das Gericht zur Veröffentlichung der ergänzten Tagesordnungspunkte ermächtigt werden kann,[44] doch wird die Bestellung eines Vorsitzenden durch das Gericht im Falle der Tagesordnungsergänzung durch den Fristenlauf nicht behindert. Da es bei einer Ergänzung der Tagesordnung sehr häufig um Anträge geht, welche mit den Interessen und Zielen der Verwaltung in Widerspruch stehen, liegt es im Interesse einer neutralen und fairen Vorsitzführung, auch 18

---

40 Siehe aber *Oberlechner* in Abram/Oberlechner/Stelzer (Hrsg), Hdb HV 167.

41 Vgl *Bachner* in Doralt/Nowotny/Kalss² § 105 Rz 60.

42 Siehe *Bachner* in Doralt/Nowotny/Kalss² § 105 Rz 60; *Oberlechner* in Abram/Oberlechner/Stelzer (Hrsg), Hdb HV 168.

43 Vgl FN 46.

44 Siehe die EBRV 208 BlgNR 24. GP 28.

in dieser Konstellation die gerichtliche Bestellung des Vorsitzenden nach § 105 Abs 4 sinngemäß anzuwenden.

19 Ebenso ist die gerichtliche Bestellungsmöglichkeit auf Grund eines Minderheitenverlangens anzuerkennen, wenn Tagesordnungspunkte einer von Vorstand und/oder Aufsichtsrat einberufenen Hauptversammlung betroffen sind, bei denen wegen einer besonderen Interessenlage des Vorsitzenden Gefahr besteht, dass die Verhandlungsführung nicht dem Gebot der Neutralität und Sachlichkeit entsprechen könnte, weil etwa der Vorsitzende des Aufsichtsrats gleichzeitig Mehrheitsaktionär ist oder eine Organfunktion beim Mehrheitsaktionär wahrnimmt[45] und die Tagesordnung Gegenstände betrifft, die den Mehrheitsaktionär (etwa eine Verschmelzung) involvieren.[46] Auch in dieser Konstellation ist ein entsprechendes Minderheitenrecht anzuerkennen, sodass auf begründetes Verlangen das Firmenbuchgericht den Vorsitzenden kraft Amtes durch einen vom Firmenbuchgericht bestimmten Vorsitzenden ersetzen kann.[47] Die nach dem nicht mehr in Geltung stehenden § 106 Abs 3 bestehende Möglichkeit, dass die Tagesordnung auf Grund eines Verlangens der Minderheit ergänzt wird, ist zwar nicht mehr gegeben,[48] doch ist dies kein Grund im Wege eines Größenschlusses das Minderheitenrecht des § 105 Abs 4 auf den Fall sinngemäß anzuwenden, wenn auf Grund eines Punktes der Tagesordnung eine neutrale Führung des Vorsitzes wegen eines evidenten und massiven Interessenkonfliktes des Vorsitzenden nicht zu erwarten ist. Vor Beschlussfassung über die Bestellung eines Vorsitzenden hat das Gericht der Gesellschaft die Möglichkeit zur Stellungnahme zu gewähren.[49]

20 Diese hier der Minderheit gegebenen Möglichkeiten sprechen dafür, dass die Abwahl des Vorsitzenden in der Hauptversammlung grundsätzlich nicht in Betracht kommt.[50] Nur bei Vorliegen eines wichtigen Grundes, der erst in der Hauptversammlung selbst oder so kurz vor der Hauptversammlung zu Tage tritt, dass ein

---

[45] Vgl OLG Köln 16.6.2015, NZG 2015, 1118 (der Tagesordnungspunkt betraf die Geltendmachung von Ersatzansprüchen gegen Organmitglieder); siehe auch *Grunewald*, Die Bindung der Aktiengesellschaft an Beschlussanträge ihrer Aktionäre, AG 2015, 689; *Schatz*, Beschlussvereitelung durch den Versammlungsleiter und Reaktionsmöglichkeiten der Aktionäre, AG 2015, 696.

[46] Vgl etwa die Gegenstände der ao Hauptversammlung der Ottakringer Brauerei AG am 21.9.2009, siehe dazu http://wirtschaftsblatt.at/home/nachrichten/oesterreich/1114380/index.do, zuletzt aufgerufen am 12.1.2016.

[47] Vgl *Mülbert* in Großkomm AktG[4] vor § 122 Rz 62; LG Frankfurt, WM 1988, 304; einschränkend *Kubis* in Münchener Komm AktG[3] § 122 Rz 60, der darauf abstellt, ob einem Antragssteller in einer vorangegangenen Hauptversammlung rechtswidrige Leitungs- oder Ordnungsmaßnahmen des Vorsitzenden widerfahren sind; ebenso *Theusinger/Schilha*, Gerichtliche Bestimmung des Versammlungsleiters für einzelne Tagesordnungspunkte der Hauptversammlung, NZG 2016, 56.

[48] *Bydlinski/Potyka* in Jabornegg/Strasser, AktG[5] § 109 Rz 13.

[49] Siehe auch OLG Graz 24.6.1992, RdW 1992, 273.

[50] Siehe dazu *Nowotny*, Hauptversammlung: Abwahl des Vorsitzenden? GesRZ 2005, 271; *Bachner* in Doralt/Nowotny/Kalss[2] § 116 Rz 12 (nur bei einem von der Hauptversammlung gewählten Vorsitzenden zulässig); *Oberlechner* in Abram/Oberlechner/Stelzer (Hrsg), Hdb HV 169; ebenso die hA zum dAktG, wenn der Vorsitzende durch eine Regelung in der Satzung vorweg bestimmt ist, vgl *Kubis* in Münchener Komm AktG[3] § 119 Rz 112; *Wicke* in Spindler/Stilz, AktG[3] Anh § 119 Rz 4; siehe aber *Martens*, Leitfaden[3], 47.

gerichtliches Ersetzungsverfahren nicht mehr in Betracht kommt, wird die Möglichkeit zur Abberufung des Vorsitzenden über Beschluss der Hauptversammlung zu gewähren sein.[51] Betrifft dies den Vorsitzenden des Aufsichtsrats, so ist sein Stellvertreter zur Leitung berufen. Erst wenn dieser dazu nicht in der Lage ist, weil für ihn dieselben Umstände zutreffen, oder er nicht anwesend oder zur Leitung nicht bereit ist, kann die Hauptversammlung einen Vorsitzenden wählen. Begründet ist dies damit, dass der ordnungsgemäße Ablauf der Hauptversammlung und damit der Weg zu gültigen Beschlüssen wesentlicher sind als der Umstand, dass eine bestimmte Person die Versammlung leitet. Der voraussichtliche Leiter der Hauptversammlung ist aber berechtigt und verpflichtet, im Rahmen der Vorbereitung von der Gesellschaft die Unterstützung durch einen erfahrenen Experten zu verlangen. Bei Leitung durch ein Mitglied des Aufsichtsrats ist eine allfällige Haftung zumeist durch eine übliche D&O Versicherung gedeckt.[52] Zur Abberaumung der Hauptversammlung siehe Rz 35.

VI. Haftung des Leiters und der Aktiengesellschaft für Fehlverhalten des Leiters der Hauptversammlung

A. Haftung des Leiters gegenüber der Gesellschaft

Die Leitung der Hauptversammlung ist kein höchstpersönliches Amt oder eine zeitlich beschränkte Organfunktion, sondern ergibt sich aus der praktischen Notwendigkeit, bei einer Versammlung einer größeren Schar von Personen, denen die Aufgabe bzw das Recht der Willensbildung in Form der Beschlussfassung übertragen ist, für einen geordneten Ablauf zu sorgen.[53] Dies ist eine Aufgabe der Gesellschaft; der Leiter wird demnach in Erfüllung einer Aufgabe der Gesellschaft für diese tätig und ist auch dieser gegenüber für ein pflichtgemäßes Vorgehen verantwortlich. 21

Für den Vorsitzenden des Aufsichtsrats und seinen Stellvertreter liegt es nahe, wegen der Verknüpfung mit der Aufsichtsratsfunktion hinsichtlich des Haftungsmaßstabes zunächst § 99 in Betracht zu ziehen. Dabei ist aber zu berücksichtigen, dass die Leitung der Hauptversammlung nicht zu den Kernaufgaben eines Aufsichtsratsmitglieds gehört, sodass es überschießend wäre, hier den Maßstab eines Sachverständigen heranzuziehen.[54] Des Weiteren handelt es sich bei der Leitungstätigkeit nicht um eine Organfunktion (vgl auch Rz 28); § 99 stellt aber dem Wortlaut und der Systematik (4. Teil, 2. Abschnitt) nach auf die Organfunktion Aufsichtsratsmitglied ab. In seiner Leitungstätigkeit wird der durch Gesetz, Gericht oder Wahl bestimmte Leiter aber funktionell für die Hauptversammlung tätig – sachgerecht ist es dementsprechend, die Haftung des Leiters aus allgemeinen zi- 22

---

[51] Vgl *Mülbert* in GroßkommAktG[4] vor §§ 118-147 Rz 83; *Kubis* in Münchener Komm AktG[3] § 119 Rz 108; *von Hülsen* in Semler/Volhard, Arbeitshandbuch für die Hauptversammlung[3] I D 12 ff.

[52] *Drinhausen/Marsch-Barner*, AG 2014, 768.

[53] Vgl *Schaaf*, Die Praxis der Hauptversammlung[3] Rz 461 ff.

[54] Allg zu diesem Sorgfaltsmaßstab siehe *Kalss* in Doralt/Nowotny/Kalss[2] § 99 Rz 5 ff.

vilrechtlichen Überlegungen abzuleiten.[55] Eine Haftung kommt folglich nur dann in Betracht, wenn durch ein gegenüber anerkannten Regeln eklatantes Fehlverhalten der Gesellschaft ein Nachteil entsteht, weil etwa der Vorsitzende es unterlässt, das Ergebnis einer Abstimmung korrekt zu verkünden (siehe § 128 Abs 1) und deswegen der Beschluss erfolgreich angefochten wird oder das Firmenbuch die beantragte Eintragung ablehnt.

23 Zu berücksichtigen ist auch, dass der Ablauf der Hauptversammlung weitgehend ungeregelt ist. Teilweise wird behauptet, dass die dafür vor allem in der deutschen Rechtsprechung und Literatur entwickelten Regeln auf Gewohnheitsrecht beruhen.[56] Im Kern handelt es sich um Regeln, die aus der praktischen Vernunft einer Sitzungsleitung, die den Grundsätzen der Neutralität, Gleichbehandlung und Verhältnismäßigkeit verpflichtet ist, entwickelt werden.[57] Die in der einschlägigen Kommentarliteratur und in den für die Leitung der Hauptversammlung publizierten Leitfäden zusammengefassten Regeln und Empfehlungen bieten eine Orientierung, die der Leiter der Hauptversammlung zu beachten hat.[58] Freilich verbleibt ein nicht unerheblicher Ermessenspielraum, etwa im Zusammenhang mit dem korrekten Vorgehen bei der Entscheidung über die Berechtigung zur Teilnahme, die Verkürzung der Redezeit oder der Entziehung des Wortes oder über den Ausschluss von der Versammlung. Wegen der hier bestehenden Rechtsunsicherheit ist eine nachträglich von einem Gericht konstatierte Verfehlung im Regelfall nicht als schuldhaft einzustufen. Ist bei einer Hauptversammlung auf Grund der Tagesordnung oder der Lage der Gesellschaft ein schwieriger und turbulenter Verlauf zu erwarten, gehört es zu den Vorbereitungspflichten des Vorstands, möglichst alle Eventualitäten mit Fachleuten zusammen mit dem Versammlungsleiter zu erörtern und uU dem Versammlungsleiter, auf seinen Wunsch, einen Fachmann zur Unterstützung beizustellen. Der Notar sollte wegen seiner spezifischen Aufgabenstellung an der Beratung und Entscheidung von Verfahrensfragen in der Hauptversammlung nicht teilnehmen. Nach ganz hA ist er, abgesehen von der Wahl des Versammlungsleiters, von der Sitzungsleitung auf Grund seiner Funktion ausgeschlossen.[59] Dies schließt auch eine materielle Beteiligung als Berater des Vorsitzenden aus. In der Praxis wird zumeist dem Leiter der Versammlung ein

---

[55] So auch für die deutsche Rechtslage *von der Linden*, Haftung für Fehler bei der Leitung der Hauptversammlung, NZG 2013, 208; *Drinhausen/Marsch-Barner*, Zur Rechtsstellung des Aufsichtsratsvorsitzenden als Leiter der Hauptversammlung einer börsennotierten Gesellschaft, AG 2014, 757 (766 f).

[56] Vgl etwa *Kubis* in Münchener Komm AktG³ § 119 Rz 121.

[57] *Bachner* in Doralt/Nowotny/Kalss² § 116 Rz 15 ff; *Oberlechner* in Abram/Oberlechner/Stelzer (Hrsg), Hdb HV 177 ff.

[58] *Oberlechner* in Abram/Oberlechner/Stelzer (Hrsg), Hdb HV 177 ff; *Gratzl* in Hausmaninger/Gratzl/Justich (Hrsg), Handbuch zur Aktiengesellschaft Rz 281 ff; vergleiche etwa den auch in vielen Bereichen für Österreich gut verwendbaren Leitfaden von *Martens*, Leitfaden³; siehe für Österreich *Wenusch*, Praxishandbuch, wobei aber die typischerweise bei Publikumsgesellschaften auftretenden Fragen im Hintergrund bleiben. Weitere Orientierung bieten *Schaaf*, Die Praxis der Hauptversammlung³ sowie *von Hülsen* in Semler/Volhard, Arbeitsbandbuch für die Hauptversammlung I D 22 ff.

[59] Vgl bloß *Bachner* in Doralt/Nowotny/Kalss² § 116 Rz 7 f; *Kubis* in Münchener Komm AktG³ § 119 Rz 106.

Entwurf des Protokolls als Unterlage („Spiegel") zur Verfügung gestellt, worin der voraussichtliche Ablauf mit den erforderlichen Erklärungen des Vorsitzenden enthalten ist; dort wird auch für alle Eventualitäten (zB Verkürzung der Redezeit, Gegenanträge) eine Anleitung gegeben.[60] Für den Vorstand wird bei börsennotierten Gesellschaften zumeist eine Liste der erwarteten Fragen samt Antworten („Q&A") vorbereitet. Von der Möglichkeit, Fragen und Antworten vorweg auf der Website der Gesellschaft zu veröffentlichen und damit die Versammlung zu verkürzen (§ 118 Abs 4),[61] wird hingegen kaum Gebrauch gemacht. Die Erfahrung zeigt, dass bei vorformulierten Antworten, die für den Vorstand von Mitarbeitern und Beratern am „Flüstertisch" vorbereitet werden, oft überschießend oder am Kern der Frage vorbei geantwortet wird oder auf Wortmeldungen von Aktionären reagiert wird, die gar keine Frage enthalten, was weitere Fragen provoziert. Ein gut vorbereiteter Vorstand sollte das Unternehmen so gut kennen, dass er ohne derartige Hilfsmittel die meisten Fragen der Aktionäre beantworten kann.

Ist der Vorsitzende der Hauptversammlung von dieser gewählt worden, so ergibt sich der oben dargestellte Pflichtenkreis aus der Annahme der Wahl. Damit wird ein Auftragsverhältnis zur Gesellschaft begründet, wobei die sich daraus ergebenden Pflichten mit jenen des Aufsichtsratsvorsitzenden als Leiter kraft Amtes ident sind. Unter Umständen wird zu berücksichtigen sein, dass der in der Hauptversammlung Gewählte keine Möglichkeit hatte, sich auf die Hauptversammlung vorzubereiten; dies ist bei der Beurteilung der in der konkreten Situation gebotenen und zumutbaren Sorgfalt mit ins Kalkül zu ziehen ist. **24**

Nicht zu den Aufgaben des Vorsitzenden gehört es, Aktionäre, die rechtlich bedenkliche Anträge stellen, rechtlich zu unterweisen, wie etwa darauf hinzuweisen, dass bei der Wahl eines Minderheitenvertreters für den Aufsichtsrat der Antrag fehlerhaft gestellt ist, oder dass eine Frage, die wegen fehlenden Zusammenhanges mit einem Tagesordnungspunkt nicht beantwortet worden ist, nunmehr unter einem anderen Tagesordnungspunkt zulässigerweise gestellt werden kann. Eine derartige Manuduktionspflicht steht mit der Aufgabe einer neutralen Leitung nicht im Einklang.[62] Ebenso gehört es nicht zu der Funktion einer Versammlungsleitung, die Aktionäre auf etwaige Mängel der Einberufung oder der Ankündigung der Tagesordnung oder von Beschlussvorschlägen hinzuweisen.[63] **25**

Zu betonen ist auch, dass die „technische" Vorbereitung der Hauptversammlung Aufgabe des Vorstands ist (siehe auch oben Rz 4 u 11). Dazu gehört die Auswahl und Anmietung eines geeigneten Versammlungssaales, die Sorge für dessen technische Ausstattung, die Vorsorge für geeignete Sicherungsmaßnahmen, die rechtzeitige Versendung oder Zugänglichmachung von Unterlagen und Beschlussanträgen. Auch die Organisation der für die Anmeldung zur Hauptver- **26**

---

60 Muster in *Ch. Nowotny/Winkler* (Hrsg), Wiener Vertragshandbuch Band 3, Kapitalgesellschaften² 239 ff.

61 Siehe *M. Doralt* in Doralt/Nowotny/Kalss, AktG² § 118 Rz 126 ff.

62 Siehe OGH 3 Ob 7/02d, GesRZ 2003, 99, 100; differenzierend *Oberlechner* in Abram/Oberlechner/Stelzer (Hrsg), Hdb HV 191, wonach bei unklaren oder unpräzisen Anträgen der Vorsitzende eine Aufklärungs- und Präzisierungspflicht habe, nicht aber bei rechtlich unzulässigen Anträgen.

63 AA *Strasser* in Jabornegg/Strasser⁴ § 108 Rz 15.

sammlung erforderlichen Maßnahmen ist Aufgabe des Vorstands. Dazu zählen die Überprüfung der Anmeldungen und die Erstellung des Teilnehmerverzeichnisses.[64] Sollten Zweifel über die Teilnahmeberechtigung[65] bestehen, so ist dies dem Vorsitzenden mitzuteilen und die weitere Vorgehensweise mit ihm zu erörtern. Grundsätzlich entscheidet der Leiter der HV (ggf die Zutrittskontrolle im Auftrag des Leiters[66]) über das gesetzlich determinierte Teilnahmerecht eines Aktionärs gem den §§ 111 f; nur bei Ermessensentscheidungen, etwa über die Zulassung eines Aktionärs, der die Anmeldung versäumt hat, hat der Leiter dies der HV zur Entscheidung vorzulegen.[67] Ist etwa die Eigenschaft als Aktionär zum „record date" eindeutig gegeben, steht aber die Rechtzeitigkeit der Anmeldung in Zweifel, wird dieser die Entscheidung der Hauptversammlung einzuholen haben.[68] Hingegen entscheidet der Vorsitzende über die Zulassung von Aktionären, die etwa die bei „großen" Hauptversammlungen übliche Sicherheitskontrolle ablehnen oder vorweg Störmaßnahmen ankündigen. Ebenso entscheidet er über die Zulassung von Gästen. Bei allen Vorbereitungsmaßnahmen trifft den Vorsitzenden des Aufsichtsrats, selbst wenn er planmäßig die Leitung nicht übernehmen sollte, im Interesse einer ordnungsgemäßen Versammlung, was wiederum im Interesse der Gesellschaft liegt, eine Beobachtungspflicht. Er hat sich dann aktiv einzuschalten, wenn zu bemerken ist, dass der Vorstand die Vorbereitung der Hauptversammlung unzulänglich betreibt. Er kann auch von der Gesellschaft im Interesse der Aktionäre liegende, aber rechtlich nicht gebotene Maßnahmen einfordern, wie etwa eine Simultanübersetzung in die englische Sprache oder einen Gebärdendolmetsch für Gehörlose.

B. Haftung des Leiters gegenüber Aktionären und Dritten

27 Mit der Übernahme der Funktion die Hauptversammlung zu leiten, wird weder im Verhältnis zu den Aktionären noch zu Dritten, die im Zusammenhang mit der Hauptversammlung tätig werden oder als Gäste an dieser teilnehmen, eine Sonderrechtsbeziehung begründet. Dies gilt auch dann, wenn der Leiter gleichzeitig Mitglied des Aufsichtsrats oder gleichzeitig an der Gesellschaft als Aktionär beteiligt ist. Die ordnungsgemäße Leitung wird gegenüber der Gesellschaft geschuldet, sodass ein Fehlverhalten der Gesellschaft zuzurechnen ist. Dies kann auch mit den Grundsätzen der Repräsentantenhaftung begründet werden, da mit der Leitung der Hauptversammlung eine Funktion ausgeübt wird, die einen maßgeblichen Einfluss auf Entscheidungen und Maßnahmen der Gesellschaft vermittelt.[69] Eine persönliche Haftung des Versammlungsleiters für bloße Vermögensschäden der Aktionäre kommt daher nicht in Betracht. Sollte es auf Grund des Verhaltens, insbesondere von Anweisungen des Sitzungsleiters, zu Sach- oder Personenschäden bei Aktio-

---

64 *Bachner* in Doralt/Nowotny/Kalss[2] § 117 Rz 11.

65 *Schimka*, GesRZ 2009, 217.

66 *Drinhausen/Marsch-Barner*, Zur Rechtsstellung des Aufsichtsratsvorsitzenden als Leiter der Hauptversammlung einer börsennotierten Gesellschaft, AG 2014, 757 (758).

67 OGH 4 Ob 101/06s, GesRZ 2007, 48; *Bydlinski/Potyka* in Jabornegg/Strasser, AktG[5] § 117 Rz 3; *Oberlechner* in Abram/Oberlechner/Stelzer (Hrsg), Hdb HV 173.

68 Vgl OGH 4 Ob 101/06s, GesRZ 2007, 48.

69 Siehe zur Repräsentatenhaftung *Koziol – Welser/Kletečka*, Bürgerliches Recht I[14] Rz 253.

nären oder auch Dritten, die an der Hauptversammlung teilnehmen, kommen, so kommt eine persönliche Haftung in Betracht, wenn die Maßnahme, gemessen an der konkreten Situation, überschießend war. Keine persönliche Haftung besteht freilich dann, wenn ein bei der Hauptversammlung eingesetztes Sicherheitspersonal, ohne konkrete Anweisung des Versammlungsleiters, unangemessen reagiert und damit einen Schaden zufügt. Ebenso besteht keine persönliche Haftung, wenn keine ausreichenden Sicherungsmaßnahmen getroffen worden sind und dadurch die Teilnahme von Personen ermöglicht wird, die etwa bewaffnet sind und dies zu Schäden bei Teilnehmern führt. Wie oben dargestellt, gehört es nicht zu den Aufgaben des Versammlungsleiters für den geordneten und gesicherten Zugang Sorge zu tragen (vgl dazu Rz 4, 11).

Nicht unmittelbar mit der Versammlungsleitung hängt eine allfällige Haftung wegen vorsätzlicher Fehlinformation iSd des nunmehr aufgehobenen § 255 zusammen.[70] Nach der Nachfolgeregelung in § 163a StGB sind Entscheidungsträger oder von Entscheidungsträgern Beauftragte zu bestrafen, wenn sie die Lage der AG in einem Vortrag oder einer Auskunft in der HV in unvertretbar falscher oder unvollständiger Weise darstellen; dies ist für die zivilrechtliche Haftung grundsätzlich insofern bedeutsam, als es sich bei § 163a StGB ebenso wie bei dem früheren § 255 AktG um eine Schutzvorschrift zugunsten von Aktionären und Dritten handelt.[71] Allein aus der Stellung des HV-Leiters betrachtet und somit getrennt von einer gleichzeitigen Mitgliedschaft im Aufsichtsrat, erfasst § 163a StGB allerdings diesen nicht als Täter. Eine Subsumption unter § 2 Abs 1 VbVG, auf den § 163a Abs 1 StGB verweist, scheidet aus, da mit der Funktion der Leitung der Versammlung die Eigenschaft, Entscheidungsträger zu sein, nicht einhergeht[72], ebenso wenig ist dieser von Entscheidungsträgern *beauftragt*[73]. Weder mit der Wahl iSd § 116 Abs 1 noch mit einer Bestellung durch das Gericht (§ 105 Abs 4) ist eine Beauftragung *durch Entscheidungsträger* verbunden. Es fehlt auch an einem faktischen Organverhältnis, da mit der Leitung eine klar abgegrenzte Funktion übernommen wird, die nicht zwingend mit einer Organfunktion in der Gesellschaft verbunden ist, wie eben die Möglichkeit der Wahl eines Außenstehenden zum Hauptversammlungsleiter zeigt. Davon ist zu unterscheiden, wenn der Leiter Mitglied des Aufsichtsrates ist und über die Verhältnisse der Gesellschaft Auskünfte erteilt oder Informationen gibt, die nicht mit der Funktion der Leitung verbunden sind. **28**

---

70 BGBl 2015/112, ab 1.1.2016.

71 Vgl *Kalss* in Kalss/Nowotny/Schauer, Österreichisches Gesellschaftsrecht Rz 3/80, 578.

72 Weder verfügt der HV-Leiter um eine dem Vorstand vergleichbare Vertretungsmacht (Z 1), noch übt er Kontrollbefugnisse aus (Z 2); der Leiter übt auch sonst keinen maßgeblichen Einfluss auf die Geschäftsführung des Verbandes aus, sondern „moderiert" bloß die HV, die maßgeblich dem Einfluss der *Aktionäre* auf die Geschäftsführung dient.

73 Der Leiter ist aus zivilrechtlicher Perspektive durch die Gesellschaft beauftragt; für § 163a StGB ist aber nicht der zivilrechtliche Auftrag, sondern die tatsächliche Beauftragung durch Entscheidungsträger gemeint, vgl RV 689 BlgNR XXV GP.27.

VII. Fragen der Sitzungsleitung

29 Eine in der Begründung, nicht aber im Ergebnis zum Teil kontrovers diskutierte Frage betrifft die Grundlage für die Befugnis des Versammlungsleiters, Personen von der Teilnahme (uU mit Gewaltanwendung) auszuschließen. Zweifellos haben Aktionäre ebenso wie Vertreter von Aktionären das Recht, an der Hauptversammlung teilzunehmen.[74] Auch wenn ein Aktionär oder Aktionärsvertreter durch unangenehme Eigenschaften (provozierende Kleidung, intensiver Körpergeruch) oder Zwischenrufe oder das Entrollen von Transparenten die Versammlung beeinträchtigt, kann auf Grund derartiger Umstände nur in extremen Fällen (zB Fehlen jeglicher Bekleidung, persönliche Drohungen gegenüber Organmitgliedern oder deren Familie) der Zutritt verwehrt oder eine Entfernung aus der Versammlung verfügt werden, ohne dass damit eine Anfechtungsgefahr verbunden wäre.[75] Aus der Funktion der Versammlungsleitung ergibt sich, dass für die Nichtzulassung wegen derartiger extremer Zustände der Versammlungsleiter zuständig ist. Dies ist Folge seiner Aufgabe, für einen geordneten und möglichst störungsfreien Ablauf Sorge zu tragen.

30 Ebenso entscheidet der Versammlungsleiter, ob und nach welchen Kriterien Nicht-Aktionäre als Gäste (wie zB Journalisten, Studierende der Rechtswissenschaften, Mitglieder von Aufsichtsbehörden, Arbeitnehmer der Gesellschaft etc) teilnehmen.[76] Hier besteht ein gebundenes Ermessen des Versammlungsleiters. Wenn die Teilnahme von Gästen sich zum Nachteil der Gesellschaft auswirken kann, etwa wegen der Befürchtung, dass nur für die Aktionäre relevante Informationen hinaus dringen, wird die Zulassung zu verweigern sein. Dabei ist zwischen Publikumsgesellschaften und geschlossenen Gesellschaften zu unterscheiden. Bei Publikumsgesellschaften wird wegen der großen Zahl der Teilnehmer eine derartige Befürchtung selten von Relevanz sein. Hingegen ist bei nicht börsennotierten Gesellschaften mit einem geschlossenen Mitgliederkreis im Regelfall die Teilnahme von Nicht-Aktionären (von Hilfskräften abgesehen) nicht im Interesse der Gesellschaft. Insbesondere gilt dies für Fälle, in denen Aktionäre wünschen, dass ihre Berater an der Hauptversammlung teilnehmen können. Hier wird bei der Zulassungsentscheidung vor allem auch die Gleichbehandlung unter den Aktionären zu beachten sein. Die Satzung kann hier Vorgaben enthalten, an die dann der Versammlungsleiter gebunden ist. Ebenso kann die Satzung bei nicht börsennotierten Gesellschaften den Kreis möglicher Aktionärsvertreter einschränken.[77]

---

74 Zur Frage bei strittiger Aktionärseigenschaft siehe oben Rz 26.

75 Vgl *Bachner* in Doralt/Nowotny/Kalss² § 116 Rz 22, wonach ein Saalverweis deutlich anzudrohen ist, weil damit ein Verlust von Aktionärsrechten verbunden ist; auf die Möglichkeit der Erteilung einer Vollmacht wird hinzuweisen sein; *Oberlechner* in Abram/Oberlechner/Stelzer (Hrsg), Hdb HV 183 empfiehlt als ersten Schritt einen auf 30 Minuten bis eine Stunde befristeten Ausschluss; siehe auch *Diregger* in Doralt/Nowotny/Kalss² § 196 Rz 37; *Hüffer* in Münchener Komm AktG³ § 245 Rz 44.

76 Vgl *Oberlechner* in Abram/Oberlechner/Stelzer (Hrsg), Hdb HV 173; *Kubis* in Münchener Komm AktG³ § 118 Rz 116 und § 119 Rz 131.

77 Siehe § 113 Abs 2, wonach in einer börsennotierten Gesellschaft für Personen, die zu Vertretern bestellt werden können, weder besondere Anforderungen vorgesehen noch ihre Anzahl beschränkt werden darf; *Nowotny*, RdW 2009/565, 471; *Bachner* in Doralt/Nowotny/Kalss²

Für die Möglichkeit der Satzungsregelung in diesem Bereich spricht auch § 102 Abs 4, wonach die Satzung vorsehen oder den Vorstand ermächtigen kann, vorzusehen, dass die Hauptversammlung für nicht anwesende Aktionäre akustisch und allenfalls auch optisch übertragen wird. Im Übrigen spricht diese Bestimmung auch dafür, dass die technische Vorbereitung der Hauptversammlung Sache des Vorstands und nicht des Sitzungsleiters ist (siehe oben Rz 4).

In der Hauptversammlung ist ein **Teilnehmerverzeichnis** zu erstellen und vor der ersten Abstimmung aufzulegen (§ 117).[78] Dieses Verzeichnis ist vor jeder Abstimmung zu aktualisieren, wenn sich der Kreis der Teilnehmer vermutlich geändert hat.[79] Dies spricht im Übrigen dafür, die Fragen und die Diskussion zu allen Tagesordnungspunkten im Rahmen einer Generaldebatte abzuhandeln und dann in einem Block alle Abstimmungen vorzunehmen, sodass dann für diesen Zeitraum vom Vorsitzenden verfügt werden kann, den Saal zu verlassen. Das Verzeichnis ist dem Protokoll anzuschließen und mit diesem in den öffentlichen Teil des Firmenbuchs aufzunehmen (§ 120 Abs 3 Z 1 und Abs 4).[80] Im Unterschied zur Rechtslage vor dem AktRÄG 2009 ist es nicht mehr vom Vorsitzenden zu unterzeichnen. Dies ist auch ein Hinweis dafür, dass die Erstellung des Verzeichnisses nicht in die Verantwortung des Vorsitzenden fällt.[81] Diesen trifft auch keine Pflicht zur Überprüfung; nur falls ihm Fehler auffallen, hat er darauf hinzuweisen und auf eine Korrektur einzuwirken. Er hat aber darauf zu achten, dass vor Beginn der Abstimmung ein Verzeichnis aufliegt. Sollte es fehlen, muss die Abstimmung aufgeschoben werden, bis ein Verzeichnis vorliegt. 30a

Der Vorsitzende trägt keine Verantwortung für das vom Notar anzufertigende **Protokoll** (§ 120). Dieses ist allein dem Notar zugewiesen. Der Versammlungsleiter hat lediglich darauf zu achten, dass ab Beginn der Hauptversammlung bis zu deren Beendigung ein Notar anwesend ist und die Aufnahme der Niederschrift übernimmt. In der Praxis wird oft von Aktionären verlangt, dass ihre Wortmeldung wörtlich in das Protokoll aufgenommen wird. Darauf besteht kein Anspruch.[82] Der Leiter kann aber anregen, bestimmte Sachverhalte in das Protokoll aufzunehmen, dem der Notar regelmäßig Rechnung tragen wird. Die Niederschrift ist vom Vorsitzenden zu unterzeichnen (§ 87 Abs 2 NO).[83] Die Verweigerung wäre pflichtwidrig und würde uU eine Wiederholung der Versammlung erfordern. Der Vorsitzende erhält das Protokoll zur Unterschrift nicht selten erst einige Zeit nach der Versammlung. Daher kann es vorkommen, dass seine Erinnerung mit dem 30b

§ 113 Rz 7, wonach aber gewährleistet sein muss, dass ein Aktionär eine Person seines Vertrauens bevollmächtigen kann; weniger streng *Gall*, Die Stimmrechtsvertretung in der Hauptversammlung nach dem AktRÄG 2009, ecolex 2009, 1062 (1063).

78 Zum Inhalt *Bachner* in Doralt/Nowotny/Kalss² § 117 Rz 6 ff; *Oberlechner* in Abram/Oberlechner/Stelzer (Hrsg), Hdb HV 175 f.

79 *Bachner* in Doralt/Nowotny/Kalss² § 117 Rz 10; *Oberlechner* in Abram/Oberlechner/Stelzer (Hrsg), Hdb HV 176 f; *Bydlinski/Potyka* in Jabornegg/Strasser, AktG⁵ § 117 Rz 5.

80 OGH 6 Ob 49/12t.

81 *Bachner* in Doralt/Nowotny/Kalss² § 117 Rz 101; *Oberlechner* in Abram/Oberlechner/Stelzer (Hrsg), Hdb HV 174 f.

82 Vgl *Nowotny*, GES 2013, 230 f.

83 *Bachner* in Doralt/Nowotny/Kalss² § 120 Rz 18.

Inhalt der Niederschrift nicht übereinstimmt. Liegt eine Tonbandaufzeichnung vor, kann diese zur Klärung herangezogen werden. Kann diese nicht bewirkt werden und ist die unterschiedliche Wahrnehmung für das Ergebnis einer Abstimmung von entscheidender Bedeutung, so muss die Versammlung wiederholt werden, da die fehlende Unterschrift des Vorsitzenden zur Nichtigkeit der Beschlüsse führt.[84]

31 Sache der Sitzungsleitung ist es hingegen, während der Hauptversammlung für einen ungestörten Ablauf Sorge zu tragen. Besonders behutsam wird der Sitzungsleiter dann vorzugehen haben, wenn er selbst auf Grund seine Aktienbeteiligung an gewissen Ergebnissen der Hauptversammlung ein maßgebliches Eigeninteresse hat.[85]

32 Der Vorsitzende ist berechtigt, die Reihenfolge der Tagesordnungspunkte zu ändern, dabei ist nach sachlichen Kriterien vorzugehen, etwa einen Punkt, zu dem viele Fragen und Diskussionsbeiträge zu erwarten sind, im Interesse der Aktionäre vorzuziehen.[86] Ebenso kann er die Reihenfolge der Wortmeldungen vorgeben und auch eine bereits vorliegende Rednerliste ändern. Oft werden diese Rechte des Vorsitzenden zu Beginn der Versammlung angekündigt, ebenso das Abstimmungsverfahren und die Möglichkeit des Abgehens davon. Diese „Leseübung" kann erspart werden, wenn diese Informationen bereits in der Einladung zur Versammlung enthalten sind. Von Beratern wird häufig empfohlen, dass der Vorsitzende die bereits in der Einladung enthaltenen Beschlussvorschläge verliest; vor allem bei komplexen Kapitalmaßnahmen (zB Ermächtigung zur Ausgabe von Wandelschuldverschreibungen oder anderen hybriden Finanzinstrumenten) kann dies zu Verlesungen führen, welche die Geduld der Teilnehmer auf die Probe stellt. Dies ist dann überflüssig, wenn gegenüber der Veröffentlichung in der Einberufung keine Änderung eingetreten ist; hier genügt ein Verweis auf die Veröffentlichung, die im Übrigen meistens in den für die Teilnehmer bereit gestellten Unterlagen enthalten ist. Zur Aufgabe der Sitzungsleitung gehört es, Aktionären, die ihr Frage- und Rederecht missbrauchen,[87] das Wort zu entziehen und gegebenenfalls zu verfügen, dass das bei Wortmeldungen verwendete Mikrofon abgedreht wird. Diese Befugnis besteht dann, wenn nicht zur Tagesordnung gehörende überlange politische oder gesellschaftliche Statements abgegeben oder beleidigende, uU strafrechtlich relevante Äußerungen unter missbräuchlicher Verwendung des Rederechts öffentlich vorgetragen werden.[88] Davon ist zu unterscheiden, ob im Hinblick auf die Dauer der Hauptversammlung eine generelle oder individuelle Redezeitbeschränkung verhängt wird. Denn hier bedarf diese

---

[84] *Bachner* in Doralt/Nowotny/Kalss² § 120 Rz 18.

[85] *Martens*, Leitfaden³, 28.

[86] *Oberlechner* in Abram/Oberlechner/Stelzer (Hrsg), Hdb HV 180.

[87] *Oberlechner* in Abram/Oberlechner/Stelzer (Hrsg), Hdb HV 190; *Schaaf*, Die Praxis der Hauptversammlung³ Rz 679 ff.

[88] Vgl *Martens*, Leitfaden², 61; siehe auch § 110 Abs 4 wonach ein Beschlussvorschlag auf der Internetseite dann nicht zugänglich gemacht werden muss, wenn er den objektiven Tatbestand der üblen Nachrede oder der Beleidigung erfüllt oder sich der Vorstand durch das Zugänglichmachen strafbar machen würde.

Maßnahme der vorangehenden Ankündigung und kann nicht sofort durch Entzug des Wortes umgesetzt werden.[89] Fraglich ist, ob eine Beschränkung der Redezeit allein damit begründet werden kann, dass alle Beschlüsse vor Ablauf des Einberufungstages gefasst werden müssen. Empfohlen wird deshalb, dass um etwa 22.30 der Vorsitzende den Schluss der Debatte anordnet, sofern die Versammlung nicht bereits vorsorglich für zwei Tage anberaumt worden ist.[90] In einer Entscheidung zur Generalversammlung einer GmbH hat der OGH diesbezüglich allerdings keine Bedenken und die Auffassung vertreten, dass auch bei Einberufung für einen bestimmten Tag nach Mitternacht gefasste Beschlüsse wirksam sind.[91] Auch bei der AG ist davon auszugehen, dass eine Dauer über Mitternacht hinaus zulässig ist, wenn die Gesamtdauer der Versammlung dadurch nicht unzumutbar wird, was bei einer Dauer von mehr als 14 Stunden anzunehmen ist.[92] Der Vorsitzende kann auch anordnen, dass die Versammlung für eine Pause (30 Minuten bis 1 Stunde) unterbrochen wird;[93] dies wird häufig genutzt, um Rechtsfragen zu klären oder um bei einer bereits aufgeheizten Stimmung eine Abkühlung herbeizuführen. Jedenfalls sollte darauf geachtet werden, dass im Rahmen des üblichen Buffets keine alkoholischen Getränke ausgeschenkt werden. Obwohl im AktG nicht vorgesehen, ist es sinnvoll, dass der Vorsitzende formell erklärt, die Versammlung zu schließen.[94] Damit wird auch die Möglichkeit von nachträglichen Widersprüchen ausgeschlossen. Auch wenn dies unterlassen wird, ist dies kein relevanter Mangel. Im Zweifel ist die Niederschrift des Notars maßgeblich.

Besonders heikel ist der Saalverweis eines störenden Aktionärs,[95] da damit das **33**
Teilnahmerecht zur Gänze verweigert wird. Diese extreme Maßnahme darf nur dann durchgeführt werden, wenn keine anderen Möglichkeiten für einen störungsfreien Ablauf der Versammlung verbleiben, dem Aktionär der Verweis angedroht worden ist und auch die Möglichkeit angeboten wird, einen Vertreter zu bevollmächtigen.[96] Wird ein Aktionär zu Unrecht des Saales verwiesen, so steht dies einer rechtswidrigen Teilnahmeverweigerung gleich, sodass damit die Anfechtungsbefugnis nach § 196 Abs 1 Z 2 eröffnet wird, und zwar auch für bereits vor dem Verweis gefasste Beschlüsse, da das Recht zum Widerspruch bis zum Ende der Hauptversammlung wahrgenommen werden kann.[97]

---

89 Vgl *Bachner* in Doralt/Nowotny/Kalss² § 116 Rz 22 f; *Oberlechner* in Abram/Oberlechner/Stelzer (Hrsg), Hdb HV 188; *Martens*, Leitfaden³, 57 ff; BGHZ 44, 248 ff.

90 *Bachner* in Doralt/Nowotny/Kalss² § 120 Rz 18; *Brix*, Die Hauptversammlung der Aktiengesellschaft Rz 293.

91 OGH 6 Ob 99/11v; im konkreten Fall dauerte die Versammlung von 09.00 bis 00.37.

92 Vgl *Rieder* in Spindler/Stilz, AktG³ § 121 Rz 80; *Ziemons* in K. Schmidt/Lutter, AktG³ § 121 Rz 343.

93 *Bachner* in Doralt/Nowotny/Kalss² § 116 Rz 29.

94 *Bachner* in Doralt/Nowotny/Kalss² § 116 Rz 30.

95 *Schaaf*, Die Praxis der Hauptversammlung³ Rz 682.

96 Siehe BGHZ 44, 250 ff; *Bachner* in Doralt/Nowotny/Kalss² § 116 Rz 22 f; *Oberlechner* in Abram/Oberlechner/Stelzer (Hrsg), Hdb HV 183; *Martens*, Leitfaden², 69 ff.

97 Siehe *Diregger* in Doralt/Nowotny/Kalss, AktG³ § 199 Rz 26; OGH 6 Ob 31/11v; *Hüffer* in Münchener Komm AktG³ § 245 Rz 47; siehe auch *K. Schmidt* in Großkomm AktG⁴ § 245 Rz 25.

34 Über derartige Maßnahmen entscheidet an sich der Vorsitzende als Leiter der Sitzung autonom. Insbesondere besteht keine Verpflichtung, eine Beschlussfassung der Hauptversammlung oder des Aufsichtsrats oder die Zustimmung des Vorstands einzuholen, soweit nicht die Satzung besondere Vorgaben enthält.[98] Die Möglichkeit, durch Satzungsregelungen den Spielraum des Versammlungsleiters einzuschränken, etwa die Beschlussfassung der Hauptversammlung vorzuschreiben, ergibt sich mittelbar aus § 119 Abs 3, wonach über die Reihenfolge der Abstimmung mehrerer Anträge der Vorsitzende entscheidet, soweit die Satzung keine Regelung enthält. Zu empfehlen sind Satzungsregelungen in diesem Bereich freilich nicht, da die rasche Reaktionsfähigkeit für konkrete Situationen behindert werden könnte.

35 Der Vorsitzende entscheidet darüber, ob er Anträge, die keine Gegenanträge sind und nicht ausdrücklich durch die Tagesordnung abgedeckt werden, zur Abstimmung zulässt.[99] Dies wird etwa geboten sein, wenn im Zusammenhang mit der angekündigten Entlastung der Organe die Bestellung eines Sonderprüfers beantragt wird.[100] Hingegen ist die Beschlussfassung über ein Misstrauensvotum gegenüber dem Vorstand gesondert anzukündigen.[101] Ebenso gilt dies für die Wahl eines besonderen Vertreters, um Ersatzansprüche gegenüber Organmitgliedern zu verfolgen (§ 134).[102] Die Befassung der Versammlung mit Verfahrensfragen ist nur geboten, wenn die Versammlung nach deren Beginn vertagt, ein Tagesordnungspunkt abberaumt oder über einen Tagesordnungspunkt, über den bereits beschlossen worden ist, neuerlich eine Abstimmung abgehalten werden soll. Dies gilt auch, wenn nach Beendigung der Versammlung diese wieder aufgenommen wird.[103] Die Absage bzw der Widerruf einer einberufenen HV obliegt nur bis zum Beginn der HV dem einberufenden Organ, also regelmäßig dem Vorstand; nach dem Beginn[104] der HV kann das einberufende Organ die HV nicht mehr absagen;[105] eine Vertagung der HV ist nach der Befassung der Versammlung durch den Leiter, der das Abstimmungsergebnis nach § 128 Abs 1 zu verkünden hat, möglich.[106] Es bleibt dem Vorsitzenden unbenommen, nach seinem Ermessen über Fragen der Sitzungs-

[98] BGHZ 44, 245 ff; *Strasser* in Jabornegg/Strasser, Komm AktG^4 § 108 Rz 15; *M. Bauer*, Hauptversammlung 113 ff; *Bachner* in Doralt/Nowotny/Kalss^2 § 116 Rz 22 f.

[99] *Oberlechner* in Abram/Oberlechner/Stelzer (Hrsg), Hdb HV 180 f.

[100] OGH 6 Ob 31/11v.

[101] *Nowotny* in Doralt/Nowotny/Kalss, AktG^3 § 75 Rz 3.

[102] *Saurer* in Doralt/Nowotny/Kalss, AktG^3 § 134 Rz 10.

[103] Siehe *Bachner* in Doralt/Nowotny/Kalss^2 § 116 Rz 16; *Oberlechner* in Abram/Oberlechner/Stelzer (Hrsg), Hdb HV 177 f; nach OGH 4 Ob 101/06s entscheidet die Versammlung auch über die Zulassung von Aktionären, die die Anmeldung versäumt haben.

[104] Die Hauptversammlung beginnt zu dem Zeitpunkt, der in der Einberufung gem § 106 Z 1 AktG angegeben ist und an dem sich die Aktionäre am Versammlungsort eingefunden haben, nicht maßgeblich ist demnach die förmliche Eröffnung der HV; vgl BGH 30.6.2015, II ZR 142/14, NZG 2015, 1227 Rz 29 f; *Wackerbarth*, BGH: Absage der Hauptversammlung nach ihrem Beginn, Handelsblatt online 23.10.2015, auffindbar unter http://blog.handelsblatt.com/rechtsboard/2015/10/23/bgh-absage-der-hauptversammlung-nach-ihrem-beginn, zuletzt aufgerufen am 13.1.2016; weiters *Noack/Zetzsche* in Kölner Komm AktG § 121 Rz 117; *Ziemons* in K. Schmidt/Lutter. AktG^3 § 121 Rz 107.

[105] Zur Absage siehe auch *Bachner* in Doralt/Nowotny/Kalss^2 § 106 Rz 29 f; für Deutschland vgl Fn 103.

[106] *Bachner* in Doralt/Nowotny/Kalss^2 § 116 Rz 30.

leitung in den hier angesprochenen Bereichen eine Beschlussfassung der Hauptversammlung (jedenfalls in Form einer Erkundungsabstimmung)[107] herbeizuführen. Fraglich ist, welche Rechtsfolgen damit verbunden sind. Zweifellos kann die Beschlussfassung nicht bewirken, dass dadurch eine an sich rechtswidrige Maßnahme, sollte sie der Vorsitzende autonom verfügen, rechtmäßig wird.[108] Insofern hat die Beschlussfassung nur die Bedeutung, die Autorität des Vorsitzenden in der Sitzungsleitung zu stärken. Fraglich ist, ob er an den Beschluss gebunden ist oder in der Folge autonom davon wieder abgehen kann; ebenso ist fraglich, ob mit einer derartigen Maßnahme für die gesamte Hauptversammlung die Entscheidung über Verfahrensfragen an die Aktionäre delegiert wird. Nach überwiegender Ansicht ist dies zu verneinen; bei der Beantragung einer Entscheidung der Hauptversammlung über Verfahrensfragen handelt es sich um eine bloße Erkundung der Meinung der Mehrheit, mit der keinerlei Bindungswirkung verbunden ist.[109] Auch hier gibt es keinen Unterschied, ob Leiter der Versammlung ein Mitglied des Aufsichtsrats oder ein gewählter oder vom Gericht bestellter Dritter ist.

Wesentlich ist des Weiteren, inwieweit der Vorsitzende die Aufgabe hat, für die Rechtmäßigkeitskontrolle der Beschlussfassung Sorge zu tragen. Durch die Materialien zum AktRÄG 2009 ist die Zulässigkeit des Subtraktionsverfahrens klar gestellt worden.[110] Unstrittig besteht diese Obsorgepflicht dafür, dass die Stimmenauszählung technisch ordnungsgemäß vollzogen wird und während des Abstimmungsprozesses keine Probleme der Präsenzfeststellung auftreten.[111] 36

Liegen mehrere Anträge zu einem Tagesordnungspunkt vor, so entscheidet der Leiter über die Reihenfolge der Abstimmung (§ 119 Abs 2). Es ist zweckmäßig über jenen Antrag zuerst abzustimmen, der die größte Chance hat, die erforderliche Mehrheit zu erreichen.[112] Wenn Anträge gestellt werden, die eindeutig rechtswidrig sind, so gehört es zu den Pflichten des Sitzungsleiters derartige Anträge nicht zur Abstimmung zu bringen.[113] Dies gilt beispielsweise für einen Antrag, eine Person als Sonderprüfer zu bestellen, die eindeutig ausgeschlossen ist, weil ihr Verhalten selbst von der Sonderprüfung miterfasst werden soll (wie zB der Abschlussprüfer). Ist hingegen eine eindeutige Beurteilung innerhalb der Versammlung nicht möglich, so muss der Sitzungsleiter einen formell ordnungsgemäß gestellten Antrag zur Abstimmung bringen. Soweit nicht Aktionäre im Wege einer Anfechtungsklage die Beschlusskontrolle herbeiführen, ist der Vorstand gemäß § 196 Abs 1 Z 4 zur Anfechtung berechtigt und wohl auch verpflichtet, wenn die Umsetzung des rechtswidrigen Beschlusses mit der Gefahr einer Schädigung der 37

---

107 Darauf eingeschränkt *Bachner* in Doralt/Nowotny/Kalss² § 116 Rz 16; *Oberlechner* in Abram/Oberlechner/Stelzer (Hrsg), Hdb HV 170.

108 *Bachner* in Doralt/Nowotny/Kalss² § 116 Rz 16; anders *Oberlechner* in Abram/Oberlechner/Stelzer (Hrsg), Hdb HV 183.

109 Siehe *Bachner* in Doralt/Nowotny/Kalss² § 116 Rz 16; *Strasser* in Jabornegg/Strasser, Komm AktG⁴ § 108 Rz 14; *Ziemons* in K. Schmidt/Lutter. AktG³ § 129 Rz 65; *Wicke* in Spindler/Stilz, AktG³ § 119 Anh Rz 5; BGHZ 44, 249, freilich ohne klare Antwort.

110 *Bachner* in Doralt/Nowotny/Kalss² § 116 Rz 27.

111 Vgl *Bachner* in Doralt/Nowotny/Kalss² § 116 Rz 25; *Martens*, Leitfaden³, 28.

112 *Oberlechner* in Abram/Oberlechner/Stelzer (Hrsg), Hdb HV 192 f.

113 *Oberlechner* in Abram/Oberlechner/Stelzer (Hrsg), Hdb HV 191 f.

Gesellschaft verbunden ist.[114] Besonders heikel ist die Beurteilung, ob ein Aktionär vom Stimmrecht bei einem Abstimmungsvorgang ausgeschlossen ist oder nicht.[115] Die Regelung in § 125 ist zwar eng gefasst, doch bietet sie auch in ihrem eingeschränkten Anwendungsbereich Anlass für Zweifelsfragen.[116] Des Weiteren trifft den Hauptversammlungsleiter börsennotierter Gesellschaften seit 2013 die mitunter schwierige oder sogar unmögliche Aufgabe, das ex-lege Ruhen von Stimmrechten gem § 94a BörseG zu erkennen und entsprechende Schritte zu setzen[117]. Hier ist es dann alleinige Entscheidung des Sitzungsleiters, ob er Stimmen, die in Frage stehen, mitzählt oder nicht. Da es dem Vorsitzenden obliegt, das Ergebnis der Abstimmung festzustellen (§ 128 Abs 1), ist hier die Beurteilung durch ihn entscheidend. Die Kontrolle erfolgt über die Anfechtungsklage, die mit der Klage auf Feststellung des richtigen Beschlusses (positive Beschlussfeststellungsklage) verbunden werden kann.[118] Wird erst im Rahmen der Hauptversammlung behauptet, dass bestimmte Aktionäre vom Stimmrecht generell oder zu einem bestimmten Tagesordnungspunkt ausgeschlossen sind, so ist zu versuchen, gegebenenfalls durch Unterbrechung der Versammlung eine Klärung herbeizuführen. Ist dies nicht möglich, so ist im Zweifel zu empfehlen, die strittigen Stimmen zuzulassen. Die Beweislast liegt nämlich bei der Gesellschaft bzw jenen Aktionären, die ein Ruhen behaupten. Kann der Nachweis in der Versammlung nicht erbracht werden, hat es (zunächst) bei der Zuerkennung der Stimmen als wesentliche Aktionärsrechte zu bleiben.

VIII. Resümee

38 Die organisatorische Vorbereitung der Hauptversammlung, einschließlich der erforderlichen Beistellung der vom Gesetz gebotenen Informationen, der Überprüfung der Anmeldungen und der Bereitstellung der Logistik ist Angelegenheit des Vorstands. Der Vorsitzende des Aufsichtsrats hat eine begleitende Überwachungsfunktion, und zwar unabhängig davon, ob er die Hauptversammlung leiten wird oder nicht. In diesem Punkt gibt es einen wesentlichen Unterschied zwischen der Leitung durch den Vorsitzenden des Aufsichtsrats oder seines Stellvertreters und dem in der Hauptversammlung gewählten oder vom Gericht bestellten Leiter.

39 Davon abgesehen, ist der Aufgaben- und Verantwortungsbereich ident: Der Leiter hat die Aufgabe, unter Wahrung der Gleichbehandlung der Aktionäre, des

[114] Siehe *Diregger* in Doralt/Nowotny/Kalss² § 196 Rz 46.

[115] *Oberlechner* in Abram/Oberlechner/Stelzer (Hrsg), Hdb HV 197f; *Dirnhausen/Marsch-Barner*, AG 2014, 721 f.

[116] Siehe etwa zum Ruhen des Stimmrechts im Zusammenhang mit der Abstimmung über eine Sonderprüfung OGH 6 Ob 28/08y, GesRZ 2008, 304; 6 Ob 16/11p; 6 Ob 49/09p.

[117] Siehe OGH 6 Ob 97/15f; *Nowotny*, Beteiligungspublizität und Ruhen der Stimmrechte in FS Torggler 877 (892); *Nicolussi*, Der Stimmrechtsverlust als neue Sanktion der Beteiligungspublizität, GesRZ 2013, 20 (25); insb zur Anfechtbarkeit *Kalss/Oppitz/Zollner*, Kapitalmarktrecht System², § 18 Rz 223 ff (230); *Drinhausen/Marsch-Barner*, Zur Rechtsstellung des Aufsichtsratsvorsitzenden als Leiter der Hauptversammlung einer börsennotierten Gesellschaft, AG 2014, 757 (760 f).

[118] OGH 7 Ob 300/05a, RdW 2006/260, 277; *Schmidt-Pachinger* in Doralt/Nowotny/Kalss, AktG² § 125 Rz 28.

Grundsatzes der Neutralität, Verhältnismäßigkeit und Objektivität die Hauptversammlung so zu leiten, dass ordnungsgemäße Beschlüsse zustande kommen und von ihm dann verkündet werden. Die Erfahrung zeigt, dass dies insbesondere bei Börsennotierung oft mehr Anforderungen verlangt als gute Vorbereitung und Kenntnisse des Aktienrechts.[119] Die Versammlungsleitung ist häufig mit der Entscheidung sehr schwieriger und kritischer Fragen befasst, die schnell und ohne jegliche Bedenkzeit zu klären sind.[120] Darüber hinaus ist aber Einfühlungsvermögen für Stimmungen und natürliche Autorität gefragt, Eigenschaften, die nicht notwendigerweise mit dem Vorsitz im Aufsichtsrat zusammenfallen. Kommen dazu noch Sprachprobleme, so kann es uU angebracht sein, über die Wahl in der Hauptversammlung einen Leiter beizustellen, der die geforderten Eigenschaften bestmöglich in seiner Person vereint.

---

119 Siehe zu den Anforderungen an den Aufsichtsratsvorsitzenden *Endl/Zumbo* in FS Ch. Nowotny 286 f.

120 Vgl *Drinhausen/Marsch-Barner*, AG 2014, 721 f; *Martens*, Leitfaden², 78, 94.

Die Aufsichtsratsausschüsse

Matthias Schimka

§§: 79, 80, 81, 86, 90, 92, 93, 94, 95, 96, 99 AktG; 24c GenG; 110 ArbVG; 28a, 29, 39c, 39d, 63a BWG; 123 VAG 2016; 189a, 221, 222, 243b, 271a UGB; 32a Aufsichtsrats-VO.

Literatur

Ö: Berger/Steinbach, Qualifikation und Organisation österreichischer Aufsichtsräte als Grundlage für effiziente Gremienarbeit, Aufsichtsrat aktuell 2015, H 2, 12; *Dellinger/Schellner*, Aufsichtsratsinterne Information und ihre Verweigerung am Beispiel von Managerdienstverträgen, in Blocher/Gelter/Pucher (Hrsg), Festschrift Christian Nowotny (2015) 245; *Doralt/Kastner*, Grenzen der Aktionärsschutzklausel des § 110 Abs 3 ArbVG bei der AG, GesRZ 1975, 38; *Cerny/Gahleitner/Preiss/Schneller*, Arbeitsverfassungsrecht III[4] (2009); *Fida/Gelter/Rechberger*, Der Finanzexperte im Aufsichtsrat – Lex imperfecta?, GeS 2006, 239; *Fritz*, 10 Trends ändern die Aufsichtsratswelt (Teil I). Nationale Gesetzgebung – Rechtsprechung – Corporate Governance – Professionalität – europäische Vorgaben, Aufsichtsrat aktuell 2014 H 4, 5; *Geist*, Informationsordnung im arbeitsteilig organisierten Aufsichtsrat, in Achatz/Jabornegg/Karollus (Hrsg), Aktuelle Probleme im Grenzbereich von Arbeits-, Unternehmens, und Steuerrecht (1998) 121; *Jabornegg*, Sitz- und Stimmrecht der Arbeitnehmervertretung im Nominierungsausschuss gemäß § 29 BWG, DRdA 2015, 299; *Jud*, Zur Bestellung von stellvertretenden Mitgliedern eines Aufsichtsratsausschusses, NZ 1982, 56; *Kalss*, Das interne Kontrollsystem (IKS) als Angelpunkt der Corporate Governance in Kapitalgesellschaften, in FS Krejci (2001) 699; *Kalss/Burger/Eckert*, Die Entwicklung des österreichischen Aktienrechts (2003); *Kalss/Rasinger/Schober/Geirhofer*, Die Aufgaben des Prüfungsausschusses und Kommunikation des Abschlussprüfers mit dem Aufsichtsrat, in Institut Österreichischer Wirtschaftsprüfer (Hrsg), Wirtschaftsprüfer Jahrbuch 2010 (2010), 229; *Kalss*, Die Beauftragung eines Beraters durch den Aufsichtsrat, Aufsichtsrat aktuell 2010 H 4, 4; *Kalss*, Strafbare Handlung eines Vorstandsmitglieds? – Was hat der Aufsichtsrat zu tun?, Aufsichtsrat aktuell 2012 H 6, 5; *Kindel/Kindel*, Zur Frage der Zulässigkeit der Vertretung von Aufsichtsratsmitgliedern bei Sitzungen des gemäß § 92 Abs 4 AktG zu bildenden Jahresabschlussausschusses, GesRZ 2003, 134; *Köll/Szaurer*, Neuerungen im Bereich der Offenlegung und Zwangsstrafen aufgrund des RÄG 2014, RWZ 2015, 245; *Kraßnig*, Ausschusstaugliche und ausschusspflichtige Aufsichtsratsagenden, Aufsichtsrat aktuell 2015 H 1, 12; *Kraßnig*, Aktuelle Herausforderungen für den Prüfungsausschuss unter besonderer Berücksichtigung der Zusammenarbeit mit dem Abschlussprüfer, VWT 2014, 326; *Lucius/Oppitz/Pachinger* (Hrsg), Compliance im Finanzdienstleistungsbereich (2010); *Milla/Köll/Wenger/Adrian*, EU-Regulation zur Abschlussprüfung – Neue Pflichten für Aufsichtsrat und Prüfungsausschuss, RWZ 2014/83, 369; *Milla/Vcelouch-Kimeswenger/Weber*, Unternehmensrechts-Änderungsgesetz 2008 (2008); *Oberhofer*, Die Unabhängigkeit des Aufsichtsrats (2008); *Panzhirsch/Reiter*, Konsequenzen bei einem im Ausland ansässigen nicht ausreichend tätigen Prüfungsausschuss des Mutterunternehmens für das inländische verbundene Unternehmen, RWZ 2011/12, 38: *Potyka/Weber*, Der Prüfungsausschuss nach dem URÄG 2008, GesRZ 2008, 190; *Prachner*, Die Einführung der International Standards on Auditing in Österreich als österreichische Fachgutachten, in Blocher/Gelter/Bucher (Hrsg), Festschrift Christian Nowotny (2015) 603; *Pucher*, Ausschließliche Kompetenzen des Gesamtaufsichtsrats und ausschussfähige Angelegenheiten, GeS 2009, 128; *Pucher*, Geschäftsordnung des Vorstands der Aktiengesellschaft, RdW 2010, 464; *Reiter*, der Finanzexperte im Prüfungsausschuss des Aufsichtsrats, Aufsichtsrat aktuell 2/2005, 9; *Reiter/Panzhirsch*, Qualifikationserfordernisse an den Finanzexperten im Aufsichtsrat, RWZ 2010/49, 197; *Simonishvili/Pendl*, Das Recht des Aufsichtsratsmitglieds auf Aufsichtsratsprotokolle, GES 2014, 109; *Straube*, Die Sorgfalt von Aufsichtsratsmitgliedern nach österreichischem Recht und deren Anwendbarkeit auf die nicht geschäftsführenden Verwaltungsratsmitglieder einer SE, in Bröhmer ua (Hrsg), Internationale Gemeinschaft und Menschenrechte. Festschrift für Georg Ress (2005) 1583; *Straube* (Hrsg), Fachwörterbuch zum Handels- und Gesellschaftsrecht (2005); *Varro*, Die Überwachung der Konzernprüfung durch den – nach dem Einzelabschluss bestellten – Prüfungsausschuss, GesRZ 2012, 294; *Wachter*, Der Aufsichtsrat von Kreditinstituten nach der Umsetzung der CRD IV-Richtlinie in Österreich, ÖBA 2015, 96; *Wachter*, Die Mitwirkung der Arbeitnehmervertreter in Ausschüssen des Aufsichtsrats, ZAS 2015/12, 66; *Winkler/Birkner*, Verpflichtender Aufsichtsratsbeschluß nach § 92 Abs 4 AktienG, RdW 1998, 244; *Zehetner/Lehner*, Die Haftung des Aufsichtsrats bei der Vereinbarung eines angemessenen Honorars mit dem Abschlussprüfer, Aufsichtsrat aktuell 2014 H 4, 17.

Dtl: Arbeitskreis externe und interne Überwachung der Unternehmung Schmalenbach – Gesellschaft für Betriebswirtschaft e.V., Köln, Zur künftigen Entwicklung der Abschlussprüfung, DB 2014, 1149; *Apfelbach/Metzner*, Mitglied im Aufsichtsorgan eines Kreditinstituts im Jahr 2013 – Aktuelle Rechtsentwicklungen bei den Anforderungen an die interne Organisation, die Qualifikation und die Überwachungsfunktion der Mitglieder des Aufsichtsorgans von Kreditinstituten, AG 2013, 773; *Baums* (Hrsg), Bericht der Regierungskommission Corporate Governance (2001); *Behr*, Teilnahmerecht und Mitwirkungsmöglichkeit des Aufsichtsratsmitglieds bei der Aufsichtsratssitzung, AG 1984, 281; *Blöink/Krumm*, AReG – Re/E: neue Pflichten zur Verbesserung der Qualität und Steigerung der Aussagekraft der Abschlussprüfung, BB 2015, 1067; *Brandi/Gieseler*, Der Aufsichtsrat in Kreditinstituten – Persönliche Voraussetzungen, Sanktionen und Ausschüsse nach geltendem Recht und CRD IV, NZG 2012, 1321; *Bürkle*, Corporate Compliance als Standard guter Unternehmensführung des Deutschen Corporate Governance Kodex, BB 2007, 1797; *Calliess/Ruffert* (Hrsg), Das Verfassungsrecht der Europäischen Union mit Europäischer Grundrechtecharta[3] (2007); *DAV*, Stellungnahme des Deutschen Anwaltvereins zum Referentenentwurf eines Transparenz- und Publizitätsgesetzes, NZG 2002, 115; *DAV*, Stellungnahme zum Referentenentwurf des Abschlussprüfungsreformgesetzes (AReG) vom 27.3.2015, NZG, 19/2015 752; *Dose*, Zivilrechtliche Haftung und Aufgabendelegation auf Ausschüsse im Aufsichtsrat der AG, ZGR 1973, 300; *Deckert*, Effektive Überwachung der AG-Geschäftsführung durch Ausschüsse des Aufsichtsrats, ZIP 1996, 985; *Frels*, Überweisung von Aufgaben des Aufsichtsrats einer Aktiengesellschaft an einzelne seiner Mitglieder – „Einköpfige" Aufsichtsratsausschüsse, AG 1957, 9; *Frels*, Nochmals: Überweisung von Aufgaben des Aufsichtsrats einer Aktiengesellschaft an einzelne seiner Mitglieder, AG 1958, 232; *Frels*, Grenzen der Ausschußbildung im Aufsichtsrat nach dem geltenden Aktienrecht und dem Referentenentwurf eines neuen Aktiengesetzes, AG 1959, 44; *Habersack*, Die Verantwortlichkeit des Aufsichtsorgan der Gesellschaft, ZSR 124 (2005) II, 533; *Henrichs*, Abschlussprüferreform im Unionsrecht, ZGR 2015, 248; *Hommelhoff*, Der aktienrechtliche Organstreit, ZHR 143 (1979) 288; *Hommelhoff*, Zur Kreditüberwachung im Aufsichtsrat, in Hadding ua (Hrsg), Handelsrecht und Wirtschaftsrecht in der Bankpraxis. Festschrift für Winfried Werner (1984) 315; *Hommelhoff/Mattheus*, Corporate Governance nach dem KonTraG, AG 1998, 249; *Hopt*, Abschlussprüfung in Deutschland und Europa nach der europäischen Reform von 2014, ZGR 2015, 186; *Kremer/Klahold*, Compliance-Programme in Industriekonzernen, ZGR 2010, 113; *H. Krieger*, Zum Aufsichtsratspräsidium, ZGR 1985, 338; *Kropff*, Der unabhängige Finanzexperte in der Gesellschaftsverfassung, in FS K. Schmidt (2009) 1023; *Langenbucher*, Bausteine eines Bankgesellschaftsrechts – Zur Stellung des Aufsichtsrats in Finanzinstituten, ZHR 176 (2012), 652; *Leyens*, Information des Aufsichtsrats (2006); *Leyens/Schmidt*, Corporate Governance durch Aktien-, Bankaufsichts- und Versicherungsaufsichtsrecht – Ausgewählte Einflüsse, Impulse und Brüche, AG 2013, 533; *Luther*, Innere Organisation des Aufsichtsrats, ZGR 1977, 306; *Lutter*, Bankenvertreter im Aufsichtsrat, ZHR 145 (1981), 228; *Lutter*, Defizite für eine effiziente Aufsichtsratstätigkeit und gesetzliche Möglichkeiten der Verbesserung, ZHR 159 (1995) 287; *Lutter*, Information und Vertraulichkeit im Aufsichtsrat[3] (2006); *Lutter*, Professionalisierung des Aufsichtsrats, DB 2009, 775; *Lutter*, Die Empfehlungen der Kommission vom 14.12.2004 und vom 15.2.2005 und ihre Umsetzung in Deutschland, EuZW 2009, 799; *Merkt*, Die Zusammenarbeit von Aufsichtsrat und Abschlussprüfer nach der EU-Reform: Mut zur Erwartungslücke, ZHR 179 (2015) 601; *Mertens*, Verfahrensfragen bei Personalentscheidungen des mitbestimmten Aufsichtsrats, ZGR 1983, 199; *Möllers*, Professionalisierung des Aufsichtsrats, ZIP 1995, 1725; *Peltzer*, Trial and Error – Anmerkung zu den Bemühungen des Gesetzgebers, die Arbeit des Aufsichtsrats zu verbessern, NZG 2009, 1041; *Prühs*, Aufgaben- und Entscheidungsdelegation im Aufsichtsrat, DB 1970, 1524; *Rellermeyer,* Aufsichtsratsausschüsse (1986); *Rodewald/Unger*, Kommunikation und Krisenmanagement im Gefüge der Corporate Compliance-Organisation, BB 2007, 1629; *Säcker*, Aufsichtsratsausschüsse nach dem Mitbestimmungsgesetz 1976. Einsetzung, Besetzung und Arbeitsweise (1979); *Schaub*, Die innere Organisation des Aufsichtsrats, ZGR 1977, 293; *Schwark*, Zum Haftungsmaßstab der Aufsichtsratsmitglieder einer AG, in Hadding ua (Hrsg), Handelsrecht und Wirtschaftsrecht in der Bankpraxis. Festschrift für Winfried Werner (1984) 841; *Schüppen*, Die europäische Abschlussprüfungsreform und ihre Implementierung in Deutschland – Vom Löwen zum Bettvorleger?, NZG 7/2016, 247; *Schwark*, Corporate Governance: Vorstand und Aufsichtsrat, in Hommelhoff/Lutter/Schmidt/Schön/Ulmer (Hrsg), Corporate Governance (2002) 75; *Semler*, Ausschüsse des Aufsichtsrats, AG 1988, 60; *Semler*, Anforderungen an die Befähigungen eines Aufsichtsratsmitglieds, in FS K. Schmidt (2009) 1489; *Semler/Stengel*, Interessenkonflikte bei Aufsichtsratsmitglieder von Aktiengesellschaften am Beispiel von Konflikten bei Übernahmen, NZG 2003, 1; *Spindler*, Die Empfehlungen der EU für den Aufsichtsrat und ihre deutsche Umsetzung im Corporate Governance Kodex, ZIP 2005, 2033; *Sünner*, Effizienz von Unternehmensorganen als Corporate-Governance-Grundsatz, AG 2000, 492; *Velte*, Reform der Abschlussprüfung nach der Richtlinie 2014/56/EU und der Verordnung (EU) Nr. 537/2014, DSbR 2014, 1688; *Velte*, Der Referentenentwurf für ein Abschlussprüfungsreformgesetz, WPg 2015, 482; *Velte/Buchholz*, Regulierung der Aufsichtsratstätigkeit durch das CRD IV-Umsetzungsgesetz, ZBB 2013, 400; *Vetter*, Gruppenvorbesprechungen im Aufsichtsrat – Ausdruck einer Good Corporate Governance?, in FS Hüffer (2010) 1017; *von Westphalen*, Derivatgeschäfte, Risikomanagement und Aufsichtsratshaftung (2000).

Gliederung **Rz**

I. Einleitung

A. Begriffsmerkmale

1 Ganz allgemein kann ein Ausschuss als eine Form der arbeitsteiligen Untergliederung von Kollegialorganen beschrieben werden.[1]

2 Zur Definition von Aufsichtsratsausschüssen und zu deren Abgrenzung von anderen Einrichtungen im Organisationsgefüge von Aktiengesellschaften lassen sich insbesondere folgende Begriffsmerkmale feststellen:

- Ein Ausschuss setzt sich nur aus Mitgliedern des ihn einrichtenden und beschickenden Gremiums, dh des Gesamtaufsichtsrats, zusammen. Er ist damit eine Subeinheit des Plenums. Vgl dazu Rz 15.
- Ein Ausschuss besteht aus mindestens zwei Mitgliedern, zumal nach dem allgemeinen Sprachgebrauch das Wort Ausschuss auf einen Personenmehrheit hindeutet. Ein Ausschuss hat jedoch grundsätzlich weniger Mitglieder als das Plenum. Zur Mitgliederanzahl vgl Rz 19 ff.
- Ein Ausschuss nimmt Aufgaben des Gesamtaufsichtsrats entweder bloß vorbereitend, unterstützend bzw ausführend wahr oder erhält Entscheidungsbefugnisse des Gesamtaufsichtsrats übertragen. Ein Ausschuss hat jedoch nie mehr Kompetenzen als das Plenum.
- Ein Ausschuss kann grundsätzlich jederzeit durch das Plenum wieder aufgelöst werden. Vgl dazu Rz 68. Ebenso kann der Gesamtaufsichtsrat jederzeit eine Änderung der personellen Zusammensetzung des Ausschusses vorneh-

[1] *Rauter* in Straube, Fachwörterbuch 29; *Rauter* in Straube, GmbHG § 30g Rz 182.

men (vgl dazu Rz 36) sowie die dem Ausschuss überantworteten Aufgaben wieder an sich ziehen (vgl dazu Rz 58). Der Gesamtaufsichtsrat bleibt somit stets Herr des Verfahrens.

B. Zweck

Betrachtet man den Aufsichtsrat im Wandel der Zeit, so kann man eine stetige Ausweitung seiner Pflichten feststellen (zu den Aufgaben des Aufsichtsrats vgl *Frotz/Schörghofer* Rz 11/1 ff).[2] Insbesondere der Wandel des Gesamtaufsichtsrats vom (nur) Kontrolleur zum (auch) Mitunternehmer hat zu einer Intensivierung seiner Tätigkeit beigetragen.[3] Die ordnungsgemäße Erfüllung der vielfältigen und hochkomplexen Aufgaben kann jedoch vom Gesamtaufsichtsrat vielfach nicht oder nur unzureichend bewältigt werden.[4] Detaillierte Arbeit, eingehende Erörterungen und fundierte Diskussion lassen sich im Plenum regelmäßig nicht verwirklichen. Dieses Defizit seiner Tätigkeit kann (bzw muss; vgl dazu Rz 6) der Gesamtaufsichtsrat mit Hilfe der Bildung von Ausschüssen entschärfen, zumal die Aufteilung der Aufsichtsratsarbeit auf kleine arbeitsfähige Gruppen eine effiziente und zeitnahe Aufgabenwahrnehmung gewährleistet.[5] Die **Effizienzsteigerung** ist somit einer der maßgeblichen Zwecke der Ausschusseinrichtung.[6] Gleichzeitig wird dadurch die Möglichkeit einer gezielten Bündelung von Spezialkenntnissen einzelner Aufsichtsratsmitglieder eröffnet.[7] Diese beiden Aspekte hebt auch der ÖGCK[8] hervor, nach dessen C-Regel 39 Ausschüsse der Steigerung der Effizienz der Aufsichtsratsarbeit und der Behandlung komplexer Sachverhalte dienen. Auf diese Zwecke verweist auch der Bundes Public Corporate Governance Kodex (B-PCGK),[9] der Grundsätze der Unternehmens- und Beteiligungsführung im Bereich des Bundes festlegt. Ferner kann durch die Ausschussbildung die Vertraulichkeit und die Wahrung von 3

---

2 Vgl *Lutter*, BB 2009, 775.

3 *Kalss* in Kalss/Nowotny/Schauer, Gesellschaftsrecht Rz 3/513; *Lutter/Krieger/Verse*, Rechte und Pflichten des Aufsichtsrates[6] Rz 57ff; *Lutter*, BB 2009, 775 mwN.

4 Vgl *Kalss* in Doralt/Nowotny/Kalss, AktG[2] § 92 Rz 131; *Hopt/Roth* in GroßKommAktG[4] § 107 Rz 478; *Leyens*, Information 262; *Lutter*, ZHR 159 (1995) 298 f; *Lutter*, BB 2009, 777; *Schwark* in Hommelhoff/Lutter/Schmidt/Schön/Ulmer, Corporate Governance 102 mwN.

5 Vgl etwa *Hommelhoff/Mattheus*, AG 1998, 254; *Möllers*, ZIP 1995, 1731. Vgl ferner *Berger/Steinbach*, Aufsichtsrat aktuell 2015 H 2, 14f.

6 Vgl *Kalss* in Doralt/Nowotny/Kalss, AktG[2] § 92 Rz 131; *dieselbe* in Kalss/Nowotny/Schauer, Gesellschaftsrecht Rz 3/539; *Rauter* in Straube, GmbHG § 30g Rz 184; *Gittermann* in Semler/v Schenck, ARHdb[4] § 6 Rz 1; *Lutter/Krieger/Verse*, Rechte und Pflichten des Aufsichtsrates[6] Rz 743; *Hopt/Roth* in GroßKommAktG[4] § 107 Rz 478; *Habersack* in MünchKommAktG[4] § 107 Rz 92; *Spindler* in Spindler/Stilz, AktG[3] § 107 Rz 81; *Lutter*, BB 2009, 777; *Lutter*, ZHR 159 (1995) 298 f; ferner *Leyens*, Information 262 f; *Deckert*, ZIP 1996, 985 ff; *Möllers*, ZIP 1995, 1730; jeweils mwN.

7 *Kalss* in Doralt/Nowotny/Kalss, AktG[2] § 92 Rz 131 mwN.

8 Österreichischer Corporate Governance Kodex (idF Jänner 2015); online abrufbar unter: www.corporate-governance.at

9 Siehe die Anmerkungen zur Empfehlung 11.4.1 des Public Corporate Governance Kodex (online abrufbar unter: www.bka.gv.at).

Geschäftsgeheimnissen gefördert werden (zum Informationsregime vgl Rz 63 ff).[10] Die arbeitsteilige Organisation des Aufsichtsrats kann schließlich Interessenskonflikte verhindern (vgl *Frotz/Schörghofer* Rz 25/1 ff).[11] Die unverbindliche Empfehlung der Europäischen Kommission zu den Aufgaben von Aufsichtsratsmitgliedern börsennotierter Gesellschaften sowie zu den Ausschüssen des Aufsichtsrats[12] fasst die unterschiedlichen Gründe für die Einrichtung von Ausschüssen zusammen. Nach Z 6.1 der EU-Empfehlung besteht der Zweck in erster Linie darin, die Arbeit des Aufsichtsrats effizienter zu gestalten, indem die Ausschüsse dafür sorgen, dass fundierte Beschlüsse ohne signifikante Interessenkonflikte gefasst werden. Der internationalen Entwicklungslinie des Unternehmensrechts, die die Verlagerung der Arbeit vom Plenum in Ausschüsse als Maßnahme zur Qualitätssteigerung der Gremialarbeit betrachtet, wurde jüngt auf europäischer Ebene durch die Reform der Zusammenarbeit von Aufsichtsrat und Abschlussprüfer (siehe *Milla/Rödler/Köll* Rz 21/141 ff) Rechnung getragen.[13]

4 Die Einrichtung von Ausschüssen birgt jedoch auch **Gefahren**.[14] So kann die Aufteilung der Aufsichtsratsarbeit zum Entstehen verschiedener Klassen von Aufsichtsratsmitgliedern führen. Mitglieder eines entscheidenden Ausschusses können ausschussfremden Aufsichtsratsmitgliedern, die aufgrund eines defizitären Informationsflusses zwischen Plenum und Ausschuss keine bzw bloß mangelhafte Kenntnis über das entsprechende Geschehen im Unternehmen haben, gegenüberstehen.[15] Die Problematik der **Rangordnung** und des **Informationsgefälles** kann zusätzlich durch eine umfassende Aufgabendelegation verschärft werden, die letztlich eine **Entleerung und Aushöhlung der Arbeit des Plenums** befürchten lässt.[16] Diese Problematik erkennt auch die Europäische Kommission. Nach der von ihr erlassenen Empfehlung sollen Ausschüsse nicht dazu verwendet werden, bestimmte Sachbereiche dem Blickfeld des Aufsichtsrats zu entziehen.[17] Daher sollen Ausschüsse grundsätzlich auch keine Entscheidungsbefugnis übertragen

---

10 *Kalss* in Doralt/Nowotny/Kalss, AktG² § 92 Rz 131 mwN; *Hopt/Roth* in GroßKommAktG⁴ § 107 Rz 229; *Habersack* in MünchKommAktG⁴ § 107 Rz 93; *Möllers*, ZIP 1995, 1731; *Deckert*, ZIP 1996, 989 f.

11 Vgl *Semler* in MünchKommAktG² § 100 Rz 158.

12 Empfehlung der Kommission vom 15. Februar 2005 zu den Aufgaben von nicht geschäftsführenden Direktoren/Aufsichtsratsmitgliedern börsennotierter Gesellschaften sowie zu den Ausschüssen des Verwaltungs-/Aufsichtsrats (2005/162/EG), ABl L 52 v 15.2.2005, S 51 ff. Vgl dazu insb *Spindler*, ZIP 2005, 2033; *Lutter*, EuZW 2009, 799. Vgl auch die ergänzende Empfehlung der Kommission vom 30. April 2009 zur Ergänzung der Empfehlung 2004/913/EG und 2005/162/EG zur Regelung der Vergütung von Mitgliedern der Unternehmensleitung börsennotierter Gesellschaften, ABl L 120 v. 15.5.2009, (2009/385/EG), S 28 ff, die aber keine wesentlichen Neuerungen enthält.

13 Vgl dazu *Merkt*, ZHR 179 (2015) 611 und 635 ff (mit krit Anm).

14 Zu Für und Wider von Ausschüssen vgl *Schwark* in Hommelhoff/Lutter/Schmidt/Schön/Ulmer, Corporate Governance 110 f mwN; vgl ferner *Habersack* in MünchKommAktG⁴ § 107 Rz 103; *Merkt*, ZHR 179 (2015) 635.

15 Vgl *Hopt/Roth* in GroßKommAktG⁴ § 107 Rz 479 mwN; *Sünner*, AG 2000, 496; vgl ferner *Peltzer*, NZG 2009,1046 f; *Kalss/Rasinger/Schober/Geirhofer* in Institut Österreichischer Wirtschaftsprüfer, Jahrbuch 2010, 234.

16 *Baums*, Bericht der Regierungskommission Rz 56.

17 Vgl Z 6.1 EU-Empfehlung.

erhalten.[18] Diese aufgezeigten Gefahren lassen sich jedoch durch eine richtige Organisation und insbesondere auch durch eine ausreichende Information der ausschussfremden Aufsichtsratsmitglieder vermeiden. Sie treten gegenüber den mit der Ausschussbildung einhergehenden Vorteilen (vgl dazu Rz 3) im Ergebnis klar zurück.[19]

II. Bildung

A. Zuständigkeit

Gem § 92 Abs 4 Satz 1 AktG ist ausschließlich der Aufsichtsrat befugt, aus seiner Mitte Ausschüsse zu bilden und zu besetzen.[20] Aus dieser Bestimmung ergibt sich der Grundsatz der Organisationsautonomie des Aufsichtsrates, wonach allein der Aufsichtsrat nach pflichtgemäßen Ermessen beurteilen kann und soll, wie er seine Arbeit zweckmäßigerweise einrichtet, um seine gesetzlichen Funktionen und seiner Allgemeinverantwortung am besten gerecht zu werden, inwieweit er deshalb seine Aufgaben im Plenum erledigen oder eine Ausschuss übertragen will und welche Personen aus seiner Mitte ihm aus sachlichen Gründen jeweils dazu berufen erscheinen, in einem solchen Ausschuss mitzuwirken.[21] Dem Aufsichtsrat kommt somit bei der Bestellung und Organisation von Aufsichtsratsausschüssen umfassende, autonome Gestaltungsfreiheit zu.[22] Er ist damit grundsätzlich frei in der Beurteilung, ob er überhaupt Ausschüsse bilden will und in welcher Anzahl, Größe bzw personellen Zusammensetzung diese eingerichtet werden sollen.[23] Außerdem liegt es grundsätzlich in seiner Hand, welche Aufgaben er einem Ausschuss übertragen will.[24] Der Organisationsautonomie entspricht ferner das Recht zum jederzeitigen Eingriff in die Befugnisse eines Ausschusses (vgl Rz 58). Die Organisationsautonomie obliegt dem Plenum.[25] Ihr kann mittels *ad-hoc*-Beschlusses oder Geschäftsordnungsregelung (vgl Rz 10) Ausdruck verliehen werden. 5

Die Organisationsautonomie des Aufsichtsrats ist zunächst durch gesetzlichen Verpflichtungen zur Bestellung von Prüfungsausschüssen (§ 92 Abs 4a AktG) **beschränkt**. Der Aufsichtsrat muss sich ferner zur sachgerechten und effizienten Erfüllung seiner Aufgaben eine zweckentsprechende innere Organisation geben (**Selbstorganisationspflicht**; vgl *Frotz/Schörghofer* Rz 11/1 ff).[26] Aus dieser in 6

---

[18] Vgl Erwägungsgrund 10 EU-Empfehlung; ferner *Spindler*, ZIP 2005, 2035.

[19] Vgl *Hopt/Roth* in GroßKommAktG⁴ § 107 Rz 480.

[20] Vgl *Kalss* in Doralt/Nowotny/Kalss, AktG² § 92 Rz 153; BGH II ZR 123/81, BGHZ 83, 106; BGH II ZR 89/92, BGHZ 122, 342; *Hopt/Roth* in GroßKommAktG⁴ § 107 Rz 242 mwN.

[21] Vgl BGH II ZR 123/81, BGHZ 83, 106; vgl ferner *Habersack* in MünchKommAktG⁴ § 107 Rz 93.

[22] Vgl BGH II ZR 123/81, BGHZ 83, 106; BGH II ZR 89/92, BGHZ 122, 342; *Hopt/Roth* in GroßKommAktG⁴ § 107 Rz 242; vgl auch Z 7 EU-Empfehlung.

[23] Vgl Erwägungsgrund 10 EU-Empfehlung.

[24] Vgl *S. von Westphalen*, Derivatgeschäfte 282 f.

[25] Vgl *Hopt/Roth* in GroßKommAktG⁴ § 107 Rz 242; *Hoffmann/Preu*, Der Aufsichtsrat⁵ Rz 153.

[26] Vgl dazu *Habersack*, ZSR 124 (2005) II 552 ff; *Hommelhoff*, ZHR 143 (1979) 298 ff; *Lutter/Krieger/Verse*, Rechte und Pflichten des Aufsichtsrates⁶ Rz 654f; *Semler* in Semler/v Schenck, ARHdb³ § 1 Rz 33 ff; ferner *Hopt/Roth* in GroßKommAktG⁴ § 111 RZ 141 ff.

§ 92 AktG grundgelegten Selbstorganisationspflicht kann der Aufsichtsrat (etwa aufgrund seiner Größe, seine Tätigkeitsumfangs oder der Unternehmensstruktur) ebenso angehalten sein, Ausschüsse einzurichten.[27] Schließlich verlangt der ÖCGK die Einrichtung eines Prüfungsausschusses (L-Regel 40), eines Nominierungsausschusses (C-Regel 41) sowie eines Vergütungsausschusses (C-Regel 43). Darüber hinaus verpflichtet C-Regel 39 ÖCGK den Aufsichtsrat abhängig von den spezifischen Gegebenheiten des Unternehmens und der Anzahl seiner Mitglieder fachlich qualifizierte Ausschüsse zu bilden.[28] Auch die EU-Empfehlung sieht die Einrichtung eines Nominierungs-, Vergütungs- sowie Prüfungsausschusses vor.[29] Daneben kann sich eine Einrichtungspflicht aus sondergesetzlichen Bestimmungen (wie etwa gemäß §§ 29, 39c, 39d und 63a Abs 4 BWG[30] oder § 123 Abs 7 VAG 2016) ergeben. Ein pflichtwidriges Unterlassen der Ausschusseinrichtung kann zur Organisationsverantwortlichkeit gem § 99 AktG des Aufsichtsratsvorsitzenden sowie jener Aufsichtsratsmitglieder, die sich nicht für die Etablierung eines Ausschusses eingesetzt haben, gegenüber der Gesellschaft führen.[31] Gleiches gilt für eine unzulässige Verlagerung einer Aufgabe in einen Ausschuss.[32]

7 Der Aufsichtsrat kann von der **Satzung** zur Bildung von Aufsichtsratsausschüssen weder verpflichtet, noch daran gehindert werden.[33] Regelungen in der Satzung, die die Ausschusseinrichtung ermöglichen, haben bloß deklaratorischen Charakter.[34] Satzungsbestimmungen, die die Bildung oder Auflösung von Ausschüssen erschweren – etwa indem qualifizierte Mehrheitserfordernisse für die Beschlussfassung oder sonstige Voraussetzungen vorgesehen werden – sind ebenso unzulässig.[35][32] Auch die Größe (vgl dazu Rz 22) und personelle Zusammenset-

---

[27] Vgl dazu *Kalss* in Doralt/Nowotny/Kalss, AktG² § 92 Rz 131; *Rauter* in Straube, GmbHG § 30g Rz 186; *Habersack* in MünchKommAktG⁴ § 107 Rz 93; jeweils mwN.

[28] Vgl *Kalss* in Doralt/Nowotny/Kalss, AktG² § 92 Rz 134.

[29] Vgl Z 5 EU-Empfehlung; vgl dazu *Spindler*, ZIP 2005, 2034; *Lutter*, EuZW 2009, 802.

[30] Die Implementierung der Vorgaben der CRD IV-Richtlinie (Richtlinie 2013/36/EU des Europäischen Parlaments und des Rates vom 26. Juni 2013 über den Zugang zur Tätigkeit von Kreditinstituten und die Beaufsichtigung von Kreditinstituten und Wertpapierfirmen, zur Änderung der Richtlinie 2002/87/EG und zur Aufhebung der Richtlinien 2006/48/EG und 2006/49/EG, ABl EU 2013 Nr L 176, 338), wonach neben dem Prüfungsausschuss unter bestimmten Voraussetzungen auch ein Nominierungs-, Vergütungs- und Risikoausschuss einzurichten ist, stellt eine wesentliche Zäsur für Aufsichtsratsausschüsse von Kreditinstituten dar. Vgl dazu etwa *Spindler* in Spindler/Stilz, AktG³ § 107 Rz 153; ferner *Velte/Buchholz*, ZBB 2013, 401; *Brandi/Gieseler*, NZG 2012, 1321; *Apfelbach/Metzner*, AG 2013, 774; *Leyens/Schmidt*, AG 2013, 533; *Langenbucher*, ZHR 176 (2012), 652.

[31] *Kalss* in Doralt/Nowotny/Kalss, AktG² § 92 Rz 155; *dieselbe* in MünchKommAktG⁴ § 107 Rz 225.

[32] *Strasser* in Jabornegg/Strasser, AktG⁵ §§ 92 bis 94 Rz 74.

[33] Vgl *Kalss* in Doralt/Nowotny/Kalss, AktG² § 92 Rz 154; ferner *Strasser* in Jabornegg/Strasser, AktG⁵ §§ 92 bis 94 Rz 76; BGH II ZR 123/81, BGHZ 83, 106; BGH II ZR 89/92, BGHZ 122, 342; *Habersack* in MünchKommAktG⁴ § 107 Rz 95 mwN; *Spindler* in Spindler/Stilz, AktG³ § 107 Rz 86; *Lutter/Krieger/Verse*, Rechte und Pflichten des Aufsichtsrates⁶ Rz 761.

[34] *Rauter* in Straube, GmbHG § 30g Rz 187 mwN.

[35] Vgl *Habersack* in MünchKommAktG⁴ § 107 Rz 95; *Hopt/Roth* in GroßKommAktG⁴ § 107 Rz 249; *Spindler* in Spindler/Stilz, AktG³ § 107 Rz 87; *Lutter/Krieger/Verse*, Rechte und Pflichten des Aufsichtsrates⁶ Rz 762; *Rellermeyer*, Aufsichtsratsausschüsse 75 f.

zung (vgl dazu Rz 29) von Ausschüssen bleibt der Organisationsautonomie des Aufsichtsrats vorbehalten und kann nicht durch die Satzung geregelt werden.[36]

Aus der Bestimmung des § 93 Abs 2 AktG, wonach die Satzung das Teil- **8**
nahmerecht von allfällig eingerichteten Ausschüssen (vgl Rz 47ff) regeln kann, ist hingegen abzuleiten, dass **Verfahrensregeln für die Ausschussarbeit** einer satzungsmäßigen Ausgestaltung zugänglich sind.[37] Dabei darf die Satzung jedoch nicht die Gestaltungsfreiheit des Aufsichtsrats, insbesondere wie er seine Arbeitsweise sachlich und personell gestalten will, beschränken.[38] Zulässig sind etwa Regelungen über die Form und Frist der Einberufung, über die Beschlussfähigkeit von Ausschüssen oder Satzungsklauseln, die ein Dirimierungsrecht des Ausschussvorsitzenden vorsehen.[39]

Auch hinsichtlich jener Aufgaben, die dem Aufsichtsrat nicht kraft Gesetzes, **9**
sondern ausschließlich kraft Satzungsanordnung zustehen (wie etwa die Zustimmung zur Übertragung von vinkulierten Namensaktien), kann seine Organisationsautonomie nicht eingeschränkt werden,[40] zumal § 92 Abs 4 Satz 1 AktG nicht zwischen gesetzlichen und satzungsmäßigen Aufgabenbereichen unterscheidet.[41] Zudem spricht auch der Zweck der aktienrechtlichen Bestimmung gegen die Zulässigkeit einer solchen die Organisationsautonomie des Aufsichtsrats beschränkenden Satzungsregelung. Starre Vorschriften des Satzungsgebers eignen sich gerade nicht dafür, auf geänderte Aufgabenverhältnisses des Aufsichtsrats zeitnahe und flexibel reagieren und damit dessen Aufgabenwahrnehmung verbessern zu können.[42] Wie der Aufsichtsrat seine Arbeit zweckentsprechend organisiert, soll und kann nur er allein entscheiden.[43]

Die Ausschussbildung bzw -auflösung, ebenso wie beispielsweise seine Zu- **10**
sammensetzung oder seine Entscheidungsbefugnisse können auf einem ***ad-hoc*-Beschluss** des Aufsichtsrats beruhen, können aber auch Gegenstand einer Regelung in der vom Gesamtaufsichtsrat erlassenen **Geschäftsordnung** sein.[44] In diesem Fall liegt kein unzulässiger Eingriff in die Organisationsautonomie des Aufsichtsrates vor, zumal es dem Plenum freisteht, jederzeit von der Geschäftsordnung abzuweichen.[45] Dem Aufsichtsrat steht es somit frei, in der Geschäftsordnung etwa die Einsetzung von Ausschüssen, die Ausschussarbeit, die Aus-

---

36 *Habersack* in MünchKommAktG[4] § 107 Rz 96; *Hopt/Roth* in GroßKommAktG[4] § 107 Rz 250 ff, 268; *Spindler* in Spindler/Stilz, AktG[3] § 107 Rz 103.

37 Vgl *Habersack* in MünchKommAktG[4] § 107 Rz 97; *Hopt/Roth* in GroßKommAktG[4] § 107 Rz 254; *Gittermann* in Semler/v Schenck, ARHdb[4] § 6 Rz 55; vgl aber *Säcker*, Aufsichtsratsausschüsse 32.

38 BGH II ZR 123/81, BGHZ 83, 118; *Habersack* in MünchKommAktG[4] § 107 Rz 97; *Hopt/Roth* in GroßKommAktG[4] § 107 Rz 254.

39 Vgl *Kalss* in Doralt/Nowotny/Kalss, AktG[2] § 92 Rz 154.

40 So aber *Koppensteiner/Rüffler*, GmbHG[3] § 30g Rz 20; *Wünsch*, GmbHG § 30g Rz 67; *Reich-Rohrwig* I[2] Rz 4/273; ferner *Habersack* in MünchKommAktG[4] § 107 Rz 95 mwN.

41 *Hopt/Roth* in GroßKommAktG[4] § 107 Rz 247.

42 *Säcker*, Aufsichtsratsausschüsse 31; vgl ferner *Hommelhoff* in FS Werner 324.

43 *Hopt/Roth* in GroßKommAktG[4] § 107 Rz 247.

44 Vgl *Kalss* in Doralt/Nowotny/Kalss, AktG[2] § 92 Rz 153.

45 *Strasser* in Jabornegg/Strasser, AktG[5] §§ 92 bis 94 Rz 76 mwN; *Habersack* in MünchKommAktG[4] § 107 Rz 98; *Hopt/Roth* in GroßKommAktG[4] § 107 Rz 258.

schussart sowie die Zahl, Qualifikation und Unabhängigkeit seiner Mitglieder zu regeln. Ebenso kann in der Geschäftsordnung die Ausschusszugehörigkeit einzelner Funktionsträger vorgesehen werden, etwa dass der Aufsichtsratsvorsitzende zugleich Mitglied oder Vorsitzender eines bestimmten bzw aller Ausschüsse ist.[46] Ferner kann die Geschäftsordnung dem Ausschussvorsitzenden ein Dirimierungsrecht einräumen (vgl Rz 43).[47] Der Spielraum der Geschäftsordnung ist jedoch stets durch Gesetz und Satzung begrenzt. Dabei ist insbesondere die drittelparitätische Besetzung von Ausschüssen zu beachten (vgl dazu Rz 23 ff). Von dem in § 92 Abs 5 AktG geregelten zur Erreichung der Beschlussfähigkeit erforderlichen Mindestanwesenheitsquorum kann nur im Rahmen der Satzung, nicht jedoch in der Geschäftsordnung abgewichen werden (vgl Rz 54).[48] Gem C-Regel 34 ÖCGK hat der Aufsichtsrat die Einrichtung von Ausschüssen sowie deren Entscheidungsbefugnisse stets in seiner Geschäftsordnung festzulegen. Ähnliches empfiehlt die Europäische Kommission. Nach Z 6.2 der EU-Empfehlung soll die Geschäftsordnung der Ausschüsse vom Aufsichtsrat aufgestellt werden.

11 Der Aufsichtsrat kann den Erlass einer Geschäftsordnung den Ausschüssen selbst überlassen.[49] Bei der Festlegung einer **eigenen Geschäftsordnung** ist auf die durch Gesetz, Satzung und Geschäftsordnung des Plenums vorgegebene Grenzen Bedacht zu nehmen. Die durch einen Ausschuss erlassene Geschäftsordnung kann jederzeit durch den Gesamtaufsichtsrat aufgehoben oder abgeändert werden.[50]

B. Einsetzungsbeschluss

12 Wird ein Ausschuss nicht durch die Geschäftsordnung des Aufsichtsrats (vgl Rz 10) eingerichtet, so bedarf es eines Einsetzungsbeschlusses des Plenums. Dafür ist die einfache Mehrheit der abgegebenen Stimmen erforderlich.[51] Dem Aufsichtsratsvorsitzenden steht dabei das Zweitstimmrecht zu.[52] Satzungsbestimmungen, die die Bildung von Ausschüssen erschweren, indem qualifizierte Mehrheitserfordernisse für die Beschlussfassung oder sonstige Voraussetzungen vorgesehen werden, sind unzulässig (vgl Rz 7).[53] Zwischen der Einsetzung eines

---

[46] *Habersack* in MünchKommAktG[4] § 107 Rz 98; *Hopt/Roth* in GroßKommAktG[4] § 107 Rz 258; jeweils mwN.

[47] *Kalss* in Doralt/Nowotny/Kalss, AktG[2] § 92 Rz 168; BGH II ZR 102/81, BGHZ 83, 147 ff; *Habersack* in MünchKommAktG[4] § 107 Rz 98, 132; *Hopt/Roth* in GroßKommAktG[4] § 107 Rz 255, 428.

[48] *Kalss* in Doralt/Nowotny/Kalss, AktG[2] § 92 Rz 127; *Strasser* in Jabornegg/Strasser, AktG[5] §§ 92–94 Rz 57; *Habersack* in MünchKommAktG[4] § 107 Rz 98.

[49] *Gittermann* in Semler/v Schenck, ARHdb[4] § 6 Rz 60; *Hopt/Roth* in GroßKommAktG[4] § 107 Rz 211, 411; *Lutter/Krieger/Verse*, Rechte und Pflichten des Aufsichtsrates[6] Rz 770; jeweils mwN.

[50] *Hopt/Roth* in GroßKommAktG[4] § 107 Rz 211, 411 mwN.

[51] *Rauter* in Straube, GmbHG § 30g Rz 185; *Habersack* in MünchKommAktG[4] § 107 Rz 127; *Hopt/Roth* in GroßKommAktG[4] § 107 Rz 264 mwN.

[52] *Hopt/Roth* in GroßKommAktG[4] § 107 Rz 264 mwN.

[53] Vgl *Habersack* in MünchKommAktG[4] § 107 Rz 95; *Hopt/Roth* in GroßKommAktG[4] § 107 Rz 249, 264; *Spindler* in Spindler/Stilz, AktG[3] § 107 Rz 87; *Lutter/Krieger/Verse*, Rechte und Pflichten des Aufsichtsrates[6] Rz 762; *Rellermeyer*, Aufsichtsratsausschüsse 75 f.

Ausschusses und der Bestellung seiner Mitglieder ist zu unterscheiden.[54] Zur Bestellung von Ausschussmitgliedern vgl Rz 29 ff.

C. Haftungsrechtliche Konsequenzen der Ausschussbildung[55]

1. Ausschussmitglieder

Überträgt man die Wertungen der Sachverständigenhaftung gem § 1299 ABGB auf Aufsichtsrats- bzw Ausschussmitglieder,[56] so zeigt sich, dass diese für die typischen Fähigkeiten einzustehen haben, über die Personen, die eine entsprechende Ausschusstätigkeit ausüben, üblicherweise verfügen (zu den Qualifikationsanforderung für Ausschussmitglieder vgl Rz 17 f, für Aufsichtsratsmitglieder vgl *Kalss/Schimka* § 2 Rz 35 ff). Ausschussmitglieder trifft somit ein objektiver Verschuldensmaßstab. Die subjektiven Kenntnisse und Fähigkeiten sind nicht maßgeblich[57] und wirken auch nicht pflichtmindernd,[58] wohl aber pflichtsteigernd.[59] Ferner ist nicht auf den gewöhnlichen Grad an Aufmerksamkeit und Fleiß abzustellen, sondern auf den für die übernommene Tätigkeit notwendigen Fleiß.[60] Die Ausschussmitglieder müssen sich daher in einer der Verkehrsauffassung objektiv entsprechenden Weise bemühen,[61] die ihnen übertragenen Aufgaben zu erfüllen.[62] Die Pflichtenanforderung an die Ausschussmitglieder wird neben einem von den Umständen der Gesellschaft abhängigen Mindeststandard, der für alle Aufsichtsratsmitglieder gilt, durch die jeweilige Art der Aufgaben des Ausschusses bestimmt.[63] Daraus wird sich für die Mitglieder eines Ausschusses im Bezug auf die im Ausschuss behandelten Themen eine gegenüber den sonstigen Aufsichtsratsmitgliedern erhöhte Pflichtenstellung und damit einhergehend eine gesteigerte Verantwortung ergeben.[64] Dies gilt unabhängig davon, ob es sich um einen vorbereitenden oder beschlussfassenden Ausschuss handelt.[65] Abgesehen davon unterscheidet sich die Haftung der Ausschussmitglieder aber nicht von jener der 13

---

54 *Gittermann* in Semler/v Schenck, ARHdb[4] § 6 Rz 49 mwN.

55 Zur zivilrechtlichen Verantwortlichkeit von Aufsichtsrats- bzw Ausschussmitgliedern vgl ausführlich *Schauer* Rz 45/1 ff.

56 Vgl OGH 1 Ob 144/01k, GesRZ 2002, 86, der auf den weitgehenden Gleichauf von § 1299 ABGB und dem für Aufsichtsratsmitglieder geltenden Sorgfaltsmaßstab hinweist.

57 *Karner* in Koziol/Bydlinski/Bollenberger, ABGB[4] § 1299 Rz 1.

58 *Kalss* in Doralt/Nowotny/Kalss, AktG[2] § 99 Rz 7; *Rauter* in Straube, GmbHG § 33 Rz 16 mwN.

59 *Lutter*, ZHR 145 (1981), 228; aA *Hopt/Roth* in GroßKommAktG[4] § 116 Rz 51 f mwN.

60 *Karner* in Koziol/Bydlinski/Bollenberger, ABGB[4] § 1299 Rz 1.

61 Ausschussmitglieder trifft wie Aufsichtsratsmitglieder (vgl OGH 1 Ob 144/01 k, GesRZ 2002, 86) keine Erfolgshaftung.

62 Vgl *Strasser* in Jabornegg/Strasser, AktG[5] §§ 98, 99 Rz 33.

63 *Hopt/Roth* in GroßKommAktG[4] § 116 Rz 64; idS vgl ferner *Spindler* in Spindler/Stilz, AktG[3] § 116 Rz 15ff; *Schwark* in FS Werner 850.

64 *Kalss* in Doralt/Nowotny/Kalss, AktG[2] § 99 Rz 9; *dieselbe* in Kalss/Nowotny/Schauer, Gesellschaftsrecht Rz 3/569; *Rauter* in Straube, GmbHG § 33 Rz 23; *Straube* in FS Ress 1590; *Habersack* in MünchKommAktG[4] § 107 Rz 168; *Hopt/Roth* in GroßKommAktG[4] § 107 Rz 448; *P. Doralt/W. Doralt* in Semler/v Schenck, ARHdb[3] § 13 Rz 93; *Habersack* in ZSR 124 (2005) II, 553 f; *Hommelhoff/Mattheus*, AG 1998, 256; *Schwark* in FS Werner 848.

65 Vgl *Kalss* in Doralt/Nowotny/Kalss, AktG[2] § 99 Rz 9 mwN.

übrigen Aufsichtsratsangehörigen. Dementsprechend wird der verschärfte Pflichtenstandard der Ausschussmitglieder etwa durch das unternehmerische Ermessen, das auch den Aufsichtsratsmitgliedern in ihrer spezifischen Funktion zukommt,[66] abgemildert.[67]

2. Übrige Aufsichtsratsmitglieder

14 Die Erfüllung der delegierten Aufgaben ist primär Angelegenheit der Ausschussmitglieder. Sie haben sich intensiv mit diesen Aufgaben zu befassen, um ihrer Kontroll- und strategischen Aufgabe gerecht zu werden.[68] Dies bedeutet aber nicht, dass die übrigen Aufsichtsratsmitglieder hinsichtlich der an einen Ausschuss übertragenen Aufgaben von jeglicher Überwachungspflicht befreit sind.[69] Durch die Delegation wandelt sich lediglich ihre Pflichtenstellung von der Pflicht zur selbständigen Aufgabenerfüllung in eine Pflicht zur Kontrolle der Ausschussarbeit, insbesondere in Form der Entgegennahme von Berichten, in Form eines zusätzlichen Informationsverlangens oder in Form von stichprobenartigen Kontrollen (vgl Rz 65).[70] Dies gilt insbesondere für Agenden, die der selbständigen Beschlussfassung durch einen Ausschuss zugewiesen sind. Im Fall von bloß beschlussvorbereitenden Ausschüssen müssen die übrigen Aufsichtsratsmitglieder jedenfalls in der Lage sein, die Entscheidung selbst mit derselben Sorgfalt zu treffen, die sie auch sonst bei der Erledigung der Aufsichtsratsagenden anzuwenden haben (vgl Rz 57).[71] Die übrigen Mitglieder des Gesamtaufsichtsrats müssen ferner auf eine sachgerechte Organisation der Ausschüsse achten. Das bedeutet einerseits, dass sie sich davon überzeugen müssen, dass die Ausschussmitglieder den spezifischen Anforderungen des Ausschusses gewachsen sind oder ob ein Anpassungs- oder Handlungsbedarf besteht.[72] Andererseits muss sichergestellt werden, dass ein Ausschuss mit den erforderlichen Sach- und Finanzmitteln ausgestattet ist.[73] In Ermangelung konkreter Verdachtsmomente können sich die ausschussfremden Aufsichtsratsmitglieder aber auf die Arbeit eines Ausschusses verlassen und sich auf eine Plausibilitätskontrolle zurückziehen.[74] Mehr kann von einem ausschussfremden Aufsichtsratsmitglied aufgrund der regelmäßig sehr spezifischen Ausschussagenden oftmals nicht verlangt werden. Die Annahme, wonach beispielsweise eine Aufsichtsratsmitglied mit einer juristischen Vorbildung in der Lage wäre, die technischen Ausführungen eines vorwiegend mit Ingenieuren

---

66 Vgl dazu *Schauer* § 34 Rz 31 ff.

67 *Hopt/Roth* in GroßKommAktG[4] § 116 Rz 65.

68 *Kalss* in Doralt/Nowotny/Kalss, AktG[2] § 99 Rz 9.

69 *Hopt/Roth* in GroßKommAktG[4] § 107 Rz 449.

70 *Kalss* in Doralt/Nowotny/Kalss, AktG[2] § 99 Rz 9; *Habersack* in MünchKommAktG[4] § 107 Rz 169; *Hopt/Roth* in GroßKommAktG[4] § 107 Rz 449.

71 Vgl *Kalss* in Doralt/Nowotny/Kalss, AktG[2] § 99 Rz 9 mwN; *Lutter/Krieger/Verse*, Rechte und Pflichten des Aufsichtsrates[6] Rz 1003.

72 *Kalss* in Doralt/Nowotny/Kalss, AktG[2] § 99 Rz 9 mwN; vgl ferner *Straube* in FS Ress 1591.

73 *Leyens*, Information 269 mwN.

74 *Kalss* in Doralt/Nowotny/Kalss, AktG[2] § 99 Rz 9; *Rauter* in Straube, GmbHG § 33 Rz 23; *Habersack* in MünchKommAktG[4] § 107 Rz 169; *Hopt/Roth* in GroßKommAktG[4] § 107 Rz 450; *P. Doralt/W. Doralt* in Semler/v Schenck, ARHdb[3] § 13 Rz 96 f; vgl ferner *Schauer* § 34 Rz 46.

besetzten Fachausschusses mehr als nur einer Plausibilitätskontrolle unterziehen zu können, erscheint im Regelfall wohl realitätsfern.[75] Zur Pflicht der Mitglieder des Plenums die von einem vorbereitenden Ausschuss erarbeitete Entscheidungsgrundlage einer Plausibilitätskontrolle zu unterziehen vgl Rz 57. Bei begründeten Zweifeln an der sachgerechten Erledigung der Aufgaben haben die übrigen Aufsichtsratsmitglieder aber die Pflicht, über die Entgegennahme von Berichten hinausgehende Kontrollmaßnahmen zu setzen,[76] allenfalls der Zuweisung an einen Ausschuss zu widersprechen oder sich zu bemühen, den Aufgabenbereich bzw die Einzelentscheidung wieder in das Plenum zurückzuholen[77] oder eine Umbesetzung des Ausschusses zu bewirken.[78] Eine Verletzung dieser Überwachungspflichten kann bei Pflichtversäumnissen des Ausschusses zu einer Haftung der übrigen Mitglieder des Plenums führen, wenn diese darüber nicht informiert waren, bei ordnungsgemäßer Überwachung des Aufsichtsratsausschusses aber hätten informiert sein müssen.[79] Insgesamt zeigt sich, dass die Aufgabendelegation an einen Ausschuss zwar zur keiner Entlastung der übrigen Aufsichtsratsmitglieder, wohl aber zu einer gewissen Reduktion ihrer Verantwortung und damit ihrer Haftung führt.[80] Wird ausschussfremden Aufsichtsratsmitgliedern in Folge ihres Ausschlusses von der Teilnahme an den Sitzungen eines Ausschusses (vgl dazu Rz 47ff) der Zugang zur Ausschussarbeit eingeschränkt oder gänzlich entzogen, so kommt es zu einer weiteren Reduktion ihrer Verantwortung und Haftung.[81]

III. Zusammensetzung

A. Voraussetzungen der Ausschussmitgliedschaft

1. Aufsichtsratsmitgliedschaft

Mitglied eines Aufsichtsratsausschusses kann nur sein, wer auch Mitglied des Aufsichtsrats ist (arg § 92 Abs 4 AktG: „*aus seiner Mitte*“).[82] Dementsprechend ist der Ausschuss kein eigenständiges Organ der Gesellschaft, sondern eine bloße Untergliederung des Aufsichtsrates; das Handeln des Ausschusses ist dem Gesamtaufsichtsrat daher zuzurechnen.[83] Die Ausschussmitglieder müssen bei ihrer Wahl und während ihrer Ausschussmitgliedschaft dem Aufsichts- **15**

[75] So mit Recht *Leyens*, Information 269 f.

[76] *Kalss* in Doralt/Nowotny/Kalss, AktG[2] § 99 Rz 9; *Rauter* in Straube, GmbHG § 33 Rz 23; *Straube* in FS Ress 1590; *Hopt/Roth* in GroßKommAktG[4] § 107 Rz 450; vgl ferner *Schauer* § 34 Rz 46.

[77] Vgl *Rauter* in Straube, GmbHG § 33 Rz 23 mwN.

[78] Vgl *Rauter* in Straube, GmbHG § 33 Rz 23 mwN.

[79] Vgl *Lutter/Krieger/Verse*, Rechte und Pflichten des Aufsichtsrates[6] Rz 1004.

[80] Vgl *Habersack* in MünchKommAktG[4] § 107 Rz 169; vgl *Schauer* § 34 Rz 46.

[81] Vgl *Kalss* in Doralt/Nowotny/Kalss, AktG[2] § 93 Rz 54 mwN; *Dellinger/Schellner* in Blocher/Gelter/Pucher, Festschrift Christian Nowotny 252.

[82] *Kalss* in Doralt/Nowotny/Kalss, AktG[2] § 92 Rz 156; *dieselbe* in MünchKommAktG[4] § 107 Rz 227; *dieselbe* in Kalss/Nowotny/Schauer, Österreichisches Gesellschaftsrecht Rz 3/542; *Strasser* in Jabornegg/Strasser, AktG II[5] §§ 92 bis 94 Rz 74; *Habersack* in MünchKommAktG[4] § 107 Rz 93, 99; *Hopt/Roth* in GroßKommAktG[4] § 95 Rz 53, § 107 Rz 272; *Lutter/Krieger/Verse*, Rechte und Pflichten des Aufsichtsrats[6] § 11 Rz 765.

[83] Vgl etwa *Habersack* in MünchKommAktG[4] § 107 Rz 93.

rat angehören. Eine dagegen verstoßende Bestellung ist unwirksam (absolutes Bestellungsverbot). Die Bestellung ist nichtig und die betreffende Person wird nicht Ausschussmitglied. Endet die Mitgliedschaft im Aufsichtsrat, so erlischt die Ausschussmitgliedschaft dadurch automatisch.[84] Eine gesonderte Abberufung ist nicht erforderlich. Ein Ruhen der Aufsichtsratsmitgliedschaft gem § 90 Abs 2 AktG führt auch zum Ruhen eines allfälligen Ausschussmandats. Vgl dazu und zur Amtszeit der Ausschussmitglieder Rz 34 ff.

2. Allgemeine Eignungsvoraussetzungen

16 Da Ausschussmitglieder gleichzeitig auch Aufsichtsratsmitglieder sind, müssen sie all jene allgemeinen Eignungsvoraussetzungen erfüllen, die von Aufsichtsratsmitgliedern verlangt werden (vgl dazu ausführlich *Kalss/Schimka* Rz 2/72 ff). Mitglieder eines Aufsichtsratsausschusses können demnach nur natürliche Personen sein. Weiters können nur voll handlungsfähige Personen zu Ausschussmitgliedern bestellt werden. Die mit der Ausschussmitgliedschaft verbundenen Rechte und Pflichten sind höchstpersönlich wahrzunehmen. Die Ausschusstätigkeit kann daher nicht in den Wirkungskreis eines für ein Ausschussmitglied bestellen Sachwalters fallen. Ebenso wenig eignen sich die Rechtsinstitute der Vorsorgevollmacht bzw der Angehörigenvertretung dazu, Personen, die nicht in den Ausschuss gewählt worden sind, mit der Wahrnehmung der Ausschussagenden zu betrauen. Die höchstpersönliche Amtsausübungspflicht steht den unterschiedlichen Vertretungsformen (Ersatzmitgliedschaft bzw stellvertretende Ausschussmitgliedschaft, vgl dazu Rz 38; Stellvertretung in Ausschusssitzungen bzw Stimmbotenschaft, vgl dazu Rz 55), die zur Sicherung der Funktionsfähigkeit eines Ausschusses erforderlich sind, aber nicht entgegen.

3. Qualifikationsanforderungen

17 Neben den Qualifikationsanforderungen, die generell für die Übernahme des Aufsichtsratsamts vorausgesetzt werden,[85] wie etwa allgemeine betriebswirtschaftliche und rechtliche Grundkenntnisse, müssen Ausschussmitglieder über jenes Spezialwissen verfügen, welches zur Bewältigung der dem Ausschuss übertragenen Aufgaben typischerweise erforderlich ist. So müssen die Mitglieder des Prüfungsausschusses über gesteigerte Kenntnisse im Bereich der Bilanzierung und Rechnungslegung verfügen. Zu den Qualifikationsanforderungen des Finanzexperten vgl Rz 81. Daneben ist es notwendig, dass die Ausschussmitglieder auch über ausreichende Zeit zur Erfüllung der Ausschussagenden haben,[86] da eine Ausschussmitgliedschaft regelmäßig ein größeres Zeitbudget voraussetzt, als eine einfache Mitgliedschaft im Plenum. Die Tätigkeit von Ausschussmitgliedern unterliegt somit einem erhöhten objektiven Sorgfaltsmaßstab (vgl Rz 13), der je

---

84 Vgl *Hopt/Roth* in GroßKommAktG[4] § 107 Rz 272, 354; *Spindler* in Spindler/Stilz, AktG[3] § 107 Rz 106; *Gittermann* in Semler/v Schenck, ARHdb[4] § 6 Rz 50.

85 Zu den gesteigerten Qualifikationsanforderungen an Aufsichtsratsmitglieder eines Kreditunternehmens gemäß § 28a Abs 5 BWG vgl etwa *Wachter*, ÖBA 2015, 98ff.

86 Die Wertungen des § 28a Abs 5 Z 5 Satz 1 BWG können sinngemäß auch auf Ausschussmitglieder von Aktiengesellschaften übertragen werden, die keine Kreditinstitute sind.

nach Ausschusszugehörigkeit variieren kann. Die Auswahl der Ausschussmitglieder durch den Gesamtaufsichtsrat ist dementsprechend durch die an der Aufgabenstellung des Ausschusses ausgerichteten Eignungskriterien eingeschränkt (Eignungsprinzip; vgl Rz 29). Die Bestellung ungeeigneter Kandidaten kann ein Organisationsverschulden des Aufsichtsrats begründen.[87] Die Annahme eines Ausschussamtes durch einen ungeeigneten Kandidaten kann zu dessen Haftung aus Übernahmeverschulden führen.[88] Soll ein Kandidat den Vorsitz eines Ausschusses übernehmen, so muss er zusätzlich jene Kenntnisse und Fähigkeiten aufweisen, die zur pflichtgemäßen Amtswahrnehmung erforderlich sind. Zu den persönlichen Voraussetzungen eines Ausschussvorsitzenden zählen insbesondere: Führungsqualität iSv Koordinations- und Entscheidungskompetenz; Kommunikationsfähigkeit; Vertrauensbildungsfähigkeit und Distanzwahrung gegenüber dem Vorstand. Zu den Qualifikationsanforderungen eines Prüfungsausschussvorsitzenden vgl Rz 85.

Gem C-Regel 39 ÖGCK muss die Mehrheit der Ausschussmitglieder die Kriterien der **Unabhängigkeit** iSd C-Regel 53 ÖCGK erfüllen. Danach ist ein Ausschussmitglied als unabhängig anzusehen, wenn es in keiner geschäftlichen oder persönlichen Beziehung zu der Gesellschaft oder deren Vorstand steht, die einen materiellen Interessenskonflikt begründet und daher geeignet ist, das Verhalten des Mitglieds zu beeinflussen. Ein Ausschussmitglied, das in den vergangenen fünf Jahren nicht Mitglied des Vorstands oder leitender Angestellter der Gesellschaft oder eines Tochterunternehmens der Gesellschaft gewesen war, ist beispielsweise nicht als unabhängig zu qualifizieren.[89] Auch die nach der EU-Empfehlung einzurichtenden Ausschüsse sollen jeweils mehrheitlich mit unabhängigen Aufsichtsratsmitgliedern besetzt sein.[90] Ein Aufsichtsrats gilt iSd EU-Empfehlung als unabhängig, wenn es in keiner geschäftlichen, familiären oder sonstigen Beziehung zu der Gesellschaft, ihrem Mehrheitsaktionär oder deren Geschäftsführung steht, die einen Interessenkonflikt begründet, der sein Urteilsvermögen beeinflussen könnte.[91] 18

B. Mitgliederzahl

Eine ausdrückliche Regelung des Aktiengesetzes über die Höchstzahl von Ausschussmitgliedern besteht nicht.[92] Begrifflich ist ein Ausschuss als Teil bzw Untergliederung des Gesamtaufsichtsrats zu verstehen. Daraus folgt, dass die Höchstzahl an Ausschussmitgliedern grundsätzlich unter derjenigen des Gesamtaufsichtsrats 19

---

87 *Semler* in MünchKommAktG² § 107 Rz 302.

88 *Semler* in MünchKommAktG² § 107 Rz 302; *Kropff* in FS K. Schmidt 1039; *Semler* in FS K. Schmidt 1499; *Hommelhoff/Mattheus*, AG 1998, 296.

89 Zum Unabhängigkeitsbegriff des ÖCGK vgl ausführlich *Oberhofer*, Unabhängigkeit 110 ff.

90 Vgl Anhang I Z 2.2.2 EU-Empfehlung; Anhang I Z 3.1.2 EU-Empfehlung; Anhang I Z 4.4.1 EU-Empfehlung.

91 Vgl Z 13.2 EU-Empfehlung. Vgl auch Anhang II EU-Empfehlung, der eine Anzahl von Situationen identifiziert, die zu einer Beeinträchtigung der Unabhängigkeit führen können. Zum Unabhängigkeitsbegriff der EU-Empfehlung vgl ausführlich *Oberhofer*, Unabhängigkeit 122 ff.

92 Ebenso wenig beinhaltet der ÖCGK eine entsprechende Regelung.

liegen muss.[93] Wie groß die Differenz zwischen der Mitgliederanzahl des Plenums und eines Ausschusses sein muss, ist aber stets im Einzelfall unter Berücksichtigung der Größe des Gesamtaufsichtsrats und der dem Ausschuss übertragenen Aufgaben zu beurteilen.[94] Die personelle Deckungsgleichheit zwischen Plenum und Ausschuss ist jedoch nicht ausnahmslos unzulässig,[95] sondern kann durch besondere Umstände gerechtfertigt sein. Besteht etwa der Gesamtaufsichtsrat einer AG, die nach bank- bzw versicherungsrechtlichen Regeln (§§ 63a Abs 4 BWG, 123 Abs 7 VAG 2016) einen Prüfungsausschuss einzurichten hat, aus bloß drei Mitgliedern, so ist es zulässig, dass sich der Ausschuss aus sämtlichen Mitgliedern des Plenums zusammensetzt. Die in § 63a Abs 4 BWG bzw § 123 Abs 7 VAG 2016 vorgesehene Mindestanzahl von drei Prüfungsausschussmitgliedern[96] kann nämlich nicht so verstanden werden, dass das Plenum entgegen § 86 Abs 1 AktG aus mindestens vier Mitgliedern bestehen muss, um den Grundsatz, wonach die Anzahl an Ausschussmitgliedern unter derjenigen des Plenums zu liegen hat, zu verwirklichen.

20 Eine ausdrückliche Bestimmung, die eine **Mindestmitgliederanzahl** festlegt, lässt sich für Aufsichtsratsausschüsse, anders als für das Plenum (vgl § 86 Abs 1 AktG), im AktG (bzw ÖCGK) nicht finden (zur Mitgliederanzahl nach der EU-Empfehlung vgl sogleich unten). Alleine der Begriff Ausschuss spricht aber bereits dagegen, dass es einen **Einpersonenausschuss** geben kann.[97] Ein Ausschuss muss somit jedenfalls aus mindestens **zwei Mitgliedern** bestehen.[98] Einem Zwei-Personen-Ausschuss kann nicht nur Vorbereitungs-, Ausführungs- bzw Überwachungsfunktion zukommen. Ein solcher Ausschuss kann vielmehr auch mit Beschlusskompetenz ausgestattet werden (vgl § 92 Abs 5 3. Satz AktG).[99] In Ausschüssen, die nur aus zwei Personen bestehen, ist die Beschlussfähigkeit jedoch nur bei Anwesenheit beider Mitglieder gegeben (§ 92 Abs 5 AktG; vgl Rz 54). In mitbestimmten Aufsichtsräten liegt eine Ausschussbesetzung mit mindestens drei Mitgliedern (zwei Kapitalvertreter, ein Arbeitnehmervertreter) nahe.[100] Vorbe-

---

93 *Habersack* in MünchKommAktG[4] § 107 Rz 133; ferner *Strasser* in Jabornegg/Strasser, AktG[5] §§ 92 bis 94 Rz 74; *Geppert/Moritz*, Gesellschaftsrecht für Aufsichtsräte 201; *Temmel*, Der Aufsichtsrat 68; *Rauter* in Straube, GmbHG § 30g Rz 224; *Wünsch*, GmbHG § 30g Rz 86.

94 *Gittermann* in Semler/v Schenck, ARHdb[4] § 6 Rz 40.

95 *Dellinger/Steinböck* in Dellinger, BWG § 63a Rz 66 mwN.

96 Ebenso sehen §§ 39c Abs 3 und 39d Abs 3 BWG mindestens drei Mitglieder für den Vergütungs- bzw Risikoausschuss vor; siehe dazu *Wachter*, ÖBA 2015, 103f (zum Risikoausschuss); ferner *Kalss* in Doralt/Nowotny/Kalss, AktG[2] § 92 Rz 133 (zum Vergütungsausschuss).

97 *Kalss* in Doralt/Nowotny/Kalss, AktG[2] § 92 Rz 158; *Habersack* in MünchKommAktG[4] § 107 Rz 133; *Hopt/Roth* in GroßKommAktG[4] § 107 Rz 268.

98 *Kalss* in Doralt/Nowotny/Kalss, AktG[2] § 92 Rz 156; *dieselbe* in MünchKommAktG[4] § 107 Rz 228.

99 Nach der deutschen hM muss ein Ausschuss ebenso aus mindestens zwei Mitgliedern bestehen, wobei einem solchen Ausschuss keine Beschlusskompetenz übertagen werden kann. Vgl dazu etwa *Habersack* in MünchKommAktG[4] § 107 Rz 133; *Hopt/Roth* in GroßKommAktG[4] § 107 Rz 268; jeweils mwN. Für die Zulässigkeit eines Ein-Personen-Ausschusses vgl aber *Frels*, AG 1957, 9 ff; *Frels* AG 1958, 232 ff.

100 *Kalss* in Doralt/Nowotny/Kalss, AktG[2] § 92 Rz 156; *dieselbe* in MünchKommAktG[4] § 107 Rz 227; *Rauter* in Straube, GmbHG § 30g Rz 224.

reitende, ausführende bzw überwachende Tätigkeiten (nicht aber die Beschlussfassung) können aber auch auf ein **einzelnes Aufsichtsratsmitglied** übertragen werden (vgl § 95 Abs 3 AktG),[101] wobei es sich dann nicht um einen Ausschuss handelt.[102] Eine solche Aufgabenübertragung auf ein einzelnes Aufsichtsratsmitglied ist nur in Ausnahmefällen zulässig und löst gesteigerte Sorgfaltspflichten des Plenums aus.[103]

Die EU-Empfehlung sieht für die Größe der Ausschüsse eine Mindestanzahl von drei Mitgliedern vor. Bei Gesellschaften mit kleinen Aufsichtsräten sollen ausnahmsweise auch zwei Ausschussmitglieder ausreichen.[104] **21**

Im Rahmen der eben dargestellten Grenzen hat das **Aufsichtsratsplenum** die Größe des Ausschusses festzulegen.[105] Darüber kann der Aufsichtsrat beschlussmäßig entscheiden oder entsprechende Regelungen in seiner Geschäftsordnung vorsehen (vgl Rz 10). Ein Ausschuss kann seine Größe selbst nicht festlegen. Ebenso wenig kann die Satzung hierüber eine Bestimmungen treffen (vgl Rz 7).[106] **22**

C. Drittelparitätische Besetzung

Nach der hM gilt im Anwendungsbereich des § 110 ArbVG das Prinzip der Drittelparität grundsätzlich in allen Ausschüssen, da § 110 Abs 4 ArbVG der älteren Bestimmung des § 92 Abs 4 Satz 2 AktG materiell derogiert hat.[107] Die Arbeitnehmervertreter im Aufsichtsrat haben in diesen Fällen nach § 110 Abs 4 ArbVG grundsätzlich das Recht, aus ihrer Mitte Ausschussmitglieder mit Sitz und Stimme im Verhältnis zwei Kapitalvertreter zu einem Arbeitnehmervertreter zu entsenden (vgl dazu Rz 31).[108] Von diesem Prinzip sind jedoch jene Ausschüsse ausgenommen, die die Beziehungen zwischen der Gesellschaft und den Mitgliedern des Vorstandes regeln (Personalausschüsse; vgl Rz 72).[109] Unter Beziehungen zwischen Gesellschaft und Vorstandsmitglied sind beispielsweise zu verstehen: der Abschluss, die Gestaltung, die Abänderung und die Auflösung des Anstellungsvertrags eines Vorstandsmitglieds, Schadenersatzforderungen der Gesellschaft gegen Vorstandsmitglieder, die Kreditgewährung an diese oder der Dispens vom **23**

---

101 *Kalss* in Doralt/Nowotny/Kalss, AktG² § 92 Rz 158; *Habersack* in MünchKommAktG⁴ § 107 Rz 99.

102 *Drygala* in Schmidt/Lutter, AktG³ § 107 Rz 46.

103 *Kalss* in Doralt/Nowotny/Kalss, AktG² § 92 Rz 158 mwN; vgl ferner *Spindler* in Spindler/Stilz, AktG³ § 107 Rz 157.

104 Vgl Anhang I Z 1.1 EU-Empfehlung.

105 Vgl *Rauter* in Straube, GmbHG, § 30g Rz 224; *Koppensteiner/Rüffler*, GmbHG³ § 30g Rz 21; *Wünsch*, GmbHG § 30g Rz 87.

106 *Habersack* in MünchKommAktG⁴ § 107 Rz 96, 133; *Hopt/Roth* in GroßKommAktG⁴ § 107 Rz 253, 268.

107 *Kalss* in Doralt/Nowotny/Kalss, AktG² § 92 Rz 160 mwN; *Strasser* in Jabornegg/Strasser, AktG⁵ §§ 92 bis 94 Rz 80; *Rauter* in Straube, GmbH § 30g Rz 227 mwN; *Jabornegg*, DRdA 2015, 300; vgl ferner Erläut RV 277 BlgNR 24. GP 14 (AktRÄG 2009).

108 *Geist* in Achatz/Jabornegg/Karollus, Aktuelle Probleme 121.

109 *Kalss* in Doralt/Nowotny/Kalss, AktG² § 92 Rz 160; *dieselbe* in MünchKommAktG⁴ § 107 Rz 230; *Strasser* in Jabornegg/Strasser, AktG⁵ §§ 92 bis 94 Rz 80; *Rauter* in Straube, GmbHG § 30g Rz 228.

Wettbewerbsverbot gem § 79 AktG.[110] Die gesellschaftsrechtliche Bestellung bzw Abberufung von Vorstandsmitgliedern ist damit aber nicht gemeint,[111] die nach der hM dem Plenum vorbehalten ist und damit der Drittelbeteiligung unterliegt (vgl Rz 60).[112] Durch den Ausschluss der Beteiligung der Arbeitnehmervertreter im Personalausschuss soll die Gegnerunabhängigkeit des die Arbeitgeberfunktion ausübenden Vorstands einerseits und des Arbeitnehmervertreter in den Aufsichtsrat entsendenden Betriebsrats andererseits sichergestellt werden. Belegschaftsvertretern soll insbesondere keine weitgehende Einflussnahmemöglichkeit auf die Gestaltung der Arbeitsbedingungen der Vorstandsmitglieder zukommen.[113] Zur Aufrechterhaltung der Drittelparität bei der Einräumung von Aktienoptionen vgl aber sogleich unten. Arbeitnehmervertreter können jedoch durch das Plenum in Personalausschüsse gewählt werden; einen durchsetzbaren Anspruch darauf haben sie nicht.[114] Abgesehen davon haben nicht ausschussangehörige Arbeitnehmervertreter jedoch ein Recht zur Teilnahme an den Sitzungen des Personalausschusses.[115] Ergänzend dazu haben sie das Recht zur Einsichtnahme in die Ausschussunterlagen und in das über die Ausschusssitzung erstellte Protokoll.[116] Dieses Teilnahmerecht kann durch die Satzung bzw den Aufsichtsratsvorsitzenden ausgeschlossen werden (§ 93 Abs 2 2. Halbsatz AktG).[117] Zum Teilnahmerecht vgl ferner Rz 47 ff. Sind Beziehungen zwischen der Gesellschaft und den Mitgliedern des Vorstands (wie etwa der Beschluss über den Managementvertrag) Gegenstand einer Erörterung oder Beschlussfassung im Aufsichtsratsplenum, so gilt der Ausschluss der Drittelparität nicht.[118]

24 Unter Abweichung von den eben dargestellten Grundsätzen hält § 92 Abs 4 AktG die Drittelbeteiligung in Personalausschüssen jedenfalls aufrecht, sofern dieser über die **Bestellung** bzw **Abberufung von Vorstandsmitgliedern**[119] (zur Frage der Zulässigkeit der Delegation der gesellschaftsrechtlichen Bestellungs- bzw Abberufungskompetenz auf Ausschüsse vgl Rz 60) oder über die **Einräumung von Optionen** auf Aktien der **Gesellschaft** (an Vorstandsmitglieder, leitende Angestellte oder sonstige Arbeitnehmer der Gesellschaft)[120] beschließt. In

[110] *Kalss* in Doralt/Nowotny/Kalss, AktG² § 92 Rz 160; *dieselbe* in MünchKommAktG⁴ § 107 Rz 230; *Strasser* in Jabornegg/Strasser, AktG⁵ §§ 92 bis 94 Rz 80.

[111] Vgl nur *Wachter*, ZAS 2015, 67 mwN.

[112] Vgl *Jabornegg*, DRdA 2015, 300.

[113] *Geist* in Achatz/Jabornegg/Karollus, Aktuelle Probleme 145 mwN.

[114] *Kalss* in Doralt/Nowotny/Kalss, AktG² § 92 Rz 160; *dieselbe* in MünchKommAktG⁴ § 107 Rz 230; vgl ferner *Rauter* in Straube, GmbHG § 30g Rz 228.

[115] Vgl etwa *Kalss* in Doralt/Nowotny/Kalss, AktG² § 93 Rz 56; *Rauter* in Straube, GmbHG § 30g Rz 228, § 30h Rz 44; jeweils mwN.

[116] *Kalss* in Doralt/Nowotny/Kalss, AktG² § 92 Rz 160 und § 93 Rz 47, 56 (weitergehend auch für ein Recht Abschriften zu erhalten).

[117] Zum Ausschluss von Arbeitnehmervertretern von der Teilnahme an den Personalausschusssitzungen wegen des anzuerkennenden Geheimhaltungsinteresses der Vorstandsmitglieder vgl ausführlich *Kalss* in Doralt/Nowotny/Kalss, AktG² § 93 Rz 47, 56; *dieselbe* in MünchKommAktG⁴ § 109 Rz 59f.

[118] Vgl *Kalss* in Doralt/Nowotny/Kalss, AktG² § 92 Rz 160; *Jabornegg*, DRdA 2015, 301 mwN.

[119] Vgl dazu *Jabornegg*, DRdA 2015, 300.

[120] *Kalss* in Doralt/Nowotny/Kalss, AktG² § 92 Rz 161; *dieselbe* in MünchKommAktG⁴ § 107 Rz 231; jeweils mwN.

diesen Fällen bedarf die Beratung und Beschlussfassung der drittelparitätischen Beteiligung der Arbeitnehmervertreter.

Da es sich bei der Einräumung von Aktienoptionen um eine Bezugsgewährung handelt, die geeignet ist, das Verhalten der Bezugsberechtigten in einer die Interessen der Arbeitnehmer der Gesellschaft stark tangierenden Weise zu beeinflussen,[121] besteht ein ausgeprägtes Interesse der Arbeitnehmer an der Beurteilung derartiger Anreizmechanismen. Der Gesetzgeber hat daher die Drittelparität aufrechterhalten. Diese Beurteilungsnotwendigkeit besteht jedoch unabhängig davon, ob die Gesellschaft selbst oder ein sonstiger Rechtsträger die Optionen zu bedienen hat. Die in § 92 Abs 4 AktG normierte Aufrechterhaltung der Drittelparität gilt somit auch dann, wenn ein Ausschuss die Einräumung von Optionen auf Aktien **sonstiger Konzerngesellschaften** beschließt.[122] Die Beurteilungsnotwendigkeit der Anreizwirkung lässt sich ebenso als Argument für die analoge Anwendung der Mitwirkungsregelung bei **schuldrechtlichen Gestaltungen** ins Treffen führen. Eine Arbeitnehmerpräsenz ist somit dann erforderlich, wenn die schuldrechtlichen Gestaltungen materiell mit Optionseinräumungen vergleichbar sind.[123] **25**

Soll ein Anstellungsvertag von Vorstandsmitgliedern mit Erfolgskomponenten wie Aktienoptionen unterlegt werden, so ist eine sinnvolle Beratung und Beschlussfassung über die Einräumung von Aktienoptionen durch einen paritätisch besetzten Personalausschuss nur dann möglich, wenn die Arbeitnehmervertreter auch in den gesamten Dienstvertrag einsehen können.[124] Die Offenlegung des Dienstvertrages steht im Einklang mit den Anliegen des Gesetzgebers sowie des ÖCGKs die Transparenz von Vorstandsgehältern zu erhöhen.[125] **26**

Behandelt ein Ausschuss neben den Fragen rund um die schuldrechtlichen Beziehungen zwischen Gesellschaft und Vorstandsmitglieder noch andere Themenkreise (**gemischter Ausschuss**), so ist das Entsendungsrecht der Arbeitnehmervertreter in einen solchen Ausschuss nicht ausgeschlossen. Sie haben jedoch bei Sitzungen und Abstimmungen über Vorstandsangelegenheiten kein Stimmrecht.[126] An solchen Sitzungen können sie aber – gleich wie ausschussfremde Aufsichtsratsmitglieder – teilnehmen,[127] sofern das Teilnahmerecht nicht wirksam ausgeschlossen wurde (vgl dazu Rz 49). Gleich wie Arbeitnehmervertreter durch das Aufsichtsratsplenum generell in Personalausschüsse gewählt werden können **27**

---

121 *Strasser* in Jabornegg/Strasser, AktG[5] §§ 92 bis 94 Rz 80.

122 *Kalss* in Doralt/Nowotny/Kalss, AktG[2] § 92 Rz 165; wohl auch *Strasser* in Jabornegg/Strasser, AktG[5] §§ 92 bis 94 Rz 80; aA *Schima*, GesRZ-SH 2001, 72.

123 Vgl *Kalss* in Doralt/Nowotny/Kalss, AktG[2] § 92 Rz 165, die jedoch für die Arbeitnehmerpräsenz voraussetzt, dass die schuldrechtliche Gestaltung ein „vollkommenes Abbild einer tatsächlichen Optionseinräumung" sein muss.

124 *Kalss* in Doralt/Nowotny/Kalss, AktG[2] § 92 Rz 163; *dieselbe* in MünchKommAktG[4] § 107 Rz 233.

125 Vgl dazu *Kalss* in Doralt/Nowotny/Kalss, AktG[2] § 92 Rz 164; *dieselbe* in MünchKommAktG[4] § 107 Rz 232ff.

126 *Kalss* in Doralt/Nowotny/Kalss, AktG[2] § 92 Rz 166, *Rauter* in Straube, GmbHG § 30g Rz 228; jeweils mwN; vgl ferner *Jabornegg*, DRdA 2015, 300; *Wachter*, ZAS 2015, 68.

127 *Kalss* in Doralt/Nowotny/Kalss, AktG[2] § 92 Rz 166; *Rauter* in Straube, GmbHG § 30g Rz 228; *Wachter*, ZAS 2015, 70.

(siehe Rz 23), ist das Plenum berechtigt, ihnen ein Stimmrecht im gemischten Ausschuss einzuräumen.[128]

28 Die Geltung der Drittelparität für alle Ausschüsse des Aufsichtsrats, außer für Sitzungen und Abstimmungen, welche die Beziehungen zwischen der Gesellschaft und Vorstandsmitgliedern betreffen, ausgenommen Beschlüsse auf Bestellung oder Widerruf der Bestellung eines Vorstandsmitglieds sowie auf Einräumung von Optionen auf Aktien der Gesellschaft, wird vom ÖCGK als zwingendes Recht ausgewiesen (vgl L-Regel 59).[129]

D. Bestellung und Amtszeit

1. Bestellung

29 Die personelle Zusammensetzung von Ausschüssen bleibt der Organisationsautonomie des Aufsichtsrats vorbehalten (vgl Rz 7) und kann nicht durch die Satzung geregelt werden.[130] So sind Satzungsregelungen unzulässig, wonach bestimmte Aufsichtsratsmitglieder bestimmten Ausschüssen angehören müssen bzw dürfen.[131] Ebenso wenig kann die Satzung bestimmte Aufsichtsratsmitglieder von der Wahl zu Ausschussmitgliedern ausschließen.[132] Auch hinsichtlich der Zugehörigkeit eines in den Aufsichtsrat entsandten Mitglieds zum Ausschuss kommt der Satzung keine Kompetenz zu.[133] Ebenso haben Minderheitenvertreter gemäß § 87 Abs 4 AktG keinen durchsetzbaren Anspruch auf Mitgliedschaft in einem Ausschuss.[134] Eine Kooption von Ausschussmitgliedern ist ebenso wenig zulässig.[135] Die Ausschussmitglieder werden vielmehr nur durch die Mitglieder des Gesamtaufsichtsrats bestellt. Die Auswahl steht in ihrem pflichtgemäßen Ermessen und erfolgt nach dem Eignungsprinzip.[136] Bei der Auswahl der Ausschussmitglieder ist insbesondere darauf Rücksicht zu nehmen, dass sie jenen Qualifikationsanforderungen entsprechen, die generell für Übernahme des Aufsichtsratsamtes vorausgesetzt werden, und dass sie über jene speziellen Kenntnisse und Fähig-

[128] Vgl *Kalss* in Doralt/Nowotny/Kalss, AktG² § 92 Rz 166, die diese Kompetenz aber dem Ausschuss zugesteht.

[129] Vgl *Kalss* in Doralt/Nowotny/Kalss, AktG² § 92 Rz 162.

[130] *Habersack* in MünchKommAktG⁴ § 107 Rz 96; *Hopt/Roth* in GroßKommAktG⁴ § 107 Rz 250 ff, 268; *Spindler* in Spindler/Stilz, AktG³ § 107 Rz 103. Ebenso wenig können syndikatsvertragliche Regelungen in die Organisationsautonomie des Gesamtaufsichtsrats eingreifen; vgl *Kalss* in Doralt/Nowotny/Kalss, AktG² § 92 Rz 157.

[131] BGH II ZR 123/81, BGHZ 83, 115 ff; *Habersack* in MünchKommAktG⁴ § 107 Rz 96; *Hopt/Roth* in GroßKommAktG⁴ § 107 Rz 251.

[132] *Habersack* in MünchKommAktG⁴ § 107 Rz 96.

[133] *Kalss* in Doralt/Nowotny/Kalss, AktG² § 92 Rz 157; *Rauter* in Straube, GmbHG § 30g Rz 231; *Habersack* in MünchKommAktG⁴ § 107 Rz 96; *Mertens/Cahn* in KölnKomm AktG³ § 107 Rz 96; vgl aber etwa *Reich-Rohrwig*, GmbH-Recht I² Rz 4/103 mwN (für die Zulässigkeit gesellschaftsvertraglicher Entsendungsrechte in den Ausschuss).

[134] *Kalss* in Doralt/Nowotny/Kalss, AktG² § 92 Rz 157; *Rauter* in Straube, GmbHG § 30g Rz 231.

[135] *Habersack* in MünchKommAktG⁴ § 107 Rz 127; *Hopt/Roth* in GroßKommAktG⁴ § 107 Rz 266; jeweils mwN.

[136] *Kalss* in Doralt/Nowotny/Kalss, AktG² § 92 Rz 157; *dieselbe* in MünchKommAktG⁴ § 107 Rz 228; *Rauter* in Straube, GmbHG § 30g Rz 225; *Leyens*, Information 284; jeweils mwN.

keiten verfügen, die zur Bewältigung der dem jeweiligen Ausschuss übertragenen Aufgaben erforderlich sind (vgl dazu Rz 16 ff; *Kalss/Schimka* Rz 2/72 ff). Ferner ist auf die Bestellungsrechte der Arbeitnehmervertreter Bedacht zu nehmen. Die Bestellung ungeeigneter Kandidaten kann ein Organisationsverschulden des Aufsichtsrats begründen.[137] Die Annahme eines Ausschussamtes durch einen ungeeigneten Kandidaten kann zu dessen Haftung aus Übernahmeverschulden führen.[138]

Außerhalb des Anwendungsbereiches des § 110 ArbVG erfolgt die beschluss- **30** mäßige Bestellung der Ausschussmitglieder durch den **Gesamtaufsichtsrat**.[139] Eine Trennung nach Bänken findet nicht statt. Für die Wahl einer bestimmten Person genügt die **einfache Mehrheit** der abgegebenen Stimmen.[140] Wie bei der Bildung eines Ausschusses (vgl Rz 7) kann auch für die Wahl der Mitglieder durch die Satzung keine qualifizierte Mehrheit gefordert werden.[141]

Bei **mitbestimmten Aufsichtsräten** erfolgt die Bestellung der **Arbeitneh-** **31** **mervertreter** gem § 32a Aufsichtsrats-VO.[142] Danach wählt die Gesamtheit der Arbeitnehmervertreter die Ausschussmitglieder mit einfacher Mehrheit **aus ihrer Mitte**. Bei bloß zwei Arbeitnehmervertretern ist Einstimmigkeit erforderlich.[143] Kapitalvertreter dürfen am Bestellungsvorgang nicht mitwirken.[144] Die Bestellung der Arbeitnehmervertreter ist dem Vorsitzenden des Aufsichtsrats unter Angabe, für welchen Ausschuss die Bestellung erfolgt, unverzüglich mitzuteilen (§ 32a Abs 2 Aufsichtsrat-VO). Über die Bestellung der **Kapitalvertreter** in den Ausschuss entscheidet der **Gesamtaufsichtsrat** einschließlich der Arbeitnehmervertreter[145] beschlussmäßig mit einfacher Mehrheit. Die Satzung kann jeweils keine qualifizierte Mehrheit verlangen. Wählt das Plenum ein Aufsichtsratsmitglied aus der Gruppe der Arbeitnehmervertreter auf einen Ausschusssitz, dessen Vergabe nicht den Arbeitnehmervertretern vorbehalten ist, so ist eine Anrechnung auf das Bestellungsrecht der Arbeitnehmervertreter nur möglich, wenn diese das betreffende Mitglied als von ihnen entsandt anerkennen.[146] Zur drittelparitätischen Besetzung vgl Rz 23 ff.

---

137 *Semler* in MünchKommAktG² § 107 Rz 302.

138 *Semler* in MünchKommAktG² § 107 Rz 302; *Kropff* in FS K. Schmidt 1039; *Semler* in FS K. Schmidt 1499; *Hommelhoff/Mattheus*, AG 1998, 296.

139 *Strasser* in Jabornegg/Strasser, AktG⁵ §§ 92 bis 94 Rz 77.

140 *Habersack* in MünchKommAktG⁴ § 107 Rz 127; *Hopt/Roth* in GroßKommAktG⁴ § 107 Rz 266; jeweils mwN.

141 *Habersack* in MünchKommAktG⁴ § 107 Rz 127; *Hopt/Roth* in GroßKommAktG⁴ § 107 Rz 266; jeweils mwN.

142 Verordnung des Bundesministers für soziale Verantwortung vom 17. Juni 1974 über die Entsendung von Arbeitnehmervertretern in den Aufsichtsrat, BGBl Nr. 343/1974 idgF.

143 *Kalss* in Doralt/Nowotny/Kalss, AktG² § 92 Rz 167; *dieselbe* in MünchKommAktG⁴ § 107 Rz 235; *Preiss* in Cerny/Gahleitner/Preiss/Schneller, ArbVG III⁴ (2008) § 110 Rz 41; *Rauter* in Straube, GmbHG § 30g Rz 227; aA *Reich-Rohrwig*, GmbH-Recht I² Rz 4/280.

144 *Kalss* in Doralt/Nowotny/Kalss, AktG² § 92 Rz 167; *dieselbe* in MünchKommAktG⁴ § 107 Rz 235; *Preiss* in Cerny/Gahleitner/Preiss/Schneller, ArbVG III⁴ (2008) § 110 Rz 41.

145 *Kalss* in Doralt/Nowotny/Kalss, AktG² § 92 Rz 157, 167; *dieselbe* in MünchKommAktG⁴ § 107 Rz 228, 235; *Preiss* in Cerny/Gahleitner/Preiss/Schneller, ArbVG III⁴ (2008) § 110 Rz 41; vgl ferner *Jabornegg*, DRdA 2015, 302 mwN (auch zu Gegenmeinungen).

146 *Rauter* in Straube, GmbHG § 30g Rz 229 mwN; *Kalss* in Doralt/Nowotny/Kalss, AktG² § 92 Rz 167.

32 Neben der Wahl setzt die Mitgliedschaft in einem Ausschuss die **Annahme** der Bestellung voraus.[147] Dazu sind die bestellten Aufsichtsratsmitglieder grundsätzlich verpflichtet.[148] Die Mitwirkung im Ausschuss ist nämlich Teil der mit dem Aufsichtsratsamt verbundenen Organpflichten,[149] die nur durch die Nichtannahme des Aufsichtsratsamtes vermieden werden können. Ausnahmsweise, dh bei Vorliegen sachlicher Gründe (wie etwa bei einer möglichen Interessenkollision, bei mangelndem Zeitbudget oder bei fehlender fachlicher Qualifikation), kann die Ausschussbestellung abgelehnt werden.[150]

33 Zur Bestellung von stellvertretenden Ausschussmitgliedern und Ersatzmitgliedern vgl Rz 38; zur Bestellung eines Ausschussvorsitzenden vgl Rz 39 ff.

2. Amtszeit

34 Mangels abweichender Bestimmung im Bestellungsbeschluss oder in der Geschäftsordnung des Aufsichtsrats gilt die Bestellung eines Ausschussmitglieds für die Dauer der laufenden Amtsperiode als Aufsichtsratsmitglied.[151]

35 Da die Mitgliedschaft im Ausschuss die Aufsichtsratszugehörigkeit voraussetzt (vgl Rz 15), **erlischt** die Ausschussmitgliedschaft mit dem Ausscheiden aus dem Aufsichtsrat **automatisch**.[152] Wird ein ausgeschiedenes Aufsichtsratsmitglied wieder in das Plenum gewählt, bedarf es zur Wiedererlangen der Ausschussmitgliedschaft grundsätzlich auch einer gesonderten Wiederwahl in den Ausschuss.[153] Ruht die Aufsichtsratsmitgliedschaft nach § 90 Abs 2 AktG,[154] so **ruht** auch die Ausschussmitgliedschaft.[155]

36 Ausschussmitglieder können als solche auch durch das Plenum **abberufen** werden. **Außerhalb des Anwendungsbereichs des § 110 ArbVG** erfolgt die Abberufung durch den **Gesamtaufsichtsrat**. Der Beschluss bedarf – wie bei der Bestellung – der einfachen Mehrheit. Die Satzung kann keine qualifizierte Mehrheit

---

147 *Habersack* in MünchKommAktG[4] § 107 Rz 129, *Hopt/Roth* in GroßKommAktG[4] § 107 Rz 267.

148 *Kalss* in Doralt/Nowotny/Kalss, AktG[2] § 92 Rz 157; *Rauter* in Straube, GmbHG § 30g Rz 225; *Straube/Rauter/Ratka*, Aufsichtsratsgeschäftsordnung[2] 31; *Gittermann* in Semler/v Schenck, ARHdb[4] § 6 Rz 49; *Spindler* in Spindler/Stilz, AktG[3] § 107 Rz 105; jeweils mwN; vgl aber (einschränkend) *Habersack* in MünchKommAktG[4] § 107 Rz 129; ferner *Hopt/Roth* in GroßKommAktG[4] § 107 Rz 267.

149 In diese Richtung vgl *Semler* in MünchKommAktG[2] § 116 Rz 135.

150 *Kalss* in Doralt/Nowotny/Kalss, AktG[2] § 92 Rz 157; *Rauter* in Straube, GmbHG § 30g Rz 225; *Gittermann* in Semler/v Schenck, ARHdb[4] § 6 Rz 49; *Semler*, AG 1988, 63.

151 *Habersack* in MünchKommAktG[4] § 107 Rz 130; *Hopt/Roth* in GroßKommAktG[4] § 107 Rz 290; *Lutter/Krieger/Verse*, Rechte und Pflichten des Aufsichtsrats[6] Rz 769.

152 *Habersack* in MünchKommAktG[4] § 107 Rz 130; *Hopt/Roth* in GroßKommAktG[4] § 107 Rz 354; *Spindler* in Spindler/Stilz, AktG[3] § 107 Rz 106.

153 *Habersack* in MünchKommAktG[4] § 107 Rz 130; *Hopt/Roth* in GroßKommAktG[4] § 107 Rz 354.

154 Vgl dazu OGH 6 Ob 27/94, ecolex 1995, 262; *Strasser* in Jabornegg/Strasser, AktG[5] § 90 Rz 17.

155 Vgl *Habersack* in MünchKommAktG[4] § 107 Rz 130; widersprüchlich *Hopt/Roth* in GroßKommAktG[4] § 105 Rz 73, § 107 Rz 272, 354; aA *Mertens/Cahn* in KölnKomm AktG[3] § 107 Rz 118, die einen Verlust der Mitgliedschaft im Ausschuss annehmen.

verlangen. Bei **mitbestimmten Ausschüssen** sind die Bestellungsvorschriften der Aufsichtsrat-VO sinngemäß anzuwenden (§ 32a Abs 3 Aufsichtsrats-VO). Das bedeutet, dass **Arbeitnehmervertreter** in Ausschüssen nur von der **Gesamtheit der Arbeitnehmervertreter im Aufsichtsrat** abbestellt werden dürfen. Einfache Mehrheit reicht aus. Über die Abberufung der **Kapitalvertreter** entscheidet das **Plenum** mit einfacher Mehrheit. Das betroffene Mitglied kann bei seiner jeweiligen Abberufung grundsätzlich mitstimmen.[156]

Möglich ist auch eine **Niederlegung** des Ausschussamtes.[157] Da ein Aufsichtsratsmitglied aber grundsätzlich zur Ausübung des Ausschussmandats verpflichtet ist (vgl Rz 32), kommt ein Rücktritt nur aus **sachlichen Gründen** in Betracht (etwa dem nachträglichen Eintritt von Interessenkollisionen). Als sonstige Beendigungsgründe kommen etwa Fristablauf, Eintritt einer Bedingung oder die Auflösung des Ausschusses (vgl Rz 68) in Betracht. Das Ausscheiden anderer Ausschussmitglieder aus dem Aufsichtsrat oder Ausschuss berührt die Ausschussmitgliedschaft nicht.[158] Ein in den Aufsichtsrat nachrückendes Ersatzmitglied übernimmt nicht ohne weiters die Ausschussmitgliedschaft seines Vorgängers (vgl dazu sogleich unten). 37

E. Stellvertreter, Ersatzmitglieder

Der Gesamtaufsichtsrat (nicht aber der Ausschuss selbst) kann in der Geschäftsordnung oder durch Beschluss für den Fall der vorübergehenden Verhinderung von Ausschussmitgliedern Stellvertreter und für den Fall des vorzeitigen und endgültigen Ausscheidens von Ausschussmitgliedern Ersatzmitglieder bestellen.[159] Eine Satzungsermächtigung ist hiefür gemäß dem Grundsatz der Organisationsautonomie nicht erforderlich.[160] Stellvertreter bzw Ersatzmitglieder rekrutieren sich aus dem Kreis der Mitglieder des Gesamtaufsichtsrates.[161] Scheidet ein Aufsichtsratsmitglied, welches einem Ausschuss angehört, aus dem Aufsichtsrat und damit auch aus dem Ausschuss aus und rückt an dessen Stelle ein Ersatzmitglied in den Aufsichtsrat nach, so bekleidet dieses nicht automatisch auch die vakante Ausschussstelle, da für die Wahl in einen Ausschuss letztlich die jeweiligen 38

---

156 *Habersack* in MünchKommAktG⁴ § 107 Rz 130; *Hopt/Roth* in GroßKommAktG⁴ § 107 Rz 354.

157 *Habersack* in MünchKommAktG⁴ § 107 Rz 130; *Hopt/Roth* in GroßKommAktG⁴ § 107 Rz 354.

158 *Habersack* in MünchKommAktG⁴ § 107 Rz 130; *Hopt/Roth* in GroßKommAktG⁴ § 107 Rz 290; *Lutter/Krieger/Verse*, Rechte und Pflichten des Aufsichtsrats⁵ Rz 769.

159 *Kalss* in Doralt/Nowotny/Kalss, AktG² § 92 Rz 159; *Strasser* in Jabornegg/Strasser, AktG⁵ §§ 92 bis 94 Rz 77; *Rauter* in Straube, GmbHG § 30g Rz 232; *Wünsch*, GmbHG § 30g Rz 89; *Jud*, NZ 1982, 56 ff; *Kindel/Kindel*, GesRZ 2003, 137; *Habersack* in MünchKommAktG⁴ § 107 Rz 128; *Hopt/Roth* in GroßKommAktG⁴ § 107 Rz 266.

160 *Kalss* in Doralt/Nowotny/Kalss, § 92 AktG² Rz 159; *Strasser* in Jabornegg/Strasser, AktG⁵ §§ 92 bis 94 Rz 77; *Rauter* in Straube, GmbHG § 30g Rz 232; *Jud*, NZ 1982, 57; *Kindel/Kindel*, GesRZ 2003, 137.

161 *Jud*, NZ 1982, 57; ferner *Rauter* in Straube, GmbHG § 30g Rz 232.

persönlichen Qualifikationen ausschlaggebend sind.[162] Vielmehr bedarf es dazu einer gesonderten Bestellung.[163]

F. Vorsitzender

39 Eine allgemeine Pflicht zur Bestellung eines Ausschussvorsitzenden findet sich im Aktiengesetz nicht.[164] Dennoch wird eine Bestellung regelmäßig geboten sein, um die effiziente Aufgabenwahrnehmung im Ausschuss sicherzustellen.[165] Darüber hinaus muss ein gem § 92 Abs 4a AktG einzurichtender Prüfungsausschuss über einen Vorsitzenden verfügen.[166] Gleiches gilt etwa für Prüfungsausschüsse nach den §§ 63a Abs 4 BWG,[167] 123 Abs 7 VAG 2016, den Vergütungsausschuss nach § 39c BWG und den Risikoausschuss nach § 39d BWG. C-Regel 43 ÖCGK sieht vor, dass der Vorsitzende des Vergütungsausschusses der Aufsichtsratsvorsitzende sein soll.

40 Ausschussvorsitzende sind durch den **Gesamtaufsichtsrat** zu wählen.[168] Das Plenum kann die Wahl aber auch dem **Ausschluss** selbst überlassen.[169] Durch die **Satzung** kann nicht bestimmt werden, dass ein Ausschuss einen Vorsitzenden haben muss bzw nicht haben darf.[170] Auch mittels Satzung kann nicht festgelegt werden, wer Ausschussvorsitzender sein soll.[171] Unzulässig ist etwa eine Satzungsbestimmung, wonach der Aufsichtsratsvorsitzende geborener Vorsitzender eines oder aller Ausschüsse ist.[172] Ebenso wenig kann die Satzung vorsehen, dass der Aufsichtsratsvorsitzende, wenn er vom Aufsichtsrat zum Mitglied eines Ausschusses berufen worden ist, dann in diesem Ausschuss den Vorsitz führt.[173] Derartige Vorschriften stellen einen unzulässigen Eingriff in die Organisationsautonomie des Aufsichtsrats dar und sind daher dem Satzungsgeber verwehrt. In der

162 *Wünsch*, GmbHG § 30g Rz 89; *Rauter* in Straube, GmbHG § 30g Rz 232; *Habersack* in MünchKommAktG⁴ § 107 Rz 128; *Hopt/ Roth* in GroßKommAktG⁴ § 107 Rz 266.

163 *Kalss* in Doralt/Nowotny/Kalss, § 92 AktG² Rz 159.

164 *Kalss* in Doralt/Nowotny/Kalss, AktG² § 92 Rz 168; *Strasser* in Jabornegg/Strasser, AktG⁵ §§ 92 bis 94 Rz 78; *Rauter* in Straube, GmbHG § 30g Rz 237; *Habersack* in MünchKommAktG⁴ § 107 Rz 131; *Hopt/Roth* in GroßKommAktG⁴ § 107 Rz 291.

165 *Kalss* in Doralt/Nowotny/Kalss, AktG² § 92 Rz 168; *dieselbe* in MünchKommAktG⁴ § 107 Rz 236; ferner *Rauter* in Straube, GmbHG § 30g Rz 237.

166 *Potyka/Weber*, GesRZ 2008, 196.

167 *Dellinger/Steinböck* in Dellinger, BWG § 63a Rz 65.

168 *Rellermeyer*, Aufsichtsratsausschüsse 163; vgl ferner *Gittermann* in Semler/v Schenck, ARHdb⁴ § 6 Rz 64.

169 *Kalss* in Doralt/Nowotny/Kalss, AktG² § 92 Rz 168; *Gittermann* in Semler/v Schenck, ARHdb⁴ § 6 Rz 66; *Habersack* in MünchKommAktG⁴ § 107 Rz 131; *Hopt/Roth* in GroßKommAktG⁴ § 107 Rz 292, 417.

170 *Gittermann* in Semler/v Schenck, ARHdb⁴ § 6 Rz 64; *Habersack* in MünchKommAktG⁴ § 107 Rz 96, 131; *Hopt/Roth* in GroßKommAktG⁴ § 107 Rz 256.

171 *Rauter* in Straube, GmbHG § 30g Rz 237; *Habersack* in MünchKommAktG⁴ § 107 Rz 131; *Hopt/Roth* in GroßKommAktG⁴ § 107 Rz 256; für Zulässigkeit von Satzungsbestimmungen, die die Bestellung eines Vorsitzenden vorsehen vgl aber *Spindler* in Spindler/Stilz, AktG³ § 107 Rz 114.

172 *Hopt/Roth* in GroßKommAktG⁴ § 107 Rz 256, 416 mwN.

173 *Hopt/Roth* in GroßKommAktG⁴ § 107 Rz 418; *Spindler* in Spindler/Stilz, AktG³ § 107 Rz 114; aA *Hoffmann/Preu*, Der Aufsichtsrat⁵ Rz 154, 432.

Geschäftsordnung des Aufsichtsrats kann demgegenüber vorgesehen werden, dass der Aufsichtsratsvorsitzende zugleich Vorsitzender eines bestimmten bzw aller Ausschüsse ist.[174]

Wer als Ausschussvorsitzender ausgewählt wird, steht grundsätzlich im **pflichtgemäßen Ermessen** des Plenums bzw des Ausschusses.[175] Bei der Auswahl ist jedoch zu beachten, dass der Ausschussvorsitzende aufgrund seiner ihm zukommenden Rechte und Pflichten gegenüber einfachen Ausschussmitgliedern gesteigerten Qualifikationsanforderungen entsprechen muss (vgl Rz 17).[176] Zu den Qualifikationsanforderungen eines Prüfungsausschussvorsitzenden vgl Rz 85. **41**

Die **Rechte und Pflichten** eines Ausschussvorsitzenden entsprechen grundsätzlich jenen eines Aufsichtsratsvorsitzenden im Plenum (zu den Aufgaben eines Aufsichtsratsvorsitzenden vgl *Chini/Reiner* Rz 27/20 ff).[177] Dementsprechend steht einem Ausschussvorsitzenden etwa das Recht bzw die Pflicht zur **Einberufung** von Ausschusssitzungen zu (zur Einberufung vgl ferner Rz 46).[178] Daneben ist auch der Aufsichtsratsvorsitzenden einberufungsberechtigt.[179] Eine Einberufung durch die übrigen Ausschussmitglieder kommt nur unter entsprechender Anwendung der Voraussetzungen des § 94 Abs 2 AktG in Betracht.[180] Hat der Ausschuss keinen Vorsitzenden, so kann ihn jedes einzelne Ausschussmitglied einberufen.[181] Dem Ausschussvorsitzenden obliegt ferner die **Sitzungsleitung**.[182] Insoweit gelten die Ausführungen zum Aufsichtsratsvorsitzenden entsprechend (vgl dazu *Chini/Reiner* Rz 27/35 ff). Über die Sitzungen (Verhandlungen und Beschlüsse) eines Ausschusses ist analog zu § 92 Abs 2 AktG eine **Niederschrift** anzufertigen.[183] Auf die Ausführungen über die Protokollierungspflicht im Aufsichtsrat kann mit **42**

---

[174] *Habersack* in MünchKommAktG⁴ § 107 Rz 98; *Hopt/Roth* in GroßKommAktG⁴ § 107 Rz 258; jeweils mwN.

[175] *Spindler* in Spindler/Stilz, AktG³ § 107 Rz 111.

[176] *Habersack* in MünchKommAktG⁴ § 107 Rz 45, § 116 Rz 27.

[177] *Kalss* in Doralt/Nowotny/Kalss, AktG² § 92 Rz 169; *Hopt/Roth* in GroßKommAktG⁴ § 107 Rz 416; *Spindler* in Spindler/Stilz, AktG³ § 107 Rz 112.

[178] *Kalss* in Doralt/Nowotny/Kalss, AktG² § 92 Rz 169; *Rauter* in Straube, GmbHG § 30g Rz 238; *Habersack* in MünchKommAktG⁴ § 107 Rz 159, § 110 Rz 14; *Hopt/Roth* in GroßKommAktG⁴ § 107 Rz 420, § 110 Rz 74.

[179] *Hopt/Roth* in GroßKommAktG⁴ § 107 Rz 420; *Spindler* in Spindler/Stilz, AktG³ § 107 Rz 112; aA *Habersack* in MünchKommAktG⁴ § 107 Rz 159, § 110 Rz 14; *Lutter/Krieger/Verse*, Rechte und Pflichten des Aufsichtsrats⁶ Rz 772 mwN.

[180] *Kastner/Doralt/Nowotny*, Grundriß des österreichischen Gesellschaftsrecht⁵ 254 Fn 86; *Reich-Rohrwig*, GmbHG² Rz 4/214, 4/283; ferner *Geppert/Moritz*, Gesellschaftsrecht für Aufsichtsräte 213; *Habersack* in MünchKommAktG⁴ § 107 Rz 159; *Hopt/Roth* in GroßKommAktG⁴ § 107 Rz 420; *Spindler* in Spindler/Stilz, AktG³ § 107 Rz 112; *Rellermeyer*, Aufsichtsratsausschüsse 164 f; aA *Koppensteiner/Rüffler*, GmbHG³ § 30i Rz 6; *Strasser* in Jabornegg/Strasser, AktG⁵ §§ 92 bis 94 Rz 35, 79; widersprüchlich *Wünsch*, GmbHG § 30g Rz 93, § 30i Rz 42; offenlassend *Rauter* in Straube, GmbHG § 30g Rz 234.

[181] *Habersack* in MünchKommAktG⁴ § 107 Rz 159; *Hopt/Roth* in GroßKommAktG⁴ § 107 Rz 420.

[182] *Habersack* in MünchKommAktG⁴ § 107 Rz 160; *Hopt/Roth* in GroßKommAktG⁴ § 107 Rz 421.

[183] *Kalss* in Doralt/Nowotny/Kalss, AktG § 92 Rz 169; *Rauter* in Straube, GmbHG § 30g Rz 233.

der Maßgabe verwiesen werden, dass den Ausschussvorsitzenden die sonst dem Aufsichtsratsvorsitzenden obliegende Pflichten treffen.[184] Schließlich hat der Ausschussvorsitzende dem Gesamtaufsichtsrat regelmäßig über die Ausschussarbeit zu berichten (vgl Rz 65).

43 Einem Ausschussvorsitzenden kann – unabhängig davon, ob er im Aufsichtsrat selbst den Vorsitz führt[185] – ein **Dirimierungsrecht** eingeräumt werden. Dies kann durch die **Satzung** erfolgen.[186] Das Dirimierungsrecht kann ebenso einem Ausschussvorsitzenden durch den **Aufsichtsrat** – mittels Geschäftsordnungsregelung bzw Beschluss – zugewiesen werden.[187] Bejaht man auf Plenarebene die Möglichkeit der Einräumung eines Dirimierungsrechts durch eine vom Aufsichtsrat erlassene Geschäftsordnungsbestimmung,[188] so muss es auch zulässig sein, dass ein **Ausschuss** – im Rahmen der durch Satzung und Geschäftsordnung des Gesamtaufsichtsrats gezogenen Grenzen – in seiner eigenen Geschäftsordnung der Stimme des Ausschussvorsitzenden bei Stimmengleichheit ausschlaggebende Wirkung verleihen kann.[189] Wird der mit einem Dirimierungsrecht ausgestattete Aufsichtsratsvorsitzende zum Ausschussvorsitzenden bestellt, so kann nicht davon ausgegangen werden, dass ihm automatisch auch bei der Beschlussfassung im Ausschuss das Recht zum Stichentscheid zukommt. Es bedarf vielmehr stets einer ausdrücklichen oder konkludenten Einräumung eines Dirimierungsrecht.[190] Wird einem Ausschussvorsitzenden kein Dirimierungsrecht zugewiesen, so ist eine allfällige Pattsituation im Ausschuss durch die Beschlussfassung im Plenum zu beheben.[191]

44 Nach der Vorgabe der EU-Empfehlung soll der Vorsitzende eines jeden Ausschusses direkt mit den Aktionären in Kontakt treten können.[192] Diese Regelung ist

---

184 *Habersack* in MünchKommAktG⁴ § 107 Rz 164; *Hopt/Roth* in GroßKommAktG⁴ § 107 Rz 432.

185 *Kalss* in Doralt/Nowotny/Kalss, AktG² § 92 Rz 168; BGH II ZR 123/81, BGHZ 83, 117; BGH II ZR 102/81, BGHZ 83, 150 f; *Habersack* in MünchKommAktG⁴ § 107 Rz 132; *Hopt/Roth* in GroßKommAktG⁴ § 107 Rz 428.

186 OGH 2 Ob 556/95, SZ 69/130; *Kalss* in Doralt/Nowotny/Kalss, AktG² § 92 Rz 168; BGH II ZR 123/81, BGHZ 83, 117 ff; *Habersack* in MünchKommAktG⁴ § 107 Rz 132; *Hopt/Roth* in GroßKommAktG⁴ § 107 Rz 428.

187 OGH 2 Ob 556/95, SZ 69/130; *Kalss* in Doralt/Nowotny/Kalss, AktG² § 92 Rz 168; BGH II ZR 102/81, BGHZ 83, 147 ff; *Habersack* in MünchKommAktG⁴ § 107 Rz 132; *Hopt/Roth* in GroßKommAktG⁴ § 107 Rz 255, 428.

188 OGH 2 Ob 556/95, SZ 69/130; *Kalss* in Doralt/Nowotny/Kalss, AktG² § 92 Rz 83; *Kalss* in Kalss/Nowotny/Schauer, Gesellschaftsrecht Rz 3/559; *Strasser* in Jabornegg/Strasser, AktG⁵ §§ 92 bis 94 Rz 19; *Rauter* in Straube, GmbHG § 30g Rz 115; *Hopt/Roth* in GroßKommAktG⁴ § 107 Rz 139 mwN; aA *Koppensteiner/Rüffler*, GmbHG³ § 30g Rz 3; *Habersack* in MünchKommAktG⁴ § 107 Rz 66 mwN.

189 Vgl *Spindler* in Spindler/Stilz, AktG³ § 107 Rz 113; aA *Mertens/Cahn* in KölnKomm AktG³ § 107 Rz 99 und Rz 170.

190 Vgl *Kalss* in Doralt/Nowotny/Kalss, AktG² § 92 Rz 168; *Mertens/Cahn* in KölnKomm AktG³ § 107 Rz 131; vgl aber *Strasser* in Jabornegg/Strasser, AktG⁵ §§ 92 bis 94 Rz 78; *Reich-Rohrwig*, GmbHG² Rz 4/282; *Rauter* in Straube, GmbHG § 30g Rz 237.

191 *Kalss* in Doralt/Nowotny/Kalss, AktG² § 92 Rz 168; *Habersack* in MünchKommAktG⁴ § 107 Rz 132.

192 Vgl Anhang I Z 1.6.3 EU-Empfehlung.

mit dem österreichischen Aktienrecht nicht ohne weiters in Einklang zu bringen, da Aufsichtsratsmitglieder grundsätzlich gegenüber Aktionären zur Verschwiegenheit verpflichtet sind.

IV. Ausschusssitzungen

A. Mindestzahl, -frequenz

Eine allgemeine gesetzliche Mindestsitzungsanzahl bzw -frequenz ist – anders als für das Plenum (vgl § 93 Abs 4 AktG)[193] – für Ausschüsse nicht vorgesehen.[194] Allein für den Prüfungsausschuss sieht das Gesetz mindestens zwei Sitzungen pro Geschäftsjahr vor (§ 92 Abs 4a AktG; vgl Rz 86). Diese Regelung kann man als generelle Untergrenze für sämtliche Ausschussarten ansehen. Mit bloß einer Sitzung pro Geschäftsjahr ließe sich eine effektive Ausschussarbeit nur schwer realisieren. Die Satzung bzw die vom Aufsichtsrat oder Ausschuss erlassene Geschäftsordnung können jedenfalls eine erhöhte Sitzungsanzahl vorsehen.[195] Dazu ist der Gesamtaufsichtsrat aufgrund der Selbstorganisationspflicht (vgl Rz 6) angehalten, sofern sich die auf einen Ausschuss übertragene Aufgaben nicht durch ein zweimaliges Zusammentreffen im Geschäftsjahr bewältigen lassen.[196] Unabhängig von der Mindestsitzungsanzahl kann im Einzelfall die Einberufung einer zusätzlichen (außerordentlichen) Ausschusssitzung erforderlich sein. Dazu ist insbesondere der Ausschussvorsitzende im Rahmen seines pflichtgemäßen Ermessens verpflichtet. Von Ausschusssitzung sind Gruppenvorbesprechungen im Aufsichtsrat zu unterscheiden. Diese sind weder vom Aufsichtsrat initiierte Einrichtungen, noch nehmen sie von ihm delegierte Aufgaben wahr. Die für Ausschüsse geltenden Regeln können somit nicht auf Gruppenvorbesprechungen übertragen werden.[197] **45**

B. Einberufung

Zur Zuständigkeit für die Einberufung von Ausschusssitzungen vgl Rz 42. Zu den Ausschusssitzungen sind nur die Ausschussmitglieder einzuladen und über die Tagesordnung zu informieren. Da ausschussfremde Aufsichtsratsmitglieder keine ordentlichen Ausschussmitglieder sind, müssen nicht förmlich zu den Sitzungen geladen werden.[198] Ihre durch das Teilnahmerecht gewährleiste Informationsmöglichkeit (vgl Rz 66) bedingt aber, dass sie von der Durchführung der Sitzungen, deren Ort, Zeitpunkt sowie von der Tagesordnung benachrichtigt werden.[199] Die Benachrichtigung hat unaufgefordert zu erfolgen.[200] Im Übrigen finden die Aus- **46**

---

193 Gegen die Übertragung der für das Plenum geltenden Mindestsitzungsanzahl bzw -frequenz auf Ausschüsse vgl *Rauter* in Straube, GmbHG § 30g Rz 234, § 30i Rz 13; ferner *Hopt/Roth* in GroßKommAktG[4] § 110 Rz 76.

194 *Kalss* in Doralt/Nowotny/Kalss, AktG[2] § 92 Rz 170.

195 *Kalss* in Doralt/Nowotny/Kalss, AktG[2] § 92 Rz 170.

196 *Kalss* in Doralt/Nowotny/Kalss, AktG[2] § 92 Rz 170.

197 Vgl dazu *Vetter* in FS Hüffer 1025.

198 *Spindler* in Spindler/Stilz, AktG[3] § 109 Rz 29; vgl ferner *Kalss* in MünchKommAktG[4] § 109 Rz 53.

199 Vgl *Spindler* in Spindler/Stilz, AktG[3] § 109 Rz 29.

200 Einschränkend vgl *Spindler* in Spindler/Stilz, AktG[3] § 109 Rz 29; für eine Benachrichtigung

führungen zur Einberufung von Aufsichtsratssitzungen sinngemäße Anwendung (vgl dazu *Chini/Reiner* Rz 27/35 ff).

C. Teilnahme

47 Jedes Mitglied eines Ausschusses ist kraft Amtsübernahme zur Teilnahme an den Ausschusssitzungen berechtigt und zugleich verpflichtet.[201] Das Teilnahmerecht umfasst die Befugnis in der Sitzung das Wort zu ergreifen, die Aufnahme von Meinungsäußerungen in das Sitzungsprotokoll verlangen sowie in die Unterlagen des Ausschusses Einsicht nehmen zu können. Ferner können Ausschussmitglieder die Aushändigung von Abschriften der Sitzungsniederschrift begehren. Ihnen steht das Antrags- und Stimmrecht zu.

48 Mit der Übernahme des Ausschussamtes hat das jeweilige Mitglied ein grundsätzlich **unentziehbares Teilnahmerecht**,[202] welches – unter sinngemäßer Anwendung der zum Gesamtaufsichtsrat entwickelten Grundsätze – aber ausnahmsweise, bei Vorliegen folgender Konstellationen ausgeschlossen werden kann: Eine Beschränkung des Teilnahmerechts eines Ausschussmitglieds kommt einerseits dann in Betracht, wenn es den **ordnungsgemäßen Ablauf der Sitzung stört**.[203] Ein Sitzungsausschluss ist jedoch nur als ***ultima ratio*** zulässig, wenn zuvor alle anderen Maßnahmen zur Wiederherstellung eines ordnungsgemäßen Sitzungsablaufes (zB Ordnungsruf, Wortentzug, Androhung der Saalverweisung) erfolglos vorgenommen wurden.[204] Bei einem solchen Ausschluss handelt es sich um eine Maßnahme der Sitzungsleitung, über die somit grundsätzlich der **Ausschussvorsitzende** entscheidet (vgl Rz 42).[205] Die Entscheidung kann allerdings durch den Ausschuss als Kollegialorgan abgeändert werden.[206] Ausschussmitglieder können andererseits von der Sitzungsteilnahme ausgeschlossen werden, wenn andernfalls durch ihre Teilnahme **wichtige Gesellschaftsbelange gefährdet werden** (etwa bei Gefahr des Geheimnisverrats).[207] Dafür muss jedoch eine individuell verdichtete, konkrete Gefährdung von Unternehmensinteressen vorliegen; eine rein abstrakte Gefahrenlage reicht für die Zulässigkeit des Ausschlusses jedenfalls nicht aus.[208] In diesem Sinne können Mitglieder eines Aufsichtsratsausschusses auch

---

nur auf Verlangen vgl *Habersack* in MünchKommAktG[4] § 109 Rz 22; *Hopt/Roth* in GroßKommAktG[4] § 109 Rz 59.

201 *Kalss* in Doralt/Nowotny/Kalss, AktG[2] § 93 Rz 10, 45; *dieselbe* in MünchKommAktG[4] § 109 Rz 53; *Rauter* in Straube, GmbHG § 30h Rz 43; *Habersack* in MünchKommAktG[4] § 107 Rz 160, § 109 Rz 7, 22; *Hopt/Roth* in GroßKommAktG[4] § 107 Rz 421, § 109 Rz 13 ff, 16 ff, 58.

202 *Semler* in MünchKommAktG[2] § 109 Rz 66.

203 *Kalss* in Doralt/Nowotny/Kalss, AktG[2] § 93 Rz 45; *Habersack* in MünchKommAktG[4] § 109 Rz 9; *Hopt/Roth* in GroßKommAktG[4] § 109 Rz 25 f.

204 *Habersack* in MünchKommAktG[4] § 109 Rz 9; *Hopt/Roth* in GroßKommAktG[4] § 109 Rz 25.

205 *Rauter* in Straube, GmbHG § 30h Rz 8; *Habersack* in MünchKommAktG[4] § 109 Rz 9. AA *Behr*, AG 1984, 284 (Zuständigkeit des Kollegialorgans).

206 *Habersack* in MünchKommAktG[4] § 109 Rz 9; *Hopt/Roth* in GroßKommAktG[4] § 109 Rz 26.

207 *Kalss* in Doralt/Nowotny/Kalss, AktG[2] § 93 Rz 45; *Rauter* in Straube, GmbHG § 30h Rz 8; *Habersack* in MünchKommAktG[4] § 109 Rz 10; *Hopt/Roth* in GroßKommAktG[4] § 109 Rz 18 ff.

208 *Behr* AG 1984, 283 f (der sich im Ergebnis aber wohl gegen die Ausschlussmöglichkeit

bei Vorliegen von (pflichten- bzw personenbezogenen) Interessenkollisionen von der Sitzungsteilnahme ausgeschlossen werden.[209] Ein solcher außerhalb einer bloßen Ordnungsmaßnahme liegender, bloß ausnahmsweise zulässiger Ausschluss greift grundlegend in das Teilnahmerecht eines jeden Ausschussmitglieds ein und kann daher nur aufgrund einer kollegialen Entscheidung erfolgen.[210] Insofern kann dem Aufsichtsrats- bzw Ausschussvorsitzenden keine Ausschlusskompetenz zugesprochen werden. Die Zuständigkeit des Ausschusses scheidet ebenso aus, zumal diesen selbst hinsichtlich ausschussfremder Aufsichtsratsmitglieder keine Ausschlusskompetenz zukommt (vgl sogleich unten). Ausschussmitglieder können somit wegen konkreter Gefährdung von Gesellschaftsinteressen nur aufgrund eines Beschlusses des **Gesamtaufsichtsrats** von der Sitzungsteilnahme ausgeschlossen werden.[211]

Aufsichtsratsmitglieder, die nicht dem Ausschuss angehören (**ausschussfremde Aufsichtsratsmitglieder**), haben grundsätzlich auch ein Recht – aber keine Pflicht – auf Teilnahme an den Ausschusssitzungen.[212] Aufgrund des Teilnahmerechts dürfen ausschussfremde Aufsichtsratsmitglieder in der Sitzung das Wort ergreifen,[213] die Aufnahme ihrer Meinungsäußerung in das Sitzungsprotokoll verlangen[214] sowie in die Unterlagen des Ausschusses (Tischvorlagen, Vorstandsberichte, Protokolle etc.) Einsicht nehmen, sofern diese Grundlage für die entsprechende Sitzung sind.[215] Ferner haben sie das Recht auf Aushändigung von Abschriften der Sitzungsniederschrift.[216] Anders als Ausschussangehörige haben ausschussfremde Aufsichtsratsmitglieder jedoch keine Befugnis zur Stimmabgabe bei der Beschlussfassung des Ausschusses.[217] Sie haben auch kein Antrags- **49**

ausspricht); für eine restriktive Handhabung des Ausschlussrechts vgl ferner *Habersack* in MünchKommAktG⁴ § 109 Rz 10; *Hopt/Roth* in GroßKommAktG⁴ § 109 Rz 20.

209 Vgl dazu ausführlich *Hopt/Roth* in GroßKommAktG⁴ § 109 Rz 17 ff; *Semler/Stengel*, NZG 2003, 3 f.

210 Dementsprechend können nach der hM Aufsichtsratsmitglieder von den Sitzungen des Plenums nur aufgrund eines Beschlusses des Gesamtaufsichtsrats ausgeschlossen werden; vgl *Kalss* in Doralt/Nowotny/Kalss, AktG² § 93 Rz 11; *Habersack* in MünchKommAktG⁴ § 109 Rz 10; jeweils mwN; aA insb *Hopt/Roth* in GroßKommAktG⁴ § 109 Rz 23; *Mertens/Cahn* in KölnKomm AktG³ § 109 Rz 12 und 15 – jeweils Zuständigkeit des Vorsitzenden mit Revisionsrecht des Plenums.

211 Vgl *Kalss* in Doralt/Nowotny/Kalss, AktG² § 93 Rz 45.

212 *Kalss* in Doralt/Nowotny/Kalss, AktG² § 93 Rz 46; *Strasser* in Jabornegg/Strasser, AktG⁵ §§ 92 bis 94 Rz 84; *Rauter* in Straube, GmbHG § 30h Rz 44; *Habersack* in MünchKommAktG⁴ § 107 Rz 160, § 109 Rz 22; *Hopt/Roth* in GroßKommAktG⁴ § 107 Rz 421.

213 *Rauter* in Straube, GmbHG § 30h Rz 46; aA *Strasser* in Jabornegg/Strasser, AktG⁵ §§ 92 bis 94 Rz 84 (kein Rederecht).

214 *Rauter* in Straube, GmbHG § 30h Rz 46 mwN; *Habersack* in MünchKommAktG⁴ § 109 Rz 22; *Hopt/Roth* in GroßKommAktG⁴ § 109 Rz 60; aA *Strasser* in Jabornegg/Strasser, AktG⁵ §§ 92 bis 94 Rz 84.

215 *Kalss* in Doralt/Nowotny/Kalss, AktG² § 93 Rz 46; *dieselbe* in MünchKommAktG⁴ § 109 Rz 53; *Habersack* in MünchKommAktG⁴ § 109 Rz 22, 23; *Hopt/Roth* in GroßKommAktG⁴ § 109 Rz 60; *Lutter/Krieger/Verse*, Rechte und Pflichten des Aufsichtsrates⁶ Rz 773.

216 *Kalss* in Doralt/Nowotny/Kalss, AktG² § 93 Rz 46; *Rauter* in Staube, GmbHG § 30g Rz 143; *Habersack* in MünchKommAktG⁴ § 107 Rz 87; *Hopt/Roth* in GroßKommAktG⁴ § 107 Rz 194.

217 *Strasser* in Jabornegg/Strasser, AktG⁵ §§ 92 bis 94 Rz 84; *Habersack* in MünchKommAktG⁴ § 109 Rz 22; *Hopt/Roth* in GroßKommAktG⁴ § 109 Rz 61.

recht.[218] Das Teilnahmerecht ausschussfremder Aufsichtsratsmitglieder kann gem § 93 Abs 2 AktG[219] durch die **Satzung** bzw den **Aufsichtsratsvorsitzenden** ausgeschlossen werden.[220] Angesichts der klaren gesetzlichen Zuständigkeitsverteilung in § 93 Abs 2 AktG kommen dem Aufsichtsrat als Kollegialorgan in Bezug auf das Teilnahmerecht ausschlussfremder Aufsichtsratsmitglieder keinerlei Kompetenzen zu (wie etwa einzelnen externen Aufsichtsratsmitgliedern das Teilnahmerecht einzuräumen bzw zu entziehen, die Entscheidungsbefugnis des Aufsichtsratsvorsitzenden einzuschränken oder dessen Entscheidung abzuändern).[221] Ebenso wenig haben der Ausschuss als Kollegium[222] bzw sein Vorsitzender[223] entsprechende Rechte. Die dem Satzungsgeber bzw dem Aufsichtsratsvorsitzenden durch § 93 Abs 2 AktG eingeräumten Entscheidungsbefugnis kann auch nicht auf andere Personen bzw Gremien delegiert werden.[224] Eine statutarische Beschränkung oder Entziehung der Rechte des Aufsichtsratsvorsitzenden ist ebenso wenig zulässig.[225] Demgegenüber kann die Satzung vorsehen, dass ausschussfremde Aufsichtsratsmitglieder nur mit Zustimmung des Aufsichtsratsvorsitzenden an einer Ausschusssitzung teilnehmen dürfen.[226] Der Teilnahmeausschluss lässt sich jedenfalls mit Vertraulichkeitserwägungen bzw mit dem Ziel der Gewährleistung effizienter Sitzungen im kleineren Rahmen rechtfertigen.[227] Ist es in einer bestimmten Ange-

---

218 *Kalss* in Doralt/Nowotny/Kalss, AktG² § 93 Rz 46; *Habersack* in MünchKommAktG⁴ § 109 Rz 22; *Hopt/Roth* in GroßKommAktG⁴ § 109 Rz 61.

219 Diese Regelung entspricht der Stammfassung des AktG 1937; vgl dazu *Kalss/Burger/Eckert*, Die Entwicklung des österreichischen Aktienrechts 674 ff. In Deutschland ist mit dem AktG 1965 die Ausschlussbefugnis des Satzungsgebers gestrichen worden, um den Grundsatz des Teilnahmerechts ausschussfremder Aufsichtsratsmitglieder stärker zu betonen; vgl dazu etwa *Hopt/Roth* in GroßKommAktG⁴ § 109 Rz 4 mwN.

220 *Kalss* in Doralt/Nowotny/Kalss, AktG² § 93 Rz 47; für einen konkludenten Teilnahmeausschluss ausschussfremder Aufsichtsratsmitglieder von Sitzungen des Personalausschusses vgl *Dellinger/Schellner* in Blocher/Gelter/Pucher, Festschrift Christian Nowotny 250, deren Lösung insbesondere vor dem Hintergrund des damit verbundenen Rechteverlusts der betroffenen Aufsichtsratsmitglieder abzulehnen ist.

221 *Rauter* in Straube, GmbHG § 30h Rz 45; *Habersack* in MünchKommAktG⁴ § 109 Rz 25; *Hopt/Roth* in GroßKommAktG⁴ § 109 Rz 61 f; *Spindler* in Spindler/Stilz, AktG³ § 109 Rz 30; *Lutter/Krieger/Verse*, Rechte und Pflichten des Aufsichtsrates⁶ Rz 774; vgl aber *Kalss* in Doralt/Nowotny/Kalss, AktG² § 93 Rz 47; *Geist* in Achatz/Jabornegg/Karollus, Aktuelle Probleme 128; ferner *Dellinger/Schellner* in Blocher/Gelter/Pucher, Festschrift Christian Nowotny 248, deren Auffassung im Widerspruch zum klaren Wortlaut des § 93 Abs 2 AktG steht, wofür jedoch keine methodisch belastbare Begründung vorgebracht wird.

222 *Habersack* in MünchKommAktG⁴ § 109 Rz 25; vgl ferner *Kalss* in Doralt/Nowotny/Kalss, AktG² § 93 Rz 47.

223 *Kalss* in Doralt/Nowotny/Kalss, AktG² § 93 Rz 47; *Rauter* in Straube, GmbHG § 30h Rz 45; *Habersack* in MünchKommAktG⁴ § 109 Rz 25; *Hopt/Roth* in GroßKommAktG⁴ § 109 Rz 61.

224 *Hopt/Roth* in GroßKommAktG⁴ § 109 Rz 61 mwN; ferner *Habersack* in MünchKommAktG⁴ § 109 Rz 25.

225 Vgl *Rauter* in Straube, GmbHG § 30h Rz 45 mwN (zur strittigen Lehre).

226 Vgl *Rauter* in Straube, GmbHG § 30h Rz 45; *Kalss* in Doralt/Nowotny/Kalss, AktG² § 93 Rz 47.

227 *Leyens*, Information 282; vgl ferner *Lutter/Krieger/Verse*, Rechte und Pflichten des Aufsichtsrates⁶ Rz 774; *Kalss* in Doralt/Nowotny/ Kalss, AktG² § 93 Rz 48; *Dellinger/Schellner* in Blocher/Gelter/Pucher, Festschrift Christian Nowotny 249.

legenheit aufgrund des Geheimhaltungserfordernisses unerlässlich, den Kreis der Informationsträger möglichst klein zu halten, so kann der Aufsichtsratsvorsitzende nicht nur berechtigt, sondern auch verpflichtet sein, den Ausschluss externer Aufsichtsratsmitglieder anzuordnen.[228] Dies gilt insbesondere für börsennotierte Gesellschaften. Die Sicherstellung der Einhaltung des Insiderverbots gebietet etwa den Organen einer Gesellschaft, die vertrauliche Tatsachen produziert, die Zahl der Informationsträger möglichst klein zu halten, weshalb bei Kursrelevanz der Verhandlungsgegenstände ein Ausschluss ausschussfremder Aufsichtsratsmitglieder geboten sein kann.[229] Erfolgt der Ausschluss eines externen Aufsichtsratsmitglieds nur zur Sicherung eines temporären Geheimhaltungsinteresses, so entfällt bei dessen Wegfall (etwa nach einer ad-hoc-Veröffentlichung von Insider-Informationen) die Grundlage für den Ausschluss, sodass das betroffene externe Aufsichtsratsmitglied künftig wieder an den Ausschusssitzungen teilnehmen und die nachstehend beschriebenen Rechte ausüben darf.[230]

Eine unsachliche Ungleichbehandlung beim Ausschluss ausschussfremder **49a** Aufsichtsratsmitglieder darf nicht vorgenommen werden.[231] Dementsprechend wäre es etwa unzulässig, nur externe Arbeitnehmervertreter von der Teilnahme an einer Ausschusssitzung auszuschließen, wenn nicht sachliche Rechtfertigungsgründe gegeben sind.[232] Da bei Arbeitnehmervertretern jedoch erfahrungsgemäß eine erhöhte Gefahr einer Informationsweitergabe und damit eines unkontrollierbaren Informationsflusses besteht, ist insbesondere bei sensiblen Angelegenheiten an die sachliche Rechtfertigung für den Ausschluss von ausschussfremden Arbeitnehmervertretern kein allzu hoher Maßstab anzulegen.[233]

Anders als das innerstaatliche Recht gewährt die EU-Empfehlung ausschuss- **50** fremden Aufsichtsratsmitgliedern kein Teilnahmerecht. Sie sollen an den Ausschusssitzungen vielmehr nur auf Einladung des Ausschusses teilnehmen dürfen.[234]

Sind ausschussfremde Aufsichtsratsmitglieder von der Teilnahme ausge- **51** schlossen worden, so haben sie grundsätzlich auch **kein Recht auf Einsicht in die Sitzungsunterlagen.**[235] Ferner sind sie nicht berechtigt die Aushändigung

---

228 Vgl *Kalss* in Doralt/Nowotny/ Kalss, AktG² § 93 Rz 49.

229 *Kalss* in Doralt/Nowotny/Kalss, AktG² § 93 Rz 51.

230 Vgl *Kalss* in Doralt/Nowotny/ Kalss, AktG² § 93 Rz 50; zur Dauer der Verschwiegenheitspflicht vgl ferner *Lutter/Krieger/Verse*, Rechte und Pflichten des Aufsichtsrates⁶ Rz 285.

231 Zum sachlich gerechtfertigten Ausschluss aller ausschussfremden Aufsichtsratsmitglieder von Personalausschüssen vgl *Dellinger/Schellner* in Blocher/Gelter/Pucher, Festschrift Christian Nowotny 249.

232 Vgl *Kalss* in Doralt/Nowotny/ Kalss, AktG² § 93 Rz 49 mwN; *Dellinger/Schellner* in Blocher/Gelter/Pucher, Festschrift Christian Nowotny 248; ferner *Spindler* in Spindler/Stilz, AktG³ § 109 Rz 32.

233 Einschränkend vgl *Spindler* in Spindler/Stilz, AktG³ § 109 Rz 32.

234 Vgl Anhang I Z 1.5 iVm Z 2.2 EU-Empfehlung.

235 *Habersack* in MünchKommAktG⁴ § 109 Rz 30 mwN; *Hopt/Roth* in GroßKommAktG⁴ § 109 Rz 68, 72; *Mertens/Cahn* in KölnKomm AktG³ § 109 Rz 36; *Lutter*, Information und Vertraulichkeit³ Rz 371; einschränkend vgl *Leyens*, Information 283; für ein vom Teilnahmerecht unabhängiges Einsichtsrecht vgl *Kalss* in Doralt/Nowotny/Kalss, AktG² § 93 Rz 53; *dieselbe* in MünchKommAktG⁴ § 109 Rz 56 und 58, wobei im Falle eines schutzwürdigen

der Sitzungsniederschrift zu verlangen, sofern die Erteilung von Abschriften dem Grund ihres Teilnahmeausschlusses zuwiderlaufen würde.[236] Schließlich sind nicht ausgeschlossene Ausschussmitglieder gegenüber ausgeschlossenen Aufsichtsratsmitgliedern zur Verschwiegenheit verpflichtet, sofern durch die Auskunftserteilung der Teilnahmeausschluss konterkariert werden würde.[237] Dies gilt insbesondere mit Blick auf die informellen Gespräche zwischen Mitgliedern des Ausschusses und ausgeschlossenen ausschussfremden Aufsichtsratsmitgliedern[238] oder die Berichterstattung des Ausschussvorsitzenden über die Ergebnisse der jeweiligen Ausschusssitzung. Dieser Rechteverlust tritt **automatisch** ein,[239] gilt aber nur insoweit, als es der Zweck des Teilnahmeausschlusses erfordert. Beim Bestehen eines Geheimhaltungsinteresses[240] kann der Vorsitzende eines Ausschusses (sowie jedes andere Ausschussmitglied) somit verpflichtet sein, keine Informationen (weder Details noch Grundzüge) über die Ergebnisse der Ausschusssitzung ausgeschlossene externen Aufsichtsratsmitgliedern preiszugeben.[241] Dient der Ausschluss demgegenüber alleine zur Steigerung der Effizienz der Ausschussarbeit, wird das ausgeschlossene Aufsichtsratsmitglied weiterhin berechtigt sein, Einsicht in die Sitzungsunterlagen nehmen oder etwa eine Abschrift der Sitzungsniederschrift verlangen zu können.[242] Davon unberührt bleiben aber allfällige sonstigen Informationsrechte (vgl Rz 63 ff). Die eben dargestellten Grundsätze gelten auch für **ausschussangehörige Aufsichtsratsmitglieder**, die wegen der Gefahr der Gefährdung wichtiger Gesellschaftsbelange ausnahmsweise von der Ausschusssitzung ausgeschlossen worden sind (vgl Rz 48), sofern zwischen dem Grund ihres Ausschlusses und jenen Informationen, die sie aus den Sitzungsunterlagen bzw durch die Auskunft anderer Ausschussmitglieder erhalten würden, ein inhaltlicher Zusammenhang besteht.

52 Entsprechend § 93 Abs 1 AktG sind **Vorstandsmitglieder** nicht generell von der Teilnahme an Ausschusssitzungen ausgeschlossen. Sie haben aber keinen Anspruch auf Teilnahme. Einzelne Vorstandsmitglieder haben an der Ausschusssitzung teilzunehmen, wenn der Ausschuss dies für nötig erachtet.[243] Dies steht im

---

Geheimhaltungsinteresses ein Ausschluss der Einsichtnahme in die Sitzungsunterlagen und Protokolle und der Aushändigung von Abschriften davon befürwortet wird; jeweils mwN.

236 *Habersack* in MünchKommAktG[4] § 107 Rz 87; vgl ferner *Simonishvili/Pendl*, GES 2014, 112; jeweils mwN.

237 Vgl *Geist* in Achatz/Jabornegg/Karollus, Aktuelle Problem 128 mwN.

238 Vgl dazu *Leyens*, Information 283; *Gittermann* in Semler/v Schenck, ARHdb[4] § 6 Rz 107.

239 Vgl *Dellinger/Schellner* in Blocher/Gelter/Pucher, Festschrift Christian Nowotny 250 mwN; ferner *Lutter/Krieger/Verse*, Rechte und Pflichten des Aufsichtsrates[6] Rz 774 und Rz 788; aA *Kalss* in Doralt/Nowotny/Kalss, AktG[2] § 93 Rz 53, die einen gesonderten Ausschluss für erforderlich hält.

240 Ein Geheimhaltungsinteresse kann etwa bei Managerdienstverträge auch noch nach dem Ablauf einer bestimmten Zeit nach Vertragsunterzeichnung und selbst nach Ausscheiden des jeweiligen Vorstandsmitglieds noch weiter vorliegen; vgl dazu *Kalss* in Doralt/Nowotny/Kalss, AktG[2] § 93 Rz 56; *dieselbe* in MünchKommAktG[4] § 109 Rz 59.

241 Vgl *Lutter/Krieger/Verse*, Rechte und Pflichten des Aufsichtsrates[6] Rz 788 mwN; ferner *Kalss* in Doralt/Nowotny/Kalss, AktG[2] § 93 Rz 52 und 57 (zum Informationsauschluss bei Personalausschüssen).

242 Vgl *Kalss* in Doralt/Nowotny/Kalss, AktG[2] § 93 Rz 53.

243 *Habersack* in MünchKommAktG[4] § 109 Rz 33; *Hopt/Roth* in GroßKommAktG[4] § 109 Rz 74.

Einklang mit der EU-Empfehlung, wonach Mitglieder des Vorstands nur auf Einladung des Ausschusses an dessen Sitzungen teilnehmen dürfen sollen.[244] Wie auf Plenarebene[245] haben Vorstandsmitglieder in den Ausschusssitzungen das Recht das Wort zu ergreifen und eine Aufnahme in die Sitzungsniederschrift zu verlangen. Ein Antrags- bzw Stimmrecht kommt ihnen nicht zu.

Dritte Personen, die weder dem Aufsichtsrat bzw dem Vorstand angehören, haben gem § 93 Abs 1 AktG **kein Teilnahmerecht**. Die Teilnahme von Sachverständigen oder Auskunftspersonen richtet sich nach denselben Regelungen wie für das Plenum.[246] In Zweifelsfragen, etwa wenn Anhaltspunkte für Unregelmäßigkeiten des Vorstandhandels bestehen, wird es demnach geboten sein, dass sich ein Ausschuss nicht auf sein eigenes Urteil verlässt, sondern auf Kosten der Gesellschaft sachverständigen Rat einholt.[247] Für die Beauftragung und Mandatierung ist der Ausschuss gemäß § 97 AktG vertretungsbefugt, sofern er dazu durch Beschluss des Plenums bevollmächtigt wurde. Andernfalls kommt dem Gesamtaufsichtsrat die Vertretungsbefugnis zu.[248] Die Möglichkeit eines Ausschusses sich durch unabhängige Sachverständige beraten zu lassen, wird auch von der Europäischen Kommission empfohlen.[249] Gemäß § 39c Abs 3 BWG kann sich der Vergütungsausschuss eines Kreditinstituts unter bestimmten Voraussetzungen die erforderliche Vergütungsexpertise durch einen externen Sachverständigen, der nicht dem Aufsichtsrat angehört, vermitteln lassen.[250] Den Sitzungen des Prüfungsausschusses bzw sonstiger Ausschüsse, die sich mit der Vorbereitung der Feststellung des Jahres- bzw Konzernabschlusses und dessen Prüfung beschäftigen, ist der **Abschlussprüfer** zuzuziehen (vgl §§ 92 Abs 4a, 93 Abs 1 AktG).[251] Im Anwendungsbereich des BWG verlangt § 63a *leg cit* zusätzlich die Teilnahme des **Bankprüfers** an sämtlichen Sitzungen des Prüfungsausschusses;[252] auch an jenen, in denen keine die Bankprüfung betreffenden Themen behandelt werden.[253] Gemäß § 39d Abs 3 BWG hat an den Sitzungen des Risikoausschusses ein Vertreter der Risikomanagementabteilung teilzunehmen und über Risikoarten und die Risikolage des jeweiligen Kreditinstitutes zu berichten. Dabei hat er auf riskante Entwicklungen hinzuweisen, die sich auf das Kreditinstitut auswirken oder auswirken könnten. Schließlich können weitere Teilnahmerechte Dritter im Rahmen der Wirtschaftsaufsicht bestehen (wie etwa nach den Regeln des BWG, HypBG, BMSVG, SpKG, 53

[244] Vgl Anhang I Z 1.5 iVm Z 2.2 EU-Empfehlung.

[245] Vgl dazu *Habersack* in MünchKommAktG[4] § 109 Rz 13; *Hopt/Roth* in GroßKommAktG[4] § 109 Rz 40.

[246] *Kalss* in Doralt/Nowotny/Kalss, AktG[2] § 93 Rz 58.

[247] Vgl *Kalss*, Aufsichtsrat aktuell 2010 H 4, 4.

[248] Vgl *Kalss*, Aufsichtsrat aktuell 2010 H 4, 5.

[249] Vgl Anhang I Z 1.4 EU-Empfehlung bzw Anhang I Z 1.5 EU-Empfehlung.

[250] Vergütungsexperte darf nicht sein, wer in den letzten drei Jahren Geschäftsleiter oder leitender Angestellter des betreffenden Kreditinstitutes war oder aus anderen Gründen nicht unabhängig und unbefangen ist (vgl § 39c Abs 3 BWG; *Kalss* in Doralt/Nowotny/Kalss, AktG[2] § 92 Rz 133 mwN).

[251] *Kalss* in Doralt/Nowotny/Kalss, AktG[2] § 93 Rz 58.

[252] *Kalss* in Doralt/Nowotny/Kalss, AktG[2] § 93 Rz 58.

[253] *Dellinger/Steinböck* in Dellinger, BWG § 63a Rz 92.

BörseG, EisenbahnG oder LuftfahrtG für Staats- oder Börsekommissare oder für Vertreter der jeweiligen Aufsichtsbehörden).[254]

D. Beschlussfähigkeit, -fassung

54 Die Beschlussfähigkeit eines mit Beschlusskompetenz ausgestatteten Ausschusses beurteilt sich nach § 92 Abs 5 AktG. Danach ist ein Ausschuss nur beschlussfähig, wenn an der Sitzung mindestens drei Mitglieder teilnehmen. Besteht ein Ausschuss jedoch aus zwei Mitgliedern, so müssen diese beiden anwesend sein, um die Beschlussfähigkeit herzustellen. Zur Mindestgröße eines Ausschusses vgl Rz 20 f. Dieses gesetzliche Mindestpräsenzquorum darf nicht unterschritten, jedoch in der Satzung erhöht werden (vgl § 92 Abs 5 Satz 2 AktG).[255] Ausgeschlossen sind vom Gesetz abweichende Geschäftsordnungsregelungen über die Beschlussfähigkeit. § 92 Abs 5 AktG lässt insoweit nur Satzungsbestimmungen zu.[256] Die Beschlussfähigkeit eines Ausschusses ist unabhängig von der des Gesamtaufsichtsrats.[257] Im Übrigen sind die allgemeinen Regeln über die Beschlussfähigkeit des Aufsichtsrats (vgl dazu *Zollner* Rz 22/75 ff) sinngemäß auf Ausschüsse anzuwenden.

55 Für die **Beschlussfassung** in einem Ausschuss reicht – wie für das Plenum[258] – grundsätzlich die **einfache Mehrheit** der abgegebenen Stimmen aus (Konsensquorum).[259] Aufgrund seiner Organisationsautonomie (vgl Rz 5) kann jedenfalls der Gesamtaufsichtsrat (nicht jedoch der Ausschuss selbst) für die Beschlussfassung im Ausschuss strengere Regeln vorsehen und etwa eine qualifizierte Mehrheit oder Einstimmigkeit verlangen.[260] Ob eine derartige Regelungskompetenz auch dem Satzungsgeber zukommt, ist in Hinblick auf den damit verbundenen Eingriff in die Organisationsautonomie des Plenums fraglich.[261] Der höchstpersönlichen Amtsausübungspflicht entsprechend haben Ausschussmitglieder an der Beschlussfassung grundsätzlich **höchstpersönlich** mitzuwirken. Unter sinngemäßer Anwendung des § 95 Abs 7 AktG kann jedoch ein Ausschussmitglied mit der **Vertretung** eines anderen Mitglieds in einer einzelnen Sitzung betraut werden, sofern eine entsprechende Satzungsermächtigung besteht. Ebenso kommen unter entsprechender Anwendung des § 93 Abs 3 AktG ausschussfremde Per-

---

254 Vgl dazu *Kalss* in Doralt/Nowotny/Kalss, AktG² § 93 Rz 40ff.

255 *Rauter* in Straube, GmbHG § 30g Rz 106.

256 *Kalss* in Doralt/Nowotny/Kalss, AktG² § 92 Rz 127; *Strasser* in Jabornegg/Strasser, AktG⁵ §§ 92 bis 94 Rz 57; *Rauter* in Straube, GmbHG § 30g Rz 106; *Habersack* in MünchKommAktG⁴ § 107 Rz 98.

257 *Habersack* in MünchKommAktG⁴ § 107 Rz 162; *Hopt/Roth* in GroßKommAktG⁴ § 107 Rz 415; jeweils mwN.

258 Vgl dazu etwa *Kalss* in Doralt/Nowotny/Kalss, AktG² § 92 Rz 85.

259 *Habersack* in MünchKommAktG⁴ § 107 Rz 163; *Hopt/Roth* in GroßKommAktG⁴ § 107 Rz 424.

260 *Habersack* in MünchKommAktG⁴ § 107 Rz 163; *Hopt/Roth* in GroßKommAktG⁴ § 107 Rz 426.

261 Die Regelungskompetenz des Satzungsgebers aus diesem Grund ablehnend vgl *Rellermeyer*, Aufsichtsratsausschüsse 169 f; *Lutter/Krieger/Verse*, Rechte und Pflichten des Aufsichtsrates⁵ Rz 776; für die Zulässigkeit (hM) vgl etwa *Habersack* in MünchKommAktG⁴ § 107 Rz 163; *Hopt/Roth* in GroßKommAktG⁴ § 107 Rz 426; jeweils mwN.

sonen als **Stimmboten** in Betracht.[262] Ein einzelnes Ausschussmitglied kann § 92 Abs 5 Satz 4 AktG entsprechend seine Stimme auch schriftlich, fernmündlich oder in anderer vergleichbarer Form abgeben.[263] Wie der Aufsichtsrat kann auch ein Ausschuss seine Beschlüsse nach Maßgabe des § 92 Abs 3 AktG und damit insbesondere **schriftlich im Umlaufwege** fassen, solange kein Ausschussmitglied sich dagegen ausspricht.[264] Aufgrund der Wichtigkeit der Sache und des daraus resultierenden Beratungsbedarfs oder zur Sicherstellung der Vertraulichkeit kann ebenso eine körperliche Anwesenheit der Ausschussmitglieder erforderlich sein.[265] Im Übrigen gelten für die Beschlussfassung im Ausschuss die allgemeinen Regeln für den Aufsichtsrat entsprechend. Vgl dazu *Zollner* Rz 22/75 ff. Zu stellvertretenden Ausschussmitgliedern bzw Ersatzmitgliedern vgl Rz 38.

V. Aufgaben

A. Arten der Aufgabenwahrnehmung

Nach dem Wortlaut des § 92 Abs 4 AktG können Ausschüsse einerseits zur Verhandlungs- und Beschlussvorbereitung oder andererseits zur Überwachung der Beschlussausführung eingerichtet werden. Obwohl das Gesetz die Möglichkeit der Übertragung von Entscheidungsbefugnissen nicht ausdrücklich anführt, ist im Einklang mit der hM[266] davon auszugehen, dass Ausschüssen Beschlussgegenstände zur Entscheidung anstelle des Plenums übertragen werden können. Der Gesetzgeber normiert im durch das URÄG 2008 neu implementierten § 24c Abs 5 GenG nämlich ausdrücklich, dass ein Aufsichtsratsausschuss selbst Beschlüsse fassen kann. Ausweislich der Materialen soll durch diese Bestimmung die auch im Aktienrecht anerkannte Möglichkeit zur Einrichtung entscheidungsbefugter Ausschüsse klargestellt werden.[267] Vorbehaltlich eines Änderungs- bzw Aufhebungsbeschlusses des Gesamtaufsichtsrats (vgl Rz 58) gelten die von einem mit Entscheidungskompetenz ausgestatteten Ausschuss gefassten Beschlüsse als solche des Gesamtaufsichtsrats.[268] Die Übertagung von Entscheidungskompetenzen auf Ausschüsse ist aber nur eingeschränkt möglich. Bestimmte Angelegenheiten müssen durch das Plenum entschieden werden (Delegationsverbote; vgl Rz 60). Über die Zuständigkeitsverteilung entscheidet stets der Gesamtaufsichtsrat.[269] Diese ist im Rahmen der Geschäftsordnung des Aufsichtsrats oder beschlussmäßig genau **56**

[262] *Kalss* in Kalss/Nowotny/Schauer, Gesellschaftsrecht Rz 3/538.

[263] Vgl *Habersack* in MünchKommAktG[4] § 107 Rz 163.

[264] Vgl *Habersack* in MünchKommAktG[4] § 107 Rz 163; *Hopt/Roth* in GroßKommAktG[4] § 107 Rz 424.

[265] *Kalss* in Doralt/Nowotny/Kalss, AktG[2] § 92 Rz 170.

[266] OGH 2 Ob 500/52, 2 Ob 501/52, SZ 25/187; *Kalss* in Doralt/Nowotny/Kalss, AktG[2] § 92 Rz 171; *Strasser* in Jabornegg/Strasser, AktG[5] §§ 92 bis 94 Rz 75; *Koppensteiner/Rüffler*, GmbHG[3] § 30g Rz 22; *Rauter* in Straube, GmbHG § 30g Rz 189; *Wünsch*, GmbHG § 30g Rz 69 f.

[267] ErlRV 467 BlgNR 23. GP 42 (URÄG 2008).

[268] *Habersack* in MünchKommAktG[4] § 107 Rz 93, 94, 158, 163; *Hopt/Roth* in GroßKommAktG[4] § 107 Rz 363.

[269] *Kalss* in Doralt/Nowotny/Kalss, AktG[2] § 92 Rz 172; *Rauter* in Straube, GmbHG § 30g Rz 191; jeweils mwN.

umrissen und gegenständlich fixiert festzulegen.[270] Gemäß C-Regel 34 ÖCGK hat die Zuständigkeitsverteilung stets in der Geschäftsordnung des Aufsichtsrats zu erfolgen. Die Entscheidung eines beschlusskompetenten Ausschusses hat dieser nach seinem eigenen Ermessen zu treffen, wobei bei der Beschlussfassung der Willen des Gesamtorgans zu berücksichtigen ist.[271] Zeichnen sich Widersprüche ab, so muss dem Plenum Gelegenheit zur Stellungnahme eingeräumt werden.[272] Eine Entscheidung eines Ausschusses gegen den ausdrücklichen Willen des Gesamtaufsichtsrats ist unzulässig.[273]

57 Mit der **Verhandlungs- und Beschlussvorbereitung** bzw mit der **Überwachung der Beschlussausführung** können Ausschüsse hinsichtlich **sämtlicher** in die Zuständigkeit des Aufsichtsrats fallender Agenden betraut werden. Dies gilt auch für jene Angelegenheiten, deren Delegation an Ausschüsse unzulässig ist.[274] Delegationsverbote verbieten nämlich nur, dass Ausschüsse die Kompetenz zur Beschlussfassung **an Stelle des Plenums** übertagen erhalten.[275] Im Rahmen der Vorbereitung einer vom Plenum zu fassenden Beschlussfassung ist ein Ausschuss aber nicht auf das reine Sammeln von Informationen beschränkt.[276] Er kann vielmehr selbst **Vorentscheidungen** treffen und dem Gesamtaufsichtsrat konkrete **Beschlussvorschläge** unterbreiten.[277] Nur so kann der mit der Einrichtung vorbereitender Ausschüsse verfolgte Gedanke der Effizienzsteigerung verwirklicht werden. Darüber hinaus kann das Plenum die vorbereitenden Tätigkeit ohnehin jederzeit wieder an sich ziehen kann und die von Ausschuss getroffenen Vorentscheidungen rückgängig machen (vgl sogleich unten). Zwar können sich die einzelnen Mitglieder des Plenums, die dem vorbereitenden Ausschuss nicht angehören, bei der endgültigen Beschlussfassung in Ermangelung konkreter Verdachtsmomente auf die Tätigkeit des Ausschusses verlassen.[278] Dennoch ist jedes Aufsichtsratsmitglied zur eigenständigen Meinungsbildung verpflichtet[279] und muss damit die vom Ausschuss vorbereiteten Entscheidungsgrundlagen zumindest einer Plausibilitätskontrolle unterziehen.[280] Die Beschlussfassung durch den Gesamtaufsichtsrat darf kein reines Absegnen von Beschlussvorschlägen eines Ausschusses sein.[281]

---

270 Vgl *Hopt/Roth* in GroßKommAktG⁴ § 107 Rz 357 mwN; Vgl ferner Z 6.2 EU-Empfehlung.

271 *Rauter* in Straube, GmbHG § 30g Rz 241; *Hopt/Roth* in GroßKommAktG⁴ § 107 Rz 367, 375.

272 *Rauter* in Straube, GmbHG § 30g Rz 241; *Hopt/Roth* in GroßKommAktG⁴ § 107 Rz 375 mwN.

273 *Semler*, AG 1988, 62; einschränkend *Hopt/Roth* in GroßKommAktG⁴ § 107 Rz 375 mwN.

274 Vgl *Kalss* in Doralt/Nowotny/Kalss, AktG² § 92 Rz 177.

275 *Habersack* in MünchKommAktG⁴ § 107 Rz 154; *Hopt/Roth* in GroßKommAktG⁴ § 107 Rz 404.

276 So aber *Prühs*, DB 1970, 1528; *Dose*, ZGR 1973, 311 f.

277 *Habersack* in MünchKommAktG⁴ § 107 Rz 154 f; *Hopt/Roth* in GroßKommAktG⁴ § 107 Rz 404; jeweils mwN.

278 *Habersack* in MünchKommAktG⁴ § 107 Rz 169; *Semler*, AG 1988, 62.

279 *Rauter* in Straube, GmbHG § 33 Rz 23; *Spindler* in Spindler/Stilz, AktG³ § 107 Rz 91; *Gittermann* in Semler/v Schenck, ARHdb⁴ § 6 Rz 79; *Rellermeyer*, Aufsichtsratsausschüsse 45 f; *Mertens*, ZGR 1983, 199; *Semler*, AG 1988, 62.

280 *Habersack* in MünchKommAktG⁴ § 107 Rz 169.

281 *Spindler* in Spindler/Stilz, AktG³ § 107 Rz 91; *Gittermann* in Semler/v Schenck, ARHdb⁴ § 6 Rz 79.

Aus der Organisationsautonomie der Gesamtaufsichtsrat entspringt auch dessen **Recht zum jederzeitigen Eingriff** in die Befugnisse eines Ausschusses. Danach kann das Plenum jederzeit mittels Beschluss die einem Ausschuss überantworteten Entscheidungsbefugnisse wieder an sich ziehen,[282] eine vom Ausschuss getroffene Entscheidung durch einen eigenen Beschluss abändern oder aufheben oder einer solchen Ausschussentscheidung durch einen eigenen Beschluss zuvorkommen.[283] Der Gesamtaufsichtsrat bleibt bildlich gesprochen der Herr des Verfahrens. Die Übertagung von Aufgaben durch den Gesamtaufsichtsrat an einen Ausschuss begründet somit **keine endgültige** bzw **ausschließliche Zuständigkeitsverteilung**.[284] Ein solches Eingriffsrecht besteht jedoch **nicht** hinsichtlich jener Aufgaben, die Ausschüssen **zwingend kraft Gesetzes** zukommen. **58**

Nach den Vorstellungen der EU-Kommission sollen die (Nominierungs-, Vergütungs- bzw Prüfungs-)Ausschüsse grundsätzlich nicht mit eigener Entscheidungskompetenz ausgestattet werden, sondern in der Regel nur **Empfehlungen** abgeben dürfen, die der Vorbereitung der vom Aufsichtsrat selbst zu fassenden Beschlüsse dienen.[285] Damit soll vermieden werden, dass bestimmte Sachbereiche dem Blickfeld des Aufsichtsrats entzogen werden (vgl Rz 4).[286] Dennoch lässt die EU-Empfehlung zu, dass der Aufsichtsrat Ausschüsse mit Beschlusskompetenz ausstattet, sofern er dies für erforderlich hält.[287] Die Übertagung von Entscheidungsbefugnissen soll ausdrücklich erklärt, genau beschrieben und in vollständig transparenter Weise offengelegt werden.[288] **59**

B. Nicht delegierbare Aufgaben (Delegationsverbote)

Eine dem deutschen Recht entsprechende Aufzählung nicht delegierbarer Aufgaben (vgl § 107 Abs 3 dAktG) enthält das österreichische Aktienrecht nicht. Dennoch kann der Katalog nach deutschem Recht als Leitlinie für das österreichische Recht herangezogen werden.[289] Vor diesem Hintergrund können insbesondere folgende Aufgaben nicht an Ausschüsse delegiert werden: **60**

- Die **Überwachung der Geschäftsführung** kann als solche **nicht zur Gänze** an einen Ausschuss übertragen werden.[290] Einzelne konkret und genau definierte Überwachungsaufgaben, die aus der allgemeinen Überwachungsaufgabe abgeleitet sind und sich gegenüber dieser hinreichend klar abgrenzen las-

---

[282] *Kalss* in Doralt/Nowotny/Kalss, AktG² § 92 Rz 179; *Rauter* in Straube, GmbHG § 30g Rz 241; *Habersack* in MünchKommAktG⁴ § 107 Rz 94; *Hopt/Roth* in GroßKommAktG⁴ § 107 Rz 245, 352; jeweils mwN.

[283] *Habersack* in MünchKommAktG⁴ § 107 Rz 94; *Hopt/Roth* in GroßKommAktG⁴ § 107 Rz 245; jeweils mwN; vgl ferner *Rauter* in Straube, AktG § 30g Rz 241 mwN.

[284] *Habersack* in MünchKommAktG⁴ § 107 Rz 94; *Hopt/Roth* in GroßKommAktG⁴ § 107 Rz 245, 352.

[285] Vgl Erwägungsgrund 10 EU-Empfehlung; ferner Z 6.1 EU-Empfehlung.

[286] Vgl Z 6.1 EU-Empfehlung; vgl *Spindler*, ZIP 2005, 2035.

[287] Vgl Erwägungsgrund 10 EU-Empfehlung.

[288] Vgl Z 6.2 EU-Empfehlung.

[289] *Kalss* in Doralt/Nowotny/Kalss, AktG² § 92 Rz 172; *Koppensteiner/Rüffler*, GmbHG³ § 30g Rz 22.

[290] *Kalss* in Doralt/Nowotny/Kalss, AktG² § 92 Rz 172; *Rauter* in Straube, GmbHG § 30g Rz 192; ferner *Habersack* in MünchKommAktG⁴ § 107 Rz 143; jeweils mwN.

sen, können jedoch von einem Ausschuss wahrgenommen werden.[291] So kann etwa die Überwachung der Einhaltung der Compliance-Pflichten durch den Vorstand auf einen eigenen Ausschuss übertragen werden (vgl Rz 69). Gleiches gilt für die Überwachungspflicht des Aufsichtsrats im **Abwicklungsstadium** der Gesellschaft.[292]

- Die Festlegung der **inneren Ordnung** des Aufsichtsrats kann nur vom Plenum selbst festgelegt werden.[293] Dementsprechend kann die **Vorschlagsbefugnis zu Aufsichtsratswahlen** (§ 108 Abs 1 AktG) nicht an Ausschüsse delegiert werden.[294] Ferner kann die Erlassung einer **Geschäftsordnung** für den gesamten Aufsichtsrat nur durch das Plenum erfolgen.[295] Ausschüsse können sich jedoch im Rahmen von Gesetz, Satzung und Geschäftsordnung des Gesamtaufsichtsrats eine **eigene Geschäftsordnung** geben (vgl Rz 11). Der **Aufsichtsratsvorsitzende** und seine **Stellvertreter** müssen ebenso vom Gesamtaufsichtsrat **gewählt** bzw **bestellt** werden.[296] In die ausschließliche Kompetenz des Plenums fallen weiters: die **Bildung** und **Auflösung eines Ausschusses** (vgl Rz 5, 68), die **Aufgabendelegation** an einen Ausschuss (vgl Rz 56), die Festlegung seiner **Mitgliederanzahl** (vgl Rz 22), die **Bestellung** und **Abberufung** von **Ausschussmitgliedern** (vgl Rz 29, 36), die **Bestellung** von **stellvertretenden Ausschussmitgliedern** bzw **Ersatzmitgliedern** (vgl Rz 38), ein außerhalb einer bloßen Ordnungsmaßnahme liegender **Teilnahmeausschluss** von **Ausschussmitgliedern** (vgl Rz 48), die **Erhöhung** des für die Beschlussfassung im Ausschuss erforderlichen **Konsensquorums** (vgl Rz 55).
- Die Durchführung der **Gründungsprüfung** gem § 25 AktG[297] sowie die **Anmeldung der Gesellschaft** gem § 28 AktG[298] ist von **sämtlichen Mitgliedern des Aufsichtsrats** vorzunehmen. Gleiches gilt wohl auch für die **Nachgründungsprüfung** iSd § 45 Abs 2 AktG.[299]
- Die Zustimmung zur Gewährung einer **vorzeitigen Dividende** gem § 54a AktG bedarf eines Beschlusses des **Gesamtaufsichtsrats**, zumal auch die Mitwirkung an der Feststellung des Jahresabschlusses nicht an Ausschüsse delegierbar ist (vgl dazu unten).[300]

---

291 *Rauter* in Straube, GmbHG § 30g Rz 192 mwN; ferner *Habersack* in MünchKommAktG⁴ § 107 Rz 143.

292 *Pucher*, GeS 2009/4, 132; *Rauter* in Straube, GmbHG § 30g Rz 192.

293 *Pucher*, GeS 2009/4, 131; vgl dazu ferner *Habersack* in MünchKommAktG⁴ § 107 Rz 144; *Hopt/Roth* in GroßKommAktG⁴ § 107 Rz 396.

294 *Pucher*, GeS 2009/4, 133; idS vgl auch *Habersack* in MünchKommAktG⁴ § 107 Rz 144; vgl aber *Hüffer*, AktG⁹ § 124 Rz 13 mwN.

295 *Kalss* in Doralt/Nowotny/Kalss, AktG² § 92 Rz 172; *Rauter* in Straube, GmbHG § 30g Rz 194; jeweils mwN; vgl ferner *Habersack* in MünchKommAktG⁴ § 107 Rz 144.

296 *Kalss* in Doralt/Nowotny/Kalss, AktG² § 92 Rz 172; *Rauter* in Straube, GmbHG § 30g Rz 197; jeweils mwN; vgl ferner *Habersack* in MünchKommAktG⁴ § 107 Rz 145.

297 *Heidinger/Schneider* in Jabornegg/Strasser, AktG⁵ § 25 Rz 1; *Ettel* in Doralt/Nowotny/Kalss, AktG² § 25 Rz 6; *Pucher*, GeS 2009/4, 130.

298 *Heidinger/Schneider* in Jabornegg/Strasser, AktG⁵ § 28 Rz 3; *Zollner* in Doralt/Nowotny/Kalss, AktG² § 28 Rz 9.

299 *Pucher*, GeS 2009/4, 130.

300 *Artmann* in Jabornegg/Strasser, AktG⁵ § 54a Rz 4; *Kalss* in Doralt/Nowotny/Kalss, AktG²

- Da die Festlegung der zustimmungspflichtigen Geschäfte iSd § 95 Abs 5 AktG nur durch den Gesamtaufsichtsrat erfolgen kann (vgl dazu unten), muss auch die Kompetenz zur **inhaltlichen** (§ 74 Abs 2 AktG) bzw **personellen Beschränkung der Vertretungsbefugnis des Vorstands** (§ 71 AktG) dem **Gesamtaufsichtsrat** vorbehalten bleiben.[301] Gleiches gilt für die Beschränkung der **Vertretungsbefugnis des Abwicklers** gem § 210 Abs 2 AktG.
- Nach der überwiegenden Meinung kann die gesellschaftsrechtliche **Bestellung** bzw **Abberufung** von **Vorstandsmitgliedern nicht** an Ausschüsse **delegiert werden**, da es sich hierbei um Kernaufgaben des Plenums handelt.[302] Ob dieser Auffassung gefolgt werden kann, ist fraglich, zumal jedenfalls das AktG davon ausgeht, dass der Gesamtaufsichtsrat die Entscheidung über eine Vorstandsbestellung bzw -abberufung einem Ausschuss übertragen kann (vgl § 92 Abs 4 letzter Satz AktG; vgl dazu auch *Schima* Rz 17/28 ff).[303] Die Aushandlung bzw der Abschluss des Anstellungsvertrags kann jedenfalls auf einen Ausschuss delegiert werden (vgl Rz 62).
- Anders als das deutsche Recht (vgl § 77 Abs 2 dAktG) enthält das österreichische Recht keine ausdrückliche Befugnis des Aufsichtsrats zum Erlass einer **Geschäftsordnung für den Vorstand**. Diese Kompetenz des Aufsichtsrats ist jedoch in Lehre und Rsp anerkannt.[304] Sie entspringt seiner Zuständigkeit zur Bestellung der Vorstandsmitglieder.[305] Erachtet man die Bestellungsbefugnis als zwingend dem Gesamtaufsichtsrat vorbehalten (vgl oben), so muss man – dem deutschen Recht entsprechend (vgl § 107 Abs 3 Satz 2 dAktG)[306] – auch die Kompetenz zum Erlass einer Geschäftsordnung für den Vorstand als **plenumsfest** qualifizieren.[307]
- Die Erstellung von **Wahlvorschlägen** zum **Abschlussprüfer** bzw **Konzernabschlussprüfer** hat durch den **Gesamtaufsichtsrat** zu erfolgen.[308] Dementsprechend kann das **Vorschlagsrecht** gem § 108 Abs 1 AktG nur durch den **Gesamtaufsichtsrat** ausgeübt werden. Die Vorbereitung eines Wahlvorschlags kann jedoch an Ausschüsse delegiert werden. Diese Vorbereitungstätigkeit zählt zu den Aufgaben eines Prüfungsausschusses (vgl § 92 Abs 4a Z 7

---

§ 92 Rz 172; vgl ferner *Habersack* in MünchKommAktG[4] § 107 Rz 146; *Saurer* in Doralt/Nowotny/Kalss, AktG[2] § 54a Rz 6.

301 AA *Pucher*, GeS 2009/4, 130.

302 Zum Meinungsstand vgl die Nachweise bei *Kalss* in Kalss/Nowotny/Schauer, Gesellschaftsrecht Rz 3/257 Fn 34, Rz 3/543 Fn 323. Vgl dazu ferner *Habersack* in MünchKommAktG[4] § 107 Rz 148. Gleichfalls soll auch die vorübergehende Bestellung eines Aufsichtsratsmitglieds als Ersatzmitglied eines verhinderten Vorstandsmitglieds gemäß § 90 Abs 2 AktG eine plenumsfeste Aufgabe sein; vgl *Kalss* in MünchKommAktG[4] § 105 Rz 46.

303 Vgl *Strasser* in Jabornegg/Strasser, AktG[5] §§ 75, 76 Rz 15, der sich im Ergebnis aber gegen die Delegationszulässigkeit ausspricht.

304 Vgl etwa OGH 3 Ob 536/77, GesRZ 1978, 36; *Kalss* in MünchKommAktG[4] § 77 Rz 81f.

305 *Kastner/Doralt*, GesRZ 1975, 41 mwN.

306 Vgl dazu *Spindler* in MünchKommAktG[4] § 77 Rz 44.

307 IdS *Pucher*, GeS 2009/4, 131; *derselbe*, RdW 2010/486, 466; *Kalss* in Doralt/Nowotny/Kalss, AktG[2] § 92 Rz 172; vgl ferner *Habersack* in MünchKommAktG[4] § 107 Rz 147; vgl aber *Geppert/Moritz*, Gesellschaftsrecht für Aufsichtsräte 206; *Heidinger*, Aufgaben 62.

308 *Rauter* in Straube, GmbHG § 30g Rz 193, 221.

AktG), wobei der Gesamtaufsichtsrat den Empfehlungen des Prüfungsausschusses nicht folgen muss.[309]

- Die **Einberufung der Hauptversammlung** gem § 95 Abs 4 AktG, § 103 Abs 2 AktG bzw § 105 Abs 1 Satz 2 AktG muss grundsätzlich durch einen Beschluss des **Gesamtaufsichtsrats** gedeckt sein.[310] Der Aufsichtsrat selbst kann die ihm als Gesamtorgan zustehende Einberufungskompetenz nicht an einen Ausschuss oder an seinen Vorsitzenden delegieren.[311] Die Satzung kann jedoch einem Ausschuss die Befugnis zur Einberufung geben.[312] Die technische Durchführung der Einberufung kann jedenfalls von einem Ausschuss wahrgenommen werden.[313]
- Zuständig für die **Festlegung genehmigungspflichtiger Geschäfte** gem § 95 Abs 5 AktG ist der Aufsichtsrat als **Gesamtorgan**.[314] Die **Erteilung der Zustimmung** kann jedoch durch einen **Ausschuss** erfolgen.[315] Da Ausschüsse mit Zustimmungskompetenzen ausgestattet sein können, ist es ebenso zulässig, dass sie vom Gesamtaufsichtsrat zur **Vorlagerecht** von Geschäftsführungsaufgaben an die Hauptversammlung gem § 103 Abs 2 AktG ermächtigt werden.[316]
- Die in **§ 96 AktG** aufgezählten Pflichten (Prüfung von Jahres- bzw Konzernabschluss, Gewinnverteilungsvorschlag, Lage- bzw Konzernlagebericht, Corporate Governance Bericht sowie Berichterstattung darüber an die Hauptversammlung) müssen durch den **Gesamtaufsichtsrat** erfüllt werden. Der Prüfungsausschuss soll durch seine Aufgabenwahrnehmung (vgl § 92 Abs 4a Z 5 AktG) die Tätigkeit des Plenums bloß vorbereiten.[317]
- Die Mitwirkung an der **Feststellung des Jahresabschlusses** iSd § 96 Abs 4 AktG ist **plenumsfest**.[318]

---

309 Vgl *Zehetner/Lehner*, Aufsichtsrat aktuell 2014 H 4, 18.

310 *Kalss* in Doralt/Nowotny/Kalss, AktG² § 92 Rz 172, § 95 Rz 73; *Bachner* in Doralt/Nowotny/Kalss, AktG² § 105 Rz 20; *Bydlinski/Potyka* in Jabornegg/Strasser, AktG⁵ § 105 Rz 8; *Strasser* in Jabornegg/Strasser, AktG⁵ §§ 95 bis 97 Rz 31; *Rauter* in Straube, GmbH § 30g Rz 196. Vgl dazu ferner *Habersack* in MünchKommAktG⁴ § 107 Rz 151.

311 *Bachner* in Doralt/Nowotny/Kalss, AktG² § 105 Rz 23 mwN.

312 *Bachner* in Doralt/Nowotny/Kalss, AktG² § 105 Rz 23, 27; *Kalss* in Doralt/Nowotny/Kalss, AktG² § 95 Rz 79.

313 *Kalss* in Doralt/Nowotny/Kalss, AktG² § 95 Rz 77.

314 *Kalss* in Doralt/Nowotny/Kalss, AktG² § 92 Rz 172, § 95 Rz 84; *Straube/Rauter/Ratka*, Aufsichtsratsgeschäftsordnung² 28; *Schima*, RdW 1995, 104; vgl *Geppert/Moritz*, Gesellschaftsrecht für Aufsichtsräte 206; *Heidinger*, Aufgaben 62; vgl ferner *Habersack* in MünchKommAktG⁴ § 107 Rz 153.

315 *Kalss* in Doralt/Nowotny/Kalss, AktG² § 95 Rz 100; *Strasser* in Jabornegg/Strasser, AktG⁵ §§ 92 bis 94 Rz 75; vgl ferner *Habersack* in MünchKommAktG⁴ § 107 Rz 153.Vgl aber *Rauter* in Straube, GmbHG § 30g Rz 200, der die Zustimmung zur Festlegung allgemeiner Grundsätze der Geschäftspolitik aufgrund der Bedeutung dieser Angelegenheit als nicht delegierbar qualifiziert.

316 *Pucher*, GeS 2009/4, 132.

317 *Kalss* in Doralt/Nowotny/Kalss, AktG² § 92 Rz 172f; *Milla/Vcelouch-Kimeswenger/Weber*, Unternehmensrechts-Änderungsgesetz 167; *Rauter* in Straube, GmbHG § 30g Rz 193 mwN; *Straube* in FS Ress 1588; *Pucher*, GeS 2009/4, 131 f; vgl dazu ferner *Habersack* in MünchKommAktG⁴ § 107 Rz 152.

318 *Kalss* in Doralt/Nowotny/Kalss, AktG² § 92 Rz 172; *Pucher*, GeS 2009/4, 131 f.

- Die dem Aufsichtsrat in **§ 97 AktG** eingeräumte **Vertretungsbefugnis** hat grundsätzlich durch den **Gesamtaufsichtsrat** zu erfolgen.[319] Der Aufsichtsrat kann aber für verschiedene Angelegenheiten durch Beschluss einen Ausschuss bevollmächtigen, sofern keine plenumsfeste Aufgabe vorliegt.[320]
- Nach einem Teil der Lehre fallen die Zustimmungspflichten des Aufsichtsrats zur **Ausgabe genehmigten Kapitals** in die Zuständigkeit des **Gesamtaufsichtsrats.**[321] Ebenso werden die Zustimmungspflichten des Aufsichtsrats zum Rückerwerb und Widerverkauf **eigener Aktien** als **plenumsfest** erachtet.[322]
- **Spaltungsprüfung (§§ 6, 17 SpaltG):** Im Zuge einer **Aufspaltung** ist bei der **übertragenden Gesellschaft** zwingend von einer Zuständigkeit des **Plenums** zur Prüfung der Spaltung auszugehen.[323] Bei der **Abspaltung** bei der übertragenden Gesellschaft hängt die Möglichkeit der Delegation an einen Ausschuss von der konkreten Gestaltung der Maßnahme ab.[324] Die Prüfung der **Spaltung zur Aufnahme** durch den Aufsichtsrat der **übernehmenden Gesellschaft** kann von einem Ausschuss wahrgenommen werden.[325] Geht mit der Spaltung zur Aufnahme eine Kapitalerhöhung mit Bezugsrechtsausschluss einher, dass ist von einer zwingenden **Plenarzuständigkeit** auszugehen.[326]
- **Verschmelzungsprüfung (§ 220c AktG)**: Bei der **übertragenden Gesellschaft** hat die Verschmelzungsprüfung – angesichts des Untergangs der Gesellschaft – durch das **Plenum** zu erfolgen.[327] Bei der **übernehmenden Gesellschaft** kann die Prüfung im Plenum stattfinden. Eine Delegation dieser Aufgaben an einen Ausschuss ist aber gleichfalls möglich.[328]
- **Umwandlungsprüfung (§§ 2 Abs 3, 5 Abs 5 UmwG iVm § 220c AktG):** Beim umzuwandelnden Rechtsträger hat die Prüfung der Umwandlung durch den Gesamtaufsichtsrat zu erfolgen.[329]

---

319 OGH 9 ObA 28/07v, DRdA 2009, H 6; *Kalss* in Doralt/Nowotny/Kalss, AktG² § 97 Rz 26; *Strasser* in Jabornegg/Strasser, AktG⁵ §§ 95 bis 97 Rz 64.

320 *Kalss* in Doralt/Nowotny/Kalss, AktG² § 92 Rz 177, § 97 Rz 29; *Strasser* in Jabornegg/Strasser, AktG⁵ § 97 Rz 66; *Pucher*, GeS 2009/4, 132.

321 *Kalss* in Doralt/Nowotny/Kalss, AktG² § 92 Rz 173; *dieselbe* in Kalss/Nowotny/Schauer, Gesellschaftsrecht Rz 3/543; *dieselbe* in MünchKommAktG⁴ § 107 Rz 240; aA *Nagele/Lux* in Jabornegg/Strasser, AktG⁵ § 171 Rz 5; *Pucher*, GeS 2009/4, 133.

322 *Kalss* in Doralt/Nowotny/Kalss, AktG² § 92 Rz 173; *dieselbe* in Kalss/Nowotny/Schauer, Gesellschaftsrecht Rz 3/543; *dieselbe* in MünchKommAktG⁴ § 107 Rz 240; aA *Pucher*, GeS 2009/4, 133.

323 Vgl *Kalss*, Verschmelzung – Spaltung – Umwandlung² § 6 SpaltG Rz 4; ferner *Kalss* in Doralt/Nowotny/Kalss, AktG² § 92 Rz 173.

324 Vgl *Kalss*, Verschmelzung – Spaltung – Umwandlung² § 6 SpaltG Rz 4.

325 Vgl *Kalss*, Verschmelzung – Spaltung – Umwandlung² § 6 SpaltG Rz 4; ferner *Kalss* in Doralt/Nowotny/Kalss, AktG² § 92 Rz 173.

326 Vgl *Kalss*, Verschmelzung – Spaltung – Umwandlung² § 6 SpaltG Rz 4.

327 Vgl *Kalss*, Verschmelzung – Spaltung – Umwandlung² § 220c AktG Rz 5; ferner *Kalss* in Doralt/Nowotny/Kalss, AktG² § 92 Rz 173.

328 Vgl *Kalss* in Doralt/Nowotny/Kalss, AktG² § 92 Rz 174 mwN.

329 Vgl *Kalss*, Verschmelzung – Spaltung – Umwandlung² § 2 UmwG Rz 74 und § 5 UmwG Rz 74; ferner *Kalss* in Doralt/Nowotny/Kalss, AktG² § 92 Rz 173.

- **Prüfung des Gesellschafterausschlusses (§ 3 Abs 3 GesAusG):** Der Gesellschafterausschluss ist durch den Gesamtaufsichtsrat der betroffenen Gesellschaft zu prüfen.[330]
- Verlangt man für die Erstellung eines Wahlvorschlags zum Abschlussprüfer die Mitwirkung sämtlicher Aufsichtsratsmitglieder (vgl dazu oben), so hat auch die Bestellung eines **Spaltungsprüfers** (§ 5 Abs 2 SpaltG) bzw **Verschmelzungsprüfers** (§ 220b AktG) sowie die Auswahl eines **Umwandlungsprüfers** (§ 2 Abs 3 Z 4 UmwG) bzw **Prüfers nach dem GesAusG** (§ 3 Abs 2 GesAusG) durch den **Gesamtaufsichtsrat** zu erfolgen. Allfällige Vorbereitungsmaßnahmen können jedoch einem Ausschuss überantwortet werden.
- Die **Stellungnahme im Rahmen des Übernahmeverfahrens** gem § 14 Abs 3 ÜbG hat durch das Plenum zu erfolgen.[331]

61 Im Rahmen der nicht delegierbaren Aufgaben ist eine Delegation auf einen Ausschuss unstatthaft und rechtlich nicht möglich. Rechtsfolge einer unzulässigen Aufgabenübertragung ist grundsätzlich die Unwirksamkeit der Übertragung.[332] Beschlüsse von Ausschüssen, die entgegen einem Delegationsverbot gefasst werden, sind **nichtig** (iSv rechtlich unwirksam).[333]

C. Delegierbare Aufgaben

62 Die Aufzählung der nicht delegierbaren Aufgaben zeigt, dass ein verhältnismäßig großer Bereich von Aufsichtsratszuständigkeiten verbleibt, die einem Ausschuss übertragen werden können. Dies gilt umso mehr, als ein allgemeiner Grundsatz, für die Gesellschaft besonders wichtige Entscheidungen (zB Investitionen, Beteiligungen etc) jedenfalls im Plenum zu beschließen sind, nicht besteht.[334] Zu den delegierbaren Aufgaben gehören, neben den bereits oben genannten, beispielsweise:

- Die Behandlung der **Beziehungen zwischen der Gesellschaft und den Vorstandsmitgliedern**. Darunter fällt jedenfalls die vorbereitende Kandidatenauswahl und die konkrete Aushandlung bzw der Abschluss der freien Dienstverträge;[335] nicht jedoch nach der überwiegenden Meinung die gesellschaftsrechtlichen Akte der Bestellung bzw Abberufung (vgl Rz 60). Ferner zählt die **Festlegung der Grundsätze für die Bezüge der Vorstandsmitglieder** gem § 78 AktG ebenfalls dazu. Weiters können auch die Erteilung

---

330 Vgl *Kalss*, Verschmelzung – Spaltung – Umwandlung² § 3 GesAusG Rz 22; ferner *Kalss* in Doralt/Nowotny/Kalss, AktG² § 92 Rz 173; *Rauter* in Straube, GmbHG § 30g Rz 197a.

331 *Huber/Trenkwalder* in Huber, ÜbG § 14 Rz 17 mwN.

332 *Hopt/Roth* in GroßKommAktG⁴ § 107 Rz 406 f.

333 *Kalss* in Doralt/Nowotny/Kalss, AktG² § 92 Rz 176; *Rauter* in Straube, GmbHG § 30g Rz 189; *Habersack* in MünchKommAktG⁴ § 107 Rz 156; *Hopt/Roth* in GroßKommAktG⁴ § 107 Rz 408.

334 *Kalss* in Doralt/Nowotny/Kalss, AktG² § 92 Rz 177; *dieselbe* in MünchKommAktG⁴ § 107 Rz 242; *Habersack* in MünchKommAktG⁴ § 107 Rz 142; *Hopt/Roth* in GroßKommAktG⁴ § 107 Rz 399; jeweils mwN.

335 *Kalss* in Doralt/Nowotny/Kalss, AktG² § 92 Rz 175; *dieselbe* in MünchKommAktG⁴ § 107 Rz 241; vgl ferner *Habersack* in MünchKommAktG⁴ § 107 Rz 150.

einer Ausnahmegenehmigung betreffend das **Wettbewerbsverbot** gem § 79 AktG sowie die Zustimmung zur **Kreditgewährung** der Gesellschaft an ein Vorstandsmitglied (§ 80 AktG) in die Zuständigkeit eines Ausschusses fallen.[336]

- Gleichwohl die Hauptversammlung gem § 145 AktG nur den Gesamtaufsichtsrat, nicht aber einen Aufsichtsratsausschuss zu **formellen Satzungsänderungen** ermächtigen kann, ist die Zuweisung dieser Kompetenz durch das (ermächtigte) Plenum an einen Aufsichtsratsausschuss zulässig.[337]

VI. Informationsregime

A. Vorstand – Aufsichtsrat – Ausschuss

Die Berichte nach § 81 Abs 1 AktG (Jahresbericht, Quartalsbericht) hat der Vorstand (unaufgefordert) dem Gesamtaufsichtsrat zu erbringen.[338] Da die Berichte jedem einzelnen Mitglied auszuhändigen sind (§ 81 Abs 2 Satz1 2. Halbsatz AktG), besteht keine Möglichkeit die Kenntnis vom Inhalt dieser Berichte auf bestimmte Ausschussmitglieder zu beschränken.[339] Ebenso ist der gem § 222 iVm § 243b UGB iVm § 96 AktG vom Vorstand zu errichtende Corporate-Governance-Bericht sämtlichen Aufsichtsratsmitgliedern (unaufgefordert) zur Kenntnis zu bringen (vgl § 222 Abs 1 UGB). Sonderberichte wegen Umstände, die für die Rentabilität oder Liquidität der Gesellschaft von erheblicher Bedeutung sind (§ 81 Abs 1 Satz 3 2. Halbsatz AktG), sind ebenso allen Aufsichtsratsmitgliedern (unaufgefordert) zu erstatten.[340] Für Sonderberichte aus wichtigem Anlass (§ 81 Abs 1 Satz 3 1. Halbsatz AktG) ist nach dem Wortlaut des Gesetzes bloß die (unaufgeforderte) Berichterstattung an den Aufsichtsratsvorsitzenden zwingend.[341] In Ausnahmesituationen – etwa bei Vorliegen eines besonderen Geheimhaltungsinteresses – kann eine inhaltlich bzw personell (etwa auf Ausschussmitglieder) beschränkte Weitergabe von Sonderberichten gerechtfertigt sein.[342] Vorlageberichte müssen nicht stets dem Gesamtaufsichtsrat (unaufgefordert) mitgeteilt werden, sondern können auf die Mitglieder eines Ausschusses, etwa die Mitglieder eines Ausschusses, der zur Zustimmung zu einem vom Vorstand angestrebten Geschäft iSd § 95 Abs 5 AktG ermächtigt ist, beschränkt werden.[343] Da gem § 95 Abs 2 1. Satz AktG jedes einzelne Aufsichtsratsmitglied einen Anforderungsbericht verlangen kann, kommt diese Kompetenz auch einem Ausschuss zu. Der Vorstand hat einem Be- 63

[336] *Rauter* in Straube, GmbHG § 30g Rz 228 mwN; *Pucher*, GeS 2009/4, 131.

[337] *Bydlinski/Potyka* in Jabornegg/Strasser, AktG[5] § 145 Rz 21; *Strasser* in Jabornegg/Strasser, AktG[5] §§ 92 bis 94 Rz 75; *Pucher*, GeS 2009/4, 132.

[338] *Kalss* in MünchKommAktG[4] § 90 Rz 79; *Hopt/Roth* in GroßKommAktG[4] § 107 Rz 443; vgl ferner *Zollner* § 15 Rz 19.

[339] IdS vgl *Lutter*, Information und Vertraulichkeit[3] Rz 360.

[340] *Kalss* in MünchKommAktG[4] § 90 Rz 73; *Hopt/Roth* in GroßKommAktG[4] § 107 Rz 443; vgl ferner *Zollner* Rz 22/30 ff.

[341] *Kalss* in MünchKommAktG[4] § 90 Rz 73; vgl ferner *Zollner* Rz 22/30 ff.

[342] Vgl dazu *Kalss* in MünchKommAktG[4] § 90 Rz 79; *dieselbe* in Studiengesellschaft für Wirtschaft und Recht, Geheimnisschutz 252 ff.

[343] Vgl dazu *Lutter*, Information und Vertraulichkeit[3] Rz 362 ff; *Hopt/Roth* in GroßKommAktG[4] § 107 Rz 443; ferner *Zollner* § 15 Rz 42.

richtsverlangen eines Ausschusses stets zu entsprechen, zumal sich dieser immer aus mindestens zwei Aufsichtsratsmitgliedern zusammensetzt (vgl Rz 20). Adressat eines Anforderungsberichts ist aber stets der Gesamtaufsichtsrat.[344]

64 Nach der Europäischen Kommission sollen Ausschüsse das Recht haben, alle notwendigen Informationen insbesondere von Führungskräften einholen zu können.[345] Vor diesem Hintergrund ist die Möglichkeit eines Ausschusses, vom Vorstand Anforderungsberichte verlangen zu können (vgl dazu oben), als mit der EU-Empfehlung im Einklang stehenden zu beurteilen. Die Befragung leitender Angestellter durch einen Ausschuss wird nach der Empfehlung wohl ebenso möglich bzw geboten sein. Dafür spricht, dass die Kommission ausdrücklich Führungskräfte und nicht bloß die Mitglieder der Unternehmensleitung bzw die Vorstandsmitglieder als Informationsschuldner ausweist.

B. Plenum – Ausschuss

65 Um dem Gesamtaufsichtsrat die zur Erledigung seiner gegenüber den durch ihn eingesetzten Ausschüssen bestehende Überwachungsaufgabe erforderlichen Informationen zu beschaffen, sind Ausschüsse gegenüber dem Gesamtaufsichtsrat grundsätzlich zur (unaufgeforderten) Berichterstattung verpflichtet. Eine entsprechende aktienrechtliche Regelung fehlt zwar.[346] Bloß C-Regel 39 ÖCGK und die EU-Empfehlung[347] sehen eine Informationspflicht eines Ausschusses gegenüber dem Gesamtaufsichtsrat vor. Die Vermeidung von Informationsdefiziten rechtfertigt aber eine derartige Informationspflicht. Überdies versetzen Ausschussberichte die ausschussfremden Aufsichtsratsmitglieder in die Lage, ihrer Organisations- und Überwachungsverantwortung im arbeitsteilig organisierten Aufsichtsrat nachzukommen und frühzeitig zu erkennen, ob und wann einzelne Angelegenheiten so bedeutsam sind, dass das Plenum sich damit selbst beschäftigen sollte. Die Berichterstattungspflicht trägt somit auch der Gesamtverantwortung aller Aufsichtsratsmitglieder Rechnung. Letztlich wird durch die Berichtspflicht auch eine Verhaltenssteuerung des Ausschusses erreicht.[348] Die Berichtspflicht trifft den Ausschussvorsitzenden.[349] Wenn der Vorsitzende des Plenums und jener des Ausschusses identisch sind, kann auch anderes Ausschussmitglied berichten.[350] Das Plenum ist in kurzen Abständen, wohl regelmäßig in jeder seiner Sitzungen, über die Ausschussarbeit zu informieren.[351] Der Berichtsinhalt muss die wesentliche Arbeit des Ausschusses sachgerecht erfassen, wofür aber auch ein knapper (mündlicher)[352] Ergebnisbericht genügt.[353] Eine besondere Berichtsform (schrift-

---

344 *Strasser* in Jabornegg/Strasser, AktG[5] §§ 95 bis 97 Rz 22; vgl ferner *Zollner* Rz 22/47 ff.

345 Vgl Anhang I Z 1.4 EU-Empfehlung.

346 Anders die deutsche Rechtslage, wonach § 107 Abs 3 Satz 3 dAktG eine entsprechende Berichtspflicht vorsieht.

347 Vgl Anhang I Z 1.6.1 EU-Empfehlung.

348 Vgl dazu ausführlich *Leyens*, Information 276 mwN.

349 Entsprechendes normiert C-Regel 39 ÖCGK.

350 Vgl *Hopt/Roth* in GroßKommAktG[4] § 107 Rz 441; *Hüffer*, AktG[9] § 107 Rz 22a.

351 *Leyens*, Information 276 mwN.

352 Vgl *Mertens/Cahn* in KölnKomm AktG[3] § 107 Rz 142.

353 Vgl *Habersack* in MünchKommAktG[4] § 107 Rz 165; *Hopt/Roth* in GroßKommAktG[4] § 107

lich, mündlich) kann in der Geschäftsordnung des Aufsichtsrats festgelegt werden. Generell empfiehlt sich der Erlass einer Informationsordnung, in der auch der Informationsfluss zwischen Plenum und Ausschuss festgelegt wird (vgl dazu *Zollner* 22/65 ff). Aufgrund eines Geheimhaltungsinteresses kann es im Einzelfall gerechtfertigt sein, dass das Plenum überhaupt nicht oder allenfalls nur in Grundzügen über die vertrauliche Ausschussarbeit durch den Ausschussvorsitzenden aktiv informiert wird.[354] Damit das Aufsichtsratsplenum seine Gesamtverantwortung gegenüber dem jeweiligen Ausschuss wahrnehmen kann, darf ein solcher Informationsausschluss inhaltlich und zeitlich aber nur in jenem Umfang aufrechterhalten werden, als es zur Wahrung der Vertraulichkeit unbedingt erforderlich ist.

Der **Gesamtaufsichtsrat** kann nach der hM jederzeit auch durch Beschluss eine Information durch den Ausschuss(vorsitzenden) **verlangen**[355] oder Einsichtnahme in die Sitzungsunterlagen, Protokolle des Ausschusses oder die im Ausschuss behandelten Verträge einfordern,[356] wobei einem solchen Informationsbegehren – entsprechend den obigen Ausführungen – in Ausnahmefälle (wie etwa im Falle eines Geheimhaltungsbedürfnisses) nicht entsprochen werden muss.[357] Ein Auskunftsrecht eines **einzelnen Aufsichtsratsmitglieds** gegen einen Ausschuss ist zu **verneinen**.[358] Ein § 90 Abs 3 letzter Satz dAktG entsprechendes Individualrecht ist im österreichischen Aktiengesetz nicht vorgesehen.[359] Ebenso wenig muss einem Informationsverlangen eines Aufsichtsratsmitglieds entsprochen werden, wenn dieses Verlangen durch ein weiteres Mitglied unterstützt wird. Eine analoge Anwendung des § 95 Abs 2 AktG ist insbesondere deshalb abzulehnen, um die Effizienz und Vertraulichkeit eingerichteter Ausschüsse zu wahren.[360] Die wichtigste Möglichkeit einzelner ausschussfremder Aufsichtsratsmitglieder, sich über die Arbeit eines Ausschusses zu informieren, ergibt sich aus dem Recht auf **Teilnahme** an den Ausschusssitzungen.[361] Vgl dazu Rz 49 ff. **66**

Rz 436; *Hüffer*, AktG[9] § 107 Rz 22a; *Spindler* in Spindler/Stilz, AktG[3] § 107 Rz 119; jeweils mwN; vgl ferner *Lutter/Krieger/Verse*, Rechte und Pflichten des Aufsichtsrates[6] Rz 748 und Rz 784; *Dellinger/Schellner* in Blocher/Gelter/Pucher, Festschrift Christian Nowotny 253f.

354 Vgl etwa *Dellinger/Schellner* in Blocher/Gelter/Pucher, Festschrift Christian Nowotny 254 mwN.

355 *Habersack* in MünchKommAktG[4] § 107 Rz 166; *Hopt/Roth* in GroßKommAktG[4] § 107 Rz 440; vgl ferner *Dellinger/Schellner* in Blocher/Gelter/Pucher, Festschrift Christian Nowotny 255.

356 Vgl *Kalss* in Doralt/Nowotny/Kalss, AktG[2] § 93 Rz 57.

357 Vgl *Hopt/Roth* in GroßKommAktG[4] § 107 Rz 440; aA *Habersack* in MünchKommAktG[4] § 107 Rz 166 mwN zum Meinungsstand.

358 Vgl dazu ausführlich *Leyens*, Information 280 f; ferner *Habersack* in MünchKommAktG[4] § 107 Rz 166; *Hopt/Roth* in GroßKommAktG[4] § 107 Rz 440; (differenzierend) *Spindler* in Spindler/Stilz, AktG[3] § 107 Rz 111; aA *Lutter*, Information und Vertraulichkeit[3] Rz 381.

359 Vgl *Dellinger/Schellner* in Blocher/Gelter/Pucher, Festschrift Christian Nowotny 255; vgl aber *Simonishvili/Pendl*, GES 2014, 110ff, die ein individuelles Recht, die Ausfolgung der Sitzungsniederschrift verlangen zu können (sofern die Teilnahme an der Ausschusssitzung nicht aus materiellen Gründen ausgeschlossen wurde), bejahen.

360 Vgl *Leyens*, Information 280 f; zum Meinungsstand vgl *Dellinger/Schellner* in Blocher/Gelter/Pucher, Festschrift Christian Nowotny 257ff.

361 *Lutter/Krieger/Verse*, Rechte und Pflichten des Aufsichtsrates[6] Rz 788.

67 Zumal **innerhalb des Aufsichtsrats** grundsätzlich **keine Verschwiegenheitspflicht** besteht,[362] haben Ausschüsse ihre Auskunftspflichten **inhaltlich vollständig** zu erfüllen. Bloß in **Ausnahmesituationen**, etwa im Fall eines **Geheimhaltungsbedürfnisses** innerhalb des Gremiums aufgrund einer punktuellen Konkurrenzsituation oder zur Vermeidung einer unkoordinierten Informationsstreuung, erscheint es gerechtfertigt, dass vertrauliche Informationen nicht dem Gesamtaufsichtsrat mitgeteilt werden (vgl oben Rz 65).[363] Insoweit können die Wertungen zur Informationsverweigerung im Verhältnis Vorstand zu Plenum auf die gegenständliche Konstellation übertragen werden (vgl dazu *Zollner* Rz 22/60; *Kalss* 26/120). Über die Einschränkung der Informationsweitergabe hat der **Aufsichtsratsvorsitzende** zu entscheiden.[364]

VII. Auflösung

68 Wird ein Ausschuss mit einzelnen spezifischen Aufgaben betraut, so führt deren Erledigung zur automatischen Auflösung des Ausschusses (Zweckerledigung).[365] Der Gesamtaufsichtsrat hat ferner das aus der ihm zukommenden Organisationsautonomie (vgl Rz 5) entspringende Recht einen Ausschuss jederzeit beschlussmäßig aufzulösen.[366] Die Auflösungsbeschluss bedarf – wie der Einsetzungsbeschluss (vgl Rz 12) – der einfachen Mehrheit im Plenum.[367] Strengere Voraussetzungen können in der Geschäftsordnung des Aufsichtsrats, nicht aber durch den Satzungsgeber vorgesehen werden (vgl Rz 7). Die Auflösung von gesetzlich zwingend einzurichtenden Ausschüssen ist unzulässig. Eine Selbstauflösungskompetenz kommt dem Ausschuss nicht zu.[368304] Zur Möglichkeit des Plenums jederzeit in die Befugnisse eines Ausschusses eingreifen zu können vgl Rz 58.

---

362 *Hopt/Roth* in GroßKommAktG⁴ § 107 Rz 442 mwN.

363 *Hopt/Roth* in GroßKommAktG⁴ § 107 Rz 442; vgl ferner *Kalss* in Doralt/Nowotny/Kalss, AktG² § 99 Rz 31; *Gittermann* in Semler/v Schenck, ARHdb⁴ § 6 Rz 106; *Marsch-Barner* in Semler/v Schenck, ARHdb⁴ § 13 Rz 34; *DAV-Handelsrechtsausschuß*, NZG 2002, 116 (keine Preisgabe vertraulicher Details, namentlich aus der Arbeit des für die Vorstandsangelegenheiten zuständigen Ausschusses); vgl aber *Strasser* in Jabornegg/Strasser, AktG⁵ § 77 bis 84 Rz 8; *Habersack* in MünchKommAktG⁴ § 107 Rz 166.

364 *Hopt/Roth* in GroßKommAktG⁴ § 107 Rz 442; *Gittermann* in Semler/v Schenck, ARHdb⁴ § 6 Rz 106; jeweils mwN.

365 *Habersack* in MünchKommAktG⁴ § 107 Rz 170; *Hopt/Roth* in GroßKommAktG⁴ § 107 Rz 353; *Gittermann* in Semler/v Schenck, ARHdb⁴ § 6 Rz 110.

366 *Habersack* in MünchKommAktG⁴ § 107 Rz 170; *Hopt/Roth* in GroßKommAktG⁴ § 107 Rz 353; *Gittermann* in Semler/v Schenck, ARHdb⁴ § 6 Rz 112.

367 BGH II ZR 33/83, BGHZ 89, 55 f; *Habersack* in MünchKommAktG⁴ § 107 Rz 170; *Hopt/Roth* in GroßKommAktG⁴ § 107 Rz 353.

368 *Habersack* in MünchKommAktG⁴ § 107 Rz 170; *Hopt/Roth* in GroßKommAktG⁴ § 107 Rz 353.

VIII. Arten von Ausschüssen

A. Compliance-Ausschuss

Der Vorstand hat als Teil seiner Leitungspflicht eine Compliance-Organisation zu etablieren, sowie für deren Funktionieren Sorge zu tragen.[369] Die Prüfung der Einhaltung der Compliance-Pflichten gehört zu den vom Aufsichtsrat zu überwachenden Vorstandsaufgaben.[370] Neben der Ernennung eines einzelnen Aufsichtsratsmitglieds als Compliance-Beauftragten kann der Aufsichtsrat die Überwachung des Vorstands im Bereich Compliance – als Teil der dem Gesamtaufsichtsrat vorbehaltenen allgemeinen Überwachungspflicht – auch auf einen eigenen Compliance-Ausschuss übertragen.[371] Vielfach wird aber auch der Prüfungsausschuss mit der Überwachung der Compliance Maßnahmen des Vorstands betraut werden, da die Compliance-Aufgabe Teil des Risikomanagements ist.[372] Zu den Aufgaben eines Compliance-Ausschusses gehört insbesondere sich die Compliance-Organisation durch den Vorstand vorstellen zu lassen, ihre Schlüssigkeit zu prüfen sowie die Beurteilung, ob die Organisation den rechtlichen Anforderungen und dem Gefahrenpotential des Unternehmens genügt und ob der Vorstand selbst seine Compliance-Organisation überwacht.[373] Mit den Einzelheiten der Compliance-Organisation bzw mit einzelnen Compliance-Fällen muss sich ein Compliance-Ausschuss wohl erst dann befassen, wenn gravierende Verstöße bzw Verdachtsmomente vorliegen.[374] In diesem Fall muss der Ausschuss seine Überwachungstätigkeit intensivieren und sich etwa vom Vorstand bzw einem ernannten Compliance-Verantwortlichen[375] berichten lassen, welche Maßnahmen ergriffen wurden bzw noch ergriffen werden.[376] Unabhängig davon erscheint die regelmäßige Berichterstattung bzw Sitzungsteilnahme des für Compliance verantwortlichen Vorstandsmitglieds bzw des Compliance-Verantwortlichen zur Informationserlangung des Compliance-Ausschusses erforderlich. **69**

B. Nominierungs- und Vergütungsausschuss

Nach C-Regel 41 ÖCGK hat der Aufsichtsrat einen Nominierungsausschuss einzurichten, wobei bei einem Aufsichtsrat mit nicht mehr als sechs Mitgliedern (einschließlich Arbeitnehmervertreter) diese Funktion vom gesamten Aufsichts- **70**

---

369 Vgl *Kalss/Schörghofer* in Lucius/Oppitz/Pachinger, Compliance 17; ferner *Kremer/Klahold*, ZGR 2010, 124.

370 *Kalss/Schörghofer* in Lucius/Oppitz/Pachinger, Compliance 23.

371 *Kalss/Schörghofer* in Lucius/Oppitz/Pachinger, Compliance 23; *Kremer/Klahold*, ZGR 2010, 124; vgl ferner *Kalss* in Doralt/Nowotny/Kalss, AktG² § 92 Rz 132.

372 Vgl Rz 88; ferner *Kremer/Klahold*, ZGR 2010, 124; *Rodewald/Unger*, BB 2007, 1631. Dementsprechend empfiehlt der Deutsche Corporate Governance Kodex ausdrücklich die Befassung des Prüfungsausschusses mit Compliance (vgl Z 5.3.2 DCGK); vgl *Habersack* in MünchKommAktG⁴ § 107 Rz 13.

373 *Kremer/Klahold*, ZGR 2010, 124; *Bürkle*, BB 2007, 1800.

374 *Kremer/Klahold*, ZGR 2010, 124 mwN.

375 Zu dessen Rechtsstellung vgl *Kalss/Schörghofer* in Lucius/Oppitz/Pachinger, Compliance 18 ff.

376 *Kremer/Klahold*, ZGR 2010, 124 mwN.

rat wahrgenommen werden kann.[377] Aufgaben eines solchen Nominierungsausschusses sind die Unterbreitung von Vorschlägen zur Besetzung frei werdender Mandate im Vorstand an das Plenum sowie die Nachfolgeplanung. Ferner soll dem Nominierungsausschuss die Befugnis zukommen, Vorschläge an die Hauptversammlung zur Besetzung frei werdender Mandate im Aufsichtsrat unterbreiten zu können (C-Regel 42 ÖCGK). Dabei ist aber zu beachten, dass die Beschlussfassung über den Wahlvorschlag als plenumsfeste Angelegenheit nicht an einen Ausschuss delegierte werden kann (vgl Rz 60).[378] Der Aufsichtsrat hat ferner einen **Vergütungsausschuss**[379] einzurichten, dessen Vorsitzender der Aufsichtsratsvorsitzende ist (C-Regel 43 ÖCGK). Bei einem Ausschuss mit nicht mehr als sechs Mitgliedern (einschließlich Arbeitnehmervertreter) kann diese Funktion vom gesamten Aufsichtsrat wahrgenommen werden. Der Vergütungsausschuss hat sich mit dem Inhalt von Anstellungsverträgen mit Vorstandsmitgliedern zu befassen, für die Umsetzung der im ÖCGK festgelegten Vergütungsvorschriften (C-Regel 27, C-Regel 27a, C-Regel 28 ÖCGK) zu sorgen sowie die Vergütungspolitik für Vorstandsmitglieder in regelmäßigen Abständen zu prüfen. Mindestens ein Mitglied des Vergütungsausschusses verfügt über Kenntnisse und Erfahrungen im Bereich der Vergütungspolitik. Werden externe Berater in Anspruch genommen, ist dafür zu sorgen, dass diese nicht gleichzeitig Vorstandsmitglieder in Vergütungsfragen beraten. Betrachtet man die Aufgabenkreise der beiden Ausschüsse, so zeigt sich, dass die typischerweise in einem Personalausschuss vereinten Agenden (vgl Rz 72) nach den Vorstellungen des ÖCGK auf zwei unterschiedliche Ausschüsse aufzuteilen sind. Gleichzeitig hält der ÖCGK jedoch fest, dass der Vergütungsausschuss mit dem Nominierungsausschuss ident sein kann.

---

[377] Ebenso ist gemäß § 29 BWG beim Überschreiten bestimmter Schwellenwerte und dem Vorliegen weiterer Voraussetzungen bei Kreditinstituten ein Nominierungsausschuss (mit vergleichbaren Aufgaben) einzurichten (vgl dazu *Herbst* Rz 35/132). Vgl dazu etwa *Wachter*, ÖBA 2015, 103; ferner *Jabornegg*, DRdA 2015, 303ff, der zu Recht davon ausgeht, dass der Nominierungsausschuss nach dem Grundmodell des Gesetzgebers der Drittelparität unterliegt, zumal Beziehungen zwischen der Gesellschaft und den Vorstandsmitgliedern (vgl dazu Rz 23) regelmäßig nicht in den Aufgabenbereich des Ausschusses fallen.

[378] Zur Arbeitnehmerbeteiligung beim Nominierungsausschuss nach dem Grundmodell des ÖCGK vgl *Wachter*, ZAS 2015/12, 68.

[379] § 39c BWG sieht beim Überschreiten bestimmter Schwellenwerte und beim Vorliegen weiterer Voraussetzungen ebenso die verpflichtende Einrichtung eines Vergütungsausschusses vor (vgl *Kalss* in Doralt/Nowotny/Kalss, AktG² § 92 Rz 133; ferner *Herbst* Rz 35/119). Auch wenn der Gesetzgeber grundsätzlich eine Beteiligung der Arbeitnehmer am Vergütungsausschuss vorsieht, haben Arbeitnehmervertreter kein Recht, über Fragen der Vorstandsvergütung (oder andere Bereiche der Beziehung zwischen der Gesellschaft und den Vorstandsmitgliedern; zum Aufgabenbereich des Vergütungsausschusses vgl etwa *Kalss* in Doralt/Nowotny/Kalss, AktG² § 92 Rz 133) abzustimmen und, sofern ihr Teilnahmerecht wirksam ausgeschlossen wurde (vgl Rz 48), an Sitzungen des Vergütungsausschusses teilzunehmen, die sich mit derartigen Themen beschäftigen. Dies ergibt eine systematische Interpretation des § 39c BWG unter Berücksichtigung der §§ 92 Abs 4 AktG bzw § 110 Abs 4 Satz 2 ArbVG. Alleine der Umstand, dass sich der Gesetzgeber zu dieser Thematik trotz diverser Stellungnahmen im Rahmen des Gesetzgebungsprozesses in den einschlägigen Gesetzesmaterialien nicht geäußert hat, vermag diese Auffassung nicht zu entkräften, zumal dem Schweigen des Gesetzgebers kein zweifelsfreier Erklärungswert beigemessen werden kann. AA *Jabornegg*, DRdA 2015, 305; ferner *Wachter*, ZAS 2015/12, 69. Zum Vergütungsexperten vgl Rz 53.

71 Auch die Europäische Kommission empfiehlt die Einrichtung eines **Nominierungsausschusses**, der sich mit Fragen im Zusammenhang mit der Auswahl von neuen Mitgliedern für den Vorstand, aber auf für den Aufsichtsrat auseinander soll.[380] Dazu soll der Nominierungsausschuss regelmäßig die Struktur, Größe und Zusammensetzung der Organe einschließlich der Fähigkeiten und Kenntnisse ihrer Mitglieder prüfen.[381] Ob der Nominierungsausschuss nur Beschlussvorschläge erstellt oder selbst über die Bestellung entscheidet, wird dem jeweiligen Mitgliedsstaatrecht überlassen.[382] In diesem Zusammenhang ist darauf hinzuweisen, dass nach innerstaatlichem Recht einem Nominierungsausschuss in Bezug auf die Bestellung bzw Abberufung von Vorstandsmitgliedern nur die Kompetenz zur Erstellung von Vorschlägen übertragen werden kann. Die organschaftliche Akte haben zwingend durch den Gesamtaufsichtsrat vorgenommen zu werden (vgl Rz 60). Bezüglich den frei werdenden Aufsichtsratsmandaten kann einem Nominierungsausschuss jedoch weder die Bestellungskompetenz, die bei der Hauptversammlung angesiedelt ist, noch die Befugnis Wahlvorschläge zu erstellen, welche nur dem Plenum zukommt (vgl Rz 60), eingeräumt werden. Nach den Vorstellungen der Europäischen Kommission hat der Nominierungsausschuss überwiegend mit unabhängigen Aufsichtsratsmitgliedern besetzt zu werden.[383] Eine Interessenkollisionen unterliegende Minderheit wird hingenommen.[384] Gleichfalls wird auf europäischer Ebene die Einrichtung eines **Vergütungsausschusses** empfohlen. Dieser Ausschuss soll neben der Erarbeitung von Musterverträgen für Vorstandsmitglieder sämtliche Fragen der vorstandsbezogenen Vergütungspolitik einschließlich der Zielvorgaben und Bemessungskriterien bei erfolgsbezogenen Vergütungssystemen behandeln und dem Gesamtaufsichtsrat entsprechende Empfehlungen unterbreiten.[385] Ferner soll der Vergütungsausschuss dem Vorstand Vorschläge zur Höhe und Struktur der Vergütung von Führungskräften liefern.[386] Schließlich gehört die Erstellung von Empfehlungen betreffend die allgemeine Politik in Bezug auf Aktienoptionsprogramme (für sämtliche Mitarbeiter des Unternehmens) zu den Aufgaben eines Vergütungsausschusses.[387] Die Europäische Kommission empfiehlt zudem, dass der Vergütungsausschuss den Vorstandsvorsitzenden sowie externe Berater zur Kenntnisbeschaffung konsultieren soll.[388] Der Vergütungsausschuss soll wie der Nominierungsausschuss aus mehrheitlich unabhängigen Aufsichtsratsmitgliedern bestehen.[389]

---

380 Vgl Anhang I Z 2.2 EU-Empfehlung; Erwägungsgrund 11 EU-Empfehlung; ferner *Spindler*, ZIP 2005, 2036.
381 Vgl Anhang I Z 2.2.1 EU-Empfehlung.
382 Vgl Erwägungsgrund 12 EU-Empfehlung.
383 Zum Unabhängigkeitsbegriff vgl Rz 18.
384 Vgl Erwägungsgrund 11 EU-Empfehlung; Anhang I Z 2.1.1 EU-Empfehlung; vgl dazu ferner *Spindler*, ZIP 2005, 2037.
385 Vgl Z 3.2.1 EU-Empfehlung.
386 Vgl Z 3.2.2 EU-Empfehlung.
387 Vgl Z 3.2.3 EU-Empfehlung.
388 Vgl Anhang I Z 3.3.1, Z 3.3.2 EU-Empfehlung.
389 Vgl Anhang I Z 3.1.2 EU-Empfehlung.

C. Personalausschuss

72 Typische Aufgabe eines Personalausschusses ist die Vorbereitung der dem Plenum obliegenden Personalbefugnisse.[390] Darunter fällt die Unterbreitung von Vorschlägen zur Besetzung der Vorstandsposten. Den Personalausschuss trifft in diesem Fall die Pflicht der Nachfolgeplanung, die zu den wichtigsten Aufgaben des Aufsichtsrats zählt. Zudem wird Personalausschüssen regelmäßig die Befugnis zum Abschluss, zur Verlängerung, zur Änderung bzw Beendigung von Anstellungsverträgen mit Vorstandsmitgliedern übertragen,[391] um größtmögliche Vertraulichkeit zu wahren.[392] Da die Beschlussfassung über die Bestellung und dem Widerruf – als gesellschaftsrechtliche Akte – nach der hM dem Gesamtaufsichtsrat vorbehalten ist (vgl Rz 60), darf der Personalausschuss einer entsprechenden Entscheidung aber nicht präjudizierend vorgreifen.[393] Der Anstellungsvertrag hat daher nach dem organschaftlichen Bestellungsakt des Plenums oder vorbehaltlich der Bestellung abgeschlossen zu werden.[394] Zu den Agenden eines Personalausschusses soll schließlich auch die Befugnis gehören, der Hauptversammlung Vorschläge zur Wahl von Aufsichtsratsmitgliedern unterbreiten zu können. Dabei handelt es sich aber um eine Aufgabe, die als wesentlicher Bestandteil der Selbstorganisation des Aufsichtsrats nicht an einen Ausschuss delegiert werden kann. Ist die Erteilung von Prokura bzw Handlungsvollmacht oder die Anstellung von leitenden Angestellten von der Zustimmung des Aufsichtsrats abhängig, so erweist es sich häufig als zweckmäßig, zur diesbezüglichen Beschlussfassung einen Personalausschuss einzurichten.[395]

73 Zu der drittelparitätischen Besetzung von Personalausschüssen vgl Rz 23 f. Zum Nominierungs- bzw Vergütungsausschuss vgl Rz 70 ff.

D. Präsidialausschuss

74 Die einem Präsidialausschuss regelmäßig übertragenen Aufgaben dienen zur Unterstützung des Aufsichtsratsvorsitzenden bei der Erledigung seiner Aufgaben.[396] Auch wenn der Präsidialausschuss auf diesen Aufgabebereich beschränkt ist und keine weiteren Agenden des Gesamtaufsichtsrats übernimmt, handelt es sich dabei um einen Ausschuss iSd § 92 Abs 4 AktG und nicht um ein Gremium eigener Art.[397] Als Agenden kommen daher insbesondere die Kontaktaufnahme mit dem Vorstand, die Vorbereitung von Aufsichtsratssitzungen sowie die Koordi-

---

390 *Habersack* in MünchKommAktG[4] § 107 Rz 106; *Hopt/Roth* in GroßKommAktG[4] § 107 Rz 327; *Gittermann* in Semler/v Schenck, ARHdb[4] § 6 Rz 122; jeweils mwN.

391 *Habersack* in MünchKommAktG[4] § 107 Rz 106; *Gittermann* in Semler/v Schenck, ARHdb[4] § 6 Rz 124.

392 *Habersack* in MünchKommAktG[4] § 107 Rz 106.

393 *Habersack* in MünchKommAktG[4] § 107 Rz 106; *Gittermann* in Semler/v Schenck, ARHdb[4] § 6 Rz 124.

394 *Habersack* in MünchKommAktG[4] § 107 Rz 106 mwN.

395 *Reich-Rohrwig* GbmH-Recht I[2] Rz 4/298.

396 *Habersack* in MünchKommAktG[4] § 107 Rz 104 mwN; eingehend zum Präsidialausschuss vgl *Krieger*, ZGR 1985, 338 ff; ferner *Schaub*, ZGR 1977, 300 f; *Lutter*, ZGR 1977, 315.

397 Vgl etwa *Habersack* in MünchKommAktG[4] § 107 Rz 96, 104 mwN; zum (umstrittenen) Meinungsstand vgl ferner *Rauter* in Straube, GmbHG § 30g Rz 203.

nation der Aufsichtsrats- bzw Ausschussarbeit.[398] Der Aufgabenkreis eines Präsidialausschusses kann ferner aber auch die Zustimmung zu Kreditgewährungen an Vorstandsmitglieder (§ 80 AktG) oder Aufsichtsratsmitglieder, die Zustimmung zu Beraterverträgen (§ 95 Abs 5 Z 12 AktG) sowie die Zustimmung über die Aufnahme von Wettbewerbshandlungen des Vorstands erfassen (§ 79 AktG).[399]

E. Prüfungsausschuss[400]

1. Einrichtungspflicht

Gem § 92 Abs 4a AktG ist in Aktiengesellschaften mit den Merkmalen des § 271a Abs 1 UGB zwingend ein Prüfungsausschuss einzurichten. Von der Einrichtungspflicht sind somit „**Unternehmen von öffentlichem Interesse**" betroffen (vgl § 92 Abs 4a AktG iVm § 271a Abs 1 iVm § 221 Abs 3 zweiter Satz UGB iVm § 189a Z 1 UGB[401]). In § 221 Abs 3 zweiter Satz UGB wird ohne Einschränkung auf § 189a z 1 UGB verwiesen. Die Einrichtungspflicht trifft daher kapitalmarktorientierte Aktiengesellschaften,[402] Kreditinstitute,[403] Versicherun- 75

[398] *Hopt/Roth* in GroßKommAktG[4] § 107 Rz 343; *Gittermann* in Semler/v Schenck, ARHdb[4] § 6 Rz 116; jeweils mwN.

[399] *Habersack* in MünchKommAktG[4] § 107 Rz 104; *Hopt/Roth* in GroßKommAktG[4] § 107 Rz 343; jeweils mwN.

[400] Im Folgenden werden die aktienrechtlichen Vorschriften zum Prüfungsausschuss eingehend untersucht. Die Kommentierung basiert auf der Rechtslage zum Stichtag 31.3.2016. Auf die geplanten Änderungen im Zusammenhang mit dem ME APRÄG 2016 wird gesondert hingeweisen. Zu genossenschaftlichen Spezifika vgl *Dellinger* § 31 Rz 35 ff. Zum Prüfungsausschuss gem § 63a BWG vgl *Herbst* § 27 Rz 53 ff. Ferner enthält § 123 VAG 2016 entsprechende Sondervorschriften, wobei nach dem ME APRÄG 2016 die Einrichtungspflicht auf alle Versicherungs- und Rückversicherungsunternehmen ausgedehnt wird und in § 123 Abs 8 VAG ein Ausnahmetatbestand eingeführt wird, vgl dazu 190/ME, 25.GP Mat 20; vgl dazu *Kalss* § 28 Rz 17 ff.

[401] IdF RÄG 2014 (BGBl I Nr. 22/2015); durch das RÄG 2014 wurde die in Art 2 der Richtlinie 2013/34/EU des Europäischen Parlaments und des Rates vom 26. Juni 2013 über den Jahresabschluss, den konsolidierten Abschluss und damit verbundene Berichte von Unternehmen bestimmter Rechtsformen und zur Änderung der Richtlinie 2006/43/EG des Europäischen Parlaments und des Rates und zur Aufhebung der Richtlinien 78/660/EWG und 83/349/EWG des Rates verwendete Definition des Begriffes „Unternehmen von öffentlichem Interesse" weitgehend in das UGB übernommen (vgl *Dokalik* in *U. Torggler*, UGB[2] (2016) § 189a Z 1f).

[402] Dh Aktiengesellschaften, deren übertragbare Wertpapiere zum Handel an einem geregelten Markt eines Mitgliedstaats der Europäischen Union oder eines Vertragsstaats des Abkommens über den Europäischen Wirtschaftsraum im Sinn des Art. 4 Abs. 1 Nr. 21 der Richtlinie 2014/65/EU über Märkte für Finanzinstrumente sowie zur Änderung der Richtlinien 2002/92/EG und 2011/61/EU, ABl. Nr. L 173 vom 12. 6. 2014 S. 349, zugelassen sind (§ 189a Z 1 lit a UGB).

[403] Dh Aktiengesellschaften, die Kreditinstitute im Sinn des Art. 4 Abs. 1 Nr. 1 der Verordnung (EU) Nr. 575/2013 über Aufsichtsanforderungen an Kreditinstitute und Wertpapierfirmen und zur Änderung der Verordnung (EU) Nr. 646/2012, ABl. Nr. L 176 vom 27. 6. 2013 S. 1 – mit Ausnahme der in Artikel 2 Abs. 5 der Richtlinie 2013/36/EU über den Zugang zur Tätigkeit von Kreditinstituten und die Beaufsichtigung von Kreditinstituten und Wertpapierfirmen, zur Änderung der Richtlinie 2002/87/EG und zur Aufhebung der Richtlinien 2006/48/EG und 2006/49/EG, ABl. Nr. L 176 vom 27. 6. 2013 S. 338, genannten Kreditinstitute – sind (§ 189a Z 1 lit b UGB).

gen[404] und in anderen Bundesgesetzen unter Verweis auf § 189a UGB als solche bezeichnete Aktiengesellschaften.[405] Im Einklang mit dem innerstaatlichen Recht empfiehlt auch die Europäische Kommission börsenotierten iSv kapitalmarktorientierten Gesellschaften[406] die Einrichtung eines Prüfungsausschusses.[407] Nach L-Regel 40 ÖCGK haben börsenotierte Gesellschaften einen Prüfungsausschuss einzurichten.

75a **Ministerialentwurf APRÄG 2016:** Am 16 Juni 2014 sind die Richtlinie 2014/56/EU,[408] die die Abschlussprüfer-Richtlinie 2006/43/EG[409] ändert, sowie die Verordnung (EU) Nr. 537/2014[410], die spezifische Anforderungen an die Abschlussprüfung bei Unternehmen von öffentlichem Interesse vorschreibt, in Kraft getreten. Mit beiden Rechtsakten hat der europäische Gesetzgeber die europäische Reform zur Abschlussprüfung abgeschlossen.[411] Durch die beiden Regelwerke soll (neben anderen Schwerpunkten wie etwa die Stärkung der Unabhängigkeit des Abschlussprüfers oder die Steigerung seiner Berichtspflichten) auch die Zusammenarbeit zwischen dem Aufsichtsrat (Prüfungsausschuss) und dem Abschlussprüfer an der Schnittstelle zwischen interner und externer Corporate Governance weiter verbessert und verstärkt werden.[412] Der Abschlussprüfer übernimmt danach noch stärker eine doppelte Funktion: er ist einerseits unterstützender Sparringspartner des Aufsichtsrates bzw des Prüfungsausschusses.[413] Andererseits fungiert der Abschlussprüfer auch als *„public watchdog"* zum Schutz der *„stakeholder"* in ihrem

[404] Dh Aktiengesellschaften, die Versicherungsunternehmen im Sinn des Art. 2 Abs. 1 der Richtlinie 91/674/EWG über den Jahresabschluss und den konsolidierten Abschluss von Versicherungsunternehmen, ABl. Nr. L 374 vom 31. 12. 1991 S. 7. sind (§ 189a Z 1 lit c UGB).

[405] Vgl dazu etwa *Köll/Szaurer*, RWZ 2015, 245 FN 5.

[406] Zum Anwendungsbereich der EU-Empfehlung vgl *Spindler*, ZIP 2005, 2034.

[407] Vgl Z 5 EU-Empfehlung.

[408] Richtlinie 2014/56/EU des Europäischen Parlaments und des Rates vom 16. April 2014 zur Änderung der Richtlinie 2006/43/EG über Abschlussprüfungen von Jahresabschlüssen und konsolidierten Abschlüssen, ABl L 2014/158, 196. Die Richtlinie ist bis zum 17. Juni 2016 in das nationale Recht umzusetzen.

[409] Richtlinie 2006/43/EG des Europäischen Parlaments und des Rates vom 17. Mai 2006 über Abschlussprüfungen von Jahresabschlüssen und konsolidierten Abschlüssen, zur Änderung der Richtlinien 78/660/EWG und 83/349/EWG des Rates und zur Aufhebung der Richtlinie 84/253/EWG des Rates, ABl L 157, 87.

[410] Verordnung (EU) Nr. 537/2014 des Europäischen Parlaments und des Rates vom 16. April 2014 über spezifische Anforderungen an die Abschlussprüfung bei Unternehmen von öffentlichem Interesse und zur Aufhebung des Beschlusses 2005/909/EG der Kommission, ABl L 2014/158, 77. Ein Großteil der Regelungen der Verordnung (EU) Nr. 537/2014 tritt mit 17. Juni 2016 unmittelbar in Kraft.

[411] Vgl dazu etwa *Milla/Köll/Wenger/Adrian*, RWZ 2014, 369; *Merkt*, ZHR 179 (2015) 604; *Hennrichs*, ZGR 2015, 248ff; *Hopt*, ZGR 2015, 187ff; *Velte*, WPg 2015, 482f; *Blöink/Kumm*, BB 2015, 1067ff; *Velte*, DStR 2014, 1688f.

[412] Vgl *Merkt*, ZHR 179 (2015) 602ff mit weiterführenden Erläuterungen zum Regelungsspektrum sowie den Zielsetzungen der beiden europäischen Rechtsakte.

[413] Zum regelmäßigen Kommunikationsaustausch zwischen Abschlussprüfer und Prüfungsausschuss als Voraussetzung einer effektiven Zusammenarbeit vgl etwa *Arbeitskreis Externe und Interne Überwachung der Unternehmung der Schmalenbach-Gesellschaft für Betriebswirtschaft e.V., Köln*, DB 2014, 1154f.

Vertrauen auf eine ordnungsgemäße Rechnungslegung.[414] Der Ministerialentwurf eines Abschlussprüfungsrechts-Änderungsgesetzes 2016 (APRÄG 2016)[415] dient vor allem der Umsetzung der Richtlinie 2014/56/EU sowie der Anpassung des nationalen Rechts an die unmittelbar anwendbaren Vorschriften der Verordnung (EU) Nr. 537/2014. Gemäß Artikel 39 Richtlinie 2006/43/EG nF ist bei **Unternehmen von öffentlichem Interesse** (sogenannte „Public Interest Entities"; „PIEs") ein Prüfungsausschuss einzurichten. Diese Einrichtungspflicht sieht § 92 Abs 4a AktG bereits vor.[416] Nach dem Ministerialentwurf soll § 92 Abs 4a AktG direkt auf die Begriffsdefinition des § 189a Z 1 lit a und lit d UGB verweisen. Demnach ist – wie bisher – eine Einrichtungspflicht für **kapitalmarktorientierte Aktiengesellschaften** (§ 189a Z 1 lit a UGB) sowie für Aktiengesellschaften, die in einem Bundesgesetz unter Verweis auf § 189a UGB als Unternehmen von öffentlichem Interesse **bezeichnet** werden (§ 189a Z 1 lit d UGB), vorgesehen. Für Kreditinstitute (§ 189a Z 1 lit b UGB) und Versicherungen (§ 189a Z 1 lit c UGB) enthält das AktG nach dem Ministerialentwurf aber keine generelle Pflicht zur Einrichtung eines Prüfungsausschusses mehr, da nur mehr auf § 189a Z 1 lit a und lit d UGB verwiesen wird. Anzumerken ist, dass nach dem Ministerialentwurf auch kapitalistische Personengesellschaften zur Einrichtung eines Prüfungsausschusses verpflichtet sind, sofern solche Gesellschaften die Voraussetzungen des § 189a Z 1 lit a oder d UGB erfüllen.[417]

Zur Einrichtung von Prüfungsausschüssen sind andererseits Aktiengesell- **76**
schaften verpflichtet, bei denen das Fünffache eines der in Euro ausgedrückten Größenmerkmale einer großen Gesellschaft (§ 92 Abs 4a AktG iVm § 271a Abs 1 iVm § 221 Abs 3 erster Satz iVm Abs 4 bis 6 UGB) überschritten wird (**sehr große Gesellschaften**). Die Gesellschaften sind jedoch nur dann zur Einrichtung eines Prüfungsausschusses verpflichtet, wenn die entsprechenden Größenkriterien an den Abschlussstichtagen von zwei aufeinanderfolgenden Geschäftsjahren überschritten werden.[418]

414 Vgl *Merkt*, ZHR 179 (2015) 602; vgl ferner *Hopt*, ZGR 2015, 201ff (insbesondere zur *Gatekeeping*-Funktion des Abschlussprüfers); jeweils mwN. Darüber hinaus ist der Abschlussprüfer bei Unternehmen von öffentlichem Interesse zur Meldung ua von wesentlichen Verstößen gegen Rechts- und Verwaltungsvorschriften beim geprüften Unternehmen an die zuständige Aufsichtsbehörde verpflichtet (vgl Art 12 Abs 1 Verordnung (EU) Nr. 537/2014). Es tritt somit eine dritte Funktion des Abschlussprüfers, nämlich als Informant und Unterstützer der Aufsichtsbehörden zu agieren, hinzu. Zur kapitalmarktrechtlichen Indienstnahme des Abschlussprüfers und den damit verbundenen Konsequenzen vgl ausführlich *Merkt*, ZHR 179 (2015) 638ff.

415 ME APRÄG 2016, 190/ME 25. GP. Die Änderungen des AktG sollen laut Ministerialentwurf ohne Übergangsfrist sofort (dh mit 17. Juni 2016) in Kraft treten; vgl dazu 190/ME 25. GP Mat 16.

416 Vgl 190/ME 25. GP Mat 14.

417 Vgl 190/ME 25. GP Mat 5.

418 *Potyka/Weber*, GesRZ 2008, 193; *Milla/Vcelouch-Kimeswenger/Weber*, Unternehmensrechts-Änderungsgesetz 157 f; *Kalss* in Doralt/Nowotny/Kalss, AktG^2 § 92 Rz 136; *Kraßnig*, VWT 2014, 326; aA *Dellinger/Steinböck*, BWG § 63a Rz 62. Bei den Größenkriterien ist auf den jeweiligen Einzelabschluss abzustellen; verbundene Unternehmen haben außer Betracht zu bleiben; vgl kritisch *Varro*, GesRZ 2012, 295.

76a **Ministerialentwurf APRÄG 2016:** Nach dem Ministerialentwurf bleibt die Pflicht zur Einrichtung eines Prüfungsausschusses für sehr große Aktiengesellschaften unverändert aufrechterhalten, da auch diese Unternehmen von gesamtwirtschaftlicher Bedeutung sind.[419] Der Gesetzestext soll, ohne den Verweis auf § 271a Abs 1 UGB zu enthalten, direkt auf § 221 Abs 3 erster Satz iVm Abs 4 bis Abs 6 UGB verweisen.

77 Nach der in § 92 Abs 4a Satz 2 AktG normierten **Befreiungsvorschrift** (Konzernprivileg) müssen Gesellschaften, die unmittelbar oder mittelbar in hundertprozentigem Anteilsbesitz stehen, **keinen Prüfungsausschuss** einrichten, wenn das Mutterunternehmen einen solchen bestellt hat. Die Befreiungsbestimmung umfasst Mutterunternehmen mit Sitz im Inland oder Ausland gleichermaßen.[420] Die Einrichtungspflicht entfällt jedoch nur, wenn der Prüfungsausschuss des Mutterunternehmens den Anforderungen des § 92 Abs 4a AktG entspricht und daher vor allem dessen Kompetenzen hat sowie mit einem unabhängigen Finanzexperten ausgestattet ist.[421] Ferner kommt die Befreiungsvorschrift nicht zum Tragen, wenn sich der Prüfungsausschuss des Mutterunternehmens tatsächlich nicht mit dem Rechnungswesen und der Abschlussprüfung des verbundenen Unternehmens – etwa wegen seiner mangelnden Bedeutsamkeit – auseinandersetzt.[422] Der Aufsichtsrat des verbundenen Unternehmens hat aber jedenfalls darauf zu achten, dass die auf den konzernweiten Prüfungsausschuss übertragenen Aufgaben von diesem ordnungsgemäß erfüllt werden.[423]

77a **Ministerialentwurf APRÄG 2016:** Das **Konzernprivileg** soll nach dem Ministerialentwurf **erweitert** werden. Die Befreiungsvorschrift soll auch Tochterunternehmen bis zu einer Minderheitsbeteiligung unter 25% offenstehen. Demnach besteht nach dem Ministerialentwurf in Gesellschaften, an denen ein Mutterunternehmen unmittelbar oder mittelbar mehr als 25% der Anteile hält, keine Pflicht einen Prüfungsausschuss einzurichten, sofern im Mutterunternehmen ein solcher oder ein gleichwertiges Gremium dessen Aufgaben und sonstige Pflichten auf Konzernebene erfüllt. Damit soll vom Wahlrecht nach Artikel 39 Abs 3 lit a Richtlinie 2006/43/EG nF Gebrauch gemacht werden. Die Befreiungsbestimmung soll Mutterunternehmen mit Sitz im Inland und Ausland gleichermaßen erfassen.[424] Nach dem Ministerialentwurf soll die Befreiungsbestimmung aber nur dann greifen, wenn der Prüfungsausschuss des Mutterunternehmens (oder das stattdessen eingerichtete Gremium) sowohl im Hinblick auf seine Kompetenzen und Zusam-

---

419 Vgl 190/ME 25. GP Mat 14.

420 ErlRV 467 BlgNR 23. GP 35 (URÄG 2008); vgl ferner *Kalss* in Doralt/Nowotny/Kalss, AktG² § 92 Rz 136. Zu den Konsequenzen eines im Ausland ansässigen untätigen bzw nicht ausreichend tätigen Prüfungsauschusses vgl *Panzhirsch/Reiter*, RWZ 2011, 38.

421 ErlRV 467 BlgNR 23. GP 35 (URÄG 2008); vgl *Panzhirsch/Reiter*, RWZ 2011, 40; ferner *Kalss* in Doralt/Nowotny/Kalss, AktG² § 92 Rz 136; *Rauter* in Straube, GmbHG § 30g Rz 211.

422 *Potyka/Weber*, GesRZ 2008, 194; *Milla/Vcelouch-Kimeswenger/Weber*, Unternehmensrechts-Änderungsgesetz 159; vgl ferner *Kalss* in Doralt/Nowotny/Kalss, AktG² § 92 Rz 136; *Rauter* in Straube, GmbHG § 30g Rz 211.

423 *Milla/Vcelouch-Kimeswenger/Weber*, Unternehmensrechts-Änderungsgesetz 160; vgl ferner *Kalss* in Doralt/Nowotny/Kalss, AktG² § 92 Rz 136.

424 Vgl 190/ME 25. GP Mat 14.

mensetzung den Anforderungen des § 92 Abs 4a AktG genügt als auch die Aufgaben eines Prüfungsausschusses gemäß Z 1 bis Z 7 im Tochterunternehmen sowie seine sonstigen Pflichten, die sich für Unternehmen von öffentlichem Interesse aus der Verordnung (EU) Nr. 537/2014 ergeben können, wahrnimmt. Im Einklang mit der bisherigen Literatur setzt der Gesetzgeber für die Anwendbarkeit der Befreiungsvorschrift insbesondere voraus, dass sich der Prüfungsausschuss des Mutterunternehmens bei der Überwachung des Rechnungslegungsprozesses sowie des internen Kontrollsystems und des Risikomanagementsystems (IKS und RMS) wie auch bei der Wahrnehmung seiner sonstigen Aufgaben mit den diesbezüglichen Belangen des verbundenen Unternehmens auseinandersetzt.[425] Wird von der Befreiungsvorschrift zulässigerweise Gebrauch gemacht, so soll der zusätzliche Bericht des Abschlussprüfers (siehe Rz 87a) dem Prüfungsausschuss (bzw dem sonstigen Gremium) des Mutterunternehmens sowie zugleich dem Aufsichtsrat des Tochterunternehmens erstattet werden.

Wird ein Prüfungsausschuss entgegen den gesetzlichen Bestimmungen **nicht eingesetzt**, so ist die Billigung des Jahresabschlusses durch den Gesamtaufsichtsrat gem § 96 Abs 4 AktG nicht als ungültiger Beschluss zu qualifizieren. Die Einrichtungspflicht nach § 92 Abs 4a AktG ist nämlich als bloße **Ordnungsvorschrift** zu qualifizieren, deren Verletzung allenfalls zur Haftung der Aufsichtsratsmitglieder führen kann.[426] Gleichfalls bewirkt die mangelnde Prüfungsausschusseinrichtung weder die Anfechtbarkeit noch die Nichtigkeit eines ausnahmsweise durch die Hauptversammlung vorgenommenen Feststellungsbeschlusses.[427] In Gesellschaften, die einer fachspezifischen Aufsicht unterliegen – wie etwa Kreditinstitute oder Versicherungsunternehmen – und für die ebenfalls ein Prüfungsausschuss vorgesehen ist, können aufsichtsrechtliche Sanktionen hinzutreten.[428] 78

Trifft eine Gesellschaft nach § 92 Abs 4a AktG keine Einrichtungspflicht, so hat die dem Prüfungsausschuss zukommenden Aufgaben der Gesamtaufsichtsrat wahrzunehmen. Unabhängig von der gesetzlichen Pflicht zur Bildung eines Prüfungsausschusses kann sich eine entsprechende Einrichtungspflicht im Einzelfall auch aus der den Gesamtaufsichtsrat treffenden Selbstorganisationspflicht (vgl Rz 6) ergeben.[429] 79

Ministerialentwurf APRÄG 2016: Nach dem Ministerialentwurf kann bei **sehr großen Aktiengesellschaften** (siehe Rz 76a) die Einrichtung eines eigenständigen Prüfungsausschusses **unterbleiben**, sofern der Gesamtaufsichtsrat aus nicht mehr als vier Mitgliedern besteht, wie ein Prüfungsausschuss zusammengesetzt ist und dessen Aufgaben und sonstige Pflichten wahrnimmt.[430] Der Gesetzge- 79a

[425] Vgl 190/ME 25. GP Mat 14.

[426] Vgl *Kalss* in Doralt/Nowotny/Kalss, AktG² § 92 Rz 137; *Winkler/Birkner*, RdW 1998, 245.

[427] Vgl *Kalss* in Doralt/Nowotny/Kalss, AktG² § 92 Rz 1137; ferner *Milla/Vcelouch-Kimeswenger/Weber*, Unternehmensrechts-Änderungsgesetz 168.

[428] Vgl etwa *Dellinger/Steinböck*, BWG § 63a Rz 63.

[429] *Milla/Vcelouch-Kimeswenger/Weber*, Unternehmensrechts-Änderungsgesetz 160; vgl ferner *Kalss* in Doralt/Nowotny/Kalss, AktG² § 92 Rz 136; *Rauter* in Straube, GmbHG § 30g Rz 208.

[430] Selbst wenn diese Befreiungsvorschrift anwendbar sein sollte, kann sich die Pflicht, einen eigenständigen Prüfungsausschuss einzurichten, aber aus der Selbstorganisationspflicht des Gesamtaufsichtsrats ergeben.

ber setzt für die Befreiungsvorschrift **maximal vier Kapitalvertreter** (und damit insgesamt – unter Einbeziehung der Arbeitnehmervertreter – maximal sechs Mitglieder des Gesamtaufsichtsrats) voraus. Ferner muss ein Mitglied des Aufsichtsrats Finanzexperte (siehe Rz 81) sein. Der Finanzexperte sowie der Vorsitzende des Gesamtaufsichtsrats müssen unabhängig sein (siehe *Kalss* Rz 3/2 ff). Generell muss der Gesamtaufsichtsrat alle Aufgaben und sonstige Pflichten des Prüfungsausschusses erfüllen.[431] Ist ein Aufsichtsrat von der Pflicht zur Einrichtung eines eigenständigen Prüfungsausschusses ausgenommen, so ist der zusätzliche Bericht des Abschlussprüfers dem Gesamtaufsichtsrat zu erstatten. Sind Aktiengesellschaften als Unternehmen von öffentlichem Interesse (siehe Rz 75a) nicht aber als sehr große Aktiengesellschaften zu qualifizieren, so greift die vorgeschlagene Befreiungsvorschrift nicht.

2. Innere Ordnung

a) Mitgliederanzahl

80 Anders als § 63a Abs 4 BWG bzw § 123 Abs 7 VAG 2016, wonach ein Prüfungsausschuss aus mindestens drei Mitgliedern bestehen muss,[432] sieht das AktG keine entsprechende Mindestmitgliederanzahl vor. Der Prüfungsausschuss kann daher auch aus bloß zwei Mitgliedern bestehen.[433] Ein Einpersonen-Prüfungsausschuss ist aber nicht zulässig (vgl Rz 20).

b) Finanzexperte

81 Gem § 92 Abs 4a Satz 5 AktG hat dem Prüfungsausschuss eine Person anzugehören, die über den Anforderungen des Unternehmens entsprechende Kenntnisse und praktische Erfahrungen im Finanz- und Rechnungswesen und in der Berichterstattung verfügt (**Finanzexperte**).[434] Da die aktienrechtliche Bestimmung – anders als etwa § 39d Abs 3 BWG[435] – nicht auf eine kollektive, sondern eine individuelle Sonderbefähigung abstellt, müssen die Anforderungen des § 92 Abs 4a

---

[431] Vgl 190/ME 25. GP Mat 14.

[432] Nach § 39c Abs 3 bzw 39d Abs 3 BWG haben der Vergütungsausschuss und der Risikoausschuss ebenso aus drei Mitgliedern zu bestehen.

[433] *Potyka/Weber*, GesRZ 2008, 196; vgl ferner *Kalss* in Doralt/Nowotny/Kalss, AktG² § 92 Rz 138; *Rauter* in Straube, GmbHG § 30g Rz 211a.

[434] An Finanzexperten von Kreditinstituten bzw Versicherungsunternehmen werden noch höhere Anforderungen gestellt. Sie müssen nicht nur über „*entsprechende Kenntnisse und praktische Erfahrungen*" (vgl § 92 Abs 4a AktG), sondern über „*besondere Kenntnis und praktische Erfahrungen*" (vgl § 63a Abs 4 BWG bzw § 123 Abs 7 VAG 2016) verfügen; vgl dazu etwa *Kalss* in Doralt/Nowotny/Kalss, AktG² § 92 Rz 152. Diese zusätzliche Erhöhung der Anforderungen gilt nach dem Wortlaut des Gesetzes für Mitglieder des Risikoausschusses gemäß § 39d BWG jedoch ebenso wenig, wie für den Vergütungsexperten gemäß § 39c Abs 3 BWG. Diese erhöhten Anforderungen bleiben nach dem ME APRÄG 2016 für Prüfungsausschüsse von Kreditinstituten aufrecht; für Versicherungsunternehmen soll der Standard wieder an das Niveau des AktG angeglichen werden.

[435] Danach müssen alle Mitglieder des Risikoausschusses über die zur Überwachung der Umsetzung der Risikostrategie des Kreditinstitutes erforderliche Expertise und Erfahrung verfügen; vgl ferner *Wachter*, ÖBA 2015, 103.

Satz 5 AktG von zumindest einer Person zur Gänze erfüllt werden.[436] Aufgrund der vom Gesetzgeber vorausgesetzten **besonderen fachlichen Qualifikation** des Finanzexperten[437], die dessen gegenüber sonstigen Ausschuss- bzw Aufsichtsratsmitgliedern erhöhte Sorgfaltspflicht begründet,[438] soll die dem Aufsichtsrat auferlegte Prüfung des Jahresabschlusses auf Zweckmäßigkeit gewährleistet werden.[439] Gleichzeitig steht dem Abschlussprüfer zumindest ein über ausreichendes Fachwissen verfügendes Prüfungsausschuss- bzw Aufsichtsratsmitglied gegenüber (Sparringspartner), was zu einer verbesserten Kommunikation zwischen Aufsichtsrat und Abschlussprüfer führen soll.[440] Als Finanzexperten kommen – neben Wirtschaftsprüfern – jene Personen in Betracht, die für Fragen der Rechnungslegung in anderen vergleichbaren Unternehmen verantwortlich waren (zB Personen, die in leitender Stellung im Controlling tätig waren).[441] Dies können etwa auch Personen sein, durch ihre bisherige Tätigkeit im Aufsichtsrat einer vergleichbaren Gesellschaft entsprechende Kenntnisse erlangt haben.[442] Die bloße Beiziehung eines Sachverständigen als Finanzexperten reicht nicht aus.[443] Finanzexperte darf nicht sein, wer in den letzten drei Jahren Vorstandsmitglied, leitender Angestellter (iSd § 80 AktG), oder Abschlussprüfer der Gesellschaft war oder den Bestätigungsvermerk unterfertigt hat oder aus anderen Gründen nicht **unabhängig** oder unbefangen ist (§ 92 Abs 4a Satz 6 AktG; L-Regel 40 ÖCGK; Cooling-off-Gründe für den Prüfungsausschuss).[444] Diese Bestimmung beruht auf dem Gedanken, dass Personen, die bis vor Kurzem die Geschäfte der Gesellschaft geführt oder ihren Jahres-

436 AA *Kalss* in Doralt/Nowotny/Kalss, AktG² § 92 Rz 139, die eine kollektive Befähigung als ausreichend ansieht.

437 Vgl dazu ausführlich Kapitel *Kalss/Schimka* § 2 Rz 42 f; ferner *Milla/Vcelouch-Kimeswenger/Weber*, Unternehmensrechts-Änderungsgesetz 164 ff; *Fida/Gelter/Rechberger*, GeS 2006, 241 f; *Reiter*, Aufsichtsrat aktuell 2/2005, 10 f; *Reiter/Panzhirsch*, RWZ 2010/49, 197 ff.

438 Vgl etwa *Kraßnig*, VWT 2014, 327.

439 *Reiter*, Aufsichtsrat aktuell 2/2005, 11; *Milla/Vcelouch-Kimeswenger/Weber*, Unternehmensrechts-Änderungsgesetz 164.

440 Vgl ErlRV 927 BlgNR 22. GP 3 (GesRÄG 2005); *Reiter*, Aufsichtsrat aktuell 2/2005, 11; *Milla/Vcelouch-Kimeswenger/Weber*, Unternehmensrechts-Änderungsgesetz 164.

441 ErlRV 927 BlgNR 22. GP 8 (GesRÄG 2005); vgl ferner *Rauter* in Straube, GmbHG § 30g Rz 212.

442 *Fida/Gelter/Rechberger*, GeS 2006, 241 f; vgl auch OLG München 23 V 5517/09, AG 2010, 639; *Rauter* in Straube, GmbHG § 30g Rz 212.

443 Vgl *Rauter* in Straube, GmbHG § 30g Rz 212 mwN. Anderes kann unter bestimmten Voraussetzungen für den Vergütungsexperten bei Kreditinstituten gemäß § 39c BWG gelten.

444 *Kalss* in Doralt/Nowotny/Kalss, AktG² § 92 Rz 141. Nach den Bestimmungen des VAG 2016 darf kein Finanzexperte sein, wer in den letzten drei Jahren Mitglied des Vorstands oder des Verwaltungsrats, geschäftsführender Direktor, leitender Angestellter (§ 80 AktG) oder Abschlussprüfer des Versicherungs- und Rückversicherungsunternehmens war oder den Bestätigungsvermerk unterfertigt hat oder aus anderen Gründen nicht unabhängig und unbefangen ist (vgl § 123 Abs 7 VAG 2016). Gemäß § 63a Abs 4 BWG scheidet als Finanzexperte aus, wer in den letzten drei Jahren Geschäftsleiter oder leitender Angestellter (§ 80 AktG) oder Bankprüfer des Kreditinstitutes war oder den Bestätigungsvermerk unterfertigt hat oder aus anderen Gründen nicht unabhängig und unbefangen ist. Nach dem ME APRÄG 2016 müssen bei Kreditinstituten und bei Versicherungsunternehmen alle Mitglieder des Prüfungsausschusses sicherstellen, dass sie nicht die zuvor genannten Funktionen innerhalb der maßgeblichen Zeiträume ausgeübt haben. Ferner müssen alle Mitglieder mehrheitlich unabhängig und unbefangen sein, vgl dazu FN 460.

abschluss geprüft haben, befangen sein könnten und daher keine führende Rolle im Finanzausschuss einnehmen sollen. Dagegen, dass diese Personen ihre regelmäßig besonders genaue Kenntnis der Gesellschaft als einfache Mitglieder im Finanzausschuss einbringen, besteht hingegen kein Einwand.[445] Zur Definition des Begriffes der Unabhängigkeit[446] kann auf die EU-Empfehlung, nach der die Mehrheit der Prüfungsausschussmitglieder unabhängig sein sollte,[447] bzw auf den ÖCGK verwiesen werden (vgl dazu auch Rz 18; *Kalss* Rz 3/2 ff).[448] Danach ist ein Mitglied als unabhängig anzusehen, wenn es in keiner geschäftlichen oder persönlichen Beziehung zu der Gesellschaft oder deren Vorstand steht, die einen materiellen Interessenkonflikt begründet und daher geeignet ist, das Verhalten des Mitglieds zu beeinflussen.[449]

82 Die **restlichen Mitglieder** des Prüfungsausschusses müssen im Vergleich zu den ausschussfremden Aufsichtsratsmitgliedern ebenso über gesteigerte Kenntnisse im Bereich der Bilanzierung und Rechnungslegung verfügen (Rz 17).[450] Die Befähigung eines Finanzexperten wird von ihnen aber nicht verlangt.[451] Nach der Richtlinie 2006/43/EG nF[452] müssen künftig alle Prüfungsausschussmitglieder (auch der Finanzexperte) von Unternehmen von öffentlichem Interesse zudem mit dem Sektor, in dem die Gesellschaft tätig ist, vertraut sein.[453] In welchem Ausmaß diese Branchenkenntnis vorliegen muss und welche konkreten Erfahrungen verlangt werden, bleiben offen. Dass nur solche Personen Prüfungsausschussmitglieder sein dürfen, die bereits bei Konkurrenzunternehmen tätig waren, kann dieser Bestimmung aber nicht entnommen werden.[454] Ferner muss die Mehrheit aller Mitglieder des Prüfungsausschusses solcher Unternehmen unabhängig sein,[455] wobei die Mitgliedsstaaten von der Unabhängigkeitsanforderung absehen können, wenn alle Mitglieder des Prüfungsausschusses dem Verwaltungs- oder Aufsichtsorgan des geprüften Unternehmens angehören.[456]

82a **Ministerialentwurf APRÄG 2016:** Der Ministerialentwurf verlangt von den Mitgliedern des Prüfungsausschusses nunmehr zusätzlich, dass diese in ihrer Gesamtheit mit dem **Sektor**, in dem das geprüfte Unternehmen tätig ist, **vertraut** sind. Damit sollen die europäischen Vorgaben umgesetzt werden (siehe dazu Rz 75a ff). Diese Anforderung gilt für alle Aktiengesellschaften, die einen Prüfungsausschuss einrichten müssen. Nicht nur für Aktiengesellschaften von öffent-

---

445 ErlRV 927 BlgNR 22. GP 8 (GesRÄG 2005).

446 Zum Unabhängigkeitsbegriff vgl ferner *Milla/Köll/Wenger/Adrian*, RWZ 2014, 370f.

447 Vgl Anhang I Z 4.1 EU-Empfehlung.

448 ErlRV 467 BlgNR 23. GP 36 (URÄG 2008); vgl ferner *Milla/Köll/Wenger/Adrian*, RWZ 2014, 372; *Reiter/Panzhirsch*, RWZ 2010, 205.

449 Vgl C-Regel 53 ÖCGK; ferner Z 13.1 EU-Empfehlung; vgl ferner Rz 18.

450 Vgl *Dellinger/Steinböck*, BWG § 63a Rz 72; ferner *Kalss* in Doralt/Nowotny/Kalss, AktG² § 92 Rz 140; *Rauter* in Straube, GmbHG § 30g Rz 225 mwN.

451 Vgl *Fida/Gelter/Rechberger*, GeS 2006, 242.

452 Vgl dazu Rz 75a.

453 Vgl dazu etwa *Spindler* in Spindler/Stilz, AktG³ § 107 Rz 162.

454 Vgl etwa *Milla/Köll/Wenger/Adrian*, RWZ 2014, 370.

455 Vgl dazu etwa *Milla/Köll/Wenger/Adrian*, RWZ 2014, 372; *Spinder* in Spindler/Stilz, AktG³ § 107 Rz 163.

456 Vgl Art 32 Abs 5 Richtlinie 2006/43/EG nF.

lichem Interesse, sondern auch für sehr große Aktiengesellschaften (siehe Rz 76a). Welche Voraussetzungen für das Vorliegen der geforderten Branchenkenntnis erfüllt sein müssen, lässt der Gesetzgeber offen. Wie oben in Rz 81 bereits ausgeführt, ist davon auszugehen, dass eine unternehmerische oder leitende Tätigkeit in der Branche nicht vorausgesetzt wird. Vielmehr wird es ausreichen, die Branchenkenntnis durch intensive Weiterbildung, Erfahrungen im Beteiligungsmanagement oder etwa aufgrund langjähriger Tätigkeit als Angehöriger beratender Berufe gewonnen zu haben.[457] Die Anforderung wird an die Ausschussmitglieder in ihrer Gesamtheit gestellt, sodass nicht jedes einzelne Mitglied über die nötige Branchenkenntnis verfügen muss. Es reicht vielmehr aus, wenn einzelne Mitglieder diese Voraussetzung erfüllen.[458] Der Gesetzgeber macht von seinem Wahlrecht nach Artikel 39 Abs 5 Richtlinie 2006/43/EG nF[459] Gebrauch und verlangt nach dem Ministerialentwurf **nicht**, dass die Mehrheit der Mitglieder eines Prüfungsausschusses unabhängig sein muss.[460] Das Unabhängigkeitserfordernis wird – wie bisher – nur für den Vorsitzenden und den Finanzexperten des Prüfungsausschusses vorausgesetzt.[461] Dies ist grundsätzlich sachgerecht, da durch die dem dualistischen Corporate Governance System entsprechende institutionelle Trennung des Aufsichtsrats vom Vorstand bereits ein allgemein hohes Maß an Unabhängigkeit sichergestellt ist.[462] Darüber hinaus spricht auch die Aufrechterhaltung einer größeren personellen Flexibilität für das Vorgehen des Gesetzgebers.[463]

Die Europäische Kommission geht über die gesetzlichen Anforderungen hinaus und verlangt ohne Unterschied entsprechende Fachkompetenz und Erfahrung von **allen Mitgliedern** des Prüfungsausschusses. Die Mitglieder des Prüfungsausschusses sollen in ihrer Gesamtheit aufgrund ihres fachlichen Hintergrunds und ihrer individuellen Erfahrungen über zeitnahe, einschlägige Kenntnisse im Bereich Finanzen und Rechnungslegung verfügen.[464] Für die Mitglieder des Prü- **83**

[457] Wovon auch der deutsche Gesetzgeber ausgeht; vgl *Schüppen*, NZG 7/2016, 254; *Merkt*, ZHR 179 (2015) 619; *Velte*, WPg 2015, 488; *Blöink/Kumm*, BB 2015, 1071; jeweils mwN. Demnach ist die Vertrautheit mit dem Geschäftsfeld keine Bestellungsvoraussetzung, sondern kann auch noch während der Tätigkeit im Ausschuss erworben werden; vgl *DAV-Handelsrechtsausschuss*, NZG 19/2015, 753.

[458] Vgl *Milla/Köll/Wenger/Adrian*, RWZ 2014, 369; dies entspricht der deutschen Rechtslage vgl dazu etwa *Merkt*, ZHR 179 (2015) 619.

[459] Vgl dazu etwa *Velte*, DStR 2014, 1692.

[460] Anders als bei der SE, bei der nach dem Ministerialentwurf gemäß § 51 SEG die Mehrheit der Mitglieder des Prüfungsausschusses unabhängig sein müssen. Vgl dazu 190/ME 25. GP Mat 17. Ebenso muss nach dem Ministerialentwurf künftig die Mehrheit der Mitglieder des Prüfungsausschusses von Kreditinstituten und von Versicherungsunternehmen unabhängig und unbefangen sein. Zur Auslegung des Begriffs der Unabhängigkeit wird auf die Kriterien des ÖCGK sowie der EU-Empfehlung abzustellen sein (siehe dazu Rz 81). Alle Mitglieder des Prüfungsausschusses eines Kreditinstituts bzw einer Versicherungsunternehmens (und nicht nur der Vorsitzende bzw Finanzexperte) dürfen nach dem Ministerialentwurf in den letzten drei Geschäftsjahren nicht Geschäftsleiter, leitender Angestellter oder Bankprüfer der Gesellschaft gewesen sein oder den Bestätigungsvermerk unterfertigt haben.

[461] Vgl 190/ME 25. GP Mat 14 f.

[462] Vgl *Schüppen*, NZG 7/2016, 254 mwN; *Merkt*, ZHR 179 (2015) 612.

[463] Vgl *Merkt*, ZHR 179 (2015) 612 mwN.

[464] Vgl Z 11.2 EU-Empfehlung. Vgl dazu ferner *Spindler*, ZIP 2005, 2038.

fungsausschusses sollen von der Gesellschaft regelmäßige Schulungen durchgeführt werden, um ihnen umfassende Informationen über die gesellschaftseignen Besonderheiten in Bezug auf Rechnungslegung, Finanzinformationen und Abläufe zu erhalten.[465]

84 Das **Fehlen eines Finanzexperten** im Prüfungsausschuss stellt wie das gänzliche Unterbleiben der Ausschusseinrichtung eine Ordnungswidrigkeit dar (vgl Rz 78), die die Wirksamkeit eines Feststellungsbeschlusses (des Aufsichtsrats bzw der Hauptversammlung) unberührt lässt.[466] Übernimmt eine Person die Rolle des Finanzexperten und erfüllt sie nicht die besonderen Qualifikationsanforderungen, so macht sich diese Person der Übernahmefahrlässigkeit schuldig und kann bei Eintritt eines Schadens und bei Vorliegen der sonstigen Anspruchsvoraussetzungen (insbesondere Kausalität und Rechtswidrigkeitszusammenhang) von der Gesellschaft zur Haftung herangezogen werden (vgl Rz 17).[467]

c) Prüfungsausschussvorsitzender

85 § 92 Abs 4a Satz 6 AktG sieht – wie für den Finanzexperten (vgl Rz 81) – eine spezielle **Unabhängigkeitsregelung** für den Prüfungsausschussvorsitzenden vor.[468] Prüfungsausschussvorsitzender darf nicht sein, wer in den letzten drei Jahren Vorstandsmitglied, leitender Angestellter (iSd § 80 AktG), oder Abschlussprüfer der Gesellschaft war oder den Bestätigungsvermerk unterfertigt hat oder aus anderen Gründen nicht unabhängig oder unbefangen ist. Zur Auslegung des Unabhängigkeitsbegriffs vgl Rz 18, 81. Diese spezielle Vorschrift ist nicht verallgemeinerungsfähig, dh andere Ausschussvorsitzende müssen diesen Anforderungen nicht entsprechen. Die Richtlinie 2006/43/EG nF ermöglicht es Mitgliedstaaten, den Prüfungsausschussvorsitzenden von der Hauptversammlung der Gesellschaft wählen zu lassen.[469]

d) Sitzungen

86 Gem § 92 Abs 4a Satz 3 AktG hat der Prüfungsausschuss **mindestens zwei Sitzungen** im Geschäftsjahr abzuhalten.[470] In die gleiche Richtung weist die Emp-

---

465 Vgl Anhang I Z 4.3.1 EU-Empfehlung.

466 *Fida/Gelter/Rechberger*, GeS 2006, 244; *Kalss* in Doralt/Nowotny/Kalss, AktG² § 92 Rz 141.

467 Vgl *Kropff* in FS K. Schmidt 1039; *Semler* in FS K. Schmidt 1499; vgl ferner *Kalss* in Doralt/Nowotny/Kalss, AktG² § 92 Rz 141.

468 Vgl auch §§ 39c Abs 3 (Vergütungsausschuss), 39d Abs 3 (Risikoausschuss), 63a Abs 4 (Prüfungsausschuss) BWG (für Kreditinstitute) und § 123 Abs 7 VAG 2016 (für Versicherungsunternehmen). Zur Erweiterung dieser Unabhängigkeitsregel bei Prüfungsausschüssen von Kreditinstituten und Versicherungsunternehmen auf alle Mitglieder nach den Vorschriften des ME APRÄG 2016 vgl Rz 81.

469 Vgl Art 29 Abs 1 Richtlinie 2006/43/EG nF. Diese Wahlmöglichkeit steht im Widerspruch zur Kompetenzordnung des österreichischen Aktiengesetzes, zumal daduch die Organisationsautonomie des Aufsichtsrates in unzulässiger Weise beschnitten werden würde. Vor diesem Grund hat der Gesetzgeber im ME APRÄG 2016 von diesem Wahrecht zu Recht keinen Gebrauch gemacht. Vgl dazu auch *Spindler* in Spindler/Stilz, AktG³ § 107 Rz 164.

470 Dies gilt auch nach § 63a Abs 4 BWG bzw § 123 Abs 9 (idF ME APRÄG 2016) VAG 2016 (idF für den Prüfungsausschuss. Der Vergütungsausschuss gemäß § 39c BWG und der

fehlung der Europäischen Kommission, die eine halbjährige Berichterstattung des Prüfungsausschusses an den Gesamtaufsichtsrat empfiehlt,[471] der wohl jeweils eine Ausschusssitzung vorangehen wird. IdR werden aber mehr als zwei Sitzungen pro Jahr stattfinden.[472] Wie viele Sitzungen tatsächlich abgehalten werden, hängt jedoch vom Einzelfall ab.[473] Überschießend erscheint es, bei börsennotierten Gesellschaften in Anbetracht der quartalsmäßigen Berichterstattung stets eine vierteljährliche Prüfungsausschusssitzung zu verlangen, da die Quartalsberichte gegebenenfalls als Routineberichte keine wesentlichen Prüfungsfeststellungen enthalten können.[474] Die für Prüfungsausschüsse gesetzlich vorgeschrieben Mindestsitzungsanzahl ist auf andere Ausschüsse zu übertragen (vgl Rz 15).

Gem § 92 Abs 4a Satz 4 AktG ist der **Abschlussprüfer** den Sitzungen des Prüfungsausschusses, die sich mit der Vorbereitung der Feststellung des Jahresabschlusses (Konzernabschlusses) und dessen Prüfung beschäftigen, zuzuziehen und hat über die Abschlussprüfung zu berichten.[475] Gleichfalls kann im Einzelfall die Ladung des für Finanz- und Rechnungswesen zuständigen Vorstandsmitglieds empfehlenswert sein.[476] Nach C-Regel 81a ÖCGK hat der Abschlussprüfer – zusätzlich zu den im Gesetz bereits vorgesehenen Fällen – zumindest bei einer weiteren Sitzung des Prüfungsausschusses teilzunehmen, in welcher auch die wechselseitige Kommunikation zwischen Abschlussprüfer und Prüfungsausschuss festgelegt werden soll. Den allgemeinen Regelungen entsprechend kann der Prüfungsausschuss auch **externe Sachverständige** den Sitzungen zur Expertise beiziehen. Dies empfiehlt auch die Europäische Kommission, wonach der Prüfungsausschuss externe Berater in Rechts-, Prüfungs-, oder sonstigen Fragen in Anspruch nehmen können soll, wenn er dies für erforderlich hält. Dazu soll der Prüfungsausschuss von der Gesellschaft ausreichende Mittel erhalten.[477] **87**

Ministerialentwurf APRÄG 2016: Der Ministerialentwurf greift die europäischen Vorgaben zur Verbesserung der Kommunikation der Beteiligten[478] auf **87a**

Risikoausschuss gemäß § 39d BWG müssen demgegenüber nur mindestens einmal im Jahr tagen; vgl *Kalss* in Doralt/Nowotny/Kalss, AktG² § 92 Rz 133 (zum Vergütungsausschuss).

471 Vgl Anhang I Z 4.3.9 EU-Empfehlung.

472 *Dellinger/Steinböck*, BWG § 63a Rz 91 mwN.

473 Vgl auch *Kalss* in Doralt/Nowotny/Kalss, AktG² § 92 Rz 141.

474 *Dellinger/Steinböck*, BWG § 63a Rz 91 mwN.

475 Damit ist das Rederecht des Abschlussprüfers gesetzlich verankert, das insbesondere wesentliche Schwächen bei der internen Kontrolle des Rechnungslegungsprozesses umfasst; vgl 190/ME 25.GP Mat 15; vgl dazu und zur Berichtspflicht des Abschlussprüfers bzw dessen Kommunikation mit dem Prüfungsausschuss *Potyka/Weber*, GesRZ 2008, 196 f; *Milla/Vcelouch-Kimeswenger/Weber*, Unternehmensrechts-Änderungsgesetz 163, 166 f; vgl ferner *Kalss* in Doralt/Nowotny/Kalss, AktG² § 92 Rz 142. Diese Pflicht besteht ebenso gemäß § 123 Abs 9 VAG 2016 (idF ME APRÄG 2016). Nach § 63a Abs 4 BWG ist der Bankprüfer den Sitzungen des Prüfungsausschusses jedenfalls zuzuziehen und hat zumindest einmal jährlich über die wichtigsten bei der Abschlussprüfung gewonnenen Erkenntnisse schriftlich zu berichten und diesen Bericht auf Verlangen eines Mitglieds mündlich zu erläutern.

476 Vgl Anhang I Z 4.3.3 EU-Empfehlung.

477 Vgl Anhang I Z 4.3.7 EU-Empfehlung.

478 Für Kreditinstitute und Versicherungsunternehmen besteht eine Pflicht zur Einrichtung eines wirksamen Dialogs zwischen Prüfer und der zuständigen Aufsichtsbehörde (für den beide Parteien Verantwortung tragen), wofür die EZB bzw die EIOPA Leitlinien herauszugeben

und verpflichtet den Abschlussprüfer (zusätzlich zu seiner Berichtspflicht nach § 273 Abs 1 UGB), bei allen Aktiengesellschaften, die einen Prüfungsausschuss einzurichten haben, spätestens mit dem Bestätigungsvermerk einen **zusätzlichen Bericht** an diesen schriftlich zu erstatten, der den Anforderungen des Artikel 11 Verordnung (EU) Nr. 537/2014 entspricht.[479] Neben den Erläuterungen der Ergebnisse der durchgeführten Abschlussprüfung[480] sollen vor allem jene Informationen beinhaltet sein, die der Prüfungsausschuss zur Ausübung der ihm übertragenen Aufgaben benötigt.[481] Adressat ist der Prüfungsausschuss. Fungiert der Gesamtaufsichtsrat als Prüfungsausschuss (siehe Rz 79a), so ist der zusätzliche Bericht an diesen zu erstatten. Bei der Anwendung des Konzernprivilegs (siehe Rz 77a), ist dieser Bericht nicht nur dem Prüfungsausschuss (bzw dem sonstigen Gremium) des Mutterunternehmens, sondern auch dem Aufsichtsrat des Tochterunternehmens vorzulegen.[482] Der Gesetzgeber macht von seinem Wahlrecht nach Artikel 11 Abs 1 Verordnung (EU) Nr. 537/2014 keinen Gebrauch, sodass der zusätzliche Bericht (bei Bestehen eines Prüfungsausschusses) grundsätzlich weder dem Vorstand noch dem Gesamtaufsichtsrat vorzulegen ist.[483] Dieser unmittelbare Vorlagezwang an den Prüfungsausschuss unterstreicht dessen hervorgehobene Stellung sowohl gegenüber dem Plenum als auch gegenüber dem Vorstand, sodass den Empfehlungen des Prüfungsausschusses künftig eine noch stärkere Rolle zukommen wird.[484] Der Gesetzgeber legt über die europäischen Vorgaben hinausgehende, zusätzliche Anforderungen an den Inhalt des zusätzlichen Berichts nicht fest.[485] Dies insbesondere auch deshalb, da Abschlussprüfer ohnehin weitreichenden Berichtspflichten aufgrund berufsrechtlichen Verpflichtungen unterliegen.[486] Nach dem Fachgutachten des Fachsenats für Unternehmensrecht und Revision der Kammer der Wirtschaftstreuhänder zur Durchführung von Abschlussprüfungen (in der Fassung vom 3. März 2014, überarbeitet im Juni 2015; KFS/PG 1), welches auf die Prüfung von Abschlüssen für Geschäftsjahre, die am oder nach dem 30. Juni 2016 enden, anzuwenden ist, sind bei der Durchführung von Prüfungen von Abschlüssen die International Standards on Auditing (ISAs) zu berücksichtigen.[487] Deren Anwendung kann eine Berichtspflicht auslösen, die über die gesetzlich normierten Tatbestände hinausgeht.[488] Nach ISA 260 (Kommunikation mit den für die Überwachung Verantwortlichen) ist (ua) der Prüfungsausschuss über die wesentlichen Ergebnisse der Abschlussprüfung zu unterrichten. Die Berichter-

haben (vgl Artikel 12 Abs 2 Verordnung (EU) Nr. 537/2014); vgl dazu *Merkt*, ZHR 179 (2015) 626.

479 Vgl dazu auch *Spindler* in Spindler/Stilz, AktG³ § 107 Rz 169.

480 Vgl dazu *Merkt*, ZHR 179 (2015) 627.

481 Vgl 190/ME 25. GP Mat 15.

482 Vgl 190/ME 25. GP Mat 15.

483 Ebenso wenig macht der Gesetzgeber von seinem Wahlrecht nach Artikel 11 Abs 1 zweiter Unterabsatz Verordnung (EU) Nr. 537/2014 Gebrauch, wonach Mitgliedsstaaten eine Offenlegung des zusätzlichen Berichts an Dritte gestatten können.

484 Vgl *Spindler* in Spindler/Stilz, AktG³ § 107 Rz 169.

485 Vgl 190/ME 25. GP Mat 15.

486 Vgl dazu etwa *Dellinger/Told* in *Zib/Dellinger* (Hrsg), UGB § 275 Rz 25.

487 Vgl dazu etwa *Köll/Milla* in *Zib/Dellinger* (Hrsg), UGB § 273 Rz 7 ff; ferner *Prachner* in *Blocher/Gelter/Pucher* (Hrsg), Festschrift Christian Nowotny (2015) 603f.

488 Vgl dazu etwa *Köll/Milla* in *Zib/Dellinger* (Hrsg), UGB § 273 Rz 38.

stattung schließt bedeutsame qualitative Aspekte des Vorgehens der Gesellschaft bei der Bilanzierung ebenso ein, wie während der Prüfung aufgetretene schwerwiegende Probleme und bedeutsame aus der Prüfung resultierende Sachverhalte oder sonstige aus der Prüfung resultierende Sachverhalte, die der Abschlussprüfer nach pflichtgemäßen Ermessen als bedeutsam für die Überwachung des Rechnungslegungsprozesses erachtet.[489] Gemäß Artikel 11 Abs 2 dritter Unterabsatz Verordnung (EU) Nr. 537/2014 haben sich der Prüfungsausschuss von PIEs und der Abschlussprüfer über die im Zusatzbericht genannten wichtigsten sich aus der Abschlussprüfung ergebenden Sachverhalte zu beraten, sofern dies der Abschlussprüfer oder der Prüfungsausschuss verlangt. Es erscheint sachgerecht, diese Pflicht auch bei sehr großen Aktiengesellschaften, die nicht als PIE einzustufen sind, anzunehmen.

3. Aufgaben

Zu den Aufgaben des Prüfungsausschusses gehören: **88**

- die Überwachung des **Rechnungslegungsprozesses** (§ 92 Abs 4a Z 1 AktG; L-Regel 40 ÖCGK; Z 4.2.1 EU-Empfehlung).[490] Der Prüfungsausschuss ist nicht angehalten, die Rechnungslegung bis ins Detail zu überwachen. Vielmehr handelt es sich bei dieser Aufgabe um eine laufende **Prozesskontrolle**.[491] Danach hat der Ausschuss zu prüfen, ob der Vorstand im Unternehmen Systeme der Rechnungslegung eingerichtet hat und ob diese Systeme wirksam und funktionsfähig sind und damit die Richtigkeit und Vollständigkeit des Rechnungswesens und damit der Finanzinformation der Gesellschaft gewährleisten können.[492] In die Überwachung des Rechnungslegungsprozesses fallen auch die von der Unternehmensleitung erstellten Finanzberichte (Zwischenabschlüsse sowie alle sonstigen gem § 81 Abs 1 AktG vorgelegten Berichte).[493] Stellt der Prüfungsausschuss Mängel fest, so hat er für deren Beseitigung und die Umsetzung von Verbesserungsvorschlägen Sorge zu tragen.[494] Nach der Richtlinie 2006/43/EG nF soll der Prüfungsausschuss von Unternehmen von öffentlichem Interesse künftig auch aktiv Empfehlungen und Vorschläge zur Gewährleistung der Integrität des Rechnungslegungsprozesses liefern.[495]
- **Ministerialentwurf APRÄG 2016:** In Umsetzung der europäischen Vorgaben soll der Prüfungsausschuss neben der Verpflichtung zur Überwachung[496]

---

[489] Vgl 190/ME 25. GP Mat 15.

[490] Vgl dazu etwa *Kraßnig*, VWT 2014, 327f.

[491] ErlRV 467 BlgNR 23. GP 36 (URÄG 2008); 190/ME 25.GP Mat 15. Vgl dazu auch *Dellinger/Steinböck*, BWG § 63a Rz 103 ff.

[492] Vgl *Potyka/Weber*, GesRZ 2008, 195; *Milla/Vcelouch-Kimeswenger/Weber*, Unternehmensrechts-Änderungsgesetz 161; vgl ferner *Kalss* in Doralt/Nowotny/Kalss, AktG² § 92 Rz 146.

[493] *Milla/Vcelouch-Kimeswenger/Weber*, Unternehmensrechts-Änderungsgesetz 161; vgl ferner *Kalss* in Doralt/Nowotny/Kalss, AktG² § 92 Rz 146.

[494] Vgl *Kalss* in Doralt/Nowotny/Kalss, AktG² § 92 Rz 146 mwN.

[495] Vgl dazu etwa *Milla/Köll/Wenger/Adrian*, RWZ 2014, 372.

[496] Nach der Richtlinie 2006/43/EG nF ist der Prüfungsausschuss nicht mehr zur „Überwachung", sondern zur „Beobachtung" des Rechnungslegungsprozesses angehalten. Dieser Begriffstausch führt aber zu keiner inhaltlichen Änderung (vgl *Merkt*, ZHR 179 (2015) 614),

des Rechnungslegungsprozesses auch ausdrücklich zur Erteilung von **Empfehlungen** oder **Vorschlägen** zur Gewährleistung der Zuverlässigkeit des Prozesses verpflichtet sein. Dabei handelt es sich grundsätzlich um eine gesetzliche Verankerung von Aufgaben, die bereits bisher in der Literatur vom Prüfungsausschuss verlangt wurden. Zumal die Hauptverantwortung für die Bereitstellung von Finanzinformation weiterhin beim Vorstand liegt, ist der Prüfungsausschuss auch nach der Neuregelung nicht dazu angehalten, generell und ohne Anlass Empfehlungen und Vorschläge betreffend den Rechnungslegungsprozess zu erteilen. Vielmehr bleibt diese Pflicht auf Situationen beschränkt, in denen es konkrete Anhaltspunkte dafür gibt, dass die Integrität nicht oder nicht hinreichend gewährleistet ist.[497] Adressat der Empfehlungen und Vorschläge ist der Gesamtaufsichtsrat.[498]

- die Überwachung der Wirksamkeit des **internen Kontrollsystems** (§ 82 AktG),[499] gegebenenfalls des **internen Revisionssystems**,[500] und des **Risikomanagementsystems**[501] der Gesellschaft (§ 92 Ans 4a Z 2 AktG; L-Regel 40 ÖCGK; Z 4.2.1 EU-Empfehlung).[502] Im Rahmen der Überwachung des IKS und RMS ist der Prüfungsausschuss auch dazu verpflichtet, die im Unternehmen eingerichteten Prozesse und Abläufe zur Einhaltung relevanter rechtlicher und statutarischer Anforderungen (**Compliance**), die Sicherstellung zuverlässiger betrieblicher Abläufe (**Operations**) sowie allenfalls die Einhaltung strategischer Ziele zu prüfen.[503] Auch bei dieser Aufgabe geht es nicht darum, die Systeme im Einzelnen und bis ins kleinste Detail einer Prüfung zu unterziehen.[504] Der Prüfungsausschuss hat vielmehr bloß eine **Prozesskontrolle** vorzunehmen und dabei zu prüfen, ob diese Systeme eingerichtet sind und als

---

sodass es sachgerecht ist, dass der Gesetzgeber weiterhin von einer Überwachungspflicht des Prüfungsausschusses spricht.

497 Vgl *Merkt*, ZHR 179 (2015) 614 f.

498 Vgl *Merkt*, ZHR 179 (2015) 615 mwN.

499 Unter dem IKS sind sämtliche aufeinander abgestimmte Methoden und Maßnahmen zu verstehen, die dazu dienen, das Vermögen zu sichern, die Genauigkeit und Zuverlässigkeit der Abrechnungsdaten zu gewährleisten und die Einhaltung der vorgeschriebenen Geschäftspolitik zu unterstützen; vgl ErlRV 467 BlgNR 23. GP 36 (URÄG 2008); vgl dazu *Kalss* in FS Krejci 702; *Kalss/Schörghofer* in Lucius/Oppitz/Pachinger, Compliance 12 f.

500 Mit der internen Revision ist eine eigenständige Abteilung oder eine dritte Person gemeint, die zu prüfen hat, ob das Unternehmen – vereinfacht gesagt – ordnungsgemäß funktioniert, also ob etwa die von der Unternehmensführung aufgestellten Richtlinien eingehalten werden; vgl ErlRV 467 BlgNR 23. GP 36 f (URÄG 2008). Für börsenotierte Gesellschaften ist ferner C-Regel 18 ÖCGK zu beachten.

501 Als Risikomanagementsystem wird die Gesamtheit aller Maßnahmen und Entscheidungen verstanden, die sicherstellen sollen, dass alle wesentlichen Unternehmensrisiken rechtzeitig erkannt werden und entsprechend den unternehmensinternen Risikovorgaben vorgegangen wird; vgl *Kalss/Schörghofer* in Lucius/Oppitz/Pachinger, Compliance 14 mwN; ferner *Kalss* in Doralt/Nowotny/Kalss, AktG² § 92 Rz 146.

502 Vgl dazu auch *Dellinger/Steinböck*, BWG § 63a Rz 106ff; ferner *Kraßnig*, VWT 2014, 328f.

503 *Milla/Vcelouch-Kimeswenger/Weber*, Unternehmensrechts-Änderungsgesetz 161 f; *Kalss/Schörghofer* in Lucius/Oppitz/Pachinger, Compliance 15; *Potyka/Weber*, GesRZ 2008, 195; vgl ferner *Kalss* in Doralt/Nowotny/Kalss, AktG² § 92 Rz 146.

504 ErlRV 467 BlgNR 23. GP 36 (URÄG 2008).

wirksam angesehen werden können.[505] Die Prozesskontrolle beinhaltet insbesondere auch die Prüfung, ob die bestehenden Systeme in der Zukunft neu entstehenden Risiken durch geänderte Verhältnisse angemessen und wirksam begegnen und erfassen können.[506] Eine wichtige Informationsquelle für den Prüfungsausschuss kann der gemäß C-Regel 83 ÖCGK zu erstellende Bericht des Abschlussprüfers über die Funktionsfähigkeit des Risikomanagements sein.[507]

- **Ministerialentwurf APRÄG 2016:** Nach der Art 39 Abs 6 lit c Richtlinie 2006/43/EG nF hat der Prüfungsausschuss die Wirksamkeit der Systeme nur insoweit zu beobachten[508], als die Rechnungslegung des geprüften Unternehmens berührt ist. Diese inhaltliche Einschränkung[509] wird vom Ministerialentwurf jedoch nicht berücksichtigt.
- die Überwachung der **Abschlussprüfung** und der **Konzernabschlussprüfung** (§ 92 Abs 4a Z 3 AktG; L-Regel 40 ÖCGK; Z 4.2.2 EU-Empfehlung).[510] In diesem Zusammenhang sollte der Prüfungsausschuss bzw der Finanzexperte insbesondere vor Beginn der Prüfung gemeinsam mit dem Abschlussprüfer Prüfungsschwerpunkte und die Eckpunkte der Kommunikation zwischen Abschlussprüfer und Prüfungsausschuss bzw Finanzexperten bestimmen.[511] Ferner ist zu prüfen, ob die Abschlussprüfung nach Maßgabe der einschlägigen Fachgutachten und Prüfungsstandards erfolgt. Der Prüfungsausschuss hat sich über den einschlägigen Prüfungsansatz zu informieren. Gegenstand der Kontrolle durch den Prüfungsausschuss ist weiters die Prüfungsplanung, die Prüfungsdurchführung, die Berichterstattung an den Prüfungsausschuss, die fachliche Kompetenz des Prüfungsteams sowie die Vorsehung zeitgerechter und ausreichender Prüfungszeiten und Prüfungstermine. Nach der Beendigung der Prüfung obliegt es dem Prüfungsausschuss, aufgetretene Zweifelsfragen, Schwierigkeiten oder sonstige maßgebliche Umstände im Zusammenhang mit der Prüfung zu erörtern und – falls erforderlich – im Rahmen seiner Möglichkeiten auf eine künftige Verbesserung hinzuwirken.[512]
- **Ministerialentwurf APRÄG 2016:** Nach dem Ministerialentwurf werden in die Überwachung[513] der Abschlussprüfung und Konzernabschlussprüfung

---

505 *Potyka/Weber*, GesRZ 2008, 195; *Milla/Vcelouch-Kimeswenger/Weber*, Unternehmensrechts-Änderungsgesetz 161 f mit einer Auflistung konkreter Maßnahmen zur Erfüllung der Überwachungsaufgaben; vgl ferner *Kalss* in Doralt/Nowotny/Kalss, AktG² § 92 Rz 147.

506 Vgl *Kalss* in Doralt/Nowotny/Kalss, AktG² § 92 Rz 148 mwN.

507 Vgl *Kalss* in Doralt/Nowotny/Kalss, AktG² § 92 Rz 148 mwN.

508 Auch hier spricht die Richtlinie nicht von einer Überwachungspflicht; siehe FN 496.

509 Vgl dazu Merkt, ZHR 179 (2015) 613.

510 Vgl dazu auch *Dellinger/Steinböck*, BWG § 63a Rz 112ff; ferner *Kraßnig*, VWT 2014, 329ff.

511 *Milla/Vcelouch-Kimeswenger/Weber*, Unternehmensrechts-Änderungsgesetz 163; vgl auch C-Regel 81a ÖCGK; zum Prüfungsausschuss als Kommunikationsschnittstelle zwischen geprüfter Gesellschaft und Abschlussprüfer vgl ferner *Milla/Köll/Wenger/Adrian*, RWZ 2014, 373. Vgl dazu ferner *Kraßnig*, VWT 2014, 326f.

512 Vgl *Kalss* in Doralt/Nowotny/Kalss, AktG² § 92 Rz 150 mwN.

513 Auch hier spricht die Richtlinie 2006/43/EG nF von einer Beobachtungspflicht; vgl dazu FN 496.

durch den Prüfungsausschuss auch diejenigen Berichte einzubeziehen sein, die von der neu eingerichteten **Abschlussprüferaufsichtsbehörde**[514] veröffentlicht werden.[515] Damit soll Artikel 39 Abs 6 lit d Richtlinie 2006/43/EG nF umgesetzt werden. Diese Anforderung steht im Zusammenhang mit dem neuen Qualitätssicherungsverfahren nach der Verordnung, wonach Abschlussprüfer in regelmäßigen Abständen einer behördlichen Qualitätssicherungsprüfung unterzogen werden. Der Bericht der zuständigen Behörde bezieht sich insbesondere auf das interne Qualitätssicherungssystems des jeweiligen Abschlussprüfers, die Einhaltung der Qualitätssicherungsmaßnahmen und den Inhalt des vom Abschlussprüfer zu veröffentlichenden Transparenzberichts.[516] Die Verwendung aufsichtsbehördlicher Erkenntnisse erleichtert die Arbeit des Prüfungsausschusses bei der unternehmensinternen Qualitätssicherung der Abschlussprüfung. Sie kann aber gleichzeitig zu einer Belastung des Vertrauensverhältnisses zum Abschlussprüfer führen.[517]

- die Prüfung und Überwachung der **Unabhängigkeit des Abschluss- bzw Konzernabschlussprüfers**, insbesondere im Hinblick auf die für die geprüfte Gesellschaft erbrachten zusätzlichen Leistungen sowie die Ausschließungs- und Befangenheitsgründe gemäß §§ 271, 271a und 271b UGB (§ 92 Abs 4a Z 4 AktG; Z 4.2.2 EU-Empfehlung).[518]
- **Ministerialentwurf APRÄG 2016:** Nach dem Ministerialentwurf sind die in Artikel 39 Abs 6 lit e Richtlinie 2006/43/EG nF angeführten Aufgaben des Prüfungsausschusses (Prüfung und Beobachtung der Unabhängigkeit des Abschlussprüfers sowie der Angemessenheit der erbrachten Nichtprüfungsleistungen) bereits in Z 4 abgebildet und müssen daher nicht eigens umgesetzt werden.[519] Der Prüfungsausschuss hat daher insbesondere die europarechtlich determinierten Parameter heranzuziehen,[520] um die **Unabhängigkeit des Abschlussprüfers** zu beurteilen und zu überwachen.[521] Bei der Prüfung und

---

514 Diese Funktion wird nach dem Abschlussprüfer-Aufsichtsgesetz (APAG) (vgl RV 1012 BlgNR 25. GP) die neu einzurichtende Abschlussprüferaufsichtsbehörde (APAB) übernehmen.

515 Vgl 190/ME 25. GP Mat 16. Anstelle des in den Erläuterungen beinhalteten Verweises auf Artikel 26 Absatz 6 Verordnung (EU) Nr. 537/2014 müsste richtigerweise auf Art 28 *leg cit* verwiesen werden, da diese Bestimmung die Veröffentlichungspflicht der Aufsichtsbehörde determiniert.

516 Vgl dazu *Milla/Köll/Wenger/Adrian*, RWZ 2014, 371 FN 30.

517 Vgl dazu *Merkt*, ZHR 179 (2015) 615f.

518 Vgl *Kalss* in Doralt/Nowotny/Kalss, AktG^2 § 92 Rz 150 mwN.

519 Vgl 190/ME 25. GP Mat 16. Der Gesetzgeber geht somit wohl davon aus, dass Prüfungsausschüsse von allen Aktiengesellschaften (dh von Unternehmen von öffentlichem Interesse wie auch von sehr großen Aktiengesellschaften, die keine Unternehmen von öffentlichem Interesse sind) die Vorgaben des Artikels 39 Abs 6 lit e Richtlinie 2006/43/EG nF zu berücksichtigen haben.

520 Nach Artikel 39 Abs 6 lit e Richtlinie 2006/43/EG nF sind dabei folgende Bestimmungen zu beachten: Artikel 22, 22a, 22b, 24a und 24b Richtlinie 2006/43/EG nF sowie Artikel 5 und Artikel 6 Verordnung (EU) Nr. 537/2014.

521 Während die Richtlinie 2006/43/EG nF von einer Beobachtungspflicht spricht, bleibt der in § 92 Abs 4a Z 4 AktG verwendete Begriff „Überwachung" weiterhin aufrecht; vgl dazu FN 496. Zu den Aufgaben des Prüfungsausschusses in diesem Zusammenhang vgl *Milla/Köll/Wenger/Adrian*, RWZ 2014, 372.

Überwachung der für die geprüfte Gesellschaft erbrachten Nichtprüfungsleistungen hat insbesondere die Angemessenheit solcher Leistungen im Zentrum der Prüfung und Überwachung zu stehen.[522] Ferner ist der Abschlussprüfer zur Erbringung zulässiger Nichtprüfungsleistungen nur dann berechtigt, wenn der Prüfungsausschuss dies nach gebührender Beurteilung der Gefährdung der Unabhängigkeit und der angewendeten Maßnahmen zum Schutz der Unabhängigkeit gebilligt hat.[523] Die Verordnung legt überdies nahe, dass der Prüfungsausschuss Leitlinien für die Erbringung von Nichtprüfungsleistungen erstellt.[524] Wenn das mandatsbezogene Honorar eines Abschlussprüfers in jedem der letzten drei aufeinanderfolgenden Geschäftsjahre 15% der Gesamthonorareinkünfte eines Abschlussprüfers übersteigt, hat dieser den Prüfungsausschuss darüber zu informieren und sich mit dem Prüfungsausschuss über die Gefahren für seine Unabhängigkeit wie auch über eingeleitete Schutzmaßnahmen zu beraten.[525] Der Prüfungsausschuss hat daran anschließend zu erwägen, ob das Prüfungsmandat vor Erteilung des Bestätigungsvermerks einer auftragsbegleitenden Qualitätssicherung durch einen anderen Abschlussprüfer unterzogen werden sollte. Liegen die gezahlten Honorare weiterhin über dem Schwellenwert hat der Prüfungsausschuss anhand objektiver Gründer darüber zu entscheiden, ob das Prüfungsmandat für einen weiteren Zeitraum (von maximal einem Jahr)[526] fortgesetzt wird.[527] Wie diese Entscheidungsbefugnis des Prüfungsausschusses mit der Kompetenzordnung des AktG bzw UGB vereinbar ist, ist fraglich.[528] Der Abschlussprüfer hat gegenüber dem Prüfungsausschuss jährlich schriftlich zu erklären, dass er bzw die Prüfungsgesellschaft, Prüfungspartner und Mitglieder der höheren Führungseben und das Leitungspersonal, die die Abschlussprüfung durchführen, unabhängig von der geprüften Gesellschaft sind.[529] Ebenso hat der Abschlussprüfer allfällige Gefahren

[522] Vgl dazu *Merkt*, ZHR 179 (2015), 614 und 616.

[523] Vgl Artikel 5 Abs 4 Verordnung (EU) Nr. 537/2014; dies entspricht dem *Pre-Approval*-Standard des *Sarbanes Oxley Act*; vgl dazu *Merkt*, ZHR 179 (2015) 621f; ferner *Hennrichs*, ZGR 2/2015, 262. Nach dem Ministerialentwurf macht der Gesetzgeber für Abschlussprüfer von Unternehmen von öffentlichem Interesse von seinem in Artikel 5 Abs 3 Verordnung (EU) Nr. 537/2014 eingeräumten Wahlrecht Gebrauch und erklärt in § 271a Abs 6 UGB die Erbringung bestimmter, nach der Verordnung grundsätzlich als verboten eingestufter Nichtprüfungsleistungen für zulässig. Dafür wird jedoch insbesondere die Billigung durch den jeweiligen Prüfungsausschuss vorausgesetzt; vgl dazu 190/ME 25. GP Mat 11.

[524] Vgl Artikel 5 Abs 4 letzter Satz Verordnung (EU) Nr. 537/2014.

[525] Vgl Artikel 4 Abs 3 Verordnung (EU) Nr. 537/2014. Diese Vorschrift, auf die Artikel 39 Abs 6 lit e Richtlinie 2006/43/EG nF nicht verweist, gilt somit nicht für Abschlussprüfer von sehr großen Aktiengesellschaften, die nicht als Unternehmen von öffentlichem Interesse eingestuft werden können.

[526] Nach dem Ministerialentwurf macht der Gesetzgeber von seinem Recht (Artikel 4 Abs 4 Verordnung (EU) Nr. 537/2014), strengere Anforderungen vorsehen zu können, Gebrauch und verkürzt die Frist auf ein Jahr (§ 271a Abs 7 UGB); vgl dazu 190/ME 25. GP Mat 11 f.

[527] Vgl Art 4 Abs 3 Verordnung (EU) Nr. 537/2014.

[528] Vgl *Merkt*, ZHR 179 (2015) 622 und 625 zur deutschen Rechtslage.

[529] Vgl Artikel 6 Abs 2 lit a Verordnung (EU) Nr. 537/2014. Zumal der Gesetzgeber davon ausgeht, dass § 92 Abs 4a Z 4 AktG die in Artikel 39 Abs 6 lit e Richtlinie 2006/43/EG nF angeführten Pflichten umfasst, und letztgenannte Bestimmung auf Artikel 6 Verordnung

seiner Unabhängigkeit bzw die angewendeten Schutzmaßnahmen zur Verminderung dieser Gefahren mit dem Prüfungsausschuss zu erörtern.[530] Dabei handelt es sich sachgerechter Weise bloß um eine anlassbezogene Erörterung.[531] Insgesamt zeigt sich, dass durch das europarechtlich vorgegebene Postulat der Prüferunabhängigkeit die Kommunikation zwischen Abschlussprüfer und Prüfungsausschuss weiter intensiviert sowie der Arbeitsaufwand des Prüfungsausschusses und damit einhergehend auch die Kosten der geprüften Gesellschaft deutlich erhöht werden.[532]

- **Ministerialentwurf APRÄG 2016:** Nach dem Ministerialentwurf soll in Umsetzung europarechtlicher Vorgaben (Artikel 39 Abs 6 lit a Richtlinie 2006/43/EG nF) eine neue Ziffer 4a in § 92 Abs 4a AktG eingefügt werden. Danach ist der **Gesamtaufsichtsrat** über das **Ergebnis der Abschlussprüfung** durch den Prüfungsausschuss **zu unterrichten**. Ferner soll dieser darlegen, wie die Abschlussprüfung zur Zuverlässigkeit der Finanzberichterstattung[533] beigetragen hat und welche Rolle der Prüfungsausschuss in diesem Prozess gespielt hat. In welcher Detailliertheit der Prüfungsausschuss der Darlegungspflicht nachzukommen hat, bleibt offen. Generell ist zu befürchten, dass diese Pflicht, die einen zusätzlichen Mehraufwand für den Prüfungsausschuss bedingt, keinen Informationsmehrwert zur Verbesserung der Qualität der Abschlussprüfung schafft.[534]
- die Prüfung des **Jahresabschlusses** und die **Vorbereitung seiner Feststellung**, die Prüfung des Vorschlags für die **Gewinnverteilung**, des **Lageberichts** und gegebenenfalls des **Corporate Governance Berichts** sowie die Erstattung des **Berichts über die Prüfungsergebnisse** an den Aufsichtsrat (§ 92 Abs 4a Z 5 AktG; L-Regel 40 ÖCGK).[535] Der Prüfungsausschuss nimmt diese Aufgabe bloß vorbereitend wahr und hat dabei vor allem die **Gesetzmäßigkeit** und inhaltliche **Richtigkeit** der ihm zur Prüfung vorgelegten Dokumente (auch der Corporate-Governance-Bericht ist Gegenstand der Kontrolle) zu kontrollieren. Der Prüfungsausschuss kann sich dabei grundsätzlich auf die Vorarbeit

---

(EU) Nr. 537/2014 verweist, gilt diese Pflicht des Abschlussprüfers wohl gegenüber allen Aktiengesellschaften, die zur Einrichtung eines Prüfungsausschusses verpflichtet sind.

530 Vgl Artikel 6 Abs 2 lit b Verordnung (EU) Nr. 537/2014; ferner die Ausführungen in Rz 81, die sinngemäß gelten.

531 Vgl *Merkt*, ZHR 179 (2015) 625.

532 Vgl *Merkt*, ZHR 179 (2015) 621 und 623 mwN; zum Erfordernis eines eigenen Budgets und einer eigenen Ausstattung des Prüfungsausschusses angesichts der erhöhten Anforderungen an diesen vgl etwa *Arbeitskreis Externe und Interne Überwachung der Unternehmung der Schmalenbach-Gesellschaft für Betriebswirtschaft e.V., Köln*, DB 2014, 1155.

533 Gemäß Artikel 39 Abs 6 lit a Richtlinie 2006/43/EG nF hat der Prüfungsausschuss darzulegen, wie die Abschlussprüfung zur „Integrität der Rechnungslegung" beigetragen hat. Ob der europäische Gesetzgeber bewusst auf die Rechnungslegung als solches und nicht auf den Rechnungslegungsprozess (wie etwa unter lit b *leg cit*) abgestellt hat, bleibt offen (vgl dazu *Merkt*, ZHR 179 (2015) 616). Ungeachtet dessen wird der im Ministerialentwurf verwendete Begriff der „Zuverlässigkeit der Finanzberichterstattung" im Lichte der Richtlinie auszulegen sein.

534 Vgl dazu *Merkt*, ZHR 179 (2015) 616 f.

535 Vgl dazu etwa *Kraßnig*, VWT 2014, 333ff.

des Abschlussprüfers verlassen. Bei einem begründeten Verdacht auf Mängel oder Fehler der Tätigkeit des Abschlussprüfers hat der Prüfungsausschuss seine Kontrolltätigkeit jedoch zu intensivieren.[536] Der Prüfungsausschuss hat zusätzlich eine **Wirtschaftlichkeits- und Zweckmäßigkeitsprüfung** vorzunehmen und insbesondere die bilanzpolitischen Entscheidungen des Vorstandes zu analysieren.[537] Beim Gewinnverwendungsvorschlag ist zu prüfen, ob dieser Gesetz und Satzung entspricht. Die Vorbereitung der Feststellung des Jahresabschusses besteht in der Abgabe einer Empfehlung zur Nicht-/Feststellung des Jahresabschlusses.[538] Die endgültige Aufgabenwahrnehmung obliegt jedoch dem Plenum (vgl Rz 60), welches nicht an die Ergebnisse, Empfehlungen oder Stellungnahmen des Prüfungsausschusses gebunden ist. Zu Dokumentationszwecken empfiehlt sich eine schriftliche Berichterstattung an das Plenum, worin die wesentlichsten Prüfungsergebnisse festzuhalten sind.[539]

- gegebenenfalls die Prüfung des **Konzernabschlusses** und des **Konzernlageberichts** sowie die Erstattung des Berichts über die Prüfungsergebnisse an den Aufsichtsrat des Mitunternehmens (§ 92 Abs 4a Z 6 AktG; L-Regel 40 ÖCGK).
- **Ministerialentwurf APRÄG 2016:** Nach dem Ministerialentwurf wird die Prüfpflicht auf den konsolidierten Corporate Governance-Bericht erstreckt.
- die Vorbereitung des **Vorschlags** des Aufsichtsrats für die Auswahl des **Abschlussprüfers** (Konzernabschlussprüfers; § 92 Abs 4a Z 7 AktG; L-Regel 40 ÖCGK; Z 4.2.2 EU-Empfehlung). Für die Vorbereitung des Wahlvorschlags hat der Prüfungsausschuss alle notwendigen Unterlagen und Informationen zur Beurteilung der Unabhängigkeit sowie der Geeignetheit des jeweiligen Abschlussprüfers einzuholen sowie dessen Angaben gemäß § 270 Abs 1a UGB zu prüfen.[540] Die Erstellung eines konkreten Wahlvorschlags obliegt als plenumsfeste Angelegenheit dem Gesamtaufsichtsrat (vgl Rz 60). Das Plenum ist nicht an Empfehlungen oder Vorschläge des Prüfungsausschusses gebunden.[541] Bei Unternehmen von öffentlichem Interesse[542] wird die Rolle des Prüfungsausschusses im Zusammenhang mit der Auswahl des Abschlussprüfers künftig gestärkt, was eine Änderung des nationalen Unternehmens- und Gesellschaftsrechts bedingen wird.[543]
- **Ministerialentwurf APRÄG 2016:** Wie bisher hat der Prüfungsausschuss von sehr großen Aktiengesellschaften, die nicht als PIE iSd § 189a Z 1 lit a und lit d UGB einzustufen sind, auch nach dem Ministerialentwurf weiterhin den Vorschlag des Aufsichtsrats für die Auswahl des Abschlussprüfers vorzubereiten.

---

536 Vgl *Kalss* in Doralt/Nowotny/Kalss, AktG² § 92 Rz 151 mwN.

537 Vgl *Kalss* in Doralt/Nowotny/Kalss, AktG² § 92 Rz 151 mwN.

538 Vgl *Kalss* in Doralt/Nowotny/Kalss, AktG² § 92 Rz 151 mwN.

539 *Milla/Vcelouch-Kimeswenger/Weber*, Unternehmensrechts-Änderungsgesetz 163 f; vgl ferner *Kalss* in Doralt/Nowotny/Kalss, AktG² § 92 Rz 151 mwN.

540 Vgl *Kalss* in Doralt/Nowotny/Kalss, AktG² § 92 Rz 150 mwN.

541 Vgl *Kalss* in Doralt/Nowotny/Kalss, AktG² § 92 Rz 150 mwN.

542 ISd Art 2 Nr 13 RL 2006/43/EG (in der durch Art 1 RL 2014/56/EU geänderten Fassung); siehe Rz 75.

543 Vgl dazu auszführlich *Milla/Köll/Wenger/Adrian*, RWZ 2014, 374ff.

Neuerungen ergeben sich aber für Prüfungsausschüsse von Unternehmen von öffentlichem Interesse, die grundsätzlich – wie der vorgeschlagene Verweis in § 92 Abs 4a Z 7 AktG verdeutlichen soll – die Vorgaben des Artikels 16 Verordnung (EU) Nr. 537/2014 unmittelbar zu befolgen haben. Nach den europäischen Vorgaben hat das geprüfte Unternehmen zunächst ein **Auswahlverfahren**[544] unter der Verantwortung des Prüfungsausschusses[545] durchzuführen.[546] Der Prüfungsausschuss wird damit zum zentralen Akteur, was mit einem nicht unbedeutenden zusätzlichen Ressourcenaufwand verbunden ist.[547] Dem geprüften Unternehmen steht es grundsätzlich frei, beliebige Abschlussprüfer zur Unterbreitung von Vorschlägen für die Erbringung von Abschlussprüfungsleistungen aufzufordern.[548] Zu diesem Zweck hat das geprüfte Unternehmen **Ausschreibungsunterlagen** zu erstellen. Diese Unterlagen müssen es ermöglichen, die Geschäftstätigkeit des geprüften Unternehmens sowie die Art der durchzuführenden Abschlussprüfung zu erfassen. Sie müssen transparente und diskriminierungsfreie Auswahlkriterien und allenfalls Qualitätsstandards[549] für die Abschlussprüfer beinhalten,[550] die für die Bewertung der Bewerbungen heranzuziehen sind. Das geprüfte Unternehmen kann im Laufe des Verfahrens direkte Verhandlungen mit interessierten Bietern führen.[551] Anhand der in den Ausschreibungsunterlagen festgelegten Kriterien sind die Vorschläge der Abschlussprüfer zu beurteilen. Anschließend hat das geprüfte Unternehmen einen **Bericht** über die im Auswahlverfahren gezogenen Schlussfolgerungen zu erstellen, welcher vom Prüfungsausschuss zu „validieren" ist.[552] Dabei sind die

---

[544] Gemäß Artikel 16 Abs 4 Verordnung (EU) Nr. 537/2014 sind bestimmte Unternehmen von öffentlichem Interesse (dh „kleine und mittlere Unternehmen" sowie „Unternehmen mit geringer Marktkapitalisierung" gemäß der Begriffsdefinition in Artikel 2 Richtlinie 2003/71/EG) nicht verpflichtet, ein formelles Auswahlverfahren durchzuführen. Alle anderen Vorgaben, wie nachstehend beschrieben, sind aber auch von diesen Gesellschaften einzuhalten.

[545] Vgl Erwägungsgrund 18 sowie Artikel 16 Abs 3 zweiter Unterabsatz Verordnung (EU) Nr. 537/2014. Nach dem Ministerialentwurf hat der Gesetzgeber von seinem Wahlrecht nach Artikel 16 Abs 8 Verordnung (EU) Nr. 537/2014, wonach Mitgliedsstaaten gestatten können, dass die in dieser Bestimmung festgelegte Funktion des Prüfungsausschusses auch durch einen qualifizierten Nominierungsausschuss ausgeübt wird, keinen Gebrauch gemacht.

[546] Abgesehen von den nachstehend beschriebenen Grundsätzen gibt es keine spezifischen Anforderungen an die Ausgestaltung des Verfahrens. Zu den von der *Federation of European Accountants* (FEE) veröffentlichten „*best practices*" beim Auswahlprozess des Abschlussprüfers, die als unterstützende Leitlinie zur Ausgestaltung des Verfahrens herangezogen werden können, vgl *Milla/Köll/Wenger/Adrian*, RWZ 2014, 374f.

[547] Vgl dazu *Merkt*, ZHR 179 (2015) 630 sowie 635ff (insbesondere mit kritischen Anmerkungen zur schrittweisen Verselbständigung des Prüfungsausschusses und Fortentwicklung in Richtung eines eigenen Organs).

[548] Vgl Artikel 16 Abs 3 lit a Verordnung (EU) Nr. 537/2014; vgl dazu *Milla/Köll/Wenger/Adrian*, RWZ 2014, 374.

[549] Vgl Artikel 16 Abs 3 lit d Verordnung (EU) Nr. 537/2014.

[550] Vgl Artikel 16 Abs 3 lit b Verordnung (EU) Nr. 537/2014.

[551] Vgl Artikel 16 Abs 3 lit c Verordnung (EU) Nr. 537/2014.

[552] Wer den Bericht zu erstellen hat, ist nicht geregelt. In der Literatur werden Argumente dafür vorgebracht, dass diese Pflicht den Vorstand trifft. Darüber hinaus bereitet auch der untechnische Begriff „validieren" erhebliche Auslegungsprobleme. Insbesondere bleibt unklar,

Berichte der zuständigen Aufsichtsbehörde[553] im Rahmen der Qualitätssicherung bei Abschlussprüfern zu berücksichtigen.[554] Da das geprüfte Unternehmen in der Lage sein muss, gegenüber den zuständigen Behörden dazulegen, dass das Auswahlverfahren auf faire Weise durchgeführt wurde,[555] muss dieses dokumentiert werden.[556] Nach Abschluss des soeben skizzierten Auswahlverfahrens hat der Prüfungsausschuss dem Gesamtaufsichtsrat eine **Empfehlung** für die Bestellung des Abschlussprüfers vorzulegen. Bei der erstmaligen Bestellung („*initial engagement*“)[557] muss diese Empfehlung begründet werden und mindestens zwei Vorschläge für das Prüfungsmandat enthalten. Ferner muss der Prüfungsausschuss unter Angabe der Gründe seine **Präferenz** für einen der beiden Vorschläge dem Plenum mitteilen. Schließlich hat er in seiner Empfehlung zu erklären, dass diese Empfehlung frei von ungebührlicher Einflussnahme Dritter erfolgt und nicht durch einschränkende Vertragsklauseln (iSd Artikel 16 Abs 6 Verordnung (EU) Nr. 537/2014) beschränkt wurde.[558] Unterbreitet das Aufsichtsratsplenum den konkreten Wahlvorschlag an die Hauptversammlung, so hat dieser Vorschlag die Empfehlung und Präferenz des Prüfungsausschusses zu enthalten. Im Fall eines Abweichens des Wahlvorschlags des Gesamtaufsichtsrats von der Präferenz des Prüfungsausschusses, sind darin die Gründe zu nennen, weshalb dem Prüfungsausschuss nicht gefolgt wird.[559] Der Gesamtaufsichtsrat kann aber nur solche Abschlussprüfer vorschlagen, die an einem nach Maßgabe der europäischen Vorgaben durchgeführten Auswahlverfahren teilgenommen haben.[560]

Der Prüfungsausschuss hat die ihm zukommenden Aufgaben grundsätzlich **selbständig** zu erfüllen,[561] wobei die Zuziehung externer Sachverständiger insbesondere vor dem Hintergrund seines durch die europäisches Reform der Abschlussprüfung vergrößerten Pflichtenkanons zulässig (und geboten) ist. Die Prüfungsausgaben hängen jeweils von der Unternehmensgröße und der Komplexität der Eigentümerstruktur ab. Als **Überwachungsmaßnahmen** kommen insbeson- **89**

welche Konsequenzen mit einer Ablehnung der Validierung verbunden sind; vgl dazu *Merkt*, ZHR 179 (2015) 631.

553 Vgl FN 514.

554 Vgl Artikel 16 Abs 3 lit e Verordnung (EU) Nr. 537/2014.

555 Vgl Artikel 16 Abs 3 lit f Verordnung (EU) Nr. 537/2014.

556 Vgl *Merkt*, ZHR 179 (2015) 630.

557 Zu den Erleichterungen bei einer Wiederbestellung („*renewal engagement*“), wonach der Prüfungsausschuss zwar eine Empfehlung (die keine Begründung und auch nicht mindestens zwei Vorschläge enthalten muss) an den Gesamtaufsichtsrat abzugeben hat, aber kein Auswahlverfahren stattfinden muss, vgl *Milla/Köll/Wenger/Adrian*, RWZ 2014, 376.

558 Vgl Artikel 16 Abs 2 Verordnung (EU) Nr. 537/2014; ferner 190/ME 25. GP Mat 16.

559 Obwohl die Unterbreitung des Wahlvorschlags an die Hauptversammlung eine plenumsfeste Angelegenheit ist, besteht die Gefahr, dass durch diese Vorgabe die Entscheidungsfreiheit des Aufsichtsratsplenums zumindest faktisch präjudiziert wird; vgl dazu *Merkt*, ZHR 179 (2015) 632.

560 Vgl Artikel 16 Abs 5 Verordnung (EU) Nr. 537/2014, der dann nicht zur Anwendung gelangt, wenn die Aufgaben des Prüfungsausschusses vom Gesamtaufsichtsrat wahrgenommen werden (vgl Rz 79a).

561 ErlRV 467 BlgNR 23. GP 36 (URÄG 2008); vgl ferner *Potyka/Weber*, GesRZ 2008, 195; *Milla/Vcelouch-Kimeswenger/Weber*, Unternehmensrechts-Änderungsgesetz 161.

dere die Einsichtnahme in Dokumentationen (zB Risikoanalysen, Berichte der internen Revision), die Befragung von Vorstandsmitgliedern und sonstigen für die Prüfungstätigkeit relevanten Personen (wie etwa die Befragung von Mitarbeitern der internen Revision) sowie die Ausgestaltung umfassender Konzepte in Betracht.[562] Die Ergebnisse der Abschlussprüfung berücksichtigen zwar Teilaspekte dieser Aufgaben des Prüfungsausschusses (zB durch Aussagen zum rechnungslegungsbezogenen internen Kontrollsystem, soweit es für die Durchführung der Abschlussprüfung relevant war); die Überwachungsaufgaben des Prüfungsausschusses werden mit der Durchführung einer Abschlussprüfung jedoch keinesfalls abschließend erfüllt.[563]

F. Weitere Ausschüsse

90 Neben den oben genannten bieten sich je nach Gesellschaft ua folgende weitere Ausschüsse an:[564] Anlageausschüsse zur Kontrolle und Beratung des Vorstands hinsichtlich der Anlagepolitik und -strategie; Beteiligungsausschüsse in Konzernen; Investitionsausschüsse zur Entscheidung über zustimmungspflichtige Investitionsvorhaben; Risiko-, Vergütungs- und Nominierungsausschüsse für Banken (vgl dazu *Herbst* Rz 35/82 ff); litigation committees, die sich mit der Durchsetzung von Schadenersatzforderungen der Gesellschaft gegen (ehemalige) Vorstandsmitglieder beschäftigen; public affairs committees für die Öffentlichkeitsarbeit; Sanierungsausschüsse, denen im Krisenfall das enge und zeitnahe Zusammenwirken mit dem Vorstand und die Prüfung von Sanierungskonzepten obliegt; Sozialausschüsse, die sich mit Fragen der Sozialeinrichtungen, Pensionskassen oder Arbeitsbedingungen beschäftigen; oder für besondere Maßnahmen temporär eingesetzte, begleitende Ausschüsse wie etwa Fusions-, Übernahme-, Kooperations- oder Koordinationsausschüsse bzw Projektausschüsse (wie Ausschüsse zur Klärung oder Aufarbeitung eines (potentiell) strafrechtswidrigen Verhaltens des Vorstandes[565]) oder Bauausschüsse für spezielle unternehmensuntypische Agenden.

[562] *Potyka/Weber*, GesRZ 2008, 195; vgl ferner *Milla/Vcelouch-Kimeswenger/Weber*, Unternehmensrechts-Änderungsgesetz 163; Z 4.3.3 EU-Empfehlung; vgl ferner *Kalss* in Doralt/Nowotny/Kalss, AktG² § 92 Rz 149.

[563] ErlRV 467 BlgNR 23. GP 36 (URÄG 2008).

[564] Vgl dazu *Kalss* in Doralt/Nowotny/Kalss, AktG² § 92 Rz 132; *Habersack* in MünchKommAktG⁴ § 107 Rz 124 f; *Hopt/Roth* in GroßKommAktG⁴ § 107 Rz 236 f, 351.

[565] Vgl *Kalss*, Aufsichtsrat aktuell 2012 H 6, 6.

V. Sondersituationen

Der Aufsichtsrat in der Unternehmenskrise und in der Insolvenz

Susanne Kalss und Janine Wendt

§§: 52-56, 75, 81-83, 88-90, 92, 95, 98-99, 209 AktG; 48d BörseG, EKEG; 1, 25, 69, 99, 147, 167-171 IO; 153 StGB; 273 UGB; 22 URG; ÖCGK.

Literatur

Ö: *Bartsch/Pollak/Buchegger*, Österreichisches Insolvenzrecht, Band IV^{4} (2006); *Dellinger*, Zur Kridahaftung der GmbH-Gesellschafter sowie zur Ersatzfähigkeit und Berechnung des Vertrauensschadens der Neugläubiger, WBl 1993, 201 (203); *Dellinger,* Vorstands- und Geschäftsführerhaftung im Insolvenzfall, insbesondere gegenüber sogenannten Neugläubigern (1991); *P. Doralt*, Die Typologie des Aufsichtsrats und die Logik seines Versagens – ein erster Versuch aus österreichischer Sicht, in FS Hopt (2010) 3059; *Doralt/Nowotny/Kalss*, Kommentar zum Aktiengesetz^{2} (2012); *Feldbauer-Durstmüller/Schlager*, Krisenmanagement (2006); *Gassner*, Update zur Reform des Unternehmensinsolvenzrechts, GeS 2009, 378; *Geppert/Moritz*: Gesellschaftsrecht für Aufsichtsräte, Ein Handbuch für die Praxis (1979); *Heil*, Insolvenzrecht (1989); *Henze*, Leitungsverantwortung des Vorstands – Überwachungspflicht des Aufsichtsrats, BB 2000, 209; *Höbarth*, Insolvenzrechtsänderungsgesetz 2010, infas 2010, 86; *Hoffmann*, zitiert in: Jüngere Aufsichtsräte wollen keine „Kaffeekränzchen" mehr, Die Presse v 24.6.2010, 17; *Iro*, Banken und Wissenszurechnung, ÖBA 2001, 3 (Teil I), 112 (Teil II); *Iro*, Neue Rechtsprechung des BGH zur Geschäftsführerhaftung wegen Konkursverschleppung, RdW 1994, 270; *Jabornegg/Strasser*, Kommentar zum Aktiengesetz^{5} (2011); *Kalss*, Das interne Kontrollsystem (IKS) als Angelpunkt der Corporate Governance in Kapitalgesellschaften, in FS Krejci (2002) 699; *Kalss/Durstberger*, Business Judgement Rule bei der Bilanzerstellung, RWZ 2016, 2016, 60; *Kalss/Nowotny/Schauer,* Österreichisches Gesellschaftsrecht (2008); *Kalss/Oelkers*, Der Aufsichtsrat in der Insolvenz, Aufsichtsrat aktuell 1/2007, 11; *Kalss/Oelkers,* Der Aufsichtsrat in der Unternehmenskrise, Aufsichtsrat aktuell 6/2006, 6; *Kalss/Oppitz/Zollner*, Kapitalmarktrecht^{2} (2015); *Karollus*, Einlagenrückgewähr und verdeckte Gewinnausschüttung im Gesellschaftsrecht, in *Leitner*, Handbuch verdeckte Gewinnausschüttung^{2} (2014) 9; *Karollus*, Neues zur Konkursverschleppungshaftung und zur Geschäftsführerhaftung aus culpa in contrahendo, ÖBA 1995, 7; *Karollus/Huemer*, Die Fortbestehungsprognose im Rahmen der Überschuldungsprüfung^{2} (2006); *Kastner/Doralt/Nowotny*, Grundriß des österreichischen Gesellschaftsrechts^{5} (1990)*; Kittel*, Handbuch für Aufsichtsratsmitglieder (2006); *Kodek*; Von der KO zur IO – das IRÄG 2010 im Überblick, ÖBA 2010, 498; *Koppensteiner/Rüffler*, GmbH-Gesetz Kommentar^{3} (2007); *Koziol*, Pflichtenkollisionen im Wertpapiergeschäft bei Übernahme von Aufsichtsratsmandaten durch Mitarbeiter der Bank, in FS Frotz (1993) 351; *Krejci*, Zur Berichtspflicht des AG-Vorstandes gegenüber dem Aufsichtsrat, in FS Frotz (1993) 367; *Kuhn*, Besprechung ÖJZ 2009, 81; *Lutter*, Interessenkonflikte durch Bankenvertreter im Aufsichtsrat, RdW 1987, 314; *Mohr*, Das Insolvenzrechtsänderungsgesetz 2010, ecolex 2010, 563; *Nitsche*, Aufsichtsratsmandat und Interessenkollision, in FS Krejci (2001) 751; *C.Nowotny*, Der Beamte als Aufsichtsrat, RdW 1999, 283; *Oberhofer*, Die Unabhängigkeit des Aufsichtsrats. Die Rolle des Aufsichtsrats in einer modernen Corporate Governance (2008); *Reich-Rohrwig*, Grundsatzfragen der Kapitalerhaltung bei der AG, GmbH sowie GmbH & Co KG (2004); *Reich-Rohrwig*, Das österreichische GmbH-Recht in systematischer Darstellung, Band I^{2} (1997); *Riss*, Doppelorganschaft und Treuepflichten. Haftungsfragen bei Kollision organschaftlicher Treuepflichten infolge mehrfacher Organstellung (2008); *Riss*, Doppelorganschaft, Kollision von Treuepflichten und Business Judgment Rule, ecolex 2010, 156; *Ristic*, Insolvenznovelle – IRÄG

2010, RdA 2010, 268; *G. H. Roth/Wörle*, Die Unabhängigkeit des Aufsichtsrats – Recht und Wirklichkeit, in *Büchele/Mildner/Murschitz/G. H. Roth/Wörle*, Corporate Governance in Deutschland und Österreich (2006) 35; *Schärf*, Rieger Bank – OGH zu Fragen der Haftung der Aufsichtsräte – Ende der Fragen?, GesRZ 2004, 39; *Schönbacher*, Die Haftung des Aufsichtsrats bei Konkursverschleppung (2009); *Schopper*, Zurechnung des deliktischen Verhaltens eines Multiorganmitglieds, in FS Kalus (2010) 477; *Schummer*, Haftung des GmbH-Geschäftsführers wegen Konkursverschleppung – ebenfalls ein Irrweg? in Kramer/Schumacher, FS Koppensteiner (2001) 211;*U Torggler/Trenker*, Kompetenzverteilung bei der Kapitalgesellschaft im Insolvenzverfahren, in Konecny, Insolvenzforum 2014 (2015) 73; *Viehböck/Linder*, Die Leitung eines Unternehmens in der Krise, SWK 2009, 1269; *Wachter*, Der Anstellungsvertrag von Vorstandsmitgliedern in der Insolvenz der Aktiengesellschaft, NZ 2015, 241; *Weissel*, Die Sorgfaltspflicht der Bank in der Rechtsprechung zu § 31 KO, ÖBA 1994, 955; *Wenger*, Zu Interessenkonflikten der Aufsichtsratsmitglieder und zur Inkompatibilität von Ämtern, RWZ 2002, 1.

Dlt: *Assmann,* Insiderrecht und Kreditwirtschaft, WM 1996, 1337; *Canaris,* Bankvertragsrecht[3] (1988); *Clausen,* Abgestufte Überwachungspflicht des Aufsichtsrats?, AG 1984, 20; *Faßbender,* Innerbetriebliches Wissen und bankrechtliche Aufklärungspflichten (1998); *Fischer*, Die Verantwortung des Aufsichtsrats bei Interessenkollisionen, in GS Duden (1982) 55; *Flöther/Smid/Wehdeking*, Die Eigenverwaltung in der Insolvenz (2005); *Foltis,* in Wimmer, Frankfurter Kommentar zur Insolvenzordnung[8] (2014); *Gribbohm*, Untreue zum Nachteil der GmbH, ZGR 1990, 1; *Hasselbach*, Überwachungs- und Beratungspflichten des Aufsichtsrats in der Krise, NZG 2012, 41; *Krebs*, Interessenkonflikte bei Aufsichtsratsmandaten in der Aktiengesellschaft (2002); *Krieger/Schneider*, Handbuch Managerhaftung[2] (2010); *Lutter*, Zivilrechtlich korrekt und doch strafbar? Das kann nicht sein, NZG 2010, 601; *Lutter*, Bankenvertreter im Aufsichtsrat, ZHR 1981, 224; *Lutter*, Die Business Judgement Rule in Deutschland und Österreich, GesRZ 2007, 79; *Lutter/Krieger/Verse*, Rechte und Pflichten des Aufsichtsrats[6] (2014); Münchener Kommentar zum Aktiengesetz[4] Band 2 (2014); Münchener Kommentar zum Aktiengesetz[4] Band 4 (2016); *Noack*, Der Aufsichtsrat in der Insolvenz der Kapitalgesellschaft (2003); *Oechsler*, Der Aufsichtsrat in der Insolvenz, AG 2006, 606; *Polley/Kroner*, Der Aufsichtsrat (2012); *Römmer-Collmann*, Wissenszurechnung innerhalb juristischer Personen (1998); *Rowedder/Schmidt-Leithoff*, GmbH-Gesetz Kommentar[5] (2013); *Schilling*, Rollenmodelle für Aufsichtsräte, FAZ v 25.9.2006; *D. Schneider*, Der Aufsichtsrat im Konkurs der Aktiengesellschaft, in FS Oppenhoff (1985) 349; *J. Schneider*, Erfolgsfaktoren der Unternehmensüberwachung (2000); *U.H. Schneider/Nowak*, Der Grundsatz der Weisungsfreiheit des Aufsichtsratsmitglieds, in FS Rosen (2008) 577; *Seibt/Schwarz*, Aktienrechtsuntreue – Analyse und aktienrechtsspezifische Konturierung der Untreuestrafbarkeit von Geschäftsleitern bei Pflichtverletzungen, AG 2010, 301; *Semler,* Leitung und Überwachung der Aktiengesellschaft[2] (1996); *Semler,* Aktienrechtlicher Aufsichtsrat in der Unternehmenskrise, AG 1983, 141; *Semler*, Abgestufte Überwachungspflicht, AG 1984, 21; *Semler/von Schenck*, Arbeitshandbuch für Aufsichtsratsmitglieder[4] (2013); *Siegelmann*, Die Stellung des Vorstands, des Aufsichtsrats und der Hauptversammlung nach Eröffnung des Konkursverfahrens über das Vermögen der Aktiengesellschaft, DB 1967, 1029; *Spindler/Stilz*, Kommentar zum Aktiengesetz[3] (2015); *Theiselmann*, Pflichten des Managements in der Unternehmenskrise – Leitfaden für Manager am Kapitalmarkt, Corporate Finance law 2010, 197; *Tippach*, Das Insider-Handelsverbot und die besonderen Rechtspflichten der Banken (1995); *von Schenck*, Der Aufsichtsrat und sein Vorsitzender – Eine Regelungslücke, AG 2010, 649; *Wehdeking*, Masseverwaltung durch den insolventen Schuldner (2005); *Werner*, Aufsichtsratstätigkeit von Bankenvertretern, ZHR 1981, 252; *Zöllner/Noack* (Hrsg.), Kölner Kommentar zum AktG, Band 2, Teil 2[3] (2012).

Gliederung **Rz**

I. Gesetzliche Anknüpfungspunkte

Existenzbedrohende Unternehmenskrisen entwickeln sich regelmäßig über einen gewissen Zeitraum, wobei mit fortschreitender Intensität allgemein drei Krisenstadien unterschieden werden: (1.) die **strategische Krise**, die sich durch ein Abweichen der Ist-Umsätze von den Plan-Umsätzen auszeichnet; (2.) die **operative Krise**, in welcher das Unternehmen bereits defizitär arbeitet und Eigenkapital verzehrt sowie schließlich (3.) die **Liquiditätskrise**, in welcher Zahlungsstockungen auftreten und Zahlungsunfähigkeit droht.[1] Wie erfolgreich eine Schieflage des Unternehmens bewältigt wird, hängt auch maßgeblich davon ab, wie frühzeitig, dh in welcher Phase sie vom Management erkannt wird. Eine wirksame Aufsicht ist ein Hebel zur Vermeidung von Unternehmenskrisen. 1

Akut-Krisen: Die Praxis zeigt, dass Krisen bzw Not- oder Sondersituationen in einem Unternehmen völlig unverhofft aufbrechen können, wenngleich vielfach die Ursachen gerade wiederum im Unternehmen selbst gelegt wurden. Sie müssen nicht immer existenzbedrohend sein, können das Unternehmen aber jedenfalls empfindlich treffen. Beispiele dafür sind etwa das Hervorkommen von Bestechungs- und Korruptionshandlungen im Unternehmen oder das Bekanntwerden der Nichteinhaltung von Boden- oder Luftschutzwerten mit internationaler oder auch nur regionaler Auswirkung. Ein Unternehmen kann aber auch durch Verhängung von Wirtschaftssanktionen gegenüber einem Kernmarkt des Unternehmens 2

[1] *Theiselmann*, Corporate Finance law 2010, 197.

in eine Notlage geraten, durch rasante Änderung der Weltmarktpreise (Rohstoffpreise) oder durch ein hoheitliches Verbot eines maßgeblichen Produkts.

3 Eine **einheitliche Definition** des Begriffs **der Unternehmenskrise besteht nicht**. Je nach normativem Zusammenhang, Sonder- oder Notsituation und Krisenphase werden unterschiedliche synonyme Bezeichnungen verwendet, die je nach dem Stadium der negativen Unternehmensentwicklung verschiedene Rechtsfolgen auslösen.[2] Das Eigenkapitalersatzgesetz EKEG etwa spricht explizit von der „Krise", während das Unternehmensreorganisationsgesetz die Einleitung eines ebensolchen Reorganisationsverfahrens gemäß § 22 URG bei „Reorganisationsbedarf" verlangt. Noch später, bei Vorliegen der Überschuldung oder Zahlungsunfähigkeit, greift sodann das Insolvenzrecht.

Welche Stellung der Aufsichtsrat einer Aktiengesellschaft in einer Not- oder Sondersituation, in den unterschiedlichen Phasen einer Unternehmenskrise sowie schließlich in der Insolvenz einnimmt und welchen Pflichten er sich jeweils gegenübersieht, soll dieser Beitrag zeigen.

II. Risikomanagementsystem

4 **Der Vorstand** einer Aktiengesellschaft hat dafür Sorge zu tragen, dass bestandsgefährdende Entwicklungen frühzeitig, nicht erst bei Insolvenzreife, erkannt werden. Um eine sich abzeichnende Krise so rechtzeitig erkennen zu können, dass Gefahren für die Liquidität und Rentabiliät des Unternehmens noch abzuwenden sind, hat der Vorstand ein funktionierendes **Risikomanagement** einzurichten, das bereits erste Anzeichen einer strategischen Krise wahrnimmt. Hierzu zählt nach § 82 AktG ein angemessenes Rechnungswesen sowie ein **internes Kontrollsystem IKS**[3], das der Geschäftstätigkeit des Unternehmens und den mit ihr verbundenen Risiken entspricht. Eine idealtypische Unternehmensplanung sollte eine Gewinn- und Verlustrechnung **(GuV)**, die **Bilanz** und eine nach Unternehmensbereichen gegliederte **Kapitalflussrechnung** zumindest für die drei bevorstehenden Jahre beinhalten.[4] Ob das IKS bzw genereller das Risikomanagementsystem die erforderliche Wirksamkeit erreicht, fällt gemäß § 92 Abs 4a Z 2 AktG in die Kontrollpflicht des Prüfungsausschusses des Aufsichtsrats (siehe auch Beitrag von *Frotz/Schörghofer* Rz 11/24)[5].

5 **Rechtliches Risikomanagement**: Generell soll eine Gesellschaft in einer Sondersituation oder Notlage über ein rechtliches Risikomanagementsystem verfügen, dh im Vorstand ist genau zu identifizieren, welche Maßnahmen und Entwicklungen welche Risken hervorbringen und wie diese Risken zusammenspielen und wie sie insgesamt mit den Vor- und Nachteilen in Balance gebracht und gehalten werden können. Der Aufsichtsrat ist darauf bezogen in seiner Personalkompetenz gefordert. Er hat entsprechend Vorsorge im Vorhinein zu treffen und eine geeignete Person im Vorstand zu bestimmen oder jedenfalls ad-hoc zu bestellen. Berater

---

2 *Viehböck/Linder*, SWK 2009, 1269.

3 *Kalss*, in FS Krejci 699 ff; *Nowotny*, in *Doralt/Nowotny/Kalss*, Komm AktG § 82 Rz 1.

4 *Theiselmann*, Corporate Finance law 2010, 197.

5 *Nowotny*, in *Doralt/Nowotny/Kalss*, Komm AktG § 82 Rz 1.

von außen können dies im Regelfall nicht leisten; sie sind jeweils auf ihr Spezialgebiet fokussiert und verlieren den Blick auf das Gesamte.

Reputation Management: Ein weiterer Aspekt liegt in der laufenden Kommunikation nach außen und in der Imagepflege des Unternehmens trotz der Sonder- oder Notsituation oder Unternehmenskrise. Wiederum muss eine klare Zuständigkeit im Vorstand festgelegt sein und wiederum ist der Aufsichtsrat gefordert, bereits im Vorhinein Vorsorge dafür zu treffen oder jedenfalls ad-hoc eine Person im Vorstand dazu zu bestellen oder zu bestimmen. Zugleich hat er anzuregen und zu überwachen, ob die entsprechenden Prozesse vorbereitet sind. Diese Vorkehrungen und Vorbereitungen sind vom Aufsichtsrat auch deshalb voranzutreiben, um der Gefahr vorzubeugen, in einem völlig neuen unbekannten Bereich tätig sein zu müssen und zu stark von unternehmensexternen Personen abhängig zu sein (vgl *Kalss* Rz 23/7 f). 6

III. Berichtspflichten des Vorstands

Notwendiger Bestandteil des Risikomanagements ist ein **Berichtswesen** an den Aufsichtsrat: Gemäß § 81 AktG hat der Vorstand dem Aufsichtsrat die Jahres- und Quartalsberichte zu übermitteln.[6] Im Jahresbericht sind jene Planrechnungen zu erstellen, die die künftige Entwicklung der Vermögens-, Finanz- und Ertragslage prognostizieren, deren (Nicht-)Einhaltung mittels eines Plan-Ist-Abgleichs wiederum in den Quartalsberichten darzulegen ist (siehe *Kalss* Rz 26/66).[7] 7

Nach § 81 Abs 1 Satz 3 zweiter Halbsatz AktG hat der Vorstand den Aufsichtsrat als **Kollegialorgan unverzüglich** über Umstände in Kenntnis zu setzen, die für die **Rentabilität, Liquidität** der Gesellschaft und ihren Fortbestand von Bedeutung sind (siehe auch Beitrag von *Zollner* Rz 22/31 ff).[8] Allgemein greift die Sonderberichtspflicht bei allen bestandgefährdenden Entwicklungen, sofern diese ausreichend konkret eingetreten sind.[9] 8

Ein Sonderbericht an den **Aufsichtsratsvorsitzenden** wird ferner dann für notwendig gem § 81 Abs 3 Satz 3 erster Halbsatz AktG erachtet, wenn gegenüber dem Geschäftsplan eine **Abweichung von mehr als 20%** im Bereich des Ergebnisses der gewöhnlichen Geschäftstätigkeit **(EGT)** eintritt.[10] 9

Ein weiterer relevanter Krisenindikator ist das Vorliegen einer **Unterbilanz,** jedenfalls aber ein **Verlust in der Höhe des halben Grundkapitals** entsprechend 10

---

6 *Strasser*, in *Jabornegg/Strasser*, Komm AktG § 77-84 Rz. 4.

7 *Viehböck/Linder*, SWK 2009, 1269, 1271; *Nowotny*, in *Doralt/Nowotny/Kalss*, Komm AktG, § 81 Rz 5; *Karollus/Huemer*, Fortbestehungsprognose 105.

8 *Kalss*, in MünchKomm AktG² § 90 Rz 73; *Nowotny*, in *Doralt/Nowotny/Kalss*, Komm AktG², § 81 Rz 7; *Strasser*, in *Jabornegg/Strasser*, Komm AktG⁵ § 77-84 Rz 7; *Spindler* in MünchKomm AktG § 90 Rz 31 f; *Kalss/Oelkers*, AR aktuell 2006, 6 (6). Anders als die deutsche Parallelregelung des § 90 Abs 1 Z 4 dAktG knüpft die Norm an Umständen an, die von erheblicher Bedeutung für Liquidität oder Rentabilität „sind" und nicht bloß „sein können".

9 *Viehböck/Linder*, SWK 2009, 1269, 1271.

10 *Viehböck/Linder*, SWK 2009, 1269, 1271, *Nowotny*, in *Doralt/Nowotny/Kalss*, Komm AktG, § 81 Rz 7; *Strasser*, in *Jabornegg/Strasser*, Komm AktG § 77-84 Rz. 7.

§ 83 AktG.[11] Auch ein Erfüllen der Kennzahlen des § 22 Abs 1 Z 1 URG, dh das **Vorliegen eines Reorganisationsbedarfs** iSd URG löst eine Sonderberichtspflicht an den Aufsichtsrat aus. Im Falle des Verlusts in der Höhe des halben Grundkapitals hat der Aufsichtsrat dafür Sorge zu tragen, dass der Vorstand seiner Pflicht nachkommt, umgehend eine Hauptversammlung einzuberufen und diese über den erheblichen Verlust zu unterrichten, um den Aktionären die Möglichkeit zu geben, sich mit der Lage der Gesellschaft auseinanderzusetzen.[12] Handelt der Vorstand nicht, ist die Einberufung gem § 95 Abs 4 AktG Aufgabe des Aufsichtsrats. Diese Beispiele zeigen einige Facetten des Pflichtenkatalogs des Aufsichtsrats in der Unternehmenskrise, eine abschließende Auflistung sind sie naturgemäß nicht.

IV. Abgestufte Überwachungspflichten

A. Begleitende Überwachung → Unterstützende Überwachung

11 Der Aufsichtsrat wird nicht geschäftsführend, sondern begleitend beratend und kontrollierend tätig. Er ist kein „Neben- oder Supergeschäftsführer"[13], der „operativ in den Vorstand hineinregiert", er soll sich aber durchaus intensiv um die strategische Ausrichtung des Unternehmens kümmern (*Hoffmann/Kunz* Rz 14/54 ff). Der BGH spricht insoweit von „in die Zukunft gerichteter Kontrolle"[14].

12 Die konkret vom Aufsichtsrat zu leistende Kontrolldichte und die Intensität der von ihm wahrzunehmenden Aufgaben richten sich abgestuft nach der aktuellen wirtschaftlichen Situation des Unternehmens.[15] Da erhöhte Gefahr erhöhte Aufmerksamkeit erfordert, hat sich die im gewöhnlichen Geschäftsverlauf ausreichende beratende und **begleitende Überwachung** der Geschäftsleitung zu einer **unterstützenden Überwachung** zu intensivieren, sobald sich die Lage des Unternehmens zu verschlechtern droht.[16] Zur Veranschaulichung der Pflichten des Aufsichtsrats sind modellhaft drei Krisenstadien des Unternehmens zu unterscheiden, nämlich die strategische Krise, die operative Krise sowie schließlich die Liquiditätskrise.[17]

---

[11] *Noack*, Der Aufsichtsrat 44; *Kalss/Oelkers*, AR aktuell 2006, 6.

[12] *Kalss*, in *Kalss/Nowotny/Schauer*, Gesellschaftsrecht Rz 3/367.

[13] OGH 26.2.2002, 1 Ob 144/01k GesRZ 2002, 86; *Kalss,* in *Doralt/Nowotny/Kalss*, AktG² § 86 Rz 53.

[14] BGH v. 25.3.1991 – II ZR 188/89, BGHZ 114, 127, 130, ZIP 1991, 653, 654; vgl. auch *Lutter/Krieger/Verse*, Rechte und Pflichten⁶ § 3 Rz 103.

[15] *Semler*, Leitung und Überwachung Rz 231; *Semler,* AG 1983, 141; *Semler*, AG 1984, 21 (21); im Anschluss hieran *Kastner/Doralt/Nowotny*, Grundriß 258, Fn 111; *Kalss* in *Doralt/Nowotny/Kalss*, AktG² § 95 Rz 18; *Hüffer*, AktG § 111 Rz 7; *Lutter/Krieger/Verse*, Rechte und Pflichten § 3 Rz 95; *Schärf*, GesRZ 2004, 41; *Schönbacher*, Haftung 71 ff; *Schneider*, Erfolgsfaktoren 78. Kritisch, allerdings im Ergebnis ähnlich *Krejci*, FS Frotz 367, 378 f. AA schließlich *Clausen,* AG 1984, 20 f; *Mertens/Cahn*, KölnKomm § 111 Rz 25. Vgl zudem *Polley/Kroner*, Aufsichtsrat 69*; Hasselbach*, NZG 2012, 41.

[16] *Semler*, Leitung und Überwachung Rz 233; *Kastner/Doralt/Nowotny*, Gesellschaftsrecht⁵ 258; *Lutter/Krieger/Verse*, Rechte und Pflichten § 3 Rz 95; *Schneider*, Erfolgsfaktoren 78.

[17] *Theiselmann*, Corporate Finance law 2010, 197.

Erforderlich für die Einschätzung der konkret zu leistenden Kontrollintensität ist demnach, dass der Aufsichtsrat die **strategischen Unternehmensziele** kennt und sie versteht. Deren Definition setzt den Bezugspunkt, um Informationen überhaupt einen krisenhaften Sinn zuschreiben zu können. Daher ist die Aufgabe eines permanenten Strategie-Dialogs des Aufsichtsrats mit dem Vorstand so bedeutsam. Hier ist der Aufsichtsrat gefordert, Methodenkompetenz für die Überwachungshilfsmittel, Eigeninitiative und Durchsetzungsfähigkeit gegenüber dem Vorstand zu entwickeln,[18] um ihm ein tauglicher Gesprächspartner und institutioneller Ratgeber zu sein,[19] Findet der Kontakt zwischen Vorstand und Aufsichtsrat ausschließlich in einem starren Reportwesen aus Bilanz, GuV und Anhang statt, kann der Aufsichtsrat die Anzeichen einer frühen Krise – wie etwa eine Verschlechterung der Wettbewerbsposition oder des Markenimages – nicht erkennen. Schließlich werden die Ertragsziele wie Gewinn und Umsatz im allerersten Krisenstadium oft noch erreicht, die Liquidität ist erst recht nicht beeinträchtigt. Vielmehr müssen andere **Krisenindikatoren** wie etwa eine stockende Produktentwicklung oder eine sinkende Auftragslage beobachtet werden. Steht der Aufsichtsrat daher nicht in enger, auch strategischer Absprache mit dem Vorstand und zieht er nicht zusätzliche Informationsquellen heran, kann dies zur Folge haben, dass er seine Überwachungshandlungen nur unzureichend der wirtschaftlichen Situation des Unternehmens anpasst. 13

Zeigt sich also beispielsweise, dass die Produktentwicklung stockt, die Anzahl an Reklamationen steigt, sich die Lagerbestände erhöhen, Liefertermine nicht eingehalten werden können oder die Fluktuation in der Belegschaft zunimmt, so können dies erste Anzeichen einer Krise sein, auf die der Aufsichtsrat zu reagieren hat. Sobald die Erfolgspotentiale eines Unternehmens – wie etwa die Qualität der Produkte, eine spezielle Marktstellung oder ein besonderes Markenimage – beeinträchtigt erscheinen, erhöht sich der Sorgfaltsmaßstab des Aufsichtsrats.[20] In der praktischen Umsetzung bedeutet dies, dass die Dauer und auch die Frequenz der Aufsichtsratssitzungen ansteigen und dass über § 81 AktG hinausgehende, detaillierte Vorstandsberichte anzufordern und zu beraten sind. Da sich der Aufsichtsrat mit Hilfe vermehrter **Zustimmungsvorbehalte** in heiklen unternehmenspolitischen Entscheidungen zudem ein maßgebliches Mitwirkungsrecht einräumen lassen kann, wird auch die Zahl der Umlaufbeschlüsse zunehmen. Zu einer Hemmung der Vorstandstätigkeit dürfen diese naturgemäß nicht führen.[21] Dies lässt sich theoretisch einfach beschreiben, in der konkreten Situation verschwimmen diese Abgrenzungen vielfach. 14

Enge Zusammenarbeit: Entscheidend ist vor allem die enge Zusammenarbeit von Vorstand und Aufsichtsrat in dieser Phase, um im Interesse des Unternehmens Ursachen von Fehlentwicklungen zu identifizieren, zu analysieren und rasch geeignete Maßnahmen zur Bewältigung der Krisen- oder Notfallsituation zu setzen. Dies kann aber in dieser Situation besonders schwierig sein, weil gegebe- 15

[18] *Rückle* in *Feldbauer-Durstmüller/Schlager*, Krisenmanagement 287 (302).

[19] BGH v. 25.3.1991 – II ZR 188/89, BGHZ 114, 127, 130, ZIP 1991, 653, 654; *Lutter/Krieger/Verse*, Rechte und Pflichten § 3 Rz 103.

[20] *Semler*, AG 1983, 141 (142).

[21] *Lutter/Krieger/Verse*, Rechte und Pflichten § 3 Rz 99.

nenfalls völlig unterschiedliche Eigeninteressen hervorkommen (Fortführung der Vorstandstätigkeit, Ablöse und Berufung einer anderen Person, Prioritätensetzung der Einzelmaßnahmen).

16 Der Aufsichtsrat als Organ kann **folgende Maßnahmen** beschließen (siehe *Zollner* Rz 22/11):[22]

a) Stellungnahmen und Beanstandungen;
b) die Erarbeitung und Verabschiedung einer neuen Geschäftsordnung für den Vorstand;
c) Zustimmungsvorbehalte gem § 95 Abs 5 AktG sowie
d) vorzeitige Abberufung aus wichtigem Grund.[23]

17 Wesentlich ist, dass es sich dabei um **interne Maßnahmen** handelt, jedenfalls muss das Unternehmensinteresse oberste Leitschnur des Handelns des Aufsichtsrats sein. Sonderinteressen von einzelnen Aufsichtsratsmitgliedern dürfen in die Diskussion eingebracht, nicht aber Devise des Handelns des Aufsichtsrats sein (vgl *Kalss* Rz 9/53).

18 **Ein Beispiel** soll die konkret zu leistende Überwachungspflicht illustrieren: Kreditgeschäfte sowie Veranlagungsgeschäfte sind Risikogeschäfte, naturgemäß kalkulierte Risikogeschäfte. Eine Kreditvergabe ist ebenso wie eine Veranlagung eine typische unternehmerische Entscheidung (vgl *Oppitz* Rz 37/27).[24] Der Vorstand agiert nicht pflichtwidrig, sondern umgekehrt pflichtgemäß, wenn er bei einer unternehmerischen Entscheidung voll informiert, ohne eigene Interessen im Interesse der Gesellschaft und ohne existenzgefährdende Risiken einzugehen, handelt, unabhängig davon, ob das Geschäft gelingt oder scheitert.[25] Bei angemessener Information über das Risiko und bei Ausschluss persönlicher Interessen des Vorstands sowie bei mangelnder überzogener Risikoneigung liegt ein ordnungsgemäßes Ausüben unternehmerischen Ermessens vor; die Organe der Gesellschaft handeln rechtmäßig.[26] Die Vor- und Nachteile eines solchen Geschäfts abzuschätzen, steht im Ermessen von Vorstand und Aufsichtsrat, wenn dieser das Geschäft gem § 95 Abs 5 AktG zu genehmigen hat. Der Aufsichtsrat hat hierfür eine **Plausibilitätskontrolle** der Abwägungen des Vorstands vorzunehmen und zusätzlich abzuwägen, ob er der Maßnahme zustimmen kann (siehe näher *Briem* Rz 12/71); eine volle eigenständige Analyse und Bewertung des genehmigungspflichtigen Geschäfts werden von ihm nicht verlangt.[27] Besondere Aufmerksamkeit hat der Aufsichtsrat in der Unternehmenskrise auf die Frage zu richten, ob das beabsichtigte Geschäft – gerade innerhalb der Unternehmensgruppe – drittvergleichsfähig ist und ob bei fehlender Drittvergleichsfähigkeit eine betriebliche Rechtfertigung hierfür besteht.[28] Andernfalls stellt das inäquivalente Geschäft – etwa als Um-

---

[22] *Lutter/Krieger/Verse*, Rechte und Pflichten § 3 Rz 109 ff; *Lutter*, NZG 2010, 603.

[23] *Henze*, BB 2000, 214.

[24] *Kalss/Durstberger*, RWZ 2016, 60; *Lutter*, GesRZ 2007, 79 (81); *Krieger* in Krieger/Schneider, Handbuch Managerhaftung² § 3 Rz 7; *Spindler* in MünchKomm AktG§ 93 Rz 67.

[25] *Kalss,* in *Kalss/Nowotny/Schauer,* Gesellschaftsrecht Rz 3/402, 3/571; *Lutter*, GesRZ 2007, 81 ff; *Doralt* in FS Hopt 3059.

[26] KG 22.3.2005, ZIP 2005, 1866; ferner OLG Zelle, NZG 2008, 669.

[27] *Geppert/Moritz*, Gesellschaftsrecht für Aufsichtsräte, 260.

[28] *Karollus* in *Leitner*, Handbuch 50.

satzgeschäft zu unangemessenen Konditionen oder als für die Gesellschaft in der Krisenphase nutzlose Leistung – eine nach § 52 AktG sowie § 82 GmbHG verbotene Einlagenrückgewähr dar (*Oppitz* Rz 37/40 ff).[29] Auch Aufsichtsratsmitglieder kann eine Schadenersatzhaftung treffen, wenn sie bei einem verbotenen Vorgang der Einlagenrückgewähr ihre Überwachungspflichten verletzen.[30] Sollte der Aufsichtsrat nicht in der Lage sein, allein eine Einschätzung über die Zulässigkeit zu treffen, hat er einen Sachverständigen – zB für Bewertungsfragen und die Beurteilung der (In-)Äquivalenz des Geschäfts – beizuziehen.

Kommt der Aufsichtsrat zum Ergebnis der Rechtmäßigkeit, so trifft er eine rechtmäßige Entscheidung, wenn er zustimmt. Wenn aber eine derartige unternehmerische Entscheidung zivilrechtlich erlaubt ist, kann sie strafrechtlich nicht verboten sein.[31] Ein nach aktienrechtlichen Vorschriften rechtmäßiges Handeln kann strafrechtlich nicht als Verletzung des Untreuetatbestands gem § 153 StGB qualifiziert werden. Es besteht somit eine negative Akzessorietät zwischen Straf- und Zivilrecht (vgl *Kert/Komenda* Rz 46/62 ff).[32] 19

B. Konsequenzen für die Aufsichtsratsmitglieder

Für das einzelne Aufsichtsratsmitglied wird die Intensivierung der Kontrolldichte primär als gesteigerte zeitliche Inanspruchnahme spürbar: Zur Bündelung der beschriebenen Aufgaben ist es erforderlich, dass der Vorstand zu den Aufsichtsratsmitgliedern auch **informellen Kontakt** hält; von ihnen wird eine hohe Verfügbarkeit etwa in Gestalt **telefonischer Erreichbarkeit** verlangt (siehe Beitrag von *Kalss/Schimka* Rz 2/82). Nur eine laufende Beschäftigung mit dem krisenverfangenen Unternehmen kann sicherstellen, dass die Beratung und Kontrolle des Aufsichtsrats der jeweiligen Lage und den Erfordernissen der Gesellschaft entsprechen. Dabei erschöpft sich der präsent zu haltende Kenntnisstand nicht automatisch mit den vom Vorstand bereit gestellten Berichten; oftmals setzen erst **zusätzliche Informationsquellen** wie Kosten- und Leistungsrechnungen, Umsatz- und Ergebnisanalysen oder Marktforschungsstudien den notwendigen Bezugspunkt, um zu einer **eigenen realistischen Einschätzung** der Unternehmenssituation gelangen zu können (siehe auch Beitrag von *Kalss* Rz 26/82 ff).[33] 20

Aufsichtsratsvorsitzender: Stärker noch als das einfache Aufsichtsratsmitglied ist der **Vorsitzende** des Gremiums gefordert: Er steht in engem Kontakt, sozusagen **„ständiger Fühlungnahme“**[34] zum Vorstandsvorsitzenden, diskutiert mit ihm die strategischen Unternehmensziele und bewertet anhand dieser die Geschäftsentwicklung und das Risikomanagement der Gesellschaft.[35] Bei wichtigem 21

29 *Karollus* in *Leitner*, Handbuch 63 f.

30 *Karollus* in *Leitner*, Handbuch 49.

31 *Kalss/Durstberger*, RWZ 2016, 60; *Lutter*, NZG 2010, 602; *Seibt/Schwarz*, AG 2010, 301, 304.

32 *Kalss/Durstberger*, RWZ 2016, 60; *Lutter*, NZG 2010, 603; *Seibt/Schwarz*, AG 2010, 301, 304 ff.

33 *Rückle* in *Feldbauer-Durstmüller/Schlager*, Krisenmanagement 287, 293.

34 So *Lutter/Krieger/Verse*, Rechte und Pflichten[6] § 11 Rz 680.

35 Für börsennotierte Gesellschaften gibt dies Punkt 37 des Corporate Governance Kodexes als Comply or Explain-Regelung vor. Als Teil der gesetzlich verankerten Pflichten zwischen

Anlass ist der Aufsichtsratsvorsitzende vom Vorstand unverzüglich – gegebenenfalls mündlich – zu unterrichten; dies entspricht den Anforderungen der Dringlichkeit und der Vertraulichkeit. Die hohe persönliche Präsenz, die der Aufsichtsratsvorsitzende in der Krise leistet, ist dabei nicht nur dem Erfordernis geschuldet, bei wichtigen Entscheidungen prompt zur Stelle zu sein, sie ist auch symbolischen Charakters und dient der **Unterstützung** des Vorstands wie auch der **Teambildung** von Vorstand und Aufsichtsrat (vgl *Königswieser* Rz 6/12 ff; *Kalss/Schimka* Rz 2/86).[36] Gerade die Unterstützung des Vorstands ist bei der anziehenden Krise von Bedeutung, ebenso etwa in eruptiv hervorkommenden Sondersituationen. Unterstützung heißt nicht lasches Gewährenlassen, sondern aktive Stellungnahme des Aufsichtsrats bei unsachlicher Kritik von außen und innen. Unterstützung heißt ebenso wenig blindes Vertrauen, sondern wohlgesetzte einzelne Schritte, allenfalls ist die Vorgehensweise zeitgerecht zu hinterfragen und sind weitere Maßnahmen zu setzen.

C. Weitere Intensivierung

22 **Verschärft** sich die Krise derart, dass sie auch die Ertragslage des Unternehmens berührt und dieses beginnt, defizitär zu arbeiten und Eigenkapital zu verzehren (operative Krise)[37], **intensivieren sich** die Kontrollpflichten des Aufsichtsrats **nochmals**: Er ist nun zu einer so genannten *gestaltenden Überwachung* verpflichtet,[38] d.h. er hat alle zur Verfügung stehenden Möglichkeiten auszuschöpfen, damit die Gesellschaft so rasch wie möglich zum Normalzustand zurückkehrt. An vorderster Stelle hat der Aufsichtsrat darauf hinzuwirken, dass der Vorstand die Ursachen der Ertragskrise erschöpfend analysiert und aufbauend auf grundlegenden strategischen Überlegungen ein taugliches Konzept zur Bewältigung der Krise samt Zeitplan entwickelt.[39] Um sicher zu stellen, dass der Vorstand seiner Führungsaufgabe in der konkreten Situation gewachsen ist, kann der Aufsichtsrat zudem zusätzliche Zustimmungsvorbehalte festlegen oder **Sachverständige zur Prüfung** einzelner unternehmerischer Entscheidungen beiziehen (siehe näher Beitrag von *Kalss* Rz 23/3 ff).[40] Dennoch hat er jedenfalls darauf zu achten, dass die eigenständige Entscheidungsfindung im Vorstand – ebenso wie im Aufsichtsrats – erhalten bleibt und keine zu hohe Abhängigkeit gegenüber außenstehenden Sachverständigen entsteht (*Kalss* Rz 23/8). Ebenso hat der Aufsichtsrat in einer derartigen Situation seine **Personalkompetenz** wahrzunehmen, indem er etwa die Geschäftsverteilung ändert, das Aufsichtsgremium durch neue Mitglieder verstärkt oder als äußerstes Mittel den Vorstand oder einzelne seiner **Mitglieder vorzeitig abberuft**: Fehlt einem Vorstandsmitglied die unternehmerische Befähigung

---

Vorstand und Aufsichtsrat gilt dieser Grundsatz auch für kapitalmarktferne Gesellschaften: *Lutter/Krieger/Verse*, Rechte und Pflichten[6] § 11 Rz 680; *v. Schenck*, AG 2010, 649, 650, 652 f; *Spindler*, in *Spindler/Stilz*, AktG[3], § 107 Rz 39.

36 *Roth/Wörle* in *Büchele/Mildner/Murschitz/Roth/Wörle*, Corporate Governance 82 ff; *Schilling*, FAZ v 25.9.2006, 20.

37 *Theiselmann*, Corporate Finance law 2010, 197, 199 f.

38 *Semler*, Leitung und Überwachung Rz 234; *Kittel*, Handbuch 278.

39 *Lutter/Krieger/Verse*, Rechte und Pflichten § 3 Rz 98.

40 *Semler*, AG 1983, 141 (142).

zur Bewältigung der Krise, liegt ein die Abberufung rechtfertigender Grund im Sinne des § 75 Abs 4 AktG (Unfähigkeit zur ordnungsgemäßen Geschäftsführung) vor, zu denken ist auch an einen massiven Vertrauensverlust. Sind maßgebliche Mitglieder des Vorstands „angezählt" und steht die Ablöse unmittelbar bevor, hat der Aufsichtsratsvorsitzende gerade in dieser Phase die **Repräsentations- und Kommunikationsaufgaben** nach außen wahrzunehmen, um insgesamt das Unternehmen zu vertreten, seinen Auftritt nach außen zu gestalten und laufend die Geschäftskunden, den Markt und gegebenenfalls auch die Öffentlichkeit zu informieren.

Verstärkung der Tätigkeiten: Gelingt es dem Vorstand nicht, gemeinsam mit dem Aufsichtsrat ein zur Überwindung der Krise geeignetes Konzept zu entwickeln, hat der Aufsichtsrat – unter Umständen unter **Zuhilfenahme Sachverständiger** – eine eigene Analyse zu erstellen.[41] In der Sanierungsphase selbst hat der Aufsichtsrat zu prüfen, ob die erforderlichen Maßnahmen zeitgerecht und mit der erforderlichen Sorgfalt gesetzt werden und auf ihre Durchführung zu drängen. Speziell in dieser Phase ist die ständige Präsenz des Aufsichtsratsvorsitzenden bzw. eines ausgewählten Mitglieds erforderlich, um die stringente Vornahme der Sanierungsmaßnahmen zu gewährleisten. 23

Insolvenzantrag: Gerät die Gesellschaft trotz der Sanierungsbemühungen von der operativen Krise in eine **akute Liquiditätskrise** (negativer Cash Flow, Knappheit der liquiden Mittel, Aufstockung der Kredite, Lieferungen ausschließlich gegen Barzahlung, verspätete Auszahlung der Gehälter, Kundenverlust, schließlich Aufmerksamkeit der Öffentlichkeit),[42] hat der Aufsichtsrat die größte Kontrolldichte aufzuwenden: Neben der Aufforderung an den Vorstand, einen Finanzplan für die nächsten Monate bzw. Wochen zu erstellen und dessen Einhaltung zu gewährleisten, hat der Aufsichtsrat insbesondere darüber zu wachen, dass der Vorstand die Eröffnung eines Insolvenzverfahrens bei Eintritt von Zahlungsunfähigkeit oder Überschuldung rechtzeitig, d.h. binnen sechzig Tagen, beantragt.[43] Zu diesem Zweck hat der Aufsichtsrat seinerseits eine Überschuldungsprüfung durchzuführen sowie in regelmäßigen Abständen zu kontrollieren, ob noch Zahlungsfähigkeit gegeben ist. Die Einbindung eines Wirtschaftsprüfers, insbesondere im Rahmen von dessen Redepflicht nach § 273 UGB ist in dieser akuten Krise jedenfalls sinnvoll (vgl *Milla/Rödler/Köll* Rz 21/115 ff). Kommt der Vorstand trotz Vorliegen der Insolvenzvoraussetzungen der Aufforderung des Aufsichtsrats, einen Insolvenzantrag zu stellen, nicht nach, kann dieser den Antrag zwar nicht selbst stellen,[44] aber von seiner Personalkompetenz Gebrauch machen und den Vorstand austauschen.[45] 24

Handlungsmöglichkeiten: Dem Aufsichtsrat stehen beträchtliche Möglichkeiten zur Verfügung, Unternehmenskrisen frühzeitig zu erkennen und ihnen 25

41 *Semler*, AG 1983, 141 (146).
42 Vgl *Theiselmann*, Corporate Finance law 2010, 197 (200 f).
43 Der Aufsichtsrat selbst ist zur Antragstellung nicht berechtigt. In Deutschland abweichend, s *Theiselmann*, Corporate Finance law 2010, 197 (202).
44 *Schmidt-Leithoff* in *Rowedder/Schmidt-Leithoff*, Komm GmbHG Vor § 64 Rz 72.
45 *Lutter/Krieger/Verse*, Rechte und Pflichten § 3 Rz 100.

gegenzusteuern. Mit fortschreitender Verschlechterung der wirtschaftlichen Situation des Unternehmens ist er zu einer stufenweisen **Intensivierung seiner Überwachungstätigkeit** verpflichtet. Dies setzt ein zunehmend wachsendes Zeitbudget voraus, welches das einzelne Aufsichtsratsmitglied aufzubringen hat. Die konkret zu leistende Kontrollintensität hängt von der Tiefe und dem gegenwärtigen Stand der Unternehmenskrise ab. Das Ausmaß der Kontrolle ist stets sorgsam abzuwägen, da eine **unterstützende Überwachung** in eine **belastende Überwachung** abgleiten kann, die die Arbeit eines Vorstands, der durch die Krise ohnehin bereits unter Druck geraten ist, zusätzlich erschwert.

26 Durch die Steigerung der Überwachung erfüllen die Aufsichtsratsmitglieder lediglich die von § 99 AktG vorgegebenen Handels- und Sorgfaltspflichten; eine **unzulässige Einflussnahme auf die Geschäftsleitung** etabliert das beschriebene Stufenmodell dabei – trotz der ausgeprägten Einbindung des Aufsichtsrats in die Entscheidungsfindung der Gesellschaft – nicht, diese wäre mit § 99 AktG auch unvereinbar.

27 Für das einzelne Aufsichtsratsmitglied wird die Intensivierung der Kontrolldichte primär als **gesteigerte zeitliche Inanpruchnahme** spürbar. Nur ein enger Kontakt zum Vorstand und eine laufende Beschäftigung mit dem krisenverfangenen Unternehmen können sicherstellen, dass Beratung und Kontrolle den aktuellen Erfordernissen der Gesellschaft entsprechen.

V. Kriseninduzierte Interessenkonflikte einzelner Aufsichtsratsmitglieder

28 Jedes Aufsichtsratsmitglied unterliegt der organschaftlichen Treuepflicht (*Schauer* Rz 45/13).[46] Diese verpflichtet – konkretisiert durch eine in § 99 AktG enthaltene Verweisung auf § 84 AktG – zur Verschwiegenheit.[47] Da das Aufsichtsratsamt klassischerweise als Nebenamt ausgeübt wird[48] und das Aufsichtsratsmitglied folglich hauptberuflich einem anderen Unternehmen angehört, treten **konzeptionsimmanente Interessenkonflikte** auf (*Frotz/Schörghofer* Rz 25/1).[49] Besonders die folgenden Konstellationen sind konfliktbeladen: (1.) Verträge mit der Gesellschaft, (2.) Rechtsstreitigkeiten mit der Gesellschaft, (3.) Konflikte der Arbeitnehmervertreter, (4.) Konflikte von Vertretern öffentlicher Einrichtungen, (5.) Übernahmen, (6.) Konflikte im Konzern sowie (7.) **Bankenvertreter** im Aufsichtsrat.[50] Gerade die letztgenannte Fallgruppe kann in der Unternehmenskrise

---

46 *Kalss* in *Kalss/Nowotny/Schauer,* Gesellschaftsrecht Rz 3/570. Eine entsprechende Verpflichtung findet sich auch im ÖGCK (C-Regel 44).

47 *Krebs*, Interessenkonflikte 73; *Kalss* in *Kalss/Nowotny/Schauer,* Gesellschaftsrecht Rz 3/402, 3/571.

48 OGH 26.2.2002, 1 Ob 144/01k GesRZ 2002, 86, vgl zudem *Fischer* in GS Duden 55 (56); *Kalss* in *Doralt/Nowotny/Kalss*, AktG § 86 Rz 66, 67; *Kittel*, Handbuch 122 f; *Nitsche* in FS Krejci 751 (768); *Oberhofer*, Unabhängigkeit 206; *Krebs*, Interessenkonflikte 11 f; *Wenger*, RWZ 2002, 1 (1).

49 *Kalss* in *Kalss/Nowotny/Schauer,* Gesellschaftsrecht Rz 3/392.

50 *Schönbacher*, Haftung 123.

Brisanz zeigen:[51] Zunächst ist ein Bankenvertreter im Aufsichtsrat angehalten, mit besonderer Sorgfalt die Liquidität der Gesellschaft und ihre Ertragslage zu prüfen und das Gesamtgremium vor dem Hintergrund seiner beruflichen Erfahrung frühzeitig auf drohende Gefahren hinzuweisen (vgl *Kalss/Schimka* Rz 2/100; *Schauer* Rz 45/24).[52]

Zugleich aber ist der Vorstand eines Bankinstituts, der einem Aufsichtsrat in einer anderen Gesellschaft angehört, angesichts der **gesellschaftsrechtlichen Verschwiegenheitspflicht** nicht berechtigt, der Bank vertrauliche Informationen zB über eine sich abzeichnende Krise oder eine sonstige Notsituation zu übermitteln, die er im Rahmen der Aufsichtsratsmitgliedschaft erworben hat (vgl *Kalss* Rz 26/10 ff). Der Bankvorstand erlangt seine Kenntnis nicht als Organ des Kreditinstituts, sondern als individuelle Person[53] in seiner Aufsichtsratsfunktion bei der anderen Gesellschaft.[54] Aus Sicht der Bank liegt kein betriebszugehöriges, sondern **sonstiges Wissen** des Vorstands vor.[55] Dass die Beschäftigung bei der Bank für die Bestellung zum Aufsichtsrat in der anderen Gesellschaft ursächlich war, ist hierfür irrelevant.[56] Zur Wissenszurechnung Rz 32; s ferner *Enzinger/Kalss* Rz 31/109. 29

Aufsichtsratsämter sind **weisungsfrei** auszuüben (siehe dazu näher Beitrag von *Kalss* Rz 3/27 ff). Der Grundsatz der höchstpersönlichen Amtswahrnehmung schließt das Gebot ein, das Aufsichtsratsamt eigenständig auszuüben.[57] Jedes Aufsichtsratsmitglied ist ad personam gewählt und hat als oberste Leitschnur seiner Aufsichtstätigkeit das Wohl des Unternehmens zu verfolgen, für deren Schicksal der Aufsichtsrat eine Mitverantwortung trägt.[58] Dieser in § 70 AktG sowie § 25 GmbHG explizit für den Vorstand und Geschäftsführer normierte Grundsatz gilt gem § 99 AktG und § 33 GmbHG für die Tätigkeit des Aufsichtsrats und daher auch für jedes einzelne Mitglied. 30

Eigenständige Verantwortung: Aus der Zugehörigkeit zum Aufsichtsrat als unabhängige Person, nicht als Organ des Kreditinstituts, ergibt sich auch, dass der Bankvorstand keiner besonderen Pflicht unterliegt, das in Finanznöte geratene Unternehmen, in dessen Aufsichtsrat er sitzt, mit Kredithilfen zu versorgen.[59] Schließlich ist die Person Aufsichtsratsmitglied, nicht das Kreditinstitut. 31

Das Wissen, das ein Bankenvertreter im Aufsichtsrat erwirbt, wird dem Kreditinstitut nicht zugerechnet.[60] **Wissenszurechnung** schließt nämlich auch eine 32

---

51 S *Koziol* in FS Frotz 351 ff; *Kittel*, Handbuch 125; *Lutter*, RdW 1987, 314 ff; *Lutter*, ZHR 1981, 224; *Lutter/Krieger/Verse*, Rechte und Pflichten[6] § 12 Rz 915 ff; *Werner*, ZHR 1981, 252 ff.

52 *Lutter*, RdW 1987, 315.

53 *Lutter*, ZHR 1981, 226.

54 *Iro*, ÖBA 2001, 113.

55 *Assmann*, WM 1996, 1349.

56 *Iro*, ÖBA 2001, 113.

57 BGH II ZR 137/05, ZIP 2006, 2077; *Hopt/Roth* in GroßKomm AktG[4] § 111 Rz 745; *Habersack* in MünchKomm AktG[4] § 111 Rz 136.

58 OGH 1 Ob 144/01k, GesRZ 2002, 86; *Lutter*, ZHR 1981, 228.

59 *Lutter*, ZHR 1981, 229.

60 *Iro*, ÖBA 2001, 112; *Faßbender*, Innerbetriebliches Wissen 275; *Koziol* in FS Frotz 361; *Lutter,* RdW 1987, 319; *Römmer-Collmann*, Wissenszurechnung 193; *Weissel*, ÖBA 1994, 955.

Redepflicht ein: Käme es zu einer Zurechnung seines Wissens zum Kreditinstitut, müsste der Bankvorstand dafür Sorge tragen, dass seine Vorstandskollegen und das sonstige Personal die Interna auch tatsächlich und nicht nur fiktiv kennen.[61] Hierfür müsste der Aufsichtsrat seine Verschwiegenheitspflicht verletzen: Er ist weder berechtigt noch gar verpflichtet, in seinem Institut auf die Schwierigkeiten des Unternehmens hinzuweisen und hat die Vertraulichkeit – wenn erforderlich – auch durch organisatorische Maßnahmen zu gewährleisten (chinese walls).[62] Eine Wissenszurechnung findet daher nur in jenen Ausnahmefällen statt, in denen die vertrauliche Information (über die wirtschaftliche Situation des Unternehmens) auch anderen Bankmitarbeitern anvertraut wurde, die ihrerseits keiner Geheimhaltung unterliegen.[63] Die Preisgabe der im Aufsichtsrat erworbenen Information soll im Sinne einer Nothilfe ferner dann ausnahmsweise zulässig sein, wenn sie die Bank vor einem Schaden bewahrt[64] – dies wird in Krisensituationen, in denen die Bank als Kreditgeberin auftritt, freilich regelmäßig der Fall sein. Daher ist davon auszugehen, dass die Entsendung eines Bankvorstands in den Aufsichtsrat eines anderen Unternehmens so zu verstehen ist, dass die Bank von ihrem Organträger gerade **keine Preisgabe geheimer Informationen** erwartet.[65] Selbst wenn die Bank (oder einer ihrer Kunden) ein schutzwürdiges Interesse an der Information der Krise in der anderen Gesellschaft hat, darf es nicht die Aufgabe des Aufsichtsratsmitglieds sein, hier „auf kurzem Weg" für die Informationsbeschaffung zu sorgen.[66] Maximal kann der Bankvorstand darauf hinwirken, dass eine **börsenotierte** krisenverfangene Gesellschaft, in deren Aufsichtsrat er sitzt, selbst entsprechende Veröffentlichungen vornimmt.[67]

33 Trotz der grundsätzlichen Weisungsfreiheit jedes einzelnen Mitglieds ist anerkannt, dass einzelne Mitglieder die Interessen etwa eines Anteilseigners mit einer Beteiligung iSv § 189a UGB oder eines sonstigen Interessenträgers im Gremium einbringen dürfen.[68] Auch ist es zulässig, das Aufsichtsratsmitglied intern zu einer derartigen Einbringung zu verpflichten (vgl Beitrag von *Kalss* Rz 9/53). Der Vertretung der Interessen eines Anteilseigners oder sonstigen Interessenträgers setzt aber jedenfalls das Wohl des Unternehmens Grenzen.[69]

34 **Aus der mangelnden Wissenszurechnung** folgt, dass sich die Bank nicht so behandeln lassen muss, als hätte sie Kenntnis von der Krise in der anderen Gesellschaft gehabt.[70] Damit erhöht sich das **Anfechtungsrisiko** für die Bank nicht. Der Insolvenzverwalter darf die vom Aufsichtsrat erworbenen Informationen über den Eintritt der Insolvenzvoraussetzungen in einem Anfechtungsprozess gegen die Bank nicht verwerten.

---

61 *Lutter*, RdW 1987, 320.
62 *Lutter*, ZHR 1981, 243.
63 *Iro*, ÖBA 2001, 112 f; *Faßbender*, Innerbetriebliches Wissen 277; *Koziol* in FS Frotz 360.
64 *Koziol* in FS Frotz 362; *Canaris*, Bankvertragsrecht Rz 1894; aA *Tippach*, Insider-Handelsverbot 276.
65 *Iro*, ÖBA 2001, 113; *Koziol*, in FS Frotz 354, 363.
66 So *Iro*, ÖBA 2001, 113.
67 *Tippach*, Insider-Handelsverbot 193.
68 *Kalss* in *Doralt/Nowotny/Kalss*, AktG § 86 Rz 77; *Kalss*, GesRZ 2010, 143.
69 *Kalss* in *Doralt/Nowotny/Kalss*, AktG § 86 Rz 77; *Nowotny*, RdW 1999, 284 FN 9.
70 *Iro*, ÖBA 2001, 114.

Interessenkonflikte: Generell hat das Aufsichtsratsmitglied im Fall auftretender **Interessenkonflikte** fallangepasst zu reagieren (siehe umfassend Beitrag von *Frotz/Schörghofer* Rz 25/10). Dies kann die Offenlegung des Konflikts, eine Stimmenthaltung, die Nichtteilnahme an einzelnen Sitzungen sowie als ultima ratio die Zurücklegung des Mandats bedeuten. Jedenfalls ist unter Wahrung der Verhältnismäßigkeit ein Ausweg aus dem Konflikt zu suchen. Ein Geschäftsverbot des entsendenden bzw nominierenden Kreditinstituts mit dem durch den Aufsichtsrat kontrollierten Unternehmen resultiert aus dem Interessenkonflikt regelmäßig nicht. Nur in Ausnahmefällen ist in der Geschäftsbeziehung beider Unternehmen auf den Umstand Rücksicht zu nehmen, dass ein organschaftlicher Vertreter des einen Unternehmens im Aufsichtsrat des anderen Unternehmens vertreten ist – dann etwa, wenn ein Kredit zur Finanzierung einer feindlichen Übernahme des Unternehmens gewährt werden soll, in dessen Aufsichtsrat der Vorstand der Bank vertreten ist. 35

VI. Vorliegen der Insolvenzvoraussetzungen

Überschuldung und Zahlungsunfähigkeit führen nach § 1 IO zur Insolvenz der Kapitalgesellschaft. § 69 Abs 2 IO verpflichtet den Schuldner, mit Vorliegen der gesetzlichen Voraussetzungen ohne schuldhaftes Zögern, spätestens aber binnen 60 Tagen, die Eröffnung des Insolvenzverfahrens bei Gericht zu beantragen.[71] Damit erfasst § 69 IO natürliche Personen, persönlich haftende Gesellschafter, Liquidatoren von Handelsgesellschaften und die organschaftlichen Vertreter juristischer Personen, d.h. die Geschäftsführer einer GmbH und den Vorstand der Aktiengesellschaft. Eine **Ausweitung der Verpflichtung** auf den Aufsichtsrat ist vom Wortlaut der Bestimmung des § 69 Abs 3 IO weder gedeckt, noch kann sie aus anderen Vorschriften – namentlich der Einberufungspflicht bei erheblichen Verlusten des Nennkapitals gemäß 83 AktG[72]– abgeleitet werden.[73] 36

Selbst wenn die Aufsichtsratsmitglieder die Antragspflicht selbst nicht trifft, können sie wegen **Verschleppung des Insolvenzantrags** haftbar gemacht werden – wenn sie die Antragstellung etwa durch entsprechende Beschlussfassung verzögert oder verhindert haben oder sie zu der Verschleppung durch zu nachlässige Überwachung beitrugen.[74] Der Aufsichtsrat ist verpflichtet, die Prüfung des Vorliegens eines Insolvenzgrundes durch den Vorstand zu veranlassen. Zu diesem Zweck können Sonderberichte angefordert werden.[75] Ein „Sanierungsverfahren" kann nach § 167 Abs 2 IO bereits bei erst **drohender Zahlungsunfähigkeit** beantragt werden kann. 37

[71] Vgl *Schumacher,* in *Bartsch/Pollak/Buchegger*, InsR § 69 Rz 36 ff; *Reich-Rohrwig*, GmbH-Recht I Rz 2/446.

[72] *Dellinger*, WBl 1993, 201, 203; *Kastner/Doralt/Nowotny*, Grundriß 427.

[73] *Dellinger*, WBl 1993, 201 (203 f); s a *Dellinger,* Vorstands- und Geschäftsführerhaftung 46; so a OGH ecolex 1996, 94; anders noch OGH SZ 65/155. Anders in Deutschland *Theiselmann*, Corporate Finance law 2010, 197, 202.

[74] S *Schönbacher*, Haftung 209; *Kalss/Oelkers*, AR aktuell 2006, 6 ff; *Kittel*, Handbuch 344 ff.

[75] *Schumacher*, in *Bartsch/Pollack/Buchegger*, InsR § 69 Rz 201; *Schärf,* GesRZ 2004, 41 f.

VII. Die Rechtsstellung des Vorstands in der Insolvenz

A. Konkursverfahren

38 Unter diesen Begriff fallen das Sanierungsverfahrens ohne Eigenverwaltung und das eigentliche Konkursverfahren (völlig ohne Sanierungsplan), die voneinander nur in wenigen Bestimmungen abweichen.[76] Die Eröffnung des Insolvenzverfahrens über das Vermögen der juristischen Person lässt die Existenz und die Besetzung der Gesellschaftsorgane unberührt – Vorstand und Aufsichtsrat bleiben im Amt.[77] Die Vertretungsbefugnis des Vorstands wird durch den Insolvenzverwalter jedoch umfassend verdrängt.[78] Der Dienstvertrag des Vorstands kann durch den Insolvenzverwalter oder den Vorstand gem § 25 IO aufgelöst werden. Das Vorstandsmitglied kann den Ersatz seines Schadens als Insolvenzforderung geltend machen.[79] Während die fortdauernde Existenz des Organs Vorstand angesichts der Auskunftspflicht des Gemeinschuldners in der Insolvenz einsichtig erscheint, ist die fortgesetzte Organstellung des Aufsichtsrats aus insolvenzrechtlicher Sicht wohl vor allem dadurch zu erklären, dass dieser nach § 75 AktG für die Besetzung des Vertretungsorgans Vorstand zuständig ist.[80] Die insolvenzrechtlichen Verfahrenspflichten der einzelnen Aufsichtsratsmitglieder bieten angesichts der **stark eingeschränkten Kompetenzen** des Aufsichtsrats gerade keinen Beleg für dessen Weiterexistenz als Organ der Gesellschaft.

B. Sanierungsverfahren

39 **Vorstand**: Im Unterschied zum Gemeinschuldner im Konkursverfahren verwaltet der Vorstand im Sanierungsverfahren sein Unternehmen weiterhin selbst. Diese Möglichkeit der **Eigenverwaltung unter Aufsicht** eines Verwalters bildet das Kernstück des Sanierungsverfahrens.[81] Voraussetzung dafür ist, dass der Schuldner bei der Eröffnung einen Sanierungsplan mit einer Mindestquote von 30 %, ein aktuelles Vermögensverzeichnis, einen Status, einen Finanzplan, ein Gläubigerverzeichnis sowie Angaben über die erforderlichen Sanierungs- bzw Reorganisationsmaßnahmen vorlegt.[82] Diesfalls steht dem Schuldner ex lege die Eigenverwaltung zu. Eine Vertretung im Rechtssinn durch den Insolvenzverwalter findet also nicht statt, da dem Vorstand die Verfügungsbefugnis nicht entzogen ist. Er leitet und vertritt die Gesellschaft – unter Aufsicht des Verwalters – weiterhin. Lediglich Rechtsgeschäfte und Rechtshandlungen, die nicht zum gewöhnlichen Unternehmensbetrieb zu zählen sind, sowie der Rücktritt, die Kündigung oder die Auflösung von Verträgen erfordern wie bisher nach der AO die Genehmigung des

---

76 *Kodek,* ÖBA 2010, 498; *Mohr*, ecolex 2010, 563 (565).

77 *U Torggler/Trenker* in *Konecny*, Insolvenzforum 2014, 74 f; *Schmidt-Leithoff* in *Rowedder/Schmidt-Leithoff,* Komm GmbHG Vor § 64 Rz 258, 271.

78 *Nowotny* in *Doralt/Nowotny/Kalss*, Komm AktG § 71 Rz 31; *Noack*, Aufsichtsrat 12; *Oechsler*, AG 2006, 606 (606).

79 OGH 8 Ob S 3/14w; *Wachter*, NZ 2015, 241 ff.

80 *U Torggler/Trenker* in Konecny, Insolvenzforum 2014, 74 f*; Noack*, Aufsichtsrat 13.

81 §§ 169 ff IO. Auch die deutsche InsO sieht in den §§ 270 ff die Möglichkeit der Eigenverwaltung in einer Unternehmensinsolvenz vor, wobei der Schuldner der Aufsicht und Überwachung durch einen „Sachwalter" unterliegt.

82 § 169 IO.

Sanierungsverwalters.[83] Der Schuldner muss aber auch eine zum gewöhnlichen Unternehmensbetrieb erforderliche Handlung unterlassen, wenn der **Sanierungsverwalter** dagegen **Einspruch erhebt**. Rechtshandlungen, die der Schuldner ohne Zustimmung oder gegen den Einspruch des Sanierungsverwalters vorgenommen hat, sind den Gläubigern gegenüber unwirksam, wenn der Dritte wusste oder wissen musste, dass sie über den gewöhnlichen Unternehmensbetrieb hinausgehen und dass der Sanierungsverwalter seine Zustimmung nicht erteilt oder Einspruch gegen die Vornahme erhoben hat.[84]

Das Gericht hat die Eigenverwaltung zu entziehen, wenn Umstände bekannt sind, die erwarten lassen, dass die Eigenverwaltung zu Nachteilen für die Gläubiger führen wird, der Sanierungsplan nicht innerhalb von 90 Tagen angenommen wird oder der Schuldner dies beantragt. Die **Entziehung der Eigenverwaltung** ist öffentlich bekannt zu machen. 40

Die Eigenverwaltung bietet mehrere Vorteile:[85] Die **Kenntnisse und Erfahrungen** des Vorstands bleiben erhalten; dadurch entfallen die Einarbeitungszeit und die damit verbundenen Kosten eines Fremdverwalters. Zudem ist **Kontinuität** gewährleistet, welche besonders in der Beziehung zu Kunden, Lieferanten und Mitarbeitern wichtig sein kann. Die gegen die Eigenverwaltung geäußerte Kritik, dass die Verwaltung einem Schuldner übertragen werde, der sich gerade dazu als unfähig erwiesen habe, verkennt, dass eine Insolvenz vielfältige Ursachen haben kann und es zudem in der Krise oftmals ohnedies zu einem Austausch der Unternehmensleitung kommt.[86] 41

VIII. Die Rechtsstellung des Aufsichtsrats in der Insolvenz

A. Konkursverfahren

1. Überwachungskompetenz

Die **eigentliche Funktion** des Aufsichtsrats in der werbenden Gesellschaft, nämlich die Überwachung des Vorstands, **geht** mit Eröffnung des Konkursverfahrens **unter**. Schließlich betreibt die Gesellschaft die laufenden Geschäfte nicht länger selbst, und gegenüber dem Insolvenzverwalter bestehen keine Informations- und Kontrollrechte.[87] Entsprechend verliert der Aufsichtsrat auch die Informationsbefugnisse nach § 81 AktG bzw. überhaupt das Recht, die Bücher und die übrigen Vermögensgegenstände der Gesellschaft zu prüfen.[88] 42

Diskussionswürdig ist es, dem Aufsichtsrat die Wahrnehmung der Rechte der ansonsten nicht beteiligten Aktionäre gegenüber dem Vorstand zu belassen.[89] Außerhalb des Konkurses kontrolliert der Aufsichtsrat gemäß § 209 Abs 2 AktG 43

---

83 § 171 Abs 1 IO.

84 § 171 IO.

85 S *Kodek*, ÖBA 2010, 498; *Foltis* in Frankfurter Komm InsO Vor §§ 270 ff Rz 6 ff; *Wehdeking*, Masseverwaltung; *Flöther/Smid/Wehdeking*, Eigenverwaltung.

86 *Kodek*, ÖBA 2010, 498; *Foltis* in Frankfurter Komm InsO Vor §§ 270 ff Rz 12.

87 *J. Koch* in MünchKomm AktG § 264 Rz 70.

88 *Siegelmann*, DB 1967, 1029, 1030.

89 So *Oechsler*, AG 2006, 606.

schließlich die Tätigkeit des Vorstands bei der Abwicklung. Ähnlich ist die Interessenlage im Konkursverfahren: Von der Kooperationsbereitschaft des Vorstands kann es mitunter abhängen, wie weit die Gläubiger befriedigt werden, so dass die Überwachung des Vorstands durchaus dem kaufmännischen Selbstverständnis entsprechen wird und – mit pragmatischem Blick auf weitere Geschäftsbeziehungen – auch im Interesse der Gesellschaft ist.[90]

2. Personalkompetenz

44 Das Vorstandsmitglied ist mit der Gesellschaft regelmäßig in zwei Rechtsverhältnissen verbunden: Mit der Bestellung durch den Aufsichtsrat entsteht zunächst ein **verbandrechtliches Verhältnis**.[91] Parallel wird üblicherweise ein schuldrechtlicher **freier Dienstvertrag** mit der Gesellschaft geschlossen, welche hierbei vom Aufsichtsrat vertreten wird. Mit Eintritt der Insolvenz verliert der Aufsichtsrat zwar nicht seine Bestellungskompetenz,[92] sehr wohl aber die Zuständigkeit für die dienstrechtliche Anstellung des Vorstandsmitglieds. Diese geht auf den Insolvenzverwalter über.[93] Der Aufsichtsrat ist – da die Vorstandszusammensetzung zum insolvenzfreien Schuldnerbereich gehört – nur mehr für die verbandsrechtliche Seite des Bestellungsverhältnisses zuständig. Auch sonst verbleiben dem Aufsichtsrat im Konkurs nur wenige Kompetenzen,[94] wie etwa das Recht zur befristeten Bestellung von Aufsichtsratsmitgliedern in den Vorstand gemäß § 90 Abs 2 AktG, die Mitwirkung bei der Vertretung der Aktiengesellschaft im Rahmen von Anfechtungsklagen nach § 196 AktG sowie die außerordentliche Einberufung der Hauptversammlung gemäß § 95 Abs 4 AktG.

B. Sanierungsverfahren

1. Überwachungskompetenz

45 Die Organe der Gesellschaft behalten im Sanierungsverfahren (mit Eigenverwaltung) ihre Funktion. **Einschränkungen** unterliegen sie nur dann, wenn ihre Kompetenzen mit den vom Insolvenzverwalter im Verfahren wahrzunehmenden Aufgaben kollidieren.[95] So obliegen dem Insolvenzverwalter etwa die Überwachung der Geschäftsführung des Unternehmens – vor allem zur Abwendung einer Vermögensschmälerung – sowie die Kontrolle der Lebensführung und der Verfügungen über dessen Vermögen. Die **Überwachungskompetenz** des Aufsichtsrats **ist** entsprechend **einzugrenzen**: Analog dem Sanierungsverfahren ohne Eigenverwaltung bzw dem Konkursverfahren verbleibt ihm etwa die Wahrnehmung der Rechte der ansonsten nicht beteiligten Aktionäre gegenüber dem Vorstand sowie die Kontrolle des Vorstands im Hinblick auf dessen Kooperationswillen mit dem

90 S *Oechsler*, AG 2006, 606 f.

91 *Kalss* in *Doralt/Nowotny/Kalss*, Komm AktG² § 87 Rz 25.

92 *U Torggler/Trenker* in *Konecny*, Insolvenzforum 2014, 74 f.

93 *Wachter*, NZ 2015, 241.

94 *Schneider*, in *Jagenburg/Maier-Reimer/Verhoeven*, FS Oppenhoff 349 (351); *J. Koch* in MünchKomm AktG § 264 Rz 70.

95 *Heil*, InsR Rz 304.

Insolvenzverwalter und generell bei der Erfüllung des Sanierungsplans, dh speziell der Quote.

Neben der Kompetenzverteilung der Insolvenzordnung resultiert das Fortbestehen des Aufsichtsrats auch aus dem ihr zugrunde liegenden **Fortsetzungsgedanken**: Wird der Sanierungsplan erfüllt, ist die Überwachung durch den Insolvenzverwalter für beendet zu erklären – und der Aufsichtsrat gefordert, seinen ursprünglichen Zuständigkeitsbereich wieder auszufüllen. **46**

2. Personalkompetenz

Im Sanierungsverfahren bleibt die **Personalkompetenz** des Aufsichtsrats aufrecht. **47**

IX. Finanzielle Ansprüche des Aufsichtsrats

A. Vergütung

Nach hM steht einem Aufsichtsratsmitglied in der Insolvenz **kein Vergütungsanspruch gegen die Masse** zu.[96] Nach § 98 AktG hat die Vergütung des Aufsichtsratsmitglieds in einem angemessenen Verhältnis zu seinen Aufgaben und zur Lage der Gesellschaft zu stehen (vgl näher die Beiträge von *Kalss* Rz 50/28 und *Reichl* Rz 49/29 ff). Wie bereits festgestellt, fallen dem Aufsichtsrat in der Insolvenz keine nennenswerten Aufgaben zu, während sich die Vermögenslage der Gesellschaft dramatisch gestaltet. Eine entsprechende Wertung liegt auch der Insolvenzordnung zugrunde: Dem Schuldner steht für seine Mitwirkung am Insolvenzverfahren nach hM kein Vergütungsanspruch zu. Ebenso wenig wie die Gesellschaft selbst können daher ihre Organwalter (von der Ausnahme des § 78 Abs 2 AktG abgesehen) einen Entgeltanspruch geltend machen.[97] **48**

B. Aufwandsersatz

Die Zuerkennung eines Aufwendungsersatzes, dh insbesondere eine Reisekostenerstattung, ist nur dort zu erwägen, wo der Insolvenzverwalter den Aufsichtsrat über das obligatorische Maß hinaus in Anspruch nimmt. Zwar schuldet der Gemeinschuldner nach dem Wortlaut des § 99 IO nur Auskunft und ist somit zu einer **darüber hinausgehenden Mitwirkung** nicht verpflichtet,[98] in der Praxis ist die Mitarbeit der Organe der gemeinschuldnerischen Gesellschaft jedoch regelmäßig **49**

---

96 RGZ 81, 332, 338 f; KG v 4.8.2005 – 1 W 397/03, ZIP 2005, 1553, 1555; *Schmidt-Leithoff* in *Rowedder/Schmidt-Leithoff*, Komm GmbHG Vor § 64 Rz 271; *U Torggler/Trenker* in Konecny, Insolvenzforum 2014, 74 f anerkennen einen Anspruch, der sich aber auf Null reduzieren kann; *J. Koch* in MünchKomm § 264 Rz 60 f. erwägt allenfalls einen verminderten – dem geringen Leistungsumfang entsprechenden – Vergütungsanspruch aus etwaig vorhandenem insolvenzfreien Vermögen.

97 S *Oechsler*, AG 2006, 606 (608).

98 § 77 Abs 3 CO 1868 sah noch ausdrücklich vor, dass der Gemeinschuldner den Masseverwalter „bei der Ausführung der getroffenen Verfügungen über Aufforderung tätig unterstützt". Eine Mitwirkungspflicht des Schuldners statuiert auch § 97 Abs 2 dInsO. S auch *Kodek* in *Bartsch/Pollak/Buchegger*, InsR § 99 KO Rz 23.

eine wesentliche Voraussetzung für die erfolgreiche Abwicklung eines Konkursverfahrens.[99] Ist die Masse daher auf die Mitarbeit von Aufsichtsratsmitgliedern angewiesen und werden diese daraufhin auf eigene Kosten tätig, wird die Gewährung von Aufwendungsersatz gegenüber einer Verzögerung oder einer Niederlegung des Aufsichtsmandats die geringere Belastung darstellen. Dem Masseverwalter ist somit in diesem Fall und im Rahmen einer überschaubaren finanziellen Belastung für die Masse ein Beurteilungsspielraum für einen Aufwandsersatz gemäß § 1014 ABGB zuzugestehen.[100]

X. Die Mandatsniederlegung im Aufsichtsrat

50 Die Mandatsniederlegung im Aufsichtsrat ist gesetzlich nicht ausdrücklich geregelt. Die hL lässt den Rücktritt durch ein Aufsichtsratsmitglied – solange er **nicht zur Unzeit** vorgenommen wird – auch ohne besonderen Sachgrund zu;[101] niemand soll gegen seinen Willen zur Wahrnehmung des Überwachungsauftrags gezwungen werden.[102] Dass der Aufsichtsrat seine **Vergütungs- und Aufwendungsersatzansprüche** mit Eröffnung des Insolvenzverfahrens praktisch **verliert**, ist als **Verwirklichung eines Sachgrundes** zu werten.[103] Die Funktion des Aufsichtsrats an sich wird jedoch auch durch eine kollektive Untätigkeit oder bei einer Amtsniederlegung aller Mitglieder nicht beendet. Vielmehr ist der Vorstand bei einem mehr als drei Monate andauernden Verlust der Beschlussfähigkeit[104] des Aufsichtsrats nach § 89 AktG verpflichtet, einen gerichtlichen Antrag auf Neubesetzung zu stellen, selbst wenn die Kandidatensuche in einer derartigen Situation schwierig ist.[105] Grundsätzlich hat auch das Gericht keinen Ermessenspielraum, die Bestellung zeitweise auszusetzen.[106] Angesichts der geringen Aufgaben, die dem Aufsichtsrat in der Insolvenz verbleiben, ist eine **Aussetzung der Wiederbestellung** jedoch dann ausnahmsweise zulässig, wenn weder die Notwendigkeit der Vorstandsbesetzung oder -abberufung, der Einberufung der Hauptversammlung oder der Erhebung einer Anfechtungsklage gegen die Gesellschaft zu erwarten ist und der Aufsichtsrat daher nicht tätig werden muss.[107]

---

[99] *Kodek* in *Bartsch/Pollak/Buchegger*, InsR § 99 KO Rz 24.
[100] *Oechsler*, AG 2006, 606 (610).
[101] *Kalss* in *Doralt/Nowotny/Kalss*, AktG² § 87 Rz 56.
[102] S nur *Habersack* in MünchKomm § 103 Rz 59.
[103] *Schmidt-Leithoff* in *Rowedder/Schmidt-Leithoff*, Komm GmbHG Vor § 64 Rz 271.
[104] *Kalss* in *Doralt/Nowotny/Kalss*, AktG² § 89 Rz 7.
[105] S *Oechsler*, AG 2006, 606, 612.
[106] Vgl *Kalss* in *Doralt/Nowotny/Kalss*, AktG² § 89 Rz 10.
[107] *Oechsler*, AG 2006, 606, 613.

Der Aufsichtsrat im Konzern

Michael Enzinger und Susanne Kalss

§§: 15, 115, 95 Abs 5, 30j Abs 5 AktG

Literatur

Ö: *Arnold,* Privatstiftungen: Keine Aufsichtsratspflicht bei bloßer leitungsmöglichkeit-GES 2006, 121; *Artmann,* Gesellschaftsrechtliche Grundfragen der Organschaft (2004); *Eckert /Gassauer-Fleissner*, Pflichten des Aufsichtsrates im Konzern, GES 2004, 416; *Enzinger*, Der Vertragskonzern, in Krejci/Haberer, Konzernrechtshandbuch (in Druck); *Feltl*, Die Leitungsverantwortung des Vorstands im Konzern, ecolex 2010, 358; *Francesconi*, Der Aufsichtsrat im Konzern (2013); *Frotz/Spitznagel*, Zur konzernweiten Wirkung von Zustimmungsvorbehalten des Aufsichtsrates einer AG, RWZ 2011, 161; *Griehser*, Die Holding in der österreichischen Rechtsordnung, ecolex 2007, 181; *Kalss*, Auskunftsrechte und -pflichten für Vorstand und Aufsichtsrat im Konzern, GesRZ 2010, 137; *Kalss,* Konzernrecht in Österreich, Zeitschrift für vergleichende Rechtswissenschaft 113 (2014) 291; *Kalss*, Der Aufsichtsrat im Konzern nach österreichischem Recht, Der Konzern 2012, 89; *Kalss*, Aufsichtsratsmitglied im Konzern, Überlegungen zum österreichischen Recht, Der Konzern 2013, 299; *Kalss,* Das nominierte Aufsichtsratsmitglied im Konzern – Überlegungen zum österreichischen Recht, in FS Hoffmann-Becking (2013) 361; *Kalss*, Leitung und Überwachung im Konzern, Aufsichtsrat Aktuell 3/2009, 4; *Kalss /Eckert*, Rechtsfragen von Geschäften im Konzern, RdW 2007, 583; *Nowotny*, Der Beamte als Aufsichtsrat, RdW 1999, 283; *Rainer /Vanovac*, Entscheidungsbesprechung zu 2 Ob 112/12b, GesRZ 2014, 133; *Reich-Rohrwig*, Ist der Vorstand einer Aktiengesellschaft weisungsgebunden, ecolex 1990, 285; *Reischauer*, Weisung und Richtlinie im Konzern, insbesondere im ÖIAG-Konzern, ÖZW 1987, 65; *Rüffler*, Zur Zulässigkeit des Beherrschungsvertrages im österreichischen Recht,, in FS Koppensteiner I (2001) 149; *Schima,* Zustimmungsvorbehalt als Steuerungsmittel des Aufsichtsrates in der AG und im Konzern, GesRZ 2012, 35; *Straube/ Rauter*, Aufsichtsratspflicht und Konzernvorbehalte im GmbH-Recht, GES 2008, 88.

Dtl: *Fleischer,* Investor Relations und informationelle Gleichbehandlung im Aktien-, Konzern- und Kapitalmarktrecht, ZGR 2009, 505; *Fleischer*, Vertrauen von Geschäftsleitern und Aufsichtsratsmitgliedern auf Informationen Dritter, ZIP 2009, 1397; *Fonk*, Zustimmungsvorbehalte des AG-Aufsichtsrats, ZGR 2006, 841; *Götz*, Zustimmungsvorbehalte des Aufsichtsrats, ZGR 1990, 633; *Hoffmann-Becking,* Der Aufsichtsrat im Konzern, ZHR 159 (1995) 325; *Hüffer*, Informationen zwischen Tochtergesellschaft und herrschendem Unternehmen im vertragslosen Konzern, in FS Schwark (2009) 185; *Koch*, Wissenszurechnung an den Aufsichtsrat, ZIP 2015, 1757; *Krieger,* Überwachung durch den Aufsichtsrat und die Gesellschafter der Holding, in Lutter/Bayer, Holdinghandbuch[5] (2015) § 7; *Kropff*, Aufsichtsratsmitglied „im Auftrag“, in FS U Huber (2006) 841; *Lutter*, Der Aufsichtsrat im Konzern, AG 2006, 517; *Lutter,* Begriff und Entstehungsformen der Holding, in *Lutter/ Bayer,* Holdinghandbuch[5] (2015) § 1; *Lutter,* Organzuständigkeit im Konzern, in FS Stimpel (1985) 825; *Lutter*, Zustimmungspflichtige Geschäfte im Konzern, in FS Happ (2006) 143; *Rehbinder*, Konzernaußenrecht und allgemeines Privatrecht (1969); *Schwintowski*, Die Zurechnung des Wissens von Mitgliedern des Aufsichtsrats in einem oder mehreren Unternehmen, ZIP 2015, 617; *Schneider*, Der Aufsichtsrat im herrschenden Unternehmen im Konzern, in FS Hadding (2004) 621; *Schneider*, Der Aufsichtsrat des abhängigen Unternehmen im Konzern, in FS Raiser (2005) 341; *Semler*, Zustimmungsvorbehalte als Instrument der Überwachung durch den Aufsichtsrat, in FS Doralt (2004) 609; *Verse*, Compliance im Konzern, ZHR 175 (2011) 401; *Verse*, Doppelmandate und Wissenszurechnung im Konzern, AG 2015, 413; *Winter*, Die Verantwortlichkeit des Aufsichtsrats für „Corporate Compliance“, in FS Hüffer (2010) 1103.

Gliederung **Rz**

I. Organisationseinheit Konzern

1 **Größere Unternehmen** sind, unabhängig von ihrer Rechtsform, in den seltensten Fällen Gesellschaften ohne jede weitere Beteiligung. Viel häufiger, geradezu regelmäßig sind sie Teil einer Unternehmensgruppe, eines Konzerns. Der Konzern ist die **dominierende Organisationsform** der modernen Wirtschaft. In Österreich ist die Wirtschafts- und Organisationseinheit Konzern nicht durchgehend kodifiziert.[1] Vielmehr beschränkt sich das österreichische Aktienrecht ebenso wie das GmbH-Recht auf eine programmatische Begriffsdefinition. In Teilbereichen, wie vor allem in der Rechnungslegung, wird am Konzernbegriff angeknüpft und eine weitreichende Regelung für Konzerne und Unternehmensgruppen geschaffen. Der Konzern ist aufgrund der Legaldefinition in § 15 AktG und § 115 GmbHG ein Rechtsbegriff und nicht nur bloß tatsächliche Erscheinungsform eines Unternehmens und einer Organisation. Das Gesetz knüpft zum Teil am Begriff des Konzerns an, etwa bei Festlegung der Aufsichtsratspflicht für die GmbH gem § 29 GmbHG.[2]

2 **Die Konzernspitze** ist nicht auf Kapitalgesellschaften beschränkt. Gerade in Familiengesellschaften ist die oberste Konzerngesellschaft nicht selten als Perso-

[1] *Doralt/Diregger* in Doralt/Nowotny/Kalss, Kommentar zum AktG² § 15 Rz 6; *Kalss*, ZfvglRWiss 113 (2014) 291.

[2] *Straube/Rauter*, GES 2008, 88.

nengesellschaft, typischerweise als KG organisiert. **Als Muttergesellschaft** des Konzerns kann auch eine Genossenschaft fungieren.[3] Ebenso ist es zulässig, dass eine Privatstiftung an der Spitze eines Konzerns steht.[4] Ausdrücklich hat der OGH gerade anlässlich einer Entscheidung über die Notwendigkeit der Einrichtung eines Aufsichtsrats in einer Privatstiftung ausgesprochen, dass eine Privatstiftung generell die Spitze einer Unternehmensgruppe bilden kann, wenn nicht eine zu weit gehende, alle wesentlichen Leitungsbefugnisse umfassende Leitung vorliegt.[5] Nach Ansicht des OGH darf eine **Privatstiftung keine straffe** Konzernleitung vollziehen,[6] somit eine Leitung, die alle maßgeblichen Leitungsbefugnisse, insbesondere die umfassende Finanzierungskompetenz erfasst, wenn sie keinen Aufsichtsrat hat.[7] Jedenfalls ist einer Privatstiftung die Konzernleitung als solche bei entsprechender Gestaltung gestattet.[8]

Begriff: § 15 AktG und gleichlautend § 115 GmbHG umschreiben den Konzern und ein Konzernunternehmen. Aus den programmatischen Begriffsbestimmungen folgen noch wenig konkrete Rechtsfolgen. Die meisten Rechtsfolgen des Konzerns leiten sich entweder aus dem Begriff des Control-Tatbestands und der Umschreibung verbundener Unternehmen bzw Tochter- und Mutterunternehmen gem § 189 Abs 1a UGB[9] (früher § 228 Abs 3 UGB, § 244 UGB) als maßgebliche Anknüpfungspunkte der Rechnungslegung ab. § 238 AktG normiert in rudimentärer Form und unvollständig den Vertragskonzern.[10] Der faktische Konzern wird weder im Aktiengesetz noch im GmbH-Recht explizit normiert. Neben Regelungen in der Rechnungslegung finden sich Anknüpfungen im Börsegesetz (Beteiligungspublizität) und im Übernahmerecht mit der Angebotspflicht als Form des Konzerneingangsschutzes.[11] Weitreichende Regelungen enthalten die Aufsichtsgesetze, insbesondere im Finanzdienstleistungsbereich (§§ 30 ff BWG; §§ 11 f VAG) oder etwa auch im Bereich der Energieversorgung. 3

Umschreibung: **Ein Konzern** wird gem § 15 AktG und § 115 GmbHG von rechtlich selbstständigen Unternehmen gebildet, die unter einheitlicher Leitung zusammengefasst sind. Gem § 15 Abs 2 AktG und § 115 Abs 2 GmbHG gelten rechtlich unselbstständige Unternehmen, die aufgrund von Beteiligungen oder sonst unmittelbar unter dem beherrschenden Einfluss eines anderen Unternehmens stehen, zusammen als Konzern. Der Konzern ist weder rechtsfähig noch 4

[3] *Zehetner* in Dellinger, Kommentar zum Genossenschaftsgesetz² § 22 Rz 40.

[4] OGH 6 Ob 217/05b, GesRZ 2006, 86.

[5] OGH 6 Ob 217/05b, GesRZ 2006, 86.

[6] OGH 6 Ob 217/05b, GesRZ 2006, 86.

[7] *Kalss* in Kalss/Nowotny/Schauer, Österreichisches Gesellschaftsrecht Rz 7/15; *Doralt/Diregger*, in MünchKomm zum AktG⁴, Band V Rz 179 ff.

[8] OGH 6 Ob 217/05b, GesRZ 2006, 82, 86; OLG Wien GES 2005, 245; *Arnold*, GES 2006, 121 f; *Kalss/Probst*, Familienunternehmen Rz 8/53.

[9] Seit dem Rechnungslegungsgesetz 2015 hat sich die Begriffsdefinition ohne materielle Änderung verschoben.

[10] *Gall* in Doralt/Nowotny/Kalss, AktG² § 238 Rz 1 ff; *Doralt/Diregger* in MünchKomm zum AktG², Band V, Österreichisches Konzernrecht Rz 69; *Enzinger* in Krejci/Haberer, Konzernrechtshandbuch (in Druck).

[11] *Doralt/Diregger* in MünchKomm zum AktG², Band V, Österreichisches Konzernrecht Rz 69; *Doralt/Diregger* in Doralt/Nowotny/Kalss, AktG² § 15 Rz 131.

selbst eine eigenständige Rechtsform. Vielmehr werden zahlreiche, zum Teil mehrere hundert rechtlich selbstständige Gesellschaften, vielfach unterschiedlicher Rechtsform und unterschiedlicher Nationalität, zusammengefasst.

5 **Die ausländischen Tochtergesellschaften** folgen dem ausländischen jeweils anwendbaren Recht. Diese Regelungen sind in der Feinabstimmung zu beachten, und insgesamt in die Gestaltung der Tätigkeit der Konzernleitung und der Konzernaufsicht zu integrieren. Sie ändern aber das Bild und die Anforderungen nicht generell.

6 **Kein „Konzernaufsichtsrat“**: Aus dem Umstand, dass der Konzern selbst keine eigenständige Rechtsform ist, folgt, dass die Bezeichnung Konzernaufsichtsrat missverständlich ist und es einen Aufsichtsrat für den Gesamtkonzern als Einrichtung nicht gibt.[12] Es gibt keine eigenständigen Organe eines Konzerns, sondern nur der jeweiligen Konzerngesellschaften, somit der Muttergesellschaft oder der Tochtergesellschaft. Die einzelnen rechtlichen Regelungen richten sich nach den jeweiligen gesetzlichen Bestimmungen. Selbst wenn das Gesetz im Konzern keine eigenständige Organstruktur vorgibt, besteht der Bedarf, dass die unternehmerische oder die **Wirtschaftseinheit Konzern** wie jede andere Organisation einer **organisierten Verwaltung** bedarf.[13] Daher knüpft das Konzernrecht nicht organisationsrechtlich, sondern funktional an. Der funktionale Verwaltungsbegriff bezieht sich auf die Leitung der Organisationseinheit Konzern, auf deren Rechnungslegung und deren Kontrolle.[14]

7 Mangels eines durchgeregelten Konzernrechts besteht naturgemäß auch **kein durchnormiertes Regelungsregime** für die Rechte und Pflichten des Aufsichtsrats im Konzern oder bezogen auf Konzernsachverhalte. Daher sind die jeweils maßgeblichen Bestimmungen des AktG oder GmbHG oder GenG auf Konzernsachverhalte anzuwenden. Das Gesetz sieht nur einen allgemeinen Verweis vor, wonach der Aufsichtsrat vom Vorstand jederzeit einen Bericht über die Angelegenheiten der Gesellschaft einschließlich ihrer Beziehungen zu einem Konzernunternehmen verlangen kann (§ 95 Abs 5 Z 10, § 96 Abs 3, § 104 Abs 3 AktG, § 30j Abs 5 Z 10 GmbHG). Schließlich verlangt das Gesetz die Einbindung des Aufsichtsrats in die Konzernrechnungslegung.

8 **Die gesetzliche Kompetenzverteilung** ist in den Gesellschaften des Konzerns keine andere als in nicht konzernmäßig verbundenen Unternehmen. Der Konzern selbst ist nur eine Organisations- und **Wirtschaftseinheit**, aber keine rechtlich selbstständige Person. Wie bereits ausgeführt, bedarf aber auch eine Wirtschaftseinheit einer Organisation und Verwaltung. Das Gesetz anerkennt dies auch in Ansätzen. § 254 Abs 1 UGB geht im Zusammenhang mit der Kapitalkonsolidierung im Rahmen der Rechnungslegung von der Einheitstheorie aus.[15] Einheits-

---

[12] OGH 2 Ob 112/12b, GesRZ 2014, 130; *Kalss* in Doralt/Nowotny/Kalss, AktG² § 86 Rz 9; *Eckert/Gassauer-Fleissner*, GES 2004, 419; *Doralt/Diregger* in MünchKomm zum AktG⁴, Band V, Österreichisches Konzernrecht Rz 56; *Krieger* in Lutter/Bayer, Holding-Handbuch⁵ Rz 76.

[13] *Rehbinder*, Konzernaußenrecht und allgemeines Privatrecht 55 ff.

[14] *Lutter* in FS Stimpel 835, 840.

[15] *Platzer* in Straube, UGB⁴ § 254 Rz 1; *Ruzicka/Müller* in Torggler, UGB § 254 Rz 1.

theorie bedeutet, dass sämtliche, in einem Konzern verbundene, rechtlich selbstständige Gesellschaften als ein einheitliches Unternehmen angesehen werden. Dies verlangt keine eigenständige Organstruktur im Konzern. Daraus folgt aber eine Berücksichtigungspflicht im Rahmen der Leitung des Unternehmens und der Überwachung der Unternehmensleitung und eröffnet eine zusätzliche erweiternde Perspektive.

Aus der Sicht der Konzernmuttergesellschaft geht es dabei nicht mehr um die Geschäftsführung und Leitung dieser Gesellschaft, sondern um den Konzern im Gesamten. Vorschriften über die Konzernrechnungslegung, die von der Einheitlichkeit des Unternehmens ausgehen, sind nicht Selbstzweck. Sie dienen vielmehr dem Leitungsorgan und dem Kontrollorgan der Muttergesellschaft als Instrument der Leitung und Kontrolle des gesamten Unternehmens. Dies schlägt sich daher auch auf die inhaltliche Ausgestaltung und Anforderung der konkreten Tätigkeit des Leitungs- und Überwachungsorgans nieder. Zwar bezieht sich die Regelung in § 254 UGB nur auf die Rechnungslegung. Der Vorstand, der den Konzernabschluss aufzustellen hat, und der Aufsichtsrat der Konzernmutter, der dies zu überwachen hat, müssen zur Wahrung dieser Pflichten die entsprechenden Mittel und Instrumente in der Hand haben, um die zur Erstellung notwendigen Informationen von der Tochtergesellschaft auf rechtlich gesicherter Weise zu erhalten. Aus dieser unmittelbaren Verpflichtung folgt somit bereits eine entsprechende Gestaltung der Tätigkeiten und der Zuordnung der Aufgaben zu den Organen der Muttergesellschaft und der nachgeordneten Beteiligungsgesellschaften. 9

Mangels eines eigenständigen, durchgeregelten und gesetzlich festgelegten Konzernrechts werden die drei maßgeblichen Fragen des Konzernrechts, nämlich 10

- die **organisationsrechtlichen Fragen** des Verhältnisses zwischen Mutter- und Tochtergesellschaften und die Aufgaben und Pflichten des Vorstands und Aufsichtsrats der jeweilige betroffenen Gesellschaften,
- die Rechtstellung und der Schutz der **Minderheitsgesellschafter** der einzelnen Konzerngesellschaften, somit der außenstehenden Gesellschafter, sowie
- die Rechtsposition und der **Schutz der Gläubiger**,

für die jeweils beteiligten Gesellschaften nach dem allgemeinen Regelungsregime des Gesellschaftsrechts, somit nach den jeweiligen Rechtsformen angesprochen.[16] Die Aufgaben des Aufsichtsrats richten sich daher nach dem jeweiligen Gesellschaftsrecht jeweils auf die Konzernsituation angewendet.

Die Aufgaben der Organe in den Konzerngesellschaften hängen von der **Rechtsform** ab. Typischerweise werden Beteiligungsgesellschaften in österreichischen Konzernen als GmbH geführt, nur teilweise als Aktiengesellschaften. Die Wahl der **GmbH** als Tochtergesellschaft ist vor allem dem Umstand geschuldet, dass damit eine besonders hohe Flexibilität und Gestaltungsmöglichkeit der Konzentration der Leitungsmacht und Steuerung hergestellt werden kann.[17] Die GmbH ist wegen des Weisungsrechts der Gesellschafter, somit der Muttergesellschaft gegenüber der Geschäftsführung der Tochtergesellschaft und wegen des jederzeitigen Bestellungs- und Abberufungsrechts, des weitgehenden Informati- 11

---

16 *Doralt/Diregger* in Doralt/Nowotny/Kalss, AktG² § 15 Rz 3; *Kalss*, ZfvglRWiss 2014, 291.

17 *Kalss/Probst*, Familienunternehmen Rz 8/26, Rz 8/45.

onsrechts des Gesellschafters und des dispositiven Charakters des GmbH-Rechts die besonders geeignete und die meist verbreitete Rechtsform für Konzernunternehmen.[18] Trotz der Dominanz der GmbH als Beteiligungsunternehmen bestehen in österreichischen Gesellschaften auch zahlreiche Tochtergesellschaften in der Rechtsform der AG, sodass im Folgenden sowohl Überlegungen zum Aktien- als auch GmbH-Recht anzustellen sind.

II. Unterschiedliche Ausprägungen

12 **Der Konzern** wird durch **zwei Strukturelemente** geprägt, nämlich durch das Bestehen von mindestens zwei Unternehmen, die zusammengefasst werden und durch eine bestimmte Intensität der Beziehung dieser Unternehmen. Das verbindende Element der Unternehmen sind die Beteiligungs- und Stimmenmehrheit, personelle Verflechtungen, statutarische Regelungen, wirtschaftliche Abhängigkeit oder Vertragsbeziehungen.[19]

13 **Holding:** Zum Teil wird auch der Begriff der Holding verwendet. Die Holding bezeichnet die oberste Gesellschaft, dh die Muttergesellschaft, die Holdingstruktur die gesamte Gruppe, den Konzern. Der Begriff Holding ist weder gesetzlich definiert, er ist auch kein Rechtsbegriff, sondern wird in der organisations- und betriebswirtschaftlichen Literatur und Praxis verwendet. Das charakteristische Merkmal der Holding liegt im Halten einer auf Dauer angelegten Beteiligung an einem oder mehreren rechtlich selbstständigen Unternehmen.[20]

14 **Verschiedene Formen:** Nach der Intensität der Führung durch die Mutter- oder Holdinggesellschaft wird zwischen dem Stammhauskonzern – der Führungsholding (Konzern im engeren Sinn) und der Finanzholding oder Vermögensverwaltung unterschieden. Die **Stammhausholding** oder der Stammhauskonzern sind dadurch gekennzeichnet, dass sowohl die Muttergesellschaft als auch die Beteiligungsgesellschaften operativ tätig sind, aber die Beteiligungsgesellschaften weitgehend strukturell von der Muttergesellschaft, vom Stammhaus abhängig sind. Die Beteiligungsgesellschaften sind rechtlich selbstständige Gesellschaften, sie unterscheiden sich nur dadurch von unselbstständigen Betriebsabteilungen.[21] Bei der **Führungsholding** führt die Muttergesellschaft keine eigenen operativen Aktivitäten aus. Sie bietet keine Produkte oder Dienstleistungen am Markt an, vielmehr leistet sie nur unternehmensinterne Dienstleistungen, wie die Besorgung der Stabstellenfunktionen Recht, Steuern, IT, Reporting, und besorgt die strategische Steuerung sowie die Konzernkoordinierung. Die Beteiligungsgesellschaften verfügen über eine weitgehende Entscheidungskompetenz und –autonomie im operativen Bereich. Nach außen insgesamt tritt aber die Führungsholding

[18] *U Torggler* in Straube, GmbHG § 115 Rz 3, Rz 10; *Koppensteiner/Rüffler*, GmbHG^3, allgemeine Einleitung Rz 8; *Kalss/Probst*, Familienunternehmen Rz 8/46.

[19] *Doralt/Diregger* in Doralt/Nowotny/Kalss, AktG^2 § 15 Rz 22 ff; *Kalss/Probst*, Familienunternehmen Rz 8/14.

[20] *Lutter* in Lutter/Bayer, Holdinghandbuch^5 Rz 1.11; *Griehser*, ecolex 2007, 181, 182; *Kalss/Probst*, Familienunternehmen Rz 8/15.

[21] *Lutter* in Lutter/Bayer, Holdinghandbuch^5 Rz 1.15; *Griehser*, ecolex 2007, 181, 182; *Kalss/Probst*, Familienunternehmen Rz 8/17.

als maßgeblicher Repräsentant auf. Die konkrete Gestaltung dieser Steuerungs-, Koordinierungs- und Leitungsfunktion bleibt dem Vorstand und Aufsichtsrat der Muttergesellschaft überlassen (vgl Rz 22 ff). Die **Finanzholding** oder Vermögensverwaltung ist dadurch gekennzeichnet, dass sie selbst überhaupt keine Führungsfunktion in den Tochtergesellschaften ausübt, sondern sich nur auf die Verwaltung der Beteiligungen und der damit verbundenen Finanzierungs- und Verwaltungsaufgaben beschränkt. Sie übt damit vor allem die Rechte als Gesellschafterin in der Haupt- und Gesellschafterversammlung aus und übt insofern eine Überwachungsfunktion über Aufsichtsratsmitglieder und die unmittelbare Geschäftsführung der Tochterunternehmen aus. Die Ausübung der Gesellschafterrechte, die Aufsicht über die Organe der Gesellschaft und deren Beratung ist aber nicht Unternehmensführung, sondern schlichte Verwaltung.[22]

Die reale Welt einer Unternehmensgruppe lässt sich naturgemäß nicht in ein 15
Schema pressen, sondern stellt eine Mischform dieser hier kurz vorgestellten Typen dar. Die Auflistung soll auch nur verdeutlichen, dass Konzern- und Unternehmensgruppen vollkommen verschieden sind. Dies ist bei der konkreten Beurteilung von Rechtsfragen in der Aufsicht und in der Tätigkeit des Aufsichtsrats innerhalb einer derartigen Gruppe zu berücksichtigen.

Der Konzernbegriff knüpft an der Abhängigkeit qua Mehrheitsbeteiligung 16
sowie an der einheitlichen Leitung an. Dies hängt jeweils vom konkreten Konzernbegriff und dem Zweck des Regelungsgegenstandes ab.[23] § 15 AktG mit dem Titel „Wesen des Konzerns und des Konzernunternehmens" lautet:

(1) *„Sind rechtlich selbständige Unternehmen zu wirtschaftlichen Zwecke und einheitlicher Leitung zusammengefasst, so bilden sie einen Konzern; die einzelnen Unternehmen sind Konzernunternehmen."*

(2) *„Steht ein rechtlich selbständiges Unternehmen auf Grund von Beteiligungen oder sonst unmittelbar oder mittelbar unter dem beherrschenden Einfluss eines anderen Unternehmens, so gelten das herrschende und das abhängige Unternehmen zusammen als Konzern und einzeln als Konzernunternehmen."*

Einheitliche Leitung liegt gem § 15 Abs 1 AktG vor, wenn rechtlich selb- 17
ständige Unternehmen durch entsprechende Einflussnahme planmäßig so koordiniert werden, dass dies der möglichen Leitungsstruktur eines Einheitsunternehmens entspricht.[24] Die Leitung muss **tatsächlich** ausgeübt werden, die schlichte Möglichkeit reicht nicht.[25] Trotz einheitlicher Leitung bleiben die in dem Konzernverbund zusammengefassten Gesellschaften rechtlich selbstständig.[26] Die Konzerndefinition ist auf Unternehmen beschränkt. Nicht unternehmerisch tätige

---

[22] *Lutter* in Lutter/Bayer, Holdinghandbuch[5] § 1 Rz 22; *Griehser*, ecolex 2007, 181, 182; *Kalss/Probst*, Familienunternehmen Rz 8/20.

[23] *Doralt/Diregger* in Doralt/Nowotny/Kalss, AktG[2] § 15 Rz 22 ff; *Doralt/Diregger* in MünchKomm[4], Österreichisches Konzernrecht, Bd V, Rz 15.

[24] *Doralt/Diregger* in Doralt/Nowotny/Kalss, AktG[2] § 15 Rz 25; *Koppensteiner/Rüffler*, GmbHG[3] § 115 Rz 15; *Doralt/Diregger* in MünchKomm[4], Österreichisches Konzernrecht, Bd V, Rz 15.

[25] OGH 6 Ob 217/05b, GesRZ 2006, 85 f; *Kalss* in Kalss/Nowotny/Schauer, Österreichisches Gesellschaftsrecht Rz 3/927

[26] OGH 2 Ob 112/12b, GesRZ 2/2014, 130 ff (im nichtveröffentl Teil); Anm *Reiner/Vanovac*.

Mehrheitsgesellschafter sind nicht erfasst. Auch natürliche Personen können die Konzernleitung ausüben. Einheitliche Leitung bedeutet die planmäßige Koordination zentraler Unternehmensfunktionen, insbesondere des Finanzmanagements,[27] die die rechtlich selbständigen Unternehmen als wirtschaftliche Einheit erscheinen lassen. Es genügt die dauernde Einflussnahme im finanziellen Bereich, insbesondere bei der Entscheidung über Investitionen.

18 **Beherrschung**: Gem § 15 Abs 2 AktG und § 115 Abs 2 GmbHG liegt ein Konzern ferner dann vor, wenn die Vermutung erfüllt wird, dh wenn ein rechtlich selbständiges Unternehmen unter dem **beherrschenden Einfluss** eines anderen Unternehmens steht, dh es muss die Möglichkeit der einheitlichen Leitung bestehen. Der Einfluss muss nicht tatsächlich ausgeübt werden, es reicht die **Möglichkeit** dazu.[28] Beherrschung wird bei der Mehrheitsbeteiligung vermutet.[29]

19 **Verbundene Unternehmen**: Von diesem Konzernbegriff ist der Begriff des verbundenen Unternehmens gem § 189a UGB zu unterscheiden. Verbundene Unternehmen sind solche Unternehmen, die nach den Vorschriften über die **Vollkonsolidierung** in den Konzernabschluss eines Mutterunternehmens gem § 244 UGB einzubeziehen sind bzw wären. Ein Mutterunternehmen ist gem § 244 UGB ein Unternehmen, das an anderen Unternehmen, dh an Tochterunternehmen, mit zumindest 20 % beteiligt ist und dieses einheitlich leitet oder einen der in § 244 Abs 2 UGB normierten Kontrolltatbestände erfüllt.[30] Die maßgeblichen Kontrolltatbestände sind: Mehrheit der Stimmrechte; Recht, die Mehrheit der Mitglieder des Verwaltungs-, Leitungs- oder Aufsichtsorgans zu bestellen, wobei die Mutter gleichzeitig Gesellschafter sein muss; Recht, einen beherrschenden Einfluss auszuüben; Recht, aufgrund eines Syndikatsvertrages (Stimmpool-Vertrags) die Mehrheit der Stimmrechte auszuüben oder das Recht auf Bestellung oder Abberufung der Mehrheit der Organmitglieder.[31]

20 **ÖBIB – Kein Konzern**: Eine Sonderregelung sieht § 11 Abs 2 ÖIAG-Gesetz 2000/ÖBIB-G 2015 vor. Die Regelung bleibt auch nach der Novelle 2015 (ÖBIB-Gesetz) aufrecht. Nach § 11 Abs 2 ÖBIB-G ist die Bildung eines Konzernverhältnisses zwischen der ÖBIB und ihren Beteiligungsgesellschaften ausgeschlossen. Die ÖBIB bildet daher mit ihren Beteiligungsgesellschaften gerade **keinen Konzern** (zu den besonderen Regelungen der Aufsichtsratstätigkeit und -besetzung s *Kalss* Rz 9/42; *Kunz/Kalss* Rz 34/148 ff; *P Doralt/M Doralt* Rz 1/39 ff).

21 **Der Vertragskonzern** hat in Österreich primär steuerrechtliche Hintergründe, namentlich die steuerliche Organschaft, die aber durch die Gruppenbesteuerung obsolet wurde. Der Abschluss von Konzernverträgen, insbesondere eines Ge-

---

27 *Doralt/Diregger* in Doralt/Nowotny/Kalss, AktG² § 15 Rz 25.

28 *Kalss* in Kalss/Nowotny/Schauer, Österreichisches Gesellschaftrecht Rz 3/927; *Doralt/Diregger* in Doralt/Nowotny/Kalss, AktG² § 15 Rz 23; OGH 4 Ob 197/00z, RdW 2001/86; *Koppensteiner/Rüffler*, GmbHG³ § 115 Rz 9; *Artmann*, Gesellschaftsrechtliche Grundfragen der Organschaft 34.

29 OGH 4 Ob 197/00z; *Kalss* in Kalss/Nowotny/Schauer, Österreichisches Gesellschaftsrecht Rz 3/927.

30 *Nowotny* in Straube, UGB³ § 228 Rz 10; § 244 Rz 1 ff.

31 *Nowotny* in Straube, UGB³ § 244 Rz 1 ff.

winnabführungsvertrages oder eines Betriebsführungsvertrages verlangt die Zustimmung der Hauptversammlung, die einer qualifizierten Mehrheit bedarf. Der Beherrschungsvertrag ist im österreichischen Recht nicht explizit geregelt. Die Zulässigkeit wird aber ganz überwiegend anerkannt.[32]

III. Die Aufgaben des Vorstands der Muttergesellschaft

A. Leitung des Konzerns

Die Organisationsverfassung des Aktiengesetzes geht zwar stillschweigend davon aus, dass das Unternehmen von der Gesellschaft selbst betrieben wird und berücksichtigt die Möglichkeit der unternehmerischen Tätigkeit durch Tochter- oder Enkelgesellschaften nur in wenigen Vorschriften, etwa § 95 AktG, § 118 AktG. Die Geschäftsführungsaufgabe des Vorstands besteht in der unabhängigen Gesellschaft jedenfalls; sie wird aber durch die Tätigkeit im Rahmen eines Konzerns ausgedehnt. 22

Die Aufgabe der Konzernleitung wird nicht explizit ausgedrückt. Der Vorstand hat bei Begründung einer Beteiligung als grundlegende Entscheidung der Geschäftsführung dabei zunächst die Frage zu klären, wie er die Konzernleitung wahrnehmen will.[33] 23

Der Vorstand der Muttergesellschaft bleibt auch nach Begründung des Konzerns nur der Vorstand der herrschenden Gesellschaft und ist **nicht** Vorstand jeder einzelnen Konzerngesellschaft, somit nicht **Konzernvorstand**,[34] er bleibt ausschließlich Organ der Mutter und nach Maßgabe gem § 70 AktG deren Interessen verpflichtet.[35] 24

Konzernleitung: Der Vorstand und der Aufsichtsrat der herrschenden Gesellschaft sind gegenüber der Gesellschaft und ihren Aktionären verpflichtet, den gesamten Konzern zu leiten und zu überwachen. Sie können diese Tätigkeit nicht auf das unmittelbar von der (herrschenden) Gesellschaft selbst betriebene Unternehmen beschränken.[36] Inwieweit die Organe der Muttergesellschaft den Konzern tatsächlich führen, unterliegt ihrem **unternehmerischen Ermessen**. Sie haben – bezogen auf die Art der Gestaltung und Intensität der Konzernleitung – ein weites 25

---

32 *Doralt/Diregger* in Doralt/Nowotny/Kalss, AktG² § 15 Rz 98; *Rüffler* in FS Koppensteiner I 149, 153; *Kalss* in Kalss/Nowotny/Schauer, Österreichisches Gesellschaftsrecht Rz 3/930; *Gall* in Doralt/Nowotny/Kalss, AktG² § 238 Rz 5 ff; *Enzinger* in Krejci/Haberer, Konzernrechtshandbuch (in Druck); aA *Artmann*, Gesellschaftsrechtliche Fragen der Organschaft 311.

33 *Kalss* in Kalss/Nowotny/Schauer, Österreichisches Gesellschaftsrecht Rz 3/932; *Kalss* in MünchKomm zum AktG⁴ § 76 Rz 124.

34 *Doralt/Diregger* in MünchKomm zum AktG⁴, Bd V, Österreichisches Konzernrecht Rz 51.

35 OGH 2 Ob 112/12b, GesRZ 2014, 130 ff, Anm *Reiner/Vanovac*; *Kalss* in Doralt/Nowotny/Kalss, AktG² § 95 Rz 15; *Eckert/Gassauer-Fleissner*, GES 2004, 419; *Von Schenck* in Lutter/Bayer, Holding-Handbuch⁵ Rz 5.56; *Krieger* in Lutter/Bayer, Holding-Handbuch⁵ Rz 7.76.

36 *Kalss* in Kalss/Nowotny/Schauer, Österreichisches Gesellschaftsrecht Rz 3/934; *Doralt/Diregger* in Doralt/Nowotny/Kalss, AktG² § 15 Rz 60; *Feltl*, ecolex 2010, 358 ff; *Schima*, GesRZ 2012, 35, 40; *Frotz/Spitznagel*, RZW 2011, 161, 162; OGH 7 Ob 700/88, wbl 1989, 374 (zur GmbH).

unternehmerisches Ermessen gem § 84 Abs 1a AktG und § 25 Abs 1a GmbhG („**konzernbezogene Business Judgement Rule**").[37] Maßgebliche Kriterien für die Konzernleitung und für die Einrahmung des unternehmerischen Ermessens sind die Höhe der Beteiligung, der Unternehmensgegenstand, die Ausrichtung des Konzerns, die Risikogeneigtheit der Geschäfte und die wirtschaftliche Situation der abhängigen Gesellschaften sowie die Rechtsform der Tochtergesellschaften.[38] Die Tochtergesellschaften sind wegen der einfacheren Geltendmachung des Einflusses und der Konzernsteuerung im Regelfall in der GmbH.

26 **Steuerung und Überwachung**: Der Vorstand der Muttergesellschaft hat den strategischen Rahmen des Konzerns festzulegen. Zunächst hat er die Muttergesellschaft zu leiten. Vor allem hat er aber daneben ein schlüssiges Gesamtkonzept für die einzelnen Beteiligungsgesellschaften im Rahmen seines weiten Ermessenspielraums festzulegen. Neben einem strategischen Gesamtkonzept hat er vor allem den Konzern zu steuern und zu überwachen und dabei neben Wirtschaftlichkeits- und Zweckmäßigkeitsgesichtspunkten auch für die Rechtmäßigkeit des Handelns auf allen Konzernebenen zu sorgen.[39]

27 **Weisung**: Bei der AG ist trotz der eigenverantwortlichen Führung der Gesellschaft durch den Vorstand und der aus § 70 AktG abgeleiteten Weisungsunabhängigkeit des Vorstands nach ganz überwiegender Auffassung im Schrifttum und damit auch in lebensnaher Weise anerkannt, dass dem Aktionär, vertreten durch den Vorstand der Muttergesellschaft, gegenüber dem Vorstand einer Tochter-Aktiengesellschaft, ein Weisungsrecht zukommt und diese Weisungen **rechtlich zulässig** sind. Den Weisungen **fehlt** nur die **rechtliche Verbindlichkeit** und unmittelbare Durchsetzbarkeit.[40] Im Regelfall wird aber das Instrument der Weisung überhaupt nicht angezogen, vielmehr werden Instrumente wie unverbindliche Richtlinien, Empfehlungen und Anleitungen implementiert, an denen sich die Organträger der Beteiligungsgesellschafter zu orientieren haben. Die Einflussnahme und Steuerung durch unverbindliche Richtlinien ist im Regelfall mindestens so wichtig und effektiv wie verbindliche Anweisungen. Häufig lässt sich auch gar nicht sagen, ob eine Anleitung ein schlichter unverbindlicher Rat ist oder eine verbindliche Weisung.[41]

28 **Die GmbH** ist wegen des Weisungsrechts der Muttergesellschaft, somit der Muttergesellschaft gegenüber der Geschäftsführung der Tochtergesellschaft, der jederzeitigen Bestellungs- und Abberufungskompetenz des Gesellschafters gegenüber den Geschäftsführungsorganen der Tochtergesellschaft, des weitreichenden Informationsrechts des Gesellschafters und des dispositiven GmbH-Rechts eine **gut geeignete** und **vielfach herangezogene Rechtsform** für die Organisation der

---

37 *Doralt/Diregger* in Doralt/Nowotny/Kalss, AktG² § 15 Rz 60; *Feltl*, ecolex 2010, 358; *Schima*, GesRZ 2012, 35, 40; *Frotz/Spitznagl*, RWZ 2011, 161, 162.

38 *Kalss*, Der Konzern 3/2012, 89 ff.

39 *Frotz/Spitznagl*, RWZ 2011, 161, 162; *Feltl*, ecolex 2010, 358, 359; *Doralt/Diregger* in Doralt/Nowotny/Kalss, AktG² § 15 Rz 60.

40 *Doralt/Diregger* in Doralt/Nowotny/Kalss, AktG² § 15 Rz 52; *Doralt* in Kalss/Kunz, Handbuch für den Aufsichtsrat¹ § 1 Rz 25; *Kalss*, ZfvglRWiss 2014, 291, 294.

41 *Kalss* in FS Hoffmann-Becking 631, 641; *Kropff* in FS U Huber 841, 847.

Konzernunternehmen (vgl Rz 11).[42] Personengesellschaften werden typischerweise im Konzerngefüge eher an der Konzernspitze – etwa in Familienunternehmen – eingesetzt, als Beteiligungsgesellschaften vor allem zur Abwicklung von besonderen Projekten und Gestaltungen, vielfach auch als GmbH & Co KG (vgl Rz 2).

Konzernleitung: Nach geltendem Recht besteht keine allgemein gültige Konzernleitungspflicht in dem Sinn, dass der Vorstand der herrschenden Gesellschaft gegenüber seiner eigenen Gesellschaft zur umfassenden einheitlichen Leitung der von ihr beherrschten Konzerngesellschaften verpflichtet ist.[43] Je nach Lage des Einzelfalles kann sich die herrschende Gesellschaft zur umfassenden Konzernleitung auch bis in die operative Ebene der Beteiligungsgesellschaften entschließen oder eben Leitentscheidungen auf strategische Fragen beschränken, nur über die Zuweisung von bestimmten Finanzmittel entscheiden und sich mit der Ausübung der ihr bestehenden Beteiligungs-, Bestellungs- und Kontrollrechte begnügen. Die Art der Konzernleitung steht auch nicht ein für alle Mal fest, sondern muss sich je nach Situation und Entwicklung dynamisch ändern. Die konkrete Gestaltung ist primär nach den Interessen des herrschenden Unternehmens auszurichten.[44] **29**

Die konkrete Entscheidung über die Konzernleitung und Konzernorganisation muss konsequent umgesetzt werden. Bei entsprechender Vorentscheidung müssen eine geeignete **Organisations- und Personalstruktur** (Doppelmandate, Mehrfachmandate) entwickelt und ein entsprechendes Informations- und Überwachungssystem, ein Rahmen für Zustimmungspflichten und Mitentscheidungsrechten sowie Anreiz- und Sanktionssysteme geschaffen werden.[45] Eine ganz typische Gestaltung der Konzernleitung und Konzernüberwachung besteht darin, dass **Mitglieder des Vorstands** der **Muttergesellschaft** im **Aufsichtsrat** der Tochtergesellschaften vertreten sind, um dort unmittelbar Personalbesetzungen und die laufende Überwachung zu besorgen und damit auch einen einfachen Informationsfluss sicherzustellen (vgl Rz 103).[46] **30**

B. Unterschiedliche Gestaltungen

Für die Art der Konzernleitung durch den Vorstand der Muttergesellschaft sind mehrere Kriterien maßgeblich. Neben der Höhe der Beteiligung und dem Unternehmensgegenstand ist es vor allem die Ausrichtung des Konzerns, dh die Entscheidung, ob der Konzern eher zentral oder dezentral geführt werden soll. Die wirtschaftliche Situation der abhängigen Gesellschaften bildet ebenfalls ein wesentliches Kriterium für die Gestaltung und Intensität der konkreten konzernleiten- **31**

---

42 *U Torggler* in Straube, GmbHG § 115 Rz 3, Rz 10; *Koppensteiner/Rüffler*, GmbHG³, Allgemeine Einleitung Rz 8; *Kalss/Probst*, Familienunternehmen Rz 8/46.

43 *Kalss* in Kalss/Nowotny/Schauer, Österreichisches Gesellschaftrecht Rz 3/934; *Doralt/Diregger* in Doralt/Nowotny/Kalss, AktG² § 15 Rz 60; *Eckert/Gassauer-Fleissner*, GES 2004, 416 ff; *Torggler* in Straube, GmbHG § 115 Rz 39; *Koppensteiner/Rüffler*, GmbHG³ § 25 Rz 10.

44 *Kalss* in Kalss/Nowotny/Schauer, Österreichisches Gesellschaftsrecht Rz 3/933; *Doralt/Diregger* in Doralt/Nowotny/Kalss, AktG² § 15 Rz 60.

45 *Doralt/Diregger* in Doralt/Nowotny/Kalss, AktG² § 15 Rz 62.

46 *Doralt/Diregger* in Doralt/Nowotny/Kalss, AktG² § 15 Rz 62.

den Tätigkeit. Der Vorstand agiert auch danach, ob es sich um ein Unternehmen mit starkem Kernaktionär handelt, wenn etwa die Muttergesellschaft eigentlich eine Beteiligungsholding ist, oder ob es sich um eine Publikumsgesellschaft handelt.

32 **Unterschiedliche Leitungsformen:** Vielfach werden die Gesellschaften einem einheitlichen Leitungs- und Steuerungsregime unterworfen. Allerdings muss nicht das gleiche „Leitungsmuster" über alle Gesellschaften gezogen werden. Vielfach kann danach unterschieden werden, ob es sich um Gesellschafter im Kerngeschäftsbereich oder nur im Finanzanlagenbereich handelt, inwieweit alleinige oder nur eine mehr- oder eine minderheitliche Beteiligung besteht, welche in- und ausländischen Rechtsformen eingebunden sind.

33 **Die Konzernleitungsverantwortung** des Vorstands der Muttergesellschaft richtet sich auf die Führung und Leitung der operativen Gesellschaften. In welcher Form der Vorstand der Konzernmutter seine Leitung ausübt, nämlich ob er sie selbst ausführt oder sie delegiert, entscheidet der Vorstand im eigenen Ermessen.[47] Der Vorstand hat bei Begründung einer Beteiligungsstruktur als erste grundlegende Entscheidung der Geschäftsführung die Frage zu klären, wie er die Konzernleitung wahrnehmen will.[48] Die Begründung der Beteiligungsverhältnisse selbst wiederum liegt nicht in der ausschließlichen Zuständigkeit des Vorstands, vielmehr können in diese Entscheidung in besonders ausgewählten Situationen die Hauptversammlung, im Regelfall der Aufsichtsrat (§ 95 Abs 5 AktG) eingebunden sein. Der Vorstand der Mutter-AG hat daher die Frage zu klären, wie er die Konzernleitung wahrnehmen will. Er hat dafür ein weites unternehmerisches Ermessen.[49] Auch wenn der Vorstand keine aktive Konzernleitungspflicht hat und sich die konkrete Ausgestaltung und Intensität der Leitung aus seiner Entscheidung über die Art der Ausübung der Konzernleitung ergeben, hat er umgekehrt jedenfalls die Verpflichtung, als Vorstand der Muttergesellschaft auch die nachgeordneten Gesellschaften, somit den gesamten Konzern, zu überwachen.[50]

IV. Aufgaben des Aufsichtsrats der Muttergesellschaft

A. Überwachung

34 **Kein Konzerninteresse**: Der Aufsichtsrat der Muttergesellschaft ist nur deren Aufsichtsrat und nicht der Aufsichtsrat des Konzerns. Ausdrücklich hat der Oberste Gerichtshof ausgesprochen, dass der Aufsichtsrat der Muttergesellschaft nur

---

47 *Doralt/Diregger* in Doralt/Nowotny/Kalss, AktG² § 15 Rz 60; *Kalss* in Münchener Kommentar zum AktG⁴ § 76 Rz 132; *Lutter* in Lutter/Bayer, Holdinghandbuch⁵ § 1 Rz 18; *Hüffer/Koch*, AktG¹¹ § 76 Rz 17.

48 *Kalss* in Münchener Kommentar zum AktG⁴ § 76 Rz 132.

49 *Kalss* in Kalss/Nowotny/Schauer, Österreichisches Gesellschaftsrecht Rz 3/932; *Kalss* in Münchener Kommentar zum AktG⁴ § 76 Rz 134; *Doralt/Diregger* in Doralt/Nowotny/Kalss, AktG² § 15 Rz 60; *Doralt/Diregger* in Münchener Kommentar zum AktG⁴, Österreichisches Konzernrecht, Bd V, Rz 51; *Eckert/Gassauer-Fleissner*, GES 2004, 416, 420.

50 OGH 7 Ob 700/88, ecolex 1990, 90; *Kalss* in Kalss/Nowotny/Schauer, Österreichisches Gesellschaftsrecht Rz 3/934; *Doralt/Diregger* in Münchener Kommentar zum AktG⁴, Österreichisches Konzernrecht Rz 57; *Lutter*, AG 2006, 517 f; *U Schneider* in FS Raiser 341, 348; *Frotz/Spitznagel*, RWZ 2011, 161.

Organ der Muttergesellschaft ist und nach Maßgabe von § 70 AktG und § 99 AktG ausschließlich deren Interessen verpflichtet ist, nicht den Interessen der Tochtergesellschaften oder eines „Konzerninteresses".[51] Der Aufsichtsrat hat nur das Verhalten des Vorstands der herrschenden Gesellschaft, nicht das Verhalten der Geschäftsführungen der nachgeordneten Gesellschaften zu überwachen. Maßstab für alle Maßnahmen sind nicht die Verhältnisse der Tochtergesellschaften, sondern allein die Verhältnisse der Muttergesellschaft. Dabei hat er aber naturgemäß auch die Aufgaben des Vorstands der Muttergesellschaft bezogen auf die nachgeordneten Gesellschaften zu überwachen.[52]

B. Überwachung – Konzernleitung

Zu den Aufgaben des Aufsichtsrats zählt die Überwachung und Beratung des Vorstands der Muttergesellschaft bei der Geschäftsführung der Muttergesellschaft und bei der Konzernleitung, da es sich dabei um eine Geschäftsführungsangelegenheit im Sinne des § 95 Abs 1 AktG handelt. 35

Tochtergesellschaften: Der Aufsichtsrat hat die Entwicklung in den Konzerntöchtern (und –enkeln) soweit zu verfolgen, als es sich um für die Muttergesellschaft wirtschaftliche Aktivitäten oder Vermögensbindungen handelt und er zu beurteilen hat, ob und wie der Vorstand der Muttergesellschaft auf die nachgeordneten Unternehmen Einfluss nehmen soll. Es treffen ihn also auch „konzerndimensionale" Überwachungsaufgaben, wofür ihn als Mittel vor allem Informationsrechte und Zustimmungsvorbehalte zur Verfügung stehen.[53] 36

Wenn die Tochter- oder Beteiligungsunternehmen einen maßgeblichen Teil des Vermögens auch der Muttergesellschaft ausmachen, hat der Vorstand im Rahmen der bestmöglichen Verfolgung des Unternehmensinteresses der Muttergesellschaft gegenüber dem Aufsichtsrat der Muttergesellschaft sowie den Eigentümern der Muttergesellschaft die grundlegende Verpflichtung, im Interesse der Gesellschaft zu handeln und daher auch in möglichst guter Weise das Beteiligungsvermögen der Gesellschaft zu verwalten. Insofern kommt ihm kein volles freies Ermessen zu, sondern hat er dies im Rahmen der bestmöglichen Interessenverfolgung im Sinne sorgfaltsgemäßer Ausübung unternehmerischen Ermessens zu erfüllen.[54] 37

Organe der Tochtergesellschaften: Der Aufsichtsrat der Muttergesellschaft ist nur Aufsichtsrat der Muttergesellschaft und nicht des gesamten Konzerns. Es gibt keinen Konzernaufsichtsrat.[55] Kontrolladressat des Aufsichtsrats der Kon- 38

---

51 OGH 2 Ob 112/12b, GesRZ 2/2014, 130 ff, Anm *Reiner/Vanovac*.

52 *Krieger* in Lutter/Bayer, Holding-Handbuch[5] Rz 7.6.

53 OGH 2 Ob 112/12b, GesRZ 2/2014, 130 ff; Anm *Reiner/Vanovac*; *Kalss/Probst*, Familienunternehmen Rz 8/43, Rz 13/222.

54 *Doralt/Diregger* in Doralt/Nowotny/Kalss, AktG[2] § 15 Rz 60; *Feltl*, ecolex 2010, 358; *Frotz/Spitznagel*, RWZ 2011, 161, 162; *Kalss* in Kalss/Nowotny/Schauer, Österreichisches Gesellschaftrecht Rz 3/362; *Schima*, GesRZ 2012, 40.

55 OGH 2 Ob 112/12b, GesRZ 2/2014, 130 ff; Anm *Reiner/Vanovac* ; *Kalss* in Doralt/Nowotny/Kalss, AktG[2] § 95 Rz 33; *Hüffer/Koch*, AktG[11] § 111 Rz 18; *Habersack* in Münchener Kommentar zum AktG[4] § 111 Rz 52.

zernmuttergesellschaft ist stets nur der Vorstand dieser Gesellschaft und nicht auch die Leitungsorgane von Tochter- und sonstigen nachgeordneten Konzerngesellschaften.[56] Diese genaue Trennung ist von Bedeutung für die Beurteilung der dem Aufsichtsrat zur Verfügung stehenden Informationsrechte und seine sonstigen Aufsichtsmittel und insbesondere auch für seine Handlungspflichten. Der Aufsichtsrat der Konzernmuttergesellschaft hat nicht unmittelbar die Leitungsorgane der einzelnen Konzerngesellschaften zu kontrollieren. Vielmehr ist der Aufsichtsrat der Konzernmuttergesellschaft verpflichtet, das Interesse des Mutterunternehmens an einer sinnvollen und **rentablen Ausnutzung** der im gesamten Konzern **zusammengefassten Wirtschaftskraft** unter der Leitung des Vorstands der Konzernmutter zu überwachen.[57]

39 **Erweitertes Aufgabenfeld**: Zu beachten ist, dass der Aufsichtsrat der Muttergesellschaft ein **erweitertes Aufgabenfeld** erhält. Zunächst ist im Konzern zu beachten, dass die Beteiligungsgesellschaften weiterhin den Regelungen ihrer Rechtsform und gegebenenfalls der jeweiligen Nationalität folgen. Zugleich wird aber der Handlungs- und Gestaltungsspielraum des Vorstands der Muttergesellschaft erweitert. Aus der Tätigkeit der Leitung der Muttergesellschaft folgt die Mitberücksichtigung und Mitgestaltung des Vermögens der Tochtergesellschaften.[58] Da der Aufsichtsrat die gesamte Geschäftsführung des Vorstands zu überwachen hat, werden durch die Erweiterung der Leitungstätigkeit des Vorstands der Muttergesellschaft zugleich auch das Aufgabenfeld und das Pflichtenprogramm des Aufsichtsrats der Muttergesellschaft erweitert.[59] Daher treffen den Aufsichtsrat auch **konzerndimensionale Überwachungsaufgaben**. Dafür steht ihm vor allem das Mittel des Informations- und Berichtsrechts und der Zustimmungsvorbehalte zur Verfügung.[60]

40 **Zweifache Überwachungsrichtung**: Die Tätigkeit des Aufsichtsrats der Muttergesellschaft ist zweifach ausgerichtet und insofern gegenüber dem Aufsichtsrat der einfachen Gesellschaft erweitert:[61] Er hat den Vorstand der Muttergesellschaft in seiner Leitungstätigkeit dieser Gesellschaft zu überwachen und zu begleiten und zudem die konzernleitende Tätigkeit des Vorstands. Gegenstand der Überwachungstätigkeit des Aufsichtsrats der Konzernmuttergesellschaft ist daher die Tätigkeit des Vorstands in seiner geschäftsführenden und konzernleitenden Tätigkeit; diese eben zweifach ausgerichtet.[62]

---

56 *Kalss* in Doralt/Nowotny/Kalss, AktG² § 95 Rz 33; *Kalss* in Kalss/Nowotny/Schauer, Österreichisches Gesellschaftsrecht Rz 3/934; *Francesconi*, Der Aufsichtsrat im Konzern (2013); *Schima*, GesRZ 2012, 39; *Hoffmann-Becking*, ZHR 159 (1995) 325, 329.

57 *Kalss* in Doralt/Nowotny/Kalss, AktG² § 95 Rz 33; *Kalss*, Aufsichtsrat Aktuell 3/2009, 4; *Hoffmann-Becking*, ZHR 159 (1995) 331.

58 *Lutter/Krieger/Verse*, Handbuch für den Aufsichtsrat⁶ § 4 Rz 142.

59 OGH 2 Ob 112/12b, GesRZ 2014, 130 ff; Anm *Reiner/Vanovac*.

60 OGH 2 Ob 112/12b, GesRZ 2014, 130 ff; Anm *Reiner/Vanovac*; *Kalss/Probst*, Familienunternehmen Rz 8/43, Rz 13/222; *Rainer/Vanovac*, GesRZ 2014, 133.

61 *Lutter*, AG 2006, 517, 519; *Lutter/Krieger/Verse*, Rechte und Pflichten des Aufsichtsrats⁶ 164.

62 *Kalss*, Aufsichtsrat Aktuell 3/2009, 4; *Straube/Rauter* in Straube, GmbHG § 30j Rz 26; *Schima*, GesRZ 2012, 39 f.

Im Konzern erweitert sich somit das **Überwachungsfeld** des Aufsichtsrats auf maßgebliche Aktivitäten in nachgeordneten Unternehmen, die auf die Gesamtsituation des Konzerns Auswirkungen haben (vgl Rz 46). Die Tätigkeit ist aber eine völlig andere als in der unmittelbar betroffenen Gesellschaft selbst. **Qualitativ** liegt darin ein deutlicher Unterschied, da die **Einwirkungsmöglichkeiten** des Aufsichtsrats der Muttergesellschaft verschiedene sind. Wegen der Vorauswahl der wesentlichen wirtschaftlichen Aktivitäten und Auswirkungen auf den Gesamtkonzern reicht die Überwachungstätigkeit des Aufsichtsrats der Konzernmuttergesellschaft weniger weit und ist weniger intensiv als die Überwachungstätigkeit in der konzernleitenden Gesellschaft selbst.[63] 41

Die unterschiedliche Intensität folgt aus der Mittelbarkeit und der mangelnden direkten Einwirkungs- und Kommunikationsmöglichkeit des Aufsichtsrats mit den nachgeordneten Unternehmen. Dies ist allein Aufgabe des Vorstands der Konzernmuttergesellschaft und hängt für diesen wiederum von der konkreten Gestaltung der Konzernsituation einerseits sowie der Rechtsform andererseits ab. 42

Die Überwachungstätigkeit des Aufsichtsrats der Muttergesellschaft gegenüber der Konzernleitung bzw der Geschäftsführung in den Konzerngesellschaften ist durch eine **doppelte Zurückgenommenheit** gekennzeichnet. Zunächst ist die Unterscheidung von Geschäftsführung und Aufsicht im Allgemeinen zu beachten. Zudem hat der Aufsichtsrat der Muttergesellschaft nur die konzernleitende Tätigkeit des Vorstands der Muttergesellschaft bezogen auf den Konzern (die Konzernunternehmen) zu überwachen, somit seinerseits wiederum leitende und vielfach überwachende Tätigkeiten des Vorstands der Konzernmutter, nicht hingegen die leitenden Aufgaben der einzelnen Konzerngesellschaften. 43

Die maßgeblichen Überwachungsinstrumente des Aufsichtsrats sowohl in der Gesellschaft selbst als auch im Konzern sind 44

- die Berichterstattung des Vorstands der Muttergesellschaft über die Tochterunternehmen,
- der Augenschein (Einsichtnahme),
- die Beiziehung eines Sachverständigen,
- die Stellungnahme und insbesondere die Zustimmung zu einzelnen Geschäften und Maßnahmen.

Überwachung – Konzernaufbau: Der Aufsichtsrat hat den Vorstand bezogen auf die Einrichtung und Gestaltung des **Konzernaufbaus** zu überwachen, inwieweit diese Strukturen taugen, ob ein konzernweites Informationssystem besteht und ob das Kontrollsystem funktioniert. Er hat weiters den Vorstand bei der Ausgestaltung der **Konzernstrategie** zu beraten, diese mit ihnen zu diskutieren und schließlich Einzelgeschäfte und Maßnahmen, die bei den Tochtergesellschaften verwirklicht werden und für den Konzern im Allgemeinen und für die Muttergesellschaft im Besonderen grundlegende und auf die Ertragskraft und Liquidität der Muttergesellschaft Auswirkungen haben, zu überwachen.[64] Schließlich hat er dem 45

[63] *Schneider* in Krieger/Schneider, Managerhaftung² § 9 Rz 19; *Kalss*, Aufsichtsrat Aktuell 3/2009, 5; *Kalss* in Doralt/Nowotny/Kalss, AktG² § 95 Rz 37.

[64] *Kalss*, Aufsichtsrat Aktuell 3/2009, 5; *Kalss* in Doralt/Nowotny/Kalss, AktG² § 95 Rz 37; *Lutter*, AG 2006, 519; *Schneider* in Krieger/Schneider, Managerhaftung² § 9 Rz 17 ff, 21.

Vorstand der Muttergesellschaft gerade auch in Konzernangelegenheiten – nach innen und nach außen – zu unterstützen.

46 **Wesentliche Bedeutung**: Der Aufsichtsrat hat die Entwicklung der Konzerntochtergesellschaften soweit zu verfolgen, als es sich um für die Muttergesellschaft wesentliche wirtschaftliche Aktivitäten oder Vermögenswerte handelt, und er hat zu beurteilen, ob und wie der Vorstand – nicht der Aufsichtsrat selbst – der Muttergesellschaft auf die nachgeordneten Konzernunternehmen Einfluss nehmen kann. „Wesentlich" kann sich betraglich finanziell definieren, möglich ist aber auch die Bedeutung bezogen auf die Reputation, auf die Exponiertheit in der Öffentlichkeit oder Sensibilität einer Angelegenheit für die Eigentümerfamilie.

47 **Risikoabschätzung**: Ebenso wie der Vorstand der Mutter hat der Aufsichtsrat der Muttergesellschaft stets eine Risikoeinschätzung von Maßnahmen vorzunehmen und insbesondere auch zu überwachen und darauf zu dringen, dass die durch die **Vernetzung** im Konzern entstehenden Risken, Risken aus der **Digitalisierung** mit ihrer hohen Multiplikatorenwirkung analysiert, eingeschätzt und beobachtet und auch entsprechend Verfahren laufend überwacht werden. In dieser Risikoerkennung und –beurteilung sowie **Prozesskontrolle** liegt letztlich die schwierigste Aufgabe für den Aufsichtsrat, da eine hohe Komplexität und Dynamik dieser Prozesse besteht.

C. Informationsversorgung des Aufsichtsrats der Muttergesellschaft durch den Vorstand

48 **Die Schalt- und Schnittstelle im Konzern** ist der **Vorstand** der Muttergesellschaft und er – dh der Vorstand – hat entsprechend seiner Konzernleitungs- und Steuerungsaufgabe auch darauf zu drängen, die maßgeblichen und notwendigen Informationen von den einzelnen Konzerngesellschaften zu erhalten.[65] Der Aufsichtsrat der Muttergesellschaft erhält die **Information** generell nicht unmittelbar, sondern allein **über den Vorstand** der Gesellschaft.[66]

49 **Berichte**: Das maßgebliche Informationsinstrument für den Aufsichtsrat ist die Information – der Bericht – durch den Vorstand der Muttergesellschaft. Wichtigste Informationsquelle des Aufsichtsrats sind die Berichte des Vorstands.[67] Dieser hat sich seinerseits die Informationen aus den Tochtergesellschaften durch Regel- und anlassbezogene Berichte zu verschaffen. Daher ist die wahrheitsgemäße und vollständige Berichterstattung des Vorstands von essentieller Bedeutung. Weitere Informationsquellen sind der Konzernjahresabschluss, -lagebericht und der Prüfbericht des Konzernprüfers, schließlich Konzernrevisionsberichte. Diese allgemein bestehenden Pflichten (vgl *Kalss* Rz 26/66 ff; *Zollner* 22/18 ff) sind nun auf den Konzern anzuwenden. Die maßgeblichen Berichte sind:
(a) Regelberichte
(b) Sonderberichte

---

[65] *Kalss*, GesRZ 2010, 137, 141.

[66] Generell zur Information des Konzernaufsichtsrats: *Fleischer*, ZGR 2009, 505, 532; *Hüffer* in FS Schwark (2009) 185, 189; *Verse*, ZHR 175 (2011) 401, 423.

[67] *Winter* in FS Hüffer 1114; *Krieger* in Lutter/Bayer, Holdinghandbuch[5] § 7 Rz 11 ff.

Die Gestaltung der Berichte richtet sich, abgesehen vom konkreten Berichtsgegenstand, jedenfalls nach den allgemeinen Regeln der Berichterstattung (vgl *Kalss* Rz 26/67 ff; *Zollner* Rz 22/27 ff). Dabei ist insbesondere Sorge zu tragen, dass die Berichte keine isolierte Betrachtung vornehmen, sondern etwa auch auf Auswirkungen und Risikoerhöhungen in anderen Bereichen eingehen. Risikoabschätzungen sind darzulegen, nicht um als Barriere oder Gestaltungsgrenze zu wirken, sondern als wesentlicher Entscheidungsparameter sichtbar zu werden.

D. Prüfung der Rechnungslegungsunterlagen (Jahresabschlüsse)

Der Aufsichtsrat der Muttergesellschaft hat neben dem Jahresabschluss der Muttergesellschaft den Konzernabschluss zu prüfen. Inwieweit trifft den Aufsichtsrat der Muttergesellschaft die Pflicht zur Überprüfung der Jahresabschlüsse und der Prüfberichte von einzelnen in den Konzernabschluss einbezogenen Konzerngesellschaften? Inwieweit wirkt sich die Festlegung der Konsolidierungskreise auf die konkreten Pflichten des Aufsichtsratsvorsitzenden einer voll konsolidierten Gesellschaft aus? 50

1. Jahresabschluss im Allgemeinen

Jahresabschlüsse – Muttergesellschaft: Gem § 96 Abs 1 und Abs 3 AktG hat der Aufsichtsrat den Jahresabschluss, den Konzernabschluss, den Vorschlag für die Gewinnverteilung und den Lagebericht und den Konzernlagebericht zu prüfen. Der Aufsichtsrat hat dabei seine Prüfungsaufgaben eigenständig wahrzunehmen.[68] Der Aufsichtsrat hat dabei drei Schwerpunkte zu erfüllen. Er hat sich zu vergewissern, dass (i) der Jahresabschluss und der Lagebericht **Gesetz und Satzung** entsprechen, dass (ii) die vom Vorstand vorgeschlagene Bilanzpolitik auch im **Interesse der Gesellschaft** liegt und ob bei Feststellung des Jahresabschlusses Teile des Jahresüberschusses in die **Rücklagen** eingestellt werden sollen.[69] Die Prüfungstätigkeit bezieht sich dabei auf den Jahresabschluss der **Gesellschaft** selbst, nicht auf die Abschlüsse der Tochter- und Enkelgesellschaften. Bei einem Konzern ist dies zunächst der Abschluss der Muttergesellschaft, dh der konzernleitenden Funktion. 51

Jahresabschluss – Tochtergesellschaft: Der Aufsichtsrat jeder Tochtergesellschaft hat ebenfalls jeweils den Jahresabschluss seiner Gesellschaft zu prüfen; den Konzernabschluss der Muttergesellschaft hat der Aufsichtsrat der Tochtergesellschaft nicht zu prüfen (vgl *Milla/Rödler/Köll* Rz 21/135 ff). 52

2. Konzernabschluss

Prüfpflicht: Gem § 96 Abs 3 AktG hat der Aufsichtsrat diese Pflichten generell auch für den Konzernabschluss zu besorgen, auch wenn ihm eine Kompetenz zur formellen Feststellung des Konzernabschlusses nicht zukommt. Die Vorlagepflicht des Vorstands der Konzernmuttergesellschaft und die Prüfpflicht des Auf- 53

---

68 *Kalss/Gruber* in Doralt/Nowotny/Kalss, AktG² § 96 Rz 33.
69 *Kalss/Gruber* in Doralt/Nowotny/Kalss, AktG² § 96 Rz 34.

sichtsrats beziehen sich nicht nur auf Einzelabschluss und Einzellagebericht der Muttergesellschaft, sondern erstrecken sich auch auf den Konzernabschluss und den Konzernlagebericht.[70]

54 **Vorzulegen** sind der Konzernabschluss und der Konzernlagebericht vom Vorstand der Muttergesellschaft. Die Unterlagen haben eine wesentliche **Informationsfunktion**. Der Aufsichtsrat hat seine Prüfung – gleich wie beim Einzelabschluss – auf der Basis des Prüfberichts des Abschlussprüfers vorzunehmen. Die Unterlagen dienen dem Aufsichtsrat als Information der Muttergesellschaft für die Wahrnehmung der konzernweiten Überwachungspflicht.[71]

55 Da der Aufsichtsrat die Geschäftsführung der nachgeordneten Unternehmen nicht unmittelbar überwacht, hat er konsequenterweise auch nicht generell **die Einzelabschlüsse** der nachgeordneten Konzerngesellschaften zu überprüfen.

56 Sein einziger **Prüfungsgegenstand** sind bei der Muttergesellschaft der Einzelabschluss und der Einzellagebericht der Muttergesellschaft sowie zusätzlich der Konzernabschluss und der Konzernlagebericht für den gesamten Konzern. Er kann sich grundsätzlich auf den Prüfbericht des Abschlussprüfers verlassen[72] und hat im Regelfall keine weiteren Maßnahmen zu setzen.

3. Befreiender Konzernabschluss

57 Ist eine Gesellschaft ausnahmsweise in einen befreienden Teilkonzernabschluss einbezogen und sind weitere Untergesellschaften der Muttergesellschaft aufgrund der nachgeordneten (relativ geringen) Bedeutung für den Gesamtkonzern gem § 249 Abs 2 UGB nicht in dem Konzernabschluss erfasst,[73] so kann dies dazu führen, dass eine Gesellschaft nur einen Einzelabschluss hat, auch wenn sie direkt oder indirekt Anteile an Gesellschaften hält. In der **übergeordneten Mutter** kann es sein, dass einzelne Konzerngesellschaften mangels herausragender Bedeutung für den Konzern gem § 249 Abs 2 UGB überhaupt **nicht einbezogen** sind. In einem derartigen Fall hat der Aufsichtsrat einer Teilmuttergesellschaft überhaupt keine Rechnungslegungsunterlagen von Enkel- und Tochtergesellschaften. Den Aufsichtsrat einer derartigen Muttergesellschaft treffen auch im Regelfall keine darauf bezogenen Prüf- und Nachforschungspflichten.

58 **Der Konsolidierungskreis** wird vom Vorstand der Konzernmuttergesellschaft festgelegt. Wenn der Vorstand der Konzernmuttergesellschaft zulässigerweise von der Einbeziehung von Konzerngesellschaften in den Konzernabschluss gem § 249 UGB absieht und der Konzernabschlussprüfer dem nicht widerspricht, ist dies ein deutliches Indiz für die Unwesentlichkeit der nicht einbezogenen Konzerngesellschaften. Sie spielen für die Ausgestaltung der Vermögens-, Finanz- und Ertragslage des Konzerns keine Rolle. Der Aufsichtsrat einer Muttergesellschaft eines Teilkonzerns kann sich im Regelfall darauf verlassen.

---

[70] *Gelter/Haberer*, GesRZ 2001, 169 ff; *Kalss* in Doralt/Nowotny/Kalss, AktG[1] § 96 Rz 18 f; *Kalss/Gruber* in Doralt/Nowotny/Kalss, AktG[2] § 96 Rz 52.

[71] *Kalss/Gruber* in Doralt/Nowotny/Kalss, AktG[2] § 96 Rz 50.

[72] *Kalss* in Konecny, Insolvenzforum 2009, 147 ff.

[73] Dazu *Deutsch-Goldoni* in Straube, UGB II/RLG[3] § 249 Rz 23 ff; *Adler/Düring/Schmaltz*, Rechnungslegung[6] § 296 HGB Rz 30.

E. Zustimmungspflichten als Überwachungsinstrument des Aufsichtsrats

Keine gesetzliche Einbeziehung: Während § 95 Abs 5 AktG und § 30j Abs 5 GmbHG für die Gesellschaft bereits von Gesetzes wegen einen Katalog von Geschäften und Maßnahmen vorsieht, die jedenfalls der Zustimmung des Aufsichtsrats vorbehalten sind, fehlt für den Konzern diese explizite Liste. Für den Konzern bedarf es der Präzisierung in der Satzung oder nachgeordneten Regelwerken, um die Zuständigkeit überhaupt zu begründen (s *Briem* Rz 12/26 ff). 59

So eindeutig geregelt das Bestehen eines Katalogs zustimmungspflichtiger Geschäfte in der Gesellschaft ist, so zurückhaltend scheinen die Formulierungen zunächst für den Konzern. Zwei getrennte Fragenkreise sind von Bedeutung: 60

- Verlangt der konkrete Regelungsauftrag gem § 95 Abs 5 AktG und § 30j Abs 5 GmbHG eine entsprechende Gestaltung für die Formulierung des Zustimmungsvorbehalts im Konzern, somit in der Muttergesellschaft, für Maßnahmen in direkt oder indirekt gehaltenen Tochtergesellschaften?
- Wie ist eine konkrete Bestimmung in der Satzung oder in der Geschäftsordnung sowie in einem einzelnen Aufsichtsratsbeschluss zu verstehen, wenn eine explizite Formulierung für Konzernangelegenheiten fehlt?

Einbeziehung der nachgeordneten Gesellschaften: Nachgeordnete Unternehmen sind Teil des Vermögens der Konzernmuttergesellschaft, das dem Vorstand der Konzernmutter überantwortet ist. Der Aufsichtsrat hat daher die Entwicklung der Konzerngesellschaften zu beobachten und die konzernleitenden Tätigkeiten des Vorstands zu überwachen. Bei einer derartigen funktionalen Sichtweise macht es keinen Unterschied, ob das Vermögen tatsächlich im juristischen Eigentum der Konzernmuttergesellschaft steht oder formal getrennt bei einer Tochtergesellschaft angesiedelt ist. Stets ist die Bedeutung für den Gesamtkonzern und damit für die Muttergesellschaft maßgeblich. Die Notwendigkeit der Beobachtung und Überwachung der Einzelmaßnahmen in der Muttergesellschaft und in den Tochtergesellschaften ist im Grundsatz gegeben, allerdings ist bei bloß faktisch konzernierten Tochtergesellschaften die Kraft des Bestandsinteresses der Tochtergesellschaften gegenüber dem Konzerninteresse der Muttergesellschaft zu beachten. Das Bestandsinteresse der einzelnen Tochter- oder Enkelgesellschaften beschränkt die Einflussnahme und Informationsmöglichkeiten des Vorstands der Muttergesellschaft. Damit wird zugleich die Aufsichtsbefugnis des Aufsichtsrats der Muttergesellschaft konkretisiert.[74] 61

1. Die Festlegung des Zustimmungsvorbehalts im Konzern im Allgemeinen

Das Gesetz selbst nimmt nur in einigen Ziffern des Katalogs gem § 95 Abs 5 AktG und § 30j Abs 5 GmbHG auf den Konzern Bezug, wie etwa in Z 10 (Regelung der Zustimmung zu Aktienoptionen) oder Z 12 (Zustimmung zu Organgeschäften von Aufsichtsratsmitgliedern). Aus den punktuellen Regelungen, die auf Konzerngesellschaften eingehen, darf nicht mit einem einfachen Gegenschluss gefolgert werden, dass sonst Zuständigkeiten des Aufsichtsrats der Muttergesell- 62

[74] *Hoffmann-Becking*, ZHR 1995, 333; *Kalss* in Doralt/Nowotny/Kalss, AktG² § 95 Rz 37.

schaft nur für die Muttergesellschaft selbst und nicht für Maßnahmen in Tochtergesellschaften und sonstigen indirekten Tochtergesellschaften oder Beteiligungsunternehmen bestehen. Vielmehr kommt es jeweils auf die Auswirkungen und die Gesamtbedeutung für den Gesamtkonzern an.

63 **Eine zentrale Aufgabe des Regelungsauftrags** der Anpassung des Katalogs zustimmungspflichtiger Geschäfte liegt gerade in der Anpassung und Anwendung im Konzern.[75] Ausdrücklich verlangt P 35 des österreichischen Corporate Governance-Kodex für börsenotierte Gesellschaften,[76] dass der Aufsichtsrat Zustimmungsvorbehalte für konzernbezogene Maßnahmen festzulegen habe. Die konkrete Ausgestaltung im Konzern hängt von der **Intensität der Konzernleitung** ebenso ab wie von der **Art des Einzelgeschäfts** und von seiner Auswirkung auf die **Vermögens- und Ertragslage** oder die **Reputation** des gesamten Konzerns. Dabei ist vor allem die gesamtstrategische Aufgabe des Aufsichtsrats der Konzernmutter zu beachten, die sich nicht in Detailfragen der Tochtergesellschaften oder bloß interne Verschiebungen von Vermögenswerten, wie etwa Beteiligungen verlieren darf, sondern stets den Gesamtkonzern im Blick behalten muss. Bei der Auslegung der einzelnen Klauseln ist je nach Formulierung, vor allem je nach dem Zweck der Bestimmung und Bedeutung der Maßnahmen von einer konzernweiten Wirkung auszugehen. Der Wortlaut allein ist nicht entscheidend.[77]

64 **Konkretisierung für Maßnahmen der Tochtergesellschaften**: Im Konzern sind die Gestaltungsaufgabe und der Regelungsauftrag für die Satzung, die Geschäftsordnung oder den Aufsichtsrat selbst von besonderer Bedeutung, wurde doch der gesetzliche Katalog nicht für Konzernstrukturen geschaffen und ist er daher gerade bezogen auf den Konzern entsprechend auszugestalten.[78]

65 **Der Zweck der Festlegung von konzernbezogenen Zustimmungsvorbehalten** dient der Information des Aufsichtsrats sowie seiner Mitwirkung an der Konzernleitung.[79] Der Aufsichtsrat darf sich **nicht in Detailfragen** der einzelnen direkten oder indirekten Tochtergesellschaften oder bei wertneutralen Verschiebungen von Vermögenswerten in 100-%-Strukturen verlieren.[80] Umgekehrt hat er aber bei Vermögensverschiebungen von **Tochtergesellschaften mit Minderheitsgesellschaftern** eine nicht zu unterschätzende **Kontrollaufgabe**. Daher hat nicht nur der Aufsichtsrat der jeweiligen betroffenen Konzerngesellschaft, sondern auch der Aufsichtsrat der Muttergesellschaft sein kontrollierendes Auge wach zu halten, was er am besten mit der Festlegung eines Zustimmungsvorbehalts macht. Bei der Festlegung des Katalogs der zustimmungspflichtigen Geschäfte aus Konzernsicht in der Muttergesellschaft hat er stets den Gesamtkonzern im Blick zu behalten.

---

[75] *Kalss* in Doralt/Nowotny/Kalss, AktG² § 95 Rz 89, 134; *Frotz/Spitznagel*, RWZ 2011, 161 ff; *Schima*, GesRZ 2012 35, 37; *Reich-Rohrwig*, GmbH-Recht I² Rz 4, 308.

[76] Online abrufbar unter: www.corporategovernance.kodex.at.

[77] *Frotz/Spitznagel*, RWZ 2011, 164; *Kalss* in Doralt/Nowotny/Kalss, AktG² § 95 Rz 90; *Schima*, GesRZ 2012 35 ff.

[78] *Eckert/Gassauer-Fleissner*, Ges 2004, 425; *Straube/Rauter* in Straube, GmbHG § 30j Rz 112.

[79] *Lutter* in FS Happ 143, 149.

[80] *Schima*, GesRZ 2012 35, 37.

Von der Zustimmung des Aufsichtsrats der Muttergesellschaft können nur solche Geschäfte abhängig gemacht werden, die nach ihrem Gegenstand, ihrem Umfang und dem damit verbundenen Risiko gerade für das konkrete Unternehmen, somit die Muttergesellschaft, von **besonderer Bedeutung** sind.[81] Stets ist auf die Bedeutung der konkreten Maßnahme für den Gesamtkonzern einzugehen.[82] Bei der konkreten Festlegung ist auf die Spezifika des bestimmten Unternehmens, auf die Branche, auf die Investitionstätigkeit, auf die Auswirkungen für den Gesamtkonzern, auf die Risikoneigung sowie die Gestaltung der Konzernstruktur einzugehen. **66**

Der Aufsichtsrat der Muttergesellschaft darf daher auch nicht alle Geschäfte, die der Vorstand oder Geschäftsführer der Tochtergesellschaft abschließt oder die eine bestimmte Betragsgrenze überschreiten, pauschal einer Zustimmung des Aufsichtsrats der Muttergesellschaft unterwerfen. Damit würde die Kontrollpflicht im Konzern, die nur auf wesentliche konzernweite Maßnahmen ausgerichtet ist, überspannt werden. Die Zustimmungspflichten des Aufsichtsrats der Konzernmutter **dürfen nicht zu eng geknüpft** werden, weil dies einen zu starken Eingriff in die Geschäftsführungsaufgaben des Vorstands der Tochtergesellschaften bewirkte. Der Aufsichtsrat der Konzernmuttergesellschaft hat darauf zu achten, dass nur die tatsächlich für die Überwachung der Konzernleitung notwendigen Maßnahmen und Geschäfte seiner Zustimmung unterworfen werden.[83] **67**

Beispiele: Typischerweise werden etwa Maßnahmen und Geschäfte, wie Investitionsvorhaben, Beteiligungserwerb und Kreditbelastungen, mit Risikoauswirkungen auf den Gesamtkonzern und die Führungsstellungbesetzung, dh die Geschäftsführer und Vorstandsmitglieder der direkten Beteiligungsgesellschaften und der Gesellschaften auf zweiter oder dritter Stufe (der Leitgesellschaften), der Zustimmungspflicht unterworfen. Neben den Personalentscheidungen sind vor allem auch Prozess- und Gestaltungsfragen von Bedeutung, etwa wie die Etablierung besonderer Überwachungsstrukturen, das Verbot bestimmter Geschäfte oder Geschäftsarten etc. **68**

Gestaltung des Katalogs: Bei der Gestaltung des Zustimmungskatalogs ist zu bedenken, dass damit umgekehrt in die Eigeninitiative und Selbstständigkeit der Tochtergesellschaft eingegriffen wird[84] und dass dadurch auch zusätzliche Interessenkonflikte geschaffen werden. Je tiefer eine Gesellschaft in der Konzernhierarchie steht, desto sorgfältiger und zurückhaltender sollte die Muttergesellschaft mit einem Zustimmungsvorbehalt umgehen.[85] **69**

Umgekehrt bedeutet die Zuweisung eines konkreten Geschäfts in eine Urenkelgesellschaft nicht unbedingt, dass diese Maßnahme jedenfalls nicht der Zustimmung des Aufsichtsrats der Muttergesellschaft zu unterwerfen wäre. Es kommt auf **70**

---

81 *Hopt/Roth* in Großkommentar zum AktG[4] § 111 Rz 641; *Kalss* in Doralt/Nowotny/Kalss, AktG[2] § 95 Rz 134; *Schima*, GesRZ 2012 35, 39.

82 *Krieger* in Lutter/Bayer, Holdinghandbuch[5] § 7 Rz 43; *Rodewig* in Semler/von Schenck, Arbeitshandbuch für Aufsichtsratsmitglieder[4] § 8 Rz 93 ff.

83 *Kalss* in Doralt/Nowotny/Kalss, AktG[2] § 95 Rz 134.

84 *Rodewig* in Semler/von Schenck, Arbeitshandbuch für Aufsichtsratsmitglieder[4] § 8 Rz 101.

85 *Kalss* in Doralt/Nowotny/Kalss, AktG[2] § 95 Rz 135.

die **Gesamtbetrachtung** an. Allein der Umstand, dass eine bestimmte Maßnahme weder in der Satzung noch in der Geschäftsordnung generell oder zumindest nicht für den Konzern genannt ist, birgt keine Sperrwirkung für den Aufsichtsrat der Muttergesellschaft, durch Einzelbeschluss diese Maßnahme doch seiner Zustimmung zu unterwerfen.

71 **Ausschluss einzelner Geschäfte**: Bei der Festlegung von konzerndimensionalen Zustimmungsvorbehalten kann es für bestimmte konzerninterne Transaktionen zulässig sein, die Zustimmung des Aufsichtsrats auszuschließen, insbesondere bei Vorgängen zwischen zwei 100-%-igen Konzerntöchtern. Umgekehrt ist es aber gerade in Konzernstrukturen zur Sicherung des Gläubigerschutzes und gerade bei Bestehen von Minderheiten bedeutsam, dass der Aufsichtsrat seiner Überwachungsaufgabe voll nachkommt. Wegen des Wegfalls eines ausgleichenden Verhandlungsmechanismus zwischen den Vertragspartnern ist die Überwachungsaufgabe des Aufsichtsrats aktualisiert. Daher muss gerade bei konzerninternen Transaktionen und Maßnahmen die Zustimmungspflicht mit besonderer Sorgfalt ausgeübt werden. Gegebenenfalls sind die Betragsgrenzen für konzerninterne Maßnahmen sogar niedriger anzusetzen als bei Geschäften mit außenstehenden Dritten (vgl *Briem* Rz 12/30 ff).[86]

2. Konkrete Festlegung der konzerndimensionalen Vorbehalte

72 **Kompetenz zur Festlegung – Vorstand**: Der Aufsichtsrat der Muttergesellschaft kann keine Zustimmungsvorbehalte für Geschäfte in Tochter-Aktiengesellschaften unmittelbar anordnen. Vielmehr ist dies Aufgabe des **Vorstands** der Konzernmuttergesellschaft im Rahmen seiner konzernleitenden Tätigkeit. Er hat entweder eine Weisung zu geben oder sonst auf die Tochter einzuwirken.

73 **Bei einer GmbH-Beteiligungsreihe** besteht eine durchgängige Weisungskette, sodass die Durchsetzung über die Weisungsrechte auch effektiv umgesetzt werden kann.[87]

74 **In der Tochter-AG** ist die sichere Umsetzung deutlich schwieriger als in der GmbH und beruht auf Veranlassung und Herantreten des Aufsichtsrats der Mutter an deren Vorstand, für die Etablierung konzerndimensionaler Zustimmungsvorbehalte in den Teilkonzerngesellschaften (Leitgesellschaften) zu sorgen.[88] Geht man davon aus, dass der Aufsichtsrat der Mutter den Vorstand der Muttergesellschaft in seiner Konzernleitungstätigkeit zu überwachen hat, darf sich der Vorstand der Muttergesellschaft wie auch für seine sonstige Tätigkeit nicht der Überwachung entziehen. Konkret muss er der Überwachung durch den Aufsichtsrat der Muttergesellschaft Effektivität verleihen.[89]

75 **Umsetzung im Einzelnen:** Der Vorstand der Mutter-AG hat mehrere Möglichkeiten den Konzernvorbehalt, somit die Zustimmungspflicht des Aufsichtsrates der Muttergesellschaft umzusetzen. Einerseits kann er dem Vorstand der Tochtergesell-

[86] *Kalss* in Doralt/Nowotny/Kalss, AktG² § 95 Rz 130.
[87] *Lutter* in FS Happ 148.
[88] *Lutter* in FS Happ 148.
[89] *Semler* in FS Doralt 609 ff; *Lutter* in FS Happ 143 ff.

schaft eine zulässige, aber nicht rechtsverbindlich durchsetzbare Weisung geben (vgl Rz 27), dh er kann den Vorstand der Tochtergesellschaft anweisen, die Angelegenheit zur Zustimmung des Vorstands und des Aufsichtsrats der Muttergesellschaft an die Muttergesellschaft zu übermitteln. Der Vorstand der Muttergesellschaft kann seinen Einfluss auch über den Aufsichtsrat der Tochtergesellschaft ausüben, sofern er selbst oder seine nahen Vertrauensleute im Aufsichtsrat der Tochtergesellschaft tätig sind und diese dem Vorstand die Anregung geben, die Geschäftsführungsmaßnahme der Tochtergesellschaft auch der Zustimmung der Muttergesellschaft zu unterwerfen, dh dem Vorstand der Muttergesellschaft zum Zweck der weiteren Vorlage an den Aufsichtsrat der Muttergesellschaft zu übermitteln.

Konkrete Gestaltung: Bei der konkreten Gestaltung zustimmungspflichtiger Maßnahmen ist zu entscheiden, ob allein der Vorstand der Muttergesellschaft einen Beschluss fassen soll oder neben dem Vorstand auch der Aufsichtsrat der Muttergesellschaft. Dabei ist es sinnvoll, nach den Kriterien der Wesentlichkeit und Auswirkung auf den Gesamtkonzern zu unterscheiden. Dies bedeutet, dass der Vorstand der Muttergesellschaft im Regelfall deutlich häufiger über Maßnahmen der Tochtergesellschaft einen Beschluss zu fassen hat und seine Zustimmung zu erteilen hat als der Aufsichtsrat der Muttergesellschaft. **76**

Konkrete Festlegung: Die konkrete Festlegung liegt darin, dass der Vorstand oder die Geschäftsführer der Tochtergesellschaft die Maßnahme an den Vorstand der Muttergesellschaft zu leiten hat und der Vorstand der Muttergesellschaft diese Angelegenheit dem Aufsichtsrat der Muttergesellschaft zur Zustimmung vorlegt. Eine direkte Vorlage der Geschäftsführung der Tochtergesellschaft an den Aufsichtsrat der Muttergesellschaft findet nicht statt. Vielmehr sind die Vertretungshandlungen und die Kompetenzzuweisungen zwischen Vorstand und Aufsichtsrat auch in der Konzernstruktur einzuhalten. **77**

3. Die Auslegung des Zustimmungsvorbehalts

Konkrete und klare Formulierung: Jedenfalls ist es zu empfehlen, dass die Vorbehalte für Konzerngesellschaften ausdrücklich formuliert werden, nämlich abhängig von der Bedeutung der Tochtergesellschaft, der Höhe der Beteiligung, der Intensität der Einflussnahme und der Art der Konzernleitung.[90] Festgelegt werden soll, welche Gesellschaften (direkte Tochter, Enkelgesellschaft oder alle) von der Vorlagepflicht betroffen werden, zudem soll festgelegt werden, welche Maßnahme konkret. So eindeutig die Empfehlung ist, so klar ist auch, dass ihr in der Praxis nicht immer nachgekommen wird. **78**

Auslegung nicht eindeutiger Formulierungen: Ob daher ein für die Muttergesellschaft geltender Zustimmungsvorbehalt, der nicht ausdrücklich auch auf Maßnahmen in Konzerngesellschaften Bezug nimmt, tatsächlich Konzernsachverhalte erfasst, ist durch Auslegung zu ermitteln. Dies ist nach dem Zweck der Bestimmung sowie der Bedeutung der Maßnahme, nämlich ob die Maßnahme in der Tochter- oder Enkelgesellschaft unmittelbare wirtschaftliche, somit finanzielle **79**

---

90 *Eckert/Gasser-Fleissner*, Ges 2004, 425; *Kalss* in Doralt/Nowotny/Kalss, AktG² § 95 Rz 133.

oder strategische oder sonst relevante Auswirkungen auf die Muttergesellschaft und den Konzern hat, zu beurteilen.[91] Weder darf aus einer mangelnden Formulierung geschlossen werden, dass die Zuständigkeit des Aufsichtsrats der Muttergesellschaft nur für die Muttergesellschaft selbst und nicht auch für Maßnahmen in Tochter- oder Enkelgesellschaften besteht,[92] umgekehrt darf aber daraus auch nicht der Schluss gezogen werden, dass der gesetzliche Katalog gem § 95 Abs 5 AktG für Maßnahmen und Geschäfte der Muttergesellschaft vollkommen gleich und schematisch 1:1 auf Maßnahmen und Geschäfte von Tochtergesellschaften umzulegen ist. Dies zeigt sich etwa deutlich an der Bestellung eines Prokuristen.[93]

80 **Parallele – Generalversammlung**: Ähnlich stellt sich die Frage in Mutter- und Tochter-GmbHs, nämlich ob eine Angelegenheit nicht nur von der Geschäftsführung zu entscheiden ist, sondern auch der Generalversammlung zur Beschlussfassung vorzulegen ist. Die Frage stellt sich etwa bei parallel formulierten Geschäftsordnungen für die Geschäftsführung der Mutter- und Tochtergesellschaft, worin sich die parallele Gestaltung zu Aufsichtsratszuständigkeiten deutlich zeigt. Auch dafür gibt es keine mechanische Lösung, es kommt auch auf die Bedeutung der Maßnahme für die jeweilige Gesellschaft, für das Zusammenspiel von Mutter- und operativer Tochtergesellschaft an. Wenn die Maßnahme für beide Gesellschaften außergewöhnlich ist,[94] so ist von einer Zuständigkeit der Generalversammlung in der Tochter- und Muttergesellschaft auszugehen.

4. Prozedere bei Bestehen eines Zustimmungsvorbehalts

81 **Keine unmittelbare Wirkung**: Die auf Ebene der Muttergesellschaft angesiedelten Zustimmungsvorbehalte haben als solche keine unmittelbaren Wirkungen für die Organe der Tochtergesellschaften.[95] In der eigenen Gesellschaft bewirkt hingegen die fehlende Zustimmung bzw die Ablehnung ein Veto (vgl *Briem* Rz 12/86). Weder die Satzung der Muttergesellschaft noch die Geschäftsordnung des Aufsichtsrats oder des Vorstands der Muttergesellschaft noch ein Einzelaufsichtsratsbeschluss kann den Vorstand oder den Aufsichtsrat der Tochter binden.[96] Insbesondere kann auch die Bestellung eines Vorstandsmitglieds der Tochter-AG oder einer Enkel-AG nicht an die Zustimmung des Aufsichtsrats der Konzernmutter rechtlich gebunden werden. Eine derartige Klausel mit Bindungsanordnung in der Geschäftsordnung oder Satzung einer Tochtergesellschaft ist unzulässig und daher unwirksam.[97]

---

[91] *Frotz/Spitznagel*, RWZ 2011, 164; *Kalss* in Doralt/Nowotny/Kalss, AktG² § 95 Rz 133; *Eckert/Gasser-Fleissner*, Ges 2004, 425.

[92] *Frotz/Spitznagel*, RWZ 2011, 164.

[93] *Kalss* in Doralt/Nowotny/Kalss, AktG² § 95 Rz 133; *Eckert/Gasser-Fleissner*, Ges 2004, 425; *Frotz/Spitznagel*, RWZ 2011, 164.

[94] *Enzinger* in Straube/Ratka/Rauter, GmbHG § 35 Rz 106; *Harrer* in Gruber/Harrer, GmbHG § 35 Rz 71.

[95] *Kalss* in Doralt/Nowotny/Kalss, AktG² § 95 Rz 132; *Habersack* in Münchener Kommentar zum AktG⁴ § 111 Rz 120; *Hopt/Roth* in Großkommentar zum AktG⁴ § 111 Rz 691; *Krieger* in Lutter/Bayer, Holdinghandbuch⁵ § 7 Rz 44.

[96] *Kalss* in Doralt/Nowotny/Kalss, AktG² § 95 Rz 132.

[97] *Hopt/Roth* in Großkommentar zum AktG⁴ § 111 Rz 691.

Mehrfache Zustimmung – Kaskade: Wird im Konzern wirksam nicht nur für die konkret betroffene Gesellschaft, sondern auch für eine Muttergesellschaft ein Zustimmungsvorbehalt formuliert oder lässt er sich jedenfalls aus der Satzung oder der Geschäftsordnung oder einem sonstigen Aufsichtsratsbeschluss ableiten, führt dies dazu, dass **ein und dieselbe Maßnahme** mehrfach vom jeweiligen Vorstand oder von der Geschäftsführung dem Aufsichtsrat zur Zustimmung vorgelegt werden muss. Die Zustimmung durch den Aufsichtsrat jeweils einer Gesellschaft normiert nicht zugleich die Pflicht zur Zustimmung durch den Aufsichtsrat der anderen Gesellschaft. Während in der konkret betroffenen Gesellschaft die Zustimmungspflicht des Aufsichtsrats kraft Gesetzes bestehen kann oder kraft privatautonomer Gestaltung durch die Gesellschaft, bedarf es bei einer Konzernmuttergesellschaft jedenfalls der privatautonomen Gestaltung, sei es in Form der Satzung, der Geschäftsordnung oder eines sonstigen AR-Beschlusses. 82

Aus der Konzerndimension kann daher eine Kaskade notwendiger Beschlüsse in den jeweiligen Aufsichtsräten folgen.[98] Liegt eine derartige Konzernkaskade notwendiger Beschlussfassungen der Aufsichtsräte der Konzerngesellschaften vor, sind mehrere Ordnungsfragen angesprochen. Der Vorstand der betroffenen Gesellschaft des jeweils zustimmungspflichtigen Aufsichtsrats hat die einzelne Maßnahme oder das jeweilige Rechtsgeschäft seinem Aufsichtsrat vorzulegen, sei es aufgrund des gesetzlich vorgesehenen Katalogs, sei es aufgrund einer privatautonomen Zustimmungsregelung. Weder ist dazu der konzernleitende Vorstand für die Tochtergesellschaft, noch die Geschäftsführung eines nachgeordneten sonstigen Konzernmitglieds berufen, sondern allein die Geschäftsführung jener Konzerngesellschaft, in dem die Maßnahme konkret verwirklicht wird. Der Vorstand der Konzernmuttergesellschaft hat seinerseits die Maßnahme dem Aufsichtsrat der Muttergesellschaft vorzulegen. Vorher muss er den Antrag und die Information von der betroffenen Tochtergesellschaft übermittelt erhalten (vgl Rz 75, 81). Die Zustimmung des Aufsichtsrats der Muttergesellschaft ersetzt nicht die Zustimmung des Aufsichtsrats der Tochtergesellschaft, selbst wenn die Mutter die Anteile unmittelbar hält. 83

Übermittlung der Maßnahme: Wenn nunmehr nicht bloß die konkret betroffene Gesellschaft, sondern auch andere Konzerngesellschaften in den Zustimmungsprozess einbezogen sind, stellt sich die Frage, ob alle Konzerngesellschaften, die einer bestimmten indirekten Tochtergesellschaft der Muttergesellschaft übergeordnet sind, der konkreten Maßnahme im Vorstand und im Aufsichtsrat zustimmen müssen. Die Steigerung der Komplexität ist leicht vorstellbar, wenn man die Schwierigkeit der Terminfindung der einzelnen Organe und die **notwendige zeitliche Taktung** und Abstimmung und die nicht selten bestehende zeitliche Brisanz bedenkt. Umlaufbeschluss und Video- bzw Telefonschaltungen sind vielfach sinnvolle Handlungsformen. 84

Überspringen einzelner Gesellschaften: Eine Maßnahme, die etwa bei einer Ururenkelgesellschaft verwirklicht wird und daher jedenfalls in dieser Gesellschaft der Aufsichtsratsgenehmigung kraft Gesetzes gem § 95 Abs 5 AktG be- 85

[98] *Kalss* in Doralt/Nowotny/Kalss, AktG² § 95 Rz 90; *Frotz/Spitznagel*, RWZ 2011, 164; *Schima*, GesRZ 2012, 35, 38.

darf und andererseits für den Konzern von grundlegender Bedeutung ist, dh eine konzerndimensionale Wirkung hat, und daher kraft Geschäftsordnung des Vorstands der Konzernmuttergesellschaft auch in die Genehmigungskompetenz der Konzernmuttergesellschaft fällt, löst nicht zwingend auch die Notwendigkeit der Zustimmung der Aufsichtsräte der bzw aller dazwischenliegenden Gesellschaften aus. Vielmehr hängt das von der jeweils konkreten Formulierung der einzelnen Geschäftsordnungen bzw Satzungen dieser Gesellschaften ab.

86 **Zustimmungspflicht aller Konzerngesellschaften?** Ob die Aufsichtsräte dieser Gesellschaften aber überhaupt die Zustimmungskompetenz haben oder haben sollen, hängt davon ab, ob die konkrete Einzelmaßnahme auch für diese Gesellschaften von grundlegender Bedeutung ist oder eben die Zustimmung in der konzernleitenden Gesellschaft alleine ausreicht. Die Frage kann nicht pauschal beantwortet werden, sondern hängt vielmehr von der konkreten Einzelmaßnahme, insbesondere aber auch von der konkreten Ausgestaltung des Konzerns mit Teilkonzernen und Spartenausrichtungen ab. Darüber hinaus spielt die konkrete Art der Konzernausrichtung eine wichtige Rolle, nämlich ob er eher zentral oder dezentral geführt wird. Schließlich ist noch die Rechtsform der jeweils involvierten Gesellschaft sowie bei ausländischen Tochtergesellschaften die Rechtsordnung und Zulässigkeit einer solchen Gestaltung zu bedenken. Jedenfalls ist es **nicht notwendig**, dass **jedes Glied** in einem Konzernast aufsteigend eine Maßnahme dem jeweiligen Aufsichtsrat jedenfalls auch **zur Zustimmung vorlegen** muss.

87 **Direkte Berichte und Vorlage?** Im Sinne einer funktional und effizient ausgerichteten Konzernleitung und Überwachung ist es sachgerecht, die Zustimmung nur in der jeweils konkret betroffenen Gesellschaft und in der oder den Gesellschaften, die konzernleitende Maßnahmen ausüben, zur Zustimmung vorzulegen. Daher reicht es etwa, wenn in der Urenkelgesellschaft von der Geschäftsführung die Zustimmung ihres Aufsichtsrats eingeholt wird und der Vorstand der konzernleitenden Muttergesellschaft seinerseits die Maßnahme seinem Aufsichtsrat zur Genehmigung vorlegt. Die sonstigen Gesellschaften können daher bei Vorliegen der entsprechenden Voraussetzungen und mangels Maßgeblichkeit für diese Gesellschaften für die Zustimmung „übersprungen" werden. Sie sind aber in die **Berichtskette** einzubeziehen. Je nach Bedeutung für die jeweilige Gesellschaft reicht eine Berichtspflicht des Vorstands oder eine Berichterstattung des nachgeordneten Unternehmens an das jeweilig vorangehende Unternehmen aus. Allerdings ist auch diese Berichterstattung nicht zwingend in der Beteiligungsreihe vorzunehmen, sondern kann auch direkt von der Urenkelgesellschaft an die Mutter ausgeführt werden. Dies setzt voraus, dass für diese Fälle der **direkten Berichterstattung** die Zustimmung der dazwischenliegenden Gesellschaften für diese Vorgehensweise vorliegt. Das klingt im Sinne einer effizienten und funktionierenden Überwachung des Konzerns sachgerecht. Das Prozedere soll festgelegt werden und entsprechend „lebensnah" umgesetzt und abgesichert werden. Dabei ist aber die Gefahr zu beachten, dass der organisatorische Aufbau und die Berichtslinien auseinanderlaufen und sich Verantwortlichkeiten verschieben können.

88 **Sicherungsmechanismen**: Die Schwierigkeit liegt darin durchzusetzen, dass in der Enkelgesellschaft die Maßnahme nicht ausgeführt wird, bevor nicht die

Zustimmungen von Vorstand und Aufsichtsrat der Muttergesellschaft erteilt sind. Bei Organbesetzungen in den jeweiligen Gesellschaften durch Funktionsträger der Mutter (Personalunion) lässt sich dies durch persönliche Einwirkung sicherstellen. Bei Fehlen von Besetzungsidentitäten kann ein Weisungsrecht in GmbH-Tochtergesellschaften oder die zulässige, aber nicht durchsetzbare Weisung (dh Bitte oder Veranlassung) im Aktienkonzern aktualisiert werden.[99]

Plenum – Ausschuss: Der Aufsichtsrat entscheidet auch bei konzernweiten Zustimmungsvorbehalten entweder im Plenum oder im Ausschuss. Dies hängt von der Zuweisung im jeweiligen Aufsichtsrat und von der Art der Maßnahme ab. 89

Chronologie der Zustimmung: Das Gesetz sieht keine chronologische Reihung für die Genehmigung durch den jeweiligen Aufsichtsrat vor. Die Reihung hängt, abgesehen von einzelfallbezogenen Notwendigkeiten und zeitlichen Erfordernissen, vor allem von der Konzernausrichtung ab, dh ob der Konzern eher dezentral oder straff (dh zentral) geführt wird. Das Gesetz sieht keine zeitliche Reihung vor, sie ist sachgerecht im Sinn der Leitung und Sicherung der Einhaltung der Vorgaben auszurichten. Sinnvoll ist naturgemäß eine **entsprechende zeitliche Ordnung**. Je nach Art des Konzerns kann es sachgerecht sein, in der einzelnen konkret betroffenen Gesellschaft die Zustimmung des Aufsichtsrats einzuholen und in einem weiteren Schritt der Konzernmutter vorzulegen, deren Vorstand die Maßnahme seinem Aufsichtsrat zur Zustimmung vorzulegen hat. Erst nach Zustimmung durch den Aufsichtsrat der Konzernmuttergesellschaft haben der Konzern und die betroffene Gesellschaft insgesamt zugestimmt und sollte die Maßnahme durchgeführt werden; während dies bei Zustimmung des Aufsichtsrats der betroffenen Gesellschaft klar ist, bedarf die Sicherung im Konzern der oben beschriebenen Absicherung. Vielfach läuft die zeitliche Reihung umgekehrt, zuerst die Mutter, dann die Tochter. 90

Bei parallelen Beschlüssen, dh bei zwei- oder mehrmaliger Genehmigung oder Ablehnung, bestehen – abgesehen von der Bewältigung der Administration – keine weiteren Schwierigkeiten. Die Entscheidung ist klar. Die Maßnahme darf durchgeführt werden oder hat bei einem Veto zu unterbleiben. 91

Widersprechende Zustimmungsbeschlüsse: In dem Fall, in dem zwar der Aufsichtsrat der Konzernmutter der Maßnahme zugestimmt hat, der Aufsichtsrat der konkret betroffenen Gesellschaft aber etwa wegen der mangelnden Berücksichtigung von Interessen der Minderheit oder der nicht ausreichendenden Bedachtnahme auf das Bestandsinteresse der konkret betroffenen Konzerntochtergesellschaft die Maßnahme ablehnt, muss der Vorstand der betroffenen Gesellschaft die Maßnahme unterlassen. 92

Umsetzung der Zustimmung: Der Aufsichtsrat der Mutter ist berechtigt und verpflichtet, den Vorstand zu veranlassen, mit all seinen Möglichkeiten darauf hinzuwirken, den Zustimmungsvorbehalt der Mutter auch in der Tochter wirksam werden zu lassen.[100] Die konkrete Gestaltung der Durchsetzung obliegt dem Vor- 93

[99] *Lutter* in FS Happ 148.

[100] *Semler* in Münchener Kommentar zum AktG² § 111 Rz 415; mit Begründung aus der Vorstandsverantwortlichkeit *Habersack* in Münchener Kommentar zum AktG⁴ § 111 Rz 116; *Schima*, GesRZ 2012, 35, 37.

stand etwa durch Weisung in der Tochter-GmbH bzw Veranlasssung (Bitte) in der Tochter-AG, dh auf den Vorstand bzw die Geschäftsführer der Tochter Einfluss zu nehmen. Möglich und typisch ist die Mitwirkung von Organträgern der Mutter im Aufsichtsrat der Tochter-AG und die Bemühung, einen entsprechenden ablehnenden Beschluss in diesem Aufsichtsrat zu fassen. Die Zustimmung bewirkt aber keine Umsetzungsverpflichtung. Die Letztentscheidung bleibt bei der Geschäftsführung der betroffenen Gesellschaft (*Briem* Rz 12/83).

94 **Doppelmandate – Bindung**: Von der grundsätzlichen Frage der Bindung der Tochtergesellschaft bzw der Leitungsorgane der Tochtergesellschaft gegenüber Entscheidungen des Aufsichtsrats der Muttergesellschaft ist die Frage zu unterscheiden, ob die einzelnen Organträger der Muttergesellschaft, die zugleich im Aufsichtsrat der Tochtergesellschaft vertreten sind, an den Beschluss des Aufsichtsrats der Gesellschaft gebunden werden können. Organträger der Muttergesellschaft, die auch Mitglieder der Tochtergesellschaft sind, unterliegen grundsätzlich der höchstpersönlichen und weisungsfreien Amtsführung (vgl *Kalss* Rz 3/37 ff).[101] Die Frage der Bindung der Ausübung des Stimmrechts der Organträger des Mutterunternehmens, die im Aufsichtsrat der Tochterunternehmen vertreten sind, an die Zustimmung bzw Entscheidung des Aufsichtsrats der Mutter ist strittig.[102] Anerkannt ist aber die Weisungs- und Auftragsbindung von AR-Mitgliedern, die von der Muttergesellschaft entsandt oder nominiert werden, dh diese der Weisung zu unterwerfen (*Kalss* Rz 9/55 ff, Rz 9/78 ff), grundsätzlich im Aufsichtsrat die Interessen der Mutter zu vertreten, soweit sie nicht dem Bestandsinteresse (100-%-Tochter) oder Unternehmensinteresse der Tochtergesellschaft zuwiderlaufen (vgl *Kalss* Rz 9/53 f, Rz 9/78 f).[103]

95 **Organträger Mutter-Tochtergesellschaft**: Wenn bei einem Konzern- oder Kaskadenbeschluss der Aufsichtsrat der Muttergesellschaft die Zustimmung zu einem bestimmten Geschäft der Tochtergesellschaft verweigert, sind die Mitglieder des Vorstands und Aufsichtsrats der Muttergesellschaft aufgrund ihrer Pflichtenstellung gegenüber der Muttergesellschaft **grundsätzlich** verpflichtet, auch die **Zustimmung** zu einer bestimmten Maßnahme im Aufsichtsrat der Tochtergesellschaft zu verweigern oder jedenfalls auf andere Weise darauf hinzuwirken, dass entsprechende Maßnahmen in der Tochtergesellschaft unterbleiben.[104] Im umgekehrten Fall ist eine Ausnahme für die Zustimmungspflicht und die Bindung an das Votum des Aufsichtsrats der Muttergesellschaft anzuerkennen, wenn zwischen der Mutter- und Tochtergesellschaft ein derart **massiver Interessenkonflikt** besteht, dass eine Verhinderung eines Geschäfts in der Tochtergesellschaft durch

[101] *Kalss* in Doralt/Nowotny/Kalss, AktG² § 95 Rz 132; *Habersack* in Münchener Kommentar zum AktG⁴ § 111 Rz 116, 120.

[102] *Kalss* in Doralt/Nowotny/Kalss, AktG² § 95 Rz 132; für die Bindung: *Habersack* in Münchener Kommentar zum AktG⁴ § 111 Rz 120; *Fonk*, ZGR 2006, 841, 854 f; gegen die Bindung: *Hopt/Roth* in Großkommentar zum AktG⁴ § 111 Rz 691 f.

[103] *Kalss* in Doralt/Nowotny/Kalss, AktG² § 86 Rz 77, § 88 Rz 28 f; *Nowotny*, RdW 1999, 283, 286 ff.

[104] *Kalss* in Doralt/Nowotny/Kalss, AktG² § 95 Rz 132; *Habersack* in Münchener Kommentar zum AktG⁴ § 111 Rz 116, 121; *Hoffmann-Becking*, ZHR 159 341 f; *Schima*, GesRZ 201235, 38.

Mitglieder der Muttergesellschaft rechtswidrig ist,[105] etwa wenn damit der Bestand der Tochtergesellschaft gefährdet wird.

Organträger – Tochtergesellschaft: Solange keine Nachteilszufügung im Sinne von § 52 AktG vorgenommen wird,[106] ist ein Aufsichtsratsmitglied der Tochtergesellschaft berechtigt, nach Maßgabe der aktienrechtlichen Vorgaben den Belangen der herrschenden Muttergesellschaft nachzukommen, dh auch das Konzerninteresse in der konkret betroffenen Gesellschaft zu vertreten.[107] Das Konzerninteresse darf nur nicht dem Unternehmerinteresse widersprechen (vgl Rz 100). Konzerninteressen sind etwa bei Bestellung und Abberufung von Organmitgliedern, aber auch bei der Durchführung sonstiger konkreter Einzelmaßnahmen berücksichtigbar. In der GmbH ist die Grenze erst das Verbot der Einlagenrückgewähr gem § 82 GmbHG (vgl Rz 99). 96

Vorabinformation: Jedenfalls ist es sinnvoll, den Vorstand der Tochtergesellschaft zu veranlassen, den Vorstand der Muttergesellschaft über bestimmte Maßnahmen grundlegender Art vorab zu informieren.[108] Damit kann vorzeitig eine Abstimmung zwischen den Organträgern der Gesellschaften herbeigeführt werden und das Spannungsverhältnis widerstreitender Entscheidungen vermieden werden. 97

V. Aufgaben in der Tochtergesellschaft

A. Der Vorstand der Tochtergesellschaft

Die Reichweite der Eigenständigkeit und selbstbestimmtes Handeln der Geschäftsführung der abhängigen Gesellschaft hängt maßgeblich von der Rechtsform der abhängigen Gesellschaft ab, zudem von der Form der Konzernorganisation, nämlich ob sich die Konzernleitung zu einer zentralen, straffen oder dezentralen, lose geführten Konzernsteuerung entschlossen hat. 98

GmbH – abhängige Gesellschaft: Wie bereits ausgeführt, sind die meisten Tochtergesellschaften als GmbH organisiert, da sie der Konzernleitung ein rechtlich abgesichertes Einfluss- und Eingriffsrecht in die Tochtergesellschaft ermöglichen. Sowohl die Personalkompetenz liegt bei der Geschäftsleitung der Muttergesellschaft als Repräsentant des Gesellschafters in der Generalversammlung als auch das Weisungsrecht und das Zustimmungsrecht der Generalversammlung, das jederzeit erweitert werden kann. Der Geschäftsführer der Tochter-GmbH hat sich daher den Anleitungen und Einflussnahmen des Mehrheitsgesellschafters zu beugen und ist rechtlich daran gebunden. Grenze der Einflussnahme des Vorstands 99

[105] *Kalss* in Doralt/Nowotny/Kalss, AktG² § 95 Rz 122; *Hopt/Roth* in Großkommentar zum AktG⁴ § 111 Rz 693; *Götz*, ZGR 1990, 633, 651 f; *Mertens/Cahn* in Kölner Kommentar³ § 111 Rz 95.

[106] *Kalss* in Kalss/Nowotny/Schauer, Österreichisches Gesellschaftsrecht Rz 3/936.

[107] *Kalss* in Doralt/Nowotny/Kalss, AktG² § 95 Rz 132; *Kalss* in Kalss/Nowotny/Schauer, Österreichisches Gesellschaftsrecht Rz 3/936; *Hopt/Roth* in Großkommentar zum AktG⁴ § 111 Rz 693.

[108] *Kalss* in Doralt/Nowotny/Kalss, AktG² § 95 Rz 132; *Habersack* in Münchener Kommentar zum AktG⁴ § 111 Rz 122.

oder der Geschäftsführung der Muttergesellschaft bildet ein Verstoß gegen ein zwingendes Gesetz, insbesondere gegen das Verbot der Einlagenrückgewähr gem § 82 GmbHG.[109]

100 **Tochter-Aktiengesellschaft:** Ist die Tochtergesellschaft als Aktiengesellschaft organisiert, so besteht eine durchsetzbare Folgepflicht des Vorstands der Tochtergesellschaft nur bei einem Vertragskonzern.[110] Der Vorstand einer nicht vertraglich konzernierten, sondern nur faktisch konzernierten Tochtergesellschaft ist berechtigt, einer Weisung und Einflussnahme Folge zu leisten. Rechtlich ist er dazu nicht verpflichtet. Die **Grenze der Folgepflicht** ist aber **anders** gezogen als in der GmbH. Während in der GmbH nur die Grenze eines Gesetzesverstoßes gegeben ist, darf der Vorstand einer abhängigen Tochtergesellschaft die Einflussnahme und Weisung des Vorstands der Muttergesellschaft nicht befolgen, wenn dies nicht im Interesse der Tochtergesellschaft ist und gegen ihr Unternehmensinteresse verstößt. Er hat somit eine Prüfpflicht und die Vor- und Nachteile der Verfolgung des Unternehmensinteresses der Tochtergesellschaft zu beurteilen (vgl Rz 96).[111]

B. Der Aufsichtsrat der Tochtergesellschaft

101 **Aufgaben des Aufsichtsrats der Tochter**: Die Überwachung durch den Aufsichtsrat einer abhängigen, dh einer Tochtergesellschaft folgt zunächst denselben Grundsätzen, die für die Überwachung einer konzernfreien Gesellschaft gelten.[112] Wegen der Einflussnahme der Muttergesellschaft auf die Tochtergesellschaft ergeben sich jedoch einige Besonderheiten für die Überwachungstätigkeit des Aufsichtsrats der Tochtergesellschaft.[113] Die Überwachungsaufgabe des Aufsichtsrats der Tochtergesellschaft konkretisiert sich auf die Überprüfung, ob der Vorstand der Tochtergesellschaft die Grenzen seiner Folgepflicht bei Einflussnahmen der Konzernmutter tatsächlich gewahrt hat. Die Grenzen sind – wie bereits ausgeführt – in der GmbH und Aktiengesellschaft unterschiedlich (vgl Rz 100). Der Aufsichtsrat der Tochtergesellschaft hat daher gleichsam mit einem zweiten Blick zu prüfen, ob eine Gesetzesverletzung in der GmbH oder AG vorliegt (vgl bei Kreditvergaben *Oppitz* Rz 37/22 ff).[114] Der Vorstand oder der Geschäftsführer der Tochtergesellschaft hat umgekehrt auch seinen Aufsichtsrat auch darüber zu unterrichten, dass und aus welchem Grund er eine Weisung nicht verfolgt. In dieser Situation kann der Aufsichtsrat allenfalls vermittelnd tätig werden.[115] Er hat auch darzulegen, warum er der Weisung Folge leistet.

---

[109] *Enzinger* in Straube/Ratka/Rauter, GmbHG § 30 Rz 33 f; *Torggler* in Torggler, GmbHG § 20 Rz 11, Rz 3.

[110] *Enzinger* in Krejci/Haberer, Konzernrechtshandbuch (in Druck); *Lutter/Krieger/Verse*, Rechte und Pflichten des Aufsichtsrats[6] § 4 Rz 167.

[111] *Kalss* in Kalss/Nowotny/Schauer, Österreichisches Gesellschaftsrecht Rz 3/936 f; *Kalss*, ZfVglRWiss 2014, 299; *Doralt/Diregger* in MünchKomm zum AktG[2], Österreichisches Konzernrecht Rz 72.

[112] *Lutter/Krieger/Verse*, Rechte und Pflichten des Aufsichtsrats[6] § 4 Rz 164; *Mertens/Cahn* in KölnKomm zum AktG[3] § 111 Rz 29; *Hopt/Roth*, GroßKomm zum AktG[4] § 111 Rz 381.

[113] *Drygalla* in K Schmidt/Lutter, AktG[3] § 111 Rz 30; *Habersack* in MünchKomm zum AktG[4] § 111 Rz 57; *Lutter/Krieger/Verse*, Rechte und Pflichten des Aufsichtsrats[6] § 4 Rz 164.

[114] *Lutter/Krieger/Verse*, Rechte und Pflichten des Aufsichtsrats[6] § 4 Rz 167.

[115] *Lutter/Krieger/Verse*, Rechte und Pflichten des Aufsichtsrats[6] § 4 Rz 167.

In der Tochter-GmbH kann die Rolle des Aufsichtsrates deutlich eingeschränkt werden, da die maßgebliche Einflussnahme der Konzernmutter über die Generalversammlung vorgenommen wird und die Kontrolle der Geschäftsführung der Konzerntochter auch über die Generalversammlung, die zugleich die Geschäftsführung der Muttergesellschaft repräsentiert, vollzogen werden. Der Aufsichtsrat hat in dieser Konstellation die Aufgabe, die Geschäftsführung zu beraten und sowohl den einflussnehmenden Gesellschafter als auch den ausführenden Geschäftsführer zu überwachen, insbesondere ob die Grenzen der Einlagenrückgewähr und sonstiger zwingender Regelungen eingehalten werden. 102

Doppelorganschaft: Im Regelfall sitzen Mitglieder der Geschäftsführung der Muttergesellschaft, somit Vorstandsmitglieder oder Geschäftsführer der Muttergesellschaft, im Aufsichtsrat der Tochtergesellschaft, zum Teil auch Aufsichtsratsmitglieder oder leitende Angestellte der Muttergesellschaft im Aufsichtsrat der Tochtergesellschaft. Sind Mitglieder des Leitungs- oder Überwachungsorgans der Muttergesellschaft oder leitende Angestellte der Muttergesellschaft im Aufsichtsrat der Tochtergesellschaft vertreten, so liegt darin das wesentliche Steuerungselement des österreichischen Konzernrechts, nämlich durch die personelle Verknüpfung und damit unmittelbare Einwirkungsmöglichkeit in der Gesellschaft selbst.[116] Konzernleitung und Konzernüberwachung werden somit ganz wesentlich über Organverflechtungen besorgt (vgl Rz 30). Das Gesetz fördert diese Verschränkungen auch, indem es die Konzernmandate bei den Mandatsgrenzen gem § 86 AktG und § 30a GmbHG anders ansetzt.[117] 103

Sind Mitglieder des Leitungs- oder Überwachungsorgans der Muttergesellschaft oder leitende Angestellte der Muttergesellschaft in der Tochtergesellschaft im Aufsichtsrat vertreten, so müssen sie bei Erfüllung ihrer Aufsichtstätigkeit das Unternehmensinteresse der Tochtergesellschaft verfolgen und diesem den Vorzug gegenüber dem Konzerninteresse oder dem Interesse der Muttergesellschaft geben.[118] Ist dies nicht möglich oder haben sie bereits anders in der Muttergesellschaft gestimmt, so haben sie sich in der Abstimmung zu enthalten oder bei einem permanenten, nicht bewältigbaren Interessenkonflikt zurückzutreten (vgl *Frotz/Schörghofer* Rz 25/1 ff).[119] 104

Doppelmandatsverbund: Der Doppelmandatsverbund ist zulässig, soweit Besetzungen mit dem Organisationsgefälle vorgenommen werden. Somit dürfen nur Mitglieder des Vorstands oder der Geschäftsführung der Muttergesellschaft im Aufsichtsrat der Tochter vertreten sein, umgekehrt aber nicht der Geschäftsführer oder der Vorstand der Tochtergesellschaft im Aufsichtsrat der Muttergesellschaft (vgl *Kalss/Schimka* Rz 1/54 ff). Das Verbot gilt nicht nur für den Geschäftsführer oder für den Vorstand der Tochtergesellschaft, sondern auch für leitende An- 105

---

116 *Doralt/Diregger* in MünchKomm zum AktG⁴, Österreichisches Konzernrecht Rz 62.

117 *Kalss* in FS Hoffmann-Becking 632 f; *Schima*, GesRZ 2012, 35, 40; *Doralt/Diregger* in MünchKomm zum AktG⁴, Österreichisches Konzernrecht Rz 62; *Frotz/Spitznagel*, RWZ 2011, 166.

118 *Lutter/Krieger/Verse*, Rechte und Pflichten des Aufsichtsrats⁶ § 4 Rz 166; *Hoffmann-Becking*, ZHR 159 (1995) 325, 244.

119 *Lutter/Krieger/Verse*, Rechte und Pflichten des Aufsichtsrats⁶ § 4 Rz 166.

gestellte.[120] Zulässig ist auch der Doppelmandatsverbund in der Konstellation Aufsichtsrat der Mutter, Mitgliedschaft des Aufsichtsrats der Mutter als auch des Aufsichtsrats der Tochtergesellschaft. Zulässig ist auch die gleichzeitige Mitgliedschaft von Aufsichtsratsmitgliedern, leitenden Angestellten und Vorstandsmitgliedern der Muttergesellschaft im Aufsichtsrat der Tochtergesellschaft. Zwar ist dies gesetzlich zulässig, die Muttergesellschaft sollte sich aber eine derartige Besetzung in der Tochtergesellschaft wohl überlegen, da zumindest temporäre Interessenkonflikte bei Bestellung des Aufsichtsratsvorsitzenden oder ein Mitglied des Vorstands der Muttergesellschaft auch in der Geschäftsführung der Tochtergesellschaft tätig ist.[121] Die Rechtsform (GmbH, AG oder sonstige Rechtsform) und der Sitz, somit die Rechtsordnung der Tochtergesellschaft oder Enkel- oder Urenkelgesellschaft), ist für diese Fragen unerheblich.[122]

106 **Sonstige Interessenkonflikte** können in der nicht so seltenen Situation entstehen, dass die Konzernmutter bestimmte Aufgaben in der Tochter auf Basis einer Dienstleistungsvereinbarung übernimmt und operativ ausführt und der verantwortliche Vorstand oder leitende Angestellte der Mutter auch im Aufsichtsrat der Tochter sitzt. Damit kommt es zu einer Überwachung der eigenen Arbeit, sodass sich dieser Aufsichtsrat aus der Mutter in diesen Fragen jedenfalls der Stimme enthalten sollte, obwohl er idR auch weiterhin teilnahmeberechtigt ist.

107 **Außenstehende Aufsichtsratsmitglieder:** Eine besondere Stellung nehmen sogenannte freie oder außenstehende Aufsichtsratsmitglieder einer abhängigen Gesellschaft ein. Freie oder außenstehende Aufsichtsratsmitglieder sind Mitglieder, die keine andere Aufgabe in einem Konzern wahrnehmen und vom Mehrheitsgesellschafter als **Außenstehende** in den Aufsichtsrat einer Konzerngesellschaft berufen werden. Sie werden von der Hauptversammlung gewählt oder werden kraft satzungsmäßiger, syndikatsvertraglicher oder faktischer Einflussnahme nominiert und dann gewählt. Der maßgebliche Unterschied zwischen sonstigen Konzernaufsichtsratsmitgliedern, die dem herrschenden Unternehmern zuzuordnen sind, und den außenstehenden Aufsichtsratsmitgliedern ist das **Informationsgefälle**: Während Aufsichtsratsmitglieder aus dem Konzernbereich bestimmte Informationen schon mindestens einmal, im Regelfall mehrfach gehört und diskutiert haben, erfahren außenstehende Aufsichtsratsmitglieder im Konzern bestimmte Informationen anlässlich der Aufsichtsratssitzung das erste Mal. Sie sind gleichsam die „Letzten" in der Informationsversorgungskette. Eine ähnliche Rolle nehmen außenstehende Aufsichtsräte in Familienunternehmen oder auch im Bereich der öffentlichen Hand ein. Der außenstehende Aufsichtsrat, der im Regelfall auch als unabhängig im Sinn des ÖCGK zu qualifizieren ist (vgl *Kalss/Schimka* Rz 3/11), muss sich dieses Umstands im Klaren sein. Er wird für die Expertise von außen gefragt und ergänzt die Vertreter aus dem Konzern, der Familie oder allgemeiner der Mehrheitseigentümer, die ihr „Gruppenwissen" und Eigentümerinteresse einbringen. Angesichts dieser Informationsasymmetrie und unterschiedlicher

---

[120] OGH 6 Ob 34/08f; *Kalss* in Doralt/Nowotny/Kalss, AktG[2] § 90 Rz 10.

[121] *Doralt/Diregger* in MünchKomm zum AktG[4], Österreichisches Konzernrecht Rz 64.

[122] *Kalss* in Kalss/Nowotny/Schauer, Österreichisches Gesellschaftsrecht Rz 3/465; *Doralt/Diregger* in MünchKomm zum AktG[4], Österreichisches Konzernrecht Rz 64.

Einflusskraft stellen sich die Frage einer **Zweiklassigkeit** der Aufsichtsratsmitglieder sowie die Frage nach der Rechtfertigung und der Bewältigbarkeit der Aufsichtsratsaufgabe durch außenstehende Personen. Die Gestaltungen müssen offen auf dem Tisch sein, um dennoch sachgerecht die Aufsichtsaufgabe bewältigen zu können.

Die außenstehenden Aufsichtsratsmitglieder haben die gleichen Rechte und Pflichten wie sonstige Aufsichtsratsmitglieder, insbesondere jene, die kraft ihrer Mehrfachrolle im Konzern oder in der Gruppe dieselbe Information nicht nur zeitlich vorher gehört haben, sondern auch in unterschiedlicher Weise diskutiert und daher qualitativ aufbereitet erhalten haben. Die außenstehenden Aufsichtsratsmitglieder haben im Grundsatz die gleichen Rechte und Pflichten. Auch wenn sie im Grundsatz die gleiche Verantwortlichkeit haben, so lässt sich wegen des konkreten Wissensstands eine Differenzierung festmachen. Die besser informierten Aufsichtsratsmitglieder unterliegen dadurch einer erhöhten Verantwortung (vgl *Schauer* Rz 45/45 f). Die außenstehenden Mitglieder haben wegen des Informationsunterschieds einen Nachteil in der Ausübung ihres Amtes. Die maßgebliche Aufgabe der Aufsichtsratsmitglieder liegt in der Sicherung der Wahrung des Interesses der abhängigen Gesellschaft und in einer Plausibilitätsprüfung der Angemessenheit der Entscheidungsfindung durch die „konzernbezogenen" Aufsichtsratsmitglieder, die insbesondere die Interessen der Konzernmutter auch in der abhängigen Aktiengesellschaft vertreten bzw zu vertreten haben. Eine andere ganz maßgebliche Aufgabe der außenstehenden Aktionäre liegt in der Einbringung von Sachverstand, etwa in Unternehmen des öffentlichen Eigentums, die gegebenenfalls keine fachlich ausgewiesenen Mitglieder auf Kapitalvertreterseite haben oder stark vom Eigentümer und daher auch von politischen Überlegungen geprägt sind. Die gleiche Rolle kommt einem außenstehenden Mitglied auch in Familienunternehmen zu. Sie bringen dort insbesondere ihre Expertise und ihr Wissen ein. 108

Doppelmandat – Informationsweitergabe/-zurechnung (Wissenszurechnung): Ein Aufsichtsratsmitglied des herrschenden Unternehmens, das in beiden Gesellschaften Organvertreter ist, darf vertrauliche Informationen nicht an die Tochtergesellschaft weitergeben.[123] Persönliches Wissen des einzelnen Aufsichtsratsmitglieds darf der Aktiengesellschaft nicht zugerechnet werden (*Kalss* Rz 26/113).[124] Dies spielt etwa für die Zurechnung von Insiderwissen und die Auslösung einer Ad-hoc-Publizitätspflicht der börsenotierten Tochtergesellschaft eine maßgebliche Rolle. Die Zurechnung kann aber auch für die Redlichkeit und den guten Glauben für andere Ansprüche eine Rolle spielen. Hingegen ist der Informationstransfer eines Aufsichtsratsmitglieds aus der Tochtergesellschaft in die Muttergesellschaft auch über den Weg der Aufsichtsratsmitglieder möglich, praktisch durchführbar und lebensnah, da dies im Regelfall die Vorstandsmitglieder der Muttergesellschaft sind (vgl Rz 30). Eine Zurechnung von Wissen an die Gesellschaft findet jeweils von Mitgliedern des Leitungsorgans (Vorstand, Geschäfts- 109

[123] OLG Celle 24.8.2011 – 9 U 41/11; *Verse*, AG 2015, 413; *Koch*, ZIP 2015, 1757.

[124] OLG Celle 24.8.2011 – 9 U 41/11; *Verse*, AG 2015, 413; *Koch*, ZIP 2015, 1757; aA *Schwintowski*, ZIP 2015, 617 ff.

führer) statt. Ein Informationsfluss von einem Aufsichtsrat der Muttergesellschaft an das Tochterunternehmen findet hingegen nicht statt, es sei denn, es besteht eine besondere Rechtfertigung dafür. Dies wäre etwa eine offene Diskussion im Aufsichtsrat der Tochter unter Anwesenheit des Vorstands oder dessen gezielte Unterrichtung. Somit darf nur ein Informationsfluss bzw eine Informationszurechnung von unten nach oben, nicht aber von oben nach unten auf der Ebene der Aufsichtsratsmitglieder vorgenommen werden.

Besonderheiten des Aufsichtsrats in der börsenotierten Gesellschaft

Edith Hlawati und Gernot Wilfling

§§: ÖCGK; 86 ff AktG; 243 ff UGB; 48a ff, 81a ff, 87 BörseG; VMV; ECV; RL-KG, MAR, CRIM-MAD.

Literatur

Ö: *Ahammer/Balzar/Gedlicka/Kerschbaumer/Löffler/Nayer/Schirmbrand*, Neue Aufgaben für den Aufsichtsrat, Aufsichtsrat aktuell 6/2008; *D. Aigner/J. Aigner*, Risikoanalyse, Risikomanagement, Risikoarchitektur als wesentlicher Beitrag zur Werterhöhung und langfristigen Bestandssicherung, SWK 2009, W 83; *BaFin,* Emittentenleitfaden der Bundesanstalt für Finanzdienstleistungsaufsicht (2013); *Birkner/Inetas*, Verpflichtender Corporate Governance Bericht, RdW 2008, 563; *Birkner/Löffler*, Corporate Governance in Österreich (2004); *Bitzyk/Oelkers*, Die neue Regelpublizität nach BörseG 2007 und URÄG 2008, ÖBA 2009, 508; *Brandl/Hohensinner*, Die Haftung des Vorstands für Verletzungen der Ad-Hoc-Publizität nach § 82 Abs 6 BörseG, ecolex 2002, 92; *Brandl/Kalss/Lucius/Oppitz/Saria* (Hrsg), Handbuch Kapitalmarktrecht, Bd 3 (2006); *Doralt/Nowotny/Kalss*, Aktiengesetz[2] (2012); *Draxler*, Aufsichtsrat und Abschlussprüfer - eine vermehrte Zusammenarbeit wäre wünschenswert, GeS 2008, 272; *FMA,* Rundschreiben der Finanzmarktaufsichtsbehörde vom 19.6.2013 betreffend Melde- und Veröffentlichungspflichten von Emittenten (Emittentenleitfaden); *Gall*, Neue RL über Insider-Geschäfte und Marktmanipulation, ecolex 2003, 560; *Hartlieb/Simonishvili*, Directors' Dealings nach der Marktmissbrauchsverordnung, ZFR 2015, 62; *Höpfel/Ratz*, Wiener Kommentar zum Strafgesetzbuch[2] BörseG (2014); *Jabornegg/Strasser*, Aktiengesetz II[5] (2010); *Kalss/Burger/Eckert*, Die Entwicklung des österreichischen Aktienrechts – Geschichte und Materialien (2003), 368; *Kalss/Oelkers*, Öffentliche Bekanntgabe – ein wirksames Aufsichtsinstrument im Kapitalmarktrecht?, ÖBA 2009, 123; *Kalss/Hasenauer*, Aktuelles zur Ad-hoc-Publizität bei Beteiligungs- und Unternehmenstransaktionen, GesRZ 2014, 269; *Kalss/Oppitz/Zollner*, Kapitalmarktrecht[2] (2015); *Kalss/Zahradnik*, BörseGNov 2004: Insiderrecht und Ad-hoc-Publizität bei M&A-Transaktionen, ecolex 2006, 393; *Kalss/Zollner*, Directors' Dealings – der neue § 48d Abs 4 BörseG, GeS 2005, 197; *Ketzer/Pauer*, Die wesentlichen Neuerungen der geplanten Verordnung und Richtlinie der Kommission zu Insiderhandel und Marktmanipulation: mit Anmerkungen aus rechtstaatlicher Perspektive, ÖBA 2014, 162; *Kraßnig*, Aufsichtsrat meets Abschlussprüfer – ein empirischer Befund zu einem kritischen Verhältnis, Aufsichtsrat aktuell 4/2009, 18; *Nowotny*, Anpassungen und Neuerungen im Österreichischen Corporate Governance Kodex, SWK 2009, w 19; *Langenbucher*, Über die allmähliche Verfertigung des Gesetzes beim Regulieren – Der Begriff der Insiderinformation nach der Marktmissbrauchsverordnung, ÖBA 2014, 656; *N. Raschauer*, Das neu gestaltete strafprozessuale Insiderverfahren, ÖBA 2005, 379; *Rüffler*, Probleme der börserechtlichen ad-hoc-Publizität bei personellen Veränderungen im Vorstand, ÖBA 2009, 724; *Schenz/Eberhartinger*, Der Österreichische Corporate Governance Kodex in der Fassung Jänner 2009, ÖBA 2009, 333; *Schima*, Ein Corporate Governance Code für Österreich, GeS 2002, 52; *Schopper/Walch*, Ad-hoc-Publizität bei zeitlich gestreckten Sachverhalten – zugleich eine Besprechung von VwGH 2012/17/0554, ZFR 2014/164; *Sindelar*, Zwischenschritte als Insiderinformation – Steht die jüngst dazu vom VwGH aufgestellte Judikatur im Einklang mit den Vorgaben der Marktmissbrauchsverordnung?, ÖBA 2015, 483; *Straube/Ratka/Rauter,* Kommentar zum Unternehmensgesetzbuch[4] (2014); *Temmel* (Hrsg), Börsegesetz-Praxiskommentar (2011); *Wilfling*, Kodex-Revision 2015 – Änderung des Corporate Governance Kodex, CFO aktuell 1/2015, 10; *Wilfling,* Eigengeschäfte von Aufsichtsräten nach der Marktmissbrauchsverordnung, Aufsichtsrat aktuell 3/2015; *Wilfling*, Vorsicht: Marktmissbrauchsverordnung!, anwalt aktuell 08/2015; *Wilfling*, Auswirkungen der Marktmissbrauchsverordnung auf Wertpapieremissionen, ÖBA 5/2016.

Dtl: *Assmann/Schneider*; WpHG[6], 2012; *Fuchs*, WpHG 2009; *Habersack/Mülbert/Schlitt* (Hrsg), Handbuch Kapitalmarktinformation[2] (2013); *Heider/Hirte*, Ad hoc Publizität bei zeitlich gestreckten Sachverhalten, GWR 2012, 431; *Hüffer*, Aktiengesetz[11] (2014); *Lösler*, Spannungen zwischen der Effizienz der internen Compliance und möglichen Reporting-Pflichten des Compliance Officers, WM 2007, 676; *Lutter/Krieger*, Rechte und Pflichten des Aufsichtsrats[5] (2008); *Möllers*, Insiderinformation und Befreiung von der Ad-Hoc-Publizität nach § 15 Abs 3 WpHG, WM 2005, 1393; *Ringleb/Kremer/Lutter/v. Werder*, Deutscher Corporate Governance Kodex[3], 2008; *Semler/v.Schenck* (Hrsg), Arbeitshandbuch für Aufsichtsratsmitglieder[4] (2013).

Gliederung **Rz**

I. Einleitung

1 Der Aufsichtsrat einer börsenotierten Gesellschaft ist nicht nur zur Überwachung des Unternehmens verpflichtet, sondern unterliegt zugleich den erhöhten Anforderungen an Transparenz und Publizität eines gelisteten Unternehmens sowie der besonderen Aufsicht der Finanzmarktaufsichtsbehörde (FMA). Die sich aus einer Börsenotierung ergebenden umfangreichen spezifischen Anforderungen und Pflichten an den Emittenten und seine Organe werden im Folgenden nur im Hinblick auf den Aufsichtsrat einer börsenotierten Gesellschaft dargestellt. Allgemeine kapitalmarktrechtliche Ausführungen erfolgen nur, soweit dies dem Verständnis der Besonderheiten für den Aufsichtsrat dient.

II. Überblick

Beginnend mit der Umsetzung der Aktionärsrechte-RL[1] durch das AktRÄG 2009[2] wurden in den letzten Jahren sukzessive zahlreiche Sondervorschriften für börsenotierte Aktiengesellschaften im Aktiengesetz eingeführt.[3] Etwa dürfen seit dem GesRÄG 2011[4] Aktien nur mehr auf Inhaber lauten, wenn die Gesellschaft börsenotiert ist oder wenn die Aktien nach der Satzung zum Handel an einer Börse zugelassen werden sollen (§ 10 Abs 1 AktG). Mit dieser Zweiteilung wird zunächst – basierend auf europarechtlichen Vorgaben – eine weitgehende Harmonisierung von Kernbereichen des Aktienrechts bezweckt. Ziel ist aber auch, das Investieren in börsenotierte Gesellschaften attraktiv zu machen und ein hohes Anlegerschutzniveau mit entsprechenden Verfahrensregeln bereitzustellen.[5] Dies führt zu einer steigenden Regelungsdichte bei börsenotierten Gesellschaften, neben aktienrechtlichen Sondervorschriften für Börsenaktiengesellschaften etwa auch durch das ÜbG[6], das BörseG[7] samt dazugehörigen Verordnungen und die besonderen Vorschriften zur Rechnungslegung börsenotierter Unternehmen im UGB[8].[9] 2

Nach § 3 AktG ist eine Aktiengesellschaft börsenotiert, wenn ihre Aktien zum Handel an einer anerkannten Börse im Sinne von Art 4 Abs 1 Nr 72 CRR[10] (also einem geregelten Markt, der über einen Clearingmechanismus verfügt) oder einem gleichwertigen Markt mit Sitz in einem Drittland zugelassen sind. In Österreich erfüllen diese Vorgaben der Amtliche Handel und der Geregelte Freiverkehr der Wiener Börse.[11] Im AktG enthaltene **Sonderregelungen für börsenotierte Gesellschaften** beziehen sich ua auf Art und Verbriefung der Aktien (§§ 9 und 10 AktG), die Depotbestätigung (§ 10a AktG), die Veröffentlichungspflichten (§ 13 Abs 5 AktG), den Verkauf von bestimmten Aktien zum Börsenpreis im Kaduzierungsverfahren (§ 59 Abs 3 AktG), den zweckfreien Erwerb eigener Aktien (§ 65 Abs 1 Z 8 AktG), die Mitgliedschaft und die Wahl in den Aufsichtsrat eines börsenotierten Unternehmens (§ 86 Abs 4 AktG, § 87 Abs 6 AktG, § 88 Abs 1 AktG), die Wahl des Aufsichtsratsvorsitzenden (§ 92 Abs 1a AktG), Sondervorschriften zur Hauptversammlung (§ 102 Abs 4 Satz 2 AktG, §§ 106 bis 111 AktG, §§ 113 bis 114 AktG, § 128 AktG), die Kraftloserklärung von Aktien (§ 179 Abs 3 AktG) und das Gremium zur Überprüfung des Umtauschverhältnisses bei einer Verschmel- 3

---

1 Richtlinie 2007/36/EG des Europäischen Parlaments und des Rates vom 11. Juli 2007 über die Ausübung bestimmter Rechte von Aktionären in börsenotierten Gesellschaften (Aktionärsrechte-Richtlinie); die Europäische Kommission hat im April 2014 einen Vorschlag für eine Änderung der Aktionärsrechte-Richtlinie vorgelegt.

2 BGBl I 2009/71 (AktRÄG 2009).

3 *Kalss/Oppitz/Zollner,* Kapitalmarktrecht² § 14 Rz 1.

4 BGBl I 2011/53 (GesRÄG 2011).

5 *Gall* in *Doralt/Nowotny/Kalss*, AktG² § 3 Rz 2.

6 BGBl I 127/1998 idF BGBl. I 71/2009.

7 BGBl I 555/1989 idF BGBl. I 22/2009.

8 BGBl I 2005/120 idF BGBl. I 140/2009.

9 Vgl hierzu auch *Kalss/Burger/Eckert*, Entwicklung Aktienrecht, 368.

10 Verordnung (EU) Nr 575/2013 vom 26. Juni 2013 über Aufsichtsanforderungen an Kreditinstitute und Wertpapierfirmen (Capital Requirements Regulation).

11 *Kalss/Oppitz/Zollner,* Kapitalmarktrecht² § 14 Rz 2; *Gall* in *Doralt/Nowotny/Kalss*, AktG² § 3 Rz 6.

zung (§ 225g, § 225m AktG).[12] Die Börsenotierung ist außerdem im Firmenbuch einzutragen (§ 5 Z 4b FBG).

4 Der österreichische Corporate Governance Kodex (ÖCGK) richtet sich vorrangig an österreichische börsenotierte Aktiengesellschaften. Geltung erlangt der ÖCGK grundsätzlich durch freiwillige Selbstverpflichtung. Für im Prime Market der Wiener Börse notierte Gesellschaften ist die Einhaltung des ÖCGK verpflichtend.[13] Nach § 243b UGB ist von börsenotierten Aktiengesellschaften ein Corporate Governance Bericht zu verfassen. Weitere spezifische Regelungen für börsenotierte Gesellschaften sind im UGB hinsichtlich der Rechnungslegung enthalten (vgl dazu unten Rz 105 ff). Das ÜbG kommt nach §§ 2 iVm 27b bis 27d ÜbG nur für börsenotierte Gesellschaften zur Anwendung (zu den diesbezüglichen Pflichten des Aufsichtsrats vgl *Hödl* Rz 33/70 ff).

5 Als an der Wiener Börse oder einem geregelten Markt eines Drittlandes im Sinne der RL 2004/39/EG[14] zugelassenes Unternehmen unterliegen die Aktiengesellschaft als Emittent und die Organe der Gesellschaft (im internationalen Anwendungsbereich teilweise) dem BörseG sowie den zugehörigen Verordnungen der FMA (zB Emittenten-Compliance-Verordnung, Veröffentlichungs- und Meldeverordnung; vgl dazu unten Rz 43 ff.). In diesem Bereich kommt es durch die MAR[15] ab 3. Juli 2016 zu zahlreichen praxisrelevanten Änderungen, die umfassende Anpassungen der vorgenannten Rechtsgrundlagen und zum Teil sogar deren Aufhebung erforderlich machen werden.

III. Corporate Governance Kodex

A. Grundlagen

6 Corporate Governance beschreibt das Verhältnis von Verwaltung (Vorstand, Aufsichtsrat), Risikokapitalgebern und sonstigen Interessenträger im Unternehmen (Arbeitnehmer, Gläubiger, Geschäftspartner, soziales Umfeld, Öffentlichkeit) und beschäftigt sich mit der Verantwortung der Leitung und Kontrolle im Unternehmen.[16] Maßgeblich geprägt wird die Corporate Governance in Österreich durch den ÖCGK, eine Sammlung von Bestimmungen mit mehr oder weniger ver-

---

[12] Siehe auch den ausführlichen Überblick bei *Gall* in *Doralt/Nowotny/Kalss*, AktG^2 § 3 Rz 11 ff.

[13] Punkt 1 letzter Absatz des Regelwerks Prime Market der Wiener Börse, abrufbar unter http://www.wienerborse.at/static/cms/sites/wbag/media/de/pdf/marketplace_products/regelwerk_primemarket.pdf.

[14] RL 2004/39/EG des Europäischen Parlaments und des Rates vom 21. April 2004 über Märkte für Finanzinstrumente, zur Änderung der Richtlinien 85/611/EWG und 93/6/EWG des Rates und der Richtlinie 2000/12/EG des Europäischen Parlaments und des Rates und zur Aufhebung der Richtlinie 93/22/EWG des Rates, ABl v 30.4.2004, L 145/1.

[15] Verordnung (EU) Nr 596/2014 des Europäischen Parlaments und des Rates vom 16. April 2014 über Marktmissbrauch (Markmissbrauchsverordnung) und zur Aufhebung der Richtlinie 2003/6/EG des Europäischen Parlaments und des Rates und der Richtlinien 2003/124/EG, 2003/125/EG und 2004/72/EG der Kommission.

[16] *Kalss/Oppitz/Zollner,* Kapitalmarktrecht^2 § 25 Rz 1; ähnlich *v.Werder* in *Ringleb/Kremer/Lutter/v.Werder*, Deutscher Corporate Governance Kodex^3 Rz 1.

pflichtendem Charakter: Der ÖCGK besteht aus L-Regeln (Legal Requirement), die verpflichtend einzuhalten sind, C-Regeln (Comply or Explain), die eingehalten werden sollen, wobei Abweichungen zu erklären und zu veröffentlichen sind, sowie R-Regeln[17] (Recommendation), die lediglich Empfehlungen sind.

Durch die Kodexrevision 2015 wurden erstmals Leitlinien für die Erklärung und Begründung von Abweichungen von C-Regeln eingeführt (siehe Anhang 2b ÖCGK). Künftig müssen Unterworfene für jede Abweichung (i) erläutern, in welcher Weise sie abgewichen sind, (ii) die Gründe für die Abweichung darlegen, (iii) beschreiben, auf welchem Weg die Entscheidung für eine Abweichung innerhalb des Unternehmens getroffen wurde, (iv) falls die Abweichung befristet ist erläutern, wann das Unternehmen die betreffende Regel einzuhalten beabsichtigt, und (v) falls anwendbar, die anstelle der regelkonformen Vorgehensweise gewählte Maßnahme beschreiben. Dabei ist entweder zu erläutern, wie diese Maßnahme zur Erreichung des eigentlichen Ziels der betreffenden Regel oder des ÖCGK insgesamt beiträgt, oder zu präzisieren, wie die Maßnahme zu einer guten Unternehmensführung beiträgt. Die Angaben zu Abweichungen müssen hinreichend klar, präzise und umfassend sein. Standardfloskeln sind zu vermeiden[18] und es ist auf die spezifischen Merkmale und Gegebenheiten der Gesellschaft einzugehen (Größe, Unternehmens- oder Beteiligungsstruktur, sonstige relevante Charakteristika).[19] 7

Für die Einhaltung der Corporate Governance-Grundsätze und die Begründung von Abweichungen ist jenes Organ verantwortlich, welches Adressat der Regelung ist (C-61). Die Einhaltung der C-Regeln ist regelmäßig (mindestens alle drei Jahre) extern evaluieren zu lassen. Über das Ergebnis ist im Corporate Governance Bericht zu berichten (C-62).[20] Als Hilfestellung bei der Durchführung der Evaluierung dient der auf der Website des Österreichischen Arbeitskreises für Corporate Governance bereitgestellte Fragebogen.[21] Als Evaluierer kommen unabhängige Wirtschaftsprüfer, Rechtsanwälte oder andere Personen mit entsprechender Fachkenntnis in Frage.[22] 8

Der ÖCGK markiert eine wichtige Schnittstelle zwischen dem Gesellschafts- und dem Kapitalmarktrecht.[23] Es gibt keinen einheitlichen europäischen CGK. Die Mitgliedsstaaten erlassen eigene Kodices, die sich jedoch aufgrund der Koordinierung der nationalen Regelwerke sowie der zugrundeliegenden OECD-Grundsätze[24] einander annähern.[25] Der ÖCGK wird durch den Österreichischen Arbeitskreis für Corporate Governance regelmäßig überarbeitet und aktuellen nationalen wie inter- 9

---

[17] Durch die jüngsten Reformen des ÖCGK allerdings zur Rarität geworden (in der Fassung der Kodexrevision 2015 lediglich vier von insgesamt 89 Bestimmungen des ÖCGK).

[18] Empfehlung der Kommission vom 9. April 2014 zur Qualität der Berichterstattung über die Unternehmensführung („Comply or Explain"), Erwägungsgrund 18.

[19] Weiterführend *Wilfling*, CFO aktuell 1/2015, 10 f.

[20] Siehe dazu auch *Wilfling*, CFO aktuell 1/2015, 11 f.

[21] http://www.wienerborse.at/corporate/pdf/LAYOUT%20FRAGEBOGEN%20Jaenner%20 2015.pdf (17.12.2015).

[22] *Kalss/Oppitz/Zollner,* Kapitalmarktrecht² § 25 Rz 57.

[23] *Kalss/Oppitz/Zollner,* Kapitalmarktrecht² § 25 Rz 13.

[24] Präambel ÖCGK.

[25] *Kalss/Oppitz/Zollner,* Kapitalmarktrecht² § 25 Rz 6.

nationalen Rechtsentwicklungen angepasst.[26] Der Österreichische Arbeitskreis für Corporate Governance gibt zudem Interpretationen[27] zu einzelnen Bestimmungen heraus, deren Beachtung ein kodexkonformes Verhalten indiziert.[28]

10 Der ÖCGK hat den Status einer Empfehlung und ist „soft law", dem sich die Unternehmen im Wege der Selbstregulierung durch eine **Verpflichtungserklärung freiwillig unterwerfen**. Zuständig ist der Vorstand (grundsätzlich einstimmiger Vorstandsbeschluss), die Verpflichtungserklärung könnte jedoch als „Festlegung der Geschäftspolitik" (§ 95 Abs 5 Z 8 AktG) der Zustimmung des Aufsichtsrats unterliegen.[29] Die Zustimmung der Hauptversammlung ist nicht erforderlich.[30] Die Präambel des ÖCGK ruft alle österreichischen börsenotierten Gesellschaften auf, sich durch öffentliche Erklärung zur Beachtung des Kodex zu verpflichten. Seit dem URÄG 2008[31] besteht in § 243b UGB eine Verpflichtung für börsenotierte Unternehmen sowie für alle Aktiengesellschaften, die ausschließlich andere Wertpapiere als Aktien auf einem Geregelten Markt emittiert und deren Aktien zugleich mit ihrem Wissen über ein multilaterales Handelssystem iSd § 1 Z 9 WAG (MTF) gehandelt werden, einen Corporate Governance Bericht zu erstellen, der auch die Unterwerfung unter einen anerkannten GCK beinhaltet (vgl hierzu Rz 30 ff). Parallel hierzu sieht das Regelwerk Prime Market der Wiener Börse für österreichische Unternehmen die Einhaltung eines CGK und Veröffentlichung eines Corporate Governance Berichts als zwingende Voraussetzung einer Notierung im Prime Market der Wiener Börse vor. Der Begriff „börsenotiert" meint in Österreich zum Handel im Amtlichen Handel oder Geregelten Freiverkehr der Wiener Börse zugelassen (Details siehe Rz 3 oben).

11 Der ÖCGK hat damit folgenden **Anwendungsbereich:**[32] Eine Gesellschaft mit Sitz in Österreich, die an einer Börse in Österreich notiert, hat einen Corporate Governance Bericht nach § 243b UGB abzugeben und sich den Vorschriften des ÖCGK zu unterwerfen (Präambel ÖCGK, Regelwerk Prime Market der Wiener Börse). Österreichische Gesellschaften, die an einer ausländischen Börse notieren, haben nach § 243b UGB einen Corporate Governance Bericht abzugeben, unterwerfen sich aber in der Regel einem ausländischen CGK.[33] Gesellschaften aus einem EU- oder EWR-Mitgliedstaat, die an der Wiener Börse notieren, haben sich einem in diesem Wirtschaftsraum anerkannten CGK zu verpflichten und diese Verpflichtung samt Verweis auf den eingehaltenen CGK auf ihrer Website zu veröffentlichen (Präambel ÖCGK, Regelwerk Prime Market Wiener Börse). Zusätz-

[26] Die jüngste Kodex-Revision fand im Jänner 2015 statt. Neben den oben beschriebenen Änderungen wurde etwa ein neuer Aufbau des Corporate Governance Berichts vorgesehen (für Details siehe *Wilfling*, CFO aktuell 1/2015, 10 ff; zur Kommission und zum jeweils aktuellen Stand des ÖCGK siehe die Website des Österreichischen Arbeitskreises für Corporate Governance unter www.corporate-governance.at).

[27] Abrufbar unter http://www.corporate-governance.at/.

[28] *Kalss/Oppitz/Zollner*, Kapitalmarktrecht[2] § 25 Rz 22.

[29] In diese Richtung *Kalss/Oppitz/Zollner,* Kapitalmarktrecht[2] § 25 Rz 32 mwN.

[30] *Kalss/Oppitz/Zollner,* Kapitalmarktrecht[2] § 25 Rz 32.

[31] BGBL I 2008/70 (URÄG).

[32] Vgl hierzu *Birkner/Löffler*, Corporate Governance, 49ff,

[33] ErlRV 467 BlgNR 23. GP 15; vgl für die Rechtslage in Dtld *v. Werder/Lutter* in *Ringleb/Kremer/Lutter/v. Werder*, Deutscher Corporate Governance Kodex[3] Rz 128.

lich sind sämtliche ausländischen Gesellschaften aufgerufen, die Bestimmungen des für sie geltenden Gesellschaftsrechts zu den Regelungen zur Zeichnung und zum Erwerb eigener Aktien, zur Einlagenrückgewähr, zur Gewinnbeteiligung, zu Satzungsänderungen und zum Bezugsrechtsausschluss auf ihrer Website zu veröffentlichen und laufend zu aktualisieren (vgl Anhang 3 ÖCGK). Unternehmen aus Nicht-EU oder Nicht-EWR-Staaten haben sich dem ÖCGK zu unterwerfen, wobei L-Regelungen, die nach dem auf sie anwendbaren Recht nicht vorgesehen sind, als Comply or Explain-Regeln auszulegen sind.

B. Besonderheiten hinsichtlich des Aufsichtsrats

Der ÖCGK **enthält ausdrückliche Regelungen für den Aufsichtsrat**, ua im Hinblick auf das Verhältnis zum Vorstand (L-9 bis C-12), hinsichtlich seiner Kompetenzen und seiner Verantwortung (L-32 bis C-37), der Vorstandsbestellung (C-38), der Bildung von Ausschüssen des Aufsichtsrats (C-39 bis C-43), zu Interessenkonflikten und Eigengeschäften (L-44 bis C-49), zur Vergütung (L-50 und C-51), zur Qualifikation und Zusammensetzung des Aufsichtsrats (L-52 bis L-59) und zur Beteiligung des Aufsichtsrates am Rechnungslegungsprozess der Gesellschaft (C-77, L-79, L-81 bis C-83). 12

Unter Einhaltung der Regeln des ÖCGK setzt sich der Aufsichtsrat einer österreichischen **börsenotierten AG wie folgt zusammen**: Der Aufsichtsrat ist fachlich ausgewogen und in Hinblick auf die Vertretung beider Geschlechter, die Altersstruktur und die Internationalität der Mitglieder diversifiziert besetzt (§ 87 Abs 2a AktG; L-52). Kein Mitglied wurde rechtskräftig wegen einer gerichtlich strafbaren Handlung verurteilt, die seine berufliche Zuverlässigkeit in Frage stellt (§ 87 Abs 2a AktG; L-52). Die Anzahl der Mitglieder beträgt höchstens zehn (Arbeitnehmervertreter nicht eingerechnet) und jedes Mitglied ist angemessen über Aufbau und Aktivitäten des Unternehmens sowie über Aufgaben und Verantwortlichkeiten von Aufsichtsräten informiert (C-52a). Aufsichtsratsmitglieder dürfen zwingend nicht mehr als acht Aufsichtsratsmandate (Vorsitz zählt doppelt) in börsenotierten Gesellschaften haben (§ 86 Abs 4 AktG; L-56). Aufsichtsratsmitglieder, die zugleich dem Vorstand einer börsenotierten AG angehören, sollen nicht mehr als vier Aufsichtsratsmandate (Vorsitz zählt doppelt) in konzernexternen[34] Gesellschaften wahrnehmen (C-57) (zur Auslegung des Begriffs „börsenotiert" vgl Rz 3). § 88 AktG sieht weiters vor, dass die Anzahl der von Aktionären entsandten Aufsichtsratsmitglieder nicht mehr als ein Drittel der Aufsichtsratsmitglieder (Kapitalvertreter) ausmachen darf. 13

Um seiner gesetzlichen Überwachungsfunktion (vgl Rz 19) gerecht werden zu können, muss der Aufsichtsrat unabhängig entscheiden können. Der ÖCGK schließt für Aufsichtsratsmitglieder einer börsenotierten AG zwingend Situationen aus, die Konflikte zwischen eigenen Interessen und dem Unternehmenserfolg hervorrufen können (L-44; vgl auch § 90 Abs 1 AktG). Näheres zur Überkreuzverflechtung und zur Vermeidung von Interessenkonflikten im Aufsichtsrat vgl *Frotz/Schörghofer*). 14

---

[34] Unternehmen, die in den Konzernabschluss einbezogen werden oder an denen eine unternehmerische Beteiligung besteht, gelten nicht als konzernexterne Aktiengesellschaften.

15 Der ÖCGK verfolgt das Ziel, die **Unabhängigkeit** der Aufsichtsratsmitglieder durch verschiedene Soll-Vorschriften zu gewährleisten: Ein Aufsichtsratsmitglied ist unabhängig „wenn es in keiner geschäftlichen oder persönlichen Beziehung zu der Gesellschaft oder deren Vorstand steht, die einen materiellen Interessenkonflikt begründet und daher geeignet ist, das Verhalten des Mitglieds zu beeinflussen" (C-53).[35] Die Mehrheit der von der Hauptversammlung gewählten oder der von Aktionären aufgrund der Satzung entsandten Mitglieder des Aufsichtsrats hat unabhängig zu sein (C-53 und C-39 für Ausschüsse). Der Aufsichtsrat legt die Kriterien zur Feststellung der Unabhängigkeit selbst fest und veröffentlicht sie im Corporate Governance Bericht. Anhang 1 zum ÖCGK enthält entsprechende Leitlinien, an denen sich der Aufsichtsrat orientieren kann. Die Unabhängigkeit ausschließen sollen demgemäß etwa die Ausübung einer leitenden Position bei der Gesellschaft oder bei einem ihrer Tochterunternehmen in den letzten fünf Jahren, Geschäftsbeziehungen in bedeutendem Umfang im letzten Jahr zur Gesellschaft oder einem Tochterunternehmen (ausgenommen Organfunktionen im Konzern; die Genehmigung einzelner Geschäfte durch den Aufsichtsrat nach L-48 bedeutet nicht automatisch, dass das betroffene Mitglied nicht unabhängig ist) oder eine Beteiligung an der Abschlussprüfung der Gesellschaft in den letzten drei Jahren. Außerdem soll ein (unabhängiges) Aufsichtsratsmitglied nicht Vorstandsmitglied einer anderen Gesellschaft sein, in der ein Vorstandsmitglied der Gesellschaft Aufsichtsratsmitglied ist. Bekleidet ein Mitglied bereits länger als 15 Jahre ein Aufsichtsratsmandat bei der Gesellschaft, stellt auch diese langjährige Mitgliedschaft ein Ausschlusskriterium dar, sofern es sich nicht um einen Anteilseigner mit unternehmerischer Beteiligung oder einen Interessenvertreter eines solchen handelt. Ein Indiz für mangelnde Unabhängigkeit ist weiters die enge Familienangehörigkeit zu einem Vorstandsmitglied oder einer anderen nicht unabhängigen Person. Anhang 1 ÖCGK nennt direkte Nachkommen, Ehegatten, Lebensgefährten, Eltern, Onkeln, Tanten, Geschwister, Nichten und Neffen. Umfasst sein werden darüber hinaus auch eingetragene Lebenspartner gemäß EPG[36]. Eine Kernbeteiligung an der Gesellschaft spricht nicht gegen die Unabhängigkeit von der Gesellschaft und deren Vorstand. Dem Schutz des Streubesitzes wird auf andere Weise Rechnung getragen: Bei Gesellschaften mit einem Streubesitz von mehr als 20% gehört dem Aufsichtsrat mindestens ein unabhängiges Mitglied an, das nicht einen Anteilseigner mit einer Beteiligung von mehr als 10% vertritt, bei einem Streubesitz von mehr als 50% mindestens zwei (C-54). Aufsichtsratsmitglieder haben gegenüber dem Aufsichtsrat Unabhängigkeitserklärungen abzugeben (§ 87 Abs 2 AktG; L-44, C-53). Im Corporate Governance Bericht ist darzustellen, welche Aufsichtsratsmitglieder (i) als unabhängig vom Vorstand und der Gesellschaft anzusehen sind und/oder (ii) nicht Anteilseigner mit einer Beteiligung von mehr als 10% vertreten (C-53, C-54) (vgl *Kalss* Rz 3/13; *Dellinger* Rz 41/8).

16 Eine der wesentlichsten Aufgaben des Aufsichtsrats ist die Bestellung der Vorstandsmitglieder (L-33; § 75 Abs 1 AktG). Dazu hat der Aufsichtsrat einer börsenotierten Gesellschaft abhängig von der Unternehmensausrichtung und der

---

35 Vgl hierzu die Empfehlung der EU-Kommission vom 14. Februar 2005, L 52/51 (2005/162/EG).

36 BGBl I 2009/135 (Eingetragene Partnerschaft-Gesetz).

Unternehmenslage ein Anforderungsprofil zu definieren und auf der Grundlage eines definierten Besetzungsverfahrens vorzugehen. Personen, die rechtskräftig wegen eines Delikts gerichtlich verurteilt wurden, das ihre berufliche Zuverlässigkeit als Vorstandsmitglied in Frage stellt, dürfen nicht bestellt werden. Auf eine rechtzeitige Nachfolgeplanung ist zu achten (C-38).

§ 81 Abs 1 AktG dient der Sicherstellung der Information des Aufsichtsrats durch den Vorstand. Der ÖCGK konkretisiert diese Verpflichtungen durch die Vorschriften L-9 bis C-12. Die Formulierung „der Vorstand informiert den Aufsichtsrat regelmäßig, zeitnah und umfassend über alle relevanten Fragen der Geschäftsentwicklung, einschließlich der Risikolage und des Risikomanagements" (L-9) macht deutlich, dass dem Vorstand eine **regelmäßige Informationspflicht** obliegt, die sich im Wesentlichen an den gesetzlichen Berichtspflichten (§ 81 Abs 1 AktG) orientiert. Somit sind eine mindestens einmal jährliche umfassende Information über den grundsätzlichen Gang der Geschäfte sowie Quartalsberichte zur aktuellen Lage des Unternehmens vorgesehen. Die Soll-Vorschrift C-36 verdeutlicht, dass „im erforderlichen Ausmaß weitere Sitzungen abzuhalten sind". Die Information durch den Vorstand muss auch einen Bericht zur Risikolage und zum Risikomanagement beinhalten (vgl hierzu Rz 116 f.). Die Überwachung des Risikomanagements obliegt dem Prüfungsausschuss (vgl § 92 Abs 4a Z 2 AktG; L-40). Die Unternehmensführung hat im Rahmen einer offenen Diskussion zu erfolgen. Wenn Umstände eintreten, die für die Rentabilität oder Liquidität der Gesellschaft von erheblicher Bedeutung sind, besteht eine Pflicht des Vorstands, den Aufsichtsrat unverzüglich (dh ohne unnötigen Aufschub[37]) zu informieren (**Sonderbericht**, vgl § 81 Abs 2 AktG; L-9). Bei einer börsenotierten Gesellschaft werden Umstände, die einen Sonderbericht erfordern, häufig auch eine Ad-hoc-Meldepflicht (siehe dazu Rz 56 ff unten) auslösen. Umgekehrt begründet die Verpflichtung zur Ad-hoc-Meldung nicht auch automatisch die Verpflichtung zur Sonderberichterstattung an den Aufsichtsrat.[38] 17

Obwohl im AktG als Kontrollorgan mit bestimmten Zustimmungspflichten angelegt, kommt dem Aufsichtsrat zunehmend eine Rolle als **institutioneller Berater**[39] **iS einer vorausschauenden Überwachung** zu.[40] Diese erweiterte Funktion des Aufsichtsrats als vorbeugender Überwacher kommt im ÖCGK in der Regel L-11 zum Ausdruck: „Der Vorstand stimmt die strategische Ausrichtung des Unternehmens mit dem Aufsichtsrat ab und erörtert mit ihm in regelmäßigen Abständen den Stand der Strategieumsetzung." Strategische Ausrichtung meint unternehmerische Grundsatzentscheidungen, zB die Eröffnung neuer Geschäftsfelder, den 18

37 *Nowotny* in *Doralt/Nowotny/Kalss*, AktG² § 81 Rz 7.

38 *Nowotny* in *Doralt/Nowotny/Kalss*, AktG² § 81 Rz 7; insbesondere wird bei positiven Adhoc-Meldungen regelmäßig keine Sonderberichtspflicht bestehen.

39 *Lutter/Krieger*, Rechte und Pflichten des Aufsichtsrats, Rz 94; ähnlich auch *Kalss* in *Doralt/Nowotny/Kalss*, AktG² § 95 Rz 9, 15 ff; *Strasser* in *Jabornegg/Strasser*, AktG II⁵ § 97 Rz 15a.

40 Vgl hierzu *Schima*, GeS 2002, 52: Demnach „könnte die größte (juristische) Bedeutung des Kodex in der Beschleunigung eines „schleichenden Funktionswandels" des Aufsichtsrats mit vielleicht nicht abzuschätzenden Konsequenzen für dessen Verantwortlichkeit und Haftung" darstellen. vgl *v. Werder/Lutter* in *Ringleb/Kremer/Lutter/v. Werder*, Deutscher Corporate Governance Kodex³ Rz 58.

Erwerb von Unternehmen oder die Erschließung neuer Investitionsschwerpunkte und deren Finanzierung.[41] Gemäß dem Wortlaut erfolgt die Strategieabstimmung in regelmäßigen Abständen mit dem Aufsichtsrat, nicht nur dem Vorsitzenden oder einem Ausschuss. Die Formulierung „stimmt ab" verdeutlicht, dass die Initiative dem Vorstand obliegt, dieser aber den Aufsichtsrat zeitnah informieren muss, so dass der Aufsichtsrat die strategische Ausrichtung ebenfalls mitverantwortet.[42] Eine bedeutende Rolle kommt dabei dem Aufsichtsratsvorsitzenden zu, der mit dem Vorsitzenden des Vorstands regelmäßig in Kontakt steht und „die Strategie, die Geschäftsentwicklung und das Risikomanagement des Unternehmens" diskutiert (C-37). In der Praxis findet eine zunehmende Beteiligung des Aufsichtsrats an strategischen Unternehmensentscheidungen statt. Strategieworkshops unter Beteiligung von Vorstand und Aufsichtsrat sind in Anbetracht globaler, regelmäßig stark diversifizierter Märkte ein häufiges Element im strategischen Diskurs zwischen Vorstand und Aufsichtsrat und schaffen die Grundlage einer gemeinsam getragenen Unternehmensstrategie.

19 Der Aufsichtsrat hat sich eine Geschäftsordnung zu geben, die Bestimmungen zur Einrichtung von Ausschüssen und deren Entscheidungsbefugnissen sowie zur regelmäßigen Information des Aufsichtsrats durch den Vorstand enthält, sofern diese nicht bereits in der Satzung oder der Geschäftsordnung für den Vorstand geregelt sind (C-34).[43]

20 Die Information des Vorstands durch den Aufsichtsrat erfolgt „im Regelfall mindestens eine Woche vor der jeweiligen Sitzung" (C-12). Diese Soll-Verpflichtung an den Vorstand lässt sich in der Praxis, insbesondere bei börsenotierten Unternehmen oft nur schwer umsetzen. Einerseits soll dem Aufsichtsrat eine fundierte Grundlage für seine Entscheidungen ermöglicht werden, andererseits dürfen oft sehr vertrauliche Informationen (zB compliance-relevante Informationen) nicht an die Öffentlichkeit gelangen, etwa um bevorstehende Transaktionen nicht zu gefährden, oder den Kurs des Unternehmens nicht zusätzlichen Schwankungen auszusetzen (vgl hierzu Rz 46 ff). Trotz der gesetzlichen Verschwiegenheitspflicht des Aufsichtsrats (vgl. § 99 iVm § 84 Abs 1 S 2 AktG) kommt es vor, dass besonders brisante Informationen vorzeitig an Medien weitergegeben werden, um die Maßnahme zu vereiteln oder die Öffentlichkeit zu vereinnahmen. Um solche Leaks hintanzuhalten, versucht der Vorstand über möglichst kurzfristige Informationen, zB eine Tischunterlage oder lediglich mündliche Information gegenüber dem Aufsichtsrat seiner Informationspflicht gerecht zu werden. Gute Corporate Governance sollte dennoch eine frühzeitige und umfassende Information des Aufsichtsrats anstreben (zur Informationsbeschaffung durch den Aufsichtsrat vgl *Eiselsberg/Bräuer* Rz 24/70 ff).

---

41 *Lutter* in *Ringleb/Kremer/Lutter/v.Werder*, Deutscher Corporate Governance Kodex^3, Rz 363.

42 *Lutter* in *Ringleb/Kremer/Lutter/v.Werder*, Deutscher Corporate Governance Kodex^3, Rz 364; ähnlich *Kalss* in *Doralt/Nowotny/Kalss*, AktG^2 § 95 Rz 9, 15 ff.

43 Vgl *Kalss* in *Kalss/Nowotny/Schauer*, Österreichisches Gesellschaftsrecht (2008) 3/532, wonach sich die Verpflichtung zum Erlass einer Geschäftsordnung auch inzident aus der Emittenten-Compliance-Verordnung (ECV) ergibt. Zur ECV vgl Rz 46 ff.

Zusätzlich zur Verpflichtung, Betragsgrenzen für bestimmte **zustimmungspflichtige Geschäfte** festzulegen, hat der Aufsichtsrat einer börsenotierten Gesellschaft – durchaus in Übereinstimmung mit der Praxis - den Katalog zustimmungspflichtiger Geschäfte für die Gesellschaft als auch für wesentliche konzernrelevante Geschäfte von Tochtergesellschaften zu konkretisieren (§ 95 Abs 5 AktG; L-35; vgl *Briem* Rz 12/26, Rz 12/42; *Enzinger/Kalss* Rz 31/59 ff). **21**

Der ÖCGK normiert in den Regeln L-19 und L-20 eine Verpflichtung für Personen iSd § 48a Abs 1 Z 8, 9 BörseG, zu denen auch die Mitglieder des Aufsichtsrats und die mit diesen in enger Beziehung stehende Personen zählen, Geschäfte mit Aktien und aktienähnlichen Wertpapieren der Gesellschaft ab einem Wert von EUR 5.000 innerhalb eines Jahres binnen fünf Arbeitstagen nach dem Tag des Abschlusses der FMA zu melden und zu veröffentlichen (**Directors' Dealings**, vgl dazu und zu den umfassenden Erweiterungen durch die MAR Rz 70 ff). Maßgeblich ist die Gesamtsumme der Geschäfte von Personen mit Führungsaufgaben sowie der mit diesen in enger Beziehung stehenden Personen. **22**

Aufsichtsräte börsenotierter Gesellschaften haben sich der Emittenten-Compliance-Verordnung (ECV) zu unterwerfen (L-44 letzter Satz). Der Aufsichtsrat gilt als ständiger Vertraulichkeitsbereich (§ 3 Abs 3 ECV). Die Sondervorschriften zur vertraulichen Behandlung und Weitergabe von compliance-relevanten Informationen sind zu beachten. Für Einzelheiten zur ECV vgl Rz 46 ff. **23**

Die **Vergütung von Aufsichtsräten** einer börsenotierten Gesellschaft wird von der Hauptversammlung oder in der Satzung festgelegt „und trägt der Verantwortung und dem Tätigkeitsumfang sowie der wirtschaftlichen Lage des Unternehmens Rechnung" (§ 98 Abs 1 AktG; L-50). Aufsichtsratsmitgliedern werden grundsätzlich keine Stock-Option Pläne gewährt (C-51), um eine Beeinträchtigung der Kontrollfunktion des Aufsichtsrats gegenüber dem Vorstand aufgrund gleicher Interessen zu verhindern.[44] Falls ausnahmsweise Stock-Option Pläne gewährt werden, muss die Hauptversammlung zumindest Ausübungsbedingungen, Zahl der Optionen, Optionspreis und Behaltedauer beschließen.[45] Gewährte Vergütungen sind für jedes Aufsichtsratsmitglied einzeln im Corporate Governance Bericht zu veröffentlichen (C-51). **24**

Ein wichtiger Punkt des Kodex ist die **Vergütung des Vorstands**. Der Aufsichtsrat hat dafür zu sorgen, dass die Gesamtbezüge der Vorstandsmitglieder in einem angemessenen Verhältnis zu den Aufgaben und Leistungen des einzelnen Vorstandsmitglieds, zur Lage der Gesellschaft und zur üblichen Vergütung stehen und langfristige Verhaltensanreize zur nachhaltigen Unternehmensentwicklung setzen (L-26a, § 78 Abs 1 AktG). Die Vergütung enthält fixe und variable Bestandteile. Variable Vergütungsbestandteile knüpfen an nachhaltige und langfristige Leistungskriterien an, beziehen nicht-finanzielle Risiken ein und verleiten nicht zum Eingehen unangemessener Risiken. Leistungskriterien müssen messbar sein. Die variablen Komponenten sind in ihrer Höhe begrenzt (betraglich oder als Pro- **25**

[44] *Schenz/Eberhartinger*, ÖBA 2009, 333 (334); vgl. BGH II ZR 316/02.

[45] Interpretationen zum Österreichischen Corporate Governance Kodex (Fassung Jänner 2015) des Österreichischen Arbeitskreises für Corporate Governance, abrufbar unter http://www.wienerborse.at/corporate/pdf/CG%20interpretationen%202015%201.pdf.

zentsätze der fixen Vergütung). Die Gesellschaft kann geleistete variable Zahlungen zurückfordern, wenn diese auf der Grundlage von offenkundig falschen Daten ausgezahlt wurden (C-27). C-28 enthält detaillierte Vorgaben für Stock-Option Programme (insbesondere ähnliche Leistungskriterien wie für sonstige variable Vergütung, Warte- und/oder Behaltefristen; gemäß L-29 sind weiters Angaben zu Optionen im Geschäftsbericht vorgesehen). Die Höhe von Abfindungszahlungen darf nicht ohne wichtigen Grund zwei Jahresvergütungen übersteigen sowie nicht mehr als die vertragliche Restlaufzeit abgelten. Die Gründe für das Ausscheiden und die wirtschaftliche Lage des Unternehmens sind zu berücksichtigen. Bei vorzeitiger Beendigung des Vorstandsvertrags aus einem vom Vorstandsmitglied zu vertretenden wichtigen Grund ist keine Abfindung zu zahlen (C-27a). Vgl zu weiteren Einzelheiten zur Vergütung des Vorstands *Schima*, *Harmer*. Die gewährten Gesamtbezüge des Vorstands sind im Anhang zum Jahresabschluss auszuweisen. Im Corporate Governance Bericht sind die Bezüge jedes Vorstandsmitglieds einzeln in fixe und variable Bestandteile aufgegliedert auszuweisen und die Grundsätze der Vergütungspolitik anzugeben (L-29, C-31). C-Regel 30 schreibt weitere, in den Corporate Governance Bericht aufzunehmende Informationen vor.

26 Der Aufsichtsrat eines börsenotierten Unternehmens ist unabhängig von seiner konkreten Größe zur Einrichtung eines **Prüfungsausschusses** verpflichtet (L-40; vgl § 92 Abs 4a AktG iVm § 271a Abs 1 UGB für nicht börsenotierte Gesellschaften). Dem Prüfungsausschuss muss ein **Finanzexperte** mit den Anforderungen des Unternehmens entsprechenden Erfahrungen im Finanz und Rechnungswesen angehören. Der Vorsitzende des Prüfungsausschusses und der Finanzexperte dürfen in den drei Jahren vor ihrer Bestellung weder in leitender Position noch als Abschlussprüfer beim Emittenten fungiert haben. Für Details zum Prüfungsausschuss vgl *Schimka* Rz 29/81 sowie Rz 108 ff). Als Soll-Regeln sind die Einrichtung eines Nominierungsausschusses sowie eines Personalausschusses einschließlich der Voraussetzung, dass mindestens ein Mitglied über Kenntnisse im Bereich der Vergütungspolitik verfügt, gestaltet (C-41 bis C-43; vgl *Schimka* Rz 29/70 ff).

27 Der Aufsichtsrat hat auch in Zusammenhang mit der Abschlussprüfung eine bedeutende Rolle. Zunächst erstattet er einen Wahlvorschlag für den (Konzern-) Abschlussprüfer an die Hauptversammlung (L-80). Nach der Wahl schließt er den Vertrag über die Durchführung der Abschlussprüfung (L-81). In diesem ist festzulegen, dass die (Konzern-)Abschlussprüfung nach internationalen Prüfungsgrundsätzen (ISAs) zu erfolgen hat (C-77). Das Entgelt hat in einem angemessenen Verhältnis zu den Aufgaben des (Konzern-)Abschlussprüfers zu stehen. Der Prüfungsausschuss hat die Unabhängigkeit des (Konzern-)Abschlussprüfers zu überwachen, insbesondere im Hinblick auf für die Gesellschaft zusätzlich erbrachte Leistungen (L-79 letzter Satz). Die Vorsitzenden von Aufsichtsrat und Prüfungsausschuss sind vom (Konzern-)Abschlussprüfer unverzüglich über alle Umstände zu informieren, die seine Ausgeschlossenheit oder Befangenheit begründen (L-79). Weiters lädt der Vorsitzende des Prüfungsausschusses den (Konzern-) Abschlussprüfer zusätzlich zu den im Gesetz vorgesehenen Fällen zu einer weiteren Sitzung ein (C-81a). Der Aufsichtsrat wird über das Ergebnis der (Konzern-) Abschlussprüfung durch den Prüfbericht und die Berichterstattung im Rahmen

der Redepflicht des (Konzern-)Abschlussprüfers und durch den Bericht des Prüfungsausschusses informiert (L-82).

Der Aufsichtsrat führt jährlich eine Selbstevaluierung zur Effizienz seiner Tätigkeit, insbesondere hinsichtlich seiner Organisation und Arbeitsweise durch (C-37). **28**

C. Corporate Governance Bericht

Seit dem URÄG 2008 ist die Vorlage eines jährlichen Corporate Governance Berichts für österreichische börsenotierte Aktiengesellschaften verpflichtend (§ 243b Abs 1 UGB). Der Corporate Governance Bericht ist auch zu erstellen, wenn die Aktiengesellschaft andere Wertpapiere (z. B. Schuldverschreibungen, Partizipationsscheine oder Exchange Traded Funds) auf einem geregelten Markt zugelassen hat und zugleich mit ihrem Wissen Aktien an einem multilateralen Handelssystem gehandelt werden.[46] Der Abschlussprüfer hat lediglich die Tatsache der Erstellung eines Corporate Governance Berichts zu bestätigen. Zur Unterwerfung ausländischer Gesellschaften unter den ÖCGK vgl oben Rz 10. Österreichische Unternehmen, die an einer ausländischen Börse notieren, sind zur Erstellung eines Corporate Governance Berichts verpflichtet, unterwerfen sich aber in der Regel dem am jeweiligen Börseplatz anerkannten CGK. **29**

Der Corporate Governance Bericht ist nicht Teil des Lageberichts der Gesellschaft, sondern ein gesonderter Bericht. Die im Corporate Governance Bericht genannten Angaben unterliegen nicht einer Einklangsprüfung durch den Abschlussprüfer.[47] Die gesetzliche Einführung des Corporate Governance Berichts erfolgte im Rahmen der Umsetzung der Abschlussprüfungs-RL[48] und der Änderungs-RL.[49] **30**

Der Corporate Governance Bericht ist ein Bericht der Gesellschaft. Verantwortlich für die Aufstellung des Corporate Governance Berichts ist der Vorstand als Geschäftsführungsorgan der Aktiengesellschaft.[50] Der Aufsichtsrat hat diesen Bericht innerhalb von zwei Monaten nach Vorlage auf Recht- und Zweckmäßigkeit hin zu prüfen, sich gegenüber dem Vorstand dazu zu erklären und der Hauptversammlung Bericht zu erstatten (§ 96 Abs 1 AktG; L-70; vgl auch Rz 107 ff). Kommt es hinsichtlich der Unterwerfung unter einen GCK oder der Beurteilung von Abweichungen zu Unstimmigkeiten in Vorstand oder Aufsichtsrat und fällt **31**

---

46 ErlRV 467 BlgNR 23. GP 15.

47 ErlRV 467 BlgNR 23. GP 16.

48 Richtlinie 2006/43/EG des Europäischen Parlaments und des Rates vom 17. Mai 2006 über Abschlussprüfungen von Jahresabschlüssen und konsolidierten Abschlüssen, zur Änderung der Richtlinien 78/660/EWG und 83/349/EWG des Rates und zur Aufhebung der Richtlinie 84/253/EWG des Rates, ABl L 157/87.

49 Richtlinie 2006/46/EG des Europäischen Parlaments und des Rates vom 14. Juni 2006 zur Änderung der Richtlinien des Rates 78/660/EWG über den Jahresabschluss von Gesellschaften bestimmter Rechtsformen, 83/349/EWG über den konsolidierten Abschluss, 86/635/EWG über den Jahresabschluss und den konsolidierten Abschluss von Banken und anderen Finanzinstituten und 91/674/EWG über den Jahresabschluss und den konsolidierten Abschluss von Versicherungsunternehmen, ABl L 224/1.

50 *Kalss/Oppitz/Zollner,* Kapitalmarktrecht^2 § 25 Rz 34; *Birkner/Inetas*, RdW 2008, 563, 563.

in der Folge keine einstimmige Zustimmungsentscheidung,[51] darf keine uneingeschränkte Entsprechenserklärung abgegeben werden und die Uneinigkeit der Organmitglieder hat dargelegt zu werden.

32 Der Corporate Governance Bericht soll leicht zugängliche Schlüsselinformationen[52] über die tatsächliche Unternehmensführung, einschließlich Informationen zum internen Kontroll- und Risikosystem bieten.[53] Im Wesentlichen hat der Corporate Governance Bericht folgende **Mindestangaben** zu enthalten: (1) Nennung eines am Börsenplatz allgemein anerkannten Corporate Governance Kodex oder eine Erklärung, warum die Gesellschaft beschlossen hat, keinem Kodex zu entsprechen; (2) Hinweis darauf, wo dieser Kodex zugänglich ist; (3) Erklärung zu Abweichungen unter Angabe von Gründen für diese Abweichung; (4) die Zusammensetzung und die Arbeitsweise des Vorstands und des Aufsichtsrats und seiner Ausschüsse; (5) die Gesamtbezüge der einzelnen Vorstandsmitglieder und die Grundsätze der Vergütungspolitik; (6) Maßnahmen zur Förderung von Frauen im Vorstand, im Aufsichtsrat und in leitenden Stellungen (§ 243b UGB; L-60).

33 Die **Entscheidung zur Unterwerfung** unter einen bestimmten Kodex oder die Entscheidung, sich keinem Kodex zu verpflichten, ist eine Geschäftsführungsmaßnahme und bedarf eines (grundsätzlich einstimmigen) Vorstandsbeschlusses.[54] Für den Fall, dass eine Gesellschaft sich generell nicht den Bestimmungen des ÖCGK oder eines vergleichbaren CGK unterwirft, ist eine Angabe von Gründen erforderlich. Eine Qualifikation des Erklärungstatbestands hinsichtlich tauglicher und untauglicher Gründe ist gesetzlich nicht vorgesehen, jedoch zu erwarten.[55] Im Konzern verbundene nicht börsenotierte AGs oder GmbHs brauchen und sollten keine eigenen Unterwerfungen unter einen CGK erklären.[56] Die Verpflichtungserklärung soll in den Bericht aufgenommen werden. Die Verpflichtungserklärung und der Corporate Governance Bericht sollen auf der Website der Gesellschaft veröffentlicht werden. Die Website soll im Lagebericht der Gesellschaft angegeben werden (C-61). Die Verpflichtungserklärung ist nach dem Wortlaut des Kodex im Hinblick auf das vergangene Geschäftsjahr abzugeben.[57]

34 Anhang 2a zum ÖCGK konkretisiert **die inhaltlichen Anforderungen** und den Aufbau des Corporate Governance Berichts basierend auf Empfehlungen des Austrian Financial Reporting and Auditing Committee (AFRAC) zum Aufbau des Corporate Governance Berichts anhand einer vorgeschlagenen Gliederung.[58] Er soll demgemäß aus fünf Abschnitten bestehen: (i) Bekenntnis zum Corporate Governance Kodex; (ii) Zusammensetzung der Organe und Organbezüge; (iii)

---

51 Vgl *Hüffer*, AktG[11] § 161 Rz 19.
52 *Birkner/Inetas*, RdW 2008, 563, 563.
53 Erwägungsgrund 10 RL 2006/46/EG.
54 *Kalss/Oppitz/Zollner*, Kapitalmarktrecht[2] § 25 Rz 35; *Hüffer*, AktG[11] § 161 Rz 12.
55 *Birkner/Inetas*, RdW 2008, 563, 564.
56 *Ringleb* in *Ringleb/Kremer/Lutter/v.Werder*, Deutscher Corporate Governance Kodex[3], Rz 1513 zum deutschen GCK.
57 Zur Fragestellung der zukunftsgerichteten Verpflichtungserklärung vgl *Birkner/Löffler*, Corporate Governance, 65 ff.
58 Vgl *Wilfling*, CFO aktuell 1/2015, 11 f.

Angaben zur Arbeitsweise von Vorstand und Aufsichtsrat; (iv) Maßnahmen zur Förderung von Frauen; (v) Allfälliger Bericht über eine externe Evaluierung.

Bekenntnis zum Kodex: Neben dem Bekenntnis selbst hat dieser Abschnitt Angaben darüber zu enthalten, wo der Kodex öffentlich zugänglich ist. Außerdem müssen sämtliche Abweichungen von C-Regeln genannt und nach den Vorgaben von Anhang 2b CGK (siehe dazu Rz 7) begründet werden. **35**

Zusammensetzung der Organe und Organbezüge: Zu Vorstand und Aufsichtsrat sind ua Funktion (zB Vorsitz), Datum der Erstbestellung, Dauer der Amtsperiode und vergleichbare Mandate oder Aufsichtsratsfunktionen in anderen konzernexternen in- und ausländischen börsenotierten Unternehmen anzuführen. Für den Vorstand sind auch Mandate in nicht börsenotierten Gesellschaften anzugeben. Dies betrifft auch Verwaltungsratsmandate in Europäischen Aktiengesellschaften und ausländischen Rechtsformen.[59] Konzernextern meint in diesem Zusammenhang nur Unternehmen, die nicht in den Konzernabschluss miteinbezogen werden (C-16). Weiters muss dargelegt werden, in wie weit die Regeln zur Unabhängigkeit des Aufsichtsrats eingehalten wurden: So sind etwa die vom Aufsichtsrat festgelegten Kriterien zur Bestimmung der Unabhängigkeit gem C-53 darzulegen. Es genügt, wenn die Mitglieder, die nach diesen Kriterien nicht als unabhängig anzusehen sind, genannt werden (C-53, Anhang 2a ÖCGK). Übernimmt der Aufsichtsrat die Leitlinien gem Anhang 1 zum ÖCGK, genügt ein Hinweis auf die Übernahme.[60] Außerdem ist darzustellen, welche der unabhängigen Mitglieder des Aufsichtsrats nicht Anteilseigner mit einer Beteiligung von mehr als 10% vertreten (C-54). Betreffend Aufsichtsratsmitglieder sind Mitgliedschaften in Ausschüssen samt Vorsitze anzuführen. Vergütungen von Vorstandsmitgliedern sind für jedes Mitglied einzeln unterteilt in fixe und variable Bestandteile darzustellen (gilt auch, wenn Vergütungen über Managementgesellschaften geleistet werden). Ergänzend sind zahlreiche Details anzugeben, etwa Leistungskriterien für variable Vergütung, Verhältnis der variablen Bestandteile zum Gesamtbezug, Angaben zur betrieblichen Altersversorgung und Grundsätze für mögliche Anwartschaften und Ansprüche des Vorstands im Fall der Beendigung (C-30). Ebenfalls sollen Grundsätze der im Unternehmen für den Vorstand gewährten betrieblichen Altersversorgung dargelegt werden. Aufsichtsratsvergütungen sind ebenfalls für jeden Kapitalvertreter[61] einzeln anzuführen und darüber hinaus Gegenstand und Entgelt von gemäß § 95 Abs 5 Z 12 AktG zustimmungspflichtigen Verträgen zwischen Aufsichtsratsmitglied und Unternehmen offenzulegen. Sofern die Gesellschaft eine D&O-Versicherung abgeschlossen hat, hat auch das Bestehen dieser Versicherung im Bericht dargelegt zu werden, nicht aber zB Informationen über Kosten oder Selbstbehalt.[62] Zuletzt sind zahlreiche Angaben zu den Grundsätzen der Vergütungspolitik aufzunehmen (C-30). **36**

[59] *Nowotny*, SWK 2009, w19, w20.

[60] Interpretationen zum Österreichischen Corporate Governance Kodex (Fassung Jänner 2015) zu Regel 53.

[61] Arbeitnehmervertretern ist gesetzlich nur der Bezug eines Spesenersatzes erlaubt.

[62] *Nowotny*, SWK 2009, w19, w21.

37 Arbeitsweise von Vorstand und Aufsichtsrat: Dazu ist zunächst die Kompetenzverteilung im Vorstand anzuführen. Darüber hinaus können beispielsweise Geschäfte und Maßnahmen, die über § 95 Abs 5 AktG hinausgehen und zu welchen der Vorstand nach der Satzung oder der Geschäftsordnung die Zustimmung des Aufsichtsrats einzuholen hat, angegeben werden. Zur Arbeitsweise des Aufsichtsrats sind anzuführen: (i) Anzahl und Art der Ausschüsse des Aufsichtsrats und deren Entscheidungsbefugnisse; (ii) Anzahl der Sitzungen und Bericht über die Schwerpunkte der Tätigkeit; (iii) Anzahl der Sitzungen und der Ausschüsse und Bericht über ihre Tätigkeit; (iv) ein Vermerk, falls die Mitglieder des Aufsichtsrats im Geschäftsjahr an mehr als der Hälfte der Sitzungen des Aufsichtsrats nicht persönlich teilgenommen haben, wobei jedoch die Teilnahme per Telefon- oder Videokonferenz als persönliche Teilnahme gewertet wird.

38 Maßnahmen zur **Förderung von Frauen**: Hierunter ist zunächst der Anteil an Frauen in Vorstand, Aufsichtsrat und leitenden Stellungen im Unternehmen anzuführen (§ 80 AktG). Außerdem ist zu beschreiben, welche Maßnahmen zur Förderung von Frauen in solchen Positionen getroffen wurden. Es sind sämtliche Maßnahmen zu nennen, die zum Aufstieg von Frauen in Führungspositionen beigetragen haben, etwa Maßnahmen zur Vereinbarkeit von Familie und Beruf (Programme zur Überbrückung von Karenzzeiten, Möglichkeiten zur Kinderbetreuung, Heimarbeit) besondere Ausbildungsprogramme oder Quotenregeln.[63] Wurden keine Maßnahmen gesetzt, ist dies ebenfalls offenzulegen.[64]

39 Externe Evaluierung: Der jüngste Bericht ist anzuführen (C-62).

IV. Insiderinformationen und Compliance

A. Generell

40 Der Aufsichtsrat einer börsenotierten Aktiengesellschaft unterliegt zahlreichen kapitalmarktrechtlichen Beschränkungen zur Sicherung eines kontrollierten Informationsflusses zwischen den Aktionären und der Gesellschaft und zur Vermeidung von Interessenkollisionen. Der Begriff „Compliance" bedeutet nach seiner Wortbedeutung schlicht das Handeln im Einklang mit den geltenden Vorschriften.[65] Im Kapitalmarktrecht meint man damit meist die Vorschriften zur Insiderprävention, die Verpflichtung zu Ad-hoc-Meldungen sowie die Offenlegung von Directors' Dealings.[66]

41 Die gesetzliche Verschwiegenheitsverpflichtung des Aufsichtsrats im Rahmen seiner organschaftlichen Treuepflicht (§ 99 iVm § 84 Abs 1 AktG) wird im Kapitalmarktrecht konkretisiert, indem der Aufsichtsrat in das gesellschaftsinterne Compliance-System integriert wird. Maßgebliche Vorschriften zu kapitalmarktrechtlichen Compliance-Pflichten finden sich im BörseG sowie in den entspre-

---

63 *Kalss/Oppitz/Zollner*, Kapitalmarktrecht^2 § 25 Rz 42.
64 *Kalss/Oppitz/Zollner*, Kapitalmarktrecht^2 § 25 Rz 42; *Wilfling*, CFO aktuell 1/2015, 11 f.
65 *Kalss/Oppitz/Zollner*, Kapitalmarktrecht^2 § 23 Rz 1.
66 *Kalss/Oppitz/Zollner*, Kapitalmarktrecht^2 § 23 Rz 1.

chenden Verordnungen, insbesondere der Emittenten-Compliance-Verordnung 2007[67] (ECV) und der Veröffentlichungs- und Meldeverordnung[68] (VMV).

Im Bereich Emittenten-Compliance kommt es durch die MAR[69] ab Mitte 2016 zu zahlreichen, auch für Aufsichtsräte praxisrelevanten Änderungen. Künftig werden wesentliche, derzeit im Börsegesetz enthaltene Materien durch die in allen Mitgliedstaaten direkt geltenden Vorschriften der MAR geregelt, etwa Insiderhandel, Marktmanipulation, Ad-hoc-Publizität und Eigengeschäfte von Führungskräften ("Directors' Dealings"). Manche Bestimmungen der MAR sind in dieser Form überhaupt neu, etwa die Vorgaben für Marktsondierungen und die Handelsverbote für Führungskräfte in bestimmten „closed periods".[70] Im Gegensatz zum Börsegesetz, welches in weiten Teilen nur für Emittenten mit Finanzinstrumenten in geregelten Märkten anwendbar ist, gilt die MAR für sämtliche Emittenten mit Finanzinstrumenten (etwa Aktien oder Anleihen[71]) in einem geregeltem Markt, einem multilateralen Handelssystem (MTF) oder einem sogenannten „organisierten Handelssystem" (OTF).[72] Besonders stark betreffen wird dies in Österreich Emittenten, die Finanzinstrumente ausschließlich in den Dritten Markt der Wiener Börse einbezogen haben. Sie werden künftig etwa die Ad-hoc-Publizität und die Vorschriften zu Directors' Dealings einzuhalten haben und zahlreichen, für sie bisher nicht geltenden Aufzeichnungs- und Belehrungspflichten nachkommen müssen.[73] Hervorzuheben ist hier etwa die Pflicht für Aufsichtsräte, in enger Beziehung mit ihnen stehende Personen[74] über den Inhalt der neuen – wesentlich erweiterten – Directors' Dealings-Bestimmungen schriftlich zu informieren.[75] Die MAR wird durch zahlreiche delegierte Verordnungen der Kommission bis in kleinste Details **42**

---

67 Verordnung der Finanzmarktaufsichtsbehörde (FMA) über Grundsätze für die Informationsweitergabe im Unternehmen sowie betreffend organisatorische Maßnahmen zur Vermeidung von Insiderinformationsmissbrauch für Emittenten, BGBl II 2007/213.

68 Verordnung der Finanzmarkaufsichtsbehörde (FMA) über Form, Inhalt und Art der Veröffentlichung und Übermittlung von Ad-Hoc-Meldungen und Directors' Dealings-Meldungen sowie über die Verbreitung von vorgeschriebenen Informationen, BGBl II 2005/109.

69 Verordnung (EU) Nr 596/2014 des Europäischen Parlaments und des Rates vom 16. April 2014 über Marktmissbrauch (Markmissbrauchsverordnung) und zur Aufhebung der Richtlinie 2003/6/EG des Europäischen Parlaments und des Rates und der Richtlinien 2003/124/EG, 2003/125/EG und 2004/72/EG der Kommission.

70 *Wilfling*, anwalt aktuell 08/2015, 28 f.

71 Unter der MAR werden neben übertragbaren Wertpapieren eine Fülle weiterer „Finanzinstrumente" erfasst sein, etwa auch Credit Default Swaps und Emissionszertifikate; für Details siehe Anhang I Abschnitt C MiFID II.

72 Der Begriff „organisiertes Handelssystem" (organized trading facility) stammt aus der MiFID II und soll dazu dienen, sogenannte „Dark Pools" einer Regelung zu unterziehen.

73 *Wilfling*, anwalt aktuell 08/2015, 28 f; ähnlich *Kalss/Hasenauer*, GesRZ 2014, 269.

74 Ehepartner und Partner, die nach nationalem Recht Ehepartner gleichgestellt sind (eingetragene gleichgeschlechtliche Lebenspartner, nicht aber sonstige nichteheliche Lebenspartner), unterhaltsberechtigte Kinder sowie andere Verwandte, die seit mindestens einem Jahr mit einem Aufsichtsrat im Haushalt leben; weiters juristische Personen, Treuhand oder Personengesellschaft, deren Führungsaufgaben durch eine Führungskraft oder eine eng verbundene (natürliche) Person wahrgenommen werden, die direkt oder indirekt von einer solchen Person kontrolliert wird, die zugunsten einer solchen Person gegründet wurde (Stiftungen!) oder deren wirtschaftliche Interessen weitgehend denen einer solchen Person entsprechen.

75 Details siehe *Wilfling*, Aufsichtsrat aktuell 3/2015, 10 ff.

konkretisiert und bezweckt Vollharmonisierung. Für eine ergänzende Anwendung von ECV und VMV in Österreich bleibt uE kaum ein Raum.

B. Insiderhandelsverbot

43 Die Mitglieder des Aufsichtsrats einer börsenotierten AG gehören kraft Gesetz zum Kreis der **Primärinsider** nach § 48b Abs 4 BörseG, vorausgesetzt, die entsprechende Information wird aufgrund ihrer Aufsichtsratsfunktion erlangt.[76] Die Aufsichtsratsmitglieder als „geborene Insider" unterliegen dem Transaktionsverbot, dem Empfehlungsverbot sowie dem Informationsweitergabeverbot (vgl § 48b Abs 1 Z 1, 2 BörseG).

44 Grundlage des Insiderhandelsverbots ist die **Insiderinformation**. § 48a Abs 1 Z 1 BörseG (sowie § 3 Abs 1 ECV) definiert den Begriff als „eine öffentlich nicht bekannte, genaue Information, die direkt oder indirekt einen oder mehrere Emittenten von Finanzinstrumenten oder ein oder mehrere Finanzinstrumente betrifft und die, wenn sie öffentlich bekannt würde geeignet wäre, den Kurs dieser Finanzinstrumente oder den Kurs sich darauf beziehender derivativer Finanzinstrumente erheblich zu beeinflussen, weil sie ein verständiger Anleger wahrscheinlich als Teil der Grundlage seiner Anlageentscheidungen nutzen würde. Eine Information gilt dann als genau, wenn sie eine Reihe von bereits vorhandenen oder solchen Tatsachen und Ereignissen erfasst, bei denen man mit hinreichender Wahrscheinlichkeit davon ausgehen kann, dass sie in Zukunft eintreten werden, und darüber hinaus bestimmt genug ist, dass sie einen Schluss auf die mögliche Auswirkung dieser Tatsachen oder Ereignisse auf die Kurse von Finanzinstrumenten oder damit verbundenen derivativen Finanzinstrumenten zulässt." Die MAR enthält künftig ganz ähnliche Definitionen (Art 7 Abs 1 lit a) und Abs 2).

45 Die gesetzliche Definition der Insiderinformation enthält unbestimmte Rechtsbegriffe, die der Auslegung bedürfen. Zunächst gilt eine Information als öffentlich bekannt, wenn ein unbestimmter Kreis von Personen die Möglichkeit hatte, sie zur Kenntnis zu nehmen. Die Veröffentlichung über einen Informationsverbreitungsdienst (Reuters, Bloomberg, Dow Jones Newswire) reicht jedenfalls aus. Eine Information ist aber auch bereits öffentlich bekannt, wenn eine Bereichsöffentlichkeit, zB die am Kapitalmarkt interessierten Kreise, informiert sind.[77] Eine Bekanntgabe vor einem begrenzten Personenkreis im Rahmen einer geschlossenen Veranstaltung (etwa Pressekonferenz, Roadshow, Hauptversammlung oder Gerichtsverhandlung) ist keine öffentliche Verbreitung.[78] Wird die Insiderinformation jedoch im Rahmen weiterführender Informationen verwendet, zB Ratingbewertungen, gilt die Information ebenfalls als bekanntgegeben.

---

[76] *Hinterhofer* in *Höpfel/Ratz*, WK² BörseG § 48b Rz 566, 67; *Brandl* in *Temmel*, BörseG § 48b Rz 11.

[77] *Kalss/Oppitz/Zollner*, Kapitalmarktrecht² § 16 Rz 25; ähnlich *FMA*, Emittentenleitfaden, 59; ähnlich auch *BaFin*, Emittentenleitfaden, 34; aA *Hinterhofer* in *Höpfel/Ratz*, WK² BörseG § 48b Rz 50.

[78] *Kalss/Oppitz/Zollner*, Kapitalmarktrecht² § 16 Rz 25 f; *Brandl* in *Temmel*, BörseG § 48a Rz 15 ff; *Assmann* in *Assmann/Schneider*, WpHG⁶, § 13 Rz 39 f.

Der Emittent und die Finanzinstrumente des Emittenten sind von einer Information direkt betroffen, wenn diese aus dem Tätigkeitsbereich des Emittenten selbst stammt, oder indirekt, wenn Änderungen wichtiger externer Faktoren eintreten (zB Maßnahmen aus staatlicher Wirtschaftsförderung, Veränderungen bei Devisenkursen oder Rohstoffpreisen).[79] **46**

Rund um das Tatbestandsmerkmal „genaue Information" ist in den letzten Jahren – ausgehend von der EuGH-Entscheidung Geltl – insbesondere im Zusammenhang mit zeitlich gestreckten Sachverhalten eine rege Diskussion entbrannt. Fest steht, dass auch ein Zwischenschritt in einem gestreckten Sachverhalt für sich genommen eine Insiderinformation sein kann, wenn sämtliche Tatbestandsmerkmale erfüllt sind.[80] Für das Tatbestandsmerkmal „genaue Information" bedeutet dies (sowohl für Zwischenschritte, als auch für Endereignisse), die Eintrittswahrscheinlichkeit muss über 50% liegen[81] und die Information muss spezifisch genug sein, um einen Schluss auf die möglichen Auswirkungen auf den Kurs des Finanzinstruments zuzulassen. In welche Richtung sich der Kurs bewegen wird, muss nach EuGH jedoch nicht abschätzbar sein.[82] **47**

Die Eignung zur erheblichen Kursbeeinflussung ist aus der ex-ante Sicht eines rationalen Anlegers, der seine Entscheidungen auf Basis sicherer Informationen trifft und keine reinen Spekulationsgeschäfte aufgrund unbestätigter Gerüchte tätigt, zu beurteilen.[83] Eine starre Grenze (in der deutschen Literatur wird vereinzelt vertreten, dass eine erhebliche Kursbeeinflussung bei einer Kursänderung von 5% vorliegt[84]) ist abzulehnen, vielmehr sollte auf die Entwicklung und Volatilität des jeweiligen Wertpapiers abgestellt werden.[85] Liegt bei einer ex-post Betrachtung eine tatsächliche Kursveränderung vor, kann dies als Indiz für eine Kurserheblichkeit gewertet werden.[86] Die Beurteilung der Kursrelevanz von Zwischenschritten in gestreckten Sachverhalten ist nicht zweifelsfrei geklärt. Insbesondere wird kontrovers diskutiert, ob die Eignung des Endereignisses, den Kurs erheblich zu **48**

---

79 vgl *Kalss/Oppitz/Zollner,* Kapitalmarktrecht² § 21 Rz 32; vgl. hierzu auch die Beispiele in *FMA,* Emittentenleitfaden, 61 f.

80 EuGH vom 28.6.2012, RS C19/11 (Geltl); künftig in Art 7 Abs 3 MAR kodifiziert.

81 FMA, Emittentenleitfaden, 60; *Schopper/Walch,* ZFR 2014 255; *Langenbucher,* ÖBA 2014, 660; *Sindelar,* ÖBA 2015,487; wohl auch *Kalss/Hasenauer,* GesRZ 2014, 270; *Heider/Hirte,* GWR 2012, 431.

82 EuGH vom 11.3.2015, Rs C-628/13 (*Lafonta*); aA noch der VwGH 24.3.2014, 2012/17/0118; aA weiters *Kalss/Hasenauer,* GesRZ 2014, 270; *Kalss/Oppitz/Zollner,* Kapitalmarktrecht² § 16 Rz 28; *Wilfling,* ÖBA 5/2016; aA wohl auch *Hinterhofer* in *Höpfel/Ratz,* WK² BörseG § 48b Rz 35.

83 *Kalss/Oppitz/Zollner,* Kapitalmarktrecht² § 16 Rz 30; *Zahradnik/Kapeller* in *Brandl/Kalss/Lucius/Oppitz/Saria,* HB Kapitalmarktrecht, Bd 3, S.138; *Hinterhofer* in *Höpfel/Ratz,* WK² BörseG § 48b Rz 54; *Schumacher,* ÖBA 2005, 533, 542; *Kalss/Zahradnik,* ecolex 2006, 393, 396.

84 *Assmann* in *Assmann/Schneider,* WpHG⁶, § 13 Rz 63 f mwN.

85 *Zahradnik/Kapeller* in *Brandl/Kalss/Lucius/Oppitz/Saria,* HB Kapitalmarktrecht, Bd 3, S.139; *Hinterhofer* in *Höpfel/Ratz,* WK² BörseG § 48b Rz 53; ähnlich *Brandl* in *Temmel,* BörseG § 48a Rz 43.

86 *FMA,* Emittentenleitfaden, 63; *Kalss/Oppitz/Zollner,* Kapitalmarktrecht² § 16 Rz 42; *Hinterhofer* in *Höpfel/Ratz,* WK² BörseG § 48b Rz 52.

beeinflussen, bei der Beurteilung der Kursrelevanz eines Zwischenschritts auch berücksichtigt werden soll, wenn der Eintritt des Endereignisses noch nicht hinreichend wahrscheinlich ist.[87] Die wohl hM in Österreich vertritt dazu eine Art „probability-magnitude"-Test.[88] Folgt man dieser Ansicht, wären bei der Beurteilung eines Zwischenschritts die Eintrittswahrscheinlichkeit und die potentiellen Auswirkungen des Endereignisses in Relation zu setzen. Sind entsprechend gravierende Auswirkungen auf den Kurs zu erwarten, sollen auch eher unwahrscheinliche Endereignisse berücksichtigt werden. Dies führt bei ganz unwahrscheinlichen, aber massiv kurserheblichen Endereignissen zu unbefriedigenden Ergebnissen.[89] Nach der Gegenmeinung sind Zwischenschritte im Falle eines nicht hinreichend wahrscheinlichen Endereignisses zu beurteilen, ohne die Kursrelevanz des Endereignisses zu berücksichtigen.[90] Das dürfte praktisch schwierig sein und man müsste wohl auf Basis unvollständiger Informationen urteilen (etwa Zwischenschritt „Mandatierung von zwei großen, internationalen Investmentbanken" ohne zu berücksichtigen, dass dies im Hinblick auf eine geplante, milliardenschwere Kapitalerhöhung erfolgt).[91] UE käme man, aus Sicht der Praxis zu begrüßen, regelmäßig zum Ergebnis, dass Zwischenschritte bei Transaktionen nicht ad-hoc-pflichtig sind, wenn der Eintritt des Endereignisses noch nicht hinreichend wahrscheinlich ist.[92]

49 Der Tatbestand des **Insiderhandels gem § 48b Abs 1 BörseG** ist erfüllt, wenn ein „Insider eine Insiderinformation mit dem Vorsatz ausnützt, sich oder einem Dritten einen Vermögensvorteil zu verschaffen, indem er

1. davon betroffene Finanzinstrumente kauft, verkauft oder einem Dritten zum Kauf oder Verkauf anbietet, empfiehlt oder
2. diese Information, ohne dazu verhalten zu sein, einem Dritten zugänglich macht."

50 Ein Verstoß gegen den Tatbestand des § 48b Abs 1 BörseG kann mit Freiheitsstrafe von bis zu drei Jahren bestraft werden, falls der Vermögensvorteil EUR 50.000 übersteigt sogar mit sechs Monaten bis fünf Jahre.

51 Unter vom Insiderhandelsverbot erfasste Finanzinstrumente fallen gem § 48a Abs 1 Z 3 BörseG neben Wertpapieren im Sinne von § 1 Z 4 WAG (Aktien, Schuldverschreibungen etc) etwa auch Anteile an Organismen für gemeinsame Anlagen in Wertpapieren, Geldmarktinstrumente, Futures, Zinsausgleichsvereinbarungen, Zins- und Devisenswaps sowie Swaps auf Aktien oder Aktienindexbasis, Kauf- und Verkaufsoptionen auf die vorgenannten Instrumente einschließlich gleichwertiger, bar abgerechnete Instrumente (darunter fallen etwa Devisen- und

[87] Zum Meinungsstand in Österreich siehe etwa *Kalss/Hasenauer*, GesRZ 2014, 269 ff; *Wilfling*, ÖBA 5/2016.

[88] In diesem Sinne *Schopper/Walch*, ZFR 2014, 258; *Sindelar*, ÖBA 2015,486, 487; wohl auch *Langenbucher*, ÖBA 2014, 662; für Deutschland *Heider/Hirte*, GWR 2012, 431; aA etwa *Kalss/Hasenauer*, GesRZ 2014, 271, 274.

[89] Ebenso *Langenbucher*, ÖBA 2014, 662.

[90] *Kalss/Hasenauer*, GesRZ 2014, 271, 274.

[91] Ähnlich *Wilfling,* ÖBA 5/2016.

[92] Ob dies mit der EuGH-Judikatur zu vereinbaren ist, scheint aber zumindest fraglich (siehe dazu auch die ausführlichen Erläuterung bei *Langenbucher*, ÖBA 2014, 662).

Zinsoptionen), Warenderivate, zwei-Tage-Spots im Sinne von Art 3 Z 3 der Verordnung (EU) Nr 1031/2010, sowie alle sonstigen Instrumente, die zum Handel auf geregelten Märkten zugelassen wurden.[93] Für Zwecke des Insiderhandels umfasst der Begriff „geregelter Markt" dabei (ausnahmsweise) auch multilaterale Handelssysteme wie den Dritten Markt der Wiener Börse (§ 48a Abs 1a BörseG).[94]

Ein Aufsichtsratsmitglied darf, wenn es im Besitz einer Insiderinformation ist, keine Transaktionen in den genannten Finanzinstrumenten betreiben (**Transaktionsverbot**). Ausreichend ist hierfür bereits die Erteilung einer Order, nicht erst die spätere tatsächliche Ausführung. Verboten sind nur Transaktionen unter Ausnützen der Insiderinformation. Der Umstand, dass ein Aufsichtsratsmitglied in Besitz einer Insiderinformation ist soll laut EuGH implizieren, dass es diese bei seiner Entscheidung ausnützt (widerlegliche Vermutung).[95] Hat ein Organmitglied dagegen den grundsätzlichen Beschluss, unter einem Long-Term-Incentive-Programm Aktien zu zeichnen, vor Kenntnis der Insiderinformation gefasst, liegt auch dann kein Insiderhandel vor, wenn die konkrete Ausübung von Aktienoptionen erst nach Klärung der maßgeblichen Parameter zu einer Zeit erfolgte, in der das Organ über Insiderinformationen verfügte.[96] Dasselbe gilt, wenn ein bereits bestehendes, ohne Insiderinformation langfristig geplantes Vorhaben (**Masterplan**) realisiert wird. Die Durchführung der Transaktion steht dann in keinem Kausalzusammenhang mit der Insiderinformation.[97] Der Nachweis, dass das Vorhaben bereits vor Erlangen der Insiderinformation geplant war, ist allerdings nicht unproblematisch zu führen und verlangt in der Praxis genaue Dokumentation der Planungsstufen des Vorhabens. Außerdem ist künftig Vorsicht geboten: Unter der MAR könnte ein Insidertatbestand verwirklicht sein, wenn man als Folge des Kenntnis Erlangens von einer Insiderinformation von einem **Masterplan abgeht**. Dies dann, wenn bereits erteilte Aufträge aufgrund der Insiderinformation storniert oder geändert werden (Art 8 Abs 1 Satz 2 MAR).[98] **52**

Auch **Empfehlungen** (Tipps) an Dritte, unabhängig ob diese unter Offenlegung der Insiderinformation erfolgen, stellen ein Ausnutzen der Insiderinformation dar. Empfiehlt der Insider einem Dritten, von einer Transaktion Abstand zu nehmen, verstößt er nicht gegen das Empfehlungsverbot.[99] Auch hier gilt künftig anderes, wenn eine Empfehlung dahin geht, bereits erteilte Aufträge zu ändern oder zu stornieren (Art 8 Abs 2 lit b) MAR).[100] **53**

---

93 *Kalss/Oppitz/Zollner,* Kapitalmarktrecht² § 21 Rz 30.

94 *Brandl* in *Temmel*, BörseG § 48b Rz 23.

95 EuGH 23.12.2009, C-45/08 (Spector); siehe auch *Kalss/Oppitz/Zollner,* Kapitalmarktrecht² § 21 Rz 37; aA *Hinterhofer* in *Höpfel/Ratz*, WK² BörseG § 48b Rz 106, der eine Vorsatzvermutung als mit Grundprinzipien des österreichischen Strafrechts kollidierend ansieht.

96 OLG Wien 12.1.2012, 23 Bs 192/11w (rechtskräftig), auch weil (Bereicherungs-)Vorsatz des Angeklagten fehlte.

97 *Kalss/Oppitz/Zollner,* Kapitalmarktrecht² § 21 Rz 48.

98 *Ketzer/Pauer*, ÖBA 2014, 165.

99 *Kalss/Oppitz/Zollner,* Kapitalmarktrecht² § 21 Rz 40; *Brandl* in *Temmel*, BörseG § 48b Rz 29; *Marsch-Barner* in *Semler/v.Schenck*, Arbeitshandbuch für Aufsichtsratsmitglieder⁴ § 13 Rz 213; *Assmann* in *Assmann/Schneider*, WpHG⁶, § 14 Rz 122.

100 *Kalss/Oppitz/Zollner,* Kapitalmarktrecht² § 21 Rz 40.

54 Das **Weitergabeverbot** an Dritte ist grundsätzlich bei jeglicher Form der Weitergabe an einen Dritten erfüllt, abgesehen von gesetzlichen oder vertraglichen Auskunftspflichten. Die Weitergabe an Berater oder Auskunftspersonen ist erlaubt, solange diese zur Verschwiegenheit verpflichtet sind. Die Weitergabe im Zuge von Mitteilungspflichten vom Vorstand an den Aufsichtsrat ist ebenfalls als zulässig anerkannt.[101] An einzelne Aktionäre dürfen grundsätzlich keine Insiderinformationen weitergeben werden. Ausnahmsweise kann die Weitergabe an einen Großaktionär zur Planung einer Maßnahme zulässig sein.[102] Weitere Ausnahmen stellen Auskünfte im Rahmen einer Due Diligence an den möglicherweise künftigen Erwerber dar.[103] Unter das Weitergabeverbot fällt wohl auch das bloße Zugänglichmachen einer Information für einen Dritten.[104] In der MAR ist künftig eine gesetzlich normierte Ausnahme vom Weitergabeverbot für Marktsondierungen vorgesehen (Art 11 MAR).[105]

55 Wer in Kenntnis oder grob fährlässiger Unkenntnis des Vorliegens einer Insiderinformation aber **ohne Bereicherungsvorsatz** eine Insiderinformation auf die in § 48a Abs 1 Z 1, 2 BörsG beschriebene Weise verwendet, kann mit Freiheitsstrafe bis zu sechs Monaten oder mit Geldstrafe bis zu 360 Tagessätzen bestraft werden (§ 48b Abs 3 BörseG).

C. Ad-hoc-Publizität

56 Gem § 48d Abs 1 BörseG haben Emittenten Insiderinformationen, die sie unmittelbar betreffen, unverzüglich der Öffentlichkeit bekannt zu geben (Ad-hoc-Publizität). Durch die Ad-hoc-Publizität soll die Funktionsfähigkeit des Kapitalmarkts sichergestellt werden, indem zum einen Insiderhandel (siehe dazu Rz 43 ff) hintangehalten werden soll und zum anderen die Gleichbehandlung der Aktionäre hinsichtlich Informationserteilung gewährleistet wird.[106] Die Ad-hoc-Publizität ergänzt die Regelpublizität (siehe dazu Rz 97 ff) durch die Möglichkeit stichtagsunabhängiger, punktueller Informationen (vgl auch Beitrag *Hödl* Rz 33/58 ff).[107]

57 Die Bestimmungen zur Ad-hoc-Publizität sind anwendbar auf Emittenten von Finanzinstrumenten. Der Begriff des Emittenten ist in diesem Zusammenhang gesetzlich nicht definiert. § 48a Abs 1 BörseG gilt für sämtliche Emittenten, die im Amtlichen Handel notieren oder zum Geregelten Freiverkehr zugelassen wur-

---

[101] *Kalss/Oppitz/Zollner,* Kapitalmarktrecht² § 21 Rz 42; *Hinterhofer* in *Höpfel/Ratz*, WK² BörseG § 48b Rz 97; *Brandl* in *Temmel*, BörseG § 48b Rz 33 mwN.

[102] *Marsch-Barner* in *Semler/v.Schenck*, Arbeitshandbuch für Aufsichtsratsmitglieder⁴ § 13 Rz 207; *Assmann* in *Assmann/Schneider*, WpHG⁶, § 14 Rz 84, 92.

[103] *Kalss/Oppitz/Zollner,* Kapitalmarktrecht² § 21 Rz 50.

[104] vgl hierzu § 14 Abs 1 Z 2 dt WpHG; *Marsch-Barner* in *Semler/v.Schenck*, Arbeitshandbuch für Aufsichtsratsmitglieder⁴ § 13 Rz 204; ähnlich *Brandl* in *Temmel*, BörseG § 48b Rz 32; *Hinterhofer* in *Höpfel/Ratz*, WK² BörseG § 48b Rz 95.

[105] Detailliert zu Voraussetzungen und einzuhaltendem Prozedere siehe *Wilfling*, ÖBA 5/2016; siehe auch *Kalss/Oppitz/Zollner,* Kapitalmarktrecht² § 21 Rz 43.

[106] *Frowein* in *Habersack/Mülbert/Schlitt*, HB Kapitalmarktinformation² § 10 Rz 3; vgl auch *Kalss/Oppitz/Zollner,* Kapitalmarktrecht² § 14 Rz 4; *Rüffler*, ÖBA 2009, 724; *Assmann* in *Assmann/Schneider*, WpHG⁶, § 15 Rz 30, 32.

[107] *Frowein* in *Habersack/Mülbert/Schlitt*, HB Kapitalmarktinformation² § 10 Rz 5.

den.[108] Veröffentlichungspflichtig ist der Emittent, mithin die Gesellschaft selbst. Die Veröffentlichung einer ad-hoc-pflichtigen Tatsache ist eine Geschäftsführungsaufgabe und fällt in die **Verantwortung des Vorstands**.[109]

Eine Insiderinformation ist ad-hoc-pflichtig, wenn sie den Emittenten **unmittelbar** betrifft. Damit ist jede Ad-hoc-Information eine Insiderinformation, aber **58**
nicht jede Insiderinformation eine Ad-hoc-Information.[110] Beispiele für ad-hoc zu veröffentlichende Insiderinformationen sind personelle Veränderungen im Vorstand, bedeutende Rechtsstreitigkeiten, neue Produktentwicklungen, Veräußerung von Kerngeschäftsfeldern, wesentliche Strukturmaßnahmen, Erwerb oder Veräußerung von wesentlichen Beteiligungen, Kapitalmaßnahmen (inkl. Kapitalberichtigung), Ausfall wesentlicher Schuldner, Restrukturierungsmaßnahmen mit erheblichen Auswirkungen auf die künftige Geschäftstätigkeit, erhebliche außerordentliche Aufwendungen oder sonstige wesentliche und überraschende Änderungen der Vermögens-, Finanz- und Ertragslage, gravierende regulatorische Eingriffe, überraschender Wechsel des Abschlussprüfers, Verschiebung sowie spätere Absage einer Anleiheemission aufgrund mangelnder Nachfrage von Investoren, Änderungen bei externen Ratings und Rücktritt eines wesentlichen Investors vom Zeichnungsvertrag im Zuge einer Kapitalerhöhung.[111] Neben Informationen, die den Emittenten selbst betreffen, sind im Rahmen von Konzernsachverhalten auch Ereignisse in Mutter- oder Schwestergesellschaften offen zu legen, sofern diese unmittelbare Folgen für den Emittenten haben.[112]

Dem Vorstand obliegt die oftmals schwierige Entscheidung, ob und ab wel- **59**
chem Zeitpunkt eine ad-hoc-pflichtige Tatsache vorliegt, da sich kursrelevante Vorgänge häufig über einen längeren Zeitraum entwickeln und dabei verschiedene Stadien durchlaufen, bis eine publizitätspflichtige Insidertatsache entstanden ist (für Details dazu sowie zum erforderlichen Grad der Eintrittswahrscheinlichkeit siehe bereits oben Rz 47 f). Ob der Vorstand eine Ad-hoc-Meldung vorzunehmen hat, hat er regelmäßig auf den jeweiligen Stufen des Entscheidungsprozesses zu überprüfen. Dies wird häufig schon vor der formalen Beschlussfassung im Aufsichtsrat der Fall sein, sofern nur die Umsetzung schon hinreichend wahrscheinlich ist (also eine Ablehnung durch den Aufsichtsrat nicht zu erwarten ist).[113] Im Rahmen von M&A-Transaktionen können sämtliche Vorstufen des Signings eine Veröffentlichungspflicht auslösen, so dass nicht unter Hinweis auf fehlende Vor-

[108] ErlRV 134 BlgNR 23. GP 36; durch die MAR wird der Anwendungsbereich erheblich ausgeweitet und künftig etwa auch Emittenten treffen, die Wertpapiere lediglich in den Dritten Markt der Wiener Börse einbezogen haben.

[109] *Brandl/Hohensinner*, ecolex 2002, 92, 93.

[110] *Gall*, ecolex 2003, 560, 565; ähnlich *Kalss/Oppitz/Zollner*, Kapitalmarktrecht² § 16 Rz 19.

[111] VwGH 27.2.2015, 2011/17/0126; VwGH 28.8.2013, 2013/17/0040; VwGH 28.3.2014, 2014/02/0100; *Kalss/Oppitz/Zollner*, Kapitalmarktrecht² § 16 Rz 22; *Lechner/Temmel* in *Temmel*, BörseG § 48d Rz 17; siehe auch die Auflistungen bei *FMA*, Emittentenleitfaden, 61 f und *BaFin*, Emittentenleitfaden, 56 f.

[112] *Kalss/Oppitz/Zollner*, Kapitalmarktrecht² § 16 Rz 23; *Assmann* in *Assmann/Schneider*, WpHG⁶ § 15 Rz 72; vgl zu Veröffentlichungspflichten in Konzernverhältnissen auch *Pfüller* in *Fuchs*, WpHG, § 15 Rz 160 ff.

[113] *Marsch-Barner* in *Semler/v.Schenck*, Arbeitshandbuch für Aufsichtsratsmitglieder⁴ § 13 Rz 239.

stands- oder Aufsichtsratsbeschlüsse abgewartet werden darf.[114] Für den Aufsichtsrat praktisch wichtig ist die Frage, wann bei seinen Personalentscheidungen (also Veränderungen im Vorstand) die Ad-hoc-Pflicht eintritt. In diesem Bereich lässt sich oftmals nur schwer feststellen, wann das bevorstehende Endereignis (zB das einvernehmliche Ausscheiden oder der Rücktritt des Vorstandsvorsitzenden) hinreichend wahrscheinlich ist und ob auch Zwischenschritte, etwa die Bekanntgabe der „Amtsmüdigkeit" durch den Vorstandsvorsitzenden an den Aufsichtsratsvorsitzenden, für sich genommen alle Merkmale einer Insiderinformation erfüllen.[115] Im Falle von Bestellungen und Abberufungen, die vom Aufsichtsrat ausgehen, wird Ad-hoc-Pflicht häufig erst eintreten, wenn der Aufsichtsrat entschieden hat.[116] Bei der Bekanntgabe eines Rücktrittswunschs durch den Vorstandsvorsitzenden könnte die Ad-hoc-Pflicht nach der EuGH-Judikatur jedoch bereits deutlich vor der Befassung des Aufsichtsrats eintreten.[117] In der Praxis sprechen sich Vorstand und Aufsichtsrat, außerhalb von Aufsichtsratssitzungen auch der Aufsichtsratsvorsitzende, regelmäßig im Vorfeld der Bekanntmachung einer Ad-hoc-Meldung ab.

60 Grundsätzlich sind Ad-hoc-Meldungen **sofort zu veröffentlichen** (§ 48d Abs 1 BörseG). Die weit verbreitete Praxis, erst nach Börseschluss oder nach der Aufsichtsratssitzung ad-hoc zu melden, ist unzulässig.[118] Regelmäßig wird daher die auf einen Tagesordnungspunkt einer Aufsichtsratssitzung Bezug habende Ad-hoc-Meldung im Entwurf vorbereitet und nach der Beschlussfassung, allenfalls nach weiterer Abstimmung mit dem Aufsichtsrat aus der Aufsichtsratssitzung heraus veröffentlicht. Für den Fall von erheblichen Änderungen bereits offengelegter Ad-hoc-Informationen müssen diese Änderungen ebenfalls, auf gleichem Wege wie die bereits veröffentlichte Information unverzüglich bekanntgegeben werden.

61 Werden Insiderinformationen, die nicht notwendigerweise ad-hoc-pflichtige Informationen sind, unabsichtlich an einen nicht zur Verschwiegenheit verpflichteten Dritten weitergegeben, hat unverzüglich eine öffentliche Bekanntgabe zu erfolgen (§ 48d Abs 3 BörseG).

62 Unterlässt der Vorstand eine Ad-hoc-Meldung, verletzt der Emittent seine Publizitätspflicht. In erster Linie kommt es deshalb zu einer Haftung des Emittenten aus Schutzgesetzverletzung in Zusammenhang mit den Normen des BörseG.[119] Für den Vorstand und den Aufsichtsrat ist eine persönliche Haftung gegenüber Anlegern – von Fällen vorsätzlich fehlerhafter Veröffentlichungen abgesehen – nur in Ausnahmefällen anzunehmen, etwa wenn ein besonderes Vertrauensverhältnis

---

[114] *Assmann* in *Assmann/Schneider*, WpHG⁶ § 15 Rz 75; vgl auch *Kalss/Zahradnik*, ecolex 2006, 393, 396: Demnach sollen M&A-Transaktionen in der Regel bis zum Signing keine Ad-hoc-Pflicht auslösen.

[115] Diesfalls laut EuGH Rs C19/11 (*Geltl*) Ad-hoc-Pflicht des Zwischenschritts.

[116] *Marsch-Barner* in *Semler/v.Schenck,* Arbeitshandbuch für Aufsichtsratsmitglieder[4] § 13 Rz 241.

[117] EuGH Rs C19/11 (*Geltl*).

[118] VwGH 24.3.2014, 2012/17/0118; VwGH 29.4.2014, 2012/17/0554; *Sindelar*, ÖBA 2015,488; *FMA*, Emittentenleitfaden, 58, 59.

[119] OGH RS0127724; konkretisierend OGH 15.3.2012, 6Ob28/12: die für die Erfüllung der Ad-hoc-Publizität verantwortliche Emittentin wird schadenersatzpflichtig, wenn pflichtwidrig und schuldhaft Ad-hoc-Mitteilungen unterlassen wurden oder diese unrichtig waren.

ausgenutzt wird oder ein besonders hohes wirtschaftliches Interesse des handelnden Organs besteht.[120] Eine falsche oder irreführende Ad-hoc-Mitteilung könnte auch den Tatbestand der Marktmanipulation (§ 48c BörseG) erfüllen.[121]

Die Ad-hoc-Meldung an die FMA hat in deutscher Sprache, oder wenn die Wertpapiere auch in einem anderen Staat als Österreich zugelassen sind, auch in der jeweils anderen Landessprache oder in einer in Finanzkreisen gebräuchlichen Sprache zu erfolgen (vgl zu Einzelheiten § 85 BörseG). Eine Meldung in deutscher und englischer Sprache erfüllt diese Anforderungen und ist für Emittenten im Prime Market der Wiener Börse aufgrund deren Regelwerks verpflichtend.[122] Die Veröffentlichung muss kurz und prägnant formuliert sein, sie soll eine Länge von 500 Zeichen nicht überschreiten[123] und neben der Überschrift „Ad-hoc-Meldung" im Betreff durch einschlägige Schlagworte den jeweiligen Inhalt kenntlich machen.[124] **63**

Neben der Übermittlung an die FMA hat der Emittent die in der Veröffentlichungs- und Meldeverordnung (VMV) enthaltenen **Sonderbestimmungen zur Verbreitung von vorgeschriebenen Informationen** zu beachten. Im Anschluss an die Vorab-Information der FMA und der Wiener Börse muss die jeweils meldepflichtige Person die Information auf schnellem, nicht diskriminierendem Wege unter Verwendung mindestens eines der elektronischen Informationsverbreitungssysteme von Reuters, Bloomberg oder Dow Jones Newswire veröffentlichen, um größtmöglichen, zumindest gemeinschaftsweiten Zugang des Anlegerpublikums zu gewährleisten (vgl § 82 Abs 8 BörseG).[125] **64**

Um nicht durch die fehlerhafte Übermittlung den Kurs des Emittenten zu beeinflussen, verpflichtet die VMV Emittenten, für die Österreich Herkunftsmitgliedsstaat ist, zur Einhaltung erhöhter Anforderungen für die Sicherheit der übermittelten Nachrichten gegen unbefugten Zugriff, Verfälschung und zum Nachweis der Quelle (§ 11a VMV). Der Betreff der Nachricht soll schlagwortartig den wesentlichen Inhalt zusammenfassen, und der Veröffentlichungspflichtige, Datum wie Uhrzeit der Informationsübermittlung sowie das Ziel der gemeinschaftsweiten Verbreitung erkennbar sein. Für Systemfehler auf Seiten der Verbreitungsmedien ist der Veröffentlichungspflichtige nicht verantwortlich (§ 11a Abs 4 VMV). Unter der MAR werden diese Inhalte der VMV in einer delegierten Verordnung der Kommission abschließend geregelt. **65**

Um Irreführungen des Kapitalmarkts aufgrund unsicherer, später zu revidierender Ad-hoc-Informationen zu vermeiden, wurde im Zuge der Umsetzung der **66**

---

120 ebenso *Kalss/Oppitz/Zollner,* Kapitalmarktrecht² § 16 Rz 100; *Lechner/Temmel* in *Temmel,* BörseG § 48d Rz 62; ähnlich für die deutsche Rechtslage *P. Doralt/W. Doralt* in *Semler/v. Schenck,* Arbeitshandbuch für Aufsichtsratsmitglieder⁴ § 14 Rz 296 ff.

121 OGH 24.3.2015, 4 Ob 239/14x; VwGH 24.4.2014, 2014/02/0016; *Kalss/Oppitz/Zollner,* Kapitalmarktrecht² § 16 Rz 91.

122 Punkt 3 des Regelwerks Prime Market der Wiener Börse, abrufbar unter http://www.wienerborse.at/static/cms/sites/wbag/media/de/pdf/marketplace_products/regelwerk_primemarket.pdf.

123 *FMA,* Emittentenleitfaden, 79; *Kalss/Oppitz/Zollner,* Kapitalmarktrecht² §16 Rz 51.

124 *FMA,* Emittentenleitfaden, 79.

125 *FMA,* Emittentenleitfaden, 80.

Marktmissbrauchs-RL für den Emittenten die Möglichkeit eingeführt, auf Basis eigener Entscheidung, ohne vorherige Zustimmung der FMA eine Veröffentlichung unter Einhaltung der in § 48d Abs 2 BörseG festgelegten Bedingungen aufzuschieben (**Sistierung**). Der Emittent muss die FMA unverzüglich über die Entscheidung, die Bekanntgabe aufzuschieben, in Kenntnis setzen.[126] Die Entscheidung zum Aufschub erfolgt mit Vorstandsbeschluss, ausreichende Dokumentation ist ratsam.[127] Die FMA beurteilt die Gründe für einen Aufschub restriktiv.[128]

67 Ein Aufschub ist zulässig, sofern durch die Bekanntgabe berechtigte Interessen des Emittenten beeinträchtigt sein könnten, keine Irreführung der Öffentlichkeit stattfindet und der Emittent die Vertraulichkeit der Information gewährleisten kann. Einen Aufschub können zB laufende Verhandlungen oder die Gefährdung der finanziellen Erholung des Emittenten rechtfertigen. Bei gestreckten Sachverhalten ist ein berechtigtes Interesse uE regelmäßig gegeben, wenn die Veröffentlichung mit überwiegender Wahrscheinlichkeit den Erfolg oder die Durchführbarkeit des Endereignisses gefährden würde.[129] Bei mehrstufigen Entscheidungsprozessen innerhalb des Emittenten (zB Vorstand und Aufsichtsrat) soll ein Aufschub zulässig sein, wenn die Zustimmung des Aufsichtsrats noch fehlt und eine Veröffentlichung unter Erwähnung der Tatsache, dass die Zustimmung aussteht, die korrekte Bewertung der Information durch das Publikum gefährden würde (etwa weil das Publikum nicht beurteilen kann, wie wahrscheinlich die Zustimmung ist).[130] Allein der Abschluss einer Geheimhaltungsvereinbarung stellt kein berechtigtes Interesse dar.[131] Eine Irreführung der Öffentlichkeit kann vorliegen, wenn der Emittent den Markt gegenteilig informiert hat, zB indem er Gerüchte über die bevorstehende Transaktion dementiert hat.[132] Wird ein Gerücht von Dritter Seite gestreut, ist zunächst wohl keine Reaktion durch den Emittenten erforderlich, es sei denn, es treten zusätzliche Umstände (etwa Kursschwankungen) auf.[133] Nach der MAR ist künftig die Vertraulichkeit nicht mehr gewährleistet – und somit die Insiderinformation sofort zu veröffentlichen – wenn ein präzises Gerücht (egal aus wessen Sphäre es stammt) auf eine Insiderinformation Bezug nimmt (Art 17 Abs 7 MAR).

[126] Diese (in der Praxis ungeliebte) Vorabmeldung von Aufschüben entfällt unter der MAR und wird durch eine Bekanntgabe des Aufschubs unmittelbar nach der späteren Offenlegung der Insiderinformation unter schriftlicher Erläuterung der Aufschubgründe ersetzt (Art 17 Abs 4 MAR; siehe auch *Wilfling*, anwalt aktuell 08/2015, 28 f).

[127] *FMA,* Emittentenleitfaden, 68; *Kalss/Oppitz/Zollner,* Kapitalmarktrecht² § 16 Rz 65, 79.

[128] Wohl ebenso für eine restriktive Handhabung *Kalss/Oppitz/Zollner,* Kapitalmarktrecht² § 16 Rz 70.

[129] Ebenso *Wilfling*, ÖBA 5/2016; ähnlich – in Anlehnung an *Assmann* in *Assmann/Schneider*, WpHG⁵ § 15 Rz 150 – *Lechner/Temmel* in *Temmel*, BörseG § 48d Rz 71 ähnlich auch *Kalss/Oppitz/Zollner,* Kapitalmarktrecht² § 16 Rz 69.

[130] Ähnlich *FMA*, Emittentenleitfaden, 70; *Kalss/Oppitz/Zollner,* Kapitalmarktrecht² § 16 Rz 72.

[131] *Kalss/Zahradnik*, ecolex 2006, 393, 396.

[132] *Möllers*, WM 2005, 1393, 1397; ähnlich *Kalss/Oppitz/Zollner,* Kapitalmarktrecht² § 16 Rz 74.

[133] *Möllers*, WM 2005, 1393, 1397; ähnlich *Kalss/Oppitz/Zollner,* Kapitalmarktrecht² § 16 Rz 74; aA *FMA*, Emittentenleitfaden, 71, die nicht darauf abstellt, aus wessen Sphäre ein Gerücht stammt und ob es Einfluss auf den Kurs hat (die FMA sieht plötzliche und signifikante Kursbewegungen allerdings unabhängig vom Auftauchen von Gerüchten als Indiz dafür, dass die Vertraulichkeit nicht mehr gewahrt ist).

Die ESMA wird in Zusammenhang mit der MAR Leitlinien für die Erstellung einer „nicht abschließenden indikativen Liste“ berechtigter Interessen und Fällen von Irreführungseignung herausgeben (Art 17 Abs 11 MAR).

Für den Fall des Aufschubs der Bekanntgabe hat der Emittent **Vorkehrungen zu treffen, um die Vertraulichkeit der Insiderinformation zu gewährleisten**: Zum einen hat er sicherzustellen, dass keine unbefugten Personen Zugang zu der vertraulichen Information erhalten, zum anderen, dass sämtliche Insider sich über die sich aus diesem Wissen ergebenden rechtlichen Pflichten und der drohenden Sanktionen für den Fall der Zuwiderhandlung bewusst sind. Hierzu sei auf die Bedeutung eines unternehmensinternen Compliance-Systems zur Sicherung der Geheimhaltung der Insiderinformationen (siehe Rz 81 ff) sowie auf die nach § 48d Abs 3 BörseG verpflichtend zu führenden Insiderverzeichnisse hingewiesen. Insbesondere sollten die generellen Vorsichtsmaßnahmen im Unternehmen beim Umgang mit Insiderinformationen noch verstärkt werden. Es sollte besonders darauf geachtet werden, die Zahl der Insider möglichst gering zu halten und Insiderinformationen explizit als solche zu kennzeichnen. Die Zahl der Insider im Aufsichtsrat kann reduziert werden, indem Entscheidungen so weit möglich an Ausschüsse übertragen werden. Auch können Einberufungsfristen für Sitzungen des Gesamtaufsichtsrats sowie der befassten Ausschüsse verkürzt werden.[134] Weiters hat der Emittent sicherzustellen, dass im Fall einer Verbreitung der Information eine unmittelbare Bekanntgabe der Information erfolgen kann (§ 48d Abs 2 Z 2 BörseG). Wenn die Information dennoch leakt, muss die Ad-hoc-Meldung, die vorbereitet ist und der FMA gefaxt wurde, sofort veröffentlicht werden. 68

D. Informationsgestützte Marktmanipulation

In den letzten Jahren ist eine Ausprägung der Marktmanipulation in den Vordergrund gerückt, die bei öffentlichen Äußerungen zum Unternehmen relativ leicht erfüllt sein kann: „Die Verbreitung von Informationen über die Medien einschließlich Internet oder auf anderem Wege, die falsche oder irreführende Signale in Bezug auf Finanzinstrumente geben oder geben könnten, unter anderem durch Verbreitung von Gerüchten sowie falscher oder irreführender Nachrichten, wenn die Person, die diese Informationen verbreitet hat, wusste oder hätte wissen müssen, dass sie falsch oder irreführend waren“ (§ 48a Abs 1 Z 2 lit c) BörseG), gemeinhin bekannt als informationsgestützte Markmanipulation. Der Tatbestand verlangt keinen Vorsatz und ist etwa auch erfüllt, wenn fahrlässig unvollständige Informationen verbreitet werden, die einen unzutreffenden Gesamteindruck vermitteln und geeignet sind, den Preis eines Finanzinstruments (etwa Kurs der Aktien des betroffenen Unternehmens) zu beeinträchtigen.[135] Aufsichtsräte sollten sich zu Angelegenheiten ihres Unternehmens generell nicht öffentlich äußern und die Bestimmung ist primär für Vorstandsmitglieder relevant. Zu bedenken ist aber, dass Aufsichtsräte oder insbesondere der Aufsichtsratsvorsitzende zu einzelnen Themen, die in die Zuständigkeit des Aufsichtsrats fallen, öffentlich Stel- 69

[134] Vgl *Marsch-Barner* in *Semler/v.Schenck*, Arbeitshandbuch für Aufsichtsratsmitglieder[4] § 13 Rz 260.

[135] *Kalss/Oppitz/Zollner,* Kapitalmarktrecht[2] § 2 Rz 40.

lung nehmen. Dabei sind die gleichen Rahmenbedingungen zu beachten wie für Vorstandsmitglieder. Nach der Rechtsprechung begeht etwa ein Vorstandsvorsitzender Marktmanipulation, der auf die Frage einer Journalistin, wie lange sein Unternehmen eine Milliardenbeteiligung an einem ausländischen Konzern noch halten werde, mit „*Wir haben derzeit nicht vor, sie zu verkaufen. Das gilt nicht für die Ewigkeit, aber heuer werden wir sie durchaus behalten.*" antwortet, wenn der Verkauf zwei Wochen nach dem Interview ad-hoc bekannt gegeben wird.[136] Dasselbe gilt für einen Vorstandsvorsitzenden, der auf die Frage nach einem allfälligen Ausstieg aus dem Türkei-Geschäft antwortet, „*Das ist derzeit kein Thema.*", wenn der Ausstieg ungefähr drei Monate später bekannt gegeben wird.[137] Sollten Aufsichtsräte im Einzelfall selbst öffentliche Äußerungen zu ihrem Unternehmen tätigen (denkbar ist dies uE insbesondere in Personalfragen betreffend den Vorstand) ist jedenfalls bei der Formulierung Vorsicht geboten. Marktmanipulation wird nicht nur mit Verwaltungstrafen sanktioniert, sondern gilt als Schutzgesetz, auf welches Schadenersatzansprüche geschädigter Anleger gestützt werden können.[138] Zudem dringen derartige Verfahren erfahrungsgemäß häufig an die Öffentlichkeit und können damit auch der Reputation des Beschuldigten schaden. Mit Juli 2016 tritt die Marktmissbrauchs-VO in Kraft. Mit ihr werden die Sanktionen für Verstöße gegen das Verbot der Marktmanipulation dramatisch verschärft, die Tatbestände und Verbotsnormen werden aber im Wesentlichen gleich bleiben.[139]

E. Directors' Dealings

70 Mitglieder des Aufsichtsrats einer börsenotierten Aktiengesellschaft mit Sitz in Österreich, deren Wertpapiere an einem geregelten Markt iSd § 1 Abs 2 BörseG zugelassen sind, sowie gegebenenfalls in enger Beziehung zu ihnen stehende Personen haben sämtliche von ihnen getätigte Geschäfte auf eigene Rechnung mit zum Handel zugelassenen Aktien und aktienähnlichen Wertpapieren des Emittenten und der mit diesem verbundenen Unternehmen (§ 228 Abs 3 UGB), und sich darauf beziehender Derivate, der FMA zu melden (§ 48d Abs 4 BörseG; L-19 ÖCGK). Die FMA veröffentlicht diese Meldungen auf ihrer Website.

71 Der Wortlaut des Gesetzes sieht nur „Emittenten von Finanzinstrumenten mit Sitz im Inland" vom Anwendungsbereich der Directors' Dealings Regeln erfasst und schließt damit Emittenten mit Sitz in anderen EWR-Staaten aus. Nach der hL sind die Reglungen auch auf sämtliche Mitglieder mit Sitz in Österreich oder einem anderen EWR-Staat, die an der Wiener Börse in einem geregelten Markt notieren oder einen solchen Zulassungsantrag gestellt haben, anwendbar.[140]

72 Zu den **in enger Beziehung stehenden Personen** zählen (auch getrennt lebende) Ehegatten, eingetragene Lebenspartner gemäß EPG[141] (in Österreich aber

[136] VwGH 24.6.2014, 2011/17/0249.
[137] BVwG 3.9.2015, W107 2014665-1.
[138] OGH 8 Ob 104/12b; OGH 8 Ob 145/09w.
[139] S dazu Art 30 Abs 2 lit i und b MAR sowie die Vorgaben der CRIM-MAD.
[140] *Kalss/Oppitz/Zollner,* Kapitalmarktrecht[2] § 19 Rz 7 ff; *Herbst/Kusznier* in *Brandl/Kalss/Lucius/Oppitz/Saria*, HB Kapitalmarktrecht, Bd 3, S.64.
[141] BGBl I 2009/135 (Eingetragene Partnerschaft-Gesetz).

nicht außereheliche Lebensgefährten), unterhaltsberechtigte Kinder oder andere Familienmitglieder, die seit mindestens einem Jahr im gemeinsamen Haushalt leben.[142] Ebenfalls meldepflichtig sind juristische Personen, treuhänderisch tätige Einrichtungen oder Personengesellschaften, deren Führungsaufgaben vom Aufsichtsrat oder von einer mit ihm in enger Beziehung stehenden Person wahrgenommen werden, durch eine solche Person gegründet oder kontrolliert werden, oder die ähnliche wirtschaftliche Interessen verfolgen.[143] Als Beispiel nennt die FMA den Erwerb von Aktien des Emittenten durch ein Unternehmen, an dem ein Aufsichtsratsmitglied des Emittenten einen nennenswerten wirtschaftlichen Vorteil erzielen kann und geht davon aus, dass dieses Kriterium bei einer Beteiligung von mindestens 50% in der Regel erfüllt ist.[144] Auch wenn dem Aufsichtsrat häufig das entsprechende Geschäft nicht zuzurechnen ist, schreibt das Gesetz hier eine Meldeverpflichtung vor, obwohl solchen Transaktionen Indikator- und Signalwirkung fehlt.[145] Der Erwerb von Aktien durch ein Unternehmen, auf dessen Geschäftsführung dem Aufsichtsrat oder einer zu ihm in enger Verbindung stehenden Person ein kontrollierender Einfluss zuzuschreiben ist (zB aus Mehrheitsbeteiligung, Stimmbindungsvereinbarung, Stiftungen, echte und unechte Spezialfonds), ist von der Meldepflicht erfasst.[146] Fälle, in denen gleichlaufende Interessen eine Meldepflicht auslösen können, liegen dann vor, wenn es aus Sicht der Führungskraft unerheblich ist, ob sie selbst oder die juristische Person an ihrer statt das Geschäft vornimmt (auf eigene Rechnung und im eigenen Namen).[147]

Zu den **meldepflichtigen Finanzinstrumenten** zählen nach Auffassung der FMA neben Aktien eigenkapitalorientierte Genusscheine, Partizipationsscheine und Hinterlegungsscheine.[148] Wandelschuldverschreibungen sind bei Ausübung des Wandlungsrechts meldepflichtig. Die Wertpapierleihe ist meldepflichtig, Verpfändungen und Sicherungsübereignungen dagegen laut FMA nicht. Erwerb und Verkauf von Anteilen an Kapitalanlagefonds sind nicht meldepflichtig.[149] Anders wäre dies wohl hinsichtlich des Erwerbs oder der Ausübung einer Option hinsichtlich eines Baskets zu beurteilen, wenn dessen Preis überwiegend vom Kurs der Aktien des Emittenten abhängt.[150] Wurden dem Aufsichtsrat ausnahmeweise Aktienoptionen im Rahmen einer langfristigen Vergütungsvereinbarung gewährt, so ist nicht der Erwerb der Option, jedoch deren Ausübung meldepflichtig.[151] Ent- **73**

[142] *Wilfling,* Aufsichtsrat aktuell 3/2015, 10 f mwN; ebenso *FMA,* Emittentenleitfaden, 83; *Kalss/Oppitz/Zollner,* Kapitalmarktrecht² § 19 Rz 42 ff.

[143] *FMA*, Emittentenleitfaden, 83.

[144] *FMA*, Emittentenleitfaden, 83.

[145] vgl hierzu *Kalss/Zollner*, GeS 2005, 197, 200.

[146] vgl hierzu *Kalss/Zollner*, GeS 2005, 197, 201; ähnlich *Kalss/Oppitz/Zollner,* Kapitalmarktrecht² § 19 Rz 54.

[147] *Kalss/Oppitz/Zollner,* Kapitalmarktrecht² § 19 Rz 57; *Kalss/Zollner,* GeS 2005, 197, 202.

[148] *FMA,* Emittentenleitfaden, 84; ähnlich *Kalss/Oppitz/Zollner,* Kapitalmarktrecht² § 19 Rz 32, die darüber hinaus auch extrem ertragsabhängige Gewinnschuldverschreibungen umfasst sehen.

[149] *FMA*, Emittentenleitfaden, 84 f.

[150] vgl zum deutschen Recht: *Pfüller* in *Habersack/Mülbert/Schlitt*, HB Kapitalmarktinformation² § 23 Rz 33; ähnlich *FMA*, Emittentenleitfaden, 85.

[151] *FMA*, Emittentenleitfaden, 84 f; *Sehte* in *Assmann/Schneider*, WpHG⁶ § 15a Rz 83.

geltlose Geschäfte (Schenkungen, Erbschaften) von meldepflichtigen Personen unterliegen nicht der Meldepflicht.[152]

74 Gem § 48d Abs 4 Z 2 BörseG hat die Meldung an die FMA innerhalb von fünf Arbeitstagen nach dem Tag des Geschäftsabschlusses zu erfolgen. Die Meldung kann solange aufgeschoben werden, bis die Gesamt-Abschlusssumme der Geschäfte einer meldepflichtigen Person den **Betrag von EUR 5000** (einschließlich der Geschäfte von nahestehenden Personen) **pro Kalenderjahr** übersteigt. In der Praxis kommt dieser Ausnahme aufgrund des niedrigen Betrages nur geringe Bedeutung zu. Die Führungskraft und die ihr nahestehenden Personen haben jeweils eigene Meldungen vorzunehmen, die Führungskraft hat nicht die Pflicht, die Geschäfte einer ihr nahestehenden Person offenzulegen.[153]

75 Nähere Bestimmungen zur Melde- und Veröffentlichungspflicht enthält die VMV. Die Meldung an die FMA hat die in § 48d Abs 4 BörseG und § 8 VMV genannten Informationen zu enthalten. Formulare zur Meldung von Directors' Dealings durch natürliche Personen und durch juristische Personen sind als Anlage der VMV angeschlossen und können über die Website der FMA abgerufen werden.[154] Sofern die Zustimmung des Meldpflichtigen auf dem Formular erteilt wird, veröffentlich die FMA die Meldung auf ihrer Homepage (§ 10 Abs 2 VMV). Der Emittent soll nach den Regeln des ÖCGK erfolgte Meldungen über Directors' Dealings unverzüglich auf der **Website des Emittenten veröffentlichen** und dort für den Zeitraum von mindestens drei Monaten bereithalten. Ein Link auf die bei der FMA veröffentlichte Meldung soll hierfür genügen (C-73 ÖCGK).

76 Der Emittent hat sicherzustellen, dass Meldungen über Directors' Dealings durch Personen aus Vertraulichkeitsbereichen auch dem Compliance-Verantwortlichen übermittelt werden, der den Inhalt und Zeitpunkt der Meldung erfasst (§ 10 ECV).

77 Für den Fall von Nachfragen seitens der FMA hat der Meldepflichtige folgende Daten hinsichtlich der Veröffentlichung der Meldung bereitzuhalten: Angaben zur Person, die die Meldung an die FMA übermittelt hat, Angaben zum Nachweis der Gültigkeit der Sicherheitsmaßnahmen, Datum und Uhrzeit der Übermittlung an die Medien und Angaben, an welche Medien übermittelt wurde.

78 Das Directors' Dealings-Regime erfährt unter der MAR umfassende Änderungen, etwa sind ab 3. Juli 2016 in MTF und OTF gehandelte Wertpapiere erfasst, es erfolgt eine Ausweitung der Meldepflicht auf Schuldtitel des Emittenten, die Meldungsfrist wird verkürzt, das Prozedere geändert, umfassende (schriftliche) Belehrungspflichten vorgesehen und die Strafen für Verstöße drastisch erhöht. Für Verletzungen durch natürliche Personen drohen künftig etwa Geldbußen von bis zu EUR 500.000.[155] Außerdem werden Details zur Meldung künftig abschließend in einer delegierten Verordnung der Kommission geregelt.

---

152 *FMA*, Emittentenleitfaden, 84.

153 *Kalss/Zollner*, GeS 2005, 197; ähnlich *Kalss/Oppitz/Zollner,* Kapitalmarktrecht² § 19 Rz 59 ff.

154 abrufbar unter: https://www.fma.gv.at/de/unternehmen/emittenten/directors-dealings.html (29.12.2015).

155 Details siehe *Wilfling*, Aufsichtsrat aktuell 3/2015, 10 ff; *Hartlieb/Simonishvili*, ZFR 2015, 62 ff.

F. Compliance-Organisation

Die gesetzliche Verpflichtung zur Einrichtung einer Compliance-Organisation für jeden Emittenten ist in § 82 Abs 5 BörseG geregelt. Demnach hat ein Emittent (1) die für ihn tätigen Personen über das Verbot des Missbrauchs von Insiderinformationen zu unterrichten, (2) interne Richtlinien für die Informationsweitergabe im Unternehmen zu erlassen sowie die Einhaltung zu überwachen und (3) geeignete organisatorische Maßnahmen zur Verhinderung einer missbräuchlichen Verwendung oder Weitergabe von Insiderinformationen zu treffen. Diese Verpflichtungen werden in der ECV, die von der FMA auf der Grundlage der Ermächtigung in § 82 Abs 6 S 2 BörseG erlassen wurde, konkretisiert. Diese gilt für alle Emittenten, deren Aktien oder aktienähnliche Wertpapiere zum Handel an einem geregelten Markt in Österreich zugelassen sind. **79**

Durch die Novelle der ECV 2012 wurden die Compliance-Regelungen für Aktienemittenten wesentlich erweitert. Mit dieser Novelle wurde der Begriff „compliance-relevante Information" aufgenommen. Dabei handelt es sich um (i) Insiderinformationen und (ii) sonstige, vertrauliche Informationen, wenn sie kursensibel sind. Letzteres ist der Fall, wenn ein Anleger eine vertrauliche Information als für seine Kaufentscheidung relevant ansehen würde. Dabei soll es reichen, wenn die Information (ohne erhebliche Kurbeeinflussungseignung zu haben) einen Schluss auf die Kursauswirkung zulässt. Lediglich Bagatellfälle sollen ausscheiden.[156] **80**

Für Umsetzung und Einhaltung der Verordnung ist die Geschäftsleitung des Emittenten verantwortlich (§ 13 Abs 1 ECV). Für den Aufsichtsrat ergeben sich keine unmittelbaren Verpflichtungen aus der ECV (vgl aber Rz 70 ff). Der Aufsichtsrat muss aber in die Compliance-Organisation des Unternehmens integriert werden. **81**

Die ECV sieht folgende **Kernverpflichtungen** vor: **82**

- Einrichtung und Dokumentation von Vertraulichkeitsbereichen;
- Vorkehrungen zur Sicherstellung, Weitergabe und Speicherung compliance-relevanter Informationen;
- Einrichtung von Sperrfristen für Papiere des Emittenten;
- Meldung von Directors' Dealings;
- Anlegen und Führen eines Insiderverzeichnisses;
- Erlass einer internen Compliance-Richtlinie;
- Ernennung eines Compliance-Verantwortlichen (abhängig von der Unternehmensgröße).

Es sind sowohl ständige als auch projektbezogene Vertraulichkeitsbereiche im Unternehmen einzurichten (§ 3 Z 3 ECV). Projektbezogene Vertraulichkeitsbereiche müssen entsprechend dokumentiert werden, einschließlich Beginn und Ende des Vertraulichkeitsbereichs, und dem Compliance-Verantwortlichen gemeldet werden. Das **Insiderverzeichnis** (§ 48d Abs 3 BörseG) wird vom Compliance- **83**

[156] *Kalss/Oppitz/Zollner,* Kapitalmarktrecht² § 23 Rz 14 f, nachdem die MAR Vollharmonisierung beabsichtigt und das zunächst angedachte (ähnliche) RIWGA-Konzept bewusst verworfen hat, gehen wir davon aus, dass für eine zusätzliche Kategorie „compliance-relevante Information" auf nationaler Ebene künftig kein Raum besteht.

Verantwortlichen geführt (§ 11 Abs 1 ECV) und muss mindestens fünf Jahre lang aufbewahrt werden.

84 Der Aufsichtsrat zählt wie die Geschäftleitung oder der Zentralbetriebsrat zu einem ständigen Vertraulichkeitsbereich, die Mitglieder des Aufsichtsrates sind „Personen aus Vertraulichkeitsbereichen“ (§ 3 Z 4 ECV). Die Geschäftsleitung hat sicherzustellen, dass die Aufsichtsräte die aus ihrer Zugehörigkeit zu Vertraulichkeitsbereichen erwachsenden Pflichten „anerkennen und schriftlich erklären, sich der Sanktionen bewusst zu sein, die bei einer missbräuchlichen Verwendung oder einer nicht ordnungsgemäßen Verbreitung von Insiderinformationen verhängt werden.“ Eine Verpflichtung für den Aufsichtsrat, sich der ECV zu unterwerfen, enthält die ECV nicht, nach L-44 ÖCGK sind die Mitglieder des Aufsichtrats aber verpflichtet, die Bestimmungen der ECV einzuhalten.

85 Innerhalb des Unternehmens soll durch „**Chinese Walls**“ sichergestellt werden, dass keine Weitergabe von Insiderinformationen erfolgt. Chinese Walls müssen nicht zwingend räumlicher Natur (verschiedene Zimmer, Gebäude(teile) etc.) sein. Eine Abgrenzung kann auch durch technische Hilfsmittel wie Zutrittsbeschränkungen, Versperren von Räumen und Schränken sowie EDV-Zugriffsbeschränkungen erfolgen.[157] Die Benutzung von Codenamen für vertrauliche Projekte ist eine weitere organisatorische Maßnahme zur Wahrung der Vertraulichkeit.[158] Compliance-relevante Informationen dürfen Vertraulichkeitsbereiche nur verlassen und an andere Stellen im Unternehmen weitergegeben werden, wenn und soweit dies zu Unternehmenszwecken erforderlich ist (**need to know-Prinzip**)[159]. Der Compliance-Verantwortliche ist über jede Weitergabe einer compliance-relevanten Information außerhalb des Vertraulichkeitsbereichs unverzüglich zu informieren und hat dies entsprechend zu dokumentieren (§ 6 Abs 3 ECV). Eine Weitergabe an unternehmensfremde Personen ist nur zulässig, sofern dies notwendig ist und nur in dem unbedingt erforderlichen Umfang unter Abschluss einer Verschwiegenheitsvereinbarung (non-disclosure Agreement). Bei einer Weitergabe an anderweitig zur Verschwiegenheit verpflichtete Personen, die auf Rechnung und im Dienste des Emittenten handeln (zB Rechtsanwälte), kann eine Weitergabe auch ohne Abschluss einer Verschwiegenheitsvereinbarung erfolgen. Eine Aufnahme in das Insiderverzeichnis hat jedoch zu erfolgen. Diese Personen sind in der Folge als im Auftrag des Emittenten handelnde Personen auch selbst verpflichtet, ein Insiderverzeichnis zu führen.[160] Personen aus Vertraulichkeitsbereichen sind verpflichtet, Unterlagen sowie elektronische Daten so zu sichern, dass sie Personen, die nicht auf Grund ihrer Tätigkeit mit der Bearbeitung der enthaltenen Insiderinformationen befasst sind, nicht zugänglich sind (§ 5 Abs 3, 4 ECV).

86 Für den Aufsichtsrat gelten vom Emittenten festgesetzte **Sperrfristen**, in welchen keine Orders in Finanzinstrumente des Emittenten erteilt werden dürfen. Die ECV betrachtet eine closed period von 3 Wochen vor der geplanten Veröffentli-

---

157 *Lösler* in *Habersack/Mülbert/Schlitt*, HB Kapitalmarktinformation² § 2 Rz 126.

158 *Lösler* in *Habersack/Mülbert/Schlitt*, HB Kapitalmarktinformation² § 2 Rz 131.

159 *Kalss/Oppitz/Zollner,* Kapitalmarktrecht² § 23 Rz 25; *Lösler* in *Habersack/Mülbert/Schlitt*, HB Kapitalmarktinformation² § 2 Rz 129.

160 *Lösler* in *Habersack/Mülbert/Schlitt*, HB Kapitalmarktinformation² § 2 Rz 142.

chung von (vorläufigen) Quartalszahlen und 6 Wochen vor der geplanten Veröffentlichung des (vorläufigen) Jahresabschlusses als angemessen (§ 8 Abs 2 ECV). Neben den allgemeinen Sperrfristen können zusätzliche und nur auf einen beschränkten Personenkreis anwendbare Sperrfristen erlassen werden. Bei Vorliegen persönlicher, begründeter Umstände kann der Compliance-Verantwortliche Ausnahmen von der Sperrfrist zulassen, sofern nicht gegen das Insiderhandelsverbot (s Rz 43 ff) verstoßen wird. Die Geschäftsleitung hat sicherzustellen, dass sämtliche Directors' Dealings dem Compliance-Verantwortlichen gemeldet werden. Unter der MAR kommt es nicht nur zu umfassenden Änderungen bei den Directors' Dealings (vgl Rz 78), sondern es werden für Aufsichtsräte und sonstige Führungskräfte sämtlicher Emittenten von Finanzinstrumenten in Geregelten Märkten, MTF und OTF Sperrfristen eingeführt. Sie dürfen künftig 30 Kalendertage vor der Ankündigung eines Zwischenberichts oder eines Jahresabschlussberichts keine Eigengeschäfte tätigen. Unter bestimmten Umständen sind ähnliche Ausnahmen zulässig wie derzeit unter der ECV[161] vorgesehen.[162]

Der Compliance-Verantwortliche erstellt innerhalb von fünf Monaten nach **87**
Ablauf des Geschäftsjahres einen Tätigkeitsbericht gemäß der ECV, der dem Aufsichtsrat vorzulegen und an die FMA zu übermitteln ist. Der Bericht hat insbesondere die eingerichteten Vertraulichkeitsbereiche, Ausnahmen vom Handelsverbot während Sperrfristen sowie Anzahl von erhaltenen Directors' Dealings Meldungen sowie Schulungsmaßnahmen und etwaige Verstöße gegen die ECV (§ 13 Abs 4 Z 3, Abs 6 ECV) zu enthalten. Insoweit enthält die ECV für den Compliance-Verantwortlichen eine Berichtspflicht und damit eine Selbstanzeigepflicht gegenüber der FMA.[163]

G. Überwachungsbefugnisse der FMA

Die FMA hat die Einhaltung der in den §§ 48a-48f BörseG enthaltenen Be- **88**
stimmungen zum Insiderrecht zu überwachen (**Marktmissbrauchsaufsicht**). Es handelt sich bei der Aufsicht um eine dem eigentlichen Insidermissbrauchsstrafverfahren vorgelagerte Überwachungstätigkeit. Die Strafverfolgung liegt in der Zuständigkeit der WKStA und für das Hauptverfahren aufgrund einer gesetzlichen Sonderzuständigkeit beim Landesgerichts für Strafsachen Wien (§ 48h BörseG).[164] Zu diesem Zweck werden der FMA in § 48q Abs 1 Z 1 bis 4 BörseG Ermittlungsbefugnisse eingeräumt. Die Ermittlungen der FMA dienen der ersten Konkretisierung des anzuzeigenden Tatbestands, dem im Anschluss die Anzeige bei der WKStA folgen kann. Wurde ein solcher Anfangsverdacht angezeigt, kann die FMA fortschreitende Ermittlungen nur vornehmen, wenn sie hierzu durch WKStA oder Gericht nach § 48i BörseG beauftragt wurde.[165]

Der FMA werden durch § 48q Abs 1 BörseG abschließend folgende Ermäch- **89**
tigungen eingeräumt:

---

[161] Für die ECV sehen wir aufgrund der nahenden Anwendbarkeit der MAR künftig keinen Raum.

[162] Weiterführend *Wilfling,* Aufsichtsrat aktuell 3/2015, 14.

[163] *Lösler*, WM 2007, 676, 680.

[164] *Hinterhofer* in *Höpfel/Ratz*, WK² BörseG § 48b Rz 116 ff.

[165] *N. Raschauer*, ÖBA 2005, 379, 380; *Kalss/Oppitz/Zollner,* Kapitalmarktrecht² § 21 Rz 76 f.

1. Unterlagen aller Art einzusehen und Kopien von ihnen zu erhalten,
2. von jedermann Auskünfte anzufordern, auch von Personen, die an der Übermittlung von Aufträgen oder an der Ausführung der betreffenden Handlungen nacheinander beteiligt sind, sowie von den Auftraggebern, und, falls notwendig, eine Person vorzuladen und zu vernehmen,
3. Ermittlungen vor Ort durchzuführen,
4. bereits zum Akt genommene Ergebnisse der Auskunft über Daten einer Nachrichtenübermittlung und der Überwachung von Nachrichten (§§ 134 Z 5 und 145 StPO) einzusehen und Kopien von ihnen zu erhalten (§ 140 Abs 3 StPO).

90 Die Tatbestände des § 48q Abs 1 sind Art 12 der Marktmissbrauchs-RL[166] nachgebildet, jedoch unbestimmt formuliert: Der Tatbestand der Z 1 macht nicht deutlich, wer Adressat der Regelung sein soll. In der Literatur[167] wird zur Auslegung auf § 2 Abs 1 Z 4 WAG a.F. verwiesen, der eine Liste von Institutionen und Personen enthielt, von denen die Behörde im Rahmen ihrer Aufsichtstätigkeit Informationen einholen konnte, darunter auch Angestellte und Vertreter von Emittenten. Der Aufsichtsrat wäre hiervon nicht unmittelbar umfasst. Da die Bestimmungen zu den Directors' Dealings (§ 48d Abs 4 BörseG) und die Bestimmungen zu den in ein Insiderverzeichnis aufzunehmen Personen auch Personen erfassen, die anderweitig für den Emittenten tätig sind (§ 48d Abs 3 S 3 BörseG), ist davon auszugehen, dass auch der Aufsichtsrat oder ein Mitglied des Aufsichtsrats eines Emittenten von Ermittlungen der FMA betroffen sein kann. Wird einer Anforderung von Unterlagen nicht freiwillig nachgekommen, kann die FMA nach § 48q Abs 1 Z 3 BörseG vor Ort Ermittlungen durchführen und dabei Unterlagen einsehen und Kopien von diesen erhalten.[168]

91 Nach § 48q Abs 1 Z 2 BörseG darf die FMA zur Ermittlung des Sachverhalts **Auskünfte** von jedermann einholen sowie **offizielle Vernehmungen** zur Sache vornehmen. Das BörseG enthält keine Regelungen hinsichtlich eines Aussageverweigerungsrechts. Ein solches ist aber in verfassungskonformer Auslegung aufgrund des Grundsatzes, dass niemand gezwungen werden darf, sich selbst zu belasten, anzunehmen.[169] Für den Fall des Nichterscheinens sind keine Regelungen vorgesehen. Berufliche Verschwiegenheitspflichten, etwa von Rechtsanwälten, Notaren, Wirtschaftstreuhändern, Ärzten und Mediatoren, sind bei Einvernahmen zu beachten.[170] Die nach § 48i Abs 5 BörseG anwendbaren Bestimmungen über das verwaltungsbehördliche Strafverfahren gelten in systematischer Auslegung nur für die Ermittlungen der FMA im staatsanwaltschaftlichen Vorverfahren.

92 Die unter Z 3 vorgesehene **Vor-Ort Untersuchung** ist im Tatbestand nicht näher konkretisiert. Aufgrund des Richtervorbehalts für Hausdurchsuchungen ist davon auszugehen, dass erst nach erfolgter Anzeige bei der WKStA eine Durchsu-

---

166 Richtlinie 2003/6/EG des europäischen Parlaments und des Rates vom 28. Januar 2003 über Insider-Geschäfte und Marktmanipulation (Marktmissbrauch).

167 *N. Raschauer*, ÖBA 2005, 379, 381.

168 vgl hierzu *N. Raschauer*, ÖBA 2005, 379, 381.

169 *N. Raschauer*, ÖBA 2005, 379, 381; vgl. hierzu auch § 4 Abs 3 dt WpHG.

170 *Klinger/Klein-Gleissinger* in *Temmel*, BörseG § 48q Rz 7.

chung gegen den Willen des Betroffenen stattfinden kann.[171] Auf freiwilliger Basis sind sämtliche geschilderten Maßnahmen jederzeit möglich.

Die in Ziffer 4 geregelte Akteneinsichtnahme ermöglicht der FMA Akteneinsicht in Ergebnisse der Auskunft über Daten einer Nachrichtenübermittlung und der Überwachung von Nachrichten einzusehen und Kopien zu erhalten. **93**

Neben strafprozessualen Sanktionen kann die FMA im Zusammenhang mit der Bekämpfung von Marktmanipulation und Insiderhandel das Börsenunternehmen beauftragen, den Handel mit den betreffenden Finanzinstrumenten auszusetzen (§ 48q Abs 3 S 1 BörseG). Die FMA kann Amtshandlungen, die im Zusammenhang mit Verstößen gegen Marktmissbrauchsvorschriften vorgenommen werden, öffentlich bekanntgeben (§ 48q Abs 4 BörseG). Im Falle einer laufenden Amtshandlung hat die FMA die Nennung der Betroffenen jedoch zu unterlassen, es sei denn diese sind bereits öffentlich bekannt, eine öffentliche Richtigstellung ist erforderlich, oder es liegt Gefahr im Verzug vor. Nach Verhängung einer Sanktion durch die FMA können die Namen von Personen oder Unternehmen genannt werden.[172] Von einer Veröffentlichung ist abzusehen, wenn diese die Stabilität der Finanzmärkte erheblich gefährden würde, dadurch unverhältnismäßiger Schaden bei einem durch die Auskunft oder die Veröffentlichung Betroffenen ausgelöst würde oder öffentliche Interessen beeinträchtigt werden könnten (§ 48q Abs 4 Z 3 BörseG). **94**

Die ab Juli 2016 anwendbare MAR sieht eine Reihe von verwaltungsrechtlichen Befugnissen vor, die sich zum Teil mit den vorgenannten überschneiden (und daher uE eine Änderung des Börsegesetzes erforderlich machen) und zum Teil deutlich darüber hinaus gehen. Details siehe Art 23, Art 30, Art 32 und Art 34 MAR. **95**

V. Rechnungslegung

A. Grundlagen

Im Zuge der Europäisierung des Gesellschaftsrecht fand durch die Transparenz-RL,[173] die Abschlussprüfungs-RL[174], die Änderungs-RL[175] und die Richtlinie **96**

[171] aA wohl *Klinger/Klein-Gleissinger* in *Temmel*, BörseG § 48q Rz 8, die „sachlich unter dem Vorbehalt der Überwachung der Einhaltung der §§ 48a bis 48f" stehende Vor-Ort-Ermittlungen auch ohne richterlichen Befehl für zulässig erachten dürften.

[172] Zur Frage der öffentlichen Bekanntgabe vgl *Kalss/Oelkers*, ÖBA 2009, 123 ff; *Klinger/Klein-Gleissinger* in *Temmel*, BörseG § 48q Rz 15 ff.

[173] Richtlinie 2004/109/EG des Europäischen Parlamentes und des Rates vom 15.12.2004 zu Harmonisierung der Transparenzanforderungen in Bezug auf Informationen über Emittenten, deren Wertpapiere zum Handel auf einem geregelten Markt zugelassen sind und zur Änderung der Richtlinie 2001/34/EG.

[174] Richtlinie 2006/43/EG des Europäischen Parlaments und des Rates vom 17.5.2006 über Abschlussprüfungen von Jahresabschlüssen und konsolidierten Abschlüssen.

[175] Richtlinie 2006/46/EG des Europäischen Parlaments und des Rates vom 14. 6. 2006 zur Änderung der Richtlinien des Rates 78/660/EWG über den Jahresabschluss von Gesellschaften bestimmter Rechtsformen, 83/349/EWG über den konsolidierten Abschluss, 86/635/EWG über den Jahresabschluss und konsolidierten Abschluss von Banken und anderen Finanz-

zur Änderung der Transparenz-RL[176] eine Angleichung der Rechnungslegung und der Berichtspflicht börsenotierter Aktiengesellschaften statt, die ua zu einem Bedeutungszuwachs der Rolle des Aufsichtsrates und zu Änderungen in der Regelpublizität börsenotierter Gesellschaften führte. Die Börsegesetznovelle 2007[177], das URÄG 2008[178] und die Börsegesetznovelle 2015[179] haben diese Richtlinien maßgeblich umgesetzt. 2014 wurden die geänderte Richtlinie[180] und die neue Verordnung[181] über Abschlussprüfungen veröffentlicht. Mit diesen, ab Mitte 2016 anwendbaren Rechtsvorschriften soll die Unabhängigkeit der Abschlussprüfer gestärkt, die Aussagekraft von geprüften Abschlüssen erhöht und die Beaufsichtigung von Abschlussprüfern in der EU verbessert werden. Anders als im Fall der MAR, die wie oben dargestellt künftig einen erheblich weiteren Anwendungsbereich haben wird und auch für Emittenten mit Finanzinstrumenten in einem MTF oder OTF gelten wird, sind die eingangs beschriebenen Rechtsakte weiterhin vorrangig für Emittenten mit Finanzinstrumenten in geregelten Märkten relevant.

B. Publizitätspflichten einer börsenotierten AG

97 Die Kommunikation eines börsenotierten Unternehmens mit dem Kapitalmarkt besteht insbesondere aus der Regelpublizität, der anlassbezogenen Publizität, Publikationspflichten hinsichtlich Erwerb und Veräußerung eigener Aktien, der Beteilungspublizität, der Veröffentlichung eines Corporate Governance Berichts, sowie aus dem Finanzkalender (C-74 ÖCGK). Neben den aktien- und kapitalmarktrechtlichen Veröffentlichungspflichten dienen die Bekanntmachungen auch der Pflege der Investor Relations des Unternehmens. Auch wenn die Publikation von Berichten und Meldungen meist Aufgabe der Gesellschaft ist, kommt dem Aufsichtsrat im Rahmen der Erstellung der Finanzberichte sowie bei der Herausgabe von Adhoc-Meldungen in der Praxis eine beratende Rolle gegenüber dem Vorstand zu.

98 Im Einzelnen hat eine börsenotierte AG im Rahmen der Regelpublizität den Jahresfinanzbericht und den Halbjahresfinanzbericht zu veröffentlichen. Eine ge-

---

instituten und 91/674/EWG über den Jahresabschluss und konsolidierten Abschluss von Versicherungsunternehmen.

176 Richtlinie 2013/50/EU des Europäischen Parlaments und des Rates vom 22. Oktober 2013 zur Änderung der Richtlinie 2004/109/EG des Europäischen Parlaments und des Rates zur Harmonisierung der Transparenzanforderungen in Bezug auf Informationen über Emittenten, deren Wertpapiere zum Handel auf einem geregelten Markt zugelassen sind, der Richtlinie 2003/71/EG des Europäischen Parlaments und des Rates betreffend den Prospekt, der beim öffentlichen Angebot von Wertpapieren oder bei deren Zulassung zum Handel zu veröffentlichen ist, sowie der Richtlinie 2007/14/EG der Kommission mit Durchführungsbestimmungen zu bestimmten Vorschriften der Richtlinie 2004/109/EG.

177 BGBl I 2007/60.

178 BGBl I 2008/70.

179 BGBl I 2015/98.

180 Richtlinie 2014/56/EU des Europäischen Parlaments und des Rates vom 16. April 2014 zur Änderung der Richtlinie 2006/43/EG über Abschlussprüfungen von Jahresabschlüssen und konsolidierten Abschlüssen.

181 Verordnung (EU) Nr 537/2014 des Europäischen Parlaments und des Rates vom 16. April 2014 über spezifische Anforderungen an die Abschlussprüfung bei Unternehmen von öffentlichem Interesse und zur Aufhebung des Beschlusses 2005/909/EG der Kommission.

setzliche Pflicht zur Veröffentlichung von Zwischenmitteilungen oder Quartalsberichten besteht nicht. Börsenunternehmen, die einen geregelten Markt betreiben, der in mehr als ein Marktsegment aufgegliedert ist, können jedoch in ihren Geschäftsbedingungen für ihr höchstes Marktsegment die Veröffentlichung von Quartalsberichten vorschreiben. Die Inhalte, Fristen und sonstige Veröffentlichungsanforderungen dürfen jedoch nicht strenger sein als jene gemäß IAS 34. Die Wiener Börse hat für ihren Prime Market von dieser Möglichkeit Gebrauch gemacht.[182]

Zusätzlich zu den beschriebenen Veröffentlichungspflichten ist im Rahmen des Lageberichts nach § 243 Abs 3 Z 1 UGB auch die **voraussichtliche Entwicklung** des Unternehmens darzulegen. Hierfür genügt eine Umschreibung der wesentlichen erwarteten und geplanten Entwicklung und ihrer Auswirkungen auf das Geschäftsergebnis.[183] Es ist der Vorsichtigkeitsgrundsatz zu beachten, Prognosen dürfen daher nicht zu optimistisch sein.[184] Die Prognose über bestehende Planungen und Erwartungen der Geschäftsleitung ist nach hL für die nächsten beiden Geschäftsjahre zu erstellen.[185] Die Prognose muss keine Details enthalten, eine Darstellung der Ziele und Strategien reicht aus.[186] Quantitative Angaben sind nur zu machen, wenn sie für den Lageberichtsadressaten entscheidungserheblich sind, und eine Quantifizierung zu vertreten ist.[187] 99

Zur verpflichtenden Prognose im Lagebericht treten in der Praxis häufig freiwillige Prognosen, die durch die Gesellschaft selbst veröffentlicht werden, um potentielle institutionelle Investoren und Analysten über die Gewinnsituation des Unternehmens zu informieren (**Guidance**). Aufgrund des kapitalmarktrechtlichen Gleichbehandlungsgrundsatzes dürfen solche Informationen nicht nur einer Bereichsöffentlichkeit zugänglich gemacht werden, sondern müssen breitflächig veröffentlicht werden. Handelt es sich dabei um Insiderinformationen (zum Begriff siehe Rz 44 ff), muss dies unverzüglich mittels Ad-hoc-Meldung erfolgen. Solange die in der Prognose vertretenen Erwartungen auch kaufmännisch vertreten werden können, sind solche Veröffentlichungen unbedenklich.[188] Problematisch kann die durch in der Vergangenheit veröffentlichte Guidance-Mitteilungen hervorgerufene Erwartungshaltung der interessierten Öffentlichkeit hinsichtlich künftiger Guidance werden, indem durch regelmäßige Veröffentlichungen eine Selbstbindung des Unternehmens eintritt. 100

C. Rechnungslegung der börsenotierten AG

Für börsenotierte Gesellschaften gelten neben den für große Aktiengesellschaften anwendbaren Vorschriften besondere Rechnungslegungsvorschriften. Hierzu 101

182 Regelwerk Prime Market der Wiener Börse, S 10, abrufbar unter http://www.wienerborse.at/static/cms/sites/wbag/media/de/pdf/marketplace_products/regelwerk_primemarket.pdf.

183 *Nowotny* in *Straube/Ratka/Rauter,* UGB^4 § 243 Rz 34 mwN.

184 *Nowotny* in *Straube/Ratka/Rauter,* UGB^4 § 243 Rz 34 mwN.

185 *Nowotny* in *Straube/Ratka/Rauter,* UGB^4 § 243 Rz 37.

186 *Schäfer/Ernst* in *Habersack/Mülbert/Schlitt*, HB Kapitalmarktinformation^2 § 14 Rz 6.

187 *Schäfer/Ernst* in *Habersack/Mülbert/Schlitt*, HB Kapitalmarktinformation^2 § 14 Rz 6 f.

188 *Schäfer/Ernst* in *Habersack/Mülbert/Schlitt*, HB Kapitalmarktinformation^2 § 14 Rz 8.

zählen etwa der erweiterte Katalog von Pflichtangaben im Lagebericht (§ 243a UGB), die Pflicht zur Veröffentlichung von Halbjahresfinanzberichten (§ 87 Abs 1 BörseG) oder die Erstellung eines Corporate Governance Berichts (§ 243b UGB). Für das höchste Marktsegment einer Börse können überdies Quartalsberichte vorgeschrieben sein (§ 87 Abs 6; siehe dazu bereits Rz 98 oben).

102 Die Erstellung des Jahresabschlusses sowie der Berichte obliegt dem Vorstand. Der Jahresabschluss, der Bilanzeid, der Lagebericht sowie der Corporate Governance Bericht sind von allen Vorstandsmitgliedern als gesetzlichen Vertretern zu zeichnen.

103 Ein Unternehmen, dessen Aktien im Amtlichen Handel oder Geregelten Freiverkehr der Wiener Börse oder in einem geregelten Markt eines anderen OECD-Mitgliedstaat notieren, ist kraft Gesetz (§ 221 Abs 3 UGB iVm § 189a Z 1 UGB) eine **große Aktiengesellschaft** im Sinne der Größenqualifikation des UGB und hat gem der für diese anwendbaren Vorschriften zu bilanzieren (vgl Rz 105). Darüber hinaus unterliegt der Vorstand den börserechtlichen Publikationspflichten. Neben der nach § 277 Abs 2 UGB vorgesehenen Veröffentlichung des Jahresabschlusses im Amtsblatt zur Wiener Zeitung hat auch eine Verbreitung über Medien, die größtmöglichen öffentlichen Zugang gewährleisten, darunter mindestens eines der Informationsverbreitungssysteme Reuters, Bloomberg, Dow Jones Newswire, nicht jedoch die APA, zu erfolgen.[189]

104 Für eine börsenotierte Gesellschaft gilt eine kürzere Frist zur Veröffentlichung des Jahresabschlusses als für eine nicht börsenotierte Gesellschaft: Der Jahresabschluss muss innerhalb von vier Monaten nach Ablauf jedes Geschäftsjahres erstellt werden (fünf Monate für nicht börsenotierte Gesellschaften, § 222 Abs 1 UGB). Der Jahresabschluss ist samt Lagebericht und Corporate Governance Bericht unmittelbar nach der Behandlung in der Hauptversammlung, spätestens aber neun Monate nach dem Bilanzstichtag samt Bestätigungsvermerk beim Firmenbuchgericht des Sitzes der Gesellschaft einzureichen (§ 277 UGB). Der Halbjahresfinanzbericht ist innerhalb von drei Monaten nach Ablauf des Berichtszeitraums zu veröffentlichen (§ 87 Abs 1 BörseG). Für Emittenten im Prime Market der Wiener Börse beträgt die Veröffentlichungsfrist laut Regelwerk Prime Market nur zwei Monate. Dasselbe gilt für die vom Regelwerk Prime Market vorgeschriebenen Quartalsberichte. Jahres- und Halbjahresbericht müssen für mindestens zehn Jahre veröffentlicht bleiben (§ 82 Abs 4 BörseG, § 87 Abs 1 BörseG, L-65 ÖCGK). Dies geschieht durch eine entsprechende Bereitstellung auf der Website des Emittenten. Für Quartalsberichte sieht das Regelwerk Prime Market keine dauerhafte Veröffentlichungsverpflichtung vor. Die Veröffentlichung von Geschäftsbericht, Jahres- und Halbjahresabschluss sowie von Quartalsberichten durch Prime Market Emittenten hat jeweils in deutscher und englischer Sprache zu erfolgen.[190]

105 Der **Jahresbericht** einer börsenotierten Gesellschaft beinhaltet einen geprüften Jahresabschluss, Lagebericht sowie die Erklärung zum **Bilanzeid** sämtlicher

[189] Vgl § 11 f VMV iVm § 81a Z 9 BörseG iVm § 82 BörseG; zum Ablauf der Veröffentlichungspflichten im Einzelnen vgl Rz 65 f.

[190] Regelwerk Prime Market Wiener Börse, 9.

Vorstandsmitglieder, dass der Jahresabschluss nach „bestem Wissen“[191] ein getreues Bild der Vermögens-, Finanz- und Ertragslage des Unternehmens und im Falle eines Konzernabschlusses der in das Geschäftsergebnis miteinbezogenen Unternehmen oder der Lage des gesamten konsolidierten Unternehmens entstehen lasse. Der Halbjahresabschluss hat einen verkürzten Abschluss, einen Halbjahreslagebericht sowie einen Bilanzeid aller gesetzlichen Vertreter zu enthalten. Eine Prüfpflicht besteht für den Halbjahresabschluss nicht. Erfolgt keine Prüfung, ist ein Negativvermerk anzubringen. Der Konzernabschluss einer kapitalmarktorientierten Aktiengesellschaft ist nach den Regeln der IFRS/IAS aufzustellen.[192]

Mit dem Rechnungslegungskontrollgesetz[193] wurde in Umsetzung unionsrechtlicher Vorgaben[194] ein Prüfverfahren für die Finanzberichterstattung von Unternehmen, deren Wertpapiere[195] zum Handel an einem geregelten Markt zugelassen sind, eingeführt. Geprüft werden neben Jahresabschlüssen, Lageberichten, Konzernabschlüssen und Konzernlageberichten auch vorgeschriebene Informationen nach § 81a Abs 1 Z 9 BörseG (§ 9 Abs 1 RL-KG). Vorgesehen sind Stichprobenkontrollen und Anlasskontrollen (§ 2 Abs 1 Z 1 und Z 2 RL-KG). Kontrollbehörde ist zwar die FMA, ihr ist jedoch die Österreichische Prüfstelle für Rechnungslegung vorgeschaltet.[196] Ergibt die Prüfung, dass die Rechnungslegung fehlerhaft ist, stellt die FMA dies mit Bescheid fest und kann – wenn dies im öffentlichen Interesse liegt – die Veröffentlichung des Fehlers samt Begründung durch den Emittenten anordnen (§ 5 RL-KG). **106**

D. Prüfwesen und Lagebericht

Dem Aufsichtsrat obliegt eine Prüfpflicht hinsichtlich des Lageberichts, des Jahresabschlusses sowie hinsichtlich der Erstellung des Corporate Governance Berichts. Sobald der Aufsichtsrat dem Jahrsabschluss zustimmt, gilt dieser als festgestellt. Der Aufsichtsrat erstellt einen Bericht über die Prüfung. Der Bericht ist zusammen mit dem Jahresabschluss, dem Lagebericht, dem vollständigen Bestätigungsvermerk sowie dem Corporate Governance Bericht beim Firmenbuch einzureichen (§ 277 UGB). Der Aufsichtsrat hat der Hauptversammlung mitzuteilen, welcher Abschlussprüfer den Jahresabschluss und den Lagebericht sowie den Corporate Governance Bericht geprüft hat, welche allfälligen weiteren Personen zur Prüfung beigezogen wurden und ob Prüfungen Anlass zu Beanstandungen gegeben haben (§ 96 Abs 2 AktG). Ist die Gesellschaft zur Aufstellung eines Konzernlageberichts sowie eines Konzernabschlusses verpflichtet, sind zugleich mit dem Jahresabschluss der Konzernlagebericht sowie der Konzernabschluss dem Aufsichtsrat **107**

[191] analog § 87 Abs 1 Z 3 lit a BörseG. Die Formulierung „ihres Wissens“ in § 82 BörseG wird unter Berufung auf die Richtlinie als gesetzgeberisches Versehen gedeutet. Vgl hierzu *Bitzyk/Oelkers*, ÖBA 2009, 508, 512.

[192] Art 4 VO 1606/2002; vgl. § 245a UGB; L-65 ÖCGK; vgl hierzu die Erläuterungen zum Rechnungslegungsänderungsgesetz 2004, ErlRV 667 BlgNR 22. GP 2f.

[193] BGBl I 2013/21 (RL-KG).

[194] Siehe dazu *Kalss/Oppitz/Zollner,* Kapitalmarktrecht² § 15 Rz 47.

[195] Das RL-KG gilt nicht nur für Aktienemittenten, sondern auch für Emittenten, die lediglich Anleihen oder sonstige Wertpapiere in einem geregelten Markt zugelassen haben.

[196] *Kalss/Oppitz/Zollner,* Kapitalmarktrecht² § 15 Rz 48.

zur Prüfung vorzulegen,[197] und auch entsprechend beim Firmenbuch einzureichen. Für die Prüfung kann sich der Aufsichtsrat auf die Vorarbeit des Abschlussprüfers stützen, eine Doppelprüfung ist durch das Gesetz nicht gewollt (vgl *Milla/Rödler/Köll* Rz 21/115).[198] Der Bericht an die Hauptversammlung hat Beanstandungen sowie in der Folge eingeleitete Maßnahmen zu beinhalten und darzulegen, in welcher Form sich der Aufsichtsrat mit den Abschlüssen auseinandergesetzt hat. Für Sitzungen des Gesamtaufsichtsrats, die sich mit der Prüfung des Abschlusses beschäftigen, ist der Abschlussprüfer hinzuziehen (§ 93 Abs 1 S 3 AktG).

108 Innerhalb des Aufsichtsrats wird die Prüfung durch den **Prüfungsausschuss vorbereitet**. Diesem kommt im Zusammenhang mit der Rechnungslegung der Gesellschaft eine tragende Rolle zu (vgl L-40 ÖCGK, § 92 Abs 4a BörseG): Der Prüfungsausschuss ist insbesondere für die Überwachung des Rechnungslegungsprozesses, die Wahl des Abschlussprüfers und dessen Überwachung sowie die Prüfung und Vorbereitung der Feststellung des Jahresabschlusses, des Vorschlags für die Gewinnverteilung und des Lageberichts zuständig. Er hat die Konzernrechnungslegung zu überwachen und einen allfälligen Konzernabschluss zu prüfen. Zu weiteren Einzelheiten zum Prüfungsausschuss vgl *Schimka* Rz 29/81.

109 Nach L-40 ÖCGK muss dem Prüfungsausschuss ein Mitglied mit den Anforderungen des Unternehmens entsprechenden Kenntnissen und praktischen Erfahrungen im Finanz- und Rechnungswesen und in der Berichterstattung angehören (**Finanzexperte**). Für die Unabhängigkeit des Finanzexperten gelten – wie für den Vorsitzenden des Prüfungsausschusses – erhöhte Anforderungen: Er darf nicht in den letzten drei Jahren eine leitende Position im Unternehmen bekleidet haben, Abschlussprüfer der Gesellschaft gewesen sein oder aus anderen Gründen unabhängig oder unbefangen gewesen sein.

110 Der Abschlussprüfer wird durch die Hauptversammlung gewählt. Der Aufsichtsrat hat dabei einen Vorschlag für die Wahl des Abschlussprüfers zu machen. Der Prüfungsausschuss hat wiederum dem Aufsichtsrat Vorschläge zur **Wahl des Abschlussprüfers** zu unterbreiten (vgl § 92 Abs 4a Z 7 AktG; L-81 ÖCGK). Nach der Wahl schließt der Aufsichtsrat mit dem gewählten Prüfer den Vertrag über die Durchführung der Abschlussprüfung und vereinbart das Entgelt (vgl § 270 UGB). In der Praxis kommt der Aufsichtsrat dieser Verantwortung nicht immer nach, teilweise wird der Vertrag unter Einbeziehung des Vorstands verhandelt.[199] Ein solches Vorgehen ist mit der Unabhängigkeit des Wirtschaftsprüfers sowie dessen Überwachungsfunktion gegenüber dem Vorstand nicht vereinbar. Bei der Auswahl des Abschlussprüfers darf sich der Aufsichtsrat nicht vom günstigsten Angebot leiten lassen (vgl § 270 Abs 1 S 7 UGB).[200] Vielmehr hat das Entgelt in einem angemessenen Verhältnis zu den Aufgaben des Prüfers und zum Prüfungsaufwand zu bestehen. Eine Regel, wonach derselbe Abschlussprüfer den Konzernabschluss und die Abschlüsse der Tochterunternehmen prüfen soll, besteht nicht.[201]

---

197 § 96 Abs 3 AktG; § 244 Abs 1 UGB.

198 *Kalss* in *Kalss/Nowotny/Schauer*, Österreichisches Gesellschaftsrecht (2008) Rz 3/711.

199 Vgl empirische Untersuchung von *Kraßnig*, Aufsichtsrat aktuell, 4/2009, 21.

200 Vgl auch *Draxler*, GeS 2008, 272, 279.

201 Vgl zur Diskussion im deutschen Recht: *Lutter/Krieger* in Rechte und Pflichten des Aufsichtsrats, Rz 188.

Neben der Kommunikation zwischen Aufsichtsrat und Abschlussprüfer im Rahmen der Prüfung des Jahresabschlusses ist insbesondere bei börsenotierten Aktiengesellschaften ein routinemäßiger laufender Kontakt zwischen Abschlussprüfer und Prüfungsausschuss zu fordern, so dass dieser auf in der Prüfung zu berücksichtigende Besonderheiten hinweisen und entsprechende Prüfungsschwerpunkte setzen kann.[202] **111**

Weiters obliegt dem Prüfungsausschuss die Überwachung des **internen Kontrollsystems (IKS)**, des **Revisionssystems** sowie des **Risikomanagementsystems (RMS)**, wobei laufend zu prüfen ist, ob derartige Systeme (vom Vorstand) wirksam eingerichtet sind und ob sie grundsätzlich wirksam sind („Prozesskontrolle").[203] Der Lagebericht hat grundsätzlich die Risikomanagementziele und -methoden einschließlich der Methoden zur Absicherung geplanter Transaktionen, die im Rahmen der Bilanzierungen von Sicherungsgeschäften angewendet werden, sowie bestehende Preisänderungs-, Ausfall-, Liquiditäts- und Cashflow-Risiken zu beschreiben (§ 243 Abs 3 Z 5 UGB). Zusätzlich hat der Lagebericht einer börsenotierten Aktiengesellschaft nach dem UGB die wichtigsten Merkmale des RMS im Hinblick auf den Rechnungslegungsprozess zu beschreiben und eine Darlegung der wesentlichen eingesetzten Risikomanagement-Instrumente in Bezug auf nicht-finanzielle Risiken (§ 243a UGB; C-70 ÖCGK) zu enthalten. Gem der Interpretation des Österreichischen Arbeitskreises für Corporate Governance soll hierfür eine allgemeine Beschreibung der eingesetzten Risikomanagementsysteme ausreichen.[204] **112**

Der Prüfungsausschuss hat im Rahmen seiner Prüfung das IKS, das RMS und das Revisionssystem nicht im Einzelnen zu überprüfen, sondern festzustellen, ob ein solches eingerichtet und wirksam ist.[205] Damit soll keine Überprüfung, sondern eine Überwachung der vom Vorstand zur Durchführung von IKS und RMS implementierten Maßnahmen erfolgen (Prozesskontrolle).[206] **113**

Der Abschlussprüfer hat die Funktionsfähigkeit des Risikomanagements auf Grundlage bereitgestellter Dokumente zu beurteilen und dem Vorstand zu berichten. Nach der Interpretation des Österreichischen Arbeitskreises für Corporate Governance geht die Beurteilung des RMS über die bloße Stellungnahme zu Risiken und Empfehlungen zum IKS hinaus: Es müssen Unterlagen bereitgestellt werden, aus denen das RMS ausreichend dokumentiert ist, und die Risikoidentifikation und -beschreibung nachvollzogen werden können.[207] Auch sind die im Un- **114**

---

[202] *Draxler*, GeS 2008, 272, 279.

[203] *Kalss* in *Doralt/Nowotny/Kalss*, AktG^2 § 92 Rz 146.

[204] Interpretationen zum Österreichischen Corporate Governance Kodex (Fassung Jänner 2015) des Österreichischen Arbeitskreises für Corporate Governance, abrufbar unter http://www.wienerborse.at/corporate/pdf/CG%20interpretationen%202015%201.pdf.

[205] *D. Aigner/J. Aigner* in SWK 2009, w 83, *w86; Ahammer/Balzar/Gedlicka/Kerschbaumer/Löffler/Nayer/Schirmbrand*, Aufsichtsrat aktuell 6/2008, 16.

[206] *Ahammer/Balzar/Gedlicka/Kerschbaumer/Löffler/Nayer/Schirmbrand,* Aufsichtsrat aktuell 6/2008, 16.

[207] Interpretationen zum Österreichischen Corporate Governance Kodex (Fassung Jänner 2015) des Österreichischen Arbeitskreises für Corporate Governance, abrufbar unter http://www.wienerborse.at/corporate/pdf/CG%20interpretationen%202015%201.pdf.

ternehmen eingesetzten Systeme und Einrichtungen (zB Methoden und Systeme zur Identifikation, Erfassung, Analyse, Bewertung, Kontrolle und Kommunikation der Risiken) zu erfassen.[208] Der Bericht ist dem Vorsitzenden des Aufsichtsrats zur Kenntnis zu bringen, im Prüfungsausschuss zu behandeln und über die Behandlung wiederum dem Aufsichtsrat zu berichten (C-83). Der Bericht des Abschlussprüfers ist eine wichtige Informationsquelle für den Prüfungsausschuss.[209]

115 In der Praxis kann eine sinnvolle Überwachung des RMS durch ein regelmäßiges Reporting des Vorstands erfolgen, das zB die Beschreibung wesentlicher Risiken und Veränderungen des Systems, Umfang und Ergebnis der internen Überwachung sowie durchgeführte Untersuchungen der internen Revision beschreibt.[210] Prüfungsausschuss und Gesamtaufsichtsrat dürfen ihren Bericht über das Risikomanagementsystem nicht ausschließlich auf das Urteil des Abschlussprüfers stützen, da dieser seine Prüfung regelmäßig darauf konzentriert, ob das im Unternehmen bestehende RMS die wesentlichen Risiken erfasst und managen kann.[211] Sie haben eine Plausibilitätsprüfung des Abschlussprüfungsberichts vorzunehmen und bei allfälligen Verdachtsmomenten zusätzlich Informationen zu verwerten.

[208] Interpretationen zum Österreichischen Corporate Governance Kodex (Fassung Jänner 2015) des Österreichischen Arbeitskreises für Corporate Governance, abrufbar unter http://www.wienerborse.at/corporate/pdf/CG%20interpretationen%202015%201.pdf.

[209] *Kalss* in *Doralt/Nowotny/Kalss*, AktG² § 92 Rz 148.

[210] Vgl hierzu *Ahammer/Balzar/Gedlicka/Kerschbaumer/Löffler/Nayer/Schirmbrand,* Aufsichtsrat aktuell 6/2008, 17.

[211] *Ahammer/Balzar/Gedlicka/Kerschbaumer/Löffler/Nayer/Schirmbrand,* Aufsichtsrat aktuell 6/2008, 19.

Der Aufsichtsrat bei Unternehmensübernahmen und Anteilserwerben an der Gesellschaft

Sascha Hödl

§§: 84 Abs 1, 95 Abs 1 u Abs 2, 95 Abs 5 Z 1, 99 AktG; 1311 ABGB; 5, 6, 12, 14 ÜbG; 48b, 48d, 91, 93 Abs 2 BörseG

Literatur

Ö: *Chini*, Strategische Planung als dominante Aufgabe des Aufsichtsrats, AR aktuell 5/2015, 16; *Diregger/Kalss/Winner,* Das österreichische Übernahmerecht[2] (2006); *Doralt/ Nowotny/Kalss* (Hrsg), Kommentar zum Aktiengesetz (2012); *Gruber*, Haftung des Aufsichtsrats: Neues vom BGH, AR aktuell 2007, 29; *Hasenauer/Stingl*, Due Diligence (2015); *Huber* (Hrsg), Übernahmegesetz – Kommentar (2007); *Jabornegg/Strasser* (Hrsg), Kommentar zum AktG[5] (2011); *Jud,* Vorratsbeschlüsse im System zustimmungspflichtiger Geschäfte des Aufsichtsrats, ÖBA 1993, 773; *Kalss,* Das Zusammenspiel anlassbezogener Publizitätspflichten, ÖBA 2000, 281; *Kalss,* Der Aufsichtsratsvorsitzende im Informationsregime zwischen Vorstand und Aufsichtsrat, AR aktuell 2008, 9; *Kalss,* Interessenkonflikte bei Geschäften von Aufsichtsratsmitgliedern mit ihrer Gesellschaft, ecolex 2009, 923; *Kalss/Durstberger*, Business Judgement Rule bei der Bilanzerstellung, RWZ 2016, 60; *Kalss/Oppitz/Zollner,* Kapitalmarktrecht[2] (2015); *Kalss/Zahradnik,* BörseGNov 2004: Insiderrecht und Ad Hoc-Publizität bei M&A-Transaktionen, ecolex 2006, 393; *Kalss/Zollner,* Die Offenlegung von Beteiligungen nach der Börsegesetznovelle 2007, ÖBA 2007, 884; *Kalss*, Organhaftung in Österreich – einige rechtspolitische Anmerkungen, GesRZ 2014, 159; *Kastner/Doralt/Nowotny,* Grundriß des österreichischen Gesellschaftsrechts[5] (1990); *Kittel,* Handbuch für Aufsichtsratsmitglieder (2006); *Krejci,* Verschwiegenheitspflicht des AG-Vorstandes bei Due-Diligence-Prüfungen, RdW 1999, 574; Rundschreiben der Finanzmarktaufsichtsbehörde vom 19.6.2013 betreffend Melde- und Veröffentlichungspflichten von Emittenten. („Emittentenleitfaden"); *Lehner*, dynamische Beweislastverteilung in der Organhaftung, ecolex 2014, 153; *Nowotny,* „Due Diligence" und Gesellschaftsrecht, wbl 1998, 145; *Reich-Rohrwig/Zimmermann*, Strafrechtsänderunggesetz 2015 setzt die Business Judgment Rule um, ecolex 2015, 677; *Reich-Rohrwig/Zimmermann*, Haftung der Geschäftsleiter: Beweislast, Dokumentationspflichten, Einsichts- und Zurückbehaltungsrechte, ecolex 2014, 964; *Schima*, Reform des Untreue-Tatbestandes und gesetzliche Verankerung der Business Judgment Rule im Gesellschaftsrecht, RdW 2015, 288; *Schima*, Reform des Untreutatbestands und Business Judgment Rule im Aktien- und GmbH-Recht, GesRZ 2015, 286; *Schima*, Business Judgement Rule und Beweislast-Verteilung bei der Vorstandshaftung nach US-, deutschem und österreichischem Recht, in Baudenbacher/Kokott/Speitler, Aktuelle Entwicklungen des europäischen und internationalen Wirtschaftsrechts (2010) 369; *F. Schuhmacher,* Zur Auslegung des neu gefassten Tatbestands des Missbrauchs einer Insiderinformation, ÖBA 2005, 533; *Told*, Business Judgment Rule und ihre Anwendbarkeit in Österreich, GES 2015, 60; *Wahl/Parschalk,* Due-Diligence-Prüfung und Emittenten-Compliance, wbl 2002, 289; *Winkler/Vaclavek,* Ad-Hoc-Publizität / Beteiligungspublizität / Insiderproblematik bei Beteiligungsveräußerungen, RdW 2004, 258.

Dtl: *Aders/Schwetzler*, Fairness Opinion, Der Aufsichtsrat 2007, 56; *Assmann/Uwe H. Schneider* (Hrsg), Wertpapierhandelsgesetz – Kommentar[6] (2012); *Bücker/von Bülow,* M&A-Transaktionen, in Krieger/Uwe H. Schneider (Hrsg), Handbuch Managerhaftung[2] (2010) 719; *Clausen,* Abgestufte Überwachungspflicht, AG 1984, 20; Emittentenleitfaden der Bundesanstalt für Finanzdienstleistungsaufsicht (Bafin)[4] Stand 22.7.2013; *Edelmann,* Haftung von Vorstandsmitgliedern für fehlerhafte Ad-hoc-Meldungen – Besprechung der Infomatec-Urteile des BGH, BB 2004, 2031; *Essler,* Dokumentationspflichten bei unternehmerischen Entscheidungen, Der Aufsichtsrat 2008, 140; *Fleischer,* Aufsichtsratspflichten bei M&A Transaktionen, Der Aufsichtsrat 2008, 86; *Fleischer,* Handbuch des Vorstandsrechts (2006); *Goette*, Zur Verteilung der Darlegungs- und Beweislast bei der objektiven Pflichtwidrigkeit bei der Organhaftung, ZGR 1995, 672 ff; *Happ/Semler,* Ad hoc-Publizität im Spannungsfeld von Gesellschaftsrecht und Anlegerschutz, ZGR 1998, 116; *Hoffmann-Becking*, Münchener Handbuch des Gesellschaftsrechts IV[4] Aktiengesellschaft (2015); *Hopt/Wiedemann,* Großkommentar zum Aktiengesetz[4], 11. Lfg (1999); *Hüffer,* Der Aufsichtsrat in der Publikumspersonengesellschaft, ZGR 1980, 320; *Hüffer,* Aktiengesetz[11] (2014); *Krieger*, Organpflichten und Haftung in der AG, in Krieger/Uwe H. Schneider (Hrsg), Handbuch Managerhaftung (2010) 41; *Lutter,* Entwicklung der Organpflichten und der Organhaftung, in Krieger/Uwe H. Schneider (Hrsg), Handbuch Managerhaftung[2] (2010) 1; *Lutter/Krieger/Verse*, Rechte und Pflichten des Aufsichtsrats[6] (2014); *Mellert,* Drohende Übernahme: Herausforderung für den Aufsichtsrat, Der Aufsichtsrat 2007, 52; *Mertens* in Kölner Kommentar zum Aktiengesetz, Band II/1[3] (2010) und Band II/2[3] (2013); *Peltzer,* Haftung des Aufsichtsrats, WM 1980, 1629; *Schäfer/Hamann* (Hrsg), Kapitalmarktgesetze – Kommentar[2] (2013); *Semler,* Aktienrechtlicher Aufsichtsrat in der Unternehmenskrise, AG 1983, 141; *Semler,* Leitung und Überwachung der Aktiengesellschaft. Die Leitungsaufgabe des Vorstands und die Überwachungsaufgabe des Aufsichtsrats in der Aktiengesellschaft[2] (1996); *Semler/v. Schenck* (Hrsg), Arbeitshandbuch für Aufsichtsratsmitglieder[4] (2013).

Int: *C. Kummer/U. Steger,* Why Merger & Acquisition (M&A) Waves Reoccur – The Vicious Cirlce from Pressure to Failure, Strategic Management Review, 2 (1) 2008, p 44–63.

Gliederung **Rz**

I. Einleitung

Vor dem **(Beinahe-)Zusammenbruch** der Finanzmärkte im Jahr 2008 hat das **Volumen von *Mergers & Acquisitions*** (M&A) neue **Rekordstände** erreicht. Die klassischen Motive sind die (vertikale, horizontale, geografische) Expansion beim Kauf sowie die Konzentration auf Kernfelder oder die Trennung von weniger profitablen oder restrukturierungsbedürftigen Unternehmensbereichen beim Verkauf. Die Intensivierung des globalen Wettbewerbs und die Öffnung der Märkte in Fernost (für Österreich in Zentral- und Osteuropa) haben den Druck noch erhöht. Die Misserfolgsrate von M&A Transaktionen ist aber sehr hoch. 1

Im Durchschnitt schaffen auf europäischer Ebene nur drei von zehn M&A Transaktionen einen tatsächlichen Mehrwert; die **Mehrheit der Übernahmen bleibt erfolglos**[1]. Die Erklärungen dafür sind vielschichtig. Nach der *Free-Cashflow* Theorie ist es eine volle „Kriegskasse", die zu leichtfertigen Unternehmensübernahmen einlädt. Nach der *Hybris* Theorie überschätzen Manager ihre Kompetenzen und Fähigkeiten. Sie glauben, Kaufobjekte besser bewerten zu können als der Markt und sind daher auch bereit, einen überhöhten Preis für das gekaufte Unternehmen zu zahlen. Diese Erklärung mündet in die gern zitierte *Overcome* Theorie, die US Investor *Warren Buffet* einmal wie folgt zusammengefasst hat: Unternehmenserwerber sähen sich gerne als schöne Prinzessinnen, die mit ihren Küssen Kröten in fesche Prinzen verwandeln. Sie zahlen beträchtliche Übernahmeprämien, um die verwunschenen Prinzessinnen zu befreien. Die Ergebnisse sind aber ernüchternd: *„We observed many kisses but very few miracles."* Wegen der Singularität von Kaufentscheidungen wirken leider auch Lernprozesse im Zeitablauf nur bedingt entgegen. Dem **Aufsichtsrat** sollte daher eine Schlüsselrolle zukommen, indem er ein besonnenes und unvoreingenommenes Gegengewicht zu einem allzu kauffreudigen Vorstand bildet.[2] 2

Trotz der großen Bedeutung von M&A Transaktionen ist die **Prozessneigung** für Vorstand und Aufsichtsrat **gering**, obwohl jede wesentliche M&A Transaktion gemäß § 95 Abs 5 Z 1 AktG unter dem Zustimmungsvorbehalt des Aufsichtsrats steht, dieser eine M&A Transaktion daher zu genehmigen hat. Das liegt in erster Linie am vorherrschenden System der **Innenhaftung von** Vorstand und **Aufsichtsrat**, das signifikante Hürden für die gerichtliche Inanspruchnahme von Organen errichtet[3]. Entstehen Ersatzansprüche aufgrund von §§ 99 iVm 84 AktG (Sorgfaltspflichten der Aufsichtsratsmitglieder), ist grundsätzlich nur die jeweilige Gesellschaft zur Geltendmachung berechtigt[4]. Diese Bestimmungen bezwecken allein den Schutz der Gesellschaft vor Pflichtverletzungen ihrer Organe und stellen kein Schutzgesetz zugunsten Dritter (etwa Aktionären) dar[5]; daher besteht 3

---

[1] *C. Kummer/U. Steger*, Strategic Management Review 2 (1) 2008, 44.

[2] Siehe im Detail zu den hier skizzierten Theorien: *Fleischer*, Der Aufsichtsrat 2008, 86, 86.

[3] Für Deutschland: *Bücker/v. Bülow* in Krieger/Uwe H. Schneider, HdB Managerhaftung² § 25, 720, 721

[4] *Strasser* in Jabornegg/Strasser, AktG⁵ §§ 77–84 Rz 101; *Kalss* in Doralt/Nowotny/Kalss, AktG² I § 99 Rz 40.

[5] *Mertens/Cahn* in Kölner Komm AktG 2/1³ § 93 Rz 167; *Kalss* in Doralt/Nowotny/Kalss, AktG² I § 99 Rz 40.

auch keine Haftung gegenüber Dritten. Für die Geltendmachung wäre der eigene Vorstand der Gesellschaft zuständig, der vorbringen müsste, dass das beklagte Aufsichtsratsmitglied bei seiner Überwachung einen Fehler, den der Vorstand selbst begangen hatte, übersehen und nicht verhindert habe[6].

4 Direkt können geschädigte Dritte grundsätzlich[7] auf ein Aufsichtsratsmitglied nur bei Verletzung eines Schutzgesetzes im Sinne des § 1311 ABGB greifen (deliktischer Anspruch[8]). Die Ansprüche können durch geschädigte Dritte (und nicht durch den Masseverwalter) auch im Konkurs geltend gemacht werden (da kein Bestand des Gesellschaftsvermögens)[9]. Eine solche deliktische Schadenersatzpflicht gegenüber Dritten entsteht, wenn das Aufsichtsratsmitglied im Rahmen seiner Funktionsausübung auch schuldhaft eine Rechtsnorm verletzt, die den Schutz Dritter bezweckt, wobei der Dritte in diesem Fall unmittelbar und nicht bloß mittelbar geschädigt sein darf (**Außenhaftung**)[10].

5 Die geringe Prozessneigung liegt darüber hinaus aber auch daran, dass Entscheidungen über M&A Transaktionen zum Kernbereich des unternehmerischen Handelns zählen und daher immer auch unternehmerische Ermessensentscheidungen sind für die das (nunmehr auch in Österreich gesetzlich verankerte) **Haftungsprivileg der Business Judgment Rule** (BJR) gilt: Erfüllen Vorstand und Aufsichtsrat die Voraussetzungen und setzen sie die erforderlichen Maßnahmen für eine Inanspruchnahme des Haftungsprivilegs, ist eine Haftung bei Fehlurteilen – selbst wenn sie gravierende wirtschaftliche Folgen haben – praktisch ausgeschlossen (s unter II.D Rz 21ff). Im Übrigen gelten die allgemeinen aktienrechtlichen Bestimmungen zu Pflichten und Haftung des Aufsichtsrats.

6 In Kapitel II (Rz 8 ff) werden in einem ersten Teil die allgemeinen Pflichten des Aufsichtsrats dargestellt, soweit diese für M&A Transaktionen relevant sind, also insbesondere die Überwachungs- und Beratungspflicht des Aufsichtsrats (A. Rz 8 ff). Wesentliche M&A Transaktionen bedürfen auch der Zustimmung des Aufsichtsrats des Verkäufers und des Käufers (B. Rz 11 ff). Daher werden in Kapitel II auch die Voraussetzungen für die Inanspruchnahme des Haftungsprivilegs der BJR bei solchen unternehmerischen Entscheidungen dargestellt (D. Rz 21 ff). In Kapitel III (Rz 29 ff) wird die (marktübliche) Einbindung des Aufsichtsrats des

---

6 *Hüffer*, ZGR 1980, 320, 353.

7 Angenommen wird, dass die Gesellschaft nicht in Insolvenz ist; zur Geltendmachung von Ersatzansprüchen bei Insolvenz der Gesellschaft: *Kittel*, HdB Aufsichtsratsmitglieder 332 ff. Theoretisch ist auch eine Pfändung der Forderung der Gesellschaft gegen das Aufsichtsratsmitglied an einen geschädigten Dritten, der einen Exekutionstitel gegen die Gesellschaft erwirkt hat, denkbar. Guter Ordnung halber sei auch auf das Verfolgungsrecht der Gläubiger gemäß § 84 Abs 5 AktG hingewiesen.

8 Die wichtigsten allgemeinen Schutzgesetze sind hier §§ 146 ff (Betrug), § 156 (betrügerische Krida) und § 159 (grob fahrlässige Beeinträchtigung von Gläubigerinteressen) StGB sowie § 255 AktG. Wenngleich das BörseG wegen Verletzung der Ad-Hoc-Publizitätspflicht (§ 48d Abs 1 BörseG) oder marktmanipulativer Handlungen (§ 48a Abs 1 Z 2 BörseG) nur verwaltungsstrafrechtliche Sanktionen vorsieht (§ 48 Abs 1 Z 2, § 48c BörseG), die gegen Organmitglieder zu verhängen sind, sind auch diese Bestimmungen als Schutzgesetze zu qualifizieren; OGH v 15.03.2012, 6Ob28/12d.

9 OGH 8 Ob 543/87, wbl 1987, 344.

10 *Strasser* in Jabornegg/Strasser, AktG[5] §§ 77–84 Rz 101.

Käufers und des Verkäufers in die einzelnen Schritte einer M&A Transaktion erläutert. Dabei wird untersucht, inwieweit aus der allgemeinen Überwachungs- und Beratungspflicht und im Zusammenhang mit der Aufbereitung der Grundlagen für die unternehmerische Entscheidung des Aufsichtsrats zu einer M&A Transaktion auch eine Pflicht zur Selbstinformation des Aufsichtsrats (A. Rz 29 ff), eine Einbindung des Aufsichtsrats in die Strukturierung der Transaktion (B. Rz 37 ff) und eine Pflicht zur Überwachung des Vorstands bei der Organisation der Transaktionsvorbereitung und der Entscheidungsaufbereitung (C. Rz 41 ff) ableitbar ist. In Kapitel IV (Rz 43 ff) wird das Sonderproblem der Due Diligence (Herausgabe geheimer und wettbewerbssensibler Daten an Verkäufer und Erwerbsinteressent) aus Sicht des Aufsichtsrats der Zielgesellschaft untersucht. In Kapitel V (Rz 51 ff) und Kapitel VI (Rz 70 ff) werden schließlich die kapitalmarkt- und übernahmerechtlichen Besonderheiten bei M&A Transaktionen zum einen aus Sicht des Aufsichtsrats des Verkäufers und der Erwerbergesellschaft und zum anderen aus Sicht des Aufsichtsrats der Zielgesellschaft dargestellt. Angenommen wird dabei, dass der Verkäufer, die Erwerbergesellschaft und/oder die Zielgesellschaft Finanzinstrumente emittiert haben, die auch an einem relevanten Markt zugelassen sind, sodass auch zahlreiche kapitalmarktrechtliche und übernahmerechtliche Bestimmungen relevant sind, die teilweise Schutzgesetz-Charakter haben und daher auch für einen Aufsichtsrat haftungssensibel sind.

Nicht behandelt wird hier die – auch gesetzlich festgelegte – **Rolle des Aufsichtsrats bei Umgründungen**, also insbesondere bei Verschmelzungen, Spaltungen und übertragenden Umwandlungen (§ 220c AktG, § 6 SpaltG, § 2 Abs 3 UmwG, § 3 GesAusG). Erwähnt sei aber, dass gesetzlich ein doppelter Anfechtungsausschluss bei Haupt- und Generalversammlungsbeschlüssen zu Umgründungen existiert. Zum einen schließt das Gesetz die Anfechtung des Umgründungsbeschlusses aus, soweit Bewertungsfehler (Umtauschverhältnis, Zuzahlungen oder Barabfindung) oder damit zusammenhängende Berichtsfehler (auch in den gesetzlich erforderlichen Berichten der Aufsichtsräte) geltend gemacht werden[11]. Zum anderen sichert das Gesetz die – wohl absolute – Bestandskraft von Strukturänderungen gegen Anfechtungs- und Nichtigkeitsklagen ab, sobald das Firmenbuchgericht die Eintragung verfügt hat[12]. Damit kann auch ein Verstoß gegen das Verbot der Einlagenrückgewähr nicht zur Rückabwicklung und damit zur Unwirksamkeit der Eintragung führen. Das entbindet Aufsichtsratsmitglieder freilich nicht, ihren Sorgfaltspflichten auch bei Umgründungen nachzukommen, hängt die Haftung von Verwaltungsmitgliedern doch nicht davon ab, ob der das Verhalten der Verwaltungsmitglieder rechtfertigende Haupt- und Generalversammlungsbeschluss für nichtig erklärt wurde[13]. 7

---

11 Siehe § 225b AktG, § 9 Abs 2 und § 11 SpaltG sowie § 2 Abs 3 UmwG; an die Stelle der Anfechtung tritt die gerichtliche Überprüfung des Umtauschverhältnisses gemäß §§ 225c ff AktG.

12 Damit ist wohl auch ein genereller Ausschluss der Anfechtung (Nichtigkeit) mit Wirkung für die Zukunft ausgesprochen; so auch *Diregger* in Doralt/Nowotny/Kalss, AktG² II § 195 Rz 115; *Kalss*, Verschmelzung-Spaltung-Umwandlung § 230 Rz 8; *Szept* in Jabornegg/Strasser, AktG⁵ § 230 Rz 8.

13 So hängt nach § 227 Abs 1 AktG die Haftung der Verwaltungsmitglieder bei Verschmelzungen nicht davon ab, dass der das Verhalten der Verwaltungsmitglieder rechtfertigende

II. Statt eines M&A Sonderrechts
A. Überwachungs- und Beratungspflicht

8 Das österreichische Aktiengesetz (AktG) enthält kein Sonderrecht für M&A Transaktionen. Die Aufsichtsratszuständigkeit richtet sich vielmehr nach den allgemeinen Regeln über die aktienrechtliche Kompetenzverteilung. Während es bekanntlich die Aufgabe des Vorstands ist die Gesellschaft zu leiten (§ 70 Abs 1 AktG), hat der Aufsichtsrat die Leitungstätigkeit des Vorstands zu überwachen (§ 95 Abs 1 AktG; **Überwachungspflicht**; s Beitrag *Frotz/Schörghofer*, Interessenkonflikte)[14]. Konkret sind dabei jene Führungsentscheidungen des Vorstands zu überwachen, die auf die Rentabilität und Liquidität maßgeblichen Einfluss haben, daher von erheblicher Bedeutung sind und deshalb auch als Einzelmaßnahmen zu überwachen sind[15]. Der Überwachungspflicht unterliegen vergangenheitsbezogene Maßnahmen ebenso wie laufende und künftige oder erst im Planungsstadium befindliche Maßnahmen[16]. Wesentliche M&A Transaktionen haben immer maßgeblichen Einfluss auf die Rentabilität und Liquidität und sind daher auch von maßgeblicher Bedeutung für ein Unternehmen. Sie unterliegen somit, selbst wenn sie erst im Planungsstadium sind, sowohl auf Seiten des Verkäufers als auch auf Seiten des Erwerbsinteressenten der Überwachungspflicht des jeweiligen Aufsichtsrats. Diese Überwachungspflicht muss mit der Berichtspflicht des Vorstands gleich laufen: Was dem Aufsichtsrat zu berichten ist, muss zugleich Gegenstand seiner Prüfung sein[17]. Sinnvollerweise ist daher **frühzeitig** in der Planung einer Transaktion ein entsprechender **Berichtspunkt auf die Tagesordnung der Aufsichtsratssitzungen** zu setzen, zu dem der Vorstand gegenüber dem Aufsichtsrat des Verkäufers oder des Erwerbsinteressenten regelmäßig über den Status der M&A Transaktion berichten kann.

9 Auch stellt sich die Frage, in welcher Situation sich das Unternehmen bei der Planung und der Durchführung der M&A Transaktion befindet. Gefahr erfordert erhöhte Aufmerksamkeit. Nun mag man zwar der teilweise in Deutschland vertretenen Dreiteilung einer abgestuften Überwachungspflicht[18] nicht folgen; jedoch ist klar, dass das **Überwachungsinteresse** sich auf Verkäuferseite **erhöht**, wenn die M&A Transaktion **in der Krise** der Zielgesellschaft oder überhaupt des Unternehmens des Verkäufers durchgeführt wird. Aus einer begleitenden Überwachung wird in der Krise eine **unterstützende Überwachung**[19]. Der Aufsichts-

Hauptversammlungsbeschluss zuvor für nichtig erklärt worden ist (Nichtanwendung von § 84 Abs 4 erster Satz AktG). Verwaltungsmitglieder können sich nur durch den Gegenbeweis, dass sie ihren Sorgfaltspflichten nachgekommen sind, von der Schadenersatzpflicht befreien. Ähnlich streng sind die Bestimmungen bei Spaltungen (§ 3 Abs 5 SpaltG).

14 Siehe dazu auch *Frotz/Schörghofer* Rz 25/1 ff.

15 *Kalss* in Doralt/Nowotny/Kalss, AktG² I § 95 Rz 11.

16 *Strasser* in Jabornegg/Strasser, AktG⁴ §§ 95–97 Rz 8.

17 *Lutter/Krieger*, Rechte und Pflichten AR⁵ Rz 64.

18 *Semler*, AG 1983, 141; *Kittel*, AR-Handbuch 277 ff; aA *Clausen*, AG 1984, 20 f; *Mertens* in KölnKommAktG³ § 111 Rz 25; *Kalss* sieht eine gedankliche Hilfestellung aber keinen zwingenden Rahmen in der Dreiteilung der abgestuften Überwachungspflicht, *Kalss* in Doralt/Nowotny/Kalss, AktG² I § 95 Rz 18.

19 *Lutter/Krieger/Verse*, Rechte und Pflichten AR⁶ Rz 95.

rat hat daher in der Krise dafür zu sorgen, entsprechend stärker als bei normaler Geschäftsentwicklung in die Vorbereitung und Entscheidungsaufbereitung einer M&A Transaktion durch den Vorstand involviert zu werden. Die Berichterstattung durch den Vorstand und die Erörterung im Aufsichtsrat einer in der Planungsphase stehenden M&A Transaktion wird daher intensiver ausfallen.

Auch wenn allein der Vorstand zur Geschäftsleitung ermächtigt ist und sich der **10**
Aufsichtsrat **nicht als Supergeschäftsführungsorgan**[20] aufspielen darf, ist auch der Aufsichtsrat bei M&A Transaktionen an der unternehmerischen Willensbildung zweifach beteiligt, zum einen aufgrund seiner in die Zukunft gerichteten Pflicht zur „vorausschauenden Beratung" (als Teil der Überwachungsaufgabe) bei strategisch-konzeptionellen Entscheidungen der Unternehmensleitung[21], zum anderen aufgrund des gesetzlich verankerten Zustimmungsvorbehalts zu M&A Transaktionen. So ist der Aufsichtsrat auch verpflichtet, vorausschauend die Strategie und die Planung des Unternehmens zu begleiten und zu beraten, was ihn zum Partner und in die Zukunft gerichteten institutionellen Ratgeber und Gesprächspartner des Vorstands macht (**Beratungspflicht**)[22]. Dabei hat der Aufsichtsrat auch die geplanten M&A Projekte des Vorstands im Rahmen seiner Möglichkeiten auf ihre Plausibilität zu untersuchen und sorgfältig zu erwägen, ob nach seinen Informationen, Kenntnissen und Erfahrungen das Projekt sinnvoll ist, und seine Überlegungen mit dem Vorstand zu erörtern. Im Idealfall gibt es in regelmäßigen Aufsichtsratssitzungen auf Basis der Vorstandsberichte zum Berichtspunkt über das konkrete M&A Projekt daher **ein nicht zu formalisiertes Gespräch**, in dem der Aufsichtsrat Fragen stellt und der Vorstand antwortet und berichtet. Daran anschließend ergeben sich in der Praxis zumeist **Ratschläge und Empfehlungen der Aufsichtsratsmitglieder** gegenüber dem Vorstand in Bezug auf die weitere Planung und Entscheidungsaufbereitung der M&A Transaktion. Freilich können auch formlose Ratschläge gegenüber einem Vorstand, wenn diese vom Vorstand befolgt werden und dadurch der Gesellschaft Schaden zugefügt wird, zur Haftung des Aufsichtsratsmitglieds führen[23]. Es ist daher auch Vorsicht bei der Meinungsäußerung gegenüber dem Vorstand geboten[24].

B. Der gesetzliche Zustimmungsvorbehalt

§ 95 Abs 5 AktG enthält eine demonstrative Aufzählung jener Geschäfte, die **11**
einer **Zustimmung des Aufsichtsrats** bedürfen. Nicht ohne Grund steht an der Spitze dieser Aufzählung „*der Erwerb und die Veräußerung von Beteiligungen sowie der Erwerb, die Veräußerung und die Stilllegung von Unternehmen und Betrieben*". Auf die Technik des Erwerbs kommt es nicht an, sodass nicht nur Übertragungen im Weg der Einzelrechtsnachfolge (Kauf, Tausch, Einbringung), sondern auch im Weg der Gesamtrechtsnachfolge (Verschmelzung, Spaltung)

---

20 *Kalss* in Doralt/Nowotny/Kalss, AktG² I § 95 Rz 17.

21 *Hoffmann-Becking*, MünchHdB GesR IV⁴ § 29 Rz 44; *Chini*, AR aktuell 2015, 16.

22 *Kalss* in Doralt/Nowotny/Kalss, AktG² I § 95 Rz 15; aA *Jabornegg/Strasser*, AktG⁵ § 95–97 Rz 7; *Lutter/Krieger/Verse*, Rechte und Pflichten AR⁶ Rz 103.

23 *Pelzer*, WM 1980, 1629, 1630.

24 *Kittel*, AR-Handbuch 344.

erfasst sind. Auch ist die Entgeltlichkeit nicht ausschlaggebend, zumal künftige Auswirkungen des Vorgangs für die Gesellschaft wesentlich wichtiger sein können. Der Beteiligungsbegriff folgt § 189a Z 2 UGB, sodass schlichte Kapitalanlagen nicht unter den Zustimmungsvorbehalt fallen. Auch wenn die Erhöhung einer bestehenden Beteiligung vom Wortlaut nicht erfasst ist, wird dennoch eine maßgebliche Erhöhung einer wesentlichen Beteiligung, die mit neuen geschäftspolitischen Chancen oder rechtlichen Möglichkeiten verbunden ist (etwa Aufstockung von 34% auf 51%), auch zustimmungspflichtig sein.[25]

12 Die Satzung kann eine **Betragsgrenze** zu den einzelnen Geschäften festsetzen. Bei Fehlen der Satzungsbestimmung zieht dies eine Verpflichtung des Aufsichtsrats nach sich, im Sinn wirkungsvoller und sorgfältiger Aufgabenerfüllung für nicht geringfügige Geschäfte Betragsgrenzen und damit einen Zustimmungsvorbehalt festzulegen. Sofern die Satzung Mindeststandards festsetzt, können diese durch den Aufsichtsrat insoweit geändert werden, als dieser stärker in die Überwachung eingreift. Er darf hingegen das von der Satzung vorgegebene Regime nicht lockern oder beseitigen[26]. Geringfügigkeit ist dabei nicht allein eine Frage des Preises. Auch der Erwerb zu einem symbolischen Kaufpreis kann durch Haftungsübernahmen, Sozialpläne, Lizenzabhängigkeiten oder Währungskursschwankungen oder die Übernahme von Verbindlichkeiten beträchtliche Risiken in sich bergen. Deshalb sollte die Zustimmungsbedürftigkeit nicht allein an die Überschreitung bestimmter starrer Wertgrenzen geknüpft werden (vgl Beitrag *Briem*).

13 Da der Aufsichtsrat grundsätzlich im Gremium entscheidet, kommt es auch bei M&A Transaktionen häufig zu der Situation, dass eine für die Gesellschaft schädigende Transaktion durch Mehrheitsbeschluss im Aufsichtsrat genehmigt wird. Aufgrund des Grundsatzes der solidarischen Haftung im Aufsichtsrat würden daher eigentlich alle Aufsichtsratsmitglieder für den entstandenen Schaden haften und damit auch das überstimmte Mitglied, das die Transaktion nicht wollte. Die bloße Abgabe der Gegenstimme ist nicht ausreichend, um die **Haftung eines überstimmten Aufsichtsratsmitglieds** zu verhindern. Das Aufsichtsratsmitglied ist vielmehr verpflichtet, alles in seiner Macht Stehende zu tun, um eine schädigende Maßnahme zu verhindern. Jedenfalls hat ein überstimmtes Aufsichtsratsmitglied sicherzustellen, dass alle seine Bedenken, Gegenargumente und Gegenvorschläge gegen die beschlossene Entscheidung detailliert protokolliert werden[27]. *Semler* schlägt darüber hinaus vor, dass das Aufsichtsratsmitglied dafür sorgen sollte, dass der Vorstand von seiner Gegenmeinung und deren Grundlagen informiert wird; damit könnte der Vorstand allenfalls zum Umdenken gebracht werden[28]. Eine Verpflichtung zum Rücktritt ist überschießend, da ein Meinungsumschwung im Aufsichtsrat dadurch üblicherweise nicht bewirkt wird.

---

25 *Kalss* in Doralt/Nowotny/Kalss, AktG² I § 95 Rz 107.

26 *Strasser* in Jabornegg/Strasser, AktG⁵ §§ 95–97 Rz 44.

27 Das Verlangen nach Protokollierung kann auch eine neuerliche Befassung des Aufsichtsrats mit der Frage bewirken, *Doralt* in Semler/v. Schenck, ARHdb⁴ § 14 Rz 163.

28 *Semler* in MünchKommAktG⁴ § 116 Rz 53; *Doralt* schlägt darüber hinaus vor, die (zusätzliche) Berichterstattung durch den Vorstand, die Bestellung eines Sachverständigen oder die Einberufung der Hauptversammlung zu fordern, um Schädigungen der Gesellschaft zu vermeiden; *Doralt* in Semler/v. Schenck, ARHdb⁴ § 14 Rz 163 ff.

Die Zustimmung (und damit auch die Befassung) des Aufsichtsrats (oder des entscheidenden Ausschusses) gemäß § 95 Abs 5 Z 1 AktG muss **unmittelbar vor Durchführung der M&A Transaktion** erfolgen[29]. Der Vorstand kann die Zustimmung des Aufsichtsrats aber nur erlangen, wenn er über das geplante Geschäft im Vorhinein berichtet und dabei schriftlich die für eine fundierte Entscheidung notwendigen Unterlagen übermittelt (**Vorlagebericht**).[30] Der Zustimmungsvorbehalt soll damit sicherstellen, dass der Aufsichtsrat möglichst eng in den Entscheidungsprozess einer M&A Transaktion eingebunden wird, er daher ***ex ante*** an der **Entscheidungsfindung** mitwirkt[31]. Der Vorstand ist bei einer maßgeblichen Änderung nochmals zur Vorlage verpflichtet. Nur wenn es die Dringlichkeit zum Wohl des Unternehmens unbedingt erfordert (also eigentlich Gefahr im Verzug ist) und der Vorstand nach sorgfaltsgemäßer Beurteilung damit rechnen kann, dass er die Genehmigung des Aufsichtsrats im Nachhinein erhalten wird, ist auch eine nachträgliche Genehmigung zulässig[32]. Die Entscheidung des Vorstands ohne Zustimmung des Aufsichtsrats muss dann auch ausschließen, dass ein Umlaufbeschluss oder zumindest eine Information der Aufsichtsratsmitglieder möglich gewesen wäre[33]. Hinzuweisen ist in diesem Zusammenhang auch darauf, dass das Haftungsprivileg der BJR grundsätzlich nur bei Einhaltung des Zustimmungsvorbehalts gemäß § 95 Abs 5 Z 1 AktG wirkt[34]. Ist daher keine (auch später ohne Zweifel nachweisbare) Gefahr im Verzug ist unbedingt **von nachträglichen Aufsichtsratsgenehmigungen abzusehen**: Zu groß ist das Risiko, dass die unternehmerische Entscheidung *ex post* von einem Gericht nicht unter dem Haftungsprivileg der BJR beurteilt wird. Auch Vorratsbeschlüsse sind nur in engen Grenzen zulässig: So müsste für eine M&A Transaktion das Vorhaben bereits seiner Art nach konkretisiert sein und auch die maßgeblichen Entscheidungsgrundlagen vorliegen (wohl jedenfalls die Ergebnisse der Due Diligence und damit die identifizierten Risiken, der Kaufpreis und in groben Zügen der Gewährleistungskatalog und das Haftungsregime). 14

C. Delegation an einen Ausschuss des Aufsichtsrats

Zuständig für die Zustimmung gemäß § 95 Abs 5 Z 1 AktG ist grundsätzlich der Aufsichtsrat als Organ; allerdings kann die Erteilung der Zustimmung auch einem **Ausschuss** delegiert werden (vgl *Schimka* Rz 29/56). Das ist aus Geheimhaltungsgründen bei M&A Transaktionen oft sinnvoll. Auch ermöglicht der Ausschuss als eine kleinere Überwachungs- und Beratungseinheit einen effizienteren Austausch von Informationen zwischen Vorstand und Aufsichtsrat; der Aufsichtsrat kann so seinen Pflichten gegenüber dem Vorstand besser nachkommen. Über die Einsetzung eines Ausschusses entscheidet der Aufsichtsrat selbst (wenn nicht 15

29 *Strasser* in Jabornegg/Strasser, AkG[5] §§ 95–97 Rz 42; *Jud,* ÖBA 1993, 773, 777.

30 *Jud*, ÖBA 1993, 773, 782; *Kalss* in Doralt/Nowotny/Kalss, AktG[2] I § 95 Rz 93.

31 *Kalss* in Doralt/Nowotny/Kalss, AktG[2] I § 95 Rz 82.

32 *Kastner/Doralt/Nowotny*, GesR[5], 261; *Strasser* in Jabornegg/Strasser, AktG[5] §§ 95–97 Rz 42; OGH 7 Ob 534/93, HS 24.124 = ÖBA 1993, 923.

33 *Kalss* in Doralt/Nowotny/Kalss, AkG[2] I § 95 Rz 97.

34 *Reich-Rohrwig/Zimmermann*, ecolex 2015, 677 (678).

anders geregelt mit einfacher Stimmenmehrheit)[35]. Der Ausschuss muss aus mindestens drei Aufsichtsratsmitgliedern bestehen. Oft will ein Vorstand aus Geheimhaltungsgründen nur seine Kapitalvertreter im Aufsichtsrat in die Vorbereitung einer M&A Transaktion einbinden; bei einem *ad hoc* eingerichteten Ausschuss scheitert dieser Wunsch am Prinzip der Drittelbeteiligung der Arbeitnehmervertreter in den Ausschüssen[36]. Hier kann eine Überlassung durch den Gesamtaufsichtsrat an das **Aufsichtsratspräsidium** – als eigenen Ausschuss[37] – Abhilfe schaffen; auch hierfür wird ein Beschluss mit einfacher Stimmenmehrheit zu fassen sein.

16 Möglich ist die Einrichtung eines **beschließenden Ausschusses** oder eines **vorbereitenden Ausschusses**. Im zweiten Fall enthält der Delegationsbeschluss im Gesamtaufsichtsrat somit einen Plenarbeschlussvorbehalt. Für Mitglieder im Gesamtaufsichtsrat, die eine Entscheidung eines beschließenden Ausschusses nicht mittragen, finden mE (da sie ja nicht über die Informationsfülle wie der beschließende Ausschuss verfügen und sich auch nicht so intensiv mit der Sache beschäftigt haben) die Regeln für überstimmte Aufsichtsratsmitglieder in abgeschwächter Form Anwendung (vgl Rz 13). Ein Antrag auf Aufhebung des Ausschussbeschlusses und auf Beschlussfassung im Aufsichtsratsplenum sollte dokumentiert sein; der Vorstand sollte über die Gegenmeinung informiert werden.

17 Ist ein **Ausschuss** eingerichtet, trifft die Mitglieder dieses Ausschusses eine **gesteigerte Sorgfaltspflicht** im Verhältnis zu den sonstigen Aufsichtsratsmitgliedern, unabhängig davon, ob der Ausschuss nur vorbereitende Handlungen setzt oder auch Beschlüsse fasst[38]. Die Ausschussmitglieder haben sich intensiv mit den dem Ausschuss übertragenen Aufgaben zu befassen, um ihrer Überwachungs- und Beratungspflicht nachzukommen. Die **sonstigen Aufsichtsratsmitglieder** können sich auf die Arbeit des Ausschusses grundsätzlich verlassen und ihre Tätigkeit auf **eine zurückgenommene Kontrolle** der Ausschussmitglieder beschränken[39]. Dennoch ist der Pflichtenmaßstab für den Gesamtaufsichtsrat zu differenzieren, abhängig davon, ob es sich beim Ausschuss um einen entscheidenden oder vorbereitenden Ausschuss handelt. In erstem Fall ist die Haftung der anderen, nicht dem beschließenden Ausschuss angehörenden Aufsichtsratsmitglieder auf ein Organisations- und Überwachungsverschulden beschränkt[40]. Sorgfältig sind daher die Ausschussmitglieder aus dem Kreis der Aufsichtsratsmitglieder auszuwählen; Kontrollmaßnahmen können nur für den Fall verlangt werden, dass sich Anzeichen für Unzulänglichkeiten der Ausschussarbeit ergeben[41]. Beim vorbereitenden

---

35 Der Aufsichtsrat kann Ausschüsse über die Geschäftsordnung oder durch Aufsichtsratsbeschluss einrichten: *Lutter/Krieger/Verse*, Rechte und Pflichten AR[6] Rz 762 und 775.

36 Vgl § 110 Abs 4 ArbVG; so auch *Kalss* in Doralt/Nowotny/Kalss, AktG[2] I § 92 Rz 160.

37 Die hM versteht das Präsidium als Ausschuss des Aufsichtsrats; das Präsidium bietet sich für die Einbindung des Aufsichtsrats in die Vorbereitung des Vorstands in Bezug auf eine geplante M&A Transaktion an; zur Rechtsstellung des Aufsichtsratspräsidiums *Lutter/Krieger*, Rechte und Pflichten AR[5] Rz 786.

38 *P. Doralt/W. Doralt* in Semler/v.Schenck, ARHdb[4] § 14 Rz 155; *Kittel*, AR-Handbuch 214.

39 *Kalss* in Doralt/Nowotny/Kalss, AktG[2] I § 99 Rz 9.

40 *Mertens* in KölnKomm AktG[3] § 107 Rz 145, 179 *Gittermann* in Semler/v. Schenck, ARHdb[4] § 6 Rz 13.

41 *P. Doralt/W. Doralt* in Semler/v. Schenck, ARHdb[4] § 14 Rz 161.

Ausschuss muss die Befassung mit dem Beschlussgegenstand im Plenum demgegenüber jedenfalls so tief gehen, dass eine Entscheidung im Plenum auch getroffen werden kann[42]. Die Differenzierung zeigt sich insbesondere im Ausmaß der Rechte zur Informationsbeschaffung.

Sowohl der beschließende als auch der vorbereitende Ausschuss muss analog § 95 Abs 2 AktG **umfangreiche Rechte auf Berichterstattung** (Information) gegenüber dem Vorstand im Zuständigkeitsbereich des Ausschusses haben[43]; diese Rechte werden analog § 95 Abs 2 Satz 2 AktG auch einzelnen Ausschussmitgliedern zukommen. Die **Informationsansprüche des Aufsichtsratsplenums gegen den Vorstand** sind dann aber **beschränkt**: Informationsansprüche über Angelegenheiten aus dem Aufgabenbereich eines beschließenden Ausschusses sollten – solange die Übertragung der Aufgabe an den Ausschuss nicht rückgängig gemacht ist – nicht zulässig sein[44]. Konkret sollten daher weder einzelne Aufsichtsratsmitglieder noch das Aufsichtsratsplenum eine direkte Berichterstattung des Vorstands gegenüber dem Aufsichtsrat zu einem konkreten Projekt verlangen können. Gleiches gilt für den vorbereitenden Ausschuss: Solange seine Tätigkeit andauert und das Plenum die Angelegenheit nicht wieder an sich zieht, besteht ein Informationsanspruch des Plenums oder einzelner Aufsichtsratsmitglieder gegenüber dem Vorstand nicht[45]. 18

Differenzierter ist die Frage zu beantworten, inwieweit **einzelne Aufsichtsratsmitglieder Berichtsansprüche** zu einem (M&A-)Projekt **gegenüber Ausschüssen** erheben können. Einzelne Aufsichtratsmitglieder sollten bei entscheidenden Ausschüssen einen Bericht an das Plenum verlangen können, wohl aber beschränkt auf die Informationen, die für die Überwachung des Ausschusses erforderlich sind; weiterreichende Informationen müssten durch Mehrheitsbeschluss im Plenum angefordert werden[46]. Für einen vorbereitenden Ausschuss sollte im Interesse des Geheimhaltungsschutzes in Vorbereitung einer M&A Transaktion nichts anderes gelten, da auf Wunsch jedes Aufsichtsratsmitglied an den Ausschusssitzungen teilnehmen, und in alle Unterlagen des Ausschusses Einsicht nehmen kann[47]. Freilich wird für einen Ausschuss, der ein bestimmtes (M&A-) Projekt behandelt, aufgrund entsprechender Geheimhaltungsbedürfnisse auch ein Teilnahmeverbot für Nicht-Ausschussmitglieder im Aufsichtsrat durch den Aufsichtsratsvorsitzenden gemäß § 93 Abs 2 AktG verhängt werden können. 19

Bei allen durch Geheimhaltungs- und Effizienzüberlegungen gerechtfertigten Beschränkungsmöglichkeiten über das Regime des Ausschusses ist aber jedenfalls zu beachten, dass der **Gesamtaufsichtsrat** sowohl bei vorbereitenden als auch bei entscheidenden Ausschüssen **Herr des Verfahrens** bleibt[48]. Das bedeutet: Der 20

42 *Semler* in MünchKomm AktG III² § 116 Rz 59 ff.

43 Für Deutschland auch *Mertens* in KölnKommAktG³ § 107 Rz 137; *Lutter/Krieger/Verse*, Rechte und Pflichten AR⁶ Rz 779.

44 Für Deutschland *Lutter/Krieger/Verse*, Rechte und Pflichten AR⁶ Rz 786.

45 *Mertens* in KölnKommAktG³ § 107 Rz 138; *Lutter/Krieger/Verse*, Rechte und Pflichten AR⁶ Rz 783 (für das Plenum), 786 (für einzelne Aufsichtsratsmitglieder).

46 So jüngst die dRsp, LG München I 12 O 8466/07, WM 2007, 1975, 1977.

47 So wohl auch *Lutter/Krieger/Verse*, Rechte und Pflichten AR⁶ Rz 788 f.

48 *Lutter/Krieger/Verse*, Rechte und Pflichten AR⁶ Rz 747.

Ausschuss muss auf den Willen des Gesamtaufsichtsrats Rücksicht nehmen. So muss dem Gesamtaufsichtsrat auch die Möglichkeit zur Entscheidung gegeben werden, wenn zwischen der Mehrheitsmeinung des Ausschusses und der des Plenums Widersprüche bestehen[49]. Auch hat der Gesamtaufsichtsrat die Tätigkeit der Ausschüsse zu überwachen. In der Praxis wird der Ausschuss daher in jeder ordentlichen Aufsichtsratssitzung über die Arbeit im Ausschuss zu berichten haben (**Berichterstattungspflicht**). Mit Mehrheitsbeschluss kann das Aufsichtsratsplenum darüber hinaus von seinem Ausschuss auch umfangreiche Informationen zu einem im Ausschuss behandelten (M&A-)Projekt verlangen[50] und die einmal delegierte Aufgabe wieder in das Plenum zurückholen.

D. Das Haftungsprivileg der *Business Judgment Rule*

21 Bei zustimmungspflichtigen Geschäften, wie dem Erwerb und dem Verkauf von Unternehmen, nähert sich die Aufsichtsratstätigkeit einer Leitungstätigkeit[51]. Freilich ist der Aufsichtsrat aber nicht verpflichtet, bei einem ihm zur Zustimmung vorgetragenen M&A Projekt einen eigenen, vollständigen unternehmerischen Entscheidungsprozess zu durchlaufen, sondern er hat zu überprüfen, ob die Entscheidung des Vorstands mit dem Wohl des Unternehmens in Einklang zu bringen ist und ob der Vorstand bei seiner Entscheidungsfindung so vorgegangen ist, wie es dem Standard eines sorgfältigen, den Risikograd der Entscheidung beachtenden Verfahrens entspricht. Der Aufsichtsrat wird daher ein M&A Projekt nicht nur abzulehnen haben, wenn die Grundregeln ordnungsgemäßer Entscheidungsaufbereitung durch den Vorstand verletzt wurden, sondern auch, wenn nach – letztlich subjektiver – Ansicht des Aufsichtsrats der Erwerb oder der Verkauf des Unternehmens nicht zum Wohl des Unternehmens ist. Wenn der Aufsichtsrat ein Geschäft ablehnt und dadurch eine Entscheidung des Vorstands mit einer eigenen ersetzt, übernimmt der Aufsichtsrat freilich auch selbst die volle unternehmerische Verantwortung für die Nichtdurchführung des Geschäfts[52]. Letztlich wird der **Aufsichtsrat** über die Ausübungsmöglichkeit eines echten (negativen) Vetorechts (Zustimmungsvorbehalt des § 95 Abs 5 Z 1 AktG) **unternehmerisch tätig**[53]. Dafür ist ihm ein haftungsfreier Ermessensspielraum einzuräumen (Beitrag *Briem* Rz 12/59 ff).

22 Der deutsche BGH hat bei derartigen Entscheidungen dem Vorstand bereits 1997[54] – abgeleitet aus der US-amerikanischen Rechtsfigur der *Business Judgment Rule* (BJR)[55] – einen unternehmerischen Ermessensspielraum eingeräumt. Im Jahr

---

49 Für Deutschland *Mertens* in KölnKommAktG³ § 107 Rz 141.

50 *Mertens* in KölnKommAktG³ § 107 Rz 138.

51 *P. Doralt/W. Doralt* in Semler/v. Schenck, ARHdb⁴ § 14 Rz 79.

52 *Mertens* in KölnKommAktG³ § 111 Rz 98 ff; *Semler*, Leitung und Überwachung, Rz 212.

53 So auch *Semler*, AG 1983, 141, 143 f; insoweit scheint die Reduzierung auf eine Plausibilitätsprüfung als zu kurz gegriffen, *Doralt* in Semler/v. Schenck, ARHdb⁴ §14 Rz 80.

54 BGH II ZR 175/95, BGHZ 135, 244 – ARAG/Garmenbeck.

55 Nach der US-amerikanischen BJR sind *directors* einer *corporation* von der Haftung bei vertretbaren unternehmerischen Fehlentscheidungen befreit (*safe harbor*), wenn sie in gutem Glauben (*good faith*) handeln, unparteiisch entscheiden (*not interested*), angemessen informiert die Entscheidung getroffen haben und vernünftigerweise annehmen dürfen, dass die

2005 wurden in Deutschland die Grundsätze der BJR in das AktG aufgenommen[56], wobei die Bezeichnung „*deutsche Eigenkreation*“[57] die Inspiration, die das US-Vorbild lieferte, sehr freundlich umschreibt. Demnach liegt eine **Pflichtverletzung** nicht vor, wenn ein Vorstandsmitglied bei (i) **unternehmerischen Entscheidungen**, (ii) **vernünftigerweise annehmen durfte**, (iii) auf der Grundlage **angemessener Informationen**, (iv) zum **Wohl der Gesellschaft** zu handeln. Es fehlt also nicht erst am Verschulden, sondern schon an der Pflichtverletzung (Rechtswidrigkeit). Daneben wird – auch wenn nicht ausdrücklich gesetzlich geregelt – kein Interessenkonflikt vorliegen dürfen und wird das Organmitglied gutgläubig sein müssen[58]. Wer diesen Anforderungen genügt, handelt somit objektiv pflichtgemäß und eine Haftung scheidet aus[59]. Gleiches gilt für den **Aufsichtsrat**[60]. Klargestellt hat der BGH aber auch, dass Aufsichtsratsmitglieder ihre Pflichten verletzen, wenn sie einer zustimmungsbedürftigen Maßnahme die Zustimmung erteilen, ohne sich selbst die zur Entscheidung erforderlichen Informationen zu verschaffen und darauf aufbauend die Chancen und Risiken abzuwägen[61]. Der angemessenen Informationsbeschaffung kommt daher eine entscheidende Bedeutung zu. Generell wird – anders als nach US-Vorbild – die Beweislast für das Vorliegen dieser prozessualen Anforderungen dem beklagten Organmitglied auferlegt[62].

Österreich lebte lange mit der unvollkommenen[63] Verweisungsnorm auf die Bestimmung zur Vorstandshaftung; im Ergebnis hatten Aufsichtsratsmitglieder ihre Aufgaben somit mit der Sorgfalt eines ordentlichen und gewissenhaften Aufsichtsratsmitglieds zu erledigen[64]. Ergänzend hatte aber der **OGH** auch in Österreich einen **Ermessensspielraum für unternehmerische Entscheidungen** der Organe **anerkannt**. Zunächst wurde festgehalten, dass die Organmitglieder **23**

Entscheidung im besten Interesse der Gesellschaft liegt. US-Richter prüfen daher in einem ersten Schritt prozessuale Anforderungen an den Entscheidungsfindungsprozess; zu einer inhaltlichen Auseinandersetzung mit der unternehmerischen Entscheidung kommt es nicht, vorausgesetzt diese prozessualen Anforderungen an den Entscheidungsfindungsprozess sind erfüllt. Daneben schafft die US-amerikanische BJR eine Prozesseingangshürde für Klagen gegen *directors* einer *corporation*, da das Nichtvorliegen dieser prozessualen Anforderungen durch die klagende Gesellschaft zu beweisen ist. Erst wenn der klagenden Gesellschaft der Beweis gelingt, dass diese prozessualen Anforderungen bei der unternehmerischen Entscheidung des *directors* nicht erfüllt waren (und das *safe harbor* Regime der BJR daher keine Anwendung findet), erfolgt eine inhaltliche Auseinandersetzung der US Gerichte mit der unternehmerischen Entscheidungen und würde die Einhaltung des Sorgfaltsmaßstabs inhaltlich überprüft.

56 § 93 Abs 1 S 2 dAktG.

57 *Told*, GES 2015, 60 (65)

58 *Kalss/Durstberger*, RWZ 2016, 60 ff.

59 Da der Wortlaut von § 93 Abs 1 Satz 2 dAktG bei Einhaltung der entsprechenden Kriterien die Pflichtwidrigkeit verneint, deutet – wie *Told* m.E. richtig festhält – vieles darauf hin, dass – anders als nach dem US-Vorbild – bei unternehmerischen Entscheidungen nach dem deutschen Konzept auch der Sorgfaltsmaßstab selbst reduziert sein soll; GES 2015, 60 (64).

60 § 116 dAktG.

61 BGH II ZR 243/05, ZIP 2007, 224.

62 Es gilt die allgemeine Beweislastregelung gemäß § 93 Abs 2 dAktG.

63 So schon der OGH in seinem ersten Erkenntnis zur Aufsichtsratshaftung, OGH 5 Ob 306/76, EvBl 1978/4 – Krauland Bank; siehe auch OGH 1 Ob 144/01k, GeS 2002, 26.

64 § 99 iVm § 84 AktG.

keine Erfolgshaftung trifft und ihnen ein Ermessensspielraum zukommt[65]. In weiterer Folge hat der OGH diesen Ermessensspielraum konkretisiert: Nicht jede unzweckmäßige Entscheidung ist sorgfaltswidrig; Sorgfaltswidrigkeit liegt vielmehr erst dann vor, wenn eine eklatante Überschreitung des Ermessensspielraums, eine evident unrichtige Sachentscheidung oder eine geradezu unvertretbare unternehmerische Entscheidung vorliegen[66]. **Gehaftet** wurde daher auch schon bisher **nur für schlechthin unvertretbare unternehmerische Entscheidungen**[67]. Das hatte der OGH für Aufsichtsratsmitglieder sowohl einer GmbH[68] als auch einer AG[69] jeweils bestätigt.

24 Mit dem Strafrechtsänderungsgesetz 2015 (in Rechtskraft seit 1.1.2016)[70] wurden – „inspiriert" durch die deutsche Eigenkreation der BJR[71] – auch in Österreich die zentralen Haftungsnormen im AktG und GmbHG jeweils um einen beinahe wortgleichen Absatz ergänzt, mit dem die Österreich-Variante der BJR gesetzlich wie folgt verankert wurde: *„Ein [Organmitglied] handelt jedenfalls im Einklang mit der Sorgfalt eines [ordentlichen und gewissenhaften Geschäftsleiters], wenn er sich bei einer unternehmerischen Entscheidung nicht von sachfremden Interessen leiten lässt und auf der Grundlage angemessener Informationen annehmen darf, zum Wohle der Gesellschaft zu handeln.*" In Anbetracht der bisherigen österreichischen Judikatur und dem Meinungsstand im Schrifttum zur Anwendung des Haftungsprivilegs der BJR auf unternehmerische Entscheidungen kommt der Verankerung im Gesetz freilich nur deklarative Wirkung zu[72]. Dennoch bringt die gesetzliche Bestimmung einmal mehr zum Ausdruck, dass ein Organmitglied (auch **Aufsichtsratsmitglied**), **das sich an die Voraussetzungen der BJR hält**, **nicht rechtswidrig** (im Sinn von nicht objektiv sorgfaltswidrig) **handelt**[73]. Liegen die BJR-Voraussetzungen nicht vor, muss freilich aber auch noch kein Sorgfaltsverstoß vorliegen[74]; die Rechtmäßigkeit des Handelns wird dann aber gesondert (inhaltlich) durch ein Gericht zu prüfen sein. Konkret können Aufsichtsratsmitglieder daher davon ausgehen, **unter dem Schutzschild des Haftungsprivilegs der BJR** zu handeln, wenn sie die folgenden Verhaltensregeln einhalten.

25 Das Aufsichtsratsmitglied wird jedenfalls **gutgläubig** handeln müssen (*ex ante* Betrachtung). Auch sind nur **unternehmerische Entscheidungen** erfasst. Die Entscheidung über eine M&A Transaktionen wird immer eine solche unternehmerische Entscheidung sein. Daneben darf sich das Aufsichtsratsmitglied

---

65 OGH 31.10.1973, 1 Ob 179/73.

66 Einen Überblick über die geltende Judikatur bis zur gesetzlichen Verankerung der BJR in Österreich bietet *Kalss*, GesRZ 2014, 159 (161).

67 *Told*, GES 2015, 60 (65).

68 OGH 26.2.2002, 1 Ob 144/01k.

69 OGH 22.5.2003, 8 Ob 262/02s; ferner 11.6.2008, 7 Ob 58/08t.

70 BGBl I 2015/112.

71 Die Materialien sprechen davon, dass die Regelung eng an § 93 dAktG angelehnt sei, AB 728 BlgNR 25. GP 7.

72 *Reich-Rohrwig/Zimmermann*, ecolex 2015, 677 (677); *Schima*, RdW 2015, 288 (290).

73 *Schima*, GesRZ 2015, 286 (290).

74 Der Ausschlussbericht stellt klar, dass das Wort „jedenfalls" im Gesetzestext zum Ausdruck bringen soll, dass Umkehrschlüsse unzulässig sind; AB 728 BlgNR 25. GP 7; vgl auch *Schima*, GesRZ 2015, 286 (290); .

„nicht von sachfremden Interessen“ leiten lassen. Gemeint ist mit dieser Wendung, dass beim Aufsichtsratsmitglied **kein Interessenkonflikt** vorliegen darf (Beitrag *Frotz/Schörghofer*); es muss also eine sachliche Unbefangenheit der Organmitglieder vorliegen[75]. Erweist sich ein Unternehmenskauf etwa im Nachhinein als nachteilig und stellt sich heraus, dass der Erwerb durch unternehmensfremde Interessen motiviert war (etwa der Erwerb eines notleidenden Unternehmens eines Aufsichtsratsmitglieds), ist das Organhandeln nicht mehr durch die BJR gedeckt und es erscheint in einem solchen Interessenkonflikt gerechtfertigt, dem Organmitglied die volle Beweislast dafür aufzuerlegen, dass die Bedingungen des Geschäfts fremdüblich (*at arms length*) gestaltet sind[76]. Hier ist volle Transparenz erforderlich. In diesem Sinn sollte auch jedes Organmitglied generell verpflichtet sein, Interessenkonflikte offenlegen zu müssen[77]. Würde daher in Bezug auf ein Vorstands- oder Aufsichtsratsmitglied ein Interessenkonflikt vorliegen, ist – auch unter Berücksichtigung von § 95 Abs 5 Z 12 AktG – das betroffene Aufsichtsratsmitglied vom Stimmrecht in der Beschlussfassung über die anstehende unternehmerische Entscheidung ausgeschlossen. Ein Teilnahmeverbot an Aufsichtsratssitzungen zu diesem Berichts- und Beschlussfassungspunkt wird aber nicht generell, sondern nur in besonderen Fällen geboten sein[78]. Sicherzustellen ist jedenfalls, dass die kollektive Willensbildung des Gremiums nicht beeinträchtigt wird.

Die in der Praxis wichtigste Voraussetzung für die Inanspruchnahme des Haftungsprivilegs ist das Handeln *„auf der **Grundlage angemessener Informationen**“*. Hier geht es zum einen um die zentrale Frage des Umfangs und des Detaillierungsgrads der Due Diligence. Zum anderen geht es aber auch um die sorgfältige Erhebung und Aufbereitung der relevanten Entscheidungsgrundlagen für die Transaktion. Hierbei stehen auch für den Aufsichtsrat, neben den Informationen über die Zielgesellschaft selbst (Rentabilität, Risiken, Finanzierung), insbesondere Marktanalysen, Bewertungsfragen, das rechtliche und regulatorische Umfeld, die identifizierten Risiken sowie die sorgfältige Ermittlung potentieller Kauf- oder Verkaufsinteressenten im Vordergrund[79]. Dem Aufsichtsrat wird auch in der Aufbereitung der angemessenen Information eine entscheidende Rolle zukommen. Hier scheint mir auch eine den Aufsichtsrat letztlich schützende **Pflicht zur Überwachung der Organisation der Entscheidungsaufbereitung** ableitbar. Dieser wichtigen Voraussetzung für die Inanspruchnahme des Haftungsprivilegs der BJR wird im folgenden Kapitel breiter Raum gewidmet. 26

Schließlich muss das Organmitglied (auf Grundlage der angemessenen Informationen) annehmen dürfen, *„zum Wohl der Gesellschaft zu handeln“*. Die unter- 27

---

75 *Hüffer/Koch*, AktG[11] § 93 Rz 25 ff.

76 *Bücker/v. Bülow* in Krieger/Uwe H. Schneider, HdB Managerhaftung[2] § 25 Rz 57; *Schima*, GesRZ 2015, 286 (291).

77 M.E. würde aber über das Ziel hinausgeschossen werden, würde man ein Handeln im Interessenkonflikt ohne Autorisierung durch ein anderes Organ *per se* – also unabhängig davon, ob die Bedingungen des Geschäfts einen Drittvergleich standhalten oder nicht – als rechtswidrig qualifizieren; beides verneinend *Lutter*, GesRZ 2007, 79 (84)

78 So wie *Kalss,* ecolex 2009, 923, 925 ganz allgemein zu Geschäften von Aufsichtsratsmitgliedern mit der Gesellschaft gemäß § 95 Abs 5 Z 12 AktG.

79 *Bücker/v. Bülow* in Krieger/U. H. Schneider, HdB Managerhaftung[2] § 25 Rz 56 ff.

nehmerische Entscheidung muss daher auch dem **Gesellschaftswohl** und damit der nachträglichen Ertragsstärkung und Wettbewerbsfähigkeit des Unternehmens dienen[80]. Allein der Wunsch nach Größe wird als Rechtfertigung für einen Zukauf nicht ausreichen. Die Organe der Gesellschaft werden die Transaktion immer auch aus einer *ex ante* Perspektive durch qualitative Aspekte, wie etwa die Verbesserung der Wettbewerbsposition oder zusätzliches Ertragspotential, rechtfertigen können müssen[81]. Auf die Diskussion, ob dem „rational belief" Gedanken der US-Rechtsprechung zur BJR[82] letztlich auch in Österreich eine allgemeine Haftungsbeschränkung auf grobe Fahrlässigkeit entnommen werden kann, sei verwiesen, wird hier aber nicht weiter thematisiert[83].

28 Zur Frage, ob die klagende Gesellschaft oder das beklagte Organmitglied die Einhaltung der BJR-Anforderungen (also die gebotene Sorgfalt) zu beweisen hat, bleibt viel offen. Während das **US-Vorbild** die Beweislast klar auf Seiten der klagenden Gesellschaft sieht (**Prozesseingangshürde**[84]), scheint das Aktiengesetz eine Beweislastumkehr zulasten des beklagten Organmitglieds vorsehen zu wollen[85]. In Anlehnung an die Judikatur des BGH[86] ist das aber abzulehnen[87]. So wird die klagende Gesellschaft immer das Vorliegen eines Interessenkonflikts nachzuweisen haben, sofern sie behauptet, dass das Haftungsprivileg der BJR deshalb nicht anzuwenden sei[88]. Auch wird die klagende Gesellschaft jeweils nach Art eines Anscheinsbeweises den Schaden und ein objektiv-sorgfaltswidriges Verhalten sowie einen möglichen Zurechnungszusammenhang zwischen diesem und dem eingetretenen Schaden darzulegen haben[89]. Demgegenüber wird grundsätzlich das beklagte **Organmitglied darzulegen** und **zu beweisen** haben **auf einer angemessenen Informationsgrundlage zum Wohl der Gesellschaft gehandelt zu haben**[90], wobei einem ausgeschiedenen Organmitglied dafür der entsprechende Zugang zu den Geschäftsunterlagen der klagenden Gesellschaft zu gewähren sein wird[91]. Dass wird aufgrund der zu sichtenden Datenmassen in der Praxis ohne entsprechende technische, finanzielle und personelle Ressourcen kaum zu bewäl-

80 *Fleischer* in Fleischer, HdB Vorstandsrecht § 7 Rz 56.

81 *Bücker/v. Bülow* in Krieger/Uwe H. Schneider, HdB Managerhaftung[2] § 25 Rz 57.

82 Das Merkmal „rational belief" in der US-Rechtsprechung zur BJR muss letztlich im Sinn von „nicht grob sorgfaltswidrig" verstanden werden, vgl dazu *Schima*, GesRZ 2015, 293.

83 Für Deutschland etwa, *Hopt/M. Roth* in Großkom AktG[5] § 93 Rz 393 und 401; für Österreich etwa, *Schima*, GesRZ 2015, 293.

84 *Told*, GES 2015, 62 f.

85 § 84 Abs 2 Satz 2 AktG.

86 Zur „vermittelnden Lösung" in der Judikatur des BGH, *Goette*, ZGR 1995, 672 ff.

87 So auch *Reich-Rohrwig/Zimmermann*, die für eine „vermittelnde Lösung" der Beweislastverteilung plädieren, ecolex 2014, 965; so im Ergebnis wohl auch *Schima*, der für ein bewegliches System der Beweislastverteilung eintritt, zuletzt GesRZ 2015, 293.

88 *Schima*, GesRZ 2015, 291.

89 *Reich-Rohrwig/Zimmermann*, ecolex 2014, 965.

90 *Hüffer,* AktG[11] § 93 Rz 12; *Hefermehl/Spindler* in MünchKomm AktG 86. *Schima* in Baudenbacher/Kokott/Speitler, Aktuelle Entwicklungen des europäischen und internationalen Wirtschaftsrechts 369 ff.

91 Vgl zu Österreich etwa *Reich-Rohrwig/Zimmermann*, ecolex 2014, 967f; *Lehner*, ecolex 2014, 154; für Deutschland BGH 4.11.2002, II ZR 224/00 BGHZ 152/30; 7.7.2008, II ZRH 71/07 GES 2009, 22.

tigen sein[92]. Organmitglieder sollten daher schon in Aufsichtsratssitzungen darauf drängen, dass im Protokoll ausreichend detailliert dokumentiert wird, dass die zur Beschlussfassung anstehende Unternehmensentscheidung auf einer ausreichend informierten Basis zum Gesellschaftswohl stattfindet. Die entsprechenden Beweisunterlagen dafür (Fairness Opinions, Gutachten, Studien, Finanzdaten etc) sollten ausnahmslos Beilagen zum Protokoll sein. Nur so können Organmitglieder, die sich als Beklagte auf das Haftungsprivileg der BJR berufen wollen, in der Praxis die tatsächlichen Voraussetzungen für die unwiderlegbare Vermutung ihres pflichtkonformen Verhaltens – also der Einhaltung der Verhaltensrichtlinien der BJR – darlegen und auch beweisen.

III. Einbindung des Aufsichtsrats in M&A Transaktionen der Gesellschaft

A. Pflicht zur Selbstinformation

Mit Blick auf das Haftungsprivileg der BJR haben der Aufsichtsrat des Verkäufers und der Aufsichtsrat des Erwerbsinteressenten im Wesentlichen zwei Pflichten im Vorfeld eines Beschlusses über eine M&A Transaktion zu erfüllen: Zum einen ist das die Pflicht zur umfassenden Selbstinformation über die geplante M&A Transaktion, die eine (informierte) unternehmerische Entscheidung durch den Aufsichtsrat erst ermöglicht. Zum anderen ist das die Pflicht zur Überwachung der Organisation der Aufbereitung der Entscheidungsgrundlagen (Informationen) durch den Vorstand; dabei wird der angemessene Einsatz interner oder externer Ressourcen zur Beschaffung der relevanten Informationen durch den Vorstand mit dem Aufsichtsrat abzustimmen sein. 29

Die Pflicht des Nachweises, dass das Ausmaß der Informationen als Grundlage für eine Entscheidung angemessen war liegt bei den Betroffenen. Der Aufsichtsrat kann daher nicht warten bis und in welchem Ausmaß ihm Informationen zu einer M&A Transaktion, über die er einen zustimmenden oder ablehnenden Beschluss fassen muss, vom Vorstand oder von dritter Seite zugetragen werden. Er hat vielmehr eine **Pflicht zur Selbstinformation**[93], die er – als Ausfluss einer Pflicht zur Selbstorganisation[94] – auch wahrnehmen muss. Dabei sollte der Aufsichtsrat dokumentierten, wann ihm welche Informationen zur Verfügung standen, und welche Entscheidungen er auf welcher Informationslage gefällt hat. Hier empfiehlt es sich, erhaltene Informationen auf Papier oder Datenträgern zu sammeln und zu dokumentieren sowie mündliche Informationen, Diskussionen und Entscheidungen – sofern sie nicht im Aufsichtsratsprotokoll protokolliert sind – in einem Gedächtnisprotokoll niederzuschreiben[95]. Das bleiben aber freilich nur Hilfsmaßnahmen für die spätere Beweisführung einer informierten Entscheidung zum Wohl der Gesellschaft. Im Idealfall finden sich all diese Informationen im Aufsichtsratsprotokoll selbst, entweder schon im Bericht des Vorstands selbst oder 30

---

92 Darauf weisen zurecht auch *Reich-Rohrwig/Zimmermann*, ecolex 2014, 968 hin.

93 *Fleischer*, Der Aufsichtsrat 2008, 86, 87.

94 *Lutter/Krieger/Verse*, Rechte und Pflichten des AR^6 Rz 992.

95 *Essler*, Der Aufsichtsrat 2008, 140.

aber in den Antworten des Vorstands zu den erforderlichen kritischen Fragen der Aufsichtsratsmitglieder; die zu den wesentlichen Themen eingeholten Expertengutachten, Berechnungen und (Fairness) Opinions sollten als Beilagen dem Aufsichtsratsprotokoll angeschlossen sein.

31 Wie weit reicht diese Pflicht zur Selbstinformation? Jedenfalls muss sich der Aufsichtsrat über den **Kaufpreis** und alle Nebenbedingungen informieren lassen. Zu diesem Zweck wird er **vom Vorstand** regelmäßig einen **Bericht über die Berechnung des Kaufpreises** verlangen, in dem auch die Berechnungsgrundlagen dargestellt sind. Der Vorstand kann dabei auf ein durch ihn in Auftrag gegebenes Bewertungsgutachten externer Sachverständiger verweisen, wird dessen Annahmen, Vorgehensweise und Ergebnisse dann aber auch im Aufsichtsrat zu erläutern haben[96]. Fehlt ein externes Gutachten, wird der Vorstand seine eigene Berechnung begründen und fachgerecht dokumentieren. Vermittelt die Vorstandsvorlage, die Berechung des Vorstands oder die Bewertung des externen durch den Vorstand beauftragten Sachverständigen dem Aufsichtsrat kein vollständiges Bild (das wird im Fall der ausschließlich eigenen Berechung durch den Vorstand eher der Fall sein als bei Bewertung durch einen externen vom Vorstand beauftragten Sachverständigen), so kann der Aufsichtsrat auch eine Bewertung durch einen externen Sachverständigen beauftragen.[97] Eine allgemeine **Pflicht zur Beauftragung eines externen Sachverständigen** durch den Aufsichtsrat **besteht nicht**. Der Aufsichtsrat kann zu dieser Beauftragung aber gehalten sein, wenn eine objektive und sachgerechte Entscheidung ohne ein externes Gutachten nicht möglich ist (*Kalss/Kunz* Rz 51/1). Folgende derartige Sonderfälle sind denkbar: Interessenkonflikt auf Vorstands- oder Aufsichtsratsebene; Entscheidung über eine M&A Transaktion der Gesellschaft mit dem Eigentümer durch einen mehrheitlich durch den Eigentümer dominierten Aufsichtsrat.

32 Häufig wird aufgrund der Kosten und des Zeitaufwands einer umfänglichen Unternehmensbewertung in solchen Fällen auch das Instrument einer **Fairness Opinion** durch den Aufsichtsrat gewählt. Die Fairness Opinion ist die Stellungnahme eines unabhängigen Sachverständigen zur finanziellen Angemessenheit einer Unternehmenstransaktion mit einer Unternehmensbewertung light. Sie ist kein Instrument der Preisfindung und somit auch nicht mit einem Bewertungsgutachten zur Bestimmung des objektivierten Unternehmenswerts gleichzusetzen[98]. Hat der Aufsichtsrat daher ernsthafte Zweifel an der **Bewertung** der Unternehmenstransaktion **durch den Vorstand** oder steht in einem der oben dargestellten Sonderfällen das Risiko eines Verstoßes gegen das Verbot der Einlagenrückgewähr im Raum, wird ihm eine Fairness Opinion nicht genügen und er wird ein Bewertungsgutachten beauftragen. In der Praxis erbringen Investmentbanken, neben der Verfassung der Fairness Opinion, häufig auch Beratungsleistungen im Rahmen einer Transaktion; die Vergütung dieser Leistungen ist vom Erfolg der Transaktion abhängig. Um die Absicherungsfunktion der Fairness Opinion für den Aufsichtsrat sicherzustellen, ist die Unabhängigkeit des Erstellers von der Trans-

96 *Fleischer*, Der Aufsichtsrat 2008, 86, 88.
97 *Hoffmann-Becking*, MünchHdbGesR^4 § 33 Rz 5.
98 *Aders/Schwetzler*, Fairness Opinion, Der Aufsichtsrat 2007, 56.

aktionsberatung zu empfehlen. Auch ist die persönliche Auseinandersetzung der Organe mit der Fairness Opinion wichtig: Die ausführliche Präsentation durch den Verfasser und die Erörterung des Gutachtens in einer Aufsichtsratssitzung sollte dokumentiert sein. Wenn der Aufsichtsrat eine eigene – von der Bewertung des Vorstands unabhängige – Fairness Opinion beauftragt hat, sollte diese Präsentation im Übrigen auch nur dem Aufsichtsrat gegenüber erfolgen.[99]

Darüber hinaus muss sich der Aufsichtsrat des Erwerbsinteressenten mit der beabsichtigten **Finanzierung der M&A Transaktion** durch die Gesellschaft auseinandersetzen. Diese spezifische Pflicht des Aufsichtsrats bei M&A Transaktionen ergibt sich daraus, dass sich der Aufsichtsrat davon zu überzeugen hat, dass der Vorstand die Sicherung der Liquidität der Gesellschaft, ihre angemessene Finanzierung und ihre Ertragskraft vor Augen hat und mit entsprechenden Maßnahmen zu sichern versteht[100]. Hier hat der Aufsichtsrat daher zu prüfen, ob Eigenkapital und Liquidität der Gesellschaft durch den geplanten Erwerb nicht überbeansprucht werden. Ebenso muss er sich vergewissern, dass die Existenz der Gesellschaft, selbst bei ungünstigstem Verlauf, nicht infrage steht. Ferner muss sich der Aufsichtsrat damit befassen, ob und wie sich der beabsichtigte Erwerb in die mittel- und langfristige Planung der Gesellschaft einfügt.[101] **33**

Schließlich muss sich der Aufsichtsrat des Erwerbsinteressenten vor seiner Zustimmungsentscheidung **über mögliche Risiken** rechtlicher, steuerlicher, bilanzieller oder wirtschaftlicher Art **unterrichten**, die von der zu erwerbenden Zielgesellschaft ausgehen. Der Aufsichtsrat wird daher frühzeitig sicherzustellen haben, dass sein Vorstand die zu erwerbende Zielgesellschaft mit ausreichender Expertise in der Vorbereitungsphase der Transaktion durchleuchtet. Marktstandard ist eine *Commercial Due Diligence* (Analyse des Geschäftsmodells und der Positionierung des Zielunternehmens gegenüber den strategischen Zielen der Transaktion und dem erwarteten Wettbewerb), eine *Financial Due Diligence* (Analyse der vergangenen und zukünftigen Vermögens-, Finanz- und Ertragslage), eine *Legal Due Diligence* (Analyse und Aufbereitung des rechtlichen Status sowie Identifizierung der rechtlichen Risiken) und eine *Tax Due Diligence* (Aufbereitung des steuerrechtlichen Status sowie Identifizierung der steuerrechtlichen Risiken, auch aus zukünftigen Betriebsprüfungen für Zeiträume vor Closing)[102]. **34**

Der Erwerb eines nicht börsenotierten Unternehmens ohne *Due Diligence* als Informationsgrundlage ist nur ausnahmsweise zu vertreten[103]. Je nach Auswirkung auf die eigene Vermögens-, Finanz- und Ertragslage, wird die *Due Diligence* aber unterschiedlich intensiv ausfallen. **Art und Umfang der Informationsbeschaffung**, Analyse und Dokumentation müssen in vertretbarem Verhältnis zur geplanten Maßnahme stehen. Die Entscheidung über das Ausmaß ist daher auch eine Investitionsentscheidung des Erwerbers, die sich an seinem **Kosten-Nutzen Kalkül** ausrichtet. Zeitdruck kann als Argument gegen eine oder für eine lückenhafte *Due Diligence* nicht herhalten. Um für die Beschaffung noch fehlender Informationen **35**

[99] *Essler*, Der Aufsichtsrat 2008, 140, 141.
[100] *Lutter/Krieger/Verse,* Rechte und Pflichten AR[6] Rz 89.
[101] *Fleischer*, Der Aufsichtsrat 2008, 86, 88.
[102] OLG Oldenburg 1 U 34/03, DB 2006, 2511.
[103] *P. Doralt/W. Doralt* in Semler/v. Schenck, ARHdb[4] § 14 Rz 129.

Zeit zu schaffen, wird die finale Entscheidung an einen Ausschuss des Aufsichtsrats übertragen werden, der kurzfristig zusammentreten kann[104].

36 Der Aufsichtsrat muss sich selbst mit den für seine Genehmigungsentscheidung angemessenen Unterlagen auseinandersetzen. Es genügt nicht, dass er nur die Überzeugung gewinnt, der Vorstand habe auf der Grundlage angemessener Informationen entschieden[105]. Neben dem **angemessenen zeitlichen Vorlauf der Informationsbereitstellung,** muss auch der **Zeitraum der Entscheidungsfindung der unternehmerischen Tragweite angemessen** sein[106]. Die Zusammenfassungen der *Due Diligence* Berichte sollten mit der Einladung zur Aufsichtsratssitzung mitversandt werden; in der Aufsichtsratsitzung sind die identifizierten Risiken und die Maßnahmen zu erörtern, die zur Absicherung dagegen vorgesehen sind (etwa im Kaufvertrag vereinbarte Gewährleistungs- und Freistellungsansprüche oder Kaufpreisrückbehalte). Idealerweise steht für Rückfragen in der Aufsichtsratssitzung der konkrete Berater (Experte) zur Verfügung.

B. Einbindung in Transaktionsstrukturierung

37 Während die Informationen zu Kaufpreisbemessung, Finanzierung der Transaktion und identifizierter (und eingepreister oder sonst abgesicherter) Risiken die Grundlagen für die Genehmigungsentscheidung des Aufsichtsrats bilden und daher in den Anwendungsbereich der BJR fallen, trifft das nur eingeschränkt in der Transaktionsstrukturierung zu. Hier geht es nicht um Prognosen oder Wertungsspielräume, sondern um eine sorgfältige Analyse von Optimierungsmöglichkeiten bei der geplanten Transaktion. Strukturierungsfehler können zu einem Vermögensschaden der Gesellschaft (etwa Steuerbelastung, Vernichtung von Verlustvorträgen) oder zu einem Schaden wegen Verzögerung oder gar Scheitern der angestrebten Transaktion führen (etwa ist eine fusionskontrollrechtliche Genehmigung nicht realistisch)[107]. Nun ist es nicht die Aufgabe des Aufsichtsrats, die Fragen der Transaktionssicherheit und -geschwindigkeit und der steuerlichen Effizienz selbst zu prüfen oder dafür eigene Berater zu beschäftigen. Zur Vermeidung von Haftungsrisiken wegen Verletzung der allgemeinen Sorgfaltspflicht sollte der Aufsichtsrat aber **checklistartig abfragen**[108], ob sich der Vorstand die **typischen Fragen zur Transaktionsstrukturierung gestellt hat** und wie (insbesondere aufgrund welcher Entscheidungsgrundlagen) er diese beantwortet hat.

38 Auf Seiten des Verkäufers und des Käufers ist zu hinterfragen, welche aufschiebenden Bedingungen, und dabei insbesondere **fusionskontrollrechtliche und allfällige regulatorische Verfahren**, den Vollzug der Transaktion verzögern (oder gar vereiteln) können. Auf Käuferseite sind die klassischen **Steueroptimierungsfragen** zu stellen: Ist die Abzugsfähigkeit von Finanzierungsaufwendungen

---

[104] *P. Doralt/W. Doralt* in Semler/v. Schenck, ARHdb^4 § 14 Rz 129.

[105] So auch *P. Doralt/W. Doralt* in Semler/v. Schenck, ARHdb^4 § 14 Rz 129.

[106] *Essler*, Der Aufsichtsrat 2008, 140, 141.

[107] *Bücker/v. Bülow* in Krieger/U. H. Schneider, HdB Managerhaftung^2 § 25 Rz 56ff.

[108] Einen Überblick über Themen, die checklistartig durch den Aufsichtsrat abgefragt werden können, geben *Bücker v. Bülow* in Krieger/U. H. Schneider, HdB Managerhaftung^2 § 25 Rz 66.

sichergestellt? Wie haben wir den Erhalt und die Nutzung der Verlustvorträge sichergestellt? Erhalten wir eine Firmenwertabschreibung? Neben der Frage, ob die Möglichkeit eines Auktionsverfahrens zur Optimierung des Kaufpreises geprüft wurde, verdient aus Verkäufersicht das **Haftungsregime** besonderes Augenmerk. Haftungsrisiken des Verkäufers sind betragsmäßig und zeitlich angemessen zu beschränken. Garantie- und Freistellungsansprüche sollten daher erst geltend gemacht werden können, soweit sie einen bestimmten Mindestbetrag überschreiten (Freigrenze und Freibetrag). Ferner hat der Verkäufer darauf zu achten, dass die Gesamthaftung einen Höchstbetrag nicht überschreitet und dass jede weiter gehende Haftung vertraglich ausgeschlossen ist (wie etwa wegen Irrtums, Schadensersatzes und der Verkürzung über die Hälfte). Auch sollten die Verjährungsfristen für die Geltendmachung von Ansprüchen nicht zu lange sein.

Haftungsausschlüsse oder -begrenzungen sind bei arglistig verschwiegenen Mängeln nicht wirksam[109]. Auch wird angenommen, dass Organmitglieder des Verkäufers, die Organfunktionen in der Zielgesellschaft innehaben, auch ein bestimmtes Ausmaß an Wissen über die Zielgesellschaft haben. Der Vorstand des Verkäufers hat daher für die zeitgerechte Beschaffung der erforderlichen Informationen zur Zielgesellschaft und für die sorgfältige Überprüfung der Richtigkeit vertraglicher Gewährleistungszusagen zu sorgen. Aufgrund einer durch den Erwerbsinteressenten übermittelten Anforderungsliste wird üblicherweise durch die Zielgesellschaft ein Datenraum eingerichtet, den der Erwerbsinteressent prüft. Dieser Prozess sollte auf Verkäuferseite daher dazu genutzt werden, die relevanten Umstände, zu denen Gewährleistungszusagen abzugeben sind, in der Zielgesellschaft ebenso zu prüfen. Gerade wenn ein Konzernvorstand die zu verkaufende Zielgesellschaft nicht gut kennt, ist eine ***Vendors Due Diligence*** durch externe Sachverständige sinnvoll. Sie decken die relevanten Risiken in der Zielgesellschaft auf und stellen sicher, dass der Vorstand des Verkäufers nicht leichtfertig Gewährleistungszusagen zur Zielgesellschaft abgibt. Der Aufsichtsrat wird im Zuge der Überwachung der Organisationspflichten des Vorstands, den Vorstand darauf hinzuweisen haben, dass ein solcher Datenraum sorgfältig einzurichten ist (die offengelegten Informationen müssen vollständig und richtig sein) und der Datenrauminhalt auch verkäuferseitig kritisch zu prüfen ist. 39

Umgekehrt ist das **Haftungsregime** auch **aus Käufersicht** bedeutsam. Wurden Risiken in der *Due Diligence* identifiziert, ist sicherzustellen, dass diese Risiken durch ein ausreichendes Haftungsregime im Kaufvertrag abgesichert sind. Der Aufsichtsrat des Käufers wird daher bei seinem Vorstand nachzufragen haben, wie die Absicherung der identifizierten Risiken im Kaufvertrag erfolgt ist; ob diese Absicherung als ausreichend empfunden wird, ist freilich wieder eine von der BJR erfasste Ermessensentscheidung, die der Aufsichtsrat zu treffen hat. 40

---

[109] *P. Bydlinski* in Koziol/Bydlinski/Bollenberger, ABGB-Kommentar[2] § 928 Rz 2 f; in Deutschland greifen Haftungsausschlüsse und -begrenzungen nicht, wenn sie bedingt vorsätzlich abgegeben sind, BGH IVa ZR 1/80, NJW 1980, 2460; BGH VIII ZR 44/80, NJW 1981, 1441; BGH V ZR 29/96, NJW 1998, 302.

C. Überwachung der Organisationspflicht des Vorstands

41 Die Vorstände des Verkäufers und des Erwerbsinteressenten treffen in M&A Transaktionen umfangreiche Organisationspflichten. Der Aufsichtsrat wird im Zuge seiner Überwachungs- und Beratungspflicht die **Organisation der Transaktionsvorbereitung durch den Vorstand**, und dabei insbesondere die Organisation der Entscheidungsaufbereitung, zu überwachen haben; muss er doch sicherstellen, dass die vom Vorstand aufbereiteten Entscheidungsgrundlagen ausreichend detailliert und fundiert sind, sodass die Genehmigungsentscheidung des Aufsichtsrats auf Basis „angemessener Information" erfolgen kann. Dazu werden sich die Aufsichtsräte des Verkäufers und des Erwerbsinteressenten über den Prozessstand durch den Vorstand laufend berichten lassen. Dabei sollte der Aufsichtsrat auch prüfen, ob der Prozess marktüblich abläuft, wobei die üblichen Unterschiede zwischen Auktionen, privaten M&A Transaktionen (mit Exklusivität) und öffentlichen Übernahmen zu berücksichtigen sind.

42 **Verkäuferseitig** wird der Aufsichtsrat bei seinem Vorstand nachzufragen haben, ob der Erwerbsinteressent sich einem Vertraulichkeitsregime unterworfen hat, ob der Datenraum sorgfältig vorbereitet wurde (Vollständigkeit und Richtigkeit des Datenrauminhalts werden zu gewährleisten sein) und ob der Konzernvorstand zumindest das typischerweise aktenmäßig festgehaltene Wissen über die Umstände (und damit auch Risiken) der zu verkaufenden Zielgesellschaft hat, sodass Gewährleistungszusagen nicht leichtfertig abgegeben werden; eine *Vendors Due Diligence* ist bei hoher Risikogeneigtheit der Zielgesellschaft anzudenken (vgl oben Rz 39). **Käuferseitig** wird sich der Aufsichtsrat bei seinem Vorstand bereits frühzeitig im M&A Prozess vergewissern, dass eine Bewertung der Zielgesellschaft durch einen unabhängigen Wirtschaftsprüfer sowie eine detaillierte *Due Diligence* in Auftrag gegeben und zeitgerecht durchgeführt werden. Nach Feststellung einer Kaufpreisspanne hat der Vorstand zu überlegen, in welcher Höhe er die identifizierten Risiken bei der Kaufpreisfestsetzung berücksichtigen oder in welcher Form er diese Risiken im Kaufvertrag absichern möchte. Gegebenenfalls kann ein Gedankenaustausch mit dem Aufsichtsrat (Ausschluss) nach Vorliegen der Kaufpreisbewertung und der *Due Diligence* Ergebnisse zur Zielgesellschaft, aber vor Ausarbeitung des Kaufvertragsentwurfs (oder Bearbeitung des Entwurfs des Verkäufers) Sinn machen.

IV. Sonderproblem: Due Diligence

43 Die Durchführung einer ***Due Diligence*** der Zielgesellschaft in Vorbereitung einer M&A Transaktion ist für den Erwerbsinteressenten zumeist zwingend notwendig, kann aber auch für den Verkäufer wichtig sein[110]. Dabei stellt sich zuallererst die Frage, ob ein verkaufswilliger Aktionär die in seinem Besitz befindlichen Unterlagen und Informationen zur Zielgesellschaft an einen Erwerbsinteressenten weitergeben darf. Die Informationen wurden ihm üblicherweise aufgrund seiner qualifizierten Beteiligung (als konzernübergeordnete Gesellschaft) oder aufgrund

[110] Zur *Due Diligence* auf Käuferseite, Rz 33 f; zur *Vendors Due Diligence* Rz 35; s allgemein dazu *Hasenauer/Stingl*, Due Diligence (2015).

einer Organmitgliedschaft im Vorstand oder Aufsichtsrat der Zielgesellschaft zur Verfügung gestellt. Mit dieser Sonderstellung als Aktionär verschärft sich auch die verbandsrechtliche Treuepflicht gegenüber der Gesellschaft und den anderen Aktionären. Er wird diese Informationen und Unterlagen daher wohl nur **mit Zustimmung des Vorstands der Zielgesellschaft** einem Erwerbsinteressenten **offenlegen** können[111]. Eine eigenständige Disposition über geheime, aus einem anderen Titel erhaltene Daten der Zielgesellschaft durch den Verkäufer scheint – auch bei Implementierung eines Vertraulichkeitsregimes – nicht zulässig. Auch hätte der Hauptbetroffene, also die Zielgesellschaft, aus einer solchen Vereinbarung keine unmittelbaren Ansprüche gegen den Dritten[112].

Auch hat der verkaufswillige Aktionär keinen Anspruch auf Zustimmung des Vorstands der Zielgesellschaft und kann er auch die Herausgabe von Unterlagen und Informationen durch den Vorstand der Zielgesellschaft nicht erzwingen[113]. Der Vorstand der Zielgesellschaft kann aber die Schotten nicht einfach dicht machen. Zwar verpflichtet die **Verschwiegenheitspflicht** (§ 84 Abs 1 AktG iVm § 99 Akt) **Vorstands- und Aufsichtsratsmitglieder** dazu, über vertrauliche Angaben und Geschäftsgeheimnisse der Gesellschaft Stillschweigen zu bewahren. Die Verschwiegenheitspflicht ist aber **keine absolut geltende Verpflichtung**[114]. Die Organe der Zielgesellschaft haben vielmehr mit der Sorgfalt eines ordentlichen und gewissenhaften Geschäftsleiters die Vor- und Nachteile abzuwägen, die sich für die Zielgesellschaft aus einer Mitwirkung am Veräußerungsprozess ergeben, und letztlich im Hinblick auf das Unternehmenswohl eine **unternehmerische Ermessensentscheidung** zu treffen[115]. Üblicherweise eröffnet die Unterstützung dem Vorstand der Zielgesellschaft die Möglichkeit, in den Verkaufsprozess eingebunden zu sein sowie eine gewisse Kontrolle über den Informationsfluss und vielleicht sogar über eine Auswahl des Käufers zu haben[116]. Auch ist denkbar, dass ein Eigentümerwechsel der Gesellschaft neue Märkte, Finanzierungsquellen oder Know-how erschließt. Gegen Null wird sich der unternehmerische Ermessensspielraum im Fall einer Sanierungssituation bewegen, in der zur Rettung der Zielgesellschaft die Übernahme ein Ausweg ist[117]. Insoweit kann zum Unternehmenswohl sogar eine Verpflichtung des Vorstands der Zielgesellschaft bestehen, eine *Due Diligence* zu ermöglichen[118]. **44**

---

[111] So auch *Wahl/Parschalk*, wbl 2002, 289, 291; *Hasenauer/Stingl*, Due Diligence 87 ff.

[112] *Nowotny* unterscheidet, ob die Informationen auf gesellschaftsrechtlicher Basis dem Gesellschafter zustehen; bei Wahrung entsprechender Vorsichtsmaßnahmen sei eine Weitergabe an Erwerbsinteressenten vertretbar; nur wenn die Unterlagen dem Gesellschafter aufgrund der Funktion als Mitglied des Vorstands oder des Aufsichtsrats zur Verfügung gestellt werden, ist eine Weitergabe an Erwerbsinteressenten ausgeschlossen, wbl 1998, 145, 147. Dieser Ansatz berücksichtigt nicht, dass ein qualifizierter Aktionär regelmäßig auch in den Organen der AG vertreten ist und eine Unterscheidung der erhaltenen Informationen sehr schwer möglich ist; in diese Richtung auch *Wahl/Parschalk*, wbl 2002, 289, 291.

[113] *Krejci*, RdW 1999, 574, 575.

[114] *Krejci*, RdW 1999, 574.

[115] *Nowotny,* wbl 1998, 145, 147f; *Krejci*, RdW 1999, 574, 575.

[116] *Nowotny,* wbl 1998, 145, 148.

[117] *Bücker/v. Bülow,* in Krieger/U. H. Schneider, HdB Managerhaftung² § 25 Rz 63.

[118] *Wahl/Parschalk*, wbl 2002, 289, 291; *Krejci*, RdW 1999, 574, 576, der eine solche Verpflich-

45 Von den eigenen Informationen und Unterlagen der Zielgesellschaft sind solche zu trennen, die von **Konzerngesellschaften** stammen. Hierbei ist zwischen Konzerngesellschaften mit außenstehenden und solchen ohne außenstehenden Aktionären zu unterscheiden: Liegt eine unmittelbar oder mittelbar zu 100% gehaltene Beteiligung vor, so obliegt dem Vorstand der Zielgesellschaft wohl auch die Disposition über die bei ihm befindlichen Informationen und Unterlagen der Konzerngesellschaft[119]. Sind hingegen **außenstehende** Gesellschafter vorhanden, so wird wegen der möglichen Verletzung auch fremder Vermögensinteressen der Maßstab wesentlich strenger anzulegen sein: Für eine Offenlegung dieser Informationen und Unterlagen wird regelmäßig die **Zustimmung der Organe der betroffenen Tochtergesellschaft** einzuholen sein[120].

46 Unklar ist, wie groß eine zu veräußernde Beteiligung zu sein hat, damit die Mitwirkung des Vorstands der Zielgesellschaft am Verkaufsverfahren – in Form der Bereitstellung von Informationen und Unterlagen zur Zielgesellschaft – gerechtfertigt ist. Diese Frage hat vor dem Hintergrund der gesetzlich gebotenen Gleichbehandlung aller Aktionäre gemäß § 47a AktG besondere Bedeutung (**Gleichbehandlungsgebot**). Auch hier gilt: Es gibt kein absolutes Gleichbehandlungsgebot. Eine **sachlich gerechtfertigte Ungleichbehandlung** ist zulässig[121]. Allgemein sollte aus Sicht der Zielgesellschaft eine Teilnahme am Verkaufsprozess dann gerechtfertigt sein, wenn der in Aussicht genommene Beteiligungsverkauf angesichts der **Größe der Beteiligung** dazu führt, dass ein Käufer über die erworbene Beteiligung einen **maßgeblichen Einfluss auf die Zielgesellschaft** ausüben wird können. Das wird neben der Veräußerung einer Mehrheitsbeteiligung auch bei Veräußerung einer Sperrminorität oder einer kontrollierenden Beteiligung im Sinn des Übernahmegesetzes der Fall sein[122]. Minderheitsaktionäre dürfen also unter dem Titel der Gleichbehandlung nicht allein deshalb, weil die Zielgesellschaft den Großaktionär unterstützt, die gleichen Informationen fordern, die dem Großaktionär gewährt werden. Wohl aber hätte ein Aktionär das Recht, wie der Großaktionär behandelt zu werden, wenn er seinerseits sein Aktienpaket an der Gesellschaft verkaufen will und auch in seinem Fall ein Eigeninteresse der Zielgesellschaft an der Veräußerung des Aktienpakets besteht[123].

47 Verschärft hat sich die Problematik der Weitergabe von Informationen zu einer Zielgesellschaft dann, wenn die Zielgesellschaft **Emittent eines Finanzinstruments** ist, das im amtlichen Handel oder im geregelten Freiverkehr notiert und daher das **Verbot der Weitergabe von Insiderinformationen** Anwendung

---

tung annimmt, wenn die Gefahr besteht, dass eine Weigerung des Vorstands, den Großaktionär beim Aktienverkauf zu unterstützen, in der Öffentlichkeit zu nachteiligen Irritationen über das Unternehmensbild führt.

119 Hierbei wird es allerdings zu seinen Sorgfaltspflichten gehören, dass er sich über die Bedeutung dieser Unterlagen und die Gefahren von Schäden bei einer Verletzung von Vertraulichkeitspflichten mit dem Management der Tochtergesellschaft abstimmt; so *Nowotny*, wbl 1998, 145, 152.

120 So auch *Nowotny*, wbl 1998, 145, 152.

121 *Geist* in Jabornegg/Strasser, AktG[5] § 47a Rz 5 ff.

122 *Wahl/Parschalk*, wbl 2002, 289, 292.

123 So erstmals *Krejci*, RdW 1999, 574, 577.

findet (vgl Rz 51 ff). Früher war ein außerhalb der Börse abgewickelter Pakethandel nicht erfasst; das Verbot relativierte sich daher[124]. Seit der BörseGNov 2004 sind Pakettransaktionen aber vom Verbot der Weitergabe von Insiderinformationen erfasst[125]. Vorstand und Aufsichtsrat der Zielgesellschaft sind ebenso wie der Hauptaktionär Primärinsider, der Erwerbsinteressent ist Sekundärinsider. Abhilfe für die Organe der Zielgesellschaft kann hier nur eine **strenge Vertraulichkeitsvereinbarung** schaffen, in der sich der Hauptaktionär und der Erwerbsinteressent (mit Überbindungsverpflichtung an alle involvierten Personen) gegenüber der Zielgesellschaft vertraglich verpflichten, ihre Kenntnisse ausschließlich für den Anteilsverkauf bzw -kauf zu verwenden und solange am marktmäßigen Handel der Finanzinstrumente der Zielgesellschaft nicht teilzunehmen, als entweder die Insidertatsachen öffentlich noch nicht bekannt sind oder noch nicht durch Zeitablauf ihre Kursrelevanz verloren haben. Die Dauer des **absoluten Handelsverbots** wird zumeist bei Weitem die Projektdauer übersteigen.

Ist die Zielgesellschaft Emittent eines Finanzinstruments, hat der Vorstand 48
auch die **Emittenten-Compliance-Verordnung** (*ECV*)[126] einzuhalten. Weitergegeben dürfen nur Informationen im unbedingt erforderlichen Umfang werden, die unter Berücksichtigung des Unternehmenswohls notwendig sind[127]. Zu schaffen ist ein Vertraulichkeitsbereich, in den jene Personen, die anlassbezogen Zugang zu Insiderinformationen haben werden, aufzunehmen sind[128]. Alle Informationen zum Projekt dürfen den Vertraulichkeitsbereich nicht verlassen und sind auch gegenüber anderen Einheiten vertraulich zu behandeln[129]. Bei Einrichtung des Datenraums sind geeignete organisatorische Maßnahmen zu setzen, etwa die Einführung eines Projektnamens, räumliche und EDV-mäßige Zutrittsbeschränkungen zum Projektraum und zum Projektdatenpfad und die Verwendung von Passwörtern bei Versendung von Dateien. Daneben ist der Compliance Verantwortliche zu involvieren und es ist ein Compliance Register zu führen, in dem die involvierten Personen angeführt sind. Schließlich haben die involvierten Personen eine Vertraulichkeitsvereinbarung zu unterfertigen, in der, neben einer (auch hausinternen) Geheimhaltungspflicht, ein absolutes Handelsverbot in Finanzinstrumente während der Laufzeit des Projekts zu implementieren ist.

In jedem Fall müssen die Organe der Zielgesellschaft und die verkaufswilligen 49
Aktionäre stets zwischen dem Interesse an der Zulassung einer *Due Diligence* zur Förderung des Transaktionsprozesses und dem Geheimhaltungsinteresse der Zielgesellschaft sachgerecht abwiegen und bestimmte **Verfahrensvorkehrungen** treffen[130]. Hierzu zählen der Abschluss einer Vertraulichkeitsvereinbarung vor Beginn der *Due Diligence*, die Einrichtung eines Datenraums mit festen Regeln über Zugang und Auswertung der Unterlagen und Erfassung aller offengelegten Informationen. Der Zugang zu sensiblen Informationen (*red files*) wird üblicherweise

[124] *Krejci*, RdW 1999, 574, 577; *Nowotny*, wbl 1998, 145, 150.
[125] *Kalss/Zahradnik*, ecolex 2006, 393.
[126] Emittenten-Compliance-Verordnung v 1.4.2002 idF v 2.5.2005, BGBl II 2005/108.
[127] § 7 Abs 2 Z 1 u 2 ECV.
[128] § 4 Abs 2 ECV.
[129] Siehe auch § 6 Abs 1 ECV.
[130] Vgl *Bücker/v. Bülow* in Krieger/U. H. Schneider, HdB Managerhaftung² § 25 Rz 62.

wie folgt beschränkt: Es gibt ein gestuftes Verfahren, in dem sensible Informationen erst in einem fortgeschrittenen Stadium der Vertragsverhandlung offengelegt werden; denkbar ist auch, dass in einer frühen Phase die Offenlegung nicht dem Kaufinteressenten selbst gewährt wird, sondern Sachverständigen (Rechtsanwälten, Wirtschaftsprüfern), die von vornherein einer beruflichen Verschwiegenheitspflicht unterliegen[131]. Diese Sachverständigen hätten die ihnen offengelegten Unterlagen in dieser frühen Phase zu prüfen und einem Kaufinteressenten dann in verallgemeinernder und anonymisierter Weise das Gesamtergebnis ihrer Prüfung mitzuteilen[132]. In dieser Weise sollten datenschutzrechtlich sensible Daten[133] und wettbewerbsrechtlich sensible Informationen, aber auch jene Vereinbarungen mit Dritten[134] und Protokolle (insbesondere Aufsichtsrats- und Vorstandsprotokolle)[135] geprüft werden, die einer besonderen Geheimhaltungspflicht unterliegen. Der Kaufinteressent sollte damit in einer frühen Phase bereits ein ausreichend umfassendes Bild über das Kaufobjekt für seine grundsätzliche Kaufentscheidung erhalten. Schließlich werden auch Informationen im Fall der Veräußerung eines Bankbetriebs nur in anonymisierter oder aggregierter Form weitergegeben werden können[136]. In einem fortgeschrittenem Stadium des Transaktionsprozesses wird letztlich aber auch den unternehmensinternen Fachleuten des Käufers der Zugang zu sensiblen Informationen (*red files*) zu gewähren sein, um die zuvor auf Basis aggregierter und anonymisierter Informationen getroffenen Annahmen verifizieren zu können; der Zeitpunkt und die Rahmenbedingungen für eine solche *red file* Prüfung sind einzelfallabhängig.

50 Die **Entscheidung über die Zulassung einer *Due Diligence*** fällt in die **Geschäftsleitungskompetenz des Vorstands der Zielgesellschaft**[137]. Es steht dem Vorstand aber auch frei, darüber eine Entscheidung des Aufsichtsrats einzuholen. Die Diskussion im Aufsichtsrat kann im Einzelfall zweckmäßig sein, jedenfalls besteht aber keine Pflicht zur Befassung des Aufsichtsrats.[138] Ist der Aufsichtsrat mit der Sache befasst und verlangt der Vorstand eine Zustimmung des Aufsichtsrats, hat sich der Aufsichtsrat mit den Themen entsprechend zu beschäftigen und

---

131 Siehe § 9 Abs 2 RAO, § 37 NO, § 27 Abs 1 WTBO.

132 *Nowotny*, wbl 1998, 145, 147; *Krejci*, RdW 1999, 574, 576.

133 Nach § 7 Abs 3 DSG kann die Datenübermittlung auch ohne Zustimmung des Betroffenen erfolgen, soweit dies zur Wahrung eines berechtigten Interesses an der Übermittlung erforderlich ist, das die schutzwürdigen Interessen des Betroffenen an der Geheimhaltung überwiegt.

134 Vereinbarungen mit Dritten unterliegen häufig besonderen vertraglichen Geheimhaltungspflichten. Mit der beschränkten Offenlegung an Sachverständige mit Berufsverschwiegenheit und der Pflicht, die aufgenommene Analyse nur in anonymisierter und komprimierten Form an einen Erwerbsinteressenten weiterzugeben, sollten die Interessen des Dritten ausreichend gewahrt sein; *Nowotny*, wbl 1998, 145, 151.

135 Protokolle des Aufsichtsrats unterliegen im Vergleich zu anderen Dokumenten der Gesellschaft keinem besonderen Informationsschutz und können somit zugänglich gemacht werden, wobei eine Abstimmung mit dem Aufsichtsratsvorsitzenden erfolgen sollte: *Nowotny*, wbl 1998, 145, 152.

136 *Krejci*, RdW 1999, 574, 577; *Nowotny*, wbl 1998, 145, 152.

137 *Nowotny*, wbl 1998, 145, 147f; *Krejci*, RdW 1999, 574, 575; *Wahl/Parschalk*, wbl 2002, 289, 291.

138 *Nowotny,* wbl 1998, 145, 149.

insbesondere die im unternehmerischen Ermessen liegende Entscheidung zur Offenlegung der Daten in einer *Due Diligence* zu treffen.

V. Kapitalmarktrechtliche Besonderheiten bei emittierten Finanzinstrumenten

A. Insiderrecht

Hat ein Verkäufer, ein Erwerbsinteressent oder eine Zielgesellschaft Finanzinstrumente begeben, die auf einem geregelten Markt zugelassen sind oder für die ein entsprechender Antrag auf Zulassung zu diesem Markt gestellt wird, auch wenn das Geschäft selbst nicht auf dem Markt abgewickelt wird[139], ergeben sich für die Organe – und damit auch für den Aufsichtsrat – bei M&A Transaktionen besondere Haftungsrisiken aus dem **Insiderhandelsverbot**. Der Kreis der Finanzinstrumente ist weit gefasst. Neben Wertpapieren (neben Aktien etwa Vorzugsaktien, Gewinnscheine, Partizipationsscheine, Wandelschuldverschreibungen und Anleihen[140]) sind etwa auch Geldmarktinstrumente, Futures, Swaps, Optionen auf diese Finanzinstrumente und Derivatgeschäfte erfasst[141]. Auch fällt – unabhängig davon, ob ein Berufshändler eingeschaltet ist oder nicht – jede Art von Pakettransaktionen (*Face to Face* Geschäfte) unter den Insidertatbestand. **51**

Das trifft **Aufsichtsratsmitglieder** zum einen **persönlich**: Sie sind neben anderen Organmitgliedern und einem Kreis von strikt abgrenzbaren Personen, die aufgrund ihres Berufs, ihrer Beschäftigung oder ihrer Aufgaben Zugang zu einer Insiderinformation haben[142], **Primärinsider**. Daneben sind als **Sekundärinsider** alle Personen erfasst, die – in welcher Form auch immer – einen Zugang zu Insiderinformation haben; damit sind – um den Kreis der erfassten Personen greifbar zu machen – auch die Putzkraft und der Ehepartner eines Aufsichtsratsmitglieds betroffen. Das Gesetz unterwirft diese Personen einem **Handelsverbot** (Insider darf die Finanzinstrumente weder kaufen noch verkaufen), einem **Weitergabeverbot** (Insider darf Informationen nicht an Dritte weitergeben) und einem **Empfehlungsverbot** (Insider darf die Finanzinstrumente Dritten weder zum Kauf oder Verkauf anbieten noch diese empfehlen)[143]. **52**

Ein Verstoß ist **strafbar** (Strafrahmen bei Primärinsidern bis zu fünf, bei Sekundärinsidern bis zu drei Jahren)[144]. Daneben ist auch die Verwendung einer Insiderinformation in Kenntnis oder grob fahrlässiger Unkenntnis strafbar, selbst wenn der Bereicherungsvorsatz fehlt (Strafrahmen bis zu sechs Monaten oder **53**

---

[139] *F. Schuhmacher,* ÖBA 2005, 533, 534.

[140] Der Katalog ist nicht abschließend; erfasst sind alle Wertpapiere im Sinne der RL 93/22/EWG.

[141] Katalog ist nicht abschließend; siehe *Kalss/Oppitz/Zollner*, Kapitalmarktrecht² § 21 Rz 30.

[142] Das ist nicht auf Unternehmensangehörige beschränkt; neben leitenden Mitarbeitern und Betriebsratsangehörigen zählen dazu auch unternehmensexterne Personen wie Wirtschaftsprüfer, Rechtsanwälte und Unternehmensberater oder die eine Transaktion begleitenden Investmentbanken und die Mitarbeiter der eine Transaktion finanzierenden Banken.

[143] Eine gute Übersicht bieten *Kalss/Oppitz/Zollner*, Kapitalmarktrecht² § 21 Rz 37ff.

[144] § 48b BörseG.

Geldstrafe bis zu 360 Tagessätzen)[145]. Auch der Versuch ist unter der Marktmissbrauchsverordnung (MM-VO) in Zukunft ausdrücklich strafbar.[146] Auch kann die FMA Amtshandlungen bei Verstößen öffentlich machen[147]und alle Vermögenswerte, die für und durch den Insiderhandel erlangt worden sind für verfallen erklären[148]. Schließlich können zivilrechtliche Ansprüche der Anleger nicht ausgeschlossen werden, wenn man § 48b BörseG als Schutzgesetz im Sinne von § 1311 ABGB zugunsten der übrigen Marktteilnehmer versteht[149].

54 Die Verbote gelten freilich erst, wenn eine **Insiderinformation** vorliegt. Eine Insiderinformation wird als öffentlich nicht bekannte präzise[150] Informationen, die direkt oder indirekt einen oder mehrere Emittenten oder ein oder mehrere Finanzinstrumente betreffen und die, wenn sie öffentlich bekannt würden, geeignet wären, den Kurs dieser Finanzinstrumente oder den Kurs damit verbundener derivativer Finanzinstrumente erheblich zu beeinflussen und die ein verständiger Anleger wahrscheinlich als Teil der Grundlage seiner Anlageentscheidungen nutzen würde[151]. Klarstellend hält die MM-VO auch fest, dass Zwischenschritte in zeitliche gestreckten Vorgängen bei Vorliegen der entsprechenden Kriterien als eine Insiderinformation betrachtet werden können[152]. Abzustellen ist daher auf die Maßgeblichkeit für eine Anlageentscheidung, ohne dass es zu einer konkreten Vermögensdisposition kommen muss[153]. In jeder Stufe des M&A Prozesses muss daher überlegt werden, ob ein verständiger Anleger am jeweiligen Prozessstand bereits damit rechnen würde, dass es zu einer Transaktion kommt und er diese in seinen Überlegungen über eine Vermögensdisposition wahrscheinlich berücksichtigen würde. Die Grenzen sind fließend. Es müsste bewiesen werden, dass ein verständlicher Anleger wegen der noch bestehenden Unwägbarkeiten nicht mit der Transaktion gerechnet hätte. Das wird oft schwer sein. Primär- und Sekundärinsidern (damit auch **Aufsichtsratsmitgliedern** und Aufsichtsratsmitgliedern persönlich oder wirtschaftlich nahe stehenden Personen) auf Ebene des Verkäufers, des Erwerbsinteressenten und der Zielgesellschaft ist daher dringend zu empfehlen, **in jedem Fall von Transaktionen in Finanzinstrumente** des Verkäufers, des Erwerbsinteressenten und der Zielgesellschaft **Abstand zu nehmen**, **sobald** sie **von** einer **geplanten M&A Transaktion**, egal von wem und in welcher Form, **erfahren**.

---

[145] § 48b Abs 3 BörseG.

[146] Die Verordnung (EU) Nr. 596/2014 des Europäischen Parlaments und des Rates vom 16. April 2014 über Marktmissbrauch (Marktmissbrauchsverordnung; MM-VO) wird mit 3. Juli 2016 wirksam und ist in Österreich unmittelbar anzuwenden. Die MM-VO wird ergänzt durch die Richtlinie 2014/57/EU des Europäischen Parlaments und des Rates vom 16. April 2014 über strafrechtliche Sanktionen bei Marktmanipulation (Marktmissbrauchsrichtlinie; MMR), die durch die Mitgliedsstaaten ebenfalls bis zum 3. Juli 2016 in nationales Recht umzusetzen ist.

[147] § 48q Abs 4 BörseG.

[148] § 20 StGB; *Kalss/Oppitz/Zollner*, Kapitalmarktrecht² § 21 Rz 72.

[149] S dazu *Kalss/Oppitz/Zollner*, Kapitalmarktrecht² § 21 Rz 89.

[150] Siehe zum Begriff „präzise" die weiterführende Definition in Art 7 Abs 2 der MM-VO.

[151] So die wesentlichen Elemente des durch Art 7 MM-VO eingeführten Begriffes „Insiderinformation".

[152] Siehe dazu Art 7 Abs 2 und 3 der MM-VO.

[153] Rundschreiben FMA Pkt G 2.2.1.4

55 Das Verbot des Insiderhandels ist nicht nur für Organmitglieder persönlich relevant. Ausfluss des Verbots des Insiderhandels ist auch die Verpflichtung der Organmitglieder zur Schaffung eines **projektbezogenen Vertraulichkeitsbereichs** im Sinne der Emittenten-Compliance-Verordnung (*ECV*)[154], in dem jene Personen, die anlassbezogen Zugang zu Insiderinformationen haben werden, aufzunehmen sind[155]. Der Vorstand wird den Vertraulichkeitsbereich für ein M&A Projekt einzurichten, der Aufsichtsrat wird die Einrichtung zu überwachen haben. Informationen zum M&A Projekt (auch die Information, dass das Projekt existiert) dürfen dann den Vertraulichkeitsbereich nicht verlassen und sind im internen Geschäftsverkehr auch gegenüber anderen Einheiten vertraulich zu behandeln[156]. Dabei sind **geeignete organisatorische Maßnahmen** zu setzen, aufgrund derer der Vertraulichkeitsbereich implementiert wird (im Sinn der unter Rz 48 angeführten Maßnahmen). Darüber hinaus haben die involvierten Personen eine **Vertraulichkeitsvereinbarung** zu unterfertigen, in der neben einer (auch hausinternen) Geheimhaltungspflicht ein absolutes Handels-, Weitergabe- und Empfehlungsverbot in Finanzinstrumente implementiert sein sollte. Der Aufsichtsrat des Unternehmens sollte im Zuge seiner Überwachungs- und Beratungspflicht gegenüber seinem Vorstand auf die Notwendigkeit der Einrichtung eines projektbezogenen Vertraulichkeitsbereichs gemäß ECV hinweisen.

56 Ein **vertraglich** in den Vertraulichkeitsvereinbarungen mit allen in das M&A Projekt involvierten Personen vereinbartes **absolutes Handels-, Weitergabe- und Empfehlungsverbot, losgelöst von einem** gesetzlich verankerten **Verbot des Insiderhandels**, ist erforderlich. Die insiderrechtlichen Verbote und die *Ad Hoc* Veröffentlichungspflicht knüpfen nämlich einheitlich an das Vorliegen einer genauen Insiderinformation an. Damit ist ein Handels- Weitergabe- und Empfehlungsverbot eigentlich aber erst dann gegeben, wenn das M&A Projekt bereits *ad hoc* mäßig zu veröffentlichen ist[157]: Ist ein M&A Projekt daher fortgeschritten, ist die Eintrittswahrscheinlichkeit aber noch nicht ausreichend hoch (es liegt noch keine Insiderinformation vor), besteht noch kein Handels-, Weitergabe- und Empfehlungsverbot. Dennoch muss sichergestellt sein, dass die an den Verhandlungen Beteiligten sowie eingebundene Aktionäre in dieser Phase keine sensiblen Geschäfte mehr tätigen oder sonstige Handlungen setzen. Ein solches absolutes Handels-, Weitergabe- und Empfehlungsverbot in Bezug auf relevante Finanzinstrumente ab dem Zeitpunkt der Aufnahme in das M&A projektbezogene Vertraulichkeitsregime (auf den Ebenen des Verkäufers, des Erwerbsinteressenten und der Zielgesellschaft) erscheint daher erforderlich.

57 Wie schon unter Rz 47 dargestellt hat sich darüber hinaus für die **Zielgesellschaft** seit der BörseGNov 2004 die Situation in Hinblick auf die Weitergabe von Informationen zur Zielgesellschaft gegenüber Verkäufer und Erwerbsinteressent verschärft, da heute auch Pakettransaktionen (*Face-to-Face*-Geschäfte) vom Ver-

154 Emittenten-Compliance-Verordnung v 1.4.2002 idF v 2.5.2005, BGBl II 2005/108. Ab 3. Juli 2016 sind auch die Vorschriften betreffend Insiderlisten in Art 18 MM-VO maßgeblich.

155 § 4 Abs 2 ECV.

156 Siehe auch § 6 Abs 1 ECV, Art 18 MM-VO.

157 Das Problem wurde im Grundsatz auch von *Kalss/Zahradnik,* ecolex 2006, 393, 307 thematisiert.

bot des Insiderhandels erfasst sind. Hinzu kommt, dass gemäß Art 8 Abs 1 MM-VO hinkünftig die Nutzung von Insiderinformationen in Form der Stornierung oder Änderung eines Auftrags in Bezug auf ein Finanzinstrument, auf das sich die Informationen beziehen, ausdrücklich als Insidergeschäft gilt, wenn der Auftrag vor Erlangen der Insiderinformationen erteilt wurde. Dennoch sollte eine Weitergabe von Insiderinformationen an einen Erwerbsinteressenten für die Durchführung einer *Due Diligence* weiterhin zulässig sein, soweit der Erwerbsinteressent durch die (positive) Information in seiner Kaufentscheidung bestärkt oder es durch die (negative) Information zu einem Projektabbruch kommt. Aus insiderrechtlicher Sicht problematisch erscheint, wenn der Erwerbsinteressent aufgrund einer nachträglich hervorgekommenen Information seinen Transaktionsplan modifiziert, etwa ein größeres Aktienpaket als ursprünglich festgelegt erwerben möchte[158]. Neben den unter Rz 47 f dargestellten flankierenden Maßnahmen (strikte Geheimhaltungsvereinbarung; absolutes Handelsverbot) müsste der Zielgesellschaft daher auch das **Volumen des geplanten Paketkaufs** durch den Erwerbsinteressenten vor Öffnung des Datenraums **bekanntgegeben werden**; damit stellt die Zielgesellschaft sicher, dass der Erwerbsinteressent nicht ein größeres als das ursprünglich geplante Aktienpaket aufgrund der gewonnen Insiderinformationen erwirbt. Handelt es sich aber die Übernahme auf der Grundlage eines öffentlichen Angebots besteht gemäß Art 9 Abs 4 MM-VO eine Ausnahme: Diesfalls wird aufgrund der bloßen Tatsache, dass eine Person Insiderinformationen besitzt, nicht angenommen, dass sie diese Informationen genutzt und daher Insidergeschäfte getätigt hat, wenn sie diese Insiderinformation im Zuge der Übernahme auf der Grundlage eines öffentlichen Angebots erworben hat und diese Insiderinformationen ausschließlich nutzt, um die Übernahme auf der Grundlage eines öffentlichen Angebots weiterzuführen, unter der Voraussetzung, dass zum Zeitpunkt der Annahme des Angebotes durch die Anteilseigner des betreffenden Unternehmens sämtliche Insiderinformationen öffentlich gemacht worden sind oder auf andere Weise ihren Charakter als Insiderinformationen verloren haben. Zulässig für den Erwerbsinteressenten ist der Aufbau einer Position in den Finanzinstrumenten der Zielgesellschaft (***stake building***) im Vorfeld einer Übernahme. In dieser Phase verfügt der Erwerbsinteressent ja noch über keine andere Insiderinformation als die Kenntnis von seiner eigenen Übernahmeabsicht; hier wird die Insiderinformation nicht verwendet, sondern umgesetzt[159].

B. *Ad Hoc* Veröffentlichungspflicht

58 Verkäufer, Erwerbsinteressent und Zielgesellschaft, die **Finanzinstrumente** emittiert haben, haben neben dem Insiderrecht auch die *Ad Hoc* Veröffentlichungspflicht im Zusammenhang mit der Vorbereitung und der Durchführung einer M&A Transaktion zu beachten. Erfasst sind aber anders als im Insiderrecht nur **Emittenten**, deren Finanzinstrumente im amtlichen Handel oder im geregel-

[158] Zur Modifikation des Transaktionsplans aus Sicht des Insiderrechts auch *Kalss/Oppitz/Zollner*, Kapitalmarktrecht[2] § 21 Rz 51.

[159] *Assmann* in Assmann/Uwe H. Schneider, WpHG § 14 Rz 31; *Schäfer* in Schäfer/Hamann, Kapitalmarktgesetze[2] § 14 WpHG Rz 71.

ten Freiverkehr notieren, nicht aber Emittenten, deren Papiere im Ungeregelten Dritten Markt zugelassen sind[160]. Dies ändert sich ab 3. Juli 2016: Ab diesem Zeitpunkt sind auch Emittenten von Finanzinstrumenten, die an einem multilateralen oder organisierten Handelssystem gehandelt werden gemäß Art 2 Abs 1 lit b und c MM-VO von der *Ad Hoc* Veröffentlichungspflicht erfasst. Offenlegungspflichtig ist jede **Insiderinformation** (zur Definition des Begriffs, siehe Rz 54). Erforderlich ist die unmittelbare (also die nicht bloß mittelbare) Betroffenheit des Emittenten. Der Kauf und der Verkauf von wesentlichen Beteiligungen betreffen Verkäufer und Erwerbsinteressenten unmittelbar. Aber auch eine Zielgesellschaft, deren Aktien übertragen werden, ist unmittelbar betroffen, sofern es sich um ein strategisches Investment und nicht bloß um eine schlichte Finanzanlage von geringem Ausmaß handelt[161]. Wird daher ein Aktienpaket übertragen und haben Verkäufer, Erwerbsinteressent und Zielgesellschaft Finanzinstrumente emittiert (auch wenn diese Finanzinstrumente nicht der Transaktionsgegenstand sind), führt das zu einer ***Ad Hoc* Veröffentlichungspflicht bei drei Emittenten**. Die Offenlegungspflicht muss nicht von jedem Unternehmen allein vollzogen werden; mit der ersten Offenlegung fällt die Vertraulichkeit weg[162]. Eine Abstimmung zwischen den Emittenten ist zu empfehlen; wenn eine solche Abstimmung nicht schon durch den Vorstand selbst organisiert wird, sollte der Aufsichtsrat gegenüber seinem Vorstand auf diese **Abstimmungsnotwendigkeit** hinweisen.

Die Entstehung einer Insiderinformation hängt nicht von formalen Beschluss- **59**
fassungen von Organen ab, sondern ist aus dem Blickwinkel des verständigen Anlegers und dessen Einschätzung der Kurserheblichkeit heraus zu beurteilen. Damit sind nur bedeutende M&A Transaktionen, bei denen eine Kursbeeinflussung wahrscheinlich ist, *ad hoc* veröffentlichungspflichtig. Eine M&A Transaktion läuft in mehreren Schritten ab. Eine Veröffentlichungspflicht für Vorbereitungshandlungen zu einem Zeitpunkt, zu dem die Realisierungswahrscheinlichkeit noch relativ gering oder überhaupt nicht gegeben ist, wäre für den Markt ebenso wie für die beteiligten Unternehmen eine Gefahr; sie würden Anleger verunsichern und ihnen letztlich die Last der Beurteilung der Eintrittswahrscheinlichkeit aufbürden[163]. Auch würde die verfrühte Meldung einer M&A Transaktion Konkurrenten auf den Plan rufen, die Vereitelungsmaßnahmen ergreifen könnten. Für M&A Transaktionen müssen daher zwei Elemente für eine *Ad Hoc* Veröffentlichungspflicht erfüllt sein: Es muss mit **hinreichender Wahrscheinlichkeit** davon ausgegangen werden können, dass der Kauf oder der Verkauf des Unternehmens erfolgreich abgeschlossen wird[164]. Darüber hinaus muss die Information **bestimmt genug** sein,

[160] § 48a Abs 1 Z 4 BörseG.

[161] So auch *Kalss/Zahradnik,* ecolex 2006, 393, 394 mit der Begründung, dass ein solcher Aktionärswechsel auch Auswirkungen auf die Organisation und Geschäftspolitik der Zielgesellschaft hat.

[162] *Kalss/Zahradnik,* ecolex 2006, 393, 394. Nunmehr auch ausdrücklich in Art 9 Abs 5 MM-VO festgehalten. Demnach stellt die bloße Tatsache, dass eine Person ihr Wissen darüber, dass sie beschlossen hat, Finanzinstrumente zu erwerben oder zu veräußern, beim Erwerb oder der Veräußerung dieser Finanzinstrumente nutzt, an sich noch keine Nutzung von Insiderinformationen dar.

[163] In diese Richtung auch *Kalss/Zahradnik,* ecolex 2006, 393, 395.

[164] Rundschreiben FMA Pkt G 2.2.1.2.

dass sie einen **Schluss auf mögliche Auswirkungen auf die Kurse** von Finanzinstrumenten oder Derivate zulässt. Bei einem mehrstufigen M&A Prozess ist daher in jeder einzelnen Projektstufe zu überlegen, ob (a) aufgrund der aktuellen Umstände und vorliegenden Tatsachen bereits eine hohe Eintrittswahrscheinlichkeit vorliegt[165] und (b) eine ausreichende Bestimmtheit, um die Kursbeeinflussungseignung für eine Anlageentscheidung eines vernünftigen Anlegers abschätzen zu können[166].

60 Das ist naturgemäß auf Verkäuferseite anders zu beurteilen als auf Käuferseite. So kann ein Verkäufer den Entschluss gefasst haben zu verkaufen, den Käufer wird er aber allenfalls aus Verhandlungstaktik im Unklaren lassen. Im Auktionsfall verschärft sich die Situation: Der Verkäufer mag sehr früh den Entschluss zum Verkauf gefasst haben; auf Bieterseite wird in einer Auktionssituation bis zuletzt nicht feststehen, wer den Zuschlag erhält. Auch die Zielgesellschaft wird nicht immer in die Überlegungen des Verkäufers eingebunden sein. Die **hinreichende Wahrscheinlichkeit des Eintritts** eines Ereignisses wird daher **auf Seiten des Verkäufers, des Erwerbsinteressenten und der Zielgesellschaft unterschiedlich zu bewerten** sein.

61 Auf Seiten eines **Erwerbsinteressenten oder einer Zielgesellschaft** gilt: Ist nur ein Bieter vorhanden oder wurde einem Bieter Exklusivität eingeräumt, wird sich frühestens bei Vorliegen eines zufriedenstellenden Ergebnisses der *Due Diligence* der ernsthafte Einigungswille der Verhandlungspartner manifestieren und kann dann eine *Ad Hoc* Veröffentlichungspflicht entstehen[167]. Insbesondere, wenn darüber hinaus auch über alle wesentlichen Vertragspunkte Einigung erzielt wurde und die erforderlichen Zustimmungen nur mehr Formsache sind, liegt eine Insiderinformation vor, die *ad hoc* veröffentlichungspflichtig ist[168]. Temporäre Verhandlungsexklusivität sowie die Festlegung einer Preisspanne in einem *Memorandum of Understanding* sind demgegenüber Elemente, die zwar die Ernsthaftigkeit der Absichten der Verhandlungsparteien dokumentieren, den Verhandlungsprozess fortzuführen, die aber noch nichts über die Bindungsabsicht der Parteien aussagen[169]. In Fällen, in denen mehrere Unternehmen als Bieter beteiligt sind, wird es oft auch nach Teilnahme an einer *Due Diligence* Prüfung mit zufriedenstellendem Ergebnis aufgrund des ungewissen Ausgangs der Auktion aus Sicht des Bieters und der Zielgesellschaft an der hinreichenden Wahrscheinlichkeit bis zum eigentlichen Zuschlag mangeln.[170]

62 Auf Seiten des **Verkäufers** gilt: Bei einer festen Absicht, ein Unternehmen zu veräußern, kann bereits vor dem Zeitpunkt des Feststehens eines Käufers, von einer Insiderinformation ausgegangen werden.[171] Wann sich die feste Absicht als

---

[165] Rundschreiben FMA Pkt G 2.5.2.1.

[166] *Kalss/Zahradnik,* ecolex 2006, 393, 395.

[167] Rundschreiben FMA Pkt G 2.5.2.1. Zur Veröffentlichung von Zwischenschritten siehe Rz 54.

[168] *Kalss/Zahradnik,* ecolex 2006, 393, 395).

[169] So auch *Kalss/Zahradnik,* ecolex 2006, 393, 395; Bafin, Emittentenleitfaden 52 regt in einem derartigen Fall eine genauere Prüfung an.

[170] Rundschreiben FMA, Pkt G 2.5.2.1.

[171] Rundschreiben FMA, Pkt G 2.5.2.1.

subjektiver Maßstab tatsächlich manifestiert, ist fließend und im jeweiligen Einzelfall zu beurteilen. So kann bereits die Aufsetzung des Prozesses (Auswahl der Investmentbank und der Berater) aber auch erst die finale Zuschlagsrunde relevant sein (sofern sich der Verkäufer im zweiten Fall den Abbruch des Prozesses vorbehalten hat); zu fragen ist in beiden Fällen, wann sich die feste Absicht des Verkäufers zur tatsächlichen Umsetzung des Projekts manifestiert hat (wobei der Verkäufer freilich auch die hinreichende Wahrscheinlichkeit der tatsächlichen Umsetzung des Projekts realistisch sehen wird müssen).

Die *Ad Hoc* **Veröffentlichung** und damit die Bekanntmachung einer Transaktion kann gemäß § 48d Abs 2 BörseG **auch aufgeschoben** werden. Ein solcher Aufschub ist nur ausnahmsweise zulässig; grundsätzlich besteht die Verpflichtung des Emittenten zur Offenlegung[172]. Die Verpflichtung wird auch nur aufgeschoben und nicht aufgehoben. Die Entscheidung lag bisher beim Emittenten; die Aufschiebung war aber der FMA schriftlich anzuzeigen. Mit Wirksamwerden der MM-VO ab dem 3. Juli 2016 ist die Anzeige eines Aufschubs gemäß Art 17 Abs 4 MM-VO nicht mehr erforderlich, sofern folgende drei Voraussetzungen vorliegen: (i) Die Bekanntgabe kann den berechtigten Interessen des Emittenten schaden, (ii) die Öffentlichkeit darf nicht irregeführt werden und (iii) die Vertraulichkeit muss weiterhin sichergestellt werden können. „Sanierungsverhandlungen" (diese müssen tatsächlich auch bereits ernsthaft geführt werden[173]) und „mehrstufige Entscheidungsprozesse" können berechtigte Interessen für einen Aufschub darstellen[174]. Hat ein Emittent die Offenlegung von Insiderinformationen aufgeschoben, so hat er die zuständige Behörde aber unmittelbar nach der Offenlegung der Informationen über den Aufschub der Offenlegung zu informieren und schriftlich zu erläutern, inwieweit die Bedingungen erfüllt waren. Läuft bereits ein umfangreicher Datensammlungsprozess, in dem praktisch das gesamte Unternehmen des Emittenten involviert ist, wird es verkäuferseitig oft schwer sein, gegenüber der FMA zu argumentieren, dass die Vertraulichkeit der Information gewährleistet ist. 63

Erhebliche Änderungen nach der ersten *Ad hoc* Meldung unterliegen der **Aktualisierungspflicht**[175]. Nach dieser Bestimmung sind alle erheblichen Veränderungen im Hinblick auf eine bereits offengelegte Insiderinformation unverzüglich nach dem Eintreten dieser Veränderung bekannt zu geben. Die Aktualisierungspflicht bedeutet insofern eine Ausweitung der Offenlegungspflicht, als sie auch solche Veränderungen erfasst, die noch nicht als vollkommen neuer Umstand anzusehen sind, sondern eben nur als erhebliche Modifikation des ursprünglich offengelegten[176]. Das **Scheitern von Verhandlungen über einen Unternehmenserwerb** führt zu keiner *Ad hoc* Veröffentlichungspflicht, wenn am Markt bei verständigen Anlegern nicht bereits die Erwartungshaltung bestand, dass ein Unternehmenserwerb erfolgen wird[177]. Auch wird bei Scheitern einer Transaktion 64

---

172 *Kalss/Oppitz/Zollner*, Kapitalmarktrecht² § 16 Rz 64.

173 § 48d Abs 2 Z 1 lit a BörseG – *„indem [durch die Veröffentlichung] spezifische Verhandlungen vereitelt werden würden"*.

174 § 48d Abs 2 Z 1 BörseG.

175 § 48d Abs 1 Satz 3 BörseG.

176 *Kalss/Oppitz/Zollner*, Kapitalmarktrecht² § 16 Rz 86.

177 So auch *Kalss/Zahradnik,* ecolex 2006, 393, 396.

eine *Ad hoc* Veröffentlichungspflicht notwendig sein, wenn die geplante Transaktion bereits *ad hoc* mäßig veröffentlicht wurde.

65 Der Vorstand ist unternehmensintern für die Vornahme der Offenlegungspflicht zuständig. Vorstandsmitglieder des Emittenten sind auch die Adressaten für eine Verwaltungsstrafe bis zu EUR 60.000, wenn der Emittent die *Ad Hoc* Veröffentlichungspflicht verletzt[178]. Dabei haben neben Vorstands- auch **Aufsichtsratsmitglieder** zu beachten, dass sie sich gemäß dem seit 1.1.2016 in Kraft befindlichen § 163a Abs 1 Z 1 StGB (die Vorgängerbestimmung ist bekanntlich der mit 1.1.2016 aufgehobene § 255 AktG) strafbar machen, wenn sie in einer *Ad Hoc* Veröffentlichung **vorsätzlich Tatsachen unrichtig wiedergeben, verschleiern oder verschweigen**[179]. Eine unmittelbare Haftung der Organmitglieder gegenüber Anlegern ist in Österreich schwer vorstellbar[180]. Sie könnte wohl nur dann schlagend werden, wenn ein besonders hohes wirtschaftliches Interesse der betroffenen Personen besteht[181].

C. Anzeige- und Genehmigungspflichten

66 Beim Erwerb von Beteiligungen an Aktiengesellschaften deren Aktien an einer österreichischen Börse im amtlichen Handel oder im geregelten Freiverkehr gehandelt werden, haben Verkäufer und Erwerbsinteressent die Offenlegungspflichten nach §§ 91 bis 94a BörseG zu beachten (**Beteiligungspublizität**). Ein und dieselbe Transaktion ist sowohl vom Aktienveräußerer als auch vom Aktienerwerber offenzulegen (**doppelte Meldepflicht**), wenn bei Übertragung von Eigentum an stimmrechtstragenden Aktien als dessen Folge der vom Erwerber oder Veräußerer gehaltene Stimmrechtsanteil 4%, 5%, 10%, 15%, 25%, 30%, 35%, 40%, 45%, 50%, 75% und 90% erreicht, über- oder unterschreitet[182]. Die Frist zur Offenlegung beträgt zwei Handelstage nach Kenntnis des Inhabers der Beteiligung vom Erwerb oder von der Veräußerung. Ausgelöst wird die Offenlegungspflicht beim Käufer gemäß § 91a BörseG bei Abschluss des Verpflichtungsgeschäfts (*Signing*), beim Verkäufer mit dem **Vollzug der M&A Transaktion** (*Closing*). Erfasst sind im Übrigen auch **indirekte Beteiligungserwerbe**; damit besteht eine Pflicht zur

[178] § 48 Abs 1 Z 2 BörseG; § 9 VStG.

[179] *Ad Hoc* Publizitätsmeldungen werden schon bisher von der Regelung gemäß § 255 Abs 1 Z 1 AktG, die in der Fassung des AktG ab 1.1.2016 aufgehoben wurde, erfasst, *Kalss/Oppitz/Zollner*, Kapitalmarktrecht² § 16 Rz 99; die völlige Unterlassung der Ad Hoc Publizitätspflicht führt allerdings – mangels Tatbestandsvoraussetzungen – dazu, dass diese Strafbestimmungen nicht greifen dürften, *Kalss* in Doralt/Nowotny/Kalss, AktG² § 255 Rz 22.

[180] Das wäre wohl nur denkbar, wenn Organmitglieder vorsätzlich eine fehlerhafte *Ad Hoc* Mitteilung erstatten und deswegen gemäß § 1295 Abs 2, § 1300 Satz 2 ABGB oder § 874 ABGB auch zur Haftung herangezogen werden können, *Kalss/Oppitz/Zollner*, Kapitalmarktrecht² § 16 Rz 100.

[181] Eine Organaußenhaftung ist nur bei vorsätzlichem und sittenwidrigem Handeln denkbar, *Kalss/Oppitz/Zollner,* Kapitalmarktrecht² § 16 Rz 100; für Deutschland: BGH II ZR 287/02, NJW 2005, 2450 EM.TV

[182] Eine darüber hinausgehende Darstellung der Stimmrechtszurechungsregime gemäß § 92 BörseG sowie Ausführungen zu Form, Frist und Inhalt der Offenlegung würde diesen Rahmen sprengen; verwiesen wird auf die Darstellung in *Kalss/Oppitz/Zollner*, Kapitalmarktrecht ² § 18 Rz 52ff.

Offenlegung auch, wenn sich formal an den Beteiligungsverhältnissen nichts ändert, aber sich die Beteiligungsverhältnisse der direkten oder indirekten Trägergesellschaft verändern (Voraussetzung ist eine kontrollierende Beteiligung an der Trägergesellschaft). Auch die **Zielgesellschaft** selbst ist verpflichtet, solche Beteiligungsänderungen spätestens zwei Handelstage nach Erhalt der Meldung durch Käufer oder Verkäufer zu veröffentlichen[183].

Bei Verletzung der Bestimmungen zur Regelungspublizität ist in der Praxis **67**
die Verhängung einer **verwaltungsrechtlichen Sanktion** (Geldstrafe bis zu EUR 150.000) am wahrscheinlichsten. Durch den Schutzgesetzcharakter kann auch eine zivilrechtliche Inanspruchnahme des Emittenten durch Aktionäre nicht ausgeschlossen werden. Verstößt eine Person gegen eine Meldepflicht gemäß §§ 91 bis 92 BörseG, ruhen alle Stimmrechte, die dieser Person gehören oder die ihr zuzurechnen sind, im Ausmaß der Differenz zwischen dem neuen Stimmrechtsanteil und dem letzten von ihr gemeldeten Stimmrechtsanteil. Die Stimmrechte können erst nach Ablauf von sechs Monaten ab Erfüllung der Meldepflicht wieder ausgeübt werden. Eine Ausnahme von dieser Sanktion besteht in engen Grenzen für Beteiligungen unter 15%.[184] Die Organmitglieder (damit auch die Aufsichtsratsmitglieder) haften im Regelfall nicht. Eine Direkthaftung der Organmitglieder gegenüber Anlegern kommt nur bei wissentlich falscher Auskunftserteilung im Sinne des § 1300 Satz 2 ABGB oder bei einem Verstoß gegen § 163a StGB in Betracht[185].

Auch sind alle **M&A Transaktionen mit Führungskräften** (und damit auch **68**
mit Aufsichtsratsmitgliedern) den ***Directors' Dealings*** **Regelungen** des BörseG und der MM-VO unterworfen. Zur Verhinderung von Umgehungsmöglichkeiten sind auch alle (juristischen und natürlichen) Personen in familiären oder wirtschaftlichen Nahebeziehungen im Einflussbereich der Führungskraft im Wesentlichen erfasst[186]. Alle entgeltlichen Vereinbarungen[187] in Aktien […], Schuldtiteln (etwa Anleihen)[188] oder aktienähnlichen Wertpapieren sowie Derivaten[189] lösen die Offenlegungspflicht aus (ein Aufschub ist nur möglich, bis die Gesamtabschlusssumme der Geschäfte in einem Kalenderjahr den Betrag von EUR 5.000 erreicht). Bei Verletzung der Offenlegungspflicht können gegenüber Führungskräften und diesen gleichgestellten Personen, Verwaltungsstrafen bis zu EUR 60.000 verhängt werden, wobei ein fahrlässiges Verhalten ausreicht. Auch sind zivilrechtliche Ansprüche des Emittenten und von Anlegern denkbar[190]. Ab 3. Juli 2016 werden

---

183 § 93 Abs 2 BörseG.

184 § 94a Abs 2 BörseG.

185 *Kalss/Oppitz/Zollner*, Kapitalmarktrecht² § 20 Rz 41.

186 *Kalss/Oppitz/Zollner*, Kapitalmarktrecht² § 19 Rz 42 ff.

187 Zu den künftig mitzuteilenden Geschäften gehört auch die Verpfändung und das Verleihen von Finanzinstrumenten (Art 19 Abs 7 lit a MM-VO), es sei denn dass die Verpfändung als Sicherheit für eine bestimmte Kreditfazilität dient. Auch die Mitteilungspflicht wird sich ab 3. Juli 2016 von bisher 5 auf 3 Geschäftstage verkürzen.

188 Dies sind gemäß Art 19 Abs 1 lit a MM-VO ab 3. Juli 2016 von der Meldepflicht erfasst.

189 Eine detaillierte Analyse der Offenlegungspflichten in Bezug auf *Cash Settlement Options* würde diesen Rahmen sprengen; vgl dazu *Kalss/Zollner*, ÖBA 2007, 884, 893 f.

190 Zu den Anspruchsgrundlagen für Emittenten und Anleger gegenüber Führungskräften und diesen gleichgestellten Personen, siehe *Kalss/Oppitz/Zollner*, Kapitalmarktrecht² § 19 Rz 72.

auch die bisher in § 8 Emittenten-Compliance-Verordnung 2007 vorgeschriebenen Sperrfristen und Handelsverbote durch Art 19 Abs 11 MM-VO ergänzt. Waren bisher Sperrfristen für Personen eines Vertraulichkeitsbereichs von 3 Wochen vor der geplanten Veröffentlichung der (vorläufigen) Quartalszahlen bzw. von 6 Wochen vor der geplanten Veröffentlichung der (vorläufigen) Jahreszahlen vorgesehen, sind zukünftig Eigengeschäfte während eines geschlossenen Zeitraums von 30 Kalendertagen vor Ankündigung eines Zwischenberichts oder eines Jahresabschlussberichts mit wenigen Ausnahmen verboten.

69 Der Erwerb und die Veräußerung bedeutender Beteiligungen an Unternehmen können **im In- und Ausland auch behördliche (regulatorische) Anzeige-, Anmelde- und Genehmigungspflichten** auslösen. Um Haftungsrisiken für Vorstand und Aufsichtsrat zu vermeiden, müssen M&A Transaktionen daher schon in einem sehr frühen Stadium auch sorgfältig daraufhin geprüft werden, ob sie Anmeldungserfordernissen und gegebenenfalls sogar gesetzlichen Vollzugsverboten unterliegen. So finden nationale **Fusionskontrollrechtsregime** häufig auch auf Auslandssachverhalte Anwendung, wenn diese Auswirkungen in dem jeweiligen Staat (insbesondere, wenn bestimmte Umsatzschwellen überschritten werden) haben. Scheinbare Inlandstransaktionen können so auch in anderen Rechtsordnungen einem Anmeldeerfordernis und einem Vollzugsverbot unterliegen. Daneben unterliegen in **regulierten Industrien,** wie etwa im **Banken- und Versicherungsbereich,** Beteiligungskäufe und -verkäufe national üblicherweise einer Anzeige- und/oder Genehmigungspflicht durch lokale Aufsichtsbehörden. Auch hier existieren Vollzugsverbote und es werden bei Verletzung empfindliche Sanktionen gegen Organmitglieder einer Gesellschaft verhängt. Entsprechende **aufschiebende Bedingungen**, die den Vollzug aufschiebend mit der entsprechenden Anzeige, Anmeldung und/oder Genehmigung bedingen, sind daher in die Transaktionsdokumentation aufzunehmen. Die erforderlichen Anzeigen und Anmeldungen sind vorzunehmen und die Genehmigungen sind vor Vollzug einzuholen. Der Aufsichtsrat sollte im Zuge seiner Überwachungs- und Beratungspflicht gegenüber dem Vorstand auf diese Pflichten hinweisen.

VI. Übernahmerechtliche Besonderheiten bei börsenotierten Gesellschaften

A. Geheimhaltungs- und Offenlegungspflichten.

70 Sind Beteiligungspapiere der Zielgesellschaft börsenotiert[191] und plant der **Erwerbsinteressent** (Bieter) vom Verkäufer (Altaktionär) eine wesentliche Beteiligung (Paketerwerb) an der Zielgesellschaft zu erwerben, sind die Vorschriften des Übernahmegesetzes (*ÜbG*) einzuhalten, sofern es auch zu einem öffentlichen Angebot kommt (vgl *Hlawati/Wilfling* Rz 32/40 ff). Bei Kontrollerlangung wird ein

[191] Ist die Zielgesellschaft mindestens mit einer Wertpapiergattung (Wertpapier mit einer Gewinn- oder einer Abwicklungsbeteiligung) an der Wiener Börse zum Handel auf einem geregelten Markt zugelassen, kommt es zur Anwendung des ÜbG, auch wenn die M&A transaktionsrelevanten Aktien vielleicht gar nicht börsenotiert sind; zum Beteiligungspapier-Begriff, *Diregger/Kalss/Winner*, Übernahmerecht[2] Rz 36 ff.

Pflichtangebot in Bezug auf die börsenotierten Wertpapiere zwingend ausgelöst, auch wenn die transaktionsrelevanten Aktien vielleicht gar nicht börsenotiert sind (bzw ist parallel zum Paketerwerb gegenüber den übrigen Inhabern der börsenotierten Wertpapiere ein freiwilliges Angebot auf Kontrollerlangung zu legen). Im Folgenden werden die bei Planung und Durchführung des Paketerwerbs einzuhaltenden **übernahmerechtlichen Geheimhaltungs- und Offenlegungspflichten** dargestellt.[192]

§ 5 ÜbG verpflichtet den **Bieter** (und mit dem Bieter gemeinsam vorgehende Rechtsträger[193]), Überlegungen oder die Absicht, ein Angebot zu stellen, sowie Überlegungen zu die Angebotspflicht auslösenden Tatsachen (hier: der geplante, einen Kontrollwechsel auslösende Paketerwerb) geheim zu halten. Adressat ist der Bieter, der die für ihn tätigen Personen über die Geheimhaltungspflichten und über das Verbot des Missbrauchs von Insiderinformationen zu unterrichten sowie interne Richtlinien der Informationsweitergabe zu erlassen hat. Sicherzustellen ist durch den Bieter dabei insbesondere, dass alle Geheimnisträger entsprechende **Geheimhaltungserklärungen** zur Einhaltung der übernahmerechtlichen Geheimhaltungs- und Organisationspflichten unterfertigen. Darüber hinaus ist ein **Vertraulichkeitsregime** nach den zu Rz 47 dargestellten Regelungen einzurichten[194]. Diese **Geheimhaltungspflicht** geht in Hinblick auf die hier beschriebenen Überlegungen (nicht jedoch in Bezug auf einen bereits vollzogenen Paketerwerb) einer *Ad hoc* Veröffentlichungspflicht vor[195]; die *Ad hoc* Veröffentlichungspflicht wird insoweit aufgeschoben. In der Praxis wird schon deshalb der Erwerbsinteressent (Bieter) einen Paketerwerb daher nicht vor der öffentlichen Angebotslegung, sondern den Paketerwerb auch erst nach Legung des freiwilligen Übernahmeangebots zur Kontrollerlangung vollziehen. **71**

Auch im Stadium der Geheimhaltung kann der Bieter (Erwerbsinteressent) freilich Verhandlungen mit der Zielgesellschaft und den Altaktionären aufnehmen. Mit Altaktionären wird er insbesondere sprechen wollen, wenn diese ein bedeutendes Aktienpaket halten und ein paralleler Erwerb des Pakets angedacht ist. Mit den Verwaltungsorganen der Zielgesellschaft wird er sprechen wollen, wenn er vorher eine *Due Diligence* durchführen will und die Haltung der Verwaltungsorgane zu einer Übernahme sondieren möchte. Nimmt der **Bieter Kontakt auf**, wird den **Altaktionären** ebenso wie den **Verwaltungsorganen der Zielgesellschaft** während der Vorbereitung und Durchführung des Paketerwerbs eine **Geheimhaltungspflicht** sowie die Verpflichtung, das oben dargestellte Vertraulichkeitsregime einzurichten, **von Gesetzes wegen aufgebürdet**[196]. Der **Aufsichtsrat** **72**

[192] Nicht eingegangen wird auf die darüber hinausgehenden übernahmerechtlichen Rechte und Pflichten des Bieters, des Altaktionärs und der Zielgesellschaft im Zusammenhang mit einem allenfalls durch den Paketerwerb bei Kontrollerlangung ausgelösten öffentlichen Pflichtangebot (bzw im Zusammenhang mit einem parallel zum Paketerwerb gestarteten freiwilligen Angebot auf Kontrollerlangung).

[193] So auch *Zollner* in *Huber*, ÜbG § 5 Rz 9.

[194] Das ergibt sich mE schon daraus, dass die Regelung dem § 82 Abs 5 BörseG nachgebildet ist.

[195] *Zollner* in *Huber*, ÜbG § 5 Rz 10; VwGH 2012/17/0140.

[196] *Kalss/Oppitz/Zollner*, Kapitalmarktrecht^2 § 24 Rz 92; *Diregger/Kalss/Winner*, Übernahmerecht^2 Rz 120; vgl auch Art 11 Abs 2 MM-VO (Markt-Sondierung).

eines Altaktionärs (Verkäufers) oder einer Zielgesellschaft wird im Rahmen seiner Überwachungs- und Beratungspflicht auch darauf zu achten haben, dass diese gesetzlichen Geheimhaltungspflicht eingehalten, und ein wie oben dargestelltes Vertraulichkeitsregime eingerichtet werden.

73 Nun ist der Erwerbsinteressent (Bieter) aber auch bei Vorliegen einer der folgenden vier Tatbestände zur Offenlegung verpflichtet (**Bekanntmachungspflicht**); diese vier Tatbestände lösen zu jeweils unterschiedlichen Zeitpunkten die Geheimhaltungspflicht ab: (a) Auftreten von Marktverzerrungen (erhebliche Kursbewegungen); (b) Auftreten von Gerüchten und Spekulationen; (c) der Abschluss der internen Willensbildung beim Erwerbsinteressenten (Bieter); (d) Eintritt einer die Angebotspflicht auslösenden Tatsache, wie etwa der Erwerb eines Kontrollpakets oder der Abschluss eines kontrollmäßig relevanten Syndikatsvertrags. In den Fällen (c) und (d) kann die Übernahmekommission (*ÜbK*) auf Antrag des Bieters die Offenlegungspflicht vorübergehend für kurze Zeit aufschieben[197]. Genauso ist die Zielgesellschaft zur Bekanntmachung verpflichtet, wenn bei den Beteiligungspapieren der Zielgesellschaft erhebliche Kursschwankungen oder Gerüchte und Spekulationen betreffend ein bevorstehendes Angebot auftreten. Die Verwaltungsorgane der Zielgesellschaft haben ihre Bekanntmachungspflicht völlig unabhängig vom Bieter in eigenem Ermessen wahrzunehmen[198]. Um unkontrollierte Alleingänge zu vermeiden, wird der Bieter daher in der Geheimhaltungsvereinbarung mit der Zielgesellschaft die Pflicht zur Vorabnotifizierung und einen Konsultationsprozess zur Notwendigkeit der Bekanntmachung einbauen. Grundsätzlich geht die Bekanntmachungspflicht kraft Gesetzes aber freilich einer vertraglichen Geheimhaltungsvereinbarung vor[199].

74 Verstöße der Geheimhaltungspflicht und der Bekanntmachungspflicht stellen für den Erwerbsinteressenten (Bieter) ebenso wie für die Verwaltungsorgane (Vorstand und **Aufsichtsrat**) der Zielgesellschaft[200] eine **Verwaltungsübertretung** dar. Demgegenüber ist die Geheimhaltungspflicht der informierten Altaktionäre verwaltungsstrafrechtlich nicht sanktioniert[201]. Aufgrund des Schutzgesetzcharakters werden Bieter und Zielgesellschaft (nicht aber deren Organe) bei Verletzung gegenüber geschädigten Anlegern schadensersatzpflichtig. Aufsichtsrat und Vorstand sollten den Anlegern gegenüber nur ausnahmsweise unmittelbar haften, etwa bei vorsätzlicher sittenwidriger Schädigung[202].

B. Vor-, Parallel- und Nacherwerbe

75 Der **Erwerbsinteressent** (Bieter) unterliegt vor, während und nach einer öffentlichen Übernahme strikten Beschränkungen bei Käufen und Verkäufen von börsenotierten Wertpapieren (oder Optionen darauf) der Zielgesellschaft. **Vorer-**

197 Siehe im Detail zu dieser Aufschubmöglichkeit *Zollner* in Huber, ÜbG § 5 Rz 18.

198 *Zollner* in Huber, ÜbG § 6 Rz 9.

199 *Zollner* in Huber, ÜbG § 6 Rz 10.

200 Verwaltungsstrafen von € 5.000 bis 50.000 sind möglich; § 6 Abs 2 iVm § 35 Abs 1 Z 2 ÜbG.

201 § 35 Abs 2 ÜbG.

202 Haftungsgrundlage: § 1295 Abs 2 ABGB; so auch *Zollner* in Huber, ÜbG § 5 Rz 22 und § 6 Rz 13.

werbe sind insoweit relevant, als der Bieter im Fall des Pflichtangebots oder eines freiwilligen Angebots zur Kontrollerlangung mindestens jene Gegenleistung im Angebot anbieten muss, die er innerhalb der letzten zwölf Monate vor Anzeige des Angebots gewährt oder angeboten hat. Auch gilt ein **Verbot von Parallelerwerben** ab Entstehen der Pflicht zur Bekanntmachung der Übernahmeabsicht[203] bis zum Ende der Angebotsfrist. Verstößt der Bieter gegen dieses Verbot und kauft angebotsrelevante börsenotierte Wertpapiere der Zielgesellschaft zu besseren Bedingungen als im öffentlichen Angebot, führt dies zu einer Verbesserung des Angebots zugunsten aller Angebotsadressaten. Das gilt auch für alle Erwerbe binnen neun Monaten nach Ablauf der Annahmefrist (**Nachbesserung bei Nacherwerb**)[204]. Genauso ist der Bieter im Fall der Veräußerung der kontrollierenden Beteiligung binnen dieser neun Monate verpflichtet, einen etwaig erzielten Veräußerungsgewinn mit den Beteiligungspapierinhabern, die das ursprüngliche Angebot angenommen haben, zu teilen[205]. Ebenso darf der Erwerbsinteressent (Bieter) während der Angebotsphase keine börsenotierten Wertpapiere der Zielgesellschaft verkaufen (**Veräußerungsverbot**)[206]. Ein Verstoß gegen diese Verbote stellt eine Verwaltungsübertretung dar[207]. Auch hier gilt: Aufgrund des Schutzgesetzcharakters kann der Erwerbsinteressent (prinzipiell nicht aber seine Organe) gegenüber Anlegern schadensersatzpflichtig werden.

Während der Dauer des Verbots von Parallelerwerben und dem Veräußerungs- **76**
verbot bestehen darüber hinaus für alle am Ausgang des Übernahmeangebots besonders interessierten Rechtsträger auch spezielle **Offenlegungspflichten** betreffend **Erwerb und Veräußerung von börsenotierten Wertpapieren** (und Option darauf) der Zielgesellschaft. Die Erwerbs- und Veräußerungsvorgänge sind gegenüber der ÜbK offenzulegen[208]. Zur Offenlegung verpflichtet sind auch die **Mitglieder der Aufsichtsräte** des **Verkäufers** (Altaktionärs), des **Erwerbsinteressenten** und der **Zielgesellschaft**[209].

C. Der Aufsichtsrat der Zielgesellschaft im Übernahmeverfahren

Auf die Rechte und Pflichten des Verkäufers, des Erwerbsinteressenten und **77**
der **Zielgesellschaft** während eines Übernahmeverfahrens wird hier nicht eingegangen. Ausgenommen sind die Pflichten des Aufsichtsrats der Zielgesellschaft in einem Übernahmeverfahren, die im Wesentlichen ein **Verhinderungsverbot** und ein **Objektivitätsgebot** umfassen, und im Folgenden dargestellt werden.

---

203 *Zollner* in Huber, ÜbG § 16 Rz 8.

204 § 16 Abs 7 ÜbG.

205 § 16 Abs 7 letzter Satz ÜbG.

206 § 16 Abs 3 ÜbG; zur Begründung *Zollner* in Huber, ÜbG § 16 Rz 20. Vom Zweck der Bestimmung müssen allerdings Transaktionen zwischen gemeinsam vorgehenden Rechtsträgern als zulässig erachtet werden.

207 Mit einer Verwaltungsstrafe von € 5.000 bis 50.000 sanktioniert; § 35 Abs 1 Z 1 ÜbG.

208 *Zollner* in Huber, ÜbG § 16 Rz 27.

209 § 16 Abs 5 ÜbG.

78 Nachdem der Zielgesellschaft die Absicht (bloße Überlegungen sind nicht ausreichend) des Bieters, ein Angebot zu legen, bekannt wird (es geht nicht um das Bekanntwerden in der Öffentlichkeit[210]), haben der Aufsichtrat[211] und der Vorstand der Zielgesellschaft alle Maßnahmen zu unterlassen, die den Erfolg eines Angebots vereiteln können; auf die subjektive Sicht der Verwaltungsorgane (Verhinderungsabsicht) kommt es nicht an; maßgeblich ist ausschließlich die objektive Eignung einer Maßnahme[212]. Präventive **Abwehrmaßnahmen** ohne konkret bevorstehende Angebote sind aber zulässig. Ebenso ist grundsätzlich auch die Umsetzung von Abwehrmaßnahmen zulässig, die auf einer Entscheidung des Vorstands oder des Aufsichtsrats beruhen, die vor dem Bekanntwerden der Übernahmeabsicht gefasst wurden, bereits teilweise umgesetzt sind und zudem im normalen Geschäftsverlauf liegen[213]. Aufgrund der Rechtsunsicherheit, welche Maßnahmen im normalen Geschäftsverlauf zu sehen sind, sollte aus Haftungsüberlegungen in solchen Fällen von einer Umsetzung durch Vorstand und Aufsichtsrat Abstand genommen werden.

79 Nun müssen sich Vorstand und Aufsichtsrat der Zielgesellschaft nach Bekanntwerden der Angebotsabsicht des Bieters aber keineswegs neutral gegenüber einem Übernahmeangebot verhalten (**kein Neutralitätsgebot**). In erster Linie sind die Organe berechtigt, einen konkurrierenden Bieter (*White Knight*) zu suchen und zur Abgabe eines Angebots aufzufordern[214]; die Entscheidung muss letztlich bloß in den Händen der Aktionäre liegen. Auch wird der Vorstand Maßnahmen durchführen können, die bereits auf einer bestehenden Rechtspflicht beruhen, ohne – allenfalls nochmals – die Genehmigung durch die Hauptversammlung einzuholen. Etwa sollten bereits abgeschlossene Rechtsgeschäfte – auch über *crown juwels* – vollzogen, Aktien zur Bedienung on Aktienoptionen ausgegeben (wenn die Zielgesellschaft dazu verpflichtet ist) und Wandelschuldverschreibungen mittels Aktien aus genehmigtem Kapital bedient werden können. Schließlich können Vorstand und Aufsichtsrat der Zielgesellschaft auch Maßnahmen durchführen, die auf einem – nach dem öffentlichen Bekanntwerden dieser Absicht – gefassten Beschluss der Hauptversammlung beruhen, wobei Vorratsermächtigungen nicht ausreichen und die Ermächtigung ausdrücklich auf den Einsatz zur Verteidigung gegen das konkrete Angebot lauten muss.

80 Ein Verstoß gegen das übernahmerechtliche Verhinderungsverbot durch die Vorstands- oder Aufsichtsratsmitglieder der Zielgesellschaft stellt eine Verwaltungsübertretung der Organmitglieder dar[215]. Darüber hinaus sind bei einer (schuldhaften) Verletzung des übernahmerechtlichen Verhinderungsverbots Schadensersatzansprüche der Zielgesellschaft (der Schaden kann insbesondere in den

---

210 Die Offenlegungspflichten nach §§ 5 f ÜbG und das Verhinderungsverbot nach § 12 Abs 2 ÜbG laufen daher nicht parallel; *Diregger/Kalss/Winner*, Übernahmerecht² Rz 91; *Zollner* in Huber, ÜbG § 12 Rz 21.

211 Normadressaten des Objektivitätsgebots und des Verhinderungsverbots sind der Vorstand und der Aufsichtsrat der Zielgesellschaft, *Zollner* in Huber, ÜbG § 12 Rz 7.

212 *Diregger/Kalss/Winner*, Übernahmerecht² Rz 90.

213 § 12 Abs 3 ÜbG.

214 *Diregger/Kalss/Winner*, Übernahmerecht² Rz 94.

215 Verwaltungsstrafe von € 5.000 bis 50.000 gemäß § 12 Abs 2 u 3 iVm § 35 Abs 1 Z 2 ÜbG.

aus den rechtswidrigen Abwehrmaßnahmen resultierenden Kosten liegen[216]) und der Beteiligungspapierinhaber (aufgrund des Schutzgesetz-Charakters bei grober Pflichtverletzung und sofern ein ersatzfähiger Schaden existiert, der über den Gesellschaftsschaden hinausgeht) denkbar[217]. Mangels Schutzgesetzcharakters zugunsten des Bieters, ist dieser nicht berechtigt, Ersatzansprüche gegenüber der Zielgesellschaft und ihren Organen geltend zu machen[218].

Neben der Suche nach einem konkurrierenden Bieter ist die gesetzlich erfor- **81**
derliche **Stellungnahme des Vorstands und des Aufsichtsrats** die wirksamste Abwehrmaßnahme für die Zielgesellschaft[219]. Der **Aufsichtsrat der Zielgesellschaft muss sich äußern**, er kann sich nicht enthalten[220]. Eine gemeinsame Äußerung von Aufsichtsrat und Vorstand ist zulässig[221]. Inhaltlich hat die Stellungnahme auf die **wirtschaftliche Angemessenheit des Angebotspreises** einzugehen, wobei offen zu legen sein wird, welchen Maßstab die Organe bei der wirtschaftlichen Beurteilung angelegt haben[222]. Nicht unüblich ist es, dass der Vorstand seine Stellungnahme auf eine *Fairness Opinion* einer externen Investmentbank stützt; zwingend gesetzlich erforderlich ist eine *Fairness Opinion* aber freilich nicht. Im Fall von Interessenkonflikten der Mehrheit der Aufsichtsratsmitglieder oder unterschiedlicher Interessen zwischen Vorstand und Aufsichtsrat, kann es sinnvoll sein, wenn der **Aufsichtsrat eine eigene *Fairness Opinion*** in Auftrag gibt. Darüber hinaus ist in der Stellungnahme darauf einzugehen, welche **Auswirkungen** das Angebot aufgrund der strategischen Planung des Bieters **auf die Zielgesellschaft** und damit auf die Arbeitnehmer betreffend Arbeitsplätze, Beschäftigungsbedingungen und Standorte, die Gläubiger und das öffentliche Interesse voraussichtlich haben wird. Aufsichtsrat und Vorstand können dabei auch die Absichten des Bieters, den Absichten des eigenen Managements bei weiterer Unabhängigkeit entgegensetzen und die Absichten vergleichen und bewerten, sofern die Sachlichkeit gewahrt bleibt[223]. Die Information muss auch dem allgemeinen Standard entsprechen (Richtigkeit, mangelnde Irreführungseignung der Information), was von der ÜbK zu kontrollieren sein wird[224].

Schließlich haben Aufsichtsrat und Vorstand in ihren Stellungnahmen auch **82**
abschließende Empfehlungen an die Aktionäre der Zielgesellschaft abzugeben. Das ÜbG geht vom Regelfall einer Empfehlung aus; nur bei Ablehnung sind die wesentlichen Argumente für die Annahme und für die Ablehnung des Angebots gewichtet darzustellen. Nehmen der Vorstand und der Aufsichtsrat von einer ab-

---

[216] *Huber* in Huber, ÜbG § 12 Rz 42.

[217] *Huber* in Huber, ÜbG § 12 Rz 43.

[218] Zur insofern vergleichbaren deutschen Rechtslage siehe nur *Schlitt* in MünchKomm AktG § 33 WpÜG, Rz 249; für Österreich siehe *Huber* in Huber, ÜbG § 12 Rz 45.

[219] § 14 Abs 1 ÜbG; so auch für Deutschland *Meller*t, Der Aufsichtsrat 2007, 52.

[220] So die Gesetzeslage seit dem ÜbRÄG 2006; *Diregger/Kalss/Winner*, Übernahmerecht[2] Rz 165,

[221] *Diregger/Kalss/Winner*, Übernahmerecht[2] Rz 166; *Huber/Trenkwalder* in Huber, ÜbG§ 14 Rz 7.

[222] Im Detail dazu *Huber/Trenkwalder* in Huber, ÜbG§ 14 Rz 7.

[223] *Huber/Trenkwalder* in Huber, ÜbG§ 14 Rz 8.

[224] ÜbK v 15.11.2000, GZ 2000/3/3-65; D/K/W Rz 94.

schließenden Empfehlung Abstand, so sind auch die Gründe dafür anzuführen[225]. Für den Fall, dass der Vorstand oder der Aufsichtsrat keine einhellige Äußerung oder Empfehlung zum Angebot abzugeben vermögen, wird neben der Mehrheitsmeinung auch die **abweichende Minderheitsmeinung** (*dissenting opinion*) zu veröffentlichen sein[226]. Vorstand und Aufsichtsrat werden sich auch oft in einer Interessenkollision befinden. So werden die Kapitalvertreter im Aufsichtsrat der Zielgesellschaft, die vom Paketaktionär, der sein Aktienpaket an den Erwerbsinteressenten (Bieter) im Zuge der Übernahme verkaufen möchte, kaum gegen den Bieter in ihrer Stellungnahme auftreten. **Interessenkonflikte** sind in den Stellungnahmen von Aufsichtsrat und Vorstand **offenzulegen**. Schließlich ist vom Aufsichtsrat der Zielgesellschaft auch ein **unabhängiger Sachverständiger** zu bestellen, der die Äußerungen des Vorstands und des Aufsichtsrats zu prüfen und selbst eine Beurteilung des Angebots abzugeben hat[227].

[225] *Huber/Trenkwalder* in Huber, ÜbG § 14 Rz 10.
[226] *Huber/Trenkwalder* in Huber, ÜbG § 14 Rz 12.
[227] § 14 Abs 2 ÜbG.

Der Aufsichtsrat in öffentlichen Unternehmen

Susanne Kalss und Peter Kunz

§§: 78, 84, 86, 88, 98, 99 AktG; 15, 16, 30a GmbHG, 26 ABGB, Art 20, 121, 126b B-VG; 42, 67 BHG; 3 BVergG; 6 Parteiengesetz, Art 107-109 AEUV; 74, 153, 159, 304, 305, 306 StGB; 1, 2, 6, 8 Stellenbesetzungsgesetz; 1, 3, 4, 5, 6, 11 ÖBIB-G, Public Corporate Governance Kodex (P-BCGK) vom 30.10.2012, OECD Guidelines on Corporate Governance of State-Owned Enterprises (2015 Edition), BMJ, Korruptionsstrafrecht Neu – Fibel zum Korruptionsstrafrechtsänderungsgesetz 2012

Literatur

Ö: *Antoniolli/Koja*, Allgemeines Verwaltungsrecht[3]; *Beck/Dohr,* Korruptionsstrafrechtsänderungsgesetz oder „Nichts geht mehr!“, ecolex 2013, 328*; Budischowsky*, Die Neuregelung der Unternehmensprüfung durch den Rechnungshof, ecolex 2010, 706; *Bußjäger*, Was ist ein Landesrechnungshof?, ZfV 2011, 737; *Chini*, Editorial, AR aktuell 1/2015, 1; *Haberer/Zehetner* in *Straube*, GmbHG (2013); *Doralt/Nowotny/Kalss*, AktG[2]; *Gerhartl*, Schadenersatzanspruch wegen Verletzung des Stellenbesetzungsgesetzes, Zak 2015, 227; *Herda*, Sondergesellschaftsrecht und Sonderorganisationsrecht am Beispiel einer Gesellschaft öffentlichen Rechts, ÖZW 2012, 106; *Höcher*, Korruption im öffentlichen und privaten Sektor – eine strafrechtliche Gegenüberstellung, ecolex 2013, 785; *Höcher/Singer*, Kaffee, Kuchen, Korruptionsstrafrecht, ecolex 2014, 234; *Höpfel/Ratz*, WK StGB[2]; *Jabornegg/Strasser*, AktG[5]; *Jud/Harer/Graf*, Die Umsetzung des Public Corporate Governance Kodex des Bundes in Österreich, GesRZ 4/2014, 208; *Kalss*, Auskunftsrechte und –pflichten für Vorstand und Aufsichtsrat im Konzern, GesRZ 2010, 137; *Kalss/Oppitz/Zollner*, Kapitalmarktrecht[2]; *Kargl*, Investmentcontrolling als Instrument des Risikomanagements bei Finanzgesellschaften von Gemeinden, RFG 2015, 14; *Kalss*, Weisungen an Aufsichtsratsmitglieder, BOARD 5/2013, 204; *Kalss*, Staat und Gesellschaftsrecht, in MünchKomm AktG[3] (2011) zu § 395 dAktG, S 57 ff; *Karpf*, Corporate Governance von staatlichen Unternehmen, ÖBA 2006, 893; *Kautz*, Einflussnahme auf Aufsichtsratsmitglieder in Aktiengesellschaften der *öffentlichen Hand,* in FS H. Torggler (2013); *Kindl*, Das neue Anti-Korruptionsstrafrecht, Aufsichtsrataktuell 2012 H 5, 16; *Kletečka/Schauer*, ABGB-ON[1.01]; *Kommenda/Geyer*, Der Aufsichtsrat kommt als möglicher Täter in Betracht, Aufsichtsrataktuell 2012 H 6, 2; *Koppensteiner/Rüffler*, GmbH-Gesetz[3]; *P.Koukol*, Das neue Korruptionsstrafrecht, JAP 2012/2013, 15, 150; *Lewisch*, Wirtschaftsstrafrecht: Eine Standortbestimmung, ÖZW 2015, 122; *Liebenwein/Dörfler-Langsteger*, Das Korruptionsstrafrechtsänderungsgesetz 2012, RdM-ÖG 2013/6; *Lumper*, Kontrolle von Public Private Partnerships, RFG 2015/18; *Marek/Jerabek*, Korruption und Amtsmissbrauch[8]; *Mauritz*, Konzepte der Bilanzierung und Besteuerung derivativer Finanzinstrumente (1997); *Nowotny*, Der Beamte als Aufsichtsrat, RdW 1999, 283; *Pilnacek*, Korruptionsstrafrechtsänderungsgesetz 2012, BGBl I 2012/61, ÖJZ 2012/79; *Raschauer*, Allgemeines Verwaltungsrecht[3]; *Raschauer/Schwabl*, Spekulationsverbot und risikoaverse Finanzgebarung, Jahrbuch öffentliches Recht 2014, 381; *Riedl*, Öffentlich-rechtliches Dienstverhältnis und Aufsichtsratsmandat, Aufsichtsrat aktuell 2008 H 1, 4; *Rummel/Lukas*, ABGB[4]; *Straube*, GmbHG[1]; *Reiter*, Der Bundes-Public Corporate Governance Kodex, RWZ 2013, 201; *G. Schima*, Der Aufsichtsrat als Gestalter des Vorstandsverhältnisses (2016); *Schwarzer/Barbist*, D&O-Versicherungen bei österreichischen Bundesunternehmen, Compliance Praxis 2014 H 1, 38; *Strauss*, Was bedeuten die Neuerungen im Korruptionsstrafrecht für Unternehmen, Geschäftsleiter und Aufsichtsräte?, Aufsichtsrataktuell 2013 H 3, 5; *U. Torggler*, Entsendung in den Aufsichtsrat einer börsenotierten Aktiengesellschaft in FS A. Fenyves (2013); *U. Torggler*, Zur Verschwiegenheitspflicht entsendeter Aufsichtsratsmitglieder in FS Hellwig Torggler (2013); *Reiter*, Der Bundes-Public Corporate Governance Kodex, RWZ 2013, 201; *Winner*, Öffentlich-rechtliche Anforderungen und gesellschaftsrechtliche Probleme bei Ausgliederungen – unter besonderer Berücksichtigung der Austro Control GmbH, ZfV 1998, 104; *Zellenberg*, Öffentlichkeit, Staat und Medientransparenz, JBl 2012, 686; *Zierl*, Korruptionsstrafrechtsänderungsgesetz 2012: Änderungen bei der strafrechtlichen Sanktionierung von Korruption in der Privatwirtschaft, JSt 2012, 144; *Zoubek*, Moderne Finanzierungsstrategien im Gefüge kommunaler Finanzverfassungen (2011);

Dlt: *Hasche-Preuße*, Aktuelles zur Corporate Governance von der OECD, Der Aufsichtsrat 2015 H 11, 160; *Heldt*, Die Principles of Corporate Governance der OECD, BOARD 2015, H 1, 26; *Maser*, Der Aufsichtsrat in kommunalen Unternehmen, BOARD 2015 H 1, 19; *Papenfuß/Haak*, Public Corporate Governance Report 2015, BOARD 2015 H 6, 252;

Gliederung **Rz**

I. Einleitung

Öffentliche Unternehmen sind öffentlich-rechtliche oder privatrechtliche Unternehmen, die (mehrheitlich) im Eigentum der öffentlichen Hand (Bund, Länder oder Gemeinde) stehen bzw von der öffentlichen Hand beherrscht werden. 1

Juristische Personen des öffentlichen Rechts beruhen auf einem hoheitlichen Gründungsakt und sind zumeist mit hoheitlichen Befugnissen ausgestattet.[1] Dazu zählen uA Gebietskörperschaften (Bund/Land/Gemeinde) sowie andere Körperschaften öffentlichen Rechts, Anstalten und Fonds (bzw Stiftungen). Ihnen ist gemeinsam, dass ihr Organisationsrecht stets öffentlich-rechtlicher Natur ist, während ihr Funktionsrecht – d.h. der rechtliche Rahmen der Wahrnehmung ihrer Aufgaben – öffentlich-rechtlicher oder privatrechtlicher Natur sein kann.[2] 2

Juristische Personen des Privatrechts entstehen durch rechtsgeschäftlichen Gründungsakt und verfolgen ausschließlich private Interessen. Diese lassen sich unterteilen in Körperschaften und Stiftungen. Zu den Körperschaften des Privatrechts zählen die AG, GmbH, Genossenschaften und Idealvereine.[3] 3

In der Praxis werden juristische Personen des Privatrechts, deren Gesellschafter der Bund, ein Land oder eine Gemeinde ist, vorwiegend in der Rechtsform der **GmbH** oder der **AG** gegründet (Pkt V.). 4

Weiters ist zwischen der **Hoheits- und Privatwirtschaftsverwaltung** zu unterscheiden. Werden Gebietskörperschaften bzw öffentliche Unternehmen 5

---

1 *Schauer* in *Kletečka/Schauer*, ABGB-ON$^{1.01}$ § 26 ABGB Rz 6 ff; vgl auch *Aicher* in *Rummel*, ABGB^{3} § 26 ABGB Rz 4.

2 *Raschauer*, Allgemeines Verwaltungsrecht^{3} Rz 78; *Antoniolli-Koja*, Allgemeines Verwaltungsrecht^{3} 313 ff.

3 *Schauer* in *Kletečka/Schauer*, ABGB-ON$^{1.01}$ § 26 Rz 7 f.

im Rahmen der Vollziehung der Gesetze tätig, sind diese also mit Hoheits- und Zwangsgewalt ausgestattet, spricht man von Hoheitsverwaltung. Alle anderen nicht hoheitlichen Tätigkeiten (wie beispielsweise die Anschaffung von Büromaterial oder der Betrieb öffentlicher Einrichtungen) unterliegen der Privatwirtschaftsverwaltung.

6 Öffentliche Unternehmen können auch durch **Organisationsprivatisierung** entstehen, also durch Umwandlung von Dienststellen oder unselbstständigen Anstalten in Kapitalgesellschaften. Beispielsweise wurde das Hauptmünzamt zur Münze Österreich AG, das Bundesamt für Zivilluftfahrt zur Austro Control GmbH und die Post- und Telegraphenverwaltung zur Österreichische Post AG, Telekom Austria AG und Postbus AG.[4] Demgegenüber führt die sogenannte **Vermögensprivatisierung** zu der Veräußerung von Liegenschafts- und Unternehmensanteilen.[5]

7 Es gibt einerseits öffentliche Unternehmen für die das GmbH-Gesetz oder das Aktiengesetz uneingeschränkt gilt und andererseits andere für die das GmbH-Gesetz nur sinngemäß (zB ÖBB) oder subsidiär (zB Spanische Hofreitschule) gilt. Darüber hinaus gibt es öffentliche Unternehmen bei denen sich kein Verweis auf eine subsidiäre oder sinngemäße Anwendung des GmbH- oder Aktiengesetzes findet, wohl aber in einigen Bereichen eine analoge Anwendung anzunehmen sein wird (zB KABEG).

8 Öffentliche Unternehmen **können – müssen aber nicht – gewinnorientiert** sein. Dies gilt – neben dem Verein – auch für die Rechtsformen der GmbH[6] und AG[7].

9 Für öffentliche Unternehmen gibt es eine Reihe von **Sonderregelungen**, die in dieser Form für reine privatrechtliche Unternehmen, an denen die öffentliche Hand nicht beteiligt ist, nicht gelten. Darunter fallen beispielsweise das Vergabegesetz als Auftraggeber, das Stellenbesetzungsgesetz, die Bundesvertragsschablonenverordnung, das Medientransparenzgesetz, das Subventionsverbot, das Parteiengesetz und die „Spekulationsverbotsgesetze“. Für die Bediensteten von öffentlichen Unternehmen gelten verschärfte Antikorruptionsbestimmungen.

10 Öffentliche Unternehmen, die nicht im Rahmen der Hoheitsverwaltung tätig werden, können einem **Abschluss- oder Kontrahierungszwang** unterliegen, sofern sie insbesondere im Rahmen der Daseins-Versorgung tätig werden und daher den gesetzlichen Bestimmungen unterliegen, die einen zwingenden Vertragsabschluss mit Letztverbrauchern vorsehen (vgl §5 NahVG, §§ 15 ff ElWOG)[8].

11 Nach dem Vorbild des Corporate Governance Kodex hat die Bundesregierung einen **Bundes-Public Corporate Governance Kodex (B-PCGK)**[9] beschlossen

---

[4] *Raschauer*, Allgemeines Verwaltungsrecht[3] Rz 89; *Aicher* in *Rummel/Lukas*, ABGB[4] § 26 Rz 6a.

[5] *Raschauer*, Allgemeines Verwaltungsrecht[3] Rz 95.

[6] *Enzinger* in *Straube/Ratka/Rauter*, GmbHG[1] § 1 Rz 22; RIS-Justiz RS0059382.

[7] *Heidinger/Schneider* in *Jabornegg/Strasser*, AktG I[5] § 17 AktG 13ff.

[8] *Wiebe* in *Kletečka/Schauer*, ABGB-ON[1.02] § 861 ABGB Rz 26 ff; *Rummel* in *Rummel/Lukas*, ABGB[4] § 861 Rz 21 ff mwN.

[9] Public Corporate Governance Kodex – Grundsätze der Unternehmens- und Beteiligungsführung im Bereich des Bundes vom 30.10.2012; abrufbar unter www.bka.gv.at.

mit dem Ziel die Unternehmensführung und -überwachung transparenter zu machen und die Rolle des Bundes und der Unternehmen des Bundes klarer zu fassen.

Öffentliche Unternehmen, an denen der Bund mehrheitlich beteiligt ist oder die von diesem beherrscht werden, unterliegen gem Art 126b Abs 2 B-VG der **Kontrolle des Rechnungshofs** bzw bei Beteiligungen der Länder unterliegen diese der Kontrolle des entsprechenden Landesrechnungshofes. Der Kontrolle der Volksanwaltschaft unterliegen öffentliche Unternehmen nur, soweit sie hoheitlich tätig sind (vgl Rz 69 ff). **12**

Um dem Transparenzerfordernis gerecht zu werden, veröffentlicht das Bundesministerium für Finanzen jährlich einen Bericht der Ausgliederungen und Beteiligungen des Bundes gem § 42 Abs 5 BHG 2013. Auch die einzelnen Länder haben ihre Beteiligungen zu veröffentlichen. Weiters ist gemäß § 67 BHG 2013 für Gesellschaften mit mehrheitlicher Beteiligung des Bundes sowie für der Aufsicht des Bundes unterliegende Gesellschaften öffentlichen Rechts und Anstalten öffentlichen Rechts (ausgenommen Sozialversicherungsträger) von den mit der Aufsicht betreuten Bundesministern ein Beteiligungscontrolling (inkl Risikocontrolling) durchzuführen. Darüber ist der Finanzminister zu informieren; dieser hat ein entsprechendes Finanzcontrolling durchzuführen und darüber dem zuständigen Ausschuss des Nationalrates jährlich zu berichten. **13**

Grundsätzlich gelten für Aufsichtsräte von öffentlichen Unternehmen **die gleichen Qualifikationsanforderungen** wie für Aufsichtsräte in privatrechtlichen Unternehmen. Das Regime der zivilrechtlichen Haftung von Aufsichtsräten in öffentlichen Unternehmen unterscheidet sich nicht vom Haftungsregime der Aufsichtsräte in privatrechtlichen Unternehmen. Die Antikorruptionsbestimmungen bewirken seit 01.01.2013 eine Verschärfung der strafrechtlichen Haftung für Aufsichtsräte in öffentlichen Unternehmen. **14**

Die **OECD** hat im Jahr 2015 eine Neufassung der Guidelines on Corporate Governance of **State-owned Enterprises** (SOE) verabschiedet[10]. Als SOE gilt jede juristische Person, die nach nationalem Recht ein Unternehmen darstellt und eine mehrheitliche staatliche Beteiligung oder eine staatliche Beherrschung aufweist. Darunter fallen Aktiengesellschaften, Gesellschaften mit beschränkter Haftung und Körperschaften öffentlichen Rechts. Die OECD-Guidelines richten sich vorrangig an die beteiligungsführenden Stellen des Staates, SOEs können sich aber auch unmittelbar an den dort normierten Best-Practice-Standards orientieren. Insbesondere können sie auch auf öffentliche Unternehmen mit Anteilen sonstiger Gebietskörperschaften angewendet werden. **15**

Im angloamerikanischen Sprachraum versteht man unter „**public companies**" börsenotierte Unternehmen, während für öffentliche Unternehmen entweder die Bezeichnung „public sector companies" oder „state-owned enterprises" verwendet wird. **16**

Während öffentliche Unternehmen entweder aufgrund eines Hoheitsaktes entstehen oder eine Bundes-, Landes- oder Gemeinde(Mehrheits-)Beteiligung haben **17**

[10] OECD Guidelines on Corporate Governance of State-Owned Enterprises 2015 Edition abrufbar: http://www.oecd.org/daf/ca/.

bzw von diesen ein beherrschender Einfluss ausgeübt wird, versteht man unter **Unternehmen von öffentlichem Interesse** im Sinne der EU-Bilanzrichtlinie (2013/34/EU), die nunmehr ua in § 189a UGB[11] umgesetzt wurde, bestimmte börsenotierte Unternehmen, Kreditinstitute bzw Wertpapierfirmen, Versicherungsunternehmen und Unternehmen die mit Verweis auf diese Bestimmung als solche bezeichnet werden.

II. Sonderbestimmungen für öffentliche Unternehmen

A. Bundesvergabegesetz 2006

1. Öffentliche Auftraggeber

18 **Für öffentliche Unternehmen** gilt eine Vielzahl von besonderen Bestimmungen, die auch die Tätigkeit des Aufsichtsrats beeinflussen. Einige seien hier herausgegriffen. Das Vergaberecht stellt keine abschließende Liste oder Aufzählung zur Verfügung, welche Einrichtungen und Unternehmen als öffentliche Auftraggeber im Sinne des BVergG 2006 anzusehen sind. Ob ein der öffentlichen Hand nahe stehendes Unternehmen einer Ausschreibungspflicht unterliegt, hat dieses daher zunächst einmal anhand der allgemeinen Vorgaben dem BVergG 2006 selbst zu beurteilen.

19 Neben den Gebietskörperschaften (Bund, Länder und Gemeinden) zählen zu den öffentlichen Auftraggebern gemäß § 3 Abs 1 Z 2 BVergG 2006 vor allem Einrichtungen, die (i) zu dem besonderen Zweck gegründet wurden, **im Allgemeininteresse liegende Aufgaben zu erfüllen, die nicht gewerblicher Art sind, (ii) zumindest teilrechtsfähig sind und (iii) von der öffentlichen Hand beherrscht werden.** Für eine Qualifikation als öffentlicher Auftraggeber müssen diese Voraussetzungen kumulativ erfüllt sein.

20 Der Begriff der im Allgemeininteresse liegenden Aufgaben ist tendenziell weit zu verstehen. Erfasst werden nicht nur typisch öffentliche Interessen (öffentliche Ordnung und Sicherheit, etc), sondern etwa auch die Verfolgung wirtschafts- oder sozialpolitischer Absichten. Im Wesentlichen werden Aufgaben als im Allgemeininteresse liegend anzusehen sein, wenn sie über bloße Individualinteressen hinaus (auch) den Belangen einer breiten Masse bzw einzelner Bevölkerungsgruppen dienen. In diesem Sinne wurden beispielsweise der Bau von Sozialwohnungen, die Energieversorgung, die Abfallbeseitigung, Maßnahmen der Stadtentwicklung oder der Betrieb eines Krankenhauses als im Allgemeininteresse liegend angesehen. Umgekehrt wurde etwa ein (vollständig in öffentlicher Hand befindlicher) Betreiber einer Freizeiteinrichtung ohne spezifischen medizinischen Hintergrund nicht als öffentlicher Auftraggeber qualifiziert.

21 Die Voraussetzung einer Tätigkeit nicht gewerblicher Art stellt **im Wesentlichen darauf ab, ob die betreffende Einrichtung unter Wettbewerbsbedingungen agiert** oder sich von anderen als rein wirtschaftlichen Überlegungen leiten lässt, die insoweit durch das Vergaberecht ausgeglichen werden sollen. Das Vorliegen einer Gewinnerzielungsabsicht kann hier einen wichtigen Indikator darstel-

---

11 Rechnungslegungsänderungsgesetz 2015, BGBl 22/2015.

len, die Begriffe sind aber nicht gleichzusetzen. Eine Tätigkeit nicht gewerblicher Art kann etwa auch dann Vorliegen, wenn einer Einrichtung besondere Rechte verliehen werden oder diese das wirtschaftliche Risiko ihrer Tätigkeit nicht selbst zu tragen hat (etwa auf Grund von Haftungen oder Nachschusspflichten der öffentlichen Hand). So werden beispielsweise (deutsche) Landesbanken erst seit dem Wegfall staatlicher Haftungen überwiegend nicht mehr als öffentliche Auftraggeber angesehen. Auch die bloße Wahrscheinlichkeit, dass eine Einrichtung im Falle einer Insolvenz von der öffentlichen Hand aufgefangen werden würde, kann dazu führen, dass von einer Tätigkeit nicht gewerblicher Art auszugehen ist.

Die Rechtsform einer Einrichtung ist unerheblich, solange ihr zumindest Teilrechtsfähigkeit zukommt. Auch in Formen des Privatrechts errichtete Gesellschaften können daher öffentliche Auftraggeber sein. **22**

Eine „staatliche Beherrschung" im vergaberechtlichen Sinn kann sich entweder durch eine Aufsicht über die Leitung oder durch Einfluss auf die Zusammensetzung der Organe oder durch eine überwiegende staatliche Finanzierung ergeben. Hinsichtlich des Kriteriums der staatlichen Beherrschung ist es für eine Qualifikation als öffentlicher Auftraggeber ausreichend, wenn alternativ eine der genannten Varianten erfüllt ist. **23**

Die Leitungsaufsicht stellt im Wesentlichen auf die Möglichkeit staatlicher Einflussnahme auf die Entscheidungsfindung der Einrichtung ab, unabhängig davon, ob diese mit öffentlich-rechtlichen oder privatrechtlichen Mitteln erfolgt. Auch Gesellschafterweisungen kommen hier in Betracht. **24**

Ein maßgeblicher Einfluss auf die Zusammensetzung der Organe liegt dann vor, wenn das Verwaltungs-, Leitungs- oder Aufsichtsorgan mehrheitlich aus Mitgliedern besteht, die von der öffentlichen Hand ernannt worden sind. **25**

„Überwiegende staatliche Finanzierung" bedeutet mehr als die Hälfte. Der Begriff ist funktionell zu verstehen. Eine staatliche Finanzierung kann etwa auch bei gesetzlich festgelegten Beitrags- bzw Gebührenpflichten privater Mitglieder vorliegen. Es ist insoweit also nicht ausschlaggebend, ob eine Einhebung durch den Staat erfolgt und dieser Transferleistungen an die Einrichtung vornimmt oder die Einrichtung selbst das Recht erhält, die Mittel direkt einzuheben. Auch eine indirekte staatliche Finanzierung kann also hinreichen. Die Einhebung der finanziellen Mittel muss aber hoheitlich geregelt sein. Grundsätzlich nicht als staatliche Finanzierung anzusehen wären etwa Zahlungen Dritter, die im Sinne einer synallagmatischen Beziehung für eine spezifische Gegenleistung erfolgen. **26**

2. Sektorenauftraggeber

Dem Vergaberecht unterliegen auch sogenannte Sektorenauftraggeber. Das sind zum einen öffentliche Auftraggeber und öffentliche Unternehmen, soweit sie eine Sektorentätigkeit ausüben. **Daneben können aber auch rein private Unternehmen den Bestimmungen des Vergaberechts unterliegen**, sofern sie eine Sektorentätigkeit aufgrund eines besonderen oder ausschließlichen Rechts ausüben. Bei den Sektorentätigkeiten handelt es sich in erster Linie um Tätigkeiten im Infrastrukturbereich (zB das Bereitstellen und Betreiben fester Netze zur Versorgung **27** der Allgemeinheit mit Gas, Wärme, Elektrizität, Wasser oder Verkehrsleistungen, Häfen und Flughäfen). Ein prominentes Beispiel dafür ist die Flughafen Wien AG.

3. Durchführung von Vergabeverfahren

28 Die dem BVergG 2006 unterliegenden Auftraggeber haben Aufträge (Bau-, Dienstleistungs- und Lieferaufträge bzw bestimmte Konzessionen) in einem in diesem Gesetz vorgesehenen Verfahren zu vergeben.

29 Vergabeverfahren sind unter Beachtung der unionsrechtlichen Grundfreiheiten, des Transparenzgebots sowie des Diskriminierungsverbotes entsprechend den Grundsätzen des freien und lauteren Wettbewerbes und der Gleichbehandlung aller Bewerber und Bieter durchzuführen. Die Vergabe hat an befugte, leistungsfähige und zuverlässige Unternehmer zu angemessenen Preisen zu erfolgen.

30 Wird ein gewisser **Schwellenwert überschritten, hat grundsätzlich eine europaweite Bekanntmachung und Ausschreibung dieses Auftrags** zu erfolgen.

4. Folgen der Nichteinhaltung des Vergaberechts

31 Verträge, die unter Verstoß gegen die Ausschreibungspflicht zustande gekommen sind, können von übergangenen Unternehmen mittels Feststellungsantrag beim zuständigen Verwaltungsgericht angefochten werden.

32 Die Feststellung eines solchen Verstoßes kann weitreichende Folgen haben. Insbesondere droht auch eine Nichtigerklärung des Vertrags bzw die Verhängung einer Geldbuße.

33 Darüber hinaus können sich zivilrechtliche Ansprüche übergangener Unternehmen ergeben, vor allem Ansprüche auf Unterlassung bzw Schadenersatz. Insbesondere kann die Verletzung von Vergabevorschriften ein unlauteres Handeln im Sinne des § 1 UWG darstellen, wenn diese dazu geeignet ist, Mitbewerbern einen sachlich nicht gerechtfertigten Vorsprung zu verschaffen. Weiters können derartige Verstöße gegen das BVergG 2006 eine Haftung wegen Schutzgesetzverletzung nach § 1311 ABGB nach sich ziehen.

34 Eine rechtswidrige Umgehung der Ausschreibungspflicht kann aber nicht nur zu einer – meist kostspieligen – Nichtigkeit von Verträgen führen. Vor allem wenn dies auf einer unvertretbaren Rechtsauffassung basiert, können sich auch persönliche Folgen für die jeweiligen Entscheidungsträger ergeben, bis hin zu einer strafrechtlichen Verantwortung.

35 Entsteht durch einen wissentlichen Befugnismissbrauch ein Vermögensschaden, kann etwa eine Untreue im Sinne des § 153 StGB vorliegen. Darüber hinaus stellt § 168b StGB – unabhängig vom Eintritt eines Vermögensschadens – wettbewerbsbeschränkende Absprachen in Vergabeverfahren unter Strafe. Diese Bestimmung soll insoweit den Wettbewerb als solches schützen.

B. Verbot staatlicher Beihilfen

Das Beihilferecht, als besonderes Wettbewerbsrecht für den öffentlichen Sektor, ist primärrechtlich in den **Art 107 bis 109 AEUV** verankert. Der Grundgedanke ist jener, dass Zuschüsse von öffentlicher Seite besonders geeignet sind, den Handel zwischen Mitgliedsstaaten zu beeinträchtigen bzw den Wettbewerb innerhalb des Binnenmarkts zu verfälschen. 36

Artikel **107 Abs 1 AEUV** normiert ein generelles **Beihilfeverbot**, wonach staatliche oder aus staatlichen Mitteln gewährte Beihilfen gleich welcher Art, die durch die Begünstigung bestimmter Unternehmen oder Produktionszweige den Wettbewerb verfälschen oder zu verfälschen drohen, mit dem Binnenmarkt unvereinbar sind, soweit sie den Handel zwischen Mitgliedsstaaten beeinträchtigen. 37

In **Abs 2** leg cit werden Beihilfen normiert, die **mit dem Binnenmarkt vereinbar** sind, beispielsweise Beihilfen sozialer Art an einzelne Verbraucher, Beihilfen zur Beseitigung von Schäden durch Naturkatastrophen, etc. 38

In **Abs 3** leg cit werden darüber hinaus Beihilfen festgeschrieben, die als **mit dem Binnenmarkt vereinbar angesehen werden können**. Darunter fallen unter anderem Beihilfen zur Förderung der wirtschaftlichen Entwicklung in Gebieten, in denen die Lebenserwartung außergewöhnlich niedrig ist oder eine erhebliche Unterbeschäftigung herrscht, weiters solche zur Förderung wichtiger Vorhaben von gemeinsamem europäischem Interesse oder zur Behebung beträchtlicher Störungen des Wirtschaftslebens eines Mitgliedsstaats, sowie auch jene Beihilfen, die der Rat durch einen Beschluss auf Vorschlag der Kommission bestimmt, etc. 39

Wesentliche Bedeutung kommt der **Allgemeinen Gruppenfreistellungsverordnung (AGVO)** der Kommission zu, die auf die Verordnung (EG) 994/98 des Rates und diese wiederrum auf Artikel 109 AEUV gestützt ist. Nach dieser Verordnung sind ua Beihilfen für kleine und mittlere Unternehmen (KMU), Ausbildungsbeihilfen, De-minimis-Beihilfen und Beschäftigungsbeihilfen vom Anwendungsbereich des Beihilfeverbotes ausgenommen, sofern gewisse Voraussetzungen vorliegen. Die Regelungen können getrost als komplex bezeichnet werden, da nach Beihilfenintensität, beihilfefähigen Kosten, Transparenz, sowie Schwellenwerten und Kumulierungsregeln unterschieden wird. Auch das Verhältnis zwischen dieser Verordnung und dem Primärrecht ist teilweise schwierig, da Sekundärrecht naturgemäß Primärrecht nicht derogieren darf (bzw sollte). 40

Eine Stufe unter dieser Verordnung bestehen noch sogenannte „**Leitlinien der Kommission**“, die von der Kommission veröffentlicht werden und darlegen, wie die Kommission in gewissen Konstellationen zu entscheiden gedenkt. Der EuGH billigt diese Selbstbindung der Kommission, solange dies im Einklang mit höherrangigem Recht geschieht. 41

Aufgrund des generellen Verbotscharakters des Art 107 Abs 1 AEUV, sind **Beihilfen** vor deren Gewährung **der Kommission anzuzeigen**, selbst wenn eine Ausnahme oder Rechtfertigung durch den Mitgliedstaat in Betracht kommt. Lediglich jene Beihilfen, die explizit von der Notifizierungspflicht ausgeklammert sind, können – unter Beachtung der hierfür geltenden speziellen Vorschriften – sogleich gewährt werden. 42

43 Der Begriff der Beihilfe ist **weit auszulegen**. Eine abschließende Aufzählung aller Beihilfeformen existiert demnach nicht. Zur Abgrenzung wird in der Literatur vertreten, dass **jede Form der Zuwendung erfasst ist, der keine marktgerechte Gegenleistung auf Seiten des Wirtschaftsteilnehmers gegenübersteht**. Beispielsweise fallen darunter Subventionen, zinslose oder zinsgünstige Darlehen, Zinsvergünstigungen, Bürgschaften, Steuererleichterungen, Vorzugskonditionen bei Waren und Dienstleistungen, etc. Nach der Rechtsprechung des EuGH ist die Wirkung maßgebend, auf die Rechtsnatur oder die Ziele der Zuwendung kommt es hingegen nicht an.

44 Als potentieller Beihilfeempfänger kommt **jeder Wirtschaftsteilnehmer** in Betracht, der Leistungen auf einem Markt erbringt. Grundsätzlich ist keine Gewinnerzielungsabsicht notwendig. Sofern ein Unternehmen allerdings ausschließlich soziale Aufgaben wahrnimmt (Zum Beispiel gesetzliche Unfallversicherungen) fallen nicht unter den Unternehmensbegriff im Sinne des AEUV.

45 Es sind nicht nur **Bund, Länder und Gemeinden** sondern auch **andere öffentliche oder private Einrichtungen** erfasst, die vom „Staat" zur Durchführung der Beihilfengewährung errichtet oder benannt wurden. Auch die staatliche Einflussnahme auf eine Unternehmensentscheidung durch **Ausübung von Mehrheitsrechten** reicht für dieses Tatbestandsmerkmal aus. Zu diesem Tatbestandsmerkmal existiert eine **nicht sehr konsistente Judikaturlinie des EuGH**, die hier nicht im Detail wiedergegeben werden soll.

46 Im Ergebnis muss wohl zur Verwirklichung des Tatbestandsmerkmals „staatliche oder aus staatlichen Mitteln gewährte Beihilfe" irgendeine finanzielle Einbuße des Staates vorhanden, also staatliche Mittel involviert sein und der Staat auf die Mittelvergabe im konkreten Fall Einfluss genommen haben.

47 Öffentliche Unternehmen können demnach vom Beihilfeverbot mehrfach betroffen sein:

- Einerseits kann es sein, dass ihre Muttergesellschaft – die eine Gebietskörperschaft ist – keinen Gesellschafterzuschuss (zB in einer Unternehmenskrise) leisten kann, da es dem Subventionsverbot widersprechen würde.
- Andererseits kann auch das öffentliche Unternehmen selber, weil es dem Staat zugeordnet wird, bei bspw. Zuwendungen an Tochter- und Schwestergesellschaften („Quersubventionierungen") durch das Verbot staatlicher Beihilfen eingeschränkt sein.

C. Verbot von Spenden an politische Parteien

48 Gemäß § 6 Abs 6 Z 5 Parteiengesetz dürfen politische Parteien keine Spenden von Unternehmungen und Einrichtungen annehmen, **an denen die öffentliche Hand mit mindestens 25% beteiligt** ist. Unzulässige Spenden sind von der Partei spätestens mit Einreichung des Rechenschaftsberichts für das betreffende Jahr an den Rechnungshof weiterzuleiten, dieser leitet die Beträge an Einrichtungen weiter, die mildtätigen oder wissenschaftlichen Zwecken dienen.

D. Medientransparenzgesetz

49 Das Medienkooperations- und förderungs-Transparenzgesetz verpflichtet öffentliche Rechtsträger und **von solchen beherrschte Unternehmen**, die der Kontrolle des Rechnungshofes unterliegen, sowie deren Stiftungen, Anstalten und Fonds, zur Veröffentlichung der an Medieninhaber für „Werbung" im weitesten Sinn (jegliche entgeltliche Veröffentlichungen) im Quartal in Summe zu zahlende Beträge. Zu melden ist der Name des Mediums, in dem Veröffentlichungen vorgenommen wurden und die Netto-Gesamthöhe des Entgelts, das der Rechtsträger für die im jeweiligen Quartal erfolgten Veröffentlichungen zu leisten hat. Eine Aufschlüsselung der einzelnen Aufträge ist nicht vorgesehen. Sowohl die Meldung als auch die Veröffentlichung der Daten geschehen über die Website der RTR (www.rtr.at).

50 Ausdrücklich ausgenommen von der Meldepflicht sind Veröffentlichungen aufgrund gesetzlicher, verwaltungsbehördlicher oder gerichtlicher Anordnung, Stellenausschreibungen und „ähnliche Veröffentlichungen von bloß eingeschränktem öffentlichen Interesse" (zB Beförderungen oder Todesanzeigen). Liegt das Gesamtentgelt eines Medieninhabers unter EUR 5.000 für das Quartal (Bagatellbetragsgrenze), ist nur ein Vermerk zu veröffentlichen, dass die EUR 5.000-Grenze nicht überschritten wurde. Bei der Berechnung des Gesamtentgeltes sind die ausdrücklichen Ausnahmen von der Meldepflicht nicht zu berücksichtigen.

E. Spekulationsverbote

51 Seit 2013 wird das Thema Spekulationsverbot medienwirksam diskutiert. Im Zusammenhang mit einer 15a Vereinbarung zu diesem Thema war angedacht ein österreichweites Spekulationsverbot in der Finanzverfassung zu verankern. Die in Aussicht genommene Verankerung in der Verfassung scheiterte aber letztlich. Einheitliche Regelungen auf Bundesebene gibt es dazu noch nicht.[12] Vielmehr weichen die einzelnen Landesgesetze inhaltlich wesentlich voneinander ab. Von den Bundesländern wurden mehrheitlich Landesgesetze zum Spekulationsverbot verabschiedet. In den Bundesländern Burgenland und Steiermark wurden keine Landesgesetze verabschiedet, sondern „(verfassungs)rechtliche" Anordnungen getroffen die das „Spekulationsverbot" regeln.[13] Im Bundesland Kärnten wird[14] voraussichtlich im ersten Quartal 2016 ein Landesgesetz beschlossen werden, mit dem eine risikoaverse Finanzgebarung vorgesehen werden wird.

52 Im Ergebnis sollen: (i) Veranlagungsrichtlinien erstellt und (ii) regelmäßig aktualisiert werden, (iii) eine geeignete Basis zur Minimierung von Anlage-, Ausfalls- und Kursrisiken aufgestellt werden[15], (iv) keine spekulativen Finanz-

[12] Stand 15.2.2016.

[13] Rechnungshof, Stellungnahme zum K-SpvG, GZ 302.652/001-2B1/15, https://www.ktn.gv.at/317219_DE-abgeschlossene_Begutachtungen_2015-LG-1729-6_GemeindeplanungsG (Stand 15.02.2016).

[14] Laut telefonischer Auskunft der Kärntner Landesregierung (Mag. Stefan Primosch, Büroleiter von Dr Schaunig) am 15.2.2016.

[15] Rechnungshof GZ 860.174/002-1b1/15, 142.

geschäfte durchgeführt werden,[16] (v) das 4-Augen-Prinzip eingeführt, (vi) keine Fremdwährungskredite aufgenommen und (vi) die Anlegerrisikoprofile auf die Veranlagungsrichtlinien abgestimmt werden.

53 Im Zusammenhang mit dem Spekulationsverbot hat sich (nicht umsonst) der nicht aussagekräftige Terminus „**risikoaverse Finanzgebarung**" durchgesetzt.[17] Besonders schwierig ist aber zu definieren, welche Veranlagungen „risikoavers" sind. Der Rechnungshof hielt zB 2009 betreffend die mittlerweile verpönten Fremdwährungsfinanzierungen fest, dass diese (nur) dann vorgenommen werden sollten, wenn Zins- und Wechselkursvorteile in günstigerer Relation zu den zusätzlichen Risiken stehen.[18] Die einzelnen Ländergesetze definieren teilweise die zulässigen Veranlagungen oder behalten sich dazu vor Verordnungen zu erlassen. Andererseits wurden teilweise auch in Landegesetzen die ausschließlich erlaubten Anlageformen festgelegt. Das Ziel der risikoaversen Veranlagung wird häufig wie folgt beschrieben: Risikominderung soll gegenüber Ertrags- und Kostenoptimierung den Vorzug haben, derivative Finanzgeschäfte[19] ohne Grundgeschäft sollen untersagt sein.[20] Im Unterscheid dazu war der Einsatz von Derivaten (insbesondere von Swaps) – vor der Diskussion zum Thema Spekulationsverbot – üblich.[21]

54 Die zulässigen Veranlagungsformen werden in den Bundesländern **(i) Salzburg, (ii) Tirol, (iii) Oberösterreich, (iv) Niederösterreich und (v) Vorarlberg,** (mittels Gesetz oder Verordnung) abschließend geregelt. Im Bundesland **Wien** werden die zulässigen Veranlagungsformen (mittels Gesetz oder Verordnung) umschrieben. Kärnten (Landesgesetz liegt erst als Entwurf vor) das Burgenland und die Steiermark nehmen Sonderrollen ein.

55 Die für diesen Beitrag spannende Frage, welche öffentlichen Unternehmen vom Spekulationsverbot betroffen sind, kann nicht allgemein beantwortet werden, weil die verschiedenen Landesgesetze dazu unterschiedliche Regeln getroffen haben. Aus diesem Grund sollte (aufgrund der entsprechenden Landesgesetze oder der allfälligen Verordnungen) jeweils geprüft werden, ob ein Landesgesetz zum Spekulationsverbot auf das Unternehmen anwendbar ist. Dazu gilt stark vereinfacht und zusammengefasst:

56 Für Unternehmen, die

- **dem Sektor Staat des Bundeslandes/der Gemeinde Wien zuzurechnen sind,** ist zu prüfen, ob sie in der Verordnung genannt sind mit der die betroffenen Unternehmen festgelegt werden: Grundsätzlich sind Unternehmen betroffen, die dem „Sektor Staat"[22] zuzuordnen sind. Ausgegliederte Landes-

[16] *Kargl,* RFG 2015,14.

[17] *Raschauer/Schwabl*, Jahrbuch öffentliches Recht 2014, 381.

[18] Rechnungshof GZ 860.091/002-s3-1/09, 167.

[19] Bei derivativen Finanzgeschäften hängt der „Wert" des Finanzproduktes von einem „unterlegten" Produkt ab, das abgebildet wird: vgl *Mauritz*, Konzepte der Bilanzierung und Besteuerung derivativer Finanzinstrumente (1997) 126.

[20] *Raschauer/Schwabl*, Spekulationsverbot und risikoaverse Finanzgebarung, Jahrbuch öffentliches Recht 2014, 381.

[21] *Zoubek*, Moderne Finanzierungsstrategien im Gefüge kommunaler Finanzverfassungen (2011) 85 f.

[22] Von einer Zuordnung zum „Sektor Staat" ist auszugehen, wenn ein Unternehmen nicht min-

oder Gemeindeunternehmen, die in der Rechtsform einer Gesellschaft mit beschränkter Haftung, einer Aktiengesellschaft, eines Vereins, einer Stiftung oder eines Fonds betrieben werden, gelten nicht als Rechtsträger.

- **dem Sektor Staat des Bundeslandes, der Gemeinden und Gemeindeverbände Salzburg und der Stadt Salzburg** angehöhren, ist das Spekulationsverbot anwendbar. Ausgegliederte Landes- oder Gemeindeunternehmen, die in der Rechtsform einer Gesellschaft mit beschränkter Haftung, einer Aktiengesellschaft, eines Vereins, einer Stiftung oder eines Fonds betrieben werden, gelten nicht als Rechtsträger.
- **dem Sektor Staat des Bundeslandes/der Gemeinden und Gemeindeverbände Tirol, Oberösterreich oder Vorarlberg** angehöhren, ist das Spekulationsverbot anwendbar. Ausgegliederte Landes- oder Gemeindeunternehmen, die in der Rechtsform einer Gesellschaft mit beschränkter Haftung, einer Aktiengesellschaft, eines Vereins, einer Stiftung oder eines Fonds betrieben werden, gelten nicht als Rechtsträger. Das Gesetz sieht vor, dass das Land und die Gemeinden auf ausgegliederte Rechtsträger einwirken sollen, um das Spekulationsverbot auch dort umsetzen zu können. Für **Niederösterreich** gilt dieser Grundsatz mit der Maßgabe, dass Gemeindeverbände ausgenommen sind und Gemeinden auf ausgegliederte Rechtsträger einwirken sollen (wenn Rechtsträger des Sektor Staat mit mehr als 50% beteiligt sind oder die Unternehmen beherrschen), um das Spekulationsverbot auch dort umsetzen zu können.
- **Kärnten** (Landesgesetz liegt erst als Entwurf vor) das **Burgenland** und **Steiermark** nehmen Sonderrollen ein.

Betreffend die Bundesunternehmen gilt, dass das Finanzmanagement des **57** Bundes komplex ist und von mehreren parlamentarischen Beschlüssen getragen wird. Soweit überblickbar wurde das Spekulationsverbot nicht in den einzelnen Gesetzen gesondert verankert. Dennoch wurden Änderungen vorgenommen und zB bei der BFA (österreichische Bundesfinanzierungsagentur) **das Treasury vom Risikomanagement getrennt und das „4-Augen Prinzip" eingeführt.**[23]

F. Antikorruptionsbestimmungen

Hing die Amtsträgereigenschaft im staatsnahen Bereich noch vor dem KorrS- **58** trÄG 2012 davon ab, ob der relevante Rechtsträger der Kontrolle durch den Rechnungshof (oder einer gleichartigen Einrichtung) unterlag **und zusätzlich** weit überwiegend Leistungen für die Verwaltung ua des Bundes, eines Bundeslandes, eines Gemeindeverbandes, einer Gemeinde oder eines Sozialversicherungsträgers (oder dessen Hauptverband)[24] erbracht worden sind, sieht § 74 Abs 1 Z 4a lit d StGB nunmehr vor, dass ein Amtsträger im staatsnahen Bereich ein jeder ist, der

destens 50 % der laufenden (Produktions-)Kosten aus Umsatzerlösen generiert sondern über Zuschüsse; vgl ESVG http://ec.europa.eu/eurostat/documents/3859598/5925749/KS-02-13-269-DE.PDF (Stand 12.2.2016).

23 Parlamentskorrespondenz Nr 983 vom 23.09.2015 https://www.parlament.gv.at/PAKT/PR/JAHR_2015/PK0983/ (Stand 12.2.2016).

24 Beispielhaft hierfür werden *Bertel* in *Höpfel/Ratz*, WK StGB² § 304 Rz 3 die Bundesbeschaffung GmbH, die Bundesimmobiliengesellschaft mbH, die Bundesrechenzentrum GmbH und die Justizbetreuungsagentur aufgezählt.

59 *„als **Organ** oder **Bediensteter** eines **Unternehmens*** tätig ist, an dem eine oder mehrere inländische oder ausländische ***Gebietskörperschaften*** *unmittelbar oder mittelbar mit* ***mindestens 50 vH*** *des Stamm-, Grund- oder Eigenkapitals* ***beteiligt*** *sind, das eine solche Gebietskörperschaft allein oder gemeinsam mit anderen solchen Gebietskörperschaften betreibt oder durch finanzielle oder sonstige wirtschaftliche oder organisatorische Maßnahmen tatsächlich beherrscht, jedenfalls aber jedes Unternehmens, dessen Gebarung der Überprüfung durch den Rechnungshof, dem Rechnungshof gleichartige Einrichtungen der Länder oder einer vergleichbaren internationalen oder ausländischen Kontrolleinrichtung unterliegt.“*

60 Diese Ausweitung des Amtsträgerbegriffes mündete konsequenterweise in einer Flut an (öffentlichen) Unternehmen, deren Organe und Bedienstete nunmehr als Amtsträger erfasst werden. Dazu gehören ua: *„Wien Energie Gasnetz GmbH [Anm.: Wurde 2013 mit der Wiener Netze GmbH fusioniert], Wiener Linien GmbH, ÖBB Infrastruktur Aktiengesellschaft und andere ÖBB Gesellschaften mit einer entsprechenden Beteiligung der öffentlichen Hand, insbesondere im Wege der Österreichische Bundesbahnen Holding Aktiengesellschaft, ASFINAG Service GmbH oder ASFINAG Bau Management GmbH über die Autobahnen- und Schnellstraßen Finanzierungs-Aktiengesellschaft, Österreichische Post AG, Bundesbeschaffung GmbH, Buchhaltungsagentur des Bundes, Burgenländische oder andere Krankenanstalten Gesellschaften mbH der Gebietskörperschaften, Flughafen Wien AG, aber auch der ORF, dessen Gebarung nach § 31a ORF-G der Kontrolle des Rechnungshofs unterliegt, der Salzburger Festspielfonds und die nach dem Universitätsgesetz 2002 eingerichteten Universitäten“.*[25]

1. Das Korruptionsstrafrecht für den privaten und den öffentlichen Sektor

61 Das österreichische Korruptionsstrafrecht enthält sowohl Bestimmungen für den privaten als auch den öffentlichen Sektor. In beiden Sektoren wird die Vorteilsannahme für pflichtwidriges Handeln (§ 304 StGB für den öffentlichen Bereich / § 309 StGB für den privaten Bereich) aber auch die Vorteilsannahme für pflichtgemäßes Handeln (§ 305 StGB für den öffentlichen Bereich / § 153a StGB für den privaten Bereich) unter Strafe gestellt. Abgesehen von evidenten inhaltlichen Unterschieden zwischen den jeweiligen Straftatbeständen (Adressatenkreis, Strafbarkeitsvoraussetzungen, usw) gibt es zwei wesentliche Unterschiede hinsichtlich der beiden Sektoren: einerseits sind die Strafdrohungen im öffentlichen Sektor um einiges höher als jene im privaten und andererseits ist die „Vorteilsannahme zur Beeinflussung“ nach § 306 StGB (vulgo „Anfüttern“) lediglich im öffentlichen Sektor strafbar.

---

[25] Bericht des Justizausschusses, 1833 der Beilagen zu den Stenographischen Protokollen des Nationalrates XXIV. GP, S 4.

2. Die Vorteilsannahme zur Beeinflussung gemäß § 306 StGB („Anfüttern")

§ 306 Abs 1 StGB sieht vor, dass ein Amtsträger oder Schiedsrichter, der außer in den Fällen der §§ 304 und 305 mit dem Vorsatz, sich dadurch in seiner Tätigkeit als Amtsträger beeinflussen zu lassen, für sich oder einen Dritten einen Vorteil fordert oder einen ungebührlichen Vorteil (§ 305 Abs 4) annimmt oder sich versprechen lässt, mit einer Freiheitsstrafe bis zu zwei Jahren zu bestrafen ist. In der höchsten Wertqualifikation – sollte der Vorteilswert EUR 50.000 übersteigen – beträgt das Strafausmaß sechs Monate bis fünf Jahre. Dabei ist derjenige nicht zu bestrafen, der lediglich einen „*geringfügigen Vorteil annimmt oder sich versprechen lässt*" (§ 306 Abs 3 StGB), es sei denn, dass die Tat gewerbsmäßig begangen wurde. 62

Im Unterschied zu den bereits oben aufgezählten Korruptionstatbeständen, setzt das „Anfüttern" kein konkretes Amtsgeschäft voraus, sondern stellt auf die künftige Tätigkeit des Amtsträgers in dieser Funktion ab.[26] Eine Unterscheidung zwischen pflichtgemäßem und pflichtwidrigem Handeln ist nicht nötig. Für die Strafbarkeit ist vielmehr ausschlaggebend, „*ob der Täter mit dem erweiterten Vorsatz handelt, sich in seiner Tätigkeit als Amtsträger beeinflussen zu lassen, dh den Vorteilsgeber zukünftig bevorzugt zu behandeln*"[27]. Für *Beck/Dohr* ist die Strafbarkeit immer dann gegeben, „*wenn er [Anm.: der Amtsträger] erkennt bzw es ernstlich für möglich hält und sich damit abfindet, dass der Geber eine Gegenleistung im Rahmen der Dienstausübung innerhalb seines Zuständigkeitsbereichs für den Vorteil erwartet oder dass er tatsächlich den Eindruck gewinnt, der Geber belohne generell Amtshandlungen.*"[28] Wird ein Vorteil gefordert, dann tritt die Strafbarkeit jedenfalls ein und es braucht nicht mehr geprüft zu werden, ob dieser ungebührlich oder geringfügig ist. Wird der Vorteil nicht gefordert, so ist grundsätzlich zu prüfen, ob er ungebührlich – und bejahendenfalls – ob er geringfügig ist. 63

3. Vorteil

„Vorteil ist jede Leistung materieller und immaterieller Art, die den Täter besser stellt (die ihm nützlich ist) und auf die er keinen rechtlich begründeten Anspruch hat".[29] Sollte der Zuwendung jedoch eine adäquate Leistung gegenüberstehen (bspw angemessenes Honorar für Vorträge), so liegt kein Vorteil im Sinne des Gesetzes vor, „selbst wenn sie [Anm.: die Vorträge] den unmittelbaren Funktionsbereich des Amtsträgers betreffen."[30]Auch bei regelmäßigen wechselseitigen Essenseinladungen liegt kein Vorteil im Sinne der Korruptionsbestimmungen vor.[31] Überhaupt führt nicht jede Annahme einer Einladung „automatisch" zu einem Vorteil im Sinne des Gesetzes. Sollte bspw ein Aufsichtsratsmitglied im 64

---

[26] *Marek/Jerabek*, Korruption und Amtsmissbrauch[8] §§ 304 – 306 StGB Rz 27.

[27] *Pilar Koukol*, JAP 2012 / 2013 / 15, 150.

[28] *Beck/Dohr*, Korruptionsstrafrechtsänderungsgesetz oder „Nichts geht mehr!", ecolex 2013, 328 (330).

[29] *Marek/Jerabek*, Korruption und Amtsmissbrauch[8] §§ 304 – 306 StGB Rz 19.

[30] *Marek/Jerabek*, Korruption und Amtsmissbrauch[8] §§ 304 – 306 StGB Rz 20.

[31] *Marek/Jerabek*, Korruption und Amtsmissbrauch[8] §§ 304 – 306 StGB Rz 20b.

Investitionsausschuss eines Flugunternehmens von einem Flugzeughersteller zur Präsentation eines neuen Flugzeuges in die Wüste Nevada „eingeladen" werden, so ist darin noch kein Vorteil für das Aufsichtsratsmitglied zu sehen. Wenn allerdings die Flugzeugpräsentation nur einige wenige Stunden dauert und es danach einen einwöchigen Zwischenstopp in der Karibik in einem Luxushotel auf Kosten des Flugzeugherstellers gibt, dann wäre darin sehr wohl ein (wohl auch ungebührlicher und nicht geringfügiger) Vorteil zu erblicken.

4. Ungebührlicher Vorteil

65 Gemäß § 305 Abs 4 StGB sind Vorteile, deren Annahme gesetzlich erlaubt ist, oder die im Rahmen von Veranstaltungen gewährt werden, an deren Teilnahme ein amtlich oder sachlich gerechtfertigtes Interesse besteht keine ungebührlichen Vorteile. Sollte demnach bspw ein bekannter Amtsträger (etwa Politiker) zu einer Veranstaltung eingeladen werden, um durch seine Anwesenheit die Bedeutung der Veranstaltung zu erhöhen, dann ist darin auf Seiten des Einladenden kein verwerfliches Verhalten zu erblicken. Ihm geht es ja lediglich um die Anwesenheit des Amtsträgers, ohne ihn in seiner Amtstätigkeit beeinflussen zu wollen. Auf der anderen Seite kann sich der Amtsträger – sei es ein bekannter Politiker oder aber auch ein Aufsichtsratsmitglied eines bekannten Unternehmens – auf seine Repräsentationspflichten berufen, sodass die Einladung im Zweifel wohl gerechtfertigt ist.[32]

66 Nicht ungebührlich sind weiters Vorteile für gemeinnützige Zwecke (§ 35 BAO), auf deren Verwendung der Amtsträger oder Schiedsrichter keinen bestimmenden Einfluss ausübt, sowie in Ermangelung von Erlaubnisnormen orts- oder landesübliche Aufmerksamkeiten geringen Werts, es sei denn, dass die Tat gewerbsmäßig begangen wurde. Als *„orts- oder landesübliche Aufmerksamkeiten geringen Werts"* werden dabei vernachlässigbare Kleinigkeiten, *„die regelmäßig durch höfliche Umgangsformen motiviert sind (eine Schale Kaffee oder Tee, ein Stück Kuchen oder ein kleines Blumengeschenk)"* gesehen.[33]

5. Geringfügiger Vorteil

67 Die Geringfügigkeitsgrenze wird im Bereich von rund 100 Euro angesiedelt.[34] Auf die Ortsüblichkeit kommt es hier nicht an. Dieser Strafausschließungsgrund privilegiert allerdings lediglich den Nehmer (den Amtsträger). Für den Geber – mangels einer spiegelbildlichen Bestimmung auf der Geberseite – gilt dieser Strafausschließungsgrund nicht.

---

32 *Beck/Dohr*, Korruptionsstrafrechtsänderungsgesetz oder „Nichts geht mehr!", ecolex 2013, 328 (331).

33 *Marek/Jerabek*, Korruption und Amtsmissbrauch^{8} §§ 304 – 306 StGB Rz 43d.

34 *Marek/Jerabek*, Korruption und Amtsmissbrauch^{8} §§ 304 – 306 StGB Rz 46; *Beck/Dohr*, Korruptionsstrafrechtsänderungsgesetz oder „Nichts geht mehr!", ecolex 2013, 328 (329).

6. Compliance Codes

Compliance Vorschriften sind aus der Sicht des Verbandsverantwortlichkeitsgesetzes sinnvoll. Wenn sie aber den Handlungsspielraum der Organe und der Bediensteten – über die gesetzlichen Vorgaben hinaus – zu stark einschränken, dann werden sie kontraproduktiv. Da die Organe und Mitarbeiter dann bei jedem Verstoß auch gegen eine „überzogene“ Compliance Vorschrift mit dem Vorwurf eines Befugnismissbrauches gemäß § 153 StGB rechnen müssen, werden sie ihrer gesellschaftsrechtlichen Verpflichtung zur Durchführung aller gesetzlich zulässigen und für das Unternehmen sinnvollen Marketingmaßnahmen nicht ausreichend nachkommen können. **68**

G. Rechnungshof- und Landesrechnungshofkontrolle

Grundsätzlich hat der Rechnungshof gemäß Artikel 126b Abs 1 B-VG die gesamte Staatswirtschaft des Bundes, die Gebarung von Stiftungen, Fonds und Anstalten, die von Organen des Bundes verwaltet werden, zu überprüfen. Unter bestimmten Voraussetzungen überprüft der Rechnungshof auch die Gebarung von öffentlichen Unternehmen. **69**

Öffentliche Unternehmen unterliegen der Rechnungshofkontrolle dann, wenn es sich um Unternehmen handelt, an denen der Bund allein oder gemeinsam mit anderen der Zuständigkeit des Rechnungshofes unterliegenden Rechtsträgern jedenfalls mit mindestens 50% des Stamm-, Grund- oder Eigenkapitals beteiligt ist oder die der Bund allein oder gemeinsam mit anderen solchen Rechtsträgern betreibt. Auch werden Unternehmen, die der Bund allein oder gemeinsam mit anderen der Zuständigkeit des Rechnungshofes unterliegenden Rechtsträgern durch finanzielle oder sonstige wirtschaftliche oder organisatorische Maßnahmen tatsächlich beherrscht, überprüft.[35] **70**

Gemäß Artikel 126b Abs 5 B-VG hat sich die Überprüfung des Rechnungshofes auf die ziffernmäßige Richtigkeit, die Übereinstimmung mit den bestehenden Vorschriften, ferner auf die Sparsamkeit, Wirtschaftlichkeit und Zweckmäßigkeit zu erstrecken. **71**

Mit einer Verfassungsnovelle[36] wurde der Tatbestand der tatsächlichen Beherrschung eingeführt. Hintergrund dieser Verfassungsänderung war es, den Flughafen Wien AG einer Rechnungshofkontrolle zu unterziehen. Die beiden Kernaktionäre (Land Niederösterreich und Wien) halten zwar gemeinsam 40% der Aktien und haben eine einheitliche Ausübung dieser Stimmrechte durch einen Syndikatsvertrag vereinbart; waren aber nicht von einer Rechnungshofkontrolle erfasst, da es theoretisch möglich ist, dass die beiden Kernaktionäre – mangels einer Mehrheit – von den restlichen Aktionären überstimmt werden können. In der Praxis kommt dies nicht vor, da die Aktionäre aus dem Streubesitz in der Hauptversammlung nicht in dem Ausmaß vertreten sind, um die beiden Hauptaktionäre zu überstimmen und somit in der Hauptversammlung über eine klare Mehrheit verfügen. Dies **72**

---

35 S etwa VfSlg 13.36; *Kalss* in MünchKomm zum AktG³ § 395 Rz 14.

36 BGBl I 2009/106.

ist ein Fall der tatsächlichen Beherrschung.[37] Da die Gebarungskontrolle als *ex post* Kontrolle eingerichtet ist, ist die Beurteilung darüber, ob ein Rechtsträger für einen vergangenen Zeitraum faktisch beherrscht ist leicht überprüfbar.

73 Mit entsprechenden Landesverfassungsgesetzen kann im jeweiligen Bundesland ein **Landesrechnungshof** eingerichtet werden.[38]

74 Gemäß Artikel 121 Abs 4 B-VG hat der Rechnungshof bei rechnungshofkontrollierten Unternehmen und Einrichtungen, für die eine Berichterstattungspflicht an den Nationalrat besteht, jedes zweite Jahr die **durchschnittlichen Einkommen** einschließlich aller Sozial- und Sachleistungen sowie zusätzliche Leistungen für Pensionen von Mitgliedern des Vorstands und des Aufsichtsrats sowie aller Beschäftigten durch Einholung von Auskünften bei diesen Unternehmen und Einrichtungen zu erheben und darüber dem Nationalrat zu berichten.[39] Die rechnungshofkontrollierten Unternehmen haben daher ihre gewährten Vergütungen an den Vorstand und Aufsichtsrat offenzulegen.

H. Stellenausschreibungsgesetz und Vertragsschablonenverordnung

75 Bei der Bestellung von Mitgliedern des Leitungsorgans von öffentlichen Unternehmen gibt es verpflichtende Regelungen für die Ausschreibung und die Besetzung von vakanten Positionen, sowie für den Inhalt der abzuschließenden Verträge. Das Stellenbesetzungsgesetz gilt gemäß § 1 für **Unternehmungen mit eigener Rechtspersönlichkeit, die der Kontrolle des Rechnungshofes unterliegen**[40].

76 Gemäß § 6 des Stellenbesetzungsgesetzes hat die Bundesregierung Vertragsschablonen zu beschließen, die beim Abschluss von Verträgen zur Bestellung von Mitgliedern des Leitungsorgans von rechnungshofkontrollierten Unternehmen, bei denen die finanzielle Beteiligung des Bundes gleich oder größer ist als die Summe der Beteiligungen anderer Gebietskörperschaften, anzuwenden sind. Die Verordnung der Bundesregierung betreffend die Vertragsschablonen[41] regelt in § 1 Abs 1 den Geltungsbereich, der – wie beim Stellenbesetzungsgesetz – für Unternehmen mit eigener Rechtspersönlichkeit, die der Kontrolle des Rechnungshofs unterliegen und bei denen die finanzielle Beteiligung des Bundes gleich oder größer als die Summe der Beteiligungen anderer Gebietskörperschaften ist. Gemäß § 1 Abs 2 findet die Bundes-Vertragsschablonen-Verordnung keine Anwendung auf Unternehmen, die nicht von § 6 Stellenbesetzungsgesetz erfasst sind.

37 *Budischowsky*, ecolex 2010, 706.

38 *Bußjäger*, ZfV 2011, 737.

39 *Hengstschläger*, Rechnungshofkontrolle (2000) 17: Einkommenserhebungen sind bei allen Unternehmen iSd Art 126b Abs 2 B-VG durchzuführen, also sowohl bei den so genannten „Eigenbetrieben", die der Bund selbst betreibt, als auch bei ausgegliederten Rechtsträgern, die eine Unternehmung im dargelegten Sinne führen und an denen der Bund allein oder gemeinsam mit kontrollunterworfenen Rechtsträgern entsprechend beteiligt ist oder die er beherrscht.

40 BGBl I 1998/26.

41 BGBl II 1998/254.

In dieser Bundes-Vertragsschablonenverordnung sind die Rahmenbedingungen der Verträge der Leitungsorgane geregelt. Das betrifft insbesondere die Laufzeit, das Entgelt, die Abfertigung aber auch Regelungen über allfällige Pensionszahlungen (Rz 109 ff). **77**

§ 8 Bundes-Stellenbesetzungsgesetz normiert, dass die **Landesgesetzgebung** befugt ist ebenfalls gleichartige Regelungen – wie in der Bundes-Vertragsschablonen-Verordnung vorgesehen – für Unternehmen mit eigener Rechtspersönlichkeit, die der Kontrolle des Rechnungshofes unterliegen, zu erlassen. Davon haben uA die Bundesländer Steiermark[42], Burgenland[43], Oberösterreich[44] und Salzburg[45] Gebrauch gemacht. **78**

Die schuldhafte Verletzung des Sachlichkeitsgebots bei der Besetzung einer dem Stellenbesetzungsgesetz unterliegenden Stelle kann uU zivilrechtliche Ersatzansprüche auslösen.[46] **79**

I. Public Corporate Governance Kodex (B-PCGK)

Der Bundes-Public Corporate Governance Kodex (B-PCGK) wurde **am 30. Oktober 2012 von der Bundesregierung beschlossen.** Seine Verfasser haben sich am Österreichischen Corporate Governance Kodex und den Leitsätzen zur Corporate Governance in staatseigenen Unternehmen der OECD orientiert. **80**

Rechtlich stellen die Regelungen des Kodex eine **Selbstbindung des Bundes** dar, deren Beachtung den Organen des Bundes bei der Wahrnehmung von Anteilseigner- und Überwachungsfunktionen obliegt. Im Gegensatz zum Österreichischen Corporate Governance Kodex bindet der B-PCGK den Eigentümer und nicht die Geschäftsleiter. **81**

Für die von den obersten Verwaltungsorganen mit diesen Aufgaben betrauten Personen ist der Kodex rechtlich eine **Weisung** an die Unternehmensträger, die notwendigen Maßnahmen zu dessen Umsetzung vorzunehmen. **82**

Ziel ist es, die Unternehmensführung und –überwachung transparenter zu machen und die Rolle des Bundes und der Unternehmen des Bundes als Anteilseigner klarer zu fassen. **83**

Der Kodex gilt für **Unternehmen des Bundes**. Das sind **84**

- Unternehmen, an denen der Bund am Stamm-, Grund- oder Eigenkapital mit **mindestens 50% beteiligt** ist oder
- Unternehmen, die der Bund durch finanzielle, sonstige wirtschaftliche oder organisatorische Maßnahmen **tatsächlich beherrscht** oder
- Gesellschaften, Stiftungen, Fonds und Anstalten öffentlichen Rechts und sonstige durch Bundesgesetz anders bezeichnete Rechtsträger öffentlichen Rechts, die **der Rechnungshofkontrolle unterliegen**.

---

42 LGBl Nr 120/2008; LGBl Nr 72/1997.
43 LGBl Nr 24/1999; LGBl Nr 14/1973.
44 LGBl Nr 46/2000; LGBl Nr 113/2001.
45 LGBl Nr 96/1999; LGBl Nr 3/1998.
46 Vgl *Gerhartl*, Zak 2015, 227.

85 Dieser B-PCGK ist nur auf Unternehmen des Bundes sowie auf deren Tochter- und Subunternehmen mit mehr als 10 Bediensteten oder EUR 300.000 Jahresumsatz **anzuwenden**, soweit (i) dem auf das betreffende Unternehmen zwingend anzuwendende gesetzliche Bestimmungen nicht entgegenstehen, oder (ii) Unternehmen gemäß § 234b UGB nicht einen allgemein anerkannten Corporate Governance Kodex anzuwenden haben.

86 Der Kodex enthält **zwingende Regeln**, die mit **„L"** gekennzeichnet sind, und **Empfehlungen**, die mit **„C"** gekennzeichnet sind. C-Regeln folgen dem „comply or explain"-Prinzip: Wird der Regel nicht entsprochen, ist der (entsprechende) Grund anzuführen.

87 Der B-PCGK ist einerseits durch die Verwaltungsorgane des Bundes als Anteilseigner im Rahmen der gesellschaftsrechtlichen Möglichkeiten zB durch Hauptversammlungsbeschluss oder Weisung an die Geschäftsführer, aber auch durch Gestaltung von Verträgen mit Mitgliedern der Gesellschaftsorgane, die die Umsetzung des B-PCGK in den einzelnen Unternehmen bewirken umzusetzen. Ist eine direkte Verankerung durch die Anteilseigner nicht möglich oder sind diese ihrer Pflicht nicht nachgekommen, haben die durch die Anteilseigner bestellten Überwachungsorgane auf eine Umsetzung des B-PCGK hinzuwirken.[47] Fraglich ist, ob die Organe auch dann verpflichtet sind, den B-PCGK umzusetzen, wenn die Anteilseigner ihn noch nicht im Unternehmen verankert haben.

88 Der B-PCGK sieht auch für das Überwachungsorgan, also für den Aufsichtsrat von einer AG und GmbH eine Reihe von Regelungen vor. Auf einige davon wird im Kapitel „Besonderheiten der Aufsichtsratstätigkeiten in öffentlichen Unternehmen" (Rz 102 ff) eingegangen.

89 Jährlich ist ein Corporate Governance Bericht zu erstellen und auf der Internetseite des Unternehmens zu veröffentlichen. Derzeit bestehen zum Teil noch Unklarheiten für einzelne Kodexregelungen.

90 Wenngleich die Einführung des B-PCGK grundsätzlich zu begrüßen ist, stellen sich für die Anwender in der Praxis viele nicht einfach zu lösende Fragen, denn der B-PCGK lässt offen, wie er konkret umzusetzen ist, wer die Verantwortung hierfür trägt und welche Konsequenzen im Falle einer Nichtbefolgung zu erwarten sind. Darüber hinaus besteht bei vielen Regelungen großer Interpretationsbedarf.[48] Die geplante umfassende Novellierung des B-PCGK kann jedenfalls etliche der in der Praxis hervorkommenden Probleme durch neue und andere Regelungen lösen.

---

[47] *Jud/ Harrer/Graf*, GesRZ 2014, 208 (210).
[48] *Jud/ Harrer/Graf*, GesRZ 2014, 208; *Kalss/Oppitz/Zollner*, Kapitalmarktrecht² § 25 Rz 48.

III. Besonderheiten der Aufsichtsratstätigkeit in öffentlichen Unternehmen

A. Qualifikationsanforderungen an Aufsichtsräte von öffentlichen Unternehmen

Jedes Mitglied eines Aufsichtsrats einer AG oder GmbH muss über **Grundkenntnisse** des betrieblichen Rechnungslegungs- und Bilanzierungswesens, der Betriebswirtschaft und über jene Branche, in der die Gesellschaft tätig ist, verfügen. Weiters muss jedes Aufsichtsratsmitglied auch über juristische Grundkenntnisse, die notwendigen Social skills und über ausreichend Zeit verfügen und auch bereit sein, sich laufend weiter zu bilden (vgl *Kalss/Schimka* Rz 2/83, Rz 2/96 ff). Je größer und komplexer das Unternehmen ist, desto mehr müssen Aufsichtsratsmitglieder an Wissen und Erfahrung mitbringen. Wenn ein Aufsichtsratsmitglied diesen Mindeststandard an Qualifikationen nicht erfüllt, dann haftet er der Gesellschaft für einen daraus resultierenden Schaden. (s *Schauer* Rz 45/1 ff).[49] **91**

Um eine ausgewogene Zusammensetzung des Aufsichtsrats zu erreichen, sollten Aufsichtsratsmitglieder idealerweise über unterschiedliche spezialisierte Kenntnisse, die über die allgemeinen Mindestanforderungen für jedes einzelne Mitglied hinausgehen, verfügen. Außerdem sollten die Aspekte der Diversität bei der Zusammensetzung berücksichtigt werden (s *Mensi-Klarbach* Rz 7/1 ff). **92**

Für öffentliche Unternehmen, für die der Bundes Public Corporate Governance Kodex (B-PCGK) anwendbar ist (Rz 84 f), gilt – anders als für private Gesellschaften[50] gemäß C.11.2.1.2.–Regel des B-PCGK, dass im Überwachungsorgan bis zum 31.12.2013 ein **Frauenanteil** von 25 % und bis zum 31.12.2018 ein Frauenanteil von 35 % umzusetzen ist. Es handelt sich um eine C-Regelung, also um eine Empfehlung (vgl *Kalss/Schimka* Rz 2/61). **93**

Das **Bundesgleichbehandlungsgesetz**[51] gilt für Aufsichtsratsmitglieder nicht, da sie – in ihrer Funktion als Aufsichtsratsmitglieder – in keinem Dienstverhältnis zum Bund stehen. **94**

Eine **Parteimitgliedschaft** darf weder ein Ausschlusskriterium für die Bestellung von Aufsichtsratsmitgliedern in öffentlichen Unternehmen sein, noch darf sie ein Ersatz für die notwendigen fachlichen persönlichen Qualifikationen sein. **95**

In der Praxis werden sowohl Beamte, als auch andere Personen in Aufsichtsräte in öffentlichen Unternehmen entsendet bzw bestellt. In den letzten Jahren werden vermehrt externe Personen mit branchenspezifischen Expertenwissen entsendet bzw bestellt. **96**

---

[49] *Kunz*, Gesellschaftsrechtliches Aufsichtsrats Know How (2014) S 39 ff.

[50] Vgl dazu § 96 dAktG, wonach bei börsenotierten AGs ab 2016 eine verbindliche Geschlechterquote gilt (s *Vetter* Rz 52/20).

[51] Vgl Geltungsbereich § 1 B-GlBG.

B. Ausschlussgründe für die Übernahme und Ausübung von Aufsichtsratsmandaten in öffentlichen Unternehmen trotz vorhandener fachlicher und persönlicher Qualifikation

97 **Mandatsgrenzen:** Aufsichtsratsmitglieder von AGs oder GmbHs dürfen kein weiteres Aufsichtsratsmandat übernehmen, wenn sie in anderen Kapitalgesellschaften bereits 10 Aufsichtsratsmandate innehaben. Sie dürfen auch nicht zugleich Aufsichtsratsmitglied und Vorstandsmitglied bei der gleichen Gesellschaft oder eines ihrer Tochterunternehmen sein (vgl *Kalss/Schimka* Rz 2/46, Rz 2/54).[52] Es gibt ein Verbot von sogenannten Überkreuzverflechtungen und es darf auch kein anderer Interessenskonflikt vorliegen, der dazu führt, dass das Aufsichtsratsmitglied nicht mehr in der Lage ist, uneingeschränkt die Interessen der Gesellschaft wahrzunehmen[53].

98 **Zusätzliche Grenzen:** Für Aufsichtsratsmitglieder von öffentlichen Unternehmen gilt davon abweichend/ergänzend:

- Auf die Höchstzahl von 10 Aufsichtsratsmandaten sind bis zu 10 Sitze in Aufsichtsräten anzurechnen, in denen der betroffene Aufsichtsrat die wirtschaftlichen Interessen des Bundes, eines Landes, eines Gemeindeverbands oder einer Gemeinde vertritt (86 Abs 3 AktG).[54] Implizit anerkennt das Gesetz damit auch die unmittelbare Vertretung der öffentlichen Hand im Aufsichtsrat. Soweit es sich allerdings um ein öffentliches Unternehmen des Bundes handelt, auf das der B-PCGK anwendbar ist (Rz 84 f), sollen Mitglieder des Überwachungsorgans nicht mehr als 6 Mandate in Überwachungsorganen gleichzeitig wahrnehmen.
- Für öffentliche Unternehmen, für die der B-PCGK gilt (Rz 84 f), dürfen gemäß C.11.2.1.5.-Regel Mitglieder des Überwachungsorgan keine Organfunktion oder Beratungsfunktion bei Mitbewerbern des Unternehmens ausüben, die einen Interessenskonflikt begründen könnten. Gemäß C.11.2.1.6-Regel soll dem Überwachungsorgan nicht mehr als ein ehemaliges Mitglied der Geschäftsleitung angehören.

99 **Politiker (?):** Selbst wenn ein Unternehmen jedenfalls zum Teil im Eigentum der öffentlichen Hand steht, etwa eines Bundeslandes oder des Bundes, sollen nicht die Politiker selbst, somit nicht ein Minister, eine Ministerin, ein Landeshauptmann oder Landtagsabgeordnete selbst im Aufsichtsrat vertreten sein, sondern sollen ausgewiesene Experten oder Personen mit unternehmerischer Erfahrung in das Gremium entsandt werden. Die Tätigkeit soll Unbefangenen und Personen, die klar im Unternehmensinteresse agieren können, überlassen werden. Die Entsendung, Wahl oder Nominierung der Aufsichtsratsmitglieder von den Eigentümervertretern, somit den Politikern, soll damit aber nicht in Frage gestellt werden; die Politiker sind die Eigentümervertreter. Das Gleiche gilt im Grundsatz auch für die Ebene er Gemeinden. Dort ist allerdings zum Teil auch eine Besetzung mit Vertretern des Gemeinderats oder mit dem Bürgermeister eher sachgerecht.

---

52 *Strasser* in *Jabornegg/Strasser*, AktG II[5] § 86 Rz 10 ff.

53 *Kunz*, Gesellschaftsrechtliches Aufsichtsrats Know How (2014) S 44 ff.

54 *Strasser* in *Jabornegg/Strasser*, AktG II[5] § 86 Rz 10 ff; *Kalss* in MünchKomm zum AktG[3] § 395 Rz 33.

Gefahr politisch-aktionistischer Entscheidungen: Die Gefahr und die Verlockung für Politiker in Aufsichtsratsgremien ist in bestimmten Situationen zu groß, nicht im Interesse des Unternehmens zu entscheiden, sondern politisch zu handeln, mediengetrieben und aktionistisch zu reagieren. So kommt es etwa bei Verdachtsfällen vor, dass sie die sofortige Entlassung mehrerer oder der entscheidenden Wissensträger eines Unternehmens verlangen und damit einen nachhaltigen Nachteil im Unternehmen herbeiführen, um gleichzeitig auf der politischen Ebene zu punkten. Allein die Entlassung maßgeblicher Know-how-Träger ist aber gewiss nicht die bestmögliche Lösung für das Unternehmen, da über Jahre oder Jahrzehnte aufgebautes Know-how mit einem Schlag verloren ginge und für das Unternehmen einen deutlich größeren Nachteil und Schaden bewirkte als andere Sanktionen. Umgekehrt verhindert politische Interessenverfolgung und politisches Taktieren zum Teil auch sachgerechtes Handeln und rasche Entscheidungen, was ebenso wenig im Interesse des Unternehmens steht. 100

In Banken hat sich diese Trennung als Reaktion auf mehrere Haftungsprozesse auch gegenüber Politikern geklärt. Politiker haben die Aufsichtsratsgremien zum Großteil verlassen. In anderen Branchen vollzieht sich diese Entwicklung erst. 101

C. Bestellung und Abberufung von Aufsichtsräten in öffentlichen Unternehmen

Aufsichtsratsmitglieder (Kapitalvertreter) werden entweder von der Hauptversammlung gewählt[55] oder von einem Aktionär, der ein Entsendungsrecht hat, entsendet[56]. Regelmäßig stehen einzelnen Aktionären oder einer Gruppe von Aktionären auch sogenannte Nominierungsrechte zu. Die nominierte Person wird dann von der Hauptversammlung gewählt.[57] 102

Für die Abberufung von Aufsichtsratsmitgliedern ist die Hauptversammlung zuständig.[58] Aus wichtigem Grund kann auch eine Abberufung durch das Gericht erfolgen.[59] Ein entsandtes Aufsichtsratsmitglied kann vom Entsendungsberechtigten jederzeit, und vom Gericht bei Vorliegen eines wichtigen Grundes auf Antrag einer Minderheit abberufen werden.[60] 103

In vielen öffentlichen Unternehmen gibt es Entsendungsrechte oder auch Vorschlagsrechte, die entweder im Gesetz oder in der Satzung zugunsten der öffentlichen Hand festgeschrieben sind (Pkt V.). 104

---

55 *Strasser* in *Jabornegg/Strasser*, AktG II^5 § 89 Rz 7 ff; *Kalss* in *Doralt/Nowotny/Kalss*, AktG^2 § 87 Rz 8 ff.

56 *Strasser* in *Jabornegg/Strasser*, AktG II^5 § 89 Rz 14 ff; *Kalss* in *Doralt/Nowotny/Kalss*, AktG^2 § 88 Rz 8 ff.

57 *Kalss* in *Doralt/Nowotny/Kalss*, AktG^2 § 88 Rz 28, 41.

58 *Kalss* in *Doralt/Nowotny/Kalss*, AktG^2 § 87 Rz 47 ff; *Strasser* in *Jabornegg/Strasser*, AktG II^5 § 89 Rz 56 ff.

59 *Kalss* in *Doralt/Nowotny/Kalss*, AktG^2 § 87 Rz 67 ff.

60 *Strasser* in *Jabornegg/Strasser*, AktG II^5 § 89 Rz 63 ff.

D. Aufgaben des Aufsichtsrats in öffentlichen Unternehmen / Vorstandsbestellung

105 Die wesentlichste Aufgabe des Aufsichtsrats ist zweifelsohne einen geeigneten und passenden Vorstand zu wählen, und einen korrekten und angemessenen Vorstandsvertrag mit ihm abzuschließen. Für Aufsichtsräte von öffentlichen Unternehmen gibt es Sonderregeln, die zu beachten sind (siehe dazu gleich unten).

106 Die Aufgaben des Aufsichtsrats in öffentlichen Unternehmen, die im Wesentlichen aus Überwachung und Beratung des Vorstands (insb auch bei der Strategieentwicklung), Mitwirkung bei der Bestellung des Abschlussprüfers und Feststellung des Jahresabschlusses und Teilnahme/Leitung der Hauptversammlung bestehen, unterscheiden sich nicht von sonstigen Aufsichtsräten.

107 Die Aufsichtsräte von öffentlichen Unternehmen müssen bei der Auswahl und Bestellung des Vorstands folgendes beachten:

1. Ausschreibungsverpflichtung

108 Gemäß § 2 Abs 1 und 2 Stellenbesetzungsgesetz (Rz 75 ff) ist die Funktion von dem zur Bestellung der Mitglieder der Geschäftsleitung zuständigen Organ[61] soferne gesetzlich nichts anderes bestimmt ist – möglichst sechs Monate vor, spätestens jedoch innerhalb eines Monats nach Freiwerden der Stelle – öffentlich auszuschreiben. In der Praxis wird der Ausschreibungsprozess immer wieder durch Head Hunter unterstützt.

2. Befristung des Anstellungsvertrages auf maximal fünf Jahre

109 Gemäß § 2 Abs 3 Z 1 Vertragsschablonenverordnung ist das Anstellungsverhältnis zu befristen, maximal darf es fünf Jahre dauern.

3. Höhe der Vergütung

110 Die Vergütungskriterien für wettbewerbsorientierte, rechnungshofkontrollierte Unternehmen entsprechen im Wesentlichen den Vorgaben des Aktienrechts im novellierten § 78 AktG.[62] Danach gibt es auch keine ziffernmäßig beschränkten Höchstbeträge, wohl aber muss dem Aufsichtsrat bewusst sein, dass (zu) hohe Entlohnungen zu öffentlicher Kritik führen können. Weiters haben rechnungshofkontrollierte Unternehmen dem Rechnungshof die Höhe der Vergütungen zu berichten (Rz 74).

111 Gemäß § 7 Stellenbesetzungsgesetz gibt es hingegen für Unternehmen, die nicht im Wettbewerb stehen[63], eine Beschränkung der Höhe des Gesamtjahresbezugs für die Mitglieder des Leitungsorgans. Derartige Bezüge sollen sich an

---

[61] Bei der AG ist das der Aufsichtsrat, bei der GmbH ist das im Normalfall – soferne nichts anderes im GmbH Vertrag oder im Gesetz vorgesehen ist – die Generalversammlung.

[62] *Kalss* in FS Nowotny 353 ff; *G. Schima*, Der Aufsichtsrat als Gestalter des Vorstandsverhältnisses (2016) Rz 188.

[63] Welche Unternehmen genau darunter fallen sollen, geht aus den EB zu der RV nicht hervor. Beispielsweise zählt das Bundesrechnungszentrum dazu.

Bezügen von Bundesbediensteten orientieren. Eine vergleichbare Höchstgrenze findet sich auch in § 2 Abs 3 Z 3 der oberösterreichischen Vertragsschablonenverordnung, nach der die Jahreshöchstbezüge der Leitungsorgane von oberösterreichischen Landesgesellschaften die Bezüge des Landeshauptmanns nicht überschreiten dürfen.

Für Unternehmen auf die der B-PCGK anzuwenden ist (Rz 84 f) gilt, dass **112** die Gesamtvergütungen gemäß L.12.3.1-Regel individualisiert und aufgeteilt nach erfolgsunabhängigen und erfolgsbezogenen Komponenten unter Namensnennung darzustellen sind. Dies hat aber gemäß L.13.2 nur Erfolg insoweit die Zustimmung der Betroffenen vorliegt.

4. Wesentliche Vertragsbedingungen

Gemäß L.9.4.3.-Regel des B-PCGK ist im Anstellungsvertrag ist zu vereinba- **113** ren, dass im Falle eines Widerrufs der Bestellung zum Mitglied der Geschäftsleitung ohne einen von diesem zu vertretenden wichtigen Grund **keine Abschlagszahlung, die mehr als zwei Jahresgesamtvergütungen überschreitet** bzw nicht mehr als die Restlaufzeit des Anstellungsvertrags abgilt, zu bezahlen ist. Bei vorzeitiger Beendigung des Vorstandsvertrags aus einem vom Vorstandsmitglied zu vertretenden wichtigen Grund ist keine Abfindung zu bezahlen.

Darüber hinaus findet sich in der Schablonenverordnung eine **Reihe von Ein- 114 schränkungen**. So dürfen beispielsweise Unfallversicherungen nur für den Versicherungsfall des Todes in der Höhe maximal eines Jahresbruttogehaltes und für den Versicherungsfall der dauernden Invalidität in der Höhe maximal zweier Jahresbruttogehälter vereinbart werden (§ 2 Abs 3 Z 6 Schablonenverordnung). Der Urlaub darf maximal 36 Werktage im Jahr betragen und als Verjährungsfrist darf keine für das Vorstandsmitglied günstigere als die im Urlaubsgesetz verankerte vereinbart werden (§ 2 Abs 3 Z 12 Schablonenverordnung). Für den Fall der Arbeitsverhinderung durch Krankheit, Arbeitsunfall oder Berufskrankheit kann eine Vorzahlung des laufenden Bezugs bis zum maximalen Ausmaß von sechs Monaten vorgesehen werden (§ 2 Abs 3 Z 13 Schablonenverordnung).[64]

In Unternehmen für die der B-PCGK gilt (Rz 84 f), dürfen gemäß L.9.5.6 **115** –Regel Mitglieder der Geschäftsführung Nebenbeschäftigungen und Nebentätigkeiten, insbesondere Mandate in Überwachungsorganen, nur mit Zustimmung des Überwachungsorgans ausüben, sofern nicht nach dem Anstellungsvertrag eine Verpflichtung zur Übernahme solcher Funktionen im Sinne § 2 Abs 3 Z 9 der Schablonenverordnung besteht.

5. Keine Frauenquote

Während der B-PCGK gemäß C.11.2.1.2.-Regel für das Überwachungsorgan **116** eine Frauenquote vorsieht (vgl *Kalss/Schimka* Rz 2/61 f), gibt es keine vergleichbare Regelung für die Geschäftsleitung.

---

[64] *G. Schima*, Der Aufsichtsrat als Gestalter des Vorstandsverhältnisses (2016) Rz 23 kritisiert, dass der Spielraum des Aufsichtsrats, die bestqualifizierten Bewerber für das Vorstandsamts engagieren zu können, durch derartige und andere Regelungen unnötigerweise eingeschränkt wird. Eine zeitliche Zäsur macht aber Sinn; sie stößt die kritische Überprüfung an.

6. Gleichbehandlungsgesetz

117 Das Bundes-Gleichbehandlungsgesetz findet keine Anwendung auf die Geschäftsleitung von öffentlichen Unternehmen.[65]

7. Parteimitgliedschaft

118 Eine **Parteimitgliedschaft** darf weder ein Ausschlusskriterium für die Bestellung von Aufsichtsratsmitgliedern in öffentlichen Unternehmen sein, noch darf sie ein Ersatz für die notwendigen fachlichen persönlichen Qualifikationen sein.

E. Weisungen an Aufsichtsräte in öffentlichen Unternehmen

119 Interessenvertretung: Zwischen dem entsandten Aufsichtsratsmitglied und dem Entsendungsberechtigten besteht ein schuldrechtliches Verhältnis (*Kalss* Rz 9/34 ff). Jedenfalls ist das von der öffentlichen Hand entsandte, nominierte oder gewählte Mitglied berechtigt, die Interessen des Bundes, des Landes oder der Gemeinde in den Aufsichtsrat der Gesellschaft einzubringen.[66]

120 Aufsichtsräte sind grundsätzlich weisungsfrei und üben ihr Amt in eigener Verantwortung aus.[67] Gesellschaftsrechtlich sind sie weder an Weisungen der Hauptversammlung noch einzelner Gesellschafter, sonstiger Organe oder Dritter gebunden.

121 **Entsandte Aufsichtsratsmitglieder** stehen üblicherweise zusätzlich in **gesonderten schuldrechtlichen Vertragsbeziehungen** – auftragsrechtlicher oder dienstrechtlicher Natur[68] – zum entsendeten Aktionär (s *Kalss* Rz 9/34 ff). Dem Entsendeten kommt über diesem Weg ein Weisungsrecht gegenüber dem entsandten Aufsichtsratsmitglied zu. Mit guten Gründen wird ein derartiges Weisungsrecht auch gegenüber nominierten Aufsichtsratsmitgliedern vertreten (vgl *Kalss* Rz 9/78).[69] Das gilt nicht nur für private Aktiengesellschaften, sondern sehr wohl auch für öffentliche Unternehmen die in Form einer Aktiengesellschaft geführt werden.[70] Der entsendende/nominierende Aktionär hat daher ein Weisungsrecht gegenüber dem Aufsichtsratsmitglied;[71] dieses ist aber **mit dem Wohl des Unter-**

---

65 vgl Geltungsbereich § 1 B-GlBG.

66 *Kalss* in MünchKomm zum AktG³ § 395 Rz 36 ff.

67 *Kalss* in *Doralt/Nowotny/Kalss*, AktG² § 88 Rz 27.

68 *Kalss*, BOARD 2013 H 5,204 (205).

69 *Kalss*, BOARD 2013 H 5,204 (205).

70 *Nowotny*, RdW 1999,283 (287): *Einen Beamten, der über Veranlassung einer Dienststelle ein Aufsichtsratsmandat übernimmt, kann auch aufgetragen werden, die Interessen des Eigentümers zu vertreten. Die Berechtigung zur Weisung steht jenen Vorgesetzten zu, der für die Verwaltung der Beteiligung oder der darin zusammengefassten Aufgaben zuständig ist.* *Kalss* in MünchKomm zum AktG³ § 395 Rz 39.

71 Die in den Anmerkungen zu C.8.2.3-Regel des B-PCGK ausgeführte Rechtsansicht von *Holoubek*, Das neue Haushaltsrecht des Bundes, ÖHW 30,1989, nach der eine Weisungsbindung der Vertreter des Bundes im Überwachungsorgan nach der Lehre entweder unzulässig oder nur in engen Grenzen möglich ist, da das Überwachungsorgan in erster Linie den Interessen des Unternehmens verpflichtet sei und auch die Ausführungen von *Aicher*, Vortrag am 15. Juristentag, in *Horner/Lachmayer*, Grenzen der Ausgliederung, ZfV 2003/1198 (Anmerkungen zu 11.1.1.2.) betonen vor allem die Grenzen. Die Anerkennung der Grenze des Unternehmenswohls steht außer Zweifel.

nehmens begrenzt, d.h. eine Weisung die gegen das Unternehmenswohl verstößt, darf nicht befolgt werden.

F. Verschwiegenheitsverpflichtung vs. Informationsweitergabe

Aufsichtsratsmitglieder in einer Aktiengesellschaft haben über vertrauliche Angaben Stillschweigen zu bewahren (§ 99 iVm § 84 zweiter Satz AktG). **122**

Entsandte und wohl auch nominierte Aufsichtsratsmitglieder dürfen aber grundsätzlich Informationen an den entsendenden bzw nominierenden Aktionär weitergeben (s *Kalss* Rz 9/61 ff, Rz 9/80 ff).[72] **123**

Nach inzwischen herrschender Lehre[73] in Österreich ist sowohl bei privaten Aktiengesellschaften als auch bei öffentlichen Unternehmen eine Weitergabe von Informationen an den entsendenden bzw nominierenden Aktionär zulässig. Der entsendende bzw nominierende Aktionär unterliegt aber besonderen Treuepflichten, die sich etwa in einem **Verschwiegenheitsgebot** und dem **Verwertungsverbot** der Information durch den informierten Gesellschafter zeigen (*Kalss* Rz 9/66; *Kalss* Rz 26/51). Wenn der entsendende oder nominierende Aktionär eine Gebietskörperschaft ist, dann unterliegt der Informationsempfänger jedenfalls auch der Amtsverschwiegenheit gemäß Artikel 20 Abs 3 B-VG.[74] **124**

G. Vergütung von Aufsichtsratsmitgliedern von öffentlichen Unternehmen

Jedes Aufsichtsratsmitglied hat Anspruch auf eine Vergütung für seine Tätigkeit als Mitglied des Aufsichtsrats (§ 98 Abs 1 AktG). Die Vergütung kann entweder durch die Satzung oder durch die Hauptversammlung festgelegt werden. Einen gesetzlichen Entgeltanspruch haben nur Kapitalvertreter. Arbeitnehmervertreter üben ihre Tätigkeit im Aufsichtsrat ehrenhalber aus. **125**

Für öffentliche Unternehmen, für die der B-PCGK gilt (Rz 84 f) gilt gemäß L.11.5.1.-Regel hinsichtlich der Vergütung für die Mitglieder des Überwachungsorgans unter anderem, dass die Vergütung entsprechend der wirtschaftlichen Bedeutung des Unternehmens, der erforderlichen Fachkompetenz, den zeitlichen Aufwand und den mit der Funktion verbundenen Risiken festzulegen ist. Bei nicht überwiegend im Wettbewerb am Markt tätigen Unternehmen oder solchen, die als ausgegliederte Verwaltungseinheiten anzusehen sind, soll kein in der Vergütung zu berücksichtigendes Risiko bestehen (L.11.5.2-Regel). Soweit überblickbar sind die **Aufsichtsratsvergütungen vor allem bei öffentlichen Unternehmen** im Verhältnis zum benötigtem Zeitaufwand und dem ständig wachsenden zivil- und strafrechtlichen Risiko in Österreich **deutlich zu nieder.** **126**

Gemäß L.11.5.6.-Regel des B-PCGK ist bei Mitgliedern des Überwachungsorgans, die Bedienstete des Anteilseigners des Unternehmens sind und die Tätigkeit im Überwachungsorgan nicht als Nebentätigkeit ausüben im Vorhinein klar **127**

[72] *Kalss* in MünchKomm zum AktG³ § 395 Rz 42 f.

[73] *Kalss* in *Doralt/Nowotny/Kalss*, AktG I² § 88 Rz 28, 41.

[74] *Nowotny*, RdW 1999, 283 (289).

zu stellen, ob sie die Tätigkeit als Teil ihrer dienstlichen Aufgaben wahrnehmen. Die Ausführungen in den Anmerkungen zu L.11.5.6.-Regel des B-PCGK nach denen einem Beamten zu dessen Aufgaben des Arbeitsplatzes auch eine Überwachungstätigkeit zählt, keine zusätzliche Vergütung zusteht, da er ansonsten für ein und dieselbe Tätigkeit zweimal bezahlt wird, berücksichtigt nicht, die zivil- und strafrechtlichen Risiken, die mit einer Aufsichtsratstätigkeit verbunden sind. Die zivilrechtliche Haftung kann zwar durch D&O Versicherung und Regressanspruch gemäß DHG reduziert werden, aber es kann nicht ausgeschlossen werden, dass das Aufsichtsratsmitglied trotzdem einen Schaden tragen muss, den er nicht ersetzt erhält. Die verwaltungsstrafrechtliche und die strafrechtliche Haftung verbleibt aber jedenfalls beim Aufsichtsratsmitglied, daher es ist sachgerecht, dass das Aufsichtsratsmitglied für eine derartige Tätigkeit auch eine zusätzliche Vergütung erhält.

128 Gemäß L.12.3.2-Regel des B-PCGK sind die Vergütungen der Mitglieder des Überwachungsorgans im Corporate Governance Bericht auszuweisen. Gemäß L.13.2. Regel des B-PCGK darf dies allerdings nur mit Zustimmung der Mitglieder des Überwachungsorgans erfolgen.

H. Evaluierung und Effizienzprüfung des Aufsichtsrats

129 Für öffentliche Unternehmen, für die der B-PCGK gilt (Rz 84) ist sowohl eine Selbstevaluierung als auch eine Fremdevaluierung vorgesehen. (s *Kalss/Kunz* Rz 51/45 ff)

130 Gemäß C.11.1.5.-Regel des B-PCGK soll das Überwachungsorgan und seine Ausschüsse regelmäßig die Qualität und Effizienz ihrer Tätigkeiten überprüfen (Selbstevaluierung).

131 Gemäß L.12.5.-Regel des B-PCGK sind die Einhaltung der Regelung des Kodex vom Unternehmen regelmäßig, mindestens alle 5 Jahre durch eine externe Institution evaluieren zu lassen und das Ergebnis ist im Corporate Governance Bericht auszuweisen.

I. Zivil- und strafrechtliche Haftung

132 Jedes Aufsichtsratsmitglied schuldet die Einhaltung der gebotenen Sorgfalt, die situationsabhängig zu konkretisieren ist. Pflichtwidriges und schuldhaftes Verhalten von Aufsichtsratsmitgliedern wird grundsätzlich mit der Verpflichtung zur Leistung von Schadenersatz sanktioniert[75] (s *Schauer* Rz 45/1 ff). Das gilt auch für Aufsichtsräte bei öffentlichen Unternehmen und zwar unabhängig davon, ob sie beispielsweise Beamte sind oder nicht.

133 Wird also ein **Beamter** in einen Aufsichtsrat entsendet, trifft ihn dort **dieselbe Haftung wie jedes andere Aufsichtsratsmitglied**. Die Literatur[76] vertritt mit guten Gründen, dass ein Beamter der die Aufsichtsratstätigkeit als Nebentätigkeit und somit im Rahmen seiner dienstlichen Tätigkeit übernommen hat, im Falle

---

[75] *Kalss* in *Doralt/Nowotny/Kalss*, AktG I² § 99 Rz 44 ff.

[76] *Nowotny*, RdW 1999, 283 (289).

einer Inanspruchnahme durch die Gesellschaft oder ausnahmsweise auch durch einen Dritten einen Regressanspruch nach dem Dienstnehmerhaftschutzgesetz hat.

Das Risiko der zivilrechtlichen Haftung kann einerseits durch eine Schad- **134**
und Klagloshaltung eines entsendenden oder nominierenden Aktionärs (s *Kunz* Rz 3/112) oder auch durch eine sogenannte D&O Versicherung reduziert werden (Rz 136 ff).

Neben der zivilrechtlichen Verantwortung kann ein Aufsichtsratsmitglied auch **135**
eine strafrechtliche Haftung treffen und zwar sowohl als unmittelbarer Täter als auch durch Beteiligung an einem Delikt. Für öffentliche Unternehmen hat vor allem die in den letzten Jahren durchgeführte Verschärfung der Antikorruptionsgesetze, zu denen die Erweiterung des Amtsträgerbegriffs und die Wiedereinführung des Anfütterns gehören, besondere Bedeutung (Rz 58 ff).

J. D&O Versicherung

Eine D&O Versicherung deckt Ansprüche auf Ersatz von Vermögensschäden **136**
die gegen Aufsichtsräte, Vorstände oder auch leitende Angestellte erhoben werden. Von einer derartigen „Managerhaftpflichtversicherung" profitiert der Manager/das Aufsichtsratsmitglied weil der Schaden nicht aus dem Privatvermögen beglichen werden muss. Es profitiert aber auch das Unternehmen davon, weil es eine Chance hat, auch einen hohen Schaden, den der Manager nicht ersetzen könnte, bis zum Ausmaß der Versicherungssumme ersetzt zu erhalten (vgl *Ramharter* Rz 47/1 ff; *Schwarzer* Rz 48/1 ff).

In Punkt 8.3.3 des B-PCGK werden die Bedingungen für eine D&O Versiche- **137**
rung für die Mitglieder der Geschäftsleitung und/oder des Überwachungsorgans aufgelistet. In L.8.3.3.2.-Regel des B-PCGK wird normiert, dass eine D&O Versicherung nicht für grobe Fahrlässigkeit und Vorsatz abgeschlossen werden darf. Da eine D&O Versicherung **auch im Interesse des Unternehmens abgeschlossen** wird, wäre es letztlich unternehmensschädigend einen Versicherungsvertrag abzuschließen, bei dem die Versicherung nur im Fall von leichtem Verschulden des Managers zu einer Zahlung verpflichtet wäre. In der Praxis ist die Unterscheidung zwischen leicht und grob fahrlässigem Verhalten oft schwierig und der Ausschluss der groben Fahrlässigkeit würde bei fast jedem Haftungsfall zur Unsicherheit führen, ob eine Deckung gegeben ist oder nicht. Dazu kommt, dass sich eine Einschränkung auf eine Haftung nur für leichte Fahrlässigkeit – soweit überblickbar – auch kostenmäßig nicht auswirkt, d.h. eine Polizze bei der nur für leicht fahrlässiges Verhalten gehaftet wird, kostet auch nicht weniger. Aber selbst wenn das der Fall wäre, wäre es aus der Sicht des Unternehmens nicht sinnvoll. Das Interesse des Unternehmens ist es, gerade bei großen Schadensfällen jedenfalls eine Zahlung zu erhalten, die es im Normalfall immer nur von der Versicherung erhalten kann. Es ist daher verständlich, dass – wie sich aus den veröffentlichten Corporate Governance Berichten ergibt – eine Reihe von öffentlichen Unternehmen die L.8.3.3.2-Regel mit dieser Begründung nicht umgesetzt haben.[77]

---

[77] *Schwarzer/Barbist*, Compliance Praxis 2014 H 1,38 (39).

138 Aus diesen Berichten geht auch hervor, dass die beiden C-Regeln betreffend den Selbstbehalt begründet nicht umgesetzt wurden.

K. Der Aufsichtsrat von öffentlichen Unternehmen in der Unternehmenskrise

139 Eine Unternehmenskrise folgt meistens nach außergewöhnlichen, ungeplanten Vorgängen, die geeignet sind, den Fortbestand eines Unternehmens zu gefährden. Es kann beispielsweise aufgrund schwieriger Marktbedingungen geschehen, aber auch die Folge strategischer Fehlentscheidungen sein. Eine Unternehmenskrise liegt nicht erst bei Zahlungsunfähigkeit bzw Verschuldung vor. Die Überwachungspflicht des Aufsichtsrats nimmt mit der Verschlechterung der Situation zu, sie geht von einer unterstützenden Überwachung in eine gestaltende Überwachung über. Das gilt sowohl für den Aufsichtsrat in privaten Gesellschaften als auch in öffentlichen Unternehmen.

140 Während ein privatrechtliches Unternehmen in einer Unternehmenskrise jedenfalls die Unterstützung der privatrechtlichen Gesellschafter durch beispielsweise **Gesellschafterzuschüsse oder Gesellschafterdarlehen** in Anspruch nehmen kann, ist dies bei einem öffentlichen Eigentümer nicht immer möglich. Einerseits sind derartige Gesellschafterzuschüsse für den öffentlichen Eigentümer aufgrund des Subventionsverbots oft gar nicht oder nur nach Durchführung eines Verfahrens zulässig (Rz 36 ff). Andererseits wird der öffentliche Eigentümer mit derartigen Gesellschafterleistungen oft zurückhalten sein, weil er Kritik von Opposition und Medien fürchtet.

141 Auch wenn der öffentliche Eigentümer zur Abwendung einer Unternehmenskrise an ein öffentliches Unternehmen leistet und dadurch die **Krise bewältigt** wird, besteht das Risiko, dass es zu einem **Verfahren gemäß § 159 Abs 3 StGB** gegen das Management kommt. Gemäß § 159 Abs 3 ist nämlich zu bestrafen, wer grob fahrlässig seine wirtschaftliche Lage durch kridaträchtiges Handeln derart beeinträchtigt, dass Zahlungsunfähigkeit eingetreten wäre, wenn nicht von einer oder mehreren Gebietskörperschaften ohne Verpflichtung hiezu unmittelbar oder mittelbar Zuwendungen erbracht, vergleichbare Maßnahmen getroffen oder Zuwendungen oder vergleichbare Maßnahmen anderer veranlasst worden wären. Mit diesem Straftatbestand sollte verhindert werden, dass aufgrund von Hilfeleistungen der öffentlichen Hand die Strafbarkeit misswirtschaftender Manager ausgeschlossen ist.[78] Sollte jedoch eine Gebietskörperschaft bspw ein Gesellschafter eines Unternehmens sein, so würde eine Zuwendung durch die Gebietskörperschaft, mit der die Krise abgewendet wird – im Unterschied zu Zuwendungen durch privatrechtliche Gesellschafter – nicht die Strafbarkeit nach § 159 Abs 3 StGB ausschließen. Das Management öffentlicher Unternehmen ist in diesem Fall daher schlechter gestellt als jenes von rein privatrechtlichen Unternehmen.

142 Die Politik lässt sich oft unter Druck setzen, eine (vor)schnelle Erklärung und eine (vor)schnelle Lösung zu präsentieren, wenn irgendetwas schiefgegangen ist. Im Falle einer Unternehmenskrise bei einem öffentlichen Unternehmen kann es

[78] *Kirchbacher* in *Höpfel/Ratz*, WK StGB^2 § 159 Rz 83.

dann sehr schnell passieren, dass die Politik sich sehr schnell auf einen oder mehreren Schuldigen festlegt und dies dann auch mit großer Überzeugung den Medien kommuniziert. Abgesehen davon, dass Unternehmenskrisen meist vielfältige Gründe haben und es selten einen Alleinverantwortlichen dafür gibt, erschwert die **negative mediale Berichterstattung** sowohl das Bewältigen der Krise als auch die Aufarbeitung der Gründe, warum es zu der Unternehmenskrise überhaupt gekommen ist.

L. Besonderheiten bei der GmbH

Anders als bei der AG ist das zentrale Organ die Generalversammlung. Vor allem bestellt sie nicht nur den Aufsichtsrat sondern auch die Geschäftsführer und kann diesen Weisungen erteilen. Der Aufsichtsrat hat – wie auch bei der AG – die Geschäftsführer zu überwachen. Die entsendungsberechtigten Gesellschafter können den Aufsichtsratsmitgliedern – wie bei der AG – Weisungen erteilen (Rz 119 ff) und auch Informationen an diese weiterleiten (Rz 122 ff). Dem Aufsichtsrat kann durch Gesetz oder Gesellschaftsvertrag ein Weisungsrecht gegenüber den Geschäftsführern bzw ein Entsendungsrecht für die Geschäftsführer eingeräumt werden (s *Heidinger* Rz 40/1 ff). **143**

Beispielsweise wird bei der Spanischen Hofreitschule der Geschäftsführer vom Aufsichtsrat bestellt. **144**

Gemäß § 15 Abs 3 GmbHG kann im Gesellschaftsvertrag die Bestellung von Geschäftsführern dem Bund, Land oder einer anderen öffentlich-rechtlichen Körperschaft vorbehalten werden. Im Falle, dass der Bestellungsbeschluss basierend auf § 15 Abs 3 GmbHG gegen sondergesetzliche Unvereinbarkeiten wie zB § 56 BDG, § 2 UnvereinbarkeitsG verstößt, ist der Bestellungsbeschluss nicht anfechtbar, der Bestellte verletzt allenfalls Disziplinarrechte.[79] **145**

Wurde ein Geschäftsführer gemäß § 15 Abs 3 GmbHG bestellt, gelangen – anders als für jeden anderen Geschäftsführer dies der Fall ist – die Abberufungsbestimmungen gemäß § 16 GmbHG nicht zur Anwendung. Der Geschäftsführer kann nur von der bestellenden Körperschaft abberufen werden. Für den Fall, dass ein wichtiger Grund vorliegt, die Körperschaft den Geschäftsführer allerdings nicht abberuft, soll nach der herrschenden Lehre eine vorläufige Suspendierung möglich sein. Sollte die Körperschaft allerdings an der Bestellung festhalten und der Gesellschaft dadurch ein Schaden entstehen, so ist nach teilweiser Ansicht in der Literatur ein Amtshaftungsanspruch möglich.[80] **146**

Wie auch bei der AG sieht § 30a Abs 3 GmbHG eine Privilegierung der AR-Mandate für öffentliche Unternehmen vor.[81] Auf die Höchstzahl von 10 Aufsichtsratsmandaten sind bis zu 10 Sitze in Aufsichtsräten anzurechnen, in denen der betroffene Aufsichtsrat die wirtschaftlichen Interessen des Bundes, eines Landes, **147**

---

79 *Straube/Ratka/Stöger/Völkl* in *Straube*, GmbHG[1] § 15 Rz 4, 16 ff; *Koppensteiner* in *Koppensteiner/Rüffler*, GmbHG[3] §15 Rz 13.

80 *Ratka* in *Straube*, GmbHG[1] §16 Rz 67, 68; *Koppensteiner* in *Koppensteiner/Rüffler*, GmbHG[3] §16 Rz 13.

81 *Rauter* in *Straube*, GmbHG[1] §30a Rz 38 ff.

eines Gemeindeverbands oder einer Gemeinde vertritt. Soweit es sich allerdings um ein öffentliches Unternehmen handelt, auf das der B-PCGK anwendbar ist (Rz 84 f) sollen Mitglieder des Überwachungsorgans nicht mehr als 6 Mandate in Überwachungsorganen gleichzeitig wahrnehmen.

IV. Einige Beispiele für öffentliche Unternehmen auf eigener gesetzlicher Grundlage

- Die Gesellschaften „Bundestheater-Holding GmbH“, „Burgtheater GmbH“, „Wiener Staatsoper GmbH“, „Volksoper Wien GmbH“, sowie die „Theaterservice GmbH“ wurden mit dem Bundestheaterorganisationsgesetz errichtet. Gemäß § 3 Abs 2 finden die Bestimmungen des GmbHG Anwendung, wenn das Gesetz keine abweichenden Vorschriften vorsieht. Gemäß § 12 erfolgt die Bestellung der Geschäftsführer der Tochtergesellschaft durch den Bundeskanzler nach Anhörung der Geschäftsführung der Bundestheater-Holding GmbH und des Aufsichtsrates der betreffenden Gesellschaft. Weiters werden sowohl für den Aufsichtsrat der Bundestheater-Holding als auch für deren Tochtergesellschaften Mitglieder der Aufsichtsräte vom Bundeskanzler und Finanzministerium entsendet.
- Mit dem Bundesbahngesetz wurden die „Österreichische Bundesbahnen“ als Gesellschaft mit eigener Rechtspersönlichkeit errichtet. Soweit dieses Gesetz keine abweichenden Regelungen enthält, ist das GmbHG sinngemäß anzuwenden. Gleichzeitig wurden auch ÖBB Holding AG, die ÖBB-Personenverkehr AG, die Rail Cargo Austria AG, die ÖBB-Produktion GmbH, die ÖBB-Technische Services-GmbH, die ÖBB-Immobilienmanagement GmbH, ÖBB-Infrastruktur Betrieb AG errichtet. Das Bundesbahngesetz enthält keine eigenen Bestimmungen für den Aufsichtsrat.
- Mit dem Bundesforstegesetz 1996 wurde die „Österreichische Bundesforste AG“ errichtet. In § 2 Abs 7 wird festgelegt, dass gewisse Bestimmungen des AktG nicht anwendbar sind; soweit das Bundesgesetz sonst nichts anderes vorsieht das AktG Anwendung findet. Gemäß § 10 hat der Bundesminister für Land- und Forstwirtschaft sowie der Bundesminister für Finanzen Aufsichtsratsmitglieder zu nominieren.
- Die Austro Control GmbH wurde mit dem Austro Control Gesetz errichtet. Auch hier ist das GmbHG anzuwenden. Dem Bundesminister für öffentliche Wirtschaft und Verkehr hat dafür Sorge zu tragen, dass dem Aufsichtsrat auch ein Vertreter des Bundesministers für Finanzen angehört.
- Die „Spanische Hofreitschule – Bundesgestüt Piber“ wurde mit dem Spanischen Hofreitschule-Gesetz errichtet. Dabei handelt es sich um eine Gesellschaft öffentlichen Rechts. Soweit das Bundesgesetz keine abweichenden Regelungen trifft bzw gewisse Bestimmungen des GmbHG ausnimmt, ist das GmbHG anwendbar. § 5 Abs 3 sieht vor, dass grundsätzlich der Bundesminister für Land- und Forstwirtschaft die Aufsichtsratsmitglieder bestellt und dem Bundesminister für Finanzen wird ein Nominierungsrecht eingeräumt.
- Mit dem Schönbrunner Tiergartengesetz wurde die „Schönbrunner Tiergarten-Gesellschaft m.b.H.“ errichtet. Auch hier ist das GmbHG grundsätzlich

anwendbar. Dieses Bundesgesetz sieht keinen Aufsichtsrat vor, sondern die Einrichtung eines zoologischen Beirats sowie eines Förderungsbeirats, deren Mitglieder nach Anhörung des Geschäftsführers vom Bundesminister für wirtschaftliche Angelegenheiten zu bestellen sind.

- Die KABEG eine Anstalt öffentlichen Rechts mit eigener Rechtspersönlichkeit wurde auf Grundlage des Kärntner Landeskrankenanstalten-Betriebsgesetzes K-LKABG errichtet. Es gibt keinen Verweis auf das AktG oder GmbHG; einige Bestimmungen des Organisationsrechts des AktG bzw GmbHG werden wohl anwendbar sein. Die Zusammensetzung des Aufsichtsrat ist wie folgt geregelt: 21 ehrenamtliche AR-Mitglieder. Der Aufsichtsrat kann den Umfang der Vertretungsbefugnis des Vorstands beschränken.

Die Liste ist keineswegs vollständig, es bestehen noch zahlreiche weitere Sonderregelungen.

V. Sonderfall: ÖBIB

A. Gesellschaft zum Halten der Anteile des Bundes

Die ÖBIB wurde auf der Grundlage des Gesetzes über die Neuordnung der Rechtsverhältnisse der österreichischen Industrie Holding Aktiengesellschaft im Jahr 2015 geschaffen (ÖBIB-Gesetz). Die Firma der Gesellschaft lautet gemäß § 1 Abs 1 ÖBIBG Österreichische Bundes und Industriebeteiligungen GmbH (ÖBIB). Aufgabe der ÖBIB ist gemäß § 1 Abs 2 ÖBIB-G das Halten die Verwaltung, die Ausübung von Anteilsrechten (Beteiligungsmanagement) sowie die Vorbereitung von Organbeschlüssen der Unternehmen, an denen die ÖBIB beteiligt ist oder die ihr künftig durch Bundesgesetz oder Rechtsgeschäft übertragen werden (Beteiligungsgesellschaften). Weiters hat die ÖBIB jeweils nach Maßgabe eines Auftrags der Bundesregierung Anteile an Beteiligungsgesellschaften zu erwerben oder abzugeben, schließlich kommen ihr Aufgaben im Zusammenhang mit dem Finanzmarktstabilitätsgesetz zu (vgl *P Doralt/M Doralt* Rz 1/39 ff). **148**

GmbH: Die ÖBIB ist seit 2015 nicht mehr als Aktiengesellschaft, sondern als GmbH organisiert. Auf die ÖBIB finden die Bestimmungen des GmbH-Gesetzes soweit Anwendung, soweit das ÖBIB-G nicht etwas Besonderes normiert. Der Geschäftsanteil (nach dem Gesetz sämtliche Geschäftsanteile) steht gemäß § 1 Abs 3 ÖBIB-G im Eigentum der Republik Österreich. Eigentümervertreter ist der Bundesminister für Finanzen; er übt die Eigentümerrechte der Republik Österreich in der Generalversammlung aus. Die ÖBIB wird repolitisiert. **149**

Beteiligungsgesellschaften der ÖBIB sind Gesellschaften, an denen die ÖBIB direkt oder indirekt beteiligt ist. Die wichtigsten Beteiligungsgesellschaften sind derzeit die OMV AG, die Telekom AG, die Post AG, die Casino Austria AG. Die ÖBIB hält daher die Anteile von wichtigen Gesellschaften, keineswegs von allen Gesellschaften, die im Eigentum der Republik Österreich stehen. Für die Besetzung der Aufsichtsräte in diesen Beteiligungsgesellschaften bestehen besondere Bestimmungen, die deutlich von der üblichen Vorgehensweise im Konzern oder in sonstigen Tochtergesellschaften abweichen (vgl dazu *Enzinger/Kalss* Rz 31/30). **150**

151 **Kein Konzern**: Ausdrücklich normiert § 11 Abs 2 ÖBIB-G, dass die Bildung eines Konzernverhältnisses zwischen der ÖBIB und ihren Beteiligungsgesellschaften ausgeschlossen ist; somit besteht trotz der Beherrschung einzelner Beteiligungsgesellschafen kein Konzernverhältnis zwischen der ÖBIB und ihren Tochtergesellschaften.

152 **Kein Aufsichtsrat**: Die ÖBIB selbst hat von Gesetzes wegen gemäß § 3 ÖBIB-G keinen Aufsichtsrat.

B. Besonderheiten für den Aufsichtsrat in den Beteiligungsgesellschaften

153 **Eigenständiges Regelungskonzept**: Das ÖBIB-G sieht für die- ÖBIB und ihre Beteiligungsgesellschaften ein völlig eigenständiges Konzept für die Besetzung und für die Bestellung- und Abberufung der Aufsichtsratsmitglieder vor und normiert schließlich – daran anknüpfend die Zusammenarbeit zwischen der ÖBIB und den Aufsichtsratsmitgliedern. Das Regelungskonzept weicht vollkommen von der üblichen Gestaltung in Konzernen oder Beteiligungsverhältnissen ab (vgl *Enzinger/Kalss* Rz 31/30); es ist durch die besonderen Ausschlussregelungen und die Berufung unterschiedlicher Organe zu einzelnen Aufgaben komplex gestaltet und verlangt die Koordination und das Zusammenwirken mehrerer Stellen und Personen; die effiziente Arbeit der einzelnen Personen und Organträger wird durch diese gesetzlichen Vorgaben nicht vereinfacht; jedenfalls ist es der Versuch des Gesetzgebers, die Eigentümerinteressen der Republik Österreich und damit den politischen Einfluss mit unternehmerischer Erfahrung und Sachverstand zu kombinieren und in den Beteiligungsgesellschaften umzusetzen. Dies zeigt sich sowohl bei den Regelungen über den Bestellungsvorgang und den Bestellungsvoraussetzungen der Aufsichtsratsmitglieder der Beteiligungsgesellschaften als auch bei jenen über deren Tätigkeit.

154 **Ausschluss Geschäftsführung ÖBIB**: Gemäß § 5 Abs 3 ÖBIB sind Mitglieder der Geschäftsführung der ÖBIB von der Übernahme eines Aufsichtsratsmandates in den Beteiligungsgesellschaften ausgeschlossen. Damit sieht das ÖBIB-G eine völlig eigenständige Lösung im Vergleich zu einem Konzerngefüge oder im Verhältnis eines Aktionärs vor, der an einer Gesellschaft Anteile oder eine Beteiligung hält; häufig – geradezu üblicherweise ist das Leitungsorgan der Gesellschaft, die die Anteile hält, im Aufsichtsrat der Gesellschaft vertreten, deren Anteile gehalten werden.[82] Dies war auch lange die Tradition des oder Vorstandsmitglieder der ÖIAG; genau dies verhindert aber nunmehr § 5 Abs 3 ÖBIB-G.

155 **Sonstige Inkompatibilitätsregelungen**: Gemäß 5 Abs 3 ÖBIB-G ist vom Amt des Aufsichtsrats in einer Beteiligungsgesellschaft auch eine Person ausgeschlossen, die in den letzten zwei Jahren ein Vorstandsamt in dieser, dh in derselben Gesellschaft bekleidete; ein Vorstandsamt in einer anderen Beteiligungsgesellschaft oder sonstigen Gesellschaft schadet nicht. Ausgeschlossen sind auch bestimmte politische Funktionäre (zB Mitglieder der Bundesregierung, des Nationalrats, der Landtage).

[82] *Doralt/Diregger* in *Doralt/Nowotny/Kalss*, AktG^2 § 15 Rz 62.

Qualifikationsanforderungen: § 5 Abs 1 ÖBIB-G verlangt, dass die zu nominierenden Mitglieder den höchsten Anforderungskriterien (*best practice*) für Aufsichtsratsmitglieder nach dem ÖCGK genügen müssen. Das verlangt eine mehrjährige Praxiserfahrung als Leitungsorgan oder als Mitglied des Aufsichtsrats eines Unternehmens oder die Tätigkeit als Führungskraft im öffentlichen Sektor. Das Nominierungskomitee kann die Anforderungen präzisieren, was es auch mittels eines Anforderungsprofils tatsächlich gemacht hat[83] **156**

Das Nominierungskomitee ist gem § 4 Abs 1 ÖBIB-Gesetz ein Beirat der ÖBIB, dessen ausschließliche Aufgabe darin liegt, die Vorbereitung, Auswahl und die Nominierung der von den Eigentümerversammlungen zu benennenden Aufsichtsratsmitgliedern ist. Die Aufgabe dieses Beirats ist auf diese Personenauswahl für die Aufsichtsräte der Beteiligungsgesellschaften beschränkt.[84] Das Nominierungskomitee ist ausschließlich für die Vorbereitung der Bestellung zuständig, es hat aber keine Kompetenz für die Abberufung eines Aufsichtsratsmitglieds oder Beendigung eines Mandatsverhältnisses. Das Nominierungskomitee besteht aus zwei Mitgliedern der Regierung und zwei erfahrenen Unternehmern. Damit werden Eigentümerinteressen der Republik Österreich und damit verbunden politischer Einfluss und unternehmerische Erfahrung kombiniert. Die Geschäftsführung der ÖBIB ist an die Vorschläge des Nominierungskomitees gebunden, der Beirat hat insofern ein Weisungsrecht. Damit wird auch das nach allgemeinem GmbH-Recht bestehende Weisungs- und Letztentscheidungsrecht des Eigentümers, dh des Bundesministers für Finanzen, gesetzlich verdrängt. Der Eigentümervertreter (BMF) ist hingegen für die Angelegenheiten der Beendigung eines Mandatsverhältnisses zuständig und kann bzw hat die Geschäftsführung der ÖBIB anzuweisen, entsprechende Schritte in den Beteiligungsgesellschaften zu setzen. Ein eigenständiges Abberufungsrecht kommt weder dem BMF als Eigentümervertreter noch der Geschäftsführung der ÖBIB kraft gesetzlicher Regelung zu. **157**

Weiterleitung der Vorschläge an Eigentümerversammlung: Die Geschäftsführung der ÖBIB ist an den Vorschlag gebunden und hat ihn in der jeweiligen Gesellschaft zeitgerecht und je nach der konkreten Rechtslage (Gesetz, Satzung und allfällige vertragliche Vereinbarungen) einzubringen. Sie hat kein eigenständiges Entscheidungsrecht und wirkt auch an der Bestellung inhaltlich nicht mit. Bei einer Beendigung eines Mandatsverhältnisses eines Aufsichtsratsmitgliedes in einer Beteiligungsgesellschaft ist sie an die Vorgaben des BMF gebunden. **158**

Das Nominierungsrecht ist kein Entsendungsrecht. Daher greift auch § 88 über die Abberufung entsendeter Aufsichtsratsmitglieder nicht. Das Nominierungsverfahren nach dem ÖBIB-G setzt das allgemeine aktienrechtliche Besetzungsprozedere nicht außer Kraft, dh die Nominierung durch das Nominierungskomitee ist auch mit dem Aufsichtsrat, der gem § 108 Abs 1 AktG einen Wahlvorschlag zu machen hat, abzustimmen. **159**

---

[83] www.Oebib/anforderungsprofil/.

[84] 485 BlgNR 25. GP zu § 4 Abs 1 ÖBIB-G.

C. Geschäftsführung der ÖBIB

160 § 6 Abs 2 ÖBIB-Gesetz weist der Geschäftsführung der ÖBIB **mehrere Aufgaben** zu, nämlich

- die Vertretung der Eigentümerinteressen in der Hauptversammlung
- die Unterstützung der Arbeit der von der ÖBIB nominierten Aufsichtsratsmitglieder bei Wahrnehmung ihrer Aufgaben
- die Verwaltung von Verträgen mit Dritten somit von Syndikatsverträgen, die die ÖBIB als Rechtsnachfolgerin der ÖIAG mit anderen Aktionären der Beteiligungsgesellschaften eingegangen ist und
- die mindestens vierteljährliche Berichterstattung an den Bundesminister für Finanzen
- schließlich die Geschäftsführung der ÖBIB und ein Controlling bei der ÖBIB einzurichten.

161 **Mehrere Schnittstellen:** Aus der Aufgabenzuordnung folgen mehrere wesentliche Schnittstellen, nämlich BMF (Eigentümervertreter – ÖBIB), innerhalb der ÖBIB Nominierungskomitee und Geschäftsführung, ÖBIB und Beteiligungsgesellschaften und schließlich ÖBIB und Syndikatspartner. Dazu zeigt sich ein hohes Maß an Abstimmungs- und Koordinierungsbedarf und zugleich die Notwendigkeit der Abgrenzung der Zuständigkeiten.

162 **Assistenz des Aufsichtsrats der Beteiligungsgesellschaften**: Der normative Gehalt der Regelung von § 6 Abs 2 ÖBIB-Gesetz liegt somit gerade darin, dass die ÖBIB ausdrücklich als unterstützende Einrichtung für die vom Nominierungskomitee der ÖBIB nominierten Aufsichtsratsmitglieder zur Ausübung des Aufsichtsratsamtes berufen wird. § 6 Abs 2 ÖBIB-Gesetz geht daher von einer Assistentenqualifikation der Geschäftsführung (Generalsekretärin) – und auch damit beauftragter Mitarbeiter der ÖBIB – aus (vlg *Kalss* Rz 3/59).

163 **Informationsweitergabe:** Wie bei sonstigen Fachassistenten auch, ist die Weitergabe von Informationen an die ÖBIB durch die jeweiligen Aufsichtsratsmitglieder zulässig. § 6 Abs 2 ÖBIB-Gesetz regelt ausdrücklich, dass die Beteiligungsgesellschaften der ÖBIB alle für die im Gesetz oder im Gesellschaftsvertrag zur Erfüllung ihrer festgelegten Aufgaben erforderlichen Informationen unter Einhaltung der aktienrechtlichen und börserechtlichen Bestimmungen zur Verfügung zu stellen haben. Das ÖBIB-G verlangt daher die Informationsweitergabe zur Ausübung der Assistenztätigkeit, bindet aber die Informationsweitergabe zugleich an die allgemeinen aktien- oder gesellschaftsrechtlichen und börserrechtlichen Grenzen (vgl *Kalss* Rz 26/29).

164 **Splittung der Aufgaben auf verschiedene Personen:** Durch die neue gesetzliche Regelung werden Aufgaben, die bisher im Leitungsorgan der ÖIAG zusammengelaufen sind, auf unterschiedliche Rechts- und Organträger zugeordnet und aufgesplittet:

- Die Vorbereitung und Auswahl und Nominierung der Aufsichtsratsmitglieder obliegt dem Nominierungskomitee,
- die Ausübung der Aufsichtstätigkeit bestimmten ausgesuchten und nominierten Personen,

- die grundlegenden Eigentümerangelegenheiten obliegen dem Bundesministerium für Finanzen als Eigentümervertreter,
- die Geschäftsleitung der ÖBIB hat die Gesellschafterinteressen in den Haupt- oder Generalversammlungen zu vertreten, die Syndikatsverträge zu verwalten und die Interessen der Vertragspartnerin ÖBIB in diesen Verträgen zu vertreten und schließlich die Aufsichtsratsmitglieder der Beteiligungsgesellschaften zu unterstützen.

VI. Aufsichtsrechtliche Sonderregelungen

Besonderheiten des Aufsichtsrats in Kreditinstituten

Christoph Herbst

§§: 27-28a, 29, § 39, 39b – 39d, 42, 62-63a, 76 BWG

Literatur

Astaniou/Böck/Stock, Fit & Proper-Anforderungen für Kreditinstitute in Österreich und Großbritannien, ÖBA 2015, 701; *Borns,* Das österreichische Bankrecht[2] (2006); *Braumüller/Ennöckl/Gruber/Raschauer* (Hrsg.), ZFR Spezial – Von Basel III zu PRIPs, Europäisches Finanzmarktrecht vor neuen Herausforderungen (2014); *Chini*, Aufsichtsratsmitglieder – Fit & Proper?, Aufsichtsrat aktuell 2013, H 6, 5; *Dellinger,* Kommentar zum Bankwesengesetz (2012); *Diwok/Göth*, Bankwesengesetz (2005); *Doralt/Nowotny/Kalss,* Kommentar zum Aktiengesetz[2] (2012); *Fritzel*, Die interne Revision als Partner des Aufsichtsrates, in Hölscher/Altenhain (Hrsg.), 179; *Grillberger*, Vergütungsregulierungen für Mitarbeiter von Kreditinstituten, wbl 2015, 361; *Hilkesberger/Schöller*, Sanierung und Abwicklung von Banken nach dem BaSAG, ÖBA 2015, 553; *Hölscher/Altenhain* (Hrsg.), Handbuch Aufsichts- und Verwaltungsräte in Kreditinstituten (2013); *Huemer,* Aktuelle Praxisfragen zum Prüfungsausschuss, RdW 2008, 536; *Jabornegg*, Sitz- und Stimmrecht der Arbeitnehmervertretung im Nominierungsausschuss gemäß § 29 BWG, DRdA 2015, 299; *Jabornegg/Strasser,* Kommentar zum Aktiengesetz[5] (2011); *Kalss*, Das Schichtwerk des europäischen Gesellschaftsrechts, EuZW 2015, 252; *Kalss/Nowotny/Schauer,* Österreichisches Gesellschaftsrecht (2008); *Langenbucher*, Bausteine eines Bankgesellschaftsrechts, ZHR 2012, 652; *Langenbucher*, Vorstandshaftung und Legalitätspflicht in regulierten Branchen, ZBB 2013, 16; *Laurer/Borns/Strobl/M. Schütz/O. Schütz,* Kommentar zum Bankwesengesetz[3] (2014); Münchener Kommentar zum Aktiengesetz[4] (2014); *Mülbert*, Corporate Governance von Banken: Ein europäisches Konzept?, ZVglRWiss 2014, 520; *Mülbert/A. Wilhelm*, Risikomanagement und Compliance im Finanzmarktrecht – Entwicklung der aufsichtsrechtlichen Anforderungen, ZHR 2014, 502; *Oppitz*, Bankrecht, in: Holoubek/Potacs (Hrsg), Handbuch des Öffentlichen Wirtschaftsrechts[3] Band II (2013), 43; *Oppitz*, Die Funktion des Aufsichtsrates bei Kreditentscheidungen [in diesem Band]; *Paulus/Villiez*, Der Aufsichtsrat eines Kreditinstituts in der Abwicklung – Erfahrungen aus der Praxis, in Hölscher/Altenhain (Hrsg.), 555; *Potyka/Weber*, Der Prüfungsausschuss nach dem URÄG 2008, GesRZ 2008, 190; *Raschauer/Wessely,* Ausgewählte Fragestellungen zum Staatskommissär im Wirtschaftsaufsichtsrecht, ÖZW 2004, 70; *Romeike*, Die Bedeutung bankaufsichtlicher Mindestanforderungen für die Arbeit des Aufsichtsorgans, in Hölscher/Altenhain (Hrsg.), 615; *Ruland*, Die Bank in der Krise: Die Arbeit des Aufsichtsrates im Licht der neuen Gesetzgebung zur Reorganisation, Sanierung und Abwicklung von Probleminsituten, in Hölscher/Altenhain (Hrsg.), 533; *Schima*, Betriebsrat über dem Gesetz? – Kein Fit & Proper-Test für Arbeitnehmervertreter in Bank-Aufsichtsräten, ÖBA 2014, 28; *Schmidbauer*, Corporate Governance neu für Kreditinstitute und Versicherungsunternehmen, ecolex 2008, 234; *Velte/Buchholz*, Regulierung der Aufsichtsratstätigkeit durch das CRD IV-Umsetzungsgesetz, ZBB 2013, 400; *Wachter*, Der Aufsichtsrat von Kreditinstituten nach der Umsetzung der CRD IV in Österreich, ÖBA 2015, 96; *Warncke*, Prüfungsausschuss und Corporate Governance: Einrichtung, Organisation und Überwachungsaufgabe (2005); *Waschbusch/Karmann*, Der Jahresabschluss nach HGB als Informationsinstrument für den Bankaufsichtsrat, in Hölscher/Altenhain (Hrsg.), 665; *Wiedemann/Menk*, Der Aufsichtsrat als Kontrolleur und Sparringspartner des Vorstandes für das Risikomanagement, in Hölscher/Altenhain (Hrsg.), 85; *Wicke/Kahl*, Der Prüfungsausschuss einer Bank als Instrument der inneren Organisation von Aufsichtsräten, in Hölscher/Altenhain (Hrsg.), 151; *Wöhle*, Der Aufsichtsrat von Kreditinstituten in Österreich. Rahmenvorgaben, Organisation und Aufgaben, in Hölscher/Altenhain (Hrsg.), 331

Gliederung **Rz**

I. Einleitung

1 Aufsichtsräte bzw Mitglieder eines Aufsichtsrates eines Kreditinstituts treffen im Vergleich zu Aufsichtsräten in anderen Unternehmen zusätzliche Pflichten, die sich spezifisch aus dem Bankwesengesetz[1] oder anderen bankrechtlichen Vorschriften ergeben. Daneben gelten für den Aufsichtsrat eines Kreditinstituts je nach Rechtsform die allgemeinen gesellschaftsrechtlichen Regelungen (zB AktG oder Genossenschaftsgesetz), soweit sich aus den bankrechtlichen Vorschriften nichts Abweichendes ergibt.

2 Der Aufsichtsrat in einem Kreditinstitut nimmt weit reichende Aufgaben der Überwachung und Gestaltung der Tätigkeit des Kreditinstitutes wahr. Der Aufsichtsrat eines Kreditinstitutes ist Teil der internen Aufsicht über Kreditinstitute, indem er die Einhaltung der aufsichtsrechtlichen Bestimmungen durch die Geschäftsleitung zu überwachen hat. Damit nimmt der Aufsichtsrat im Gesamtsystem der Bankenaufsicht neben der behördlichen Aufsicht durch die Finanzmarktaufsicht (FMA) und neben der Aufsicht durch den Bankprüfer eine wichtige Rolle ein, die immer weiter an Bedeutung gewinnt.[2]

3 Zuletzt wurde die Rolle des Aufsichtsrates durch die Umsetzung der CRD IV[3] weiter ausgebaut, die Teil des europäische Maßnahmenpakets zur Sicherung einer angemessenen Beaufsichtigung der Finanzinstitute und Finanzkonglomerate, zur Harmonisierung des EU-Aufsichtsrechts und des Sanktionsregimes und zur Verbesserung der Corporate Governance von Instituten ist.[4] Gemeinsam mit der CRR I[5] verankert die CRD IV dabei unionsrechtlich das Maßnahmenpaket „Basel III" des Basler Ausschusses für Bankenaufsicht, geht dabei jedoch deutlich über den Inhalt des Maßnahmenpakets „Basel III" hinaus.[6] Die CRD IV wurde mit der BWG-Novelle BGBl I 184/2013 im nationalen Recht umgesetzt. Die neu eingefügten Bestimmungen wurden durch das BG BGBl I 59/2014 abermals ergänzt. Angesichts des Ziels der CRD IV, die Corporate Governance der Institute zu verbessern, wurden zum Ersten die im BWG vorgesehenen Aufgaben des Aufsichtsrates erweitert und zum Zweiten die Anforderungen an die Mitglieder des Aufsichtsrates erhöht.

4 Die besonderen Regelungen, welche das BWG (und andere bankrechtliche Vorschriften) für den Aufsichtsrat treffen, sind Ausfluss der durch die CRD IV verstärkten Corporate Governance und haben ihren Grund in der besonderen Stel-

---

1 BGBl 532/1993, zuletzt geändert durch BGBl I 117/2015.

2 Damit wird der Aufsichtsrat allerdings – ebenso wie der Bankprüfer – nicht zum Organ der Bankenaufsicht.

3 Richtlinie 2013/36/EU des Europäischen Parlaments und des Rates vom 26. Juni 2013 über den Zugang zur Tätigkeit von Kreditinstituten und die Beaufsichtigung von Kreditinstituten und Wertpapierfirmen, zur Änderung der Richtlinie 2002/87/EG und zur Aufhebung der Richtlinien 2006/48/EG und 2006/49/EG („CRD IV").

4 Vgl dazu zB *Mülbert*, ZVglRWiss 2014, 520ff.

5 Verordnung (EU) Nr 575/2013 des Europäischen Parlaments und des Rates vom 26. Juni 2013 über Aufsichtsanforderungen an Kreditinstitute und Wertpapierfirmen und zur Änderung der Verordnung (EU) Nr 646/2012 („CRR").

6 RV 2438 BlgNR 24. GP S 110.

lung von Kreditinstituten in der Volkswirtschaft und der daraus als notwendig erachteten Wirtschaftsaufsicht.

5 Die immer größer werdende Fülle regulatorischer Vorschriften des Unions- und nationalen Rechts im Bereich der Bankwirtschaft haben nicht nur Bedeutung für die jeweiligen Aufsichts- bzw Regulierungsbehörden, sondern auch gravierende Auswirkungen auf die gesellschaftsrechtlichen Organisationsstrukturen und die Aufgaben der Gesellschaftsorgane in Kreditinstituten.[7]

6 Die bankaufsichtsrechtlichen Überprüfungsprozesse sollen Mängel in der Corporate Governance von Kreditinstituten ausgleichen; insbesondere sollen die Unabhängigkeit von Markt und Marktfolge hergestellt und zugleich die Anforderungen an eine funktionsfähige Compliance-Struktur erhöht werden.[8] Für die maßgeblichen Bereiche der Corporate Governance für Kreditinstitute nach der CRD IV geht es vor allem um die Sicherstellung der Pflichten des Leitungsorgans für die Wahrnehmung von Leitung und Überwachungsaufgaben. Die unionsrechtlichen Bestimmungen sehen Regelungen für die Qualifikation und das zeitliche Engagement von Organmitgliedern vor, zugleich werden Leitlinien für die Zusammensetzung der Gremien aufgestellt. Schließlich werden die Vergütungsstrukturen für Vorstands- und Organmitglieder neu gestaltet. Außerdem werden unter anderem das Risikomanagement und die Einrichtung spezifischer, unternehmensinterner Funktionen wie Risikocontrolling, Compliance und interne Revision festgeschrieben.[9]

7 Durch die neuen Regelungen ist ein Komplex eng ineinander greifender Regelungen gesellschaftsrechtlicher, öffentlich rechtlich organisatorischer und aufsichtsrechtlicher Herkunft entstanden, die in ihrer Gesamtheit als Bankgesellschaftsrecht bezeichnet werden können. In die gängige Prinzipal-Agenten-Beziehung zwischen Anteilseigner und Management tritt die staatliche Aufsicht als dritter Akteur. Darüber hinaus stehen Rechtsanwender wie Normgeber vor einer komplexen Schnittstellenproblematik, die sich aus dem Ineinandergreifen der drei beschriebenen Rechtsgebiete ergibt.[10]

8 Kreditinstitut ist, wer auf Grund des BWG oder besonderer bundesgesetzlicher Regelungen[11] berechtigt ist, Bankgeschäfte zu betreiben.[12] „CRR-Kreditinstitute" im Sinne des BWG sind alle Kreditinstitute gemäß Art 4 Abs 1 Nr 1 CRR I (§ 1a Abs 1 Z 1 BWG), für deren Zulassung nicht die FMA, sondern die EZB zuständig ist (Art 4 Abs 1 lit a SSM-VO[13]).

9 Das BWG verwendet neben der ausdrücklichen Bezeichnung „Aufsichtsrat" auch den Begriff des „nach Gesetz oder Satzung zuständigen Aufsichtsorgans".

---

7 Vgl dazu zB *Langenbucher*, ZHR 2012, 652ff (insb 662ff) und Kalss, EuZW 2015; 252 (255f).

8 Vgl dazu zB *Mülbert/A. Wilhelm*, ZHR 2014, 502ff mwN.

9 Vgl dazu *Kalss*, EuZW 252 (255 mwN).

10 Vgl dazu *Langenbucher*, ZHR 2012, 652 (663).

11 ZB Nationalbankgesetz, Postsparkassengesetz, Dorotheumsgesetz.

12 *Borns*, Das Österreichische Bankrecht², 5.

13 Verordnung (EU) Nr. 1024/2013 des Rates vom 15. Oktober 2013 zur Übertragung besonderer Aufgaben im Zusammenhang mit der Aufsicht über Kreditinstitute auf die Europäische Zentralbank („SSM-VO").

Bei Sparkassen ist dies der Sparkassenrat,[14] bei Genossenschaften wiederum der Aufsichtsrat.[15] Da die überwiegende Anzahl der österreichischen Kreditinstitute in der Rechtsform der Aktiengesellschaft geführt wird, wird in diesem Beitrag vorwiegend auf das Aktiengesetz Bezug genommen, um die Besonderheiten der Bestimmungen für den Aufsichtsrat darzustellen. In der CRD IV, welcher grundsätzlich ein monistisches System zu Grunde liegt, ist der Aufsichtsrat immer dann angesprochen, wenn vom „Leitungsorgan in seiner Aufsichtsfunktion" die Rede ist.[16]

II. Anforderungen an den Aufsichtsrat (§ 28a BWG)

A. Allgemeines

Zwischen den Anforderungen an die Mitglieder des Aufsichtsrates nach dem Aktiengesetz einerseits und nach dem BWG andererseits bestehen große Unterschiede, die durch die Umsetzung der CRD IV weiter ausgebaut wurden. Das BWG sieht zunehmend über die allgemeinen Voraussetzungen des AktG (zB das Bestellungsverbot für natürliche Personen nach § 86 Abs 1 AktG und die Mandatsgrenze gemäß § 86 Abs 2 Z 1 AktG) hinausgehende und diese ergänzende Anforderungen für Mitglieder des Aufsichtsrates vor. 10

Während bis zur Umsetzung der CRD IV im BWG lediglich für die Person des Aufsichtsratsvorsitzenden besondere Anforderungen vorgesehen waren, findet sich nunmehr für sämtliche Mitglieder des Aufsichtsrates ein Anforderungskatalog im BWG. Die Anforderungen werden üblicherweise unter dem Schlagwort „Fit & Proper"-Kriterien zusammengefasst und umfassen etwa die persönliche Zuverlässigkeit, Aufrichtigkeit und Unvoreingenommenheit sowie die fachliche Eignung. Die weitere Anforderung der ausreichenden zeitlichen Verfügbarkeit spiegelt sich in der nun vorgesehenen Mandatsgrenze für Aufsichtsratsmitglieder wieder. 11

Die neuen Anforderungen an Aufsichtsratsmitglieder in § 28a Abs 5 BWG traten mit 1.1.2014, die in § 28a Abs 5 Z 5 BWG vorgesehene Mandatsgrenze am 1.7.2014 in Kraft (§ 107 Abs 80 Z 1 BWG). Die Mandatsgrenze ist nur auf Tätigkeiten als Mitglied eines Aufsichtsrates anzuwenden, die ein Mitglied eines Aufsichtsrates eines Kreditinstitutes am 31.12.2013 noch nicht innehatte (Ausnahme für sogenannte „Altmandate"; § 103q Z 15 BWG). 12

Durch die Aufnahme der neuen Anforderungen an Mitglieder des Aufsichtsrates soll aus Sicht des Gesetzgebers die institutsinterne Kontrolle durch den Aufsichtsrat weiter verbessert werden. Hierdurch sollen in der Vergangenheit sichtbar gewordene, bestehende Schwächen der bisherigen Regeln und Praktiken der Corporate Governance beseitigt und ein Beitrag zu einem wirksamen internen Risikomanagement geleistet werden.[17] 13

---

14 Vgl § 17 Abs 1 Sparkassengesetz, wonach der Sparkassenrat die Tätigkeit des Aufsichtsrates zu überwachen hat.

15 Vgl § 24 Genossenschaftsgesetz.

16 Vgl Erwägungsgrund 56 und Art 3 Abs 1 Z 8 CRD-IV Richtlinie.

17 RV 2438 BlgNR 24. GP S 12.

14 § 28a Abs 5 BWG enthält nach seinem Wortlaut keine Beschränkung seiner Anwendbarkeit auf bestimmte Mitglieder des Aufsichtsrates und ist folglich grundsätzlich gleichermaßen auf Kapital- und Arbeitnehmervertreter anzuwenden. Gleich zu Beginn der Bestimmung wird jedoch festgehalten, dass diese „unbeschadet anderer bundesgesetzlicher Bestimmungen" gelte. Welche bundesgesetzlichen Bestimmungen hierdurch konkret betroffen sind, wird im Gesetzestext nicht näher ausgeführt. Die erläuternden Bemerkungen zu § 28 Abs 5 BWG nennen ausdrücklich § 110 ArbVG.[18] Nach Ansicht der FMA[19] sind die Anforderungen an die persönliche und fachliche Eignung, erforderliche Erfahrung und zeitliche Verfügbarkeit von Aufsichtsratsmitgliedern grundsätzlich auch auf Arbeitnehmervertreter in Aufsichtsräten von Instituten anzuwenden; die Anforderungen seien jedoch stets „im Lichte des ArbVG" zu beurteilen, weshalb § 28a Abs 5 BWG dem Entsendungsrecht des Betriebsrates gemäß § 110 ArbVG nicht entgegenstehe.[20] Die Arbeitnehmervertreter haben das entsprechende Fachwissen im Laufe ihrer Tätigkeit jedenfalls durch Fort- und Weiterbildungsmaßnahmen zu vertiefen, um ihre Überwachungs- und Kontrollaufgaben im Aufsichtsrat ordnungsgemäß wahrnehmen und Entscheidungen stets auf Grundlage eines aktuellen Informationsstands treffen zu können.[21] Die Bestätigung der fachlichen Eignung des Arbeitnehmervertreters gegenüber der FMA hat nicht durch das Institut, sondern durch den Betriebsrat zu erfolgen.[22]

15 Die persönlichen Anforderungen an die Mitglieder des Aufsichtsrates (mit Ausnahme der Mandatsgrenze) gelten mangels anderweitiger gesetzlicher Bestimmung für alle Kreditinstitute, i.e. unabhängig von deren Größe. Die Anforderungen sind dauerhaft, also nicht nur bei Antritt der Funktion als Aufsichtsratsmitglied, sondern laufend über die gesamte Zeit der Ausübung der Funktion zu erfüllen.[23]

16 Die sachliche Zuständigkeit für Fit & Proper-Tests richtet sich nach der SSM-VO und der SSM-Rahmenverordnung.[24] Werden die Eignungsprüfungen

---

18 RV 2438 BlgNR 24. GP S 48 unter Verweis auf Art 91 Abs 13 CRD IV, der lautet: „Dieser Artikel gilt unbeschadet der Bestimmungen über die Vertretung von Arbeitnehmern im Leitungsorgan nach Maßgabe des nationalen Rechts."

19 Vgl das in Umsetzung der von der Europäischen Bankenaufsicht („EBA") veröffentlichten Guidelines on the assessment of the suitablility of members of the management body and key function holders (EBA/GL/2012/06; „F & P-GL") ergangene Rundschreiben der FMA zur Eignungsprüfung von Geschäftsleitern, Aufsichtsratsmitgliedern und Inhabern von Schlüsselfunktionen, Stand November 2014 („Fit & Proper-Rundschreiben"), Rz 67.

20 Kritisch hierzu *Schima*, ÖBA 2014, 28 (31), der zum Fit & Proper-Rundschreiben der FMA (Stand Mai 2013) ausführt, dass § 110 ArbVG keine lex specialis gegenüber § 28a Abs 5 BWG darstelle, sondern vielmehr die bankwesengesetzlichen Bestimmungen Spezialvorschriften sowohl zum AktG als auch zu § 110 ArbVG seien. Die Auslegung durch die FMA gehe folglich über die gesetzliche Grundlage des § 28a Abs 5 BWG hinaus.

21 Vgl Fit & Proper-Rundschreiben, Rz 67.

22 Vgl Fit & Proper-Rundschreiben, Rz 68.

23 Vgl Fit & Proper-Rundschreiben, Rz 17.

24 Verordnung (EU) Nr. 468/2014 der Europäischen Zentralbank vom 16. April 2014 zur Einrichtung eines Rahmenwerks für die Zusammenarbeit zwischen der Europäischen Zentralbank und den nationalen zuständigen Behörden und den nationalen benannten Behörden

im Rahmen von Konzessionsverfahren für CRR-Kreditinstitute durchgeführt, fällt dies in die Zuständigkeit der EZB, weil diese ausschließlich für derartige Konzessionsverfahren zuständig ist (Art 4 Abs 1 Z 1 SSM-VO). Bei einer bloßen Änderung in der Person eines Mitglieds des Aufsichtsrates hängt die Zuständigkeit hingegen von der Bedeutung des betroffenen beaufsichtigten Instituts ab. Für die Beurteilung der Eignung von Aufsichtsratsmitgliedern von bedeutenden beaufsichtigten Unternehmen und deren laufende Überprüfung ist gemäß Art 93f SSM-Rahmenverordnung die EZB zuständig. Diese hat bei der Beurteilung die F&P-GL anzuwenden[25] und verfügt über die den zuständigen Behörden (dh bei österreichischen Instituten der FMA) nach einschlägigem Unions- und nationalem Recht zustehenden Befugnisse (Art 93 Abs 2 SSM-Rahmenverordnung). Die Aufsichtsratsmitglieder weniger bedeutender beaufsichtigter Institute werden von der FMA beurteilt. Ob ein beaufsichtigtes Unternehmen den Status eines bedeutenden Unternehmens hat, wird von der EZB auf Grundlage von Art 6 Abs 4 oder 5 SSM-Verordnung nach bestimmten Kriterien (zB Größe, Relevanz für die Wirtschaft der Union oder eines Mitgliedstaates) mit Beschluss festgelegt.[26]

B. Fit and proper-Anforderungen im Einzelnen

1. Anforderungen an die persönliche Zuverlässigkeit, Aufrichtigkeit und Unvoreingenommenheit („Propriety")

Die Anforderungen an die persönliche Zuverlässigkeit galten bis zur Umset- 17
zung der CRD IV gemäß § 28a Abs 3 Z 1 und 2 BWG ausschließlich für den Aufsichtsratsvorsitzenden. Durch § 28 Abs 5 Z 1 und 2 BWG wurden sie nunmehr auf sämtliche Aufsichtsratsmitglieder ausgeweitet.

Einerseits darf gemäß § 28a Abs 5 Z 1 BWG für kein Aufsichtsratsmitglied ein 18
Ausschlussgrund im Sinne des § 13 Abs 1 bis 3, 5 und 6 GewO 1994 vorliegen. § 13 GewO normiert Ausschlussgründe aufgrund gerichtlicher Verurteilungen bzw Verurteilungen wegen bestimmter Finanzvergehen sowie die Insolvenzfreiheit. Darüber hinaus legt § 28a Abs 5 Z 1 BWG ausdrücklich fest, dass über das Vermögen des Aufsichtsratsmitgliedes oder eines anderen Rechtsträgers als einer natürlichen Person, auf deren Geschäfte einem der Mitglieder des Aufsichtsrates maßgebender Einfluss zusteht oder zugestanden ist, kein Insolvenzverfahren eröffnet worden sein darf. Eine Ausnahme besteht nur, wenn es im Rahmen des Konkursverfahrens zum Abschluss eines Sanierungsplanes gekommen ist, der erfüllt wurde.

---

innerhalb des einheitlichen Aufsichtsmechanismus („SSM-Rahmenverordnung"); vgl zur sachlichen Zuständigkeit auch *Astaniou/Böck/Stock*, ÖBA 2015, 701 (702f).

[25] So auch *Astaniou/Böck/Stock*, ÖBA 2015, 701 (707), unter Verweis auf die EZB als zuständige Behörde im Sinne des Art 2 Abs 2 lit f Verordnung Nr 1093/2010 des Europäischen Parlaments und des Rates vom 24.11.2010 zur Errichtung einer Europäischen Aufsichtsbehörde (Europäische Bankenaufsichtsbehörde), zur Änderung des Beschlusses 2009/716/EG und zur Aufhebung des Beschlusses Nr 2009/78/EG der Kommission („EBA-VO").

[26] Für eine Übersicht der derzeit als „bedeutend" eingestuften CRR-Kreditinstitute siehe die Liste bedeutender beaufsichtigter Unternehmen und Liste weniger bedeutender Institute der Europäischen Zentralbank, Stand 30.9.2015, abrufbar unter https://www.bankingsupervision.europa.eu/banking/list/who/html/index.en.html.

19 Die genannten Ausschlussgründe liegen auch vor, wenn ein damit vergleichbarer Tatbestand im Ausland verwirklicht wurde.

20 Andererseits müssen die Aufsichtsratsmitglieder gemäß § 28a Abs 5 Z 2 BWG über „geordnete wirtschaftliche Verhältnisse“ verfügen. Diese Anforderung verfolgt den Zweck, die wirtschaftliche und finanzielle Unabhängigkeit der Aufsichtsmitglieder sowie ihre persönliche Integrität zu sichern. Geordnete wirtschaftliche Verhältnisse fehlen jedenfalls bei Zahlungsunfähigkeit oder drohender Zahlungsunfähigkeit oder im Falle der Verurteilung wegen einschlägiger Wirtschaftsdelikte.[27] Es dürfen weiters keine Tatsachen vorliegen, „aus denen sich Zweifel an seiner persönlichen Zuverlässigkeit für die Ausübung der Tätigkeit als Mitglied des Aufsichtsrates ergeben“. Fehlende Zuverlässigkeit ist insbesondere bei der Verwirklichung von Sachverhalten durch ein Aufsichtsratsmitglied anzunehmen, die das Vertrauen in die Sicherheit anvertrauter Vermögenswerte, die besondere Sorgfaltspflicht und Risikobegrenzung, das Vertrauen in die Funktionsfähigkeit im volkswirtschaftlichen Interesse sowie die Beachtung der Rechtsordnung als Rechtsgut schlechthin erschüttern.[28] Auch mögliche wirtschaftliche Interessenkonflikte des Aufsichtsratsmitglieds sind bei der Beurteilung der Zuverlässigkeit zu berücksichtigen. Dies kann etwa bei Bestehen einer Geschäftsbeziehung zwischen dem Institut und dem Mitglied selbst, dessen Angehörigen oder einem vom Mitglied geleiteten Unternehmen vorliegen, welche nach ihrer Art und Größe zu einer Abhängigkeit von dem Institut führen kann.[29]

21 Die Anforderungen an die persönliche Zuverlässigkeit sind Pflichten der Aufsichtsratsmitglieder. In diesem Zusammenhang genügen nicht irgendwelche Vermutungen über den Mangel der persönlichen, funktionsbezogenen Zuverlässigkeit; es müssen vielmehr begründete Zweifel an der Zuverlässigkeit bestehen, die sich auf konkrete Tatsachen stützen. Es geht dabei nicht allgemein um das Persönlichkeitsbild und die Charaktereigenschaften, sondern um die umfassende funktionsbezogene Integrität der Aufsichtsratsmitglieder, die an konkreten Tatsachen zu messen ist. Darunter fallen etwa Verurteilungen, soweit sie nicht schon von § 28a Abs 5 Z 1 BWG erfasst werden, Übertretungen aufsichtsrechtlicher Vorschriften gravierender Natur oder schwerwiegende persönliche Störungen wie Alkoholismus oder Drogensucht.[30]

22 Bei der Beurteilung der persönlichen Zuverlässigkeit des potenziellen Aufsichtsratsmitgliedes sind vom Institut jegliche relevanten zugänglichen Informationsquellen einzubeziehen (zB Strafregisterauszüge, einschlägige Verwaltungsakte, laufende oder frühere Ermittlungsverfahren, Auskünfte von Kreditschutzverbänden, wobei jeweils auch nicht aus Österreich stammende Informationsquellen verwendet werden können).[31]

---

27 So auch Fit & Proper-Rundschreiben, Rz 28 unter Verweis auf Punkt 13 Abs 5 ff. F & P-GL.

28 Vgl Fit & Proper-Rundschreiben, Rz 29; vgl auch Punkt 13 Abs 5 ff F & P-GL.

29 Vgl Fit & Proper-Rundschreiben, Rz 30.

30 Vgl zur gleichlautenden Bestimmung des § 28a Abs 3 Z 2 BWG für den Aufsichtsratsvorsitzenden *Dellinger*, BWG § 28a Rz 24.

31 Vgl Fit & Proper-Rundschreiben, Rz 32; Punkt 13 Abs 1 ff F & P-GL.

2. Fachliche Eignung („Fitness")

Die Aufsichtsratsmitglieder müssen jederzeit über ausreichende Kenntnisse, Fähigkeiten und Erfahrungen verfügen, um gemeinsam in der Lage zu sein, die Geschäftstätigkeiten des Kreditinstitutes einschließlich damit verbundener Risiken soweit zu verstehen, dass sie die Entscheidungen der Geschäftsleitung überwachen und kontrollieren können (§ 28a Abs 5 Z 3 BWG). **23**

Der Aufsichtsrat eines Kreditinstitutes hat kollektiv über die notwendige Qualifikation zu verfügen, um seine Überwachungs- und Kontrollaufgaben effektiv wahrnehmen zu können. Es müssen sohin nicht alle Aufsichtsratsmitglieder über die gleiche fachliche Eignung verfügen. Die Kenntnisse aller Mitglieder des Aufsichtsrates sind vielmehr in einer Zusammenschau zu sehen.[32] Hierdurch soll der sich aus der CRD IV ergebenden Diversitätsanforderung an Überwachungsorgane Rechnung getragen werden.[33] **24**

Sofern die gesetzliche Verpflichtung zur Einrichtung von Ausschüssen des Aufsichtsrates besteht, gilt auch hinsichtlich dieser Gremien das Erfordernis der kollektiven Fitness. Es ist also auch bei der Zusammensetzung dieser Gremien sicherzustellen, dass deren Mitglieder in ihrer Gesamtheit über ausreichend fundierte Kenntnisse sowie Erfahrungen im jeweiligen Bereich verfügen, damit der Ausschuss kollektiv die erforderliche Expertise abdecken und jedes einzelne Mitglied seine Pflichten sorgfaltsgemäß erfüllen kann. Spezielle Anforderungen an die in den Aufsichtsrat bestellten Vergütungsexperten, Finanzexperten oder Risikoexperten müssen stets nur von diesen, nicht auch von allen anderen Aufsichtsratsmitglieder oder den jeweiligen anderen Ausschussmitgliedern erfüllt werden[34]. **25**

Alle Mitglieder des Aufsichtsrates haben jedenfalls über die grundlegenden Kenntnisse der für das Institut geltenden aufsichtsrechtlichen Regelungen zu verfügen.[35] Finanztechnisches Fachwissen wird nur in jenem Ausmaß verlangt, dass das jeweilige Aufsichtsratsmitglied zur Mitwirkung an einer Kollektiventscheidung des gesamten Aufsichtsrates in dem ihm übertragenen Wirkungsbereich, nämlich der Überwachung und Kontrolle der Geschäftsleitung im Zusammenhang mit institutsspezifischen Bankgeschäften befähigt ist. **26**

Die Anforderungen an die Mitglieder des Aufsichtsrates unterscheiden sich somit von jenen an die Geschäftsleiter eines Kreditinstituts gemäß § 5 Abs 1 Z 8 BWG. Letzte müssen nach dem Gesetzeswortlaut stets von jedem einzelnen Geschäftsleiter in gleicher Form erfüllt werden. Dieser Unterschied betreffend die Qualifikationserfordernisse ergibt sich daraus, dass der Aufsichtsrat und damit auch seine Mitglieder andere Aufgaben als die Geschäftsleiter zu erfüllen haben. Die Geschäftsleiter haben das Unternehmen zu führen, der Aufsichtsrat hat hingegen die Unternehmensleitung zu überwachen und bei unternehmerischen **27**

---

32 RV 2438 BlgNR 24. GP S 48.

33 Vgl Fit & Proper-Rundschreiben, Rz 57 unter Verweis auf Erwägungsgrund 60 der CRD-IV Richtlinie.

34 *Wachter*, ÖBA 2015, 96 (101).

35 So auch Fit & Proper-Rundschreiben, Rz 59; kritisch hierzu *Chini*, Aufsichtsrat aktuell 2013, H 6, 5 (9), der den Schwerpunkt der Eignungsprüfung der FMA zu stark im regulatorischen Bereich sieht.

Maßnahmen mitzuwirken. Für Geschäftsleiter von Kreditinstituten werden dementsprechend vom Gesetz zutreffenderweise praktische Bankgeschäfts- und Leitungserfahrungen verlangt. Für Aufsichtsratsmitglieder wird demgegenüber keine einschlägige frühere Berufstätigkeit im Bankwesen verlangt.[36]

28 Auf welche Weise die „Kenntnisse, Fähigkeiten und Erfahrungen" durch die Aufsichtsratsmitglieder erworben werden müssen, ist im Gesetz nicht geregelt. Die Beurteilung der fachlichen Qualifikation und der praktischen Berufserfahrung erfolgt anhand der diesbezüglichen Angaben im Lebenslauf des potenziellen Mitglieds bzw anhand sonstiger vom potenziellen Mitglied vorzulegender Unterlagen oder Dokumente.[37] Hält die FMA eine darüber hinausgehende Prüfung der Eignung des potenziellen Mitglieds für erforderlich, kann sie sich im Rahmen einer persönlichen Anhörung (sogenannter Fit & Proper-Test) ein unmittelbares Bild verschaffen.[38] Bei der Beurteilung werden insbesondere auch die Art, der Umfang und die Komplexität der Geschäfte sowie die Risikostruktur des Instituts, in welchem die Funktion angestrebt wird, berücksichtigt.[39]

29 Für die zur Sicherstellung der dauerhaften Erfüllung der dargestellten Anforderungen erforderliche Einschulung und laufende Schulung der Aufsichtsratsmitglieder sind gemäß § 28a Abs 6 BWG angemessene personelle und finanzielle Ressourcen vom Kreditinstitut bereitzustellen. Die Schulungen können intern, dh durch eigene Mitarbeiter, oder durch externe, qualifizierte Einrichtungen vorgenommen werden.[40] Gleichzeitig haben die Aufsichtsratsmitglieder auch persönlich dafür Sorge zu tragen, ihre Entscheidungen stets auf einem aktuellen Informationsstand (dh etwa unter Berücksichtigung allfälliger neuer Rechtsvorschriften oder Judikatur) zu treffen.[41]

3. Ausreichende zeitliche Verfügbarkeit – Mandatsgrenzen

30 Um die Maßnahmen und Entscheidungen der Geschäftsleitung wirksam überwachen zu können, müssen die Mitglieder neben der dargestellten Fitness und Propriety auch über ausreichend Zeit zur Erfüllung ihrer Aufgaben verfügen.[42] Entsprechend der Anforderung an die Geschäftsleiter nach § 5 Abs 1 Z 9a BWG sieht in diesem Sinne auch § 28a Abs 5 Satz 1 BWG vor, dass sämtliche Mitglieder des Aufsichtsrates ausreichend Zeit für die Erfüllung ihrer Tätigkeit im Institut aufzuwenden haben. Wieviel Zeitaufwand als ausreichend zu beurteilen ist, ergibt sich insbesondere aus den Umständen im Einzelfall und der Art, dem Umfang und der Komplexität der Geschäfte des Kreditinstitutes (§ 28a Abs 5 Satz 2 BWG). Auch auf die Stellung des jeweiligen Mitglieds im Aufsichtsrat (Vorsitzender, Ausschussmitglied, einfaches Mitglied) ist bei der Beurteilung des erforderlichen

---

36 Vgl zum Aufsichtsratsvorsitzenden *Borns*, BWG³ § 28a Rz 5.

37 Vgl Fit & Proper-Rundschreiben, Rz 61.

38 Vgl Fit & Proper-Rundschreiben, Rz 62 mit einer Auflistung der für mögliche Testfragen relevanten Themenkomplexe; Punkt 11 Abs 3 F & P-GL.

39 Vgl Fit & Proper-Rundschreiben, Rz 62.

40 RV BlgNR 2438 24. GP S 49.

41 Vgl Fit & Proper-Rundschreiben, Rz 65.

42 Vgl Erwägungsgrund 58 CRD IV; Punkt 15 Abs 1 F & P-GL.

Zeitaufwands Rücksicht zu nehmen.[43] Die Überprüfung der ausreichenden zeitlichen Verfügbarkeit der potenziellen Aufsichtsratsmitglieder erfolgt anhand einer qualifizierten Selbsteinschätzung der Personen selbst in Form einer eidesstattlichen Erklärung, dass ausreichend zeitliche Ressourcen vorliegen und ausreichend Zeit aufgewendet werden kann.

Über dieses allgemeine Erfordernis, stets ausreichend Zeit für die Erfüllung **31**
der Aufgaben im Institut aufzuwenden, hinaus sehen § 5 Abs 1 Z 9a und § 28a Abs 5 Z 5 jeweils dritter Satz BWG zwingende nummerische Mandatsgrenzen hinsichtlich der Tätigkeiten in geschäftsführender Funktion oder als Mitglied eines Aufsichtsrates vor. Diese treten im Anwendungsbereich des BWG an die Stelle der allgemein für Kapitalgesellschaften vorgesehenen Mandatsobergrenzen des § 86 Abs 2 Z 1 AktG bzw des § 30a Abs 2 Z 1 GmbHG. Die Mandatsgrenzen nach BWG gelten jedoch im Sinne des Proportionalitätsprinzips, wonach die Anforderungen an die Geschäftsführung und -überwachung mit zunehmender Größe des Kreditinstituts ebenfalls zunehmen,[44] ausschließlich für Kreditinstitute erheblicher Bedeutung im Sinne des § 5 Abs 4 BWG, dh für Kreditinstitute, deren Bilanzsumme im Durchschnitt zu den jeweiligen Stichtagen der letzten drei abgeschlossenen Geschäftsjahre fünf Milliarden Euro erreicht oder überschritten hat, jedenfalls aber für Kreditinstitute, die als nicht weniger bedeutende Kreditinstitute gemäß Art 6 Abs 4 SSM-VO[45] von der EZB direkt beaufsichtigt werden sowie für von der FMA gemäß §§ 23b oder 23c BWG als (globales systemrelevantes) Institut eingestufte Kreditinstitute. Nach den gesetzlichen Mandatsgrenzen dürfen Mitglieder des Aufsichtsrates von Kreditinstituten von erheblicher Bedeutung insgesamt nur eine Tätigkeit in geschäftsführender Position in Verbindung mit zwei Tätigkeiten als Mitglied eines Aufsichtsrates oder insgesamt vier Tätigkeiten als Mitglied eines Aufsichtsrates wahrnehmen (§ 28a Abs 5 3. Satz BWG). Als „Tätigkeit in geschäftsführender Position" sind dabei sämtliche geschäftsführenden Funktionen sowohl innerhalb als auch außerhalb der Finanzbranche zu verstehen.[46] Auch hinsichtlich der Aufsichtsratsmandate kommt es nicht auf eine Tätigkeit innerhalb der Finanzbranche an. Wenngleich das Gesetz lediglich die Tätigkeit als Mitglied eines „Aufsichtsrates" nennt, sind von der Bestimmung ebenso Mitglieder sonstiger nach dem Gesetz oder nach einer Satzung zuständiger Aufsichtsorgane erfasst.[47]

§ 28a Abs 5 Z 5 BWG sieht Ausnahmen und Privilegien hinsichtlich der fest- **32**
gelegten Mandatsobergrenzen vor. Einerseits sind bestimmte Tätigkeiten in geschäftsführender Position bzw als Mitglied eines Aufsichtsrats bei der Berechnung der Mandatsobergrenzen zur Gänze unbeachtlich: So sind gemäß § 28a Abs 5 Z 5 BWG Aufsichtstätigkeiten bei Kreditinstituten, die als Vertreter der Repub-

43 So auch *Wachter*, ÖBA 2015, 96 (99).

44 ZB *Wöhle*, in Hölscher/Altenhain, 341.

45 Verordnung (EU) Nr. 1024/2013 des Rates vom 15. Oktober 2013 zur Übertragung besonderer Aufgaben im Zusammenhang mit der Aufsicht über Kreditinstitute auf die Europäische Zentralbank („SSM-VO").

46 RV 2438 BlgNR 24. GP S 18.

47 RV 2438 BlgNR 24. GP S 17f.

lik Österreich wahrgenommen werden, ebenso wenig zu berücksichtigen,[48] wie Mandate bei Organisationen, die nicht überwiegend gewerbliche Zeile verfolgen (wie zB Vereine, gemeinnützige Privatstiftungen, reine Beteiligungsholdinggesellschaften[49]). Andererseits werden bestimmte Mandate derart privilegiert, dass bei der Berechnung der Anzahl der Tätigkeiten einer Person mehrere Tätigkeiten in geschäftsführender Funktion und als Mitglied eines Aufsichtsrates als nur eine einzige Tätigkeit gelten. Umfassen die gemäß § 28a Abs 5 Z 5 lit a bis c BWG zusammenzuzählenden Tätigkeiten dabei neben Tätigkeiten als Aufsichtsratsmitglied auch Tätigkeiten in geschäftsführender Funktion, gelten diese Tätigkeiten insgesamt als eine einzige Tätigkeit in geschäftsführender Funktion. Umfassen die zusammenzuzählenden Tätigkeiten nur Tätigkeiten als Aufsichtsratsmitglied, gelten diese Tätigkeiten insgesamt als eine Tätigkeit als Aufsichtsratsmitglied. In diesem Sinne sieht § 28a Abs 5 Z 5 BWG folgende Privilegien vor: das Institutsgruppenprivileg,[50] das sonstige Gruppenprivileg,[51] das ISS-Privileg[52] sowie das Beteiligungsprivileg.[53]

33 § 103q Z 15 BWG gewährt grundsätzlich einen Bestandsschutz für Altmandate, die bereits am 31.12.2013 bestanden. Diese sind zwar in die Mandatsberechnung miteinzubeziehen, müssen aber nicht „abgebaut" werden, wenn sie über die zulässige Höchstanzahl hinausgehen. Eine Wiederernennung eines Mitglieds des Aufsichtsrates nach dem 31.12.2013 darf jedoch nur erfolgen, wenn dadurch nicht die Mandatsbegrenzungen überschritten werden.[54] Der Bestandsschutz greift unabhängig von einer Wiederernennung nicht für Mitglieder eines Aufsichtsrates von Kreditinstituten, von welchen aufgrund einer Beurteilung der FMA gemäß § 22 Abs 3 BWG eine Systemgefährdung gemäß § 22 Abs 2 BWG ausgehen kann (§ 103q Z 15 BWG).

---

48 Kritisch hierzu *Fletzberger*, in Braumüller/Ennöckl/Gruber/Raschauer, 14, der zu Recht darauf hinweist, dass es sich bei Instituten mit Vertretern der Republik Österreich (gemeint wohl: des Bundes) im Aufsichtsrat um im Zuge der Finanzkrise verstaatlichte Institute handelt, bei denen der mit dem Mandat verbundene Zeitaufwand aufgrund der meist angespannten wirtschaftlichen Situation des Instituts meist höher ist als bei „gesunden" Kreditinstituten.

49 Vgl mit weiteren Beispielen Fit & Proper-Rundschreiben, Rz 85.

50 Vgl § 28a Abs 5 Z 5 lit a sublit aa BWG, wonach Tätigkeiten innerhalb derselben Institutsgruppe bestehend aus dem EU-Mutterinstitut, dessen Tochterunternehmen und eigenen Tochterunternehmen oder sonstigen Unternehmen, die derselben Kreditinstitutsgruppe angehören, privilegiert sind, sofern alle vorgenannten Institute in die Beaufsichtigung auf konsolidierter Basis einbezogen sind oder einer zusätzlichen Beaufsichtigung gemäß § 6 Abs 1 FKG unterliegen.

51 Vgl § 28a Abs 5 Z 5 lit a sublit bb BWG, wonach Tätigkeiten innerhalb einer „sonstigen Gruppe" bestehend aus verbundenen Unternehmen gemäß § 228 Abs 3 UGB, § 245a UGB oder § 15 AktG privilegiert sind.

52 Vgl § 28a Abs 5 Z 5 lit b BWG, wonach Tätigkeiten bei Mitgliedern desselben institutsbezogenen Sicherungssystems (ISS) gemäß Art 113 Abs 7 CRR-VO privilegiert sind, wobei der Begriff „Mitglieder" neben Kreditinstituten auch die im jeweiligen ISS mitkonsolidierten Verbundorganisationen erfasst.

53 Vgl § 28a Abs 5 Z 5 lit c BWG, wonach Tätigkeiten bei Unternehmen inner- und außerhalb der Finanzbranche, an denen das Kreditinstitut eine qualifizierte Beteiligung gemäß Art 4 Abs 1 Z 36 CRR-Verordnung hält, privilegiert sind.

54 Fit & Proper-Rundschreiben, Rz 88.

Eine Überschreitung der Mandatsbeschränkungen um eine Tätigkeit als Mitglied eines Aufsichtsrates kann von der FMA auf Antrag des anzeigenden Instituts genehmigt werden (§ 28a Abs 5 Z 5 vorletzter Satz BWG). Die FMA hat sich dabei an den Umständen des Einzelfalls, wie insbesondere dem Umfang, in dem die betreffend Person von den Privilegien und den Ausnahme- und Übergangsbestimmungen Gebrauch macht, sowie an der Art, dem Umfang und der Komplexität der Geschäfte und der wirtschaftlichen Situation des Kreditinstituts zu orientieren. Über allfällige Genehmigungen hat die FMA regelmäßig an die EBA zu berichten. 34

4. Anforderungen an ausländische Staatsangehörige

Bei Mitgliedern des Aufsichtsrates, die nicht österreichische Staatsbürger sind, dürfen die Ausschlussgründe nach § 28a Abs 5 Z 1 und 2 BWG gemäß §28a Abs 5 Z 4 BWG in dem Staat nicht vorliegen, dessen Staatsangehörigkeit die jeweiligen Mitglieder haben. Dies ist durch die Bankenaufsicht des Heimatstaates der jeweiligen Mitglieder des Aufsichtsrates zu bestätigen. Sofern eine solche Bestätigung nicht erlangt werden kann, hat das betroffene Mitglied des Aufsichtsrates das Nichtvorliegen der Ausschließungsgründe zu bescheinigen und eine entsprechende Erklärung abzugeben. 35

C. Spezielle Anforderungen an den Aufsichtsratsvorsitzenden

1. Allgemein zum Aufsichtsratsvorsitzenden

Der Vorsitzende des Aufsichtsrates wird von den übrigen Mitgliedern des Aufsichtsrates gewählt. Der Aufsichtsratsvorsitzende ist der Erste unter den Aufsichtsratsmitgliedern. Er nimmt Aufgaben der Repräsentation, Koordination und Leitung der Arbeit des Aufsichtsrates und die ständige Kommunikation mit dem Vorstand, der Hauptversammlung und den Aktionären wahr.[55] 36

Die praktische Bedeutung und Stellung des Aufsichtsratsvorsitzenden wird in erster Linie durch die Person geprägt, welche die Funktion wahrnimmt. Je stärker der Aufsichtsratsvorsitzende den Kontakt mit den Geschäftsleitern des Kreditinstituts pflegt und mit diesen – zwar nicht das tägliche operative, aber – wichtige Geschäfte oder Maßnahmen (zB Organisationsmaßnahmen), die strategische Ausrichtung des Kreditinstituts und ähnliches regelmäßig in kurzen zeitlichen Abständen erörtert, desto wichtiger wird seine Rolle gegenüber der Geschäftsleitung und den übrigen Mitgliedern des Aufsichtsrates sein. 37

Man mag zwar über den Grad der Intensität der Überwachungstätigkeit und unternehmerischen Mitwirkung des Aufsichtsratsvorsitzenden im Detail diskutieren. Es ist aber im Regelfall davon auszugehen, dass nur bei einer aktiven Rolle des Aufsichtsratsvorsitzenden der Aufsichtsrat und auch dessen Ausschüsse die Voraussetzungen haben, ihre Aufgaben effizient und sachgerecht zu erfüllen. Der Aufsichtsrat als Gremium hat nämlich in der Regel nur sehr beschränkt die Möglichkeit, sich ein umfassendes und treffendes Bild über die Tätigkeit der Geschäftsleiter zu machen und diese damit effizient und sachgerecht zu überwachen. 38

55 *Kalss* in Kalss/Nowotny/Schauer, Gesellschaftsrecht Rz 3/534.

Im Rahmen von Aufsichtsratssitzungen, mögen diese auch öfter als einmal pro Kalenderquartal stattfinden, sind die Mitglieder des Aufsichtsrates im Regelfall nur auf die Berichte und Informationen durch die Geschäftsleiter angewiesen.[56] Ob diese Berichte oder Informationen die Sachlage vollständig und richtig wiedergeben, kann der Aufsichtsrat oft gar nicht beurteilen; der Aufsichtsrat muss sich vielmehr grundsätzlich auf die Richtigkeit und Vollständigkeit dieser Berichte des Vorstands verlassen.[57] Eben hier setzt aber auch die Aufgabe des Aufsichtsratsvorsitzenden ein, der die Geschäftsleiter aufgrund seines häufigen Kontakts gut kennt und mitunter bei der „täglichen Arbeit" erlebt; der Aufsichtsratsvorsitzende muss im Vorfeld der Aufsichtsratssitzungen die Berichte und Informationen sowie sonstige Tätigkeiten der Geschäftsleiter hinterfragen, um dadurch eine tiefere Sicht in die Arbeitsweise des Kreditinstituts zu gewinnen.

2. *Cooling-off* Periode

39 Geschäftsleiter im Sinne des BWG dürfen gemäß § 28a Abs 1 BWG frühestens nach Ablauf einer Periode von zwei Jahren nach Beendigung ihrer Funktion als Geschäftsleiter die Tätigkeit als Vorsitzender des Aufsichtsrates innerhalb desselben Unternehmens aufnehmen, in dem sie zuvor als Geschäftsleiter tätig waren (§ 28a Abs 1 BWG). Zweck des § 28a Abs 1 BWG ist es, Interessenkollisionen und somit Befangenheiten aufgrund zeitverschobener „Organidentitäten" entgegenzuwirken.[58] Es ist nämlich nicht auszuschließen, dass der Aufsichtsratsvorsitzende vielfach mit der Überwachung oder Mitwirkung von Geschäften oder Maßnahmen befasst ist, die er als Vorstandsmitglied entweder selbst bereits durchgeführt oder zumindest initiiert hat.

40 Die Interessenkollisionen sollen durch die zweijährige Cooling-Off-Periode verhindert werden, die der C-Regel Nr 55 des Österreichischen Corporate Governance Kodex[59] und § 92 Abs 1a AktG entspricht.[60] Nimmt ein Geschäftsleiter entgegen § 28a Abs 1 BWG die Funktion als Vorsitzender des Aufsichtsrates ein, gilt er als nicht zum Vorsitzenden gewählt (§ 28a Abs 2 BWG). Die Wahl des Aufsichtsrates ist in diesen Fällen von Gesetzes wegen nichtig.[61] Wenn die unzulässige Bestellung auffällt, hat der stellvertretende Aufsichtsratsvorsitzende die Agenden des Vorsitzenden interimistisch zu übernehmen. Weiters ist unverzüglich ein neuer Aufsichtsratsvorsitzender zu bestellen.[62]

41 § 28a Abs 1 BWG gilt nur für den Vorsitzenden des Aufsichtsrates. Sie hindert einen Geschäftsleiter nicht daran, als einfaches Aufsichtsratsmitglied in den

---

[56] So insbesondere zur Überwachung interner Kontrollverfahren etwa auch *Velte/Buchholz*, ZBB 2013, 400 (405).

[57] Vgl OGH 22.5.2003, 8 Ob 262/02s.

[58] *Borns*, BWG³ § 28a Rz 2.

[59] Vgl Österreichischer Corporate Governance Kodex in der Fassung Jänner 2015.

[60] Vgl die Sonderregelung des § 86 Abs 4 Z 2 AktG, wonach grundsätzlich Mitglied des Aufsichtsrates einer börsennotierten Gesellschaft nicht sein kann, wer in den letzten zwei Jahren Vorstandsmitglied dieser Gesellschaft war (vgl näher § 86 Abs 4 Z 2 AktG).

[61] *Borns*, BWG³ § 28a Rz 6.

[62] *Dellinger*, BWG § 28a Rz 13.

Aufsichtsrat zu wechseln und sich dort als Experte einzubringen.[63] Weiters betrifft § 28a Abs 1 BWG nur das Kreditinstitut selbst, also jene Gesellschaft, um dessen Aufsichtsrat es sich handelt. Der Vorsitzende in einem anderen Konzernunternehmen ist von § 28a Abs 1 BWG nicht erfasst (arg.: „innerhalb desselben Unternehmens").

3. Fachliche Eignung und erforderliche Erfahrungen

Wie auch hinsichtlich der Anforderungen an die einfachen Mitglieder des Aufsichtsrates bestehen auch zwischen den Anforderungen an den Vorsitzenden des Aufsichtsrates nach dem Aktiengesetz und nach dem BWG große Unterschiede. Nach dem Aktiengesetz bestehen keine gesonderten Anforderungen für die Person, welche die Funktion des Vorsitzenden eines Aufsichtsrates ausübt (vgl § 92 Abs 1 AktG). Die besonderen Anforderungen an den Vorsitzenden des Aufsichtsrates in einem Kreditinstitut sind in § 28a Abs 3 BWG geregelt. Mit der Umsetzung der CRD IV im BWG ist die Anknüpfung des Anwendungsbereiches dieser Anforderungen an die Bilanzsumme des Kreditinstituts[64] entfallen. Die Anforderungen an den Aufsichtsratsvorsitzenden gelten nunmehr für alle Kreditinstitute unabhängig von deren Bilanzsummen zum Zeitpunkt der Wahl des Vorsitzenden des Aufsichtsrats. 42

Während bisher die – vor allem faktische – Sonderstellung des Aufsichtsratsvorsitzenden gegenüber den sonstigen Mitgliedern des Aufsichtsrates auch gesetzlich noch deutlich hervorgehoben wurde,[65] wurden die Anforderungen an die einfachen Aufsichtsratsmitglieder nunmehr durch das CRD IV-Umsetzungsgesetz über weite Teile an jene betreffend den Aufsichtsratsvorsitzenden angeglichen. So gelten die Anforderungen an den Aufsichtsratsvorsitzenden gemäß § 28a Abs 3 Z 1 und 2 BWG gemäß § 28a Abs 5 Z 1 und 2 BWG nunmehr auch für einfache Aufsichtsratsmitglieder. 43

Besondere Anforderungen an den Aufsichtsratsvorsitzenden ergeben sich aber nach wie vor aus § 28a Abs 3 Z 3 BWG betreffend dessen fachliche Eignung sowie dessen für die Ausübung seiner Funktion erforderlichen Erfahrungen. Im Gegensatz zu den Anforderungen an die Fitness der einfachen Mitglieder des Aufsichtsrates werden vom Vorsitzenden des Aufsichtsrats ausdrücklich „angemessene Kenntnisse im Bereich des bankbetrieblichen Finanz- und Rechnungswesens" verlangt. Welcher Kenntnisstand als „angemessen" zu beurteilen ist, richtet sich – dem Grundsatz der Proportionalität zufolge – insbesondere nach der Art, dem Umfang und der Komplexität der Geschäfte sowie nach der Risikostruktur des Kreditinstituts.[66] Um „angemessen" im gesetzlichen Sinne zu sein, müssen diese Kenntnisse den Vorsitzenden jedenfalls in die Lage versetzen, die Geschäftstätigkeiten des jeweiligen Instituts einschließlich damit verbundener Risiken sowie Inhalt und Bedeutung von Finanz- und Rechnungslegungsunterlagen zu beur- 44

---

63 *Borns*, BWG³ § 28a Rz 4.
64 Siehe § 28a Abs 5 BWG idF BGBl I 108/2007.
65 Vgl *Schmidbauer*, ecolex 2008, 234.
66 Vgl Fit & Proper-Rundschreiben, Rz 49.

teilen.[67] In diesem Sinne hat der Vorsitzende des Aufsichtsrates neben anderen Rechtsmaterien insbesondere die zentralen (aufsichtsrechtlichen) Bestimmungen des BWG, die zentralen Inhalte und Regelungsbereiche der CRR I, sonstige relevante Bestimmungen und Inhalte des europäischen Bankaufsichtsrechts (wie etwa die CRD IV, die SSM-VO oder die SSM-Rahmenverordnung) und die zentralen Bestimmungen des WAG 2007 (und gegebenenfalls auch des BörseG) zu beherrschen, über Grundkenntnisse des Gesellschaftsrechts zu verfügen und die für seine Tätigkeit wesentlichen Inhalte der FMA-Verordnungen, Rundschreiben und Mindeststandards, die Satzung des Instituts und die Geschäftsordnungen der Leitungs- bzw Überwachungsgremien zu kennen.[68]

45 Die „erforderlichen Erfahrungen" gemäß § 28a Abs 3 Z 3 BWG betreffen die praxisbezogenen Kenntnisse des Aufsichtsratsvorsitzenden, wie insbesondere das Beherrschen konkreter Abläufe, die es ihm erlauben, Entscheidungen der Geschäftsleitung konstruktiv zu hinterfragen und diese wirksam zu beaufsichtigen. Bei der Beurteilung der Erfahrung eines potenziellen Aufsichtsratsvorsitzenden ist auf dessen einschlägige praktische Berufserfahrungen abzustellen, wobei unter Berücksichtigung des Grundsatzes der Proportionalität auch durch mehrjährige leitende Tätigkeiten in außerhalb des Finanzsektors tätigen Unternehmen ausreichend Erfahrung gewonnen werden kann.[69]

46 Die FMA stellt im Rahmen ihrer Beurteilung der Angemessenheit der fachlichen Eignung eines potenziellen Aufsichtsratsvorsitzenden insbesondere auf dessen erfolgreiche Absolvierung facheinschlägiger Studien und Lehrgänge bzw externer oder interner Schulungen ab und verlangt hierüber einen entsprechenden Nachweis (zB Zeugnisse, Besuchsbestätigungen oä).[70] Die fachlich-praxisbezogenen Anforderungen können – wie auch bei einfachen Aufsichtsratsmitgliedern – auch anhand eines Fit & Proper-Tests durch die FMA überprüft werden.

47 Die Sonderregelungen des § 28a Abs 3 BWG gelten nur für den Aufsichtsratsvorsitzenden und nicht für dessen Stellvertreter. Dies ist damit begründbar, dass – wie erwähnt – üblicherweise nur der Aufsichtsratsvorsitzende ständigen Kontakt mit der Geschäftsleitung hält, derart über die internen Vorgänge des Kreditinstituts Bescheid weiß und in einem bestimmten Ausmaß auch Einfluss auf die Geschäftsführung nehmen kann.

D. Anzeigepflicht

48 Das Kreditinstitut hat jede Änderung in der Person eines Aufsichtsratsmitgliedes unter Angabe der Erfüllung der Voraussetzungen nach § 28a Abs 5 BWG schriftlich bei der FMA anzuzeigen (§ 73 Abs 1 Z 8 BWG). Gleiches gilt für jede Änderung der Voraussetzungen gemäß § 28a Abs 3 und 5 BWG bei bestehenden Mitgliedern des Aufsichtsrates. Letztes jedoch nur, wenn die Änderung bewirkt, dass die Anforderungen gemäß § 28a Abs 3 und 5 BWG nicht mehr erfüllt

[67] Vgl Fit & Proper-Rundschreiben, Rz 47; Punkt 14 Abs 4 F & P-GL.
[68] Vgl Fit & Proper-Rundschreiben, Rz 49.
[69] Vgl Fit & Proper-Rundschreiben, Rz 51.
[70] Vgl Fit & Proper-Rundschreiben, Rz 48.

werden.[71] Das Institut hat gemeinsam mit der Anzeige über die Bestellung oder Ernennung eines Aufsichtsratsmitglieds der FMA eine Bestätigung zu übermitteln, dass eine positive Überprüfung der Eignung der betreffenden Person gemäß der institutsintern für die Beurteilung der Eignung solcher Personen festgelegten Richtlinien und Verfahren durchgeführt wurde (Bestätigung der bankinternen Eignungsüberprüfung).[72]

Auch jede Änderung des Aufsichtsratsvorsitzenden ist der FMA schriftlich unter Bescheinigung der in § 28a Abs 3 BWG normierten Anforderungen zur Kenntnis zu bringen (§ 28a Abs 4 BWG). Mangels anderer gesetzlicher Bestimmung hat der Vorstand in Anlehnung an § 91 AktG die Meldung vorzunehmen.[73] 49

Bei bedeutenden Kreditinstituten im Sinne der SSM-Rahmenverordnung hat die Meldung von Änderungen ebenfalls an die FMA zu erfolgen. Diese hat die Informationen an die EZB weiterzuleiten.[74] 50

E. Kontrolle und Sanktionen

Die Prüfung der Erfüllung der Anforderungen an den Aufsichtsratsvorsitzenden gemäß § 28a Abs 3 BWG und an die sonstigen Mitglieder des Aufsichtsrat gemäß § 28 Abs 5 BWG hat zunächst durch das Kreditinstitut selbst zu erfolgen.[75] Derartige Prüfungen sind erstmals – wenn irgendwie möglich – vor Aufnahme der Tätigkeit durch die betreffende Person, spätestens aber sechs Wochen nach der Aufnahme der Tätigkeit[76] und in der Folge regelmäßig durchzuführen und zu dokumentieren.[77] Kommt das Kreditinstitut dabei zu dem Ergebnis, dass ein Mitglied den Anforderungen nicht entspricht, hat es geeignete Maßnahmen zu setzen, um die Eignung zeitnah zu gewährleisten, von einer Bestellung abzusehen oder bei bereits erfolgter Bestellung die Person zu ersetzen.[78] 51

Die Prüfung durch die FMA oder die EZB erfolgt jeweils nach der Anzeige der Änderung in der Person des Aufsichtsratsmitgliedes oder des Aufsichtsratsvorsitzenden bei der FMA. 52

Gesellschaftsrechtlich ist bei einem Verstoß gegen die Voraussetzungen des § 28a Abs 5 BWG, etwa bei mangelnder Qualifikation des gewählten Mitglieds des Aufsichtsrates oder bei Überschreitung der Mandatsgrenze, lediglich von der Anfechtbarkeit des Wahlbeschlusses gemäß § 195 Abs 1 AktG bzw § 41 Abs 1 Z 2 GmbHG wegen eines Verstoßes gegen das Gesetz, nicht jedoch von absoluter Nichtigkeit auszugehen.[79] 53

---

71 Vgl RV 162 BlgNR 25. GP S 16.

72 Fit & Proper-Rundschreiben, Rz 103.

73 Gemäß § 91 AktG hat der Vorstand jeden Wechsel der Aufsichtsratsmitglieder unverzüglich zur Eintragung in das Firmenbuch anzumelden.

74 Vgl Art 93f SSM-Rahmenverordnung.

75 Vgl Punkt 4 Abs 1 F & P-GL.

76 Vgl Punkt 6 Abs 1 F & P-GL.

77 Vgl Fit & Proper-Rundschreiben, Rz 102.

78 Vgl Punkt 8 Abs 1 F & P-GL.

79 Vgl *Wachter*, ÖBA 2015, 96 (102).

54 Bei weniger bedeutenden beaufsichtigten Unternehmen kann die FMA mangels besonderer gesetzlicher Regelungen nur auf die ihr allgemein zustehenden Sanktionsmöglichkeiten gemäß § 70 Abs 4 BWG zurückgreifen, wenn sie der Ansicht ist, dass einfache Aufsichtsratsmitglieder die Anforderungen des § 28a Abs 5 BWG nicht erfüllen. Die FMA kann dem betroffenen Institut somit lediglich unter Androhung einer Zwangsstrafe auftragen, den rechtmäßigen Zustand (dh die den gesetzlichen Bestimmungen des § 28a Abs 5 entsprechende Qualifikation sämtlicher Aufsichtsratsmitglieder) binnen einer angemessenen Frist herzustellen (§ 70 Abs 4 Z 1 BWG). Kommt das Institut dieser Aufforderung nicht (rechtzeitig) nach, kann die FMA den Geschäftsleitern die Geschäftsführung ganz oder teilweise untersagen. Sollte auch diese Maßnahme die Funktionsfähigkeit des Kreditinstituts im Sinne eines den gesetzlichen Bestimmungen entsprechenden, zur Ausübung der Überwachungstätigkeiten befähigten Aufsichtsrates nicht sicherstellen können, müsste die FMA dem betroffenen Institut im äußersten Fall die Konzession entziehen (§ 70 Abs 4 Z 3 BWG). Bei der Festsetzung der Art der Sanktionen und Maßnahmen wegen Verstößen gegen die Bestimmungen der in § 70 Abs 4 BWG angeführten Rechtsvorschriften und bei der Bemessung der Höhe einer Geldstrafe hat die FMA insbesondere die in § 99e BWG normierten Kriterien zu beachten.

55 Neben den in § 70 Abs 4 BWG genannten Sanktionen kann die FMA gemäß § 99c Abs 1 BWG bei Verstößen gegen die Bestimmungen des § 28a Abs 5 Z 1 bis 5 BWG unter Anführung des begangenen Verstoßes auch den Namen des betroffenen Kreditinstituts veröffentlichen, sofern eine solche Bekanntgabe die Stabilität der Finanzmärkte nicht ernstlich gefährdet oder den Beteiligen einen unverhältnismäßig hohen Schaden zufügt. Angesichts des Wortlauts des Bestimmung (arg.: „kann") handelt es sich bei der Entscheidung der FMA, ob sie von ihrem Veröffentlichungsrecht Gebrauch macht, um eine Ermessensentscheidung. Sie hat somit vor Veröffentlichung eine entsprechende Interessenabwägung durchzuführen.[80]

56 Freilich stellt sich in Anbetracht dieser beschränkten Sanktionsmöglichkeiten der FMA bei Mängeln hinsichtlich der Eignung oder Integrität der Aufsichtsratsmitglieder das Problem, dass die Verletzung der gesetzlichen Anforderungen nach § 28a Abs 5 BWG keine Gesetzesverletzung darstellt, welche von der – durch die Sanktionen unmittelbar betroffenen – Geschäftsleitung selbst behoben werden könnte.[81] Der Geschäftsleitung steht keine Möglichkeit offen, die die gesetzlichen Anforderungen nicht erfüllenden Aufsichtsratsmitglieder abzuberufen. Es läge somit im äußersten Fall allein in der Hand der Hauptversammlung (bzw bei Arbeitnehmervertretern des Betriebsrats), auf die Sanktionen der FMA entsprechend zu reagieren.

57 Kommt die FMA hingegen bei der Prüfung der Erfüllung der Anforderungen hinsichtlich des Aufsichtsratsvorsitzenden zum Ergebnis, dass dieser die an ihn gestellten Anforderungen gemäß § 28a Abs 3 BWG nicht erfüllt, sieht § 28a Abs 4 BWG eine besondere Sanktionsmöglichkeit für die FMA vor. Hiernach hat der zur Ausübung der Gerichtsbarkeit in Handelssachen berufene Gerichtshof erster

---

80 So auch *Fletzberger*, in Braumüller/Ennöckl/Gruber/Raschauer, 24.

81 Vgl *Schima*, ÖBA 2014, 28 (32).

Instanz auf Antrag der FMA im Verfahren außer Streitsachen die Wahl des Vorsitzenden des Aufsichtsrates zu widerrufen, wenn dieser die in § 28a Abs 3 BWG genannten Anforderungen nicht erfüllt. Der Antrag ist binnen vier Wochen nach der Übermittlung des Ergebnisses der Wahl zu stellen. Ab der Antragstellung durch die FMA bis zur rechtskräftigen Entscheidung des Gerichts ruht die Funktion des Vorsitzenden des Aufsichtsrates (§ 28a Abs 4 BWG).

Dies hat zur Folge, dass der Aufsichtsrat des Kreditinstituts eine andere Person **58** zum Vorsitzenden wählen muss. Es scheidet aus, dass diesfalls der gewählte Stellvertreter des Aufsichtsratsvorsitzenden die Vorsitzfunktion bis zur Entscheidung des Gerichts ausübt, zumal für diesen die Anforderungen gemäß § 28a BWG nicht gelten. § 28a BWG hat ersichtlich den Fall vor Augen, dass der Stellvertreter des Aufsichtsratsvorsitzenden diesen nur in Einzelfällen vertritt, nicht jedoch dass er für eine längere Zeit an dessen Stelle tritt; überdies ist das Ruhen der Funktion des Aufsichtsratsvorsitzenden aufgrund eines Antrags der FMA gemäß § 28a Abs 4 BWG nicht als Verhinderungsfall anzusehen, in dem die Vertretungsregelung zum Zug kommt.

Obwohl § 28 Abs 4 BWG nur das (mögliche) Vorgehen der FMA nach der **59** Wahl des Aufsichtsratsvorsitzenden regelt, ist davon auszugehen, dass die FMA auch zu einem späteren Zeitpunkt einen Antrag bei Gericht auf Widerruf der Wahl einer Person zum Aufsichtsratsvorsitzenden bei Gericht stellen kann. Dies kann wohl angesichts der in § 28a Abs 4 BWG enthaltenen Präklusionsfrist nur für in der Person des gewählten Aufsichtsratsvorsitzenden gelegene Mängel gelten, die der FMA entweder bis zum Ablauf der vierwöchigen Präklusionsfrist nicht bekannt waren oder die erst später entstanden sind. In diesem Fall ist davon auszugehen, dass die Antragstellung der FMA nicht an eine Frist gebunden ist; auch hier wird als Rechtsfolge einer solchen Antragstellung bei Gericht das Ruhen der Funktion des Vorsitzenden des Aufsichtsrates eintreten.

Das Antragsrecht der FMA läuft auf eine Nachprüfung der Kontrolle der Vo- **60** raussetzung des § 28a Abs 3 BWG sowohl in formaler als auch in inhaltlicher Hinsicht hinaus. Das BWG legt nicht dar, welche konkreten Bedenken vorliegen müssen, um die FMA zu einem Antrag auf gerichtliche Überprüfung der Wahl des Aufsichtsratsvorsitzenden zu veranlassen.[82] Die FMA darf aber als Organ der Hoheitsverwaltung einen solchen Antrag nur dann stellen, wenn konkrete Tatsachen vorliegen, aufgrund derer begründete Zweifel an der Erfüllung der Anforderungen gemäß § 28a Abs 3 BWG bestehen. Liegen derartige konkrete Anhaltspunkte vor, ist die FMA freilich verpflichtet, einen entsprechenden Antrag bei Gericht zu stellen, zumal sie diesbezüglich kein Ermessen hat.[83]

Anders als bei der Bestellung der Geschäftsleiter bedarf die Wahl des Auf- **61** sichtsratsvorsitzenden zu ihrer Rechtswirksamkeit also nicht der Genehmigung durch die FMA; die FMA hat – wie dargestellt – gemäß § 28a Abs 4 BWG erst nach rechtswirksamer Wahl des Aufsichtsratsvorsitzenden das Recht, die Wahl zu bekämpfen. Ungeachtet dieser Regelung wird im Regelfall jedes gut beratene

---

82 *Borns*, BWG³ § 28a Rz 7.

83 In der Praxis wird die FMA wohl zunächst versuchen, in direktem Kontakt mit dem Kreditinstitut die Wahl eines anderen Aufsichtsratsvorsitzenden zu erreichen.

Kreditinstitut bereits im Vorfeld der Wahl des Aufsichtsratsvorsitzenden Kontakt mit der FMA aufnehmen, um im Vorhinein deren informelles Einverständnis zur Wahl des in Aussicht genommenen Aufsichtsratsvorsitzenden einzuholen. Kein Kreditinstitut wird angesichts der negativen Öffentlichkeitswirkung und der damit verbundenen negativen Folgen für die Geschäftstätigkeit des Unternehmens anstreben, mit der FMA vor Gericht über die Zulässigkeit der Wahl einer bestimmten Person zum Aufsichtsratsvorsitzenden streiten zu müssen.

62 Ist ein Vorsitzender des Aufsichtsrates Geschäftsleiter eines Kreditinstituts mit Sitz in einem Mitgliedstaat der Europäischen Gemeinschaft, kann die FMA von der Erfüllung der Voraussetzungen gemäß § 28 Abs 3 Z 1 bis 4 BWG ausgehen, sofern ihr nichts Gegenteiliges bekannt wird. Bei bedeutenden beaufsichtigten Unternehmen im Sinne der SSM-Verordnung ist die EZB für die Prüfung des Vorliegens der Anforderungen zuständig (Art 4 Abs 1 lit e SSM-VO). Die EZB überprüft die Einhaltung der Eignungsanforderungen unter Anwendung des einschlägigen Unionsrechts, bzw, wenn dieses Unionsrecht aus Richtlinien besteht, unter Anwendung der nationalen Rechtsvorschriften, mit denen diese Richtlinien umgesetzt wurden, wie etwa des BWG (Art 4 Abs 3 SSM-VO). Die Befugnisse der EZB bei Ausübung ihrer Überprüfung der Kreditinstitute ergeben sich aus Kapitel III der SSM-VO. Die EZB kann demnach sämtliche Informationen von den Kreditinstituten verlangen, die sie zur Überprüfung der Erfüllung der Eignungsanforderungen benötigt (Art 10f SSM-VO), und Prüfungen vor Ort durchführen (Art 12 SSM-VO).

63 Bei mangelhafter Erfüllung der Anforderungen oder für den Fall, dass sich ein Verstoß gegen die Anforderungen innerhalb der nächsten zwölf Monate bereits abzeichnet, kann die EZB das betroffene Kreditinstitut dazu verpflichten, Maßnahmen zu ergreifen, die zur Behebung der bestehenden Probleme erforderlich sind (Art 16 Abs 1 lit a und b SSM-VO).[84] Eine demonstrative Aufzählung möglicher derartiger Maßnahmen findet sich in Art 16 Abs 2 SSM-VO.

64 Gemäß Art 18 Abs 1 SSM-VO kann die EZB selbst Verwaltungsgeldbußen gegenüber Kreditinstituten verhängen, wenn diese gegen eine Anforderung aus direkt anwendbaren unionalen Rechtsakten verstoßen. Die Fit & Proper-Anforderungen an die Aufsichtsratsmitglieder ergeben sich jedoch ausschließlich aus nationalen Rechtsvorschriften, mit welchen die einschlägigen unionsrechtlichen Regelungen (CRD IV) umgesetzt wurden. Die Verhängung einer Verwaltungsgeldbuße gemäß Art 18 Abs 1 SSM-VO scheidet bei Verstößen gegen die Fit & Proper-Anforderungen somit aus. Die EZB kann jedoch gemäß Art 18 Abs 5 SSM-VO, wenn dies für die Zwecke der Wahrnehmung der ihr zukommenden Aufgaben erforderlich ist, in diesen Fällen von den nationalen zuständigen Behörden, sohin von der FMA, verlangen, Verfahren zur Verhängung geeigneter Sanktionen gegen das betroffene Kreditinstitut einzuleiten. Die SSM-Verordnung stellt in diesem Zusammenhang insbesondere auf die Verhängung von Geldbußen gegen Kreditinstitute ab (Art 18 Abs 5 Unterabs 2 SSM-VO).

---

84 So auch Punkt 12 F & P-GL, der für die EZB als zuständige Behörde im Sinne der EBA-VO genauso gilt wie für die nationalen Aufsichtsbehörden.

Neben den in der SSM-VO erwähnten Sanktionen kann die EZB für die Zwecke der Wahrnehmung der ihr übertragenen Aufgaben im Fall eines Verstoßes gegen ihre Verordnungen oder Beschlüsse auch Sanktionen nach Maßgabe der Verordnung (EG) Nr. 2532/98[85] verhängen (Art 18 Abs 7 SSM-VO). Hiernach kann die EZB Unternehmen etwa mit einmaligen Geldbußen bis zu € 500.000 oder mit in regelmäßigen Abständen zu zahlenden Strafgeldern von bis zu € 10.000 pro Tag der Übertretung belegen (Art 2 Abs 1 Verordnung [EG] Nr 3532/98). Der Verhängung der jeweiligen Sanktion hat ein Übertretungsverfahren voranzugehen, im Rahmen dessen die EZB Unterlagen und Erläuterung einfordern und prüfen kann (Art 3 Verordnung [EG] Nr. 3532/98). **65**

III. Organgeschäfte (§ 28 BWG)

A. Zweck

§ 28 BWG soll Interessenkollisionen, aber auch Missbräuchen entgegenwirken, die durch Rechtsgeschäfte zwischen dem Kreditinstitut und dessen Organen entstehen können. Durch die Einbeziehung des Aufsichtsrats sollen diese nach Möglichkeit hintan gehalten werden. Auch im Aktiengesetz finden sich Regelungen, welche dieselbe Zielsetzung verfolgen; die Regelungen des § 28 BWG gehen jedoch im Wesentlichen über die einschlägigen aktienrechtlichen Vorschriften hinaus.[86] Offensichtlich hat der Gesetzgeber bei Kreditinstituten ein besonders ausgeprägtes Interesse, Interessenkollisionen und Missbräuche zu vermeiden. **66**

B. Begriff des Organgeschäftes

Organgeschäfte im Sinne des § 28 Abs 1 BWG sind Rechtsgeschäfte des Kreditinstitutes mit (i) seinen Geschäftsleitern (und seinen Vorstandsmitgliedern im Sinne des Genossenschaftsgesetzes), (ii) den gesetzlichen Vertretern und leitenden Angestellten in von ihm beherrschten und herrschenden Unternehmen, (iii) den Mitgliedern seines Aufsichtsrates oder sonstiger nach Gesetz oder Satzung zuständiger Aufsichtsorgane, (iv) Ehegatten, Lebensgefährten im Sinne von § 72 Abs 2 StGB, Kindern, Wahl- und Pflegekindern des Organwalters oder (v) Dritten, die für Rechnung eines der relevanten Organwalter oder dessen Angehörigen handeln.[87] **67**

Erfasst sind nach der klaren Regelung des § 28 Abs 1 BWG sowohl direkte als auch indirekte Geschäfte. Damit werden auch jegliche Umgehungsgeschäfte ausgeschlossen.[88] **68**

§ 28 BWG bezieht sich sachgerecht auf jegliche Rechtsgeschäfte und nicht etwa nur auf Bankgeschäfte, zumal Interessenkollisionen oder Missbräuche na- **69**

---

[85] Verordnung (EG) Nr. 2532/98 des Rates vom 23. November 1998 über das Recht der Europäischen Zentralbank, Sanktionen zu verhängen.

[86] *Borns*, BWG³ § 28a Rz 1; *Diwok/Göth*, Bankwesengesetz § 28 Rz 2.

[87] Vgl zum Begriff des Organgeschäftes näher *Borns*, BWG³ § 28 Rz 3, *Diwok/Göth*, Bankwesengesetz § 28 Rz 6ff.

[88] *Borns*, BWG³ § 28a Rz 2.

turgemäß bei allen Arten von Rechtsgeschäften zwischen dem Kreditinstitut und dessen Organen im Sinne des § 28 Abs 1 BWG auftreten können. § 28 Abs 1 BWG erfasst dementsprechend etwa auch den Kauf oder Verkauf von Waren oder Liegenschaften sowie die Erbringung anderer Dienstleistungen.[89]

70 Organgeschäfte dürfen – mit Ausnahme der in § 28 Abs 2 BWG genannten Geschäfte – nur mit Zustimmung der Geschäftsleiter und des Aufsichtsrats abgeschlossen werden.

C. Ausnahmen

71 § 28 Abs 2 BWG zählt jene Rechtsgeschäfte auf, die nicht zustimmungspflichtig sind. Darunter fallen Kredite und Vorschüsse, deren Gesamtausmaß ein Viertel des Jahresbezuges nicht übersteigt (§ 28 Abs 2 Z 1 BWG). Unter „Jahresbezug“ ist das Bruttogehalt zu verstehen. Bei der Feststellung des Jahresbezuges sind etwaige Sonderzahlungen, Prämien, Bilanzgelder und dergleichen mit zu berücksichtigen. Aufwandsentschädigungen zählen nicht zum Jahresbezug, Aufsichtsratsvergütungen sind hingegen zu berücksichtigen.[90] Nicht zustimmungspflichtig sind auch andere Rechtsgeschäfte, bei denen das angemessene Entgelt ein Viertel des Jahresbezuges nicht übersteigt oder weniger als € 5.000 beträgt (§ 28 Abs 2 Z 2 BWG). Auch diese Ausnahme betrifft sämtliche Rechtsgeschäfte und nicht nur Bankgeschäfte.[91] Auch Dauerschuldverhältnisse, bei denen das angemessene Entgelt jährlich kapitalisiert ein Viertel des Jahresbezuges nicht übersteigt, sind keine genehmigungspflichtigen Organgeschäfte (§ 28 Abs 2 Z 3 BWG).[92] Schließlich bedürfen Bankgeschäfte des täglichen Lebens zu marktüblichen Bedingungen nicht der Zustimmung des Aufsichtsrats (§ 28 Abs 2 Z 4 BWG). Zu Bankgeschäften des täglichen Lebens zählen zB das Sparbuch oder die Kontoführung.[93]

72 Nach herrschender Auffassung[94] ist der Ausnahmekatalog des § 28 Abs 2 BWG taxativ. Dies hat zur Folge, dass etwa auch unentgeltliche Rechtsgeschäfte zwischen dem Kreditinstitut und dessen Organen iSd § 28 Abs 1 BWG zustimmungspflichtig sind.

D. Zustimmung des Aufsichtsrates

73 Organgeschäfte im Sinne des § 28 BWG sind nur aufgrund eines einstimmigen Beschlusses aller Geschäftsleiter und der Zustimmung des Aufsichtsrates oder des sonst nach Gesetz oder Satzung zuständigen Aufsichtsorgans zulässig. Bei der Beschlussfassung über Organgeschäfte hat der Betroffene kein Stimmrecht. Die Beschlüsse haben bei Krediten auch die Verzinsung und Rückzahlung zu regeln. Die Zustimmung des Aufsichtsrates muss – anders als die Zustimmung der Geschäftsleiter – nicht einstimmig erfolgen. Für den Beschluss des Aufsichtsorgans,

---

89 *Borns*, Das Österreichische Bankrecht² 260; *Diwok/Göth*, Bankwesengesetz § 28 Rz 20.

90 *Borns*, BWG³ § 28 Rz 6; *Diwok/Göth*, Bankwesengesetz § 28 Rz 22f.

91 *Borns*, BWG³ § 28 Rz 6; *Diwok/Göth*, Bankwesengesetz § 28 Rz 24f.

92 Für den Begriff des Jahresbezuges gilt das zu § 28 Abs 2 Z 1 BWG Gesagte.

93 *Borns*, BWG³ § 28 Rz 6.

94 *Borns*, BWG³ § 28 Rz 6; *Diwok/Göth*, Bankwesengesetz § 28 Rz 22.

mit dem die Zustimmung zum Abschluss des Rechtsgeschäftes erteilt wird, genügt die nach Satzung oder Geschäftsordnung erforderliche Mehrheit. Ebenso gelten die satzungsmäßigen Voraussetzungen für die Beschlussfähigkeit (Anwesenheitsquorum, *Briem* Rz 12/1 ff).[95]

Die Zustimmung zu den Organgeschäften kann für bestimmte Rechtsgeschäfte oder Arten von Rechtsgeschäften für ein Jahr im Voraus erteilt werden.[96] Dem Aufsichtsrat oder dem sonst nach Gesetz oder Satzung zuständigen Aufsichtsorgan ist über jedes dieser Rechtsgeschäfte sowie jeden dieser Kredite und Vorschüsse mindestens einmal jährlich zu berichten (§ 28 Abs 4 BWG). **74**

Nimmt ein Geschäftsleiter, wirtschaftlicher Eigentümer oder ein Mitglied eines geschäftsführenden Organs des Kreditinstitutes eine dieser Funktionen gleichzeitig in einem Unternehmen wahr, dürfen auch Rechtsgeschäfte des Kreditinstitutes mit diesem Unternehmen nur aufgrund der Zustimmung des Aufsichtsrates vorgenommen werden (§ 28 Abs 3 BWG). Diese Bestimmung über die sogenannten „Horizontalgeschäfte" gilt nicht für Aufsichtsratsmitglieder, die in einem anderen Unternehmen diese Funktion wahrnehmen. In diesem Punkt ist das BWG bemerkenswerterweise weniger streng als § 95 Abs 5 Z 12 AktG. Die in § 95 Abs 5 Z 12 AktG geregelte Zustimmungspflicht besteht auch für Verträge mit Unternehmen, an denen ein Aufsichtsratsmitglied ein erhebliches wirtschaftliches Interesse hat. In diesem Fall kommt die strengere Vorschrift des § 95 Abs 5 Z 12 AktG für Kreditinstitute in der Rechtsform einer Aktiengesellschaft zur Anwendung. **75**

E. Rechtsfolgen eines Verstoßes

Werden Organgeschäfte ohne die nach § 28 BWG erforderliche Zustimmung aller Geschäftsleiter und des Aufsichtsrates abgeschlossen, sind gewährte Kredite und Vorschüsse ohne Rücksicht auf entgegenstehende Vereinbarungen unverzüglich zurückzuzahlen. Die Rückzahlungspflicht entfällt lediglich, wenn der einstimmige Beschluss der Geschäftsleiter und die Zustimmung des Aufsichtsrates nachträglich erfolgen. **76**

Die Geschäftsleiter und die Mitglieder des Aufsichtsrates oder des sonst nach Gesetz oder Satzung zuständigen Aufsichtsorganes haften persönlich als Gesamtschuldner für die Rückzahlung der Kredite oder Vorschüsse, wenn Kredite oder Vorschüsse entgegen den Bestimmungen über die Organgeschäfte mit ihrem Wissen und ohne ihren Widerspruch gewährt werden. **77**

Bei anderen entgegen den Vorschriften über die Organgeschäfte geschlossenen Rechtsgeschäften haften die genannten Personen ebenfalls zur gesamten Hand, wenn das Kreditinstitut dadurch geschädigt wurde. Die Voraussetzung der Haftung ist auch in diesem Fall, dass die Rechtsgeschäfte mit ihrem Wissen und ohne ihren Widerspruch geschlossen wurden. Auch bei anderen Rechtsgeschäften ist eine Sanierung durch nachträgliche Zustimmung möglich (§ 28 Abs 5 BWG). **78**

---

95 *Borns*, BWG^3 § 28 Rz 7.
96 Dazu näher zB *Borns*, BWG^3 § 28 Rz 8.

79 Aus § 28 Abs 5 BWG ergibt sich für den betroffenen Personenkreis eine Verpflichtung zur Erhebung eines Widerspruches, sobald den Personen eine Verletzung der Bestimmung des § 28 BWG zur Kenntnis gelangt. Dieser Widerspruch ist an die Geschäftsleiter als die gesetzlichen Vertreter des Kreditinstitutes zu richten.[97]

80 In Bezug auf die Frage der Wirksamkeit eines entgegen § 28 BWG geschlossenen Organgeschäftes ist festzuhalten, dass gesetzlich normierte Zustimmungspflichten im Gesellschaftsrecht grundsätzlich nur Wirkung für das Innenverhältnis entfalten. Dabei kann auf die Literatur zu den zustimmungspflichtigen Geschäften des § 95 AktG zurückgegriffen werden. Die Zustimmungspflicht wirkt nur im Innenverhältnis. Die alleinige Vertretungsmacht des Vorstandes wird durch die Genehmigungspflicht des Aufsichtsrates nicht berührt. Ein Geschäft, das ohne oder gegen eine Genehmigung des Aufsichtsrats durchgeführt wird, ist dennoch grundsätzlich wirksam, die Gesellschaft ist daran gebunden.[98]

81 Etwas anderes kann sich freilich aus dem allgemeinen Vollmachtsrecht ergeben, wenn der Dritte von der Vollmachtsbeschränkung weiß und am Missbrauch der Vollmacht wissentlich mitwirkt.[99] In diesem Fall liegt Kollision vor und das Geschäft ist unwirksam. In diesem Fall ist das Kreditinstitut nicht an das entgegen den Vorschriften des § 28 BWG geschlossene Geschäft gebunden.

IV. Fachausschüsse des Aufsichtsrats

A. Allgemein

82 Nach § 92 Abs 4 AktG kann der Aufsichtsrat aus seiner Mitte einen oder mehrere Ausschüsse bestellen, namentlich zu dem Zweck, seine Verhandlungen und Beschlüsse vorzubereiten oder die Ausführung seiner Beschlüsse zu überwachen. Bereits bisher war die Einrichtung eines Fachausschusses, nämlich des Prüfungsausschusses, im BWG vorgesehen. Mit dem CRD IV-Umsetzungsgesetz wurde die Einrichtung weiterer Fachausschüsse gesetzlich im BWG verankert. In Kreditinstituten, deren Bilanzsumme eine Milliarde Euro übersteigt, oder in Kreditinstituten, die übertragbare Wertpapiere ausgegeben haben, die zum Handel an einem geregelten Markt gemäß § 1 Abs 2 BWG zugelassen sind,[100] ist nunmehr zusätzlich zum Prüfungsausschuss ein Nominierungsausschuss (§ 29 Abs 1 BWG), ein Vergütungsausschuss (§ 39c BWG) und ein Risikoausschuss (§ 39d BWG) einzurichten. Die Einrichtung der Fachausschüsse obliegt dabei stets dem Aufsichtsrat selbst bzw einem sonst nach Gesetz oder Satzung zuständigen Aufsichtsorgan des Kreditinstituts (*Schimka* Rz 29/5 ff).

[97] *Borns*, BWG³ § 28 Rz 9.
[98] *Kalss* in Doralt/Nowotny/Kalss, Aktiengesetz² § 95 Rz 96.
[99] *Strasser* in Rummel⁴, § 1017 Rz 23b.
[100] Zur berechtigten Frage, warum im Rahmen der Umsetzung der CRD IV im BWG für die Verpflichtung zur Einrichtung von Ausschüssen nicht auch – wie hinsichtlich der Mandatsgrenzen – auf Kreditinstitute „von erheblicher Bedeutung" im Sinne des § 5 Abs 4 BWG abgestellt wurde, obwohl der diesbezügliche Wortlaut der CRD IV bei den Bestimmungen betreffend die Ausschüsse und die Mandatsgrenzen identisch ist, siehe *Wachter*, ÖBA 2015, 96 (97).

Neben diesen gesetzlich vorgesehenen Fachausschüssen können weitere Ausschüsse im Aufsichtsrat von Kreditinstituten zu vielfältigen bzw kreditinstitutsspezifischen Zwecken gebildet werden. 83

Unabhängig davon, ob die Einrichtung eines Ausschusses freiwillig erfolgt oder gesetzlich vorgesehen ist, verbleibt die Gesamtverantwortung für die Geschäftsführungsüberwachung beim Gesamtaufsichtsrat. Sämtliche Aufsichtsratsmitglieder haben dafür Sorge zu tragen, dass der Aufsichtsrat seiner Aufgabe insgesamt gerecht wird, die Aufgabenverteilung ordnungsgemäß vorgenommen wird und zweckentsprechend organisiert ist.[101] Es tritt also dadurch, dass sich der Gesamtaufsichtsrat der Hilfe eines Ausschusses bedient, keine Exkulpation derjenigen Aufsichtsratsmitglieder ein, die nicht gleichzeitig Mitglied eines Ausschusses sind.[102] Nimmt ein Ausschuss nicht nur vorbereitende Tätigkeiten vor, sondern fasst er auch selbst Beschlüsse, ist der Gesamtaufsichtsrat jedoch lediglich für die Auswahl der Mitglieder und die erforderliche Kontrolle der Ausschüsse, nicht aber unmittelbar für die Erfüllung ihrer Aufgaben verantwortlich. Die Mitglieder, die nicht gleichzeitig Mitglied eines Ausschusses sind, haben sich folglich lediglich in regelmäßigen Abständen im Rahmen einer Plausibilitätsprüfung von der ordnungsgemäßen Erfüllung der Aufgaben durch den Ausschuss zu überzeugen.[103] Insofern geht mit einer Delegation von Aufgaben an einen Ausschuss keine Haftungsbefreiung, wohl aber eine gewisse Haftungsentlastung im Sinne der Umwandlung der sonst gegebenen aktiven Handlungspflichten in Überwachungspflichten einher.[104] 84

Auf Seiten der Ausschussmitglieder ergibt sich aus ihrer Mitgliedschaft in dem jeweiligen Ausschuss eine gegenüber dem Plenum gesteigerte Verantwortung. Je nach Aufgabenstellung und Qualifikationsmerkmalen für die jeweilige Ausschussbesetzung kommt dabei ein über der Mindestqualifikation liegender, schärferer Maßstab in Betracht.[105] Erfüllt ein Ausschussmitglied die erhöhten Anforderungen an seine Qualifikation nicht, haftet es bereits unter dem Gesichtspunkt eines Übernahmeverschuldens.[106] 85

B. Prüfungsausschuss (§ 63a Abs 4 BWG)

1. Anwendungsbereich

In Kreditinstituten jedweder Rechtsform, deren Bilanzsumme € 1 Milliarde übersteigt oder die übertragbare Wertpapiere ausgegeben haben, die zum Handel an einem geregelten Markt gemäß § 1 Abs 2 BörseG zugelassen sind, hat der Aufsichtsrat einen Prüfungsausschuss zu bestellen. Dieser setzt sich aus mindestens drei Mitgliedern des Aufsichtsorgans zusammen (§ 63a Abs 4 erster Satz BWG). Die Verpflichtung zur Einrichtung eines Prüfungsausschusses stützt sich auf 86

[101] *Kalss* in Doralt/Nowotny/Kalss, Aktiengesetz², § 92 Rz 178.
[102] Vgl *Hüffer*, AktG¹¹ (2014), § 111 Rz 17.
[103] *Kalss* in Doralt/Nowotny/Kalss, Aktiengesetz², § 92 Rz 178.
[104] *Habersack* in MünchKomm AktG³ (2008), § 107, Rz 169.
[105] *Habersack* in MünchKomm AktG³ (2008), § 107, Rz 168.
[106] *Habersack* in MünchKomm AktG³ (2008), § 116, Rz 26.

Art 41 der Richtlinie 2006/43/EG („Abschlussprüfungsrichtlinie“)[107] und besteht für Kreditinstitute nach dem BWG seit 1.1.2008.[108] Die gesetzliche Umsetzung der Pflicht zur Einrichtung des Prüfungsausschusses erfolgte somit bei Kreditinstituten früher als bei anderen Gesellschaften, bei denen die Prüfungsausschusspflicht erst mit dem Unternehmensrechtsänderungsgesetz 2008 („URÄG 2008“) eingeführt wurde.[109] Die parallele Bestimmung für Aktiengesellschaften ist in § 92 Abs 4a AktG umgesetzt.

87 Dem Prüfungsausschuss muss gemäß § 63a Abs 4 BWG eine Person angehören, „die über besondere Kenntnisse und praktische Erfahrung im bankbetrieblichen Finanz- und Rechnungswesen und in der Berichterstattung in für das betreffende Kreditinstitut angemessener Weise verfügt (Finanzexperte)“. Nach herrschender Auffassung sind die Anforderungen an den Finanzexperten bereits nach dem Aktiengesetz hoch und an die Anforderungen der Gesellschaft anzupassen;[110] das BWG stellt im Vergleich zum Aktiengesetz noch strengere Anforderungen auf.

88 Während der Finanzexperte des Prüfungsausschusses nach § 92 Abs 4a AktG über „den Anforderungen des Unternehmens entsprechende“ Kenntnisse im Finanz- und Rechnungswesen sowie in der Berichterstattung verfügen muss, verlangt § 63a Abs 4 BWG, dass der Finanzexperte über „besondere Kenntnisse und praktische Erfahrung“ im bankbetrieblichen Finanz- und Rechnungswesen und in der Berichterstattung „in für das betreffende Kreditinstitut angemessener Weise“ verfügt (*Schimka* Rz 29/81).

89 Die Mitglieder für den Prüfungsausschuss werden aus dem Kreis der Aufsichtsratsmitglieder durch den Gesamtaufsichtsrat nach pflichtgemäßem Ermessen ausgewählt, wobei fachliche Gesichtspunkte im Vordergrund stehen.[111] Wird eine Person aus dem Aufsichtsrat trotz mangelnder Eignung als Finanzexperte gewählt, ist der Beschluss des Aufsichtsrates deswegen nicht anfechtbar oder nichtig. Die tatsächliche Kontrolle der Qualifikation des Finanzexperten als Mitglied des Prüfungsausschusses erfolgt in der Praxis über den Haftungsmaßstab des Aufsichtsrates.[112] Ein Mitglied des Aufsichtsrates und des Prüfungsausschusses kann sich wegen des Fehlens der für das konkrete Unternehmen erforderlichen Qualifikation nicht exkulpieren.[113]

90 Vorsitzender des Prüfungsausschusses oder Finanzexperte darf nicht sein, wer in den letzten drei Jahren Geschäftsleiter oder leitender Angestellter (vgl § 80

---

[107] RL 2006/43/EG des Europäischen Parlaments und des Rates vom 17.5.2006 über Abschlussprüfungen von Jahresabschlüssen und konsolidierten Abschlüssen, zur Änderung der RL 78/660/EWG und 83/349/EWG des Rates und zur Aufhebung der RL 84/253/EWG des Rates, ABl L 157 v 9.6.2007, 87 – Abschlussprüfungsrichtlinie.

[108] BGBl I 108/2007, vgl EB zum Ministerialentwurf 138/ME 23. GP, S 6; vgl auch *Schmidbauer*, ecolex 2008, 236f.

[109] BGBl I 70/2008.

[110] *Potyka/Weber*, GesRz 2008, 196.

[111] *Kalss* in Doralt/Nowotny/Kalss, Aktiengesetz^2 § 92 Rz 157.

[112] *Huemer*, RdW 2008, 577.

[113] OGH 1 Ob 144/01 k, veröffentlicht in SZ 2002/26; die Sorgfaltspflicht ist im Besonderen auf die Branche des Unternehmens, aber auch auf andere Faktoren, wie dessen Größe, dessen Marktposition und auf ähnliche Umstände abgestellt. Der erhöhte objektive Sorgfaltsmaßstab hebt sich in der praktischen Anwendung von jenem des § 1299 ABGB kaum ab.

AktG[114]) oder Bankprüfer des Kreditinstitutes war oder den Bestätigungsvermerk unterfertigt hat oder aus anderen Gründen nicht unabhängig oder unbefangen ist.

Der Gesetzgeber hat somit eine unterschiedliche Regelung der Cooling-Off-Periode für den Vorsitzenden des Prüfungsausschusses und den Finanzexperten im Prüfungsausschuss (§ 63a Abs 4 BWG) einerseits und für den Vorsitzenden des Aufsichtsrates (§ 28a Abs 1 BWG) andererseits getroffen. Für den Vorsitzenden des Prüfungsausschusses oder den Finanzexperten besteht eine dreijährige Cooling-Off-Periode, auch wenn es sich um einfache Mitglieder des Aufsichtsrates handelt und die zwei-jährige Cooling-Off-Periode nach § 28a Abs 1 BWG nicht zur Anwendung käme (§ 63a Abs 4 BWG). **91**

Für die Prüfung der Unabhängigkeit und Unbefangenheit des Vorsitzenden des Prüfungsausschusses und des Finanzexperten kann unter anderem auf die Leitlinien für die Unabhängigkeit in Anhang I des Corporate Governance Kodex verwiesen werden.[115] **92**

2. Aufgaben

§ 63 a Abs 4 Z 1 bis 7 BWG enthält den Aufgabenkatalog für den Prüfungsausschuss. Der Aufgabenkatalog geht auf Art 41 Abs 2 der Abschlussprüfungsrichtlinie zurück. Die Aufgaben des Prüfungsausschusses werden in § 63a Abs 4 BWG enumerativ aufgelistet.[116] Die Aufgaben des Prüfungsausschusses im Kreditinstitut sind auf die Besonderheiten der Prüfung des Kreditinstituts durch den Bankprüfer angepasst. **93**

Zu den Aufgaben des Prüfungsausschusses gehören gemäß § 63a Abs 4 Z 1 bis 7 BWG: **94**

- Die Überwachung des Rechnungslegungsprozesses (Z 1);
- die Überwachung der Wirksamkeit des internen Kontrollsystems, des internen Revisionssystems und des Risikomanagementsystems der Gesellschaft (Z 2);
- die Überwachung der Abschlussprüfung und Konzernabschlussprüfung (Z 3);
- die Prüfung und Überwachung der Unabhängigkeit des Bankprüfers, insbesondere im Hinblick auf die für das geprüfte Kreditinstitut erbrachten zusätzlichen Leistungen (Z 4);
- die Prüfung des Jahresabschlusses und die Vorbereitung seiner Feststellung, die Prüfung des Vorschlags für die Gewinnverteilung, des Lageberichts und gegebenenfalls des Corporate Governance-Berichts sowie die Erstattung des Berichts über die Prüfungsergebnisse an das Aufsichtsorgan (Z 5);

---

114 Gemäß § 80 Abs 1 Satz 2 AktG sind leitende Angestellte die Geschäftsführer und Betriebsleiter, die zur selbständigen Einstellung oder Entlassung der übrigen im Betrieb oder in der Betriebsabteilung Beschäftigten berechtigt sind oder denen Prokura oder Generalvollmacht erteilt ist.

115 Danach ist ein Aufsichtsratsmitglied als unabhängig anzusehen, wenn es in keiner geschäftlichen oder persönlichen Beziehung zu der Gesellschaft oder deren Vorstand steht, die einen materiellen Interessenkonflikt begründen und daher geeignet ist, das Verhalten des Mitglieds zu beeinflussen (vgl RV 467 BlgNR 23. GP S 36).

116 *Potyka/Weber*, GesRz 2008, 194 zum Prüfungsausschuss nach § 92 Abs 4a AktG.

- gegebenenfalls die Prüfung des Konzernabschlusses und -lageberichts sowie die Erstattung des Berichts über die Prüfungsergebnisse an das Aufsichtsorgan des Mutterunternehmens (Z 6);
- die Vorbereitung des Vorschlags des Aufsichtsorgans für die Auswahl des Bankprüfers (Z 7).

95 Anders als der Aufsichtsrat hat der Prüfungsausschuss reine Überwachungs- und Prüfungsaufgaben. Der Prüfungsausschuss hat keine strategischen Aufgaben und hat auch nicht an unternehmerischen Entscheidungen hinsichtlich der Geschäftstätigkeit mitzuwirken.

96 Die Überwachungsaufgaben des Prüfungsausschusses, wozu insbesondere die Aufgaben gemäß § 63a Abs 4 Z 1 und 2 (aber auch Z 3 und 4) BWG zählen, erfordern nicht die Prüfung jedes Details. Bei der Überwachung der Wirksamkeit des internen Kontrollsystems (IKS), des internen Revisionssystems und des Risikomanagementsystems des Kreditinstitutes hat der Ausschuss zu prüfen, ob derartige Systeme in der Gesellschaft eingerichtet sind, ausreichende Ressourcen hierfür zur Verfügung stehen und ob diese Systeme grundsätzlich als wirksam angesehen werden können. Die Überwachungsaufgabe erstreckt sich auch auf die Prüfung, ob der Vorstand sich seinerseits laufend von der Wirksamkeit der Systeme überzeugt.[117] Es geht jedoch nicht darum, die Systeme im Einzelnen und bis ins kleinste Detail einer Prüfung zu unterziehen. Die Überwachung ist abhängig von der Unternehmensgröße, der Komplexität und der Einbindung der Eigentümer, wobei das Spektrum vom Befragen relevanter Personen, zB Geschäftsleiter, interne Revision, Abschlussprüfer oder Leiter der Rechtsabteilung, und der Einsichtnahme in Dokumentationen (zB in Risikoanalysen, Berichte der internen Revision oder Managementletter des Abschlussprüfers) bis zur Ausgestaltung eines umfassenden Konzepts (zB systematische Prüfung einzelner Bereiche und regelmäßige Berichterstattung) reicht. „Überwachen" bedeutet damit jedenfalls in erster Linie eine laufende Prozesskontrolle.[118]

97 Auch bei der Überwachung der Abschlussprüfung bzw Konzernabschlussprüfung kommt es in erster Linie auf eine Prozesskontrolle an. Es wird nicht vom Prüfungsausschuss verlangt, die Rechnungslegung bis ins kleinste Detail zu überwachen.[119] Aufgabe des Prüfungsausschusses ist aber, die Prüfungsschwerpunkte mit dem Bankprüfer im Vorhinein festzulegen und nach erfolgter Prüfung mit dem Bankprüfer die Vorgangsweise bei dessen Prüfung des Jahresabschlusses und Konzernabschlusses zu erörtern. Dabei wird etwa auch zu behandeln sein, inwieweit die einzelnen Bilanz- oder GuV-Posten Gegenstand „jahresabschluss-politischer" Maßnahmen sind.[120] Ergebnis dieser Überwachungstätigkeit durch den Prüfungsausschuss kann selbstverständlich sein, dass der Bankprüfer noch zusätzliche oder vertiefte Prüfungshandlungen im Zusammenhang mit dem Jahresabschluss und Konzernabschluss durchzuführen hat.

---

117 Vgl im Zusammenhang mit der Prüfung von Risikofrüherkennungssystemen und des internen Kontrollsystems *Warncke*, Prüfungsausschuss und Corporate Governance, 292 und 296.
118 *Potyka/Weber*, GesRz 2008, 195.
119 RV 467 BlgNR 23. GP S 36.
120 Vgl *Waschbusch/Karmann*, in Hölscher/Altenhain, 672f.

Die Überprüfung des Jahresabschlusses und die vorbereitende Feststellung des Jahresabschlusses schließt die Überprüfung der maßgeblichen Posten auf ihre Rechtmäßigkeit mit ein. Ein eingeschränkter Bestätigungsvermerk des Bankprüfers führt naturgemäß zu besonders hohen Anforderungen an die Prüfungshandlungen des Prüfungsausschusses oder des Aufsichtsrates und gibt somit eine ausführlichere Gestaltung der Prüfung vor.[121] In diesem Zusammenhang stellt sich freilich wiederum die Frage, wie der Prüfungsausschuss den Jahresabschluss prüfen kann. Der Prüfungsausschuss kann selbstverständlich Folgerungen aus dem Jahresabschluss über die Entwicklung des Unternehmens (vor allem auch im Vergleich zu den Jahresabschlüssen der vergangenen Geschäftsjahre sowie zum Budget und mehrjährigen Unternehmensplan) ziehen und daraus auch Maßnahmen für die zukünftige Ausrichtung der Geschäftstätigkeit ableiten. Als Analysemethoden stehen dem Aufsichtsrat dabei etwa der Vorjahresvergleich, die Kennzahlenanalyse oder der Vergleich mit anderen Banken im Rahmen eines Benchmarking zur Verfügung.[122] Im Wesentlichen wird der Prüfungsausschuss aber nicht – genauso wenig wie der Aufsichtsrat – in der Lage sein, bestimmte Posten in der Bilanz oder in der GuV des Kreditinstituts auf ihre tatsächliche Richtigkeit zu prüfen.[123] Der Prüfungsausschuss wird in aller Regel lediglich aufgrund von Auffälligkeiten gegenüber den Vorjahren oder aufgrund besonderer Kenntnis bestimmter Geschäftsfälle in der Lage sein, Posten in der Bilanz oder GuV zu überprüfen. Ansonsten muss sich der Prüfungsausschuss auf die ordnungsgemäße Tätigkeit der Geschäftsleitung und insbesondere auf die für die Rechnungslegung zuständigen Personen verlassen. Auch hier ist es daher in erster Linie die Aufgabe und Verantwortung des Prüfungsausschusses, die Herangehensweise der zuständigen Personen und den Prüfungsprozess zu kennen sowie den Prüfungsprozess zumindest stichprobenweise zu überprüfen oder überprüfen zu lassen. 98

Darüber hinaus ist für den Prüfungsausschuss (wie auch für den Aufsichtsrat) die Tätigkeit des Bankprüfers von eminenter Bedeutung. Da der Bankprüfer die Rechnungslegung des Kreditinstituts genau – und sei es auch in Bereichen nur mittels Stichproben – überprüft, hat er naturgemäß bedeutend mehr Kenntnis über die Richtigkeit des Jahresabschlusses als der Prüfungsausschuss. 99

Die Prüfungspflichten des Aufsichtsrates im Zusammenhang mit der Prüfung des Jahresabschlusses dürfen jedenfalls nicht überspannt werden. Die Entscheidungen des Vorstands sind im Rahmen des unternehmerischen Ermessens bei Einhaltung der gesetzlichen Vorgaben durch den Prüfungsausschuss und den Aufsichtsrat zu akzeptieren. 100

3. Wahrnehmung der Überwachungsaufgaben

Gesetzlich geregelt ist die Anzahl der Sitzungen des Prüfungsausschusses: Der Prüfungsausschuss hat zumindest zwei Sitzungen im Geschäftsjahr abzuhalten. Die tatsächlich erforderliche Sitzungsfrequenz hat sich nach den spezifischen Be- 101

[121] Vgl *Waschbusch/Karmann*, aaO, 674.
[122] Siehe hierzu ausführlich *Waschbusch/Karmann*, in Hölscher/Altenhain, 678.
[123] Zu beachten sind in diesem Zusammenhang die Sonderbestimmungen über die Rechnungslegung von Kreditinstituten gemäß §§ 43ff BWG.

dingungen des Unternehmens (Größe, Lage und Risikofaktoren, Organisationsstruktur, Zahl und Art der Märkte und Geschäftsfelder, auf denen das Institut tätig ist) zu richten.[124] Der Prüfungsausschuss wird durch den Vorsitzenden einberufen. Eine Einberufung auf Verlangen ist bemerkenswerterweise nicht vorgesehen,[125] wird aber dennoch nach allgemeinen Grundsätzen anzunehmen sein.

102 Neben den Ausschussmitgliedern nehmen grundsätzlich der Vorstand oder einzelne Vorstandsmitglieder an den Sitzungen des Prüfungsausschusses teil. Der Ausschuss kann aber auch Sitzungen ohne Beisein des Vorstands abhalten.[126]

103 Praktisch bedeutsam ist, wie der Prüfungsausschuss seinen Überwachungsaufgaben nachkommen muss bzw kann. Dazu gehört unter anderem die Frage, ob einzelne Beschäftigte des Unternehmens dem Prüfungsausschuss beigezogen bzw von diesem befragt werden dürfen und ob dies die Anwesenheit des Vorstands erfordert. Eindeutig ist zunächst, dass der Aufsichtsrat mit Einverständnis und in Anwesenheit des Vorstands Personen aus dem Unternehmen zu Sitzungen des Prüfungsausschusses beiziehen und befragen darf.

104 Ob der Aufsichtsrat bzw der Prüfungsausschuss unmittelbar an Angehörige des Unternehmens herantreten darf, um seine Überwachungsaufgabe zu erfüllen, und Informationen von den Betroffenen einholen darf, ohne den Vorstand zu informieren, ist unter Berücksichtigung des Zwecks der Umsetzung der Abschlussprüfungsrichtlinie im BWG sowie des URÄG 2008 zu beantworten. Mit der Einführung und der Festlegung des Aufgabenkataloges des Prüfungsausschusses sollte der Aufgaben- und Befugnisbereich des Aufsichtsrates wesentlich erweitert werden. Die Aufgaben des Prüfungsausschusses sollen eine umfassende Prozesskontrolle des Unternehmens durch Experten des Aufsichtsrates sichern. Dabei soll die Aufsichtstätigkeit des Aufsichtsrates nicht auf eine nachprüfende Kontrolle von Missständen beschränkt sein.

105 Zweck der Prozessüberwachung ist es, die Qualität der Tätigkeit der Geschäftsleiter laufend zu überwachen und Fehler durch das Versagen des Systems von vornherein verhindern. Die Haftung des Aufsichtsrates und des Prüfungsausschusses misst sich dementsprechend an dieser Zielsetzung. Um diese Aufgaben zu erfüllen, muss der Prüfungsausschuss die Möglichkeit haben, die Überwachungsaufgabe des Vorstandes selbst zu überwachen. Dies ist letztlich nur durch einen direkten Kontakt zu Angehörigen des Unternehmens möglich. Zur Erfüllung seiner Aufgaben kann der Prüfungsausschuss daher auch direkt mit Beschäftigten des Unternehmens Kontakt aufnehmen und diese befragen, ohne den Vorstand vorher zu informieren oder zumindest ohne dessen Zustimmung zu bedürfen.[127] Dafür ist es auch nicht erforderlich, dass im Einzelfall Verdachtsmomente im Hinblick auf

---

[124] So ua *Wicke/Kahl*, in Hölscher/Altenhain, 155.

[125] *Huemer*, RdW 2008, 577.

[126] Vgl *Wicke/Kahl*, in Hölscher/Altenhain, 156.

[127] Vgl so auch § 25d Abs 9 dKWG, wonach der Vorsitzende des Prüfungsausschusses oder, falls ein Prüfungsausschuss nicht eingerichtet wurde, der Vorsitzende des Verwaltungs- oder Aufsichtsorgans, unmittelbar beim Leiter der Internen Revision und beim Leiter des Risikocontrolling Auskünfte einholen kann, wobei die Geschäftsleitung hierüber unterrichtet werden muss.

Fehler des Vorstandes vorliegen. Die Überwachung des Unternehmens durch den Vorstand ist auf diese Weise laufend durch den Aufsichtsrat sicherzustellen.

Die Bedeutung dieser Überwachungsaufgaben des Prüfungsausschusses im Sinne einer umfassenden Prozesskontrolle kann gar nicht genug hervorgehoben werden. Bei den Insolvenzen oder Problemfällen bei Kreditinstituten in der Vergangenheit mögen zwar besondere Faktoren (zB strafrechtliche Praktiken der Geschäftsleitung oder von Beschäftigten des Kreditinstituts, Insolvenzen von Geschäftspartnern) prima facie Auslöser der Probleme gewesen sein. Eine nähere Betrachtung hat jedoch in (nahezu) allen Fällen gezeigt, dass die Schwierigkeiten für die Kreditinstitute ihre wahre Ursache in zum Teil grob mangelhaften Prozessen im Bereich des internen Kontrollsystem, der internen Revision oder des Risikomanagementsystems des Kreditinstituts hatte. Diese Mängel „ermöglichten" vielfach erst das Auftreten der Problemfälle für die betroffenen Kreditinstitute. **106**

4. Prüfungsausschuss und Bankprüfer

Dem Aufsichtsrat eines Kreditinstitutes kommt bei der Bestellung und bei der Überwachung der Tätigkeit des Bankprüfers eine wichtige Rolle zu. Bankprüfer sind die zum Abschlussprüfer bestellten beeideten Wirtschaftsprüfer oder Wirtschaftsprüfungsgesellschaften und die Prüfungsorgane (Revisoren, Prüfungsstelle des Sparkassenprüfungsverbands) gesetzlich zuständiger Prüfungseinrichtungen (vgl § 61 Abs 1 BWG). Der Aufsichtsrat eines Kreditinstitutes hat einen Vorschlag für die Wahl des Abschlussprüfers zu erstatten.[128] Die Mitglieder des Aufsichtsrates sind überdies zur Teilnahme an der Hauptversammlung einzuladen, die über die Bestellung des Abschlussprüfers zu entscheiden hat (vgl § 270 Abs 1 UGB). Die Bestellung des Bankprüfers ist der FMA unverzüglich anzuzeigen (§ 63 Abs 1 BWG). Der nach den dargelegten Vorschriften bestellte Abschlussprüfer des Kreditinstitutes ist kraft Gesetzes Bankprüfer im Sinne des BWG.[129] **107**

Neben der Mitwirkung bei der Bestellung und regulären Prüfung ist der Aufsichtsrat berechtigt, den Bankprüfer mit der Durchführung von Prüfungen der Gesetzmäßigkeit und Ordnungsmäßigkeit des gesamten Unternehmens zu beauftragen oder zu diesem Zweck gesetzlich zuständige Prüfungseinrichtungen um die Bestellung eines Prüfers zu ersuchen (§ 63a Abs 1 BWG). Der Prüfungsausschuss nimmt bei der Überwachung der Tätigkeit des Bankprüfers einige spezifische Aufgaben wahr. **108**

a) Bestellung des Bankprüfers

Der Prüfungsausschuss hat gemäß § 63a Abs 4 Z 7 BWG den Vorschlag des Aufsichtsrates für die Auswahl des Bankprüfers vorzubereiten. Die Vorbereitung für die Erstattung des Vorschlages für den Bankprüfer besteht in der Vorbereitung der Erteilung des Auftrages an den Bankprüfer (Mandatierung). Dies umfasst die **109**

[128] § 63 Abs 2 BWG verweist für die Prüfung des Jahresabschlusses (Konzernabschluss) für Kreditinstitute auf die §§ 268 – 270 UGB mit der Maßgabe, dass die Bestellung des Bankprüfers vor Beginn des zu prüfenden Geschäftsjahres zu erfolgen hat. Gemäß § 270 Abs 1 UGB hat der Aufsichtsrat einen Vorschlag für die Wahl des Abschlussprüfers zu erstatten.

[129] *Laurer*, BWG[3] § 61 Rz 1.

Festlegung des konkreten Honorars oder des Berechnungsmodus für die Honorarfestlegung sowie die Abstimmung der Prüfungsfelder und der Prüfungsschwerpunkte.

110 § 63a Abs 4 Z 7 BWG findet keine Anwendung auf Institute, deren Bankprüfer gesetzlich zuständige Prüfungseinrichtungen sind. Diese Ausnahme bezieht sich auf Sparkassen und Genossenschaftskreditinstitute. Bei Sparkassen ist die Prüfungsstelle des Sparkassenprüfungsverbandes das gesetzliche Prüfungsorgan.[130] Bei Genossenschaften sind dies die Revisoren.[131] Der Vertrag zwischen dem Kreditinstitut und dem Prüfer ist schließlich vom Vorsitzenden des Aufsichtsrates namens des Kreditinstituts abzuschließen.[132]

b) Abschlussprüfung und Unabhängigkeit des Bankprüfers

111 Der Prüfungsausschuss hat die Abschluss- und Konzernabschlussprüfung laufend zu überwachen (§ 63a Abs 4 Z 3 BWG). Da der Prüfungsausschuss in aller Regel gar nicht selbst in der Lage ist, die Richtigkeit des Jahresabschlusses und Konzernabschlusses im Detail zu beurteilen, wird er sich – ebenso wie der Aufsichtsrat – weitgehend einerseits auf die Geschäftsleiter und andererseits auf die Tätigkeit des Bankprüfers stützen und verlassen müssen. Auch hier wird es in den Gesprächen mit dem Bankprüfer in erster Linie um eine Prozesskontrolle und die Erörterung bestimmter vom Bankprüfer hervorgehobener oder dem Prüfungsausschuss (Aufsichtsrat) bekannter Punkte gehen. Zur effizienten und sachgerechten Erfüllung seiner diesbezüglichen Überwachungsaufgaben hat der Prüfungsausschuss nicht nur anlässlich der Sitzung, in welcher bereits der vom Vorstand aufgestellte und vom Bankprüfer testierte Jahresabschluss behandelt wird, die Abschlussprüfung zu überwachen; der Prüfungsausschuss sollte schon im Vorfeld in einer eigenen Sitzung mit dem Bankprüfer und dem Vorstand Prüfungsschwerpunkte und die geplante Vorgangsweise des Bankprüfers erörtern und festlegen.

112 Weiters hat der Prüfungsausschuss die Unabhängigkeit des Bankprüfers zu prüfen und zu überwachen. Dies gilt insbesondere im Hinblick auf die für das geprüfte Kreditinstitut erbrachten zusätzlichen Leistungen des Bankprüfers (§ 63a Abs 4 Z 4 BWG).[133] Maßstab der Unabhängigkeit des Abschlussprüfers sind die Ausschlussgründe des § 62 BWG sowie die Befangenheits- und Ausschlussgründe nach §§ 271, 271a und 271b UGB (vgl § 61 Abs 2 BWG).

113 Der Bankprüfer ist weiters den Sitzungen des Prüfungsausschusses zuzuziehen und hat zumindest einmal jährlich über die wichtigen bei der Abschlussprüfung gewonnenen Erkenntnisse schriftlich zu berichten. Über Verlangen eines Mitglieds des Prüfungsausschusses ist dieser Bericht mündlich zu erläutern.

---

130 Vgl § 24 Abs 1 SparkassenG.

131 Vgl § 1 Abs 1 GenossenschaftsrevisionsG.

132 *Laurer*, BWG³ § 63a Rz 1.

133 § 63a Abs 4 Z 4 BWG ist auf Institute, deren Bankprüfer gesetzlich zuständige Prüfungseinrichtungen sind, nicht anwendbar. Dies betrifft Kreditinstitutsgenossenschaften und Sparkassen.

c) Bankaufsichtlicher Prüfungsbericht

Der Bankprüfer hat neben der Prüfung des Jahresabschlusses und Konzernabschlusses, bei der er die allgemeinen Rechnungslegungsvorschriften des UGB und die besonderen Rechnungslegungsvorschriften des BWG (§§ 43ff) zu beachten hat, spezifische Prüfungsaufgaben, die vor allem im Dienste der Bankenaufsichtsbehörde und der Aufsicht durch den Aufsichtsrat stehen. Diese Aufgaben sind in § 63 Abs 4 BWG festgelegt. Der im Rahmen der Umsetzung der CRD IV eingefügte § 63 Abs 4a BWG soll sicherstellen, dass bei institutsbezogenen Sicherungssystemen der Bankprüfer des Zentralinstituts die Bilanz, die Gewinn- und Verlustrechnung und den Lage- und Risikobericht auf konsolidierter Ebene prüft.[134] **114**

In § 63 Abs 5 BWG werden das Prüfungsobjekt und der Umfang der Prüfungshandlungen, der im Rahmen der Jahresabschlussprüfung in Hinblick auf die Ergebnisdarstellung für die Prüfung nach § 63 Abs 4 und 4a BWG erforderlich ist, näher determiniert.[135] Dabei werden hinsichtlich der einzelnen zu prüfenden Bestimmungen unterschiedliche Anforderungen an die Berichterstattung gestellt. Die Prüfung gemäß § 63 Abs 4 Z 1 bis 12 BWG soll demnach die Organisationsstruktur und die Verwaltungs-, Rechnungs- und Kontrollverfahren (§ 39 Abs 2 BWG), welche die Geschäftsleiter im Hinblick auf die in § 63 Abs 4 Z 1 bis 12 BWG angeführten Bestimmungen eingerichtet haben, erfassen (§ 63 Abs 5 2. Satz BWG). Im Rahmen der Prüfpflichten hat der Bankprüfer dabei stets die Grundsätze der Wesentlichkeit, des risikoorientierten Prüfungsvorgehens und der auf Stichproben basierten Prüfung anzuwenden.[136] Das Ergebnis seiner Prüfung hat der Bankprüfer gemäß § 63 Abs 5 BWG in einer Anlage zum Prüfungsbericht über den Jahresabschluss darzustellen (bankaufsichtlicher Prüfungsbericht). Die Aussagen des Bankprüfers im Rahmen des bankaufsichtlichen Prüfungsberichts zu § 63 Abs 4 Z 1 bis 12 und Abs 4a BWG sind mit einer Zusicherung[137] zu versehen. Zu § 63 Abs 4 Z 13 und 14 BWG hat der Bankprüfer keine Zusicherung aufzunehmen, sondern über wesentliche Wahrnehmungen zu berichten, die er im Rahmen seiner Tätigkeit festgestellt hat, auch wenn diese zu keiner Berichtspflicht im Sinne des § 63 Abs 3 BWG führen. **115**

Adressaten des bankaufsichtlichen Prüfungsberichts sind zum einen gemäß § 63 Abs 5 BWG die Geschäftsleitung und der Aufsichtsrat (oder allgemein das nach Gesetz oder Satzung bestehende Aufsichtsorgan) des Kreditinstituts sowie zum anderen gemäß § 44 Abs 1 BWG die FMA als Bankaufsichtsbehörde und die Oesterreichische Nationalbank als deren Hilfsorgan. **116**

---

134 RV 2438 BlgNR 24. GP S 54.

135 RV 162 BlgNR 25. GP S 15.

136 RV 2438 BlgNR 24. GP S 54.

137 Siehe hierzu das Fachgutachten zur Durchführung von sonstigen Prüfungen, beschlossen in der Sitzung des Fachsenats für Unternehmensrecht und Revision am 23. März 2011 als Fachgutachten KFS/PG 13, Punkt 2.3.5., wonach dem Berichtsadressaten mit der Erteilung einer Zusicherung (Bestätigung) zum Auftragsgegenstand ein entsprechender Grad an Vertrauen in die Erfüllung bzw Einhaltung der für den Auftragsgegenstand maßgebenden Vorgaben zugesichert wird.

117 Dieser bankaufsichtliche Prüfungsbericht enthält nähere Angaben und Erläuterungen über kreditinstitutsspezifische inhaltliche und organisatorische Risiken[138] und kann daher grundsätzlich sowohl dem Aufsichtsrat als auch der FMA und der Oesterreichischen Nationalbank nähere und aufschlussreiche Details über das Kreditinstitut vermitteln, die weit über den „normalen" Bericht des Wirtschaftsprüfers über die Prüfung des Jahresabschlusses des Kreditinstituts hinausgehen.

118 Die FMA hat gemäß § 63 Abs 5 BWG „Form und Gliederung" der Anlage zum bankaufsichtlichen Prüfungsbericht durch Verordnung festzusetzen.[139]

C. Vergütungsausschuss (§ 39c BWG)

119 Zur Vermeidung von Vergütungssystemen, die zu Geschäften mit hohem Risiko verleiten[140] oder nur punktuelle Verhaltensanreize setzten, sind gemäß § 39b BWG in jedem Kreditinstitut Vergütungspolitik und -praktiken einschließlich der Gehälter und freiwilligen Rentenzahlungen für jene Gruppe von Mitarbeitern festzulegen und unter Anwendung des Proportionalitätsgrundsatzes[141] anzuwenden, deren Tätigkeit sich auf das Risikoprofil des Institutes auswirkt.[142] Hierbei sind die in der Anlage zu § 39b BWG festgeschriebenen Grundsätze anzuwenden. Demnach soll etwa die Vergütungspolitik mit der Geschäftsstrategie, den Zielen, Werten und langfristigen Interessen des Kreditinstitutes im Einklang stehen und Vorkehrungen zur Vermeidung von Interessenkonflikten enthalten (Z 2 der Anlage zu § 39b BWG).

120 Die Verpflichtung zur Einrichtung eines solchen Vergütungsausschusses in Kreditinstituten einer bestimmten Größe wurde mit 31.12.2011 im Rahmen der Umsetzung der Richtlinie 2010/76/EU[143] ins BWG einge-

[138] Vgl näher § 63 Abs 4 BWG.

[139] Vgl Verordnung der Finanzmarktaufsichtsbehörde (FMA) über die Anlage zum Prüfungsbericht – AP-VO, BGBl II 305/2005 idF BGBl II 343/2015.

[140] Vgl hierzu näher *Grillberger*, wbl 2015 361.

[141] Zur Problematik des sich hieraus ergebenden weiten Spielraums sowohl bei Kreditinstituten als auch bei der FMA im Rahmen der Ausübung ihrer Aufsicht vgl *Grillberger*, wbl 2015, 363.

[142] Dem genauen Gesetzestext zufolge sollen folgende Personen von der festzulegenden Vergütungspolitik erfasst sein: „*Mitarbeiterkategorien einschließlich der Geschäftsleitung, Risikokäufer, Mitarbeiter mit Kontrollfunktionen und Mitarbeiter, die derselben Vergütungsgruppe wie die Geschäftsleitung und Risikokäufer angehören und deren Tätigkeit sich wesentlich auf das Risikoprofil auswirkt*"; zu den Kriterien für die Ermittlung der in einem Institut konkret betroffenen Personen vgl insbesondere die delegierte Verordnung (EU) Nr. 604/2014 der Kommission vom 4. März 2014 zur Ergänzung der Richtlinie 2013/36/EU des Europäischen Parlaments und des Rates im Hinblick auf technische Regulierungsstandards in Bezug auf qualitative und angemessene quantitative Kriterien zur Ermittlung der Mitarbeiterkategorien, deren berufliche Tätigkeit sich wesentlich auf das Risikoprofil eines Instituts auswirkt; zur Frage, ob die Vergütungsgrundsätze auch für Mitarbeiter zur Anwendung gelangen sollen, deren berufliche Tätigkeit keine Auswirkung auf das Risikoprofil des Kreditinstituts hat, vgl (verneinend) *Grillberger* wbl 2015, 365.

[143] Richtlinie 2010/76/EU des Europäischen Parlaments und des Rates vom 24. November 2010 zur Änderung der Richtlinien 2006/48/EG und 2006/49/EG im Hinblick auf die Eigenkapitalanforderungen für Handelsbuch und Wiederverbriefungen und im Hinblick auf die aufsichtliche Überprüfung der Vergütungspolitik.

führt.[144] Das AktG verlangt zwar keine Einrichtung eines gesonderten Vergütungsausschusses, trägt dem Gedanken der Vermeidung falscher Anreize in der Vergütungsstruktur aber (zumindest im Hinblick auf die Vorstandsmitglieder) insoweit Rechnung, als der Aufsichtsrat gemäß § 78 Abs 1 AktG seit 1.7.2012[145] dafür zu sorgen hat, dass die Gesamtbezüge der Vorstandsmitglieder nicht nur – wie bisher – im Verhältnis zu den Aufgaben des einzelnen Vorstandsmitglieds und zur Lage der Gesellschaft, sondern auch im Verhältnis zu den konkreten Leistungen des Vorstandsmitglieds und zur üblichen Vergütung stehen. Darüber hinaus hat der Aufsichtsrat dafür Sorge zu tragen, dass die Gesamtbezüge der Vorstandsmitglieder langfristige Verhaltensanreize zur nachhaltigen Unternehmensentwicklung setzen.

In Umsetzung des Art 92 CRD IV hat der Aufsichtsrat oder ein sonst nach Gesetz oder Satzung zuständiges Aufsichtsorgan nach Z 3 der Anlage zu § 39b BWG die allgemeinen Grundsätze der festzulegenden Vergütungspolitik zu genehmigen und diese regelmäßig zu überprüfen. Er ist weiters für die Überwachung ihrer Umsetzung verantwortlich. Die Genehmigung und Überwachung durch den Aufsichtsrat bezieht sich – mangels diesbezüglicher Einschränkung in Art 92 Abs 2 CRD IV – nicht nur auf die Geschäftsleitung, sondern auf alle von Vergütungspolitik und -praktiken erfassten Mitarbeiterkategorien. Bei Kreditinstituten, bei denen ein Vergütungsausschuss eingerichtet ist, können die Aufgaben des Aufsichtsrats gemäß der Anlage zu § 39b BWG vom Vergütungsausschuss wahrgenommen werden. **121**

Der Vergütungsausschuss muss zumindest eine Sitzung im Jahr abhalten (§ 39c Abs 4 BWG). Er hat Beschlüsse zum Thema Vergütung, die vom Aufsichtsrat zu fassen sind, einschließlich solcher, die sich auf das Risiko und das Risikomanagement des betreffenden Kreditinstituts auswirken, vorzubereiten. Überdies hat er die Vergütungspolitik, die Vergütungspraktiken und die vergütungsbezogenen Anreizstrukturen zu überwachen; dies jeweils im Zusammenhang mit der Steuerung, Überwachung und Begrenzung von Risiken gemäß § 39 Abs 2b Z 1 bis 10 BWG, der Eigenmittelausstattung und der Liquidität. Der Vergütungsausschuss hat dabei stets die langfristigen Interessen von Aktionären, Investoren und Mitarbeitern des Kreditinstitutes sowie das volkswirtschaftliche Interesse an einem funktionsfähigen Bankwesen und an der Finanzmarktstabilität zu berücksichtigen (§ 39c Abs 2 BWG). Neben kreditinstitutsbezogenen Interessen hat der Vergütungsausschuss somit auch öffentliche Interessen in seine Erwägungen miteinzubeziehen.[146] **122**

Der Vergütungsausschuss muss aus mindestens drei Mitgliedern des Aufsichtsrates bestehen, wobei gemäß § 39c Abs 3 BWG zumindest ein Mitglied des Vergütungsausschusses über Fachkenntnis und praktische Erfahrung im Bereich der Vergütungspolitik verfügen muss (Vergütungsexperte; § 39c Abs 3 BWG). Als Besonderheit im Vergleich zu den anderen gesetzlich vorgesehenen Fachausschüssen **123**

---

144 Vgl BGBl I 145/2011. Bereits zuvor war die Einrichtung eines Vergütungsausschusses nach dem Corporate Governance Kodex vorgesehen gewesen; vgl auch die C-Regel 43 des Corporate Governance Kodex in der Fassung Jänner 2015.

145 Vgl BGBl I 35/2012; RV 1685 BlgNR 24. GP S 30.

146 RV 2438 BlgNR 24. GP S 52.

ist zu erwähnen, dass im Falle des Vergütungsausschusses die Funktion des Experten, dh des Vergütungsexperten, nicht zwingend von einem Aufsichtsratsmitglied, sondern auch von einem nicht dem Aufsichtsrat angehörenden Experten ausgeübt werden kann, der dem Aufsichtsrat beratend zur Seite steht (§ 39c Abs 3 BWG).[147] Dies jedoch nur bei Kreditinstituten, welche die Grenze für die Einrichtung eines Vergütungsausschusses zwar erreichen, jedoch unter fünf Milliarde Euro Bilanzsumme liegen. Sind im Aufsichtsrat neben Kapitalvertretern auch Arbeitnehmervertreter gemäß § 110 ArbVG vertreten, hat auch zumindest ein Arbeitnehmervertreter im Vergütungsausschuss mitzuwirken. Den Gesetzesmaterialien zufolge, ist der Begriff „zumindest" in diesem Zusammenhang so zu verstehen, dass für den Fall, dass dem Vergütungsausschuss zwingend ein Arbeitnehmervertreter anzugehören hat, die Satzung oder der Gesellschaftsvertrag auch eine höhere Anzahl an Arbeitnehmervertretern vorsehen kann.[148]

124 Vorsitzender des Vergütungsausschusses oder Vergütungsexperte darf nicht sein, wer in den letzten drei Jahren Geschäftsleiter oder leitender Angestellter (§ 80 AktG) des betreffenden Kreditinstitutes war oder aus anderen Gründen nicht unabhängig und unbefangen ist (Cooling off-Periode; § 39c Abs 3 letzter Satz BWG). Die normierte Cooling off-Periode betreffend den Vorsitzenden des Vergütungsausschusses ist somit länger als jene, die für den Vorsitzenden des gesamten Aufsichtsrats in § 28a Abs 1 BWG festgelegt wurde.

D. Risikoausschuss (§ 39d BWG)

125 Bereits bisher richteten Aufsichtsräte größerer Kreditinstitute in der Regel einen sogenannten Risiko- oder Kreditausschuss auf freiwilliger Basis ein, der sich mit den spezifischen Risiken aus der Kreditvergabe des Kreditinstitutes zu beschäftigen und entsprechend den Vorgaben für die Risikobegrenzung die kreditspezifischen Risiken zu überwachen hatte. Dieser Ausschuss hatte im Besonderen die Kreditanträge der Geschäftsleitung zu behandeln, für welche der Kreditausschuss aufgrund der Geschäftsordnung des Vorstands oder des Aufsichtsrats zuständig war.

126 Mit dem CRD IV-Umsetzungsgesetz wurden nunmehr die Einrichtung und die Aufgaben des Risikoausschusses in § 39d BWG auch gesetzlich verankert. Im Ergebnis soll dadurch das Eingehen exzessiver Risiken im Bankenbereich verhindert werden und – als Folge – das Ausfallsrisiko der Institute gesenkt werden.[149]

127 Die in § 39d Abs 2 BWG vorgesehenen (Mindest-)Aufgaben des Risikoausschusses gehen über die bloße Behandlung von Kreditanträgen der Geschäftsleitung weit hinaus. So soll der Risikoausschuss die Geschäftsleitung hinsichtlich der aktuellen und zukünftigen Risikobereitschaft und Risikostrategie des Kredit-

[147] RV 1508 BlgNR 24. GP S 6.

[148] RV 2438 BlgNR 24. GP S 52; anderer Ansicht *Jabornegg*, DRdA 2015, 299 (305), der darauf hinweist, dass die Entsendung von Arbeitnehmervertretern in den Vergütungsausschuss ungeachtet der ausdrücklichen Hervorhebung einer Beteiligung von „mindestens" einem Arbeitnehmervertreter im Gesetzestext jedenfalls nach dem im § 110 Abs 1 ArbVG festgelegten Verhältnis stattzufinden hat.

[149] RV 2438 BlgNR 24. GP S 7.

instituts beraten (§ 39d Abs 2 Z 1 BWG) und die Umsetzung dieser Risikostrategie im Zusammenhang mit der Steuerung, Überwachung und Begrenzung von Risiken gemäß § 39 Abs 2b Z 1 bis 14 BWG, der Eigenmittelausstattung und der Liquidität überwachen (§ 39d Abs 2 Z 2 BWG). Weiters hat der Risikoausschuss zu überprüfen, ob die Preisgestaltung der von einem Kreditinstitut angebotenen Dienstleistungen und Produkte das Geschäftsmodell und die Risikostrategie des Kreditinstituts angemessen berücksichtigt und gegebenenfalls einen Plan mit Abhilfemaßnahmen vorzulegen (§ 39d Abs 2 Z 3 BWG). Letztlich hat der Risikoausschuss unbeschadet der Aufgaben des Vergütungsausschusses zu prüfen, ob bei den vom internen Vergütungssystem angebotenen Anreizen das Risiko, das Kapital, die Liquidität und die Wahrscheinlichkeit sowie der Zeitpunkt von realisierten Gewinnen berücksichtigt werden (§ 39d Abs 2 Z 4 BWG). All diese Aufgaben des Risikoausschusses sind stets vor dem Hintergrund des in Österreich herrschenden dualistischen Systems zu sehen. Die Einbindung des Risikoausschusses hat sohin stets mehr in die strategischen und weniger in die operativen und organisatorischen Aspekte des Risikomanagements zu erfolgen.[150]

Der Risikoausschuss muss zumindest eine Sitzung pro Jahr abhalten (§ 39d **128**
Abs 4 BWG). An den Sitzungen hat stets ein Vertreter der Risikomanagementabteilung (§ 39 Abs 5 BWG) teilzunehmen und an den Risikoausschuss über Risikoarten (§ 39 Abs 2b BWG) und die Risikolage des Kreditinstituts zu berichten (§ 39d Abs 3 BWG). Art 76 Abs 4 CRD IV sieht ein eigenes Informationsrecht des Risikoausschusses vor, wonach diesem (ebenso wie dem Gesamtaufsichtsrat) ein angemessener Zugang zu Informationen über die Risikosituation des Instituts und – soweit erforderlich und angebracht – zur Risikomanagementfunktion und zum Rat externer Sachverständiger zu gewähren ist.[151] Nach deutschem Recht hat der Risikoausschuss bzw – falls ein solcher nicht eingerichtet ist – der Gesamtaufsichtsrat Art, Umfang, Format und Häufigkeit der Informationen zu bestimmen, die ihm die Geschäftsleitung zum Thema Strategie und Risiko vorlegen muss.[152] Wenngleich im BWG eine derartige Holschuld des Risikoausschusses bzw des Aufsichtsrats nicht ausdrücklich vorgesehen ist, muss der Risikoausschuss auf die Zurverfügungstellung einer ausreichenden Informationsgrundlage durch den Vorstand hinwirken. Sind Berichte des Vorstands unklar, unvollständig oder erkennbar unrichtig oder liegen konkrete Verdachtsmomente gegen die Vorstandsmitglieder vor, muss der Aufsichtsrat bzw in vom Risikoausschuss zu besorgenden Angelegenheiten eben dieser beim Vorstand „nachbohren", dh zusätzliche Informationen einfordern und die erteilten Informationen kritisch hinterfragen.[153] Die

---

[150] Vgl in diesem Sinne zur vergleichbaren Situation in Deutschland *Wiedermann/Menk*, in Hölscher/Altenhain, 94; ebenso *Velte/Buchholz*, ZZB 2013, 400 (404).

[151] Im deutschen Recht wurde vor diesem Hintergrund in § 25d Abs 8 dKWG festgelegt, dass der Vorsitzende des Verwaltungs- oder Aufsichtsorgans unmittelbar beim Leiter der Internen Revision und beim Leiter des Risikocontrolling Auskünfte einholen kann. Eine vergleichbare Regelung fehlt im BWG.

[152] Vgl § 25d Abs 8 10. Satz dKWG.

[153] Vgl *Muhri*, Rechtliche Grundlagen in Muhri/Ertl/Gerlach/Riesmayr, Persönliche Haftung der Geschäftsführer, Vorstände und Aufsichtsräte (2013) 58; zu den Mindestanforderungen an das Risikomanagement („MaRisk") der BaFin *Romeike*, Die Bedeutung bankaufsichtlicher Mindestanforderungen für die Arbeit des Aufsichtsorgans, in Hölscher/Altenhain, 627.

Unrichtigkeit möglicher Widersprüche in den Berichten des Vorstands muss dabei offensichtlich sein, um eine Nachforschungspflicht des Aufsichtsrats begründen zu können.[154]

129 Der Risikoausschuss muss aus mindestens drei Mitgliedern bestehen, die über die zur Überwachung der Umsetzung der Risikostrategie des Kreditinstituts erforderliche Expertise und Erfahrung verfügen (§ 39d Abs 3 BWG). Im Unterschied zum Vergütungsausschuss und dem Prüfungsausschuss muss folglich mehr als nur ein Mitglied des einzurichtenden Ausschusses spezifische Fachkenntnisse und Erfahrungen besitzen. Die Zusammensetzung des Risikoausschusses hat jedenfalls einen unabhängige und integre Beurteilung der Risikostrategie des Kreditinstitutes zu ermöglichen (§ 39d Abs 2 BWG).

130 Von den Mitgliedern werden keine vergleichbar hohen Kenntnisse gefordert werden können, wie sie der Leitung der Risikomanagementabteilung gemäß § 39 Abs 5 BWG abverlangt werden. Der Ausschluss ist schließlich nicht für die eigentlichen Risikomanagementprozesse, sondern vielmehr für Agenden im Zusammenhang mit der Risikostrategie verantwortlich.[155] Die Anforderungen richten sich daher insbesondere nach dem Risikoprofil des jeweiligen Kreditinstituts.

131 Wie auch beim Vergütungsausschuss, darf Vorsitzender des Risikoausschusses nicht sein, wer in den letzten drei Jahren Geschäftsleiter oder leitender Angestellter (§ 80 AktG) des betreffenden Kreditinstitutes war oder aus anderen Gründen nicht unabhängig oder unbefangen ist.

E. Nominierungsausschuss (§ 29 BWG)

132 Seit 1.1.2014 sind Kreditinstitute einer bestimmten Größe bzw deren Aufsichtsräte gemäß gesetzlicher Bestimmung dazu verpflichtet, einen Nominierungsausschuss einzurichten. Sowohl beim Nominierungsausschuss als solchem als auch bei der Anordnung einer verpflichtenden Einrichtung eines Nominierungsausschusses in größeren Unternehmen handelt es sich nicht um eine spezifische Sonderentwicklung des bankgeschäftlichen Bereichs. Vielmehr wurde dieses Konzept aus dem allgemeinen Unternehmensrecht übernommen[156] und findet sich auch schon seit geraumer Zeit im Österreichischen Corporate Governance Kodex[157].

133 Zu den Aufgaben des Nominierungsausschusses zählt die Ermittlung von Bewerbern für die Besetzung frei werdender Stellen in der Geschäftsleitung und die Unterbreitung entsprechender Vorschläge an den Aufsichtsrat (§ 29 Z 1 BWG). Des Weiteren hat der Nominierungsausschuss – falls für die jeweilige Rechtsform des Kreditinstituts gesetzlich vorgesehen – den Aufsichtsrat bei der Erstellung von Vorschlägen an die Hauptversammlung für die Besetzung frei werdender Stellen im Aufsichtsrat zu unterstützen (§ 29 Z 2 BWG). Im Zuge dieser Aufgaben hat

---

154 Vgl *Mertens/Cahn*, in Kölner Kommentar zum Aktiengesetz Band 2³, § 116 Rz 13.

155 *Wachter*, ÖBA 2015, 96 (101).

156 Vgl hierzu *Jabornegg*, DRdA 2015, 299 (304); *Kalss* in Doralt/Nowotny/Kalss, Aktiengesetz², § 92 Rz 132.

157 Die den Nominierungsausschuss betreffende C-Regel 41 des Österreichischen Corporate Governance Kodex findet sich erstmals in dessen Fassung vom Jänner 2006.

der Nominierungsausschuss insbesondere auf ausreichende Kenntnisse und Fähigkeiten der jeweiligen Personen im bankenrechtlichen Bereich, entsprechend der jeweiligen Aufgabe, abzustellen. Im Hinblick auf die Anforderung der ausreichenden zeitlichen Verfügbarkeit der Geschäftsleiter und der Mitglieder des Aufsichtsrats hat der Nominierungsausschuss für frei werdende Stellen in der Geschäftsleitung und im Aufsichtsrat eine Aufgabenbeschreibungen mit Bewerberprofil zu erstellen und dabei auch den mit der jeweiligen Aufgabe verbundenen Zeitaufwand anzugeben (§ 29 Z 3 BWG). Weiters hat der Nominierungsausschuss auf Diversitätsaspekte Rücksicht zu nehmen[158] und eine Zielquote für das unterrepräsentierte Geschlecht in der Geschäftsleitung und im Aufsichtsrat festzulegen sowie eine Strategie zu entwickeln, um dieses Ziel zu erreichen (§29 Z 4 BWG). Im Rahmen seiner Aufgaben hat der Nominierungsausschuss auch dafür Sorge zu tragen, dass die Entscheidungsfindung der Geschäftsleitung und/oder des Aufsichtsrates nicht durch eine einzelne Person oder eine kleine Gruppe von Personen in einer den Interessen des Kreditinstituts zuwiderlaufenden Art und Weise dominiert werden (§ 29 Z 5 BWG).

Bestimmte, die Effizienz der Governance-Struktur betreffende Aufgaben sind 134
vom Nominierungsausschuss auch auf regelmäßiger Basis durchzuführen. So hat er grundsätzlich regelmäßig die Struktur, Größe, Zusammensetzung und Leistung der Geschäftsleitung und des Aufsichtsrates zu bewerten und dem Aufsichtsrat nötigenfalls Änderungsvorschläge zu unterbreiten (§ 29 Z 6 BWG). Ebenfalls regemäßig, zumindest aber einmal jährlich, hat der Nominierungsausschuss darüber hinaus die Kenntnisse, Fähigkeit und Erfahrungen sowohl der Geschäftsleiter als auch der einzelnen Mitglieder Aufsichtsrates sowie des jeweiligen Organs in seiner Gesamtheit zu bewerten und diese dem Aufsichtsrat mitzuteilen (§ 29 Z 7 BWG). Schließlich hat der Nominierungsausschuss den Kurs der Geschäftsleitung im Hinblick auf die Auswahl des höheren Managements zu überprüfen und den Aufsichtsrat bei der Erstellung von Empfehlungen an die Geschäftsleitung zu unterstützen (§ 29 Z 8 BWG).

Im Gegensatz zu den gesetzlichen Bestimmungen betreffend die anderen Fach- 135
ausschüsse enthält § 29 BWG keinerlei spezielle Anforderungen an die Mitglieder des Nominierungsausschusses und legt auch keine Mindestanzahl an Mitgliedern für den Ausschuss fest. Auch zur Frage des Mitbestimmungsrechts von Arbeitnehmervertretern im Nominierungsausschuss enthält § 29 BWG keine Sonderregelung.[159] Der Österreichische Corporate Governance Kodex, welcher ebenfalls die Einrichtung eines Nominierungsausschusses vorsieht, hält hinsichtlich dessen Zusammensetzung lediglich fest, dass bei einem Aufsichtsrat mit nicht mehr als sechs Mitgliedern (einschließlich der Arbeitnehmervertreter) die Funktion des Nominierungsausschusses vom gesamten Aufsichtsrat wahrgenommen werden kann.[160]

---

158 RV 2438 BlgNR 24. GP S 7.

159 Vgl *Jabornegg*, DRdA 2015, 299 (306), der das Recht der Arbeitnehmervertreter im Aufsichtsrat, für den Nominierungsausschuss Mitglieder mit Sitz und Stimme nach dem in § 110 Abs 1 ArbVG festgelegten Verhältnis namhaft zu machen, insbesondere unter Verweis auf die Regelung des § 39c Abs 3 BWG betreffend den Vergütungsausschuss bejaht.

160 C-Regel 41 des Österreichischen Corporate Governance Kodex in der Fassung Jänner 2015.

136 Der Nominierungsausschuss kann bei der Wahrnehmung seiner Aufgaben auf alle Ressourcen zugreifen, die er für angemessen hält und ist hierfür durch das Kreditinstitut mit angemessenen Finanzmitteln auszustatten (§ 29 letzter Satz BWG). Der Begriff „alle Ressourcen" umfasst dabei nötigenfalls auch den Einsatz externer Berater.[161]

V. Großkredite

A. Begriff des Großkredits

137 Bei bestimmten „Veranlagungen" des Kreditinstituts ist die Zustimmung des Aufsichtsrates des Kreditinstitutes zu deren Durchführung erforderlich. Es kommt es dabei nicht auf das allgemeine bankgeschäftliche Risiko, sondern auf das besondere Risiko an, das aus jeder einzelnen Großveranlagung resultiert. Es handelt sich bei den diesbezüglichen Vorschriften somit um Spezialvorschriften für bestimmte Sachverhalte, in denen es auch zu sogenannten Klumpenrisiken kommen kann.[162] Das BWG regelte das Zustimmungserfordernis des Aufsichtsrats im Zusammenhang mit den Bestimmungen über Großveranlagungen bisher in § 27 BWG, wobei der Begriff der Großveranlagung Art 106 der Richtlinie 2006/48/EG[163] entsprach. Durch die Umsetzung der CRD IV ist die bisherige Bestimmung des § 27 BWG über die „Großveranlagungen" entfallen.

138 Die Bestimmungen für (nunmehr sogenannte) Großkredite sind insbesondere in der CRR und hinsichtlich des Zustimmungserfordernisses des Aufsichtsrates in § 28b BWG zu finden (*Oppitz* Rz 37/10 ff).

139 Die unionrechtlich harmonisierten Bestimmungen zur Überwachung und Begrenzung der bankgeschäftlichen Risiken von Großkrediten werden in den Art 387 ff CRR geregelt. Die Verordnung verwendet anstatt des Begriffs Großveranlagungen den Begriff „Großkredite", eine inhaltliche Änderung ergibt sich hierdurch jedoch nicht.[164] Zweck der Bestimmungen ist es auch weiterhin, eine Mindestrisikosteuerung zu gewährleisten. Eine zu starke Konzentration von Krediten auf einen einzigen Kunden oder eine Gruppe verbundener Kunden kann ein inakzeptables Verlustrisiko zur Folge haben. Eine derartige Situation kann der Solvenz eines Instituts als abträglich angesehen werden.[165] Je breiter die Veranlagungen gestreut und je kleiner die Einzelveranlagungen sind, desto geringer ist die Wahrscheinlichkeit, dass der Ausfall einer einzelnen Veranlagung für die Bank eine Existenzbedrohung darstellt. Die Praxis zeigt, dass Ausfälle von Großveranlagungen (Großkrediten) eine wesentliche Ursache für Bankeninsolvenzen darstellen.[166]

---

161 RV 2438 BlgNR 24. GP S 50.

162 Vgl *Borns*, Das österreichische Bankrecht², 202, zu § 27 BWG idF BGBl I 145/2011.

163 RL 2006/48/EG des Europäischen Parlaments und des Rates vom 14.6.2006 über die Aufnahme und Ausübung der Tätigkeit der Kreditinstitute (Neufassung).

164 RV 2438 BlgNR 24. GP S 44.

165 Vgl Erwägungsgrund 53 CRR.

166 So schon zu § 27 BWG idF BGBl I 145/201: *Borns*, Das österreichische Bankrecht², 203, mit Bezug auf die EB zur KWG-Novelle 1986 (934 BlgNR 16. GP), in welchen bereits auf entsprechende Untersuchungen verwiesen wird.

Eine Risikoposition eines Instituts an einen Kunden oder eine Gruppe verbundener Kunden ist dann ein Großkredit, wenn sein Wert 10 vH der anrechenbaren Eigenmittel des Instituts erreicht oder überschreitet (Art 392 CRR). Unter dem Begriff „Risikopositionen" sind dabei alle Aktiva und außerbilanzielle Posten im Sinne von Teil 3 Titel II Kapitel 2 CRR ohne Anwendung der Risikogewichte und -grade zu verstehen (Art 389 CRR). Die bislang in § 27 BWG vorgesehene sogenannte untere Großveranlagungsgrenze in Höhe € 500.000 ist in der CRR nicht vorgesehen. Ihre weitere Anwendung wäre daher unzulässig.[167] Bestimmte Geschäfte sind von vornherein nicht in Risikopositionen enthalten, dh bei der Ermittlung von Großkrediten gemäß Art 390 Abs 6 CRR nicht zu berücksichtigen. **140**

Jeder einzelne Großkredit gegenüber einem Kunden oder einer Gruppe verbundener Kunden darf 25 vH der anrechenbaren Eigenmittel des Kreditinstitutes nicht überschreiten (sog obere Großkreditgrenze). Eine Sonderregelung besteht für Kunden, die selbst Institute sind oder zu einer Gruppe verbundener Kunden ein oder mehr als ein Institut gehören. In diesen Fällen darf der Risikopositionswert den Wert von 25 vH der anrechenbaren Eigenmittel oder – falls dieser Wert höher ist – € 150 Mio nicht übersteigen, sofern die Summe der Risikopositionswerte gegenüber sämtlichen verbundenen Kunden, die keine Institute sind, 25 vH der anrechenbaren Eigenmittel des Instituts nicht übersteigt (Art 395 Abs 1 2. Satz CRR). Ist der Betrag von € 150 Mio höher als 25 vH der anrechenbaren Eigenmittel des Instituts, darf der Risikopositionswert nicht über eine angemessene Obergrenze in Bezug auf die anrechenbaren Eigenmittel des Institutes hinausgehen. Diese Obergrenze ist grundsätzlich von den Instituten selbst im Einklang mit Art 81 CRD IV zur Steuerung und Begrenzung des Konzentrationsrisikos festzulegen und darf 100 vH der anrechenbaren Eigenmittel des Institutes nicht überschreiten (Art 395 Abs 1 3. Satz CRR). Durch diese Regelung soll sichergestellt werden, dass an andere Institute vergebene Kredite wie Kredite an sonstige Kunden behandelt (und auch gemeldet) werden, weil ein Verlust aus einem Kredit an ein Institut ebenso große Auswirkungen haben kann. Die alternative quantitative Obergrenze wurde eingeführt, um unverhältnismäßige Auswirkungen dieses Ansatzes auf kleinere Institute abzuschwächen.[168] Eine Gesamtobergrenze für sämtliche Großkredite ist nicht vorgesehen. **141**

Im Zusammenhang mit der Vergabe von Großkrediten bestehen für das vergebende Institut diverse Meldepflichten an die zuständige Behörde, dh an die FMA (Art 394 Abs 1 CRR). So müssen etwa sämtliche Großkredite vom Institut unter Angabe ua des Namens des Kunden bzw der Kundengruppe, des Risikopositionswerts und der Art der verwendeten Besicherung mindestens zweimal jährlich an die zuständige Behörde gemeldet werden, und zwar unabhängig davon, ob der Großkredit von der Anwendung des Art 395 Abs 1 CRR erfasst ist oder nicht (Art 394 Abs 1 CRR). Bei Unterlassen dieser Meldung droht dem Verantwortlichen (§ 9 VStG) des betroffenen Kreditinstituts eine Geldstrafe von bis zu € 150.000 (§ 98 Abs 5a Z 6 BWG). **142**

---

[167] RV 2438 BlgNR 24. GP S 44.

[168] Vgl Erwägungsgrund 56 CRR.

143 Eine allfällige Überschreitung der in Art 395 Abs 1 CRR normierten Obergrenze ist vom Institut ebenfalls unverzüglich an die zuständige Behörde, dh in Österreich an die FMA, zu melden, die – sofern es die Umstände rechtfertigen – dem Institut eine begrenzte Frist einräumt, bis zu deren Ablauf die Obergrenze wieder eingehalten werden muss (Art 396 Abs 1 1. Satz CRR). Kommt der in Art 395 Abs 1 CRR genannte Betrag von € 150 Mio zur Anwendung, kann die FMA auf Einzelfallbasis gestatten, dass die Obergrenze von 100 vH in Bezug auf die anrechenbaren Eigenmittel des Instituts überschritten werden darf (Art 396 Abs 1 2. Satz CRR). Das Eingehen einer über die Obergrenzen hinausgehenden Forderung ist gemäß § 98 Abs 5 Z 2 BWG mit einer Geldstrafe von bis zu € 5 Mio bedroht.

144 Die für Großveranlagungen ermittelten Werte sind im Verhältnis zum Eigenkapital des Kreditinstitutes zu gewichten; welche Risiken zu berücksichtigen sind, wird in Art 400 CRR geregelt. Während Art 400 Abs 1 CRR dabei für einzelne Positionen europaweit einheitliche Ausnahmen von der quantitativen Begrenzung gemäß Art 395 Abs 1 CRR vorsieht, wird in Art 400 Abs 2 CRR den nationalen Aufsichtsbehörden die Möglichkeit gegeben, bestimmte Positionen ganz oder teilweise von der quantitativen Begrenzung auszunehmen.

145 Wer als Gruppe verbundener Kunden gilt, ergibt sich aus Art 4 Abs 39 CRR. Die Risikopositionen gegenüber derartigen Gruppen verbundener Kunden werden durch Addition der Risikopositionen gegenüber den Einzelkunden der Gruppe ermittelt (Art 390 Abs 5 CRR). Wann eine Veranlagung einem Dritten zugerechnet werden kann, ergibt sich aus Art 403 CRR.

146 Die Begrenzung des Risikos von Großkrediten bzw der Risikostreuung ist Ausfluss der allgemeinen Sorgfaltspflicht der Geschäftsleiter und Aufsichtsräte des Kreditinstitutes. Die Bestimmungen über die Großkredite sind als leges speciales gegenüber den allgemeinen Sorgfaltsregelungen des § 39 BWG anzusehen. Im Aktiengesetz ist die Pflicht zur Begrenzung des unternehmerischen Risikos Teil der Sorgfaltspflicht des Aufsichtsrates nach § 84 iVm § 99 AktG.

147 Angesichts der Komplexität und Regelungsdichte bei Großkrediten stellt sich für den Aufsichtsrat und seine Ausschüsse (insbesondere den Kredit-, aber auch den Prüfungsausschuss) die Frage, inwieweit konkrete Veranlagungen, die dem Aufsichtsrat oder einem Ausschuss zur Genehmigung vorgelegt werden, im Einklang mit den Bestimmungen der Art 387 ff CRR durchgeführt werden. In vielen Fällen wird der Aufsichtsrat in der Praxis schlicht nicht in der Lage sein, eine eigenständige fundierte Prüfung und Beurteilung vorzunehmen. Der Aufsichtsrat ist vielfach auf die Einhaltung dieser Regelungen durch die Geschäftsleiter und die zuständigen Sachbearbeiter angewiesen bzw muss auf deren Sachwissen und richtige Beurteilung vertrauen. Dies kann etwa für die Frage der Gewichtung von Großkrediten (Art 400 CRR) oder für die Frage gelten, ob bestimmte Kunden als Gruppe verbundener Kunden im Sinne des Art 4 Abs 39 CRR zu qualifizieren sind. Die Rechtmäßigkeitskontrolle der Berichte und mündlichen Erläuterungen des Vorstands durch den Aufsichtsrat darf somit nicht überspannt werden. Der Aufsichtsrat wird nähere Nachfragen oder Nachforschungen nur dann anzustellen haben, wenn begründete Zweifel an den Angaben des Vorstands bestehen.

B. Zustimmungspflicht des Aufsichtsrates

Jeder gemäß Art 392 CRR ermittelte Großkredit, der mindestens € 500.000 beträgt, bedarf unbeschadet der Wirksamkeit des Rechtsgeschäftes der ausdrücklichen vorherigen Zustimmung des Aufsichtsrates oder des sonst nach Gesetz oder Satzung zuständigen Aufsichtsorgans des Kreditinstitutes (§ 28b Abs 1 BWG). Die Zustimmung muss spätestens zum Zeitpunkt des Vertragsabschlusses vorliegen. Ist das Zustandekommen des Rechtsgeschäftes von einer behördlichen Genehmigung abhängig, ist jener Zeitpunkt relevant, zu dem absehbar wird, ob die behördliche Genehmigung erteilt wird.[169] **148**

Die Geschäftsleitung hat dem Aufsichtsrat im Rahmen der Beschlussfassung zumindest den Namen des Kunden, die Höhe und Laufzeit der geplanten Risikoposition, die Bonität des Kunden sowie die Art und den Wert der Sicherheiten sowie den Blankoanteil an der geplanten Risikoposition rechtzeitig mitzuteilen (*Oppitz* Rz 37/22 ff).[170] **149**

Zweck der Zustimmungspflicht des Aufsichtsrates ist die Sicherung des Informations- und Entscheidungsprozesses des Kreditinstitutes und damit auch die Sicherung der Verantwortlichkeit der Organe des Kreditinstitutes bei Großkrediten.[171] Der Aufsichtsrat hat dabei „nur" seine (präventiven) Kontrollfunktion auszuüben; ihm kommen ausdrücklich nicht die Aufgaben der Geschäftsleitung zu. Er stützt sich folglich bei Ausübung seiner Funktion im Zusammenhang mit der Gewährung von Großkrediten auf Ergebnisse, die seitens der Geschäftsleitung vorliegen, wie etwa die Bonitätsbeurteilung eines Kunden.[172] Ob die tatsächliche Gewährung eines (Groß-)Kredits an den Kunden der Zustimmung des Aufsichtsrates entspricht, ist eine Aufgabe der operativen Geschäftsführung und sohin von den Geschäftsleitern zu beachten und zu prüfen. **150**

Im Gesetz ist ausdrücklich festgelegt, dass die Nichtbeachtung des § 28b BWG nichts an der Rechtswirksamkeit des der Veranlagung zugrundeliegenden Rechtsgeschäftes ändert. Ein Verstoß gegen die Obergrenze für Großkredite hat keine Außenwirkung. **151**

Der Abschluss eines Rechtsgeschäftes zur Durchführung eines Großkredits ohne die Zustimmung des Aufsichtsrates zieht aber aufsichtsrechtliche Folgen nach sich.[173] Ein Verstoß ist im bankaufsichtsrechtlichen Prüfungsbericht durch den Bankprüfer darzulegen. Werden die Großkreditgrenzen ohne Zustimmung des Aufsichtsrates überschritten, kann der Jahresabschluss durch den Bankprüfer nicht als gesetzmäßig bestätigt werden.[174] Die FMA muss weiters bei Überschreiten der Obergrenze für Großkredite gemäß Art 395 Abs 1 CRR Strafzinsen gemäß **152**

---

169 So zutreffend auch das Rundschreiben der FMA zu § 28b BWG in der Fassung Jänner 2014 („§ 28b BWG-Rundschreiben"), Rz II.3.

170 Vgl § 28b BWG-Rundschreiben, Rz II.4.

171 Vgl § 28b BWG-Rundschreiben", Rz I.3.; ebenso bereits EB zur RV zu BGBl 532/1993 (1130 BlgNR 18. GP S 137) zu § 13 Abs 2 KWG.

172 Vgl § 28b BWG-Rundschreiben, Rz I.3.

173 Vgl auch für §28b BWG zutreffend *M. Schütz*, BWG³ § 27 Rz 14.

174 Vgl § 63 Abs 4 Z 14 BWG, wonach die Prüfung des Bankprüfers die Beachtung sämtlicher Vorschriften des BWG und der CRR zu umfassen hat.

§ 97 Abs 1 Z 6 BWG verhängen, sofern das Kreditinstitut nicht überschuldet ist oder Aufsichtsmaßnahmen der FMA nach § 70 Abs 2 BWG vorliegen.

153 Eine Vorausgenehmigung von Großkrediten – wie nach § 28 Abs 4 BWG für Organgeschäfte – ist bei Großkrediten kraft ausdrücklicher gesetzlicher Anordnung unzulässig. Ein solcher (unzulässiger) Vorratsbeschluss liegt vor, wenn die Zustimmung des Aufsichtsrates für bestimmte Kreditgeschäfte oder Arten von Kreditgeschäften im Voraus erteilt wird, ohne dass auch tatsächlich die konkrete Absicht auf Abschluss einer entsprechenden Kredit(Rahmen)vereinbarung mit den einzelnen Kreditnehmern besteht.[175] Es ist aber zulässig, dass der Aufsichtsrat den Geschäftsleitern bis zur nächsten Aufsichtsratssitzung für einzelne bereits feststehende Kreditnehmer bzw Kunden ein Pouvoir für einen bestimmten Rahmen überträgt, dh dass der Aufsichtsrat der Krediterteilung bis zu einem bestimmten Betrag zustimmt, innerhalb dessen dann die Krediterteilung durch Beschluss der Geschäftsleiter erfolgen kann ("Rahmenbeschlüsse"). Die Fassung solcher Rahmenbeschlüsse ist damit zulässig.[176] Ihr hat jedoch ebenso die Erteilung der oben genannten Informationen (insbesondere zur maximalen Höhe der Risikoposition und zum Minimum an Sicherheiten) an den Aufsichtsrat voran zu gehen. Über die konkrete Ausnützung des jeweiligen Rahmenbeschlusses ist durch die Geschäftsführung spätestens im jährlichen Bericht an den Aufsichtsrat nach § 28b Abs 1 BWG zu berichten.[177]

154 Die Zustimmung des Aufsichtsrates muss aber jedenfalls für die Kreditinanspruchnahme vorliegen. Die Einhaltung dieser Vorschriften ist ebenfalls im bankaufsichtsrechtlichen Prüfungsbericht zu vermerken.[178] Das Gesetz sieht ausdrücklich vor, dass dem Aufsichtsorgan mindestens einmal jährlich über die Großkredite zu berichten ist (§ 28b Abs 1 BWG). In diesem Bericht müssen vor allem folgende Angaben enthalten sein, wobei beim Umfang der Berichtserfordernisse auch auf den Risikograd der Kreditbeziehung Bedacht zu nehmen ist:

- Der aktuelle Stand des Obligo des Schuldners oder Haftenden,
- die Entwicklung seiner Bonität,
- die hereingenommenen Sicherheiten und ein Blankoanteil
- wesentliche Änderungen, wie etwa die Erhöhung des Blankoanteils gegenüber dem letzten Berichtstermin oder der Erstgenehmigung.[179]

C. Großkredite in einer Kreditinstitutsgruppe

155 Im Zusammenhang mit der Auslegung für Kredite in der Kreditinstitutsgruppe führt die FMA unter Punkt III. des § 28b BWG-Rundschreibens zu Großkrediten in einer Kreditinstitutsgruppe folgendes aus:

156 *"Das Aufsichtsorgan des übergeordneten Kreditinstituts ist – neben seiner Aufgabe, die Vergabe von Großveranlagungen durch das übergeordnete Kreditinstitut*

---

175 § 28b BWG-Rundschreiben, Rz VI.1.

176 So auch § 28b BWG-Rundschreiben, Rz IV.1.; vgl bereits ausdrücklich die RV zu BGBl 532/1993: RV 1130 BlgNR 18. GP S 137 zu § 13 Abs 2 KWG.

177 § 28b BWG-Rundschreiben, Rz IV.3.

178 *M. Schütz*, BWG[3] § 27 Rz 14.

179 Vgl § 28b BWG-Rundschreiben, Rz VIII.1.; so auch *M. Schütz*, BWG[3] § 27 Rz 14.

auf Solo-Ebene zu genehmigen – zudem für die Genehmigung von Großveranlagungen auf konsolidierter Ebene zuständig und hat daher zusätzlich die Veranlagung als Gruppenveranlagung zu genehmigen (was nur dann erfolgen darf, wenn die sich aus den konsolidierten Eigenmitteln der Gruppe ergebende Einzelkreditgrenze eingehalten wird)."

Diese Rechtsansicht über die Genehmigungskompetenz des Aufsichtsrates ergibt sich nicht expressis verbis aus § 28b BWG. Der Aufsichtsrat des übergeordneten Kreditinstitutes erhält damit die Kompetenz, die Aufnahme einer Großveranlagung in dem untergeordneten Kreditinstitut zu genehmigen. Damit kann sich der Aufsichtsrat des übergeordneten Kreditinstitutes über den Aufsichtsrat des nachgeordneten Kreditinstitutes hinwegsetzen. Dies mag prima facie vor allem aus gesellschaftsrechtlicher Sicht – noch dazu mangels einer expliziten gesetzlichen Anordnung – bedenklich erscheinen. Nimmt man aber – was ohnehin bei § 28b BWG näher liegt – die (bank)aufsichtsrechtliche Perspektive ein, sprechen treffliche Gründe für die zitierte Interpretation durch die FMA: Bei einer Kreditinstitutsgruppe ist die Einhaltung der (oberen) Großkreditgrenze, sei es bei einzelnen Veranlagungen, sei es bei den gesamten Veranlagungen des Kreditinstitutes, stets auf konsolidierter Basis zu prüfen. Da diese Konsolidierung letztlich auf der Ebene des Mutterunternehmens durchgeführt werden muss und somit vielfach nur das Mutterunternehmen die Einhaltung der Großkreditgrenze beurteilen kann (und auch die entsprechende Steuerung vornehmen muss), ist es eine notwendige Konsequenz, dass Veranlagungen von Tochterkreditinstituten nicht nur von deren Aufsichtsrat, sondern auch vom Aufsichtsrat des Mutterunternehmens zu genehmigen sind. Um dies zu gewährleisten, ist es notwendig, in den Satzungen sowie Geschäftsordnungen der Geschäftsleitung und des Aufsichtsrats der zur Kreditinstitutsgruppe gehörigen Kreditinstituten entsprechende Genehmigungspflichten für den jeweiligen Aufsichtsrat vorzusehen. **157**

VI. Interne Revision (§ 42 BWG)

Kreditinstitute haben gemäß § 42 BWG eine interne Revision einzurichten, die ausschließlich der laufenden und umfassenden Prüfung der Gesetzmäßigkeit, Ordnungsmäßigkeit und Zweckmäßigkeit des gesamten Unternehmens dient. Die interne Revision hat primär die Funktions- und Leistungsfähigkeit des internen Kontrollsystems sowie der Führungsinstrumente zu beurteilen und zu deren Weiterentwicklung beizutragen.[180] Die interne Revision ist nicht zu verwechseln mit dem (Bank-)Controlling, dass als integriertes Managementkonzept aus Planung und Kontrolle zu interpretieren ist, welches neben eben dieser Planungs- und Kontrollfunktion auch noch die Informations-, Koordinations- und Leistungsbemessungsfunktion umfasst.[181] **158**

Die personelle und sachliche Ausstattung der internen Revision obliegt dem Vorstand. Sie muss unter Bedachtnahme auf den Geschäftsumfang so ausgestaltet **159**

[180] Vgl *Warncke*, Prüfungsausschuss und Corporate Governance, 303.

[181] *Fritzel*, in Hölscher/Altenhain, 180.

sein, dass sie ihre Aufgaben zweckentsprechend erfüllen kann.[182] Mit Aufgaben der internen Revision dürfen Personen, bei denen Ausschließungsgründe gemäß § 42 Abs 2 BWG vorliegen, nicht betraut werden.

160 Die interne Revision untersteht unmittelbar den Geschäftsleitern und hat allen Geschäftsleitern zu berichten (§ 42 Abs 1 BWG). Sie ist – insbesondere angesichts ihrer organisatorischen Einbindung in das Unternehmen – als ein Instrument der Geschäftsführung zu sehen. Eine direkte und auch disziplinarische Zuständigkeit des Aufsichtsrates für die interne Revision ist somit von vornherein ausgeschlossen.[183] Den Mitarbeitern der internen Revision kommt folglich keine Weisungsbefugnis gegenüber anderen Personen im Unternehmen zu, deren Arbeit sie einer Prüfung zu unterziehen haben.[184]

161 Die interne Revision hat über die Prüfungsgebiete und wesentliche Prüfungsfeststellungen aufgrund durchgeführter Prüfungen quartalsweise auch dem Vorsitzenden des Aufsichtsrates (oder des sonst nach Gesetz oder Satzung zuständigen Aufsichtsorgans) des Kreditinstitutes sowie dem Prüfungsausschuss Bericht zu erstatten. Der Vorsitzende des Aufsichtsrates hat in der nächstfolgenden Sitzung des Aufsichtsorgans diesem über die Prüfungsgebiete und die wesentlichen Prüfungsfeststellungen zu berichten (§ 42 Abs 3 BWG).

162 Es fällt auf, dass es keine direkte Berichtspflicht an den Aufsichtsrat gibt. Der Grund für den direkten Bericht (des Leiters) der internen Revision an den Aufsichtsratsvorsitzenden liegt wohl darin, dass der Leiter der internen Revision in einem Vieraugengespräch mit dem Aufsichtsratsvorsitzenden eher in der Lage oder bereit sein wird, Mängel des Kreditinstituts aufzuzeigen. Da im Aufzeigen von Mängeln eine direkte oder indirekte negative Kritik an der Geschäftsleitung, welcher die interne Revision untersteht, erblickt werden könnte, geht der Gesetzgeber offensichtlich davon aus, dass eine solche Mängelkritik in Abwesenheit des Vorstands und in kleinem Rahmen, dh auch ohne die übrigen Aufsichtsratsmitglieder, eher wahrscheinlich ist. Es wird aber die Entscheidung des Aufsichtsratsvorsitzenden sein, ob er stets nur Vieraugengespräche mit dem Leiter der internen Revision führen und nachfolgend selbst dem Aufsichtsrat berichten will (wozu der Aufsichtsratsvorsitzende verpflichtet ist) oder der Leiter der internen Revision zumindest in bestimmten Abständen dem Aufsichtsrat direkt berichtet.

163 Dem Funktionieren und damit auch der personellen und sachlichen Ausstattung der internen Revision kommt ganz besondere Bedeutung zu. Es ist daher eine bedeutsame Aufgabe des Prüfungsausschusses und des Aufsichtsrats, die Organisation und Tätigkeit der internen Revision laufend zu überwachen. Die interne Revision ergänzt die Tätigkeit des Aufsichtsrates bei der Überwachung der Geschäftsleitung und der umfassenden Prüfung der Geschäftsvorgänge des Kreditinstitutes.

---

[182] Zur Internen Revision s näher zB *Laurer*, BWG[3] § 42.

[183] *Fritzel*, in Hölscher/Altenhain, 181.

[184] *Fritzel*, in Hölscher/Altenhain, 186.

VII. Zusammenarbeit von Aufsichtsrat und Staatskommissär (§ 76 BWG)

A. Allgemeines zum Staatskommissär

Für Kreditinstitute, deren Bilanzsumme € 1 Milliarde übersteigt, ist gemäß § 76 Abs 1 BWG ein Staatskommissär und ein Stellvertreter zu bestellen.[185] Der Staatskommissär und dessen Stellvertreter werden vom Bundesminister für Finanzen für eine Funktionsperiode von längstens fünf Jahren bestellt. Die Wiederbestellung ist zulässig. Die Staatskommissäre und deren Stellvertreter handeln als Organe der FMA und sind in dieser Funktion ausschließlich den Weisungen der FMA unterworfen (§ 76 Abs 1 BWG). 164

Der Staatskommissär zählt zu den traditionellen Instrumenten staatlicher Wirtschaftsaufsicht.[186] Der Staatskommissär (und dessen Stellvertreter) ist „vom Kreditinstitut zu den Hauptversammlungen, Generalversammlungen und sonstigen Mitgliederversammlungen, zu den Sitzungen des Aufsichtsrates, der Prüfungsausschüsse sowie zu entscheidungsbefugten Ausschüssen des Aufsichtsrates rechtzeitig zu laden" (§ 76 Abs 4 BWG). 165

Der Staatskommissär hat im Bereich der Bankenaufsicht eine hervorragende Bedeutung, die allerdings in der Praxis nicht immer ausreichend wahrgenommen wird. Der Staatskommissär ist nach der gesetzlichen Konzeption eine wichtige „Verbindungsperson" zwischen der FMA und dem Kreditinstitut. Der Staatskommissär ist bei normalem Bankbetrieb[187] das einzige Organ der Bankenaufsicht, welches das Kreditinstitut bzw die Organe des Kreditinstituts „bei der unmittelbaren Arbeit" beobachten und überwachen kann. Der Staatskommissär kann in den Sitzungen des Aufsichtsrats und dessen Ausschüssen die Arbeitsweise des Vorstands und des Aufsichtsrates beobachten und damit einen allgemeinen Über- und Einblick über bzw in das Kreditinstitut gewinnen. 166

Der Staatskommissär hat allerdings nicht die Möglichkeit, das tägliche operative Geschäft des Vorstands zu verfolgen. Der Staatskommissär ist nicht zu den Sitzungen des Vorstands einzuladen; überdies hat er gemäß § 70 Abs 7 BWG nur insoweit ein Recht auf Einsicht in Schriftstücke und Datenträger, soweit es zur Erfüllung der Aufgaben des Staatskommissärs gemäß § 70 Abs 5 BWG erforderlich ist. Der Staatskommissär kann damit nicht in jegliche Schriftstücke und Datenträger des Kreditinstituts Einsicht nehmen, sondern nur in solche, die für 167

---

185 Für Kreditinstitute, die nicht in Form einer Aktiengesellschaft betrieben werden, bestehen Sonderbestimmungen über die Bestellung des Staatskommissärs; so kann der Staatskommissär bei Kreditinstituten, die in der Rechtsform einer GmbH geführt werden, gemäß § 104 GmbHG unabhängig von der Bilanzsumme bestellt werden, wenn dies zur Ausführung des Aufsichtsrechts erforderlich ist. Bei Kreditinstituten, die in der Rechtsform einer Sparkasse geführt werden, wird der Staatskommissär gemäß § 29 SparkassenG iVm § 76 BWG ebenfalls unabhängig von der Bilanzsumme bestellt (vgl weiterführend *Dellinger*, BWG § 76 Rz 7).

186 *Raschauer/Wessely*, ÖZW 2004, 70.

187 Anderes gilt selbstverständlich für den Regierungskommissär gemäß § 70 Abs 2 Z 2 BWG und die Geschäftsaufsicht gemäß § 84 BWG, die dann zu bestellen sind, wenn ein Kreditinstitut in den im BWG näher beschriebenen Schwierigkeiten ist.

seine Beurteilung notwendig sind, ob er gegen Beschlüsse des Aufsichtsrates oder seiner Ausschüsse (oder der Hauptversammlung, der Generalversammlung oder einer sonstigen Mitgliederversammlung) Einspruch im Sinne des § 70 Abs 5 BWG erheben soll.

168 Der Staatskommissär hat im Wesentlichen vergleichbare Rechte wie die Mitglieder des Aufsichtsrates, er hebt sich allerdings von diesen insbesondere dadurch ab, dass er gegen Beschlüsse des Aufsichtsrates und dessen Ausschüsse (wie auch gegen Beschlüsse der Hauptversammlungen, Generalversammlungen und sonstiger Mitgliederversammlungen) Einspruch erheben kann.

B. Bestellung des Staatskommissärs und dessen Stellvertreter

169 Aus öffentlich rechtlicher Sicht spricht nichts dagegen, dass der Staatskommissär und sein Stellvertreter vom Bundesminister für Finanzen bestellt werden. Aus praktischer Sicht erscheint es hingegen als nicht zweckmäßig: Der Staatskommissär agiert als Organ der Bankenaufsichtsbehörde (FMA) und ist deren Weisungen unterworfen (§ 76 Abs 1 BWG) sowie an diese berichtspflichtig (§ 76 Abs 8 BWG). Es gibt somit keinen einsichtigen Grund, das Bestellungsrecht dem Bundesminister für Finanzen nach wie vor (dh auch nachdem die FMA und nicht mehr der Bundesminister für Finanzen Bankenaufsichtsbehörde ist) einzuräumen.[188]

170 Die Bestellung des Staatskommissärs und des Stellvertreters hat nach herrschender Auffassung in der Rechtsform des Bescheids zu erfolgen. Adressat des Bestellungsbescheids ist nicht bloß die zum Staatskommissär zu bestellende Person, sondern auch das betroffene Kreditinstitut.[189] Dieses hat auch das Recht, gegen die Bestellung einer Person zum Staatskommissär eine Beschwerde an das Bundesverwaltungsgericht zu erheben.

C. Staatskommissär und Aufsichtsrat

1. Teilnahmerecht an Sitzungen des Aufsichtsrates

171 Der Staatskommissär ist berechtigt (und auch verpflichtet), an den Sitzungen des Aufsichtsrates, des Prüfungsausschusses sowie der entscheidungsbefugten Ausschüsse des Aufsichtsrates teilzunehmen. Zu diesen Sitzungen ist der Staatskommissär gemäß § 76 Abs 4 BWG rechtzeitig einzuladen. Alle Niederschriften über die Sitzungen der oben angeführten Organe sind dem Staatskommissär und dessen Stellvertreter zu übersenden.

172 Der Staatskommissär wird durch diese Regelung nicht zum Mitglied des Aufsichtsrates; er nimmt an den Sitzungen des Aufsichtsrates und dessen Ausschüssen

[188] Es ist nicht überzeugend, den Verbleib des Bestellungsrechts beim Bundesminister für Finanzen als „Ausfluss eines intensiven Aufsichtsrechts (des Bundesminister für Finanzen) über die FMA" (*Oppitz*, Bankrecht 78) zu begründen. Der Staatskommissär ist dem Bundesminister für Finanzen gegenüber weder berichtspflichtig noch diesem gegenüber weisungsunterworfen; dazu kommt, dass der Staatskommissär nicht als Aufsichtsorgan des Bundesministers für Finanzen gegenüber der FMA installiert ist.

[189] Vgl dazu und zu den Bestellungsvoraussetzungen im Einzelnen *Raschauer/Wessely*, ÖZW 2004 75ff mwN.

als Organ der Bankenaufsichtsbehörde teil und hat als solches – infolge des in Art 18 Abs 1 B-VG für die staatliche Verwaltung verankerten Legalitätsprinzips – ausschließlich die im BWG (oder in sonstigen bankaufsichtsrechtlichen Nebengesetzen) verankerten Rechte und Pflichten. Die für den Aufsichtsrat und dessen Mitglieder gesetzlich geregelten Rechte und Pflichten gelten nicht für den Staatskommissär.

Nach dem BWG spricht nichts dagegen, dass sowohl der Staatskommissär als auch dessen Stellvertreter an den Sitzungen teilnehmen, ohne dass ein Verhinderungsfall des Staatskommissärs vorliegt. Fraglich ist, ob der Staatskommissär und dessen Stellvertreter den Sitzungen des Aufsichtsrates eine sachverständige Person beiziehen dürfen. Die Entscheidung darüber trifft entweder der Aufsichtsratsvorsitzende im Rahmen seiner Sitzungsleitung oder der Aufsichtsrat durch Beschluss. Bei komplizierten Beratungs- und Beschlussgegenständen, welche bei einem Kreditinstituten nicht selten auftreten können (zB bei komplexen Finanzinstrumenten), wird es sachlich gerechtfertigt sein, dass der Staatskommissär eine Person als Sachverständigen zu seiner eigenen Beratung beizieht. Dies muss gerade bei Beschlussgegenständen auch im Interesse des Aufsichtsrats liegen, weil ansonsten möglicherweise die Entscheidungsgrundlagen des Staatskommissärs für die Ausübung seines Einspruchsrechts gemäß § 76 Abs 5 BWG unzureichend sind. In sachlich gerechtfertigten Fällen wird somit die Beiziehung von sachverständigen Dritten durch den Staatskommissär zulässig sein. In jedem Fall muss jedoch der Staatskommissär selbst (und nicht ein von diesem beigezogener Dritter) die Rechte gegenüber dem Aufsichtsrat ausüben. 173

Der Staatskommissär hat das Recht, jederzeit in den Sitzungen des Aufsichtsrates und seiner Ausschüsse das Wort zu ergreifen (§ 76 Abs 4 BWG). Damit ist der Staatskommissär – wie jedes Mitglied des Aufsichtsrats – berechtigt, sich zu allen Verhandlungsgegenständen der jeweiligen Sitzung zu äußern. 174

Mangels ausdrücklicher gesetzlicher Grundlage kann der Staatskommissär im Unterschied zu den Mitgliedern des Aufsichtsrates vom Vorstand nicht einen Bericht über die Angelegenheiten des Kreditinstituts verlangen (vgl § 95 Abs 2 AktG). Aus der Sicht einer effizienten Bankenaufsicht ist das Fehlen eines solchen Rechts zu bemängeln. Abgesehen davon wird aber der Vorstand bzw der Aufsichtsrat im Normalfall einem solchen Ansinnen des Staatskommissärs dennoch entsprechen. Es ist im Sinne des Kreditinstituts und dessen Organe, dass die Zusammenarbeit zwischen dem Staatskommissär (auch als „verlängerter Arm" der Bankenaufsichtsbehörde) und dem Kreditinstitut möglichst reibungslos funktioniert und eine Vertrauensbasis herrscht. Ohne die notwendige Vertrauensbasis wäre eine effiziente und sachgerechte Arbeit im Aufsichtsrat mit dem Staatskommissär nicht möglich. 175

2. Einspruchsrecht des Staatskommissärs – Verfahren

Die besondere Bedeutung und Stellung des Staatskommissärs gegenüber dem Aufsichtsrat und dessen Ausschüssen ergibt sich insbesondere aus der in § 76 Abs 4 BWG verankerten Einspruchspflicht. Der Staatskommissär oder im Verhinderungsfall dessen Stellvertreter haben gegen Beschlüsse des Aufsichtsrats und 176 seiner Ausschüsse Einspruch zu erheben, „durch die sie gesetzliche oder sonstige Vorschriften oder Bescheide des Bundesministers für Finanzen oder der FMA für verletzt erachten" (§ 76 Abs 5 BWG).[190] Die Verpflichtung zum Einspruch bei einem Verstoß gegen die in § 76 Abs 5 BWG genannten Rechtsakte besteht selbstverständlich bei Verstößen sowohl gegen formal- als auch materiellrechtliche Bestimmungen.

177 Der Staatskommissär hat Einspruch zu erheben und die FMA davon zu unterrichten. Im Einspruch hat der Staatskommissär anzugeben, gegen welche Vorschriften der Beschluss verstößt. Der Staatskommissär hat den Einspruch gemäß § 76 Abs 5 BWG „unverzüglich" zu erheben. Unter einem unverzüglichen Einspruch ist die Erhebung des Einspruches „ohne schuldhaftes Zögern" zu verstehen; dies kann wohl nicht anders verstanden werden, als dass der Einspruch „noch in der jeweiligen Sitzung" erfolgen muss.[191] Abzulehnen ist die zum Teil in der Lehre vertretene Auffassung, dass bei komplizierten Beschlüssen die Frist für die unverzügliche Geltendmachung (zumindest bei komplizierteren Beschlüssen) erst mit der Übersendung des Protokolls über die Beschlüsse zu laufen beginnt.[192]

178 Das BWG kennt aus guten Gründen nicht die „Anmeldung" eines möglichen Einspruchs durch den Staatskommissär. Eben dies wäre aber notwendig, um die Umsetzung eines Beschlusses des Aufsichtsrates oder seiner Ausschüsse (zumindest vorübergehend) zu verhindern. Das Kreditinstitut muss Rechtssicherheit haben, ob ein Beschluss des Aufsichtsrats oder seiner Ausschüsse umgesetzt werden darf. Es kann nicht Aufgabe des Kreditinstituts sein, aus eigenem zu prüfen, ob ein Beschlussgegenstand derart kompliziert ist, dass erst mit der Übersendung der Niederschrift über die jeweilige Sitzung oder zu einem späteren Zeitpunkt die Notwendigkeit eines Einspruchs durch den Staatskommissär beurteilt werden kann. Im Übrigen ist aus praktischer Sicht darauf hinzuweisen, dass die fachliche Qualifikation des Staatskommissärs zumindest jener der übrigen Mitglieder des Aufsichtsrats entsprechen muss und auch der Aufsichtsrat bei seinen Beschlüssen die Einhaltung der Rechtsvorschriften zu beachten hat und solche Beschlüsse manchmal unter erheblichem Zeitdruck getroffen werden müssen.

179 Der Staatskommissär kann auch gegen Beschlüsse des Aufsichtsrates, die außerhalb einer Sitzung oder im Ausland gefasst werden, Einspruch erheben. Diese (Umlauf-)Beschlüsse sind dem Staatskommissär mitzuteilen. In diesem Fall kann der Staatskommissär den Einspruch nur schriftlich binnen zwei Arbeitstagen nach Zustellung des Beschlusses erheben (§ 76 Abs 6 BWG). Dabei ist zu beachten, dass der Beschluss des Aufsichtsrates erst dann rechtswirksam ist, wenn der Staatskommissär innerhalb der Frist keinen Einspruch erhoben hat.

180 Mit dem Einspruch wird die Wirksamkeit des Beschlusses bis zur aufsichtsbehördlichen Entscheidung aufgeschoben. Das Kreditinstitut kann binnen einer Woche, gerechnet vom Zeitpunkt des Einspruches, die Entscheidung der FMA beantragen. Wird nicht binnen einer Woche nach Einlangen des Antrags entschieden,

---

190 Den Bescheiden der FMA sind jene des Bundesministers für Finanzen vor der Novelle BGBl I 97/2007 gleichzuhalten (vgl § 307c Z 7 BWG); vgl *Laurer*, BWG^3 § 76 Rz 4.

191 *Dellinger*, BWG § 76 Rz 52.

192 So etwa *Laurer*, BWG^3 § 76 Rz 4.

tritt der Einspruch außer Kraft. Wird der Einspruch bestätigt, ist die Vollziehung des Beschlusses unzulässig (vgl § 76 Abs 5 BWG). Sofern die FMA über den Einspruch entscheidet (und den Einspruch nicht durch Nichtentscheiden innerhalb der einwöchigen Frist außer Kraft treten lassen will), muss sie eine bescheidmäßige Erledigung erlassen. Gegen diesen Bescheid kann das Kreditinstitut Beschwerde an das Bundesverwaltungsgericht erheben.

Da der Staatskommissär nur ein Einspruchsrecht bzw eine Einspruchspflicht gegen Beschlüsse des Aufsichtsrats und seiner Ausschüsse hat, ist es Aufgabe des Aufsichtsratsvorsitzenden, eine genaue Unterscheidung zwischen Berichten und Anträgen der Geschäftsleitung im Aufsichtsrat und seiner Ausschüsse zu treffen. **181**

3. Gründe für den Einspruch

Das Einspruchsrecht des Staatskommissärs besteht entgegen dem Wortlaut des § 76 Abs 5 BWG nicht bei jeglicher Rechtsverletzung. Das Einspruchsrecht besteht nur bei Verletzung aufsichtsrechtlich relevanter Vorschriften, wie dies etwa auch im Zusammenhang mit der Berichtspflicht des Bankprüfers in § 63 Abs 3 Z 4 BWG klargestellt wird. Dies folgt daraus, dass der Staatskommissär als (Hilfs-) Organ der FMA keine weiter reichende Überwachungsfunktion als die FMA selbst haben kann. Die FMA ist ihrerseits nicht für die Einhaltung aller Gesetze zuständig, sondern „nur" für die Einhaltung des BWG und der weiteren in § 69 Abs 1 BWG aufgezählten Bestimmungen, die auf das jeweilige Kreditinstitut anzuwenden sind.[193] **182**

Auch wirtschaftliche Überlegungen können bei der Beurteilung der Rechtswidrigkeit als Voraussetzung der Einspruchspflicht des Staatskommissärs eine Rolle spielen. Eine wirtschaftliche eindeutig unzweckmäßige Maßnahme wird meistens auch sorgfaltswidrig sein. Genehmigt der Aufsichtsrat eine wirtschaftlich unzweckmäßige Maßnahme der Geschäftsleitung trotz Erkennbarkeit der Unzweckmäßigkeit, verstößt der Aufsichtsrat damit gegen seine Sorgfaltspflichten nach § 39 BWG.[194] Auch dies begründet inhaltlich das Einspruchsrecht des Staatskommissärs. **183**

Verstößt ein Beschluss des Aufsichtsrats oder eines Ausschusses gegen aufsichtsrechtliche Vorschriften, hat der Staatskommissär dagegen Einspruch zu erheben. Als Organ der Hoheitsverwaltung hat er kein Ermessen, von einem solchen Einspruchsrecht (etwa in Bagatellfällen) abzusehen; der Staatskommissär ist in einem solchen Fall vielmehr verpflichtet, Einspruch zu erheben. **184**

Hat der Staatskommissär trotz eines (erkennbaren) Verstoßes eines Beschlusses des Aufsichtsrats oder eines Aufsichtsratsausschusses keinen Einspruch erhoben, kann dies einen Amtshaftungsanspruch der durch die Umsetzung des Beschlusses Geschädigten auslösen. **185**

---

193 So auch *Dellinger*, BWG § 76 Rz 49.
194 *Dellinger*, BWG § 76 Rz 50.

VIII. Sanierung und Abwicklung eines Instituts

186 Zur Wahrung bzw Sicherstellung der zukünftigen Stabilität der Finanzmärkte in Folge der Finanzkrise in den Jahren 2008/2009[195] erließ der Gesetzgeber am 29.12.2014 in Umsetzung der Bankenabwicklungsrichtlinie ("BRRD")[196] das BaSAG.[197] Das BaSAG trat am 1.1.2015 in Kraft und sieht umfangreiche Regelungen für die Sanierung und die Abwicklung, dh für ein geordnetes Ausscheiden von Kreditinstituten aus dem Markt ohne Durchführung eines „klassischen“ Insolvenzverfahrens, von sich in einer Krise befindenden Banken vor.[198] Das BaSAG ist gemäß seines § 1 insbesondere auf CRR-Kreditinstitute anwendbar und folgt einem mehrstufigen Aufbau. Es sollen im Folgenden nur die Punkte des BaSAG überblicksmäßig dargestellt werden, aus welchen sich Aufgaben oder Konsequenzen bzw Berührungspunkte für den Aufsichtsrat des betroffenen Kreditinstituts ergeben.

187 Zunächst sind die betroffenen Kreditinstitute verpflichtet, zur Vorbereitung einer allfälligen Krise präventiv einen Sanierungsplan mit bestimmten Mindestinhaltserfordernissen[199] zu erstellen und diesen laufend zu aktualisieren (§ 8 BaSAG). Eine Einbindung des Aufsichtsrats ergibt sich aus § 8 Abs 4 BaSAG, wonach der Sanierungsplan auch dem Aufsichtsrat zur Kenntnis zu bringen ist. Dieser hat den Sanierungsplan zu prüfen und zu billigen. Die Bestätigung hierüber ist der FMA in ihrer Funktion als Abwicklungsbehörde gemeinsam mit dem Sanierungsplan selbst vorzulegen.[200]

188 Die nächste Stufe des BaSAG stellt die Frühintervention bei Frühinterventionsbedarf gemäß § 44 Abs 2 BaSAG dar, wobei eine sich anbahnende Schieflage bereits im Vorfeld abgewendet werden soll.[201] Gemäß §§ 44 bis 47 BaSAG hat die FMA die Möglichkeit, in derartigen Situationen bestimmte Maßnahmen zu setzten, wie etwa Änderungen in der Geschäftsstrategie des Instituts zu verlangen, einen vorläufigen Sonderverwalter zu installieren oder die Durchführung von Maßnahmen aus dem Sanierungsplan vorzuschreiben. Im gegebenen Zusammenhang ist insbesondere auf § 44 Abs 1 Z 5 BaSAG zu verweisen, wonach die FMA insbesondere verlangen kann, dass ein oder mehrere Mitglieder der Geschäftslei-

---

195 Vgl für eine Übersicht zu den Auslösern und Folgen der Krise *Ruland*, in Hölscher/Altenhain, 537ff.

196 Richtlinie 2014/59/EU des Europäischen Parlaments und des Rates vom 15. Mai 2014 zur Festlegung eines Rahmens für die Sanierung und Abwicklung von Kreditinstituten und Wertpapierfirmen und zur Änderung der Richtlinie 82/891/EWG, der Richtlinien 2001/24/EG, 2002/47/EG, 2004/25/EG, 2005/56/EG, 2007/36/EG, 2011/35/EU, 2012/30/EU und 2013/36/EU sowie der Verordnungen (EU) Nr. 1093/2010 und (EU) Nr. 648/2012,

197 BGBl I 98/2014, Bundesgesetz über die Sanierung und Abwicklung von Banken (Sanierungs- und Abwicklungsgesetz, „BaSAG“).

198 Eine umfassende Darstellung des BaSAG würde den hier möglichen Rahmen sprengen; vgl hierfür *Reisenhofer/Galostian Fard/Habliczek*, Sanierung und Abwicklung von Banken – BaSAG (2015).

199 Vgl die Erläuterungen von FMA und OeNB zur Erstellung von Sanierungsplänen nach dem BaSAG (Stand Februar 2015; „Sanierungsplan-Erläuterungen“), abrufbar unter https://www.fma.gv.at/de/unternehmen/banken/sanierungsplanung.html.

200 Vgl Sanierungsplan-Erläuterungen, Rz 9.

201 Vgl *Hilkesberger/Schöller*, ÖBA 2015, 553 (554).

tung, aber auch des Aufsichtsrates aus ihrer Funktion abberufen und ersetzt werden, sofern die FMA zur Auffassung gelangt, dass die betreffenden Personen nicht zur Ausübung ihrer Funktionen geeignet sind. Unter den Voraussetzungen des § 45 Abs 1 BaSAG kann die Abberufung der Aufsichtsratsmitglieder sogar durch die FMA selbst vorgenommen werden. Werden im Anschluss neue Geschäftsleiter oder Aufsichtsratsmitglieder bestellt, bedarf diese Bestellung zu ihrer Rechtswirksamkeit der Genehmigung der FMA. Die Genehmigung ist zu versagen, wenn die neu bestellten Geschäftsleiter oder Mitglieder des Aufsichtsrats nicht geeignet scheinen, die bedeutende Verschlechterung der Finanzlage des Instituts oder allfällige die Maßnahme begründende Missstände beim Institut zu beseitigen (§ 45 Abs 1 2. Satz BaSAG).

Kommt es trotz ergriffener Sanierungs- und Frühinterventionsmaßnahmen 189
zu einem Ausfall oder wahrscheinlichen Ausfall des Instituts und besteht nach vernünftigem Ermessen keine Aussicht, dass alternative Maßnahmen der „Privatwirtschaft" oder der Aufsichtsbehörden den Ausfall innerhalb eines angemessenen Zeitraums abwenden können, ist das betroffene Institut von der FMA abzuwickeln, sofern die Abwicklung im öffentlichen Interesse liegt (§ 49 Abs 1 BaSAG). Gemäß § 48 BaSAG verfolgt die Abwicklung eines Instituts die Ziele der Sicherstellung der Kontinuität kritischer Funktionen, der Vermeidung erheblicher negativer Auswirkungen auf die Finanzstabilität, des Schutzes öffentlicher Mittel, des Einleger- und Anlegerschutzes sowie des Schutzes der Gelder und Vermögenswerte der Kunden. Im Rahmen des Abwicklungsverfahrens stehen der FMA in ihrer Funktion als Abwicklungsbehörde folgende Abwicklungsinstrumente zur Verfügung: die Unternehmensveräußerung (sale of business; §§ 75 ff BaSAG), die Errichtung eines Brückeninstituts (bridge institutions; §§ 78 ff BaSAG), die Ausgliederung von Vermögenswerten (asset seperation; §§ 82 ff BaSAG) und die Gläubigerbeteiligung (bail-in, §§ 85 ff BaSAG). Da das Abwicklungsverfahren immer maßgeblich von der Abwicklungsbehörde bestimmt wird, sind die Aufgaben, Befugnisse und Gestaltungsmöglichkeiten des Aufsichtsrates im Zusammenhang mit den verschiedenen Abwicklungsmaßnahmen eher gering.[202]

Bei der Anwendung der Abwicklungsinstrumente und der Ausübung der Ab- 190
wicklungsbefugnisse hat die FMA in ihrer Funktion als Abwicklungsbehörde in § 53 BaSAG näher bestimmte Grundsätze zu befolgen. So müssen etwa Verluste stets zuerst von den Anteilseignern des in Abwicklung befindlichen Instituts getragen werden, erst dann kann auf die Gläubiger des in Abwicklung befindlichen Instituts gegriffen werden. Gemäß § 53 Abs 1 Z 3 BaSAG hat die FMA in ihrer Funktion als Abwicklungsbehörde grundsätzlich immer den Aufsichtsrat und die Geschäftsleiter des in Abwicklung befindlichen Instituts zu ersetzen, außer die vollständige oder teilweise Beibehaltung des Aufsichtsrates und der Geschäftsleiter ist unter den gegebenen Umständen für die Erreichung der Abwicklungsziele erforderlich. Gemäß § 53 Abs 1 Z 4 BaSAG ist der Aufsichtsrat ebenso wie die Geschäftsleitung des in Abwicklung befindlichen Instituts verpflichtet, die erforderliche Unterstützung für die Erreichung der Abwicklungsziele zu leisten. § 53 Abs 5 BaSAG hält fest, dass die Anwendung der Abwicklungsinstrumente und die

202 Vgl *Paulus/Villiez*, in Hölscher/Altenhain, 556.

Ausübung der Abwicklungsbefugnisse durch die Abwicklungsbehörde stets unbeschadet der Bestimmungen über die Vertretung der Arbeitnehmer im Aufsichtsrat gemäß § 110 ArbVG zu erfolgen hat. Die Arbeitnehmervertreter im Aufsichtsrat eines sich in Abwicklung befindlichen Instituts können somit nicht von der FMA, sondern weiterhin nur vom Betriebsrat abberufen werden.

191 Wird im Rahmen der Abwicklung ein Brückeninstitut oder eine Abbaueinheit gegründet, wird der Aufsichtsrat der neuen Gesellschaft stets durch die Abwicklungsbehörde bestellt (§ 79 Abs 5 und § 83 Abs 6 BaSAG). Der Aufsichtsrat hat in der Folge bei der Anmeldung der jeweiligen Gesellschaft zur Eintragung ins Firmenbuch mitzuwirken (§ 79 Abs 4 und § 83 Abs 5 BaSAG). Im Rahmen des Betriebs der Abbaueinheit hat der Aufsichtsrat den von der Geschäftsleitung zu erstellenden Abbauplan, nach welchem der Portfolioabbau stattfinden soll, zu genehmigen (§ 84 Abs 5 BaSAG). Finden in einem Brückeninstitut oder einer Abbaueinheit Aufsichtsratssitzungen oder Aufsichtsratsausschusssitzungen statt, hat die FMA als Abwicklungsbehörde das Recht, an diesen Sitzungen teilzunehmen (§ 80 Abs 8 und § 84 Abs 7 BaSAG).

192 Unabhängig von den konkreten Bestimmungen des BaSAG ist darauf hinzuweisen, dass der Aufsichtsrat nach dem von der herrschenden Lehre vertretenen abgestuften System der Überwachung nur bei Vorliegen einer Krise sämtliche Überwachungsinstrumentarien anwenden darf bzw nur dann sämtliche ihm zur Verfügung stehenden Mittel zur Kontrolle ausschöpfen muss. Im Rahmen einer Bankenkrise müssen die Aufsichtsratsmitglieder ihre Überwachungsleistung gegenüber dem Niveau der Überwachung eine einem gesunden Institut also steigern.[203] Die gesteigerte Überwachungs- und Beratungstätigkeit in einer Krise wird sich im Regelfall in einer höheren Anzahl an Aufsichtsratssitzungen wiederspiegeln.

IX. Sonstige Aufgaben des Aufsichtsrates

193 Neben den spezifischen Aufgaben des Aufsichtsrates nach dem BWG hat der Aufsichtsrat eines Kreditinstitutes jene Aufgaben wahrzunehmen, die sich aus den gesellschaftsrechtlichen Bestimmungen ergeben. Dabei ist besonders der Katalog an zustimmungspflichtigen Geschäften gemäß § 95 Abs 5 AktG bzw § 30j Abs 5 GmbHG hervorzuheben.

194 Insbesondere über die Kompetenz des Aufsichtsrates zur Definition jener Investitionen, die bestimmte Anschaffungskosten im Einzelnen und insgesamt in einem Geschäftsjahr nicht übersteigen dürfen (§ 95 Abs 5 Z 4 AktG) sowie die Definition der Betragsgrenzen für Anleihen, Darlehen und Kredite (§ 95 Abs 5 Z 5 AktG) kann der Aufsichtsrat zusätzliche Grenzen der Tätigkeit der Geschäftsleitung über die Bestimmungen betreffend Großkredite (Art 387 ff CRR) hinaus festlegen. Über den Katalog der zustimmungspflichtigen Geschäfte können besondere risikobehaftete Geschäfte außerhalb der Bestimmung des BWG festgelegt und an die Zustimmung des Aufsichtsrates gebunden werden.

[203] Vgl ua *Ruland*, in Hölscher/Altenhain, 549f.

X. Sorgfaltspflicht und Verantwortung (§ 39 BWG)

Für die Sorgfaltspflicht und Verantwortlichkeit der Aufsichtsratsmitglieder von Aktiengesellschaften, die keine Kreditinstitute sind, gilt gemäß § 99 AktG die Bestimmung des § 84 AktG über die Sorgfaltspflicht und Verantwortlichkeit der Vorstandsmitglieder sinngemäß. 195

In Umsetzung des Art 88 Abs 1 lit a und c der CRD IV wird das Aufgabengebiet des Aufsichtsrates in Kreditinstituten in § 28a Abs 2c BWG nunmehr ausdrücklich umschrieben. Hiernach hat der Aufsichtsrat mit der Geschäftsleitung die strategischen Ziele, die Risikostrategie und die internen Grundsätze einer ordnungsgemäßen Geschäftsführung zu erörtern und deren Umsetzung durch die Geschäftsleitung zu überwachen. Das Aufgabengebiet der Aufsichtsratsmitglieder ist im Vergleich zu jenem des Vorstands somit geringer und bezieht sich vor allem auf die Überwachung des Vorstands und die strategisch vorausschauende Begleitung.[204] Der Aufsichtsrat haftet demgegenüber keinesfalls für Versäumnisse des schlechten Tagesgeschäfts oder für Fehler und Versäumnisse von nachgeordneten Entscheidungsebenen.[205] Der Aufsichtsrat ist weder Vorgesetzter der Geschäftsleitung noch ein „Supergeschäftsführungsorgan".[206] 196

Bei Kreditinstituten wird die Regelung des § 84 AktG, welche schlechthin nur von der Sorgfalt eines ordentlichen und gewissenhaften Geschäftsleiters spricht, durch § 39 BWG ergänzt, sodass für die Sorgfaltspflicht und Verantwortung der Aufsichtsratsmitglieder über den § 84 Abs 1 AktG hinaus die Regelung des § 39 BWG als Maßstab heranzuziehen ist.[207] 197

Gemäß § 39 Abs 1 BWG haben sich die Geschäftsleiter „insbesondere über die bankgeschäftlichen und bankbetrieblichen Risiken zu informieren, diese durch angemessene Strategien und Verfahren zu steuern, zu überwachen und zu begrenzen sowie über Pläne und Verfahren gemäß § 39a zu verfügen. Weiters haben sie auf die Gesamtertragslage des Kreditinstitutes Bedacht zu nehmen". 198

§ 39 Abs 1 BWG ist demgemäß die zentrale Regelung zur Steuerung, Überwachung und Begrenzung der Bankrisiken. Das Eingehen von Risiken ist im Bankgeschäft unvermeidbar; der Sorgfaltsmaßstab des § 39 BWG verlangt allerdings nicht nur, dass Rechtsgeschäfte oder Maßnahmen bei der gebotenen ex ante-Betrachtung betriebswirtschaftlich vernünftig waren, sondern dass bei der Risikoeinschätzung ein branchen-, größen- und situationsadäquates Bemühen an den Tag gelegt wird.[208] Dabei ist nicht nur auf das Einzelgeschäft oder die Einzelmaßnahme abzustellen; es ist vielmehr die Risikosteuerung, -überwachung und -begrenzung auf der Ebene sämtlicher Bankrisiken vorzunehmen. Gerade hier setzt auch die Verantwortung des Aufsichtsrates bzw der Aufsichtsratsmitglieder ein. Es ist Aufgabe des Aufsichtsrates, die Risikosteuerung, -überwachung und 199

204 Vgl *Strasser* in *Jabornegg/Strasser*, AktG II[5] §§ 99 Rz 32ff; *Kalss* in Kalss/Nowotny/Schauer, Gesellschaftsrecht Rz 3/569; *Kalss* in Doralt/Nowotny/Kalss, Aktiengesetz[2] § 99 Rz 5ff.

205 *Kalss* in Doralt/Nowotny/Kalss, Aktiengesetz[2] § 99 Rz 14.

206 OGH 26.2.2002, 1 Ob 144/01k.

207 Vgl dazu allgemein *Laurer*, BWG[3] § 39; *Dellinger*, BWG § 39.

208 OGH 26.2.2002, 1 Ob 144/01k.

-begrenzung eingehend zu kontrollieren bzw kontrollieren zu lassen. Nur dadurch kann verhindert werden, dass einerseits Ausfälle bei einzelnen Geschäften eine gravierende Auswirkung auf die Vermögens-, Finanz- und Ertragslage des Kreditinstituts haben können sowie andererseits Geschäfte getätigt werden, welche diese Anforderungen nicht beachten.[209]

200 Gemäß § 39 Abs 2 BWG müssen die Kreditinstitute für die Erfassung, Beurteilung, Steuerung und Überwachung der bankgeschäftlichen und bankbetrieblichen Risiken sowie ihrer Vergütungspolitik und -praktiken über Verwaltungs-, Rechnungs- und Kontrollverfahren verfügen.[210] Diese müssen der Art, dem Umfang und der Komplexität der betriebenen Bankgeschäfte angemessen sein. Die Organisationsstruktur sowie die Verwaltungs-, Rechnungs-, und Kontrollverfahren sind schriftlich und in nachvollziehbarer Weise zu dokumentieren und ihre Zweckmäßigkeit Anwendung ist von der internen Revision mindestens einmal jährlich zu prüfen. Auch hier ist es Aufgabe des Prüfungsausschusses und des Aufsichtsrates, die notwendigen Prüfungshandlungen zu überwachen.

201 Eine besondere Sorgfaltspflicht legt § 39 Abs 2c BWG bei für das konkrete Kreditinstitut neuartigen Geschäften fest, über deren Risikogehalt keine Erfahrungswerte im Kreditinstitut vorliegen.[211] Dabei ist etwa an komplizierte Finanzinstrumente zu denken, für die noch keine Erfahrungen hinsichtlich des Gestionsrisikos bestehen. Hier verlangt der Gesetzgeber, dass solche Geschäfte zunächst nur in geringen Volumina getätigt werden. Die Geschäftsleiter (und damit auch die Aufsichtsratsmitglieder) haben „insbesondere auf die Sicherheit der dem Kreditinstitut anvertrauten fremden Gelder und die Einhaltung der Eigenmittel Bedacht zu nehmen. Die Verfahren gemäß § 39a Abs 2 BWG haben die weitestmögliche Erfassung und Beurteilung der sich aus neuartigen Geschäften ergebenden Risiken sowie von Konzentrationsrisiken sicherzustellen. Bei der Prüfung des Kreditrisikos ist auch die Angemessenheit der von einem Kreditinstitut zur Erfassung von Kreditrisiken angewandten Ansätze unter Berücksichtigung de[r] von einem Kreditinstitut getätigten Geschäfte zu beurteilen."

202 Mit der Umsetzung der CRD IV[212] im BWG wurde das Sanktionsregime des BWG deutlich verschärft und sind nunmehr unter anderem Verletzungen des § 39 BWG gemäß § 98 Abs 5 Z 4 BWG mit hohen Verwaltungsstrafen sanktioniert. Wer als Verantwortlicher (§ 9 VStG) eines Kreditinstituts die Pflichten des § 39 BWG verletzt, kann – sofern die Tat nicht den Tatbestand einer in die Zuständigkeit der Gerichte fallenden strafbaren Handlung bildet – von der FMA mit einer Geldstrafe von bis zu € 5 Mio oder bis zu dem Zweifachen des aus dem Verstoß gezogenen Nutzens, soweit sich dieser beziffern lässt, bestraft werden.[213] Verantwortlicher im Sinne des § 9 VStG ist, wer zur Vertretung der juristischen Person,

209 Vgl zB *Langenbucher*, ZBB 2013, 16ff zur Bedeutung der aufsichtsrechtlichen Regelungen für die Anwendung der Business Judgement Rule bei der Beurteilung der Tätigkeit der Organe des Kreditinstitutes.

210 Vgl in diesem Zusammenhang auch § 39 Abs 2b BWG.

211 Vgl dazu auch *Laurer*, BWG³ § 39 Rz 2.

212 Vgl Art 66 Abs 2 CRD IV.

213 Zur Frage der Verfassungsmäßigkeit der hohen Strafandrohung vgl RV 2438 BlgNR 24. GP S 62, sowie *Fletzberger*, in Braumüller/Ennöckl/Gruber/Raschauer, 23.

dh hier des Kreditinstituts, nach außen berufen ist. Da Aufsichtsratsmitglieder nicht nach außen zur Vertretung berufen sind, fallen sie nicht unter § 9 VStG und werden folglich auch nicht von der Verwaltungsstrafbestimmung des § 98 Abs 5 Z 4 BWG erfasst.

Anforderungen an AR-Mitglieder eines Kreditinstituts – Fit & Proper

Thomas Seeber

§§: 86–99 AktG; 29–33 GmbHG; 5, 28a, 28b, 30, 38, 39, 39b, 39c, 63a, 41, 70 BWG; EBA, Guidelines on the assessment of the suitability of Members of the Management Body and Key Function Holders, www.eba.europa.eu/documents/10180/106695/EBA_2012_00220000_DE_COR.pdf; EBA, Guidelines on Internal Governance, www.eba.europa.eu/documents/10180/103861/EBA_2012_00210000_DE_COR.pdf (Stand 04.02.2016); FMA, Rundschreiben zur Eignungsprüfung von Geschäftsleitern, Aufsichtsratsmitgliedern und Inhabern von Schlüsselfunktionen (Fit & Proper – Rundschreiben) November 2014, https://www.fma.gv.at/typo3conf/ext/dam_download/secure.php?u=0&file=13283&t=1455562285&hash=3fa7546e58cf15b4f2293ac2e7c2cb08 (Stand 04.02.2016).

Literatur

Ö: *Berger/ Steinbach*, Qualifikation und Organisation österreichischer Aufsichtsräte als Grundlagen für effiziente Gremienarbeit, Aufsichtsrat aktuell 2015 H 2, 12; *Böhler,* Allgemeiner Teil des Kreditsicherungsrechts, in *Apathy/Iro/Koziol* (Hrsg), Österreichisches Bankvertragsrecht VIII, Teil I (2012); *Bollenberger,* Kreditgeschäft, in *Apathy/Iro/Koziol* (Hrsg), Österreichisches Bankvertragsrecht IV (2012); *Chini*, Kreditentscheidungen und Untreue – OGH 11 Os 101/13g und 11 Os 139/13w, in *Hinterhofer* (Hrsg), Praxishandbuch Untreue (2015) 147; *Chini*, Aufsichtsratsmitglieder – Fit & Proper?, Aufsichtsrat aktuell 2013 H 6, 5; *Chini*, Strategische Planung als dominante Aufgabe des Aufsichtsrats, Aufsichtsrat aktuell 2015, 16; *Chini/Oppitz*, Bankwesengesetz – Kommentar (2011); *Dellinger* (Hrsg), BWG-Kommentar (Loseblatt); *Diwok/Göth*, Bankwesengesetz (2005); *Dilger/Strauss*, Die Sprache des Aufsichtsrats Sprachregelung und Sprachbestimmungen, Aufsichtsrataktuell 2015, 10; *Dür/Dürrschmied*, Der Aufsichtsrat im Kreditinstitut – Ein Leitfaden für die Praxis (2015); *Endl/Zumbo*, Der Aufsichtsratsvorsitzende, in FS Christian Nowotny (2015) 285; *Fletzberger*, Basel III und Corporate Governance, in *Braumüller/Ennöckl/Gruber/Raschauer* (Hrsg) ZFR Spezial 2014 – Von Basel III zu PRIPs (2014) 11; *Fritz*, Bewusst für eine neue Allianz – Eigentümer, Vorstand und Aufsichtsrat als gemeinsame Architekten der Zukunft, Aufsichtsrat aktuell 2015, 6; *Jabornegg*, Sitz- und Stimmrecht der Arbeitnehmervertretung im Nominierungsausschuss gemäß § 29 BWG, DRdA 2015, 299; *Kalss*, Zauberwort „Fit and Proper", in *Lewisch*, Jahrbuch Wirtschaftsstrafrecht und Organverantwortlichkeit 2013 (2013) 323; *Kalss*, Strafbare Handlung eines Vorstandsmitglieds – Was hat der Aufsichtsrat zu tun?, Aufsichtsrat aktuell 2012, 5; *Schima/Sindelar*, Aufgetragene Abberufung von Geschäftsleitern, Untersagung der Ausübung der Geschäftsführung und Konzessionsentzug bei Kreditinstituten, ÖBA 2015, 908; *Schima*, Betriebsrat über dem Gesetz? – Kein Fit & Proper-Test für Arbeitnehmervertreter in Bank-Aufsichtsräten, ÖBA 2014, 28; *Seeber,* Das Kreditkonsortium in der Österreichischen Rechtsordnung (im Erscheinen), *Wachter*, Der Aufsichtsrat von Kreditinstituten nach der Umsetzung der CRD IV-Richtlinie in Österreich, ÖBA 2015, 96.

Dtl: *Knippschild/Hromadka/Geidt-Karrenbauer* in Hölscher/Altenhain (Hrsg) Handbuch Aufsichts- und Verwaltungsräte in Kreditinstituten – rechtlicher Rahmen, betriebswirtschaftliche Herausforderungen, best practices (2013) 1047; *Opitz*, Zur Fortbildungsverantwortung von Vorstand und Aufsichtsrat – Zugleich ein Beitrag zu §§ 25c und 25d KWG i.d.F. von Art. 1 Nr. 48 CRD IV-Umsetzungs-GE, BKR 2013, 177; Bafin, Merkblatt zu den Mitgliedern von Verwaltungs- und Aufsichtsorganen gemäß KWG und KAGB, http://www.bafin.de/SharedDocs/Veroeffentlichungen/DE/Merkblatt/mb_160104_AR_KWG_KAGB.html?nn=2818474 (Stand 21.02.2016).

Gliederung **Rz**

I. Einleitung

Soll ich? „Aus welchem Grund soll ich Aufsichtsratsmitglied einer Bank werden/bleiben?" Diese Frage wird gerade in letzter Zeit immer häufiger an Berater herangetragen oder als (teilweise) rhetorische Frage gestellt. Dieser sehr kritische Zugang zur (eigenen) Rolle als Mitglied eines Bank-Aufsichtsrates ist (i) dadurch bedingt, dass sowohl auf nationaler Ebene als auch auf europäischer Ebene stets noch strengere Vorgaben festgesetzt werden, die von Aufsichtsräten einzuhalten sind, und (ii) neben der sehr fordernden inhaltlichen Tätigkeit – als Mitglied eines Banken-Aufsichtsrates – noch eine Vielzahl[1] von Fortbildungs-, Evaluations- und Dokumentationsverpflichtungen auf Aufsichtsratsmitglieder zukommen, die sehr zeitaufwendig sind und teilweise als Schikane empfunden werden. Rasch kommt das Gespräch auf „Fit & Proper" (hier wird auf das Fit & Proper-Hearing und die bankinterne Fit & Proper-Dokumentation und -Fortbildung gleichermaßen angespielt): Von vielen Aufsichtsratsmitgliedern wird das – als vielfach übertrieben empfundene – Überwachungsregime im Zusammenhang mit dem Schlagwort „Fit & Proper" als Misstrauensvorschuss gewertet. 1

Neben diesen subjektiven Komponenten ist für Österreich objektiv festzuhalten, dass das europäische **Bankenüberwachungssystem** auf ein **einstufiges Verwaltungssystem** ausgerichtet ist und nicht zum zweistufigen österreichischen System (Vorstand und Aufsichtsrat) passt.[2] Als weiterer besonderer Aspekt der österreichischen Bankenlandschaft ist die sehr **kleingliedrig strukturierte Bankenstruktur** zu nennen: In Österreich gibt es zum Stichtag 1.2.2016 740 Banken.[3] Obwohl die einzelnen Banken in Österreich in Sektoren organisiert sind, ist das europäische Regelwerk insbesondere für kleine lokale Banken in Österreich besonders beschwerlich[4], weil für eine besonders kleine Struktur die Einhaltung der sehr strengen Anforderungen (im Vergleich) besonders aufwendig und strapaziös ist. 2

Schon die Zusammenschau (i) der von Aufsichtsräten zu berücksichtigenden Bestimmungen und (ii) des **Anforderungsprofils** an Aufsichtsräte legt den Schluss nahe, dass der Gesetzgeber an **hauptberufliche** Aufsichtsräte gedacht hat. Evident ist aber, dass das System des hauptberuflichen Aufsichtsrats für kleine Banken nicht passt. Schon an dieser Stelle ist darauf zu verweisen, dass die Erhaltung von kleinstrukturierten Banken insbesondere für den ländlichen Raum und die wirtschaftliche Entwicklung wichtig ist. Diese Strukturen werden – durch nicht auf kleine Strukturen angepasste Vorgaben – gefährdet. Überdies lebt das (österreichische) zweistufige System gerade davon, dass im Aufsichtsrat keine hauptberuflichen Aufsichtsräte sitzen, sondern Fachleute aus Unternehmen, welche ihre Erfahrungen einbringen können. 3

---

1 Vgl *Dilger/Strauss*, Aufsichtsrat aktuell 2015, 10.

2 *Kalss* in Lewisch, Jahrbuch Wirtschaftsstrafrecht und Organverantwortlichkeit 2013 (2013) 323.

3 *FMA*, Zugelassene Kreditinstitute in Österreich, https://www.fma.gv.at/typo3conf/ext/dam_download/secure.php?u=0&file=14798&t=1455463018&hash=6c0214d1ba69089a1d0be72e31e93040 (Stand 13.2.2016).

4 Vgl *Schima*, ÖBA 2014, 28.

4 Die nachfolgenden Überlegungen zielen auf österreichische Aufsichtsratsmitglieder in Kreditinstituten ab. Ziel dieses Beitrags ist es, auf Möglichkeiten hinzuweisen, wie (i) die strengen Vorgaben praktikabel und effizient umgesetzt werden können und (ii) mit dem (nicht vermeidbaren und deswegen jedenfalls zu treibenden) Aufwand ein Mehrwert für die Bank erreicht werden kann. Ein systematischer Analyse- und Bewertungsprozess (Assessment) für den (Geschäftsleiter und) Aufsichtsrat kann sehr hilfreich sein, ist aber aufwendig. Im Zuge der Fit & Proper-Schulungen kann ein solcher Prozess implementiert werden. Um den gewünschten Effekt zu erzielen, ist wichtig, dass der Vorstand und der Aufsichtsrat kooperieren und der Vorstand dem Aufsichtsrat präsentiert, welche Pflichten er hat. Die Schnittstelle zwischen Aufsichtsrat und Vorstand ist nämlich besonders interessant. In der Praxis sollte eine Person als zuständige Person für Fit & Proper ernannt werden. Oftmals ist diese Person im HR-Bereich angesiedelt; sie begleitet das Assessment, die Dokumentation und weitere Schritte. Ein Assessment umfasst ua auch die Aktualisierung von CV, Trainings und Schulungen (um auf diese Weise einen Mehrwert zu erzielen). Darauf basierend kann (intern oder extern) ein Schulungsplan erarbeitet werden. Im Rahmen dessen kann jeder (Geschäftsleiter oder Aufsichtsratsmitglied) seine Schwerpunkte setzen, so dass eine gewisse Flexibilität gegeben und das Aufsichtsratsmitglied im „Gesamt- Aufsichtsrat" gut eingebettet ist. Weiters hat ein solches Assessment auch den Vorteil, dass man bei einer FMA-Prüfung gut vorbereitet ist (und auch die erforderlichen Unterlagen vorlegen kann). Vorausgeschickt wird, dass der Aufsichtsrat[5]/der Nominierungsausschuss für die Fitness & Properness der Aufsichtsratsmitglieder zuständig ist und diesbezüglich aktiv werden muss. Zudem wird nachfolgend ein Überblick darüber geboten, wie sich die Verpflichtungen von Aufsichtsräten in Banken zukünftig entwickeln und (wohl) noch weiter verschärfen werden.

II. Gesetzliche Vorgaben/Behörden/Guidelines

5 **Das Bankwesengesetz (BWG)** normiert insbesondere in §§ 5, 28a und 30 BWG Anforderungen, die von den handelnden Personen einer Bank (insbesondere Geschäftsleitung und Aufsichtsrat) zu erfüllen sind. Die wesentlichen Rechtsgrundlagen zu „Fit & Proper" in Österreich finden sich in §§ 5, 28a, 41 und 42 BWG.[6]

6 **Fit & Proper** zu sein bedeutet (i) sowohl hohen beruflichen Anforderungen gerecht zu werden (Bank-Know-how), als auch (ii) hohen Maßstäben an die Persönlichkeitsstruktur zu genügen. Die persönlichen Anforderungen werden mit Zuverlässigkeit, Aufrichtigkeit und Unvoreingenommenheit umschrieben; die fachliche Eignung betreffend wird auf theoretische und praktische Kenntnisse abgestellt. Ein weiterer – immer wichtiger werdender – Aspekt ist die zeitliche Verfügbarkeit der Aufsichtsratsmitglieder. Die Analyse im Assessment kann Verbesserungen der Organisation bringen; beispielsweise können Fehlerquellen identifiziert werden (zB zu spätes Übermitteln von Unterlagen usw).

---

[5] Vgl auch *Chini*, Aufsichtsrat aktuell 2015 16.

[6] *Böck/Astaniou/Stock*, ÖBA 2015, 703.

Neben diesen allgemeinen Bedingungen gelten für Mitglieder von Spezialgremien des Aufsichtsrates (zB Prüfungs-, Vergütungs-, Normierungsausschuss) besondere Vorgaben. 7

Die Rundschreiben der EBA und der FMA sind nur technisch als „Soft-Law" zu werten und haben in Wahrheit Hard-Law-Charakter. Besonders erwähnenswert ist die EBA-GL6[7], mit der diverse Mindesterfordernisse und Eignungskriterien festgelegt werden und ein Beurteilungsprozess vorgeschlagen wird. Darüber hinaus ist auf die EBA-GL44[8] zu verweisen: Mit dieser Guideline werden den Kreditinstituten aufwendige interne Vorgaben zur Pflicht gemacht. Ebenfalls erwähnenswert ist der EBA-Report die EBA-GL6[9] betreffend, mit der den europäischen Fit & Proper-Verfahren attestiert wird, nicht Fit & Proper zu sein: Die EBA bemängelt zB, dass das Fit & Proper-Verfahren in Europa nicht einheitlich und auch nicht streng genug sei und kündigt insbesondere bezüglich der Überprüfung der zeitlichen Verfügbarkeit von Aufsichtsräten Verschärfungen an.[10] 8

Sowohl die Guidelines als auch der FMA-Leitfaden umschreiben die von den Aufsichtsräten zu erfüllenden Verpflichtungen nur vage. Aus diesem Grund kommt es zu einer unangenehmen Situation der **Rechtsunsicherheit**: Die Folge ist, dass die Banken einen sehr hohen Aufwand betreiben, dabei aber keine Sicherheit haben, ob die Vorgaben der FMA damit erfüllt werden. In der Praxis bestätigt sich, dass dieser Punkt sehr problematisch ist. Eine gute Vorbereitung und Dokumentation ist zwar hilfreich und erhöht gegenüber der FMA die Chancen; ein Restrisiko bleibt aber, weil auch nicht von einer Verwaltungspraxis gesprochen werden kann an der man sich orientieren könnte. Dieses Restrisiko ist deswegen besonders hoch, weil einerseits EU-Vorgaben in die Beurteilung der FMA miteinfließen und diese andererseits zB nicht „adäquat" auf kleinere Banken oder Spezialbanken umgelegt werden. 9

Die EZB ist für die acht bedeutendsten Institute und Gruppen in Österreich zuständig; die übrigen (gemäß SSM-VO) weniger bedeutenden Institute werden von der FMA beaufsichtigt.[11] 10

---

[7] EBA, Guidelines on the assessment of the suitability of Members of the Management Body and Key Function Holders, www.eba.europa.eu/documents/10180/106695/EBA_2012_00220000_DE_COR.pdf (Stand 04.02.2016).

[8] EBA, Guidelines on Internal Governance, www.eba.europa.eu/documents/10180/103861/EBA_2012_00210000_DE_COR.pdf (Stand 04.02.2016).

[9] EBA, Report On the peer review of the Guidelines on the assessment of the suitability of members of the management body and key function holders (EBA/GL/2012/06), https://www.eba.europa.eu/documents/10180/950548/EBA+Peer+Review+Report+on+suitability.pdf (Stand 5.2.2015).

[10] EBA, Report On the peer review of the Guidelines on the assessment of the suitability of members of the management body and key function holders (EBA/GL/2012/06), https://www.eba.europa.eu/documents/10180/950548/EBA+Peer+Review+Report+on+suitability.pdf (Stand 5.2.2015).

[11] Gemäß Art 6 Abs 4 und 5 lit b SSM-VO gelten als Kriterien für die Einstufung als bedeutendes Kreditinstitut: (i) Aktiva über € 30 Mrd, (ii) Aktiva über € 5 Mrd und mindestens 20% des BIP des Sitzmitgliedstaates, (iii) volkswirtschaftliche Bedeutung, (iv) bedeutende grenzüberschreitende Tätigkeit, (v) direkte öffentliche Finanzierung, (vi) eines der Top 3 Kreditinstitute des Sitzmitgliedsstaates, (vii) Generalermächtigung der EZB.

III. Anzeigepflichten

A. Allgemeines

11 Das Kreditinstitut unterliegt Anzeigepflichten zu allen überwachungswesentlichen Änderungen im Aufsichtsrat. Anzeigepflichtig ist daher jedenfalls jede **personelle Veränderung** im Aufsichtsrat. Die Anzeige hat, unter Einhaltung eines vorgegebenen Verfahrens, an den zuständigen Aufseher zu erfolgen. Die Anzeigepflichten werden in den §§ 28a und 73 BWG festgelegt; soweit es sich um bedeutende Institute im Sinne der SSM-VO handelt, in den Artikeln 93 und 94 SSM-Rahmen-VO.[12] Die Anzeigepflicht richtet sich an die Bank und knüpft daran Verwaltungsstraftatbestände. Gestraft wird der Verantwortliche gemäß § 9 VStG. Diese Verpflichtungen und Strafen treffen die Aufsichtsratsmitglieder nicht.

B. Anzeigepflichten betreffend den Aufsichtsrat

12 **Jede Bestellung** von Aufsichtsratsmitgliedern ist anzeigepflichtig.

13 Weiters sind Änderungen bezüglich der Eignungsvoraussetzungen bei aufrechten Aufsichtsratsmitgliedern ebenfalls anzeigepflichtig.[13] Konkret bedeutet dies, dass die Bank betreffend ihrer Aufsichtsratsmitglieder einen **Monitoring-Prozess** durchzuführen hat, der es der Bank ermöglicht, auf Änderungen bezüglich der Eignung der einzelnen Aufsichtsräte, von denen die Bank Kenntnis erlangt, geeignet zu reagieren.

14 Aufgrund der Aufgabenverteilung zwischen Vorstand (der den Anzeigeverpflichtungen gemäß § 73 BWG nachkommen muss) und dem Aufsichtsrat(smitglied) (der/das Fit & Proper sein und bleiben muss) und dem Nominierungsausschuss (der dem Aufsichtsrat für dessen Wahlvorschläge an die Hauptversammlung geeignete Kandidaten präsentieren muss)[14] muss ein System der Zusammenarbeit zwischen den handelnden Personen erarbeitet werden. Mit diesem internen System muss gewährleistet werden, dass (i) die Vorstände ihrer Anzeigepflicht nachkommen können und (ii) die Souveränität des Aufsichtsrates gewährleistet bleibt. Dieses System könnte so aufgebaut sein:

15 Der Vorstand vereinbart mit dem **Nominierungsausschuss** (wenn ein solcher eingerichtet ist) oder (anderenfalls) mit dem Gesamtaufsichtsrat (vertreten durch den Vorsitzenden des Aufsichtsrates), dass ihn dieser – verbindlich – über den **Status zur Fitness & Properness** des Aufsichtsrates/der einzelnen Aufsichtsratsmitglieder informiert hält. Mit diesem Schritt wird erreicht, dass (i) der Vorstand seinen (Anzeige)Verpflichtungen nachkommt und (ii) die Aufsichtsratsmitglieder aber nicht zu einem direkten Reporting an den Vorstand verpflichtet werden.[15] Wenn sich zeigt, dass ein Mitglied des Aufsichtsrates Gefahr läuft nicht mehr Fit

---

[12] *Jaros/Ruhm/Schiro/Temmel*, Fit & Proper für den Finanzmarkt (2015) 46.

[13] Mit „Änderung der Voraussetzungen" sind Änderungen der Umstände gemeint, die dazu führen, dass die – bisher erfüllten – Voraussetzungen nicht mehr vollumfänglich vorliegen (vgl FMA Rundschreiben).

[14] *Fritz*, Aufsichtsrat aktuell 2015, 6.

[15] Dies ist wichtig, weil der Vorstand die Mitglieder des Aufsichtsrates nicht zum Reporting verpflichten sollte und auch nicht kann.

& Proper zu sein, hat sich zuerst der Aufsichtsrat (abgestimmt mit dem Nominierungsausschuss) damit zu beschäftigen. Wenn sich bei dieser Prüfung ergibt, dass ein Problem besteht und das entsprechende Aufsichtsratsmitglied nicht beschließt zurückzutreten, sollte erreicht werden, dass das betreffende Mitglied Fit & Proper bleibt. Dazu sind (wenn nötig) geeignete Maßnahmen zu treffen. Der **Eskalationsmechanismus** kann so aussehen:

- Es sollte erreicht werden, dass das Aufsichtsratsmitglied Fit & Proper bleibt oder (wenn das nicht geht) zurücktritt. Dazu sind evtl Schulungen anzubieten. In einem solchen Fall sollte dem Vorstand (eventuell unter Nennung der Gründe für die Befassung des Aufsichtsrates) berichtet werden: es wäre dabei sinnvoll die in Aussicht genommenen Maßnahmen kurz vorzustellen und eine Einschätzung abzugeben.
- Wenn das nicht gelingt, sollte (i) eruiert werden, ob das Aufsichtsratsmitglied zurücktritt[16] und (ii) der Eigentümer informiert werden, um das Aufsichtsratsmitglied rasch abberufen zu können und/oder ein neues Mitglied zu bestellen.
- Als ultima ratio (einer Problemlösung im Institut ist jedenfalls der Vorzug zu geben) muss (abgestimmt mit dem Vorstand) der FMA – durch den Vorstand – angezeigt werden, dass ein Mitglied des Aufsichtsrates nicht weiter Fit & Proper ist.

16 Es ist verständlich, dass dieser Mechanismus zwischen Aufsichtsrat und Vorstand gut abgestimmt sein muss und vor allem auch der zeitliche Ablauf festgelegt werden muss. Nur wenn das erreicht wird, kann der Vorstand auf den so vereinbarten Modus vertrauen: In diesem Fall muss der Vorstand – betreffend die an ihn ergehenden Berichte – nur noch eine Plausibilitätskontrolle, dh stichprobenartige Überprüfung durchführen.

17 Wenn der **Eigentümer** (in dem Fall, wenn laut (Vorstand und) Aufsichtsrat klar ist, dass ein Mitglied des Aufsichtsrates **nicht mehr Fit & Proper** ist und das entsprechende Mitglied nicht zurücktritt) nicht reagiert, muss dieser Umstand jedenfalls der FMA angezeigt werden. Wenn die FMA die Einschätzung des Aufsichtsrates teilt, wird sie Maßnahmen ergreifen. Alle Beteiligten müssen, weil sie das Unternehmenswohl im Auge haben müssen, dieses Szenario jedoch – bestmöglich – vermeiden. Grundsätzlich bleibt die Verantwortlichkeit für die Erfüllung der Anzeigepflichten aber natürlich weiterhin letztlich beim Vorstand.

18 Die Verpflichtung des Vorstandes zur Anzeige an die FMA darf nicht zu einer Überspannung der Sorgfaltspflichten der Bank führen. Aus diesem Grund müssen nur Umstände gemeldet werden, von denen die Bank (bei gehöriger Sorgfalt) Kenntnis erlangt. Es kann **keine** umfassende **Nachforschungspflicht** der Bank bestehen.

19 Um zu gewährleisten, dass der oben beschriebene Mechanismus funktioniert, muss zuverlässig abgesichert werden, dass die Mitglieder des Aufsichtsrates (dem Gesamtgremium oder dem Nominierungsausschuss) von relevanten Änderungen

16 In der Praxis sollte sich schon wegen der potentiellen Haftungsfolgen kein Aufsichtsratsmitglied von der FMA vorwerfen lassen, dass er nicht (mehr) Fit und Proper ist, weil er bestimmte Regelungen nicht kennt, sondern wird entweder sehr rasch einen Fortbildungsnachweis liefern oder von sich aus zurücktreten.

(auch in ihrem persönlichen Bereich) **berichten**. Relevante Änderungen könnten sein: Strafverfahren, Suchtverhalten, Beeinträchtigungen der Unabhängigkeit usw. In den meisten Fällen können das Assessment und die Unterstützung durch eine zuständige Person die weitere Handhabung erleichtern, so dass sie reibungslos durchgeführt werden kann.

IV. Die Anforderungen an Aufsichtsratsmitglieder/den Aufsichtsratsvorsitzenden/das Gesamtgremium

A. Allgemeines

20 § 28a BWG normiert insbesondere, dass für die Aufsichtsratsmitglieder[17] (i) **kein Ausschließungsgrund** (gem § 28a Abs 5 Z 1 BWG iVm Ausschließungsgründe gemäß § 13 Abs 1 bis 3, 5 und 6 GewO 1994) vorliegen darf[18], (ii) geordnete wirtschaftliche Verhältnisse und persönliche Zuverlässigkeit gegeben sein müssen und (iii) sowohl die fachliche Eignung als auch die erforderliche Erfahrung nachzuweisen sind. Ein darüber hinaus ganz wesentlicher Punkt ist, dass die Aufsichtsratsmitglieder die notwendigen zeitlichen Ressourcen[19] zur Erledigung des Mandates haben.[20]

21 Insbesondere der **Aufsichtsratsvorsitzende**[21] muss die für den Aufsichtsrat besonders wesentlichen Bestimmungen zu Großkrediten, zu Organgeschäften, bezüglich der Innenrevision, die Bankprüfung sowie das Abschlusswesen und die vom Aufsichtsrat zu genehmigenden Geschäfte kennen und die zugrundeliegenden Themen beurteilen können (vgl *Oppitz* Rz 37/8 f).

22 Anders als Geschäftsleiter müssen **einfache Aufsichtsratsmitglieder** nicht – jeder einzeln – (i) über die gleiche fachliche Eignung verfügen und (ii) auch nicht alle Themen abdecken. Auch wenn in den EBA-Guidelines nicht zwischen Geschäftsleiter und Aufsichtsrat unterschieden wird, und deswegen auch von den Aufsichtsratsmitgliedern – insbesondere bezüglich der fachlichen Eignung sowie der erforderlichen Erfahrung – grundsätzlich die Anforderungen zu erfüllen sind, die an Geschäftsleiter gestellt werden, kommt es dennoch zu einer Differenzierung[22] zwischen Mitgliedern des Aufsichtsrates und den Geschäftsleitern. Dies wird erreicht, weil die Guidelines darauf abstellen, dass jede Person – nach der ihr im Institut zukommenden Rolle – zu bewerten ist: Jede Person muss nur das

---

[17] Mittlerweile ist – aufgrund der Vorgaben des § 28a Abs 5 Z 1–2 BWG – klar, dass auch „einfache" Mitglieder des Aufsichtsrates Fit & Proper sein müssen (vgl *Fletzberger*, Basel III und Corporate Governance, in *Braumüller/Ennöckl/Gruber/Raschauer* (Hrsg) ZFR Spezial 2014 – Von Basel III zu PRIPs (2014) 11).

[18] Die Übernahme des Kataloges des § 13 GewO ist, aufgrund des sehr umfassenden Kataloges von Ausschlussgründen, kritisch zu sehen. § 26 GewO sieht Nachsichtsmöglichkeiten vor, weil sonst zu befürchten wäre, dass im Ausnahmefall widersinnige Ergebnisse erzielt würden (EB zur GewO 1973 (RV 395 BlgNR 13.GP). Diese Korrekturmöglichkeit kennt das BWG nicht.

[19] *Chini*, Aufsichtsrat aktuell 2013, 14.

[20] Vgl *Endl/Zumbo* in FS Christian Nowotny, 290 (konkret zum Vorsitzenden).

[21] Vgl *Endl/Zumbo* in FS Christian Nowotny, 290.

[22] Vgl *Endl/Zumbo* in FS Christian Nowotny, 293.

können, was sie auch braucht. Dieser Punkt wird oft in der Praxis, beim FMA-Hearing – systemwidrig – nicht berücksichtigt/umgesetzt.

Über die gewöhnlichen Anforderungen an Aufsichtsräte (*Kalss/Schimka* Rz 2/66 ff; *Herbst* Rz 35/10 ff; *Schauer* Rz 45/20 ff) hinaus müssen Aufsichtsräte in Banken zumindest (i) über Grundkenntnisse[23] zu den wesentlichsten bankrechtlichen Normen und (ii) über Grundkenntnisse betreffend die Organisation (know your structure) der konkreten Bank verfügen.[24] **23**

Im FMA Fit & Proper Rundschreiben wird – zusammengefasst – auf folgende von Aufsichtsratsvorsitzenden zu beherrschende Materien verwiesen: (i) zentrale Bestimmungen des **BWG**, (ii) zentrale Inhalte und Regelungsbereiche der **CRR** und den Delegierten Verordnungen zu der CRR, (iii) weitere relevanten Bestimmungen und Inhalte des europäischen Bankaufsichtsrechts (SSM-VO, SSM-Rahmenverordnung, CRD IV, CEBS-GL bzw. EBA-GL, BTS) – sofern und soweit sie in nationales Recht umgesetzt wurden bzw. auf die beaufsichtigten Institute anzuwenden sind, (iv) zentrale Bestimmungen des BIRG, (v) des BSpG, des InvFG 2011, des ImmoInvFG oder des BMSVG – soweit sie auf die beaufsichtigten Institute anzuwenden sind, (vi) zentrale Bestimmungen des BörseG und des WAG 2007 (abhängig von dem Geschäftsmodell und in Verhältnis zum Tätigkeitsumfang), (vii) die für die Aufsichtstätigkeit wesentlichen Inhalte der FMA-Verordnungen, FMA-Rundschreiben und FMA-Mindeststandards, (viii) Grundkenntnisse des Gesellschaftsrechts (ix) Kenntnis der Satzung des Instituts und der Geschäftsordnungen der Leitungs- bzw. Überwachungsgremien, (x) Kenntnis und Verständnis der im Hinblick auf die (Vorsitz)Funktion eines Aufsichtsorgans besonders relevanten gesellschafts- und aufsichtsrechtlichen Normen (zB betreffend Großkredite, Organgeschäfte und sonstige Geschäfte, welche der Zustimmung des Aufsichtsrates bedürfen; die Innenrevision, mit ihren Berichtspflichten an den Aufsichtsratsvorsitzenden, oder die Bankprüfung betreffende Bestimmungen, mit der entsprechenden Berichterstattung, gegebenenfalls auch die Regelungen zum Ausschusswesen). **24**

Darüber hinaus werden im FMA Fit & Proper Rundschreiben von allen Aufsichtsratsmitgliedern folgende Grundsätze verlangt: „**Know your structure-Grundsatz**“: Kenntnis (i) der Struktur der Bank, der Gruppe und der Sicherungssysteme, (ii) des Ausschusswesens des Aufsichtsrates: samt Art und Funktionsweise, (iii) wesentliche Rechte und Pflichten der Geschäftsleitung bzw. des Aufsichtsrates, (iv) und Verständnis der besonders relevanten gesellschafts- und aufsichtsrechtlichen Normen (zB betreffend Großkredite, Organgeschäfte und sonstige Geschäfte, welche der Zustimmung des Aufsichtsrates bedürfen), (v) Zusammenspiel von Aufsichtsrat, Interner Revision und Bankprüfer oder von Aufsichtsrat, Fondsverwaltung und Risikomanagement. **25**

---

23 *Berger/Steinbach*, Aufsichtsrat aktuell 2015 H 2, 12 mit Verweis auf den Leitfaden der FMA.

24 *Chini*, Aufsichtsrat aktuell 2013 H 6, 5.

B. Allgemeine Anforderungen

26 Evident ist, dass jedes Aufsichtsratsmitglied **Bilanzen lesen** und daraus Schlüsse ziehen können muss. Weiters kann von jedem Aufsichtsratsmitglied abstrakt gefordert werden, dass die Berichte des Vorstands sowie von eventuell beigezogenen Experten verstanden werden oder zumindest bei jenen Punkten, wo Unklarheiten offen bleiben, auf Anhieb nachgefragt[25] werden kann (vgl *Oppitz* Rz 37/8 f). Aus der Sorgfaltsverpflichtung des §§ 99 iVm 84 Aktiengesetz folgt, dass Aufsichtsratsmitglieder über das nötige Fachwissen verfügen müssen, um ihre Aufgabe kompetent ausüben zu können (*Herbst* Rz 35/10 ff; *Kalss/Schimka* Rz 2/66 ff; *Schauer* Rz 45/20 ff). Darüber hinaus wird die persönliche Zuverlässigkeit durch § 28a Abs 5 Z 1-2 BWG geregelt; diese Anforderungen müssen auch von den einfachen Aufsichtsratsmitgliedern erfüllt werden. Die zeitliche Verfügbarkeit ist in § 28a Abs 5 Z 5 Abs 1 BWG geregelt.

C. Vorsitzender/Normale Mitglieder des Aufsichtsrates

27 Im Zuge des Fit & Proper hearings wird zwischen der Position des **Aufsichtsratsvorsitzenden** und schlichten **Mitgliedern** des Aufsichtsrates ein Unterschied gemacht. Dieser Unterschied sollte aber nicht nur derart sein, dass im Falle des Vorsitzenden Theoriewissen besonders streng abgefragt wird (wie das nicht selten der Fall ist). Vielmehr sollte vom Vorsitzenden insbesondere verlangt werden, dass er das Gremium des Aufsichtsrates (besonders in schwierigen Situationen) leiten kann und mehr auf praktische und sohin wesentliche Ansätze eingegangen werden. Hier ist nicht primär entscheidend, dass der Vorsitzende einzelne Bestimmungen besonders gut studiert hat: Entscheidend ist, dass der Vorsitzende probat reagiert und das Potential des Gremiums voll ausnutzen und die richtigen Akzente setzen kann. Die Realität bei Fit & Proper-hearings sieht aber eher so aus, dass dieser Aspekt wenig entscheidend ist und immer noch Theoriewissen abgefragt wird.

D. Zeitpunkt des Erreichens der Fähigkeiten

28 Die vorgenannten Voraussetzungen müssen nach der FMA schon bei Übernahme eines **Aufsichtsratsmandats** vorliegen. Die BaFin sieht das anders: Laut BaFin ist die Aufnahme der Tätigkeit selbst dann nicht ausgeschlossen, wenn die notwendige Sachkunde (bei Bestellung) nicht vorliegt und aber (üblicherweise innerhalb von 6 Monaten) durch Schulungen erworben wird.[26] In diesem Zusammenhang kann also (gegenüber der FMA) nicht mit einer „Einarbeitungsphase" argumentiert werden. Um Praktikabilität zu erreichen, müssen die Aufsichtsrats-

---

[25] Zur Fähigkeit Informationsbedarf zu erkennen vgl BaFin, Merkblatt zu den Mitgliedern von Verwaltungs- und Aufsichtsorganen gemäß KWG und KAGB, https://www.bafin.de/SharedDocs/Downloads/DE/Merkblatt/dl_mb_160104_AR_KWG_KAGB.pdf;jsessionid=1D4FA0A27A810A057BD48C186224C9EF.1_cid390?__blob=publicationFile&v=4 (Stand 10.2.2016).

[26] BaFin, Merkblatt zu den Mitgliedern von Verwaltungs- und Aufsichtsorganen gemäß KWG und KAGB, https://www.bafin.de/SharedDocs/Downloads/DE/Merkblatt/dl_mb_160104_AR_KWG_KAGB.pdf;jsessionid=1D4FA0A27A810A057BD48C186224C9EF.1_cid390?__blob=publicationFile&v=4 (Stand 10.2.2016).

mitglieder zwar schon bei Bestellung bankrechtliche Grundkenntnisse haben, können aber (zB know your structure know-how) auch erst später erwerben, weil es dazu jedenfalls Zeit braucht (vgl allgemein *Kalss/Schimka* Rz 2/92 ff, Rz 2/96 ff).[27]

ME wäre der Zugang der BaFin, die davon ausgeht, dass eine 6-Monats-Frist sinnvoller ist, zu begrüßen, weil und soweit der Gesamtaufsichtsrat in dieser Zeit immer noch (als Ganzes) Fit & Proper sein kann. **29**

E. Zeitliche Verfügbarkeit

Die Anforderungen an die zeitliche Verfügbarkeit von Aufsichtsratsmitgliedern und die Überprüfung dieses Kriteriums wird immer zentraler. **30**

Insbesondere im Hinblick auf zu erwartende Verschärfungen dieses Prüfkriteriums ist zu empfehlen, für jedes einzelne Mitglied des Aufsichtsrats festzuhalten und klar zu dokumentieren, mit **welchem zeitlichen Aufwand** voraussichtlich zu rechnen ist. Weiters muss auch das Mitglied des Aufsichtsrats **bestätigen**, dass die notwendige Zeit voraussichtlich aufgewendet werden kann und auch aufgewendet wird. Auch bezüglich dieses Punktes ist darauf abzustellen, welche Funktion das einzelne Aufsichtsratsmitglied im Aufsichtsrat hat und welche Tätigkeit die Bank ausübt (Proportionalität).[28] **31**

Wesentlich ist, dass auch für die verpflichtend stattzufindende **Schulung** die notwendige Zeit zur Verfügung steht. Es gilt die Empfehlung, konkret zu dokumentieren, welche Zeit, insbesondere für Schulungen, aufgewendet wird. **32**

Evident ist, dass die konkreten **Mandatsgrenzen** eingehalten werden müssen. Für Banken kommen die gesellschaftsrechtlichen Mandatsgrenzen[29] und die Mandatsgrenzen gem § 28a Abs 5 Z 5 BWG zur Anwendung: Das BWG legt fest, dass ein Aufsichtsratsmitglied iVm weiteren Tätigkeiten (als Geschäftsführer oder Aufsichtsrat) die Umstände im Einzelfall (nach Art, Umfang und Komplexität der Geschäfte des Kreditinstitutes) zu berücksichtigen hat. **33**

Aufsichtsratsmitglieder von Kreditinstituten mit erheblicher Bedeutung[30] (die nicht als Vertreter der Republik Österreich im Aufsichtsrat sitzen) haben konkrete **Mandatshöchstgrenzen** zu beachten. Vereinfacht dargestellt, gestalten sich diese Grenzen wie folgt: **34**

- Es kann nur eine Tätigkeit in geschäftsführender Funktion in Verbindung mit zwei Tätigkeiten als Mitglied eines Aufsichtsrates oder
- insgesamt vier Tätigkeiten als Mitglied eines Aufsichtsrates wahrgenommen werden.

---

27 Auch wenn umstritten ist, ob es eine „Einarbeitungszeit" geben kann, muss es diese bezüglich der zu erwerbenden Kenntnisse zur Strukturen der Bank mE jedenfalls geben.

28 *Wachter*, ÖBA 2015, 96.

29 *Strasser* in *Jabornegg/Strasser*, AktG II^5 § 86 AktG Rz 10 ff.

30 Laut §§ 28a iVm 5 Abs 4 BWG sind ab dem Erreichen einer Bilanzsumme von EUR 5 Mrd (in den letzten drei Geschäftsjahren) oder wenn die Bank von der EZB direkt beaufsichtigt wird oder wenn es sich um eine Bank handelt, die durch die FMA als (Globales) Systemrelevantes Institut gem § 23b oder § 23c BWG eingestuft wird, quantitative Grenzen zu beachten (vgl *Wachter*, ÖBA 2015, 96).

35 Für die Berechnung der Anzahl der Tätigkeiten gelten konkrete Regelungen. Die FMA kann eine Überschreitung – auf Antrag – genehmigen.

F. Der Aufsichtsrat: ein Kollegialorgan/Diversität

36 Eine besondere Herausforderung ist es, den Aufsichtsrat als diversifiziert zusammengesetztes Kollegialorgan zusammenzustellen (*Mensi-Klarbach* Rz 7/1 ff). In der Praxis erweist es sich als besonders schwierig, hinreichend viele weibliche Aufsichtsratsmitglieder für die Tätigkeit im Aufsichtsrat zu gewinnen, da es Unternehmen zum Teil unterlassen haben, entsprechend über einen drei- oder vierjährigen Planungszeitraum vorzusorgen und entsprechende Besetzungen auf Geschäftsführungsebene in Tochter- oder Schwestergesellschaften vorzunehmen oder sonst Führungskräfte entwickeln zu lassen (vgl *Kalss/Schimka* Rz 2/61 ff). Unabhängig davon, ob der Aufsichtsrat schon besteht oder neu gebildet werden soll, helfen die bereits erwähnten **Assessments** inklusive der damit verbundenen Schulungen und ein Festschreiben der Standards (Fit & Proper-Policy). Auch ein **Monitoring** sollte vorgesehen werden. Mit diesen Vorkehrungen sollte erreicht werden, dass der Gesamtaufsichtsrat als Gesamtgremium funktioniert: Die Zuständigkeit dafür liegt (schon aufgrund der Vorgaben des § 29 Z 6 und Z 7 BWG) beim Nominierungsausschuss.[31] Auch wenn der Aufsichtsrat grundsätzlich keine Möglichkeit hat Mitglieder aus dem Aufsichtsrat auszuschließen, verlangen die Fit & Proper-Vorgaben, dass sich die Bank damit befasst, wie mit Mitgliedern **umgegangen** wird, die **nicht Fit & Proper** sind. Wie bereits gezeigt wurde, ist hier der Nominierungsausschuss gefordert; letztlich muss der Nominierungsausschuss über den Eigentümer erreichen, dass Aufsichtsratsmitglieder die (i) nicht (mehr) Fit & Proper sind und (ii) auch nicht rasch Fit & Proper werden können abberufen werden oder zurücktreten. Da die Frage, ob die einzelnen Mitglieder Fit & Proper sind, über den Umweg zu beantworten ist, welche Rolle ihnen im Aufsichtsrat zukommt, spielt der Nominierungsausschuss hier eine ganz zentrale Rolle. Wie bereits gezeigt wurde, sollten der Vorstand und der Nominierungsausschuss diesbezüglich zusammenarbeiten. Im Ergebnis sollte der Nominierungsausschuss dem Vorstand laufend darüber berichten, (i) ob die Mitglieder des Aufsichtsrates Fit & Proper sind und (ii) iZm der Neubesetzung entsprechende Vorschläge machen, um sicherzustellen, dass der Gesamtaufsichtsrat Fit & Proper ist.

G. Theoretisches Wissen und Praxiserfahrung

37 Als besondere Herausforderung erweist sich, dass die Aufsichtsratsmitglieder einerseits über **theoretisches Wissen** verfügen und andererseits **berufliche Erfahrung** gesammelt haben sollen: Auch beim Fit & Proper-Hearings gelingt es oft nicht, beide Komponenten gegeneinander abzuwägen und einen sinnvollen Ausgleich herbeizuführen. In der Praxis haben viele Aufsichtsratsmitglieder das Gefühl, dass beim Fit & Proper-Hearing der theoretische Teil stark überwiegt und (so wird unterstellt) die Prüfer – mangels eigener Praxiserfahrung – Praxiserfahrung nicht bewerten können.

---

[31] *Jabornegg*, DRdA 2015, 299.

Neben Praxiserfahrung und theoretischem Können wird besonderer Wert auf den „Know Your Structure"-Grundsatz gelegt. Unter diesem Aspekt wird abgefragt, ob das einzelne Aufsichtsratsmitglied die eigenen Strukturen – die zu überwachen sind – kennt. **38**

Als mögliche (aktuelle) Themenbereiche und Schulungsansätze können gelten: **39**

- Geldwäsche;
- Grundkenntnisse des Gesellschaftsrechts;
- Kenntnis der Satzung und der Geschäftsordnungen des Aufsichtsrates und der Geschäftsleitung;
- Neu eingeführte (horrende) Verwaltungsstrafen, die auch natürliche Personen treffen (*Kunz* Rz 4/49);
- Bankgeheimnis/Datenschutz;
- Kreditvergabe (insbesondere RORAK, Bepreisung; SRK (*Oppitz* Rz 37/22 ff);
- Großkredite (*Oppitz* Rz 37/10 ff);
- Spezialwissen (je nach Geschäftsfeld);
- Kollektive und individuelle Fitness;
- Proportionales Anforderungsprofil, aufgabenbezogenes Anforderungsprofil;
- Laufende Fitness durch regelmäßiges Training und Evaluierung;
- Gesamtbankensteuerung (EM und Li);
- CRD/CRR/BWG und alle damit verbundenen Themen inkl. Sanierungsplänen;
- MiFID- oder UCITS (dazu reichen wohl Grundkenntnisse);
- Börsenrecht (dazu reichen wohl Grundkenntnisse);
- Finanz- und Steuerrecht (dazu reichen wohl Grundkenntnisse).

Um diese „Liste" in der Praxis sinnvoll erstellen zu können, muss **genau** auf die **jeweilige Bank** abgestellt werden (inklusive einer Begründung, warum „etwas" nicht nötig ist). Zu allen Punkten gilt, dass sinnvoll geschult werden muss: Die Aufsichtsratsmitglieder müssen zB weder die Details (i) der Geldwäsche-Richtlinien noch (ii) der Regelungen zu Banker Boni im Detail kennen. Wie gezeigt wurde genügt, wenn sie wissen, dass es diesbezüglich Spezialregelungen gibt. Überdies können sich Aufsichtsräte (wenn sie für die Installation eines geeigneten Systems gesorgt haben) auch auf die Berichte des Vorstandes stützen. Überdies können Aufsichtsratsmitglieder interne oder externen Experten beiziehen (*Kalss* Rz 23/3 ff, Rz 23/28 ff). Zentral ist, dass die Mitglieder des Aufsichtsrates wissen, was sie **selber beurteilen** können und wo sie Hilfe brauchen. Um beurteilen können, welche Details – sinnvoller Weise – einem Aufsichtsratsmitglied vermittelt werden, braucht es Erfahrung: Aus diesem Grund sollten (i) die Referenten mit den Abläufen in einer Bank vertraut sein und (ii) die Schulungen maßgeschneidert organisiert werden. Darüber hinaus sollte auch das Fit & Proper-Hearing nicht von einem unerfahrenen Prüfer vorgenommen werden, sondern von jemanden, der das notwendige Wissen und die notwendige Erfahrung hat und beurteilen kann, welche Details ein Mitglied des Aufsichtsrates kennen muss und was er zu Spezialthemen wie zB zur Geldwäsche genau wissen muss. Auf dieses grundsätzliche Wissen und die Fähigkeit, Beratungsbedarf zu erkennen (vgl *Kalss/Schimka* Rz 2/66 ff, Rz 2/73 ff), muss sowohl die Fortbildung als auch (nach dem Vorbild der Bafin)[32] die „Evaluierung" durch die FMA/EZB gerichtet sein. **40**

[32] Laut Bafin ist das Erkennen von Beratungsbedarf zentral vgl *BaFin*, Merkblatt zu den Mit-

H. Zuverlässigkeit, Aufrichtigkeit, Unvoreingenommenheit

41 Die **Zuverlässigkeit, Aufrichtigkeit und Unvoreingenommenheit**[33] des einzelnen Aufsichtsratsmitglieds ist (von der Bank) zu überprüfen (*Kalss/Kunz* Rz 51/56 ff). Auch im Zusammenhang mit der Überprüfung der Aufrichtigkeit und Unvoreingenommenheit wird auf die Rolle des Nominierungsausschusses und dessen Zusammenwirken mit dem Vorstand verwiesen. Darüber hinaus ist Kalss (*Kalss* Rz 13/12 ff) zuzustimmen, die bestätigt, dass Geschäfte zwischen der Gesellschaft und Aufsichtsratsmitgliedern nach § 95 Abs 5 Z 12 AktG zu genehmigen sind: Wenn Geschäfte mit einem Aufsichtsratsmitglied dazu führen würden, dass das Mitglied nicht weiter unvoreingenommen wäre, hätte die Zustimmung zu unterbleiben.

42 Zusammengefasst sollte es auch zu diesem Punkt einen **Bericht des Nominierungsausschusses** an den Vorstand geben, der dem oben beschriebenen Muster folgt.

I. Fachliche Eignung/Führungsqualitäten/der Aufsichtsratsvorsitzende

43 Der **Aufsichtsratsvorsitzende** hat neben seiner **fachlichen Eignung** auch ein Mindestmaß an **Führungsstärke** mitzubringen. Diese muss jedenfalls soweit ausgeprägt sein, dass der Aufsichtsratsvorsitzende im Stande ist, die Aufsichtsratssitzungen zu leiten. Weiters sind diese Fähigkeiten insbesondere in der Kommunikation mit dem Vorstand sowie teilweise in der Kommunikation nach außen gefragt und wichtig (*Chini/Reiner* Rz 27/52 ff, Rz 27/18 ff).

44 Konkret muss der Aufsichtsratsvorsitzende seiner Rolle **als Präsident** und **Vorsitzender** gewachsen sein. Eine weitere besondere Herausforderung des Aufsichtsratsvorsitzenden ist das **Zusammenspiel mit der internen Revision** sowie mit dem Bankprüfer, dem Sonderprüfer und der Aufsicht. Die Rolle des Aufsichtsratsvorsitzenden sollte (in der Geschäftsordnung des Aufsichtsrates) genau festgelegt werden, um beurteilen zu können, welche Rolle der Vorsitzende einnehmen muss (also was er selber leisten muss um Fit & Proper zu sein) und welche Aufgaben die weiteren Mitglieder allenfalls nicht (doppelt) abbilden müssen (vgl *Herbst* Rz 35/158 ff, Rz 35/164 ff; *Chini/Reiner* Rz 27/41 ff).

J. Erforderliche Erfahrung/gesetzlich vermutete professionelle Eignung

45 § 28a Abs 4 BWG gibt vor, dass die Aufsicht grundsätzlich davon ausgehen kann, dass der Aufsichtsratsvorsitzende die Anforderungen an die professionelle

---

gliedern von Verwaltungs- und Aufsichtsorganen gemäß KWG und KAGB, https://www.bafin.de/SharedDocs/Downloads/DE/Merkblatt/dl_mb_160104_AR_KWG_KAGB.pdf;jsessionid=1D4FA0A27A810A057BD48C186224C9EF.1_cid390?__blob=publicationFile&v=4 (Stand 10.2.2016).

[33] Die Anforderungskriterien Aufrichtigkeit und Unvoreingenommenheit waren bisher vom Kriterium Zuverlässigkeit umfasst (vgl EBRV 2438 BlgNR 24. GP, 48 iVm 17).

Eignung erfüllt, wenn er in einem anderen EU-Kreditinstitut als Geschäftsleiter beschäftigt ist. Die FMA teilte diese Meinung nicht immer.

V. Arbeitsteiliges Vorgehen im Aufsichtsrat als Schlüssel zum Erfolg/Schulung

A. Allgemeines

Der Grundsatz, dass einzelne Aufsichtsratsmitglieder – anders als die Geschäftsleiter – nicht „alles wissen" müssen, ist anerkannt:[34] Vielmehr müssen Aufsichtsratsmitglieder über **Grundkenntnisse** verfügen, aber nicht alleine alle Tätigkeitsbereiche der Bank abdecken und dazu auch **Spezialwissen** haben (*Kalss/Schimka* Rz 2/72 ff; *Schauer* Rz 45/20 ff). 46

Die zentrale Aufgabe ist aber herauszufinden, wer welche Kenntnisse hat und diese Information allen Aufsichtsratsmitgliedern zugänglich zu machen. Diese Informationen sollten jedenfalls festgehalten werden, etwa in einer Anlage zur Geschäftsordnung des Aufsichtsrats. Auch hier sollte der Nominierungsausschuss tätig werden. Konkret kann das bereits beschriebene Assessment auch hier hilfreich sein, um herauszufinden, welche Qualifikationen schon vorhanden sind. Nur so kann mit Schulungen konkret reagiert werden. Aus diesem Grund empfiehlt es sich im Aufsichtsrat von Banken, Know-how bei bestimmten Aufsichtsratsmitgliedern zu bündeln und den einzelnen Mitgliedern (die nicht erfüllbare) Aufgabe zu ersparen, dass „jeder alles wissen"[35] muss, weil dies ohnedies zum Scheitern verurteilt ist. Auch hier gilt, dass sich der Informationsstand durch ein geeignetes Assessment gut erfassen lässt. 47

B. Beispiele

Konkret hat sich – im Zusammenhang mit Auslandsgeschäften – bewährt, dass dazu bestimmte „**Länderexperten**" im Aufsichtsrat sitzen. Dazu gilt, dass das Auslandsgeschäft häufig über Tochtergesellschaften abgewickelt wird. In diesem Zusammenhang hat der Aufsichtsrat der Muttergesellschaft (auch) zu beurteilen, wie effizient der Vorstand der Muttergesellschaft auf die Tochter Einfluss nimmt und auch auf wesentliche Aspekte der Tätigkeit der Tochter Einfluss nehmen kann (*Briem* Rz 12/41). Aus dem vorgenannten Grund muss der Aufsichtsrat (als Gesamtgremium) die dafür notwendige Expertise aufweisen. In der Praxis sollte der Aufsichtsrat aber schon beim Markteinstieg besonders kritisch und genau hinterfragen, ob das angepeilte Modell sinnvoll ist. 48

Aufgrund der beschriebenen „**Kompetenzverteilung**" können auch Schulungsinitiativen zielgerichteter erfolgen. Schulungsmaßnahmen können aber nur dann sinnvoll und effizient eingesetzt werden, wenn auf die konkreten Bedürfnisse der einzelnen Aufsichtsratsmitglieder reagiert wird. Aus diesem Grund muss zuerst der Kenntnisstand der einzelnen Mitglieder des Aufsichtsrates erhoben werden. 49

---

[34] *Schima*, ÖBA 2014, 28.

[35] Vgl EBRV 2438 BlgNR 24. GP, 48.

50 Kontraproduktiv ist es, wenn (unabhängig vom konkreten Informationsstand und vom konkreten Informationsbedarf) der Versuch unternommen wird, „allen alles" zu vermitteln. Besonders herausfordernd sind **Schulungsmaßnahmen**, wenn Aufsichtsratsmitglieder aus **verschiedenen Jurisdiktionen** kommen. In einem solchen Fall muss nicht nur abgeklärt werden, (i) wo eine Schulung des Aufsichtsrats stattfindet und (ii) wer eine solche Schulung machen kann, sondern auch ganz konkret (iii) welche Inhalte vermittelt werden müssen und wo auf die Besonderheiten der österreichischen Rechtsordnung besonders hingewiesen werden muss: Ein Beispiel ist sicher die besonders komplexe Sicherheitenstruktur in Österreich (Akzessorietät der Hypothek, Unwirksamkeit von abstrakten Schuldverhältnissen usw). Diese Österreichspezifika müssen ausländischen Aufsichtsratsmitgliedern (die in ihrer Heimatjurisdiktion schon Fit & Proper sind) wohl jedenfalls – noch intensiver – vermittelt werden.

51 In der Praxis muss ein Rechtsvergleich zwischen den Rechtsordnungen vorgenommen werden und dann festgelegt werden, welche „Zusatzmodule" angeboten werden.

VI. Rechtmäßigkeits- und Wirtschaftlichkeitskontrolle

52 Insbesondere im Zusammenhang mit **Kreditentscheidungen** hat sich gezeigt, dass der Aufsichtsrat und die einzelnen Aufsichtsratsmitglieder nicht nur für eine Rechtmäßigkeitskontrolle zuständig sind, sondern die Tätigkeit der Geschäftsführung betreffend deren Wirtschaftlichkeit zu überwachen haben.[36] Dieser Punkt bedarf wohl ebenfalls einer Berücksichtigung bei der Organisation von Schulungen (vgl *Oppitz* Rz 37/22 ff).

A. Allgemeines/Kreditvergaben

53 Aufgrund der konkret an den Aufsichtsrat gerichteten Verpflichtungen des BWG und der CRR, insbesondere Großkredite betreffend (vgl *Oppitz* Rz 37/10 ff), ist zu empfehlen, für diese besonders relevanten Themen besondere Fortbildungsmaßnahmen anzubieten. Bei den Aufsichtsratsmitgliedern sollte eine Sensibilität für die richtigen Fragen (die die Aufsichtsratsmitglieder stellen sollten) und die falschen Antworten (die die Aufsichtsratsmitglieder erkennen sollten) geschaffen werden.

54 Für die **Mitglieder des Kreditausschusses**[37] sollten ebenfalls laufend Schulungen angeboten werden. Bei diesen Schulungen sollte der Theorieteil eine untergeordnete Bedeutung haben, da es nicht darum geht, die eigentliche Kreditvergabe an den Aufsichtsrat auszulagern. Vielmehr sollte der Fokus auf den folgenden Fragen liegen (vgl *Oppitz* Rz 37/22 ff):

- Welche Anforderungen muss ein Kreditakt erfüllen um als „entscheidungsreif" zu gelten?
- Wie muss die Sicherheiten-Struktur aufgearbeitet sein?

---

[36] *Kalss*, in *Doralt/Nowotny/Kalss*, Aktiengesetz² § 95 Rz 31.

[37] Zu den Aufgaben des Kreditausschusses vgl *Oppitz* Rz 37/3 ff.

- Sind mögliche rechtliche Probleme geklärt worden (zB Genehmigungen für Betriebsanlagen? Gibt es Feuerversicherungen? Welchen Wert haben Haftungen? Gibt es Schnittpunkte zu „fremden" Rechtsordnungen? Ist Einlagenrückgewähr ein Thema (zB bei Finanzierungen von Konzernen) und was könnte das bedeuten?
- Welchen Wert haben die **Sicherheiten**? Von welcher Person werden die Schätzungen geliefert? Gibt es Schätzungen? Von welchen Faktoren hängen die Schätzwerte ab – besonders wichtig ist zu fragen, ob die Sicherheit nur wertvoll ist, wenn auch das finanzierte Projekt ein Erfolg wird.
- Sind die handelnden Personen vertrauenswürdig?
- Gibt es Kredite im Ausland? Wird die Rechtslage dort laufend überprüft (insbesondere die Sicherheiten betreffend); Stichwort: Rechtsmonitoring
- Verdient die Bank mit dem Geschäft etwas?
- Wurden alle **Risiken** bedacht und bepreist (Ein risikoreicherer Kredit muss teurer sein)? Wie kommt das Rating zu Stande?
- Ist eine „Ablaufkontrolle" während der ganzen Laufzeit möglich? (zB: Gibt es Fachleute, die den Kredit während der Laufzeit betreuen können? – Besonders wichtig ist dies zB bei Bauträgerfinanzierungen, aber auch bei Projektfinanzierungen.)
- Gibt es in der Bank die notwendigen **„Abläufe"** und Kontrollmechanismen, um die mit dem Geschäft möglicherweise verbundenen Risiken zu erkennen und zu bewältigen?
- Wie gut funktionieren die Kontrollmechanismen? (Wie) werden diese getestet?
- Gibt es Geschäfte, mit denen sich die Bank auf lange Zeit verpflichtet? Solche Geschäfte sind besonders risikoreich, weil sich das Umfeld ändern kann; dieser Fall muss abgesichert sein.
- Gibt es eine Tendenz zu adverse selection („schnappt" unsere Bank der Konkurrenz die schlechten Kunden weg)?
- Wo drohen **Reputationsrisiken** (Reputationsrisiken sind eventuell auch iZm mit performing loans möglich)?
- Gibt es Klumpenrisiken? Wie kommen Klumpenrisiken zu Stande? (zB kann ein gesamtes wirtschaftliches Umfeld von einem Unternehmen abhängen – idZ ist zu erheben was passiert wenn dieses Unternehmen schließt?)
- Besonders niedrige Margen für besonders langfriste Kredite sollten alarmierend sein, wenn die langfristige Refinanzierung nicht gesichert ist.
- Würde ich den Kredit vergeben, wenn es „mein Geld wäre" (diese Kontrollfrage kann zu einer abschließenden Reflektion einladen)?

Zu empfehlen ist, dass der Nominierungsausschuss dafür sorgen sollte, dass in **55**
entsprechenden Schulungen (zumindest) die obigen Punkte mit den Aufsichtsratsmitgliedern – anhand von Beispielen – durchgegangen werden und den Aufsichtsratsmitgliedern Check-Listen ausgehändigt werden. Dies, um (i) dokumentieren zu können, dass konkret geschult wurde und (ii) mit den Schulungsmaßnahmen einen verwertbaren Mehrwert zu erzielen. In diesem Zusammenhang ist es wichtig, den Mitgliedern des Aufsichtsrates klarzumachen, dass jede Entscheidung im Einzelfall zu bewerten ist, weil Check-Listen dazu verleiten, in standardisierte Abläufe zu verfallen.

56 Schulungen mit externen Experten haben den Vorteil, dass ein externer Experte glaubhafter dokumentieren kann, dass zB Tests durchgeführt und positiv absolviert wurden.

57 Im Zusammenhang mit den Kreditvergaben hat der Aufsichtsrat das RORAK Tool[38] soweit auf Plausibilität zu hinterfragen und zu überprüfen, dass in Summe geklärt werden kann, dass kein grobes Organisationsverschulden vorliegt (vgl *Oppitz* Rz 37/22 ff).

VII. FMA Fit & Proper-Hearings

58 Bei der **Neubestellung von Aufsichtsratsmitgliedern** und jedenfalls bei der Bestellung zum Aufsichtsratsvorsitzenden ist damit zu rechnen, dass die zu bestellende Person zum Fit & Proper-Hearing eingeladen wird.

A. Das Fit & Proper-Hearing durch die FMA ist erst die zweite Ebene der Fit & Proper-Überprüfung

59 **Die laufende Überprüfung** der einzelnen Mitglieder des Aufsichtsrats und des Gesamtaufsichtsrates obliegt dem Kreditinstitut. Das Kreditinstitut muss diese Prüfungen regelmäßig vornehmen und entsprechend dokumentieren.

60 Als erster Schritt ist eine umfassende und im Anhang 1 des Fit & Proper-Rundschreibens der FMA aufgelistete Dokumentation bei der FMA einzubringen. Wenn diese **Dokumentation** für ausreichend erachtet wird und die FMA attestiert, dass sowohl die beruflichen Erfahrungsvoraussetzungen als auch die geforderte Eignung vorliegen, wird der in Aussicht genommene Kandidat allenfalls zum Fit & Proper-Hearing eingeladen.

61 In diesem Zusammenhang gibt es die Möglichkeit, dass die FMA, vor Durchführung des Fit & Proper-Hearings, feststellt, dass der Kandidat ungeeignet ist. In diesem Fall wird der Kandidat nicht zum Fit & Proper-Hearing eingeladen.

B. Das Fit & Proper-Hearing

62 Üblicherweise dauert das **Fit & Proper-Hearing** ca 90 Minuten. Der Schwierigkeitsgrad der Fragestellungen soll sich (laut den Vorgaben im FMA-Rundschreiben und den Vorgaben der EBA) daran orientieren, welche Position der Kandidat im Institut einnimmt und welches Geschäftsmodell das Institut verfolgt. Grundsätzlich soll der Ansatz gelten, dass von Aufsichtsräten in kleineren Banken weniger schwierige Tests zu absolvieren sind als von Aufsichtsräten, die in größeren Banken eingesetzt werden.

63 Sowohl Geschäftsleiter als auch Aufsichtsräte berichten, dass die **Prüfungssituation** im Fit & Proper-Hearing als **unangenehm** empfunden wird und **Praxiswissen** nicht entsprechend gewürdigt und geprüft wird, sondern sehr stark auf **Theoriewissen** abgestellt wird. Aus diesem Grund werden Fit & Proper-Hearings

---

[38] Das RORAK-Tool ist ein Berechnungsinstrument, mit dem Kreditrisikokosten und Kreditmargen berechnet werden.

der FMA sehr kritisch gesehen (auch wenn die EBA annimmt, dass das Abhalten von Fit & Proper-Hearings wünschenswert wäre).

Die deutsche BaFin ist mit solchen Hearings wesentlich zurückhaltender. **64**

VIII. Laufende Fit & Proper-Schulung

Sowohl die EBA-Guidelines als auch der FMA-Leitfaden sehen entsprechend **65**
der gesetzlichen Vorgabe vor, dass in der Bank sowohl die **personellen als auch die finanziellen Ressourcen** für eine angemessene Schulung der Aufsichtsräte disponibel zu halten sind. Diese wenig konkrete Beschreibung hilft in der **Praxis kaum**. Mit dieser Formulierung ist aber davon ausgehen,[39] dass damit die Schulung der Aufsichtsräte institutionalisiert wird. Auch die **Kostentragung** ist somit ausdrücklich geregelt: Die Schulungskosten sind von der **Bank** zu übernehmen.

Grundsätzlich haben sich in Österreich **zwei Modelle** etabliert: **66**

- In den großen Sektoren (Raiffeisen und Erste Bank) werden Fit & Proper-Schulungen sektorübergreifend organisiert und durchgeführt.
- Bei **kleinen** (nicht im Sektor organisierten Banken) werden Fortbildungen meistens im Rahmen einer **Aufsichtsratssitzung** abgehalten. Diese Schulungen werden meist von externen Beratern organisiert und durchgeführt.

Sinnvoll ist es auch, regelmäßig allgemeine, gerade auf die Tätigkeit des Auf- **67**
sichtsrats ausgerichtete universitäre oder sonstige praxisorientierte Veranstaltungen zu besuchen, gerade auch als Gesamtgremium. Dafür bietet sich etwa der jährlich stattfindende Aufsichtsratstag an der WU an. Allgemeine Fortbildung kann im Anschluss daran mit unternehmensspezifischer interner oder externer Fortbildung ergänzt und sinnvoll fortentwickelt werden. So bietet es sich etwa an, einen halbtägigen Workshop für Sonderthemen zu gestalten.

In der Praxis wird im Zusammenhang der Fit & Proper-Schulung/-Fortbildung auch die **Selbstevaluierung des Aufsichtsrates**, die zwingend zu erledigen ist, besorgt (vgl *Kalss/Kunz* Rz 51/52 ff). Konkret hat sich etabliert, dass im Anschluss an die Fit & Proper-Schulung der Selbstevaluierungsbogen verteilt und ausgefüllt wird. Dieser praktische Zugang ändert nichts daran, dass der Nominierungsausschuss für die Überwachung der Kenntnisse der Aufsichtsratsmitglieder zuständig bleibt. Auch aus diesem Grund macht iZm der Bewertung der Fitness und Properness das – bereits beschriebene – Zusammenspiel zwischen Nominierungsausschuss und Vorstand Sinn.

Damit diese **„Übung" sinnvoll** gemacht und ernst genommen werden kann, **68**
muss vorab dazu einiges erklärt und erläutert werden. In der Praxis hat sich gezeigt, dass auch dieser Punkt sehr gut durch das oben beschriebene Assessment abgedeckt werden kann. Dieses Vorgehen ist gleichermaßen effizient wie sinnvoll, zumal das in der vorangegangenen Schulung erworbene Wissen im Rahmen der Selbstevaluierung angewandt werden kann (vgl *Kalss/Kunz* Rz 51/62 ff).

Zu empfehlen ist, dass sich der **Aufsichtsrat** des **Themas Fit & Proper** sel- **69**
ber annimmt. Zu diesem Zweck muss der Aufsichtsrat über die notwendigen und

39 *Opitz*, BKR 2013, 183; *Wachter*, ÖBA 2015, 96.

sinnvollen Ressourcen verfügen können. Jedenfalls hat er inhaltlich selbst seine Fortbildung zu bestimmen; dem Vorstand bzw deren Mitarbeiter kommen nur unterstützende Organisationsaufgaben zu. Evident ist, dass der Aufsichtsrat die Organisation nicht notwendigerweise selber erledigen muss, wünschenswert wäre aber eine Befassung mit dem Thema.

70 Aus praktischer Sicht ist es empfehlenswert, die **verpflichtende Fortbildung** betreffend „Know Your Structure" zu nutzen, um den Mitgliedern des Aufsichtsrates ein Bild zu vermitteln, wie **„die eigene" Bank** funktioniert. Besonders wichtig ist es auch, die Strukturen des Aufsichtsrates zu kennen. Dazu zählt zB:

- welche Mehrheiten bei Abstimmungen vorgesehen sind, welche Vorgaben in der Geschäftsordnung des Aufsichtsrats geregelt sind;
- ob und wann externe Experten zu Sitzungen des Aufsichtsrates beigezogen werden können;[40]
- wann eine Sonderprüfung sinnvoll/notwendig ist;
- welche Rolle/Möglichkeiten der Vorsitzende hat;
- welche Möglichkeiten der Befassung vorgesehen sind (Befassung des AR durch die Geschäftsleiter, Befassung der Generalversammlung durch den Aufsichtsrat);
- welche Versicherungen vorliegen (zB D+O-Versicherung) (vgl *Ramharter* Rz 47/1 ff; *Schwarzer* Rz 23/14 ff);
- Besonders relevant ist das Thema der Verschwiegenheit (insbesondere betreffend Informationen, die dem Bankgeheimnis unterliegen). Zum Thema Bankgeheimnis ist ohnedies umfassendes Wissen nötig. Besonders relevant ist diese Frage iZm der grundsätzlich anerkannten Möglichkeit der Aufsichtsratsmitglieder, (auf eigene Kosten) externe Experten zuzuziehen, um fehlendes Wissen aufzustocken. In diesem Zusammenhang müssen die Verschwiegenheit (aufgrund von Vereinbarungen; vgl *Kalss* Rz 26/10 ff; *Kalss* Rz 23/14 ff) und das Bankgeheimnis gewahrt werden.
- Welche Geldwäsche-Bekämpfungsmechanismen liegen vor, wie funktionieren diese und wie werden sie überwacht?
- Gibt es in der Bank grobes Organisationsverschulden und wie werden Organisationsprozesse überwacht?

71 Die Erfahrung hat gezeigt, dass Aufsichtsbehörden besonderen Wert auf die Gestaltung und die **Nachprüfbarkeit von Systemabläufen** legen; aus diesem Grund ist zu empfehlen, (zB in der Geschäftsordnung des AR) genauestens festzulegen, wie die internen Abläufe zu gestalten sind.

72 Der Vorstand hat darauf zu achten, dass Fit & Proper **Schulungen** für den Aufsichtsrat **angeboten** werden. Auch hier sollte der Nominierungsausschuss an den Vorstand berichten. Wie bereits gezeigt wurde, sollte der Aufsichtsrat noch mehr selber entscheiden, welche Veranstaltungen und Schulungen sinnvoll sind und abgehalten werden sollten. Auch hier ist der Aufsichtsrat autonom: Der Vorstand hat keine Möglichkeit Aufsichtsratsmitglieder zur Teilnahme zu zwingen. Wenn das beschriebene Berichtssystem des Nominierungsausschusses funktioniert, kann

[40] *Kalss* Rz 23/3 ff: *Strasser* in *Jabornegg/Strasser*, AktG II^{5} § 94 AktG, Rz 40ff.

sich der Vorstand darauf verlassen. Der Vorstand muss darauf aufbauend nur mehr eine Plausibilisierung vornehmen.

Laut Rundschreiben der FMA müssen, um Fit & Proper zu bleiben **regelmäßige Schulungen** absolviert werden. Auch dazu gilt, dass der Aufsichtsrat und seine Mitglieder eine eigenständige Verpflichtung haben, sich um die Fortbildung zu kümmern. 73

In der Praxis kümmert sich meist ein **Mitarbeiter der Bank** darum, dass Schulungen stattfinden. Die Mitglieder des Aufsichtsrates sind meistens froh, dass die Schulungseinheiten organisiert werden. Im Sinne einer Qualitätsverbesserung und auch aufgrund der Autorität und Corporate Governance-Struktur der Gesellschaft wäre es nicht nur wünschenswert, sondern geboten, dass der Aufsichtsrat die Planung der Schulungen selber steuert: Dazu kann sich der Aufsichtsrat interner und externer Personen bedienen. Der Aufsichtsrat sollte sich aber als Organisator dieser Schulungen fühlen. 74

Es sollte aber jedenfalls darauf geachtet werden, dass durch **gut organisierte Schulungen** ein (über die Erfüllung der Vorschriften hinausgehender) Mehrwert für das Unternehmen und für die einzelnen Aufsichtsräte generiert wird, weil es (i) zu weniger Haftungsfällen und (ii) zu einem Ausschluss jener Haftungsfälle die aufgrund eines Übernahmeverschuldens zustande kommen kommt. Dieser Ansatz ist sehr wichtig, um bei den Mitgliedern des Aufsichtsrates eine höhere Akzeptanz für Schulungen zu erreichen. Gut organisierte Schulungen sollten jedenfalls praxisnah, effizient und sowohl auf die Bedürfnisse der Bank als auch des einzelnen Aufsichtsratsmitgliedes abgestimmt sein. Evident ist, dass diese Bedürfnisse zuerst erhoben werden müssen. Zusammengefasst ist die Haftungsminimierung viel wichtiger als das Abarbeiten von Vorschriften; das sollte auch kommuniziert werden. 75

IX. Fit & Proper-Dokumentation

Im Zusammenhang mit der Fit & Proper-Dokumentation, die bankintern bereit zu halten ist, sind die angebotenen und durchgeführten Schulungen zu vermerken und zu dokumentieren. Dabei ist darzulegen, was genau gemacht wurde. In der Praxis stellen die externen Referenten **Bestätigungen** aus, welche Schulungen abgelegt werden. Als weiterer wesentlicher Punkt muss vom Vorstand verpflichtend ein **Fit & Proper-Leitfaden** geführt und aktuell gehalten werden, weil der Vorstand sonst nicht glaubhaft machen kann, dass er einen **Monitoringprozess** in Gang gesetzt hat, der ihm die Möglichkeit gibt zu beurteilen, ob die Mitglieder des Aufsichtsrates Fit & Proper sind oder nicht. Auch hier ist eine Kooperation zwischen Nominierungsausschuss und Vorstand sinnvoll. In diesem Leitfaden ist festzulegen, wie der Lern- und Entwicklungsbedarf der Aufsichtsratsmitglieder eingeschätzt wird und wie der Gesamtaufsichtsrat Fit & Proper gehalten wird. Diese Programmierung läuft mit der Verpflichtung parallel, die laufende Eignung der Mitglieder des Aufsichtsrates zu überprüfen. 76

Jedes **Aufsichtsratsmitglied** ist persönlich dafür verantwortlich, selbst – im Gefüge des Gesamtaufsichtsrats – **Fit & Proper** zu bleiben. 77

78 Jedes einzelne Mitglied muss „**up-to-date**“ bleiben. Konkrete Angaben zur aufzuwendenen Zeit sowie zur aufzuwendenden Mühe können nicht allgemein gültig abgegeben werden. Der bankseitige Aufwand und der Aufwand, der von Seiten des einzelnen Aufsichtsratsmitgliedes zu treiben ist, müssen in einem **Verhältnis zur Position des Aufsichtsratsmitgliedes** im Gesamtaufsichtsrat und in einem Verhältnis zur Gesamttätigkeit der Bank bewertet werden. Auch hier ist eine Dokumentation sehr wichtig.

79 Neben der Anforderung, dass jedes **Aufsichtsratsmitglied Fit & Proper** sein muss, muss auch das **gesamte Gremium** des Aufsichtsrats funktionieren. Ein funktionierender Gesamtaufsichtsrat kann gewährleistet werden, wenn (i) die zeitliche Verfügbarkeit der Mitglieder, (ii) die diversity (*Mensi-Klarbach* Rz 7/1 ff) sowie (iii) die grundsätzliche Überwachung und Leitungsfunktion des Gremiums gewährleistet sind und (iv) die Mitglieder geschult werden um Fit & Proper zu sein und zu bleiben. Diese Punkte müssen konkret in der Dokumentation abgebildet sein.

80 Wesentlich ist, dass ein gut dokumentierter Fit & Proper-Ablauf und -Prozess implementiert wird. Entsprechende Vorkehrungen sind in der **Fit & Proper-Policy** festzuhalten, laufend zu re-evaluieren und zu überarbeiten.

X. Verlust/Nichtvorliegen der Voraussetzungen und deren Folgen (Verhältnis Aufsichtsrecht vs Gesellschaftsrecht)

A. Bestellungsvoraussetzungen (aus gesellschaftsrechtlicher Sicht)

81 Die Vorgaben des BWG müssen **vor der Bestellung** eines Mitglieds des Aufsichtsrates vorliegen. Aus dem AktG ergibt sich, dass eine Bestellung eines Aufsichtsratsmitgliedes, nicht gültig zustande kommen kann, wenn ein Bestellungsverbot vorliegt (zB Verstoß gegen Mandatsbeschränkung).[41] In einem solchen Fäll ist der Bestellungsbeschluss nichtig.[42] Wenn aber – wie im Falle eines bloßen Verstoßes gegen die Voraussetzung des BWG Fit & Proper – kein Bestellungsverbot vorliegt, ist die Bestellung- trotz des Gesetzesverstoßes – wirksam (vgl *Kalss/Schimka* Rz 2/44).

B. Verlust der Voraussetzungen/Mangel der Voraussetzungen (aus gesellschaftsrechtlicher Sicht)

82 Wenn ein Aufsichtsratsmitglied **nicht mehr Fit & Proper** ist oder klar wird, dass das Aufsichtsratsmitglied nie Fit & Proper war, ist dieses Mitglied abzuberufen. In einem solchen Fall kommt auch eine gerichtliche Abberufung in Betracht. Auch hier ist es sinnvoll, den Eskalationsmechanismus zwischen Aufsichtsrat und Vorstand zu aktualisieren.

---

41 *Strasser* in *Jabornegg/Strasser*, AktG II^5 § 86 Rz 23.

42 *Kalss* in *Doralt/Nowotny Kalss*, AktG 2 § 86 Rz 82.

C. Reaktionsmöglichkeiten der FMA

1. Wenn der Vorsitzende nicht Fit & Proper ist

Wenn die FMA erkennt, dass ein **Aufsichtsratsvorsitzender** nicht Fit & Proper ist, muss[43] sie gemäß § 28a Abs 4 BWG bei **Gericht den Widerruf beantragen**. Dieser Antrag ist binnen vier Wochen nach der Übermittlung des Ergebnisses der Wahl zu stellen. Bis zur rechtskräftigen Entscheidung des Gerichts **ruht** die **Funktion** des Vorsitzenden. Der (ehemalige) Vorsitzende bleibt aber (auch nach Widerruf der Wahl durch das Gericht) Mitglied des Aufsichtsrates. **83**

2. Wenn ein gewöhnliches Mitglied des Aufsichtsrates nicht/nicht mehr Fit & Proper ist

In diesem Fall kann die FMA nicht in den Bestellungsmechanismus eingreifen und muss nach § 70 BWG vorgehen: Aufgrund der Tatsache, dass die FMA nicht frei aus dem Maßnahmenkatalog des § 70 BWG wählen kann[44] sondern **angemessen reagieren** muss, ist die Herstellung des gesetzmäßigen Zustandes – unter Androhung einer **Zwangsstrafe** – aufzutragen. Wenn sich die jeweils zuständigen Gremien weigern, den gesetzmäßigen Zustand herzustellen bleibt – als ultima ratio – der Entzug der Konzession. Dieses Szenario erscheint aber wenig wahrscheinlich. **84**

Die Vorgaben des BWG teilen einerseits den **gesellschaftsrechtlich** für den Aufsichtsrat zuständigen **Organen** zusätzliche Möglichkeiten/Aufgaben (Abberufung aus wichtigem Grund) zu und geben der **FMA** die Möglichkeit, den Beschluss zur Bestellung des Vorsitzenden zu bekämpfen und die Entfernung von Aufsichtsratsmitgliedern (über den Sanktionskatalog des §70 BWG) zu erzwingen. **85**

XI. Interessenskonflikte/Cooling-off-Periode

Insbesondere ein Wechsel von der Position des Geschäftsleiters zum Aufsichtsratsvorsitzenden ist (gemäß § 28 Abs 1 BWG) erst nach Ablauf einer vorherigen **Cooling-off-Periode** von zwei Jahren[45] möglich. In diesem Fall ist zu dokumentieren, dass diese Frist eingehalten wurde (vgl *Kalss/Schimka* Rz 2/51). **86**

XII. EBA-Report 2015/ Ein Ausblick /Lehren daraus

Mit dem EBA-Report 2015 hat die EBA die Erledigungen iZm dem Fit & Proper-Testverfahren in den einzelnen Mitgliedsstaaten untersucht. Zusammengefasst kommt die EBA zum Ergebnis, dass die Verfahren nicht harmonisch genug sind, weil die Verfahren in den einzelnen Mitgliedsstaaten zu stark voneinander abweichen. Ein weiterer Kritikpunkt ist, dass laut EBA auch nicht alle Maßstäbe in allen Ländern erfüllt werden. **87**

---

[43] Vgl EBRV 313 BlgNR 23. GP 6; *Dellinger* in Dellinger, BWG § 28a Rz 41, *Wacher*, ÖBA 2015, 102.

[44] *Schima/Sindelar*, ÖBA 2015, 912.

[45] *Wacher*, Der Aufsichtsrat von Kreditinstituten nach der Umsetzung der CRD IV-Richtlinie in Österreich, ÖBA 2015, 96.

88 Die EBA unterstreicht in ihrem Bericht besonders, dass sowohl die **kollektive** Fitness als auch die **individuelle** Fitness wichtig sind. Insbesondere wird im EBA-Bericht bemängelt, dass die Minimalvorgaben der CRD IV nicht eingehalten werden.

89 Im Report wird einerseits angekündigt, dass die EBA-Guidelines auf Basis dieser neuen **Ergebnisse ergänzt und verschärft** werden. Überdies sollen die Ergebnisse und Erkenntnisse des Berichts zum Anlass genommen werden, um an die Kommission heranzutreten und auch über diesen Weg eine weitere Verschärfung der maßgeblichen Bestimmungen zu erreichen. Unabhängig davon, dass das Gesamtranking des österreichischen Fit & Proper-Modells „eher im Mittelfeld“ angesiedelt ist, ist aus dem EBA-Report erkennbar, dass generell eine Verschärfung angestrebt wird.

A. Laufende (Straf-)Verfahren

90 Nachfolgend werden die von der EBA als „Best Practice“ bezeichneten Erkenntnisse beleuchtet, (wo dies sinnvoll ist) kurz und mit praktischen Hinweisen dargestellt, weil sich daraus Rückschlüsse auf zu erwartende Entwicklungen ableiten lassen.

91 Von der EBA wird zB aufgegriffen, dass der **Umgang mit laufenden (Straf-) Verfahren** gegen Aufsichtsräte und Geschäftsleiter nicht einheitlich gehandhabt wird. Hierzu gibt es auch in der österreichischen Fit & Proper-Handhabe keine klare Positionierung. In der Praxis wird in jenen Fällen, in denen Zweifel an der persönlichen Zuverlässigkeit und Aufrichtigkeit der Aufsichtsräte auftreten, neu evaluiert, ob eine Person weiterhin Fit & Proper ist.

92 Die Einleitung von strafrechtlichen Ermittlungen gegen ein Aufsichtsratsmitglied stellt jedenfalls eine geänderte Situation dar, die eine **Neuevaluierung der Situation** erforderlich macht. Auch wenn bis zu einer rechtskräftigen Verurteilung die Unschuldsvermutung zu gelten hat, ist jedem Kreditinstitut zu raten, sich mit einer solchen Situation genauestens auseinander zu setzen. Insbesondere im Zusammenhang mit Verfahren, deren negativer Ausgang für das beteiligte Aufsichtsratsmitglied zu einem Ausschlussgrund führen würde, müssen die Fakten genau abgewogen werden: In der Praxis kommen die Verantwortlichen nicht umhin, alle vorliegenden Informationen zu bewerten und dann zuerst intern zu entscheiden, ob die betreffende Person weiterhin Fit & Proper ist. Im Zusammenhang mit der zu treffenden Entscheidung muss insbesondere bedacht werden, dass die negativen Folgen eines vehementen Festhaltens an einem Aufsichtsratsmitglied zu einem beträchtlichen Reputationsschaden führen können, wenn das Aufsichtsratsmitglied letztlich rechtskräftig verurteilt wird. Auch hier ist ein koordiniertes Zusammenarbeiten von Vorstand und Aufsichtsrat (insbesondere des Nominierungsausschusses) dringend notwendig.

93 Weiters muss berücksichtigt werden, **welche Folgen die „vorauseilende Entfernung“** aus dem Aufsichtsrat für das betreffende Aufsichtsratsmitglied hat. In Wahrheit kommt eine solche Entfernung nicht nur einer Vorverurteilung gleich, sondern hat besonders schwerwiegende Folgen für die Reputation des betroffenen

Aufsichtsratsmitglieds. Die zuständigen Gremien sollen gemeinsam mit dem betroffenen Aufsichtsratsmitglied eine tragfähige Entscheidung finden und die Kommunikation nach innen und nach außen gemeinsam planen und abstimmen. Die Prüfung der strafrechtlichen Hintergründe soll jedenfalls mit Hilfe eines Experten vorgenommen werden.[46]

B. Die Bewertung von theoretischem Wissen/praktischer Erfahrung/Interessenskollisionen/zeitlichen Ressourcen

Im EBA-Report werden Standards erarbeitet, die darüber Auskunft geben, wie **94** praktische Erfahrungen und theoretisches Wissen im Zusammenhang mit der Beurteilung, ob jemand Fit & Proper ist, zusammenfließen. In Summe ist eine Gesamtbewertung vorzunehmen.

In der Praxis zeigt sich, dass sich – in Ermangelung von klaren Vorgaben – das **95** **Vertrauen** in den **Fit & Proper-Test in Grenzen** hält. In diesem Zusammenhang wird weiters darauf verwiesen, dass die Anforderung an das Gesamtgremium, Fit & Proper zu sein, in den einzelnen Verfahren nicht entsprechend berücksichtigt wird. Außerdem wird der aktuelle Umgang mit Interessenskonflikten und der Bewertung der Verfügbarkeit der notwendigen Zeitressourcen kritisiert.

In der Praxis kann für die interne Fortbildung ein Fragebogen helfen. Dieser **96** hat zu fragen, ob das einzelne Aufsichtsratsmitglied in diesen zwei Punkten bei sich und bei anderen ein Problem sieht. Als tiefergehende Prüfung ist zu empfehlen, auch „subtilere" (Kontroll-)Fragen zu stellen und die Fragen „aufzugliedern".

So wäre im Zusammenhang mit den **zeitlichen Ressourcen** nicht nur nach an- **97** deren Mandaten zu fragen, sondern beispielsweise auch nach Vorbereitungszeiten und ob diese hinreichend sind, oder ob die Unterlagen für Aufsichtsratssitzungen rechtzeitig übermittelt werden, um eine optimale Vorbereitung zu gewährleisten. Allenfalls kann überlegt werden, ob Fragebögen wirklich hilfreich sind. Diese „Überprüfungen" können auch als „Interviews" gestaltet werden. Hier können die Einstellungen und die Risikobereitschaft der einzelnen Mitglieder des Aufsichtsrates ebenfalls abgefragt und dokumentiert werden. Dabei ist aber stets der Aufwand zu beachten.

Bei der Unvoreingenommenheit und bei Interessenkonflikten soll beispiels- **98** weise nach „Verquickungen" mit dem Kreditinstitut sowie mit einzelnen Mitgliedern des Vorstands gefragt werden. Weiters ist denkbar, dass **beispielhafte Fragen** in den Fragebogen aufgenommen werden, in denen konkrete Situationen exemplarisch dargestellt und die Reaktionsalternativen abgebildet werden, aus denen sich begreifen lässt, ob das einzelne Aufsichtsratsmitglied unabhängig handelt oder nicht.

Letztlich ist aber darauf hinzuweisen, dass die **Ermittlung der Wahrheit** ge- **99** rade bei diesen Punkten sehr **aufwendig** und umständlich ist. Zusammengefasst muss wohl die Erkenntnis gewonnen werden, dass jene Personen, welche die Frage nach einem Interessenskonflikt (wider besseres Wissen) mit „Nein" beantworten,

[46] *Kalss*, Aufsichtsrat aktuell 2012, 5.

wohl auch die subtileren Zusatzfragen so beantworten könnten, dass daraus (im Ergebnis) ein „Nein" abgeleitet wird. Zusammengefasst ergibt sich auch zu diesen Themen, dass das System nur funktionieren kann, wenn nicht davon ausgegangen wird, dass die einzelnen Aufsichtsratsmitglieder lügen. Besonders spannend ist die interne Auswertung solcher Ergebnisse: Kreditinstitutsintern muss nämlich geprüft werden, ob die einzelnen Aufsichtsratsmitglieder die Anforderung, Fit & Proper zu sein, erfüllen. Hier gilt, dass ein Plausibilitätscheck reicht, wenn die dazu nötigen Informationen vom Nominierungsausschuss geliefert werden. Es kann und muss nicht vom zuständigen Verantwortlichen gefordert werden, dass er jede einzelne Antwort eines Aufsichtsratsmitglieds nachrecherchiert und verifiziert oder falsifiziert.

100 Aufgrund des Umstandes, dass der Fokus der EBA auf der **kollektiven Fitness** des Aufsichtsrats liegt, ist zu empfehlen, ein **bankinternes System** zu implementieren, mit dem auf die kollektive Fitness des Aufsichtsrats abgestellt werden kann. Konkret empfiehlt es sich beispielsweise an die einzelnen Aufsichtsratsmitglieder die Frage zu stellen, ob sie der Meinung sind, dass der Aufsichtsrat als Gesamtgremium im Stande ist, mit dem vorhandenen Wissen und der vorhandenen Zeit sowie den finanziellen Ressourcen die gestellten Aufgaben einwandfrei zu lösen. Auch hier empfiehlt es sich, konkreter nachzufragen, wo die einzelnen Mitglieder des Aufsichtsrates welches Know-how vermuten. Auch dieser Check sollte vom Nominierungsausschuss koordiniert werden, weil der Koordinierungsausschuss letztlich dafür zuständig ist.

101 Weiters bietet es sich in diesem Zusammenhang an, im Aufsichtsrat festzulegen, dass bei auftretenden **Spezialproblemen externe Expertise** zugekauft werden kann (vgl *Kalss* Rz 23/3 ff, Rz 23/14 ff) Konkret kann dieser Zukauf von externem Know-how so organisiert werden, dass immer dann, wenn besonders schwierige Fragen zu klären sind, externe Experten zu Aufsichtsratssitzungen eingeladen werden, um dort einen Bericht liefern zu können und Hilfestellung zu geben. Im Zusammenhang mit der Überprüfung, ob der Aufsichtsrat Fit & Proper ist, können sohin zumindest diese Spitzen abgefedert werden und es kann im Zusammenhang mit der Beurteilung, ob der Aufsichtsrat als Gesamtgremium Fit & Proper ist, darauf abgestellt werden, dass er sich bei Auftreten von ganz speziellen und besonders schwierigen Problemen der Hilfe Dritter bedient. Die Mitglieder des Aufsichtsrates müssen aber wissen in welchen Fällen externe Experten beigezogen werden sollen/können (vgl *Kalss* Rz 23/14 ff).

C. Ein angemessener Maßstab

102 Sicherzustellen ist, dass die **einzelnen Aufsichtsratsmitglieder** gemäß ihren Aufgaben und der Rolle des Kreditinstituts, für das sie tätig sind, geprüft werden müssen. Dieser Punkt ist für den österreichischen Bankensektor besonders wichtig. Aufgrund zahlreicher Rückmeldungen aus der Praxis ist davon auszugehen, dass dieser Punkt im Zusammenhang mit der Fit & Proper-Überprüfung durch die FMA noch nicht hinreichend gut berücksichtigt wird.

103 Auch den Punkt „**Training**" hat die EBA in ihrem Report aufgegriffen: Aus diesem Grund ist zu empfehlen, jedenfalls Trainings für die Aufsichtsratsmitglieder anzubieten und zu dokumentieren wann, zu welchen Themen und in welchem Ausmaß diese Trainings stattgefunden haben. In diesem Zusammenhang empfiehlt die EBA den einzelnen Behörden, auch im Rahmen ihrer täglichen Beaufsichtigung darauf zu achten, dass die Entscheidungsgremien Fit & Proper sind.

Weiters bemängelt auch die EBA in ihrem Report, dass es keine hinreichende Definition der Voraussetzungen gibt, die im Rahmen der Fit & Proper-Prüfung zu überprüfen und festzustellen sind (**Abgrenzung des „Prüfungsstoffes"**). In diesem Zusammenhang wird auf Kapitel IV. der EBA-Guidelines „Assessment Criteria" verwiesen. Aus diesem Grund ist beispielsweise davon auszugehen, dass die EBA-Guidelines dahingehend ergänzt werden, dass insbesondere Indikatoren angegeben werden, welche die Unabhängigkeit leichter überprüfbar machen. **104**

XIII. Das Merkblatt der BaFin

Zum deutschen Recht kann auf das neue[47] Merkblatt der BaFin[48] verwiesen werden. Das Merkblatt der BaFin regelt beispielsweise den **Nachweis über Fortbildungen** und die Forderung, dass Veranstalter die Inhalte und die Dauer der Fortbildung angeben müssen, besonders genau, weil die Fit & Proper-Überprüfung der BaFin auf der bankinternen Analyse aufbaut. Die BaFin führt aus diesem Grund weit weniger häufig „Hearings" durch. **105**

Das Merkblatt der BaFin bestätigt, dass im Zusammenhang mit der Angabe zur **Zuverlässigkeit** anhängig gewesene **Strafverfahren unberücksichtigt** bleiben können, wenn sie zum Beispiel mangels hinreichenden Tatverdachts eingestellt wurden. Weiters wurden zusätzliche Gründe angeführt, in welchen ein Verfahren (im Rahmen der Fit & Proper Prüfung) nicht angeführt werden muss und sohin nicht relevant ist (zB bei Freispruch oder wenn die Strafe bereits „getilgt" ist). Die BaFin weist jedoch darauf hin, dass in den Fällen, in welchen von der Verfolgung wegen **Geringfügigkeit** oder unter Erteilung von Auflagen abgesehen wird, eine Nennung der Strafverfahren notwendig ist. **106**

Auch zur **zeitlichen Verfügbarkeit** des Aufsichtsratsmitglieds nimmt die BaFin in ihrem Merkblatt Stellung: Hier wird klargestellt, dass grundsätzlich davon ausgegangen wird, dass die Personen, die ein Mandat übernehmen, dieses auch zeitlich zu leisten im Stande sind. Bei der Beurteilung, ob dies möglich ist, ist eine Gesamtschau der Tätigkeiten und Mandate notwendig. Der Zeitaufwand ist zu schätzen. Konkret hingewiesen wird auch auf die Vor- und Nachbearbeitungszeit sowie auf Reisezeiten. Im Rahmen der internen Dokumentation ist besonders darauf zu achten, dass auch diese Zeiten abgebildet und berücksichtigt werden. **107**

Im Merkblatt der BaFin wird besonders herausgestrichen, dass die Mitglieder des Aufsichtsrats **zuverlässig** sein müssen. Konkretisiert wird, dass auch Stell- **108**

---

47 Das Merkblatt datiert mit 04.01.2016.

48 *BaFin*, Merkblatt zu den Mitgliedern von Verwaltungs- und Aufsichtsorganen gemäß KWG und KAGB, https://www.bafin.de/SharedDocs/Downloads/DE/Merkblatt/dl_mb_160104_AR_KWG_KAGB.pdf;jsessionid=1D4FA0A27A810A057BD48C186224C9EF.1_cid390?__blob=publicationFile&v=4 (Stand 10.2.2016).

vertreter denselben Ansprüchen genügen müssen. Ersatzmitglieder müssen jedoch die Anforderungen erst erfüllen, wenn sie nachrücken.

109 Die **Zuverlässigkeit**, die **Sachkunde** und die zeitliche **Verfügbarkeit** werden von der BaFin gemäß deren Merkblatt bei Bestellung zum Mitglied beurteilt. In weiterer Folge müssen die einzelnen Mitglieder die vom Gesetz geforderten Kriterien weiterhin erfüllen.

110 Zur **Sachkunde** wird beispielsweise ausgeführt, dass eine Person die betreffenden Geschäfte ausreichend verstehen muss, um sie aktiv begleiten zu können. Weiters muss die Person die Risiken, die mit den Geschäften verbunden sind, verstehen und einschätzen können. Dies ist nur möglich, wenn die Person mit den entsprechenden gesetzlichen Regelungen vertraut ist. Die BaFin stellt (betreffend Kapitalverwaltungsgesellschaften) darauf ab, dass das einzelne Mitglied des Aufsichtsrates keine Spezialkenntnisse haben muss, sondern vordergründig (nur) den eigenen Beratungsbedarf erkennen muss. Diese Vorgabe kann für den Aufsichtsrat einer Bank in Österreich nicht übernommen werden.

111 Weiters wird im Merkblatt kurz dargestellt, in welchen Fällen die BaFin davon ausgeht, dass die erforderliche Sachkunde vorliegt: In Deutschland wird angenommen, dass die **Arbeitnehmervertreter** Fit und Proper sind, sofern sie aufgrund ihrer Vortätigkeit mit den Abläufen der Bank vertraut sind.[49]

112 Die BaFin stellt klar, dass die Voraussetzung der Sachkunde, die noch nicht vorliegt, auch durch **Fortbildung** im erforderlichen Ausmaß erworben werden kann. Die Fortbildungen können bereits vor Bestellung zum Aufsichtsrat erworben werden oder spätestens innerhalb von **6 Monaten** nach der Bestellung. In jedem Fall ist ein Teilnahmenachweis vorzulegen.

113 Bezüglich der **Weiterbildung** wird ebenfalls darauf abgestellt, dass das Kreditinstitut verpflichtet ist, entsprechende Ressourcen bereit zu stellen.

114 Auch die **Zuverlässigkeit** betreffend wird weiter ausgeführt und festgelegt, dass Unzuverlässigkeit kein Verschulden voraussetzt. Ob Zuverlässigkeit vorliegt, wird jedenfalls im Einzelfall beurteilt. Als mögliche Kriterien für mangelnde Zuverlässigkeit werden aufgezählt wie folgt:

- aufsichtsrechtliche Maßnahmen,
- Straftaten im Vermögens- und im Steuerbereich oder besonders schwere Kriminalität und Geldwäschedelikte,
- Verstöße gegen Ordnungsvorschriften,
- Interessenskonflikte.

115 Zu den **Interessenskonflikten** wird ausgeführt, dass diese gegeben sind, wenn persönliche Umstände oder die eigene wirtschaftliche Tätigkeit, die Überwachungs- oder Kontrollfunktion beeinträchtigen. Beispielsweise wird angeführt, dass ein Angehörigenverhältnis zu einem Geschäftsleiter ein solcher Interessenskonflikt sein kann. Ein weiterer praxisnaher Interessenskonfliktfall wird derart geschildert, dass das Mitglied oder eines seiner Unternehmen ein ausfallgefährdeter Kreditnehmer des zu überwachenden Kreditinstituts ist.

---

49 Krit zur Praxis in Österreich: *Schima*, ÖBA 2014, 28.

Auch im Zusammenhang mit **Arbeitnehmervertretern** ist darauf zu achten, dass deren **fachliche Eignung** für das Mandat vorliegt (vgl *Gahleitner* Rz 10/51 ff). 116

XIV. Zusammenfassung

Aufgrund des aktuellen EBA-Reports zu den Fit & Proper-Prozessen ist mit **weiteren Verschärfungen** der – für österreichische Banken schon jetzt besonders beschwerlichen – Fit & Proper-Verfahren zu rechnen. In diesem Zusammenhang wird darauf hingewiesen, dass zwar auch die EBA hearings als „Best Practise" sieht, diese Hearings in der Praxis aber wenig bringen. 117

Wesentlich ist, dass in der Bank ein **System** etabliert wird, das (i) die Erfüllung der verschiedenen Pflichten des Vorstandes (insbesondere Anzeigepflichten) ermöglicht und (ii) die Involvierung des Aufsichtsrates (Nominierungsausschuss) zulässt. Dazu ist ein gut implementiertes Assessment hilfreich. 118

Um die **Autorität des Aufsichtsrates** zu wahren, ist zu empfehlen, dass der Aufsichtsrat betreffend die Fit & Proper-Schulungen „das Heft nicht aus der Hand geben" sollte. Vielmehr ist zu empfehlen, dass der Nominierungsausschuss seine Verpflichtung wahrnehmen soll. Selbstverständlich kann die Durchführung der Schulungen auch an Sachbearbeiter der Bank delegiert werden. Auch hier empfiehlt es sich aber diese wichtigen Maßnahmen durch das Aufsichtsratsbüro erledigen zu lassen. 119

Besonders wichtig ist es weiters einen wirkenden „**Notfallplan**" parat zu haben, damit in dem Fall, wenn ein Aufsichtsratsmitglied nicht mehr Fit & Proper zu werden droht, rasch reagiert werden kann, um (i) dies überhaupt zu vermeiden, (ii) den Rücktritt des entsprechenden Mitgliedes zu erreichen, (iii) ein Einschreiten des Eigentümers zu erreichen (Abberufung oder Neubestellung) und (iv) ein Einschreiten der FMA zu verhindern und nur als ultima ratio melden zu müssen. 120

Zur **Qualitätssteigerung** des gesamten Fit & Proper-Prozesses kann insbesondere auf folgende Punkte verwiesen werden: 121

- Gut gemachte, praxisnahe und **maßgeschneiderte Fortbildungen** sind im Interesse aller; wenn es gelingt diesen Ansatz zu transportieren, wird auch die Akzeptanz für solche Maßnahmen steigen; mE ist zentral, dass im Rahmen der Schulungen Beispiele besprochen werden;
- Der **Aufsichtsrat** sollte nicht (aus Bequemlichkeit) einfach das schon arrangierte Angebot in Anspruch nehmen, **sondern aktiv** mitgestalten. Dazu gilt, dass die Zeitkomponente sehr kostbar ist, wenn mehrere hoch qualifizierte Aufsichtsratsmitglieder stundenlang in einer sinnlosen „Schulung" sitzen, ist dies nicht nur demotivierend, sondern unabhängig von den Kosten der Schulung teuer. Zentral ist, dass die Vortragenden kritisches Feed-Back bekommen, um die Qualität zu verbessern.
- Die **FMA** sollte **praxisnahe** prüfen.
- Die FMA sollte, wie die BaFin, eine **Einarbeitungszeit** gewähren.
- Die FMA und die EZB sollen, im Zusammenhang mit der Überprüfung der Fitness und Properness, **keine überzogenen Anforderungen** (insbesondere an theoretisches Wissen) aufstellen, weil sich sonst niemand mehr für die Funktion des Aufsichtsrates in einer Bank zur Verfügung stellen wird.

Die Funktion des Aufsichtsrates bei Kreditentscheidungen

Martin Oppitz

§§: 66a AktG; 52 AktG; 1, 28a, 28b, 39, 39d, 41 BWG; 1 EKEG; 5 EKEG; 13–16 EKEG; Art 28, Art 387–403 CRR; FMA-MS-K; FMA-FXTT-MS

Literatur

Ö: *Bittner,* Die Regelung der Organgeschäfte, in Zakostelsky/Lucius (Hrsg), Die BWG-Novellen (1997) 62; *Böhler,* Allgemeiner Teil des Kreditsicherungsrechts, in Apathy/Iro/Koziol (Hrsg), Österreichisches Bankvertragsrecht VIII, Teil I (2012); *Bollenberger,* Kreditgeschäft, in Apathy/Iro/Koziol (Hrsg), Österreichisches Bankvertragsrecht IV (2012); *Bollenberger/Kellner*, Die Patronatserklärung, in Apathy/Iro/Koziol (Hrsg), Österreichisches Bankvertragsrecht VIII (2012); *Chini*, Kreditentscheidungen und Untreue – OGH 11 Os 101/13g und 11 Os 139/13w, in Hinterhofer (Hrsg), Praxishandbuch Untreue (2015) 147; *Chini/Oppitz*, Bankwesengesetz – Kommentar (2011); *Dellinger* (Hrsg), BWG-Kommentar (Loseblatt); *Diwok/Göth*, Bankwesengesetz (2005); *Dür/Dürrschmied*, Der Aufsichtsrat im Kreditinstitut – Ein Leitfaden für die Praxis (2015); *Jud, W.*, Vorratsbeschlüsse im System zustimmungspflichtiger Geschäfte des Aufsichtsrats, ÖBA 1993, 773; *Kalss/Durstberger*, Die Business Judgment Rule bei der Aufstellung der Bilanz, RWZ 2016, 60; *Macher/Buchberger/Kalss/Oppitz* (Hrsg), Kommentar zum Investmentfondsgesetz² (2013); *Raiffeisen Zentralbank Österreich* AG (Hrsg), Basel III (2013) *Stryjak*, Untreue von Aufsichtsratsmitgliedern, in Hinterhofer (Hrsg), Praxishandbuch Untreue (2015) 77

Dtl: *Knippschild/Hromadka/Geidt-Karrenbauer* in Hölscher/Altenhain (Hrsg) Handbuch Aufsichts- und Verwaltungsräte in Kreditinstituten – rechtlicher Rahmen, betriebswirtschaftliche Herausforderungen, best practices (2013), 1047; *Langenbucher*, Vorstandshaftung und Legalitätspflicht in regulierten Branchen, ZBB 2013, 16; *Langenbucher*, Bausteine eines Bankgesellschaftsrechts, ZHR 176 (2012) 652; *Luz/Neuss/Schaber/Schneider/Wagner/Weber* (Hrsg), CRR visuell – Die neuen EU-Vorschriften der Capital Requirements Regulation (2013); *Mülbert,* Rechtliche Grenzen der Optimierung – das gesellschaftsrechtlich erlaubte Risiko, in Kempf/Lüderssen/Volk (Hrsg), Ökonomie versus Recht im Finanzmarkt? (2011) 85; *Mülbert*, Corporate Governance von Banken: Ein europäisches Konzept?, ZVglRWiss 2014, 520; *Mülbert/Wilhelm,* Risikomanagement und Compliance im Finanzmarktrecht – Entwicklung der aufsichtsrechtlichen Anforderungen, ZHR 178 (2014) 502; *Wittig,* Detailregulierung unternehmerischen Handelns und seine Bedeutung für die Organtreue am Beispiel der aufsichtsrechtlichen Verbriefungsregeln, in Kempf/Lüderssen/Volk (Hrsg), Ökonomie versus Recht im Finanzmarkt? (2011) 75

Gliederung

I. Aufsichtsrat und Risikoentscheidungen in Banken

A. Risikomanagement

1 Kreditentscheidungen stellen eine Ausprägung des Bankgeschäfts dar, bei der die Einbindung des Aufsichtsrats von besonderer risikopolitischer Bedeutung für das jeweilige Kreditinstitut ist. Die gesetzlichen Rahmenbedingungen tragen dem ausführlich Rechnung: Dies beginnt bei der allgemeinen Sorgfaltsanforderung an die vom Aufsichtsrat zu überwachenden Geschäftsleiter (§ 39 Abs 1 BWG)[1], die einen besonderen Akzent durch die Verpflichtung erhält, die bankgeschäftlichen und bankbetrieblichen Risiken durch angemessene Strategien und Verfahren zu steuern, zu überwachen und zu begrenzen[2]. Zu den für die Erfassung, Beurteilung, Steuerung und Überwachung der bankgeschäftlichen und bankbetrieblichen Risiken[3] einzurichtenden Verwaltungs-, Rechnungs- und Kontrollverfahren (§ 39 Abs 2 BWG) kommt die Ermahnung des Gesetzgebers, hiebei ua **„das Kreditrisiko und Gegenparteiausfallrisiko"** zu berücksichtigen (§ 39 Abs 2b BWG).

Darauf aufbauend hat der Aufsichtsrat mit der Geschäftsleitung die **strategischen Ziele, die Risikostrategie** und die internen Grundsätze einer ordnungsgemäßen Geschäftsführung zu **erörtern** und deren Umsetzung durch die Geschäftsleitung zu überwachen (§ 28a Abs 2c BWG).

B. Risikoausschuss

1. Grundlagen

2 **Große Kreditinstitute**: Kreditinstitute mit einer Bilanzsumme von mehr als € 1 Mrd sowie kapitalmarktorientierte Kreditinstitute[4] sind nach § 39d Abs 1

---

[1] Zu den Anforderungen an diese im Sinne einer „Schnittmenge von Aufsichtsrecht und Aktienrecht" *Langenbucher*, ZBB 2013, 19.

[2] Zu den rechtlichen Aspekten des Risikomanagements in Banken etwa *Mülbert/Wilhelm*, ZHR 178 (2014) 505 ff.

[3] Zu den Risikoarten *Mülbert/Wilhelm*, ZHR 178 (2014) 509

[4] Das sind solche, die übertragbare Wertpapiere ausgegeben haben, die zum Handel an einem

BWG verpflichtet, einen Risikoausschuss einzurichten. Zu dessen Aufgaben zählt die Beratung der Geschäftsleitung hinsichtlich der aktuellen und zukünftigen Risikobereitschaft und Risikostrategie des Kreditinstituts (§ 39d Abs 2 Z 1 BWG), die Überwachung der Umsetzung dieser Risikostrategie im Zusammenhang mit der Steuerung, Überwachung und Begrenzung von Risiken (§ 39 Abs 2 b Z 1 bis 14 BWG), der Eigenmittelausstattung und der Liquidität (§ 39d Abs 2 Z 2 BWG), die Überprüfung der Risikoadäquanz der Preisgestaltung (§ 39d Abs 2 Z 3 BWG) sowie die risikomäßige Beurteilung des internen Vergütungssystems (§ 39d Abs 2 Z 4 BWG). Der Risikoausschuss besteht aus mindestens **drei Aufsichtsratsmitgliedern**, die über die zur Überwachung der Umsetzung der Risikostrategie des Kreditinstituts erforderliche Expertise und Erfahrung verfügen (§ 39d Abs 3 Satz 2 BWG).

2. Aufgaben

Bereits anhand der Konzeption des Risikoausschusses zeigen sich neue Akzente in der Governance-Struktur von Kreditinstituten[5], die den Aufsichtsrat auch im Kontext mit Kreditentscheidungen stärker in die Pflicht nehmen. Die Etablierung von Risikoausschüssen wurde nicht nur wegen der Frage der Vereinbarkeit mit dem dualistischen System mit seinen klaren Abgrenzungen der Zuständigkeiten von Vorstand und Aufsichtsrat kritisiert[6], sondern auch aufgrund des Umstandes, dass ein in die laufende Risikosteuerung eingebundener Risikoausschuss „eigentlich mehr oder weniger ständig tagen" müsste.[7] Der Risikoausschuss hat hingegen nach der gesetzlichen Konzeption lediglich „zumindest eine Sitzung im Jahr abzuhalten" (§ 39d Abs 4 BWG). Dem Risikoausschuss obliegt gemäß § 39d Abs 2 Z 3 BWG auch „die Überprüfung, ob die **Preisgestaltung** der von einem Kreditinstitut angebotenen **Dienstleistungen und Produkte** das Geschäftsmodell und die Risikostrategie des Kreditinstituts angemessen berücksichtigt […]". Gegebenenfalls hat der Risikoausschuss einen Plan mit „**Abhilfemaßnahmen**" vorzulegen (§ 39d Abs 2 Z 3 BWG). Die allgemeinen Überwachungspflichten des Aufsichtsrats hinsichtlich der ursprünglich noch generalklauselartig gefassten Sorgfaltsanforderungen an die Geschäftsleiter[8] (§ 39 Abs 1 und 2 BWG) werden unter dem Eindruck neuer europäischer Rechtssetzung[9] sohin detailliert und geschäftsbereichsspezifischer ausgestaltet. 3

Die Aufgabenzuweisung an den Risikoausschuss nach § 39d Abs 2 BWG könnte zum Umkehrschluss verleiten, dass die Beratung der Geschäftsleitung 4

geregeltem Markt gemäß § 1Abs 2 BörseG zugelassen sind.

5 Vgl dazu *Mülbert*, ZVglRWiss 2014, 520 ff.

6 Vgl *RZB*, Basel III 78f.

7 *RZB*, Basel III 79.

8 Dazu *Langenbucher*, ZBB 2013, 16 ff.

9 Die skizzierte Aufgabenstellung des Risikoausschusses im Hinblick auf die Preisgestaltung folgt Art 76 Abs 3 der CRD IV (Richtlinie 2013/36/EU des Europäischen Parlamentes und des Rates vom 26.06.2013 über den Zugang zur Tätigkeit von Kreditinstituten und die Beaufsichtigung von Kreditinstituten und Wertpapierfirmen, zur Änderung der Richtlinie 2002/87/EG und zur Aufhebung der Richtlinien 2006/48/EG und 2006/49/EG, ABl Nr L 176/338 vom 27.06.2013).

hinsichtlich Risikobereitschaft und Risikostrategie sowie die Überprüfung der Risikoadäquanz der Preisgestaltung von Dienstleistungen und Produkten etc im Rahmen einer einmal jährlichen Sitzung des Risikoausschusses abschließend abgehandelt werden könnten; eine derart restriktive Interpretation entspricht der Intention des europäischen Richtliniensetzers und des österreichischen Gesetzgebers wohl nicht. Die gesetzliche Zusammenfassung der Aufgaben des Risikoausschusses trägt vielmehr das Potenzial einer „Ausstrahlungswirkung" in die allgemeine – laufende – Aufsichtsratsarbeit geradezu in sich, hat der Aufsichtsrat doch die Geschäftsleiter insbesondere auch im Hinblick auf ihre dauernd anzuwendende Sorgfalt iS von § 39 BWG zu überwachen. Dazu gehören auch und insbesondere die Steuerungs-, Überwachungs- und Begrenzungsaufgaben im Hinblick auf die bankgeschäftlichen und bankbetrieblichen Risiken (§ 39 Abs 1 Satz 2 BWG).

5 Bei **Kreditentscheidungen** ist insbesondere auch die Vereinbarkeit mit der grundsätzlichen Risikobereitschaft und **Risikostrategie** des Kreditinstituts zu beachten; bei der Festlegung der Konditionen von Krediten handelt es sich um einen Aspekt der „**Preisgestaltung**" für die Dienstleistungen bzw Produkte, wie sie in § 39d Abs 2 Z 3 BWG angesprochen ist.

II. Das Kreditgeschäft

A. Bankwesenrechtliche Einordnung

6 Das **Kreditgeschäft** selbst ist im BWG – gleich einer Reihe von Katalogtatbeständen – nur skizzenhaft umschrieben[10], nämlich als „Abschluss von Geldkreditverträgen und die Gewährung von Gelddarlehen" (§ 1 Abs 1 Z 3 BWG). Sachdarlehen sind nicht einschlägig[11].

B. Kreditbegriff

7 Die ursprüngliche Dualität von Darlehen als Realkontrakten einerseits und Geldkreditverträgen als Konsensualverträgen andererseits[12] wurde in Österreich mit dem DaKRÄG 2010 (BGBl I 2010/28) beseitigt. Das Darlehen wird in § 983 ABGB als Konsensualvertrag definiert: „Im Darlehensvertrag verpflichtet sich der Darlehensgeber, dem Darlehensnehmer vertretbare Sachen mit der Bestimmung zu übergeben, dass der Darlehensnehmer über die Sachen nach seinem Belieben verfügen kann. Der Darlehensnehmer ist verpflichtet, dem Darlehensgeber spätestens nach Vertragsende ebenso viele Sachen derselben Gattung und Güte zurückzugeben." Der Kreditvertrag wird als entgeltlicher Darlehensvertrag über Geld definiert (§ 988 ABGB). Dazu zählt auch ein Vertrag, mit dem ein Geldbetrag zum Abruf zur Verfügung gestellt wird. Die Parteien dieses Vertrages heißen „Kreditgeber" und „Kreditnehmer" (§ 988 Satz 2 ABGB). Das Entgelt besteht idR in den vom Kreditnehmer zu zahlenden Zinsen (§ 988 Satz 3, 1. HS ABGB). Der Kreditvertrag stellt somit als entgeltliches Gelddarlehen einen Unterfall des Darlehens dar.[13]

---

10 Näheres samt Nachweisen bei *Oppitz* in Chini/Oppitz, BWG § 1 Rz 13 ff.

11 Vgl nur *Oppitz* in Chini/Oppitz, BWG § 1 Rz 14.

12 Dazu *Bollenberger* in Apathy/Iro/Koziol, Österreichisches Bankvertragsrecht IV Rz 1/3 ff.

13 *Bollenberger* in Apathy/Iro/Koziol, Österreichisches Bankvertragsrecht IV Rz 1/6.

III. Fachliche Eignung von Aufsichtsratsmitgliedern

Die Aufsichtsratsfunktion verlangt entsprechende fachliche Eignung (vgl *Kalss/Schimka* Rz 2/66 ff; *Herbst* Rz 35/23 ff)[14]; dies beginnt mit dem Gebot, vor der Wahl von Aufsichtsräten „auf deren Verbundenheit mit den rechtlichen Werten zu achten" (§ 41 Abs 4 Z 3 aE BWG) und setzt sich in der Anforderung fort, dass die Aufsichtsratsmitglieder jederzeit über ausreichende Kenntnisse, Fähigkeiten und Erfahrungen verfügen müssen, um gemeinsam in der Lage zu sein, die Geschäftstätigkeiten des jeweiligen Kreditinstitutes einschließlich damit verbundener Risiken so weit zu verstehen, dass sie die Entscheidung der Geschäftsleitung überwachen und kontrollieren können (§ 28a Abs 5 Z 3 BWG; vgl *Herbst* 35/23; *Seeber* 36/20 ff). 8

Die **Konkretisierung dieser fachlichen Anforderungen** im Weg europäischer und nationaler Leitlinien[15] zeigt, dass dem Kreditgeschäft besondere Aufmerksamkeit gewidmet wird: Aufsichtsratsvorsitzende müssen nach Rz 39 des fit and proper-Rundschreibens der FMA ua zentrale Bestimmungen des BWG beherrschen, aber auch zentrale Inhalte und Regelungsbereiche der „*Capital Requirements Regulation*" (CRR)[16], wobei in demonstrativer Aufzählung auf „Eigenmittel, Eigenmittelanforderungen, Großkredite und Liquidität" verwiesen wird. Weiters wird Kenntnis und Verständnis der im Hinblick auf die Vorsitzfunktion besonders relevanten gesellschafts- und aufsichtsrechtlichen Normen verlangt, wobei das Rundschreiben exemplarisch auf Großkredite, Organgeschäfte und sonstige Geschäfte, welche der Zustimmung des Aufsichtsrates bedürfen, hinweist. Einfache Aufsichtsratsmitglieder müssen die fachliche Eignung und Erfahrung haben, um gemeinsam fähig zu sein, die Geschäftstätigkeiten des jeweiligen Kreditinstitutes einschließlich damit verbundener Risiken soweit zu verstehen, dass sie die Entscheidungen der Geschäftsleitung überwachen und kontrollieren können (Rz 56 des Rundschreibens). Finanztechnisches Fachwissen wird zumindest in jenem Ausmaß verlangt, das die Person zur Mitwirkung an einer Kollektiventscheidung des gesamten Aufsichtsrats in dem ihr übertragenen Wirkungsbereich, und zwar Überwachung und Kontrolle der Geschäftsleitung beim Betrieb der institutsspezifischen Bankgeschäfte, befähigt[17] (Rz 59 des fit and proper-Rundschreibens; vgl *Herbst* 35/26; *Seeber* 36/53). 9

---

14 *Langenbucher*, ZHR 176 (2012) 654 ff. Zu den Anforderungen an die charakterliche Eignung von Aufsichtsratsmitgliedern *Mülbert*, ZVglRWiss 2014, 533.

15 Die EBA hat „*Guidelines on the assessment of the suitability of members of the management body and key function holders*" (EBA/GL/2012/06), die FMA ein korrespondierendes Rundschreiben zur Eignungsprüfung von Geschäftsleitern, Aufsichtsratsmitgliedern und Inhabern von Schlüsselfunktionen (fit and proper-Rundschreiben, Stand November 2014) verabschiedet; abrufbar unter www.fma.gv.at

16 Verordnung (EU) Nr 575/2013 des Europäischen Parlaments und des Rates vom 26.06.2013 über Aufsichtsanforderungen an Kreditinstitute und Wertpapierfirmen und zur Änderung der Verordnung (EU) Nr 646/2012, ABl Nr L 176/1 vom 27.06.2013.

17 Dazu im Hinblick auf Kreditvergaben auch *Seeber* Rz 36/53 ff.

IV. Das Zustimmungs- und Kontrollregime für Großkredite

A. Zum Begriff des Großkredits

10 **Ausgewählte Befassung**: Der Aufsichtsrat ist nicht zwingend in jede Kreditvergabeentscheidung des Instituts einzubinden; bei Kleinkrediten wäre eine derartige Befassungspflicht weder sinnvoll noch praktisch durchführbar, ohne die Aufsichtsratsarbeit erheblich zu erschweren. Der Gesetzgeber hat sich daher – auch auf europäischer Ebene – darauf beschränkt, neben den allgemeinen Sorgfaltsanforderungen ein besonderes Genehmigungs- und Kontrollregime für „Großkredite" zu etablieren, welches nach aktueller Rechtslage überwiegend nicht mehr im BWG, sondern in der CRR beheimatet ist. Großkredite sind in den Art 387 bis 403 CRR geregelt. Die Systematik dieser Vorschriften lässt sich wie folgt zusammenfassen:

11 Der **Begriff des „Risikopositionswerts"** (Art 390 CRR) kann mit dem Kreditbetrag verglichen werden, anhand dessen beurteilt wird, ob ein Großkredit vorliegt.[18] Risikopositionen in diesem Sinn sind alle Aktiva und außerbilanziellen Posten, wie sie im Kreditrisikostandardansatz definiert sind (Art 389 CRR).[19] Die Risikopositionen gegenüber Gruppen verbundener Kunden werden durch Addition der Risikopositionen gegenüber den Einzelkunden einer Gruppe ermittelt (Art 390 Abs 5 CRR).

12 Der Begriff der **„Gruppe verbundener Kunden"** ist in Art 4 Abs 39 CRR definiert. Es handelt sich um

- zwei oder mehr natürliche oder juristische Personen, die – sofern nicht das Gegenteil nachgewiesen wird – im Hinblick auf das Risiko insofern eine Einheit bilden, als eine von ihnen über eine direkte oder indirekte **Kontrolle** über die andere oder die anderen verfügt bzw
- zwei oder mehr natürliche oder juristische Personen, zwischen denen kein Kontrollverhältnis im genannten Sinn besteht, die aber im Hinblick auf das Risiko als **Einheit** anzusehen sind, da zwischen ihnen **Abhängigkeiten** bestehen, die es wahrscheinlich erscheinen lassen, dass bei finanziellen Schwierigkeiten, insbesondere Finanzierungs- oder Rückzahlungsschwierigkeiten, eines dieser Kunden auch andere bzw alle anderen auf Finanzierungs- oder Rückzahlungsschwierigkeiten stoßen.

13 Die **Begriffsbestimmung des Großkredits** findet sich in Art 392 CRR: Eine Risikoposition eines Instituts an einen Kunden oder eine Gruppe verbundener Kunden ist ein Großkredit, wenn ihr Wert 10% der anrechenbaren Eigenmittel des Instituts erreicht oder überschreitet. Eine Obergrenze für Großkredite ist in Art 395 vorgesehen: 25% der anrechenbaren Eigenmittel dürfen bei Risikopositionen

[18] *Luz/Neus/Schaber/Schneider/Wagner/Weber*, CRR visuell 137.

[19] Der Risikopositionswert einer Aktivposition ist der nach spezifischen Kreditrisikoanpassungen, zusätzlichen Wertberichtigungen gemäß den Art 34 und 110 CRR sowie weiteren mit der Aktivposition verknüpften Verringerungen der Eigenmittel verbleibende Buchwert (Art 111 Abs 1 CRR). Der Risikopositionswert einer in Anhang I der CRR genannten außerbilanziellen Positionen spricht den in Art 111 Abs 1 genannten Prozentsätzen des Nominalwerts nach Abzug spezifischer Kreditrisikoanpassungen (Art 111 Abs 1 CRR).

nicht überschritten werden. Ausnahmen von der Obergrenze sind in Art 400 CRR geregelt; dazu zählen etwa Aktiva in Form von Forderungen an Zentralstaaten, Zentralbanken oder öffentliche Stellen, denen ein Risikogewicht von 0% zugewiesen wurde (Art 400 Abs 1 lit a CRR), aber auch Aktiva und sonstige Risikopositionen, die durch Sicherheiten in Form einer Bareinlage bei dem kreditgebenden Institut oder bei einem Institut, das Mutterunternehmen oder Tochterunternehmen des kreditgebenden Instituts ist, besichert sind (Art 400 Abs 1 lit g CRR). Art 400 Abs 2 CRR enthält eine Ermächtigung an die zuständigen Behörden, bestimmte Risikopositionen ganz oder teilweise von der Anrechnung auf die Großkreditgrenze auszunehmen; dazu zählen etwa gedeckte Schuldverschreibungen (Art 400 Abs 2 lit a CRR) und Aktiva in Form von Forderungen an regionale oder lokale Gebietskörperschaften der Mitgliedstaaten mit einem Risikogewicht von 20% (Art 400 Abs 2 lit b CRR), aber auch Risikopositionen eines Instituts, einschließlich Beteiligungen oder sonstiger Anteile, gegenüber seinem Mutterunternehmen, anderen Tochterunternehmen desselben und eigenen Tochterunternehmen, sofern diese in die Beaufsichtigung auf konsolidierter Basis einbezogen sind, welcher das Institut gemäß der CRR, der Richtlinie 2002/87/EG oder nach gleichwertigen Normen eines Drittlandes auch selbst unterliegt (Art 400 Abs 2 lit c CRR).

Angemessene Kontrollverfahren: Institute haben – ergänzend zu den bereits skizzierten Governance-Regeln – über ordnungsgemäße Verwaltungs- und Rechnungslegungsverfahren sowie angemessene interne Kontrollmechanismen zur Ermittlung, Verwaltung, Überwachung, Erfassung, und Meldung aller Großkredite und ihrer späteren Änderungen im Einklang mit der CRR zu verfügen (Art 393 CRR). **14**

B. Verbot von Vorratsbeschlüssen

Die **institutsinternen Befassungspflichten** der Organe bei Großkrediten sind – nach wie vor – im BWG (und nicht in der CRR) geregelt. Jeder Großkredit, der mindestens € 500.000,00 beträgt, bedarf unbeschadet der Wirksamkeit des Rechtsgeschäftes der ausdrücklichen vorherigen Zustimmung des Aufsichtsrates, wobei Vorratsbeschlüsse unzulässig sind (§ 42b Abs 1 Satz 1 und 2 BWG). **15**

Der **Begriff des Vorratsbeschlusses**[20] ist weder im BWG noch im AktG definiert (vgl auch *Briem* Rz 12/89 ff); unter Vorratsbeschlüssen werden Entscheidungen verstanden, durch die der Aufsichtsrat zu zustimmungspflichtigen Geschäften, die noch nicht aktuell sind und die zugleich wegen ihrer Komplexität bzw wegen der mangelnden Information noch nicht vollständig konkretisiert sind, bereits seine Genehmigung erteilt.[21] Die aktienrechtlich gezogenen Grenzen lassen sich dahingehend umschreiben, dass das Vorhaben seiner Art nicht (nicht im Einzelnen) schon konkretisiert sein muss und die maßgeblichen (nicht alle) Entscheidungsgrundlagen vorliegen müssen.[22] **16**

20 Vgl dazu ausführlich *Jud*, ÖBA 1993, 773 ff.

21 Vgl die Nachweise bei *Kalss* in Doralt/Nowotny/Kalss, AktG § 95 Rz 98.

22 *Kalss* in Doralt/Nowotny/Kalss, AktG § 95 Rz 98 mit exemplarischer Anführung der Absegnung eines gesamten Investitionsvorhabens bzw Finanz- oder Personalplans (Rahmenvorhabens), wodurch die Zustimmung zu den davon gedeckten Einzelschritten entbehrlich werde.

17 **Rahmenbeschluss**: Bei Kreditentscheidungen ist aufgrund des Verbots von Vorratsbeschlüssen die Abgrenzung zu Rahmenbeschlüssen von Interesse; die **FMA** hat sich dazu in einem **Rundschreiben** geäußert.[23] Der Aufsichtsrat bzw das zuständige Aufsichtsorgan kann der Geschäftsleitung zulässigerweise für bestimmte Kunden ein Pouvoir einräumen („Rahmenbeschluss").[24] Nach Auffassung der FMA müssen dem Aufsichtsrat auch im Vorfeld eines solchen Rahmenbeschlusses zur Einschätzung des entstehenden Risikos grundsätzlich Informationen über den Namen des Kunden, Höhe und Laufzeit der geplanten Risikoposition, die Bonität des Kunden sowie Art und Wert von Sicherheiten sowie den Blankoanteil zur Verfügung gestellt werden, wobei auch nur Mindesterfordernisse (maximale Höhe der Risikoposition, Minimum an Sicherheiten) vorliegen können. Jedenfalls kann nach Sicht der FMA der Zeitpunkt der Kreditgewährung offen bleiben, wobei grundsätzlich ein Zeitraum von nicht mehr als sechs Monaten empfohlen wird.[25] Bezieht sich der Rahmenbeschluss auf eine Gruppe verbundener Kunden und ist der Name des konkreten Kunden dem Kreditinstitut noch nicht bekannt, so kann die Angabe des Kunden zunächst unterbleiben.[26]

18 Die **Abgrenzung** des Rahmenbeschlusses vom Vorratsbeschluss wird von der FMA unter Zitierung einer Auslegung des BMF vorgenommen;[27] Vorratsbeschlüsse liegen demgemäß vor, „*wenn die Zustimmung des Aufsichtsrates für bestimmte Kreditgeschäfte oder Arten von Kreditgeschäften im Voraus erteilt wird, ohne dass dann auch tatsächlich die konkrete Absicht auf Abschluss einer entsprechenden Kredit(Rahmen)vereinbarung mit den einzelnen Kreditnehmern besteht.*" Übersetzt in die CRR-Terminologie ist daher auf die Zustimmung des Aufsichtsrates für bestimmte Risikopositionen oder Arten von Risikopositionen im Voraus abzustellen.[28] Der Unterschied zwischen Vorratsbeschlüssen und Rahmenbeschlüssen besteht nach Auffassung der FMA konkret darin, dass der Rahmenbeschluss – im Gegensatz zum Vorratsbeschluss – sämtliche in Pkt II. 4. des Rundschreibens genannte Angaben enthält, die als Zustimmungsgrundlagen dem Aufsichtsrat zur Beschlussfassung vorliegen müssen. Auf die formale Bezeichnung als Rahmenbeschluss kommt es demnach nicht an.[29] Eine Umgehung des Verbots von Vorratsbeschlüssen durch Erteilung eines generellen Überziehungspouvoirs an die Geschäftsleiter beispielsweise im Rahmen der Geschäftsordnung wird ausdrücklich als unzulässig angesehen.[30]

19 Die **„konkrete Absicht"** auf Abschluss eines Kreditvertrages bzw einer Kreditrahmenvereinbarung erscheint aus der Perspektive des Aufsichtsrates isoliert betrachtet als Abgrenzungskriterium tatsächlich nur bedingt geeignet; es erscheint lebensfremd, dass ein Aufsichtsrat Genehmigungsbeschlüsse für ein Kreditenga-

---

[23] Rundschreiben der FMA zu § 28b BWG idgF: Zulässigkeit von Rahmenbeschlüssen und Berichterstattung an das zuständige Aufsichtsorgan, abrufbar unter www.fma.gv.at

[24] Vgl Pkt. IV 1. des FMA-Rundschreibens.

[25] Pkt. IV 1. des FMA-Rundschreibens.

[26] Pkt. IV. 2. des FMA-Rundschreibens.

[27] Pkt. VI. 1. des FMA-Rundschreibens.

[28] Pkt. VI. 4. des FMA-Rundschreibens.

[29] Pkt. VII. 2. des FMA-Rundschreibens.

[30] Pkt. VI. 5. des FMA-Rundschreibens.

gement verabschieden würde, bei dem ihm selbst oder der Geschäftsleitung die Kreditgewährungsabsicht von vornherein fehlt. Dann wäre auch der Zweck einer derartigen Beschlussfassung schwer nachzuvollziehen; Kreditgenehmigungen würden dann gleichsam „auf Verdacht“ erfolgen, was eine Befassung des Aufsichtsrats jedoch nicht rechtfertigt.

Für die **Aufsichtsratspraxis** empfiehlt sich eine Abgrenzung nach dem Kon- 20
kretisierungsgrad der Entscheidungsgrundlagen; sind Kundenname, Höhe und Laufzeit des Kredites, Kundenbonität und Sicherheitenbewertung zumindest mit Maximalwerten (bei der Risikoposition) bzw Minimalwerten (bei den Sicherheiten) umrissen bzw antragsgegenständlich, liegt kein unzulässiger Vorratsbeschluss vor. Mangelt es hingegen etwa an einer Beschlussfassung zur Frage, ob überhaupt Sicherheiten einverlangt werden oder aber ein Blankokredit gegeben werden soll(en), wäre der Konkretisierungsgrad derart abgemindert, dass der Geschäftsleitung ein über den Begriff des Rahmenbeschlusses hinausgehendes Entscheidungsermessen eingeräumt würde. Gleiches gilt für den Fall, dass zB zwar die Höhe des Kredits außer Zweifel steht, jedoch im Aufsichtsratsbeschluss die Kreditlaufzeit unberücksichtigt bleibt, weil es an diesbezüglichen Angaben im Antrag mangelt.

Bedingungen – Vorratsbeschluss: Der Aufsichtsrat hat zur Vermeidung eines 21
unzulässigen Vorratsbeschlusses aber auch die Möglichkeit, fehlende Entscheidungsgrundlagen durch eine Bedingung zu ersetzen, deren Eintritt Voraussetzung für die Ermächtigung des Vorstands zur Durchführung des geplanten Geschäfts ist.[31] Ein Anwendungsbeispiel wäre die Genehmigung eines Großkreditengagements durch den Aufsichtsrat, obwohl noch nicht feststeht, ob seitens des Kreditnehmers tatsächlich ausreichende Sicherheiten beigebracht werden können; setzt der Aufsichtsrat in seinem Beschluss die Bedingung, dass der Vorstand vor Durchführung des Geschäfts für die Hereinnahme von Sicherheiten in bestimmter Qualität zu sorgen hat, liegt kein unzulässiger Vorratsbeschluss vor.[32]

V. Aufsichtsrat und Kreditvergabeprozess

A. Aufgabenabgrenzung

Das **einzelne Aufsichtsratsmitglied** ist im Lichte der gesellschaftsrechtlichen 22
Konzeption der Aufsichtsratsaufgaben nicht gehalten, die Vorarbeiten, die für eine Kreditentscheidung erforderlich sind, im Einzelnen nachzuprüfen oder gar selbst in die Wege zu leiten; die Bonitätsprüfung von Kreditnehmern, die Kalkulation erforderlicher Sicherheiten sowie die Konditionenberechnung – sohin das gesamte Mengengerüst einer Kreditentscheidung – fallen in die Zuständigkeit der jeweiligen Geschäftsbereiche und unterliegen damit der Verantwortung der Geschäftsleitung des Kreditinstituts. Die Aufgabe des Aufsichtsrats bei Kreditentscheidungen – seien es Großkredite iS der CRR oder ansonsten genehmigungspflichtige Kre-

31 *Jud*, ÖBA 1993, 778 f.

32 Vgl zu dieser Beispielskonstellation auch *Jud*, ÖBA 1993, 779, der den hohen qualitativen Anspruch an den Entscheidungsprozess des Aufsichtsrats dann als gewahrt ansieht: „*Das Versehen des Zustimmungsbeschlusses mit dieser aufschiebenden Bedingung macht aus dem Beschluss des Aufsichtsrats somit keinen Vorratsbeschluss*“.

ditgeschäfte – besteht im Kern vielmehr darin, eine Plausibilitätsprüfung im Licht der rechtlichen und bankbetriebswirtschaftlichen Rahmenbedingungen vorzunehmen; Kredite, die etwa nach Gesetz bzw Satzung von vornherein nicht gegeben werden dürfen, sind selbstverständlich auch nicht zu genehmigen.

23 Diese **Plausibilitätsanalyse** wird insbesondere bei einem nach Grundsätzen der Diversität zusammengesetzten Aufsichtsrat nicht jedem Aufsichtsratsmitglied in gleicher Weise bzw mit gleichem Aufwand möglich sein; im Hinblick auf die Kenntnisse und Erfahrungen, die bei Aufsichtsratsmitgliedern iS der oben skizzierten fit and proper-Anforderungen vorauszusetzen sind, ist daher auch diesbezüglich keine lineare – für sämtliche Aufsichtsratsmitglieder gleiche – Anforderung zu stellen (vgl Rz 9); wer es etwa in jahrzehntelanger Praxis gewohnt ist, Kreditanträge zu bewerten bzw sanierungsbezogene Entscheidungen zu treffen, wird sich im Hinblick auf die Stärken und Schwächen von Kreditanträgen, die den Aufsichtsrat als Vorlage erreichen, idR rasch ein eigenes Bild machen können; Mitglieder des Aufsichtsrats, deren beruflicher Schwerpunkt in anderen Bereichen – zB im Wertpapiergeschäft oder im Marketing – liegt, sind insofern auf die Vorbereitung bzw Diskussion der Entscheidungsfindung im Aufsichtsrat besonders angewiesen.

B. Die Kreditentscheidung als Risikoentscheidung

24 **Risikomanagement**: Aufsichtsratsmitglieder müssen sich im Klaren sein, dass das Kreditrisikomanagement Teil der Gesamtbanksteuerung ist.[33] Begrifflichkeiten wie jene des Ausfallsrisikos und des Bonitätsrisikos (Gefahr der Bonitätsverschlechterung) stehen im Zentrum der Betrachtung.[34] Auch wenn die anhaltende Diskussion zum strafrechtlichen Tatbestand der Untreue dies mitunter nahelegen könnte[35], gibt es für Kreditinstitute keine Verpflichtung, ausschließlich solche Kreditengagements einzugehen, bei denen das Ausfalls- bzw Bonitätsrisiko bei Null liegt bzw nicht signifikant von Null verschieden ist[36]. Vielmehr lässt sich die Risikosituation bei Kreditvergaben mit dem Begriff der Standardrisikokosten (SRK) illustrieren, die zur Abdeckung des erwarteten Verlusts eines Einzelgeschäfts in die Kreditkonditionen einbezogen werden; die Formel dazu lautet:[37] SRK = PD x EAD x LGD, wobei EAD („*exposure at default*") das zum Ausfallszeitpunkt ausstehende Kreditvolumen bezeichnet, PD („*probability of default*") die prozentuelle Ausfallswahrscheinlichkeit und LGD („*loss given default*") die prozentuelle erwartete Verlustquote zum Ausfallszeitpunkt.

---

[33] *Knippschild/Hromadka/Geidt-Karrenbauer* in Hölscher/Altenhain, Handbuch Aufsichts- und Verwaltungsräte in Kreditinstituten 1049.

[34] *Dür/Dürrschmid*, Der Aufsichtsrat im Kreditinstitut 105 sprechen der Bonität bzw dem Rating eines Kreditnehmers entscheidende Bedeutung für die Genehmigung einer Finanzierung zu.

[35] Zum Verhältnis aufsichtsrechtlicher Pflichten einerseits und strafrechtlicher Pflichtwidrigkeit andererseits *Wittig* in Kempf/Lüderssen/Volk, Ökonomie versus Recht im Finanzmarkt? 84.

[36] Ähnlich *Chini* in Hinterhofer, Praxishandbuch Untreue 167.

[37] Vgl *Knippschild/Hromadka/Geidt-Karrenbauer* in Hölscher/Altenhain, Handbuch Aufsichts- und Verwaltungsräte in Kreditinstituten 1051.

25 Der **Bonitätsbeurteilungsprozess**, der der Aufsichtsratsentscheidung vorgelagert ist und dementsprechend von der Geschäftsleitung des Kreditinstituts verantwortet wird, folgt standardisierten Modellen, bei denen quantitative Faktoren (Kennzahlen iS von *hard facts*) mit qualitativen Faktoren (Management, Organisation, Rechnungswesen, Markt, Firmensituation etc.; *soft facts*) kombiniert und um Warnhinweise (zB Abgabensituation, Zahlungsstörungen, Mahnungen, Klagen, Exekutionen usw) und Kontodaten ergänzt werden.[38] Das „maschinelle Ratingergebnis" wird einer Plausibilisierung durch den (Kredit)Analysten unterzogen, um sicherzustellen, dass sämtliche bonitätsrelevanten Informationen berücksichtigt werden; demnach kann das „maschinelle Rating" auch durch einen *override* angepasst werden.[39]

26 Die **Risikoentscheidung** ist daher nicht jene, ein riskantes Geschäft jedenfalls zu unterlassen, sondern jene, das für das Kreditinstitut im Einzelfall zumutbare Risiko zu determinieren; dementsprechend wird es als geschäftspolitisches Ziel jedes Kreditinstituts definiert, „eine optimale Verteilung des ihm zur Verfügung stehenden Kapitals auf seine Geschäftsbereiche bzw Segmente zu erreichen"[40], wobei auf das Verhältnis zwischen Risiko und Ertrag in jedem einzelnen Segment sowie kumuliert in allen Segmenten Bedacht zu nehmen ist. Risiken sind somit transparent zu machen, zumutbare Risiken sind mit einer Risikoprämie auszustatten, die sich in der Konditionierung des Kredits niederschlägt; hier setzt bei Kreditentscheidungen des Aufsichtsrats die Notwendigkeit einer Plausibilitätsprüfung bzw Rückfrage an die Geschäftsleitung des Instituts ein. Werden etwa in einem Kreditantrag Sicherheiten nur kursorisch ohne hinreichende Darstellung ihrer Werthaltigkeit bzw Verwertbarkeit erwähnt, wäre dies etwa Anlass für konkrete Rückfragen.

27 **Business Judgement Rule**: Bereits nach der Judikatur zur bisherigen Rechtslage verfügt der Aufsichtsrat einer AG[41] bzw einer GmbH[42] über einen Ermessensspielraum. Die Haftungsbestimmungen des GmbHG (§ 25) und des AktG (§ 84) wurden durch das StrafrechtsänderungsG 2015 (BGBl I 2015/112) jeweils um einen Abs 1a ergänzt, der ab 01.01.2016 die *Business Judgement Rule* regelt[43]. Dasselbe gilt auch für Genossenschaften und Sparkassen, selbst wenn eine explizite Regelung fehlt.[44] Kreditvergabeentscheidungen sind unternehmerische Entscheidungen und sind daher durch unternehmerisches Ermessen geprägt. Dies gilt nicht nur für die Vergabeentscheidung des Vorstands, sondern auch für die Zustimmungsentscheidung des Aufsichtsrats (vgl *Briem* Rz 12/59 ff). Ein Aufsichtsratsmitglied handelt daher (iS des Verweises von § 99 auf § 84 AktG) je-

---

[38] *Dür/Dürrschmid*, Der Aufsichtsrat im Kreditinstitut 106.

[39] Dazu *Knippschild/Hromadka/Geidt-Karrenbauer* in Hölscher/Altenhain, Handbuch Aufsichts- und Verwaltungsräte in Kreditinstituten 1060f mit dem Hinweis, dass ein over-ride immer dann vorzunehmen ist, wenn aktuellere Informationen als diejenigen, die in das maschinelle Ratingergebnis eingeflossen sind, vorliegen.

[40] *Dür/Dürrschmid*, Der Aufsichtsrat im Kreditinstitut 109.

[41] OGH 6 Ob 262/02s; 7 Ob 58/08t.

[42] OGH 1 Ob 144/01k.

[43] *Kalss/Durstberger*, RWZ 2016, 60 ff.

[44] *Kalss/Durstberger*, RWZ 2016, 60.

denfalls sorgfaltsgemäß, „wenn er sich bei einer unternehmerischen Entscheidung nicht von sachfremden Interessen leiten lässt und auf der Grundlage angemessener Information annehmen darf, zum Wohle der Gesellschaft zu handeln“. Diese allgemeine Anforderung gilt auch im Kreditgeschäft, wobei das Aufsichtsrecht den Rahmen vorgibt, was einerseits die Risikobewertung und andererseits die Berücksichtigung von Risiken beim Handeln zum Wohl der Gesellschaft betrifft[45].

28 **Aufsichtsrecht – Justizstrafrecht**: Auch zieht nicht jede Verletzung einer aufsichtsrechtlichen Ordnungsnorm, die für den Kreditvergabeprozess relevant ist, „automatisch“ justizstrafrechtliche Folgen – etwa den Untreuevorwurf – nach sich (vgl *Kert/Komenda* Rz 46/63 und Rz 46/71).[46] Beitragstäterschaft zur Untreue – der Vorstand missbraucht wissentlich seine Befugnis und der Aufsichtsrat erteilt (vorsätzlich) seine Zustimmung zu einem schädigenden Geschäft[47] – setzt sohin das Einverständnis des Aufsichtsrates mit einer qualifizierten Verletzung des § 39 BWG voraus, dh (ohne auf die einschlägige strafrechtliche Judikatur im einzelnen einzugehen) etwa mit einem die Risikotragungsfähigkeit des Kreditinstituts bis hin zur Existenzgefährdung beeinträchtigenden Geschäftsabschluss[48].

29 Dabei **sollten Aufsichtsräten die Grundstrukturen des Kreditgeschäfts vertraut sein**, wie sie sich auch in einzelnen gesetzlichen Regelungen – etwa dem Verbraucherkreditgesetz (VKrG) und dem ABGB – darstellen; jenseits der gesetzlichen Abbildung kreditvertraglicher Strukturen sollte Aufsichtsratsmitgliedern auch der grundsätzliche Unterschied zwischen gängigen Konsum-, Betriebsmittel- und Investitionskrediten einerseits und sog Projektfinanzierungen andererseits bewusst sein; Projektfinanzierungen zeichnen sich durch die Eigenschaft aus, dass sich die finanzierten Vorhaben *„selbst rechnen müssen“*.[49] Mit anderen Worten wird nicht (nur) auf die Bonität des Kreditnehmers, sondern insbesondere auf die erwartete Wirtschaftlichkeit des Vorhabens abgestellt.[50] Die FMA geht in ihren Mindeststandards für das Kreditgeschäft und andere Geschäfte mit Adressenausfallsrisiken vom 13.04.2005 (FMA-MS-K) bei Projektfinanzierungen vom Erfordernis der Sicherstellung im Rahmen der Risikoanalyse aus, dass neben der wirtschaftlichen Betrachtung insbesondere auch die technische Machbarkeit, der Baufortschritt sowie die Mittelverwendung überprüft und die mit dem Objekt/Projekt verbundenen rechtlichen Risiken beurteilt werden.[51]

---

45 Zu diesen Aspekten *Mülbert* in Kempf/Lüderssen/Volk, Ökonomie versus Recht im Finanzmarkt? 90 f.

46 *Wittig* in Kempf/Lüderssen/Volk, Ökonomie versus Recht im Finanzmarkt? 84.

47 Vgl *Stryjak* in Hinterhofer, Praxishandbuch Untreue 85.

48 Zu diesen Aspekten *Chini* in Hinterhofer, Praxishandbuch Untreue 167.

49 So anschaulich *Dür/Dürrschmied*, Der Aufsichtsrat im Kreditinstitut 105.

50 *Dür/Dürrschmied*, Der Aufsichtsrat im Kreditinstitut 111, die das Abstellen auf den erwarteten cash flow hervorheben und richtigerweise festhalten, dass für schlagendwerdende Risiken aus der Finanzierung neben Haftung einer Gesellschaft häufig nur das finanzierte Objekt selbst zur Verfügung steht.

51 Z 46 der FMA-MS-K; Die FMA führt in demonstrativer Aufzählung folgende Punkte an, die im Rahmen der *„wirtschaftlichen Betrachtung“* ins Treffen geführt werden könnten: Projektanalyse, Finanzierungsstruktur, Eigenkapitalquote, Verwertbarkeit, Sicherheitenbewertung, Kalkulation.

Risiko als Bestandteil des Kreditgeschäfts: In jedem Fall gilt: „Ohne Eingehen von Risiken ist kein Kreditgeschäft möglich."[52] Die FMA geht in ihren FMA-MS-K davon aus, dass die Geschäftsleiter für die ordnungsgemäße Umsetzung der Risikostrategie eines Instituts verantwortlich sind.[53] Vorgesehen ist aber auch, dass die Risikostrategie (sowie Änderungen derselben) dem „gesellschaftsrechtlichen Aufsichtsorgan des Kreditinstituts", sohin in der Regel dem Aufsichtsrat, zur Kenntnis gebracht werden.[54] 30

C. Sicherheiten

Werthaltigkeit – Verwertbarkeit: Eine Thematik, mit der sich auch der Aufsichtsrat bei Kreditvergabeentscheidungen auseinanderzusetzen hat, ist das Vorhandensein ausreichender Sicherheiten; die FMA-MS-K sehen vor, dass die Werthaltigkeit und Durchsetzbarkeit von Sicherheiten „grundsätzlich vor jeder Kreditentscheidung" zu beurteilen sei, wobei auf „bereits vorhandene Informationen über die Werthaltigkeit von Sicherheiten zurückgegriffen werden" könne, „sofern keine Anhaltspunkte für Wertveränderungen vorliegen."[55] In der Regel stellen sich bei Kreditanträgen, die dem Aufsichtsrat vorgelegt werden, folgende zentrale Fragen: 31

- Welche Sicherheiten sind überhaupt vorhanden?
- Sind die Sicherheiten werthaltig bzw ist die Werthaltigkeit ausreichend überprüft?
- Ist eine Verwertung bestellter Sicherheiten rechtlich und faktisch – etwa auch den Zugriff auf einen Bürgen betreffend – voraussichtlich auch zu dem Zeitpunkt möglich, in welchem sie uU durchgeführt werden muss?

Die Mitglieder des Aufsichtsrats sind im Sinne der gesellschaftsrechtlich vorgezeichneten Arbeitsteilung unter den Organen eines Kreditinstituts nicht berufen, all diese Fragen selbst zu klären; bei ordnungsgemäßer Einrichtung eines Kreditvergabeprozesses hat bereits der Kreditantrag diesbezüglich aussagekräftige Informationen zu enthalten, sodass sich der Aufsichtsrat ein Bild von den tatsächlichen Kreditrisiken machen kann (vgl *Briem* Rz 12/65 f). 32

Ist der **Kreditantrag** diesbezüglich unplausibel oder unvollständig, hat der Aufsichtsrat auf eine klare Aussage der Geschäftsleitung zu drängen (vgl *Briem* Rz 12/67). Sicherheiten weisen – worauf auch die FMA eingeht[56] – einen speziellen Risikogehalt auf, zu dessen Kriterien die FMA zutreffend die Höhe des Deckungswertes, die rechtliche Durchsetzbarkeit sowie die Verwertbarkeit zählt. 33

Die **Plausibilitätskontrolle** der Sicherheiten bedingt ein Grundverständnis des zivilrechtlich vorgezeichneten Systems der Sicherheitenbestellung; dies be- 34

---

52 *Chini* in Hinterhofer, Praxishandbuch Untreue 161.

53 Vgl Z 15 der FMA-MS-K mit dem zusätzlichen Hinweis, dass die Geschäftsleiter die Risikostrategie gegebenenfalls jährlich überprüfen und anpassen.

54 Ebenso Z 15 der FMA-MS-K.

55 Z 48 der FMA-MS-K, wobei vorsorglich auch darauf hingewiesen wird, dass eine „*automatische Fortschreibung der Werte von Sicherheiten ohne eine explizite Überprüfung*" als „*nicht ausreichend*" zu betrachten sein werde.

56 Vgl Z 52 der FMA-MS-K.

ginnt bei der Unterscheidung zwischen persönlichen Sicherheiten und dinglichen Sicherheiten. [57] Bei persönlichen Sicherheiten wie dem Schuldbeitritt einer weiteren Person (§§ 1347, 1406 Abs 2 ABGB), der Bürgschaft (§§ 1346 ff ABGB) sowie der Garantie oder harten Patronatserklärung[58] ist es erforderlich, die Bonität des jeweiligen Dritten zu überprüfen.[59] Der Aufsichtsrat kann und wird in der Regel nicht in der Lage sein, die Korrektheit der Sicherheitenbewertung, welche von zuständigen Fachabteilungen unter der Verantwortung der Geschäftsleitung vorgenommen wird, im Einzelnen zu überprüfen; im Rahmen der Plausibilitätsprüfung werden sich aber folgende „Kontrollfragen" für den Aufsichtsrat ergeben:

- Wer hat die Bewertung von Sicherheiten konkret vorgenommen?; dies insbesondere bei im Ausland gelegenen Sicherheiten (zB Hypotheken an ausländischen Liegenschaften bzw Geschäftsanteilsverpfändungen)
- Hat man sich dabei zumindest nicht ausschließlich auf Angaben des potenziellen Kreditnehmers verlassen?
- Personalsicherheiten sind mit einem uU nur schwer einschätzbaren Risiko behaftet (zB Insolvenz des Bürgen oder Garanten; zumindest Bonitätsverlust durch Vermögenseinbußen etc). In welchem Ausmaß kann dieses Risiko durch Realsicherheiten aufgefangen/gedämpft werden?
- Die Frage nach der Verwertbarkeit von Sicherheiten ist nicht nur eine rechtliche, sondern auch eine wirtschaftliche; gibt es für die gerichtliche bzw außergerichtliche Verwertung von Vermögensgegenständen überhaupt einen Markt bzw eine Marktpraxis? Insbesondere bei ausländischen Sicherheiten spielt die Möglichkeit der zeitnahen rechtlichen Durchsetzung eine besondere Rolle. Zur diesbezüglichen Absicherung kann sich die Beibringung von Rechtsgutachten („*Legal Opinion*"), die mitunter als Beilage auch Bestandteil von Kreditverträgen sind, empfehlen.[60]

D. Fremdwährungskredite

35 Sollte eine Kreditvergabe in Fremdwährung beantragt sein, hat der Aufsichtsrat sein Augenmerk auch darauf lenken, dass die **FMA-Mindeststandards** zum Risikomanagement und zur Vergabe von Fremdwährungskrediten und Krediten mit Tilgungsträgern („*FMA-FXTT-MS*") vom 02.01.2013 vom Erfordernis einer nachhaltigen Reduktion der bankgeschäftlichen Risiken im Sinne des § 39 Abs 1 und 2 BWG in Bezug auf das Gesamtvolumen von Fremdwährungs- und Tilgungsträgerkrediten an Nichtbanken ausgehen. So ist im Rahmen der Bonitätsprüfung bei Kreditvergabe zu erheben, ob der Kreditnehmer über genügend

[57] Vgl dazu *Böhler* in Apathy/Iro/Koziol, Österreichisches Bankvertragsrecht VIII Rz 1/12.

[58] Dazu *Bollenberger/Kellner* in Apathy/Iro/Koziol, Österreichisches Bankvertragsrecht VIII Rz 4/20 ff.

[59] So auch Z 79 der FMA-MS-K: „*Hängt der Wert einer Sicherheit maßgeblich von den Verhältnissen eines Dritten ab, so wird eine entsprechende Bonitätsprüfung des Dritten durchgeführt.*" Die FMA erwähnt in diesem Kontext in demonstrativer Aufzählung („*insbesondere*") die Fälle der Bürgschaft, der Garantie, einer Patronatserklärung oder eines Schuldbeitritts.

[60] Z 50 der FMA-MS-K sieht vor, dass bei für die Risikoanalyse allenfalls herangezogenen externen Stellen bei diesen die notwendige Sach- und Fachkunde vorhanden sein muss.

Reserven bei Einkommen und/oder Vermögen verfügt, um bei Wechselkursänderungen einen erhöhten Kreditrückzahlungsbetrag auf Finanzierungsbasis in der jeweiligen Heimwährung bedienen und tilgen zu können. Die Anforderungen an zu stellende Sicherheiten haben sich an diesem erhöhten Betrag zu orientieren.[61]

E. Kredite an Mutter- oder Tochtergesellschaften

Gesellschaftsrechtliche Grenzen: Besonderes Augenmerk hat der Aufsichtsrat Kreditentscheidungen zu schenken, bei denen Beteiligungen des Kreditinstituts eine Rolle spielen, sei es eine Beteiligung des Kreditnehmers am Institut oder vice versa: 36

1. Kredit an Tochtergesellschaften: Gefahr des Eigenkapitalersatzes

Krisensituation: Ist das Kreditinstitut am Kreditnehmer beteiligt, erweist sich das Eigenkapitalersatzrecht als möglicherweise zusätzliches Risiko; hier ist – sofern es an einer Klärung im Vorfeld bzw Kreditantrag mangeln sollte – vom Aufsichtsrat konkret nachzufragen: Ein Kredit, den eine Gesellschafterin oder ein Gesellschafter der Gesellschaft in der Krise gewährt, ist Eigenkapital ersetzend (§ 1 EKEG). Nicht unter das EKEG fallen Geldkredite für nicht mehr als 60 Tage, Waren- oder sonstige Kredite für nicht mehr als sechs Monate sowie vor der Krise gewährte Kredite, die verlängert werden oder deren Rückzahlung gestundet wird.[62] Um dem Eigenkapitalersatzrecht zu unterliegen, muss das Kreditinstitut Gesellschafterin des Kreditnehmers (§ 5 EKEG) sein. Qualifizierend ist eine kontrollierende Beteiligung (§ 5 Abs 1 Z 1 EKEG), eine zumindest 25 % Beteiligung (§ 5 Abs 1 Z 2 EKEG) oder ein beherrschender Einfluss (§ 5 Abs 1 Z 3 EKEG). Erwirbt jemand an einer in der Krise befindlichen Gesellschaft eine Beteiligung zum Zweck der Überwindung der Krise, so sind die im Rahmen eines Sanierungskonzepts zu diesem Zweck neu gewährten Kredite jedoch nicht Eigenkapital ersetzend (§ 13 EKEG). 37

Die **Rückzahlungssperre** des § 14 EKEG bewirkt, dass ein Gesellschafter einen Eigenkapital ersetzenden Kredit samt den darauf entfallenden Zinsen nicht zurückfordern darf, so lange die Gesellschaft nicht saniert ist und, wenn das Insolvenzverfahren nach einem bestätigten Sanierungsplan aufgehoben ist, soweit der Rückzahlungsanspruch die Sanierungsplanquote übersteigt. 38

Im **Innenverhältnis zwischen Kreditnehmer und Sicherungsgeber** ist überdies die Regelung Eigenkapital ersetzender Gesellschaftersicherheiten (§ 15 EKEG) von Bedeutung; der Regressanspruch des Sicherungsgebers (Gesellschafter des Kreditnehmers) ist bis zur Sanierung der kreditnehmenden Gesellschaft gesperrt: Der kreditgewährende Dritte kann sich bis zur Sanierung trotz entgegenstehender Vereinbarung wegen der Rückzahlung des Kredits aus der Sicherheit befriedigen, ohne zuerst gegen die Gesellschaft vorgehen zu müssen (§ 15 Abs 1 39

[61] Z 11 der FMA-FXTT-MS.

[62] Es geht sohin um das „*Stehenlassen*" von vor der Krise gewährten Krediten sowie die Stundung der Rückzahlung; vgl *Bollenberger* in Apathy/Iro/Koziol, Österreichisches Bankvertragsrecht IV Rz 1/501.

S 1 EKEG). Bezahlt der Gesellschafter die fremde Schuld, so kann er gegen die Gesellschaft nicht Regress nehmen, so lange diese nicht saniert ist und, wenn das Insolvenzverfahren nach einem bestätigten Sanierungsplan aufgehoben ist, soweit der Regressanspruch die Sanierungsplanquote übersteigt.[63] Fordert der kreditgewährende Dritte von der Gesellschaft die Rückzahlung des Kredits, so kann die Gesellschaft vor ihrer Sanierung vom Gesellschafter Zahlung an den Dritten verlangen, soweit die von ihm geleistete Sicherheit reicht (§ 15 Abs 2 EKEG). Vor der Sanierung der Gesellschaft kann der Dritte die Rückzahlung des vom Gesellschafter besicherten Kredits von der Gesellschaft (Kreditnehmer) nur insoweit verlangen, als er bei der Inanspruchnahme der Sicherheit einen Ausfall erlitten hat oder hätte, wenn er die Krise im Zeitpunkt der Gewährung des Kredits kannte (§ 16 Z 1 EKEG) oder nach dem veröffentlichten oder dem ihm sonst bei Kreditgewährung bekannten Jahres- oder Zwischenabschluss die Eigenmittelquote weniger als 8 % und die fiktive Schuldentilgungsdauer mehr als 15 Jahre betragen haben (§ 16 Z 2 EKEG).

2. Kredit an Muttergesellschaften: Gefahr der Einlagenrückgewähr

40 Umgekehrt – bei Finanzierungen, die seitens einer Tochterbank an eine Muttergesellschaft gewährt werden sollen – ist der Aufsichtsrat der kreditgewährenden Bank gehalten, auf die Vermeidung der Verletzung des Verbotes der Einlagenrückgewähr hinzuwirken: Sämtliche Leistungen aus dem Gesellschaftsvermögen an die Gesellschafter, die zu einer Minderung des als Eigenkapital gebundenen Gesellschaftsvermögens führen, sind unzulässig, sofern es sich dabei nicht um eine zulässige Gewinnausschüttung, eine gesetzlich ausdrücklich zugelassene Ausnahme oder ein drittvergleichsfähiges Rechtsgeschäft handelt (§ 52 AktG). Zu den Fallgruppen der verdeckten Einlagenrückgewähr zählen insbesondere auch zinslose oder besonders günstige Darlehen der Gesellschaft an einen Gesellschafter.[64] Liegt zwischen der Leistung des Aktionärs und der Gegenleistung der Gesellschaft ein Missverhältnis zu Lasten der Gesellschaft vor, indiziert dies regelmäßig eine die verbotene Einlagenrückgewähr begründende Sorgfaltspflichtverletzung.[65] Zu fragen ist aber nicht nur, ob die Bedingungen eines Rechtsgeschäfts angemessen sind, sondern auch, ob die Gesellschaft ein derartiges Geschäft überhaupt abgeschlossen hätte[66]. So könnte eine für sich betrachtet nicht zu beanstandende Kreditvergabe zu drittvergleichsfähigen Konditionen im konkreten Fall unzulässig sein, weil die Eingehung dieses zusätzlichen Kreditrisikos im Lichte des bisherigen Kreditportfolios zu einer Unausgewogenheit führt[67] und von einem sorgfältigen Bankvorstand daher unterlassen worden wäre.

---

63 Dennoch geleistete Zahlungen oder eine anderweitig erlangte Befriedigung hat der Gesellschafter an die Gesellschafter rückzuerstatten (§ 15 Abs 1 Satz 3 EKEG).

64 Vgl *Artmann* in Jabornegg/Strasser, AktG § 52 Rz 16.

65 Vgl *Kalss* in Kalss/Nowotny/Schauer, Österreichisches Gesellschaftsrecht Rz 3/871; *Doralt/Winner* in MünchKomm AktG[4] § 57 Rz 362, zum GmbH-Recht *Köppl* in U. Torggler, GmbHG § 82 Rz 19 f.

66 *Doralt/Winner* in MünchKomm AktG[4] § 57 Rz 361.

67 Zu diesem Aspekt *Chini* in Hinterhofer, Praxishandbuch Untreue 168.

Der **Aufsichtsrat** hat sich daher zu vergewissern, dass bei der Konditionierung eines derartigen Kredits ein **Drittvergleich** angestellt wurde: Zu fragen ist, ob das Institut mit einem Dritten (Nichtaktionär) das Rechtsgeschäft – den Kreditvertrag – zu denselben Bedingungen geschlossen hätte.[68] 41

Aufsichtsrechtliche Grenzen: Parallel zum Verbot der Einlagenrückgewähr hat das kreditgewährende Institut – und auch dessen Aufsichtsrat – darauf zu achten, dass durch eine derartige Kreditvergabe keine (direkte oder indirekte) Finanzierung des **Kernkapitals** eintritt, welche zu Abzügen führen könnte: Nach der CRR zählen Kapitalinstrumente zu den Instrumenten des harten Kernkapitals, wenn eine Reihe von Bedingungen ausnahmslos erfüllt sind (Art 28 Abs 1 CRR); Art 28 Abs 1 lit b CRR sieht die Bedingung vor, dass diese Instrumente eingezahlt sind und ihr Kauf „*weder direkt noch direkt durch das Institut finanziert*" wird.[69] 42

Finanzierung des Kernkapitals: Fraglich ist, wann eine derartige (direkte oder indirekte) Finanzierung des Kernkapitals vorliegt. Nach der Verordnung (EU) Nr. 241/2014[70] zählen zur „*direkten Finanzierung*" auch Finanzierungen, die für andere Zwecke als den Erwerb von Kapitalinstrumenten eines Instituts natürlichen oder juristischen Personen gewährt werden, die eine qualifizierte Beteiligung am Kreditinstitut halten oder als nahe stehende Unternehmen oder Personen gelten.[71] Um dem Vorwurf einer direkten Finanzierung zu entgehen, muss das Institut nachweisen, dass folgende Bedingungen kumulativ erfüllt sind: 43

- Die Transaktion wird zu vergleichbaren Bedingungen wie andere Transaktionen mit Dritten durchgeführt.
- Die betreffende natürliche oder juristische Person bzw das betreffende nahestehende Unternehmen oder die betreffende nahestehende Person ist nicht auf Ausschüttungen oder die Veräußerung der gehaltenen Kapitalinstrumente angewiesen, um Zinszahlungen zu leisten und die Finanzierung zurückzuzahlen.

Nachfragepflicht: Daher sollte sich der Aufsichtsrat bei der Genehmigung von Finanzierungsentscheidungen im Hinblick auf Muttergesellschaften beim Vorstand vergewissern, dass die skizzierten Kriterien überprüft und berücksichtigt wurden; diese aufsichtsrechtliche Vorgabe geht – mangels notwendiger Anknüpfung an einem konkreten Beteiligungserwerb – über die Einschränkungen der Finanzierung des Erwerbs von Aktien der Gesellschaft hinaus, wie sie in § 66a AktG normiert sind: Nach dieser Bestimmung ist die wirtschaftliche Unterstüt- 44

---

[68] *Artmann* in Jabornegg/Strasser, AktG § 52 Rz 11.

[69] Bereits Pkt 34 der CEBS Guidelines zu Art 57 lit a der Richtlinie 2006/48/EG sah vor, dass Kapital, dessen Zeichnung oder späterer Erwerb vom Kreditinstitut selbst finanziert wird, nicht als Eigenmittel anrechenbar sein soll; vgl *Dellinger/Burger/Puhm* in Dellinger, BWG § 23 Rz 133; die zitierten Autoren weisen darauf hin, dass die FMA insoweit gegenüber CEBS keine Information über die Nichtanwendung abgegeben hatte. Dies geschah möglicherweise im Vertrauen darauf, dass das Gesellschaftsrecht solche Finanzierungen ohnehin verbietet.

[70] Delegierte Verordnung (EU) Nr. 241/2014 der Kommission vom 07.01.2014 zur Ergänzung der Verordnung (EU) Nr. 575/2013 des Europäischen Parlaments und des Rates im Hinblick auf technische Regulierungsstandards für die Eigenmittelanforderungen an Institute (ABl Nr. L 74/8 vom 14.03.2014).

[71] Dabei wird auf die Definition nach Abs 9 des Internationalen Rechnungslegungsstandards 24 „*Angaben über Beziehung zu nahestehenden Unternehmen und Personen*" verwiesen.

zung des Erwerbs von Aktien der Gesellschaft oder eines Mutterunternehmens in der Form eines Vorschusses (Darlehens oder einer Sicherheitsleistung) durch die Gesellschaft unzulässig. Die Norm richtet sich gegen die Heranziehung des Gesellschaftsvermögens zur Erwerbsfinanzierung außerhalb des Rahmens der Gewinnausschüttung.[72] Rechtsgeschäfte im Rahmen des gewöhnlichen Betriebs von Kreditinstituten dürfen jedoch durchgeführt werden (§ 66a S 2 AktG). Kreditinstitute dürfen derartige Finanzierungsgeschäfte jedoch nur durchführen, wenn sie beim hypothetisch angenommenen eigenen Erwerb der Aktien die nach § 255 Abs 5 UGB vorgesehene Rücklage bilden könnten, ohne dass das Nettoaktivvermögen der Gesellschaft das Grundkapital sowie die gebundenen Rücklagen unterschreiten würde.[73]

F. Organkredite

45 Eine besondere Zuständigkeit kommt dem Aufsichtsrat bei sog **Organgeschäften** zu; mit dem in § 28 Abs 1 BWG genannten Personenkreis – es handelt sich um Geschäftsleiter, Vorstandsmitglieder (bei Genossenschaften), Aufsichtsratsmitglieder, gesetzliche Vertreter und leitende Angestellte im beherrschten/herrschenden Unternehmen sowie Angehörige[74] sowie Dritte, die für Rechnung einer der genannten Personen handeln – darf ein Kreditinstitut Rechtsgeschäfte direkt oder indirekt nur aufgrund eines einstimmigen Beschlusses aller Geschäftsleiter und mit Zustimmung des Aufsichtsrates (oder des sonst nach Gesetz oder Satzung zuständigen Aufsichtsorgans) abschließen. Bei Arbeitnehmern des Kreditinstituts, deren Ehegatten und minderjährigen Kindern ist eine Zustimmung des Aufsichtsrats (oder des sonst nach Gesetz oder Satzung zuständigen Aufsichtsorgans) nur für Kredite und Vorschüsse erforderlich.

46 Für die **Kreditgewährung einer Aktiengesellschaft an Vorstandsmitglieder und leitende Angestellte** sieht das Aktienrecht grundsätzlich ebenso eine Aufsichtsratszuständigkeit vor (§ 80 Abs 1 AktG).[75] Leitende Angestellte sind nach der Legaldefinition des § 80 Abs 1 Satz 2 AktG die Geschäftsführer und Betriebsleiter, die zur selbstständigen Einstellung oder Entlassung der übrigen im Betrieb oder in der Betriebsabteilung Beschäftigten berechtigt sind oder denen Prokura oder Generalvollmacht erteilt ist.[76] Ebenso dürfen Kredite an gesetzliche Vertreter oder leitende Angestellte eines abhängigen oder herrschenden Unternehmens nur mit ausdrücklicher Zustimmung des Aufsichtsrats des herrschenden Unternehmens gewährt werden (§ 80 Abs 1 Satz 3 AktG). Ausschließlich der Aufsichtsrat ist befugt, die Gesellschaft bei der Vornahme von Rechtsgeschäften mit den Vorstandsmitgliedern zu vertreten (§ 97 AktG).[77] Das Verhältnis von § 80 und § 97

---

72 *Kalss* in Doralt/Nowotny/Kalss, AktG § 66a Rz 1.

73 *Kalss* in Doralt/Nowotny/Kalss, AktG § 66a Rz 14.

74 Ehegatten, Lebensgefährten iS von § 72 Abs 2 StGB, Kinder, Wahl- und Pflegekinder einer der in § 28 Abs 1 Z 1 bis 4 genannten Personen, hinsichtlich § 28 Abs 1 Z 4 BWG jedoch nur gesetzliche Vertreter (§ 28 Abs 1 Z 5 BWG).

75 Kredite, die ein Monatsgehalt nicht übersteigen, fallen nicht unter das Regelungsregime des § 80 Abs 1 AktG (§ 80 Abs 2 AktG).

76 Näher dazu etwa *Nowotny* in Doralt/Nowotny/Kalss, AktG § 80 Rz 4.

77 Der Aufsichtsrat ist nicht nur berechtigt, sondern auch verpflichtet, von seiner Vertretungs-

AktG[78] wird nach zutreffender Auffassung iS einer Überlagerung des weiter gefassten Tatbestandes des § 80 AktG durch § 97 AktG gelöst; die bloße Zustimmungspflicht des Aufsichtsrats wird daher durch die besondere Vertretungsregelung des § 97 AktG verdrängt.[79]

BWG – AktG: Nach hM wird darüber hinaus davon ausgegangen, dass § 80 AktG für Bankaktiengesellschaften durch § 28 BWG ohnehin vollständig verdrängt wird und daher auch dort nicht eingreift, wo er die strengere Vorschrift darstellen würde.[80] Kreditgewährungen einer Bankaktiengesellschaft an Angehörige des in § 28 Abs 1 BWG genannten Personenkreises haben daher nach dem Regime des § 28 BWG zu erfolgen; handelt es sich um Kredite und Vorstandsmitglieder, greift die Regelung des § 97 AktG ein, wonach die Gesellschaft durch den Aufsichtsrat vertreten wird. **47**

Indirekte Geschäfte: Nachdem § 28 Abs 1 BWG festlegt, dass auch der indirekte Abschluss von Rechtsgeschäften erfasst ist, darf die Organgeschäftsregelung nicht etwa durch Zwischenschaltung eines Dritten (zB Erteilung eines Kreditauftrages an ein anderes Kreditinstitut) übergangen werden.[81] **48**

Vertragsänderung: Heikel sind jene Fälle, in denen bei Organgeschäften Vertragsänderungen stattfinden sollen, die den Leistungsgegenstand verändern. Vom Erfordernis einer neuen Beschlussfassung über das Organgeschäft bzw dessen Änderung ist dann auszugehen.[82] Bei Prolongationen wird vertreten, dass eine den Wert der gegenseitigen Leistungen beeinflussende Änderung der Vertragsbedingungen (zB befristete Tilgungsfreistellungen, Verzicht auf die Hereinnahme von oder bereits gewährte Sicherheiten) ein neuerliches Genehmigungserfordernis auslöst, während dies bei einer bloßen Veränderung (Verschlechterung) der Bonität des Vertragspartners bzw Kreditnehmers nicht der Fall ist (*Kalss* Rz 11/45).[83] **49**

Vorratsbeschlüsse: Anders als im Recht der Großkredite besteht bei Organgeschäften in eingeschränktem Ausmaß die Möglichkeit der Fassung von Vorratsbeschlüssen: Die Zustimmung für bestimmte Rechtsgeschäfte oder Arten von Rechtsgeschäften kann für ein Jahr im Voraus erteilt werden (§ 28 Abs 4 Satz 1 BWG). Dem Aufsichtsrat ist über jedes dieser Rechtsgeschäfte sowie jeden dieser Kredite und Vorschüsse mindestens einmal jährlich zu berichten (§ 28 Abs 4 Satz 2 BWG).[84] **50**

---

befugnis nach pflichtgemäßem Ermessen Gebrauch zu machen: *Kalss* in Doralt/Nowotny/Kalss, AktG § 97 Rz 5.

78 Zu den Anwendungsproblemen vgl etwa *Stryjak* in Hinterhofer, Praxishandbuch Untreue 93.

79 *Kalss* in Doralt/Nowotny/Kalss, AktG § 97 Rz 12.

80 Vgl die Beschränkung der Vorauszustimmungsmöglichkeit mit drei Monaten nach § 80 Abs 1 AktG, während § 28 Abs 4 BWG eine Jahresfrist zulässt sowie die aktienrechtliche Freigrenze von einem Monatsgehalt (§ 80 Abs 2 AktG), während § 28 Abs 2 BWG auf ein Vierteljahresgehalt abstellt: Dazu *Dellinger/Puhm* in Dellinger, BWG § 28 Rz 6.

81 Vgl *Bittner* in Zakostelsky/Lucius, Die BWG-Novellen 64.

82 Vgl *Diwok* in Diwok/Göth, BWG § 28 Rz 32.

83 *Diwok* in Diwok/Göth, BWG § 28 Rz 32.

84 Die Möglichkeit, über Rechtsgeschäfte mit leitenden Angestellten sowie deren Angehörigen und über Kredite und Vorschüsse an Arbeitnehmer in *„aggregierter Form"* zu berichten (§ 28 Abs 4 Satz 3 BWG), stellt eine Verwaltungsvereinfachung dar (*Bittner* in Zakostelsky/

G. Sondergesetzliche Beschränkungen

51 **Zweck**: Im Kontext mit institutioneller Vermögensveranlagung sind im Spezialbankbereich teilweise Verbote der Kreditaufnahme und der Kreditgewährung vorgesehen; sowohl bei Verwaltungsgesellschaften nach dem InvFG (§ 6 Abs 2 Z 3 InvFG) als auch bei Kapitalanlagegesellschaften für Immobilien nach dem ImmoInvFG (§ 2 Abs 5 ImmoInvFG) ist die Einrichtung eines Aufsichtsrats obligatorisch, sodass die Einhaltung der speziellen kreditbezogenen Regelungen auch unter die Überwachungspflicht des Aufsichtsrates fällt[85].

52 So darf eine **Verwaltungsgesellschaft oder Depotbank** nach dem **InvFG** auf Rechnung des Fondsvermögens grundsätzlich keinen Kredit aufnehmen (§ 80 Abs 1 InvFG). Eine Ausnahme dieses Grundsatzes besteht, sofern die Fondsbestimmungen die Möglichkeit einer Kreditaufnahme vorsehen, derartige Kredite nur vorübergehend aufgenommen werden und sich die Kreditaufnahme auf nicht mehr als 10% des Wertes des Fondsvermögens beläuft (§ 80 Abs 1 InvFG).[86] Umgekehrt darf eine Verwaltungsgesellschaft oder Depotbank auf Rechnung des Fondsvermögens weder Kredite gewähren noch Verpflichtungen aus einem Bürgschafts- oder Garantievertrag eingehen (§ 80 Abs 3 InvFG).[87]

53 **Kapitalanlagegesellschaften für Immobilien** dürfen für Rechnung eines Immobilienfonds kurzfristige Kredite bis zur Höhe von 20%, bei Immobilienspezialfonds bis zur Höhe von 40%, des Fondsvermögens aufnehmen, wenn die Fondsbestimmungen dies vorsehen (§ 4 Abs 3 ImmoInvFG). Auch Kapitalanlagegesellschaften für Immobilien dürfen – parallel zur investmentfondsgesetzlichen Regelung – für Rechnung eines Immobilienfonds weder Gelddarlehen gewähren noch Verpflichtungen aus einem Bürgschafts- oder einem Garantievertrag eingehen (§ 4 Abs 1 ImmoInvFG).[88]

Lucius, Die BWG-Novellen 67). Auf Wunsch eines Mitglieds des Aufsichtsrats ist jedoch über einzelne Rechtsgeschäfte, Kredite und Vorschüsse Auskunft zu erteilen.

85 Allgemein zur Kotrollfunktion des Aufsichtsrats bei Verwaltungsgesellschaften nach dem InvFG *Kalss* in Macher/Buchberger/Kalss/Oppitz, InvFG § 14 Rz 25 ff.

86 Zum relevanten Kreditbegriff vgl *Oppitz* in Macher/Buchberger/Kalss/Oppitz, InvFG § 80 Rz 6.

87 Das Verbot umfasst im Hinblick auf Bürgschaftsverträge sämtliche Bürgschaftsarten, auch die gesetzlich nicht näher geregelte Ausfallsbürgschaft: *Oppitz* in Macher/Buchberger/Kalss/Oppitz, InvFG § 80 Rz 13.

88 § 24 ImmoInvFG bleibt allerdings unberührt; nach dieser Vorschrift darf die Kapitalanlagegesellschaft für Immobilien einer Grundstücks-Gesellschaft für Rechnung des Immobilienfonds ein Darlehen nur gewähren, wenn sie an der Grundstücks-Gesellschaft für Rechnung des Immobilienfonds beteiligt ist, die Darlehensbedingungen marktgerecht sind, das Darlehen ausreichend besichert ist und bei einer Veräußerung der Beteiligung die Rückzahlung des Darlehens innerhalb von sechs Monaten nach der Veräußerung vereinbart ist. Die Kapitalanlagegesellschaft für Immobilien hat sicherzustellen, dass die Summe der für Rechnung des Immobilienfonds einer Grundstücks-Gesellschaft insgesamt gewährten Darlehen 50% des Wertes der von der Grundstücks-Gesellschaft gehaltenen Grundstücke nicht übersteigt. Die Kapitalanlagegesellschaft für Immobilien hat sicherzustellen, dass die Summe der für Rechnung des Immobilienfonds den Grundstücks-Gesellschaften insgesamt gewährten Darlehen 25% des Wertes des Immobilienfonds nicht übersteigt. Grundstücks-Gesellschaften sind in § 23 Abs 1 ImmoInvFG definiert.

Die Kreditaufnahme und die Belastung von Vermögenswerten, die nach den Veranlagungsvorschriften (§ 21 ImmoInvFG) für einen Immobilienfonds erworben werden dürfen, sowie die Abtretung und Belastung von Forderungen aus Rechtsverhältnissen, die sich auf die entsprechenden Vermögensgegenstände beziehen, ist grundsätzlich[89] zulässig, wenn dies in den Fondsbestimmungen vorgesehen und im Rahmen einer ordnungsgemäßen Wirtschaftsführung geboten ist und wenn die Depotbank der Kreditaufnahme und der Belastung zustimmt, weil sie die Bedingungen, unter denen die Kreditaufnahme und die Belastung erfolgen sollen, für marktüblich erachtet. Diese Kreditaufnahme und diese Belastung dürfen insgesamt 50% des Verkehrswerts der Vermögenswerte gemäß § 21 ImmoInvFG nicht überschreiten (§ 5 Abs 2 ImmoInvFG). Im Rahmen des § 4 Abs 3 ImmoInvFG aufgenommene Kredite – sohin die separat für zulässig erklärten kurzfristigen Kredite – sind bei dieser Berechnung anzurechnen und mindern die Zulässigkeit der Kreditaufnahme und die Belastbarkeit entsprechend (§ 5 Abs 2 S 3 ImmoInvFG). **54**

[89] Unbeschadet des § 11 ImmoInvFG, der sich auf die Auszahlung der Anteile bezieht.

Besonderheiten des Aufsichtsrats in Versicherungsunternehmen

Susanne Kalss und Domenik Henning Wendt

***Ö:* §§:** 11a, 17b, 24 Abs 1, 43 Abs 1, 45, 47, 66, 70, 82a, 82b, 82c **VAG aF**; 8 Abs 1, 48, 50, 62, 68 Abs 1 Satz 1 bis 3, 75 Abs 1 und Abs 2 Satz 1, 77 Abs 1 Satz 2 und 3, Abs 2 bis 5, 115 Abs 1, 120 Abs 2 Z 3, 123 Abs 2, Abs 4, Abs 5, Abs 7 **VAG 2016**

***D:* §§:** 7a, 64a, 64b, 83a, 87 **dVAG aF**; 7 Z 33 und 34, 9 Abs 4 Z 1 a), 24, 47 Abs 1 Z 1 und Z 2; 171, 184, 189, 296 Abs 1, 298, 303, 334 Abs 3 Satz 3 **dVAG 2016**

EU: Solvency-II-Richtlinie (RL 2009/138/EG), Delegierte-VO 2015/35, Leitlinien zum Governance-System (EIOPA-BoS-14/253 DE)

Literatur

Ö: Baran, Versicherungsaufsichtsgesetz[3] (2000); *Baran/Peschetz,* Österreichisches Versicherungsaufsichtsrecht[3] (2015); *Braumüller,* Versicherungsaufsichtsrecht (1999); *Endl/Zumbo,* Der Aufsichtsratsvorsitzende, in *Blocher/Gelter/Pucher* (Hrsg), Festschrift Nowotny (2015), 287; *St. Korinek,* Rechtsaufsicht über Versicherungsunternehmen (2000); *St. Korinek*, Versicherungsaufsichtsrecht, in *Holoubek/Potacs,* Öffentliches Wirtschaftsrecht Band II[2] (2007), 111; *Kalss/Klampfl*, E. III. Gesellschaftsrecht, in *Dauses*, EU-Wirtschaftsrecht (38. EL September 2015); *Peschetz,* VAG Neu – Ein Streifzug durch das neue Aufsichtsrecht, VR 2015 (H 1-2), 25; *Schmidbauer,* Corporate Governance Neu für Kreditinstitute und Versicherungsunternehmen, ecolex 2008, 234; *Wachter*, Der Aufsichtsrat von Kreditinstituten nach der Umsetzung der CRD IV-Richtlinie in Österreich, ÖBA 2015, 96.

D: Armbrüster, Das VAG 2016 – Überblick zu den Neuregelungen, r+s 2015, 425; *Bähr*, Handbuch des Versicherungsaufsichtsrechts: VAG-Handbuch (2011); *Brand/Baroch Castellvi*, Versicherungsaufsichtsgesetz (2016); *Bürkle*, Compliance in Versicherungsunternehmen[2] (2015); *Fahr/Kaulbach/Bähr/Pohlmann,* Versicherungsaufsichtsgesetz – VAG[5] (2012); *Bürkle*, Neues Aufsichtsrecht für Aufsichtsräte durch den Regierungsentwurf zum 10. VAG-Änderungsgesetz, ZVersWiss 2012, 493; *Dreher*, Die ordnungsmäßige Geschäftsorganisation der Versicherungsgruppe nach Solvency II und VAG 2016, WM 2015, 649; *Grote/Schaaf*, Zum Referentenentwurf der 10. VAG-Novelle zur Umsetzung der Solvency-II-Richtlinie in deutsches Recht – eine erste Analyse, VersR 2012, 17; *Hersch*, Aufsichtsrechtliche Anforderungen an die Geschäftsleiter und Aufsichtsräte von Versicherungsunternehmen nach dem Gesetz zur Modernisierung der Finanzaufsicht über Versicherungen, VersR 2016, 145; *Heukamp*, Das neue Versicherungsaufsichtsrecht nach Solvency II (2016); *Louven/Ernst*, Fit, Proper and „Compliant": Gesteigerte Sorgfaltsanforderungen an Vorstände und Aufsichtsräte in der Versicherungswirtschaft, VersR 2014, 151; *Lutter/Krieger/Verse*, Rechte und Pflichten des Aufsichtsrats[6] (2014); *Prölss*, Versicherungsaufsichtsgesetz[12] (2005).

EU: *Beckmann/Matusche-Beckmann,* E. IV. Versicherungsrecht, in: EU-Wirtschaftsrecht (38. EL September 2015); *Broichhausen/Krauel*, Zu den Qualifikationsanforderungen an Aufsichtsräte in Versicherungsunternehmen vor dem Hintergrund von Solvency II, VersR 2012, 823; *Dreher*, Begriff und Inhaber der Schlüsselfunktionen nach Solvency II und VAG 2012, VersR 2012, 933; *Gründl/Kraft*, Solvency II – Eine Einführung (2015); *St. Korinek,* Der Weg zu Solvency II – Governance, Schlüsselfunktionen, VR 2015 (H 1-2), 37.

Gliederung **Rz**

I. Einleitung

1 Für Aufsichtsräte von Versicherungsunternehmen gelten in Österreich und Deutschland einige besondere Regelungen der jeweiligen Versicherungsaufsichtsgesetze (VAG). Die Bestimmungen sind wichtiger Bestandteil des in den vergangenen Jahren stetig erweiterten **Versicherungsgesellschaftsrechts**.[1] Ergänzend sind jeweils die besonderen Regelungen für die Aktiengesellschaft und die SE anzuwenden. Für den Aufsichtsrat des Versicherungsvereins auf Gegenseitigkeit enthält das jeweilige VAG Bestimmungen und verweist ansonsten auf das Aktienrecht. Durch die erforderliche Umsetzung der Vorgaben des sogenannten Solvency II Regelwerks[2] haben die nationalen Aufsichtsregelungen für Versicherungsunternehmen jüngst eine umfassende Überarbeitung erfahren. In Österreich und Deutschland sind seit 1. Jänner 2016 die novellierten nationalen Bestimmungen des Versicherungsaufsichtsgesetzes (im Folgenden VAG 2016) und bei deren Auslegung die europarechtlichen Rahmenvorgaben zu beachten. Qualitative Anforderungen an das Governance-System von Erst- und Rückversicherer legt die zweite Säule von Solvency II fest.[3] Insbesondere die Vorgaben der Artt. 41 bis 49 der Solvency-II-Richtlinie (RL 2009/138/EG) sind von hoher Relevanz. Das im europäischen Finanzmarktrecht angewendete mehrgliedrige Rechtssetzungsverfahren („Lamfalussy")[4] erfordert vom Rechtsanwender zudem die Berücksichtigung der

---

1 Für einen Überblick zu den Entwicklungen im Gesellschaftsrecht für Versicherungsunternehmen und Kreditinstitute vgl *Kalss/Klampfl*, in *Dauses*, EU-Wirtschaftsrecht (2015), E. III. Gesellschaftsrecht, Rz 22.

2 Hiezu etwa *Baran/Peschetz*, Österreichisches Versicherungsaufsichtsrecht[3] (2015), 7 ff.; *Beckmann*, in *Dauses*, EU-Wirtschaftsrecht (2015), E VI. Versicherungsrecht, Rz 30 ff.; *Gründl/Kraft*, Solvency II – Eine Einführung (2015), 7 ff.

3 *Bürkle* in *Bürkle*, Compliance in Versicherungsunternehmen (2015), § 2 Branchenspezifische Rechtsgrundlagen und organisatorische Konsequenzen, Rz 83 ff.

4 Vgl hierzu etwa *Baran/Peschetz,* Österreichisches Versicherungsaufsichtsrecht[3] (2015), S. 6 f.

Vorgaben in delegierten Rechtsakten (vgl Delegierte-VO 2015/35, vgl hier insb. Artikel 258 ff.) und technischen Standards.[5] Daneben sind die Leitlinien der Europäischen Aufsichtsbehörde für das Versicherungswesen und die betriebliche Altersvorsorge (EIOPA) sowie die hierzu veröffentlichten Erläuterungen zu beachten (vgl insb. die Leitlinien zum Governance-System, EIOPA-BoS-14/253 DE).[6] Diese richten sich an die nationalen Aufsichtsbehörden, die wiederum durch eigene Veröffentlichungen die jeweilige nationale aufsichtliche Meinung offenlegen.[7]

Wegen des Rechtsformzwangs für Versicherungsunternehmen müssen größere Versicherungsunternehmen in Österreich und Deutschland jedenfalls einen Aufsichtsrat oder ein vergleichbares Aufsichtsorgan haben. In Österreich dürfen inländische Versicherungsunternehmen gemäß § 8 Abs 1 VAG 2016 (vgl § 3 VAG aF) nur in Form einer Aktiengesellschaft, einer europäischen Gesellschaft (SE) oder eines Versicherungsvereins auf Gegenseitigkeit betrieben werden.[8] Die Rechtsform der GmbH oder der Genossenschaft steht einem Versicherungsunternehmen nicht offen. Nach § 1 Abs 1 VAG a.F galt ein Unternehmen als Versicherungsunternehmen, wenn es den Sitz im Inland und den Betrieb der Vertragsversicherung zum Gegenstand hatte. Nunmehr ist nach § 5 Z 1 VAG 2016 ein Versicherungsunternehmen ein Unternehmen, das den Betrieb der Vertragsversicherung zum Gegenstand hat und eine Konzession[9] gemäß § 6 Abs 1 bzw. Art. 14 der Richtlinie 2009/138/EG erhalten hat, die nicht auf die Rückversicherung beschränkt ist. Die Neuregelung nimmt die europäische Rahmenvorgabe ausdrücklich in Bezug und stellt klar, dass nur konzessionierte Unternehmen als Versicherungsunternehmen gelten sollen. Die Versicherungsaktiengesellschaft und der große Versicherungsverein auf Gegenseitigkeit müssen jedenfalls einen Aufsichtsrat einrichten. Für den Versicherungsverein auf Gegenseitigkeit im Sinne des § 35 Abs 1 VAG 2016 bestimmt dies § 48 VAG 2016. Eine SE muss wählen, ob sie das dualistische Verwaltungssystem mit Vorstand und Aufsichtsrat oder das monistische System mit einem Verwaltungsrat einrichtet. Kleinen Versicherungsvereinen auf Gegenseitigkeit (vgl § 68 VAG 2016) steht es gemäß § 75 Abs 2 VAG 2016 (vgl § 70 Abs 1 VAG aF) grundsätzlich offen, in der Satzung die Bestellung eines Aufsichtsrats vorzusehen. Anderes gilt für kleine Versicherungsvereine, die mehr als 2.000 Mitglieder haben (Rz 33). In Deutschland definiert § 7 Z 33 dVAG 2016 Versicherungsunternehmen als Erst- und Rückversicherungsunternehmen, die den Betrieb von Versicherungsgeschäften zum Gegenstand haben und nicht Träger der Sozialversicherung sind, wobei der Gegenstand eines Rückversicherungsunternehmens ausschließlich die Rückversicherung ist. Die Erlaubnis zum Geschäftsbetrieb darf nach § 8 Abs 2 dVAG 2016 ebenfalls nur Aktiengesellschaften einschließlich der SE, Versicherungsvereinen auf Gegenseitigkeit sowie darüber hinaus Körper- 2

[5] *Baran/Peschetz,* Österreichisches Versicherungsaufsichtsrecht³ (2015), 13 ff., 21; *Peschetz,* VR 2015 (H 1-2), 25, 27 f; auch zum Folgenden *Gründl/Kraft,* Solvency II – Eine Einführung (2015), 13 ff.

[6] Vgl auch *St. Korinek,* VR 2015 (H 1-2), 37, 38.

[7] *Peschetz,* VR 2015 (H 1-2), 25 f.

[8] *Baran/Peschetz,* Österreichisches Versicherungsaufsichtsrecht³ (2015), 43.

[9] Zum Konzessionsrecht vgl *Baran/Peschetz,* Österreichisches Versicherungsaufsichtsrecht³ (2015), 41 ff.

schaften und Anstalten des öffentlichen Rechts erteilt werden. Versicherungsaktiengesellschaften haben aufgrund allgemeiner aktienrechtlicher Bestimmungen einen Aufsichtsrat einzurichten. Bei der SE kommt es auf das gewählte Verwaltungssystem an. Im Fall eines Versicherungsvereins auf Gegenseitigkeit im Sinne des § 171 dVAG 2016 ist gemäß § 184 dVAG 2016 in der Satzung unter anderem zu bestimmen, wie der Aufsichtsrat zu bilden ist (vgl Rz 39). Für sog. kleinere Vereine besteht keine Pflicht zur Einrichtung eines Aufsichtsrats (vgl Rz 44).

3 In diesem Kapitel werden zunächst die allgemeinen Regelungen für den Aufsichtsrat von Versicherungsunternehmen dargestellt. Hierbei wird vorwiegend auf den Aufsichtsrat in einer Versicherungsaktiengesellschaft rekurriert. Im Anschluss wird auf die Besonderheiten des Aufsichtsrats bei einem Versicherungsverein auf Gegenseitigkeit hingewiesen. Die Darstellung orientiert sich an dem Kapitel über die Besonderheiten bei Kreditinstituten. Die jeweiligen Ausführungen beziehen sich auch im Weiteren zunächst auf die in Österreich zu beachtenden spezialgesetzlichen Bestimmungen. Soweit in Deutschland entsprechende oder ähnliche versicherungsaufsichtsrechtliche Regelungen existieren, werden diese anschließend kurz beleuchtet.

4 Das Besondere an den in Österreich und Deutschland geltenden VAG-Bestimmungen über den Aufsichtsrat liegt darin, dass es sich nicht allein um gesellschaftsrechtliche Regelungen handelt, sondern um **aufsichtsrechtliche**. Sie unterliegen damit auch der ständigen Überwachung der Österreichischen Finanzmarktaufsicht (FMA) bzw. der Bundesanstalt für Finanzdienstleistungsaufsicht (BaFin)[10] in Deutschland. Etliche Bestimmungen sind daher unter gesellschafts- und aufsichtsrechtlichem Blickwinkel zu betrachten.

II. Vorsitzender des Aufsichtsrats

A. Anwendungsbereich

5 Der Aufsichtsrat einer **Versicherungsaktiengesellschaft** wird in Österreich und Deutschland von der Hauptversammlung gewählt bzw es werden je nach Satzungsregelung die Mitglieder des Aufsichtsrats entsandt. In **Österreich** wählt im **Versicherungsverein auf Gegenseitigkeit** nach § 50 Abs 1 VAG 2016 das oberste Organ die Mitglieder des Aufsichtsrats. Gemäß § 50 Abs 2 Satz 1 VAG 2016 gelten für die Wahl, die Abberufung und die Bestellung von Aufsichtsratsmitgliedern, die Unvereinbarkeit der Zugehörigkeit zum Vorstand und zum Aufsichtsrat sowie die Veröffentlichung der Änderungen im Aufsichtsrat aktienrechtliche Bestimmungen sinngemäß (Rz 36). Gemäß § 11 Abs 1 VAG aF waren die Wahl neuer Mitglieder des Aufsichtsrats und das Ausscheiden von gewählten Mitgliedern des Aufsichtsrats vom Versicherungsunternehmen der FMA unverzüglich anzuzeigen. Eine solche Anzeigepflicht ist nunmehr in § 123 Abs 3 VAG 2016 vorgesehen. Zu beachten ist, dass die Verletzung der Anzeigepflicht nach § 317 Abs 1 Z 11 VAG 2016 als Verwaltungsübertretung von der FMA mit einer Geldstrafe bis zu 60.000 EUR bestraft werden kann. Die FMA hat nach § 317 Abs 3 VAG 2016 jedoch

[10] Zu den Zuständigkeiten vgl *Wendt* in *Brand/Baroch Castellvi*, Versicherungsaufsichtsgesetz, § 320 VAG, Rz 1 ff.

von einem Verwaltungsstrafverfahren abzusehen, wenn die Anzeige nachgeholt wurde, bevor die Aufsichtsbehörde Kenntnis von dieser Übertretung erlangt hat. § 85 Abs 2 VAG 2016 sieht eine entsprechende Anzeigepflicht vor. Die Regelung betrifft ausschließlich kleine Versicherungsunternehmen. Dies sind nach § 5 Z 3 VAG 2016 Unternehmen mit Sitz im Inland, die den Betrieb der Vertragsversicherung zum Gegenstand haben und die kumulativen Voraussetzungen des § 83 Abs 1 VAG 2016 erfüllen, insbesondere nicht mehr als fünf Millionen Euro jährlich verrechnete und abgegrenzte Prämien in der direkten Gesamtrechnung ausweisen. In § 317 VAG 2016 wird § 85 Abs 2 VAG 2016 nicht erwähnt. Die Anzeigepflicht trifft als Vertretungsorgan des Versicherungsunternehmens den Vorstand. Der Vorsitzende des Aufsichtsrats wird vom Gesamtgremium des Aufsichtsrats gewählt (*Herbst* Rz 35/36 ff). Die Wahl und das Ausscheiden des Vorsitzenden des Aufsichtsrats sind ebenfalls anzuzeigen, vgl § 123 Abs 4 VAG 2016. Wie bei einer Verletzung der Anzeigepflicht nach § 123 Abs 3 VAG 2016 kann die Nichtanzeige auch in diesem Fall mit einer Geldstrafe in Höhe von 60.000 EUR geahndet werden, vgl § 317 Abs 1 Z 12 VAG 2016. Es gilt jedoch § 317 Abs 3 VAG 2016. Zu beachten ist ferner § 248 VAG 2016, der festlegt, dass Versicherungs- und Rückversicherungsunternehmen der FMA unverzüglich – längstens binnen sechs Monaten nach Ende des Geschäftsjahres – eine beglaubigte vollständige Abschrift des Protokolls über die Versammlung vorzulegen haben, welche die Entlastung der Mitglieder des Vorstands und des Aufsichtsrat bzw des Verwaltungsrats und der geschäftsführenden Direktoren zum Gegenstand hatte. In Deutschland haben Versicherungsunternehmen gemäß § 9 Abs 4 Z 1 a) dVAG 2016 mit dem Antrag auf Erlaubnis zur Geschäftstätigkeit auch Angaben einzureichen, die für die Beurteilung der in § 24 dVAG 2016 genannten Qualifikationsvoraussetzungen (vgl Rz 14) wesentlich sind; dies gilt auch in Bezug auf die Mitglieder des Aufsichtsrats, weil sie „weitere Schlüsselaufgaben" gem. § 24 dVAG 2016 wahrnehmen.[11] Sollten Tatsachen vorliegen, die die Annahme rechtfertigen, dass die Mitglieder des Aufsichtsrats die Voraussetzungen des § 24 dVAG 2016 nicht erfüllen, kann die Erlaubnis versagt werden, vgl § 11 Abs 1 Z 2 dVAG 2016. Der Aufsichtsbehörde ist gemäß § 47 Abs 1 Z 1 dVAG 2016 die Bestellung eines Aufsichtsratsmitglieds unverzüglich anzuzeigen. Die Anzeige muss ebenfalls Angaben zu Tatsachen enthalten, die für die Beurteilung der Qualifikation (§ 24 Abs 1 dVAG 2016) wesentlich sind (Rz 14). Gleiches gilt nach § 47 Abs 1 Z 2 dVAG 2016 im Falle des Ausscheidens.

In Österreich enthielt § 11a VAG aF ebenso wie § 28a BWG Sonderregelungen **6**
für den Aufsichtsratsvorsitzenden. Damit sollte die faktische Sonderstellung des Aufsichtsratsvorsitzenden gegenüber den sonstigen Mitgliedern des Aufsichtsrats normativ abgebildet werden (vgl *Herbst* Rz 35/43).[12] Das Aktienrecht verzichtet auf eine explizite Regelung über besondere Anforderungen an den Aufsichts-

[11] *Armbrüster*, r+s 2015, 425, 429; so wohl auch *Hersch*, VersR 2016, 145, 151; zur Frage, ob Aufsichtsratsmitglieder auch von den Eignungsvoraussetzungen der Solvency II-RL erfasst werden vgl *Beckmann*, in *Dauses*, EU-Wirtschaftsrecht (2015), E VI. Versicherungsrecht, Rz 128 f.; *Dreher*, VersR 2012, 933, 937, *Grote/Schaaf*, VersR 2012, 17, 22; *Bürkle*, ZVersWiss 2012, 493, 507 f.; *Krauel/Broichhausen*, VersR 2012, 823, 824.

[12] *Schmidbauer*, ecolex 2008, 234.

ratsvorsitzenden, sie ergeben sich aus seiner besonderen Stellung (*Kalss/Schimka* Rz 2/86).

7 Die besonderen Anforderungen an den Vorsitzenden des Aufsichtsrats eines Versicherungsunternehmens wurden in § 11a Abs 3 VAG aF parallel zu § 28a Abs 3 BWG[13] geregelt. § 11a Abs 3 VAG aF galt gemäß § 11a Abs 5 VAG aF für Versicherungsunternehmen, deren verrechnete Prämien des gesamten aufgrund der Konzession betriebenen Geschäfts zum Zeitpunkt der Wahl 500 Millionen Euro überstiegen. Ähnlich wie bei Kreditinstituten ging das Gesetz damit davon aus, dass mit steigender Prämiensumme die Komplexität der Geschäfte zunimmt und damit eine differenziertere Organisationsstruktur erforderlich ist (vgl Beitrag *Herbst* Rz 35/42). § 11a VAG aF ist gemäß § 119i Abs 20 VAG aF mit 1. Jänner 2008 in Kraft getreten. Die besonderen Qualifikationsanforderungen gemäß § 11a Abs 3 VAG aF galten nur für den **Vorsitzenden** des Aufsichtsrats, der ab Inkrafttreten des Gesetzes gewählt wurde. Sie bestanden unabhängig davon, ob die betreffende Person erstmals oder zum wiederholten Mal zum Vorsitzenden des Aufsichtsrats gewählt worden ist. Die Sonderregeln in § 11a VAG aF galten nicht für Stellvertreter und sonstige Mitglieder; zudem galt die strenge Unvereinbarkeitsregelung nur für das Versicherungsunternehmen selbst.

8 Nach neuer Rechtslage finden sich Sonderbestimmungen für den Aufsichtsrat und den Vorsitzenden des Aufsichtsrats in **Österreich** nunmehr insbesondere in § 120 Abs 2 Z 3 und § 123 Abs 2, Abs 4 und Abs 5 VAG 2016. Die teils neuen Vorschriften setzen europarechtliche Vorgaben der Solvency II-Richtlinie um. An den Vorsitzenden des Aufsichtsrats wird wiederum ein strengerer Maßstab angelegt.[14] In **Deutschland** wird den europarechtlichen Vorgaben der Solvency II-Richtlinie insbesondere durch § 24 dVAG 2016 Rechnung getragen.

B. Unvereinbarkeit

9 In **Österreich** dürfen Mitglieder des Vorstands, des Verwaltungsrats oder geschäftsführende Direktoren eines Versicherungsunternehmens frühestens nach Ablauf einer **Periode von zwei Jahren** nach Beendigung ihrer Funktion eine Tätigkeit als **Vorsitzender des Aufsichtsrats** innerhalb desselben Versicherungs- oder Rückversicherungsunternehmens aufnehmen, in dem sie zuvor in geschäftsleitender Funktion tätig waren. Dies bestimmt § 120 Abs 2 Z 3 VAG 2016 und galt bereits nach § 11a Abs 1 VAG aF Ebenso wie gemäß § 28a Abs 1 BWG sollten und sollen damit Interessenkollisionen und Befangenheiten hintan gehalten werden (vgl Beitrag *Herbst* Rz 35/39 ff).[15] Das VAG sieht in § 120 Abs 2 Z 3 Satz 1 VAG 2016 (§ 11a Abs 1 VAG aF) somit parallel zu § 28a Abs 1 BWG eine zweijährige *cooling-off-period* vor, die parallel der C-Regelung Nummer 55 des Corporate Covernance Kodex (ÖCGK) gestaltet ist. Nimmt ein Mitglied des Vorstands, des Verwaltungsrats oder ein geschäftsführender Direktor entgegen § 120 Abs 2 Satz 1 VAG 2016 (§ 11a Abs 1 VAG aF) dennoch eine Funktion als Vorsitzender des Aufsichtsrats ein, so gilt er nach der ausdrücklichen Regelung des § 120 Abs 2

[13] Hierzu etwa *Wachter*, ÖBA 2015, 96 f.

[14] *Peschetz,* VR 2015 (H 1-2), 25, 30.

[15] *Borns* in *Laurer/Borns/Stobl/Schütz/Schütz* BWG³ § 28 Rz 2.

Satz 2 VAG 2016 (§ 11a Abs 2 VAG aF) als nicht zum Vorsitzenden gewählt.[16] Das Gesetz sah und sieht somit eine **zwingende Unvereinbarkeit** vor.[17] Davon zu trennen ist die Frage, ob und inwieweit Geschäftsleiter und Aufsichtsratsmitglieder sogenannte **Doppelmandate** wahrnehmen können. Denkbar ist etwa, dass ein Geschäftsleiter einer Kapitalgesellschaft oder eines Versicherungsvereins zugleich als Vorstands- bzw. Aufsichtsratsmitglied einer als Tochterunternehmen tätigen Versicherungsaktiengesellschaft vorgesehen ist. In Deutschland ist die Zulässigkeit von **Doppelmandaten im Konzern** unter bestimmten Voraussetzungen anerkannt (Rz 10). In diesem Zusammenhang dürfte die 1. EIOPA-Leitlinie zum Governance-System, Z 1.25 relevant sein. Hiernach soll auf Gruppenebene[18] das Verwaltungs-, Management- oder Aufsichtsorgan des beteiligten Versicherungs- oder Rückversicherungsunternehmens, der Versicherungsholdinggesellschaft oder der gemischten Finanzholdinggesellschaft mit den Verwaltungs-, Management- oder Aufsichtsorganen aller zu der Gruppe gehörenden Unternehmen, die einen wesentlichen Einfluss auf das Risikoprofil der Gruppe haben, „in angemessener Interaktion stehen sowie proaktiv Informationen zu Angelegenheiten einfordern, die Auswirkungen auf die Gruppe haben können, und die Entscheidungsfindung in diesen Angelegenheiten hinterfragen" (zu den Hinweisen der BaFin hierzu vgl Rz 10). Daraus lässt sich jedenfalls kein grundsätzliches Verbot von Doppelmandaten ableiten.

In **Deutschland** kann gem. § 105 Abs 1 dAktG kein Mitglied des Aufsichtsrats sein, wer Vorstandsmitglied, dauernder Stellvertreter eines Vorstandsmitglieds, Prokurist oder zum gesamten Geschäftsbetrieb ermächtigter Hauptbevollmächtigter der Gesellschaft ist. Anerkannt ist zudem, dass die Tätigkeit eines Abwicklers ebenfalls inkompatibel mit einer Mitgliedschaft im Aufsichtsrat ist.[19] Für eine börsennotierte Versicherungsaktiengesellschaft ist § 100 Abs 2 Satz 1 Z 4 dAktG zu beachten. Hiernach kann zum Schutz vor Interessenkonflikten[20] grundsätzlich nicht Aufsichtsratsmitglied sein, wer in den letzten zwei Jahren Vorstandsmitglied derselben börsennotierten Gesellschaft war. Somit ist auch hier eine *cooling-off-period* vorgesehen. Eine Ausnahme vom Grundsatz ist möglich, wenn seine Wahl auf Vorschlag von Aktionären erfolgt, die mehr als 25% der Stimmrechte an der Gesellschaft halten (§ 100 Abs 2 Satz 1 Z 4 dAktG). Dem Aufsichtsrat dürfen nach § 24 Abs 4 Satz 1 dVAG 2016 (§ 7a Abs 4 Satz 3 dVAG aF) maximal zwei ehemalige Mitglieder des Vorstands des Unternehmens angehören. Die Mitglieder eines Aufsichtsrats dürfen gemäß § 24 Abs 4 Satz 2 dVAG 2016 (§ 7a Abs 4 Satz 4 dVAG aF) zudem höchstens fünf in einem der Aufsicht der BaFin unterstehenden Unternehmen innehaben; dabei bleiben Mandate bei Unternehmen derselben Unternehmensgruppe außer Betracht. Neben § 24 Abs 4 dVAG 2016 gelten die **10**

[16] *Baran/Peschetz,* Österreichisches Versicherungsaufsichtsrecht³ (2015), 98.

[17] Vgl *Endl/Zumbo* Der Aufsichtsratsvorsitzende, in *Blocher/Gelter/Pucher*, Festschrift Nowotny (2015), 287, 293.

[18] Zum Begriff „Gruppe" vgl *Baran/Peschetz,* Österreichisches Versicherungsaufsichtsrecht³ (2015), 134 ff.

[19] *Bürkle/Scheel* in *Bähr*, Versicherungsaufsichtsrecht, § 13 Der Aufsichtsrat von Versicherungsunternehmen, Rz 17 m.w.N.

[20] BT-Drucks. 16/13433, 11; vgl auch *Bürkle/Scheel* in *Bähr*, Versicherungsaufsichtsrecht, § 13 Der Aufsichtsrat von Versicherungsunternehmen, Rz 19.

Höchstgrenzen nach § 100 Abs 2 Satz 2 dAktG.[21] Weiterhin zu beachten ist das in § 100 Abs 2 Satz 1 Z 3 dAktG verankerte **Verbot der Überkreuzverflechtung**. Hiernach kann ein Aufsichtsratsmitglied einer Versicherungsaktiengesellschaft nicht zugleich gesetzlicher Vertreter einer anderen Kapitalgesellschaft sein, wenn dem Aufsichtsrat der anderen Kapitalgesellschaft ein Vorstandsmitglied der Versicherungsaktiengesellschaft angehört.[22] Die Regelung soll verhindern, dass jemand von jener Person überwacht wird, die er wiederum zu überwachen hat.[23] Das Verbot ist nach h.M. auch auf große Versicherungsvereine anzuwenden (vgl Rn 39).[24] Dagegen ist die Zulässigkeit von **Doppelmandaten im Konzern** von Rechtsprechung[25] und Literatur[26] unter Einhaltung der sogenannten **„Zwei-Hüte-Theorie“**[27] anerkannt. Die Weitergabe von Informationen ist Aufsichtsratsmitgliedern nach §§ 394, 395 dAktG nicht erlaubt. In diesem Zusammenhang dürfte ebenfalls die 1. EIOPA-Leitlinie zum Governance-System, Z 1.25 relevant sein (vgl Rz 9). Die BaFin erwartet, dass sich die nach den Bestimmungen über die Gruppenaufsicht verpflichteten Unternehmen und die gruppenzugehörigen Versicherer darüber bewusst werden, sofern „diese Anforderungen in einem Spannungsfeld mit den gesellschaftsrechtlichen oder kapitalmarktrechtlichen Möglichkeiten stehen“ und „im eigenen Interesse geeignete Maßnahmen ergreifen, um die Erfüllung aufsichtsrechtlicher Anforderungen sicherzustellen.“[28]

C. Fit & Proper-Test

11 In **Österreich** durfte eine Person die Tätigkeit eines Vorsitzenden des Aufsichtsrats in einem Versicherungsunternehmen bereits nach § 11a Abs 3 VAG aF nur ausüben, wenn diese Person bestimmte **Qualifikationen** sowohl bei der Bestellung als auch während der gesamten Dauer der aufrechten Amtsführung erfüllt.[29] Das Gesetz sah in enger Anlehnung an § 28a Abs 3 BWG vor, dass bei einem Vorsitzenden eines Aufsichtsrats eines Versicherungsunternehmens **keine Ausschließungsgründe** gemäß § 13 Gewerbeordnung 1994 vorliegen dürfen und dass über das Vermögen des Vorsitzenden kein Konkurs eröffnet wurde (*Herbst* Rz 35/18; *Seeber* Rz 36/1 ff).

12 Nach alter Rechtslage musste der Vorsitzende des Aufsichtsrats weiters über **geordnete wirtschaftliche Verhältnisse** verfügen und es durften keine Zweifel

---

[21] Vgl auch *Bürkle/Scheel* in *Bähr*, Versicherungsaufsichtsrecht, § 13 Der Aufsichtsrat von Versicherungsunternehmen, Rz 29.

[22] Vgl hierzu auch *LG München I*, Urt. v. 9 Juni 2005 – 5 HKO 10154/04, DB 2005, 1617.

[23] Statt vieler *Habersack* in MünchKommAktG, § 100 Rz 27.

[24] *Bürkle/Scheel* in *Bähr*, Versicherungsaufsichtsrecht, § 13 Der Aufsichtsrat von Versicherungsunternehmen, Rz 17 m.w.N.

[25] BGHZ 180, 105.

[26] Vgl *Mutter/Kruchen* in *Bürkle*, Compliance in Versicherungsunternehmen^2 (2015), § 3 Versicherungskonzern, Rz 38, m.w.N.

[27] Vgl hierzu insb. BGHZ 180, 105; ferner *BGH* NJW 1980, 1629.

[28] Vgl Auslegungsentscheidung der BaFin zu den allgemeinen Governance-Anforderungen an Versicherungsunternehmen v. 1. Jänner 2016, Rz 91.

[29] *Endl/Zumbo* Der Aufsichtsratsvorsitzende, in *Blocher/Gelter/Pucher*, Festschrift Nowotny (2015), 287, 293.

an seiner persönlichen **Zuverlässigkeit** für die Ausübung der Funktion als Vorsitzender des Aufsichtsrats bestehen. Schließlich musste der Vorsitzende des Aufsichtsrats **fachlich geeignet** sein und über die für die Ausübung seiner Funktion erforderlichen **Erfahrungen** verfügen. Die fachliche Eignung setzte gemäß § 11a Abs 3 Rz 3 VAG aF für das betreffende Versicherungsunternehmen angemessene Kenntnisse im Bereich des Betriebes und der Rechnungslegung eines Versicherungsunternehmens voraus (vgl zu den einzelnen Elementen Beitrag *Herbst* Rz 35/44 ff). Die Ausschlussgründe durften weder bei einem österreichischen noch bei einem nicht österreichischen Staatsbürger vorliegen.

Nunmehr haben **sämtliche Mitglieder** des Aufsichtsrats gemäß § 123 Abs 1 VAG 2016 die in § 120 Abs 1 VAG 2016 vorgesehenen Anforderungen zu erfüllen.[30] Danach müssen alle Aufsichtsratsmitglieder jederzeit über ausreichende Berufsqualifikationen, Kenntnisse und Erfahrungen verfügen, um ein solides und vorsichtiges Management zu gewährleisten (**fachliche Qualifikation**) und zuverlässig und integer sein (**persönliche Zuverlässigkeit**).[31] Insoweit sind insbesondere auch Art. 273 Delegierte-VO 2015/35 und Art. 42 Richtlinie 2009/138/EG zu beachten.[32] Der **Vorsitzende des Aufsichtsrats** muss nach § 123 Abs 2 Satz 1 VAG 2016 darüber hinaus angemessene theoretische und praktische Kenntnisse vorweisen können, die für den Betrieb und die Rechnungslegung eines Versicherungs- oder Rückversicherungsunternehmens erforderlich sind (vgl § 11 Abs 3 Rz 3 VAG aF).[33] § 123 Abs 2 Satz 2 VAG 2016 bestimmt ausdrücklich, dass der Vorsitzende des Aufsichtsrats auch die Voraussetzungen gemäß § 120 Abs 2 Z 2 VAG 2016 (kein Ausschließungsgrund im Sinne des § 13 Gewerbeordnung 1994, kein Insolvenzverfahren) sowie gemäß § 120 Abs 2 Z 4 Satz 1 VAG 2016 (kein Ausüben einer Tätigkeit, die geeignet ist, die ordnungsmäßige Geschäftsführung des Versicherungs- oder Rückversicherungsunternehmens zu beeinträchtigen; kein Hauptberuf außerhalb des Versicherungs-, Bank- oder Pensionskassenwesens sowie außerhalb von Zahlungsinstituten, E-Geld-Instituten, Wertpapierfirmen oder Wertpapierdienstleistungsunternehmen) zu erfüllen hat. Eine **Konzession** darf nur erteilt werden, wenn das Versicherungsunternehmen den Nachweis erbringen kann, dass es die Governance-Vorschriften beachtet (vgl § 8 Abs 2 Z 6 VAG 2016).[34] Die Einhaltung der Vorschriften zur Eignung der Aufsichtsratsmitglieder hat damit erhebliche Bedeutung. **13**

In **Deutschland** ergeben sich besondere Qualitätsanforderungen an Mitglieder des Aufsichtsrats aus § 24 Abs 1 dVAG 2016. Hiernach müssen Personen, die ein Versicherungsunternehmen tatsächlich leiten oder andere Schlüsselaufgaben wahrnehmen, zuverlässig und fachlich geeignet sein. Die Begriffe „Zuverlässig- **14**

---

[30] *Baran/Peschetz,* Österreichisches Versicherungsaufsichtsrecht³ (2015), 97 f.; *St. Korinek,* VR 2015 (H 1-2), 37, 40; so auch bezogen auf Kreditinstitute *Wachter*, ÖBA 2015, 96, 97.

[31] *Baran/Peschetz,* Österreichisches Versicherungsaufsichtsrecht³ (2015), 96 ff; zu den Anforderungen bezogen auf Kreditinstitute *Wachter*, ÖBA 2015, 96, 98 ff.

[32] Vgl hierzu etwa *Baran/Peschetz,* Österreichisches Versicherungsaufsichtsrecht³ (2015), S. 6 f.

[33] *Baran/Peschetz,* Österreichisches Versicherungsaufsichtsrecht³ (2015), 97; *Peschetz,* VR 2015 (H 1-2), 25, 30.

[34] *Baran/Peschetz,* Österreichisches Versicherungsaufsichtsrecht³ (2015), 98.

keit“ und „fachliche Eignung“ werden im dVAG 2016 durch den Oberbegriff „Qualifikation“ erfasst und entsprechen den in Art. 273 Abs 1 Delegierte-VO 2015/35 verwendeten Merkmalen „persönliche Zuverlässigkeit“ und „fachliche Qualifikation“ (vgl auch Art. 42 Richtlinie 2009/138/EG). Mitglieder des Aufsichtsrates fallen unter „andere Schlüsselaufgaben“.[35] Aus § 24 Abs 1 dVAG und den entsprechenden europarechtlichen Vorgaben folgt das Erfordernis einer Gesamtqualifikation des Aufsichtsrats eines Versicherungsunternehmens. Das entspricht auch dem bereits aus dem Aktienrecht ableitbaren Gebot einer hinreichenden Gesamtqualifikation.[36] Bei Einrichtungen der betrieblichen Altersversorgung sind gem. § 24 Abs 5 dVAG 2016 die Besonderheiten im Hinblick auf eine Besetzung des Aufsichtsrats durch Arbeitgeber- und Arbeitnehmervertreter zu berücksichtigen. Sollten Tatsachen vorliegen, die die Annahme rechtfertigen, dass die Mitglieder des Aufsichtsrats die Voraussetzungen des § 24 dVAG 2016 nicht erfüllen, kann die Erlaubnis auf Geschäftstätigkeit versagt werden, vgl § 11 Abs 1 Z 2 dVAG 2016. Ferner ist die Anzeigepflicht nach § 47 Z 1 VAG 2016 zu beachten.

15 Hat ein Aufsichtsratsmitglied nicht die Staatsbürgerschaft des Landes, in dem das Versicherungsunternehmen seinen Sitz hat, so ist durch die Versicherungsaufsichtsbehörde des Heimatlandes die Eignung zu bestätigen. Kann eine derartige Bestätigung nicht erlangt werden, hat der Vorsitzende des Aufsichtsrats seine Qualifikation und Eignung zu bescheinigen und eine Erklärung abzugeben, dass die genannten Ausschlussgründe nicht vorliegen.

16 Während in **Österreich** die Einhaltung der *cooling-off-period* mit einem absoluten Verbot flankiert ist und ein Verstoß gegen die zwei Jahresperiode mit der mangelnden Wirksamkeit der Wahl zum Vorsitzenden des Aufsichtsrats sanktioniert wird (Rz 9), bildet die mangelnde Qualifikation hier keinen absoluten Nichtigkeitsgrund (absolute Unvereinbarkeit) für die Bestellung. Sie bietet lediglich einen Grund, die Wahl des Vorsitzenden des Aufsichtsrats durch hoheitlichen Akt zu **widerrufen** (vgl § 123 Abs 5 VAG 2016).[37] In **Deutschland** kann die Aufsichtsbehörde gegenüber einer in einem Versicherungsunternehmen als Mitglied des Aufsichtsrats tätigen Personen eine Verwarnung aussprechen. Dies ist nach § 303 Abs 1 Satz 1 dVAG 2016 unter anderem möglich, wenn das Unternehmen gegen Bestimmungen des dVAG 2016, gegen die zur Durchführung des VAG 2016 erlassenen Rechtsverordnungen, die zur Durchführung der VO (EU) Nr. 648/2012 oder der RL 2009/138/EG erlassenen Rechtsakte oder gegen Anordnungen der Aufsichtsbehörde verstößt. Ein Verstoß gegen die Einhaltung der geforderten Qualifikationen für Aufsichtsratsmitglieder kann daher eine Verwarnung durch die BaFin nach sich ziehen. Die Aufsichtsbehörde kann zudem die **Abberufung** des Aufsichtsratsmitglieds verlangen und eine **Tätigkeitsuntersagung** aussprechen. Das ist insbesondere dann möglich, wenn Tatsachen vorliegen, aus denen sich ergibt, dass das Aufsichtsratsmitglied die Voraussetzungen des § 24 dVAG 2016 nicht erfüllt. Die Abberufung ist auch möglich, wenn wesentliche Verstöße des

---

35 *Armbrüster*, r+s 2015, 425, 429.

36 *Lutter/Krieger/Verse*, Rechte und Pflichten des Aufsichtsrats[6] (2014), § 21 Besonderheiten in Kreditinstituten und Versicherungsunternehmen, Rz 1464 ff. m.w.N.

37 *Baran/Peschetz,* Österreichisches Versicherungsaufsichtsrecht[3] (2015), 98.

Unternehmens gegen die Grundsätze einer ordnungsgemäßen Geschäftsführung verborgen geblieben sind, weil das Aufsichtsratsmitglied seine Überwachungs- und Kontrollfunktion sorgfaltswidrig ausgeübt hat oder nicht alles Erforderliche zur Beseitigung festgestellter Verstöße veranlasst hat und dieses Verhalten trotz Verwarnung durch die Aufsichtsbehörde fortsetzt, § 303 Abs 2 dVAG 2016. Der deutsche Gesetzgeber hat mit der Neuregelung die bislang vorgesehene Kompetenz der Aufsichtsbehörde, von dem Organen des betroffenen Unternehmens zu verlangen, die Person abzuberufen oder ihr die Ausübung ihrer Tätigkeit zu untersagen (§ 87 Abs 8 Satz 1 dVAG aF) korrigiert.[38] § 303 Abs 2 dVAG 2016 stellt klar, dass die Tätigkeitsuntersagung allein gegenüber dem betroffenen Aufsichtsratsmitglied auszusprechen ist. Davon zu unterscheiden ist der in § 303 Abs 3 dVAG 2016 geregelte Fall: Wenn das Gericht auf Antrag des Aufsichtsrats ein Aufsichtsratsmitglied abzuberufen hat, kann dieser Antrag bei Vorliegen der Voraussetzungen nach § 303 Abs 2 Z 1 oder 2 dVAG 2016 auch von der Aufsichtsbehörde gestellt werden. Das gilt indes nur, wenn der Aufsichtsrat dem Abberufungsverlangen der Aufsichtsbehörde noch nicht nachgekommen ist.

D. Aufsichtsbehördliche Überwachung

In **Österreich** ist gemäß § 123 Abs 4 Satz 1 VAG 2016 (§ 11a Abs 4 VAG-alt) **17** die Wahl und das Ausscheiden des Vorsitzenden des Aufsichtsrats der FMA unverzüglich anzuzeigen. Der Anzeige sind nach § 123 Abs 4 Satz 4 VAG 2016 alle Unterlagen beizulegen, die notwendig sind, damit die fachliche Qualifikation und die persönliche Eignung überprüft werden können. Zur Übermittlung verpflichtet ist der Vorstand des Versicherungsunternehmens. Die **FMA** hat somit parallel zu Kreditinstituten die **Einhaltung** der Bestimmungen über die **fachliche** und **persönliche Qualifikation** des Aufsichtsratsvorsitzenden zu **überprüfen**. Hinweisen der FMA zu Folge wird zur Überprüfung der geforderten theoretischen Kenntnisse im Anschluss an die Anzeige der Wahl des Aufsichtsratsvorsitzenden in der Regel ein sog. **Fit & Proper-Test** mit Fragen zu Aufsichtsthemen und -normen durchgeführt. Damit dürfte der 16. EIOPA-Leitlinie zum Governance-System entsprochen werden. Inhalt des Tests sollen die zentralen Bestimmungen des VAG 2016, der Delegierten-VO 2015/35 und der FMA-Verordnungen sein. Zudem werden Kenntnisse der grundlegenden gesellschaftsrechtlichen Regelungen vorausgesetzt. Im Falle des Nichtbestehens kann es zu einem weiterführenden Test kommen. Wird auch dieser nicht bestanden, geht die FMA nach eigenem Bekunden von einer nicht vorliegenden fachlichen Eignung aus und ergreift entsprechende aufsichtsrechtliche Maßnahmen. Die FMA hat in Übereinstimmung mit § 28a BWG kein Zustimmungs- und auch kein unmittelbares Widerrufsrecht; vielmehr hat die FMA nur das Recht, die Bestellung bei Gericht (Gerichtshof erster Instanz in Handelssachen in Verfahren außer Streitsachen) zu bekämpfen. Gemäß § 123 Abs 5 VAG 2016 kann die FMA den Antrag stellen, dass das Gericht die Wahl des Vorsitzenden widerrufe, sofern der *fit and proper test* nicht bestanden wird (vgl auch § 28 Abs 4 BWG; vgl *Herbst* Rz 35/54 ff; *Seeber* Rz 36/83 f).

[38] *Armbrüster*, r+s 2015, 425, 430.

18 In **Deutschland** hat die **BaFin** in ihrer Auslegungsentscheidung zur Prüfung der fachlichen Eignung und Zuverlässigkeit vom 30. Dezember 2015 Hinweise zum aufsichtlichen Verständnis der gesetzlichen Vorgaben veröffentlicht. Die Auslegungsentscheidung richtet sich insbesondere an alle inländischen Erst- und Rückversicherungsunternehmen gemäß § 1 Abs 1 Nr. 1 i.V.m. § 7 Z 33 und 34 dVAG 2016, soweit sie nicht Sterbe- und Pensionskassen oder kleine Versicherungsunternehmen sind oder als Rückversicherungsunternehmen ihre Tätigkeit nach § 165 Abs 1 dVAG 2016 eingestellt haben. Nach den Hinweisen sind im Hinblick auf das Proportionalitätsprinzip (vgl § 296 Abs 1 dVAG 2016 „Grundsatz der Verhältnismäßigkeit") bei der Prüfung der fachlichen Eignung die erforderlichen Kenntnisse immer bezogen auf „das allgemeine Geschäfts-, Wirtschafts- und Marktumfeld, in dem das Unternehmen tätig ist, zu betrachten, wobei im Einzelfall eine von der Verantwortung der Person für das Unternehmen abhängige Einarbeitungszeit möglich ist." Aufsichtsratsmitglieder haben über erforderliche Kenntnisse, Fähigkeiten und Erfahrungen zu verfügen, um ihrer Kontrollfunktion gerecht werden zu können. Nach Auffassung der BaFin können diese auch durch „(Vor-)Tätigkeiten in anderen Branchen, in der öffentlichen Verwaltung oder aufgrund von politischen Mandaten erworben werden, wenn diese über einen längeren Zeitraum maßgeblich auf wirtschaftliche und rechtliche Fragestellungen ausgerichtet und nicht völlig nachgeordneter Natur waren oder sind." Die Maßstäbe der zuvor geregelten „erforderlichen Sachkunde"[39] sollen weiterhin gelten. Die Beurteilung der Zuverlässigkeit der fachlichen Eignung ist nicht auf den Zeitpunkt der Bestellung beschränkt. Die fachliche Eignung erfordert daher eine stete Weiterbildung. Eine (unternehmensinterne) erneute Beurteilung der Qualifikation einer Person kann nach Auffassung der BaFin anlassbezogen erforderlich sein (vgl auch 13. EIOPA-Leitlinie zum Governance-System – EIOPA-BoS-14/253 DE). Die BaFin behält sich vor, im Rahmen ihrer gesetzlichen Befugnisse weitere Unterlagen und die unternehmensinternen Leitlinien anzufordern bzw. bei örtlichen Prüfungen einzusehen. Erfüllt ein Aufsichtsratsmitglied die Voraussetzungen des § 24 dVAG 2016 nicht, kann die BaFin nach § 303 dVAG 2016 Verwarnungen aussprechen oder die Abberufung des Aufsichtsratsmitglieds verlangen und ihm die Ausübung der Tätigkeit untersagen. Zu beachten ist, dass gemäß § 334 Abs 3 Satz 3 dVAG 2016 aus Tatsachen, die auf die Unzuverlässigkeit eines Aufsichtsratsmitglieds schließen lassen, regelmäßig das Vorliegen von Missständen im Geschäftsbetrieb gefolgert wird.

19 Ebenso wie nach allgemeinem Aktienrecht obliegt in Österreich und Deutschland dem Vorsitzenden des Aufsichtsrats die Einberufung von Aufsichtsratssitzungen. In Versicherungsunternehmen können in **Österreich** nicht nur einzelne Mitglieder gemäß § 94 AktG die Einberufung verlangen. Auch die FMA kann zur Durchsetzung der für die Einhaltung des Betriebs notwendigen Vorschriften gemäß § 276 VAG 2016 (vgl § 105 VAG aF) verlangen, den Aufsichtsrat einzuberufen. Wird ihrem Verlangen nicht unverzüglich nachgekommen, ist sie berechtigt, die Einberufung selbst vorzunehmen. In **Deutschland** ist § 298 dVAG 2016 zu beachten.

[39] Zu den Einzelheiten vgl *Lutter/Krieger/Verse*, Rechte und Pflichten des Aufsichtsrats[6] (2014), § 21 Besonderheiten in Kreditinstituten und Versicherungsunternehmen, Rz 1455 ff. m.w.N; zu den Mindestanforderungen siehe BGHZ 85, 293.

III. Prüfungsausschuss

A. Anwendungsbereich

20 In **Österreich** hat in Versicherungs- oder Rückversicherungsunternehmen, deren **verrechnete Prämien** des gesamten auf Grund der Konzession betriebenen Geschäfts 750 Millionen Euro übersteigen oder die übertragbare Wertpapiere ausgegeben haben, die zum Handel an einem **geregelten Markt** gemäß § 1 Abs 2 BörseG zugelassen sind, gemäß § 123 Abs 7 Satz 1 VAG 2016 (vgl § 82 Abs 4 VAG aF) der Aufsichtsrat einen Prüfungsausschuss zu bestellen.[40] Das Gesetz stellt somit alternativ auf den Umfang des Geschäfts oder die Börsennotierung der Aktien bzw sonstigen Wertpapiere ab. Der **Prüfungsausschuss** muss aus mindestens **drei Mitgliedern** des Aufsichtsorgans zusammengesetzt sein. Dem Prüfungsausschuss muss nach § 123 Abs 7 Satz 2 VAG 2016 überdies eine Person angehören, die über besondere Kenntnisse und praktische Erfahrung im Betrieb und in der Rechnungslegung eines Versicherungsunternehmens und in der Berichterstattung ihm für das betreffende Versicherungsunternehmen angemessener Weise verfügt, sog. **Finanzexperte** (vgl dazu *Schimka* Rz 29/81; *Kalss/Schimka* Rz 2/88).

21 **Vorsitzender** des Prüfungsausschusses oder Finanzexperte darf nach § 123 Abs 7 Satz 3 VAG 2016 nicht sein, wer in den letzten drei Jahren Mitglied des Vorstands, des Verwaltungsrats, geschäftsführender Direktor, leitender Angestellte (§ 80 AktG) oder Abschlussprüfer des Versicherungsunternehmens war oder den Bestätigungsvermerk unterfertigt hat oder aus anderen Gründen **nicht unabhängig** und **unbefangen** ist. Die Verpflichtung zur Einrichtung des Prüfungsausschusses besteht nach § 119i Abs 20 VAG aF in Verbindung mit § 82b Abs 4 VAG aF bereits seit 1. Jänner 2008.

22 Die Regelung gemäß § 123 Abs 7 VAG 2016 (§ 82b Abs 4 VAG aF) ist parallel gehalten zu § 63a Abs 4 BWG für Kreditinstitute sowie zu der allgemeinen aktienrechtlichen Regelung gemäß § 92 Abs 4a AktG (vgl *Herbst*, Rz 35/90 ff; *Schimka* Rz 29/81).

23 In **Deutschland** finden sich Regelungen zum Prüfungsausschuss in § 324 HGB[41] und in § 107 Abs 3 Satz 2 dAktG. Für die aktienrechtliche Bestimmung ist anerkannt, dass der Aufsichtsrat nach seinem Ermessen über die Einrichtung des Prüfungsausschusses entscheidet und die Einrichtung auch bei kapitalmarktorientierten oder börsennotierten Gesellschaften fakultativ ist.[42] Der Deutsche Corporate Governance Kodex (DCGK) empfiehlt in Abschnitt 5.3.2 jedoch die Einrichtung eines Prüfungsausschusses. Zentrale Aufgabe des gesamten Aufsichtsrats einer Versicherungsaktiengesellschaft ist – neben spezieller versicherungsaufsichtsrechtlicher Funktionen sowie der Bestellung und Abberufung der Mitglieder des Vorstands (§ 84 Abs 1 und 3 dAktG) – gemäß § 111 Abs 1 dAktG die Überwachung der Geschäftsleitung.[43]

---

40 Vgl auch *Baran/Peschetz,* Österreichisches Versicherungsaufsichtsrecht³ (2015), 98.

41 Zu den Einzelheiten vgl etwa *Hopt/Merkt* in *Baumbach/Hopt*, Handelsgesetzbuch³⁶ (2014), § 324 Rz 1 ff.

42 Statt vieler *Habersack* in MünchKomAktG⁴ (2014), § 107 Rz 109.

43 *BGH* Urt. v. 16. März 2009 – II ZR 280/07, VersR 2009, 1635; vgl auch *Bürkle/Scheel*, in *Bähr*, Versicherungsaufsichtsrecht, § 13 Rz 89 ff.

B. Aufgaben

24 § 123 Abs 7 VAG 2016 (§ 82b Abs 4 VAG aF) normiert in **Österreich** die Aufgaben des Prüfungsausschusses. Diese sind parallel zu der allgemeinen aktienrechtlichen Regelung ausgestaltet (vgl *Herbst* Rz 35/93 ff; *Schimka* Rz 29/88 f). Die Aufgaben des Prüfungsausschusses nach 123 Abs 7 Satz 6 VAG 2016 lauten im Einzelnen: Überwachung des Rechnungslegungsprozesses (Z 1), Überwachung der Wirksamkeit des internen Kontrollsystems, der internen Revisions-Funktion, und des Risikomanagementsystems des Unternehmens (Z 2), Überwachung der Abschlussprüfung und Konzernabschlussprüfung (Z 3), Prüfung und Überwachung der Unabhängigkeit des Abschlussprüfers (Konzernabschlussprüfers), insbesondere im Hinblick auf die für das geprüfte Unternehmen erbrachten zusätzlichen Leistungen (Z 4), die Prüfung und Vorbereitung der Feststellung des Jahresabschlusses, des Vorschlags für die Gewinnverteilung, des Lageberichts, des Berichts über die Solvabilität und Finanzlage und gegebenenfalls des Corporate Governance-Berichts sowie die Erstattung des Berichts über die Prüfungsergebnisse an den Aufsichtsrat bzw. den Verwaltungsrat (Z5) und gegebenenfalls Prüfung des Konzernabschlusses und -lageberichts und des Berichts über die Solvabilität und Finanzlage auf Gruppenebene sowie die Erstattung des Berichts über die Prüfungsergebnisse an das Aufsichtsorgan des Mutterunternehmens (Z 6). Zudem ist der Prüfungsausschuss nach § 123 Abs 7 Satz 6 Z 7 VAG 2016 (§ 82b Abs 4 Z 7 VAG aF) maßgeblich an der Auswahl des Abschlussprüfers beteiligt (Rz 22).

C. Innere Ordnung

25 In **Österreich** hat der Prüfungsausschuss gemäß § 123 Abs 7 Satz 5 VAG 2016 (§ 82b Abs 4 VAG aF) zumindest **zwei Sitzungen** im Geschäftsjahr abzuhalten. Der Abschlussprüfer (vgl §§ 260 ff. VAG 2016) ist jenen Sitzungen des Prüfungsausschusses, die sich mit der Vorbereitung der Feststellung des Jahresabschlusses (Konzernabschlusses und dessen Prüfung) befassen, zuzuziehen und hat über die Abschlussprüfung zu berichten. Für die Einberufung und die sonstige innere Ordnung gelten die allgemeinen Regelungen für einen Prüfungsausschuss (vgl *Herbst* Rz 35/101 ff, *Schimka* Rz 29/86 f).

26 Der Prüfungsausschuss hat gemäß § 123 Abs 7 Satz 6 Z 7 VAG 2016 (§ 82b Abs 4 Z 7 VAG aF) den Vorschlag des Aufsichtsrats (Aufsichtsorgans) des Versicherungsunternehmens für die Auswahl des Abschlussprüfers (Konzernabschlussprüfers) vorzubereiten (*Herbst* 35/112). Weiters hat der Prüfungsausschuss auch die Unabhängigkeit des Abschlussprüfers laufend zu überprüfen.

D. Spezielle Prüfung

27 Abgesehen von den allgemeinen aktienrechtlichen Bestimmungen des Aufsichtsrats bei Vorbereitung der Bestellung und bei Mandatierung des Abschlussprüfers (vgl *Milla/Rödler/Köll* Rz 21/13 ff und Rz 21/63 ff) ist in **Österreich** der Aufsichtsrat gemäß § 261 Abs 1 Satz 1 VAG 2016 (§ 82b Abs 1 VAG) berechtigt, Wirtschaftsprüfer oder Wirtschaftsprüfungsgesellschaften, bei denen keine Befangenheit oder Ausgeschlossenheit gemäß § 271, § 271a oder § 271b UGB vorliegt, mit der Durchführung der **Prüfung der Gesetzmäßigkeit** und **Ordnungsmäßigkeit** des gesamten Versicherungs- oder Rückversicherungsunternehmens zu beauftragen. Die Wirtschaftsprüfer sind gem. § 261 Abs 1 Satz 2 VAG 2016 vom Aufsichtsrat mit einem entsprechenden Prüfungsauftrag zu versehen. Diese Bestimmung entspricht § 63a Abs 1 BWG. Die **spezielle Prüfung** der Gesetzmäßigkeit und Ordnungsmäßigkeit ist von der allgemeinen Abschlussprüfung zu unterscheiden.

E. Abschlussprüfer – Aufsichtsrat

In **Österreich** wählt die Hauptversammlung den **Abschlussprüfer**. Die Wahl hat vor Beginn des zu prüfenden Geschäftsjahres zu erfolgen.[44] Der nach § 248 Abs 2 Z 4 VAG 2016 auch der FMA vorzulegende Bericht des Abschlussprüfers hat nicht nur allgemein über die Abschlussprüfung, sondern gemäß § 263 Abs 2 VAG 2016 (§ 82 Abs 5 VAG aF) auch über im Zuge der Prüfung wahrgenommenen Tatsachen, welche die dauernde Erfüllbarkeit der Verpflichtungen aus deren Versicherungsverträgen beeinträchtigen, zu informieren. Insbesondere hat der Bericht Angaben über die **Einhaltung** der **Vorschriften des VAG sowie der Anordnungen der FMA** zu enthalten. Gemäß § 261 Abs 2 Satz 1 VAG 2016 (§ 82b Abs 2 VAG aF) hat der für die Gesellschaft im Auftrag des Aufsichtsrats tätige Prüfer über das Ergebnis der Prüfung dem **Vorsitzenden des Aufsichtsrats** zu berichten. Stellt der Prüfer schwerwiegende Mängel in Bezug auf die Gesetzmäßigkeit und Ordnungsmäßigkeit des Unternehmens fest, hat er den Vorsitzenden des Aufsichtsrats gemäß § 261 Abs 2 Satz 2 unverzüglich zu verständigen. Unter den in § 265 Abs 1 VAG 2016 genannten Voraussetzungen trifft der Abschlussprüfer auch die Pflicht zur unverzüglichen schriftlichen Anzeige gegenüber der FMA. Der Abschlussprüfung kommt daher eine **Doppelfunktion** zu; sie ist gesellschaftsrechtliches Instrument und zugleich Hilfsmittel der aufsichtsbehördlichen Kontrolle.[45] **28**

In **Deutschland** hat der Aufsichtsrat den Abschlussprüfer zu bestimmen (vgl § 341k Abs 2 Satz 1 HGB und § 36 Abs 1 dVAG 2016). Der Aufsichtsrat schließt den Vertrag mit dem Abschlussprüfer und kann Prüfungsschwerpunkte vorgeben.[46] Der Vorstand hat der Aufsichtsbehörde den Abschlussprüfer unverzüglich anzuzeigen. Nach § 37 Abs 5 Satz 1 dVAG 2016 hat der Vorstand der Aufsichtsbehörde zudem eine Ausfertigung des Berichts des Abschlussprüfers samt Bemerkungen des Aufsichtsrats unverzüglich nach der Feststellung vorzulegen. **29**

---

[44] *Baran/Peschetz,* Österreichisches Versicherungsaufsichtsrecht³ (2015), 114.
[45] *Baran/Peschetz,* Österreichisches Versicherungsaufsichtsrecht³ (2015), 113.
[46] *Bürkle/Scheel* in *Bähr*, Versicherungsaufsichtsrecht, § 13 Der Aufsichtsrat von Versicherungsunternehmen, Rz 123.

IV. Besondere Aufgaben des Aufsichtsrats im Versicherungsunternehmen

A. Interne Revision

30 Das Versicherungsaufsichtsrecht sieht in Österreich und Deutschland für den Aufsichtsrat eines Versicherungsunternehmens einige spezialgesetzlich geregelte Aufgaben vor.

31 In **Österreich** haben Versicherungsunternehmen gemäß § 107 VAG 2016 (vgl § 17b VAG aF) eine **interne Revision** einzurichten, sowie hierzu Leitlinien zu erstellen und zu implementieren, § 107 Abs 3 VAG 2016. Darüber hinaus ist nach §§ 108 Abs 1 Z 3, 119 Abs 1 Satz 1 VAG 2016 eine **interne Revisions-Funktion** einzurichten, die gemäß § 119 Abs 1 Satz 2 VAG 2016 die Gesetzmäßigkeit, Ordnungsmäßigkeit und Zweckmäßigkeit des Geschäftsbetriebes des Versicherungs- oder Rückversicherungsunternehmens sowie die Angemessenheit und Wirksamkeit des internen Kontrollsystems und der anderen Bestandteile des Governance-Systems prüft. Die interne Revisions-Funktion hat gemäß § 119 Abs 2 Satz 1 VAG 2016 objektiv und von anderen operativen Tätigkeiten unabhängig zu sein. Feststellungen und Empfehlungen sind nach § 119 Abs 2 Satz 2 VAG 2016 dem Vorstand bzw. dem Verwaltungsrat und den geschäftsführenden Direktoren mitzuteilen. Zudem sind dem Vorsitzenden des Aufsichtsrats sowie dem Prüfungsausschuss Inhalte des Prüfplanes und wesentliche Feststellungen und Empfehlungen auf Grund durchgeführter Prüfungen quartalsweise zu berichten. Der Aufsichtsratsvorsitzende hat in der nächstfolgenden Aufsichtsratssitzung hierüber zu informieren. Durch die unmittelbare Berichtspflicht der internen Revision an den Vorsitzenden des Aufsichtsrats soll eine effiziente Überwachung des Unternehmens gesichert werden.

32 In **Deutschland** gehört nach § 128 Abs 3 dVAG 2016 die Bestellung des Treuhänders zum Pflichtenkreis des Aufsichtsrats. Gemäß § 139 Abs 2 Satz 1 dVAG 2016 hat der Vorstand mit Zustimmung des Aufsichtsrats die Beträge zu bestimmen, die für die Überschussbeteiligung der Versicherten zurückzustellen sind.

B. Bestellung des Aktuars

33 In **Österreich** haben Versicherungsunternehmen, die im Rahmen ihrer gemäß § 6 Abs 1 erteilten Konzession die Lebensversicherung, die Krankenversicherung nach Art der Lebensversicherung oder die Unfallversicherung nach Art der Lebensversicherung betreiben, gemäß § 114 Abs 1 VAG 2016 (§ 24 VAG aF) einen **verantwortlichen Aktuar**[47] und einen Stellvertreter zu bestellen. Dessen Aufgaben und Befugnisse richten sich nach § 116 VAG 2016. Grundsätzlich ist für die Bestellung der Vorstand des Versicherungsunternehmens zuständig. Gemäß § 24 Abs 1 letzter Satz VAG aF oblag dem Aufsichtsrat oder dem Verwaltungsrat die Bestellung der betreffenden Person, wenn zum verantwortlichen Aktuar oder zu seinem Stellvertreter ein **Vorstandsmitglied** oder ein Verwaltungsratsmitglied

[47] Vgl hierzu *Baran/Peschetz,* Österreichisches Versicherungsaufsichtsrecht[3] (2015), 94.

oder ein geschäftsführender Direktor bestellt werden sollte. Insoweit ist § 115 Abs 1 VAG 2016 zu beachten. Hiernach dürfen zum verantwortlichen Aktuar oder seinem Stellvertreter eigenberechtigte natürliche Personen bestellt werden, welche die erforderlichen fachlichen Qualifikationen besitzen und persönlich zuverlässig sind.

In **Deutschland** wird der verantwortliche Aktuar nach § 141 Abs 3 dVAG 2016 **34** grundsätzlich vom Aufsichtsrat bestellt oder entlassen. Der verantwortliche Aktuar hat an der Sitzung des Aufsichtsrats über die Feststellung des Jahresabschlusses teilzunehmen und über die wesentlichen Ergebnisse seines Erläuterungsberichts zur versicherungsmathematischen Bestätigung zu berichten. Der Aufsichtsrat hat in seinem Bericht an die Hauptversammlung zu dem Erläuterungsbericht des verantwortlichen Aktuars Stellung zu nehmen, § 141 Abs 4 dVAG 2016.

V. Große Versicherungsvereine auf Gegenseitigkeit

In **Österreich** hat ein **großer Versicherungsverein auf Gegenseitigkeit** (§ 35 **35** VAG 2016) gemäß § 48 Abs 1 VAG 2016 (§ 43 Abs 1 VAG aF) einen Vorstand, einen Aufsichtsrat und als obsterstes Organ eine Mitgliederversammlung (Mitgliedervertretung) einzurichten. Der **Aufsichtsrat** ist somit **zwingendes Organ** eines großen Versicherungsvereins.

Gemäß § 50 Abs 1 VAG 2016 (§ 47 VAG aF) sind die Mitglieder des Aufsichts- **36** rats eines großen Versicherungsvereins auf Gegenseitigkeit vom obersten Organ zu wählen. § 50 Abs 2 Satz 2 VAG 2016 verweist für die **Wahl**, **Abberufung** und Bestellung von Aufsichtsratsmitgliedern, die Unvereinbarkeit der Zugehörigkeit zum Vorstand und zum Aufsichtsrat und die Veröffentlichung der Änderungen im Aufsichtsrat auf § 86 Abs 1 bis 3, 5 und 6 AktG, § 87 Abs 1 zweiter Satz, Abs 2 bis 5 und 7 bis 10 AktG und § 89 bis § 91 AktG. Ausdrücklich wird festgehalten, dass § 110 Abs 2 und 3 ArbVG über die Arbeitnehmermitbestimmung unberührt bleibt.

Versicherungsvereine auf Gegenseitigkeit sind bei der Anwendung der **Man- 37 datsgrenzen** gemäß § 86 Abs 2, 3 und 6 AktG und des § 30a Abs 2, 3 und 5 GmbHG Kapitalgesellschaften gleichzuhalten (vgl dazu *Kalss/Schimka* Rz 2/28). Dies bedeutet, dass ein Aufsichtsratsmandat in einem Versicherungsverein auf Gegenseitigkeit einem Mandat in einer AG oder GmbH für die Berechnung der höchstzulässigen Gesamtzahl gleichzuhalten ist.

§ 50 Abs 3 VAG 2016 verweist für die innere Ordnung des Aufsichtsrats, die **38** Teilnahme an den Sitzungen und denen seines Ausschusses sowie der Einberufung des Aufsichtsrates auf § 92 Abs 1 bis 4 und 5, § 93 und § 94 AktG. Ausdrücklich wird wiederum die Sonderregelung von § 110 Abs 4 ArbVG aufrecht erhalten.

Gemäß § 50 Abs 4 VAG 2016 hat der Aufsichtsrat die Geschäftsführung des **39** Versicherungsvereins zu **überwachen**. Er hat das oberste Organ einzuberufen, wenn es das Wohl des Vereins erfordert. Die Regelung orientiert sich an § 95 Abs 4 AktG. (vgl *Frotz/Schörghofer* Rz 11/41). Das Gesetz verweist für die Aufgaben und die Rechte des Aufsichtsrats auf § 95 Abs 2, 3 und 5 und 6 sowie §§ 96, 97 AktG. Dies bedeutet, dass der Aufsichtsrat des Versicherungsvereins ebenso einen **gesetzlichen Katalog** von **zustimmungspflichtigen Geschäften** zu bewältigen hat (*Briem* Rz 12/1 f) und dass er gegenüber der Geschäftsführung **vertretungsbefugt** ist und schließlich, dass er dem obersten Organ des Versicherungsvereins einen **Bericht** im Sinne von § 96 AktG (*Frotz/Schörghofer* Rz 11/47) zu erstatten hat. Das **Vergütungsregime** ist gemäß § 50 Abs 5 VAG 2016 an § 98 AktG angelehnt (vgl *Kalss* Rz 50/1 ff). Die **Sorgfaltspflicht** und Verantwortlichkeit der Aufsichtsratsmitglieder werden wiederum gemäß § 50 Abs 6 VAG 2016 an § 84 AktG Abs 1, 2 und 4 bis 6 AktG sowie § 49 Abs 2 Satz 2 VAG ausgerichtet. § 49 Abs 2 VAG weist seinerseits auf 77 bis § 82 und § 84 Abs 1, 2 und 4 bis 6 AktG für die Mitglieder des Vorstands hin. Zusätzlich sind versicherungsspezifische Bestimmungen zu beachten. In **Deutschland** gelten für große Versicherungsvereine auf Gegenseitigkeit die Regelungen der §§ 171 bis 209 dVAG 2016. Wann ein solcher Verein vorliegt, bestimmt das Gesetz nicht ausdrücklich. § 171 dVAG 2016 (§ 15 dVAG aF) legt nur fest, dass ein Verein, der die Versicherung seiner Mitglieder nach dem Grundsatz der Gegenseitigkeit betreiben will, dadurch seine Rechtsfähigkeit erlangt, dass ihm die Aufsichtsbehörde erlaubt, als Versicherungsverein auf Gegenseitigkeit Geschäfte zu betreiben. Die Einordnung als großer Verein hat die BaFin in Abgrenzung zu § 209 dVAG 2016 vorzunehmen. Gemäß § 184 dVAG 2016 (vgl § 29 dVAG aF) hat die Satzung zu bestimmen wie ein Vorstand, ein Aufsichtsrat und eine oberste Vertretung zu bilden sind; unter oberster Vertretung (§ 191 dVAG 2016) ist das oberste Organ zu verstehen, mithin die Versammlung und Mitgliedern oder deren Vertreter, § 184 dVAG 2016. Der Aufsichtsrat ist somit wie in Österreich **zwingendes Organ** eines großen Versicherungsvereins auf Gegenseitigkeit. Nach § 189 Abs 1 Satz 1 dVAG 2016 (vgl § 35 dVAG aF) besteht der Aufsichtsrat mindestens aus drei Personen. Die Satzung kann jedoch auch eine höhere, durch drei teilbare Zahl festsetzen, vgl § 189 Abs 1 Satz 2 dVAG 2016. Die Zahl der Aufsichtsratsmitglieder ist gemäß § 189 Abs 1 Satz 3 dVAG 2016 auf 21 Personen begrenzt. Bei großen Versicherungsvereinen, die der Regelung des § 1 Abs 1 Z 4 des Gesetz über die Drittelbeteiligung der Arbeitnehmer im Aufsichtsrat (Drittelbeteiligungsgesetz – DrittelbG) unterfallen, hat der Aufsichtsrat auch aus Aufsichtsratsmitgliedern der Arbeitnehmer zu bestehen. Im anderen Fällen setzt sich der Aufsichtsrat ausschließlich aus von der obersten Vertretung gewählten Aufsichtsratsmitgliedern zusammen. Gemäß § 189 Abs 3 Satz 1 dVAG 2016 finden die Bestimmungen der § 30 Abs 2 und 3 Satz 1 und 2 erster Halbsatz, § 96 Abs 4, die §§ 97 bis 100, 101 Abs 1 und 3, die §§ 102 und 103 Abs 1 und 3 bis 5 sowie die §§ 104 bis 116 dAktG auf große Versicherungsvereine entsprechend Anwendung, mit der Maßgabe, dass die der Hauptversammlung übertragenen Aufgaben von der obersten Vertretung wahrzunehmen sind. Zum Antragsrecht ist die Verweisung in § 189 Abs 3 Satz 3 dVAG 2016 zu beachten. Weil der Gesetzgeber auch auf § 100 Abs 2 Satz 1 Z 3 dAktG verweist, ist das **Verbot der Überkreuzverflechtung** (vgl Rz 10) auf große Versicherungsvereine entsprechend anzuwenden, nicht jedoch auf kleine Vereine (vgl Rz 44). Gemäß § 189 Abs 4 dVAG 2016 kann den Aufsichtsratsmitgliedern eine **Gewinnbeteiligung** gewährt werden. Diese berechnet sich gegebenenfalls nach dem Jahresüberschuss abzüglich eines Verlustvortrags und der Einstellungen in die Gewinnrücklagen. Zwingend abzusetzen ist der Anteil am Überschuss, der nach § 178 Abs 3 dVAG 2016 (vgl § 22 dVAG aF) den Personen zugesichert ist, die den Gründungsstock zur Verfügung gestellt haben. Entgegenstehende Festsetzungen sind nichtig. Im Übrigen gilt die allgemeine Vorgabe des § 25 Abs 2 und 3 dVAG 2016. Aufsichtsratsmitglieder können **Ersatzpflichten** treffen, wenn der Vorstand bestimmte Handlungen mit ihrem Wissen und ohne ihr Einschreiten vornimmt. Die insoweit relevanten Handlungen sind: Verzinsung oder Tilgung des Gründungsstocks, Verteilung des Vereinsvermögens, grundsätzlich Zahlungen nach Eintritt der Zahlungsunfähigkeit oder Überschuldung des Vereins, Gewährung von Krediten. Die Formulierung „insbesondere" in § 189 Abs 5 dVAG 2016 macht deutlich, dass auch Ersatzpflichten wegen anderer Handlungen möglich sind.

VI. Kleiner Versicherungsverein

In **Österreich** hat gemäß § 68 Abs 1 Satz 1 VAG 2016 (vgl 62 VAG aF) der Geschäftsbereich eines **kleinen Versicherungsvereins** örtlich, sachlich und dem Personenkreis nach eingeschränkt zu sein.[48] Örtlich eingeschränkt ist der Geschäftsbereich nach § 68 Abs 1 Satz 2 VAG 2016, wenn er sich satzungsmäßig auf das Bundesland, in dem der Verein seinen Sitz hat, sowie auf bestimmte unmittelbar daran angrenzende Gebiete erstreckt. Als sachlich eingeschränkt gilt ein Geschäftsbereich, wenn nur die in Z 8 (Feuer und Elementarschäden) und Z 9 (sonstige Sachschäden) der Anlage A zum VAG 2016 angeführten Risiken, mit Ausnahme von Schäden durch Kernenergie, gedeckt werden, vgl § 68 Abs 1 Satz 3 VAG 2016. Der Geschäftsbereich gilt als dem Personenkreis nach eingeschränkt, wenn dem Verein nicht mehr als 20.000 Mitglieder angehören, vgl § 68 Abs 1 Satz 4 VAG 2016. Trotz einer gesetzlichen Determinierung können Unsicherheiten über die Qualifikation eines Versicherungsvereins bestehen. Gemäß § 68 Abs 2 VAG 2016 (vgl 62 Abs 3 VAG aF) entscheidet daher die FMA, ob ein Versicherungsverein auf Gegenseitigkeit ein kleiner Versicherungsverein ist. 40

Ein kleiner Versicherungsverein muss im **Grundsatz keinen Aufsichtsrat** haben; aus § 75 Abs 1 und Abs 2 Satz 1 VAG 2016 folgt, dass der Aufsichtsrat kein zwingend einzurichtendes Organ ist. Anderes gilt für kleine Versicherungsvereine mit mehr als 2.000 Mitgliedern. Diese müssen nach § 75 Abs 2 Satz 2 VAG 2016 einen Aufsichtsrat einrichten. 41

Gemäß § 75 Abs 2 Satz 1 VAG 2016 (vgl 70 VAG aF) kann die **Satzung** eines kleinen Versicherungsvereins die Bestellung eines Aufsichtsrats vorsehen. Die Aufsichtsratsmitglieder werden gemäß § 77 Abs 1 VAG 2016 vom obersten Organ längstens bis zur Beendigung der Versammlung des obersten Organs gewählt, die über die Entlastung für das vierte Geschäftsjahr beschließt, das dem zum Zeitpunkt der Wahl im laufenden Geschäftsjahr folgt. Ebenso wie im Aktienrecht und bei großen Versicherungsvereinen ist die **Wiederwahl** nach § 77 Abs 1 Satz 2 VAG 2016 zulässig. Gemäß § 77 Abs 1 Satz 3 VAG 2016 kann die Bestellung zum Aufsichtsratsmitglied auch vorzeitig vom obersten Organ widerrufen werden. 42

Nach § 77 Abs 2 Satz 2 VAG 2016 dürfen Aufsichtsratsmitglieder eines kleinen Versicherungsvereins auf Gegenseitigkeit **nicht zugleich Vorstandsmitglieder** oder Dauervertreter von Vorstandsmitgliedern sein. Auch der Status als Angestellter des Vereins ist gemäß § 77 Abs 2 letzter Halbsatz VAG 2016 nicht zulässig. 43

---

48 Vgl auch *Baran/Peschetz,* Österreichisches Versicherungsaufsichtsrecht[3] (2015), 37 f.

Ausdrücklich verweist das Gesetz in § 77 Abs 3 und 4 VAG 2016 für die Regelung der Einberufung auf § 94 AktG sowie für die Aufgaben und Rechte des Aufsichtsrats auf § 95 Abs 2 erster Satz, Abs 3 und 5, § 96 Abs 1 und § 97 Abs 1 AktG. Gemäß § 77 Abs 5 Satz 1 VAG 2016 gilt für die Sorgfaltspflicht § 84 Abs 1 AktG singgemäß. Mitglieder des Aufsichtsrats, die ihre Pflichten schuldhaft verletzen, sind nach § 77 Abs 5 Satz 2 und 3 VAG 2016 dem Verein gegenüber zum Ersatz des daraus entstehenden Schadens verantwortlich. Etwaige Ansprüche des Vereins sind geltend zu machen, wenn es das oberste Organ beschließt oder mindestens ein Zehntel der Mitglieder des obersten Organs dies verlangt. Werden einzelne Fragen des Aufsichtsrats des kleinen Versicherungsvereins nicht explizit geregelt, so kann hilfsweise auf die Regelungen und die sinngemäße Anwendung für den großen Versicherungsverein auf Gegenseitigkeit und auch für die Aktiengesellschaft zurück gegriffen werden, wobei aber stets die Besonderheiten der Struktur des Versicherungsvereins auf Gegenseitigkeit zu beachten sind.

44 In **Deutschland** gelten für kleine Versicherungsvereine auf Gegenseitigkeit, sog. **kleinere Vereine**, die Vorschriften des dVAG 2016 und des BGB. Vorrangig ist § 210 dVAG 2016 (vgl § 53 und § 157 dVAG aF) zu beachten. Kleinere Vereine haben bestimmungsgemäß einen sachlich, örtlich oder dem Personenkreis nach eng begrenzten Wirkungskreis, § 210 Abs 1 dVAG 2016. Ob ein kleinerer Verein vorliegt, entscheidet letztlich wie in Österreich die Aufsichtsbehörde, § 210 Abs 4 dVAG 2016. Auf kleinere Vereine finden nur die §§ 171 und 172 Satz 2, § 173 Abs 1, § 174 Abs 1, die §§ 175, 176 und 177 Abs 1, die §§ 178 bis 182 und 183 Abs 1, § 188 Abs 1 Satz 1, die §§ 193, 194 und 195 Abs 1 bis 3, die §§ 197, 198 und 199 Abs 1, 2 Satz 1 und Abs 3 sowie die §§ 200, 205 und 207 bis 209 dVAG 2016 entsprechende Anwendung. Im Übrigen gelten nach § 210 Abs 2 dVAG 2016 die Bestimmungen der §§ 24 bis 53 dBGB. Der Aufsichtsrat findet zwar in den Vorschriften der §§ 195 Abs 3 und 197 Abs 2 dVAG 2016 Erwähnung. Daraus folgt jedoch **keine Pflicht** zur Einrichtung eines Aufsichtsrats für kleinere Vereine. Nach § 210 Abs 2 Satz 3 dVAG 2016 kann in der Satzung jedoch ein Aufsichtsrat bestellt werden. Ist dies der Fall, so sind § 34 Abs 1 und 2 Satz 1 und Abs 6, § 36 Abs 2 und 3 sowie die §§ 37 bis 40 des Genossenschaftsgesetzes entsprechend anzuwenden. Da der Gesetzgeber nicht auf § 100 Abs 2 Satz 1 Z 3 dAktG verweist, gilt das **Verbot der Überkreuzverflechtung** (vgl Rz 10) für kleine Vereine nicht.

VII. Aufsichtsorgane in unterschiedlichen Rechtsträgern

Der Beirat

Susanne Kalss

§§: 20 Abs 2 GmbHG; 139 Abs 1 UGB

Literatur

Ö: *Arnold,* PSG[3] (2013); *Auer,* Zum GmbH-Beirat, der ein fakultativer Aufsichtsrat sein soll, GES 2007, 183; *Brix*, Die Satzung der AG (2011); *Cerha*, Einflussmöglichkeiten der Begünstigten von Privatstiftungen, in FS Helbich (2015) 45; *Heidinger*, Aufgaben und Verantwortlichkeit von Aufsichtsrat und Beirat der GmbH (1989); *Höhne*, Wann ist ein Vereinsorgan ein Aufsichtsorgan, ecolex 2013, 1079; *Kalss/Probst*, Familienunternehmen (2013); *Kastner*, Beiräte im österreichischen Gesellschaftsrecht, RdW 1983, 98; *Kastner*, Aufsichtsrat und Realität, in FS Strasser (1983) 843; *Kodek*, Gedankensplitter zur Corporate Governance der Privatstiftung, in FS Reich-Rohrwig (2014) 101; *Korinek*, Beiräte in der Verwaltung, in FS Antoniolli (1979) 463; *Kopetzki*, Medizinrecht, in Studiengesellschaft für Wirtschaft und Recht, Privates Recht (2016 in Druck); *Nowotny*, Beirat – Aufsichtsrat – Ausschuss, RdW 2008, 699; *B Raschauer*, Allgemeines Verwaltungsrecht[4] (2013); *Reich-Rohrwig*, Der Beirat der GmbH, ÖJZ 1981, 509; *Schima/Liemberger/Toscani*, Der GmbH-Geschäftsführer (2015); *Schima/Toscani*, Die Pflichtenbindung des Vorstands einer Unternehmensträgerstiftung, in FS Helbich (2015) 121.

Dtl: *Bacher*, Einrichtung eines schuldrechtlichen GmbH-Beirats, BB 2005, 465; *Bayer/Hoffmann*, Der statutarisch verankerte AG-Beirat, AG 2009, R 243; *Bayer*, Beiräte in der AG, AG 2009, R 243; *Bayer,* Die Haftung des Beirats im Recht der GmbH und GmbH & Co KG, in FS Schneider (2010) 75; *Erker*, Beiräte: Der institutionalisierte Einfluss Dritter, in Röthel/Schmidt, Konfliktvermeidung in Familienunternehmen (2014) 21; *Hommelhoff/Timm*, Zur Zulässigkeit von Beiräten bei Aktiengesellschaften – Anmerkung zum Urteil des Landgerichts Köln vom 13.7.1976 – 3 0 121/76, AG 1976, 330; *Kormann*, Beiräte in der Verantwortung (2008); *Lange*, Der Beirat als Element der Corporate Governance in Familienunternehmen, GmbHR 2006, 897; *Köberle-Schmid*, Betriebswirtschaftliche Ausgestaltung von Aufsichtsgremien in Familienunternehmen, BB 2009, 1249; *Köberle-Schmid /Groß /Lehmann-Tollkmit*, Der Beirat als Garant guter Governance im Familienunternehmen, BB 2011, 899; *Lippert*, Zulässigkeit und Aufgaben von Beiräten in Aktiengesellschaften, JuS 1978, 90; *May/Sieger*, Der Beirat in Familienunternehmen zwischen Beratung, Kontrolle, Ausgleich und Personalfindung – Eine kritische Bestandsaufnahme, in Jeschke/Kirchdörfer/Lorz, Planung, Finanzierung und Kontrolle im Familienunternehmen, FS Hennerkes I (2000) 245; *Peltzer*, Beirat und familienfremdes Management in der Familiengesellschaft – eine Plauderei, in FS Sigle (2000) 93; *Reichert*, Der Beirat als Element der Organisationsverfassung einer Familiengesellschaft, in FS Maier-Reimer (2010) 543; *Reuter*, Der Beirat der GmbH, in FS 100 Jahre GmbHG (1992) 631; *Ruter/Thümmel*, Beiräte in mittelständischen Familienunternehmen[2] (2009); *Sigle*, Zur Psychologie von Familienunternehmen, in FS Rowedder (1994) 459; *Sigle*, Beiräte, NZG 1998, 619, 621; *Spindler/Kepper*, Funktionen rechtlicher Rahmenbedingungen und Gestaltungsmöglichkeiten eines GmbH-Beirats, DStR 2005, 1738, 1775; *Weigert /Oepen*, Der Beirat in Organersatzfunktion bei der Kommanditgesellschaft, ZGR 2012, 585; *Wiedemann /Kögl*, Beirat und Aufsichtsrat im Familienunternehmen (2008); *Wiedemann*, Beiratsverfassung in der GmbH, in FS Lutter (2000) 801; *Wedemann*, Gesellschafterkonflikte in geschlossenen Kapitalgesellschaften (2013); *Wicke*, Corporate Governance-Fragen in der Kautelarjurisprudenz kleiner und mittelgroßer Unternehmen, ZGR 2012, 450.

Gliederung **Rz**

I. Vielfältige Erscheinungsformen

1 **Freiwillig eingerichtetes Organ**: In Unternehmen unterschiedlichster Rechtsform ist häufig neben den zwingend vorgeschriebenen Organen ein weiteres Organ oder Gremium eingerichtet, das als Beirat, Verwaltungsrat, Gesellschafterausschuss, Gesellschafterrat, Familienrat, ständiger Ausschuss (standing committee), Beratungsausschuss, Kuratorium, Komitee, Schiedsausschuss oder ähnlich bezeichnet wird.[1] Der Beirat ist – anders als der Aufsichtsrat – kein gesetzlich vorgesehenes Organ, sondern kann aufgrund **privatautonomer Gestaltung** in der Gesellschaft oder in einer sonstigen Einrichtung eingerichtet werden. Da Beiräte

[1] *Kalss/Probst*, Familienunternehmen 13/150; *Bayer* in FS Schneider 75, 76; *Lutter* in Lutter/Hommelhoff, GmbHG[18] § 52 Rz 109.

gesetzlich nicht geregelt sind, kommt ihnen auch kein bestimmter Aufgabenkreis zu. Die Gestaltungsfreiheit bei der Zuordnung von Aufgaben an den Beirat oder einer vergleichbaren Einrichtung hängt von der jeweiligen Gesellschaftsform ab, in der der Beirat eingerichtet werden soll. Die verschiedene Bezeichnung, vor allem aber die unterschiedliche Aufgabenzuweisung und Zuständigkeit der Einrichtung, machen deutlich, dass **Beirat nicht gleich Beirat** ist. Vielmehr erfasst dieser Begriff viele völlig **verschiedene Einrichtungen**. Die konkreten Rechte und Pflichten sind daher individuell zu bestimmen. Beiräte sind nicht auf Gesellschaften beschränkt. Beiräte finden sich auch in anderen Einrichtungen wie Vereinen, Stiftungen, Privatstiftungen, Fonds, öffentlich-rechtlichen Anstalten oder sonstigen Institutionen. Zum Teil werden Beiräte auch gesellschafts- oder institutionenübergreifend etabliert. So eignet er sich innerhalb einer Unternehmensgruppe etwa für die Konzernkoordination und –leitung und die Erarbeitung gemeinsamer Themen oder als Aufbereitung bestimmter Einzelprojekte oder regional bezogener Angelegenheiten.[2] Er kann auch als Kommunikationsplattform mit den Arbeitnehmern, mit einer Region, mit bestimmten Kunden oder Kundengruppen eingesetzt werden.

Verschiedene Aufgaben: Der Beirat kann als schlichte Unterstützung der Ge- 2
schäftsführung, als echtes Überwachungs- und Kontrollorgan oder als Hilfe oder Instrument der Wahrnehmung und Ausübung der Gesellschafterrechte eingerichtet werden. Die konkrete Gestaltung hängt von gesellschaftsvertraglichen und ergänzenden nachgeordneten Regelungen oder einer schlichten Vereinbarung ab. Allein die Bezeichnung „Beirat" hat wenig Aussagekraft. Je nach Aufgabenstellung hängt auch die **Kompetenz zur Etablierung** des Beirats als Einrichtung der Gesellschaft oder der Gesellschafter ab. Zu unterscheiden sind daher beratende, überwachende sowie entscheidende Beiräte. Die Überwachung kann gegenüber dem Management oder auch gegenüber einzelnen Gesellschaften im Interesse der Gesellschaftergesamtheit oder des Unternehmens ausgerichtet sein.[3]

II. Allgemeine Aufgaben des Beirats

A. Auflistung

Die Befugnisse des Beirats und dessen konkrete Ausgestaltung hängen einer- 3
seits von der Rechtsform der Gesellschaft, zugleich aber auch von der Anknüpfung und Ausrichtung der Einrichtung des Beirats ab. Danach richten sich seine Rechte und Pflichten, das Verhältnis gegenüber den gesetzlich vorgesehenen Gesellschaftsorganen und das Maß zulässiger privatautonomer Gestaltung. Der Beirat kann je nach **Aufgabenzuweisung**

- **nahe der Geschäftsführung**,
- nahe der **Aufsicht** und Kontrolle oder
- nahe den **Aufgaben der Gesellschafter**

angesiedelt und ausgestaltet sein. Davon hängen auch das Aufgabenportfolio, das Anforderungsprofil und die notwendigen Qualifikationen der Mitglieder und

---

[2] *Spindler* in MünchKomm zum GmbHG § 52 Rz 642, 649.
[3] *Spindler* in MünchKomm zum GmbHG § 52 Rz 644 ff.

schließlich auch die Ausgestaltung der Rechte und Pflichten der einzelnen Mitglieder und der inneren Ordnung der Einrichtung ab.

Das Spektrum der Aufgaben eines Beirats ist vielfältig:[4]

- Beratung der Geschäftsführung,
- Erarbeitung von konzernsteuernden Maßnahmen,
- Erarbeitung der gruppenweiten Abstimmung und Umsetzung von Maßnahmen,
- Überwachung und Kontrolle der Geschäftsführung,
- Suche, Auswahl, Bestellung und Anstellung des Managements oder bestimmter Funktionsträger,
- Vertretung der Interessen der Gesellschafter oder von Gesellschaftergruppen,
- Sicherung der Unternehmensnachfolge sowohl auf der Eigentümer- als auch auf der Managementebene,
- Netzwerkfunktion,
- Öffnung des Unternehmens gegenüber neuen Investoren oder auch neuen Ideen und schließlich derenÜbernahme,
- Vertretung und Beschlussfassung der Gesellschafter,
- Repräsentation und Netzwerkbildung gegenüber Interessenträgern (Politik, Behörden, Gesellschaft, Geschäftspartner, Region, Nachbarn, NGOs),
- Vorbereitung und Beratung von Entscheidungen gemeinsam mit Interessenträgern (Gläubigern, Geschäftspartnern),
- Projektumsetzung mit Interessenträgern (Arbeitnehmern; Kunden; Standortgemeinden),
- Schlichtungsaufgaben, Moderation, Bewältigung von Pattsituationen,
- Prävention von Gesellschafterstreitigkeiten.[5]

B. Einzelaufgaben – Vielfalt

4 **Aufgabenvielfalt**: Die Aufgaben des Beirats können völlig unterschiedlich gestaltet werden; entweder sind sie breit gefasst oder ganz eng auf eine Tätigkeit zugeschnitten. Am häufigsten wird dem Beirat die Aufgabe der **Beratung** der Geschäftsführung entweder allgemein oder für ganz bestimmte Bereiche zugeordnet.

5 **Einzelaufgaben**: Vielfach ist ein Beirat auch nur mit markanten Entscheidungen der Gesellschaft befasst, etwa mit der Auswahl, Vorbereitung und Einbegleitung von Nachfolgern auf Managementebene sowie auf Ebene anderer Funktionen in der Gesellschaft, wie der Mitgliedschaft im Aufsichtsrat, in einem Gesellschafterrat oder im Beirat selbst. Zum Teil konzentriert sich die Aufgabe des Beirats auch nur auf diese Tätigkeiten.

---

[4] S nur *Peltzer* in FS Sigle 93, 98; *Reichert* in FS Maier-Reimer 548; *Reich-Rohrwig*, ÖJZ 1981, 509; *Kastner*, RdW 1983, 98; *Kalss/Probst*, Familienunternehmen Rz 13/162; *A Heidinger* in Gruber/Harrer, GmbHG § 29 Rz 63; *Reuter* in FS 100 Jahre GmbHG 631 ff; *M Heidinger*, Aufgaben und Pflichten von Aufsichtsrat und Beirat in der GmbH 386 ff.

[5] *Kalss/Probst*, Familienunternehmen Rz 13/161; *Erker* in Röthel/Schmidt, Konfliktvermeidung in Familienunternehmen 21 ff; *Sigle*, NZG 1998, 691; *Kormann*, Beiräte in der Verantwortung 119 ff.

6 **ÖBIB-Nominierungskomitee**: Ein Beispiel eines Beirats mit eingeschränktem Aufgabenkreis ist etwa das **Nominierungskomitee** gem § 4 Abs 1 ÖBIB-Gesetz. Hier wird ein Beirat von Gesetzes wegen in einer GmbH eingerichtet, der als Nominierungskomitee ausschließlich die Aufgabe hat, die **Auswahl** von Aufsichtsratsmitgliedern in Gesellschaften vorzubereiten, die auf Vorschlag der ÖBIB in Gesellschaften, an denen die ÖBIB-Beteiligungen hält, gewählt werden sollen (vgl *Kalss/Kunz* Rz 34/157; *Kalss* Rz 9/42 ff).[6]

7 **Beratung**: Die Beratung ist die häufigste Aufgabe, die dem Beirat zugewiesen wird. Die Mitglieder des Beirats können unternehmensintern oder extern besetzt werden, wesentlich ist die Poolung von Sachverstand. Der Beirat hat mit der Beratung nicht Entscheidungsfunktion; er kann aber Entscheidungen maßgeblich vorbereiten und inhaltlich vorprägen. Je nach Überzeugungskraft oder auch Autoritätskraft personeller Zusammensetzung (Familienstamm-Leiter; Syndikatsratsmitglieder; Spartenleiter im Konzern) werden somit Maßnahmen kraft Beratung faktisch vorentschieden. Der Bogen der Beratungsaufgaben ist weit gespannt. Der Beirat kann zur allgemeinen Strategieberatung berufen werden; er kann zu einzelnen Projekten oder speziellen Fragen befragt werden. Die Zuordnung kann völlig frei gestaltet werden.

C. Die Aufgaben im Einzelnen

8 Vielfach wird die **Interessenvertretung** und Repräsentation der Gesellschafter in der Form des Beirats, somit in einem relativ kleinen, überschaubaren und funktionsfähigen Gremium, vollzogen.[7] Hierbei ist aber genau zu unterscheiden, ob nur eine Beratung der Geschäftsführung vorgenommen wird oder tatsächlich Aufgaben der Gesellschafter auf einen ausgewählten Kreis übertragen werden. Die Netzwerkfunktion, Kontaktpflege sowie Imagepflege und das Reputationsmanagement bilden weitere wichtige Aufgaben eines Beirats, schließlich vor allem die Konfliktidentifikation, Aufspürung und Bewältigung.[8] Allein das Bestehen eines Beirats, dessen formalisierte Handlungsweise und die Einhaltung eines Verfahrens sowie die Zuordnung von Mediations- und schiedsrichterlichen Aufgaben tragen zur Aufgabenerfüllung bei. Dies ist ein typisches Beispiel für Familienunternehmen, kann aber auch in einem Joint-Venture oder in völlig anderen Gesellschaften und Einrichtungen, in denen eine bestimmte regionale Repräsentation oder altersbezogene Vertretung angestrebt werden, für einen institutionalisierten Ausgleich eingesetzt werden.

9 **Information**: Neben dem Interessenausgleich und dem Diskussions- und Entscheidungsforum unter den Gesellschaftern dient eine Beirat auch der Vermittlung und **Moderation zwischen verschiedenen Gruppen** in der Gesellschaft einerseits, zwischen der operativen Geschäftsführung und den Gesellschaftern, umgekehrt zwischen den Gesellschaftern und der Geschäftsführung, sodass der **Informationsfluss** in beide Richtungen vollzogen wird.[9] Neben der Funktion des

6 485 BlgNR 25. GP zu § 4 Abs 1 ÖBIB-G (2015).

7 *Kalss/Probst*, Familienunternehmen Rz 13/167.

8 *Erker* in Röthel/Schmidt, Konfliktvermeidung in Familienunternehmen 21 ff.

9 *Kalss/Probst*, Familienunternehmen Rz 13/168.

schlichten Informationstransfers leistet der Beirat die Aufgaben der Moderation und des Ausgleichs.

10 **Konfliktbewältigung**: Weitergehend kann er die Funktion einer gesellschaftsinternen **Mediations-, Schlichtungs- und Schiedsstelle** übernehmen.[10] Dabei leistet bereits die Notwendigkeit des formalisierten Verfahrens unter Einschaltung des Beirats disziplinierende Wirkung ebenso zusätzliche Rechte wie Zustimmungsrechte des Beirats, Anhörungsrechte, Regelungen zur Bewältigung von Pattstellungen etc.[11] Dabei sind aber gerade bei der Konfliktprävention, -bewältigung und –lösung Vorkehrungen dafür zu treffen, damit die Akzeptanz und das Vertrauen aller Gesellschafter aufrecht bleibt, widrigenfalls das Funktionieren und die Sinnhaftigkeit eines Beirats mit der Betrauung dieser Aufgabe zu überdenken ist.[12]

11 **Nachfolgeplanung**: Eine weitere wesentliche Aufgabe des Beirats liegt in der Sicherung der Kontinuität der Nachfolge auf Management- und Eigentümerebene. Die Suche und Bestellung von **Managern** der geeigneten Geschäftsführung im Mutterunternehmen kann dem Beirat ebenso zugeordnet werden wie die kontinuierliche Pflege und Suche von geeigneten Leitungsorganen auf nachgeordneter Ebene. Jedenfalls ein Mitwirkungs- und Zustimmungsrecht erscheinen naheliegend und sinnvoll. Der Beirat hat dabei ein Anforderungsprofil zu erarbeiten und eine Politik der kontinuierlichen Nachfolge zu entwickeln. Bei der Unternehmensnachfolge auf Managementebene kann der Beirat als Einrichtung für eine gesichtswahrende Variante für einen notwendigen Wechsel eines geschäftsführenden Familienmitglieds oder sonstigen Mitgliedes eines Gesellschafters – auch aus dem öffentlichen Bereich – wegen Ungeeignetheit, wegen Unwille etc sein. Auf der Ebene der **Eigentümernachfolge** hat der Beirat andere Aufgaben zu erfüllen. Er entscheidet naturgemäß nicht über die Nachfolge der Gesellschafter, er kann sie aber mitgestalten, etwa indem er Überbrückungsarbeit bei unvorhergesehenem Ausscheiden oder bei Tod eines Gesellschafters leistet oder indem er an der Ordnung eine Gesellschaftergruppe mitwirkt, um einen geeigneten Repräsentanten für einen Familienstamm oder für den Sitz im Beirat oder in einem sonstigen Gremium zu finden. Die Suche und Gestaltung der Nachfolge auf Managementebene sind keineswegs auf Familienunternehmen konzentriert. Vielmehr kann dem Beirat auch in Joint-Ventures oder in sonstigen Gesellschaften diese Aufgabe zugeordnet werden, insbesondere auch mit öffentlichen Eigentümern, etwa um einen allfällig politischen (parteipolitischen) Einfluss zurückzudrängen. Die Aufgabe liegt in der Sicherung des Unternehmensinteresses.[13]

D. Festlegung der Aufgaben

12 **Klare Aufgabenzuordnung**: Die Aufgaben des Beirats sollen im Gesellschaftsvertrag oder in der sonstigen nachgeordneten Rechtsgrundlage, wie dem

[10] *Kalss/Probst*, Familienunternehmen Rz 13/169; *Reichert* in FS Maier-Reimer 543, 564; *Erker* in Röthel/Schmidt, Konfliktvermeidungen in Familienunternehmen 21 ff.

[11] *Wedemann*, Gesellschafterkonflikte in geschlossenen Kapitalgesellschaften 279 ff.

[12] *Kalss/Probst*, Familienunternehmen Rz 13/169.

[13] *Sigle*, NZG 1998, 621; *Kalss/Probst*, Familienunternehmen Rz 13/170.

Gesellschafterbeschluss oder dem Beschluss des Leitungsorgans klar festgelegt werden. Dies dient der Kompetenzzuweisung innerhalb der Gesellschaft und der Gesellschafter, zugleich aber auch der Erwartung der Eigentümer oder der entsendenden Einrichtung.[14] Die klare Festlegung bestimmt damit auch das Maß der Verantwortung und möglichen Haftung der Beiratsmitglieder (vgl Rz 89 ff). Jedenfalls soll das Aufgaben- und Pflichtenprogramm eindeutig umschrieben sein, damit jedes Organ, jeder Organträger und sonstige mit Aufgaben betraute Mitwirkende in der Gesellschaft seinen Pflichtenkreis kennt. Damit kann auch eine effiziente Erledigung der Aufgaben erleichtert werden und können negative Kompetenzkonflikte ebenso vermieden werden wie Doppelungen der Aufgabenerfüllung. Zu empfehlen ist es, die Regelungen nicht bloß durch Übung entstehen zu lassen, sondern sie jedenfalls klar niederzulegen und zu dokumentieren.[15]

Rechtsgrundlage: Ein Beirat kann auf **gesellschaftsrechtlicher Grundlage** 13
oder auf **schuldrechtlicher Basis** eingerichtet werden.[16] Die gesellschaftsrechtliche Grundlage bildet eine Satzungsregelung oder eine Regelung im Gesellschaftsvertrag. Die schuldrechtliche Grundlage ist ein Beschluss der Gesellschafterversammlung oder eine sonstige Vereinbarung der Gesellschafter, ein Beschluss des geschäftsführenden Organs oder eine Vereinbarung der Gesellschafter mit der Geschäftsführung.[17]

Organqualität: Wird ein Beirat auf der Grundlage der Satzung oder des Ge- 14
sellschaftsvertrages eingerichtet, so erlangt er im Regelfall oder jedenfalls häufig Organfunktion. Ob ein als Beirat eingerichtetes Gremium tatsächlich Organqualität in der Gesellschaft hat, hängt davon ab, ob der Beirat in der Satzung mit entsprechenden materiellen Rechten und Pflichten, dh mit entsprechenden Kontroll- und Mitwirkungsrechten ausgestattet ist und ob ein Mindestmaß an Organisation festgelegt ist.[18] Wird ein Beirat nur auf schuldrechtlicher Grundlage eingerichtet, so ist er kein Organ, sondern ein Gremium der Gesellschaft.[19] Die unterschiedliche Rechtsgrundlage und Einstufung als Organ oder schlichtes Gremium wirkt sich unter anderem auf die Aufgaben, die ihm übertragen werden können,[20] die rechtliche Begründung der Verantwortung (Haftung) der Beiratsmitglieder oder auf die unmittelbare Anwendung dispositiver gesetzlicher Regelungen bei Generalklauseln aus. In der Aktiengesellschaft ist aufgrund der eingeschränkten Satzungsfreiheit der Spielraum für die satzungsmäßige Einrichtung eines Beirates gering, im Vergleich zu anderen Gesellschaftsformen am geringsten.

---

14 *Kalss/Probst*, Familienunternehmen Rz 13/171.

15 *Kalss/Probst*, Familienunternehmen Rz 13/171.

16 *Nowotny*, RdW 2008, 699; *Kalss/Probst*, Familienunternehmen Rz 13/150; *Reichert* in FS Maier-Reimer 543, 545.

17 *Kalss/Probst*, Familienunternehmen Rz 13/150; *Bayer* in FS Schneider 75, 77.

18 OGH 6 Ob 305/01y; OGH 6 Ob 291/02s, GesRZ 2003, 103; OGH 6 Ob 95/15m, GesRZ 2015, 333; zum Beirat in der Privatstiftung *Kalss/Müller* in Gruber/Kalss/Müller/Schauer, Erbrecht und Vermögensnachfolge (2010) § 25 Rz 211, 791; *Arnold*, PSG³ (2013) § 14 Rz 140 ff.

19 *Kalss/Probst*, Familienunternehmen Rz 13/150; ferner zur Privatstiftung *Briem*, Anmerkung zu OGH 6 Ob 95/15m, GesRZ 2015, 338 f (zum Beirat der Privatstiftung).

20 *Kastner*, RdW 1983, 99.

III. Aktiengesellschaft

15 **Gestaltungsmöglichkeiten**: In der Aktiengesellschaft kann ein Beirat eingerichtet werden, es sei denn, die Satzung verbietet ausdrücklich die Etablierung weiterer Organe. In der Aktiengesellschaft kann ein Beirat in der Satzung oder auf schuldrechtlicher Basis (zB Beschluss des Vorstands) verankert werden.[21] Das Gesetz setzt die Zulässigkeit der Einrichtung von Beiräten auch in Aktiengesellschaften voraus. Es sieht nämlich bei den Pflichtangaben über Organe gem § 239 Abs 1 Z 4 UGB vor, dass die Bezüge des Aufsichtsrats oder ähnlicher Einrichtungen gesondert anzuführen sind. Somit wird eine ähnliche Einrichtung, die in den Materialien explizit Beirat genannt wird, vorausgesetzt.[22] In unterschiedlichen Branchen finden sich in Aktiengesellschaften Beiräte, zum Teil als Landesbeiräte oder auf sonstige Regionen bezogen. Sie sind neben dem Aufsichtsrat als Beratungsgremium eingerichtet und haben zum Teil die Aufgabe der Pflege des Kontakts zu wesentlichen Kunden. Unter der Bezeichnung Beirat oder Aktionärsausschuss oder Gesellschafterausschuss werden in der Praxis auch Koordinationsgremien der Aktionäre, die der Meinungsbildung der wesentlichen Aktionäre dienen und regelmäßig zu Informations- und Beratungsgesprächen mit dem Vorstand zusammentreffen, eingerichtet.[23] Diese Aktionärsgremien sind von einem Beirat mit Beratungsfunktion für den Vorstand scharf zu unterscheiden. In der Praxis finden sich vor allem Beratungsgremien, vielfach beschränkt auf ganz bestimmte Fachbereiche (Umweltbeirat, Unternehmensethikbeirat, wissenschaftlicher Beirat).[24] Zum Teil werden die Beiräte auch als konzernkoordinierende Stellen parallel und gesellschaftsübergreifend in mehreren Gesellschaften eingerichtet.

16 **Zwingendes Organgefüge**: Da in der Aktiengesellschaft das Organgefüge zwingend vorgegeben ist und auch die Zuständigkeiten den Organen Hauptversammlung, Aufsichtsrat und Vorstand klar zugeordnet sind und das gesetzliche Organisationsstatut zwingend ist, dürfen dem Beirat keine Aufgaben zulasten eines der drei Organe eingeräumt werden.[25] Da das Organgefüge zwingend vorgegeben ist, kann der Beirat nicht als „echtes aktienrechtliches Organ" in der Gesellschaft eingerichtet werden. Mangels Zuordnung und Zuordenbarkeit von Kontroll- und Überwachungsaufgaben kommt ihm nicht eine materielle Organfunktion zu.[26] Daher ist zwar eine Satzungsbestimmung über die Einrichtung von beratenden Beiräten möglich, allein durch die Satzungsbestimmung kommt dem **Beirat** aber

---

[21] *Kalss/Probst*, Familienunternehmen Rz 13/150; *Hopt/Roth* in Großkommentar zum AktG[4] § 95 Rz 47; *Drygalla* in Schmidt/Lutter, AktG[3] § 95 Rz 2; *Habersack* in MünchKomm zum AktG[4] § 95 Rz 6; *Hoffmann-Becking* in Münchener Handbuch des Gesellschaftsrechts, Band 4, AG[4] (2015) § 29 Rz 22.

[22] Vgl auch 1270 BlgNR 17. GP zu § 239 HGB/UGB (zu RLG 1990); s bis dahin schon § 128 Abs 2 Z 7 AktG (aF); *Hoffmann-Becking* in Münchener Handbuch des Gesellschaftsrechts/AG[4], Band 4, § 29 Rz 22 zu parallelen deutschen HGB-Bestimmung.

[23] S ein Beispiel LG Köln AG 1976, 329; *Hommelhoff/Timm*, AG 1976, 330; *Lippert*, JuS 1978, 90.

[24] *Bayer*, AG 2009, R 243.

[25] *Hoffmann-Becking* in Münchener Handbuch des Gesellschaftsrechts/AG[4], Band 4, § 29 Rz 23; *Habersack* in MünchKomm zum AktG[4] § 95 Rz 6; *Nowotny*, RdW 2008, 699, 700.

[26] *Nowotny*, RdW 2008, 699, 700; *Hoffmann-Becking* in Münchener Handbuch des Gesellschaftsrechts/AG[4] § 29 Rz 23.

mangels materieller Unterfütterung mit Rechten und Pflichten **nicht** die Qualifikation als aktienrechtliches **Organ** zu. Die satzungsmäßige Bestimmung hat vor allem Hinweis- und Informationsfunktion (deklarative Bedeutung der Satzung). Mangels weiterer Regelung in der Satzung und Zuordnung der Zuständigkeit liegt in der Satzungsbestimmung die Anordnung an den Vorstand, den Beirat entsprechend allfälligen weiteren Vorgaben der Satzung einzurichten. Die Satzungsbestimmung ist daher wie eine sonstige Anordnung an den Vorstand zu verstehen, Hauptversammlungsbeschlüsse und die Satzung zu vollziehen.

Der Vorstand ist – mit und ohne entsprechende Satzungsbestimmung – berech- **17**
tigt, einen Beirat zu seiner Unterstützung und **Beratung** einzurichten. Die Rechtsbeziehung zwischen der Gesellschaft und den Beiratsmitgliedern wird durch die Entscheidung des Vorstands begründet.[27] Die Einrichtung durch den Vorstand und die Qualifikation der Mitglieder des Beirats als Personen, die der Beratung und Unterstützung des Vorstands für bestimmte Projekte oder für Einzelfragen oder für allgemeine makroökonomische Fragen bezogen auf das Unternehmen dienen, sind etwa für die Frage von Bedeutung, ob und inwieweit der Vorstand die Mitglieder dieses Gremiums mit unternehmensbezogenen **Informationen** versorgen darf. Ist der Beirat oder ein ähnliches Gremium zur Beratung und Unterstützung des Vorstands berufen, so ist der Vorstand berechtigt, die Mitglieder dieses Beirats trotz des allgemeinen Gebots der Verschwiegenheit gem § 84 AktG wie sonstige Berater, wie zB Rechtsanwälte, Wirtschaftstreuhänder, Unternehmensberater, über Geschäftsgeheimnisse **zu unterrichten**, soweit dies für eine sachgerechte Beratung erforderlich ist und die Gewähr dafür besteht, dass die Informationen nicht an außenstehende Personen oder Institutionen weitergegeben werden.[28] Da der Beirat in der AG nicht als Organ eingerichtet ist, unterliegt er nicht unmittelbar dem organmäßigen Verschwiegenheitsgebot, vielmehr ist diese Verpflichtung schuldrechtlich zu etablieren. Der Inhalt richtet sich nach der Ausgestaltung der organmäßigen Verschwiegenheit. Insofern sind diese Regelungen analog in das Vertragsverhältnis zu übernehmen.

Der Aufsichtsrat ist nicht befugt, zu seiner Unterstützung einen Beirat einzu- **18**
richten. Dies würde mit der Verpflichtung der Aufsichtsratsmitglieder gem § 95 Abs 7 Satz 1 AktG kollidieren, wonach Aufsichtsratsmitglieder ihre Obliegenheiten nicht durch andere ausüben lassen dürfen. Sie haben ihre Aufgaben persönlich wahrzunehmen (vgl dazu *Kalss* Rz 3/37 ff). Der Aufsichtsrat ist nur berechtigt, aufsichtsratsinterne Ausschüsse einzurichten, denen einzelne, vom Aufsichtsrat selbst bestellte Mitglieder angehören und schließlich in eingeschränktem Maß eine fachliche Assistenz beizuziehen (vgl dazu *Kalss* Rz 3/44 ff). Zulässig ist es auch, zu Einzelfragen Sachverständige beizuziehen. Die Beiziehung eines ständigen Beraters, der dauerhaft für das Organ Aufsichtsrat tätig wird, ist hingegen nicht zulässig. Es würde mit § 95 Abs 7 Satz 1 und mit § 93 Abs 1 Satz 2 AktG in Widerspruch stehen.

Die Hauptversammlung könnte grundsätzlich ein Beratungsgremium Bei- **19**
rat oder Kuratorium einrichten, etwa durch eine Satzungsbestimmung oder einen

---

27 *Habersack* in MünchKomm zum AktG³ § 95 Rz 6; *Nowotny*, RdW 2008, 699, 700.

28 *Hoffmann-Becking* in Münchener Handbuch des Gesellschaftsrechts/AG⁴ § 29 Rz 25.

Hauptversammlungsbeschluss. Allerdings wäre dies als Anordnung der Umsetzung durch den Vorstand zu sehen, der ganz generell Hauptversammlungsbeschlüsse zu vollziehen hat.[29] Der Vorstand hat generell die Beschlüsse der Hauptversammlung umzusetzen.

20 **Aktionäre** sind – außerhalb der Hauptversammlung – ebenso berechtigt, einen Vertreter- oder Beraterkreis mit der Bezeichnung „Beirat" einzurichten. Dabei handelt es sich nicht um ein schuldrechtliches Gremium, das aufgrund eines Hauptversammlungsbeschlusses vom Vorstand eingerichtet wird, sondern um eine Aktionärsvereinbarung oder eine **syndikatsvertragliche Regelung**. Dieses Gremium steht mit der Gesellschaft nicht unbedingt in einer unmittelbaren schuldrechtlichen Beziehung, vielmehr werden diese Beziehungen nur unter den Aktionären begründet. Daher ist dieses Gremium eine Einrichtung für einen koordinierten oder institutionalisierten Informationsaustausch unter den Aktionären oder für eine koordinierte und institutionalisierte Beratung der Aktionäre durch externe Personen. Diese Einrichtung eines Aktionärsberatergremiums, somit eines Aktionärsbeirats, ist ähnlich wie ein **Aktionärsausschuss** zu qualifizieren. Auch ein Aktionärsausschuss kann nicht als zusätzliches Organ der Gesellschaft eingerichtet werden. Das Aktiengesetz gestattet anders als andere Gesellschaftsformen (Genossenschaft, Verein, Personengesellschaften) nicht die Einrichtung einer **Delegiertenversammlung** oder eines spezialisierten Ausschusses als Organ. Vielmehr ist eine derartige Einrichtung nur als Vereinbarung unter den Gesellschaftern als typische schuldvertragliche oder **syndikatsvertragliche Einrichtung** der Information und Willensbildung der Aktionäre möglich und üblich.[30]

21 **Syndikatsleitung**: Zum Teil kann ein so gestalteter syndikatsvertraglich begründeter Beirat auch die Funktion der **Syndikatsleitung** oder des Syndikatsrates ausfüllen.[31] Damit soll die Willensbildung der Aktionäre für die Aktiengesellschaft gebündelt und kanalisiert werden.

22 **Information**: Beruht ein Beirat in der Aktiengesellschaft auf einer schlichten Aktionärsvereinbarung und ist er als Gesellschafterausschuss/Aktionärsausschuss oder als Gesellschafterberaterausschuss zu qualifizieren, der eben nicht die Gesellschaft, sondern die Gesellschafter berät, so ist das **Informationsregime** völlig anders zu sehen als ein echter Beraterbeirat für den Vorstand. Gegenüber einem als Beirat titulierten Aktionärsausschuss ist der Vorstand an das allgemeine Verschwiegenheitsgebot gem § 84 Abs 1 Satz 2 AktG gebunden, dh er darf nicht ohne Weiteres, dh ohne qualifizierende Umstände (vgl dazu *Kalss* Rz 26/28 f) Informationen an dieses Gremium geben. Eine qualifizierende Ausnahme und zulässige Weitergabe der Information wäre etwa bei einem Beirat, der der Konzernleitung und Konzernkoordination dient,[32] gegeben (vgl *Kalss* Rz 26/34 ff). Nach dem Gleichbehandlungsgebot gem § 47a AktG dürfen einzelne Aktionäre nicht bevorzugt informiert werden. Zulässig ist eine derartige Vorgehensweise allerdings,

---

[29] *Kalss* in MünchKomm zum AktG[4] § 83 Rz 30; *Bachner* in Doralt/Nowotny/Kalss, AktG[2] § 102 Rz 9.

[30] *Kalss/Probst*, Familienunternehmen Rz 13/27.

[31] *Kalss/Probst*, Familienunternehmen Rz 13/33.

[32] *Hoffmann-Becking* in Münchener Handbuch des Gesellschaftsrechts/AG[4] § 29 Rz 25.

wenn in einer allseitigen schuldrechtlichen Vereinbarung (in einem omnilateralen Syndikatsvertrag) eine kanalisierte, formalisierte Information der Aktionäre an einen Aktionärsbeirat oder Aktionärsausschuss vorgesehen ist und alle Aktionäre diesem Prozedere zugestimmt haben.

IV. GmbH

A. Verhältnis zu anderen Organen

Gesetzliche Anerkennung: In der GmbH kann der Gesellschaftsvertrag neben den gesetzlich zwingend vorgesehenen Organen ein weiteres Organ mit unterstützenden oder überwachenden oder interessenvertretenden Aufgaben einrichten.[33] Ein Beirat kann **neben** einem freiwillig oder verpflichtend einzurichtenden **Aufsichtsrat** oder anstelle eines freiwillig eingerichteten Aufsichtsrats eingerichtet werden. Deutlich zeigt sich damit die höhere Gestaltungsmöglichkeit im GmbH-Recht im Vergleich zum Aktienrecht.[34] Die Zulässigkeit von Beiräten im GmbH-Recht wird auch aus der Bestimmung gem § 20 Abs 2 GmbHG deutlich, da die Bestimmung andere Organe der Gesellschaft nennt.[35] § 139 Abs 1 Z 4 UGB ist rechtsformneutral formuliert, bestätigt aber die Zulässigkeit (vgl Rz 15). 23

Rechtsgrundlage: Der Beirat in der GmbH kann sowohl aufgrund einer gesellschaftsvertraglichen Regelung als auch auf schuldvertraglicher Ebene eingerichtet werden. Wird er im Gesellschaftsvertrag eingerichtet, kann ihm **Organcharakter** zukommen, sofern ihm ausreichende **Kontroll- und Mitwirkungsrechte** eingeräumt werden und er ein bestimmtes Maß an Organisation aufweist. Dies kann im ursprünglichen Gesellschaftsvertrag oder nachträglich durch Gesellschaftsvertragsänderung vorgenommen werden. Es reicht aber auch aus, dass der Gesellschaftsvertrag eine ausdrückliche Ermächtigung an die Gesellschafterversammlung zu einer Einrichtung kraft Gesellschafterbeschlusses enthält.[36] Anders als im Aktienrecht können ihm auch Kompetenzen übertragen werden, die nach der dispositiven Gesetzeslage anderen Organen zukommen. Das GmbH-Recht ist im Vergleich zum Aktienrecht deutlich flexibler. Einzelne Kompetenzen kommen den Gesellschaftsorganen kraft dispositiver Zuständigkeitsordnung zu, daher können sie mit einer gesellschaftsvertraglichen Regelung auch einem Beirat übertragen werden.[37] Zulässig ist etwa die Einräumung eines von den Gesellschaftern abgeleiteten Weisungsrechts, möglich ist etwa auch ein Zustimmungsrecht für einzelne Maßnahmen der Geschäftsführung.[38] 24

---

[33] *A Heidinger* in Gruber/Harrer, GmbHG § 29 Rz 55; *Reich-Rohrwig*, ÖJZ 1981, 509.

[34] *Kalss/Probst*, Familienunternehmen Rz 13/152; *A Heidinger* in Gruber/Harrer, GmbHG § 29 Rz 56; *Reichert* in FS Maier-Reimer 543, 544.

[35] *M Heidinger*, Aufsichtsrat und Beirat in der GmbH 361 ff; *Nowotny*, RdW 2008, 699, 700; *U Torggler* in Straube, GmbHG § 20 Rz 34; *Schima/Liemberger/Toscani*, Der GmbH-Geschäftsführer 40.

[36] *Lutter* in Lutter/Hommelhoff, GmbHG[18] § 52 Rz 110.

[37] *Kalss/Probst*, Familienunternehmen Rz 13/152.

[38] *Koppensteiner/Rüffler*, GmbHG[3] § 20 Rz 18, § 35 Rz 62; *U Torggler* in Straube, GmbHG § 20 Rz 34; *A Heidinger* in Gruber/Harrer, GmbHG § 29 Rz 59.

25 **Organschaftliche Befugnisse** und Pflichten sind insbesondere die Überwachung der Geschäftsführung oder das Recht der Weisungserteilung gegenüber den Geschäftsführern. Die sonstigen Regelungen können über eine nachgeordnete **Beiratsordnung** geregelt werden. Diese Beiratsordnung kann durch Gesellschafterbeschluss festgelegt werden oder auch durch einen Beschluss durch den Beirat selbst (vgl Rz 67, 73 ff).

26 **Sonstige Gremien:** Beiräte, die ohne gesellschaftsvertragliche Regelung oder Ermächtigung etabliert werden, sind **schuldrechtlicher** Natur. Sie folgen daher ausschließlich dem **Zivilrecht**.[39] Einem auf schuldrechtlicher Basis eingerichteten Beirat können keine organschaftlichen Befugnisse eingeräumt werden, somit können einem schuldrechtlich eingerichteten Beirat im Wesentlichen nur Beratungsaufgaben übertragen werden.[40]

B. Unterschiedliche Aufgaben

27 **Anbindung an die Gesellschaft:** Ähnlich wie in der Aktiengesellschaft ist zu unterscheiden, auf welcher Ebene der Beirat angesiedelt wird, nämlich ob er auf oder ganz nahe der Geschäftsführung verankert wird, ob er anstelle oder neben den Aufsichtsrat tritt oder ob er Befugnisse der Gesellschafterversammlung oder der Gesellschafter übernimmt (vgl Rz 3). Je nach Zuordnung der Aufgaben ist seine Verankerung im Gesellschaftsvertrag oder auf sonstiger normativer Grundlage vorzunehmen und stellt sich seine Position innerhalb des Organgefüges und gegenüber den Gesellschaftern in der Gesellschaft dar.

28 **Geschäftsführung:** Der Beirat, der gleichsam eine **erweiterte Geschäftsführung** darstellt, kann so offen gestaltet werden, dass Mitglieder der Geschäftsführung auch Mitglieder dieses Beirats sein können. Im Grunde wird mit diesem Beiratsmodell zum Teil – je nach Aufgabenzuordnung – beinahe ein Verwaltungsratssystem (Board-System) abgebildet, indem die Geschäftsführer unmittelbar die operativen Tätigkeiten ausführen und die erweiterte Geschäftsführung begleitende oder nachgeordnete Aufgaben einerseits oder intensive Beratungstätigkeit andererseits ausübt. Sofern nicht tatsächlich eine Geschäftsführungsposition eingenommen wird, sind die Beiratsmitglieder nicht in das Firmenbuch einzutragen.

29 **Beirat – Bestellungskompetenz:** Vielfach wird der Beirat zur Unterstützung, Beratung oder Kontrolle sowie zur Vorbereitung der Bestellung und Abberufung von Organmitgliedern oder sonstigen Funktionsträgern berufen. Ein Beispiel dafür bietet § 4 Abs 1 ÖBIB-G für die Vorbereitung für die Aufsichtsratsbestellung in Beteiligungsgesellschaften. Dem Beirat kommt Organqualität zu, hat er doch für die Frage der Vorbereitung, Auswahl und Nominierung von Aufsichtsratsmitgliedern in Beteiligungsgesellschaften ein Weisungsrecht gegenüber der Geschäftsführung. Die Geschäftsführung ist daran gebunden. Die gesetzliche Feststellung schneidet damit zugleich ein Eingriffs- oder Weisungsrecht des Gesellschafters (dh des BMF) ab (*Kalss/Kunz* Rz 34/157).

---

[39] *Lutter* in Lutter/Hommelhoff, GmbHG[18] § 52 Rz 111.

[40] *Lutter* in Lutter/Hommelhoff, GmbHG[18] § 52 Rz 111.

Beirat – Aufsichtsrat: Wird ein Beirat mit Kompetenzen ausgestattet, die denen eines Aufsichtsrats nahekommen, dh hat er insbesondere die in § 30j Abs 5 GmbHG aufgelisteten Kontrollaufgaben wie Zustimmungspflichten und ist er Informations- und Berichtsadressat der Geschäftsführung, so sind die Regelungen über den **Aufsichtsrat** anzuwenden.[41] Dies unabhängig von seiner Bezeichnung und unabhängig davon, ob die Gesellschaft von Gesetzes wegen einen Aufsichtsrat einrichten muss oder nicht. Entscheidet sich somit die Gesellschaft für die Einrichtung eines Beirats, selbst wenn sie weder zur Einrichtung eines Beirats noch zur Einrichtung eines Aufsichtsrats verpflichtet ist und stattet sie den Beirat mit den Kernkompetenzen des Aufsichtsrates aus, somit vor allem mit Überwachungsbefugnissen, so sind die allgemeinen Regelungen über den Aufsichtsrat anzuwenden. Dies erfasst auch die Regelungen über die Mitbestimmung der Arbeitnehmer. Maßgeblich ist die Überwachung der Geschäftsführung. 30

Einzelaufgaben: Kommen dem Beirat nur **punktuelle Aufgaben** zu, etwa die Bestellung und Erarbeitung des Dienstvertrages für die Geschäftsführung, so ist er nicht als aufsichtsratsgleiches Gremium anzusehen. Entscheidend ist die Ausstattung des Beirats mit Rechten und Pflichten. Nur wenn tatsächlich ein aufsichtsratsgleiches Bouquet an Befugnissen eingeräumt wird, greift die Gleichstellung mit dem Aufsichtsrat. Maßgeblich sind die Zuständigkeiten und die **Aufgaben des Beirats**, nicht hingegen seine Instrumente, wie Berichtspflicht, Beratungspflicht, Anhörungspflicht, Stellungnahme. Dabei kann der Beirat auf die selben Instrumente zurückgreifen wie der Aufsichtsrat, ohne als aufsichtsratsgleich qualifiziert zu werden und ohne sofort alle Regelungen, insbesondere die Mitbestimmung der Arbeitnehmer auf den Beirat anwenden zu müssen.[42] Auch für die Beratung der Geschäftsführung ist ein Bericht der Geschäftsführung erforderlich. Das Instrument des Berichts ist somit nicht maßgeblich, vielmehr die Aufgaben des Beirats. Die Abgrenzung ist nicht immer leicht. Vielfach verschwimmen Aufgaben und Handlungsinstrumente. Ebensowenig schadet es, wenn sich die innere Organisation des Beirats am Modell des Aufsichtsrats anlehnt. Daher sind parallele Regelungen der internen Organisation nicht ausschlaggebend für die rechtliche Qualifikation und lösen die Anwendung der Arbeitnehmermitbestimmung nicht aus.[43] 31

Gleichstellung: Sofern der Beirat tatsächlich mit Aufgaben der Überwachung, insbesondere mit Zustimmungspflichten, Vorlagepflichten, Berichtspflichten über die gesamte Geschäftsführung ausgestattet ist, sind – neben den Regeln der Mitbestimmung – alle gesellschaftsrechtlichen Regelungen über den Aufsichtsrat anzuwenden. Gemeint sind damit vor allem die Regelungen der Zusammensetzung, fachlichen Eignung, Beschlussfassung, Vorbereitung, Durchführung der Aufsichtsratssitzungen, ebenso der Teilnahmeberechtigung, die Beschlussfähigkeit, 32

---

41 OGH 9 ObA 130/05s; *Nowotny*, RdW 2008, 699, 700; *Kalss/Probst*, Familienunternehmen Rz 13/157; *A Heidinger* in Gruber/Harrer, GmbHG § 29 Rz 61; krit *Koppensteiner/Rüffler*, GmbHG³ § 35 Rz 54; *Torggler*, GesRZ 2010, 189 f; *Reich-Rohrwig*, GmbH-Recht I Rz 4/498 f; *Schima/Liemberger/Toscani*, Der GmbH-Geschäftsführer 41 f.

42 *Nowotny*, RdW 2008, 699, 700; *A Heidinger* in Gruber/Harrer, GmbHG § 29 Rz 62.

43 *M Heidinger* in Kalss/Kunz, Handbuch für den Aufsichtsrat¹ § 30 Rz 44; *M Heidinger*, Aufgaben und Pflichten von Aufsichtsrat und Beirat in der GmbH 383 ff; *A Heidinger* in Gruber/Harrer, GmbHG § 29 Rz 62.

die Wahl des Vorsitzenden, die Eintragung der Mitglieder in das Firmenbuch, die Unvereinbarkeit von Geschäftsführungsamt und Beiratsmitgliedschaft, die Sitzungszahl und Frequenz usw.

33 **Unvereinbarkeit der Besetzung**: Allein die Nähe zum Aufsichtsrat zeigt, dass die gleichzeitige Mitgliedschaft eines Geschäftsführers in einem derart kontrollierenden Beirat nicht zulässig ist, jedenfalls greifen analog die Inkompatibilitätsregelungen gem §§ 30a und 30e GmbHG (vgl Rz 42).

34 **Verschiedenheit Beirat und Aufsichtsrat**: Zulässig ist es auch, den Beirat als Einrichtung in der Gesellschaft auszugestalten, die sich vom **Aufsichtsrat deutlich unterscheidet** und auf die daher auch nicht die Regelungen über den Aufsichtsrat anzuwenden sind, insbesondere auch nicht die Regelungen über die Arbeitnehmermitbestimmung. Eine andere Ausgestaltung ist zulässig. Das GmbH-Recht lässt eine weitgehend freie Gestaltung sonstiger Einrichtungen zu. Sofern dies gewünscht ist, ist durch eine inhaltliche Ausgestaltung auf gesellschaftsvertraglicher Ebene oder im Gesellschafterbeschluss Vorsorge zu treffen. Die Abweichung kann in zwei Richtungen, nämlich Richtung Geschäftsführung oder Richtung Gesellschafterversammlung, gestaltet werden. Ein Beirat kann etwa so ausgestaltet werden, dass er neben die Generalversammlung tritt und dabei mit Kompetenzen ausgestattet wird, die sonst der **Generalversammlung** zukommen (vgl Rz 31).[44]

35 Der Beirat kann aber auch so ausgestaltet werden, dass er gleichsam eine **erweiterte Geschäftsführung** darstellt und die Mitglieder des Beirats nicht bloß Beiratsmitglieder, sondern etwa als Direktoren bezeichnet werden. Sie sind nicht unternehmensrechtliche Geschäftsführer, nicht als solche bestellt und werden auch nicht in das Firmenbuch eingetragen. Sie haben aber Aufgaben, die der Beratung und Vorbereitung von Geschäftsführungsmaßnahmen dienen, zum Teil auch einer eigenständigen Ausführung in Teilbereichen.

36 **Grenzen – Geschäftsführung**: Nicht eingeräumt werden können dem Beirat in der GmbH die vollständige Geschäftsführung und die Vertretung.[45] Durch die Einräumung von Mitwirkungsrechten und einzelnen Geschäftsführungsrechten sowie einem Weisungsrecht für den Beirat und Beratungsaufgaben an den Beirat darf die Geschäftsführung nicht gelähmt werden. Der Geschäftsführung muss ein Kernbereich eigenständiger Entscheidungs- und Leitungsbefugnis bleiben.[46] In der GmbH darf durch die Beratungsfunktion oder durch Zustimmungskompetenzen des Beirats keine Parallelwelt der Geschäftsführung entstehen und darf insgesamt die primäre Geschäftsführung der Gesellschaft nicht vollkommen gelähmt werden.[47]

---

44 *A Heidinger* in Gruber/Harrer, GmbHG § 29 Rz 63; *Harrer* in Gruber/Harrer, GmbHG § 35 Rz 86; *Reich-Rohrwig*, GmbH-Recht I Rz 4/500 f; *Nowotny*, RdW 2008, 699, 700; *Koppensteiner/Rüffler*, GmbHG^3 § 35 Rz 56; *Kalss/Probst*, Familienunternehmen Rz 13/157; *M Heidinger*, Aufgaben und Pflichten von Aufsichtsrat und Beirat in der GmbH 386 ff.

45 *Kalss/Probst*, Familienunternehmen Rz 13/155; *A Heidinger* in Gruber/Harrer, GmbHG § 29 Rz 65; aA *Reich-Rohrwig*, GmbH-Recht I Rz 4/502, Rz 4/507.

46 *A Heidinger* in Gruber/Harrer, GmbHG § 29 Rz 65; *M Heidinger*, Aufgaben und Pflichten von Aufsichtsrat und Beirat in der GmbH 396.

47 *Kalss/Probst*, Familienunternehmen Rz 13/166; *A Heidinger* in Gruber/Harrer, GmbHG § 29 Rz 65.

Nähe – Generalversammlung: Der Generalversammlung nahe Gestaltungen zeichnen sich dadurch aus, dass die Zustimmungsrechte für den Beirat nicht am Zustimmungskatalog gem § 30j Abs 5 GmbHG für den Aufsichtsrat orientiert sind, sondern am **Aufgabenkatalog** gem § 35 GmbHG, der die zustimmungspflichtigen Geschäfte für die Generalversammlung vorsieht, soweit sie diese delegieren kann; hinzu kommen außergewöhnliche Geschäfte. Typischerweise haben die Mitglieder des als Gesellschafterausschuss eingerichteten Beirats **kein Kopfstimmrecht**, sondern ein an der Kapitalbeteiligung gewichtetes, somit aliquotes Stimmrecht (Kapitalstimmrecht). Schließlich ist es möglich und bei der Vertretung einer größeren Zahl von Gesellschaftern bzw bei der Wahl aus dem Kreis der Gesellschafter sinnvoll, die Beiratsmitglieder an die **Weisung** des repräsentierten Gesellschafters oder der repräsentierten Gesellschaftergruppe zu binden.[48] Ausdrücklich sollte im Gesellschaftsvertrag auch festgelegt werden, dass durch die Beschlussfassung des Beirats der **Gesellschafterwille** zum Ausdruck kommt und somit tatsächlich ein die **Generalversammlung substituierendes Gremium** tätig wird (vgl Rz 31). 37

Kompetenzen der Generalversammlung, die auf den Beirat übertragen werden können, sind etwa die Weisungsbefugnis gegenüber den Geschäftsführern, die Einforderung von Einzahlungen auf die Stammeinlage, die Bestellung von Prokuristen, die Zustimmung zu bestimmten Investitionsgeschäften, selbst wenn ein Fünftel des Grundkapitals überschritten wird, die Einforderung von Einzahlungen auf die Stammeinlage[49] und schließlich die Bestellung und Abberufung der Geschäftsführer,[50] zumal gerade die Personalkompetenz die entscheidende Aufgabe von Beiräten in der Repräsentation der Generalversammlung ist.[51] Dem Beirat kann auch die Feststellung des Jahresabschlusses und die Entscheidung über die Gewinnverwendung überlassen werden.[52] 38

Der Generalversammlung selbst bleibt noch eine **Restkompetenz** für bestimmte Angelegenheiten, die sie jedenfalls selbst in ihrer Gesamtheit ausüben können muss. Vielfach bleiben der Generalversammlung noch einige Kompetenzen, die ihr im Gesellschaftsvertrag ausdrücklich zugeordnet werden. Aber auch unabhängig von einer gesellschaftsvertraglichen Regelung müssen bestimmte Restkompetenzen zwingend bei der Generalversammlung insgesamt bleiben, etwa die Änderung des Gesellschaftsvertrages einschließlich Kapitalerhöhung oder die Verschmelzung der Gesellschaft.[53] Abgesehen von den schon genannten Grundlagenkompetenzen dürfen die Gesellschafter ihre Souveränität über die Gesellschaft 39

---

48 *Kalss/Probst*, Familienunternehmen Rz 13/157, Rz 7/150.

49 OGH 2 Ob 559/91; *A Heidinger* in Gruber/Harrer, GmbHG § 29 Rz 63.

50 *Kalss/Probst*, Familienunternehmen Rz 13/162; *Koppensteiner/Rüffler*, GmbHG³ § 35 Rz 53; *Enzinger* in Straube, GmbHG § 35 Rz 123; aA *Reich-Rohrwig*, GmbH-Recht I Rz 4/516; *M Heidinger*, Aufgaben und Pflichten von Aufsichtsrat und Beirat in der GmbH 399; *A Heidinger* in Gruber/Harrer, GmbHG § 29 Rz 63; s ferner *Lutter* in Lutter/Hommelhoff, GmbHG¹⁸ § 52 Rz 120.

51 *Kalss/Probst*, Familienunternehmen Rz 13/162; *Kormann*, Beiräte in der Verantwortung 361 ff; *Pelzer* in FS Sigle 93, 99.

52 OLG Düsseldorf GmbHR 1983, 125; *Lutter* in Lutter/Hommelhoff, GmbHG¹⁸ § 52 Rz 119.

53 *Lutter* in Lutter/Hommelhoff, GmbHG¹⁸ § 52 Rz 119.

nicht vollständig aufgeben und verlieren.[54] Insbesondere bleiben ihr das Recht der Auflösung, der Gesellschaftsvertragsänderung, dem Beirat Kompetenzen zu entziehen oder ihn aufzuheben und Beiratsmitglieder aus wichtigem Grund abzuberufen. Ist der Beirat mangels Mitglieder oder wegen dauerhafter Lähmung handlungsunfähig, besteht eine **Rückfallkompetenz** der Gesellschafter.[55] Ein gesellschaftsvertraglich eingerichteter Beirat kann nur durch Gesellschaftsvertragsänderung beseitigt oder geändert werden.[56]

40 **Beirat – einzelne Gesellschafter:** Einem Beirat dürfen nicht individuelle Mitwirkungsrechte eines einzelnen Gesellschafters, wie das Auskunfts- oder Informationsrecht, das Anfechtungsrecht, das Recht zur Einbringung einer Haftungsklage gem § 48 GmbHG, die Geltendmachung einer Sonderprüfung gem § 45 GmbHG, übertragen werden, wenn diese Gesellschafter sie dann nicht mehr ausüben können. Zulässig ist es aber, derartige einzelnen Gesellschaftern zukommende Rechte zusätzlich auch dem Beirat einzuräumen.[57]

C. Besetzung – parallele Organstellungen

41 **Parallele Organstellung**: Kommt einem Beirat in der GmbH nicht die Funktion eines aufsichtsratsähnlichen Gremiums zu, sondern ist er eher als **Gesellschafterausschuss** eingerichtet, so ist eine **Personenidentität** von Geschäftsführer und Beiratsmitglied in der GmbH zulässig. Die Doppelmitgliedschaft in der Geschäftsführung und in der Generalversammlung ist zulässig und verbreitet. Ebenso zulässig ist die Doppelmitgliedschaft im Gesellschafterausschuss und in der Generalversammlung. Der Gesellschaftsvertrag oder eine nachgeordnete Regelung kann es gestatten, dass der Gesellschafterausschuss-Beirat nicht nur aus Gesellschaftern, sondern auch aus externen Personen besteht.

42 **Aufsichtsfunktion – Trennung**: Hat ein Beirat in der GmbH die Funktion eines **Kontroll- und Überwachungsgremiums** und ist er aufsichtsratsähnlich ausgestaltet, so greift nicht nur die Mitbestimmung, sondern sind auch alle sonstigen Regelungen anwendbar, insbesondere daher auch die in § 30e GmbHG ausdrücklich normierte Inkompatibilität (Unvereinbarkeit) der gleichzeitigen Übernahme von Geschäftsführung und Aufsichtsratstätigkeit (vgl Rz 33).

43 **Gesellschafterrolle**: Erfüllt ein Beirat die Aufgabe eines **Gesellschafterausschusses**, ist es zulässig, dass er nur aus einer einzigen Person besteht. Diese Person repräsentiert die anderen Gesellschafter.

44 Übt ein Beirat in der GmbH hingegen die Aufgaben des Aufsichtsrates aus, so muss er auch in gleicher Weise der Mindestbesetzung genügen wie ein Aufsichtsrat. Er muss daher aus drei Mitgliedern bestehen und allenfalls auch mit

---

[54] *Wiedemann* in FS Lutter 808 ff; *Lange*, GmbHR 2006, 897, 899; *Lutter* in Lutter/Hommelhoff, GmbHG[18] § 52 Rz 120.

[55] Ausdrücklich BGHZ 12, 340; *Lutter* in Lutter/Hommelhoff, GmbHG[18] § 52 Rz 121.

[56] *Schima/Liemberger/Toscani*, Der GmbH-Geschäftsführer 41.

[57] Für die deutsche GmbH: BGH DB 1992, 1337; *Lutter* in Lutter/Hommelhoff, GmbHG[18] § 52 Rz 121; krit zu OGH: *Auer*, Zum GmbH-Beirat, der ein fakultativer Aufsichtsrat sein soll, GeS 2007, 183.

Arbeitnehmervertretern beschickt werden. Hingegen kann ein Beirat, der nur Beratungsfunktion für den Vorstand oder die Geschäftsführung leistet, wiederum nur aus einer einzigen Person bestehen (*Heidinger* Rz 40/43).[58]

V. Personengesellschaft

OG – KG: In den **Personengesellschaften** OG oder KG ist der Beirat entweder als Ausschuss der Gesellschafter (Gesellschafterausschuss) oder der Gesellschafterversammlung oder als zusätzliches Aufsichtsorgan gestaltet. Er kann kraft Gesellschaftsvertrag oder als Beschluss der Gesellschaftsorgane organisiert werden, die Grundlage kann verbands- oder schuldrechtlich sein. 45

Gesellschafterausschuss: Wiederum ist es auch zulässig, dass er als Mitgeschäftsführungs- oder Beratungsorgan eingerichtet ist. Die Befugnisse des Beirats sind im Falle der Gestaltung als Gesellschafterausschuss von der Gesellschafterversammlung abgeleitet. Daher folgen die Rechte und Pflichten dieses Beirats den gleichen Regelungen wie die Regelungen der Gesellschafterversammlung.[59] Für die Grenzen der Ausgestaltung des Beirats, seiner Rechte, seiner Befugnisse und Pflichten sowie deren Wirkungskraft sind daher die personengesellschaftsrechtlichen Grundsätze für die Gesellschafterversammlung maßgeblich. Da das Personengesellschaftsrecht vom Grundsatz der Gestaltungsfreiheit geprägt ist, können dem Gesellschafterausschuss im Gesellschaftsvertrag ausdrücklich Entscheidungskompetenzen übertragen werden. Vielfach wird in größeren Personengesellschaften, etwa in Familiengesellschaften mit mehreren Dutzend Mitgliedern, ein Gesellschafterrat oder Gesellschafterausschuss oder Beirat gesellschaftsvertraglich eingerichtet, in dem die **Befugnisse** der Gesellschafter **gebündelt** werden und die Interessen einer Vielzahl von Gesellschaftern in dem kleinen **entscheidungsstärkeren Gremium** vertreten und zusammengeführt werden.[60] 46

Selbstorganschaft: Da im Recht der Personengesellschaften, somit OG, KG, GmbH & Co KG, das Prinzip der Selbstorganschaft gilt, haben die Aufgaben der Gesellschafter und der Gesellschafterversammlung grundsätzlich die Gesellschafter selbst zu besorgen.[61] Möglich ist es aber etwa, kraft gesellschaftsvertraglicher Regelung entweder einen anderen Gesellschafter mit der Aufgabe der Vertretung eines oder mehrerer Gesellschafter, die eine bestimmte Zahl repräsentieren oder ein bestimmtes übernommenes Kapital vertreten, in den Beirat als Vertreter mehrerer Gesellschafter zu entsenden. Zulässig ist es, kraft gesellschaftsvertraglicher Bestimmung auch gesellschaftsfremde Personen in den Beirat oder Gesellschafterausschuss als Vertreter eines oder mehrerer Gesellschafter zu entsenden. 47

---

[58] *Wedemann*, Gesellschafterkonflikte in geschlossenen Kapitalgesellschaften 293 f; zum Beirat der Privatstiftung OGH 6 Ob 42/13i, GesRZ 2013, 299.

[59] *Westermann* in Westermann, Handbuch Personengesellschaften (Lieferung 2008) § 24 Rz I 261.

[60] *Kalss/Probst*, Familienunternehmen Rz 13/167; *Westermann* in Westermann, Handbuch Personengesellschaften (Lieferung 2008) § 24 Rz I 261.

[61] *Kastner*, RdW 1983, 104; *Nowotny*, RdW 2008, 700; *Enzinger* in MünchKomm zum HGB² § 119 Rz 32; *Schäfer* in Habersack/Schäfer, Staub'scher Großkommentar – Das Recht der OHG § 119 Rz 84, § 109 Rz 51 f; *Kalss/Probst*, Familienunternehmen Rz 13/154.

48 **Personenidentität**: In der Personengesellschaft ist bei einem Beirat, der die Aufgabe des Gesellschafterausschusses erfüllt, die teilweise Personenidentität mit den geschäftsführenden, persönlich haftenden Gesellschaftern, somit typischerweise den Komplementären, zulässig und vielfach geboten.[62]

49 **Aufgaben**: Typischerweise haben Beiräte, die die Rolle des **Gesellschafterausschusses** in der Personengesellschaft ausüben, etwa die Zuständigkeit für die Zustimmungsrechte für außergewöhnliche Geschäfte (zB Investitionen, Kooperationen), die Kompetenzen für die Bestellung von Organen in nachgeordneten Gesellschaften (Tochter- und Beteiligungsgesellschaften), die Feststellung des Jahresabschlusses, für die Verteilung des Gewinnes.

50 Vielfach wird der Gesellschafterversammlung das Recht der **Gesellschaftsvertragsänderung**, der Auflösung der Gesellschaft oder der Ausschluss von Gesellschaftern belassen.[63]

51 **Gesellschafterausschuss – Geschäftsführung**: Erteilt der Beirat eine Zustimmung zu einer außergewöhnlichen Maßnahme, so sind alle Gesellschafter **daran gebunden**.[64] Die geschäftsführenden Gesellschafter sind zur Ausführung berechtigt und zugleich verpflichtet.[65] Die Gesellschafter oder der Beirat kann die Zustimmung nur aus wichtigem Grund widerrufen, etwa wenn sich die wirtschaftlichen Verhältnisse vollkommen ändern, vor allem aber wenn völlig neue Erkenntnisse hervorkommen oder wenn unrichtige Informationen der Zustimmung zugrunde lagen (vgl auch *Briem* Rz 12/82).[66]

52 **Restkompetenzen** der Gesellschafterversammlung sind tief in die Mitgliedschaft des einzelnen Gesellschafters eingreifende Maßnahmen (Auflösung, Verkauf des gesamten Unternehmens, Gesellschaftsvertragsänderung).

53 **Aufsichtsorgane**: Werden Beiräte nicht als Gesellschafterausschüsse eingerichtet, sondern als zusätzliche **Aufsichtsgremien**, so ist es zulässig und möglich, das Kopfstimmrecht zu etablieren, die Beschlüsse mit Mehrheitsprinzip zu fassen und externe Personen, die nicht der Gesellschaft angehören, zu bestellen.[67] In diesem Gremium dürfen die geschäftsführenden Gesellschafter nicht vertreten sein (vgl Rz 33, 42).

54 **In der GmbH & Co KG** kann der Beirat kraft Gesellschaftsvertrages oder durch schlichten Beschluss der Geschäftsführung oder der Gesellschafter eingerichtet werden. Somit ist eine gesellschaftsvertragliche oder schuldrechtliche Grundlage möglich.[68] Dem Beirat der GmbH & Co KG können auch Nicht-

---

[62] *Kalss/Probst*, Familienunternehmen Rz 13/154.

[63] *Kalss/Probst*, Familienunternehmen Rz 13/154.

[64] *Kalss/Probst*, Familienunternehmen Rz 13/154; *Hopt* in Baumbach/Hopt, HGB[36] § 116 Rz 6; *Schäfer* in Habersack/Schäfer, Staub'scher Großkommentar des HGB – Das Recht der OHG, § 116 Rz 18.

[65] *Kalss/Probst*, Familienunternehmen Rz 13/154; *Schäfer* in Habersack/Schäfer, Staub'scher Großkommentar des HGB – Das Recht der OHG, § 116 Rz 18.

[66] *Kalss/Probst*, Familienunternehmen Rz 13/154; *Schäfer* in Habersack/Schäfer, Staub'scher Großkommentar des HGB – Das Recht der OHG, § 116 Rz 24.

[67] *Weigert/Oepen*, ZGR 2012, 585, 588; *Kalss/Probst*, Familienunternehmen Rz 13/154.

[68] *Kalss/Probst*, Familienunternehmen Rz 13/153.

gesellschafter angehören. Das Prinzip der Selbstorganschaft steht dem nicht entgegen.[69]

VI. Verein

55 **Das Vereinsgesetz** sieht den Beirat nicht explizit vor. Aus § 5 Vereinsgesetz ist aber die Zulässigkeit von Beiräten als zusätzliche Organe des Vereins neben einem Leitungsorgan und der Mitgliederversammlung abzuleiten. Das Gesetz trägt den Statuten auf, dass jedenfalls eine Mitgliederversammlung und ein Leitungsorgan vorzusehen ist. Das Gesetz ist daher für andere Organe und damit für einen Beirat offen.

56 **Gestaltungsvielfalt**: Das Vereinsgesetz lässt auch für die Aufgabenzuweisung einen breiten Spielraum. Ein Beirat im Verein kann daher mit unterschiedlichen Funktionen ausgestattet sein, die wiederum - wie schon bei den anderen Rechtsformen - an den verschiedenen Vereinsorganen anknüpfen. Er kann ein Beratungsorgan des Leitungsorgans sein, er kann als Kontrollorgan des Leitungsorgans eingesetzt werden oder er kann als Begleitorgan der Delegiertenversammlung oder der Vereinsversammlung gem § 5 Abs 2 Vereinsgesetz, installiert werden.

57 **Aufsichtsorgan**: Wird der Beirat im Verein als **Aufsichtsorgan** etabliert, so muss er gem § 5 Abs 4 VereinsG aus mindestens **drei natürlichen Personen** bestehen. Seine Bestellung obliegt der **Mitgliederversammlung.** Die Mitglieder des Beirats als Aufsichtsorgan müssen unabhängig und unbefangen sein. Insbesondere dürfen sie dem Leitungsorgan nicht angehören. Die Beiratsmitglieder dürfen der Mitgliederversammlung angehören. Maßgeblich dabei ist, dass der Einrichtung tatsächliche Aufsichtskompetenzen zukommen, wie die Überwachung, Berichterstattung, Informationsverlangen, Zustimmung zu einzelnen Angelegenheiten wie sie in § 95 Abs 1 AktG oder § 95 Abs 5 AktG aufgelistet sind. Die Kompetenzen sind jeweils nach den Statuten zu gestalten.[70]

58 **Arbeitnehmermitbestimmung**: Ist der Beirat als **Aufsichtsorgan** eingerichtet und hat somit entsprechende Überwachungsaufgaben und beschäftigt der Verein **mehr als 300 Arbeitnehmer** über die Dauer von zwei Jahren, so müssen dem Beirat als Aufsichtsorgan auch zu einem Drittel Arbeitnehmer gem § 5 Abs 4 Vereinsgesetz angehören.

59 **Erweiterte Geschäftsführung**: Das Vereinsgesetz ist auch für die Gestaltung einer erweiterten Geschäftsführung offen, in der neben operativ tätigen Mitgliedern, etwa beratende Personen oder punktuell zuständige Personen berufen werden.[71] Die Gestaltung ist dann sehr nahe einem verwaltungsratsähnlichen Leitungsorgan mit geschäftsführenden Mitgliedern. In dieser Gestaltungsform ist es auch zulässig, dem erweiterten Gremium als Leitungsorgan ein Weisungsrecht gegenüber den geschäftsführenden Mitgliedern zu geben.

---

69 *Grunewald* in MünchKomm zum HGB² § 161 Rz 151; *Kalss/Probst*, Familienunternehmen Rz 13/153.

70 *Höhne*, ecolex 2013, 1097, 1082.

71 *Nowotny*, RdW 2008, 699, 701; *Höhne*, ecolex 2013, 1079.

60 **Unterschiedliche Gestaltungsmöglichkeit**: Dabei ist darauf Acht zu geben, dass die Organisationsstruktur korrekt gewählt wird, nämlich erweiterter Vorstand mit operativ-geschäftsführenden Mitgliedern oder Zweistufigkeit mit Geschäftsführung (als Leitungsorgan)[72] und Vorstand als Aufsichtsorgan mit den Rechtsfolgen der Inkompatibilität und Mitbestimmung.

VII. Genossenschaft

61 In der Genossenschaft ist die Einrichtung des Beirats zulässig.[73] Wiederum sind unterschiedliche Gestaltungen vorstellbar, nämlich als Beratungsorgan des Vorstands, als Aufsichtsratsorgan oder als Ausschuss der Genossenschafter. Vorstellbar ist dies etwa für die Begleitung bestimmter Vorhaben und Projekte. Die Mitglieder des Beirats müssen bei entsprecher Gestaltung der Statuten nicht unbedingt Genossenschafter sein.

62 Neben dem Aufsichtsrat darf ein Beirat nur eingerichtet werden, sofern ihm nicht zwingend dem Aufsichtsrat zugeordnete Aufgaben übertragen werden.[74]

63 **Delegiertenversammlung – Gesellschafterversammlung**: Zulässig ist es auch, den Beirat als Ausschuss der Genossenschaften zu gestalten.

64 Der Beirat kann als Ausschuss der Genossenschafter gestaltet werden. Er kann auch ein in den Statuten eingerichteter Beirat sein und auch mit einem Weisungsrecht gegenüber dem Vorstand ausgestattet werden. Letztlich kann der Beirat bei entsprechender Gestaltung auch die Funktion der Delegiertenversammlung übernehmen. Dieses Recht leitet sich von der Genossenschaftsversammlung ab.[75]

VIII. Der Beirat in öffentlichen Einrichtungen und Anstalten

65 Der Beirat ist – wie schon eingangs angesprochen – eine Einrichtung, die in vielfältiger Form auch im öffentlichen Bereich eingesetzt wird. Zum Teil sieht das Gesetz Beiräte vor, zum Teil werden sie kraft Beschlusses von Organen der öffentlichen Verwaltung eingerichtet.[76] Die allgemeine Rechtsgrundlage bildet § 8 BundesministerienG; die Beiräte dienen der Zusammenführung und dem Ausgleich unterschiedlicher Interessen.

66 Beiräte haben dabei im Regelfall die Rolle von **Sachverständigen**, die etwa vorbereitende Aufgaben für die Regelbildung oder Standardsetzung übernehmen;[77] faktisch üben sie je nach Aufgabenzuweisung hohe Gestaltungsmacht und Regelsetzung aus.

---

[72] *Höhne*, ecolex 2013, 1079.

[73] *Nowotny*, RdW 2008, 699, 700; *Strommer* in Dellinger, GenG² § 19 Rz 10 f.

[74] *Nowotny*, RdW 2008, 699, 701.

[75] *Nowotny*, RdW 2008, 699, 701.

[76] *Korinek*, Beiräte in der Verwaltung, in FS Antoniolli 463, 473 f; *B Raschauer*, Allgemeines Verwaltungsrecht⁴ Rz 259, Rz 416.

[77] *Kopetzki*, Medizinrecht, in Wirtschaft und Recht, Privates Recht (2016 in Druck).

IX. Innere Organisation

Die innere Organisation des Beirats richtet sich nach seiner Aufgabenstellung und seiner Verankerung in der jeweiligen Gesellschaft. Jedenfalls sollten folgende Themen überlegt und geregelt werden: 67

- Die Zusammensetzung des Beirats;
- Die innere Ordnung und Selbstorganisation der Einrichtung;
- Die Stellung innerhalb der Gesellschaft und der sonstigen Institutionen;
- Das Verhältnis zu den anderen Organen, insbesondere zu der Eigentümerversammlung und zur Geschäftsführung;
- Die Rechte und Pflichten der einzelnen Beiratsmitglieder.[78]

A. Zusammensetzung des Beirats

Bestellmodus: Die Regelung einer zielführenden Besetzung hängt von den dem Beirat zugewiesenen Aufgaben, seiner Einfügung und seinem Gewicht im gesellschaftlichen Gesamtgefüge ab. Jedenfalls soll ein **Wahl- oder sonstiges Bestimmungsverfahren** vorgesehen werden, das die Besetzung und Abberufung der Beiratsmitglieder festlegt und die Kontinuität bei unvorhergesehenem Ausscheiden sicherstellt. Die Regelungen sollen klar und einfach handhabbar sein, um die Gesellschaft nicht mit Fragen der Besetzung des Beirats zu belasten. 68

Zusammensetzung: Je nach Aufgabenstellung sollen externe Experten und Mitglieder oder Vertrauensleute der Eigentümer vertreten sein. Klar muss festgelegt sein, ob die Beiratsmitglieder Gesellschafter sein müssen oder dürfen oder ob sie einer Familie angehören, ob sie sonst dem Unternehmen nahe stehen müssen oder gerade nicht. 69

Die Bestellung und Abberufung sind frei gestaltbar und sollen klar geregelt werden. Die Regelungen können, aber müssen nicht unbedingt parallel laufen. Jedenfalls sollte aber die Bestimmung der jeweiligen Personen eindeutig sein, um einen Streit über die Auslegung der Regelung zu vermeiden. Zulässig sind Bestimmungsrechte, Entsendungsrechte und Nominierungsrechte durch die Gesellschafter, zugleich aber auch die Bestellung durch die Geschäftsführung, je nach Aufgabenzuweisung. 70

Qualifikation: Die Mitglieder eines Beirats müssen je nach Aufgabenstellung ähnlich wie Aufsichtsratsmitglieder (vgl *Kalss/Schimka* Rz 2/66 ff) bestimmte **Qualifikationen** aufweisen. Sie müssen in der Lage sein, mit der Geschäftsführung und mit den Gesellschaftern auf Augenhöhe zu sprechen, zu diskutieren, Berichte kritisch zu hinterfragen, umgekehrt auch komplizierte Sachverhalte gegenüber Gesellschaftern zu strukturieren, zu übersetzen und komplexe Zusammenhänge auf die wesentlichen Fragen herunterzubrechen und darzustellen. Je nach Aufgabe müssen sie Kenntnisse im Personalwesen, in der Personalsuche haben, ein Gefühl für Unvereinbarkeiten haben, dürfen selbst nicht Eigeninteressen wie Angehörigkeit und Nähe zu Wettbewerbern haben, müssen zugleich aber über Marktkenntnisse verfügen. Sie sollen einschlägige Berufserfahrung, eine be- 71

[78] *Kalss/Probst*, Familienunternehmen Rz 13/172.

stimmte Ausbildung, sowie Kenntnis über die Unternehmenskultur und den Markt haben. Sinnvoll ist eine ausgewogene fachliche und persönliche Zusammensetzung. Von besonderer Bedeutung ist es – ähnlich wie beim Aufsichtsrat –, dass Beiratsmitglieder über **ausreichend Zeit** für die ihnen überantworteten Aufgaben haben, gerade wenn es sich nicht bloß um Beratung der Geschäftsführung, sondern um Moderations- und Vermittlerfunktionen im Gesellschafterkreis oder innerhalb des Unternehmens oder überhaupt um Konfliktbewältigung geht.

72 **Größe**: Der Beirat soll **arbeitsfähig** sein. Je nach Aufgabenstellung ist seine Größe festzulegen. Sie ist unterschiedlich, je nachdem ob er nur Repräsentation und Netzwerkfunktion hat oder von ihm tatsächlich Beratung und effiziente Entscheidungsfindung verlangt werden.

B. Interne Arbeitsweise

73 **Grundlage**: Die interne Arbeitsweise des Beirats soll klar festgelegt werden. Dabei sollen die Grundstrukturen bereits in der Satzung, im Bestellungsbeschluss oder in der Gesellschaftervereinbarung normiert werden.

74 **Beiratsordnung**: Die Einzelheiten der Geschäftsordnung des Beirats sollen entweder von der bestellenden Stelle (Vorstand, Geschäftsführer, Gesellschafterversammlung) oder vom Beirat selbst festgelegt werden.

75 **Vorsitz**: Der Beirat soll als kollektives Organ von einem Vorsitzenden präsidiert werden, dessen Rechte klar festgelegt sein sollen. Durch den Vorsitz wird die Effizienz des gesamten Organs gesteigert. Er hat die Arbeit des Gremiums zu koordinieren. Dabei sollen auch das Verhältnis und die Aufgaben des Vorsitzenden des Beirats gegenüber den anderen Organen als Kommunikator, Vermittler und Vertretungsbefugter des Organs festgelegt werden. Dem Vorsitzenden des Beirats sollen klar die Aufgaben der ordnungsgemäßen Vorbereitung, Dokumentation und Nachbereitung der jeweiligen Beiratssitzungen und der gesamten Beiratsarbeit zukommen,[79] insbesondere sollen auch die Fragen der Einberufung, der Übermittlung der Unterlagen, der Fristen und der Art der Übermittlung der Einberufung und der weiteren Unterlagen der Beiratssitzungen, der Festlegung der Tagesordnung, die Fragen der Protokollierung und Übermittlung der Protokolle sowie die Aufbewahrung der Protokolle und die Verschwiegenheitspflichten normiert werden (vgl *Eiselsberg/Bräuer* Rz 24/106 ff, Rz 24/189 ff).

76 **Beschlussfähigkeit – Beschlussmehrheit**: Die Geschäftsordnung soll in Ergänzung der Regelung des Gesellschaftsvertrages oder des Errichtungsbeschlusses klar die Beschlussgegenstände, die Beschlussfähigkeit und die Beschlussquoren für die einzelnen Angelegenheiten festlegen. Für die Beschlussfähigkeit sollen Einberufung, Einhaltung von Fristen und vor allem die Wahl oder die Festlegung bestimmter Beiratsmitglieder festgelegt werden. Insbesondere soll das Stimmrecht (Kopfstimmrecht) oder Kapitalstimmrecht (Stimmgewichtung) festgelegt werden. Dies hängt wiederum davon ab, ob es sich um ein beratendes, kontrollierendes oder gesellschaftervertretendes Gremium handelt (vgl Rz 37).[80] Die

[79] *Kalss/Probst*, Familienunternehmen Rz 13/180 ff.
[80] *Kalss/Probst*, Familienunternehmen Rz 13/184.

Beschlussmehrheit soll klar festgelegt werden. Sinnvoll ist es, dass dabei nicht für alle Angelegenheiten Einstimmigkeit festgelegt wird, um nicht Pattsituationen und Komplikationen zu fördern. Durch verschiedene Maßnahmen, etwa durch ein Dirimierungsrecht, durch ein suspensives Veto oder durch eine Begründungspflicht soll die Entscheidungsfindung gesichert werden.[81]

C. Verhältnis zu anderen Organen

Klar sollte das Verhältnis zu anderen Organen und Einrichtungen der Gesellschaft festgelegt werden und zwar auf mehreren Ebenen (vgl Rz 3), nämlich einerseits auf der Ebene 77

- Beirat – Geschäftsführung,
- Beirat – Aufsichtsrat,
- Beirat - Gesellschafterversammlung,

andererseits aber auch das **Verhältnis** der Beiratsmitglieder zu einzelnen **Gesellschaftern**. Klar festzulegen ist, ob Weisungsrechte auf Organ- oder Gremialebene, Informationseinwirkungs- oder sonstige Einwirkungs- oder Weisungsrechte bestehen. Zu regeln ist ferner, wie der Informationsfluss zwischen den Organen zu bestimmen ist. Von besonderer Bedeutung ist es aber auch, festzulegen, ob die oder bestimmte Gesellschafter auf einzelne Beiratsmitglieder einwirken können (vgl dazu *Kalss* Rz 9/55 ff). Dies hängt naturgemäß wieder von der Aufgabenstellung und generellen Verankerung der Einrichtung des Beirats im Gesamtgefüge der Gesellschaft ab. Während für den Beratungsbeirat und den Kontroll- und Aufsichtsbeirat die höchstpersönliche Amtsführung und damit auch die Unabhängigkeit, Eigenständigkeit und Weisungsungebundenheit von Bedeutung sind (vgl *Kalss* Rz 3/27 ff), ist umgekehrt die Weisungsbindung bei anderen Beiratsgestaltungen, wie der Gestaltung als Gesellschafterausschuss und Repräsentant eines bestimmten Gesellschafters oder einer bestimmten Gesellschaftergruppe geradezu begriffsbestimmend und typisch (vgl Rz 37).[82] 78

Die Arbeitsweise und die Rechten und Pflichten des Beirats gegenüber den anderen Organen sollen klar festgelegt werden. Sie hängen von den Aufgaben des Beirats in der konkreten Gesellschaft oder sonstigen Einrichtung ab. Insbesondere sollen **Vorlagepflichten** der Geschäftsführung in allen Fällen der Zustimmung, Anhörung oder Stellungnahme des Beirats festgelegt werden, **weiters Informationsrechte und –pflichten** gegenüber der Geschäftsführung. Schließlich sind auch Informationsrechte und Informationspflichten des Beirats gegenüber der Eigentümerversammlung oder gegenüber den Gesellschaftern festzulegen.[83] 79

D. Rechte und Pflichten der einzelnen Mitglieder

Teilnahmerecht: Während an einer Aufsichtsratssitzung grundsätzlich nur Mitglieder des Aufsichtsrats zur Teilnahme berechtigt sind und mit Ausnahme von Vorstandsmitgliedern andere Personen nur auf Einladung des Aufsichtsrats- 80

---

[81] *Reichert* in FS Maier-Reimer 543, 552; *Kalss/Probst*, Familienunternehmen Rz 13/186.

[82] *Kalss/Probst*, Familienunternehmen Rz 13/188; *Reichert* in FS Maier-Reimer 550, 553.

[83] Vgl *Kalss/Probst*, Familienunternehmen Rz 13/178.

vorsitzenden für einzelne Tagesordnungspunkte zur Teilnahme berechtigt sind und das eng begrenzte Teilnahmerecht der Aufsichtsratsmitglieder die Einrichtung des Aufsichtsrats streng vom Beirat unterscheidet,[84] ist die Gestaltung des **Teilnahmerechts** für den Beirat **frei**. Sie obliegt der privatautonomen Gestaltung der Gesellschaft. Dabei ist allerdings die Grenze zu beachten, dass es sich nicht um einen aufsichtsratsgleichen Beirat in der GmbH handelt. Dann gelten nämlich die Regeln für den Aufsichtsrat (vgl Rz 30).

81 **Vetretungsrecht:** Die Beiratsordnung soll das Prozedere der Vertretung klar festlegen; sei es in Gestalt der Vertretung durch ein anderes Mitglied oder durch ein stellvertretendes Mitglied oder auf sonstige Weise.

82 **Weisungsbindung**: Die Weisungsbindung steht einer weiten Gestaltung offen. Die Zulässigkeit einerseits und Sinnhaftigkeit andererseits der Weisungsbindung der Beiratsmitglieder hängt von der konkreten Ausgestaltung und Verankerung des Beirats in der Gesellschaft ab. Im Bereich eines Beirats, der als Gesellschafterausschuss fungiert, ist ein vollständiges Weisungsrecht zulässig (vgl Rz 37).[85] Selbstredend sind nur Weisungen zu befolgen, die nicht rechtswidrig sind, etwa nicht gegen das Verbot der Einlagenrückgewähr oder die treuwidrige Stimmabgabe verstoßen. Die rechtmäßige Weisung der Generalversammlung gegenüber dem Beirat macht die Mitglieder des Beirats gegenüber der Gesellschaft haftungsfrei.[86]

83 **Unabhängigkeit – Weisungsfreiheit**: Die Einrichtung des Beirats macht aber umgekehrt vielfach nur Sinn, wenn ihm auch ein bestimmtes Maß an Eigenständigkeit übertragen wird. Ein Beirat mit einer Schiedsfunktion muss kraft Amtes und Aufgabenstellung weisungsfrei sein.[87] Übt der Beirat ähnliche Aufgaben der Kontrolle und Überwachung aus, wie der Aufsichtsrat, so muss er ähnlich wie nach § 30j Abs 6 GmbHG sein Amt eigenständig und weisungsfrei ausüben. Die weitgehende eigenständige Regelung und Weisungsfreistellung der Mitglieder eines Beirats kann mit Regelungen der Abberufung flankiert werden. Dabei ist aber Sorge zu treffen, dass mit dem Abberufungsrecht das nicht vorhandene Weisungsrecht nicht substituiert wird und nicht ohne Weiteres substituiert werden kann. Die Notwendigkeit einer Mindestbestellfrist ist daraus aber nicht abzuleiten.

E. Vertretung von Beiratsmitgliedern

84 Kommt einem Beirat die Funktion eines Aufsichtsrats zu, so sind für ihn auch analog die Regelungen über die Vertretung, wie sie für den Aufsichtsrat vorgesehen sind, anzuwenden (vgl *Kalss* Rz 3/38 ff). Im Gesellschaftsvertrag oder in der Beiratsordnung kann aber auch festgelegt werden, dass die Vertretung offener gestaltet wird.

85 **Sonstige Vertretungen**: In anderen Beiratsordnungen, insbesondere in einem Beirat für Personengesellschaften, sind die Vertretungsregelungen festzulegen.

---

84 *Drygalla* in Schmidt/Lutter, AktG^3 § 109 Rz 2.

85 *Reichert* in FS Maier-Reimer 543, 552; *Kalss/Probst*, Familienunternehmen Rz 13/188.

86 *Kalss/Probst*, Familienunternehmen Rz 13/188; Bayer in FS Schneider 77, 85.

87 *Kalss/Probst*, Familienunternehmen Rz 13/189; *Reichert* in FS Maier-Reimer 543, 553.

Die Regelungen richten sich daher primär nach der privatautonomen Gestaltung im Gesellschaftsvertrag oder in der Beiratsordnung.

F. Vergütung – D&O-Versicherung

Aufwand - Vergütung: Generell haben Beiratsmitglieder einen Anspruch auf die Abgeltung ihres Aufwandes nach auftragsrechtlichen Grundsätzen.[88] Davon zu unterscheiden ist die Vergütung. Sie erbringen für die Gesellschaft eine Leistung, die entsprechend abzugelten ist (vgl *Kalss* Rz 50/58 ff). Die Höhe der angemessenen Vergütung hängt von der Aufgabenstellung und Funktion der Beiratsmitglieder ab. Die Vergütung soll klar vereinbart werden. Wird keine Vergütung gewährt, so ist dies auch ausdrücklich zu vereinbaren. **86**

Angemessene Vergütung: Jedenfalls ist es empfehlenswert, Beiratsmitgliedern, die nicht der Gesellschaft angehören, eine für ihre Tätigkeit angemessene, ihren Fähigkeiten und Aufgaben, ihrer zeitlichen Einschaltung, ihrer Verantwortung und Risikoübernahme entsprechende marktkonforme Vergütung zu gewähren (vgl *Kalss* Rz 50/27 ff).[89] Nur so kann gleich wie bei Aufsichtsratsmitgliedern externer Sachverstand, ausreichende Zeit, gebotenes Engagement und Interessenverfolgung für das Unternehmen nachhaltig sichergestellt werden. **87**

D&O-Versicherung: Bei entsprechender Risikogeneigtheit der Tätigkeit des Beirats ist es zu empfehlen, für die Beiratsmitglieder von der Gesellschaft eine D&O-Versicherung abzuschließen.[90] Diese soll jedenfalls von der Geschäftsführung entkoppelt sein, zumal nur so die notwendige Risikobereitschaft und Risikoübernahme sichergestellt werden kann und bei konkreter Inanspruchnahme Konflikte hintangehalten werden (vgl *Ramharter* Rz 47/1 ff; *Schwarzer* Rz 48/1 ff). **88**

X. Haftung und Verantwortlichkeit

A. Schuldrechtlicher Beirat

Die Rechtsgrundlage und der Haftungsmaßstab der Beiratsmitglieder hängen davon ab, ob es sich um einen schuldrechtlich oder gesellschaftsrechtlich verankerten Beirat handelt. **89**

Schuldrechtlicher Beirat: Die Haftung der Mitglieder eines schuldrechtlichen Beirats einer GmbH oder einer GmbH & Co KG oder auch einer AG richtet sich nach den allgemeinen zivilrechtlichen Grundsätzen.[91] Die zivilrechtliche Rechtsgrundlage bildet ein **Auftrag** oder ein Geschäftsbesorgungsvertrag, sodass die allgemeinen Haftungsregelungen gem §§ 1293 ff ABGB als Sorgfalts- und Haftungsmaßstab gelten. Jedes Beiratsmitglied haftet, wenn es bei objektiv abstrakter Betrachtungsweise die im Verkehr erforderliche Sorgfalt gem § 1299 ABGB nicht beachtet hat. Wie bei Aufsichtsratsmitgliedern ist auch für die zi- **90**

[88] *Kalss/Probst*, Familienunternehmen Rz 13/191.

[89] *Kalss/Probst*, Familienunternehmen Rz 13/191; *Reichert* in FS Maier-Reimer 543, 555.

[90] *Kalss/Probst*, Familienunternehmen Rz 13/192; *Lange*, GmbHR 2006, 897, 904.

[91] *Bayer* in FS Schneider 75, 78 f; *Lutter* in Lutter/Hommelhoff, GmbHG[18] § 52 Rz 111; *Rieger* in Münchener Handbuch Gesellschaftsrecht[3] § 8 Rz 83, Rz 90.

vilrechtliche Haftungsgrundlage eine zweistufige Prüfung vorzunehmen, nämlich ob die für die jeweils zugewiesenen oder übernommenen Aufgaben notwendigen Kenntnisse und Fähigkeiten gegeben sind und ob die konkreten Verhaltenspflichten eingehalten werden (vgl *Schauer* Rz 45/18 ff). Dies hängt naturgemäß nicht nur von den konkreten Aufgaben, sondern auch von der jeweiligen rechtlichen Position (zB Weisungsgebundenheit) der Beiratsmitglieder ab. Bringt ein Beiratsmitglied spezielle Kenntnisse und Erfahrungen mit, deretwegen es gerade in den Beirat berufen wurde (spezifische technische Kenntnisse, Marktkenntnisse, juristische Kenntnisse), ist es über den allgemeinen objektiven Haftungsmaßstab hinaus verpflichtet, diese Fähigkeiten in seine Tätigkeit einzubringen. Neben den allgemein objektiv abstrakten Maßstab für alle Beiratsmitglieder kommt ein subjektiv-individualistischer Maßstab hinzu.[92]

91 **Treuepflicht – Auftrag**: Aus dem schuldrechtlichen Auftragsverhältnis folgt die allgemeine Treuepflicht der Beauftragten gegenüber der Gesellschaft als Auftraggeber (Gebot der Interessenwahrung). Das Beiratsmitglied hat daher im Interesse der Gesellschaft zu handeln, keine Eigeninteressen zu verfolgen (zB **Geschäftschancen** auszunützen) und schuldet der Gesellschaft auch die Einhaltung des **Verschwiegenheitsgebots**.[93]

92 **Eine Haftungsmilderung** greift nicht ex lege für eine bestimmte Rechtsform, auch nicht für Familienmitglieder oder Gesellschafter im Verhältnis zu Nichtgesellschaftern. Die Sorgfaltspflicht folgt aus der Stellung als Mitglied des Beirats. Zulässig ist es aber, eine Verminderung des Haftungsmaßstabes festzulegen.

93 **Entlastung:** Geregelt werden soll, ob ein Beirat entlastet werden kann. Angesichts seiner Pflichtenstellung und seiner Verantwortlichkeit und Haftung gegenüber der Gesellschaft ist eine am Aufsichtsrat angelehnte Regelung für die Entlastung sachgerecht.[94] Dabei soll auch festgelegt werden, welche Wirkung einer Entlastung zukommt, nämlich ob sie bloß Vertrauensbeweis ist oder Verzichtswirkung hat.

B. Gesellschaftsrechtlicher Beirat – Organ der GmbH

94 **Gesellschaftsvertragliche Grundlage**: Ist ein Beirat als Gesellschaftsorgan auf gesellschaftsrechtlicher Ebene einer Kapitalgesellschaft, insbesondere der GmbH, eingerichtet, ist als Haftungsgrundlage eine Gesamtanalogie zu §§ 25 und 33 GmbHG sowie § 84 und § 99 AktG heranzuziehen.[95] Ein Beiratsmitglied haftet gesamtschuldnerisch, ebenso wie ein Aufsichtsratsmitglied oder ein Mitglied der Geschäftsführung.

95 **Die Beiratsmitglieder** haben ebenso wie Aufsichtsratsmitglieder und ähnlich einer Auftragserfüllung **Sorgfaltspflichten** und **Treuepflichten** gegenüber der Gesellschaft einzuhalten.

---

92 *Bayer* in FS Schneider 75, 79; *Schneider* in Scholz, GmbHG[10] § 52 Rz 517; *Lutter*, ZHR 1981, 224, 227; für den Aufsichtsrat etwa ausdrücklich OLG Stuttgart AG 2012, 298.

93 *Wiedemann*, Gesellschaftsrecht II, Personengesellschaftsrecht 326.

94 *Weipert/Oepen*, ZGR 2012, 585, 603.

95 *Bayer* in FS Schneider 75, 79; *Lutter* in Lutter/Hommelhoff, GmbHG[18] § 52 Rz 123; *Spindler* in MünchKomm zum GmbHG § 52 Rz 690.

Treuepflicht: Die Beiratsmitglieder haben ihr Amt **im Interesse** der Gesellschaft auszuüben, unabhängig davon, ob sie von einem bestimmten Gesellschafter oder Familienstamm entsandt oder kooptiert oder allgemein von der Generalversammlung oder Gesellschafterversammlung gewählt wurden. Damit geht einher, dass die Beiratsmitglieder die Interessen der Gesellschaft zu wahren haben, dem Verschwiegenheitsgebot unterliegen und auch Geschäftschancen der Gesellschaft zu überlassen haben (vgl Rz 91). **96**

Sorgfaltspflicht: Beiratsmitglieder haben die Sorgfalt eines ordentlichen und gewissenhaften Beiratsmitglieds anzuwenden.[96] Die Anwendung der allgemeinen Regelungen gilt sowohl für die Festlegung des **Sorgfaltsmaßstabs** wie auch für die Beweislast und Verjährungsregelungen und die Anerkennung unternehmerischen Ermessens zugunsten des Beirats (vgl zum AR *Schauer* 45/18 ff), unabhängig davon, wie die konkrete Struktur und das Aufgabenbündel des Beirats ausgestaltet sind.[97] **97**

Aufgaben – Haftung: Die konkrete Pflichtenlage folgt aus den den Beiratsmitgliedern im Gesellschaftsvertrag zugewiesenen Aufgaben und Kompetenzen (Aufsichtsmittel und Handlungsformen).[98] Die Haftung ist ähnlich wie bei einem Aufsichtsrat einer GmbH, dem über das gesetzliche Aufgabenprogramm weitere Aufgaben zugewiesen werden.[99] Neben dem allgemeinen objektiven Sorgfaltsmaßstab greift bei Einbringung spezieller persönlicher Kenntnisse und Fähigkeiten, ähnlich wie beim Aufsichtsrat, zusätzlich ein subjektiv-individueller Maßstab.[100] **98**

Einfluss – Aufgaben: Entscheidend ist der tatsächliche Einfluss eines Beiratsmitglieds, selbst wenn die Aufgaben über seine rechtliche Funktion hinausgehen und damit eine Verantwortlichkeit begründen können, etwa wenn ein Mitglied tatsächlich die Geschäfte führt und damit die Geschäfte entscheidend mitbestimmt und die Geschicke der Gesellschaft leitet.[101] **99**

Sorgfaltsmaßstab: Wie für den Aufsichtsrat ermitteln sich die Sorgfaltspflichten auf zwei Stufen: Zunächst ist zu prüfen, ob das einzelne Beiratsmitglied über die notwendigen Kenntnisse und Fertigkeiten für die dem Beirat konkret zugewiesenen Aufgaben verfügt und in einem zweiten Schritt, ob es die in der jeweiligen Situation bestehenden Verhaltenspflichten tatsächlich einhält (vgl Rz 90). Die Beiratsmitglieder sind gleich zu behandeln, unabhängig davon, ob es sich um Gesellschafter, Familienmitglieder, Dritte, kooptierte, entsandte oder gewählte Mitglieder handelt.[102] **100**

---

96 *Lutter* in Lutter/Hommelhoff, GmbHG[18] § 52 Rz 123; *Bayer* in FS Schneider 75, 79; *Spindler* in MünchKomm zum GmbHG § 52 Rz 689.

97 *Spindler* in MünchKomm zum GmbHG § 52 Rz 690; *Bayer* in FS Bayer 75, 83.

98 *Altmeppen* in Roth/Altmeppen, GmbHG[7] § 52 Rz 75; *Bayer* in FS Schneider 75, 77, 79.

99 *Lutter* in Lutter/Hommelhoff, GmbHG[18] § 52 Rz 123; *Altmeppen* in Roth/Altmeppen, GmbHG[7] § 52 Rz 75.

100 *Kalss/Probst*, Familienunternehmen Rz 13/193, 196 ff; *Bayer* in FS Schneider 75, 80; *Schneider* in Scholz, GmbHG[10] § 52 Rz 517; für den Aufsichtsrat: *Kalss* in Doralt/Nowotny/Kalss, AktG[2] § 99 Rz 8 f, BGH ZIP 2011, 2097.

101 BGHZ 72, 382, 385 f; BGH ZIP 2011, 2410, 2412 Tz 18.

102 *Bayer* in FS Schneider 75, 81 f.

101 **Beratung**: Erfüllt ein Beirat eine schlichte Beratungsfunktion, haftet er nur in besonderen Ausnahmefällen, da die Mitglieder keine Entscheidungen treffen, sondern nur vorbereitend tätig sind. Werden einem Beirat im Gesellschaftsvertrag Aufsichts- und Kontrollbefugnisse eingeräumt, gelten die Haftungsmaßstäbe für Aufsichtsratsmitglieder entsprechend, einschließlich der Beweislast und Verjährungsregelungen (Rz 97). Die genaue Pflichtenstellung folgt aus den zugewiesenen Aufgaben, nicht danach, ob der Beirat eher ein Gesellschafterausschuss ist oder Kontrollfunktion ausübt.[103]

102 **Kompetenzüberschreitung**: Nimmt der Beirat im Einvernehmen mit den Gesellschaftern auch andere Aufgaben als im Gesellschaftsvertrag zugewiesen wahr, muss er sich nach diesem ausgedehnten Aufgabenkreis messen lassen. Füllt der Beirat ohne das vollständige Einverständnis mit den Gesellschaftern (ohne Beschluss der Gesellschafterversammlung), sondern etwa durch Eigeninitiative an sich gezogene Aufgaben aus oder auch bloß im Einvernehmen mit einem Gesellschafter oder einem Joint Venture-Partner oder Familienstamm, so überschreitet er damit seine Kompetenz und handelt rechtswidrig.

C. Personengesellschaft

103 **Sorgfaltspflicht – Personengesellschaft: In den Personengesellschaften** OG und KG gilt der Sorgfaltsmaßstab von ordentlichen Beiratsmitgliedern. Das Gesetz legt gem § 112 UGB generell einen objektiven Sorgfaltsmaßstab – auch für die geschäftsführenden Gesellschafter – fest. Der Sorgfaltsmaßstab kann im Gesellschaftsvertrag konkretisiert werden, der Haftungsmaßstab kann gemildert werden, so etwa die Haftung für leichte Fahrlässigkeit ausgeschlossen werden (vgl Rz 92).

104 **Haftungsmilderung**: Die GmbH oder Personengesellschaft kann in ihrem Gesellschaftsvertrag einen anderen Sorgfaltsmaßstab festlegen und die Haftung auf Vorsatz und grobe Fahrlässigkeit beschränken, somit die Haftung für leichte Fahrlässigkeit gegenüber der GmbH ausschließen.[104] Soweit ein Beirat Aufgaben der Geschäftsführung übernimmt, muss die Haftungsprivilegierung parallel zum Geschäftsführer gestaltet werden, dh ein in die Geschäftsführung eingreifender Beirat kann nicht besser behandelt werden als ein Geschäftsführer.[105] Wird den Beiratsmitgliedern zulässigerweise eine Weisung erteilt, werden sie von der Haftung befreit.[106]

105 **Entlastung**: Sinnvoll ist eine Regelung über die Entlastung der Mitglieder des Beirats, um für die Mitglieder ebenso wie für die Gesellschaft die Tätigkeit periodengerecht abzuschließen; zur Wirkung vgl Rz 93.

---

103 *Kalss/Probst*, Familienunternehmen Rz 13/197; *Bayer* in FS Schneider 75, 81.

104 *Lutter* in Lutter/Hommelhoff, GmbHG[18] § 52 Rz 123, Rz 32; *Reichert* in Sudhoff, GmbH & Co KG[6] § 18 Rz 123; *Bayer* in FS Schneider 75, 85.

105 *Schneider* in Scholz, GmbHG[10] § 52 Rz 524; *Bayer* in FS Schneider 75, 85.

106 *Enzinger* in MünchKomm zum HGB[2] § 119 Rz 59; *Bayer* in FS Schneider 75, 85 f; *Altmeppen* in Roth/Altmeppen, GmbHG[7] § 52 Rz 75.

Haftungsverzicht: Gegenüber dem Beirat kann auf die Geltendmachung von Ersatzansprüchen durch die Gesellschafter verzichtet werden. Der Verzicht kann auch in Form der Entlastung ausgesprochen werden. Der Verzicht greift, wenn eine Entlastung erteilt wird, obwohl den Gesellschaftern zu diesem Zeitpunkt Tatsachen bekannt sind, die eine Haftung begründen (vgl Rz 93).[107] **106**

D. GmbH & Co KG

Sorgfaltspflicht – GmbH & Co KG: Die Festlegung der Sorgfaltspflicht gilt für den Beirat der GmbH ebenso wie für jenen der GmbH & Co KG, unabhängig von der Gesellschafter- oder Nichtgesellschafter-Qualifikation. Die konkrete Feststellung der Sorgfaltspflichten folgt jeweils aus der konkreten Aufgabenstellung.[108] Die objektiv abstrakte Haftung der Beiratsmitglieder wird durch die konkrete Aufgaben- und Pflichtenstellung im Einzelfall konkretisiert und dadurch auch relativiert. **107**

E. Geltendmachung der Haftung

Geltendmachung: Der Anspruch steht der Gesellschaft zu. Für die Geltendmachung in der GmbH ist ein Gesellschafterbeschluss gem § 35 GmbHG erforderlich. In der Personengesellschaft haben die Gesellschafter einen Beschluss gem § 119 UGB zu fassen. Die konkrete Ausführung der Geltendmachung ist von der Geschäftsführung der Gesellschaft vorzunehmen. Daraus wird deutlich, dass die Geltendmachung im Regelfall nur gegen ausgeschiedene Mitglieder vorgenommen wird (vgl *Schauer* Rz 45/60). **108**

Die Gesellschafter haben gem § 112 Abs 1 UGB mit der gebotenen Sorgfalt mitzuwirken, den Zweck und den Gegenstand der Gesellschaft redlich zu fördern. **109**

XI. Der Beirat in der Privatstiftung

A. Struktur der Privatstiftung

Besondere Bedeutung hat der Beirat in der Privatstiftung. In rund 2/3 aller Privatstiftungen besteht die satzungsmäßige Grundlage, einen Beirat einzurichten. Der Beirat erlangt nach dem Tod des Stifters oder jedenfalls des Hauptstifters besondere Bedeutung. Die Privatstiftung ist ein Rechtsträger, dem ein Vermögen mit besonderer Zweckwidmung zugeordnet ist. Die Privatstiftung hat keine Eigentümer, daher auch keine institutionell verankerte Gesellschafter- oder Eigentümerversammlung. Es fehlt daher der formal berechtigte Eigentümer oder eine Eigentümerversammlung. Somit fehlen das kontrollierende Auge und die kontrollierende Hand des Eigentümers.[109] **110**

---

[107] *Kalss/Probst*, Familienunternehmen Rz 13/203; *Schneider* in Scholz, GmbHG^{10} § 52 Rz 525; *Riegger* in Münchener Handbuch zum Gesellschaftsrecht II^{3} § 8 Rz 85; *Bayer* in FS Schneider 75, 86.

[108] *Reichert* in Sudhoff, GmbH & Co KG^{6} § 18 Rz 114; *Bayer* in FS Schneider 75, 82.

[109] OGH 6 Ob 244/11t, ZFS 2012, 45; OGH 6 Ob 195/10k, JBl 2011, 321; OGH 6 Ob 82/11v, GesRZ 2011, 380; OGH 6 Ob 95/15m, GesRZ 2015, 333.

111 **Ohne weitere Regelung** in der Stiftungsurkunde besteht daher ein strukturelles Kontrolldefizit,[110] dem geschäftsführenden Vorstand steht nämlich kein permanent tätiges Organ in der Privatstiftung gegenüber.[111] Sieht die Stiftungserklärung – wie **häufig** – entsprechende Regelungen vor, kann die **Kontrolle sachgerecht** ausgeübt werden und besteht daher **kein Kontrolldefizit**.

112 **Sollbruchstelle – Fremdverwaltung**: § 15 PSG markiert eine Sollbruchstelle zwischen Begünstigten und Vorstand, da Begünstigte der Privatstiftung aus dem Vorstandsamt ausgeschlossen sind und die Begünstigten- und Vorstandsstellung inkompatibel sind. Gerade in einer Stiftung, die darauf ausgerichtet ist, den Stifter und dessen Familienmitglieder und Rechtsnachfolger zu begünstigen, wird damit die Familie aus der Leitung der Privatstiftung ausgeschlossen. Vom Vorstandsamt sind nämlich die Begünstigten und die Verwandten bis zur 3. Seitenlinie, somit bis zu Onkel und Tante ausgeschlossen. In dem Vorstand können daher Cousins und Cousinen sowie verschwägerte Personen der Begünstigten, dh Schwiegersohn und Schwiegertochter sowie die Geschwister des nicht begünstigten Ehepartners, aufgenommen werden.

B. Funktion des Beirats

113 **Kontrolle**: Tatsächlich besteht dieses strukturell angelegte Kontrolldefizit in der überwiegenden Zahl von Privatstiftungen nicht, da der Stifter für ein wirksames Kontrollregime vorsorgt, wie ihm das Gesetz dies gemäß § 14 PSG ermöglicht. Um eine effiziente Kontrolle des Stiftungsvorstands in der Privatstiftung sicherzustellen, bietet es sich für den Stifter an, ein sonstiges Organ gem § 14 Abs 2 PSG in der Stiftungsurkunde einzurichten, das mit den dem Stifter im konkreten Fall geeignet erscheinenden Kontrollmechanismen ausgestattet ist.[112]

114 **Keine Geschäftsführung**: Durch die Zuweisung von Kompetenzen an sonstige Organe gem § 14 Abs 2 PSG darf der Stifter das Organgefüge des PSG nicht umgehen. Zur Geschäftsführung und Vertretung und damit zur direkten Umsetzung des Stiftungszwecks ist nur der Vorstand befugt. Jedenfalls hat der Beirat keine über die üblichen kontrollierenden Aufgaben hinausgehenden Funktionen, insbesondere hat er keine unmittelbaren operativen Aufgaben. Sie sind dem Stiftungsvorstand vorbehalten.[113] Für weitere Organe verbleiben daher nur beratende und **kontrollierende Kompetenzen**.[114] Der Beirat dient dem Schutz des Stiftungsvermögens und der Einhaltung der Stiftungserklärung durch den Stiftungsvorstand. Der Stiftungsvorstand ist ohnehin der Befolgung der Stiftungserklärung und der Verwirklichung des Stiftungszweckes verpflichtet.

---

110 *Kalss/Probst*, Familienunternehmen Rz 7/154, Rz 13/205.

111 Der Stiftungsprüfer ist zwar Organ und hat neben der Jahresabschlussprüfung noch weitere über die Funktion des Abschlussprüfers hinausgehende Aufgaben, dennoch ist er eher anlassbezogen tätig.

112 *Kalss/Probst*, Familienunternehmen Rz 13/205; *Cerha* in FS Helbich 52.

113 OGH 6 Ob 139/13d, GesRZ 2014, 63 (*Briem*), 6 Ob 230/13m, GesRZ 2015, 59 (*Torggler*); *Cerha* in FS Helbich 52.

114 1132 BlgNR 18. GP 26; *Arnold*, PSG^3 § 14 Rz 28; *Schima/Toscani* in FS Helbich 136.

Interessenvertretung: Der Beirat erfüllt in der Privatstiftung nicht nur die Rolle des bloßen Kontrollors oder Aufsehers, sondern vielfach auch die Funktion der **Interessenvertretung** der unterschiedlichen Familienstämme, Stiftergruppen, somit die Rolle der Interessenvertretung der wirtschaftlichen Eigentümer bzw der Vertreter der wirtschaftlichen Eigentümer in Form eines Ausschusses der privatstiftungsrechtlich anerkannten wirtschaftlich Berechtigten.[115] Der Beirat in der Privatstiftung hat daher ähnlich Beiräten in anderen Einrichtungen neben der Kontroll- auch eine Interessenausgleichs-, Mediations-, Moderations- und Informationsfunktion. 115

C. Gestaltung und Zusammensetzung des Beirats

Gestaltungsfreiheit: Der Beirat ist gesetzlich nicht vorgezeichnet, vielmehr besteht gem § 14 Abs 2 PSG nur die Ermächtigung, einen Beirat einzurichten. Er kann ähnlich dem Beirat der GmbH oder jenem der Personengesellschaft weitgehend privatautonom gestaltet werden. 116

Die konkrete Gestaltung des Beirats der Privatstiftung hängt von der Stiftungserklärung ab. Sie unterliegt im Rahmen der durch das Gesetz vorgegebenen und von der Judikatur gezogenen Grenzen der Gestaltungsfreiheit.[116] 117

Bezeichnung: Für den Beirat der Privatstiftung ist es unerheblich, wie er konkret bezeichnet wird, nämlich ob Beirat, Kommission, Kuratorium, Ausschuss, Familienrat, Delegiertenversammlung oder Begünstigtenausschuss. Maßgeblich sind die ihm zugeordneten Rechte und Pflichten. Ob einer als Beirat bezeichneten Einrichtung in der Privatstiftung Organfunktion zukommt, hängt von der Zuweisung der Kompetenzen und Aufgaben an diese Einrichtung ab. Insbesondere wenn dem Beirat Einfluss auf die Willensbildung und die Leitung sowie Überwachung des Stiftungsvorstands zukommt, hat er Organfunktion.[117] 118

Zusammensetzung: Bei der Zusammensetzung des Beirats besteht gem § 14 PSG weitgehende Freiheit. Der Beirat kann ausschließlich oder mehrheitlich mit **Begünstigten** oder Familienmitgliedern besetzt sein. Zulässig ist auch ein völlig mit **Außenstehenden** besetzter Beirat ohne jeden Familien- und Begünstigtenbezug.[118] 119

Größe: Das Gesetz sieht **keine Mindest- oder Maximalgröße** des Gremiums vor, sodass sowohl ein Einpersonenbeirat als auch beispielsweise ein 20-köpfiger Beirat möglich und zulässig ist. Zu bedenken hat der Stifter allein die Aufgabenzuweisung und die Sachgerechtigkeit der Besorgung der Aufgaben. 120

Einpersonen-Beirat: Ein Beirat der Privatstiftung kann auch aus einer **einzigen Person** bestehen. Der Beirat ist daher in der Privatstiftung – ebenso wie 121

---

115 *Kalss/Probst*, Familienunternehmen Rz 13/205.

116 *Kalss/Probst*, Familienunternehmen Rz 13/207; *Kalss/Müller* in Gruber/Kalss/Müller/Schauer, Erbrecht und Vermögensnachfolge § 25 Rz 208, 790; *Briem*, PSR 2010/27, 113; *Kodek* in FS Reich-Rohrwig 111 f.

117 OGH 6 Ob 42/13i; OGH 6 Ob 305/01y; OGH 6 Ob 291/02s; OGH 6 Ob 95/15m.

118 *Kalss/Probst*, Familienunternehmen Rz 13/208.

in einer Gesellschaft – nicht unbedingt ein Mehrpersonen- oder Kollegialorgan, sondern kann auch nur aus einer einzigen Person bestehen.[119]

122 **Die Bestellung** des Beirats bzw der Beiratsmitglieder muss nicht im einzelnen in der Stiftungsurkunde festgelegt werden, sondern kann auch in der Stiftungszusatzurkunde oder bei entsprechender Verweisregelung in einer letztwilligen Verfügung oder sonstigen Festlegung bestimmt werden. Zulässig ist auch die Selbstkooptierung, die aber nur zu empfehlen ist, wenn die primär Befugten ihr Recht nicht fristgerecht wahrnehmen.

D. Aufgaben des Beirats

1. Allgemeine Bemerkungen

123 **Eigenständigkeit des Vorstands**: Der Oberste Gerichtshof setzt dem Beirat strenge Grenzen für seine Zuständigkeiten und Kompetenzen. Eine Regelung, die dem Beirat zu allen Rechtsgeschäften von Bedeutung ein Zustimmungs- oder Vetorecht einräumt, ist nach der Judikatur unzulässig, da sie damit den Vorstand zum bloßen Vollzugsorgan des Beirats oder auch des Stifters machen würde, was nach Ansicht des OGH mit der eigenständigen Geschäftsführungsbefugnis des Stiftungsvorstands nicht in Einklang stünde.[120]

124 **Vorstand nicht nur Vollstrecker**: Der Vorstand darf durch die Kontroll- und Einflussmöglichkeiten des Beirats nicht lahmgelegt werden und zum schlichten Vollstrecker und verlängerten Arm des Beirats degradiert werden. Der Stiftungsvorstand ist als eigenverantwortliches Leitungsorgan konzipiert und muss in der Lage sein, seine persönliche Verantwortung auszuüben.[121]

125 **Die Begünstigten** sind vom Vorstandsamt ausgeschlossen, der Gesetzgeber wollte ihnen damit aber nicht auch die Kontrollmöglichkeiten und insbesondere auch nicht die Möglichkeit einer institutionalisierten Kontrolle durch vom Stifter eingerichtete Organe nehmen.[122] Gerade die Möglichkeit der Kontrolle durch einen selbst geschaffenen Beirat wurde von Anfang an als konsequenter und zugleich auch notwendiger Ausgleich für den Ausschluss aus der operativen Leitung und aus dem Vorstandsamt gesehen.[123] Der notwendige Ausgleich ist auch naheliegend, wenn privates Vermögen auf einen anderen Rechtsträger formal übertragen wird, der Rechtsträger aber ausschließlich dazu dient, die Mitglieder, den Stifter und dessen Angehörige zu versorgen und ihnen Zuwendungen zukommen zu lassen. Daher erscheint es naheliegend und geradezu geboten, den Stifter bzw die Begünstigten und deren nahestehenden Personen für die Kontrolle zuzulassen. Genau dies wurde auch vom Gesetzgeber des Jahres 2011 betont.[124]

---

[119] OGH 6 Ob 42/13i, GesRZ 2013, 299; *Arnold*, PSG³ § 14 Rz 18.

[120] Vgl OGH 6 Ob 95/15m, GesRZ 2015, 333; ablehnend *Briem*, GesRZ 2015, 337; OGH 6 Ob 42/13i, s zuletzt nur OGH 6 Ob 139/13d, GesRZ 2014, 63 (*Briem*), 6 Ob 230/13m, GesRZ 2015, 59 (*Torggler*)

[121] OGH 6 Ob 145/09f; OGH 6 Ob 230/13m, GesRZ 2015, 59; OGH 6 Ob 95/15m, GesRZ 2015, 333, mit kritischer Anmerkung *Briem*, GesRZ 2015, 337; *Schima/Toscani* in FS Helbich 133; *Briem* in Kalss, Aktuelle Fragen des Stiftungsrechts 86 ff.

[122] Ausdrücklich *Cerha* in FS Helbich 50.

[123] *Cerha* in FS Helbich 50; aA *Kodek* in FS Reich-Rohrwig 111.

[124] ErlRV 981 BlgNR XXIV. GP, 67 f zu Artikel 28 Budgetbegleitgesetz 2011; *Cerha* in FS Helbich 53.

2. Personalhoheit

Bestellung des Stiftungsvorstands: Trotz der restriktiven Haltung der Judikatur[125] können dem Beirat unterschiedliche Befugnisse und Aufgaben zugeordnet werden. Gemäß § 14 Abs 3 PSG kann dem Beirat, unabhängig davon ob er mit oder ohne Familienangehörigen oder Begünstigten besetzt ist, das Recht eingeräumt werden, den Stiftungsvorstand zu bestellen. Die Entscheidung liegt allein in der Privatautonomie des Stifters.[126] Der Beirat hat ein unbeschränktes Bestellungsrecht. Die Judikatur verlangt eine Mindestbestelldauer von drei Jahren für den Vorstand.[127] Jedenfalls kann aber mit einer sachlichen Begründung davon abgewichen werden, etwa wenn ein bestimmtes Alterslimit erreicht worden ist oder wenn das Bestellungsrecht des Stifters damit verloren geht oder sonst nur eine bestimmte Vakanz überbrückt werden soll.[128] **126**

Abberufung: Gem § 14 Abs 3 PSG kann der Stifter dem Beirat auch das Recht der Abberufung des Stiftungsvorstands einräumen. Dieses Recht steht aber dem Beirat ebenso wie das Bestellungsrecht nicht von Gesetzes wegen zu, sondern nur wenn es ihm kraft Stiftungsurkunde eingeräumt wird. Die Regelung muss gem § 9 Abs 2 Z 4 PSG iVm § 10 Abs 2 Satz 1 PSG in der Stiftungsurkunde geregelt werden. Eine Regelung in der Stiftungszusatzurkunde wäre unzureichend und unwirksam. **127**

Dreiviertel-Mehrheit: Wird dem Beirat das Abberufungsrecht eingeräumt und besteht der Beirat aus mehreren Personen, so muss der Abberufungsbeschluss eine Mehrheit von 3/4 der gültig abgegebenen Stimmen erreichen. Das Quorum kann nicht herabgesetzt, sondern nur erhöht werden. Eine Abberufung ist nur aus wichtigem bzw sachlichem Grund möglich. Der sachliche Grund muss aber die Gravität eines wichtigen Grundes haben. Eine grundlose Abberufung ist nicht zulässig.[129] Wird der Stiftungsvorstand nur aus sachlichem Grund abberufen, dürfen die Begünstigten nicht in der Mehrheit sein.[130] Angesichts des geringen Unterschieds zwischen sachlichem und wichtigem Grund sind in der Stiftungsurkunde dafür keine Sonderregeln erforderlich.[131] **128**

Personalentscheidungen in nachgeordneten Gesellschaften: Dem Beirat können weitergehende Personalkompetenzen zukommen, insbesondere können ihm auch Zustimmungs- und Mitwirkungsrechte bei Besetzung der Leitungsorgane und der obersten Führungsebene in Beteiligungsunternehmen (= Tochter- und Enkelgesellschaften der Privatstiftung) zukommen.[132] Diese Zustimmung hat **129**

---

125 Zuletzt nur OGH 6 Ob 95/15m, GesRZ 2015, 333, mit kritischer Anmerkung *Briem*, GesRZ 2015, 337.

126 *Kalss/Probst*, Familienunternehmen Rz 13/209; *Cerha* in FS Helbich 49; *Arnold*, PSG³ § 14 Rz 28.

127 OGH 6 Ob 195/10k, GesRZ 2010, 63; krit dazu Résuméprotokoll des Fachgesprächs mit Firmenbuchrichtern, GesRZ 2011, 356, 357 f; OGH 6 Ob 230/13m, GesRZ 2015, 59.

128 *Arnold*, PSG³ § 15 Rz 107 ff.

129 *Kalss/Probst*, Familienunternehmen Rz 13/209.

130 *Arnold*, GesRZ 2011, 101, 104; *Kalss/Probst*, Familienunternehmen Rz 13/209.

131 *Kalss/Probst*, Familienunternehmen Rz 13/209; *Csoklich*, Kathrein-Stiftungsletter 17/2012, 18, 20 f.

132 *Kalss/Probst*, Familienunternehmen Rz 13/207; Résuméprotokoll des Fachgesprächs mit

ebenso wie in einem Konzern für die konkret betroffene Gesellschaft keine unmittelbare Bindungswirkung (*Enzinger/Kalss* Rz 31/81). Der Stiftungsvorstand ist berufen, seine Entscheidung und die des Beirats entsprechend in der Tochter- oder sonstigen Beteiligungsgesellschaft der Privatstiftung umzusetzen.

3. Kontrollrechte

130 **Auskunftsrechte**: Dem Beirat können Auskunftsrechte, das Recht zur Geltendmachung von Schadenersatzansprüchen, eingeschränkte Zustimmungsvorbehalte zu Geschäftsführungsangelegenheiten, Anhörungs- oder Beratungsrechte für Geschäftsführungsangelegenheiten, Nominations- und Vorschlagsrechte für Organfunktionen, eingeräumt werden.[133]

131 **Zustimmungsrecht**: Nach dem OGH dürfen dem Beirat nur einzelne Geschäfte von erheblicher, wesentlicher oder grundlegender Bedeutung der Zustimmung des Beirats unterworfen werden.[134]

132 **Begünstigtenauswahl**: Die Auswahl der Begünstigten und die Festlegung von Begünstigten werden durch die Judikatur eingeschränkt.[135] Dies ist nicht verständlich, da es sich dabei nicht um Leitungsfragen, sondern um Vermögenszufluss und Vermögenszuwendungsfragen an die Begünstigten handelt.

133 **Stellungnahme – Schiedsstelle**: Angesichts der restriktiven Judikatur des Obersten Gerichtshofs sind dem Beirat vielfach effiziente Kontrollmöglichkeiten genommen.[136] Die Judikatur des Obersten Gerichtshofs zieht zunehmend engere Grenzen.[137] Vielfach wird das in der Literatur klar anerkannte[138] Zustimmungsrecht in ein Anhörungsrecht und ein **Recht der Stellungnahme** umgestaltet bzw wird bei mangelnder Einvernehmlichkeit die Entscheidung durch eine Schiedsstelle etabliert.[139] Damit wird der **Funktionärsapparat** durch sachliche Rechtfertigung **aufgebläht**. Zudem erlangen vielen Personen Zugang zu sehr vertraulichen Informationen; dies liegt häufig nicht im Interesse der Stifter. Durch die Judikatur wird jedenfalls eine massive Schwächung der Governance der Privatstiftung herbeigeführt, werden Begünstigte aus der laufenden ständigen begleitenden Kontrolle des Stiftungsvorstands und des privaten Stiftungsvermögens hinausgedrängt und in die Rolle gerichtlicher Antragssteller gestoßen. Effiziente stiftungsinterne Kontrolle wird dadurch durch die Judikatur verhindert.

Firmenbuchrichtern, GesRZ 2011, 161 ff; Résuméprotokoll des Fachgesprächs mit Firmenbuchrichtern, GesRZ 2014, 111 ff.

133 *Kalss/Probst*, Familienunternehmen Rz 13/210.

134 OGH 6 Ob 95/15m, GesRZ 2015, 333; *Briem*, GesRZ 2015, 337.

135 OGH 6 Ob 139/13d; OGH 6 Ob 230/13m, GesRZ 2015, 59.

136 S die Auflistung Résuméprotokoll des Fachgesprächs mit Firmenbuchrichtern, GesRZ 2014, 111 ff.

137 Zuletzt OGH 6 Ob 95/15m, GesRZ 2015, 333, mit kritischer Anmerkung *Briem*, GesRZ 2015, 337.

138 S nur *Schima/Toscani* in FS Helbich 133; *Arnold*, PSG[3] § 14 Rz 34; *Briem* in Kalss, Aktuelle Fragen des Stiftungsrechts 86 ff.

139 S Résuméprotokoll des Fachgesprächs mit Firmenbuchrichtern, GesRZ 2014, 111.

Zustimmung zu Satzungsänderung: Zulässig ist, die Einräumung eines Zustimmungsrechts des Beirats zu Änderungen der Stiftungserklärung durch den Stifter oder den Vorstand zu normieren.[140] **134**

Regelungsort: Nach der Judikatur[141] müssen die Aufgaben des Beirats in der Stiftungsurkunde niedergelegt werden, damit sie wirksam sind.[142] **135**

Sonstiges Gremium: Jedenfalls ist es für den Stiftungsvorstand sachgerecht, auch Beschränkungen gegenüber einem Gremium, dem keine Organfunktion zukommt, einzuhalten, zumal es sich dabei um eine vom Stifter auferlegte interne Bindung des Stiftungsvorstands handelt.[143] Das Verlangen des Obersten Gerichtshofs, dass Regelungen und Zuständigkeiten des Beirats jedenfalls in der Stiftungsurkunde enthalten sein müssen, steht im Widerspruch zur bis dahin ergangenen Rechtsprechung des OGH.[144] Bis dahin hat der Oberste Gerichtshof ausdrücklich anerkannt, dass nur die wesentlichen Kompetenzen von Stiftungsorganen in der Stiftungsurkunde enthalten sein müssen, während einzelne Aufgaben auch in der Stiftungszusatzurkunde oder in nachgeordneten Geschäftsordnungen enthalten sein können.[145] Die Einschränkung der eigenständigen Entscheidungsbefugnis des Stiftungsvorstands muss davon unabhängig sein, ob die Kompetenzen einem in der Stiftungsurkunde eingerichteten Organ oder einer sonstigen Einrichtung, somit einem Gremium, zukommen, vielmehr ist jedenfalls eine materielle Prüfung und das Ausmaß der Einschränkung zu beurteilen.[146] Die Judikatur des Gerichtshofs steht auch im klaren Widerspruch zur Regelungspraxis von Gesellschaften, die die wesentlichen Zustimmungskataloge in die Geschäftsordnung der Geschäftsführungsorgane schreiben (vgl *Briem* Rz 12/56). **136**

140 Résuméprotokoll des Fachgesprächs mit Firmenbuchrichtern, GesRZ 2014, 111 ff.

141 OGH 6 Ob 95/15m, GesRZ 2015, 333.

142 OGH 6 Ob 95/15m, GesRZ 2015, 333; so schon – vorbereitend - *Kodek* in FS Nowotny 111 f.

143 So ausdrücklich *Briem*, GesRZ 2015, 337; so auch Résuméprotokoll des Fachgesprächs mit Firmenbuchrichtern, GesRZ 2014, 111.

144 Ausdrücklich *Briem*, GesRZ 2015, 337.

145 *Arnold*, PSG^3 § 9 Rz 22; *Briem*, GesRZ 2015, 338, unter Bezugnahme auf OGH 6 Ob 305/01y; OGH 6 Ob 49/07k und OGH 6 Ob 42/13i.

146 *Briem*, GesRZ 2015, 338 f; aA Kodek in FS Reich-Rohrwig 112, der bei Regelung in der Stiftungszusatzurkunde die Unwirksamkeit annimmt.

Besonderheiten des Aufsichtsrats in der GmbH

Markus Heidinger

§§: 29–33 GmbHG

Literatur

Ö: *Adensamer/Eckert*, Vorstandshaftung nach österreichischem Recht, in Kalss, Vorstandshaftung in 15 europäischen Ländern (2005) 165; *Auer*, Zum GmbH-Beirat, der ein fakultativer Aufsichtsrat sein soll, GES 2007, 183; *P. Doralt*, Die Geschäftsführer der GmbH & Co KG im Handelsrecht, in Kastner/Stoll, Die GmbH & Co KG, 2. Auflage (1997), 235; *P. Doralt*, Zum Entwurf einer Novelle des GmbH-Gesetzes, JBl 1977, 124; *Ettmayer/Kusznier*, Gesellschaftsrechtliche Folgen bei Verletzung der Aufsichtsratspflicht, ecolex 2012, 404; *Eckert/Schopper*, Kommentierung der §§ 29 bis 33, in U. Torggler (Hrsg), Kurzkommentar zum GmbH-Gesetz (2014); *Fritz*, Aufsichtsrat Aktuell 2/2007, 13; *Fritz*, Handbuch der GmbH-Beratung (Loseblatt), *Frotz*, Zur Absicherung der Organmitglieder einer AG gegen Haftungsansprüche der Gesellschaft, in FS Wagner (1987) 137; *Frotz*, Grundsätzliches zu den Rechten und Pflichten des Aufsichtsrates und seiner bestellten und entsendeten Mitglieder, ÖZW 1978, 44; *Gellis/Feil*, Kommentar zum GmbH-Gesetz, 7. Auflage (2009); *Geppert*, GmbHG-Novelle BGBl 1980/320: Zweifelsfragen im Zusammenhang mit dem Aufsichtsrat, GesRZ 1984, 76; *Geppert/Moritz*, Gesellschaftsrechtsänderungsgesetz (1984); *Gruber*, Aufsichtsratspflicht im grenzüberschreitenden GmbH(& Co)-Konzern), wbl 2001, 254; *Grünwald*, Die Aufsichtsratspflicht im GmbH-Konzern, NZ 1984, 228; *Haberer*, Zwingendes Kapitalgesellschaftsrecht (2009); *A. Heidinger*, Kommentierung der §§ 29 bis 33, in Gruber/Harrer (Hrsg), Kommentar zum GmbHG (2014); *M. Heidinger*, Aufgaben und Verantwortlichkeit von Aufsichtsrat und Beirat der GmbH (1988); *Huber*, Fakultativer Aufsichtsrat, Beirat und Arbeitnehmermitwirkung in der GmbH, ecolex 1995, 807; *Hügel*, Aufsichtsratsveto und Entscheidungsbefugnis der Gesellschafterversammlung, GesRZ 1982, 305; *Jabornegg*, Zur Aufsichtsratspflicht der von einer EU-ausländischen Muttergesellschaft abhängigen österreichischen GmbH, DRdA 2009, 219; *Jabornegg*, Aufsichtsratsmitwirkung im Konzern mit Untergesellschaften in der Rechtsform der GmbH & Co KG, RdA 1999, 433; *W. Jud*, Handelsrechtliche Auswirkungen der GmbH-Novelle 1980, SWK 1980, B II 21; *W. Jud*, Zur Erneuerung des Rechts der GmbH, in: Reformen des Rechts, FS zur 200-Jahr-Feier der Rechtswissenschaftlichen Fakultät der Universität Graz (1979) 301; *Kalss*, Die Handlungs- und Entscheidungspflichten des Aufsichtsrats bei einem Fehlverhalten von Vorstandsmitgliedern einer Aktiengesellschaft, in FS W. Jud (2012) 285; *Kalss/Eckert*, Zentrale Fragen des GmbH-Rechts (2004); *Kalss/Klampfl*, Wie beeinflussen elektronische Medien die Sitzungspraxis und Beschlussfassung des Aufsichtsrats?, RWZ 2011, 33; *Kalss/Schauer*, Die Reform des Österreichischen Kapitalgesellschaftsrechts, GA zum 16. ÖJT (2006); *Kastner*, Zur Mitgliedschaft an mehreren Organen derselben Gesellschaft, in GS Schönherr (1986) 193; *Kastner*, Beiräte im österreichischen Gesellschaftsrecht, RdW 1983, 98; *Kastner*, Insolvenzrecht und Gesellschaftsrecht, GesRZ 1982, 213; *Kastner*, Gesellschaft mbH Gesetz-Novelle 1980, JBl 1980, 617; *Kastner*, Zur Auslegung des GmbH-Gesetzes, JBl 1978, 404; *Kastner/Doralt/Nowotny*, Gesellschaftsrecht, 5. Auflage (1990); *Koppensteiner/Rüffler*, Kommentar zum GmbHG, 3. Auflage (2007); *Kostner*, Die „kleinen" Probleme der GmbH-Novelle, NZ 1980, 161; *Kühteubl*, Der Arbeitnehmervertreter im Aufsichtsrat als Beitragstäter bei Straftaten der Geschäftsführung, RdA 2012, 244; *Löschnigg*, Die Entsendung der Betriebsräte in den Aufsichtsrat: Organisationsrechtliche Probleme des § 110 ArbVG (1985); *Löschnigg*, Die wirtschaftliche Mitbestimmung im Konzern und in der GesmbH & Co KG, ZAS 1981, 3; *Putzer*, Mitwirkung der Arbeitnehmerschaft im Aufsichtsrat (2005); *Rauter*, Kommentierung der §§ 31 bis 33, in Straube (Hrsg), Wiener Kommentar zum GmbH-Gesetz (Stand Juni 2015); *Reich-Rohrwig*,

Das österreichische GmbH-Recht, I. Band, 2. Auflage (1997); *Reich-Rohrwig*, GmbH: Jännerliste ist fertig, ecolex 1990, 30; *Reich-Rohrwig*, Anpassung der Gesellschaftsverträge an die GmbHGNov 1980, 311; *Schiemer*, Handkommentar AktG, 2. Auflage (1986); *Schima*, Der GmbH-Geschäftsführer und der Wille des Mehrheitsgesellschafters (I), GesRZ 1999, 100; *Schima/Toscani,* Die Vertretung der AG bei Rechtsgeschäften mit dem Vorstand (§ 97 Abs 1 AktG), JBl 2012, 482 und 570; *Straube*, Die Aufsichtsratsgeschäftsordnung (1991); *Straube/Rauter,* Kommentierung der §§ 29 und 30, in Straube (Hrsg), Wiener Kommentar zum GmbH-Gesetz (Stand Juni 2015); *Straube/Rauter,* Aufsichtsratspflicht und Konzernsachverhalte im GmbH-Recht, GES 2008, 88; *U. Torggler,* Zur Verschwiegenheitspflicht entsendeter Aufsichtsratsmitglieder, in FS H. Torggler (2013) 1215; *U. Torggler/Trenker,* Zur Organhaftung für Gläubigerbevorzugung gemäß § 25 Abs 3 Z 2 GmbHG, § 84 Abs 3 Z 6 AktG, JBl 2013, 613; *H. Torggler*, Die Novelle zum GmbH-Gesetz, SWK 1981 B II, 15; *Umfahrer*, Die Gesellschaft mit beschränkter Haftung, 6. Auflage (2008); *I. Welser,* Aufsichtsräte im Spannungsfeld von Verschwiegenheits- und Offenlegungspflichten, in FS W. Jud (2012) 745; *Wünsch*, Kommentar zum GmbHG (1. Lieferung 1987); *Wünsch*, Die Organe der GmbH im Lichte der Novelle 1980, GesRZ 1980, 165; *Zawischa*, Teilreform des GmbH-Rechte in Österreich, RIW 1980, 691.

Dtl: *Baumbach/Hueck*, GmbHG, 20. Auflage (2013); *Fleischer/Goette,* Münchener Kommentar zum GmbHG, 2. Auflage (2016); *Hüffer*, Aktiengesetz, 7. Auflage (2006); *Scholz*, Kommentar zum GmbH-Gesetz, 11. Auflage (2014); *Ulmer/Habersack/Löbbe,* GmbHG-Großkommentar, 2. Auflage (2014).

Gliederung **Rz**

I. Normative Grundlagen des Aufsichtsrats in der GmbH

Das Recht des Aufsichtsrats in der GmbH wird durch Gesetz, Satzung und Geschäftsordnung bestimmt. Mit der GmbH-Novelle 1980 wurden die Bestimmungen über den Aufsichtsrat aus dem AktG 1965 weitgehend auf den Aufsichtsrat der GmbH übertragen. Anders als das deutsche Recht, welches auf aktienrechtliche Vorschriften verweist,[1] ging man in Österreich den Weg einer Einfügung weitgehend wortlautidenter Bestimmungen in das GmbHG. Dem positiven Effekt der dadurch erreichten gewissen Eindämmung der Komplexität des Kapitalgesellschaftsrechts[2] steht die mangelnde Anpassung an die Besonderheiten der GmbH gegenüber.[3] 1

Freilich darf die **Einheitlichkeit** der dadurch geschaffenen Rechtslage nicht überschätzt werden. Bei der Anwendung und Auslegung der aus dem AktG übernommenen Normen zum Aufsichtsrat im GmbHG ist zu berücksichtigen, dass der innere Aufbau von GmbH und AG auf unterschiedlichen Ordnungsprinzipien beruht und dem Aufsichtsrat in der GmbH eine gegenüber der AG (wenn auch nur leicht) modifizierte Funktion zukommt. Der sich aus der Stellung und Funktion des Aufsichtsrats in der GmbH[4] ergebende Sinn und Zweck einer Norm kann daher im Einzelfall zu einer gegenüber dem Aktienrecht abweichenden Beurteilung führen.[5] Aktienrechtliche Literatur zum Aufsichtsrat kann daher im Ergebnis für Fragen zum GmbH-Aufsichtsrat grundsätzlich zwar herangezogen werden, jedoch nicht vorbehaltlos.[6] 2

Auch die grundsätzliche **Dispositivität** des GmbH-Rechts[7] kann zu Abweichungen gegenüber der AG führen. Die Regeln des GmbHG über den Aufsichtsrat sind zwar insoweit zwingend, als dies ausdrücklich angeordnet oder zum Schutz der Gläubiger, der Minderheit oder der Arbeitnehmermitbestimmung erforderlich ist. Auszugehen ist aber auch diesbezüglich nur von relativ zwingendem Recht, so dass die Stellung des Aufsichtsrats – etwa durch Bestimmungen hinsichtlich seiner Einrichtung und erweiterter Kompetenzen – verstärkt werden kann.[8] 3

---

1 Vgl § 52 dGmbHG für den fakultativen Aufsichtsrat und § 77 BetrVG bzw § 25 MitbestG für den obligatorischen Aufsichtsrat.

2 *Kalss* in Kalss/Schauer, Reform 246.

3 *Kalss/Eckert*, Zentrale Fragen 204 ff.

4 Siehe dazu unten II.

5 *P. Doralt*, JBl 1977, 124, 133; *M. Heidinger*, Aufgaben 28 f; *H. Torggler*, SWK 1981 B II 15, 16; Vgl *Uwe H. Schneider* in Scholz GmbHG § 52 Rz 69 f welcher in Bezug auf die Verweisungstechnik des dGmbHG von einer nur sinngemäßen Übertragung der aktienrechtlichen Vorschriften ausgeht, für deren Auslegung der sich aus der Stellung des Aufsichtsrats in der GmbH ergebende Sinn und Zweck maßgebend sei.

6 *M. Heidinger*, Aufgaben 28 f.

7 Siehe dazu OGH 8 Ob 253/75, SZ 48/133; *Kastner/Doralt/Nowotny*, Gesellschaftsrecht[5] 347; *Reich-Rohrwig*, GmbH-Recht I[2] Rz 1/51; *Gellis/Feil*, GmbHG[7] § 4 Rz 4.

8 Siehe dazu *M. Heidinger*, Aufgaben 6 f, 29 f, 30.

II. Stellung und Funktion des Aufsichtsrats in der GmbH

4 Historisch konzipiert wurde der Aufsichtsrat der GmbH als Kontrollorgan zum Schutz der Gläubiger, aber auch der Gesellschafter.[9] Dem Aufsichtsrat einer GmbH kommt insgesamt bedeutend **weniger Gewicht** als jenem der AG zu. Am deutlichsten kommt dies in seinem Verhältnis zur Generalversammlung zum Ausdruck.[10]

5 Die **Geschäftsführer** sind hauptsächlich der Generalversammlung verantwortlich und bei Fehlleistungen primär von dieser zur Verantwortung zu ziehen.[11] Die Kompetenz zur Bestellung und Abberufung der Geschäftsführer liegt - ebenfalls anders als im Aktienrecht – bei der Generalversammlung. Der **Abschlussprüfer** erhält seinen Prüfungsauftrag von den Gesellschaftern. Nicht nur erfolgt die Feststellung des Jahresabschlusses durch die Gesellschafterversammlung, sondern dient die Jahresabschlussprüfung insgesamt der neutralen Information der Gesellschafter und des Aufsichtsrates, wohingegen bei der AG die Abschlussprüfung zur unabhängigen Information unmittelbar nur des Aufsichtsrats bestimmt ist.[12]

6 Man kann also im Unterschied zur AG nicht von einem **Kontrollmonopol** des Aufsichtsrats sprechen. Im Gegenteil, der Gesetzgeber hat in der GmbH eindeutig die Gesellschafterversammlung als höchstes Organ mit weitgehendem Einfluss und Kontroll- und Mitentscheidungsrechten eingerichtet, wobei dem als Grundvorstellung ein unternehmerisch engagierter Gesellschafterkreis zugrunde liegt.[13] All dies, sowie die Tatsache, dass in der GmbH die Gesellschafterversammlung das letztentscheidende Organ mit Kompetenz-Kompetenz ist, ist bei der Anwendung der aufsichtsratsbezogenen Regeln des GmbHG im Einzelfall stets mitzubedenken, und kann, wie oben bereits angedeutet,[14] im Vergleich zum Aufsichtsrat der AG trotz äußerer Normenidentität zu abweichenden Bewertungen von Rechten und Pflichten der Aufsichtsratsmitgliedern einschließlich Fragen der Haftung führen.[15]

---

9 Nach *Fritz*, Handbuch A 1.2.4, 5, hat der Aufsichtsrat der GmbH, im Gegensatz zu jenem der AG, keine öffentlichen Belange wahrzunehmen.

10 Siehe dazu unten V.

11 *M. Heidinger*, Aufgaben 6.

12 *M. Heidinger*, Aufgaben 6.

13 Siehe *Haberer,* Zwingendes Kapitalgesellschaftsrecht 97 ff.

14 Siehe Rz 2.

15 Ausführlich zu den Unterschieden zwischen dem Aufsichtsrat in der GmbH und dem Aufsichtsrat in der AG unter zutreffender Betonung der strukturellen Unterschiede der beiden Gesellschaftsformen *A. Heidinger* § 29 Rz 9 f; siehe auch *Straube/Rauter* § 29 Rz 11.

III. Gesetzliche Voraussetzungen für die Einrichtung des AR

Die Pflicht zur Einrichtung eines Aufsichtsrats kann sich für GmbHs aus den §§ 29 und 94 Abs 2 GmbHG,[16] Sonderbestimmungen in anderen Gesetzen[17] und aus dem Gesellschaftsvertrag ergeben. 7

Gem § 29 Abs 1 GmbHG muss in den in Z 1 bis Z 4 aufgezählten Fällen ein Aufsichtsrat bestellt werden, sofern nicht eine der Ausnahmen gem § 29 Abs 2 GmbHG vorliegt. Nach § 29 Abs 1 Z 1 GmbHG muss ein Aufsichtsrat bestellt werden, wenn das Stammkapital 70.000 Euro und die Anzahl der Gesellschafter fünfzig übersteigt. 8

Nach § 29 Abs 1 Z 2 GmbHG muss ein Aufsichtsrat bestellt werden, wenn die Anzahl der Arbeitnehmer im Durchschnitt 300 übersteigt. Die Pflicht zur Bestellung eines Aufsichtsrats entfällt in diesem Fall aber gem § 29 Abs 2 Z 1 GmbHG dennoch, wenn die GmbH unter einheitlicher Leitung einer aufsichtsratspflichtigen Kapitalgesellschaft steht oder von einer solchen auf Grund einer unmittelbaren Beteiligung von mehr als 50 % beherrscht wird, sofern – in beiden Fällen der konzernmäßigen Verbindung – die Anzahl der Arbeitnehmer der Gesellschaft im Durchschnitt fünfhundert nicht übersteigt. 9

Nach § 29 Abs 1 Z 3 GmbHG muss ein Aufsichtsrat bestellt werden, wenn die Gesellschaft Aktiengesellschaften, aufsichtsratspflichtige GmbHs oder GmbHs iSv § 29 Abs 2 Z 1 GmbHG einheitlich leitet oder auf Grund einer unmittelbaren Beteiligung von mehr als 50 % beherrscht und – in beiden Fällen der konzernmäßigen Verbindung – die Anzahl der Arbeitnehmer in allen solchen Gesellschaften zusammen im Durchschnitt 300 übersteigt. Auch eine **gesellschaftsvertraglich** aufsichtsratspflichtige GmbH gilt als aufsichtsratspflichtig iSv § 29 Abs 2 Z 3 GmbHG,[18] so dass deren Arbeitnehmer bei der Zusammenrechnung in Ansatz zu bringen sind. Ein bloß **fakultativ** eingerichteter Aufsichtsrat ist diesbezüglich unerheblich.[19] 10

Umstritten ist, ob im **mehrstufigen Konzern** das gleichzeitige Vorliegen einer einheitlichen Leitung einer Enkel-GmbH durch die Mutter und einer Beherrschung der Enkel-GmbH durch die Tochter möglich ist, so dass es zu einer Aufsichtsratspflicht sowohl der Tochter als auch der Mutter als Konzernspitze in Hinblick auf das jeweilige Verhältnis zur Enkel-GmbH gem § 29 Abs 2 Z 3 GmbHG kommen 11

---

[16] § 22 Abs 2 GmbHG sollte nicht zu den Fällen eines gesellschaftsrechtlich obligatorischen Aufsichtsrats (so aber *Grünwald*, NZG 1984, 228, 229 in FN 2) gezählt werden, weil die entsprechende Rechtsfolge in der Nichtigkeit/Unwirksamkeit der entsprechenden Bestimmungen des Gesellschaftsvertrags liegt, und nicht in der Pflicht zur Einrichtung eines Aufsichtsrats.

[17] Ein Aufsichtsrat ist ua in den Fällen der §§ 6 Abs 2 Z 3 InvFG, und 14 Abs 2 Z 1 GSpG vorgesehen; vgl *Nowotny* in Kalss/Nowotny/Schauer, ÖGesR Rz 4/255.

[18] *Koppensteiner/Rüffler*, GmbHG³ § 29 Rz 11; *M. Heidinger*, Aufgaben 43; *Reich-Rohrwig*, GmbH-Recht I² Rz 4/25.

[19] *Koppensteiner/Rüffler*, GmbHG³ § 29 Rz 11; *Reich-Rohrwig*, GmbH-Recht I² Rz 4/25 in Fn 26; *Wünsch*, GmbHG § 29 Rz 7; *A. Heidinger* § 29 Rz 19.

kann.[20] Auch abseits dieser Streitfrage führt die Offenheit der Tatbestände der einheitlichen Leitung bzw der Beherrschung zu beträchtlicher Rechtsunsicherheit bzgl des Bestehens einer Aufsichtsratspflicht.[21] Hinsichtlich der Reihenfolge der Prüfung der Aufsichtsratspflicht ist bei mehrstufigen Konzernen jedenfalls bei den untergeordneten Gesellschaften zu beginnen.[22] Für die Bestimmung der Aufsichtsratspflicht einer Konzernobergesellschaft sind **ausländische Töchter** und deren Arbeitnehmer nicht zu berücksichtigen.[23]

12 Nach § 29 Abs 1 Z 4 iVm Abs 2 Z 2 GmbHG muss ein Aufsichtsrat bestellt werden, wenn die GmbH **Komplementärin** einer KG ist und in beiden Gesellschaften zusammen im Durchschnitt mehr als 300 Arbeitnehmer beschäftigt werden, sofern keine natürliche Person als vertretungsbefugter Komplementär an der KG beteiligt ist. Bildet eine GmbH & Co KG die Konzernspitze, ist § 29 Abs 1 Z 3 GmbHG entsprechend anzuwenden.[24] Strittig ist, ob eine GmbH, die Komplementärin mehrerer KGs ist, einen Aufsichtsrat zu bilden hat, wenn sie diese einheitlich leitet und kumuliert mehr als 300 Arbeitnehmer vorhanden sind.[25]

13 Unabhängig vom Bestehen einer gesetzlichen Pflicht zur Bestellung eines Aufsichtsrats kann gem § 29 Abs 6 GmbHG der Gesellschaftsvertrag die Bestellung eines Aufsichtsrats vorsehen. Mit dem Ausdruck „**gesellschaftsvertraglich zwingender** Aufsichtsrat" wird ein Aufsichtsrat bezeichnet, der laut Gesellschaftsvertrag bestellt werden muss (Mussklausel), mit dem Ausdruck „**fakultativer** Aufsichtsrat" jener Aufsichtsrat, der auf Grund einer Kannbestimmung im Gesellschaftsvertrag jederzeit mit einfacher Beschlussmehrheit eingesetzt werden kann (Kannklausel).[26]

14 Enthält der Gesellschaftsvertrag bereits bei Gründung der GmbH eine Mussklausel, ist der Aufsichtsrat schon im **Gründungsstadium** zu bestellen, widrigenfalls der Eintragungsantrag zurückgewiesen wird.[27] Soll der Gesellschaftsvertrag **nachträglich** geändert werden, um einen gesellschaftsvertraglich zwingenden oder einen fakultativen Aufsichtsrat einzuführen, so ist dafür gem § 50 Abs 2 GmbHG nur die einfache Stimmenmehrheit erforderlich. Soll an die Stelle des gesellschaftsvertraglich zwingenden ein fakultativer Aufsichtsrat treten oder der im Gesellschaftsvertrag vorgesehene Aufsichtsrat überhaupt beseitigt werden, ist hingegen die für Satzungsänderungen generell vorgeschriebene Dreiviertelmehrheit erforderlich.[28]

---

[20] Dafür *Grünwald*, NZ 1984, 228, 231; *Wünsch*, GmbHG § 29 Rz 6; zutreffend aA inzwischen jedoch die wohl hL, siehe *Löschnigg*, ZAS 1981, 3, 9; *Jabornegg*, DRdA 1999, 433, 435; *Koppensteiner/Rüffler*, GmbHG³ § 29 Rz 9; *Reich-Rohrwig*, GmbH-Recht I² Rz 4/22; *A. Heidinger* § 29 Rz 31.

[21] *Kalss* in Kalss/Schauer, Reform 246.

[22] *Grünwald*, NZ 1984, 228, 232.

[23] *Gruber*, wbl 2001, 254, 255; *Koppensteiner/Rüffler*, GmbHG³ § 29 Rz 11.

[24] *Gruber*, wbl 2001, 254, 256; *Koppensteiner/Rüffler*, GmbHG³ § 29 Rz 12.

[25] Dagegen zu Recht *Koppensteiner/Rüffler*, GmbHG³ § 29 Rz 12; *Reich-Rohrwig*, GmbH-Recht I² 4/30; *A. Heidinger* § 29 Rz 35; dafür *P. Doralt* in Kastner/Stoll, 235, 276 in Fn 161.

[26] *M. Heidinger*, Aufgaben 38; *Reich-Rohrwig*, GmbH-Recht I² 4/45.

[27] OLG Linz 4 R 210/87, NZ 1989, 18; *Koppensteiner/Rüffler*, GmbHG³ § 29 Rz 17; *Reich-Rohrwig*, GmbH-Recht I² 4/46; *Straube/Rauter* § 29 Rz 88.

[28] Siehe dazu *Reich-Rohrwig*, GmbH-Recht I² 4/46; *Koppensteiner/Rüffler*, GmbHG³ § 29

Sowohl dem gesellschaftsvertraglich zwingenden als auch dem fakultativen Aufsichtsrat können die **gesetzlichen Mindestzuständigkeiten** nicht entzogen werden, um Täuschungen der Gläubiger und des Publikums zu vermeiden.[29] 15

IV. Besonderheiten der Bestellung der Aufsichtsratsmitglieder

A. Wahl von Aufsichtsratsmitgliedern

Im Zuge des Aktienrechts-Änderungsgesetzs 2009[30] wurde § 87 AktG, welcher die Wahl der Aufsichtratsmitglieder für die AG regelt, geändert, ohne die Änderungen auch im GmbHG nachzuvollziehen. Entgegen der Absicht des Gesetzgebers von 1980, eine Vereinheitlichung im Recht des Aufsichtsrates von Kapitalgesellschaften herbeizuführen, kommt es dadurch wieder zu einem gewissen Auseinanderdriften. Insofern mit der Umsetzung europarechtlichen Vorgaben der Aktionärsrichtlinie entsprochen wurde, welche für die per definitionem nicht kapitalmarktoffene GmbH nicht passen, ist dies freilich selbstverständlich. Hinsichtlich mancher der aus diesem Anlass erfolgenden Neuregelung bislang als Defizite angesehener Fragen bzgl des Modus der Wahl zum Aufsichtsrat ist dies teilweise zu bedauern. Den Materialien[31] ist keine Aussage zu diesbezüglichen Erwägungen zu entnehmen. Anzunehmen ist aber wohl kein zu weitreichenden Analogieschlüssen einladendes Vergessen des Gesetzgebers, sondern dass der Gesetzgeber aus Anlass der Umsetzung der Aktionärsrechte-Richtlinie[32] nicht ins GmbHG eingreifen wollte. Konkret bestehen nunmehr folgende Unterschiede zum Recht der AG. 16

Die Wahl der Aufsichtsräte einer GmbH durch **Gesellschafterbeschluss** kann im Rahmen einer Gesellschafterversammlung, wie auch im **schriftlichen** Wege erfolgen.[33] Während für den Bereich der AG nunmehr im Falle zweier oder mehr zu besetzender Aufsichtsratsposten die abgesonderte Abstimmung die Regel darstellt ist bei der GmbH nach wie vor die en-bloc Abstimmung möglich und idR wohl auch sinnvoll.[34] Es ist also möglich, einen Gesamtvorschlag zur Abstimmung zu bringen, und bei dessen Ablehnung einzeln abzustimmen.[35] Gegen den Willen der Mehrheit, kann, abweichend vom AktG, nur ein Drittel die abgesonderte Entscheidung verlangen. Bzgl der Bestellung des Minderheitsvertreters ist die Rechtslage mit der nach AktG ansonsten ident.[36] Bei festgefügten Mehrheitsver- 17

Rz 19; *Wünsch*, GmbHG § 29 Rz 48 ff; *M. Heidinger*, Aufgaben 38; *A. Heidinger* § 29 Rz 53.

29 Vgl *Reich-Rohrwig*, GmbH-Recht I² 4/47 und *Koppensteiner/Rüffler*, GmbHG³ § 29 Rz 18 mit Hinweis auf die Materialien.

30 BGBl I 2009/71.

31 Siehe ErlRV 208 BlgNR 24. GP.

32 Richtlinie 2007/37/EG des Europäischen Parlaments und des Rates vom 11. Juli 2007 über die Ausübung bestimmter Rechte von Aktionären in börsenotierten Gesellschaften.

33 Siehe *Reich-Rohrwig*, GmbH-Recht I² Rz 4/91; *Koppensteiner/Rüffler*, GmbHG³ § 30b Rz 2; *Eckert/Schopper* § 30b Rz 1; *A. Heidinger* § 30b Rz 5.

34 Bei den zahlreichen GmbHs, die von einem Mehrheitsaktionär bzw Mehrheitsstimmrechtsblock kontrolliert werden wäre eine abgesonderte Abstimmung wenig sinnvoll.

35 *M. Heidinger*, Aufgaben 98.

36 Sofern die Satzung der AG nicht gem § 87 Abs 5 AktG für eine Form der Verhältniswahl optiert.

hältnissen sollte mE auch die abgesonderte Abstimmung bzw die Bestellung eines Minderheitenvertreters im Umlaufwege – in einem der Fernabstimmung bei der AG vergleichbaren Modus – erledigbar (weil der Mehrheitsaktionär die Kandidatenlisten für die jeweiligen Wahlgänge antizipieren kann) sein,[37] erfordert freilich aber, dass sich alle Gesellschafter gem § 34 Abs 1 GmbHG mit diesem Verfahren einverstanden erklären oder sich an der Abstimmung beteiligen.

18 Eine gem § 87 Abs 5 AktG bei der AG nunmehr im Falle ihrer Verankerung in der Satzung ausdrücklich für zulässig erklärte Verhältniswahl von Aufsichtsratsmitgliedern ist mA nach auch bei der GmbH möglich.38 Die dogmatische Rechtfertigung liegt in der grundsätzlichen Dispositivität des GmbH-Rechts. Soweit durch das vorgesehene Prozedere die Stellung der Minderheit gegenüber § 30b Abs 1 GmbHG nicht verschlechtert wird,39 spricht nach den allgemein in Bezug auf die Dispositivität des GmbH-Rechts anerkannten Grundsätzen40 nichts gegen eine entsprechende gesellschaftsvertragliche Regelung der Wahl der Aufsichtsratsmitglieder, da der Schutz der Minderheit gewahrt bzw sogar ausgebaut ist. Auch die weitgehende Verbandssouveränität41 bei der Einräumung von Entsenderechten lässt sich dafür ins Treffen führen. Eines, wenn auch in diesem Falle naheliegenden, Analogieschlusses zum AktG bedarf es also gar nicht.[42]

B. Entsendung von Aufsichtsratsmitgliedern

19 Gem § 30c Abs 1 GmbHG kann bestimmten Gesellschaftern oder den jeweiligen Inhabern bestimmter Geschäftsanteile das Recht, Mitglieder in den Aufsichtsrat zu entsenden, eingeräumt werden. Im Gegensatz zur aktienrechtlichen Parallelvorschrift, § 88 AktG, erfolgt keine Beschränkung der Zahl der entsandten Aufsichtsratsmitglieder auf eine bestimmte Quote. Es können somit auch sämtliche durch die Gesellschafter zu bestellenden Aufsichtsratsmitglieder entsendet werden,[43] was im Falle der GmbH sinnvoll sein kann und auf keine Bedenken stößt (vgl *Kalss* Rz 9/17 f.[44]

[37] aA *Wünsch*, GmbHG Rz 30b Rz 4 für die Wahl des Minderheitenvertreters mit der Begründung, dass § 30b Abs 1 GmbHG idZ von der „Gesellschafterversammlung" spricht. Die Tatsache dass das Gesetz nur iZm dem Minderheitenrecht von einer Generalversammlung spricht, kann mE dadurch erklärt werden, dass der in Abs 1 vorgesehene Wahlmodus (gesonderte Abstimmung, Minderheitenvertreter) im Falle nicht festgefügter Mehrheitsverhältnisse grundsätzlich nur in einer Präsenzversammlung funktioniert (vgl ErlRV 208 BlgNR 24. GP, 13). Liegen aber solche festgefügte Mehrheitsverhältnisse vor, ist die Wahl des Minderheitenvertreters auch außerhalb einer Präsenzversammlung möglich und sollte daher als zulässig erachtet werden.

[38] Meine gegenteilige Auffassung in *M. Heidinger*, Aufgaben 98 gebe ich hiermit auf.

[39] Dies scheint auch kaum möglich.

[40] Siehe oben Rz 3.

[41] Zu deren Grenzen siehe *Gellis/Feil*, GmbHG^7 § 30c Rz 4; *M. Heidinger*, Aufgaben 100.

[42] Zustimmend *A. Heidinger* § 30b Rz 4; über den Weg einer Analogie zum Aktienrecht im Ergebnis ebenso *Rauter* § 30b Rz 12.

[43] *Kastner*, JBl 1980, 617, 623.

[44] Vgl *P. Doralt*, JBl 1977, 124, 133; *A. Heidinger* § 30c Rz 4.

Anders als im Aktienrecht (vgl § 88 Abs 4 AktG) fehlt seit dem IRÄG 1997[45] das explizit geregelte Minderheitenrecht auf Anrufung des Gerichts zur Abberufung eines entsandten AR-Mitglieds, wenn in der Person des entsandten Mitglieds ein wichtiger Grund vorliegt. Das Abberufungsrecht der Minderheit von Aufsichtsratsmitgliedern gem § 30b Abs 5 GmbHG ist aber unabhängig von der Bestellungsart (freilich mit Ausnahme der nach § 110 ArbVG entsandten Organmitglieder)[46] und bezieht sich unbestritten auch auf entsandte Mitglieder.[47] **20**

C. Gerichtliche Bestellung - Amtswegigkeit

§ 30d Abs 2 GmbHG sieht in den Fällen eines nach Gesetz oder Gesellschaftsvertrags obligatorischen Aufsichtsrats eine **amtswegige** gerichtliche Bestellung von Aufsichtsratsmitgliedern zur Erreichung einer zur Beschlussfähigkeit nötigen Zahl vor (während das Gericht im Falle der AG und eines fakultativen Aufsichtsrats nur auf Antrag tätig wird).[48] Das Gericht hat auch bei Hinweisen von nicht gem § 30d Abs 1 GmbHG antragsbefugten Personen die Vornahme entsprechender Erhebungen zu veranlassen und gegebenenfalls die zur Beschlussfähigkeit des Aufsichtsrats notwendige Aufsichtsratsmitglieder zu bestellen.[49] Derartige Erhebungen bzw die Vorbereitung der Ergänzung kann das Gericht schon vor Ablauf der Dreimonatsfrist vornehmen.[50] **21**

Unbestritten ist, dass eine Bestellung von Aufsichtsratsmitgliedern durch das Gericht jedenfalls zur Voraussetzung hat, dass die Gesellschaft bereits eingetragen wurde.[51] Angesichts des Wortlauts von § 30d Abs 1 GmbHG ist fraglich, ob eine gerichtliche Bestellung auch bei vollständigem Fehlen eines Aufsichtsrats erfolgen kann, oder nur dann möglich ist, wenn zumindest ein Aufsichtsratsmitglied bestellt bzw entsandt ist. Mit der hL[52] ist für den gesetzlich und gesellschaftsvertraglich zwingenden Aufsichtsrat von der Zulässigkeit auch einer gänzlichen Neubestellung auszugehen, da eine demgegenüber einschränkende Auslegung von § 30d Abs 1 GmbHG im Hinblick auf den Zweck der Bestimmung zu eng wäre.[53] Im Falle eines fakultativen Aufsichtsrats kann es, über Antrag, zwar grundsätzlich **22**

---

45 Der diesbezügliche Unterschied in den Fassungen des AktG und des GmbHG ist historisch erklärbar, und führt zu keiner unterschiedlichen Rechtslage, vgl die ErlRV 734 BlgNR 20. GP, 69.

46 *Koppensteiner/Rüffler*, GmbHG³ § 30b Rz 11; ErlRV 734 BlgNR 20. GP, 69.

47 Siehe statt aller *Koppensteiner/Rüffler*, GmbHG³ § 30b Rz 11, 30c Rz 8; *Kalss* in Kalss/Nowotny/Schauer, ÖGesR Rz 4/265; *Rauter* § 30b Rz 70.

48 Vgl § 89 AktG; *Reich-Rohrwig*, GmbH-Recht I² Rz 4/112.

49 *Wünsch*, GmbHG § 30d Rz 16; *Reich-Rohrwig*, GmbH-Recht I² Rz 4/111.

50 *Wünsch*, GmbHG § 30d Rz 16; *Reich-Rohrwig*, GmbH-Recht I² Rz 4/111 in Fn 80.

51 OLG Linz 4 R 210/87, NZ 1989, 18; *Koppensteiner/Rüffler*, GmbHG³ § 30d Rz 3; *Gellis/Feil*, GmbHG⁷ 30d Rz 1; *Wünsch*, GmbHG § 30d Rz 2; vgl auch BayObLG NZG 2000, 932.

52 *Koppensteiner/Rüffler*, GmbHG³ § 30d Rz 5; *Reich-Rohrwig*, GmbH-Recht I² Rz 4/111; *Reich-Rohrwig*, ecolex 1990, 30; *Gellis/Feil*, GmbHG⁷ 30d Rz 1; *Eckert/Schopper* § 30d Rz 4; *Rauter* § 30d Rz 11; aA *Wünsch* Rz 20 ff.

53 Meine noch in *M. Heidinger*, Aufgaben 104 vertretene Auffassung, wonach eine gerichtliche Ersatzbestellung erst dann möglich ist, wenn zumindest ein Aufsichtsratsmitglied durch die Gesellschafter bestellt oder von einem entsendungsberechtigten Gesellschafter oder Arbeitnehmerorgan entsandt ist, gebe ich hiermit auf.

auch zu einer gerichtlichen Bestellung von Aufsichtsratsmitgliedern kommen.[54] Dies aber nur dann, wenn ein (nicht nichtiger) Gesellschafterbeschluss auf Einrichtung eines Aufsichtsrats gefällt wurde. Andernfalls kann weder eine Ergänzung noch eine Neubestellung des Aufsichtsrats durch das Gericht vorgenommen werden, weil es Sache der Gesellschafter ist, ob sie überhaupt einen Aufsichtsrat ins Leben rufen wollen.[55]

V. Besonderheiten im Verhältnis zu Geschäftsführung und Gesellschafterversammlung

A. Fehlen der Bestellungskompetenz für Geschäftsführung

23 Der Aufsichtsrat der GmbH ist grundsätzlich nicht für die Bestellung und Abberufung von Geschäftsführern zuständig. Im GmbHG entfällt daher naturgemäß die Ausnahmeregel des § 92 Abs 4 letzter Teilsatz AktG in § 30g Abs 4 GmbHG. Umstritten ist, ob dem Aufsichtsrat einer GmbH eine derartige Personalkompetenz zugewiesen werden kann. Dies wird von der österreichischen hL[56] im Gegensatz zur in Deutschland ganz herrschenden Lehre[57] und Rechtsprechung[58] verneint. Die damit unmittelbar zusammenhängende Regelung des Anstellungsverhältnisses kann hingegen dem Aufsichtsrat übertragen werden, wofür insbesondere §§ 30g Abs 4 und 30l Abs 4 GmbHG sprechen.[59] Bejaht man freilich auch die Zulässigkeit einer gesellschaftsvertraglichen Zuweisung der Kompetenz zur Bestellung und Abberufung von Geschäftsführern an den Aufsichtsrat einer GmbH, wäre wohl § 92 Abs 4 letzter Teilsatz AktG auf den Aufsichtsrat der GmbH analog anzuwenden.

24 Die fehlende Kompetenz des Aufsichtsrats zur Bestellung der Geschäftsführer ist auch für die Bestellung von vorübergehenden Vertretern behinderter Geschäftsführer konsequent durchgehalten.[60] Zum **Vertreter von behinderten Geschäftsführern** kann ein AR-Mitglied gem § 30e Abs 2 GmbHG im Gegensatz zu § 90 Abs 2 AktG nur durch Gesellschafterbeschluss, und nicht durch den Aufsichtsrat selbst bestellt werden. Dabei muss die für die Bestellung von Geschäftsführern allgemein nach Gesetz oder Satzung erforderliche Mehrheit erreicht werden.[61] Da strittig ist, ob die Bestellung eines Mitglieds des Aufsichtsrats zum Vertreter eines behinderten Geschäftsführers zulässig ist, wenn der Aufsichtsrat dadurch

---

[54] Anders im deutschen GmbH-Recht, wo bei fakultativ gebildeten Aufsichtsräten eine gerichtliche Bestellung nach hA nicht in Frage kommt; siehe BayObLG NZG 2000, 932; *Hüffer*, AktG[7] § 104 AktG Rz 1; *Zöllner/Noack* in Baumbach/Hueck[20] § 52 GmbHG Rz 45 mwN.

[55] *Reich-Rohrwig*, GmbH-Recht I[2] Rz 4/112.

[56] *Kastner/Doralt/Nowotny*, Gesellschaftsrecht[5] 370; *Nowotny* in Kalss/Nowotny/Schauer, ÖGesR Rz 4/273; *Reich-Rohrwig*, GmbH-Recht I[2] Rz 4/320; *Gellis/Feil*, GmbHG[7] § 15 Rz 4; *Umfahrer*, Handbuch Rz 175; aA *Koppensteiner/Rüffler*, GmbHG[3] § 15 Rz 14; *Fritz*, Handbuch A.1.2.4, 6.; *N.Arnold/Pampel* in Gruber/Harrer, GmbHG § 15 Rz 61.

[57] Siehe statt aller *Hueck/Fastrich* in Baumbach/Hueck, GmbHG[20] § 6 Rz 30.

[58] BGH BGHZ 43, 261, 264 = NJW 1965, 1378.

[59] *Nowotny* in Kalss/Nowotny/Schauer, ÖGesR Rz 4/273 mwN in Fn 397; siehe auch *Neumayr* in Gruber/Harrer, GmbHG Anh § 15: AR Rz 29.

[60] *Rauter* § 30e Rz 31.

[61] *Wünsch*, GmbHG § 30e Rz 20.

beschlussunfähig würde,[62] bietet sich gerade bei der GmbH an, den Gesellschafterbeschluss auf Ersatzbestellung mit der Nachbestellung eines Aufsichtsratsmitglieds zu verknüpfen. Dies sollte in einer Weise geschehen, welche die Bestellung des Aufsichtsratsmitglieds vor der Bestellung als Vertreter des behinderten Geschäftsführers wirksam werden lässt.

Bejaht man wiederum die Zulässigkeit einer gesellschaftsvertraglichen Zuweisung der Kompetenz zur Bestellung und Abberufung von Geschäftsführern an den Aufsichtsrat einer GmbH, wäre in einer solchen Zuweisung aufgrund der vom Gesetzgeber offenbar in dieser Frage gewünschten Parallelität des Bestellungsorgans wohl auch die Kompetenz zur Ersatzbestellung im Falle einer Behinderung zu sehen. Eine klarstellende Regelung im Gesellschaftsvertrag wäre aber dennoch zu empfehlen. 25

Aus der fehlenden Kompetenz des Aufsichtsrats zur Bestellung und Abberufung von Geschäftsführern wird auch abgeleitet, dass der Aufsichtsrat grundsätzlich nicht zur Erlassung einer **Geschäftsordnung** für die Geschäftsführung befugt ist,[63] außer der Gesellschaftsvertrag oder eine Gesellschafterbeschluss räumt dem Aufsichtsrat dieses Recht ausdrücklich ein.[64] Das ist Ausdruck seines Weisungsrechts nach § 20 Abs 1 GmbHG.[65] Die fehlende Personalkompetenz des Aufsichtsrates der GmbH ist ein Ausfluss der dominierenden Stellung der Gesellschafterversammlung als höchstem Organ der GmbH mit Kompetenz-Kompetenz sowie einem Letztentscheidungsrecht. Im Gegensatz zum Aufsichtsrat in der AG teilt sich der Aufsichtsrat der GmbH daher seine Kontrollrechte mit der Gesellschafterversammlung und, sofern die Gesellschafterversammlung eine Entscheidung trifft, reduziert sich die Rolle des Aufsichtsrates aufgrund des Letztentscheidungsrechts der Gesellschafterversammlung auf eine Beratungsfunktion gegenüber den Gesellschaftern (natürlich immer vorausgesetzt, es wird im Rahmen der zwingenden Rechtsvorschriften entschieden). 26

62 Eine die Zulässigkeit für die Genossenschaft bejahende höchstgerichtliche Entscheidung, OGH 6 Ob 27/94, EvBl 1995, 113, wird vom Schrifttum unterschiedlich gelesen: *Koppensteiner/Rüffler*, GmbHG³ § 30e Rz 4 erblicken darin ein obiter dictum, dass bei der GmbH keine Bestellung eines Vertreters eines behinderten Geschäftsführers aus dem Kreise des Aufsichtsrats möglich ist, wenn der Aufsichtsrat dadurch beschlussunfähig würde; *Umfahrer*, Handbuch Rz 380 beruft sich für die gegensätzliche Meinung auf die genannte Entscheidung. ME ist die Entscheidung im letzteren Sinn zu verstehen und diese Auffassung auch sonst vorzugswürdig, weil die Funktionsfähigkeit des Geschäftsführungsorgans gegenüber der vorübergehenden Beschlussunfähigkeit des Aufsichtsrates Vorrang genießen sollte (vgl auch *Wünsch*, GmbHG Rz 30e Rz 21); Der Verweis auf § 15a GmbHG bzw § 76 AktG kann dies nicht entkräften, weil die Organe in notwendiger Zahl primär verbandsintern bestellt werden sollen. Außerdem bestehen entsprechende gerichtliche Bestellungsrechte für den Aufsichtsrat. Gerade im Bereich der GmbH ist auf die amtswegige Bestellung von Aufsichtsratsmitgliedern gem § 30d Abs 2 GmbHG zu verweisen. Zustimmend *Rauter* § 30e Rz 30; *A. Heidinger* § 30e Rz 14.

63 *Reich-Rohrwig*, GmbH-Recht I² 4/302; *Koppensteiner/Rüffler*, GmbHG³ § 20 Rz 12; aA *Kastner/Doralt/Nowotny*, Gesellschaftsrecht⁵ 407.

64 *Reich-Rohrwig*, GmbH-Recht I² 4/302; *M. Heidinger*, Aufgaben 299; *Eckert/Schopper* §30j Rz 10.

65 Siehe dazu unten V.C.

B. Suspendierung des Geschäftsführers

27 Fraglich ist, ob der Aufsichtsrat die Geschäftsführer vorläufig vom Amt suspendieren kann.[66] Dass eine derartige Kompetenz des Aufsichtsrats bereits gesetzlich abgeleitet werden kann ist aufgrund der ersatzlosen Streichung von § 32 Abs 4 aF GmbHG, welcher dem Aufsichtsrat dieses Recht ausdrücklich einräumte, mit der GmbH-Novelle 1980 letztlich abzulehnen.[67] Es ist mE allerdings möglich, dem Aufsichtsrat eine solche **Enthebungskompetenz** einzuräumen, weil dies nichts anderes als ein Weisungsrecht auf Unterlassung von Geschäftsführungstätigkeiten darstellt.[68] Wird solchermaßen zulässigerweise eine Suspendierung ausgesprochen, ist der Aufsichtsrat verpflichtet, die ordnungsgemäße Weiterführung der Geschäfte durch geeignete Maßnahmen sicherzustellen und sofort eine Generalversammlung einzuberufen.[69]

C. Weisungsrecht des Aufsichtsrats

28 Zu unterscheiden ist grundsätzlich zwischen Weisungen, die zur Ausübung der Kontrolltätigkeit notwendig sind und Weisungen, die auf die **Einflussnahme in die Geschäftsführung** abzielen. Nur hinsichtlich ersterer hat der Aufsichtsrat der GmbH bereits kraft Gesetzes gegenüber der Geschäftsführung ein Weisungsrecht.[70] Zu letzteren kann der Aufsichtsrat nur durch den Gesellschaftsvertrag, oder, soweit die Voraussetzungen für einen Gesellschaftsvertragsänderung eingehalten wurden oder es sich nur um ein einzelnes Geschäft handelt, auch durch Gesellschaftsbeschluss[71] ermächtigt werden.[72]

29 Nicht jedoch darf der Aufsichtsrat selbst die Geschäfte leiten bzw durch Ausübung des Weisungsrechts faktisch zum Geschäftsführungsorgan werden. Er darf ein eingeräumtes Weisungsrecht daher nur **sparsam** ausüben, da sonst die grundsätzliche Trennung von kontrollierendem und kontrolliertem Organ aufgehoben würde, was der in § 30e GmbHG festgesetzten Unvereinbarkeit der Funktion des Geschäftsführers mit der Funktion des Aufsichtratsmitglieds widerspräche.[73] Auch darf die Ausübung des Weisungsrechts nicht zur Lähmung der Geschäftsführung führen.[74]

---

66 Vgl *Nowotny* in Kalss/Nowotny/Schauer, ÖGesR Rz 4/273 in Fn 399 zu den jeweiligen Argumenten und *Reich-Rohrwig*, GmbH-Recht I^2 2/610 mit Hinweisen zum Schrifttum in Fn 16.

67 *Nowotny* in Kalss/Nowotny/Schauer, ÖGesR Rz 4/273; *M. Heidinger*, Aufgaben 319.

68 Zur Zulässigkeit der Einräumung von Weisungsrechten siehe gleich unten Rz 28 ff.

69 *M. Heidinger*, Aufgaben 319.

70 *Kastner/Doralt/Nowotny*, Gesellschaftsrecht^5 387; *Frotz*, ÖZW 1978, 44, 45; *M. Heidinger*, Aufgaben 297; *Hügel*, GesRZ 1982, 305, 312 in Fn 38.

71 *Kastner/Doralt/Nowotny*, Gesellschaftsrecht^5 387 (s insb Fn 150); *Reich-Rohrwig*, GmbH-Recht I^2 Rz 4/320: *Kastner*, RdW 1983, 98, 99 ff; *Rauter* § 30l Rz 29.

72 Ganz hL: siehe ua *Rauter* § 30l Rz 28 ff; *A. Heidinger* § 30l Rz 12 ff; *Koppensteiner/Rüffler*, GmbHG^3 § 20 Rz 18; *Reich-Rohrwig*, GmbH-Recht I^2 Rz 4/320; *Hügel*, GesRZ 1982, 305, 312 in Fn 38; *Kastner/Doralt/Nowotny*, Gesellschaftsrecht^5 387; aA nur *W. Jud* in FS 200-Jahr-Feier 301, 319 f.

73 *M. Heidinger*, Aufgaben 299 f; *Reich-Rohrwig*, GmbH-Recht I^2 Rz 4/375; *Wünsch*, GesRZ 1980, 165, 171.

74 Siehe dazu auch Rz 35 mit der entsprechenden Wertung iZm den Zustimmungsvorbehalten.

Auch bei Maßnahmen der Geschäftsführung, in denen dem Aufsichtsrat ein Weisungsrecht eingeräumt wurde, bleibt selbstverständlich die Generalversammlung höchstes Organ mit Devolutions- und Letztentscheidungsrecht. Haben die Geschäftsführer Bedenken gegen eine vom Aufsichtsrat zu einer Maßnahme der Geschäftsführung erteilten Weisung, haben sie den Fall den Gesellschaftern zur Entscheidung vorzulegen. Erteilt die Gesellschafterversammlung den Geschäftsführern eine Weisung zu einer dem Zustimmungsvorbehalt des Aufsichtsrates unterliegenden Maßnahme, so haben die Geschäftsführer die Zustimmung des Aufsichtsrates einzuholen und sind nicht berechtigt, den Aufsichtsrat einfach zu übergehen. Der Aufsichtsrat ist im Rahmen seiner Kontrollverpflichtung jedoch letztlich verpflichtet, die Einhaltung von (wirksamen) Weisungen der Gesellschafterversammlung an die Geschäftsführer zu überprüfen, selbst wenn der Aufsichtsrat ursprünglich anderer Auffassung war. 30

D. Zustimmungsrechte

Zustimmungspflichtige Geschäfte: Der Katalog von Maßnahmen der Geschäftsführung, die jedenfalls der Zustimmung des Aufsichtsrats bedürfen, in § 30j Abs 5 GmbHG entspricht weitgehend § 95 Abs 5 AktG. Abweichend vom AktG (§ 95 Abs 5 Z 11 AktG) ist die Zustimmung des Aufsichtsrats der GmbH zur Erteilung der Prokura nicht vorgesehen. Die Erteilung der Prokura bedarf allerdings gem § 35 Abs 1 Z 4 GmbHG eines Gesellschafterbeschlusses.[75] 31

Wie im Bereich der AG hat der Aufsichtsrat auch in der GmbH nicht die Macht, ein Vorhaben der Geschäftsführung endgültig zu blockieren, weil die Gesellschafterversammlung einen **gegenteiligen Weisungsbeschluss** fassen kann, der die Geschäftsführer zur Durchführung des Vorhabens verpflichtet.[76] Nach der hL entlastet eine Zustimmung des Aufsichtsrats auch die Geschäftsführer einer GmbH nicht von der Verantwortlichkeit gegenüber der Gesellschaft,[77] weil § 84 Abs 4 Satz 2 AktG analog anzuwenden ist.[78] 32

Während für die AG die (jüngere) überwiegende Lehre zur Auffassung tendiert, dass der Vorstand Maßnahmen nach § 95 Abs 5 AktG sofort der HV vorlegen kann, ohne (zuvor) den Aufsichtsrat zu befassen,[79] wird für die GmbH von 33

[75] Den ebenfalls nicht im Katalog des § 30j Abs 5 GmbHG aufgelisteten Ziffern 10 (Einräumung von Optionen auf Aktien) und Z 14 (Ermächtigung des Vorstands, eine Satellitenversammlung, Fernteilnahme, Fernabstimmung, Übertragung der Hauptversammlung anzubieten) des § 95 Abs 5 Z 11 AktG fehlt in der GmbH der Anwendungsbereich.

[76] OGH 5 Ob 554/94, ecolex 1996, 25; *Hügel*, GesRZ 1982, 305, 312 f, *Kastner/Doralt/Nowotny*, Gesellschaftsrecht[5] 407; *Schima*, GesRZ 1999, 100, 112; *Kastner*, GesRZ 1982, 213, 215; *Koppensteiner/Rüffler*, GmbHG[3] § 30j Rz 20 und § 20 Rz 13; *Wünsch*, GmbHG § 30j Rz 144; *M. Heidinger*, Aufgaben 288; *A. Heidinger* § 30j Rz 47; *Eckert/Schopper* § 30j Rz 14; *Rauter* § 30j Rz 69.

[77] Hinsichtlich der Haftung gegenüber den Gläubigern ergibt sich dies direkt aus § 25 Abs 5; .*M. Heidinger*, Aufgaben 285; *Kastner*, JBl 1978, 404, 406.

[78] *Reich-Rohrwig*, GmbH-Recht I[2] 2/411; *Kastner/Doralt/Nowotny*, Gesellschaftsrecht[5] 396 in Fn 202; *M. Heidinger*, Aufgaben 285.

[79] *Bachner* in Doralt/Nowotny/Kalss, AktG § 103 Rz 20; *Strasser in* Jabornegg/Strasser[5] § 95 – 97 Rz 42 *Kalss* in Kalss/Nowotny/Schauer, Österreichisches Gesellschaftsrecht Rz 3/669;

der hL vertreten, dass – auch in den Fällen einer zwingenden Zustimmungspflicht der Gesellschafterversammlung[80] – in gem § 30j Abs 5 GmbH der Zustimmung des Aufsichtsrats vorbehaltenen Angelegenheiten zunächst der Aufsichtsrat befasst werden muss.[81] Erteilt der Aufsichtsrat seine Zustimmung, so ist in den im Gesetz oder im Gesellschaftsvertag ausdrücklich genannten Fällen eines Zustimmungsvorbehaltes durch die Gesellschafterversammlung auch die Zustimmung dieser einzuholen, und bei Verweigerung der Zustimmung hat das Geschäft zu unterbleiben. Liegt kein ausdrücklicher gesetzlicher oder gesellschaftsvertraglicher Zustimmungsvorbehalt der Gesellschafter vor, so wird bei außerordentlichen Geschäftsführungsmaßnahmen (welche ohne Bestehen eines Aufsichtsrates ebenfalls der Zustimmung durch Gesellschafterbeschluss bedürften) die Befassung der Gesellschafter in der Regel entfallen können, wenn der Aufsichtsrat seine Zustimmung erteilt hat;[82] dies wird jedoch dann nicht gelten, wenn die Geschäftsführer Grund zur Annahme haben, dass die Gesellschafter mit der betreffenden Maßnahme befasst werden wollen. Geht die Initiative zu einer Geschäftsführungshandlung, die ein gem § 30j Abs 5 GmbH zustimmungspflichtiges Geschäft darstellt, von der Gesellschafterversammlung aus, so bleibt nach der hL ebenfalls der Aufsichtsrat zuständig, welcher durch die Verweigerung seiner Zustimmung die erneute Befassung der Gesellschafterversammlung durchsetzen kann.[83] An dieser Auffassung ist mE für die GmbH festzuhalten, obwohl – die überwiegende Meinung zur AG zugrunde gelegt – dadurch ein Wertungswiderspruch[84] zur Si-

---

Frotz in FS-Wagner 137, 145 f; *Schiemer*, AktG § 103 Rz 3.1.; aA *Kastner/Doralt/Nowotny*, Gesellschaftsrecht[5] 235 in Fn 92.

80 *Koppensteiner/Rüffler*, GmbHG[3] § 30j Rz 20; *Reich-Rohrwig*, GmbH-Recht I[2] 4/437 und 4/379; *Geppert/Moritz*, GRÄG 166 ff sind in diesem Fall gar der Ansicht, dass zuerst die Generalversammlung, dann der Aufsichtsrat und im Falle dessen Widerspruchs erneut die Generalversammlung zu befassen ist.

81 *Kastner/Doralt/Nowotny*, Gesellschaftsrecht[5] 406 f; *Nowotny* in Kalss/Nowotny/Schauer, ÖGesR 4/269; wohl auch *Koppensteiner/Rüffler*, GmbHG[3] § 30j Rz 20 und *Reich-Rohrwig*, GmbH-Recht I[2] 4/379 obwohl diese Autoren in den zitierten Textfällen nur von Fällen, wo neben dem Aufsichtsrat auch die Gesellschafterversammlung befasst werden *muss*, sprechen; ausführlich zum aktuellen Meinungsstand *Rauter* § 30j Rz 69.

82 So ausdrücklich *Eckert/Schopper* § 30j Rz 14.

83 *Koppensteiner/Rüffler* GmbHG[3] § 30j Rz 20; *Reich-Rohrwig*, GmbH-Recht I[2] 4/437; *Geppert/Moritz*, GRÄG 167 ff; *Rauter* § 30j Rz 69.

84 Die Vorlage einer Geschäftsführungsentscheidung an die Gesellschafterversammlung einer GmbH scheint im Vergleich zur AG nämlich weniger zwingend: Anders als bei der AG besteht in der GmbH nämlich ein nahezu unbeschränkter Einfluss der Gesellschafter auf die Geschäftsführung, wobei das Letztentscheidungsrecht stets bei der Gesellschafterversammlung liegt; die Gesellschafter in personalistischen GmbHs (oder GmbHs mit überschaubaren Gesellschafterkreis) sind häufig mitunternehmerisch tätig, während in der konzeptionell anonymen AG mit Streubesitz eine rationale Apathie der Gesellschafter eine informierte und sachliche Entscheidung in operativen Geschäftsführungsentscheidungen tendenziell weniger erwarten lässt, und daher die Informationsfunktion der Stellungnahme des Aufsichtsrats umso bedeutender ist. Im geltenden Aktienrecht fehlen weiters wirksame Instrumente zur Durchsetzung ausreichender direkter Information der Hauptversammlung bei Vorlagebeschlüssen (vgl insofern das deutsche Aktienrecht, welches eine Vorlage erst nach Befassung des Aufsichtsrats ermöglicht und die Information der Hauptversammlung bei Beschlüssen über Geschäftsführungsentscheidungen besser sicherstellt).

tuation bei der AG besteht, welche die vollständige Substitution der Zustimmung des Aufsichtrats durch die HV zulässt. Denn nur so kann die Auseinandersetzung mit den Bedenken des Aufsichtsrats erreicht werden, was aus Gründen der korporationsrechtlichen Konzeption der Mitbestimmung, der Corporate Governance (Informationsfunktion der Stellungnahme des Aufsichtsrats) und auch des Gläubigerschutzes[85] geboten scheint. Diese Gründe treffen freilich auch auf die AG zu, weshalb mE eher die überwiegende Lehre zur AG zu überdenken ist.[86]

Die – obligatorische und fakultative – Festsetzung von Betragsgrenzen gem **34**
§ 30j Abs 5 GmbHG kann bei der GmbH grundsätzlich nur durch Gesellschaftsvertrag erfolgen, und nicht wie gem § 95 Abs 5 AktG auch durch den Aufsichtsrat selbst.[87] Eine Festlegung durch den Aufsichtsrat kommt allenfalls für den Fall des Hineinwachsens einer GmbH in die gesetzliche Aufsichtsratspflicht in Betracht.[88] Die Gesellschafter können insofern die Mindestkontrollpflicht des Aufsichtsrats festlegen.

Stellt der Aufsichtsrat fest, dass er aufgrund der Festsetzung von inadäquat **35**
hohen Schwellen die Ausübung seinen Kontrollpflichten nicht in einer angemessenen Weise erfüllen kann, kann er aufgrund § 30j Abs 5 letzter Satz GmbHG aber korrigierend eingreifen und wird auch eine angemessen erweiterte Zustimmungspflicht festsetzten müssen.[89] Für den umgekehrten Fall des Fehlens[90] von bzw zu niedrig angesetzter Betragsgrenzen, steht dem Aufsichtsrat das Instrument des Vorratsbeschlusses[91] zur Verfügung, welches er mE zur Vermeidung von geschäftsschädigenden Verzögerungen der Geschäftsführung bzw einer Lähmung

---

[85] Siehe auch unten Rz 40 zur Haftung des Aufsichtsrats bei pflichtwidriger Prüfung oder Empfehlung einer Maßnahme.

[86] Dies zumal keine dogmatische Rechtfertigung einer unterschiedlichen Behandlung ersichtlich ist: das Fehlen einer § 103 Abs 2 AktG vergleichbaren Vorschrift im GmbH kann keinen rechtlichen Unterschied begründen, weil es einer solchen Bestimmung im GmbH-Recht angesichts des Initiativrechts der Gesellschafter in allen Fragen der Geschäftsführung eben nicht bedarf; siehe dazu *Hügel*, GesRZ 1982, 305, 312.

[87] Siehe auch *Kastner/Doralt/Nowotny*, Gesellschaftsrecht[5] 406; *Reich-Rohrwig*, GmbH-Recht I[2] 4/364; *Wünsch*, GmbHG § 30j Rz 141; *Geppert/Moritz*, GRÄG 150; aA *Gellis/Feil*, § 30j Rz 8 unter Berufung auf *Temmel*, Aufsichtsrat 82, welcher nicht zwischen AG und GmbH differenziert. Die Abweichung im Wortlaut der §§ 30j Abs 5 GmbHG und 95 Abs 5 AktG ist aber angesichts der Entstehungsgeschichte der GmbH-Novelle ernst zu nehmen, so dass sich die Annahme einer analogen Zuständigkeit des Aufsichtsrates in der GmbH verbietet. AA nun jedoch *Rauter* § 30j Rz 110 und tendenziell ebenso *A. Heidinger* § 30j Rz 64.

[88] *Reich-Rohrwig*, GmbH-Recht I[2] 4/364.

[89] § 30j Abs 5 aE GmbHG ist mE nicht so auszulegen, dass er nur andere als die in § 30j Abs 5 GmbHG aufgezählten Geschäfte erfasst; so wohl auch *Reich-Rohrwig*, GmbH-Recht I[2] 4/364.

[90] Ein Fehlen obligatorisch festzusetzender Betragsgrenzen macht den Gesellschaftsvertrag nicht ungültig, sondern bewirkt, dass alle in § 30j Abs 5 GmbHG genannten Geschäfte der Zustimmung des AR zu unterwerfen sind: *Kastner/Doralt/Nowotny*, Gesellschaftsrecht[5] 406; *Reich-Rohrwig*, GmbH-Recht I[2] 4/364; *Geppert/Moritz*, GRÄG 151; aA *Wünsch*, GmbHG § 4 Rz 2.

[91] Diese sind nach hL, wenn auch natürlich in Grenzen, zulässig; s *M. Heidinger*; Aufgaben 287; *Kastner*, GesRZ 1982, 213, 215; *A. Heidinger* § 30j Rz 46; *Rauter* § 30j Rz 68; aA *Geppert/Moritz*, GRÄG 30.

der Gesellschaft auch einsetzen muss. Die bei der Erweiterung der Zustimmungsvorbehalte generell zu beachtende „Lähmungsgrenze" wird bei der GmbH tendenziell weniger schnell erreicht sein als bei der AG.[92]

VI. Aufsichtsratsvorsitzender

36 Während in der AG der Vorsitzende des Aufsichtsrats und sein Stellvertreter kraft ausdrücklicher Bestimmung in § 92 Abs 1 AktG jedenfalls vom Aufsichtsrat selbst gewählt werden, ist für die GmbH umstritten, ob der Aufsichtsrat oder die Generalversammlung für die Wahl zuständig ist,[93] zumal § 30g Abs 1 GmbHG diese Frage offen lässt. Ein Teil der Lehre tritt auch im Falle **mitbestimmter** Aufsichtsräte für die (Möglichkeit der) Wahl durch die Gesellschaftsversammlung ein.[94] Die jüngere Lehre tendiert allerdings im Falle mitbestimmter Aufsichtsräte zur Bejahung einer zwingenden Kompetenz des Aufsichtsrats,[95] wobei der Gesellschafterversammlung allenfalls die Kompetenz zur Ersatzbestellung zukommen könne, wenn der Aufsichtsrat nicht in der Lage ist, selbst den Vorsitzenden bzw Stellvertreter zu wählen.[96]

37 Für den Fall eines **nicht mitbestimmten** Aufsichtsrats, geht die hL davon aus, dass der Gesellschaftsvertrag den Aufsichtsrat oder die Gesellschafter für zur Wahl des Vorsitzenden des Aufsichtsrats (bzw seines Stellvertreters) zuständig erklären kann.[97] Gegen die Möglichkeit einer (gesellschaftsvertraglich angeordneten) Zuständigkeit der Generalversammlung spricht allerdings, dass mit der GmbH-Novelle 1980 für die Fälle eines nach Gesetz oder Gesellschaftsvertrags zwingend einzurichtenden Aufsichtsrats grundsätzlich die möglichst sinngemäße Geltung der aktienrechtlichen Vorschriften bezweckt wurde.[98] Geht man davon aus, dass die Fähigkeit des Aufsichtsrats zur Selbstorganisation auch die bessere Funktionsfähigkeit des Aufsichtsrats[99] und die effektivere Wahrnehmung der Kontrollfunktion bewirkt und bezweckt,[100] und die Bestellung durch den Aufsichtsrat daher

---

92 *M. Heidinger*; Aufgaben 296.

93 S dazu *Kalss* in Kalss/Nowotny/Schauer, ÖGesR Rz 4/262.

94 Vgl *W. Jud*, SWK 1980, B II 21, 27, *Kastner/Doralt/Nowotny*, Gesellschaftsrecht⁵ 403 f; *Kastner*, JBl 1980, 617, 618; *Kostner*, NZ 1980, 161, 165; wohl auch *Zawischa*, RIW 1980, 691 , 693.

95 *Umfahrer*, GmbH Handbuch Rz 413; *Reich-Rohrwig*, GmbH-Recht I² Rz 4/185; *Koppensteiner/Rüffler*, GmbHG³ § 30g Rz 1; *Wünsch*, GmbHG § 30g Rz 7; *M. Heidinger*, Aufgaben 175; *Geppert*, GesRZ 1984, 76, 77 ff; *Rauter* § 30g Rz 38.

96 *Reich-Rohrwig*, GmbH-Recht I² Rz 4/192; *Wünsch*, GmbHG § 30g Rz 9.

97 *Reich-Rohrwig*, GmbH-Recht I² Rz 4/185; *ders*, ÖJZ 1981, 311, 314; *Kastner/Doralt/Nowotny*, Gesellschaftsrecht⁵ 403 f; *Kastner*, JBl 1980, 617, 618; *Kostner*, NZ 1980, 161, 165; aA *Koppensteiner/Rüffler*, GmbHG³ § 30g Rz 1; *M. Heidinger*, Aufgaben 176. Enthält der Gesellschaftsvertrag keine Regelung, so entscheidet nach der hL das Zuvorkommen: siehe *Reich-Rohrwig*, GmbH-Recht I² Rz 4/184; *Wünsch*, GmbHG § 30g Rz 4; *Kastner/Doralt/Nowotny*, Gesellschaftsrecht⁵ 403 f; aA *Koppensteiner/Rüffler*, GmbHG³ § 30g Rz 1 und *Umfahrer*, Handbuch Rz 412 wonach die besseren Gründe für eine (primäre) Zuständigkeit des Aufsichtsrates sprächen.

98 Siehe ErlRV 5 BlgNR 15. GP, 9.

99 *Koppensteiner/Rüffler*, GmbHG³ § 30g Rz 1.

100 *M. Heidinger*, Aufgaben 175.

dem Gläubigerschutz dient, besteht auch in diesem Punkt keine Dispositivität des GmbH-Rechts.[101] Im Ergebnis kommt mE daher – außer in Fällen einer Ersatzbestellung – nur im Falle eines fakultativen, nicht mitbestimmten Aufsichtsrats die Bestellung durch die Generalversammlung, auf Grundlage einer entsprechenden Satzungsbestimmung, in Betracht. Eine solche Auslegung lässt die Bestimmungen des § 110 Abs 3 und 4 ArbVG – wie von den Materialen gefordert – unberührt,[102] und belässt der gegenüber dem AktG offeneren Formulierung einen Anwendungsbereich.[103]

Der Vorsitzende des Aufsichtsrats einer GmbH hat eine rechtlich weniger star- **38**
ke Position als in der AG.[104] Sein **Aufgabenbereich** ist kleiner. Es entfallen die ihm im AktG übertragenen Kompetenzen iZm der Abhaltung der Hauptversammlung, insbesondere führt er nicht den Vorsitz in der Gesellschafterversammlung. Er wirkt weiters unter anderem auch bei Anmeldungen von Kapitalveränderungen zum Firmenbuch nicht mit.[105]

VII. Ausgewählte partikuläre Besonderheiten

A. Haftung

Grundsätzlich sind im Bereich der GmbH die Haftungsvorschriften für die Ge- **39**
schäftsführer auch auf die Aufsichtsratsmitglieder sinngemäß anzuwenden.[106] Ein unmittelbarer Anspruch auf die Verfolgung der Ersatzansprüche der Gesellschaft gegen Aufsichtsratsmitgliedern wird Gläubigern durch §§ 25, 33 Abs 1 GmbHG, anders als bei der AG, nicht eingeräumt.[107]

Gegenüber der Lage in der AG ist schon aufgrund der parallelen Kontrollaus- **40**
übung durch die Gesellschafterversammlung eine tendenziell geringere Haftungsgeneigtheit der Tätigkeit als Aufsichtsrat einer GmbH zu konstatieren. Handeln die Geschäftsführer auf Weisung der Gesellschafter, so enthebt das grundsätzlich auch den Aufsichtsrat von der Verantwortung, es sei denn, es liegt eine pflichtwidrige Mitwirkung, etwa bei der Prüfung oder Empfehlung der Maßnahme vor.[108] Macht der Aufsichtsrat in einer Geschäftsführungsangelegenheit von einem ihm von der Generalversammlung eingeräumten Weisungsrecht Gebrauch, führt das einerseits zu einer sinngemäßen Anwendung der Haftungsvorschriften für Geschäftsführer (Anwendung der Sorgfalt eines ordentlichen Geschäftsmanns) auf

---

101 Siehe oben Rz 3.
102 Siehe ErlRV 5 BlgNR 15. GP, 9.
103 Einzuräumen ist, dass die von § 92 Abs 1 AktG abweichende Formulierung unerklärlich wäre, wenn der Gesetzgeber in jedem Fall ausschließlich die Wahl durch den Aufsichtsrat als geboten ansehen würde; vgl auch *Umfahrer*, Handbuch Rz 412 in Fn 1037. In jedem Fall für eine ausschließliche Kompetenz des Aufsichtsrats *A. Heidinger* § 30g Rz 7.
104 *M. Heidinger*, Aufgaben 178.
105 Vgl *Straube*, Aufsichtsratsgeschäftsordnung 28.
106 *Kastner/Doralt/Nowotny*, Gesellschaftsrecht^5 408.
107 *Nowotny* in Kalss/Nowotny/Schauer, ÖGesR Rz 4/238; *Rauter* § 33 Rz 14.
108 *Reich-Rohrwig*, GmbH-Recht I^2 Rz 4/434; siehe auch *Rauter* § 33 Rz 43; siehe dazu und zur Pflicht der Befassung des Aufsichtsrats bei zustimmungspflichtigen Geschäften oben Rz 33.

die Aufsichtsratsmitglieder,[109] andererseits wirkt für die Geschäftsführer die Weisung entsprechend der Lage bei einer Gesellschafterweisung haftungsbefreiend, sofern der Ersatz nicht zur Befriedigung der Gläubiger notwendig ist.[110]

41 Eine weitere Einschränkung der Haftung ist Reflex aus der Minderkompetenz des Aufsichtsrats der GmbH gegenüber dem Aufsichtsrat der AG, insb des Fehlens der Kompetenz zur Auswahl geeigneter Geschäftsführer, welche für den Bereich der AG immer mehr als wichtigste Aufgabe des Aufsichtsrats gesehen wird.[111] Der Schluss, dass sich der Aufsichtsrat dafür umso intensiver anderen Überwachungsaufgaben widmen müsse, ist mE schon angesichts der gesetzlich vorgesehenen gleichen Intensität des Informationsflusses zwischen Geschäftsführungsorgan und Aufsichtsrat (§ 28a GmbHG entspricht § 81 AktG) und der allgemeinen Stellung des Aufsichtsrats im Organisationsgefüge der GmbH unzulässig.

42 Die zur GmbH angestellten Überlegungen zur Zulässigkeit einer Haftungsbeschränkung zwischen dem Geschäftsführer und der Gesellschaft gelten aufgrund der gebotenen sinngemäßen Anwendung der Haftungsvorschriften für die Geschäftsführer auch für Aufsichtsratsmitglieder. Pflichten, die dem Gläubigerschutz dienen, sind nicht abdingbar.[112] Bei anderen Pflichten geht die hL davon aus, dass die Gesellschaft auf eine Inanspruchnahme wegen leicht fahrlässigen Verhalten generell verzichten kann, wenn alle Gesellschafter der Haftungsmilderung zustimmen bzw eine solche Haftungsmilderung im ursprünglichen Gesellschaftsvertrag vereinbart wird.[113] Haftungsfreistellungsvereinbarungen, die nicht mit der GmbH sondern mit einem Gesellschafter abgeschlossen werden, sind zulässig.[114]

B. Der aufsichtsratsähnliche Beirat

43 Zwar kann ein Beirat auch bei AG durch Aktionärswillen Organstellung erlangen, doch können ihm keine eigenständigen Entscheidungsrechte eingeräumt werden, weil das AktG die Kompetenzen zwischen den Organen zwingend verteilt.[115] Bei der GmbH bestehen demgegenüber freiere Gestaltungsmöglichkeiten.[116] Werden allerdings einem gesellschaftsvertraglich errichteten Beirat **Kernkompetenzen** eines Aufsichtsrats zugewiesen, so ist dieser nach zutreffender,[117] allerdings nicht

[109] So wohl *Kastner/Doralt/Nowotny*, Gesellschaftsrecht[5] mit dem Verweis in Fn 151 auf Seite 387.

[110] *Nowotny* in Kalss/Nowotny/Schauer, ÖGesR Rz 4/239 mwN; *Eckert/Schopper* § 33 Rz 22.

[111] *Kalss* in Doralt/Nowotny/Kalss AktG § 95 Rz 6.

[112] *Reich-Rohrwig*, GmbH-Recht I[2] Rz 2/389.

[113] *Reich-Rohrwig*, GmbH-Recht I[2] Rz 2/389; *Nowotny* in Kalss/Nowotny/Schauer, ÖGesR Rz 4/252; *A. Heidinger* § 33 Rz 16.

[114] *Reich-Rohrwig*, GmbH-Recht I[2] Rz 2/390; *Nowotny* in Kalss/Nowotny/Schauer, ÖGesR Rz 4/252; zum aktuellen Meinungsstand *Rauter* § 33 Rz 36.

[115] *Kalss* in Doralt/Nowotny/Kalss, AktG vor § 86 Rz 32 ff.

[116] Siehe dazu ausführlich *M. Heidinger*, Aufgaben 361 ff und *A. Heidinger* § 29 Rz 55 ff. Die Ausführungen in diesem Kapitel beziehen sich ausschließlich auf den gesellschaftsvertraglich errichteten Beirat, nicht jedoch auf einen bloß schuldrechtlichen Beirat.

[117] So auch *Löschnigg*, Entsendung 53 ff; *M. Heidinger*, Aufgaben 383; *A. Heidinger* § 29 Rz 61 f.

unumstrittener Ansicht,[118] des OGH wie ein Aufsichtsrat zu behandeln.[119] Geringfügige Kompetenzzuweisungen typischer Aufsichtsratfunktionen führen jedenfalls nicht zu einer Gleichstellung des Beirats mit dem Aufsichtsrat (*Kalss* Rz 39/44).[120]

Eine abstrakte Tatbestandsbildung bezüglich der zulässigen Grenzen ist kaum möglich. Die Beurteilung erfordert stets eine Gesamtbetrachtung, wobei auch im Sinne der OGH Entscheidung leitender Gesichtspunkt ist, ob angesichts der konkreten Ausgestaltung der Beiratsbefugnisse eine **Umgehung** angenommen werden kann.[121] Der OGH lässt offenbar bei der Beurteilung auch eine Substitution (nicht zugewiesener) gesetzlicher Aufgaben und Befugnisse durch gesellschaftsvertragliche Einräumung funktionsähnlicher Befugnisse zu. Kernbereich der Aufsichtsratsbefugnis ist die Überwachung der Geschäftsführung, wobei ihm dafür die Hilfsmittel der Auskunftspflicht der Geschäftsführer, das Recht auf Bucheinsicht, die Einberufung der Generalversammlung und Zustimmungsvorbehalte zur Verfügung stehen.[122] Zulässig ist mE jedenfalls die Zuweisung einer Überwachungszuständigkeit hinsichtlich einzelner ausgesuchter Bereiche der Geschäftsführung – auch mit sämtlichen einem Aufsichtsrat gem GmbHG zustehenden Mitteln – sofern der Überwachungsbereich ausreichend sachlich abgegrenzt ist und nicht im Ergebnis zu einer Überwachung aller wesentlichen Bereiche der Geschäftsführung wird.[123] Ist die Begrenzung der Überwachungszuständigkeit solcherart gewährleistet, kann die innere Ordnung des Beirats mE durchaus an die Bestimmungen des GmbHG angelehnt werden, weil damit auch nur die Übernahme einer erprobten und funktionstüchtigen Organisationsstruktur bezweckt werden kann, was allein keinen Schluss auf eine Umgehungsabsicht erlaubt.[124] 44

Rechtsfolge der Einstufung eines Beirats als aufsichtsratsähnlich ist nicht nur, dass den Arbeitnehmern ein Recht auf Entsendung von Mitgliedern in den gesellschaftsvertraglich eingerichteten aufsichtsratsähnlichen Beirat zusteht, sondern die Anwendung sämtlicher auf den **gesellschaftsvertraglich zwingenden** Aufsichtsrat anzuwendenden Vorschriften auf diesen Beirat.[125] Sind dem Beirat im Gesellschaftsvertrag über die gesetzliche Mindestkompetenz des Aufsichtsrats hinausgehende Befugnisse eingeräumt, so kommen diese mE kumulativ zu den gesetzlichen hinzu. Ist ein Beirat gem gesellschaftsvertraglichen Bestimmungen eingerichtet bzw tätig, und stellt sich dessen Aufsichtsratsähnlichkeit heraus, so sind sämtliche Vorgänge in Bezug auf die Tätigkeit des Beirats ab Entstehen der Aufsichtsrechtsähnlichkeit nach den Bestimmungen des GmbHG über den Aufsichtsrat zu beurteilen. 45

---

118 Siehe zB *Koppensteiner/Rüffler*, GmbHG³ § 35 Rz 54; *Huber*, ecolex 1995, 807 ff; *Reich-Rohrwig*, GmbH-Recht I² 4/498.

119 OGH 9 ObA 130/05s GesRZ 2007, 197 mit abl Anm *Feltl*.

120 Die abweichende Meinung von *Putzer*, Mitwirkung 104, hat der OGH in 9 ObA 130/05s GesRZ 2007, 197 mit Anm *Feltl* ausdrücklich zurückgewiesen siehe *A. Heidinger* § 29 Rz 62.

121 Siehe so auch schon *M. Heidinger*, Aufgaben 385.

122 *M. Heidinger*, Aufgaben 384.

123 *M. Heidinger*, Aufgaben 385; *A. Heidinger* § 29 Rz 62.

124 AA offenbar *Fritz*, Aufsichtsrat Aktuell 2/2007, 13, 14.

125 OGH 9 ObA 130/05s GesRZ 2007, 197 mit abl Anm *Feltl; A. Heidinger* § 29 Rz 62.

46 Die rechtlichen Konsequenzen sind aber durchaus bewältigbar. Da Mitglieder eines Beirats mit Aufsichtsratsfunktionen nach der zutreffenden herrschenden Ansicht ohnehin nach den Grundsätzen der Organhaftung haften,[126] könnte sich ein unerwartetes Haftungsrisiko bloß aus gegenüber der Aufgabenzuweisung durch den Gesellschaftsvertrag hinausgehenden Überwachungsobliegenheiten kraft Gesetzes ergeben. Da nach der hier vertretenen Ansicht ein aufsichtsratsähnlicher Beirat ohnehin nur dann vorliegt, wenn er zur Überwachung der wesentlichen Bereiche der Geschäftsführung berufen ist, besteht praktisch nur wenig Raum für eine „überraschende" Haftung aufgrund einer Überwachungspflichtverletzung. Auch die Anwendung der Unvereinbarkeitsbestimmung des § 30e GmbHG wird im Regelfall keine rechtlichen Probleme aufwerfen, weil für ein Mitglied eines Beirats die parallele Tätigkeit in einem anderen Gesellschaftsorgan, insb der Geschäftsführung ohnehin ausgeschlossen ist.[127] Das Recht der Beiratsbeschlüsse inklusive der Beschlussmängel hängt ebenfalls von der Art der dem Beirat zugewiesenen Aufgaben ab.[128] Generell sind Pflichtwidrigkeiten der Organmitglieder, welche aus einer rechtlichen Fehlbeurteilung der Aufsichtsratsähnlichkeit des Beirats und damit der Anwendung der Bestimmungen des GmbHG über den Aufsichtsrat resultieren, nicht jedenfalls den Organmitgliedern anzulasten, sondern es greift eine Enthaftung auf Verschuldensebene ein, wenn die unzutreffende rechtliche Beurteilung im Einzelfall nicht sorgfaltswidrig war.[129]

C. Berichterstattung über Geschäfte mit Geschäftsführern

47 Gem § 32 iVm 24 Abs 4 GmbHG hat der Aufsichtsrat der Generalversammlung über die zwischen der Gesellschaft und ihren Geschäftsführern im Wege des Selbstkontrahierens abgeschlossenen Geschäfte zu berichten. Geschäfte, die der Aufsichtsrat gem § 30l GmbHG im Namen der Gesellschaft mit den Geschäftsführern geschlossen hat sind von dieser Bestimmung, welche kein aktienrechtliches Pendant hat, nicht erfasst.[130]

48 Strittig ist, ob der Berichtspflicht nur jene Geschäfte unterliegen, die der Aufsichtsrat genehmigt hat,[131] oder auch solche die durch die übrigen Geschäftsführer genehmigt wurden. Der Bericht ist unaufgefordert zu erstatten.[132] Anzugeben ist auch, aus welchen Gründen die Genehmigung erfolgt ist.[133] Gestattet der Gesell-

[126] Siehe *Kastner*, RdW 1983, 102; *M. Heidinger*, Aufgaben 406 ff; *Koppensteiner/Rüffler*, GmbHG³ § 35 Rz 58.

[127] *Kastner* in GS Schönherr 193, 196; *M. Heidinger*; Aufgaben 393; *Koppensteiner/Rüffler*, GmbHG³ § 35 Rz 56 bejahen nur die Möglichkeit, gleichzeitig Mitglied des Aufsichtsrats und des Beirats einer GmbH zu sein, ausdrücklich.

[128] *Koppensteiner/Rüffler*, GmbHG³ § 35 Rz 57.

[129] Vgl in diese Richtung auch *Adensamer/Eckert* in Kalss, Vorstandshaftung 183, vgl allerdings OGH 9 ObA 416/97k ecolex 1998, 772 mit gegensätzlicher Tendenz.

[130] *Rauter* § 32 Rz 1.

[131] So zutreffend *Koppensteiner/Rüffler*, GmbHG³ § 32 Rz 2; *Rauter* § 32 Rz 4; *Gellis/Feil*, GmbHG⁷ § 32 Rz 1; *A. Heidinger* § 32 Rz 2; aA *Reich-Rohrwig*, GmbH-Recht I² Rz 4/396; *Wünsch*, GmbHG § 32.

[132] *Reich-Rohrwig*, GmbH-Recht I² Rz 4/396; *Rauter* § 32 Rz 5.

[133] *Koppensteiner/Rüffler*, GmbHG³ § 32 Rz 1.

schaftsvertrag das Selbstkontrahieren, so greift nach *Koppensteiner/Rüffler* § 32 GmbHG nicht ein.[134]

D. Anfechtungsrecht

Gem § 196 Abs 1 AktG besteht eine Anfechtungsrecht nur dann, wenn sich die Mitglieder des Aufsichtsrats durch die Ausführung des Beschlusses strafbar oder ersatzpflichtig machen würden. Gem § 41 Abs 3 GmbHG ist aber der Aufsichtsrat als Organ generell bei gesetz- bzw gesellschaftsvertragswidrigen Beschlüssen anfechtungsbefugt. **49**

E. Jahresabschluss

Anders als nach Aktienrecht obliegt die Feststellung des Jahresabschlusses bei der GmbH nicht dem Aufsichtsrat, sondern gem § 35 Abs 1 Z 1 iVm Abs 2 GmbHG zwingend der Generalversammlung. Der Aufsichtsrat der GmbH hat demgegenüber gem § 30k Abs 1 GmbHG den vom Vorstand aufgestellten Jahresabschluss (sowie auch einen allfälligen Konzernabschluss, den Vorschlag für die Gewinnverteilung und den Lagebericht) nur zu prüfen und darüber der Gesellschafterversammlung zu berichten. In § 30h Abs 1 GmbHG ist explizit festgehalten, dass der Abschlussprüfer auch zu Sitzungen des Aufsichtsrats bzw des Prüfungsausschusses, die sich mit der Prüfung des Vorschlags für die Gewinnverteilung und des Lageberichts beschäftigen, zuzuziehen ist. Dem Charakter der Gesellschafterversammlung als oberstem Organ der GmbH entsprechend hat die Gesellschafterversammlung – und nicht die Geschäftsführer mit Zustimmung durch den Aufsichtsrat – daher das Letztentscheidungsrecht zur Beschlussfassung über die Bildung oder Auflösung von offenen Rücklagen und damit über die Gewinnausschüttungspolitik der Gesellschaft. Die Rolle des Aufsichtsrates beschränkt sich in diesem Zusammenhang auf die Kontrolle des von der Geschäftsführung erstellten Jahresabschlusses sowie der Berichterstattung als Informationsgrundlage für die Gesellschafter.[135] **50**

---

[134] *Koppensteiner/Rüffler*, GmbHG³ § 32 Rz 2; *Rauter* § 32 Rz 4.

[135] Siehe *Haberer*, Zwingendes Kapitalgesellschaftsrecht 97.

Besonderheiten des Aufsichtsrates in der Genossenschaft

Markus Dellinger

§§: 24–25 GenG; 28a, 39c, 39d, 63a und 76 BWG

Literatur

C. Breuer/W. Breuer, Rechtsformspezifische Unterschiede bei Kreditinstituten, in Bitz-FS, *Oehler/Terstege* (Hrsg), Finanzierung, Investition und Entscheidung (2008) 44 ff; *Dellinger,* Rechtsfähige Personengesellschaften in der Liquidation (2001); *Dellinger* (Hrsg), Genossenschaftsgesetz samt Nebengesetzen² (2014); *Dellinger,* Nachlese zur Vorstandsbestellung bei der Genossenschaft, ecolex 2007, 864; *Dellinger* (Hrsg), Kommentar zum Bankwesengesetz; *Doralt/Nowotny/Kalss,* Kommentar zum Aktiengesetz² (2012); *Gerike,* Kontroll- und Prüfungsmechanismen der Genossenschaft (2001); *Haberer,* Corporate Governance (2003); *Kalss/Burger/Eckert,* Die Entwicklung des österreichischen Aktienrechts (2003); *Kalss/Nowotny/Schauer* (Hrsg), Österreichisches Gesellschaftsrecht (2008); *Kastner,* Österreichisches Genossenschaftsrecht, in *Patera* (Hrsg), Handbuch des österreichischen Genossenschaftswesens (1986) 117 ff; *Keinert*, Genossenschaftsrecht (1988); *Keinert,* Primärgenossenschaft als beherrschtes (abhängiges) Konzernunternehmen? ecolex 1992, 331; *Koppensteiner/Rüffler,* GmbHG³ (2007); MünchKomm, AktG, Band 2³ (2008); *Nowotny,* Vertretung von Kreditgenossenschaften durch Geschäftsleiter im Nicht-Bankbereich, RdW 1998, 242; *Paulick,* Das Recht der eingetragenen Genossenschaft (1956); *Rappaport,* Creating Shareholder Value (1986); *Riss,* Welche Sorgfalt schuldet der Genossenschaftsvorstand? RdW 2008, 768.

Gliederung **Rz**

I. Vorweg zu den Gemeinsamkeiten

1 Der folgende Beitrag ist den Besonderheiten des Aufsichtsrates bei der Genossenschaft gewidmet. Wer sich mit diesen Besonderheiten beschäftigt, sollte dabei nicht aus den Augen verlieren, dass es auch Gemeinsamkeiten gibt und dass diese Gemeinsamkeiten weit überwiegen. Auch bei der Genossenschaft ist der Aufsichtsrat das Kontrollorgan und sowohl die Aufgaben[1] als auch die Befugnisse[2] und die innere Organisation[3] entsprechen insbesondere seit dem Unternehmensrechtsänderungsgesetz 2008 fast vollständig dem, was man vom Kapitalgesellschaftsrecht her kennt. Dabei ist die Nähe zur GmbH größer als jene zur AG. Dies zeigt sich schon daran, dass der Aufsichtsrat nicht stets obligatorisch ist, sondern erst ab einer bestimmten Arbeitnehmerzahl[4]. Deutlich wird die Nähe zum GmbH-Recht aber auch dadurch, dass der Aufsichtsrat bei der Genossenschaft grundsätzlich nicht zur Bestellung des Vorstands und keinesfalls zur Feststellung des Jahresabschlusses berufen ist. Hier wird bei der Genossenschaft im Regelfall die Generalversammlung tätig. Anders als im österreichischen GmbH-Recht[5] ist es allerdings möglich, dem Aufsichtsrat die Kompetenz zur Bestellung und Abberufung des Vorstandes zu übertragen (vgl § 15 GenG[6]).

2 Obwohl die Gemeinsamkeiten also weit überwiegen, wäre es ein Fehler kapitalgesellschaftsrechtliche Erkenntnisse ungeprüft auf den genossenschaftlichen Aufsichtsrat zu übertragen. Wie wir sehen werden, passen die kapitalgesellschaftsrechtlichen Erkenntnisse nämlich wegen der sowohl im Grundsätzlichen als auch im Detail sehr wohl bestehenden Unterschiede nicht in allen Fällen auf die Gegebenheiten im Genossenschaftsrecht. Im Folgenden sollen daher zunächst die

---

[1] Vgl die allgemeine Pflicht zur Überwachung der Geschäftsführung gemäß § 24e Abs 1 Satz 1 GenG, die besonders hervorgehobene Pflicht zur Prüfung des Jahresabschlusses (der Jahresrechnung) und allfälliger Gewinnverteilungsvorschläge, zur Berichterstattung an die Generalversammlung gemäß § 24e Abs 4 GenG, die Pflicht zur Einberufung der Generalversammlung, wenn dies im Interesse der Genossenschaft erforderlich ist, gemäß § 24e Abs 5 GenG, die Vertretung der Genossenschaft gegenüber aktuellen Vorstandsmitgliedern – näher zu diesbezüglichen Abgrenzungsschwierigkeiten *Binder/Lengauer* in *Dellinger,* GenG[2] § 25 Rz 2 ff – sowie den Katalog zustimmungspflichtiger Maßnahmen gemäß § 24e Abs 3 GenG.

[2] Vgl neben dem vom Vorstand ausgehenden Berichtswesen mit der gewohnten Trias von Jahresberichten, Quartalsberichten und Sonderberichten gemäß § 22 Abs 3 GenG, die Möglichkeit von Anforderungsberichten des Aufsichtsrates gemäß § 24e Abs 1 GenG, wobei auch hier ein einzelnes Aufsichtsratsmitglied einen solchen Bericht verlangen kann und damit jedenfalls dann durchdringt, wenn ein weiteres Aufsichtsratsmitglied dies unterstützt; vgl weiters das Recht des Aufsichtsrates, die Bücher und Schriften der Genossenschaft sowie ihren Vermögensstand, namentlich die Bestände an Geld, Wertpapieren und Waren einzusehen und zu prüfen (näher § 24e Abs 1 letzter Satz GenG).

[3] Vgl dazu näher § 24c GenG, der im wesentlichen § 92 AktG nachgebildet ist (zu kleinen Unterschieden unten III. B); vgl. weiters § 24d GenG, der dem Vorbild des § 94 AktG im Wesentlichen folgt.

[4] Vgl dazu näher unten III. A.

[5] Dass die Bestellung des GmbH-Geschäftsführers nicht dem Aufsichtsrat übertragen werden kann, entspricht der österreichischen hM (zB *Nowotny* in *Kalss/Nowotny/Schauer*, Gesellschaftsrecht, Rz 4/149), wird aber insbesondere von *Koppensteiner/Rüffler*, GmbHG[3] § 15 Rz 14 bestritten (§ 15 Abs 1 Satz 3 GmbHG sei nicht zwingend; ähnlich die deutsche hM).

[6] Dazu näher *Dellinger*, ecolex 2007, 864.

grundsätzlichen Unterschiede und dann die interessanten Details näher beleuchtet werden.

II. Grundsätzliche Unterschiede im Corporate Governance System und ihre Bedeutung für den Aufsichtsrat

A. Unterschiede in der Ausrichtung der Corporate Governance

Der Aufsichtsrat ist stets ein wichtiger Akteur im Corporate Governance System einer Gesellschaft. Durch seine Kontrolltätigkeit kann er viel zu einer guten Unternehmensentwicklung beitragen. Aber was ist der bei der Kontrolle der Geschäftsführung einer Genossenschaft anzulegende Maßstab? Anders ausgedrückt, was macht eine gute Unternehmensführung und -kontrolle im Genossenschaftsbereich aus? 3

Hier gibt es selbstverständlich einen großen Bereich, in dem sich die Anforderungen letztlich für alle Gesellschaftsformen decken. Unabhängig von der Rechtsform gilt es zB, das Unternehmensvermögen zu schützen, für ein korrektes Rechnungswesen und für die Einhaltung der Geschäftspolitik zu sorgen und Korruption, Betrug und Bilanzfälschung zu verhindern. Gleichfalls unabhängig von der Rechtsform benötigt man ein fähiges und motiviertes Management und muss doch gleichzeitig, was die Managervergütungen anlangt, Maß halten. Auch die Herstellung vernünftiger Methoden der Unternehmenssteuerung, von der Planung und Informationsbeschaffung über die Durchführung bis zur begleitenden Überwachung und nachprüfenden externen Kontrolle, ist ersichtlich keine Frage der Rechtsform. So ist es auch durchaus sachgerecht, dass die bei den Kapitalgesellschaften schon 1997 eingeführte Verpflichtung des Managements, ein internes Kontrollsystem einzurichten, mit dem URÄG 2008 auch explizit[7] auf (aufsichtsratspflichtige[8]) Genossenschaften ausgedehnt wurde. 4

Dennoch passen die für die Aktiengesellschaft entwickelten Grundsätze guter Unternehmensführung und -kontrolle nicht 1 : 1 für Genossenschaften. Das ganze komplexe aktienrechtliche System von „checks and balances" zielt nämlich letztlich darauf ab, dass das Unternehmen der AG gedeiht, damit es für die Aktionäre entsprechende Früchte in Form von Dividenden und Wertsteigerungen bzw Kursgewinnen abwirft. Kennzeichnend ist dabei ein grundsätzlicher Interessengleichlauf zwischen dem Unternehmen und den Aktionären. Was dem Unternehmens- 5

[7] Auch schon vor diesem Zeitpunkt war die Managementverpflichtung zur Einrichtung eines den Anforderungen des Unternehmens entsprechenden IKS zumindest bei den größeren genossenschaftlichen Unternehmen aus der allgemeinen Sorgfaltspflicht ableitbar.

[8] Die in § 22 Abs 1 GenG vorgesehene Beschränkung auf solche Genossenschaften, die nach § 24 GenG aufsichtsratspflichtig sind (also dauernd mindestens 40 Arbeitnehmer beschäftigen), nimmt vor allem Rücksicht auf Kleingenossenschaften ohne professionelles Management. Zwar heißt es manchmal, jedes Unternehmen bedürfe eines IKS, aber der Begriff wird doch ein wenig ausgehöhlt, wenn man die Einrichtung eines IKS zB bei einer Weidegenossenschaft fordert, obwohl es dort im Wesentlichen nur um die Instandhaltung der Weidezäune und um die Beachtung der traditionellen Regeln der Almwirtschaft geht.

wohl nützt, dient regelmäßig auch dem Shareholder-Value[9]. Von der Wahrung des Unternehmenswohles profitieren dann – bei langfristiger Betrachtung – letztlich auch die anderen Stakeholder wie Arbeitnehmer, Gläubiger und Allgemeinheit.

6 Gute Unternehmensführung und -kontrolle im Genossenschaftsbereich muss natürlich auch das Wohl des genossenschaftlichen Unternehmens im Auge haben. Aber das Unternehmenswohl und die Gewinnerzielung sind bei einer Genossenschaft nicht Selbstzweck, sondern nur das nötige Vehikel zur nachhaltigen Förderung der Mitglieder. Wer vor allem mit seinen Mitgliedern Geschäfte macht und diese Mitglieder durch die Konditionen der Geschäftsabschlüsse fördern soll[10], kann nicht die Maximierung des eigenen Gewinnes zur Leitlinie seines Handelns machen. Ohne dieses Thema hier vertiefen zu können, möchte ich den unterschiedlichen Grundansatz in Erinnerung rufen. Bei Genossenschaften gibt es aus der Geschäftsbeziehung mit den Mitgliedern heraus einen gewissen natürlichen Interessengegensatz zwischen den Mitgliedern und dem genossenschaftlichen Unternehmen[11]. Hauptanliegen einer guten Corporate Governance muss bei Genossenschaften die bestmögliche und nachhaltige Verwirklichung des Förderungsauftrages und nicht die Maximierung des Unternehmensgewinnes sein. Es geht bei Genossenschaften eben nicht darum, einen „Shareholder-Value zu kreieren"[12], sondern um die Erzeugung eines „Member-Values".

7 Bei der Geschäftsführungskontrolle ist dieser unterschiedliche Ansatz zu berücksichtigen. Dasselbe sollte zB im Bereich der Vertretung der Genossenschaft gegenüber dem Vorstand gelten. So müssten etwa erfolgsabhängige Vergütungssysteme im Genossenschaftsbereich vom theoretischen Ansatz her anders aussehen als bei einer AG, weil eben auch Erfolg nicht allein und nicht einmal primär der Unternehmenserfolg ist, sondern auch und sogar vorrangig die den Mitgliedern im Geschäftsverkehr verschaffte Förderung[13]. Dass in der genossenschaftlichen Praxis bei der Vereinbarung erfolgsabhängiger Vergütungsbestandteile für das Management dennoch nicht selten allein auf Kennzahlen für den Unternehmenserfolg abgestellt wird, dürfte damit zusammenhängen, dass auch bei Ge-

---

[9] Soweit im Einzelfall ein Widerspruch zwischen Unternehmenswohl und Shareholder-Value besteht – zB Diversifikation im Unternehmen zur Krisensicherung versus Konzentration auf Kernkompetenz und Krisensicherung durch den Shareholder im Wege der Streuung seines Aktienportfolios – kommt nach österreichischem Aktienrecht grundsätzlich dem Unternehmenswohl der Vorzug zu – vgl nur den Zielkatalog des § 70 öAktG.

[10] Vgl *Dellinger* in *Dellinger,* GenG² § 1 Rz 18 mwN.

[11] Medial verfolgen kann man das gelegentliche Aufbrechen dieses in der Geschäftsbeziehung grundgelegten Interessengegensatzes zB bei der teils heftigen Diskussion um den Milchpreis. Gerade hier belegen allerdings die Absatzschwierigkeiten jener Milchbauern, die sich aufgrund kurzfristig besserer Preise anderer Milchverarbeiter von ihrer genossenschaftlichen Molkerei abgewandt hatten, in der folgenden Überproduktionsphase dann aber plötzlich ganz ohne Abnehmer dastanden, dass die Förderleistung nicht ausschließlich über den Milchpreis definiert werden kann. Es geht schließlich auch um Absatzsicherheit.

[12] Vgl den viel zitierten Buchtitel von *Rappaport,* Creating Shareholder Value (1986).

[13] Darauf verweisen zu Recht auch *C. Breuer/W. Breuer*, Rechtsformspezifische Unterschiede bei Kreditinstituten, Bitz-FS (2008) 44 (55 f), die allerdings auch anmerken, dass sich in der kreditgenossenschaftlichen Praxis dennoch Entlohnungssysteme mit teils gewinnbasierten Komponenten finden.

nossenschaften im Sinne der Nachhaltigkeit auf einen Erfolg des Unternehmens natürlich nicht verzichtet werden kann und dass die darauf aufbauende Förderauftragserfüllung ungleich schwerer quantifizierbar ist als der Unternehmenserfolg. Im Übrigen ist empirisch immerhin feststellbar, dass exorbitante Boni für Banker bei Kreditgenossenschaften definitiv kein Thema darstellen. Außerdem haben die in Umsetzung der europarechtlichen Vorgaben (vgl mittlerweile Art 94 CRD IV) eingeführten bankaufsichtsrechtlichen Anforderungen der Anlage zu § 39b BWG den administrativen Aufwand insbesondere für die Auszahlung in Unternehmenspapieren (Z 11) und die Zurückbehaltung (Z 12) von variablen Vergütungen derart in die Höhe getrieben, dass die Praxis, soweit diese Anforderungen überhaupt anwendbar wären[14], dazu tendiert, von variablen Vergütungen ganz abzurücken.

B. Betroffenheit versus Unabhängigkeit von Aufsichtsratsmitgliedern

8 In den internationalen Debatten um die Verbesserung der Corporate Governance steht die Unabhängigkeit der Aufsichtsratsmitglieder immer wieder im Fokus. Soweit es dabei um die Unabhängigkeit vom Management geht, ist dies eine in der Tat selbstverständliche Voraussetzung für das Funktionieren von Kontrolle. Vielfach wird das Unabhängigkeitserfordernis aber auch auf das Verhältnis zu den Gesellschaftern oder zumindest zu den kontrollierenden Gesellschaftern bezogen[15]. Wenn der österreichische Corporate Governance Kodex den Begriff Unabhängigkeit in Regel 53 nur auf das Verhältnis zur Gesellschaft und deren Vorstand bezieht, bildet dies international eher die (mE sehr berechtigte[16]) Ausnahme.

---

14 Die FMA hat die grundsätzlich für variable Vergütungen, die bestimmten Mitarbeitern („identified Staff") gewährt werden, aufgestellten Regelungen in Anwendung des Proportionalitätsgrundsatzes dahingehend ausgelegt, dass nur komplexe Kreditinstitute sie anwenden müssen und auch das nur bei variablen Vergütungen, die eine vom Kreditinstitut gesetzte Erheblichkeitsschwelle überschreiten; variable Vergütungen, die 30.000 € oder ein Viertel der Gesamtvergütung überschreiten können dabei nach Ansicht der FMA keinesfalls als unerheblich angesehen werden – vgl FMA-Rundschreiben zu §§ 39 Abs. 2, 39b und 39c BWG, Grundsätze der Vergütungspolitik und –praktiken (Dezember 2012) Rz 49 ff (insb Rz 52); die EBA toleriert diese Praxis, regt aber die Schaffung einer klaren Rechtsgrundlage in der CRD IV an (vgl die mit 21.12.2015 datierte EBA-Opinion „on the application of proportionality to the remuneration provisions in directive 2013/36/EU").

15 Vgl nur Erwägungsgrund 18 und vor allem Anhang II Z 1 lit d Kommissionsempfehlung vom 15. 2. 2005 zu den Aufgaben von nicht geschäftsführenden Direktoren/Aufsichtsratsmitgliedern börsennotierter Gesellschaften sowie zu den Ausschüssen des Verwaltungs-/Aufsichtsrats (2005/162/EG), wo es heißt, ein unabhängiges Aufsichtsratsmitglied dürfe „keinesfalls ein Anteilseigner mit einer Kontrollbeteiligung sein oder einen solchen vertreten" (vgl *Kalss* Rz 3/13).

16 In der österreichischen CG-Diskussion hat sich gezeigt, dass die Vertreter des Mehrheitsaktionärs im Aufsichtsrat sich selbst keineswegs als „abhängig" empfinden. Tatsächlich sind gerade die Vertreter von Mehrheitsaktionären im Aufsichtsrat besonders gut geeignet ihrer Kontrollaufgabe gegenüber dem Management gerecht zu werden, denn diese Kontrollaufgabe ist etwa für ein Vorstandsmitglied der Konzernmutter in seiner Rolle als Aufsichtsratsmitglied der Konzerntochter nicht nur eine weitere (vielleicht mit möglichst geringem Aufwand zu absolvierende) Nebenbeschäftigung, sondern Teil des Hauptjobs, nämlich Teil der Konzernleitungsaufgabe. Die Vertreter des Mehrheitsaktionärs sind daher nicht nur dafür

9 Das Genossenschaftsrecht verfolgt in dieser Frage einen dem internationalen CG-Trend entgegengesetzten Ansatz. Statt auf Unabhängigkeit der Aufsichtsratsmitglieder von den Gesellschaftern setzt man auf persönliche Betroffenheit. Die Aufsichtsratsmitglieder müssen selbst Mitglieder der Genossenschaft oder Organmitglieder von Mitgliedern der Genossenschaft sein (vgl § 24 Abs 1 Satz 3 GenG)[17], [18]). Sie sollen selbst spüren, ob die Genossenschaft im Interesse ihrer Mitglieder agiert und diese entsprechend fördert.

10 Hintergrund ist zunächst, dass Genossenschaften in der Wurzel Selbsthilfeorganisationen sind. Zum Gedanken der Selbsthilfe passt es, dass die Organe der Genossenschaft mit Betroffenen besetzt werden. Hintergrund ist aber auch, dass sich das Problem eines kontrollierenden Gesellschafters, der versucht sein könnte, die Genossenschaft für seine von den Zwecken der anderen Gesellschafter verschiedenen Zwecke zu missbrauchen, zumindest im Regelfall gar nicht stellen kann. Genossenschaften haben idealtypisch eine Vielzahl von Mitgliedern, die alle ähnlich viele Geschäftsanteile halten. Selbst wenn ein Mitglied ausnahmsweise in höherem Maße beteiligt sein sollte, verschafft ihm das schon wegen des üblichen Kopfstimmrechts („ein Mitglied eine Stimme") keinen größeren Einfluss in der Generalversammlung und schon gar keine kontrollierende Beteiligung. Das genossenschaftsdemokratische Kopfstimmrecht ist in Österreich zwar dispositiv (vgl § 27 Abs 2 GenG), sodass Ausnahmen theoretisch denkbar wären. Aber dies darf grundsätzlich nicht zur Beherrschung der Genossenschaft führen, denn eine Beherrschung durch einen einzelnen Genossenschafter verträgt sich normalerweise nicht mit dem genossenschaftsrechtlichen Förderungsauftrag[19].

C. Gebarungsprüfung durch die Revision als Unterstützung der Aufsichtsratstätigkeit

11 Ein weiterer struktureller Unterschied zu Kapitalgesellschaften liegt im Umfang der genossenschaftlichen Prüfung. Gemäß § 1 Abs 1 GenRevG sind Genossenschaften nicht nur auf die „Rechtmäßigkeit" und „Ordnungsmäßigkeit" ihrer Rechnungslegung zu prüfen, sondern unter anderem auch auf die „Zweckmäßigkeit .... ihrer Geschäftsführung, insbesondere auf die Erfüllung des Förderungsauftrages und die Wirtschaftlichkeit". Diese der Rechnungshofkontrolle ähnliche

---

prädestiniert, sich vom Vorstand nicht einschüchtern zu lassen, sondern auch dafür, ihre Aufgabe besonders ernst zu nehmen. Deshalb ist es grundvernünftig, dass der österreichische CG-Kodex die Frage der Unabhängigkeit und das Problem der Minderheitenvertreter im Aufsichtsrat auseinanderhält (vgl Regel 53 einerseits und Regel 54 andererseits).

17 Zur möglichen Ausnahme für den Finanzexperten vgl § 24c Abs 6.

18 Dieser Anklang an das personalistische Prinzip der Selbstorganschaft ist im Übrigen auch einer der Gründe, warum das Genossenschaftsrecht getrost auf eine dem § 86 Abs 2 Z 1 AktG bzw § 30a Abs 2 Z 1 GmbHG vergleichbare Höchstgrenze von Aufsichtsratsmandaten pro Person verzichten kann.

19 Vgl zB *Kastner* in *Patera,* Handbuch 117; *Keinert,* ecolex 1992, 331. Strittig ist, inwieweit Ausnahmen von dieser Regel für den Fall zu akzeptieren sind, dass sich eine Genossenschaft einer von gleichartigen Genossenschaften gebildeten und dem Förderungsauftrag ihrer Mitglieder verpflichteten Verbundorganisation unterwerfen – dazu *Dellinger* in *Dellinger,* GenG[2] § 1 Rz 93 mwN.

materielle Prüfung hat bei Genossenschaften, die iSd § 221 UGB mittelgroß sind, und bei gemäß § 24 GenG von Gesetzes wegen aufsichtsratspflichtigen Genossenschaften jährlich, ansonsten alle zwei Jahre stattzufinden.

Der Aufsichtsrat erhält dadurch bei einer Genossenschaft eine Hilfestellung, wie es sie bei Kapitalgesellschaften nicht gibt. Die kapitalgesellschaftsrechtliche Abschlussprüfung bezieht sich – trotz der in bestimmten Fällen eingreifenden Redepflicht[20] – grundsätzlich nur auf die Rechtmäßigkeit („Gesetz- und Satzungsmäßigkeit") und die Ordnungsmäßigkeit des Jahresabschlusses und der Buchführung. Wenn der Abschlussprüfer einer Kapitalgesellschaft im Zuge seiner gar nicht darauf gerichteten Prüfung auf Schwachstellen im Unternehmen stößt, wird er dies zwar meist in einem Managementletter festhalten, weil insoweit eine vertragliche Nebenpflicht angenommen wird. Aber dieser Managementletter braucht dem Aufsichtsrat in Österreich nicht automatisch vorgelegt zu werden. Rechtspolitische Versuche eine entsprechende Pflicht im Rahmen des URÄG 2008 auch in Österreich einzuführen[21], scheiterten nicht zuletzt am Widerstand der Wirtschaftsprüfer. So wiesen Institut der Wirtschaftsprüfer und Kammer der Wirtschaftstreuhänder in einer gemeinsamen Stellungnahme zu dem seinerzeitigen Ministerialentwurf darauf hin, dass eine Prüfung der Zweckmäßigkeit oder Wirtschaftlichkeit der vom Vorstand veranlassten Transaktionen nicht Aufgabe der Abschlussprüfung sei, sodass sich durch eine solche Neuerung nur die ohnehin bestehende Erwartungslücke hinsichtlich der Aufgaben des Abschlussprüfers in unzumutbarer Weise vergrößern würde[22]. Hingewiesen wurde in den mündlichen Beratungen auch darauf, dass man vom Instrument des Managementletters nicht mehr in dem Maße unbefangen Gebrauch machen könnte, wenn man als Abschlussprüfer befürchten müsste, dass der Managementletter dann in der Aufsichtsratssitzung ausgeschlachtet würde. 12

Während also die Prüfung der Wirtschaftlichkeit und Zweckmäßigkeit der Geschäftsführung bei Kapitalgesellschaften letztlich allein dem Aufsichtsrat überlassen bleibt[23], erledigt dies bei der Genossenschaft zumindest auch der Revisor. Dieser ist dazu auch schon deshalb besonders geeignet, weil er regelmäßig viele gleichartige Unternehmen prüft und daher entsprechende Branchenkenntnisse und Vergleichsmöglichkeiten hat. Wer die Benchmark kennt, tut sich bei der Wirtschaftlichkeitsprüfung eben leichter. 13

Bemerkenswert ist aber nicht nur der Unterschied an sich, sondern auch dessen Ursache. Historisches Vorbild der österreichischen Regelung[24] war das deutsche 14

[20] Vgl § 273 Abs 2 und 3 UGB und – in teilweiser Überschneidung damit – für Prüfer von Unternehmen von öffentlichem Interesse künftig Art 11 der Abschlussprüfungsverordnung (VO [EU] Nr. 537/2014) über den zusätzlichen Bericht an den Prüfungsausschuss.

[21] Vgl die noch im Ministerialentwurf zum URÄG 2008 (BMJ-B10.030P/0011-I 3/2007) im Anschluss an § 321 Abs 2 Satz 2 dHGB vorgeschlagene Neufassung des § 273 Abs 2 Satz 2 UGB, wonach „über die wichtigsten bei der Abschlussprüfung gewonnenen Erkenntnisse sowie über Beanstandungen" zu berichten gewesen wäre, die „nicht zur Einschränkung oder Versagung des Bestätigungsvermerks geführt haben, soweit dies für die Überwachung der Geschäftsführung und des geprüften Unternehmens von Bedeutung ist."

[22] Stellungnahme IWP und KWT vom 31.10.2007 zum Entwurf eines URÄG 2008, Seite 2.

[23] Vgl OGH 22. 5. 2003, 8 Ob 262/02s, GeS 2003, 441 *(Haberer)*.

[24] Die erste österreichische Regelung zur Genossenschaftsprüfung (und zur Abschlussprüfung

Genossenschaftsgesetz von 1889, das erstmals die Pflichtprüfung von Genossenschaften vorsah. In der Begründung dazu hieß es, die Einführung der Pflichtprüfung sei durch das öffentliche Interesse bedingt[25]. Die Mitglieder der Genossenschaften gehörten in der Mehrzahl den wirtschaftlich schwächeren Kreisen an und verfügten nicht über soviel wirtschaftliche Widerstandskraft, um größere Verluste aus einer unverantwortlichen Geschäftsführung tragen zu können. Außerdem verfügten die Mitglieder nicht über soviel wirtschaftliche Kenntnisse, um selbst zur Ausübung einer wirksamen Kontrolle der Geschäftsführung in der Lage zu sein. Ferner wurde darauf verwiesen, dass bei denjenigen Genossenschaften, die sich schon bisher der freiwilligen Revision durch ihren Verband unterworfen hatten, wesentlich günstigere Erfahrungen gemacht wurden. Bei den Verbänden seien die genaueste Sachkenntnis und das größte Interesse an einer wirksamen Aufsicht vereinigt.

15 Auch wenn diese historische Begründung heute nicht mehr in allen Punkten zeitgemäß erscheinen mag, hat sie immer noch einige Berechtigung. Neben den Schutz der Mitglieder vor Vermögensverlust und gegebenenfalls auch vor Inanspruchnahme ihrer persönlichen Nachschusspflicht ist inzwischen der Schutz der Gläubiger getreten. Wenn an Genossenschaften bei Kapitalaufbringung und -erhaltung teilweise geringere Anforderungen als an Kapitalgesellschaften gestellt werden, dann ist dies vor allem deshalb akzeptabel, weil durch die verpflichtende materielle Prüfung Insolvenzen schon von vornherein unterbunden werden. Die in Verbandsstrukturen eingebettete Genossenschaft ist heute in Österreich die sicherste Rechtsform überhaupt[26]. Für die Beibehaltung der materiellen, insbesondere auch an der Erfüllung des Förderungsauftrages der Genossenschaft interessierten Genossenschaftsrevision spricht aber auch der Charakter der Genossenschaft als Publikumsgesellschaft, bei der heute regelmäßig ein professionelles Management[27] einem aufgrund des Streubesitzes wenig handlungsfähigen Eigentümer gegenübersteht. Heutige Genossenschaften bilden oft Paradebeispiele für das klassische Principal-Agent-Problem[28]. Die materielle Prüfung im Rahmen der Genossenschaftsrevision ist daher eine sehr nützliche, wenn nicht gar unverzichtbare Unterstützung der ehrenamtlich tätigen Eigentümervertreter in den Organen[29].

überhaupt) war das GenRevG vom 10. Juni 1903, RGBl 1903/133; für die AG brachte erst die Übernahme des deutschen AktG 1937 die Einführung der Abschlussprüfung – vgl *Kalss/Burger/Eckert,* Die Entwicklung des österreichischen Aktienrechts (2003) 328 (zu den Ursprüngen der Abschlussprüfung in Deutschland mit der Aktienrechtsreform 1931 vgl aaO 309).

[25] Vgl dazu und zum Folgenden *Paulick,* Das Recht der eingetragenen Genossenschaft (1956) 294 f.

[26] Die österreichischen Insolvenzstatistiken belegen dies Jahr für Jahr eindrucksvoll. Die Insolvenz des Konsum Österreich registrierte Genossenschaft m.b.H. erweist sich als eine, wenn auch schmerzliche, Ausnahme.

[27] Vgl zur Geschäftsführung durch professionelle Manager und zum damit verbundenen weitgehenden Rückzug des ehrenamtlichen Vorstands in eine Repräsentations- und Kontrollfunktion gleich unten D.

[28] Vgl dazu *Haberer,* Corporate Governance (2003) 4 ff.

[29] Deshalb ist es kein Zufall, dass Genossenschaften auch in anderen Mitgliedstaaten einer materiellen Prüfung unterliegen (so in Deutschland, Finnland, Frankreich, Griechenland, Ita-

D. Kontrollfunktionen auch beim ehrenamtlichen Vorstand

Wer nur einen flüchtigen Blick in das Genossenschaftsgesetz wirft, wird an der Organstruktur der Genossenschaften kaum Besonderheiten feststellen. Da gibt es wie bei der AG einen Vorstand (§§ 15 ff GenG), der als Leitungsorgan die Genossenschaft nach außen vertritt und, was stillschweigend vorausgesetzt wird, die Geschäfte führt, weiters eben einen Aufsichtsrat als Kontrollorgan (§§ 24 ff GenG) und schließlich eine Generalversammlung als Willensbildungsorgan (§§ 27 ff GenG). Die Realverfassung der Mehrzahl der österreichischen Genossenschaften ist indessen eine andere. Überwiegend besteht der Vorstand nämlich aus ehrenamtlich tätigen Funktionären, die aus dem Kreis der Mitglieder gewählt werden und einen anderen Hauptberuf haben. Das hauptberufliche professionelle Management, ohne das ein erfolgreiches Wirtschaften nicht möglich wäre, wird bei Ehrenamtlichkeit des Vorstands für gewöhnlich einem oder mehreren Angestellten der Genossenschaft übertragen. Diese Angestellten sind im Bankbereich als Geschäftsleiter iSd § 2 Z 1 lit b BWG ihrerseits organschaftliche Vertreter der Genossenschaft[30], im Nichtbankenbereich hingegen als „Geschäftsführer" gewillkürte Vertreter der Genossenschaft, denen entweder Prokura oder Handlungsvollmacht oder die der Handlungsvollmacht entsprechende Vollmacht nach § 26 GenG eingeräumt wird. 16

Die Personalhoheit gegenüber dem Management liegt in beiden Bereichen regelmäßig beim Vorstand. Dieser ist also im Normalfall sowohl bei Geschäftsleitern als auch bei Geschäftsführern für die Bestellung und Abberufung zuständig (vgl aber zum Suspendierungsrecht des Aufsichtsrates § 24e Abs 2 GenG und dazu unten III. C). Der AR ist insoweit eingebunden, als die Bestellung oder Abberufung seiner Zustimmung bedarf (für Geschäftsleiterbestellung sagt dies § 24e Abs 3 Z 11 GenG explizit). Allein schon diese grundsätzliche Personalhoheit des Vorstands führt dazu, dass dieser im Verhältnis zum Management gewisse Kontrollaufgaben wahrzunehmen hat. Vor allem im Bankbereich, wo der Vorstand nicht nur tatsächlich, sondern auch rechtlich von der Geschäftsführung und Vertretung ausgeschlossen ist[31], wird die Kontrolle sogar zu einer der zentralen verbleibenden Vorstandsagenden. Sein Aufgabengebiet überschneidet sich also mit jenem des eigentlichen Kontrollorgans, nämlich des Aufsichtsrates, und so ist es auch kein 17

---

lien, Luxemburg und Schweden – vgl dazu *Gerike,* Kontroll- und Prüfungsmechanismen der Genossenschaft [2001] 101 ff und tabellarische Übersicht 239 ff). Eine von *Wim Fonteyne* erstellte Studie des IWF zu Genossenschaftsbanken in Europa (IMF, Working Paper 07/159, Seite 54, Randzahl 125) kam zu dem Ergebnis, dass Genossenschaften durch **„some kind of independent external oversight"** materiell geprüft werden sollten – eine Forderung, die zumindest in Staaten mit Verbandsprüfungssystem längst verwirklicht ist.

30 Die Vorstandsregelung des GenG wird hier von der Geschäftsleitungsregelung des BWG als speziellerer Norm überlagert. Die Geschäftsleiter verdrängen den Vorstand als Vertretungsorgan im bankgeschäftlichen Bereich und in allem, was unmittelbar dazugehört. Zur genaueren Abgrenzung und zu den Restkompetenzen des Vorstands im Vertretungsbereich vgl *Strommer* in *Dellinger,* GenG² § 17 Rz 28 ff (insbesondere Rz 35 ff).

31 Vgl dazu näher *Strommer* in *Dellinger,* GenG² § 17 Rz 28 ff; vgl auch *Nowotny,* Vertretung von Kreditgenossenschaften durch Geschäftsleiter im Nicht-Bankbereich, RdW 1998, 242.

Wunder, dass die Praxis bei Genossenschaften mit ehrenamtlichem Vorstand zur Abhaltung gemeinsamer Vorstands- und Aufsichtsratssitzungen neigt[32].

18 Auswirkungen hat dies zB auf das Berichtswesen. Wenn das GenG in § 22 Abs 3 sagt, der Vorstand habe dem Aufsichtsrat einen Jahresbericht, Quartalsberichte und Sonderberichte zu erstatten, dann kann man dies für den Fall des ehrenamtlichen Vorstands bei gleichzeitiger Geschäftsleiterbestellung nach BWG getrost dahingehend übersetzen, dass die Geschäftsleiter dem Vorstand und dem Aufsichtsrat diese Berichte zu erstatten haben[33].

19 Wenn die Praxis – aus guten Gründen[34] – auch in Zukunft an der Ehrenamtlichkeit des Vorstands festhalten will, wird sie darauf zu achten haben, dass der Vorstand im Verhältnis zum Aufsichtsrat, an den von Gesetzes wegen immer neue[35] (teils aber auch seit jeher selbstverständliche[36]) Anforderungen gestellt werden, nicht ins Hintertreffen gerät.

III. Besonderheiten im Detail

A. Sorgfaltsmaßstab

20 Die oben angeführten Besonderheiten haben mE Rückwirkungen auf den bei der Prüfung der Aufsichtsratshaftung anzulegenden Sorgfaltsmaßstab. Bekanntlich hat der OGH bezogen auf einen AG-Aufsichtsrat verlangt, dessen Mitglieder müssten „in geschäftlichen und finanziellen Dingen ein größeres Maß an Erfahrung und Wissen besitzen als ein durchschnittlicher Kaufmann und die Fähigkeit haben, schwierige rechtliche und wirtschaftliche Zusammenhänge zu erkennen und ihre Auswirkungen auf die Gesellschaft zu beurteilen“[37]. Dies kann man zumindest außerhalb des Kreditgenossenschaftsbereichs nicht auf das Aufsichts-

[32] Das Gesetz schreibt eine solche gemeinsame Sitzung nur für die Behandlung des Revisionsberichtes vor – vgl § 6 GenRevG.

[33] Vgl dazu den Justizausschussbericht zum URÄG 2008 494 BlgNR 23. GP 3, wo es zu § 22 Abs 3 GenG ua heißt: „Anzumerken bleibt, dass Abs. 3 sich bewusst an den ‚Vorstand' wendet, obwohl im Bereich der Kreditgenossenschaften mit ehrenamtlichem Vorstand eher die nach BWG bestellten Geschäftsleiter gemeint sind.“

[34] Der ehrenamtliche Vorstand agiert als Eigentümervertreter gegenüber dem Management erfahrungsgemäß mit größerem Selbstbewusstsein und auch mit wesentlich größerem zeitlichen Einsatz als ein Aufsichtsrat.

[35] Vgl zB die Anforderungen an den Prüfungsausschuss gemäß § 24c Abs 6 GenG bzw gemäß § 63a Abs 4 BWG; oder die Anforderungen an den Aufsichtsratsmitglieder und insbesondere den Vorsitzenden gemäß § 28a BWG (dazu eingehend *Dellinger/Schmatzberger* in *Dellinger,* BWG [8. Lfg] § 28a Rz 15 ff).

[36] So hiet es der Gesetzgeber unter dem Druck einer Prüfung durch die Financial Action Task Force (FATF) beispielsweise für erforderlich, explizit hervorzuheben, dass Kreditinstitute vor der Wahl ihrer Aufsichtsräte „auf deren Verbundenheit mit den rechtlichen Werten zu achten“ haben (vgl § 41 Abs 4 Z 3 BWG idF BGBl I 2010/37); dieser Aspekt war bei der Rekrutierung von Aufsichtsratsmitgliedern auch ohne spezielle gesetzliche Regelung schon unter allgemeinen Sorgfaltsgesichtspunkten stets zu berücksichtigen. Auch die Fit & Proper-Anforderungen des § 28a BWG betonen zum Teil Selbstverständliches (vgl dazu zB *Dellinger/Schmatzberger* in *Dellinger,* BWG [8. Lfg] § 28a Rz 25).

[37] Vgl OGH 31. 5. 1977, 5 Ob 306/76, EvBl 1978/4 zur AG.

ratsmitglied einer klassischen Genossenschaft übertragen[38]. Wenn sich eines der Mitglieder einer von wirtschaftlich schwächeren Personen gebildeten Selbsthilfevereinigung bereit findet, die Funktion des Kontrollorgans auszuüben, kann man nicht erwarten, dass diese Person durch die Wahl plötzlich zum Wirtschaftsexperten mutiert[39]. Der Hinweis, man könne ja eine von außen kommende geeignete Person wählen, die dann der Genossenschaft beitritt[40]), ist zwar an sich richtig, liegt aber neben der Sache. Es kann ja nicht das Ziel sein, dass die Funktionäre einer Genossenschaft gerade nicht aus dem Kreis der Mitglieder gewählt werden und diese nicht mehr wirklich repräsentieren. Damit würde der Betroffenheitsansatz (vgl oben II.B) unterlaufen.

Zu berücksichtigen ist auch, dass der Aufsichtsrat die professionelle Unterstützung durch die Revision erfährt (vgl oben II.C). Auf diese Unterstützung können und dürfen sich die Aufsichtsratsmitglieder auch ein Stück weit verlassen. Außerdem ist zu beachten, dass die Aufsichtsratsmitglieder einer Genossenschaft üblicherweise unentgeltlich tätig werden. Auch dies muss in die Konkretisierung der objektiven Sorgfaltsanforderungen einfließen (vgl auch § 24 Abs 1 Satz 2 VerG). 21

Die jeweils branchen- und unternehmensgrößenspezifisch zu konkretisierende objektive Sorgfalt eines ordentlichen Aufsichtsratsmitgliedes einer Genossenschaft erfordert also zB die Bereitschaft sich mit der jeweiligen Kontrolllaufgabe auseinanderzusetzen, die Bereitschaft sich fortzubilden, an den Sitzungen mit der gehörigen Aufmerksamkeit teilzunehmen und dabei auch von den revisionsseitig gelieferten Informationen und vom gesunden Hausverstand entsprechend Gebrauch zu machen. Sicher nicht bei jeder Genossenschaft erforderlich ist aber ein von jedem Aufsichtsratsmitglied mitzubringendes höheres Maß an Erfahrung und Kenntnissen als ein gewöhnlicher Kaufmann. Im Kreditgenossenschaftsbereich bestehen demgegenüber branchenspezifisch erhöhte Anforderungen (vgl insbesondere § 28a BWG)[41]. 22

[38] Vgl zustimmend *Zehetner* in *Dellinger,* GenG² § 24e Rz 62 f und näher zu den gesteigerten Anforderungen im Kreditgenossenschaftsbereich Rz 63a. Gegen eine Differenzierung gegenüber Kapitalgesellschaften jedoch *Nowotny* in *Kalss/Nowotny/Schauer,* Österreichisches Gesellschaftsrecht, Rz 5/91 und wohl auch *Riss,* Welche Sorgfalt schuldet der Genossenschaftsvorstand? RdW 2008, 768 ff (seine auf den Vorstand gemünzten Ausführungen gehen allerdings teilweise am Problem vorbei, so wenn [aaO 769] auf die objektive Sorgfaltspflicht nach § 39 BWG hingewiesen wird – diese objektive Sorgfaltspflicht trifft nur die Geschäftsleiter, nicht den ehrenamtlichen Vorstand. Bilden die Geschäftsleiter selbst den dann hauptamtlichen Vorstand, so ist der strenge Sorgfaltsmaßstab ohnehin selbstverständlich).

[39] Es ist kein Zufall, dass es im Genossenschaftsrecht keine Parallele zu § 87 Abs 2 AktG bzw § 30b Abs 1a GmbHG gibt, wonach vor der Wahl in den Aufsichtsrat die Qualifikation darzulegen ist.

[40] In diese Richtung *Riss,* Welche Sorgfalt schuldet der Genossenschaftsvorstand? RdW 2008, 768 (769).

[41] Näher *Zehetner* in *Dellinger,* GenG² § 24e Rz 63a.

B. Unterschiede in der Organisation und bei den Beschlusserfordernissen

1. Aufsichtsratspflicht und Arbeitnehmermitbestimmung

23 Während die AG stets einen Aufsichtsrat haben muss, ist die Einrichtung eines Aufsichtsrates bei der GmbH und auch bei der eGen unterhalb einer bestimmten Arbeitnehmerzahl freiwillig, sofern man den seltenen Fall der Aufsichtsratspflicht nach § 29 Abs 1 Z 1 GmbHG (Stammkapital von mehr als 70.000 € und mehr als 50 Gesellschafter) einmal außer Betracht lässt. Der Grenzwert liegt für die GmbH bei mehr als 300 (vgl § 29 Abs 1 Z 2 GmbHG) und für die eGen nur bei mindestens 40 Arbeitnehmern (vgl § 24 Abs 1 GmbHG).

24 An die Aufsichtsratspflicht knüpft § 268 Abs 1 Satz 2 UGB zugleich die Abschlussprüfungspflicht bei kleinen GmbHs. An sich sind kleine GmbHs – also solche, die nicht zwei der drei Kriterien des § 221 Abs 1 UGB (50 Arbeitnehmer, 5 Mio € Bilanzsumme, 10 Mio € Umsatzerlöse) überschreiten – nach § 268 Abs 1 Satz 2 UGB ja ausgenommen von der Abschlussprüfungspflicht. Die Einbeziehung der aufsichtsratspflichtigen GmbH in die Abschlussprüfungspflicht stellt also eine Ausnahme von der Ausnahme dar. Gerechtfertigt ist diese Gegenausnahme wertungsmäßig, weil eine Arbeitnehmerzahl von mehr als 300 bei der kleinen GmbH einen Ausgleich dafür darstellt, dass keines der beiden in Euro ausgedrückten Größenkriterien einer mittelgroßen Kapitalgesellschaft überschritten wird.

25 Dem Beispiel des § 268 Abs 1 Satz 2 UGB folgend schrieb auch das Genossenschaftsrecht bis zum URÄG 2008 parallel zur Genossenschaftsrevision eine den Regeln des UGB folgende Abschlussprüfung nicht nur für mittelgroße eGen, sondern auch für kleine, aber nach § 24 GenG aufsichtsratspflichtige eGen vor (vgl § 22 Abs 6 GenG idF BGBl 1997/127). Dies war rechtspolitisch immer zu kritisieren. Der Gedanke, dass die hohe Arbeitnehmerzahl einen Ausgleich für die Nichtüberschreitung der in Euro ausgedrückten Größenkriterien einer mittelgroßen Gesellschaft bildet, passt offenbar nicht, wenn die Aufsichtsratspflicht schon bei mindestens 40 Arbeitnehmern einsetzt. Der Schwellenwert von 40 Arbeitnehmern liegt ja sogar noch unter dem nicht allein zur Behandlung als mittelgroße Gesellschaft führenden Schwellenwert von mehr als 50 Arbeitnehmern nach § 221 Abs 1 UGB. Dementsprechend ist es zu begrüßen, dass mit dem URÄG 2008 die Wortfolge „und für Genossenschaften, die nach § 24 einen Aufsichtsrat zu bestellen haben," in § 22 Abs 6 GenG gestrichen wurde. Die bei den Diskussionen im Vorfeld des URÄG 2008 seitens der Arbeiterkammer geäußerte Sorge, dass die Arbeitnehmervertreter dann im Aufsichtsrat über einen ungeprüften Jahresabschluss zu befinden hätten, konnte im Übrigen leicht zerstreut werden. Ungeachtet der Streichung der erwähnten Wortfolge in § 22 Abs 6 GenG blieb es nämlich bei dem ua für aufsichtsratspflichtige Genossenschaften in § 1 Abs 1 GenRevG vorgeschriebenen Rhythmus der jährlichen Revision. Diese mündet aber eben „nur" in einen Revisionsbericht, nicht in einen förmlichen Bestätigungsvermerk nach § 274 UGB.

26 Erwähnenswert ist im vorliegenden Kontext auch ein sich aus § 110 ArbVG ergebender Unterschied zwischen der eGen und der GmbH: Während bei der GmbH auch ein freiwillig gebildeter Aufsichtsrat bei Bestehen eines Betriebsrates mit-

bestimmt ist, greift die Arbeitnehmermitbestimmung bei Genossenschaften nur im Falle der gesetzlichen Aufsichtsratspflicht („mindestens 40 Arbeitnehmer“) ein (vgl § 110 Abs 5 Z 1 und Z 4 ArbVG). Dies dürfte der Hauptgrund dafür sein, dass es den freiwilligen Aufsichtsrat bei der GmbH in der Praxis fast nicht gibt, während er bei der Genossenschaft mit weniger als 40 Arbeitnehmern durchaus die Regel ist.

2. Aufsichtsratsvorsitzender

Den Aufsichtsratsvorsitzenden einer AG wählt der Aufsichtsrat in einer konstituierenden Sitzung „aus seiner Mitte“ (vgl § 92 Abs 1 AktG). Dass die Bestellungskompetenz hinsichtlich des Aufsichtsratsvorsitzenden beim Aufsichtsrat selbst liegt, gilt zumindest bei Vorhandensein von Arbeitnehmervertretern im Aufsichtsrat auch bei der GmbH, für die dies zwar nicht aus § 30g Abs 1 GmbHG, wohl aber aus § 110 Abs 3 Satz 5 ArbVG abgeleitet wird[42]. Bei der Genossenschaft ist diese Regel nur dispositiv. Der Genossenschaftsvertrag kann stattdessen, wie § 24c Abs 1 GenG ausdrücklich sagt, die „Wahl durch die Generalversammlung“ vorsehen. Dies ist in der Praxis auch durchaus üblich[43], und zwar nicht nur bei Genossenschaften mit einem nur satzungsmäßig vorgesehenen Aufsichtsrat, sondern auch bei Genossenschaften mit einem gesetzlich obligatorischen (und daher mitbestimmten) Aufsichtsrat. § 110 Abs 3 Satz 5 ArbVG, der für die Wahl des Aufsichtsratsvorsitzenden die doppelte Mehrheit verlangt, kommt also bei Genossenschaften mangels Wahl des Vorsitzenden durch den Aufsichtsrat selbst meist gar nicht zur Anwendung. 27

3. Umlaufbeschlüsse

Bis zum URÄG 2008 schwieg das GenG zur Frage der Zulässigkeit von Umlaufbeschlüssen. Bei der Generalversammlung wurden sie für unzulässig[44], bei den Organen hingegen – mangels Widerspruchs eines Organmitgliedes – für zulässig gehalten, sofern die Satzung bzw die Geschäftsordnung diese Form der Beschlussfassung deckte[45]. Nunmehr hat der durch das URÄG 2008 eingeführte § 24c Abs 3 GenG die grundsätzliche Zulässigkeit von Umlaufbeschlüssen im Aufsichtsrat klargestellt, gleichzeitig aber vom Vorliegen einer entsprechenden Satzungsregelung abhängig gemacht[46]. Damit weicht das Genossenschaftsrecht in diesem Punkt vom Kapitalgesellschaftsrecht ab, das Umlaufbeschlüsse im Aufsichtsrat schon von Gesetzes wegen zulässt, sofern nur – wie stets bei Umlaufbeschlüssen – kein Stimmberechtigter der Beschlussfassung im Umlaufweg widerspricht (vgl § 92 Abs 3 AktG; § 30g Abs 3 GmbHG). Der Grund für diese etwas größere Zurückhaltung gegenüber Umlaufbeschlüssen wurde in den ErläutRV zum URÄG 2008 nicht dargelegt[47]. Konsequenz ist jedenfalls, dass die Zulassung von Um- 28

[42] *Koppensteiner/Rüffler,* GmbHG³ § 30g Rz 1.

[43] Dies war auch der Grund für die vom AktG abweichende Regelung – vgl ErläutRV zum URÄG 2008: 467 BlgNR 23. GP 41.

[44] *Siebenbäck* in *Dellinger,* GenG¹ § 27 Rz 63.

[45] So *Strommer* in *Dellinger,* GenG¹ § 17 Rz 2 für den Vorstand.

[46] *Dellinger/Steinböck* in *Dellinger,* GenG² § 24c Rz 20.

[47] Vgl 467 BlgNR 23. GP 41.

laufbeschlüssen im Aufsichtsrat einer bewussten Entscheidung der Generalversammlung bedarf. Bedenkt man erstens, dass die Qualität von Entscheidungen bei Beschlussfassung im Umlaufweg unter dem Fehlen der Diskussionsmöglichkeit leiden kann, und zweitens, dass im Zusammenhang mit der Versendung von Unterlagen für Umlaufbeschlüsse entsprechende (zB technische) Vorkehrungen zur Wahrung von Betriebs- und Geschäftsgeheimnissen getroffen werden sollten, so erscheint die an den Tag gelegte Zurückhaltung durchaus als sachgerecht.

4. Qualifizierte Mehrheitserfordernisse möglich?

29 Gemäß § 24c Abs 4 Satz 1 GenG bedürfen Beschlüsse des Aufsichtsrates „der einfachen Mehrheit der abgegebenen Stimmen.“ Dies bedeutet zunächst, dass allfällige ungültige Stimmen mitzuzählen und im Ergebnis als Neinstimmen zu werten sind (um dies zu vermeiden, hätte man auf die Mehrheit der „abgegebenen *gültigen* Stimmen“ abstellen müssen).

30 Darüber hinaus wirft die Regelung die Frage auf, ob der Genossenschaftsvertrag für alle oder einzelne Beschlussgegenstände ein höheres Beschlussquorum vorsehen kann. Diese Frage wird nicht schon durch § 24c Abs 4 Satz 4 GenG eindeutig beantwortet, denn die dort getroffene Aussage („Der Genossenschaftsvertrag, die Generalversammlung oder der Aufsichtsrat können eine höhere Zahl festsetzen“) könnte sich sprachlich auch ausschließlich auf den unmittelbar vorhergehenden Satz 3 beziehen, wonach der Aufsichtsrat nur beschlussfähig ist, „wenn an der Sitzung wenigstens die Hälfte der Mitglieder teilnehmen.“ Bedenkt man allerdings, dass man mit dem URÄG 2008 eine Angleichung an das AktG erreichen wollte und dass im österreichischen Aktienrecht – wenn auch auf Basis eines Schweigens des Gesetzgebers zu den Mehrheitserfordernissen – höhere Mehrheitserfordernisse für zulässig gehalten werden[48], spricht vieles für ein weites Verständnis der Öffnungsklausel im Schlusssatz des § 24c Abs 4 GenG[49]. Andernfalls wären auch die verbreitet bestehenden Satzungsregelungen, wonach zB die Suspendierung von Vorstandsmitgliedern oder Beamten (dazu gleich unten) einer höheren Mehrheit (etwa 2/3) im Aufsichtsrat bedürfen, wegen Verstoßes gegen ein nach § 11 GenG – ohne Öffnungsklausel – zwingendes einfaches Mehrheitserfordernis des § 24c Abs 4 Satz 1 GenG auf einmal nichtig.

5. Mindestzahl von Aufsichtsratsmitgliedern und Beschlussfähigkeit

31 Gemäß § 24 Abs 1 Satz 2 GenG hat der gesetzlich obligatorische Aufsichtsrat einer Genossenschaft aus mindestens drei Mitgliedern zu bestehen. Gemeint sind damit nur die gewählten Mitglieder[50]. Vom Betriebsrat entsandte Arbeitnehmervertreter treten gegebenenfalls noch hinzu.

48 Vgl *Kalss* in *Doralt/Nowotny/Kalss,* AktG² § 92 Rz 86.

49 Vgl auch *Dellinger/Steinböck* in *Dellinger,* GenG² § 24c Rz 22, wo unter Hinweis ua auf *Kalss* in *Doralt/Nowotny/Kalss,* AktG² § 92 Rz 86 ergänzend gefordert wird, dass die Funktionsfähigkeit des Aufsichtsrates durch die erhöhten Mehrheitserfordernisse nicht beeinträchtigt werden dürfe.

50 *Zehetner* in *Dellinger,* GenG² § 24 Rz 32 und 35.

Diese Mindestzahl von drei (gewählten) Aufsichtsratsmitgliedern gilt nach zutreffender hM allerdings nicht für den freiwillig statutarisch vorgesehenen Aufsichtsrat (vgl den eingeschränkten Verweis in § 24 Abs 3 GenG auf die Sätze 3 und 4 des Abs 1)[51]. Ein solcher fakultativer Aufsichtsrat bei einer Genossenschaft kann also auch aus „weniger als drei Mitgliedern" bestehen. Nicht abschließend geklärt war dabei die Frage, ob die Formel „weniger als drei" soviel wie „mindestens zwei" bedeutet[52], oder ob es möglich wäre, auf die Ausgestaltung des fakultativen Aufsichtsrates einer Genossenschaft als Kollegialorgan ganz zu verzichten und einen Einpersonenaufsichtsrat einzurichten[53]. Spätestens seit dem URÄG 2008 ist aber deutlich, dass der Gesetzgeber auch hinsichtlich eines fakultativen Aufsichtsrates von einem (mindestens zweigliedrigen) Kollegialorgan ausgeht (vgl nur etwa § 24c GenG über die innere Ordnung des Aufsichtsrates und § 24d über dessen Einberufung). 32

Demgegenüber muss der Aufsichtsrat im Kapitalgesellschaftsrecht stets mindestens aus drei Kapitalvertretern bestehen – vgl § 86 Abs 1 AktG, § 30 GmbHG. Dieser Unterschied wurde in den ErläutRV zum URÄG 2008 als Grund dafür angeführt, dass in § 24c GenG anders als in § 92 Abs 5 AktG die Nennung einer Mindestzahl für die Beschlussfähigkeit vermieden wurde. Tatsächlich kann es naturgemäß für die Beschlussfähigkeit des Aufsichtsrates nicht erforderlich sein, dass drei Aufsichtsratsmitglieder anwesend sind, wenn der Aufsichtsrat nur aus zwei Aufsichtsratsmitgliedern besteht. § 24c Abs 4 GenG verlangt stattdessen allgemein für die Beschlussfähigkeit des Aufsichtsrates, dass an der Sitzung wenigstens die Hälfte der Aufsichtsratsmitglieder teilnimmt. 33

Unklar ist, ob diese allgemeine Regel wirklich auch für aus nur zwei Personen bestehende Aufsichtsräte oder Aufsichtsratsausschüsse gelten soll. Für einen Aufsichtsratsausschuss, dem weniger als drei Aufsichtsratsmitglieder angehören, sagt § 92 Abs 5 Satz 3 AktG nämlich, dass die Beschlussfähigkeit die Anwesenheit sämtlicher Mitglieder voraussetzt. Diese Regel hätte sich durchaus auch mit der Zulassung eines nur zweigliedrigen fakultativen Aufsichtsrates vertragen und käme theoretisch auch für eine analoge Anwendung in Betracht. Allerdings wird man nach den Bemerkungen in den ErläutRV zum URÄG 2008 kaum die Planwidrigkeit der Lücke unterstellen können, denn dem Gesetzgeber war im vorlie- 34

---

51 OGH 17. 2. 2005, 6 Ob 3/05t, GesRZ 2005, 194; *Zehetner* in *Dellinger,* GenG² § 24 Rz 33; *Binder/Lengauer* in *Dellinger,* GenG² § 24a Rz 1; *Keinert,* Genossenschaftsrecht, Rz 379 f; bestätigend auch die ErläutRV zu dem mit dem URÄG 2008 eingeführten § 24c GenG: 467 BlgNr 23. GP 41 f.

52 In diesem Sinne wird die im § 92 Abs 5 Satz 3 AktG vom Gesetzgeber verwendete Formulierung „weniger als drei" im Aktienrecht verstanden – vgl *Kalss* in *Doralt/Nowotny/Kalss,* AktG² § 92 Rz 156 und 158 mwN, wo es heißt, ein Einpersonenausschuss sei nicht möglich, allein der Begriff Ausschuss spreche schon dagegen.

53 Die Literatur vor dem URÄG 2008 verwendete meist nur die Formel „weniger als drei", ohne sich zur Möglichkeit eines Einpersonenaufsichtsrates explizit zu äußern (vgl zB *Zehetner* in *Dellinger,* GenG¹ § 24 Rz 33 mwN [unverändert in der 2. Auflage]). Nach OGH 17.2.2005, 6 Ob 3/05t, GesRZ 2005, 194 erfordern die einem Aufsichtsrat gestellten Aufgaben „nicht ein aus mehreren Personen bestehendes Kollegialorgan". Offen bleibt ob der OGH damit ein Kollegialorgan an sich für entbehrlich hielt oder nur ein aus „mehreren" (wenigstens drei) Personen bestehendes Kollegialorgan.

genden Zusammenhang offenbar bewusst, dass der fakultative Aufsichtsrat einer Genossenschaft auch aus nur zwei Personen bestehen kann. Der Gesetzgeber hat auch die Übertragung des § 92 Abs 5 AktG erwogen und schließlich abgelehnt. Dass der Gesetzgeber dabei eher an das Dreipersonenerfordernis gemäß § 92 Abs 5 Satz 1 AktG als an die Ausnahmeregelung für zweipersonale Ausschüsse gemäß Satz 3 gedacht haben dürfte, kann man zwar vermuten, belegt aber wohl noch nicht die Planwidrigkeit der Nichtübernahme dieser Ausnahmeregelung. Da die Beschlussfähigkeit eines fakultativen zweipersonalen Gesamtaufsichtsrates oder eines zweipersonalen Ausschusses des Aufsichtsrates bei Anwesenheit nur eines einzigen Aufsichtsratsmitgliedes mit der Ausgestaltung als Kollegialorgan und mit dem Vieraugenprinzip im Kontrollbereich kaum vereinbar wäre, ist der Praxis aber jedenfalls zu empfehlen, bei Zweigliedrigkeit die Anwesenheit aller Mitglieder für die Beschlussfähigkeit des Aufsichtsrates oder des Ausschusses satzungs- oder geschäftsordnungsmäßig vorauszusetzen[54].

6. Entscheidungsbefugte Ausschüsse und Prüfungsausschuss

35 Jeder Aufsichtsratsausschuss ist (bei entsprechender Einberufung und Anwesenheit seiner Mitglieder) insoweit „beschlussfähig", als er zB über Geschäftsordnungsfragen oder über seine Vorschläge an das Plenum Beschluss fassen kann. Wenn (wie zB in § 76 BWG) von „entscheidungsbefugten" Ausschüssen die Rede ist, meint man nicht diese selbstverständliche Beschlussfähigkeit im weiteren Sinn, sondern die Kompetenz, Entscheidungen, die grundsätzlich dem Aufsichtsrat zugewiesen sind, endgültig im Ausschuss zu treffen[55] (vgl *Schimka* Rz 29/56 f).

36 Dass der Aufsichtsrat einer Genossenschaft überhaupt Ausschüsse einrichten kann und dass solchen Ausschüssen auch Entscheidungsbefugnisse eingeräumt werden können, war in der Praxis schon lange anerkannt. Das URÄG 2008 hat die Zulässigkeit in § 24c Abs 5 GenG nunmehr ausdrücklich bestätigt. Dabei wird auch klarer als dies im Kapitalgesellschaftsrecht der Fall ist, zum Ausdruck gebracht, dass es möglich ist, dem Ausschuss eigene Entscheidungsbefugnisse einzuräumen. Anders als § 92 Abs 4 AktG, der nur die Vorbereitung von Beschlüssen und die Überwachung von deren Ausführung namentlich erwähnt, nennt § 24c Abs 5 GmbHG explizit auch den möglichen Zweck „selbst Beschlüsse zu fassen". In der Sache besteht aber insoweit kein Unterschied zum Kapitalgesellschaftsrecht. Dem Ausschuss kann bei Kreditgenossenschaften insbesondere auch die Erteilung der gesetzlich erforderlichen Zustimmung zu Großveranlagungen (vgl § 27 Abs 6 BWG) und zu Organgeschäften (vgl § 28 Abs 1 und 3 BWG) übertragen werden.

37 Dass vielfach kein grundsätzlicher Unterschied zu den Kapitalgesellschaften mehr besteht, gilt seit dem URÄG 2008 auch für die Notwendigkeit, einen Prüfungsausschuss einzurichten, sofern eine Genossenschaft die Kriterien des § 271a Abs 1 UGB erfüllt[56]). § 24c Abs 6 regelt den Prüfungsausschuss in Umsetzung der

[54] Vgl auch *Dellinger/Steinböck* in *Dellinger,* GenG² § 24c Rz 29.

[55] Dies gilt namentlich für § 76 BWG – vgl *Dellinger* in *Dellinger,* BWG (3. Lfg) § 76 Rz 42.

[56] Vor dem URÄG 2008 gab es anders als bei Kapitalgesellschaften keinen obligatorischen Aufsichtsratsausschuss bei Genossenschaften – vgl *Zehetner* in *Dellinger,* GenG § 24 Rz 54.

rechtsformneutralen Vorgaben der Abschlussprüfungsrichtlinie[57]) für Genossenschaften im Wesentlichen wortgleich wie für die Kapitalgesellschaften (vgl dort § 92 Abs 4a AktG; § 30g Abs 4a GmbHG). Einen Unterschied gibt es allerdings beim Aufgabenkatalog. Die Auswahl des Revisors und die Überwachung seiner Unabhängigkeit obliegen aufgrund der Bestellungskompetenz des Revisionsverbandes diesem selbst, sodass die Ziffern 4 und 7 aus § 92 Abs 4a AktG keine Entsprechung in § 24c Abs 6 GenG finden[58]. Außerdem hat man (wie übrigens auch im BWG) auf die bei den Kapitalgesellschaften vorgesehene Ausnahme von der Prüfungsausschusspflicht für 100 %ige Tochtergesellschaften, deren Mutter ohnehin einen Prüfungsausschuss besitzt, verzichtet. Hintergrund war die Überlegung, dass Genossenschaften sich als Selbsthilfevereinigungen nicht im 100 % Anteilsbesitz einer Muttergesellschaft befinden können, ohne dadurch aufgelöst zu werden[59].

Bemerkenswert ist außerdem, dass in § 24c Abs 6 für den Finanzexperten eine **38**
Ausnahme von dem Grundsatz gemacht wurde, dass die Aufsichtsratsmitglieder aus dem Kreis der Genossenschaftsmitglieder zu stammen haben. Dadurch sollte den Genossenschaften die Suche nach geeigneten Personen erleichtert werden. Soweit ersichtlich wird von dieser Ausnahme in der Praxis allerdings nicht Gebrauch gemacht[60].

C. Suspendierungsrecht und mögliche Abberufungskompetenz

Die Bestellung des Vorstandes kann im Genossenschaftsvertrag wie eingangs **39**
erwähnt dem Aufsichtsrat übertragen werden. In diesem Fall ist der Aufsichtsrat auch für die Abberufung zuständig (vgl § 15 Abs 2 Satz 2 GenG), was allerdings eine Abberufung unmittelbar durch die Generalversammlung nicht hindert (vgl § 15 Abs 3 GenG)[61].

Fraglich ist zunächst das Verhältnis dieser möglichen Abberufungskompe- **40**
tenz des Aufsichtsrates zu seiner gesetzlichen Suspendierungskompetenz. Gemäß § 24e Abs 2 GenG kann der Aufsichtsrat „sobald es ihm notwendig erscheint, Vorstandsmitglieder vorläufig, und zwar bis zur Entscheidung der demnächst zu berufenden Generalversammlung von ihren Befugnissen entbinden und wegen einstweiliger Fortführung der Geschäfte die nötigen Anstalten treffen."

---

57 Vgl ursprünglich Art 41 RL 2006/43/EG; nunmehr Art 39 RL 2006/43/EG idF RL 2014/56/EU.

58 Vgl dazu 467 BlgNR 23. GP 42; ähnlich auch der differenzierende Regelungsansatz im BWG – vgl § 63a Abs 4 letzter Satz.

59 Vgl 467 BlgNR 23. GP 42 unter Berufung auf *Dellinger,* Rechtsfähige Personengesellschaften in der Liquidation 29 mwN und *Siebenbäck* in *Dellinger,* GenG[1] § 36 Rz 26.

60 Die in den ErläutRV (vgl 467 BlgNR 23. GP 42) angestellte Vermutung, die Besetzung der Funktion mit einem Mitglied wäre in manchen Genossenschaften „praktisch unmöglich" berücksichtigt nicht hinreichend, dass geeignete externe Personen, die zur Übernahme des Amtes eines Finanzexperten in einem genossenschaftlichen Prüfungsausschuss bereit sind, auch zum Beitritt zu dieser Genossenschaft bereit sein werden. Bestehen bleibt das Problem, dass damit der Gedanke der (gegenüber dem Personengesellschaftsrecht ohnehin abgeschwächten) Selbstorganschaft in der Genossenschaft als Selbsthilfevereinigung untergraben wird.

61 Diese Kompetenz der Generalversammlung ist Ausdruck ihrer starken Stellung als oberstes Genossenschaftsorgan – vgl auch ErläutRV 467 BlgNR 23. GP 40.

41 ME wird man davon auszugehen haben, dass das Suspendierungsrecht nicht einfach entfällt, nur weil der Aufsichtsrat auch endgültig entscheiden könnte. Das Beispiel des Aktienrechts, in dem die Suspendierungskompetenz des Aufsichtsrats als Minus zur Abberufungskompetenz auch ohne gesetzliche Grundlage anerkannt wird[62], lehrt, dass es auch bei endgültiger Entscheidungsbefugnis ein praktisches Bedürfnis nach der Möglichkeit einer vorläufigen Entscheidung geben kann.

42 Sieht der Genossenschaftsvertrag Funktionsperioden für die Vorstandsmitglieder vor, so kann er die Abberufung durch den Aufsichtsrat an das Vorliegen eines wichtigen Grundes binden (vgl näher § 15 Abs 3 GenG). Macht der Genossenschaftsvertrag von dieser Möglichkeit Gebrauch, so stellt sich die Frage nach der Notwendigkeit eines wichtigen Grundes auch bei der im Genossenschaftsrecht explizit geregelten Suspendierung.

43 Denkbar wäre, dass das Suspendierungsrecht im Falle einer Bindung der Abberufungskompetenz an einen wichtigen Grund im Zweifel gleichfalls an das Vorliegen eines wichtigen Grundes gebunden ist oder zumindest satzungsmäßig gebunden werden kann. Die Alternative wäre, wegen des grundsätzlich zwingenden Charakters des Genossenschaftsrechts (vgl § 11 GenG) auch in diesem Fall am subjektiven Ansatz des § 24e Abs 2 GenG festzuhalten. Nach § 24e Abs 2 GenG kommt es ja nicht auf das objektive Vorliegen eines wichtigen Grundes, sondern darauf an, ob dem Aufsichtsrat (subjektiv) die Suspendierung „notwendig erscheint“[63]. Da § 24e Abs 2 GenG nicht auf die Fälle der endgültigen Entscheidungsbefugnis des Aufsichtsrates zugeschnitten ist und da ein freies Suspendierungsrecht die Bindung des Abberufungsrechts an den wichtigen Grund untergraben könnte[64], sprechen mE die besseren Gründe dafür, in dieser Situation eine grundsätzliche Bindung auch des Suspendierungsrechts an das Vorliegen eines wichtigen Grundes anzunehmen. Zumindest aber sollte eine entsprechende satzungsmäßige Klarstellung nicht als Verstoß gegen § 11 GenG qualifiziert werden. Ein gewisses subjektives Element bleibt bei der Suspendierung insoweit erhalten, als für diese wegen ihres ohnehin nur vorläufigen Charakters schon ein begründeter Verdacht hinsichtlich des Vorliegens eines wichtigen Grundes ausreichend sein muss[65].

D. Schlussbemerkung

44 Die vorstehenden Ausführungen erheben, insbesondere was die aufgezeigten Detailunterschiede anlangt, keinen Anspruch auf Vollständigkeit. Insgesamt sollte aber schon anhand der dargestellten Beispiele deutlich geworden sein, dass es unumgänglich ist, die Besonderheiten des genossenschaftsrechtlichen Aufsichtsrates im Auge zu behalten, wenn man bei einschlägigen Rechtsfragen zu richtigen Lösungen gelangen möchte.

---

62 *Kalss* in *Kalss/Nowotny/Schauer,* Österreichisches Gesellschaftsrecht, Rz 3/310.

63 Ungenau insofern die Wiedergabe des Norminhalts bei *Nowotny* in *Kalss/Nowotny/Schauer,* Österreichisches Gesellschaftsrecht, Rz 5/72 („wenn es notwendig ist“).

64 So für das Aktienrecht zB *Kalss* in *Kalss/Nowotny/Schauer,* Österreichisches Gesellschaftsrecht, Rz 3/310.

65 *Kalss* in Münchener Komm dAktG³ § 84 Rz 265 mwN.

Der Aufsichtsrat der Privatstiftung

Susanne Kalss

§§: 22-28 PSG; 27a SparkassenG; 61e VAG

Literatur

Ö: Arnold, Aufsichtsratspflicht bei Privatstiftungen, Aufsichtsrat aktuell 4/2005, 12 ff; *Arnold*, Nochmals zur Aufsichtspflicht bei Privatstiftungen, Entscheidungsbesprechung zu OLG Wien 2.8.2005, 28R 147/05a, GeS 2005, 425 ff; *Arnold*, Privatstiftungsgesetz-Kommentar³ (2013); *Arnold*, Selbstzweckstiftungen und Aufsichtsratspflicht bei Privatstiftungen, Entscheidungsbesprechung zu OLG Wien 22.2.2005, 28R 274/04a, GeS 2005, 282 ff; *Arnold*, Privatstiftungen: Keine Aufsichtsratspflicht bei bloßer Leitungsmöglichkeit, Anmerkung zu OGH 1.12.2005, 6 Ob 217/05p, GeS 2006, 121 f; *Arnold*, OGH erklärt Aufsichtsratspflicht bei Privatstiftungen, Aufsichtsrat aktuell 2/2006, 16 f; *Arnold*, Einschränkungen für Begünstigte, begünstigtendominierte Beiräte und Stifter, GesRZ 2009, 348; *Briem*, Corporate Governance der Privatstiftung unter dem Blickwinkel der aktuellen Judikatur, GesRZ 2009, 12; *Briem*, Auswirkungen der jüngsten OGH-Judikatur zur Gestaltung von Stiftungserklärungen, PSR 2010, 56 ff; *Cerha*, Einrichtung eines Beirates oder Aufsichtsrates bei der Privatstiftung, ecolex 2002, 644 f; *Cerha*, Einflussmöglichkeiten des Begünstigten in der Privatstiftung, in GS Helbich (2014) 45; *Csoklich*, Folgen der OGH-Entscheidung zum Begünstigteneinfluss beim aufsichtsratsgleichen Beirat, PSR 2010, 4 ff; *Eiselsberg*, Stiftungsgovernance: Gewaltenteilung; Unabhängigkeit und „Ähnlichkeiten", ZfS 2009, 152; *Eiselsberg/Haberer*, Sparkassen-Privatstiftung – Organisationsstruktur, Gemeinnützigkeitsspektrum, Vermögensbindung, GesRZ 2004, 301; *Fischer*, Die Organisationsstruktur der Privatstiftung (2004); *Fries*, Die Gestaltung der Sparkassen-Privatstiftung, ÖBA 1999, 359; *Hasch & Partner*, PSG² (2013); *Kalss*, Die Befugnis des Stifters, den Vorstand der Privatstiftung zu bestellen und abzuberufen, PSR 2009, 108; *Kalss*, Zur Aufsichtspflicht in der Privatstiftung, RdW 2006/33 ff; *Kalss/Müller*, Die Privatstiftung als Instrument der Vermögensweitergabe, in Gruber/Kalss/Müller/Schauer, Handbuch Erbrecht und Vermögensnachfolge (2010) § 25; *Keller*, Einflussnahme des Stifters (2006); *Krejci*, Die Aktiengesellschaft als Stifter (2004); *Liemberg*, Der Einfluss der Begünstigten im Lichte der jüngsten Judikatur, PSR 2010, 19; *Müller/Saurer*, Die Organbesetzung in den Tochtergesellschaften von Privatstiftungen, in Eiselsberg, Stiftungsrecht Jahrbuch 2009, 189; *Nowotny*, Beirat – Aufsichtsrat – Ausschuss, RdW 2008, 699; *Nowotny*, Privatstiftungen „in troubles", RdW 2009, 834; *Oberndorfer*, Begünstigteneinfluss – quo vadis?, ZfS 2009, 164; *Rizzi*, Weitere Einschränkung der Rechte von Begünstigten einer Privatstiftung, ecolex 2009, 959; *Schima/Toscani*, Die Pflichtenbindung des Vorstands in der Unternehmensträgerstiftung, in FS Helbich (2014) 121; *S Schmidt*, Organe der Privatstiftung, in Doralt/Kalss, Aktuelle Fragen des Privatstiftungsrechts (2001) 173 ff; *Unterköfler*, Der Stiftungsvorstand als Manager – Manager als Stiftungsvorstände, in Eiselsberg, Stiftungsrecht Jahrbuch 2010; *Zollner*, Grenzen der Gestaltungsmöglichkeit für Beiräte einer Privatstiftung, JBl 2009, 22 ff.

Gliederung **Rz**

I. Normative Grundlagen

1 Der Aufsichtsrat der Privatstiftung ist in §§ 22-26 PSG geregelt. Zusätzlich sind allgemeine Regelungen anzuwenden, die für alle **Kollektivorgane** der Privatstiftung gelten, insbesondere §§ 27-29 PSG über die gerichtliche Bestellung und Abberufung, die innere Ordnung und die Haftung der Mitglieder von Stiftungsorganen. Eine wichtige Regelung für die Ausgestaltung von Organen, die zum Teil Funktionen des Aufsichtsrats übernehmen, insbesondere Beiräten, ist § 14 PSG. Gem § 14 Abs 2 PSG können Stifter **weitere Organe** zur Wahrung des Stiftungszwecks vorsehen.

2 § 14 Abs 1 PSG nennt den Aufsichtsrat als gegebenenfalls einzurichtendes Organ der Privatstiftung. Zum Teil sind die organisatorischen Regelungen über den Aufsichtsrat der Privatstiftung den **Regelungen des AktG** nachgebildet;[1] die Aufgaben sind aber in den beiden Rechtsformen unterschiedlich zugeordnet.

II. Einrichtung eines Aufsichtsrats in der Privatstiftung

3 Der Aufsichtsrat in der Privatstiftung ist kein Organ, dass zwingend einzurichten ist, vielmehr ist er ähnlich wie bei der GmbH nur bei Vorliegen bestimmter **gesetzlicher Voraussetzungen** – gem § 22 PSG – unbedingt zu etablieren (fakultatives Organ). Darüber hinaus ist es möglich, dass in der Stiftungserklärung **freiwillig** ein Aufsichtsrat eingerichtet wird. In der Praxis wird ein Aufsichtsrat eigentlich nur eingerichtet, wenn das Gesetz die Einrichtung des Aufsichtsrats vorschreibt.

4 § 22 PSG sieht **zwei Fallkonstellationen** vor, in denen jedenfalls ein Aufsichtsrat der Privatstiftung einzurichten ist:

- Die Anzahl der Arbeitnehmer der Privatstiftung übersteigt 300;
- die Privatstiftung **leitet** inländische Kapitalgesellschaften oder inländische Genossenschaften **einheitlich** oder **beherrscht** diese aufgrund einer **unmittelbaren** Beteiligung von mehr als 50% und in beiden Fällen übersteigt die Zahl der Arbeitnehmer dieser Gesellschaften bzw Genossenschaften im Durchschnitt 300 und die Tätigkeit der Privatstiftung beschränkt sich nicht nur auf die Verwaltung von Unternehmensteilen der beherrschten Unternehmen. Aus der zweifachen Bezugnahme auf die Wahl der Arbeitnehmer folgt, dass die Einrichtung des Aufsichtsrats der Gewährleistung der Arbeitnehmermitbestimmung dient.[2]

Da eine Privatstiftung gem § 1 Abs 2 Z 3 PSG keine unternehmerische Tä-
5 tigkeit unmittelbar ausüben darf und nicht unbeschränkt haftender Gesellschafter einer eingetragenen Personengesellschaft sein darf, ist es kaum möglich, dass eine Privatstiftung **selbst 300 Arbeitnehmer** beschäftigt. Die erste Fallvariante gem § 22 PSG kommt daher kaum zum Tragen. Vorstellbar wäre dies allein in dem Fall, in dem eine Privatstiftung für die Verfolgung des Stiftungszwecks und dem nicht unternehmerischen Hauptgegenstand einen – viele Arbeitnehmer erfordernden – untergeordneten **Nebenzweck** verfolgt.

---

[1] 1132 BlgNR 18. GP zu § 22; *Arnold*, PSG³ § 22 Rz 1.

[2] OLG Wien 28 R 244/98b; *Arnold*, PSG³ § 22 Rz 2.

Gem § 22 PSG ist somit bei der einheitlichen Leitung von Gesellschaften und bei der Beherrschung aufgrund einer unmittelbaren Beteiligung von mehr als 50%, die über die **bloße Verwaltung hinausgeht**, die Aufsichtsratspflicht gegeben. Verwaltet hingegen die Privatstiftung bloß die Unternehmensanteile, so besteht aufgrund der expliziten Einschränkung in § 22 PSG die Aufsichtsratspflicht nicht. Die bloße Verwaltung der Unternehmensanteile auf der einen Seite und die einheitliche Leitung und Beherrschung auf der anderen Seite sind zu unterscheiden.[3] Die einheitliche Leitung muss sich nicht unbedingt auf unmittelbar gehaltene Beteiligungen beziehen, sondern kann sich auch auf mittelbar gehaltene Beteiligungen richten, die Beherrschung zielt hingegen jedenfalls auf unmittelbar gehaltene Unternehmen. **6**

Die einheitliche Leitung schließt bereits begrifflich die schlichte Verwaltung von Unternehmensanteilen aus. **Wer einheitlich leitet**, geht in seiner Tätigkeit über die schlichte Anteilsverwaltung hinaus und ist daher aufsichtsratspflichtig. Auch ist eine **Beherrschung** der unmittelbaren Beteiligungen derart möglich, dass grundsätzlich Aufsichtsratspflicht besteht. Beherrschung heißt Möglichkeit der Einflussnahme, während einheitliche Leitung die tatsächliche Einflussnahme verlangt, es kommt auf die tatsächlich vorhandene Konzernmacht an.[4] Wenn aber die Aktivität der Privatstiftung nicht über die bloße Anteilsverwaltung hinausgeht, wenn also die Privatstiftung ihre Mehrheit nicht für die Einflussnahme in zentralen Unternehmensbereichen der Tochtergesellschaft einsetzt, so ist die Beherrschung widerlegt.[5] **7**

Eine derartige über die Anteilsverwaltung hinausgehende Beherrschung unmittelbarer Unternehmensbeteiligungen liegt nach einer Entscheidung des OGH[6] vor, wenn grundsätzlich punktuelle, nur in einzelne Unternehmensbereiche, insbesondere in die Koordinierung der **Finanzpolitik entfaltende Einflussmaßnahmen** ausgeübt werden. Bei der einheitlichen Leitung muss ein höheres Mindestmaß an Leitung in den unternehmerischen Entscheidungsbereichen gegeben sein. Der OGH verlangt aber für § 22 PSG ein geringes Ausmaß der Ausübung unternehmerischer Leitungsfunktion gem § 15 AktG; um aber nicht mit § 1 Abs 2 PSG in Konflikt zu geraten (Verbot der Geschäftsführung durch die Privatstiftung), erklärt der OGH die sogenannte **straffe Konzernführung** für **unzulässig**. Der Umfang der Konzernführung darf daher nicht sämtliche oder zumindest nicht die wichtigsten Sparten der Unternehmensführung erfassen.[7] **8**

Weitere maßgebliche Rechtsgrundlagen für den Aufsichtsrat der Privatstiftung finden sich in zwei **aufsichtsrechtlichen Spezialgesetzen**, nämlich in § 27a **SpkG** und in **§ 61e VAG**. § 27a SpkG normiert die Umwandlung von Gemein- **9**

---

3 *Kalss*, RdW 2006, 3; *Müller/Saurer* in Eiselsberg, Stiftungsrecht JB 2009, 195.

4 *Hasch/Routil* in Hasch & Partner, PSG² § 22 Rz 16; OLG Wien 28 R 7/12y; 28 R 8/12w; 28 R 10/12i.

5 *Kalss*, RdW 2006, 3; *Arnold*, PSG² § 22 Rz 13; *Müller/Saurer* in Eiselsberg, Stiftungsrecht JB 2009, 196.

6 OGH 6 Ob 217/05p.

7 OGH 6 Ob 217/05p; *Müller/Saurer* in Eiselsberg, Stiftungsrecht JB 2009, 196; *Krejci*, Die Aktiengesellschaft als Stifter 40 ff; *Hasch/Routil* in Hasch & Partner, PSG² § 22 Rz 15.

desparkassen oder **Vereinssparkassen**, die ihren gesamten Bankbetrieb in eine Aktiengesellschaft eingebracht haben, in eine Privatstiftung. Parallel dazu sieht § 61e VAG die Umwandlung eines **Versicherungsvereins auf Gegenseitigkeit**, der den gesamten Versicherungsbetrieb auf Aktiengesellschaften ausgelagert hat, in eine Privatstiftung vor. § 27a Abs 5 Z 3 SpkG sieht für Vereinssparkassen-Privatstiftungen (nicht hingegen unbedingt für Gemeindesparkassen!), § 61e Abs 5 VAG für Versicherungsvereins-Privatstiftungen zwingend die Einrichtung eines Aufsichtsrats vor.

10 Nach dieser Bestimmung (§ 27a Abs 5 Z 3 SpkG) hat eine **Vereinssparkassen-Privatstiftung** zwingend einen Aufsichtsrat zu bestellen. Gemeindesparkassen-Privatstiftungen müssen hingegen einen Aufsichtsrat nur einrichten, wenn die Voraussetzungen gem § 22 PSG vorliegen.[8] Wird in einer Gemeindesparkasse ein Aufsichtsrat eingerichtet, sind die Mitglieder des Sparkassenrats die ersten Mitglieder des Aufsichtsrats. Die folgenden Aufsichtsratsmitglieder werden vom Gericht gem § 24 PSG bestellt.[9] In der Vereinssparkassen-Privatstiftung werden die Mitglieder des Stiftungsrats zu Mitgliedern des ersten Aufsichtsrats der Sparkassen-Privatstiftung. Die folgenden Mitglieder des Aufsichtsrats werden von der weiterhin bestehenden Vereinsversammlung gewählt.

11 Ein **Versicherungsverein auf Gegenseitigkeit**, der seinen gesamten Versicherungsbetrieb oder sämtliche Versicherungsteilbetriebe gem § 61a VAG in eine oder mehrere Aktiengesellschaften eingebracht hat, kann gem § 61e VAG in eine Privatstiftung umgewandelt werden. Eine derartige Versicherungsvereins-Privatstiftung hat gem § 61e Abs 5 Z 1 VAG einen Aufsichtsrat. Die Mitglieder des Aufsichtsrats des Versicherungsvereins auf Gegenseitigkeit sind zugleich die Mitglieder des ersten Aufsichtsrats der Privatstiftung.

12 Der Aufsichtsrat hat in der Privatstiftung faktisch keine Bedeutung. Per 31.12.2012 wird angegeben, dass nur 0,82 % aller Privatstiftungen einen Aufsichtsrat haben.[10] Nur 27 von 3.289 Privatstiftungen hatten daher per 31.12.2012 einen Aufsichtsrat.[11]

13 Die Einrichtung eines Aufsichtsrats gem § 22 Abs 1 Z 1 und 2 PSG dient ausschließlich der Sicherung der **Arbeitnehmermitbestimmung**.[12] In der Praxis wird die Einrichtung eines Aufsichtsrats in der Privatstiftung möglichst vermieden. Der Grund liegt nicht allein in der Hintanhaltung der Arbeitnehmermitbestimmung in dem Organ. Die mangelnde Beliebtheit dieses Organs resultiert auch aus der zwingenden **gerichtlichen Zuständigkeit** der Bestellung der Aufsichtsratsmitglieder gem § 24 PSG und schließlich aus der **Inkompatibilitätsregelung** für Begünstig-

---

8 *Arnold*, PSG² § 27a Rz 22.

9 *Eiselsberg/Haberer*, GesRZ 2004, 301, 304; *Fries*, ÖBA 1999, 359, 364; *Arnold*, PSG² § 27a Rz 22.

10 *Arnold*, PSG³ § 22 Rz 1.

11 Auswertung vom 14.1.2010 der Contrast Verlag Daten GmbH, zitiert nach *Unterköfler* in Eiselsberg, Stiftungsrecht JB 2010, FN 52.

12 OLG Wien 31.5.1999, 28R 244/98b, GesRZ 1999, 259; *Nowotny* in Csoklich/Müller/Gröhs/Helbich, Handbuch der Privatstiftung 165, 173; *Arnold*, PSG³ § 22 Rz 2; ferner OGH 1.12.2005, 6 Ob 217/05b, RdW 2006/89, 90.

te. Gem § 23 Abs 2 PSG dürfen nämlich **Begünstigte** und deren Angehörige **nicht die Mehrheit** der Aufsichtsratsmitglieder stellen.

14 Sind die gesetzlichen Voraussetzungen für die zwingende Einrichtung eines Aufsichtsrats in der Privatstiftung nach dem PSG oder einem sonstigen Gesetz nicht gegeben, kann der Stifter einen **fakultativen Aufsichtsrat** einsetzen. Dazu bedarf es einer ausdrücklichen Verankerung in der Stiftungserklärung.[13] Die Bestimmungen müssen in der Stiftungsurkunde enthalten sein, eine Regelung in der Stiftungszusatzurkunde ist nicht ausreichend. Selbst wenn es sich um einen fakultativen Aufsichtsrat handelt, so sind die Regelungen gem §§ 23-25 PSG ebenso anzuwenden wie gem § 110 ArbVG, dh die Regelungen über die Arbeitnehmermitbestimmung.[14]

III. Zusammensetzung des Aufsichtsrats

15 Gem § 23 Abs 1 PSG muss der Aufsichtsrat aus mindestens drei natürlichen Personen bestehen. Gemeint sind damit die Mitglieder des Aufsichtsrats, die vom Stifter oder vom Gericht gem § 24 Abs 1 PSG bestellt werden. Arbeitnehmervertreter kommen hinzu.

16 Das Gesetz regelt in § 23 Abs 2 PSG mit § 90 AktG vergleichbare, dennoch deutlich davon zu unterscheidende Inkompatibilitätsregelungen. Mitglieder des Aufsichtsrats und deren Angehörige bis zur dritten Seitenlinie dürfen nicht zugleich dem Stiftungsvorstand angehören oder Stiftungsprüfer sein. Begünstigte oder deren Angehörige, wie Ehepartner, eingetragene Partner, Lebensgefährten und Angehörige bis zur dritten Seitenlinie dürfen nicht die Mehrheit der Aufsichtsratsmitglieder stellen. Schließlich sieht das Gesetz noch eine personenbezogene Regelung vor: Wer in 10 Privatstiftungen Mitglied des Aufsichtsrats oder eines vergleichbaren Organs ist, darf kein weiteres Aufsichtsratsmandat übernehmen. Diese numerische Grenze greift hingegen nicht für Vorstandsmandate in Stiftungen, ebenso wenig für Beiratsmandate in Privatstiftungen. Die Regelung ist auch von § 86 AktG unabhängig, der die Mandate in Kapitalgesellschaften beschränkt (vgl *Kalss/Schimka* Rz 2/27 ff).

IV. Bestellung und Abberufung des Aufsichtsrats

17 **Bestellung**: Die Aufsichtsratsmitglieder werden vom **Gericht** bestellt. Nur der **erste Aufsichtsrat** wird bei Errichtung der Privatstiftung vom **Stifter** oder allenfalls von einem Stiftungskurator bestellt.

18 **Wegfall der Voraussetzungen**: Verliert die Privatstiftung die Voraussetzungen, dass ein Aufsichtsrat eingerichtet werden muss, so hat das Gericht den Aufsichtsrat abzuberufen. Nur bei entsprechender Ermächtigung in der Stiftungserklärung kann er weiter bestehen. Aus wichtigem Grund ist ein Aufsichtsratsmitglied gem § 27 Abs 2 PSG vom Gericht abzuberufen. Ausdrücklich sieht das Gesetz auch die Möglichkeit vor, dass ein Mitglied des Aufsichtsrats gem § 24

[13] *Arnold*, PSG³ § 22 Rz 19.
[14] *Arnold*, PSG³ § 22 Rz 20, 21.

Abs 3 PSG unter Einhaltung einer mindestens vierwöchigen Frist, ohne wichtigen Grund mit schriftlicher Anzeige an die Privatstiftung und das Gericht, das Amt zurücklegen kann.

V. Aufgaben des Aufsichtsrats

19 **Unterschiedliche Aufgabenkreise**: § 25 PSG umschreibt die Aufgaben des Aufsichtsrats der Privatstiftung. Der Aufgabenkreis ist unterschiedlich: Der Aufgabenkreis des Aufsichtsrats richtet sich bei dem von Gesetzes wegen einzurichtenden Aufsichtsrat danach, nach welcher Gesetzesbestimmung der Aufsichtsrat eingerichtet wurde.

20 **Aufsichtsrat wegen 300 Arbeitnehmer**: Bei einer Einrichtung des Aufsichtsrats gem § 22 Abs 1 Z 1 (300 Arbeitnehmer) bezieht sich die Tätigkeit des Aufsichtsrats der Privatstiftung auf die **Privatstiftung** selbst.

21 **Konzernleitung**: § 25 Abs 2 PSG ordnet ausdrücklich an, dass der Aufgabenbereich des nach § 22 Abs 1 Z 2 PSG bestellten Aufsichtsrats auf Angelegenheiten der einheitlichen Leitung oder der unmittelbaren Beherrschung inländischer Kapitalgesellschaften bzw inländischer Genossenschaften beschränkt ist. Dies bedeutet, dass ein derartiger Aufsichtsrat, der aufgrund einer nicht straffen Konzernführung der Privatstiftung eingerichtet ist, seine Tätigkeit auf die Überwachung der **konzernleitenden Tätigkeit**, bezogen auf die Beteiligungsunternehmen zu **fokussieren** hat.[15] Die in § 25 Abs 2 PSG genannten Aufgaben sind jeweils zuzuordnen. Eine Kompetenz für die eigentlichen stiftungsrechtlichen Angelegenheiten, insbesondere für die Verwaltung des sonstigen Stiftungsvermögens, kommt einem derart einzurichtenden Aufsichtsrat gerade nicht zu. Darin zeigt sich eine deutliche Zurückhaltung des Gesetzgebers gegenüber einem Aufsichtsrat in der Privatstiftung.[16] Dabei bestehen naturgemäß Abgrenzungsunsicherheiten.

22 **Bestellung des Stiftungsvorstands**: Der Aufsichtsrat der Privatstiftung hat – anders als der Aufsichtsrat der Aktiengesellschaft – **nicht** von Gesetzes wegen das Recht, den **Stiftungsvorstand** zu bestellen und abzuberufen. Ihm kann durch die Stiftungserklärung dieses Recht eingeräumt werden. Insofern stellt sich die Rolle des Aufsichtsrats in der Privatstiftung völlig anders dar als jene des Aufsichtsrats in der Aktiengesellschaft oder in den anderen Rechtsformen (vgl *Heidinger* Rz 40/1 ff zur GmbH, *Dellinger* Rz 41/1 ff zur Genossenschaft).

23 Als **allgemeine Aufgabe** je nach Aufgabenkreis, wie in § 25 Abs 2 PSG definiert, ordnet das Gesetz die Überwachungspflicht des Aufsichtsrats an. Das Gesetz sieht zur Ausführung der präventiven Kontrolle die sinngemäße Anwendung von Zustimmungspflichten des Aufsichtsrats für Geschäfte des Stiftungsvorstands vor. Ausdrücklich wird auf § 95 Abs 5 Z 1, 2, 4 bis 6 AktG verwiesen. Ausdrücklich wird (1) der Erwerb und die Veräußerung von Beteiligungen sowie (2) der Erwerb, die Veräußerung und Stilllegung von Unternehmen und Betrieben (3) der Erwerb und die Veräußerung und die Belastung von Liegenschaften,

[15] *Kalss*, RdW 2006, 3; *Csoklich*, PSR 2010, 5; *Wessely* in Doralt/Nowotny/Kalss, PSG § 25 Rz 3; *Arnold*, PSG³ § 25 Rz 7 f.

[16] *Csoklich*, PSR 2010, 5.

(4) Investitionen, die bestimmte Anschaffungskosten im einzelnen und insgesamt in einem Geschäftsjahr übersteigen; (5) die Aufnahme von Anleihen, Darlehen und Krediten, die einen bestimmten Betrag im einzelnen und insgesamt in einem Geschäftjahr übersteigen; (6) die Gewährung von Darlehen und Krediten, soweit sie nicht zum gewöhnlichen Geschäftsbetrieb gehören, der Zustimmungspflicht des Aufsichtsrats der Privatstiftung unterworfen. Damit werden einzelne zustimmungspflichtige Geschäfte aus dem Katalog von § 95 Abs 5 AktG unmittelbar für Privatstiftungen übernommen. Der Stiftungserklärung steht es frei, diesen Katalog auszudehnen. Auf Basis einer Ermächtigung der Stiftungserklärung ist auch der Aufsichtsrat selbst ermächtigt, diesen Katalog gegebenenfalls zu erweitern (vgl *Briem* Rz 12/44 ff).

Um die Überwachungsaufgaben gut bewältigen zu können, räumt das Gesetz dem Aufsichtsrat die maßgeblichen **Informationsinstrumente**, nämlich das Auskunfts- und Einsichtsrecht des Aufsichtsrats gem § 95 Abs 2 und 3 AktG ein (vgl *Zollner* Rz 22/30 ff, Rz 22/54 ff). 24

Vertretung der Privatstiftung: Das Gesetz ordnet für zwei Konstellationen eine **Vertretungsbefugnis** des Aufsichtsrats an, wodurch in diesen Bereichen das Vertretungsmonopol des Stiftungsvorstands verdrängt wird. Der Aufsichtsrat hat gem § 25 Abs 3 PSG die Privatstiftung zu vertreten, sofern die Privatstiftung mit den **Vorstandsmitgliedern** ein Rechtsgeschäft abschließt. Diese Regelung geht somit der allgemeinen Regelung über Organgeschäfte gem § 17 Abs 5 PSG vor, wonach bei Fehlen eines Aufsichtsrats für das wirksame Zustandekommen die Zustimmung aller sonstigen Vorstandsmitglieder sowie die Genehmigung des Gerichts erforderlich ist.[17] 25

Bestellung des Stiftungsprüfers: Der Aufsichtsrat der Privatstiftung hat gem § 20 Abs 1 PSG den **Stiftungsprüfer** zu bestellen. Da der Stiftungsvorstand der Kontrollierte ist, fehlt ihm dafür die Vertretungsbefugnis. Die Bestellbefugnis des Aufsichtsrats für den Stiftungsprüfer korreliert mit der Befugnis des Aufsichtsrats von Kapitalgesellschaften für die Bestellung des Abschlussprüfers (vgl *Milla/Rödler/Köll* Rz 21/63 ff). 26

Die Stiftungserklärung kann den Aufgabenbereich des Aufsichtsrats erweitern. Naturgemäß ist sie an die zwingenden Vorgaben des Privatstiftungsgesetzes gebunden und darf dadurch die eigenständige Geschäftsführung des Stiftungsvorstands nicht unzulässig beschränkt werden. 27

VI. Beirat

Gem § 14 Abs 2 PSG kann der Stifter ein oder mehrere weitere Organe neben dem Stiftungsvorstand und dem Stiftungsprüfer vorsehen. Die Bezeichnung derartiger Organe ist frei wählbar. Im Regelfall wird er **Beirat** genannt (s dazu *Kalss* Rz 39/110 ff). 28

---

17 *Kalss/Müller* in Gruber/Kalss/Müller/Schauer, Handbuch Erbrecht und Vermögensnachfolge § 25 Rz 184 ff.

VII. Aufsichtsorgan in Stiftung

29 § 21 BStFG 2015 sieht nunmehr bei vorliegen bestimmter Voraussetzungen die Einrichtung eines Aufsichtsorgans in der gemeinnützigen Stiftung vor.

Das Aufsichtsorgan in der SE mit Sitz in Österreich

Susanne Kalss

§§: Art 38–Art 51 SE-VO; 34–37 SEG

Literatur

Ö: *Kalss/Hlawati/Doralt/Adensamer*, Ausgewählte Fragen zur Satzungsgestaltung bei der Societas Europaea, GesRZ 2007, 170; *Kalss/Hügel*, Europäische Aktiengesellschaft – SE-Kommentar (2004); *Reich-Rohrwig*, Societas Europaea – SE (2006); *Straube/Aicher*, Handbuch zur Europäischen Aktiengesellschaft (Societas Europaea) (2006).

Dtl: *Austmann,* Größe und Zusammensetzung des AR einer deutschen SE, in FS Hellwig (2010) 105; *Drinhausen/Nolen*, Festlegung der Amtsdauer von SE-Organmitgliedern in der Satzung nach Art 46 I SE-VO, ZIP 2009, 1890; *Habersack*, Konstituierung des ersten Aufsichts- oder Verwaltungsorgan der durch Formwechsel entstandenen SE und Amtszeit seiner Mitglieder, Der Konzern 2008, 67; *Kiem*, Erfahrungen und Reformbedarf bei der SE, Entwicklungsstand, ZHR 173 (2009) 156; *Kort*, Corporate Governance-Fragen der Größe und Zusammensetzung des Aufsichtsrats bei AG, GmbH und SE, AG 2008, 137; *Lutter/Krieger/Verse*, Rechte und Pflichten des Aufsichtsrates[6] (2014); *Schneider*, Der stellvertretende Vorsitzende des Aufsichtsorgans der dualistischen SE, AG 2008, 887; *Schuhmacher*, Vertretung in Organsitzungen der Societas Europaea (SE), NZG 2009, 697; *Von Leyens*, Deutscher Aufsichtsrat und U.S.-Board: ein- oder zweistufiges Verwaltungssystem?: Zum Stand der rechtsvergleichenden Corporate Governance-Debatte, RabelsZ 2003, 57.

Gliederung **Rz**

I. Grundlagen

Die maßgebliche rechtliche Grundlage Europäischen Aktiengesellschaft (Societas Europaea – SE) ist die Verordnung über das Statut der Europäischen Gesellschaft (SE-VO), konkret die Art 38-51 SE-VO.[1] Die europarechtlichen Ver- 1

[1] Verordnung (EG) Nr 2157/2001 des Rates vom 8.10.2001 über das Statut der Europäischen Gesellschaft (SE).

ordnungsregelungen werden von einem nationalen Ausführungsgesetz, dem SEG begleitet. Die §§ 34-37 SEG normieren ergänzende Bestimmungen für das Aufsichtsorgan einer österreichischen SE. Gem Art 10 der SE-VO wird eine SE in jedem Mitgliedsstaat wie eine Aktiengesellschaft behandelt, die nach dem Recht des Sitzstaates der SE gegründet wurde, sodass ergänzend zu den SE-spezifischen Regelungen auch die aktienrechtlichen Regelungen gem § 86 ff AktG zur Anwendung kommen. Die SE-Verordnung erteilt dem Satzungsgeber deutlich weitergehende Regelungsmöglichkeiten und zugleich Regelungsaufträge, um den Aufsichtsrat und seine Arbeitsweise in der konkreten Gesellschaft zu gestalten. Die SE-VO ist seit mehr als einem Jahrzehnt in Kraft. Derzeit (Stand Jänner 2016) bestehen in Österreich 23 Europäische Aktiengesellschaften,[2] wobei sowohl die zweistufige als auch die einstufige Verwaltungsform gewählt wird. Neben dem Aktiengesetz sind insbesondere das UGB, das Börsegesetz, die Regelungen des Spaltungs-, Umwandlungs-, EU-Verschmelzungsgesetzes, des GesAusG sowie des Übernahmegesetzes und sonstige gesellschafts- und kapitalmarktrechtliche Regelungen anwendbar.

2 Die Grundstruktur der Corporate Governance einer Europäischen Aktiengesellschaft wird durch die Verordnung vorgegeben. Nach Art 38 der SE-VO besteht die Möglichkeit, durch Satzungsregelung für eine monistische oder dualistische SE, somit die Einrichtung des Verwaltungsrats einschließlich der geschäftsführenden Direktoren oder die Etablierung der beiden Organe Vorstand und Aufsichtsrat zu wählen.[3] Art 38 SE-VO sieht eine Gestaltungsermächtigung mit Regelungsauftrag an den Satzungsgeber der Gesellschaft vor. Trotz der Gestaltungsspielräume und –aufträge ist aufgrund der Gleichstellung der SE mit der nationalen AG gem Art 10 SE-VO davon auszugehen, dass die dualistisch gestaltete SE mit der nationalen AG weitestgehend übereinstimmt.[4]

3 Dennoch weist die SE aufgrund der Sonderregelungen der SE-Verordnung sowie des SEG einige Besonderheiten auf, die die SE von der nationalen AG unterscheiden und wo Abweichungen bestehen. Die SE-Verordnung gewährt sowohl dem nationalen Gesetzgeber auf allgemeiner Ebene Gestaltungsspielräume (nationale Regelungsaufträge, Gesetzesaufträge) als auch der einzelnen Gesellschaft durch Satzungsgestaltung (Satzungsaufträge). Zum Teil sind diese Gestaltungsmöglichkeiten als Ermächtigungen, als Kann-Bestimmungen geregelt, zum Teil müssen sie tatsächlich erfüllt werden, somit stellen diese Regelungen Regelungsaufträge dar. Diese Regelungsaufträge sind zum Teil völlig frei gestaltbar, zum Teil wird auch der Spielraum dafür klar vorgegeben. Ein Beispiel einer Teilvorgabe ist etwa die satzungsmäßige Gestaltung der Zustimmungsvorbehalte zugunsten des Aufsichtsrats gem § 37 SEG iVm Art 48 Abs 2 SE-VO.

---

[2] *Hayböck*, PSR 2015, 41 ff.

[3] *Kalss/Greda* in Kalss/Hügel, Europäische Aktiengesellschaft, vor § 34 Rz 1; Scholz in Habersack/Drinhausen, SE-Recht Art 38 SE-VO Rz 1.

[4] *Kalss/Greda* in Kalss/Hügel, Europäische Aktiengesellschaft, vor § 34 Rz 14; *Kalss/Hlawati/Doralt/Adensamer*, GesRZ 2007, 170; *Ott* in Semler/von Schenck, Arbeitshandbuch für Aufsichtsratsmitglieder[4] § 16 Rz 7.

Wie bereits ausgeführt gleicht der Aufsichtsrat der dualistischen SE mit Sitz in Österreich in weiten Bereichen dem Aufsichtsrat der österreichischen AG, zumal aufgrund der Gleichstellung in Art 10 SE-VO die österreichischen aktienrechtlichen Bestimmung zur Anwendung kommen. In Art 38 - 51 SE-VO werden in ähnlicher Weise wie im österreichischen Recht die Stellung und Aufgaben des Aufsichtsorgans der dualistischen SE normiert. Das nationale Ausführungsgesetz SEG enthält präzisierende Regelungen über die Aufgaben der dualistischen SE. Das SEG greift seinerseits wiederum auf das nationale Aktienrecht zurück.[5] Gem § 34 SEG werden im dualistischen System das Leitungsorgan als Vorstand und das Aufsichtsorgan als Aufsichtsrat bezeichnet. Auch damit wird die Parallele zur österreichischen AG deutlich ausgedrückt. Da sich das Aufsichtsorgan der dualistischen SE mit Sitz in Österreich weitgehend an dem österreichischen Aufsichtsrat orientiert, wird der SE-Aufsichtsrat nicht in allen Details dargestellt, vielmehr sollen im Folgenden nur die Abweichungen erläutert werden, um die Besonderheiten gegenüber einem Aufsichtsrat einer österreichischen Aktiengesellschaft hervorzuheben. 4

II. Bestellung und Zusammensetzung des Aufsichtsrats

Zwingend einzurichtendes Organ: Gem Art 40 SE-VO ist für die dualistisch verfasste SE der Aufsichtsrat zwingend als Aufsichtsorgan einzurichten. Gem Art 40 SE-VO hat das Aufsichtsorgan die Führung der Geschäfte durch das Leitungsorgan zu überwachen. Ausdrücklich wird normiert, dass der Aufsichtsrat der SE die Geschäfte der SE selbst nicht führen darf. Damit wird das grundlegende organisationsrechtliche **Strukturmerkmal** des **dualistischen Systems**, nämlich die Zuordnung von Leitung und Überwachung auf zwei verschiedene Gesellschaftsorgane gleich wie nach dem deutschen und österreichischen Aktienrecht vorgenommen.[6] 5

Die Zahl der Mitglieder des Aufsichtsrats richtet sich gem § 35 SEG nach § 86 Abs 1 AktG. Die Regelung bezieht sich gleich wie im Aktienrecht nur auf die Kapitalvertreter. Ausdrücklich weist das Gesetz in § 35 Abs 2 SEG darauf hin, dass die Arbeitnehmermitbestimmung und eine Vereinbarung davon unberührt bleiben. Der Aufsichtsrat muss daher mindestens aus **drei Kapitalvertretern** bestehen. Höchstens dürfen ihm entsprechend § 86 AktG (vgl *Kalss/Schimka* Rz 2/22) 20 Mitglieder angehören, ebenso wie in der AG ist dafür zu sorgen, dass das Gremium effizient und arbeitsfähig bleibt. 6

Kapitalvertreter – AN-Vertreter: Bei der Bestellung der Mitglieder des Aufsichtsrats ist – ebenso wie im nationalen Gesellschaftsrecht – zwischen Aktionärsvertretern und den Arbeitnehmervertretern zu unterscheiden. Die Aktionärsvertreter werden gem Art 40 Abs 2 Satz 1 SE-VO von der **Hauptversammlung** bestellt. Für die Bestellung der Mitglieder des Aufsichtsrats einer österreichischen SE bedarf es gem Art 57 SE-VO der Mehrheit der abgegebenen Stimmen. Für den 7

[5] *Kalss/Hlawati/Doralt/Adensamer*, GesRZ 2007, 147.

[6] *Seibt* in Habersack/Drinhausen, SE-Recht Art 40 SE-VO Rz 1; *Lutter/Krieger/Verse,* Rechte und Pflichten des Aufsichtsrates[6] 520.

Bestellungsbeschluss der Hauptversammlung einer österreichischen SE gilt zwingend die einfache Mehrheit der abgegebenen Stimmen.[7] Das Gesetz sieht dazu aber zwei Ausnahmen vor.

8 **Erster Aufsichtsrat**: Zunächst ist es möglich, dass gem Art 40 Abs 2 Satz 2 und 3 SE-VO für den ersten Aufsichtsrat die Wahl der Mitglieder nicht durch die Hauptversammlung vorgenommen wird, sondern dass der erste Aufsichtsrat nicht durch die Hauptversammlung (Gründerversammlung) vorgenommen wird, sondern dass der erste Aufsichtsrat entsprechend Art 40 Abs 2 SE-VO auch in der **Satzung** bestellt wird.[8] Diese Bestellungskompetenz in der Satzung besteht auch entgegen dem Gesetzeswortlaut nach dem SEG. Sowohl bei der Bestellung durch die Hauptversammlung als auch bei der Bestellung durch die Satzung für den ersten Aufsichtsrat sind zugleich die Bestellrechte der Arbeitnehmervertreter zu beachten.

9 **Entsendungsrechte**: Neben der Wahl durch die Hauptversammlung gem Art 40 Abs 2 SE-VO ist Art 47 Abs 4 SE-VO für die Bestellung der Kapitalvertreter des Aufsichtsrates der dualistischen SE zu beachten. Dieses bezieht sich allein auf den Aufsichtsrat und nicht auf das Leitungsorgan, den Vorstand.[9] Bei einer österreichischen, dualistisch gestalteten SE ist die Einräumung statutarischer Entsendungsrechte gem Art 10 iVm § 88 Abs 2 AktG möglich (vgl zur nationalen AG *Kalss* Rz 9/8 ff).[10]

10 **Arbeitnehmervertreter**: Zunächst ist gem Art 40 Abs 2 Satz 3 SE-VO die mit dem besonderen Verhandlungsgremium geschlossene Mitbestimmungsvereinbarung maßgeblich. Gemäß § 230 ArbVG ist es zulässig, dass die Mitbestimmungsvereinbarung eine unmittelbare Bestellungskompetenz, somit Entsendungsrechte der Arbeitnehmerseite vorsieht.[11] Eine derartige Vereinbarung verdrängt die Auffangsregelung. Fehlt die Vereinbarung, so kommt die gesetzliche Auffangsregelung gem § 244 ArbVG zur Anwendung.

11 **Gerichtliche Bestellung**: Für den Fall der Unterbesetzung, somit die mangelnde Beschlussfähigkeit, besteht ebenso wie für die nationale AG auch in der SE die Möglichkeit der gerichtlichen Ersatzbestellung gem § 89 AktG.

A. Amtszeit

12 **Die Höchstdauer** der Amtszeit der Mitglieder des Aufsichtsrat beträgt nach Art 46 Abs 1 SE-VO - in Abweichung von § 86 AktG für die nationalen Aktiengesellschaft - **6 Jahre**. Eine Wiederbestellung von Aufsichtsratsmitgliedern kann entsprechend Art 46 Abs 2 SE-VO für die satzungsmäßig festgelegte Amtsperio-

[7] *Seibt* in Habersack/Drinhausen, SE-Recht Art 40 SE-VO Rz 36; aA *Reichert/Brandes* in MünchKomm zum AktG² Art 40 SE-VO Rz 29.

[8] *Kalss* in Kalss/Nowotny/Schauer, Österreichisches Gesellschaftsrecht Rz 3/1113; *Seibt* in Habersack/Drinhausen, SE-Recht Art 40 SE-VO Rz 47.

[9] *Drinhausen* in Habersack/Drinhausen, SE-Recht Art 47 SE-VO Rz 34.

[10] *Reichert/Brandes* in MünchKomm zum AktG² Art 40 SE-VO Rz 35; *Seibt* in Habersack/Drinhausen, SE-Recht Art 40 SE-VO Rz 37.

[11] *Gahleitner* in Kalss/Hügel, Europäische SE – Europäische Aktiengesellschaft § 230 ArbVG Rz 3 ff.

de vorgenommen werden und setzt voraus, dass die Satzung keine weiteren Beschränkungen enthält. Fehlen satzungsmäßige Regelungen, ist eine Wiederbestellung gleich zulässig.

B. Bestellungsvoraussetzungen

Persönliche Qualifikation: Generell gelten die gleichen persönlichen Eignungsvoraussetzungen für Mitglieder des Aufsichtsrats der SE wie für den Aufsichtsrat einer österreichischen Aktiengesellschaft. Weiters können in der Satzung persönliche Eignungsvoraussetzungen für die Kapitalvertreter festgelegt werden. 13

Unvereinbarkeit: Art 39 Abs 3 Satz 1 SE-VO sieht die Inkompatibilität einer Mitgliedschaft im Aufsichtsrat und im Vorstand der SE vor. Die Regelung ist zwingend und verdrängt die parallel bestehenden Regelungen von § 86 und § 90 AktG. 14

Die aktienrechtlichen Regelungen und das aktienrechtliche Verständnis ist aber auf die SE anzuwenden, sodass sich die Inkompatibilitätsregelungen etwa auch auch auf **Arbeitnehmer von Tochtergesellschaften** bezogen auf die Mitgliedschaft im Aufsichtsrat der Mutter-SE beziehen.[12] 15

Temporäre Besetzung: Allein die vorübergehende Besorgung der Aufgaben des Vorstands kann ein Aufsichtsratsmitglied übernehmen und damit zum Mitglied des Vorstands bestellt werden. Während dieser Zeit ruht gem Art 39 Abs 3 SE-VO das Amt als Aufsichtsrat. Für die zeitliche Begrenzung der vorübergehenden Übernahme gelten die aktienrechtlichen Bestimmungen, dh dass die Übernahme nicht länger als ein Jahr im Grundsatz dauern soll.[13] 16

C. Abberufung

Kompetenz – Hauptversammlung: Die SE-VO enthält keine ausdrückliche Regelung über die Abberufung der Mitglieder des Aufsichtsrats. Gem Art 52 Satz 2 SE-VO folgt aber die Kompetenz der Hauptversammlung zur Abberufung von Aufsichtsratsmitgliedern,[14] daher ist eine Abberufung auch ohne Vorliegen besonderer Gründe zulässig. 17

Mehrheit: Für die Abberufung greift das Mehrheitsprinzip gem Art 57 SE-VO, sodass die einfache Mehrheit der abgegebenen Stimmen für den Abberufungsbeschluss ausreicht. Gem § 87 Abs 8 AktG bedarf die Abberufung von Aufsichtsratsmitgliedern der qualifizierten Stimmenmehrheit. § 87 Abs 8 iVm Art 57 SE-VO ist daher so zu verstehen, dass einfache Stimmenmehrheit von Art 57 eine Mindestanforderung darstellt, hingegen aber die nationalstaatliche Gesamtregelung, dh die gesetzliche Erhöhung gem Art 87 Abs 8 AktG mit der qualifizierten Mehrheit auch für die Abberufung der SE-Aufsichtsratsmitglieder zur Anwendung kommt. Die 18

---

[12] OGH 6 Ob 34/08f GesRZ 2008, 225.

[13] *Kalss* in Doralt/Nowotny/Kalss, AktG² § 90 Rz 16.

[14] *Reichert/Brandes* in MünchKomm zum AktG² Art 40 SE-VO Rz 58; *Seibt* in Habersack/Drinhausen, SE-Recht Art 40 SE-VO Rz 55.

Satzung eine österreichischen SE kann die Mehrheit bis auf die einfache Mehrheit absenken (vgl *M Doralt* Rz 8/150).[15]

19 **Entsandte Aufsichtsratsmitglieder**: Gleich wie nach österreichischem Recht können entsendete Aufsichtsratsmitglieder durch den jeweiligen Entsendungsberechtigten jederzeit und ohne Vorliegen besonderer Gründe gem § 88 AktG iVm Art 9 Abs 1 lit c SE-VO abberufen werden (vgl *M Doralt* Rz 8/174 ff).[16]

20 **Die Abberufung** der Arbeitnehmervertreter folgt den Regelungen der Vereinbarung gem § 230 ArbVG oder bei deren Fehlen der gesetzlichen Auffangregelung.

III. Aufgaben des Aufsichtsorgans

21 Die Aufgaben des Aufsichtsorgans der dualistischen SE sind die gleichen wie für die österreichische Aktiengesellschaft. Gem Art 40 Abs 1 SE-VO und Art 39 SE-VO kommen dem Aufsichtsorgan der SE – ähnlich wie dem Aufsichtsrat der österreichischen Aktiengesellschaft – die Personalkompetenz, die Überwachungskompetenz, die Vertretung der Gesellschaft gegenüber dem Vorstand für die Ausübung der Überwachung Mitentscheidungsrechte und Informations-, Einsichts- und Prüfungsrechte zu.

A. Personalkompetenz

22 **Bestellung des Vorstands**: Dem Aufsichtsorgan kommt gem Art 39 SE-VO die Personalkompetenz für die Mitglieder des Vorstands zu. Damit werden vor allem die Bestellung und Abberufung sowie die Regelung der Dienst- oder Anstellungsverträge sowie der sonstigen Rechtsbeziehungen der Vorstandsmitglieder mit der Gesellschaft erfasst. Gem Art 39 Abs 2 ist für die Bestellung des Vorstands das Aufsichtsorgan zuständig, wofür ein Beschluss des Aufsichtsrats notwendig ist. Ebenso wie nach Aktienrecht ist für die Bestellung des Vorstands gem § 75 Abs 1 iVm Art 9 Abs 1 der Gesamtaufsichtsrat zuständig.[17]

23 **Nationale Regeln**: Gem Art 15 Abs 3 SE-VO darf das nationale Recht von den allgemeinen Beschlussregelungen der SE-Verordnung abweichen und dementsprechend die Regelung von § 110 Abs 3 ArbVG für die Bestellung und Abberufung des Vorstands zur Anwendung bringen, dh für die Bestellung des Vorstands ist die sogenannte doppelte Mehrheit erforderlich, nämlich die einfache Mehrheit im Gesamtgremium des Aufsichtsrats sowie die mehrheitliche Zustimmung der Kapitalvertreter.

24 **Doppelte Mehrheit?** Gem § 110 Abs 3 und § 248 Abs 1 ArbVG ist im Einklang mit Art 50 Abs 3 SE-VO für die Beschlussfassung des Aufsichtsrates über

[15] *Bücker* in Habersack/Drinhausen, SE-Recht Art 57 SE-VO Rz 20; *Reichert/Brandes* in MünchKomm zum AktG² Art 40 SE-VO Rz 58; aA *Seibt* in Habersack/Drinhausen, SE-Recht Art 40 SE-VO Rz 55.

[16] *Seibt* in Habersack/Drinhausen, SE-Recht Art 40 SE-VO Rz 57; *Reichert/Brandes* in MünchKomm zum AktG² Art 40 SE-VO Rz 60.

[17] *Seibt* in Habersack/Drinhausen, SE-Recht Art 39 SE-VO Rz 14; *Reichert/Brandes* in MünchKomm zum AktG² Art 39 SE-VO Rz 16.

die Bestellung und Abberufung der Vorstandsmitglieder und für die Bestellung und Abberufung des Aufsichtsratsvorsitzenden und dessen ersten Stellvertreters eine von der allgemeinen Regelung mit der einfachen Mehrheit abweichende Beschlussfassung zulässig. Daher ist für die genannten Bestellungs- und Abberufungsbeschlüsse die doppelte Mehrheit vorgesehen, dh das Plenum muss mit einfacher Mehrheit den Beschluss fassen und zusätzlich muss die Mehrheit der Kapitalvertreter zustimmen, unabhängig davon, ob sie bei der Sitzung anwesend sind oder nicht.[18]

B. Abberufung

Aktienrechtliche Regelungen: Die SE-VO sieht keine weiteren Regelungen für die Bestellung und Abberufung vor, daher greifen die allgemeinen aktienrechtlichen Regelungen, sodass für die Abberufung die allgemeinen aktienrechtlichen Regelungen gem Art 9 SE-VO zur Anwendung kommen. Daher muss für die Abberufung eines Vorstandsmitglieds der SE auch ein wichtiger Grund vorliegen.[19] Bei der Bestellung und Abberufung der Vorstandsmitglieder ist zu bedenken, dass gem Art 46 SE-VO die Amtsdauer des Vorstands maximal 6 Jahre und nicht nur 5 Jahre wie für eine österreichische AG festgelegt werden kann. Die Satzung kann die Frist aber auch auf eine kürzere Frist festlegen.[20] Zulässig ist es aber auch für den Aufsichtsrat, innerhalb des maximalen Bestellungsrahmens eine kürzere Amtsdauer festzulegen. 25

C. Überwachungskompetenz

Aktienrechtliche Bestimmungen: Gem Art 40 Abs 1 SE-VO überwacht der Aufsichtsrat die Führung der Geschäfte durch den Vorstand. Die nähere Ausformung des Überwachungsgegenstands und des Umfangs der Überwachungspflicht wird nicht durch die SE-Verordnung bestimmt, sondern folgt aus Art 9 Abs 1 den sonstigen Regelungen der SE-Verordnung sowie dem ergänzenden Aktienrecht. Überwachungsgegenstand ist die Führung der Geschäfte der SE durch den Vorstand, somit die umfassende Geschäftstätigkeit und nicht nur die Unternehmensleitung.[21] Ähnlich wie nach dem Aktienrecht ist dafür nicht nur die retrospektive Vergangenheitskontrolle, sondern die Pflicht zur gegenwarts- und zukunftsbezogenen Beratung gemeint. Zwar wird die Geschäftsführung überwacht, Adressaten der Überwachung sind aber die Vorstandsmitglieder selbst, die zugleich die Tätigkeit ihrer nachgeordneten Arbeitnehmer oder Beauftragten zu überwachen haben. Die Arbeitnehmer werden nur vom Vorstand und nicht unmittelbar vom Aufsichtsrat überwacht.[22] 26

---

[18] *Kalss/Greda* in Kalss/Hügel, Europäische Aktiengesellschaft – SE § 37 SEG Rz 19.

[19] *Kalss/Greda* in Kalss/Hügel, Europäische Aktiengesellschaft – SE § 35 SEG Rz 5.

[20] *Kalss/Greda* in Kalss/Hügel, Europäische Aktiengesellschaft – SE § 35 SEG Rz 8.

[21] *Seibt* in Habersack/Drinhausen, SE-Recht Art 40 SE-VO Rz 7.

[22] *Reichert/Brandes* in MünchKomm zum AktG² Art 40 SE-VO Rz 14; *Seibt* in Habersack/Drinhausen, SE-Recht Art 40 SE-VO Rz 8.

27 **Inhaltlicher Maßstab** der Überwachungspflicht ist die Rechtmäßigkeit, Zweckmäßigkeit im Sinne der wirtschaftlichen Vernünftigkeit. Die Überwachungspflicht kommt dem Aufsichtsrat als Gesamtorgan zu. Die Plenarzuständigkeit ist aber keine zwingende Regelung. Einzelne Überwachungsaufgaben können ebenso wie nach österreichischem Aktienrecht auf Ausschüsse delegiert werden (vgl *Schimka* Rz 29/56 ff).

28 **Keine Geschäftsführung**: Ausdrücklich verbietet Art 40 Abs 1 ähnlich wie § 95 Abs 1 AktG die Übernahme der Geschäftsführung durch das Aufsichtsorgan. Dieses Geschäftsführungsverbot ist nur eine Klarstellung und eine negative Kompetenzabgrenzung zum Vorstand. Die Regelung korrespondiert mit § 95 Abs 5 Satz 1 AktG und legt die eigenverantwortliche Unternehmensführung durch den Vorstand gem Art 39 Abs 1 SE-VO fest. Daher hat das Aufsichtsorgan **kein Weisungsrecht** gegenüber dem Vorstand und auch kein Initiativrecht in unternehmerischen Angelegenheiten.[23] Ausnahmen dafür sind die Mitwirkungsrechte kraft Zustimmungsvorbehalte und Mitwirkungen im Bereich der Rechnungslegung und im Berichtswesen. Ebenso wie im nationalen Aktienrecht ist es zulässig, dass das Aufsichtsorgan initiativ über Empfehlungen zur Prüfung und Verfolgung bestimmter Geschäftsführungsmaßnahmen letztlich auch faktischen Einfluss auf den Vorstand nehmen kann, zumal er die Personalkompetenz über den Vorstand hat. Im Grundsatz sind diese Regelungen für den Aufsichtsrat der SE ebenso zulässig wie für den Aufsichtsrat in der österreichischen AG.[24]

D. Berichtspflichten

29 **Quartalsberichte**: Gem Art 41 SE-VO hat der Vorstand den Aufsichtsrat mindestens alle drei Monate über den Gang der Geschäfte der SE und deren voraussichtliche Entwicklung zu unterrichten.

30 **Sonderberichte**: Weiters hat der Vorstand den Aufsichtsrat neben der regelmäßigen Berichterstattung rechtzeitig alle Informationen über Ereignisse mitzuteilen, die sich auf die Lage der SE spürbar auswirken können. Somit verbindet die SE-Verordnung ähnlich wie § 81 AktG die Regelberichterstattung mit der Ad-hoc- oder Sonderberichterstattung (vgl *Zollner* Rz 22/30 ff).[25] Die SE-Verordnung sieht somit nur den Quartalsbericht zwingend vor. Die sonstige periodische Regelberichterstattung des Vorstands an den Aufsichtsrat wird nicht vorgegeben.

31 Jahresberichte: Dennoch sind zusätzlich zum Quartalsbericht vom Vorstand an den Aufsichtsrat einer österreichischen SE der Einzel- und Konzernabschluss einschließlich der dazugehörenden Lageberichte gem Art 61 vorzulegen sowie die Berichte gem § 81 AktG. In dem gem Art 41 SE-VO vorgesehenen Regelbericht ist der Gang der Geschäfte, somit eine vergangenheits- und gegenwartsbezogene Berichterstattung vorzunehmen, somit ein Soll-Ist-Vergleich und eine Aussage über die Rentabilität des Unternehmens zu treffen. Gegenstand des SE-rechtlichen Regelberichts ist zudem die voraussichtliche Entwicklung der SE, somit eine Zu-

---

[23] *Seibt* in Habersack/Drinhausen, SE-Recht Art 40 SE-VO Rz 11.
[24] *Seibt* in Habersack/Drinhausen, SE-Recht Art 40 SE-VO Rz 10.
[25] Vgl *Lutter/Krieger/Verse,* Rechte und Pflichten des Aufsichtsrates^{6} 530 ff.

kunftsorientierung, die nicht nur kurz, sondern auch vorhersehbar mittelfristige Perspektiven enthält.

Hinzu tritt **die Follow-up-Berichterstattung**, somit der Bericht über die Umsetzung der Unternehmensplanung in der Vergangenheit mit einer Soll-Ist-Analyse.[26] In einem Konzern ist die Geschäftsentwicklung bei Konzern- und Beteiligungsgesellschaften soweit zu berichten, soweit dies Auswirkungen auf die geschäftliche Lage der SE selbst hat. **32**

Der Regelbericht ist gem Art 41 Abs 1 mindestens alle drei Monate zu erstatten. Darin liegt eine Bringschuld des Vorstands gegenüber dem Aufsichtsrat. Er ist somit ohne Anforderung durch den Aufsichtsrat vorzulegen. Neben die Regelberichterstattung tritt die Ad-hoc-Berichterstattung gem Art 41 Abs 2 SE-VO. Sie wird durch Ereignisse mit spürbarer Auswirkung auf die Lage der SE ausgelöst. Sowohl unternehmensinterne als auch unternehmensexterne negative und positive Entwicklungen sind zu berichten. Entwicklungen bei Konzern- und Beteiligungsgesellschaften sind soweit zu berichten, sofern sie sich unmittelbar auf die Geschäftslage der SE selbst auswirken. Die Ad-hoc- oder Sonderberichterstattung entspricht in etwa der Anlassberichterstattung an den Aufsichtsratsvorsitzenden einer Aktiengesellschaft gem § 81 AktG. Der Maßstab ist somit gröber und wird später ausgelöst als bei der Sonderberichterstattung gem § 81 AktG (vgl *Kalss* Rz 26/67 ff). **33**

Zusätzliche Auskunft: Gem Art 41 Abs 3 SE-VO kann der Aufsichtsrat jegliche Information, die für die Ausübung der Kontrolle erforderlich ist, verlangen. Dies geht mit den Anforderungsbericht gem § 95 Abs 2 AktG einher. Zwar beschränkt sich der Wortlaut gem Art 41 SE-VO auf die Überwachungstätigkeit, allerdings wird für die Wahrnehmung seiner weiteren Kompetenzen, insbesondere für die Personalkompetenz und die Mitentscheidung bei der Rechnungslegung, das Anforderungsrecht gem § 95 Abs 2 AktG ausreichen, um einen Anforderungsbericht zu begründen.[27] **34**

Zu weiteren **Einzelheiten** der Berichterstattung vgl *Kalss* Rz 26/60 ff; *Zollner* Rz 22/30 ff. **35**

Bericht – einzelnes AR-Mitglied? § 36 SEG sieht in Einklang mit § 95 Abs 2 AktG die Möglichkeit vor, dass ein Aufsichtsratsmitglied vom Vorstand einen Bericht verlangen kann und mit Unterstützung eines anderen Aufsichtsratsmitglieds das Verlangen auch durchsetzen kann. Der Aufsichtsratsvorsitzende bedarf nicht der Unterstützung eines anderen Aufsichtsratsmitglieds. Somit wird die Regelung gem Art 41 Abs 3 SE-VO durch die ergänzenden SE-rechtlichen und aktienrechtlichen Regelungen präzisiert. **36**

---

26 *Reichert/Brandes* in MünchKomm zum AktG² Art 41 SE-VO Rz 6; *Seibt* in Habersack/Drinhausen, SE-Recht Art 41 SE-VO Rz 8.

27 *Seibt* in Habersack/Drinhausen, SE-Recht Art 41 SE-VO Rz 18.

E. Zustimmungspflichtige Geschäfte

37 **Satzungsbestimmung**: Gem Art 48 SE-VO und § 37 SEG hat die Satzung die zustimmungspflichtigen Geschäfte für den Aufsichtsrat der SE zu normieren.[28] Für die SE greift noch kein gesetzlicher Katalog, vielmehr ist er durch die Satzung auszuformulieren (Regelungsauftrag). Er kann durch einen Beschluss des Aufsichtsrates erweitert werden. Im nationalen Recht besteht neben dem gesetzlichen Katalog gem § 95 Abs 5 AktG die mögliche Erweiterung durch die Satzung und eine Erweiterung durch den Aufsichtsrat (vgl *Briem* Rz 12/44 ff). Für die SE gestaltet das Gesetz die zustimmungspflichtigen Geschäfte als Satzungsauftrag, dh die Satzung und ergänzend der Aufsichtsrat haben den Katalog der zustimmungspflichtigen Geschäfte festzulegen. Dabei sind jedenfalls die in § 95 Abs 5 AktG genannten Geschäfte in diesen Katalog aufzunehmen.[29] Auf eine Regelung über die zustimmungspflichtigen Geschäfte des Aufsichtsrats kann in der dualistischen SE in der Satzung daher nicht verzichtet werden.[30]

38 **Regelungsort**: Das Gesetz ordnet daher an, dass in der Satzung jedenfalls eine Regelung über die zustimmungspflichtigen Geschäfte aufgenommen wird. Die Regelung entfaltet aber keine Sperrwirkung für weitere Regelungen. Notwendig ist es daher auch nicht, dass die einzelnen zustimmungspflichtigen Geschäfte in der Satzung selbst genau genannt werden, vielmehr ist es ausreichend, dass ein klarer Hinweis auf den gesetzlichen Katalog in der Satzung vorgenommen wird und für die Konkretisierung eine Ermächtigung an die Geschäftsordnung erteilt wird.[31]

39 **Die Betragsgrenzen** für die einzelnen zustimmungspflichtigen Maßnahmen können wie auch nach nationalem Recht vom Aufsichtsrat wiederum insbesondere in der Geschäftsordnung oder in einem ergänzenden Ad-hoc-Beschluss festgelegt werden.[32] Damit wird die Satzung entfrachtet, zugleich kann die Anpassung flexibilisiert werden.

40 Der Aufsichtsrat trifft als Kollegialorgan seine Entscheidung in **Beschlussform** (vgl *Zollner* Rz 22/75 ff).

41 Art 50 Abs 1 lit a SE-VO verlangt für die **Beschlussfähigkeit** des Aufsichtsrats die Anwesenheit von mindestens der Hälfte der Organmitglieder. Die Satzung kann allerdings eine abweichende Regelung treffen. Für die Beschlussfassung des Aufsichtsrats reicht im Grundsatz die Mehrheit der anwesenden oder vertretenen Mitglieder gem Art 50 Abs 1 lit b SE-VO. Die Satzung kann dafür eine abweichende Regelung treffen. Gem Art 50 Abs 2 Satz 1 SE-VO gibt die Stimme des

---

28 *Lutter/Krieger/Verse,* Rechte und Pflichten des Aufsichtsrates[6] 535 f.

29 *Kalss/Hlawati/Doralt/Adensamer*, GesRZ 2007, 174; *Kalss/Greda* in Kalss/Hügel, Europäische Aktiengesellschaft – SE § 37 SEG Rz 1.

30 *Kalss/Greda* in Kalss/Hügel, Europäische Aktiengesellschaft – SE § 37 SEG Rz 1; *Bruckbauer* in Nowotny/Winkler, Wiener Vertragshandbuch III 843 f, 847.

31 *Kalss/Hlawati/Doralt/Adensamer*, GesRZ 2007, 176; *Kalss* in Kalss/Nowotny/Schauer, Gesellschaftsrecht Rz 3/1113; aA *Bruckbauer* in Nowotny/Winkler, Wiener Vertragshandbuch III 847.

32 *Kalss/Hlawati/Doralt/Adensamer*, GesRZ 2007, 177; *Kalss* in Kalss/Nowotny/Schauer, Gesellschaftsrecht Rz 3/1113.

Vorsitzenden den Ausschlag, somit sieht die SE-VO ein Dirimierungsrecht zugunsten des Vorsitzenden vor. In der österreichischen Aktiengesellschaft kann das Dirimierungsrecht zugunsten des Vorsitzenden eingeräumt werden.

Das Dirimierungsrecht gilt zugunsten des Aufsichtsratsvorsitzenden jedenfalls, allerdings kann die Satzung das Dirimierungsrecht ausschließen. 42

Protokolle: Über die Sitzung des Aufsichtsrats ist gem Art 9 Abs 1 lit c SE-VO iVm § 92 AktG ein **Protokoll** anzufertigen (vgl *Eiselsberg/Bräuer* Rz 24/106 ff). 43

F. Teilnahmerecht an Sitzungen

Für die Tagesordnung, Regelungsgegenstände und den Sitzungsablauf des Aufsichtsrats sowie für die jeweiligen Teilnahmerechte gelten die aktienrechtlichen Regelungen gem § 93 f AktG iVm Art 9 Abs 1 lit c SE-VO. Die Sitzungsfrequenz richtet sich nach österreichischem Aktienrecht. 44

G. Vorsitzender

Funktion: Da die Überwachungseffizienz des Aufsichtsrats dadurch deutlich höher wird, sieht Art 42 SE-VO – ähnlich wie das nationale Aktienrecht gem § 92 AktG zwingend die Wahl eines Vorsitzenden aus dem Kreis seiner Mitglieder vor. Zudem verlangt Art 42 SE-VO die Wahl mindestens eines Stellvertreters. Die Wahl weiterer Stellvertreter ist zulässig.[33] 45

H. Ausschüsse

Selbstorganisation: Die SE-VO sieht keine explizite Regelung für die Einrichtung von Ausschüssen des Aufsichtsrats vor. Entsprechend seiner Organisationsautonomie kann der Aufsichtsrat daher Aufsichtsratsausschüsse bilden und ihnen bestimmte Aufgaben zuordnen.[34] Die Einrichtung eines Ausschusses liegt im pflichtgemäßen Ermessen des Aufsichtsrates (vgl *Schimka* Rz 29/5 ff). 46

I. Geschäftsordnung

Der Aufsichtsrat ist berechtigt, im Rahmen seiner Organisationsautonomie eine **Geschäftsordnung** für seine eigene Arbeitsorganisation zu beschließen. 47

IV. Aufsichtsrat – Verwaltungsrat

Unterschiede: Der Aufsichtsrat ist im Verhältnis zum Verwaltungsrat stärker von der operativen geschäftsführenden Tätigkeit entfernt. Zwar sind Leitungsaufgaben auch im dualistischen System von Vorstand und Aufsichtsrat gemeinsam in Kollegialverantwortung wahrzunehmen. Durch ein gegenseitig kontrollierendes Kollegium soll die Qualität der Entscheidungsfindung angehoben werden.[35] Im dualistischen System einer SE ist die Trennung zwischen Geschäftsführung und 48

[33] *Lutter/Krieger/Verse,* Rechte und Pflichten des Aufsichtsrates^6 526 f.

[34] Vgl *Lutter/Krieger/Verse,* Rechte und Pflichten des Aufsichtsrates^6 530.

[35] *Eberspächer* in Spindler/Stilz, AktG^3 Art 38 SE-VO Rz 9 f.

Überwachung in der zweistufigen Organstruktur angelegt, aber auch im einstufigen System sieht das Gesetz eine funktionale Trennung zwischen geschäftsführenden Direktoren und Verwaltungsrat vor. Besonders ausgeprägt ist dies in der börsenotierten SE. Dort darf ein Mitglied der geschäftsführenden Direktoren nicht Mitglied des Verwaltungsrates sein. Bei sonstigen Gesellschaften ist die parallele Mitgliedschaft im geschäftsführenden Direktorium und im Verwaltungsrat zulässig.

49 **Der maßgebliche Unterschied** zwischen dem Verwaltungsrat und dem Aufsichtsrat einer dualistischen SE liegen in der **Gewichtung der Aufgaben**. Der Verwaltungsrat hat aufgrund seiner Stellung als Oberleitungsorgan die umfassende Letztverantwortung für die Unternehmensführung zum Verwaltungsrat in der Schweiz s *Sutter-Rüdisser* Rz 53/1 ff. Im Unterschied dazu hat der Aufsichtsrat nur die Verantwortung für die sorgfaltsgemäße Überwachung. Nur der Verwaltungsrat, nicht der Aufsichtsrat ist zugleich auch für die Leitung und Geschäftsführung der Gesellschaft verantwortlich.[36] Der Verwaltungsrat hat im Verhältnis zum Aufsichtsrat deutlich größere Einflussmöglichkeiten.[37] Anders als der Aufsichtsrat, der an der Unternehmensführung nur durch explizit zugewiesene Aufgaben zuständig wird und daher die Mitwirkung an der Geschäftsführung beschränkt wird, kann der Verwaltungsrat umfassend in den Zuständigkeitsbereich der geschäftsführenden Direktoren eingreifen. Er ist daher nicht auf die Zuweisung von Zustimmungsvorbehalten und auf die verhindernde Kraft der Ablehnung (Vetorecht) beschränkt. Der Verwaltungsrat kann aus eigener Initiative den geschäftsführenden Direktoren Weisungen erteilen oder sogar selbst eine Geschäftsführungsmaßnahme durchführen.[38] Neben diesen trennenden und unterschiedlichen Elementen nähern sich die Systeme deutlich an, insbesondere bezogen auf den Informationsfluss und die kritische Reflexion der maßgeblichen Leitungs- und Überwachungsfragen.

---

36 *Eberspächer* in Spindler/Stilz, AktG³ Art 39 SE-VO Rz 20.

37 *Leyens,* RabelsZ 2003, 57, 93; *Eberspächer* in Spindler/Stilz, AktG³ Art 39 SE-VO Rz 21.

38 *Hopt/Roth* in GroßKomm zum AktG⁴ § 111 Rz 87; *Eberspächer* in Spindler/Stilz, AktG³ Art 39 SE-VO Rz 21.

Universitätsrat und Aufsichtsrat im Vergleich

Franz Marhold

Gliederung **Rz**

I. Einleitung

Durch das Universitätsgesetz 2002 (UG 2002) wurden die österreichischen Universitäten als juristische Personen des öffentlichen Rechts eingerichtet (§ 4 UG). Sie sind damit voll umfänglich rechtsfähig und handeln als juristische Personen durch Ihre Organe. Leitende Organe der Universitäten sind: der Universitätsrat, das Rektorat, die Rektorin oder der Rektor und der Senat (§ 20 Abs 1 UG 2002). Das UG verwirklicht damit ein partizipatives Führungsmodell für die Universitäten, das auf dem Zusammenwirken mehrerer Organe beruht. Das Verhältnis dieser Organe zueinander legt das UG 2002 nicht generell fest. Es gibt keine allgemeine Regelung, die den Universitätsorganen eine generell abstrakt umschriebene Funktion zuweist. Eine allgemeine Kompetenzregel beinhaltet § 22 Abs 1 UG, der dem Rektorat die Rolle der Leitung der Universität und die Vertretung nach außen zuweist. Damit wird im Verhältnis zum Universitätsrat bzw Senat einer Universität klargestellt, dass diese zumindest keine allgemeine Vertretungsbefugnis nach außen besitzen. Freilich kann der Universitätsrat außenwirksame Akte setzen und auch Vertretungshandlungen für die Universität setzen, dies insbesondere im Zusammenhang mit der Bestellung und Anstellung des Rektors. Auch der Senat vertritt die Universität punktuell nach außen, so insbesondere in Studienangele- 1 genheiten bei der Erlassung und Änderung der Curricula für ordentliche Studien und Lehrgänge (§ 25 Abs 1 Z 10 UG) und bei Entscheidungen in Studienangelegenheiten (§ 25 Abs 1 Z 12 UG). Das UG 2002 bezeichnet den Universitätsrat nicht allgemein als Aufsichtsorgan, wie wohl im diese Aufgabe aufgrund der taxativen Aufzählung seiner Kompetenzen zweifellos zukommt. Die Erläuterungen zur ersten UG Novelle 2009 (Erläuterungen zur Regierungsvorlage 252 Blg 24. GP) bezeichnen denn auch den Universitätsrat als Aufsichtsorgan. Dort heißt es, dass sich insbesondere aufgrund der Konstruktion des Universitätsrates als Aufsichtsorgan für die Universität Interessenskollisionen ergeben können.

2 In der Literatur wird darauf hingewiesen (*Manfred Novak*, Handbuch des österreichischen Hochschulrechts, 2. Auflage, S. 151), dass dem Universitätsrat die Mittlerrolle zwischen Staat, Gesellschaft und Universität zugedacht sei. Daran ist zutreffend, dass eine derartige Mittlerrolle durch die Zusammensetzung des Universitätsrates zustande kommt. Die Hälfte seiner Mitglieder wird vom Senat gewählt, die andere Hälfte von der Bundesregierung. Auf das letzte Mitglied müssen sich die vorab Gewählten/Entsendeten einigen. Materiell ist aber nicht zu übersehen, dass der Universitätsrat, worauf Novak aaO zutreffend hinweist, umfassende Kontroll-, Steuerungs- und Aufsichtsfunktionen wahrzunehmen hat. Gleichzeitig nimmt aber der Universitätsrat durch eine bemerkenswerte Anzahl von internen Genehmigungsrechten unmittelbar an der Verwaltung der Universität teil. Auf einem generell abstrakten Niveau haben daher Universitätsrat und Aufsichtsrat allgemein gesprochen durchaus unterschiedliche Aufgaben. Die Aufsichtsfunktion des Universitätsrates ist eine Teilmenge seiner Gesamtzuständigkeiten. Das erkennt man schon daran, dass das UG 2002 darauf verzichtet, dem Universitätsrat eine allgemeine, generelle Aufgabe zuzuweisen, wie dies § 95 Abs 1 Aktiengesetz (AktG) leistet, wonach der Aufsichtsrat die Geschäftsführung zu überwachen hat. Der Universitätsrat hat das Rektorat nicht allgemein zu überwachen, seine Überwachsungsaufgabe ergibt sich aus der Zusammenschau konkreter Befugnisse, welche auch – insbesondere in § 21 Abs 1 Z 13 UG – Aufsichtsfunktionen beinhalten. Viel stärker als der Aufsichtsrat nimmt der Universitätsrat an der Führung der Universität teil. In größerem Umfang als dem Aufsichtsrat einer Aktiengesellschaft weist ihm das Gesetz Genehmigungs- und Zustimmungsrechte zu. Auch § 95 Abs 5 AktG beinhaltet eine Vielzahl von genehmigungspflichtigen Geschäften, jedoch ist der Katalog des § 95 Abs 5 AktG im Vergleich mit der umfassenden Aufsicht nach § 21 Abs 1 Z 13 UG 2002 deswegen enger, weil taxativ geregelt.

3 Dabei kann nicht übersehen werden, dass bestimmte Regelungen des Universitätsgesetzes dem AktG geradezu nachgebildet sind. Ich verweise auf die Bestimmung des § 21 Abs 2 UG, wonach mindestens 2 Mitglieder des Universitätsrates gemeinsam berechtigt sind sich über alle Angelegenheiten der Universität zu informieren und die Stellungnahme an den Universitätsrat zu ergehen hat und in der nächstfolgenden Sitzung des Universitätsrates zu behandeln ist. § 95 Abs 2 AktG regelt dieses Informationsrecht abgestuft, im Ergebnis kommt es aber auch auf zwei Aufsichtsratsmitglieder an, die ein derartiges Auskunftsbegehren stellen, da der Bericht an den Aufsichtsrat im Fall der Ablehnung durch den Vorstand jedenfalls zu ergehen hat, wenn ein zweites Aufsichtsratsmitglied das Verlangen unterstützt. Im Übrigen sieht auch das ORF-Gesetz für die Stiftungsratsmitglie-

der die gleiche Regelung vor (Verweis von § 21 Abs 4 ORF-Gesetz (ORF-G) auf § 95 Abs 2 AktG). Auch die Regelung des § 21 Abs 5 über Geschäftsbeziehungen zwischen einem Mitglied des Universitätsrates und der Universität korrespondiert mit § 95 Abs 5 Z 12 AktG, wonach der Abschluss von Verträgen mit Mitgliedern des Aufsichtsrates der Zustimmung des Aufsichtsrates bedürfen, wenn der Leistungsaustausch gegen ein nicht bloß geringfügiges Entgelt erfolgt. Hier ist aber wieder im Detail die universitätsrechtliche Regelung abweichend, weil es nach dem UG nicht auf das Ausmaß der Vergütung ankommt, sondern darauf, ob eine Befangenheit vorliegt.

Vorschnell dürfen die Befugnisse des Aufsichtsrates einer Aktiengesellschaft **4** mit jenen eines Universitätsrates auch deswegen nicht gleichgesetzt werden, weil die rechtliche Konstruktion des Universitätsrates doch von der des Aufsichtsrates erheblich abweicht. Während das Aktienrecht eindeutig und umfassend privatrechtlich ausgestaltet ist, zeichnet das Universitätsrecht ein Nebeneinander von hoheitlicher Tätigkeit und privatrechtlicher Gestaltung aus. Ganz deutlich kommt dies bei der Bestellung des Rektors oder der Rektorin durch den Universitätsrat zum Ausdruck. Nach der Rechtsprechung ist die Bestellung des Rektors ein Akt der Hoheitsverwaltung, der mit Bescheid zu erfolgen hat, ein Anstellungsvertrag mit dem Rektor ist aber ein privatrechtlicher Arbeitsvertrag. Entsprechendes gilt für die Abberufung des Rektors, die durch Bescheid zu erfolgen hat, während der Arbeitsvertrag den privatrechtlichen Beendigungsregeln folgt. Sohin unterliegen die Universitätsratsmitglieder in Bezug auf ihre Haftung dem Amtshaftungsgesetz bzw dem Organhaftpflichtgesetz. Die Wahl bzw die Bestellung der Universitätsratsmitglieder wird gleichfalls als hoheitlicher Akt anzusehen sein, woraus ebenfalls die Qualifikation des Rechtsverhältnisses der Universitätsratsmitglieder zur Universität hoheitlich gedeutet werden muss. Das unterscheidet den Universitätsrat ganz grundsätzlich vom Aufsichtsrat. Dennoch sind es im Wesentlichen 3 Teilbereiche, die im Folgenden dargestellt werden sollen, die eine vergleichende Untersuchung der Aufgaben des Universitätsrates und des Aufsichtsrates ertragreich erscheinen lassen. Es sind dies die Personalkompetenzen des Universitätsrates im Vergleich zum Aufsichtsrat, die Überwachungsaufgaben des Universitätsrates und des Aufsichtsrates gegenüber dem Rektorat bzw Vorstand und schließlich der Bereich der genehmigungs- bzw zustimmungspflichtigen Rechtsakte, die der Mitentscheidung des Universitätsrates bzw des Aufsichtsrates unterliegen.

II. Die Personalkompetenzen von Universitätsrat und Aufsichtsrat

Dem ersten Anschein nach sind die Personalkompetenzen von Universitäts- **5** rat und Aufsichtsrat bei der Bestellung und Abberufung von Vorstandsmitgliedern und Mitgliedern des Rektorates sehr unterschiedlich ausgestaltet. Wie zu zeigen sein wird, sind die materiellen Fragen zur Bestellung von Führungspersonal im Universitätsrecht und im Aktienrecht zwar unterschiedlich ausgestaltet, weisen aber in wesentlichen Sachfragen eine erhebliche Konvergenz auf.

A. Rektorswahl öffentlichrechtlich, Vorstandsbestellung privatrechtlich

6 Im Gegensatz zum Aktienrecht und zum Arbeitsverfassungsgesetz (ArbVG) kennt das Universitätsrecht (im Übrigen auch das ORF-G) keine doppelte Mehrheit bei der Bestellung und Abberufung von Vorstandsmitgliedern. Nach § 110 Abs 3 ArbVG bedarf die Bestellung oder Abberufung von Vorstandsmitgliedern sowohl einer Mehrheit im Gesamtaufsichtsrat als auch einer Mehrheit der Anteilseignervertreter. Dadurch soll sichergestellt werden, dass der sogenannte starke Betriebsrat, der gemeinsam mit einer Minderheit der Anteilseignervertreter im Aufsichtsrat insgesamt über die Mehrheit verfügt, nicht gegen die Mehrheit der Anteilseignervertreter Vorstandsmitglieder bestellen oder abberufen kann. Das ArbVG zwingt in einer solchen Situation die Arbeitnehmervertretung zu einem Kompromiss mit der Mehrheit der Anteilseigner.

7 Da der Universitätsrat (wie im Übrigen auch der ORF-Stiftungsrat) keine Drittelbeteiligung der Arbeitnehmervertreter im Aufsichtsrat kennt, erübrigt sich im Universitätsrecht das Erfordernis der doppelten Mehrheit. Angesichts des massiven Einflusses der zahlenmäßig geringeren Betriebsratsvertreter im Stiftungsrat des ORF auf die Bestellung des Generaldirektors könnte man dort erwägen, das Erfordernis einer doppelten Mehrheit einzuführen. Das bedeutet nun nicht, dass die Arbeitnehmer der Universität an der Bestellung des Rektors oder der Rektorin völlig unbeteiligt wären und auf die Auswahl der Rektorin oder des Rektors keinen Einfluss hätten. Zum einen ist zu berücksichtigen, dass der Universitätsrat an einen Dreiervorschlag des Senates bei der Rektorsbestellung gebunden ist. Dadurch wird schon von vornherein den Arbeitnehmern der Universität ein großer Einfluss auf die Bestellung der Rektorin oder des Rektors zuerkannt, besteht doch der Senat ausschließlich aus Universitätsangehörigen (zu denen freilich auch die in keinem Arbeitsverhältnis zur Universität stehenden Studierenden zählen). Darüber hinaus sind die Arbeitnehmer der Universität auch dadurch im Universitätsrat repräsentiert, da nahezu die Hälfte der Universitätsratsmitglieder vom Senat und damit wieder ganz überwiegend von Universitätsbediensteten gewählt wird. Die Arbeitnehmerbeteiligung an der Bestellung des Führungspersonals einer Universität erfolgt daher von außerhalb des Entscheidungsgremiums, während es im Aktienrecht innerhalb des Aufsichtsrates erfolgt, wenngleich im Konfliktfall auch durch eine itio in partes.

8 Während die Bestellung des Vorstandes in der Aktiengesellschaft durch den Aufsichtsrat klarerweise ein privatrechtliches Rechtsgeschäft darstellt, ist die Wahl und die Abberufung des Rektors ein öffentlich rechtlicher Akt. Die Leitentscheidung des Verwaltungsgerichtshofes vom 9.9.2009 (2008/10/0252) folgt damit der Judikatur zur Bestellung und Abberufung von anderen Organwaltern von Körperschaften des öffentlichen Rechts, in Sonderheit von Kammeramtsdirektoren. Die Begründung des Verwaltungsgerichtshofes für diese Judikaturlinie ist universitätsrechtlich nicht sehr überzeugend. Mit einer sehr einfachen Wortinterpretation begründet der Verwaltungsgerichtshof sein Ergebnis: § 23 Abs 5 UG spreche von einer Abberufung des Rektors durch den Universitätsrat „von Amts wegen“. Die Amtswegigkeit könne nicht anders gedeutet werden, als dass der Uni-

versitätsrat in diesem Zusammenhang hoheitlich handle. Aus dem Zusammenhang erschließt sich dieser Bedeutungsgehalt nicht. § 23 Abs 5 UG weist darauf hin, dass die Abberufung auf Antrag des Senats oder von Amts wegen durch den Universitätsrat erfolgen kann. Das Begriffspaar ist daher einerseits „auf Antrag des Senats" andererseits „von Amts wegen". Das bedeutet nicht mehr als: „von sich aus, ohne von einem Antrag des Senats abhängig zu sein". Dies lässt keinerlei Schluss auf hoheitliches Handeln zu. Allein dadurch wird der Universitätsrat nicht zur Behörde. In mehreren Erkenntnissen hat der Verwaltungsgerichtshof, zuletzt auch das Bundesverwaltungsgericht und der Verfassungsgerichtshof (25.2.2011, B 574/08) die Deutung der Wahl und der Abberufung des Rektors als Hoheitsakt verfestigt, so dass nicht zu erwarten ist, dass sich diese Rechtsprechungslinie ändern wird. Insofern ist das Wahl- bzw das Abberufungsverfahren im Universitätsrat bzw im Aufsichtsrat nicht miteinander vergleichbar.

B. Koppelungsklausel

Bemerkenswert ist jedoch, dass das UG die Koppelungsklausel in Gesetzes- 9
rang erhoben hat. Bekanntlicherweise verstehen wir unter einer Koppelungsklausel die Bindung des Fortbestandes des Arbeitsvertrages an die aufrechte Organfunktion. Viele Anstellungsverträge von Vorstandsmitgliedern sehen vor, dass mit Beendigung der Mitgliedschaft zum Vorstand auch das Anstellungsverhältnis erlischt. Im Universitätsrecht war sich der Gesetzgeber offenbar der Funktion von Koppelungsklauseln bewusst, überließ die Ausgestaltung der Arbeitsverträge mit dem Rektor aber in diesem Punkt nicht dem Universitätsrat sondern setzte von Gesetzes wegen fest, dass mit der Wirksamkeit der Abberufung auch das Arbeitsverhältnis der Rektorin oder des Rektors zur Universität endet (§ 23 Abs 5 letzter Satz UG). Daran ist freilich bemerkenswert, dass durch den hoheitlichen Akt der Abberufung ein privatrechtliches Rechtsgeschäft endet. Umgekehrt bedeutet dies, dass im Falle der Unwirksamkeit der Abberufung auch das Arbeitsverhältnis des Rektors nicht beendet wird. Meines Erachtens deutet die gesetzliche Anordnung der Koppelung des Arbeitsverhältnisses an die Funktion des Rektors oder der Rektorin darauf hin, dass beide Rechtsakte, Abberufung und Beendigung des Arbeitsvertrages, privatrechtlich zu deuten sind. Der Verfassungsgerichtshof hat in seinem Erkenntnis vom 25.2.2011, B 574/08 das Zusammenwirken von Arbeitsvertragsabschluss und Wahl unter der gegebenen Prämisse, dass die Wahl ein Akt des öffentlichen Rechts ist, befriedigend gelöst. Der Verfassungsgerichtshof weist darauf hin, dass die wirksame Wahl des Rektors erst mit dem Abschluss des Arbeitsvertrages abgeschlossen ist. Der Abbruch der Verhandlungen mit einem vom Senat vorgeschlagenen Kandidaten beeinträchtigt daher seine Rechtstellung nicht, da er vor Abschluss des Arbeitsvertrages noch nicht die Stellung des Rektors erlangt hat.

Dies führt zu grundsätzlichen Überlegungen des Verhältnisses von Bestellung 10
(Wahl) und Anstellung von leitenden Organmitgliedern in der Universität und in der Aktiengesellschaft. Auch nach Aktienrecht ist es ja so, dass in vielen Fällen die Bestellung von Vorstandsmitgliedern und deren Anstellung auseinanderfallen und zwar sowohl in zeitlicher als auch in organisatorischer Hinsicht. Nach § 92 Abs 4

AktG können die schuldrechtlichen Beziehungen zwischen einem Vorstandsmitglied und der Aktiengesellschaft dem mitbestimmungsfreien Personalausschuss zugewiesen werden. Es kommt daher die Bestellung und Abberufung von Vorstandsmitgliedern im Plenum des Aufsichtsrates zustande, die Ausgestaltung der individuellen Rechtsbeziehungen zwischen Vorstandsmitgliedern und Gesellschaft erfolgt im Personalausschuss (vgl *Schimka* Rz 29/72). Dies zieht die Schwierigkeit nach sich, dass das organschaftliche Verhältnis mit einem Vorstandskandidaten (Rektorskandidaten) bereits begründet ist oder sich im Begründungsstadium befindet und nun davon abhängt, dass eine meist wirtschaftliche Einigung mit dem Vorstandsmitglied bzw dem Rektorskandidaten zustande kommt. Allgemein kann man sagen, je komplizierter ein Wahl- oder Bestellungsverfahren ausgestaltet ist, das insbesondere einen Kompromiss zwischen verschiedenen Interessengruppen darstellt, umso mehr Druck auf den Verhandlern auf Gesellschaftsseite lastet, das Wahlergebnis auch tatsächlich in einem Arbeitsvertrag umzusetzen. Mit anderen Worten und vielleicht etwas überspitzt formuliert: der Universitätsratsvorsitzende ist tendenziell erpressbar, wenn es um die Bezüge der Rektorin und des Rektors geht, wenn er durch die Ablehnung von Gehaltswünschen das durch komplexe Kompromisse zustande gekommene Wahlergebnis konterkariert. Die Rechtsprechung des Verfassungsgerichtshofs stärkt damit tendenziell die Position des Universitätsrates in den Verhandlungen mit einem Rektorskandidaten. Der Universitätsrat kann – wie das ja auch im Berufungsverfahren von UniversitätsprofessorInnen vorgesehen ist – die Verhandlungen mit einem selbst bereits gewählten Rektor abbrechen, wenn ein Verhandlungsergebnis nicht erzielbar ist und kann im Vorschlag des Senates weiterschreiten. Im Aktienrecht stellt sich wegen des privatrechtlichen Charakters der Wahl von Vorstandsmitgliedern dieses Problem nicht in derselben juristischen Schärfe; ökonomisch und interessenpolitisch wohl auch. In den Grenzen der culpa in contrahendo Haftung wird es auch dem Aufsichtsrat freistehen, eine bereits erfolgte Bestellung zu widerrufen, wenn es zu keiner vertraglichen Einigung kommt. Der Vorteil des Universitätsrechts besteht darin, dass durch die Koppelungsklausel in § 23 Abs 5 letzter Satz UG der nicht erfolgende Vertragsabschluss auf die Wahl durchschlägt.

C. Findungskommission und Nominierungsausschuss

11 Angesichts mehrerer Turbulenzen bei Rektorswahlen hat sich der Gesetzgeber im Jahre 2009 entschlossen, zur Wahl der Rektorin oder des Rektors eine Findungskommission einzurichten, die aus dem oder der Universitätsratsvorsitzenden und dem oder der Senatsvorsitzenden besteht. Diese Findungskommission dient zum einen der Erweiterung des Interessentenkreises um Personen die sich nicht beworben haben und zum anderen der Berücksichtigung des amtierenden Rektors oder der amtierenden Rektorin. Diese ist nämlich gemäß § 23 b Abs 2 UG jedenfalls in den Vorschlag der Findungskommission aufzunehmen.

12 Eine gewisse Parallelität zum Nominierungsausschuss nach § 29 BWG ist nicht zu leugnen. Nach § 29 BWG ist vom Aufsichtsrat des Kreditinstituts ein Nominierungsausschuss einzurichten und zwar für Kreditinstitute jedweder Rechtsform, deren Bilanzsumme eine Milliarde Euro übersteigt oder die übertragbare Wert-

papiere ausgegeben haben, die zum Handel an einem geregelten Markt gemäß § 1 Abs 2 BörseG zugelassen sind (*Herbst* Rz 35/132). Dieser Nominierungsausschuss hat Bewerber für die Besetzung frei werdender Stellen in der Geschäftsleitung zu ermitteln und dem Aufsichtsrat entsprechende Vorschläge zu unterbreiten. Diese Konstruktion ähnelt stark der Findungskommission im Universitätsbereich. Auch die Aufgabe der Findungskommission ist es, einen Dreiervorschlag zu erstellen, der allerdings nicht bindend ist. Auch die Vorschläge des Nominierungsausschusses sind nicht bindend. Endgültig entscheidungsbefugt bleiben der Universitätsrat und der Aufsichtsrat. Mit dem Nominierungsausschuss und der Findungskommission beschreitet der Gesetzgeber ein Feld zwischen vertraulicher Kandidatensuche und Beibehaltung des (transparenten?) Auswahlverfahrens im Aufsichtsrat bzw im Universitätsrat. Die Mitglieder der Findungskommission und des Nominierungsausschusses haben durchaus vergleichbare – ja ich würde sogar sagen – idente Aufgaben. Sie haben geeignete Bewerberinnen und Bewerber für Organfunktionen in Kreditinstituten bzw in Universitäten zu finden. Dies ist eine Aufgabe, die ein hohes Maß an Diskretion und Sorgfalt erfordert, will man Bewerberinnen und Bewerber, die ja gerade kein förmliches Bewerbungsschreiben abgegeben haben, für eine Funktion in einem Kreditinstitut oder einer Universität gewinnen. Auf der anderen Seite steht das Interesse des Aufsichtsrates, respektive des Universitätsrates, an einer Information auch über die Tätigkeit des Nominierungsausschusses bzw der Findungskommission. Verschwiegenheitspflichten kann es zwischen Ausschüssen und Plenum nicht geben. Das was im Ausschuss behandelt wird, darf auch das Plenum des Aufsichtsrates bzw Universitätsrates wissen. Eine Funktion von Nominierungsausschuss und Findungskommission wird dadurch aber beeinträchtigt. Da der Gesetzgeber dem Informationsinteresse der Aufsichtsratsmitglieder bzw Universitätsratsmitglieder keine Grenzen gesetzt hat, wird sich der Auskunftsanspruch von Universitätsratsmitgliedern bzw Aufsichtsratsmitgliedern auch auf die Tätigkeit der Findungskommission bzw des im Übrigen selbstverständlich drittelparitätisch zusammenzusetzenden Nominierungsausschusses beziehen.

Wir können daher festhalten, dass sowohl aufgrund der grundsätzlich unter- 13
schiedlichen Konstruktion der Wahl von Rektoren einerseits und Vorstandsmitgliedern andererseits, als auch aufgrund der konkreten Ausgestaltung der Wahl bzw Bestellungsvorgänge zwischen den Personalkompetenzen des Universitätsrates und des Aufsichtsrates erhebliche Unterschiede bestehen. Andererseits ist bemerkenswert, dass gerade im Bereich des BWG durch die Einführung eines Nominierungsausschusses ein Modell entwickelt wurde, das auffallende Parallelitäten zur Findungskommission im Universitätsbereich aufweist. Auch die gesetzliche Verankerung der Koppelungsklausel in § 23 Abs 5 letzter Satz UG belegt, dass der Gesetzgeber des Universitätsgesetzes bestellungs- und vertragsrechtliche Konstellationen im Aktienrecht beobachtet und im Fall der Koppelungsklausel in das Universitätsrecht übertragen hat. Andererseits hat der Gesetzgeber personalrechtliche Kompetenzen des Aufsichtsrates in der Aktiengesellschaft nicht auf den Universitätsrat übertragen. So hat der Universitätsrat keine Kompetenz zur Ausgestaltung von Arbeitsverträgen mit leitenden Angestellten der Universität (vgl demgegenüber § 80 Abs 3 AktG für die Kreditgewährung an leitende Angestellte),

er hat zwar seit der UG Novelle 2009 die Kompetenz, die Arbeitsverträge mit den Vizerektoren zu gestalten, die Erteilung der Prokura (§ 95 Abs 5 Z 11) fällt aber nicht in die Zuständigkeit des Universitätsrates. Bevollmächtigungen nach § 27 UG bzw die Bestellung von vertretungsberechtigten Leitern von Organisationseinheiten fallen auch nicht in den Zuständigkeitsbereich des Universitätsrates. Wegen der taxativen Aufzählung der Befugnisse des Universitätsrates ist es mE ausgeschlossen, derartige Zuständigkeiten per Analogiam aus dem Aktienrecht herzuleiten. Rechtspolitisch könnte freilich das Aktienrecht Anhaltspunkte liefern, die Kompetenzen des Universitätsrates in Bezug auf leitende Angestellte zu erweitern.

III. Überwachungsbefugnisse

A. Keine allgemeine Überwachungsbefugnis des Universitätsrates

14 Wie bereits einleitend erwähnt, fehlt dem Universitätsrecht eine allgemeine Bestimmung, die – wie in § 95 Abs 1 AktG – dem Universitätsrat generell die Aufgabe zuwiese, das Rektorat zu überwachen. Blickt man wertend auf die Kompetenzen des Universitätsrates nach § 21 UG, könnte man auch zur Auffassung gelangen, die Mitwirkungsbefugnisse des Universitätsrates an der Verwaltung der Universität überwiegen die Kontrollkompetenzen. Natürlich sind die Genehmigungsrechte des Universitätsrates sowie die Zustimmungsrechte des Aufsichtsrates auch Steuerungsinstrumente für das Handeln der Leitungsorgane. Beim Universitätsrat besteht jedoch die Besonderheit, dass er im Bereich der Aufsicht als verlängerter Arm des zuständigen Bundesministers agiert. Nach § 21 Abs 1 Z 13 UG obliegt dem Universitätsrat eine jährliche Berichtspflicht an den Bundesminister sowie eine unverzügliche Berichtspflicht bei schwerwiegenden Rechtsverstößen von Universitätsorganen sowie bei Gefahr eines schweren wirtschaftlichen Schadens an die Bundesministerin oder den Bundesminister. Es ist also der Universitätsrat selbst nicht in der Lage, schwerwiegende Rechtsverstöße von Universitätsorganen selbst zu ahnden. Er kann nur darüber an den Bundesminister berichten, der dann allenfalls seine Aufsichtsmittel (§ 9 UG) einsetzt. Diese Berichtspflicht ist mit dem Bericht an die Hauptversammlung nach § 96 AktG nicht vergleichbar, da dieser Bericht in erster Linie ökonomische Daten zum Inhalt hat bzw einen Bericht über die Kontrolltätigkeit des Aufsichtsrates beinhaltet, in Sonderheit betreffend den Jahresabschluss, den Lagebericht sowie gegebenenfalls den Corporate Governance Bericht. Eine ex post Kontrolle über die ökonomische Gebarung der Universität obliegt dem Universitätsrat nicht. Im Wesentlichen zielen die Mitwirkungsrechte des Universitätsrates in wirtschaftlichen Angelegenheiten auf die ex ante Steuerung der Universität. Hierzu gehört die Stellungnahme zur Leistungsvereinbarung vor Abschluss durch den Rektor nach § 21 Abs 1 Z 15, die Genehmigung der Richtlinien für die Gebarung (§ 21 Abs 1 Z 10 UG), die Genehmigung der Gründung von Gesellschaften und Stiftungen sowie der Beteiligung an Gesellschaften (§ 21 Abs 1 Z 9 UG), die Zustimmung zur Begründung von Verbindlichkeiten nach § 21 Abs 1 Z 12 sowie die Zustimmung zum Budgetvoranschlag (§ 21 Abs 1 Z 14 UG). Bei der Genehmigung des Rechnungsabschlusses nach § 21 Abs 1 Z 10 UG hat der

Universitätsrat eine ex post Kontrolle auszuüben. Wobei auch hier die Ablehnung der Genehmigung nur zu einer Weiterleitung des Rechnungsabschlusses an den zuständigen Bundesminister mit einem entsprechenden Vermerk über die Nichtgenehmigung des Rechnungsabschlusses führt.

Auffällig ist, wie sich der Gesetzgeber des Universitätsgesetzes zwar nicht **15** sklavisch am Wortlaut, aber in der Sache selbst an den Aufgaben und Rechten des Aufsichtsrates in der Aktiengesellschaft bei der Definition der Aufgaben des Universitätsrates orientiert hat. Dennoch ist hervorzuheben, dass der Akzent bei der Tätigkeit des Universitätsrates stärker in der Mitwirkung an der Leitung der Universität liegt als in einer umfassenden Kontrollfunktion. Auf das Fehlen einer Befugnis zur umfassenden Überwachung des Rektorates habe ich schon hingewiesen. Eine dem § 95 Abs 1 AktG vergleichbare Regel fehlt im UG. Gleichzeitig hat der Gesetzgeber des UG auch auf eine dem § 95 Abs 5 Satz 1 AktG vergleichbare Regelung im UG verzichtet. Während er es für notwendig erachtete, im Zusammenhang mit den Zustimmungsrechten des Aufsichtsrates darauf hinzuweisen, dass Maßnahmen der Geschäftsführung dem Aufsichtsrat nicht übertragen werden können, fehlt eine derartige Regelung im UG. Das ist auch insofern konsequent, als der Universitätsrat eines der obersten Organe der Universität ist (§ 20 Abs 1 UG) und aufgrund der Fülle der Zustimmungs- und Genehmigungsrechte tatsächlich Leitungsaufgaben wahrnimmt.

Möglicherweise – das ist freilich etwas spekulativ – führt das Fehlen eines all- **16** gemeinen Überwachungsrechtes zugunsten des Universitätsrates bis in die jüngste Vergangenheit dazu, dass – weil interne Aufsichtsmittel fehlen – bei Unstimmigkeiten zwischen dem Universitätsrat und dem Rektorat doch relativ häufig zum Mittel der Abberufung gegriffen wird. Da es dem Universitätsrat nicht möglich ist, eigene Aufsichtsmittel zu ergreifen sondern er nur an den zuständigen Bundesminister berichten kann und dieser nach meinen persönlichen Erfahrungen vom Aufsichtsrecht äußerst spärlich Gebrauch macht, bleibt dem Universitätsrat oft gar nichts anderes übrig, als zur Abberufung von Mitgliedern des Rektorats zu greifen. Angesichts der Anforderungen an einen mangelhaften Abberufungsbescheid und den Erfordernissen der Durchführung eines mangelfreien Verwaltungsverfahrens ist es dann auch nicht verwunderlich, dass – soweit ich sehe – keine einzige Abberufung eines Mitgliedes des Rektorates in der Vergangenheit „gehalten hat" (Abberufung von Rektoren an der Med Uni Innsbruck, der Universität Klagenfurt bzw eines Vizerektors an der Universität für Musik und darstellende Kunst in Wien). Dass der Universitätsrat dem zuständigen Bundesminister als „Eigentümervertreter" nur jährlich zu berichten hat, mag auch ein Mangel für kontinuierliche Aufsicht sein. Häufig werden die Rektorate dem Universitätsrat Quartalsberichte über die wirtschaftliche Entwicklung der Universität vorlegen. Es würde sich empfehlen, das Berichtswesen zwischen Universitätsrat und dem zuständigen Bundesminister zu intensivieren aber gleichzeitig darauf zu verzichten, umfassende Berichtswerke vorzulegen. Eine knappere prägnante Information in kürzeren regelmäßigen Abständen, wie etwa Quartalsberichte, wären hilfreicher, als in epischer Breite dargestellte umfassende Berichte, in denen die wesentlichen Informationen dann unter Umständen untergehen.

B. Berichtswesen

17 Im Vergleich zum Aktienrecht ist das Berichtswesen im Universitätsrecht wesentlich schwächer ausgeprägt. Gemäß § 81 Abs 1 AktG hat der Vorstand dem Aufsichtsrat regelmäßig, mindestens vierteljährlich über den Gang der Geschäfte und die Lage des Unternehmens zu berichten (Quartalsbericht, *Zollner* Rz 22/24). Bei wichtigem Anlass ist darüber hinaus dem Aufsichtsratsvorsitzenden unverzüglich zu berichten. Über Umstände, die für die Rentabilität und Liquidität der Gesellschaft von erheblicher Bedeutung sind, ist dem Aufsichtsrat unverzüglich in einem Sonderbericht zu berichten. All dies fehlt im UG. Selbst der jährlichen Berichtspflicht des Universitätsrates an den zuständigen Bundesminister entspricht keine Berichtspflicht des Rektorats an den Universitätsrat. Zwar sieht § 22 Abs 1 Z 13 UG vor, dass das Rektorat verpflichtet ist, ein Rechnungs- und Berichtswesen einzurichten, dieses erfasst aber Berichte an das Rektorat und nicht Berichte vom Rektorat an den Universitätsrat. Wollte man den Universitätsrat als echtes Kontrollorgan einrichten, dann müsste das Berichtswesen in Anlehnung an § 81 AktG wesentlich verstärkt werden. Da aber das UG den Universitätsrat nicht als umfassendes Kontrollorgan eingerichtet hat und die Aufsicht in wesentlichen Teilen nach wie vor über den Bundesminister erfolgt, ist das Fehlen eines geordneten Berichtswesens zwischen Rektorat und Universitätsrat nicht notwendigerweise ein Systembruch bzw eine Lücke. Hinzuweisen ist auch darauf, dass erst durch die UG Novelle 2009 die jährliche Berichtspflicht an den zuständigen Bundesminister eingeführt wurde. Auch daraus ist zu erkennen, dass die ursprüngliche Konzeption des Universitätsrates als allgemeines Aufsichtsorgan nicht der allgemeinen Konzeption des Aktienrechtes folgte.

18 Zusammenfassend können wir daher festhalten, dass im Vergleich zur begleitenden Kontrolle des Aufsichtsrates die entsprechenden Befugnisse des Universitätsrates schwächer ausgeprägt sind. Wie im Folgenden gezeigt werden wird, sind die ex ante Befugnisse des Universitätsrates im Vergleich zum aktienrechtlichen Aufsichtsrat bedeutender. Dem Gesetzgeber der UG Novelle 2009 war diese Asymmetrie offenbar bewusst. Er hat sich aber nicht dazu entschließen können, dem Universitätsrat selbst Aufsichtsmittel selbst in die Hand zu geben. Vielmehr ist der Universitätsrat bei der Wahrnehmung von Aufsichtsbefugnissen lediglich der verlängerte Arm des Aufsichtsrechtes des Bundes in den Universitäten selbst.

IV. Mitwirkung an der Geschäftsführung

A. Zustimmungspflichtige Geschäfte

19 Das aktienrechtliche Leitmotiv der Aufgabenverteilung in der Aktiengesellschaft zwischen Leitung und Kontrolle findet noch in § 95 Abs 5 erster Satz AktG seinen Ausdruck: Maßnahmen der Geschäftsführung können dem Aufsichtsrat nicht übertragen werden. Von dieser klassischen Trennung hat sich das Aktienrecht aber selbst bereits punktuell entfernt. Der Katalog der zustimmungspflichtigen Geschäfte des § 95 Abs 5 Z 1-14 AktG führt zu einer teilweisen Durchbrechung der Aufgabenverteilung zwischen Leitung und Kontrolle (*Briem* Rz 12/1 ff).

Es ist nun ganz offensichtlich, dass sich der Katalog der zustimmungs- bzw genehmigungspflichtigen Maßnahmen des § 21 UG am Katalog des § 95 Abs 5 AktG orientiert hat. Ganz offensichtlich sind diese Entsprechungen bei den nachstehenden Zustimmungsrechten erkennbar: § 95 Abs 5 Z 1 AktG bindet den Erwerb und die Veräußerung von Beteiligungen sowie den Erwerb, die Veräußerung und die Stilllegung von Unternehmen und Betrieben an die Zustimmung des Aufsichtsrates. Dem entspricht grosso modo § 21 Abs 1 Z 9 UG betreffend die Genehmigung der Gründung von Gesellschaften und Stiftungen sowie der Beteiligung an Gesellschaften an den Universitätsrat. § 21 Abs 1 Z 12 UG beinhaltet das Zustimmungsrecht und die Zustimmungspflicht des Universitätsrates zur Begründung von Verbindlichkeiten die über die laufenden Geschäftstätigkeit der Universität hinaus gehen, sowie Ermächtigung des Rektorats, solche Verbindlichkeiten bis zu einer bestimmten Höhe ohne vorherige Einholung der Zustimmung des Universitätsrates einzugehen. Dieser Regelung korrespondieren die folgenden Zustimmungsrechte des Aufsichtsrates nach § 95 AktG. § 95 Abs 5 Z 4 über Investitionen die bestimmte Anschaffungskosten im Einzelnen und insgesamt in einem Geschäftsjahr übersteigen, Z 5 über die Aufnahme von Anleihen, Darlehen und Krediten, die einen bestimmten Betrag im Einzelnen und insgesamt in einem Geschäftsjahr übersteigen und die Gewährung von Darlehen und Krediten, soweit sie nicht zum gewöhnlichen Geschäftsbetrieb gehören. § 95 Abs 5 am Ende AktG sieht vor, dass zu diesen in den Z 4, 5 und 6 genannten Geschäften die Satzung oder der Aufsichtsrat eine Betragsgrenze festzusetzen haben. Die Satzung oder der Aufsichtsrat kann auch anordnen, dass bestimmte Arten von Geschäften nur mit Zustimmung des Aufsichtsrates vorgenommen werden sollen. Das Universitätsgesetz ist zum einen umfassender, da es nicht von Darlehen, Krediten und Anleihen oder Investitionen spricht sondern generell die Begründung von Verbindlichkeiten der Zustimmung des Universitätsrates unterwirft, soweit diese über die laufende Geschäftstätigkeit der Universität hinausgehen. Die Abgrenzung zwischen der laufenden Geschäftstätigkeit und darüber hinausgehenden Verbindlichkeiten legt der Universitätsrat selbst fest, indem er eine Betragsgrenze festsetzt, innerhalb der das Rektorat ohne vorherige Einholung der Zustimmung des Universitätsrates agieren kann. **20**

B. Zustimmung zu Richtlinien im UG, Geschäftspolitik im AktG

Dem öffentlich rechtlichen Charakter der Universitäten entsprechend sieht das UG eine Reihe von generell abstrakten Regelungen vor, auf deren Grundlage das Rektorat die Universität zu führen hat. Im Wesentlichen sind dies der Entwicklungsplan, der Organisationsplan, die Leistungsvereinbarung und die Gestaltungsvereinbarung. In Bezug auf diese Gestaltungsinstrumente weichen die Befugnisse des Universitätsrates notwendigerweise von denen des aktienrechtlichen Aufsichtsrates ab. Am ehesten vergleichbar ist noch die Bestimmung des § 95 Abs 1 Z 8 AktG über die Festlegung allgemeiner Grundsätze der Geschäftspolitik, denen der Aufsichtsrat zuzustimmen hat. Da die Aktiengesellschaft nicht auf der Grundlage öffentlich rechtlicher Gestaltungsmittel sondern privatrechtlich und **21** privatwirtschaftlich geführt wird, ist es nicht verwunderlich, dass § 95 Abs 5 AktG lediglich aber gleichzeitig umfassend von allgemeinen Grundsätzen der Geschäftspolitik spricht, während das UG dem Universitätsrat die Genehmigung des Entwicklungsplanes, des Organisationsplans, des Entwurfs der Leistungsvereinbarung und der Gestaltungsvereinbarung sowie die Genehmigung der Gebarungsrichtlinien überantwortet. Es sind dies eben dem Universitätsrecht eigentümliche Gestaltungsmittel, die an die Zustimmung des Universitätsrates gebunden werden. Was hier aber zu erwähnen ist, ist der Umstand, dass es sich bei diesen Genehmigungs- und Zustimmungsrechten im Universitätsrecht nicht um Kontrollaufgaben oder Aufgaben der Aufsicht im engeren Sinn handelt. Hier kommt zum Ausdruck, was die Materialien mehrfach erwähnen, dass der Universitätsrat ein strategisches Organ der Universität ist und mit Steuerungsaufgaben und nicht bloß mit Kontrollaufgaben ausgestattet ist. Damit nimmt der Universitätsrat stärker als der Aufsichtsrat an der Führung der Universität teil. Zwar kann der Universitätsrat nicht von sich aus Entwürfe und Vorschläge des Rektorats abändern und in dieser veränderten Form einseitig verabschieden, jedoch zwingt das Gesetz, das dem Universitätsrat Zustimmungsrechte einräumt, Rektorat und Universitätsrat zur Einigung über den Entwicklungsplan, den Organisationsplan, den Entwurf der Leistungsvereinbarung und der Gestaltungsvereinbarung. Insofern greift es zu kurz, darauf hinzuweisen, dass der Universitätsrat keine Abänderungsbefugnis habe (so *Mayer* UG 2002, § 21 II.1). Das positive Konsensprinzip zwischen Universitätsrat und Rektorat bringt beide Parteien dazu, aufeinander zuzugehen und im Falle eines Dissenses über die Inhalte eines Entwicklungsplanes, eines Organisationsplanes, des Entwurfs der Leistungsvereinbarung und der Gestaltungsvereinbarung gemeinsame Lösungsvorschläge zu entwickeln. Ein ähnliches Prozedere wird sich auch bei der Festlegung allgemeiner Grundsätze der Geschäftspolitik im Aktienrecht ergeben. Eine parallele Regelung zur Anrufung der Hauptversammlung (§ 103 Abs 2 AktG) fehlt dem Universitätsrecht. Die Anrufung des zuständigen Bundesministers als Vertreter des wirtschaftlichen Eigentümers der Universität für den Fall eines endgültigen Dissenses zwischen Rektorat und Universitätsrat ist universitätsrechtlich nicht vorgesehen. Allerdings greifen in diesem Fall die Säumnisfolgen des § 47 UG. Können sich Rektorat und Universitätsrat beispielsweise dauerhaft nicht auf einen Organisationsplan einigen, dann sind beide Organe säumig und hat der Bundesminister nach § 47 Abs 3 UG die Ersatzvornahme vorzunehmen. Insofern gibt es auch im Universitätsrecht eine Entscheidungsinstanz für den Fall eines Konfliktes zwischen dem Leitungs- und dem Kontrollorgan.

C. Rechnungsabschluss

22 Sehr ähnlich ausgestaltet sind die Befugnisse von Universitätsrat und Aufsichtsrat im Zusammenhang mit dem Rechnungsabschluss. Dies ist bereits dadurch grundgelegt, dass die Universitäten gemäß § 16 Abs 1 zweiter Satz UG den ersten Abschnitt des dritten Buches des UGB (§§ 189-216) für das Rechnungswesen singgemäß anzuwenden haben. Sowohl Universitätsrat (§ 21 Abs 1 Z 10 UG) als auch Aufsichtsrat (§ 96 AktG haben den Rechnungsabschluss zu prüfen und zu genehmigen. Der Vorstand hat für die Genehmigung des Rechnungsabschluss ein bisschen länger Zeit als der Universitätsrat, sind doch die Unterlagen vom

Vorstand in den ersten 5 Monaten des Geschäftsjahres für das vorangegangene Geschäftsjahr zu erstellen (§ 222 Abs 1 UGB) und der Rechnungsabschluss vom Rektorat bis zum 30.4. dem Universitätsrat gemeinsam mit dem Abschlussprüferbericht vorzulegen. Obwohl § 21 Abs 1 Z 10 UG nur von der Genehmigung des Rechnungsabschlusses spricht, wird man in Anlehnung an die aktienrechtliche Prüfungspflicht nach § 96 AktG fordern müssen, dass der Universitätsrat den Rechnungsabschluss zu prüfen hat, was letztlich auf eine Nachprüfung der Prüfung durch den Abschlussprüfer hinausläuft. Hier wird man die Grundsätze des Aktienrechts auf das Universitätsrecht übertragen können, insbesondere wird auch von den Universitätsratsmitgliedern nicht gefordert werden können, dass sie die bereits vom Abschlussprüfer vorgenommene Abschlussprüfung in aller Tiefe und Breite wiederholen (OGH 22.5.2003, ecolex 2003/313). Auch den Universitätsratsmitgliedern ist es aber auferlegt, sich über die Ordnungsmäßigkeit des Jahresabschlusses ein eigenes Bild zu machen. Im Universitätsrecht nicht vorgesehen ist die Einrichtung eines Prüfungsausschusses gemäß § 92 Abs 4a AktG. Genauso wie im Aktienrecht, wird aber auch im Universitätsrecht die Einsetzung eines Prüfungsausschusses durch den Universitätsrat zulässig sein, obwohl seine Einrichtung gesetzlich nicht vorgeschrieben ist. Auch nach § 92 Abs 4a AktG ist die Errichtung eines Prüfungsausschusses erst ab einer bestimmten Größe des Aufsichtsrates gesetzlich geboten. Dazu wird aktienrechtlich vertreten, dass auch bei Nichterreichen dieser Größenordnung die freiwillige Einrichtung eines Prüfausschusses zulässig ist. Entsprechendes wird auch für das Universitätsrecht gelten, die Einrichtung eines Prüfausschusses könnte beispielsweise in der Geschäftsordnung des Universitätsrates vorgesehen werden. All dies entbindet den Gesamtuniversitätsrat genauso wie das Plenum des Aufsichtsrates aber nicht von seiner Verantwortung betreffend die Prüfung des Rechnungsabschlusses. Insofern ist der Prüfausschuss lediglich ein Hilfsorgan des Aufsichtsrates zur Erleichterung der Prüfung des Jahresabschlusses, entbindet den Gesamtaufsichtsrat und seine Mitglieder aber nicht von der Verpflichtung sich über den Jahresabschluss ein eigenes Bild zu verschaffen. Entsprechendes gilt für den Universitätsrat und seine Mitglieder für den Fall, dass ein Prüfungsausschuss eingerichtet wurde.

D. Budgetvoranschlag

Gemäß § 21 Abs 1 Z 14 UG unterliegt der Budgetvoranschlag des Rektorats 23
der Zustimmung des Universitätsrates. Für die Erteilung oder Verweigerung der Zustimmung hat der Universitätsrat vier Wochen Zeit. Nach den Erläuterungen zur Regierungsvorlage der UG Novelle 2009 soll damit eine effiziente Kontrolle der Gebarung der Universität sichergestellt werden. Der Gesetzgeber meinte, dass die ex post Kontrolle durch die Genehmigung des Rechnungsabschlusses nicht ausreiche und daher auch der Budgetvoranschlag des Rektorates dem Universitätsrat vorzulegen ist. Bereits vor in Krafttreten der UG Novelle 2009 war bisweilen in autonomen Regelungswerken der Universität (Geschäftsordnung des Rektorates, Geschäftsordnung des Universitätsrates) vorgesehen gewesen, dass das Universitätsbudget durch den Universitätsrat zu genehmigen ist. Die Rechtsgrundlage dieser Genehmigungspflicht war freilich zweifelhaft. Seit der UG Novelle 2009 ist klargestellt, dass auch der Budgetvoranschlag des Rektors dem Zustimmungsrecht

des Universitätsrates unterliegt. Das Aktienrecht sieht einen derartigen engen Zusammenhang zwischen ex post und ex ante Kontrolle als Ausdruck der Budgetverantwortlichkeit und der Prüfung des Jahresabschlusses nicht explizit vor. Die Genehmigung des Budgets der Aktiengesellschaft wird bei den Kompetenzen des Aufsichtsrates nicht ausdrücklich erwähnt. Die Genehmigung des Budgets gehört aber in der Praxis regelmäßig zu den wesentlichen Aufgaben des Aufsichtsrates. Auch hier gilt, was zu den Zustimmungsrechten oben schon allgemein ausgeführt wurde. Weder dem Universitätsrat noch dem Aufsichtsrat kommt eine einseitige Abänderungsbefugnis des Budgetvoranschlages zu. Da das Rektorat aber, bei Verweigerung der Zustimmung des Universitätsrates zum Universitätsbudgetvoranschlag einen neuen Voranschlag zu unterbreiten hat, ist realistischer Weise davon auszugehen, dass in diesen Fällen eine Kooperation der Führungsorgane stattzufinden hat, mit dem Ziel einen einvernehmlichen Budgetvoranschlag zu erstellen. Auch hier fehlt freilich eine ausdrückliche Entscheidungsbefugnis des zuständigen Bundesministers für den Fall, dass Universitätsrat und Rektorat keine einvernehmliche Lösung finden. Wie bereits oben ausgeführt, wird sich auch hier die Lösung über die Säumnisfolgen nach § 47 Abs 3 UG ergeben.

24 Keine ausdrückliche Entsprechung im Universitätsrecht findet die Bestimmung des § 95 Abs 5 Z 2 Aktiengesetz über die Zustimmung des Aufsichtsrates zum Erwerb, der Veräußerung und der Belastung von Liegenschaften, soweit dies nicht zum gewöhnlichen Geschäftsbetrieb gehört. Das bedeutet aber nicht, dass Immobilientransaktionen von der Zuständigkeit des Universitätsrates ausgenommen wären. Der Auffangtatbestand des § 21 Abs 1 Z 12 UG (Zustimmung zur Begründung von Verbindlichkeiten) deckt auch den Erwerb, die Veräußerung und die Belastung von Liegenschaften ab. Auch hier kann eine Betragsgrenze vorgegeben werden, innerhalb derer das Rektorat auch ohne vorheriger Einholung der Zustimmung des Universitätsrates entscheiden kann.

25 Vergleicht man zusammenfassend die Zustimmungsrechte des aktienrechtlichen Aufsichtsrates und des Universitätsrates, kann man eine weitgehende Übereinstimmung der Kompetenzen feststellen. Unterschiede gibt es nur dort, wo das Universitätsrecht an die spezifischen universitären Gestaltungsinstrumente anknüpft. Die Zustimmungsrechte zum Entwicklungsplan, zum Organisationsplan und zum Entwurf der Leistungs- bzw Gestaltungsvereinbarung finden im Aktienrecht keine Entsprechung, da diese Gestaltungsrechte aktienrechtlich nicht vorgegeben sind. Ansonsten können zur universitätsrechtlichen Interpretation der Zustimmungsrechte des Universitätsrates die aktienrechtlichen in Lehre und Rechtsprechung entwickelten Grundsätze durchaus herangezogen werden. Dies gilt insbesondere für die Prüfung des Rechnungsabschlusses und für die Genehmigung von Rechtsgeschäften.

V. Innere Ordnung und Vertretung

A. Geschäftsordnung

Gemäß § 21 Abs 1 Z 16 UG gibt sich der Universitätsrat seine Geschäftsordnung selbst. Für diese Selbstverständlichkeit bedurfte es einer eigenen Regelung durch die Novelle 2009 zum UG. Aus den Erläuterungen zur Regierungsvorlage geht hervor, dass offenbar die Meinung vorherrschte, die Kompetenz zur Erlassung der Geschäftsordnung des Universitätsrektors wäre bis dahin nicht klar geregelt gewesen. Aufgrund der Auffangkompetenz des Rektorates wäre es vor 2009 auch denkbar gewesen, dass das Rektorat für den Universitätsrat eine Geschäftsordnung erlassen könnte. Ja selbst eine Kompetenz des Senates auf der Grundlage des § 25 Abs 1 Z 15 des UG 2002 (Erlassung von Richtlinien für die Tätigkeit von Kollegialorganen) wurde ins Spiel gebracht. Allein diese Diskussion belegt die Mehrfachfunktion des Universitätsrates, der eben nicht nur ein Kontrollorgan ist. Bei einem Aufsichtsorgan wäre es an sich selbstverständlich, dass beaufsichtigte Organe dem Kontrollor keine Geschäftsordnung vorgeben können. Sieht man den Universitätsrat aber auch als strategisches Organ, und damit als Teil der Leitung der Universität, dann ist diese Gedankenführung nicht mehr so absurd. Blickt man auf den Aufsichtsrat, dann wird deutlich, dass Geschäftsordnungsfragen des Kontrollorgans primär in die Kompetenz des wirtschaftlichen Eigentümers fallen, sohin in der Aktiengesellschaft durch die Satzung geregelt werden. Nur dort wo Gesetz und Satzung die Geschäftsordnung des Aufsichtsrates nicht abschließend regeln, ist der Aufsichtsrat befugt, die offen gelassenen Fragen durch Beschluss zu regeln (*Eiselsberg/Bräuer* Rz 24/23 ff; *Kastner/Doralt/Nowotny*, Gesellschaftsrecht, 256; *Strasser* in Jabornegg/Strasser, AktG II, § 94 AktG Rz 7). Man hätte daher auch aus der aktienrechtlichen Rechtslage den Schluss ziehen können, dass der Universitätsrat befugt ist, sich selbst eine Geschäftsordnung zu geben. Die Erläuterungen zur Regierungsvorlage halten denn auch fest, dass die Einfügung des § 21 Abs 1 Z 16 UG „eine Klarstellung" beinhaltet. Daraus ergibt sich der Schluss, dass der Gesetzgeber die Auffassung vertritt, noch vor der Novellierung erlassene autonome Geschäftsordnungen seitens des Universitätsrates seien rechtswirksam. 26

B. Sitzungen

§ 94 Abs 3 AktG bestimmt, dass der Aufsichtsrat mindestens vier Mal im Jahr eine Sitzung abhalten muss. Das UG verzichtet im Gegensatz dazu, dem Universitätsrat eine bestimmte Anzahl von Sitzungen vorzugeben. In der Praxis der Universitäten zeigt sich, dass die Universitätsräte gleichfalls mindestens vier Mal im Jahr tagen. Das wird sich aus § 21 Abs 10 UG ableiten lassen. Danach sind die Mitglieder des Universitätsrates bei ihrer Tätigkeit zu entsprechender Sorgfalt verpflichtet. Zu einer entsprechenden Sorgfalt gehört es auch, die Aufgaben des Universitätsrates in einer ausreichenden Intensität wahr zu nehmen. Hier wird das Minimalerfordernis der quartalsmäßigen Abhaltung von Sitzungen nach § 94 Abs 3 AktG herangezogen werden können. Festzuhalten ist – ebenfalls wie im Aktienrecht –, dass aus der Sorgfalt des Aufsichtsrates wie des Universitätsrates folgt, dass mehr als vier Sitzungen pro Geschäftsjahr erforderlich sein können, wenn es die Lage der Gesellschaft/Universität erfordert. Zu Recht weist *Nowot-* 27 *ny* (RdW1997, 577) darauf hin, dass das Unterbleiben erforderlicher Sitzungen haftungsrechtliche Folgen haben kann. Dies wird nicht nur für den Aufsichtsrat sondern auch für den Universitätsrat gelten.

C. Haftungsmaßstab

28 Dies führt zur Frage des Haftungsmaßstabes für Universitätsratsmitglieder (zum AR: *Schauer* Rz 45/1 ff). Das Gesetz umschreibt den Haftungsmaßstab mit der der Tätigkeit entsprechenden Sorgfalt. Damit ist jedenfalls die Sachverständigenhaftung des § 1299 ABGB verbunden. Fraglich ist, ob nicht darüber hinausgehend der aktienrechtliche Haftungsmaßstab der Sorgfalt eines ordentlichen und gewissenhaften Geschäftsleiters (§ 84 Abs 1 Satz 1 AktG) anzuwenden ist. ME ist diese Frage zu bejahen. Jedenfalls gilt das für Universitäten, die Geschäftsanteile von Gesellschaften hält. Es kann nicht sein, dass für die Organmitglieder einer beherrschten Gesellschaft andere Haftungsmaßstäbe gelten als für die Organe der sie leitenden Universität. Darüber hinaus ergibt sich die Verbindung zum gesellschaftsrechtlichen Haftungsmaßstab dadurch, dass die unternehmensrechtlichen Bestimmungen über das Rechnungswesen auch auf die Universitäten anzuwenden sind. Die enge Verbindung mit dem unternehmerischen Rechnungswesen, hergestellt durch die Rechnungsabschlussverordnung der Universitäten, legt den Schluss nahe, dass der Haftungsmaßstab für die Mitglieder der leitenden Organe der Universität derjenige eines ordentlichen Geschäftsleiters sein muss. Ein weiteres Argument zu Gunsten der Heranziehung des aktienrechtlichen Haftungsmaßstabes für Universitätsratsmitglieder ist die weitgehende Übereinstimmung der zustimmungspflichtigen Geschäfte zwischen Aktienrecht und Universitätsrecht. Zurecht wird aus dem Bereich der zustimmungspflichtigen Geschäfte gefolgert, dass Aufsichtsratsmitglieder einer Aktiengesellschaft demselben Sorgfaltsmaßstab unterliegen wie die Vorstandsmitglieder. Nichts anderes kann dann aber für die Mitglieder des Universitätsrates gelten, wenn sie in noch weitergehenderem Umfang als Aufsichtsratsmitglieder einer Aktiengesellschaft, Geschäfte der Universität zu genehmigen oder diesen zuzustimmen haben. Tritt der Universitätsrat in diesem Umfang – stärker noch als der Aufsichtsrat in der Aktiengesellschaft – als Geschäftsleiter auf, dann trifft seine Mitglieder auch der Haftungsmaßstab der Sorgfalt eines ordentlichen und gewissenhaften Geschäftsleiters.

D. Sach- und Personalerfordernisse

29 Aus der Aufgabenstellung des Universitätsrates und der Verpflichtung zur sorgfältigen Wahrnehmung seiner Kompetenzen folgen die Verpflichtung des Rektorats und das Recht des Universitätsrates auf eine entsprechende personelle und fachliche Ausstattung. Dazu gehören aber auch das Recht und die Pflicht des Universitätsrates, erforderlichenfalls auf externen Sachverstand zurückgreifen zu können. In Analogie zum Aufsichtsrat in der Aktiengesellschaft ist daher auch der Universitätsrat berechtigt beispielsweise Gutachten zu beauftragen und im Rahmen seiner Befugnisse die erforderlichen Hilfsgeschäfte im Namen der Universität zu tätigen (vgl dazu *Strasser* in *Jabornegg/Strasser*, Aktiengesetz, Rz 67 zu §§ 95-97). Dem steht die Vertretungskompetenz des Rektorats nach § 22 Abs 1

UG, deren Sprecher gemäß § 23 Abs 1 UG der Rektor ist, nicht entgegen. Dass diese Bestimmungen spezielle Vertretungsbefugnisse einzelner Universitätsorgane nicht ausschließt, belegt bereits die Kompetenz des Universitätsrates, Abschlussprüferinnen oder Abschlussprüfer zur Prüfung des Rechnungsabschlusses der Universität zu bestellen. Hier weist der Gesetzgeber dem Universitätsrat eine Kompetenz zu, die notwendigerweise damit verbunden ist, die Universität auch im Außenverhältnis zu vertreten, weil nur so die Bestellung eines Abschlussprüfers oder einer Abschlussprüferin rechtswirksam zustande kommen kann. Ganz eindeutig vertritt der Universitätsrat die Universität beispielsweise auch beim Abschluss des Arbeitsvertrages mit dem Rektor und den VizerektorInnen. Auch der Abschluss der Zielvereinbarung mit der Rektorin oder dem Rektor durch den Universitätsrat impliziert die Vertretung der Universität, da aus der Zielvereinbarung die Universität berechtigt wird und nicht etwa der Universitätsrat, der ja selbst keine juristische Person ist. Es ist daher zu folgern, dass – wie bei Hilfsgeschäften im Aktienrecht – der Universitätsrat berechtigt ist, die Universität auch im Außenverhältnis so weit zu vertreten, soweit dies zur Erfüllung seiner Kompetenzen erforderlich ist. Das reicht von Banalitäten wie der Ausschreibung der Funktion des Rektors in entsprechenden Inseraten in einschlägigen Medien bis hin zur Vergabe von technischen, kaufmännischen oder rechtlichen Gutachten zur Beurteilung von einschlägigen Investitionsvorhaben oder geplanten Verbindlichkeiten der Universität, die der Zustimmung des Universitätsrats unterliegen. Hier kann für den zur Mitgeschäftsführung berufenen Universitätsrat nichts anderes gelten als für den Aufsichtsrat, der durch Zustimmungs- und Genehmigungsrechte in ähnlichem Umfang zur Mitgeschäftsführung berufen ist.

E. Vertretung gegenüber dem Rektor bzw Vorstandsmitgliedern

Genauso wie der Aufsichtsrat befugt ist, die Gesellschaft bei der Vornahme 30
von Rechtsgeschäften mit den Vorstandsmitgliedern zu vertreten, ist der Universitätsrat vertretungsbefugt beim Abschluss des Arbeitsvertrages mit dem Rektor (*Kalss* Rz 23/45). Wie der Aufsichtsrat ist daher auch der Universitätsrat als Kollegialorgan direkter gesetzlicher Vertreter der Universität (vgl dazu OGH 28.9.2007, 9 ObA 28/07). Wie beim Aufsichtsrat kann daher der Universitätsrat die Universität immer nur in seiner Gesamtheit vertreten, was den Universitätsrat nicht daran hindert, bestimmte Personen oder Ausschüsse mit der Verhandlungsführung mit dem Rektorskandidaten zu beauftragen, letztlich bedarf aber die Vertretung der Universität durch den Universitätsrat immer eines gültig zustande gekommenen Beschlusses im Universitätsrat selbst. Auch das entspricht der aktienrechtlichen Rechtslage. Der Universitätsratsvorsitzende ist daher Bote des Universitätsrates, gibt keine eigenen Willenserklärungen ab, sondern vermittelt nur die Willensentscheidungen des Kollegialorgans als Ganzes. Auch das entspricht der aktienrechtlichen Rechtslage.

Wiederum wie im Aktienrecht deckt § 21 Abs 1 Z 6a UG die prozessrechtli- 31
che Vertretung der Universität gegenüber Rektoren und Vizerektoren. Auch dies entspricht dem Verständnis der Kompetenz des Aufsichtsrates zur Vornahme von

Rechtsgeschäften der Gesellschaft mit den Vorstandsmitgliedern nach § 97 Abs 1 AktG. Ebenfalls im Gleichklang mit dem Aktienrecht bedeutet dies, dass sich die Vertretungsbefugnis des Universitätsrates nur auf amtierende Rektoren und Vizerektoren bezieht. Im Verhältnis zu ehemaligen Rektoren und Vizerektoren gilt die allgemeine Vertretungsregelung für Universitäten, sohin die Vertretung durch das Rektorat. Auch die Vertretung der Universität gegenüber erfolglosen Rektorskandidaten und –kandidatinnen, die beispielsweise Schadenersatz aus culpa in contrahendo oder wegen Diskriminierung fordern könnten, obliegt nicht dem Universitätsrat, gegen den sich materiell möglicherweise der Diskriminierungsvorwurf richtet, sondern dem Rektorat. Dies führt im Ergebnis dazu, dass im Prozess der erfolgreiche Bewerber als neu gewählter Rektor die Universität gegen den erfolglosen Bewerber, der beispielsweise eine Diskriminierung durch den Universitätsrat behauptet, vertritt. Aktienrechtlich wird dazu die Meinung vertreten, das gegenüber ausgeschiedenen Vorstandsmitgliedern – ich ergänze, gescheiterten Vorstandsmitgliedern – eine Vertretung des Aufsichtsrates dann in Betracht kommt, wenn eine Befangenheit des amtierenden Vorstandsmitgliedes gegeben ist (vgl *Strasser* in *Strasser/Jabornegg*, Aktiengesetz, §§ 95-97 Rz 75). In der hier geschilderten Fallkonstellation ist aber nicht davon auszugehen, dass Befangenheit des erfolgreichen Rektorskandidaten, der nun als Rektor agiert, vorliegt. Befangen wären eher die Universitätsratsmitglieder bzw der Universitätsrat, dem diskriminierendes Verhalten vorgeworfen wird. Insofern ist es dann konsequent, dass in einem einschlägigen Prozess die Universitätsratsmitglieder als Zeugen für die behauptete Diskriminierung oder gegen diese auftreten und die Universität durch das Rektorat vertreten wird und für das Rektorat der Rektor auftritt. Im Prinzip können wir aber auch hier feststellen, dass die Grundsätze der aktienrechtlichen Vertretungsregeln gegenüber Vorstandsmitgliedern fruchtbar gemacht werden können für die universitätsrechtliche Vertretungsbefugnis des Universitätsrates gegenüber amtierenden Rektoren und Vizerektoren. Rechtsstreitigkeiten über die Abberufung von Rektoren und Vizerektoren sind daher gegen die Universität, vertreten durch das Rektorat, zu richten. Rechtsstreitigkeiten über die Bezüge amtierender Rektoren und Vizerektoren – um ein weiteres Beispiel anzuführen – gegen die Universität, vertreten durch den Universitätsrat, zu richten. Ansprüche eines ausgeschiedenen Rektors oder Vizerektors auf die Vergütung nach 1155 ABGB als Folge einer rechtsunwirksamen Abberufung sind – wenn das Amt durch Zeitablauf erledigt ist – gegen die Universität vertreten durch das Rektorat zu richten, tritt der Rektor als Folge der Rechtsunwirksamkeit seiner Abberufung sein Amt wieder an, dann richtet sich sein Vergütungsanspruch aus § 1155 ABGB wiederum gegen die Universität vertreten durch den Universitätsrat. All dies entspricht der aktienrechtlichen Vertretungsregelung durch den Aufsichtsrat gegenüber amtierenden respektive ausgeschiedenen Vorstandsmitgliedern.

VI. Ergebnisse

32 Als Ergebnisse dieses Überblicks können wir festhalten, dass der Universitätsrat anders als der Aufsichtsrat stärker in die operative Leitung der Universität eingebunden ist und sich seine Aufgabenstellung nicht auf die Kontrolle der

Geschäftsführung durch das Rektorat beschränkt. Im Gegenteil fehlt für den Universitätsrat eine umfassende Kontrollbefugnis wie sie der Gesetzgeber dem Aufsichtsrat der Aktiengesellschaft zuweist. Insofern ist als Folge des Systemvergleiches eine generelle Übertragung aktienrechtlicher Lösungen auf den Universitätsrat nicht angezeigt. Dort aber, wo die Aufgabenstellung des Universitätsrates jenem eines Aufsichtsrates entspricht, zeigt sich, dass aktienrechtliche Regelungen auf den Universitätsrat übertragen werden können, dies auch deswegen, weil in diesem Umfang die aktienrechtlichen Vorgaben für den Aufsichtsrat der Ausgestaltung der Befugnisse des Universitätsrates offensichtlich Pate gestanden sind.

VIII. Verantwortlichkeit

Zivilrechtliche Verantwortlichkeit des Aufsichtsrats

Martin Schauer

§§: 99 AktG; 33 GmbHG.

Literatur

N. Arnold, Die Protokollierung von Aufsichtsratssitzungen, Aufsichtsrat aktuell 2005, 8; *Artmann/Rüffler/Torggler* (Hrsg), Die Organhaftung (2013); *St. Briem*, Verbotene Einlagenrückgewähr und Untreue, RdW 2016/59, 93; *Brandl*, Die Haftung des Vorstands für Verletzungen der Ad-Hoc-Publizität nach § 82 Abs 6 BörseG, ecolex 2002, 92; *Bruzek*, Die Entlastung bei GmbH und AG (2009); *D. Bydlinski*, Ruhendstellen von Aufsichtsratsmandaten bei Interessenkonflikten, ecolex 2014, 243; *Cach/Nicolussi*, Strafrechtsänderungsgesetz 2015 – Auswirkungen auf das Gesellschaftsrecht, GesRZ 2015, 219; *P. Doralt*, Zur gesonderten Abstimmung bei der Entlastung von Vorstands- und Aufsichtsratsmitgliedern, FS Wagner (1987) 75; *P. Doralt/W. Doralt*, Rechtsvergleichung und Rezeption in der Managerhaftung, FS Koziol (2010) 565; *W. Doralt*, Zur fünfjährigen Verjährungsfrist von Schadenersatzansprüchen nach § 275 HGB, ÖBA 2005, 261; *Eckert/Gassauer-Fleissner*, Überwachungspflichten des Aufsichtsrats im Konzern, GeS 2004, 416; *Eckert/Linder*, Verjährung von Ersatzansprüchen gegen Vorstandsmitglieder, ecolex 2005, 449; *Endl/Zumbo*, Der Aufsichtsratsvorsitzende - Erster unter Gleichen? FS Nowotny (2015) 286; *Engin-Deniz/Kaindl*, Haftung von GmbH-Geschäftsführern und AG-Vorstandsmitgliedern bei Wettbewerbs- und Immaterialgüterrechtsverletzungen, ecolex 2012, 947; *Englerth*, Verhaltensökonomik, in v. Towfigh/Petersen (Hrsg), Ökonomische Methoden im Recht (2010) 165; *Eigner*, Neue Regeln zur Vorstandsvergütung und zur Zusammensetzung des Aufsichtsrats, GesRZ 2012, 208; *G. Fellner*, Die Kompetenzen, Verantwortung und Qualifikation des Aufsichtsrats unter Berücksichtigung des Österreichischen Corporate Governance Kodex, NZ 2002, 353; *M. Fellner*, Persönlichkeitsschutz juristischer Personen (2007); *Feltl/Kraus*, Wettbewerbsverbot für Aufsichtsratsmitglieder, wbl 2011, 61; *Fida/Gelter/C. Rechberger*, Der Finanzexperte im Aufsichtsrat – lex imperfecta? GeS 2006, 239; *Fleischer*, Vertrauen von Geschäftsleitern und Aufsichtsratsmitgliedern auf Informationen Dritter, ZIP 2009, 1397; *Frotz*, Grundsätzliches zur Haftung von Gesellschaftsorganen und für Gesellschaftsorgane, GesRZ 1982, 98; *Frotz*, Zur Absicherung der Organmitglieder einer AG gegen Haftungsansprüche der Gesellschaft, FS Wagner (1987) 137; *Gassner*, Neue Pflichten und Gestaltungsmöglichkeiten des Stiftungsrates, in Hochschule Liechtenstein, Institut für Finanzdienstleistungen (Hrsg), Das neue liechtensteinische Stiftungsrecht (2008) 155; *Gelbmann*, Strafrechtliche Absicherung der Corporate Governance, GesRZ 2003, 20; *W. Graf*, Rechtsfolgen unzulässig hoher Vorstandsbezüge, RdW 2007/543, 515; *Griehser*, Business Judgement Rule und Entscheidungen des Aufsichtsrats? RdW 2009/14, 10; *Größ*, Anlegerschutz im Übernahmerecht (2003); *Gruber*, Aktienrechtliche Zulässigkeit einer D&O-Versicherung? GesRZ 2012, 93; *Gruber/Auer*, Die Verschwiegenheitspflicht der Vorstands- und Aufsichtsratsmitglieder einer nicht börsenotierten AG, GesRZ 2013, 173; Gumpoldsberger/Baumann (Hrsg), UWG (2006); *Gurmann/Eberhardt*, Organhaftung und Rechtsfolgen der Entlastung, GES 2012, 119; *Haberer*, Zwingendes Kapitalgesellschaftsrecht (2009); *Hainz*, Dienstnehmerhaftpflichtgesetz und Organfunktion, FS Reich-Rohrwig (2014) 366; *Iro*, Banken und Wissenszurechnung, ÖBA 2001, 3, 112; *Jabornegg*, Zur Verschwiegenheitspflicht der Arbeitnehmervertreter im Aufsichtsrat, RdA 2004, 107; *Jakob*, Die liechtensteinische Stiftung (2009); *Kapsch/Grama*, Business Judgment Rule: Pflichtwidrige oder bloß unglückliche Geschäftsentscheidung? ecolex 2003, 524; *Kalss*, Die Informationsversorgung des Aufsichtsrats durch den Vorstand, Aufsichtsrat aktuell 2011 H 4, 5; *Kalss*, Verschmelzung Spaltung Umwandlung² (2010); *Kalss*, Der Aufsichtsrat als Hüter der Interessen der Gläubiger – Aufgaben und Absicherung in der aktuellen Corporate-

Governance-Diskussion, in Kalss (Hrsg), Gläubigerschutz im slowenischen, italienischen und österreichischen Kapitalgesellschaftsrecht (2002); *Kalss*, Die Handlungs- und Entscheidungspflichten des Aufsichtsrats bei einem Fehlverhalten von Vorstandsmitgliedern einer Aktiengesellschaft, FS Jud (2012) 285; *Kalss*, Die Außenhaftung der Leitungsorgane gegenüber Gesellschaftern und Dritten, in Artmann/Rüffler/Torggler (Hrsg), Die Organhaftung (2013) 73; *Kalss*, Organhaftung in Österreich – einige rechtspolitische Anmerkungen, GesRZ 2014, 159; Kalss/Hügel (Hrsg), Europäische Aktiengesellschaft – SE-Kommentar (2004); *Kalss/Oelkers*, Der Aufsichtsrat in der Unternehmenskrise, Aufsichtsrat aktuell 2006, 6; *Kalss/Oelkers*, Der Aufsichtsrat in der Insolvenz, Aufsichtsrat aktuell 2007, 11; *Karollus*, Funktion und Dogmatik der Haftung aus Schutzgesetzverletzung (1992); *Karollus*, Pflichten und Haftung der Organe von Kapitalgesellschaften in der Krise und bei der Sanierung, in Feldbauer-Durstmüller/Schlager (Hrsg), Krisenmanagement – Sanierung – Insolvenz (2002) 1145; *Karollus*, Unternehmerische Ermessensentscheidungen und Business Judgment Rule aus primär gesellschaftsrechtlicher Sicht, VR 2015/10, 23; *Kastner*, Aufsichtsrat und Realität, FS Strasser I (1983); *Kerschner*, DHG[2] (2004); *Kittel*, Die Haftung des Aufsichtsrats der Aktiengesellschaft[2] (2004); *Koppensteiner*, Zur Außenhaftung von Geschäftsführern und Vorständen, GES 2015, 379; *Koziol*, Österreichisches Haftpflichtrecht[3] I (1997); *Koziol*, Grundfragen des Schadenersatzrechts (2010); *Krejci*, Zur Pflicht des AG-Aufsichtsrates, den Jahresabschluss zu prüfen, NZ 2001, 266; *Krejci*, Zur Qualifikation und Zusammensetzung des Aufsichtsrates der Aktiengesellschaft, GeS 2012, 319; *Lewisch/N. Huber*, Untreue zulasten einer Kapitalgesellschaft trotz Gesellschafterzustimmung?, RdW 2014/627, 567; *Lukas*, Schnittstellen zwischen Straf- und Zivilrecht, AnwBl 2010, 259; *Lutter*, Die Business Judgment Rule in Deutschland und Österreich, GesRZ 2007, 79; *Lutter*, Zivilrechtlich korrekt und doch strafbar? Das kann nicht sein, NZG 2010, 601; *Mahr*, Der immaterielle Schaden der Juristischen Person im Wettbewerbsrecht, wbl 1994, 69; *G. Moser*, Neue Bestimmungen für Vorstand und Aufsichtsrat im AktG und im UGB, GES 2012, 271; *Nowotny*, Neues für den Aufsichtsrat, RdW 1997, 577; *K. Oberhofer*, Die Unabhängigkeit des Aufsichtsrats (2008); *Reiner*, Schiedsverfahren und Gesellschaftsrecht, GesRZ 2007, 151; *Reischauer*, Der Entlastungsbeweis des Schuldners (1975); *Reiter*, Der Finanzexperte im Prüfungsausschuss des Aufsichtsrates, Aufsichtsrat aktuell 2005, 9; *Reiter/Panzirsch*, Qualifikationserfordernisse an den Finanzexperten im Aufsichtsrat, RWZ 2010, 197; *Richter/Furubotn*, Neue Institutionenökonomik[4] (2010); *Riss*, Doppelorganschaft und Treuepflichten (2008); *Riss*, Doppelorganschaft, Kollision von Treuepflichten und Business Judgment Rule, ecolex 2010, 156; *Roth*, Haftung des Aufsichtsrats, GesRZ-SH 2005, 12; *Rüffler*, Business Judgement Rule und Untreue, GES 2015, 261; *Rüffler*, Kapitalmarktrechtliche Informations- und Verhaltenspflichten als Schutzgesetze? GeS 2010, 113; *Rüffler*, Organhaftung für Anlegerschäden, JBl 2011, 69; *Ruhm*, Haftung des Aufsichtsrates einer AG bei pflichtwidriger Weitergabe von Geschäftsinformationen, RdW 2005/813, 736; *Ruhm/Toms*, Zur Haftung von faktischen Geschäftsführern und Nichtgesellschaftern, ecolex 2009, 682; *Säcker*, Rechtliche Anforderungen an die Qualifikation und Unabhängigkeit von Aufsichtsratsmitgliedern, AG 2004, 180; *Schärf*, Rieger Bank – OGH zu Fragen der Haftung der Aufsichtsräte – Ende der Fragen? GesRZ 2004, 39; Schauer (Hrsg), Kurzkommentar zum liechtensteinischen Stiftungsrecht (2009); *Schauer*, Zum Schadensbegriff bei der Haftung der Organe im Gesellschaftsrecht, FS G. Roth (2011) 687; *G. Schima*, Enthaftung des Vorstands (Aufsichtsrats) durch Entlastungsbeschluß sämtlicher Aktionäre? GesRZ 1991, 185; *G. Schima*, Business Judgment Rule und Verankerung im österreichischen Recht, GesRZ 2007, 93; *G. Schima*, Zulässigkeitsgrenzen von „Golden Handshakes" – zugleich Anmerkungen zu OGH 11. Juni 2008, 7 Ob 58/08t, FS Binder (2010) 817; *G. Schima*, Business Judgment Rule und Beweislastverteilung bei der Vorstandshaftung nach US-, deutschem und österreichischem Recht, in Baudenbacher/Kokott/Speitler (Hrsg), Aktuelle Entwicklungen des Europäischen und Internationalen Wirtschaftsrechts (2010) 369; *G. Schima*, Die Beweislastverteilung bei der Geschäftsleiterhaftung, FS Jud (2012) 571; *G. Schima*, Dividendenausschüttung, Einlagenrückgewähr und Untreue,

FS Reich-Rohrwig (2014) 161; *G. Schima*, Einlagerückgewähr und Untreue bei Aktionärszustimmung, RdW 2015/314, 344; *Schima*, Reform des Untreuetatbestandes und Business Judgment Rule im Aktien- und GmbH-Recht, GesRZ 2015, 286; *Schlosser*, Die Organhaftung der Vorstandsmitglieder der Aktiengesellschaft (2002); *Schönbacher*, Die Haftung des Aufsichtsrats bei Konkursverschleppung (2009); *Schopper/Walch*, Unternehmensrechtliche Verjährungsregeln und ihr Verhältnis zum allgemeinen Zivilrecht, ÖBA 2013, 418; *Schopper*, Ad-hoc-Meldepflicht als Schutzgesetz, ÖBA 2014, 495; *Schrank/Schlager*, Bilanzstrafrecht NEU, ecolex 2015, 558; *Schumacher*, Das Unternehmensreorganisationsgesetz, ÖBA 1997, 855; *Semler*, Anforderungen an die Befähigung eines Aufsichtsratsmitglieds, FS K. Schmidt (2009) 1489; *Semler*, Leitung und Überwachung der Aktiengesellschaft[2] (1996); *Spindler*, Organhaftung und Versicherung, in: Bachmann/Casper/Schäfer/Veil (Hrsg), Steuerungsfunktionen des Haftungsrechts im Gesellschafts- und Kapitalmarktrecht (2007); *M. Strasser*, Die Treuepflicht der Aufsichtsratsmitglieder einer Aktiengesellschaft (1998); *Temmel*, Der Aufsichtsrat – Ein Handbuch für die Praxis (2003); *Told*, Zum Entlastungsbeweis bei der Managerhaftung, wbl 2012, 181; *Told*, Business Judgment Rule und ihre Anwendbarkeit in Österreich, GES 2015, 60; *U. Torggler*, Business Judgment Rule und unternehmerische Ermessensentscheidung, ZfRV 2002/9; *U. Torggler*, Das fehlerhafte Vorstandsmandat, insb bei rückwirkendem Entfall, FS Reich-Rohrwig (2014) 240; *U. Torggler*, Von Schnellschüssen, nützlichen Gesetzesverletzungen und spendablen Aktiengesellschaften, wbl 2009, 168; *U. Torggler*, Zur Business Judgment Rule gem Art 182 Abs 2 PGR, LJZ 2009, 56; *Völkl*, Vertretung und Haftung, in Straube/Aicher (Hrsg), Handbuch zur Europäischen Aktiengesellschaft (2006); *Völkl/Lehner*, Organhaftung: (K)ein Sonderhaftungsrecht?, ecolex 2013, 39; *I. Welser*, Aufsichtsräte im Spannungsfeld von Verschwiegenheits- und Offenlegungspflichten, FS Jud (2012) 745; *Wenger*, Zu Interessenkonflikten der Aufsichtsratsmitglieder und zur Inkompatibilität von Ämtern, RWZ 2001, 1; Wiebe/G. Kodek (Hrsg), Kommentar zum UWG[2] (2012); *Wied-Nebbeling/Schott*, Grundlagen der Mikroökonomik[4] (2007); *Wilhelm*, Zur Haftungsbegründung nach falschen ad-hoc-Mitteilungen, ecolex 2010, 534; *Winner*, Die Zielgesellschaft in der freundlichen Übernahme (2002); *Zehetner/Lehner*, Die Haftung des Aufsichtsrats bei der Vereinbarung eines angemessenen Honorars mit dem Abschlussprüfer, Aufsichtsrat aktuell, 2014, H 4, 17; *Zollner*, Organuntreue und Einverständnis der Gesellschafter, FS Reich-Rohrwig (2014) 265.

Gliederung **Rz**

I. Grundlagen

1 Aufsichtsratsmitglieder sind – ebenso wie die Mitglieder des Vorstands – in fremdem Interesse tätig, nämlich im Interesse der Gesellschaft. Aus ökonomischer Perspektive steht die Tätigkeit im fremden Interesse im Mittelpunkt der Prinzipal-Agent-Theorie[1]. Ausgehend von der Prämisse, dass die Interessen des *agent* und des *principal* nicht notwendigerweise gleichgerichtet sind, befasst sie sich mit dem Problem, dass die Tätigkeit des *agent* vom *principal* in der Regel nicht unmittelbar beobachtet werden kann, und dass der *agent* gegenüber dem *principal* womöglich über tätigkeitsbezogene Informationsvorsprünge verfügt. Beides kann zu Effizienzverlusten führen, wenn der *agent* seine Ressourcen nicht bestmöglich im Interesse des *principal* einsetzt, oder wenn es ihm gelingt, eigenes Fehlverhalten hinter der Behauptung ungünstiger externer Entwicklungen zu verbergen. Aufgabe der Rechtsordnung ist die Schaffung von Rahmenbedingungen, die einer möglichst weitgehenden Orientierung der Handlungen des *agent* an den Interessen des *principal* dienen. Dafür kommen verschiedene Arten von Instrumenten in Betracht: Sie können einer institutionellen Qualitätssicherung dienen, sie können positive Handlungsanreize für den *agent* erzeugen, und sie können schließlich Sanktionen bei Fehlverhalten vorsehen[2]. Beim Aufsichtsrat sind Instrumente aller dieser Arten vorhanden: Der institutionellen Qualitätssicherung dienen etwa die Überprüfung der fachlichen Qualifikation vor der Bestellung (§ 87 Abs 2 und 2a AktG, § 30b Abs 1a GmbHG) sowie die dauernde Gewährleistung der Unabhängigkeit (vgl etwa § 86 Abs 2 Z 2 und 3, § 90, § 92 Abs 4a Satz 6 AktG; § 30a Abs 2 Z 2 und 3 GmbHG, § 30e Abs 1, § 30g Abs 4a Satz 6 GmbHG)[3]. Positive Handlungsanreize können von der Entlohnung des Aufsichtsrats sowie von der Möglichkeit ausgehen, ihn am Unternehmenserfolg zu beteiligen (zB durch Aktienoptionen[4]). Als Sanktion für pflichtwidriges Verhalten steht in erster Linie die Schadenersatzpflicht zur Verfügung. Deshalb stellt die zivilrechtliche Verantwortlichkeit des

[1] Dazu etwa *Richter/Furubotn*, Institutionenökonomik[4] 173 ff; *Wied-Nebbeling/Schott*, Mikroökonomik[4] 317 ff.

[2] Vgl dazu im Zusammenhang mit dem Aufsichtsrat auch *P. Doralt/W. Doralt* in Semler/v. Schenck, ARHdb[4] § 14 Rz 1 f.

[3] Dazu in neuerer Zeit eingehend *K. Oberhofer*, Unabhängigkeit insb 107 ff.

[4] Vgl dazu *Kalss* in Doralt/Nowotny/Kalss, AktG[2] § 98 Rz 34 ff; *dieselbe* in Kalss/Nowotny/Schauer, Gesellschaftsrecht Rz 3/498.

Aufsichtsrats einen wesentlichen **Baustein der Corporate Governance** in der Kapitalgesellschaft dar. Wenn man überdies bedenkt, dass der Aufsichtsrat seinerseits als Kontrollorgan der Geschäftsleitung tätig wird, dann bildet seine eigene Haftpflicht eine Metaebene der Governance.

Die Haftpflicht des Aufsichtsrats beruht auf dem Konzept der **Verschuldenshaftung**[5]. Der Aufsichtsrat hat also – ebenso wie der Vorstand – nicht für den Erfolg seiner Maßnahmen einzustehen[6] und unterliegt auch keiner spezifischen Gefährdungshaftung. Er schuldet nur die Einhaltung der gebotenen Sorgfalt, die situationsadäquat zu konkretisieren ist (dazu Rz 26 ff). Wie auch sonst bei der Verschuldenshaftung dient die Schadenersatzpflicht des Aufsichtsrats der Prävention und dem Ausgleich eines eingetretenen Schadens[7]. Die – vor allem bei großen Unternehmen inzwischen weit verbreitete – D&O-Versicherung (dazu Kap 35) kann zwar die Präventionswirkung der Pflicht zum Schadenersatz tendenziell abschwächen[8]; sie überwindet aber die häufig fehlende Leistungsfähigkeit des Aufsichtsratsmitglieds als Haftpflichtschuldner und unterstützt dadurch die Ausgleichsfunktion des Haftpflichtrechts. 2

Die Haftung des Aufsichtsrats kann **Innenhaftung** (Binnenhaftung) oder **Außenhaftung** sein[9]. In der Regel haftet das Mitglied des Aufsichtsrats nur der Gesellschaft (Innenhaftung). Durch den an die Gesellschaft geleisteten Ersatz wird die durch die schädigende Handlung zugefügte Vermögenseinbuße kompensiert, wodurch auch das Interesse der Gesellschafter an der Werterhaltung ihrer Anteile und das Interesse der Gläubiger an der Sicherung ihres Haftungsfonds befriedigt werden[10]. In bestimmten Fällen werden die Interessen der Gläubiger und der Gesellschafter aber nicht bloß als ein Reflex der Schädigung der Gesellschaft, sondern unmittelbar beeinträchtigt. Eine Ersatzleistung an die Gesellschaft wäre dann kein tauglicher Weg des Schadensausgleichs. Deshalb kann aufgrund besonderer 3

---

5 Vgl auch *P. Doralt/W. Doralt* in Semler/v. Schenck, ARHdb[4] § 14 Rz 4; *Rauter* in Straube/Ratka/Rauter, GmbHG[2] § 33 Rz 37; *A. Heidinger* in Gruber/Harrer, GmbHG § 33 Rz 20; *Kittel*, Handbuch[2] 335.

6 Ablehnung einer Erfolgshaftung auch bei OGH 1 Ob 144/01k GesRZ 2002, 86; *Kalss* in Doralt/Nowotny/Kalss, AktG[2] § 99 Rz 5; *Rauter* in Straube/Ratka/Rauter, GmbHG[2] § 33 Rz 17; *Reich-Rohrwig*, GmbH-Recht[2] I Rz 4/440.

7 So auch *P. Doralt/W. Doralt* in Semler/v. Schenck, ARHdb[4] § 14 Rz 5 f; vgl auch *Kalss*, Aufsichtsrat, in Kalss, Kapitalgesellschaftsrecht 85 f; zu den Zwecken des Schadenersatzrechts bei Verschuldenshaftung allgemein *Koziol*, Haftpflichtrecht[3] I Rz 1/13 ff; *derselbe*, Grundfragen Rz 3/1 ff.

8 Kritisch deshalb etwa *P. Doralt/W. Doralt*, FS Koziol 581 f; vgl auch das Gebot zur Vereinbarung eines Selbstbehalts in § 93 Abs 1 Satz 3 dAktG idF VorstAG (dBGBl I 2509); zuvor bereits Pkt. 3.8 dCGK; aus dem Schrifttum etwa *W. Doralt* in Semler/v. Schenck, ARHdb[4] § 15 Rz 29 ff, differenzierend *Spindler* in MünchKommAktG[4] § 93 Rz 191 ff; *derselbe*, Organhaftung, in Bachmann/Casper/Schäfer/Veil, Steuerungsfunktionen 219 ff. Zum österreichischen Recht für das Erfordernis eines Selbstbehalts *Kalss* in MünchKommAktG[4] § 93 Rz 388 und *dieselbe* in Kalss/Nowotny/Schauer, Gesellschaftsrecht Rz 3/453 FN 630; *Gruber*, GesRZ 2012, 101, wofür jedoch keine zwingenden Gründe bestehen.

9 Ausführlich zur Unterscheidung *Karollus*, Pflichten und Haftung, in Feldbauer-Durstmüller/Schlager, Krisenmanagement 1147 ff.

10 Vgl auch *P. Doralt/W. Doralt* in Semler/v. Schenck (Hrsg), ARHdb[4] § 14 Rz 8 ff.

Haftungstatbestände auch eine unmittelbare Haftung gegenüber dritten Personen bestehen.

4 **Rechtsquellen**: Trotz des hohen Harmonisierungsgrades, den das Aktienrecht durch den acquis communautaire erlangt hat, wird die Haftung der Organe immer noch das Recht der Mitgliedstaaten geregelt; unionsrechtliche Vorgaben bestehen insoweit nicht. Die zentralen Rechtsgrundlagen der Innenhaftung sind die Generalklauseln in § 99 AktG und § 33 GmbHG, deren normativer Gehalt sich jedoch überwiegend aus einer Verweisung auf die Haftung des Vorstands (Geschäftsführer) speist (§ 84 AktG; § 25, § 27 GmbHG) (Rz 8 f, 12)[11]. Ferner bestehen einige Sondertatbestände für die Haftung des Aufsichtsrats (§ 41, § 47, § 227 AktG, § 6a Abs 4 GmbHG) (Rz 70 ff). Die Außenhaftung des Aufsichtsrats beruht auf keinem geschlossenen System; die Rechtsgrundlagen sind zersplittert (Rz 79 ff). Der Anwendungsbereich der haftungsrechtlichen Generalklauseln (§ 99 AktG, § 33 GmbHG) reicht über die Kapitalgesellschaften des innerstaatlichen Rechts hinaus; sie gelten kraft Verweisung auch für den Aufsichtsrat einer dualistischen SE (Art 51 SE-VO iVm § 99 AktG)[12] und, soweit es sich um Pflichtwidrigkeiten im Zusammenhang mit der Überwachung der Tätigkeit der geschäftsführenden Direktoren handelt, auch für die Mitglieder des Verwaltungsrats einer monistischen SE (§ 55 SEG iVm § 99 AktG)[13]. Ähnliche Bestimmungen sind überdies für den Aufsichtsrat einer Genossenschaft (§ 24e Abs 6 GenG) und eines Versicherungsvereins auf Gegenseitigkeit (§ 70 Abs 6 VAG iVm § 84 Abs 1 AktG) sowie für den Sparkassenrat vorgesehen (§ 18 Abs 8 iVm § 16 Abs 7 SpG). Die vorliegende Darstellung beschränkt sich auf die Rechtslage bei AG und GmbH. Ergänzend sind stets §§ 1293 ff ABGB heranzuziehen[14].

5 **Adressatenkreis**: Die Haftungsregeln gelten unterschiedslos für sämtliche Aufsichtsratsmitglieder. Es spielt keine Rolle, ob das jeweilige Aufsichtsratsmitglied von den Gesellschaftern gewählt oder von einem dazu berechtigten Gesellschafter (§ 88 AktG, § 30c GmbHG) entsendet wurde. Ebenso wenig ist es relevant, ob das Aufsichtsratsmitglied für seine Tätigkeit eine Vergütung erhält. Demselben Haftungsregime unterliegen auch die vom Betriebsrat entsendeten Mitglieder des Aufsichtsrats; dies gilt sowohl für die normativen Grundlagen als auch für das Maß der gebotenen Sorgfalt[15]. Auch bei ihnen steht der Umstand, dass sie unentgeltlich tätig werden (§ 110 Abs 3 ArbVG), der uneingeschränkten Anwendung des Haftungsrechts nicht entgegen. Es findet keine Mäßigung der Haf-

---

[11] Die sinngleichen Parallelbestimmungen im deutschen Recht sind § 116 dAktG, § 52 Abs 1 dGmbHG.

[12] *Kalss/Greda* in Kalss/Hügel, SE-Kommentar § 37 SEG Rz 8; *Völkl* in Straube/Aicher, Handbuch 219 ff.

[13] *Völkl* in Straube/Aicher, Handbuch 232.

[14] Vgl *Rauter* in Straube/Ratka/Rauter, GmbHG² § 33 Rz 6.

[15] Vgl *Koppensteiner/Rüffler*, GmbH-Gesetz³ § 33 Rz 2; *Straube/Rauter* in Straube/Ratka/Rauter, GmbHG² § 33 Rz 10; *Kalss* in Doralt/Nowotny/Kalss, AktG² § 99 Rz 3; *dieselbe* in Kalss/Nowotny/Schauer, Gesellschaftsrecht Rz 3/507; *Strasser* in Jabornegg/Strasser, AktG⁵ §§ 98, 99 Rz 42; *Temmel*, Aufsichtsrat 133; *Schärf*, GesRZ 2004 40, 42; vgl auch *Reich-Rohrwig*, GmbH-Recht² I Rz 4/419.

tung nach dem DHG statt[16]. Ferner kommt es bei der GmbH nicht darauf an, ob es sich um einen obligatorischen oder fakultativen Aufsichtsrat handelt[17]. Haftungsadressaten sind auch die stellvertretenden Aufsichtsratsmitglieder. Dies ergibt sich bei der GmbH aus der Verweisung in § 33 auf § 27 GmbH[18] und bei der AG aus dem Umstand, dass für die – bei dieser Rechtsform gesetzlich nicht geregelten – stellvertretenden Mitglieder des Aufsichtsrats dieselben Rechte und Pflichten gelten wie für andere Aufsichtsratsmitglieder[19]. Zur fehlerhaften Bestellung eines Aufsichtsratsmitglieds Rz 77.

Beginn und Ende der Haftung: Das haftungsbegründende Rechtsverhältnis beginnt mit der Annahme der Bestellung[20]. Es endet mit dem Erlöschen der Organfunktion; gleichgültig aus welchem Grund diese erfolgt. An bereits entstandenen Schadenersatzansprüchen vermag das Ausscheiden aus dem Aufsichtsrat nichts zu ändern[21]. Für die Haftung genügt es, dass das pflichtwidrige Verhalten im Zuge der Aufsichtsratstätigkeit erfolgt ist, mag auch der Schaden später eingetreten sein[22]. 6

Zwingendes Recht: Die gesellschaftsrechtliche Haftung für Aufsichtsräte einer **Aktiengesellschaft** ist zwingend[23]. Sie kann weder durch die Satzung noch durch vorweg getroffene Vereinbarungen zwischen der Gesellschaft und dem Mitglied des Aufsichtsrats ausgeschlossen oder beschränkt werden. Auch eine Herabsetzung des Sorgfaltsmaßstabes ist nicht möglich. Bei der **GmbH** ist die Rechtslage umstritten. In der neueren Lehre zeichnet sich die Tendenz ab, den gesellschaftsvertraglichen Haftungsverzicht in bestimmtem Umfang zuzulassen: Er könne sich nicht auf die unmittelbar dem Gläubigerschutz dienenden Pflichten gemäß § 25 Abs 3 GmbHG beziehen und sei im Übrigen nur für leichte Fahrlässigkeit und auch insoweit nur zulässig, als der Ersatz nicht zur Befriedigung der 7

---

16 *Strasser* in Jabornegg/Strasser, AktG⁵ §§ 98, 99 Rz 42; *Kalss* in Doralt/Nowotny/Kalss, AktG² § 99 Rz 3; *Rauter* in Straube/Ratka/Rauter, GmbHG² § 33 Rz 10; *Reich-Rohrwig*, GmbH-Recht² I Rz 4/421; *Kerschner*, DHG² § 1 Rz 16; *Schärf*, GesRZ 2004, 42; *Hainz*, FS Reich-Rohrwig 378.

17 OGH 1 Ob 144/01k GesRZ 2002, 86; OGH 9 Ob 58/11m GesRZ 2012, 308 (*Kalss*) = RWZ 2012, 175 (*Wenger*); *Rauter* in Straube/Ratka/Rauter, GmbHG² § 33 Rz 9.

18 *Rauter* in Straube/Ratka/Rauter², GmbHG § 33 Rz 8; *Koppensteiner/Rüffler*, GmbH-Gesetz³ § 33 Rz 1.

19 *Kalss* in Doralt/Nowotny/Kalss, AktG² § 99 Rz 3; vgl allgemein zur Rechtsstellung stellvertretender Aufsichtsratsmitglieder bei der AG *Kalss* in Doralt/Nowotny/Kalss, AktG² § 86 Rz 21; *dieselbe* in Kalss/Nowotny/Schauer, Gesellschaftsrecht Rz 3/536.

20 *Kalss* in Doralt/Nowotny/Kalss, AktG² § 99 Rz 41; *dieselbe* in Kalss/Nowotny/Schauer, Gesellschaftsrecht Rz 3 /575; *P. Doralt/W. Doralt* in Semler/v. Schenck, ARHdb⁴ § 14 Rz 244; *Temmel*, Aufsichtsrat 136; unscharf insoweit *Rauter* in Straube/Ratka/Rauter, GmbHG² § 33 Rz 11.

21 So auch *Kalss* in Doralt/Nowotny/Kalss, AktG² § 99 Rz 41; *Rauter* in Straube/Ratka/Rauter, GmbHG² § 33 Rz 11; *P. Doralt/W. Doralt* in Semler/v. Schenck, ARHdb⁴ § 14 Rz 244.

22 *Kalss* in Doralt/Nowotny/Kalss, AktG² § 99 Rz 41; *Schärf*, GesRZ 2004, 46; vgl auch *P. Doralt/W. Doralt* in Semler/v. Schenck, ARHdb⁴ § 14 Rz 246.

23 HA zur Haftung des Vorstands *Nowotny* in Doralt/Nowotny/Kalss, AktG² § 84 Rz 2; *Kalss* in Kalss/Nowotny/Schauer, Gesellschaftsrecht Rz 3/423; *Kittel*, Handbuch² 382; *Schärf*, GesRZ 2004, 46; *Haberer*, Zwingendes Kapitalgesellschaftsrecht 500 ff, was wegen der Verweisung des § 99 AktG für den Aufsichtsrat in derselben Weise gelten muss (in diesem Sinn auch *Strasser* in Jabornegg/Strasser, AktG⁵ §§ 77-84 Rz 99).

Gläubiger erforderlich ist[24]. Zum Verzicht oder Vergleich der Gesellschaft über bereits entstandene Schadenersatzansprüche Rz 68. Soweit gegenüber einem Dritten eine Außenhaftung des Aufsichtsmitglieds besteht, ist ein Verzicht des Dritten oder der Abschluss eines Vergleichs über die Haftung nach allgemeinen Regeln möglich.

II. Innenhaftung

A. Generalklausel

1. Allgemeines

8 Die Haftung des Aufsichtsrats wird generalklauselartig in § 99 AktG und § 33 GmbHG angeordnet. Diese Bestimmungen regeln die Haftung aber nicht unmittelbar, sondern **verweisen** auf die entsprechenden **Haftungsbestimmungen für den Vorstand** in § 84 AktG bzw §§ 25, 27 GmbHG. Aus dieser Regelungstechnik ergibt sich vor allem, dass sich die Voraussetzungen und die Rechtsfolgen der Haftung nach dem Modell für die Haftung des geschäftsleitenden Organs bestimmen sollen. Freilich kann das Pflichtenprogramm, dessen Verletzung zur Haftpflicht führt, nicht mechanisch vom Vorstand auf den Aufsichtsrat übertragen werden. Das für den Vorstand geltende Haftungsregime ist deshalb nicht unmittelbar, sondern nur sinngemäß anzuwenden.

9 Der Unterschied ergibt sich vor allem aus der **Divergenz der Aufgaben**[25]: Der Vorstand führt die Geschäfte und leitet die Gesellschaft (§ 70 AktG); der Aufsichtsrat überwacht den Vorstand und nimmt Aufgaben im Bereich der strategischen Planung wahr[26]. Daraus ergeben sich gänzlich verschiedenartige Handlungspflichten des Vorstand und des Aufsichtsrats: Eine dem Vorstand auferlegte Handlungspflicht trifft in der Regel nicht auch den Aufsichtsrat und umgekehrt. Die vom einzelnen Aufsichtsratsmitglied zu erfüllenden Pflichten ergeben sich aus den Aufgaben, die das Gesetz für den Aufsichtsrat vorsieht. Freilich geschieht dies zum Teil in verhältnismäßig unbestimmter Weise, wie etwa in der generalklauselartigen Anordnung der Überwachungspflicht gegenüber dem Vorstand (§ 95 Abs 1 AktG, § 30j Abs 1 GmbHG), sodass situationsadäquate Konkretisierungen erforderlich werden (näher Rz 26 ff). Für die Haftpflicht des Aufsichtsrats ergibt sich daraus: Welche Pflichten vom Aufsichtsratsmitglied überhaupt zu erfüllen sind, ist den im Gesetz dem Aufsichtsrat übertragenen Aufgaben zu entnehmen. Die dabei

[24] Ausführlich *Haberer*, Zwingendes Kapitalgesellschaftsrecht 484 ff; vgl auch *Rauter* in Straube/Ratka/Rauter, GmbHG² § 33 Rz 36; *U. Torggler*, Abdingbarkeit, in Arrtmann/Rüffler/Torggler, Die Organhaftung (2013) 42 ff; möglicherweise weiter gehend *Koppensteiner/Rüffler*, GmbH-Gesetz³ § 33 Rz 4 iVm § 25 Rz 25.

[25] Vgl OGH 5 Ob 306/76 EvBl 1978/4 (insoweit nicht veröffentlicht in JBl 1978, 158); 1 Ob 144/01k GesRZ 2002, 86 (GmbH); OGH 9 Ob 58/11m GesRZ 2012, 308 (*Kalss*) = RWZ 2012, 175 (*Wenger*); *P. Doralt/W. Doralt* in Semler/v. Schenck, ARHdb⁴ § 14 Rz 63; *Kalss* in Doralt/Nowotny/Kalss, AktG² § 99 Rz 1.

[26] Vgl die treffende Formulierung in der Rechtsprechung, wonach der Aufsichtsrat weder Vorgesetzter der Geschäftsführer noch „Supergeschäftsführungsorgan" ist (OGH 1 Ob 144/01k GesRZ 2002, 86).

einzuhaltende Sorgfalt ist in Hinblick auf die einem Aufsichtsrat typischerweise abzuverlangenden Kenntnisse und Fähigkeiten (Rz 20 ff und Kap 2) und unter Beachtung des Umstandes zu bestimmen, dass der Aufsichtsrat seine Funktion nur als Nebentätigkeit[27] ausübt. Im Übrigen gelten für die Voraussetzungen und die Rechtsfolgen der Haftung die Bestimmungen über die Haftung des Vorstands. Ergänzend kommen §§ 1293 ff ABGB ins Spiel (vgl bereits Rz 4).

2. Schaden

Voraussetzung eines jeglichen Schadenersatzanspruchs ist der Eintritt eines **10**
Schadens[28]. Bei Schädigung durch den Aufsichtsrat wird es sich in aller Regel um einen **bloßen Vermögensschaden** handeln. Die Ersatzpflicht für den bloßen Vermögensschaden, der das Aufsichtsratsmitglied ausgesetzt ist, entspricht dem allgemeinen Prinzip bei der Verletzung von Sonderrechtsbeziehungen[29]. Zwischen dem Aufsichtsratsmitglied und der Gesellschaft besteht eine solche Rechtsbeziehung auf verbandsrechtlicher Grundlage, die laufend Pflichten unterschiedlichen Inhalts erzeugt. Besteht der Vermögensschaden in der Entstehung einer Verbindlichkeit, so steht die Vermögenslosigkeit der Gesellschaft der Annahme eines Schadens nicht entgegen[30].

Ob die Pflichtverletzung durch den Aufsichtsrat auch zu einem **immateriel- 11**
len Schaden bei der Gesellschaft führen kann, ist zweifelhaft. Gewiss kann der Verband nicht wie eine natürliche Person Unlustgefühle über eine Kränkung verspüren. Demgegenüber wird aus dem Persönlichkeitsschutz juristischer Personen abgeleitet, dass auch bei diesen Rechtsträgern immaterielle Schäden entstehen können[31]. Ein Beispiel ist § 16 Abs 2 UWG in seiner Auslegung durch die hA[32], die auch bei juristischen Personen den Ersatz persönlicher Nachteile durch eine Beeinträchtigung ihrer sozialen Wertstellung anerkennt, wobei auch die damit zusammenhängenden nicht bezifferbaren Vermögensschäden zu berücksichtigen

---

27 Dazu auch *P. Doralt/W. Doralt* in Semler/v. Schenck, ARHdb[4] § 14 Rz 67, 78; *Kalss* in Doralt/Nowotny/Kalss, AktG[2] § 99 Rz 5; *Rauter* in Straube/Ratka/Rauter, GmbHG[2] § 33 Rz 18; *Reich-Rohrwig*, GmbH-Recht[2] I Rz 4/418; *Schärf*, GesRZ 2004 40 f.

28 Nach verbreiteter Meinung (*Kittel*, Haftung[2] 195 ff; *derselbe*, Handbuch[2] 337 f: *Temmel*, Aufsichtsrat 13; *Völkl/Lehner*, ecolex 2013, 40 f; *Schärf*, GesRZ 2004, 40) soll im vorliegenden Zusammenhang ein relevanter Schaden nur dann anzunehmen sein, wenn die Vermögensbeeinträchtigung dem Unternehmenszweck widerspricht. Dagegen spricht freilich, dass für ein solches vom allgemeinen Haftpflichtrecht abweichendes Verständnis des Schadensbegriffs kein Anlass besteht, weil die Ersatzpflicht in den für die Begründung dieser Meinung angeführten Beispielsfällen durchwegs an der fehlenden Pflichtwidrigkeit scheitert (näher dazu *Schauer*, FS G. Roth 691 ff).

29 Zum Ersatz bloßer Vermögensschäden allgemein *Koziol*, Haftpflichtrecht[3] I Rz 4/42 ff; mit Blick auf rechtliche Sonderbeziehung *derselbe*, Grundfragen Rz 6/54.

30 OGH 3 Ob 34/97i SZ 71/108.

31 *M. Fellner*, Persönlichkeitsschutz 200 ff; *Koziol*, Grundfragen Rz 5/21 f; vgl gerade im Zusammenhang mit der Haftung des Aufsichtsrats *P. Doralt/W. Doralt* in Semler/v. Schenck, ARHdb[4] § 14 Rz 54.

32 Zuletzt *Kodek/Leupold* in Wiebe/G. Kodek, UWG[2] § 16 Rz 89 ff; vgl auch *Duursma-Kepplinger* in Gumpoldsberger/Baumann, UWG § 16 Rz 99; OGH 4 Ob 49/95 SZ 68/177; zuvor bereits ausführlich *Mahr*, wbl 1994, 69 ff.

seien. Freilich wird selbst unter dieser Annahme der Eintritt eines immateriellen Schadens als Folge der Pflichtverletzung eines Aufsichtsratsmitglieds die Ausnahme bleiben. Er ist aber nicht undenkbar; beispielsweise bei einer Verletzung der Verschwiegenheitspflicht (zur Ersatzpflicht Rz 65).

3. Rechtswidrigkeit

a) Sorgfaltswidrigkeit

12 Aufgrund der herrschenden Lehre vom Verhaltensunrecht[33] setzt die Haftpflicht für zugefügten Schaden stets ein rechtswidriges, das heißt **objektiv sorgfaltswidriges**[34] **Verhalten** voraus. Dies gilt auch hier: Haftungsvoraussetzung ist, dass das Aufsichtsratsmitglied seine Obliegenheiten verletzt hat (§ 99 iVm § 84 Abs 2 AktG; § 33 iVm § 25 Abs 2 GmbHG). Der Begriff „Obliegenheit" ist hier nicht im technischen Sinn von Rechtspflichten „minderer Art" zu verstehen[35], sondern als Rechtspflicht[36]. Der Sorgfaltsverstoß kann in einem Tun oder Unterlassen liegen[37]. Bezüglich des Maßstabs der einzuhaltenden Sorgfalt ergibt sich aus der Verweisung des § 99 AktG auf § 84 Abs 1 AktG sinngemäß, dass das Mitglied des Aufsichtsrats die Sorgfalt eines ordentlichen und gewissenhaften Aufsichtsratsmitglieds einzuhalten hat[38]. Diese Generalklausel gibt freilich nur eine Richtschnur vor und eignet sich nicht als alleinige Handlungsanleitung für das Aufsichtsratsmitglied. Da das Verbandsrecht das geschuldete Verhalten nicht präzise bestimmt, sondern sich im Wesentlichen mit der Festlegung eines Handlungsziels – nämlich der Überwachung der Geschäftsführung – begnügt, muss das in der jeweiligen Situation gebotene Verhalten erst konkretisiert werden. Eingeschränkt wird die Generalklausel durch § 84 Abs 1a AktG, wonach ein Aufsichtsratsmitglied jedenfalls dann im Einklang mit der in § 84 Abs 1 AktG geforderten Sorgfalt eines ordentlichen und gewissenhaften Geschäftsführers handelt, wenn er sich bei der unternehmerischen Entscheidung nicht von sachfremden Interessen leiten lässt und auf Grundlage angemessener Information annehmen darf, zum Wohle der Gesellschaft zu handeln (vgl § 25 Abs 1a GmbHG) (Rz 31 ff, 56)[39].

---

[33] Vgl nur *Koziol*, Haftpflichtrecht³ I Rz 4/2; *derselbe*, Grundfragen Rz 6/3.

[34] Vgl nur *Koziol*, Haftpflichtrecht³ I Rz 4/13; *derselbe*, Grundfragen Rz 6/10; *P. Doralt/W. Doralt* in Semler/v. Schenck, ARHdb⁴ § 14 Rz 32 ff; *Rauter* in Straube/Ratka/Rauter, GmbHG² § 33 Rz 16; *Reich-Rohrwig*, GmbH-Recht² I Rz 4/419; *Kittel*, Haftung² 198.

[35] So das zivilrechtliche Begriffsverständnis: vgl nur *Welser/Zöchling-Jud*, Bürgerliches Recht¹⁴ II Rz 25.

[36] Näher dazu *Strasser* in Jabornegg/Strasser, AktG⁵ § 77-84 Rz 98; vgl auch *Frotz*, GesRZ 1982, 98.

[37] Vgl nur OGH 1 Ob 144/01k GesRZ 2002, 86; *P. Doralt/W. Doralt* in Semler/v. Schenck, ARHdb⁴ § 13 Rz 32.

[38] OGH 5 Ob 306/76 EvBl 1978/4 (insoweit nicht veröffentlicht in JBl 1978, 158); *Strasser* in Jabornegg/Strasser, AktG⁵ §§ 98, 99 Rz 33; *Kalss* in Doralt/Nowotny/Kalss, AktG² § 99 Rz 5; *Schumacher* in Bartsch/Pollak/Buchegger, InsR⁴ § 69 Rz 219; *Kittel*, Handbuch² 351; *Temmel*, Aufsichtsrat 130; *Riss*, Doppelorganschaft 14; vgl auch OGH 7 Ob 58/08t GesRZ 2008, 378 (*Kalss/Zollner*); ferner *P. Doralt/W. Doralt* in Semler/v. Schenck, ARHdb⁴ § 14 Rz 36, die von einem ordentlichen „Überwacher" sprechen (ganz ähnlich *G. Fellner*, NZ 2002, 358).

[39] Vgl *Rüffler*, GeS 2015, 261.

Mit der Einschränkung soll zum Ausdruck gebracht werden, dass das Aufsichtsratsmitglied jedenfalls insoweit nicht objektiv sorgfaltswidrig handelt, als es die Voraussetzungen der Business Judgment Rule einhält (näher dazu Rz 32)[40].

Im Anschluss an die angloamerikanische Doktrin wird im neueren Schrifttum bei den Pflichten des Aufsichtsrats zwischen **Sorgfaltspflichten („duty of care")** und **Treuepflichten („duty of loyalty")** unterschieden[41]. Der Wert dieser Einteilung sollte aber nicht überschätzt werden, weil Sorgfalt und Treue nur unterschiedliche Aspekte des gebotenen Verhaltens beleuchten. Im Sinne der Lehre vom Verhaltensunrecht versteht es sich zunächst von selbst, dass nur die Einhaltung der gebotenen Sorgfalt haftungsvermeidende Wirkung hat. Der Begriff „Sorgfaltspflicht" deutet überdies an, dass der Aufsichtsrat bei seiner Tätigkeit keinen Erfolg schuldet, sondern nur zu sorgfältiger Wahrnehmung seiner Aufgaben verpflichtet ist (vgl auch bereits Rz 2)[42]: Pflichterfüllung und Einhaltung des Sorgfaltsgebots fallen also zusammen. Bei der Treuepflicht handelt es sich nach der Lehre um die Pflicht, das Verhalten am Verbandsinteresse auszurichten[43]. Damit wird freilich nur eine allgemeine Handlungsmaxime beschrieben, die bei der Konkretisierung einer jeden Verhaltenspflicht des Aufsichtsrats zu beachten ist. Treue und Sorgfalt gehen also Hand in Hand: Denn das Gebot, sich loyal zum Verbandsinteresse zu verhalten, gibt die Richtschnur für das Verhalten eines sorgfältigen Aufsichtsratsmitglieds vor[44]. Deshalb wird die Pflicht zur Loyalität nur in bestimmten Situationen einen eigenständigen Topos bei der Konkretisierung von Verhaltenspflichten bilden. Dies ist namentlich bei Interessenkonflikten der Fall, wenn es um die Frage geht, ob und inwieweit das Aufsichtsratsmitglied bei der Ausübung seiner Tätigkeit den Verbandsinteressen den Vorrang gegenüber eigenen Interessen oder den Interessen Dritter einräumen muss (dazu Rz 40). Richtig ist freilich, dass die Treuepflicht in bestimmten Fällen die Wertungsgrundlage für die Anerkennung eigenständiger Pflichten ist, die über die Ausübung des Mandats im Aufsichtsrat hinausgehen. So ist vor allem die Verschwiegenheitspflicht (Rz 42) ein Ausfluss der allgemeinen Treuepflicht; auch das – nicht ausdrücklich geregelte – Verbot zur eigenen Verwertung von Geschäftschancen, die dem Auf- 13

---

40 *Spindler* in MünchKommAktG⁴ § 93 Rz 40.

41 So zB bei *Kalss* in Kalss/Nowotny/Schauer, Gesellschaftsrecht Rz 3/569 f; *P. Doralt/W. Doralt* in Semler/v. Schenck, ARHdb⁴ § 13 Rz 63 ff, 175 ff; *Habersack* in MünchKomm-AktG⁴ § 116 Rz 16 ff, 43 ff; zur Treuepflicht ausführlich *M. Strasser*, Treuepflicht insb 42 ff; *Riss*, Doppelorganschaft 11 ff.

42 Zur Unterscheidung von Sorgfaltsverbindlichkeit und Erfolgsverbindlichkeit grundlegend *Reischauer*, Entlastungsbeweis 147 ff; vgl auch *denselben* in Rummel³ § 1298 Rz 3; aA *Koziol*, Haftpflichtrecht³ I Rz 16/22 f, Rz 16/30 ff.

43 Ähnlich (mit Ausrichtung am Unternehmensinteresse) *P. Doralt/W. Doralt* in Semler/v. Schenck, ARHdb⁴ § 14 Rz 175; *Straube/Rauter* in Straube/Ratka/Rauter, GmbH § 33 Rz 46: vgl auch *Habersack* in MünchKommAktG⁴ § 116 Rz 44; *Kalss* in Doralt/Nowotny/Kalss, AktG² § 99 Rz 19; *Kittel*, Haftung² 40; *Griehser*, RdW 2009/14, 11 f.

44 Vgl *Kalss* in Doralt/Nowotny/Kalss, AktG² § 99 Rz 19; *dieselbe*, Aufsichtsrat, in Kalss, Kapitalgesellschaftsrecht 74; ferner OGH 1 Ob 144/01k, GesRZ 2002, 86, der – freilich ohne ausdrückliche Erwähnung der Treuepflicht – davon spricht, das Wohl des Unternehmens sei die oberste Richtschnur des sorgfältigen Verhaltens; ebenso OGH 7 Ob 58/08t GesRZ 2008, 378 (*Kalss/Zollner*).

sichtsmitglied durch seine Organtätigkeit bekannt geworden sind (Rz 43), ist auf die Treuepflicht zurückzuführen.

b) Aufgaben des Aufsichtsrats

14 Die Pflichten des Aufsichtsrats sind von seinen Aufgaben her zu bestimmen. Dabei lassen sich im Wesentlichen vier Gruppen unterscheiden. Die erste Gruppe von Pflichten betrifft die **Überwachung der Geschäftsführung** durch den Vorstand (§ 95 Abs 1 AktG, § 30j Abs 1 GmbHG). Hierzu ist neben der laufenden Überwachung auch die Mitwirkung bei der Prüfung des Jahresabschlusses (§ 96 AktG, § 30k GmbHG) zu zählen[45].

15 Die zweite Gruppe von Pflichten betrifft die **Einbindung in die strategische Planung** der Gesellschaft. Dazu gehört neben der Zustimmung zu wichtigen Geschäftsführungsmaßnahmen (§ 95 Abs 5 AktG, § 30j Abs 5 GmbHG; vgl auch § 13 Satz 2 ÜbG) auch die – freilich nur bei der AG dem Aufsichtsrat übertragene – Bestellung und Abberufung der Vorstandsmitglieder (§ 75 AktG). Zur strategischen Planung lassen sich in einem weiter verstandenen Sinn auch die Stellungnahme zum Gewinnverteilungsvorschlag des Vorstands (§ 96 Abs 1 AktG, § 30k Abs 1 GmbHG), die Vorschläge für die Wahl von Aufsichtsratsmitgliedern (§ 108 Abs 1 AktG) sowie bestimmte Pflichten zur Krisenintervention zählen, die der Abwendung von Schaden oder gar der Existenzsicherung der Gesellschaft dienen (vgl § 95 Abs 4 AktG, § 30j Abs 4 GmbHG)[46].

16 Ein dritter Aufgabenbereich des Aufsichtsrats ist die Wahrnehmung der Verbandsinteressen bei **Interessenkollisionen**. Die damit verbundenen Tätigkeiten finden nicht laufend, sondern nur anlassbezogen statt. Hierzu gehören beispielsweise der Abschluss des Anstellungsvertrags mit dem Vorstand einschließlich der Vereinbarung der Bezüge (§ 78 AktG) sowie die Vertretung der Gesellschaft bei sämtlichen Rechtsgeschäften und bei der Führung von Rechtsstreitigkeiten mit den Mitgliedern des Vorstands (§ 97 AktG, § 30l GmbHG). In diesen Bereich fallen beispielsweise aber auch die Zustimmung des Aufsichtsrats zur Kreditgewährung an Vorstandsmitglieder und leitende Angestellte (§ 80 AktG) und zum Abschluss von mandatsfernen Verträgen der Gesellschaft mit anderen Aufsichtsratsmitgliedern (§ 95 Abs 1 Z 12 AktG, § 30 Abs 1 Z 10 AktG).

17 Schließlich ist auf eine vierte Gruppe von Pflichten und Befugnissen des Aufsichtsrats hinzuweisen, die **prozeduraler Natur** ist. Sie betreffen die Aufgaben des Aufsichtsrats nicht unmittelbar, sondern haben nur eine Hilfsfunktion, weil sie die sachgerechte Ausübung der bereits genannten Arten von Pflichten sichern sollen. Zu dieser Gruppe zählen beispielsweise die Pflicht, mindestens eine Sitzung pro Vierteljahr abzuhalten (§ 94 Abs 3 AktG, § 30i Abs 3 GmbHG)[47], die Modalität der Willensbildung durch Beschluss (insb § 92 Abs 3 und 5 AktG, § 30g

[45] Zu den Sorgfaltspflichten des Aufsichtsrats bei Vereinbarung des Honorars mit dem Abschlussprüfer *Zehetner/Lehner*, Aufsichtsrat aktuell 2014, H 4, 17 ff.

[46] Zur Verletzung der Pflicht zur Einberrufung einer Generalversammlung OGH 1 Ob 144/01k GesRZ 2002, 86.

[47] Zur Schutzgesetzqualität dieser Pflicht OGH 1 Ob 144/01k GesRZ 2002, 86; zustimmend *Kalss*, Aufsichtsrat, in Kalss, Kapitalgesellschaftsrecht 86.

Abs 3 und 5 GmbHG) sowie die Befugnis zur Selbstorganisation durch die Einrichtung von Ausschüssen, wozu ausnahmsweise – nämlich beim Prüfungsausschuss – auch eine Pflicht bestehen kann (§ 92 Abs 4 und 4a AktG, § 30g Abs 4 und 4a GmbHG).

c) Konkretisierungsbedürftigkeit des Pflichtenprogramms

Die im Gesetz vorgesehenen Pflichten des Aufsichtsrats zeichnen sich durch eine **weitgehende Unbestimmtheit** aus. Dies wird zum Teil schon auf den ersten Blick ersichtlich; beispielsweise bei der generalklauselartigen Anordnung, die Geschäftsführung zu überwachen (§ 95 AktG, § 30j Abs 1 GmbHG). Mit welcher Intensität und mit welchem Geschick die Aufsichtsmitglieder dabei vorgehen müssen, kann dieser Bestimmung nicht unmittelbar entnommen werden. Aber auch in jenen Fällen, in denen dem Aufsichtsrat eine bestimmte Befugnis eingeräumt wird, müssen die sich daraus ergebenden Pflichten näher bestimmt werden. Wenn dem Aufsichtsrat die Kompetenz zur Bestellung des Vorstands übertragen wird (§ 75 AktG), dann bedeutet dies nicht etwa, dass der Aufsichtsrat eine Auswahlentscheidung nach Willkür treffen kann; denn er ist stets zur bestmöglichen Förderung der Verbandsinteressen verpflichtet (Rz 13)[48]. Nur ausnahmsweise sind die Grenzen des erlaubten Verhaltens verhältnismäßig präzise festgelegt[49]; beispielsweise bei der Zulässigkeit schriftlicher oder fernmündlicher Beschlüsse (§ 92 Abs 3 AktG, § 30g Abs 3 GmbHG). Schließlich ist darauf hinzuweisen, dass selbst ein vermeintliches Recht des Aufsichtsrats nicht nach Belieben ausgeübt werden darf. Wenn der Aufsichtsrat beispielsweise vom Vorstand jederzeit einen Bericht über die Angelegenheiten der Gesellschaft einschließlich ihrer Beziehungen zu den Konzernunternehmen verlangen kann (§ 95 Abs 2 AktG, § 30j Abs 2 GmbHG), dann kann daraus nicht abgeleitet werden, dass es dem Aufsichtsrat freistünde, beim Vorstand einen Bericht einzufordern oder dies zu unterlassen. Die Einholung von Berichten ist ein Mittel zur Ausübung der Überwachungstätigkeit, dessen Einsatz nicht vom Belieben des Aufsichtsrats abhängt, sondern nach pflichtgemäßem Ermessen auszuüben ist. 18

Methodische Grundlagen der Konkretisierung: Bei der Konkretisierung der Verhaltenspflichten eines Aufsichtsratsmitglieds ist in zwei Stufen vorzugehen. Im ersten Schritt geht es um die Frage, welche Kenntnisse und Fähigkeiten von dem Aufsichtsratsmitglied erwartet werden können. Gegenstand dieses ersten Prüfungsschritts ist also die erforderliche fachliche Qualifikation (fachliche Konkretisierung; Rz 20 ff). Im zweiten Schritt geht es um die Bestimmung der Verhaltenspflicht in der jeweiligen Situation (situationsbezogene Konkretisierung; Rz 26 ff). Zu prüfen ist also, wie sich ein mit den erforderlichen Kenntnissen und Fähigkeiten ausgestattetes Aufsichtsratsmitglied in der konkreten Situation verhalten hätte. Diese Beurteilung ist aufgrund einer ex-ante-Betrachtung vorzunehmen[50], deren Grundlage die Perspektive eines hinreichend qualifizierten 19

[48] Vgl nur *Kalss* in Doralt/Nowotny/Kalss, AktG² § 99 Rz 13; *Strasser* in Jabornegg/Strasser, AktG⁵ §§ 98, 99 Rz 35.

[49] Vgl auch *P. Doralt/W. Doralt* in Semler/v. Schenck, ARHdb⁴ § 13 Rz 34 ff.

[50] OGH 1 Ob 144/01k GesRZ 2002, 86; 7 Ob 58/08t GesRZ 2008, 378 (*Kalss/Zollner*); *Kalss* in Doralt/Nowotny/Kalss, AktG² § 99 Rz 5; *Rauter* in Straube/Ratka/Rauter, GmbHG² § 33

Aufsichtsratsmitglied im Zeitpunkt der Handlung ist. Die psychologische Gefahr eines „hindsight bias" (Rückschaufehler)[51] beim Gericht, das später über das Verhalten zu urteilen hat, ist gewiss nicht auszuschließen; sie rechtfertigt jedoch keine Änderung der dogmatischen Leitlinie, wenn man verhindern will, dass Verschuldenshaftung zur Erfolgshaftung wird.

d) Fachliche Qualifikation

(1) Allgemeine Anforderungen

20 „Wer sich … zu einer Kunst … öffentlich bekennt, … gibt dadurch zu erkennen, dass er sich notwendigen Fleiß und die erforderlichen, nicht gewöhnlichen, Kenntnisse zutraue" (§ 1299 ABGB)[52]. Die allgemeine Wertung, auf der die zivilrechtliche Sachverständigenhaftung beruht, trifft auch auf das Aufsichtsratsmitglied zu. Die Wichtigkeit hinreichender Kenntnisse und Fähigkeiten wird auch in den verbandsrechtlichen Grundlagen deutlich, wenn die zur Wahl in den Aufsichtsrat vorgeschlagenen Personen den Gesellschaftern ihre fachliche Qualifikation darlegen müssen (§ 87 Abs 2 AktG, § 30b Abs 1a GmbHG) und die Hauptversammlung die fachliche Qualifikation bei der Wahl der Vorstandsmitglieder mitberücksichtigen muss (§ 87 Abs 2a AktG). Das Gesetz enthält aber **keine ausdrücklichen Vorgaben für die Art der Fachkenntnisse**, die dem Aufsichtsrat abverlangt werden[53]; insbesondere kommt es nicht auf die Erfüllung einer Formalqualifikation, wie etwa auf den Abschluss einer bestimmten Ausbildung an. Die Satzung kann jedoch bestimmte Voraussetzungen aufstellen[54]. Auch die in der älteren Rechtsprechung gelegentlich anzutreffenden Formulierungen geben lediglich eine grobe Richtschnur vor; so etwa, wenn gesagt wird, ein ordentliches Aufsichtsratsmitglied müsse in geschäftlichen und finanziellen Dingen ein größeres Maß an Erfahrung und Wissen besitzen als ein durchschnittlicher Kaufmann und die Fähigkeit haben, schwierige rechtliche und wirtschaftliche Zusammenhänge zu erkennen und ihre Auswirkungen auf die Gesellschaft zu beurteilen[55]. Wirklich hilfreich sind solche Formeln nicht[56], weil sie offen lassen, wie man sich

---

Rz 17; *Reich-Rohrwig*, GmbH-Recht² I Rz 4/440; *Schumacher* in Bartsch/Pollak/Buchegger, InsR⁴ § 69 Rz 221.

51 Dazu etwa *Englerth*, Verhaltensökonomik, in v. Towfigh/Petersen 181 f; *Haberer*, Zwingendes Kapitalgesellschaftrecht 130.

52 Auf die weitgehende Übereinstimmung von § 1299 ABGB und dem Aufsichtsratsmitglieder geltenden Sorgfaltsmaßstab verweist auch OGH 1 Ob 144/01k GesRZ 2002, 86; ebenso *Schumacher* in Bartsch/Pollak/Buchegger, InsR⁴ § 69 Rz 220; vgl ferner *A. Heidinger* in Gruber/Harrer, GmbHG § 33 Rz 20; *Frotz*, GesRZ 1982, 103; offenbar zT anders *Kittel*, Handbuch² 354 f.

53 Näher *Kalss* in Doralt/Nowotny/Kalss, AktG² § 86 Rz 47 ff mit Hinweisen auf Ausnahmen in Sondergesetzen; vgl auch *dieselbe*, Aufsichtsrat, in Kalss, Kapitalgesellschaftsrecht 71.

54 *Kalss* in Doralt/Nowotny/Kalss, AktG² § 86 Rz 60.

55 OGH 5 Ob 306/76 EvBl 1978/4 (insoweit nicht veröffentlicht in JBl 1978, 158); vgl auch *G. Moser*, GES 2012, 276 f.

56 Kritisch zur Ansicht des OGH auch *Kastner*, FS Strasser I 848 mit dem Argument, dass kaum ein Mensch in allen Bereichen der in einem Unternehmen zu bewältigenden Aufgaben fachkundig sein könne; ähnlich *Koppensteiner/Rüffler*, GmbH-Gesetz³ § 33 Rz 3; *Reich-Rohrwig*, GmbH-Recht² I Rz 4/420; vgl aber auch *Frotz*, GesRZ 1982, 103.

den durchschnittlichen Kaufmann vorzustellen hat, gegenüber dem das Aufsichtsratsmitglied überlegenes Wissen und Erfahrungen haben müsse; ferner könnte man der erforderlichen Fähigkeit, auch schwierige rechtliche Zusammenhänge zu erkennen und deren Auswirkungen auf die Gesellschaft zu beurteilen, den voreiligen Schluss ziehen, ein Aufsichtsratsmitglied müsse die fachliche Qualifikation eines professionellen Rechtsberaters aufweisen. Die Erfordernisse der fachlichen Qualifikation können deswegen nur mit Blick auf die Aufgaben des Aufsichtsrats im Allgemeinen und die dem konkreten Aufsichtsratsmitglied im Besonderen obliegenden Tätigkeiten konkretisiert werden. Hinsichtlich der erforderlichen Fachkenntnisse sind keine Differenzierungen nach der Art der Bestellung eines Aufsichtsratsmitglieds vorzunehmen; Personen, die von einem Aktionär (§ 88 AktG, § 30c GmbHG) oder vom Betriebsrat entsendet wurden (§ 110 ArbVG)[57], müssen dieselben Voraussetzungen erfüllen wie die gewählten Aufsichtsratsmitglieder.

Bestimmte Fachkenntnisse, die zur Erfüllung der Aufgaben erforderlich sind, **21**
müssen bei **jedem Aufsichtsratsmitglied** vorhanden sein. Dazu zählen die wichtigsten Kenntnisse jener **Branche**, in der die Gesellschaft tätig ist. Nur so ist es in der Lage, seine Aufgaben im Zusammenhang mit der strategischen Planung der Gesellschaft zu erfüllen. Bei den erforderlichen Fachkenntnissen ist überdies auf die Größe des Unternehmens Bedacht zu nehmen[58]. Die Kenntnisse müssen so beschaffen sein, dass das Aufsichtsratsmitglied in der Lage ist, die **Berichte des Vorstands zu verstehen** und hieraus die erforderlichen Schlüsse für die zu treffenden Entscheidungen zu ziehen[59]. Dazu gehört es auch, beim Vorstand erforderlichenfalls durch geeignete Fragen ergänzende Informationen einzuholen und die Antworten in sachgerechter Weise zu bewerten. Ferner muss das Aufsichtsratsmitglied zumindest über Grundkenntnisse des betrieblichen Rechnungswesens sowie die Fähigkeit verfügen, einen **Jahresabschluss** zu verstehen[60]. Um einen Jahresabschluss kritisch überprüfen zu können, werden überdies zumindest grundlegende Kenntnisse der Bewertungsregeln (§§ 201 ff UGB) zu verlangen sein (vgl auch Rz 30). Das Erfordernis der erforderlichen Kenntnisse ist nicht statisch, sondern dynamisch zu verstehen, woraus sich eine laufende Fortbildungsverpflichtung ergibt[61] (*Kalss/Schimka* Rz 2/96 f).

[57] Dazu *Kittel*, Handbuch² 369 ff.

[58] Vgl dazu OGH 1 Ob 144/01k GesRZ 2002, 86; *Reich-Rohrwig*, GmbH-Recht² I Rz 4/420; *P. Doralt/W. Doralt* in Semler/v. Schenck, ARHdb⁴ § 14 Rz 38; *Kittel*, Handbuch² 366 (alle mit der plakativen Formulierung, der Aufsichtsrat einer Großbank müsse anderen Anforderungen genügen als derjenige einer Regionalbrauerei); ganz ähnlich *Kalss* in Doralt/Nowotny/Kalss, AktG² § 86 Rz 58; § 99 Rz 7; vgl auch *Rauter* in Straube/Ratka/Rauter, GmbHG § 33 Rz 30; *G. Fellner*, NZ 2002, 358 ff; *Schärf*, GesRZ 2004, 45.

[59] OGH 1 Ob 144/01k GesRZ 2002, 86; ähnlich *Rauter* in Straube/Ratka/Rauter, GmbHG § 33 Rz 31, 33; vgl auch *Frotz*, GesRZ 1982, 104; *Kalss*, Aufsichtsrat, in Kalss, Kapitalgesellschaftsrecht 71 f; *Kittel*, Handbuch² 366 f.

[60] *Rauter* in Straube/Ratka/Rauter, GmbHG² § 33 Rz 33; *Kalss* in Doralt/Nowotny/Kalss, AktG² § 86 Rz 52; § 99 Rz 6; *dieselbe*, Aufsichtsrat, in Kalss, Kapitalgesellschaftsrecht 72; ähnlich *Kittel*, Handbuch² 367

[61] Vgl *Kalss*, Aufsichtsrat, in Kalss, Kapitalgesellschaftsrecht 72.

22 Da wirtschaftliche Tätigkeit stets in einem rechtlichen Umfeld stattfindet, muss das Aufsichtsratsmitglied auch über **juristische Grundkenntnisse** verfügen. Zum einen müssen Kenntnisse im Aktienrecht vorhanden sein, damit rechtssicheres Agieren in der Gesellschaft gewährleistet ist und sachgerechte Konsequenzen aus Pflichtverstößen des Vorstands gezogen werden können. Die erforderlichen Kenntnisse müssen sich jedenfalls auf die grundlegenden Funktionsmechanismen der Gesellschaft beziehen, wie insbesondere die Grundlagen der Organisations- und Finanzverfassung. Zum anderen werden von einem Aufsichtsratsmitglied zumindest grundlegende Kenntnisse jener privatrechtlichen und öffentlichrechtlichen Rahmenbedingungen zu verlangen sein, die für das Agieren der Gesellschaft auf dem Markt maßgeblich sind. So muss beispielsweise das Aufsichtsratsmitglied eines Kreditinstituts nach Ansicht der Rechtsprechung über hinreichende Kenntnisse auf dem Gebiet des Kreditsicherungsrechts verfügen, um die dort typischerweise anfallenden Deckungsgeschäfte nach ihrer Wirksamkeit und ihrer Eignung, dem Kreditinstitut im Notfall ausreichende Deckung zu gewähren, beurteilen zu können; dies sei zumindest für „einfache Fälle" erforderlich[62]. Bezüglich der Qualität der juristischen Fachkenntnisse gilt, dass das Aufsichtsratsmitglied über keine spezifische Fachausbildung verfügen muss, weshalb ihm die Kenntnisse und Fähigkeiten des Absolventen eines rechtswissenschaftlichen Studiums nicht abverlangt werden können. Das Aufsichtsratsmitglied muss aber zumindest einschätzen können, wann sich die Einholung externen Rats empfiehlt[63]. Zur Konkretisierung des Qualifikationsstandards ist zu bedenken, dass für die Führung eines größeren Unternehmens heute in der Regel jene Kenntnisse erforderlich sind, die im Zuge eines wirtschaftswissenschaftlichen Studiums vermittelt werden. Da ein Mitglied des Aufsichtsrats, um seiner Überwachungsaufgabe gerecht werden zu können, gleichwertige Kenntnisse aufweisen sollte, wird es sich empfehlen, sich am Standard jener Rechtskenntnisse zu orientieren, die ein Absolvent eines wirtschaftswissenschaftlichen Studiums mit betriebs- oder volkswirtschaftlicher Ausrichtung in der Regel aufweisen soll. Nicht relevant ist hingegen, wo er die notwendigen Kenntnisse erlangt hat[64].

(2) Differenzierungen fachlicher Qualifikation

23 Ein Aufsichtsratsmitglied muss **nicht über spezialisierte Kenntnisse sämtlicher Tätigkeitsbereiche verfügen**, die in der Gesellschaft vorhanden sind[65]. Ein solches Erfordernis wäre umso weniger erfüllbar, je größer das Unternehmen und je komplexer es organisiert ist. Gegen einen so strengen Maßstab spricht auch der

---

62 OGH 5 Ob 306/76 EvBl 1978/4 (insoweit nicht veröffentlicht in JBl 1978, 158).

63 Vgl auch OGH 5 Ob 306/76 EvBl 1978/4 (insoweit nicht veröffentlicht in JBl 1978, 158); 1 Ob 144/01k GesRZ 2002, 86; *P. Doralt/W. Doralt* in Semler/v. Schenck, ARHdb⁴ § 14 Rz 148; BGH II ZR 234/09 NJW-RR 2011, 1670.

64 Vgl OLG München, 23 U 5517/09.

65 *Kalss* in Doralt/Nowotny/Kalss, AktG² § 86 Rz 52; *dieselbe*, Aufsichtsrat, in Kalss, Kapitalgesellschaftsrecht 71; vgl auch *G. Moser*, GES 2012, 277; *Frotz*, GesRZ 1982, 104; *Kastner*, FS Strasser I 848, der es für ausreichend erachtet, wenn für alle Hauptgebiete der Gesellschaft ein Fachmann vorhanden, der dem Kollegialorgan die nötigen Auskünfte und Aufklärungen erteilen kann.

Umstand, dass der Aufsichtsrat mindestens drei Mitglieder haben muss und bis zu 30 Mitglieder haben kann (§ 86 Abs 1 AktG); und ferner, dass die Hauptversammlung bei der Bestellung der Mitglieder auf eine im Hinblick auf die Struktur und das Geschäftsfeld der Gesellschaft fachlich ausgewogene Zusammensetzung des Aufsichtsrates zu achten hat (§ 87 Abs 2a AktG)[66]. Beides ist als Hinweis zu werten, dass das Gesetz beim Aufsichtsrat von differenziertem Fachwissen und unterschiedlichen Erfahrungen seiner Mitglieder ausgeht, die in die Beratungen und die Beschlussfassung einfließen sollen. Wer also beispielsweise dem Aufsichtsrat eines Pharmaunternehmens angehört, muss nicht notwendigerweise im Bereich pharmakologischer Forschung und Entwicklung fachlich ausgewiesen sein, weil auch sein Fachwissen in anderen Bereichen oder seine wirtschaftliche Erfahrung schlechthin für die Tätigkeit des Aufsichtsrats nützlich sein können.

Häufig wird eine Person aber gerade wegen ihrer **besonderen Fachkenntnisse** 24
zum Mitglied des Aufsichtsrats bestellt. Dies könnte im Anschluss an das eben genannte Beispiel auf einen wissenschaftlich ausgewiesenen Experten im Bereich der Pharmakologie zutreffen oder auf einen auf Wirtschaftsrecht spezialisierten Rechtsanwalt, der juristisches Fachwissen in den Aufsichtsrat einbringen soll. Solchermaßen qualifizierte Mitglieder haben qualifiziertes Fachwissen zu vertreten[67]. Fraglich könnte nur sein, unter welchen Voraussetzungen die Annahme gerechtfertigt ist, eine Person sei gerade wegen ihrer Fachkenntnisse zum Mitglied des Aufsichtsrats bestellt worden. Verfahrensvorschriften, die eine Dokumentation der Beweggründe für die Wahl oder Entsendung eines Aufsichtsratsmitglieds vorsehen, gibt es nicht. Man wird deshalb annehmen müssen, dass ein Aufsichtsrat jene besonderen Kenntnisse und Fähigkeiten zu vertreten hat, die er selbst für sich in Anspruch nimmt. Hierfür ist vor allem auf die Darlegung der fachlichen Qualifikation gegenüber der Hauptversammlung abzustellen (§ 87 Abs 2 AktG). Freilich wird stets sorgfältig zu prüfen sein, mit welchen Kenntnissen und Fähigkeiten aufgrund der Darlegung durch die zu wählende Person gerechnet werden konnte. Von einem Kandidaten, der sich berühmt, als Rechtsanwalt auf Wirtschaftsrecht spezialisiert zu sein, sind überdurchschnittliche Kenntnisse und Fähigkeiten auf diesem Gebiet zu erwarten. Ist hingegen aufgrund des Lebenslaufs eines Kandidaten erkennbar, dass er zwar über ein abgeschlossenes Studium der Rechtswissenschaft verfügt, aber in seiner gesamten Berufslaufbahn ausschließlich in Managementfunktionen tätig war, dann wird er bloß jenen geringeren Standard an juristischen Kenntnissen zu vertreten haben, die von jedem Aufsichtsratsmitglied erwartet werden kann (Rz 22).

Besondere Fachkenntnisse werden überdies vom **Aufsichtsratsvorsitzenden** 25
verlangt.[68] Dieser muss über die von sämtlichen Aufsichtsratsmitgliedern verlangten Kenntnisse hinaus erhöhte Entscheidungs-, Führungs- und Kommunikationskompetenzen vorweisen, welche es ihm als Sprachrohr für den Aufsichtsrat

---

[66] Vgl zu den weiteren Änderungen durch das das Stabilitätsgesetz BGBl I 2012/35, *Krejci*, GeS 2012, 319; *G. Moser*, GES 2012, 276 f; vgl auch die L-Regel Z 52 ÖCGK.

[67] So auch *P. Doralt/W. Doralt* in Semler/v. Schenck, ARHdb⁴ § 14 Rz 53; *Straube/Rauter* in Straube/Ratka/Rauter, GmbHG² § 33 Rz 34; *Kittel*, Handbuch² 368; *Temmel*, Aufsichtsrat 133; *Schärf*, GesRZ 2004, 42; vgl auch BGH II ZR 234/09 NJW-RR 2011, 1670.

[68] *Kalss* in *Doralt/Nowotny/Kalss*, AktG² § 92 Rz 22; *Endl/Zumbo*, FS Nowotny 289.

ermöglichen, die Agenden des Aufsichtsrates zu koordinieren und sowohl nach innen und nach außen hin zu kommunizieren.[69] Qualifizierte Fachkenntnisse sind ferner erforderlich, wenn der Aufsichtsrat **Ausschüsse** eingerichtet hat (§ 92 Abs 4 AktG, § 30g Abs 4 GmbHG). Mitglieder eines Ausschusses müssen in jenen Angelegenheiten, für die der Ausschuss zuständig ist, besondere Fachkenntnisse aufweisen[70]. Besonderes gilt für den Prüfungsausschuss (§ 92 Abs 4a AktG, § 30g Abs 4a GmbHG). In Hinblick auf die Aufgaben des Prüfungsausschusses muss jedes seiner Mitglieder über spezifisches Fachwissen in den Bereichen Rechnungslegung und Controlling verfügen. Ein Mitglied des Prüfungsausschusses muss **Finanzexperte** sein. Ihm wird eine noch erhöhte Qualifikation abverlangt. Er muss nicht nur die fachlichen Anforderungen an ein Mitglied des Prüfungsausschusses im Allgemeinen erfüllen, sondern auch über die den Anforderungen des Unternehmens entsprechenden Kenntnisse sowie über praktische Erfahrung im Finanz- und Rechnungswesen und in der Berichterstattung verfügen. Dafür kommen vor allem Wirtschaftsprüfer in Betracht oder Personen, die vergleichbare Tätigkeiten ausüben, wie beispielsweise Personen, die in leitender Stellung im Controlling tätig waren[71].

e) Situationsbezogene Konkretisierung

(1) Unternehmensbezogene Konkretisierung

26 Die situationsbezogene Konkretisierung der Verhaltenspflichten hängt von verschiedenen Parametern ab. Der erste Parameter ergibt sich aus der jeweiligen **Aufgabe des Aufsichtsrats**. Dabei ist stets eine Feinabstimmung nach der **Größe des Unternehmens** und der **Branche**, in der es tätig ist, sowie seiner **Marktposition** vorzunehmen[72] (zu den weiteren Parametern Rz 40 f, 42 ff).

27 **Überwachung der Geschäftsführung**: Gegenstand der Überwachung ist nicht nur die Rechtmäßigkeit, sondern auch die Wirtschaftlichkeit und Zweckmäßig der Geschäftsführung[73]. Sie bezieht sich nicht nur auf die Geschäftstätigkeit der jeweiligen Gesellschaft, sondern erstreckt sich auch auf die Beziehungen zu konzernverbundenen Unternehmen[74] bzw auf die Konzernleitung[75]. Zur Überwachung der Geschäftsführung gehört auch die Einhaltung der gesetzlich, statutarisch oder vom Aufsichtsrat angeordneten Zustimmungsvorbehalte zu be-

---

69 *Semler*, FS K. Schmidt 1505.

70 Vgl nur *Kalss* in Doralt/Nowotny/Kalss, AktG² § 99 Rz 9; *P. Doralt/W. Doralt* in Semler/v. Schenck, ARHdb⁴ § 14 Rz 155; *Kittel*, Handbuch² 372; *Schärf*, GesRZ 2004, 42.

71 Dazu näher *Fida/Gelter/C. Rechberger*, GeS 2006, 241 f; vgl auch *Reiter*, Aufsichtsrat aktuell 2005, 10; *Reiter/Panzirsch*, RWZ 2010, 197.

72 Vgl OGH 1 Ob 144/01k GesRZ 2002, 86; *Rauter* in Straube/Ratka/Rauter, GmbHG² § 33 Rz 17; *Koppensteiner/Rüffler*, GmbH-Gesetz³ § 33 Rz 2; vgl auch *Kalss* in Doralt/Nowotny/Kalss, AktG² § 99 Rz 7; *dieselbe*, Aufsichtsrat, in Kalss, Kapitalgesellschaftsrecht 72.

73 *Strasser* in Jabornegg/Strasser, AktG⁵ §§ 98, 99 Rz 33; *Reich-Rohrwig*, GmbH-Recht² I Rz 4/311; *Kittel*, Haftung² 56 ff; *Schärf*, GesRZ 2004 41.

74 Unter Berufung auf § 30j Abs 2 GmbH *Reich-Rohrwig*, GmbH-Recht² I 4/308; vgl ebenso für die Aktiengesellschaft § 95 Abs 2 AktG.

75 Vertiefend *Eckert/Gassauer-Fleissner*, GeS 2004, 422 f; ferner *Schönbacher*, Haftung 203; vgl auch *Semler*, Leitung² Rz 278 f.

stimmten Geschäften oder Maßnahmen (§ 95 Abs 5 AktG, § 30j Abs 5 GmbHG)[76]. Ferner hat er zu überprüfen, ob ein funktionsfähiges IKS (§ 82 AktG; § 22 Abs 1 GmbHG) vorhanden ist und eingesetzt wird[77].

Mittel der Überwachung (näher Kap 15) sind vorzugsweise die Berichte des Vorstands. Der Vorstand (Geschäftsführer) hat ihm jährliche und quartalsweise Berichte sowie anlassbezogene Sonderberichte zu erstatten (§ 81 AktG, § 28a GmbHG); ferner kann der Aufsichtsrat jederzeit Berichte verlangen (§ 95 Abs 2 AktG; § 30j Abs 2 GmbHG). Es ist davon auszugehen, dass der Aufsichtsrat grundsätzlich auf die Richtigkeit und auf die Vollständigkeit der Berichte des Vorstands (Geschäftsführer) vertrauen darf[78]. Er ist nicht verpflichtet, zu Ungunsten des Vorstands (Geschäftsführer) Sorglosigkeit oder gar die Anwendung krimineller Energie bei der Erstellung von Berichten zu vermuten und eigene Überprüfungen vorzunehmen. Eine vollständige Überprüfung sämtlicher Angaben durch den Aufsichtsrat würde auch dem der Organisationsverfassung der Gesellschaft zugrunde liegenden Modell der Arbeitsteilung zwischen den Organen widersprechen[79]. Deshalb ergibt sich aus Fehlern des Vorstands (Geschäftsführer) im Tagesgeschäft in aller Regel keine Haftung für den Aufsichtsrat[80]. Wohl aber muss der Aufsichtsrat die Berichte einer Plausibilitätsüberprüfung unterziehen[81]. Dabei haben die Mitglieder des Aufsichtsrats mit der Sorgfalt vorzugehen, die aufgrund der bei einem solchen Organmitglied erforderlichen Kenntnissen und Fähigkeiten (Rz 20 ff) erwartet werden kann. Strengere Maßstäbe sind an die Pflichten des Aufsichtsrats anzulegen, wenn Zweifel an der Richtigkeit oder Vollständigkeit der Berichte bestehen. Solche Zweifel können beispielsweise durch vorangehende Pflichtverletzungen des Vorstands (Geschäftsführer) oder durch bei ihm bestehende Interessenkonflikte begründet sein[82]. Ob sich die Zweifel oder Verdachtsmomente unmittelbar aus den Berichten des Vorstands oder aus anderen, auch außergesellschaftlichen Quellen ergeben (zB Berichterstattung in den Medien[83]), ist gleichgültig. In diesen Fällen muss sich der Aufsichtsrat um weitere Aufklärung bemühen. Zu diesem Zweck werden in erster Linie entsprechende Fragen an den Vorstand zu richten sein; der Aufsichtsrat wird aber gegebenenfalls alle ihm zur Verfügung stehenden Informationsmöglichkeiten auszuschöpfen haben, um sich eine gesicherte Informationsgrundlage zu verschaffen. **28**

Wenn der Aufsichtsrat **Mängel in der Geschäftsführung** feststellt, so muss er die ihm zur Verfügung stehenden Mittel ausschöpfen, um diese abzustellen. **29**

---

76 Vgl *Kalss* in Kalss/Nowotny/Schauer, Gesellschaftsrecht Rz § 95 Rz 87.

77 *Kalss* in Doralt/Nowotny/Kalss, AktG² § 99 Rz 14.

78 *Strasser* in Jabornegg/Strasser, AktG⁵ §§ 95-97 Rz 11; für die Krisensituation *Schumacher* in Bartsch/Pollak/Buchegger, InsR⁴ § 69 Rz 199; *Kalss*, Aufsichtsrat aktuell 2011 H 4, 6.

79 Zur Arbeitsteilung zwischen den Organen als Aspekt der Pflichtenkonkretisierung auch *Fleischer*, ZIP 2007, 140.

80 *Kalss* in Doralt/Nowotny/Kalss, AktG² § 99 Rz 14.

81 So auch im Zusammenhang mit den zustimmungsbedürftigen Geschäften *P. Doralt/W. Doralt* in Semler/v. Schenck, ARHdb⁴ § 14 Rz 78; *Fleischer*, ZIP 2009, 1401.

82 Vgl *Fleischer*, ZIP 2009, 1401.

83 Vgl im Zusammenhang mit der Überprüfung des Jahresabschlusses *Schumacher* in Bartsch/Pollak/Buchegger, InsR⁴ § 69 Rz 196.

Hierfür kommen vor allem Gespräche mit den Mitgliedern des Handlungsorgans und die Erteilung von Ratschlägen in Betracht[84]. Wenn diese Maßnahmen keinen Erfolg haben, so kann auch ein Beschluss des Aufsichtsrats geboten sein, wonach das Handlungsorgan bestimmte Geschäfte nur mit seiner Zustimmung vornehmen darf (§ 95 Abs 5 Satz 5 AktG; § 30j Abs 5 Satz 4 GmbHG)[85]. Nach den Umständen des Falls kann der Aufsichtsrat verpflichtet sein, den Vorstand bzw die Geschäftsführer vorzeitig abzuberufen. Haben einzelne Mitglieder des Aufsichtsrats Kenntnis von möglichen Pflichtverletzungen des Vorstands erlangt, so müssen sie die übrigen Mitglieder informieren[86], damit der Aufsichtsrat weitere Schritte einleiten kann.

30 **Kontrolle des Jahresabschlusses**: Der Aufsichtsrat ist zu einer Nachprüfung[87] des bereits vom Abschlussprüfer geprüften Jahresabschlusses, des Lageberichts sowie gegebenenfalls des Corporate-Governance-Berichts verpflichtet (§ 96 Abs 1 AktG). Die Mitglieder des Aufsichtsrats haben dabei mit der Sorgfalt vorzugehen, die von einem mit den erforderlichen Kenntnissen und Fähigkeiten ausgestatteten Aufsichtsratsmitglied erwartet werden kann. Für Umfang und Intensität der Überprüfungspflicht ist auch hier (vgl soeben zur Überwachung des Vorstands Rz 28) aus dem Grundsatz der Arbeitsteilung abzuleiten, dass der Aufsichtsrat von der Richtigkeit und Vollständigkeit des Prüfungsberichts sowie von der Korrektheit des Bestätigungsvermerks (§§ 273 f UGB) ausgehen kann[88]. Freilich ist der Aufsichtsrat zu einer Plausibilitätsprüfung verpflichtet[89] und muss Zweifelhaftigkeiten und offenen Fragen nachgehen. Nach Ansicht der Rechtsprechung erstreckt sich die Kontrolle durch den Aufsichtsrat auch auf sachgemäße Ausnützung von Ermessensspielräumen bei der Bilanzgestaltung, wie beispielsweise bei der Ausübung von Bilanzierungs- und Bewertungswahlrechten, bei der Festlegung von Abschreibungsmethoden oder bei der Bemessung von Rückstellungen und Wertberichtigungen; dabei habe der Aufsichtsrat das Unternehmensinteresse und hinsichtlich der Ausschüttungs- und Thesaurierungspolitik das Selbstfinanzierungsinteresse, das Dividendeninteresse der Aktionäre und die langfristige Position der Gesellschaft am Kapitalmarkt zu berücksichtigen[90]. Mit diesen Parametern werden freilich nur die Eckpunkte des Ermessensspielraums beschrieben, innerhalb dessen sich die Entscheidung des Aufsichtsrats zu bewegen hat. Man wird der

---

84 OGH 5 Ob 306/76 EvBl 1978/4 (insoweit nicht veröffentlicht in JBl 1978, 158); vgl auch *Reich-Rohrwig*, GmbH-Recht² I Rz 4/314.

85 OGH 5 Ob 306/76 EvBl 1978/4 (insoweit nicht veröffentlicht in JBl 1978, 158); vgl auch BGH II ZR 235/92 ZIP 1993, 1862 (1867).

86 *Kalss* in Doralt/Nowotny/Kalss, AktG² § 99 Rz 18.

87 So *Strasser* in Jabornegg/Strasser, AktG⁵ §§ 95-97 Rz 55; OGH 8 Ob 262/02s GeS 2003, 441 (*Haberer*).

88 OGH 8 Ob 262/02s GeS 2003, 441 (*Haberer*); vgl *Strasser* in Jabornegg/Strasser, AktG⁵ §§ 95-97 Rz 55; *Koppensteiner/Rüffler*, GmbH-Gesetz³ § 33 Rz 2; *Schumacher* in Bartsch/Pollak/Buchegger, InsR⁴ § 69 Rz 196 aE; *Kittel*, Handbuch² 290 ff.

89 Vgl *Fleischer*, ZIP 2009, 1401 f; zu den Sorgfaltspflichten des Aufsichtsrats im Zusammenhang mit der Passivierung von Einlagen eines stillen Gesellschafters OGH 9 Ob 58/11m GesRZ 2012, 308.

90 OGH 8 Ob 262/02s GeS 2003, 441 (*Haberer*); vgl auch *Krejci*, NZ 2001, 267; *Kittel*, Handbuch² 288.

beschriebenen Ansicht der Rechtsprechung mit dem Vorbehalt zustimmen können, dass dem Aufsichtsrat bei seiner nachprüfenden Kontrolle seinerseits ein erheblicher Ermessensspielraum einzuräumen ist. Hiernach muss es genügen, wenn er die Ausschöpfung der Ermessensspielräume bei der Bilanzgestaltung durch den Vorstand (Geschäftsführer) als vertretbar erachtet. Bestehen entweder von Anfang an oder nach gehöriger Bereinigung von Unklarheiten keine Bedenken, so stellt der Aufsichtsrat der AG den Jahresabschluss fest (§ 96 Abs 4 AktG). Können Zweifelhaftigkeiten und offene Fragen nicht aufgeklärt werden, so ist darüber an die Hauptversammlung (Generalversammlung) zu berichten (§ 96 Abs 2 AktG, § 30k Abs 2 GmbHG) oder ist der Jahresabschluss der Hauptversammlung zur Feststellung vorzulegen (§ 96 Abs 4, § 104 Abs 3 AktG)[91].

Haftungsfreier Ermessensspielraum: Unternehmerische Entscheidungen beziehen sich auf die Zukunft und haben Prognosen zum Gegenstand. Prognosen beruhen auf den subjektiven Einschätzungen der Beteiligten und können deshalb unterschiedlich ausfallen. Ist eine unternehmerische Entscheidung zu treffen, so sind häufig mehrere Möglichkeiten denkbar, die bei einer ex-ante-Betrachtung zweckmäßig erscheinen. Ob die Erwartungen eintreten, die mit einer bestimmten Entscheidung verbunden wurden, hängt von der künftigen Entwicklung ab. Prognosen können sich als richtig oder falsch erweisen. Da ein Mitglied des Aufsichtsrats aber nicht für den Erfolg, sondern nur für die Anwendung der gebotenen Sorgfalt haftet (Rz 2, 12), ist ihm eine subjektive Bewertung, durch welche von mehreren Möglichkeiten das Verbandsinteresse am besten gefördert wird, grundsätzlich zuzugestehen. Dadurch wird zugleich ein Ermessensspielraum beschrieben, der einer nachprüfenden Kontrolle durch das Gericht entzogen ist. Trifft der Aufsichtsrat eine Entscheidung mit Mehrheit, so ist es also möglich, dass weder die Befürworter noch die Gegner des Beschlusses einen haftungsbegründenden Sorgfaltsverstoß begangen haben, weil die Mitglieder beider Gruppen gute Gründe für ihr Abstimmungsverhalten haben, die nach ihrer jeweiligen Einschätzung dem Verbandsinteresse am besten entsprechen. Voraussetzung für die Haftungsfreiheit ist freilich, dass das Aufsichtsratsmitglied bei seiner Willensbildung die gebotene Sorgfalt angewendet hat. Deshalb liegt das rechtsdogmatische Problem bei der Abgrenzung der gebotenen Sorgfalt vom haftungsfreien Ermessensspielraum (*Briem* Rz 12/59 ff). 31

Auf dem Gedanken der Haftungsfreiheit für unternehmerisches Ermessen beruht auch die **Business Judgment Rule (BJR)** des US-amerikanischen Gesellschaftsrechts. Hiernach ist ein Organmitglied haftungsfrei, wenn es eine unternehmerische Entscheidung auf der Grundlage angemessener Information und frei von sachfremden Interessen trifft und dabei vernünftigerweise annehmen durfte, im Interesse der Gesellschaft zu handeln[92]. Diese Formel hat sich auch im kontinentaleuropäischen Gesellschaftsrecht als einflussreich erwiesen. So wurde sie 32

[91] Vgl OGH 8 Ob 262/02s GeS 2003, 441 (*Haberer*).

[92] Vgl dazu *Hopt/Roth* in GroßKommAktG⁴, § 93 Rz 5; *P. Doralt/W. Doralt* in Semler/v. Schenck, ARHdb⁴ § 14 Rz 95 ff; *dieselben*, FS Koziol 573 ff; *Told*, GES 2015, 60 ff; *G. Schima*, Business Judgment Rule, in Baudenbacher/Kokott/Speitler, Aktuelle Entwicklungen 376 ff; *U. Torggler*, ZfRV 2002/9; *Griehser*, RdW 2009/14, 10 (11); *Kapsch/Grama*, ecolex 2003, 525 f; *Kittel*, Haftung² 172 ff.

beispielsweise vor einigen Jahren durch das UMAG[93] im deutschen Aktienrecht kodifiziert (§ 93 Abs 1 Satz 2 dAktG)[94] und findet sich neuerdings auch im österreichischen Gesellschaftsrecht (§ 84 Abs 1a AktG, § 25 Abs 1a GmbHG idF BGBl I 2015/112) (Rz 12)[95]. Gelegentlich wird die BJR als „safe-harbour-Rule" bezeichnet[96]. Damit soll zum Ausdruck gebracht werden, dass ein Organmitglied, das sich bei seiner Entscheidung in den durch die BJR gezogenen Grenzen bewegt, keine haftungsrechtlichen Folgen zu befürchten hat. Zugleich werden die Gerichte von einer Nachprüfung unternehmerischer Entscheidungen entlastet, die sie in Ermangelung justiziabler Maßstäbe nicht leisten könnten. Im Ergebnis verlagert die BJR die Rechtsmäßigkeitskontrolle unternehmerischer Entscheidungen auf den prozeduralen Aspekt: Wenn sich ein Organmitglied so verhält, wie es die BJR vorschreibt, dann soll es sich auf die Haftungsfreiheit verlassen können[97]. Gleichwohl erscheint zweifelhaft, ob die BJR die Funktion einer „safe-harbour-Rule" tatsächlich erfüllen kann. Zu unbestimmt sind einige ihrer Tatbestandsmerkmale, als dass sie einen verlässlichen Rahmen für haftungsbefreite Ermessensausübung bieten würde. Denn man kann beispielsweise darüber, was angemessene Information ist, im Einzelfall verschiedener Meinung sein. Dasselbe gilt für das Handeln im Interesse der Gesellschaft, auf das das Organmitglied zumindest vernünftigerweise vertrauen durfte. Überschreitet ein Organmitglied die Grenzen der BJR, so folgt daraus nicht automatisch die Pflichtwidrigkeit seines Verhaltens; es kann sich bloß nicht mehr auf die ipso iure bestehende Haftungsfreiheit berufen[98] (*Hödl* Rz 33/21 ff).

33 Die Merkmale der BJR dienen als **Parameter bei der Konkretisierung des Sorgfaltsgebots**[99]. Hingegen besteht für die Annahme, die BJR reduziere die Sorgfaltspflicht auf grobe Fahrlässigkeit[100], kein hinreichender Anhaltspunkt im Gesetz. Wenngleich sich die entsprechenden Regelungen im Gesetz bei der Haftung des Vorstands und des Geschäftsführers finden, strahlt der haftungsfreie Ermessensspielraum, wenn es sich um unternehmerische Entscheidungen handelt,

---

93 Gesetz zur Unternehmensintegrität und Modernisierung des Anfechtungsrechts, dBGBl I 2005, 2802.

94 Dazu etwa *Roth*, GesRZ-SH 2005, 13 ff; *G. Schima*, Business Judgment Rule, in Baudenbacher/Kokott/Speitler, Aktuelle Entwicklungen 393 ff; vgl bereits zuvor die ARAG/Garmenbeck-Entscheidung des BGH II ZR 175/95 DStR 1997, 880; für die BJR im liechtensteinischen Gesellschaftsrecht etwa *Gassner*, Neue Pflichten, in Hochschule Liechtenstein, Das neue liechtensteinische Stiftungsrecht 157 ff; *Schauer* in Schauer, Kurzkommentar Art 182 PGR Rz 1 ff; *Jakob*, Stiftung Rz 348 ff; *U. Torggler*, LJZ 2009, 56 ff.

95 Dazu etwa *G. Schima*, GesRZ 2015, 289 ff; *Karollus*, VR 2015/10, 25 ff.

96 *P. Doralt/W. Doralt* in Semler/v. Schenck, ARHdb^4 § 14 Rz 93; vgl auch *Kapsch/Grama*, ecolex 2003, 525; *G. Schima*, Business Judgment Rule, in Baudenbacher/Kokott/Speitler, Aktuelle Entwicklungen 401.

97 Vgl bereits *Schauer* in Schauer, Kurzkommentar Art 182 PGR Rz 2; ähnlich *P. Doralt/W. Doralt*, FS Koziol 585.

98 Vgl etwa *Kapsch/Grama*, ecolex 2003, 525; im Zusammenhang mit Interessenkonflikten auch *U. Torggler*, wbl 2009, 173; *Riss*, ecolex 2010, 160.

99 Vgl *P. Doralt/W. Doralt*, FS Koziol 583 f; *Strasser* in Jabornegg/Strasser, AktG^5 §§ 77-84 Rz 98a; *Kalss*, Aufsichtsrat, in Kalss, Kapitalgesellschaftsrecht 83; *dieselbe*, GesRZ 2014, 161 f; *Griehser*, RdW 2009/14, 13 f; *Kittel*, Haftung^2 181 ff.

100 *G. Schima*, GesRZ 2015, 293 ff.

auf den Aufsichtsrat aus. Es entsprach bereits früher der Ansicht der Rechtsprechung, dass die gebotene Sorgfalt nicht verletzt wird, wenn im Zeitpunkt der Vornahme des Geschäfts die Möglichkeit oder gar Wahrscheinlichkeit bestanden habe, dass sich das Geschäft als günstig für die Gesellschaft erweisen werde; eine Pflichtwidrigkeit sei nur bei eklatanter Überschreitung des Ermessensspielraums anzunehmen[101]. Zu den unternehmerischen Entscheidungen, bei denen dem Aufsichtsratsmitglied ein bestimmtes Ermessen einzuräumen ist, gehören die zustimmungsbedürftigen Maßnahmen gemäß § 95 Abs 5 AktG (§ 30j Abs 5 GmbHG)[102], aber auch die Entscheidung über die Geltendmachung von Schadenersatzansprüchen gegen den Vorstand[103].

Gleichermaßen sind aber auch die **Bestellung** eines bestimmten **Vorstandsmitglieds** (§ 75 Abs 1 AktG) und seine **Abberufung** als Teil der strategischen Planung der Gesellschaft zu den unternehmerischen Entscheidungen zu zählen[104]. Sie schließt auch den Abschluss des Anstellungsvertrags und gegebenenfalls eine Auflösungsvereinbarung ein. Bei der Vereinbarung von Vorstandsbezügen (dazu Kap 13) wird der Ermessensspielraum durch § 78 AktG beschränkt[105], dessen Überschreitung den Aufsichtsrat haftpflichtig machen kann[106]. In der „Golden Handshake"-Entscheidung räumte der OGH den Aufsichtsratsmitgliedern einen beträchtlichen Ermessensspielraum ein: Steht der Verdacht von Pflichtverletzungen des Vorstands im Raum, die aber noch nicht mit Sicherheit nachgewiesen werden können, so kann der Aufsichtsrat mit den Vorstandsmitgliedern bei einvernehmlicher Auflösung des Anstellungsvertrags eine vertraglich nicht geschuldete Abfertigung vereinbaren; die Höhe der Abfertigung ist gegen die drohenden Nachteile abzuwägen, die sich aus dem Prozesskostenrisiko bei einem mit den Vorstandsmitgliedern geführten Rechtsstreit und hinsichtlich der Kursentwicklung der Aktien bei einem Bekanntwerden der Suspendierung der Vorstandsmitglieder ergeben können. Dabei ist auch der erhebliche Zeitdruck zu berücksichtigen, unter dem die Entscheidung des Aufsichtsrats getroffen werden muss[107]. 34

---

101 OGH 1 Ob 144/01k GesRZ 2002, 86; zustimmend *Kalss*, Aufsichtsrat, in Kalss, Kapitalgesellschaftsrecht 83 f; (gegen die Grenzziehung erst bei „eklatanter" Überschreitung des Ermessensspielraums *U. Torggler*, wbl 2008, 603; vgl dagegen aber auch *G. Schima*, FS Binder 827); ganz ähnlich OGH 7 Ob 58/08t GesRZ 2008, 378 mit Anm *Kalss/Zollner* (Haftung nur bei „unvertretbarer" Überschreitung des Ermessensspielraums).

102 Vgl ganz ähnlich *P. Doralt/W. Doralt*, FS Koziol 584; *Griehser*, RdW 2009/14, 11; *Schärf*, GesRZ 2004 41.

103 *Kalss*, FS Jud 303 ff.

104 Vgl nur *Kittel*, Haftung² 79 ff; *denselben*, Handbuch² 317 f; *Griehser*, RdW 2009/14, 11.

105 Zur Neufassung der Bestimmung durch das 2. Stabilitätsgesetz 2012 (BGBl I 2012/35) *G. Moser*, GES 2012, 272 f; *Eigner*, GesRZ 2012, 208 ff; vgl auch Z 27 ff ÖGCK, die freilich nur als C-Regeln gelten.

106 Vgl *W. Graf*, RdW 2007/543, 517; zum Ermessensspielraum des Aufsichtsrats anhand einzelner Klauseltypen auch *G. Schima*, FS Binder 827 f, 836 ff.

107 OGH 7 Ob 58/08t GesRZ 2008, 378 mit krit Anm *Kalss/Zollner*; zustimmend *Reich-Rohrwig*, ecolex 2008, 928; *U. Torggler*, wbl 2008, 603; *derselbe*, wbl 2009, 175; *Griehser*, RdW 2009/14, 11 f; vorsichtig zustimmend auch *G. Schima*, FS Binder 849 ff (dessen Kritik [829 ff] sich vorzugsweise gegen die Annahme des OGH richtet, dass durch die vom Aufsichtsrat gewählte Vorgangsweise eine ad-hoc-Mitteilung habe vermieden werden können); vgl auch *G. Moser*, GES 2012, 273.

35 Im Zusammenhang mit der Erstattung von **Vorschlägen für die Wahl neuer Aufsichtsratsmitglieder** (§ 108 Abs 1 AktG) trägt der Aufsichtsrat in bestimmtem Umfang auch Verantwortung für seine eigene Zusammensetzung. Zwar ist ihm auch hierbei ein ganz erheblicher Ermessensspielraum einzuräumen. Er hat aber – gegebenenfalls durch die Erstellung von Anforderungsprofilen – dafür zu sorgen, dass die für die Gesellschaft erforderlichen Fachkenntnisse in hinreichendem Umfang vorhanden sind[108], wobei freilich nicht jedes Aufsichtsratsmitglied Spezialwissen auf allen Fachgebieten aufweisen muss (Rz 23); ferner ist ihm eine hinreichende Sorgfalt bei der Auswahl der vorgeschlagenen Mitglieder abzuverlangen.

36 In welchem Umfang sich das Aufsichtsratsmitglied vor der Entscheidung informieren muss, hängt von einem Zusammenspiel mehrerer Elemente ab. Die **Beschaffung und Verwertung von Information** wird umso eher zu den Sorgfaltspflichten des Aufsichtsratsmitglieds gehören, je wichtiger die Entscheidung für die Gesellschaft ist und je leichter die Information zugänglich ist[109]. Der Aufsichtsrat verletzt beispielsweise seine Sorgfaltspflicht, wenn er eine Investition in erheblichem Umfang billigt, ohne sich über den Gegenstand des geförderten Unternehmens, seine wirtschaftliche Situation, die geschäftlichen Ziele und das für deren Verwirklichung benötigte Kapital eingeholt zu haben[110]. Gegebenenfalls kann die Dringlichkeit einer Entscheidung für eine Herabsetzung des Maßstabes sprechen, der an die Pflicht des Aufsichtsratsmitglieds zur Informationsbeschaffung anzulegen ist. Freilich kann auch Zeitdruck keinen Freibrief dafür bilden, auf die Informationsbeschaffung zu verzichten. Erweist sich die Informationslage in einem bestimmten Zeitpunkt als unzureichend, dann wird das Aufsichtsratsmitglied zu prüfen haben, ob die Entscheidung auf einen späteren Zeitpunkt verschoben werden kann, in dem sich die Informationslage verbessert. Dabei sind durch die Verschiebung möglicherweise entstehende Nachteile für die Gesellschaft gegen die Risiken abzuwägen, die der Gesellschaft aus einer sofortigen Entscheidung bei unzureichender Information drohen. Besteht keinerlei Möglichkeit eines Aufschubs, dann wird bei der Entscheidung auch die ungünstigste Risikolage für die Gesellschaft ins Kalkül zu ziehen sein. Daraus kann sich auch die Verpflichtung ergeben, einer geplanten Maßnahme die Zustimmung zu verweigern, wenn in der zur Verfügung stehenden Zeit nicht einmal ein Minimum an erforderlicher Information beschafft oder nachgeprüft werden kann. Das Vertrauen des Aufsichtsrats, der Vorstand (Geschäftsführer) habe seine Entscheidung auf Grundlage angemessener Information getroffen, ist keinesfalls ausreichend[111], weil der Aufsichtsrat sonst nicht in der Lage wäre, seiner Überwachungsaufgabe nachzukommen.

37 **Beschlussfassung im Aufsichtsrat**: Beruht die Schädigung der Gesellschaft auf einem Beschluss des Aufsichtsrats, so ist zuvörderst an eine Haftung jener Mitglieder zu denken, die für den Beschluss gestimmt haben. Freilich folgt aus der Zustimmung zum Beschluss nicht schon die Pflichtwidrigkeit, weil sich das

---

[108] Vgl dazu *Säcker*, AG 2004, 182.

[109] Für eine Abwägung von Grenznutzen und Grenzkosten *U. Torggler*, wbl 2009, 174.

[110] Vgl dazu BGH II ZR 243/05 ZIP 2007, 224; *Fleischer*, ZIP 2009, 1401.

[111] *P. Doralt/W. Doralt* in Semler/v. Schenck, ARHdb[4] § 14 Rz 117.

Aufsichtsratsmitglied auf sein haftungsfreies Ermessen berufen kann (Rz 31 ff)[112]. Nur wer die Grenzen des haftungsfreien Ermessens überschritten hat, kann zur Haftung herangezogen werden. Ein Aufsichtsratsmitglied, das gegen den schädigenden Beschluss gestimmt hat, entspricht damit grundsätzlich seiner Sorgfaltspflicht. Voraussetzung dafür ist freilich, dass das Aufsichtsratsmitglied seinen Standpunkt begründet und seine Informationen den anderen Mitgliedern offen gelegt hat[113]. Eine Haftpflicht ist auch bei unentschuldigtem Fernbleiben von der Sitzung möglich[114].

Freilich ist es vorstellbar, dass das Abstimmungsverhalten nicht genügt, um den **38**
Organpflichten gänzlich zu genügen. Je größer der durch den Beschluss drohende Schaden und je wahrscheinlicher sein Eintritt ist, desto größere Anstrengungen muss das **überstimmte Aufsichtsratsmitglied** unternehmen, um die möglichen Nachteile abzuwenden. Dies kann etwa in der Weise geschehen, dass das Aufsichtsratsmitglied der Aktiengesellschaft versucht, einen Beschluss des Aufsichtsrats herbeizuführen, wonach dieser nicht in der Sache selbst entscheidet, sondern die Sache – wenn es sich um eine Geschäftsführungsangelegenheit handelt – der Hauptversammlung vorzulegen hat (§ 103 Abs 2 AktG). Bei einer GmbH, wo diese Möglichkeit nicht besteht, kann das Aufsichtsratsmitglied etwa die Gesellschafter über die Angelegenheit informieren und sie zu einer entsprechenden Beschlussfassung auffordern. Ist der Beschluss bereits zustande gekommen, so könnte das Aufsichtsratsmitglied nach Lage des Falles bei einer späteren Sitzung eine neuerliche Befassung mit dem Thema beantragen, auf die Einberufung einer Hauptversammlung dringen[115] oder einen Großaktionär informieren, damit dieser seinen Einfluss auf Vorstand oder Aufsichtsrat geltend macht, damit die beschlossene Maßnahme unterbleibt[116]. Bei der Zustimmung zu einem Geschäft gemäß § 95 Abs 5 AktG/§ 30j Abs 5 GmbH ist auch eine Verständigung des Vorstands (Geschäftsführer) mit der Darlegung der Gründe für die Gegenstimme in Betracht zu ziehen[117]. Schließlich kommt eine Klage auf Feststellung der Unwirksamkeit des Beschlusses in Betracht; eine Pflicht dazu kann dem Aufsichtsratsmitglied jedoch schon wegen des Kostenrisikos nicht auferlegt werden[118].

Ob überhaupt eine **Pflicht zur Intervention** gegen einen Mehrheitsbeschluss **39**
besteht und welche Maßnahmen dabei zu ergreifen sind, hängt von den für die Gesellschaft drohenden Nachteilen ab. Denn jeder Versuch eines überstimmten Mitglieds, die Ausführung eines Mehrheitsbeschlusses zu verhindern, kann

112 Vgl nur *Reich-Rohrwig*, GmbH-Recht² I Rz 4/431; ferner *Rauter* in Straube/Ratka/Rauter, GmbHG² § 33 Rz 39a.

113 Vgl ähnlich *Rauter* in Straube/Ratka/Rauter, GmbHG² § 33 Rz 39; *Koppensteiner/Rüffler*, GmbH-Gesetz³ § 33 GmbHG Rz 2; *A. Heidinger* in Gruber/Harrer, GmbHG § 33 Rz 19; *Reich-Rohrwig*, GmbH-Recht² I Rz 4/431; *P. Doralt/W. Doralt* in Semler/v. Schenck, AR-Hdb⁴ § 14 Rz 163; *Kittel*, Handbuch² 348; *G. Fellner*, NZ 2002, 361; *Schärf*, GesRZ 2004, 42 f; im Zusammenhang mit einem zur Insolvenzverschleppung führenden Mehrheitsbeschluss auch *Schumacher* in Bartsch/Pollak/Buchegger, InsR⁴ § 69 Rz 214.

114 *Rauter* in Straube/Ratka/Rauter, GmbHG § 33 Rz 39.

115 *P. Doralt/W. Doralt* in Semler/v. Schenck, ARHdb⁴ § 14 Rz 164.

116 Zur Verständigung des Großaktionärs auch *Kastner*, FS Strasser I 854.

117 *Kittel*, Handbuch² 349.

118 *P. Doralt/W. Doralt* in Semler/v. Schenck, ARHdb⁴ § 14 Rz 165; *Kittel*, Handbuch² 349.

das Klima innerhalb des Aufsichtsrats und das wechselseitige Vertrauen seiner Mitglieder mehr oder weniger stark beschädigen[119]. Die sich hieraus ergebenden Nachteile sind gegen die Nachteile abzuwägen, die durch die Ausführung des Beschlusses eintreten können. Deshalb ist eine Interventionspflicht eines überstimmten Mitglieds nur bei beträchtlichen und mit hoher Wahrscheinlichkeit eintretenden Schäden anzunehmen. Bei der Beurteilung, ob überhaupt bzw auf welche Weise gegen einen Mehrheitsbeschluss Abhilfe gesucht werden muss, ist dem Aufsichtsratsmitglied wegen der komplizierten Interessenabwägung ein erheblicher Ermessensspielraum zu gewähren. Als Alternative steht dem Aufsichtsratsmitglied die Niederlegung seines Mandats offen[120], wobei tiefgreifende Meinungsverschiedenheiten innerhalb des Aufsichtsrats einen wichtigen Grund darstellen können.

40 Auch das gegenüber der Gesellschaft geltende Treuegebot ist fundamentaler Parameter bei der Konkretisierung von Verhaltenspflichten. Es entfaltet vor allem bei einem **Interessenkonflikt** eine besondere Bedeutung. Für das Vorliegen eines Interessenkonfliktes ist es gleichgültig, ob eigene Interessen des Aufsichtsratsmitglieds im Spiel sind oder die Interessen eines Dritten, gegenüber welchem das Aufsichtsratsmitglied ebenfalls zur Interessenwahrung verpflichtet sind. Dabei ist vor allem an Fälle zu denken, in denen ein Aufsichtsratsmitglied zugleich Organmitglied eines anderen Rechtsträgers ist. Auch ein familiäres oder faktisches Naheverhältnis des Aufsichtsratsmitgliedes zu einem Dritten, dessen Interessen im Gegensatz zu den Interessen der Gesellschaft stehen, kann einen Interessenkonflikt begründen. Um Interessenkonflikte gar nicht erst entstehen zu lassen, bestehen Unvereinbarkeitstatbestände, die die Übernahme eines bestimmten Mandats ausschließen (vgl § 86 Abs 2 Z 2 und 3 AktG; § 30a Abs 2 Z 2 und 3 GmbHG). Präventive Zwecke hat auch die Verpflichtung eines Kandidaten für den Aufsichtsrat, der Hauptversammlung vor der Wahl alle Umstände darzulegen, die die Besorgnis einer Befangenheit begründen (§ 87 Abs 2 AktG; § 30b Abs 1a GmbHG)[121]. Für nach der Übernahme des Mandats eintretende Interessenkonflikte besteht eine Sondervorschrift in Bezug auf entgeltliche Verträge des Aufsichtsratsmitglieds oder eines ihm nahe stehenden Unternehmens über außerhalb der Aufsichtsratstätigkeit liegende Leistungen mit der Gesellschaft; sie bedürfen der Zustimmung des Aufsichtsrats (§ 95 Abs 5 Z 12 AktG, § 30j Abs 5 Z 10 GmbHG; dazu Kap 10). Für andere Interessenkonflikte, die nach der Übernahme des Mandats auftreten, fehlen ausdrückliche Regeln[122]. Die Treuepflicht gebietet in solchen Fällen zuvörderst die Offenlegung des Konflikts[123]. Grundsätzlich werden auch

---

[119] *Kastner*, FS Strasser I 854. Schon deshalb kann die undifferenzierte Ansicht, ein Aufsichtsratsmitglied sei „schon aufgrund seiner Sorgfaltspflicht dazu verpflichtet, alles in seiner Macht stehende zu tun, um eine schädigende Maßnahme zu verhindern" (*Kittel*, Handbuch² 348), nicht geteilt werden (wie hier auch *G. Schima*, Business Judgment Rule, in Baudenbacher/Kokott/Speitler, Aktuelle Entwicklungen 401 FN 139).

[120] Vgl *Kastner*, FS Strasser I 855; *Reich-Rohrwig*, GmbH-Recht² I Rz 4/431; skeptisch *P. Doralt/W. Doralt* in Semler/v. Schenck, ARHdb⁴ § 14 Rz 166; gegen eine Pflicht zum Rücktritt auch *Kittel*, Handbuch² 349 f.

[121] Vgl auch die C-Regel in Z 45 ÖCGK.

[122] Vgl jedoch die C-Regel in Z 46 ÖCGK.

[123] *D. Bydlinski*, ecolex 2014, 244; *Kittel*, Handbuch² 126; die Wichtigkeit der Offenlegung betont auch *Kalss* in Kalss/Nowotny/Schauer, Gesellschaftsrecht Rz 3/574 (im Zusammenhang

die Gründe für den Interessenkonflikt mitzuteilen sein, damit den anderen Organmitgliedern eine sachgerechte Entscheidung ermöglicht wird, welche Konsequenzen hieraus für die Tätigkeit des Gesamtorgans zu ziehen sind. Regelmäßige Konsequenz ist, dass das betroffene Aufsichtsratsmitglied zum Fernbleiben von Sitzungen des Aufsichtsrats und zur Stimmenthaltung verpflichtet ist[124]. In gravierenden Fällen eines dauerhaften Interessenkonflikts kann auch eine Pflicht zur Niederlegung des Mandats bestehen[125].

Ein besonderer Interessenkonflikt kann bestehen, wenn das betreffende **Aufsichtsratsmitglied** ein **beruflicher Geheimnisträger** (Rechtsanwalt, Steuerberater etc) ist und im Zuge seiner Tätigkeit eine Information erlangt hat, deren Preisgabe innerhalb des Aufsichtsrats im Interesse der Gesellschaft läge, aber durch eine gegenüber einem Klienten bestehende Verschwiegenheitspflicht verhindert wird. Man kann beispielhaft an den Fall denken, dass im Aufsichtsrat über die Bestellung eines Kandidaten zum Vorstandsmitglied zu entscheiden ist: Wenn dieser Kandidat ein aktueller oder früherer Mandant eines Rechtsanwalts ist, der dem Aufsichtsrat angehört, dann kann die Frage auftreten, ob dieses Aufsichtsratsmitglied verpflichtet ist, nachteilige Informationen über den Kandidaten preiszugeben, deren Übermittlung ihm durch die anwaltliche Verschwiegenheitspflicht verboten wäre. Bei der erforderlichen Interessenabwägung zwischen dem Informationsinteresse der Gesellschaft und dem Geheimhaltungsinteresse des Mandanten dürfte dem Letzteren der Vorzug einzuräumen sein. Dafür sprechen zwei Argumente: Erstens würde es auf eine beträchtliche – und das Vertrauensverhältnis zum Geheimnisträger stark belastende – Aushöhlung der Verschwiegenheitspflicht hinauslaufen, wenn ein Mandant oder Klient stets damit rechnen müsste, dass über ihn vorhandene und durch die Verschwiegenheitspflicht grundsätzlich geschützte Informationen preisgegeben werden könnten, wenn der Geheimnisträger – eventuell auch erst nach Ende des Klientenverhältnisses – Mitglied eines Aufsichtsrats wird. Umgekehrt erscheint die Gesellschaft weniger schutzwürdig: Bestellen ihre 41

---

mit gemäß § 95 Abs 5 Z 12 AktG genehmigungsbedürftigen Beratungsverträgen); vgl ferner die C-Regel in Z 46 ÖCGK.

124 Näher *Kastner*, FS Strasser I 851 f; *Kalss* in Kalss/Nowotny/Schauer, Gesellschaftsrecht Rz 3/574 (die das Teilnahmeverbot auf gravierende Interessenkonflikte einschränkt); *P. Doralt/W. Doralt* in Semler/v. Schenck, ARHdb[4] § 13 Rz 110; *Kittel*, Handbuch[2] 126; *D. Bydlinski*, ecolex 2014, 245; *Wenger*, RWZ 2002, 2 f; für den Stimmrechtsausschluss auch *Rauter* in Straube/Ratka/Rauter, GmbHG[2] § 33 Rz 46.

125 *Kalss* in Kalss/Nowotny/Schauer, Gesellschaftsrecht Rz 3/574; *P. Doralt/W. Doralt* in Semler/v. Schenck, ARHdb[4] § 14 Rz 179; *Rauter* in Straube/Ratka/Rauter, GmbHG[2] § 33 Rz 46; *Reich-Rohrwig*, GmbH-Recht[2] I Rz 4/428; *Kittel*, Handbuch[2] 127; *Schärf*, GesRZ 2004, 43. In der Literatur wird vorgeschlagen, bei schuldlos herbeigeführten Kollisionen zwischen dem Aufsichtsratsmandat und gegenläufigen Pflichten zugunsten eines Dritten dem höherwertigen Interessen den Vorzug zu geben und bei gleichwertigen Interessen nach der zeitlichen Priorität der Begründung der jeweiligen Pflicht zu entscheiden (so *Riss*, Doppelorganschaft 41 ff; *derselbe*, ecolex 2010, 158 f). In diesem Vorschlag kann kein tauglicher Ausweg erblickt werden, weil er die gesetzlichen Pflichten des Aufsichtsratsmitglieds gegenüber der Gesellschaft einschränken und im äußersten Fall sogar aufheben und hierdurch in die Organisationsverfassung der Gesellschaft eingreifen würde. Deshalb müssen andere Wege der Konfliktlösung beschritten werden: Dabei handelt es sich um jene, die im Text beschrieben werden.

Gesellschafter einen beruflichen Geheimnisträger zum Mitglied des Aufsichtsrats, so müssen sie eben damit rechnen, dass dieser nicht jene Informationen preisgeben darf, die durch professionelle Verschwiegenheitspflicht geschützt wird. Ohne Auflösung der Pflichtenkollision würde jeder Geheimnisträger, der Mitglied eines Aufsichtsrats ist, in ein unüberwindliches Dilemma geraten, bei dem sein Verhalten stets haftungsrechtliche Folgen in die eine oder andere Richtung hervorrufen könnte. Ein Geheimnisträger könnte dann, wenn er eine solche Situation vermeiden wollte, kaum noch Mitglied eines Aufsichtsrats werden, was aber möglicherweise nicht im Interesse der Gesellschaft läge (*Kunz* Rz 4/8 ff, Rz 4/19).

42 Fraglich ist, ob die **Offenlegungspflichten** vor der Übernahme des Mandats oder während der aufrechten Mitgliedschaft im Aufsichtsrat die Qualität eines **Schutzgesetzes** haben. Gegen eine solche Annahme könnte der Umstand sprechen, dass auch ein in einem Interessenkonflikt befangenes Mitglied im Einzelfall sorgfältig und in Übereinstimmung mit der Treuepflicht handeln kann. Deshalb könnte es eher angezeigt sein, nicht die Verletzung der Offenlegungspflicht als Grundlage einer Haftpflicht heranzuziehen, sondern das spätere schadenstiftende Verhalten, wenn es nicht im Einklang mit dem gebotenen Verhalten eines ordentlichen Aufsichtsratsmitglieds steht. Diese Ansicht hätte freilich zur Folge, dass das Haftungsrecht dann keinerlei Anreiz mehr böte, der Offenlegungspflicht nachzukommen. Überdies geht von der unterlassenen Aufdeckung eines Interessenkonflikts die Gefahr eines späteren pflichtwidrigen Verhaltens aus. Bei einer Abwägung der Interessen erscheint folgende Lösung sachgerecht: Rechtsgrundlage der Haftpflicht ist nicht die unterbliebene Offenlegung der Besorgnis der Befangenheit oder der Interessenkollision, sondern das spätere Verhalten des Aufsichtsratsmitglieds. § 99 AktG iVm § 84 Abs 2 AktG führt aber zu einer Beweislastumkehr, die von der hA in der Weise verstanden wird, dass das Aufsichtsratsmitglied mit dem Beweis der Einhaltung der gebotenen Sorgfalt belastet wird, wenn die Gesellschaft Tatsachen nachgewiesen hat, die einen Schluss auf ein pflichtwidriges Verhalten zulassen (Rz 56). Die unterbliebene Offenlegung kann als ein belastendes Merkmal verstanden werden, das die Anwendung der Beweislastumkehr rechtfertigt. Die unterlassene Offenlegung hat demnach zur Folge, dass das Aufsichtsratsmitglied mit dem Beweis belastet wird, dass sich der Interessenkonflikt bei seinem späteren Verhalten, das zum Schadenseintritt geführt hat, nicht ausgewirkt hat, sodass dieses Verhalten im Einklang mit dem Sorgfaltsgebot steht. Wenn ein Mitglied des Aufsichtsrats von einem Interessenkonflikt Kenntnis erlangt, der ein anderes Aufsichtsratsmitglied betrifft, ohne dass es diesen offen legt, so gebietet es die Treuepflicht gegenüber der Gesellschaft, geeignete Maßnahmen zur Abhilfe zu ergreifen. Diese können zunächst aus einem Gespräch mit dem vom Interessenkonflikt betroffenen Mitglied bestehen, seiner Offenlegungspflicht nachzukommen; bei Erfolglosigkeit kann sich aber eine Verpflichtung des Aufsichtsratsmitglieds ergeben, den Interessenkonflikt oder die allenfalls bestehenden Verdachtsmomente im Plenum des Aufsichtsrats zur Sprache zu bringen. Sollte durch die Unterlassung entsprechender Maßnahmen ein pflichtwidriges Verhalten des vom Interessenkonflikt betroffenen Aufsichtsratsmitgliedes ermöglicht worden sein, so haften beide Aufsichtsratsmitglieder gesamtschuldnerisch.

Verschwiegenheitspflicht: Die Verschwiegenheitspflicht ergibt sich für den Aufsichtsrat der AG aus der Verweisung in § 99 auf § 84 AktG[126]. Bei der GmbH ist sie zwar nicht ausdrücklich angeordnet, wird aber von der hA mit Recht befürwortet[127], wofür spricht, dass sie als Ausfluss der Treuepflicht verstanden werden kann[128] (zur Verschwiegenheitspflicht allgemein s *Kalss* § 19 Rz 10 ff). Die Verschwiegenheitspflicht des Aufsichtsrates bezieht sich auf alle Tatsachen, die dem Aufsichtsratsmitglied durch seine Tätigkeit bekannt geworden sind[129], sofern an der Geheimhaltung ein schutzwürdiges Interesse der Gesellschaft besteht[130]; sie erstreckt sich auch auf Informationen über konzernverbundene Gesellschaften[131]. Die Verschwiegenheitspflicht erlischt nicht mit dem Ende des Mandats[132]; sie besteht unbefristet weiter. Freilich ist es möglich, dass das Geheimhaltungsinteresse der Gesellschaft im Lauf der Zeit schwindet, sodass dann auch keine Pflicht zu weiterer Verschwiegenheit mehr besteht. Die Verschwiegenheitspflicht gilt für alle Mitglieder des Aufsichtsrats einschließlich der vom Betriebsrat entsendeten Mitglieder[133]. Sie entfällt aber insoweit, als das verbandsinterne Informationssystem einen Informationsfluss zulässt oder gar verpflichtend vorschreibt[134]; so dürfen geschützte Informationen beispielsweise bei konzernverbundenen Gesellschaften vom Aufsichtsrat der Tochtergesellschaft an die Muttergesellschaft weitergeleitet werden[135]. 43

Die Mitglieder des Aufsichtsrats unterliegen keinem **Wettbewerbsverbot** 44
(§ 90 Abs 2 Satz 3 AktG)[136]. Wenn ein Aufsichtsratsmitglied während seiner Zugehörigkeit zum Organ eine konkurrierende Tätigkeit aufnimmt, kann dies einen Interessenkonflikt herbeiführen; es ist dann nach den dafür vorgesehenen Regeln vorzugehen (Rz 40 f). Die Ausnutzung von Geschäftschancen, die ihm durch seine

[126] *Kalss* in Doralt/Nowotny/Kalss, AktG² § 99 AktG Rz 21; *Kittel*, Handbuch² 118; zu haftungsrechtlichen Folgen *Ruhm*, RdW 2005/813, 736 ff.

[127] *Koppensteiner/Rüffler*, GmbH-Gesetz³ § 33 Rz 2; ebenso *Reich-Rohrwig*, GmbH-Recht² I Rz 4/422 und *Rauter* in Straube/Ratka/Rauter, GmbHG § 33 Rz 49 (jedoch unter Berufung auf die Sorgfaltspflicht).

[128] Vgl *Gruber/Auer*, GesRZ 2013, 173 f; *I. Welser*, FS Jud 747.

[129] *Kalss* in Doralt/Nowotny/Kalss, AktG² § 99 Rz 21.

[130] Vgl *Kalss* in Doralt/Nowotny/Kalss, AktG² § 99 Rz 22; *Gruber/Auer*, GesRZ 2013, 175 f.

[131] *Kalss* in Doralt/Nowotny/Kalss, AktG² § 99 Rz 26; *Schärf*, GesRZ 2004, 43.

[132] *Kalss* in Doralt/Nowotny/Kalss, AktG² § 99 Rz 36; *Rauter* in Straube/Ratka/Rauter, GmbHG § 33 Rz 61; *Gruber/Auer*, GesRZ 2013, 174.

[133] *Strasser* in Jabornegg/Strasser, AktG⁵ §§ 98, 99 Rz 43; *Kalss* in Doralt/Nowotny/Kalss, AktG² § 99 Rz 23; *Rauter* in Straube/Ratka/Rauter, GmbHG² § 33 Rz 55; *Reich-Rohrwig*, GmbH-Recht² I Rz 4/423; *Kittel*, Haftung² 43; *Kittel*, Handbuch² 119; ausführlich dazu *Jabornegg*, RdA 2004, 107 ff.

[134] Vgl etwa *Kalss* in Doralt/Nowotny/Kalss, AktG² § 99 Rz 24; *Rauter* in Straube/Ratka/Rauter, GmbHG² § 33 Rz 55; *Koppensteiner/Rüffler*, GmbH-Gesetz³ § 33 Rz 2 (alle mit Hinweis auf §§ 108 f ArbVG).

[135] *Kalss* in Doralt/Nowotny/Kalss, AktG § 99 Rz 32; *Rauter* in Straube/Ratka/Rauter, GmbHG § 33 Rz 60; vgl auch *I. Welser*, FS Jud 760 f.

[136] *Strasser* in Jabornegg/Strasser, AktG⁵ §§ 98, 99 Rz 39; *P. Doralt/W. Doralt* in Semler/v. Schenck, ARHdb⁴ § 14 Rz 183; *Rauter* in Straube/Ratka/Rauter, GmbHG § 33 Rz 47; *Reich-Rohrwig*, GmbH-Recht² I Rz 4/427; *Kittel*, Haftung² 47; *derselbe*, Handbuch² 136; *Schärf*, GesRZ 2004, 43; vgl auch *Feltl/Kraus*, wbl 2011, 61 ff.

Tätigkeit im Aufsichtsrat bekannt geworden sind, begründet einen Verstoß gegen die Treuepflicht[137].

(2) Konkretisierung nach der Organisation des Aufsichtsrats

45 Die zweite Determinante betrifft die Organisation des Aufsichtsrats und die Stellung des jeweiligen Mitglieds innerhalb des Aufsichtsrats. Beim **Vorsitzenden** des Aufsichtsrats ist zu beachten, dass er im Vergleich zum einfachen Aufsichtsratsmitglied zusätzliche Pflichten hat (näher Kap 20). Diese Pflichten sind überwiegend im Gesetz ausdrücklich und verhältnismäßig konkret verankert. Dazu zählen etwa die Einberufung des Aufsichtsrats auf Verlangen eines anderen Mitglieds oder des Vorstands bzw der Geschäftsführer (§ 94 Abs 1 AktG, § 30i Abs 1 GmbHG). Der Vorsitzende muss zwar bei den Aufsichtsratssitzungen nicht eigenhändig Protokoll führen; ihm oder seinem Stellvertreter ist jedoch die Unterzeichnung der über die Verhandlungen und Beschlüsse angefertigten Niederschrift übertragen (§ 92 Abs 2 AktG, § 30g Abs 2 GmbHG). Daraus ist abzuleiten, dass der Vorsitzende dafür Sorge zu tragen hat, dass eine Niederschrift überhaupt angefertigt wird[138], und dass er die Richtigkeit des Inhalts vor der Unterzeichnung überprüfen muss. Bei der wiederholten Bestellung eines Vorstandsmitglieds einer Aktiengesellschaft obliegt dem Vorsitzenden des Aufsichtsrats die schriftliche Bestätigung (§ 75 Abs 1 Satz 2 AktG). Zu den ungeschriebenen Pflichten des Vorsitzenden gehört es, für die Funktionsfähigkeit des Aufsichtsrats in einer Weise zu sorgen, dass dieses Organ seine gesetzlich übertragenen Aufgaben, vor allem die Überwachung der Geschäftsführung, in ordnungsgemäßem Umfang wahrnehmen kann. Wenn der Vorsitzende beispielsweise aus einem Sonderbericht des Vorstands, dessen Adressat er ist (§ 81 Abs 1 Satz 3 AktG, § 28a Abs 1 Satz 3 GmbHG), erkennen kann, dass ein Anlass für die Befassung des Gesamtaufsichtsrats besteht, so muss er ihn unverzüglich einberufen. Schließlich führt der Vorsitzende des Aufsichtsrats den Vorsitz in der Hauptversammlung und hat die damit verbundenen Pflichten zu erfüllen (Kap 21). Auch aus einer fehlerhaften Vorsitzführung können sich Schadenersatzansprüche der Gesellschaft ergeben[139]; freilich nur unter der Voraussetzung, dass gerade diese Pflichtwidrigkeit zu einem Schaden der Gesellschaft geführt hat. Für die Gebühren des Notars, der die Beschlüsse der Hauptversammlung beurkundet, haftet der Aufsichtsratsvorsitzende nicht[140].

46 Im Zusammenhang mit der Organisation des Aufsichtsrats spielt es auch eine Rolle, ob **Ausschüsse** eingerichtet sind. Ist dies der Fall, so haben die Mitglieder des Ausschusses die ihm übertragenen Aufgaben wahrzunehmen[141] und dabei

[137] Wohl ebenso *P. Doralt/W. Doralt* in Semler/v. Schenck, ARHdb⁴ § 14 Rz 183; vgl auch *Kalss* in Doralt/Nowotny/Kalss, AktG² § 99 Rz 20; *Rauter* in Straube/Ratka/Rauter, GmbHG² § 33 Rz 47; *Kittel*, Haftung² 45 f; *derselbe*, Handbuch² 137 f; *M. Strasser*, Treuepflicht 73 f.

[138] Eine eigenhändige Errichtung durch den Vorsitzenden des Aufsichtsrats ist nicht erforderlich (*Kalss* in Doralt/Nowotny/Kalss, AktG² § 92 Rz 56; *N. Arnold*, Aufsichtsrat aktuell 2005, 8).

[139] So etwa *P. Doralt*, FS Wagner 80, im Zusammenhang mit einer pflichtwidrigen Verweigerung der Einzelabstimmung über die Entlastung der Vorstands- und Aufsichtsratsmitglieder.

[140] OGH 6 Ob 540/92 wbl 1992, 335.

[141] Vgl *P. Doralt/W. Doralt* in Semler/v. Schenck, ARHdb⁴ § 14 Rz 156; *Kalss* in Doralt/Nowotny/Kalss, AktG² § 92 Rz 131; *Reich-Rohrwig*, GmbH-Recht² I Rz 4/432.

das erhöhte Maß an fachlicher Qualifikation (Rz 25) einzubringen. Dafür kommt es hinsichtlich der nicht dem Ausschuss angehörenden Mitglieder des Aufsichtsrats zu einer Reduktion der Verantwortung. Grundsätzlich können die Mitglieder des Aufsichtsrats, die einem Ausschuss nicht angehören, darauf vertrauen, dass die dem Ausschuss übertragenen Aufgaben ordnungsgemäß erledigt werden. Sie sind bezüglich der Tätigkeit des Ausschusses aber nicht von sämtlichen Pflichten befreit, sondern haben eine latente Pflicht zur Überwachung der Ausschusstätigkeit[142], die vorzugsweise im Plenum des Aufsichtsrats erfolgen wird[143]. Die Überwachung kann sich im Regelfall auf eine Plausibilitätskontrolle beschränken, die die Funktionsfähigkeit des Ausschusses und die Ordnungsmäßigkeit der Aufgabenerledigung betrifft[144]. Erkennbaren Verdachtsmomenten in Bezug auf Fehler und Unredlichkeiten muss nachgegangen werden[145]. Wegen der zwischen dem Gesamtaufsichtsrat und dem Ausschuss bestehenden Arbeitsteilung gelten hier ähnliche Kriterien wie für die Verteilung der Verantwortung zwischen Vorstandsmitglieder bei Einrichtung eines Ressortprinzips[146]. Ein Mitglied des Aufsichtsrats, das einem Ausschuss nicht angehört, ist grundsätzlich gleichwohl berechtigt, an dessen Sitzungen teilzunehmen (§ 93 Abs 2 AktG, § 30h Abs 2 GmbHG). Dies ist aber nur ein Recht und stellt in der Regel keine Verpflichtung dar. Die unterlassene Sitzungsteilnahme begründet deshalb auch keinen Pflichtverstoß. Nur ausnahmsweise wird man eine aus der Treuepflicht abgeleitete Verpflichtung zur Teilnahme annehmen können; dies wäre etwa dann denkbar, wenn die Teilnahme ein geeigneter Weg ist, um Zweifel an der ordnungsgemäßen Wahrnehmung der Aufgaben des Ausschusses nachzugehen. Ebenso wird man eine Teilnahmepflicht annehmen können, wenn das nicht dem Ausschuss angehörige Mitglied um eine Teilnahme gebeten wird, beispielsweise weil es in einer in den Zuständigkeitsbereich des Ausschusses fallenden Angelegenheit über eine Information verfügt, deren Erörterung die Teilnahme des Mitglieds als Auskunftsperson als zweckmäßig erscheinen lässt (*Schimka* Rz 29/13 ff).

(3) Konkretisierung nach der Lage der Gesellschaft

Der dritte Parameter, die die Handlungspflichten des Aufsichtsratsmitglieds bestimmt, ist die jeweilige **Lage der Gesellschaft**. Nach einem in der Lehre entwickelten Modell ist hiernach zwischen drei Stufen zu unterscheiden[147]: Bei norma- 47

142 Vgl *Kalss* in Doralt/Nowotny/Kalss, AktG² § 99 Rz 9; *Koppensteiner/Rüffler*, GmbH-Gesetz³ § 30g Rz 25 f; *P. Doralt/W. Doralt* in Semler/v. Schenck, ARHdb⁴ § 14 Rz 157; *Kittel*, Handbuch² 373; *Reich-Rohrwig*, GmbH-Recht² I Rz 4/432; vgl auch *Strasser* in Jabornegg/Strasser, AktG⁵ §§ 98, 99 Rz 35; *Schärf*, GesRZ 2004, 42.

143 Zur Informationspflicht des Ausschusses gegenüber dem Plenum *Koppensteiner/Rüffler*, GmbH-Gesetz³ § 30g Rz 25.

144 So auch *Kalss* in Doralt/Nowotny/Kalss, AktG² § 92 Rz 178, § 99 Rz 9; vgl auch *Kittel*, Handbuch² 373; *Reich-Rohrwig*, GmbH-Recht² I Rz 4/432; ferner *P. Doralt/W. Doralt* in Semler/v. Schenck, ARHdb⁴ § 14 Rz 158 f und *Kalss* in Doralt/Nowotny/Kalss, AktG² § 99 Rz 9 mit der Differenzierung zwischen vorbereitenden und beschließenden Ausschüssen.

145 *Kalss* in Doralt/Nowotny/Kalss, AktG² § 99 Rz 9.

146 Vgl dazu allgemein *Kalss* in Kalss/Nowotny/Schauer, Gesellschaftsrecht Rz 3/347 f; *Nowotny* in Doralt/Nowotny/Kalss, AktG² § 70 Rz 23 ff; jüngst etwa *Fleischer*, ZIP 2009, 1399 f.

147 *Semler*, Leitung² Rz 232 ff; im Anschluss an diesen *Kittel*, Haftung² 52 ff; *derselbe*, Hand-

lem Verlauf der Geschäfte genüge eine begleitende Überwachung. Diese steigere sich bei einer Verschlechterung der Lage zu einer unterstützenden Überwachung und wandle sich in der Krise zu einer gestaltenden Überwachung, die auch und vor allem den möglichen Austausch des Vorstands im Auge behalten müsse.

48 Befindet sich die Gesellschaft in einer **Krise**, dann ist von den Mitgliedern des Aufsichtsrats ein gesteigerter Einsatz zu erwarten[148] (näher *Kalss/J Wendt* Rz 30/1 ff)). Dies gilt vor allem für die Überwachung der Geschäftsleitung. Der Aufsichtsrat darf sich dann nicht mit dem Jahresbericht und den Quartalsberichten begnügen, sondern wird – wenn der Vorstand nicht selbst berichtet – erheblich häufigere Berichte verlangen müssen (§ 95 Abs 2 AktG, § 30j Abs 2 GmbHG)[149]. Die Intervalle, in denen Berichte des Vorstands verlangt werden müssen, hängen von der Intensität der Krise ab. Bestehen Meinungsverschiedenheiten im Aufsichtsrat über die Art und die Häufigkeit der vom Vorstand zu verlangenden Berichte, so kann eine Pflicht einzelner Aufsichtsratsmitglieder bestehen, von den Individualrechten nach § 95 Abs 2 Satz 2 und 3 AktG (§ 30j Abs 2 Satz 2 und 3 GmbHG) Gebrauch zu machen. Die Situation der Krise bringt es mit sich, dass mit der Mindestzahl von vier Aufsichtsratssitzungen im Geschäftsjahr nicht das Auslangen gefunden werden kann. Auch hier gilt: Die gebotene Häufigkeit der Sitzungen hängt von der Schwere der Krise und von der Dringlichkeit des gebotenen Handelns ab. Die unterlassene Einberufung einer Sitzung kann den Aufsichtsratsvorsitzenden haftpflichtig machen[150]. Wird die Sitzung vom Vorsitzenden nicht einberufen, so kann überdies eine Pflicht der einzelnen Mitglieder bestehen, die Einberufung vom Vorsitzenden zu verlangen oder selbst eine Sitzung einzuberufen (§ 94 Abs 1 und 2 AktG, § 30i Abs 1 und 2 GmbHG). In der Regel wird der Aufsichtsrat auf die Erstellung eines Sanierungskonzepts durch den Vorstand zu dringen haben[151]. Gegebenenfalls ist eine Hauptversammlung (Generalversammlung) einzuberufen (§ 95 Abs 4 AktG, § 30j Abs 4 GmbHG). Ferner ist in der Krisensituation besonders genau die Notwendigkeit zu prüfen, den Vorstand (Geschäftsführer) auszutauschen[152] oder auf die Einleitung eines Insolvenzverfahrens hinzuwirken (Rz 80)[153]. Jedenfalls ist der Aufsichtsrat dazu verpflichtet, die Prüfung eines Insolvenzgrundes durch den Vorstand (Geschäftsführer) zu veranlassen[154]; zu diesem Zweck können

---

buch² 277 ff; *Kalss/Oelkers*, Aufsichtsrat aktuell 2006, 6 ff; *Kalss*, Aufsichtsrat, in Kalss, Kapitalgesellschaftsrecht 81; *Schönbacher*, Haftung 232.

148 Vgl *Reich-Rohrwig*, GmbH-Recht² I Rz 4/310, 4/315; *Koppensteiner/Rüffler*, GmbH-Gesetz³ § 30j Rz 6; *Kalss* in Doralt/Nowotny/Kalss, AktG² § 95 Rz 18; *Schumacher* in Bartsch/Pollak/Buchegger, InsR⁴ § 69 Rz 194; *Kalss/Oelkers*, Aufsichtsrat aktuell 2006, 6 ff; *Schärf*, GesRZ 2004 41, zuletzt auch OGH 9 Ob 58/11m GesRZ 2012, 308 (*Kalss*) = RWZ 2012, 175 (*Wenger*).

149 Vgl etwa *Kalss*, Aufsichtsrat aktuell 2011 H 4, 7.

150 LG München 5 HK O 11977/06 AG 2007, 827.

151 *Kittel*, Handbuch² 284; *Reich-Rohrwig*, GmbH-Recht² I Rz 4/317; *Kalss/Oelkers*, Aufsichtsrat aktuell 2006, 7 f.

152 Vgl dazu *Kittel*, Handbuch² 283 f; *Kalss/Oelkers*, Aufsichtsrat aktuell 2006, 8.

153 *Kalss* in Doralt/Nowotny/Kalss, AktG² § 95 Rz 18; *Kalss/Oelkers*, Aufsichtsrat aktuell 2006, 8; zum Insolvenzantrag auch *Reich-Rohrwig*, GmbH-Recht² I Rz 4/319.

154 Dazu näher *Schumacher* in Bartsch/Pollak/Buchegger, InsR⁴ § 69 Rz 196; vgl auch *Schärf*, GesRZ 2004, 41 f.

Sonderberichte angefordert werden[155]. Ist ein Insolvenzverfahren bereits eröffnet, so werden die Aufgaben des Aufsichtsrats durch den Zweck des Verfahrens weit gehend verdrängt[156].

Grundsätzlich ist in einer Krisensituation ein **flexibles Verhalten des Aufsichtsratsmitglieds** geschuldet. Wenn in der Geschäftsordnung des Aufsichtsrats eine bestimmte Mindestfrist vorgesehen ist, die zwischen der Einberufung und der Sitzung verstreichen muss, dann kann gleichwohl eine Teilnahmepflicht bestehen, wenn die Frist nicht eingehalten wurde, aber die Tätigkeit des Aufsichtsrats besonderer Dringlichkeit unterliegt. Das Aufsichtsratsmitglied wird sich in besonderer Weise um eine Teilnahme bemühen müssen; dies kann die Verpflichtung einschließen, andere Aufgaben, die einen Aufschub dulden, auf einen späteren Zeitpunkt zu verlegen. Sollte die Satzung dies zulassen, so kann das Aufsichtsratsmitglied auch dazu verpflichtet sein, eine Person zur Teilnahme zu ermächtigen oder seine Stimme dem Vorsitzenden schriftlich zu überreichen (§ 93 Abs 3 AktG)[157]. 49

4. Objektive Zurechnungselemente

Haftungsvoraussetzung ist die ursächliche Verknüpfung zwischen dem Sorgfaltsverstoß und dem Eintritt des Schadens. Nach den allgemeinen Regeln des Haftpflichtrechts wird die **Kausalität** nach der Äquivalenztheorie bestimmt. Hiernach ist eine Handlung dann ursächlich für den Erfolg, wenn sie nicht weggedacht werden kann, ohne dass auch der Erfolg in seiner konkreten Gestalt entfiele[158]. Liegt der Sorgfaltsverstoß in einer Unterlassung, so kommt es darauf an, ob das gebotene Verhalten hinzugedacht werden kann, ohne dass der schädigende Erfolg entfiele. Nach der Äquivalenztheorie ist nicht relevant, welcher Zeitraum zwischen dem Sorgfaltsverstoß und dem Eintritt des Schadens verstrichen ist; auch sehr lange zurück liegende Handlungen können sich für einen bestimmten Schaden als ursächlich auswirken. Die Äquivalenztheorie unterscheidet auch nicht danach, ob eine bestimmte Ursache für den Schadenseintritt von größerem oder geringerem Gewicht war, weil es dafür keinen praktikablen Maßstab gibt: alle in Betracht kommenden Ursachen sind in diesem Sinn gleichwertig (äquivalent). Nach der Äquivalenztheorie können auch mehrere Ursachen für den Eintritt eines bestimmten Schadens kausal sein; die zeitlich nachfolgende Ursache schließt den Zurechnungszusammenhang zwischen dem Schaden und einer zeitlich früheren Ursache nicht aus. Haben mehrere Beteiligte durch einen Sorgfaltsverstoß eine Schadensursache gesetzt, so können alle haftpflichtig sein (zur Haftung mehrerer Schädiger auch Rz 66). War das pflichtwidrige Verhalten des Schädigers zwar kausal für den Eintritt des Schadens, wäre dieser aber auch bei rechtmäßigem Verhalten eingetreten, so kann sich der Schädiger zur Haftungsbefreiung auf den Einwand des **rechtmäßigen Alternativverhaltens** berufen[159]. 50

155 Vgl *Schumacher* in Bartsch/Pollak/Buchegger, InsR[4] § 69 Rz 201.

156 Dazu näher *Kalss/Oelkers*, Aufsichtsrat aktuell 2007, 13.

157 Vgl auch (ohne Beschränkung auf Krisensituationen) *Kastner*, FS Strasser I 852.

158 Vgl nur *Koziol*, Haftpflichtrecht[3] I Rz 3/5; *derselbe*, Grundfragen Rz 5/57. *Kalss/Oelkers*, Aufsichtsrat aktuell 7, verweisen allgemein auf hohe Verfügbarkeit der Aufsichtsratsmitglieder etwa in Form telefonischer Erreichbarkeit.

159 OGH 1 Ob 144/01k GesRZ 2002, 86; *Schumacher* in Bartsch/Pollak/Buchegger, InsR[4] § 69

51 Die Kausalitätsprüfung nach der Äquivalenztheorie kann zu einer nahezu uferlosen Haftungszurechnung führen. Deshalb bestehen weitere Zurechnungselemente, die den Zurechnungszusammenhang beschränken. Diesem Zweck dient die **Adäquanztheorie**[160]. Hiernach haftet der Schädiger nur dann, wenn der eingetretene Schaden nicht vollkommen außerhalb der üblichen Lebenserfahrung liegt oder – in anderer Formulierung – im Zeitpunkt des Sorgfaltsverstoßes nicht gänzlich atypisch erscheinen musste[161]. Die dazu – freilich in gänzlich anderem Zusammenhang – ergangene Rechtsprechung ist bei der Anwendung des Adäquanzkriteriums verhältnismäßig großzügig und lässt nur in sehr seltenen Fällen die Haftung des Schädigers an der fehlenden Vorhersehbarkeit des eingetretenen Schadens scheitern[162]. Zur Anwendung der Adäquanztheorie auf die Haftung des Aufsichtsrats liegt, soweit zu sehen, keine Rechtsprechung vor; da aber keine Gründe für eine abweichende Beurteilung ersichtlich sind, muss auch hier mit einer ähnlich großzügigen Bejahung des Zurechnungszusammenhangs gerechnet werden[163].

52 Zu den objektiven Zurechnungselementen zählt schließlich der **Rechtswidrigkeitszusammenhang** (Schutzzweck der Norm). Hiernach sind nur solche Schäden zu ersetzen, die die übertretene Norm nach ihrem Zweck verhindern sollte. Die praktische Bedeutung der Lehre vom Schutzzweck der Norm ist bei der Verletzung von Schutzgesetzen am größten[164]; freilich ist sie auf alle Arten der Rechtswidrigkeit anzuwenden[165]. Im Schrifttum wird vielfach zwischen drei Schutzbereichen unterschieden[166]: Der persönliche Schutzbereich bezeichnet die Personen, deren Rechtsgüter durch die betreffende Norm geschützt werden sollen. Der gegenständliche Schutzbereich beschreibt die Schäden, die verhindert werden sollen. Mit dem modalen Schutzbereich ist gemeint, dass sich überdies eine spezifische Gefahr verwirklicht haben muss, die durch die übertretene Norm hintangehalten werden sollte. Diese Überlegungen zum Rechtswidrigkeitszusammenhang sind grundsätzlich auch bei der Haftung des Aufsichtsrats relevant[167]. Soweit ersichtlich, haben sie praktisch bisher kaum eine Rolle gespielt. Dies ist wohl auf folgende Gründe zurückzuführen: Der persönliche Schutzbereich der Innenhaftung ist bereits durch das Gesetz klar bezeichnet: Die Mitglieder des Aufsichtsrats haften der Gesellschaft (§ 99 iVm § 84 Abs 2 AktG; § 33 Abs 1 iVm § 25 Abs 2 GmbHG). Die Schäden, die der Gesellschaft durch eine Pflichtwidrigkeit eines Aufsichts-

---

Rz 218; *Rauter* in Straube/Ratka/Rauter, GmbHG² § 33 Rz 38; *A. Heidinger* in Gruber/Harrer, GmbHG § 33 Rz 19; vgl auch *Kittel*, Haftung² 194 f; *denselben*, Handbuch² 354; *Temmel*, Aufsichtsrat 135.

160 Im Zusammenhang mit dem Aufsichtsrat *P. Doralt/W. Doralt* in Semler/v. Schenck, ARHdb⁴ § 14 Rz 61; *Kittel*, Handbuch² 353 f.

161 Vgl dazu *Koziol*, Haftpflichtrecht³ I Rz 8/8; *derselbe*, Grundfragen Rz 7/7.

162 Vgl etwa OGH 8 Ob 10/85 ZVR 1986/37; 2 Ob 27/91 JBl 1992, 255; 2 Ob 46/93 ZVR 1995/73.

163 Vgl das Beispiel bei *P. Doralt/W. Doralt* in Semler/v. Schenck, ARHdb⁴ § 14 Rz 62, wonach ein inadäquater Schaden vorliegt, wenn ein fachlich ungeeignetes Vorstandsmitglied eine Veruntreuung begeht.

164 Vgl *Koziol*, Haftpflichtrecht³ I Rz 8/23.

165 Zur Schutzzwecklehre bei der Verletzung absoluter Rechtsgüter und bei Vertragsverletzungen *Koziol*, Haftpflicht³ I Rz 8/23 ff, 8/49 ff.

166 *Koziol*, Grundfragen Rz 7/18; *Karollus*, Schutzgesetzverletzung 339 f.

167 Vgl *Rauter* in Straube/Ratka/Rauter, GmbHG § 33 Rz 38.

ratsmitglieds entstehen, fallen regelmäßig in den sachlichen Schutzbereich und beruhen auf der Verwirklichung einer nach dem Zweck der Verhaltenspflicht zu vermeidenden Gefahr, sodass außerhalb des Rechtswidrigkeitszusammenhangs liegende Schäden bei der Haftung des Aufsichtsrats nur schwer vorstellbar sind.

5. Verschulden

Unter **Verschulden** ist die Vorwerfbarkeit der Tat zu verstehen. Nach den Prin- 53
zipien der Verschuldenshaftung handelt der Schädiger schuldhaft, wenn es ihm nach seinen Kenntnissen und Fähigkeiten möglich und zumutbar war, im Einklang mit dem Sorgfaltsgebot zu handeln[168]. Leichte Fahrlässigkeit ist für die Begründung der Haftung ausreichend[169]; entgegen manchen Stimmen in der Lehre ist auch der Business Judgment Rule keine Haftungsbeschränkung auf grobe Fahrlässigkeit zu entnehmen (oben Rz 33) . Im Gegensatz zur objektiv ermittelten Sorgfaltswidrigkeit bildet das Verschulden im Regelfall eine subjektive Haftungsvoraussetzung[170]. Bei der Haftung des Aufsichtsrats verhält es sich jedoch anders, weil die in Anspruch genommene Person – im Einklang mit den Grundsätzen der Sachverständigenhaftung (§ 1299 ABGB; Rz 20) – jedenfalls für die Sorgfalt eines ordentlichen und gewissenhaften Aufsichtsratsmitglieds einzustehen hat. Auf unzureichende Kenntnisse und Fähigkeiten kann sich das Aufsichtsratsmitglied zum Zweck der Entlastung nicht berufen[171]. Somit verbleibt für das Verschulden als subjektives Tatbestandsmerkmal der Haftung nur ein geringer Anwendungsbereich[172]; er bezieht sich auf jene Umstände, bei denen das Aufsichtsratsmitglied aus in seiner Person liegenden Gründen, die mit seinen Kenntnissen und Fähigkeiten nicht in Zusammenhang stehen, daran gehindert war, dem Sorgfaltsgebot zu entsprechen[173]. Dies ist etwa bei Verschuldensunfähigkeit, Bewusstseinsstörungen[174], Erkrankung oder entschuldigendem Notstand[175] der Fall.

---

168 Vgl *Koziol*, Haftpflichtrecht³ I Rz 5/1.

169 *Strasser* in Jabornegg/Strasser, AktG⁵ §§ 98, 99 Rz 44; vgl ferner OGH 1 Ob 144/01k GesRZ 2002, 86; aber auch *G. Schima*, Business Judgment Rule, in Baudenbacher/Kokott/Speitler, Aktuelle Entwicklungen 389, nach dessen Ansicht leichte Fahrlässigkeit (bei der Vorstandshaftung) „keine praktisch relevante Kategorie ist", was er mit dem von den Gerichten zugebilligten Ermessensspielraum begründet, der freilich – wie zu ergänzen ist – nur bei unternehmerischen Entscheidungen eine Rolle spielen kann (dazu Rz 32 f).

170 Vgl nur allgemein *Koziol*, Haftpflichtrecht³ I Rz 5/35; *derselbe*, Grundfragen Rz 6/81 ff; vgl auch *Welser/Zöchling-Jud*, Bürgerliches Recht¹⁴ II Rz 1412 ff.

171 So auch OGH 1 Ob 144/01k GesRZ 2002, 86; *Kalss* in Doralt/Nowotny/Kalss, AktG² § 99 Rz 44; *Rauter* in Straube/Ratka/Rauter, GmbHG² § 33 Rz 16; *Kittel*, Handbuch² 352, 367 f; *Temmel*, Aufsichtsrat 135; allgemein zu § 1299 *Reischauer* in Rummel³ § 1299 Rz 5.

172 Vgl auch OGH 1 Ob 144/01k GesRZ 2002, 86, wonach Fälle, in denen dem Organmitglied trotz pflichtwidrigen Handelns kein Verschulden zur Last fällt, „äußerst selten sein werden"; ebenso *G. Schima*, FS Jud 597 ff; *A. Heidinger* in Gruber/Harrer, GmbHG § 33 Rz 19; *Told*, wbl 2012, 184.

173 Vgl *Reischauer* in Rummel³ § 1299 Rz 5.

174 *Reischauer* in Rummel³ § 1299 Rz 5.

175 Zum entschuldigenden Notstand im Haftpflichtrecht allgemein *Harrer* in Schwimann/Kodek⁴, § 1306a Rz 9 f; *Reischauer* in Rummel³ § 1306a Rz 6; vgl auch *Koziol*, Haftpflichtrecht³ I Rz 4/80.

6. Beweislast

54 Im Allgemeinen ist der **Geschädigte** für sämtliche Sachverhaltselemente **beweispflichtig**, die die Haftung des Schädigers begründen[176]. Dies gilt nur insoweit nicht, als dem Gesetz eine Beweislastumkehr zu entnehmen ist, die dem Schädiger den Beweis dafür aufbürdet, dass einzelne Haftungsvoraussetzungen nicht vorliegen.

55 Im Einzelnen gilt: Die Beweislast für den Eintritt des **Schadens** und dessen Höhe trifft die Gesellschaft[177]. Steht fest, dass ein Schaden eingetreten ist, und kann die Gesellschaft die Höhe des Schadens nicht oder nur unter unverhältnismäßigen Schwierigkeiten beweisen, so ist richterliche Schätzung möglich (§ 273 ZPO).

56 Auch die Beweislast für die **Kausalität** liegt bei der Gesellschaft[178]. Beweiserleichterungen, wie sie das Zivilprozessrecht durch den Indizien- und Anscheinsbeweis kennt[179], gelten auch für die Aufsichtsratshaftung. So hat beispielsweise der OGH in einem Fall, in dem die Abhaltung der Aufsichtsratssitzungen in vierteljährlichem Rhythmus (§ 94 Abs 3 AktG, § 30i Abs 3 GmbHG) versäumt worden war, die Beweisführung hinsichtlich des Kausalzusammenhangs zwischen der Pflichtwidrigkeit und dem Schadenseintritt prima facie für möglich gehalten[180].

57 Bezüglich der **Rechtswidrigkeit** ist zwischen der AG und der GmbH zu unterscheiden. Bei der AG sieht das Gesetz eine Beweislastumkehr vor: Das in Anspruch genommene Aufsichtsratsmitglied kann sich von der Schadenersatzpflicht durch den Gegenbeweis befreien, dass es die Sorgfalt eines ordentlichen und gewissenhaften Mitglieds dieses Organs angewendet hat (§ 99 AktG iVm § 84 Abs 2 AktG; vgl jedoch § 84 Abs 2a AktG)[181]. Fraglich bleibt aber, welche Tatsachen von der Gesellschaft zu beweisen sind, damit die Beweislastumkehr angewendet werden kann. Mit der Rechtsprechung ist davon auszugehen, dass die Gesellschaft jene Tatsachen nachzuweisen hat, aus denen ein Schluss auf die Pflichtwidrigkeit des Verhaltens des Aufsichtsratsmitgliedes gezogen werden kann[182]. Ist dieser Beweis

---

176 Dazu allgemein *Koziol*, Haftpflichtrecht³ I Rz 16/6; vgl auch *Rauter* in Straube/Ratka/Rauter, GmbHG² § 33 Rz 41; vgl auch OLG Stuttgart 20 W 1/12 NZG 2012, 1150.

177 OGH 1 Ob 144/01k GesRZ 2002, 86; 8 Ob 262/02s, GeS 2003, 441 (*Haberer*); *A. Heidinger* in Gruber/Harrer, GmbHG § 33 Rz 21; *Kittel*, Handbuch² 374; *Schärf*, GesRZ 2004, 46.

178 OGH 1 Ob 144/01k GesRZ 2002, 86; 8 Ob 262/02s GeS 2003, 441 (*Haberer*); *A. Heidinger* in Gruber/Harrer, GmbHG § 33 Rz 21; *Kittel*, Handbuch² 374; *Schärf*, GesRZ 2004, 46.

179 Vgl dazu allgemein *Rechberger* in Fasching/Konecny² III vor § 266 ZPO Rz 55 ff; *denselben* in Rechberger, ZPO⁴ vor § 266 Rz 21 f.

180 OGH 1 Ob 144/01k GesRZ 2002, 86 mit der Ansicht, es bedürfe keines „strikten Nachweises des Kausalzusammenhangs", sondern es sei Sache des Schädigers, die Kausalität der Pflichtwidrigkeit „ernstlich zweifelhaft [zu] machen" oder „die ernstlich in Betracht zu ziehende Möglichkeit einer anderen Schadensursache" aufzuzeigen; freilich sei es dem Kläger in casu „auch prima facie" nicht gelungen, den Beweis zu führen; anders *Dellinger* in Konecny/Schubert, KO § 69 Rz 111, der eine Beweislastumkehr annimmt.

181 Kritisch, jedoch im Ergebnis übereinstimmend *Told*, wbl 2012, 187.

182 OGH 8 Ob 262/02s GeS 2003, 441 (*Haberer*); *Schauer*, FS G. Roth 694; *A. Heidinger* in Gruber/Harrer, GmbHG § 33 Rz 21; ähnlich *Told*, wbl 2012, 184 ff; *Kittel*, Handbuch² 375; ausführlich *G. Schima*, Business Judgment Rule, in Baudenbacher/Kokott/Speitler, Aktuelle Entwicklungen 405 (zur Geschäftsleiterhaftung); vgl auch *denselben*, FS Jud 599 ff.

erbracht, dann ist es Sache des Aufsichtsratsmitglieds, sich durch den Beweis zu entlasten, dass ein Verhalten gleichwohl den Sorgfaltsanforderungen entsprochen hat[183]. Hierfür muss das Aufsichtsratsmitglied den vollen Beweis erbringen (arg: „Gegenbeweis"); verbleibende Zweifel gehen zu seinen Lasten. Bei der GmbH ist eine Beweislastumkehr zugunsten der Gesellschaft nicht vorgesehen. Gleichwohl nimmt die Rechtsprechung auch bei der GmbH an, dass die Gesellschaft Tatsachen vortragen und beweisen muss, aus denen ein Schluss auf die Pflichtwidrigkeit des Organmitglieds gezogen werden kann[184]. Die Begründung dafür liegt freilich nicht in § 1298 ABGB[185], weil es sich bei den Pflichten des Aufsichtsratsmitglieds nicht um Erfolgsverbindlichkeiten, sondern um Sorgfaltsverbindlichkeiten handelt[186]. Richtigerweise ist § 84 Abs 2 AktG analog anzuwenden[187], weshalb der Rechtsprechung bezüglich der Erstreckung der für die AG maßgeblichen Beweislastverteilung auf die GmbH im Ergebnis Recht zu geben ist.

7. Rechtsfolgen

a) Rechtsdurchsetzung

(1) Aktivlegitimation

Sind alle Haftungsvoraussetzungen erfüllt, so hat die **Gesellschaft** Anspruch 58
auf Schadenersatz. Wie sich bereits aus dem Wortlaut des § 99 iVm § 84 Abs 2 AktG bzw § 33 iVm § 25 Abs 2 GmbHG ergibt, ist nur sie aktivlegitimiert[188]. Sie wird bei der Geltendmachung vom Vorstand (Geschäftsführer) vertreten. Grundsätzlich entscheidet auch der Vorstand (Geschäftsführer) darüber, ob ein Anspruch geltend gemacht wird. Behauptet die Gesellschaft einen Anspruch, so kann sich das betroffene Aufsichtsratsmitglied mit einer negativen Feststellungsklage zur Wehr setzen[189]. Die Schiedsfähigkeit der Ansprüche ist strittig[190].

---

183 Vgl *Koppensteiner/Rüffler*, GmbH-Gesetz³ § 25 Rz 29; *Schauer*, FS G. Roth 694; *Told*, wbl 2012, 187 f; vgl auch OGH 3 Ob 39/97i SZ 71/108, der jedoch nur von einer Erschütterung der Indizwirkung (der von der Gesellschaft bewiesenen Tatsachen) spricht.

184 OGH 3 Ob 34/97i SZ 74/108.

185 So aber OGH 1 Ob 144/01k GesRZ 2002, 86 (dort freilich die genauen Anforderungen an die Beweislast der Gesellschaft offen lassend); auch OGH 9 Ob 58/11m GesRZ 2012, 308 (*Kalss*) = RWZ 2012, 175 (*Wenger*); *Reich-Rohrwig*, GmbH-Recht² I Rz 4/439; *A. Heidinger* in Gruber/Harrer, GmbHG § 33 Rz 21; vgl dagegen ähnlich wie hier *G. Schima*, Business Judgment Rule, in Baudenbacher/Kokott/Speitler, Aktuelle Entwicklungen 408; vgl aber auch *denselben*, FS Jud 598 f.

186 Grundlegend zur Unterscheidung von Sorgfalts- und Erfolgsverbindlichkeiten für die Anwendung des § 1298 ABGB *Reischauer*, Entlastungsbeweis 147 ff; *ders* in Rummel³ § 1298 Rz 3

187 Vgl *Koppensteiner/Rüffler*, GmbH-Gesetz³ § 25 Rz 29, und *Rauter* in Straube/Ratka/Rauter, GmbHG § 33 Rz 41, die sich auf 1298 ABGB bzw § 84 Abs 2 S 2 AktG analog berufen; vgl auch *Told*, wbl 2012, 187.

188 Vgl nur *Rauter* in Straube/Ratka/Rauter, GmbHG² § 33 Rz 14; *Koppensteiner/Rüffler*, GmbH-Gesetz³ § 33 Rz 1; *Reich-Rohrwig*, GmbH-Recht² I Rz 4/437.

189 *Koppensteiner/Rüffler*, GmbH-Gesetz³ § 33 Rz 1; *Rauter* in Straube/Ratka/Rauter, GmbHG § 33 Rz 13.

190 Dazu *Reiner*, GesRZ 2007, 153 f; *Kalss*, JBl 2015.

(2) Gesellschafterrechte

59 In Hinblick darauf, dass durch die schadenstiftende Handlung das Vermögen der Gesellschaft beeinträchtigt wurde, stehen auch der Hauptversammlung und einer Minderheit der Aktionäre bzw GmbH-Gesellschafter besondere Möglichkeiten zu, um die Durchsetzung der Ansprüche zu erzwingen. Die Rechtslage bei AG und GmbH stimmt weitgehend, aber nicht vollständig überein. Bei der **Aktiengesellschaft** müssen die Ansprüche aus der Aufsichtsratshaftung geltend gemacht werden, wenn die Hauptversammlung dies mit einfacher Stimmenmehrheit beschließt (§ 134 Abs 1 AktG). Die Hauptversammlung kann dabei besondere Vertreter zur Führung des Rechtsstreits bestellen. Überdies kann eine Minderheit von 10 % des Grundkapitals verlangen, dass die Ansprüche geltend gemacht werden und dass zur Führung des Rechtsstreits eine von ihr bezeichnete Person bestellt wird. Beides gilt jedoch nur unter der Voraussetzung, dass die behaupteten Ansprüche nicht offenkundig unbegründet sind. Wenn die Tatsachen, auf die sich der Ersatzanspruch gründet, in einem Bericht über eine Sonderprüfung festgestellt worden sind (§ 133 AktG), dann kann bereits eine Minderheit von 5 % die Geltendmachung der Ansprüche und die Bestellung eines bestimmten Vertreters verlangen (§ 134 Abs 1 und 2 AktG). Auch hier gilt die Beschränkung, dass die behaupteten Ansprüche nicht offenkundig unbegründet sein dürfen. Der Anspruch muss innerhalb von sechs Monaten seit dem Tag der Hauptversammlung geltend gemacht werden (§ 135 Abs 1 AktG); dabei handelt es sich um eine Präklusivfrist[191].

60 Bei der **GmbH** kann die Geltendmachung der Ansprüche durch Weisung an die Geschäftsführer aufgrund eines Beschlusses der Generalversammlung herbeigeführt werden. Für den Beschluss genügt nach allgemeinen Regeln die einfache Mehrheit (§ 39 Abs 1 GmbHG). Bei der Geltendmachung der Ansprüche wird die Gesellschaft von den Geschäftsführern vertreten. Ferner kann eine Minderheit, deren Anteile wenigstens 10 % des Stammkapitals oder 700 000 Euro erreichen, die Ansprüche selbst geltend machen (§ 48 GmbHG). Diese Möglichkeit besteht jedoch nur subsidiär gegenüber einer Beschlussfassung durch die Gesellschafter: Voraussetzung der Geltendmachung durch die Minderheit ist der Umstand, dass ein entsprechender Antrag von den Gesellschaftern abgelehnt oder trotz Anmeldung bei den Geschäftsführern nicht zur Abstimmung gebracht wurde. Die Geltendmachung der Ansprüche durch die Minderheit erfolgt im eigenen Namen auf Leistung an die Gesellschaft[192]. Anders als bei der Aktiengesellschaft kommt es bei der Geltendmachung der Ansprüche durch die Minderheit bei der GmbH nicht darauf an, ob die Ansprüche offenkundig unbegründet sind.

61 **Sowohl bei der AG als auch bei der GmbH** sind Präklusivfristen[193] für die Einbringung der Klage vorgesehen (§ 135 Abs 1 AktG: sechs Monate; § 48 Abs 2 GmbHG: ein Jahr). Bei beiden Gesellschaften hat der Beklagte zum Schutz gegenüber der Erhebung zweifelhafter Ansprüche Anspruch darauf, dass ihm die Kläger wegen der drohenden Nachteile eine Sicherheit leisten (§ 135 Abs 3 AktG,

191 *Bydlinski/Potyka* in Jabornegg/Strasser, AktG[5] § 135 Rz 4; *Saurer* in Doralt/Nowotny/Kalss, AktG[2] § 135 Rz 6.

192 *Reich-Rohrwig*, GmbH-Recht[2] I Rz 4/438.

193 *Enzinger* in Straube/Ratka/Rauter, GmbHG § 48 Rz 14.

§ 48 Abs 3 GmbHG). Schließlich werden die Kläger dem beklagten Organmitglied schadenersatzpflichtig, wenn sie bei Einbringung der Klage in böser Absicht oder grob fahrlässig gehandelt haben; mehrere Kläger haften zur ungeteilten Hand (§ 135 Abs 5 AktG, § 48 Abs 5 GmbHG). Bei der GmbH dürfen die klagenden Minderheitsgesellschafter ihre Geschäftsanteile während der Dauer des Verfahrens ohne Zustimmung der Gesellschaft veräußern (§ 48 Abs 3 GmbHG)[194].

Gläubigerrechte: Bei der Aktiengesellschaft kann der Anspruch der Gesell- 62
schaft gegen die Mitglieder des Aufsichtsrats auch von den Gläubigern geltend gemacht werden, soweit diese von ihr keine Befriedigung erlangen können (§ 99 iVm § 84 Abs 5 Satz 1 AktG). Hierdurch wird keine Außenhaftung zugunsten der Gläubiger, sondern lediglich eine Einziehungsermächtigung begründet[195], die die Gläubiger in die Lage versetzt, den Ersatzanspruch der Gesellschaft auszuüben. Die Gläubiger verlangen nicht Leistung an die Gesellschaft, sondern unmittelbar an sich[196]. Die Befugnis zur Geltendmachung ist jedoch auf die Fälle einer gröblichen Verletzung der Sorgfaltspflichten beschränkt, worunter grobe Fahrlässigkeit zu verstehen ist[197]. Diese Beschränkung gilt nicht bei einer Haftung aufgrund eines der Sondertatbestände gemäß § 84 Abs 3 AktG (dazu Rz 71). Die Klagebefugnis des Gläubigers beschränkt sich überdies auf den durch das Gesellschaftsvermögen nicht gedeckten Betrag, der zur Erfüllung der Forderung erforderlich ist[198]. Einen Verzicht oder Vergleich, den die Gesellschaft bezüglich des Ersatzanspruchs geschlossen hat, muss der Gläubiger nicht gegen sich gelten lassen (Rz 68). Bei der GmbH ist eine vergleichbare Einziehungsermächtigung zugunsten der Gläubiger nicht vorgesehen.

(3) Insolvenz der Gesellschaft

Im Konkurs der Aktiengesellschaft werden die Rechte der Gläubiger vom **Mas-** 63
se- oder **Sanierungsverwalter** ausgeübt (§ 99 iVm § 85 Abs 5 Satz 4 AktG)[199]; ratio legis ist die Kanalisierung der Haftung durch den Masse- oder Sanierungsverwalter zum Zweck der Gleichbehandlung der Gläubiger. Fraglich ist, ob die Bestimmung in dem Sinn abschließend zu verstehen ist, dass der Masse- oder Sanierungsverwalter ausschließlich zur Geltendmachung der den Gläubigern zustehenden Befugnisse beschränkt ist oder ob er den Anspruch auch so geltend machen könnte wie dies durch die Gesellschaft selbst möglich ist. Für die zweite Möglichkeit spricht der Gedanke, dass kein Grund für die Annahme besteht, dass durch die Einleitung eines Konkursverfahrens bestehende Rechte beschnitten werden sollen. Deshalb ist dem Masse- oder Sanierungsverwalter richtigerweise ein Wahlrecht zuzugestehen, ob er den Anspruch in der Weise geltend macht, wie dies durch die Gesellschaft möglich gewesen wäre, oder ob er die Einziehungsermäch-

194 Zur Zweifelhaftigkeit der ratio legis *Enzinger* in Straube/Ratka/Rauter, GmbHG § 48 Rz 19.

195 *Strasser* in Jabornegg/Strasser, AktG⁵ §§ 77-84 Rz 117; ähnlich *Schlosser*, Haftung 132 f.

196 *Spindler* in Doralt/Nowotny/Kalss, AktG² § 84 Rz 35.

197 *Nowotny* in Doralt/Nowotny/Kalss, AktG² § 84 Rz 35; *Strasser* in Jabornegg/Strasser, §§ 77-94 Rz 122.

198 OGH 5 Ob 306/76 EvBl 1978/4 (insoweit nicht veröffentlicht in JBl 1978, 158).

199 Vgl nur OGH 1 Ob 144/01k GesRZ 2002, 86; 9 Ob 58/11m GesRZ 2012, 308 (*Kalss*) = RWZ 2012, 175 (*Wenger*)

tigung der Gläubiger ausübt. Beides hat Vor- und Nachteile: Beruft sich die Masse- oder Sanierungsverwalter auf die der Gesellschaft zustehende Rechtsstellung, so muss er einen wirksamen Verzicht oder Vergleich (§ 99 AktG iVm § 84 Abs 5 AktG) gegen sich gelten lassen. Wenn der Masse- oder Sanierungsverwalter die Rechte der Gläubiger aufgrund der Einziehungsermächtigung geltend macht, so besteht zwar keine Bindung an einen Verzicht oder Vergleich; wohl aber können sich die Aufsichtsratsmitglieder auf die Haftungserleichterung gemäß § 99 iVm § 84 Abs 5 Satz 3 AktG berufen. Eine Kumulation der Vorteile beider Varianten ist nicht möglich[200].

b) Umfang des Ersatzes

64 Das Aufsichtsratsmitglied schuldet der Gesellschaft den **Ersatz des verursachten Schadens**. Bezüglich des Umfangs gelten, weil im AktG und im GmbHG keine besonderen Bestimmungen enthalten sind, die allgemeinen Vorschriften des Zivilrechts. In aller Regel wird es sich beim eingetretenen Schaden um einen Vermögensschaden handeln. Hierbei wäre bezüglich des Umfangs der Ersatzpflicht nach dem ABGB zu differenzieren: Hat der Schädiger leicht fahrlässig gehandelt, so schuldet er den Ersatz positiven Schaden; ist sein Verhalten als grob fahrlässig oder vorsätzlich zu qualifizieren, dann muss er das gesamte Interesse ersetzen (positiver Schaden und entgangener Gewinn). Dagegen enthält § 349 UGB eine Spezialbestimmung: Sind sowohl der Geschädigte als auch der Schädiger Unternehmer, dann umfasst der eingetretene Schaden stets auch den entgangenen Gewinn; also auch dann, wenn der Schädiger leicht fahrlässig gehandelt hat[201]. Die ratio legis der Bestimmung liegt im Schutz des Gewinnerzielungsinteresses des Unternehmers[202]. Dass der Schädiger ebenfalls Unternehmer sein muss, dient dem Schutz des Verbrauchers, der nicht der verschärften Haftung ausgesetzt sein soll. Für die Anwendung des § 349 UGB auf die Haftung des Aufsichtsrats spricht der Umstand, dass die geschädigte Kapitalgesellschaft in der Regel jenes Gewinnerzielungsinteresse hat, dessen Schutz die Bestimmung dient. Gleichwohl kann die Bestimmung nicht unmittelbar angewendet werden. Erstens bezieht sie sich nur auf unternehmensbezogene Geschäfte, während es sich beim Verhältnis des Aufsichtsratsmitglieds zur Gesellschaft um eine organschaftliche Rechtsbeziehung handelt. Zweitens ist das Mitglied des Aufsichtsrats nicht notwendigerweise Unternehmer. Selbst wenn er Unternehmer ist, wird man die Tätigkeit im Aufsichtsrat nicht notwendigerweise dem Betrieb seines Unternehmens zuordnen können. Deshalb kann nur eine analoge Anwendung der Bestimmung in Betracht kommen. Für diese sprechen freilich gute Gründe: Der Umstand, dass die Pflichtverletzung ihre Grundlage nicht in einer vertraglichen, sondern in einer organschaftlichen Rechtsbeziehung hat, erscheint für die Anwendung des § 349 UGB nicht relevant, weil der Rechtsgrund der Sonderbeziehung für die Interessenlage gleichgültig ist. § 349 UGB wird bereits bisher nicht ausschließlich auf Vertragsverletzungen, son-

---

200 Unklar diesbezüglich *Strasser* in Jabornegg/Strasser, AktG^5 §§ 77-84 Rz 126.

201 Vgl nur *Schauer* in Krejci, RK UGB § 349 Rz 2.

202 *Schauer* in Krejci, RK UGB § 349 Rz 2; ebenso zur Vorläuferbestimmung Art 8 Nr 2 der 4. EVHGB *Kerschner* in Jabornegg, Art 8 Nr 2 Rz 2.

dern beispielsweise auch auf die culpa in contrahendo angewendet[203]. Gewichtiger könnte dagegen der Umstand erscheinen, dass das Aufsichtsratsmitglied nicht Unternehmer ist oder auf seiner Seite kein unternehmensbezogenes Geschäft vorliegt. Gleichwohl dürften auch diesbezüglich die besseren Gründe für eine analoge Anwendung des § 349 UGB sprechen. Denn die Tätigkeit als Aufsichtsrat – mag sie auch nicht hauptberuflich erfolgen – erfordert ein hohes Maß an fachlicher Qualifikation, die beim Verbraucher typischerweise gerade nicht vorhanden ist. Überdies ist das Aufsichtsratsmitglied in seiner Tätigkeit unabhängig und befindet sich insoweit auch nicht in der Position eines weisungsgebundenen Arbeitnehmers. Diese Umstände rechtfertigen es, § 349 UGB auf die Haftung des Aufsichtsratsmitglieds analog anwenden[204].

Eine Ersatzpflicht für den – nur ausnahmsweise möglichen (Rz 11) – **immateriellen Schaden** ist in den organisationsrechtlichen Rechtsgrundlagen nicht ausdrücklich vorgesehen. Sie bestimmt sich deshalb nach allgemeinen Grundsätzen. Bei Vertragsverletzungen wird eine Ersatzpflicht für immaterielle Schäden in der Regel nur dann angenommen, wenn der Schädiger auf strafgesetzwidrige Weise, aus Mutwillen oder Schadenfreude gehandelt hat (§ 1331 ABGB analog)[205]. Wegen übereinstimmender Interessenlage kann hierauf auch bei der Haftung des Aufsichtsratsmitglieds zurückgegriffen werden. 65

c) Schädigermehrheit

Mehrere Schädiger haften als **Gesamtschuldner** (§ 99 iVm § 84 Abs 1 AktG, § 33 iVm § 25 Abs 2 GmbHG). Die Bestimmung begründet freilich keine ipso iure eintretende Solidarhaftung sämtlicher Aufsichtsratsmitglieder. Voraussetzung für gesamtschuldnerische Haftung ist, dass in der Person jedes Haftpflichtschuldners die Voraussetzungen für die Haftung verwirklicht sind[206]. Zur Haftung kann deshalb nur herangezogen werden, wer selbst sorgfaltswidrig gehandelt und dadurch den Schaden herbeigeführt hat. In diesem Zusammenhang sind sowohl Differenzierungen im Bereich der erforderlichen Fachqualifikation (Rz 23 ff) als auch die situationsadäquaten Konkretisierungen des Sorgfaltsgebots zu berücksichtigen, was zum Ergebnis führen kann, dass ein Aufsichtsratsmitglied haftet, ein anderes jedoch nicht. Jedes in Anspruch genommene Aufsichtsratsmitglied muss also 66

[203] *Schauer* in Krejci, RK UGB § 349 Rz 3; zur Rechtslage vor dem HaRÄG bereits *Kerschner* in Jabornegg, Art 8 Nr 2 Rz 5.

[204] Für die Anwendung des § 349 UGB auf die Haftung des Vorstands *Strasser* in Jabornegg/Strasser, AktG[5] §§ 77-84 Rz 99; ebenso bereits früher *Frotz*, GesRZ 1982, 104 f (dieser jedoch noch zu Art 8 Nr 2 der 4. EVHGB und unter Berufung auf die Anwendbarkeit dieser Bestimmung auch auf nur einseitige Handelsgeschäfte); aA *Schönbacher*, Haftung 162 f, der § 349 UGB – im Sinne des auf beiderseitig unternehmensbezogene Geschäfts beschränkten Anwendungsbereichs – offenbar nur dann anwenden will, wenn auch das Aufsichtsratsmitglied Unternehmer ist; ebenso *Kramer/Rauter* in Straube, UGB I[4] Rz 9; *Völkl/Lehner*, ecolex 2013, 40.

[205] *Koziol*, Haftpflichtrecht[3] I Rz 11/14.

[206] *Reich-Rohrwig*, GmbH-Recht[2] I Rz 4/435; *P. Doralt/W. Doralt* in Semler/v. Schenck, ARHdb[4] § 14 Rz 230; *P. Doralt*, FS Wagner 78; *Schärf*, GesRZ 2004, 46; *Kittel*, Handbuch[2] 377 (anders jedoch 347, wo ohne Begründung eine solidarische Haftung sämtlicher Aufsichtsratsmitglieder angenommen wird).

durch seinen Sorgfaltsverstoß eine condicio sine qua non für den Schaden gesetzt haben. Sollte ein Aufsichtsratsmitglied nur einen Teil des Schadens verursacht haben, dann beschränkt sich auch seine Haftung hierauf. Wenn sowohl Vorstandsmitglieder als auch Aufsichtsratsmitglieder einen bestimmten Schaden verursacht haben, dann haften sie alle gesamtschuldnerisch[207]. Dies ist für die GmbH ausdrücklich vorgesehen (§ 33 Abs 2 GmbHG)[208], muss aber in derselben Weise auch für die AG gelten. Auf den Regress zwischen den Gesamtschuldnern ist § 896 ABGB anwendbar; hiernach haften sie nach dem Ausmaß des jeweiligen Verschuldens, im Zweifel nach Köpfen[209].

d) Haftungsbefreiung

67 Für den Vorstand einer Aktiengesellschaft besteht Haftungsfreiheit, wenn die schädigende Handlung auf einem gesetzmäßigen **Beschluss der Hauptversammlung** beruht (§ 84 Abs 4 Satz 1 AktG); dasselbe gilt für die Geschäftsführer einer GmbH, die in **Befolgung eines Beschlusses der Gesellschafter** gehandelt haben (§ 25 Abs 4 GmbHG e contrario). In beiden Fällen wirkt die Haftungsbefreiung aber nicht zu Lasten der Gesellschaftsgläubiger, sofern eine Befriedigung aus dem Gesellschaftsvermögen sonst nicht möglich ist[210]. Die Haftungsbefreiung wegen eines Hauptversammlungs- oder Gesellschafterbeschlusses gilt zwar wegen der Verweisung bei der Aufsichtsratshaftung auf die Haftung des Vorstands und der Geschäftsführer grundsätzlich auch für den Aufsichtsrat; sie ist hierbei aber nur von geringer Bedeutung, weil die Haftung des Aufsichtsrats in einem solchen Fall häufig bereits aus anderen Gründen entfällt. Dafür ist zu unterscheiden: Beim Aufsichtsrat der Aktiengesellschaft könnte die Haftungsbefreiung zunächst bei jenen Rechtshandlungen und Maßnahmen eine Rolle spielen, die der Zustimmung durch den Aufsichtsrat vorbehalten sind (§ 95 Abs 5 AktG), weil diese von ihm der Hauptversammlung zur Beschlussfassung vorgelegt werden können (§ 103 Abs 1 AktG). Freilich wird eine Haftung des Aufsichtsrats in einem solchen Fall regelmäßig bereits deshalb entfallen, weil die Vorlage einer Sache zur Beschlussfassung an die Hauptversammlung regelmäßig nicht als Sorgfaltsverstoß betrachtet werden kann. Praktische Bedeutung entfaltet die Haftungsbefreiung aber bei solchen Rechtsgeschäften, die in die alleinige Zustimmung des Aufsichtsrats fallen, wie beispielsweise der Abschluss oder die Auflösung eines Anstellungsvertrags mit dem Vorstand, wenn man mit der hL[211] davon ausgeht, dass auch solche Geschäfte der Hauptversammlung zur Zustimmung vorgelegt werden können. Hat

---

[207] So auch *Schönbacher*, Haftung 169 mwN; *P. Doralt/W. Doralt* in Semler/v. Schenck, ARHdb[4] § 14 Rz 231; *Kittel*, Handbuch[2] 377; vgl auch BGH II ZR 243/05 ZIP 2007, 224.

[208] Vgl *Rauter* in Straube/Ratka/Rauter, GmbHG[2] § 33 Rz 42; *Koppensteiner/Rüffler*, GmbH-Gesetz[3] § 33 Rz 5; *Reich-Rohrwig*, GmbH-Recht[2] I Rz 4/436.

[209] *Koppensteiner/Rüffler*, GmbH-Gesetz[3] § 33 Rz 5; *Rauter* in Straube/Ratka/Rauter, GmbHG[2] § 33 Rz 42; *Kittel*, Handbuch[2] 377 f; ebenso zur Haftung von Geschäftsführern OGH 10 Ob 137/00w RdW 2001/9, 8; vgl auch *Reich-Rohrwig*, GmbH-Recht[2] I Rz 4/443, der den Ausgleich jedoch auf §§ 1302 ff ABGB stützen will.

[210] Für die AG etwa *Kittel*, Handbuch[2] 379; für die GmbH OGH 1 Ob 144/01k GesRZ 2002, 86; vgl auch OGH 8 Ob 624/88 SZ 63/124 (Geschäftsführerhaftung).

[211] *Frotz*, FS Wagner 143; *Bachner* in Doralt/Nowotny/Kalss, AktG[2] § 103 Rz 21; *Strasser* in Jabornegg/Strasser, AktG[5] § 103 Rz 13; *G. Schima*, FS Binder 852.

der Aufsichtsrat einer GmbH bei seiner Beschlussfassung dem Sorgfaltsgebot entsprochen und erteilen die Gesellschafter sodann eine abweichende Weisung, so ist der Aufsichtsrat wegen fehlender Rechtswidrigkeit seines Verhaltens nicht haftpflichtig. Wenn der Aufsichtsrat der GmbH beim Beschluss sorgfaltswidrig handelt und die Gesellschafter dann eine abweichende Weisung erteilen, die von den Geschäftsführern befolgt wird, so scheidet die Haftung des Aufsichtsrats schon deshalb aus, weil seine Pflichtwidrigkeit bei späterem Eintritt eines Schadens nicht kausal geworden ist. Dies folgt aus dem Umstand, dass die Weisung der Gesellschafter Vorrang vor den Beschlüssen des Aufsichtsrats hat[212]. Aus diesen Überlegungen ergibt sich für die Aufsichtsratshaftung eine praktische Konsequenz: Wenn die Haftungsbefreiung des Aufsichtsrats nicht auf dem Beschluss der Hauptversammlung bzw der Gesellschafter beruht, sondern die Haftung bereits nach den allgemeinen Grundsätzen des Haftpflichtrechts ausgeschlossen ist, dann kommt auch eine Haftung gegenüber den Gesellschaftsgläubigern bei unzureichendem Gesellschaftsvermögen nicht in Betracht. Ob die Zustimmung der Hauptversammlung oder Generalversammlung zu einem bestimmten Geschäft vom Vorwurf strafrechtlicher Untreue (§ 153 StGB) befreit, war nach alter Rechtslage umstritten: Der OGH sprach aus, dass die Strafbarkeit durch die Zustimmung der Alleinaktionärin nicht ausgeschlossen werde[213] und stieß damit auf die heftige Kritik der Lehre, die sich auf das Argument berief, dass in einem solchen Fall die Einwilligung jener Person vorliege, der die Eigentümerinteressen zustehen[214]. Auch die Neufassung des § 153 StGB durch das Strafrechtsänderungsgesetz 2015[215] hat in dieser Hinsicht keine vollständige Klarheit gebracht, wenngleich gute Gründe dafür sprechen, die Strafbarkeit nun in einem Fall wie dem vom OGH entschieden nunmehr auszuschließen[216] (vgl auch *Kommenda/Kert* Rz 46/54 ff). Unberührt bleibt selbstverständlich in jedem Fall die strafrechtliche Haftung wegen der Beeinträchtigung von Gläubigerinteressen (§ 159 StGB).

Verzicht und **Vergleich**: Bei der Aktiengesellschaft ist ein Verzicht der Gesell- 68
schaft auf den Ersatzanspruch oder ein Vergleich hierüber erst nach Ablauf von fünf Jahren[217] und nur mit Zustimmung der Hauptversammlung möglich, sofern nicht eine Minderheit von 20 % des Grundkapitals widerspricht. Gegenüber den Gläubigern der Gesellschaft wirkt ein Verzicht oder Vergleich nicht (§ 99 AktG iVm § 84 Abs 5 AktG). Bei der GmbH ist ein Verzicht oder Vergleich ohne Einhaltung einer Mindestfrist möglich; soweit der Ersatz zur Befriedigung der Gläubiger erforderlich ist, wirkt er freilich auch hier nicht (§ 33 iVm § 25 Abs 7, § 10 Abs 6 GmbHG).

---

212 Zur Vorrangwirkung *Rauter* in Straube/Ratka/Rauter, GmbHG² § 30j Rz 69; *Koppensteiner/Rüffler*, GmbH-Gesetz³ § 30j Rz 20.

213 OGH 12 Os 117/12s, 12 Os 118/12p GES 2014, 240.

214 Näher *G. Schima*, FS Binder 851 ff; *derselbe*, FS Reich-Rohrwig 172 ff; *derselbe*, RdW 2015/314, 351 ff; *Zollner*, FS Reich-Rohrwig 275 ff; *Lewisch/N. Huber*, RdW 2014/627, 568 ff.

215 BGBl I 2015/112.

216 Vgl auch *G. Schima*, GesRZ 2015, 288 f; aA *St. Briem*, RdW 2016/59, 98 f.

217 Zu möglichen teleologischen Reduktionen der Frist, insbesondere bei einem Verzicht oder Vergleich durch sämtliche Gesellschafter, *U. Torggler*, Abdingbarkeit, in Artmann/Rüffler/Torggler, Organhaftung 44 ff.

69 **Entlastung**: Ebenso wie der Vorstand (Geschäftsführer) wird auch der Aufsichtsrat der AG und der GmbH entlastet (§ 104 Abs 2 Z 3 AktG; § 35 Abs 1 Z 1 GmbHG). Für die Wirkung der Entlastung des Aufsichtsrats bestehen keine besonderen Bestimmungen. Im Einklang mit der vorwiegend zum Handlungsorgan entwickelten Ansicht ist zu unterscheiden: Die Entlastung bedeutet bei der Aktiengesellschaft in der Regel ein bloßes Vertrauensvotum[218], das die Haftpflicht der Organmitglieder grundsätzlich nicht berührt. Nur ausnahmsweise kann eine haftungsbefreiende Wirkung bezüglich solcher Schadenersatzansprüche angenommen werden, die im Zeitpunkt der Entlastung bereits bekannt waren oder aufgrund der zugänglichen Informationen zumindest bekannt sein konnten[219]. Überdies müssen die Voraussetzungen erfüllt sein, die für einen Verzicht der Gesellschaft auf Schadenersatzansprüche im Allgemeinen gelten[220]. Deshalb dürfte der Ausschluss der Ansprüche bei der Aktiengesellschaft nur selten zum Tragen kommen, weil über die Entlastung nicht erst nach dem Ablauf der fünfjährigen Frist (§ 84 Abs 4 AktG), sondern regelmäßig in den ersten acht Monaten jeweils folgenden Geschäftsjahr beschlossen wird (§ 104 Abs 2 Z 3 AktG). Ob die Entlastung eine haftungsbefreiende Wirkung bereits vor Ablauf der fünfjährigen Frist haben kann, wenn alle Aktionäre zustimmen, ist umstritten[221]. Bei der GmbH schließt die Entlastung nach hA die spätere Berufung auf haftungsbegründende Umstände aus, die bei der Beschlussfassung erkennbar waren[222]; die Begründung liegt in dem von der Gesellschaft geschaffenen Vertrauenstatbestand[223].

e) Verjährung

70 Der Ersatzanspruch **verjährt** innerhalb von fünf Jahren (§ 99 AktG iVm § 84 Abs 6 AktG; § 33 iVm § 25 Abs 6 GmbHG). Der Beginn der Verjährungsfrist ist gemäß § 1489 ABGB zu beurteilen[224]: Sie beginnt regelmäßig mit Kenntnis

---

[218] Vgl *Kalss* in Kalss/Nowotny/Schauer, Gesellschaftsrecht Rz 3/419; *P. Doralt*, FS Wagner 76 FN 9; *Kittel*, Handbuch² 381; *Gurmann/Eberhardt*, GES 2012, 120 f.

[219] *Kalss* in Kalss/Nowotny/Schauer, Gesellschaftsrecht Rz 3/419.

[220] Dazu *Kalss* in Kalss/Nowotny/Schauer, Gesellschaftsrecht Rz 3/419; vgl auch *Frotz*, FS Wagner 152.

[221] Für eine Haftungsbefreiung OGH 2 Ob 356/74 GesRZ 1976, 26; zustimmend *Frotz*, FS Wagner, 153; *S. Bydlinski/Potyka* in Jabornegg/Strasser, AktG⁵ § 104 Rz 31; *Ruhm*, RdW 2005/813, 737 FN 15; *Gurmann/Eberhardt*, GES 2012, 121; wohl auch *P. Doralt*, FS Wagner 76; gegen eine Haftungsbefreiung mit dem Argument, dass durch die fünfjährige Frist des § 84 Abs 4 AktG auch die künftigen Aktionäre geschützt werden sollen *G. Schima*, GesRZ 1991, 185 ff; *Strasser* in Jabornegg/Strasser, AktG⁵ §§ 77-84 Rz 112; *Bruzek*, Entlastung 105 ff; offen lassend *Kalss* in Kalss/Nowotny/Schauer, Gesellschaftsrecht Rz 3/419.

[222] *Enzinger* in Straube/Ratka/Rauter, GmbHG² § 35 Rz 39; *Koppensteiner/Rüffler*, GmbHG³ § 35 Rz 19; *Nowotny* in Kalss/Nowotny/Schauer, Gesellschaftsrecht Rz 4/120; *Gurmann/Eberhardt*, GES 2012, 121; OGH 7 Ob 143/10w GES 2011, 110.

[223] *Enzinger* in Straube/Ratka/Rauter, GmbHG § 35 Rz 33; *Koppensteiner/Rüffler*, GmbHG³ § 35 Rz 19; näher auch *Bruzek*, Entlastung 96 ff (unter Berufung auf das Verbot des venire contra factum proprium).

[224] Für die AG, OGH 5 Ob 306/76 EvBl 1978/4 (insoweit nicht veröffentlicht in JBl 1978, 158); 6 Ob 3/15g NZ 2015/129; *Strasser* in Jabornegg/Strasser, AktG⁵ §§ 77-84 Rz 110; vgl auch OGH 2 Ob 356/74 EvBl 1976/66 (Vorstand); für die GmbH, OGH 9 ObA 148/05p ecolex 2007/17, 41 mit Anm *Schopper/Kapsch* (Geschäftsführer); *Reich-Rohrwig* in Straube/Ratka/

des Schadens und des Schädigers. Fraglich ist, auf wessen Kenntnis es ankommt. Grundsätzlich ist auf das Wissen des Vorstands (Geschäftsführers) abzustellen, weil für das Handlungsorgan der Grundsatz unbeschränkter Wissenszurechnung gilt[225]. Gehören dem Handlungsorgan mehrere Personen an, so schadet bereits das Wissen einer einzigen Person (§ 71 Abs 2 Satz 3 AktG per analogiam)[226]. Dabei ist freilich zu beachten, dass das Wissen eines Vorstandsmitglieds (Geschäftsführers), das sich selbst ersatzpflichtig gemacht hat, nicht zum Nachteil der Gesellschaft auswirken kann: Da von einem solchen Vorstandsmitglied (Geschäftsführer) nicht erwartet werden kann, dass es Schritte zur Haftungsdurchsetzung gegen den Aufsichtsrat einleitet, befindet es sich in einer Interessenkollision, die eine Wissenszurechnung ausschließt[227]. Ob das Wissen anderer Aufsichtsratsmitglieder der Gesellschaft zugerechnet wird, ist fraglich. Dagegen könnte sprechen, dass sie bei der Geltendmachung des Anspruchs gegen das haftpflichtige Mitglied nicht vertretungsbefugt sind. Für eine Wissenszurechnung spricht hingegen, dass von einem Aufsichtsratsmitglied aufgrund der Treuepflicht erwartet werden kann, sein Wissen an den Vorstand weiterzugeben, damit eine Durchsetzung des Ersatzanspruchs gegen das haftpflichtige Aufsichtsratsmitglied möglich ist. Deshalb sprechen die besseren Gründe dafür, dass auch das Wissen eines nicht haftpflichtigen Aufsichtsratsmitgliedes der Gesellschaft zugerechnet wird, sofern auch nicht haftpflichtige Vorstandsmitglieder in einer zur Vertretung der Gesellschaft hinreichenden Zahl vorhanden sind. Die Kenntnis anderer vertretungsbefugter Personen der Gesellschaft, etwa das Wissen von Prokuristen oder Handlungsbevollmächtigter, löst den Lauf der Verjährungsfrist wegen der Interessenkollision, in der diese Personen sich als Dienstnehmer typischerweise befinden, nicht aus[228]. Das Wissen eines Gesellschafters wird der Gesellschaft nicht zugerechnet und ist für den Beginn der Verjährungsfrist nicht zu berücksichtigen. Durch die gesellschaftsrechtlichen Sonderbestimmungen unberührt bleibt die lange Verjährungsfrist gemäß § 1489 Satz 2 iVm § 1472, § 1485 Abs 1 ABGB[229]: Sie beträgt nach dem Wortlaut des Gesetzes 40 Jahre, ist aber nach zutreffender Ansicht teleologisch auf 30 Jahre zu reduzieren[230].

Rauter, GmbHG § 25 Rz 217; aA *Schopper/Walch*, ÖBA 2013, 420 ff, 427 f, und *Kittel*, Handbuch² 379, die auf die Entstehung des Ersatzanspruchs abstellen.

225 Dazu etwa *Iro*, ÖBA 2001, 9 f.

226 So (im Zusammenhang mit der Vorstandshaftung) *Kalss* in Kalss/Nowotny/Schauer, Gesellschaftsrecht Rz 3/421; *Eckert/Linder*, ecolex 2005, 450 f; zum GmbH-Geschäftsführer OGH 6 Ob 183/13z.

227 So auch *Eckert/Linder*, ecolex 2005, 451 f; *Kalss* in Kalss/Nowotny/Schauer, Gesellschaftsrecht Rz 3/422; *Reich-Rohrwig* in Straube/Ratka/Rauter, GmbHG § 25 Rz 219; 6 Ob 183/13z; dazu allgemein auch OGH 1 Ob 64/00v, JBl 2001, 384.

228 *Eckert/Linder*, ecolex 2005, 452 f; *Kalss* in Kalss/Nowotny/Schauer, Gesellschaftsrecht Rz 3/422.

229 *Strasser* in Jabornegg/Strasser, AktG⁵ §§ 77-84 Rz 110.

230 *P. Doralt/Diregger* in MünchKommAktG⁴ § 51 Rz 21; zustimmend *Zehetner* in Jabornegg/Strasser, AktG⁵ § 44 Rz 7; *W. Doralt*, ÖBA 2005, 262 FN 10; *Schauer* in Kalss/Nowotny/Schauer, Gesellschaftsrecht Rz 1/75; ausführlich neuerdings auch *Gusenleitner-Helm* in Fenyves/Kerschner/Vonkilch, ABGB³ § 1472 Rz 3 ff; vgl auch OGH 1 Ob 120/10v EvBl 2011/2.

B. Sonderhaftungstatbestände

71 **Haftung bei Beeinträchtigung des Gesellschaftskapitals:** § 84 Abs 3 AktG enthält einige Sonderhaftungstatbestände für den Vorstand der AG, deren gemeinsamer Grundgedanke die Sicherung der Kapitalerhaltung ist. Ein kürzerer Katalog mit ähnlichen Haftungstatbeständen ist für die Geschäftsführer der GmbH vorgesehen (§ 25 Abs 3 GmbHG). Die darin beschriebenen Handlungen, wie etwa die Rückgewähr von Einlagen, die Zeichnung eigener Aktien oder die verbotene Gewährung von Kredit, setzen eine Vertretungsbefugnis für die Gesellschaft voraus, weshalb der Haftungstatbestand vor allem auf das Handlungsorgan zielt. Gleichwohl sind die Tatbestände für die Haftung des Aufsichtsrats nicht völlig bedeutungslos. Eine Haftung des Aufsichtsrats kann nämlich dann bestehen, wenn er zu einer der betreffenden Handlungen einen Tatbeitrag geleistet hat. Auf welche Weise dies geschieht, spielt keine Rolle. Der Aufsichtsrat könnte beispielsweise einer der in § 84 Abs 3 AktG (§ 25 Abs 3 GmbHG) beschriebenen Handlungen zugestimmt haben, obwohl er deren Rechtswidrigkeit erkannt hat oder erkennen hätte können. Denkbar wäre es aber auch, dass er es unterlassen hat, eine vom Vorstand durchgeführte Handlung abzuwenden, obwohl ihm dies durch geeignete Maßnahmen möglich oder zumutbar gewesen wäre. Da sich die Haftungstatbestände in § 84 Abs 3 AktG (§ 25 Abs 3 GmbHG) auf die Vertypung besonderer Arten des Verhaltensunrechts beschränken, gelten für die Haftung des Aufsichtsrats im Übrigen die allgemeinen Regeln, wie sie soeben im Abschnitt A. dargelegt wurden. Dies gilt insbesondere für die gesamtschuldnerische Haftung mehrerer Aufsichtsratsmitglieder, für die Haftungsbefreiung durch Verzicht und Vergleich sowie für die Verjährung.

72 **Haftung im Gründungsstadium**: Ein besonderer Haftungstatbestand für den Vorstand und Aufsichtsrat ist bei der Gründung der Gesellschaft vorgesehen (§ 41 AktG); er gilt kraft Verweisung auch für die Sachgründung der GmbH, wenn mehr als die Hälfte des Stammkapitals durch Sacheinlagen aufgebracht wird und kein Fall einer privilegierten Unternehmenseinbringung vorliegt (§ 6a Abs 4 GmbHG). Hiernach haften die Aufsichtsratsmitglieder, die ihre Sorgfaltspflichten bei der Gründung außer Acht lassen. Damit sind vor allem die Kontrollpflichten des Aufsichtsrats bei der Gründungsprüfung (§ 25 Abs 1, § 26 AktG) gemeint. Soweit es um Bewertungsfragen geht, wird sich die Prüfung durch den Aufsichtsrat in der Regel auf eine Plausibilitätskontrolle beschränken können; dies gilt vor allem dann, wenn auch Bewertungsgutachten einschlägiger Sachverständiger vorhanden sind. Ferner besteht im Gründungsstadium die Verpflichtung, an der Anmeldung der Gesellschaft nur mitzuwirken, wenn den Voraussetzungen des § 28 Abs 2 AktG entsprochen wurde. In diesem Zusammenhang sind vor allem die Einzahlung der Einlagen und die freie Verfügung des Vorstands über sie zu beachten. Aus dem Wortlaut der Bestimmung ergibt sich, dass dabei primär an Bareinlagen gedacht ist (arg: „Einzahlungen auf die Aktien", „eingezahlten Beträge"). Nach zutreffender Ansicht dürfen sich Vorstand und Aufsichtsrat dabei nicht auf die Angaben der Gründer verlassen[231]; die Kontrolle anhand eines vorgelegten Kontoauszugs wird in der Regel genügen. Freilich kann daraus nicht der Umkehrschluss gezogen

[231] *Ettel* in Doralt/Nowotny/Kalss, AktG² § 41 Rz 6.

werden, dass der Aufsichtsrat in Bezug auf die Leistung der Sacheinlagen keinerlei Überwachungspflichten hätte, weil für eine Beschränkung der Kontrolle auf Bareinlagen kein sachlicher Grund ersichtlich wäre.

§ 41 AktG stellt eine **lex specialis** zur Generalklausel des § 99 iVm § 84 AktG dar[232]. Seine Funktion liegt zuvörderst darin, die Verhaltenspflichten des Vorstands und des Aufsichtsrats zu konkretisieren. Dies geschieht freilich ebenfalls auf verhältnismäßig unbestimmte Weise, weil im Wesentlichen bloß die Geltung des Sorgfaltsgebots bezüglich der Pflichten von Vorstand und Aufsichtsrat im Gründungsstadium bekräftigt wird. Allenfalls kann man in der Verantwortung für Eignung der Einzahlungsstelle und für die freie Verfügung des Vorstands über die Einlagen eine gewisse Konkretisierung erblicken. Auch bezüglich der Rechtsfolgen entspricht § 41 AktG den allgemeinen Bestimmungen. Es wird festgelegt, dass die Haftung gegenüber der Gesellschaft besteht, und dass mehrere Haftpflichtschuldner als Gesamtschuldner haften. Für den Vergleich und den Verzicht der Gesellschaft auf den Anspruch gilt § 43 AktG, der inhaltlich dem § 84 Abs 4 AktG entspricht. In Übereinstimmung mit § 84 Abs 6 AktG wird die Verjährungsfrist mit fünf Jahren festgelegt (§ 44 AktG); abweichend von § 1489 ABGB beginnt die Frist jedoch stets mit der Eintragung in das Firmenbuch, worin eine sachlich schwer zu rechtfertigende Schlechterstellung der Gesellschaft gegenüber anderen Fällen der Organhaftung liegt. Trotz dieser Bedenken fehlt für die in der Lehre[233] vorgeschlagene Reduktion der Bestimmung auf fahrlässige Schädigungen ein überzeugender Hinweis auf einen planwidrig überschießenden Wortlaut[234]. Soweit § 41 ff AktG keine besondere Rechtsfolgeanordnungen enthalten, ist auf die allgemeinen Bestimmungen (§ 99 iVm § 84 AktG) zurückzugreifen; dies gilt vor allem für die subsidiäre Befugnis der Gesellschaftsgläubiger zur Geltendmachung des Anspruchs[235]. 73

Eine Haftung des Aufsichtsrats der AG ist auch im Zusammenhang mit einer **Nachgründung** möglich. § 47 AktG verweist diesbezüglich auf §§ 39, 40 sowie 42 bis 44 AktG und modifiziert diese Bestimmungen in der Weise, dass an die Stelle der Gründer die Mitglieder des Vorstands und des Aufsichtsrats treten. Aus dieser nicht vollkommen klaren Bestimmung ist für den Aufsichtsrat abzuleiten, dass dessen Mitglieder die entsprechenden Sorgfaltspflichten bei der Erstellung des Nachgründungsberichts treffen, für den dieses Organ verantwortlich ist (§ 45 Abs 2 AktG)[236]. Der Sorgfaltsmaßstab des ordentlichen und gewissenhaften Geschäftsleiters entspricht dem § 84 AktG[237]. Die Bestimmung bei der Haftung im Gründungsstadium über Verzicht und Vergleich (Rz 66) sind auch hier anzuwenden; ferner gilt die fünfjährige Verjährungsfrist. § 44 AktG ist in der Weise zu modifizieren, dass die Frist mit der Eintragung des Nachgründungsvertrags in das Firmenbuch beginnt[238]. Bei der GmbH gibt es keine vergleichbaren Bestimmun- 74

232 Vgl auch *Ettel* in Doralt/Nowotny/Kalss, AktG² § 41 Rz 9 f.
233 *Zehetner* in Jabornegg/Strasser, AktG⁵ § 44 Rz 10.
234 Wie hier *Ettel* in Doralt/Nowotny/Kalss, AktG² § 44 Rz 8.
235 *Zehetner* in Jabornegg/Strasser, AktG⁵ § 41 Rz 18; *Ettel* in Doralt/Nowotny/Kalss, AktG² § 41 Rz 14.
236 Vgl auch *Ettel* in Doralt/Nowotny/Kalss, AktG² § 47 Rz 2.
237 *Ettel* in Doralt/Nowotny/Kalss, AktG² § 47 Rz 6.
238 *Ettel* in Doralt/Nowotny/Kalss, AktG² § 47 Rz 10.

gen über die Nachgründung, so dass auch keine entsprechende Haftung des Aufsichtsrats besteht[239].

75 Bei **Verschmelzungen** haften Vorstand und Aufsichtsrat der übertragenden Gesellschaft für den Ersatz des Schadens, den die Gesellschaft, die Aktionäre und die Gläubiger erleiden (§ 227 ff AktG, § 96 Abs 2 GmbHG iVm § 227 ff AktG). Grundlage der Haftung ist ein Sorgfaltsverstoß bei der Erfüllung der den haftpflichtigen Organmitgliedern obliegenden Pflichten bei der Verschmelzung[240]. Dabei ist vor allem an Abschluss des Verschmelzungsvertrags und die Prüfung der Vermögenslage zu denken[241], etwa bei Vereinbarung eines ungünstigen Umtauschverhältnisses[242]. Ein unmittelbarer Anspruch der Aktionäre besteht nur insoweit, als diese einen über den Schaden der Gesellschaft hinausgehenden Schaden erleiden[243]. Der Anspruch der Gläubiger ist auf den Fall beschränkt, dass diese sonst keine Befriedigung von der Gesellschaft erhalten können (§ 228 Abs 1 Satz 4 AktG). Der Beschluss der Hauptversammlung über die Verschmelzung hebt die Verantwortlichkeit der Organmitglieder nicht auf (§ 227 Abs 1 AktG aE). Der Anspruch verjährt innerhalb von fünf Jahren ab der Eintragung der Verschmelzung in das Firmenbuch (§ 229 AktG). Die Durchsetzung des Anspruchs erfolgt durch einen besonderen Vertreter (§ 228 AktG).

76 Bei der Aktiengesellschaft besteht die besondere **Einflusshaftung** gemäß § 100 f AktG. Hiernach haftet nicht nur derjenige, der unter Ausnutzung seines Einflusses auf die Gesellschaft ein Mitglied des Vorstands oder des Aufsichtsrats dazu bestimmt, zum Nachteil der Gesellschaft zu handeln, sondern auch das beeinflusste Organmitglied, wenn es dabei seine Pflichten verletzt hat. Dabei muss zu dem Zweck gehandelt worden sein, einen gesellschaftsfremden Sondervorteil zu erlangen[244]. Die Person, die den Einfluss ausübt, und die betreffenden Organmitglieder haften als Gesamtschuldner (§ 100 Abs 2 AktG). Bei der den Einfluss ausübenden Person kann es sich um beliebige Personen handeln, zB um einen Gesellschafter oder einen Gläubiger[245]. Ein gesellschaftsfremder Sondervorteil ist eine Begünstigung, die mit den Interessen der Gesellschaft in keinem Zusammenhang steht und auf die der Dritte keinen Anspruch hätte[246]. Die Haftung entfällt, wenn der Vorteil schutzwürdigen Interessen dient (§ 100 Abs 3 AktG)[247]. Sie besteht auch dann nicht, wenn der Einfluss durch Stimmrechtausübung erfolgt (§ 101 Abs 3 AktG),

---

239 Vgl dagegen *Ettel* in Doralt/Nowotny/Kalss, AktG² § 45 Rz 4, § 47 Rz 5 mit Berufung auf die Möglichkeit einer analogen Anwendung der Nachgründungsbestimmungen auf die GmbH.

240 *Kalss*, Verschmelzung § 227 AktG Rz 2; *Szep* in Jabornegg/Strasser, AktG⁵ § 227 Rz 11.

241 *Kalss*, Verschmelzung § 227 AktG Rz 2; *Szep* in Jabornegg/Strasser, AktG⁵ § 227 Rz 11.

242 *Kalss*, Verschmelzung § 227 Rz 6.

243 *Szep* in Jabornegg/Strasser, AktG⁵ § 227 Rz 8.

244 *Kalss* in MünchKommAktG⁴ § 117 Rz 96.

245 *Strasser* in Jabornegg/Strasser, AktG⁵ §§ 100, 101 Rz 3; *Kalss* in Kalss/Nowotny/Schauer, Gesellschaftsrecht Rz 3/436.

246 *Strasser* in Jabornegg/Strasser, AktG⁵ §§ 100, 101 Rz 5; *Kalss* in Kalss/Nowotny/Schauer, Gesellschaftsrecht Rz 3/436.; *dieselbe* in MünchKommAktG⁴ § 117 Rz 96.

247 Zu diesem eng auszulegenden Tatbestandsmerkmal näher *Strasser* in Jabornegg/Strasser, AktG⁵ §§ 100, 101 Rz 17; *Kalss* in Kalss/Nowotny/Schauer, Gesellschaftsrecht Rz 3/436; *dieselbe* in MünchKommAktG⁴ § 117 Rz 100.

weil der Hauptversammlungsbeschluss in diesem Fall angefochten werden kann (§ 195 Abs 2 AktG)[248]. Für den Verzicht der Gesellschaft auf den Ersatzanspruch und für den Vergleich hierüber gelten die allgemeinen Regeln (§ 100 iVm § 84 Abs 4 Satz 3 und 4 AktG). Die Gläubiger können den Schadenersatzanspruch selbst geltend machen, soweit sie von der Gesellschaft sonst keine Befriedigung erlangen können; die Befugnis besteht auch dann, wenn die Gesellschaft auf den Anspruch wirksam verzichtet oder einen Vergleich abgeschlossen hat. Findet ein Insolvenzverfahren über das Vermögen der Gesellschaft statt, so werden die Rechte der Gläubiger vom Insolvenzverwalter ausgeübt (§ 101 Abs 1 AktG iVm § 275 Abs 1 Z 4 und 14 IO). Die Verjährungsfrist beträgt fünf Jahre (§ 101 Abs 2 AktG); der Beginn der Verjährungsfrist bestimmt sich nach § 1489 ABGB (vgl dazu Rz 70).

Der Aufsichtsrat kann auch einer Haftung als **faktisches Organ** ausgesetzt 77
sein. Dies ist in zweifacher Hinsicht möglich: Erstens ist das Aufsichtsratsmitglied der Haftung auch dann ausgesetzt, wenn die Bestellung fehlerhaft war[249]; es genügt, dass die Funktion des Aufsichtsrats faktisch ausgeübt wurde. Zweitens könnte ein Aufsichtsratsmitglied auch als faktischer Vorstand (faktischer Geschäftsführer haften). Darunter ist eine Person zu verstehen, die ohne Bestellung zum Vorstand (Geschäftsführer) faktisch die Geschäfte führt, so dass das formell bestellte Handlungsorgan in der Wahrnehmung seiner Aufgaben weitgehend verdrängt wird[250]. Sie unterliegt den für das Handlungsorgan geltenden Haftungsregeln[251]. Die Haftung des faktischen Organs hat die größte praktische Bedeutung bei der verschleppten Insolvenzeröffnung (Rz 80 f)[252], ohne jedoch darauf beschränkt zu sein[253]. Es ist nicht erforderlich, dass das faktische Organ Mitglied eines anderen Gesellschaftsorgans oder Gesellschafter ist[254]; freilich schließt die Zugehörigkeit zu einem anderen Gesellschaftsorgan die Stellung als faktisches Organ in Bezug auf die Geschäftsführung auch nicht aus. Es ist deshalb möglich, dass ein Mitglied des Aufsichtsrats faktisches Organ ist und sich nach den hierfür maßgeblichen Regeln behandeln lassen muss.

---

248 *Strasser* in Jabornegg/Strasser, AktG⁵ §§ 100, 101 Rz 25; *Kalss* in Kalss/Nowotny/Schauer, Gesellschaftsrecht Rz 3/436; *dieselbe* in MünchKommAktG⁴ § 117 Rz 101.

249 *Kalss* in Doralt/Nowotny/Kalss, AktG² § 99 Rz 39; *dieselbe* in Kalss/Nowotny/Schauer, Gesellschaftsrecht Rz 3/575; *Straube/Rauter* in Straube/Ratka/Rauter, GmbHG² § 33 Rz 12; *Koppensteiner/Rüffler*, GmbH-Gesetz³ § 33 Rz 1; *P. Doralt/W. Doralt* in Semler/v. Schenck, ARHdb⁴ § 14 Rz 69, 245; *Kittel*, Handbuch² 378; *U. Torggler*, FS Reich-Rohrwig 247 ff.

250 Vgl zB OGH 8 ObA 98/00m ecolex 2003, 347/142; ähnlich OGH 6 Ob 202/11s; vgl auch *Ruhm/Toms*, ecolex 2009, 682 ff; *Nowotny* in Doralt/Nowotny/Kalss, AktG² § 84 Rz 21; *U. Torggler*, FS Reich-Rohrwig 258 ff.

251 Vgl jedoch differenzierend und einschränkend *U. Torggler*, FS Reich-Rohrwig 260 ff.

252 ZB OGH 8 Ob 124/07d JBl 2008, 455; 8 Ob 108/08b wbl 2009, 356/156.

253 Vgl zB die Haftung der Konzernmutter gegenüber der Tochtergesellschaft in OGH 8 ObA 98/00m ecolex 2003, 347/142; vgl auch *Ruhm/Toms*, ecolex 2009, 684.

254 Gegen das Erfordernis der Gesellschafterstellung OGH 8 Ob 108/08b wbl 2009, 356/156; 6 Ob 202/11s GeS 2012, 80; vgl auch OGH 8 Ob 124/07d JBl 2008, 455; *Schumacher* in Bartsch/Pollak/Buchegger, InsR⁴ § 69 Rz 183; *Ruhm/Toms*, ecolex 2009, 683.

78 Die **Niederlegung des Mandats** (Rücktritt) durch das Aufsichtsratsmitglied ist im Gesetz nicht ausdrücklich geregelt. Die hA[255] lässt den Rücktritt aus wichtigem Grund stets zu; ohne wichtigen Grund nur dann, wenn er nicht zur Unzeit geschieht, was als Erfordernis einer angemessenen Kündigungsfrist zu verstehen ist. Die Frist ist so zu bemessen, dass die Gesellschaft die Möglichkeit, für adäquaten Ersatz zu sorgen[256], was bei einem gewählten Mitglied auf die Pflicht hinauslaufen wird, eine innerhalb angemessener Frist einzuberufenden Hauptversammlung abzuwarten, bei der ein neues Aufsichtsratsmitglied gewählt werden kann. Eine Krise, in der sich die Gesellschaft befindet, stellt keinen wichtigen Grund dar, der die Niederlegung des Mandats mit sofortiger Wirkung gestatten würde. Vielmehr kann sich aus einer krisenhaften Situation sogar die Verpflichtung ergeben, bei der Niederlegung des Mandats auf die Interessen der Gesellschaft in besonderer Weise Rücksicht zu nehmen und entweder den Rücktritt mit einer längeren Frist zu verbinden oder auf den Rücktritt vorübergehend ganz zu verzichten, wenn das Risiko besteht, dass die Gesellschaft in einer ohnehin schon bedrohten Position durch den Verlust von Know How und Erfahrung des betreffenden Aufsichtsratsmitglied Schaden zu nehmen droht. Wenn das Aufsichtsratsmitglied das Mandat in einer Situation niederlegt, in der der Vorstand (Geschäftsführer) ein Insolvenzverfahren einzuleiten hat, so kann sich gerade daraus eine Haftung ergeben, wenn das Aufsichtsratsmitglied es unterlassen hat, auf die Einleitung eines solchen Verfahrens zu dringen (Rz 81)[257]. Eine Pflicht zur Niederlegung des Mandats kann jedoch bestehen, wenn das Aufsichtsratsmitglied erkennt, dass es nicht über die fachliche Qualifikation im erforderlichen Umfang verfügt[258]. Erfolgt die Niederlegung des Mandats ohne wichtigen Grund und ohne Einhaltung einer angemessenen Frist, so kann das Mitglied des Aufsichtsrats schadenersatzpflichtig werden[259]. Anspruchsgrundlage ist freilich nicht § 99 AktG iVm § 84 AktG (§ 33 iVm § 25 GmbHG), sondern § 1021 ABGB in analoger Anwendung[260]. Ob gleichwohl die besonderen Regeln über Verzicht und Vergleich oder die besondere Verjährungsfrist (§ 84 Abs 4 bis 6 AktG) analog anzuwenden sind, ist zweifelhaft; die Frage dürfte aber zu bejahen sein, weil es sich auch hier um einen Schadenersatzanspruch handelt, der aus dem verbandsrechtlichen Verhältnis zwischen der Gesellschaft und dem Aufsichtsratsmitglied resultiert.

79 Der Aufsichtsrat ist auch Haftungsadressat nach dem **Unternehmensreorganisationsgesetz**. Grundsätzlich trifft die Mitglieder des vertretungsbefugten Organs eine persönliche Haftung, wenn trotz eines vermuteten Reorganisationsbedarfs die Einleitung eines Reorganisationsverfahrens unterlassen oder die rechtzeitige Aufstellung des Jahresabschlusses oder die Erteilung eines Prüfungsauftrags

---

255 *Strasser* in Jabornegg/Strasser, AktG^5 §§ 87-89 Rz 76; *Kalss* in Doralt/Nowotny/Kalss, AktG^2 § 87 AktG Rz 58.

256 *Kalss* in Doralt/Nowotny/Kalss, AktG^2 § 87 Rz 56; *Schumacher* in Bartsch/Pollak/Buchegger, InsR^4 § 69 Rz 193; OGH 1 Ob 144/01k GesRZ 2002, 86.

257 Vgl *Schumacher* in Bartsch/Pollak/Buchegger, InsR^4 § 69 Rz 208; zT anders *Dellinger* in Konecny/Schubert, KO § 69 Rz 109.

258 Vgl *Kalss* in Doralt/Nowotny/Kalss, AktG^2 § 86 Rz 52.

259 So auch *Kalss* in Doralt/Nowotny/Kalss, AktG § 87 Rz 56; *Schumacher* in Bartsch/Pollak/Buchegger, InsR^4 § 69 Rz 193; OGH 1 Ob 144/01k GesRZ 2002, 86.

260 Vgl *Strasser* in Jabornegg/Strasser, AktG^5 § 87-89 Rz 76.

unterblieben und innerhalb der nächsten beiden Jahre ein Antrag auf Eröffnung eines Insolvenzverfahren gestellt wird (§ 22 Abs 1 URG iVm § 275 Abs 1 IO). Die Haftung besteht gegenüber der juristischen Person. Sie erstreckt sich auf die durch die Insolvenzmasse nicht gedeckten Verbindlichkeiten, ist aber mit 100 000 Euro für jede haftpflichtige Person beschränkt. Die Haftung der Mitglieder des vertretungsbefugten Organs entfällt jedoch, wenn der Aufsichtsrat die notwendige Zustimmung zur Einleitung des Reorganisationsverfahrens nicht erteilt hat (§ 25 URG). Das Erfordernis einer Zustimmung des Aufsichtsrats besteht freilich nicht bereits kraft Gesetzes, sondern nur, wenn es in der Satzung vorgesehen ist oder wenn der Aufsichtsrat dies angeordnet hat (§ 95 Abs 5 Satz 5 AktG, § 30j Abs 5 Satz 4 GmbHG)[261]. Anstelle der Mitglieder des vertretungsbefugten Organs haften dann jene Mitglieder des Aufsichtsrats, die gegen die Einleitung des Reorganisationsverfahrens gestimmt haben. Die Haftung der Aufsichtsratsmitglieder ist gleich in dreifacher Weise begrenzt: Erstens haften auch sie nur für die durch die Insolvenzmasse nicht gedeckten Verbindlichkeiten. Zweitens wird aus der Verweisung des § 25 auf § 22 Abs 1 URG abgeleitet, dass die Aufsichtsmitglieder überdies höchstens für jenen Betrag haften, der die Mitglieder des vertretungsbefugten Organs nach Maßgabe der für sie geltenden Haftungsbeschränkung getroffen hätte. Besteht das handlungsbefugte Organ aus zwei Mitgliedern, die bei eigener Haftung insgesamt für höchstens 200 000 Euro herangezogen werden könnten, so beschränkt sich auch die Haftung der Aufsichtsratsmitglieder – unabhängig von der Zahl der haftpflichtigen Personen – auf diesen Betrag[262]. Drittens gilt die Haftungsbeschränkung von 100 000 Euro auch für jedes einzelne Aufsichtsratsmitglied.

III. Außenhaftung

Fehlerhafte Darstellung der Gesellschaft: Der Straftatbestand des § 163a StGB[263] ist als Schutzgesetz[264] auch eine Grundlage zivilrechtlicher Haftung. Zum geschützten Personenkreis zählen die Gläubiger der Gesellschaft sowie die Gesellschafter und Anteilserwerber[265]. Die Straftat kann auf jede der in § 163a StGB beschriebenen Arten begangen werden. Normadressat ist jeder „Entscheidungsträger" iSd VbVG. Vom Begriff ist auch der Aufsichtsrat erfasst (§ 2 Abs 1 Z 2 VbVG). Die Straftaten können nur vorsätzlich begangen werden (§ 5 StGB); dolus **80**

261 Vgl dazu auch *Nowotny*, RdW 1997, 578; *Jenatschek* in Buchegger, InsR 1. Zsb URG § 25 Rz 7; vgl auch *Koppensteiner/Rüffler*, GmbH-Gesetz³ § 33 Rz 6.

262 Beispiel nach RV 734 BlgNR 20. GP 87; *Schumacher*, ÖBA 1997, 865.

263 Eingeführt durch das Strafrechtsänderungsgesetz 2015, BGBl I 2015/112; allgemein zur Neuregelung der Bilanzdelikte *Cach/Nicolussi*, GesRZ 2015, 219; *Schrank/Schlager*, ecolex 2015, 558.

264 Vgl für die vergleichbare Rechtslage vor dem Strafrechtsänderungsgesetz 2015, *Jabornegg/Geist* in Jabornegg/Strasser, AktG⁵ § 255 Rz 4; *Kalss* in Doralt/Nowotny/Kalss, AktG² § 255 Rz 49; *Weilinger/Knauder* in Straube/Ratka/Rauter, GmbHG² § 122 Rz 58; *Koppensteiner/Rüffler*, GmbH-Gesetz³ § 122 Rz 13; *Gelbmann*, GesRZ 26 f; *Schönbacher*, Haftung 49; vgl auch *Brandl/Hohensinner*, ecolex 2002, 96; zuletzt etwa 5 Ob 146/11y ecolex 2012, 895; OGH 6 Ob 28/12d GesRZ 2012, 252 (*Schuhmacher*), ecolex 2012,482 (*Gruber*).

265 *Jabornegg/Geist* in Jabornegg/Strasser, AktG⁵ § 255 Rz 4; ähnlich *Kalss* in Doralt/Nowotny/Kalss, AktG² § 99 Rz 50; vgl auch *Gelbmann*, GesRZ 2003, 27, die auch die Gesellschaft und die Arbeitnehmer in den Schutzbereich einbezieht.

eventualis genügt[266]. Der Eintritt eines Schadens gehört nicht zum Tatbild[267], weshalb sich auch der Vorsatz nicht hierauf beziehen muss. Hinsichtlich des Schadenseintritts muss nicht einmal Fahrlässigkeit vorliegen. Voraussetzung für die Haftung ist freilich, dass die objektiven Zurechnungselemente vorliegen, sodass bei inadäquaten Schäden keine Haftung besteht. Auf die Haftung einer Mehrheit von Schädigern ist § 1302 ABGB anzuwenden[268].

81 **Insolvenzverschleppungshaftung**: Die Verpflichtung zur Einleitung eines Insolvenzverfahrens (§ 69 Abs 2 IO) ist ein Schutzgesetz zugunsten der Gläubiger[269]. Erleiden die Gläubiger durch die schuldhaft verspätete Einleitung eines Insolvenzverfahrens Vermögensnachteile, so haben sie Anspruch auf Schadenersatz. Bezüglich des Umfang des Schadenersatzes ist zu unterscheiden: Gläubiger, deren Forderungen zum Zeitpunkt der gebotenen Insolvenzeröffnung bereits bestanden (Altgläubiger), haben Anspruch auf Ersatz der Quotenverschlechterung (Differenz zwischen der Quote, die sich bei rechtzeitiger Einleitung des Insolvenzverfahrens erhalten hätte, und der Quote, die sich tatsächlich erhalten). Bezüglich der Gläubiger, deren Forderungen erst nach dem Zeitpunkt der gebotenen Insolvenzeröffnung entstanden sind (Neugläubiger), ist die Rechtslage umstritten: Nach einer Ansicht sind auch sie auf den Ersatz der Quotenverschlechterung beschränkt[270], wobei Quotenverschlechterung in diesem Zusammenhang meint, dass die hypothetische Quote einer Insolvenzeröffnung unmittelbar nach dem Erwerb der Forderung mit der tatsächlichen Quote zu vergleichen ist[271]. Nach anderer und zutreffender Ansicht haben die Neugläubiger Anspruch auf Ersatz des Vertrauensschadens; ihnen ist also jener Vermögensnachteil abzugelten, den sie nicht erlitten hätten, wenn sie von der Begründung der Forderung Abstand genommen hätten[272]. Eine Begrenzung des Schadenersatzes durch das hypothetische Erfüllungsinteresse ist vorzunehmen. Der Anspruch der Gläubiger wird während des Konkursverfahrens vom Masseverwalter geltend gemacht (§ 69 Abs 5 IO).

82 Die Verpflichtung zur Einleitung eines Insolvenzverfahrens trifft grundsätzlich nur die organschaftlichen Vertreter einer juristischen Person; sie sind demnach

266 So noch zu § 255 AktG aF OGH 11 Os 73/84 RdW 1985, 275; *Kalss* in Doralt/Nowotny/Kalss, AktG² § 255 Rz 38; *Jabornegg/Geist* in Jabornegg/Strasser, AktG⁵ § 255 Rz 2; *Weilinger/Knauder* in Straube/Ratka/Rauter, GmbHG³ § 122 Rz 7.

267 Aus strafrechtlicher Perspektive zur alten Rechtslage *Kalss* in Doralt/Nowotny/Kalss, AktG² § 255 Rz 44.

268 *Kalss* in Doralt/Nowotny/Kalss, AktG² § 255 Rz 49; *Weilinger/Knauder* in Straube/Ratka/Rauter, GmbHG² § 122 Rz 59; *Koppensteiner/Rüffler*, GmbH-Gesetz³ § 122 Rz 14; allgemein dazu auch *Karollus*, Schutzgesetzverletzung 244 f.

269 *Reich-Rohrwig*, GmbH-Recht² I Rz 4/447; *Karollus*, Pflichten und Haftung, in Feldbauer-Durstmüller/Schlager, Krisenmanagement 1161; *Schärf*, GesRZ 2004, 48; *Ruhm/Toms*, ecolex 2009, 682.

270 Dazu etwa *Koppensteiner/Rüffler*, GmbH-Gesetz³ § 25 Rz 38; vgl auch *Dellinger* in Konecny/Schubert, KO § 69 Rz 87 ff, der einen Ersatz des Vertrauensschadens nur bei einer Aufklärungspflicht einräumen will.

271 *Dellinger* in Konecny/Schubert, KO § 69 Rz 74.

272 OGH 4 Ob 31/07y GesRZ 2007, 266; zuletzt OGH 2 Ob 117/12p RdW 2013, 140 zustimmend *K. Binder* in *Ratka/Rauter*, Handbuch Geschäftsführerhaftung Rz 3/63; vgl auch *Koppensteiner/Rüffler*, GmbHG³ § 25 Rz 38; *Karollus*, Pflichten und Haftung, in Feldbauer-Durstmüller/Schlager, Krisenmanagement 1162.

auf zentralen Haftpflichtschuldner. Dem organschaftlichen Vertreter steht der faktische Geschäftsführer (vgl Rz 77) gleich, bei dem Pflicht zur Einwirkung auf das formell bestellte Handlungsorgan aus dem Ingerenzprinzip abgeleitet wird[273]. **Aufsichtsratsmitglieder** sind nicht zur Stellung eines entsprechenden Antrags verpflichtet[274]. Nach hA sind sie jedoch dazu verpflichtet, auf die rechtzeitige Stellung eines Antrags zur Einleitung eines Insolvenzverfahrens zu dringen[275], was gegebenenfalls die Abberufung eines unzuverlässigen Vorstandsmitglieds erfordern kann[276]. Bei Pflichtverletzungen durch Tun oder Unterlassen haften die Aufsichtsratsmitglieder für die – auch nur fahrlässige – Mitwirkung bei der Konkursverschleppung[277]. Da der Aufsichtsrat gegenüber dem Vorstand (Geschäftsführer) kein Weisungsrecht hat, kann er nur faktisch auf ihn Einfluss nehmen; wenn dies nicht fruchtet, wäre er abzuberufen[278].

Prospekthaftung: Der Haftungstatbestand des § 11 KMG gilt sowohl für Pro- **83**
spekte nach dem KMG als auch für Zulassungsprospekte nach §§ 74 ff BörseG[279]. Unter den Haftungsadressaten dieser Bestimmung sind die Aufsichtsratsmitglieder nicht erwähnt. Ein Haftungsanspruch gegen sie kann deshalb nicht auf diese Grundlage gestützt werden, sondern lässt sich mithilfe des allgemeinen Zivilrechts begründen[280]. Voraussetzung dafür ist die Verfolgung eigener wirtschaftlicher Interessen oder die besondere Inanspruchnahme persönlichen Vertrauens[281]. Sie ist überdies dann zu bejahen, wenn eine vorsätzlich sittenwidrige Schadenszufügung (§ 1295 Abs 2 ABGB) vorliegt[282].

---

273 OGH 8 Ob 124/07d JBl 2008, 455; *Schumacher* in Bartsch/Pollak/Buchegger, InsR⁴ II/2 184; *Dellinger* in Konecny/Schubert, § 69 KO Rz 114.

274 Vgl nur OGH 8 Ob 124/07d JBl 2008, 455; *Schumacher* in Bartsch/Pollak/Buchegger, InsR⁴ II/2 KO § 69 Rz 42; *Dellinger* in Konecny/Schubert, KO § 69 Rz 40; *Kalss* in Doralt/Nowotny/Kalss, AktG² § 99 Rz 16; *Kittel*, Handbuch² 344 f; *Reich-Rohrwig*, GmbH-Recht² I Rz 4/447.

275 Ausführlich *Schumacher* in Bartsch/Pollak/Buchegger, InsR⁴ § 69 Rz 205 ff; *Dellinger* in Konecny/Schubert, KO § 69 Rz 109; ebenso *Kittel*, Handbuch² 345; *Kalss* in Doralt/Nowotny/Kalss, AktG² § 99 Rz 16; *Kalss/Oelkers*, Aufsichtsrat aktuell 2007, 11; vgl auch *A. Heidinger* in Gruber/Harrer, GmbHG § 33 Rz 26.

276 Vgl BGH II ZR 280/07 NZG 2009, 550.

277 *Reich-Rohrwig*, GmbH-Recht² I Rz 4/448; vgl auch *Schumacher* in Bartsch/Pollak/Buchegger, InsR⁴ § 69 Rz 206, 210; *Dellinger* in Konecny/Schubert, KO § 69 Rz 111; vgl dagegen anders *Schönbacher*, Haftung 257 ff, 277 ff, der eine Haftung des Aufsichtsrats als reine Innenhaftung auf der Grundlage von § 99 iVm § 84 Abs 2 AktG bzw § 33 iVm § 25 Abs GmbH annimmt, was jedoch zu ähnlichen Ergebnissen führt; zur Innenhaftung auch *Karollus*, Pflichten und Haftung, in Feldbauer-Durstmüller/Schlager, Krisenmanagement 1167; vgl für das deutsche Recht BGH II ZR 280/07 NZG 2009, 550.

278 *Schumacher* in Bartsch/Pollak/Buchegger, InsR⁴ § 69 Rz 206 f.

279 Vgl *Kalss/Oppitz/Zollner*, Kapitalmarktrecht I² § 12 Rz 10.

280 *Kalss/Oppitz/Zollner*, Kapitalmarktrecht I² § 12 Rz 50 f, 55; *Kalss* in Doralt/Nowotny/Kalss, AktG² § 99 Rz 48; *dieselbe* in Kalss/Nowotny/Schauer, Gesellschaftsrecht Rz 3/578.

281 *Kalss/Oppitz/Zollner*, Kapitalmarktrecht I² § 12 Rz 51; *Kalss* in Doralt/Nowotny/Kalss, AktG² § 99 Rz 48; *dieselbe* in Kalss/Nowotny/Schauer, Gesellschaftsrecht Rz 3/578; vgl allgemein zur Eigenhaftung des Erfüllungsgehilfen bei culpa in contrahendo *Pletzer* in ABGB-ON[1.01] § 874 Rz 13 f; *Welser/Zöchling-Jud*, Bürgerliches Recht[14] II Rz 76 (beide mwN).

282 *Kalss/Oppitz/Zollner*, Kapitalmarktrecht I² § 12 Rz 55; vgl auch *Wilhelm*, ecolex 2010, 536 f; ebenso für das deutsche Recht *P. Doralt/W. Doralt* in Semler/v. Schenck, ARHdb⁴ § 14 Rz 321 f.

84 Nach heute hA handelt es sich bei der Ad-hoc-Meldepflicht gem § 48d Abs 1 BörseG um ein Schutzgesetz zugunsten der geschädigten Anleger[283]. Die Herausgabe **fehlerhafter ad-hoc-Mitteilungen** kann daher eine Haftung des Aufsichtsrates nach sich ziehen[284]. Gleiches gilt für einen Verstoß gegen das Verbot der irreführenden Informationsverbreitung als Mittel zur **Marktmanipulation** (§ 48a Abs 2 BörseG)[285].

85 Haftungsrisiken ergeben sich für den Aufsichtsrat auch aus dem **Übernahmegesetz**. Hiernach bestehen bestimmte Pflichten des Aufsichtsrats, die die Qualität eines Schutzgesetzes haben. Dazu zählen das Verhinderungsverbot (§ 12 ÜbG)[286] und die Pflicht zur Äußerung gegenüber dem Angebot des Bieters (§ 14 ÜbG)[287]. Zum geschützten Personenkreis gehören die Zielgesellschaft, die Beteiligungspapierinhaber und der Bieter[288]. Die Ersatzpflicht erstreckt auf die reinen Vermögensschäden, die die geschützten Personen durch die Pflichtverletzung erleiden[289].

86 Ein Aufsichtsratsmitglied kann auch Haftpflichtansprüchen **aus anderen deliktischen Rechtsgrundlagen** ausgesetzt sein[290]. Dabei ist vor allem an strafbare Handlungen gegen das Vermögen zu denken, wie beispielsweise Untreue[291] oder Betrug[292], aber auch Kartell-[293] und Wettbewerbsverstöße[294]. Die daraus resultierenden Ansprüche können je nach dem Schutzzweck der Gesellschaft oder einem Dritten zustehen. Im Zusammenhang mit strafbaren Handlungen gegen das Vermögen ist zu beachten, dass je Maßgabe der Strafdrohung die kurze Verjährungsfrist des § 1489 ABGB entfallen und die lange Verjährungsfrist anwendbar sein kann. Die Verjährungsfrist des § 84 Abs 6 AktG ist bei deliktischen Ansprüchen nicht anzuwenden[295]. In Ausnahmefällen kann auch vorsätzlich sittenwidrige Schädigung in Betracht kommen (§ 1295 Abs 2 ABGB; zu fehlerhaften ad-hoc-Mitteilungen soeben Rz 84)[296].

---

283 Vgl *Kalss/Oppitz/Zollner*, Kapitalmarktrecht I² § 12 Rz 24; *Rüffler*, GeS 2010, 116; OGH 6 Ob 28/12d GesRZ 2012, 253; 8 Ob 104/12w ZFR 2013, 89; kritisch dazu *Schopper*, OBA 2014, 495.

284 *Rüffler*, JBl 2011, 87; OGH 6 Ob 28/12d GesRZ 2012, 252 (*Schuhmacher*).

285 *Kalss* in Artmann/Rüffler/Torggler, Organhaftung 83 ff; *Kalss/Oppitz/Zollner*, Kapitalmarktrecht I² § 12 Rz 24; OGH 6 Ob 28/12d GesRZ 2012, 253 (*Schuhmacher*).

286 Zur Schutzgesetzqualität *Zollner* in Huber, ÜbG § 12 Rz 41 (offenbar einschränkend auf § 12 Abs 2 und 3 ÜbG); *Größ*, Anlegerschutz 91 f; eine Schadenersatzpflicht der Organmitglieder befürwortend auch *Hausmaninger/Herbst*, Übernahmegesetz § 12 Rz 30.

287 Zur Schutzgesetzqualität *Huber/Trenkwalder* in Huber, ÜbG § 14 Rz 24; aA offenbar *Winner*, Zielgesellschaft 69 f, der nur eine Außenhaftung der Zielgesellschaft anzunehmen scheint.

288 *Zollner* in Huber, ÜbG § 12 Rz 41; vgl auch *Huber/Trenkwalder* in Huber, ÜbG § 14 Rz 24.

289 Ausführlich zum Schadensberechnung *Größ*, Anlegerschutz 123 ff.

290 Zu möglichen Haftungsgrundlagen *Kalss*, Außenhaftung, in Artmann/Rüffler/Torgger, Organhaftung 80 ff; *Koppensteiner*, GES 2015, 383 ff.

291 Zur Unzulässigkeit des Einwands des rechtmäßigen Alternativverhaltens bei Untreue OGH 6 Ob 3/15g NZ 2015/129.

292 Vgl *Kittel*, Handbuch² 330; *Reich-Rohrwig*, GmbH-Recht² I Rz 4/440.

293 Vgl im Ergebnis offenlassend OGH 5 Ob 39/11p ecolex 2012, 392 (*Wilhelm*) = RdW 2012, 504 (*Bamberger/Kriechbaumer*).

294 *Engin-Deniz/Kaindl*, ecolex 2012, 948; *Herzig* in Wiebe/Kodek, UWG² § 18 Rz 31.

295 OGH 6 Ob 3/15g NZ 2015/129.

296 Vgl *Reich-Rohrwig*, GmbH-Recht² I Rz 4/446; *Schärf*, GesRZ 2004, 47 f; zum deutschen Recht auch *P. Doralt/W. Doralt* in Semler/v. Schenck, ARHdb⁴ § 14 Rz 311.

Zwischen dem **Schadenersatzrecht** und dem **Strafrecht** bestehen mehrere **Wechselwirkungen**[297]. Die Normen des Strafrechts können Schutzgesetze im Sinn des Haftungsrechts sein; ihre Verletzung macht den Täter auch schadenersatzpflichtig (soeben Rz 86). Ferner entfaltet das Strafurteil seit einer Entscheidung eines verstärkten Senats eine Bindungswirkung zum Nachteil des verurteilten Täters; dieser kann sich dann im Zivilverfahren nicht mehr darauf berufen, er habe die Tat, derentwegen er strafgerichtlich verurteilt wurde, nicht begangen[298]. Umgekehrt kann das Zivilrecht auch für das Strafrecht nicht ganz folgenlos bleiben. Das Strafrecht dient dem Schutz bestimmter Rechtsgüter; es hat aber nicht die Funktion, durch das Privatrecht eingeräumte Handlungsspielräume zu beschneiden[299]. Wollte man das, was privatrechtlich erlaubt ist, für strafbar erklären, so würde das Postulat einer widerspruchsfreien Auslegung der Gesamtrechtsordnung verletzt. Dieser Gedanke verdient vor allem im Zusammenhang mit dem haftungsfreien Ermessenspielraum der Business Judgment Rule (Rz 31 ff) Beachtung[300]. Es erscheint geboten, ihm auch bei der Auslegung von Strafrechtsnormen Rechnung zu tragen. **87**

---

297 Dazu näher *Lukas*, AnwBl 2010, 259 ff; *Kalss*, GesRZ 2014, 162 ff.

298 OGH verstärkter Senat 1 Ob 612/95 JBl 1996, 117; 6 Ob 3/15g NZ 2015/129; dazu und einigen Folgefragen etwa *Lukas*, AnwBl 2010, 260 f.

299 Vgl *Lutter*, NZG 2010, 601 ff; *Kalss*, GesRZ 2014, 163.

300 Vgl auch *Karollus*, VR 2015/10, 27; *Kalss*, GesRZ 2014, 163.

46

Strafrechtliche Risiken für den Aufsichtsrat

Robert Kert und Peter Komenda

Literatur:

Bertel/Schwaighofer/Venier, Österreichisches Strafrecht Besonderer Teil I^{13} (2015); *Birklbauer/Hilf/Tipold*, Strafrecht Besonderer Teil I^{3} (2015); *Bollenberger/Wess*, Libro-Straferkenntnis: Untreue und Gesellschaftsrecht, RdW 2014, *247*; *Boller*, Die strafrechtliche Verantwortlichkeit von Verbänden nach dem VbVG (2007); *Brandl* in Temmel (Hrsg), Börsegesetz Praxiskommentar (2011) §§ 48a und 48b; *Brandstetter*, Die Fragwürdigkeit der „wirtschaftlichen Betrachtungsweise" und andere aktuelle Fragen des Wirtschaftsstrafrechts, in BMJ (Hrsg), Strafrechtliche Probleme der Gegenwart 26 (1998) 127; *ders/Hauss*, in Kalss/Kunz (Hrsg), Handbuch für den Aufsichtsrat (2010) 1093; *Braun/Kahl*, Beitrag zum Betrug durch Unterlassen (OGH 11.06.2015, 12 Os 121/14g), ÖZW 2015, 170; *Eckert/Tipold*, Strafbare Dividenden, GES 2013, 59; *Fabrizy,* Strafgesetzbuch^{11} (2013); *Eckert/Spani/Wess*, Neuregelung des § 153 StGB und Auswirkungen auf die Praxis – Teil I, ZWF 2015, 258; *Fuchs*, Strafrecht Allgemeiner Teil I^{8} (2012); *ders*, Das Libro-Urteil des OGH: Analyse und Implikationen, in Lewisch (Hrsg), Jahrbuch Wirtschaftsstrafrecht und Organverantwortlichkeit 2014 (2014) 9; *ders/Reindl-Krauskopf*, Strafrecht Besonderer Teil I^{5} (2015); *Jettmar*, Rechnungslegungskontrolle und Bilanzstrafrecht, in Zeder (Hrsg), SWK-Spezial: Das neue Bilanzstrafrecht (2015) 55; *Gröhs*, Die Novellierung der Bilanzstraftatbestände durch das Strafrechtsänderungsgesetz 2015, SWK 2015, 1272; *Hilf* in Höpfel/Ratz (Hrsg), Wiener Kommentar zum Strafgesetzbuch^{2} StGB § 2; *dies,* Verbandsverantwortlichkeitsgesetz (VbVG) (2006); *dies/Zeder* in Höpfel/Ratz (Hrsg), Wiener Kommentar zum Strafgesetzbuch^{2} VbVG § 2; *Hinterhofer* in Höpfel/Ratz (Hrsg), Wiener Kommentar zum Strafgesetzbuch^{2} (2014) BörseG § 48b; *ders*, Voraussetzungen und Grenzen strafbefreiender Zustimmung der Gesellschafter bei der Untreue, in Hinterhofer (Hrsg), Praxishandbuch Untreue (2015) 123; *Huber*, Die Organuntreue zu Lasten von Kapitalgesellschaften (2012); *Jaufer/Gärtner,* Kontrollpflicht des Aufsichtsrats: Gesellschaftsrechtliche Vorgaben und strafrechtliche Konsequenzen, Aufsichtsrataktuell 2008, H 4, 4; *Kalss* in Kalss/Nowotny/Schauer, Österreichisches Gesellschaftsrecht (2008); *dies* in Doralt/Nowotny/Kalss (Hrsg), Kommentar zum Aktiengesetz^{2} (2012) AktG § 97, *dies*, Gesellschaftsrechtliche Anmerkungen zur Libro-Entscheidung, ecolex 2014, 496; *Kapsch/Kier*, Untreuestrafbarkeit zu Lasten einer Aktiengesellschaft, JBl 2014, 599; *Kert,* Verbandsverantwortlichkeit im Konzern, in Vavrovsky (Hrsg), Handbuch Konzernhaftung (2008) 141; *ders,* Verbandsverantwortlichkeit und Finanzstrafrecht, in Leitner (Hrsg), Finanzstrafrecht 2006, 9; *ders*, Ausgewählte Fragen des Allgemeinen Teils des Wirtschaftsstrafrechts, in Kodek/Kert (Hrsg), Handbuch Wirtschaftsstrafrecht (in Druck); *ders/Komenda*, Untreue neu nach dem Strafrechtsänderungsgesetz 2015, ÖZW 2015, 141; *Kienapfel/Schmoller*, Studienbuch Strafrecht Besonderer Teil II (2003); *Kienapfel/Höpfel/Kert,* Grundriss des Strafrechts Allgemeiner Teil^{14} (2012); *Kirchbacher* in Höpfel/Ratz (Hrsg), Wiener Kommentar zum Strafgesetzbuch^{2} (2011) StGB §§ 156 und 159; *ders/Presslauer* in Höpfel/Ratz (Hrsg), Wiener Kommentar zum Strafgesetzbuch^{2} (2009) StGB § 153; *Komenda,* Der Untreuevorsatz, in Hinterhofer (Hrsg), Praxishandbuch Untreue (2015) 35; *Kühteubl,* Der Arbeitnehmervertreter im Aufsichtsrat als Beitragstäter bei Straftaten der Geschäftsführung, DRdA 2012, 244; *Langer,* Die Strafbestimmungen in Aktiengesetz und GmbH-Gesetz (1994); *Leukauf/H. Steininger*, Kommentar zum Strafgesetzbuch^{3} (1992); *Lewisch,* Strafrecht Besonderer Teil I^{2} (1999); *Lewisch/Huber*, Untreue zulasten einer Kapitalgesellschaft trotz Gesellschafterzustimmung?, RdW 2014, 567; *McAllister*, „Sonderdividende" an Alleinaktionär: Untreue gemäß § 153 StGB?, in Hinterhofer (Hrsg), Praxishandbuch Untreue (2015) 97; *Maleczky,* Das Verbandsverantwortlichkeitsgesetz (VbVG), JAP 2005/2006, 140; *Medigovic*, Das neue Delikt der grob fahrlässigen Beeinträchtigung von Gläubigerinteressen gemäß § 159 StGB, ÖJZ 2003, 161; *Nowotny* in Kalss/Nowotny/Schauer, Österreichisches Gesellschaftsrecht (2008); *ders* in Doralt/Nowotny/Kalss (Hrsg), Kommentar zum Aktiengesetz² (2012) AktG § 70; *Paulitsch,* Verbandsverantwortlichkeit ausländischer Gesellschaftsformen nach dem VbVG, ecolex 2010, 459; *Pfeifer* in Triffterer/Rosbaud/Hinterhofer (Hrsg), Salzburger Kommentar zum Strafgesetzbuch (2006) § 153; *Platzgummer*, Unternehmerrisiko und Strafrecht, JBl 1987, 757; *Rauter* Straube/Ratka/Rauter (Hrsg), Wiener Kommentar zum GmbH-Gesetz (2013) §§ 30 j und 30 l; *Rohregger*, Das neue Bilanzstrafrecht – ein erster Überblick, ÖZW 2015, 162; *Ruhri*, Untreue – Die unerträgliche Weite des Tatbestandes, JSt 2015, 327; *Schick*, Der Insiderstraftatbestand (§ 48a BörseG) auf dem Prüfstand einer europäischen Kriminalpolitik, in Fuchs/Brandstetter (Hrsg), Festschrift Platzgummer (1995) 129; *Schima*, Reform des Untreuetatbestands und Business Judgment Rule im Aktien- und GmbH-Recht, GesRZ 2015, 286; *Schmieder/Singer*, Untreuerisiko und Konzern, SWK 2014, 545; *dies*, Anmerkungen zum Ministerialentwurf des StRÄG 2015 aus Verteidigersicht, ZWF 2015, 107; *Schmitt/Wess*, Bilanzstrafrecht NEU aus Sicht der Strafverfolgungsbehörden und der Verteidigung, in Zeder (Hrsg), SWK-Spezial: Das neue Bilanzstrafrecht (2015) 40; *Schrank,* Unternehmenskrise als strafrechtlicher Stolperstein, Aufsichtsrataktuell 2013, H 2, 11; *Schuhmacher*, Zur Auslegung des neu gefaßten Tatbestands des Mißbrauchs einer Insider-Information, ÖBA 2005, 533; *E. Steininger* in Triffterer/Rosbaud/Hinterhofer (Hrsg), Salzburger Kommentar zum Strafgesetzbuch § 2; *ders,* Verbandsverantwortlichkeitsgesetz (2006); *Strasser* in Jabornegg/Strasser (Hrsg), Kommentar zum Aktiengesetz II⁵ (2010) § 97; *Stryjak*, Untreue von Aufsichtsratsmitgliedern, in Hinterhofer (Hrsg), Praxishandbuch Untreue (2015) 77; *Tiedemann* in Laufhütte/Rissing-van Saan/Tiedemann (Hrsg), Leipziger Kommentar zum Strafgesetzbuch IX/1¹² (2012) § 263; *Tipold* in *Ratka/Rauter* (Hrsg), Handbuch Geschäftsführerhaftung (2008) 237; *Zeder*, Bilanzstrafrecht: Reform vollbracht, in Zeder (Hrsg), SWK-Spezial: Das neue Bilanzstrafrecht (2015) 9.

Gliederung **Rz**

I. Einleitung

Das Strafrecht setzt Grenzen für zulässiges unternehmerisches Handeln, und zwar dann, wenn Verstöße als derart schwerwiegend eingestuft werden, dass andere Mittel nicht mehr als Reaktion ausreichen („ultima ratio"-Funktion des Strafrechts). Dabei sind nicht nur Geschäftsführer und Vorstände von Gesellschaften im Rahmen ihrer Tätigkeit strafrechtlichen Risiken ausgesetzt, auch Mitglieder des Kontrollorgans Aufsichtsrat können aufgrund ihres Fehlverhaltens im Zuge der Ausübung ihrer Kontroll- und Aufsichtspflichten strafrechtlich zur Verantwortung gezogen werden. Die strafrechtliche Verfolgung richtet sich mitunter auch gegen die Aufsichtsratsmitglieder, denen vorgeworfen wird, dass sie entweder nur in mangelhafter Weise oder gar nicht ihren Kontrollpflichten nachgekommen sind oder dass sie mit dem Vorstand bei der Begehung einer Straftat zusammengewirkt haben. 1

Vorausgeschickt sei, dass keine Strafbarkeit des Aufsichtsrats als Kollegialorgan in Frage kommt, sondern jeweils die einzelnen Mitglieder des Aufsichtsrats strafrechtlich verantwortlich sein können.[1] Eine strafrechtliche Gesamthaftung des Kollegialorgans kommt niemals in Frage; es geht stets um die Strafbarkeit der Aufsichtsratsmitglieder als Einzelpersonen. Da die Strafbarkeitsvoraussetzungen für jedes Aufsichtsratsmitglied getrennt zu prüfen sind, kann sich die strafrechtliche Verantwortlichkeit innerhalb eines Aufsichtsrats unterscheiden und muss nicht zwingend alle Aufsichtsratsmitglieder betreffen. 2

Voraussetzung für jede Strafbarkeit ist, dass der Täter tatbestandsmäßig, rechtswidrig und schuldhaft handelt.[2] 3

---

1 Siehe dazu unten Pkt IV und VI.

2 Ausführlich dazu *Kienapfel/Höpfel/Kert,* AT[14] Z 6 Rz 4 ff.

II. Beteiligung des Aufsichtsratsmitglieds an einer strafbaren Handlung

A. Allgemeines

4 Ein Mitglied des Aufsichtsrats kann sich nicht nur strafbar machen, indem es eine Tat selbst unmittelbar ausführt. Gem § 12 StGB und § 11 FinStrG begeht nicht nur der unmittelbare Täter die strafbare Handlung, sondern auch jeder, der einen anderen dazu bestimmt, sie auszuführen, oder der sonst zu ihrer Ausführung beiträgt. Das StGB und das FinStrG folgen damit dem sog Einheitstätersystem.[3] Alle Beteiligten sind Täter und verantworten ausschließlich eigenes Unrecht und eigene Schuld. Anders ausgedrückt: Als Täter kann nur bestraft werden, wer sämtliche allgemeinen und besonderen Unrechts- und Schuldmerkmale in seiner eigenen Person verwirklicht. Aber er kann auch dann bestraft werden, wenn der unmittelbare Täter oder andere Beteiligte nicht strafbar sind, weil sie zB keinen Vorsatz hatten.

5 Auch wenn StGB und FinStrG grundsätzlich alle Beteiligten an einer Straftat als Täter behandeln, wird zwischen unmittelbarem Täter, Bestimmungstäter und Beitragstäter unterschieden. Für sämtliche Täterschaftsformen gelten dieselben Strafdrohungen; Unterschiede können sich in der Strafzumessung ergeben (vgl etwa den Milderungsgrund des § 34 Abs 1 Z 6 StGB).

6 **Unmittelbare (Mit-)Täter** (§ 12 1. Fall StGB) sind solche Personen, welche die tatbestandliche, dh die dem Wortlauttatbestand entsprechende und vom gemeinsamen Vorsatz getragene, Ausführungshandlung ganz oder zumindest teilweise selbst vornehmen.[4] Eine unmittelbare Täterschaft eines Aufsichtsratsmitglieds liegt dann vor, wenn es selbst eine Tat ausführt. Dies geschieht bspw, indem es eine Täuschungshandlung setzt und damit einen Betrug begeht.

7 **Aufsichtsratsmitglieder** können vor allem dann als unmittelbare Täter strafrechtlich verantwortlich werden, wenn der Aufsichtsrat exekutiv tätig ist, etwa wenn der Aufsichtsrat kraft Gesetzes selbstständig die Gesellschaft vertritt. Eine solche exekutive Tätigkeit ist zB beim Handeln als direkter gesetzlicher Vertreter bei Rechtsgeschäften mit den Vorstandsmitgliedern (§ 97 AktG)[5], bei Bestellung und Widerruf des Vorstands (§ 75 Abs 1 und 5 AktG), bei der Änderung und Beendigung der freien Dienstverträge mit den Vorstandsmitgliedern (§ 75 iVm § 78 AktG) oder bei der Führung von Anfechtungs- und Nichtigkeitsverfahren (§§ 197 Abs 2, 201 Abs 1 AktG) vorgesehen. Eine unmittelbare Täterschaft des Aufsichtsrats kann auch in Betracht kommen, wenn er Aufträge erteilt, etwa an den Abschlussprüfer (§ 270 Abs 1 Satz 6 UGB), den Spaltungsprüfer (§ 5 Abs 2 SpaltG), den Umwandlungsprüfer (§ 2 Abs 3 Z 4 UmwG) oder an Sachverständige (§ 95 Abs 3 AktG), sofern bereits in der Anweisung eine dem Wortlaut entsprechende Tathandlung liegt.[6] Stellt die Anweisung noch keine unmittelbare Tathandlung dar, handelt es sich uU um eine Bestimmungs- oder Beitragstäterschaft.

---

3 *Fuchs,* AT I[8] Kap 32 Rz 29; *Kienapfel/Höpfel/Kert,* AT[14] E 2 Rz 42 ff.

4 *Fuchs,* AT I[8] Kap 33 Rz 1; *Kienapfel/Höpfel/Kert,* AT[14] E 3 Rz 5.

5 Vgl *Kalss* in Doralt/Nowotny/Kalss AktG § 97 Rz 4.

6 Ohne Beschränkung *Brandstetter/Hauss* in Kalss/Kunz (Voraufl) Kap 35 Rz 11 f.

Das Aufsichtsratsmitglied kann als **unmittelbarer Täter** nicht nur als Alleintäter, sondern auch im Rahmen der unmittelbaren Mittäterschaft im Zusammenwirken mit anderen Aufsichtsratsmitgliedern oder mit dem Vorstand strafrechtlich verantwortlich sein. Daher kommt eine unmittelbare Täterschaft des Aufsichtsrats auch in Betracht, wenn der Aufsichtsrat verpflichtend seine Zustimmung zu bestimmten Geschäften erteilen muss, wie dies etwa beim Erwerb, bei der Veräußerung und Stilllegung von Unternehmen und Betrieben, beim Erwerb, bei der Veräußerung und Belastung von Liegenschaften, der Errichtung und Schließung von Zweigniederlassung oder der Aufnahme von Anleihen, Darlehen und Krediten, die einen bestimmten Betrag im Einzelnen und insgesamt in einem Geschäftsjahr übersteigen (§ 95 Abs 5 AktG; § 30j Abs 5 GmbHG), der Fall ist. Auch bei Übernahmen ist gem § 5 Abs 3 Z 1 ÜbG die Zustimmung des Aufsichtsrats erforderlich. In all diesen Fällen muss jeweils geprüft werden, ob das Aufsichtsratsmitglied eine dem Wortlaut des Tatbestands entsprechende Handlung vornimmt. 8

Führt das Aufsichtsratsmitglied die Tat nicht unmittelbar aus, kommt eine Strafbarkeit wegen Bestimmungs- oder Beitragstäterschaft in Frage. Als Bestimmungstäter (§ 12 2. Fall StGB) gilt, wer den unmittelbaren Täter, also etwa den Vorstand, vorsätzlich zur Ausführung einer strafbaren Handlung veranlasst. Nicht erforderlich ist hierbei, dass im unmittelbaren Täter Vorsatz erweckt wird.[7] Beitragstäter iSd § 12 3. Fall StGB ist, wer in sonstiger Weise vorsätzlich oder fahrlässig zur Ausführung einer strafbaren Handlung beiträgt. Darunter fallen alle Handlungen, die die Ausführung der Tat durch einen anderen ermöglichen, erleichtern, absichern oder in anderer Weise fördern.[8] Damit kommen grundsätzlich alle Handlungen von Aufsichtsratsmitgliedern, die die Begehung einer strafbaren Handlung durch den Vorstand in irgendeiner Weise fördern, als Beitragshandlungen in Betracht. So kann etwa die Zustimmung zu einem Jahresabschluss in Kenntnis dessen Unrichtigkeit ebenso einen Beitrag zu einer strafbaren Handlung (etwa einem Betrug oder einer Untreue) darstellen wie Ratschläge für die Durchführung eines geplanten (illegalen) Geschäfts. 9

Daraus folgt, dass eine Strafbarkeit der Aufsichtsratsmitglieder nicht nur dann in Frage kommt, wenn der Aufsichtsrat operativ tätig wird, sondern auch wenn ihn **Aufsichts- und Kontrollpflichten** treffen. In welcher Täterschaftsform sie sich beteiligen, hängt vom jeweiligen Delikt und vom konkret gesetzten Verhalten der Aufsichtsratsmitglieder ab. Für die Begehung einer Untreue als unmittelbarer Täter kommt etwa grundsätzlich nur derjenige in Betracht, dem die Befugnis eingeräumt ist, über das Vermögen der Gesellschaft zu verfügen oder die Gesellschaft zu verpflichten. Eine unmittelbare Täterschaft des Aufsichtsratsmitglieds ist möglich, wenn der Aufsichtsrat ausnahmsweise selbst befugt ist, die Gesellschaft nach außen zu vertreten und über das Gesellschaftsvermögen zu verfügen, wie etwa bei der Vornahme von Rechtsgeschäften der Gesellschaft mit Vorstandsmitgliedern oder bei der Vergabe von Krediten an Vorstandsmitglieder. Ansonsten fehlt dem Mitglied die geforderte Tätereigenschaft. In der Regel kommt dem Vorstand oder der Geschäftsführung die Außenvertretungsbefugnis zu. Der Aufsichtsrat trägt in 10

7 *Kienapfel/Höpfel/Kert,* AT[14] E 4 Rz 22 ff.

8 *Kienapfel/Höpfel/Kert,* AT[14] E 5 Rz 8 f.

diesem Fall durch seine Billigung, Unterstützung oder sein Nicht-Einschreiten zu der Straftat bei.

11 Hingegen kann die Verletzung von Pflichten im Rahmen der Kontrollaufgaben dann zu einer Strafbarkeit als unmittelbarer Täter führen, wenn das Gesetz Aufsichtsratsmitglieder als unmittelbare Täter vorsieht. So stellt etwa § 163a StGB (Unvertretbare Darstellung wesentlicher Informationen über bestimmte Verbände) als Täter auf den Entscheidungsträger ab, worunter nach § 2 Abs 1 VbVG auch ein Mitglied des Aufsichtsrats fällt. Ebenso kann es Bediensteter eines Unternehmens im Sinne des § 309 StGB (Geschenkannahme und Bestechung von Bediensteten oder Beauftragten) oder leitender Angestellter im Sinne des § 74 Abs 3 StGB sein. Als leitender Angestellter kommt das Aufsichtsratsmitglied daher als unmittelbarer Täter eines Förderungsmissbrauchs (§ 153b Abs 2 StGB), des betrügerischen Vorenthaltens von Sozialversicherungsbeiträgen (153d Abs 3 StGB), der organisierten Schwarzarbeit (§ 153e Abs 3 StGB) sowie der Kridadelikte (§§ 156 ff StGB) in Betracht.[9]

12 Legt der Vorstand bestimmte gegen Strafgesetze verstoßende Geschäfte dem Aufsichtsrat zur Genehmigung vor, ist für die Aufsichtsratsmitglieder eine Beteiligung an diesen strafbaren Handlungen zu prüfen. Abhängig von der konkreten Straftat kann dies in Form der unmittelbaren Mittäterschaft oder der Beitragstäterschaft erfolgen. Beitragstäterschaft liegt in der Regel dann vor, wenn den Aufsichtsrat zwar keine Zustimmungspflichten kraft Gesetzes treffen, der Vorstand aber Geschäfte durch die Zustimmung des Aufsichtsrats zusätzlich absichern lässt. Indem der Aufsichtsrat die Zustimmung erteilt, setzt er einen Beitrag – zumindest in Form einer psychischen Unterstützung – zu der vom Vorstand ausgeführten Tat.

13 Eine Beteiligung an der strafbaren Handlung durch die Aufsichtsratsmitglieder ist ausgeschlossen, wenn der Aufsichtsrat eine Handlung des Vorstandes erst überprüft, nachdem die strafbare Handlung bereits abgeschlossen und der Erfolg eingetreten ist. Denn eine Beteiligung kommt nur bis zur Deliktsvollendung in Betracht. Erfährt daher der Aufsichtsrat im Rahmen seiner Kontrolltätigkeit von einem Betrug oder einer Untreue erst, nachdem der Schaden bereits eingetreten ist, so ist eine Strafbarkeit der Aufsichtsratsmitglieder (wegen der Beteiligung an diesem Delikt) ausgeschlossen.

14 Festzuhalten ist, dass niemand für das strafbare Verhalten eines anderen bestraft wird. Setzt daher ein anderes Organ der Gesellschaft ein strafrechtlich relevantes Verhalten, wird dieses Verhalten nicht automatisch dem Aufsichtsrat oder einem einzelnen Aufsichtsratsmitglied zugerechnet. Das Aufsichtsratsmitglied wird nur für solche Straftaten strafrechtlich verantwortlich, bezüglich welcher er selbst rechtswidrig und schuldhaft gehandelt hat.

B. Deliktsspezifischer Vorsatz bei jedem Beteiligten

15 Jeder Tatbeteiligte muss selbst alle Strafbarkeitsvoraussetzungen erfüllen. Der Grundsatz, dass jeder nach seinem eigenen Unrecht und seiner eigenen Schuld bestraft wird, bedeutet auch, dass er selbst alle subjektiven Tatbestandsmerkmale

[9] Vgl auch *Brandstetter/Hauss* in Kalss/Kunz (Voraufl) § 35 Rz 16.

erfüllt. Nach einem Vorsatzdelikt kann also nur bestraft werden, wer – auch hinsichtlich der Herbeiführung eines Erfolgs – vorsätzlich gehandelt hat. Wesentlich für die Strafbarkeit aller Beteiligten ist, dass jeder Beteiligte den spezifischen vollständigen Vorsatz auf alle objektiven Tatbestandsmerkmale und darüber hinaus auch die spezifischen Vorsatzerfordernisse des Besonderen Teils (etwa Bereicherungsvorsatz bei den meisten Vermögensdelikten) erfüllt.

Begeht daher ein Vorstandsmitglied oder ein Mitarbeiter eines Unternehmens **16** zB einen Betrug, kann ein Aufsichtsratsmitglied, nur dann bestraft werden, wenn es vorsätzlich handelt und die Tat – durch einen physischen oder psychischen Beitrag – vorsätzlich unterstützt oder den unmittelbaren Täter zur Tat bestimmt.[10] Dafür genügt es in der Regel allerdings, dass es die Verwirklichung des gesetzlichen Tatbildes zumindest ernstlich für möglich hält und sich damit abfindet (Eventualvorsatz, § 5 Abs 1 2. Halbsatz StGB). Nur ausnahmsweise fordert das Gesetz Absichtlichkeit oder Wissentlichkeit.

Dies bedeutet etwa, dass auch der Bestimmungs- oder Beitragstäter alle Vor- **17** satzerfordernisse für die Untreue erfüllen muss. Daher kommt eine Strafbarkeit für das Aufsichtsratsmitglied wegen Untreue nur dann in Betracht, wenn es weiß, dass der unmittelbare Täter, idR also der Vorstand oder Geschäftsführer, seine Befugnis missbraucht.[11] Zusätzlich muss es auch den Eintritt des Vermögensschadens zumindest ernstlich für möglich halten und sich damit abfinden, also einen Schädigungsvorsatz zumindest in Form eines Eventualvorsatzes aufweisen.

C. Beteiligung am Sonderdelikt

Während die Mehrzahl der Delikte von jedermann begangen werden kann **18** (Allgemeindelikte), verlangt das Gesetz für bestimmte Delikte beim Täter eine bestimmte Subjektqualität (Sonderdelikte). Nicht jeder kann eine solche Tat begehen, sondern nur derjenige, der diese besonderen, gesetzlich festgelegten Eigenschaften aufweist. Eine Untreue kann daher bspw nur von demjenigen begangen werden, dem selbst die Befugnis eingeräumt ist, über fremdes Vermögen zu verfügen oder einen anderen zu verpflichten (Machthaber). Für die Strafbarkeit wegen Abgabenhinterziehung ist es notwendig, dass den Täter eine abgabenrechtliche Pflicht trifft oder er die abgabenrechtlichen Verpflichtungen eines anderen wahrnimmt. Diese Beschränkung des Tatbestands auf bestimmte qualifizierte Täter (sog Intranei) schließt es aber nicht aus, dass sich auch Personen, die nicht diese besonderen Tätereigenschaften aufweisen (Extranei), an solchen Sonderdelikten beteiligen, sofern diese besonderen Eigenschaften und Verhältnisse das Unrecht des Täters betreffen (§ 14 Abs 1 Satz 1 StGB). Davon ist bei den hier interessierenden Wirtschaftsdelikten auszugehen.

Unter den Sonderdelikten ist die spezielle Gruppe der sog Sonderpflichtde- **19** likte zu beachten. Dabei handelt es sich um Sonderdelikte, die auf der objektiven

---

10 *Fuchs,* AT I[8] Kap 33 Rz 30 und 41; *Jaufer/Gärtner,* Aufsichtsrataktuell 2008, H 4, 8; *Kienapfel/Höpfel/Kert,* AT[14] E 4 Rz 32 ff und E 5 Rz 30 ff.

11 Vgl OGH 30.06.1986, 10 Os 76/85 = RZ 1987/4 mit Anm *Kienapfel;* OGH 23.12.2010, 14 Os 143/09z = SSt 2010/78.

Unrechtsebene durch den Missbrauch einer besonderen Pflichtenstellung gekennzeichnet sind und insoweit ein bestimmtes (objektiv) pflichtwidriges Verhalten des Pflichtigen (Intraneus) voraussetzen. Damit sind alle Tatbestände gemeint, in denen der Qualifizierte mit einer bestimmten inneren Einstellung, also einer bestimmten Vorsatzform, handeln muss. Ein solches – hier interessierendes – Sonderpflichtdelikt ist die Untreue (§ 153 StGB).

20 § 14 Abs 1 StGB beinhaltet eine spezielle Regelung für Sonderpflichtdelikte. Das Gesetz fordert für die Beteiligung an derartigen Delikten, dass der Qualifizierte (der Befugnisträger) seine Befugnis nicht nur objektiv pflichtwidrig ausübt, sondern in spezieller Weise mitwirkt (§ 14 Abs 1 2. Satz 2. Fall StGB). Die Rsp verlangt daher für die Strafbarkeit eines Extraneus, dass der Machthaber bei der Untreue (oder beim Amtsmissbrauch) durch internes Überschreiten der ihm eingeräumten Vertretungsmacht seine Befugnis vorsätzlich „missbraucht".[12] Dies ist die Grundvoraussetzung für eine Bestrafung des extranen Beteiligten (etwa wegen Untreue). Der auf den Missbrauch bezogene Vorsatz ist vom allgemeinen wie von dem durch § 153 spezifizierten Vorsatzerfordernis (Wissentlichkeit) unabhängig. Nicht relevant ist für das Unrecht der Tat und damit für die Strafbarkeit des extranen Beteiligten hingegen, ob der Intraneus mit Schädigungsvorsatz handelt.

21 Damit ein Aufsichtsratsmitglied wegen einer vom Vorstand als unmittelbarer Täter begangenen Untreue strafrechtlich verantwortlich wird, ist daher vorausgesetzt, dass das Vorstandsmitglied, das seine Befugnis missbraucht, dies zumindest eventualvorsätzlich tut. Erkennt dieses aber überhaupt nicht, dass das Verhalten einen Befugnismissbrauch darstellt, scheidet auch eine Strafbarkeit für das beteiligte Aufsichtsratsmitglied aus.

D. Beispiel: Riskante Investition

22 Der Vorstand möchte in ein höchst riskantes Geschäftsprojekt investieren, das aufgrund der hohen Risikostufe internen Compliance-Regeln entsprechend nicht zulässig wäre. Die Vorstandsmitglieder sind sich dieser Unzulässigkeit auch bewusst. Ein Aufsichtsrat mit Erfahrung in diesem Geschäftsbereich wird beratend in die Überlegungen miteinbezogen. Das Aufsichtsratsmitglied ist sich des unverhältnismäßig großen Risikos sicher und weiß auch, dass die Durchführung dieses Geschäfts aufgrund der unternehmensinternen Richtlinien unzulässig wäre. Es hält auch den Eintritt eines Vermögensschadens ernstlich für möglich. Dennoch rät es dem Vorstand zur Durchführung des Plans und zur Umsetzung des Geschäfts, durch das das Unternehmen geschädigt wird.

23 Durch die Beratung des Vorstandes leistet das Aufsichtsratsmitglied einen Beitrag zur Untreue (§§ 12 3. Fall, 14, 153 StGB). In der Beratung liegt ein psychischer Beitrag, weil dadurch der Vorstand in seinem Beschluss bestärkt wird. Das Aufsichtsratsmitglied ist sich auch bewusst, dass damit gegen interne Regeln verstoßen wird. Den Eintritt eines Vermögensschadens hält es zudem ernstlich für möglich und findet sich damit ab, indem es zur Umsetzung des Geschäfts rät. Der

[12] OGH 06.10.1987, 15 Os 131/87 = SSt 58/74; OGH 01.08.1989, 15 Os 34/89 = JBl 1990, 331; OGH 25.04.2002, 15 Os 16/02 = JBl 2003, 330 mit krit Anm *Sautner;* siehe auch FN 90.

Vorstand (als Intraneus) weiß um die Unzulässigkeit des Geschäfts. Da der Vorstand bereits den Tatentschluss gefasst hatte, ist das Aufsichtsratsmitglied nicht Bestimmungstäter, sondern leistet einen (psychischen) Beitrag. Würden die Vorstandsmitglieder nicht erkennen, dass sie ihre Befugnis missbrauchen, würde auch eine Bestrafung des Aufsichtsratsmitglieds ausscheiden.

III. Strafbarkeit des Versuchs

Tritt kein Erfolg – etwa in Form eines Vermögensschadens beim Betrug oder der Untreue – ein, so schließt dies die Strafbarkeit nicht aus. Das Delikt ist zwar in diesem Fall nicht vollendet. Jedoch ist auch die versuchte Begehung eines Vorsatzdelikts (§ 15 StGB) strafbar. Von einem Versuch spricht man, wenn der Täter zwar den objektiven Tatbestand nicht zur Gänze erfüllt, etwa weil kein Schaden eintritt, der Täter aber den Vorsatz hat, die Tat zu vollenden. Grundsätzlich gelten die Versuchsregeln auch für den Bestimmungs- und Beitragstäter. Daher ist auch ein Aufsichtsratsmitglied strafbar, das den Vorstand zur Begehung einer strafbaren Handlung bestimmt, der Vorstand dieses Ansinnen aber ablehnt oder es aus anderen Gründen nicht zur Vollendung der Straftat kommt. Auch wenn ein Beitrag zu einem Versuch des unmittelbaren Täters geleistet wird, führt dies zu einer Strafbarkeit. Hingegen ist nicht strafbar, wer bloß einen Beitrag zu leisten versucht, also sich vergeblich bemüht, einen anderen bei der Vorbereitung oder Ausführung der Tat zu unterstützen, ohne dass dieser überhaupt eine Straftat versucht.[13] 24

IV. Strafrechtliche Verantwortlichkeit von Mitgliedern eines Kollegialorgans

A. Allgemeines

Der Aufsichtsrat setzt sich aus drei oder mehr natürlichen Personen (§ 86 Abs 1 AktG) zusammen und trägt gemeinsam die Verantwortung für wirtschaftliche Entscheidungen. Wie ist die Strafbarkeit der einzelnen Mitglieder des **Kollegialorgans** Aufsichtsrat zu beurteilen, wenn der (unmittelbare) Täter aufgrund eines Beschlusses dieses Gremiums gehandelt hat? Hier sind zwei Konstellationen denkbar: Erfolgt der Beschluss einstimmig durch alle Aufsichtsratsmitglieder und wird der unmittelbare Täter aufgrund dessen tätig, sind die Aufsichtsratsmitglieder grundsätzlich dafür strafrechtlich verantwortlich. Sie können sich nicht damit rechtfertigen oder entschuldigen, dass es sich um einen Beschluss des Kollektivs handelte. Je nach ihrer Rolle im konkreten Fall sind sie als unmittelbare, Bestimmungs- oder Beitragstäter zu bestrafen. 25

Wie ist die strafrechtliche Verantwortlichkeit bei einem **Mehrheitsbeschluss** zu beurteilen, wenn ein Mitglied des Aufsichtsrats gegen einen Antrag, dessen Ausführung die Voraussetzungen einer mit Strafe bedrohten Handlung erfüllt, gestimmt hat, aber überstimmt wurde? Wird das überstimmte Mitglied aufgrund des Mehrheitsbeschlusses tätig und führt es den Beschluss aus, ist es als unmittelbarer Täter zu bestrafen, unabhängig davon, ob es bei der Abstimmung im Kollegialor- 26

[13] *Kienapfel/Höpfel/Kert,* AT[14] E 6 Rz 35.

gan überstimmt wurde. Wird es selbst nicht aufgrund des Beschlusses aktiv, weil es aufgrund der Aufgabenteilung im Aufsichtsrat nicht dafür zuständig ist, trifft es in der Regel dennoch eine Pflicht, aktiv zu werden und etwas zur Verhinderung des rechtswidrigen Handelns zu unternehmen.[14] Lässt es das Aufsichtsratsmitglied daher einfach dabei bewenden, kann es sich sogar strafbar machen, wenn es im Aufsichtsrat gegen dieses Vorgehen gestimmt hat.

27 Hegt daher ein Aufsichtsratsmitglied Bedenken gegen ein bestimmtes Vorgehen des Gremiums, hat es in der Regel die Ausführung der strafbaren Handlung zu verhindern.[15] Andernfalls ist es auch für die (versuchte oder vollendete) Straftat strafrechtlich verantwortlich. Allein der Umstand, dass es bestimmte Beschlüsse nicht mitgetragen hat, befreit nicht von der Strafbarkeit.[16]

28 Das Mitglied des Aufsichtsrats teilt dessen Garantenstellung: Daher ist es zum einem Obhutsgarant zum Schutz der Rechtsgüter der Gesellschaft, zum anderen ein sog Überwachungsgarant, der Dritte vor Straftaten zu schützen hat, die aus der Gesellschaft heraus begangen werden. Diese Garantenstellung ergibt sich teils aus dem Gesetz, teils aus einer freiwilligen Pflichtenübernahme.[17] Das Aufsichtsratsmitglied hat daher auch nach der Stimmabgabe seinen Pflichten nachzukommen und aktiv zu werden. Erkennt es, dass in der Gesellschaft strafbare Handlungen geplant oder begangen werden, muss es einschreiten. Unterlässt es dies, kommt über die Nicht-Verhinderung der mit Strafe bedrohten Handlung (§ 286 StGB) hinaus eine Bestrafung wegen der Beteiligung an der Begehung des nicht verhinderten Delikts durch Unterlassen (§ 2 StGB) in Betracht.

B. Beispiel: Großkredit

29 Der Aufsichtsrat einer Bank gibt dem Vorstand mit Mehrheitsbeschluss die Zustimmung zur Vergabe eines Großkredits, obwohl die unternehmensintern festgelegten Voraussetzungen für die Vergabe solcher Kredite offenkundig nicht eingehalten werden. Jene Aufsichtsratsmitglieder, die dagegen gestimmt haben, dürfen es nicht bei der ablehnenden Stimme bewenden lassen, sondern sie trifft die Pflicht, die Vergabe des Kredits zu stoppen. Andernfalls kann eine Strafbarkeit wegen Beteiligung an der Untreue (§ 153 StGB) durch Unterlassen drohen.

V. Begehung durch Unterlassen

30 Eine Strafbarkeit kann nicht nur durch aktives Tun, sondern auch durch Unterlassen ausgelöst werden.[18] Voraussetzung dafür ist das Nicht-Setzen einer Handlung, obwohl eine entsprechende Handlungspflicht besteht. Unterlassen bedeutet daher immer, dass eine Handlung trotz Verpflichtung nicht vorgenommen wird. Daher liegt auch ein Unterlassen vor, wenn der Täter anders handelt, als ihm geboten ist.

---

14 *Tipold* in Ratka/Rauter 237; *Kert* in Kodek/Kert Rz 62 ff; OGH 13.06.2006, 11 Os 52/05i = JBl 2007, 333.

15 *Langer,* Strafbestimmungen 100.

16 OGH 13.06.2006, 11 Os 52/05i = JBl 2007, 333.

17 Vgl dazu *Hilf* in WK^2 StGB § 2 Rz 89.

18 Vgl *Jaufer/Gärtner,* Aufsichtsrataktuell 2008, H 4, 8.

31 Eine Begehung durch **Unterlassen** ist nicht nur strafbar, wenn das Gesetz die Nichtvornahme eines gebotenen Tuns explizit mit Strafe bedroht (etwa das Unterlassen der Verhinderung einer mit Strafe bedrohten Handlung). Vielmehr kann nach § 2 StGB jedes Erfolgsdelikt auch durch Unterlassen begangen werden (unechte Unterlassungsdelikte).[19] Hierfür muss eine pflichtbegründende Situation vorliegen und das gebotene Tun unterlassen werden, obwohl eine objektive Möglichkeit zum Aktivwerden besteht. Bei unechten Unterlassungsdelikten muss den Täter eine spezifische rechtliche Pflicht (Garantenpflicht) treffen, einen strafrechtlich relevanten Erfolg (zB einen Vermögensschaden) abzuwenden. Eine solche Pflicht kann sich aus einer Rechtsvorschrift, aus freiwilliger Pflichtenübernahme, Gefahrengemeinschaft oder gefahrbegründendem Vorverhalten (Ingerenz) ergeben.[20]

32 Bei juristischen Personen trifft die Garantenstellung nicht die juristische Person (zB die AG) selbst, sondern die einzelnen Organmitglieder **ad personam**.[21] Mit der Stellung als Aufsichtsratsmitglied geht eine Obhutsgarantenstellung einher, die teils aus dem Gesetz, teils aus freiwilliger Pflichtenübernahme folgt. Sie beinhaltet den Schutz der Rechtsgüter (vorwiegend des Vermögens) der Gesellschaft.[22] Den Aufsichtsrat treffen aber auch Überwachungsgarantenpflichten, Verkehrssicherungspflichten bzw ausnahmsweise Beaufsichtigungspflichten gegenüber unterstellten Mitarbeitern, mit dem Ziel, Dritte vor Straftaten zu schützen, die aus der Gesellschaft heraus begangen werden.[23] Ob tatsächlich eine Garantenstellung des Aufsichtsrats und damit seiner Mitglieder besteht, ist jeweils im Einzelfall zu prüfen. Dabei kann es sich als schwierig erweisen, das Bestehen und die Reichweite dieser Pflichten festzustellen, weil keine abschließende gesetzliche Definition der Einschreitpflichten des Aufsichtsrats existiert.[24]

33 Hat der Aufsichtsrat eine **Garantenpflicht**, so ist auch eine Beitragstäterschaft seiner Mitglieder durch Unterlassen möglich. Muss der Aufsichtsrat daher gegen den Abschluss eines Geschäftes einschreiten, bleibt er aber untätig, obwohl er um die wirtschaftlich unvertretbaren Geschäfte des Vorstands weiß und ihn eine Pflicht dagegen vorzugehen trifft, kann er sich wegen eines Beitrags zur Untreue durch Unterlassen strafbar machen. Eine weitere Voraussetzung der Strafbarkeit nach § 2 StGB ist, dass das Unterlassen der Erfolgsabwendung einer Begehung durch aktives Tun gleichzuhalten ist (Gleichwertigkeitskorrektiv).

---

19 Die Strafbarkeit unechter Unterlassungsdelikte ist in § 2 StGB geregelt.

20 Ausführlich zu den Entstehungsgründen *Hilf* in WK² StGB § 2 Rz 84 ff; *Kienapfel/Höpfel/Kert*, AT I¹⁴ Z 30 Rz 6 ff; vgl auch *Fuchs*, AT I⁸ Kap 37 Rz 45.

21 OGH 17.05.1983, 12 Os 121/82 = JBl 1983, 545 mit Anm *Liebscher*; OGH 05.03.2002, 11 Os 172/01; *Hilf* in WK² StGB § 2 Rz 123; *Kienapfel/Höpfel/Kert*, AT¹⁴ Z 30 Rz 5.

22 OGH 17.05.1983, 12 Os 121/82 = JBl 1983, 545 mit Anm *Liebscher*; *Fuchs*, AT I⁸ Kap 37 Rz 49; *Hilf* in WK² StGB § 2 Rz 89; *E. Steininger* in SbgK § 2 Rz 54 f; vgl auch *Kühteubl*, DRdA 2012, 245.

23 *Hilf* in WK² StGB § 2 Rz 89.

24 *Brandstetter/Hauss* in Kalss/Kunz (Voraufl) Kap 35 Rz 9.

VI. Verbandsverantwortlichkeit

A. Allgemeines

34 Nicht nur das Aufsichtsratsmitglied kann eine strafrechtliche Verantwortlichkeit treffen, sondern das Verhalten des Aufsichtsratsmitglieds kann mitunter auch eine Verantwortlichkeit der Gesellschaft auslösen. Eine solche Verantwortlichkeit kommt nur bei Verbänden iSd VbVG in Betracht. Als Verbände gelten gem § 1 Abs 2 VbVG juristische Personen sowie eingetragene Personengesellschaften und Europäische wirtschaftliche Interessenvereinigungen. Es sind damit grundsätzlich alle juristischen Personen – sowohl des Privatrechts als auch des öffentlichen Rechts – erfasst. Darunter fallen ua Kapitalgesellschaften (AG, GmbH), Genossenschaften, Sparkassen oder Versicherungsvereine auf Gegenseitigkeit. Das Gesetz erfasst nicht nur inländische, sondern auch ausländische Unternehmen und Gesellschaften, sofern die Voraussetzungen des Strafanwendungsrechts vorliegen.[25] Nicht unter die Definition fallen Unternehmenszusammenschlüsse wie Konzerne, welche als solche keine juristischen Personen sind.[26] Der Aufsichtsrat gilt nicht als Verband und wird daher nicht selbst als Kollegialorgan verantwortlich. Vielmehr können Taten, die von Mitgliedern des Aufsichtsrats begangen werden, die strafrechtliche Verantwortlichkeit der Gesellschaft begründen.

B. Vorliegen einer Anknüpfungstat

35 Voraussetzung für die strafrechtliche Verantwortlichkeit des Verbands ist eine Anknüpfungstat. Das Gesetz differenziert zwischen zwei Fällen, die zur Verbandsverantwortlichkeit führen: Zum einen kann daran angeknüpft werden, dass ein Entscheidungsträger eine Straftat begeht, zum anderen daran, dass Mitarbeiter eine Straftat begangen haben und die Begehung der Tat dadurch ermöglicht oder wesentlich erleichtert wurde, dass Entscheidungsträger die nach den Umständen gebotene und zumutbare Sorgfalt außer Acht gelassen haben. In beiden Fällen muss die Tat entweder zugunsten des Verbands begangen worden sein oder es müssen durch die Tat Pflichten verletzt worden sein, die den Verband treffen. Bei der Verbandsverantwortlichkeit handelt es sich somit um eine strafrechtliche Haftung der Verbände aus dem Handeln ihrer Entscheidungsträger oder Mitarbeiter.

C. Verantwortlichkeit aus der Tat eines Entscheidungsträgers (§ 3 Abs 2 VbVG)

36 Im ersten Fall wird die Verantwortlichkeit durch eine tatbestandsmäßige, rechtswidrige und schuldhafte Tatbegehung eines Entscheidungsträgers ausgelöst (§ 3 Abs 2 VbVG). Entscheidungsträger sind gem § 2 Abs 1 VbVG neben außenvertretungsbefugten Personen wie zB Geschäftsführern, Vorstandsmitgliedern oder Prokuristen auch Mitglieder des Aufsichtsrats oder Personen, die sonst Kontrolle in leitender Stellung ausüben.[27] Der Entscheidungsträger muss die Tat „als

---

[25] Siehe § 12 Abs 2 VbVG; *Paulitsch,* ecolex 2010, 459.

[26] Ausführlich dazu *Kert* in Vavrovsky 145 f; *Hilf/Zeder* in WK^2 VbVG § 1 Rz 30.

[27] *Hilf/Zeder* in WK^2 VbVG § 2 Rz 14.

solcher" begehen, dh in Ausübung seiner Funktion als Aufsichtsratsmitglied.[28] Der Verband muss sich jedes Verhalten zurechnen lassen, das einer Aufgabe eines Entscheidungsträgers entspricht. Es ist somit nicht entscheidend, ob der Entscheidungsträger innerhalb seines intern festgelegten Aufgabenbereiches tätig geworden ist. Ob der Verband für ein Vorsatz- oder Fahrlässigkeitsdelikt verantwortlich gemacht wird, hängt davon ab, ob der Entscheidungsträger ein Vorsatz- oder Fahrlässigkeitsdelikt begangen hat.

D. Verantwortlichkeit aus der Tat von Mitarbeitern (§ 3 Abs 3 VbVG)

Im zweiten Fall der Verbandsverantwortlichkeit begründen Straftaten von Mitarbeitern die Verantwortlichkeit des Verbandes. Dafür ist nicht nur Voraussetzung, dass Mitarbeiter tatbestandsmäßig und rechtswidrig eine Tat begehen[29], sondern auch, dass die Tatbegehung dadurch ermöglicht oder wesentlich erleichtert wurde, dass Entscheidungsträger die nach den Umständen gebotene und zumutbare Sorgfalt außer Acht gelassen haben. Die Entscheidungsträger des Verbandes müssen somit objektiv sorgfaltswidrig gehandelt haben. Exemplarisch nennt das Gesetz insb Sorgfaltsverstöße, die in einem Unterlassen von wesentlichen technischen, organisatorischen oder personellen Maßnahmen zur Verhinderung solcher Taten bestehen. Als Pflichten kommen zB Erkundigungspflichten, die Schaffung klarer innerbetrieblicher Organisationsstrukturen, die Einrichtung und regelmäßige Überprüfung geeigneter interner Kontrollsysteme mit entsprechenden Dokumentationen sowie die Übertragung von Aufgaben an entsprechend gut ausgebildete und umsichtige Personen in Betracht. Es muss genau dieser Sorgfaltsverstoß des Entscheidungsträgers die Straftat des Mitarbeiters ermöglicht oder wesentlich erleichtert haben. Der Sorgfaltsverstoß der Entscheidungsträger muss in irgendeiner Art und Weise die Tat des Mitarbeiters gefördert haben, es ist aber nicht notwendig, dass bei Einhaltung der gebotenen Sorgfalt die Tat verhindert hätte werden können.[30] Ermöglicht oder wesentlich erleichtert hat ein Sorgfaltsverstoß der Entscheidungsträger die Tatbegehung schon dann, wenn es aufgrund mangelnder Überwachung oder fehlerhafter Personalentscheidungen erleichtert wurde, dass Mitarbeiter Straftaten begehen. 37

E. Zurechnungskriterien (§ 3 Abs 1 VbVG)

Für die Begründung einer strafrechtlichen Verantwortlichkeit des Verbandes ist neben der Existenz der Anknüpfungstat gefordert, dass diese in der Interessen- und Einflusssphäre des Verbandes begangen wird. Die Anknüpfungstat muss entweder zugunsten des Verbandes begangen werden oder durch sie müssen Pflichten verletzt werden, die den Verband treffen (§ 3 Abs 2 VbVG). 38

Die Tat ist dann zugunsten des Verbandes begangen worden, wenn der Verband aus der Straftat einen Vorteil hat. Dieser Vorteil kann finanzieller oder auch imma- 39

[28] *Hilf,* Verbandsverantwortlichkeitsgesetz 46; *dies/Zeder* in WK² VbVG § 3 Rz 29.

[29] Ausführlich dazu *Hilf/Zeder* in WK² VbVG § 3 Rz 34 ff.

[30] Vgl *E. Steininger,* VbVG § 3 Rz 81; *Hilf/Zeder* in WK² VbVG § 3 Rz 44 ff.

terieller Art sein.[31] Die Tat ist jedenfalls dann zugunsten des Verbandes begangen, wenn der Verband durch sie bereichert wurde oder bereichert hätte werden sollen bzw wenn er sich durch sie einen Aufwand erspart hat.

40 Ist die Tat nicht zugunsten des Verbandes erfolgt, kann dieser dennoch verantwortlich sein, wenn durch die Tat Pflichten verletzt worden sind, die den Verband treffen. Diese Pflichten ergeben sich im Einzelnen aus dem Tätigkeitsbereich des Verbandes. Durch die Bestimmungen des VbVG wurden keine neuen Pflichten geschaffen. Keinesfalls trifft den Verband eine allgemeine Pflicht zur Verhinderung von Straftaten.

F. Verbandsgeldbußen

41 Als Sanktionen normiert das VbVG Verbandsgeldbußen, für deren Bemessung ein Tagessatzsystem vergleichbar mit jenem im Individualstrafrecht vorgesehen ist.[32] Ein Tagessatz ist der Betrag, der dem 360. Teil des Jahresertrages entspricht oder diesen um höchstens ein Drittel über- oder unterschreitet. Für die Höhe des Tagessatzes sind eine Untergrenze von 50 Euro und eine Obergrenze von 10.000 Euro vorgesehen. Das bedeutet, dass die höchstmögliche Verbandsgeldbuße im allgemeinen Strafrecht 1,8 Millionen Euro beträgt.[33]

42 Die strafrechtliche Verantwortlichkeit des Verbandes schließt nicht die Bestrafung jener natürlichen Personen aus, deren Verhalten die Verbandsverantwortlichkeit ausgelöst hat. Daher ist auch ein Aufsichtsratsmitglied, dessen Verhalten zu einer strafrechtlichen Verantwortlichkeit der Gesellschaft geführt hat, neben der Gesellschaft strafbar (§ 3 Abs 4 VbVG).

VII. Ausgewählte Delikte, die zu einer strafrechtlichen Verantwortlichkeit führen können

A. Betrug

1. Allgemeine Ausführungen

43 Der Betrug (§ 146 StGB) gilt als zentrales wirtschaftsstrafrechtliches Delikt. Nach dieser Bestimmung macht sich strafbar, wer mit dem Vorsatz, sich oder einen Dritten unrechtmäßig zu bereichern, jemanden durch Täuschung über Tatsachen zu einer Handlung, Duldung oder Unterlassung verleitet, die diesen oder einen anderen am Vermögen schädigt. Der objektive Tatbestand des Betrugs verlangt somit eine Täuschungshandlung, die beim Getäuschten einen themenglei-

[31] *Kert* in Leitner 20; *Boller,* strafrechtliche Verantwortlichkeit 159; aA *E. Steininger,* VbVG § 3 Rz 7. *Hilf/Zeder* in WK² VbVG § 3 Rz 8 verlangen einen wirtschaftlichen Vorteil, der auch in der Verbesserung der Wettbewerbsposition liegen kann.

[32] Siehe dazu *Maleczky,* JAP 2005/2006, 140.

[33] Ein davon abweichendes Sanktionensystem ist im Finanzstrafrecht vorgesehen. Dort richtet sich die Höhe der Verbandsgeldbuße iSd Finanzstrafgesetzes nach dem strafbestimmenden Wertbetrag, der sich aus dem Verkürzungsbetrag oder dem entfallenen Abgabenbetrag ergibt. Es gibt daher im Finanzstrafrecht idR keine betragsmäßige Höchstgrenze für die Verbandsgeldbuße. Ausführlich dazu *Kert* in Leitner 32 f.

chen Irrtum hervorruft. Dieser Irrtum veranlasst den Getäuschten wiederum zu einer Vermögensverfügung, durch die sein Vermögen oder das Vermögen eines Dritten geschädigt wird. Zwischen den objektiven Tatbestandselementen muss ein Kausalzusammenhang bestehen.[34] Mit Eintritt des Vermögensschadens ist das Delikt vollendet.

Eine **Täuschungshandlung** stellt jedes Verhalten dar, das dazu bestimmt und geeignet ist, bei einem anderen einen Irrtum über Tatsachen hervorzurufen oder aufrechtzuerhalten.[35] Hierbei kann nur eine Täuschung über Tatsachen, somit über Umstände (Geschehnisse oder Begebenheiten), die in der Vergangenheit oder Gegenwart liegen und objektiv beweisbar sind, einen Betrug begründen.[36] Die Täuschung kann ausdrücklich oder konkludent durch aktives Tun, aber auch durch Unterlassen erfolgen. Verkehrsadäquate Täuschungen wie reklamehafte, marktschreierische Anpreisungen und allgemeine Redewendungen – zB zu künftigen geschäftlichen Entwicklungen – stellen meistens reine Meinungsäußerungen dar, denen eine beweisbare Tatsachengrundlage fehlt.[37] **44**

Beim **Betrug** handelt es sich um ein sog Selbstschädigungsdelikt. Der Täter verursacht beim Getäuschten zwar den Irrtum, der Getäuschte selbst führt jedoch durch sein Handeln, Dulden oder Unterlassen (Vermögensverfügung) den Vermögensschaden bei sich oder einem Dritten herbei.[38] Beim Getäuschten und Verfügenden muss eine Personenidentität vorliegen, nicht aber beim Getäuschten und Geschädigten.[39] Die Verfügung über das Vermögen muss unmittelbare Folge der Täuschung bzw des Irrtums sein. An der Kausalität mangelt es, wenn das alleinige Motiv für die Vermögensverfügung ein anderes war als der durch den Täter herbeigeführte Irrtum.[40] **45**

Schließlich setzt der Betrug zur Deliktsvollendung den **Eintritt eines Vermögensschadens** voraus. Unerheblich bleibt, ob dieser beim Getäuschten oder einem Dritten eintritt. Auch eine juristische Person kann geschädigt werden, obwohl sie niemals getäuscht werden kann. Als Vermögensschaden wird der effektive Verlust an Vermögenssubstanz verstanden.[41] Ein solcher tritt ein, wenn sich die Vermögenslage des Opfers nach der Tat aus wirtschaftlicher Sicht als ungünstiger als zuvor erweist.[42] Das heißt, der Wert der Aktiva muss verringert werden oder es müssen neue Verbindlichkeiten entstehen, ohne dass die Vermögensminderung durch einen unmittelbaren Zuwachs gänzlich kompensiert wird. Den Schaden bildet die **46**

---

[34] *Kert* in SbgK § 146 Rz 37 und 288 ff; *Kirchbacher* in WK² StGB § 146 Rz 55.

[35] *Kienapfel/Schmoller,* BT II § 146 Rz 32; *Kert* in SbgK § 146 Rz 38.

[36] Siehe *Kert* in SbgK § 146 Rz 44 ff; *Kienapfel/Schmoller,* BT II § 146 Rz 36; *Kirchbacher* in WK² StGB § 146 Rz 31; *Tiedemann* in LK¹² § 263 Rz 10.

[37] OGH 03.11.1983, 13 Os 167/83; *Kert* in SbgK § 146 Rz 57.

[38] *Kert* in SbgK § 146 Rz 266.

[39] *Kienapfel/Schmoller,* BT II § 146 Rz 13; *Kert* in SbgK § 146 Rz 266.

[40] *Kert* in SbgK § 146 Rz 288.

[41] OGH 25.08.2011, 11 Os 68/11a = EvBl 2011/160; *Birklbauer/Hilf/Tipold*, BT I³ §§ 146 ff Rz 23 und 27; *Kert* in SbgK § 146 Rz 266; *Kienapfel/Schmoller*, BT II § 146 Rz 146; *Kirchbacher* in WK² StGB § 146 Rz 66.

[42] Vgl OGH 28.06.2000, 14 Os 107/99 = JBl 2001, 198.

Differenz, um die sich der wirtschaftliche Wert des Gesamtvermögens auf Grund des Verhaltens des Getäuschten reduziert hat (sog Differenzschaden).[43]

47 Alle objektiven Tatbestandsmerkmale müssen auf der subjektiven Tatseite vom Vorsatz (§ 5 Abs 1 StGB) umfasst sein (Täuschungs- und Schädigungsvorsatz). Darüber hinaus muss ein erweiterter Vorsatz vorliegen, sich oder einen Dritten unrechtmäßig zu bereichern (Bereicherungsvorsatz).[44] In all diesen Fällen genügt Eventualvorsatz.

48 Die Begehung des Grunddelikts bedroht § 146 StGB mit einer Strafdrohung von bis zu sechs Monaten Freiheitsstrafe. Das Gesetz sieht in § 147 StGB eine Reihe von Qualifikationen vor, wenn der Betrug unter bestimmten Tatmodalitäten (zB unter Verwendung einer falschen oder gefälschten Urkunde oder eines falschen Beweismittels) begangen wird oder der Schaden 5.000 € bzw 300.000 € übersteigt. Der „schwere Betrug" nach § 147 StGB ist mit Freiheitsstrafe von bis zu drei Jahren bzw von einem bis zu zehn Jahren bedroht. § 148 StGB sieht für die gewerbsmäßige Begehung (§ 70 StGB) des Betrugs Freiheitsstrafen von bis zu drei Jahren bzw von sechs Monaten bis zu fünf Jahren vor.

49 Damit ein Aufsichtsratsmitglied als unmittelbarer Täter wegen Betrugs strafbar sein kann, muss es selbst eine Täuschungshandlung setzen, die einen anderen zu einer Vermögensverfügung veranlasst. In erster Linie ist an Fälle zu denken, in denen der Aufsichtsrat die Gesellschaft nach außen vertritt.

2. Beispiele: Verkaufsgeschäfte

50 Der Vorstand der A-Gesellschaft plant den Verkauf der A-Gesellschaft, die aufgrund großer Verluste durch Finanzgeschäfte in wirtschaftlichen Schwierigkeiten steckt und praktisch wertlos ist, an die B-Gesellschaft. Er nimmt daher Falschbewertungen vor, um die Lage der A-Gesellschaft in der Bilanz und den Berichten besser darzustellen, als sie tatsächlich ist. Der Aufsichtsrat, der dem Geschäft nach § 95 Abs 5 AktG zustimmen muss, weiß um die schlechte wirtschaftliche Lage der Gesellschaft und unterstützt den Vorstand bei der Abwicklung des Geschäfts, indem er im Wissen um die Falschbewertung dem Geschäft zustimmt. Damit beteiligt sich der Aufsichtsrat – zumindest durch einen psychischen Beitrag – am Betrug.

51 Auch ein Betrug durch Unterlassen ist möglich, wie folgendes Beispiel illustriert: In einem Emissionsprospekt für Fonds-Anteile werden entscheidende Umstände – etwa über das Sicherheitskonzept oder die Veranlagungsart – falsch angegeben und damit die Anleger getäuscht, die bei Wissen um die wahren Umstände niemals Fonds-Anteile erworben hätten. Der Aufsichtsrat weiß um die falschen Angaben im Prospekt. Nach § 95 Abs 1 AktG hat der Aufsichtsrat die Gesellschaft zu überwachen. Dabei hat er zwar primär die Gesellschaftsinteressen zu wahren, aber auch die Interessen der Öffentlichkeit müssen berücksichtigt wer-

[43] OGH 03.02.1977, 12 Os 173/76 = RZ 1977/47; OGH 28.05.2002, 14 Os 11/02; *Kienapfel/Schmoller*, BT II § 146 Rz 146.

[44] *Kert* in SbgK § 146 Rz 333 ff; *Kienapfel/Schmoller*, BT II § 146 Rz 214 ff; *Kirchbacher* in WK² StGB § 146 Rz 118 ff; *Leukauf/H. Steininger,* StGB³ § 146 Rz 51.

den. Das Gesellschaftsinteresse rechtfertigt keinesfalls ein rechtswidriges Verhalten.[45] Dient die Kontrolltätigkeit des Aufsichtsrats auch dem Schutz Dritter, ergibt sich aus § 95 Abs 1 AktG eine strafrechtliche Garantenpflicht, eine systematische Schädigung von Kunden der Gesellschaft durch Betrug zu verhindern, wenn der Aufsichtsrat die strafrechtswidrigen Aktivitäten kennt. Daher kommt eine Strafbarkeit der Aufsichtsratsmitglieder wegen des Beitrags zum Betrug durch Unterlassen (und allenfalls nach § 15 KMG) in Betracht.[46]

Die **Initiative** für betrügerisches Handeln kann aber durchaus auch vom Auf- **52**
sichtsrat selbst ausgehen. Ein Aufsichtsratsmitglied regt etwa beim Vorstand an, qualitativ minderwertige Produkte herzustellen und als qualitativ hochwertig zu verkaufen. Der Vorstand folgt diesem Vorschlag. Indem ein qualitativ minderwertiges Produkt zu einem überhöhten Preis veräußert wird, tritt ein Schaden bei den Käufern ein. Das Aufsichtsratsmitglied ist Bestimmungstäter zum Betrug.

An Betrug könnte auch gedacht werden, wenn der Aufsichtsrat (allenfalls im **53**
Zusammenwirken mit dem Vorstand) die Hauptversammlung bewusst **unrichtig** oder unvollständig **informiert**, damit diese einen Beschluss fasst, der die Organe zu einer die Gesellschaft schädigenden Vertretungshandlung ermächtigt. In diesem Fall tritt die Strafbarkeit wegen Betrugs aber hinter jene wegen Untreue zurück.[47]

B. Untreue

1. Allgemeine Ausführungen

In der medialen Berichterstattung wird Verfahren wegen des Delikts der Un- **54**
treue im gesellschaftsrechtlichen Kontext seit einiger Zeit ein breiter Raum eingeräumt. Auch in der Fachliteratur entfachte in den letzten Jahren, insb aufgrund einiger aufsehenerregender höchstgerichtlicher Entscheidungen, eine rege Diskussion.[48] Aufgrund eines Initiativantrags[49] wurde § 153 StGB schließlich durch das StRÄG 2015 teilweise reformiert.[50] Obwohl die erhöhte Aufmerksamkeit, die der Untreue in den letzten Jahren zuteil geworden ist, eine intensivere Anwendung des § 153 StGB durch die Gerichte suggerieren könnte, offenbart die gerichtliche Kriminalstatistik, dass in den letzten zehn Jahren insgesamt eine konstant niedrige Verurteilungszahl vorgelegen und ein Anstieg nicht erkennbar ist.[51] Demnach muss das Strafbarkeitsrisiko nach § 153 StGB zwar im Auge behalten, sollte aber gleichzeitig nicht überschätzt werden.

---

45 *Nowotny* in Doralt/Nowotny/Kalss AktG § 70 Rz 16.

46 Vgl OLG Karlsruhe 04.09.2008, 4 U 26/06. Näher zum Betrug durch Unterlassen *Braun/Kahl*, ÖZW 2015, 170 ff.

47 *Kienapfel/Schmoller*, BT II § 153 RN 64.

48 Für Kritik sorgte insb das Libro-Urteil (OGH 30.01.2014, 12 Os 117/12s [12 Os 118/12p]; weitgehend auf Zustimmung sind hingegen die höchstgerichtlichen Entscheidungen Styrian-Spirit (OGH 21.08.2012, 11 Os 19/12x [11 Os 91/12k]) und Bawag (OGH 23.12.2010, 14 Os 143/09z = SSt 2010/78) gestoßen.

49 IA 1110/A BlgNR XXV. GP.

50 BGBl I 2015/112.

51 Vgl die von Statistik Austria herausgegebenen gerichtlichen Kriminalstatistiken der Jahre 2004–2014.

55 Die Untreue ist dadurch gekennzeichnet, dass dem Täter die Befugnis eingeräumt wurde, über fremdes Vermögen zu verfügen oder einen anderen zu verpflichten, der Täter diese Befugnis missbraucht und hierdurch seinem Machtgeber einen Vermögensschaden zufügt.

2. Befugnis

56 Da dem Täter eine **rechtsgeschäftliche Vertretungsmacht** zukommen muss, wird er als Machthaber bezeichnet. Bis zum StRÄG 2015 wurde im Gesetz näher spezifiziert, dass die Vertretungsmacht durch Gesetz, Rechtsgeschäft oder behördlichen Auftrag eingeräumt werden muss; nunmehr ist alleine von der Befugnis des Täters die Rede. Der Gesetzgeber hat allerdings keine inhaltliche Änderung im Sinn gehabt, sondern die Begründungsmöglichkeiten der Befugnis zum Zweck der besseren Lesbarkeit gestrichen.[52] Es ist daher davon auszugehen, dass weiter auf eine Befugniseinräumung durch Gesetz, Rechtsgeschäft oder behördlichen Auftrag abgestellt werden kann.[53]

57 Fraglich ist, wann dem Aufsichtsrat eine **Befugnis** iSd § 153 StGB zukommt. Denn dessen vorrangige Funktion liegt in der Überwachung der Tätigkeit der Geschäftsführung der Gesellschaft und nicht in der Vertretung der Gesellschaft nach außen hin. Demgemäß kann eine unmittelbare Täterschaft nur in jenen Fällen bejaht werden, in denen der Aufsichtsrat eine selbstständige Kompetenz zur außenwirksamen Vertretung der Gesellschaft aufweist.

58 Das Aufsichtsratsmitglied kann **nicht unmittelbarer Täter** der Untreue sein, wenn es seine Überwachungsbefugnis (§ 30j Abs 1 und 2 GmbHG, § 95 Abs 1 und 2 AktG) ausübt, weil hiermit noch nicht die Befugnis verbunden ist, über fremdes Vermögen zu verfügen oder einen anderen zu verpflichten. Auch im Fall von Geschäften, die nur mit Zustimmung des Aufsichtsrats vorgenommen werden dürfen (§ 30j Abs 5 GmbHG, § 95 Abs 5 AktG), kommt keine unmittelbare Täterschaft in Betracht.[54] Denn die besagten Regeln zu zustimmungspflichtigen Geschäften zeitigen nur für das Innenverhältnis Auswirkungen, konstituieren aber keine nach außen hin wirksame rechtsgeschäftliche Vertretungsmacht.[55] Gleichwohl kommt gem den §§ 12, 14 StGB grundsätzlich eine Beteiligungsstrafbarkeit der Aufsichtsratsmitglieder an Untreuehandlungen anderer Personen, insb der Geschäftsleitung, in Frage, uU auch durch Unterlassen.

59 Als **unmittelbarer Täter** kommt ein Aufsichtsratsmitglied hingegen in jenen Fällen in Betracht, in denen der Aufsichtsrat selbstständig im Außenverhältnis die Gesellschaft vertritt.[56] Dies ist bei der Aktiengesellschaft etwa nach § 97 Abs 1 AktG bei der Vornahme von Rechtsgeschäften mit Vorstandsmitgliedern und bei

52 IA 1110/A BlgNR XXV. GP 3.

53 *Birklbauer/Hilf/Tipold*, BT I³ § 153 Rz 8; *Kert/Komenda*, ÖZW 2015, 143.

54 Eingehend *Stryjak* in Hinterhofer 84 ff; vgl auch *Kienapfel/Schmoller*, BT II § 153 Rz 80; aA *Brandstetter/Hauss* in Kalss/Kunz (Voraufl) Kap 35 Rz 84.

55 *Strasser* in AktG II⁵ § 97 AktG 41; *Kalss* in Kalss/Nowotny/Schauer Kap. 3.1 Rz 3/521; *Rauter* in GmbHG § 30 j Rz 65.

56 Zu weiteren Fällen von Vertretungsmacht des Aufsichtsrats der AG siehe *Kalss* in Kalss/Nowotny/Schauer Kap 3.1 Rz 3/528 ff; *Strasser* in AktG II⁵ § 97 AktG Rz 64.

Führung der von der Hauptversammlung beschlossenen Rechtsstreitigkeiten mit dem Vorstand möglich. Auch obliegt dem Aufsichtsrat bspw gem § 75 AktG die Bestellung[57] und Abberufung der Vorstandsmitglieder, der Abschluss der Anstellungsverträge sowie diverse damit im sachlichen Konnex stehende Entscheidungen.[58] Zudem schließt der Aufsichtsrat nach § 270 UGB mit dem gewählten Prüfer den Vertrag über die Durchführung der Abschlussprüfung ab und vereinbart das Entgelt.

Differenziert ist der Fall der **Kreditvergabe** an Vorstandsmitglieder oder leitende Angestellte nach § 80 AktG zu betrachten. Wird der Kreditvertrag vom Aufsichtsrat abgeschlossen, vertritt dieser unmittelbar die Gesellschaft und die handelnden Aufsichtsratsmitglieder können sich als unmittelbare Täter des § 153 StGB strafbar machen.[59] Die bloße Zustimmung des Aufsichtsrats zu einer Kreditgewährung durch den Vorstand führt nicht zur Strafbarkeit wegen unmittelbarer, sondern höchstens wegen Beitragstäterschaft. 60

Im Vergleich zur AG sind für den Aufsichtsrat der GmbH einige gesellschaftsspezifische **Besonderheiten** zu beachten.[60] Wie bei der AG obliegt dem Aufsichtsrat der GmbH bspw gem § 30l Abs 1 GmbHG die Vertretung der Gesellschaft bei der Vornahme von Rechtsgeschäften mit den Geschäftsführern und die Führung gegen diese durch Gesellschafterbeschluss beschlossene Rechtsstreitigkeiten. Hingegen kommt dem Aufsichtsrat der GmbH keine Kompetenz zum Abschluss des Anstellungsvertrags mit den Geschäftsführern zu, da dies seitens der Gesellschafterversammlung erfolgt.[61] 61

3. Befugnismissbrauch

Ein Befugnismissbrauch liegt vor, wenn der Täter im Rahmen seines rechtlichen Könnens im Außenverhältnis eine Handlung vornimmt, diese aber im Widerspruch zum Dürfen im Innenverhältnis steht.[62] Der Machtgeber (Vertretene) wird also einem Dritten gegenüber durch eine Rechtshandlung verpflichtet, die aber nach den intern gültigen Regeln zumindest auf diese Art nicht hätte vorgenommen werden dürfen. 62

Die internen Grenzen der Befugnis können sich insb direkt aus einschlägigen Rechtsnormen (zB Gesetz oder Verordnung), behördlichen oder gerichtlichen Aufträgen, aber auch internen Weisungen und Regeln (zB intern verbindliche Compliance-Regeln) ergeben.[63] Mangelt es an einschlägigen Bestimmungen, ge- 63

---

[57] Fraglich und im Ergebnis wohl zu verneinen ist allerdings, ob durch die Bestellung bereits ein effektiver Verlust an Vermögenssubstanz eintreten kann, was für die Strafbarkeit nach § 153 StGB vonnöten wäre. So wird zum Zeitpunkt der Bestellung nur eine bloße Vermögensgefährdung vorliegen, die noch nicht zum Schadenseintritt führt (vgl ähnlich *Stryjak* in Hinterhofer 88).

[58] Eingehend *Strasser* in AktG II[5] § 97 AktG Rz 64.

[59] *Stryjak* in Hinterhofer 94; vgl auch *Strasser* in AktG II[5] § 97 AktG Rz 64.

[60] Zu weiteren Fällen von Vertretungsmacht des Aufsichtsrats der GmbH siehe *Nowotny* in Kalss/Nowotny/Schauer Kap 4.1 Rz 4/270; *Rauter* in GmbHG § 30 l Rz 25 f.

[61] *Rauter* in GmbHG § 30 l Rz 12.

[62] Vgl zB *Fabrizy*, StGB[11] § 153 Rz 5; *Leukauf/H. Steininger*, StGB[3] § 153 Rz 15.

[63] *Birklbauer/Hilf/Tipold*, BT I[3] § 153 Rz 11.

langen subsidiär die allgemeinen Normen für Beauftragungsverhältnisse (§§ 1009 und 1013 ABGB) zur Anwendung.[64] § 1009 ABGB verpflichtet den Machthaber „das Geschäft seinem Versprechen und der erhaltenen Vollmacht gemäß, emsig und redlich zu besorgen, und allen aus dem Geschäfte entspringenden Nutzen dem Machtgeber zu überlassen". Ferner gelten für Aufsichtsratsmitglieder die Bestimmungen über die Sorgfaltspflicht und Verantwortlichkeit der Vorstandsmitglieder sinngemäß (§ 99 AktG).[65] Somit ist auch für Aufsichtsratsmitglieder die durch das StRÄG 2015 eingeführte Business Judgment Rule des § 84 Abs 1a AktG einschlägig (siehe auch § 33 Abs 1 iVm § 25 Abs 1a GmbHG).[66]

64 Es genügt grundsätzlich, wenn dem Täter eine **Mitentscheidungsbefugnis** im Rahmen eines Kollegialorgans wie dem Aufsichtsrat zukommt.[67] Als Tathandlung kommen nur Rechtshandlungen in Betracht;[68] rein faktische Handlungen wie etwa ein Griff in die Kasse erfüllen den Tatbestand des § 153 StGB nicht. Keine Rolle spielt die zivilrechtliche Wirksamkeit des zugrundeliegenden Rechtsgeschäfts.[69] Auch ein Unterlassen kann einen Befugnismissbrauch konstituieren,[70] sofern der Täter die Voraussetzungen des § 2 StGB erfüllt, ihn also insb eine konkrete Handlungspflicht trifft.

65 Der Gesetzgeber hat durch das StRÄG 2015 den Versuch unternommen, den Befugnismissbrauch im neu geschaffenen § 153 Abs 2 StGB näher zu definieren. Danach missbraucht seine Befugnis, „wer in unvertretbarer Weise gegen solche Regeln verstößt, die dem Vermögensschutz des wirtschaftlich Berechtigten dienen". Ob sich hieraus eine Änderung der Judikatur und/oder Strafbarkeitseinschränkung ergeben wird, bleibt allerdings fraglich und ist wohl abseits von Ausnahmekonstellationen nicht zu erwarten.[71]

66 Insb bringt die Restriktion des **Befugnismissbrauchs** auf unvertretbare Regelverstöße keine Strafbarkeitseinschränkung oder Präzisierung mit sich, weil ein Befugnismissbrauch schon per se stets eine unvertretbare Handlung ist.[72] Bewegt sich der Machthaber noch im Rahmen eines ihm zukommenden Ermessensspielraums, liegt kein Befugnismissbrauch vor und die Frage der Vertretbarkeit stellt sich nicht. Der Regelverstoß hat entgegen solcher Normen zu erfolgen, die dem Vermögensschutz des wirtschaftlich Berechtigten dienen. Wird also gegen Vorschriften mit reinem Ordnungscharakter ohne jeglichen Bezug zum Vermögen verstoßen, liegt – wie schon bisher – kein Befugnismissbrauch vor.

---

64 Vgl zB *Fuchs/Reindl-Krauskopf*, BT I⁵ 227.

65 Vgl hierzu auch *Huber*, Organuntreue 70 ff.

66 Zu einer ersten Einschätzung der Business Judgment Rule siehe etwa *Schima*, GesRZ 2015, 289 ff.

67 *Kirchbacher/Presslauer* in WK² StGB § 153 Rz 18; aA *Huber*, Organuntreue 47 f.

68 *Pfeifer* in SbgK § 153 Rz 25.

69 Vgl *Kienapfel/Schmoller*, BT II § 153 Rz 53; *Lewisch*, BT I² 249.

70 *Fabrizy*, StGB¹¹ § 153 Rz 6.

71 *Bertel/Schwaighofer/Venier*, BT I¹³ § 153 Rz 4; *Kert/Komenda*, ÖZW 2015 143 ff; aA etwa *Eckert/Spani/Wess*, ZWF 2015, 258.

72 Vgl schon *Kienapfel/Schmoller*, BT II § 153 Rz 61; nun bspw *Ruhri*, JSt 2015, 331.

4. Vermögensschaden

Die Untreue ist vollendet, wenn aufgrund des Befugnismissbrauchs im Vermögen des Machtgebers unmittelbar[73] ein Vermögensschaden eintritt. Herangezogen wird hierbei ein wirtschaftlich orientierter Vermögensbegriff.[74] Zur Ermittlung des Vermögensschadens wird in einer saldierenden Betrachtungsweise die Gesamtsumme des Machtgebervermögens unmittelbar vor und nach der Tathandlung (Befugnismissbrauch) gegenübergestellt.[75] Dabei ist nur das konkrete Geschäft, nicht aber die gesamte Tätigkeit des unmittelbaren Täters für den Machtgeber zu berücksichtigen.[76] Ergibt sich auf rechnerisch feststellbare Weise eine negative Wertdifferenz, liegt ein Vermögensschaden vor. Zu berücksichtigen sind sämtliche unmittelbar aus der Tathandlung resultierenden Wertveränderungen.[77] **67**

Dabei kann der Vermögensschaden in einer Verminderung der Aktiva, einer Vermehrung der Passiva und – in eingeschränktem Ausmaß[78] –in einem entgangenen Gewinn bestehen.[79] Notwendig ist ferner ein effektiver Verlust an Vermögenssubstanz[80]; eine bloße Vermögensgefährdung, die sich in faktischer und rechtlicher Hinsicht noch nicht konkret verdichtet hat, genügt nicht.[81] **68**

5. Vorsatz

Auf Ebene des subjektiven Tatbestands ist erforderlich, dass das Aufsichtsratsmitglied einen vollständigen Tatbildvorsatz aufweist. Es muss sich also des Befugnismissbrauchs gewiss[82] sein (§ 5 Abs 3 StGB) und im Hinblick auf die Schädigung am Vermögen zumindest mit Eventualvorsatz handeln. Ferner muss sich der Vorsatz auf den Kausalverlauf, zumindest in seinen groben Zügen, erstrecken.[83] **69**

Bestehen Zweifel an der Rechtmäßigkeit der Befugnisausübung und handelt der Täter dennoch, genügt dies den Vorsatzerfordernissen nicht. Denn Zweifel stehen der Gewissheit jedenfalls entgegen.[84] Ebensowenig genügt ein erst nachträglich erlangtes Wissen. Ob der Täter vom Befugnismissbrauch wissen hätte müssen, sagt nichts über seinen tatsächlichen Vorsatz zum Tatzeitpunkt aus.[85] **70**

Entscheidend für die Frage der Strafbarkeit kann insb der Schädigungsvorsatz sein. Hierbei müssen sowohl die Wissensseite des Eventualvorsatzes (Ernstlich-für-möglich-Halten der Schädigung) als auch die Wollensseite (Abfinden mit der **71**

---

73 Vgl *Kienapfel/Schmoller*, BT II § 153 Rz 94.

74 *Bertel/Schwaighofer/Venier*, BT I[13] § 153 Rz 11; *Birklbauer/Hilf/Tipold*, BT I[3] § 153 Rz 2.

75 *Kienapfel/Schmoller*, BT II § 153 Rz 91; *Pfeifer* in SbgK § 153 Rz 34.

76 *Fabrizy*, StGB[11] § 153 Rz 8.

77 OGH 11.11.2009, 15 Os 190/08t; *Kirchbacher/Presslauer* in WK[2] StGB § 153 Rz 39.

78 Näher *Kert/Komenda*, ÖZW 2015, 148 f.

79 OGH 04.04.2006; 14 Os 96/05g; *Brandstetter/Hauss* in Kalss/Kunz (Vorauf) Kap 35 Rz 24; *Fabrizy*, StGB[11] § 153 Rz 8; *Kirchbacher/Presslauer* in WK[2] StGB § 153 Rz 36; kritisch zum entgangenen Gewinn *Kienapfel/Schmoller*, BT II § 153 Rz 88 ff.

80 *Lewisch*, BT I[2] 251;

81 Vgl näher *Kert/Komenda*, ÖZW 2015, 149.

82 *Kienapfel/Höpfel/Kert*, AT[14] Z 11 Rz 17; näher *Komenda* in Hinterhofer 41 ff.

83 Vgl *Komenda* in Hinterhofer 48 f.

84 Vgl *Birklbauer/Hilf/Tipold*, BT I[3] § 153 Rz 21.

85 *Kienapfel/Schmoller*, BT II § 153 Rz 100.

Schädigung) genau geprüft werden. Die Hoffnung auf einen positiven Ausgang eines riskanten Geschäfts spricht für sich alleine weder für noch gegen das Vorliegen des Schädigungsvorsatzes.[86] Insb bei Risikogeschäften kann fraglich sein, wann sich der Machthaber mit dem Eintritt eines Schadens abgefunden hat. Nur aus dem Umstand, dass der Täter gehandelt hat, obwohl er die Verwirklichung eines Risikos ernstlich für möglich gehalten hat, lässt sich die Wollensseite des Schädigungsvorsatzes nicht zwangsläufig ableiten.[87] Vielmehr ist stets einzelfallbezogen anhand der konkreten Umstände zu prüfen. Ein eigennütziges Handeln des Täters (zB Annahme von Kick-Back-Zahlungen) legt dabei einen Schädigungsvorsatz nahe.[88]

72 Da es sich bei der Untreue um ein Sonder(pflicht)delikt[89] handelt, ist bei der Frage der Beteiligtenstrafbarkeit – wie oben ausgeführt – auf § 14 Abs 1 StGB Bedacht zu nehmen. Fragen wirft hierbei insb der beim extranen Beteiligten notwendige Vorsatz auf.[90]

6. Aktuelle Judikatur

73 Das Libro-Urteil[91] des OGH hat nicht nur für heftige Kritik[92] im Schrifttum gesorgt, sondern kann wohl auch als ein Auslöser der Reform des Tatbestands gesehen werden. Im Kern hatte sich der OGH mit der Frage zu befassen, ob eine einhellige Zustimmung der Hauptversammlung einer AG zu einer verdeckten Einlagenrückgewähr (an die Alleingesellschafterin) der Strafbarkeit der Vorstandsmitglieder der Gesellschaft nach § 153 StGB entgegensteht.[93] Obwohl mehrheitlich mit Blick auf die Judikatur zum Gesellschafter-Geschäftsführer bei der Ein-Mann-GmbH[94] eine Aufhebung des erstinstanzlichen Urteils erwartet wurde, hielt der OGH die Verurteilung nach § 153 StGB aufrecht. Im Schrifttum wurde dies vielfach kritisiert und – mit divergierenden Ansätzen – ua vertreten, dass in einer derartigen Konstellation aufgrund eines tatbestandsausschließenden Einverständnisses kein Befugnismissbrauch vorliege.[95] Manche Stimmen bestritten überdies den Eintritt eines Vermögensschadens.[96]

---

[86] OGH 23.12.2010, 14 Os 143/09z = SSt 2010/78.

[87] Zu weitgehend daher *Fuchs/Reindl-Krauskopf*, BT I^5 235.

[88] *Komenda* in Hinterhofer 48; *Platzgummer*, JBl 1987, 762.

[89] Vgl hierzu *Kienapfel/Höpfel/Kert*, AT^{14} E 7 Rz 32 ff.

[90] Siehe oben Rz 20 f sowie die abweichenden Ansichten bei OGH 18.11.1992, 13 Os 114/92; *Fuchs*, AT I^8 Kap 35 Rz 18 ff; *Kienapfel/Höpfel/Kert*, AT^{14} E 7 Rz 34 ff; *Kienapfel/Schmoller*, BT II § 153 Rz 113 ff.

[91] OGH 30.01.2014, 12 Os 117/12s (12 Os 118/12p).

[92] Vgl bspw *Bollenberger/Wess*, RdW 2014, 247 ff; *Kalss*, ecolex 2014, 496 ff; *Kapsch/Kier*, JBl 2014, 604 ff; *Lewisch/Huber*, RdW 2014, 567 ff; *Schmieder/Singer*, SWK 2014, 545 ff.

[93] Siehe zum Sachverhalt etwa *McAllister* in Hinterhofer 99 f.

[94] OGH 30.04.2003, 13 Os 110/02; OGH 22.11.2012, 13 Os 116/12a; OGH 30.08.2012, 13 Os 55/12f.

[95] So etwa *Lewisch/Huber*, RdW 2014, 571; *Hinterhofer* in Hinterhofer 136 ff; *McAllister* in Hinterhofer 114.

[96] *Fuchs* in Lewisch 2014, 14; *McAllister* in Hinterhofer 117 f.

Mit Blick auf die neue Rechtslage stellt sich die Frage, ob konform mit dem Schrifttum nun in mit der Causa Libro vergleichbaren Konstellationen vom Entfall des Befugnismissbrauchs auszugehen wäre. In der Literatur finden sich jedenfalls schon befürwortende Stimmen.[97] Freilich würde die wenig konkrete Formulierung des § 153 Abs 2 StGB dem OGH ein Schlupfloch offen lassen, auch nach der neuen Rechtslage die Strafbarkeit in derartigen Konstellationen zu bejahen, nämlich indem man die Aktiengesellschaft als wirtschaftlich Berechtigte ansehen würde, deren Schutz das Verbot der Einlagenrückgewähr dient.[98] Die weitere Entwicklung bleibt daher abzuwarten. Vor kurzem hat der OGH jedenfalls in Bezug auf die GmbH betont, dass eine Weisung zwar den Befugnismissbrauch ausschließen kann, allerdings nur, wenn sie rechtswirksam ist.[99] Dies sei im Fall von „Weisungen (Gesellschafterbeschlüssen), die – etwa wegen Strafgesetzwidrigkeit – (absolut) nichtig (und nicht bloß im Sinn des § 41 GmbHG anfechtbar) sind, […] nicht der Fall"[100]. **74**

7. Strafandrohungen

Für das Grunddelikt der Untreue droht gem § 153 Abs 1 StGB eine Freiheitsstrafe von bis zu sechs Monaten oder eine Geldstrafe bis zu 360 Tagessätzen. Die Strafdrohung erhöht sich bei einem 5.000 Euro übersteigenden Schaden auf Freiheitsstrafe bis zu drei Jahren und bei einem 300.000 Euro übersteigenden Schaden auf Freiheitsstrafe von einem bis zu zehn Jahren (§ 153 Abs 3 StGB). **75**

8. Beispiel

Der Vorstand will ein im Eigentum der Gesellschaft stehendes Grundstück an einen Freund des Vorstandsvorsitzenden zu einem Preis verkaufen, der nur der Hälfte des am Markt erzielbaren Preises entspricht. Das Geschäft wird (vor Abschluss) dem Aufsichtsrat zur Genehmigung vorgelegt und obwohl die Aufsichtsratsmitglieder erkennen, dass der Gesellschaft hierdurch ein Schaden zugefügt wird, von diesem genehmigt. Diesfalls machen sich die das Geschäft abschließenden Vorstandsmitglieder als unmittelbare Täter, die Aufsichtsratsmitglieder hingegen als Täter durch sonstigen Beitrag zur Untreue strafbar, weil sie mit entsprechendem Vorsatz eine psychische Beitragshandlung setzen. **76**

Dies gilt selbst dann, wenn Vorstand oder Geschäftsführung das Geschäft nach außen wirksam auch ohne die Zustimmung des Aufsichtsrats durchführen könnten, weil durch die Zustimmung der unmittelbare Täter bestärkt wird. Wesentlich ist allerdings, dass die Zustimmung vor oder während des Abschlusses des Geschäfts abgegeben hat. Eine nachträgliche Genehmigung eines Geschäfts konstituiert keine strafrechtlich relevante Beitragshandlung des Aufsichtsrats. **77**

---

97 *Eckert/Spani/Wess*, ZWF 2015, 260 ff; *Fuchs/Reindl-Krauskopf*, BT I^5 229.
98 Siehe hierzu *Kert/Komenda*, ÖZW 2015, 143 f.
99 OGH 20.10.2015, 11 Os 52/15d.
100 OGH 20.10.2015, 11 Os 52/15d.

C. Betrügerische Krida

1. Allgemeine Ausführungen

78 Der betrügerischen Krida (§ 156 Abs 1 StGB) macht sich strafbar, wer einen Bestandteil seines Vermögens verheimlicht, beiseite schafft, veräußert oder beschädigt, eine nicht bestehende Verbindlichkeit vorschützt oder anerkennt oder sonst sein Vermögen wirklich oder zum Schein verringert und dadurch die Befriedigung seiner Gläubiger oder wenigstens eines von ihnen vereitelt oder schmälert.

79 Zwar stellt die Bestimmung auf den Schuldner als unmittelbaren Täter ab. Allerdings kommt aufgrund einer speziellen Regelung über die gemeinsame Verantwortlichkeit leitender Angestellter (§ 161 Abs 1 iVm § 74 Abs 3 StGB) auch ein Aufsichtsratsmitglied als unmittelbarer Täter in Betracht.[101] Somit kann sich ein Aufsichtsratsmitglied bspw als unmittelbarer Täter einer betrügerischen Krida strafbar machen, wenn es vorsätzlich die Existenz eines Vermögensbestandteils der AG verheimlicht und dadurch die Befriedigung zumindest eines Gläubigers der Gesellschaft schmälert.

80 Im Vergleich zu anderen Vermögensdelikten (insb zu § 153 StGB) wurde § 156 StGB in den letzten Jahren wenig Aufmerksamkeit geschenkt. Dies überrascht, weil § 156 StGB zur Untreue vergleichbare Verurteilungszahlen aufweist, aber im Grunddelikt eine empfindlichere Strafdrohung vorsieht, nämlich Freiheitsstrafe von sechs Monaten bis zu fünf Jahren. Übersteigt der aus der Tat herrührende Schaden 300.000 Euro, so ist eine Freiheitsstrafdrohung von einem Jahr bis zu zehn Jahren normiert. Von § 156 StGB geht daher ein – aufgrund der Fokussierung der wirtschaftsstrafrechtlichen Diskussion auf die Untreue wohl weitgehend unterschätztes – erhebliches Strafbarkeitsrisiko aus.

81 Die Bezeichnung des Delikts kann in zweierlei Hinsicht zu Missverständnissen führen. Einerseits ist für die Begehung des Delikts nicht notwendigerweise ein betrügerisches Vorgehen (also eine Täuschung) erforderlich, wie der Titel der Norm suggeriert.[102] Andererseits bedarf es auch keiner Insolvenz (und auch keiner Überschuldung oder Zahlungsunfähigkeit) des Schuldners zum Tatzeitpunkt.[103] Vorausgesetzt ist nur, dass mindestens zwei Gläubiger vorhanden sind, was bei einer juristischen Person, die einen Aufsichtsrat besitzt, regelmäßig der Fall sein wird.

82 Alle dem Gläubigerzugriff durch Zwangsvollstreckung zugänglichen Vermögenswerte sind durch § 156 StGB geschützt, also bspw auch Forderungen oder Mietrechte.[104] Nach der Rsp gilt selbst der Klientenstock eines Wirtschaftstreuhänders als Vermögensbestandteil iSd § 156 StGB.[105]

83 Bei den im Gesetz umschriebenen Tathandlungen handelt es sich um Verhaltensweisen, die entweder wirklich oder zumindest scheinbar zur Reduktion des

---

[101] *Birklbauer/Hilf/Tipold*, BT I³ Vorbem §§ 156–163d Rz 10.

[102] *Kirchbacher* in WK² StGB § 156 Rz 1.

[103] *Brandstetter/Hauss* in Kalss/Kunz (Voraufl) Kap 35 Rz 34; *Fabrizy*, StGB¹¹ § 156 Rz 1.

[104] *Birklbauer/Hilf/Tipold*, BT I³ Vorbem §§ 156 Rz 9.

[105] OGH 20.12.1990, 12 Os 90/90; aA wohl *Brandstetter* in StPdG 26, 127 (138).

Schuldnervermögens führen.[106] Bspw wird das Schuldnervermögen tatsächlich vermindert, indem Anlagevermögen zu einem Preis veräußert wird, der den tatsächlichen Wert unterschreitet. Ferner enthält § 156 Abs 1 StGB eine Generalklausel[107] („oder sonst sein Vermögen wirklich oder zum Schein verringert"), wodurch diverse in einem tatsächlichen oder scheinbaren Befriedigungsausfall resultierende Verhaltensweisen unter den Tatbestand subsumiert werden können. Geschäftsabschlüsse zu einem marktkonformen Preis verringern das Schuldnervermögen nicht und sind somit aus dem Blickwinkel des § 156 StGB unbedenklich.[108]

Der Erfolg des Delikts tritt ein, wenn es aufgrund des tatbildlichen Verhaltens 84
zu einem (partiellen oder kompletten) Befriedigungsausfall zumindest eines Gläubigers kommt.[109] Dabei muss die Befriedigung tatsächlich beeinträchtigt, nicht nur bloß gefährdet werden, wobei die Beeinträchtigung schon eines einzelnen Gläubigers genügt.[110]

Um sich strafbar zu machen, muss der Täter zumindest Eventualvorsatz auf 85
alle objektiven Tatbestandsmerkmale aufweisen. Es reicht daher nicht aus, wenn er bspw nur von einem drohenden Befriedigungsausfall wissen hätte müssen, da dies für sich genommen nichts darüber aussagt, ob er die Verwirklichung des Tatbestandsmerkmals ernstlich für möglich gehalten und sich damit abgefunden hat.

2. Beispiel

Der Aufsichtsrat einer AG billigt vorsätzlich den vom Vorstand vorgeschla- 86
genen Jahresabschluss, obwohl keine (eigentlich erforderliche) Zuweisung eines Teils des Gewinns zur gesetzlichen Rücklage nach § 229 Abs 6 UGB erfolgt, sondern eine Ausschüttung des gesamten Gewinns bezweckt wird. Schon durch die Feststellung dieses rechtswidrigen Jahresabschlusses wird die Befriedigung der Gläubiger der Gesellschaft zumindest zum Schein beeinträchtigt.[111] Sowohl Vorstand als auch Aufsichtsrat machen sich wegen betrügerischer Krida als unmittelbare Täter strafbar.

D. Grob fahrlässige Beeinträchtigung von Gläubigerinteressen

Durch § 159 StGB werden bestimmte kridaträchtige Handlungen pönalisiert, 87
sofern der Täter hierdurch auf grob fahrlässige Weise entweder die Zahlungsunfähigkeit herbeiführt (§ 159 Abs 1 StGB), in Kenntnis oder fahrlässiger Unkenntnis der Zahlungsunfähigkeit die Befriedigung zumindest eines Gläubigers schmälert oder vereitelt (§ 159 Abs 2 StGB) oder er die Sanierungsbedürftigkeit (§ 159 Abs 3 StGB) herbeiführt. § 159 ist ein Fahrlässigkeitsdelikt (§ 6 StGB), wobei die Strafbarkeit vom Gesetzgeber auf Fälle grober Fahrlässigkeit (§ 6 Abs 3 StGB)

[106] *Birklbauer/Hilf/Tipold*, BT I³ § 156 Rz 9.
[107] *Leukauf/H. Steininger*, StGB³ § 156 Rz 9.
[108] Vgl etwa *Eckert/Tipold*, GES 2013, 60.
[109] *Lewisch*, BT I² 273.
[110] *Birklbauer/Hilf/Tipold*, BT I³ § 156 Rz 15.
[111] *Eckert/Tipold*, GES 2013, 65.

eingeschränkt wurde. In allen Varianten handelt es sich um Erfolgsdelikte, wobei im Fall des Abs 3 der Erfolg in einer konkreten Gefährdung besteht.[112]

88 Als Täter des § 159 StGB kommt in Frage, wer entweder Schuldner zumindest eines Gläubigers oder leitender Angestellter (§ 161 StGB) desselben ist.[113] Somit kommt als leitender Angestellter iSd § 161 StGB grundsätzlich auch ein Aufsichtsratsmitglied als unmittelbarer Täter in Betracht.

89 § 159 Abs 5 StGB enthält einen taxativen[114] Katalog von kridaträchtigen Verhaltensweisen, die durchwegs entgegen den Grundsätzen ordentlichen Wirtschaftens erfolgen:

- Zerstören, Beschädigen, Unbrauchbarmachen, Verschleudern (Verkauf deutlich unter dem Wert)[115] oder Verschenken eines bedeutenden Bestandteils des Vermögens (Z 1);
- Ausgabe übermäßig hoher Beträge durch ein außergewöhnlich gewagtes Geschäft, das nicht zum gewöhnlichen Wirtschaftsbetrieb gehört, oder durch Spiel oder Wette (Z 2);
- Treiben übermäßigen, mit den Vermögensverhältnissen oder der wirtschaftlichen Leistungsfähigkeit in auffallendem Widerspruch stehenden (privaten oder geschäftlichen)[116] Aufwands (Z 3);
- Unterlassen der Führung von Geschäftsbüchern oder Führung in einer Weise, dass ein zeitnaher Überblick über die wahre Vermögens-, Finanz- und Ertragslage erheblich erschwert wird oder Unterlassen sonstiger geeigneter und erforderlicher Kontrollmaßnahmen durch die ein solcher Überblick verschafft werden könnte[117] (Z 4);
- Unterlassen der Erstellung von verpflichtenden Jahresabschlüssen oder zu späte Erstellung oder Erstellung in einer Weise, die einen zeitnahen Überblick über die wahre Vermögens-, Finanz- und Ertragslage erheblich erschwert (Z 5).

90 Führt das kridaträchtige Verhalten des Täters zur Zahlungsunfähigkeit, gelangt § 159 Abs 1 StGB zur Anwendung. Zahlungsunfähigkeit liegt vor, wenn der Schuldner nicht mehr bei redlicher wirtschaftlicher Gebarung in der Lage ist, binnen angemessener Frist seine fälligen Forderungen zu begleichen.[118] Zur Exekution oder Eröffnung eines Insolvenzverfahrens muss es für das Erfüllen des Tatbestands nicht gekommen sein.[119] Eine bloße Zahlungsstockung, aber auch die Überschuldung ist nicht mit der Zahlungsunfähigkeit gleichzusetzen und muss auch nicht notwendigerweise zu einer solchen führen.[120]

---

112 *Kirchbacher* in WK² StGB § 159 Rz 8.
113 *Birklbauer/Hilf/Tipold*, BT I³ § 159 Rz 7; *Kirchbacher* in WK² StGB § 159 Rz 33.
114 *Brandstetter/Hauss* in Kalss/Kunz (Vorauf) Kap 35 Rz 44.
115 *Birklbauer/Hilf/Tipold*, BT I³ § 159 Rz 12.
116 OGH 15.02.2005, 14 Os 143/04.
117 Vgl dazu *Schrank*, Aufsichtsrataktuell 2013, H 2, 12 f.
118 OGH 13.06.2006, 11 Os 52/05i; *Fabrizy*, StGB¹³ § 159 Rz 4; *Fuchs/Reindl-Krauskopf*, BT I⁵ 254.
119 *Birklbauer/Hilf/Tipold*, BT I³ § 159 Rz 10.
120 *Bertel/Schwaighofer/Venier*, BT I¹³ § 159 Rz 8 ff.

Im Kontrast zu § 159 Abs 1 StGB ist der Schuldner nach § 159 Abs 2 schon zahlungsunfähig, handelt jedoch in Kenntnis oder fahrlässiger[121] Unkenntnis dieses Umstands kridaträchtig und schmälert hierdurch zumindest die Befriedigung eines Gläubigers oder vereitelt diese gänzlich.[122] Mit der Schmälerung bzw Vereitelung ist der Erfolg eingetreten und § 159 Abs 2 StGB vollendet. 91

§ 159 Abs 3 StGB ist einschlägig, wenn aufgrund des kridaträchtigen Verhaltens eine konkrete Gefahr der Zahlungsunfähigkeit bestand und – als objektive Bedingung[123] der Strafbarkeit – von einer oder mehreren Gebietskörperschaften freiwillig Sanierungsmaßnahmen ergriffen wurden. Bei einem verpflichteten Eingreifen durch Gebietskörperschaften gelangt § 159 Abs 3 StGB hingegen nicht zur Anwendung.[124] 92

Das kridaträchtige Verhalten des Täters muss immer grob fahrlässig erfolgen.[125] Ein solch grob fahrlässiges Verhalten liegt gem der Legaldefinition des § 6 Abs 3 StGB vor, wenn der Täter ungewöhnlich und auffallend sorgfaltswidrig handelt, sodass der Eintritt eines dem gesetzlichen Tatbild entsprechenden Sachverhalts als geradezu wahrscheinlich vorhersehbar war. Es muss also ein qualifiziert objektiver Sorgfaltsverstoß vorliegen, der einzelfallbezogen festzustellen ist.[126] 93

Dem Täter droht für die grob fahrlässige Beeinträchtigung der Gläubigerinteressen eine Freiheitsstrafe von bis zu einem Jahr oder Geldstrafe von bis zu 720 Tagessätzen; bei qualifizierter Begehung (§ 159 Abs 4 StGB) sind Freiheitsstrafen von bis zu zwei Jahren vorgesehen. 94

E. Bilanzstrafrecht neu

1. Allgemeine Ausführungen

Mit dem StRÄG 2015 wurden die Bilanzdelikte, die bisher in verschiedenen Gesetzen verteilt waren, einheitlich neu im StGB geregelt.[127] Nunmehr pönalisiert § 163a StGB die unvertretbare Darstellung wesentlicher Informationen über bestimmte Verbände, während § 163b StGB unvertretbare Berichte von Prüfern bestimmter Verbände unter Strafe stellt. Beide Regelungen sind äußerst komplex,[128] was erhebliche Probleme bei der Prüfung mit sich bringen könnte, ob ein Verhalten unter den Tatbestand subsumiert werden kann. 95

§§ 163a und 163b StGB finden Anwendung auf die in § 163c Z 1–11 StGB genannten Verbände, also etwa auf Gesellschaften mit beschränkter Haftung, Ak- 96

121 Hierbei ist keine grobe Fahrlässigkeit iSd § 6 Abs 3 StGB vonnöten, siehe *Bertel/Schwaighofer/Venier*, BT I[13] § 159 Rz 15.

122 Vgl hierzu *Kirchbacher* in WK[2] StGB § 159 Rz 78.

123 *Birklbauer/Hilf/Tipold*, BT I[3] § 159 Rz 30.

124 *Fuchs/Reindl-Krauskopf*, BT I[5] 254.

125 *Medigovic*, ÖJZ 2003, 167. In Betracht kommt auch ein – wenngleich wohl seltenes, weil diesfalls die §§ 156 ff StGB naheliegen – vorsätzliches Setzen des kridaträchtigen Verhaltens (vgl auch *Bertel/Schwaighofer/Venier*, BT I[13] § 159 Rz 13).

126 *Birklbauer/Hilf/Tipold*, BT I[3] § 159 Rz 20; *Medigovic*, ÖJZ 2003, 163.

127 Siehe hierzu ME StRÄG 2015, 98/ME XXV. GP 20. Zum Reformprozess siehe *Zeder* in Zeder 9 ff, zu den Zielen der Neuregelung vgl etwa *Rohregger*, ÖZW 2015, 163.

128 Vgl etwa *Fuchs/Reindl-Krauskopf*, BT I[5] 258.

tiengesellschaften, Genossenschaften und Privatstiftungen. Ferner wird der Anwendungsbereich auch auf vergleichbare ausländische Verbände erstreckt, sofern entweder deren übertragbare Wertpapiere zum Handel an einem geregelten Markt im Inland zugelassen oder sie im Hinblick auf eine Zweigniederlassung im österreichischen Firmenbuch eingetragen sind (§ 163c Z 12 StGB).

97 Als unmittelbare Täter des § 163a StGB kommen Entscheidungsträger gem § 2 Abs 1 VbVG sowie von einem Entscheidungsträger mit der Informationsdarstellung Beauftragte[129] in Betracht. Neben Geschäftsführern, Vorstandsmitgliedern und Prokuristen sind – wie oben gezeigt – auch Aufsichts- und Verwaltungsratsmitglieder Entscheidungsträger.[130]

98 Strafbar macht sich, wer in einem der in § 163a Abs 1 Z 1–5 StGB aufgezählten Medien eine die Vermögens-, Finanz- oder Ertragslage des Verbands betreffende oder für die Beurteilung der künftigen Entwicklung der Vermögens-, Finanz- oder Ertragslage bedeutsame wesentliche Information gem § 189a Z 10 UGB einschließlich solcher Umstände, die die Beziehung des Verbands zu mit ihm verbundenen Unternehmen betreffen, in unvertretbarer Weise falsch oder unvollständig darstellt.

99 Die unvertretbare Darstellung kann gem § 163a Abs 1 StGB in folgenden Medien[131] erfolgen, wobei aus Sicht des Aufsichtsrats insb § 163a Abs 1 Z 3 StGB von Relevanz ist:

- einem Jahres- oder Konzernabschluss, einem Lage- oder Konzernlagebericht oder einem anderen an die Öffentlichkeit, an die Gesellschafter oder die Mitglieder, an ein aufsichtsberechtigtes Organ oder dessen Vorsitzenden gerichteten Bericht (Z 1);
- einer öffentlichen Aufforderung zur Beteiligung an dem Verband (Z 2);
- einem Vortrag oder einer Auskunft in der Haupt-, General- oder Mitgliederversammlung oder sonst einer Versammlung der Gesellschafter oder Mitglieder des Verbands (Z 3);
- Aufklärungen und Nachweisen (§ 272 Abs 2 UGB) oder sonstigen Auskünften, die einem Prüfer (§ 163b Abs 1) zu geben sind (Z 4);
- einer Anmeldung zum Firmenbuch, die die Leistung von Einlagen auf das Gesellschaftskapital betrifft (Z 5). Wann eine wesentliche Information vorliegt, die in unvertretbarer Weise falsch oder unvollständig dargestellt wird, bestimmt sich nach § 189a Z 10 UGB. Demnach sind zur Bestimmung der Wesentlichkeit die Größe oder spezifische Eigenart des betroffenen Postens einerseits und die Größe und Eigenart der Fehlerhaftigkeit andererseits heranzuziehen, wobei stets einzelfallbezogen (dh nicht pauschal nach bestimmten Prozentsätzen) zu entscheiden ist, ob es sich um eine wesentliche Information handelt.[132] Die

---

[129] Hierzu näher RV StRÄG 2015, 689 BlgNR XXV. GP 27.

[130] Vgl etwa *Rohregger*, ÖZW 2015, 165.

[131] Zu den Hintergründen der jeweiligen Medien vgl ME StRÄG 2015, 98/ME XXV. GP 22.

[132] RV StRÄG 2015, 689 BlgNR XXV. GP 27. Zustimmend zur einzelfallbezogenen Prüfung *Jettmar* in Zeder 58; vgl zur Wesentlichkeit auch *Gröhs*, SWK 2015, 1274. *Schmitt/Wess* (in Zeder 42) schlagen die Bestimmung der Wesentlichkeit hingegen anhand vorher definierter Kennzahlen und Prozentsätze vor, um mögliche Ermittlungsverfahren einzuschränken.

wesentliche Information muss sich mit der Vermögens-, Finanz- oder Ertragslage des Verbandes auf den „Kernbereich“[133] des Bilanz- bzw Verbandsrechts beziehen oder für die Beurteilung der künftigen Entwicklung der Vermögens-, Finanz- oder Ertragslage bedeutsam sein.[134]

Um eine „falsche“ Darstellung handelt es sich nicht nur, wenn sie unrichtig, sondern auch wenn sie verschleiernd ist.[135] Für die unvollständige Darstellung ist nach den Materialien entscheidend, ob beim Informationsempfänger der Eindruck einer vollständigen Darstellung erweckt wird.[136] Eine bewusste Informationsverweigerung ist demnach nicht unter diese Variante zu subsumieren.[137] **100**

Die falsche oder unrichtige Darstellung muss in unvertretbarer Weise erfolgen. Unvertretbar ist nur jene Darstellung, die sich außerhalb der im Rahmen der Bilanzpolitik zulässigen Bewertungs- und Ermessensspielräume hält.[138] Fraglich ist, ob dem Erfordernis der Unvertretbarkeit auf Ebene des objektiven Tatbestands praktische Bedeutung zukommt. Hierzu wird in der Literatur festgehalten, dass die Wesentlichkeit eines Fehlers ohnedies dessen Unvertretbarkeit impliziert, ein wesentlicher Fehler also gar nicht festgestellt werden würde, wenn er vertretbar wäre.[139] **101**

Die unvertretbare Darstellung ist jedoch nur strafbar, wenn sie geeignet ist, einen erheblichen Schaden für den Verband, dessen Gesellschafter, Mitglieder oder Gläubiger oder für Anleger herbeizuführen. Bei § 163a StGB handelt es sich damit um ein abstraktes Gefährdungsdelikt.[140] Der Tathandlung muss nur die abstrakte Eignung innewohnen, einen erheblichen Schaden iSd § 163a StGB herbeizuführen. Ob ein solcher tatsächlich eintritt, ist ohne Belang. Während die Regierungsvorlage noch die Gefahr eines schwerwiegenden Schadens vorsah, spricht das Gesetz nun von einem erheblichen Schaden.[141] **102**

Mangels anderwärtiger gesetzlicher Vorgaben genügt für den Tatbildvorsatz Eventualvorsatz. Laut den Gesetzesmaterialien soll im Begriff „unvertretbar“ auch eine Vorsatzkomponente stecken, „die der im Begutachtungsverfahren geforderten Wissentlichkeit nahe kommt“[142]. Diese Formulierung ist jedoch missverständlich, denn auch in Bezug auf die Unvertretbarkeit reicht nach dem klaren Gesetzeswortlaut iVm den §§ 7 und 5 StGB Eventualvorsatz aus. Die Ausführungen in den Materialien sind daher wohl so zu deuten, dass kein automatischer Schluss vom tatsächlichen Vorliegen eines unvertretbaren Fehlers auf einen entsprechen- **103**

---

133 ME StRÄG 2015, 98/ME XXV. GP 21.

134 Umfasst sind auch Umstände, die die Beziehung zu verbundenen Unternehmen betreffen, vgl hierzu RV StRÄG 2015, 689 BlgNR XXV. GP 28.

135 *Birklbauer/Hilf/Tipold*, BT I³ § 163a Rz 9.

136 RV StRÄG 2015, 689 BlgNR XXV. GP 27.

137 *Birklbauer/Hilf/Tipold*, BT I³ § 163a Rz 9.

138 *Birklbauer/Hilf/Tipold,* BT I3 § 163a Rz 12.

139 *Jettmar* in Zeder 59.

140 JAB StRÄG 2015, 728 BlgNR XXV. GP 12; *Birklbauer/Hilf/Tipold*, BT I³ § 163a Rz 3.

141 JAB StRÄG 2015, 728 BlgNR XXV. GP 12.

142 RV StRÄG 2015, 689 BlgNR XXV. GP 28; vgl auch *Gröhs*, SWK 2015, 1274; *Zeder* in Zeder 20.

den Vorsatz des Täters erfolgen sollte, sondern vielmehr einzelfallbezogen zu prüfen ist.[143]

104 Das Grunddelikt sieht eine Freiheitsstrafdrohung von bis zu zwei Jahren vor. Die Strafdrohung erhöht sich gem § 163a Abs 3 StGB auf Freiheitsstrafe von bis zu drei Jahren, sofern die Tat in Bezug auf einen Verband begangen wird, dessen übertragbare Wertpapiere an bestimmten, in § 163 Abs 3 StGB spezifizierten Märkten zugelassen sind.

105 Nach § 163a Abs 2 StGB macht sich auch strafbar, wer als Entscheidungsträger einen Sonderbericht nicht erstattet, der angesichts der drohenden Gefährdung der Liquidität des Verbands gesetzlich geboten ist. Dabei handelt es sich um ein echtes Unterlassungsdelikt,[144] dh ein Delikt, das niemals durch aktives Tun, sondern nur durch Unterlassen begangen werden kann. Laut den Materialien sind hiermit „insbesondere die Sonderberichte nach § 81 Abs 1 dritter Satz AktG und § 28a Abs 1 dritter Satz GmbHG"[145] gemeint.

106 Ferner hat der Gesetzgeber in § 163d StGB die Möglichkeit einer tätigen Reue als speziellen Strafaufhebungsgrund vorgesehen. Voraussetzung der Strafaufhebung ist, dass der Täter freiwillig die falschen Angaben richtig stellt oder die fehlenden Angaben nachträgt und dies auch rechtzeitig macht. Wann das Verhalten des Täters als rechtzeitig gilt, bestimmt sich nach § 163d Abs 1 Z 1–5 StGB und hängt davon ab, in welchem Medium der Täter seine Tathandlung gesetzt hat. Beispielsweise muss der Täter im Fall eines Berichts an ein aufsichtsberechtigtes Organ die falsche Angabe richtig stellen bzw die fehlenden Angaben nachtragen, bevor die Sitzung des Organs beendet wurde. Ein später erfolgender Nachtrag der Informationen würde diesfalls nicht den Erfordernissen des § 163d StGB genügen und somit nicht zur Strafaufhebung führen. Insgesamt wurde vom Gesetzgeber der zeitliche Rahmen der Reuebestimmungen eng gesteckt (zB gem § 163d Z 3 StGB nur die Dauer der Hauptversammlung), wodurch ihr Anwendungsbereich praktisch erheblich eingeschränkt wird.[146] Für § 163a Abs 2 StGB wurde überhaupt keine Reuebestimmung vorgesehen.[147]

107 Neben § 163a hat der Gesetzgeber in § 163b StGB ein weiteres Bilanzdelikt vorgesehen, das auf Prüfer bestimmter Verbände zugeschnitten ist. Als unmittelbarer Täter kommt demnach nur ein externer Prüfer eines in § 163c StGB angeführten Verbandes in Betracht.[148] Aus Sicht des Aufsichtsrats ist gem den §§ 12, 14 StGB eine Beteiligungsstrafbarkeit an § 163b StGB möglich, wobei auf die Subsidiaritätsklausel in § 163b Abs 5 StGB Bedacht genommen werden muss.

143 *Birklbauer/Hilf/Tipold*, BT I³ § 163a Rz 16.
144 *Birklbauer/Hilf/Tipold*, BT I³ § 163a Rz 14.
145 RV StRÄG 2015, 689 BlgNR XXV. GP 29.
146 Kritisch zur Enge von § 168d StGB *Gröhs*, SWK 2015, 1275.
147 Kritisch *Schmieder/Singer*, ZWF 2015, 109.
148 Vgl *Birklbauer/Hilf/Tipold*, BT I³ § 163b Rz 6.

2. Beispiel

Der Aufsichtsratsvorsitzende gibt in der Hauptversammlung der AG die Auskunft, dass in Zukunft keinerlei Gefahr von existenzbedrohlichen Rechtsstreitigkeiten für die Gesellschaft besteht, weil alle Prozessrisiken ausgeräumt wurden. Tatsächlich weiß er, dass aufgrund signifikanter Mängel des umsatzstärksten Produkts eine hohe Gefahr besteht, dass schon in den nächsten Monaten ein potentiell für das Unternehmen ruinöser Schadenersatzprozess startet. Diesfalls stellt der Aufsichtsratsvorsitzende als Entscheidungsträger in einer Hauptversammlung in unvertretbarer Weise eine für die Beurteilung der zukünftigen Entwicklung des Unternehmens bedeutsame wesentliche Information falsch dar und macht sich nach § 163a Abs 1 StGB strafbar. Die Möglichkeit zur Übung tätiger Reue durch Richtigstellung der Information besteht nur bis zum Ende der Hauptversammlung (§ 163d Abs 1 Z 3 StGB). **108**

F. Missbrauch einer Insiderinformation

1. Allgemeine Ausführungen

Durch die Bestimmungen zur Pönalisierung des Insiderhandels wird versucht, dem Ausnützen bestimmter spezifischer Wissensvorsprünge („Insiderwissen") auf dem Kapitelmarkt zum eigenen oder fremden Vorteil entgegenzuwirken. Zu diesem Zweck bedroht § 48b BörseG verschiedene Formen des Insiderhandels mit gerichtlicher Strafe. Auf diese Weise sollen nicht nur die Funktionsfähigkeit des Kapitelmarkts an sich, sondern auch die Interessen der Anleger am Kapitelmarkt geschützt werden.[149] **109**

Zusammengefasst macht sich wegen Insiderhandels nach § 48b Abs 1 BörseG strafbar, wer als Insider eine Insiderinformation mit dem Vorsatz ausnützt, sich oder einem Dritten einen Vermögensvorteil zu verschaffen. Im Unterschied dazu erfasst § 48b Abs 2 BörseG Fälle des Insiderhandels, bei denen es sich beim Täter um keinen Insider iSd § 48b Abs 4 BörseG handelt. Schließlich sieht § 48b Abs 3 BörseG eine (im Vergleich zu den Abs 1 und 2 deutlich geringere) Strafdrohung für die Verwendung einer Insiderinformation vor, sofern der Täter nicht den Vorsatz aufweist, sich oder einem Dritten einen Vermögensvorteil zu verschaffen. In weiterer Folge konzentrieren sich die Ausführungen auf § 48b Abs 1 BörseG, da dieser für den Aufsichtsrat in besonderer Weise einschlägig ist. **110**

Gem § 48b Abs 4 BörseG gilt als Insider (Primärinsider)[150], wer als Mitglied eines Verwaltungs-, Leitungs- oder Aufsichtsorganes des Emittenten oder sonst auf Grund seines Berufes, seiner Beschäftigung, seiner Aufgaben oder seiner Beteiligung am Kapital des Emittenten zu einer Insiderinformation Zugang hat.[151] Aufsichtsratsmitglieder sind Mitglieder eines Aufsichtsorgans und somit Primärinsider.[152] Dies allerdings nur in Bezug auf Informationen, die sie in ihrer kon- **111**

---

149 *Brandl* in BörseG § 48b Rz 4; *Hinterhofer* in WK² BörseG § 48b Rz 9 ff; *Schuhmacher*, ÖBA 2005, 538; kritisch zum Schutz der Anlegerinteressen („zu diffus") *Schick* in FS Platzgummer 146.

150 *Brandl* in BörseG § 48b Rz 10.

151 In Bezug auf Zwei-Tage-Spots auf Emissionszertifikate sieht § 48b BörseG Sonderregeln vor.

152 *Brandstetter/Hauss* in Kalss/Kunz (Vorauf) Kap 35 Rz 58.

kreten Organfunktion erhalten haben.[153] Erhält das Aufsichtsratsmitglied in einer anderen Funktion, zB aufgrund eines rein privaten Gesprächs mit einem Freund, eine Insiderinformation, ist es in Bezug auf diese Information kein Primärinsider, sondern nur Sekundärinsider und fällt unter § 48b Abs 2 BörseG.

112 Für den Begriff der Insiderinformation sieht § 48a Abs 1 Z 1 BörseG eine umfassende und aus mehreren kumulativen Elementen bestehende Definition vor. Es handelt sich um eine Insiderinformation, wenn die Information folgende Voraussetzungen erfüllt:

1. Keine öffentliche Bekanntheit: Als öffentlich gilt eine Information, wenn sie jenen Marktteilnehmern zugänglich ist, die am Börsenhandel Interesse haben.[154] Ist die Information nur einem kleinen abgegrenzten Personenkreis zugänglich (zB dem Vorstand und Aufsichtsrat einer Gesellschaft), liegt folglich noch keine öffentliche Bekanntheit vor.
2. Genauigkeit: Gem § 48a Abs 1 Z 1 lit a BörseG ist eine Information als genau anzusehen, wenn sie eine Reihe von bereits vorhandenen oder solchen Tatsachen und Ereignissen erfasst, bei denen man mit hinreichender Wahrscheinlichkeit davon ausgehen kann, dass sie in Zukunft eintreten werden, und darüber hinaus bestimmt genug ist, dass sie einen Schluss auf die mögliche Auswirkung dieser Tatsachen oder Ereignisse auf die Kurse von Finanzinstrumenten oder damit verbundenen derivativen Finanzinstrumenten zulässt. Hierdurch werden bloße Spekulationen uÄ aus dem Begriff der Insiderinformation ausgenommen.[155]
3. Direkter oder indirekter Bezug zu einem oder mehreren Emittenten von Finanzinstrumenten oder einem oder mehreren Finanzinstrumenten: Die Information kann nicht nur direkt bestimmte konkrete Vorgänge beim Emittenten betreffen (zB Kauf eines Konkurrenten, Kündigung eines erheblichen Teils der Belegschaft), sondern sich auch auf allgemeine geschäftliche Rahmenbedingungen, wie zB bestimmte Marktentwicklungen, beziehen.[156]
4. Eignung zur erheblichen Beeinflussung des Kurses: Ein verständiger Anleger würde die Information wahrscheinlich zumindest als Teil seiner Anlageentscheidung nutzen. Da es somit nur auf die Eignung der Kursbeeinflussung ankommt, bleibt unerheblich, ob es letztlich tatsächlich zu einer Kursbeeinflussung kommt.[157]

113 Der Täter nützt die Insiderinformation aus, wenn er entweder davon betroffene Finanzinstrumente kauft, verkauft oder einem Dritten zum Kauf oder Verkauf anbietet, empfiehlt oder diese Information, ohne dazu verhalten zu sein, einem Dritten zugänglich macht.[158]

---

153 *Hinterhofer* in WK² BörseG § 48b Rz 66.
154 *Brandl* in BörseG § 48b Rz 16; wohl teilweise abweichend *Hinterhofer* in WK² BörseG § 48b Rz 49 f.
155 *Schuhmacher*, ÖBA 2005, 539.
156 Vgl *Hinterhofer* in WK² BörseG § 48b Rz 47.
157 *Brandl* in BörseG § 48a Rz 39; *Schuhmacher*, ÖBA 2005, 541.
158 Für Zwei-Tages-Spots ist wiederum in § 48b Abs 1 Z 1a BörseG eine eigene Begehungsweise vorgesehen.

Zur Erfüllung des vollständigen Tatbestands muss der Täter nach § 48b Abs 1 BörseG sowohl den Tatbildvorsatz als auch den erweiterten Vorsatz auf Verschaffung eines Vermögensvorteils aufweisen, wobei durchwegs Eventualvorsatz genügt. Demnach kommt es nicht darauf an, ob es dem Täter letztlich gelingt, sich einen Vermögensvorteil zu verschaffen, er muss dies nur zum Tatzeitpunkt zumindest ernstlich für möglich halten und sich damit auch abfinden. **114**

Als Strafdrohung sieht § 48b Abs 1 BörseG eine Freiheitsstrafe von bis zu drei Jahren vor, wobei sich die Strafdrohung, wenn durch die Tat ein 50.000 Euro übersteigender Vermögensvorteil verschafft wird, auf Freiheitsstrafe von sechs Monaten bis zu fünf Jahren erhöht. Die Abs 2 und 3 enthalten niedrigere Strafdrohungen. **115**

2. Beispiel

Im Rahmen einer Aufsichtsratssitzung erfährt das Aufsichtsratsmitglied, dass aufgrund der überraschenden Exportergebnisse der prognostizierte Gewinn des Unternehmens signifikant steigen wird. Es rät umgehend einem Freund, Aktien des börsennotierten Unternehmens zu kaufen. In diesem Fall macht sich das Aufsichtsratsmitglied wegen des Missbrauchs einer Insiderinformation als Primärinsider strafbar, weil es von einer Insiderinformation betroffene Finanzinstrumente mit dem Vorsatz zum Kauf empfiehlt, einem Dritten einen Vermögensvorteil zu verschaffen (§ 48b Abs 1 Z 1 BörseG). **116**

D&O-Versicherung

Martin Ramharter

§§: 78, 84, 98, 99 AktG; 2, 16 ff, 23 ff, 74 ff, 149 ff VersVG.

Literatur

Ö: *P. Doralt/W. Doralt*, Rechtsvergleichung und Rezeption in der Managerhaftung – Ein Streifzug zwischen director's duties, business judgement rule und D&O-Versicherung, in Apathy et al (Hrsg) FS Koziol (2010) 565; *Eckert/Grechenig/Stremitzer*, Ökonomische Analyse der Organhaftung, in Kalss (Hrsg), Vorstandshaftung in 15 europäischen Ländern (2005) 95; *Gisch*, Versicherungslösungen für Haftungsrisiken, in Ratka/Rauter (Hrsg), Handbuch zur Geschäftsführerhaftung[2] (2011) 355; *Griehser*, Versicherungsmöglichkeit von Vorstands- und Aufsichtsratsmitgliedern – Anpassung der Director's and Officer's Liability Insurance für Österreich, RdW 2006, 133; *Maximilian Gruber*, Haftpflichtversicherung für Aufsichtsräte, RdW 1985, 66; *Michael Gruber/Wax*, Wer ist für den Abschluss einer D&O-Versicherung zuständig? wbl 2010, 169; *Michael Gruber*, Aktienrechtliche Zulässigkeit einer D&O-Versicherung, GesRZ 2012, 93; *Hochedlinger*, D&O-Versicherung für den Stiftungsvorstand, ecolex 2008, 143; *Leszkovics*, Der Dienstleistungsausschluss in D&O-Versicherungsverträgen, ecolex 2007, 604; *Nowotny*, Managerhaftung und Versicherungsschutz, in Perner/Rubin/Spitzer/Vonkilch (Hrsg), FS Fenyves (2013) 661; *Ramharter*, Die Prospekthaftungsversicherung, GesRZ 2010, 213; *Schima*, Organ-Interessenkonflikte und Corporate Governance, GesRZ 2003, 199; *I. Welser*, Aufsichtsräte im Spannungsfeld von Verschwiegenheits- und Offenlegungspflichten, in Grünwald/Zollner/Schummer (Hrsg), FS Jud (2012) 745; *Wenger*, Abschluss einer Rechtsschutzversicherung für den Vorstand auf Kosten der AG, RWZ 1999, 360; *Wilhelmer*, Die Kosteneinrechnung in der Haftpflichtversicherung, VR 2012, 25; *Winkelhofer*, Managerhaftung und Haftpflichtversicherung (Diss WU Wien 1992).

Dtl: *Armbrüster*, Verteilung nicht ausreichender Versicherungssummen in D&O-Innenhaftungsfällen, VersR 2014, 1; *Barzen/Brachmann/Braun*, D&O-Versicherung von Kapitalgesellschaften (2003); *Bastuck/Stelmaszczyk*, Gestaltung des D&O-Versicherungsschutzes in M&A-Transaktionen, NZG 2011, 241; *Baumann,* Aktienrechtliche Managerhaftung, D&O-Versicherung und „angemessener Selbstbehalt", VersR 2006, 455; *Baumann*, Die Überwindung des Trennungsprinzips durch das Verbot des Abtretungsverbots in der Haftpflichtversicherung, VersR 2010, 984; *Baumann*, Versicherungsfall und zeitliche Abgrenzung des Versicherungsschutzes in der D&O-Versicherung, NZG 2010, 1366; *Baumann*, Die Problematik der Abtretbarkeit von Freistellungsansprüchen in der D&O-Versicherung – insbesondere an die Versicherungsnehmerin, r+s 2011, 229; *Baumann*, AGB-rechtliche Inhaltskontrollfreiheit des Claims-made-Prinzips?, VersR 2012, 1461; *Baumann*, Gesellschafts- und steuerrechtliche Probleme der D&O-Versicherung – Neuakzentuierungen durch das VorstAG, in Mansel/Beckmann (Hrsg) GS Ulrich Hübner (2012) 52; *Beckmann,* Einschränkungen der Innenhaftungsdeckung bei der D&O-Versicherung, in Bork/Hoeren/Pohlmann (Hrsg), FS Kollhosser (2004) 25; *Beckmann*, D&O-Versicherung, in Beckmann/Matusche-Beckmann (Hrsg), Versicherungsrechts-Handbuch[3] (2015) § 28; *Bender/Vater,* D&O-Versicherungen im Visier der Corporate Governance, VersR 2003, 1376; *Böttcher*, Direktanspruch gegen den D&O-Versicherer – Neue Spielregeln im Managerhaftungsprozess? NZG 2008, 645; *Dauner-Lieb/Tettinger*, Vorstandshaftung, D&O-Versicherung, Selbstbehalt, ZIP 2009, 1555; *Dauner-Lieb*, D&O-Versicherung – Eine Mogelpackung?, in Huber/D. Jaeger/Luckey (Hrsg) FS Jaeger (2014) 255; *Deilmann*, Fehlen einer Directors and Officers (D&O) Versicherung als Rücktrittsgrund für die Organmitglieder einer Aktiengesellschaft, NZG 2005, 54; *Dilling*, Die Wirksamkeit der Risikoausschlüsse für wissentliche und vorsätzliche Pflichtverletzungen in der D&O-Versicherung (2015); *Dreher,* Der Abschluss von D&O-Versicherungen und die aktienrechtliche Zuständigkeitsordnung, ZHR 165 (2001) 293; *Dreher*, Die Besteuerung der Prämienleistungen bei der gesellschaftsfinanzierten Directors and Officers-Versicherung, DB 2001, 996; *Dreher,* Die Rechtsnatur der D&O-Versicherung, DB 2005, 1669; *Dreher,* Die selbstbeteiligungslose D&O-Versicherung in der Aktiengesellschaft, AG 2008, 429; *Dreher*, Versicherungsschutz für die Verletzung von Kartellrecht oder von Unternehmensinnenrecht in der D&O-Versicherung und Ausschluss vorsätzlicher oder wissentlicher Pflichtverletzungen, VersR 2015, 781; *Dreher/Görner,* Der angemessene Selbstbehalt in der D&O-Versicherung, ZIP 2003, 2321; *Dreher/Thomas*, Die D&O-Versicherung nach der VVG-Novelle 2008, ZGR 2009, 31; *P. Doralt/W. Doralt*, Haftung und Schadenersatz, in Semler/v. Schenck (Hrsg), Arbeitshandbuch für Aufsichtsratsmitglieder[3] (2009) § 13; *W. Doralt*, Versicherung gegen Schadenersatzansprüche (D&O-Versicherung), in Semler/v. Schenck (Hrsg), Arbeitshandbuch für Aufsichtsratsmitglieder[4] (2013) § 15; *Fassbach*, Deckungskonzepte für eine Aufsichtsrats-D&O-Versicherung, Der Aufsichtsrat 02/2013, 26; *Fassbauch*, Die D&O-Versicherung in der Aufsichtsratspraxis, Board 2014, 156; *Fleischer*, Haftungsfreistellung, Prozesskostenersatz und Versicherung für Vorstandsmitglieder, WM 2005, 909; *Ferck*, Der Selbstbehalt in der D&O-Versicherung für Organmitglieder von Aktiengesellschaften (2007); *Foerster*, Die versicherungsrechtliche Bindungswirkung, ZVersWiss 2014, 351; *Franz*, Aktuelle Compliance-Fragen zur D&O-Versicherung, DB 2011, 1961, 2019; *Fucks*, Die internationale Zuständigkeit für Klagen gegen den D&O-Versicherer aus übergegangenem Recht, in Dörner (Hrsg), Forum Versicherungsrecht 2012 (2012) 1; *Gädtke*, Implizites Verbot der D&O-Selbstbehaltsversicherung? VersR 2009, 1565; *Gädtke*, Schutz gutgläubiger Organmitglieder bei Anfechtung des Versicherers – nach der Entscheidung des BGH „Heros II"?, r+s 2013, 313; *Golz*, D&O-Maklerbedingungen als AGB?, VersR 2011, 727; *Graf von Westphalen*, D&O-Versicherung und Direktanspruch der Gesellschaft gegenüber der Versicherung, DB 2005, 431; *Graf von Westphalen,* Ausgewählte neuere Entwicklungen in der D&O-Versicherung, VersR 2006, 17; *Graf von Westphalen*, Wirksamkeit des Claims-made-Prinzips in der D&O-Versicherung, VersR 2011, 145; *Gruber/Mitterlechner/Wax*, D&O-Versicherung mit internationalen Bezügen (2012); *Grooterhorst/Looman*, Kostentragung des Versicherers bei (teilweiser) Erschöpfung der Versicherungssumme in der D&O-Versicherung, r+s 2014, 157; *Habetha*, Deliktsrechtliche Geschäftsführerhaftung und gesellschaftsfinanzierte Haftpflichtversicherung DZWiR 1995, 272; *Hanau*, Rückwirkungen der Haftpflichtversicherung auf die Haftung? Das Beispiel der Innenhaftung leitender Angestellter unter der D&O-Versicherung, in FS E. Lorenz (2004) 283; *Hansen*, Wissentliche Pflichtverletzung in der D&O-Versicherung, VW 2006, 313; *Held*, Die Garantenpflicht des Compliance Officers und die D&O-Versicherung als „Allheilmittel", CCZ 2009, 231; *Hemeling*, Neuere Entwicklungen in der D&O-Versicherung, in Krieger/Lutter/Schmidt (Hrsg), FS Hoffmann-Becking (2013) 491; *Henssler,* D&O-Versicherung in Deutschland, in Henze/Hoffmann-Becking (Hrsg), Gesellschaftsrecht 2001 (2001); *Herdter*, Grenzen der Auskunfts- und Belegpflicht in der D&O-Versicherung, ZVersWiss 2011, 655; *Herdter*, Abtretung des Freistellungsanspruchs in der D&O-Versicherung, VP 2012, 168; *Heße*, Das Anspruchserhebungsprinzip in den Allgemeinen Versicherungsbedingungen in D&O-Versicherungsverträgen und das Recht der Allgemeinen Geschäftsbedingungen, NZI 2009, 790; *Ihlas*, D&O – Directors and Officers Liability[2] (2009); *Ihlas/Stute*, D&O-Versicherung für das Innenverhältnis dargestellt an Ziffer 1.3 der AVG des unverbindlichen GDV-Modells, Beilage zu PHi 3/2003; *Ingwersen*, Die Stellung des Versicherungsnehmers bei Innenhaftungsfällen in der D&O-Versicherung (2011); *Jula*, Gedanken zur Reichweite des Versicherungsschutzes der D&O-Police am Beispiel des GmbH-Geschäftsführers, in FS Baumann (1999) 119; *Kästner,* Aktienrechtliche Probleme der D&O-Versicherung, AG 2000, 113; *Kästner*, Steuerrechtliche Probleme der D&O-Versicherung, DStR 2001, 195; *Kiethe,* Persönliche Haftung von Organen der AG und der GmbH-Risikovermeidung durch D&O-Versicherung? BB 2003, 537; *Koch*, Die Rechtsstellung des Organmitglieds in der D&O-Versicherung,

GmbHR 2004, 18, 160, 288; *Koch,* Aktuelle und zukünftige Entwicklungen in der D&O-Versicherung, WM 2007, 2173; *Koch*, VVG-Reform: Zu den Folgen der Untersagung des Anerkenntnis- und Abtretungsverbots in der Haftpflichtversicherung, in Bergeest/Labes (Hrsg), Liber Amicorum für Gerrit Winter (2007) 345; *Koch*, Kollisions- und versicherungsvertragsrechtliche Probleme bei internationalen D&O-Haftungsfällen, VersR 2009, 141; *Koch*, Der Direktanspruch in der D&O-Versicherung, r+s 2009, 133; *Koch*, Einführung eines obligatorischen Selbstbehalts in der D&O-Versicherung, AG 2009, 637; *Koch*, Das Dreiecksverhältnis zwischen Versicherer, Versicherungsnehmer und versicherten Personen in Innenhaftungsfällen in der D&O-Versicherung, ZVersWiss 2012, 151; *Koch*, Zur Qualifikation des Wechsels in der Beherrschung der Versicherungsnehmerin und der erstmaligen Begründung eines Beherrschungswechsels in der D&O-Versicherung als Gefahrerhöhung, in Mansel/Beckmann (Hrsg), GS Ulrich Hübner (2012) 123; *Kort,* Voraussetzungen der Zulässigkeit einer D&O-Versicherung von Organmitgliedern, DStR 2006, 799; *Kretschmer*, Reichweite und Wirksamkeit von Führungsklauseln in der D&O-Versicherung, VersR 2008, 33; *Krüger*, Nichtigkeit des D&O-Versicherungsvertrags bei fehlender Genehmigung durch die Hauptversammlung, NVersZ 2008, 1; *Küpper-Dirks,* Managerhaftung und D&O-Versicherung, 2002; *Küppers/Dettmeier/Koch*, D&O-Versicherung: Steuerliche Implikationen für versicherte Personen?, DStR 2002, 199; *Lange,* Zulässigkeitsvoraussetzungen einer gesellschaftsfinanzierten Aufsichtsrats-D&O-Versicherung, ZIP 2001, 1524; *Lange,* Praxisfragen der D&O-Versicherung, DStR 2002, 1626, 1674; *Lange*, Die modifizierte Innenverhältnisdeckung in der D&O-Versicherung, Beilage zu PHi 6/2003; *Lange*, D&O-Versicherung; Innenhaftung und Selbstbehalt, DB 2003, 1833; *Lange,* Die Eigenschadenklausel in der D&O-Versicherung, ZIP 2003, 466; *Lange,* Die Serienschadenklausel in der D&O-Versicherung, VersR 2004, 563; *Lange*, Die D&O-Versicherungsverschaffungsklausel im Manageranstellungsvertrag, ZIP 2004, 221; *Lange,* Auswirkungen eines Kontrollwechsels (change of control) auf die D&O-Versicherung, AG 2005, 459; *Lange,* Der Versicherungsfall in der D&O-Versicherung, r+s 2006, 177; *Lange,* Die vorvertragliche Anzeigepflicht in der D&O-Versicherung, VersR 2006, 605; *Lange*, Die Prozessführungsbefugnis der Versicherungsnehmerin einer D&O-Versicherung, VersR 2007, 893; *Lange*, Das Zusammenspiel von Anerkenntnis und Abtretung in der Haftpflichtversicherung nach der VVG-Reform, r+s 2007, 401; *Lange*, Die Rechtsstellung des Haftpflichtversicherers nach der Abtretung des Freistellungsanspruchs vom Versicherungsnehmer an den geschädigten Dritten, VersR 2008, 713; *Lange*, Die Selbstbehaltsvereinbarungspflicht gem § 93 Abs 2 S 3 AktG nF, VersR 2009, 1011; *Lange*, Die Haftung des (versicherungsnehmenden) Unternehmens anstelle des D&O-Versicherers, VersR 2010, 162; *Lange*, Die D&O-Selbstbehaltsversicherung, r+s 2010, 92; *Lange*, Die Company-Reimbursement-Klausel in der D&O-Versicherung, VersR 2011, 429; *Lange*, Der Direktanspruch gegen den Haftpflichtversicherer (am Beispiel der D&O-Versicherung), r+s 2011, 185; *Lange*, Die D&O-Versicherung in der Insolvenz der Versicherungsnehmerin, r+s 2014, 209, 261; *Lange*, Die verbrauchte Versicherungssumme in der D&O-Versicherung, VersR 2014, 1413; *Lange*, D&O-Versicherung und Managerhaftung (2014); *Langheid*, Tücken in den §§ 100 ff VVG-Reg-E, VersR 2007, 865; *Langheid*, Ausweg aus der Anerkenntnis- und Abtretungsfalle, in Bergeest/Labes (Hrsg), Liber Amicorum für Gerrit Winter (2007) 367; *Langheid/Goergen,* Auswirkungen der VVG-Reform auf die D&O-Versicherung, VP 2007, 161; *Langheid*, Das Wissen der Manager ist ihrem Unternehmen zuzurechnen, VW 2012, 1768; *Langheid/Grote,* Deckungsfragen der D&O-Versicherung, VersR 2005, 1165; *Lattwein/Krüger*, D&O-Versicherung – Das Ende der Goldgräberstimmung, NVersZ 2000, 365; *Leffler*, Compliance internationaler Versicherungslösungen am Beispiel der D&O-Versicherung, CCZ 2008, 2008; *Lenz*, D&O-Versicherung; in van Bühren (Hrsg), Handbuch Versicherungsrecht[6] (2014) § 25; *Liedtke*, Ein Zwischenfazit zu den Entwicklungen von unwirksamen Anfechtungsverzichtsklauseln im Rahmen der D&O-Versicherung, VP 2012, 229; *Limmer*, D&O-Versicherungen in Deutschland. Die Absicherung der Organhaftung in Unternehmen (2006); *E. Lorenz*, Muss die vom Vorstand einer Aktiengesellschaft abgeschlossene D&O-Versicherung einen Selbstbehalt für die versicherten Unternehmensleiter vorsehen? in Armbrüster/Canaris/Häublen/Klimke (Hrsg), Liber Amicorum für Jürgen Prölss (2009) 177; *Loritz/Hecker*, Das Claims-made-Prinzip in der D&O-Versicherung und das deutsche AGB-Recht, VersR 2012, 385; *Loritz/Wagner*, Haftung von Vorständen und Aufsichtsräten: D&O-Versicherung und steuerliche Fragen, DStR 2012, 2205; *Mahncke*, Der Ausschluss vorsätzlichen Verhaltens versicherter Personen in der D&O-Versicherung, ZfV 2006, 540; *Martinez*, Die Krise des Anspruchserhebungsprinzips in Spanien, PHi 1993, 46, 116, 159; *Mayer/Winkler*, Quo vadis D&O-Versicherung – Neu-Definition des Versicherungsfalls bei der Abtretung, VP 2013, 168; *Melot de Beauregard/Gleich*, Aktuelle Problemfelder bei der D&O-Versicherung, NJW 2013, 823; *Mertens*, Bedarf der Abschluss einer D&O Versicherung durch die Aktiengesellschaft der Zustimmung der Hauptversammlung?, AG 2000, 447; *Mesch*, Die Wirkung des Selbstbehalts nach § 93 Abs 2 S 3 AktG auf das Entscheidungsverhalten der Vorstandsmitglieder, VersR 2015, 1337; *Möhrle*, Gesellschaftsrechtliche Probleme der D&O-Versicherung (2007); *Nazaruk*, Wann greift der D&O-Schutz?, VW 2015 H 11, 30; *Notthoff*, Rechtliche Fragestellungen im Zusammenhang mit dem Abschluss einer Directors and Officers-Versicherung, NJW 2003, 1350; *Olbrich*, Die D&O-Versicherung in Deutschland[2] (2007); *Olbrich/Kassing*, Der Selbstbehalt in der D&O-Versicherung: Gesetzliche Neuregelung lässt viele Fragen offen, BB 2009, 1659; *Osswald*, Die D&O-Versicherung beim Unternehmenskauf (Auswirkungen eines Unternehmenskaufs und einer Verschmelzung auf den D&O-Versicherungsschutz) (2009); *Paetzmann*, „Insuring the Agents" – Managerdisziplinierung und Rolle der D&O-Versicherung als Instrument der Corporate Governance, ZVersWiss 2008, 177; *Pant*, Versicherungslösungen, in Hauschka (Hrsg), Corporate Compliance – Handbuch der Haftungsvermeidung im Unternehmen (2007) § 12; *Peltzer*, Die deutsche D&O-Versicherung und ihr (noch operabler) Geburtsfehler, in v. Aderhold/Grunewald/Klingberg/Paefgen (Hrsg), FS H. P. Westermann (2008) 1257; *Peltzer*, Konstruktions- und Handhabungsschwierigkeiten bei der D&O-Versicherung, NZG 2009, 970; *Pataki*, Der Versicherungsfall in der Haftpflichtversicherung – Grenzen eines Definitionsversuches am Beispiel der „Claimes-made-Theorie", in Bähr/Labes/Pataki (Hrsg), Liber discipulorum für Gerrit Winter (2002) 229; *Pammler*, Die gesellschaftsfinanzierte D&O-Versicherung im Spannungsfeld des Aktienrechts (2006); *Penner*, Tod eines Wiedergängers? „Vorsätzliche" contra „wissentliche" Pflichtverletzung in der D&O-Versicherung, VersR 2005, 1359; *Pörnbacher/Gädtke*, Falscher Beklagter? Die Führungsklausel in D&O-Policen – Zugleich Rezension des „Lufthansa-Urteils", PHi 2007, 192; *Rieger-Goroncy*, Rechtsentwicklungen in den USA und Großbritannien und ihr Einfluss auf die Unternehmerleiterhaftpflichtversicherung (D&O) in Deutschland, NVersZ 1999, 247; *Ries/Peiniger*, Haftung und Versicherung von Managern[2] (2009); *Ruchatz*, Auskunftspflichten der Aktiengesellschaft bei Organhaftungsverfahren im Verhältnis zum Anspruchsgegner und gegenüber dem D&O-Versicherer, AG 2015 1; *Rudzio*, Vorvertragliche Anzeigepflicht bei der D&O-Versicherung der Aktiengesellschaft (2010); *Ruttmann*, Die Versicherbarkeit von Geldstrafen, Geldbußen, Strafschadenersatz und Regressansprüchen in der D&O-Versicherung (2014); *Säcker*, Streitfragen zur D&O-Versicherung, VersR 2005, 10; *Schäfer*, Die D&O-Versicherung – funktionale Haftungsbegrenzung für Vorstände, Geschäftsführer und Aufsichtsräte (2007); *Scheifele*, Die Vermögensschaden-Haftpflichtversicherung für Manager in den Vereinigten Staaten von Amerika (1993); *Schilling*, Managerhaftung und Versicherungsschutz[3] (2013); *Schillinger*, Die Entwicklung der D&O-Versicherung und der Managerhaftung in Deutschland – von der „Versicherungsutopie" zu den Auswirkungen des UMAG, VersR 2005, 1484; *Schimmer*, Die D&O-Versicherung und §§ 105 und 108 Abs 2 VVG – kann die Versicherungsnehmerin „geschädigte" Dritte sein? VersR 2008, 875; *Schlierenkämper*, Versicherbarkeit von Managerhaftung (2011); *Schmitt*, Organhaftung und D&O-Versicherung (2006); *Schramm*, Das Anspruchserhebungsprinzip – ein Deckungskonzept in der Haftpflichtversicherung mit Zukunft?, ZVersWiss, Supplement Jahrestagung 2006, 285; *Schramm*, Grenzen der Abtretung bei der D&O-Versicherung im Lichte des neuen VVG, PHi 2008, 24; *Schramm*, Das Anspruchserhebungsprinzip (2009); *Schramm/Wolf*, Das Abtretungsverbot nach der VVG-Reform, r+s 2009, 358; *Schüppen/Sanna,* D&O-Versicherungen: Gute und schlechte Nachrichten! ZIP 2002, 550; *Seitz,* Vorsatzausschluss in der D&O-Versicherung – endlich Licht im Dunkeln! VersR 2007, 1476; *Sommer*, Verzicht auf das Recht zur Arglistanfechtung in AGB/AVG – Zur Rechtsprechung des BGH und ihrer Auswirkungen auf die D&O-Versicherung, ZVersWiss 2013, 491; *Staudinger*, Claim-made-Prinzip, Rückwärtsversicherung und Grenzen der Klauselgestaltung bei der D&O-Versicherung; *Staudinger*, Ausgewählte Probleme der D&O-Versicherung im Internationalen Zivilverfahrens-, Kollisions- und Sachrecht, in E. Lorenz (Hrsg), Karlsruher Forum 2009: Managerhaftung (2010) 41; *Staudinger/Richters*, D&O-Versicherung: Anforderungen an den Eintritt des Versicherungsfalls nach Abtretung des Freistellungsanspruchs, DB 2013, 2725; *Steinkühler*, Ein Mehr an Deckungsschutz kann auch nachteilig sein – Sollten faktische Organmitglieder und leitende Angestellte explizit mitversichert sein?, VW 2009, 94; *Steinkühler*, D&O – ad absurdum? Das Problem mit dem Vorsatz und dem Wissen, VW 2003, 1734; *Steinkühler/Kassing*, Das Claims-made-Prinzip in der D&O-Versicherung und die Auslegung der Begriffe Anspruchs- sowie Klageerhebung, VersR 2009, 607; *Steinkühler/Kassing*, Schutz der Versicherten durch Anfechtungsverzichte in der D&O-Versicherung – ein Trugschluss?, VP 2009, 31; *Steinkühler/Wilhelm*, Gesellschaftsrechtliche und arbeitsrechtliche Problembeziehungen zur D&O-Versicherung, VP 2005, 122, 142; *Terno*, Wirksamkeit von Kostenanrechnungsklauseln, r+s 2013, 577; *Thümmel/Sparberg*, Haftungsrisiken der Vorstände, Geschäftsführer, Aufsichtsräte und Beiräte sowie deren Versicherbarkeit, DB 1995, 1013; *Thiel*, Der Prämienzahlungsverzug in der D&O-Versicherung, VersR 2015, 946; *Thomas*, Die Haftungsfreistellung von Organmitgliedern (2010); *Thomas*, Unternehmensinterne Informationspflichten bei Verlust der D&O-Deckung, VersR 2010, 281; *Ulmer,* Die gesellschaftsfinanzierte D&O-Versicherung im Spannungsfeld des Aktienrechts, ZHR 2007, 119; *Ulmer,* Strikte aktienrechtliche Organhaftung und D&O-Versicherung – zwei getrennte Welten? in Heldrich et al (Hrsg), FS Canaris (2007) 451; *van Kann*, Zwingender Selbstbehalt bei der D&O-Versicherung – Gut gemeint, aber auch gut gemacht? NZG 2009, 1010; *Vetter*, Aktienrechtliche Probleme der D&O-Versicherung, AG 2000, 453; *v. Schenck*, Handlungsbedarf bei der D&O-Versicherung, NZG 2015, 494; *Vorrath*, „Wissentliche Pflichtverletzung" in den D&O-Versicherungsbedingungen. Deckungseinschränkung oder -erweiterung?, VW 2006, 151;*Vorrath*, Wissentliche Pflichtverletzung in der D&O-Versicherung – ein Ausschlusstatbestand „sui generis"?, VW 2006, 575; *Vothknecht,* Die „wissenschaftliche Pflichtverletzung" in der Vermögensschaden-Haftpflicht-/D&O-Versicherung, 2006, 52; *Werber*, Kostenanrechnungsklauseln in der D&O-Versicherung, VersR 2014, 1159; *Winterling/Harzenetter*, Vorvertragliche Anzeigepflichten in der D&O-Versicherung, VW 2007, 1792; *Wollny,* Die Directors and Officers Liability Insurance in den Vereinigten Staaten von Amerika (D&O-Versicherung) (1993).

Gliederung **Rz**

I. Einleitung

A. Begriff der D&O-Versicherung

1 Gegenstand der D&O-Versicherung (Directors' and Officers' Liability Insurance bzw Vermögensschaden-Haftpflichtversicherung für Unternehmensleiter) ist die Abwehr unbegründeter (Rechtsschutzanspruch) und die Befriedigung begründeter gegen Organmitglieder erhobener Haftpflichtansprüche (Befreiungs- bzw Freistellungsanspruch ieS). Abweichend von den gesetzlichen Bestimmungen über die Haftpflichtversicherung (§§ 149 ff VersVG)[1], denen die Vorstellung zugrunde liegt, der Versicherer erbringe in der Haftpflichtversicherung eine Geldleistung, handelt es sich beim Haftpflichtversicherungsanspruch in seiner in der Vertragspraxis seit langem üblichen Ausgestaltung daher um eine versicherungsrechtlich determinierte Sonderform eines Befreiungsanspruchs, der auch auftragsrechtliche Elemente enthält[2]. Aus versicherungsrechtlicher Hinsicht dient die D&O-Versicherung grundsätzlich primär[3] dem Schutz des Vermögens der ver-

[1] Grundlegend zur Rechtsnatur der D&O-Versicherung *Dreher*, DB 2005, 1669.

[2] Zum Meinungsstand über die Rechtsnatur des Deckungsanspruchs in der Haftpflichtversicherung siehe *Baumann* in BerlinKommVVG § 149 Rz 4 ff.

[3] Zum Company Reimbursement Cover und zum Entity Cover siehe Rz 48 ff.

sicherten Organmitglieder. Das Interesse der Gesellschaft an der Erhöhung der Chance, Schadenersatzforderungen gegen ihre Organmitglieder auch tatsächlich einbringen zu können, wird durch den Abschluss einer D&O-Versicherung bloß mittelbar gefördert[4].

Von der grundsätzlich bestehenden Möglichkeit, anstatt einer D&O-Versiche- 2
rung eine **Eigenschadenversicherung** abzuschließen[5], wird in der Praxis nicht Gebrauch gemacht. Gegenstand einer solchen Versicherung wäre der Ersatz von Schäden, die die Gesellschaft infolge von Pflichtverletzungen ihrer Organmitglieder erleidet. Denkbar wäre auch der Abschluss einer Art Ausfallversicherung für den Fall der Uneinbringlichkeit von Schadenersatzforderungen[6]. Die Leistungspflicht des Versicherers könnte in diesen Fällen von der Feststellung der Vorfrage der Haftung im Deckungsprozess zwischen versicherter Gesellschaft und Versicherer abhängig gemacht werden[7]. Mit der Erbringung der Leistung durch den Versicherer gingen etwaige Haftpflichtansprüche von der Gesellschaft auf den Versicherer über (§ 67 VersVG), der dann mangels eines Regressverzichts gegen die Organmitglieder Regress nehmen könnte[8].

D&O-Versicherungen werden üblicherweise als **Gruppenhaftpflichtversi-** 3
cherung (§§ 149 ff VersVG) für fremde Rechnung (§§ 74 ff VersVG) von der Gesellschaft für ihre Organmitglieder bzw von der Muttergesellschaft für die Organmitglieder des gesamten Konzerns abgeschlossen[9]. **Einzelversicherungen** wurden bislang nur selten abgeschlossen; sie gelten als relativ teuer und weisen nur einen eingeschränkten Deckungsumfang auf[10]. Nach dem Auftreten von Fällen, in denen einzelnen Versicherten aufgrund des Verbrauchs der Versicherungssumme oder des Verhaltens anderer Versicherter keine Deckung zustand, werden sie aber verstärkt als Alternative diskutiert[11]. Sie gelten aber offenbar immer noch eher als Nischenprodukte[12]. Musterbedingungen des österreichischen Versicherungsverbands (VVO) existieren nicht. Die AVB der einzelnen Anbieter, die meist eng an deutsche Konzepte angelehnt sind, unterscheiden sich teilweise deutlich voneinander. Werden, was nicht selten der Fall ist, die AVB von einem Versicherungsmakler erstellt und auf Veranlassung des Kunden dem Vertrag zugrunde gelegt, gilt der Versicherer AGB-rechtlich nicht als Verwender der Klauseln[13]. Im Übrigen ist die Einordung sog **Maklerversicherungsbedingungen** jedoch noch nicht abschließend geklärt[14].

---

4 Statt aller *Dreher*, DB 2005, 1669 (1670 ff).

5 Vgl zuletzt etwa *Koch*, AG 2009, 637 (646).

6 S *P. Doralt/W. Doralt* in Semler/v. Schenck, ARHdb[3] § 13 Rz 234.

7 Instruktiv OLG München 1 U 1373/60, VersR 1962, 775.

8 Vgl nur *Koch*, AG 2009, 637 (646).

9 Dazu ausführlich unter Rz 9 ff.

10 Zu den Gründen *Pammler*, Die gesellschaftsfinanzierte D&O-Versicherung 30 f; krit zur Individualversicherungen auch *Lange*, D&O-Versicherung und Managerhaftung § 3 Rz 54 ff.

11 Befürwortend *Fassbach*, Board 2014, 156; *v. Schenck*, NZG 2015, 494; krit *Lange*, D&O-Versicherung und Managerhaftung § 3 Rz 54 ff.

12 S *Lange*, D&O-Versicherung und Managerhaftung § 3 Rz 53 mwN.

13 BGH IV ZR 74/08, VersR 2009, 1477 (*Steinkühler/Kassing*).

14 S aber *Fenyves* in Fenyves/Schauer, VersVG Vor § 1 Rz 22 mwN.

3a Angesichts der den D&O-Versicherungsmarkt charakterisierenden **Bedingungsvielfalt** muss sich der Beitrag auf die überblicksartige Darstellung der grundsätzlichen Strukturen und Rechtsfragen der D&O-Versicherung sowie einiger aktueller Streitfragen beschränken. Da das hiesige Schrifttum zur D&O-Versicherung umfänglich weiterhin, ja sogar immer mehr hinter dem deutschen Schrifttum, wo bereits etliche Einzelfragen monografisch aufgearbeitet wurden, zurückbleibt, wird die Lösung vieler Probleme mit Blick auf die deutsche Diskussion erfolgen müssen. Bei der Heranziehung dt Lit und Rsp ist aufgrund etlicher, teils gravierender Unterschiede in der Rechtslage, insb seit dem VVG 2008, freilich größte Vorsicht geboten.

B. Zulässigkeit der D&O-Versicherung

4 Die Frage der Zulässigkeit der Versicherung der gesellschaftsrechtlichen Organhaftung wird bereits seit über hundert Jahren gestellt.[15] Anfang des 20. Jahrhunderts wurden Überlegungen, eine derartige Versicherung in Deutschland einzuführen, wegen der vermeintlichen Unmoral des Deckungskonzepts verworfen.[16] Der von den USA ausgehenden internationalen Verbreitung der D&O-Versicherung konnte sich jedoch letztendlich auch der deutschsprachige Raum nicht entziehen. Die ersten D&O-Versicherungen wurden in Deutschland 1986 vom BAV genehmigt[17]. In Österreich wurden Haftpflichtversicherungen für Aufsichtsräte bereits kurz davor angeboten[18]. Lange Zeit stand die gesellschaftsrechtliche Zulässigkeit von D&O-Versicherungen weitgehend außer Zweifel[19]. Erst in jüngerer Zeit wurde wieder Kritik laut, die gesellschaftsfinanzierte D&O-Versicherung werde ihrem – aus der Sicht der Gesellschaft – Hauptzweck, der Sicherstellung des Schadensausgleichs im Bereich der Innenhaftung, wegen der teilweisen wirtschaftlichen Rückverlagerung der Schäden auf die Gesellschaft durch die Prämienzahlungen ohnedies nur teilweise gerecht und auch dies nur um den Preis der Aushöhlung der Präventionsfunktion der Haftung, weshalb zwingend ein angemessener Selbstbehalt vorzusehen sei[20].

5 In Deutschland wurden **verpflichtende Selbstbehalte** für Vorstandsmitglieder in der gesellschaftsfinanzierten D&O-Versicherung im Jahr 2009 durch das Gesetz zur Angemessenheit der Vorstandsvergütung (VorstAG)[21] eingeführt[22]. § 93

[15] Aus dem österr Schrifttum s zuletzt insb *Gruber*, GesRZ 2012, 93.

[16] S dazu *Ihlas*, Organhaftung und Haftpflichtversicherung 35 ff; *Schillinger*, VersR 2005, 1484 (1486 f) mwN; *Pammler*, Die gesellschaftsfinanzierte D&O-Versicherung 23 ff.

[17] *Schillinger*, VersR 2005, 1484 (1486 f) mwN.

[18] Dazu *Maximilian Gruber*, RdW 1985, 66; zu den Anfängen der D&O-Versicherung in Österreich siehe auch *Winkelhofer*, Managerhaftung und Haftpflichtversicherung (Diss WU Wien 1992) 71 ff.

[19] Vgl die Nachweise bei *Beckmann* in Beckmann/Matusche-Beckmann, Versicherungsrechtshandbuch³ § 28 Rz 8.

[20] *Kort*, DStR 2006, 799; *Pammler*, Die gesellschaftsfinanzierte D&O-Versicherung 47 ff; zustimmend *Ulmer* in FS Canaris 2007; *P. Doralt/W. Doralt* in Semler/v. Schenck, ARHdb³ § 13 Rz 247; *P. Doralt/W. Doralt* in FS Koziol 565 (582).

[21] Vgl dazu etwa den Überblick von *Hohenstatt*, ZIP 2009, 1343.

[22] Dazu ausführlich *Lange*, VersR 2009, 1011; *Dauner-Lieb/Tettinger*, ZIP 2009, 1555; *Olbrich/Kassing*, BB 2009, 1659; *van Kann*, NZG 2009, 1010; *Koch*, AG 2009, 637; *Gädtke*, VersR 2009, 1565.

Abs 2 dAktG wurde um folgenden Satz 3 ergänzt: „Schließt die Gesellschaft eine Versicherung zur Absicherung eines Vorstandsmitglieds gegen Risiken aus dessen beruflicher Tätigkeit für die Gesellschaft ab, ist ein Selbstbehalt von mindestens 10 Prozent des Schadens bis mindestens zur Höhe des Eineinhalbfachen der festen jährlichen Vergütung des Vorstandsmitglieds vorzusehen." Eine vergleichbare Bestimmung für Aufsichtsratsmitglieder wurde bewusst nicht ins Gesetz aufgenommen. § 116 Satz 1 dAktG lautet nunmehr wie folgt: „Für die Sorgfaltspflicht und Verantwortlichkeit der Aufsichtsratsmitglieder gilt § 93, mit Ausnahme des Absatzes 2 Satz 3, über die Sorgfaltspflicht und Verantwortlichkeit der Vorstandsmitglieder sinngemäß." Für das österreichische Recht stellt sich weiterhin die Frage, ob trotz Fehlens einer ausdrücklichen Regelung Selbstbehalte in der gesellschaftsfinanzierten D&O-Versicherung zwingend vorzusehen sind.

Soweit der Abschluss einer D&O-Versicherung mit dem Argument der **Sicherstellung des Schadenausgleichs** gerechtfertigt wird, drängt sich zu Recht der Einwand auf, die Gesellschaft könnte auch eine Eigenschadenversicherung (Forderungsausfallversicherung) abschließen, die im Falle der Uneinbringlichkeit von Schadenersatzforderungen eingreifen und einen Regress (§ 67 VersVG) gegen die Organmitglieder vorsehen würde[23]. Außerdem führen D&O-Versicherungen bei risikoadäquaten Prämien und einer Betrachtung des Gesamtmarkts nicht einmal zu **zirkulären Geldflüssen** zwischen den Gesellschaften und den Versicherern, was grundsätzlich nicht im Interesse diversifizierter, risikoneutraler Anleger liegen kann[24]. Gerechtfertigt wird der Abschluss von D&O-Versicherungen deshalb regelmäßig mit dem Argument des sog **Rekrutierungsinteresses** der Gesellschaft. Ohne ihren Organmitgliedern Versicherungsschutz zu verschaffen, gelänge es Gesellschaften nicht, geeignetes Personal zu gewinnen[25]. Ferner wird darauf hingewiesen, dass anders als bei Gesellschaftern, denen die Möglichkeit offen steht, das Risiko von Schäden, welche diese aufgrund von pflichtwidrigem Verhalten von Organmitgliedern erleiden, zu diversifizieren, für letztere die Gefahr besteht, als Folge auch nur einer einzigen leicht fahrlässig begangenen Pflichtverletzung ihr gesamtes Privatvermögen zu verlieren, weshalb sie, verstärkt durch das Phänomen, dass Gerichte dazu neigen ex post einen zu strengen Sorgfaltsmaßstab anzuwenden (hindsight bias), ohne Bestehen von Versicherungsschutz allzu risikoaverses Verhalten an den Tag legen würden[26]. Organmitgliedern Vergütungen zu gewähren, die ihr persönliches Haftpflichtrisiko angemessen abdecken, oder die Prämien für den Abschluss einer Individualversicherung zu übernehmen, käme die Gesellschaft teurer als der Abschluss einer D&O-Versicherung[27]. *Dreher* 6

---

[23] Vgl *Spindler* in MünchKommAktG³ § 93 Rz 180; *P. Doralt/W. Doralt* in Semler/v. Schenck, ARHdb³ § 13 Rz 234.

[24] Siehe dazu näher *Eckert/Grechenig/Stremitzer* in Kalss, Vorstandshaftung in 15 europäischen Ländern 95 (149 ff); zu undifferenziert *Gruber*, GesRZ 2012, 93 (95), der allein auf Geldflüsse zwischen einer konkreten Gesellschaft und ihrem Versicherer abstellt und ein Problem mangels Frequenzschäden (offenbar deswegen, weil sich der Kreis auf dieser Ebene erst nach vielen Jahren schließt) verneint.

[25] Statt aller *Dreher*, ZHR 165 (2001) 293 (310); *E. Lorenz* in FS Prölss 177 (181).

[26] Ähnlich *Dreher*, ZHR 165 (2001) 293 (310); *ders*, AG 2008, 429 (434).

[27] Zu den Nachteilen einer Einzelpolice *Pammler*, Die gesellschaftsfinanzierte D&O-Versicherung 30 f.

bezeichnet die D&O-Versicherung deshalb sogar als „konstitutives Element der Sicherung unternehmerischer Handlungsfreiheit“[28].

7 Wer freilich positive verhaltenssteuernde Effekte der D&O-Versicherung anerkennt, kann nicht leugnen, dass sie auch grundsätzlich Missbrauchspotential in sich birgt (**moral hazard**)[29]. Dagegen wird eingewandt, D&O-Versicherungen böten aufgrund zahlreicher Ausschlusstatbestände ohnedies keinen umfassenden Schutz.[30] Insbesondere aufgrund des zum Standard gehörenden Ausschlusses bei vorsätzlichen bzw wissentlichen Pflichtverletzungen wird bezweifelt – empirische Untersuchungen liegen bislang soweit ersichtlich nicht vor[31] –, ob Selbstbehalte überhaupt noch zusätzliche positive verhaltenssteuernde Wirkung ausüben könnten[32]. Nennenswerte Prämienreduktionen durch die Vereinbarung realistischer Selbstbehalte lassen sich jedenfalls kaum erzielen[33]. Prämien für die individuelle Versicherung von Selbstbehalten sind außerdem äußert niedrig, sodass diese relativ einfach auf die Gesellschaft überwälzt werden könnten[34], weshalb allenfalls auch ein Verbot von Selbstbehaltsversicherungen[35] vorzusehen wäre[36]. Gegen ein derartiges gesetzliches Verbot werden jedoch verfassungsrechtliche Bedenken erhoben[37]. Des Weiteren wird für die Zulässigkeit der D&O-Versicherung an sich bzw ohne Selbstbehalt ins Treffen geführt, dass Anreize zur Durchsetzung von Schadenersatzansprüchen geschaffen würden (Minderung der rationalen Apathie der Aktionäre, steigt doch aufgrund der „deep pockets“ des Versicherers der Erwartungswert von Schadenersatzleistungen)[38], weshalb pflichtwidrig handelnde Manager weiterhin oder möglicherweise sogar vermehrt zumindest um ihren guten Ruf sowie ihre Karriere – in diesem Zusammenhang werden die Verweigerung der Entlastung, die vorzeitige Abberufung sowie Nichtverlängerung des Mandats genannt – fürchten müssten und daher zu pflichtgemäßem Handeln angehalten bleiben bzw werden[39].

---

[28] *Dreher*, ZHR 165 (2001) 293 (310).

[29] S *Gruber*, GesRZ 2012, 93 (98 f).

[30] *Vetter*, AG 2000, 453 (455); *Fleischer* in Fleischer, Handbuch des Vorstandsrechts § 12 Rz 9; *Dreher*, AG 2008, 429 (434).

[31] Vgl zuletzt etwa *Gädtke*, VersR 2009, 1565 (1570); *Mesch*, VersR 2015, 1337.

[32] Vgl insb *Lange*, DB 2003, 1833 (1836); jüngst auch *Nowotny* in FS Fenyves 661 (672).

[33] Zu den möglichen Gründen *Lange*, DB 2003, 1833 (1836).

[34] *Dreher*, AG 2008, 429 (433).

[35] Dazu umfassend *Lange*, D&O-Versicherung und Managerhaftung § 17.

[36] *Möhrle*, Gesellschaftsrechtliche Fragen der D&O-Versicherung 136 ff; gegen die Zulässigkeit eines solchen Verbots aber wohl nicht zu Unrecht *Spindler* in MünchKommAktG[3] § 93 Rz 175; die Präventionswirkung bei der Eigenversicherung der Organmitglieder als aufrecht erhalten sehend *P. Doralt/W. Doralt* in Semler/v. Schenck, ARHdb[3] § 13 Rz 241; die Frage, ob ein Verbot der Selbstbehaltsversicherung nunmehr de lege lata in Deutschland besteht, offenlassend *P. Doralt/W. Doralt* in FS Koziol 565 (582).

[37] *Gädtke*, VersR 2009, 1565; *Nowotny* in FS Fenyves 661 (672) (bedenklicher Eingriff in die privatautonome Gestaltung der Lebensverhältnisse).

[38] Vgl *Eckert/Grechenig/Stremitzer* in Kalss, Vorstandshaftung in 15 europäischen Ländern 95 (153); *Dreher*, AG 2008, 429 (434).

[39] Statt vieler *Mertens*, AG 2000, 447 (452); *Nothoff*, NJW 2003, 1350 (1354); *Fleischer* in Fleischer, Handbuch der Vorstandsrechts § 12 Rz 9.

Vor dem Hintergrund, dass der dispositive Vorsatzausschluss des § 152 VersVG, der den Zweck verfolgt, moral hazard hintan zu halten, ohnedies zum Nachteil der versicherten Personen abbedungen wird[40], sodass bei bewusster Fahrlässigkeit kein Versicherungsschutz besteht[41] und Selbstbehalte daher tatsächlich weniger Präventions- als Sanktionswirkungen zeitigen werden, ist es mE zweifelhaft, ob aus gesellschaftsrechtlichen Erwägungen eine unbedingte Verpflichtung zur Vereinbarung eines Selbstbehalts in bestimmter Höhe[42] – abgeleitet werden kann.[43] Das Fehlen einer ausdrücklichen gesetzlichen Regel[44] wird vielmehr als Auftrag aufzufassen sein, jeweils zu prüfen, ob der Abschluss einer D&O-Versicherung oder dessen Unterlassen bzw welche Ausgestaltung der Versicherungsbedingungen die Interessen des Unternehmens bzw der Gesellschafter am besten fördert[45]. Obgleich die Zweckmäßigkeit von Selbstbehalten heuristisch nahe liegt[46], wird den Entscheidungsträgern mangels Vorliegens aussagekräftiger empirischer Ergebnisse im Rahmen einer umfassenden Abwägung aller Umstände ein Ermessenspielraum einzuräumen sein, der im Einzelfall wohl auch den Abschluss einer selbstbeteiligungslosen gesellschaftsfinanzierten D&O-Versicherung zu decken vermag[47]. Nach der hier vertretenen Auffassung[48] betrifft dies in erster Linie den Aufsichtsrat, und zwar hinsichtlich der Versicherung des Vorstandes. Hinsichtlich der Versicherung des Aufsichtsrats ist nach zutreffender Ansicht ohnedies ein Beschluss der Hauptversammlung bzw eine Satzungsregelung notwendig. Dies relativiert die Problematik um die Angemessenheit etwaiger Selbstbehalte aus rechtlicher Perspektive[49] insoweit, als die *principals* zumindest hinsichtlich des Aufsichtsrats selbst die Entscheidung über den Abschluss einer Versicherung der *agents* und ggfs die Höhe des Selbstbehalts treffen. 8

---

[40] Dazu ausführlich unter Rz 84 ff.

[41] Vgl nur *Lange*, DB 2003, 1833 (1836).

[42] Treffend weist *Spindler* in MünchKommAktG³ § 93 Rz 175 darauf hin, wie hoch der angemessene Selbstbehalt zu sein habe, lasse sich pauschal kaum beantworten. *Dreher*, AG 2009, 429 (437) spricht überhaupt von „freier Rechtsschöpfung“.

[43] Deutlicher *Lange*, DB 2003, 1833 (1836); *Hüffer*, AktG⁸ § 84 Rz 16; *Dreher*, AG 2008, 429 (432); *E. Lorenz*, in FS Prölss 177.

[44] Vgl zur alten dt Rechtslage *Dreher*, AG 2008, 429 (431).

[45] So auch *Spindler* in MünchKommAktG³ § 93 Rz 175; ähnlich *Fleischer* in Fleischer, Handbuch der Vorstandsrechts § 12 Rz 9.

[46] Vgl *Schima* in der Vorauflage § 12 Rz 131; *Gruber*, GesRZ 2012, 93 (101); zweifelnd *Nowotny* in FS Fenyves 661 (672).

[47] S bereits *Spindler* in MünchKommAktG³ § 93 Rz 175, der auf die Notwendigkeit ausreichender Begründung und Dokumentation aufmerksam macht; wie hier *Schima* in der Vorauflage § 12 Rz 131; iE auch *Nowotny* in FS Fenyves 661 (672); wohl auch *Gruber*, GesRZ 2012, 93 (102), der zwar ungünstige Auswirkungen auf die von § 84 AktG bezweckte Verhaltenssteuerung diagnostiziert, daraus aber nicht mehr ableitet, als dass diesem Effekt durch einen angemessenen Selbstbehalt begegnet werden *kann*; noch großzügiger *Fleischer* in Fleischer, Handbuch des Vorstandsrechts § 12 Rz 9; aA zur mit dem österr Recht vergleichbaren Rechtslage vor dem VorstAG *Pammler*, Die gesellschaftsfinanzierte D&O-Versicherung 47 ff; *Ulmer* in FS Canaris 2007; *P. Doralt/W. Doralt* in Semler/v. Schenck, ARHdb³ § 13 Rz 247 (Verpflichtung zur Vereinbarung eines angemessenen Selbstbehalts).

[48] Siehe dazu ausführlich Rz 15 ff.

[49] Der Bedarf an empirischen Befunden zur Ermöglichung einer fundierten Entscheidung bleibt selbstverständlich bestehen.

II. Rechtsverhältnisse in der D&O-Versicherung

9 Bei den üblichen D&O-Versicherungen handelt es sich um Gruppenhaftpflichtversicherungen für fremde Rechnung[50]. Bei der Versicherung für fremde Rechnung (§§ 74 ff VersVG) handelt es sich um einen Spezialfall eines Vertrags zugunsten Dritter[51]. Die Gesellschaft als Versicherungsnehmerin schließt den Versicherungsvertrag mit dem Versicherer ab. Die materiellen Rechte aus dem Versicherungsvertrag stehen den versicherten Organmitgliedern zu (§ 75 Abs 1 VersVG), die weder namentlich genannt werden (§ 74 Abs 1 VersVG), noch Kenntnis vom Vertragsabschluss haben müssen (§ 79 Abs 1 VersVG). Die gerichtliche Geltendmachung der Rechte aus dem Deckungsverhältnis in einem Deckungsprozess ist mangels ad hoc erteilter Zustimmung der Versicherungsnehmerin oder entsprechender Vorwegvereinbarung im Versicherungsvertrag allerdings an den Besitz des Versicherungsscheins gebunden (§ 75 Abs 2 VersVG), deren Ausstellung nur die Versicherungsnehmerin verlangen kann (§ 75 Abs 1 VersVG).

10 Da es sich bei der D&O-Versicherung um eine Haftpflichtversicherung (§§ 149 ff VersVG) handelt, ist bei der Erörterung der Rechtsverhältnisse immer auch die Stellung des geschädigten Dritten zu berücksichtigen. Das Verhältnis zwischen den Trägern des versicherten Interesses (hier: den versicherten Personen) und dem geschädigten Dritten wird als **Haftpflichtverhältnis** bezeichnet[52]. Das Bestehen des Haftpflichtanspruchs ist notfalls in einem Haftpflichtprozess zwischen versicherter Person und dem Dritten zu klären (Trennungsprinzip)[53].

11 Die Rechtsstellung der Gesellschaft in der D&O-Versicherung ist dadurch gekennzeichnet, dass sich ihre Rolle idR nicht ausschließlich auf jene der Versicherungsnehmerin einer Fremdversicherung beschränkt. Bei den Deckungsbausteinen des Company Reimbursement Cover und des Entity Cover handelt es sich um Elemente einer Eigenversicherung[54]. Der Gesellschaft stehen dort selbst materielle Rechte aus dem Versicherungsvertrag zu. In den Fällen der Innenhaftung schließlich vereinigen sich in der Gesellschaft die Position der Versicherungsnehmerin und jene des geschädigten Dritten[55].

12 Die Ausgangsposition der Qualifikation der D&O-Versicherung als **Gruppenhaftpflichtversicherung für fremde Rechnung** bedingt komplexe Rechtsverhältnisse und Rechtsfragen, die im Folgenden nur in Grundzügen dargestellt werden können[56].

---

50 Statt aller *Koch*, GmbHR 2004, 18 (22); *Dreher*, DB 2005, 1669.

51 Dazu näher *Hübsch* in BerlinKommVVG § 74 Rz 5; *Schauer*, Versicherungsvertragsrecht³ 164 ff.

52 *Reisinger* in Fenyves/Schauer, VersVG § 149 Rz 42 ff; *Voit/Knappmann* in Prölss/Martin, VVG²⁷ Vor §§ 149–158k Rz 2.

53 Dazu näher *Felsch* in Workshop zur Haftpflichtversicherung der Münsterischen Forschungsstelle für Versicherungswesen (2010) 1.

54 Vgl Rz 48 ff.

55 Dazu ausführlich unter Rz 24 ff.

56 Weiterführend *Koch*, GmbHR 2004, 18, 160, 288; *derselbe*, ZVersWiss 2012, 151; *Ingwersen*, Die Stellung des Versicherungsnehmers bei Innenhaftungsfällen in der D&O-Versicherung (2011).

A. Gesellschaft – Versicherer

1. Die Gesellschaft als Versicherungsnehmerin

Die Gesellschaft ist als Versicherungsnehmerin Vertragspartnerin des Versicherers[57]. Sie schließt den Vertrag mit dem Versicherer ab und entscheidet allein über dessen zukünftiges rechtliches Schicksal[58]. Ob die Gesellschaft zum Abschluss einer D&O-Versicherung verpflichtet ist, richtet sich nach dem Innenverhältnis zwischen der Gesellschaft und ihren Organmitgliedern[59]. Nach einhelliger Auffassung ist der Vorstand aufgrund seiner grundsätzlich unbeschränkten gesellschaftsrechtlichen Formalvollmacht zum Abschluss einer D&O-Versicherung unabhängig davon befähigt, ob der Abschluss im Innenverhältnis einer Genehmigung durch den Aufsichtsrat bzw die Hauptversammlung oder einer Ermächtigung in der Satzung bedarf[60]. 13

Als Versicherungsnehmerin ist die Gesellschaft gegenüber dem Versicherer zur Prämienzahlung verpflichtet[61]. Wer die **Prämie** letztendlich wirtschaftlich trägt, richtet sich ausschließlich nach dem jeweiligen Innenverhältnis zwischen der Gesellschaft und den versicherten Personen[62]. 14

a) Exkurs: Interne Zuständigkeit zum Abschluss

Die Frage der internen Zuständigkeit zum Abschluss einer D&O-Versicherung ist bis heute nicht höchstgerichtlich geklärt[63]. Die in der Vorauflage vertretene Ansicht, wonach bei der Aktiengesellschaft die Versicherung des Vorstands einer Genehmigung durch den Aufsichtsrat und die Versicherung des Aufsichtsrats eines Hauptversammlungsbeschlusses oder einer Satzungsbestimmung bedarf, 15

---

57 Vgl *Hübsch* in BerlinKommVVG § 74 Rz 5; *Gisch* in Ratka/Rauter, Geschäftsführerhaftung² Rz 8/4.

58 Allg *Ertl* in Fenyves/Schauer, VersVG § 75 Rz 1 ff, § 76 Rz 1 ff; *Hübsch* in BerlinKommVVG § 75 Rz 3 mwN.

59 Vgl dazu näher unter Rz 37.

60 *Vetter*, AG 2000, 453 (457); *Krüger*, NVersZ 2001, 8; *Pammler*, Die gesellschaftsfinanzierte D&O-Versicherung 145 ff; *Ulmer* in FS Canaris 451 (471); *P. Doralt/W. Doralt* in Semler/v. Schenck, ARHdb³ § 13 Rz 248, 260; unklar *Kästner*, AG 2000, 113 (122); zum österr Recht *Schima*, GesRZ 2003, 199 (209); *Griehser*, RdW 2006, 133 (137); Außen- und Innenverhältnis nicht ausreichend trennend aber *Gruber/Mitterlechner/Wax*, wbl 2009, 169 ff; krit dazu bereits *Schima* in der Vorauflage § 12 Rz 130.

61 *Hübsch* in BerlinKommVVG § 74 Rz 1; *Gisch* in Ratka/Rauter, Geschäftsführerhaftung² Rz 8/14.

62 Vgl *Schauer*, Versicherungsvertragsrecht³ 167.

63 Der BGH (16.3.2009, II ZR 280/07, VersR 2009, 1635) hat die Frage zwar offengelassen, sich aber (aaO Rz 23) immerhin nicht ohne weiteres der in D hA, die sich für die Kompetenz des Vorstands ausspricht, angeschlossen: „*Zweifelhaft ist schon, ob der Vorstand für den Abschluss einer D & O-Versicherung zugunsten der Aufsichtsratsmitglieder zuständig ist oder ob die Prämienzahlung einen Vergütungsbestandteil darstellt, was gemäß § 113 Abs. 1 Satz 2 AktG – bei Fehlen einer satzungsmäßigen Regelung - die Zuständigkeit der Hauptversammlung begründen würde (so Hüffer, AktG 8. Aufl. § 113 Rdn. 2 a; a.A. Kort, DStR 2006, 799, 802). Jedenfalls ist die Gesellschaft aber ihren Aufsichtsratsmitgliedern gegenüber nicht verpflichtet, für diese – ohne eine Regelung in der Satzung – eine Haftpflichtversicherung abzuschließen (Henssler in Henze/Hoffmann-Becking, Gesellschaftsrecht 2001, S. 131, 146; Fleischer, WM 2005, 909, 919; MünchKommAktG/Spindler 3. Aufl. § 84 Rdn. 90).*“

hat sich in Ö allerdings mittlerweile verfestigt[64]. Das österr Schrifttum ist wesentlich dadurch geprägt, dass der OGH[65] in einer älteren E den Abschluss einer „erweiterten Managerrechtsschutzversicherung" durch den Vorstand auf Kosten der Gesellschaft trotz fehlender Zustimmung durch den Aufsichtsrat als Verhalten qualifiziert hat, welches ihn als vertrauensunwürdig iSd § 27 Z 1 AngG erscheinen ließ. Auf § 1014 ABGB konnte sich der Vorstand nicht berufen, weil das Schadensrisiko als zum allgemeinen Berufsrisiko zählend und in concreto durch das vom Machtgeber gezahlte Entgelt abgedeckt und überwälzt angesehen wurde. Zur Frage des Abschlusses einer gesellschaftsfinanzierten D&O-Versicherung liegt Rsp bislang nicht vor, der überwiegende Teil des Schrifttums in Österreich bejaht jedoch auch dort den **Entgeltcharakter**[66], zumindest aber aufgrund der Wertungen des § 95 Abs 5 AktG die Notwendigkeit der Zustimmung des Aufsichtsrats bzw – bei der Versicherung des Aufsichtsrats – der Hauptversammlung[67].

16 Im dt Schrifttum wurde hingegen, nachdem die ältere L den Vergütungscharakter noch verbreitet bejaht hatte[68], der Abschluss einer D&O-Versicherung längere Zeit ganz überwiegend als schlichter Akt der Geschäftsführung angesehen, der keinerlei besondere Vorgehensweise erfordere[69]. Begründet wurde dies insb mit dem angeblich überwiegenden Eigeninteresse der Gesellschaft[70]. Inzwischen wurde jedoch mit Recht darauf hingewiesen, dass Gesellschaft und Organmitglieder gleichermaßen Interesse am Abschluss einer D&O-Versicherung haben[71]. Das Gegenargument, dass der dt Gesetzgeber des VorstAG den Schutz der Gesellschaft in den Vordergrund gerückt habe[72], überzeugt nicht: Wenn die Mat festhalten, D&O-

64 S zuletzt *Schima* in der Vorlauflage § 12 Rz 130; *Nowotny* in FS Fenyves (2013) 661 (669 f).

65 OGH 30.6.1999, 9 Ob A 68/99m, ASoK 2000, 80 (LS).

66 *Wenger*, RWZ 1999, 360 (361); *Schima*, GesRZ 2003, 199 (209); *Griehser*, RdW 2006, 133 (136 f); *P Doralt/W Doralt* in Semler/v. Schenck, ARHdb[3] § 13 Rz 261; *P. Doralt/W. Doralt* in FS Koziol 565 (581); *Schima* in der Vorauflage § 12 Rz 130; offenlassend *Kalss* in Doralt/Nowotny/Kalss, AktG § 98 Rz 8; differenzierend *Kalss* in Kalss/Nowotny/Schauer, Gesellschaftsrecht Rz 3/452 und 3/505; aA *Gruber/Wax*, wbl 2010, 169; *Nowotny* in FS Fenyves 661 (668), allerdings nur unter Berufung auf die überwiegende Meinung und das mittlerweile widerlegte Argument (dazu sogleich im Text), dass die Innenverhältnisdeckung „eindeutig im überwiegenden Interesse der Gesellschaft" gelegen sei.

67 *Nowotny* in FS Fenyves 661 (669 f).

68 S insb *P. Doralt* in Semler, ARHdb (1999) M 125, 761 f; *Kästner*, AG 2000, 113 (116); *Feddersen*, AG 2000, 385 (394); *Henssler* in Henze/Hoffmann-Becking, Gesellschaftsrecht 2001 (2001) 131 (insb 144, 156); *Krüger*, NVersZ 2001, 8; *Hüffer*, AktG[8] § 84 Rz 16 und § 113 Rz 2a mwN zum damaligen Meinungsstand.

69 S etwa *Mertens*, AG 2000, 447; *Vetter*, AG 2000, 453; *Lange*, ZIP 2001, 1524; *Fleischer* in Fleischer, Handbuch des Vorstandsrechts § 12 Rz 12; *Möhrle*, Gesellschaftsrechtliche Probleme der D&O-Versicherung 162 ff.

70 So insb *Dreher*, ZHR 165 (2001) 293 (309); *Mertens*, AG 2000, 447 (452); zu den Interessen der Gesellschaft am Abschluss einer D&O-Versicherung siehe Rz 6.

71 *Pammler*, Die gesellschaftsfinanzierte D&O-Versicherung 109 ff, insb 112; zustimmend *Ulmer* in FS Canaris 451 (471); vgl auch *Gruber/Wax*, wbl 2010, 169 (172); *Schima* in der Vorauflage § 12 Rz 130; aA *Dreher/ Thomas*, ZGR 2009, 31 (48 ff).

72 So *Baumann* in Bruck/Möller, GroßkommVVG IV[9] AVB-AVG 2011/2013 Einf Z 34; vgl auch *Hopt/Roth* in GroßkommAktG § 113 Rz 50 ff, 159 (Vorstandskompetenz bei Einhaltung der Voraussetzungen des dt Steuerrechts und Vereinbarung eines angemessenen Selbstbehalts; bloße Empfehlung eines Hauptversammlungsbeschlusses).

Versicherungen dienten nicht nur dem Schutz des Vermögens der Gesellschaft, sondern auch der Absicherung eines Vorstandsmitglieds vor Haftungsrisiken aus seiner Tätigkeit für die Gesellschaft[73], so ist das primär als – wenn auch vielleicht zu zaghafter – Versuch zu werten, die Dinge angesichts der damals ganz hA, wieder etwas ins rechte Lot zu rücken. Dass die Prämie insb anhand von Unternehmenskennzahlen ermittelt wird, ist auf das Fehlen genauerer Kalkulationsmethoden zurückzuführen, nicht aber auf die im österreichischen und deutschen Recht unbedeutende und daher keinesfalls ausschlaggebende Eigenversicherung der Gesellschaft unter dem Company-Reimbursement Cover[74]; daraus Rückschlüsse auf die interne Zuständigkeit zu ziehen, wäre daher verfehlt[75]. Aufgrund der Gefahr der Aushöhlung der Präventionswirkung der Haftung laufen die Gesellschaft bzw die Aktionäre sogar Gefahr, dass die Versicherung in ihrer konkreten Ausgestaltung nicht in ihrem Interesse liegt[76]. Zur Vermeidung einer „Selbstbedienung" des Vorstandes bzw des Aufsichtsrats wird daher zunehmend die analoge Heranziehung der §§ 84, 87, 113 dAktG und deshalb hinsichtlich der Versicherung der Vorstandsmitglieder die Einbeziehung des **Aufsichtsrats** bzw hinsichtlich der Versicherung der Aufsichtsratsmitglieder, in Ermangelung einer Satzungsermächtigung, die Einbeziehung der **Hauptversammlung** befürwortet, selbst wenn man den Vergütungscharakter der Übernahme der Prämien für die D&O-Versicherung durch die Gesellschaft verneinen sollte[77]. Der für das österr Recht als „Aufhänger" eines Größenschlusses bzw Hinweises auf das Schweigen des Gesetzgebers in Betracht kommende Einwand, der dt Gesetzgeber habe mit der Einführung des Pflichtselbstbehaltes in § 93 Abs 2 S 3 dAktG zum Ausdruck gebracht, wo er die Präventivwirkung der Haftung für erforderlich halte, sodass in den Übrigen Fällen die Haftung zum „Unternehmerisiko" der Gesellschaft gehöre und deshalb die Prämie von dieser zu bezahlen sei[78], überzeugt nicht: Dass die gesellschaftsfinanzierte D&O-Versicherung aktienrechtlich insoweit nicht *generell* verboten ist, sagt noch nichts darüber aus, wer *im Einzelfall* darüber zu entscheiden hat, ob und in welcher konkreten Ausgestaltung eine solche abgeschlossen werden soll.

Zu Recht wird aber auch die direkte Anwendbarkeit der §§ 84, 87, 113 dAktG **17**
bzw §§ 78 und 98 AktG neuerdings wieder vermehrt bejaht[79]. Es mag zwar zutref-

---

73 BT-Rechtsausschuss, BT-Drucks 16/13433 S 11.

74 Vgl *Kästner*, AG 2000, 113 (117); dies berücksichtigen *Gruber/Wax*, wbl 2010, 169 (171) nicht. Zur geringen Bedeutung des Entity Cover (ieS) in der hiesigen D&O-Versicherung s Rz 62.

75 Vgl aber *Spindler* in MünchKommAktG³ § 87 Rz 15, der bei einer pauschal ausgestalteten Gruppenversicherung die Kompetenz des Vorstands bejaht.

76 Grundlegend *Pammler*, Die gesellschaftsfinanzierte D&O-Versicherung 47 ff.

77 *Pammler*, Die gesellschaftsfinanzierte D&O-Versicherung 133 ff; *Ulmer* in FS Canaris 451 (471); *P. Doralt/W. Doralt* in Semler/v. Schenck, ARHdb³ § 13 Rz 263; *W. Doralt* in Semler/v. Schenck, ARHdb⁴ § 15 Rz 86; ähnlich *Nowotny* in FS Fenyves (2013) 661 (669 f); *Dreher/Thomas*, ZGR 2009, 31 (60 f).

78 *Baumann* in Bruck/Möller, GroßkommVVG IV⁹ AVB-AVG 2011/2013 Einf Z 35 (Anführungszeichen auch im Original).

79 *P. Doralt/W. Doralt* in Semler/v. Schenck, ARHdb³ § 13 Rz 261; *Beckmann* in Beckmann/Matusche-Beckmann, Versicherungsrechtshandbuch³ § 28 Rz 23 ff mwN zum älteren Schrifttum; zuletzt *P. Doralt/W. Doralt* in FS Koziol 565 (581); *W. Doralt* in Semler/v. Schenck, ARHdb⁴ § 15 Rz 76 ff; *Armbrüster*, VersR 2014, 1 (7).

fen, dass § 78 AktG, der Versicherungsentgelte ausdrücklich als Bestandteil der Vorstandsbezüge nennt, entgegen seinem eindeutigen Wortlaut nicht Aufwendungen zur Verschaffung von jedweder Art von Versicherungsschutz erfasst[80]. Dass die Verschaffung einer D&O-Versicherung selbstverständlich nicht als Hauptleistungspflicht der Gesellschaft anzusehen ist[81], kann gegen die Qualifikation als Vergütungsbestandteil mE aber nicht eingewendet werden, da nach richtigem Verständnis der Begriff des *Entgelts* im Allgemeinen – und ganz im Sinne des ökonomischen Verständnisses des Lohns[82] – sämtliche Leistungen umfasst, die der Arbeitnehmer vom Arbeitgeber dafür enthält, damit er ihm seine Arbeitskraft zur Verfügung stellt („do ut des")[83]. Soweit die Gesellschaft Organmitgliedern vermögenswerte Leistungen erbringt, damit diese ihre Tätigkeit ausüben, handelt es sich dabei definitionsgemäß um **entgeltliche Leistungen**[84]. Der Umstand, dass das Gesetz von Angebot und Nachfrage am – idZ meist neudeutsch formuliert – „market for managers" idR dazu führt, dass eine gesellschaftsfinanzierte D&O-Versicherung abgeschlossen wird, streitet daher keineswegs für jene, welche die Entscheidung beim Vorstand sehen[85].

18 Überzeugende sachliche Gründe, warum der aktienrechtliche Bezugs- bzw Vergütungsbegriff grundsätzlich enger als der weite arbeitsrechtliche Entgeltsbegriff auszulegen sein sollte[86], können mE nicht gefunden werden. Schon die Tatsache, dass auch der Ersatz von Aufwendungen und Nebenleistungen von § 78 AktG erfasst werden, legt nahe, den Vergütungsbegriff weit auszulegen[87]. Vor allem aber sprechen teleologische Gründe[88] für die Qualifikation der Prämien der D&O-Versicherung als Teil der Vergütung: Die aktienrechtlichen Normen wollen die **Angemessenheit** der Leistungen an Vorstands- und Aufsichtsratsmitglieder sicherstellen[89]. Ferner sollen gegenseitige **Abhängigkeitsverhältnisse** zwischen Vorstands- und Aufsichtsratsmitgliedern vermieden werden[90]. Entscheidend ist in diesem Zusammenhang mE die Substituierbarkeit der Prämienübernahme durch die Gesellschaft durch die Zahlung einer höheren Vergütung, dh das (wohl regelmäßig vorhandene) Bestehen eines Interesses der Organmitglieder, im Falle des

80 Vgl statt aller *Dreher*, ZHR 165 (2001) 293 (302); *Gruber/Wax*, wbl 2010, 169 (170).

81 Vgl *Lange*, ZIP 2001 1424 (1526 f).

82 *Schrammel* in Tomandl/Schrammel, Arbeitsrecht[8] II 68.

83 *Schrammel* in Tomandl/Schrammel, Arbeitsrecht[8] II 68; zum Entgeltlichkeitsbegriff *Koziol/Welser*[13] I 116; ähnlich zum dt Recht *Beckmann* in Beckmann/Matusche-Beckmann, Versicherungsrechtshandbuch[3] § 28 Rz 24.

84 Vgl *Schima*, GesRZ 2003, 199 (209). Das Schrifttum (vgl nur *Dreher/Thomas*, ZGR 2009, 31 [51]; *Gruber/Wax*, wbl 2010, 169 [170 ff]) stellt dagegen ohne nähere Begründung zumeist auf den Gegenseitigkeitsbegriff ab und verneint den Vergütungscharakter mit dem Argument, die Verpflichtung, als Organmitglied tätig zu werden, werde nicht um der Verpflichtung der Gesellschaft willen, eine D&O-Versicherung abzuschließen, eingegangen.

85 Dies zu *Baumann* in Bruck/Möller, GroßkommVVG IV[9] AVB-AVG 2011/2013 Einf Z 35.

86 So *Pammler*, Die gesellschaftsfinanzierte D&O-Versicherung 118 ff.

87 Ebenso *P. Doralt/W. Doralt* in Semler/v. Schenck, ARHdb[3] § 13 Rz 261; *Beckmann* in Beckmann/Matusche-Beckmann, Versicherungsrechtshandbuch[3] § 28 Rz 24.

88 So auch *Kästner*, AG 2000, 113 (116).

89 S nur *Nowotny* in Doralt/Nowotny/Kalss, AktG § 78 Rz 2. Dies betonen im Übrigen auch Vertreter der Gegenansicht wie *Gruber/Wax*, wbl 2010, 169 (170).

90 Ausführlich dazu *Pammler*, Die gesellschaftsfinanzierte D&O-Versicherung 135 ff.

Nichtabschlusses einer D&O-Versicherung die Erstattung der Kosten einer Individualversicherung oder aber ein aus der Sicht des Organmitglieds risikoadäquates Entgelt zu erlangen[91]. Es überzeugt nicht, zunächst die Zulässigkeit der D&O-Versicherung insbesondere mit dem Rekrutierungsinteresse der Gesellschaft und den vermeintlich positiven Anreizen zu rechtfertigen, dann aber den Vergütungscharakter der Prämienübernahme zu verneinen[92]. Nur wenn ein Organmitglied vom Bestehen der Versicherung keine Kenntnis hat und die ihr daraus zustehenden Rechte (§ 75 Abs 1 VersVG) später zurückweisen sollte (§ 882 Abs 1 ABGB), wird der Vergütungscharakter zu verneinen sein. Diese Überlegungen zeigen auch, dass – worauf es nach verbreiteter Ansicht ankommen soll[93] – der private Bereich des Organmitglieds aufgrund der Absicherung gegen das persönliche Haftpflicht- bzw Kostenrisiko sehr wohl ganz entscheidend betroffen ist[94]. Darin unterscheidet sich die D&O-Versicherung von schlichten Fragen der Ausgestaltung des Arbeitsplatzes, die als solche der „normalen" Geschäftsführung angesehen werden[95]. Das Bestehen einer generellen Verpflichtung zur Versicherung der Innenhaftung im Interesse der Organmitglieder, die die Qualifikation der Prämienübernahme als eine nicht als Vergütungsbestandteil geltende echte Fürsorgeaufwendung[96] rechtfertigen würde, wurde bislang zu Recht nicht postuliert[97].

Es mag zutreffen, dass die D&O-Versicherung nur ein dienstlich verursachtes Risiko abdeckt[98], deswegen kann jedoch nicht der Entgeltcharakter geleugnet werden, weil dies dann für alle Zuwendungen zutreffen müsste, die lediglich Opportunitätskosten dessen abdecken, der eine Tätigkeit aufnimmt: Sind die sonstigen Bezüge besonders hoch, weil sie bereits das Risiko einer Haftung zumindest teilweise abdecken[99] bzw – und darauf wird es in der Praxis ankommen – den Erwerb einer Individualversicherung bzw einer von den Organmitgliedern gemeinsam kontrahierten Versicherung ermöglichen würden, könnte die zusätzliche Übernah- **19**

---

91 Ähnlich *P. Doralt/W. Doralt* in Semler/v. Schenck, ARHdb³ § 13 Rz 261.

92 *W. Doralt* in Semler/v. Schenck, ARHdb⁴ § 15 Rz 78; *Beckmann* in Beckmann/Matusche-Beckmann, Versicherungsrechtshandbuch³ § 28 Rz 24; verfehlt etwa *Baumann* in Bruck/Möller, GroßkommVVG IV⁹ AVB-AVG 2011/2013 Einf Z 35.

93 Statt aller *Vetter*, AG 2000, 453 (456).

94 *Beckmann* in Beckmann/Matusche-Beckmann, Versicherungsrechtshandbuch³ § 28 Rz 24; *W. Doralt* in Semler/v. Schenck, ARHdb⁴ § 15 Rz 78; aA *Vetter*, AG 2000, 453 (456).

95 AA *Mertens*, AG 2000, 447 (449 ff); *Schüppen/Sanna*, ZIP 2002, 550 (551); *Gruber/Wax*, wbl 2010, 169 (171 FN 30).

96 Gegen die Qualifikation als Fürsorgeaufwendung auch *Dreher*, ZHR 165 (2001) 297 (308), der darauf hinweist, dass es im gegebenen Zusammenhang um die Versicherung von Schadenersatzansprüchen der Gesellschaft gegen ihre Organmitglieder geht. Vgl aber den Hinweis von *Gruber/Wax*, wbl 2010, 169 (171 FN 30) auf einen Bodyguard.

97 Ausdrücklich abl BGH 16.3.2009, II ZR 280/07, VersR 2009, 1635; siehe ferner *W. Doralt* in Semler/v. Schenck, ARHdb⁴ § 15 Rz 59 ff; *Koch*, GmbHR 2004, 160 (168); *Deilmann*, NZG 2005, 54 (56); *Fleischer* in Fleischer, Handbuch der Vorstandsrechts § 12 Rz 15; *Spindler* in MünchKommAktG³ § 93 Rz 177 mwN; tendenziell anders möglicherweise *Baumann* in Bruck/Möller, GroßkommVVG IV⁹ AVB-AVG 2011/2013 Einf Z 35, der die enormen Haftungsrisiken modernen Unternehmertums herausstreicht.

98 Vgl *Gruber/Wax*, wbl 2010, 169 (171).

99 ME zu weitgehend von einer gänzlichen Kompensation ausgehend *Griehser*, RdW 2006, 133.

me der Prämie für eine D&O-Versicherung durch die Gesellschaft durchaus dazu führen, dass die Bezüge insgesamt als unangemessen anzusehen sind[100]. Es überzeugt daher nicht, unter den Vergütungsbegriff nur jene Vermögenszuwendungen zu subsumieren, die keinen Vermögensvorteil gegenüber dem Zeitpunkt vor der Übernahme der Tätigkeit herbeiführen[101]. In einem führenden dt Handbuch zur D&O-Versicherung wird zwar behauptet, der auf den einzelnen Versicherten entfallende Prämienaufwand sei – selbst wenn man den Vergütungscharakter bejahen sollte – so gering, dass er gar nicht ins Gewicht falle[102]. Angesichts der Tatsache, dass wir hier dennoch um Beträge von regelmäßig mehreren hundert oder tausend Euro pro Person sprechen (und sich die Beträge bei größeren Gesellschaften durchaus auch auf mehrere hunderttausend Euro summieren können), erscheint dies freilich nicht mehr als eine Schutzbehauptung zur Rechtfertigung „ständig geübter Praxis". Aus alldem können – wie *Walter Doralt* zutreffend festgestellt hat – durchaus auch Konsequenzen für die **steuerrechtliche Beurteilung**[103] in D folgen, die derzeit oft noch als allerletzter Rettungsanker der hM dient[104]. In Ö kann aus den LStR 2002 freilich ohnedies weder für die eine noch die andere Seite etwas gewonnen werden: Z 393a kennt zwar mehrere Varianten von Haftpflichtversicherungen zur Abdeckung eines Vermögensschadens infolge Fehlhandelns von Führungskräften, keine entspricht jedoch der gängigen Praxis der D&O-Versicherung. Da die Versicherten die Verschaffung von D&O-Versicherung als entgeltliche Zuwendung ansehen dürfen, wird die Gesellschaft pflichtwidrig handeln, wenn sie bereits bestehenden und bekannten Versicherungsschutz wieder entzieht. Damit erlangten die materiell ohnedies berechtigten Versicherten (§ 75 Abs 1 S 1 VersVG) aber zusammen mit der idR vertraglich eingeräumten Prozessführungs- und Verfügungsbefugnis eine Rechtsposition, die stark genug sein dürfte, um die iZw anteiligen[105] Prämienzahlungen als steuerlichen Sachbezug qualifizieren zu können[106].

---

100 Wenn *Schüppen/Sanna*, ZIP 2002, 550 (551) von einem „faktischen Versicherungszwang" sprechen, weil D&O-Versicherungen mittlerweile üblich sind, so ist dem mE allenfalls soweit zu folgen, als der Abschluss einer gesellschaftsfinanzierten D&O-Versicherung idR die für die Gesellschaft günstigste mehrerer zulässiger, weil im Interesse der Gesellschaft liegender, Alternativen darstellen wird. Zu klären gilt es zuallererst freilich, welche Alternativen überhaupt im Interesse der Gesellschaft liegen.

101 So aber *Pammler*, Die gesellschaftsfinanzierte D&O-Versicherung 121 ff; *Dreher/Thomas*, ZGR 2009, 31 (51). Die faktische Schwierigkeit der Zuordnung der Prämienbestandteile vermag an der rechtlichen Beurteilung nichts zu ändern: *P. Doralt/W. Doralt* in Semler/v. Schenck, ARHdb[3] § 13 Rz 260 f.

102 *Lange*, D&O-Versicherung und Managerhaftung § 3 Rz 4.

103 Die Ausführungen zur steuerlichen Beurteilung geben – wie auch der gesamte Beitrag – ausschließlich die persönliche Meinung des Autors wieder.

104 *W. Doralt* in Semler/v. Schenck, ARHdb[4] § 15 Rz 80.

105 Bei wechselnder Zahl der Versicherten wird iZw auf die (allenfalls geschätzte) durchschnittliche Zahl abzustellen sein, wobei zuvor ggfs ein Anteil für Company Reimbursement bzw Entity Cover zu schätzen und abzuziehen wäre.

106 Vgl VwGH 20.4.2003, 99/13/0224, VwSlg 7817 F/2003: „*Als Vorteil aus dem bestehenden Dienstverhältnis kommt alles in Betracht, was im Rahmen eines Dienstverhältnisses dem Arbeitnehmer zufließt. Es können dies Geldleistungen oder geldwerte Vorteile (Sachbezüge) sein. Zu solchen Vorteilen gehören auch Leistungen zu einer Versicherung, die dem Arbeit-*

Zusammenfassend lässt sich daher festhalten, dass der Abschluss einer gesellschaftsfinanzierten D&O-Versicherung bei der **AG** im Innenverhältnis[107] der Genehmigung durch den Aufsichtsrat (betreffend den Vorstand) bzw der Hauptversammlung oder einer entsprechenden Satzungsregelung (betreffend den Aufsichtsrat) bedarf[108]. Es ist zwar zweifelhaft, ob die Hauptversammlung das geeignete Gremium ist, den konkreten D&O-Versicherungsvertrag *im Detail* zu analysieren. Das führt aber nicht daran vorbei, die Aktionäre mit der Problematik der D&O-Versicherung zumindest insoweit zu befassen, dass diese – so sie mit ihrem Abschluss einverstanden sind – eine entsprechende Satzungsbestimmung, die ggfs auch die Problematik des Selbstbehalts regelt, vorsehen können. Eine detaillierte Regelung der Konditionen ist wohl nicht erforderlich[109], sinnvoll, wenn nicht sogar geboten, erscheint jedoch die Angabe der maximalen Versicherungssumme[110] und der maximalen Prämie[111]. Auch wie streng der Pflichtwidrigkeitsausschluss (Rz 85 ff) mindestens formuliert werden soll, könnte festgelegt werden. 19a

Bei der **GmbH** ist für die Versicherung des Geschäftsführers ein Gesellschafterbeschluss erforderlich, wobei der Gesellschafter-Geschäftsführer einem Stimmverbot unterliegt[112]. Bei der **Privatstiftung** besteht bei Bejahung des Vergütungscharakters in direkter[113], jedenfalls aber in analoger[114] Anwendung des § 19 Abs 2 iVm § 9 Abs 2 Z 9 PSG die Möglichkeit, dem Vorstand das Recht zum Abschluss einer D&O-Versicherung in der Stiftungserklärung einzuräumen, wobei der Abschluss an die Zustimmung eines Beirats oder des Aufsichtsrats gebunden werden kann[115]. Fehlt eine solche Ermächtigung, bedarf der Abschluss einer D&O-Versicherung auf Kosten der Privatstiftung nach hier vertretener Ansicht der Genehmigung durch das Gericht (zugunsten des Vorstands gem § 19 Abs 5 PSG und zugunsten des Aufsichtsrats gem § 26 Abs 2 PSG). Verneint man den Vergütungscharakter, ist die gerichtliche Genehmigung zugunsten des Vorstandes nur, wegen der typischerweise vorliegenden Interessenkollision in sinngemäßer Anwendung von § 17 Abs 5 PSG aber immerhin dann erforderlich, wenn kein Aufsichtsrat besteht[116]. 19b

nehmer gehört. Um hievon sprechen zu können, muss der Arbeitnehmer im Versicherungsverhältnis eine solche Stellung haben, dass er über die Ansprüche aus der Versicherung verfügen kann, es müssen ihm also die Ansprüche aus dem Versicherungsverhältnis zustehen.“

107 Offenlassend nur *Gruber/Wax*, wbl 2010, 169, die einerseits auf die Formalvollmacht des Vorstandes (§ 74 Abs 2 AktG) hinweisen (169), andererseits beim etwaigen Verstoß gegen den internen Zustimmungsvorbehalt die Nichtigkeit des Vertrags iSd § 879 ABGB für möglich halten (173).

108 Zu den Voraussetzungen siehe etwa *Hüffer*, AktG[8] § 113 Rz 2a.

109 *Nowotny* in FS Fenyves 661 (673).

110 *Schima* in der Vorauflage § 12 Rz 130 (FN 691).

111 *W. Doralt* in Semler/v. Schenck, ARHdb[4] § 15 Rz 84.

112 Ausf *Nowotny* in FS Fenyves 661 (678).

113 Offenlassend *Hochedlinger*, ecolex 2008, 143 (144).

114 So *Nowotny* in FS Fenyves 661 (678).

115 *Nowotny* in FS Fenyves 661 (678 f).

116 *Hochedlinger*, ecolex 2008, 143 (145); *Nowotny* in FS Fenyves 661 (679).

b) Geltendmachung von Ansprüchen aus dem Versicherungsvertrag

20 Die gerichtliche Geltendmachung der Ansprüche aus dem Versicherungsvertrag in einem Deckungsprozess erfolgt nach den dispositiven Bestimmungen des VersVG grundsätzlich durch die Gesellschaft als Versicherungsnehmerin, da nur diese die Aushändigung des Versicherungsscheins verlangen kann (§ 75 VersVG)[117]. Da die materiellen Rechte aus dem Versicherungsvertrag den versicherten Personen zustehen (§ 75 Abs 1 VersVG), liegt eine **gesetzlich angeordnete Prozessstandschaft** vor[118]. In der D&O-Versicherung können die Versicherten ihre Rechte allerdings kraft besonderer Vereinbarung iaR selbst geltend machen[119]. Solange dem Haftpflichtversicherer das „Wahlrecht" zwischen Abwehr unbegründeter und Befriedigung begründeter Ansprüche zusteht[120] und die Fälligkeit des Befreiungsanspruchs ieS (§ 154 Abs 1 VersVG) nicht eingetreten ist, ist nach der Rsp eine Klage auf Feststellung der Deckungspflicht (§ 228 ZPO) einzubringen[121].

21 Auch danach kann die Versicherungsnehmerin nur den Befreiungsanspruch ieS der versicherten Person geltend machen: Die Bestimmungen über die Versicherung für fremde Rechnung (§§ 74 VersVG) sind Teil der Vorschriften für die gesamte Schadensversicherung (§§ 49 ff VersVG) und werden teilweise von den spezielleren Vorschriften zur Haftpflichtversicherung (§§ 149 ff VersVG) verdrängt[122]. Nach den Vorstellungen des Gesetzgebers zahlt der Versicherer in der Fremdversicherung die Entschädigung entweder direkt an den Versicherten oder an den verfügungsbefugten Versicherungsnehmer (vgl im Einzelnen § 76 Abs 1 u 2 VersVG). Dieser leitet ggfs die Versicherungssumme, nachdem er sich für die in Bezug auf die Aufwendungen auf die versicherte Sache gemachten Aufwendungen befriedigt hat (vgl § 77 VersVG), präziser also: die Hyperocha an die versicherte Person weiter[123]. Die Bestimmung des § 76 Abs 3 VersVG, wonach der Versicherer zur Zahlung an den Versicherungsnehmer nur – aber immerhin – verpflichtet ist, wenn dieser ihm gegenüber nachweist, dass der Versicherte seine Zustimmung zur Versicherung erteilt hat, soll sog Wettversicherungen verhindern[124]. Der Versicherer soll es zumindest verhindern können, dass der Versicherungsnehmer ohne Wissen und Zustimmung des Trägers des versicherten Risikos eine Versicherung abschließt und die Entschädigungssumme behält[125]. Beim **Haftpflichtversicherungsanspruch** handelt es sich allerdings nicht um einen Zahlungsanspruch, sondern um einen **Befreiungsanspruch**, der durch direkte Zahlung des Versicherers an den geschädigten Dritten (den Haftpflichtgläubiger) erfüllt werden kann (§ 156

---

[117] S dazu näher *Hübsch* in BerlinKommVVG § 75 Rz 11 ff; *Koch*, GmbHR 2004, 18 (23).

[118] *Hübsch* in Berliner Komm, VVG § 76 Rz 5; *Koch*, GmbHR 2004, 18 (23); *Ertl* in Fenyves/Schauer, VersVG § 75 Rz 2.

[119] *Lange*, VersR 2010, 162 (167 f); *Koch*, ZVersWiss 2012, 151 (156).

[120] Vgl dazu näher unter Rz 56.

[121] ZB OGH 7 Ob 1023/94, VersE 1637 = VR 1996/392; dazu näher *Ramharter*, wbl 2012, 541 (541) mwN.

[122] So grundsätzlich – wenngleich im Einzelnen abweichend – auch *Koch*, GmbHR 2004, 18 (24).

[123] *Hübsch* in BerlinKommVVG § 75 Rz 2; *Ertl* in Fenyves/Schauer, VersVG § 75 Rz 1; vgl aber auch *Ramharter*, ÖJZ 2012, 989 ff.

[124] *Hübsch* in BerlinKommVVG § 75 Rz 2, 13; *Ertl* in Fenyves/Schauer, VersVG § 76 Rz 7.

[125] *Hübsch* in BerlinKommVVG § 75 Rz 13.

Abs 2 VersVG)[126]. Der Versicherer ist nicht verpflichtet, zunächst – über den Weg der Versicherungsnehmerin – Zahlung an die versicherte Person zu leisten[127]. § 156 Abs 2 VersVG dient dem Schutz des Haftpflichtversicherers, dessen Zahlung an den Versicherten oder den Versicherungsnehmer gegenüber dem Dritten nämlich unwirksam wäre, sofern sie letzterem nicht zugute kommt (§ 156 Abs 1 VersVG)[128]. Da schon der Versicherte bei Feststellung der Haftpflichtverbindlichkeit durch Urteil, Anerkenntnis oder Vergleich iSd § 154 Abs 1 VersVG keinen Zahlungsanspruchs hat, ist § 76 Abs 3 VersVG in der Haftpflichtversicherung jedenfalls insoweit nicht einschlägig. In ihrer Eigenschaft als Versicherungsnehmerin kann die Gesellschaft daher auch nach Feststellung der Haftpflichtforderung iSd § 154 Abs 1 VersVG grundsätzlich nicht Zahlung an sich selbst verlangen[129].

c) Verfügungen über die Ansprüche aus der Versicherung

Als Versicherungsnehmerin wäre die Gesellschaft kraft der §§ 75, 76 VersVG regelmäßig berechtigt, über die materiellen Deckungsansprüche der versicherten Personen zu verfügen[130]. Die **Abtretung** des haftpflichtversicherungsrechtlichen Befreiungsanspruchs an einen unbeteiligten Vierten ist jedoch nach ganz hM rechtlich unmöglich[131]. Eine Abtretung an den geschädigten Dritten vor endgültiger Feststellung der Haftpflichtschuld (§ 154 Abs 1 VersVG) scheitert in österreichischem Recht unterliegenden Verträgen vielfach an den als zulässig angesehenen, vertraglich vereinbarten Abtretungsverboten[132]. Selbst wenn ein Abtretungsverbot nicht vereinbart wird, droht eine Abtretung der Deckungsansprüche durch die Gesellschaft an sich selbst zum Zwecke, sich einen direkten Zahlungsanspruch gegen den Versicherer zum Ersatz von Innenverhältnisansprüchen zu verschaffen zu scheitern, weil eine Art Insichgeschäft vorliegt[133]. 22

2. Die Gesellschaft als Versicherte

Bei jenen Deckungsbausteinen, unter denen die Gesellschaft nicht nur Versicherungsnehmerin, sondern auch Trägerin des versicherten Interesses ist (Company Reimbursement Cover und Entity Cover), liegt eine Eigenversicherung vor[134]. Besonderheiten gegenüber dem allgemeinen Versicherungsvertragsrecht ergeben sich insoweit nicht. 23

---

126 Dazu näher *Baumann* in BerlinKommVVG § 156 Rz 20 f; *Voit/Knappmann* in Prölss/Martin, VVG[27] § 149 Rz 2.

127 Vgl *Voit/Knappmann* in Prölss/Martin, VVG[27] § 149 Rz 2 mwN.

128 Vgl *Baumann* in BerlinKommVVG § 156 Rz 20 f.

129 Zum Sonderfall der Gesellschaft als geschädigte Dritte siehe unter Rz 24 ff.

130 Ausf *Ertl* in Fenyves/Schauer, VersVG § 76 Rz 1 f mwN.

131 S statt aller *Winter*, r+s 2001, 133 mwN.

132 Vgl etwa OGH 13.6.1985, 6 Ob 546/84, JBl 1984, 675; *Reisinger* in Fenyves/Schauer, VersVG § 149 Rz 40 mwN; zur D&O-Versicherung LG München 23 O 8879/03, VersR 2005, 543; LG Wiesbaden 1 O 180/03, VersR 2005, 545; OLG Dresden 2 U 318/07, ZBB 2008, 125 (LS); zum Fall der Nichtvereinbarung eines Abtretungsverbots siehe Rz 26 ff. § 1396a ABGB ist aufgrund des § 75 Abs 2 VersVG in der D&O-Versicherung schon dem Wortlaut nach nicht einschlägig.

133 In diese Richtung auch schon *Koch*, ZVersWiss 2012, 151 (156).

134 Siehe dazu näher unter Rz 47 ff.

3. Die Gesellschaft als geschädigte Dritte

a) Kein direkter Zahlungsanspruch gegen den Versicherer

24 Ein echter haftpflichtrechtlicher Direktanspruch (action directe) steht dem geschädigten Dritten in der D&O-Versicherung nicht zu[135]. Auch der – jedenfalls nach dem Gesetz (§§ 75 Abs 2, 76 VersVG) erfolgende, in der Vertragspraxis freilich heute seltene[136] – Zusammenfall der Position der Gesellschaft als prozessführungsbefugte Versicherungsnehmerin und behauptetermaßen geschädigte Dritte bei Innenhaftungsfällen führt weder dazu, dass der Versicherer nunmehr zum Haftpflichtschuldner würde – an einer gesetzlichen Regelung, die einen Schuldbeitritt anordnete, fehlt es ebenso wie an einer entsprechenden vertraglichen Vereinbarung[137] –, noch dazu, dass die Gesellschaft das Vorliegen des Haftpflichtanspruchs in einem direkten auf Zahlung gerichteten Prozess gegen den Versicherer als Vorfrage klären lassen könnte (deckungsrechtlicher oder Quasi-Direktanspruch)[138]. Auch wenn dies im neueren dt Schrifttum wieder bestritten wird[139], ist daran festzuhalten, dass die Fälligkeit des Befreiungsanspruchs ieS, die Zahlung an den geschädigten Dritten, auch im vorliegenden Kontext die Feststellung des Anspruchs durch rechtskräftiges (Haftpflicht-)Urteil, Anerkenntnis oder Vergleich zwischen der Gesellschaft als geschädigte Dritte und der versicherten Person voraussetzt (§ 154 Abs 1 S 1 Fallgruppe 2 VersVG). Zwingende Gründe für eine Ausnahme[140] liegen nicht vor: Da die Vorfragenbeurteilung im „Direktprozess" keinerlei Bindungswirkung auf das Haftpflichtverhältnis entfalten würde, könnte das **Haftpflichtverhältnis nicht abschließend geklärt** werden[141]. Aus demselben Grund könnte der Versicherer, wenn er denn sein Regulierungsermessen[142] im Sinne der Gewährung von Rechtsschutz ausüben wollte, die Ansprüche des Dritten im „Direktprozess" auch nicht endgültig abwehren[143]. Zur endgültigen Befreiung von den Ansprüchen des Dritten ist er gegenüber dem Versicherten, dem die Rechte aus dem Vertrag materiell zustehen (§ 75 Abs 2 VersVG) aber verpflichtet. Eine weitherzig analoge Anwendung des § 28 KHVG (Rechtskrafter-

---

135 Vgl Rz 33.

136 *Baumann* in Bruck/Möller, GroßkommVVG IV⁹ AVB-AVG 2011/2013 Ziff 10 Rz 8.

137 *Lange*, VersR 2007, 893 (894); vgl auch OLG München 7 U 3993/91, VersR 1994, 422.

138 Dafür *Säcker*, VersR 2005, 10 (11); iE abl aber die ganz hA: zB OLG München 25 U 3940/04, VersR 2005, 540; OLG Köln VersR 2008, 1673 = r+s 2008, 468; *Koch*, GmbHR 2004, 18 (24); *derselbe*, WM 2007, 2173 (2176 f); *derselbe*, ZVersWiss 2012, 151 (156); *Graf von Westphalen*, DB 2005, 431 (insb 436); *Langheid/Grote*, VersR 2005, 1165 (1169 f); *Dreher*, VersR 2005, 1169 (1174 f); *Lange*, VersR 2007, 893 ff.

139 *Ingwersen*, Die Stellung des Versicherungsnehmers bei Innenhaftungsfällen in der D&O-Versicherung (2011) 70 ff, 93.

140 Vgl aber den Fall der Befriedigung des Dritten durch den Versicherungsnehmer (§ 154 Abs 1 S 1 Fall 1 VersVG) und die Abtretung des Befreiungsanspruchs erfüllungshalber an den Dritten unter Rz 26.

141 Ähnlich zum Problem des § 108 Abs 2 VVG 2008 *Schramm/Wolf*, r+s 2009, 358 (360). Zu den Besonderheiten der Abtretung des Befreiungsanspruchs an den Dritten s aber Rz 26.

142 Rz X. Zu weitgehend sich auf ein Wahlrecht des Versicherers stützend *Koch*, GmbHR 2004, 18 (24); *Graf von Westphalen*, DB 2005, 431 (436).

143 Vgl auch *Graf von Westphalen*, DB 2005, 431 (436), dessen Argumentation letztlich aber doch deutlich von der hier vertretenen Begründung abweicht.

streckung der negativen Haftpflichtvorfragenbeurteilung zugunsten des Versicherten) scheitert am Fehlen einer Lücke. Diese läge ganz im Sinne einer unzulässigen petitio principii ja nur vor, wenn man den Quasi-Direktanspruch zulässt. Auch eine etwaige Zustimmung des Versicherten zum Abschluss der Versicherung iSd § 76 Abs 3 VersVG ändert daran nichts. Die Norm besagt zwar, dass der Versicherer ausnahmsweise an den Versicherungsnehmer und nicht an den Versicherten zahlen muss, wenn der Versicherungsnehmer das verlangt und die Zustimmung des Versicherten zum Abschluss der Versicherung vorliegt. Sie setzt aber, weil die Einziehungsbefugnis des Versicherungsnehmers der Befriedigung von Aufwendungen in Bezug auf die versicherte Sache dienen soll (vgl § 77 VersVG), einen fälligen Zahlungsanspruch des Versicherten voraus und vermag nicht, den Inhalts der Leistungspflicht des Versicherers zu modifizieren (oben Rz 21). Mit dem Interesse des Versicherten an einer endgültigen Bereinigung des Haftpflichtverhältnisses bestehen eindeutige teleologische Gründe dafür, dass sich die Gesellschaft als Versicherungsnehmerin auch hier am vertraglich Vereinbarten, das ganz klar für den Abschluss einer Haftpflichtversicherung streitet[144], festhalten lassen muss[145]. Die Vertragsparteien hätten den Willen zum Abschluss einer Eigenschadenversicherung[146] (allenfalls mit Verzicht des Versicherers auf den Regress nach § 67 VersVG) deutlicher zum Ausdruck bringen müssen. Das – immer wieder beschworene – Trennungsprinzip[147] (um seiner selbst willen) wäre dagegen auch im österr Recht kein Hindernis für einen „Quasi-Direktprozess"[148]. Zur Durchbrechung des Prinzips der Klärung von Haftpflicht- und Deckungsfragen in getrennten Prozessen kommt es bspw bei der Befriedigung des Dritten durch den Versicherten (vgl § 154 Abs 2 VersVG) oder einer wirksamen Abtretung des Deckungsanspruchs erfüllungshalber an den Haftpflichtansprüche erhebenden Dritten[149]. Die Führung eines separaten Haftpflichtprozesses zwischen versicherter Person und dem Dritten durch den Versicherer ist somit nicht konstitutives

---

144 Dazu näher *Dreher*, DB 2005, 1669 (1672): Sowohl Wortlaut („Vermögensschaden-Haftpflichtversicherung für Unternehmensleiter") als auch Gegenstand der Versicherung („Abwehr unbegründeter und Befriedigung begründeter Ansprüche") sprechen eindeutig für das Vorliegen einer Haftpflichtversicherung.

145 Vgl auch *Baumann* in Bruck/Möller, GroßkommVVG IV[9] AVB-AVG 2011/2013 Ziff 10 Rz 12, der sich allerdings auf das „Selbstbestimmungsrecht" des Versicherten stützt. Er trifft damit zwar den für das deutsche Recht entscheidenden Punkt, weil eine Abtretung mit Zustimmung des Versicherten der Gesellschaft (schon aufgrund ihrer Eigenschaft als potenziell geschädigte Dritte) zu einem Quasi-Direktanspruch verhelfen könnte und der Versicherte mit der Zustimmung alle mit der Abtretung verbundenen potenziell negativen Konsequenzen in Kauf nimmt; für die Lösung des Problems in Ö ist der Hinweis aber zu unpräzise.

146 Vgl dazu *Dreher*, DB 2005, 1669 (1677); *Baumann* in Bruck/Möller, GroßkommVVG IV[9] AVB-AVG 2011/2013 Ziff 10 Rz 15.

147 Vgl Rz 56.

148 Vgl Rz 26; aA aber offenbar das ältere dt Schrifttum: *Koch*, GmbHR 2004, 18 (24); *Graf von Westphalen*, DB 2005, 431 (436); *Dreher*, DB 2005, 1667 (1674 f); nur insoweit iE zu Recht kritisch *Ingwersen*, Die Stellung des Versicherungsnehmers bei Innenhaftungsfällen in der D&O-Versicherung 77 ff; insoweit abl auch *Baumann* in Bruck/Möller, GroßkommVVG IV[9] AVB-AVG 2011/2013 Ziff 10 Rz 14.

149 Rz 26.

Merkmal des Haftpflichtversicherungsrechts[150]. Für die an dieser Stelle behandelte Konstellation dient sie freilich dazu, dass das Haftpflichtverhältnis endgültig geklärt wird und der Versicherer seiner Befreiungspflicht durch Abwehr der Ansprüche (im Falle der Verneinung der Haftpflichtfrage) bzw deren Befriedigung (nach Bejahung der Haftpflichtfrage) nachkommt. Als Ergebnis lässt sich daher festhalten, dass die Gesellschaft den Versicherer auch dann, wenn sie einen Innenhaftungsanspruch gegen eine versicherte Person erhebt, lediglich auf **Feststellung der Deckungspflicht** (§ 228 ZPO) für die versicherte Person klagen kann[151]. Anders als im neuen deutschen Recht (§ 108 Abs 2 VVG 2008)[152], kann auch die Zustimmung des Versicherten zu einer direkten Inanspruchnahme des Versicherers, die von der bloßen Zustimmung zur Versicherung iSd § 76 Abs 3 VersVG (Rz 21) zu unterscheiden ist[153] und in Wahrheit auf eine Abtretung erfüllungshalber hinausläuft[154], der Gesellschaft nicht ohne weiteres zu einem Quasi-Direktanspruch verhelfen. Hier würde der Versicherte – so nicht, wofür mE gute Gründe sprechen, für diesen Fall eine Analogie zu § 28 KHVG in Betracht kommt – zwar in Kauf nehmen, dass das Haftpflichtverhältnis grundsätzlich nicht endgültig mit Wirkung für oder gegen ihn geklärt wird. Gerade weil die Situation weitgehend jener nach einer Abtretung entspräche[155], kann dieses Ansinnen nach österr Recht aber an einem wirksam vereinbarten Abtretungsverbot scheitern (Rz 23).

25 Erst nach Feststellung der Haftpflichtverbindlichkeit der versicherten Person iSd § 154 Abs 1 VersVG führt die Geltendmachung des Befreiungsanspruchs ieS der versicherten Person durch die Versicherungsnehmerin dazu, dass Zahlung an die Versicherungsnehmerin geleistet wird[156]. Mit Feststellung der Haftpflichtverbindlichkeit könnte diese freilich ohnedies auch in ihrer Eigenschaft als geschädigte Dritte den Befreiungsanspruch ieS pfänden und sich – so die gebräuchliche Formulierung – zur Einziehung überweisen lassen[157].

---

[150] Ausf *Felsch*, Workshop zur Haftpflichtversicherung 1 ff, dessen Untersuchungsergebnisse im Detail an dieser Stelle freilich nicht näher gewürdigt werden können; *Baumann* in Bruck/Möller, GroßkommVVG IV[9] AVB-AVG 2011/2013 Ziff 10 Rz 10.

[151] So im Ergebnis auch *Lange*, VersR 2007, 893 (896 ff); aA *Koch*, GmbHR 2004, 18 (24), der die formelle Verfügungsbefugnis der Versicherungsnehmerin überhaupt als von den Regelungen zur Haftpflichtversicherung verdrängt ansieht; diesem folgend LG Marburg 4 O 2/03, DB 2005, 437; offenlassend *Dreher*, DB 2005, 1669 (1672); gegen eine unmittelbare Inanspruchnahme des Versicherers auf Zahlung unter Berufung auf das Wahlrecht des Versicherers und das Trennungsprinzip OLG München 25 U 3940/04, VersR 2005, 540 unter ausdrücklicher Ablehnung von OLG München 7 U 3993/91, VersR 1994, 422 zur Transportversicherung.

[152] *Baumann* in Bruck/Möller, GroßkommVVG IV[9] AVB-AVG 2011/2013 Ziff 10 Rz 13.

[153] Zutr *Baumann* in Bruck/Möller, GroßkommVVG IV[9] AVB-AVG 2011/2013 Ziff 10 Rz 12 ff.

[154] Insoweit ist *Koch*, WM 2007, 2173 (2178), zu folgen, dass das Problem mit dem neuen VVG 2008 der Vergangenheit angehört.

[155] *Baumann* in Bruck/Möller, GroßkommVVG IV[9] AVB-AVG 2011/2013 Ziff 10 Rz 10.

[156] So auch *Koch*, GmbHR 2004, 18 (24); *Baumann* in Bruck/Möller, GroßkommVVG IV[9] AVB-AVG 2011/2013 Ziff 10 Rz 9.

[157] Statt aller *Koch*, GmbHR 2004, 18 (25).

b) Quasi-Direktanspruch nach Abtretung der Deckungsansprüche an die Gesellschaft?

Da die Abtretung des Freistellungsanspruchs in der Haftpflichtversicherung an den geschädigten Dritten nach neuem dt Recht (§ 108 Abs 2 VVG 2008) in AGB grundsätzlich – str ist die dt Rechtslage bei Großrisiken[158] – nicht mehr untersagt werden kann, hat sich eine lebhafte Diskussion entwickelt, ob dessen Abtretung vor Feststellung der Haftpflichtverbindlichkeit dazu führt, dass der Befreiungsanspruch des Trägers des versicherten Interesses in den Rechtsschutzanspruch, die beim Versicherten bleibt[159], und den Freistellungsanspruch (Befreiungsanspruch ieS) aufgespalten wird, wobei letzterer auf den Dritten übergeht und sich dabei mit der Wirkung in einen Zahlungsanspruch des geschädigten Dritten verwandelt, dass die Haftpflichtfrage notfalls **als Vorfrage im Quasi-Direktprozess** des Dritten gegen den Versicherer geprüft werden kann[160]. Die Thematik ist auch für Ö von praktischer Bedeutung, weil auch viele hiesige AVB der D&O-Versicherung die in der Haftpflichtversicherung bislang üblichen Abtretungsverbote nicht mehr enthalten. Die ganz hA bejaht die eben aufgeworfene Frage[161] ebenso wie die Rsp des BGH[162] und – mit Blick auf ältere dt Quellen – jene des OGH[163]. **26**

entfällt **27–29**

B. Versicherte Personen – Versicherer

Die D&O-Versicherung wird üblicherweise als Gruppenhaftpflichtversicherung abgeschlossen[164]. Als versicherte Personen gelten meist gegenwärtige, ehemalige und zukünftige Mitglieder des Vorstands, der Geschäftsführung, des Aufsichtsrats, deren Stellvertreter sowie Prokuristen und leitende Angestellte der Versicherungsnehmerin oder deren Tochterunternehmen[165]. Vergleichbare Organmitglieder **30**

---

158 Siehe dazu näher *Koch* in Bruck/Möller, GroßkommVVG IV⁹ § 108 Rz 77 ff.

159 So jedenfalls *Koch* in Bruck/Möller, GroßkommVVG IV⁹ § 108 Rz 31 ff mwN.

160 S dazu neben der einschlägigen Kommentarliteratur *Schirmer*, ZVersWiss Supplement Jahrestagung 2006, 425 (435 ff); *Thalmair*, ZVersWiss Supplement Jahrestagung 2006, 459 (463); *Langheid*, VersR 2007, 865 ff; *Langheid* in Liber Amicorum Gerrit Winter (2007) 367 ff; *Koch* in Liber Amicorum Gerrit Winter 345; *Langheid/Goergen*, VP 2007, 161 (166); *Grote/Schneider*, BB 2007, 2689 (2697 ff); *Lange*, r+s 2007, 401; *Schramm*, PHi 2008, 24; *Lange*, VersR 2008, 713; *Böttcher*, NZG 2008, 645; *Koch*, r+s 2009, 133; *Schramm/Wolf*, r+s 2009, 358; *Langheid*, VersR 2009, 1043; *Schlegelmilch*, VersR 2009, 1467; *Baumann*, VersR 2010, 984; *von Rintelen*, r+s 2010, 133; *Thomas*, Haftungsfreistellung (2010) 448 ff; *Armbrüster*, r+s 2010, 441; *Ingwersen*, Die Stellung des Versicherungsnehmers bei Innenhaftungsfällen in der D&O-Versicherung (2011) 186 ff; *Lange*, r+s 2011, 185; *Baumann*, r+s 2011, 229; *Hösker*, VersR 2013, 952.

161 Statt aller *Koch* in Bruck/Möller, GroßkommVVG IV⁹ § 108 Rz 48 ff mwN.

162 BGH II ZR 24/54, VersR 1956, 31; IV ZR 102/75, VersR 1975, 655 (657); IV ZR 39/78, VersR 1980, 522.

163 OGH 7 Ob 192/13f, ZFR 2014/111 = immolex 2014/77 (*Cerha*).

164 Vgl Rz 3.

165 Statt aller *Beckmann* in Beckmann/Matusche-Beckmann, Versicherungsrechtshandbuch³ § 28 Rz 53 ff; zu den möglichen Erweiterungen des Versicherungsschutzes auf Ehegatten und Erben sowie Liquidatoren und Masseverwalter *Beckmann* in Beckmann/Matusche-Beckmann, Versicherungsrechtshandbuch³ § 28 Rz 57; ausf auch *Lange*, D&O-Versicherung und Managerhaftung § 6.

ausländischer Tochtergesellschaften sind meist ebenso wie Verwaltungsratsmitglieder, Mitglieder von Beiräten, Gremien oder Kuratorien automatisch mitversichert[166].

31 In diesem Zusammenhang – wie in der Praxis üblich – von der Mitversicherung von **Tochterunternehmen** zu sprechen, ist missverständlich, weil der Begriff des Tochterunternehmens – wie immer dieser definiert ist[167] – in diesem Zusammenhang lediglich als Bezugspunkt zur Abgrenzung des Kreises der versicherten Personen dient.

32 Eine Definition des Begriffs der **leitenden Angestellten** erfolgt in der Praxis meist nicht[168], sodass der Begriff durch Auslegung – § 36 Abs 2 ArbVG enthält keine Legaldefinition sodass L und Rsp dazu allenfalls als Orientierungshilfe dienen kann[169] – zu ermitteln ist. Zu bedenken gilt es, dass die Erweiterung des Kreises der versicherten Personen mit einer Verwässerung des Versicherungsschutzes für die Organmitglieder verbunden ist, da die Versicherungssumme pro Versicherungsperiode regelmäßig für alle Versicherungsfälle zusammen nur einmal zur Verfügung steht (Rz 63). Kritisch wird die Erweiterung des Versicherungsschutzes auf leitende Angestellte auch insoweit gesehen, als befürchtet wird, der potentielle Versicherungsschutz könnte von Gerichten im Rahmen des richterlichen Mäßigungsrechts nach dem DHG berücksichtigt werden[170].

33 Die materiellen **Rechte aus dem Versicherungsvertrag** stehen in der Versicherung für fremde Rechnung den versicherten Personen zu (§ 75 Abs 1 VersVG). Diese können ihre Deckungsansprüche allerdings mangels Zustimmung der Gesellschaft bzw Aushändigung des Versicherungsscheins nur dann selbständig geltend machen, wenn ihnen dieses Recht im Versicherungsvertrag eingeräumt wurde (§ 75 VersVG)[171]. Letzteres ist in der D&O-Versicherung häufig der Fall[172].

C. Geschädigter Dritter – Versicherer

34 Mangels ausdrücklicher gesetzlicher Anordnung kann der geschädigte Dritte in der freiwilligen Haftpflichtversicherung nicht direkt gegen den Versicherer

---

166 S nur *Beckmann* in Beckmann/Matusche-Beckmann, Versicherungsrechtshandbuch³ § 28 Rz 53 ff; *Gisch* in Ratka/Rauter, Geschäftsführerhaftung² Rz 8/4; *Lange*, D&O-Versicherung und Managerhaftung § 6 Rz 38 f.

167 Dazu näher *Beckmann* in Beckmann/Matusche-Beckmann, Versicherungsrechtshandbuch³ § 28 Rz 51; *Gisch* in Ratka/Rauter, Geschäftsführerhaftung² Rz 8/15.

168 *Beckmann* in Beckmann/Matusche-Beckmann, Versicherungsrechtshandbuch³ § 28 Rz 60.

169 Vgl aber *Gisch* in Ratka/Rauter, Geschäftsführerhaftung² Rz 8/18.

170 Zu dieser Problematik aus der Sicht des dt Rechts *Hanau* in FS Lorenz (2004) 283; *Armbrüster*, NJW 2009, 187; *Steinkühler*, VW 2009, 94. Die Bedingungen sehen zT vor, dass Versicherungsschutz nur für Ersatzansprüche bestehen soll, die der Höhe nach im Rahmen der bisherigen Spruchpraxis der Gerichte zugesprochen werden. Vgl *Gisch* in Ratka/Rauter, Geschäftsführerhaftung² Rz 8/18.

171 Vgl Rz 20.

172 *Lange*, VersR 2007, 894 (895); zur Auslegung diesbezüglicher vertraglicher Vereinbarungen *Schauer*, Versicherungsvertragsrecht³ 169; vgl auch *Ertl* in Fenyves/Schauer, VersR § 75 Rz 21 ff; § 76 Rz 11 f.

vorgehen[173]. Selbst in der Pflichthaftpflichtversicherung sieht das Gesetz eine versicherungsrechtlich modifizierte, partielle Solidarschuldnerschaft von versichertem Haftpflichtschuldner und Versicherer, die dazu führt, dass der Dritte letzteren direkt in Anspruch nehmen kann (action directe)[174] nur in bestimmten Fällen – Paradefall ist § 26 KHVG – vor. Der Dritte kann daher erst nach Feststellung der Haftpflichtschuld (§ 154 Abs 1 VersVG) den Befreiungsanspruch der versicherten Person pfänden und sich zur Einziehung überweisen lassen[175]. Verfügungen über die Entschädigungsforderung aus dem Versicherungsverhältnis sind – so sie überhaupt rechtlich möglich sind – dem Dritten gegenüber unwirksam (§ 156 Abs 1 VersVG als Dreh- und Angelpunkt der sog sozialen Funktion der Haftpflichtversicherung) und stehen daher dessen exekutivem Zugriff nicht entgegen[176].

Bleibt der Versicherungsnehmer bzw die versicherten Personen untätig und droht der Versicherungsanspruch durch Verjährung verloren zu gehen, wird der geschädigte Dritte aufgrund seiner besonderen Schutzwürdigkeit anstelle ersterer als zur Erhebung einer **Feststellungsklage** gegen den Versicherer berechtigt angesehen[177]. **35**

In der Insolvenz der versicherten Personen steht dem Dritten ein **Absonderungsrecht** an der Entschädigungsforderung zu[178]. Die Regelung des § 157 VersVG, die dem Wortlaut nach nur die Insolvenz des Versicherungsnehmers erfasst, wird in der Fremdversicherung sinngemäß angewendet[179]. **36**

D. Versicherte Personen – Gesellschaft

1. Versicherungsvertragsrecht

Aus dem in der Versicherung für fremde Rechnung der Versicherungsnehmerin eingeräumten Recht, die Deckungsansprüche der versicherten Personen geltend zu machen und darüber verfügen zu können, wird auf das Bestehen einer Art gesetzlichen Treuhandverhältnisses im Innenverhältnis zwischen der Versicherungsnehmerin und den versicherten Personen geschlossen[180]. Die Versicherungsnehmerin wird daher grundsätzlich als verpflichtet angesehen, bestehende Deckungsansprüche auch geltend zu machen[181]. Kommt die Gesellschaft als Versicherungsnehmerin dieser Pflicht nicht nach, sind die versicherten Personen selbst berechtigt, ihre An- **37**

173 Statt aller *Reisinger* in Fenyves/Schauer, VersVG § 149 Rz 42.

174 Dazu näher *Schauer*, Versicherungsvertragsrecht³ 435 ff.

175 Statt aller *Schauer*, Versicherungsvertragsrecht³ 410.

176 Vgl dazu ausführlich *Baumann* in BerlinKommVVG § 156; *Reisinger* in Fenyves/Schauer, VersVG § 156.

177 OGH 8.3.2006, 7 Ob 29/06z, SZ 2006/38; 26.9.2007, 7 Ob 196/07k (jeweils obiter); ausf dazu *Ramharter*, wbl 2012, 541.

178 Vgl dazu näher *Baumann* in BerlinKommVVG § 157.

179 *Baumann* in BerlinKommVVG § 156 Rz 14.

180 Statt aller *Ertl* in Fenyves/Schauer, VersVG § 77 Rz 1 mwN; stRsp des OGH (RIS-Justiz RS0080792, 0080862), zuletzt OGH 26.11.2014, 7 Ob 184, 14f, EvBl 2015/83; zur D&O-Versicherung *Koch*, GmbHR 2004, 160 (162 ff).

181 So zB *Hübsch* in BerlinKommVVG § 77 Rz 5 ff; zu Recht differenzierend aber *Brand* in Bruck/Möller, GroßkommVVG II⁹ § 46 Rz 17.

sprüche geltend zu machen[182]. Das gesetzliche Treuhandverhältnis wird durch besondere Verhältnisse im Innenverhältnis modifiziert[183]. In der D&O-Versicherung handelt es sich hierbei um gesellschafts- bzw anstellungsvertragliche Aspekte.

2. Gesellschaftsrecht

38 Nach hM besteht grundsätzlich keine Verpflichtung zum Abschluss einer D&O-Versicherung der Gesellschaft gegenüber ihren Organmitgliedern[184]. Im Einzelfall könnte allenfalls eine Verpflichtung der Geschäftsführung, sich für deren Abschluss zu verwenden, gegenüber der Gesellschaft bestehen, wenn er im Interesse der Gesellschaft liegend erscheint[185].

39 Eine Verpflichtung gegenüber Organmitgliedern zum Abschluss einer D&O-Versicherung besteht, wenn – was in der Praxis vermehrt der Fall ist – die schuldrechtliche Vereinbarung zwischen Gesellschaft und Organmitglied eine sog **Verschaffungsklausel** enthält[186]. Diese lassen sich danach unterschieden, wie detailliert der Umfang des zu verschaffenden Versicherungsschutzes festgelegt wird und ob die Gesellschaft lediglich eine Bemühungs- oder eine echte Verschaffungspflicht trifft[187]. In der Lit wird vielfach vertreten, die Verletzung echter Verschaffungspflichten, könne nach allg Grundsätzen Schadenersatzansprüche der Versicherten auslösen, die sie etwaigen Innenverhältnisansprüchen compensando entgegenhalten könnten[188]. Eine nähere Überprüfung dieser Ansicht erscheint freilich deshalb geboten, weil hier – wie das folgende Bsp zeigt – die grunds zwingenden Bestimmungen über die Organhaftung leicht ausgehebelt zu werden drohen: Der Versicherungsschutz für den wegen eines Überwachungsverschuldens in Anspruch genommenen Aufsichtsrat geht verloren, weil der Vorstand als Vertreter der Gesellschaft den von ihm verwirklichten oder ihm bekannten Sachverhalt verheimlicht und so die vorvertragliche Anzeigepflicht (§§ 16 ff VersVG) verletzt hat. Könnte der Aufsichtsrat einwenden, ihm drohe nur deshalb ein „Vermögensschaden", weil die Gesellschaft ihre Versicherungsverschaffungspflicht verletzt hat, verlöre die Gesellschaft de facto einen wesentlichen Teil ihrer Schuldner. Die Übernahme von Sorgfaltspflichten durch die Gesellschaft wird daher wohl nur zulässig sein, sofern das damit verbundene Gefährdungspotenzial – etwa soweit es um die Übernahme von leicht erfüllbaren Auskunftspflichten geht[189] – vertretbar ist; Detailfragen müssen hier freilich auf sich beruhen.

---

182 *Schauer*, Versicherungsvertragsrecht³ 169 mwN.

183 Für viele *Hübsch* in BerlinKommVVG § 77 Rz 4; *Brand* in Bruck/Möller, GroßkommVVG II⁹ § 46 Rz 6.

184 Vgl nur *Spindler* in MünchKommAktG³ § 93 Rz 177 mwN; *Gruber/Mitterlechner/Wax*, D&O-Versicherung § 1 Rz 13.

185 *Koch*, GmbHR 2004, 160 (168); vgl aber *Spindler* in MünchKommAktG³ § 93 Rz 175 mN zum Meinungsstand; zu den internen Zustimmungserfordernissen vgl Rz 15 ff.

186 *Lange*, ZIP 2004, 2221; *derselbe*, D&O-Versicherung und Managerhaftung § 22 Rz 7.

187 *Lange*, ZIP 2004, 2221.

188 Ausf *Lange*, D&O-Versicherung und Managerhaftung § 22 Rz 10; *derselbe*, VersR 2010, 281; *Koch*, GmbHR 2004, 160 (165); *Thomas*, VersR 2010, 281; *derselbe*, Haftungsfreistellung 339.

189 Hierzu ausf *Thomas*, VersR 2010, 281.

III. Versichertes Risiko in der D&O-Versicherung

A. Grunddeckung

Bei der Grunddeckung in der D&O-Versicherung handelt es um eine Haftpflichtversicherung der Organmitglieder iSd §§ 149 ff VersVG[190]. Die Versicherung dient der Abwehr unbegründeter und der Befriedigung begründeter Haftpflichtansprüche, die gegen eine versicherte Person erhoben werden. Versichert ist das Interesse der versicherten Personen am Ausbleiben von Belastungen ihres Vermögens aufgrund der Erhebung begründeter oder unbegründeter Haftpflichtansprüche Dritter[191]. Als Dritte gelten mangels anderer Vereinbarung auch die Versicherungsnehmerin sowie Gesellschafter. Die D&O-Versicherung bietet daher Deckung sowohl bei Ansprüchen im Rahmen der Innenhaftung (Innenverhältnisdeckung), als auch im Rahmen der Außenhaftung (Außenverhältnisdeckung)[192]. Der reflexartig gewährte Schutz des wirtschaftlichen Interesses der Gesellschaft an der Sicherung der Einbringlichkeit von Schadenersatzansprüchen im Bereich der Innenverhältnisdeckung vermag an der in der Vertragspraxis eindeutig zum Ausdruck kommenden rechtlichen Qualifikation der D&O-Versicherung nichts zu ändern[193]. 40

Dem Prinzip der Spezialität der versicherten Gefahr folgend gewährt die D&O-Versicherung allerdings Deckung grundsätzlich nur unter bestimmten Voraussetzungen, nämlich wenn der Dritte Ansprüche auf Ersatz eines bloßen Vermögensschadens geltend macht, der von der versicherten Person durch eine in Ausübung der versicherten Tätigkeit als Organmitglied begangene Pflichtverletzung (vermeintlich) verursacht wurde und die Forderung auf bestimmte versicherte Anspruchsgrundlagen gestützt wird[194]. 41

1. Versicherte Schäden

Die Gewährung von Versicherungsschutz in der D&O-Versicherung als Vermögensschaden-Haftpflichtversicherung setzt die Geltendmachung eines Anspruchs wegen eines bloßen Vermögensschadens voraus. Als bloße Vermögensschäden gelten üblicherweise solche Schäden, die weder Personen- noch Sachschäden darstellen, noch sich aus solchen Schäden herleiten[195]. 42

Vielfach erfolgt allerdings auch die Versicherung sog **erweiterter Vermögensschäden**[196]. Als solche gelten meist Schäden, die zwar aus einem Personen- oder Sachschaden folgen, die Pflichtverletzung jedoch nicht dafür, sondern ausschließlich für einen damit in Zusammenhang stehenden bloßen Vermögensschaden ur- 43

---

190 Statt aller *Koch*, GmbHR 1994, 18; *Dreher*, DB 2005, 1669; OLG München 25 U 3940/04, VersR 2005, 540.

191 Zur D&O-Versicherung als Passivenversicherung *Dreher*, DB 2005, 1669 (1670).

192 S nur *Gruber/Mitterlechner/Wax*, D&O-Versicherung § 1 Rz 15.

193 Ausführlich *Dreher*, DB 2005, 1669 (1670 f).

194 S nur *Beckmann* in Beckmann/Matusche-Beckmann, Versicherungsrechtshandbuch[3] § 28 Rz 65.

195 *Beckmann* in Beckmann/Matusche-Beckmann, Versicherungsrechtshandbuch[3] § 28 Rz 66 ff; *Gisch* in Ratka/Rauter, Geschäftsführerhaftung[2] Rz 8/21.

196 *Gruber/Mitterlechner/Wax*, D&O-Versicherung § 1 Rz 23.

sächlich war oder es sich um einen der Versicherungsnehmerin daraus entstehenden eigenen Schaden, wie etwa Gewinnverluste, handelt[197].

2. Versicherte Tätigkeiten

44 Die Qualifikation als versicherte Person setzt einen bestimmten Status, etwa die Ausübung eines Aufsichtsratsmandats bei der Versicherungsnehmerin oder einer Tochtergesellschaft, voraus[198]. Versicherungsschutz unter der D&O-Versicherung besteht für die versicherten Personen aber nur unter der Voraussetzung, dass die Pflichtverletzung, auf die der Dritte seine Ansprüche stützt, in dieser Eigenschaft, dh in Ausübung der entsprechenden Tätigkeit, begangen wurde[199].

45 Klargestellt wird in den aktuellen Bedingungswerken, dass auch für Pflichtverletzungen bei **operativen Entscheidungen** Versicherungsschutz besteht[200]. Manche D&O-Versicherungen enthalten allerdings einen sog Dienstleistungsausschluss[201].

46 Nicht unüblich ist die Erweiterung des Versicherungsschutzes auf sog **Fremdmandate** (outside directorships)[202]. Darunter sind Organtätigkeiten in konzernfremden Gesellschaften zu verstehen, die versicherte Personen auf Weisung und im Interesse der Gesellschaft ausführen[203].

3. Versicherte Anspruchsgrundlagen

47 Der Versicherungsschutz erstreckt sich meist auf Ansprüche, die aufgrund gesetzlicher Haftpflichtansprüche geltend gemacht werden[204]. Bloße Erfüllungsansprüche sind daher nicht von der Deckung erfasst[205]. Eine Einschränkung auf gesetzliche Haftpflichtansprüche privatrechtlichen Inhalts erfolgt heute kaum noch, weshalb regelmäßig auch Ansprüche, die sich auf öffentlich-rechtliche Haftpflichtbestimmungen stützen, versichert sind[206]. Klargestellt wird vielfach, dass vertragliche Ansprüche vom Versicherungsschutz umfasst sind, sofern der Ersatzanspruch im gleichen Umfang auch aufgrund gesetzlicher Haftpflichtbestimmungen besteht.

---

197 Ausf *Gruber/Mitterlechner/Wax*, D&O-Versicherung § 1 Rz 23 ff.

198 Vgl Rz 29 ff.

199 *Beckmann* in Beckmann/Matusche-Beckmann, Versicherungsrechtshandbuch³ § 28 Rz 76. *Gisch* in Ratka/Rauter, Geschäftsführerhaftung² Rz 8/25.

200 S *Leszkovics*, ecolex 2007, 604; *Beckmann* in Beckmann/Matusche-Beckmann, Versicherungsrechtshandbuch² § 28 Rz 79 ff; *Lange*, D&O-Versicherung und Managerhaftung § 7 Rz 20 ff.

201 Ausf dazu *Lange*, D&O-Versicherung und Managerhaftung § 7 Rz 27 ff.

202 *Lange*, D&O-Versicherung und Managerhaftung § 7 Rz 36 ff.

203 Vgl *Beckmann* in Beckmann/Matusche-Beckmann, Versicherungsrechtshandbuch³ § 28 Rz 83 aE.

204 *Beckmann* in Beckmann/Matusche-Beckmann, Versicherungsrechtshandbuch³ § 28 Rz 73 ff.

205 *Beckmann* in Beckmann/Matusche-Beckmann, Versicherungsrechtshandbuch³ § 28 Rz 75.

206 *Beckmann* in Beckmann/Matusche-Beckmann, Versicherungsrechtshandbuch³ § 28 Rz 73.

B. Company Reimbursement Cover

D&O-Versicherungen in den USA enthalten üblicherweise neben der Grunddeckung der Organmitglieder (Direct Cover/Cover A) eine Deckung für Schäden, die der Gesellschaft in Erfüllung sie treffender Verpflichtungen erwachsen, Organmitglieder von Prozesskosten oder Haftpflichtansprüchen freizustellen (Company Reimbursement Cover/Cover B).[207] Solche Freistellungsansprüche spielen anders als in den USA im österreichischen Recht nur eine untergeordnete Rolle, setzen sie doch voraus, dass eine Pflichtverletzung im Innenverhältnis nicht vorliegt[208]. Dennoch enthalten D&O-Versicherungen üblicherweise eine sog Freistellungsversicherung bzw Firmen-Enthaftungs-Versicherung[209] als eigenständigen Deckungsbaustein. Vertraglich vereinbart wird zumeist, dass Ansprüche der versicherten Personen aus dem Versicherungsvertrag auf die Versicherungsnehmerin oder ein mitversichertes Tochterunternehmen – hinsichtlich dieser liegt eine Versicherung für fremde Rechnung vor – übergehen, soweit diese versicherte Personen in rechtlich zulässiger Weise freigestellt haben[210]. **48**

C. Entity Cover

Während im österreichischen Recht Außenhaftungsansprüche nur vergleichsweise selten bestehen, führen Pflichtverletzungen der Organmitglieder im common-law-Bereich oftmals – etwa im Bereich der Prospekthaftpflicht (securities claims) oder der employment practice liability – zur gesamtschuldnerischen Haftung von Gesellschaft und Organmitgliedern Dritten gegenüber[211]. Beide verfolgen dann meist die gleiche Verteidigungsstrategie[212]. Üblicherweise kommt es zu einem Vergleich, ohne dass ein Verschulden der versicherten Personen festgestellt wird. Um Streitigkeiten über die Tragung der Kosten bzw etwaige Regressansprüche der Gesellschaft gegen die versicherten Personen zu vermeiden, wurden in den USA Klauseln in D&O-Versicherungen aufgenommen, denen zufolge in bestimmten Fällen – insb bei securities claims – auch die Gesellschaft Versicherungsschutz genießt[213]. **49**

In der österreichischen D&O-Versicherung finden sich zwar für Sonderkonstellationen, in denen der Umfang des Versicherungsschutzes strittig wäre – etwa dann, wenn in einem Verfahren Ansprüche gegen versicherte Personen und nichtversicherte Personen oder die Gesellschaft oder sowohl wegen versicherter, als auch unversicherter Sachverhalte erhoben werden –, Klauseln über die Abgrenzung des Versicherungsschutzes (**Allokation**), denen zufolge Versicherungsschutz **50**

---

207 S etwa *Ihlas*, Organhaftung und Haftpflichtversicherung 221 f; *Ramharter*, D&O Liability and Insurance 50.

208 Vgl etwa *Leupold/Ramharter*, GesRZ 2009, 253 (262) mwN.

209 So die Bezeichnung von *Ihlas*, Organhaftung und Haftpflichtversicherung 220; s auch *derselbe*, D&O² 324 ff.

210 Dazu näher *Lange*, VersR 2011, 429; ferner *Dreher*, ZHR 165 (2001) 293 (300); *Koch*, GmbHR 2004, 18 (25 ff); *Beckmann* in Beckmann/Matusche-Beckmann, Versicherungsrechtshandbuch³ § 28 Rz 62 ff; *Ihlas*, D&O², 324 ff.

211 *Dreher*, ZHR 165 (2001) 293 (300 f).

212 *Dreher*, ZHR 165 (2001) 293 (300 f).

213 Dazu auch *Dreher*, ZHR 165 (2001) 293 (300 f).

teilweise auch der Gesellschaft zu Gute kommt[214]. Da aber die Erhebung von Prospekthaftungsansprüchen (§ 11 KMG) idR nur gegen die Gesellschaft erfolgt, dann aber, wenn Ansprüche auch gegen versicherte Personen erhoben werden, meist keine Deckung für letztere besteht, weil die Ansprüche entweder unbegründet sind oder aber der Pflichtwidrigkeitsausschluss eingreifen würde, besteht im Fall der Prospekthaftung regelmäßig kein Versicherungsschutz der Gesellschaft, weshalb sich der Abschluss einer **Prospekthaftpflicht-Versicherung**[215] anbietet, die auch Ansprüche deckt, die ausschließlich gegen die Gesellschaft selbst erhoben werden. Auch für die Versicherung der employment practice liability bestehen eigene Versicherungsprodukte (**EPL-Versicherung**)[216].

IV. Umfang des Versicherungsschutzes

A. Zum Begriff des Versicherungsfalles

51 Unter dem Begriff des Versicherungsfalles wird die Verwirklichung des versicherten Risikos verstanden (§ 1 VersVG)[217]. Er ist Dreh- und Angelpunkt des Versicherungsvertrags, der die Gefahrtragungspflicht des Versicherers zur Entschädigungspflicht konkretisiert[218]. In der Haftpflichtversicherung erweist sich als problematisch, dass sich die Leistungspflicht regelmäßig über einen längeren Zeitraum von der Pflichtverletzung (Ursachen- oder Kausalereignis) über das Schadenereignis, den Eintritt des Schadens, der Manifestation des Schadens bis zur Anspruchserhebung des Dritten verdichtet[219].

52 Unstrittig ist, dass die **Fälligkeit des Deckungsanspruchs** in der Haftpflichtversicherung mit der Anspruchserhebung des Dritten eintritt[220]. Umstritten ist dagegen, welches Ereignis in der Haftpflichtversicherung mangels vertraglicher Vereinbarung als **Versicherungsfall** im Sinne einer Reihe von gesetzlichen Bestimmungen zu verstehen ist (zB §§ 2, 6, 21, 38, 39, 62 VersVG)[221].

53 Vom Begriff des Versicherungsfalles iSd VersVG ist jene Tatsache iSd § 149 VersVG[222] (zB Pflichtverletzung/Verstoß, Schadenereignis, Manifestation, Anspruchserhebung) streng zu trennen, die zur **zeitlichen Abgrenzung des Versicherungsschutzes** herangezogen wird und innerhalb der sog materiellen Versicherungsdauer[223], dem Zeitraum der Gefahrtragung durch den Versicherer[224],

---

214 Für D s etwa *Lange*, D&O-Versicherung und Managerhaftung § 3 Rz 34.

215 Ausführlich *Ramharter*, GesRZ 2010, 213.

216 S dazu etwa *Mohr/Grimminger*, BB 2008, 1170; *Rolfs*, VersR 2009, 1001.

217 *Schauer*, Versicherungsvertragsrecht³ 188.

218 *Schauer*, Versicherungsvertragsrecht³ 188.

219 Ausf *Johannsen* in Bruck/Möller, GroßkommVVG VI⁸ Anm B 10 ff; s aber auch bereits *Möller* in Oberbach, Die Grundlagen der allgemeinen Haftpflichtversicherung (1951) B 2, 9 ff („gedehnter Versicherungsfall“).

220 *Johannsen* in Bruck/Möller, GroßkommVVG VI⁸ Anm B 28; *Lücke* in Prölss/Martin, VVG²⁹ § 100 Rz 14; OGH 25.4.1990, 7 Ob 14/90, VersR 1991, 486.

221 Ausf *Möller* in Oberbach, Die Grundlagen der allgemeinen Haftpflichtversicherung B 2, 9 ff; *Johannsen* in Bruck/Möller, GroßkommVVG VI⁸ Anm B 10 ff.

222 *Baumann* in BerlinKommVVG § 149 Rz 176.

223 Zu diesem Begriff *Schauer*, Versicherungsvertragsrecht³ 153.

224 Dazu näher sogleich.

eintreten muss, um die Leistungspflicht des Versicherers zu begründen[225]. Auch diese Tatsache wird in der Vertragspraxis und dieser folgend auch im Schrifttum zur D&O-Versicherung[226] meist als Versicherungsfall bezeichnet[227]; üblich ist auch, dass Serienschadenklauseln an diesen Begriff anknüpfen und mehrere Versicherungsfälle zu einem einzigen Versicherungsfall verklammern. Strittig, aber erst weiter unten (Rz 72) näher zu erörtern ist, ob der (historische dt) Gesetzgeber unter der Tatsache iSd § 149 VVG den Verstoß verstanden hat[228], die Frage bewusst offengelassen hat[229] oder – richtigerweise[230] – die Tatsache entsprechend historisch-systematischer Interpretation (vgl §§ 149, 152 VVG und die zugehörigen Motive des Gesetzgebers) – mit dem haftungsbegründendem Eingriff in ein absolut geschütztes Recht (§ 823 Abs 1 BGB) bzw – bei bloßen Vermögensschäden – der kausalen Schutzgesetzverletzung (§ 823 Abs 2 S 1 BGB) oder vertraglichen Pflichtverletzung (§ 276 BGB) gleichzusetzen wäre; entscheidend ist für die hier interessierende Problematik, dass die Anspruchserhebung zwar nicht als haftpflichtig machende Tatsache iSd § 149 VersVG aufgefasst werden kann, weil ein bereits bestehender Haftpflichtanspruch durchgesetzt werden soll, § 149 VersVG jedoch dispositiv ist (§ 158a VersVG e contrario)[231]. Die Vereinbarung des Anspruchserhebungsprinzips zur zeitlichen Abgrenzung des Versicherungsschutzes ist daher jedenfalls möglich, die Ausgestaltung der zeitlichen Abgrenzung im Detail unterliegt allerdings der Inhaltskontrolle gem § 879 Abs 3 ABGB[232] (ausf Rz 80 ff).

Wenn gesagt wird, in der D&O-Versicherung sei der Versicherungsfall die **Anspruchserhebung** (claims-made principle), so ist damit zuallererst die zeitliche **53a**

---

225 *Voit/Knappmann* in Prölss/Martin, VVG[27] § 149 Rz 13; vgl auch *Johannsen* in Bruck/Möller, GroßkommVVG VI[8] Anm B 12 mwN; s aber auch *Möller* in Oberbach, Die Grundlagen der allgemeinen Haftpflichtversicherung B 2, 10 f.

226 Vgl etwa *Beckmann* in Beckmann/Matusche-Beckmann, Versicherungsrechtshandbuch[3] § 28 Rz 99.

227 Vgl aber auch *Baumann* in BerlinKommVVG § 149 Rz 152 ff, insb 156 aE.

228 So insb *Johannsen* in Bruck/Möller, GroßkommVVG IV[8] Anm B 23; *derselbe*, FS E. Lorenz (1994) 363 (267); vgl aber auch zum neuen deutschen Recht *Koch*, VersR 2011, 295 (296) mwN.

229 *Reisinger* in Fenyves/Schauer, VersVG § 149 Rz 11; *Baumann* in BerlinKommVVG § 149 Rz 155; *Schramm*, Das Anspruchserhebungsprinzip 8 (unter Hinweis auf §§ 134, 305 ff BGB).

230 Ähnlich *Sieg*, VersR 1978, 193; *Möller* in Bruck/Möller GroßkommVVG II[8] § 49 Anm 73, wonach der Vorsatz iSd § 152 VVG keine andere Richtung habe als in § 823 Abs 1 BGB, sodass er sich außer auf die Handlung (gemeint ist: nur) auf die Gesetz- oder Pflichtwidrigkeit beziehen muss. Der Ansicht von *Baumann* in BerlinKommVVG § 149 Rz 17 wonach aus § 152 VVG bzw VersVG keinesfalls Rückschlüsse auf den Versicherungsfall gezogen werden können, ist mE nur insofern richtig, als es um den entsprechenden Tatbestand iS vieler Normen des VersVG geht. Sehr wohl aber können Rückschlüsse darauf gezogen werden, was das Gesetz unter der Tatsache iSd § 149 VVG bzw VersVG versteht. Dass § 152 VVG bzw VersVG nach dem Stand heutiger Dogmatik *teleologisch* wohl abweichend (nämlich „schädigungsbezogen") auszulegen sein wird, macht die Sache nicht leichter, steht aber deswegen auf einem anderen Blatt, weil die Gründe dafür nicht auf die Auslegung des Begriffs der Tatsache iSd § 149 VVG bzw VersVG durchschlagen.

231 Zum neuen deutschen Recht *Baumann*, VersR 2012, 1461 (1462 f).

232 Allg *Reisinger* in Fenyves/Schauer, VersVG § 149 Rz 11 mwN.

Abgrenzung des Versicherungsschutzes iSd § 149 VersVG angesprochen[233]. Versicherungsschutz besteht demnach, wenn ein Anspruch gegen eine versicherte Person erstmals während der materiellen Versicherungsdauer erhoben wird[234]. Letztere wird grundsätzlich von der vereinbarten Laufzeit des Vertrags[235] bestimmt, kann aber etwa im Fall des Prämienzahlungsverzugs (§§ 38, 39 VersVG) oder im Fall der Vereinbarung einer Nachhaftungsfrist[236] davon abweichen. Die Heranziehung des Anspruchserhebungsprinzips zur zeitlichen Abgrenzung des Versicherungsschutzes stellt in der österr Praxis der Vermögensschadenhaftpflichtversicherung, die üblicherweise auf das Verstoßprinzip rekurriert, ein Novum dar[237] und ist weiter unten ausführlich zu erörtern[238].

54 Probleme können sich in der D&O-Versicherung ergeben, wenn eine enge Definition des **Begriffs der Anspruchserhebung**[239] (das Gesetz verwendet den Begriff in § 153 Abs 2 und 3 VersVG und knüpft daran lediglich eine Anzeigeobliegenheit) – etwa aufgrund eines Schriftformerfordernisses – dazu führt, dass die maßgebliche Tatsache iSd § 149 VersVG noch nicht eingetreten ist und somit die Fälligkeit des Deckungsanspruchs nicht eintreten kann, obwohl Maßnahmen zur Anspruchsabwehr – etwa in Form der Erhebung einer negativen Feststellungsklage – bereits geboten erscheinen. Grobe Unbilligkeiten sollen in der Praxis durch die Gewährung sog **vorbeugender Rechtskosten**, der Gewährung von Kostenersatz für die Wahrnehmung rechtlicher Interessen vor einer Anspruchserhebung iSd Bedingungen, ausgeglichen werden[240]. Da die Anspruchserhebung in der D&O-Versicherung aber nicht nur über die Fälligkeit des Deckungsanspruchs entscheidet, sondern auch darüber, ob überhaupt Versicherungsschutz besteht, werden Schriftformerfordernisse, auch wenn sie der Rechtssicherheit dienen sollen, von Teilen der L ganz grundsätzlich kritisch gesehen[241]. Teilweise wird vertraglich vereinbart, dass bereits das bloße Sichberühmen eines Anspruchs[242] als Tatsache iSd § 149 VersVG und als die Fälligkeit des eigentlichen Deckungsanspruchs auslösendes Ereignis gilt[243]. Die Möglichkeit zur vorsorglichen Meldung von Umständen, die zu einer Anspruchserhebung führen könnten (Rz 78), vermag das Problem der zeitlichen Abgrenzung des Versicherungsfalles beim drohenden Verlust des Versicherungsschutzes zu lösen, das Fälligkeitsproblem müsste dann jedoch über die

233 Dies übersieht *Pataki*, VersR 2004, 835. Ausf *Schramm*, Das Anspruchserhebungsprinzip (2009) passim, insb 8 ff, 35, vgl aber auch den Hinweis auf die undifferenzierte Vertragspraxis 36 f.

234 Statt aller *Schramm*, Das Anspruchserhebungsprinzip 41 („reines Anspruchserhebungsprinzip").

235 Vgl Rz 67.

236 Dazu näher unter Rz 76.

237 Vgl für viele *Gisch* in *Ratka/Rauter*, Geschäftsführerhaftung² Rz 8/32.

238 Rz 67 ff.

239 Ausführlich *Lange*, r+s 2006, 187; *Steinkühler/Kassing*, VersR 2009, 607; *Beckmann* in Beckmann/Matusche-Beckmann, Versicherungsrechtshandbuch³ § 28 Rz 102 ff.

240 Ausf zu den Erscheinungsformen derartiger Klauseln *Lange*, D&O-Versicherung und Managerhaftung § 14 Rz 70 f.

241 Die AGB-rechtliche Wirksamkeit offenlassend *Beckmann* in Beckmann/Matusche-Beckmann, Versicherungsrechtshandbuch³ § 28 Rz 104.

242 Dazu *Lange*, r+s 2006, 177 (180).

243 S dazu näher *Lange*, D&O-Versicherung und Managerhaftung § 9 Rz 78 ff.

Gewährung vorbeugenden Rechtsschutzes gelöst werden, wobei der Zeitpunkt, ab welchen letzterer in Anspruch genommen werden kann, mit jenem der Möglichkeit zur vorläufigen Umstandsmeldung nicht übereinstimmen muss.

Ob die Anspruchserhebung in der D&O-Versicherung auch den **Versicherungsfall iSd VersVG** bezeichnen soll, ist durch Auslegung zu ermitteln. Die in zeitlicher Hinsicht maßgebliche Tatsache ist nicht denknotwendig mit dem Versicherungsfall identisch[244], das Schrifttum zur D&O-Versicherung differenziert dennoch vielfach nicht ausreichend[245]. Da die Gleichsetzung von Anspruchserhebung mit dem Versicherungsfall im Einzelfall – etwa bei der **Rettungs- und Schadenminderungsobliegenheit** bzw beim Ersatz von Rettungskosten (§§ 62, 63 VersVG)[246] – zu Ergebnissen führen kann, die mit dem Normzweck der jeweiligen Regelung kaum zu vereinbaren sind[247] und das Anspruchserhebungsprinzip erkennbar lediglich den Zweck verfolgt, Spätschäden zu vermeiden, wird die automatische Gleichsetzung zu verneinen und der Begriff des Versicherungsfalls iSd VersVG regelmäßig aus Sinn und Zweck der jeweiligen Norm heraus zu bestimmen sein[248]. Wer dagegen undifferenziert die Anspruchserhebung mit dem Versicherungsfall iSd VersVG gleichsetzt, muss an der Vereinbarkeit des Anspruchserhebungsprinzips mit dem Gesetz zweifeln[249]. 55

B. Abwehr- und Befriedigungsfunktion

Im Fall der Anspruchserhebung durch einen Dritten trifft die Versicherungsnehmerin bzw die versicherten Personen eine Anzeigeobliegenheit gegenüber dem Versicherer (§ 153 VersVG)[250]. Dieser prüft dann sowohl die Haftpflicht-, als auch die Deckungsfrage[251]. Zur Feststellung des Versicherungsfalles und des Umfangs der Leistungspflicht des Versicherers trifft die Versicherungsnehmerin bzw die versicherten Personen eine **Auskunfts- und Belegobliegenheit** (§ 34 VersVG)[252]. Da diese Obliegenheit auch dann besteht, wenn ihre Erfüllung eigenen Interessen widerstreitet[253] und nach stRsp selbst Umstände zu offenbaren wä- 56

244 *Baumann* in BerlinKommVVG § 149 Rz 176.

245 Undifferenziert etwa *Lange*, r+s 2006, 177; *Pataki*, VersR 2004, 835; vgl dagegen *Schramm*, VW 2008, 2071.

246 Dazu allgemein *Vonkilch* in Fenyves/Schauer, VersVG § 62 Rz 21; *Schimikowski*, r+s 2003, 133.

247 S nur *Koch* in Bruck/Möller, GroßkommVVG § 100 Rz 15.

248 S dazu näher *Johannsen* in Bruck/Möller, GroßkommVVG VI[8] Anm B 10 ff; *Möller* in FS Eichler 411; s aber auch bereits *derselbe* in Oberbach, Die Grundlagen der allgemeinen Haftpflichtversicherung B 2, 9 ff.

249 So etwa *Pataki*, VersR 2004, 835.

250 Zu den Anzeigepflichten im Allgemeinen *Reisinger* in Fenyves/Schauer, VersVG § 153; *Baumann* in BerlinKommVVG § 153; speziell zur D&O-Versicherung etwa *Lange*, D&O-Versicherung und Managerhaftung § 12 Rz 62 ff.

251 Vgl dazu näher *O. Sieg* in Krieger/Uwe H. Schneider, Handbuch Managerhaftung § 16 Rz 29 ff.

252 Dazu näher *Ramharter* in Fenyves/Schauer, VersVG § 34 Rz 8 f.

253 ZB OGH 7 Ob 6/90, VersE 1466 = VR 1990/223; 12.9.1974, 7 Ob 144/74, VersE 651 = VersR 1975, 554 = VR 1975, 91 (*P. Baumann*) = VR 1975, 191 (*Kreinhöfer*); *Ramharter* in Fenyves/Schauer, VersVG § 34 Rz 24.

ren, die bei Kenntnis der Strafverfolgungsbehörden, strafrechtliche Konsequenzen auslösen könnten[254], weil der Versicherer seinerseits zur Verschwiegenheit verpflichtet ist (vgl § 321 VAG 2016)[255], kann der Versicherer grundsätzlich auch in der D&O-Versicherung sowohl von der Versicherungsnehmerin als auch von den Versicherten die für die Prüfung des Eintritts des Versicherungsfalls bzw der Leistungspflicht erforderlichen Auskünfte verlangen[256]. Im Rahmen einer für die Belegbeschaffungs- und -vorlageobliegenheit anerkannten umfassenden Interessenabwägung besteht freilich gewisser Raum, etwaige Geheimhaltungsinteressen der versicherungsnehmenden Gesellschaft zu wahren, insb indem dem Versicherer lediglich die Anfertigung von Kopien oder überhaupt nur die Einsichtnahme durch einen zur Verschwiegenheit verpflichteten Parteienvertreter gestattet wird[257] oder als nicht relevant angesehene Teile der Unterlagen – auf Risiko des Versicherungsnehmers bzw Versicherten[258] – geschwärzt werden[259] und nicht mehr benötigte Belege vom Versicherer zurückzugeben sind[260]. Der Umstand, dass sich der Versicherer zur Gewährung von Rechtsschutz entscheidet, entbindet die Gesellschaft hingegen nicht etwa deshalb von ihren Obliegenheiten, weil sich der Versicherer dadurch auf die Seite der Versicherten schlägt[261]; solange der Versicherer nicht offenkundig unbegründete Ansprüche abwehrt[262], verhält er sich vertragskonform. Aber selbst eine Deckungsablehnung führt nicht automatisch zum Entfall sämtlicher Obliegenheiten[263].

57 Gegenstand der Grunddeckung der D&O-Versicherung als Haftpflichtversicherung ist – wie bereits erwähnt – die **Abwehr** unbegründeter (Rechtsschutzanspruch) und die **Befriedigung** begründeter Ansprüche (Befreiungs- bzw Freistellungsanspruch ieS)[264]. Dem Versicherer steht zwar scheinbar ein Wahlrecht zu,

254 BGH 16.2.1967, II ZR 73/65, BGHZ 47, 101 = VersR 1967, 441; *Wandt* in MüKoVVG § 31 Rz 33; *Ramharter* in Fenyves/Schauer, VersVG § 34 Rz 24.

255 Zum Vertragsrecht s nur *Ramharter* in Fenyves/Schauer, VersVG § 34 Rz 24 mwN.

256 *I. Welser*, FS Jud (2012) 745 (771); *Ruchatz*, AG 2015, 1 (6); de lege ferenda krit *Herdter*, ZVersWiss 2011, 655 (662).

257 *I. Welser*, FS Jud (2012) 745 (771); allg *Ramharter* in Fenyves/Schauer, VersVG § 34 Rz 86 mwN.

258 Ausf zum Erforderlichkeitskriterium des Auskunftsbegehrens und zur Beweislast *Ramharter* in Fenyves/Schauer, VersVG § 34 Rz 20 f mwN.

259 Dazu näher *Herdter*, ZVersWiss 2011, 655 (664).

260 Allg *Ramharter* in Fenyves/Schauer, VersVG § 34 Rz 86.

261 Vgl aber *Herdter*, ZVersWiss 2011, 655 (657), der sich für ein Erlöschen der Obliegenheiten mit dem Beginn der Führung des Haftpflichtprozesses durch den Versicherer ausspricht. Die Behauptung, dass damit die „Prüfbereitschaft" des Versicherers ende und er sich auf die Seite des Versicherten schlage, ist jedoch unrichtig. Der Versicherer ist zur Rechtsschutzgewährung vielfach verpflichtet, bevor die ebenfalls zu beurteilenden Deckungsfragen abschließend klären kann (vgl insb zum Pflichtwidrigkeitsausschluss Rz 89). Ferner dient die Obliegenheit materiellrechtlich gerade der Beseitigung von Informationsasymmetrien (statt aller *Ramharter* in Fenyves/Schauer, VersVG § 34 Rz 1 mwN), weshalb der pauschale Hinweis auf das Verbot des Ausforschungsbeweises verfehlt ist. Zutr auch bereits *Ruchatz*, AG 2015, 1 (7).

262 S dazu schon Motive zum VVG 204 f.

263 Ausf und differenzierend *Ramharter* in Fenyves/Schauer, VersVG § 34 Rz 39 ff mwN; aA die hA in D: zB *Lange*, D&O-Versicherung und Managerhaftung § 12 Rz 143 ff mwN.

264 Statt aller *Beckmann* in Beckmann/Matusche-Beckmann, Versicherungsrechtshandbuch[3] § 28 Rz 84; *Gisch* in Ratka/Rauter, Geschäftsführerhaftung[2] Rz 8/28 ff.

Ansprüche Dritter entweder abzuwehren oder zu befriedigen[265]. Allerdings ist die Entscheidung anhand der Rechtslage zu treffen, wie sie sich objektiv darstellt, sodass sich der Entscheidungsspielraum des Versicherers im Wesentlichen auf die Ausübung pflichtgemäßen Ermessens bei der Beurteilung der Rechtslage reduziert[266]. In Zweifelsfällen wird das Vorliegen eines Haftpflichtanspruchs in einem **Haftpflichtprozess** geklärt (Trennungsprinzip)[267], dessen notwendige Feststellungen aufgrund ergänzender Vertragsauslegung[268] Tatbestandswirkung[269] für die Beurteilung des Deckungsverhältnisses entfalten, sofern der Versicherer auf den Ausgang des Haftpflichtprozesses Einfluss nehmen konnte („haftpflichtversicherungsrechtliche Bindungswirkung")[270].

Unbedingte Deckungszusagen sind in der D&O-Versicherung selten, meist wird Deckung nur vorläufig und unter Vorbehalt der späteren Feststellung von Tatsachen, die eine abschlägige deckungsrechtliche Beurteilung ergeben, gewährt[271]. Im Streitfall – zu beachten sind die Verjährungs- und Präklusionsregeln des § 12 VersVG[272] – ist das Vor- bzw Nichtvorliegen von Tatsachen, die für das Bestehen der Deckung in zeitlicher, räumlicher und in sachlicher Hinsicht entscheidend sind, nach wohl hM[273] notfalls auch schon vor Abschluss des Haftpflichtprozesses in einem **Deckungsprozess** zu klären. Die Beantwortung der äußerst umstrittenen Frage, ob dies selbst dann gilt, wenn unklar ist, ob der Pflichtwidrigkeitsausschluss verwirklicht ist[274], stellt sich in der D&O-Versicherung weniger, weil vertraglich vereinbart wird, dass der Versicherer jedenfalls Deckung unter Vorbehalt der Rückerstattung bereits erbrachter Leistungen bis zur etwaigen Feststellung der relevanten Tatsachen im Haftpflichtprozess gewährt[275]. 58

Der Versicherer ist nach dem Wortlaut üblicher Bedingungswerke bevollmächtigt, alle zur Beilegung oder Abwehr des Anspruches ihm zweckmäßig erscheinenden Erklärungen im Namen der versicherten Personen abzugeben (**Regulierungsvollmacht**) und einen allfälligen Haftpflichtprozess im Namen der versicherten 59

[265] So insb *Lange*, VersR 2008, 713 („freies Erfüllungswahlrecht").
[266] Statt vieler *Baumann* in BerlinKommVVG § 149 Rz 8 mwN; *Kramer*, r+s 2008, 1; vgl auch Motive zum VVG 204 f; wohl zu streng *Lücke* in Prölss/Martin, VVG[29] § 100 Rz 2.
[267] Ausf dazu *Felsch* in Workshop zur Haftpflichtversicherung (2010) 1.
[268] Vgl OGH 30.4.1957, 3 Ob 201/57, ZVR 1958, 34 auf den Zweck des Haftpflichtversicherungsvertrags abstellend.
[269] Obiter OGH 8.4.1997, 1 Ob 2123/96d, SZ 70/60; *Ramharter*, VbR 2014, 167.
[270] ZB OGH 7 Ob 31/93 VersE 1582; *Reisinger* in Fenyves/Schauer, VersVG § 149 Rz 45 ff; *Schauer*, Versicherungsvertragsrecht[3] 403; zum Meinungsstand in Deutschland *Baumann* in BerlinKommVVG § 149 Rz 184 ff, ausf jüngst *Foerster*, ZVersWiss 2014, 351 Dazu näher sogleich unter Rz 58 f.
[271] So *O. Sieg* in Krieger/U. H. Schneider, Handbuch Managerhaftung § 16 Rz 46.
[272] Dazu näher *Ramharter*, wbl 2012, 541 mwN.
[273] *Voit/Knappmann* in Prölss/Martin, VVG[27] § 149 Rz 7; *Baumann* in BerlinKommVVG § 149 Rz 12 jeweils mwN.
[274] Vgl etwa *Voit/Knappmann* in Prölss/Martin, VVG[27] § 149 Rz 7; unter Berufung auf den Vertragszweck wohl zu Recht abl *Lange*, D&O-Versicherung und Managerhaftung § 11 Rz 49 mwN zum Meinungsstand.
[275] Vgl Rz 88.

Person zu führen[276]. Derartige Klauseln können freilich nicht das Vorliegen der allgemeinen Voraussetzungen der Erteilung einer Vollmacht durch die versicherten Personen, die vom Vertragsabschluss oft nicht einmal Kenntnis haben, ersetzen, weshalb die Vollmachterteilung regelmäßig im Versicherungsfall nachzuholen sein wird[277]. Die Wahl eines im Prozess erforderlichen **Rechtsanwalts** obliegt in der D&O-Versicherung – vorbehaltlich eines Widerspruchsrechts des Versicherers – üblicherweise den versicherten Personen[278]. Unterschiedlich geregelt ist, inwieweit die versicherten Personen auch im Vorfeld einer gerichtlichen Auseinandersetzung selbst einen Rechtsanwalt zur Wahrnehmung ihrer Interessen beauftragen und Kostenersatz vom Versicherer erlangen können[279].

60 Da der Versicherer bei der Schadenregulierung auf die **Zusammenarbeit mit den versicherten Personen** angewiesen ist, wird meist vertraglich die Obliegenheit vereinbart, den Versicherer bei der Regulierung des Schadenfalles zu unterstützen und mit diesem zu kooperieren[280]. Im Innenverhältnis wird oft auch vereinbart, dass sich die versicherte Person einem Einigungswunsch des Versicherers widersetzen kann, der Versicherer dann aber für den dadurch eventuell verursachten Mehraufwand nicht aufkommen muss (**Mehraufwandklausel**)[281]. Umgekehrt ist der Versicherer zumeist nicht berechtigt, Ansprüche anzuerkennen, wenn und soweit die Versicherungssumme zur Befriedigung nicht ausreicht. Vereinbarungen, wonach der Versicherer innerhalb der Grenzen des § 6 Abs 3 VersVG leistungsfrei ist, wenn die versicherten Personen den Anspruch des Dritten ohne Zustimmung des Versicherers konstitutiv[282] anerkennen (**Anerkenntnisverbot**), sind nach österr Recht weitgehend **zulässig** und nur jene Fälle betreffend unwirksam, in denen die Anerkennung nach den Umständen nicht ohne offenbare Unbilligkeit verweigert werden konnte (§ 154 Abs 2 Satz 2 VersVG)[283]. Eine Vereinbarung, nach der der Versicherer von der Verpflichtung zur Leistung frei sein soll, wenn ohne seine Einwilligung der Versicherungsnehmer den Dritten unter Vorbehalt befriedigt (**Befriedigungsverbot**), ist dagegen **unwirksam** (§ 154 Abs 2 Satz 1 VersVG)[284]. In der Praxis enden viele D&O-Fälle durch **Vergleich,** wobei hierbei

---

[276] Vgl ausführlich *Beckmann* in Beckmann/Matusche-Beckmann, Versicherungsrechtshandbuch³ § 28 Rz 88.

[277] S dazu näher *Beckmann* in Beckmann/Matusche-Beckmann, Versicherungsrechtshandbuch³ § 28 Rz 88; *Gruber/Mitterlechner/Wax*, D&O-Versicherung § 6 Rz 15; *Baumann* in Bruck/Möller, GroßkommVVG IV⁹ Ziff 4 AVB-AVG Rz 65.

[278] *Ihlas*, D&O² 395.

[279] *Lange*, D&O-Versicherung und Managerhaftung § 14 Rz 70; *O. Sieg* in Krieger/U. H. Schneider, Handbuch Managerhaftung § 16 Rz 49.

[280] *Beckmann* in Beckmann/Matusche-Beckmann, Versicherungsrechtshandbuch³ § 28 Rz 153.

[281] *Ihlas*, D&O² 447 („hammer clause"), der auf die angeblich besondere Bedeutung dieser Klausel in der D&O-Versicherung hinweist; kritisch in Hinblick auf die praktische Handhabbarkeit hingegen *Beckmann* in Beckmann/Matusche-Beckmann, Versicherungsrechtshandbuch³ § 28 Rz 89; zu vergleichbaren Klauseln der Allgemeinen Haftpflichtversicherung *Schauer*, Versicherungsvertragsrecht³ 407.

[282] *Rubin*, ecolex 2012, 543.

[283] S dazu näher *Reisinger* in Fenyves/Schauer, VersVG § 154 Rz 11 ff; *Schauer*, Versicherungsvertragsrecht³ 409.

[284] S hierzu im Einzelnen *Fenyves* in Fenyves/Kronsteiner/Schauer, VersVG-Novellen § 154 Rz 1 mwN; zuletzt auch *Ramharter*, VbR 2013, 27.

neben dem versicherungsvertraglichen Obliegenheitenrecht die jeweiligen gesellschaftsrechtlichen Voraussetzungen (zB § 84 Abs 4 AktG) zu beachten sind[285].

Exkurs: Strafrechtsschutz

Von Gesetzes wegen umfasst die Haftpflichtversicherung im Falle eines Strafverfahrens, das wegen einer Tat eingeleitet wurde, welche die Verantwortlichkeit der versicherten Person einem Dritten gegenüber zur Folge haben könnte, lediglich den Ersatz von Kosten zur Verteidigung – dh nicht den Ersatz von Verfahrenskosten – und auch diesen nur unter der Voraussetzung, dass diese Kosten auf Weisung des Versicherers aufgewendet werden (§ 150 Abs 1 Satz 3 VersVG)[286]. **61**

Da in der Praxis zivilrechtliche Ansprüche oftmals erst im Anschluss an ein Strafverfahren erhoben werden und nach einer strafrechtlichen Verurteilung zumeist der Pflichtwidrigkeitsausschluss eingreift, ist die vertragliche Erweiterung des Deckungsumfangs in der D&O-Versicherung und/oder der Abschluss einer eigenen Manager-**Strafrechtsschutzversicherung** zu empfehlen[287]. Erhebt der geschädigte Dritte Ansprüche im Strafverfahren als Privatbeteiligter, sind die Kosten der Verteidigung dagegen als Ausfluss der Rechtsschutzfunktion der Haftpflichtversicherung vom Versicherer zu tragen[288]. **62**

C. Begrenzungen des Versicherungsumfangs

a) Überblick

Die Leistungspflicht des Versicherers ist umfänglich mit der Versicherungssumme, die sich in erster Linie nach der Größe des Unternehmens sowie dessen wirtschaftlicher Lage richtet, begrenzt[289]. Die Versicherungssumme steht kraft ausdrücklicher Vereinbarung bis dato üblicherweise nur einmal pro Versicherungsperiode für alle Versicherungsfälle zusammen zur Verfügung (einfache **Jahresmaximierung**/aggregate limit)[290]. Einzelne Versicherte laufen daher jedenfalls dann, wenn nicht eine sog Wiederauffüllung der Versicherungssumme vereinbart wird[291] oder die Härten der einfachen Jahresmaximierung auf andere Art und Weise – etwa durch ein Abwehrkostenzusatzlimit – abgemildert werden[292], Gefahr, keine oder nur unzureichende Deckung zu erlangen, weil die Versicherungssumme bereits ganz oder teilweise durch vorherige, den versicherten selbst oder andere Versicherte betreffende Versicherungsfälle verbraucht wurde. Aufgrund der in **63**

---

[285] Zum deutschen Recht *Lange*, D&O-Versicherung und Managerhaftung § 19.

[286] *Baumann* in BerlinKommVVG § 150 Rz 14 ff.

[287] S dazu näher *Gisch* in Ratka/Rauter, Geschäftsführerhaftung² 8/53 ff.

[288] *Baumann* in BerlinKommVVG § 150 Rz 30; *Gisch* in Ratka/Rauter, Geschäftsführerhaftung² Rz 8/30.

[289] S nur *Baumann* in Bruck/Möller, GroßkommVVG IV⁹ AVB-AVG 2011/2013 Ziff 4 Rz 26 f.

[290] *Beckmann* in Beckmann/Matusche-Beckmann, Versicherungsrechtshandbuch³ § 28 Rz 90; *Baumann* in Bruck/Möller, GroßkommVVG IV⁹ AVB-AVG 2011/2013 Ziff 4 Rz 28 f, der die Kontrollfähigkeit derartiger Deckungsbegrenzungen bejaht.

[291] Dazu näher *Lange*, D&O-Versicherung und Managerhaftung § 15 Rz 9.

[292] Zu Abwehrkostenzusatzlimits und persönlichen Zusatzlimits s *Lange*, D&O-Versicherung und Managerhaftung § 15 Rz 4 ff bzw 12 ff.

der D&O-Versicherung vorherrschenden Katastrophenschäden – dh seltenen, aber hohen Schäden – sowie der üblichen Vereinbarung von **Serienschadenklauseln**[293] und **Kostenanrechnungsklauseln** (Rz 64 ff) droht die Gefahr der Erschöpfung der Versicherungssumme aber selbst dann, wenn nur ein einziger Versicherungsfall eintritt[294]. Übersteigen die Haftpflichtansprüche die Versicherungssumme, stellt sich darüber hinaus die Frage, ob der Versicherer Abwehrkosten nur aliquot zu leisten hat (**Aliquotierung**)[295]. Auch die – insbesondere im Zuge der rechtlichen Aufarbeitung der sog „Schwarzen Kassen" bei der Siemens AG[296] – akut gewordene Frage der **Verteilung unzureichender Versicherungssummen** ist äußert umstritten und angesichts einer Vielzahl denkbarer Sachverhaltsvarianten noch facettenreicher als die Diskussion um die Wirksamkeit von Kostenanrechnungsklauseln[297]. Derzeit am Markt angebotene Kompromisslösungen sehen etwa – marketingtechnisch wenig glücklich „twin-towers" genannte – **separate Deckungssummen** für den Vorstand und Aufsichtsrat vor[298]. Möglich wäre es auch, einen Teil des Versicherungsschutzes für die Versicherungsnehmerin und deren Manager zu reservieren, für die Einbeziehung von Tochterunternehmen ein Sublimit vorzusehen oder darauf überhaupt zu verzichten[299]. In Betracht kommt aber auch die Vereinbarung oder Möglichkeit zum Erwerb einer **Wiederauffüllung** der Deckungssumme[300] oder die Einräumung eines **Abwehrkostenzusatzlimits**[301]. Anzutreffen sind in der Praxis ferner Klauseln, welche die Durchführung eines **Mediationsverfahrens** vorsehen[302]. Die Problematik wird aber – wohl nicht ganz zu Unrecht – auch die Diskussion um den **Abschluss von Individualpolizzen** oder anderer innovativer Deckungskonzepte[303] weiter anheizen[304].

---

293 Grundlegend zur Serienschadenklausel im Allgemeinen *Fenyves*, Die rechtliche Behandlung von Serienschäden in der Haftpflichtversicherung (1988); *Nowak-Over*, Auslegung und rechtliche Zulässigkeit von Serienschadenklauseln in der Haftpflicht- und Vermögensschadenhaftpflichtversicherung (1991); zur Vermögensschaden-Haftpflichtversicherung s jüngst auch *Fenyves*, VR 2015 H 6, 31; *Wilhelmer*, ZFR 2015, 253; zur D&O-Versicherung insb *Lange*, VersR 2004, 563; *ders*, D&O-Versicherung und Managerhaftung § 9 Rz 62 ff; *Langheid/Grote*, VersR 2005, 1165 (1173 ff); *Ihlas*, D&O² 443 f.

294 Statt aller *Armbrüster*, VersR 2014, 1 ff; *Lange*, VersR 2014, 1413 ff.

295 S dazu etwa *Wilhelmer*, VR 2012 H 9, 15; *derselbe*, ZFR 2015, 53.

296 Vgl *Armbrüster*, VersR 2014, 1.

297 S insb *Koch*, ZVersWiss 2012, 151 (166 f); *derselbe* in Bruck/Möller, GroßkommVVG VI⁹ § 109 R 33 ff; *Hemeling* in FS Hoffmann-Becking (2013) 491 (501 f); *Armbrüster*, VersR 2014, 1; *Grooterhorst/Looman*, r+s 2014, 157; *Lange*, VersR 2014, 1413.

298 Vgl *Lampert*, Wettbewerb: Managerhaftpflicht-Markt in Bewegung, Versicherungsjournal.at vom 12.10.2015.

299 *Lange*, VersR 2014, 1413 (1418).

300 *Lange*, D&O-Versicherung und Managerhaftung § 15 Rz 9 ff; *Armbrüster*, VersR 2014, 1 (6).

301 S dazu näher *Lange*, D&O-Versicherung und Managerhaftung § 15 Rz 4 ff.

302 So *Armbrüster*, VersR 2014, 1 (7).

303 Unten Rz 91.

304 Vgl auch Armbrüster VersR 2014, 1 (7).

b) Exkurs: Kosteneinrechnungsklauseln

64 Die Problematik unzureichender Versicherungssummen wird – wie bereits erwähnt – in der D&O-Versicherung dadurch verschärft, dass – abweichend von § 150 Abs 2 Satz 1 VersVG, dem zufolge der Versicherer Kosten, die in einem auf seine Veranlassung geführten Rechtsstreit entstehen und Kosten der Verteidigung nach § 150 Abs 1 Satz 3 VersVG[305] auch insoweit zu ersetzen hat, als sie zusammen mit der übrigen Entschädigung die Versicherungssumme übersteigen – regelmäßig die Anrechnung sämtlicher Kosten iZm der Abwehr der geltend gemachten Haftpflichtansprüche (zB Anwalts-, Sachverständigen-, Zeugen- und Gerichtskosten) auf die Versicherungssumme vereinbart wird („**Einbindungsprinzip**")[306] Bei § 150 VersVG handelt es sich zwar nicht um eine halbzwingende Vorschrift (§ 158a Abs 1 VersVG e contrario), dennoch wird die Wirksamkeit von Kostenanrechnungsklauseln von Teilen des Schrifttums – wie sich zeigen wird zu Recht – bezweifelt.[307] Das OLG Frankfurt/Main[308] hat sie unter Berufung auf *Säcker*[309] einerseits als zu weitgehende **Abweichung vom gesetzlichen Leitbild** und andererseits wegen **Intransparenz** verneint. Einigkeit besteht im Schrifttum soweit ersichtlich nur darüber, dass die konkrete Klausel nicht deswegen als intransparent iSd § 307 Abs 2 S 2 BGB zu qualifizieren gewesen wäre, weil man den Eindruck gewinnen hätte können, auch Kosten eines etwaigen Deckungsprozesses seien auf die Versicherungssumme anzurechnen[310]. Als problematisch wird jedoch teilweise angesehen, dass für den Versicherten nicht vorhersehbar ist, welche Summe zur Befriedigung des Dritten zur Verfügung stehen wird[311]. Im Fokus des durchaus mit harten Bandagen ausgefochtenen Meinungsstreits in D liegt aber die Frage, ob die Klausel nach § 307 Abs 2 Nr 1 BGB unwirksam ist. Für die Wirksamkeit von Kostenanrechnungsklauseln in der D&O-Versicherung werden angeblich vom Gesetzgeber nicht mitbedachte Besonderheiten wirtschaftlicher Natur ins Treffen geführt, insbesondere – wenn auch im Einzelnen unterschiedlich akzentuiert – die besonders kostspielige Anspruchsabwehr durch die verbreitet gemeinsame Inanspruchnahme mehrerer Versicherter, die Komplexität der Haftungsfragen, welche die Einholung von Privatgutachten, und die Mandatierung spezialisierter, auf

305 Dabei handelt es sich um Kosten der Verteidigung in einem Strafverfahren, das wegen einer Tat eingeleitet wurde, welche die Verantwortlichkeit des Versicherungsnehmers einem Dritten gegenüber zur Folge haben könnte, sofern diese Kosten auf Weisung des Versicherers aufgewendet wurden.

306 *Beckmann* in Beckmann/Matusche-Beckmann, Versicherungsrechtshandbuch³ § 28 Rz 90; *Baumann* in Bruck/Möller, GroßkommVVG IV9 AVB-AVG 2011/2013 Ziff 4 Rz 31 ff.

307 Schimikowski, VersR 2005, 861 (865); *Pant* in Hauschka, Corporate Compliance § 12 Rz 13; *Lücke* in Prölss/Martin, VVG²⁹ § 101 Rz 33; *Baumann* in Bruck/Möller, GroßkommVVG IV⁹ AVB-AVG 2011/2013 Ziff 4 Rz 32; *Terno*, r+s 2013, 577; differenzierend *Werber*, VersR 2014, 1159.

308 OLG Frankfurt/Main 7 U 127/09, r+s 2011, 509.

309 VersR 2005, 10 (14).

310 Insoweit zu Recht kritisch bereits *Langheid/Müller-Frank*, NJW 2012, 2324 (2325); *Koch* in Bruck/Möller, GroßkommVVG IV⁹ § 101 Rz 69; tendenziell auch *Baumann* in Bruck/Möller, GroßkommVVG IV⁹ AVB-AVG 2011/2013 Ziff 4 Rz 31 ff.

311 Darauf wird in weiterer Folge nicht näher eingegangen, weil es noch viel problematischer ist, dass es überhaupt zu einer solchen Anrechnung kommen soll; maW es soll primär die Frage der Inhaltskontrolle (§ 879 Abs 3 ABGB) erörtert werden.

Basis von Stundensätzen operierender Anwälte notwendig mache, die die Versicherten auch noch frei wählen könnten (freie Anwaltswahl), sowie die Tatsache, dass es häufig zur Inanspruchnahme sowohl der Abwehr- als auch der Freistellungskomponente des Deckungsanspruchs komme. Nicht nur, aber insbesondere bei der Versicherung von Auslandsrisiken wird daher befürchtet, es sei für den Versicherer unmöglich, die Prämie zu kalkulieren, wenn er Abwehrkosten über die Versicherungssumme hinaus leisten müsste[312]. Für die Gegenansicht sind diese wirtschaftlichen Argumente nicht gewichtig genug, um ein Abweichen vom Grundgedanken des § 150 Abs 2 S 1 VersVG zu rechtfertigen[313].

64a Für Ö ist von besonderem Interesse, dass der OGH das Einbindungsprinzip[314] in der Kfz-Pflichthaftpflichtversicherung unter Berufung auf § 915 ABGB – methodisch korrekt wäre auf § 879 Abs 3 ABGB zurückzugreifen gewesen[315] – nicht anerkannt [316] und dafür im Ergebnis Zustimmung geerntet hat[317]. Für die freiwillige Haftpflichtversicherung steht hingegen eine höchstgerichtliche Klärung der Zulässigkeit von Kosteneinrechnungs- oder -anrechnungsklauseln, bei denen es sich keineswegs um ein Spezifikum der D&O-Versicherung handelt[318], noch aus. *Fenyves*[319] hat sie bereits in einem älteren Beitrag, der freilich nicht als abschließende Stellungnahme verstanden werden will, im Hinblick auf die Zwangslage des Versicherungsnehmers, der sich gegen gutgläubig erteilte Weisungen, es auf einen Rechtsstreit ankommen zu lassen, nicht wehren kann, jedenfalls für die „Jedermannsversicherung" verneint. Dies ist nicht zuletzt deshalb von Bedeutung, weil im neueren dt Schrifttum die Ansicht vertreten wird, es sei ausreichend, den Versicherten auf Schadenersatzansprüche gegen den Versicherer zu verweisen[320]. Folgt man der Ansicht von *Fenyves*, dass es sich bei § 150 Abs 2 S 1 VersVG um eine **Risikotragungsregel** handelt, sodass Schadenersatzansprüche kein probates Mittel darstellen, die Benachteiligung des Versicherten zu kompensieren, spricht viel dafür, Abweichungen generell als problematisch anzusehen. Auch ein geschäftlich erfahrener Versicherter kann sich gegen gutgläubig erteilte Kostenweisungen schließlich de iure nicht wehren. *Wilhelmer*[321] erachtet Kosteneinrechnungsklauseln daher – auf den ersten Blick konsequent – nur, aber immerhin für wirksam, wenn dem Versicherten ein Widerspruchsrecht gegen Weisungen des Versicherers eingeräumt wird[322].

---

312 ZB *Olbrich*, Die D&O-Versicherung in Deutschland 157; *Langheid/Grote*, VersR 2005, 1165 (1175); *Ihlas*, D&O² 434; *Langheid/Müller-Frank*, NJW 2012, 2324 (2325); *Koch* in Bruck/Möller, GroßkommVVG IV⁹ § 101 Rz 69 ff.

313 Kritisch bereits *Schimikowski*, VersR 2006, 861 (862).

314 Siehe dazu bereits *Fenyves*, VR 1982, 84.

315 *Fenyves* in FS Bydlinski 121 (146 f).

316 OGH 12.11.1998, 2 Ob 278/98s; 20.9.2001, 2 Ob 277/00z, ecolex 2002, 877; vgl aber auch die wettbewerbsrechtliche E zu 4 Ob 165/11k, RdW 2012, 317 = ÖBl 2012, 256 mit Besprechungsaufsatz *Haberer/Wilhelmer*, ZFR 2013, 54.

317 *Wilhelmer*, VR 2012 H 7-8, 25 (31).

318 Ausf *Wilhelmer*, VR 2012 H 7-8, 25.

319 VR 1984, 85 (87 f).

320 S *Koch* in Bruck/Möller, GroßkommVVG IV⁹ § 101 Rz 75.

321 VR 2012 H 7-8, 25 (33 f).

322 Ähnlich auch bereits *Schimikowski*, VersR 2006, 861 (865 f) („Verzicht auf das Direktionsrecht").

Bei näherer Betrachtung erweist sich diese Ansicht freilich als nicht überzeugend. Zur Untermauerung dieser These ist es erforderlich, den **Schutzzweck** des § 150 Abs 2 S 1 VersVG exakter als bisher herauszuarbeiten. Den Ausgangspunkt dafür muss die Feststellung bilden, dass das Gesetz anders als im – nach historischer Systematik bzw Teleologie verwandten[323] – § 63 Abs 1 VersVG, der den Ersatz von auf Weisung des Versicherers getätigten Rettungskosten über die Versicherungssumme hinaus statuiert, aber auch anders als in § 150 Abs 1 S 3 VersVG nicht auf eine *Weisung* des Versicherers, sondern auf die *Veranlassung* der Abwehrkosten durch den Versicherer abstellt. Diese unterschiedliche Wortwahl ist sicher kein Zufall[324]. Veranlasst sind Abwehrkosten streng genommen aber immer schon dann, wenn der Versicherer nicht bereit ist, die Ansprüche des Dritten sofort zu befriedigen und der Versicherte, dem nach den heute freilich überholten Vorstellungen des Gesetzgebers die Abwicklung des Haftpflichtfalles obliegt, sich aufgrund unklarer Haftpflichtfrage nolens volens für die Abwehr der Ansprüche entschieden hat[325]. Sofern die Ansprüche des Dritten nicht offenkundig begründet sind, verhält sich der Versicherer als ein solcher Veranlasser nach der gesetzlichen Systematik zwar nicht rechtswidrig. Anders als ein bürgerlich-rechtlicher Befreiungsschuldner, der schon bei entsprechender „Hartnäckigkeit des Dritten" Zahlung leisten muss[326], ist der Versicherer vor Feststellung der Haftpflichtverbindlichkeit durch Urteil, Anerkenntnis oder Vergleich nicht zur Zahlung verpflichtet (arg §§ 154 Abs 1, 158 VersVG). Aus dem Umstand, dass das Gesetz offenbar bewusst den weiten Veranlassungsbegriff verwendet, erhellt allerdings, dass der Versicherer nach der gesetzgeberischen Intention nicht allein das Risiko tragen soll, den Versicherten im streng rechtlichen Sinn auf einen Haftpflichtprozess zu verweisen; vielmehr soll dem Versicherten, dem in der gesetzlichen Ausgestaltung der Haftpflichtversicherung (schon 1908 anachronistisch[327]) die Regulierungsentscheidung aufgebürdet wurde, offenbar umfassend das **Risiko der Beurteilung der Rechtslage** abgenommen werden. Er soll maW nicht in die Zwickmühle geraten, die Wahl zu haben, möglicherweise wegen des Bestehens der Haftpflichtansprüche vielleicht gar nicht gebotene, die Versicherungssumme aufzehrende Abwehrkosten aufzuwenden oder aber zweifelhafte Haftpflichtansprüche anzuerkennen, für die er dann keine Deckung erhält, weil ihm der Nachweis der Haftung (allenfalls: im Deckungsprozess) gegen den an das Anerkenntnis nach gesetzgeberischer Intention grundsätzlich nicht gebundenen Versicherer[328] misslingt. 64b

Die Überlegung, dass der Versicherer das Risiko der Beurteilung der Rechtslage tragen soll, gilt umso mehr, wenn die **Rechtsschutzkomponente** – so wie in 64c

323 Motive zum VVG 203. Dh freilich nicht, dass die Rechtsschutzaufwendungen Rettungsaufwendungen sind: statt aller *Möller* in Oberbach, Haftpflichtversicherung B 2, 13.

324 Vgl insoweit zutreffend *Werber*, VersR 2014, 1159 (1163).

325 Zu eng *Koch* in Bruck/Möller, GroßkommVVG IV⁹ § 101 Rz 42 ff, der zumindest Initiative oder nachträgliche Genehmigung des Versicherers voraussetzt.

326 *Gerhardt*, Der Befreiungsanspruch (1966) 69.

327 Vgl dRG VII 186/08, RGZ 70, 257.

328 Motive zum VVG 209; die „versicherungsrechtliche Bindungswirkung" wurde von der Rsp (RGZ 3, 21) entwickelt: ausf zum dt Recht *Foerster*, ZVersWiss 2014, 351 (255); zur – mE zu Recht etwas abweichenden – österr Auslegung der „Bindungswirkung" *Reisinger* in Fenyves/Vonkilch, VersVG § 149 Rz 45 mwN.

der modernen Haftpflichtversicherung (präziser: nach der Vertragspraxis) – zum gleichwertigen **Teil des haftpflichtversicherungsrechtlichen Befreiungsanspruchs** erstarkt ist: Wollte man das anders sehen, würde die Freistellungskomponente gegenüber der Rechtsschutzkomponente sogar ins Hintertreffen geraten. Nun wird zwar für die D&O-Versicherung genau das gelegentlich behauptet[329]. Dass die D&O-Versicherung aber gleichsam als Rechtsschutzdeckung mit einer Freistellungskomponente als emptio spei im „cross selling" verkauft wird, wäre dem Autor aber nicht bekannt[330]. Zweitens obliegt die Regulierungsentscheidung in der modernen Haftpflichtversicherung dem Versicherer, weshalb er erst recht die Folgen daraus tragen muss[331]. Entgegen *Werber*[332] „instrumentalisiert" *Terno*[333], der sich ebenfalls daran stößt, dass der Versicherte nach erfolgloser Abwehr uU keinen Anspruch auf Freistellung mehr besitzt, nicht „den Begriff der Freistellung", sondern nimmt schlicht ernst, was das Gesetz vorgibt: Die Haftpflichtversicherung soll das Vermögen des Versicherten vor den nachteiligen Folgen einer Inanspruchnahme auf Schadenersatz durch einen Dritten schützen. Wie soeben gezeigt wurde, gehören dazu jedenfalls auch solche, die durch eine unklare Haftpflichtfrage verursacht werden.

64d Folgt man der hier dargelegten Argumentation, ist in einem weiteren Schritt zu prüfen, ob Abweichungen vom nunmehr näher bestimmten gesetzlichen „Leitbild" des § 150 VersVG einer **Inhaltskontrolle** gem § 879 Abs 3 ABGB standhalten. Dagegen spricht, dass im Rahmen der erforderlichen umfassenden Interessenabwägung die Rechtsposition des Versicherers bei Lichte betrachtet wesentlich komfortabler ist, als gemeinhin angenommen: Es überzeugt nicht, das allgemeine Prinzip, das auch in der Rechtsschutzversicherung als selbstverständlich angesehen wird, wonach das Versprechen zur Gewährung von Versicherungsschutz (konkret: Abwehrdeckung zu leisten), auf eine bestimmte Summe (die Versicherungssumme) eingeschränkt werden kann (vgl § 50 VersVG), in der Haftpflichtversicherung völlig zu verleugnen und vom Versicherer zu verlangen, Kosten jedenfalls über die Versicherungssumme hinaus ersetzen zu müssen[334] („unbegrenzte Kostentragungspflicht")[335]. Das Risiko des Abschlusses eines Vertrags mit zu geringer Versicherungssumme muss hier wie auch sonst grundsätzlich der Versicherte tragen. Aufgrund des Umstandes, dass – wie eben dargelegt wurde – der Haftpflichtversicherer umfassend das Risiko der Inanspruchnahme des Versicherten mit Haftpflichtansprüchen übernimmt, gilt bei der üblichen Begrenzung des Risikotransfers durch die Vereinbarung einer Versicherungssumme lediglich folgende Besonderheit: Der Versicherer muss die **Versicherungssumme** – von Aufwendungen aus echten Kostenweisungen abgesehen, die wohl entsprechend

329 S insb *Ihlas*, D&O² 437, der meint, die drohende „Verdampfung" der Versicherungssumme erleichtere die Zustimmung zu Haftungsvergleichen.

330 Kritisch auch *Terno*, r+s 2013, 577 (581).

331 Vgl *Terno*, r+s 2013, 577 (581).

332 VersR 2014, 1159 (1163).

333 r+s 2013, 577 (580 ff).

334 So aber *Lücke* in Prölss/Martin, VVG²⁹ § 101 Rz 19; *Koch* in Bruck/Möller, Großkomm-VVG IV⁹ § 101 IV⁹ Rz 42.

335 *Werber*, VersR 2014, 1159 (1163, 1164, 1166).

§ 63 Abs 1 S 2 VersVG zusätzlich zu vergüten wären – in der Haftpflichtversicherung nur, aber immerhin **maximal zweimal** auskehren: einmal für veranlasste **Abwehrkosten** und einmal – und das entspricht, auch der Sozialkomponente der Haftpflichtversicherung[336], ohne dass diese selbst Geltungsgrund der hier vertretenen Lösung wäre – für die **Befriedigung der Ansprüche des Dritten**. Der Versicherer könnte sich also aus der Abwehr zurückziehen, wenn er die Versicherungssumme zur Befriedigung des Dritten für den Fall bereithält[337], dass der Haftpflichtanspruch festgestellt oder befriedigt wird und dem Versicherten im Streitfall der Nachweis der Haftung gelingt[338]. Mit dem Gesetzeswortlaut ist diese Ansicht ohne weiteres vereinbar, weil § 150 Abs 2 S 1 VersVG nur anordnet, dass vom Versicherer veranlasste Abwehraufwendungen über die Versicherungssumme hinaus ersetzt werden, nicht aber – weil der Begriff der Veranlassung auslegungsbedürftig ist – bis zu welchem Betrag. MaW: Abwehrkosten über die Versicherungssumme hinaus, gelten nach dem soeben Gesagten – von Fällen echter Weisungen abgesehen[339] – nicht mehr als vom Versicherer, sondern vom Versicherungsnehmer durch die Wahl einer zu niedrigen Versicherungssumme veranlasst.

Damit entpuppt sich die angebliche **Unkalkulierbarkeit des Risikos** des Versicherers[340] aber als bloße **Chimäre**. MaW: Zwingende Gründe für eine angeblich zum Schutz des Versicherers sogar gebotene Differenzierung in der D&O-Versicherung praeter legem bestehen nicht[341]. Selbst wenn sich die in der Vergangenheit vereinnahmten Prämien als nicht risikoadäquat herausstellen sollten[342], ändert sich – auch wenn man das in D stellenweise nicht wahrhaben möchte[343] – nichts am Ergebnis der Untersuchung. Das wirtschaftliche Risiko der Unwirksamkeit einer Klausel trägt schließlich grundsätzlich der Verwender. Zweitens ist dieses Risiko konkret begrenzt: Selbst wenn man den unrealistischen Fall unterstellt, dass der- **64e**

---

336 Die Frage der Drittwirksamkeit von Kostenanrechnungsklauseln stellt sich daher nicht. Vgl dazu aber *Lange*, D&O-Versicherung und Managerhaftung § 15 Rz 28 ff, der ihnen nur dann Drittwirkung zuspricht, wenn es sich beim Dritten um die versicherungsnehmende Gesellschaft handelt; grunds abl auch *Baumann* in BerlinKommVVG § 156 Rz 9.

337 Ein unzulässiger Abandon (vgl *Koch* in Bruck/Möller, GroßkommVVG IV[9] § 101 Rz 43) liegt daher in der vorliegenden Konstellation nicht vor: Erstens zahlt der Versicherer nicht an den Versicherten, noch hinterlegt er den Betrag gem § 1425 ABGB. Problematisch wäre es allenfalls, wenn der Versicherer diesen Rückzug auch schon dann anträte, wenn die Versicherungssumme noch nicht durch Abwehraufwendungen aufgebraucht ist. Dafür, dass hier eine Art unzulässiger Abandon vorläge, spricht die Rechtsschutzfunktion der Haftpflichtversicherung: statt aller *Johannsen* in Bruck/Möller, GroßkommVVG IV[8] Anm G 6 mwN)

338 Ob er durch Streitverkündung eine Bindung des Versicherers an das Ergebnis des Haftpflichtprozesses herbeiführen kann, bedürfte noch näherer Untersuchung.

339 Der Versicherer könnte durchaus ein eigenes wirtschaftliches Interesse daran haben, den Prozess zu Ende zu führen, weil ein stattgebendes Haftpflichturteil in gewichtiges Indiz auch für die Beurteilung des Deckungsverhältnisses darstellt.

340 Vgl jedenfalls für Auslandsrisiken *Koch* in Bruck/Möller, GroßkommVVG IV[9] § 101 Rz 72; noch pessimistischer *Werber*, VersR 2014, 1159 (1165).

341 AA, aber auf Basis soeben widerlegter Prämissen, *Werber*, VersR 1159 (1161 ff).

342 Selbst wenn, was sicherlich nicht zutrifft, derzeit in allen Versicherungsfällen die Versicherungssumme durch Kosten aufgebraucht würde, käme es allenfalls zu einer Verdoppelung künftiger Prämien.

343 Vgl *Ihlas*, D&O[2] 438; *Werber*, VersR 2014, 1159 (1164).

zeit sämtliche Leistungen in Form von Rechtsschutzaufwendungen erbracht werden, und diese jeweils die Versicherungssumme aufbrauchen – *Ihlas* gefällt sich, das Bild von der „Verdampfung" der Versicherungssumme zu zeichnen[344] –, droht allenfalls eine Verdoppelung der Leistungspflicht. Drittens kann der Versicherer mögliche Schadensszenarien durch den Einsatz statistischer Methoden sicher weit besser abschätzen als ein einzelner Versicherungsnehmer[345].

64f Pro futuro denkbar erscheinen vor dem Hintergrund, dass nicht jede nachteilige Abweichung vom dispositiven Recht automatisch gröblich benachteiligend iSd § 879 Abs 3 ABGB ist, allenfalls differenzierende **Vereinbarungen**, etwa solche, die abweichende Versicherungssummen für Rechtsschutz und Freistellung vorsehen[346]. Deren Verhältnis unterläge als Abweichung von § 150 Abs 2 S 1 VersVG freilich der Inhaltskontrolle.

1. Selbstbehalte

65 In versicherungsrechtlicher Hinsicht[347] ist in diesem Zusammenhang festzuhalten, dass es sich bei Selbstbehalten in der D&O-Versicherung vielfach um sog self-insured retentions handelt. Zunächst trägt die versicherte Person einen Teil des Schadens selbst. Im Anschluss daran[348] steht die Versicherungssumme in voller Höhe zur Verfügung. Auch die klassische Abzugsfranchise findet jedoch Verwendung, bei der der Selbstbehalt von der Entschädigungsleistung abgezogen wird[349]. Unterschiedlich geregelt wird die Frage, ob sich der Selbstbehalt auch auf Abwehrkosten erstrecken soll. Das Thema Selbstbehalt hat in D aufgrund der oben beschriebenen Selbstbehaltspflicht in der gesellschaftsfinanzierten D&O-Versicherung für Vorstandsmitglieder einer AG weit größere praktische Bedeutung als in Ö erlangt[350]. Selbstbehalte können durch eigene Selbstbehaltsversicherungen abgedeckt werden[351].

2. Einschränkungen der Innenverhältnisdeckung

66 Die Deckung von Innenverhältnisansprüchen wird im Schrifttum immer wieder als missbrauchsanfällig beschrieben[352]. Es soll die Gefahr bestehen, dass versicherte Personen unternehmerische Entscheidungen, die sich ex post als nachteilig erwiesen haben, als pflichtwidrig darstellen bzw dass sich versicherte Personen gegen derartige Vorwürfe nicht ausreichend wehren, um den Versicherer zur Auskehrung der Deckungssumme zu veranlassen[353]. Empirische Nachweise ei-

---

344 D&O² 437.

345 Vgl aber *Werber*, VersR 2014, 1149 (1164), der – zu oberflächlich – meint, der Versicherungsnehmer kenne die „komplexe Risikosphäre" naturgemäß besser.

346 Zu denkbaren vertraglichen Vereinbarungen – freilich auf Basis anderer Prämissen zum Charakter des § 101 Abs 2 S 1 VVG 2008 – s auch *Werber*, VersR 2014, 1159 (1164).

347 Zu den gesellschaftsrechtlichen Problemen siehe ausführlich unter Rz 4 ff.

348 Es liegt daher kein Integralfranchise vor.

349 Vgl zuletzt etwa *Koch*, AG 2009, 637.

350 S dazu *Lange*, D&O-Versicherung und Managerhaftung § 16.

351 Ausf *Lange*, D&O-Versicherung und Managerhaftung § 17.

352 Vgl statt aller *Ihlas/Stute*, Beilage zu PHi 4/2003; *Graf von Westphalen*, VersR 2006, 17.

353 Vgl *Graf von Westphalen*, VersR 2006, 17.

ner etwaigen besonderen Missbrauchsanfälligkeit der D&O-Versicherung fehlen bislang freilich. Bis vor einigen Jahren waren besondere Klauseln weit verbreitet, welche die vermeintliche Missbrauchsgefahr reduzieren sollten, und etwa vorsahen, dass Versicherungsschutz bei Innenhaftungsansprüchen nur bei gerichtlicher Geltendmachung (Gerichtsklausel) oder nur unter der Voraussetzung der Trennung der Gesellschaft von der versicherten Person (Trennungsklausel) besteht[354]. Zur Anwendung kam auch die vom GDV ausgearbeitete sog modifizierte Innenverhältnisdeckung[355]. All diese Klauseln, deren AGB-rechtliche Zulässigkeit und praktische Wirksamkeit gleichermaßen zweifelhaft waren[356], haben sich in der Praxis nicht durchsetzen können.

Einschränkungen der Innenverhältnisdeckung kommen nunmehr lediglich bei **Nordamerikarisiken** zur Anwendung, entsprechen dem dort üblichen Marktstandard[357] und sind daher nicht zu beanstanden. 67

V. Zeitliche Abgrenzung des Versicherungsschutzes

A. Laufzeit des Vertrags

D&O-Versicherungen weisen üblicherweise eine Laufzeit von einem Jahr auf[358]. Meist wird vereinbart, dass sich der Vertrag stillschweigend um ein weiteres Jahr verlängert, wenn er nicht von einer der Vertragsparteien innerhalb einer bestimmten Frist gekündigt wird[359]. Teilweise steht die Verlängerung unter der Bedingung der Vorlage eines (ggfs konsolidierten) Geschäftsberichts. 68

Viele Bedingungswerke statuieren die Pflicht, während der Laufzeit des Vertrages bestimmte Umstände anzuzeigen[360]. Sofern es sich dabei allerdings nicht um **gefahrerhöhende Umstände** iSd §§ 23 ff VersVG handelt, die schon von Gesetzes wegen anzeigepflichtig sind, kann sich der Versicherer auf etwaige daran anknüpfende, vertraglich vereinbarte Kündigungs- oder Prämienanpassungsrechte gar nicht, ansonsten nur unter den Voraussetzungen der nicht zum Nachteil der versicherten Personen abdingbaren Regelungen über die Gefahrerhöhung (§§ 23 ff VersVG) berufen (§ 34a VersVG)[361]. 69

Die Rechtsfolgen bei Liquidation, Verschmelzung, Neubeherrschung (**change-of-control**)[362] oder Insolvenz der Versicherungsnehmerin oder eines Tochterunternehmens werden in der Vertragspraxis unterschiedlich geregelt. Auch hier stellt 70

354 Vgl etwa *Beier-Thomas*, VP 2003, 214; *Graf von Westphalen*, VersR 2006, 17.

355 *Ihlas/Stute*, Beilage zu PHi 4/2003; *Lange*, Beilage zu PHi 6/2003; *Beckmann* in FS Kollhosser 25.

356 Ausführlich *Pammler*, Die gesellschaftsfinanzierte D&O-Versicherung 175 ff.

357 Vgl etwa *Ihlas*, Organhaftung und Haftpflichtversicherung 260 ff; zur aktuelleren Entwicklungen *Gruber/Mitterlechner/Wax*, D&O-Versicherung § 15 Rz 241 ff.

358 *Beckmann* in Beckmann/Matusche-Beckmann, Versicherungsrechtshandbuch³ § 28 Rz 141.

359 *Beckmann* in Beckmann/Matusche-Beckmann, Versicherungsrechtshandbuch³ § 28 Rz 141.

360 S dazu näher *Beckmann* in Beckmann/Matusche-Beckmann, Versicherungsrechtshandbuch³ § 28 Rz 146 ff.

361 Allg *Kath* in Fenyves/Schauer, VersVG § 23 Rz 96, §§ 27, 28 Rz 10 ff; zum deutschen Recht *Beckmann* in Beckmann/Matusche-Beckmann, Versicherungsrechtshandbuch³ § 28 Rz 148.

362 Dazu ausführlich *Lange*, AG 2005, 459.

sich im Einzelfall insb die Frage der Vereinbarkeit mit den Regelungen zur Gefahrerhöhung[363] bzw mit § 14 VersVG, dem zufolge sich der Versicherer für den Fall der Insolvenzeröffnung das Recht zur Kündigung nur unter der Voraussetzung der Einhaltung einer einmonatigen Kündigungsfrist ausbedingen kann[364]. Ob § 14 Abs 1 VersVG[365] durch das IRÄG 2010 mit der Folge materiell derogiert wurde, dass insolvenzbezogene Lösungsklauseln heute überhaupt unwirksam sind, ist str[366].

B. Das Anspruchserhebungsprinzip

71 Die Verwendung des Anspruchserhebungsprinzips[367] zur zeitlichen Abgrenzung des Versicherungsschutzes ist in der Vermögensschadenhaftpflichtversicherung international üblich[368] und führt dazu, dass Versicherungsschutz besteht, wenn der Anspruch des Dritten während der materiellen Versicherungsdauer erstmals geltend gemacht wird. Eine Geltendmachung von Haftpflichtansprüchen setzt voraus, dass der Dritte seinen Entschluss in einer Art und Weise zu erkennen gibt, die als ernstliche Erklärung auf Verlangen nach Schadenersatz verstanden werden kann[369], wobei auch hier – wie im allgemeinen Zivilrecht – das Zugangsprinzip gilt[370]. Eine nur mögliche oder wahrscheinliche Inanspruchnahme führt den „Versicherungsfall" (s oben Rz 51 ff) nicht herbei[371]. In der D&O-Versicherung hat die Anspruchserhebung zumeist schriftlich zu erfolgen[372]. In diesem Fall wäre die mangelnde Ernsthaftigkeit nach wohl zutrA vom Versicherer darzulegen und zu beweisen[373].

71a Der Grund für die Verwendung des Anspruchserhebungsprinzips liegt in seiner Eignung, Spätschäden (*long-tail claims*) zu vermeiden[374]. Pflichtverletzungen von Organmitgliedern bleiben oftmals für viele Jahre unentdeckt. Fände das Verstoß-

---

363 S dazu näher BGH IV ZR 171/11, VersR 2012, 1508 (*Koch*); *Lange*, AG 2005, 459; *Osswald*, Die D&O-Versicherung beim Unternehmenskauf (2009); *Beckmann* in Beckmann/Matusche-Beckmann, Versicherungsrechtshandbuch³ § 28 Rz 146 ff.

364 Zu bestimmten Formen der sog Insolvenzklausel näher *Pant* in Hauschka, Corporate Compliance § 12 Rz 12.

365 Im dt Recht wurde die vergleichbare Norm § 14 VVG mit dem Gesetz zur Reform des Versicherungsvertragsrechts vom 23.11.2007 ersatzlos aufgehoben.

366 Dafür *Kernbichler*, wbl 2011, 1; diesem folgend Gruber in Fenyves/Schauer, VersVG § 14 Rz 1; aA *Leupold/Ramharter*, GesRZ 2012, 229.

367 Dazu *Schramm*, Das Anspruchserhebungsprinzip (2009).

368 S nur *Ihlas*, Organhaftung und Haftpflichtversicherung 205; *ders*, D&O² 366.

369 Statt aller *Reisinger* in Fenyves/Schauer, VersVG § 149 Rz 44 mwN.

370 So jedenfalls *Steinkühler/Kassing*, VersR 2009, 607 f.

371 OLG Frankfurt/Main 16 U 134/07, r+s 2010, 61 mit zust Anm *Schramm*.

372 Zweifelnd an der AGB-rechtlichen Zulässigkeit des Schriftformerfordernisses *Beckmann* in Beckmann/Matusche-Beckmann, Versicherungsrechtshandbuch³ § 28 Rz 141 (s bereits oben Rz 54). Ob diese Zweifel begründet sind, kann hier nicht abschließend beurteilt werden. Keinesfalls aber lässt sich mit *Gruber/Mitterlechner/Wax*, wbl 2012, 16 (18) vom Zugangserfordernis auf die Unentbehrlichkeit eines etwaigen Schriftformerfordernisses schließen. Selbstverständlich können auch mündliche Erklärungen dem Zugangsprinzip entsprechen.

373 *Koch*, VersR 2013, 1525 (1526); aA OLG Düsseldorf I-4 U 149/11 (nicht rk), VersR 2013, 1522.

374 *Ihlas*, Organhaftung und Haftpflichtversicherung 205; *ders*, D&O² 366.

prinzip, bei dem es als reiner Vorwärtsversicherung für während der materiellen Versicherungsdauer begangene Pflichtverletzungen grundsätzlich zu einer unbegrenzten Nachhaftung des Versicherers kommt, auch in der D&O-Versicherung Anwendung, würde – so wird argumentiert – die Kalkulation durch die notwendige Bildung hoher Schadenreserven für Spätschäden erheblich erschwert, was zu deutlich höheren Prämien führen würde[375]. In der Praxis ist das reine Anspruchserhebungsprinzip in der D&O-Versicherung zwar nicht anzutreffen, weil regelmäßig eine sog Nachhaftung (Rz 77) und die Möglichkeit zur vorsorglichen Umstandsmeldung (Rz 78) gewährt wird. Das Risiko sog IBNR-Claims (incurred-but-noteported claims; vgl § 153 Abs 3 VAG 2016) wird gegenüber dem Verstoßprinzip aber dennoch reduziert[376].

Gelegentlich werden zwar mit dem Argument, die fehlende bzw in der Pra- 72
xis beschränkte Nachhaftung[377] führe zu einer unzulässigen Enttäuschung der berechtigten Deckungserwartungen der versicherten Personen, Bedenken gegen die Verwendung des Anspruchserhebungsprinzips geäußert, zumindest nach dt Recht können jedoch **Zweifel an der Zulässigkeit** des Anspruchserhebungsprinzips an sich nicht mehr erhoben werden, da die Motive zum VVG 2008 dieses ausdrücklich für zulässig erklären und die D&O-Versicherung als Beispiel nennen[378]. Aber auch der dispositive § 149 VersVG stellt nach hM kein „gesetzliches Leitbild" auf, das über die Forderung eines den berechtigten Deckungserwartungen angemessenen Zeitraums zwischen Pflichtverletzung und Anspruchserhebung hinausgeht[379]. Nach hier vertretener Ansicht kann – und das wird sich für die AGB-rechtliche Beurteilung als nicht ganz unerheblich erweisen – § 149 VersVG freilich doch etwas mehr entnommen werden, als bloß der Auftrag, den Begriff der Tatsache im Einzelfall auszufüllen[380]. Die oben (Rz 53) angedeutete historisch systematische Interpretation ist zwar aufgrund im Einzelnen unterschiedlicher Strukturen zwischen dt und österr Schadenersatzrecht (vgl insb die Generalklausel des § 1295 Abs 1 ABGB) nicht unmittelbar übertragbar. Man wird aber für die zeitliche Abgrenzung des Versicherungsschutzes doch die – andernorts zu untermauernde – These aufstellen können, dass schon das Gesetz selbst bei Personen und Sachschäden primär an das Schadenereignisprinzip (arg Eingriff in das absolut geschützte Rechtsgut[381]) und bei bloßen Vermögensschäden primär an das Kausal-

[375] *Ihlas*, Organhaftung und Haftpflichtversicherung 205; vgl auch *Gisch* in Ratka/Rauter, Geschäftsführerhaftung[2] Rz 8/32.

[376] Ausf zu den Motiven für die Vereinbarung und die Auswirkungen des Anspruchserhebungsprinzips *Schramm*, Das Anspruchserhebungsprinzip 56 ff.

[377] Dazu sogleich näher unter Rz 76.

[378] BT-Drucksache 16/3945, 85.

[379] Allg *Reisinger* in Fenyves/Schauer, VersVG § 149 Rz 11 ff; *Baumann* in BerlinKommVVG § 149 Rz 155 f; *Fenyves*, JBl 2002, 205 (207); für die Ermittlung des Versicherungsfalles iZw durch Auslegung OGH 27.8.2008, 7 Ob 62/08 f, ecolex 2009/3.

[380] So auch Teile der aktuellen dt L, die allerdings uneins darüber ist, ob die Tatsache iSd § 100 VVG 2008 bzw § 149 VVG mit dem Verstoß gleichzusetzen ist (so *Koch*, VersR 2011, 295 [296 f]), oder sich das Gesetz nicht zwischen Verstoß und Schadenereignis festlegen will (so *Baumann*, VersR 2012, 1461 [1462]).

[381] Vgl Motive zum VVG 201 f.

ereignisprinzip (arg Pflichtverletzung[382]) als Versicherungsfall denkt[383]. Aus dem Gesagten folgt, dass sich nur, aber immerhin gegen die konkrete Ausgestaltung der zeitlichen Abgrenzung des Versicherungsschutzes Bedenken ergeben können, wobei allerdings eine gewisse Affinität des Gesetzgebers zur Deckung von Spätschäden zu berücksichtigen wäre[384].

1. Rückwärtsdeckung

73 Das Anspruchserhebungsprinzip führt in seiner reinen Form zu einer unbegrenzten Rückwärtsdeckung, weil es nicht darauf ankommt, wann die den Anspruch auslösende Pflichtverletzung begangen wurde, wenn der Anspruch nur innerhalb der materiellen Versicherungsdauer erhoben wird[385]. Auf der anderen Seite besteht keinerlei Nachhaftung. Bezieht sich daher ein Anspruch, der erst nach Ablauf der materiellen Versicherungsdauer geltend gemacht wird auf Pflichtverletzungen, die während derselben begangen wurden, besteht – mangels einer Nachhaftungsvereinbarung (Rz 77) – kein Versicherungsschutz. Umgekehrt bietet das reine Verstoßprinzip keinerlei Rückwärtsdeckung, dafür aber eine unbegrenzte Nachhaftung[386]. Eine Einschränkung der Rückwärtsdeckung erfolgt in der D&O-Versicherung nur noch in Einzelfällen[387]. Selbst in jenen Bedingungswerken, in denen – etwas umständlich – grundsätzlich Verstoß und Anspruchserhebung innerhalb der Versicherungsdauer eingetreten sein müssen, damit Versicherungsschutz besteht, wird iaR sowohl eine Rückwärtsdeckung als auch eine Nachhaftung gewährt[388].

Exkurs: Vorvertragliche Anzeigepflicht

74 Um zu vermeiden, dass Versicherungen erst abgeschlossen werden, wenn Umstände bekannt sind, die auf zukünftige Schadensfälle hindeuten, besteht die Pflicht, alle bekannten – fahrlässige Unkenntnis genügt nicht –, gefahrerheblichen Umstände dem Versicherer vor Vertragsabschluss anzuzeigen (§§ 16 ff VersVG). Die schuldhafte Verletzung der vorvertraglichen Anzeigepflicht berechtigt den Versicherer zum Rücktritt (§§ 16 ff VersVG)[389] und gegebenenfalls zur Anfechtung des Vertrags (§ 22 VersVG iVm § 870 ABGB)[390]. Eine nähere Erörterung

---

382 Vgl Motive zum VVG 207.

383 Zur primär Zweckmäßigkeitserwägungen geschuldeten Vertragspraxis s *Reisinger* in Fenyves/Schauer, VersVG § 149 Rz 11 ff.

384 Dazu näher unter Rz 79.

385 *Schramm*, ZVersWiss Supplement Jahrestagung 2006, 293; einer ausdrücklichen Vereinbarung einer Rückwärtsdeckung bedarf es daher – wie *Heße*, NZI 2009, 790 (791) treffend feststellt – nicht.

386 Statt aller *Ihlas*, Organhaftung und Haftpflichtversicherung 205.

387 Zur Kombination von Verstoß- und Anspruchserhebungstheorie in der älteren Vertragspraxis *Lange*, r+s 2006, 177; *Beckmann* in Beckmann/Matusche-Beckmann, Versicherungsrechtshandbuch³ § 28 Rz 105 ff.

388 Zu derartigen Konstruktionen *Baumann*, VersR 2012, 1461 (1462); ausf zur Entwicklung der Musterbedingungen des GDV und der Vertragspraxis *derselbe* in Bruck/Möller, Großkomm-VVG IV⁹ AVB-AVG Ziff 3 Rz 2 ff.

389 *Schauer*, Versicherungsvertragsrecht³ 107 ff.

390 *Schauer*, Versicherungsvertragsrecht³ 140 f.

dieser im Einzelnen sehr str Thematik würde den Rahmen dieses Beitrags sprengen[391].

entfällt **75–76**

2. Nachhaftung

Das reine Anspruchserhebungsprinzip wird in der D&O-Versicherung regelmäßig in mehrerlei Hinsicht vertraglich modifiziert. Abweichungen vom reinen Anspruchserhebungsprinzip stellen üblicherweise Deckungsverbesserungen für die versicherten Personen dar, welche die Zulässigkeit der Heranziehung des Anspruchserhebungsprinzips absichern. Um das Risiko von Deckungslücken bei Spätschäden einzudämmen, werden Nachhaftungsfristen bis zu fünf Jahren gewährt[392]. Deckung besteht dann auch bei Ansprüchen, die erst nach dem Ende der Laufzeit der Versicherung, aber innerhalb der Nachhaftungsfrist erhoben werden, sofern sie sich auf Pflichtverletzungen beziehen, die vor Ende der Laufzeit begangen wurden[393]. Üblicherweise steht dafür jedoch nur der unverbrauchte Teil der Deckungssumme der letzten Versicherungsperiode zur Verfügung[394]. Teilweise wird die Nachhaftung ohne zusätzliche Prämienzahlung (automatisch) gewährt, teilweise nur gegen Zahlung einer Zusatzprämie (optional)[395]. Unterschiedlich wirken sich Kontrollwechsel – für diesen Fall werden zum Schutz der bisherigen versicherten Personen auch reine Nachhaftungsversicherungen (run-off policies) angeboten – oder der Abschluss einer neuen D&O-Versicherung auf die Möglichkeit aus, in den Genuss von Nachhaftungsfristen zu kommen[396]. **77**

3. Umstandsmeldung

Zu einer ganz wesentlichen Verbesserung der Situation der versicherten Personen führt die – im Einzelfall an unterschiedliche Voraussetzungen geknüpfte – Möglichkeit der Versicherungsnehmerin bzw der versicherten Personen, Umstände, die auf eine zukünftige Inanspruchnahme hindeuten, dem Versicherer vorsorglich mit dem Effekt zu melden, dass im Falle einer später tatsächlich erfolgenden Anspruchserhebung fingiert wird, dass diese bereits im Zeitpunkt der vorsorglichen Umstandsmeldung (notice of circumstances) erfolgt ist[397]. Sofern **78**

---

[391] Vgl etwa die umfangreiche Monographie von *Rudzio*, Vorvertragliche Anzeigepflicht bei der D&O-Versicherung der Aktiengesellschaft (2010); ferner *Gädtke* in Bruck/Möller, GroßkommVVG IV[9] AVB-AVG Ziff 7/8 Rz 1 ff; *Lange*, D&O-Versicherung und Managerhaftung § 13.

[392] *Olbrich*, Die D&O-Versicherung in Deutschland 147 ff; *Beckmann* in Beckmann/Matusche-Beckmann, Versicherungsrechtshandbuch[3] § 28 Rz 111: Teilweise verlängern sich diese mit jeder Vertragsverlängerung bis zu einer Höchstfrist (Ansparmodelle).

[393] *Beckmann* in Beckmann/Matusche-Beckmann, Versicherungsrechtshandbuch[3] § 28 Rz 111.

[394] *Beckmann* in Beckmann/Matusche-Beckmann, Versicherungsrechtshandbuch[3] § 28 Rz 114 mit dem Hinweis, dass es sich letztlich lediglich um eine Verlängerung der Anspruchserhebungsfrist handelt.

[395] *Beckmann* in Beckmann/Matusche-Beckmann, Versicherungsrechtshandbuch[3] § 28 Rz 111; Praxisbeispiele bei *Lange*, D&O-Versicherung und Managerhaftung § 10 Rz 54 ff.

[396] S dazu näher *Lange*, D&O-Versicherung und Managerhaftung § 10 Rz 54 ff.

[397] Dazu ausführlich *Lange*, r+s 2006, 177 (180 f); *derselbe*, D&O-Versicherung und Managerhaftung § 10 Rz 86 ff.

sich die Erheblichkeitsschwelle nach § 16 VersVG mit jener der Klausel deckt, kann die Entstehung von Deckungslücken beim Wechsel des Versicherers vermieden werden, weil etwaige zukünftige Ansprüche entweder unter dem alten (über die vorsorgliche Meldung der Umstände) oder neuen Vertrag (bei Nichtbestehen einer vorvertraglichen Anzeigepflicht) versichert sind.

79 Von Gesetzes wegen besteht im Interesse des Versicherers eine **Obliegenheit** zur Anzeige von Umständen, welche die Verantwortlichkeit einem Dritten gegenüber zur Folge haben könnten (§ 153 Abs 1 VersVG)[398]. Diese wird teilweise vertraglich abbedungen[399].

4. AGB-rechtliche Würdigung des Anspruchserhebungsprinzips

80 Aufgrund der allgemeinen Verbreitung des Anspruchserhebungsprinzips in der D&O-Versicherung, auf dessen Verwendung im Versicherungsschein regelmäßig auch in aller Deutlichkeit hingewiesen wird, ist dieses idR **nicht überraschend** iSd § 864a ABGB[400]. Die konkrete Ausgestaltung der zeitlichen Abgrenzung des Versicherungsschutzes fällt nach der Rsp des OGH[401] und der ganz hL[402] nicht in den kontrollfeien Kernbereich der Leistungsbeschreibung des Versicherers, sondern unterliegt der Inhaltskontrolle nach § 879 Abs 3 ABGB. Ein jüngst ergangenes Urteil des BGH[403], das die **Kontrollfähigkeit** verneint hat, wurde im Schrifttum völlig zu Recht kritisiert[404]. Der OGH hat in einer E zu einer dem Verstoßprinzip unterliegenden Berufshaftpflichtversicherung eines Zivilingenieurs die Verkürzung der Nachhaftungsfrist auf ein Jahr gegen Gewährung einer einjährigen Rückwärtsversicherung für zulässig erachtet[405]. Auf die D&O-Versicherung ist die Rsp mE jedoch nicht übertragbar, weil ein Zeitraum von – im Fall der Nichtverlängerung eines Einjahresvertrags – maximal drei Jahren von der Begehung einer Pflichtverletzung bis zur Anspruchserhebung die Erfüllung des Vertragszwecks erheblich gefährden würde (§ 879 Abs 3 ABGB)[406]. Verantwortlich dafür ist, dass der Zeitraum zwischen der Begehung einer Pflichtverletzung und einer Anspruchserhebung in D&O-Haftungsfällen regelmäßig mehrere Jahre dauert („long-tail business“)[407].

---

398 Dies übersieht *Lange*, r+s 2006, 177 (181).

399 Siehe dazu näher *Schramm*, Das Anspruchserhebungsprinzip (2009) 143; *Beckmann* in Beckmann/Matusche-Beckmann, Versicherungsrechtshandbuch³ § 28 Rz 114c.

400 Zum dt Recht OLG München 25 U 5136/08, r+s 2009, 327; vgl auch *Gruber/Mitterlechner/Wax*, wbl 2012, 16 (17).

401 OGH 7 Ob 14/90, VersR 1991, 486; ausf zur Reichweite der Inhaltskontrolle bei AVB OGH 7 Ob 194/11x, RdW 2013, 80 = ecolex 2013, 28 = VR 2013, 44 = VersR 2013, 924; zust *Ramharter*, VbR 2015, 134.

402 *Fenyves*, JBl 2002, 205 (207); *Reisinger* in Fenyves/Schauer, VersVG § 149 Rz 11; für D etwa *Baumann*, VersR 2012, 1461, jeweils mwN; aA *Lücke* in Prölss/Martin, VVG § 100 Rz 26.

403 BGH IV ZR 422/12, VersR 2014, 625.

404 *Koch*, VersR 2014, 1277; zust aber offenbar *Kubiak*, VersR 2014, 932.

405 OGH 7 Ob 14/90, VersR 1991, 486.

406 Zur Kontrollfähigkeit der zeitlichen Abgrenzung des Versicherungsschutzes nach § 879 Abs 3 ABGB OGH 25.4.1990, 7 Ob 14/90, VersR 1991, 486.

407 Vgl etwa *Ihlas*, D&O² 364.

80a Keine grundsätzlichen AGB-rechtlichen Bedenken bestehen mE allerdings gegenüber heute üblichen Deckungskonzepten in der D&O-Versicherung, die nicht nur dem reinen Anspruchserhebungsprinzip entsprechend **unbegrenzte Rückwärtsdeckung** gewähren[408], sondern auch mehrjährige – etwa der durchschnittlichen Zeitspanne zwischen Pflichtverletzung und Anspruchserhebung entsprechende[409] – **Nachhaftungsfristen**, sowie die Möglichkeit zur vorsorglichen Meldung von Umständen[410]. Dafür, dass trotz unbegrenzter Rückwärtsdeckung eine Aushöhlung des Vertragszwecks iSd § 879 Abs 3 ABGB droht, wenn die D&O-Versicherung keine entsprechend großzügig bemessene Nachhaftung gewährt, sprechen mehrere Umstände: Erstens trifft es mE de lege lata nicht zu, dass man genauso gut behaupten könnte, den Versicherten sei eher an einer Rückwärtsdeckung gelegen wie an einer Vorwärtsdeckung. Schließlich lässt § 149 VersVG – jedenfalls bei der Deckung bloßer Vermögensschäden – klar eine Tendenz zu letzterer erkennen (Rz 72)[411]. In der D&O-Versicherung kommt hinzu, dass der Versicherungsschutz anerkanntermaßen auch dazu dienen soll, den „unternehmerischen Mut zur Tat" zu fördern. Das kann er aber immer nur pro futoro[412]. Das Argument, für Neugründungen oder neue Organmitglieder wäre eine Rückwärtsdeckung (weitgehend) sinnlos[413], erscheint hingegen weniger überzeugend, weil man spiegelbildlich für Unternehmen oder Organmitglieder argumentieren könnte, die ihre Geschäfts- bzw Organtätigkeit beendet haben.

80b Ein Kontrollblick nach **Deutschland** zeigt, dass der Meinungsstand hinsichtlich der konkreten Anforderungen an die Ausgestaltung des Anspruchserhebungsprinzips noch zersplitterter ist als zur Frage der Kontrollfähigkeit: Das OLG München hatte letztere bejaht und bei unbegrenzter Rückwärtsdeckung bereits eine einjährige Nachhaftungsfrist zusammen mit der Möglichkeit zur vorsorglichen Umstandsmeldung innerhalb von 60 Tagen nach Zugang der Kündigung als ausreichend angesehen, um die Nachteile des Anspruchserhebungsprinzips zu kompensieren[414]. Diese Rsp dürfte – das wurde auch von einigen Rezensenten der E

---

408 Die Ansicht, dass die Kombination von Verstoß- und Anspruchserhebungsprinzip noch immer die Vertragspraxis präge (zuletzt etwa *Heße*, NZI 2009, 790), ist unrichtig.

409 *Koch*, VersR 2012, 295 (298), der allerdings einräumt, dass die Länge dieses Zeitraums empirisch bislang nicht bekannt ist (aaO 295).

410 Das OLG München 25 U 5136/08, r+s 2009, 327 hält eine einjährige Nachhaftungsfrist bei Möglichkeit zur vorsorglichen Umstandsmeldung für angemessen; vgl dazu *Schramm*, VW 2008, 2071; kritisch *Schimikowski*, r+s 2009, 331, der aber auf letzteren Aspekt nicht eingeht; mE zu Unrecht grundsätzlich kritisch *Heße*, NZI 2009, 790.

411 Weitergehend zum deutschen Recht *Koch*, VersR 2011, 295 (296), der im Verstoß den Versicherungsfall iSd dispositiven § 100 VVG 2008 sieht, aber einräumt, dass der Gesetzgeber kein Leitbild iSd § 307 Abs 2 Nr 1 BGB schaffen wollte; insoweit aA *Baumann*, VersR 2012, 1461 (1462), der aber die Vereinbarung des Anspruchserhebungsprinzips als Abweichung von § 100 VVG 2008 ansieht.

412 S bereits *Koch*, VersR 2011, 295 (296).

413 So *Koch*, VersR 2011, 295 (298), der dies aus dem Erfordernis einer generalisierenden Betrachtungsweise ableitet.

414 OLG München 25 U 5136/08, r+s 2009, 327 (*Schimikowski*) = VersR 2009, 1066 = NZG 2009, 714.

zutreffend angemerkt[415] – aufgrund der sehr kurzen Nachhaftungsfrist etwas zu einseitig die Interessen des Versicherers berücksichtigen.

80c Das Spektrum des Meinungsstands im Schrifttum ist freilich so breit gefächert wie die involvierten Interessen: Während manche schon die Kontrollfähigkeit der zeitlichen Abgrenzung des Versicherungsschutzes verneinen[416], in eventu aber weder eine Nachmeldefrist noch die Möglichkeit zur vorsorglichen Umstandsmeldung für erforderlich halten[417], verlangen andere sogar einen mit der Verjährungsfrist kongruenten Nachhaftungszeitraum[418]. Ausreichende Anhaltspunkte dafür, von der hier vertretenen vermittelnden Lösung abzuweichen, liefern die Vertreter der Extrempositionen allerdings nicht: Die letztgenannte Ansicht versagt im Ergebnis dem Anspruchserhebungsprinzip gänzlich seine AGB-rechtliche Wirksamkeit und übersieht dabei, dass § 149 VersVG (bzw sein deutsches Pendant) anerkanntermaßen dispositiv ist und daher nicht jede Einschränkung betreffend die Deckung erst nach Vertragsablauf erhobener Ansprüche eine unzulässige gröbliche Benachteiligung darstellen kann[419]. Die andere Extremposition trägt wiederum nicht dem Umstand Rechnung, dass gerade in der D&O-Versicherung ein Interesse besteht, für Pflichtverletzungen, die während der Laufzeit des Vertrags erfolgen, Deckung zu erlangen[420].

80d Ob Nachhaftungsfristen ein[421], drei[422], fünf[423] oder sonst wieviele Jahre betragen müssen, um die zeitliche Abgrenzung des Versicherungsschutzes nach dem Anspruchserhebungsprinzip vor dem Verdikt der gröblichen Benachteiligung zu bewahren, kann abstrakt nicht bestimmt werden, weil die im Rahmen des § 879 Abs 3 ABGB erforderliche **Berücksichtigung aller Umstände** stets Raum für Differenzierungen – etwa nach Art und Qualität des versicherten Risikos – lässt. Nachhaftungsfristen von unter drei Jahren bedürften aber jedenfalls ganz besonderer Rechtfertigung im Einzelfall. Sollte der Praxis tatsächlich an einer Klärung zumindest jener strukturellen Fragen des Anspruchserhebungsprinzips, deren Be-

---

415 Krit auch bereits *Schimikowski*, r+s 2009, 331; *Koch*, VersR 2011, 295 (298).

416 *Lücke* in Prölss/Martin, VVG[29] § 100 Rz 26; *Kubiak*, VersR 2014, 932.

417 *Schramm*, Das Anspruchserhebungsprinzip 112; wohl auch *Gruber/Mitterlechner/Wax*, wbl 2012, 16 (17); dagegen zu Recht *Graf von Westphalen*, VersR 2011, 145 (152 f).

418 *Heße*, NZI 2009, 790 (792), wobei diese Ansicht aufgrund der Unterschiede im dt und österr Verjährungsrecht bei der gesellschaftsrechtlichen Organhaftung (Stichwort: objektive vs subjektive Fristen) keinesfalls eins zu eins auf Ö übertragbar wäre.

419 Richtig *Beckmann* in Beckmann/Matusche-Beckmann, Versicherungsrechtshandbuch[3] § 28 Rz 114a; Die Kombination von Nachhaftungsfrist und Möglichkeit zur Umstandsmeldung stellt auch einen einigermaßen lückenlosen Deckungsschutz sicher, sofern sich ein Anschlussversicherer findet.

420 Kritisch auch bereits *Graf von Westphalen*, VersR 2011, 145 (152 f).

421 *Graf von Westphalen*, VersR 2011, 145 (154); *Baumann*, NZG 2010, 1366 (1372), allerdings nur bei Bestehen eines Rechts zum Erwerb einer Nachhaftung von fünf Jahren gegen eine Zusatzprämie.

422 *Schimikowski*, r+s 2009, 331; *Koch*, VersR 2011, 295 (302).

423 *Schleif/Hendricks*, ZfV 2005, 12 (13); *Krause-Allenstein*, Liber amicorum für Gerrit Winter (2007) 391.

deutung über den Einzelfall hinausgeht, gelegen sein, steht ihr – an Gelegenheiten dürfte es nicht fehlen – der Gang zum Höchstgericht offen (§ 502 ZPO)[424].

5. Wechsel des Versicherers und Kontinuität des Deckungsschutzes

Bei jedem Wechsel des Versicherers drohen die möglichen Konsequenzen der Verletzung der vorvertraglichen Anzeigepflicht den vom neuen Vertragspartner gewährten – an sich möglicherweise vorteilhafteren – Versicherungsschutz zu entwerten[425]. Versicherer gewähren daher teilweise sog Kontinuität des Deckungsschutzes und verzichten ausdrücklich darauf, im Antragsfragebogen danach zu fragen, ob Umstände bekannt sind, die zu einer Anspruchserhebung führen könnten und legen der Risikoprüfung insoweit den Fragebogen des Vorversicherers zugrunde. Die versicherten Personen werden dadurch so gestellt, wie wenn der ursprüngliche Vertrag verlängert worden wäre[426]. 81

entfällt 82

VI. Räumliche Abgrenzung des Versicherungsschutzes.

Versicherungsschutz besteht in der D&O-Versicherung grundsätzlich weltweit[427]. Etwaig in den AVB enthaltene Ausschlüsse von Ansprüchen, die vor Gerichten oder nach dem Recht bestimmter als besonders risikoträchtig geltender Rechtsordnungen (insb USA, Kanada) erhoben werden[428], können vertraglich abbedungen werden. Nicht abschließend geklärt ist, ob die Gewährung weltweiter Deckung mit dem Aufsichts- und Steuerrecht sämtlicher Staaten vereinbar ist[429]. 83

VII. Risikoausschlüsse

D&O-Versicherungen enthalten stets Klauseln, die die Einstandspflicht des Versicherers unter gewissen Voraussetzungen ausschließen. Der Ausschlusskatalog der Musterbedingungen des GDV entspricht in keiner Weise dem Marktstandard und kann allenfalls als „Toolbox" für den Underwriter dienen[430], nicht aber als im Sinne der Prävention notwendige Vorgabe an Satzungsermächtigungen zum Abschluss einer D&O-Versicherung. Zentraler Ausschlusstatbestand ist – je nach Bedingungswerk – die vorsätzliche oder wissentliche Pflichtverletzung. Darüber hinaus finden sich in den gängigen Bedingungswerken derzeit kaum Ausschluss- 84

---

[424] Die Revision gegen das Urteil des OLG München wurde – wie man hört – quasi in letzter Minute zurückgezogen. Dem Vernehmen nach düften aber nun selbst Teile der Assekuranz mit der dadurch prolongierten Rechtsunsicherheit nicht wirklich glücklich sein.

[425] Vgl *Olbrich*, Die D&O-Versicherung in Deutschland 149; *Hendricks*, CCZ 2008, 64.

[426] Zu den Einzelheiten s *Lange*, D&O-Versicherung und Managerhaftung § 10 Rz 15 ff.

[427] *Beckmann* in Beckmann/Matusche-Beckmann, Versicherungsrechtshandbuch^3 § 28 Rz 97.

[428] Vgl *Beckmann* in Beckmann/Matusche-Beckmann, Versicherungsrechtshandbuch^3 § 28 Rz 97.

[429] S dazu näher *Strnad*, VW 2008, 15; *Armbrüster*, VersR 2008, 853; *Langheid/Grote*, VW 2008, 1520; *Koch*, VersR 2009, 141; *Ihlas*, D&O^2 449 ff; *Gruber/Mitterlechner/Wax*, D&O-Versicherung § 12; *Lange*, D&O-Versicherung und Managerhaftung § 23.

[430] Ausf zu möglichen Ausschlusstatbeständen *Ihlas*, D&O^2 453 ff.

tatbestände. Lediglich Einschränkungen der Innenverhältnisdeckung bei Nordamerikarisiken gehören ebenfalls zum unverzichtbaren Kernbereich an Deckungseinschränkungen. Die Vereinbarung weiterer Ausschlüsse erfolgt idR basierend auf der Analyse des Risikos im Einzelfall.

A. Pflichtwidrigkeitsausschluss

85 Gemäß § 152 VersVG haftet der Versicherer nicht, wenn der Versicherungsnehmer bzw – in der Versicherung für fremde Rechnung – eine versicherte Person vorsätzlich den Eintritt der Tatsache, für die er dem Dritten verantwortlich ist, herbeigeführt hat. In der Allgemeinen Haftpflichtversicherung wird der Begriff der Tatsache meist durch jenen des Schadens ersetzt, um Rechtsunsicherheiten darüber zu vermeiden, was von Gesetzes wegen unter der Tatsache iSd § 152 VersVG zu verstehen ist (oben Rz 53)[431].

86 In der Vermögensschadenhaftpflichtversicherung wird regelmäßig von der Möglichkeit Gebrauch gemacht, vertraglich abweichende Regelungen vorzusehen und den Ausschlusstatbestand zu verschärfen[432]. Auch in der D&O-Versicherung werden sog Pflichtwidrigkeitsklauseln vereinbart, denen zufolge – je nach konkreter Ausgestaltung – die vorsätzliche oder wissentliche Pflichtverletzung zur Leistungsfreiheit des Versicherers führt[433]. Bezugspunkt des Vorsatzes oder der Wissentlichkeit ist dann bereits die **Pflichtverletzung**[434]. Auf den Schaden muss sich der Vorsatz bzw die Wissentlichkeit daher nicht beziehen, sodass der Versicherer auch dann leistungsfrei ist, wenn eine Pflicht vorsätzlich oder wissentlich verletzt wurde, die versicherte Person aber gehofft hatte, ein Schaden werde nicht eintreten[435]. Da sich dies ganz ungezwungen schon aus dem eindeutigen Wortlaut der Klauseln („wissentliche Pflichtverletzung" bzw „vorsätzliche Pflichtverletzung") ergibt, sind Pflichtwidrigkeitsklauseln keineswegs intransparent[436]. Eine wissentliche Pflichtverletzung erfordert die positive Kenntnis von der Pflicht

---

431 Vgl dazu näher *Baumann* in BerlinKommVVG § 152 Rz 17 mwN; *Lorenz,* VersR 2000, 2. Im neuen dt Recht ist Bezugspunkt des Vorsatzes nach dem eindeutigen Gesetzeswortlaut der Schaden (s § 103 VVG 2008).

432 Zur Abdingbarkeit von § 152 VersVG *Baumann* in BerlinKommVVG § 152 Rz 33 ff; *Voit/Knappmann* in Prölss/Martin, VVG[27] § 152 Rz 7.

433 Statt aller *Beckmann* in Beckmann/Matusche-Beckmann, Versicherungsrechtshandbuch[3] § 28 Rz 117 ff.

434 Statt aller *Saria*, VR 2005, 206 mwN.

435 Heute ganz hA, zB *Lange*, D&O-Versicherung und Managerhaftung § 11 Rz 13 ff; *Beckmann* in Beckmann/Matusche-Beckmann, Versicherungsrechtshandbuch[3] § 28 Rz 117a; *Vothknecht*, PHi 2006, 52 (56, 58); *Wilhelmer*, ecolex 2006, 642; *Seitz*, VersR 2007, 1476; OGH 26.5.2004, 7 Ob 83/04p, VR 2006/732; aA für den Begriff der vorsätzlichen Pflichtverletzung noch *Ertl*, ecolex 2006, 371 und 975; *Hendricks*, VW 2006, 229; *Schilling*, D&O-Versicherung und Managerhaftung[2] 31 f; unklar *Gisch* in Ratka/Rauter, Geschäftsführerhaftung[2] Rz 8/39.

436 AA aber jüngst *Dauner-Lieb*, FS Jaeger (2014) 255 (266) mwN. Nur ein Jurist (zB *Ertl*, ecolex 2006, 371; dagegen zu Recht *Wilhelmer*, ecolex 2006, 642) wird auf die Idee kommen, zu versuchen, irgendwie den Schaden als Bezugspunkt des Vorsatzes oder der Wissentlichkeit über den Wortlaut der Klausel überzustülpen.

(**Pflichtbewusstsein**) sowie die positive Kenntnis des Abweichens von der Pflicht (**Pflichtverletzungsbewusstsein**)[437]. Der Ausschlusstatbestand ist aber auch dann erfüllt, wenn der Versicherte bewusst die Augen vor der Wahrheit verschließt (vgl auch § 16 Abs 2 S 2 VersVG)[438]. Die „bloß" vorwerfbare Unkenntnis der Pflicht oder der Pflichtverletzung schadet hingegen nicht, wenngleich insb der Verstoß gegen „Kardinalpflichten" ein gewichtiges Indiz für eine vorsätzliche oder wissentliche Pflichtverletzung darstellen kann[439]. Da im Strafrecht das Fehlen des Unrechtsbewusstseins den Vorsatz anders als im Zivilrecht nicht trübt[440], kann dies im Einzelfall dazu führen, dass der Versicherte aufgrund vorsätzlicher Schutzgesetzverletzung haftpflichtig wird (§ 1311 S 2 Fall 2 ABGB), zivilrechtlich aber bloß eine Fahrlässigkeitshaftung besteht (§§ 1294, 1323 ABGB) und – sofern hier nicht öffentliche Interessen gegen den Versicherungsschutz sprechen (§ 879 Abs 1 ABGB)[441] – der Pflichtwidrigkeitsausschluss nicht erfüllt ist[442].

Die heute ganz hM subsumiert unter den Begriff der vorsätzlichen Pflichtver- **86a**
letzung – anders als unter jenen der wissentlichen Pflichtverletzung – zu Recht auch die bedingt **vorsätzliche Pflichtverletzung**, dh deren **billigende Inkaufnahme**[443]. Manche neueren Bedingungswerke schließen jedoch auch bedingt vorsätzliche Pflichtverletzungen in den Versicherungsschutz ein[444]. Derartige Formulierungen dürften angesprochen sein, wenn in der Praxis manchmal berichtet wird, in der D&O-Versicherung werde auch „Vorsatz" gedeckt. Ein heute – unabhängig davon, auf welchen Vorsatzgrad die Pflichtwidrigkeitsklausel abstellt – zunehmend angebotener **Wiedereinschluss** betrifft die direkt vorsätzliche (wissentliche) **Verletzung von Innenrecht** der Gesellschaft (zB Satzungen, Geschäftsordnungen oder internen Richtlinien), sofern der Versicherte die Anforderungen der **Business Judgment Rule** eingehalten hat[445].

Sowohl der OGH[446], als auch der BGH[447] erachten Pflichtwidrigkeitsklauseln **87**
für **AGB-rechtlich zulässig**. Zur allgemeinen Haftpflichtversicherung hat *Fenyves* freilich bereits vor längerer Zeit eingewandt, soweit die Leistungsfreiheit

---

437 *Beckmann* in Beckmann/Matusche-Beckmann, Versicherungsrechtshandbuch³ § 28 Rz 118; zur sog subjektiven Komponente der Pflichtwidrigkeitsklausel ausführlich *Saria*, VR 2005, 206.

438 *Lange*, D&O-Versicherung und Managerhaftung § 11 Rz 41 mwN.

439 Ausf *Lange*, D&O-Versicherung und Managerhaftung § 11 Rz 27 ff.

440 S nur *Koziol*, Haftpflichtrecht I³ Rz 5/28.

441 Die Unwirksamkeit wird hier aber wohl allenfalls eine relative sein, sodass der Versicherer leistungspflichtig bleibt und sich beim Versicherten regressieren kann.

442 Vgl auch *Dreher*, VersR 2015, 781 (791) (zum Kartellgeldbußenrecht).

443 ZB *Lange*, D&O-Versicherung und Managerhaftung § 11 Rz 17; *Beckmann* in Beckmann/Matusche-Beckmann, Versicherungsrechtshandbuch³ § 28 Rz 117; *Gruber/Mitterlechner/Wax*, D&O-Versicherung § 7 Rz 58; *Ihlas*, D&O – D&O² 466 ff; *Seitz*, VersR 2007, 1476 (1477); *Koch*, WM 2007, 1273 (1280); *Penner*, VersR 2005, 1359; aA für die Betriebshaftpflichtversicherung eines Winzers OLG Koblenz 10 U 1802/97, r+s 2000, 192.

444 *Dreher*, VersR 2015, 781 (783).

445 *Dreher*, VersR 2015, 781 (784).

446 So etwa OGH 7 Ob 83/04p, VR 2006/732.

447 BGH IV ZR 147/89, VersR 1991, 176.

auch dann eingreift, wenn hinsichtlich des Schadenserfolges leichte Fahrlässigkeit vorliegt[448], könne dies zu einer gröblichen Benachteiligung iSd § 879 Abs 3 ABGB führen[449]. Noch weiter gehen *Dilling*[450] und diesem folgend *Dauner-Lieb*[451], die Pflichtwidrigkeitsklauseln speziell in der D&O-Versicherung überhaupt als unwirksam ansehen, weil sie intransparent sein und zu einer Vertragszweckgefährdung führen sollen.

88 Verwirklicht eine versicherte Person den Pflichtwidrigkeitsausschluss, so beeinträchtigt dies den Versicherungsschutz für die übrigen versicherten Personen, die etwa wegen eines (unbewusst) fährlässigen Organisations- oder Überwachungsverschuldens in Anspruch genommen werden, nicht[452]. Klauseln, welche dies ausdrücklich anordnen (sog **einfache Severability-Klauseln**)[453], haben daher lediglich klarstellenden Charakter[454].

89 In vielen Fällen ist zum Zeitpunkt der Anspruchserhebung offen, ob der Ausschlusstatbestand tatsächlich verwirklicht ist[455]. In der D&O-Versicherung wird üblicherweise **vorläufiger Rechtsschutz** bis zu dessen – je nach Vereinbarung rechtskräftiger[456] – (schieds)gerichtlicher oder behördlicher Feststellung oder Feststellung durch Vergleich oder Anerkenntnis[457] gewährt. Erfolgt die Feststellung einer vorsätzlichen oder wissentlichen Pflichtverletzung[458], entfällt der Versicherungsschutz rückwirkend und die versicherte Person hat als Empfänger der Leistungen im Rechtssinne (vgl § 75 Abs 2 VersVG) bereits empfangene Leistungen bereicherungsrechtlich zurückzuerstatten[459].

B. Sonstige Ausschlüsse

90 Neben dem Pflichtwidrigkeitsausschluss enthalten D&O-Versicherungen teilweise weitere Ausschlüsse und Deckungseinschränkungen, die im Rahmen dieses Beitrags freilich nicht näher erörtert werden können. Zu nennen sind insbesondere die Eigenschadenklausel,[460] der Ausschluss wegen unzureichendem Versiche-

---

[448] Unzutreffend von der Deckung jedweden grob fahrlässigen Verhaltens bei Verwendung des Begriffs der vorsätzlichen Pflichtverletzung ausgehend *Gisch* in Ratka/Rauter, Geschäftsführerhaftung² Rz 8/39.

[449] *Fenyves*, VR 1982, 84 (97).

[450] Die Wirksamkeit der Risikoausschlüsse für vorsätzliche und wissentliche Pflichtverletzungen in der D&O-Versicherung (2015).

[451] *Dauner-Lieb*, FS Jaeger (2014) 255.

[452] Allgemein zur Fremdversicherung *Baumann* in BerlinKommVVG § 152 Rz 4.

[453] *Lange*, ZIP 2006, 1680 (1681).

[454] *Lange*, VersR 2006, 605 (610); aA möglicherweise *Beckmann* in Beckmann/Matusche-Beckmann, Versicherungsrechtshandbuch³ § 28 Rz 117 f.

[455] Dazu näher *Ihlas*, Organhaftung und Haftpflichtversicherung 234 ff.

[456] Kritisch dazu *Olbrich*, Organhaftung und Haftpflichtversicherung 166 f.

[457] Vgl *Steinkühler* VW 2003, 1734; *Gisch* in Ratka/Rauter, Geschäftsführerhaftung² Rz 8/40.

[458] OLG Düsseldorf 4 U 6/06, NJOZ 2007, 1242.

[459] *Beckmann* in Beckmann/Matusche-Beckmann, Versicherungsrechtshandbuch³ § 28 Rz 121.

[460] S etwa *Beckmann* in Beckmann/Matusche-Beckmann, Versicherungsrechtshandbuch³ § 28 Rz 93 ff; zweifelnd an deren Zulässigkeit *Lange*, ZIP 2003, 466; aA *Koch*, GmbHR 2004, 18 (20).

rungsschutz, der Umweltausschluss, der Insolvenzausschluss oder der Ausschluss von Ansprüchen iZm der Produkthaftung.[461]

VIII. Résumé und Ausblick

Die D&O-Versicherung hat in den letzten Jahren auch in Österreich weite Verbreitung gefunden. Als Haftpflichtversicherung dient sie primär dem Erhalt des Privatvermögens der versicherten Organmitglieder. Insbesondere aufgrund des aus Präventionserwägungen gebotenen Ausschlusses bei vorsätzlich oder wissentlich begangenen Pflichtverletzungen bietet sie jedoch keinen umfassenden Schutz gegen Schadenersatzforderungen, die wegen Pflichtverletzungen in Ausübung der Organtätigkeit erhoben werden. Vor allem deshalb, weil die D&O-Versicherung die Wahrscheinlichkeit der Einbringlichkeit von Innenverhältnisansprüchen erhöht, ist sie grundsätzlich auch geeignet, Interessen der Gesellschaft zu fördern. Das führt freilich auch zu Interessenkonflikten, weil die Gesellschaft bei Innenhaftungsfällen primär an einer Zahlung des Versicherers, die Versicherten aber an der Abwehr der Ansprüche interessiert sind. **91**

Die Ausgestaltung der D&O-Versicherung als Gruppenversicherung mag zwar gewisse Vorteile gegenüber Individualpolizzen aufweisen. Als problematisch erweist sich jedoch nicht nur die Gefahr, dass Versicherte aufgrund von Obliegenheitsverletzungen der Gesellschaft den Versicherungsschutz verlieren, sondern auch der Umstand, dass sich häufig sämtliche Versicherte die Versicherungssumme teilen müssen. Die in der Praxis geführte Diskussion Gruppen- vs Individualversicherung erscheint indes zu eng. Da die Abwicklung komplexer Haftpflichtfälle wesentlich erschwert würde, wenn hinter jedem einzelnen Organmitglied ein anderer Versicherer mit unterschiedlichen Versicherungsbedinungen steht, böte es sich an, ein Deckungskonzept zu entwickeln, bei dem entweder sämtliche Organmitglieder gemeinsam eine Polizze abschließen oder – zur Vermeidung von Interessenskonflikten zwischen Vorstand und Aufsichtsrat[462] – jeweils die Mitglieder von Vorstand und Aufsichtsrat. In beiden Fällen sollte drauf geachtet werden, dass die Versicherungssumme für jeden Versicherten zumindest einmal pro Versicherungsperiode zur Verfügung steht. Beim Abschluss der Versicherung und der Abwicklung des Vertragsverhältnisses könnten sich die Versicherten durch einen Makler vertreten lassen. Die gegenüber heutigen Deckungskonzepten zu erwartende höhere Prämie wäre im Zweifel nach Köpfen zu tragen. Sofern Aufsichtsrat bzw Hauptversammlung dies für vertretbar erachten, könnte im Rahmen des Entgelts eine Überwälzung der Prämie auf die Gesellschaft erfolgen.

---

461 S etwa *Beckmann* in Beckmann/Matusche-Beckmann, Versicherungsrechtshandbuch³ § 28 Rz 116 ff mwN; *Ihlas*, D&O² 453 ff.

462 S *v. Schenck*, NZG 2015, 494 (497).

„Schutzschirm D&O-Versicherung" – ein Management Summary[1] aus der Praxis für die Praxis

Brigitta Schwarzer

Gliederung **Rz**

I. Warum D&O-Versicherungen immer wichtiger werden

Aufgrund anhaltend schwieriger wirtschaftlicher Rahmenbedingungen sind 1
die Anforderungen an Corporate Governance und Compliance in den letzten Jahren gestiegen. Presseartikel über Manager[2], die nicht ordnungsgemäß gewirtschaftet haben, sind mittlerweile fixer Bestandteil der Medienberichterstattung. So ist es nicht verwunderlich, dass auch D&O-Versicherungen verstärkt in den Fokus der Aufmerksamkeit geraten sind. Dafür haben spektakuläre Fälle wie etwa

[1] Dieser Beitrag soll den LeserInnen einen Überblick über D&O-Versicherungen geben. Er stellt eine Ergänzung zum D&O-Beitrag von MMag. Martin Ramharter dar und erhebt keinen Anspruch auf Vollständigkeit.

[2] Aus Gründen der Lesbarkeit wird oft auf die zusätzliche Verwendung der weiblichen Form verzichtet. Die entsprechenden Bezeichnungen gelten im Sinne der Gleichbehandlung grundsätzlich für beide Geschlechter.

die Enron-Pleite in den USA oder der Siemens-Schmiergeldskandal in Deutschland ebenso gesorgt wie die internationale Finanzkrise und ihre bis heute spürbaren „Nachbeben". Zu einem Mega-Fall für die betroffenen D&O-Versicherer dürfte auch der aktuelle VW-Abgasskandal („Dieselgate") werden. Zu beachten ist in diesem Zusammenhang, dass viele D&O-Deckungsfälle nie ans Licht der Öffentlichkeit kommen, weil sie nicht vor Gericht ausjudiziert, sondern durch außergerichtliche Streitbeilegung erledigt werden. Auch das kann freilich teuer werden, da der Versicherer dann nur einen Teil des Schadens übernimmt, selbst wenn die Versicherungssumme höher wäre.

2 Diverse Wirtschaftsskandale und spektakuläre Unternehmensinsolvenzen – wie rund um die Bawag, die Hypo-Alpe-Adria, die Immofinanz oder die Alpine – rücken auch in Österreich Vorwürfe und Klagen gegen Manager in den Blickpunkt des öffentlichen Interesses. In einigen Fällen hat es bereits Verurteilungen gegeben, die betroffenen Manager fassten mehrjährige Haftstrafen aus und wanderten hinter Gitter.

3 Manager sind heute wesentlich mehr performancegetrieben als früher, der Wind, der ihnen entgegenweht, ist rauer geworden und der Konkurrenzkampf härter. Die Anzahl der einzuhaltenden Gesetze, Vorschriften und Regeln und der Erwartungsdruck der Eigentümer steigen, sodass Vorstände und Geschäftsführer sich mehr als bisher gezwungen sehen, vorhandene Gestaltungsspielräume voll auszuschöpfen.

4 Dass in diesem schwierigen Umfeld die Wohlverhaltensregeln nicht immer eingehalten werden und auch Fehler passieren, liegt auf der Hand. Schuldhafte Pflichtverstöße von Geschäftsleitungsorganen und Aufsichtsräten, die zu einem Vermögensschaden eines Dritten oder der Gesellschaft führen, können durch gute Governance und ein unternehmensadäquates Compliance-System zwar reduziert, jedoch nicht gänzlich ausgeschaltet werden.

5 Hohe Schadensummen können aber im Haftungsfall bei den Verantwortlichen oft nicht eingebracht werden. Manager der ersten Ebene verdienen zwar meist gut, Millionenschäden können aber aus dem Ersparten in der Regel nicht gedeckt werden. Eine D&O (Directors & Officers)-Versicherung kann hier unter bestimmten Voraussetzungen gute Dienste leisten, damit Führungskräfte nicht im Extremfall ihr komplettes Privatvermögen verlieren.

II. „Grundausstattung" für jedes Unternehmen

6 Die D&O-Versicherung (auch Organ- oder Manager-Haftpflichtversicherung genannt) wird üblicherweise vom Unternehmen – sei es eine Kapitalgesellschaft, eine Gebietskörperschaft, eine Stiftung, ein Verein, eine Institution oder eine andere Organisation[3] – als Versicherungsnehmer auf eigene Kosten für die Organe (Vorstände, Geschäftsführer, Aufsichtsräte, Beiräte, Stiftungsvorstände)[4] und lei-

[3] Der Einfachheit halber werden in diesem Beitrag alle genannten Organisationen als Unternehmen, Gesellschaft oder Versicherungsnehmer bezeichnet.

[4] Der in diesem Beitrag verwendete Begriff Vorstand steht stellvertretend auch für Geschäftsführer, Stiftungsvorstände und andere Geschäftsleiter und der in diesem Beitrag verwendete Begriff Aufsichtsrat steht stellvertretend auch für Beiräte und andere Aufsichtsorgane.

tenden Angestellten[5] als versicherte Personen abgeschlossen. Es handelt sich hier also um eine Versicherung für fremde Rechnung.

Sie umfasst 7
- die außergerichtliche und die gerichtliche Abwehr behaupteter sowie
- die Befriedigung begründeter Schadenersatzansprüche

für den Fall, dass eine versicherte Person wegen eines schuldhaften Fehlverhaltens für einen Vermögensschaden,
- den ein Dritter – Lieferant, Kunde, Mitbewerber, Anteilseigner (Außenanspruch) oder
- das Unternehmen selbst (Innenanspruch)

erleidet, persönlich mit ihrem Privatvermögen in Anspruch genommen wird.

D&O-Versicherungen dienen dazu, Managern bei Ausübung ihrer Tätigkeit Sicherheit zu geben, damit rasche unternehmerische Entscheidungen getroffen werden können. 8

Dass Unternehmensorgane vom Abschluss einer D&O-Versicherung profitieren, liegt auf der Hand. Aber auch das Unternehmen selbst hat ein Interesse daran. Eine D&O-Deckung kann einerseits „Bilanzschutz" bieten, andererseits trägt sie dazu bei, dass im Schadenfall 9
- die Öffentlichkeitswirksamkeit und
- der damit verbundene Imageverlust durch negative Publizität

gemindert bzw. hintan gehalten werden können.

Eine D&O-Versicherung ist aber eine Großschaden- und keine Frequenzversicherung. 10

Analog zu einer Feuer- oder Betriebshaftpflichtversicherung sollte eine D&O-Polizze bei jedem Unternehmen mit Außenwirkung zur versicherungsmäßigen „Grundausstattung" gehören. Zudem gibt es eine zunehmende Erwartungshaltung, dass ein derartiger Versicherungsschutz vorhanden ist. Vermehrt nehmen Geschäftsleiter und Aufsichtsräte ein Mandat überhaupt nur dann an, wenn es eine D&O-Absicherung gibt. Sogenannte Verschaffungsklauseln[6], die in Vorstandsverträgen deutscher Gesellschaften bereits häufig anzutreffen sind, haben mittlerweile auch in Österreich Einzug gehalten. 11

III. Mehr Neuabschlüsse, höhere Versicherungssummen

Generell schätzen Vorstände und Aufsichtsräte das Risiko, für Fehler und Versäumnisse zur Verantwortung gezogen zu werden, zunehmend höher ein. Das hat zur Folge, dass die Anzahl der D&O-Neuabschlüsse und die D&O-Versicherungssummen von Bestandspolizzen in den letzten Jahren gestiegen sind. 12

[5] Da leitende Angestellte dem Dienstnehmerhaftpflichtprivileg und damit einer eingeschränkten Haftung unterliegen, werden sie nur selten haftungsmäßig in Anspruch genommen. Dieser Beitrag geht daher auf sie nicht weiter ein.

[6] Bei einer Verschaffungsklausel handelt es sich um eine dienstvertragliche Verpflichtung gegenüber Vorständen und Geschäftsführern, wonach sich das Unternehmen verpflichtet, eine entsprechende D&O-Versicherung abzuschließen bzw. aufrecht zu erhalten.

13 Weil immer mehr – auch mittelständische – Unternehmen in einem internationalen Umfeld agieren, steigt das Risiko, dass ihre Unternehmensführer einen beruflichen „Fehltritt“ begehen. Besondere Probleme treten im Insolvenzfall auf, hier werden Organe zunehmend mit Schadenersatzforderungen, besonders durch die Insolvenzverwalter und Finanzbehörden, konfrontiert.

14 Für die Einleitung eines strafrechtlichen Ermittlungsverfahrens – oftmals mit bereits beträchtlichen Anwaltskosten verbunden – genügt schon ein begründeter Verdacht. Das können etwa Anzeigen von Nachbarn, Bürgerinitiativen, Konkurrenten, verärgerte Mitarbeiter oder Ex-Mitarbeiter oder vermeintlich Geschädigte sein.

15 Die heimischen börsennotierten Aktiengesellschaften haben durchwegs D&O-Versicherungen abgeschlossen, ebenso viele der großen nicht börsennotierten Aktiengesellschaften und große GmbHs. Mittlere und kleine Gesellschaften haben hingegen vielfach keine D&O-Deckung, ganz zu schweigen von Stiftungen.

IV. Kein „Persilschein“, aber ein Schutzschirm

16 Ganz wichtig: Sinn der D&O-Versicherung ist es nicht, Wirtschaftskriminalität zu decken oder strafrechtlich relevantem Handeln von Managern Vorschub zu leisten! Sie ist auch kein Freibrief für Pflichtverstöße von Organen, sondern dient der Absicherung für aus – salopp gesagt nicht gewollten – Managementfehlern resultierenden Vermögensschäden.

17 Kritiker sehen die Gefahr, dass das Vorhandensein einer D&O-Polizze externe Anspruchssteller bzw. den Versicherungsnehmer im Rahmen der Innenhaftung beflügeln könnte, Schadenersatzansprüche geltend zu machen („Deckung erzeugt Haftung“). Sie warnen auch, dass D&O-Versicherungsschutz die Gefahr birgt, dass Personen weniger Sorgfalt und ein riskanteres Verhalten an den Tag legen, wenn es eine D&O-Versicherung für sie gibt („moral hazard“). Während in Deutschland Vorstände börsennotierter Gesellschaften seit einigen Jahren im Rahmen einer D&O-Schadenabwicklung einen verpflichtenden Selbstbehalt zu tragen haben, findet sich eine entsprechende österreichische Empfehlungsregelung im Public Corporate Governance Kodex (P-CGK).

18 In der Praxis bewährt sich ein solcher Eigenanteil nur beschränkt. Zwar werden die in Deutschland angebotenen Selbstbehaltsversicherungen gerne in Anspruch genommen. Die Erfahrung zeigt jedoch, dass ein Selbstbehalt gewöhnlich nicht verhaltenssteuernd wirkt, sodass die Versicherer – im Gegensatz zu sonstigen Versicherungssparten – bei einer Unternehmens-D&O-Versicherung nur selten einen Prämienabzug dafür gewähren.

19 Zu erwähnen ist auch der von Eigentümern gelegentlich vorgebrachte Einwand, die Entlohnung von Vorständen und Geschäftsführern enthalte eine „Risikoprämie“. Das Bestehen von D&O-Versicherungsschutz schränke deren Risiko ein, für die Folgen von schadenverursachendem Fehlverhalten einstehen zu müssen, sodass sich auch die Risikoprämie entsprechend reduzieren müsse. Dem ist entgegenzusetzen, dass Risiko per se wertmäßig nur als wahrscheinlicher Höchstschaden (probable maximum loss) dargestellt werden kann, was eine Bezifferung

der genannten Risikoprämie im Rahmen eines Einzelvertrags de facto unmöglich macht.

V. Grundsätzliches zu Risiko, Haftung[7] und D&O-Deckung

Organe von Unternehmen haften für Vermögensschäden, die sie Dritten oder dem Unternehmen infolge eines zumindest fahrlässig verursachten Pflichtverstoßes zufügen. Sowohl Vorstände als auch Aufsichtsräte haften persönlich und unbeschränkt mit ihrem Privatvermögen und zwar jeweils solidarisch für die anderen Mitglieder des jeweiligen Gremiums. Niemand kann sich also damit aus der Affäre ziehen, dass einen bestimmten Schaden ein Geschäftsleitungs- oder Aufsichtsratskollege zu verantworten habe, auch wenn eine Geschäftsordnung gegebenenfalls die Haftung mindern und zu Regressansprüchen im Innenverhältnis führen kann. 20

Die Ersatzpflicht wird dann ausgelöst, wenn die Sorgfalt eines ordentlichen und gewissenhaften Geschäftsleiters außer Acht gelassen wird. Das gilt für Vorstände und Aufsichtsräte gleichermaßen. Wird der unternehmerische Gestaltungsraum aufgrund einer Verletzung von Rechtsvorschriften, unternehmensbezogener Regeln und Richtlinien oder anerkannter betriebswirtschaftlicher Grundsätze überschritten, handelt es sich um einen Pflichtverstoß. Nur zur Klarstellung sei darauf hingewiesen, dass ein solcher natürlich auch dann vorliegt, wenn vertrauliche Informationen unbefugten Dritten zugänglich gemacht werden. 21

Verschärft wird die Haftung für das betroffene Organ noch dadurch, dass die Beweislast hinsichtlich des behaupteten Pflichtverstoßes bei ihm liegt (Beweislastumkehr!). Das heißt, dass ein zur Verantwortung gezogener Manager sich von der Schadenersatzpflicht nur dann befreien kann, wenn er beweist, dass er die gebotene Sorgfalt angewendet hat. Problematisch kann das besonders dann werden, wenn ein Vorstand oder Aufsichtsrat bereits ausgeschieden ist – was bei D&O-Fällen die Regel und nicht die Ausnahme ist – und aus diesem Grund keinen Zugang mehr zu im Unternehmen befindlichen Informationen, Unterlagen und Daten hat. Deshalb ist es ratsam, zu allen wesentlichen Entscheidungen persönliche Notizen und Aufzeichnungen über die eigenen Überlegungen und Positionen zur Entscheidungsfindung zu machen und diese auch nach dem Ausscheiden aus einer Funktion aufzubewahren[8]. Hier gilt der Grundsatz „Weniger ist mehr“ im Zweifel nicht. 22

Der an Geschäftsleiter und Aufsichtsorgane anzulegende Sorgfaltsmaßstab ist hoch. Im Vordergrund steht das Wohl des Unternehmens. Immer ist dabei im Auge zu halten, wie ein pflichtbewusster selbstständig agierender Unternehmenslenker, der nicht mit eigenen, sondern mit fremden Mitteln wirtschaftet, handeln würde. 23

---

[7] An dieser Stelle sei erwähnt, dass die Autorin dieses Beitrags als Versicherungsberaterin alle Ausführungen zur Haftungsseite nach bestem Wissen und Gewissen macht, diese jedoch keine wie immer geartete Rechtsberatung darstellen.

[8] Die allgemein bekannte 7-jährige Aufbewahrungspflicht für Bücher, Geschäftspapiere, Aufzeichnungen sowie den dazugehörigen Belegen in Zusammenhang mit der Abgabenerhebung gilt hier nicht. Jeder Betroffene sollte daher in seine Überlegungen einbeziehen, dass die Geltendmachung eines Schadens innerhalb von 3 Jahren ab Kenntnis von Schädiger und Geschädigten möglich ist und die absolute Verjährung erst 30 Jahre nach Schadenseintritt erfolgt.

24 Fehlentscheidungen von Organen im Rahmen des unternehmerischen Ermessensspielraums sind allerdings keine Sorgfaltspflichtverletzung („Safe Harbour" / Business Judgment Rule).

25 Es handelt sich dabei um einen juristischen Fachbegriff, der einem Entscheidungsträger gewisse Freiheiten bei seiner Entscheidungsfindung einräumt. Im österreichischen Zivilrecht wird dieser Grundsatz in Anlehnung an eine entsprechende Bestimmung im deutschen Aktiengesetz bereits seit längerem angewandt. Mit der Strafrechtsreform 2015, die entsprechende Ergänzungen im Aktiengesetz (§ 84 Abs 1a) und GmbH-Gesetz (§ 25 Abs 1a) mit Wirkung vom 01.01.2016 nach sich zog, hat die Business Judgment Rule nun auch formell in unsere Rechtsordnung Eingang gefunden.

26 Man versteht darunter, dass ein Entscheidungsträger nicht zur Verantwortung gezogen werden kann, wenn er bei Verletzung einer Rechts- oder Unternehmensnorm kaufmännisch sorgfältig gehandelt hat. Das heißt, dass er bei der Pflichtverletzung unter objektiver Abwägung aller Umstände, insbesondere auf der Grundlage angemessener Information vernünftigerweise annehmen durfte, zum Wohle der Gesellschaft zu handeln.

27 Vor einer Entscheidung sind die zur Verfügung stehenden Informations- und Erkenntnisquellen auszuschöpfen und Expertenrat dann einzuholen, wenn man selbst nicht sachkundig ist. Mangelnde Kenntnisse, Fähigkeiten, Erfahrungen in Hinblick auf die übernommene Aufgabe oder Abwesenheit führen zu keiner Haftungsbefreiung.

VI. Keine Erfolgshaftung

28 Manager trifft aber keine Erfolgshaftung. Auf fehlendem Know-how und mangelnder Erfahrung beruhende unternehmerische Fehlentscheidungen kommen zwar häufig vor und ein Vorstand riskiert damit auch, bei seinen Eigentümern in Ungnade zu fallen und seinen Job zu verlieren. Geht damit aber kein Pflichtverstoß einher, hat eine Entscheidung, die sich später als falsch erweist, keine haftungsmäßigen Konsequenzen. Dass „Unwissenheit zwar teuer sein kann, aber nicht strafbar ist", kann sich gegebenenfalls als Vorteil erweisen.

29 Auch wenn finanzielle Nachteile „lediglich" auf schlechtes Wirtschaften und Missmanagement zurückzuführen sind, liegt kein Haftungsfall und somit kein D&O-Deckungsfall vor („Deckung folgt Haftung"). Solange dies nicht rechtskräftig festgestellt ist, bietet eine D&O-Polizze jedoch Abwehrschutz.

A. Risiko und Haftung der Unternehmensorgane – Allgemeine Ausführungen

30 Seit einigen Jahren ist zu beobachten, dass Manager von Unternehmen aller Größen und Branchen dem Risiko strafrechtlicher Ermittlungen aufgrund einer Verdachtslage wegen Untreue, Betrug, Bilanzfälschung oder eines anderen Wirtschaftsdelikts verstärkt ausgesetzt sind, auch wenn es in der Folge oft zur Verfahrenseinstellung kommt. Der klassische Anlassfall für die Inanspruchnahme einer

D&O-Versicherung bleibt jedoch der Geschäftsleitungswechsel und die gezielte Suche des Nachfolgers nach den „Leichen im Keller“, die der Vorgänger hinterlassen haben könnte oder tatsächlich hinterlassen hat. Bei kleineren Unternehmen sind viele Schadenersatzansprüche auf eine Unternehmensschieflage zurückzuführen oder stehen in Zusammenhang mit einer Insolvenz.

Auch Fehlinvestitionen und Fehlentscheidungen in Zusammenhang mit Unternehmenskauf- und -verkaufstransaktionen, die außerhalb des unternehmerischen Ermessensspielraums erfolgen (z.B. weil bei einem M&A-Deal die vorhergehende Due Diligence Prüfung zu oberflächlich erfolgt ist und daher kaufpreisrelevante Risiken unentdeckt blieben) sind eine stetige Quelle von Ansprüchen gegen Manager. **31**

Für die Beurteilung der Frage, ob eine Person haftungsmäßig belangt werden kann, gelten die allgemeinen Regeln des Schadenersatzrechts, d.h. Voraussetzung für eine Haftung ist neben dem Schaden die Kausalität, die Rechtswidrigkeit und ein Verschulden (leichte/grobe Fahrlässigkeit, bedingter/unbedingter Vorsatz). **32**

Wegen der unterschiedlichen Aufgaben von Geschäftsführung und Aufsichtsrat ist auch das Haftungsrisiko unterschiedlich. **33**

B. Risiko und Haftung des Aufsichtsrats

Im Gegensatz zur Geschäftsleitung ist der Aufsichtsrat nicht operativ tätig und für das tägliche Geschäft grundsätzlich nicht verantwortlich. Seine Hauptaufgaben liegen in **34**

- der Kontrolle der Geschäftsleitung;
- der Auswahl und Bestellung der einzelnen Geschäftsleitungsmitglieder;
- der Strategiebegleitung und
- der Überwachung des Risikomanagementsystems und des Internen Kontrollsystems des Unternehmens.

Der an den Aufsichtsrat anzulegende Haftungsmaßstab ist der gleiche wie für die Geschäftsleitung. Das gilt auch dann, wenn die Arbeit des Aufsichtsrats unentgeltlich erfolgt oder die Vergütung gering ist. **35**

Schäden, die auf Pflichtverstöße des Aufsichtsrats zurückgehen, schädigen meist das Unternehmen selbst und werden im Wege der Innenhaftung geltend gemacht. **36**

Typische von Aufsichtsräten zu verantwortende Vermögensschäden beruhen auf Pflichtwidrigkeiten bei **37**

- der Auswahl und der Bestellung von Vorstands-/Geschäftsführungsmitgliedern[9]
- der Genehmigung von zustimmungspflichtigen Geschäften, Transaktionen und Maßnahmen[10];

---

9 Eine Pflichtwidrigkeit kann auch dann vorliegen, wenn ein Aufsichtsratsbeschluss zur Zahlung von nicht gesetzlich gebotenen oder vertraglich vereinbarten Abfertigungen/Abfindungen an Vorstands-./.Geschäftsführungsmitglieder erfolgt.

10 Das inkludiert die Zustimmung zu Transaktionen und Maßnahmen zum Nachteil der Gesell-

- der Prüfung und Genehmigung des Jahresabschlusses;
- der Kontrolle und Überwachung (z.B. in Zusammenhang mit dem Risikomanagementsystem, dem Internen Kontrollsystem und/oder der Compliance-Organisation der Gesellschaft oder bei Unterlassen der Verstärkung von Kontrollmechanismen gegenüber dem Vorstand im Falle einer Unternehmenskrise);
- Vermögensnachteilen für die Gesellschaft aufgrund mangelnder Verschwiegenheit.

38 Die Anspruchsgründe nach AktG und GmbHG gegenüber dem Aufsichtsrat bei finanziellen Einbußen der Gesellschaft sind mannigfaltig. Weitere Beispiele wären etwa fehlende Konsequenzen, wenn es Pflichtverstöße des Vorstands oder der Geschäftsführung gibt, die Verzögerung einer gebotenen Abberufung von Vorstands- oder Geschäftsführungsmitgliedern oder die verzögerte Stellung eines Insolvenzantrags trotz Kenntnis der Überschuldung.

39 Eine weitere Basis einer haftungsmäßigen Inanspruchnahme des Aufsichtsrats ist neben der unmittelbaren Täterschaft die Beitragstäterschaft in Zusammenhang mit strafrechtlich relevanten Tatbeständen, wie den bereits genannten Delikten Untreue, Betrug und Bilanzfälschung.

40 Darüber hinaus läuft der Aufsichtsrat immer Gefahr, dass Fehlverhalten der Geschäftsleitung ihm mit der Behauptung zur Last gelegt wird, dass bei entsprechend sorgsamer Überwachung der Fehler nicht passiert und der damit verbundene Schaden nicht eingetreten wäre. Oft behauptet die Geschäftsleitung auch, dass der Aufsichtsrat immer über alle Vorgänge voll informiert worden sei und damit auch pflichtwidrige Entscheidungen mitgetragen habe.

C. Spannungsverhältnis Vorstand – Aufsichtsrat

41 Dass zwischen Vorstand und Aufsichtsrat nicht immer alles harmonisch abläuft, ist klar. Auch das Informationsgefälle – der Vorstand ist in der Regel früher und besser informiert als der Aufsichtsrat – trägt dazu bei, dass es zu Unstimmigkeiten und Differenzen auf der sachlichen und persönlichen Ebene kommen kann und die Organe oder einzelne ihrer Mitglieder bisweilen miteinander im Clinch liegen. Oder, wie es ein prominenter heimischer Aufsichtsrat einmal plakativ ausdrückte: „Vorstand und Aufsichtsrat sitzen vielleicht im selben Boot, nicht jedoch auf derselben Bank“.

42 Im Schadenfall werden normalerweise – unabhängig ob ein geschädigter Dritte im Wege der Außenhaftung vorgeht oder das Unternehmen im Wege der Innenhaftung tätig wird – zunächst der (Ex-)Vorstand bzw. einzelne seiner (Ex-)Mitglieder und erst in weiterer Folge der (Ex-)Aufsichtsrat bzw. einzelne seiner (Ex-)Mitglieder herangezogen. Bei ihnen kommt meist zuerst der Vorsitzende an die Reihe, erst danach die einfachen Aufsichtsratsmitglieder.

43 Die D&O-Versicherung bedient die versicherten Personen grundsätzlich in der Reihenfolge, in der sie haftungsmäßig belangt werden und gegenüber dem Versi-

---

schaft z.B. aufgrund mangelnder Fremdvergleichsfähigkeit („Friends and Family“-Geschäfte).

cherer die „Deckung ziehen“. Ist der Schaden hoch und sind mehrere versicherte Personen beteiligt, kann es leicht vorkommen, dass die Versicherungssumme verbraucht ist, bevor alle ihre Ansprüche geltend gemacht haben. Die Betroffenen müssen dann ihr Privatvermögen einsetzen, um den restlichen Schaden zu begleichen. Das alte Sprichwort „den Letzten beißen die Hunde“ passt hier gut. Es ist im Interesse der Aufsichtsräte, dass sie nicht die Letzten sind.

Dem Aufsichtsrat stehen mehrere Möglichkeiten offen, sich gegen dieses Risiko zu wappnen. Er kann eine Erhöhung der D&O-Versicherungssumme vorschlagen. Auch die Reservierung einer Teilsumme (Sublimit) speziell für den Aufsichtsrat kommt in Betracht. In Deutschland werden mittlerweile verschiedene Varianten von eigenen D&O-Versicherungen für den Aufsichtsrat angeboten. Auch der Abschluss einer Einzel-D&O-Versicherung für ein Aufsichtsratsmitglied kann eine zusätzliche Sicherheit bieten. **44**

In Österreich sind Aufsichtsräte bis dato nur vereinzelt haftungsmäßig in die Pflicht genommen worden, die Tendenz ist jedoch steigend. **45**

D. Rolle des Aufsichtsrats bei der D&O-Versicherung des Unternehmens

Aufgrund der vom Gesetz dem Aufsichtsrat zugewiesenen Aufgaben der **46**

- Überwachung und Kontrolle der Geschäftsleitung;
- Vertretung der Gesellschaft bei Rechtsgeschäften mit der Geschäftsleitung und bei der Führung von Rechtsstreitigkeiten mit deren Mitgliedern

ist die Rolle des Aufsichtsrats bei der D&O-Versicherung der Gesellschaft eine mehrfache. Zum einen vertritt er die Eigentümerinteressen bei Abschluss und Aufrechterhalten der D&O-Polizze. Zum anderen hat er als Unternehmensorgan ein eigenes Interesse an einem risikokonformen Versicherungsschutz.

Wie schon gesagt, handelt es sich bei der großen Mehrheit von Haftungsansprüchen gegen Organe um Innenansprüche der Gesellschaft gegen einzelne Vorstandsmitglieder. Sie sind vom Aufsichtsrat geltend zu machen. Dieser ist hier in der Pflicht und hat nur einen sehr eingeschränkten Ermessensspielraum in Hinblick auf das allenfalls übergeordnete Interesse der Wahrung der Unternehmensreputation. Unterlässt der Aufsichtsrat gegenüber dem Vorstand die Geltendmachung eines Schadens, kann er selbst vom Unternehmen dafür verantwortlich gemacht werden[11]. **47**

Der Aufsichtsrat muss daher aufmerksam beobachten, ob die Geschäftsleitungsmitglieder ihre Tätigkeit ordnungsgemäß ausüben und er muss ohne Zeitverzug tätig werden, wenn es Anhaltspunkte gibt, dass das nicht der Fall ist. **48**

Dazu gehört, dass nicht nur der Aufsichtsratsvorsitzende, der über den CEO den laufenden Kontakt zum Unternehmen hält, sondern auch seine Kollegen **49**

---

[11] Siehe Entscheidung des BGH, Urteil ARAG/Garmenbeck vom 21.04.1997, Leitsatz 2, 1. Satz: Der Aufsichtsrat hat aufgrund seiner Aufgabe die Tätigkeit des Vorstands zu überwachen und zu kontrollieren und hat die Pflicht, das Bestehen von Schadenersatzansprüchen der Aktiengesellschaft gegenüber Vorstandsmitgliedern eigenverantwortlich zu prüfen.

wachsam in Bezug auf wesentliche Regelabweichungen sind und Fragen – auch kritische und unangenehme – an die Geschäftsleitung und gegebenenfalls an die Mitarbeiter der nächsten Ebene stellen, sich nicht mit oberflächlichen Antworten zufrieden geben, Berichte anfordern und – routinemäßig – Bucheinsicht nehmen. Das erleichtert das Aufdecken allfälliger Unregelmäßigkeiten und Malversationen und hat zudem Präventionswirkung.

50 Auch wenn das Vertrauen des Aufsichtsrats zu den einzelnen Vorständen höchste Priorität hat, es darf kein „blindes Vertrauen" sein. Gibt es einen Verdachtsmoment, gehört es zur Sorgfalts- und Kontrollpflicht des Aufsichtsrats, wachsam zu sein, ob beispielsweise unrechtmäßige Spesenabrechnungen vorliegen, Geschäfte im Eigeninteresse getätigt oder befreundete Berater beauftragt wurden. Die Dinge sind oft nicht schwarz oder weiß und Handeln zum Wohl des Unternehmens vom Handeln im eigenen Interesse nicht immer klar abzugrenzen.

51 Wichtig ist, dass der Aufsichtsrat in solchen Fällen aktiv wird und „Augen und Ohren offenhält".

52 Zu den Aufsichtsratspflichten gehört es auch, das Management regelmäßig zu heiklen Themen wie Korruption, Preis- und Kartellabsprachen sowie zu den getroffenen Compliance-Vorkehrungen zu befragen. Damit er die Rechtmäßigkeit prüfen kann, muss er sich freilich mit den Themen eingehend beschäftigen.

53 Die Geltendmachung von Schadenersatzansprüchen gegenüber einem Vorstandsmitglied ist im Vorfeld sorgfältig zu prüfen. Auch wenn im Anlassfall der gesetzte Pflichtverstoß keinen Grund für eine Abberufung darstellt, ist mit der haftungsmäßigen Inanspruchnahme immer auch ein Vertrauensentzug verbunden, der wohlüberlegt sein muss.

54 Nur der Ordnung halber wird an dieser Stelle darauf hingewiesen, dass eine Pro-forma-Inanspruchnahme („friendly claims") von Vorstandsmitgliedern zulasten der D&O-Versicherung ein absolutes No-Go ist. Zu bedenken ist in diesem Zusammenhang besonders, dass die Versicherer auf diesem Gebiet bereits umfassende Erfahrungen angesammelt haben, sodass sie auf diese Weise geltend gemachte Schäden ganz besonders unter die Lupe nehmen.

55 Typische von Vorstandsmitgliedern zu verantwortende Vermögensschäden beruhen beispielsweise auf

- dem Nichteinhalten von Gesetzen, Satzungsbestimmungen, dem Vorstandsvertrag, der Geschäftsordnung und/oder internen Unternehmensrichtlinien;
- einer falschen Darstellung der finanziellen Lage der Gesellschaft oder
- Mängeln in der Rechnungslegung, im Risikomanagementsystem und im internen Kontrollsystem.

56 Als Vertreter des Eigentümers trägt der Aufsichtsrat Mitverantwortung für eine dem Risikoprofil der Gesellschaft entsprechende D&O-Versicherung mit einer marktkonformen Prämie und einem „State of the Art"-Bedingungswerk („Best-practice D&O-Versicherung").

57 Er hat somit eine proaktive Rolle

- bei Abschluss der D&O-Versicherung (Entscheidung zu Versicherungssumme; Auswahl des Versicherers/Maklers, Jahresprämie, Versicherungsbedingungen);

- der – in der Regel jährlichen – Verlängerung der D&O-Polizze;
- der Verfolgung von Ansprüchen (unabhängig davon, ob im Anlassfall Versicherungsdeckung besteht oder nicht).

Um ihrer eigenen Sorgfaltspflicht nachzukommen, sind daher alle Aufsichtsratsmitglieder eines Unternehmens angehalten, sich mit dessen D&O-Versicherung so weit im Detail zu befassen, dass sie eigenständig beurteilen können, ob es diesbezüglich gut versichert ist. Jeder Aufsichtsrat möge daher für sich beurteilen, ob hier allenfalls Handlungsbedarf besteht. **58**

Weiters sollte sich jeder Aufsichtsrat im Eigeninteresse selbst um das Thema D&O-Versicherung kümmern und zwar nicht nur bei Übernahme des Mandats, sondern laufend. So sollte er wissen **59**

- wer der D&O-Versicherer ist;
- wie hoch die Versicherungssumme ist;
- wofür die Polizze Schutz bietet und – noch wichtiger!
- wofür sie keinen Schutz bietet;
- wie im Ernstfall ein Anspruch geltend zu machen ist.

Der Abschluss einer D&O-Polizze zugunsten des Vorstands ist vom Aufsichtsrat zu genehmigen. Soll der Aufsichtsrat in den Genuss einer D&O-Deckung kommen, ist die Eigentümerseite – bei einer Aktiengesellschaft die Hauptversammlung – damit zu befassen. Der Aufsichtsrat hat darauf zu achten, dass das geschieht. **60**

E. Besonderheiten der D&O-Versicherung

D&O-Versicherungen haben keine Befriedigungsfunktion, wenn der dem Organ zur Last gelegte Pflichtverstoß auf unbedingtem Vorsatz beruht, was im Falle von Untreue, Betrug und Bilanzfälschung immer der Fall ist. **61**

D&O-Bedingungen enthalten in der Regel unabhängig von dieser Bestimmung aber Klauseln, dass – solange die vorsätzliche Pflichtverletzung streitig ist bzw. nicht rechtskräftig festgestellt wurde – für die Abwehrkosten Versicherungsschutz besteht. Wird der Vorsatz rechtskräftig festgestellt, behalten sich die meisten Versicherer den Anspruch auf Rückerstattung der Abwehrkosten vor. Dies gilt für alle Arten von Verfahren: Zivil-, Straf- und Verwaltungsstrafverfahren. **62**

Für Strafen und Bußgelder gibt es einen Ausschluss. Einige Versicherer gewähren hier jedoch Deckung für Innenansprüche, also bei Regress von Unternehmensansprüchen gegen versicherte Personen. **63**

Einer D&O-Unternehmenspolizze liegt – im Gegensatz zu z.B. Berufshaftpflichtversicherungen, die dem Verstoßprinzip unterliegen[12] – in aller Regel das Claims-made Prinzip zugrunde. Demnach ist Grundvoraussetzung für den Versicherungsschutz, dass die Polizze zum Zeitpunkt der Anspruchsgeltendmachung aufrecht ist bzw. im Falle der Beendigung Nachwirkung entfaltet. Die Pflichtverletzung muss während der Laufzeit bzw. im vereinbarten Rückwärtsdeckungs-Zeitraum gesetzt worden sein. **64**

---

[12] Grundvoraussetzung für den Versicherungsschutz ist, dass die Polizze zum Zeitpunkt des Pflichtverstoßes aufrecht ist. Die Nachhaftung ist unbegrenzt und unverfallbar.

VII. Exkurs: Persönliche D&O-Versicherung

65 Wenn es keine D&O-Versicherung von Seiten des Unternehmens gibt bzw. diese ausfällt – wenn z.B. die versicherte Person nicht ordentlich aus dem Unternehmen ausgeschieden ist – oder die Versicherungssumme zu gering ist, kann eine D&O-Einzelversicherung als individuelle Absicherung Sinn machen. Einzelne Versicherer legen D&O-Einzelpolizzen das Verstoßprinzip zugrunde, wodurch die versicherte Person in den Genuss einer unbegrenzten und unverfallbaren Nachhaftung unabhängig vom Fortbestand des Versicherungsvertrags kommt. Das erlaubt ihr, die Polizze zu beenden, wenn die versicherte Funktion nicht mehr ausgeübt wird.

66 In Österreich gibt es nur wenige Versicherer, die persönliche D&O-Versicherungen anbieten.

67 Eine persönliche D&O-Polizze ist ein äußerst diskretes Instrument und nur der Versicherungsnehmer entscheidet, wen er über darüber in Kenntnis setzen möchte. Damit wird verhindert, dass das Anspruchsverhalten ihm gegenüber angeheizt wird.

VIII. Der D&O-Markt

68 Die D&O-Versicherung ist kein ganz neues Produkt. Erste Überlegungen, eine Haftpflichtversicherung für Unternehmensleiter anzubieten, gab es in Deutschland bereits im Jahr 1895 durch den Allgemeinen Deutschen Versicherungsverein. Wegen „moralischer Bedenken" wurde das Konzept damals jedoch von den Aufsichtsbehörden verboten. Als Ursprungsland der D&O-Sparte gilt Großbritannien (Lloyds of London). Um 1930 kamen in den USA erstmals D&O-Versicherungen auf den Markt. Etwa ab 1980 setzte sich dieser Versicherungszweig auch international immer mehr durch. Die größten D&O-Märkte sind bis heute die Vereinigten Staaten und Großbritannien.

69 In Österreich bieten derzeit annähernd 20 ausländische Versicherungen D&O-Versicherungen an, darunter AIG, Allianz/AGCS, AssPro, Chubb, Dual, R+V, XL, Zürich. Auch wenn österreichische Versicherer dem Markt keine eigenen D&O-Polizzen zur Verfügung stellen, so übernehmen einige von ihnen auf Anfrage die Rolle des Erstversicherers, d.h. sie sind Vertragspartner des Versicherungsnehmers, übernehmen aber vom Risiko nur einen kleinen Teil selbst und leiten den Großteil an einen D&O-Rückversicherer weiter.

70 Weil die Kapazitäten der einzelnen Versicherer beschränkt sind, werden höhere Versicherungssummen über Versichererkonsortien aufgebracht. Für Unternehmen mit USA-Geschäft gelten teilweise gesonderte Bestimmungen. Besonders für international tätige Unternehmen gewinnen zunehmend auch internationale D&O-Programme an Bedeutung.

71 Der Wettbewerb unter den heimischen Anbietern von D&O-Versicherern ist intensiv, was für Unternehmen ohne erhöhtes Risiko zu günstigen Prämien führt[13].

---

[13] Man spricht in diesem Zusammenhang von einem „weichen Markt", der dann anziehen wird, wenn die D&O-Deckungsfälle weiter zunehmen.

Bei gewissen Risiken haben sich die Zeichnungsbedingungen der D&O-Versicherer in den letzten Jahren allerdings verschärft. Das gilt etwa bei Neugründungen, Rechtsträgern der öffentlichen Hand, Finanzdienstleistern sowie Unternehmen aus Branchen mit besonderem Risk Exposure (z.B. Pharma, Telekom, Erdöl). Hier ist eine Versicherungs-Deckung manchmal gar nicht (mehr) oder nur zu einer entsprechend höheren Prämie zu bekommen.

A. Höhe der D&O-Versicherungssumme

Die Höhe der Versicherungssumme leitet sich aus dem Geschäftsumfang und 72
dem Volumen der einzelnen Geschäfte ab. Primär gilt es, die Frage zu beantworten, welchen Maximalschaden eine Einzelentscheidung bewirken kann.

Die Faustregel, wonach die Versicherungssumme bei zehn Prozent vom Um- 73
satz liegen soll, ist aus Sicht der Autorin nicht zielführend. Bei einem Unternehmen mit 1 Mio. Euro Umsatz ist eine Versicherungssumme von 100.000 Euro meist zu niedrig, da bei einem streitigen Verfahren allein Anwalts- und Gerichtskosten oft um vieles darüber liegen. Auf der anderen Seite käme eine Gesellschaft mit 5 Mrd. Euro Umsatz für eine D&O-Polizze mit einer Versicherungssumme von 500 Mio. Euro auf eine unvernünftig hohe Prämienhöhe bzw. sind Deckungen über mehrere hundert Millionen Euro oft gar nicht darstellbar.

In Deutschland sind mittlerweile Versicherungssummen von 250 Mio. Euro für 74
Unternehmen im zweistelligen und 500 Mio. Euro für Unternehmen im dreistelligen Milliarden-Umsatzbereich keine Seltenheit mehr. Wie in vielen anderen Belangen gilt auch hier für Österreich der Faktor 10 : 1 als Faustregel. Große österreichische Unternehmen verfügen aktuell über Deckungssummen zwischen 50 und 100 Mio. Euro, Ausreißer nach unten sind häufig, nach oben jedoch noch selten.

B. Was kostet eine D&O-Versicherung?

Die Prämienbemessung hängt von der Unternehmensgröße (Umsatz, Bilanz- 75
summe), dessen Bonität und der mit der Ausübung der Geschäftstätigkeit einhergehenden Risikogeneigtheit ab.

Liegt ein durchschnittliches Risiko vor, kostet eine D&O-Versicherung jähr- 76
lich ab 1000 Euro (exkl. 11 Prozent Versicherungssteuer) für eine Versicherungssumme von 1 Mi0 Euro.

Die Versicherer orientieren sich an ihren Risiko- und Zeichnungsrichtlinien. 77
Risiken, die diesen nicht entsprechen, werden entweder gar nicht oder nur gegen eine Mehrprämie versichert. Das ist dann der Fall, wenn ein Unternehmen Verluste schreibt oder wenig Eigenkapital hat, die Geschäftsentwicklung stark schwankt oder – wie schon gesagt – die Branche, in der ein Unternehmen tätig ist, ein erhöhtes Risiko aufweist.

Die genaue Prämienhöhe ist natürlich immer auch Verhandlungssache. 78

Zu beachten ist dabei unbedingt, dass die günstigste Prämie oft nicht den bes- 79
ten Deckungsschutz bietet. Wichtig ist, dass die beste am Markt erhältliche Preis-Leistungskombination zum Zug kommt.

80 Die Deckungsinhalte von D&O-Polizzen unterscheiden sich auf den ersten Blick kaum voneinander. Die divergierenden Bestimmungen liegen oft scheinbar nur im Detail (z.B. bei der Definition der versicherten Tätigkeit bzw. den einzelnen Risikoausschlüssen[14] und den Anzeigepflichten bzw. Obliegenheiten[15]), können aber im Schadenfall ausschlaggebend sein, ob Versicherungsschutz gegeben ist oder nicht. Man darf auch nie aus den Augen verlieren, dass die Versicherer im Anlassfall nicht freiwillig die Geldschatulle öffnen, sondern zunächst versuchen, Deckungsansprüche mit Abwehrargumenten zu bekämpfen.

81 Ob die Versicherungsprämien, die der Versicherungsnehmer im Rahmen einer Unternehmenspolizze bezahlt, für die versicherten Personen Einkommensbestandteil sind oder nicht, darüber scheiden sich die Geister. Der in Österreich vorherrschenden Ansicht entsprechend ist das dzt. nicht der Fall. Argumentiert wird das u.a. damit, dass der Abschluss einer D&O-Versicherung nicht nur im Interesse der versicherten Personen, sondern auch in jenem des Versicherungsnehmers liegt.

C. Innenansprüche dominieren

82 Exakte Daten zur D&O-Schadenentwicklung in Österreich liegen derzeit nicht vor, sie dürfte aber ähnlich sein wie jene in Deutschland. Dort, das zeigen Statistiken, ist mittlerweile bereits etwa jede zehnte D&O-Polizze von einer Schadenmeldung betroffen. Dabei geht es nur in 10 – 20 Prozent der Fälle um Außenansprüche, 80 – 90 Prozent sind hingegen Innenansprüche, also Ansprüche der Gesellschaft gegen einzelne (Ex-)Organe. 50 Prozent der Fälle sind Deckungsablehnungen, in 35 Prozent werden ausschließlich Abwehrkosten bezahlt, nur 15 Prozent sind echte Schadenzahlungen. Dabei beträgt die Höhe der Versicherungsleistungen in Relation zum geltend gemachten Schadenersatzbetrag durchschnittlich weniger als 20 Prozent.

IX. Praxistipps für den Schadenfall

83 Zunächst muss anhand des geltenden Bedingungswerks (das vielzitierte „Kleingedruckte") geprüft werden, wie die jeweilige D&O-Polizze einen Schaden- bzw. Versicherungsfall und die weitere Vorgehensweise definiert.

84 Versicherungsfälle müssen dem Versicherer unverzüglich gemeldet werden. Konkret besteht (für jede versicherte Person) die Pflicht, jede tatsächliche (oder wahrscheinliche) Inanspruchnahme oder eine Verfahrenseinleitung anzuzeigen. Ob die Meldeobliegenheit nur die versicherte Personen oder auch den Versicherungsnehmer betrifft, ist in den Versicherungsbedingungen nicht einheitlich geregelt. Für den Aufsichtsrat bedeutet das konkret, dass entweder das Unternehmen das für ihn erledigt, oder, wenn es das nicht tut bzw. dessen Befassung nicht

[14] Mit einem Risikoausschluss nimmt der Versicherer bestimmte Risiken aus dem Versicherungsumfang, so gewährt er u.a. dann keine Deckung, wenn ein Schaden auf einen unbedingt vorsätzlich verursachten Pflichtverstoß zurückzuführen ist.

[15] Obliegenheiten sind Verhaltenspflichten des Versicherungsnehmers und der versicherten Personen, die zu beachten sind, damit der Anspruch auf Versicherungsschutz entsteht oder fortbesteht, z.B. sind Gefahrenerhöhungen dem Versicherer ohne Zeitverzug anzuzeigen.

opportun wäre, das einzelne betroffene Aufsichtsratsmitglied sich selbst darum kümmert muss. Läuft die D&O-Versicherung über einen Versicherungsmakler ist dieser zu informieren, damit er die Meldung beim Versicherer vornehmen kann.

Unmittelbar wichtig für den Anspruchsteller sind der Rechtsbeistand durch einen in D&O-Angelegenheiten versierten Anwalt und die vorläufige Deckungszusage des Versicherers für die Abwehrkosten. 85

Wird Versicherungsschutz gewährt, ist das weitere Vorgehen mit dem Versicherer genau abzustimmen. Vorsicht ist bei allfälligen haftungsmäßigen Vergleichsverhandlungen zwischen einem Geschädigten und einer versicherten Person, selbst wenn diese anwaltlich vertreten ist, geboten, hier muss der Versicherer seine Zustimmung geben. Von Alleingängen ist also dringend abzuraten. 86

X. Was bei einer D&O-Versicherung zu beachten ist

A. Auswahl des Versicherers

Die Gesellschaft, bei der man eine D&O-Versicherung abschließt, sollte eine erstklassige Bonität („Rating") aufweisen und ihren Sitz bzw. eine Niederlassung in Österreich haben. Wichtig sind weiters Referenzkunden in Österreich, ein deutschsprachiges Wording sowie nachweisliche Erfahrung in der Schadenabwicklung. 87

In jedem Fall sollten mehrere Angebote eingeholt und sorgfältig verglichen werden. 88

B. Versicherungsbedingungen

Ebenso wichtig sind die MUSS-Bedingungen, die ein Vertrag beinhalten sollte: 89

- Schutz auch bei einem bedingt vorsätzlichen Pflichtverstoß & Abwehrschutz bei Behauptung einer vorsätzlichen Pflichtverletzung;
- Mitversicherung der operativen Tätigkeit[16];
- Mitversicherung von Fremdmandaten;
- keine Kündigungsmöglichkeit für den Versicherer im Schadenfall;
- vorsorgliche Rechtsberatung;
- freie Anwaltswahl;
- Abwehrdeckung bei strafrechtlichen Ermittlungsverfahren und Strafverfahren wegen einer Pflichtverletzung, welche einen D&O-Anspruch zur Folge haben kann;
- mindestens fünf – besser zehnjährige – Nachmeldefrist und kein Verfall der Nachmeldefrist bei Wechsel des Versicherers;
- (prämienrelevante) Option auf Rückwärtsdeckung für neue Tochtergesellschaften.

[16] Der Begriff „operative Tätigkeit" ist kein juristischer Begriff, sondern kommt aus der Versicherungswirtschaft. Man versteht darunter vereinfacht gesagt alle Tätigkeiten eines Geschäftsleitungsorgans, die in Zusammenhang mit der unmittelbaren Geschäftstätigkeit stehen und per Gesetz an Prokuristen delegierbar sind, so z.B. der Abschluss von Einkaufs- und Verkaufsverträgen, Dienstverträgen oder Finanzierungsvereinbarungen.

C. Beiziehen eines Versicherungsberaters empfehlenswert

90 Die D&O-Versicherung ist ein besonders beratungsintensives Produkt, da hier – mehr als in anderen Sparten – das Zusammenspiel der einzelnen Klauseln und die Schadenabwicklung in unterschiedlichen Fallvarianten besonders im Auge behalten werden müssen. Auch ändern sich die Bedingungswerke der D&O-Versicherer laufend, sie werden immer komplexer und für Normalsterbliche immer schwerer verständlich. Bei mangelndem Fachwissen droht daher die Gefahr, dass nicht ins Gewicht fallende Klauseln in der Polizze stehen, die für den speziellen Fall wichtigen aber fehlen. Daher empfiehlt es sich, beim Abschluss einer D&O-Versicherung nicht im Do-it-yourself-Verfahren zu agieren, sondern Profis beizuziehen. Ein qualifizierter Makler ist auch im Schadenfall hilfreich, weil er Druck auf den Versicherer machen und so die Abwicklung beschleunigen kann.

91 Der Makler sollte einschlägige Fachressourcen und -expertise sowie juristisches Know-how besitzen, Zugang zum österreichischen und internationalen Versicherungsmarkt haben, über entsprechend Marktkenntnis und Marktmacht verfügen und Schadenerfahrung aufweisen.

D. Laufende Überprüfung des D&O-Schutzes

92 D&O-Polizzen werden üblicherweise jährlich verlängert und sollten bei dieser Gelegenheit einer best practice-Überprüfung unterzogen werden. Dabei sollte man sich folgende Fragen stellen:

- Passt die Versicherungssumme noch?
- Entspricht die Prämie der Risikosituation und Marktentwicklung?
- Muss am Wording eine Anpassung vorgenommen werden? (Was z.B. dann notwendig ist, wenn sich der Kreis der versicherten Personen oder die neben dem Versicherungsnehmer mitversicherten Unternehmen ändern),

sowie die grundsätzliche Frage, ob der ausgewählte Versicherer und/oder Makler weiterhin das Vertrauen genießt.

93 Auch der Aufsichtsrat hat hier eine Handlungspflicht. Er ist dafür verantwortlich, dass die Geschäftsleitung – und auch er – D&O-mäßig gut versorgt sind. Der Aufsichtsrat sollte darauf achten, dass das Unternehmen die bestehende D&O-Polizze regelmäßig – zumindest im Zweijahres-Rhythmus – darauf überprüfen lässt, ob sie die letzten Marktentwicklungen mitgemacht hat. Es empfiehlt sich das Einholen von Vergleichsangeboten anderer Versicherer. Auch eine Second Opinion eines Versicherungsberaters kann hilfreich sein.

XI. Resümee

94 Die meisten Manager wenden große Sorgfalt auf ihre Autos, Laptops und Handys an, wissen, wie man sie bedient und was bei einem Schaden zu tun ist. Wenn es um ihren D&O-Versicherungsschutz geht, lassen sie aber oftmals eine erstaunliche Sorglosigkeit erkennen. Im Tagesgeschäft fehlt die Zeit (und oft auch die Lust), sich mit der – trockenen – Materie näher zu beschäftigen, und die Annahme „eh keine Fehler zu machen" dient gerne als Beruhigungspille.

Eine behauptete Pflichtverletzung steht aber schneller im Raum als man denkt, ganz zu schweigen von strafrechtlichen Vorerhebungen bzw. Ermittlungen wegen einer Verdachtslage. Da ist es gut, wenn die Eckdaten der D&O-Polizze sowie die im Anlassfall gebotene Vorgehensweise bekannt sind. **95**

Jede versicherte Person, die im Falle der haftungsmäßigen Inanspruchnahme auf Deckung zählen möchte, sollte sich daher eigenverantwortlich darum kümmern, dass sie über die notwendigen Informationen verfügt, und die Angelegenheit weder delegieren noch darauf vertrauen, den Schutzschirm nie zu brauchen. Das gilt auch für den Aufsichtsrat. **96**

D&O Selbsttest für Unternehmensorgane **97**

(Vorstände, Geschäftsführer, Aufsichtsräte/Beiräte, leitende Angestellte)

Frage 1: Wie schätzen Sie Ihr Wissen über die für Sie im Rahmen Ihrer Haupttätigkeit geltende D&O-Polizze auf einer Skala von 1 bis 10 (1 = sehr niedrig, 10 = sehr hoch) ein?

Antwort: ....

Frage 2: Haben Sie Zugriff auf die für Sie geltende D&O-Polizze?

Antwort: ....

Frage 3: Ist sichergestellt, dass Sie Zugriff auf die für Sie zum Zeitpunkt eines allfälligen Ausscheidens aus Ihrer (Haupt-)Funktion geltende D&O-Polizze haben?

Antwort: ....

Frage 4: Kennen Sie den/die (Haupt-)Versicherer der für Sie geltenden D&O-Versicherung?

Antwort: ....

Frage 5: Wird bei der für Sie geltenden D&O-Polizze periodisch die Bonität des/der (Haupt-)Versicherer/s überprüft (Rating)?

Antwort: ....

Frage 6: Ist/sind der/die (Haupt-)Versicherer der für Sie geltenden D&O-Polizze in Österreich vertreten?

Antwort: ....

Frage 7: Ist der Makler, der die für Sie geltende D&O-Polizze betreut, in Österreich vertreten?

Antwort: ....

Frage 8: Verfügt der Makler, der die für Sie geltende D&O-Polizze betreut, über nachhaltige Schadenabwicklungserfahrung?

Antwort: ....

Frage 9: Wissen Sie, wie hoch die Versicherungssumme der für Sie geltenden D&O-Versicherung ist?

Antwort: ....

Frage 10: Wurde in letzter Zeit geprüft, ob die Versicherungssumme der für Sie geltenden D&O-Versicherung angemessen ist?

Antwort: ....

Frage 11: Wird laufend überprüft, ob die Jahresprämie der für Sie geltenden D&O-Polizze kompetitiv ist?

Antwort: ....

Frage 12: Ist Ihnen bekannt, was die für Sie geltende D&O-Polizze alles deckt?

Antwort: ....

Frage 13: Wissen Sie, welche Art von Vorsatzausschluss die für Sie geltende D&O-Polizze enthält?

Antwort: ....

Frage 14: Wissen Sie, ob die für Sie geltende D&O-Polizze auch Schutz für Schäden, die aus operativer Tätigkeit resultieren, bietet?

Antwort: ....

Frage 15: Gibt es im Rahmen der für Sie geltenden D&O-Polizze auch eine Entity-Deckung?

Antwort: ....

Frage 16: Kennen Sie die Bedeutung des auf D&O-Polizzen anwendbaren Claims-made Prinzips?

Antwort: ....

Frage 17: Enthält die für Sie geltende D&O-Polizze einen Kündigungsverzicht des Versicherers im Schadenfall?

Antwort: ....

Frage 18: Wissen Sie, wie lange die Schadennachmeldefrist der für Sie geltenden D&O-Polizze und wie lange die Fortgeltung des Versicherungsschutzes für ausgeschiedene versicherte Personen ist?

Antwort: ....

Frage 19: Liegt der für Sie geltenden D&O-Polizze österreichisches Recht und Gerichtsstand Österreich zugrunde?

Antwort: ....

Frage 20: Ist Ihnen bekannt, ob und in welchem Umfang der Versicherer der für Sie geltenden D&O-Polizze Kosten in Zusammenhang mit Strafverfahren übernimmt?

Antwort: ....

Frage 21: Wissen Sie, wann und unter welchen Voraussetzungen im Rahmen der für Sie geltenden D&O-Polizze vorbeugende Rechtsberatung in Anspruch genommen werden kann (Anwaltsauswahl, Anwaltskosten)?

Antwort: ....

Frage 22: Wissen Sie, was gemäß der für Sie geltenden D&O-Polizze im Schadenfall zu tun ist?

Antwort: ....

Frage 23: Wissen Sie, in welchen Fällen dem Versicherer im Rahmen der für Sie geltenden D&O-Polizze übernommene Kosten zurückzuerstatten sind?

Antwort: ....

Frage 24: Wissen Sie, an wen Sie sich mit D&O-Frage wenden können?

Antwort: ....

Frage 25: Wie schätzen Sie nach Beantwortung dieser Fragen Ihr Wissen über die für Sie im Rahmen Ihrer Hauptfunktion geltende D&O-Polizze auf einer Skala von 1 bis 10 (1 = sehr niedrig, 10 = sehr hoch) ein?

Antwort: ....

IX. Vergütung und Evaluierung

Aufsichtsratsvergütung in Österreich: im Nebel von Rollenverständnis, Verantwortung, Haftung – und Privatleben

Manfred Reichl

Literatur

Reichl, „Corporate Governance ohne Paragraphen – Die Geheimnisse und Spielregeln guter Steuerung von Unternehmen", Wien 2015

Gliederung **Rz**

1 Die Vergütung von Aufsichtsräten ist ein heikles Thema – gerade in Österreich. Während die Vorstandseinkommen im kontinentaleuropäischen Vergleich durchaus angemessen sind, liegen Aufsichtsratvergütungen in vielen der großen österreichischen Unternehmen beträchtlich unter dem Niveau des vergleichbaren Auslandes. Im Gegensatz dazu sind Aufsichtsräte in der Wahrnehmung der österreichischen Öffentlichkeit relativ gut bezahlt und haben – auch aufgrund ihrer immer wieder auftretenden Minder- und Fehlleistungen – nicht den besten Ruf. Sie sind also in einer Negativspirale von niedriger Entlohnung, falschen Erwartungen und dem Ruf nach höherer Haftung gefangen. Diese Negativspirale ist einer der Gründe für die oft weniger qualifizierte Aufsicht österreichischer Unternehmen. Ich versuche im Teil I dieses Beitrages zunächst eine Erklärung für diese unzureichende Aufsichtsratskultur, bevor ich im zweiten Teil einige Überlegungen zur faktischen Rolle von Aufsichtsräten skizziere und schließlich im dritten Teil erläutere, welche Maßstäbe und Argumente man nutzen kann, um eine angemessene Vergütung von Aufsichtsratsmitgliedern einzugrenzen.

I. Versuch einer Erklärung für die niedrige Aufsichtsratsvergütung in Österreich

2 *Auf den ersten Blick mag dieser „historische Abschnitt" ausführlich geraten sein. Für mich ist er wichtig, weil er die Argumente erläutert, warum wir unser tradiertes österreichisches Verständnis der Aufsichtsratstätigkeit und ihrer Vergütung ad acta legen müssen. Er legt damit die Basis für das Verständnis der folgenden Teile.*

3 Dass in Österreich Aufsichtsräte signifikant unter der für ihre Aufgabe und Verantwortung notwendigen Qualifikation honoriert werden – und dass dies von den Aufsichtsräten selbst auch noch akzeptiert wird – ist nur historisch aus der Zeit vor 1990 erklärbar. Damals war die österreichische Wirtschaft dominiert

1. durch nicht börsenotierte Unternehmen im Eigentum der öffentlichen Hände,
2. durch viele ausschließlich von den Gründerfamilien gehaltene Unternehmen und
3. durch die kreditgebenden Banken.

Nur wenige Unternehmen waren börsenotiert; die Wirtschaft war insgesamt noch nicht in dem Ausmaß dem freien Wettbewerb ausgesetzt, wie dies nach etwa 1990, also nach der Ostöffnung und dem Beitritt zur Europäischen Union, der Fall war und ist.

4 Ad 1) In jener Zeit vor EU-Mitgliedschaft und Ostöffnung wurden ***in staatsnahen Unternehmen*** Aufsichtsmandate meist aus dem politischen oder interessenvertretenden Insidernetzwerk besetzt. Diese Personen hatten die Interessen der sie nominierenden Institutionen zu vertreten, die nicht immer mit den kurz-, mittel- oder langfristigen Interessen des betreffenden Unternehmens übereinstimmten. „Aufsicht" wurde interessensorientiert und nicht wirtschaftlich-unternehmerisch verstanden – aber dies war verschmerzbar, denn der kalte Wind des Wettbewerbs blies damals für diese Unternehmen eher selten. Diese Aufsichtsräte hatten ein festes Einkommen aus ihrem Hauptanstellungsverhältnis, in dessen Interesse und Arbeitszeit sie das Mandat ausübten; das Entgelt für die Aufsichtsratstätigkeit wurde als zusätzliche Remuneration verstanden, die vielfach darüber hinweghelfen sollte, dass (auch) der Hauptberuf relativ gering entlohnt war. Im Umfeld der öffentlichen Hände herrschte also eine Kultur, in der die Institutionen ihren führenden Vertretern über Interessensvernetzung, Ämterkumulation sowie pensionsmäßige Großzügigkeit ein Gesamteinkommen erreichen ließen, das ihrer – meist durchaus hohen – Qualifikation entsprach. Dies hatte überdies den Vorteil, dass die Einzelkomponenten des Einkommens nicht besonders hoch und damit der Öffentlichkeit, die diese „privilegierte Gruppe" kritisch beäugte, zumutbar waren. Den Überblick über die Gesamteinkommen erhielt diese Öffentlichkeit nur in den seltensten Fällen.

5 Ad 2) In ***privaten Familienunternehmen*** wurden Aufsichtsratsmandate vielfach dem langjährigen Steuerberater oder Rechtsanwalt anvertraut, oft auch damit Informationen über die tatsächliche – entweder besonders gute oder besonders schlechte – Finanzsituation und über die oft durch das Unternehmen bezahlten Privataufwendungen nicht aus dem Freundeskreis hinausging. Honoriert wurden

diese befreundeten Dienstleister über regelmäßige Aufträge an ihre Firmen oder Kanzleien, sodass die Vergütung ihrer Aufsichtsratsfunktion gering bleiben konnte.

Ad 3) Und schließlich war die traditionelle (und weit ins 19. Jahrhundert zu- **6**
rückgreifende) Rolle der ***kreditgebenden Banken*** vor 1990 ganz anders, als sie sich seither herausschält. Die Wirtschaft war damals – nach der umfassenden Kapitalvernichtung und -vertreibung zwischen 1931 und 1945 – chronisch eigenkapitalschwach, Einzelpersonen waren noch nicht vermögend genug um als Investoren aufzutreten. Die Börse wurde von den Österreichern (vor allem seit den Wiener Börsecrashs in 1873 und 1931) eher als Ort gesehen, wo Vermögen verloren denn gewonnen werden konnten; für internationale Investoren lag Österreich außerhalb ihrer Reisewege und Venture Capital war zumindest in Europa noch nicht relevant. Aktionäre im heutigen Sinn waren also nicht wirklich vorhanden und so mussten die Banken die Unternehmen mit (Fremd-)Kapital versorgen. Mit einer gewissen Berechtigung reklamierten sich daher die Bankvorstände in die Aufsichtsräte der kreditnehmenden Unternehmen, sahen sie sich doch als Kapitalvertreter – wenn auch nicht wirklich als Aktionärsvertreter – und dokumentierten sie doch damit das gegenseitige Vertrauens- und Abhängigkeitsverhältnis zwischen Bank und Kreditnehmer. Das Verständnis, dass sie als Aufsichtsräte – und damit auch als Vertreter ihrer Bank – Mitverantwortung für eine eventuelle Krise im Unternehmen haben könnten, war damals den betreffenden Institutionen und Personen – wenn dann – nur hypothetisch bewusst.

Alle diese drei Gruppen von Aufsichtsräten – und andere gab es nur selten **7**
– hatten ein Einkommen aus ihrem Hauptberuf. Die zusätzliche Aufsichtsratsvergütung wurde von allen Seiten akzeptiert und als willkommenes Zusatzeinkommen betrachtet, sodass sie dementsprechend niedrig und dem Zeitaufwand und der Qualifikation für diese Tätigkeit unangemessen bleiben konnte. Auf die Qualifikation und Motivation dieser Personen für die betreffende Aufsichtsratstätigkeit hatte die niedrige Vergütung wenig Einfluss, sahen sie diese doch – aus damaliger Sicht zurecht – als wichtigen Teil ihrer umfassenden beruflichen Tätigkeit.

Diese Kultur der Interessensvertretung und Vernetzung hatte einige weitere **8**
Konsequenzen, die ihrerseits ebenfalls direkt oder indirekt die Vergütung niedrig hielten. Dazu gehörte auch eine relativ große Zahl von Aufsichtsräten und - damit meist Hand in Hand gehend – eine meist nur begrenzte Zurechenbarkeit der Verantwortung auf einzelne Aufsichtsratsmitglieder („Accountability"):

- Die relativ große Zahl von Kapitalvertretern in österreichischen Unternehmen resultierte u.a. daraus, dass möglichst jede Interessensgruppe involviert werden wollte, dass die Größe des Aufsichtsrates seine Kompetenz spiegeln sollte, und dass auch möglichst jede (rechtliche, steuerliche etc.) Expertise, über die man als Vertreter einer Institution oft nicht zu verfügen glaubte, einbezogen werden sollte. Die Konsequenz dieser großen Zahl an Aufsichtsräten war (neben der im folgenden kommentierten Verwässerung der Verantwortung) vor allem eine stark gestiegene Komplexität, die ihrerseits zu Ineffizienzen und zu einer Vielzahl von Ausschüssen führte. Heute sind Aufsichtsratsgremien im Allgemeinen schon etwas kleiner, auch in Unternehmen mit Beteiligung der öffentlichen Hand.

- Die große Anzahl an Mit-Aufsichtsräten relativierte die Greifbarkeit (Accountability) und damit das direkte Verantwortungsgefühl des einzelnen Mitglieds. Die daraus resultierende Verwässerung des Verantwortungsbewusstseins wird (auch heute noch) durch eine zentrale Formulierung des Aktiengesetzes verstärkt: „Der Vorstand hat *unter eigener Verantwortung* die Gesellschaft [] zu leiten,…“, was im Umkehrschluss zu einem Missverständnis verführt: ‚… also habe ich als Aufsichtsrat keine Verantwortung…‘. Manchmal schien eine ausdrückliche Verantwortung auch gar nicht gewünscht, war doch auch zu beobachten, dass fallweise gerade solche Personen als Aufsichtsräte bestellt wurden, von denen man erwarten konnte, dass sie sich nicht allzu kritisch über die Geschäftsgebarung äußern oder gar nachbohren würden – entweder, weil sie nicht die Kompetenz oder den Mut hatten, oder weil sie ganz einfach wussten, dass man sich in Österreich immer öfters trifft.

9 An dieser Stelle füge ich einen – letztendlich auch vergütungsrelevanten – Kommentar zum Thema „Experten in Aufsichtsräten“, wie Rechtsanwälte, Wirtschaftprüfer, Agenturen, Unternehmensberater und auch Professoren. Ich weiß, dass der § 55 Abs 5 Z 12 AktG vorhanden ist und dass er kontrovers diskutiert wird. Für mich stellt es prima vista einen Interessenskonflikt dar, wenn ein(e) RepräsentantIn eines Dienstleisters ein Aufsichtsratsmandat wahrnimmt und gleichzeitig sie selbst bzw. ihr Unternehmen Aufträge vom beaufsichtigten Unternehmen direkt oder indirekt annimmt (vgl dazu *Kalss* Rz 13/8). Darüber hinaus sagt mir meine Erfahrung, dass es nicht allzu oft vorkommt, dass sogenannte Experten jene Expertise, derentwegen sie geholt wurden, in Aufsichtsräten sinnvoll einsetzen können[1]. Nur selten deckt diese Expertise nämlich genau das ab, was das Unternehmen in den vielfältigen Situationen seines Geschäfts auch wirklich braucht. Die Expertise, die diese Personen in das Gremium einbringen sollen, kann meiner Meinung nach durch selektive Aufträge an externe Dienstleister im Einzelfall besser und konfliktfreier eingeholt werden. Zur Formulierung von Aufträgen an diese Externen müsste die professionelle Qualifikation und Erfahrung von Aufsichtsratsmitgliedern ohne spezifische Expertise ausreichen. Ich spreche mich nicht dezidiert gegen derartige Dienstleister (insbesondere nicht gegen Rechtsanwälte) aus, doch sollten diese Personen vor allem *aufgrund ihrer umfassenden persönlichen Qualifikation* in einen Aufsichtsrat geholt werden, ihre Bestellung muss marktkonform und im Volumen transparent sein, und es ist klar zu definieren, wie mit potenziellen Interessenskonflikten umgegangen wird. Außerdem sollen sie diese Funktion nicht in der Arbeitszeit ihres Hauptberufes ausüben, was impliziert, dass sie aus dem Aufsichtsratsmandat ein ähnliches Verdienst (je Zeiteinheit) wie dort erreichen müssen.

10 Um die vergütungsrelevante Aufsichtskultur in Österreich zu charakterisieren, ist auch darauf hinzuweisen, dass Österreich als kleines Land nur ein begrenztes Reservoir an Persönlichkeiten hat, die eine Aufsichtsratsfunktion professionell ausüben können, vor allem wenn man Personen mit einem potenziellen Interessenskonflikt nicht berücksichtigt. Die dichte Interessensvernetzung in der Realverfassung unserer überschaubaren österreichischen Gesellschaft ließ deshalb vor

[1] Ein Beispiel dazu in: *Reichl*, Seite 143

1990 ein Bewusstsein für Interessenskonflikte oft gar nicht aufkommen. Trotzdem wird auch heute noch immer zu wenig an Nicht-Österreicher als Aufsichtsräte gedacht, die freilich eine international vergleichbare Remuneration erwarten.

Alle diese Aspekte halten die spezifisch österreichische Aufsichtsratskultur **11** – entgegen dem Trend der erfolgreichen Internationalisierung in den operativen Teilen der Unternehmen! – teilweise bis heute aufrecht. In ihrem Kern steht als Ursache und Konsequenz (quasi als Henne und Ei) die deutliche Unterbezahlung im Vergleich zur erforderlichen Qualifikation und zu dem bei gewissenhafter Wahrnehmung notwendigen Zeitaufwand. Hier beginnt eine Negativspirale: Die niedrige Bezahlung bestärkt viele Aufsichtsräte in ihrer Annahme, dass sich ihre Tätigkeit nur auf die Anwesenheit bei 4 bis 6 Sitzungen und eventuell bei einer Hauptversammlung pro Jahr beschränken kann. (Noch im Jahr 2008 antwortete mir ein führender Headhunter auf meine Aussage, dass ich die Position eines Aufsichtsratsvorsitzenden nur bei einer bestimmten Mindesthonorierung annehme werde: „Aber Sie machen das sowieso nebenher"…) Andererseits verdeutlichen die Unternehmen bzw. die Aktionäre/Gesellschafter damit, dass sie ohnehin nicht mehr erwarten, als eine einfache Sitzungsteilnahme mit begrenzter Verantwortung.

Trotz alledem: In Österreich hat sich auch in Hinblick auf die Corporate Gover- **12** nance in den letzten 25 Jahren unbestreitbar viel getan: Bankenvertreter zogen sich aus Aufsichtsräten immer mehr zurück; das ÖIAG-Gesetz von 2000 ermöglichte es, die Aufsicht der bundesnahen Unternehmen zu professionalisieren (Die ÖIAG professionalisierte in meinen Augen diese Aufsicht tatsächlich, auch wenn dies durch das OBIB-Gesetz von 2015 wieder relativiert wurde); Aufträge an Dienstleister, deren Vertreter im Aufsichtsrat saßen, wurden kritisch hinterfragt; Bemühungen um den Corporate Governance Codex leiteten seit Ende der 1990er Jahre einen Bewusstseinswandel ein; Privatunternehmer erkannten, dass sie von kompetenten, konstruktiv-kritischen, unabhängigen Aufsichtsräten langfristig mehr Rat, Ideen und Erfolg erwarten konnten, als von langjährig verdienten Dienstleistern. Das Netzwerk von Freunden und Interessensvertretern (die ich persönlich nicht abwerten will; ihre Qualifikation konnte durchaus angemessen sein) wurde langsam durch unbestreitbar kompetente und neutrale Personen ersetzt. Doch das Niveau der Honorierung erhöhte sich (auch wenn es in den letzten Jahren in etlichen Unternehmen angepasst wurde) nur langsam und blieb insgesamt niedrig – und das ist es in den meisten Fällen noch heute. Die Konsequenz liegt auf der Hand: Jene Qualifizierten, die ein Mandat trotz nicht adäquater Entlohnung – oft einem Bekannten zuliebe – annehmen, kommen – sollten sie nicht eine hohe Pension genießen – in einen Zwiespalt: Sie wollen das Mandat zwar seriös ausüben, müssen aber ihre persönliche Zeit optimieren, um trotz relativ niedrig bezahlter Aufsichtsratszeit noch ein insgesamt adäquates Einkommen zu erreichen. Schon allein aus diesem Grund gibt es in Österreich wenige hauptberufliche Aufsichtsräte. Und von denen, die das Angebot einer Aufsichtsratsfunktion ablehnen, denken die meisten (sagen aber nur wenige), dass die Vergütung nicht ihrer Qualifikation und dem notwendigen Aufwand entspricht. Sie geben einfach vor, keine Zeit zu haben, was meist auch zutrifft, denn derartige Personen können sich ihre Mandate aussuchen.

II. Der Aufsichtsrat im Nebel von Rollenverständnis, Verantwortung und Haftung

13 Es liegt nahe, dass das Rollenverständnis eines Aufsichtsrates entscheidend für seine Remuneration ist – und umgekehrt. Bevor ich (in III.) auf Anhaltspunkte zu einer sinnvollen Höhe der Vergütung eingehe, möchte ich daher einige Überlegungen zur Rollenwahrnehmung von Aufsichtsräten einfügen, Überlegungen, die im Endeffekt das gesetzlich vorgeschriebene Modell der Trennung von Aufsichtsrat und Vorstand relativieren.

A. Materiell gute Corporate Governance, unabhängig von gesetzlichen Regelungen

14 Eine nachhaltig erfolgreiche Steuerung von Unternehmen hängt von vielen Faktoren ab. Die zentralen Aspekte sind die Zusammensetzung und die Zusammenarbeit von Aufsichtsrat und Vorstand – oder allgemeiner gesprochen: von Non-Executive Board (Board of Directors oder Aufsichtsrat) und Executive Board (Management Board oder Vorstand). Demnach sind die zwei einflussreichsten Personen an der Spitze des Unternehmens der Vorsitzende des Aufsichtsrates (im anglo-amerikanischen Raum und von mir in diesem Abschnitt als ‚Chairman' bezeichnet) und der Vorsitzende des Vorstandes (von mir in diesem Abschnitt und häufig auch in Österreich als ‚CEO' bezeichnet). Für mich hat auch der Finanzchef (Chief Financial Officer, CFO) eine besonders wichtige und zum CEO komplementäre Rolle, wie die folgende Abbildung deutlich macht.

15 Die Abbildung veranschaulicht die sinnvollen Rollen dieser drei Personen:

- Aufgabe des Chief Executive Officers ist es, das Unternehmen vorwärtszutreiben. Er muss die Zukunft gestalten, der Wachstumsmotor sein, der „Entrepreneur", der neue Ideen einbringt, der stetig auf Optimierung des Geschäftsportfolios drängt und die Mannschaft begeistert. Diesen Aufgaben muss auch sein Charakter entsprechen: drängend, eher ungeduldig, visionär, trotzdem nicht zu selbstbezogen, ein guter Teamplayer und Kommunikator.

- Der Chairman sollte eine Doppelrolle einnehmen: Einerseits muss er zum CEO und zum ganzen Executive Board die für eine Aufsicht notwendige Distanz halten. Andererseits soll er die Rolle eines „halb externen" Beraters und Gesprächspartners für den CEO wahrnehmen, quasi als sein erfahrener, weitsichtiger und abwägender Vertrauter. Seine Persönlichkeit muss Erfahrung, Überlegenheit, eine unbestreitbare Glaubwürdigkeit und Charakter ausstrahlen.
- Der Chief Financial Officer ist das unternehmensinterne „Risiko-orientierte Alter Ego" des CEO. Den vorwärtsdrängenden Charakter des CEO muss er mit seinen Zahlenkenntnissen, seiner Genauigkeit, seiner Finanzierungskompetenz und mit dem „erhobenen Zeigefinger" – entsprechend seinem eher risikobewussten (nicht risikoscheuen!) Charakter – ergänzen.

Wie die Abbildung auch optisch deutlich macht, sind die Rollen dieser drei **16**
Personen komplementär.

B. Die Rolle des Chairman/Vorsitzenden des Aufsichtsrates[2]

Selten ist eine Position weniger klar definiert als die des Chairman. Sie kann **17**
rein administrativen oder repräsentativen Charakter haben, sie kann aber auch die faktisch mächtigste Person in einem Unternehmen bezeichnen. In jedem Fall bekleidet sie die formell ranghöchste Position. Die Gesetze und Codes geben nur wenige konkrete Anhaltspunkte zu Rolle, Rechten und Pflichten eines Chairman.

Üblicherweise hat der Chairman eine Vielzahl von über die gesetzlichen Rege- **18**
lungen hinausgehenden Aufgaben wie etwa die Nominierung der wichtigsten Führungskräfte eines Unternehmens, die Vorgabe und inhaltliche (Vor-)Abstimmung einzelner Tagesordnungs- und Entscheidungspunkte, die Korrektur, Genehmigung und Verteilung des durch den Schriftführer erstellten Protokolls. Meist fungiert er auch als Kommunikationsdrehscheibe zwischen Anteilseignern, Aufsichtsrat, Vorstand, ggf. Arbeitnehmervertretern und anderen Interessensgruppen. Außerdem prägt der Chairman die Zusammenarbeitskultur im Unternehmen durch die Art und Weise, wie er als Katalysator, Brückenbauer oder Schiedsrichter fungiert, wenn sich fachliche oder persönliche Spannungen innerhalb des Aufsichtsrates oder innerhalb/gegenüber dem Vorstand zeigen. Als eine der größten Herausforderungen des Chairman sehe ich das Einbeziehen seiner Kollegen im Aufsichtsrat. Er hat meist einen beträchtlichen Informationsvorsprung gegenüber seinen Kollegen und es bedarf viel Zeit, Kommunikation und Umsicht, um diese auf jenen Informationsstand zu bringen, der es ihnen erlaubt, die richtigen Schwerpunkte zu erkennen, wertvolle Beiträge zu bringen und wichtige Fragen auch verantwortungsbewusst mitentscheiden zu können. Zu oft vertrauen die anderen Mitglieder stark auf ihren Vorsitzenden und sein Hintergrundwissen. Deshalb liegt es an ihm, Aufgaben zu delegieren und die anderen Aufsichtsräte in die Arbeit miteinzubeziehen.

---

[2] Zu weiteren Erläuterungen siehe *Reichl*, Seite 135ff

C. Unterschiede im Rollenverständnis bei Ein-Board- vs. Zwei-Board-Modellen?

19 In all den genannten Aspekten unterscheidet sich die Rolle des Chairman faktisch wenig, ob sie nun im Rahmen eines One-Tier-Boards (etwa als Chairman of the Board of Directors oder als Schweizer Verwaltungsratspräsident) oder eines Two-Tier-Boards (als Vorsitzender eines deutschen oder österreichischen Aufsichtsrats) wahrgenommen wird. Diese Überlegungen führen mich zur vieldiskutierten und auch Remunerations-relevanten Abgrenzung von Zwei-Board-Systemen gegenüber Ein-Board-Systemen und der Rolle von „Member of the Non-Executive Board" in jedem der beiden Modelle. Ich habe dazu über viele Jahre hin eine recht klare Meinung entwickelt, die sich letztendlich auch in der Vergütungsdimension der Mitglieder der Boards spiegelt: Für mich ist das Ein-Board-Modell das deutlich sinnvollere, nachhaltigere und ehrlichere Modell für die Governance von Unternehmen. Auf die entsprechenden Aussagen in meinem Buch[3] habe ich wenig Widerspruch, dagegen viel Zustimmung erhalten.

20 Faktisch und auch im Rahmen der verschiedenen Codes of Good Governance haben sich beide Modelle während der letzten zwei Jahrzehnte deutlich angenähert. Dies geht soweit, in den gesetzlichen Regelungen von typischen Ein-Board-Modellen keine Aussagen enthalten sind, die es verbieten, in den Statuten (Articles of Association, Bylaws oder Organisationsreglementen) eines konkreten Unternehmens faktisch zwei Boards mit klar abgegrenzten Aufgaben und Verantwortungen zu gestalten. Ganz im Gegenteil: Die Differenzierung zwischen nicht exekutiven, ja sogar besonders unabhängigen Mitgliedern und exekutiven Mitgliedern des einen Boards wird großteils sogar ausdrücklich vorgeschrieben. Andererseits werden dort, wo zwei getrennte Boards vorgeschrieben sind (also auch in Österreich), den Aufsichtsräten von der Rechtsprechung zunehmend erweiterte Aufgaben und nennenswerte Verantwortungen zugewiesen, sodass sie sich umfassender informieren müssen. Dies geht soweit, dass sich Non-Executive Directors des Ein-Board-Systems und Aufsichtsräte des Zwei-Board-Systems nicht mehr wesentlich unterscheiden. Die Regelungen des österreichischen AktG, aus denen die Rolle des Aufsichtsrates hervorgeht, entsprechen daher in meinen Augen nicht mehr dem, was heute von Aufsichtsräten erwartet wird und was der ihnen zugeschriebenen Verantwortung und der daraus resultierenden Haftung entspricht.

21 Wenn sich also beide Modelle annähern, wenn ein faktisches Zwei-Board-Modell häufig sogar im Rahmen der Ein-Board-Rechtskreise gestaltet wird, warum vertrete ich dann die Meinung, dass ein Ein-Board-System sinnvoller und ehrlicher ist? Im Wesentlichen sehe ich dafür folgende Argumente[4]:

- Im Zwei-Board-Modell erscheint mir die Differenzierung zwischen den beiden Boards nur auf den ersten Blick klar. Tatsächlich sorgt sie in der Rechtsprechung eher für Unsicherheit als für Klarheit.
- Das Zwei-Board-Modell lässt auf den ersten Blick eine weniger gewissenhafte Governance durch die Aufsichtsräte zu. Eine deutliche Greifbarkeit von Ver-

[3] Siehe *Reichl*, Seite 127ff

[4] Siehe Beispiele in *Reichl*, Seite 106ff und 127ff

antwortung ist allerdings auch bei Aufsichtsräten sinnvoll. Die meisten Individuen werden ja nur dann gewissenhaft und nachhaltig in einer bestimmten Richtung handeln, wenn sie dazu finanziell motiviert und/oder persönlich haftbar gemacht werden können.

- In einem Zwei-Board-System wähnen sich Aufsichtsräte in trügerischer Sicherheit. Tatsächlich wurden Aufsichtsräte in den letzten Jahren aber von der Rechtsprechung zunehmend individuell zur Verantwortung gezogen.
- Die deutliche gesetzliche Abgrenzung der zwei Boards in österreichischen AktG geht an der heutigen Realität in Unternehmen mit einer gut gelebten Governance vorbei. Ich habe immer wieder gesehen, dass in Unternehmen mit nachhaltig guter Governance die Organe praktisch und faktisch wie im Ein-Board-System agieren. Auch der deutsche Corporate Governance Kodex fordert eine enge Zusammenarbeit zwischen Vorstand und Aufsichtsrat, ohne jedoch zu sagen, wie dies konkret geschehen soll und wie dabei Verantwortung aufgeteilt wird.
- Die zentralen Regelungen der Trennung von Aufsichtsrat und Vorstand können sogar als sachlich inkonsistent gesehen werden.[5]
- Die allzu klare gesetzliche Trennung zwischen Aufsichtsrat und Vorstand nimmt den Anteilseignern die Flexibilität und Eigenverantwortlichkeit, die Kompetenzverteilung an ihre Bedürfnisse anzupassen. Die typischen Regelungen eines Zwei-Board-Modells schränken daher die Freiheit der Anteilseigner, die Governance ihres Unternehmens zu gestalten, stark ein. Auch deutschen und österreichischen Gesellschaftern kann zugemutet werden, ein für ihre Verhältnisse und Vorstellungen adäquates Governance-Modell zu entwickeln – ebenso wie dies den Schweizern, US-Amerikanern, Briten oder Franzosen zumutbar ist.
- Entscheidend ist für mich aber das emotional-intuitive Bild, dass alle Verantwortlichen „in einem Boot", also in einem „Board", sitzen und nur eben unterschiedliche, in den Statuten des Unternehmens näher definierte Aufgaben und Verantwortlichkeiten haben. Dieses Bild gibt den handelnden Personen das richtige Funktionsverständnis und baut auf ihre Eigenverantwortlichkeit.

Ich präferiere also ein eher kooperatives Rollenbild von Non-Executive Board **22**
und Executive Board und eine flexiblere Gestaltungsmöglichkeit durch die Anteilseigner im Gegensatz zur gesetzlich vorgegebenen strikten Trennung zwischen Aufsichtsrat und Vorstand, die ich eher als einschränkend, im Detail unklar, konfrontativ und bezüglich eindeutiger Verantwortungszuweisung (engl. accountability) entschuldigend empfinde.

Die Unterschiedlichkeit der Modelle innerhalb Europas sind heute, am Beginn **23**
des 21. Jahrhunderts und im Lichte einer weiteren Integration der Europäischen Union, m.E. mehr historisch als rational bedingt. Wenn ein Modell einmal eingeführt ist und eine Generation damit groß geworden ist, wird es schwer, sich in andere Modelle hineinzudenken. Die Geschäftsinteressen verschiedenster Berufe (Notare, Gerichte etc.), die Interpretationsfreude von Universitätsprofessoren, die typisch menschliche Trägheit, gewohnte Denkstrukturen aufzugeben, Standesver-

---

[5] Siehe meine Argumentation unter *Reichl*, Seite 130

tretungen, die ihre Daseinsberechtigung beweisen wollen, und nicht zuletzt die Angst vieler Aufsichtsräte vor einer greifbaren, weiteren Verantwortung machen den Umstieg bzw. eine länderübergreifende Vereinheitlichung schwer. Trotzdem sollte in naher Zukunft zumindest eine generelle Wahlfreiheit (auch im AktG, nicht nur im SE-Gesetz) angeboten werden.

III. Anhaltspunkte für die Höhe der Vergütung

24 Was ist also eine adäquate Dimension der Vergütung, auch vor dem Hintergrund der sich ändernden Rechtsprechung und einem dadurch bedingten breiteren, auf umfangreichere Verantwortung ausgerichteten Rollenverständnis? Welche Anhaltspunkte gibt es für den Charakter einer Aufsichtsratstätigkeit? Ist sie eine Managementleistung oder kann sie als Dienstleistung für das Unternehmen gesehen werden, ähnlich wie jene von strategisch-organisatorischen Beratern, gleichsam eine „Dienstleistung Aufsicht"? Immerhin stellt sich durchaus die Frage, warum den bekannten Beratungsunternehmen hohe Summen und Tagessätze für Beratungsprojekte bezahlt werden, während den in Verantwortung stehenden und zumindest ebenso qualifizierten Aufsichtsräten wesentlich niedrigere Beträge zugestanden werden.

25 Zunächst ist festzustellen, dass auch bei Aufsichtsräten der finanzielle Aspekt (entsprechend der Herzberg'schen Motivationstheorie) ein Hygienefaktor und kein Motivationsfaktor ist. Eine höhere Vergütung garantiert also keine bessere Qualifikation oder Motivation der Personen. Allerdings führt eine zu geringe Vergütung latent zu Unzufriedenheit, zu Missverständnissen bei der Rollenwahrnehmung und zu einer geringeren Priorität der betreffenden Tätigkeit bei der Optimierung der persönlichen Zeiteinteilung.

26 Um zu Anhaltspunkten zu kommen, versuche ich zunächst die Gesichtspunkte des Aktiengesetzes bzw. des Corporate Governance Kodex heranzuziehen. Im AktG §98 steht: „Den Aufsichtsratsmitgliedern kann für ihre Tätigkeit eine mit ihren Aufgaben und mit der Lage der Gesellschaft im Einklang stehende Vergütung gewährt werden". Und im Punkt 50 des Corporate Governance Kodex wird (gekennzeichnet mit einem L, also als Legal Requirement) etwas spezifischer formuliert: „Die Vergütung […] trägt der Verantwortung und dem Tätigkeitsumfang sowie der wirtschaftlichen Lage des Unternehmens Rechnung". Die drei gesetzlichen Dimensionen sind also:

- Die Verantwortung eines Aufsichtsrates
- Der Umfang der Aufsichtsratstätigkeit
- Die wirtschaftliche Lage des Unternehmens

27 Im Folgenden kommentiere ich diese Gesichtspunkte in Hinblick auf die Höhe der Vergütung:

A. Der Vergütungsaspekt „Verantwortung":

28 Als Richtschnur für die Vergütung ist dieser Aspekt schwer greifbar. Er wirft viele Fragen auf: Haben Aufsichtsräte in großen Unternehmen eine höhere Verantwortung als in kleinen, bei Herstellern gefährlicher Produkte eine größere als bei

Produkten mit geringem Risiko, bei kapitalintensiven eine größere als in weniger kapitalintensiven, bei kleinen Industrieunternehmen eine geringere als in Großbanken etc.?

Das österreichische Aktiengesetz scheint die Rolle des Aufsichtsrates primär als Sitzungsteilnehmer zu definieren, der Berichte des Vorstandes und des Wirtschaftsprüfers liest, anhört, interpretiert und kommentiert. Eine derartige, eher passive Rolle ist jedoch – wie in Kapitel II. erläutert – nicht ausreichend, um jene Verantwortung wahrzunehmen, die in Krisenfällen von einem Aufsichtsrat (meist ex post) verlangt wird und die die Diskussion um seine Haftung spiegelt. Um die tatsächliche Situation eines Unternehmens einschätzen zu können, müssen die betreffenden Personen derart qualifiziert sein, dass sie sich unabhängig von und ergänzend zu den Darstellungen des Vorstands, den sie ja beaufsichtigen sollen, eine eigenständige Meinung bilden können. Dazu müssen sie auch Zeit investieren, um sich etwa einen eigenen Eindruck von den Produktionsstätten und der Unternehmenskultur machen, die Reaktion von Kunden und Mitarbeitern abschätzen und strategische Tendenzen der Branche verstehen zu können. Immerhin kündigen sich Krisen eines Unternehmens üblicherweise nicht in der Bilanz, sondern in der Unternehmenskultur und am Markt an. Damit Aufsichtsräte also verantwortlich gehalten werden können, müssen sie sich in einer weitergehenden Form mit Informationen und Eindrücken versorgen, als es der österreichischen Aufsichtsratskultur entspricht. 29

Ein Beispiel: Ich kenne ein ausgezeichnet geführtes Unternehmen mit Sitz in der Schweiz und mit etwa einer Milliarde Euro Umsatz, das aus genau diesem Grund von seinen Verwaltungsräten eine Beschäftigung mit dem Unternehmen von mindestens 30 Tagen pro Jahr verlangt. Ein Österreicher wird auf diesen Vergleich mit dem Gegenargument kontern: „Das ist eben in der Schweiz mit seinem One-Tier-System. Wir in Österreich haben unser AktG mit seiner klaren Trennung von Aufsichtsrat und Vorstand". Aber was heißt dieses Gegenargument genau – auch wenn man die leicht anders definierte Rolle eines Schweizer Verwaltungsrates berücksichtigt? Bedeutet es nicht implizit, dass wir in Österreich eine oberflächlichere (und damit weniger gewissenhafte) Unternehmensaufsicht akzeptieren (müssen), nur weil es unser Aktiengesetz vorschreibt? Wenn diese Frage mit „ja" beantwortet wird, ergibt sich als Schlussfolgerung, dass uns in Österreich die formelle Erfüllung der (Mindest-)Standards des AktG wichtiger ist, als eine materiell gute Unternehmensaufsicht! 30

B. Der Vergütungsaspekt „Tätigkeitsumfang"

Der Tätigkeitsumfang ergibt sich nahtlos aus den letzten Absätzen zum vorigen Aspekt „Verantwortung". Betrachtet man nur die eigentlichen Sitzungen, dann sagt der Österreichische Corporate Governance Kodex, dass die Anzahl von vier Aufsichtsratssitzungen pro Jahr, also eine Aufsichtsratssitzung pro Quartal, ein Mindesterfordernis darstellt. Anfangs hatte er 10 Sitzungen pro Jahr als Richtschnur genannt, ist aber davon wieder abgekommen. Praktisch werden es im Durchschnitt fünf bis sieben Sitzungen sein – wobei der Durchschnitt gute und schlechte Jahr, ruhige Phase der Unternehmensentwicklung und stürmischere Perioden umfassen sollte. 31

32 Der Zeitaufwand für eine Aufsichtsratssitzung ist – inklusive seriöser Vorbereitung, unterschiedlich weiter Anreise sowie Studium der Materialien und des Protokolls – für normale Aufsichtsratsmitglieder mit etwa eineinhalb bis zwei Tagen je Sitzung zu kalkulieren (Berücksichtigt man nur die reine Sitzungszeit, dann begeht man denselben Fehler wie wenn man für die Kalkulation von Produktpreisen nur die Grenzkosten heranzieht) Für den Vorsitzenden ist zumindest die doppelte Zeit zu veranschlagen.

33 Dass der Aufwand für eine verantwortliche Aufsichtsratstätigkeit mit der Größe des Unternehmens zunimmt, ist nur beschränkt richtig; jedenfalls ist er stark unterproportional ansteigend. Es sind aber auch gegenläufige Tendenzen zur Größe des Unternehmens zu beobachten: Oft sind die Controlling- und Risk-Management-Systeme in kleineren Unternehmen nicht so gut ausgeprägt wie bei größeren, sodass eine seriöse Aufsicht dort nicht so effizient vor sich gehen kann.

1. Zur finanziellen Vergütung des Tätigkeitsumfangs

34 Die finanzielle Vergütung aus dem Gesichtspunkt „Tätigkeitsumfang" ergibt sich aus der einfachen Multiplikation des zeitlichen Aufwandes mit der Vergütung pro Zeiteinheit. Die meisten Aufsichtsräte sind allerdings nicht gewohnt, den Preis für ihre Arbeitszeit zu kalkulieren. So eine Kalkulation wird meist nur für die eigentliche Leistungserstellung (also für Arbeiter oder Dienstleister) vorgenommen, nicht aber für Vorstandsmitglieder eines Unternehmens, die ihre gesamte Arbeitszeit einem Unternehmen zur Verfügung stellen. Dem Qualifikationsniveau eines Vorstandes muss ein Aufsichtsrat wohl zumindest entsprechen. Zusätzlich – und neben der offensichtlichen Fähigkeit zu einer genauen Bilanzanalyse – braucht er eine längere Erfahrung in der Beurteilung von Gesamtunternehmen, ausgeprägtes strategisches Denken, Führungserfahrung in mehreren Funktionen und vor allem die Fähigkeit aus einzelnen, meist leichten Symptomen auf grundsätzliche Fragen der Unternehmenssituation schließen zu können. Und natürlich sind auch persönliche Eigenschaften wie Mut, Charakter, Vertrauenswürdigkeit und nicht zuletzt auch eine ausreichende Lebenserfahrung, also ein gewisses Mindestalter, von Bedeutung.

35 Oft sind diese solcherart qualifizierten Personen überrascht, wenn sie erkennen, dass ihre Arbeitszeit bei Vollkostenbetrachtung wesentlich mehr Wert ist, als sie auf den ersten Blick angenommen haben. Führt man eine ehrliche Berechnung unter Berücksichtigung von Nebenkosten, Urlaubszeiten etc. durch, kommt man bei einem Vergleich mit dem Einkommen eines Vorstandes rasch auf Werte von EUR 2500 bis über EUR 5000 pro Tag.

36 Rechnen wir bei einem typischen Unternehmen in der Größenordnung von etwa EUR 1 Mrd. Umsatz mit 6 Aufsichtsratssitzungen, drei Ausschusssitzungen und einer Hauptversammlung pro Jahr, ergeben sich – auch wenn man die Verantwortung nur auf eine Sitzungsteilnahme eingeschränkt sieht – im Durchschnitt 15 bis 20 Tage und damit eine angemessene Vergütung von etwa EUR 50.000 bis EUR 80.000 für ein normales Mitglied des Aufsichtsrates. Für den Vorsitzenden des Aufsichtsrates wäre dann ein Betrag in der Dimension von etwa EUR 100.000 bis 150.000 zu kalkulieren.

C. Der Vergütungsaspekt „Wirtschaftliche Lage des Unternehmens"

Bei diesem Gesichtspunkt sind gegenläufige Tendenzen zu berücksichtigen: Das Gesetz meint sicherlich, dass bei schlechter wirtschaftlicher Lage des Unternehmens eine geringere Vergütung gezahlt werden sollte. Andererseits ergibt sich in stürmischen Zeiten für Aufsichtsräte ein höherer Zeitaufwand, mehr Sitzungen, mehr Diskussionen, Abstimmungen, Analysen und Gespräche – und außerdem eine höhere Verantwortung. Diese Tendenzen gleichen sich in meinen Augen aus. **37**

Der Aufwand für eine Aufsichtsratstätigkeit wird oft nur auf eine normale, ruhige Situation, also auf „Schön-Wetter-Segeln" ausgelegt. Doch Krisenzeiten sind in jedem Unternehmen normal, durchläuft es doch im Laufe seiner Entwicklung typische (auch wissenschaftlich belegte) Wachstumskrisen. Deshalb muss bei der Remuneration auch berücksichtigt werden, dass Aufsichtsratsmitglieder in Krisenzeit nicht übervorteilt werden, etwa wenn sie zeitintensives Krisenmanagement mitmachen müssen, aber nur für Schönwetter bezahlt werden. Krisen sind dabei nicht nur eine nahende Zahlungsunfähigkeit. Vielmehr unterscheidet man zwischen strategischen Krisen, operativen Krisen und Liquiditätskrisen. Gerade auch strategische Krisen können für Aufsichtsräte zeitaufwendig werden, wenn etwa eine grundsätzlich unterschiedliche Sicht zwischen Vorstand und Aufsichtsrat geklärt werden muss oder Beratungsaufträge vergeben und diskutiert werden müssen.[6] **38**

Wenn die Aufsichtsräte eines Unternehmens in normalen Zeiten angemessen entlohnt werden, ist in wirtschaftlich schwierigen Zeiten nichts gegen einen Solidarbeitrag mit den Mitarbeitern, die dann auch oft auf Teile ihres Einkommens verzichten müssen, einzuwenden. Wenn aber die Aufsichtsratstätigkeit – wie in Österreich derzeit noch üblich – ohnehin nicht angemessen vergütet wird, soll dann in schwierigen Zeiten noch zusätzlich reduziert werden? Und wenn ein Aufsichtsrat in so einer schwierigen wirtschaftlichen Lage neu in das Gremium geholt wird, soll seine Vergütung dies dann von vorne herein berücksichtigen? **39**

Der Gesichtspunkt „Wirtschaftliche Lage" berührt auch die Frage nach einer ***erfolgsabhängigen Vergütung*** des Aufsichtsrates. Auf den ersten Blick scheint eine solche nahe zu liegen, denn wenn der Aufsichtsrat (zusammen mit dem Vorstand) für die von ihm vertretenen Aktionäre eine Wertsteigerung des Unternehmens realisieren konnte, sollte er doch daran partizipieren können – und umgekehrt. Das erscheint prima vista als eine klassische Interessenskongruenz und damit zu stimulieren. **40**

Doch praktisch sind die Konstellationen und die sich daraus ergebende Dynamiken komplexer und oft schwer vorherzusehen. Ich möchte an dieser Stelle nur eine dieser Dynamiken als Beispiel erwähnen: Der Aufsichtsrat legt die Entlohnungsstruktur des Vorstandes fest und damit auch dessen erfolgsabhängige Vergütung. Es ist allgemeine Erfahrung, dass durch vielfältige Maßnahmen die Erfolgskennzahlen eines Unternehmens auf einen bestimmten Termin hin optimiert bzw. in eine gewünschte Dimension gebracht werden können – und zwar meist nicht zum langfristigen Vorteil des Unternehmens. So gilt etwa die Erfahrungsre- **41**

6 Siehe auch *Reichl*, Seite 205ff

gel, dass ein Unternehmen mit guten Bilanzzahlen im Kern noch besser und ein Unternehmen mit schlechten Bilanzzahlen im Kern noch schlechter da steht, als es die Bilanz zeigt. Hier gibt es also genug – durchaus legalen – Manipulationsspielraum, der sich erst über die Jahre hin ausgleicht. Wenn nun der Aufsichtsrat auf ähnliche Erfolgskennzahlen wie der Vorstand ausgerichtet wäre (unterschiedliche Erfolgsschwerpunkte dieser beiden Organe wären ja nicht logisch), dann verstärkt sich die oft gar nicht bewusst wahrgenommene Versuchung, die Kennzahlen des Unternehmens auf Kosten anderer Parameter auf einen bestimmten Zeitpunkt hin zu optimieren – und zwar im Interessensgleichklang beider Organe. Das Gleiche gilt, wenn der Aktienkurs als Maßstab herangezogen wird. Wenn schon, dann müsste der Aufsichtsrat also wesentlich mehr auf langfristige Aspekte mit einer anderen Verhaltensdynamik als der Vorstand ausgerichtet sein.

42 Auch eine Vergütung nach der eingesetzten Arbeitszeit generiert eine unerwünschte Dynamik, verleitet dies doch dazu, wesentlich mehr Zeit in die Aufsichtstätigkeit zu investieren, als sachlich gerechtfertigt wäre. Allerdings wäre die getrennte Vergütung von Ausschusstätigkeit eine Möglichkeit, den Arbeitsaufwand von Aufsichtsräten zu differenzieren.

43 Bei näherer Betrachtung scheint es mir also unklug, Aufsichtsräte in stärkerem Ausmaß erfolgs- oder zeitabhängig zu entlohnen. Wenn sie aus eigener Überzeugung Aktien des Unternehmens kaufen oder besitzen und damit an der Wertsteigerung partizipieren, dann sollte dies akzeptiert werden. Aber Aufsichtsratsmitglieder zu zwingen, Aktien zu kaufen, um ihre Solidarität mit den Aktionären zu bekunden, erscheint mir ebenso naiv und kurzsichtig, wie eine Vergabe von Aktienoptionen an Aufsichtsräte. Viel wichtiger ist es, auf ihre Seriosität und Persönlichkeit zu achten, als sie mit finanziellen Anreizen in eine bestimmte Richtung lenken zu wollen, die sich in der Komplexität des Unternehmensalltags später als zu kurzfristig herausstellen könnte.

1. Weitere Gesichtspunkte zur Höhe der Vergütung

Für einzelne gut qualifizierte Personen mag es Gründe geben, ein Aufsichts-
44 ratsmandat anzunehmen, auch wenn die Vergütung unter den genannten Anhaltspunkten liegt. Dazu gehören oft Überlegungen, dass es als Vorzug gesehen wird, für dieses Mandat angefragt zu werden, oder dass die Vernetzung mit anderen Personen in diesem Aufsichtsrat als wertvoll gesehen wird, oder auch dass man die Bitte eines Freundes nicht abschlagen will. Während diese Überlegungen für Individuen gerechtfertigt sein mögen, gereicht es meiner Ansicht nach einem (zumindest privatwirtschaftlichen) Unternehmen nicht zur Ehre, wenn es auf Status oder Vernetzung oder Freundschaftsdienste pocht, um quasi eine Ermäßigung bei den Aufsichtsratskosten zu erhalten.

45 Genauso wie eine zu niedrige Vergütung längerfristig negative Dynamiken auslöst, kann auch eine zu hohe Vergütung zu unerwünschten Konsequenzen führen, etwa zum Verdacht, dass sich das Unternehmen die Attraktivität für Aufsichtsräte erkaufen muss, oder (etwa im Fall, dass ein dominierender Anteilseigner gegeben ist) dass bestimmte nicht ausschließlich unternehmensrelevante Interessen verfolgt werden sollen.

Die genaue Festlegung der Aufsichtsratsvergütung bedarf also viel Feingefühl: Es soll kein Übervorteilen der ausgewählten Persönlichkeiten geben, aber auch keine übermäßig hohe Entlohnung. Sie sollte – wie dargelegt – ganz einfach dem durchschnittlichen Marktwert der entsprechend qualifizierten Personen bei seriöser und verantwortungsbewusster Wahrnehmung dieser Aufgaben entsprechen. 46

2. Gesamtkosten des Aufsichtsrates für das Unternehmen

Die Gesamtkosten für den Aufsichtsrat ergeben sich logischerweise durch Aufsummieren der Vergütungen aller kapitalvertretenden Aufsichtsräte (wobei bekanntlich keine Nebenkosten entstehen, da die Aufsichtsräte selbst oder aus einem anderen Titel heraus versichert sein müssen und keine anderen Abgabenerfordernisse gegeben sind). Wo liegt vor diesem Hintergrund das Optimum der Mitgliederzahl eines Aufsichtsrates? Als Anhaltspunkte dafür werden sicherlich nicht nur die Kosten ausschlaggebend sein, aufgrund derer eine möglichst geringe Zahl von Mitgliedern vorzusehen ist. Die Tendenz zu eher geringer Anzahl an Mitgliedern wird jedoch dadurch verstärkt, dass sich damit auch die Komplexität der Arbeit und Kommunikation, der Zeitaufwand pro Kopf und insgesamt die Schlagkraft verbessert. Dies wird mit der Ausgewogenheit der Mitgliederstruktur und der Gesamtkompetenz als Gremium abzuwägen sein. Für mich liegt eine optimale Größe bei kleinen Unternehmen bei drei bis fünf, bei mittelgroßen Unternehmen bei vier bis sechs, und bei Großunternehmen bei fünf bis sieben (vielleicht acht) Kapitalvertretern. Bei diesen Größenordnungen scheinen mir Erfahrungen, Persönlichkeiten, Schlagkraft und Gesamtkosten am angemessensten ausbalancierbar. Bei Unternehmen, an denen die öffentliche Hand beteiligt ist, halte ich aufgrund ihrer besonderen Bedeutung, Stellung und Struktur auch eine Anzahl von 7-10 Kapitalvertretern für noch angemessen. 47

Was heißt eine derartige Mitgliederzahl nun bezüglich der absoluten Höhe der Kosten und ist diese auch bei einer Top-Down-Betrachtung plausibel? Nehmen wir ein Unternehmen mit etwa einer Milliarde Euro Umsatz, das einen Aufsichtsrat von fünf Personen hat, mit einem Vorsitzenden, einem Stellvertreter und drei normalen Mitgliedern. Legt man die oben dargelegte Logik zugrunde, belaufen sich die jährlichen Gesamtkosten für das Aufsichtsorgan auf eine Größenordnung von knapp 400 bis etwa 550 TEUR. Dies ist üblicherweise die Dimension der Jahreskosten eines entsprechenden Vorstandsmitglieds. Sind also Kosten für den Aufsichtsrat in der Größenordnung eines Vorstandesmitlgiedes insgesamt angemessen? Mir scheint: durchaus! Wie oft diskutiert man nicht, ob der Vorstand um ein Mitglied vergrößert oder verkleinert werden soll; nicht immer werden dabei die Kosten als entscheidendes Argument herangezogen. Ich glaube also, dass die genannten Anhaltspunkte sowohl bei Bottom-up- als auch bei Top-down-Betrachtung plausibel sind. 48

IV. Einschränkungen des skizzierten Ansatzes

Die dargelegte Sichtweise der Vergütung erscheint mir grundsätzlich in allen Unternehmen anwendbar. Trotzdem ist natürlich die Situation in jedem Unternehmen spezifisch. Oft wird berechtigterweise eine andere Denkweise gewählt. Dafür 49 möchte ich im Folgenden einige Beispiele nennen: (sehr) kleine Unternehmen; Tochtergesellschaften von Konzernen; und – zumindest in gewissem Ausmaß – Unternehmen der öffentlichen Hand.

50 *Sehr kleine Unternehmen* haben oft den Bedarf nach hochqualifizierten, gut vernetzten Aufsichtsräten, können sich diese aber meist nicht leisten. Derartige Rahmenbedingungen sind typischerweise in jungen, stark wachsenden Unternehmen mit großem Potenzial gegeben. Auch dort sollten Aufsichtsräte ihren persönlichen Wert berücksichtigen, denn es muss ja als Vergütung nicht unbedingt Bargeld fließen. Die Aufsichtsräte können etwa Anteile am Unternehmen als Gegenleistung erhalten – und zwar nicht gestaltet als variable, erfolgsabhängige Vergütung mit definierten Kriterien, sondern als einmalige Pauschal-„Zahlungen", um sie bis zu einem gewissen Grad durch die Wertsteigerung dieser Anteile zu entlohnen.

51 *Andere kleine Unternehmen* sind vielfach in ländlichen Gegenden tätig, wie etwa lokale Genossenschaften oder Regionalversorger. Die skizzierte Logik bezüglich Aufwand, Verantwortung und Mitgliederzahl sollte auch bei Ihnen gelten, doch ist natürlich das Einkommensniveau in der entsprechenden Gegend für die erforderliche Qualifikation zugrunde zu legen.

52 In Aufsichtsräten von *Konzerngesellschaften*, also von Unternehmen, die mehrheitlich im Eigentum einer privatwirtschaftlichen Muttergesellschaft stehen, sind fast immer Vertreter verbundener Unternehmen im Aufsichtsrat tätig. Für sie gelten natürlich die konzerninternen Richtlinien, die berechtigterweise oft keine Vergütung vorsehen, da diese Personen das Mandat im Rahmen ihrer Tätigkeit im Konzern wahrnehmen. Externe Aufsichtsräte, also Personen, die nicht im Konzernverbund tätig sind, sollten allerdings marktmäßig – etwas vergleichbar mit externen Dienstleistern einer ähnlichen Qualifikation – entlohnt werden. Dabei ist zu berücksichtigen, dass die strategischen und operativen Freiheitsgrade in derartigen Aufsichtsgremien, und damit ihre Verantwortung und schließlich auch ihr Arbeitsaufwand meist geringer sind, als in völlig alleinstehenden Unternehmen. Dieser geringere Aufwand rechtfertigt auch eine geringere Vergütung.

53 Ähnlich, aber doch ganz anders, ist die Situation in *nicht börsenotierten Unternehmen der öffentlichen Hände*. Diese Gesellschaften stehen oft nicht im freien Wettbewerb und sind damit strategisch weniger gefährdet als vollständig privatwirtschaftlich tätige Unternehmen. In vielen Fällen sind auch spezifische, lokale Anforderungen und Rahmenbedingungen gegeben. Eine im Vergleich zu den Angestellten der betreffenden Gebietskörperschaft besonders hohe Aufsichtsratsvergütung würde dort nur den Verdacht der Günstlingswirtschaft fördern. Andererseits müssten eigentlich gerade aufgrund dieser Anfälligkeit für Günstlingswirtschaft die Kriterien Interessensfreiheit, Seriosität und persönlicher Mut besonders wichtig und damit abzugelten sein. Sind Mitarbeiter der Gebietskörperschaft im Aufsichtsrat vertreten, sollte für sie der im vorhergehenden Absatz zu den Mitarbeitern von Konzerngesellschaften gemachte Kommentar gelten. Anhaltspunkte für die absolute Höhe der Bezahlung können für diese Unternehmen praktisch nicht gegeben werden.

54 In *börsenotierten Unternehmen, bei denen die Mehrheit in einer öffentlichen Hand liegt*, sollte dagegen die im Teil III skizzierte Logik gelten. In diesen Fällen

sollte der Aufsichtsrat überwiegend mit anerkannten Experten besetzt sein, die auch entsprechend entlohnt werden.

V. Zusammenfassung und Konklusion

Lassen Sie mich meine Aussagen in wenigen kurzen Sätzen zusammenfassen: 55
Die Vergütung spiegelt den Kern des Verständnisses von einer Aufsichtsratstätigkeit. Sie drückt die Wertschätzung gegenüber dieser Funktion und der Person, die sie wahrnimmt, aus. Aufsichtsratstätigkeit und ihre Vergütung ist in Österreich noch immer durch die Verhältnisse in der Zeit vor 1990 belastet. Das Verständnis der Rolle und Arbeit eines Aufsichtsrates hat sich seit Ostöffnung und EU-Beitritt wesentlich verbessert. Allerdings spiegelt die Dimension der Vergütung noch die Zeit vor 1990. Sie muss auf ein Niveau angehoben werden, das dem Zeitaufwand für eine seriöse Wahrnehmung und einem der Qualifikation adäquaten Tagessatz entspricht. Nur so kann ein konsistentes Verständnis von einer professionellen Unternehmensaufsicht hergestellt werden.

Die Vergütung ist eine zentrale Verbindung zwischen einer Person als Org- 56
anträger und ihr als Privatindividuum. Deshalb möchte ich an dieser Stelle noch einen Exkurs zur Balance von Aufsichtsratstätigkeit und Privatleben anfügen[7]. Immerhin gehört dieser Aspekt – meiner persönlichen Meinung nach – ebenso zu einem konsistenten Verständnis von professioneller Unternehmensaufsicht wie die Vergütung.

Exkurs: Organfunktion und Privatleben

Das Thema „Privatleben der obersten Führungskräfte und seine Relevanz für 57
ihre Organfunktion als Aufsichtsrat oder Vorstand" wird nur selten direkt erwähnt, oft sogar ebenso peinlich vermieden wie Vergütungsaspekte – außer wenn die Symptome schon derart offensichtlich sind, dass sie das Unternehmen zu schädigen drohen.

In unserer Gesellschaft sind Berufs- und Privatleben als zwei völlig getrennte 58
Welten zu betrachten. Für die obersten Führungskräfte hat das Berufsleben vorzugehen – zumindest nach weit verbreiteter Meinung eines einflussreichen Teils unserer Managementlandschaft. Wie oft schon haben Führungskräfte mit bedrückter Miene und unterschwelligem Bitten um Anerkennung bemerkt, dass sie ihre Ehe für das Unternehmen oder für ihre Karriere (was immer sie dafür halten) geopfert hätten. Nicht selten wird das positiv aufgenommen. Und wie oft hört man doch die Aussage: „Mein Privatleben geht niemanden etwas an!"

Ich bin grundlegend anderer Ansicht! Für mich ist das Privatleben der obersten 59
Führungskräfte im Rahmen von Governance durchaus relevant, vor allem natürlich bei der Auswahl von Mitgliedern des Vorstands oder des Aufsichtsrats. Ich

[7] Siehe auch *Reichl* 183ff

glaube ganz einfach, dass Topmanagerinnen und -manager, die sich auf keine fundamental stabile private Umgebung verlassen können, auch keine nachhaltig erfolgreiche Führungsleistung erbringen können. Dabei meine ich nicht, dass sie ein puritanisches Dasein fristen oder das traditionelle Muster „eine einzige Ehe, keine Scheidung" auf Dauer leben müssen. Und ich meine auch nicht, dass man – wie dies in den USA öfters zu beobachten ist – nach außen heile Familie spielen soll, während man nach innen ein zügelloses Leben, mehrere Freundinnen/Freunde und einen vergrämten Partner hat. Ich halte auch Personen mit wechselnden Beziehungen nicht für schlechtere Menschen. Aber es geht immerhin um die Führung großer sozialer Einheiten, um die Verantwortung für tausende Arbeitsplätze und um große Vermögen der Investoren. In dieser herausragenden Rolle müssen die Personen an der Spitze nicht nur bezüglich Effizienz und Effektivität sog. role models für ihre Mitarbeiter sein, sondern auch in ihrem Verhalten und ihrem die Unternehmenskultur prägenden Wertegerüst. Und dafür sind meiner Ansicht nach stabile private Fundamente erforderlich, die einer Führungskraft emotional den Rücken stärken. Denn auch oberste Führungskräfte haben (oft sogar besonders ausgeprägte) Emotionen, die sie meist nur gekonnt überspielen. Die starke Frau/den starken Mann zu spielen ist eine Sache, ein wirkliches emotionales Fundament, das auch beruflichen Belastungen standhält, ist eine andere.

60 Natürlich gibt es in jeder Beziehung Krisen und Schwierigkeiten, Probleme mit den Kindern, Todesfälle oder Seitensprünge, also privat stark belastende Perioden. Das ist unser normales Leben. Natürlich können Beziehungen in die Brüche gehen, natürlich ist der Arbeitseinsatz hoch, natürlich bringt die enge berufliche Zusammenarbeit im Unternehmen Versuchungen mit sich, aber Rosenkriege und häufige Partnerwechsel belasten erfahrungsgemäß die menschliche Substanz über Gebühr. Und Scheidungen entziehen einem Menschen nicht nur physische und psychische Kraft, sondern oft auch den finanziellen Hintergrund. Sie können erpressbar machen und damit tatsächlich und direkt relevant für die Compliance werden.

61 Vielleicht ist es nicht richtig, all diese privaten Aspekte nur mit Partnerbeziehungen zu argumentieren. Vielleicht ist es tatsächlich der – umfassend verstandene – Charakter einer Person, der sich gleichermaßen im Privatleben wie im Berufsleben zeigt: Stabilität, Kontinuität, Belastbarkeit und Selbstbewusstsein. So sind alle Bereiche des Lebens – das Berufs- und Privatleben zählen dabei sicher zu den wichtigsten Bereichen – durch einen Satz geprägt: „It's character that matters!"

62 Abschließend noch ein Wort zum Ausspruch: „Ich habe meine Ehe dem Unternehmen geopfert." Solch eine Aussage halte ich – mit Verlaub und mit einer fast 40-jährigen Berufserfahrung – für Schwachsinn. Natürlich kann eine Ehe scheitern, aber man sollte die Schuld dafür nicht auf die Arbeit schieben. Menschen, die die Balance zwischen Berufs- und Privatleben nicht halten können, können dies auch innerhalb ihres Berufslebens nicht. Solche Aussagen zeigen nur, dass die betreffende Person wenig Selbstbewusstsein hat, nicht gut delegieren kann, dass sie sich selbst für zu wichtig oder die Kollegen und Mitarbeiter für wenig kompetent hält. Als langjähriger Strategieberater kenne ich natürlich den Druck, bis tief in die Nacht Berichte und Projekte fertigstellen zu müssen. Und ich kenne auch den sozialen Druck, der Mitarbeiter hindert, vor ihren Kollegen nach Hause zu gehen, auch wenn die betreffende Arbeit zu dieser Tages- oder Nachtzeit nicht unbedingt notwendig wäre. Natürlich gibt es Perioden, die einen höheren Einsatz erfordern. Gute Partner haben dafür aber Verständnis – sofern man ihnen in den zurückliegenden Jahren bewiesen hat, dass man dies zu einem anderen Zeitpunkt wieder ausgleichen wird. Mit Geld alleine kann man sich jedenfalls ein stabiles Privatleben nicht erkaufen.

Vergütung von Aufsichtsratsmitgliedern

Susanne Kalss

§§: 95, 98, 159 AktG; 239 UGB

Literatur

Ö: *Gruber*, Haftpflichtversicherung für Aufsichtsräte, RdW 1985/86; *Hecht*, Verdienen Aufsichtsräte zu wenig?, Die Presse, 26.3.2015; *Hügel*, Beratung durch Aufsichtsratsmitglieder, GesRZ 1996, 213; *Kalss*, Die Übernahme von verwaltungsstrafrechtlichen Geldstrafen durch die Gesellschaft, GesRZ 2015, 78; *Kalss*, Die Übernahme von Geldstrafen durch die Gesellschaft im Lichte neuer verwaltungsstrafrechtlicher Regelungen gegenüber Gesellschaftern, in Lewisch, Wirtschaftsstrafrecht und Organverantwortlichkeit 2015, 73 ff; *Kalss*, Das nominierte Aufsichtsratsmitglied im Konzern nach österreichischem Recht, in FS Hoffmann-Becking (2013) 631; *Kalss*, Vergütung, Aufwendungsersatz und Beratungsentgelt des Aufsichtsratsmitglieds, Aufsichtsrats aktuell 1/2010, 5; *Kissner/Stegner*, Rückwirkende Änderung der Aufsichtsratsvergütung, ecolex 2016, 50; *Krejci*, Über unzulässige Aufsichtsratsvergütungen, ecolex 1991, 776, 779; *Nowotny*, Managerhaftung und Versicherungsschutz, in FS Fenyves (2013) 661; *Nowotny*, Aufsichtsratsvergütung: Persönlicher „Marktwert" gegenüber Gleichbehandlung?, RdW 2014/628, 5; *Rantasa,* Aufsichtsratstantiemen und Meldepflicht nach § 109a EStG, SWK 2002, 631; *Schima*, Aktienoptionen für Aufsichtsratsmitglieder – ein Schritt auf dem Weg in Richtung Boardsystem, GesRZ-Sonderheft 2001, 19; *Schneller*, Kommentierung zu § 115, in Gahleitner/Mosler, ArbVG III[5] (2015); *U Torggler/Trenker*, Kompetenzverteilung bei der Kapitalgesellschaft im Insolvenzverfahren, in Konecny, Insolvenz-Forum 2014 (2015) 73; *Wagenhofer*, Rechnungslegung und Corporate Governance, in Julius Raab Stiftung, Kapitalmarkt und Kapitalmarktrecht (2000) 210.

Dtl: Arbeitskreis „Externe und Interne Überwachung der Unternehmung" der Schmalenbach-Gesellschaft für Betriebswirtschaft e.V., DB 2006, 1623; *Börsig/Löbbe*, Die gewandelte Rolle des Aufsichtsrats – 7 Thesen zur Corporate Governance in Deutschland, in FS Hoffmann-Becking (2013) 125; *Diekmann/Wurst*, Die Organisation der Aufsichtsratsarbeit, NZG 2014, 121; *Drinhausen/Marsch-Barner*, Die Rolle des Aufsichtsratsvorsitzenden in der börsennotierten Aktiengesellschaft, AG 2014, 337; *Evers*, Aktuelle Entwicklungen der Aufsichtsratsvergütung, Der Aufsichtsrat 6/2015, 86; *Fonk*, Auslagenersatz für Aufsichtsratsmitglieder, NZG 2009, 761; *Haarmann*, Gleichheit aller Aufsichtsräte, eine sinnvolle Fiktion? Möglichkeiten der differenzierten Vergütung von Aufsichtsräten, in FS Hüffer (2009) 243; *Habersack*, Die erfolgsabhängige Vergütung des Aufsichtsrats und ihre Grenzen, ZGR 2004, 721; *Hemeling*, Neue Entwicklung in der D&O-Versicherung, in FS Hoffmann-Becking (2013) 491; *Hoffmann-Becking*, Rechtliche Anmerkungen zur Vorstands- und Aufsichtsratsvergütung, ZHR 2005, 155; *Kiem*, Drittvergütung von Aufsichtsratsmitgliedern, Der Aufsichtsrat 6/2015, 84; *Kiem*, Drittvergütung von Aufsichtsratmitgliedern, in FS Stilz (2014) 329; *Kort*, Höhe und Zusammensetzung der Vergütung von Mitgliedern des Aufsichtsrats, in FS Hüffer (2009) 482; *Lieder*, Entwicklung des Aufsichtsrats (2006); Müller Honorierung von Verwaltungsräten aus rechtlicher Sicht, ZBJV 147 (2011) 113; *Maser/Göttle*, NZG 2013, 201; *Paefgen*, Börsenpreisorientierte Vergütung und Überwachungsaufgabe des Aufsichtsrats, WM 2004, 1169; *Peltzer*, Keine Aktienoptionen mehr für Aufsichtsratsmitglieder, NZG 2004, 509; *Rapp/Schuchardt/Wolff*, Status Quo und Trends bei der Aufsichtsratsvergütung, Der Aufsichtsrat 2/2014, 18; *Rieder/Holzmann,* AG 2010, 570; *Roth/Wörle,* Die Unabhängigkeit des Aufsichtsrats, in Büchele/Mildner/Murschitz/Roth/Wörle, Corporate Governance in Deutschland und Österreich (2006) 35; *Roth/Büchele*, Corporate Governance, Gesetz und Selbstverpflichtung, in Büchele/Mildner/Murschitz/Roth/Wörle, Corporate Governance in Deutschland und Österreich (2006) 1;

Semler, Der Aufsichtsrat in der Praxis, AR Aktuell-Sonderheft 5/2007, 4; *Siepelt*, Aktuelles zur Vergütung des Aufsichtsrats, BOARD 1/2011, 30; *Spindler*, Konzernbezogene Anstellungsverträge und Vergütungen von Organmitgliedern, in FS K Schmidt (2009) 1529; *Theisen*, Verdienen Sie, was Sie verdienen?, Der Aufsichtsrat 6/2015, 81; *Theisen*, Kostenstelle Aufsichtsrat, in FS Säcker (2012) 487; *Thüsing/Veil*, Die Kosten des Aufsichtsrats im aktienrechtlichen Vergütungsregime, AG 2008, 359; *E Vetter*, Aufsichtsratsvergütung und gewandelte Rolle des Aufsichtsrats, Der Aufsichtsrat 6/2015, 82; *E Vetter*, Kosten der Aufsichtsratstätigkeit und Budgetrecht des Aufsichtsrats, in VGR, Gesellschaftsrecht in der Diskussion 2014 (2015) 115; *Wagner*, Vergütung der Aufsichtsratstätigkeit und Auslagenersatz, in Semler/von Schenck, Arbeitshandbuch für Aufsichtsratsmitglieder[4] (2013) § 11.

Gliederung **Rz**

I. Normative Grundlagen

1 Die maßgebliche gesetzliche Grundlage für die Vergütung der Aufsichtsratsmitglieder für ihre Tätigkeit ist § 98 AktG. Gem § 98 AktG kann Aufsichtsratsmitgliedern für ihre Tätigkeit eine mit ihren Aufgaben und mit der Lage der Gesellschaft in Einklang stehende Vergütung gewährt werden.

2 § 98 AktG lautet: *(1) Den Aufsichtsratsmitgliedern kann für ihre Tätigkeit eine mit ihren Aufgaben und mit der Lage der Gesellschaft in Einklang stehende Vergütung gewährt werden. Ist die Vergütung in der Satzung festgesetzt, so kann eine Satzungsänderung, durch die die Vergütung herabgesetzt wird, von der Hauptversammlung mit einfacher Stimmenmehrheit beschlossen werden.*

(2) Den Mitgliedern des ersten Aufsichtsrats kann nur die Hauptversammlung eine Vergütung für ihre Tätigkeit bewilligen. Der Beschluß kann erst in der Hauptversammlung gefaßt werden, die über die Entlastung des ersten Aufsichtsrats beschließt.

(3) Sollen mit eigenen Aktien oder mit Aktien von dritten nicht unter § 66 fallenden Personen zu bedienende Optionen Aufsichtsratsmitgliedern der Gesellschaft oder eines verbundenen Unternehmens eingeräumt werden, so hat der Vorstand der Hauptversammlung einen Bericht gemäß § 159 Abs. 2 Z 3 zu erstatten und offenzulegen.

Der Corporate Governance Kodex (idF 1.1.2015) enthält zwei Regelungen über die Vergütung des Aufsichtsrats. Gem der L-Regelung in Pkt 50 des Corporate Governance Kodex wird die Vergütung der Aufsichtsratsmitglieder von der Hauptversammlung oder in der Satzung festgelegt und trägt der Verantwortung und dem Tätigkeitsumfang sowie der wirtschaftlichen Lage des Unternehmens Rechnung. Nach der C-Regelung gem Pkt 51 werden die im Berichtszeitraum gewährten Vergütungen für Aufsichtsratsmitglieder im Corporate Governance-Bericht für jedes Aufsichtsratsmitglied einzeln veröffentlicht. Grundsätzlich werden keine Stock Option-Pläne für Aufsichtsratsmitglieder vorgesehen. Werden ausnahmsweise Stock Option-Pläne gewährt, sind diese in allen Einzelheiten von der Hauptversammlung zu beschließen. 3

II. Leistungen der Gesellschaft an Aufsichtsratsmitglieder

Ein Mitglied des Aufsichtsrats kann von der Gesellschaft auf verschiedenen Grundlagen Geld oder sonstige Leistungen beziehen: (i) Neben der **Vergütung** gem § 98 AktG für die Aufsichtstätigkeit selbst hat ein Aufsichtsratsmitglied (ii) einen Anspruch auf **Aufwandersatz** für seine Aufsichtstätigkeit. Zusätzlich zu diesen Leistungen kann ein Aufsichtsratsmitglied (iii) für eine **außerhalb** der Aufsichtstätigkeit stehende Leistung gegenüber der Gesellschaft gem § 95 Abs 5 Z 12 AktG ein **Honorar** oder eine sonstige Leistung beziehen. Die Vergütung, der Aufwandersatz und ein allfälliges zusätzliches Leistungsentgelt für sonstige Tätigkeiten beruhen auf jeweils unterschiedlichen Grundlagen und sind strikt voneinander zu trennen. Zu den sonstigen Leistungen außerhalb der Aufsichtstätigkeit vgl Beitrag *Kalss* Rz 13/1 ff; zur Vergütung *Reichl* Rz 49/1 ff; *Stadler* Rz 5/42 ff. 4

III. Aufsichtsratsvergütung

A. Grundlagen

Organschaftliches Rechtsverhältnis: Die Aufsichtsratsmitglieder stehen zur Gesellschaft in einem verbandsrechtlichen (korporationsrechtlichen) Verhältnis (*M Doralt*, Rz 8/13). Die konkreten Rechte und Pflichten richten sich nach der Stellung als Mandatar, somit als Organträger.[1] Neben diesem organschaftlichen Rechtsverhältnis besteht eine schuldrechtliche Beziehung zwischen der Gesellschaft und dem einzelnen Aufsichtsratsmitglied.[2] Das schuldrechtliche Rechtsver- 5

---

1 *Kalss* in Kalss/Nowotny/Schauer, Österreichisches Gesellschaftsrecht Rz 3/493; *Kalss* in Doralt/Nowotny/Kalss, AktG² § 87 Rz 25; *Strasser* in Jabornegg/Strasser, AktG⁵ §§ 87-89 Rz 1; *Koch/Hüffer*, AktG¹¹ § 101 Rz 2; *Kort* in FS Hüffer 483, 484 f.

2 *Kalss* in Doralt/Nowotny/Kalss, AktG² § 87 Rz 25; *Kalss* in Kalss/Nowotny/Schauer, Öster-

hältnis enthält unter anderem den **grundsätzlichen Anspruch auf ein Entgelt** für die Aufsichtstätigkeit, den Anspruch auf Aufwandersatz sowie die Verpflichtung, für Fehlleistungen gegenüber der Gesellschaft einzustehen.[3] Die verbands- und schuldrechtliche Rechtsbeziehung laufen parallel und bilden gemeinsam eine Kombination eines verbands- und schuldrechtlichen Rechtsverhältnisses.[4] Das schuldrechtliche Pflichtenband ist von auftragsrechtlichen Elementen geprägt.[5] Es enthält auch Elemente eines freien Dienstvertrags.[6] Das Rechtsverhältnis des Aufsichtsratsmitglieds zur Gesellschaft bedarf keines besonderen Vertragsabschlusses, es entsteht mit Annahme der organschaftlichen Bestellung.[7] Im Regelfall schließt die Gesellschaft mit den Aufsichtsratsmitgliedern keinen gesonderten Vertrag ab, der die Rechte und Pflichten, unter anderem das Entgelt, regelt. Der Abschluss eines Vertrages ist aber zulässig und findet zum Teil auch Anwendung. Typische Regelungsgegenstände sind neben einer Regelung des Entgelts, die Regelung für den Abschluss einer D&O-Versicherung (vgl *Ramharter* Rz 47/1 ff; *Schwarzer* Rz 48/1 ff) sowie Regelungen über die Vertraulichkeitspflichten und den Umgang mit elektronisch übermittelten Unterlagen sowie sonstigen Akten (vgl *Kalss* Rz 26/141 ff).[8]

B. Entgelt für die Aufsichtstätigkeit

6 **Kapitalvertreter**: Der Anspruch auf Vergütung als Gegenleistung für die Aufsichtstätigkeit als Mitglied des Aufsichtsrats erfließt aus dem allgemeinen Rechtsverhältnis Gesellschaft-Aufsichtsratsmitglied. Es bildet ein Teilrecht dieses Rechte- und Pflichtenbündels.[9] Die Regelungen über die Vergütung gem § 98 AktG gelten nur für Kapitalvertreter. Grundsätzlich haben Kapitalvertreter einen gesetzlichen Anspruch auf ein Entgelt für ihre Aufsichtstätigkeit.[10] § 98 AktG begründet einen Vergütungsanspruch nicht. Nach dieser Regelung muss die Vergütung in der **Satzung festgesetzt** oder von der **Hauptversammlung bewilligt** werden. Auch

reichisches Gesellschaftsrecht Rz 3/493; *Kastner/Doralt/Nowotny*, Gesellschaftsrecht[5] 249; *Runggaldier/Schima*, Die Rechtstellung von Führungskräften 59; *Koppensteiner/Rüffler*, GmbHG[3] § 30b Rz 4; *C Nowotny*, RdW 1999, 286.

3 *Kalss* in Kalss/Nowotny/Schauer, Österreichisches Gesellschaftsrecht Rz 3/493.

4 *Kalss* in Kalss/Nowotny/Schauer, Österreichisches Gesellschaftsrecht Rz 3/493; Nach deutschem Recht wird es als gesetzliches Schuldverhältnis qualifiziert: *Habersack* in MünchKomm AktG[4] § 101 Rz 67; *Koch/Hüffer*, AktG[11] § 101 Rz 2.

5 *Kalss* in Kalss/Nowotny/Schauer, Österreichisches Gesellschaftsrecht Rz 3/493; *Kastner/Doralt/Nowotny*, Gesellschaftsrecht[5] 249; *Runggaldier/Schima*, Die Rechtstellung von Führungskräften 59; *Koppensteiner/Rüffler*, GmbHG[3] § 30b Rz 4; *C Nowotny*, RdW 1999, 286.

6 *Krejci*, ecolex 1991, 777; *Kalss* in Kalss/Nowotny/Schauer, Österreichisches Gesellschaftsrecht Rz 3/493.

7 *Kalss* in Kalss/Nowotny/Schauer, Österreichisches Gesellschaftsrecht Rz 3/493; *Kalss* in Doralt/Nowotny/Kalss, AktG[2] § 87 Rz 25; aA *Krejci*, ecolex 1991, 776.

8 Zur Existenz von schuldrechtlichen Vereinbarungen: *U Torggler/Trenker* in Konecny, Insolvenzforum 2014, 76.

9 *Kalss* in Doralt/Nowotny/Kalss, AktG[2] § 98 Rz 4; *Kalss* in Kalss/Nowotny/Schauer, Österreichisches Gesellschaftsrecht Rz 3/494.

10 *Kalss* in Kalss/Nowotny/Schauer, Österreichisches Gesellschaftsrecht Rz 3/495; *Kastner/Doralt/Nowotny*, Gesellschaftsrecht[5] 249; *Kalss* in MünchKomm AktG[4] § 113 Rz 67; *Schima*, GesRZ-Sonderheft 2001, 26.

aus der Regelung des Corporate Governance-Kodex folgt keine Verpflichtung zur Vergütung.[11]

7 **Die Arbeitnehmervertreter** besorgen gem § 110 Abs 3 Satz 1 ArbVG ihre Aufgaben ehrenhalber (Beitrag *Gahleitner* Rz 10/1 ff), sie haben daher keinen Anspruch auf Entgelt für ihre Aufsichtstätigkeit.[12] Sämtliche Vor- und Nacharbeiten sind ebenso wie Besprechungen und Sitzungsteilnahmen als Obliegenheitserfüllung der im Aufsichtsrat vertretenen Betriebsratsmitglieder anzusehen. Daher haben die Betriebsratsmitglieder einen allgemeinen Entgeltanspruch gemäß § 116 ArbVG oder § 117 ArbVG.[13] Zum Teil wird vertreten, dass teilzeitbeschäftigte Arbeitnehmer, die als Betriebsräte Aufsichtsratsmandate ausfüllen, nicht einmal für diese Mehrarbeit ein höheres Entgelt erhalten, weil dies gegen das Benachteiligungsverbot und das strikte Bevorzugungsverbot[14] verstoßen würde.[15] Zu Recht wird aber anerkannt, dass etwa für teilzeitbeschäftigte Arbeitnehmer, die als Aufsichtsratsmitglieder tätig sind und ihre Tätigkeit als Aufsichtsratsmitglieder in der Freizeit ausüben, dafür einen zusätzlichen Entgeltanspruch gegen den Arbeitgeber haben.[16] Verfolgt man diesen Gedanken konsequent weiter, so ist es auch sachgerecht, den Betriebsratsmitgliedern, die als Aufsichtsratsmitglieder tätig sind, für die Risikoübernahme und für die ständige Bereithaltungspflicht einen höheren Entgeltanspruch gegen den Arbeitgeber anzuerkennen, der auch nicht durch das Entgelt gemäß § 116 f ArbVG ausgeglichen werden kann.

8 **Feste – Variable Vergütung**: Zulässig sind **feste**, ebenso wie **variable** Vergütungen.[17] Da die Vergütung dem Tätigkeitsumfang Rechnung tragen soll, erscheint eine ausschließlich variable Vergütung wenig sachgerecht.[18] Eine ausschließlich variable Vergütung führt zur Möglichkeit, dass Aufsichtsratsmitglieder in wirtschaftlich schwierigen Geschäftsjahren besonders wenig erhalten, obwohl sie in dieser Phase besonders intensiv für die Gesellschaft ihre Aufsichtstätigkeit entfalten müssen.[19] Möglich und bei börsenotierten Gesellschaften durchaus nicht unüblich ist die Kombination fester und variabler Bezüge. Möglich ist auch eine Regelung, wonach die festen Bezüge auf die variable Vergütung anzurechnen sind, wenn diese eine bestimmte Höhe überschreitet. Die Festvergütung kann als fester Betrag oder vom Hundertsatz des Grundkapitals eingeräumt werden. Feste Vergütungen können als ausschließliche Vergütung oder als Teil eines Gesamt-

---

11 *Hopt/Roth* in GroßKomm[4] § 113 Rz 9; *Kort* in FS Hüffer 485.

12 *Kalss* in Kalss/Nowotny/Schauer, Österreichisches Gesellschaftsrecht Rz 3/495, Rz 3/507; ArbG Wien 3.11.1981, Arb 10.049; *Strasser* in Jabornegg/Strasser, AktG[5] §§ 98, 99 Rz 14; *Schneller* in Gahleitner/Mosler, ArbVG III[5] § 115 Rz 9; *Kittel*, Handbuch 113.

13 *Schneller* in Gahleitner/Mosler, ArbVG III[5] § 115 Rz 9, § 110 Rz 39, § 116 f ArbVG.

14 OGH 9 ObA 133/12t, DRdA 2013, 522; *Mosler* in Zeller Kommentar Arbeitsrecht[2] ArbVG[2] § 115 Rz 11; *Schneller* in Gahleitner/Mosler, ArbVG III[5], § 115 Rz 4.

15 Dazu *Mosler* in Zeller Kommentar Arbeitsrecht[2] ArbVG[2] § 115 Rz 11; *Schneller* in Gahleitner/Mosler, ArbVG III[5] § 115 Rz 4.

16 *Resch* in Strasser/Jabornegg/Resch, ArbVG-Kommentar § 115 Rz 28; *Schneller* in Gahleitner/Mosler, ArbVG III[5] § 115 Rz 9.

17 *Spindler* in Spindler/Stilz, AktG[3] § 113 Rz 13 ff.

18 *Wagner* in Semler/von Schenck, Arbeitshandbuch für Aufsichtsratsmitglieder[4] § 11 Rz 30; *Habersack* in MünchKomm AktG[4] § 113 Rz 10.

19 *Habersack* in MünchKomm AktG[4] § 113 Rz 10, § 111 Rz 44.

pakets unterschiedlicher Elemente der Gesamtvergütung gewährt werden. Wird die Festvergütung vereinbart, so muss sie den Anforderungen einer angemessenen Gegenleistung genügen, unabhängig davon, ob daneben eine variable Vergütung gewährt wird oder nicht, kann doch die variable erfolgsabhängige Vergütung ausbleiben. Nach überwiegender Ansicht von befragten Aufsichtsratsmitgliedern sollten Aufsichtsräte fix, somit ohne Bonussystem, vergütet werden.[20]

9 **Die variable Vergütung** ist darauf ausgerichtet, die Mitglieder des Aufsichtsrats am wirtschaftlichen Erfolg des Unternehmens zu beteiligen.[21] Das Gesetz sieht – anders als § 77 AktG für Vorstandsmitglieder – keine spezifischen Regelungen oder Vorgaben für eine variable Vergütung vor. Vielmehr gelten nur die allgemeinen Regelungen, wonach eine mit den Aufgaben der Aufsichtsratsmitglieder und mit der Lage der Gesellschaft in Einklang stehende Vergütung gewährt werden kann. Die Zulässigkeit von variablen Vergütungen ist anerkannt, der Corporate Governance-Kodex enthält sich zur Regelung von variablen Vergütungen im Allgemeinen einer Regelung. Eine sachgerechte Gestaltung einer variablen Vergütung ist etwa eine dividendenabhängige Tantieme. Dabei wird je Prozent der zur Ausschüttung vorgesehenen Dividende ein bestimmter Betrag als Tantieme der Aufsichtsratsmitglieder angesetzt.[22] Ein Modell bildet die Vergütung nach dem absoluten Ertrag der Aktionäre (Total Shareholder Return). Dieses ermittelt sich nach der Formel: (Ende Aktienkurs – Anfangsaktienkurs + Dividenden) : Anfangsaktienkurs.[23] Sinnvoll und sachgerecht sind variable erfolgsbezogene Regelungen, insbesondere wenn sie sich am nachhaltigen, dh langfristigen Unternehmenserfolg orientieren. Die variable Vergütung sollte dabei höchstens ein Drittel der Gesamtvergütung ausmachen.[24] Dabei sollen mehrere Bezugsgrößen herangezogen werden, die den langfristigen Unternehmenserfolg widerspiegeln, unter anderem den Total Shareholder Return.[25]

10 **Vorstand – Aufsichtsrat**: Eine Vergütung des Aufsichtsrats muss sich bei den Zielgrößen von jener des Vorstands unterscheiden. Die Vergütung, die ähnlich oder gleich der von Vorständen ist, würde angesichts der Interessenparallelität von Vorstand und Aufsichtsrat einen Interessenkonflikt für die unterschiedliche Aufgabenzuweisung im Unternehmen hervorrufen; der leitende und risikobewusste Vorstand muss einen Gegenpart im kontrollierenden Aufsichtsrat haben.[26]

11 **Sachleistungen**: Das Gesetz legt die Art der Vergütung nicht fest. Als Aufsichtsratsvergütung können neben einem **Geldbetrag** auch **Sachleistungen** gewährt werden. Zulässig ist es auch, anstatt von Geldleistungen ausschließlich eine

---

[20] www.kienbaum.at/event, Die Presse 17.4.2010, 13; ferner *Rapp*, Der Aufsichtsrat 6/2015, 89.

[21] *Wagner* in Semler/von Schenk, Arbeitshandbuch für Aufsichtsratsmitglieder[4] § 11 Rz 31.

[22] *Wagner* in Semler/von Schenk, Arbeitshandbuch für Aufsichtsratsmitglieder[4] § 11 Rz 33; *Vetter* in Marsch-Barner/Schäfer, Handbuch der börsenotierten AG[2] § 29 Rz 41.

[23] *Nowotny*, RdW 2014, 574.

[24] *E Vetter*, Der Aufsichtsrat 6/2015, 82 f; ferner *Rapp*, Der Aufsichtsrat 6/2015, 89.

[25] *Spindler* in Spindler/Stilz, AktG[3] § 113 Rz 48; *Mertens/Cahn* in KölnKomm AktG[3] § 113 Rz 22; *Habersack* in MünchKomm zum AktG[4] § 113 Rz 15; *Vetter* in Marsch-Barner/Schäfer, Handbuch der börsenotierten AG[2] § 29 Rz 41; *Vetter*, Der Aufsichtsrat 6/2015, 82 f.

[26] www.kienbaum.at/event, Die Presse 17.4.2010, 13.

Vergütung in Sachwerten zu erbringen.[27] Als Sachleistungen kommen etwa die Überlassung eines Dienstwagens oder sonstiger Geräte auch für private Zwecke, Deputate (Warenbezug) oder die Erbringung bestimmter Dienstleistungen (Datenbankzugang; Transportdienstleistungen, aber auch Gartenpflege) in Betracht. Zulässig ist etwa auch eine Hotelbenutzung oder die Benutzung von bestimmten Verkehrsmitteln. Schließlich ist auch die Übertragung von Aktien der Gesellschaft unter deren Wert zulässig.[28] Zu Aktienoptionen für Aufsichtsratsmitglieder vgl Rz 18 ff.

Wechsel Vorstand – Aufsichtsrat: Kein Bestandteil der Aufsichtsratsvergütung ist es, wenn ein Vorstandsmitglied im Zusammenhang mit dem Wechsel in den Aufsichtsrat eine Abfindung auf seinen noch laufenden Vorstandsvertrag enthält. Dies ist noch Teil des Vorstandsentgelts und ist daher an § 77 f AktG zu messen.[29] **12**

Sitzungsgeld wird in vielen Gesellschaften neben der festen oder variablen Vergütung gewährt. Sitzungsgeld, das über die Abgeltung der tatsächlichen Auslagen (Aufwand) hinausgeht, ist eine **zusätzliche feste Vergütung** der Aufsichtsratsmitglieder für die Aufsichtstätigkeit.[30] Das Sitzungsgeld muss daher entsprechend durch die Satzung oder durch einen Hauptversammlungsbeschluss legitimiert sein.[31] Neben der formalen Legitimation muss ein als Vergütung ausbezahltes Sitzungsgeld auch dem Gebot der Angemessenheit gem § 98 AktG genügen. Wird Sitzungsgeld hingegen nur als Aufwandersatz von der Gesellschaft an die Mitglieder des Aufsichtsrats geleistet, so ist keine weitere Legitimation erforderlich und haben die Aufsichtsratsmitglieder einen gesetzlichen Anspruch darauf; diesen Anspruch haben auch Arbeitnehmervertreter (vgl Rz 58). Aus Transparenzgründen ist es aber erforderlich, deutlich zu machen, ob ein Aufwandersatz oder eine Vergütungsleistung für die Aufsichtstätigkeit gewährt wird.[32] Möglich ist es auch, dass mit einem Sitzungsgeld nur Auslagen erstattet werden, dh dass mit dem Sitzungsgeld ein Aufwand abgegolten wird, der mit der Teilnahme und Vorbereitung an einer Sitzung einhergeht und die Zahlung sich betragsmäßig in diesem Rahmen hält.[33] Sitzungsgeld kann auch dann Aufwandersatz sein, wenn die Leistung pauschal und unabhängig von konkret belegten Auslagen gewährt wird. Maßgeblich ist die typische Höhe für eine Aufwandsabgeltung.[34] **13**

D&O-Versicherung: Nach einem Teil der Literatur bildet der Abschluss einer Rechtsschutz- oder Haftpflichtversicherung zugunsten eines Aufsichtsratsmit- **14**

---

27 *Kalss* in Doralt/Nowotny/Kalss, AktG² § 98 Rz 4; *Habersack* in MünchKomm AktG⁴ § 113 Rz 12.

28 *Habersack* in MünchKomm AktG⁴ § 113 Rz 12; *Peltzer*, NZG 2004, 509, 511.

29 *Habersack* in MünchKomm AktG⁴ § 113 Rz 9.

30 *Kalss* in Doralt/Nowotny/Kalss, AktG² § 98 Rz 7; *Habersack* in MünchKomm AktG⁴ § 113 Rz 11.

31 *Koch/Hüffer*, AktG¹¹ § 113 Rz 2b, 4; *Hopt/Roth*, Großkomm AktG⁴ § 113 Rz 29; *Habersack* in MünchKomm AktG⁴ § 113 Rz 11.

32 *Kalss* in Doralt/Nowotny/Kalss, AktG² § 98 Rz 7.

33 *Kalss* in Doralt/Nowotny/Kalss, AktG² § 98 Rz 7; *Habersack* in MünchKomm AktG⁴ § 113 Rz 11.

34 *Koch/Hüffer*, AktG¹¹ § 113 Rz 2b; *Hopt/Roth*, Großkomm AktG⁴ § 113 Rz 29.

glieds sowie die Prämienzahlung durch die Gesellschaft eine Entgeltleistung.[35] Nach heute wohl überwiegender Auffassung bildet der Abschluss einer D&O-Versicherung keine Entgeltleistung zugunsten der Aufsichtsratsmitglieder.[36] Vielmehr stellen die Prämienzahlungen durch die Gesellschaft einen betrieblichen Aufwand dar, der von der Gesellschaft zu tragen ist und vom Vorstand abgeschlossen werden kann.[37] Betont man den letztgenannten Aspekt und den Umstand, dass damit der Haftungsfonds zugunsten der Gesellschaft erweitert, die Möglichkeit der Geltendmachung einer Ausgleichsleistung auf eine realistische Ebene gehoben und der Pool geeigneter Mandatare erweitert werden kann und daher im Interesse der Gesellschaft liegt, fällt der Abschluss einer Versicherung in die Zuständigkeit des Vorstands.[38] Die Hauptversammlung ist daher nicht damit zu befassen (aA *Ramharter* Rz 47/15).[39] Trotz dieser Überlegung wird aber die Entgeltqualifikation der Prämienleistung zum Teil befürwortet (*Ramharter* Rz 47/15).

15 **Zeitraum der Vergütung**: Die Hauptversammlung muss im Beschluss festlegen, **für welchen Zeitraum** die von ihr festgelegte Vergütung gewährt werden soll, wann die Vergütung fällig ist bzw Teilleistungen zu zahlen sind. Möglich ist die Gewährung der Vergütung sowohl für das **laufende** als auch für das **vergangene Jahr**, zulässig ist aber auch eine Beschlussfassung für einen künftigen Zeitraum. Ein derartiger Vergütungsanspruch kann geändert werden, solange das Geschäftsjahr, für das die Vergütung bezahlt werden soll, nicht begonnen hat. Grundsätzlich steht die Aufsichtsratsvergütung in der freien Verfügung des Mandatars. In Konzernen ist es aber durchaus zulässig und zum Teil üblich, dass die Aufsichtsratsmitglieder, die aus dem Mutterunternehmen kommen, die Aufsichtsratsvergütung dem herrschenden Unternehmen überlassen, zumal diese Tätigkeit Teil der generellen Tätigkeit der Person für das Mutterunternehmen oder die Unternehmensgruppe insgesamt ist.[40]

16 **Aliquote Vergütung**: Scheiden Aufsichtsratsmitglieder vor Ende des Geschäftsjahres oder vor Ende der Wahlperiode vorzeitig aus der Gesellschaft aus, so steht den Aufsichtsratsmitgliedern bei entsprechend allgemeiner Beschlussfassung der Hauptversammlung oder bei entsprechender Satzungsbestimmung ein aliquoter Entgeltanspruch zu.[41] Widrigenfalls würden sie in unsachlicher Weise ein höheres Entgelt als die sonstigen Mitglieder erhalten. Später bestellte (gewählte) oder entsandte Mitglieder haben ebenfalls nur Anspruch auf einen aliquoten Anteil der Jahresvergütung. Das gleiche gilt auch für Mitglieder des Aufsichtsrats, die durch gerichtliche Bestellung gem § 89 AktG bestellt werden oder aufgrund

---

35 OGH 30.6.1999, 9 Ob a 68/99m, RWZ 1999, 360 für die Rechtsschutzversicherung des Vorstands.

36 Vgl *Kalss* in Kalss/Nowotny/Schauer, Österreichisches Gesellschaftsrecht Rz 3/505.

37 *Von Schenck* in Semler/von Schenck, Der Aufsichtsrat § 116 Rz 826; *Hemeling* in FS Hoffmann-Becking 491, 495.

38 *Kalss* in Kalss/Nowotny/Schauer, Österreichisches Gesellschaftsrecht Rz 3/505; *Von Schenck* in Semler/von Schenck, Der Aufsichtsrat § 116 Rz 826; s ferner *W Doralt* in Semler/von Schenck, Arbeitshandbuch für Aufsichtsratsmitglieder[4] § 15 Rz 71 ff.

39 *Nowotny*, in FS Fenyves 661, 669; aA Vorauflage § 38 Rz 12.

40 *Kalss* in Doralt/Nowotny/Kalss, AktG[2] § 98 Rz 18.

41 Vgl dazu auch *Kissner/Stegner*, ecolex 2016, 50, 52.

einer Anfechtungsklage und Aufhebung einer Wahl und gleichzeitigen Bestellung einer anderen Person (eines anderen Kandidaten) erst später in das Gremium kommen, selbst wenn die Anfechtung des Hauptversammlungsbeschlusses und damit verknüpft die Wahl des anderen Kandidaten als von Anfang an fingiert werden. Erst ab tatsächlicher Amtsausübung hat eine Person Anspruch auf Vergütung.

Die **Fälligkeit der Vergütung** richtet sich nach der einzelnen Vergütungsform. Primär entscheidet darüber die Satzung oder der Hauptversammlungsbeschluss. Eine feste Vergütung ohne spezifische Regelung wird mit dem Ablauf des Jahres der Tätigkeit (Geschäftsjahres) fällig, dh im Nachhinein.[42] Eine gewinnabhängige variable Vergütung wird mit der Feststellung des Jahresabschlusses für das Jahr fällig, für das sie gezahlt wird, sofern die Vergütung daran hängt. Dividendenbezogene Vergütungen hängen vom Gewinnausschüttungsbeschluss der Hauptversammlung für das jeweilige Jahr ab. Ab diesem Zeitpunkt steht der Anspruch zu und kann durchgesetzt werden. Aktienoptionen können jeweils nach den Regelungen der Optionsbedingungen gezogen werden. Wird eine Vergütung ohne Rechtsgrund ausbezahlt, dh ohne Satzungsbestimmung oder ohne Hauptversammlungsbeschluss, hat das Aufsichtsratsmitglied den Betrag der Gesellschaft rückzuerstatten. Zudem besteht bei einer Pflichtverletzung anlässlich der Auszahlung eine Haftung der Organträger (Vorstand, Aufsichtsrat). **17**

C. Aktienoptionen

Das Gesetz anerkennt in § 98 Abs 3 AktG ausdrücklich die **Zulässigkeit** der Einräumung von **Aktienoptionen**.[43] Wie andere Vergütungsbestandteile auch, unterliegt die Gestaltung von Aktienoptionen zugunsten von Aufsichtsratsmitgliedern der generellen Angemessenheitsgrenze für Vergütungen von Aufsichtsratsmitgliedern, nämlich der Tätigkeit und der Lage der Gesellschaft. Das deutsche AktG sieht im Unterschied dazu keine Aktienoptionen für Aufsichtsratsmitglieder vor; der BGH sprach sich gegen die Zulässigkeit für Aktienoptionen zugunsten des Aufsichtsrats aus.[44] **18**

Der Corporate Governance-Kodex spricht sich klar **gegen die Gewährung** von Stock Options-Pläne zugunsten von Aufsichtsratsmitgliedern aus, indem er mit einer C-Regelung normiert, dass grundsätzlich keine Stock Options-Pläne für Aufsichtsratsmitglieder vorgesehen werden. Werden sie ausnahmsweise gewährt, sind diese in allen Einzelheiten von der Hauptversammlung zu beschließen. In der Praxis werden von einzelnen börsenotierten Gesellschaften dem Aufsichtsrat bzw dessen Mitgliedern, gelegentlich durchaus Aktienoptionen gewährt. Zu beschließen hat darüber die Hauptversammlung. **19**

Dabei ist es von herausragender Bedeutung, dass bei der Beschlussfassung **keine** offenen oder verdeckten **Interessenkonflikte**, die nicht in offener Form bewältigt werden, bestehen, zumal eine effiziente und **wirksame Kontrolle** eine **bestimmte Distanz** verlangt, die aber gerade bei einer gemeinsamen Erfolgsbe- **20**

[42] *Kalss* in Doralt/Nowotny/Kalss, AktG² § 98 Rz 16; *Habersack* in MünchKomm AktG⁴ § 113 Rz 44.

[43] *Kalss* in Doralt/Nowotny/Kalss, AktG² § 98 Rz 34; *Nowotny*, RdW 2014, 574.

[44] BGHZ 158, 122, 126 = NJW 2004, 1109, 1110.

teiligung und dadurch hergestellter vollkommener paralleler Interessenlage verloren gehen kann. Insofern ist die Einräumung von Aktienoptionen zugunsten von Aufsichtsratsmitgliedern mit äußerster Sorgfalt vorzunehmen und zurückhaltend einzusetzen. Bei der konkreten Gestaltung ist darauf zu achten, dass keine zu parallele Interessenlage zum Vorstand entsteht, verwischt doch auch dadurch die notwendige Distanz einer wirksamen Kontrolle. Die Hauptversammlung, somit im Regelfall der Großaktionär, entscheidet darüber, ob er die Aufsichtsratsmitglieder in den Kreis der Bezieher von Aktienoptionen einbeziehen will.

21 Da der Vorstand gem § 98 Abs 3 AktG den Bericht, somit die maßgebliche Entscheidungsgrundlage, aufzubereiten hat, hat er die genauen Bezugsgrößen und den Wirkungsmechanismus detailliert und für den durchschnittlich verständigen Aktionär verständlich darzustellen.[45] Wie bei der sonstigen Vergütung hat neben dem Vorstand gem § 108 Abs 1 AktG auch der Aufsichtsrat einen Vorschlag zur Beschlussfassung zu machen. Eine Begründung für den Beschlussvorschlag muss der Aufsichtsrat nicht geben.[46] Der Vorstand hat in dem Bericht eine Erläuterung und damit eine Begründung für die Aktienoptionen zu geben.

D. Konzernbezogene Vergütung

22 Schuldnerin der in der Satzung festgelegten oder von der Hauptversammlung beschlossenen Vergütung ist die Gesellschaft. Zulässig ist es aber auch, dass die **Konzernmutter** die Vergütungsleistung übernimmt. Vielfach wird im Rahmen der Konzernumlage oder durch sonstige Übernahme- und Rückvergütungsvereinbarungen eine verursachungsadäquate Rückverrechnung vorgenommen.

23 Soll eine **Tochtergesellschaft** auch die Vergütung für die Mitglieder des Aufsichtsrats der Muttergesellschaft tragen, ohne dass ein entsprechender Ausgleich geleistet wird, stellt dies einen Verstoß gegen das Verbot der Einlagenrückgewähr dar.

24 Von besonderer Bedeutung ist dabei die Frage, ob in die Vergütung des Aufsichtsrats einer Tochtergesellschaft auch Vergütungselemente einfließen können, die sich auf die wirtschaftliche Lage der Muttergesellschaft beziehen, dh wenn die **variable Komponente** von **Erfolgskriterien** nicht allein an der eigenen Gesellschaft, sondern am Gesamtkonzern ausgerichtet ist. Typisch ist dies gerade für Aktienoptionen. Diese werden Aufsichtsräten von – nicht börsenotierten – Tochtergesellschaften regelmäßig als Optionen auf Aktien der börsenotierten Muttergesellschaft eingeräumt. Der Aufsichtsrat der Tochtergesellschaft hat jedenfalls das Interesse der Tochtergesellschaft zu verfolgen und seine Aufgabe, den Vorstand der Tochtergesellschaften zu überwachen, sich vor allem darauf bezieht, das Interesse der Gesellschaft zu verfolgen und das Interesse der eigenen Gesellschaft gegenüber dem Konzern zu betonen.[47] Der Aufsichtsrat der Tochtergesellschaft hat somit eine Sicherungs- und Überwachungsaufgabe gegenüber der herrschen-

---

45 *Kalss* in Doralt/Nowotny/Kalss, AktG² § 98 Rz 36.

46 *Bydlinski/Potyka* in Jabornegg/Strasser, AktG⁵ § 108 Rz 4; *Kubis* in MünchKomm AktG³ § 124 Rz 39.

47 *Semler*, Leitung und Überwachung der Aktiengesellschaft² Rz 458; *Spindler* in FS K Schmidt 1548.

den Konzernmutter. Daher ist sorgfältig zu überlegen, ob die Tätigkeit des Aufsichtsrats über den Riemen der Vergütung an das Interesse der Muttergesellschaft rückgekoppelt werden soll. Sofern eine Erfolgskomponente, ausgerichtet an dem wirtschaftlichen Erfolg der Mutter in die Vergütung des Aufsichtsrats eines Tochterunternehmens eingebaut werden soll, darf dieser variable Vergütungsbestandteil nicht überwiegen, zumal sonst eine Anreizverzerrung für die Aufsichtsratstätigkeit bestünde.[48]

Grundsätzlich kann das Aufsichtsratsmitglied über seinen Vergütungsanspruch **frei verfügen**, den Anspruch somit durchsetzen, abtreten oder verpfänden. Zulässig ist es auch, sich zu verpflichten, die Vergütung ganz oder teilweise an einen anderen Rechtsträger **abzuführen**. Vielfach werden etwa Einkünfte von Vorstandsmitgliedern der Muttergesellschaft aus Mandaten in Konzernunternehmen an die Konzernmutter abgeführt oder unmittelbar auf die Vorstandsbezüge in der Muttergesellschaft angerechnet.[49] 25

Zusätzliche Vergütung: Zulässig ist es auch, dass die vom Konzern nominierten Aufsichtsratsmitglieder – ebenso wie sonstige von einzelnen Gesellschaften entsandte oder nominierte Mitglieder – von der nominierenden Gesellschaft oder dem einzelnen Gesellschafter vergütet werden. Diese Vergütung wird nicht von der beaufsichtigten, sondern von der nominierenden Gesellschaft bezahlt (vgl *Kalss* Rz 9/72 ff).[50] Zum Teil werden auch von großen institutionellen Investoren, die selbst keinen eigenen Repräsentanten im Aufsichtsratsgremium vertreten haben und auch nicht haben wollen, Verträge mit Aufsichtsratsmitgliedern über eine gesonderte Vergütung abgeschlossen (ergänzende Vergütung). Im Regelfall wird diese ergänzende Vergütung in einen Beratervertrag gekleidet.[51] 26

E. Höhe der Aufsichtsratsvergütung

Grundsätzlich ist davon auszugehen, dass die Tätigkeit der Aufsichtsratsmitglieder entgeltlich ist.[52] Die Höhe der Aufsichtsratsvergütung ist gesetzlich nicht festgelegt. Die Tätigkeit soll bei Erwartung professioneller Leistung dementsprechend angemessen abgegolten werden.[53] Das Gesetz enthält gem § 98 AktG Richtlinien für die Gewährung der Vergütung. Die Festlegung ist eine unternehmerische Entscheidung. Eine zwingende unabdingbare Verpflichtung zur Gewährung einer Vergütung besteht nicht. Zum Teil wird die Entgeltlichkeit jedenfalls für den Aufsichtsratsvorsitzenden anerkannt.[54] Die Hauptversammlung kann beschließen, 27

48 *Spindler* in FS K Schmidt 1548 f mit noch viel strengerer Tendenz.

49 *Kalss* in FS Hoffmann-Becking 630, 646; *Schima* in Kalss/Kunz, Handbuch für den Aufsichtsrat[1] (Vorauflage) § 12 Rz 88; *Habersack* in MünchKomm AktG[4] § 113 Rz 46; *Spindler* in Spindler/Stilz, AktG[3] § 113 Rz 7.

50 *Kalss* in FS Hoffmann-Becking 647; *Kalss* in Doralt/Nowotny/Kalss, AktG[2] § 88 Rz 27; *Strasser* in Jabornegg/Strasser, AktG[5] §§ 87-89 Rz 22; *Kiem*, Der Aufsichtsrat 6/2015, 84 f.

51 *Kiem*, Der Aufsichtsrat 6/2015, 84; *Kiem*, in FS Stilz 329 ff.

52 *Kalss* in Doralt/Nowotny/Kalss, AktG[2] § 98 Rz 10; *Schima* in GesRZ-Sonderheft 2001, 19, 26.

53 *Kalss*, AR Aktuell 1/2010, 5.

54 *Saxinger/Helml* in Kalss/Kunz, Handbuch für den Aufsichtsrat[1] § 20 Rz 21 ff; *U Torggler/Trenker* in Konecny, Insolvenzforum 2014, 76.

keine Vergütung zu gewähren. Eine derartige Regelung kann in der Satzung normiert werden.[55]

28 Das Gesetz sieht **zwei Parameter** für die Festlegung der Vergütung vor. Die Vergütung muss einerseits mit den **Aufgaben der Aufsichtsratsmitglieder** und andererseits mit der **Lage der Gesellschaft** in Einklang stehen. Damit ist einerseits die Person und die persönliche Tätigkeit eines Mandatars, zugleich die Lage der Gesellschaft von Bedeutung. Nicht die Tätigkeit des Aufsichtsrats als solche, sondern die Tätigkeit eines einzelnen Mitglieds schlägt auf die Höhe der Aufsichtsratsvergütung durch.[56] Maßgeblich ist somit die Beanspruchung des einzelnen Mitglieds in seiner konkreten Funktion. Die wirtschaftliche Lage der Gesellschaft gibt eine zweite Grenze vor. Nach der wirtschaftlichen Lage in der Branche oder nach der Ertragssituation der einzelnen Gesellschaft sind Differenzierungen möglich. Zu bedenken ist dabei aber, dass gerade im Fall wirtschaftlich schwieriger Zeiten, somit in der Krise, die Intensität der Aufsichtsratstätigkeit deutlich zunimmt.[57] Der schlechten wirtschaftlichen Lage der Gesellschaft ist dann die persönliche Inanspruchnahme der einzelnen Aufsichtsratsmitglieder gegenüberzustellen. Das Gesetz sieht anders als für den Vorstand gem § 78 AktG keine weitergehende inhaltliche Determinierung vor; § 78 AktG ist weder analog noch sinngemäß anzuwenden.[58] § 98 AktG bezieht sich auf die gesamte von der Gesellschaft an den Aufsichtsrat zu erbringende Vergütung, nicht auf die Vergütung zugunsten des einzelnen Mitglieds. Sachgerechter Maßstab ist die Vergütung vergleichbarer Unternehmen der Branche, der Marktausrichtung, des Internationalisierungsgrades – bezogen auf Produktion und Absatz, der Einschaltintensität des Aufsichtsrats etc.[59]

29 **Gleichbehandlung der Mitglieder**: Grundsätzlich haben die Aufsichtsratsmitglieder einen Anspruch auf Gleichbehandlung, auch bezogen auf ihre Vergütung.[60] Unterschiedlich hohe Bezüge sind zulässig, wenn sie sachlich gerechtfertigt sind.[61] Ein Beispiel ist etwa die zeitliche Differenzierung bei vorzeitigem Ausscheiden oder späterem Eintritt. Das Gesetz anerkennt die Differenzierung zwischen Kapitalvertretern und Arbeitnehmervertretern. Der Grundsatz bezieht sich aber nur auf die Kapitalvertreter, zumal Arbeitnehmervertreter ohnehin ohne gesondertes Entgelt tätig sind. Die grundsätzliche Anerkennung des Gleichbehandlungsgebots setzt die gleiche Tätigkeit voraus, sodass **aufgabenbezogene Differenzierungen aufgrund sachlicher Rechtfertigung** jedenfalls zulässig sind.[62] Insbesondere

55 *Kalss* in MünchKomm AktG[4] § 113 Rz 67; *Strasser* in Jabornegg/Strasser, AktG[5] §§ 98, 99 Rz 23; *Krejci*, ecolex 1991, 777; *Kalss* in Kalss/Nowotny/Schauer, Österreichisches Gesellschaftsrecht Rz 3/495.

56 *Kalss* in Doralt/Nowotny/Kalss, AktG[2] § 98 Rz 11; *Strasser* in Jabornegg/Strasser, AktG[5] §§ 98, 99 Rz 23; *Kastner* in FS-Strasser II 843, 860.

57 *Kalss* in Doralt/Nowotny/Kalss, AktG[2] § 95 Rz 18 ff.

58 *Nowotny*, RdW 2014, 572; *Spindler* in Spindler/Stilz, AktG[3] § 113 Rz 27.

59 *Kalss* in Doralt/Nowotny/Kalss, AktG[2] § 98 Rz 11; *Nowotny*, RdW 2014, 573; *Mertens/Cahn* in KölnKomm zum AktG[3] § 113 Rz 30.

60 Vgl *Hopt/Roth* in GroßKomm AktG[4] § 113 Rz 67 ff; *Habersack* in MünchKomm AktG[4] § 113 Rz 38 ff.

61 *Kort* in FS Hüffer 486; *Hopt/Roth* in GroßKomm[4] § 113 Rz 67 ff.

62 *Kalss* in Doralt/Nowotny/Kalss, AktG[2] § 98 Rz 12; *Hopt/Roth* in GroßKomm AktG[4] § 113

ist es angemessen, dass der **Aufsichtsratsvorsitzende** das **zwei- bis vierfache** erhält,[63] der Stellvertreter sowie Ausschussmitglieder je nach Arbeitsanfall in den verschiedenen Ausschüssen oder einzelne Aufsichtsratsmitglieder, die Aufgaben gem § 95 Abs 3 AktG ausführen (Einsichtnahme, Sonderberichterstattung), eine höhere Vergütung erhalten, somit eine **funktionsbezogene Abstufung** vorgenommen wird.[64] Verschiedenen Ausschussvorsitzenden kann – je nach Arbeitsanfall – eine unterschiedlich hohe Vergütung gewährt werden.[65] Hingegen darf einem Aufsichtsratsmitglied bloß wegen seiner besonderen Bekanntheit oder seines „Marktwerts" oder seines höheren „Dienstalters" keine höhere Vergütung als den anderen Mitgliedern des Gremiums gewährt werden, ohne dass sich dies in einer spezifischen Tätigkeit für den Aufsichtsrat und somit für die Gesellschaft niederschlagen würde.[66] Da alle Aufsichtsratsmitglieder – abgesehen vom Vorsitzenden und Stellvertreter (Ausschussvorsitzender) – die gleichen Aufgaben haben, sind sie dafür gleich zu entgelten.[67] In der Bekanntheit einer Person liegt keine sachliche Differenzierung. Sie könnte aber in der internationalen Erfahrung, die für das Gremium nun besonders notwendig ist oder die Bewältigung besonderer Aufgaben in einer Projekt- oder Strategiearbeit, liegen.[68] Nur eine unsachliche Ungleichbehandlung ist verboten. Zulässig ist es hingegen, spezifische Qualifikationen einzelner Aufsichtsratsmitglieder, die sich auch in einer besonderen Tätigkeit niederschlagen, gesondert abzugelten. So kann etwa der Finanzexperte für seine Tätigkeit im Prüfungsausschuss gesondert abgegolten werden, da er nicht nur ein spezifisches Knowhow für die Gesellschaft, das für die Tätigkeit des Aufsichtsrats unabdingbar ist, zur Verfügung stellt, sondern vom betreffenden Mandatar auch ein **überdurchschnittlicher Einsatz für die Gesellschaft** verlangt wird, die mit der Einbringung eines ganz besonderen Know-Hows einhergeht (**qualifikationsbezogene Abgeltung**).[69] Eine unterschiedlich hohe Vergütung ist nach den genannten Kriterien zulässig, aber nicht zwingend geboten.[70] Sinnvoll ist eine ausdrücklich satzungsmäßige Anerkennung einer differenzierten Vergütung bei Erbringung besonderer bzw verschiedener Aufgaben,[71] die noch konkretisiert werden sollen.

Kodex: In ähnlicher Weise wie das Gesetz, sieht der Corporate Governance- **30**
Kodex in inhaltlich gleicher, nur im Wortlaut abweichender Textierung in Pkt 50

Rz 67; *Wagner* in Semler/von Schenk, Arbeitshandbuch für Aufsichtsratsmitglieder[4] § 11 Rz 14.

63 *Vetter*, ZIP 2008, 1, 6; *Kort* in FS Hüffer 490.

64 *Kalss* in Doralt/Nowotny/Kalss, AktG[2] § 98 Rz 12; *Nowotny*, RdW 2014, 574; *Strasser* in Jabornegg/Strasser, AktG[5] §§ 98, 99 Rz 17; *Lutter/Krieger/Verse*, Rechte und Pflichten des Aufsichtsrats[6], Anhang.

65 *Kort* in FS Hüffer 490.

66 *Wagner* in Semler/von Schenk, Arbeitshandbuch für Aufsichtsratsmitglieder[4] § 11 Rz 14; *Kort* in FS Hüffer 488; *Hopt/Roth* in GroßKomm[4] § 113 Rz 70; s aber auch *Lutter/Krieger/Verse*, Rechte und Pflichten des Aufsichtsrats[6] Rz 843; für eine Differenzierung *Haarmann* in FS Hüffer 243 ff.

67 *Kort* in FS Hüffer 487.

68 *Nowotny*, RdW 2014, 574 f.

69 *Kalss* in Doralt/Nowotny/Kalss, AktG[2] § 98 Rz 12 f; s ferner *Haarmann* in FS Hüffer 243 ff.

70 *Kort* in FS Hüffer 489.

71 *Nowotny*, RdW 2014, 575.

eine L-Regelung vor, dass die **Vergütung** der **Verantwortung** und dem **Tätigkeitsumfang** sowie der wirtschaftlichen Lage des Unternehmens Rechnung tragen muss. Deutlich wird aus dieser Formulierung somit die Berechtigung einer Differenzierung sowohl nach Funktion als auch Qualifikation. Die Regelung Pkt 50 des Corporate Governance-Kodex ändert aber trotz der unterschiedlichen Textierung an den gesetzlichen Vorgaben nichts. Die Vorschrift soll über geltendes Gesetzesrecht nicht hinausgehen und ist nicht in dem Sinn zu verstehen, dass grundsätzlich jedes Aufsichtsratsmitglied je nach individueller Verantwortung und Tätigkeitsumfang zu entlohnen ist.[72]

31 Die Zuerkennung einer **Gesamtvergütung** zugunsten des gesamten Aufsichtsrats ist zulässig, sofern den entscheidungszuständigen Aktionären der **Verteilungsschlüssel** bekannt ist und dieser auch nachvollziehbar ist. Ist die Gesamtvergütung bereits in der Satzung festgelegt und wird nur der interne Verteilungsschlüssel geändert, so ist dies den Aktionären im Bericht des Aufsichtsrats zur Kenntnis zu bringen. Ist der Verteilungsschlüssel bereits in der Satzung festgelegt, so bedarf die Änderung ebenfalls der Satzungsänderung.[73]

32 Die mediane Vergütung[74] eines einfachen Aufsichtsratsmitglieds einer österreichischen Gesellschaft im ATX betrug im Jahr 2015 39.000 Euro. Ein Aufsichtsratsvorsitzender erhielt 70.000 Euro. In Deutschland lagen die Werte bei 140.000 Euro und 365.000 Euro (Vorsitz), wobei aber zu bedenken ist, dass die deutschen Gesellschaften größer sind.[75]

33 In der rechtspolitischen Diskussion über die **Höhe der Aufsichtsratsvergütung** wird immer wieder die Frage aufgeworfen, ob die in der Praxis gewährte Aufsichtsratsvergütung nicht zu niedrig bemessen sei (vgl *Reichl* Rz 49/25 ff; *Stadler* Rz 5/42 ff).[76] Die Aufsichtsratstätigkeit ist nicht bloß Begleiterscheinung einer sonstigen Tätigkeit, eine Ehrung oder eine Auszeichnung, sondern eine eigenständige Tätigkeit mit eigenem Aufgabenprofil.[77] Die zunehmende **Professionalisierung** spricht für eine leistungsadäquate Vergütung. Aufsichtsratsmitglieder, die wie Freiberufler, zB wie Rechtsanwälte oder Wirtschaftsprüfer, arbeiten, müssen auch dementsprechend bezogen auf die eingesetzte Zeit verdienen.[78] In der Praxis wird zunehmend das Modell der leistungsorientierten Vergütung angewendet, die sich insbesondere am Zeitaufwand für die Aufsichtsratstätigkeit orientiert.[79]

---

72 *Wagner* in Semler/von Schenck, Arbeitshandbuch für Aufsichtsratsmitglieder[4] § 11 Rz 58 zur vergleichbaren deutschen Textierung.

73 *Kalss* in Doralt/Nowotny/Kalss, AktG[2] § 98 Rz 14; aA *Strasser* in Jabornegg/Strasser, AktG[5] §§ 98, 99 Rz 21.

74 Der Median ist der Wert, der genau in der Mitte liegt, wenn alle erhobenen Daten vom Kleinsten zum größten Wert gereiht werden. Anders als beim Durchschnitt verzerren Ausreißer nicht das Bild.

75 *Hecht*, Die Presse vom 26.3.2015.

76 *Hopt/Roth* in GroßKomm[4] § 113 Rz 57; *Spindler* in Spindler/Stilz, AktG[3] § 113 Rz 2; *Hoffmann-Becking*, ZHR 2005, 155, 147.

77 *Roth/Wörle* in Büchele/Mildner/Murschitz/Roth/Wörle, Corporate Governance 84.

78 *Kort* in FS Hüffer 493.

79 Arbeitskreis „Externe und Interne Überwachung der Unternehmung" der Schmalenbach-Gesellschaft für Betriebswirtschaft e.V., DB 2006, 1623, 1629 f.

Rahmenkalkulation: In Form einer Rahmenkalkulation wird der Zeitaufwand ermittelt:[80] 34

- Reguläre Sitzungen (4-6) im Plenum, in den Ausschüssen und Teilnahme an Hauptversammlung
- Außerordentliche Aufsichtsrats- und Ausschusssitzungen (Erfahrungswert)
- Vor- und Nachbereitung der einzelnen Sitzungen (Erfahrungswert)
- Zeitliche Inanspruchnahme insgesamt außerhalb der Sitzungen (Erfahrungswert)

Aus diesen **Einzelpositionen** ergibt sich ein Gesamtzeitaufwand (= Tage insgesamt). Auf der Grundlage dieses Zeitaufwandes sind dann die Kosten zu ermitteln. Grob lassen sich dafür drei Positionen festmachen: 35

- Tagessatz, der sich je nach Schwierigkeitsgrad und Komplexität der Aufgabe richtet (2.500 – 4.000 Euro ähnlich Wirtschaftsanwalt, Unternehmensberater)
- Haftzuschlag
- Bereitschaftszuschlag

Der Gesamtsatz multipliziert mit den **Einsatztagen** ergibt dann die angemessene Vergütung. Naturgemäß sind Tagessätze bei großen, börsenotierten, international tätigen Unternehmen wegen der großen Komplexität höher als bei einfachen ausgerichteten Unternehmen.

Dabei wird ein für die Tätigkeit der Aufsichtsratsmitglieder durchschnittlicher **Stundensatz** festgelegt und auf die tatsächlich geleistete Tätigkeit umgelegt. Erfasst wird nicht bloß die eigentliche Sitzungszeit, sondern auch die Zeit für die angemessene Vor- und Nachbereitung von Sitzungen oder sonstigen entscheidungs- oder beratungserheblichen Angelegenheiten. Die Entgeltleistung nach Zeiteinheit soll für die Aufsichtsratsmitglieder gleich sein. Notwendig ist es naturgemäß gerade für diese Art der Festlegung der Vergütung, dass die einzelnen Aufsichtsratsmitglieder klar nachvollziehbare genaue **Aufzeichnungen** über die tatsächlich erbrachte Aufsichtstätigkeit führen. Für Angehörige beratender Berufe (Anwälte, Unternehmensberater, Wirtschaftstreuhänder) ist dies meist eine Selbstverständlichkeit – für Manager oder Unternehmer, die sonst nicht „nach Zeit" entlohnt werden, birgt diese Vergütungsvariante eine – vielfach – ungewohnte Obliegenheit. Diese Aspekte sind bei der Bindung der Hauptversammlung an das Unternehmensinteresse sowie bei der Frage der Treuebindung der Gesellschafter beim Hauptversammlungsbeschluss über die Aufsichtsratsvergütung zu berücksichtigen. Sie sind aber **keine** rechtliche Basis für einen vorgegebenen **Mindestlohn** für Aufsichtsräte.[81] Umgekehrt ist es wenig sachgerecht, bei jeder Gesellschaft jedenfalls ein absolutes **Cap** für Aufsichtsratsvergütungen festzulegen.[82] Sinnvoll ist aber eine absolute Deckelung bei Großunternehmen, bei denen hohe Beträge zusammenkommen.[83] Die Höhe der Aufsichtsratsvergütung als solche ist hingegen nicht in Frage zu stellen. **Bewegliche Vergütungscaps** lassen sich auch aus den beiden Angemessenheitskriterien gem § 98 ableiten. 36

---

[80] S etwa *Evers*, Der Aufsichtsrat 6/2015, 86 f.

[81] *Kort* in FS Hüffer 493.

[82] *Hopt/Roth* in GroßKomm[4] § 113 Rz 62.

[83] *Evers*, Der Aufsichtsrat 6/2015, 87.

37 **Zeitaufwand**: Für die Tätigkeit eines einfachen Aufsichtsratsmitglieds, das eine entsprechende Zeit als strategischer Begleiter und Überwacher des Unternehmens einsetzt, ist es sinnvoll, eine entsprechende nach jeweiligem **Zeiteinsatz bemessene Vergütung** festzulegen. Innerhalb eines bestimmten grob gezogenen Rahmens wird dann die Höhe der Vergütung pro Stunde oder Tag (Halbtag) festgelegt.

38 **Vergütung – sonstige Leistung**: Nur eine Tätigkeit, die im Rahmen der Aufsichtsratsaufgaben erbracht wird, darf gem § 98 AktG **vergütet** werden. Die Höhe nach Zeiteinsatz beläuft sich etwa auf einen Satz von rund 3.000 für einen vollen Tag (3.500 – 5.000) (vgl *Reichl* Rz 49/36). Sonstige Leistungen, die ein Aufsichtsratsmitglied gegenüber der Gesellschaft erbringt und außerhalb der Aufsichtstätigkeit liegen, dürfen auf Basis von § 95 Abs 5 Z 12 AktG (§ 30j Abs 5 Z 10 GmbHG) gesondert abgegolten werden (*Kalss* Rz 13/14).

39 **Steuerliche Behandlung**: Entgeltleistungen für die Aufsichtsratstätigkeit sind Einkünfte aus einer vermögensverwaltenden Tätigkeit und unterfallen den Einkünften aus sonstiger selbständiger Arbeit gem § 22 Z 2 EStG. Die Aufsichtsratsvergütungen sind gem § 6 Abs 1 Z 9 lit b UStG von der USt befreit. Es handelt sich dabei um eine unechte Steuerbefreiung, somit um eine Steuerbefreiung ohne Vorsteuerabzug. Aufsichtsratsvergütungen sind mit Blick auf die KöSt zur Hälfte abzugsfähig (vgl *Kunz* Rz 4/122 f). Zur steuerlichen Behandlung der Vergütung der Aufsichtsratsmitglieder vgl *Kunz* Rz 4/123. Die Unterscheidung von Vergütung und Auslagenersatz der Aufsichtsratsmitglieder ist im Steuerrecht von Bedeutung. Den Aufsichtsratsmitgliedern gezahlte Auslagen sind voll abzugsfähig.[84] Im Unterschied dazu sind Vergütungen bei der Ermittlung des steuerpflichtigen Einkommens zur Körperschaftssteuer nur zur Hälfte als Betriebsausgabe abzugsfähig (vgl *Kunz* Rz 4/122 ff).

F. Zuständigkeit der Festlegung der Vergütung

40 Die Vergütung des Aufsichtsrats kann entweder durch die Satzung oder durch einen Hauptversammlungsbeschluss festgelegt werden. Beim ersten Aufsichtsrat hat die Hauptversammlung, die über die Entlastung der Mitglieder des ersten Aufsichtsrats beschließt, die Vergütung festzulegen.

41 **Vorschlagsrecht der Verwaltung**: Selbst wenn die Hauptversammlung durch einfachen Beschluss oder eine Satzungsregelung entscheidet, darf nicht übersehen werden, dass die Hauptversammlung nur aufgrund eines Beschlusses entscheiden kann. Ein Beschluss bedarf eines Antrags. Regelmäßig haben der Vorstand und der Aufsichtsrat gemäß § 109 AktG den Beschlussantrag zu formulieren und zu begründen. Die Hauptversammlung ist nicht an die Vorschläge gebunden, dennoch liegt die Entscheidungsgewalt nur formal tatsächlich bei den Aktionären. Vielmehr liegt die Verantwortung für die Festlegung einer angemessenen Vergütung daher vor allem beim Vorstand und beim Aufsichtsrat selbst.[85] Die Arbeitnehmervertreter sind bei der Beschlussfassung über den Vorschlag (Antrag zur

---

84 Vgl zum deutschen Recht *Fonk*, NZG 2009, 761, 76; *Thüsing/Veil*, AG 2008, 359, 360.
85 *Evers*, Der Aufsichtsrat 6/2015, 88.

Hauptversammlung) teilnahme- und stimmberechtigt. Sie dürfen über die Höhe des Entgelts, auf das sie selbst von Gesetzes wegen keinen Anspruch haben, im Rahmen des Vorschlagsrechts mitentscheiden. Der Interessenkonflikt ist nicht anders als bei den Aufsichtsratsmitgliedern, die die eigene Vergütung vorschlagen. Eine Stimmenthaltung der Arbeitnehmervertreter ist zulässig. Zu bedenken ist dabei auch, dass künftigen Aufsichtsratsmitgliedern häufig ein bestimmtes Entgelt in Aussicht gestellt wird. Diese Aussicht ist bedingt durch den Hauptversammlungsbeschluss.

1. Satzung

Die Festlegung der Vergütung in der **Satzung** kann bei Gründung oder durch 42
spätere Satzungsänderung vorgenommen werden. Eine **Erhöhung** der Vergütung oder eine sachliche Änderung, wie etwa der Tausch von Geldleistungen durch Sachleistungen, bedarf einer qualifizierten gesetzesändernden Mehrheit gem § 146 AktG. Ist die Mehrheit generell für satzungsändernde Beschlüsse auf die einfache Mehrheit herabgesetzt, so gilt dies auch für die Festlegung der Vergütung. Die **Herabsetzung** der Vergütung, die satzungsmäßig festgelegt ist, kann von der Hauptversammlung jedenfalls mit einfacher Stimmenmehrheit beschlossen werden.[86] Der Vergütungsanspruch des Aufsichtsrats muss in der Satzung eindeutig festgelegt werden. Ein Dritter muss erkennen können, welche Beträge gezahlt werden sollen oder auf welcher Grundlage sie ermittelt werden. Die Zuweisung der Zuständigkeit an die Hauptversammlung oder an die Satzung soll verhindern, dass sich der Aufsichtsrat selbst ohne Kontrolle durch Festlegung der Vergütung bedient. Zugleich soll damit eine **Transparenz** gegenüber den Entscheidenden hergestellt werden.[87] Der Vorstand und Aufsichtsrat müssen – wie ausgeführt – zu jedem Tagesordnungspunkt der Hauptversammlung einen Beschlussvorschlag machen. Selbst wenn der Aufsichtsrat neben dem Vorstand eine Anmerkung zum Beschlussvorschlag gem § 108 Abs 1 AktG zu machen hat, soll dadurch die Hauptversammlung nicht präjudiziert werden, selbst wenn eine klare Orientierungsfunktion nicht zu verkennen ist. Im Regelfall ist der Vorschlag des Vorstands und des Aufsichtsrats mit den stimmentscheidenden Großaktionären – zulässigerweise – vorabgestimmt (vgl *Kalss* Rz 26/49).[88]

2. Hauptversammlung

Mangels einer Satzungsregelung kann die **Hauptversammlung** durch Beschluss mit einfacher Mehrheit festlegen, ob und in welcher Höhe den Aufsichtsratsmitgliedern eine Vergütung gewährt werden soll. Die Vergütung wird allen Kapitalvertretern gewährt, unabhängig davon, ob sie gewählt, entsandt oder vom Gericht bestellt wurden.[89] Zulässig ist es auch, dass die Satzung nur eine **Ober-** 43

86 *Kalss* in Doralt/Nowotny/Kalss, AktG² § 98 Rz 20.

87 *Semler* in MünchKomm AktG² § 113 Rz 143; *Wagner* in Semler/von Schenck, Arbeitshandbuch für Aufsichtsratsmitglieder⁴ § 11 Rz 16.

88 *Nowotny*, RdW 2014, 573.

89 *Kalss* in Doralt/Nowotny/Kalss, AktG² § 98 Rz 21; *Strasser* in Jabornegg/Strasser, AktG⁵ §§ 98, 99 Rz 18, 20.

grenze vorsieht, deren **Spielraum** von der Hauptversammlung ausgefüllt werden kann.[90] Solange eine Satzungsbestimmung nicht beschlossen oder kein sonstiger Hauptversammlungsbeschluss gefasst wurde, haben die Aufsichtsratsmitglieder keinen durchsetzbaren Anspruch auf die Vergütung. Trotz der Vermutung der Entgeltlichkeit bedarf es dieser Festlegung. Die Kompetenz, die Vergütung festzulegen, darf von der Hauptversammlung nicht durch Ermächtigung pauschal an den Aufsichtsrat selbst oder gar an den Vorstand delegiert werden.[91] Sowohl die Satzung als auch die einfache Hauptversammlung können die Vergütung für ein Jahr oder für eine längere Periode festlegen, etwa für die gesamte Amtsperiode.[92]

3. Satzung

44 **Dem Bestimmtheitserfordernis** wird entsprochen, wenn ein Gesamtbetrag für das gesamte Organ Aufsichtsrat durch die Satzung festgelegt wird.[93] Sofern die Satzung keine weitere Regelung vorsieht, ist nach Köpfen zu teilen.[94]

45 Dem Bestimmtheitserfordernis wird nicht Genüge getan, wenn die Satzung nur festlegt, dass ein Anspruch auf Vergütung besteht, aber nicht die Höhe festlegt und bloß die Hauptversammlung oder überhaupt den Aufsichtsrat selbst zur Festsetzung der Vergütung ermächtigt.[95] Um dem Bestimmtheitserfordernis ausreichend Genüge zu tun, müsste im konkreten Fall auch eine **Deckelung** oder eine **Maximalhöhe** festgelegt werden, um zu verhindern, dass nicht bloß durch Stundensammeln eine nicht beherrschbare Summe entstehen würde. Das Erfordernis der Bestimmbarkeit verlangt somit jedenfalls die Festlegung einer **Maximalgrenze**.

4. Festlegung durch die Hauptversammlung

46 Im Regelfall legt die Hauptversammlung die Vergütung des Aufsichtsrats mit einfacher Mehrheit fest.

5. Ermächtigung des Aufsichtsrats

47 Die Satzung kann auch den Aufsichtsrat ermächtigen, die Gesamtvergütung nach billigem Ermessen zu verteilen.[96] Damit der Aufsichtsrat selbst die Aufteilungskompetenz erhält, bedarf es einer Satzungsregelung. Ohne entsprechende Regelung (Ermächtigung) fehlt die Entscheidungsbefugnis des Aufsichtsrats und

---

90 *Strasser* in Jabornegg/Strasser, AktG⁵ §§ 98, 99 Rz 20; *Kalss* in Doralt/Nowotny/Kalss, AktG² § 98 Rz 21.

91 *Kalss* in Doralt/Nowotny/Kalss, AktG² § 98 Rz 21.

92 *Nowotny*, RdW 2014, 573.

93 *Mertens/Cahn* in Kölner Kommentar zum AktG³ § 113 Rz 47; *Hopt/Roth* in Großkomm zum AktG⁴ § 113 Rz 91; *Habersack* in MünchKomm zum AktG⁴ § 113 Rz 29.

94 *Spindler* in Spindler/Stilz, AktG³ § 113 Rz 23; *Hopt/Roth* in Großkomm zum AktG⁴ § 113 Rz 91; *Habersack* in MünchKomm zum AktG⁴ § 113 Rz 29 unter Bezugnahme auf ältere Judikatur RGZ 75, 308, 310, KG OLGR 22, 2, 3.

95 Ausdrücklich *Habersack* in MünchKomm zum AktG⁴ § 113 Rz 29.

96 *Drygalla* in K Schmidt/Lutter, AktG³ § 113 Rz 9; *Koch/Hüffer*, AktG¹¹ § 113 Rz 3; *Habersack* in MünchKomm zum AktG⁴ § 113 Rz 30; *Mertens/Cahn* in Kölner Kommentar zum AktG³ § 113 Rz 47; *Hopt/Roth* in Großkomm zum AktG⁴ § 113 Rz 92 f; *Spindler* in Spindler/Stilz, AktG³ § 113 Rz 23; *Gehling*, ZIP 2005, 549, 552.

wird nach Köpfen geteilt. Ohne Regelung über ein entsprechendes Ermessen muss daher der Aufsichtsrat ebenfalls nach Köpfen teilen.[97]

Die Satzung kann nur das **Plenum** ermächtigen, eine Ermächtigung des Aufsichtsratsvorsitzenden allein oder eines Vergütungsausschusses für den Aufsichtsrat ist nicht zulässig.[98] **48**

Die Festlegung der Vergütung stellt eine **unternehmerische Entscheidung** dar (vgl Rz 27). Der Aufsichtsrat hat bei dieser Entscheidung die allfälligen satzungsmäßigen Vorgaben einzuhalten. Fehlen satzungsmäßige Vorgaben und wird ihm die Verteilung allein nach seinem Ermessen ausdrücklich überantwortet, so hat sich der Aufsichtsrat an die allgemeinen gesetzlichen Kriterien, nämlich die Kongruenz mit der Tätigkeit der Aufsichtsratsmitglieder und die Lage der Gesellschaft zu halten. Die materiellen Kriterien sind dieselben wie sie für die Hauptversammlung gelten. **49**

G. Herabsetzung der Vergütung

1. Unangemessene Vergütung

Zwei Fälle der Herabsetzung der Vergütung sind zu unterscheiden, nämlich die Herabsetzung der Vergütung, weil das Ausmaß der Vergütung mit der Tätigkeit eines Aufsichtsratsmitglieds und der wirtschaftlichen Lage der Gesellschaft nicht in Einklang steht oder eine **schlichte Herabsetzung** innerhalb des gesetzlich zulässigen Rahmens der Aufsichtsratsvergütung. **50**

Steht die Vergütung eines Aufsichtsratsmitglieds weder zur geleisteten Arbeit noch zur Lage der Gesellschaft in angemessenem Verhältnis, hat die Gesellschaft die Möglichkeit zu reagieren und die Vergütung des Aufsichtsrats den Umständen entsprechend anzupassen. Die Hauptversammlung hat ein Gestaltungsrecht die Vergütungsregelung einseitig zu ändern, um die gesetzlich vorgegebene Grenze einhalten zu können.[99] Das Gestaltungsrecht erstreckt sich auch **rückwirkend** auf den schon **erworbenen Rechtsanspruch**. Da das Gesetz die Aufsichtsratsvergütung an die beiden Parameter bindet, steht die Vergütung letztlich unter der **Bedingung**, dass diese Voraussetzungen auch tatsächlich eingehalten werden. Bei Änderung der wirtschaftlichen Lage der Gesellschaft ist ebenso wie bei besonders geringer Tätigkeit des Aufsichtsrats eine Herabsetzung in dem Fall möglich, in dem wegen eines gesellschaftsexternen oder –internen Ereignisses die Aufsichtsratsvergütung im Verhältnis zur Aufgabe bzw zur Lage der Gesellschaft überhöht ist.[100] Vorstellbar ist dies etwa bei einer Abspaltung oder bei einer Ausgliederung oder beim Verkauf wesentlicher Betriebsteile. Aus Sicht der Gesellschaft stellt dieses Herabsetzungsrecht ein **Gestaltungsrecht** durch die **Hauptversamm-** **51**

---

97 *Habersack* in MünchKomm zum AktG[4] § 113 Rz 30.

98 *Hopt/Roth* in Großkomm zum AktG[4] § 113 Rz 94; *Habersack* in MünchKomm zum AktG[4] § 113 Rz 30.

99 *Kalss* in Doralt/Nowotny/Kalss, AktG[2] § 98 Rz 23; *Krejci*, ecolex 1991, 776, 779; *Schima*, GesRZ-Sonderheft 2001, 19, 21; *Kissner/Stegner*, ecolex 2016, 50, 51.

100 *Strasser* in Jabornegg/Strasser, AktG[5] §§ 98, 99 Rz 23; *Krejci*, ecolex 1991, 777, 779; *Kalss* in Doralt/Nowotny/Kalss, AktG[2] § 98 Rz 24.

lung dar. Für den Aufsichtsrat und seine Mitglieder bedeutet das, dass sie keinen durchsetzbaren Anspruch auf Vergütung haben, sofern die gesetzlichen Voraussetzungen gem § 98 AktG nicht eingehalten sind. Umgekehrt kann einem Aufsichtsratsmitglied – ohne Hauptversammlungsbeschluss – bei Geltendmachung des Vergütungsanspruchs nicht entgegengehalten werden, dass es in völlig unzureichendem Maß das Amt ausgeübt habe. Die Hauptversammlung kann sich auch vorbehalten, obwohl die Voraussetzungen der wirtschaftlichen Lage und der Tätigkeit der Aufsichtsratsmitglieder eingehalten wurden, das einseitige Recht auf Änderung auszuüben.[101] Legt ein Hauptversammlungsbeschluss eine mit den Parametern von § 98 Abs 1 AktG nicht in Einklang stehende – zu hohe – Vergütung fest, so kann dieser Hauptversammlungsbeschluss angefochten werden.[102] Wird er nicht angefochten, wird er wirksam und ist er nur durch einen neuerlichen Hauptversammlungsbeschluss abänderbar.

2. Gesetzeskonforme Vergütung

52 Hält sich die Aufsichtsratsvergütung im **gesetzlichen Rahmen**, kann sie bei Festlegung in der Satzung dennoch mit einfacher Stimmenmehrheit herabgesetzt werden. Eine qualifizierte Mehrheit ist wie sonst bei Satzungsänderungen nicht erforderlich. Die Aktionäre sind durch die Treuepflicht gegenüber der Gesellschaft gebunden, sie dürfen daher keine „schikanöse Herabsetzung" vornehmen.[103] Das Gesetz gestattet somit – anders als bei Vorstandsvergütungen – ausdrücklich die einseitige Änderung durch die Gesellschaft. Widerspricht ein Hauptversammlungsbeschluss den satzungsmäßigen Vorgaben, ist er anfechtbar. Eine rückwirkende Herabsetzung ist nicht möglich. Eine unterjährige Herabsetzung wirkt sich auf eine fixe Vergütung zeitaliquot aus; variable Bestandteile, die von Erfolgskriterien abhängig sind (Dividende), können zur Gänze herabgesetzt werden.[104]

3. Unzulässigkeit der Herabsetzung

53 Eine einseitige Herabsetzung der Aufsichtsratsvergütung ist nicht zulässig, sofern – ausnahmsweise – die Gesellschaft mit den Aufsichtsratsmitgliedern, **zusätzlich** zum organschaftlichen Bestellungsverhältnis eine individuelle **schuldrechtliche Vereinbarung** getroffen hat.

IV. Offenlegung der Vergütung

54 Gem § 239 Abs 1 Z 4 UGB hat der **Anhang** des **Jahresabschlusses** für die Tätigkeit im Geschäftsjahr die Gesamtbezüge aller Mitglieder des Aufsichtsrats (Gehälter, Gewinnbeteiligungen, Aufwandsentschädigungen, Versicherungsentgelte, Provisionen und Nebenleistungen jeder Art) anzugeben. Eine Aufgliederung je nach Person ist nicht vorzunehmen. Somit ist die **gesamte Vergütung** des Auf-

---

101 *Kalss* in Doralt/Nowotny/Kalss, AktG² § 98 Rz 24; *Krejci*, ecolex 1991, 776.

102 *Strasser* in Jabornegg/Strasser, AktG⁵ §§ 98, 99 Rz 20; *Kalss* in Doralt/Nowotny/Kalss, AktG² § 98 Rz 25.

103 *Kort* in FS Hüffer 492.

104 S dazu *Kissner/Stegner*, ecolex 2016, 50 ff.

sichtsrats offenzulegen ebenso der Gesamtbetrag für **Aufwandsentschädigungen**, die zugunsten von Aufsichtsratsmitgliedern von der Gesellschaft zu leisten sind.

Gem § 239 Abs 1 Z 5 UGB sind auch die Anzahl und Aufteilung der insgesamt und im Geschäftsjahr **eingeräumten Optionen** auf die namentlich anzuführenden Organmitglieder anzugeben sowie die jeweils beziehbare Anzahl an Aktien, der Ausübungspreis oder die Grundlagen oder die Formel seiner Berechnung, die Laufzeit sowie zeitliche Ausübungsfenster, die Übertragbarkeit der Optionen, eine allfällige Behaltefrist für bezogene Aktien und die Art der Bedienung der Optionen. Weiters sind die Anzahl, Aufteilung und der Ausübungspreis der im Geschäftsjahr ausgeübten Optionen der Aufsichtsratsmitglieder anzuführen und schließlich bei börsenotierten Gesellschaften der Schätzwert (allenfalls Bandbreite des Schätzwerts) der eingeräumten Optionen zum Bilanzstichtag sowie der Wert der im Geschäftsjahr ausgeübten Optionen zum Zeitpunkt der Ausübung. Für Aktienoptionen bestehen deutlich detailliertere Angabepflichten und zudem sind sie personenbezogen und nicht nur auf das Gesamtgremium zugeschnitten. 55

Pkt 51 (C-Regelung) des Corporate Governance-Kodex (Fassung Jänner 2015) für **börsenotierte Gesellschaften** sieht vor, dass die Vergütung jedes **einzelnen Mitglieds** des Aufsichtsrats offenzulegen ist; bei Aktienoptionen – sofern sie gewährt werden – alle Einzelheiten. Wenn diese Offenlegungen bei den börsenotierten Gesellschaften nicht vorgenommen werden, so haben die jeweiligen Gesellschaften eine Erklärung abzugeben (comply or explain). Der Kodex verlangt somit **individualisierte Transparenz**.[105] 56

V. Entgelt für sonstige Leistungen

Neben der Tätigkeit als Mitglied des Aufsichtsratsgremiums des Aufsichtsrats ist es gem § 95 Abs 5 Z 12 AktG (§ 30 Abs 5j Z 10 GmbHG) zulässig, dass ein Aufsichtsrat andere Leistungen, etwa Beratungsleistungen, Geschäftsanbahnungen, Kontaktpflege, allgemeines Lobbying oder auch Leistungen von Waren, gegenüber der Gesellschaft erbringt. Jedenfalls müssen derartige Geschäfte außerhalb der Aufsichtstätigkeit stehen. Sie werden daher nicht von der Aufsichtstätigkeit und daher auch nicht von der Vergütungsregelung für die Aufsichtstätigkeit erfasst; derartige Leistungen unterfallen besonderen gesellschaftsrechtlichen Regelungen. Sie müssen dem Aufsichtsrat nicht nur offengelegt werden, vielmehr unterliegen sie seiner Zustimmung. Besteht ein derartiger Vertrag bereits vor der Bestellung durch die Hauptversammlung, so hat der Kandidat dies gemäß § 87 Abs 2 AktG offenzulegen (vgl *M Doralt* Rz 8/51; vgl dazu *Kalss* Rz 13/41). 57

VI. Aufwandersatz – Anspruch

Neben der Vergütung haben Aufsichtsratsmitglieder aus dem Organverhältnis einen Anspruch auf Ersatz der aus der Tätigkeit entstehenden Aufwendungen bzw Auslagen.[106] Das Organverhältnis Aufsichtsrat-Gesellschaft hat – wie bereits 58

---

[105] *Roth/Büchele* in Büchele/Mildner/Murschitz/Roth/Wörle, Corporate Governance 10.

[106] *Kalss* in Doralt/Nowotny/Kalss, AktG² § 98 Rz 6; *Strasser* in Jabornegg/Strasser, AktG⁵

dargestellt – auftragsrechtliche Elemente (Rz 5), sodass allein aus dieser Qualifikation nach zivilrechtlichen Grundsätzen gem § 1014 ABGB der Aufwandersatzanspruch folgt.[107] Schuldnerin des Aufwandersatzes ist die Gesellschaft.[108] Anspruchsberechtigt sind Kapital- und Arbeitnehmervertreter. Der Aufwanderstattungsanspruch besteht nur dann, wenn die Aufwendungen im Zusammenhang mit einer Tätigkeit notwendigerweise entstanden sind, die Teil der Amtsführung des Aufsichtsratsmitglieds ist.[109]

59 **Ein möglicher Aufwandersatz** liegt etwa in Ferngesprächen, Reisekosten für Zusammenkünfte zur Vorbereitung von Aufsichtsratssitzungen sowie zu den Sitzungen selbst, wenn die Aufsichtsratssitzung nicht am Wohnort des Aufsichtsratsmitglieds, sondern an einem anderen Ort stattfindet. Ebenso sind Reisekosten für die Teilnahme an der Hauptversammlung aufwandersatzfähig. Die Erstattungspflicht besteht auch bei einer Teilnahme an einem Ausschuss, selbst wenn das Mitglied nicht Ausschussmitglied ist. Ersatzfähig sind auch notwendige Übernachtungskosten bei einer Anreise am Tag davor oder einer notwendigen Übernachtung nach der Sitzung. Erstattungsfähig sind auch Reisen zu Betriebsstätten, damit ein Aufsichtsratsmitglied das Unternehmen tatsächlich kennt. Widerspricht ein Vorstand einer derartigen Reise, muss der Aufsichtsrat eine Information gleichsam als Maßnahme des Augenscheins gem § 95 Abs 2 AktG sowie § 30j Abs 2 GmbHG beschließen.[110] Im Einzelfall sind etwa auch Reisekosten aus dem Urlaubsort zu einer überraschend einberufenen Plenums- oder Ausschusssitzung erstattungsfähig, etwa wenn der Finanzexperte des Prüfungsausschusses extra aus Südostasien anreisen muss, aber auch je nach konkretem Einzelfall einfache Aufsichtsratsmitglieder.[111] Angemessene Repräsentationskosten des Aufsichtsratsvorsitzenden sind regelmäßig auch ersatzfähig. Ausnahmsweise können auch Repräsentationskosten einzelner Aufsichtsratsmitglieder für die Gesellschaft ersatzfähig sein, nämlich wenn der Vorstand bzw der Aufsichtsratsvorsitzende verhindert sind und diese die Repräsentation durch ein einfaches Aufsichtsratsmitglied wünschen.[112] Darunter fallen Einladungen zu Essen ebenso wie die Bezahlung der Anreise und Übernachtung durch die Gesellschaft. Die Angemessenheit ist stets nach den konkreten Verhältnissen des Einzelfalls zu beurteilen.[113]

60 **Beratung**: Als Aufwand des Aufsichtsrats – nicht des einzelnen Aufsichtsratsmitglieds – sind auch die Kosten für einen Sachverständigen, der vom Aufsichtsrat beigezogen wird, zu verstehen (vgl *Kalss/Kunz* Rz 23/67), weiters die Kosten etwa

---

§§ 98, 99 Rz 1; *Kalss*, AR Aktuell 1/2010, 5; *Rauter* in Straube, Wiener Kommentar zum GmbHG § 31 Rz 34.

107 *Kalss* in Doralt/Nowotny/Kalss, AktG² § 98 Rz 6; *Kalss*, AR Aktuell 1/2010, 5; *Strasser* in Jabornegg/Strasser, AktG⁵ §§ 98, 99 Rz 11; *Rauter* in Straube, Wiener Kommentar zum GmbHG § 31 Rz 34.

108 *Wagner* in Semler/von Schenck, Arbeitshandbuch für Aufsichtsratsmitglieder⁴ § 11 Rz 60.

109 *Fonk*, NZG 2009, 761, 763.

110 *Wagner* in Semler/von Schenck, Arbeitshandbuch für Aufsichtsratsmitglieder⁴ § 11 Rz 67.

111 *E Vetter* in VGR, Gesellschaftsrecht in der Diskussion 2014, 118 f.

112 *Wagner* in Semler/von Schenck, Arbeitshandbuch für Aufsichtsratsmitglieder⁴ § 11 Rz 68.

113 *E Vetter* in VGR, Gesellschaftsrecht in der Diskussion 2014, 120; *Hoffmann-Becking* in MünchKomm HB Gesellschaftsrecht, AktG4 § 33 Rz 14; *Thüsing/Veil*, AG 2008, 359, 367.

eines Personalberaters, der eingeschaltet wird, um einerseits Vorstandsmitglieder bzw künftige Aufsichtsratsmitglieder auszumachen (vgl *Kalss* Rz 23/49). Unmittelbare Kosten für die Gesellschaft können auch durch eine Raummiete (Anmietung von Seminarräumen zur Abhaltung von Sitzungen) entstehen.

Fortbildung: Angesichts des Qualifikations- und Kompetenzstandards der Aufsichtsratsmitglieder (vgl *Kalss/Schimka* Rz 2/96) muss ein Aufsichtsratsmitglied anfänglich und fortlaufend bestimmte Mindestkenntnisse haben, um die Aufsichtstätigkeit auszuüben, sodass diese Kosten zum Erwerb und die Erhaltung dieser Mindestkenntnisse nicht ersatzfähig sind.[114] Fortbildungskosten zur Erlangung oder Erhaltung dieses Mindeststandards sind daher grundsätzlich nicht aufwandersatzfähig. Nicht erstattungsfähig sind daher etwa auch Literaturanschaffungen, um rechtliche und wirtschaftliche sowie technische Grundkenntnisse zu erwerben.[115] Es besteht somit kein gesetzlicher Anspruch auf die Abgeltung. Darüber hinaus gehende Schulungen, um besondere, unternehmensspezifische Kenntnisse oder die neue Gesetzeslage, neue betriebswirtschaftliche Methoden oder Erkenntnisse zu erwerben, sind aber als Aufwand abzugelten.[116] Dafür spricht auch die Regelung gem § 28a Abs 5 BWG, der für die Aufsichtsratsmitglieder eines Kreditinstituts die Fortbildung durch die Gesellschaft ausdrücklich anordnet (vgl *Kalss/Schimka* Rz 2/98; *Seeber* Rz 36/46 ff). Umgekehrt ist der **Vorstand** aber **berechtigt**, im Rahmen unternehmerischen Ermessens zu entscheiden, dass die Gesellschaft bestimmte Kosten für die Fortbildung der Aufsichtsratsmitglieder übernimmt, indem etwa im Haus Seminare organisiert und für die Aufsichtsratsmitglieder angeboten oder auch der Besuch von externen Fortbildungsveranstaltungen angeregt werden.[117] **61**

Einfache Aufsichtsratsmitglieder: Nicht erstattungsfähig sind Kosten, die durch eine Aufsichtsratstätigkeit oder wegen einer Aufsichtsratstätigkeit allgemein entstehen, aber nicht unmittelbar auf ein Unternehmen bezogen werden können. Einfache **Aufsichtsratsmitglieder** haben grundsätzlich keinen Aufwandersatz für die Tätigkeit ihres **Sekretariats** oder ihres Assistenten. Ausnahmen bestehen nur, wenn dieses Aufsichtsratsmitglied im Rahmen seiner Aufsichtstätigkeit mit einer Sonderaufgabe (Sonderuntersuchung gem § 95 Abs 3 AktG) betraut wird oder einen Ausschuss leitet oder eine längere Stellungnahme für den Aufsichtsrat im Sinne der Vorbereitung einer Plausibilitätsprüfung eines Vertrages verfasst oder einen Sachverhalt für einen Sachverständigen aufbereitet. Zunehmend wird vertreten, dass der Aufsichtsrat (und damit das einzelne Mitglied) jedenfalls zu einem angemessenen Teil personelle und sachliche Hilfsmittel von der Gesellschaft bekommt.[118] **62**

---

114 *Fonk*, NZG 2009, 761, 763.

115 *Wagner* in Semler/von Schenck, Arbeitshandbuch für Aufsichtsratsmitglieder⁴ § 11 Rz 69; *Semler*, AR Aktuell-Sonderheft 2007, 3.

116 *E Vetter* in VGR, Gesellschaftsrecht in der Diskussion 2014, 121 f; *Habersack* in MünchKomm zum AktG⁴ § 113 Rz 24; *Mertens/Cahn* in KölnKomm zum AktG³ § 113 Rz 12.

117 Vgl *Fonk*, NZG 2009, 761, 763.

118 *Roth/Büchele* in Büchele/Mildner/Murschitz/Roth/Wörle, Corporate Governance 84; unter Bezugnahme auf den Beschluss des Deutschen Juristentags 1996, Beschluss Nr 20 (b) Antrag *Lutter* (zum Teil nur rechtspolitisch).

63 Beim **Aufsichtsratsvorsitzenden** können sich aufgrund seiner Vorbereitungs- und Nachbereitungsaufgaben, seiner laufenden Koordinationstätigkeit, seiner formalen und inhaltlichen Gestaltung der Aufsichtsratstätigkeit und seiner ständigen **Repräsentationsaufgaben** zugunsten der Gesellschaft und schließlich aufgrund seiner besonderen Mittlerfunktion zwischen Vorstand und Aufsichtsratsgremium einerseits und Aktionären andererseits besondere Aufwendungen ergeben.[119] **Sekretariatskosten** sind im Regelfall aufwandersatzfähig, sofern sie den **Aufsichtsratsvorsitzenden** oder dessen **Stellvertreter** betreffen, die eben deutlich über ein schlichtes Aufsichtsratsmitglied hinausgehende Aufwendungen für die Vorbereitung und Nachbereitung von Sitzungen zu machen haben, die die allgemeine Koordination des Gremiums zu leisten haben und in ständigem Kontakt mit dem Vorstand bzw dem Vorstandsvorsitzenden stehen. Gerade für den Aufsichtsratsvorsitzenden bzw dessen Stellvertreter ist ein derartiger Aufwandersatz für ein Büro mit Sekretariat anzuerkennen.[120] Auch die Kosten für die notwendige Vorhaltung von eigener Bürokapazität fallen unter den Aufwandersatz des Aufsichtsratsvorsitzenden und dessen Stellvertreter. Weder der Vorsitzende noch der Stellvertreter ist verpflichtet, die anfallenden anteiligen Personal- und Sachkosten selbst zu tragen.

64 **Fachliche Assistenz**: Angesichts der Aufgabenvielfalt, -intensität und Qualifikationsanforderung an die Arbeit des Aufsichtsrats ist es auch zulässig und vielfach bei größeren Gesellschaften auch üblich, jedenfalls dem Aufsichtsratsvorsitzenden innerhalb oder außerhalb eines Aufsichtsratsbüros nicht nur ein Sekretariat, sondern auch eine fachliche Assistenz zur Verfügung zu stellen.[121] Die Kosten in angemessener Höhe hat dafür die Gesellschaft zu tragen (vgl *Kalss* Rz 3/61).

65 **Dolmetsch – Übersetzungskosten**: Wird eine Person, die nicht Deutsch spricht, in den Aufsichtsrat gewählt und müssen daher bestimmte Unterlagen für sie **übersetzt** werden, so sind diese Kosten grundsätzlich erstattungsfähig.[122]

66 **Verwaltungsstrafen**, die ein Aufsichtsratsmitglied gem § 9 Abs 2 VStG – ausnahmsweise – für seine Tätigkeit für die Gesellschaft als Sanktion erhält, sind zivilrechtlich zwar als Aufwand zu qualifizieren. Dennoch hat das Aufsichtsratsmitglied keinen gesetzlichen Anspruch auf Übernahme des Aufwandes durch die Gesellschaft. Die unbedingte Übernahme widerspräche generalpräventiven Überlegungen. Ein Aufsichtsratsmitglied hat daher nur einen Anspruch **auf Befassung** des maßgeblichen Organs der Gesellschaft. Zuständig wäre dafür – gleich wie für den Vorstand – wegen § 99 iVm § 84 AktG die Hauptversammlung.[123]

---

[119] *Kalss*, AR Aktuell 2/2010, 6.

[120] *Kalss*, AR Aktuell 2/2010, 6; *Kalss* in Doralt/Nowotny/Kalss, AktG[2] § 98 Rz 6; *Wagner* in Semler/von Schenck, Arbeitshandbuch für Aufsichtsratsmitglieder[4] § 11 Rz 70, 82.

[121] Ausdrücklich *Theisen* in FS Säcker 510; *Drinhausen/Marsch-Barner*, AG 2014, 350; *Börsig/Löbbe* in FS Hoffmann-Becking 125, 146; *Wagner* in Semler/von Schenck, Arbeitshandbuch für Aufsichtsratsmitglieder[4] § 11 Rz 81.

[122] *Wagner* in Semler/von Schenck, Arbeitshandbuch für Aufsichtsratsmitglieder[4] § 11 Rz 76.

[123] Vgl dazu *Kalss* in Lewisch, Jahrbuch Wirtschaftsstrafrecht und Organhaftung 2015 73 ff, 89 ff; *Kalss*, GesRZ 2015, 78 ff.

Verfahrens- oder **Prozesskosten** (insbesondere einschließlich allfälliger Gutachterkosten) im Rahmen eines zivilgerichtlichen, strafrechtlichen oder auch verwaltungsstrafrechtlichen Verfahrens können erstattungsfähig sein, wenn die Klärung der Rechtsfrage oder die angemessene Vertretung nicht nur im Interesse des einzelnen Aufsichtsratsmitglieds, sondern auch im Interesse der Gesellschaft liegt. Wiederum besteht kein unbedingter Anspruch, sondern besteht eine Befassungspflicht der Gesellschaft (vgl Rz 66). Vorstellbar ist dies etwa bei strafrechtlichen Delikten insbesondere in der Beteiligungsvariante (vgl § 163b StGB; falsche oder irreführende Berichterstattung, Kapitalmarktdelikte, Insiderhandel, Marktmanipulation, Compliance-Verstöße vgl *Kert/Komenda* Rz 46/4, Rz 46/18).[124] Diese Frage spielt insbesondere für den Vorschuss für die Verfahrenskosten eine wichtige Rolle. Ein Vorschuss ist entsprechend abzusichern und darf nicht sofort endgültig zugesagt werden. Es steht unter dem gleichen Vorbehalt wie die Übernahme der Verfahrenskosten. 67

Einkommensausfall: Nicht gesondert erstattungsfähig sind **Einkommensausfälle** für sonstige Tätigkeiten, die durch – verlängerte – Sitzungen oder eine notwendige Intensivierung der Tätigkeit in der Krisensituation verursacht werden.[125] Es besteht kein gesetzlicher Anspruch darauf. Ein möglicher Einkommensausfall wegen zeitlicher Beanspruchung oder auch wegen Ausfalls von Aufträgen bei Konkurrenzunternehmen ist in die Vergütung einzupreisen und muss daher im Regelfall von der Hauptversammlung anerkannt und beschlossen werden. 68

Richtlinie für Angemessenheit: Die Bestimmung eines angemessenen Aufwandersatzes ist eine Frage des Einzelfalls je nach konkreter Situation.[126] Sinnvoll ist es aber zur Festlegung eines Rahmens für die Gesellschafter und für die Mitglieder des Aufsichtsrats entweder durch die Hauptversammlung (Generalversammlung) oder bei Unterlassung der Gesellschafterversammlung durch den Aufsichtsrat, Richtlinien zu formulieren, in denen ein Maßstab für die Angemessenheit bezogen auf die Gesellschaft festgelegt wird. Dabei soll an der Festlegung für den Vorstand Maß genommen werden.[127] Die Zuständigkeit der Hauptversammlung folgt aus der Vergütungskompetenz gem § 98 AktG als allgemeines Prinzip, selbst wenn der Aufwand gerade kein Vergütungsbestandteil ist.[128] 69

Der Maßstab für die Angemessenheit des Aufwandersatzes ist nicht eindeutig. Zunächst gibt es dafür keinen Markt. Als Leitschnur lässt sich die Gepflogenheit des Vorstands heranziehen.[129] Allerdings kann dieser Maßstab nicht gelten, wenn der Vorstand übertrieben teuren Aufwandersatz in Anspruch nimmt, etwa stets im Privatjet reist oder stets das teuerste Hotel in der höchsten Kategorie in Anspruch nimmt. Maßstab muss sowohl für den Vorstand als auch für den Aufsichtsrat das Gebot der Angemessenheit sein.[130] Auch die persönliche 70

---

124 *Wagner* in Semler/von Schenck, Arbeitshandbuch für Aufsichtsratsmitglieder[4] § 11 Rz 76.

125 *Wagner* in Semler/von Schenck, Arbeitshandbuch für Aufsichtsratsmitglieder[4] § 11 Rz 77.

126 *E Vetter* in VGR, Gesellschaftsrecht in der Diskussion 2014, 120.

127 *Fonk*, NZG 2009, 765; *Hopt/Roth*, GroßKomm zum AktG[4] § 113 Rz 19.

128 *Hommelhoff* in VGR, Gesellschaftsrecht in der Diskussion 2014, 143 f.

129 *Hopt/Roth*, Großkomm AktG[4] § 113 Rz 19.

130 *Fonk* in Semler/von Schenck, Arbeitshandbuch für Aufsichtsratsmitglieder[4] § 10 Rz 169; *Fonk*, NZG 2009, 761, 765.

Lebensführung des Aufsichtsratsmitglieds ist nicht zwingender Maßstab für die Höhe des Aufwandersatzes, da damit eine nicht zulässige Ungleichbehandlung der Aufsichtsratsmitglieder etabliert würde, umgekehrt ein besonders hoher Lebensstandard eines einzelnen Aufsichtsratsmitglieds nicht Maßstab für alle anderen sein soll. Sinnvoll ist daher für alle Mitglieder des Aufsichtsrats, Kapital- und Arbeitnehmervertreter, einen einheitlichen angemessenen Standard zu gewähren.[131] Pflegt ein Aufsichtsratsmitglied seinen persönlichen Lebensstil unter diesem als angemessen erkannten Aufwand, so ist dies anzuerkennen, besonders abzugelten ist dies aber nicht.

71 **Auftragsrechtlicher Anspruch**: Liegen die Voraussetzungen vor, so hat das Aufsichtsratsmitglied auf **auftragsrechtlicher Grundlage** einen **durchsetzbaren Anspruch** auf **angemessenen** Aufwandersatz gegen die Gesellschaft.[132] Der Aufwandersatzanspruch besteht gegen die Gesellschaft, somit ist er gegen die Gesellschaft – vertreten durch den Vorstand – geltend zu machen.[133] Wird der Aufwandersatz in rechtmäßiger Weise gegen die Gesellschaft geltend gemacht, folgt daraus die Zahlungspflicht der Gesellschaft.[134] Für die Erfüllung der Zahlungspflicht bedarf es weder der Zustimmung des Aufsichtsrats noch der Hauptversammlung noch eines Beschlusses im Gesamtorgan des Vorstands. Der Vorstand vertritt die Gesellschaft bei Erbringung der Leistung des Aufwandersatzes.[135]

72 **Prüfungskompetenz**: Der Vorstand hat keine Prüfkompetenz aus wirtschaftlicher Sicht. Er ist nicht berechtigt, zu prüfen, ob die Auslagen notwendig oder angemessen sind.[136] Er hat einzig eine Prüfkompetenz, ob die Auszahlung gegen Gesetzesbestimmungen oder die Satzung verstößt, etwa einen Verstoß gegen das Verbot der Einlagenrückgewähr darstellt (erhöhte Abgeltung zugunsten von Eigentümer-Vertretern im Gremium). Der Vorstand hat somit die Befugnis der Rechtmäßigkeitskontrolle (Rechenfehler, Belegprüfung, Gesetzeskonformität).[137] Über die Angemessenheit und Notwendigkeit entscheidet allein der Aufsichtsrat. Sinnvoll ist es, diese Kompetenz dem Aufsichtsratsvorsitzenden zu übertragen, der – in Streitfällen – auf der Grundlage von Richtlinien entscheiden soll.

73 **Unzulässige Zahlungen** des Vorstands an den Aufsichtsrat aus dem Titel des – nicht gerechtfertigten – Aufwandersatzes führen zur Ersatzpflicht des Vorstands gegenüber der Gesellschaft, zugleich zur Rückerstattungspflicht des Aufsichtsratsmitglieds.[138] Bei Streitigkeit über den Auslagenerstattungsanspruch ist die ausschließliche Geschäftsführungskompetenz des Vorstands einerseits, umgekehrt die Notwendigkeit der Unabhängigkeit des Aufsichtsrats zu berücksichtigen.[139]

---

131 *Fonk*, NZG 2009, 761, 765.
132 *Kalss*, AR Aktuell 1/2010, 5; *Fonk*, NZG 2009, 761, 763.
133 *Fonk*, NZG 2009, 761, 765; *Kalss*, AR Aktuell 1/2010, 5.
134 *Wagner* in Semler/von Schenck, Arbeitshandbuch für Aufsichtsratsmitglieder[4] § 11 Rz 85; *Kalss*, AR Aktuell 1/2010, 5.
135 *Kalss*, AR Aktuell 1/2010, 5.
136 *E Vetter* in VGR, Gesellschaftsrecht in der Diskussion 2014, 133 f.
137 *E Vetter* in VGR, Gesellschaftsrecht in der Diskussion 2014, 133; *Hoffmann-Becking* in MünchKomm HB Gesellschaftsrecht – AG[4] § 33 Rz 44; *Lutter/Krieger/Verse*, Rechte und Pflichten des Aufsichtsrats[6] Rz 658.
138 *Wagner* in Semler/von Schenck, Arbeitshandbuch für Aufsichtsratsmitglieder[4] § 11 Rz 85.
139 *Hopt/Roth*, Großkomm AktG[4] § 113 Rz 25; *Habersack* in MünchKomm AktG[4] § 113 Rz 26.

Bestehen Zweifel für die Notwendigkeit von Aufwendungen, entscheidet darüber nicht der Vorstand, sondern der Aufsichtsrat. Er entscheidet endgültig. Widrigenfalls würde nämlich der Vorstand entscheiden, ob Handlungen des Aufsichtsrats notwendig sind.[140]

Nachweis: Die Auslagen können von der Gesellschaft entweder durch **Einzelnachweis** oder auch mit einem angemessenen **Pauschalbetrag** erstattet werden.[141] Bei einem Pauschalbetrag ist aber darauf zu achten, dass genaue Vorstellungen über die tatsächlichen Aufwendungen bestehen, sodass tatsächlich eine angemessene, nicht überschießende Abgeltung des Aufwandes vorgenommen wird.[142] Pauschalen sind unzulässig, sofern sie ungeprüft auf tatsächlichen Anfall und Höhe des durch sie abzugeltenden Aufwands zu entrichten sind.[143] Pauschalen setzen somit eine klare Vorstellung des Kostenrahmens voraus. Aufwandsentschädigungen werden mit Beendigung der Tätigkeit **fällig**, für die der Aufwandersatz geschuldet wird. Sie können auch in periodischen Abständen bezahlt werden, insbesondere wenn es zulässige Pauschalabgeltungen sind.[144] 74

Prozedere: Im Regelfall wird der Aufwandersatz der Aufsichtsratsmitglieder ohne konkrete Prüfung durch den Vorstand direkt von der Buchhaltung der Gesellschaft ohne spezielle Anweisung durch den Vorstand beglichen. Dies entspricht jedenfalls einem effizienten Abwicklungsverlauf. Rechtlich ist jedoch gerade im Fall von Unstimmigkeiten zu differenzieren.[145] Der Vorstand darf nur die Rechtmäßigkeit des Vorgangs, nicht die wirtschaftliche Zweckmäßigkeit prüfen (vgl *Kalss* Rz 3/55 f). 75

VII. Kreditverträge

Fehlen einer Regelung: Das Gesetz enthält im Allgemeinen keine speziellen Regelungen für die **Gewährung von Krediten** und vergleichbaren Kreditverträgen der Gesellschaft zugunsten von Aufsichtsratsmitgliedern. § 80 AktG gilt nur gegenüber Vorstandsmitgliedern und leitenden Angestellten. 76

Kreditverträge zwischen der Gesellschaft und Aufsichtsratsmitgliedern sind **nicht** generell **verboten**.[146] Nach der C-Regelung Pkt 47 des Corporate Governance-Kodex ist die Vergabe von Krediten an Aufsichtsratsmitglieder durch die Gesellschaft außerhalb der gewöhnlichen Geschäftstätigkeit (Wohnungskredit, Überziehungskredit) grundsätzlich verboten; jedenfalls besteht bei Abweichung ein Erklärungsbedarf (comply or explain). Der Vorstand der Gesellschaft ist für den Abschluss des Vertrags zuständig. 77

---

140 *Habersack* in MünchKomm AktG[4] § 113 Rz 26.

141 *Kalss*, AR Aktuell 1/2010, 6;.

142 *Fonk*, NZG 2009, 767 f.

143 BGH WM 1988, 531, 533 (für Mitglieder von Vereinsorganen).

144 *Kalss* in Doralt/Nowotny/Kalss, AktG[2] § 98 Rz 16.

145 *Fonk*, NZG 2009, 761, 765.

146 *Strasser* in Jabornegg/Strasser, AktG[5] §§ 77-84 Rz 40; *Kalss* in Doralt/Nowotny/Kalss, AktG[2] § 98 Rz 29.

78 **Zustimmungspflicht des Aufsichtsrats:** Geht man davon aus, dass nicht nur Vereinbarungen, die Aufsichtsratsmitglieder zur Erbringung einer Leistung gegenüber der Gesellschaft verpflichten, der Zustimmungspflicht des Aufsichtsrats gem § 95 Abs 5 Z 12 AktG unterliegen, sondern auch umgekehrt Verträge, die die Gesellschaft zur Leistung an das Aufsichtsratsmitglied verpflichten (vgl *Kalss* Rz 13/13), so folgt daraus, dass die Gewährung eines **Kredits** durch die Gesellschaft an ein Aufsichtsratsmitglied der **Zustimmung des Aufsichtsrats** bedarf. Geschäfte des täglichen Lebens, etwa die Einräumung eines typischen Überziehungsrahmens für ein Girokonto oder die Ausnutzung eines Überziehungsrahmens, unterliegen nicht der Genehmigungspflicht. Sowohl in der Satzung als auch in der Geschäftsordnung können ein Verbot ebenso wie Bedingungen für die Gewährung von Krediten an Aufsichtsratsmitglieder etabliert werden.

79 **Rechtsfolgen**: Die mangelnde Zustimmung des Aufsichtsrats schlägt auf die Vertretungsbefugnis des Vorstands durch. Der Kreditvertrag kommt nicht wirksam zustande (vgl *Kalss* Rz 13/61).[147] Wird gegen die Informations- und Zustimmungspflicht bei Gewährung eines Kredits an Aufsichtsratsmitglieder **verstoßen** und erleidet die Gesellschaft dadurch einen Schaden, wird sowohl das Aufsichtsratsmitglied als auch der Vorstand gegenüber der Gesellschaft **ersatzpflichtig** (vgl *Kalss* Rz 13/63).

80 **AR-Bericht**: Die Kreditgewährung der Gesellschaft an Aufsichtsratsmitglieder ist in dem **Bericht des Aufsichtsrats an der Hauptversammlung** gem § 96 AktG aufzunehmen.[148] Der **Anhang** des Jahresabschlusses hat gem § 239 Abs 1 Z 2 UGB die Beträge der den Mitgliedern des Aufsichtsrats gewährten Vorschüsse und Kredite unter Angabe der Zinsen und der wesentlichen Bedingungen und der gegebenenfalls während des Geschäftsjahrs zurückgezahlten Beträge anzugeben, zugleich die zugunsten dieser Personen eingegangenen Haftungsverhältnisse.

81 **Kreditinstitute**: § 28 BWG sieht für **Kreditinstitute** für Kreditvergaben gegenüber Mitgliedern des Aufsichtsrats, deren Ehegatten, Lebensgefährten, Lebenspartnern, Kindern, Wahlkindern, Pflegekindern oder Dritten, die für Rechnung der genannten Personen handeln, explizite Regelungen für die Kreditvergabe vor. Der Kredit darf nur aufgrund eines einstimmigen Beschlusses aller Geschäftsleiter des Kreditinstituts und mit Zustimmung des Aufsichtsrats vergeben werden. Der Betroffene hat für den jeweiligen Organbeschluss kein Stimmrecht (vgl *Herbst* Rz 35/73).[149]

---

147 *Kalss* in Doralt/Nowotny/Kalss, AktG² § 95 Rz 129.

148 *Kalss* in Doralt/Nowotny/Kalss, AktG² § 96 Rz 47, § 98 Rz 30.

149 Vgl *Dellinger/Pum* in Dellinger, BWG § 28 Rz 78.

Evaluierung und Effizienzprüfung des Aufsichtsrates

Susanne Kalss und Peter Kunz

§§: 29 Z 6, Z 7 BWG; Punkt 36 (C Regel) und Punkt 62 Corporate Governance Kodex (R-Regelung); Punkt 12.5. und Punkt 11.1.5. des Public Corporate Governance Kodex.

Literatur

Ö: *Jabornegg*, Sitz und Stimmrecht der Arbeitnehmervertretung im Nominierungsausschuss gemäß § 29 BWG, DRdA 2015 299; *Jud/Harer/Graf*, Die Umsetzung des Public Corporate Governance Kodex des Bundes in Österreich, GesRZ 2014, 208; *Rasinger*, Effizienzprüfung des Aufsichtsrates, Aufsichtsrataktuell 2011 H5, 26; *W Jud* Evaluierung und Prüfung der Einhaltung von Corporate Governance Regeln, in *Schenz/Eberhartinger*, Corporate Governance in Österreich – Zum 10-jährigen Bestehen des Österreichischen Corporate Governance Kodex (2012) 359; *Schenz/Eberhartinger,* Der österreichische Corporate Governance Kodex in der Fassung Jänner 2012, ÖBA 2012, 207.

Dtl: *Benner-Heinacher*, Die Effizienzprüfung in der Praxis – Chance zur Neuausrichtung? Der Aufsichtsrat 5/2015 66; *Bihr*, Qualitätsaspekte bei der Arbeit von Aufsichtsratsgremien – Grundsätze ordnungsgemäßer Überwachung für Aufsichtsräte DStR 2011, 1133; *Fleischer*, Zukunftsfragen der Corporate Governance in Deutschland und Europa: Aufsichtsräte, institutionelle Investoren, Proxy Advisors and Whistleblowers, ZGR 2011 155; *Gercke/Schichold*, DIN-/Leitlinien für Geschäftsprozesse in Gremien, Der Aufsichtsrat 4/2015; *Huwedel/Drechnowicz* Die Effizienzprüfung in Deutschland und Großbritannien: Ein empirischer Vergleich, Der Aufsichtsrat 5/2015 69; *Mahlert*, Wer kontrolliert die Aufsichtsräte – Effizienzprüfung, aber richtig!, Der Aufsichtsrat 7-8/2014, 106; *Röhm-Kottmann/Riess*, Effizienzprüfung nach § 25 KWG, BOARD 1/2015 11; *Seibt*, Die Effizienzprüfung der Aufsichtsratstätigkeit, DB 2003, 2107; *Semler*, Die Effizienzprüfung des Aufsichtsrats, in FS Raiser (2005) 399; *Sick*, Die Effizienzprüfung des Aufsichtsrats – Ein Leitfaden zur Evaluation, Hans-Böckl-Stiftung (2011*); Arbeitskreis externe und interne Überwachung*, Best Practice des Aufsichtsrats der AG, Empfehlungen zur Verbesserung der Effektivität und Effizienz der Aufsichtsratstätigkeit, DB 2006, 1625; *E. Vetter*, Effizienzprüfung des Aufsichtsrates, Z 5 Punkt 6, Deutscher Corporate Governance Kodex in Happ/Groß, Aktienrecht Handbuch – Mustertexte – Kommentar[4] (2015) 1088; *von Preem/Pacher,* Stellhebel zur Effizienzsteigerung in Aufsichtsratsgremien Der Aufsichtsrat 5/2014 69; *Von Werder* in Ringleb/Kremer/Lutter/von Werder*,* Deutscher Corporate Governance Kodex, Kommentar[4] (2010) DCGK; *Wilsing*, Die Effizienzprüfung Punkt 5 Punkt 6 in *Wilsing,* DCGK – Deutscher Corporate Governance Kodex (Kommentar 2012) 489.

Gliederung **Rz**

I. Normative Grundlagen

A. Kreditinstitute (gesetzliche Regelung)

1 § 29 Z 6 BWG lautet: *Der Nominierungsausschuss hat regelmäßig, jedenfalls jedoch wenn Ereignisse die Notwendigkeit zur Neubeurteilung anzeigen, eine Bewertung der Struktur, Größe, Zusammensetzung und Leitung der Geschäftsleitung und des Aufsichtsrates durchzuführen und dem Aufsichtsrat nötigenfalls Änderungsvorschläge zu unterbreiten;*

2 § 29 Z 7 BWG lautet: *Der Nominierungsausschuss hat regelmäßig, jedoch zumindest jährlich eine Bewertung der Kenntnisse, Fähigkeiten und Erfahrung sowohl der Geschäftsleiter als auch der einzelnen Mitglieder des Aufsichtsrates sowie des jeweiligen Organs in seiner Gesamtheit durchzuführen und diese dem Aufsichtsrat mitzuteilen.*

B. Börsenotierte Gesellschaften (Kodex)

3 Punkt 36 (C-Regelung) des ÖCGK lautet: *Der Aufsichtsrat befasst sich jährlich mit der Effizienz seiner Tätigkeit insbesondere mit seiner Organisation und Arbeitsweise;*

4 Punkt 62 (R-Regelung) des ÖCGK lautet: *Die Einhaltung der C-Regeln des Codex hat die Gesellschaft regelmäßig mindestens alle 3 Jahre durch eine externe Institution evaluieren zu lassen und über das Ergebnis im Corporate Governance Bericht zu berichten.*

C. Unternehmen im öffentlichen Eigentum (Kodex)

5 Punkt 11.1.5. (C) sieht vor: Selbstkontrolle des Überwachungsorgans
Das Überwachungsorgan und seine Ausschüsse sollen regelmäßig die Qualität und Effizienz ihrer Tätigkeit überprüfen.

6 Punkt 12.5. (L) des P-CGK lautet: Externe Überprüfung
Die Einhaltung der Regelungen des Codex sind vom Unternehmen regelmäßig mindestens alle 5 Jahre durch eine externe Institution evaluieren zu lassen und das Ergebnis im Corporate Governance Bericht auszuweisen.

II. Gesetzliche Regelungen – Pflichten der Organträger

Keine explizite Pflicht: Von Gesetzes wegen besteht die Verpflichtung zu einer Evaluierung durch den Aufsichtsrat selbst oder durch eine externe Einrichtung nicht. Vielmehr wird diese Einschätzung und Beurteilung der Aufsichtsratstätigkeit nur von begleitenden Kodizes ausdrücklich verlangt. Nur für Kreditinstitute besteht eine gesetzliche Sonderregelung im BWG. 7

Sorgfaltspflicht: Weder das Aktiengesetz, das GmbH-Gesetz, noch ein anderes rechtsformspezifisches Gesetz sieht eine Evaluierung und Effizienzprüfung des Aufsichtsrats vor. Effizienz bedeutet ein ausgewogenes Verhältnis zwischen Mitteleinsatz und Zielerreichung. Bezogen auf den Aufsichtsrat stellt sich damit die Frage, welche Ergebnisse er durch seine Arbeit erreicht hat und ob er dabei wirtschaftlich im Sinne eines guten Aufwand-Nutzen-Verhältnisses vorgegangen ist.[1] Aus der Sorgfaltspflicht des Aufsichtsrats, die Überwachungstätigkeit bestmöglich für das Unternehmen zu gestalten und zu besorgen, folgt die **Pflicht** zur regelmäßigen Selbstreflexion und **kritischen Überprüfung** der eigenen Arbeit.[2] Diese Sorgfaltspflicht gilt auch für die Organträger von Aufsichtsorganen anderer Rechtsformen. Dies bedeutet aber nur Überprüfung, keineswegs Durchlaufen eines bestimmten Verfahrens. Der Aufsichtsrat ist in seiner Wahl der Prüfung und Selbstreflexion völlig frei. 8

Adressaten: Primär wendet sich die Effizienzprüfung an börsenotierte Gesellschaften/Kreditinstitute/Unternehmen im öffentlichen Eigentum. Dennoch besteht für den Aufsichtsrat aus seiner Selbstverantwortung heraus die Pflicht und aus der Verpflichtung gemäß § 95 Abs 1 AktG, die eigene Arbeit wie auch die seiner Mitglieder zu überprüfen, das Prozedere und die Arbeitsweise zu kontrollieren und nach Verbesserungen zu suchen.[3] Somit ist der Adressatenkreis für diese offen formulierte Pflicht deutlich weiter. 9

Das Verfahren der Effizienzprüfung kann völlig unterschiedlich ausgestaltet werden. Weder das Gesetz noch der Kodex sieht eine Vorgabe vor. Der Aufsichtsrat hat daher bei seiner konkreten Wahl einen weiten Ermessensspielraum.[4] 10

III. Kodex-Regelungen

A. Grundlagen

Selbst-/Fremdevaluierung: Zu unterscheiden ist zwischen Selbstkontrolle und externer oder Fremdkontrolle. Die verschiedenen Regelwerke sprechen regelmäßig beide Formen an. 11

---

1 *Wilsing,* in Wilsing Punkt 5.6 DCGK, RZ 2, 490; *von Werder* in Ringleb/Kremer/Lutter/Von Werder, Deutscher Corporate Governance Kodex – Kommentar[4] DCGK Rz 1154.

2 *Habersack* in MünchKomm zum AktG[4] 111 Rz 48.

3 *E Vetter* in Marsch-Barner/Schäfer Handbuch börsenotierte AG[3] § 27 Rz 82, *Spindler* in Spindler/Stilz, AktG[3] § 111 Rz 24, *Habersack* in Münchener Kommentar zum AktG[4] § 111 Rz 48.

4 *Wilsing,* in Wilsing, [Deutscher Corporate Governance Kodex], Punkt 5.6, RZ 3.

12 **Die Europäische Kommission** sieht in ihrer Empfehlung vom 15.02.2005[5] die Vornahme einer jährlichen Selbstevaluierung für den Aufsichtsrat oder Verwaltungsrat einer börsenotierten Gesellschaft vor. Gegenstand dieser Beurteilung sollte die Zusammensetzung des Verwaltungs-/Aufsichtsrates sowie seine Organisation und Arbeitsweise als Gruppe sein. Die Bewertung sollte auch die Kompetenz und Leistung seiner einzelnen Mitglieder sowie seiner Ausschüsse umfassen. Die Gesamtleistung sollte im Vergleich zu den Leistungsvorgaben beurteilt werden.

13 **Österreich: Die Effizienzprüfung** des Aufsichtsrates besteht in Österreich für börsenotierte Gesellschaften seit 2009 und unterscheidet zwischen der Eigen- oder Selbstevaluierung und der Fremdevaluierung. Die Empfehlung gemäß Punkt 62 ÖCGK (R) sieht eine externe Evaluierung mindestens alle drei Jahre vor. Damit geht Österreich über den europäischen Durchschnitt hinaus.[6] Als Hilfestellung für die freiwillige externe Evaluierung hat der österreichische Arbeitskreis für Corporate Governance einen Fragebogen[7] entwickelt, entlang dessen Vorschlägen der Aufsichtsrat selbst seine Tätigkeit überprüfen soll. Die Selbstevaluierung soll jährlich stattfinden (C).

14 **Gesamtkodex – Aufsichtsrat**: Die Regeln definieren nach dem Gegenstand der Prüfung. Zu unterscheiden ist die Evaluierung der Einhaltung der Regelungen des Gesamtkodex (Complianceprüfung) und eine Evaluierung über die eigene Tätigkeit des Aufsichtsrates. C 36, letzter Satz des ÖCGK sieht vor, dass sich der Aufsichtsrat jährlich mit der Effizienz seiner Tätigkeit, insbesondere mit seiner Organisation und Arbeitsweise befasst und somit eine Selbstevaluierung vornimmt; hier legt eine C-Regel klar eine Selbstevaluierung und Selbstbeschäftigung der Tätigkeit des Aufsichtsrates vor und nicht die Überprüfung/Einhaltung aller Kodex-Regelungen. Bezogen auf die externe Evaluierung sieht hingegen die Empfehlung (R-Regelung) des ÖCGK vor, dass die Einhaltung der C-Regelungen des Kodex von der Gesellschaft regelmäßig zu überprüfen sind, mindestens allerdings alle drei Jahre durch eine externe Institution. Somit geht es bei der externen Evaluation und Effizienzprüfung nicht allein um die Tätigkeit des Aufsichtsrates, sondern um die Einhaltung aller C-Regelungen des Aufsichtsrates, insbesondere etwa über die Handhabung und Bewältigung von Interessenskonflikten. Gegenstand der Effizienzprüfung sind die C-Regelungen, die generell bei Nichtbefolgung einen Erklärungsbedarf hervorrufen. Die L-Regelungen sind jedenfalls zu beachten; bei den R-Regelungen (Empfehlungen) steht die Befolgung den Gesellschaften frei.

15 **Maßgebliche Fragen** bei Durchführung einer Effizienzprüfung sind:,

- **Wer** sind die **Adressaten** der Effizienzprüfung, nämlich alle Aufsichtsratsmitglieder oder nur Mitglieder eines Ausschusses, die um ihre Einschätzung gefragt werden?
- **Wer** nimmt die **Auswertung** der Frage der individuellen Einschätzungen vor und macht erste Ableitungen daraus, nämlich ob dies der Aufsichtsratsvorsit-

---

[5] Empfehlung der Europäischen Kommission vom 15.02.2005 zu den Aufgaben von nicht-geschäftsführenden Direktoren/Aufsichtsratsmitgliedern/börsennotierten Gesellschaften sowie zu den Ausschüssen des Verwaltungs-/Aufsichtsrates (2005/162/EG) ABL Abs L 52/51.

[6] *Jud* in Schenz/Eberhartinger, Corporate Governance in Österreich: Zum zehnjährigen Bestehen des österreichischen Corporate Governance Kodex, 360.

[7] www.corporate-governance.at/evaluierung

zende, seine Assistenz, die Rechtsabteilung der Gesellschaft, die Stelle, die die Organe der Gesellschaft betreut, der Assistent des Vorstands oder eine externe dritte Stelle besorgt?

- **Welche Methode** soll bei der Ermittlung der subjektiven Einschätzung die durch die einzelnen Aufsichtsratsmitglieder vollzogen werden, angewendet werden; im Hinblick darauf, ob ein auf das jeweilige Unternehmen abgestimmter Fragebogen verwendet werden soll, ob eine Diskussion geführt werden soll oder ob alternativ oder ergänzend Interviews mit den einzelnen Aufsichtsratsmitgliedern durchgeführt werden sollen, wer diese zu führen hat und wie bei ergänzender Ausführung diese beiden Erkenntnisquellen zusammengeführt werden sollen?
- Was lässt sich aus **Anregungen**, kritischen Bemerkungen und Ergänzungen ableiten und wie können diese in die Arbeit des Aufsichtsrates einbezogen werden?

B. Selbstevaluierung

Anregung des Kodex: Nach der C-Regelung Punkt 36 des ÖCGK befasst sich der Aufsichtsrat jährlich mit der Effizienz seiner Tätigkeit, insbesondere mit seiner Organisation und Arbeitsweise (Selbstevaluierung). Diese Regelung stellt eine Comply or Explain–Regelung dar, dh der Aufsichtsrat hat eine Rechtfertigung anzugeben, wenn er sich nicht an diese Regelung hält. Er soll somit regelmäßig und jährlich eine Eigenbeurteilung und Selbstevaluierung vornehmen. Die externe Evaluierung wird hingegen vom Kodex nach der R-Regelung Punkt 62 nur empfohlen (vgl Rz 45). 16

Die Effizienzprüfung umfasst die Aufsichtsratstätigkeit in formal-organisatorischer und in materiell-inhaltlicher Perspektive.[8] Der Aufsichtsrat hat sich dabei einerseits zu fragen, inwiefern er den rechtlich vorgegebenen und selbstgewählten Aufgaben nachgekommen ist; etwa wie er die von ihm selbst bestimmten Zustimmungspflichten vollzogen hat. Andererseits hat er zu beurteilen, ob er die richtigen Inhalte mit der ausreichenden Prioritätssetzung behandelt hat.[9] 17

Plenum – Ausschuss: Die Effizienzprüfung kann sich auf die Arbeit des gesamten Aufsichtsrates, aber auch auf die Arbeit der Ausschüsse beziehen. Von dem Regelungskanon nicht ausgeschlossen ist eine **individuelle Leistungs**-, Eignungs- und Motivationsbeurteilung; zum Teil wird sie ausdrücklich angeregt.[10] Allerdings ist eine derartige Einzelprüfung praktisch äußerst selten und wird vom Regelungswerk auch nicht verlangt. Die gegenseitige individuelle Beurteilung nach einem Peer Review-Verfahren kann darüber hinaus auch einen Bumerangeffekt auslösen und die teamorientierte vertrauensvolle Zusammenarbeit im Aufsichtsrat massiv belasten.[11] 18

8 *Wilsing* in Wilsing, DCGK Punkt 5.6 Rz 2, 491; *Seibt*, DB 2003 2107, 2109.

9 *Arbeitskreis für externe und interne Überwachung*, DB 2006, 1625, 1630; *Wilsing* in Wilsing, DCGK Punkt 5.6, Rz 3, 491.

10 *Arbeitskreis für externe und interne Überwachung*, DB 2006, 1625, 1631 f.

11 Ausdrücklich *Wilsing* in Wilsing, DCGK Punkt 5.6, Rz 5.6; *Arbeitskreis für externe und interne Überwachung*, DB 2006, 1625, 1631.

19 **Compliance-Prüfung der Regeln**: Zum Teil wird neben der Effizienzprüfung auch eine Compliance-Prüfung hinzugenommen, die sich darauf bezieht, ob der Aufsichtsrat im Prüfungszeitraum Gesetz, Satzung, Geschäftsordnung und Kodex gewahrt und die dort festgelegten Aufgaben erfüllt hat.[12]

20 **Zweck der Effizienzprüfung:** Die Effizienzprüfung dient der **Kontrolle des Aufsichtsrates**. Dies ist deshalb erforderlich, da in einem börsenotierten Unternehmen mit breitgestreutem Aktionärskreis eine Kontrolle des Aufsichtsrates kaum möglich ist. Die Effizienzprüfung mit externer Unterstützung kann einen höheren Erkenntniswert als die Methode der Selbstevaluierung haben. Damit wird eine externe objektivierende Sichtweise in die Beurteilung eingeführt.[13]

21 **Kein Selbstzweck:** Evaluierung und Effizienzprüfung sollen nicht zum Selbstzweck und zu einer Routineübung ohne jegliche Wirkung und ohne jeglichen Impetus werden. Die Effizienzprüfung hat die Verbesserung der Tätigkeit des Aufsichtsrats zum Ziel. Das Ziel, das Anliegen und das Verbesserungspotential sind am Beginn des jeweiligen Prüfungsprozesses herauszuarbeiten und unter den Beteiligten abzustimmen, um mit einem entsprechenden Commitment den gesamten Prüfungs- oder Befassungsvorgang durchzuführen. Fehlt diese Einstellung, so ist die Effizienzprüfung ohnehin vergeblich und jede Minute, die dafür aufgewendet wird, vergeudete Zeit. Dessen müssen sich die Gesellschaft, der Aufsichtsrat und die einzelnen Mitglieder des Aufsichtsrates vor Beginn der jeweiligen Befassung bewusst sein; daher sollte diese Zeit sinnvoll eingesetzt und genutzt werden. Insofern liegt in der Selbstevaluierung nicht nur eine Nabelschau und eine Vorstellung eigener Eitelkeit und Selbstzufriedenheit, sondern die Chance und der Anstoß (*nudge)* für eine Verbesserung und sachgerechtere Zeiteinsetzung der Mitglieder des Aufsichtsrates. Der Aufsichtsrat kann seiner Verantwortung nur gerecht werden, wenn er selbst seine Arbeit an höchsten Standards orientiert und alle Möglichkeiten zur laufenden Verbesserung der Qualität seiner Arbeit ausschöpft.[14]

22 **Gefahr der beschönigenden Darstellung:** Da die Gefahr der zu positiven Selbsteinschätzung und die Tendenz zu einer zu positiven – und damit unehrlichen – Beantwortung bestehen,[15] ist Vorsorge dafür zu treffen, dass eine Evaluierung nicht zu einem Schulterklopfen, Bauchpinseln oder Selbstbeweihräuchern verkommt. Vielmehr müssen die Größe gelassener Distanz und das Selbstverständnis einer kritischen Würdigung der eigenen Arbeit bestehen, zumal nur die kritische Distanz einen konstruktiven Beitrag für eine Fortentwicklung der Tätigkeit des Aufsichtsrates zu bewirken vermag.

23 **Selbstevaluierung – Unterstützung von dritter Seite**: Selbst wenn das Regelwerk des Corporate Governance Kodex von einer Selbstevaluierung und einer eigenständigen Effizienzprüfung durch den Aufsichtsrat selbst ausgeht, ist es nicht verboten, dass sich der Aufsichtsrat auch für die Selbstevaluierung externer Dienstleister bedient. Allerdings ist gerade eine Selbst- und keine Fremdevaluie-

---

12 *Von Werder* in Ringleb/Kremer/Lutter/Von Werder in DCGK Punkt 5.6 Rz 1154; *Wilsing* in Wilsing, DCGK Punkt 5.6 Rz 2, 490.

13 *Mahlert*, Der Aufsichtsrat 7-8/2014, 106.

14 *Mahlert*, Der Aufsichtsrat 7-8/2014, 106.

15 *Röhm-Kottmann/Ries,* BOARD 1/2015, 11.

rung gewollt. Der Text spricht eindeutig von Selbstevaluierung über die jährliche Tätigkeit. Obwohl hier eine klare Präferenz des Kodex für eine Selbst- und nicht eine Fremdevaluierung vorgesehen ist, bedeutet dies nicht, dass der Aufsichtsrat bereits eine Abweichung herbeiführt und ein Erklärungsbedarf besteht, wenn er sich **externer Berater** bei der Konzipierung, Durchführung und Auswertung des Prozesses bedient.[16] Der Aufsichtsrat soll aber jedenfalls – auch bei Unterstützung durch externe Dienstleister – die wesentlichen Entscheidungen zu Prüfungsinhalten, zur Festlegung der Prüfmethode, etwa zur Festlegung des Fragebogens, somit zum Prüfungsverfahren selbst, treffen.[17] Die Gefahr der Selbstbespiegelung und Nabelbeschau ist zu groß. Es kann daher sinnvoll sein, einen geschulten objektivierenden und unabhängigen außenstehenden Experten beizuziehen, der der Objektivität verpflichtet ist.[18] Die selbstgestrickte Fragebogenmethode hat nicht immer die Eindringtiefe einer extern unterstützten Effizienzprüfung mit unterschiedlichen Ansätzen und Techniken der Informationsgewinnung.

Auswahl der externen Unterstützung: Entscheidend ist daher die Auswahl des externen Beraters. Maßgebliches und herausragendes Merkmal muss – neben der Fachkompetenz – seine Unabhängigkeit sein.[19] Abschlussprüfer und Wirtschaftsprüfer im Allgemeinen sind vielfach wegen der Interessenskonflikte nicht die erste Wahl. Sie sind jedoch von Gesetzes wegen oder vom Kodex nicht ausgeschlossen. Die Gesellschaft sollte sich derartige Gestaltungen aber genau überlegen. Auch von der Befassung des ständig begleitenden Anwalts der Gesellschaft ist aufgrund dessen unterschiedlicher, laufender Mitwirkung und zu großer persönlicher Nähe abzuraten. Vorstellbar sind externe Berater und Dienstleister, die nur punktuell genau auf diese Beratungsdienstleistung spezialisiert sind und hohe Fachkenntnis haben. Neben der Unabhängigkeit sind die fachliche Kenntnis, bezogen auf gute Compliance mit Vergleichsmöglichkeit zu anderen Unternehmen, Vergleichsmöglichkeit mit Personengruppen und Gremien sowie die Erfahrung mit dem Umgang von Kommunikation, Konflikten und unterschiedlichen Interessen von Bedeutung. Jedenfalls sollte eine Vereinbarung über eine Verschwiegenheitsverpflichtung getroffen werden. 24

Prüfungsrhythmus – jährlich: Die Selbstevaluierung hat nach der C Regelung des ÖCGK jährlich stattzufinden. Die Regelung ist eine C Regelung, somit besteht keine unmittelbare Pflicht, sondern die Obliegenheit und eine Erklärung und Rechtfertigungspflicht des Aufsichtsrats, sollte er sich nicht jährlich einer Selbstevaluierung unterziehen. 25

Gegenstand: Die Regelung über die jährliche selbstevaluierende Effizienzprüfung des Aufsichtsrates ist allgemein gefasst, sie sollte sich mit der Tätigkeit, der Organisation und der Arbeitsweise des Aufsichtsrates befassen. Eine konkretere Gestaltung wie dies § 29 Z 6 und Z 7 BWG für den Nominierungsausschuss des Aufsichtsrates eines Kreditinstitutes vorsehen, enthält die allgemeine Umschreibung des Kodex für börsenotierte Gesellschaften nicht. 26

---

16 *Wilsing* in Wilsing, Deutscher Corporate Governance Kodex, Punkt 5.6, Rz 4.

17 *Seibt,* DB 2003, 2107, 2109; *Sick* in Hans-Böckling-Stiftung, Arbeitshilfe für Aufsichtsräte 9; *Wilsing* in Wilsing, DCGK, Deutscher Corporate Governance Kodex, Punkt 5.6, Rz 4.

18 *Mahlert,* Der Aufsichtsrat 7-8/2014, 106.

19 *Mahlert,* Der Aufsichtsrat 7-8/2014, 106.

27 **Befassungspflicht**: Die C-Regelung 36 des ÖCGK, letzter Satz, verlangt ausdrücklich eine jährliche Befassung des Aufsichtsrates mit der Effizienz seiner Tätigkeit. Der Kodex sieht aber **keine bestimmte Methode** oder Prüfungstechnik für die Überprüfung der Effizienz der Tätigkeit vor. Der Kodex schreibt nicht einmal eine Prüfung vor, sondern beschränkt sich letztlich auf eine Beschäftigungs- oder Befassungspflicht.

C. Durchführung der Selbstevaluierung

28 **Der Beurteilungsprozess** ist vollkommen offen und ist von der Gesellschaft zu gestalten. Er kann frei durch ein Gespräch oder auch durch ein formalisiertes Verfahren vollzogen werden, das sich sinnvollerweise in mehrere Schritte gliedert (vgl auch für Kreditinstitute sehr ähnlich Rz 52 ff).[20]

29 **Folgende Schritte** bilden typischerweise eine sachgerechte Effizienzprüfung (vgl Rz 62):[21]

- **Anfangsbesprechung** und Festlegung der Ziele und Schwerpunkte sowie Festlegung der Methoden
- Sichtung und Ordnung der aktuellen **Unterlagen** und Regelwerke
- Durchführung der Befragung mittels **Fragebogen**, Einzelinterviews oder Gespräch und Diskussion in der Gruppe
- **Auswertung** der Ergebnisse aus den einzelnen Erkenntnisquellen
- Dokumentation, Berichterstattung und **Handlungsempfehlungen**

30 **In einem ersten Schritt** sollen das Anforderungskonzept, die Prüfungsthemen und -methoden festgelegt werden:

- Festlegung der **Prüfungsthemen** und der Evaluierungsobjekte, nämlich ob der Gesamtaufsichtsrat, ein Ausschuss oder einzelne Mitglieder überprüft werden sollen.
- Festlegung der **Methode der Prüfung**, nämlich Fragebogen, objektive externe Einschätzung, interne Einschätzung, Fragebogen oder Interview, Workshop.
- Festlegung des **Anforderungskonzepts**; welche Erwartungen werden eigentlich an den jeweilig zu überprüfenden Aufgabenbereich und der Arbeit des Aufsichtsrats gestellt.[22]

31 **Datenerhebung:** Nach Festlegung der Kriterien ist die Datenerhebung vorzunehmen, wobei einerseits schriftliche Unterlagen, ergänzend Aussagen nach Fragebögen oder individuelle Interviews herangezogen werden. Dabei ist auch die Zugangsweise zu wählen und etwa die Einbeziehung externer Berater im Verhältnis zur Kostenbelastung abzuwägen.

32 **Auswertung:** Schließlich sind die Ergebnisse aus der Datenerhebung auszuwerten, zu standardisieren, zu anonymisieren und in einen Bericht an den Aufsichtsrat zusammenzuführen, um Grundlage für eine Diskussion im Ausschuss und im Plenum zu sein.

---

[20] *Wilsing* in *Wilsing*, Deutscher Corporate Governance Kodex, Punkt 5.6, Rz 3; *Von Werder* in *Ringleb/Kremer/Lutter/Von Werder*, Deutscher Corporate Governance Kodex³, Rz 1156.

[21] Vgl *Röhm-Kollmann/Riem*, BOARD 1/2015, 12.

[22] *Wilsing* in *Wilsing*, Deutscher Corporate Governance Kodex, Punkt 5.6, Rz 3.

Umsetzung – Zeitleiste: Schließlich sollten in einem letzten Schritt Handlungsempfehlungen, Verbesserungspotenziale und konkrete Umsetzungsschritte sowie Zeitleisten für die Umsetzungsmaßnahmen festgelegt werden. Diese können dann jährlich überprüft werden.[23] **33**

Freie Methodenwahl: Dem Aufsichtsrat steht es frei, die Methode für seine Befassung und Auseinandersetzung zu wählen. Daher stehen verschiedene Arbeitstechniken für die Befassung zur Verfügung. Die einzelnen Methoden sind weit gespannt: Sie reichen von einer – informellen – Prüfung der Effizienz, etwa in Form einer Aussprache und Diskussion im Plenum, in einem Ausschuss oder im Präsidium,[24] gegebenenfalls auch unter Beiziehung eines externen Sachverständigen oder eines Experten, sei es eines Universitätsprofessors oder einer -professorin, eines Rechtsanwalts oder einer Rechtsanwältin, eines Wirtschaftstreuhänders oder Unternehmensberaterin oder eines sonstigen externen Experten, einer strukturierten Diskussion bis zu einer Heranziehung eines Fragebogens oder einem formalisierten Verfahren. **34**

Fragebogen: Als Methode kann etwa der vielfach geübte Modus der Erarbeitung und Beantwortung eines Fragebogens durch die Aufsichtsratsmitglieder und dessen nachfolgende Diskussion der Ergebnisse gewählt werden. Der Fragebogen wird vielfach und in verschiedener Weise eingesetzt. Der Fragebogen ist aber nicht das einzige mögliche Instrument. **35**

Gestaltung des Fragebogens: Wird der Fragebogen gewählt, so ist Grundlage der Tätigkeit der internen wie der externen Evaluierung ein gut ausgearbeiteter, detaillierter und auf das Unternehmen abgestimmter Fragebogen. Im Anhang dieses Beitrags ist ein Muster für einen Fragebogen, der auf die unterschiedlichen Bereiche eingeht, angefügt (vgl Rz 82). Unabhängig von den einzelnen Besonderheiten eines Unternehmens sind jedenfalls folgende Bereiche abzudecken: **36**

- Aufgaben-/Risikomanagement und **Überwachungstätigkeit** des Aufsichtsrates;
- **Vorbereitung** und **Ablauf der Sitzungen** (Einladung, Unterlagenübermittlung, Fristwahrung, Medium der Übermittlung, Ergänzung der Unterlagen, Protokoll);
- **Ausschussarbeiten**;
- **Berichts- und Informationswesen** durch den jeweiligen Verpflichteten, sei es der Vorsitzende des Aufsichtsrates, der Vorstand, der Abschlussprüfer, Mitarbeiter oder externe Quellen, deren Gestaltung, deren Aussagekraft, deren Verständlichkeit etc;
- Kultur und Atmosphäre der Zusammenarbeit, sowohl innerhalb des vorgegebenen Sitzungsrhythmus oder ergänzend bei außertourlichen Zusammentreffen im Unternehmen und außerhalb des Unternehmens;
- **Strukturierung des Aufsichtsrates** und seiner Arbeitsweise (Ausschüsse, Präsidium, Zahl der Mitglieder, Wahl und Festlegung der Anforderungsprofile);

---

23 *Von Werder* in *Ringleb/Kremer/Lutter/Von Werder*, Deutscher Corporate Governance Kodex, Rz 1161; *Wilsing* in *Wilsing*, Deutscher Corporate Governance Kodex, Punkt 5.6, Rz 3.

24 *Sick* in Hans Böckler Stiftung, Arbeitshilfe für Aufsichtsräte 11; *Wilsing* in *Wilsing*, Deutscher Corporate Governance Kodex, Punkt 5.6, Rz 3.

- **Fachliche und persönliche Kompetenzen** des Aufsichtsrates, bezogen auf die einzelnen Individuen und bezogen auf die Gesamtheit; sowohl bezogen auf die fachliche Eignung, die persönliche Integrität und die soziale Kompetenz.

37 **Individuelle Interviews**: Die Effizienzprüfung kann auch auf der Grundlage von Einzelinterviews durchgeführt werden. Die Einzelinterviews geben subjektive Eindrücke wieder und verlangen Zeit. Sie bilden aber wesentliche Aspekte eines Gesamteindrucks.

38 **Workshop – Diskussion:** Als Prüfmethode kann auch ein intensiver Workshop mit der Diskussion von Unzulänglichkeiten von Arbeitspraktiken und der Auslotung von Verbesserungspotenzial gewählt werden. Zum Teil kann es sinnvoll sein, im Rahmen dieses Workshops nicht nur eine allgemeine Diskussion der Gremialmitglieder vorzunehmen, sondern jedenfalls punktuell externe Dienstleistungen in Anspruch zu nehmen. Dieser kann einen Best-Practice-Vergleich machen, der Dienstleistern eher möglich ist, oder auch zur Klärung bestimmter Rechtsfragen oder der Auslotung bestimmter sinnvoller Arbeitstechniken beitragen, wie etwa die Art der Übermittlung von Unterlagen, die Fristwahrung, die Gestaltung zur Sicherung der Vertraulichkeit (Wasserzeichen auf den Unterlagen, Nummerierung der ausgegebenen Exemplare, etc).

39 **Ausschuss**: Dem Aufsichtsrat steht es frei, die Effizienzprüfung auch von einem Ausschuss – ähnlich wie bei Kreditinstituten – durchführen zu lassen (vgl Rz 52). Der Ausschuss hat den Vorteil, in der kleinen Gruppe zu arbeiten und daher näher am Unternehmen zu sein. Besondere Sorgfalt ist dann auf das Zusammenspiel mit dem Plenum und auf die Umsetzung zu legen. Der Ausschuss kann sich der gleichen Prüfmethode bedienen wie das Plenum.

40 **Diskussion**: Eine Methode der Effizienzprüfung könnte auch eine strukturierte Diskussion mit oder ohne Einsatz eines Fragebogens sein. Folgende Varianten sind vorstellbar:

a) Diskussion ohne Fragebogen
b) Diskussion, nachdem zwar ein Fragebogen ausgeteilt und ausgefüllt wurde, dieser aber nicht eingesammelt wurde, dh der Fragebogen dient nur zur zielgerichteten Strukturierung für die Diskussion
c) Diskussion, nachdem ein Fragebogen ausgefüllt und von einem Mitglied des Aufsichtsrats oder einem Externen ausgewertet wurde und die Auswertung der Diskussion zugrunde gelegt wird

41 **Dokumentation:** Sinnvollerweise ist die Befassung durch den Aufsichtsrat zu dokumentieren und in einem Bericht zusammenzufassen; als Unterlage für die Gestaltung und den Nachweis der Einhaltung der Kodexverpflichtung, vor allem aber auch für die Sicherung der Sorgfaltspflicht der Aufsichtsratsmitglieder, zur Selbsteinschätzung und Gestaltung der Überwachungs- und Beratungstätigkeit, vor allem aber auch als Grundlage für die Erarbeitung von Verbesserungen.

42 **Umsetzung – Zeitplan:** Die Prüfung und die Diskussion sollen mit einem Zeitplan für Verbesserungen und deren Umsetzung verbunden werden, sodass in einem Nachfolgejahr bei der nächstfolgenden Befassung, die Umsetzung und die Verbesserung der einzelnen Schritte tatsächlich überprüft werden können.

Bericht: Für die Selbstevaluierung verlangt der Kodex keine bestimmte Dokumentation oder Berichterstattung bzw Offenlegung. Sinnvoll und im Sinne einer ordnungsgemäßen Selbstverwaltung und Selbstverantwortung des Aufsichtsrats für seine Tätigkeit ist es, diese Befassung zu dokumentieren, die Methodenwahl darzustellen, die Durchführung zu beschreiben und zu erläutern, die Ergebnisse zusammenzuführen sowie Handlungsempfehlungen abzuleiten. Der Kodex sieht dafür keine bestimmte Form oder Gliederungsvorgabe vor. Der Aufsichtsrat soll über die Effizienzprüfung daher übersichtlich, klar nachvollziehbar und im chronologischen Verlauf vergleichbar wie an die Hauptversammlung berichten. Er kann und soll den Umstand der Durchführung, die Methodenwahl und die wesentlichen Ergebnisse in den Bericht gem § 96 Abs 3 AktG an die Hauptversammlung aufnehmen, in dem er ohnehin über seine Tätigkeit zu berichten hat. Damit wird aber in aggregierter Form und allgemein über die Aufsichtsarbeit berichtet und kein detaillierter Bericht abgegeben. 43

Offenlegung: Die C-Regelung 36 des ÖCGK enthält keine Verpflichtung zur Veröffentlichung der Ergebnisse der Selbstevaluierung des Aufsichtsrates, sie müssen daher nicht unbedingt veröffentlicht werden.[25] 44

D. Externe Evaluierung

Gegenstand: Punkt 62 des ÖCGK **empfiehlt**, die Einhaltung der C-Regeln des Kodex regelmäßig mindestens **alle drei Jahre** durch eine externe Institution evaluieren zu lassen. Über das Ergebnis dieser Evaluierung und Effizienzprüfung ist im Corporate Governance Bericht zu berichten. Diese Empfehlung erinnert an die Board Evaluation nach US-amerikanischem Vorbild.[26] 45

Gegenstand: Die externe Evaluierung bezieht sich nicht alleine auf die Aufsichtsratstätigkeit. Vielmehr richtet sich diese Tätigkeit auf die **Einhaltung der C-Regelungen** oder den Umgang der Gesellschaft mit den C-Regelungen. Plakativ kann von einer allgemeinen Complianceprüfung gesprochen werden. Dies ist naheliegend, da die C-Regelungen eine **Abweichungsmöglichkeit** vorsehen, dafür aber eine Rechtfertigung und eine Erklärung verlangen. Die R-Regelungen sind eine schlichte Empfehlung; deren Nicht-Einhaltung ist nicht zu begründen. Die L-Regelungen sind gesetzlich vorgegebene Regelungen, die jedenfalls eingehalten werden müssen, sodass eine Evaluierung über Akzeptanz und tatsächliche Einhaltung oder Nicht-Einhaltung nicht sachgerecht ist. Die C-Regelungen werden auch dann eingehalten, wenn eine klare Erklärung mit einer entsprechenden Begründung vorgelegt wird. Dabei geht es nicht allein um die Tätigkeit des Aufsichtsrates, sondern auch um die Einhaltung der einzelnen Regelungen durch andere Organträger, zum Teil auch durch individuelle Investoren (institutionelle Investoren). Die externe Evaluierung, die nur alle paar Jahre stattfindet, ist somit **deutlich breiter angelegt** als bloß eine Überprüfung der Aufsichtsratstätigkeit, die alljährlich durchzuführen ist. 46

Eine externe Institution kann ein Rechtsanwalt oder eine Rechtsanwältin sein; dies kann auch ein Wirtschaftsprüfer oder -prüferin oder Wirtschaftstreu- 47

---

[25] *Jud* in *Schenz/Eberhartinger,* Corporate Governance in Österreich, 361.

[26] *Seibt*, DB 2003, 2107, 2109; *Wilsing* in *Wilsing*, DCGK Punkt 5.6 Rz 1, S 490.

händer oder ein sonstiger auf Corporate Governance und auf die Gremialarbeit spezialisierter Dienstleister (etwa ein Unternehmensberater oder ein sonstiges Beratungsunternehmen oder wissenschaftliche Einrichtungen) sein (vgl Rz 24).

48 **Methodenwahl:** Auch für die externe Evaluierung steht eine Reihe von Methoden zur Auswahl, nämlich der Fragebogen, das persönliche Interview oder das intensive Fachgespräch bzw der Workshop sowie die mehr oder weniger stark vorgeprägte und unterlagengestützte Diskussion (vgl Rz 34).

49 **Workshop – Diskussion:** Die Effizienzprüfung kann etwa in Form eines intensiven Workshop-Gespräches unter Moderation und Leitung des externen Dienstleisters durchgeführt werden, in dem die Unternehmenspraxis bezogen auf C-Regelungen diskutiert und hinterfragt wird und das Verbesserungspotential ausgelotet wird. Dies kann etwa die Veröffentlichung von Gehaltszahlen, der Umgang mit Interessenskonflikten, die Gestaltung der Unabhängigkeit der Aufsichtsratsmitglieder etc sein.

50 **Auswertung**: Die externe Einrichtung hat die Antworten und Ergebnisse der Prüfung und Diskussion auszuwerten, Schlussfolgerungen zu ziehen und Empfehlungen zu formulieren.

51 **Bericht – Offenlegung**: Das Ergebnis der externen Evaluation ist gemäß der Empfehlung (R-Regelung) Punkt 62 des Corporate Governance Kodex im **Corporate Governance Bericht** zu berichten. Das Ergebnis der externen Prüfung ist daher jedenfalls zu veröffentlichen. Auch dabei ist aber nicht über jedes Detail zu berichten, sondern sind die Angaben entsprechend den Empfehlungen zur Gestaltung des Corporate Governance-Berichtes zu formulieren (vgl *Hlawati/Wilfling* Rz 32/34 ff).[27]

IV. Evaluierung des Aufsichtsrats in einem Kreditinstitut

A. Anwendungsbereich

52 **Große Kreditinstitute:** Nur für Kreditinstitute bestehen explizite gesetzliche Regelungen. Gemäß § 29 BWG haben Kreditinstitute, deren Bilanzsumme eine Milliarde Euro übersteigt oder die übertragbare Wertpapiere ausgegeben haben, die zum Handel an einem geregelten Markt gemäß § 1 Abs 2 Börsegesetz 1989 zugelassen sind, im Aufsichtsrat einen **Nominierungsausschuss** einzurichten. Die Aufgabe gemäß § 29 BWG beruht auf der Umsetzung von Artikel 88 Abs 2 und Artikel 91 Abs 1, 2. Satz, sowie Absatz 10 der CRD IV (RL 2013/36/EU)[28] (*Herbst* Rz 35/132 ff).

53 **Kleine Kreditinstitute:** Das BWG sieht eine Effizienzprüfung nur für Kreditinstitute ab einer Bilanzsumme von über einer Milliarde entfällt oder bei einer Notierung von Wertpapieren an einem Geregelten Markt vor. Kleinere Kreditinstitute haben weder einen Nominierungsausschuss einzurichten, noch sind sie zwingend zu einer Effizienzprüfung verpflichtet. Kleinere Kreditinstitute, die keine der beiden alternativen Voraussetzungen gemäß § 29 BWG erfüllen, sind freiwillig

---

27 Vgl AFRAC, Empfehlung zur Gestaltung des Corporate Governance Berichts.

28 RV 2438 BlgNR 24.GP 50.

zur Effizienzprüfung und Evaluierung der Tätigkeit des Aufsichtsrates berechtigt und entsprechend der allgemeinen Sorgfaltspflichten gem § 111 AktG sowie § 30j GmbHG und § 24e GenG dazu angehalten (vgl Rz 8). In diesen Fällen bestehen allerdings keine genauen verfahrensrechtlichen Vorgaben.

Der Nominierungsausschuss ist neben der Vorauswahl von Geschäftsleitern und neben der Erstellung von Vorschlägen für eine Nachbesetzung des Aufsichtsrates, neben der Überwachung der Diversität im Aufsichtsrat sowie in der Geschäftsleitung, vor allem auch zur **Effizienzprüfung** des Aufsichtsrates berufen. Die Effizienzprüfung ist bei Kreditinstituten ab einer Bilanzsumme von einer Milliarde Euro daher dem Nominierungsausschuss zugeordnet. Nicht nur Kapitalvertreter, sondern auch Arbeitnehmervertreter gehören dem Nominierungsausschuss an. Die Arbeitnehmervertreter sind bezogen auf die dem Nominierungsausschuss zugewiesenen Aufgaben der Effizienzprüfung gemäß § 29 Z 6 und Z 7 BWG auch teilnahme- und stimmberechtigt. 54

Arbeitnehmervertreter: Der Nominierungsausschuss unterliegt den allgemeinen Regelungen gemäß § 110 ArbVG, daher gilt im Nominierungsausschuss grundsätzlich auch die Drittelparität. Die Arbeitnehmervertreter sind zwar etwa bei Fragen der Nachbesetzung von Kapitalvertretern, bei der Erstellung von Empfehlungen an die Hauptversammlung und der Erstellung von Vorschlägen für die Wahl von Kapitalvertretern durch die Hauptversammlung weder teilnahme- noch stimmberechtigt.[29] Bei der anlassbezogenen oder regelmäßig durchzuführenden Effizienzprüfung unterliegen die Arbeitnehmervertreter hingegen weder einer Teilnahme- noch Stimmbeschränkung. Zuständig für die Effizienzprüfung ist somit der Nominierungsausschuss, der wie andere Ausschüsse (vgl *Schimka* 29/23 ff; vgl *Herbst* 35/82 ff) einzurichten ist. 55

Zusammenspiel: Ausdrücklich wird nur der Nominierungsausschuss zur Durchfürhung der Effizienzprüfung berufen; er hat dem Plenum **zu berichten**. Die kleinere Gruppe des Ausschusses soll daher die wesentliche Arbeit leisten. Er soll das Plenum gerade bezogen auf allgemeine Themen einbeziehen. Das **Plenum** kann ergänzend eine eigene Prüfung vornehmen, unbedingt ist dies nicht erforderlich. Allenfalls kann der Aufsichtsrat dies selbst wünschen oder auch die Eigentümer, die dies zusätzlich – sinnvollerweise in größeren Abständen – durch eine Satzungsbestimmung anregen können. 56

Gegenstand – Zwei Richtungen: Die Effizienzprüfung in Kreditinstituten bezieht sich auf zwei maßgebliche Bereiche, nämlich 57

- auf die Struktur, Größe, Zusammensetzung und Leistung des jeweiligen **Organs der Geschäftsleitung** und des **Aufsichtsrates**, somit auf das Gesamtgremium insgesamt und zum anderen
- auf die Bewertung der Erkenntnisse, Fähigkeiten und Erfahrung sowohl der Geschäftsleiter als auch **der einzelnen Mitglieder** des Aufsichtsrates sowie des Organs in seiner Gesamtheit.

Somit ist sowohl die Gestaltung, die Ausrichtung, die Zusammensetzung und die Arbeitsweise des **jeweiligen Gremiums** zu prüfen als auch die individuellen 58

[29] AA *Jabornegg,* DRdA 2015, 299.

einzelnen **Mitglieder** und deren Kenntnisse und Fähigkeiten, sowie das Zusammenspiel als **Team** (*Herbst* Rz 35/134).

59 **Andere Gewichtung des ÖCGK:** Ein wesentlicher Unterschied der Effizienzprüfung des Nominierungsausschusses des Aufsichtsrates eines Kreditinstitutes im Verhältnis zur allgemeinen Effizienzprüfung nach dem ÖCGK liegt darin, dass die Fragen anders gewichtet sind. Insbesondere beziehen sich die Fragen der Effizienz nicht nur auf den Aufsichtsrat, sondern auch auf die Geschäftsleitung. Diese werden nach dem ÖCGK nicht im Rahmen der Effizienzprüfung geprüft.[30] Die Geschäftsleitung unterliegt aber jedenfalls der allgemeinen Überwachung des Aufsichtsrats gem § 95 AktG.

60 **Objektive Bestandsaufnahme:** Sinnvoll ist es, zunächst eine objektive Bestandsaufnahme anhand vorliegender Dokumente und Informationen zu machen, nämlich inwieweit der Aufsichtsrat und seine Mitglieder ebenso wie die Geschäftsleitung seiner/ihrer Struktur, Größe, Zusammensetzung und Leistung nach sachgerecht zusammengesetzt sind. Zunächst ist eine Bestandsaufnahme über Größe, Struktur, Zusammensetzung und Leistung von Geschäftsleitung und Aufsichtsrat zu erstellen und zu ermitteln, inwieweit die Kenntnisse, Fähigkeiten und Erfahrung der Geschäftsleiter und der einzelnen Mitglieder des Aufsichtsrats sowie des jeweiligen Organs in seiner Gesamtheit zu bewerten sind.

61 **Subjektive Selbsteinschätzung der Mitglieder**: Hinzu kommt eine subjektive Selbstreflexion der Mitglieder des Aufsichtsrats zu allen einzelnen Punkten. Sowohl die objektive Bestandsaufnahme als auch die subjektive Reflexion sollen in einem Bericht an den Aufsichtsrat gemäß § 29 Ziffer 7 BWG einfließen.

B. Vorgehensweise

62 **Startbesprechung (1) – Kick-off-Meeting**: Die Effizienzprüfung soll mit einer gut vorbereiteten Eröffnungssitzung (Kick-off-Meeting) über die Gestaltung und Schwerpunkte der Effizienzprüfung beginnen. Dabei sollen der Vorsitzende des Aufsichtsrats, sowie der Vorsitzende des Nominierungsausschusses Ziele und Inhalte der Effizienzprüfung von Aufsichtsrat und Geschäftsleitung sowie die Methode der Evaluierung und den Verfahrensablauf abstimmen. In diesem Treffen sollte auch bereits klar feststehen, wie weit der aktuelle Stand der Umsetzung regulatorischer Vorgaben im Unternehmen ist (vgl allgemein vorne Rz 29).

63 **Sichtung der Unterlagen (2):** Sodann sind die im Unternehmen verfügbaren und relevanten Unterlagen anzufordern und für Zwecke der Anpassung des Fragebogens zu sichten und auszuwerten. Neben der Satzung, den Geschäftsordnungen für den Aufsichtsrat und seiner Ausschüsse sowie der Geschäftsordnung für den Vorstand wird ein Fragebogen erarbeitet, der allen Aufsichtsratsmitgliedern zur Verfügung zu stellen ist und den alle Aufsichtsratsmitglieder individuell ausfüllen sollen. Weiters sind die CV's der Mitglieder des Aufsichtsrats und der Geschäftsleitung sowie Informationen über die weiteren Mandate und Tätigkeiten, über Erfahrungsstand und Fortbildung der Organmitglieder zu erstellen. In dem Fragebogen, der aufgrund dieser Unterlagen im Lichte der gesetzlichen Vorgaben von § 29

[30] *Röhm-Kottmann/Ries*, BOARD 1/2015, 11.

BWG zu erstellen ist, sind insbesondere die Besonderheiten des BWG und der aufsichtsrechtlichen Regelungen abzubilden. Neben dem Fragebogen sollten auch Schwerpunktsetzungen der vergangenen Jahre sowie die Umsetzung der Empfehlungen in diese vorbereitende Unterlage einfließen.

Freie Methodenwahl: Das BWG sieht keine spezifische Methode für die Effizienzprüfung vor, dem jeweiligen Aufsichtsrat des Kreditinstituts steht daher die Wahl der Vorgehensweise völlig frei. In der Praxis hat sich – ebenso wie bei börsenotierten Gesellschaften – die Methode der Ermittlung der subjektiven Einschätzung der Aufsichtsratsmitglieder durch Fragebögen sowie ergänzend durch Interviews etabliert. Zwar ist es möglich, diese Effizienzprüfungen nur auf der Grundlage eines Fragebogens durchzuführen. Allerdings besteht bei Fragebögen wiederum tendenziell die Gefahr, dass sie möglichst positiv ausgefüllt werden, um im Fall der Einsichtnahme der Aufsicht (FMA, etc) in die Dokumentation zur Effizienzprüfung ein möglichst positives Bild vom Aufsichtsrat und seiner Arbeit zu zeichnen (vgl Rz 34).[31] **64**

Fragebogen: In der Evaluierungsmethode hat sich die Verwendung eines Fragenbogens weitgehend als die bevorzugte Technik für die Effizienzprüfung etabliert. Dabei kann eine Schulnotenskala von 1 bis 5 verwendet werden, mit der die Aufsichtsratsmitglieder vertraut sind und die eine leichte Vergleichbarkeit sowohl im chronologischen Ablauf als auch im Branchenvergleich ermöglichen.[32] Neben der Notenskala kann Raum für **individuelle verbale Bemerkungen** und Hinweise bestehen. **65**

Gliederung: Der Fragebogen sollte gut gegliedert sein, mit einfachen Fragen, insbesondere soll jeweils klar sein, wer Adressat der jeweiligen Frage ist, nämlich die Mitglieder des gesamten Aufsichtsrates oder nur bestimmte Ausschussmitglieder. Am Ende des Fragebogens kann Raum für eigene Bemerkungen, Hinweise, Verbesserungsvorschläge, Kritik, Lob und Anerkennung sein. **66**

Inhaltliche Vorstellung: Bevor der Fragebogen an die einzelnen Aufsichtsratsmitglieder verteilt wird und ausgefüllt werden soll, sollte der Inhalt des Fragebogens sowohl dem Plenum als auch im Nominierungsausschuss vorgestellt werden und in beiden Gremien diskutiert und diesen noch einmal Gelegenheit für Ergänzungen gegeben werden. In der Diskussion soll klar verdeutlicht werden, dass es bei der Beantwortung der Fragen um eine subjektive Einschätzung der einzelnen Aufsichtsratsmitglieder geht, die einfach Teil der Gesamtprüfung sind. Ergänzend wird ohnehin die objektive Dokumentationslage erarbeitet (vgl Rz 41). **67**

Mehrteilige Vorgehensweise – Kombination: Sinnvoll ist es, die Effizienzprüfung bei Kreditinstituten durch eine systematische modulare Vorgehensweise vorzunehmen, nämlich einerseits eine Sichtung und Auswertung der relevanten Dokumente und Informationen in Kreditinstituten vorzunehmen (objektive Prüfung der schriftlichen Unterlagen) und andererseits diese mit einer subjektiven Einschätzung der einzelnen Aufsichtsratsmitglieder in Form einer anonymen Beantwortung eines unternehmensspezifischen Fragebogens zu ergänzen. Nicht **68**

[31] *Röhm-Kottmann/Ries,* BOARD 1/2015, 12.
[32] *Röhm-Kottmann/Ries*, BOARD 1/2015, 13.

alljährlich, sondern in einem breiter gespannten Intervall soll die Beantwortung des Fragebogens mit **Interviews** der einzelnen Aufsichtsratsmitglieder ergänzt werden. Jedenfalls sollten die Ergebnisse im Nominierungsausschuss und im Aufsichtsrat ausführlich diskutiert werden, konkrete Handlungsschritte erarbeitet, umgesetzt und in ihrer Umsetzung begleitet und kontrolliert werden. Damit wird den aufsichtsrechtlichen Vorgaben nachgekommen. Zugleich wird aber auch ein Anstoß gegeben und eine Chance eröffnet, Qualität und Effizienz der Tätigkeit sowohl der Geschäftsleitung als auch des Aufsichtsrats durch eine strukturierte Diskussion voranzubringen.[33]

69 **Durchführung der Befragung (3):** Die Fragebögen sollen in einer nächsten Phase an die Aufsichtsratsmitglieder versendet werden und sollen von jedem einzelnen Mitglied oder Ausschussmitglied selbstständig ausgefüllt werden. Jedenfalls ist während des gesamten Prozesses die Vertraulichkeit und Anonymität der Antworten zu gewährleisten.

70 **Auswertung (4):** Im Anschluss daran sind die Aussagen zu sichten, zu vergleichen und auszuwerten. Dabei ist zu überlegen, die Fragebögen gerade nicht durch das Aufsichtsratssekretariat oder den Assistenten des Aufsichtsratsvorsitzenden, noch weniger durch den Assistenten des Vorstandes oder durch die Rechtsabteilung oder durch eine sonstige Stabstelle der Gesellschaft auswerten zu lassen, sondern durch einen Dritten.[34] Mit der Auswertung geht auch einher, dass die individuellen Anmerkungen zu einzelnen Fragen oder insgesamt zur Evaluierung vereinheitlicht und damit anonymisiert werden. Jedenfalls soll eine einheitliche Sprache (Deutsch, Englisch) verwendet werden.

71 **Individuelle Interviews (5):** Die Fragebögen sind nur eine Form der Ermittlung der subjektiven Einschätzung; sie sollen die Grundlage für individuelle Interviews mit den Aufsichtsratsmitgliedern sein, die ergänzend zu führen sind. Dabei könnten insbesondere die Diskussions- und Konfliktkultur sowie Fehlerkultur und sonstige atmosphärische Aspekte (weiche Faktoren/Soft Facts) ermittelt werden. Da der Aufwand für Interviews zeitlich sehr hoch ist und auch eine zusätzliche Vorbereitung und Nachbereitung verlangt, sollen diese nicht alljährlich durchgeführt werden, sondern in einem bestimmten Rhythmus, etwa alle **drei Jahre** oder alle **fünf Jahre**.

72 **In der nächsten Phase (6)** sollten die Ergebnisse aus den Fragebögen und den allfälligen ergänzenden individuellen Interviews zusammengefasst und mit den ausgewerteten Dokumenten (normative Grundlagen und Berichte) abgeglichen werden. Die subjektive Einschätzung der Aufsichtsratsmitglieder und die objektive Dokumentenlage formen das Gesamtbild. Mögliche Abweichungen können zusätzliche Erkenntnisse bringen, so etwa dass *es Practices* oder *Policies* gibt, die in den Unterlagen noch nicht entsprechend abgebildet sind, aber von den Mitgliedern des Aufsichtsrates erkannt, angewendet und akzeptiert sind.

---

[33] *Sick*, Die Effizienzprüfung des Aufsichtsrates in Hans Böckl Stiftung, Arbeitshilfe für Aufsichtsräte 19; *Röhm-Kottmann/Ries,* BOARD 1/2015, 14.

[34] *Röhm-Kottmann/Ries*, BOARD 1/2015, 14.

Zusammenfassung Status Quo – Handlungsempfehlung (7): Die Ergebnisse sind mit einer Benchmark zu versehen, somit einer vergleichbaren Einrichtung abzugleichen und schließlich sind daraus Handlungsempfehlungen abzuleiten. Dieser Bericht und diese Mitteilung an den gesamten Aufsichtsrat ist sodann die Grundlage einer ausführlichen Diskussion der Ergebnisse im Aufsichtsrat, aus der sich weitere Handlungen, Empfehlungen für die Aufsichtsratstätigkeit ebenso wie für die Geschäftsleitung ergeben können.[35] 73

Die Ergebnisse der objektiven Bestandsaufnahme und der subjektiven Reflexion und die daraus gewonnenen Handlungsempfehlungen zur Verbesserung der Effizienz und Wirksamkeit der Tätigkeit der Geschäftsleitung und der Arbeit des Aufsichtsrates sind zusammenzufassen. Davor werden sie wie sonstige Angelegenheiten auch (vgl *Chini/Reiner* Rz 27/51) mit dem Vorsitzenden des Aufsichtsrats und dem Vorsitzenden des Nominierungsausschusses besprochen und dann zunächst im Nominierungsausschuss präsentiert, ehe diese Präsentationen und Diskussionen auch im Plenum durchgeführt werden.[36] 74

Bericht (8): Schließlich sollen die Darstellung der Ergebnisse und die Handlungsempfehlung in einem Bericht zusammengeführt werden, damit der Nominierungsausschuss sie dem gesamten Aufsichtsrat präsentieren kann und zudem eine Dokumentation auch aus **aufsichtsrechtlichen** Gründen greifbar ist. Eine strukturierte und klar vorgegebene Vorgehensweise mit abschließendem Bericht ermöglicht auch einen Vergleich im chronologischen Jahresverlauf, woraus sich zusätzliche Erkenntnisse ergeben können. 75

Handlungsempfehlung – Umsetzung (9): Jedenfalls sollen im Bericht Handlungsempfehlungen aufgenommen werden und für diese Handlungsempfehlungen Umsetzungsschritte auf einer Zeitleiste vorgegeben werden. Die Umsetzung soll wiederum Gegenstand einer nachfolgenden nächstjährigen Effizienzprüfung sein. 76

V. Evaluierung von Aufsichtsräten in öffentlichen Unternehmen

Externe – interne Effizienzprüfung: Der P-CGK für Unternehmen im Eigentum oder unter der Kontrolle der öffentlichen Hand sieht sowohl eine externe als auch eine interne Effizienzprüfung vor. 77

Selbstevaluierung: Punkt 11.1.5. des P-CGK für öffentliche Unternehmen sieht in einer C-Regelung vor, dass das Überwachungsorgan und seine Ausschüsse **regelmäßig** die Qualität und Effizienz ihrer Tätigkeit überprüfen sollen (Selbstevaluierung). Der Bund als Eigentümer verlangt somit vom Aufsichtsrat oder von dem vergleichbaren Aufsichtsorgan eine regelmäßige Selbstevaluierung. 78

Keine Jahresfrequenz: Der Kodex sieht keine Mindestfrequenz vor, somit wird eine Selbstprüfung in einem **drei- bis fünfjährigen Rhythmus** reichen. Die Kodexbestimmung zielt auf die Selbstprüfung des Plenums und der Ausschüsse ab, somit der Gesamteinrichtung Aufsichtsrat. 79

---

35 *Röhm-Kottmann/Ries,* BOARD 1/2015, 12.

36 *Röhm-Kottmann/Ries,* BOARD 1/2015, 14.

80 **Freie Wahl der Methode:** Konkrete Angaben fehlen, die die Effizienzkontrolle beschreiben. Die Regelung lässt das Aufsichtsorgan in seiner **Prüfmethode frei** wählen. Die Regelung schreibt keine bestimmte Vorgehensweise oder Methode vor. Daher kann auf die allgemeinen Regelungen sowie verfahrensrechtlichen Überlegungen zurückgegriffen werden (vgl Rz 32 ff).

81 **Dokumentation**: Der Regelung fehlt auch eine Anordnung für eine Dokumentation oder Berichterstattung über die eigene Effizienzprüfung. Sinnvoll ist es aber jedenfalls im Sinne sorgfaltsgemäßer Durchführung und Selbstorganisation, einen Bericht zur Selbstreflexion und zur allfälligen Unterrichtung an den Eigentümer zu erstellen.

VI. Anhang

82 **Fragebogen**: Der Fragebogen ist eine erste Anleitung und soll noch für das konkret betroffene Unternehmen adaptiert werden. Er ist auf der Grundlage von ausländischen Beispielen und mehreren Gesprächen mit Aufsichtsräten mit Evaluierungserfahrung erarbeitet worden.

Fragebogen für die Selbstevaluierung des Aufsichtsrats im Sinne des § 36 ÖCGK idF Jänner 2015 und Punkt 11.1.5 PCGK

1. Qualität der Sitzungsunterlagen

a) Erhalten Sie die Unterlagen für die Sitzungen rechtzeitig vorher?
b) Sind diese für Sie gut und ausreichend leicht verständlich aufbereitet?
c) Arbeiten Sie die Unterlagen so durch, dass Sie sie verstanden haben und wissen, welche Fragen Sie stellen wollen, und erstellen Sie eine schriftliche Fragenliste?
d) Haben Sie das Gefühl, dass alle anderen Sitzungsteilnehmer die Unterlagen durchgearbeitet und verstanden haben?
e) Haben Sie den Eindruck, dass andere Sitzungsteilnehmer immer wieder unvorbereitet zu den Sitzungen kommen?

2. Organisation der Aufsichtsratssitzungen

a) Werden die Sitzungstermine so rechtzeitig abgestimmt, dass sie immer von allen Sitzungsteilnehmern zugesagt werden können?
b) Nehmen an den Sitzungen in der Regel alle Mitglieder des Aufsichtsrats teil?
c) Gibt es Aufsichtsratsmitglieder, die ohne überzeugende Entschuldigung immer wieder an Sitzungen nicht teilnehmen?
d) Kommen sämtliche Sitzungsteilnehmer in der Regel pünktlich und beginnen die Aufsichtsratssitzungen pünktlich?
e) Wird in der Regel das vorgesehene Programm/die Tagesordnung abgearbeitet?
f) Gibt es während der Sitzungen ein Handyverbot (I-Pad, Laptop)? Und wenn ja, halten sich daran alle Sitzungsteilnehmer? Korreliert dies mit einem allfälligen E-Board-System?
g) Wird in der Regel die geplante Dauer der Aufsichtsratssitzungen eingehalten?

3. Beiträge und Diskussionen in den Sitzungen

a) Stellen Sie die Fragen (an Vorstandsmitglieder und Aufsichtsratskollegen) die Sie fragen möchten, und vertreten Sie die Meinung, von der Sie überzeugt sind? Auch wenn sie von anderen Meinungen abweicht?
b) Machen das Ihres Erachtens auch die anderen Sitzungsteilnehmer?
c) Ist die Atmosphäre in den Aufsichtsratssitzungen so, dass Diskussionen, Fragen und Meinungen zugelassen werden?
d) Wird die Diskussion ausreichend offen geführt? Werden Widersprüche zugelassen, aber auch ausreichend hinterfragt?
e) Schreitet der Aufsichtsratsvorsitzende erfolgreich ein, wenn Sitzungsteilnehmer entweder zu lange oder unsachlich argumentieren?
f) Ist im AR-Team immer ausreichend notwendiges Know-How vorhanden, um die jeweilige Fragestellung beantworten zu können?
g) Wird fehlendes Know-How durch Beiziehung von Experten ersetzt?
h) Haben Sie Vertrauen zum Experten Know-How eines Team-Mitglieds, über das Sie selber nicht verfügen?
i) Läuft während den Aufsichtsratssitzungen ein Tonband mit, und wenn ja, halten Sie das für gut?
j) Haben Sie den Eindruck, dass der Aufsichtsrat zu groß ist und deswegen an Effizienz leidet?

4. Entscheidungsfindung

a) Fasst der Aufsichtsratsvorsitzende vor einer Entscheidung/Abstimmung das Ergebnis der Diskussion also die Vor- und Nachteile, die Chancen und Risiken und die Möglichkeiten und Alternativen, zusammen und werden diese mit einer allfälligen Vorlage des Vorstands verglichen?
b) Glauben Sie, dass bei einer geheimen Abstimmung ein anderes Ergebnis herauskäme, als bei den offenen Abstimmungen?
c) Glauben Sie, dass alle Mitglieder so abstimmen, wie es nach ihrer Meinung am Besten für das Unternehmen ist?
d) Glauben Sie, dass es Mitglieder gibt, die unabhängig vom Ergebnis der Diskussion und der dort vorgebrachten Argumente regelmäßig in Entsprechung einer getroffenen Vorabsprache oder einer Weisung abstimmen?

5. Geschäftsordnung des Aufsichtsrats

a) Gibt es eine Geschäftsordnung für den Aufsichtsrat?
b) Enthält die Geschäftsordnung alle Ihnen wesentlichen Punkte?
c) Werden diese dann auch so gelebt?

6. Geschäftsordnung des Vorstands/Zustimmungspflichtige Geschäfte

a) Gibt es eine Geschäftsordnung für den Vorstand/Geschäftsführer?
b) Enthält die Geschäftsordnung alle wesentlichen Punkte?
c) Wer gestaltet die Geschäftsordnung (AR, Vorsitzender, Rechtsabteilung, Vorstand)?
d) Werden die Punkte auch so gelebt?
e) Ist der Katalog der zustimmungspflichtigen Geschäfte in allen Punkten für das Unternehmen passend?

7. Rolle des Aufsichtsratsvorsitzenden

a) Leitet der Aufsichtsratsvorsitzende die AR Sitzungen so, dass es im Normalfall gelingt, mit einem angemessenen Beschäftigungs- und Prüfungsaufwand zu einer für das Unternehmen wichtigen Entscheidung innerhalb einer angemessenen Zeit zu kommen?
b) Halten Sie den Aufsichtsratsvorsitzenden für zu autoritär?
c) Finden Sie, dass der Aufsichtsratsvorsitzende seine Leitungsfunktion zu wenig wahrnimmt?
d) Hat der Aufsichtsratsvorsitzende ausreichend laufenden Kontakt mit dem Vorstand?
e) Berichtet der Aufsichtsratsvorsitzende laufend alles Wesentliche, das er vom Vorstand erfährt? Sind diese Mitteilungen aus Ihrer Sicht rechtzeitig?
f) Wird die AR-Sitzung gesondert vom AR-Vorsitzenden mit Vorstand oder sonstigen Personen vorbereitet?

8. Protokolle

a) Sind die Protokolle übersichtlich gegliedert und sind insbesondere Beschlussfassungen deutlich markiert und klar abgefasst?
b) Werden die Protokollentwürfe zeitnah (= 2 Wochen nach Sitzung) vom Aufsichtsratsvorsitzenden an die Sitzungsteilnehmer mit der Bitte um Stellungnahme an die Teilnehmer versendet?
c) Wer verfasst das Protokoll?
   – Assistent des AR-Vorsitzenden?
   – Assistent des Vorstands?
   – Stabstelle?
d) Wer erhält den ersten Entwurf (AR-Vorsitzender/Vorstand)?
e) Teilen die Sitzungsteilnehmer wiederum zeitnah allen anderen Mitgliedern mit, ob Sie mit dem Protokollsentwurf entweder einverstanden sind, oder ob sie konkrete Änderungswünsche haben?
f) Geben die Protokolle im Normalfall den Sitzungsverlauf und die getroffenen Beschlüsse korrekt wieder?
g) Wie wird mit Einsprüchen zum Protokoll umgegangen?
h) Werden Entwürfe endgültig vernichtet?
i) Wie bewahren Sie selbst die Protokolle auf?
   – Wie bewahrt die Gesellschaft die Protokolle auf (wer macht dies genau?)?
   – Gibt es eine Regelung oder Übung, was bei Ausschluss eines AR-Mitglieds mit den Protokollen geschieht?

9. Umsetzung von AR-Beschlüssen

a) Wird die Umsetzung von AR Beschlüssen laufend anhand der Protokolle überprüft?
b) Wird vom Vorstand zu jedem noch nicht erledigten Beschluss ständig ein Follow-Up gefordert und eine Erklärung, warum etwas noch nicht umgesetzt ist?
c) Werden im Falle der Nichteinhaltung von AR Beschlüssen allenfalls notwendige Konsequenzen gezogen?

10. Zusammenarbeit mit Ausschüssen

a) Sind aus Ihrer Sicht zu viele/genügend Ausschüsse eingerichtet?
b) Sind diese Ausschüsse aus Ihrer Sicht richtig besetzt?
c) Fühlen Sie sich als Plenumsmitglied ausreichend über die Tätigkeit in den Ausschüssen informiert?
d) Führt die Einrichtung von Ausschüssen zu einer Effizienzsteigerung der Tätigkeit des Gesamtaufsichtsrats?
e) Gibt es Probleme in der Abstimmung – Machtverschiebung?

11. Umgang mit Interessenskonflikten

a) Werden Interessenskonflikte im Vorstand vom Aufsichtsrat behandelt?
b) Werden Interessenskonflikte im Aufsichtsrat angesprochen und wird darauf angemessen, also allenfalls zB mit Stimmenthaltungen, reagiert?

12. Fehlerkultur

a) Erörtert der Aufsichtsrat regelmäßig mit dem Vorstand, was im Unternehmen nicht gut gelaufen ist und was getan werden muss, damit sich das ändert, bzw damit ein allfälliger Fehler nicht wieder passiert?
b) Erörtert der Aufsichtsrat regelmäßig, ob er etwas dazu beitragen hätte können, dass eine Fehlentwicklung nicht eingetreten oder früher gestoppt hätte werden können und was er in Zukunft anders/besser machen könnte?
c) Werden Gespräche mit dem Vorstand und innerhalb des Aufsichtsrats über (mögliche) Fehlleistungen in einer zwar offenen, aber wertschätzenden Art und Weise geführt und besteht bei allen Beteiligten auch eine Bereitschaft zur Selbstkritik?
d) Werden dem Aufsichtsrat Fehler bzw Fehlleistungen im Unternehmen mitgeteilt oder wird versucht, diese so lang als möglich verborgen zu halten?
e) Werden Fehler bzw Fehlentscheidungen im Unternehmen analysiert und werden alle notwendigen Maßnahmen ergriffen um derartige Fehler in Zukunft zu verhindern?
f) Findet vor allem bei Fehlern, die zu einem Schaden geführt haben, auch eine Erörterung darüber statt, ob sie zur Geltendmachung von Schadenersatzansprüchen oder zu anderen Konsequenzen verpflichten?

13. Nominierungsausschuss

a) Werden Kandidaten für Vorstand und Aufsichtsratspositionen danach ausgesucht, ob sie auch unter Berücksichtigung von Diversity Aspekten die konkret benötigten Qualifikationen haben?
b) Werden in der Regel die vom Nominierungsausschuss vorgeschlagenen Kandidaten zu Aufsichtsratsmitgliedern von der Hauptversammlung bzw zu Vorstandsmitgliedern vom Gesamtaufsichtsrat bestellt?

14. Zusammenarbeit mit dem Abschlussprüfer/Jahresabschluss

a) Erhalten Sie einen Management-Letter?
b) Sind Sie mit der schriftlichen Berichterstattung, insbesondere dem Prüfungsbericht, zufrieden?

c) Arbeiten Sie den Jahresabschluss und den Prüfungsbericht, die Sie vom Abschlussprüfer erhalten, vorher durch und erstellen Sie sich eine schriftliche Fragenliste für die Besprechung?
d) Haben Sie das Gefühl, dass alle anderen Mitglieder des Aufsichtsrats das auch so machen?
e) Werden in der Diskussion mit dem Abschlussprüfer alle von Ihnen und anderen gestellten Fragen ausreichend erörtert und so geklärt, dass keine Zweifel an der Richtigkeit des Jahresabschlusses und des Prüfungsberichtes verbleiben?

15. Vergütung

a) Ist die Vorstandsvergütung angemessen und setzt diese die richtigen Leistungsanreize?
b) Ist Ihre Aufsichtsratsvergütung angemessen?
c) Würde eine andere Aufsichtsratsvergütung dazu führen, dass der Aufsichtsrat besser/effizienter arbeitet?
d) Wird Ihr Aufwand gesondert und angemessen und einfach (unkompliziert) abgegolten?
e) Wird für die Aufsichtsratstätigkeit insgesamt (Assistenz, Fortbildung) ein Budget eingeplant?

X. Aufsichtsrat im Vergleich zu Deutschland und Schweiz

Der Aufsichtsrat im Rechtsvergleich Österreich/Deutschland

Eberhard Vetter

Literatur

Ö: *Cernicky*, Die Vertretung der AG gegenüber Vorstandsmitgliedern, GesRZ 2002, 179; *P. Doralt*, Zum Grundkonzept eines österreichischen GmbH-Konzernrechts, in Hommelhoff/Semler/Doralt/Roth (Hrsg.), Entwicklungen im GmbH-Konzernrecht, 1986, S 1; *P. Doralt/Dirigger*, in Münchener Kommentar AktG, Band 5, 4. Aufl. 2015, Österreichisches Konzernrecht; *Doralt/Nowotny/Kalss*, AktG, 2. Aufl. 2012; *W. Doralt*, Transparenz und Kontrolle bei related party transactions: Verträge der Gesellschaft mit ihrem Aufsichtsratsmitglied, JBl. 2008, 759; *Eixlesberger/Zierler*, Zur Vorstandsbestellung im Ausschuss eines mitbestimmten Aufsichtsrats, GesRZ 2003, 9; *Fida*, Zur Genehmigungspflicht von Sonderverträgen mit Aufsichtsratsmitgliedern, wbl 2006, 357; *Fida/Hofmann*, Die neue Offenlegungspflicht vor der Aufsichtsratswahl, GesRZ 2005, 273; *Gellis*, GmbHG, 7. Aufl. 2009; Gruber/Harrer (Hrsg.), GmbHG, 2014; *Hasenauer/Pracht*, Revision des Österreichischen Corporate Governance Kodex, Aufsichtsrat aktuell 1/2010, 14; *Jabornegg/Strasser*, AktG, 5. Aufl. 2010; *Kalss/Burger/Eckert*, Die Entwicklung des österreichischen Aktienrechts, 2003; *Kalss/Oppitz/Zollner*, Kapitalmarktrecht, 2. Aufl. 2015; *Krejci*, Zur Unternehmensaufsicht, zur Vinkulierung und zum Vollmachtsstimmrecht im österreichischen Recht, in Semler/Hommelhoff/Doralt/Druey (Hrsg.), Reformbedarf im Aktienrecht, 1994, S 25; *Nowotny*, Neues zum Aufsichtsrat, RdW 2005, 658; *Nowotny*, Sanktionen bei der Verletzung des Österreichischen Corporate Governance Kodex?, in Schenz/Eberhartinger (Hrsg), Corporate Governance in Österreich, 2012, S 90; *Potyka/Weber*, Der Prüfungsausschuss nach dem URÄG 2008, GesRZ 2008, 190; *Reich-Rohrwig*, Erweiterung der AR-zustimmungspflichtigen Geschäfte, ecolex 2006, 35; *Günter H. Roth/Büchele*, Corporate Governance: Gesetz und Selbstverpflichtung, GesRZ 2002, 63; *Schenz/Eberhartinger*, Die Weiterentwicklung des Österreichischen Corporate Governance Kodex, in Schenz/Eberhartinger (Hrsg), Corporate Governance in Österreich, 2012, S 29; *Schima, Organ-Interessenkonflikte und Corporate-Governance,* GesRZ 2003, 199; *Schima*, Zustimmungsvorbehalte als Steuerungsmittel des Aufsichtsrats in der AG und im Konzern, GesRZ 2012, 35; Straube (Hrsg.), 2013; *Temmel*, Der Aufsichtsrat, GmbhG 2003; U.Torggler (Hrsg.), GmbHG, 2014.

Dtl: *Bayer/Hoffmann*, Gesetzeswidrige Mitbestimmungslücken bei der GmbH, GmbHR 2015, 909; *Dreher*, Ausstrahlungen des Aufsichtsrechts auf das Aktienrecht, ZGR 2010, 496; Grigoleit (Hrsg.), AktG, 2014; Großkomm. AktG, 4. Aufl. 2005, 2012; *Henssler/Strohn*, Gesellschaftsrecht, 2. Aufl. 2013; *Herb*, Gesetz über die gleichberechtigte Teilhabe an Führungspositionen – Umsetzung in der Praxis, DB 2015, 964; *Hoffmann-Becking*, Unabhängigkeit im Aufsichtsrat, NZG 2014, 801; *Hopt*, Die Verantwortlichkeit von Vorstand und Aufsichtsrat: Grundsatz und Praxisprobleme – unter besonderer Berücksichtigung der Banken, ZIP 2013, 1797; *Hüffer*, AktG, 11. Aufl. 2014; *Ihrig/Meder*, Der Mehrheitsaktionär als abhängiges Aufsichtsratsmitglied, FS Hellwig, 2011, S 163; *Kölner Kommentar* AktG, 3. Aufl. 2013; *Krause*, Zur Bedeutung des Unionsrechts für die unternehmerische Mitbestimmung, AG 2012, 485; *Lieder*, Der Aufsichtsrat im Wandel der Zeit, 2006; Lutter/Hommelhoff (Hrsg.), GmbHG, 18. Aufl. 2012; *Lutter/Krieger/Verse*, Rechte und Pflichten des Aufsichtsrats, 6. Aufl. 2014; Marsch-Barner/Schäfer (Hrsg.), Handbuch börsennotierte AG, 3. Aufl. 2014; Münchner Handbuch Gesellschaftsrecht, AG, 4. Aufl. 2015; Münchener Komm. AktG, Band 2, 4. Aufl. 2014; Münchener Komm. AktG, Band 3, 3. Aufl. 2013; Münchener Komm. AktG, Band 5. Aufl. 2015; Raiser/Veil/Jacobs (Hrsg.),

Mitbestimmungsgesetz und Drittelbeteiligungsgesetz, 6. Aufl. 2015; Karsten Schmidt/Lutter (Hrsg.), AktG, 3. Aufl. 2015; Spindler/Stiltz (Hrsg.), AktG, 3. Aufl. 2015; *Timm*, Grundfragen des „qualifizierten" faktischen Konzerns im Aktienrecht, NJW 1987, 977; Ulmer/Habersack/Henssler (Hrsg.), Mitbestimmungsrecht, 3. Aufl. 2012; *E. Vetter*, Stock options für Aufsichtsratsmitglieder – ein Widerspruch?, AG 2004, 234; *E. Vetter*, Aufsichtsratsvergütung und Verträge mit Aufsichtsratsmitgliedern; ZIP 2008, 1; *E. Vetter*, Der Tiger zeigt die Zähne - Anmerkungen zum Urteil des BGH im Fall Leo Kirch/Deutsche Bank, NZG 2009, 561; *E. Vetter*, Der Prüfungsausschuss in der AG nach dem BilMoG, 2010, 751; *E. Vetter*, Corporate Governance in der GmbH – Aufgaben des Aufsichtsrats der GmbH, GmbHR 2011, 449; *E. Vetter*, Zur Compliance-Verantwortung des Aufsichtsrats in eigenen Angelegenheiten, GS M. Winter, 2011, 705; *Weber-Rey*, Ausstrahlungen des Aufsichtsrechts (insbesondere für Banken und Versicherungen) auf das Aktienrecht – oder die Infiltration von Regelungssätzen?, ZGR 2010, 543; *von Werder/Turkali,* Corporate Governance Report 2015: Kodexakzeptanz und Kodexanwendung DB 2015, 1357, 1360.

Gliederung **Rz**

I. Vorbemerkung

Österreich und Deutschland zählen zu den wenigen Ländern, in denen in der Aktiengesellschaft das dualistische Leitungssystem gilt, d. h. dass die Corporate Governance neben der Hauptversammlung zwingend auf zwei Verwaltungsorgane – nämlich den für die Geschäftsleitung zuständigen Vorstand und den für die Überwachung verantwortlichen Aufsichtsrat – gestützt wird. In vielen anderen Ländern, insbesondere im angloamerikanischen Raum aber auch in der Schweiz gilt das sog. monistische System, in dem Geschäftsführung und Überwachung in einem Gesellschaftsorgan zusammengefasst sind. 1

Bereits seit der Einführung des obligatorischen Aufsichtsrats in der AG in Deutschland durch die Aktienrechtsnovelle von 1870[1] und der allerdings zunächst nur fakultativen Einführung des Aufsichtsrats in Österreich durch das ADHGB von 1861[2] bestanden starke Wechselwirkungen zwischen den beiden Rechtssystemen, die sich etwa bei den Beratungen des 31. Deutschen Juristentags 1912 in Wien deutlich zeigten[3]. Diese engen Wechselwirkungen halten bis heute an[4]. Auch 2

1 Dazu z.B. *Lieder*, Der Aufsichtsrat im Wandel der Zeit, 2006, S 93 ff.

2 *Kalss/Burger/Eckert*, Die Entwicklung des österreichischen Aktienrechts, 2003, S 100 ff.

3 Siehe z.B. *Grünhut*, Verhandlungen des 31. Deutschen Juristentages, 1912, S 1 ff.; *Landesberger*, JZ 1912, 1063 ff.; zum Ganzen auch *Lieder*, Der Aufsichtsrat im Wandel der Zeit, 2006, S 217, 300, 303.

4 Bemerkenswert etwa *Krejci*, in Semler/Hommelhoff/Doralt/Druey (Hrsg.), Reformbedarf im Aktienrecht, 1994, S 25, 27; historische Einschätzung bei *Kalss/Burger/Eckert*, Die Ent-

wenn in Deutschland im Jahr 1965 ein neues AktG in Kraft getreten ist, das das AktG von 1937 abgelöst und eine grundlegende Neuordnung vorgenommen hat, sind doch zahlreiche Vorschriften gegenüber dem Vorgängergesetz inhaltlich unverändert geblieben oder haben nur klarstellende Änderungen erfahren. Für Österreich, wo das deutsche AktG im Jahre 1938 übernommen worden war und damit der Aufsichtsrat als zwingende Einrichtung eingeführt wurde[5], gilt im Grundsatz Ähnliches. Zwar hat Österreich von einer vollständigen Neufassung des AktG im Jahre 1965 Abstand genommen, punktuell sind im AktG gleichwohl zahlreiche Änderungen erfolgt, die zum Teil spezifischen österreichischen Anliegen Rechnung tragen[6]. Im Ergebnis finden sich im österreichischen und deutschen Aktienrecht viele Gesetzesbestimmungen mit gleichem oder nahezu gleichem Wortlaut und identischem Regelungszweck.

3 Aufgrund der in beiden Ländern gleichen Leitungsstruktur der AG, wie auch der im Übrigen zum Teil gemeinsamen rechtlichen Wurzeln des geltenden Aktienrechts, ergeben sich für den Aufsichtsrat einer österreichischen AG im Vergleich zum Aufsichtsrat einer deutschen AG viele Gemeinsamkeiten hinsichtlich der Kompetenzen und seiner Arbeitsweise. Ungeachtet dieses engen Verhältnisses lassen sich die aktienrechtlichen Regelungen aus der einen Rechtsordnung jedoch nicht problemlos eins-zu-eins in das andere System übertragen. Vielmehr ergeben sich bisweilen auch deutliche Unterschiede, die für die Arbeit des Aufsichtsrats von Bedeutung sind und die deshalb von den jeweiligen Beteiligten bei ihrer Arbeit mit dem Aufsichtsrat oder im Aufsichtsrat der österreichischen oder deutschen AG zu beachten sind.

4 Der Beitrag konzentriert sich bewusst auf die Darstellung der Unterschiede der beiden Rechtsordnungen und will sie im direkten Rechtsvergleich Österreich/Deutschland darstellen. Über die gesetzlichen Unterschiede hinaus ergeben sich im Aufsichtsrat von börsennotierten Gesellschaften weitere Unterschiede auf Grund der Tatsache, dass der Österreichische Corporate Governance Kodex und der Deutsche Corporate Governance Kodex nicht identisch sind. Schließlich ist anzumerken, dass die Akzeptanz der Kodex-Empfehlungen – und damit die konkret praktizierte Corporate Governance – bei den Gesellschaften nach den einzelnen Aktien-Indizes, in denen die Aktien jeweils notiert sind, unterschiedlich ist. Die höchste Akzeptanzquote in Deutschland weisen die im Aktien-Index DAX 30 gelisteten Gesellschaften aus; sie sehen sich offensichtlich dem größten Druck des Kapitalmarktes ausgesetzt. Bei Gesellschaften mit Notierungen im M-DAX, im S-DAX oder im Tech-DAX liegt die Akzeptanzquote zum Teil deutlich niedriger[7]. Auf die sich aus den jeweiligen Kodex-Regelungen ergebenden Unterschiede wird nachfolgend nur vereinzelt eingegangen.

---

wicklung des österreichischen Aktienrechts, 2003, S 186 ff.; siehe auch S 384, wo Österreich als „Ideenspender" und „Transmissionsriemen" für die deutsche Rechtspolitik bezeichnet wird.

5 *Kalss/Burger/Eckert*, Die Entwicklung des österreichischen Aktienrechts, 2003, S 328ff.

6 *Kastner*, JBl 1965, 392; *Kalss/Burger/Eckert*, Die Entwicklung des österreichischen Aktienrechts, 2003, S 343.

7 Siehe zur tatsächlichen Kodex-Akzeptanz generell *von Werder/Turkali*, DB 2015, 1357 ff.

II. Größe und Zusammensetzung des Aufsichtsrats

A. Mitgliederzahl

Sowohl in Österreich als auch in Deutschland ist der Aufsichtsrat in der AG eine obligatorische Einrichtung. Das Gesetz verlangt in beiden Ländern eine Mindestgröße von drei Mitgliedern[8]. In Deutschland muss der Aufsichtsrat, soweit die Gesellschaft der Mitbestimmung der Arbeitnehmer nach dem Drittelbeteiligungsgesetz unterliegt, stets eine durch drei teilbare Mitgliederzahl haben[9]. Hat die Gesellschaft einen nicht mitbestimmten Aufsichtsrat, ist sie in der Bestimmung der Aufsichtsratsgröße frei, dies gilt auch für die börsennotierte AG. Für die paritätische Mitbestimmung nach dem MitbestG oder der Montanmitbestimmung[10] bestehen für die Aufsichtsratsgröße jeweils eigene Vorgaben. Für die AG in Österreich bestehen keine vergleichbaren zwingenden Vorgaben, sodass die Satzung auch etwas anderes vorsehen kann[11]. Die Zahl der Mitglieder des Aufsichtsrats ist in Deutschland auf 21 Mitglieder[12], in Österreich auf 20 Mitglieder begrenzt[13], wobei der Österreichische Corporate Governance Kodex empfiehlt, die Zahl von 10 Aufsichtsratsmitgliedern der Anteilseigner nicht zu überschreiten[14]. 5

B. Arbeitnehmer im Aufsichtsrat

Dem Aufsichtsrat der österreichischen AG haben zu einem Drittel Arbeitnehmer anzugehören, wenn in dem von der Gesellschaft geführten Unternehmen für mehrere Betriebe ein Zentralbetriebsrat besteht oder auch nur ein Betriebsrat eingerichtet ist (*Gahleitner* Rz 10/1 ff). 6

In der deutschen AG bestimmt sich die unternehmerische Mitbestimmung der Arbeitnehmer im Aufsichtsrat nach dem jeweils einschlägigen Mitbestimmungsregime, das abgesehen von der Mitbestimmung in der Montanindustrie stets von der Größe des Unternehmens, d.h. der Zahl der regelmäßig Beschäftigten abhängt. Dabei müssen nach bisher herrschender Ansicht, die konsequent dem Territorialprinzip folgt, stets nur die in Deutschland beschäftigten Mitarbeiter berücksichtigt werden; ausländische Betriebe und Tochtergesellschaften bleiben dabei außer Betracht[15]. Ob dieser Grundsatz der Beschränkung auf die in Deutschland Beschäftigten weiterhin Bestand haben wird, ist ungewiss. In einigen instanzgerichtlichen Entscheidungen ist die Frage der Einbeziehung der Mitarbeiter, die in Konzerngesellschaften an Standorten in anderen Ländern der europäischen Union beschäftigt sind sowie die weitere Frage der Einräumung des aktiven und passiven Wahlrechts 7

8 § 86 Abs 1 Satz 1 öAktG, § 95 Abs 1 Satz 1 dAktG.

9 § 95 Satz 3 dAktG.

10 Angesichts der nur noch geringen Zahl der vom Montan-Mitbestimmungsgesetz oder Nachfolgegesetzen erfassten Unternehmen wird auf diese Regelungen nicht näher eingegangen.

11 *Kalss*, in Doralt/Nowotny/Kalss, AktG, 2. Aufl. 2012, § 86 Rz 6.

12 § 95 Abs 1 Satz 4 dAktG.

13 § 86 Abs 1 Satz 2 öAktG.

14 C 52a Österreichischer Corporate Governance Kodex.

15 Siehe z.B. OLG Stuttgart, 30.3.1995 – 8 W 355/93, ZIP 1995, 1004, 1006 (CVH AG); LG Düsseldorf, 5.6.1979 – 25 AktE 1/78, DB 1979, 1451; *Ulmer/Habersack*, in Ulmer/Habersack/Henssler, Mitbestimmungsrecht, 3. Aufl. 2013, § 1 MitbestG Rz 6.

an diese Beschäftigten kontrovers behandelt worden[16]. Das neuere Schrifttum hält die Einbeziehung der im Ausland Beschäftigten aus Gründen des Unionsrechts für geboten[17]. Das Landgericht Landau sowie das Landgericht München haben den Ausschluss des aktiven und passiven Wahlrechts der Beschäftigten von ausländischen Standorten eines deutschen Unternehmens als mit dem Unionsrecht vereinbar erklärt[18]. Das Landgericht Frankfurt hat jedoch im Jahre 2015 entschieden, dass bei der Ermittlung der maßgeblichen Beschäftigtenzahl die Mitarbeiter in den ausländischen Betrieben zu berücksichtigen sind[19]. Das Kammergericht Berlin hat die Frage der Vereinbarkeit der territorialen Beschränkung der Unternehmensmitbestimmung durch das MitbestG dem EuGH zur Entscheidung vorgelegt[20], sodass die endgültige Klärung der aufgeworfenen Fragen abzuwarten bleibt. Festzuhalten ist, dass der Ausgang des Verfahrens vor dem EuGH für die weitere europäische Rechtsentwicklung bedeutsam ist, da er über die Rechtslage in Deutschland hinaus generell auch auf die Arbeitnehmermitbestimmung im Aufsichtsrat in anderen Ländern der europäischen Union erhebliche Auswirkungen haben kann.

8 Im Unterschied zu Österreich, das nur eine Form der Mitbestimmung der Arbeitnehmer im Aufsichtsrat kennt, bestehen in Deutschland mehrere unterschiedliche Mitbestimmungsregime, deren Anwendungsbereich sich allein nach der Zahl der Beschäftigten also nach der Größe der Unternehmen bestimmt oder sich nach dem konkreten Geschäftsfeld des Unternehmens richtet, indem nur Unternehmen der Montanindustrie erfasst werden[21].

9 Deutsche Aktiengesellschaften, die mindestens fünf Mitarbeiter beschäftigen[22] und nicht mehr als 2.000 regelmäßig Beschäftigte haben, unterliegen dem Drittelbeteiligungsgesetz (DrittelbG); ihrem Aufsichtsrat müssen zu einem Drittel Aufsichtsratsmitglieder der Arbeitnehmer angehören. Allerdings sind Aktienge-

---

[16] LG Frankfurt, 16.2.2015 – 3–16 3 O 1/14, ZIP 2015, 634, 635 (Deutsche Börse AG) mit Anmerkung von *Krause*, ZIP 2015, 636; LG Landau, 18.9.2013 – HK O 27/13, AG 2014, 376 (Hornbach Baumarkt AG); bestätigt durch OLG Zweibrücken, 20.2.2014 – 3 W 150/13, AG 2014, 629, 630 (Hornbach Baumarkt AG).

[17] Mit Unterschieden im Einzelnen *Habersack*, AG 2007, 648; *Hellwig/Brehme*, AG 2009, 261, 263; *Henssler*, in Ulmer/Habersack/Henssler, Mitbestimmungsrecht, 3. Aufl. 2013, § 3 MitbestG Rz 44; *Raiser*, in Raiser/Veil/Jacobs, Mitbestimmungsgesetz und Drittelbeteiligungsgesetz, 6. Aufl. 2015, Einleitung Rz 26, 27; *Teichmann*, ZIP 2010, 875; *Wansleben*, NZG 2014, 213, 214.

[18] LG Landau, 18.9.2013 – HK O 27/13, AG 2014, 376 (Hornbach Baumarkt AG); bestätigt durch OLG Zweibrücken, 20.2.2014 – 3 W 150/13, AG 2014, 629, 630 (Hornbach Baumarkt AG); im Ergebnis ebenso LG Berlin, 1.6.2015 – 102 O 65/14, AG 2015, 587, 588 (TUI AG); LG München, 27.8.2015 – 5 HK O 20285/14, ZIP 2015, 1929, 1931.

[19] LG Frankfurt, 16.2.2015 – 3–16 3 O 1/14, ZIP 2015, 634, 635 (Deutsche Börse AG) mit Anmerkungen von *Krause*, ZIP 2015, 636; *Seibt*, DB 2015, 912, 913; *Zimmermann*, BB 2015, 1792.

[20] KG, 16.10.2015 – 14 W 89/15, ZIP 2015, 2172, 2173 (TUI AG); Vorinstanz LG Berlin, 1.6.2015 – 102 O 65/14, AG 2015, 587 (TUI AG).

[21] Auf die Darstellung des Montan-Mitbestimmungsgesetzes und der Nachfolgegesetze wird verzichtet, siehe auch Fußn. 9.

[22] BGH, 7.2.2012 – II ZB 14/11, AG 2012, 288, 289 Rz 14 ff.; *Mertens/Cahn*, in Kölner Komm. AktG, 3. Aufl. 2013, Anh. § 117 E Rz 15; *Veil*, in Raiser/Veil/Jacobs, Mitbestimmungsgesetz und Drittelbeteiligungsgesetz, 6. Aufl. 2015, § 1 DrittelbG Rz 6.

sellschaften mit weniger als 500 regelmäßig Beschäftigten von der Bildung eines mitbestimmten Aufsichtsrats befreit, wenn sie erst nach dem 10. August 1994 gegründet worden sind oder wenn sie unabhängig vom Zeitpunkt ihrer Gründung als Familiengesellschaften gelten[23], das heißt wenn zwischen den Aktionären verwandtschaftliche Beziehungen bestehen. Die Arbeitnehmer von Konzerngesellschaften werden auf die Zahl der Beschäftigten angerechnet, wenn zwischen der Konzerngesellschaft und der herrschenden AG ein Beherrschungsvertrag abgeschlossen worden ist oder eine Eingliederung[24] besteht[25].

Für sehr große Gesellschaften gilt das Mitbestimmungsgesetz (MitbestG). Es 10
kommt zur Anwendung, wenn die deutsche AG in Deutschland regelmäßig mehr als 2.000 Mitarbeiter beschäftigt. Dabei besteht der Aufsichtsrat bei einer Mitarbeiterzahl von bis zu 10.000 Mitarbeitern aus 12, bis zu 20.000 Mitarbeitern aus 16 und bei mehr als 20.000 Mitarbeitern aus 20 Mitgliedern, von denen jeweils die Hälfte von den Arbeitnehmern[26] bzw. von den Aktionären gewählt wird. Die Arbeitnehmer von Konzerngesellschaften werden – anders als im DrittelbG – bei der Ermittlung der maßgeblichen Mitarbeiterzahl einer herrschenden AG stets mitgezählt, ohne dass weitere Voraussetzungen wie etwa das Vorliegen eines Beherrschungsvertrages erfüllt sein müssen[27]. Die meisten Unternehmen der im Aktien-Index DAX 30 notierten Werte[28] beschäftigen weit mehr als 20.000 Mitarbeiter in Deutschland. Ihr ausnahmslos paritätisch mitbestimmter Aufsichtsrat besteht aus 20 Mitgliedern, soweit die Gesellschaften nicht im Rahmen der Umwandlung in eine SE im Wege der sogenannten Verhandlungslösung[29] eine Verkleinerung des Aufsichtsrats festgelegt haben[30]. In der Größe vergleichbare österreichische Unternehmen unterliegen demgegenüber ungeachtet ihrer Größe stets nur der Drittel-Mitbestimmung im Aufsichtsrat.

Während die Aufsichtsratsmitglieder der Arbeitnehmer im Aufsichtsrat der ös- 11
terreichischen AG zwingend Betriebsratsmitglieder sein müssen[31], kennt das deutsche Recht keine vergleichbar strenge Voraussetzung. Im drittelmitbestimmten Aufsichtsrat der deutschen AG mit maximal sechs Mitgliedern müssen die Aufsichtsratsmitglieder der Arbeitnehmer zwingend in einem Betrieb des Unternehmens beschäftigt sein[32]. In der Praxis handelt es sich dabei meist um Betriebsratsmitglieder; zwingend ist dies jedoch nicht. Hat der Aufsichtsrat insgesamt mehr als sechs Mitglieder, müssen die über die zwei notwendig unternehmensangehörigen Aufsichtsratsmitglieder der Arbeitnehmer hinausgehenden weiteren Aufsichtsratsmitglieder der Arbeitnehmer nicht der Belegschaft entstammen, sondern

---

23 § 1 Abs 1 Satz 1 Nr. 1 DrittelbG.
24 §§ 291 Abs 1, 319 dAktG.
25 § 2 Abs 1 DrittelbG.
26 § 7 Abs 1 Satz 1 MitbestG
27 § 5 Abs 1 MitbestG.
28 Ausnahme Adidas AG, Beiersdorf AG, Fresenius Medical Care & Co KGaA; HeidelbergCement AG, K + S AG, Linde AG.
29 Art. 7 SE-Richtlinie.
30 Z.B. Allianz SE, BASF SE, Fresenius SE & Co KGaA, SAP SE, Vonovia SE.
31 § 110 Abs 1 ArbVG.
32 § 4 Abs 2 Satz 1 DrittelbG.

können auch unternehmensfremde Personen sein[33]. Dies eröffnet die Möglichkeit Gewerkschaftsvertreter in den Aufsichtsrat zu wählen, was in der Praxis auch regelmäßig stattfindet.

12 Bei einer regelmäßigen Mitarbeiterzahl von mehr als 2.000 Beschäftigten ist der Aufsichtsrat zwingend zur Hälfte aus Aufsichtsratsmitgliedern der Anteilseigner und der Arbeitnehmer zu besetzen. Bei insgesamt zwölf Aufsichtsratsmitgliedern müssen unter diesen Mitgliedern der Arbeitnehmer vier Arbeitnehmer sein, die in einem Betrieb des Unternehmens oder einer Konzerngesellschaft beschäftigt sind sowie zwei Vertreter der im Unternehmen vertretenen Gewerkschaften[34]. Eines der unternehmensangehörigen Aufsichtsratsmitglieder der Arbeitnehmer muss den Status des leitenden Angestellten innehaben[35]. Bei einer Aufsichtsratsgröße von 20 Mitgliedern müssen dem Aufsichtsrat drei Vertreter der Gewerkschaft angehören[36]. Die Gewerkschaftsvertreter können durchaus im Unternehmen oder in einer Konzerngesellschaft beschäftigt sein[37]. In der Praxis trifft das allenfalls in Einzelfällen zu. Überwiegend handelt es sich bei den Gewerkschaftsvertretern im Aufsichtsrat um Gewerkschaftsfunktionäre, die selbst nicht im Unternehmen beschäftigt sind. Dies gilt in besonderem Maß für die großen börsennotierten Unternehmen, etwa die im DAX 30 notierten Werte. In ihrem Aufsichtsrat sind nicht selten die Vorsitzenden der im Unternehmen jeweils vertretenen Gewerkschaften zu finden.

C. Finanzexpertise im Aufsichtsrat

13 Dem Aufsichtsrat der österreichischen börsennotierten AG muss nach den Vorgaben des Gemeinschaftsrechts ein Finanzexperte angehören, der über Kenntnisse und praktische Erfahrungen im Finanz- und Rechnungswesen und in der Berichterstattung verfügt[38]. Aus dem Gesetz ergibt sich nicht ausdrücklich, dass der Finanzexperte auch unabhängig sein muss[39]. Bei bestimmten Personen geht das Gesetz allerdings davon aus, dass ihnen die notwendige Unabhängigkeit fehlt. Dies gilt ausdrücklich für Vorstandsmitglieder, leitende Angestellte[40] und den Abschlussprüfer, soweit sie in den letzten drei Jahren für die Gesellschaft tätig gewesen sind. Diese Personen dürfen durchaus in den Prüfungsausschuss des Aufsichtsrats gewählt werden, den Ausschussvorsitz dürfen sie jedoch nicht übernehmen[41], denn in diesem Amt ist Unabhängigkeit gefordert. Der Österreichische Corporate Governance Kodex enthält darüberhinausgehende Empfehlungen. So

---

[33] *Henssler* in Ulmer/Habersack/Henssler, Mitbestimmungsrecht, 3. Aufl. 2013, § 4 DrittelbG Rz 13; *Veil*, in Raiser/Veil/Jacobs, Mitbestimmungsgesetz und Drittelbeteiligungsgesetz, 6. Aufl. 2015, § 4 DrittelbG Rz 12.

[34] § 7 Abs 2 Nr. 1, Abs 4 MitbestG.

[35] § 15 Abs 1 Satz 2 MitbestG i.S.v. § 5 Abs 3 BetrVG; siehe dazu z.B. *Mertens/Cahn*, in Kölner Komm. AktG, 3. Aufl. 2013, Anh. § 117 E Rz 17.

[36] § 7 Abs 2 Nr. 3, Abs 4 MitbestG.

[37] *Henssler* in Ulmer/Habersack/Henssler, Mitbestimmungsrecht, 3. Aufl. 2013, § 7 MitbestG Rz 78; *Mertens/Cahn*, in Kölner Kommentar AktG, 3. Aufl. 2013, Anh. § 117 E Rz 17.

[38] § 92 Abs 4a Satz 5 öAktG; siehe dazu z.B.: *Kalss/Schimka* Rz 2/88.

[39] *Potyka/Weber*, GesRZ 2008, 190, 196.

[40] § 80 Abs 1 Satz 2 öAktG; siehe dazu z.B. *Potyka/Weber*, GesRZ 2008, 190, 196.

[41] § 92 Abs 4a Satz 6 öAktG; § 30g Abs 4a Satz 6 öGmbHG.

soll die Mehrheit der Aufsichtsratsmitglieder unabhängig sein, wobei sich die Unabhängigkeit nur auf das Verhältnis zum Vorstand und zur Gesellschaft bezieht[42]. Eine große österreichische GmbH mit den Merkmalen des § 271a Abs 1 UBG hat ebenfalls zwingend einen Prüfungsausschuss einzurichten, dem ein Finanzexperte angehören muss[43].

Auch das deutsche Recht verlangt – entsprechend den europäischen Vorgaben – einen Finanzexperten im Aufsichtsrat der börsennotierten AG. Er muss zwingend über Sachverstand auf dem Gebiet der Rechnungslegung oder Abschlussprüfung verfügen und zudem unabhängig sein[44]. Konkrete Unterschiede zwischen Österreich und Deutschland bestehen in dem Fall, dass die Gesellschaft als abhängig zu betrachten ist, also einen kontrollierenden (Mehrheits-)Aktionär hat. Während dem Vertreter des Mehrheitsaktionärs im Aufsichtsrat der österreichischen börsennotierten AG kraft Gesetzes die Übernahme der Funktion des Finanzexperten keineswegs untersagt ist, ist es für die deutsche beherrschte AG umstritten, ob der Finanzexperte in der gleichen Konstellation ungeachtet seiner Fachqualifikation als unabhängig anerkannt werden kann[45]. Eine kapitalmarktorientierte GmbH i.S.v. § 264d HGB hat einen Aufsichtsrat einzurichten, dem ein Aufsichtsratsmitglied als unabhängiger Finanzexperte angehören muss[46]. Im geplanten Abschlussprüfungsreformgesetz – AReg[47] ist vorgesehen, das Erfordernis der Unabhängigkeit zu streichen. 14

D. Minderheitenvertreter im Aufsichtsrat

Für die österreichische AG besteht die Möglichkeit unter bestimmten Voraussetzungen einen Minderheitsvertreter in den Aufsichtsrat zu wählen[48]. Auch wenn die praktische Bedeutung dieser Regelung wegen der besonderen Voraussetzungen, die für ihre Anwendung erfüllt sein müssen, in der Praxis gering ist[49], wird doch durch die Gesetzesvorschrift der Schutz der Minderheitsinteressen besonders anerkannt. Bei einem Streubesitz von mehr als 20 % soll dem Aufsichtsrat nach dem Österreichischen Corporate Governance Kodex zumindest ein Mitglied angehören, das weder selbst mit mehr als 10 % an der Gesellschaft beteiligt ist noch einen Aktionär vertritt, der eine solche Beteiligung hält[50]. Bei Streubesitz von über 50 % sollen zwei Aufsichtsratsmitglieder diese Voraussetzung erfüllen[51]. 15

Das deutsche Recht kennt hingegen einen solchen Minderheitenschutz bei der Aufsichtsratswahl nicht. In einer obergerichtlichen Entscheidung aus dem Jahre 16

---

42 C 53 Österreichischer Corporate Governance Kodex.

43 § 30g Abs 4a öGmbHG.

44 § 100 Abs 5 dAktG.

45 Siehe z.B. *Hoffmann-Becking*, NZG 2014, 801, 805; *Ihrig/Meder*, FS Hellwig, 2011, S 163, 170 ff.; *E. Vetter*, ZGR 2010, 751, 783.

46 § 100 Abs 5 dAktG i.V.m. § 264d HGB.

47 BH-Drucks. 635/15 vom 18.12.2015.

48 § 87 Abs 4 öAktG; siehe dazu z.B.: *M. Doralt*, in diesem Band § 6 Rz 86.

49 *Kalss*, in Münchener Komm. AktG, 3. Aufl., § 101 Rz 104.

50 C 54 Abs 1 Österreichischer Corporate Governance Kodex.

51 C 54 Abs 2 Österreichischer Corporate Governance Kodex; siehe auch *Kalss/Oppitz/Zollner*, Kapitalmarktrecht, 2. Aufl., § 25 Rz 97.

1986 ist zwar die Repräsentanz eines Minderheitsvertreters im Aufsichtsrat ausdrücklich anerkannt worden[52]. Diese Entscheidung ist jedoch nahezu einhellig abgelehnt worden[53] und weitere Gerichtsentscheidungen in gleichgelagerten Fällen sind ausgeblieben.

E. Ehemalige Vorstandsmitglieder im Aufsichtsrat

17 In der österreichischen AG kann ein ehemaliges Vorstandsmitglied, dessen Ausscheiden aus dem Vorstand weniger als zwei Jahre zurückliegt, nur dann in den Aufsichtsrat gewählt werden, wenn die Wahl auf Vorschlag von Aktionären erfolgt, die mehr als 25% der Stimmrechte halten (sog. cooling-off-Periode)[54]. Wird von dieser Ausnahme Gebrauch gemacht, darf dem Aufsichtsrat jedoch nicht mehr als ein Vorstandsmitglied angehören, dessen cooling-off-Periode noch nicht abgelaufen ist[55]. Darüber hinaus kommt ein ehemaliges Vorstandsmitglied generell nicht für die Leitung des Prüfungsausschusses in Betracht, solange sein Ausscheiden aus dem Vorstand nicht mindestens drei Jahre zurückliegt[56].

18 In der deutschen AG bestehen für die Wahl ehemaliger Vorstandsmitglieder in den Aufsichtsrat die gleichen förmlichen und zeitlichen Voraussetzungen[57]. Hingegen sieht das Gesetz keine Beschränkung der Zahl ehemaliger Vorstandsmitglieder im Aufsichtsrat vor. Der Deutsche Corporate Governance Kodex enthält allerdings die generelle Empfehlung, dass dem Aufsichtsrat nicht mehr als zwei ehemalige Vorstandsmitglieder angehören sollen[58]. Nach dem Kodex soll ferner kein ehemaliges Vorstandsmitglied Vorsitzender des Prüfungsausschusses sein, dessen Ausscheiden aus dem Vorstand noch nicht zwei Jahre zurückliegt[59].

F. Diversity, speziell Frauenquote

19 Für den Aufsichtsrat der österreichischen AG ist bei der Besetzung des Aufsichtsrats kraft Gesetzes auf die Diversität zu achten[60]; dies schließt die Berücksichtigung von Frauen ein[61]. Das Gesetz ordnet jedoch keine bestimmte Geschlechterquote an[62]. Allerdings sind die im Unternehmen ergriffenen Maßnahmen zur Förderung von Frauen im Aufsichtsrat im Corporate Governance-Bericht anzugeben[63]. Das Gesetz geht offensichtlich von der Erwartung aus, dass das Transparenzgebot und die Erläuterungspflicht die Gesellschaften zur Förderung von Frauen im Aufsichtsrat veranlassen werden. Laut Beschluss der österreichischen

52 OLG Hamm, 3.11.1986 – 8 U 59/86, NJW 1987, 1030 (Banning).

53 Siehe nur *Mertens*, AG 1987, 38; *Timm*, NJW 1987, 977, 985; *Spindler*, in Spindler/Stiltz, AktG, 3. Aufl. 2015, § 101 Rz 16.

54 § 86 Abs 4 Satz 1 Nr. 2 öAktG; siehe dazu z.B.: *Kalss/Schimka* Rz 2/47.

55 § 86 Abs 4 Satz 2 öAktG.

56 § 92 Abs 4a Satz 6 öAktG.

57 § 100 Abs 2 Satz 1 Nr. 4 dAktG.

58 Ziff. 5.4.2 Deutscher Corporate Governance Kodex.

59 Ziff. 5.3.2 Deutscher Corporate Governance Kodex.

60 § 87 Abs 2a Satz 2 öAktG; siehe dazu z.B.: *Kalss/Schimka* Rz 2/59 ff; *M. Doralt* Rz 8/62 ff.

61 *Kalss*, in Doralt/Nowotny/Kalss, AktG, 2. Aufl. 2012, § 86 Rz 50.

62 *Kalss*, in Doralt/Nowotny/Kalss, AktG, 2. Aufl. 2012, § 86 Rz 50.

63 § 243b Abs 2 Ziff. 2 UBG.

Bundesregierung sollen die Frauen im Aufsichtsrat von Unternehmen des staatlichen Bereichs bis zum Jahre 2018 eine Quote von 35% erreichen[64].

Für die deutsche AG gilt ab dem Jahr 2016 eine verbindliche Geschlechterquote. Für deren Realisierung kommen jedoch in Abhängigkeit vom konkreten Gesellschaftstyp jeweils unterschiedliche Regelungen zur Anwendung. Gesellschaften, die der paritätischen Mitbestimmung unterliegen und zudem börsennotiert sind, müssen im Aufsichtsrat in Zukunft eine Mindestquote von 30% für beide Geschlechter aufweisen. Wird die Mindestquote nicht erreicht, können weitere Aufsichtsratssitze durch das überrepräsentierte Geschlecht nicht wirksam besetzt werden[65]; es gilt das sogenannte Prinzip des leeren Stuhls[66]. Diese Regelung soll eine zwingende Frauenquote von 30% im Aufsichtsrat gewährleisten. In Gesellschaften, die entweder nur mitbestimmt oder nur börsennotiert sind, kommt das Prinzip des leeren Stuhls nicht zur Anwendung. In diesen Gesellschaften hat der Aufsichtsrat jedoch Zielgrößen für den Frauenanteil im Aufsichtsrat (und auch im Vorstand) festzulegen (Soll-Größe). Sofern zum Jahresbeginn 2016 die Ist-Größe des Frauenanteils im Aufsichtsrat unter 30% liegen sollte, darf die Sollgröße den Status quo nicht unterschreiten. Zudem ist anzugeben, wann die Sollgröße von 30% erreicht werden soll[67]. Das Gesetzt ordnet in diesem Fall bei fehlerhafter Festlegung der Zielgröße oder Verfehlens der gesetzten Zielgröße keine Nichtigkeit einer späteren Bestellung an, sondern verlangt stattdessen, dass die Abweichungen im Bericht zur Unternehmensführung[68] zu erläutern sind. Die künftige Erfüllung der Zielquote von 30% soll damit durch verstärkte Transparenz im Wege des öffentlichen Drucks oder durch Verweigerung der Entlastung durch die Hauptversammlung erreicht werden[69]. **20**

G. Allgemeine Mandatsbegrenzung

In der österreichischen AG ist die Zahl der Aufsichtsratsmandate, die eine Person gleichzeitig wahrnehmen darf, auf zehn Mandate begrenzt, wobei die Mandate des Vorsitzenden doppelt gezählt werden[70]. Bei der börsennotierten AG beträgt die Höchstzahl acht Mandate[71]. Auf die Höchstzahl werden bis zu zehn Mandate, die von einem Aufsichtsratsmitglied in Konzerngesellschaften ausgeübt werden ebenso wenig angerechnet wie Mandate, die im wirtschaftlichen Interesse öffentlicher Träger wahrgenommen werden[72]. **21**

Für die deutsche AG gilt generell eine Höchstzahl von zehn Mandaten und gleichfalls die doppelte Zählung der Mandate des Aufsichtsratsvorsitzenden[73]. Die **22**

64 Beschluss der Bundesregierung vom 15.3.2011.

65 § 96 Abs 2 Satz 6 dAktG.

66 *Drygala*, in Karsten Schmidt/Lutter, AktG, 3. Aufl. 2015, § 96 Rz 53; *Herb*, DB 2015, 964, 966; *Spindler*, in Spindler/Stilz, AktG 3. Aufl. 2015, § 96 Rz 38.

67 § 111 Abs 5 dAktG.

68 § 289a HGB.

69 *Drygala*, in Karsten Schmidt/Lutter, AktG, 3. Aufl. 2015, § 111 Rz 67h; *Herb*, DB 2015, 964, 970.

70 § 86 Abs 2 Nr. 1 öAktG; § 30a Abs 2 Nr. 1 öGmbHG.

71 § 86 Abs 4 Satz 1 Nr. 1 öAktG.

72 § 86 Abs 3 öAktG; § 30a Abs 3 öGmbhG.

73 § 100 Abs 2 Satz 1 Nr. 1, Satz 3 dAktG.

Privilegierung der fehlenden Anrechnung von Konzernmandaten ist jedoch auf fünf Mandate in gesetzlich zu bildenden Aufsichtsräten begrenzt, wobei diese Privilegierung nur den gesetzlichen Vertretern des herrschenden Unternehmens, also z.B. Vorstandsmitgliedern oder Mitgliedern der Geschäftsführung zukommt[74]; eine Privilegierung bei der Wahrnehmung von Interessen der öffentlichen Hand im Aufsichtsrat existiert hingegen nicht.

III. Begründung und Beendigung der Mitgliedschaft im Aufsichtsrat

A. Wahl der Aufsichtsratsmitglieder der Anteilseigner durch die Hauptversammlung

23 Die Aufsichtsratsmitglieder der Anteilseigner werden in der AG in Österreich wie auch in Deutschland - von Sondersituationen abgesehen - von der Hauptversammlung gewählt[75]. Sofern die Aufsichtsratswahl in der deutschen AG nicht auf eine Initiative von Aktionären[76] zurückgeht, muss der Wahl ein Beschlussvorschlag des Aufsichtsrats[77] vorausgehen. Ohne einen solchen Beschlussvorschlag des Aufsichtsrats ist der Hauptversammlungsbeschluss anfechtbar[78]. Gleiches gilt, wenn anstelle des Aufsichtsrats oder mit diesem zusammen der Vorstand den Beschlussvorschlag unterbreitet, da der Vorstand nicht an der Auswahl der ihn überwachenden Personen beteiligt sein darf[79].

24 Was die Information der Aktionäre über die zur Wahl in den Aufsichtsrat vorgeschlagenen Personen anbetrifft, sind die insoweit bestehenden gesetzlichen Transparenzanforderungen in Österreich und Deutschland unterschiedlich. Die in der österreichischen AG zur Wahl vorgeschlagenen Personen sind gesetzlich verpflichtet der Hauptversammlung ihre fachliche Qualifikation, berufliche und vergleichbare andere Funktionen darzulegen und zudem Umstände offenzulegen, die die Besorgnis der Befangenheit begründen können[80]. Ferner müssen diese Informationen bei einer börsennotierten AG fünf Werktage vor der Hauptversammlung auf der Internetseite der Gesellschaft zugänglich sein[81]. Eine Überprüfung dieser Selbstbeschreibung der Kandidaten durch die Gesellschaft findet nicht statt[82]. Unrichtige oder unvollständige Angaben können jedoch zur Anfechtbarkeit der Wahl des Aufsichtsratsmitglieds führen[83]. Die Anwesenheit der Kandidaten in der

---

[74] § 100 Abs 2 Satz 2 dAktG.

[75] § 87 Abs 1 Satz 1 öAktG; § 101 Abs 1 Satz 1 dAktG.

[76] § 122 Abs 2 oder 3 dAktG.

[77] § 124 Abs 3 Satz 4 dAktG.

[78] *Kubis*, in Münchener Komm. AktG, 3. Aufl. 2013, § 124 Rz 46; *E. Vetter*, in Marsch-Barner/Schäfer, Handbuch börsennotierte AG, 3. Aufl. 2014, § 25 Rz 22.

[79] BGH, 25.11.2002 – II ZR 49/01, AG 2003, 319, 320 (HypoVereinsbank); *Herrler*, in Grigoleit, AktG, 2014, § 124 Rz 14; Hüffer/*Koch*, AktG, 11. Aufl. 2014, § 124 Rz 18.

[80] § 87 Abs 2 öAktG; siehe dazu z.B. *M. Doralt* Rz 8/50 ff.

[81] § 87 Abs 6 öAktG.

[82] Kritisch deshalb *Strasser,* in Jabornegg/Strasser, AktG, 5. Aufl. 2010, § 87 – 89 Rz 11a.

[83] *Fida/Hofmann*, GesRZ 2005, 273, 277; *Kalss*, in Doralt/Nowotny/Kalss, AktG, 2. Aufl. 2012, § 87 Rz 38; *Strasser,* in Jabornegg/Strasser, AktG, 5. Aufl. 2010, § 87 – 89 Rz 11a.

Hauptversammlung ist rechtlich nicht erforderlich, entspricht aber der verbreiteten Praxis. Die Kandidaten stellen sich zudem regelmäßig auch persönlich in der Hauptversammlung vor.

Für die Wahlvorschläge an die Hauptversammlung der deutschen AG genügt zur Information der Aktionäre, wenn in der Tagesordnung der Hauptversammlung bei den vorgeschlagenen Personen der ausgeübte Beruf und ihr Wohnort angegeben[84] und im Fall der börsennotierten AG in der Mitteilung an die Aktionäre zudem die von den Kandidaten in anderen gesetzlich zu bildenden Aufsichtsräten wahrgenommenen Mandate genannt werden[85]. Schließlich sollen auch die Mandate in anderen vergleichbaren in- und ausländischen Kontrollgremien angegeben werden. Die Angaben dienen der Transparenz etwaiger personeller Verpflichtungen und drohender Interessenkonflikte der Kandidaten[86]. Weitergehende Transparenzanforderungen sieht das Gesetz nicht vor. Für börsennotierte Gesellschaften werden jedoch besondere Transparenzerwartungen durch Empfehlungen des Deutschen Corporate Governance Kodex formuliert[87]. Danach sollen persönliche und geschäftliche Beziehungen eines Kandidaten zum Unternehmen, den Organen der AG und einem wesentlich beteiligten Aktionär offengelegt werden[88]. Die Offenlegung dient der Hauptversammlung der Unabhängigkeitsprüfung als Beurteilungsgrundlage und entspricht der Offenlegungspflicht in der österreichischen AG, die dort allerdings bereits im Gesetz angeordnet wird[89]. In der Praxis finden sich die zusätzlichen Angaben vielfach bereits in den Einberufungsunterlagen, die den Aktionären zugehen. Die Bekanntgabe der Angaben auf der Internetseite der AG ist jedoch ausreichend[90]. Die Kandidaten sind in der Hauptversammlung meistens anwesend, eine persönliche Vorstellung findet jedoch nur selten statt. **25**

B. Auswahl der Arbeitnehmervertreter im Aufsichtsrat

In der österreichischen AG müssen die Aufsichtsratsmitglieder der Arbeitnehmer zwingend in den Betrieben des Unternehmens beschäftigt sein. Die Aufsichtsratsmitglieder der Arbeitnehmer werden vom Zentralbetriebsrat oder Betriebsrat entsandt und müssen dem Betriebsrat als Mitglied angehören und aktiv zur Betriebsratswahl berechtigt sein[91]. Betriebsfremde Gewerkschaftsfunktionäre können deshalb – anders als in der deutschen AG – nicht Mitglied des Aufsichtsrats einer AG werden[92], es sei denn, sie würden von den Aktionären in den Aufsichtsrat gewählt. Die Dauer ihrer Mitgliedschaft ist mit Ausnahme der Arbeitnehmerver- **26**

---

84 § 124 Abs 3 Satz 4 dAktG.

85 § 125 Abs 1 Satz 5 dAktG

86 *Herrler*, in Grigoleit, AktG, 2014, § 125 Rz 10; *Kubis*, in Münchener Komm. AktG, 3. Aufl. 2013, § 125 Rz 13.

87 Ziffer 5.4.1 Abs 4 Deutscher Corporate Governance Kodex.

88 Zu den Rechtstatsachen siehe *von Werder/Bartz*, DB 2014, 905, 913.

89 § 87 Abs 2 öAktG.

90 Hüffer/*Koch*, AktG, 11. Aufl. 2014, § 124 Rz 19.

91 § 110 Abs 1 Satz 1 ArbVG.

92 *Kalss*, in Doralt/Nowotny/Kalss, AktG, 2. Aufl. 2012, § 86 Rz 29; *Strasser,* in Jabornegg/Strasser, AktG, 5. Aufl. 2010, § 86 Rz 13.

treter im Aufsichtsrat eines herrschenden Unternehmens eines Konzerns[93] nicht auf die Amtsperiode der Aufsichtsratsmitglieder der Anteilseignervertreter beschränkt[94].

27 Anders als das österreichische Recht kennt das deutsche Recht keine der zwingenden Betriebsratsmitgliedschaft vergleichbare strenge Voraussetzung für eine Mitgliedschaft von Arbeitnehmervertretern im Aufsichtsrat. Im drittelmitbestimmten Aufsichtsrat mit nicht mehr sechs Mitgliedern müssen die Aufsichtsratsmitglieder der Arbeitnehmer in einem Betrieb des Unternehmens beschäftigt sein[95]. In der Praxis handelt es sich meist um Betriebsratsmitglieder; zwingend ist dies jedoch nicht. Besteht der Aufsichtsrat insgesamt aus mehr als sechs Mitgliedern, müssen die über die zwei notwendig unternehmensangehörigen Aufsichtsratsmitglieder der Arbeitnehmer hinausgehenden weiteren Aufsichtsratsmitglieder der Arbeitnehmer nicht der Belegschaft entstammen, sondern können auch unternehmensfremde Personen sein[96]. Dies ermöglicht den Gewerkschaftsfunktionären den Weg zur Mitgliedschaft im Aufsichtsrat, was in der Praxis auch regelmäßig stattfindet. Die Amtszeit der Aufsichtsratsmitglieder der Arbeitnehmer entspricht der Amtszeit der Aufsichtsratsmitglieder der Anteilseigner und beträgt de facto rund fünf Jahre[97], sofern nicht die Satzung eine kürzere Amtszeit bestimmt, die für alle Aufsichtsratsmitglieder gleichermaßen gilt[98].

C. Entsendung von Aufsichtsratsmitgliedern

28 In der Satzung der österreichischen AG kann Inhabern von Namensaktien unter bestimmten Voraussetzungen ein Recht zur Entsendung von Mitgliedern in den Aufsichtsrat bis zur Hälfte – bei börsennotierten Gesellschaften bis zu einem Drittel – seiner Mitglieder eingeräumt werden[99]. Bei der deutschen AG kommt das Entsendungsrecht ebenfalls nur für Inhaber von Namensaktien in Betracht und ist stets auf ein Drittel der Zahl der Aufsichtsratsmitglieder der Aktionäre begrenzt[100]. Es kann auch durch die Satzung nicht erhöht werden[101]. Während in beiden Ländern die endsandten Aufsichtsratsmitglieder vom Entsendungsberechtigten jederzeit abberufen werden können[102], kommt für die übrigen Aktionäre nur die Möglichkeit in Betracht, bei Gericht aus wichtigem Grund die Abberufung des entsandten Aufsichtsratsmitglieds zu beantragen. Für den Antrag der Aktionäre

---

93 § 110 Abs 6 Satz 4 ArbVG.

94 *Kalss*, in Doralt/Nowotny/Kalss, AktG, 2. Aufl. 2012, § 86 Rz 46; siehe dazu z.B. auch *Gahleitner* Rz 10/22 ff.

95 § 4 Abs 2 Satz 1 DrittelbG.

96 *Henssler*, in Ulmer/Habersack/Henssler, Mitbestimmungsrecht, 3. Aufl. 2013, § 4 DrittelbG Rz 13; *Veil*, in Raiser/Veil/Jacobs, Mitbestimmungsgesetz und Drittelbeteiligungsgesetz, 6. Aufl. 2015, § 4 DrittelbG Rz 12.

97 § 102 Abs 1 Satz 1 dAktG.

98 *Habersack*, in Münchener Komm. AktG, 4. Aufl. 2014, § 102 Rz 8; Hüffer/*Koch*, AktG, 11. Aufl. 2014, § 102 Rz 5.

99 Siehe dazu § 88 Abs 1 öAktG.

100 § 101 Abs 2 Satz 4 dAktG.

101 Hüffer/*Koch*, AktG, 11. Aufl. 2014, § 101 Rz 11; *Mertens/Cahn*, in Kölner Komm. AktG, 3. Aufl. 2013, § 101 Rz 60.

102 § 88 Abs 4 Satz 1 öAktG, § 103 Abs 2 Satz 1 dAktG.

bedarf es eines Quorums von 10 % des Grundkapitals[103]. Der deutsche Gesetzgeber geht noch weiter und will für die Antragsberechtigung eines Aktionärs auch bereits einen anteiligen Betrag am Grundkapital von einer Million Euro genügen lassen.

D. Gerichtliche Bestellung von Aufsichtsratsmitgliedern

Ist der Aufsichtsrat nicht vollständig besetzt, so bestehen in Österreich und Deutschland unterschiedliche Regelungen, um die Vakanz zu beheben. Bei einem mehr als drei Monate lang beschlussunfähigen Aufsichtsrat der österreichischen AG, ist dieser auf Antrag durch das Gericht auf die zur Beschlussfähigkeit erforderliche Anzahl von Mitgliedern zu ergänzen, damit der Aufsichtsrat wieder handlungsfähig ist[104]. Die Möglichkeit der gerichtlichen Bestellung beschränkt sich jedoch auf die Aufsichtsratsmitglieder der Anteilseigner[105], wobei das Antragsrecht neben dem Vorstand nicht nur den Aufsichtsratsmitgliedern der Anteilseigner sondern auch den Aufsichtsratsmitgliedern der Arbeitnehmer zusteht[106]. Dieses Verfahren findet in Österreich nicht nur auf die AG sondern generell auch auf die GmbH Anwendung[107]. 29

In der deutschen AG hat das Gericht die gerichtliche Aufsichtsratsergänzung im Fall der Beschlussunfähigkeit auf Antrag ohne Wartezeit sofort vorzunehmen[108]. Die Sicherung der Handlungsfähigkeit des Aufsichtsrats duldet keinen Aufschub. Das Verfahren ist jedoch neben der AG nur auf die mitbestimmte GmbH anwendbar[109]. In der GmbH mit fakultativem Aufsichtsrat ist die Ergänzung des Aufsichtsrats hingegen alleinige Aufgabe der Gesellschafter und keine Situation, die eine Inanspruchnahme gerichtlicher Hilfe rechtfertigten kann[110]. 30

Entspricht die tatsächliche Besetzung des Aufsichtsrats nicht der satzungsmäßigen Zahl, sieht das öAktG keine Möglichkeit der gerichtlichen Aufsichtsratsergänzung vor. Demgemäß muss bis zur nächsten Hauptversammlung abgewartet werden, um den Aufsichtsrat wieder auf seine satzungsmäßige Größe zu ergänzen. 31

In der deutschen AG ist hingegen auch in diesem Fall die Besetzung der freien Sitze des Aufsichtsrats auf die in der Satzung vorgesehene Mitgliederzahl durch das Gericht möglich[111], sofern die Vakanz länger als drei Monate besteht[112]. Zudem ist der Aufsichtsrat unabhängig von der Dauer der unvollständigen Besetzung auf Antrag vom Gericht auch bei Dringlichkeit auf die nach Gesetz oder Satzung 32

---

[103] § 88 Abs 4 Satz 2 öAktG, § 103 Abs 3 Satz 3 dAktG.
[104] § 89 Abs 1 Satz 1 öAktG; § 30d Abs 1 öGmbHG.
[105] *Strasser,* in Jabornegg/Strasser, AktG, 5. Aufl. 2010, § 87 - 89 Rz 28; *Rauter*, in Straube, GmbHG, 2013, § 30d Rz 6; *Temmel*, Der Aufsichtsrat, 2003, S 32.
[106] *Kalss*, in Doralt/Nowotny/Kalss, AktG, 2. Aufl. 2012, § 89 Rz 9.
[107] § 30d öGmbHG.
[108] § 104 Abs 1 Satz 1 dAktG.
[109] § 6 Abs 2 Satz 1 MitbestG; § 1 Abs 1 Nr. 3 DrittelbG.
[110] OLG Hamm, 23.2.2000 – 15 W 46/00, AG 2001, 145, 146; *Habersack*, in Münchener Komm. AktG, 4. Aufl. 2014, § 104 Rz 4.
[111] § 104 Abs 2 Satz 1 dAktG.
[112] *Drygala*, in Karsten Schmidt/Lutter, AktG, 3. Aufl. 2015, § 104 Rz 14; *Grigoleit/Tomasic*, in Grigoleit, AktG, 2014, § 104 Rz 6.

vorgesehene Mitgliederzahl zu ergänzen. Ein dringender Fall ist kraft Gesetzes stets dann gegeben, wenn ein nach dem MitbestG paritätisch zusammengesetzter Aufsichtsrat nicht vollständig besetzt ist[113]. Die Sicherung der Gruppenparität im mitbestimmten Aufsichtsrat duldet keinen Aufschub[114]. Die Dringlichkeit kann im Einzelfall auch im nicht paritätisch-mitbestimmten Aufsichtsrat zu bejahen sein, sodass eine Wartezeit z.B. nicht abzuwarten ist, wenn im Aufsichtsrat Entscheidungen anstehen, die für Bestand und Struktur der Gesellschaft von besonderer Bedeutung sind und deshalb hierüber ein vollständig besetzter Aufsichtsrat beschließen soll[115].

33 In Deutschland erstreckt sich das Besetzungsrecht des Gerichts sowohl auf die Aufsichtsratsmitglieder der Anteilseigner wie auch auf die der Arbeitnehmer[116]. Das Antragsrecht steht dem Vorstand, jedem Aufsichtsratsmitglied und jedem Aktionär zu[117]. Im Fall des mitbestimmten Aufsichtsrats sind zudem bestimmte Arbeitnehmergremien antragsberechtigt[118]. Über die Besetzung des Aufsichtsrats entscheidet das Gericht ohne Bindung an den vom jeweiligen Antragsteller vorgelegten Personalvorschlag nach freiem Ermessen im Interesse des Unternehmens aber unter Bindung an den gesetzlich vorgeschriebenen Gruppenproporz[119]. In der Unternehmenspraxis folgt es aber üblicherweise dem Vorschlag des Antragstellers.

E. Allgemeines Recht zur Abberufung von Aufsichtsratsmitgliedern

34 In der österreichischen AG kann die Hauptversammlung die Bestellung der von ihr berufenen Aufsichtsratsmitglieder jederzeit vor Ablauf der Funktionsperiode und ohne Angabe von Gründen durch Beschluss mit Drei-Viertel-Mehrheit oder der in der Satzung bestimmten Mehrheit widerrufen[120]. Unter den gleichen Voraussetzungen ist die Abberufung eines Aufsichtsratsmitglieds der deutschen AG ebenfalls jederzeit vor Ablauf der Amtszeit möglich, ohne dass es eines sachlichen Grundes bedarf[121].

35 Während der laufenden Funktionsperiode hat das Gericht auf Antrag von Aktionären einer österreichischen AG, die einen Anteil von 10 % am Grundkapital halten, ein Aufsichtsratsmitglied der Anteilseigner bei Vorliegen eines wichtigen

[113] § 104 Abs 3 Nr. 2 dAktG.

[114] LG Frankfurt, 16.5. 2006 – 3–16 T 12/06, AG 2006, 593, 594; *Habersack*, in Münchener Komm. AktG, 4. Aufl. 2014, § 104 Rz 29; Hüffer/*Koch*, AktG, 11. Aufl. 2014, § 104 Rz 11; *E. Vetter*, in Marsch-Barner/Schäfer, Handbuch börsennotierte AG, 3. Aufl. 2014, § 25 Rz 40.

[115] OLG Hamm, 14.12.2010 – 15 W 538/10, AG 2011, 384, 386 (Balda); Hüffer/*Koch*, AktG, 11. Aufl. 2014, § 104 Rz 10.

[116] *Habersack*, in Münchener Komm. AktG, 4. Aufl. 2014, § 104 Rz 5; *E. Vetter*, in Marsch-Barner/Schäfer, Handbuch börsennotierte AG, 3. Aufl. 2014, § 25 Rz 38.

[117] § 104 Abs 1 Satz 1 dAktG.

[118] Siehe dazu § 104 Abs 1 Satz 3 dAktG.

[119] BayObLG, 20.8.1997 – 3 Z BR 193/97, AG 1998, 36, 37; *E. Vetter*, in Marsch-Barner/Schäfer, Handbuch börsennotierte AG, 3. Aufl. 2014, § 25 Rz 42.

[120] § 87 Abs 8 Satz 1 öAktG, § 30b Abs 5 öGmbHG; siehe dazu z.B.: *M. Doralt* Rz 8/148 ff.

[121] § 103 Abs 1 dAktG.

Grundes vorzeitig abzuberufen[122]. Dem Aufsichtsrat selbst steht in diesem Fall kein eigenes Antragsrecht zu und kann ihm auch nicht durch die Satzung eingeräumt werden[123].

In der deutschen AG verfügt die Aktionärsminderheit hingegen in diesem Fall nicht über ein solches Antragsrecht. Allerdings kann ein Aufsichtsratsmitglied auf Antrag des Aufsichtsrats durch Entscheidung des Gerichts vorzeitig abberufen werden, sofern in seiner Person ein wichtiger Grund gegeben ist[124]. Ein solcher Grund liegt vor, wenn die Fortsetzung der Zusammenarbeit mit diesem Aufsichtsratsmitglied für die übrigen Aufsichtsratsmitglieder unzumutbar geworden ist[125]. Zudem bedarf es eines Beschlusses des Aufsichtsrats mit einfacher Mehrheit über die Antragstellung an das Gericht[126]. Bei dem Beschluss ist das betroffene Aufsichtsratsmitglied nach herrschender Meinung nicht stimmberechtigt[127]. Diese Möglichkeit der gerichtlichen Abberufung aus wichtigem Grund gilt sowohl für die Aufsichtsratsmitglieder der Anteilseigner wie auch die der Arbeitnehmer[128]. **36**

F. Besonderes Abberufungsrecht hinsichtlich der Aufsichtsratsmitglieder der Arbeitnehmer

In der österreichischen AG ist der Zentralbetriebsrat, bzw. der Betriebsrat berechtigt jederzeit die Arbeitnehmervertreter im Aufsichtsrat abzuberufen[129]. Auf das Vorliegen eines wichtigen Grundes kommt es nicht an[130]. Diese Möglichkeit eröffnet den Betriebsratsgremien de facto die Einflussnahme auf die Amtsführung der jeweiligen Aufsichtsratsmitglieder und ist kaum geeignet die unabhängige und verantwortungsbewusste Wahrnehmung der Überwachungsaufgabe durch die Aufsichtsratsmitglieder der Arbeitnehmer zu gewährleisten. **37**

Demgegenüber kommt dem Betriebsrat in der deutschen AG für die Abberufung eines Aufsichtsratsmitglieds der Arbeitnehmer keine Zuständigkeit zu. Stets bedarf es dazu eines Beschlusses der im Unternehmen wahlberechtigten Arbeitnehmer, bzw. der leitenden Angestellten jeweils mit Drei-Viertel-Mehrheit[131]. War die Wahl des Aufsichtsratsmitglieds in indirekter Wahl erfolgt, ist ein Beschluss des Delegiertenkollegiums erforderlich[132]. Ein wichtiger Grund ist für die Abberufung **38**

---

122 § 87 Abs 10 öAktG; § 30b öGmbHG.

123 *Strasser,* in Jabornegg/Strasser, AktG, 5. Aufl. 2010, § 87 - 89 Rz 56.

124 § 103 Abs 3 dAktG.

125 Hüffer/*Koch*, AktG, 11. Aufl. 2014, § 103 Rz 10; *Mertens/Cahn*, in Kölner Komm. AktG, 3. Aufl. 2013, § 103 Rz 33.

126 Hüffer/*Koch*, AktG, 11. Aufl. 2014, § 103 Rz 12; *Mertens/Cahn*, in Kölner Komm. AktG, 3. Aufl. 2013, § 103 Rz 33.

127 BGH, 2.4.2007 – II ZR 325/05, AG 2007, 484, 485; *Habersack*, in Münchener Komm. AktG, 4. Aufl. 2014, § 103 Rz 35; *E. Vetter*, in Marsch-Barner/Schäfer, Handbuch börsennotierte AG, 3. Aufl. 2014, § 25 Rz 63; überholt *Hoffmann/Kirchhoff,* FS Beusch, 1993, 377, 380.

128 *Habersack*, in Münchener Komm. AktG, 4. Aufl. 2014, § 103 Rz 33; *Hoffmann-Becking*, in Münchner Handbuch Gesellschaftsrecht, AG, 4. Aufl. 2015, § 30 Rz 87.

129 § 110 Abs 2 Satz 1 ArbVG.

130 *Jabornegg*, in Strasser/Jabornegg/Resch, ArbVG, 2006, § 110 Rz 150.

131 § 23 Abs 1 Satz 1 Nr. 1 und 2 MitbestG; § 12 Abs 1 DrittelbG.

132 § 23 Abs 2 MitbestG.

nicht erforderlich[133]. Die Vertreter der Gewerkschaft im Aufsichtsrat können wiederum nur von der Gewerkschaft abberufen werden, die sie vorgeschlagen hat[134].

G. Ersetzung von verhinderten Aufsichtsratsmitgliedern

39 Für den Fall des vorzeitigen Ausscheidens aus dem Aufsichtsrat der österreichischen AG besteht für die Hauptversammlung, auch wenn das AktG dazu keine Vorschrift enthält, nach allgemeiner Ansicht die Möglichkeit aufschiebend bedingt ein Ersatzmitglied zu wählen, das zum gegebenen Zeitpunkt in den Aufsichtsrat anstelle des ausgeschiedenen Mitglieds einrückt[135].

40 Für die deutsche AG ist die Möglichkeit zur Wahl von Ersatzmitgliedern bereits unmittelbar im Gesetz gewährleistet, ohne dass es einer Satzungsregelung bedarf, und zwar sowohl für die Aufsichtsratsmitglieder der Anteilseigner[136] als auch die der Arbeitnehmer[137]. Das Ersatzmitglied muss jedoch von demselben Wahlkörper und stets zusammen mit dem Aufsichtsratsmitglied gewählt werden, das es im Notfall ersetzen soll[138]. Die Wahl von Ersatzmitgliedern ist in paritätisch-mitbestimmten börsennotierten Gesellschaften weit verbreitet, damit bei vorzeitigem Wegfall eines Aufsichtsratsmitglieds sofort der bereits namentlich bestimmte Nachfolger in den Aufsichtsrat eintreten kann, ohne dass es eines Antrags an das Gericht bedarf[139].

41 Darüber hinaus erlaubt das österreichische Recht neben der Wahl von Ersatzmitgliedern auch die Wahl von stellvertretenden Aufsichtsratsmitgliedern[140]. Sofern die Satzung dies vorsieht, kann ein Aufsichtsratsmitglied ein anderes Aufsichtsratsmitglied zu seinem Stellvertreter bestimmen für den Fall, dass es selbst vorübergehend an der Wahrnehmung seines Amts verhindert ist[141]. Stellvertreter treten mit allen Rechten und Pflichten für die Zeit der Verhinderung an die Stelle des Vertretenen[142]. Anders als die Bezeichnung nahelegt, werden sie jedoch nicht als Vertreter des verhinderten Aufsichtsratsmitglieds tätig, sondern nehmen das Amt als Aufsichtsratsmitglied kraft eigenen Rechts und in eigener Verantwortung wahr[143]. Demgegenüber ist nach deutschem Recht die Wahl von stellvertreten-

---

133 *Henssler*, in Ulmer/Habersack/Henssler, Mitbestimmungsrecht, 3. Aufl. 2013, § 23 MitbestG Rz 1; *Raiser*, in Raiser/Veil/Jacobs, Mitbestimmungsgesetz und Drittelbeteiligungsgesetz, 6. Aufl. 2015, § 23 MitbestG Rz 1.

134 § 23 Abs 1 Satz 1 Nr. 3 MitbestG.

135 *Kalss*, in Doralt/Nowotny/Kalss, AktG, 2. Aufl. 2012, § 86 Rz 22, § 95 Rz 153; *Strasser,* in Jabornegg/Strasser, AktG, 5. Aufl. 2010, § 86 Rz 7.

136 § 101 Abs 3 Satz 2 dAktG.

137 § 17 MitbestG, § 7 DrittelbG.

138 § 101 Abs 3 Satz 3 dAktG.

139 Siehe oben III.4.

140 § 95 Abs 7 Satz 2 öAktG; § 30j Abs 6 öGmbHG.

141 *Kalss*, in Doralt/Nowotny/Kalss, AktG, 2. Aufl. 2012, § 86 Rz 23; *Strasser,* in Jabornegg/Strasser, AktG, 5. Aufl. 2010, § 86 Rz 6.

142 *Kalss*, in Doralt/Nowotny/Kalss, AktG, 2. Aufl. 2012, § 86 Rz 23; *Strasser,* in Jabornegg/Strasser, AktG, 5. Aufl. 2010, § 86 Rz 6.

143 *Strasser,* in Jabornegg/Strasser, AktG, 5. Aufl. 2010, § 86 Rz 6; *Temmel*, Der Aufsichtsrat, 2003, S 18.

den Aufsichtsratsmitgliedern ausdrücklich ausgeschlossen[144]; sie kann auch nicht durch die Satzung eingeführt werden[145].

entfällt 42

H. Aufsichtsrat der GmbH

Im Unterschied zur AG ist der Aufsichtsrat in der GmbH in Österreich kein durchgängig obligatorisches Organ, sondern ist im Gesetz nur in wenigen Fällen vorgeschrieben[146] (*Heidinger* Rz 40/1 ff). Zwingend ist ein Aufsichtsrat zu bilden, wenn das Stammkapital 70.000 EUR übersteigt und die GmbH entweder mehr als 50 Gesellschafter hat[147], die Zahl der im Unternehmen durchschnittlich beschäftigten Arbeitnehmer über 300 liegt[148], die GmbH die einheitliche Leitung über eine oder mehrere Aktiengesellschaften oder GmbHs mit obligatorischem Aufsichtsrat ausübt oder sie auf Grund einer unmittelbaren Beteiligung von über 50% beherrscht und in beiden Fällen in der Gruppe insgesamt durchschnittlich über 300 Mitarbeiter beschäftigt sind[149]. Ebenso ist ein Aufsichtsrat zu bestellen, wenn die GmbH persönlich haftende Gesellschafterin einer Kommanditgesellschaft ist und in beiden Gesellschaften durchschnittlich mehr als 300 Mitarbeiter beschäftigt sind[150] oder wenn die GmbH aus einer grenzüberschreitenden Verschmelzung hervorgegangen ist und die Arbeitnehmervertretungen berechtigt sind Mitglieder des Aufsichtsrats zu wählen[151]. Bei der Ermittlung der maßgeblichen Mitarbeiterzahl bleiben die Arbeitnehmer der Konzerngesellschaften in anderen EU-Mitgliedsstaaten unberücksichtigt[152]. Es ist nicht auszuschließen, dass durch die vom Kammergericht Berlin initiierte Rechtsprechung des EuGH in den nächsten Jahren insoweit eine veränderte Betrachtung notwendig wird[153]. 43

Auch die GmbH in Deutschland verfügt nicht durchweg über einen Aufsichtsrat[154]. Nicht selten besteht ein freiwillig eingerichteter Aufsichtsrat, der oft Beirat genannt wird. Für ihn gilt weitgehend Gestaltungsfreiheit[155], sodass er nachfolgend nicht näher betrachtet wird[156]. Nur unter bestimmten Voraussetzungen bildet der Aufsichtsrat ein obligatorisches Organ der GmbH, wobei festzustellen ist, dass in der Praxis, selbst wenn die Voraussetzungen der Mitbestimmungspflicht 44

---

[144] § 101 Abs 3 Satz 1 dAktG.

[145] *Habersack*, in Münchener Komm. AktG, 4. Aufl. 2014, § 101 Rz 74; *Hopt/Roth*, Großkomm. AktG, 4. Aufl. 2005, § 101 Rz 181.

[146] *Gilles*, GmbHG, 7. Aufl. 2009, § 29 Rz.1; *A. Heidinger*, in Gruber/Harrer, GmbHG, § 29 Rz 15.

[147] § 29 Abs 1 Ziff. 1 öGmbHG.

[148] § 29 Abs 1 Ziff. 2 öGmbHG.

[149] § 29 Abs 1 Ziff. 3 öGmbHG.

[150] § 29 Abs 1 Ziff. 4 öGmbHG.

[151] § 29 Abs 1 Ziff. 5 öGmbHG.

[152] *Eckert/Schopper*, in U. Torggler, GmbHG, 2014, § 29 Rz 4; *A. Heidinger*, in Gruber/Harrer, GmbHG, 2014, § 29 Rz 41; *Straube/Rauter*, in Straube, GmbHG, 2013, § 29 Rz 37.

[153] Siehe oben II.2.

[154] *Lutter*, in Lutter/Hommelhoff, GmbHG, 18. Aufl. 2012, § 52 Rz 1.

[155] § 52 Abs 1 dGmbHG.

[156] Siehe näher z.B. *E. Vetter*, GmbHR 2011, 449 ff.

erfüllt sind, vielfach gleichwohl das gesetzliche Gebot nicht umgesetzt wird[157]. Bei über 500 und nicht mehr als 2.000 regelmäßig Beschäftigten ist zwingend ein Aufsichtsrat nach den Bestimmungen des DrittelbG einzurichten[158]. Ab über 2.000 regelmäßig Beschäftigten ist die Bildung eines Aufsichtsrats nach den Vorschriften des MitbestG obligatorisch[159]. Für einige bekannte deutsche Unternehmen, die in der Rechtsform der GmbH organisiert sind und weit über 20.000 Mitarbeiter beschäftigen, gilt demgemäß die paritätische Mitbestimmung im Aufsichtsrat. Auf die vorstehenden Erläuterungen zur Mitbestimmung im Aufsichtsrat der AG kann daher verwiesen werden.

I. Der Aufsichtsrat in regulierten Wirtschaftszweigen

45 Eine erhöhte Regelungsdichte mit zum Teil sehr detaillierten Regelungsinhalten besteht im Bereich der Banken und Finanzinstitute auf Grund der gemeinschaftsrechtlichen Vorgaben der CRD IV. Aufsichtsratsmitglieder in solchen Unternehmen mit Sitz in Deutschland müssen nicht nur eine besondere sachliche und persönliche Qualifikation aufweisen[160], auch für die personelle Zusammensetzung des Aufsichtsrats insgesamt sind besondere Vorgaben zu beachten[161]. Schließlich gelten für die innere Ordnung des Aufsichtsrats spezielle Regelungen. Der Aufsichtsrat hat etwa, sofern er aus mindestens zehn Mitgliedern besteht[162], einen Risiko-, Prüfungs-, Nominierungs- und Vergütungskontrollausschuss zu bilden[163]. Auch im Bereich der Versicherungswirtschaft gelten hinsichtlich des Aufsichtsrats teilweise besondere Regelungen. Aufsichtsratsmitglieder müssen qualifiziert sein, das heißt sie müssen zuverlässig sein und über Sachkunde verfügen[164]. Ob die aufsichtsrechtlichen Vorgaben auch auf die allgemeine Corporate Governance ausstrahlen werden, wie dies teilweise erwartet wird, bleibt abzuwarten[165].

IV. Kompetenzen des Aufsichtsrats

A. Personalkompetenz des Aufsichtsrats

1. Bestellung und Abberufung der Mitglieder des Vorstands

46 Die wohl wichtigste Aufgabe des Aufsichtsrats ist seine Personalkompetenz hinsichtlich der Mitglieder des Vorstands. Diese Aufgabe liegt, sowohl nach der ganz herrschenden Meinung zum österreichischem Recht, das insoweit keine aus-

[157] *Bayer/Hoffmann*, GmbHR 2015, 909, 914.
[158] § 1 Abs 1 Satz 1 Nr. 3 DrittelbG.
[159] § 1 Abs 1 MitbestG.
[160] § 25d Abs 1 KWG.
[161] § 25d Abs 2 KWG.
[162] Siehe RegE zum CRD IV Umsetzungsgesetz, BT-Drucks. 11/10974, S 88.
[163] § 25 d Abs 7 bis 12 KWG.
[164] § 7a Abs 4 VAG.
[165] Siehe z.B. *Hopt*, ZIP 2013, 193, 1797 ff; generell *Dreher*, ZGR 2010, 496, 503 ff.; *Langenbucher*, ZHR 176 (2012), 652, 666; *Weber-Rey*, ZGR 2010, 543, 565 ff.

drückliche Regelung enthält[166], als auch nach der ausdrücklichen Anordnung des deutschem Rechts[167], zwingend in den Händen des Aufsichtsratsplenums und kann nicht auf einen Ausschuss oder ein einzelnes Aufsichtsratsmitglied delegiert werden.

Für die Bestellung eines Vorstandsmitglieds der österreichischen AG wie auch zur Ernennung eines Vorstandsvorsitzenden bedarf es der sog. doppelte Mehrheit im Aufsichtsrat[168], nämlich die Mehrheit der in der Sitzung – oder im schriftlichen Verfahren - abgegebenen Stimmen und kumulativ die Mehrheit aller gewählten oder entsandten Vertreter der Anteilseigner[169]. Dies gewährleistet für den Fall, dass dem Aufsichtsrat auch Vertreter der Arbeitnehmer angehören, dass niemand gegen den Willen der Mehrheit der Anteilseignervertreter im Aufsichtsrat zum Vorstandsmitglied bestellt werden kann[170]. **47**

Für die Bestellung zum Vorstandsmitglied der deutschen AG reicht die einfache Mehrheit der in der Aufsichtsratssitzung oder im schriftlichen Verfahren abgegebenen Stimmen aus. Dies gilt jedoch nicht, wenn die AG der paritätischen Mitbestimmung unterliegt, wenn sie also mehr als 2.000 regelmäßig beschäftigte Arbeitnehmer hat. In diesem Fall kommt ein gestuftes Beschlussverfahren zum Tragen. In der ersten Abstimmung bedarf die Bestellung eines Vorstandsmitglieds einer Mehrheit von zwei Drittel der Stimmen aller Mitglieder des Aufsichtsrats[171]. Damit soll im Interesse der bestellten Person im Aufsichtsrat eine möglichst breite Vertrauensbasis geschaffen werden. Wird diese Mehrheit nicht erreicht, so ist der zwingend einzurichtende sog. Vermittlungsausschuss[172] einzuschalten, der dem Aufsichtsrat binnen eines Monats einen Personalvorschlag vorzulegen hat, wobei andere Vorschläge nicht ausgeschlossen sind[173]. Hierüber beschließt der Aufsichtsrat sodann mit der einfachen Mehrheit seiner Mitglieder. Wird diese Mehrheit nicht erreicht, so hat der Aufsichtsratsvorsitzende – nicht hingegen der stellvertretende Aufsichtsratsvorsitzende – bei einer erneuten Abstimmung zwei Stimmen[174]. Hierdurch ist sichergestellt, dass sich die Anteilseignerseite bei vollständiger Teilnahme ihrer Mitglieder und einheitlicher Stimmabgabe gegenüber der Arbeitnehmerseite durchsetzen kann und der von ihr eingebrachte Personalvorschlag am Ende erfolgreich ist[175]. **48**

---

166 *Nowotny*, in Doralt/Nowotny/Kalss, AktG, 2. Aufl. 2012, § 75 Rz 6; *Strasser,* in Jabornegg/Strasser, AktG, 5. Aufl. 2010, §§ 75, 76 Rz 15; *Temmel*, Der Aufsichtsrat, 2003, S 98; a.A. *Eixlesberger/Zierler*, GesRZ 2003, 9, 19; *Schima* Rz 17/1 ff.

167 § 107 Abs 3 Satz 3 dAktG.

168 Siehe z.B. *Gahleitner* Rz 10/39.

169 § 110 Abs 3 Satz 4 ArbVG.

170 *Nowotny*, in Doralt/Nowotny/Kalss, AktG, 2. Aufl. 2012, § 75 Rz 7; *Temmel*, Der Aufsichtsrat, 2003, S 98.

171 § 31 Abs 2 MitbestG.

172 Siehe unten unter VI.4.a.

173 § 31 Abs 3 MitbestG.

174 § 31 Abs 4 MitbestG.

175 Siehe z.B. *Ulmer/Habersack*, in Ulmer/Habersack/Henssler, Mitbestimmungsrecht, 3. Aufl. 2013, § 31 MitbestG Rz 1; *Raiser*, in Raiser/Veil/Jacobs, Mitbestimmungsgesetz und Drittelbeteiligungsgesetz, 6. Aufl. 2015, § 31 MitbestG Rz 17 MitbestG.

2. Abschluss und Beendigung des Anstellungsvertrages mit den Mitgliedern des Vorstands

49 Anders als die Bestellung zum Vorstandsmitglied kann in der österreichischen AG die Zuständigkeit für den Abschluss des Anstellungsvertrages zwischen der Gesellschaft und dem Vorstandsmitglied vom Aufsichtsratsplenum auch auf einen Ausschuss übertragen werden[176]. Diesem Ausschuss, regelmäßig Vergütungsausschuss genannt[177], dürfen allerdings keine Aufsichtsratsmitglieder der Arbeitnehmer angehören[178]. Macht der Aufsichtsrat von dieser Delegationsmöglichkeit jedoch keinen Gebrauch, sind bei der Entscheidung im Aufsichtsratsplenum auch die Aufsichtsratsmitglieder der Arbeitnehmer teilnahme- und stimmberechtigt[179].

50 In der deutschen AG ist der Abschluss des Anstellungsvertrages mit einem Vorstandsmitglied, soweit es um die vergütungsrelevanten Bestandteile geht, seit einer Gesetzesänderung im Jahre 2009 zwingend dem Aufsichtsratsplenum zugewiesen[180]. Die Delegation der Vergütungsentscheidung an einen Ausschuss ist nicht mehr möglich. Bei der Beschlussfassung im Aufsichtsrat sind die Aufsichtsratsmitglieder der Arbeitnehmer uneingeschränkt teilnahme- und entscheidungsberechtigt. Was den übrigen Inhalt des Anstellungsvertrages anbetrifft, könnte der Vertragsabschluss durchaus an einen Aufsichtsratsausschuss – typischerweise den Personalausschuss – delegiert werden, von dem die Aufsichtsratsmitglieder der Arbeitnehmer regelmäßig nicht ausgeschlossen werden können[181]. Aus praktischen Gründen kommt aber eine solche Aufspaltung der Zuständigkeiten allenfalls in seltenen Ausnahmefällen vor. Da im Übrigen einer Vielzahl von Regelungen des Anstellungsvertrages die Vergütungsrelevanz nicht abgesprochen werden kann, wird der Anstellungsvertrag jedenfalls bei einer Erstbestellung eines Vorstandsmitglieds typischerweise in seinem vollen Umfang dem Aufsichtsratsplenum zur Entscheidung vorgelegt. Dem Personalausschuss verbleiben damit in der Praxis lediglich vorbereitende Aufgaben[182].

3. Verträge mit ehemaligen Mitgliedern des Vorstands

51 Nach österreichischem Recht liegt die Vertretung der AG gegenüber ihren ausgeschiedenen Vorstandsmitgliedern gemäß § 97 Abs 1 öAktG nach wohl (noch) herrschender Ansicht ausschließlich in den Händen des Vorstands und nicht des Aufsichtsrats[183].

---

176 § 110 Abs 4 Satz 2 ArbVG; § 92 Abs 4 Satz 2 öAktG.

177 Ebenso C-Regel 43 Österreichischer Corporate Governance Kodex.

178 § 110 Abs 4 Satz 2 ArbVG.

179 *Nowotny*, in Doralt/Nowotny/Kalss, AktG, 2. Aufl. 2012, § 75 Rz 17; *Strasser,* in Jabornegg/Strasser, AktG, 5. Aufl. 2010, §§ 75, 76 Rz 16.

180 §§ 107 Abs 3 Satz 3, 87 Abs 1 dAktG.

181 BGH, 17.5.1993 – II ZR 89/92, BGHZ 122, 342, 358 (Hamburg Mannheimer Versicherung); Hüffer/*Koch*, AktG, 11. Aufl. 2014, § 107 Rz 31; *E. Vetter*, in Marsch-Barner/Schäfer, Handbuch börsennotierte AG, 3. Aufl. 2014, § 28 Rz 30.

182 Siehe dazu z.B. *Habersack*, in Münchener Komm. AktG, 4. Aufl. 2014, § 101 Rz 74; Hüffer/*Koch*, AktG, 11. Aufl. 2014, § 107 Rz 28.

183 OGH 12.11.1987, 7 Ob 704-706/87, GesRZ 1988, 171, 172; *Reich-Rohrwig*, WBl 1987, 299, 300; *Strasser,* in Jabornegg/Strasser, AktG, 5. Aufl. 2010, §§ 95 - 97 Rz 75; a.A. *Cernicky*,

52 Die deutsche AG hingegen wird bei allen geschäftlichen Vorgängen mit einem ehemaligen Vorstandsmitglied, die ihren Ursprung in der früheren Tätigkeit des Vorstandsmitglieds haben, nach § 112 dAktG ausschließlich durch den Aufsichtsrat vertreten[184]. Dies gilt im Übrigen im Interesse der unbefangenen Vertretung der Gesellschaft im Wege der Gesetzesanalogie auch im Verhältnis zu den Familienangehörigen eines verstorbenen Vorstandsmitglieds hinsichtlich ihrer Versorgungsansprüche[185].

4. Personalkompetenz in der GmbH

53 In der österreichischen GmbH liegt die Personalkompetenz hinsichtlich der Geschäftsführer kraft Gesetzes in den Händen der Gesellschafterversammlung. Dies gilt auch, wenn die Gesellschaft einen Aufsichtsrat eingerichtet hat[186].

54 In der deutschen GmbH ist zu differenzieren. Grundsätzlich ist die Gesellschafterversammlung für die Bestellung und Abberufung der Geschäftsführer sowie für den Abschluss des Anstellungsvertrages zuständig[187]. Dies gilt uneingeschränkt auch für die GmbH mit einem Aufsichtsrat, der nach dem Drittelbeteiligungsgesetz organisiert ist[188]. Hat die GmbH jedoch einen Aufsichtsrat, der paritätisch besetzt ist, hat dieser Aufsichtsrat die ausschließliche und umfassende Personalkompetenz über die Geschäftsführer[189]. Die vorstehenden Ausführungen gelten deshalb entsprechend auch hinsichtlich der Geschäftsführer.

B. Prüfung des Jahresabschlusses

55 In der österreichischen AG ist der Jahresabschluss nebst Lagebericht den Mitgliedern des Aufsichtsrats, das heißt jedem einzelnen Mitglied[190] zur Prüfung der Rechnungslegung vorzulegen[191]. Gleiches gilt für den Prüfungsbericht des Abschlussprüfers[192]. Der Aufsichtsrat kann sich für seine Prüfung stets auf den Prüfungsbericht des Abschlussprüfers stützen, denn jede österreichische AG ist

GesRZ 2002, 179, 182; *Kalss*, in Doralt/Nowotny/Kalss, AktG, 2. Aufl. 2012, § 97 Rz 21 speziell mit dem Hinweis auf die „präjudizielle Kraft“ der Handhabung von Angelegenheiten ausgeschiedener Mitglieder gegenüber aktiven Mitgliedern.

184 BGH, 14.5.2013 – II ZB 1/11, AG 2013, 562 Rz 22; BGH, 29.1.2013 – II ZB 1/11, AG 2013, 257 Rz 10; BGH, 16.2.2009 – II ZR 282/07, AG 2009, 327 Rz 12; *Habersack*, in Münchener Komm. AktG, 4. Aufl. 2014, § 112 Rz 12; *Spindler*, in Spindler/Stilz, AktG, 3. Aufl. 2015, § 112 Rz 21; a.A. OLG München, 29.1.1996 – 26 U 4973/95, AG 1996, 328, 329; *Grigoleit/Tomasic*, in Grigoleit, AktG, 2014, § 112 Rz 5.

185 BGH 16.10.2006 – II ZR 7/05, AG 2007, 86 Rz 6; Hüffer/*Koch*, AktG, 11. Aufl. 2014, § 112 Rz 3; *Mertens/Cahn*, in Kölner Komm. AktG, 3. Aufl. 2013, § 112 Rz 17.

186 § 15 Abs 1 Satz 3 öGmbHG.

187 § 46 Nr. 5 dGmbHG.

188 *Bayer*, in Lutter/Hommelhoff, GmbHG, 18. Aufl. 2012, § 46 Rz 24; *Habersack*, in Ulmer/Habersack/Henssler, Mitbestimmungsrecht, 3. Aufl. 2013, § 1 DrittelbG Rz 34.

189 § 31 MitbestG i.V.m. § 84 dAktG, BGH, 14.11.1983 – II ZR 33/83, BGHZ 89, 48, 51.

190 OGH, 26.9.1991 – 6 Ob 9/91, GesRZ 1992, 52, 53; *Kalss/Gruber*, in Doralt/Nowotny/Kalss, AktG, 2. Aufl. 2012, § 96 Rz 5; unklar *Strasser*, in Jabornegg/Strasser, AktG, 5. Aufl. 2010, §§ 95 - 97 Rz 54.

191 § 222 Abs 1 Satz 1 UBG.

192 § 273 Abs 4 Satz 1 UBG.

prüfungspflichtig[193]. Dies gilt in gleicher Weise auch hinsichtlich des Konzernabschlusses, der dem Aufsichtsrat der Muttergesellschaft vorzulegen ist[194].

56 In der deutschen AG ergibt sich ein differenziertes Bild. Jedes Aufsichtsratsmitglied hat das Recht, die Jahresabschlussunterlagen zur Kenntnis zu nehmen, das heißt die Unterlagen einzusehen und sich Notizen zu machen[195]. Die Übermittlung der Unterlagen, also die Aushändigung eines persönlichen Exemplars, kann jedoch durch Beschluss des Aufsichtsratsplenums auf die Mitglieder eines Aufsichtsratsausschusses beschränkt werden[196]. In der Unternehmenspraxis kommt dies allerdings nur noch in seltenen Ausnahmefällen zum Tragen. Im Übrigen unterliegt nicht jede deutsche AG der Pflicht zur Prüfung ihres Jahresabschlusses durch einen Abschlussprüfer. Die kleine AG ist nicht prüfungspflichtig[197]. Die Hauptversammlung kann jedoch gleichwohl freiwillig einen Abschlussprüfer bestellen, sodass der Aufsichtsrat verpflichtet ist, den Prüfungsauftrag zu erteilen[198]. Wird davon Abstand genommen, unterliegt der Aufsichtsrat im Rahmen seiner gesetzlichen Überwachungsaufgabe einer gesteigerten Prüfungsverantwortung hinsichtlich des Jahresabschlusses[199]. Für den Konzernabschluss gilt dies entsprechend.

C. Zustimmungspflichtige Geschäfte

57 Für den Aufsichtsrat der österreichischen AG enthält das Gesetz bereits einen relativ umfangreichen Katalog zustimmungspflichtiger Geschäfte, in denen der Vorstand zwingend den Aufsichtsrat einzuschalten hat[200]. Dieser Katalog ist jedoch nicht als abschließende Aufzählung zu verstehen; vielmehr ist der Aufsichtsrat berechtigt und auch verpflichtet weitere Arten von Geschäften einem Zustimmungsvorbehalt zu unterwerfen, wenn ihm dies im Unternehmensinteresse angezeigt erscheint[201]. Umstritten ist, ob ungeachtet dieser Formulierung des Gesetzes im Ausnahmefall durch Ad-hoc-Beschluss des Aufsichtsrats auch eine konkrete Einzelmaßnahme einem Zustimmungsvorbehalt unterworfen werden kann[202].

58 Für den Aufsichtsrat der deutschen AG hält das Gesetz selbst hingegen keinen Katalog zustimmungspflichtiger Geschäfte vor. Die Satzung oder der Aufsichtsrat haben jedoch einen individuellen am jeweiligen Unternehmen ausgerichteten

193 § 268 Abs 1 Satz 1 UGB.
194 § 268 Abs 2 UBG; § 96 Abs 3 öAktG.
195 § 170 Abs 3 Satz 1 dAktG.
196 § 170 Abs 3 Satz 2 dAktG.
197 §§ 316 Abs 1 Satz 1 i.V.m. 267 Abs 1 HGB.
198 Siehe § 111 Abs 2 Satz 3 dAktG.
199 Vgl. *Hennrichs/Pöschke*, in Münchener Komm. AktG, 3. Aufl. 2013, § 171 Rz 51.
200 § 95 Abs 5 Satz 2 Nr. 1 – 14 öAktG; § 30j Abs 5 Satz 1 Nr. 1 – 11 öGmbHG.
201 *Kalss*, in Doralt/Nowotny/Kalss, AktG, 2. Aufl. 2012, § 95 Rz 86 „ständige Aufgabe"; *Schima*, GesRZ 2012, 35, 36; *Strasser*, in Jabornegg/Strasser, AktG, 5. Aufl. 2010, §§ 95 – 97 Rz 37; *Briem* Rz 12/44.
202 Bejahend z.B. *Kalss*, in Doralt/Nowotny/Kalss, AktG, 2. Aufl. 2012, § 95 Rz 83; *Briem* Rz 12/55; ablehnend *Schima*, GesRZ 2012, 35, 36; *Strasser*, in Jabornegg/Strasser, AktG, 5. Aufl. 2010, §§ 95 – 97 Rz 37.

Katalog von Geschäften aufzustellen[203]. Gegebenenfalls kann darüber hinaus auch ad hoc für den Aufsichtsrat die Pflicht entstehen für ein einzelnes Geschäft einen Zustimmungsvorbehalt zu statuieren, wenn dies auf Grund der besonderen Bedeutung der Sache geboten erscheint[204].

D. Corporate Governance Kodex

Sowohl dem Deutschen Corporate Governance Kodex als auch dem Österreichischen Corporate Governance Kodex kommt hinsichtlich der Verhaltensempfehlungen für Vorstand und Aufsichtsrat von börsennotierten Gesellschaften keine Verbindlichkeit zu[205]. In beiden Ländern hat sich deshalb der Begriff „soft law" eingebürgert[206]. Allerdings bestehen in den beiden Ländern Unterschiede in der Kommunikation gegenüber dem Kapitalmarkt hinsichtlich des Umgangs der betroffenen Unternehmen mit den jeweiligen Kodex-Empfehlungen. **59**

Die österreichische börsennotierte AG ist verpflichtet einen Corporate Governance-Bericht abzugeben, in dem sie unter anderem über die Einhaltung der Bestimmungen des Österreichischen Corporate Governance Kodex oder eines anderen Kodex zu berichten, bzw. Abweichungen zu begründen hat (Comply or explain)[207]. Die Berichterstattung wie auch die Entscheidung darüber, ob und inwieweit die Kodex-Regelungen Beachtung finden sollen, obliegt dem Vorstand als Teil seiner Leitungsverantwortung[208]. Der Corporate Governance-Bericht der österreichischen AG kommt dem Bericht zur Unternehmensführung[209] nahe, den die deutsche börsennotierte AG jährlich abzugeben hat[210]. Der Vorstand der österreichischen AG hat den Bericht dem Aufsichtsrat vorzulegen, der über die Billigung im Rahmen der Prüfung der Rechnungslegungsunterlagen entscheidet[211]. Über das Ergebnis hat der Aufsichtsrat der Hauptversammlung zu berichten[212]. **60**

In Deutschland ist nicht die börsennotierte AG selbst Adressat des Deutschen Corporate Governance Kodex. Vielmehr sind der Aufsichtsrat wie auch der Vor- **61**

[203] § 111 Abs 4 Satz 2 dAktG.

[204] BGH, 15.11.1993 – II ZR 235/92 BGHZ 124, 111, 127 (Vereinte Krankenversicherung); LG Bielefeld, 16.11.1999 – 15 O 91/98 (Balsam); *E. Vetter*, in Marsch-Barner/Schäfer, Handbuch börsennotierte AG, 3. Aufl. 2014, § 26 Rz 34; a.A. *Strasser*, in Jabornegg/Strasser, AktG, 5. Aufl. 2010, §§ 95 – 97 Rz 37, 49.

[205] *Kalss/Oppitz/Zollner,* Kapitalmarktrecht, 2. Aufl. 2015, § 25 Rz 29; *Günter H. Roth/Büchele*, GesRZ 2002, 63, 70; *Hlawati/Wilfling* Rz 32/6.

[206] Einerseits z.B. *Hasenauer/Pracht*, Aufsichtsrat aktuell 1/2010, 14, 17; *Schenz/Eberhartinger*, in Schenz/Eberhartinger (Hrsg), Corporate Governance in Österreich, 2012, S 29, 30; kritisch *Nowotny*, ebenda, S 90, 94; andererseits z.B. *Hoffmann-Becking*, in Münchener Handbuch Gesellschaftsrecht, AG, 4. Aufl. 2015, § 34 Rz 13; *E. Vetter*, in Henssler/Strohn, Gesellschaftsrecht, 2. Aufl. 2013, § 161 AktG Rz 4.

[207] § 243b Abs 1 Ziff. 3 UGB.

[208] *Kalss*, in Münchener Komm. AktG, 3. Aufl. 2013, § 161 Rz 138; *Kalss/Oppitz/Zollner,* Kapitalmarktrecht, 2. Aufl. 2015, § 25 Rz 34; *Hlawati/Wilfling* Rz 32/29.

[209] *Kalss*, in Münchener Komm. AktG, 3. Aufl. 2013, § 161 Rz 126.

[210] § 289a HGB.

[211] *Kalss/Oppitz/Zollner,* Kapitalmarktrecht, 2. Aufl. 2015, § 25 Rz 34; *Hlawati/Wilfling* Rz 32/29.

[212] § 96 Abs 2 öAktG; § 30k Abs 2 öGmbHG.

stand einer börsennotierten AG verpflichtet jährlich eine sog. Entsprechenserklärung abzugeben[213]. Darin haben sie zu erklären, ob den Kodex-Empfehlungen entsprochen wurde und wird und eventuelle Kodex-Abweichungen anzugeben und zu begründen (Comply or explain). Der Aufsichtsrat hat sich also – ebenso wie der Vorstand – jährlich mindestens einmal mit den Empfehlungen des aktuellen Deutschen Corporate Governance Kodex inhaltlich auseinanderzusetzen und über ihre Beachtung zu beschließen. Nach den gesetzlichen Vorstellungen haben Vorstand und Aufsichtsrat jeweils gesondert und unabhängig von einander über die Entsprechenserklärung zu beschließen[214]. In der Praxis erfolgt jedoch regelmäßig zuerst die Verabschiedung der Entsprechenserklärung durch den Vorstand, was dem Aufsichtsrat die Möglichkeit gibt, auf dieser Basis seine eigene Entscheidung zu treffen. Stimmen die Entsprechenserklärung von Vorstand und Aufsichtsrat inhaltlich überein, kann auch eine gemeinsame Entsprechenserklärung abgegeben werden, was in der Unternehmenspraxis die Regel ist[215]. Wie der BGH betont hat, ist jedes Organ für die gesamte Entsprechenserklärung zuständig, also auch für die Aussagen zu Verhaltens-Empfehlungen, die an das jeweils andere Organ gerichtet sind[216]. Dies bedingt für Vorstand und Aufsichtsrat gewisse wechselseitige Überwachungspflichten[217].

62 In der Praxis hängt die Akzeptanz der einzelnen Empfehlungen des Deutschen Corporate Governance Kodex durch die Gesellschaften stark von dem Grad ab, in dem die jeweilige Gesellschaft am Kapitalmarkt exponiert ist. Es zeigt sich ein deutliches Gefälle ausgehend von den Gesellschaften im DAX-30, die die höchste Akzeptanzquote aufweisen, über die anderen Aktien-Indices bis hin zu den Gesellschaften, deren Aktien in keinem Aktien-Index notiert sind und deshalb am Kapitalmarkt relativ wenig Aufmerksamkeit erfahren[218].

63 Der Deutsche Corporate Governance Kodex wendet sich nach seiner Präambel primär an die börsennotierten Gesellschaften und an Gesellschaften mit Kapitalmarktzugang. Er empfiehlt jedoch ausdrücklich auch nicht-börsennotierten Gesellschaften die Beachtung des Kodex. Diese Empfehlung ist in der Unternehmenspraxis nicht vollkommen ungehört verhallt. Manche nicht-börsennotierte Aktiengesellschaften aber auch vereinzelt größere Unternehmen in der Rechtsform der GmbH haben die Kodex-Empfehlungen zumindest in Teilen für ihr Unternehmen übernommen und damit der guten Corporate Governance auch außerhalb des Kapitalmarktes Anerkennung und weitere Verbreitung verschafft. Die konkrete Motivation hierfür ist in den einzelnen Gesellschaften nicht immer

---

213 § 161 Abs 1 dAktG.

214 *Leyens*, in Großkomm. AktG, 4. Aufl. 2012, § 161 Rz 145; *E. Vetter*, in Henssler/Strohn, Gesellschaftsrecht, 2. Aufl. 2013, § 161 AktG Rz 15.

215 *Hoffmann-Becking*, in Münchener Handbuch Gesellschaftsrecht, AG, 4. Aufl. 2015, § 34 Rz 16; *E. Vetter*, in Henssler/Strohn, Gesellschaftsrecht, 2. Aufl. 2013, § 161 AktG Rz 15.

216 BGH, 16.2.2009 – II ZR 185/07, BGHZ 180, 9 Rz 27 (Leo Kirch/Deutsche Bank); BGH, 21.9.2009 – II ZR 174/08, BGHZ 182, 272 Rz 16 (Umschreibestopp – Axel Springer).

217 *Hoffmann-Becking*, in Münchener Handbuch Gesellschaftsrecht, AG, 4. Aufl. 2015, § 34 Rz 16; *E. Vetter*, NZG 2009, 561, 563.

218 Siehe dazu *von Werder/Turkali*, DB 2015, 1357 ff.; *von Werder/Bartz*, DB 2014, 905 ff.; *dies*. DB 2013, 885 ff.

erkennbar. Sofern die Obergesellschaft eines Konzerns börsennotiert ist, hat die Kodex-Relevanz nicht selten auch Auswirkungen auf die nachgeordneten nicht börsennotierten Konzerngesellschaften, da die Konzernleitung generell Wert auf gute Corporate Governance legt. Mitunter geht die Beachtung der Empfehlungen des Deutschen Corporate Governance Kodex durch kapitalmarktferne Gesellschaften aber auch darauf zurück, dass Mitglieder der Geschäftsleitung oder des Aufsichtsrats über gute persönliche Erfahrungen mit dem Kodex in börsennotierten Unternehmen verfügen und deshalb generell für die Beachtung von Kodex-Empfehlungen eintreten, auch wenn dazu keine gesetzliche Veranlassung besteht.

E. Der Aufsichtsrat im Konzern

1. Der Aufsichtsrat des herrschenden Unternehmens

Ist die AG herrschendes Unternehmen eines Konzerns, nimmt der Vorstand die Rechte als Aktionär oder Gesellschafter in der Hauptversammlung bzw. Gesellschafterversammlung der Tochtergesellschaften wahr. Der Aufsichtsrat hat ihn bei der Wahrnehmung dieser Rechte zu überwachen[219]. Dies gilt in der österreichischen AG wie auch in der deutschen AG. **64**

Hat die deutsche AG mindestens 2.000 regelmäßig Beschäftigte und ist sie mit mindestens einem Viertel an einer anderen deutschen Gesellschaft in der Rechtsform der AG oder GmbH beteiligt, die ebenfalls mindestens 2.000 regelmäßig Beschäftigte hat, unterliegen beide dem MitbestG. Dies bedeutet, dass der Vorstand bei der Ausübung von Gesellschafterrechten bei Tochtergesellschaften besondere Regeln zu beachten hat, die die Kumulation der Mitbestimmungsrechte der Arbeitnehmer verhindern sollen[220]. Andernfalls ist der Vorstand nicht zur Stimmabgabe in der Anteilseignerversammlung berechtigt und kann dort auch nicht wirksam die Stimme abgeben[221]. Soweit es um die Wahl von Aufsichtsratsmitgliedern der Anteilseigner, die Entlastung von Vorstand oder Aufsichtsrat, die Auflösung oder Umwandlung der Gesellschaft oder den Abschluss von Unternehmensverträgen geht, bedarf der Vorstand deshalb eines vorherigen Beschlusses des Aufsichtsrats[222]. Dieser Beschluss bedarf nur der Stimmen der Aufsichtsratsmitglieder der Anteilseigner und führt zu einer bindenden Weisung an den Vorstand[223]. **65**

---

219 Einerseits *Kalss*, in Doralt/Nowotny/Kalss, AktG, 2. Aufl. 2012, § 95 Rz 36; *Schima*, GesRZ 2012, 35, 39; *Enzinger/Kalss* Rz 31/1 f; andererseits *Habersack*, in Münchener Kommentar AktG, 4. Aufl. 2014, § 111 Rz 15; *Lutter/Krieger/Verse*, Rechte und Pflichten des Aufsichtsrats, 6. Aufl. 2015, Rz 147.

220 *Mertens/Cahn*, in Kölner Komm. AktG, 3. Aufl. 2013, Anh. § 117 B § 32 MitbestG Rz 1; *Raiser*, in Raiser/Veil/Jacobs, Mitbestimmungsgesetz und Drittelbeteiligungsgesetz, 6. Aufl. 2015, § 32 MitbestG Rz 1.

221 *Mertens/Cahn*, in Kölner Komm. AktG, 3. Aufl. 2013, Anh. § 117 B § 32 MitbestG Rz 14; *Ulmer/Habersack*, in Ulmer/Habersack/Henssler, Mitbestimmungsrecht, 3. Aufl. 2013, § 32 MitbestG Rz 15.

222 § 32 Abs 1 Satz 1 MitbestG.

223 § 32 Abs 1 Satz 2 MitbestG.

2. Der Aufsichtsrat der abhängigen Gesellschaft

66 Ist die AG abhängiges Unternehmen, hat ihr Aufsichtsrat darauf zu achten, dass von herrschenden Unternehmen keine nachteilige Einflussnahme zu Lasten der abhängigen AG erfolgt. Dies gilt gleichermaßen in Österreich wie in Deutschland[224]. Die normativen Grundlagen sind jedoch in beiden Ländern unterschiedlich.

67 Steht in der abhängigen österreichischen AG ein nachteiliges Geschäft zur Entscheidung an, darf es der Vorstand nicht ausführen, es sei denn, dass der Nachteil vollständig und unverzüglich ausgeglichen wird[225]. Dies folgt aus dem strengen Grundsatz der Kapitalerhaltung in der Kapitalgesellschaft[226]. Gehören dem Aufsichtsrat der österreichischen abhängigen AG – wie in der Praxis üblich – Vertreter des herrschenden Unternehmens, z.B. ein Vorstandsmitglied der Konzernspitze, an, ist unklar, ob der Vorstand darüber hinaus als besondere Verfahrensregel auch noch einen gesetzlichen Zustimmungsvorbehalt des Aufsichtsrats zu beachten hat. Stellt man auf den Wortlaut der Gesetzesregelung[227] ab, so könnte ein Zustimmungsvorbehalt ins Spiel kommen, wenn der Vorstand einen Vertrag über eine „Leistung gegen ein nicht bloß geringfügiges Entgelt" mit dem herrschenden Unternehmen abschließt und der Vertragsgegenstand außerhalb der Tätigkeit des Aufsichtsrats liegt. Es lässt sich nicht leugnen, dass das Aufsichtsratsmitglied ein erhebliches wirtschaftliches Interesse an dem herrschenden Unternehmen hat, wenn es dessen Vorstand angehört oder an dessen Kapital maßgeblich beteiligt ist. Misst man dem Zustimmungsvorbehalt auch Schutzfunktion gegenüber der abhängigen AG zu, die im Wege der Transparenz und Prävention bewerkstelligt werden soll[228], so würde das dazu führen, dass konzerninterne Transaktionen einer erhöhten Transparenz und Kontrolle im Aufsichtsrat der abhängigen Gesellschaft unterworfen werden. Nach einem Teil der Lehre ist bei einem Vorstandsmitglied der Obergesellschaft, das in einer Tochtergesellschaft zugleich Aufsichtsratsmitglied ist, generell ein „erhebliches wirtschaftliches Interesse" bei Abschluss eines Vertrages zwischen herrschender und abhängiger Gesellschaft anzunehmen, weshalb die Bestimmung auch auf Geschäfte innerhalb eines faktischen Konzerns anzuwenden ist[229]. Andere Autoren wollen konzerninterne Geschäfte im Wege der Gesetzesreduktion generell vom Anwendungsbereich der Norm ausschließen. Im

---

224 Einerseits *Kalss*, in Doralt/Nowotny/Kalss, AktG, 2. Aufl. 2012, § 95 Rz 38; *Doralt/Diregger*, in Münchener Komm. AktG, 4. Aufl. 2015, Bd. 5, Österreichisches Konzernrecht, Rz 79; andererseits *Habersack*, in Münchener Komm. AktG, 4. Aufl. 2014, § 111 Rz 15; *Altmeppen*, in Münchener Komm. AktG, 4. Aufl. 2015, § 311 Rz 413.

225 *P. Doralt*, in Hommelhoff/Semler/Doralt/Roth (Hrsg.), Entwicklungen im GmbH-Konzernrecht, 1986, S 1, 11; *Doralt/Diregger*, in Münchener Komm. AktG, 4. Aufl. 2015, Bd. 5, Österreichisches Konzernrecht, Rz 83; *Doralt/Diregger*, in Doralt/Nowotny/Kalss, AktG, 2. Aufl. 2012, § 15 Rz 60; *Diregger*, in Doralt/Nowotny/Kalss, AktG, 2. Aufl. 2012, § 195 Rz 83.

226 § 52 öAktG; § 82 öGmbHG.

227 § 95 Abs 5 Nr. 12 öAktG; § 30j Abs 5 Nr. 10 öGmbHG.

228 *Kalss*, in Doralt/Nowotny/Kalss, AktG, 2. Aufl. 2012, § 95 Rz 119.

229 *Doralt/Diregger*, in Münchener Komm. AktG, 4. Aufl. 2015, Bd. 5, Österreichisches Konzernrecht, Rz 81; *Reich-Rohrwig,* ecolex 2006, 35, 36; W. *Doralt,* JBl. 2008, 759, 769; aA *Kalss* SWK 2006, 423 ff.; *Kalss*, in Doralt/Nowotny/Kalss, AktG, 2. Aufl. 2012, § 95 Rz 122; *Nowotny*, RdW 2005, 658, 660.

Übrigen soll bei einer 100 %igen Tochtergesellschaft – losgelöst vom Wortlaut des Gesetzes – stets eine Reduktion geboten sein[230]. Wird ein relevantes Geschäft, das einem Zustimmungsvorbehalt unterliegt, ohne Aufsichtsratszustimmung durchgeführt, ist der entsprechende Vertrag – anders als bei Missachtung eines sonstigen Zustimmungsvorbehalts – unwirksam[231].

Für den Vorstand einer deutschen abhängigen AG besteht für Geschäfte mit dem herrschenden Unternehmen oder mit anderen Konzerngesellschaften kein gesetzlicher Zustimmungsvorbehalt des Aufsichtsrats. Es gilt jedoch ein ausdrückliches gesetzliches Verbot, nachteilige Geschäfte vorzunehmen oder Maßnahmen zum Nachteil der abhängigen AG vorzunehmen oder zu unterlassen, es sei denn, dass die Nachteile ausgeglichen werden[232]. Es ist nicht erforderlich, dass der Ausgleich zeitgleich mit der Durchführung des Geschäfts zusammenfällt. Das Gesetz erlaubt vielmehr auch einen zeitlich gestreckten Ausgleich in der Weise, dass der Nachteil bis zum Ende des Geschäftsjahres, in dem der Nachteil zugefügt worden ist, ausgeglichen wird oder aber der abhängigen Gesellschaft bis dahin ein Rechtsanspruch auf künftigen Nachteilsausgleich eingeräumt wird, der jedoch nicht notwendig besichert sein muss[233]. Durch die gesetzliche Privilegierung ist die im Übrigen geltende strenge Vermögensbindung zugunsten der Konzernführung eingeschränkt[234]. Nach der Zielsetzung des Gesetzgebers besteht für die Aufsichtsratsmitglieder eine erhöhte Aufmerksamkeit, sowohl hinsichtlich der nachteiligen Geschäfte als auch hinsichtlich des gesetzlich gebotenen Nachteilsausgleichs. Beides kann freilich de facto beeinträchtigt sein, wenn wie im Regelfall die überwiegende Zahl der Aufsichtsratsmitglieder aus den Reihen des herrschenden Unternehmens kommt[235]. **68**

Schließlich hat der Vorstand der abhängigen AG nach Ablauf eines Geschäftsjahres einen Bericht über die Beziehungen zu verbundenen Unternehmen, den sog. Abhängigkeitsbericht, zu erstellen, in dem alle von der AG mit dem herrschenden Unternehmen oder einem mit ihr verbundenen Unternehmen abgeschlossenen oder auf deren Veranlassung oder in deren Interesse vorgenommenen Geschäfte sowie alle anderen Maßnahmen, die sie auf deren Veranlassung oder in deren Interesse vorgenommen oder unterlassen hat, aufzuführen sind[236]. In dem Bericht sind die Vorgänge auch dann zu erfassen, wenn sie für die Tochtergesellschaft vorteilhaft oder neutral waren. Bei Rechtsgeschäften sind Leistung und Gegenleistung, bei Maßnahmen sind die Vor- und Nachteile darzulegen und auch anzugeben, ob im Einzelfall ein erforderlicher Nachteilsausgleich tatsächlich erfolgt oder ob der Tochtergesellschaft ein Rechtsanspruch eingeräumt worden ist. Dieser Bericht ist **69**

---

230 *Kalss*, in Doralt/Nowotny/Kalss, AktG, 2. Aufl. 2012, § 95 Rz 124; *W. Doralt*, JBl 2008, 759, 770; *Nowotny*, RdW 2005, 658, 660.

231 Offengelassen bei W. *Doralt,* JBl. 2008, 759, 770; a.A. *Kalss*, in Doralt/Nowotny/Kalss, AktG, 2. Aufl. 2012, § 95 Rz 129.

232 § 311 Abs 1 dAktG.

233 § 311 Abs 2 dAktG.

234 BGH, 31.5.2011 - II ZR 141/09, BGHZ 190, 7 Rz 48 (Deutsche Telekom); BGH, 1.12.2008 – II ZR 102/07, BGHZ 179, 71 Rz 11 (MPS); *Grigoleit*, in Grigoleit, AktG, 2014, § 311 Rz 55; *H-F. Müller*, in Spindler/Stilz, AktG 3. Aufl. 2015, § 312 Rz Rz 63.

235 *E. Vetter*, ZHR 171 (2007), 342, 363.

236 § 312 Abs 1 dAktG

vom Aufsichtsrat und, sofern die AG prüfungspflichtig ist, auch vom Abschlussprüfer zu prüfen[237]. Über das Ergebnis der Prüfung ist der Hauptversammlung im schriftlichen Bericht des Aufsichtsrats zu berichten[238]. Es ist davon auszugehen, dass die zwingende nachträgliche Kontrolle der konzerninternen Geschäftsbeziehungen insbesondere durch den Abschlussprüfer auf die Angemessenheit der Bedingungen des Geschäfts im Sinne der Tochtergesellschaft eine nicht unerhebliche Präventivfunktion hat[239].

V. Innere Ordnung und Arbeitsweise des Aufsichtsrats

A. Wahl von Aufsichtsratsvorsitzendem und Stellvertreter

70 Der Aufsichtsrat der österreichischen wie der deutschen AG hat einen Aufsichtsratsvorsitzenden und mindestens einen Stellvertreter zu wählen[240]. Während in der börsennotierten österreichischen AG ein ehemaliges Vorstandsmitglied keinesfalls zum Aufsichtsratsvorsitzenden gewählt werden kann, wenn sein Ausscheiden aus dem Vorstand weniger als zwei Jahre zurückliegt[241], bestehen für die deutsche AG keine vergleichbaren gesetzlichen Beschränkungen. Allerdings empfiehlt der Deutsche Corporate Governance Kodex, dass die Absicht einer solchen Wahl schon mit dem Wahlvorschlag an die Hauptversammlung als Ausnahme besonders begründet wird[242]. Für die Wahl des Vorsitzenden und (ersten) stellvertretenden Vorsitzenden der österreichischen AG ist die sog. doppelte Mehrheit[243] erforderlich, nämlich die Mehrheit der in der Sitzung – oder im schriftlichen Verfahren – abgegebenen Stimmen der gewählten oder entsandten Vertreter der Anteilseigner und kumulativ die Mehrheit aller Vertreter der Anteilseigner[244]. Auch wenn das Gesetz schweigt, muss die Wahl – ebenso wie eine Abwahl – durch das Aufsichtsratsplenum erfolgen[245]. Dem Vorsitzenden des Aufsichtsrats wie auch seinem Stellvertreter oder dem Sitzungsleiter kann durch die Satzung oder die Geschäftsordnung des Aufsichtsrats für den Fall des Stimmengleichstands im Aufsichtsrat bei einer Abstimmung ein Dirimierungsrecht eingeräumt werden[246].

71 Während für die Wahl zum Vorsitzenden oder stellvertretenden Aufsichtsratsvorsitzenden einer deutschen AG im Normalfall die einfache Mehrheit der abgegebenen Stimmen genügt, ist im Fall des paritätisch mitbestimmten Aufsichtsrats, wenn das Unternehmen mehr als 2.000 Beschäftigte hat, ein besonderes – un-

---

[237] §§ 313, 314 dAktG.

[238] §§ 314 Abs 2 i.V.m. 171 Abs 2 Satz 1 dAktG; siehe dazu z.B. *E. Vetter*, in Marsch-Barner/Schäfer, Handbuch börsennotierte AG, 3. Aufl. 2014, § 26 Rz 45, 46.

[239] *H-F. Müller*, in Spindler/Stilz, AktG 3. Aufl. 2015, § 312 Rz Rz 3; *J. Vetter*, in Karsten Schmidt/Lutter, AktG, 3. Aufl. 2015, § 312 Rz 5.

[240] § 92 Abs 1 öAktG, § 107 Abs 1 dAktG.

[241] § 92 Abs 1a öAktG.

[242] Ziff. 5.4.4 Satz 2 Deutscher Corporate Governance Kodex.

[243] Siehe z.B. *Kalss*, in Doralt/Nowotny/Kalss, AktG, 2. Aufl. 2012, § 92 Rz 34.

[244] § 110 Abs 3 Satz 5 ArbVG.

[245] *Kalss*, in Doralt/Nowotny/Kalss, AktG, 2. Aufl. 2012, § 92 Rz 34; *Strasser*, in Jabornegg/Strasser, AktG, 5. Aufl. 2010, §§ 92 – 94 Rz 13.

[246] *Strasser*, in Jabornegg/Strasser, AktG, 5. Aufl. 2010, §§ 92 – 94 Rz 68.

ter Umständen mehrstufiges – Verfahren zu beachten. Der Vorsitzende wie auch der stellvertretende Aufsichtsratsvorsitzende bedürfen im ersten Wahlgang einer Mehrheit von zwei Dritteln der Stimmen[247]. Wird diese nicht erreicht, findet ein zweiter Wahlgang statt, in dem der Aufsichtsratsvorsitzende von den Aufsichtsratsmitgliedern der Anteilseigner und der stellvertretende Aufsichtsratsvorsitzende von den Aufsichtsratsmitgliedern der Arbeitnehmer jeweils mit einfacher Mehrheit gewählt werden[248]. Ausgehend von dieser klaren gesetzlichen „Machtverteilung" führt dies in der Praxis dazu, dass fast ausnahmslos die Wahl für beide Positionen jeweils einstimmig erfolgt und dabei der Aufsichtsratsvorsitzende stets von den Aufsichtsratsmitgliedern der Anteilseigner gestellt wird und der (erste) stellvertretende Aufsichtsratsvorsitzende stets aus den Reihen der Aufsichtsratsmitglieder der Arbeitnehmer stammt[249]. In vielen Fällen wird darüber hinaus ein zweiter stellvertretender Aufsichtsratsvorsitzender gewählt, der von den Anteilseignern gestellt wird und der erst dann in Funktion tritt, wenn sowohl der Aufsichtsratsvorsitzende als auch der erste Stellvertreter verhindert sind. Für die Wahl des zweiten Stellvertreters gelten nicht die besonderen mitbestimmungsrechtlichen Verfahrensvorschriften, sondern die allgemeinen Regeln der Beschlussfassung im Aufsichtsrat, das heißt, der zweite Stellvertreter wird mit der einfachen Mehrheit der abgegebenen Stimmen gewählt[250]. Die Wahl und Abwahl des Vorsitzenden und seines (ersten) Stellvertreters dürfen nicht an einen Aufsichtsratsausschuss delegiert werden, sondern liegen allein in den Händen des Plenums[251].

B. Sitzungsanzahl und Beschlussfähigkeit des Aufsichtsrats

1. Anzahl

Das österreichische AktG schreibt eine Mindestzahl von vier Aufsichtsratssitzungen im Geschäftsjahr, je einmal im Quartal, vor[252]. Für den Aufsichtsrat der deutschen AG ist zu differenzieren. Grundsätzlich sind zwei Sitzungen pro Kalenderhalbjahr obligatorisch[253]. In der nicht börsennotierten AG kann der Aufsichtsrat die Sitzungsfrequenz jedoch durch Beschluss generell auf eine Sitzung pro Kalenderhalbjahr beschränken[254]. Dieser Beschränkung kann solange gefolgt werden, wie der Aufsichtsrat nicht auf Grund aktueller Entwicklungen oder sonstiger bedeutsamer Vorgänge eine höhere Sitzungsfrequenz beschließt. 72

247 § 27 Abs 1 MitbestG.

248 § 27 Abs 2 MitbestG.

249 Siehe z.B. *Hoffmann-Becking*, in Münchner Handbuch Gesellschaftsrecht, AG, 4. Aufl. 2015, § 31 Rz 29; *Mertens/Cahn*, in Kölner Komm. AktG, 3. Aufl. 2013, Anh. § 117 B § 27 MitbestG Rz 1.

250 BGH, 25.2.1982 – II ZR 123/81, BGHZ 83, 106, 111 (Siemens); *Ulmer/Habersack* in Ulmer/Habersack/Henssler, Mitbestimmungsrecht, 3. Aufl. 2013, § 27 MitbestG Rz 18.

251 § 107 Abs 3 Satz 3 dAktG.

252 § 94 Abs 3 öAktG; gleichsinnig § 30i Abs 3 öGmbHG.

253 § 110 Abs 3 Satz 1 dAktG.

254 § 110 Abs 3 Satz 2 dAktG.

2. Beschlussfähigkeit

73 Die Beschlussfähigkeit des Aufsichtsrats oder eines Ausschusses der österreichischen AG ist gegeben, wenn an der Sitzung mindestens drei Mitglieder teilnehmen[255]. Hat ein Aufsichtsratsausschuss jedoch weniger Mitglieder, ist seine Beschlussfähigkeit gleichwohl gegeben, wenn alle seine Mitglieder anwesend sind[256]. Nimmt ein Aufsichtsratsmitglied zugleich die Rolle des stellvertretenden Aufsichtsratsmitglieds wahr, bleibt es in dieser Rolle bei der Ermittlung der Beschlussfähigkeit außer Betracht[257].

74 Demgegenüber ist die Beschlussfähigkeit des Aufsichtsrats der deutschen AG gegeben, sofern die Satzung nicht etwas anderes bestimmt, wenn die Hälfte seiner Mitglieder teilnimmt[258]. Als Mindestvoraussetzung ist in jedem Fall die Teilnahme von drei Mitgliedern erforderlich[259]. Für den paritätisch mitbestimmten Aufsichtsrat gilt ein zwingendes Quorum der Hälfte der Aufsichtsratsmitglieder[260]. Bei der Ermittlung der Beschlussfähigkeit des Aufsichtsrats oder eines Ausschusses werden auch die Stimmen der Aufsichtsratsmitglieder berücksichtigt, die im Wege der schriftlichen Stimmabgabe an der Beschlussfassung teilnehmen[261].

C. Verfahren bei Aufsichtsratsbeschlüssen

75 Im Aufsichtsrat der österreichischen AG sind Beschlussfassungen des Aufsichtsrats oder seiner Ausschüsse[262] außerhalb von Sitzungen, also im Wege des schriftlichen Verfahrens (sog. Umlaufverfahren) oder auf fernmündlicher Basis sowie mit Hilfe von elektronischen Medien nur zulässig, wenn kein Aufsichtsratsmitglied diesem Verfahren widerspricht[263]. Jedes Aufsichtsratsmitglied hat ein Widerspruchsrecht und kann somit die effektive Abhaltung einer Sitzung des Aufsichtsrats oder eines Ausschusses durchsetzen. Das Widerspruchsrecht des einzelnen Aufsichtsratsmitglieds ist satzungsfest[264]. Auch bei Abgabe von schriftlichen, fernmündlichen oder mittels anderer vergleichbarer Formen abgegebener Stimmen einzelner Aufsichtsratsmitglieder steht jedem Mitglied des Aufsichtsrats ein entsprechendes Widerspruchsrecht zu, sofern die Satzung oder der Aufsichtsrat insoweit nicht eine andere Regelung vorsehen[265].

76 In der deutschen AG sind Aufsichtsratsbeschlüsse oder Beschlüsse eines Aufsichtsratsausschusses außerhalb von Sitzungen ebenfalls grundsätzlich nur zulässig, wenn diesem Verfahren kein Aufsichtsmitglied widerspricht. Allerdings kann

---

255 § 92 Abs 5 Satz 1 öAktG; § 30g Abs 5 Satz 1 öGmbHG.

256 § 92 Abs 5 Satz 2 öAktG; § 30g Abs 5 Satz 3 öGmbHG.

257 § 95 Abs 7 Satz 2 öAktG; *Kalss*, in Doralt/Nowotny/Kalss, AktG, 2. Aufl. 2012, § 92 Rz 124; *Strasser*, in Jabornegg/Strasser, AktG, 5. Aufl. 2010, §§ 92 – 94 Rz 58.

258 § 108 Abs 2 Satz 2 dAktG.

259 § 108 Abs 2 Satz 3 dAktG.

260 § 28 MitbestG.

261 § 108 Abs 3 Satz 1 dAktG.

262 *Kalss*, in Doralt/Nowotny/Kalss, AktG, 2. Aufl. 2012, § 92 Rz 99; *Strasser*, in Jabornegg/Strasser, AktG, 5. Aufl. 2010, §§ 92 – 94 Rz 62.

263 § 92 Abs 3 öAktG; § 30g Abs 3 öGmbHG.

264 *Kalss*, in Doralt/Nowotny/Kalss, AktG, 2. Aufl. 2012, § 92 Rz 93.

265 § 92 Abs 5 Satz 4 öAktG.

die Satzung wie auch die Geschäftsordnung des Aufsichtsrats generell das Widerspruchsrecht des einzelnen Aufsichtsratsmitglieds ausschließen[266]. In der Praxis verbreitet sind Satzungsregelungen, die dem Aufsichtsratsvorsitzenden das Recht einräumen, allein darüber zu entscheiden, ob eine Präsenzsitzung stattfinden soll oder nicht. Ob für die Abhaltung einer Telefon- oder Videokonferenz die gleichen Grundsätze gelten oder ob sie angesichts der technologischen Entwicklung und der inzwischen erreichten technischen Qualität der Kommunikation als mit einer Präsenzsitzung vergleichbar betrachtet werden müssen, sodass insoweit dem einzelnen Aufsichtsratsmitglied kein Widerspruchsrecht zukommt, ist im Schrifttum umstritten[267]. Demgegenüber besteht anders als im österreichischen Recht für jedes Mitglied des Aufsichtsrats der deutschen AG stets die Möglichkeit zur schriftlichen Stimmabgabe, ohne dass insoweit den anderen Aufsichtsratsmitgliedern ein Widerspruchsrecht zukommt[268].

D. Ausschüsse des Aufsichtsrats

1. Besetzung

Die Mitglieder der Anteilseigner im Aufsichtsratsausschuss einer österreichischen AG werden vom Gesamtaufsichtsrat durch Beschluss gewählt; dies schließt die Aufsichtsratsmitglieder der Arbeitnehmer ein[269]. Das Prinzip der Drittelbeteiligung gilt auch für Aufsichtsratsausschüsse; demgemäß haben die Aufsichtsratsmitglieder der Arbeitnehmer grundsätzlich einen gesetzlichen Anspruch auf entsprechende Mitgliedschaft in jedem Aufsichtsratsausschuss[270]. Eine Ausnahme besteht allerdings für den sogenannten Vergütungsausschuss[271], der über die Verträge der Vorstandsmitglieder beschließt; von diesem Ausschuss sind die Aufsichtsratsmitglieder der Arbeitnehmer ausgenommen[272]. Die Wahl der Aufsichtsratsmitgliedern der Arbeitnehmer in einen Aufsichtsratsausschuss erfolgt jedoch nicht durch das Aufsichtsratsplenum, sondern obliegt vielmehr allein den Aufsichtsratsmitgliedern der Arbeitnehmer, die hierüber mit einfacher Mehrheit beschließen[273]. **77**

Für den Aufsichtsrat der deutschen AG ist ein solches Recht der Aufsichtsratsmitglieder der Arbeitnehmer auf Beteiligung an jedem Ausschuss weder im Gesetz ausdrücklich geregelt noch allgemein anerkannt. Es entspricht allerdings der herrschenden Ansicht in Rechtsprechung und Literatur, dass die Aufsichtsratsmitglieder der Arbeitnehmer grundsätzlich das gleiche passive Wahlrecht haben und nicht generell von der Mitgliedschaft und Mitarbeit in Aufsichtsratsausschüs- **78**

---

266 § 108 Abs 4 dAktG.

267 Siehe dazu z.B. *Hoffmann-Becking*, in Münchner Handbuch Gesellschaftsrecht, AG, 4. Aufl. 2015, § 31 Rz 95; Hüffer/*Koch*, AktG, 11. Aufl. 2014, § 108 Rz 22; *Mertens/Cahn*, in Kölner Komm. AktG, 3. Aufl. 2013, § 108 Rz 19 und 39.

268 § 108 Abs 3 dAktG.

269 *Kalss*, in Doralt/Nowotny/Kalss, AktG, 2. Aufl. 2012, § 92 Rz 157; *Temmel*, Der Aufsichtsrat, 2003, S 68.

270 § 92 Abs 4 Satz 2. öAktG.

271 Siehe oben unter IV.1.b.

272 § 110 Abs 4 Satz 2 ArbVG.

273 § 92 Abs 4 Satz 2 öAktG.

sen ferngehalten werden dürfen[274]. Dies gilt besonders für den Personalausschuss; hier ist der vollständige Ausschluss von Aufsichtsratsmitglieder der Arbeitnehmer im Regelfall als missbräuchliche Diskriminierung zu betrachten[275]. Andererseits besteht für den mitbestimmten Aufsichtsrat mit Ausnahme des Vermittlungsausschusses nach § 27 Abs 3 MitbestG kein Gebot der proportionalen Besetzung der Aufsichtsratsausschüsse[276]. Die Wahl der Ausschussmitgliedern erfolgt abgesehen vom Vermittlungsausschuss durch den Gesamtaufsichtsrat nach pflichtgemäßem Ermessen[277].

79 Hinsichtlich der Geschlechterquote ist zu beachten, dass in der deutschen AG auch bei der Besetzung der Aufsichtsratsausschüsse die Quote beachtet werden muss[278].

2. Einsetzung

80 Die Bildung von Aufsichtsratsausschüssen ist im österreichischen Recht grundsätzlich fakultativ[279]. Kraft gesetzlicher Anordnung ist aber die österreichische börsennotierte AG verpflichtet einen Prüfungsausschuss einzurichten[280]. Weitere zwingende Ausschüsse sind nicht vorgeschrieben. Allerdings empfiehlt der Österreichische Corporate Governance Kodex die Einrichtung eines Nominierungsausschusses[281] sowie eines Vergütungsausschusses[282].

81 In der deutschen AG ist die Einrichtung eines Prüfungsausschusses uneingeschränkt fakultativ. Er wird ebenso wie der Nominierungsausschuss vom Deutschen Corporate Governance Kodex empfohlen. Für den paritätisch mitbestimmten Aufsichtsrat ist allerdings der sog. Vermittlungsausschuss[283] zwingend[284]. Er setzt sich aus vier Mitgliedern zusammen, nämlich dem Aufsichtsratsvorsitzenden und dem stellvertretenden Aufsichtsratsvorsitzenden sowie je einem weiteren Aufsichtsratsmitglied der Anteilseigner und der Arbeitnehmer.

---

[274] BGH 25.2.1982 – II ZR 123/81, BGHZ 83, 106, 113 (Siemens); BGH 17.5.1993 – II ZR 89/92, BGHZ 122, 342, 358 (Hamburg Mannheimer Versicherung); *Hoffmann-Becking*, in Münchner Handbuch Gesellschaftsrecht, AG, 4. Aufl. 2015, § 32 Rz 37; Hüffer/*Koch*, AktG, 11. Aufl. 2014, § 107 Rz 31.

[275] BGH, 17.5.1993 – II ZR 89/92, BGHZ 122, 342, 358 (Hamburg Mannheimer Versicherung); *Spindler*, in Spindler/Stilz, AktG 3. Aufl. 2015, § 107 Rz 100; *Ulmer/Habersack*, in Ulmer/Habersack/Henssler, Mitbestimmungsrecht, 3. Aufl. 2013, § 25 MitbestG Rz 127a.

[276] Hüffer/*Koch*, AktG, 11. Aufl. 2014, § 107 Rz 31; *E. Vetter*, in Marsch-Barner/Schäfer, Handbuch börsennotierte AG, 3. Aufl. 2014, § 28 Rz 18.

[277] *Habersack*, in Münchener Komm. AktG, 4. Aufl. 2014, § 107 Rz 127; *Hoffmann-Becking*, in Münchner Handbuch Gesellschaftsrecht, AG, 4. Aufl. 2015, § 32 Rz 35; Hüffer/*Koch*, AktG, 11. Aufl. 2014, § 107 Rz 19.

[278] Siehe z.B. *Spindler*, in Spindler/Stilz, AktG 3. Aufl. 2015, § 96 Rz 38.

[279] *Temmel*, Der Aufsichtsrat, 2003, S 70.

[280] § § 92 Abs 4a Satz 1 öAktG.

[281] C-Regel 41 Österreichischer Corporate Governance Kodex.

[282] C-Regel 43 Österreichischer Corporate Governance Kodex.

[283] Siehe dazu oben IV.1.a.

[284] § 27 Abs 3 MitbestG.

3. Speziell: Prüfungsausschuss

Der Aufsichtsrat einer österreichischen AG oder GmbH mit mehr als fünf Aufsichtsratsmitgliedern[285] oder jeder börsennotierten österreichischen AG ist zur Einrichtung eines Prüfungsausschusses verpflichtet, der im Geschäftsjahr mindestens zwei Sitzungen abzuhalten hat[286]. Dem Prüfungsausschuss muss zwingend ein unabhängiger Finanzexperte angehören[287]. Der Vermeidung von Interessenkonflikten trägt das Gesetz ausdrücklich Rechnung[288], indem es die Übernahme des Ausschussvorsitzes durch eine Person untersagt, die in den letzten drei Jahren Vorstandsmitglied, leitender Angestellter oder Abschlussprüfer der Gesellschaft war[289]. **82**

In der deutschen AG ist die Einrichtung eines Prüfungsausschusses auch in der börsennotierten AG keine zwingende Einrichtung[290]. Allerdings wird er vom Deutschen Corporate Governance Kodex empfohlen[291]. In der börsennotierten AG ist der Prüfungsausschuss deshalb auch relativ weit verbreitet und zählt bei den großen Gesellschaften längst zum Standard. Hat der Aufsichtsrat einer börsennotierten deutschen AG einen Prüfungsausschuss eingerichtet, muss ihm mindestens ein unabhängiger Finanzexperte angehören[292]. Werden vom Aufsichtsrat die gesetzlichen Vorgaben nicht beachtet, ist der Beschluss zur Bestellung der Ausschussmitglieder nichtig[293]. Was den Vorsitz im Prüfungsausschuss anbetrifft, so soll ihn aus Gründen der Vermeidung von Interessenkonflikten weder der Aufsichtsratsvorsitzende noch ein Vorstandsmitglied innehaben, dessen Ausscheiden aus dem Vorstand nicht mindestens zwei Jahre zurückliegt[294]. **83**

4. Zuständigkeit von Ausschüssen

Im österreichischen Recht besteht kein ausdrücklicher gesetzlicher Katalog von Geschäften und Maßnahmen, die vom Aufsichtsratsplenum nicht an einen Ausschuss zur endgültigen Erledigung delegiert werden können. Die delegationsuntauglichen Geschäfte und Maßnahmen sind deshalb unter dem Gesichtspunkt der Selbstorganisation der Gesellschaft zu ermitteln[295]. Zwingend dem Aufsichtsratsplenum vorbehalten sind die Einsetzung und Auflösung von Ausschüssen[296], die Prüfung des Jahresabschlusses, des Gewinnverwendungsvorschlags und des **84**

---

285 § 92 Abs 4a öAktG; § 30g Abs 4a öGmbHG; die Aufsichtsratsmitglieder der Arbeitnehmer bleiben bei der Berechnung außer Betracht, *Rauter*, in Straube, GmbHG, 2013, § 30g Rz 208.

286 § 92 Abs 4a Satz 3 öAktG; § 30g Abs 4a Satz 3 öGmbHG; siehe dazu z.B. *Potyka/Weber*, GesRZ 2008, 190, 191.

287 § 92 Abs 4a Satz 1 und 5 öAktG; § 30g 4a Satz 3 öGmbHG, siehe dazu oben unter II.3.

288 *Kalss*, in Doralt/Nowotny/Kalss, AktG, 2. Aufl. 2012, § 92 Rz 141.

289 § 92 Abs 4a Satz 6 öAktG.

290 § 107 Abs 3 Satz 2 dAktG.

291 Ziffer 5.3.2 Deutscher Corporate Governance Kodex

292 §§ 107 Abs 4 i.V. mit 100 Abs 5 dAktG; siehe dazu oben unter II.3.

293 Hüffer/*Koch*, AktG, 11. Aufl. 2014, § 107 Rz 26; *E. Vetter*, ZGR 2010, 751, 779.

294 Ziff. 5.2 Abs 2 und Ziff. 5.3.2 Satz 3 Deutscher Corporate Governance Kodex.

295 *Kalss*, in Doralt/Nowotny/Kalss, AktG, 2. Aufl. 2012, § 92 Rz 172.

296 *Strasser,* in Jabornegg/Strasser, AktG, 5. Aufl. 2010, §§ 92 - 94 Rz 75; *Temmel*, Der Aufsichtsrat, 2003, S 70.

Lageberichts, des Corporate Governance Berichts sowie die Berichterstattung an die Hauptversammlung[297], die Wahl des Aufsichtsratsvorsitzenden und Stellvertreters[298], die Anordnung von Zustimmungsvorbehalten[299] sowie der Erlass einer Geschäftsordnung für den Vorstand oder den Aufsichtsrat[300]. Delegationsuntauglich ist schließlich die Bestellung und Abberufung der Vorstandsmitglieder und die Entscheidung über die Zusammensetzung/Ressortaufteilung des Vorstands[301].

85 Für den Aufsichtsrat der deutschen AG besteht demgegenüber eine gesetzliche Bestimmung, die mehrere Geschäfte und Maßnahmen ausdrücklich benennt, die vom Aufsichtsrat nicht zur endgültigen Erledigung an einen Ausschuss delegiert werden können[302]. Über diesen Katalog hinaus finden sich nur noch wenige Angelegenheiten, die ebenfalls nicht an einen Ausschuss zur Erledigung überwiesen werden können. Zu nennen ist vor allem das Recht zur Regelung der eigenen inneren Organisation und Arbeitsweise[303] sowie die Abgabe der Entsprechenserklärung[304]. Werden delegationsuntaugliche Maßnahmen gleichwohl von einem Aufsichtsratsausschuss vorgenommen, ist der entsprechende Beschluss unwirksam[305].

5. Berichterstattung des Ausschusses im Plenum

86 Nach dem Österreichischen Corporate Governance Kodex berichtet der Ausschussvorsitzende regelmäßig an das Aufsichtsratsplenum[306]. Für die deutsche AG ist die Berichtspflicht des Ausschusses gegenüber dem Plenum gesetzlich normiert. Nach allgemeiner Ansicht hat die Berichterstattung in jeder ordentlichen Aufsichtsratssitzung zu erfolgen[307]. Dies sorgt nicht nur für eine angemessene Unterrichtung der übrigen Aufsichtsratsmitglieder, sondern gibt dem Aufsichtsrat auch die Möglichkeit den an den Ausschuss delegierten Vorgang gegebenenfalls wieder an sich zu ziehen, wenn die Sache im Aufsichtsratsplenum behandelt und entschieden werden soll.

---

297 *Kalss*, in Doralt/Nowotny/Kalss, AktG, 2. Aufl. 2012, § 92 Rz 172; *Strasser*, in Jabornegg/Strasser, AktG, 5. Aufl. 2010, §§ 92 – 94 Rz 75; *Temmel*, Der Aufsichtsrat, 2003, S 70.

298 *Kalss*, in Doralt/Nowotny/Kalss, AktG, 2. Aufl. 2012, § 92 Rz 172; *Strasser,* in Jabornegg/Strasser, AktG, 5. Aufl. 2010, §§ 92 - 94 Rz 75.

299 *Kalss*, in Doralt/Nowotny/Kalss, AktG, 2. Aufl. 2012, § 92 Rz 172; *Strasser,* in Jabornegg/Strasser, AktG, 5. Aufl. 2010, §§ 92 - 94 Rz 75; *Schimka*, in diesem Band § 22 Rz 60.

300 *Strasser,* in Jabornegg/Strasser, AktG, 5. Aufl. 2010, §§ 92 - 94 Rz 75; *Schimka*, in diesem Band § 22 Rz 60.

301 *Strasser,* in Jabornegg/Strasser, AktG, 5. Aufl. 2010, §§ 92 - 94 Rz 75.

302 § 107 Abs 3 Satz 3 dAktG.

303 *Lutter/Krieger/Verse*, Rechte und Pflichten des Aufsichtsrats, 6. Aufl. 2015, Rz 744; *Mertens/Cahn*, in Kölner Komm. AktG, 3. Aufl. 2013, § 107 Rz 168.

304 Hüffer/*Koch*, AktG, 11. Aufl. 2014, § 161 Rz 13; *Leyens*, in Großkomm. AktG, 4. Aufl. 2012, § 161 Rz 227; *E. Vetter*, GS M. Winter, 2011, 705, 723.

305 *Hopt/Roth*, Großkomm. AktG, 4. Aufl. 2005, § 107 Rz 408; *E. Vetter*, in Marsch-Barner/Schäfer, Handbuch börsennotierte AG, 3. Aufl. 2014, § 28 Rz 13.

306 Ziff. 39 Österreichischer Corporate Governance Kodex.

307 OLG Hamburg, 29.9.1995 – 11 U 20/95, AG 1996, 84, 85; *Mertens/Cahn*, in Kölner Komm. AktG, 3. Aufl. 2013, § 107 Rz 142.

E. Recht auf Berichterstattung durch den Vorstand

Der Aufsichtsrat – auch das einzelne Aufsichtsratsmitglied – kann vom Vorstand zu Vorgängen im Unternehmen jederzeit einen Bericht verlangen. Dies trifft sowohl für die österreichische wie auch die deutsche AG zu, wobei die Berichterstattung stets gegenüber dem Aufsichtsratsplenum zu erfolgen hat. Lehnt der Vorstand der österreichischen AG die Berichterstattung auf Anfrage eines einzelnen Aufsichtsratsmitglieds ab, ist er jedoch zur Berichterstattung verpflichtet, wenn ein weiteres Aufsichtsratsmitglied die Anfrage unterstützt[308]. Dies gilt auch für Anfragen von Aufsichtsratsmitgliedern der Arbeitnehmer[309]. **87**

In der deutschen AG reicht seit einer Gesetzesänderung im Jahre 2002 stets die Aufforderung eines Aufsichtsratsmitglieds aus, um die Berichtspflicht des Vorstands auszulösen[310]. Auch wenn die Berichterstattung gegenüber dem Aufsichtsrat zu erfolgen hat, handelt es sich gleichwohl um ein eigenes Recht des einzelnen Aufsichtsratsmitglieds, das für das Aufsichtsratsmitglied mit einer gesteigerten Verantwortung einhergeht. Das einzelne Aufsichtsratsmitglied ist verpflichtet das Verlangen zur Berichterstattung geltend zu machen, wenn es im Sinne einer ordnungsgemäßen Unternehmensüberwachung Anlass zur (zusätzlichen) Information durch den Vorstand sieht[311]. **88**

F. Recht auf Sitzungseinberufung

In der österreichischen wie auch der deutschen AG kann jedes Aufsichtsratsmitglied wie auch der Vorstand vom Aufsichtsratsvorsitzenden die unverzügliche Einberufung einer Sitzung verlangen. Kommt dieser der Aufforderung durch den Vorstand oder in der österreichischen AG durch mindestens zwei Mitglieder nicht binnen zwei Wochen nach, können die Antragsteller die Sitzung selbst einberufen[312]. **89**

Demgegenüber ist in der deutschen AG auch das einzelne Aufsichtsratsmitglied berechtigt zu einer Sitzung einberufen, wenn der Aufsichtsratsvorsitzende seinem Antrag auf Sitzungseinberufung nicht binnen zwei Wochen folgt[313]. Es ist naheliegend, dass aus dem individuellen Einberufungsrecht des einzelnen Aufsichtsratsmitglieds für dieses auch eine gesteigerte Verantwortung erwächst. Es muss aktiv werden und zu einer Aufsichtsratssitzung einberufen, wenn der Aufsichtsratsvorsitzende trotz Aufforderung nicht tätig wird und die Abhaltung einer Sitzung zur ordnungsgemäßen Überwachung erforderlich erscheint, die dringend vom Aufsichtsratsplenum wahrzunehmen ist[314]. **90**

---

308 § 95 Abs 2 Satz 2 öAktG; § 90 Abs 3 dAktG.

309 § 110 Abs 3 Satz 3 ArbVG; *Kalss*, in Doralt/Nowotny/Kalss, AktG, 2. Aufl. 2012, § 95 Rz 47; *Strasser*, in Jabornegg/Strasser, AktG, 5. Aufl. 2010, §§ 95 – 97 Rz 23.

310 § 90 Abs 3 Satz 2 dAktG.

311 *Fleischer*, in Spindler/Stilz, AktG 3. Aufl. 2015, § 90 Rz 46; *Spindler*, in Münchener Komm. AktG, 4. Aufl. 2014, § 90 Rz 37.

312 § 94 Abs 2 öAktG.

313 § 110 Abs 2 dAktG.

314 *Hopt/Roth*, Großkomm. AktG, 4. Aufl. 2005, § 110 Rz 47; *Spindler*, in Spindler/Stilz, AktG 3. Aufl. 2015, § 110 Rz 38.

VI. Verträge mit Aufsichtsratsmitgliedern

A. Leistungsverträge mit Aufsichtsratsmitgliedern

91 Schließt die österreichische AG mit einem Aufsichtsratsmitglied einen Vertrag, wird sie dabei durch den Vorstand vertreten[315]. Allerdings bedarf der Vorstand bei Verträgen mit einem Aufsichtsratsmitglied über eine Leistung des Mitglieds außerhalb seiner Tätigkeit im Aufsichtsrat der Zustimmung des Aufsichtsrats, wenn die Leistung von der AG oder einer Tochtergesellschaft nicht bloß durch ein geringfügiges Entgelt vergütet wird[316]. Die gesetzliche Regelung zielt insbesondere auf Beratungsverträge von Aufsichtsratsmitgliedern ab, ist aber nicht auf bestimmte Vertragstypen beschränkt[317] (*Kalss* Rz 13/1 ff). Schließt der Vorstand den Vertrag mit dem Aufsichtsratsmitglied ab, ohne die Zustimmung des Aufsichtsrats einzuholen, ist der Vertrag im Regelfall wegen kollusivem Zusammenwirkens unwirksam[318]. Schützenswerte Interessen im Sinne des Vertrauensschutzes sind auf Seiten des Aufsichtsratsmitglieds im Regelfall nicht gegeben[319].

92 In der deutschen AG liegt die Vertretung der AG gegenüber den Aufsichtsratsmitgliedern ebenfalls allein beim Vorstand. Soweit es um einen Dienstvertrag oder Werkvertrag zwischen der Gesellschaft und einem Aufsichtsratsmitglied über Leistungen geht, die außerhalb seiner Aufgaben im Aufsichtsrat liegen, bedarf der Vertrag jedoch zu seiner Wirksamkeit der Zustimmung des Aufsichtsrats[320]. Andernfalls ist der Vertrag schwebend unwirksam[321]. Die Zustimmung kann auch nachträglich erteilt werden[322]. Wird sie vom Aufsichtsrat verweigert, ist der Vertrag endgültig unwirksam[323].

B. Kredite an Aufsichtsratsmitglieder

93 Der österreichischen AG ist die Vergabe von Krediten an Aufsichtsratsmitglieder nicht untersagt[324]. Sofern die Kreditvergabe außerhalb der gewöhnlichen Geschäftstätigkeit der Gesellschaft liegt, hat sie dies nach dem Österreichischem Corporate Governance Kodex[325] zu erläutern. Darüber hinaus fällt die Kreditvergabe nach allerdings nicht unbestrittener Ansicht im Schrifttum unter den gesetzlichen

---

315 § 71 Abs 1 öAktG.

316 § 95 Abs 5 Nr. 12 öAktG; § 30j Abs 5 Nr. 10 öGmbHG.

317 *Eckert/Schopper*, in U. Torggler, GmbHG, 2014, 3 30j Rz 28; *Fida*, wbl 2006, 357; *Nowotny*, RdW 2005, 658, 660; *Rauter*, in Straube, GmbHG, 2013, § 30g Rz 100.

318 W. *Doralt,* JBl. 2008, 759, 774; Fida, wbl 2006, 357, 361; *Kalss*, in Doralt/Nowotny/Kalss, AktG, 2. Aufl. 2012, § 95 Rz 129; a.A. *Strasser*, in Jabornegg/Strasser, AktG, 5. Aufl. 2010, §§ 95 – 97 Rz 41.

319 Zu den Ausnahmen siehe W. *Doralt,* JBl. 2008, 759, 775; Fida, wbl 2006, 357, 361.

320 § 114 Abs 1 dAktG.

321 *Habersack*, in Münchener Komm. AktG, 4. Aufl. 2014, § 114 Rz 27; *Lutter/Krieger/Verse*, Rechte und Pflichten des Aufsichtsrats, 6. Aufl. 2015, Rz 861; *Mertens/Cahn*, in Kölner Komm. AktG, 3. Aufl. 2013, § 114 Rz 25.

322 § 114 Abs 2 Satz 1 dAktG.

323 *Habersack*, in Münchener Komm. AktG, 4. Aufl. 2014, § 114 Rz 30; *Spindler*, in Spindler/Stilz, AktG 3. Aufl. 2015, § 114 Rz 26.

324 *Strasser,* in Jabornegg/Strasser, AktG, 5. Aufl. 2010, §§ 77 – 84 Rz 40.

325 C 47 Österreichischer Corporate Governance Kodex,

Zustimmungsvorbehalt[326] des Aufsichtsrats[327]. Wird der Zustimmungsvorbehalt des Aufsichtsrats nicht beachtet, ist ein dennoch abgeschlossener Kreditvertrag wegen Kollusion unwirksam[328].

Beabsichtigt eine deutsche AG einem Aufsichtsratsmitglied einen Kredit zu gewähren, bedarf der Vorstand dazu der Einwilligung des Aufsichtsrats[329]. Gleiches gilt für einen Kredit an den Ehegatten, Lebenspartner oder ein minderjähriges Kind eines Aufsichtsratsmitglieds[330]. Sollen Kredite an Aufsichtsratsmitglieder anderer Konzerngesellschaften gewährt werden, ist stets die Einwilligung des Aufsichtsrats der Konzernobergesellschaft erforderlich[331]. Ohne Einwilligung des Aufsichtsrats ist die Kreditvergabe zwar wirksam[332], der Kredit ist aber ungeachtet entgegenstehender Vereinbarungen sofort an die Gesellschaft zurückzuzahlen, sofern der Aufsichtsrat seine Zustimmung nicht nachträglich erteilt[333]. **94**

VII. Rechte und Pflichten des einzelnen Aufsichtsratsmitglieds

A. Rechtsstellung im Allgemeinen

Die Aufsichtsratsmitglieder der Anteilseigner und der Arbeitnehmer der österreichischen AG haben grundsätzlich die gleichen Rechte und Pflichten[334]. Dieser allgemeine Grundsatz erfährt allerdings eine Einschränkung insoweit, als die Aufsichtsratsmitglieder der Arbeitnehmer – anders als in der deutschen AG – ihr Amt nur ehrenamtlich ausüben[335]; das Gesetz gewährt ihnen lediglich Anspruch auf Ersatz ihrer angemessenen Barauslagen[336]. Die Zahlung einer besonderen Vergütung für ihre Tätigkeit wäre nichtig[337]. Zudem sind die Aufsichtsratsmitglieder der Arbeitnehmer auch ausgenommen von der Mitwirkung an den Entscheidungen des Aufsichtsrats über die Vergütung der Vorstandsmitglieder, sofern der Aufsichtsrat die Behandlung der Vergütung des Vorstands an einen Aufsichtsratsausschuss delegiert hat[338]. **95**

Der Grundsatz der Gleichberechtigung aller Mitglieder gilt auch im Aufsichtsrat der deutschen AG[339]. Er erfährt jedoch insoweit eine Einschränkung, als die **96**

326 § 95 Abs 5 Nr. 12 öAktG; 30 j Abs 5 Nr. 10 öGmbHG..

327 *Kalss*, in diesem Band § 10 Rz 11; *Rauter*, in Straube, GmbHG, 2013, § 30g Rz 100 a.A. *Nowotny*, RdW 2005, 658, 659.

328 *W. Doralt*, JBl 2008, 769, 774; *Fida*, wbl 2006, 357, 361.

329 § 115 Abs 1 Satz 1 dAktG.

330 § 115 Abs 2 dAktG.

331 § 115 Abs 1 Satz 2 dAktG.

332 *Habersack*, in Münchener Komm. AktG, 4. Aufl. 2014, § 115 Rz 19; *Mertens/Cahn*, in Kölner Komm. AktG, 3. Aufl. 2013, § 115 Rz 9.

333 § 115 Abs 4 dAktG.

334 *Strasser,* in Jabornegg/Strasser, AktG, 5. Aufl. 2010, §§ 98, 99 Rz 42; *Temmel*, Der Aufsichtsrat, 2003, S 25.

335 § 110 Abs 3 Satz 1 ArbVG; siehe dazu *Strasser,* in Jabornegg/Strasser, AktG, 5. Aufl. 2010, §§ 98, 99 Rz 14.

336 § 110 Abs 3 Satz 1 ArbVG.

337 *Jabornegg*, in Strasser/Jabornegg/Resch, ArbVG, 2006, § 110 Rz 223.

338 § 110 Abs 3 Satz 1 ArbVG.

339 BGH, 5.6.1975 – II ZR 156/73, BGHZ 64, 325, 330 (Bayer); BGH, 25.2.1982 – II ZR

Aufsichtsratsmitglieder der Arbeitnehmer von der Beschlussfassung über die Vorschläge an die Hauptversammlung zur Wahl von Aufsichtsratsmitgliedern ausgenommen sind[340]. Weitere bedingte Einschränkungen ergeben sich im paritätisch mitbestimmten Aufsichtsrat, in dem die Aufsichtsratsmitglieder der Arbeitnehmer von der Wahl des Aufsichtsratsvorsitzenden und vice-versa die Aufsichtsratsmitglieder der Anteilseigner von der Wahl des (ersten) Stellvertreters ausgeschlossen sind, falls im ersten Wahlgang für beide keine Zwei-Drittel-Mehrheit erreicht wird[341].

B. Vergütung

97 Die Aufsichtsratsmitglieder der Arbeitnehmer der österreichischen AG erhalten für ihre Tätigkeit keine Vergütung, sondern haben gemäß ihrer ehrenamtlichen Tätigkeit lediglich Anspruch auf Ersatz ihrer angemessenen Barauslagen[342] (vgl *Kalss* Rz 50/1 ff). Bei der Gewährung von sog. Sitzungsgeld handelt es sich entgegen einer verbreiteten Praxis nicht um Auslagenersatz im Sinne des Gesetzes, sofern damit mehr als der tatsächlich entstandene Aufwand gezahlt wird[343]. Im Übrigen sind die Aufsichtsratsmitglieder der Arbeitnehmer auch ausgenommen von der Mitwirkung an den Entscheidungen des Aufsichtsrats über die Vergütung der Vorstandsmitglieder, sofern hier für ein Aufsichtsratsausschuss zur Entscheidung berufen ist[344].

98 Aufsichtsratsmitgliedern der österreichischen AG können durch Beschluss der Hauptversammlung als Vergütung auch Optionen auf Aktien der Gesellschaft oder eines verbundenen Unternehmens eingeräumt werden[345]. Dies gilt jedoch allein für die Aufsichtsratsmitglieder der Anteilseigner. Ungeachtet der gesetzlichen Regelung lehnt allerdings der Österreichische Corporate Governance Kodex Aktien-Optionspläne zugunsten von Aufsichtsratsmitgliedern ab[346].

99 In der deutschen AG steht hingegen allen Aufsichtsratsmitgliedern - unabhängig welcher Seite sie entstammen - die gleiche Vergütung zu, wobei Sonderfunktionen im Aufsichtsrat, wie z.B. der Aufsichtsratsvorsitz und der stellvertretende Vorsitz oder die Mitgliedschaft in einem Ausschuss, durchaus gesondert vergütet werden dürfen und dies in der Praxis verbreitet auch geschieht[347]. Soweit die Aufsichtsratsmitglieder der Arbeitnehmer Gewerkschaftsmitglieder sind, haben sie den weit überwiegenden Teil ihrer Aufsichtsratsvergütung an die gewerkschafts-

123/81, BGHZ 83, 106, 112 (Siemens); BGH, 30.1.2012 – II ZB 20/11, AG 2012, 248, Rz 18; *Lutter/Krieger/Verse*, Rechte und Pflichten des Aufsichtsrats, 6. Aufl. 2015, Rz 821.

340 § 124 Abs 3 Satz 5 dAktG.

341 §§ 27 Abs Abs 2 Satz 2, 31 Abs 4 Satz 1 MitbestG.

342 § 110 Abs 3 Satz 1 ArbVG.

343 *Strasser*, in Jabornegg/Strasser, AktG, 5. Aufl. 2010, §§ 98, 99 Rz 15; strenger *Kalss*, in Doralt/Nowotny/Kalss, AktG, 2. Aufl. 2012, § 98 Rz 7.

344 § 110 Abs 3 Satz 1 ArbVG.

345 § 98 Abs 3 öAktG.

346 C-Regel 51 Österreichischer Corporate Governance Kodex; siehe dazu z.B. *Kalss*, in Doralt/Nowotny/Kalss, AktG, 2. Aufl. 2012, § 98 Rz 35, 36.

347 Siehe z.B. *E. Vetter*, ZIP 2008, 1, 6.

nahe Hans-Böckler-Stiftung abzuführen[348]. Die Einräumung von Aktienoptionen als Vergütung von Aufsichtsratsmitgliedern scheidet nach einer Entscheidung des BGH[349] aus, unabhängig davon, ob das Optionsprogramm mit von der AG zurückerworbenen Aktien oder aus bedingtem Kapital bedient werden soll. Ob dies auch für andere Formen einer aktienkursabhängigen Vergütung von Aufsichtsratsmitgliedern, nämlich virtuelle Aktienoptionen, wie etwa *Phantom Stocks* oder *Stock appriciation Rights* gilt, ist umstritten und höchstrichterlich noch nicht geklärt[350].

C. Haftung

1. Verjährung von Ersatzansprüchen

Die Mitglieder des Aufsichtsrats haben der österreichischen wie auch der deut- **100**
schen Gesellschaft gegenüber unmittelbar und persönlich für aus ihrem sorgfaltswidrigen Verhalten resultierende Schäden einzustehen[351] (*Schauer* Rz 45/1 ff). Die Ansprüche der österreichischen AG verjähren generell in fünf Jahren, während diese Verjährungsfrist nur für die deutsche nicht börsennotierte AG gilt. Bei der zum Zeitpunkt der Pflichtverletzung börsennotierten AG sowie generell bei Kreditinstituten besteht eine verlängerte Verjährungsfrist von zehn Jahren[352].

2. D&O Versicherung

In vielen Gesellschaften in Österreich und Deutschland besteht eine Vermö- **101**
genschaden-Haftpflichtversicherung (D&O Versicherung), die von der AG selbst auf ihre Kosten als Gruppenversicherung abgeschlossen wird und die den Aufsichtsratsmitgliedern (neben den Vorstandsmitgliedern und leitenden Mitarbeitern) Versicherungsschutz für das Haftungsrisiko verschafft, dass sie wegen schuldhaft fehlerhafter Ausübung ihrer Pflichten persönlich auf Schadensersatz in Anspruch genommen werden (*Ramharter* Rz 47/1 ff; *Schwarzer* Rz 48/1 ff).

Der Abschluss der D & O Versicherung ist nach Ansicht eines Teils des öster- **102**
reichischen Schrifttums als Infrastrukturaufwand der Gesellschaft zu qualifizieren, der vom Vorstand festgelegt wird[353]. Der OGH hat allerdings bei einem Vorstandsmitglied die Prämienzahlungen zu seiner Absicherung als Entgeltsbestandteil des Vorstands betrachtet. Es lässt sich nicht ausschließen, dass diese Rechtsauffassung

[348] *Habersack*, in Münchener Komm. AktG, 4. Aufl. 2014, § 113 Rz 5; *Thüsing/Forst*, FS Graf von Westphalen, 2010, S 693 ff.

[349] BGH v. 16.2.2004 – II ZR 316/02, BGHZ 158, 122, 125 (MobilCom); dazu z.B. *Habersack*, ZGR 2004, 721; *E. Vetter*, AG 2004, 234.

[350] Ablehnend z.B. *Drygala*, in Karsten Schmidt/Lutter, AktG, 3. Aufl. 2015, § 113 Rz 36; *Habersack*, in Münchener Komm. AktG, 4. Aufl. 2014, § 113 Rz 19; *Mertens/Cahn*, in Kölner Komm. AktG, 3. Aufl. 2013, § 113 Rz 29; befürwortend aber z.B *Hoffmann-Becking*, in Münchner Handbuch Gesellschaftsrecht, AG, 4. Aufl. 2015, § 33 Rz 38; Hüffer/*Koch*, AktG, 11. Aufl. 2014, § 113 Rz 12; *Spindler*, in Spindler/Stilz, AktG 3. Aufl. 2015, § 113 Rz 55; *E. Vetter*, in Marsch-Barner/Schäfer, Handbuch börsennotierte AG, 3. Aufl. 2014, § 29 Rz 43; *E. Vetter*, ZIP 2008, 1, 5.

[351] §§ 99 i.V.m. 84 öAktG; §§ 116 Satz 1 i.V.m. 93 dAktG.

[352] §§ 116 Satz 1 i.V.m. 93 Abs 6 AktG; § 52a Abs 1 KWG.

[353] *Gruber/Wax*, wbl. 2010, 169, 173; siehe *Kalss*, in Doralt/Nowotny/Kalss, AktG, 2. Aufl. 2012, § 99 Rz 50.

auch für den Versicherungsschutz der Aufsichtsratsmitglieder zum Tragen kommt, sodass die hierfür notwendige Rechtsgrundlage entweder in der Satzung oder im Wege eines Hauptversammlungsbeschlusses geschaffen werden muss[354].

103 Für das deutsche Recht entspricht es hingegen inzwischen der herrschenden Ansicht, dass der Abschluss einer D & O Versicherung im Wege der Gruppenversicherung, die auch die Aufsichtsratsmitglieder als versicherte Personen einschließt, nicht als Vergütung zu betrachten ist, sodass die Einschaltung der Hauptversammlung grundsätzlich nicht erforderlich ist, sondern allein der Vorstand für den Abschluss des Versicherungsvertrages zuständig ist[355].

104 Bei Abschluss einer Versicherung durch die AG zur Absicherung eines Vorstandsmitglieds „gegen Risiken aus dessen beruflicher Tätigkeit für die Gesellschaft" muss kraft Gesetzes[356] ein Selbstbehalt von 10% des Schadens, mindestens das Eineinhalbfache der festen jährlichen Vergütung des Vorstandsmitglieds, vereinbart werden. Bei Absicherung der Mitglieder des Aufsichtsrats besteht insoweit keine vergleichbare gesetzliche Regelung. Allerdings empfiehlt Ziff. 3.8 Abs 3 Deutscher Corporate Governance Kodex auch in diesem Fall einen entsprechenden Selbstbehalt zu vereinbaren, wobei anzumerken ist, dass die Akzeptanz dieser Kodex-Empfehlung in der Praxis relativ gering ist[357].

VIII. Schluss

105 Der Aufsichtsrat der österreichischen und der deutschen AG weist viele Übereinstimmungen auf. Dies geht auf das in beiden Ländern bestehende dualistische Organisationsmodell der AG und die teilweise gemeinsamen gesetzlichen Wurzeln zurück. Auf die vielen rechtlichen Gemeinsamkeiten des Aufsichtsrats in beiden Rechtsordnungen sollte nicht besonders eingegangen werden. Ziel des Beitrags war vielmehr, die Unterschiede – seien sie im Einzelfall auch nur minimal – darzustellen. Besonders hervorzuheben sind die folgenden Gesichtspunkte.

1. Auffälliger Unterschied zwischen beiden Rechtsordnungen ist die Mitbestimmung der Arbeitnehmer im Aufsichtsrat. Während in Österreich ab einer bestimmten Unternehmensgröße durchgängig ein einheitliches Mitbestimmungssystem besteht, kommen in Deutschland hauptsächlich zwei Mitbestimmungsmodelle zur Anwendung. Zum einen gilt das Drittelbeteiligungsgesetz für Unternehmen mit weniger als 2.000 Mitarbeitern. Zum anderen haben Unternehmen ab einer Größe von 2.000 regelmäßig Beschäftigten die paritätische Mitbestimmung zu beachten. In den großen deutschen Unternehmen ist damit der Aufsichtsrat jeweils zur Hälfte mit Aufsichtsratsmitgliedern der Anteilseigner und der Arbeitnehmer besetzt.

---

354 OGH, 30.6.1999, 9 ObA 68/99m RWZ 1999, 360; zustimmend *Schima*, GesRz 2003, 199, 209; siehe auch *Ramharter* in diesem Band § 36 Rz 17.

355 *Drygala*, in Karsten Schmidt/Lutter, AktG, 3. Aufl. 2015, § 113 Rz 16; Hüffer/*Koch*, AktG, 11. Aufl. 2014, § 113 Rz 2a; *Spindler*, in Spindler/Stilz, AktG 3. Aufl. 2015, § 113 Rz 16; *E. Vetter*, AG 2000, 453, 457.

356 § 93 Abs 2 Satz 3 dAktG.

357 Siehe z. B. *von Werder/Turkali,* DB 2015, 1357, 1360; *von Werder/Bartz,* DB 2014, 905, 906.

2. Während in der österreichischen AG die Aufsichtsratsmitglieder der Arbeitnehmer ausnahmslos im Unternehmen beschäftigt sein müssen, gehören dem Aufsichtsrat der deutschen AG auf Seiten der Arbeitnehmer auch unternehmensfremde Personen an. Im Aufsichtsrat der deutschen AG, sofern er mindestens neun Mitglieder hat und zu einem Drittel mitbestimmt ist oder ein paritätisch mitbestimmter Aufsichtsrat besteht, müssen stets auch Aufsichtsratsmitglieder sein, die Vertreter einer Gewerkschaft sind, ohne dass sie im Unternehmen beschäftigt sein müssen. Dies führt dazu, dass in paritätisch mitbestimmten Gesellschaften unter den Aufsichtsratsmitgliedern typischerweise auch Gewerkschaftsfunktionäre zu finden sind.
3. Hinsichtlich der Überwachungsaufgabe sowie der Rechte des Aufsichtsrats der österreichischen AG haben Vorstand und Aufsichtsrat den gesetzlich festgelegten Katalog zustimmungspflichtiger Geschäfte gemäß § 95 Abs 5 Nr. 12 öAktG zu beachten. Gegebenenfalls hat der Aufsichtsrat noch weitere Vorgänge einem Zustimmungsvorbehalt zu unterstellen. In der deutschen AG existiert kein solcher gesetzlicher Katalog zustimmungspflichtiger Geschäfte, sodass der Aufsichtsrat selbst einen Katalog festlegen muss, wenn nicht die Satzung bereits entsprechende Regelungen enthält.
4. In Österreich wie in Deutschland gilt, dass die Aufsichtsratsmitglieder der Anteilseigner und der Arbeitnehmer kraft Gesetzes gleichberechtigt sind. Die Aufsichtsratsmitglieder der Arbeitnehmer einer österreichischen AG werden allerdings auf ehrenamtlicher Basis tätig und haben nur Anspruch auf Erstattung ihrer Barauslagen. Demgegenüber sind die Aufsichtsratsmitglieder der Arbeitnehmer der deutschen AG auch vergütungsmäßig mit den Aufsichtsratsmitgliedern der Anteilseigner uneingeschränkt gleichgestellt.
5. Jedes Aufsichtsratsmitglied muss seine Individualrechte als Mitglied des Überwachungsorgans verantwortungsbewusst wahrnehmen. Während in der deutschen AG auch das einzelne Aufsichtsratsmitglied einen Bericht des Vorstands an den Aufsichtsrat verlangen sowie die Einberufung einer Aufsichtsratssitzung durchsetzen kann und im Ernstfall auch durchsetzen muss, bedarf es dazu in der österreichischen AG immer der Unterstützung durch ein weiteres Mitglied.
6. Hinsichtlich der Rechte im Aufsichtsrat haben die Aufsichtsratsmitglieder der Arbeitnehmer grundsätzlich die gleichen Rechte. Abgesehen vom Vergütungsausschuss haben sie in der österreichischen AG durchgängig einen Anspruch auf entsprechende Beteiligung an den verschiedenen Aufsichtsratsausschüssen zu jeweils einem Drittel. Den jeweiligen Besetzungsbeschluss trifft nicht der Aufsichtsrat; entscheidungsbefugt sind vielmehr nur die Aufsichtsratsmitglieder der Arbeitnehmer. In der deutschen AG steht den Aufsichtsratsmitgliedern der Arbeitnehmer ebenfalls ein Anspruch auf entsprechende Beteiligung zu – wenn auch nicht mit gleicher Stringenz – für jeden Ausschuss. Über die Besetzung des Ausschusses beschließt das Aufsichtsratsplenum, in dem alle Aufsichtsratsmitglieder stimmberechtigt sind.
7. Der Aufsichtsrat bestellt die Mitglieder des Vorstands. Während in der deutschen AG auch die Entscheidung über die Vergütung des einzelnen Vorstandsmitglied zwingende Angelegenheit des Aufsichtsratsplenums ist und damit die Aufsichtsratsmitglieder der Arbeitnehmer stets an der Beschlussfassung betei-

ligt sind, kann die Entscheidung über die Vergütung der Vorstandsmitglieder in der österreichischen AG vom Aufsichtsrat in einen Ausschuss (sog. Vergütungsausschuss) verlagert werden, in dem die Aufsichtsratsmitglieder der Arbeitnehmer kein zwingendes Recht auf Beteiligung als Ausschussmitglied haben.

IX. Glossar Österreich - Deutschland

106	Dirimierungsrecht des Aufsichtsratsvorsitzenden	Stichentscheid des Aufsichtsratsvorsitzenden
	Funktionsperiode des Aufsichtsrats	Amtsperiode des Aufsichtsrats
	Recht auf Ausfolgung eines Berichts	Recht auf Aushändigung eines Berichts
	Zurücklegung eines Aufsichtsratsmandats	Niederlegung eines Aufsichtsratsmandats

Vom Damoklesschwert über dem Schweizer Verwaltungsrat und was wirklich zählt

Michèle F. Sutter-Rüdisser

Artikel: Art 663b^{bis} OR, Art 663c Abs 3 OR, Art 715 OR, Art 716a OR, Art 754 OR

Literatur

Cicero, M. Tulli Ciceronis Tusculanarum disputationum liber quintus, 106-43 v. Chr., 61-62; *Forbes, Milliken*, Cognition and Corporate Governance: Understanding Boards of Directors as Strategic Decision-Making Groups, Academy of Management Review, 1999 (24), S 489-505; *Forstmoser, Meier-Hayoz, Nobel,* Schweizer Aktienrecht, 1996, § 29 Rdn. 10; *Forstmoser*, Monistische oder dualistische Unternehmensverfassung? Das Schweizer Konzept, ZGR, 2003, 688-719. *Krneta*, Praxiskommentar Verwaltungsrat, Stämpfli, 2005, Rdn. 1486, S 304 und Rdn. 2065, S 467; *Mintzberg, Raisinghani, Théorêt*, The structure of "unstructured" decision processes, Administrative Science Quarterly, 1976 (21), S 246-275; *Rüdisser*, Boards of Directors at Work: An Integral Analysis of Nontransferable and Inalienable Duties under Swiss Company Law from an Economic Perspective, Dissertation, Universität St. Gallen, 2009, S 88, 118, 135. *Sutter-Rüdisser, Sutter*, Effektive Meinungsbildung im Board – Vom Reden, Diskutieren und Abstimmen, Board, 2014, 5, S 210.

Gliederung **Rz**

I. Einleitung

Die Anekdote vom Damoklesschwert ist aus Ciceros *tusculanae disputationes* überliefert.[1] Die Legende beschreibt Damokles als einen Höfling des Tyrannen Dionysios, dessen Macht und Reichtum er stets beneidete. Durch zahlreiche Schmeicheleien lobte und pries Damokles die Vorzüge einer einflussreichen Position. Dionysios beschloss darauf, Damokles die Vergänglichkeit seiner Macht und seines Reichtums zu verdeutlichen und lud ihn zu einem Festmahl ein. Er erwies Damokles die Ehre einen Platz an seiner Tafel einzunehmen. Zuvor liess er allerdings ein grosses Schwert über Damokles' Platz aufhängen, welches lediglich von einem Rosshaar gehalten wurde. Als Damokles das Schwert über seinem Kopf bemerkte, war es ihm unmöglich, den dargebotenen Luxus zu geniessen. Er bat schliesslich darum, auf die Annehmlichkeiten und die damit verbundene Bedrohung verzichten zu dürfen. 1

[1] *Cicero,* Tulli Ciceronis Tusculanarum disputationum liber quintus, XXI, S 61-62.

2 Ein Mitglied des Verwaltungsrats, und gleiches mag wohl auch für ein Vorstands- und Aufsichtsratsmitglied gelten, steht heute einem ähnlichen Dilemma gegenüber: Die Macht zur Einflussnahme und Gestaltung, die Reputation sowie die Entschädigung stehen mitunter als positive Eigenschaften diametral den Risiken eines Mandats gegenüber. Zu letzteren gehören unter anderem der plötzliche Führungs- und Kontrollverlust, eine damit einhergehende Rufschädigung sowie die Verantwortung mit allen dazugehörigen persönlichen und finanziellen Konsequenzen. Der wesentliche Unterschied zwischen damals und heute besteht wohl darin, dass Damokles sich der drohenden Gefahr physisch bewusst war, indem er das grosse Schwert am seidenen Faden über seinem Platz an Dionysios‘ Tafel hängen sah. Ob sich die heutigen Verwaltungsräte dem Ausmass ihrer Verantwortung und der damit einhergehenden Risiken gleichermassen bewusst sind, ist zu bezweifeln.

3 Das vorliegende Buchkapitel illustriert am Beispiel des Schweizer Verwaltungsrats, welche Herausforderungen es in der heutigen Zeit für ein anspruchsvolles Führungs- und Überwachungsorgan anzugehen gilt. Dazu werden in einem ersten Schritt die Charakteristika der schweizerischen Ordnung erläutert. Als dann wird auf die drei wesentlichen Elemente für eine erfolgreiche Verwaltungsratsarbeit eingegangen; gelebte Unabhängigkeit, wahre Expertise sowie persönliches Engagement. Das Kapitel schliesst mit Bemerkungen zu der heutigen Arbeit im Verwaltungsrat und würdigt diese anspruchsvolle Tätigkeit mit dem Appell, den Worten Taten folgen zu lassen.

II. Organisation des Schweizer Verwaltungsrats

A. Flexibilität in der Gestaltung

4 Unter dem Mantel der Aktiengesellschaft (Art 620 - 771 OR) sind in der Schweiz eine Vielfalt an Gesellschaftsgrössen vereint; vom kleinen Familienbetrieb bis hin zur börsenkotierten multinational tätigen Unternehmung (lediglich ca. 1% aller Aktiengesellschaften in der Schweiz beschäftigen über 250 Mitarbeitende). Die Aktiengesellschaft ist somit, nebst der einfachen Gesellschaft und der Gesellschaft mit beschränkter Haftung (GmbH), die häufigste Rechtsform in der Schweiz. Gemäss der letzten Betriebszählung marktwirtschaftlicher Unternehmen nach Rechtsform gab es in der Schweiz insgesamt 86‘965 Aktiengesellschaften.[2]

5 Im Unterschied zur GmbH (Art 772 - 827 OR), weist die Aktiengesellschaft *keine Personenbezogenheit* auf und gestaltet sich flexibler bei der Mittelbeschaffung. So lässt die Aktiengesellschaft u.a. eine reine finanzielle Beteiligung zu und ist damit, im Gegensatz zur GmbH, kapitalmarktfähig. Lange fristete die GmbH in der Schweiz, im Vergleich zur praxiserprobten Aktiengesellschaft, ein „Mauerblümchen“ -Dasein.[3] Erst seit der Aktienrechtsreform von 1992, wo strengere

---

2 Schweizer Bundesamt für Statistik „Unternehmen – Indikatoren, Rechtsform“, Anzahl marktwirtschaftlicher Unternehmen nach Rechtsform, www.bfs.admin.ch, konsultiert im Oktober 2015.

3 *Forstmoser*, Das neue Recht der Schweizer GmbH, in: Kramer et al. (Hrsg.), Festschrift für Peter Böckli zum 70. Geburtstag, Zürich, 2006, S 541.

Anforderungen an die Aktiengesellschaft gestellt worden sind, erfreut sich die historisch vernachlässigte GmbH zunehmender Beliebtheit.

Die schweizerische Aktiengesellschaft gilt als „bonne à tout faire"[4]. Die Aktiengesellschaft in der Schweiz kann, zumindest was ihre innere Organisation betrifft, relativ flexibel gestaltet werden. Sie wird weder eindeutig dem monistischen Governance-System (unitary board) noch dem dualistischen Governance-System (two-tier board) zugeordnet. Als eigentliche „Mischform" kann der Verwaltungsrat der Aktiengesellschaft sowohl aus Vertretern der Unternehmensexekutive als auch aus nicht-exekutiven, Vertretern zusammengesetzt werden und nimmt in seiner Gesamtheit Führungs- *und* Überwachungsaufgaben wahr. Zahlreiche Verwaltungsräte in der Schweiz führen die Geschäfte ihrer Gesellschaft entsprechend aktiv mit (Art 716 Abs 2 des Bundesgesetzes betreffend die Ergänzung des Schweizerischen Zivilgesetzbuches (Fünfter Teil: Obligationenrecht); OR)). **6**

Die unübertragbaren und unentziehbaren Aufgaben des Verwaltungsrats (Art 716a OR) gelten als jene Bestimmungen des aktienrechtlichen Obligationenrechts, welche die Gestaltungsfreiheit deutlich einschränken.[5] Durch diese zwingende Zuordnung der Kompetenzen sorgt der Gesetzgeber dafür, dass der Verwaltungsrat als „Exekutive oder zumindest *Ober*-Exekutive nicht vollständig beseitigt werden kann".[6] Somit hat jedes der drei gesetzlich vorgeschriebenen Organe der schweizerischen Aktiengesellschaft (dies sind der Verwaltungsrat, die Generalversammlung und die Revisionsstelle), seinen eigenen unantastbaren Kompetenzbereich. **7**

B. Aufgaben, Pflichten und Rechte

Die im Obligationenrecht verankerten unübertragbaren und unentziehbaren Aufgaben des Verwaltungsrats gemäss Art 716a OR sind international wohl einzigartig. Der im Jahr 1992 eingeführte Gesetzesartikel enthält einen umfangreichen Pflichtenkatalog der sowohl strategische-, control- als auch institutionelle Aufgaben enthält. **8**

Der Gesetzestext nennt ausdrücklich folgende sieben unübertragbare und unentziehbare Aufgaben (Art 716a Abs 1 OR): (i) Die Oberleitung der Gesellschaft und die Erteilung der nötigen Weisungen; (ii) die Festlegung der Organisation; (iii) die Ausgestaltung des Rechnungswesens, der Finanzkontrolle sowie der Finanzplanung, sofern dies für die Führung der Gesellschaft notwendig ist; (iv) die Ernennung und Abberufung der mit der Geschäftsführung und der Vertretung vertrauten Personen; (v) die Oberaufsicht über die mit der Geschäftsführung betrauten Personen, namentlich im Hinblick auf die Befolgung der Gesetzte, Statuten, Reglemente und Weisungen; (vi) die Erstellung des Geschäftsberichtes sowie die **9**

[4] *Forstmoser, Meier-Hayoz, Nobel*, Schweizerisches Aktienrecht, 1996, § 29 Rdn. 10.

[5] Weitere Ausführungen zu den „unübertragbaren und unentziehbaren Aufgaben" gemäss Art 716a Abs 1 OR sind in diesem Kapitel unter B auf der Seite 4 zu finden.

[6] *Forstmoser*, Monistische oder dualistische Unternehmensverfassung? Das Schweizer Konzept, ZGR, 2003, Seite 700.

Vorbereitung der Generalversammlung und die Ausführung ihrer Beschlüsse und; (vii) die Benachrichtigung des Richters im Falle der Überschuldung.

10 Der Verwaltungsrat als gesamtes und jedes Mitglied einzeln ist verpflichtet, diese Aufgaben eigenständig wahrzunehmen. So dürfen diese Aufgaben einerseits nicht an die Geschäftsleitung oder Dritte delegiert werden; sie sind also „unübertragbar". Andererseits dürfen sie dem Verwaltungsrat weder durch die Revisionsstelle noch durch die Generalversammlung entzogen werden; sie sind also „unentziehbar". Wie vielfältig die Verantwortung des Verwaltungsrates der Schweizer Aktiengesellschaft ist, zeigt eine differenzierte Aufteilung dieser unübertragbaren und unentziehbaren Aufgaben nach Art 716a OR. Der Verwaltungsrat hat u.a. Kompetenzen und Pflichten im Bereich der Strategie, im Personalwesen, in der Organisation, bei den Finanzen, der Überwachung, der Compliance und dazu noch besondere institutionelle Aufgaben.[7]

11 Trotz dieser Pflichtfülle unterscheidet der Gesetzgeber nicht zwischen grossen, börsenkotierten und kleinen oder mittelständischen Aktiengesellschaften. Art 716a OR findet gleichwohl Anwendung für alle Arten von Aktiengesellschaften und verpflichtet somit alle Verwaltungsräte in der Schweiz gleichermassen. Hier gilt es im Speziellen zu beachten, dass nach Schweizer Rechtsprechung jedes Mitglied des Verwaltungsrates gegenüber den einzelnen Aktionären und grundsätzlich gegenüber den Gesellschaftsgläubigern für Schaden, der durch absichtliche oder fahrlässige Verletzung seiner Pflichten als Gesamtes oder einzeln verursacht wird, persönlich und solidarisch haftbar ist (Art 754 OR). Dies unabhängig davon, welche Aufgaben die Mitglieder des Verwaltungsrats tatsächlich erfüllen.[8]

12 Obwohl die Business Judgment Rule nicht ausdrücklich im Schweizer Gesellschaftsrecht geregelt ist, hat das Bundesgericht diese als Grundsatz des Aktienrechts anerkannt.[9] So sollen sich Gerichte bei der nachträglichen Beurteilung von Geschäftsentscheidungen, die aufgrund von einwandfreien, auf einer angemessenen Informationsgrundlage beruhenden und von Interessenkonflikten freien Entscheidungsprozessen gefällt worden sind, Zurückhaltung auferlegen.

13 Der Verwaltungsrat kann die Vorbereitung und die Ausführung seiner Beschlüsse sowie die Überwachung von Geschäften Ausschüssen oder einzelnen Mitgliedern zuweisen (Art 716a Abs 2 OR). Diese Bestimmung dient insbesondere der Realität bei grösseren Gesellschaften, bei welchen die Komplexität eine Aufgabenteilung unabdingbar macht. Allerdings gilt anzumerken, dass trotz dieser eingeschränkten Delegationsbefugnis die Verantwortung für den Entscheid beim Gesamtverwaltungsrat und letztendlich bei jedem einzelnen Mitglied bleibt.[10]

---

[7] *Rüdisser*, Boards of Directors at Work: An Integral Analysis of Nontransferable and Inalienable Duties under Swiss Company Law from an Economic Perspective, Dissertation, Universität St. Gallen, 2009, S 118.

[8] *Krneta*, Praxiskommentar Verwaltungsrat, Stämpfli, 2005, Rdn. 2065, S 467.

[9] Bundesgerichtsurteil 4A_74/2012 vom 18. Juni 2012, siehe dazu auch *Vogt, Bänziger*, Das Bundesgericht anerkennt die Business Judgement Rule als Grundsatz des Schweizer Aktienrechts, Ein Beitrag zur Einordnung der Business Judgment Rule in die Dogmatik der aktienrechtlichen Verantwortlichkeit, GesKR, 4, 2012.

[10] *Krneta,* (ibid), Rdn. 1486, S 304.

Die Rechte des Schweizer Verwaltungsrats sind umfangreich ausgestaltet. Eines der wohl gewichtigsten, leider meistens vernachlässigten und vergessenen Rechte eines jeden Mitglieds des Verwaltungsrats, ist das Recht zur Demission. Die Niederlegung des Mandats, bspw. bei wesentlichen unüberbrückbaren Differenzen im Gremium oder ungenügenden zeitlichen Kapazitäten, setzen allerdings nicht nur eine „Independence in Appearance" sondern auch eine „Independence of Mind" voraus.[11] **14**

Jedes Mitglied des Verwaltungsrates kann jederzeit Auskunft über alle Angelegenheiten der Gesellschaft verlangen (Art 715a Abs 1 OR). In den Sitzungen sind alle Mitglieder des Verwaltungsrats sowie die mit der Geschäftsführung betrauten Personen zur Auskunft verpflichtet (Art 715a Abs 2 OR). Ausserhalb der Sitzungen kann jedes Verwaltungsratsmitglied Auskunft über den Geschäftsgang und, mit Ermächtigung des Präsidenten, auch über einzelne Geschäfte verlangen (Art 715a Abs 3 OR). Des Weiteren kann jedes Mitglied des Verwaltungsrates unter Angabe der Gründe die unverzügliche Einberufung einer Verwaltungsratssitzung einfordern (Art 715 OR).[12] **15**

Das Recht auf Entschädigung ist in der Schweiz nicht ausdrücklich im Obligationenrecht verankert. Lehre und Rechtssprechung gehen jedoch davon aus, dass dem Verwaltungsratsmitglied eine angemessene Vergütung zusteht. Der Gesetzgeber hat das Vergütungsrecht wohl vorausgesetzt, was sich u.a. in den Art 663b^{bis} und 663c Abs 3 OR geregelten Offenlegungspflicht für die Vergütung der Verwaltungsratsmitglieder von Publikumsgesellschaften widerspiegelt. Auf Grund der allgemeinen Kompetenzvermutung zu Gunsten des Verwaltungsrats (Art 716 Abs 1 OR) kann der Verwaltungsrat selbst oder dessen Entschädigungsauschuss über die Vergütung des Verwaltungsrats beschliessen, wenn nicht die Statuten der Gesellschaft diese Kompetenz ausdrücklich der Generalversammlung zuweisen. **16**

Am 3. März 2013 wurde in der Schweiz die Eidgenössische Volksinitiative „gegen die Abzockerei" mit einem Ja-Stimmenanteil von 67,9% angenommen, was weitreichende Konsequenzen für die Vergütungspolitik zahlreicher Aktiengesellschaften nach sich gezogen hat. Neu stimmt die Generalversammlung über die Gesamtsumme der Vergütung des Verwaltungsrats, der Geschäftsleitung und eines eventuellen Beirats ab. Besonders Abgangs- oder ähnliche Entschädigungen sind verboten. Widerhandlungen gegen die neuen Bestimmungen haben zur Folge, dass widerrechtlich bezogene Vergütungen und Entschädigungen zurückgefordert werden können – und wohl auch müssen –, und werden mit Freiheitsstrafe von bis zu drei Jahren und Geldstrafen bis zu sechs Jahresvergütungen bestraft. Die Ver- **17**

[11] Weitere Ausführungen zur „Unabhängigkeit des Verwaltungsrats" sind im nachfolgenden Kapitel unter Rz 24 ff.

[12] Die Generalversammlung wird in der Schweiz durch den Verwaltungsrat einberufen (Art 699 Abs 1 OR). Will oder kann der Verwaltungsrat die Generalversammlung nicht einberufen, kann dies nötigenfalls die Revisionsstelle tun (Art 699 Abs 1 OR). Die Einberufung einer Generalversammlung kann auch von einem oder mehreren Aktionären, die zusammen mindestens 10% des Aktienkapitals vertreten, verlangt werden (Art 699 Abs 3 OR). Beachtlich bei letzterem Recht ist, dass der Aktionär die Generalversammlung nicht selber einberufen kann, er hat mithin nur ein mittelbares Einberufungsrecht.

ordnung gegen übermässige Vergütung bei börsenkotierten Aktiengesellschaften (VegüV) hat ferner die Amtsdauer des Verwaltungsrats auf ein Jahr beschränkt. Die Generalversammlung wählt demnach nicht nur jedes Verwaltungsratsmitglied einzeln, sondern hat dieses jährlich wiederzuwählen, weil dessen Amtsdauer mit Abschluss der nächsten ordentlichen Generalversammlung endet (Art 3 VegüV i.V.m. Art 710 OR).

18 Des Weiteren verpflichtet die Richtlinie betreffend Informationen zur Corporate Governance (RLCG) Publikumsgesellschaften folgende Angaben in ihren Geschäftsberichten offen zu legen: Einerseits den Inhalt und das Festsetzungsverfahren der Entschädigungen und der Beteiligungsprogramme, d.h. die Grundlagen und Elemente der Entschädigungen und der Beteiligungsprogramme für Mitglieder des Verwaltungsrats und der Geschäftsleitung des Emittenten sowie die Zuständigkeit und das Verfahren zu deren Festsetzung (Ziff. 5.1 RLCG) sowie andererseits die Transparenz der Entschädigungen, Beteiligungen und Darlehen von Emittenten mit Sitz im Ausland (Ziff. 5.2 RLCG).[13]

19 Für Schweizer Finanzinstitute regelt die Eidgenössische Finanzmarktaufsicht (FINMA) in ihrem Rundschreiben 2010/1 die „Mindeststandards für Vergütungssysteme". Das Rundschreiben fokussiert insbesondere auf die in der Vergangenheit suboptimal ausgestalteten Anreizwirkungen gewisser Vergütungssysteme, welche Personen von Finanzinstituten dazu veranlasst haben, unangemessene Risiken einzugehen, gegen geltendes Recht oder erlassene Weisungen zu verstossen oder Vereinbarungen zu missachten. Um zukünftig Personen in Finanzinstituten zu veranlassen für den langfristigen Erfolg des Finanzinstituts einzustehen und damit dessen Stabilität zu fördern, erlässt das FINMA Rundschreiben zwingende Grundsätze für die Vergütungspolitik; so soll das Vergütungssystem bspw. einfach, transparent und umsetzbar ausgestaltet sowie langfristig ausgerichtet sein (RZ 23-26). Die Struktur und die Höhe der Gesamtvergütungen müssen mit der Risikopolitik des Finanzinstituts übereinstimmen und dessen Risikobewusstsein fördern (RZ 30-38) und die Vergütungen der Kontrollfunktionen dürfen keine Interessenkonflikte begründen (RZ 57-60). Der Verwaltungsrat, welcher für die Ausgestaltung und Umsetzung der Vergütungspolitik verantwortlich ist und ein Vergütungsreglement zu erlassen hat (RZ 16-22) hat jährlich im Rahmen der Berichterstattung über die Umsetzung der Vergütungspolitik zu informieren (RZ 61-71)

C. Zusammensetzung im Gremium

20 Der Verwaltungsrat soll nicht als gemütlicher und harmonischer Ort ausgestaltet werden. Vielmehr sollen mitunter ein herausfordernder Gedankenaustausch, eine konstruktive Debatte und eine kritische Reflexion stattfinden.[14] Es ist empirisch nachgewiesen, dass die Zusammensetzung im Gremium ausschlaggebend

---

[13] Emittenten, deren Gesellschaftssitz gemäss Art 3 Abs 2 nicht in der Schweiz ist und deren Effekten an der SIX Swiss Exchange, nicht aber im Heimatstaat kotiert sind, haben Art 663b^{bis} OR analog anzuwenden. SIX Exchange Regulation 07/09, Richtlinie betreffend Informationen zur Corporate Governance (RLCG), S 3.

[14] *Sutter-Rüdisser, Sutter*, Effektive Meinungsbildung im Board – Vom Reden, Diskutieren und Abstimmen, Board, 2014, 5, S 210.

ist, um eine offene Diskussionen und Meinungsvielfalt in den Debatten zu ermöglichen sowie eine effektive Entscheidungsfindung zu gewährleisten.[15]

Leider zeigt sich in der Praxis vielfach ein anderes Bild. Wirklich tiefgreifende und rigorose Debatten finden oftmals keinen Platz in der Agenda. Ferner verfolgen die Verwaltungsratsmitglieder das Geschehen allzu häufig eher passiv. Des Weiteren erfolgt die Meinungsbildung oftmals intransparent; beispielsweise wenn diese politisch motiviert ist und den Zweck hat, das Verhalten der übrigen Mitglieder dahingehend zu steuern, dass die Beschlussfassung den persönlichen Vorteilen dient. Das wird häufig durch offline Lobbying, Kontrolle der Agenda, Zurückhaltung von Informationen, versteckte Koalitionsbildung und Kooptation versucht.[16] **21**

Es liegt demnach in der Verantwortung der Verwaltungsratspräsidentin, respektive des Verwaltungsratspräsidenten „ihr/sein Team" zusammen zu setzen. Die Schwierigkeit besteht dabei darin, eine Balance zwischen kompatiblen und divergierenden Mentalitäten und Denkweisen zu finden. In der Schweiz hat die Diversität bislang in keiner Norm Verankerung gefunden.[17] **22**

Damit konstruktiver Raum für eine offene Diskussion zwischen den einzelnen Mitgliedern entstehen kann und Meinungsvielfalt gewährleistet ist, bedarf es bis zu einem gewissen Grad an divergierenden Ansichten. Ein durchwegs homogenes Gremium (d.h. in etwa gleiches Alter, ähnliche Werdegänge und Ausbildungen, einseitige Geschlechterverteilung und durchwegs gleiche Nationalitäten) wird der heutigen vorherrschenden Komplexität kaum mehr gerecht. **23**

III. Was wirklich zählt

A. Gelebte Unabhängigkeit

Es gilt kritisch zu fragen, ob eine „echte" Unabhängigkeit bei Verwaltungsratsmitgliedern überhaupt existiert. Die wohl ehrliche, allerdings unangenehme Antwort auf diese Frage lautet; wohl eher nicht. Sich für eine Unternehmung zu engagieren, wegweisende Entscheidungen mitzugestalten und diese zu fällen impliziert geradezu eine faktische Abhängigkeit – in welcher Art sich diese auch immer ausgestaltet. Eine „echte" Unabhängigkeit kommt demnach einem intellektuellen Gedankenspiel wohl näher als der eigentlichen unternehmerischen Realität. **24**

---

15 *Forbes, Milliken*, Cognition and Corporate Governance: Understanding Boards of Directors as Strategic Decision-Making Groups, Academy of Management Review, 1999 (24), S 489-505.

16 *Sutter-Rüdisser, Sutter* (ibid.), S 210.

17 Die Schweizer Bundesrätin Simonetta Sommaruga kämpfte vergeblich darum, eine Geschlechterquote von 30 Prozent in Publikumsgesellschaften im Rahmen der nächsten Aktienrechtsrevision verankern zu wollen. Bundesrat Johann Schneider-Ammann, welcher die Haltung des Wirtschaftsdachverbandes Economiesuisse vertrat, plädierte dafür, auf jede nicht zwingende Verschärfung des Firmenrechts zu verzichten und setzte sich mit dem Argument der Selbstregulierung durch. Ob sich die Schweizer Selbstregulierung hinsichtlich der Geschlechterquote erfolgreich zeigen wird, darf aus der Perspektive der vergangenen Jahre durchaus kritisch angezweifelt werden.

25 Grundsätzlich können zwei Arten von Unabhängigkeit unterschieden werden: Die so genannte „Independence of Appearance" und die „Independence of Mind".[18] Erstere beinhaltet die Vermeidung von Tatsachen und Umständen, die so schwer ins Gewicht fallen, dass ein sachverständiger und informierter Dritter die Fähigkeit des Verwaltungsratsmitglieds zur objektiven Wahrnehmung seiner Aufgaben in Zweifel ziehen würde. In der „Independence of Mind" hingegen liegt die eigentliche Krux; kann das Verwaltungsratsmitglied in objektiver und subjektiver Hinsicht seine Feststellungen unbeeinflusst von sachfremden Erwägungen und ohne Rücksichtnahme auf eigene Belange oder Interessen Dritter fällen?

26 Der Schweizer Gesetzgeber nennt keine expliziten Unabhängigkeitserfordernisse für die Mitglieder des Verwaltungsrats. Publikumsgesellschaften sind gewiss nach der Richtlinie betreffend Informationen zur Corporate Governance verpflichtet, weitere Tätigkeiten und Interessensverbindungen für jedes Mitglied des Verwaltungsrats offen zu legen.[19] Diese beinhalten Tätigkeiten in Führungs- und Aufsichtsgremien bedeutender schweizerischer und ausländischer Körperschaften, Anstalten und Stiftungen des privaten und des öffentlichen Rechts; dauernde Leitungs- und Beraterfunktionen für wichtige schweizerische und ausländische Interessengruppen sowie amtliche Funktionen und politische Ämter. Für jedes nicht-exekutives Mitglied des Verwaltungsrats sind ferner folgende Angaben zwingend aufzuführen: Ob es in den drei der Berichtsperiode vorangegangenen Geschäftsjahren der Geschäftsleitung des Emittenten oder einer Konzerngesellschaft des Emittenten angehörte und ob es mit dem Emittenten oder einer Konzerngesellschaft des Emittenten in wesentlichen geschäftlichen Beziehungen steht.

27 Wichtiger als lediglich den Offenlegungspflichten nachzukommen scheint jedoch, dass sich die Verwaltungsratsmitglieder ihrer Unabhängigkeits*grenzen* bewusst sind. Insbesondere nicht-exekutive Verwaltungsratsmitglieder stehen in der Pflicht, ihrer eigenen „gelebten" Unabhängigkeit nachzukommen. Diese beinhaltet, dass sie sich periodisch mit gewichtigen Fragen zur Unabhängigkeit auseinander setzen müssen und, sofern notwendig, geeignete Massnahmen ergreifen. Mögliche Fragen könnten lauten: Wem oder welcher Sache diene ich wirklich (bspw. gibt es eine ‚hidden agenda' die ich direkt oder indirekt mittrage oder unterstütze)? Wie gestalten sich derzeit meine persönlichen Beziehungen im Verwaltungsrat sowie meine dafür relevanten Netzwerke innerhalb und ausserhalb der Unternehmung? Kann ich jederzeit das Mandat niederlegen ohne Rücksichtnahme auf persönliche (bspw. Reputationsverlust, Aufkünden einer langjährigen Freundschaft) oder finanzielle Belange?

28 Nur wer sich diesen oder ähnlichen Fragen regelmässig gewissenhaft stellt, kann sich bewusst den Einflüssen, Bindungen und Rücksichten stellen und zwar gleichgültig, ob diese geschäftlicher-, finanzieller- oder persönlicher-Natur sind.

---

18 International Federations of Accountants (IFAQ), Code of Ethics, Section 8/8.3.

19 Richtlinie betreffend Informationen zur Corporate Governance. (Richtlinie Corporate Governance, RLCG), SIX Swiss Exchange, 2014, .3.1.c und 3.2, S 2.

B. Wahre Expertise

Wahre Expertise erfordert ein ständiges Lernen und ein „sich weiter bilden". Das Präsidium hat dafür zu sorgen, dass alle relevanten (Fach-)Kompetenzen im Gremium vertreten sind. Es kann und darf demnach nicht sein, dass beispielsweise ein Verwaltungsrat einer Spitalgesellschaft über keinen Mediziner in seinem Gremium verfügt. Andererseits muss nicht jedes Mitglied langjährige Industrieerfahrung mit sich bringen, um der Unternehmung einen wesentlichen Mehrwert zu stiften. Entscheidend ist auch hier einmal mehr die Diversität im kollektiven Denken. Ein reger Austausch unter Generationen verschiedenster (fachlicher) Herkunft, kann für den Entscheidungsfindungsprozess überaus bereichernd sein. **29**

Zu wissen, *was* man nicht weiss und woher man dieses Wissen gegebenenfalls erhalten kann, gilt als entscheidender komparativer Vorteil. Es kann demnach für den Verwaltungsrat von Vorteil sein, wenn bei spezifischen Themengebieten wo es die Entscheidungsfindung verlangt, interne und gegebenenfalls auch externe Experten den Sitzungen beizuziehen. **30**

Ein iterativer gedanklicher Austausch verschiedener Perspektiven ist in jeder Hinsicht förderlich. Dem Informationsvorsprung der Exekutive mit ihrem Insiderwissen über Kunden, Produkte und Dienstleistungen und der Situation auf den Märkten, kann die Nicht-Exekutive mit ihrer Distanz zum operativen Geschäft entgegen halten und so einer möglichen Betriebsblindheit vorbeugen und entsprechend neue Aspekte beleuchten. Dies setzt indes voraus, dass alle relevanten unternehmensinternen Informationen auch nicht-exekutiven Mitgliedern zur Verfügung stehen. Das Verwaltungsratsmitglied steht hier in der Pflicht, selber dafür besorgt zu sein, die für sie/ihn relevanten Informationen zu erhalten und sich nicht passiv damit Genüge zu tun, lediglich die von der Geschäftsleitung dargereichten Dokumente zu studieren. **31**

Eine häufig zu wenig genutzte Möglichkeit von Verwaltungsräten, ihren Informationsstand zu verbessern, besteht mitunter darin, so genannte "face-to-face"-Kontakte herzustellen und regelmässig zu reaktivieren, um mit ausgewählten Stakeholdern, wie beispielsweise Kunden, Lieferanten und Mitarbeitenden, das persönliche Gespräch zu suchen.[20] Ein solcher Austausch ist vor allem hinsichtlich asymmetrischer Informationen[21] von besonderem Wert. Die daraus resultierenden Erfahrungen können dem Gremium neue Impulse vermitteln, das Verständnis verbessern und alternative Lösungen zu laufenden Problemstellungen liefern. **32**

Ein oftmals ausschlaggebender Faktor für die Meinungsbildung ist die Art und Weise *wie* eine Angelegenheit im Gremium präsentiert wird.[22] Lediglich ein informierter, wachsamer und unabhängiger Geist wird eine gewiefte Präsentation von Fachspezialisten der Geschäftsleitung kritisch hinterfragen und sich bei Nicht- **33**

---

20 *Sutter-Rüdisser, Sutter* (ibid.), S 211.

21 Asymmetrische Informationen liegen vor, wenn ein Aspekt einer Interaktionssituation von einer Partei nicht beobachtbar ist. So z.B. in der Prinzipal-Agenten-Problematik, bei welcher Prinzipale (bspw. Eigentümer, Verwaltungsrat) und Agenten (bspw. Geschäftsleitung) unterschiedliche Interessen verfolgen können, um u.a. ihren persönlichen Nutzen zu maximieren.

22 *Mintzberg, Raisinghani, Théorêt*, The structure of "unstructured" decision processes, Administrative Science Quarterly, 1976 (21), S 246-275.

Verständnis getrauen, auch wiederholt nachzuhaken. Mitläufer hat es genug. Es mangelt an Personen mit Mut, die sich auch einmal getrauen hervor tun mit den Worten; „und ich verstehe es (immer) noch nicht". Alsdann braucht es Rückgrat, um bei quasi vollendeten Tatsachen im geeinten Gremium, den finalen Entscheid nochmals hinaus schieben zu lassen.

34 An dieser Stelle sei ausdrücklich angemerkt, dass langwierigen und inhaltsarmen Präsentation freundlich, aber mit Nachdruck, Einhalt geboten werden muss. Mitglieder des Verwaltungsrates, welche wiederholt unvorbereitet zu den Sitzungen erscheinen oder sich besonders durch ihren „Nicht-Beitrag und ausgedehntes Schweigen" hervor tun, sind durch das Präsidium und ihre Kolleginnen und Kollegen freundlich, aber bestimmt zu rügen und gegebenenfalls durch neue Mitglieder zu ersetzen.

C. Persönliches Engagement

35 Jedes Verwaltungsratsmitglied trägt die Verantwortung für einen aktiven Beitrag zur Meinungsbildung im Gremium. Eine vornehme Zurückhaltung oder sogar passive Präsenz ist heutzutage nicht mehr angebracht und für eine effektive Unternehmensführung inakzeptabel. Persönliches Engagement ist Trumpf.[23] Dazu gehört auch, dass das einzelne Mitglied nicht nur regelmässig aktiv an den Sitzungen teilnimmt, sondern sich genügend Zeit für die individuelle Vor- und Nachbearbeitung nimmt. Das namentlich zur Vorbereitung wichtige Aktenstudium soll bei Bedarf durch eigene Recherchen und wenn notwendig, durch persönliche Gespräche innerhalb der Unternehmung ergänzt werden.

36 Die Bewältigung der Komplexität und Vielfalt der Aufgaben im Verwaltungsrat erfordert ein adäquates Engagement. Dies beinhaltet nicht nur die effektiv angewendete Zeit für ein Mandat sondern auch die persönliche Flexibilität und Verfügbarkeit in schwierigen Situationen. Demensprechend hat die Arbeitsintensität in den letzten Jahren erneut massiv zugenommen; und dies nicht nur bei Publikumsgesellschaften. So erstaunt es nicht, dass sich Prof. Dr. Peter Forstmoser bereits vor über 10 Jahren dafür ausgesprochen hat, dass „für die korrekte Erfüllung des Mandats bei einer grossen Publikumsgesellschaft […] heute etwa ein Monat pro Jahr zu veranschlagen sein [dürfte]."[24]

37 Die Zeit gilt wohl als *das* kommunistischste Gut auf Erden. Der Tag hat für jeden und jede 24 Stunden. Keine Minute mehr, keine Minute weniger. Auch nicht für jene Personen, welche Spitzenpositionen bekleiden. In den gängigen Corporate Governance-Diskussionen geht der Zeitaspekt leider oftmals vergessen. Mehrfachmandate sind nach wie vor häufig. So gibt es in der Schweiz vereinzelt Personen, welche über 200 Verwaltungsratsmandate innehaben.[25] Eventuelle weiterführende Geschäftstätigkeiten sind dabei noch nicht mitberücksichtigt. Diese so genannten Mehrfachmandate beschränken sich nicht nur auf kleinere und mittlere Aktiengesellschaften, sondern es gibt sie auch bei grösseren Publikumsgesellschaften.

---

23 *Sutter-Rüdisser, Sutter* (ibid), S 211.

24 *Forstmoser* (ibid), S 707.

25 Verzeichnis der Schweizer Handelsregisterämter, www.handelsregister.ch.

Des Weiteren bestehen häufig Kreuzverflechtungen, das heisst Personen mit gegenseitigen Einsitznahmen in den Verwaltungsräten. Alleine die fünfzig höchstkapitalisierten Unternehmen des Schweizer Aktienmarktes verzeichnen über 50 solcher Kreuzverflechtungen.[26] Abgesehen von möglichen Interessenskonflikten und unter der Annahme, dass etwaige Synergieeffekte bei mehrfach ausgeführter Verwaltungsratstätigkeit limitiert sind, stellt sich unwillkürlich die Frage nach dem „richtigen Mass" an Zeit, um der anspruchsvollen Verwaltungsratstätigkeit gerecht zu werden. **38**

Eine Umfrage bei börsennotierten Unternehmen hat ergeben, dass Verwaltungsräte im Durchschnitt über 20 Arbeitstage für ein Verwaltungsratsmandat aufwenden.[27] Dabei existieren signifikante Unterschiede, sowohl zwischen einzelnen Mitgliedern, als auch zwischen den Funktionen, beispielsweise bei Verwaltungsratspräsidenten im Verhältnis zu Mitgliedern ohne Ausschussfunktion. Die durchschnittliche Sitzungsdauer im Gremium beträgt sechseinhalb Stunden, wobei jährlich im Durchschnitt insgesamt sieben Sitzungen durchgeführt werden. Nicht zu unterschätzen ist darüber hinaus die aufgewendete Zeit in den Ausschüssen und die Zeit für individuelle Vor- und Nachbearbeitung. Letztere schlägt durchschnittlich mit 80 Stunden zu Buche. In derselben Untersuchung gab es allerdings vereinzelt auch Ergebnisse, bei welchen Verwaltungsratsmitglieder für ihren Gesamtaufwand pro Mandat und Jahr weniger als 8 Stunden angegeben haben (!). **39**

Diese Resultate zeigen auf, dass beachtliche Diskrepanzen hinsichtlich Zeit-Engagement für Verwaltungsratsmandate existieren; auch bei Publikumsgesellschaften. Dass aufgrund der aufgewendeten Zeit nicht unweigerlich auf Qualität und Professionalität geschlossen werden kann, versteht sich zwar von selbst. Nichtsdestotrotz scheint ein gewisses Mindestmass an Zeiteinsatz eine „conditio sine qua non" für eine seriöse Verwaltungsratstätigkeit zu sein. Es gibt sie bereits, jene Verwaltungsräte, welche ihre Mitglieder im Sinne einer *Good Board Governance* zu einer Mindestanzahl an Arbeitstagen für das entsprechende Verwaltungsratsmandat verpflichten und damit die notwendige Mindestzeit zur ordentlichen Führung des jeweiligen Verwaltungsratsmandates vorgeben. Es stellt sich daher die Frage, ob eine "Praxis des Mindestzeiteinsatzes für die Verwaltungsratstätigkeit" zukünftig verbreitet Anwendung finden wird, bevor der Gesetzgeber auch in dieser Hinsicht Handlungsbedarf erkennt. **40**

IV. Schlussbemerkungen: Taten statt Worte

Ein Verwaltungsratsmandat gewissenhaft und mit vollem Engagement auszuüben ist eine überaus anspruchsvolle Tätigkeit. Fairerweise soll hier angemerkt werden, dass für jede erfolgreiche Tätigkeit auch ein Quäntchen Glück mitverantwortlich ist. Dies jedoch als Anlass zu nehmen, sich dem gewissenhaften Engagement zu entziehen, würde der Sache nicht gerecht. Insbesondere deshalb, weil die Mitglieder des Verwaltungsrats einen faktischen Informationsvorsprung gegenüber externen Steuerungs- und Kontrollfunktionen geniessen. Als so genannte **41**

[26] *Rüdisser* (ibid), S 88.
[27] *Rüdisser* (ibid), S 135.

„Last Line of Defense" beeinflusst der Verwaltungsrat das Geschehen für die unternehmerische Zukunft massgeblich mit.

42 Damokles hätte sein Glück buchstäblich herausgefordert, hätte er seinen Platz an Dionysios Tafel eingenommen. Vielleicht hätte auch das eine oder andere Verwaltungsratsmitglied einen differenzierteren Blick auf seine/ihre Aufgabe, wenn ein grosses Schwert über dem Konferenztisch des Verwaltungsrats hinge.

43 Es ist an der Zeit, die Bekenntnisse der weltweit umsichtig formulierten Corporate Governance Kodizes in die Tat umzusetzen. Im langfristigen Interesse aller Stakeholder einer Unternehmung sind beispielsweise jene Verwaltungsräte zeitnah auszuwechseln, welche Ihre Leistung nicht erbringen wollen und/oder können. Gefordert sind dabei in erster Linie die Verwaltungsratspräsidentinnen und Verwaltungsratspräsidenten, welche jene stets unvorbereiteten und passiven Mitglieder im Verwaltungsrat, freundlich aber bestimmt rügen und gegebenenfalls durch neue Mitglieder ersetzen.

44 Wünschenswert für jedes Gremium sind demzufolge Mitglieder, welche sowohl in objektiver und subjektiver Hinsicht ihre Feststellungen unbeeinflusst von sachfremden Erwägungen und ohne Rücksichtnahme auf eigene Belange oder Interessen Dritter treffen können; durch Integrität, gelebte Unabhängigkeit, persönliches Engagement, professionelle Skepsis, gegenüber sachlichen Argumenten zugänglich und bereit, ihre Meinung und ihren Entschluss gegebenenfalls zu überdenken.

Stichwortverzeichnis